Kreisbeschreibungen des Landes Baden-Württemberg

Der Landkreis Lörrach
Band II

Kreisbeschreibungen des Landes Baden-Württemberg

DER LANDKREIS LÖRRACH

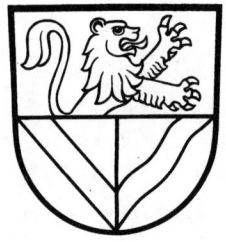

Band II

B. Gemeindebeschreibungen
Kandern bis Zell im Wiesental

Bearbeitet von der Abteilung Landesbeschreibung des Staatsarchivs Freiburg i. Br.

Herausgegeben von der Landesarchivdirektion Baden-Württemberg
in Verbindung mit dem Landkreis Lörrach

Jan Thorbecke Verlag Sigmaringen
1994

Die Deutsche Bibliothek – CIP-Einheitsaufnahme

Der *Landkreis Lörrach* / bearb. von der Abteilung Landesbeschreibung des Staatsarchivs Freiburg i. Br. Hrsg. von der Landesarchivdirektion Baden-Württemberg in Verbindung mit dem Landkreis Lörrach. – Sigmaringen: Thorbecke.
(Kreisbeschreibungen des Landes Baden-Württemberg)
NE: Staatsarchiv ⟨Freiburg, Breisgau⟩ / Abteilung Landesbeschreibung

Bd. 2. B. Gemeindebeschreibungen Kandern bis Zell im Wiesental. – 1994
ISBN 3-7995-1354-X

© 1994 by Jan Thorbecke Verlag GmbH & Co., Sigmaringen

Alle Rechte vorbehalten. Ohne schriftliche Genehmigung des Verlages ist es nicht gestattet, das Werk unter Verwendung mechanischer, elektronischer und anderer Systeme in irgendeiner Weise zu verarbeiten und zu verbreiten. Insbesondere vorbehalten sind die Rechte der Vervielfältigung – auch von Teilen des Werkes – auf photomechanischem oder ähnlichem Wege, der tontechnischen Wiedergabe, des Vortrags, der Funk- und Fernsehsendung, der Speicherung in Datenverarbeitungsanlagen, der Übersetzung und der literarischen oder anderweitigen Bearbeitung.

Dieses Buch ist aus säurefreiem Papier hergestellt und entspricht den Frankfurter Forderungen zur Verwendung alterungsbeständiger Papiere für die Buchherstellung.

Gesamtherstellung: M. Liehners Hofbuchdruckerei GmbH & Co. Verlagsanstalt, Sigmaringen
Printed in Germany · ISBN 3-7995-1354-X

VORWORT

Kaum zwei Jahre nach dem Erscheinen des ersten Bandes kann die Landesarchivdirektion den ebenso umfangreichen zweiten Band der Kreisbeschreibung Lörrach vorlegen, der mit den Stadt- und Gemeindebeschreibungen von Kandern bis Zell im Wiesental das Projekt abschließt. Die Tatsache, daß Geographie, Geschichte und Gegenwart aller Städte dieses südwestlichsten aller baden-württembergischen Kreise erst im vorliegenden Band dargestellt sind, ist zwar allein dem Zufall des Alphabets zuzuschreiben, kommt aber mit Sicherheit seiner Attraktivität zugute.

Allen, die am Werk beteiligt waren und zu seinem Gelingen beigetragen haben, gilt mein herzlicher Dank. Der Vorsitzende der Kommission für geschichtliche Landeskunde in Baden-Württemberg, Herr Ltd. Regierungsdirektor a. D. Professor Dr. Meinrad Schaab, Leiter der amtlichen Landesbeschreibung in Baden-Württemberg bis zum Ende des Jahres 1993 und Gesamtleiter des Projektes, hat über das Ende seiner Amtszeit hinaus mit großem Interesse die Fertigstellung und Drucklegung auch dieses Bandes begleitet und als einer der erfahrensten Landeskundler seinen Rat und seine Hilfe immer wieder zur Verfügung gestellt. Seit Anfang 1994 hat Herr Ltd. Regierungsdirektor Prof. Dr. Eugen Reinhard die Leitung der Landesbeschreibung inne. Er hat mit einer Karte ebenfalls dazu beigetragen, daß das Werk der Abteilung Landesbeschreibung in Freiburg unter der Leitung von Herrn Regierungsdirektor Dr. Fred Ludwig Sepaintner, dem Hauptredaktor des Projekts, und seinen Mitarbeitern, Frau Oberregierungsrätin Dr. Anneliese Müller und Herrn Regierungsrat Dr. Jörg-Wolfram Schindler, in der vorgegebenen Zeit und trotz knapper gewordener Mittel bestmöglich gelinge. Ihnen wie allen weiteren Mitarbeitern der Landesbeschreibung in Freiburg sei vielmals gedankt.

In gleicher Weise danke ich allen übrigen Autoren, unter denen sich Fachgelehrte der Universitäten Basel, München, Freiburg, Heidelberg und Karlsruhe, mehrerer Pädagogischer Hochschulen sowie Fachbehörden des Landes befinden. Besondere Anerkennung und Dank verdient Herr Ltd. Geologiedirektor a. D. Dr. Rudolf Hüttner, der die Geologische Übersichtskarte beigesteuert hat und damit ein wissenschaftliches Desiderat erfüllte. Besondere Dankesworte verdienen die Helfer im Landkreis Lörrach, vorab die Städte und Gemeinden, die Material zur Verfügung gestellt haben und sich mit großer Sorgfalt der Durchsicht von Manuskripten widmeten, was der vorbildlichen Aktualität und Detailgenauigkeit des Werkes zugute kam. Dank auch den Städten und Gemeinden, die, wie aus dem Bildnachweis ersichtlich, Photographien aus ihren Archivbeständen zur Verfügung stellten oder neue Aufnahmen eigens erwarben und den erstmaligen Abdruck in der Kreisbeschreibung gestatteten. Namentlich möchte ich die Stadt Weil am Rhein hervorheben, aber auch einzelne Persönlichkeiten wie Herrn Kreisrat Hans Fräulin, Stellvertretenden Bürgermeister von Zell i. W., sowie die Herren Volker Scheer, Kandern, Hartmut Mayer, Grenzach-Wyhlen, und Erich Meyer, Hasel.

Auch dieser Band verdankt seine reiche Ausstattung vor allem der vorbildlichen Unterstützung durch den Landkreis Lörrach, dem in mannigfacher Hinsicht zu danken ist, genauso wie dem Jan Thorbecke Verlag und seinen Mitarbeitern, die in bewährter Weise Druck und Gestaltung des Werkes besorgten. Möge der nunmehr fertiggestellten Beschreibung des Landkreises Lörrach die ihr zukommende Anerkennung in der Fachwelt und bei einem möglichst breiten Publikum zuteil werden.

Stuttgart, im Oktober 1994

Prof. Dr. Wilfried Schöntag
Präsident der Landesarchivdirektion
Baden-Württemberg

GELEITWORT

Ich freue mich, daß mit Herausgabe dieses zweiten Bandes die amtliche Kreisbeschreibung des Landkreises Lörrach nun vollständig vorliegt. Als erste umfassende, wissenschaftlich untermauerte Darstellung des Kreises ist sie das wichtigste Informations- und Nachschlagewerk über die Landschaft im Dreiländereck. Niemand, der sich mit der Natur, Geschichte, Kunstgeschichte, Bevölkerung oder Wirtschaft, dem öffentlichen und kulturellen Leben des Kreises und seiner 42 Städte und Gemeinden gründlich befassen möchte, wird in Zukunft an diesem zweibändigen »Jahrhundertwerk« vorbeikommen, das die Landesarchivdirektion Baden-Württemberg herausgibt.

Zudem ist das Erscheinen dieses zweiten Bandes der Kreisbeschreibung ein schönes Geschenk zum 550. Geburtstag des Markgräflerlandes, dem der größte Teil des Landkreises angehört. Der Geburtstag des Markgräflerlandes, der dieses Jahr besonders gefeiert worden ist, war der 8. September 1444, an dem Graf Johann von Freiburg als der Letzte seines Geschlechtes die Herrschaft Badenweiler seinen Neffen Rudolf IV. und Hugo von Hachberg-Sausenberg schenkte. Nachdem bereits 1315 die Herrschaften Rötteln und Hachberg-Sausenberg durch Heirat vereinigt worden waren, war nunmehr das Markgräflerland komplett.

Der Dank für diese hervorragende wissenschaftliche Leistung und die schnelle Herausgabe des vorliegenden zweiten Bandes gilt dem Land Baden-Württemberg und der Landesarchivdirektion unter ihrem Präsidenten Prof. Dr. Wilfried Schöntag, dem Vorsitzenden der Kommission für geschichtliche Landeskunde in Baden-Württemberg und früheren Leiter der amtlichen Landesbeschreibung, Herrn Ltd. Regierungsdirektor a. D. Prof. Dr. Meinrad Schaab, und seinem Amtsnachfolger, Herrn Ltd. Regierungsdirektor Prof. Dr. Eugen Reinhard, sowie insbesondere Herrn Regierungsdirektor Dr. Fred Ludwig Sepaintner und seinen Mitarbeiterinnen und Mitarbeitern der Landesbeschreibung in Freiburg. Dort wurde die Hauptlast der Arbeit in Konzeption und Organisation durch Herrn Sepaintner getragen. Um Inhalt und Aufmachung auch des vorliegenden zweiten Bandes haben sich er und seine Mitarbeiter wiederum verdient gemacht.

Ich hoffe, daß die beiden Bände für viele im Landkreis und darüber hinaus neuer Anlaß sind, sich intensiv mit dem Dreiländereck, dem Landkreis und den Gemeinden zu beschäftigen.

Alois Rübsamen
Landrat

DIE MITARBEITER UND IHRE BEITRÄGE

Albinus, Helga, Diplomarchivarin (FH), Angestellte, Abteilung Landesbeschreibung, Staatsarchiv Freiburg; Statistischer Vorspann der Gemeindebeschreibungen
Asche-Zeit, Ulrike, Dr. phil., Lektorin und Redakteurin, Gelsenkirchen; *Bemerkenswerte Bauwerke* Vormanuskripte (s. M. Schaab)
Bächle, Georg, Assessor d. Lehramts, Weingarten; *Naturraum, Siedlungsbild* Maulburg; Textkarte Todtnau vor dem Großbrand von 1876 und im Jahr 1981 (Entwurf und Kartographie)
Baten, Jörg, M.A., Wiss. Assistent, Universität München; *Bevölkerung, Politisches Leben, Wirtschaft und Verkehr, Verwaltungszugehörigkeit, Gemeinde und öffentliches Leben, Strukturbild* Schopfheim und Rheinfelden (Baden) (zusammen mit F. L. Sepaintner)
Bengsch, Axel, Diplom-Geograph, Rottenburg; Geologische Karte des Landkreises Lörrach (Kartographie) (= Ergänzung zu D. Kartenbeilagen und statistischer Anhang in der Kartentasche)
Borawski, Gerhard, Wiss. Angestellter i. R., Leinfelden-Echterdingen; Redaktionelle Mitarbeit
Braun, Klaus, Freiburg i. Br.; *Naturraum, Siedlungsbild* Neuenweg, Sallneck, Tegernau, Wies und Zell im Wiesental
Bühler, Heidrun, Techn. Zeichnerin, Universität Freiburg; Textkarten Rheinfelden (Baden): Siedlungsentwicklung 1895 bis 1993, Siedlungsentwicklung der Stadtteile 1895 bis 1993 und Räumliches Nutzungsgefüge 1993 (Kartographie)
Faßnacht, Wolfgang, cand. phil., Freiburg i. Br.; Redaktionelle Mitarbeit; Mithilfe *Bevölkerung, Politisches Leben, Wirtschaft und Verkehr, Verwaltungszugehörigkeit, Gemeinde und öffentliches Leben, Strukturbild* Kandern und Schwörstadt (s. F. L. Sepaintner)
Fingerlin, Gerhard, Dr. phil., Oberkonservator, Landesdenkmalamt Baden-Württemberg, Außenstelle Freiburg (Archäologische Denkmalspflege); *Ur- und Frühgeschichte*
Geiger, Folkwin, Dr. rer. nat., Professor an der Pädagogischen Hochschule Freiburg; *Naturraum, Siedlungsbild* Schönenberg, *Naturraum* Schönau im Schwarzwald und Utzenfeld
Geiges-Heindl, Franziska, Dr. phil., Heidelberg; *Geschichte* Schönenberg (Teilbeiträge M. Schaab) – Steinen, OT Endenburg, Schlächtenhaus und Weitenau (nach Vormanuskripten von P. Müller, Bad Säckingen, Teilbeiträge A. Müller und M. Schaab) – Tunau (Teilbeiträge M. Schaab) – Utzenfeld (Teilbeiträge M. Schaab) und Weil am Rhein (Teilbeiträge A. Müller, M. Schaab und W. Zimmermann). Vormanuskripte Rheinfelden (Baden), OT Adelhausen, Degerfelden, Eichsel, Herten, Nordschwaben und Rheinfelden (Baden) (s. W. Zimmermann) sowie Schönau im Schwarzwald (s. M. Schaab)
Götz, Emilie, Techn. Zeichnerin, Universität Freiburg; Textkarte Waldbestand im oberen Wiesental/Südschwarzwald 1885/1987 (Kartographie)
Grohnert, Reinhard, Dr. phil., Oberkonservator, Ministerium für Kultus und Sport Baden-Württemberg, Stuttgart; *Bevölkerung, Politisches Leben, Wirtschaft und*

Verkehr, Verwaltungszugehörigkeit, Gemeinde und öffentliches Leben, Strukturbild Maulburg

Haumann, Heiko, Dr. phil., Professor an der Universität Basel, *Bevölkerung, Politisches Leben, Wirtschaft und Verkehr, Verwaltungszugehörigkeit, Gemeinde und öffentliches Leben, Strukturbild* Todtnau

Hüttner, Rudolf, Dr. rer. nat., Leitender Geologiedirektor a. D., Waldkirch; Geologische Karte des Landkreises Lörrach (Entwurf) (= Ergänzung zu D. Kartenbeilagen und statistischer Anhang in der Kartentasche)

Kremer, Hans-Jürgen, M.A., Hagenbach; *Bevölkerung, Politisches Leben, Wirtschaft und Verkehr, Verwaltungszugehörigkeit, Gemeinde und öffentliches Leben, Strukturbild* Vormanuskripte Malsburg-Marzell und Schliengen (s. F. L. Sepaintner)

Mäckel, Rüdiger, Dr. rer. nat., Professor a. d. Universität Freiburg; *Naturraum* Wieden

Mauz, Melanie, Dipl.-Psychologin, Bad Krozingen; *Bevölkerung, Politisches Leben, Wirtschaft und Verkehr, Verwaltungszugehörigkeit, Gemeinde und öffentliches Leben, Strukturbild* Schönau im Schwarzwald, Schönenberg und Tunau; Wieden (Teilbeiträge F. L. Sepaintner)

Mörgelin, Stefan, Assessor d. Lehramts, Freiburg i. Br.; *Naturraum, Siedlungsbild* Steinen

Mohr, Bernhard, Dr. phil., Akademischer Oberrat, Universität Freiburg; *Naturraum, Siedlungsbild* Rheinfelden (Baden) und Todtnau; Textkarten Rheinfelden (Baden): Siedlungsentwicklung 1895 bis 1993, Siedlungsentwicklung der Stadtteile 1895 bis 1993 und Räumliches Nutzungsgefüge 1993; Textkarte Waldbestand im oberen Wiesental/Südschwarzwald 1885/1987 (Entwürfe)

Müller, Anneliese, Dr. phil., Oberregierungsrätin, Abteilung Landesbeschreibung, Staatsarchiv Freiburg; Redaktionelle Mitarbeit; Quellen- und Literaturverzeichnis; *Geschichte* Kandern – Lörrach – Malsburg-Marzell – Maulburg – Neuenweg – Raich – Rümmingen – Sallneck – Schallbach – Schliengen, OT Liel, Niedereggenen und Obereggenen – Schopfheim – Steinen, OT Hägelberg, Höllstein, Hüsingen und Steinen – Tegernau – Wies – Wieslet sowie Wittlingen; Schwörstadt (Teilbeiträge M. Schaab); Teilbeiträge zu Rheinfelden (Baden) – Steinen, OT Schlächtenhaus und Weitenau sowie zu Weil am Rhein (s. F. Geiges-Heindl)

Müller, Peter Christian, Stadtarchivar, Bad Säckingen; *Geschichte* Vormanuskripte Steinen, OT Endenburg, Schlächtenhaus und Weitenau

Nebel, Jürgen, Dr. rer. nat., Professor an der Pädagogischen Hochschule Karlsruhe; *Naturraum, Siedlungsbild* Lörrach; Vormanuskripte Kandern, Malsburg-Marzell und Wieslet (s. J.-W. Schindler)

Peters, Annemarie, Lehrerin, Wittnau; *Bevölkerung, Politisches Leben, Wirtschaft und Verkehr, Verwaltungszugehörigkeit, Gemeinde und öffentliches Leben, Strukturbild* Rümmingen

Reinhard, Eugen, Dr. phil., Honorarprofessor der Universität Karlsruhe, Leitender Regierungsdirektor, Landesarchivdirektion Baden-Württemberg, Stuttgart; Gesamtleitung (ab 1994); Textkarte Erzgänge und mittelalterlicher Bergbau im Schönau-Todtnauer Revier (Entwurf)

Riesterer, Stefan, Assessor d. Lehramts, Freiburg i. Br.; *Naturraum, Siedlungsbild* Schwörstadt

Rothmund, Paul (†), Dr. phil., ehem. Professor an der Pädagogischen Hochschule Freiburg; *Bevölkerung, Politisches Leben, Wirtschaft und Verkehr, Verwaltungszugehörigkeit, Gemeinde und öffentliches Leben, Strukturbild* Vormanuskript Lörrach (s. K. Schubring)

Salzmann, Martin, Dr. phil., Rechtsquellenkommission des Schweizerischen Juristenvereins, Zürich; *Geschichte* Vormanuskripte Rheinfelden (Baden), OT Karsau und Minseln (s. A. Müller, M. Schaab und W. Zimmermann) sowie Schliengen, OT Mauchen und Schliengen (s. W. Zimmermann)

Schaab, Meinrad, Dr. phil., Honorarprofessor der Universität Heidelberg, Leitender Regierungsdirektor a.D., Wilhelmsfeld; Gesamtleitung (bis 1993); *Geschichte* Todtnau – Wembach – Wieden; Schönau im Schwarzwald (s. F. Geiges-Heindl); Teilbeiträge zu Rheinfelden und Schönenberg (s. W. Zimmermann und F. Geiges-Heindl), Schwörstadt (s. A. Müller) – Steinen, OT Endenburg – Tunau und Utzenfeld sowie Weil am Rhein (s. F. Geiges-Heindl); *Bemerkenswerte Bauwerke* (s. U. Asche-Zeit)

Schefcik, Gerd, Dipl.-Ingenieur für Kartographie (FH), Eppelheim; Textkarte Erzgänge und mittelalterlicher Bergbau im Schönau-Todtnauer Revier (Kartographie)

Schindler, Jörg-Wolfram, Dr. phil., Dipl. Geogr., Regierungsrat, Abteilung Landesbeschreibung, Staatsarchiv Freiburg; Redaktionelle Mitarbeit am Teil A, Naturraum und Siedlung, aller Gemeindebeschreibungen; *Naturraum, Siedlungsbild* Raich, Rümmingen, Schallbach, Schliengen, Schopfheim, Weil am Rhein und Wittlingen; *Siedlungsbild* Schönau im Schwarzwald, Tunau, Utzenfeld, Wembach und Wieden; *Naturraum, Siedlungsbild* Kandern, Malsburg-Marzell und Wieslet (s. J. Nebel)

Schubring, Klaus, Dr. phil., Professor an der Pädagogischen Hochschule Freiburg; *Bevölkerung, Politisches Leben, Wirtschaft und Verkehr, Verwaltungszugehörikeit, Gemeinde und öffentliches Leben, Strukturbild* Lörrach (s. P. Rothmund)

Schultz, Friedhelm, Dr. phil., Karlsruhe. *Register*

Senger, Thomas, M.A., Universität Freiburg; *Naturraum* Tunau und Wembach

Sepaintner, Fred Ludwig, Dr. phil., Regierungsdirektor, Abteilung Landesbeschreibung, Staatsarchiv Freiburg; Gesamtredaktion, Bild- und Kartenausstattung, Fotos; Beschreibung der *Gemeindewappen*; *Bevölkerung, Politisches Leben, Wirtschaft und Verkehr, Verwaltungszugehörigkeit, Gemeinde und öffentliches Leben, Strukturbild* Kandern, Schallbach, Schwörstadt, Weil am Rhein und Wittlingen; Malsburg-Marzell und Schliengen (s. J. Kremer), Rheinfelden und Schopfheim (s. J. Baten); Teilbeiträge zu Wieden (s. M. Mauz); Fortschreibung aller Beiträge *Bevölkerung, Politisches Leben, Wirtschaft und Verkehr, Verwaltungszugehörigkeit, Gemeinde und öffentliches Leben, Strukturbild* auf das Jahr 1993

Ulbrich, Claudia, Dr. phil., Wiebelskirchen; *Geschichte* Zell im Wiesental

Wittmer, Ingeborg, Dr. phil., Linkenheim-Hochstetten; *Bevölkerung, Politisches Leben, Wirtschaft und Verkehr, Verwaltungszugehörigkeit, Gemeinde und öffentliches Leben, Strukturbild* Neuenweg, Raich, Sallneck und Wies

Zimmermann, Wolfgang, Dr. phil., Archivassessor, Landesarchivdirektion Baden-Württemberg, Stuttgart; *Geschichte* Rheinfelden (Baden) (nach Vormanuskripten von F. Geiges-Heindl und M. Salzmann; Teilbeiträge von A. Müller und M. Schaab), Schliengen, OT Schliengen und Mauchen, (s. M. Salzmann); Teilbeiträge zu Rheinfelden (Baden) (s. F. Geiges-Heindl und M. Salzmann) und Weil am Rhein (s. F. Geiges-Heindl)

Zoche, Hartmut, Dr. phil., Waldkirch; *Bevölkerung, Politisches Leben, Wirtschaft und Verkehr, Verwaltungszugehörigkeit, Gemeinde und öffentliches Leben, Strukturbild* Steinen, Tegernau, Utzenfeld, Wembach, Wieslet und Zell im Wiesental

Weitere Mitarbeiter an der Materialsammlung: Schlenker, Dieter, cand. phil., Freiburg im Breisgau; Uhlig, Gertrud, March-Hugstetten; Wolf, Stefan, Dr. phil., Karlsruhe

INHALT DES BANDES II

B. Gemeindebeschreibungen

Kandern	1
Feuerbach, Holzen, Kandern, Riedlingen, Sitzenkirch, Tannenkirch, Wollbach	
Lörrach	82
Brombach, Haagen, Hauingen, Lörrach	
Malsburg-Marzell	170
Malsburg, Marzell	
Maulburg	196
Neuenweg	216
Raich	230
Rheinfelden (Baden)	243
Adelhausen, Degerfelden, Eichsel, Herten, Karsau, Minseln, Nordschwaben, Rheinfelden (Baden)	
Rümmingen	339
Sallneck	353
Schallbach	362
Schliengen	375
Liel, Mauchen, Niedereggenen, Obereggenen, Schliengen	
Schönau im Schwarzwald	436
Schönenberg	464
Schopfheim	478
Eichen, Enkenstein, Fahrnau, Gersbach, Langenau, Raitbach, Schopfheim, Wiechs	
Schwörstadt	554
Dossenbach, Schwörstadt	
Steinen	586
Endenburg, Hägelberg, Höllstein, Hüsingen, Schlächtenhaus, Steinen, Weitenau	
Tegernau	642
Todtnau	661
Aftersteg, Geschwend, Muggenbrunn, Präg, Schlechtnau, Todtnau, Todtnauberg	
Tunau	722
Utzenfeld	731

Weil am Rhein 742
    Haltingen, Märkt, Ötlingen, Weil am Rhein

Wembach 816

Wieden 824

Wies 838

Wieslet 854

Wittlingen 868

Zell im Wiesental 884
    Adelsberg, Atzenbach, Gresgen, Mambach, Pfaffenberg, Riedichen, Zell im Wiesental

Orts- und Personenregister für die Bände I und II 934

ABBILDUNGSVERZEICHNIS

1 Kandern, Innenstadt
2 Kandern, Zentrum, (Ausschnitt aus einem Plan um die Mitte des 18. Jh.)
3 Kandern, Chamottefabrik um die Jahrhundertwende
4 Kandern, Lederfabrik Gebr. Kramer um die Jahrhundertwende
5 Kandern, Fabriken für Dachziegel und feine Tonwaren, Kunsttöpferei (um 1910)
6 Kandern, Marktplatz mit Blick auf die ev. Stadtkirche
7 Kandern, Stadthaus »Zum roten Löwen«, Gemeindestube, heute Verkehrsamt
8 Kandern, Der Anagama-Hangofen zum Brennen von Keramik, gebaut von Horst Kerstan 1976
9 Feuerbach, ev. Kirche
10 Holzen
11 Riedlingen
12 Sitzenkirch
13 Tannenkirch
14 Wollbach
15 Lörrach, Blick über das Stadtzentrum
16 Lörrach, Blick auf den Bahnhof
17 Lörrach, Rathaus
18 Lörrach, Burgmuseum, Innenhof, Blick auf den Turm der ev. Stadtkirche
19 Lörrach, Landratsamt
20 Röttelnweiler
21 Brombach, Blick auf das Schöpflin-Werk
22 Brombach, Kirche St. Joseph
23 Blick über Schloß Rötteln auf Haagen
24 Hauingen, Steinenstraße, Blick in die Unterdorfstraße
25 Hauingen, Unterdorfstraße, Blick in die Steinenstraße
26 Malsburg
27 Marzell
28 Maulburg, Rathaus
29 Maulburg, Hauptstraße, Blick nach Westen
30 Maulburg, Hauptstraße, Blick nach Osten
31 Maulburg, Kellermühle, 1902 vor dem Brand
32 Maulburg, Alte Wiesebrücke
33 Neuenweg
34 Raich
35 Rheinfelden/Baden
36 Rheinfelden/Baden, Zentrum
37 Rheinfelden/Baden, Rathaus
38 Adelhausen
39 Adelhausen, Rathaus
40 Eichsel
41 Degerfelden, Grenzacherstraße entlang dem Dorfbach
42 Herten, St. Urban
43 Warmbach, St. Galluskirche
44 Karsau, Rathaus
45 Karsau-Beuggen, St. Michael
46 Minseln
47 Nordschwaben
48 Rümmingen
49 Rümmingen, Dorfstraße
50 Sallneck
51 Schallbach
52 Schliengen
53 Schliengen, Schloß Entenstein (Rathaus)
54 Schliengen, St. Leodegar
55 Liel, St. Vincentius
56 Liel, Rebhuhnstraße
57 Mauchen, Zentrum, Blick auf die Kapelle
58 Obereggenen, ev. Kirche
59 Ober- und Niedereggenen, im Hintergrund der Blauen
60 Schönau i. Schw.
61 Schönau, Marienkirche
62 Schönau, Rathaus
63 Schönau, Klösterle
64 Schönau am Ende des 19. Jahrhunderts
65 Schönenberg
66 Schopfheim, Blick auf die Altstadt
67 Schopfheim, Rathaus
68 Schopfheim, Industrie- und Handelskammer
69 Schopfheim, Gewerbeakademie der Handwerkskammer Freiburg
70 Schopfheim, Hauptstraße östlicher Teil
71 Enkenstein
72 Fahrnau, Kirchstraße, Mühlengasse
73 Gersbach
74 Langenau, Rathaus
75 Raitbach
76 Wiechs 1928
77 Wiechs 1991 (Ausschnitt)
78 Dossenbach
79 Dossenbach, ev. Kirche
80 Schwörstadt
81 Steinen, Schloß
82 Steinen, ev. Kirche
83 Steinen, Blick von Norden her

Abbildungsverzeichnis

- 84 Steinen, Rathaus
- 85 Steinen, Ortsmitte
- 86 Hägelberg
- 87 Höllstein, Zentrum, Blick auf die ev. Kirche St. Margaretha
- 88 Hüsingen
- 89 Schlächtenhaus
- 90 Kloster Weitenau
- 91 Weitenau, Dorf
- 92 Tegernau, Dorfmitte
- 93 Tegernau, kath. (Vordergrund) und ev. Kirche
- 94 Todtnau
- 95 Todtnau, Rathaus
- 96 Todtnau, St. Johannes der Täufer
- 97 Brandenberg
- 98 Aftersteg
- 99 Geschwend, St. Wendelin
- 100 Geschwend, Einzelhof
- 101 Geschwend, Blick taleinwärts
- 102 Muggenbrunn
- 103 Präg
- 104 Schlechtnau, neue Marienkapelle
- 105 Todtnauberg
- 106 Todtnauberg, St. Jacobus
- 107 Tunau
- 108 Tunau, Herzjesukapelle und der westl. Teil der Siedlung
- 109 Utzenfeld
- 110 Utzenfeld, Rathaus
- 111 Blick über Altweil
- 112 Altweil, Staffelhaus
- 113 Weil am Rhein, Rathaus
- 114 Altweil, Lindenplatz mit der ev. Stadtkirche
- 115 Friedlingen, Schetty-Areal vor der Umgestaltung um 1990
- 116 Friedlingen, Rhein-Center (1991)
- 117 Haltingen, Gasthaus »Zum Hirschen«
- 118 Haltingen, Uhrturm, Ringstraße
- 119 Haltingen, Schulhaus vor 1911
- 120 Haltingen, Blick durch die Kirchstraße auf die ev. St. Georgskirche
- 121 Haltingen, St. Marienkirche
- 122 Haltingen
- 123 Ötlingen
- 124 Ötlingen, Oberer Ottmarsheimer Hof
- 125 Ötlingen, Kogerhaus
- 126 Ötlingen, im Hintergrund Haltingen
- 127 Märkt
- 128 Märkt, ev. Kirche
- 129 Märkt, Bereich Im Winkel
- 130 Wembach
- 131 Wieden
- 132 Wies, Blick nach Westen auf die ev. Kirche
- 133 Wieslet
- 134 Wittlingen
- 135 Wittlingen, ev. Kirche
- 136 Zell im Wiesental, Rathaus
- 137 Zell im Wiesental, Kirchstraße
- 138 Zell vor dem Brand 1818
- 139 Zell im Wiesental, Blick nach Nordosten
- 140 Adelsberg
- 141 Atzenbach
- 142 Mechanische Weberei Zell, Häusler & Vonkilch 1885 (danach: Mez)
- 143 Atzenbach, ehemalige Spinnerei
- 144 Gresgen
- 145 Mambach
- 146 Pfaffenberg, im Hintergrund der Zeller Blauen
- 147 Riedichen

BILDNACHWEIS

Hans Fräulin, Zell im Wiesental: 138, 142, 143.
Foto Frei, Weil am Rhein: 116. © Stadt Weil am Rhein.
Hartmut Mayer, Grenzach-Whylen: 10–13, 33, 34, 38, 40, 47, 48, 50, 51, 71, 75, 80, 86, 88, 91, 103, 107, 133, 134, 140, 144, 145. © LAD.
Erich Meyer, Hasel: 77, 89.
Prof. Dr. E. Reinhard, LAD Landesbeschreibung: 2. (Generallandesarchiv Karlsruhe H, Kandern 8).
V. Scheer, Kandern: 3–5.
Dr. F. Schultz, Karlsruhe: 113, 114, 117–121, 124–126, 128, 129. © Stadt Weil am Rhein.
Dr. F. L. Sepaintner, STAF Landesbeschreibung: 6–9, 16–22, 24, 25, 28–30, 36, 37, 39, 41–46, 49, 53–58, 61–63, 66–70, 72, 74, 78, 79, 81–85, 87, 90, 92, 93, 95, 96, 99, 101, 102, 104, 106, 108, 110, 112, 132, 135, 137, 139, 141, 147.

Verzeichnis der Tabellen und Textkarten XV

Foto Spinner, Bad Säckingen: 14, 15, 23, 26, 27, 35, 52, 59, 60, 73, 94, 111, 115, 146. © LAD.
Foto Wiesler, Titisee-Neustadt: 100. © LAD.

Gde Maulburg: 31, 32.
Kurverwaltung Schönau: 65, 130, 131.
Stadt Schönau: 64.
Stadtarchiv Schopfheim: 76.
Kurdirektion Todtnau: 97, 98, 105.
Gde Utzenfeld: 109.

Schwabenflugbild, Dombühl: 1. © Stadt Kandern.
SP-Luftbild, Dattenberg: 122, 123, 127. © Stadt Weil am Rhein.

VERZEICHNIS DER TABELLEN

Tab. 1: Kandern 23
Tab. 2: Lörrach 110
Tab. 3: Malsburg-Marzell 180
Tab. 4: Maulburg 205
Tab. 5: Neuenweg 224
Tab. 6: Rheinfelden 275
Tab. 7: Rümmingen 345
Tab. 8: Schallbach 367
Tab. 9: Schliengen 393
Tab. 10: Schönau im Schwarzwald 449
Tab. 11: Schopfheim 504
Tab. 12: Schwörstadt 566
Tab. 13: Steinen 606
Tab. 14: Todtnau 686
Tab. 15: Utzenfeld 738
Tab. 16: Weil am Rhein 772
Tab. 17: Weil am Rhein. Einzelhandelsbetriebe 1992 777
Tab. 18: Weil am Rhein. Groß- und Einzelhandel 1992 778
Tab. 19: Wies 845
Tab. 20: Wieslet 860
Tab. 21: Wittlingen 875
Tab. 22: Zell im Wiesental 905

Die Tabellen (ausgenommen Tab. 17 und 18) zeigen den Stand des Handwerks 1992

VERZEICHNIS DER TEXTKARTEN

TK 1: Rheinfelden (Baden). Siedlungsentwicklung 1895–1993 248
TK 2: Rheinfelden (Baden). Räumliches Nutzungsgefüge 1993 248
TK 3: Rheinfelden (Baden). Siedlungsentwicklung der Stadtteile 1895–1993 258
TK 4: Todtnau vor dem Großbrand von 1876 und im Jahr 1981 667
TK 5: Waldbestand im oberen Wiesental/Südschwarzwald 1885/1987 685
TK 6: Erzgänge und mittelalterlicher Bergbau im Schönau-Todtnauer Revier 713

BERICHTIGUNGEN ZU BAND I

Bild 50: statt Efringer Kirche richtig »Egringer Kirche«
Bild 75: statt evangelische Kirche richtig »katholische Kirche«
Seite 579 Zeile 6: statt Waldgasse richtig »Wallgasse«

NACHTRAG ZU QUELLEN UND LITERATUR IN BAND I

Brauchtum

Brenner, H., Der »Palmen« im Hinteren Wiesental. In: Markgräflerland 1978, S. 313–314.
Hollenweger, P., Überliefertes und neues Brauchtum. Das Brauchtum im Jahreslauf am Oberrhein. In: Markgräflerland 1978, S. 300.
Küster, J., Wörterbuch der Feste und Bräuche im Jahreslauf. Eine Einführung in den Festkalender. Freiburg, 1985, S. 133.
Meisen, K., St. Martin im volkstümlichen Glauben und Brauch. In: Rhein. Jahrbuch für Volkskunde 19 (1968), S. 87.
Preusch-Müller, I., Fasnacht in Kandern. In: Die Markgrafschaft 2 (1950), Nr. 2, S. 14.
Schmidt, L., Brauch ohne Glaube. Die öffentlichen Bildgebärden im Wandel der Interpretationen. In: Antaios 6 (1964), S. 209–238.
Schülin, F., Das dörfliche, religiöse Brauchtum im Kirchenjahr von Istein. In: Markgräflerland 1978, S. 310.
Ders., Volkstum und Brauchtum. In: Der Kreis Lörrach. Stuttgart 1980, S. 175.

BEILAGE IN DER KARTENTASCHE

Geologische Karte des Landkreises Lörrach, M 1:50000 *(R. Hüttner)*

Kandern

6227 ha Stadtgebiet, 7252 Einwohner (31.12.1990; 1987: 6851)

Wappen: In Gold (Gelb) eine rote Kanne mit Deckel.
Flagge: Rot-Gelb (Rot-Gold).

Die Kanne, als Grenzzeichen schon vor der Stadterhebung 1810 in Gebrauch und seit 1899 in den badischen Farben gehalten, stellt den volksetymologischen Erklärungsversuch für den Ortsnamen dar. Das Wappen wurde am 11. November 1975 vom Innenministerium erneut verliehen.

Gemarkungen: Feuerbach (398 ha, 309 E.); Holzen (724 ha, 481 E.) mit Holzen und Holzen, Badhof; Kandern (1508 ha, 3313 E.) mit Kandern, Bruckmatt, Glashüttenhof, Platzhof und Stein(en)kreuz; Riedlingen (600 ha, 534 E.) mit Riedlingen, Käppelebuck, Mühlehof und Riedlinger Bad; Sitzenkirch (385 ha, 246 E.) mit Sitzenkirch, St.-Johannes-Breite und Wässerlehof; Tannenkirch (753 ha, 767 E.) mit Tannenkirch und Uttnach, Ettingen, Gupf und Kaltenherberg; Wollbach (1861 ha, 1201 E.) mit Wollbach, Bruckmühle, Egerten, Egisholz, Hammerstein, Hofmühle, Kaisergrube und Nebenau.

A. Naturraum und Siedlung

Natürliche Grundlagen. – Das 6227 ha große Gebiet der Stadt Kandern umfaßt den Bereich des *mittleren Kandertales*, das sich nördlich anschließende *Lippisbachtal*, das westlich davon parallel verlaufende *Feuerbachtal* sowie das bei Wollbach einmündende *Wollbachtal*. Die weiträumige Erstreckung des Stadtgebietes erklärt sich durch die Zusammenlegung der Gemarkungsflächen von Feuerbach, Holzen, Riedlingen, Sitzenkirch, Tannenkirch und Wollbach mit Kandern im Zuge der Gemeindereform 1974.

Der den Bereich strukturierende *Hauptfluß* ist die *Kander*, die am Kanderwasen nordöstlich des Friedrichsheims nördlich von Marzell entspringt, zunächst südwestlich verläuft, sich bei Kandern dann nach S wendet, in einem weiten Bogen das Markgräfler Tertiärhügelland durchfließt und nach etwa 28 km bei Märkt in den Oberrhein mündet. Ihr Einzugsgebiet umfaßt etwa 84 Quadratkilometer. Der im Oberlauf enge Talcharakter ändert sich bei Kandern, das Tal weitet sich und erlaubt die Anlage einer größeren Siedlung. Hier mündet als wasserreichster Zufluß der *Lippisbach* in die Kander. Der Lippisbach entwässert den Südhang des Blauen mit einem Einzugsbereich von etwa 12 Quadratkilometern.

Der Aussichtspunkt beim Kriegerdenkmal auf dem Böscherzen südlich der Stadt Kandern ermöglicht einen Überblick über die Lage der Stadt und die umgebende Landschaft. Nach Nordosten eröffnet sich das Kandertal, nach N das Lippisbachtal, beide treffen in Kandern aufeinander, der Heißbühl überragt mit 476 m die Stadt im Nordosten. Im Hintergrund prägt das steil aufragende Blauenmassiv mit dem 1167 m hohen Blauen den nordwestlichen Bereich des Landschaftsbildes. Nach S bis zum Scheideck-Pass (548 m) treppt sich das Gelände über Hohwildsberg (1086 m), Wildsberg (1020 m) und Stückbäume (941 m) ab. Eine ähnliche Stufung ist in den Höhenzügen zwischen Lippisbachtal und Kandertal festzustellen. Vom Blauen ergeben sich stufenartige Absetzungen über 1057 m beim Nikolauswald, 848 m beim Großholz, 665 m bei der ehemaligen Sausenburg und 549 m beim Sausenhardt. Jenseits der Linie Kandern–Scheideck ist ein erneutes Ansteigen des Geländes festzustellen auf Höhen von etwa 700 m über Munzenberg und Heuberg (548 m). Während die Oberflächenformen im Bereich des Blauenmassivs überwiegend kuppig angerundet erscheinen, ist in diesem südlichen Bereich deutlich eine sargdeckelähnliche Verflachung im oberen Teil festzustellen, die in eine steile Hangpartie übergeht.

Westlich der Stadt Kandern ändert sich das Landschaftsbild. Die nordsüdlich festgestellte Abtreppung ist in noch stärkerem Maße auch in ostwestlicher Richtung nachzuzeichnen. Höhen von 550 m (Steineck), 530 m (Hohfohren) gehen in Richtung W auf 458 m (Stocken) und noch weiter herunter. Der Behlen südlich des Aussichtspunktes erreicht 437 Meter. Südlich einer Linie Holzen – Hammerstein ist eine weitere Höhenabtreppung festzustellen. Höhen um etwa 300 m lassen klar den 437 m hohen Behlen und den sich in ähnlicher Höhenlage nordwestlich erstreckenden Höhenzug heraustreten.

So unterschiedlich wie die Oberflächenform sind auch Bewaldung und Bodennutzung. Mit über 2000 ha ist fast ein Drittel des weitläufigen Gemeindegebietes mit Wald bedeckt. Die *Waldflächen* konzentrieren sich auf den nördlichen und südlichen Bereich des Stadtgebiets, während im S und W offene Landschaftsteile vorherrschen. Die Hauptbaumart ist die Buche, sie nimmt in den Wäldern von Kandern heute noch über 50% der Fläche ein. Tanne, Fichte, Lärche, Föhre, Douglasie sind als Nadelhölzer anzutreffen, aber viele Laubhölzer, wie Eiche, Esche, Ahorn, Linde, Ulme und Erle, sind die Voraussetzung für die schönen Mischbestandstrukturen der Wälder um Kandern. Eine geschlossene Walddecke zieht sich über Heuberg und Munzenberg im S der Stadt. Die nördlich anschließenden Waldgebiete sind insbesondere in den Mittellagen aufgelockert und teilweise mit Wiesen und Weiden durchsetzt. Im westlichen Teil des Stadtgebiets nehmen die Waldflächen kleinere zusammenhängende Areale ein, wie z. B. der Behlen, der Schorner und Rüttenien. Hier überwiegt die offene Landschaft. Äcker, Obstbaumanlagen und Reben prägen ihr Erscheinungsbild.

Die Unterschiedlichkeit von Oberflächenformen, Bodennutzung und Bewaldung ergibt sich aus der Lage Kanderns an der Grenze zwischen zwei Naturräumen, die von N nach S das Stadtgebiet durchquert. Die östlichen Landschaftsteile gehören dem *Schwarzwald* an und gehören zu den Untereinheiten um das Blauenmassiv und das Kandertal. Die westlichen Landschaftsteile gehören zum *Oberrheingraben* und haben Anteil an der rechtsrheinischen Vorbergzone im Bereich des mittleren Markgräfler Hügellandes. Der Untergrund der Schwarzwald-Einheiten besteht aus *kristallinen Gesteinen*, vor allem Graniten, Gneisen und Porphyren. Im Bereich Burberg und Sandelkopf bilden Gneisanatexite der Schwarzwälder Gneismasse die südliche Begrenzung des Schwarzwaldes. Der südlich angrenzende Heuberg und der Munzenberg gehören bereits zu den Weitenauer Vorbergen, die aus *Rotliegendem* und *Buntsandstein* aufgebaut sind. Die großflächige Einmuldung von Kandern über Schlächtenhaus bis Hausen besteht in weiten Teilen aus Rotliegendem, die Hochflächen der südlich angrenzenden Bergzüge bilden eine Decke aus Buntsandstein. Am Waldparkplatz bei der Scheideckstraße ist Rotliegendes am Roten Rain aufgeschlossen. Es besteht hier aus einer mächtigen Folge von Feinsanden, Sandsteinen und Konglomeraten. Besonders in der Senke von der Scheideck über Schlächtenhaus-Weitenau-Enkenstein zum Maienberg findet sich häufig die kennzeichnende rote Farbgebung. Die Hochflächen der Berghöhen sind aus flachgelagerten Buntsandsteinschichten aufgebaut, die ursächlich die Tafelgestalt bewirken. Der Buntsandstein ist z. T. rot, mitunter auch blaßrötlich in der Farbgebung. Zum Teil ist er tonig ausgeprägt, teilweise enthält er kieselige Sandsteine mit Konglomeratbänken. Die nordsüdlich das Stadtgebiet durchziehende *Schwarzwald-Randverwerfung* zwischen Badenweiler und Kandern bildet den Übergang zwischen dem Schwarzwald im O und dem Markgräfler Hügelland im W. Dieser zur rechtsrheinischen Vorbergzone gehörende Teil der Stadtgemarkung ist naturräumlich zweigeteilt: Etwa bis zu einer Linie Bad Bellingen – Hammerstein treten zerstückelte *Jurastollen* zutage. Der südlich anschließende Bamlacher Graben führte zur Erhaltung *tertiären Materials*, so daß dieser Teil auch als Tertiärhügelland bezeichnet wird. Dagegen ist bei der St.-Johannes-Breite, westlich von Sitzenkirch, *Lias* aufgeschlossen. Der Hauptrogenstein des Doggers bildet die Höhen westlich der Stadt bis etwa Riedlingen. Ihre südlichen Höhenzüge, Böscherzen und Behlen, sind aus *Malm* aufgebaut.

Die stadtbildprägenden Anlagen der Kanderner Tonwerke beruhen auf den ausgedehnten *Tonvorkommen* im N der Stadt entlang der Straße nach Sitzenkirch. Die hier vorhandenen Oxford-Tone und *Mergel* des Oberen Jura sind Rohstoffe für die Erzeugnisse dieser Fabrik. Zahlreiche weitere ergiebige Tongruben in der näheren Umgebung liefern die Grundlage für das in Kandern bedeutende Hafnerhandwerk. Als Rohmaterial für die Keramikherstellung dient vor allem ein Kieselton mit großen Quarz- und Felsspatanteilen, der tertiären Lagern entstammt und in großen Mengen in den Weißerdengruben am Heuberg vorkommt. Die tertiären Ablagerungen setzen sich dann im Kandertal bei Hammerstein fort, wo sich Brauneisenerz (*Bohnerz*) mit Feinstsanden und roten Tonen feststellen läßt. Zwischengeschaltet sind Kalksandstein und Konglomerate, deren Mächtigkeit in Richtung W zunimmt. Das Bohnerz wurde bis zur Mitte des letzten Jahrhunderts an verschiedenen Orten des Markgräflerlandes verhüttet und weiterverarbeitet. Eisen aus Kandern wurde bereits im 8. Jh. urkundlich erwähnt. Noch heute geben gußeiserne Kanonenöfen und Kanonenkugeln aus den ehemaligen markgräflichen Hammerschmieden Zeugnis von der Eisenproduktion dieses Raumes.

Weite Teile des Markgräfler Hügellandes sind durch die Auswehungen der letzten Eiszeit lößüberdeckt. Der *Löß* steht hier weitflächig an und bildet die Voraussetzung für die intensive landwirtschaftliche Nutzung des südwestlichen Teiles des Kanderner Stadtgebiets. Im N bilden die kuppigen und bewaldeten Höhenzüge des südlichen Schwarzwaldes die Begrenzung. Im S erstrecken sich die kompakten Formen der Weitenauer Vorberge, im Nordwesten liegt das zerstückelte mesozoische Schollenmosaik mit dem ausgeprägten Wechsel zwischen Waldflächen auf der Höhe und intensiv genutzten landwirtschaftlichen Flächen im Tal und in den Hangbereichen. Der äußerste S ist geprägt durch die Ausläufer des Tertiärhügellandes und den Übergang zur Rheinniederung.

Siedlungsbild. – Der namengebende Hauptort Kandern erstreckt sich in einer Höhe von 350 m ü.d.M. über eine Fläche von 1508 Hektar. Im Mündungswinkel zwischen der von O kommenden Kander und dem nach N einmündenden Lippisbach konnte sich die Stadt im Tal und an den angrenzenden Hängen entwickeln. Die Hauptleitlinie bildete dabei die aus der Rheinebene ins Wiesental führende Straße, die heute im Stadtbereich durch die Hauptstraße nachgezeichnet wird. Die Kanderner Gemarkung entstand aus *drei verschiedenen Ortsteilen*. *Keimzelle* ist das heutige Zentrum mit der Bebauung um die Kirche, nördlich der Hauptstraße bis zur Einmündung der Sitzenkircher Straße. Als *zweiter Ortsteil* wird die Siedlung im Tal des Lippisbachs angesehen, die sich im heutigen Mündungsbereich von Feuerbacher Straße und Hauptstraße lokalisieren läßt. Als *dritter Ortsteil* wird das Gelände der späteren Papierfabrik im S der Stadt angeführt. So ergibt sich ein unregelmäßiger Ortsgrundriß mit dichter, relativ geschlossener Bauweise im Kern und erkennbaren Auflockerungen in Richtung der Randbereiche. Unregelmäßige Führung und wechselnde Breite kennzeichnen auch das Straßennetz.

Die Aufrißelemente zeigen – ähnlich wie die Grundrißstrukturen – Unterschiede zwischen dem relativ dicht bebauten Ortskern und den aufgelockerten Randbereichen. Die Aufrißentwicklung im Kern ist gekennzeichnet durch das Nebeneinander unterschiedlicher Baustile und Nutzungen. Entlang der Hauptstraße wechselt die Stellung der Häuser zwischen Giebel- und Traufständigkeit mit vor- und zurücktretenden Baufluchtlinien. Dadurch ergibt sich eine individuelle, ortsbildprägende Gesamterscheinung, die durch Staffelgiebel, gotische Fensterprofile, klassizistische Anlagen, Streckhöfe und alemannische Einhäuser, aber auch moderne Wohn- und Geschäftshäuser ergänzt wird.

Den eigentlichen *Altstadtbereich*, der 1978 unter Denkmal-Ensembleschutz gestellt wurde, prägen eine große Zahl von Bürgerhäusern, die insbesondere aus der Zeit zwischen 1550 und 1630 stammen, der Glanzzeit Kanderns mit einer zunehmenden Bedeutung der Hafnerei. Diese Häuser sind auf das Gebiet um Hauptstraße, Hafnergasse und Ziegelstraße konzentriert wozu oft Ökonomiegebäude gehören, die meist in einfacher, konstruktiver Fachwerkbauweise errichtet wurden. Sie zeichnen sich durch steile Satteldächer aus und haben an den Giebelseiten häufig charakteristische sandsteinerne Konsolen mit aufgelegten Klebdächern. Die behäbigen Bürgerhäuser des frühen 17. Jh. wurden in Stein gebaut, wie dies u. a. an dem 1634 erbauten ältesten Schulhaus Kanderns mit seiner rundbogigen Kellereinfahrt zu sehen ist. Andere Bürgerhäuser dieser Epoche zeigen Fachwerkkonstruktion, z. B. das im Jahre 1604 in Rähm-Konstruktion errichtete Haus, das sich nördlich des Heimatmuseums in einem kleinen Hof befindet. Typisch für Häuser wohlhabender Bürger des beginnenden 17. Jh. in Kandern ist das breite Dreigiebelhaus an der Ecke Hauptstraße/Feuerbacher Straße.

Ein besonderes Gestaltungselement der Altstadt von Kandern sind die drei Platzanlagen, von denen die zwei größeren sich jeweils zur Hauptstraße hin öffnen. Die älteste dürfte der *Marktplatz* sein, der südlich unterhalb der ev. Kirche liegt. Das nach N ansteigende, langgestreckte Rechteck weist eine unregelmäßige Begrenzung auf, hervorgerufen durch die vor- und zurückspringende Häuserfront sowie den hakenförmigen Übergang in die Hafnergasse an seiner Nordostecke. In den umliegenden, z. T. umgebauten und sanierten alten Bürgerhäusern sind fast überall Ladengeschäfte und Dienstleistungseinrichtungen eingezogen. Die Westseite des Marktplatzes wird von dem stattlichen, aus dem Jahr 1816 stammenden Gasthaus »Zum Brüderlin« geprägt, im S grenzt ein großer, ebenfalls alter Brunnentrog den Platz optisch von der Hauptstraße ab. Der Marktplatz gibt den Blick von der Hauptstraße auf die erhöht stehende ev. Kirche frei, die bis 1827 von Paul Bayer im Weinbrennerstil erbaut wurde (s. u., Bemerkenswerte Bauwerke). Unmittelbar neben der Kirche steht das um die Jahrhundertwende gebaute zweigeschossige Schulhaus, das durch seine roten Buntsandsteinquader sowie das schmucke Walmdach ins Auge fällt.

Südlich der Hauptstraße wird der Marktplatz durch den breiten Vorplatz vor dem einstigen Rathaus optisch verlängert. Allseitig freistehend bildet das langgestreckte, giebelständig zur Hauptstraße orientierte Gebäude einen eindrucksvollen Mittelpunkt. Mit der laubenartigen Versetzung in Richtung Hauptstraße paßt es sich der architektonischen Gestaltung dieses Straßenzuges an. Obwohl vom 17. bis zum 19. Jh. mehrfach umgebaut, lassen das alte Rathaus und sein Dachstuhl noch Formen spätgotischen Ursprungs erkennen; die spitzgiebeligen Portalgewände sind um die Mitte des 19. Jh. datiert. Seit 1978 sind hier neben dem Verkehrsamt eine öffentliche Bibliothek mit Leseraum sowie das Notariat untergebracht. Die Aufrißgestaltung des Platzraumes um das ehemalige Rathaus wird im rückwärtigen Teil geprägt durch die Fischermühle, deren Bausubstanz bis in das Jahr 1452 zurückreicht. Das stattliche, städtebaulich bedeutsame Gebäude wurde im 18. und 19. Jh. verändert und bildet heute zusammen mit dem »Storchen« den südlichen Abschluß dieses Altstadtbereichs.

Berühmtheit hat der weiter westlich folgende *Blumenplatz* erlangt, der sich ebenfalls von der Hauptstraße aus nach S orientiert. Er ist wesentlich größer als die anderen Plätze und stellt sich als regelmäßige Rechteckanlage dar, die in ihrer geschlossenen, zeitgemäßen Bebauung in Südwestdeutschland zu den schönsten Platzanlagen aus der Biedermeierzeit zählt. Der Blumenplatz wurde ab 1837 als Viehmarkt angelegt und erhielt seinen Namen nach dem Gasthaus »Blume«, das dem Platz hatte weichen müssen. Durchweg zweigeschossige Wohnhäuser begrenzen traufständig die Anlage auf drei Seiten, während an der Südwestecke über die Straße »An der Fischermühle« eine Verbindung zum Rathausplatz besteht. Der baulich geschlossene Eindruck des Blumenplatzes wird weniger durch die Haustypen als durch die einheitliche Firstlinie und die überwiegend gleiche Dachdeckung der Hauszeilen hervorgerufen. Unter Berücksichtigung dieses Prinzips sind vor allem im südwestlichen Eckbereich einzelne Um- und Neubauten gekonnt in das Ensemble eingefügt worden. Sie haben inzwischen ebenfalls Ladengeschäfte aufgenommen. Abgesehen von einem kleinen Wiesenbereich mit Brunnenbecken dient die weite, durch Baumreihen gegliederte Freifläche als Parkplatz.

Stadtauswärts, im Anschluß an den Blumenplatz, fällt eine Gruppe spätgotischer Häuser ins Auge, die, wie ihre Anlage und architektonische Details verdeutlichen, auf die Mitte des 16. Jh. zu datieren sind. Mit ihren hohen schmalen Proportionen, Staffelgiebeln und Reihenfenstern weisen sie wesentliche Merkmale spätgotischer Profanbauten auf, ungeachtet einzelner Umbauten im 18. und 19. Jahrhundert. Als eines der repräsentativsten Gebäude gilt das jetzige *Heimatmuseum*, das leicht in die Ziegelstraße vorspringt und mit seinen eindrucksvollen Staffelgiebeln ein kennzeichnendes Element dieses Straßenabschnittes bildet.

Das heutige *Forsthaus*, ebenfalls an der Hauptstraße gelegen, ist aus einem ehemaligen markgräflichen Forsthaus von 1589 hervorgegangen. Das Gebäude wurde sorgfältig restauriert und gehört zu den hervorragendsten historischen Bauwerken in Kandern. Nach der Zerstörung im 30j. Krieg wurde das Gebäude wiederaufgebaut und im 19. Jh. verschiedentlich verändert. Typisch für die Entstehungszeit ist das gekehlte Sandsteingewände am Portal. Der spätgotische Eselsbogen ist in ein Rechteckfeld eingeschrieben. Eine Tendenz zur regelmäßigen Fensteranordnung ist festzustellen. Der Krüppelwalm in dieser Form wird als Lieblingsmotiv der Zeit um 1600 angesehen. Die spätgotischen Scheunen bzw. ehemaligen Stallungen bilden zusammen mit den Rundbogenportalen und dem stattlichen Staffelgiebel ein eindrucksvolles städtebauliches Ensemble.

Unweit des Forsthauses, auf der anderen Seite der Kander, stellt die *alte Mühle* aus dem 16. Jh. mit ihrem steilen Satteldach einen weiteren Bezugspunkt dar. An den kleinen Fensteröffnungen im Giebel haben sich spätgotische Sandsteingewände erhalten. Die übrigen Fenster wurden im 19. Jh. umgestaltet. In der Nähe des Forsthauses liegt die barocke, 1758 erbaute Anlage des *Hauses Tröndlin*, das seine zeittypischen Gestaltungselemente behalten hat: den harmonischen Kubusaufbau, das breite Walmdach, eine rundbogige Hofeinfahrt mit kartuschenförmigem Schlußstein.

Ein Zeugnis der bereits früh weit nach O entlang der Hauptstraße reichenden Bebauung stellt schließlich die *Weserei* dar, die frühere Verwaltung und das Wirtshaus der Eisenhütte. Die Grundzüge der heutigen baulichen Erscheinung gehen auf die Mitte des 18. Jh. zurück, wobei der gesamte Gebäudekomplex verschiedene Veränderungen und Erweiterungen erfahren hat.

Von besonderer Bedeutung für Kandern sind vor allem die großen Tongruben im N bzw. im NO, an die sich der Altstadtbereich dicht heranschiebt und die ein weiteres Siedlungswachstum in diese Richtung verhindert haben. Auch heute noch befindet sich hier der Standort der Kanderner Tonwarenindustrie. Neben der stark abgetieften, ausgedehnten Tongrube mit ihren Steilrändern wird das weitflächige Betriebsareal zwischen Ziel-, Ziegel- und Sitzenkircher Straße durch verschiedene Ziegelei- und andere Betriebsgebäude, insbesondere aber durch den hochaufragenden Schornstein der Brennerei gekennzeichnet.

Der *jüngere Siedlungsausbau*, wie er vor allem in der 2. Hälfte des vorigen Jahrhunderts einsetzte, war vor allem nach W und NW gerichtet. Die Hauptleitlinie stellt die Bahnhofstraße dar, die zum Endbahnhof der Kanderbahnlinie führt. Von ihr gingen einst wichtige Entwicklungsimpulse für Kandern aus. Heute wird die Linie nur noch als Museumsbahn betrieben. Diesem jüngeren Siedlungsausbau zwischen Feuerbacher Straße und Bahnhofstraße liegt eine regelmäßige Straßenführung mit einem Gittergrundriß in Anpassung an die Geländeform zugrunde. Blauen-, Hebel- und Belchenstraße treffen in parallelem Verlauf senkrecht auf die ältere, gewundene Feuerbacher Straße. Schöne Wohnhäuser der Jahrhundertwende finden sich gerade an der Bahnhofstraße, auf die der Geschäftsbereich der Hauptstraße auszugreifen beginnt. Hier, an der Bahnhofstraße, liegt auch das Postamt. Charakteristisch für die Entwicklung dieses Viertels sind die mehrgeschossigen Häuserblöcke an der Bahnhofstraße, die nach N und S hin rasch in eine offene Bebauung übergehen.

Besonders nach S hat sich der Stadtteil Kandern in jüngster Zeit stark ausgedehnt. Dies gilt nicht nur für den relativ kleinen Bereich südlich der Bahnhofstraße, wo in Richtung auf die sanft ansteigenden Ausläufer des Behlen und zum Kriegerdenkmal hin ein modernes, gehobenes Wohngebiet mit hangparalleler Stichstraßenerschließung entstanden ist. Vor allem südlich der Kander sind großflächige Neubauzonen hinzugekommen. Vorläufer ist ein Ausbaugebiet aus der 1. Hälfte des 20. Jh., das, noch in Altstadtnähe, insbesondere im Bereich des östlichen Astes der Waldeckstraße durch ältere Reihenhäuser in Erscheinung tritt. Es wird rasch von jüngerer Wohnbebauung abgelöst. Im unmittelbaren Anschluß daran, ebenfalls an der Waldeckstraße, steht seit 1978 der architektonisch eigenwillige Gebäudekomplex des *neuen Rathauses*. Besonders dehnt sich die Neubauzone im SO, um Waldeck- und Johann-August-Sutter-Straße, aus. Aufgelockerte Bauweise mit freistehenden Ein- und Zweifamilienhäusern entlang hangparalleler, bisweilen verkehrsberuhigter Erschließungsachsen kennzeichnen das Siedlungsbild, wobei sich die Neubauzone immer weiter auf die Hänge zum Heuberg hinaufschiebt. Hoch am Hang, wo die Kander in weitem Bogen nach O abknickt, steht das Gebäude der 1972 eingeweihten *Realschule* mit der seitlich vorgesetzten Sporthalle.

Auch in nordwestlicher Richtung, jenseits der Sitzenkircher Straße, im Anschluß an den Friedhof und die kath. Kirche, hat sich die Stadt vergrößert. Über die Karl-Berner-Straße an die Altstadt bzw. über die Heinrich-Bösiger-Straße an die Hauptstraße angebunden, ist hier im Bereich um die Max-Laeuger-Straße ein weiteres Wohngebiet entstanden.

Im Ganzen gesehen weist der Stadtbereich eine klare *funktionale Diffenzierung* auf. Entlang der Hauptstraße sind Geschäfte und Dienstleistungsstandorte zur Versorgung eines größeren Einzugsbereichs vorhanden. Insbesondere in der Hauptstraße zwischen Bahnhofstraße und Sitzenkircher Straße sind im Erdgeschoß beidseitig Geschäfte anzutreffen. Die oberen Stockwerke werden weitgehend als Wohnungen genutzt. Verkehrsamt, Notariat, Postamt, Haupt-, Real- und Sonderschule sowie Altenheime und Altenbegegnungsstätten runden das hier konzentrierte zentrale Angebot ab. Im

Bereich zwischen der Trasse der Kandertalbahn und dem Papierweg im SO erstreckt sich ein weitflächiges Gewerbegebiet, bei dem die Anlage eines großen Sägereibetriebs dominiert. Unmittelbar am Papierweg befinden sich auch die Feuerwache, die DRK-Einsatzzentrale und seit Ende 1993 ein Alten- und Pflegeheim. Am nördlichen Stadtrand haben schließlich die Freizeiteinrichtungen mit Tennisplatz, Campingplatz, Freibad- und Golfanlage ihren Standort gefunden und bilden hier den Übergang zu den offenen Wiesen- und Waldflächen.

Der Stadtteil Feuerbach liegt nordwestlich von Kandern am Oberlauf des gleichnamigen Bachs. Etwas erhöht an der nördlichen Flanke des hier muldenförmig eingetieften Tals folgt das Dorf als schmales, langgestrecktes Siedlungsband dem ost-westgerichteten Bachlauf. Seine Hauptachse wird von der Johanniterstraße bzw. in Verlängerung von der Hans-Hammerstein-Straße gebildet, wo stattliche Eindachhöfe überwiegend traufständig aufgereiht sind. Nahezu in der Mitte der Siedlung steht die schlichte, nord-süd-orientierte ev. Pfarrkirche, eine Hallenkirche, deren Turm sich nur wenig über die umliegenden Anwesen heraushebt. Sie bildet den Ortsmittelpunkt, der zusätzlich durch das benachbarte Gasthaus »Rebstock« markiert wird, den einzigen Gasthof am Ort. Weiter westlich, auf der gleichen Straßenseite wie die Kirche und gekennzeichnet durch einen schmalen Brunnenplatz, befindet sich das ehemalige Schulgebäude, heute Gemeindesaal, mit angebautem einstigem Lehrerhaus. Anschließend folgt das Pfarrhaus. Der gesamte Dorfbereich ist noch stark landwirtschaftlich geprägt, deutlich sichtbar an den bisweilen offen an die Hauptstraße gesetzten Dunglegen. Eine Rahmstation an der Johanniterstraße rundet das Bild ab. Im O quert das Siedlungsband die Feuerbachmulde und endet auf der anderen Talseite in einem kleinen, eher flächenhaft ausgebildeten und ursprünglich etwas separierten Siedlungskern. Ebenfalls überwiegend traufständig orientierte, aber schlichtere und weniger ausgedehnte Seldner- und Rebbauernhäuser bestimmen hier das Siedlungsbild. Sie rufen in Erinnerung, daß am klimatisch begünstigten Südhang, nördlich der Eggener Straße, der bekannte »Feuerbacher Rote« wächst. Dieser ursprünglich locker bebaute Siedlungskern ist inzwischen durch moderne Ein- und Zweifamilienhäuser weiter verdichtet und an das Siedlungsband angeschweißt worden. Eine weitere Neubauspitze findet sich ganz am Westende der Siedlung, an der Johanniterstraße. Sie setzt sich aus Ein-, seltener Zweifamilienhäusern z.T. sehr gehobenen und architektonisch extravaganten Stils zusammen.

Zwischen Behlen und Holzeneinig, am Rande der breiten Feuerbachmulde, liegt etwa 4 km von Kandern entfernt der Stadtteil Holzen. Der ausgedehnte, jedoch äußerst locker verbaute alte Dorfbereich wird von Behlenstraße und Burgstraße, der heutigen nördlichen Durchgangsachse, sowie von der Talstraße im S als Hauptleitlinien erschlossen. Beide Achsen treffen am östlichen Ortsausgang aufeinander. Im W schafft die Brunnenstraße eine zusätzliche Verbindung; »Weiherweg« und »Im Rebacker« erweitern den alten Ort nach Norden. Streck- und Winkelhöfe bestimmen das Dorfbild, wobei diese trotz unregelmäßiger Ausrichtung stärker als bei anderen Orten den physiognomischen Eindruck einer Reihung entstehen lassen, wohl weil sie nicht selten giebelständig zur Straße stehen und ursprünglich das Wachstum eher in die (Grundstücks-)Flächen hinein tendierte. Erst später, seit dem ausgehenden letzten Jahrhundert und insbesondere in jüngster Zeit, wurden und werden die bisweilen recht großen Abstände zwischen den Anwesen sowohl an den Straßen als auch in den hinteren Grundstücksteilen aufgesiedelt. Zu den auffallenden Gebäuden im Dorfkern gehört auch das Gasthaus »Hirschen« an der Ecke Talstraße/Brunnenstraße, das sich als komplexer Fachwerkbau präsentiert und neben dem Gasthaus »Pflug« die zweite

Einrichtung dieser Art am Ort ist. An der Talstraße liegt auch das neue *Rathaus*, ein mit seiner Längsseite zur Straße ausgerichteter moderner, zweigeschossiger Bau aus dem Jahr 1965. Unweit davon befindet sich eine Poststelle. Einkaufsmöglichkeiten sind nicht am Ort vorhanden. Am Westrand des Dorfes, an der Behlenstraße, hat sich ein Autohaus niedergelassen.

Vom südöstlichen Ende der Talstraße aus führt die Kirchstraße zu der im S deutlich abseits vom Dorfkern stehenden ev. Kirche. Ihr Kennzeichen ist der hohe, im Kern sehr alte Markgräfler Turm (s. u., Bemerkenswerte Bauwerke). Im O wird der Kirchbereich abgerundet durch das einstige Schulhaus, das 1850/51 errichtet wurde und heute von der Black-Forest-Academy genutzt wird, sowie von dem dahinter in einem Gartengrundstück gelegenen repräsentativen Pfarrhaus aus dem Jahr 1758. Die Anwesen entlang der Kirchstraße gehören ebenfalls zum alten Dorfbereich. Eines davon, dessen Fachwerk wieder schön hergestellt ist, datiert beispielsweise aus dem Jahr 1741. Auch hier haben jüngere Wohngebäude inzwischen zu einer Verdichtung bzw. zu einer nach S hin gerichteten Vergrößerung des Dorfbereichs geführt. Als besondere Attraktion wurde im Anschluß an diesen Bereich ein Storchengehege angelegt. Während der moderne Ausbau nach S hin noch relativ begrenzt erscheint, ist im O an den Hängen des Schorner ein Neubaugebiet mit Ein- und Zweifamilienhäusern entstanden.

Knapp 2 km westlich von Kandern, geschützt zwischen Schorner und Behlen, liegt der Ortsteil Riedlingen in einer vom Feuerbach ausgeräumten Talweitung. Hier treffen zwei alte Verkehrsstränge aufeinander, nämlich die Verbindungslinie von Schliengen auf jene mit Efringen-Kirchen, was sich auch im modernen Straßennetz noch niederschlägt. Um die Wegegabelung gruppiert sich das alte, im Kern eng verbaute Haufendorf, das durch Lieler Straße (bzw. Kaiserstraße) und Ortsstraße, die beiden Durchgangsachsen, sowie durch die nahezu halbkreisförmig den Ort im S umrundende Bachstraße (bzw. dem Sträßchen »Im Gäßle«) erschlossen wird. Zur alten Dorfausdehnung zählt auch die kleine Ausbauzone, die sich im Osten, etwas abgesetzt vom Dorfkern, bereits seit der 2. Hälfte des 19. Jh. fassen läßt und sich mit einigen Häusern nach S entlang des Dorfblicks vorschiebt.

Im Dorfblick bestimmen stattliche Bauernanwesen, überwiegend Hakenhöfe, aber auch langgestreckte Eindachanlagen den Aufriß. Die Wohnteile sind meist umfassend renoviert und hin und wieder zeigt sich auch die charakteristische Fachwerkkonstruktion der Ökonomiegebäude in neuem Glanz. Dennoch dominiert, zumindest im Dorfkern, nach wie vor die landwirtschaftliche Nutzung. Versorgungseinrichtungen sind rar. Poststelle und *Rathaus*, heute Ortsverwaltung, finden sich im westlichen Bereich der Ortsstraße. Unweit davon vervollständigen ein Gemischtwarenladen sowie eine Service-Station für landwirtschaftliche Geräte das Dienstleistungsangebot des Ortes. Am nördlichen Rand des Dorfkerns, an der heutigen Abzweigung nach Schliengen, steht die *Kirche*, ein einschiffiger Hallenbau mit spätgotischem Portal, durch einen ummauerten Vorplatz von der Ortsstraße abgetrennt. Zusammen mit dem gegenüberliegenden großen Hofkomplex des Gasthauses »Sonne« leitet sie über zum ausgedehnten *Neubaugebiet Kirchberg-Schorner*, das sich hier am süd-west-exponierten Hang in bevorzugter Wohnlage etabliert hat und auf den wesentlich tiefer gelegenen Dorfkern hinunterschaut. Stichstraßen, Fußwege und Treppenanlagen erschließen die moderne Wohnsiedlung, die sich durch freistehende, talseitig häufig zweigeschossige Ein- und Zweifamilienhäuser auszeichnet.

Etwa 1 km südwestlich des Ortes führt die Straße nach Holzen (Richtung Efringen-Kirchen) am *Mühlehof* vorbei. Das dreiseitige Mühlgehöft liegt direkt an dem hier kanalisierten Feuerbach und öffnet sich mit seinem Hof zur Durchgangsstraße. Der

Komplex wird im S durch das Wohngebäude abgeschlossen, das aus dem Jahr 1574 stammt. Ebenfalls auf der Durchgangsstraße nach Efringen-Kirchen – ca. 2 km von Riedlingen entfernt – liegt, wiederum in der Talmulde des Feuerbachs, der große, in sich geschlossene Hofkomplex des *Riedlinger Bades*. Er besteht aus mehreren aneinandergesetzten Gebäuden von unterschiedlicher Firsthöhe, die sich in Form eines Dreikanters um ein nach S offenes Gelände gruppieren. Dabei wechseln Wohngebäude mit Ökonomiegebäuden ab. Bis in die Mitte des vorigen Jahrhunderts bestand hier ein (Kur-)Bad, daneben dienten Teile des Komplexes als Mühle, wovon noch der Mühlkanal im N sowie die am Wegrand abgelegten alten Mühlsteine zeugen. Heute ist hier ein Teil der Internatsschule der Black-Forest-Academy untergebracht.

Drei Kilometer nördlich von Kandern, im Tal des Lippisbachs gelegen, schließt sich der Stadtteil Sitzenkirch an. Der kleine Dorfkern setzt sich aus einzelnen Hofgruppen zusammen, die sich hauptsächlich um jene Wegegabelung gruppieren, die heute von der Straße Kandern-Badenweiler und der schmalen Abzweigung nach Käsacker nachgezeichnet wird. Stattliche, meist traufständig an die Straßen gesetzte Eindachhöfe prägen das Bild. Ihr Wohnteil ist häufig renoviert bzw. modernisiert, während beim Stall-Scheunen-Bereich die ursprüngliche Fachwerkkonstruktion noch unbeeinträchtigt in Erscheinung tritt. Bei fast allen diesen Anwesen spielt die Landwirtschaft nach wie vor eine Rolle. Im Dorfkern finden sich auch noch bauliche *Reste des einstigen Klosters*, die allerdings als solche kaum noch zu erkennen sind. Zu ihnen gehört wahrscheinlich der alte, etwas verwitterte, traufständig zur Durchgangsstraße orientierte Schopf direkt an der Abzweigung nach Käsacker, dessen altersgebeugte Fachwerkbohlen ins Auge springen. Deutlicher zeigt sich die Klosterzugehörigkeit bei dem dahinter folgenden langen Ökonomiegebäude, das aus einem ehemaligen Sakralbau hervorgegangen ist. Dieser gibt sich im nördlichen Gebäudeteil durch seine schmalen Spitzbogenfenstergewände aus rotem Buntsandstein noch zu erkennen. Zum Klosterkomplex dürften auch die östlich hinter der Kirche liegenden, ebenfalls stark veränderten Gebäude gehört haben, vielleicht auch der Wohnbau südlich der Kirche neben dem Ökonomiegebäude, der sich durch seinen hochgesetzten Treppenzugang heraushebt. Ausgerichtet war die Klosteranlage auf die jetzt ev. Kirche, einen spätgotischen Bau, der jedoch zu Beginn des 19. Jh. einschneidend verändert wurde. Heute liegt das Kirchlein etwas abseits östlich vom Dorfkern, inmitten des Friedhofs, in einem Bogen des Lippisbachs.

Nach S zu schiebt sich der alte Dorfbereich in Form einer sehr lockeren Wachstumsspitze mit einigen Anwesen aus der 2. Hälfte des letzten Jahrhunderts entlang des Wässerlewegs auf die Hänge des Laubrains hinauf. Die Bauernhäuser werden allerdings rasch durch reine Wohngebäude abgelöst, insbesondere durch einen modernen, Ende der 1970er Jahre einsetzenden Ausbau, der sich inzwischen auch auf die Obere Gartenstraße und den Fuchsrain ausgedehnt hat. Verschiedentlich bieten diese Ein- und Zweifamilienhäuser Fremdenzimmer an. Neben einem kleinen Lebensmittelladen, der einzigen Einkaufsmöglichkeit am Ort, stößt man am Wässerleweg auch auf eine Milchsammelstelle, ein weiterer Hinweis auf die relative Bedeutung der Landwirtschaft im Ort. Am nördlichen Rand des Neubaugebiets, im ehemaligen Schulgebäude (Karl-Köllner-Schule), befindet sich heute die *Black-Forest-Academy*, eine kanadische Missionseinrichtung.

Die Abzweigung des Wässerlewegs von der Hauptstraße wird durch das alte Gasthaus »Engel« markiert. Weiter südlich, am Ortsende in Richtung Kandern liegend und durch Freiflächen auch heute noch ein wenig vom Ortskern separiert, folgt das *Rathaus*. Der kleine, zweigeschossige Bau mit nahezu quadratischer Grundfläche und typischem Vierseitwalmdach wurde 1830 errichtet, 1913 umgebaut. Drei große Rundbogen gliedern im Erdgeschoß die Frontseite zur Hauptstraße. In jüngster Zeit wurde das Gebäude nach O hin durch einen Anbau erweitert. Das Rathaus bildet mit dem nördlich unmittelbar herangesetzten, im First aber niedriger gehaltenen Feuerwehrhaus heute eine Einheit.

Etwa 7 km vom Stadtzentrum entfernt bildet Tannenkirch den westlichsten Stadtteil von Kandern. Tannenkirch setzt sich aus ursprünglich vier Einzelsiedlungen zusammen (Tannenkirch, Uttnach, Ettingen und Gupf), von denen allerdings Tannenkirch und Uttnach seit langem baulich verschmolzen sind. Auch Ettingen und Tannenkirch sind inzwischen zusammengewachsen, lediglich Gupf zeigt sich noch als abseits liegende, kleine separate Siedlungseinheit.

Tannenkirch-Uttnach liegt zu Füßen der etwa 477 m hoch gelegenen Hohen Schule in Hanglage zwischen der Senke des Hasselbachs im W und dem Feuerbach im Osten. Der ursprüngliche Siedlungskern von Tannenkirch läßt sich westlich der Kirche lokalisieren, wobei seine Ausdehnung vor allem entlang der Ettinger Straße nach NW bzw. entlang der Straße »Im Kirchacker« hangabwärts zur Hasselbachsenke hin gerichtet war. Alte, z. T. äußerst stattliche Gehöfte prägen hier das Dorfbild, wie z. B. die prächtige Hakenhofanlage am nördlichen Ortsausgang, die mit ihrem renovierten Fachwerkwohnteil nach S blickt. Die im Kern sehr alte Kirche steht leicht erhöht am östlichen Rand des Siedlungsteils Tannenkirch, ursprünglich inmitten eines kleinen Friedhofs (s. u., Bemerkenswerte Bauwerke). Von ihm zeugen noch einige Epitaphe, die in die Reste der ursprünglichen Umfassungsmauer eingelassen sind. Mit dem bewußt modern gestalteten hallenförmigen Betonkirchenschiff, das unmittelbar an den alten Turm mit seinem für das Markgräflerland typischen Satteldach gesetzt ist, bildet die Kirche einen auffallenden Kontrast zum übrigen Siedlungsbild. Oberhalb der Kirche folgt das Pfarrhaus, auf der anderen Straßenseite runden die Raiffeisenbank Markgräflerland, ein Feuerwehrgebäude sowie das *Rathaus*, heute Ortsverwaltung, ebenfalls ein älterer Bau, diesen Siedlungsteil ab.

Südlich der Kirche, entlang der Tannenkircher Straße, lockert die alte Bebauung etwas auf. Zwar gestalten auch hier komplexe Hofanwesen wie das z.T. stark modernisierte Gasthaus »Tanne« den Dorfkörper, doch tragen moderne Gebäude jetzt maßgeblich zur Verdichtung bei. Erst im Bereich der Uttnacher Straße, der heutigen, von Riedlingen kommenden Durchgangsachse, rücken die alten Anwesen wieder dichter aneinander und markieren somit den einstigen Siedlungskern von *Uttnach*. Seine Ausdehnung war zwischen Tannenkircher Straße und der Striegelgasse im O geringfügig nach S gerichtet. An der Uttnacher Straße reihen sich die durchweg noch landwirtschaftlich genutzten Anwesen vornehmlich traufständig auf. Hier konzentrieren sich auch die wenigen Dienstleistungseinrichtungen, neben dem traditionsreichen Gasthof »Ochsen« ein Lebensmittelgeschäft, ein Elektriker, eine Zweigstelle der Sparkasse Lörrach-Rheinfelden, die Milchsammelstelle sowie, am westlichen Rand des Ortes, ein Landmaschinenvertrieb.

Ein Neubaugebiet am Südhang der Hohen Schule hat Tannenkirch erheblich vergrößert und zu einem weiteren Zusammenwachsen der beiden Siedlungsteile nördlich der Hauptachse geführt. Im Bereich der Straßen »Zum Erzberg« und »Im Sodacker« bestimmen Zwei- und Einfamilienhäuser, z.T. in Villenform, den Siedlungscharakter.

Nördlich von Tannenkirch, ebenfalls am Westabhang der Hohen Schule gelegen, schließt sich der Siedlungsteil *Ettingen* an. Seine Hauptachse bildet die Straße »Im Winkel« sowie der hangabwärts führende Ast der Ettinger Straße. Zu dieser Achse hin sind die z. T. mächtigen Hakenhöfe orientiert. Aufgrund ihrer meist unregelmäßigen Ausrichtung lassen sie trotz Reihung den Eindruck eines charakteristischen Haufendorfes entstehen. Auch in Ettingen fallen größere Hofkomplexe ins Auge, wie beispielsweise jener an dem Sträßchen »Kleiner Winkel«, der hier das östliche Ortsende markiert. Jüngere Bebauung findet sich vor allem an den Rändern des Siedlungsteils, insbesondere im Süden, auf Tannenkirch hin. Weithin sichtbares Zeichen für den Neubaucharakter ist der architektonische Akzent des Wohngebäudes einer Gärtnerei, die den südlichen Siedlungsschluß von Ettingen bildet und den baulichen Anschluß an Tannenkirch gefunden hat.

Rund 700 m südwestlich von Tannenkirch, über die Zugangsstraße zur B 3 mit den anderen Siedlungsteilen verbunden, folgt *Gupf*. Der Kern des einstigen kleinen Weilers liegt nördlich der Durchgangsstraße (Erdweg) und gruppiert sich um eine platzähnliche Straßenerweiterung, auf die Mettlenweg, Mittlere Gasse und Gupfweg wie die Speichen eines Rades führen. Dabei zeichnet sich der Weiler durch eine sehr lockere Siedlungsstruktur aus, die allerdings inzwischen durch jüngere Ausbauten, z. T. bereits durch solche aus der Zwischenkriegszeit, erheblich verdichtet ist. Insbesondere schafft dieser Ausbau den Übergang zu der Zeile älterer Anwesen, die sich weiter im N am Mettlenweg aufreihen. Obwohl der ländliche Eindruck noch dominiert, finden sich überall Umbau- und Renovierungsbestrebungen, bei denen insbesondere Schopf- und Stallteile zu Wohnzwecken um- und ausgebaut werden. Moderne Ein- und Zweifamilienhäuser sind an den Rändern des Siedlungskerns im SO und SW hinzugekommen.

Den westlichsten Zipfel der einstigen Gemeinde Tannenkirch und damit des heutigen Stadtgebiets von Kandern markiert das alte Hofgut *Kaltenherberg*. Das ausgedehnte Anwesen liegt unmittelbar an der B 3, die in einzelnen Bereichen die Trasse der alten Poststraße nachzeichnet. Mit ihrer Lage kündet die Kaltenherberg daher noch von ihrer langen Zeit als überregional bedeutende Post- und Umspannstation. Das Hofgut besteht aus vier jeweils freistehenden Baueinheiten, die sich um einen Innenhof legen. Im S, W und O schließen diesen Innenhof die massigen, zweigeschossigen einstigen Wirts- und Beherbergungstrakte ab, während im N ein langgestreckter Stallteil die Hofgrenze bildet.

Nördlich des Wollbachs, kurz vor dessen Mündung in die Kander, liegt der Ortsteil **Wollbach**. Aus hochwassersicherer Lage heraus erstreckt er sich sanft hangabwärts, wobei er nahezu über die gesamte Wollbachtalmulde ausgreift. Dabei folgt die Siedlung vor allem der Rathausstraße, die den Ort zusammen mit ihrer Verlängerung, dem Hofrütteweg, in voller Länge nach S quert. Der eigentliche *Dorfkern* legt sich unmittelbar an die etwas erhöht stehende Kirche an. So rücken im Bereich Rathausstraße und der ost-west-gerichteten Achse Schulstraße/Poststraße die unregelmäßig ausgerichteten Hakenhöfe in der typischen Form eines Haufendorfes dicht aneinander. Allerdings sind die z. T. äußerst stattlichen Anwesen vielfach erheblich modernisiert und meist zu reinen Wohnzwecken umgenutzt worden. In einem kleinen Gebäude direkt unterhalb des Kirchhanges hat sich ein Lebensmittelladen niedergelassen. Nach O findet das alte Dorf seine Fortsetzung bis über die Mündung Poststraße/Obere Dorfstraße, nach S zu reicht der Dorfkörper deutlich über den Wollbachlauf hinaus. Eine gewisse Zäsur scheint die Nebenauer Straße zu bilden, die auf der Talsohle den Wollbach aufwärts begleitet. Zwar schieben sich ältere Anwesen auch über diese Linie hinweg, doch bleiben sie in zunehmendem Maße auf die Leitachsen (Hofrütteweg und Röttler Straße) orientiert und lassen dadurch eine frühe Ausbauspitze des Dorfes erkennen. Einige der Anwesen an der Röttler Straße stammen aus der 1. Hälfte bzw. aus der Mitte des 19. Jahrhunderts. Später hinzugekommene Bauern- und Wohnhäuser haben inzwischen

zu einer erheblichen Verdichtung beigetragen. An der Kreuzung Rathausstraße/Nebenauer Straße/Hofrütteweg steht der Gasthof »Alte Krone«.
Auf einer Hangverflachung über dem Dorfkern erhebt sich die ev. Kirche (s. u., Bemerkenswerte Bauwerke). Ihr gegenüber fällt der ehemalige Pfarrhof ins Auge, der aus dem Jahr 1618 stammt und dessen Wohnteil durch ein reich verziertes Barockportal gegliedert ist. Oberhalb der Kirche wird das Siedlungsgebiet etwas jünger. Hier ragt der heutige *Rathauskomplex* heraus, ein großer zweigeschossiger, hakenförmiger Bau mit Vierseitwalmdach, der direkt an die Ecke Rathausstraße/Obere Dorfstraße gestellt ist. Er wurde 1847 errichtet und diente ursprünglich als Schul- und Rathaus. Ein modernes Feuerwehrhaus rundet den Komplex ab. Auf der gegenüberliegenden Seite der Rathausstraße schließt sich neben einer Metzgerei der Betrieb des Meringenherstellers von Wollbach an.

Nach W führt die Schulstraße vom Dorfkern zur Hauptdurchgangsachse bzw. zum Bahnhof der Kandertallinie hin, die heute nur noch Museumsbahn ist. In der 2. Hälfte des 19. Jh. gingen von der Bahnlinie Wachstumsimpulse aus, auf welche u. a. die Wohnhäuser am Ritterweg deuten, die im damals zeittypischen sogenannten »Stadtvillenstil« gehalten sind. Auch an der Schulstraße werden zwischen den modernen Wohngebäuden Ausbauten aus dieser Zeit faßbar. Hier hat der langgestreckte, dreigeschossige Bau der 1965 errichteten Schule seinen Platz gefunden, wobei das Areal nach hinten durch die moderne Mehrzweckhalle abgeschlossen wird. Während das Siedlungswachstum nach W noch relativ begrenzt bleibt, legt sich im O ein großflächiges Neubaugebiet an den Dorfkern an. Es hat den Ort in Richtung Nebenau erheblich anwachsen lassen. Hier prägen an den sonnenbegünstigten, südexponierten Hängen des Buchholen im Bereich von »Egertenstraße«, »Im Maiacker« und »Zielrebenweg« freistehende Ein- und Zweifamilienhäuser das Siedlungsbild.

Gut ein Kilometer weiter östlich, wollbachaufwärts, liegt dicht am Fuß des hier kräftig ansteigenden Röttler Waldes der Siedlungsteil *Nebenau*. Das Dorf folgt als langes Wegeband der Scheideckstraße. Entlang dieser Achse reihen sich die Anwesen auf beiden Seiten einzeilig und weitabständig auf. Doch auch hier setzt durch moderne Um- und Neubauten eine allmähliche Siedlungsverdichtung ein. Am nördlichen Ende der Siedlung biegt die Scheideckstraße scharf nach W ab, quert den Wollbach und führt auf der anderen Bachseite zu dem ebenfalls dort am Hangfuß liegenden Siedlungsteil Egerten.

Das auch heute noch kleine Dorf *Egerten* gruppiert sich um eine weitgezogene Wegespinne, bestehend aus dem nördlich des Wollbachs verlaufenden direkten Zugangsweg von Wollbach, der Verbindung von Nebenau und dem hangaufwärts führenden Heubergweg. Die alten Anwesen sind wiederum an die Wegeachsen gesetzt. Zum Ortskern gehört auch der Gasthof »Hirschen« an der Verbindungslinie nach Nebenau (Am Neuweg). Wenige Neubauten haben den Siedlungsteil inzwischen geringfügig vergrößert.

Zum Stadtteil Wollbach gehört auch die Siedlung *Egisholz* nördlich des Hauptortes, oberhalb des Kandertals an den Hängen des Heuberg-Buchholen-Rückens. Die kleine Siedlung entstand aus einem Weiler, dessen Kern in alten Eindachhöfen faßbar wird, die sich in lockerer, unregelmäßiger Ausrichtung in dem Bereich Egisholzer Weg/Lindenstraße/Baselblick gruppieren. Durch einen relativ kräftigen, modernen Ausbau ist der Siedlungsbereich verdichtet und erheblich vergrößert worden. Schöne, architektonisch aufwendige, z. T. villenartige Neubauten prägen insbesondere den hangaufwärts ziehenden Dorfteil im O entlang des Baselblicks.

Auf halber Strecke zwischen Wollbach und Kandern liegt *Hammerstein*, der nördlichste Ortsteil von Wollbach, auf einer hochwassersicheren Schwemmfächerleiste am

Rand der breiten Kandersenke. Die bedeutende Verkehrsleitlinie der L 134 (Kandertalstraße) tangiert den Ort im Osten, wo sie auch lange Zeit dessen Siedlungsabschluß bildete. So konzentriert sich der kleine *Dorfkern* auf den Bereich zwischen dieser Linie, der nach W abgehenden Holzener Straße sowie dem Sträßchen »Im Dörfli«. Hier drängen sich die wenigen Streckhöfe dichter aneinander. Aus ihnen hebt sich an der Ecke »Im Dörfli«/Holzener Straße ein aus einem Zweikanter hervorgegangenes Fachwerkgebäude durch seinen Dachreiter heraus. Wesentlich lockerer wird die alte Bebauung nach S hin, wo sich die Höfe aber enger an den Verlauf des Sträßchens »Im Dörfli« halten. Im W wird die Siedlungsausdehnung durch die Trasse der ehemaligen Kandertalbahn begrenzt. Den einstigen Haltepunkt markiert das Gasthaus »Bahnhöfli«, dessen Attraktion sein in einem alten Personenzugwaggon eingerichteter Speiseraum bildet. Versorgungseinrichtungen bestehen sonst nicht am Ort, lediglich eine Tankstelle hat sich am nördlichen Siedlungsausgang an der L 134 niedergelassen. Jenseits dieser stark befahrenen Überlandverbindung ist im Bereich vom Lettenbuck und Rebstallweg ein Neubaugebiet mit Ein- und Zweifamilienhäusern entstanden.

Bemerkenswerte Bauwerke. – Die *ev. Pfarrkirche* von K a n d e r n, errichtet 1825 bis 1827 durch Paul Bayer, steht in der Bautradition Friedrich Weinbrenners und zeigt Anklänge an die Stadtkirche von Karlsruhe, wie das auch in Mappach und Binzen der Fall ist. Außen wirkt das Gotteshaus durch die Fensterordnung vertikal gegliedert; an den Längsseiten werden die drei Fensterzonen von einem Bogen eingerahmt. Hinter der Eingangsfront im Westen, die ebenfalls dreigeschossig ist, erscheint der Rundbogen im Giebelfeld und setzt sich nach unten hin fort, so daß er in der Mittelzone das Portal und die darüberliegenden dreifach gekuppelten Fenster umfängt. Der Innenraum wird horizontal gegliedert. Über die gesamte Länge der Nord- und Südseite sind zwei Galeriegeschosse übereinandergeschichtet und stoßen über dem Altarpodest an die Stirnwand. Ihre Balustraden sind zwischen rote Säulen eingespannt, deren korinthische Kapitelle den Architrav tragen. Für den Altar wurde ein Bogen zwischen den Galerien freigehalten, darüber liegt im ersten Geschoß die Marmorkanzel auf drei Konsolen aus der Wand ausgekragt. Im Bogenfeld erscheint als Wandgemälde die Himmelfahrt Christi von Benedikt Heckel (um 1900). Mit dem Bogen der Altarwand korrespondiert eine Bogenöffnung auf der Westseite über der Eingangshalle, in der die Orgel ihren Platz hat. Bei der Restaurierung der Kirche 1975 bis 1978 wurde der Altar durch einen moderneren ersetzt, rechts von ihm ein Kanzelpult aufgestellt (beides nach Entwürfen von G. Mall), links das 1827 renovierte, von den Hammerschmieden 1722 gestiftete Kruzifix. Auf der Empore steht eine mehrmals, zuletzt 1976/78 restaurierte Merklin-Orgel aus der Mitte des 19. Jahrhunderts.

Chor und Langhaus der 1850 bis 1861 gebauten *kath. Kirche* (Hl. Franz von Sales) von Kandern sind durch ein, wenn auch nur wenig ausladendes, Querschiff voneinander getrennt. Der schmucklosen Giebelfassade ist an den Seiten geschlossener und mit abgewalmtem Dach gedeckter Treppenaufgang vorgelagert. Über dem Giebel sitzt ein Glockenstuhl. Hohe Rundbogenfenster gliedern die Seitenfassaden; das Langhaus weist zusätzlich noch Lisenen auf. Diese Lisenen finden sich auch im Inneren der Kirche als Schmuckelemente wieder. Im Westen ist zwischen ihnen die Holzbrüstung einer neuen Betonempore eingespannt. Im Zentrum des rechteckigen Chores steht ein moderner Steinaltar, hinter ihm an der fensterlosen Stirnwand ein Kruzifix auf einem Steinbaum. Licht empfängt dieser Raum durch ein nahezu quadratisches großes Fenster an der Nordwand, das Ähren, Weinstock, Lamm und Baum zeigt, Symbole des Neuen Testaments. An den östlichen Seitenschiffwänden befindet sich rechts der Marienaltar, links bleibt das ganze Jahr lang eine Weihnachtskrippe aufgestellt (Kanderner Keramik von H. J. Hakenjos).

Die *Sausenburg* (Bild s. Bd. 1, Abb. 36) ist eine auf 665 m gelegene Höhenburg auf dem Kamm zwischen Kander und Lippisbach. Sie wurde wohl im ersten Drittel des 13. Jh. aus dem anstehenden rötlichen Granit erbaut und entbehrt deshalb näher datierbarer Steinbearbeitung oder architektonischer Zierformen. Der innere Bering ist ein langgestrecktes, im Westen breiteres Vieleck, in dessen östliche Schmalseite der runde Bergfried einbezogen ist. Er hat eine Mauerstärke von ungefähr drei Metern und, wie üblich, den Eingang von der Hofseite her auf halber Höhe. Dem Turm gegenüber, auf der breiteren Seite des Burghofes, befinden sich Reste von Wohngebäuden. Der Zugang zum Ganzen liegt in der südöstlichen Ecke. Die Kernburg ist im Oval von Wall und Graben umfangen. Über sie hinweg gelangt man durch einen Durchgang im Nordwesten in die wohl spätmittelalterliche, westlich vorgelagerte Vorburg mit gebrochener Außenmauer und einem Rondell. Sie wird ebenso wie der Osten der Gesamtanlage noch einmal durch Abschnittswall und Graben gesichert. Die Burg wurde 1678 von den Franzosen verbrannt und ist seitdem Ruine.

Die 1846 im historisierenden Stil unter Verwendung des Rundbogens erbaute *ev. Kirche* in Feuerbach ist ein einschiffiger Bau unter einem Satteldach. Die Eingangswand wird über einem rundbogigen Stufenportal von drei einfachen, der den Giebel bekrönende Glockenstuhl von gekuppelten Rundbogenfenstern geschmückt. Eine dem mittelalterlichen Backsteinbau entliehene Schmuckform ist das unter Dach- und Turmdachgiebel entlanggeführte Deutsche Band. Der hell verputzte, längsrechteckige Innenraum ist flach gedeckt, seine Wände sind zwischen den drei hohen Fenstern durch Lisenen gegliedert. Auf der Stirnwand sind die beiden Fenster nur etwa halb so groß wie an den Seiten. Die Mitte bildet eine raumhohe, dunkelrot verputzte Rundnische, in die hinter dem Altar eine Tür eingelassen ist. Der Altartisch von J. Brodwolf, an dem sich ein Wappenstein der Johanniter befindet, steht in der Mitte zwischen Ambo und Taufbecken, dessen mittelalterlicher Sockel aus dem Vorgängerbau stammt. Vor die Eingangswand ist eine Empore gespannt, wo die von Johannes Hug im Jahre 1757 für das Frauenkloster Auf dem Graben in Freiburg geschaffene Barockorgel aufgestellt ist.

Die *ev. Kirche* in Holzen ist ein rechteckiger Saalbau mit altem Westturm aus dem 14. Jh. mit Buckelquaderkanten und einem Satteldach. Ihr Aussehen erhielt das im Kern gotische Schiff durch einen Umbau von 1878. Das Innere wird von der Holzdecke und der eingezogenen Winkelempore bestimmt. Im um eine Stufe erhöhten Altarraum steht das Taufbecken aus dem 17. Jh., dahinter der Altartisch und unmittelbar vor der Stirnwand die säulengestützte Kanzel. Seitlich von ihr zwei Spitzbogenfenster mit modernen Glasarbeiten von Valentin Feuerstein (1982). An den Wänden restaurierte spätgotische Fresken und ein Bild des Gekreuzigten um 1750.

Die *ev. Kirche* in Riedlingen ist ein schlichter Putzbau mit schindelbedecktem Glockenstuhl über dem abgewalmten Satteldach. Sie nimmt etwa die Längsausdehnung des Vorgängerbaus ein, der einen quadratischen Turm an seiner Westseite hatte. Heute zeigt sie von Südwesten ihre Gestalt, die sie im 17. Jh. erhielt – die Datierung ist durch die am Taufstein erscheinende Jahreszahl 1680 wahrscheinlich –, erweist sich aber beim Umschreiten angesichts des recht langen, polygonal schließenden Chores mit Maßwerkfenstern als Ergänzung einer mittelalterlichen Anlage. Dieser Eindruck bestätigt sich, sobald man von Westen durch das gotische, nun in den neuen Mauerverband eingesetzte Spitzbogenportal das flachgedeckte Kirchenschiff (mit Empore) betritt und nach Osten schaut. Das Schiff ist höher als der Chor und seine Achse ihm gegenüber nach Süden verschoben. Zwischen dem barocken Langhaus und dem Chor sind die östlichen Teile des gotischen Schiffes stehengeblieben. Sie wirken durch einen zweiten Spitzbogen im Westen gegen den Neubau abgetrennt als Chorhals. Im gotischen Teil beeindrucken die Reste der erst in diesem Jahrhundert freigelegten Fresken, die den Schluß zulassen, daß alle Wände zyklisch und ornamental ausgemalt gewesen waren. Einige Bilder sind noch so gut erhalten, daß die ikonografische Gesamtkonzeption erkennbar ist: die Nordwand zeigte die Passion, die Südwand die Jugend Jesu. Eine konzeptionelle Besonderheit ist die Darstellung der Ecclesia am westlichen Triumphbogen, in dessen Laibung – im Anklang an die Edelsteine an den Mauern zum himmlischen Jerusalem – gemalte Diamantquader zu sehen sind. Wie in anderen Markgräfler Kirchen ist auch hier der mit Kielbogen und Kreuzblume gekrönte Sakramentsschrein über der Heiliggrabnische erwähnenswert.

Die kleine *ev. Kirche* in Sitzenkirch ist ein schlichter, flachgedeckter Saal mit halbkreisförmiger Apsis und Giebelreiter. Eine Lanzettür bildet den Eingang. Die zwei östlichen Fensterachsen schließen mit Spitzbogen, die beiden westlichen, wesentlich kleineren, mit Rundbogen. Sie dürften für die Nonnenempore angelegt worden sein, die in etwa der von zwei Holzsäulen getragenen heutigen Empore entsprochen haben könnte. Die Apsis hinter dem runden Triumphbogen wird von einer Konche überwölbt und durch ein großes Rundbogenfenster mit moderner Verglasung beleuchtet. Die ornamentalen Malereien unter der Decke, am Triumphbogen und in den Fensterlaibungen sind so stark erneuert, daß sie nur Anhalt für den mittelalterlichen Zustand geben können. Im Chor steht ein Steinaltar, seitlich das spätgotische Taufbecken und ein Holzambo. An der Wand sind die Epitaphe der Markgrafen Heinrich († 1318) und Otto von Hachberg († 1384) mit dem badischen und dem Rötteler Wappen sowie das des Bartholomäus Ramsbach aufgestellt. Spuren des alten Klosters finden sich in dem vor dem Westeingang liegenden landwirtschaftlichen Gebäude mit zwei schmalen Lanzettfenstern aus dem 13. Jahrhundert. Dem 12./13. Jh. dürfte auch der größere Teil der Kirche angehören.

Von der mittelalterlichen *ev. Kirche* in Tannenkirch ist nur der dreigeschossige Satteldachturm erhalten. Das 1740 barock renovierte Kirchenschiff wurde 1972 völlig abgebrochen und 1973 durch die moderne, von Günter Mall, Konstanz, konstruierte Anlage aus Beton, Holz und Glas ersetzt, bei der bewußt auf die bisherige Ostorientierung verzichtet wurde und der Altar in einer durch Fensterband beleuchteten Nische an der Südwand zu stehen kam. Inzwischen ist die alte Ausrichtung wiederhergestellt und hinter dem modernen Altar öffnet sich die flachgedeckte Turmhalle, einst der Chor. Die Wandmalereien sind in die Mitte des 15. Jh. zu datieren: Zur Gemeinde hin erscheint das monumentale Bild des Weltgerichtes; in der Chorhalle umgaben den Altar die zwölf Apostel, in der oberen Zone ist die Marienlegende dargestellt. Der neue Kirchensaal bildet das Zentrum mehrerer Nebenräume, die, entsprechend dem Anlaß, durch Türen abgetrennt oder geöffnet sind. Außer im einstigen Altarbereich wird er nur noch indirekt durch den in einem bunten Fensterband sich öffnenden First (Glasarbeiten René Acht, Freiburg) beleuchtet.

Die *ev. Kirche* von Wollbach erhebt sich auf Fundamenten, die aus dem 13. Jh. stammen. Das Spitzbogenportal an der Westfassade hat in seinem Scheitel das badische Wappen aus dem Jahre 1758, das auf die Renovierung der mittelalterlichen Kirche hinweist. Noch aus gotischer Zeit erhalten blieb über dem Eingang ein gekuppeltes Spitzbogenfenster. Der dreigeschossige Turm von 1594 an der Nordwand des Chores wurde im 19. Jh. um ein Geschoß erhöht und hebt sich mit seinen klassizistischen Merkmalen vom Gesamtbau deutlich ab. Im Inneren fällt zunächst auf, daß die

Umgestaltung zur Gemeindekirche, die möglichst viele Sitzplätze benötigte, zu einer Achsenverschiebung zwischen Rechteckchor und Langhaus geführt hat. Der Einbau der Winkelempore war durch die Aufstockung des Raumes und seine Verbreiterung nach Norden ermöglicht worden. Die Ausstattung zeigt sowohl spätgotische als auch barocke Elemente. Aus gotischer Zeit blieben die von 1978 bis 1980 restaurierten Ornamentmalereien, insbesondere das Rollenband, erhalten, darüberhinaus das Steinrelief eines Christuskopfes mit Liliennimbus. Der Taufstein stammt von 1618. Die Form des Gestühls wurde nach Resten rekonstruiert. Der Umgestaltung des 18. Jh., die nun den Charakter des Raumes bestimmt, gehören die langen flachbogigen Fensternischen an und die Holzdecke, deren Ornamente im 19. Jh. verlorengingen. Die ebenfalls mit Schnitzwerk geschmückte Kanzel mit Schalldeckel blieb erhalten. 1759 hat der Liestaler Maler Stutz zwei Fresken an der Südwand geschaffen: Kreuzigung und Auferstehung Christi. Die bedeutendste Neuschöpfung der Renovierung von 1978/80 sind die Glasfenster von Valentin Feuerstein mit Szenen aus dem Alten und dem Neuen Testament. Die vier Südwandfenster zeigen Schöpfung und Sündenfall, Noahs Arche und Abraham, eine Szene aus dem Leben Mose und die Bergpredigt. Das Doppellanzettfenster im Chor zeigt Taufe, Blindenheilung und Seesturm, daneben Abendmahl, Kanaan und Brotwunder, im Dreipaß die Geisttaube.

B. Die Stadt im 19. Jahrhundert und in der Gegenwart

Bevölkerung

Bevölkerungsentwicklung. – Zu Beginn des 19. Jh. zählte die Stadt Kandern in ihren heutigen Grenzen etwa 4100 Einwohner. Mit Abstand größter Ort war damals schon Kandern, das zusammen mit dem Glashüttenhof und dem Platzhof 1804 mit 1257 Einwohnern beziffert wurde; nächst größeres Dorf war Tannenkirch, wo zum gleichen Zeitpunkt 616 Menschen lebten – Ettingen, Gupf, Kaltenherberg und Uttnach eingerechnet 1011 –, gefolgt von Wollbach mit 416 Einwohnern (zusammen mit Egerten, Egisholz, Hammerstein und Nebenau 812 E.). In Holzen waren 367, in Riedlingen 243, in Feuerbach 232 und in Sitzenkirch 175 Einwohner gezählt worden. Bis zur Mitte des Jahrhunderts war die Einwohnerzahl auf etwa 4600 angestiegen (1845: 4677, 1852: 4599). In dieser wie in der folgenden Zeit kamen die ausschlaggebenden *Wachstumsimpulse* aus der Stadt Kandern. Alle in den 1970er Jahren eingemeindeten Dörfer wiesen hohe Abwanderungsziffern auf (bis zur Jahrhundertwende spielte die Auswanderung nach Übersee eine bedeutende Rolle), die den durchweg beachtlichen Geburtenüberschuß übertrafen. Im Zeitraum von 1852 bis 1925 zeigt die Statistik der Bevölkerungsbewegung in Sitzenkirch einen Verlust von 31 Einwohnern, in Holzen von 46, in Feuerbach von 47, in Riedlingen von 50, in Tannenkirch von 63 und in Wollbach von 117 Einwohnern. Kandern hingegen zählte im gleichen Zeitraum nur 79 Abwanderer, so daß der Geburtenüberschuß einen Zugewinn von 691 Einwohnern bewirkte, auf das heutige Stadtgebiet bezogen noch von 337 Einwohnern. Die Gründe für diese Entwicklung sind eindeutig wirtschaftlicher Art: Kandern bot schon zu Anfang des 19. Jh. z. B. in der Erzverarbeitung, in einer Seidenbandfabrik, in der Ziegelhütte und in insgesamt 17 Mühlen die nichtlandwirtschaftlichen Arbeitsplätze, die andernorts fehlten.

Die weitere Entwicklung der Einwohnerzahlen der sieben ehemaligen Gemeinden, die heute die Stadt Kandern bilden, gestaltete sich recht unterschiedlich. Tannenkirch und Sitzenkirch ausgenommen – dort nahm die Bevölkerungszahl auch in den ersten

Die Stadt im 19. Jahrhundert und in der Gegenwart 17

Jahrzehnten des 20. Jh. ab –, gewannen die Orte zunächst hinzu, verloren aber zwischen 1933 und 1939 durchweg, so daß die heutige Stadt 1939 mit 4633 kaum mehr Einwohner hatte als 1895.

Eine erneute kräftige Zunahme kennzeichnet die ersten Nachkriegsjahrzehnte, als die Einwohnerzahlen auf 5499 (1950) und weiter auf 6132 (1961) anstiegen. Die Steigerungsraten lagen 1950 verglichen mit 1939 bei 18,7%, 1961 gegenüber 1950 noch bei 11,5%. Die Kriegsverluste wurden zahlenmäßig bis 1950 durch 612 zugewanderte Heimatvertriebene (11,1% der Gesamteinwohnerzahl) mehr als ausgeglichen. Bis 1961 stieg deren Zahl noch einmal auf 669 an, wobei 233 SBZ-Flüchtlinge zusätzlich gezählt wurden. Auf die gesamte Stadt bezogen lag der Anteil der Heimatvertriebenen und Flüchtlinge damals bei 14,7%, in Kandern (ohne Eingemeindungen) mit 376 Vertriebenen und 155 SBZ-Flüchtlingen bei 17,8% der Einwohner.

Schon bis 1950 hatte Kandern wieder erheblich stärker zugenommen als die umliegenden Orte (+22,6% gegenüber 1939), deren durchschnittliche Zuwachsrate unter 10% lag. Bis 1961 wurde diese Tendenz noch deutlicher. Kandern legte noch einmal um 21,5% (+528 E.) gegenüber 1950 zu. Wollbach ausgenommen (+82 E. = 8,6%) und Holzen (+44 E. = 9,4%) stagnierten die Bevölkerungszahlen der Umgebung (Riedlingen, Sitzenkirch, Tannenkirch und Feuerbach), so daß erneut der schon für die Mitte des 19. Jh. festgestellte Effekt eintrat. Das Ergebnis der Volkszählung von 1970 zeigt hingegen, daß sich inzwischen auch in Kandern die Bevölkerungszahl nur stabilisiert hatte. Lediglich Wollbach zählte damals 88 Einwohner mehr als bei der voraufgegangenen Volkszählung, so daß die Einwohnerzahl der Gesamtgemeinde mit 6172 Einwohnern nur um 0,7% über der von 1961 lag.

Das Ergebnis der Volkszählung von 1987 zeigt gegenüber 1970 wiederum einen Anstieg der Gesamteinwohnerzahl auf 6851, der hauptsächlich auf Wanderungsgewinn zurückzuführen ist. Den absolut stärksten Zuwachs mit +679 Einwohnern hat die Kernstadt, den relativ stärksten Zuwachs hatte Riedlingen, aber auch Sitzenkirch und Wollbach wiesen größere Bevölkerungszahlen als 1970 auf. Feuerbach, Holzen und Tannenkirch hingegen hatten kaum mehr Einwohner als 17 Jahre zuvor. Dabei war der Ausländeranteil (hauptsächlich Italiener und Türken) mit 5,8% relativ konstant geblieben. Die positive Entwicklung der Gesamteinwohnerzahl hielt auch seither an. Von den 7526 Einwohnern in der Gesamtstadt lebten Ende 1992 3704, knapp die Hälfte, in der Kernstadt, 1264 in Wollbach. Die übrigen verteilten sich wie folgt auf die Stadtteile: Sitzenkirch (277 E.), Feuerbach (329 E.), Holzen (519 E.), Riedlingen (554 E.) und Tannenkirch (776 E.).

Konfessionelle und soziale Gliederung. – Alle Orte, die heute die Stadt Kandern bilden, erlebten als badisches Gebiet die Reformation und damit den Wechsel zur evangelischen Konfession. An dieser Situation begann sich erst gegen Ende des 19. Jh. ein Wandel bemerkbar zu machen, damals und noch bis vor den 2. Weltkrieg im wesentlichen auf die (alte) Stadt Kandern beschränkt. Von den 386 Katholiken, 7,8% der Gesamtbevölkerung, lebten 1925 allein 305 in der Kernstadt, wo aber mit 83,1% der Einwohner die überwiegende Mehrheit nach wie vor der evangelischen Konfession angehörte. In der Zeit nach dem 2. Weltkrieg, bedingt vor allem durch den Zuzug von Heimatvertriebenen und Flüchtlingen, dann aber durch die allgemein zunehmende Industrialisierung und beachtlich höhere Mobilität, läßt sich das Ansteigen der katholischen Minderheit auf fast ein Viertel der Einwohner in der Kernstadt (1987: 23,7%), bzw. auf 16,6% in der Gesamtstadt feststellen. Auffällig bleibt der deutlich vermehrte Katholikenanteil in Wollbach (11,8%) und in Riedlingen (14,0%); die übrigen Ortschaften hingegen zeigten auch bei der jüngsten Volkszählung Katholikenanteile, die nur um 7% lagen. Die gesamte Stadt ist also nach wie vor als überwiegend evangelisch (71,3% landeskirchlich, 3,8% freikirchlich) anzusprechen.

Prägend für die *Struktur der Gesellschaft* der heutigen Stadt Kandern blieb die Landwirtschaft das ganze 19. Jh. hindurch. Selbst bei der Gewerbezählung von 1895 wiesen Orte wie Feuerbach und Wollbach, die zu den wohlhabenden, Landwirtschaft und Weinbau treibenden Orten zählten, fast ausschließlich in der Land- und Forstwirtschaft Erwerbstätige auf. Allein die Kernstadt, in der als regional bedeutsamem Marktort (s. u., Geschichte der Stadtteile: Kandern, Bevölkerung und Wirtschaft) Handwerk, Gewerbe und Handel überkommenerweise beheimatet waren und die 1810 zur Stadt erhoben worden war, wies zu diesem Zeitpunkt bereits eine gänzlich andere Struktur auf. Dort waren 1895 nur noch 21,2% der Erwerbstätigen im Primärsektor beschäftigt, was bewirkte, daß der Anteil der Erwerbstätigen in der Landwirtschaft, auf die gesamte heutige Stadt bezogen, »nur« bei 58,6% lag. Diese Ziffer ging von nun an recht kontinuierlich weiter zurück. 1939 waren noch 49,3% der Erwerbstätigen im Primären Sektor beschäftigt, 1950 39,2%, 1970 13,0% und 1987 nur noch 5,9%. Hierfür war im wesentlichen der weitere Rückgang in der Kernstadt verantwortlich, in der 1987 noch 1,6% der Erwerbstätigen der Land- und Forstwirtschaft gezählt worden waren. Inzwischen hatten aber auch die eingemeindeten Ortschaften, in denen 1950 noch zum Teil zwei Drittel der Erwerbstätigen ihren Unterhalt aus der Landwirtschaft bezogen hatten, diesen Erwerbszweig weitgehend verlassen, so daß 1987 mit 16,2% bzw. 10,8% in Tannenkirch und Holzen die höchsten Ziffern festgestellt worden waren. Diese Entwicklung war zunächst, wie andernorts auch, vor allem mit einer erheblichen Bedeutungssteigerung des Produzierenden Gewerbes einhergegangen, das schon 1970 42% der Erwerbstätigen in Kandern Beschäftigung geboten hatte (1987: 42,7%). Auffällig ist aber auch die deutliche Zunahme auf dem Tertiären Sektor. Die Verhältnisse waren hier 1970 und 1987 sehr ähnlich, zuletzt waren 18,7% der Erwerbstätigen in Handel und Verkehr sowie 32,7% in den sonstigen Dienstleistungen erfaßt worden.

Politisches Leben

Wie kaum ein anderer Ort ist Kandern mit den Ereignissen der *1848er Revolution* verbunden, weil am 20. April 1848 die Freischärler Friedrich Heckers von zwei badischen Bataillonen und einem hessischen auf der Scheideck zurückgeschlagen wurden. General von Gagern, der Befehlshaber der Bundestruppen, fiel bei diesem Gefecht. Deutlich läßt sich erkennen, daß auch die Kanderner Bevölkerung dieser Tage politisch zweigeteilt war. Der wohl kleinere Teil bekannte sich zu den revolutionären Zielen, gehörte dem *Demokratischen Bezirksverein* an und nahm an dessen Hauptversammlung um den 20. Juni 1848 in Zell teil. Dem stand der in Kandern etwa 140 Mitglieder zählende *Vaterländische Verein* gegenüber, der sich für die Unterstützung der Mehrheitsentscheidungen der 2. badischen Kammer und der Frankfurter Nationalversammlung einsetzte und am 28. Mai 1848 in Kandern gegründet worden war.

Nach der repressiven Zeit der Restauration nimmt es daher nicht wunder, wenn die mehrheitlich evangelischen Wähler von der Zollparlamentswahl 1868 an bis zur Sezession der Freisinnigen, der sich der Lörracher Wahlkreisabgeordnete Markus Pflüger angeschlossen hatte, fast geschlossen für die *Nationalliberale Partei* votierten. Das katholische Zentrum hatte überhaupt keinen Anhang, die evangelisch-pietistisch ausgerichtete *Konservative Partei* 1877 und 1878 Achtungserfolge erzielt (1878: 14,3%) und in Riedlingen und Feuerbach sogar über die Hälfte der Stimmen erhalten. Bei nach wie

Die Stadt im 19. Jahrhundert und in der Gegenwart 19

vor mäßigen Wahlbeteiligungen, die, den heutigen Stadtbereich zusammengenommen, meist unter 70% lagen, änderte sich an der erstmals 1884 eingetretenen Aufspaltung der Stimmen auf nationalliberale Mehrheit und linksliberal freisinnige Minderheit nichts entscheidendes. Regelmäßig votierten bis zu zwei Drittel der Kanderner Wähler nationalliberal, der überwiegende Rest freisinnig. Eine Randerscheinung blieben die *Antisemiten* (1893: 19,7%, wobei die Stimmen hauptsächlich aus Riedlingen, Tannenkirch und Feuerbach kamen), und die *Sozialdemokraten* brauchten in Kandern erstaunlich lange, um beachtenswerte Stimmanteile zu erzielen. Selbst nach der Jahrhundertwende hatten sie nur 36 Wähler (4,4%) hinter sich gebracht. Vollends macht die letzte Wahl in der Zeit des Kaiserreichs, 1912, als die Liberalen sich zusammengeschlossen hatten, das Potential des Liberalismus noch einmal deutlich. Bei hoher Wahlbeteiligung (85,7%) stimmten drei Viertel der Wähler für den Kandidaten des Liberalen Blocks und 19,5% für den Sozialdemokraten. Deren Stimmen kamen vor allem aus der Stadt (159 von insgesamt 206 Stimmen).

Die erste Reichstagswahl während der *Weimarer Zeit* zeigte in Kandern noch die üblichen Kontinuitätslinien. Erbe der Nationalliberalen waren zunächst die *Demokraten* (DDP: 58,7%); die weiter rechts stehende *Deutschnationale Volkspartei* erhielt bei der Wahl zur Verfassunggebenden Nationalversammlung 10,8% der Stimmen und war damit nach den *Sozialdemokraten* (28,0%) drittstärkste Partei. Doch auch in Kandern ging die relative Stabilität schon zu Beginn der 1920er Jahre verloren. Bereits 1924 waren die drei sich auf die liberale Tradition berufenden Parteien (DDP, DNVP und Deutsche Volkspartei) auf ein Viertel der Stimmen zurückgegangen. Als relativ stärkste Gruppierung hatte der Badische Landbund 35,3% der Stimmen erhalten. Deutlich verminderte Attraktivität der Parteien signalisiert die weiter sinkende Wahlbeteiligung, die bei der Reichstagswahl 1928 mit 56,3% einen Tiefpunkt erreicht hatte, und die Tatsache, daß damals die drei stärksten Parteien in Kandern (SPD, Mittelstandsvereinigung und DNVP) zusammen nur noch 54,8% der gültigen Stimmen erhielten, während der Rest der Wählerstimmen auf eine Vielzahl kleiner und kleinster Gruppen aufgesplittert war. Vor allem der Niedergang des Liberalismus wird deutlich: DDP, DNVP und DVP hatten 1928 zusammen nur noch knapp ein Viertel der Stimmen erreicht. Dagegen läßt sich auf die heutige Stadt Kandern bezogen schon 1930 der Aufstieg der *NSDAP* erkennen. Bei deutlich höherer Wahlbeteiligung (70,4%) hatten bei dieser Wahl schon mit großem Abstand die meisten Kanderner Wähler (45,7%) für die Hitlerpartei votiert. Die Sozialdemokraten erreichten als zweitstärkste Partei nur 470 Wähler (20,6%). Bei der letzten wirklich freien Wahl dieser Epoche, am 6. November 1932, war der Sieg der Rechtsextremisten in Kandern vollkommen. Sie konnten 68,1% der Stimmen für sich verbuchen. Weit abgeschlagen rangierten die Sozialdemokraten mit 13,3% der Wähler auf dem zweiten Platz, während die drei liberalen Parteien zusammen nur noch bei 8,8% der Wähler Zustimmung gefunden hatten. Dabei hatten sich die Sozialdemokraten in der Stadt selbst mit 26,7% noch relativ gut gehalten. Dort war der KPD-Anteil inzwischen auch auf 9,1% angewachsen. In den Dörfern der heute zur Stadt zählenden Umgebung jedoch war die Zustimmung zu den Parolen Hitlers nahezu einhellig. Überall hatten deutlich mehr als 80% aller Wähler für die NSDAP votiert, in Holzen 90,3%, in Tannenkirch 92,2%, in Feuerbach 93,2% und in Sitzenkirch sogar 94,7%.

Das bisher beobachtete graduell unterschiedliche Wählerverhalten in Stadt und Umland fand auch nach dem *demokratischen Neubeginn* eine Fortsetzung. In Kandern selbst war die *SPD* von Anfang an bei Bundes- und Landtagswahlen stärker als die *CDU*, selbst bei der »Adenauer-Wahl« 1957, und 1972 hatten die Sozialdemokraten sogar bei beiden Wahlen die absolute Mehrheit der Stimmen. Die Dörfer eingerechnet war anfänglich – bei der badischen Landtagswahl 1947 und bei der Bundestagswahl 1949 – die *FDP* stärkste Partei gewesen, 1947 sogar mit 50,0% der Stimmen. Doch dann, auf Bundesebene schneller als bei den Landtagswahlen, begann der Aufstieg der CDU. Sie erhielt bis auf 1961, 1972 und 1980 im gesamten Stadtbereich mehr Stimmen als die SPD; bei den Landtagswahlen war sie erst 1972 stärkste Partei geworden und wurde 1992 wieder von der SPD verdrängt. Die FDP-Anteile sind indessen deutlich zurückgegangen, lagen aber bei Bundestagswahlen bis auf 1983 und bei Landtagswahlen bis auf 1980, 1984 und 1992 über 10% der Stimmen, ungeachtet des Aufstiegs der *Grünen*, die seit 1980 bei Landtags- und seit 1983 bei Bundestagswahlen die 5%-Hürde überwinden konnten. Sie schnitten dabei nicht selten besser ab als die FDP. Von den übrigen Parteien hatte nur die NPD bei der vom Protest gegen die große Koalition in Baden-Württemberg gekennzeichneten Landtagswahl 1968 und bei der Bundestagswahl 1969 erwähnenswerte Einzelergebnisse erzielt (1968: 13,8%; 1969: 7,1%).

Wirtschaft und Verkehr

Land- und Forstwirtschaft. – Abseits der industriellen Zentren des Landkreises nahm die Landwirtschaft im heutigen Stadtbereich ihre eigene Entwicklung. So fällt auf, daß die *landwirtschaftlich genutzte Fläche* (LF) auf die gesamte heutige Stadt bezogen seit 1895 nur relativ wenig zurückgegangen ist (1895: 2699 ha; 1987: 2368 ha, also 1895: 43,3%; 1987: 38% der Fläche aller Gemarkungen). Ursache dafür war vor allem die Entwicklung in Kandern selbst. Nur dort ging die LN kontinuierlich und seit 1949 besonders drastisch von 400 ha auf 96 ha zurück. Bereits in Wollbach beträgt der Rückgang der LN in der gleichen Zeit nur 137 ha (–20,4%), in Sitzenkirch blieb die Fläche gänzlich unverändert, in Feuerbach war sie 1949 etwas größer gewesen, hatte 1987 aber wieder die Ausdehnung von 1895, in Tannenkirch hat sie etwas (+29 ha = +4,2%), in Riedlingen – ebenfalls nach deutlichen Schwankungen – deutlicher zugenommen (+61 ha = +22,9%).

Auch hinsichtlich der Nutzungsart hat sich seit dem Ende des letzten Jahrhunderts keine einschneidende Veränderung ergeben. Von jeher war der Anteil von *Viehweiden* eine insgesamt zu vernachlässigende Größe. Die *Wiesenfläche* hatte bis zum 2. Weltkrieg zwar deutlich an Umfang gewonnen (1880: 980 ha; 1940: 1439 ha) ist seither aber wieder zurückgegangen und nahm 1987 nur noch 915 ha ein, was einer Verminderung gegenüber 1880 um 65 ha oder 6,7% entspricht. Die Acker- und Gartenfläche war dagegen bereits vor dem 1. Weltkrieg vermindert worden (1880: 1700 ha; 1913: 1398 ha), ging dann bis vor den 2. Weltkrieg noch weiter zurück (1940: 1248 ha), ist aber danach wieder ausgedehnt worden und umfaßte schließlich 1987 mit 1315 ha 385 ha weniger als 107 Jahre zuvor (–22,6%). So veränderte sich das *Verhältnis von Acker- und Gartenland* in diesem Zeitraum von 1,7: 1 (1880) auf 1,4: 1 (1987).

Den größten Anteil an Ackerland hatte Tannenkirch 1987 mit 561 ha, gefolgt von Wollbach (276 ha) und Holzen (240 ha). Gute Böden haben den Ackerbau in diesen Dörfern von jeher begünstigt. In Riedlingen dagegen wurde bereits mehr Dauergrünland (180 ha gegenüber 138 ha Ackerflächen) ausgewiesen, in den übrigen Ortschaften überwog das Dauergrünland deutlich. Überkommenerweise herrscht auf dem Ackerland der *Getreideanbau* vor (1987: 827 ha) – bis zum 2. Weltkrieg Weizen, Gerste und Hafer, seither etwa doppelt soviel Weizen wie Gerste und nur noch wenig Hafer. 1987 nahmen *Futterpflanzen* 346 ha ein; mit Hackfrüchten, deren Anbaufläche vor dem

Die Stadt im 19. Jahrhundert und in der Gegenwart

2. Weltkrieg wesentlich größer gewesen war, waren in diesem Jahr noch 84 ha bestanden.

Kandern und Sitzenkirch ausgenommen spielte der *Wein- und Obstbau* (vgl. Bd. 1, S. 347 ff.) immer eine herausragende Rolle und war auch stets recht einträglich. Die Rebfläche hatte vor dem 2. Weltkrieg mehr als 80 ha eingenommen. Traditionell war schon im 19. Jh. Most, Elbling und etwas Burgunder-Rotwein angebaut worden, wobei besonders der »Feuerbacher Rote« geschätzt war. Die konsequente Umstellung von vorwiegend Tischweinen auf Qualitäts- und Prädikatsweine führte zwar auch beim Weinbau zur Verminderung der Anbaufläche (1987: 58 ha), brachte aber eine Festigung der Position und recht gute Erträge. Begünstigt durch das milde Klima hatte auch der Obstbau – Äpfel, Zwetschgen, Kirschen und Birnen – in Kandern und Umgebung seine angestammte Bedeutung. Die Obstbauflächen sind seit den 1940er Jahren weitgehend unverändert geblieben (1940: 58 ha; 1983: 62 ha), wobei mit weitem Abstand der Kanderner Obstbau die größte Ausdehnung einnahm (1940: 21 ha), gefolgt von Tannenkirch mit 10 ha, Wollbach mit 9 ha, Holzen mit 8 ha, Feuerbach mit 5 ha, Riedlingen mit 4 ha und Sitzenkirch mit 1 ha. Besonders sortenreich war der Apfelanbau mit über 50 Sorten zu Anfang des 20. Jh., und mit 11 474 Bäumen, darunter 4532 auf Kanderner Gemarkung, hatte er 1933 fast ein Drittel des Obstbaumbestandes eingenommen. Meliorisationsmaßnahmen haben seither auch zur Konzentration auf weniger Sorten geführt.

Deutlich rückläufig von der Mitte des letzten Jahrhunderts bis in die Gegenwart war die *Viehhaltung*. 1855 waren im heutigen Stadtgebiet 2178 Rinder gehalten worden, deren Zahl bei günstigen Absatzchancen von Milchprodukten bis vor den 1. Weltkrieg noch einmal um die Hälfte auf 3262 Stück anstieg. Damals hatten Kandern (gegründet 1891) und Holzen (gegründet 1903) eigene *Molkereigenossenschaften*, die ihre Produkte über den Raum Lörrach hinaus auch im angrenzenden Elsaß und in der Schweiz vertrieben. Nach dem 2. Weltkrieg ging die Rinderhaltung deutlich zurück (1950: 2683, darunter 1421 Milchkühe). Die Rinderzahl ist zwar seither relativ konstant geblieben (1988: 2777), der rückläufige Anteil der Milchkühe (1988: 906 Stück) zeigt jedoch, daß in der Zwischenzeit andere Bedingungen bestehen, die eher die Fleischviehhaltung begünstigen. Die größten Rinderbestände gab es 1988 in Tannenkirch (723 Stück), Holzen (666 Stück) und Wollbach (643 Stück). – Im gleichen Zeitraum ist der Schweinebestand von 1045 auf 2095 angestiegen, hat sich also zwischen 1855 und 1988 verdoppelt. Auffällig ist dabei, daß Tannenkirch den gesamten Zeitraum über den größten Schweinebestand aufwies, 1988 sogar drei Viertel des Gesamtbestandes im Gebiet der Stadt Kandern. – Ein ähnliches Gewicht kommt inzwischen Holzen hinsichtlich der Schafhaltung zu (1988 Gesamtbestand 272, darunter 156 in Holzen). Die Schafhaltung war um die Mitte des 19. Jh. in Kandern bereits einmal bedeutend gewesen (1855: 1222 Stück), war dann aber vor dem 1. Weltkrieg bis in die 1970er Jahre aufgegeben worden. – Ähnlich war die Entwicklung der Pferdehaltung, hier freilich bedingt durch die Technisierung der Landwirtschaft. 1855 waren im heutigen Stadtgebiet 246 (Zug-)Pferde gehalten worden, deren Zahl von den 1930er Jahren an kontinuierlich abnahm. Bei den 1988 gezählten 144 Pferden handelte es sich fast ausschließlich um Reittiere.

Der Rückgang der Landwirtschaft und ihr dabei vollzogener struktureller Wandel drückt sich in der Zahl der Betriebe und in deren Einzeldaten aus. So ist die *Anzahl der landwirtschaftlichen Betriebe* seit 1895 kontinuierlich auf knapp 22% des Ausgangswertes zurückgegangen (1895: 849; 1987: 186). Dabei fällt auf, daß die Geschwindigkeit dieser Entwicklung seit dem Ende des 2. Weltkriegs rapide zugenommen hat, wie an der Zahl von 1949 (657 Betriebe) deutlich wird (1895 bis 1949: −22,6%; 1949 bis 1987: −71,7%). Als landwirtschaftliche Zentren lassen sich bei dieser Zählung Tannenkirch mit 47 und Wollbach mit 40 Betrieben deutlich erkennen. Andererseits zeigt die Zahl von 73 Vollerwerbsbetrieben (1987), darunter 26 in Tannenkirch und 21 in Wollbach, daß die Bedeutung der Kanderner Landwirtschaft insgesamt weniger rückläufig war, weil sie sich besonders in diesen beiden Dörfern gehalten hat.

Deutlichem Wandel war auch die *Größe der Wirtschaftsfläche* in dieser Zeit ausgesetzt. Betrug der Durchschnittswert in Kandern 1895 noch 3,2 ha, wobei 47% aller Betriebe weniger als 2 ha bewirtschafteten, so stieg die Durchschnittsgröße seither kontinuierlich und lag 1987 bei 13,6 ha. Die geringste Durchschnittsgröße hatten die Betriebe Kanderns mit nur 1,9 ha, die größten Betriebe mit durchschnittlich 5 ha lagen in Tannenkirch. Besonders die Zahl der größeren Betriebe verdeutlicht die Verlagerung: 1895 hatten von 849 Betrieben nur 33 zwischen 10 ha und 20 ha bewirtschaftet und nur 2 Betriebe – je einer in Tannenkirch und Wollbach – hatten über 2 ha Wirtschaftsfläche. Bei der Zählung von 1987 waren 41 der 186 Betriebe mit einer Wirtschaftsfläche von 10 bis 20 ha ausgewiesen, weitere 43 lagen über 20 ha. Zusammen waren das 45,1% aller Betriebe (1895: 4,1%). Auch hierbei lassen sich Tannenkirch mit 15 Betrieben über 20 ha Wirtschaftsfläche und Wollbach mit 10 Betrieben als landwirtschaftliche Schwerpunkte erkennen.

Die *Betriebssystematik* läßt für 1987 einen zahlenmäßigen Schwerpunkt bei den Futterbaubetrieben erkennen. Auf die Bedeutung der Forstwirtschaft verweist die Anzahl von 46 forstwirtschaftlichen und 14 kombinierten land- und forstwirtschaftlichen Betrieben.

Im heutigen Stadtgebiet hat sich der *Wald*anteil an den Gemarkungen nur unwesentlich verändert. Er ist von 1850 (48%) bis 1990 (52%) um 249 ha angestiegen. Den geringsten Anteil daran hatte der Staatswald, dessen Gesamtfläche 1990 mit 1466 ha nur 10 ha größer war als 140 Jahre zuvor. Die privaten Waldungen waren im gleichen Zeitraum um 51 ha vergrößert worden und nahmen 1990 899 ha ein. Lediglich die Gemeindewaldungen hatten in dieser Zeit mit 188 ha Zuwachs (1990: 878 ha) erheblichere Vergrößerungen erfahren. Wie andernorts beobachtet, lassen sich auch im Bereich der heutigen Stadt Kandern beachtliche Veränderungen, was die Holzarten angeht, ablesen: Allein die Nadelholzfläche (1990: 1159 ha) wurde in der untersuchten Zeit verfünffacht. Die Laubholzfläche hingegen, 1850 noch 92% der gesamten Waldfläche, ging bis 1990 auf 64% zurück (−683 ha). Tendenziell ist dieser Vorgang bei allen Besitzarten zu beobachten.

Handwerk und Industrie. – In kaum einem anderen Ort des Landkreises lassen sich derart deutliche Kontinuitätslinien von alter z.T. sogar frühmittelalterlicher Handwerkstradition bis hin zur modernen Industrie zeichnen. Dies gilt besonders für die Eisenverhüttung und die Verarbeitung von Tonerde, die durch Ziegler und Hafner geschah. Beide Bereiche waren im frühen 19.Jh. kennzeichnend für Kandern und Umgebung geworden (s.u., Geschichte der Stadtteile). Um die Mitte des 19.Jh. arbeiteten über 20 Hafner in Kandern und stellten die für den Südschwarzwald typischen muldenartigen Schüsseln her, meist kaum grundiert und in kräftigen Farbtönen gelb, grün und rotbraun bemalt. In der Regel waren es die Hafner selbst, die ihre Waren im Ort und in der weiteren Umgebung bis ins Elsaß hinein verkauften. Zwischenhändler, die sogenannten Elsaßträger, die es bis zu dieser Zeit gegeben hatte, waren mehr auf Glaswaren, Uhren und Schnitzwerk spezialisiert. Ungeachtet staatlicher Fördermaßnahmen, wie Anregungen zur Weiterbildung u.ä., geriet auch dieses Handwerk in die Krise. Immerhin gab es um die Jahrhundertwende noch 8 Werkstät-

Die Stadt im 19. Jahrhundert und in der Gegenwart 23

ten. Der letzte traditionelle Hafner in Kandern starb 1965. Dennoch wird die Tradition in gewisser Weise von der kunstkeramischen Richtung (s. u., Kunstkeramik) fortgesetzt. Während Hafner und Ziegler vornehmlich auf Kandern konzentriert waren, geschah der Bohnerzabbau auch in Holzen, Tannenkirch, Hertingen, Liel, Altingen bei Schliengen und Auggen, hatte aber in Kandern seine Verarbeitung, woran die Gaststätte »Zur Weserei« noch heute erinnert. Dort war früher auch die Verwaltung des Eisenwerkes untergebracht gewesen. Daneben befand sich eine ganze Reihe weiterer Handwerksbetriebe in den heutigen Stadtteilen: Bäcker, Metzger, Küfer und Bierbrauer, mehrere Müller – für 1850 sind in der heutigen Stadt 12 *Mühlen* überliefert (7 Mahl-, je 2 Säge- und Ölmühlen sowie eine Walkmühle), außerdem waren die Bauhandwerke mit Maurern, Schreinern und Schlossern um die Mitte des 19. Jh. zahlreich vertreten.

Wie die Betriebszählungen der Nachkriegszeit belegen, war das Baugewerbe mit 23 Betrieben und 119 Beschäftigten vor dem Metallhandwerk mit 18 Betrieben und 70 Beschäftigten und dem Nahrungsmittelhandwerk mit 55 Beschäftigten in 13 Betrieben noch am stärksten vertreten. Die Betriebe konzentrierten sich deutlich sichtbar auf die Kernstadt; die heutigen Stadtteile waren dagegen relativ handwerksarm. Unter den 68 Betrieben, die 1977 gezählt worden waren, stand das Metallgewerbe mit 20 Betrieben und 119 Beschäftigten noch vor dem Baugewerbe (19 Betriebe, 90 Beschäftigte). Die übrigen Unternehmen verteilten sich auf die vier Handwerkszweige Nahrung, Gesundheit, Reinigung und Chemie, Holz sowie Bekleidung, Textil und Leder (zusammen 29 Betriebe mit 93 Beschäftigten). Die Zusammenstellung der Handwerkskammer Freiburg (s. u.) zeigt, daß sich bis in die jüngste Vergangenheit kaum wesentliche strukturelle Veränderungen auf dem Handwerkssektor in Kandern zugetragen haben.

Tab. 1: Das Handwerk 1992

Branche	Zahl der Betriebe	Beschäftigte	Umsatz
Baugewerbe	24	236	27,5 Mio. DM
Metall	21	138	27,4 Mio. DM
Holz	5	27	3,4 Mio. DM
Textil/Leder/Bekleidung	2	5	0,6 Mio. DM
Nahrung	6	44	7,5 Mio. DM
Gesundheit/Körperpflege	5	46	2,6 Mio. DM
Glas/Papier/Keramik/ Sonstige	7	65	10,1 Mio. DM
Gesamt	70	561	79,1 Mio. DM

Quelle: Handwerkskammer Freiburg

Die Kanderner *Kunstkeramik*, die inzwischen auf eine fast einhundertjährige Tradition zurückschauen kann, hat ihren Ursprung einerseits im Hafnergewerbe, zum anderen aber auch enge Verbindung zum industriellen Zweig der Tonverarbeitung. Im Bemühen, dem niedergehenden Hafnerhandwerk neue Impulse zu geben, hatte der badische Staat im Rahmen der Gewerbeförderung Lehrer der Karlsruher Kunstgewerbeschule nach Kandern gesandt, die Hafner im Zeichnen und Modellieren fortzubilden. So kam Ende der 1890er Jahre Max Laeuger (1864–1952), ein gebürtiger Lörracher, zum Unterrichten nach Kandern. Laeuger war der erste, der die Techniken der traditionellen Bauernkeramik mit moderner künstlerischer Gestaltung verband und damit den Anfang einer neuen Entwicklung markierte. Er schlug eine Brücke vom

Hafnerhandwerk zur Kunst. Laeuger schuf auch die Verbindung zu den Tonwerken, mit denen er sich vertraglich verband und deren keramische Abteilung (KTK, *Kunsttöpferei Tonwerke Kandern*) er von 1895 bis 1914 leitete. Seine Vasen, Krüge, Teller und Kacheln aus Kanderner Ton, verziert mit farbigem Tonschlicker aus der Gießbüchse, zeigen meist florale Dekore im damals vorherrschenden Jugendstil, zu dessen herausragenden Vertretern auf dem Gebiet der Keramik er schließlich wurde. Besondere Beachtung fanden Laeugers Arbeiten auf der Weltausstellung im Jahr 1900 in Paris. Nach 1907, in diesem Jahr hatte Laeuger zusammen mit Hans Thoma die Majolikamanufaktur Karlsruhe gegründet, konzentrierte sich seine Aufmerksamkeit immer stärker auf dieses Projekt. Kurz vor Kriegsausbruch 1914 trennte er sich von der Kunsttöpferei und übersiedelte nach Karlsruhe.

Ab 1920, nach seiner Rückkehr aus der Kriegsgefangenschaft, übernahm Hermann Hakenjos sen. (1879–1961), der seit 1898 als Kunstmaler, dann als Keramiker in der Töpferei gearbeitet hatte, deren Leitung bis 1927. Im gleichen Jahr gründete er zusammen mit Richard Bampi (1896–1965) die *Fayence-Manufaktur Kandern GmbH*, deren Leuchter, Kruzifixe und Kleinplastiken, aber auch Gebrauchsgegenstände bald große Beachtung fanden. 1934 trennten sich beide Künstler. Hakenjos betrieb fortan zusammen mit seinem Sohn Hermann Karl († 1992) eine eigene Werkstatt, in der in den 1960er und 1970er Jahren auch seine Tochter Ursula Kluge-Hakenjos († 1979) arbeitete. 1990 übernahm seine Enkelin Sabine Kluge-Hakenjos die Werkstatt, in der – ungeachtet der deutlich sichtbaren künstlerischen Individualität der vier Generationen – noch immer einheimische Materialien verarbeitet und die schon unter Laeuger zur Bedeutung gekommene Engobetechnik gepflegt werden.

Bampi indessen, der die Fayence-Manufaktur weiterführte, beschritt bald andere Wege. Sein Interesse für Glasur- und Brandtechniken führte 1939 zur Einrichtung eines keramischen Versuchslabors, in dem er seit 1941 Steinzeug herstellte. Damit hatten sich seine Keramiken weit über den Ausgangspunkt des Gebrauchsgegenstandes erhoben. Bampi experimentierte, nicht allein mit vordergründig schlichten Formen (»Das klassische Kunstwerk muß so aussehen, als hätte ich es am Meeresstrand gefunden«), sondern variierte auch die Gestaltung der Oberflächen. Seine kunsttheoretischen Reflektionen hat Bampi – darin Laeuger ähnlich – auch in Schriften niedergelegt. Sein Werk erreichte internationale Anerkennung.

Heute arbeitet an der gleichen Stelle sein Meisterschüler Horst Kerstan. Dem Lehrer auch darin nicht unähnlich, fand er Vorbilder im Fernen Osten, besonders in Japan und Korea. Seine glasierten Gefäße tragen nicht selten Oberflächen, die an chinesisches Steinzeug erinnern. Eigens für die Holzbrandgefäße in japanischer Brenntechnik hat er 1977 einen etwa 8 m langen Anagama-Hangofen gebaut, den ersten seiner Art in Deutschland, in dessen Holzfeuer die Tongefäße bei 1300°C sieben Tage lang gebrannt werden, so daß – in Feuer und Ascheflug – die unterschiedlichsten Oberflächen entstehen, Synthesen zwischen Natur und künstlerischem Streben nach einfacher Schönheit, nach »Vollkommenheit in der Unvollkommenheit«, wie er selbst formuliert. – Seit jüngster Zeit hat eine seiner Schülerinnen, Brigitte Wechlin, in Feuerbach ein eigenes Keramikstudio.

Ein weiteres Keramikatelier in Kandern betreibt seit 1967 ebenfalls ein Schüler von Richard Bampi, Hermann Messerschmidt-Laesser, zusammen mit seiner Frau Vreni. Auch sein Werk kennzeichnen einfache Formen – Kugeln in ihren verschiedensten Abwandlungen, runde und ovalzylindrische Gebilde, kubische und geometrische. Aber auch menschlichen Eigenschaften verlieh er in Vogelkarikaturen Form und Ausdruck.

Ungeachtet der Tatsache, daß die meisten Künstler längst mit feineren Westerwälder Tonen arbeiten, hat die Anziehungskraft Kanderns als Wirkungsstätte für Kunsttöpfer in der jüngsten Zeit nicht nachgelassen. Dies dokumentiert auch die Eröffnung der Kalida Keramik Kandern, ein Studio im Gebäude der ehemaligen Gaststätte Blume, das die in Heidelberg geborene Andrea Leutz betreibt.

Die Grenzen zwischen Handwerk und *Industrie* waren und sind immer fließend, handwerkliche und industrielle Fertigung liefen lange Zeit nebeneinander. Eine gewisse Bedeutung und auch Tradition hatten im 19. Jh. textilverarbeitende Unternehmen in Kandern. Die *Seidenbandweberei* war als Unternehmen der Familie Mez gegen Ende des 18. Jh. in Kandern heimisch geworden. Deren Produktion wurde jedoch 1828 bereits nach Freiburg verlegt. In hausindustrieller Form, im Auftrag der Basler Firma Sarasin, waren Seidenbandweber noch einmal um die Jahrhundertwende in Feuerbach tätig. Auch spätere Ansätze innerhalb dieses Industriezweiges waren nicht von Dauer, so die Errichtung eines Zweigbetriebs der in Weil am Rhein ansässigen *Firma Robert Schwarzenbach & Co.*, die in Kandern Kunstseidengarne und -zwirne produzierte, die Errichtung des Zweigbetriebs der *Oberbadischen Angorawerke*, Hauingen, vor dem 2. Weltkrieg sowie die Kanderner Niederlassung der *Spinnerei und Weberei Offenburg*, in der ab 1961 Bett- und Tischwäsche konfektioniert wurde.

Man darf wohl davon ausgehen, daß 1853 mit dem Übergang der Leitung der Kammüllerschen Ziegelei an Michael Ruch, der mit der Herstellung von feuerfesten Steinen unter Verwendung von Weißerde begann, ein Einschnitt markiert wird.

Der andere traditionelle Gewerbezweig, die Eisengewinnung und -verarbeitung, hatte um die Mitte des 19. Jh. noch einmal einen Aufschwung erlebt und 1854 250 Arbeiter beschäftigt. Die technischen Neuerungen im Hüttenwesen ließen dann aber die gesamte badische Eisenindustrie in die Krise geraten, weil ihre Produktion z. B. gegenüber den in großem Stile produzierenden Betrieben im Ruhrgebiet zu teuer geworden war. Das Kanderner Werk, dessen Produktion um die Jahrhundertmitte noch bei 12 000 Zentner Roh- und ca. 2000 Zentner Stab- und Kleineisen gelegen hatte, geriet zwar später als andere badische Eisenwerke in Schwierigkeiten, stellte aber im Laufe des Jahrhunderts auch seine Produktion ein. Vor dem 1. Weltkrieg wurde als neues Eisenwerk eine Gießerei gegründet, die 1928 50 Mitarbeiter zählte. Die Eisenwerk Kandern GmbH firmierte ab 1956 als *Eisenwerk Kandern Hans Wagner KG*. Das seinerzeit zweitgrößte Kanderner Unternehmen produzierte bis zu seiner Schließung Ende 1972 Spezialaggregate für Warmluftheizungen.

Ein weiteres Traditionsgewerbe, die *Papierherstellung*, erlebte ebenfalls um die Mitte des 19. Jh. den Übergang zur industriellen Fertigung. Die Kanderner Papiermühle, die schon im 16. Jh. einen besonderen Ruf im ganzen Markgräflerland hatte, wurde 1838 nach Maulburg verlegt. 1852 bestand noch eine Handpapiermühle mit 8 Arbeitern. 1879 ist von einer Papierfabrik mit 4 Arbeitern die Rede. In den 1920er Jahren gab es wieder 3 Unternehmen dieses Industriezweiges: die *Zellstoff und Zellulosefabrik Julius Umbach & Co. KG*, die Halbzeug für die Papierfabrikation herstellte (1928: 30 Mitarbeiter), und zwei Papierfabriken.

Die *Lederverarbeitung* hatte nach der Jahrhundertwende in Kandern mit einem kleinen Stanzwerk eingesetzt. 1928 gab es eine Fabrik für Schuhbestandteile (18 Arbeiter), außerdem die Niederlassung einer Genfer Firma, die Lederfarben herstellte (15 Beschäftigte).

Die Betriebszählung von 1895 vermittelt einen Einblick in die damalige Struktur des Gewerbes im heutigen Kandern: 276 Betriebe boten 755 Beschäftigten Arbeit, darunter in der Stadt alleine 159 Betriebe mit 584 Beschäftigten, in Wollbach 41 Betriebe mit

63 Beschäftigten. Neben der Tonverarbeitung stand das Baugewerbe (31 Betriebe, 129 Beschäftigte), dann das Bekleidungsgewerbe (73 Betriebe, 104 Beschäftigte), gefolgt vom Nahrungs- und Genußmittelgewerbe (33 Betriebe, 69 Beschäftigte).

Größte wirtschaftliche Bedeutung kam indessen dem tonverarbeitenden Gewerbe zu. Die *Tonwerke Kandern* waren 1889 in eine Aktiengesellschaft umgewandelt worden, expandierten fortdauernd und hatten nach der Jahrhundertwende bis zum 1. Weltkrieg zwischen 120 und 125 Mitarbeiter. Auch in der Zeit bis zur großen Wirtschaftskrise der ausgehenden 1920er Jahre wurde dieser Stand gehalten (1928: 130 Mitarbeiter). 1954 wurde die Unternehmensform in eine GmbH verändert, fünf Jahre später kaufte der Schweizer Konzern Keramik Holding AG Laufen das Kanderner Werk, 1968 auch den Rümminger Ziegeleibetrieb (s. u. Rümmingen, Die Gemeinde im 19. Jahrhundert und in der Gegenwart, Handwerk und Industrie). Es folgten Maßnahmen zur Modernisierung und Rationalisierung, u. a. in Kandern eine Konzentration der Produktion auf Dachziegel (1985: 8 Mio. Stück), wovon etwa ein Viertel in die Schweiz und nach Frankreich exportiert wurde. Der Kanderner Betrieb hat ein etwa 30 ha großes Gelände. Dort waren 1985 95 Personen beschäftigt, zusammen mit Rümmingen waren es bis zu 150 Mitarbeiter (1992: 84 und 25).

Auf ebenfalls beachtliche Firmentradition kann die *Kanderner Tonwarenfabrik Ernst Kammüller GmbH* verweisen, die 1878 gegründet wurde. Ihr Haupterzeugnis sind feuerfeste Steine, deren Rohmaterial aus den Tongruben von Kandern und Wollbach kommt. Die Fabrik hatte vor dem 1. Weltkrieg 29, in der Zwischenkriegszeit um 50 und in jüngster Zeit recht konstant 60 Mitarbeiter (1992: 65). Etwa 20% ihrer Erzeugnisse wurden exportiert, vor allem in die Schweiz und nach Österreich.

Zu den größeren Unternehmen in Kandern zählt auch die 1967 gegründete *Druckfarbenfabrik Gerhard Fritz GmbH*, die wasserverdünnbare Flexo- und Tiefdruckfarben und -lacke herstellt. In diesem Unternehmen arbeiteten 1992 durchschnittlich etwa 20 Mitarbeiter.

Überregional bekannt ist die Kanderner Brezelherstellung. Ihre Tradition reicht bis ins 18. Jh. zurück. Von zahlreichen Brezelbäckern wurden kleine Brezeln von Hand geformt und auf der Schnur aufgereiht. 1954 entstand die Brezelfabrik *Mayka*, Abkürzung für den Namen des Besitzers, Willi Mayer, und den Produktionsort Kandern. – Ebenfalls eine Besonderheit stellt die kleine Spezialfabrik für *Meringen, Meier-Kromer* in Wollbach dar, die 1964 aus einer Bäckerei entstanden ist. Das einzige Unternehmen dieser Art in Süddeutschland produziert etwa 100 000 Meringen wöchentlich, die in die gesamte Bundesrepublik und nach Frankreich verkauft werden.

Bei der Volkszählung 1987 wies Kandern 74 Gewerbebetriebe mit insgesamt 578 Mitarbeitern auf, darunter 26 des Baugewerbes, 13 des Holz-, Papier- und Druckgewerbes und 6 des Bereiches Steine, Erden und Keramik.

Handel und Dienstleistungen. – Der Tertiäre Sektor war schon im letzten Jahrhundert auf die Stadt konzentriert, die noch immer als *Marktort* Bedeutung hat und alljährlich den Frühjahrsmarkt, den Herbstmarkt und den Roßmarkt (mit Reitturnier) durchführt. Schon 1837 hatte die Stadt der größer werdenden Märkte wegen das Gasthaus »Blume« angekauft und – wie 1845 weitere Gebäude darum herum – abreißen lassen. Damit entstand der »Blumenplatz« als neuer Marktplatz.

Bei der Gewerbezählung von 1895 wurden 48 Betriebe gezählt, davon 31 in Handel, Versicherung und Verkehr und 17 in Hotellerie und Gastronomie mit zusammen 97 Beschäftigten. Die wirtschaftliche Bedeutung dieses Bereiches ist seither deutlich angestiegen. 1987 war mehr als die Hälfte aller Erwerbstätigen im Tertiären Sektor tätig, allein im Handel waren es 72 Betriebe mit 235 Beschäftigten (8,8% aller –

Die Stadt im 19. Jahrhundert und in der Gegenwart

Erwerbstätigen), darunter 9 Groß- und 57 Einzelhandlungen sowie 6 Handelsvermittlungen. Auch deren räumliche Verteilung läßt erkennen, daß zwar die Stadt alle Strukturmerkmale des Unterzentrums aufweist, die Zahl der Handelsbetriebe in den dörflichen Vororten aber recht gering ist. Auch die Dienstleistungsunternehmen und freien Berufe sind in der Stadt konzentriert (95 Betriebe mit 362 Beschäftigten).

Seit 1839 gibt es in Kandern die *Sparkasse*, die als Privatunternehmen bis 1912 bestand. Ab 1912 war sie Städtische Sparkasse. 1925 wurde sie als öffentliche Verbandssparkasse umgegründet. Gewährsträger waren neben der Stadt Kandern die damaligen Gemeinden Blansingen, Hertingen, Holzen, Mappach, Riedlingen, Tannenkirch, Welmlingen, Wittlingen und Wollbach. Die Bezirkssparkasse Kandern schloß sich 1970 der Sparkasse Lörrach (seit 1973: Lörrach-Rheinfelden) an.

1874 war als zweite Kanderner Bank die Gewerbebank als Vorschußbank gegründet worden. Derzeit unterhalten die Sparkasse Lörrach-Rheinfelden und die Volksbank Lörrach Zweigstellen in Kandern, die Raiffeisenbank Markgräflerland eine Filiale in Tannenkirch.

Das *Versicherungsgewerbe* spiegelt in seinem Entstehen im 19. Jh. die Entwicklung der Gesetzgebung, aber auch sozialer Notwendigkeiten wider. 1886 wurde in Kandern eine Feuerversicherung und eine Krankenversicherung gegründet, 1888 eine Spital- und eine Unfallversicherung, 1891 eine Invaliditätsversicherung. Im gleichen Jahr entstand wie in Kandern auch in Sitzenkirch ein Viehversicherungsverein. Die Gemeindekrankenversicherung hatten Sitzenkirch, Obereggenen und Feuerbach zunächst gemeinsam organisiert, ab 1895 jedes Dorf für sich. – Die Raiffeisen-Warengenossenschaft unterhält Lager in Tannenkirch und Wollbach.

Landschaftlicher Reiz und mildes Klima waren stets begünstigende Faktoren für den *Fremdenverkehr* im Raum Kandern. Erst jedoch der Eisenbahnbau Ende des 19. Jh. schuf die nächste wichtige Voraussetzung: eine bessere Verkehrsanbindung. Von da an kamen insbesondere Gäste aus dem Raum Basel. Schwarzwaldverein und Verschönerungsverein bemühten sich anfangs gemeinsam um die Förderung des Tourismus. Der Schwarzwaldverein betreut bis heute ein umfangreiches Wanderwegenetz. Bereits um die Mitte des 19. Jh. bestanden in der Stadt Kandern 9 Realwirtschaften und 3 Bierbrauereien. In Wollbach gab es im 19. Jh. die »Blume«, in Feuerbach den »Rebstock«. Der in Holzen vor dem 1. Weltkrieg bestehende »Hirschen« wurde vor 1918 geschlossen, 1924 eröffnete der »Pflug«, der schon damals Fremdenzimmer anbot. Traditionsreiche Gaststätten in Tannenkirch sind u. a. die »Tanne« und der »Ochsen«, in Egerten der »Hirschen«. Sitzenkirch hatte die Realwirtschaft »Zum Engel«; sie wurde 1930 erweitert. Bei der Volkszählung 1987 wurden in Kandern 38 Betriebe des Gastgewerbes mit 168 Beschäftigten gezählt, 5 der Gasthäuser (»Schnecke«, »Sonne«, »Storchen«, »Weserei« und »Villa Umbach«) bieten Übernachtungsmöglichkeiten. Die Zahl der Ankünfte lag 1993 bei 15 609, die Übernachtungszahl bei 57 299 (1985: 54 434). Die konzessionierten Betriebe verzeichneten dabei 5182 Ankünfte und 9132 Übernachtungen.

Verkehr. – Bis heute liegt Kandern an zwei wichtigen Verkehrsachsen. Als Ost-West-Verbindung führt die Straße von Schliengen über Kandern ins Wiesental. Sie war früher besonders für den Erztransport bedeutend. Der Platzhof war Umspannstation. Nord-Süd-Verbindung ist die Straße, die von Müllheim über Kandern auf Basel zuführt. Von größter Bedeutung für die Post war Kaltenherberg. Zunächst hatte die 2. Hälfte des 19. Jh. der Stadt durch die verbesserte Verkehrserschließung der Umgebung schwere Nachteile eingebracht; selbst Dienststellen wie Forstamt und Forstkasse zogen vorübergehend ab, und der Warentransport nach Schliengen zur nächstgelegenen Bahnstation war des Gefälles wegen in jeder Hinsicht aufwendig. Mit der Inbetriebnahme der *Kandertalbahn,* die von Weil am Rhein-Haltingen abzweigt, waren diese Nachteile 1895 ausgeglichen. Deshalb hatte sich die Stadt auch an den Baukosten (insgesamt 125 000 Mark) mit 40 000 Mark beteiligt und das nötige Gelände zur Verfügung gestellt. Wollbach trug 15 000 Mark, die badische Staatskasse 20 000 Mark. Den Rest erbrachte die Berliner Gesellschaft Kering & Wächter, die auch die Betriebskosten übernahm. Nach fünf Jahren ging der Betrieb an die Eisenbahn-Betriebsgesellschaft Berlin über, 1963 an die Südwestdeutsche Eisenbahn-Gesellschaft, die die Anlagen erneuerte, den Betrieb aber 1984 einstellte. Seit 1985 wird die Bahnlinie vom Zweckverband Museumsbahn Kandertal getragen, an dem die Städte Kandern und Weil am Rhein sowie die Gemeinden Wittlingen, Rümmingen, Bad Bellingen, Malsburg-Marzell und der Landkreis Lörrach beteiligt sind.

Die Kandertalstraße, die über die Scheideck aus Richtung Schliengen kommt und in Richtung Weil am Rhein und Lörrach führt, war 1840 zur Poststraße erhoben worden. Der Ausbau der für den Erztransport wichtigen Verbindung brachte ab 1861 eine Verbesserung. Immerhin sind in dieser Zeit jährlich 1800 Klafter Holz, 2000 bis 3000 Ohm Wein und 50 000 bis 60 000 Zentner Eisenerz transportiert worden. Folgerichtig wurde dann 1872 zunächst das Gefälle bei der Scheideck von maximal 12% auf 5% reduziert, worauf sich das Verkehrsaufkommen annähernd verdoppelte (1874: 96 Zugtiere täglich). Die eher schlechte Verkehrsanbindung behinderte dennoch die wirtschaftliche Entwicklung der Stadt bis in die 1880er Jahre hinein. In unterschiedlichem Maße galt dies auch für die heute zu Kandern gehörenden umliegenden Gemeinden. Besonders Feuerbach klagte über seine schlechte Verbindung zum Amtsort Müllheim, weswegen die Bürger sich schon 1895 mehrheitlich für Lörrach aussprachen, wohin die Wege besser waren.

Die heutige Verkehrsanbindung der Stadt schaffen die L 132 (nach Müllheim), die L 134 (von Weil am Rhein-Ötlingen kommend in Richtung Schliengen und Neuenburg) und die L 135, die nach Steinen führt. Wollbach und Riedlingen liegen an der L 134, Sitzenkirch an der L 132, Tannenkirch an der L 134b. Feuerbach und Holzen sind durch die K 6317 bzw. K 6319 an die L 134 angebunden.

Eine öffentliche Busverbindung wurde 1929 zwischen Schliengen und Tannenkirch geschaffen. Ab 1930 führte eine weitere Buslinie über Binzen nach Lörrach. Sie wurde 1937 nach Rheinfelden verlängert. Im Rahmen des heutigen öffentlichen Personennahverkehrs verkehren 2 Buslinien zwischen Müllheim und Kandern, eine davon führt über Obereggenen. Eine weitere Buslinie verbindet Bad Bellingen mit Kandern, eine dritte mit Marzell und den Fachkliniken. Die Anbindung nach Süden schaffen Buslinien zwischen Kandern und Lörrach sowie zwischen Kandern über Weil am Rhein und Basel.

Verwaltungszugehörigkeit, Gemeinde und öffentliches Leben

Verwaltungszugehörigkeit. – Seit der Vereinigung der Gemeinden Feuerbach, Holzen, Riedlingen, Sitzenkirch, Tannenkirch und Wollbach mit Kandern zur neuen Stadt Kandern am 1. März 1974 ist der zentrale Ort dieser Gegend auch verwaltungsmäßig zum Zentrum geworden. Mit Malsburg-Marzell wurde am 1. Juli dieses Jahres eine Verwaltungsgemeinschaft vereinbart, deren Sitz Kandern ist. Dies ist die vorläufig letzte Station der teilweise recht unterschiedlichen Verwaltungszugehörigkeit dieser Orte.

In Kandern war 1809 ein Bezirksamt eingerichtet worden (vgl. Bd. 1, S. 446 ff.). Wollbach hatte zuvor wie Kandern, Riedlingen, Tannenkirch und Holzen (zusammen

Die Stadt im 19. Jahrhundert und in der Gegenwart 29

mit Malsburg und Marzell als Sausenharter Viertel) zum Oberamt Rötteln gehört, Feuerbach, Sitzenkirch und Tannenkirch (ab 1805) zum Bezirksamt Schliengen. 1810 wurde Kandern zur Stadt erhoben. Als das Amt Kandern ein Jahrzehnt später wieder aufgelöst wurde, verlief wieder eine Verwaltungsgrenze durch die heutige Stadt: Feuerbach und Sitzenkirch wurden dem Amt Müllheim zugeschlagen, die übrigen Orte kamen zum Amt Lörrach. Dieser Zustand wurde anläßlich der Verwaltungsreform 1936/38 wieder verändert, als die bisher zu Lörrach zählenden heutigen Stadtteile Feuerbach, Kandern, Riedlingen und Tannenkirch dem neuen Amtsbereich von Müllheim eingegliedert wurden. Kandern wurde 1935 das Stadtrecht aberkannt und erst 1951 wieder verliehen. Diese Zugehörigkeit endete mit der Kreisreform vom 1. Januar 1973, als der Landkreis Lörrach seine heutigen Grenzen erhielt.

Gemeindeverwaltung. – Einschließlich der Bürgermeister bestanden die Gemeinderäte bis zur Reform der Gemeindeordnung 1869/70 in Holzen, Kandern, Tannenkirch und Wollbach aus sieben, die der kleineren Orte wie Feuerbach, Riedlingen und Sitzenkirch aus fünf Mitgliedern. Jede der unterschiedlich großen Gemeinden, auch die Stadt, beschäftigte neben den obligatorischen Beamten (Ratschreiber und Rechner) eine ganze Reihe von weiteren, z. t. ehrenamtlichen Mitarbeitern, die Ordnungsdienste versahen oder mit Spezialaufgaben betreut waren. Kandern z. B. hatte 1882 zwei Polizeidiener, drei Nachtwächter, zwei Straßenwarte, zwei Wald- und Feldhüter und einen Hilfswaldhüter, zwei Eicher und sechs Steinsetzer, zwei Hebammen, einen Leichenschauer, zwei Totengräber, einen Waisenrichter und dessen Stellvertreter, einen Abdecker und einen Fleischbeschauer. Teilweise wechselten die Bezeichnungen in den späteren Jahren, hie und da kamen auch Sonderfunktionen hinzu – etwa der Rebhüter in Feuerbach oder das 1927 in Sitzenkirch geschaffene Amt des Stromwarts –, die Struktur der kommunalen Aufgaben blieb aber bis zum 2. Weltkrieg weitgehend unverändert.

Seit der Bildung der Stadt in ihren heutigen Grenzen ist die Verwaltung in Kandern konzentriert. 1977 wurde das neue Rathaus gebaut. Das Grundbuchamt der Stadt ist im 1965 gebauten Rathaus von Holzen untergebracht; dort und in den Rathäusern der übrigen Stadtteile befinden sich heute Ortsverwaltungen. Die Stadtverwaltung gliederte sich 1993 in Hauptamt, Bauamt, Grundbuchamt, Melde- und Standesamt, Rechnungsamt, Sozialamt und Verkehrsamt. In diesem Jahr beschäftigte die Stadt 7 Beamte, 64 Angestellte und 61 Arbeiter, darunter 57 als Teilzeitbeschäftigte.

Alle die heutige Stadt bildenden Teile zählten im 19. Jh. nicht eben zu den ärmsten Gemeinwesen, obgleich durchaus Unterschiede offenbar werden. So gehörte etwa *Feuerbach* zu den eher ärmeren in dieser Reihe, da es außer dem Gemeindewald keine Einnahmequelle besaß. Für die Ortsarmen stand aber immerhin ein Armenfonds zur Verfügung (1854) und ein Armenhaus, das noch in den 1920er Jahren bestand. Es hatte für die Gemeinde einer großen Anstrengung bedurft, 1895 das neue Rathaus zu bauen.

Das andere Extrem bildete *Holzen*, eine der vermögendsten Gemeinden des Bezirks im 19. Jh., die vor allem in dieser Gegend als waldreich galt (1850: 655 Mg, 1903: 139 ha). Der Schulhausbau 1850 z. B. wurde durch einen außerordentlichen Holzhieb finanziert. Auch *Sitzenkirch* gehörte in die Reihe der wohlhabenden Gemeinden mit gut 100 ha Gemeindewald, einem Armen- und einem Schulpfründefonds und – wie Holzen – einem beachtlichen Bürgernutzen. Die übrigen früher selbständigen Dörfer *Riedlingen, Tannenkirch* und *Wollbach* dürften, was ihren Wohlstand betraf, irgendwo dazwischen angesiedelt gewesen sein.

Als durchaus wohlhabend wurde auch *Kandern* um die Mitte des 19. Jh. eingereiht. Die Stadt nannte 525 Mg Wald, etwa 10 Mg Feld und das Gut Platzhof (1935 an das

Jugendherbergswerk verkauft) ihr Eigen, besaß neben dem Stadthaus ein weiteres Haus mit Realgastwirtschaftsrecht, 3 Schulhäuser, die Fruchthalle, ein Wachhaus und das Stadtwirtshaus, in dem auch Ratszimmer und Feuerspritzenremise untergebracht waren. Außerdem hatte die Stadt damals 10000 fl verzinslich angelegt und bezog Einkünfte aus Marktgefällen und Verpachtung. 1896 wurde die Stadtwirtschaft aufgegeben, fortan waren im Erdgeschoß Markthalle, Ortsarrest und Wachzimmer untergebracht, im 1. Stock befanden sich der Saal, das Sitzungszimmer für den Gemeinderat, ein Arbeitszimmer für den Ratschreiber und das Archiv. Im Jahr zuvor war das städtische Vermögen nicht unerheblich bereichert worden. Durch Erbschaft war das Bösigersche Haus, samt Grundstücken – u. a. 4 ha der Wolfsschlucht – 330000 Mark wert, 1896 an die Stadt Kandern gelangt und diente fortan als Waisenhaus. 1962 wurde es verkauft.

Einige der *Behörden des Bundes und Landes*, die sich heute noch in Kandern befinden, reichen in ihrer Tradition weit ins 19. Jh. zurück bzw. darüber hinaus. Dies gilt vor allem für das *Staatliche Forstamt*, aber auch für das Notariat und die Post. Mit dem Bau der Bahn kam der Bahnhof hinzu, mit dem Kompetenzübergang des Polizeidienstes an das Land der Polizeiposten.

Ver- und Entsorgungseinrichtungen. – Bis zum Ende des 19. Jh. waren alle heutigen Stadtteile Kanderns noch über Brunnen und einzelne Quellen mit Wasser versorgt worden. Dann setzte der Bau moderner *Wasserleitungen* ein, so in Holzen zwischen 1888 und 1892, wo hernach 75 Haushaltungen, 8 Hydranten und 7 Brunnen angeschlossen waren. Diese Maßnahme hatte 10000 Mark gekostet und konnte nur über einen Wasserzins getragen werden. Etwa zur gleichen Zeit erhielt Kandern eine neue Wasserleitung, Feuerbach kam 1898 hinzu. Schwierigkeiten gab es in Wollbach der vielen Ortsteile wegen; Hammerstein hatte schon 1889 eine eigene Leitung gebaut, deren Wasserqualität aber bei Regenwetter schlecht war. 1899 wurde dann die Hochdruckwasserleitung gebaut, die von einer Quelle im Gewann Helgisberg gespeist wurde. Kosten in Höhe von 82000 Mark zeigen, welcher Aufwand hierzu nötig war. Die erste Wasserleitung in Sitzenkirch geht auf Bürgerinitiative zurück. Bis 1908 waren bis auf 3 Haushaltungen alle Anwesen des Dorfes an die Wasserleitung angeschlossen. Das anhaltende Wachstum der Stadt machte schon bald nach der Jahrhundertwende die erste Erweiterung des Kanderner Leitungsnetzes notwendig, 1910/11 wurden zwei weitere Quellen bei Malsburg und bei Höfe (beide Gkg Malsburg) gefaßt und eine mehr als 8 km lange Leitung nach Kandern gebaut.

Nach dem 2. Weltkrieg gingen alle Gemeinden, die heute die Stadt bilden, daran, ihre Wasserversorgungssysteme zu erneuern und auszubauen: 1956/57 Wollbach (unter hohem Aufwand, aber bei unbefriedigendem Ergebnis); um 1960 gab es dort 3 Quellen und eine Pumpanlage bei Egerten. Nach dem Zusammenschluß zur neuen Stadt 1974 wurde auch die Wasserversorgung neu organisiert. Kandern ist mit Feuerbach, Riedlingen und Sitzenkirch an die *Gruppenwasserversorgung Hohlebach-Kandertal* angeschlossen; nur Tannenkirch und Holzen werden noch über eigene Anlagen versorgt.

Maßnahmen zur Abwasserbeseitigung setzten in den meisten Stadtteilen nach dem 2. Weltkrieg ein. Ausnahmen bildeten Holzen, wo die erste Teilkanalisation schon 1909/10 gebaut wurde, 1930 und 1962 ausgebaut, und die Stadt selbst, wo 1928 mit der Teilkanalisation begonnen wurde. Nach 1974 wurden die vorhandenen Abwasserentsorgungsanlagen erweitert und nach dem Bau der Kläranlage Hammerstein (Gkg Wollbach) dorthin angeschlossen. An die öffentliche Sammelkanalisation waren 1975 lediglich 55,8% aller Kanderner Haushalte angeschlossen, 1987 bereits 95,4%. Bis auf wenige Einzelanwesen, z. B. in Egerten, Egisholz, Nebenau, die z. T. noch geschlossene

Klärgruben, sonst Hauskläranlagen besitzen, waren 1993 alle Ortsteile voll kanalisiert (ca. 98% aller Haushaltungen). Die Stadt ist Mitglied des *Abwasserverbandes Vorderes Kandertal*, der seinen Sitz in Binzen hat. – Auch die *Müllentsorgung* ist seit den 1970er Jahren wesentlich verbessert worden. 1972 hatten Feuerbach, Riedlingen, Sitzenkirch, Tannenkirch und Wollbach noch keine örtlichen Müllentsorgungen. Seit den 1980er Jahren sind alle Stadtteile in die wöchentliche Müllentsorgung einbezogen. Der Müll wird zur Deponie Scheinberg bei Wiesler verfrachtet.

Während die *Gasversorgung* in Kandern erst mit dem Anschluß an das Erdgasverteilungsnetz der Gas- und Elektrizitätsversorgung AG Lörrach 1982 begann, setzt die *Stromversorgung*, im Kernbereich der Stadt und auf die Straßenbeleuchtung beschränkt, schon zwischen 1894/96 ein. Damals hatte die Helios AG, Köln-Ehrenfeld, die Straßenlaternen errichtet. Stromlieferant war dann das Elektrizitätswerk Gustav Bissinger, heute Elektrizitätswerk Kandern, Bissinger GmbH.

Die Gemeinden des Umlandes folgten dieser Entwicklung nach der Jahrhundertwende. In Holzen wurde auf Initiative der Bürger 1912 die Elektrizitätsgenossenschaft mbH mit 61 Mitgliedern gegründet, die den Aufbau eines Stromnetzes mit 110 Volt Spannung übernahm und wohl erst von der 2. Hälfte der 1920er Jahre an Strom über die Elektra Markgräflerland bezog. Ähnlich waren die Anfänge in Wollbach. Auch dort baute eine Genossenschaft das Stromnetz auf, die Stromlieferungen setzten aber schon während der Zeit des 1. Weltkrieges ein.

Sitzenkirch und Feuerbach wurden ab 1919 bzw. ab 1920 von der Elektra Markgräflerland mit Strom beliefert. In beiden Fällen war die Gemeinde Eigentümerin des Stromnetzes. An die Sitzenkircher Stromversorgung wurden 1927 Schloß Bürgeln (Gkg Obereggenen) und 1929 St.-Johannes-Breite (Gkg Sitzenkirch) angehängt. Nachfolgerin der Elektra wurden nach dem 2. Weltkrieg die Kraftübertragungswerke Rheinfelden.

Für die *medizinische Versorgung* des Raumes Kandern standen um die Mitte des 19. Jh. zwei Ärzte und ein Wundarzt bereit. Eine Apotheke ist um diese Zeit ebenfalls belegt, und auf Initiative der Zünfte entstand ein Spital, das bis 1885 auf 15 Zimmer erweitert war. Noch vor der Jahrhundertwende wurde es teilweise neu gebaut. In den umliegenden Dörfern gab es um diese Zeit Krankenschwestern, die – zu unterschiedlichen Teilen – vom Bezirk, von Frauenvereinen und aus Almosenfonds finanziert wurden. – Gegenwärtig geschieht die medizinische Betreuung Kanderns durch 5 Allgemeinmediziner und 3 Zahnärzte. Weitere Ärzte praktizieren in Wollbach und Tannenkirch. Physiotherapeutische Dienste leisten zwei Krankengymnasten und ein Masseur. Das kleine Spital gab es bis 1978 als Stiftung, danach bis 1993 als Städtisches Altenheim.

Soziale Dienste hatten im 19. Jh. noch die Armeneinrichtungen in Kandern und in einigen Dörfern (s. o., Armenhäuser) geleistet. Seit 1896 gab es ein Waisenhaus, dem eine Schwester vorstand. Einen wesentlichen Teil der Sozialbetreuung nimmt seit 1972 die Ev. *Sozialstation Südliches Markgräflerland* wahr, daneben der Kanderner Krankenpflegeverein und die Arbeiterwohlfahrt. Seit 1965 besteht ein Seniorenheim mit Altenwohnungen und Altenpflegeheim in der Stadt, seinerzeit eingerichtet vom Kanderner Spital- und Pfründefonds. Der Saarländische Evangelische Schwesternverband hatte 1975 ein ehemaliges Hotel erworben und bis 1992 als Alten- und Pflegeheim betrieben. Seither ist der »Kanderner Hof«, der 25 Pflegeplätze aufweist, in privater Trägerschaft. Das städtische Altenheim im ehemaligen Kanderner Spital bot 1993 23 Plätze. Im Dezember 1993 wurde das neue Alten- und Pflegeheim »Luise-Klaiber-Haus« des Spital- und Pfründefonds Kandern mit 60 Pflegeplätzen eröffnet. Ein weiteres privates Altenheim besteht in Riedlingen.

Bis ins 19. Jh. hinein standen die *Friedhöfe* in deutlichem Zusammenhang mit der überkommenen Pfarreinteilung. Beim Bau der ev. Kirche wurde der Friedhof verlegt; ein Anbau an die alte Kirche wurde dort als Kapelle wiederaufgebaut. 1854 wurde der Kanderner Friedhof erweitert. Holzen hatte 1860 einen neuen Friedhof gekauft und der Wollbacher Gottesacker wurde nach dem 2. Weltkrieg erweitert, der Feuerbacher neu gestaltet. Heute bestehen Friedhöfe in jedem der 7 Stadtteile.

Die Geschichte der örtlichen *Feuerwehr* läßt sich in Kandern und Tannenkirch bis ins 19. Jh. zurückverfolgen. Die Kanderner Wehr wurde 1862 gegründet, die in Tannenkirch 1879. Die übrigen – jetzt meist bereits als Freiwillige Feuerwehren gegründet – entstanden 1926 in Riedlingen und Wollbach, 1937 in Holzen, 1938 in Sitzenkirch und 1946 in Feuerbach. Die Freiwillige Feuerwehr der Stadt Kandern besteht aus den Abteilungen Holzen, Riedlingen, Wollbach, Tannenkirch, Sitzenkirch, Feuerbach. Sie hatte 1992 201 aktive Feuerwehrmänner und 167 Mitglieder in der Jugendfeuerwehr, der Altersabteilung und im Spielmannszug.

Kirche und Schule. – Mit dem Anschluß von Baden-Durlach an die Reformation gingen auch die Pfarreien im Markgräfler Raum – soweit sie in badischen Orten lagen – an das neue Bekenntnis über. Im heutigen Stadtgebiet liegen 5 *ev. Pfarreien*: Kandern, Feuerbach, Tannenkirch, Wollbach und Holzen mit Riedlingen. Diese Pfarrei ist derzeit aber verwaist; Holzen wird von Tannenkirch, Riedlingen von Feuerbach aus betreut. Sitzenkirch war von 1973 bis zum Juni 1989 bei der Pfarrei Kandern, zuvor hatte es zu Feldberg gehört, seit 1989 zu Malsburg. Einige der *ev. Kirchen* im heutigen Stadtgebiet lassen noch recht gut mittelalterliche oder frühe neuzeitliche Spuren erkennen. Reste vom Vorgängerbau von 1720 bilden heute die Kanderner Friedhofskapelle; Turm und Schiff der Kirche St. Pelagius in Holzen reichen teilweise ins 13. bzw. ins späte 17. Jh. zurück. Das Schiff wurde 1878 erweitert. Deutlich läßt auch das spätgotische Portal der St. Michaelskirche in Riedlingen, im Innenraum das Sakramentshäuschen die Ursprungszeit dieser Kirche erkennen, wenn sie auch innen im ausgehenden 19. Jh. verändert wurde. Dies gilt auch für die Markuskirche in Tannenkirch, die schon im 13. Jh. entstand, ein spätgotisches Westportal aufweist und in deren Turmhalle Wandmalereien des 15./16. Jh. erhalten sind. Das Langhaus wurde 1972/73 aus Beton und Glas neu gebaut. Lediglich die Kirchen in Wollbach und Kandern sind im frühen 19. Jh. entstanden. Die Wollbacher wurde im Jahr 1800 gebaut, 1830 erweitert und seither mehrfach renoviert. Kandern erhielt 1827 eine neue, im klassizistischen Stil gehaltene ev. Kirche.

Die *kath. Pfarreizugehörigkeiten* bildeten sich in der 2. Hälfte des 19. Jh. heraus. Im 19. Jh. wurde das heutige Stadtgebiet von der Propstei Bürgeln (Obereggenen, Gde Schliengen) pastoriert. Die katholischen Pfarrer hatten bis 1888 auf dem Schloß gewohnt, dann kam der erste nach Kandern. 1903 wurde die katholische Pfarrei errichtet, zu der sämtliche heutigen Stadtteile gehören. Die kath. Kirche St. Franziskus von Sales war zwischen 1859 und 1861 gebaut worden. Vor dem Bau der Kirche hatten die Katholiken ihre Gottesdienste in der Friedhofskapelle abgehalten.

Im 19. Jh. bestanden mehrere *Kleinkinderschulen* im heutigen Stadtbereich. So unterrichtete in Holzen 1816 eine Lehrerin 40 Kinder; diese Kinderschule ging 1866 ein. Die Kanderner Kinderschule besuchten 1850 60 bis 70 Kinder; diese Schule zog 1901 ins alte Schulhaus, 1935 in einen Neubau. Die Kinderschule in Wollbach war 1872 im Bürgersaal untergebracht und existierte bis 1891. Wie in Holzen fehlten die Finanzmittel. Gegenwärtig gibt es städtische Kindergärten in Kandern und Wollbach sowie einen evangelischen in Tannenkirch.

Kandern ausgenommen datieren die früheren Schulen wohl aller Stadtteile ins späte 18. oder frühe 19. Jahrhundert. Meist handelte es sich um »Mehrzweckgebäude«, die

Gemeindeverwaltung, Wachstube, Arrest u. a. einschlossen und in denen die Schule in der Regel auf einen Raum beschränkt war. In Sitzenkirch z. B. unterrichtete 1852 ein Lehrer 51 Schüler in einer Klasse, in Feuerbach waren es 1854 sogar 63 Schüler. In Wollbach wurde das alte Schulhaus um die Mitte des 19. Jh. ersetzt, dort unterrichteten 1875 ein Haupt- und ein Unterlehrer; ebenso baute die Gemeinde Holzen 1850/51 eine neue Schule, in deren einem Raum 1903 ein Lehrer 80 Schüler unterrichtete. Ein zweiter Schulraum wurde 1924 gebaut und ein Unterlehrer angestellt. 1889 war die Schule in Feuerbach erweitert, 1908 bereits umgebaut worden.

Die mit Abstand größte Schultradition hat Kandern aufzuweisen, dessen *Lateinschule* ins 18. Jh. (s. u., Geschichte der Stadtteile) zurückreicht. Die Stadt wies aber auch die mit Abstand meisten Schüler auf. Ein Haupt- und ein Unterlehrer unterrichteten 1850 218 Schüler in der Volksschule, die 1880 dreiklassig war und 1901 in ein neues Gebäude einzog. Vor dem 1. Weltkrieg unterrichteten dort 3 Haupt- und 2 Unterlehrer.

Weiterführende Schulen waren bis weit ins 19. Jh. hinein ausschließlich auf die Stadt beschränkt. Die Dörfer wiesen bestenfalls eine Industrie(= Handarbeits)schule (Sitzenkirch) bzw. eine dafür angestellte Lehrerin auf (Holzen und Wollbach). Um die Jahrhundertwende kam dann z. B. in Holzen der Fortbildungsunterricht auf; sogenannte *Fortbildungsschulen* gab es erst nach dem 1. Weltkrieg. 1924 schlossen sich Holzen, Wollbach und Mappach (Gde Efringen-Kirchen) zu einem Fortbildungsschulverband zusammen. Zum ohnehin durch die Lateinschule besseren Angebot kam 1893/94 in Kandern eine Gewerbliche Fortbildungsschule, die um die Jahrhundertwende durchschnittlich 80 Schüler hatte. Im September 1901 wurde in Nachfolge der Lateinschule die *Bürgerschule* für Jungen und Mädchen eröffnet. Vor dem 1. Weltkrieg unterrichteten 3 Lehrer 60 Schüler, die meist aus Kandern kamen.

Nach dem 2. Weltkrieg wurde das Bildungswesen noch stärker auf die Stadt konzentriert, die 1972 ein neues Schulzentrum mit Haupt- und Realschule erhielt. Die Grundschüler aus Feuerbach, Riedlingen und Holzen besuchen die 1961 umgebaute Schule in Tannenkirch. Eine weitere Grundschule mit Außenstelle in Wollbach befindet sich in Kandern. Dadurch konnten mehrere ehemalige Schulgebäude eine neue Verwendung finden. Die 1952 gebaute Riedlinger Schule wurde zum Gemeindesaal umgestaltet, ähnliches geschah in Feuerbach. Das ebenfalls nach dem 2. Weltkrieg entstandene Sitzenkircher Schulhaus und die 1960 umgebaute ehemalige Schule in Holzen nutzt inzwischen die Black-Forest-Academy, eine internationale christliche Bildungseinrichtung, die zum kanadischen Janz Team gehört, Evangelisation und Mission im weitesten Sinne betreibt und Kinder von Missionaren schulisch betreut. In Wollbach befindet sich außerdem eine Förderschule (für Lernbehinderte), in Sitzenkirch eine schulische Einrichtung der Black-Forest-Academy. Im Schuljahr 1992/93 wies Kandern 338 Grundschüler, darunter 92 in Tannenkirch, 150 Haupt- und 268 Realschüler auf. 28 Lehrer unterrichteten an beiden Grundschulen, 38 an der Grund- und Hauptschule. Gymnasien und gewerbliche Schulen werden vornehmlich in Lörrach, zum Teil auch in Müllheim aufgesucht. Der Erwachsenenbildung dienen Kurse des Volksbildungswerkes, dessen Arbeit bereits gegen Ende der 1920er Jahre einsetzte.

Kulturelle Einrichtungen, Sportstätten und Vereine. – Abgesehen von Einzelveranstaltungen in den Stadtteilen, wie sie meist Vereine durchführen, werden in der Stadt neben den Veranstaltungen des Volksbildungswerks (s. o.) Aufführungen der 1959 gegründeten *Brezelstädter Laienbühne* geboten. Im ehemaligen Rathaus wurden 1978 eine Leihbücherei und Leseräume eingerichtet. Eine weitere Attraktion bildet seit 1976 das *Heimat- und Keramikmuseum*, das auf eine Gründung des Kunstmalers Hermann Daur im Jahr 1928 zurückgeht.

Eine gewisse Tradition als »Heilbad« hat Riedlingen, dessen »Riedlinger Bad« genanntes Gehöft eine 23° warme Mineralquelle aufweist, die im 19. Jh. gerne aufgesucht wurde. In Kandern hatte 1903 ein Privatmann das erste *Freibad* am Ufer der Kander errichtet, das die Stadt übernahm und bis 1928 betrieb. Damals wurde es geschlossen, weil die Kander durch die Abwasser der Papierfabrik verunreinigt war. 1929 wurde ein neues Schwimmbad am Lippisbach eröffnet. Heute gibt es in Kandern ein *Freizeitzentrum*, das ein Schwimmbad, Tennisplätze und einen Campingplatz miteinander verbindet. Daran schließt sich der 1987 angelegte Golfplatz an. An weiteren Sporteinrichtungen bietet die Stadt einen Rasen- und einen Hartplatz, die 1972 gebaute Sporthalle und eine Sportschießanlage. In Wollbach wurde 1978 die Kandertalhalle als Sport- und Mehrzweckhalle gebaut. Dort befindet sich ebenfalls ein Sportplatz. In Tannenkirch steht eine Gymnastikhalle.

In der heutigen Gesamtgemeinde sind 36 *Vereine* (u. a. 20 in Kandern, 7 in Wollbach und 3 in Riedlingen) mit etwa 4000 Mitgliedern registriert, darunter ca. 1500 in Sportvereinen. Ältester Verein ist die Schützengesellschaft Kandern, deren Ursprung vielleicht ins 17., sicher aber ins 18. Jh. zurückreicht. Ebenfalls sehr traditionsreich sind der 1883 gegründete Schwarzwaldverein, der Männergesangverein Kandern von 1832 und die Stadtmusik von 1876. Jüngeren Datums ist die »Brezelstädter Laienbühne« (s. o.).

Seit 1960 gibt es in der Stadt Kandern mit der Brezel-Buebe-Garde einen Fasnachtsverein. Besonders mitgliederstark sind zwei der sieben Kanderner Sportvereine: der FC Kandern (1920 gegründet) und der schon 1844 entstandene TSV Kandern, dessen Arbeit auf drei Abteilungen – Turnen, Ringen, Tischtennis – konzentriert ist. Der wohl jüngste Kanderner Sportverein ist der 1984 gegründete Golfclub Markgräflerland.

Deutlicher noch als in Kandern läßt sich in den äußeren Stadtteilen die traditionelle Vereinsstruktur ablesen. So gibt es in jedem der Ortsteile Gesangvereine, die alle in den 1860er Jahren gegründet wurden, im Fall von Wollbach schon 1845. Sicher mit Ausnahme von Wollbach und eingeschränkt gültig nur in Holzen und Tannenkirch, wo Schützenvereine seit den 1920er Jahren bestehen, stellen die Gesangvereine die eigentlichen Träger des örtlichen Vereinslebens dar. Neben Kandern hat besonders Wollbach ein reges Vereinsleben vorzuweisen, das sich auf Kultur-, Wander-, Landfrauen- und Sportvereine verteilt, in denen über 1200 Mitglieder eingeschrieben waren.

Strukturbild

Kanderns Ruf als Brezel- und Keramikstadt reicht weit ins 19. Jh. zurück, weist hin auf die Bedeutung der Märkte und des städtischen Gewerbes. Anders dagegen die 1974 hinzugekommenen Stadtteile. Sie waren durchweg von der Landwirtschaft geprägt, brachten teilweise wohlgeschätzte Weine hervor (Feuerbach) und galten meist als wohlhabend (besonders Wollbach).

Deutliche Veränderungsimpulse brachten neben dem Aufblühen verschiedener Industriezweige, besonders der Tonindustrie (was sich wiederum vor allem im städtischen Zentrum zutrug) gegen Ende des 19. Jh. der Bau der Kandertalbahn, wodurch die Stadt aus dem Verkehrsschatten heraustrat. Davon, mehr vielleicht noch durch den Straßenbau, profitierten auch die Dörfer, vorweg Sitzenkirch und Wollbach; bessere Handelsverbindungen, höheres Verkehrsaufkommen, letztlich auch die Zunahme des Fremdenverkehrs steigerten die Attraktivität von Stadt samt Umland. Die staatliche Anerkennung als Erholungsort bestätigte 1971 diese Entwicklung. Gleichzeitig ging aber die Bedeutung Kanderns als Arbeitsort deutlich zurück. Nimmt man die aus Malsburg-Marzell kommenden 238 Personen heraus, so bleiben nach dem Ergebnis der Volkszählung von 1987 nur 333 gewerbliche Einpendler nach Kandern übrig. Dem steht eine um mehr als das Fünffache höhere Zahl von insgesamt 1855 Auspendlern gegenüber, die meist das Kandertal abwärts ziehen. Fast jeder zweite fand in Lörrach Arbeit, 273 Auspendler arbeiteten in Weil am Rhein, 207 wurden als Auslandspendler, hauptsächlich ins benachbarte Basel, registriert. Aus den 1974 eingemeindeten Stadtteilen waren längst Pendlerwohnorte geworden, deren landwirtschaftliches Gepräge zwar vordergründig überdauert hatte, in denen die Landwirtschaft aber – Tannenkirch und Wollbach ausgenommen – nur noch im Nebenerwerb betrieben wurde.

Weit überdurchschnittlich blieb hingegen die Bedeutung des Kanderner Kunstgewerbes. In Kandern lebten und arbeiteten seit der Jahrhundertwende mehrere international anerkannte Kunstkeramiker. Auch das Wirken der gegenwärtig schaffenden Künstler ist der Bekanntheit der Stadt, nicht allein ihrem Ruf als Töpferstadt, sehr förderlich.

Die finanzielle Situation Kanderns läßt seit 1974 – dem Jahr des Zusammenschlusses der Stadt mit den sechs Gemeinden zur neuen Stadt Kandern – positive Entwicklungstendenzen erkennen. Damals hatte die Steuerkraftsumme 368 DM pro Einwohner betragen, die Pro-Kopf-Verschuldung 881 DM. Zwar stiegen dann die Schulden wegen hoher Investitionen bis zum Ende des Jahrzehnts schneller als die Steuerkraft, um die Mitte der 1980er Jahre war die Steuerkraftsumme pro Einwohner aber bereits mehr als verdoppelt, während die städtischen Schulden pro Einwohner nur um 58% gegenüber 1974 angestiegen waren. Seit 1986 nahm dann die Verschuldung wieder deutlicher zu (1989: +87% gegenüber 1974), die Steuerkraft aber war inzwischen um 177% höher als beim Entstehen der heutigen Stadt. 1992 wies die Stadt ein Steueraufkommen von 9,7 Mio. DM auf; der Gewerbesteueranteil machte 16% aus. Die Steuerkraftsumme belief sich auf 1296 DM, sie lag damit um knapp 200 DM (13,2%) unter dem im Landkreis- und auch im Landesdurchschnitt erreichten Wert. Unterdessen war ein Schuldenstand pro Einwohner von 2952 DM erreicht, wozu noch 787 DM aus der getrennt geführten Rechnung der Wasserversorgung hinzuzurechnen sind. Dieser Gesamtwert überstieg die durchschnittlich im Landkreis zu verzeichnende Pro-Kopf-Verschuldung um das Zweieinhalbfache.

Im Vordergrund der Innenstadtentwicklung hatte schon seit den ausgehenden 1970er Jahren die historisch orientierte Pflege und Verbesserung des Ortsbildes gestanden. Dem Ziel, ein typisches Markgräfler Ortsbild wiedererstehen zu lassen, ist man dabei sehr nahegekommen. Dies hat sicherlich die Attraktivität der Stadt auch steigern helfen und sie dem Ziel nähergebracht, zwischen den Mittelzentren Lörrach/Weil am Rhein und Müllheim zum eigenständigen Unterzentrum zu werden.

Der städtische Haushalt umfaßte 1992 knapp 8 Mio. DM im Vermögens- und 18 Mio. DM im Verwaltungshaushalt. Angesichts der hohen Verschuldung bleibt neben der Erfüllung der gesetzlich vorgeschriebenen Pflichtaufgaben, wie Wasserversorgung, Abwasserentsorgung, Schulhausbau und -unterhaltung, der Stadt in den nächsten Jahren nur noch wenig Spielraum. Vorgesehen sind die Erschließung des Gewerbegebiets »Lettenweg« in Riedlingen, der Bau eines Hochbehälters in Tannenkirch sowie eines neuen Werkhofs in Kandern.

C. Geschichte der Stadtteile

Feuerbach

Ur- und Frühgeschichte. – Neben Liel und Schliengen gehört die kleine Gkg Feuerbach zu den fundreichsten Arealen der *Jungsteinzeit* im Markgräflerland. Vor allem im oberen Feuerbachtal häufen sich die Fundstellen, die sich allerdings samt und sonders nur durch Oberflächenfunde abzeichnen und archäologisch noch nicht untersucht worden sind. So muß es in vielen Fällen auch offen bleiben, ob die Funde tatsächlich Siedlungsplätze anzeigen oder anders erklärt werden müssen. Vorwiegend finden sich Silexgeräte in mehr oder weniger starker Konzentration auf den flachen Süd- und Westhängen der Anhöhe »Rüttenen« bis unmittelbar oberhalb des Feuerbachs. Durch den jenseits des Tales im Süden aufsteigenden »Schornerbuck« und die steile Ostflanke des »Großen Ameisenbucks« waren diese mutmaßlichen Siedlungsstellen klimatisch sehr begünstigt. Der »Schornerbuck« selbst mit seiner herausgehobenen flachen Kuppe dürfte einer der bevorzugten Wohnplätze des jungsteinzeitlichen Menschen gewesen sein. Hier häufen sich jedenfalls die Fundstellen in auffälliger Weise und zeigen außerdem eine starke Fundkonzentration.

Gegenüber diesem breiten steinzeitlichen Fundspektrum sind die *folgenden Perioden* nur spärlich vertreten, was den tatsächlichen Verhältnissen sicher nicht entspricht. Chancen zur Auffindung oberflächlich nicht sichtbarer Fundplätze boten sich allerdings auch nur selten, vor allem beim Ausheben von Entwässerungsgräben. Dabei wurde im Gewann »Farnberg« ein frühbronzezeitliches Tongefäß mit Fingertupfenleisten gefunden, vielleicht der Rest eines hier niedergelegten »Depots«. Spätbronzezeitliche Tonscherben kamen im Gewann »Neumatt« zum Vorschein, dort auch der bisher einzige römische Fund der Gemarkung, ein sogenannter Leistenziegel. Mehrere Gruppen von Steingrabhügeln im Walddistrikt »Hohfohren« sind nach ihrer Kulturzugehörigkeit noch nicht bestimmt, lassen sich jedoch eher in prähistorische als in frühmittelalterliche Zeit datieren. Sie sind bisher nicht untersucht und stehen als »Reservat« für künftige Forschungsarbeit unter Denkmalschutz.

Siedlung und Gemarkung. – Das kleine Dorf verdankt seinen Namen dem unweit davon entspringenden und das Tal durchfließenden Feuerbach. Es scheint sich um eine Ausbausiedlung von Riedlingen zu handeln, die 1275 als *Fiurbach* urkundlich nachzuweisen ist. Der Ortskern ist auf dem Hochgestade im Bereich der Kirche (Johanniterstraße) zu suchen und hat wohl zunächst aus der Kirche und dem sogenannten Kirchenwidum bestanden, das sich bis zum 14. Jh. bereits in 5 Hofstätten aufgelöst hatte. Ortserweiterungen dürften im frühen 16. Jh. erfolgt sein, wenigstens wurden damals Häuser auf die *Loomatte* und *Vaseck* gestellt. Das Oberdorf 1564, 1595 auch ein Mitteldorf bezeugt. Um 1740 zählte Feuerbach 40 Häuser. Auf der Gemarkung ist für 1564 der Flurname *Maygenburg* bezeugt, der heute nicht mehr aufzufinden ist.

Von den *Straßen*, die den Ort mit den Dörfern der Umgebung verbanden, ist vor allem der »Alte Weg« nach Liel (1603) zu nennen. Mit Niedereggenen und Sitzenkirch verbanden das Dorf Wege, mit Riedlingen und Kandern eine Straße (1564). – Die *Wasserversorgung* erfolgte im 18. Jh. über 4 Brunnenstuben, deren Wasser ins Dorf abgeleitet war, die jedoch in trockenen Sommern nicht ausreichten. Im Ort selbst stand zumindest bei der Kirche ein Brunnen, der 1774 in Stein erbaut wurde.

Herrschaft und Staat. – Feuerbach, wohl Bestandteil der Herrschaft Sausenberg, muß bald in Adelshand gekommen sein, denn Ende des 13. und Anfang des 14. Jh. veräußerten Otto von Staufen und Berthold Sermenzer von Neuenburg wichtige

Rechte. Die Ortsherrschaft besaßen 1387 die Markgrafen von Hachberg, da der Ort damals der Gräfin Anna zur Widerlegung ihres Heiratsgutes ausgesetzt wurde. Das Einkünfteverzeichnis von 1514/15 zeigt, daß die Herrschaft Sausenberg hier alle Rechte hatte; neben den 50 lb Jahrsteuer bezog sie Geld für Hühner, Bannwein, Vogt- und Jägergeld. Der herrschaftliche Vertreter, der *Vogt*, läßt sich seit 1486 nachweisen, Vogt und Gericht 1572. Im 18. Jh. kam ein Stabhalter hinzu (1706 erwähnt). Um 1740 bildeten Vogt und 7 Beisitzer das Gericht, dessen Beschlüsse der Gerichtsschreiber protokollierte. – Feuerbach, das bis zum Ende des 18. Jh. zur Herrschaft Sausenberg mit Sitz in Kandern gehört hatte, scheint 1803 vorübergehend dem Oberamt Badenweiler und Unteramt Schliengen zugeteilt worden zu sein. Bereits 1809 unterstand es wieder dem Amt Kandern.

Grundherrschaft und Grundbesitz. – Die wichtigsten Güter in Feuerbach waren zu unbekannter Zeit in Adelshand gekommen: 1297 verkauften Otto von Staufen zusammen mit seiner Ehefrau, 1315 Berthold Sermenzer von Neuenburg ihre Anteile am Kirchensatz und offenbar zugehörige Güter an die Johanniterkommende Neuenburg. Es ist auch von »dem Hof« die Rede. Noch im gleichen Jahr tauschte die Kommende Patronat und einen Hof an das Priorat St. Ulrich gegen dessen Besitz in Achkarren. Nicht im Tausch inbegriffen war neben Zehntrechten der Wald Schorn, um den sich die *Johanniter* seit wenigstens 1382 mit den markgräflichen Forstleuten stritten, da diese ihnen die beanspruchte Exemtion von der markgräflichen Forsthoheit absprachen. Auch hatte die Kommende später (1595) noch Grundbesitz am Ort, 1572 neben Haus, Hof und Garten mitten im Dorf ca. 65 J (18 ha) Liegenschaften. St. Ulrich ist merkwürdigerweise nach 1335 hier nicht mehr nachzuweisen, auch nicht seine späteren Vögte, die Habsburger. Vermutlich ging der Besitz in der kurzen Zeit seit 1315, in welcher die Grafen von Freiburg noch als Klostervögte erscheinen, in deren Besitz über; er muß später an die Markgrafen von Hachberg gekommen sein. Im Jahre 1564 bezog die Herrschaft Zinse aus 11 Häusern und einer Hofstatt sowie aus ca. 75 J Liegenschaften. Später besaß sie überwiegend Wald (1764: 73½ J), der nach Möglichkeit noch vermehrt wurde. Als *weitere Güterbesitzer* erscheinen 1576/77 die Herren von Bärenfels mit einem Haus im Hinterdorf, das Basler Domkapitel (1564), dem 1571 11 Trägereien mit zusammen 30 bis 35 J, 4 Häusern und 4 Gärten gehörten, die es bis zum Beginn des 19. Jh. besaß, und das Steinenkloster, welches noch 1807 Bodenzinse bezog. Die Herren von Baden zu Liel besaßen Grundstücke an der Gemarkungsgrenze, Kl. Sitzenkirch wird 1492 mit Grundbesitz erwähnt. Dieser umfaßte 1595 Haus und Hof im Mitteldorf, einen Hof mit 3 Häusern im Oberdorf und ca. 20 J Liegenschaften. Die Propstei Bürgeln bezog 1595 Abgaben aus 2 Häusern und Gärten sowie ca. 18 J Liegenschaften. Einkünfte scheint auch die Pfarrei Niedereggenen gehabt zu haben (1652). Über Grundbesitz und Zinse verfügten Kirche und Gemeinde sowie die Einwohner, wenn auch der Anteil der letzteren vor dem 19. Jh. nicht festzustellen ist, da Eigengut nur gelegentlich erwähnt wird.

Gemeinde. – Noch 1382 wird die Einwohnerschaft als Gebursame bezeichnet; 1486 urkunden Vogt, Gericht und Gemeinde, 1592 Vogt, Geschworene und ganze Gemeinde. Für seine Tätigkeit hatte der Vogt 4 Schweine im Äckerich frei. Der eigentliche Gemeindebeamte, der Gemeinschaffner, dem das örtliche Rechnungswesen unterstand, läßt sich um 1740 nachweisen und bezog jährlich 1 lb 5 ß von der Gemeinde. Der Weidgesell ist seit 1700 bezeugt, er wurde durch 2 Dehmenrechte entschädigt. Um 1740 besoldete die Gemeinde noch einen Steuereinzieher, einen Fronschreiber und eine Hebamme. Obwohl um 1740 als Dorfwappen eine rote Fahne angegeben wird, hat die Gemeinde ein Siegel wohl erst seit 1814 geführt; es zeigte die bis zuletzt gebräuchlichen Figuren Tanne und Hirsch.

Die Gemeinde war arm, 1763 wird sie als »eine der mittellosesten« im Bereich des Forstamtes Rötteln bezeichnet und dies selbst in guten Frucht- und Weinjahren. Die Allmenden lassen sich seit 1564 nachweisen, ohne daß man Genaueres wüßte. Der gesamte Besitz bestand 1759 aus einem kleinen Häuslein samt Krautgärtlein, 1½ J Ackerland, 3¾ J Matten, 1¼ J Egerten und, erst 1764 erwähnt, 82¼ J Wald. Das Aktivvermögen betrug 16 fl, die Passiva 179 lb 2 ß 6 Pfg. An Feuerlöschgerätschaften waren 9 Feuereimer, eine Leiter und 2 Haken vorhanden. – Die Einnahmen der Gemeinde stammten aus den Bürger- und Hintersassenannahmegeldern, im 18. Jh. 2 lb 10 ß (Fremde: 5 lb), dem Verkauf von Heu, Stroh und Holz. Unter den Ausgaben dominierten Zehrung und Löhne, Besoldungen und Kapitalzinse, die Jahrsteuer betrug 65 Gulden. – Wegen des Weidgangs hatte es Ende des 15. Jh. Streitigkeiten mit den Herren von Baden zu Liel gegeben, die 1498 durch Vergleich geschlichtet wurden. Ähnliche Differenzen wurden 1544 mit Sitzenkirch ausgetragen. Im 18. Jh. hatte die Gemeinde das Recht, mit ihrem Vieh in den Niederegener und Riedlinger Bann zur Tränke zu fahren.

Kirche und Schule. – Trotz der abseitigen Lage hatte Feuerbach im Jahre 1275 nicht nur eine Pfarrkirche, sondern war auch Sitz des gleichnamigen Dekanates (später Neuenburg). Der Kirchenpatron, St. Georg, weist nicht auf eine sehr frühe Entstehung der Pfarrei hin. Noch im 18. Jh. hielt sich aber eine Überlieferung, wonach vor der Reformation eine Wallfahrt zum »wundertätigen St. Georg« bestanden habe.

Patronatsherren waren die Herren von Staufen und die Sermenzer von Neuenburg, die 1297 und 1315 ihren Anteil am Kirchensatz an die Johanniterkommende in Neuenburg verkauften. Wie die Markgrafen von Hachberg in den Besitz dieses Rechtes gelangt sind, weiß man nicht, 1470 jedenfalls setzte der Markgraf den jeweiligen Pfarrer. Dies erleichterte ihm die Einführung der Reformation 1556. Der Ort wurde aber zunächst von Kandern aus versehen und bekam erst 1574 wieder einen eigenen Pfarrer.

Die Dotierung der Pfarrei scheint nicht bedeutend gewesen zu sein, die Annatenzahlungen des 15. Jh. liegen zwischen 6 und 8 Gulden. Zum Besitz gehörte offenbar die Kirchenwidum, 1382 bereits 5 Hofstätten, darunter die alte Hofstatt des Leutpriesters, 1603 10 Häuser, eine Scheune und ca. 50 J Liegenschaften umfassend. St. Georgen Gut wird 1572, St. Georgen Boden 1661 erwähnt. Er wurde zunächst durch 2 Kirchmeier verwaltet, die im 16. Jh. von Vogt und Gericht gewählt wurden. Als später die Geistliche Verwaltung die Kirchengüter eingezogen hatte, gab es nur noch einen Almosenpfleger (1760), der die Kollektengelder verwaltete. Der Pfarrer bezog eine Kompetenz, zu welcher Fischrechte in der Kander und Brennholzrechte im Lielwald (Pfarrhölzle) gehörten, ferner verfügte er über beträchtliche Zehnteinkünfte und durfte 4 Schweine kostenfrei in den Äckerich treiben. Die Pfarrgüter wurden 1789 verkauft und dem Pfarrer dafür die Kompetenz erhöht. – Vermutlich hat es in Feuerbach auch eine St. Sebastiansbruderschaft gegeben. Darauf könnten die *St. Sebastians-Lehengüter* hinweisen, welche die Geistliche Verwaltung 1661 verwaltete.

Die Vorgängerin der heutigen Kirche, deren Baulast beim Markgrafen lag, war seit dem ausgehenden 17. Jh. in schlechtem baulichen Zustand. Sie wurde zwar 1696/99 repariert, aber bereits 1718 wird der »elende Zustand« von Kirche und Pfarrhaus beklagt. Dieser Bau, der von einem kleinen Türmchen gekrönt war, hatte auf der Südseite des Chors einen (Sakristei-)Anbau. Dem Neubau von 1846, in den lediglich der Sockel des alten Taufsteins übernommen wurde, war der Abbruch der bisherigen Kirche wegen Baufälligkeit vorausgegangen.

Ein Großteil des *Frucht- und Weinzehnten* war im Besitz der Johanniterkommende Neuenburg verblieben und mit dieser an das Haus Heitersheim gelangt. Diese Zehnten bezog der Pfarrer zu seiner Kompetenz gegen einen jährlichen Anerkennungszins. Den Rest zog alljährlich die Geistliche Verwaltung ein, welche dafür 1778/79 eine Zehnttrotte erbauen ließ.

Die Schulkinder unterrichtete 1686 der Gerichtsschreiber, bis 1716 der jeweilige Sigrist. Dann wurde ein eigener Schulmeister bestellt, der aber auch, wie 1740, ein örtlicher Küfer sein konnte. Diesem wurde 1755 ein Provisor beigegeben (1768 zählte man 26 Schulkinder). Ein erstes *Schulhaus* wurde 1732/33 erstellt, das Geld dafür über eine Kollekte aufgebracht. Es war bereits in den 70er Jahren zu klein und wurde um 1778/79 durch einen Neubau ersetzt.

Bevölkerung und Wirtschaft. – Im 14. Jh. finden sich unter den Einwohnern noch verschiedentlich Eigenleute anderer Herrschaften, so 1323 des Klosters St. Blasien. Der Basler Bischof überließ 1365/68 seine »Frauenleute« dem Markgrafen zu Lehen. Ende des 16. Jh. waren alle Einwohner dem Markgrafen leibeigen und hatten bei Wegzug eine Leibhenne und 2 ß, im Todfall das Besthaupt oder Bestkleid und bei Abzug 10 Pfg zu entrichten. Jedes Haus gab jährlich ein Huhn. Auch waren die Einwohner zu Fronen auf Schloß Sausenberg verpflichtet: sie hatten Brennholz dorthin zu führen, mußten die zugehörigen Äcker und Matten bearbeiten und den Wein aus Niedereggenen zur Burg führen. Ferner fielen gelegentlich forstliche Dienstbarkeiten an.

Einwohnerzahlen früherer Jahre haben sich nicht erhalten. Feuerbach war durch die große *Sterbet* von 1592/93 anscheinend ziemlich entvölkert worden. Der Ort zählte 1698/99 wieder 175 Bewohner, darunter 4 Dienstboten, um 1740 dann 197 Seelen, davon 7 Hintersassen und ein Dienstbote. Der wohl bekannteste Feuerbacher dürfte Hans Hammerstein gewesen sein, der sich im Bauernkrieg hervorgetan hat. – Die Hebamme erhielt ein jährliches Gehalt von 5 lb, sie (bzw. ihr Mann) war von allen bürgerlichen Fronen befreit.

Ihren Lebensunterhalt bezogen die Feuerbacher aus der Landwirtschaft, die allerdings zeitweise nur ein sehr ärmliches Leben erlaubte. Die schlechte wirtschaftliche Lage der Gemeinde besonders im 18. Jh. war aktenkundig; 1764 wird von Notverkäufen an Ausmärker berichtet und davon, daß keiner der Einwohner ohne Schulden sei. Die seit 1740 noch ausgeweitete Wirtschaftsfläche verteilte sich 1764 wie folgt: 3½ J Hofstätten, 18 J Gärten, 135 (1740: 141) J Wiesen, 52 (28) J Reben, 292 (284) J Acker und 507½ J Wald. Davon besaßen allerdings Ausmärker und Kirche 237 J, darunter die ertragreichsten Grundstücke. Versuche der Gemeinde, den Ausmärkern den Gütererwerb zu untersagen, wurden nicht genehmigt.

Die auf die Zelgen *Neumatten*, *Farrenberg* und *Huterberg* (1740) verteilten Äcker waren mager, neben Korn und Gerste wurde vor allem Hafer angebaut. Da wenig Vieh gehalten wurde – 1700 werden 4 Pferde und 22 Ochsen als Zugvieh aufgeführt und um 1740 hielt jeder Bürger nur ein bis zwei Stück Vieh –, gab es zu wenig Mist zur Verbesserung der Böden. Schließlich litt die Gemeinde aufgrund ihrer Lage ständig unter Wildschäden, die trotz gelegentlicher Abschüsse nicht abzustellen waren. Von den Wiesen lag die Hälfte am Berg und konnte nicht genutzt werden, die Bewässerung der restlichen erfolgte aus dem Feuerbach. Da die besten Wiesen im Besitz von Ausmärkern (wohl überwiegend aus Niedereggenen) waren, blieb die Viehzucht unbedeutend, bis Pfarrer Wix (seit 1779), der sich auch sonst um die Hebung der Landwirtschaft verdient gemacht hat, den *Kleeanbau* förderte, was zu einer vermehrten Viehhaltung führte. Damals war auch der Bracheeinbau, vorzugsweise mit Saubohnen, schon einige Zeit üblich.

Ein Aktivposten war der *Weinbau* in guten Jahren. Er läßt sich seit 1382 nachweisen. Reben standen 1564 ob Kilchen, im Bötzberg, im Klingelstuck, im Stalbrunnen, im Unberaten und im Reckenbach, 1572 auch im Schlipf und im Pflanzer, außerdem am Schneckenberg und Reckenhag. Der Ertrag ergab zu ⅓ Rotwein, der auf dem Lettenboden gedieh und geschätzt wurde, wogegen der Weißwein im 18. Jh. keine große Beachtung fand.

Das örtliche Gewerbe unterschied sich wenig von dem anderer Dörfer. Ein Maurer wird 1603 erwähnt, 1740 wird ein Küfer, 1761 ein Schuhmacher genannt. Um 1790/ 1802 arbeiteten am Ort je 5 Glaser, 3 Schneider, 2 Schuster und Maurer, je ein Spengler, Küfer und Wagner. – Obwohl der Flurname *Mühlin Garten* 1572 auf das Vorhandensein einer Mühle hinweist, ist später keine bezeugt.

Holzen

Ur- und Frühgeschichte. – Von der Gemarkung sind bisher nur *steinzeitliche Lesefunde* bekannt. Die zahlreichen Fundstellen, die hier nicht im einzelnen aufgezählt werden können, haben Geräte aus Isteiner Jaspis, gelbem und rotem Bohnerzjaspis geliefert, dazu mehrere Steinbeile. Siedlungsstellen sind mit Sicherheit anzunehmen (z. B. im Gewann »Eck« oder »Schick«), aber auch Schlagplätze, an denen vor allem Kernstücke und Abschläge aus dem heimischen Bohnerzjaspis gefunden wurden (»Am Gupfweg«). Eine Höhle im weißen Jura, das »Bruderloch«, hat bisher keine Funde geliefert, ist aber ebensowenig archäologisch untersucht worden wie, mit einer einzigen Ausnahme, alle anderen Fundplätze auch. Die Ausnahme ist ein Verhüttungsplatz für Bohnerze im Gewann »Hinkenbühl«, der aber, wie die Pingen (Abbaustellen) im Waldgebiet »Burgholz/Obern neuen Berg« , nicht datiert werden kann. Auch die sieben bis acht Steingrabhügel, die ganz in der Nähe liegen, lassen sich vorerst keinem bestimmten Zeitabschnitt der Ur- oder Frühgeschichte zuweisen.

Siedlung und Gemarkung. – Holzen, 1249 als *Holtzhain* erstmals urkundlich nachzuweisen, könnte eine fränkische Siedlung des 8. Jh. darstellen. Auf der Gemarkung, auf welcher zum Riedlinger Badhaus gehörige Grundstücke liegen, ist zwischen Holzen und Tannenkirch, nordwestlich von Holzen, eine Wüstung *Inningen* festzustellen. Die beiden Fluren Ober- und Niederinningen trennt die Straße nach Mappach, nördlich davon findet sich der FN Mühlesteig. Urkundlich läßt sich der Name 1664 als *Innickhen* nachweisen.

Grenzstreitigkeiten sind dennoch nicht häufig gewesen, lediglich 1575 wurde eine solche zwischen den Orten Kandern, Riedlingen, Holzen und Wollbach ausgetragen. Ein Bannbeschrieb hat sich zu 1688 erhalten.

Die Siedlung hat sich wohl aus einem Meierhof heraus entwickelt, der im Bereich der Kreuzung der Straßen von Tannenkirch nach Riedlingen und nach Mappach gelegen haben könnte. Holzen war jedoch kein Durchgangsort, über die Gemarkung führten nur Nebenstraßen. Die Verbindung zur Landstraße Kandern – Schliengen bildete noch im 19. Jh. ein Weg durch den Gemeindewald. Seit Beginn des 18. Jh. hatte man damit begonnen, neue Wege anzulegen, um eine bessere Abfuhr des Erzes zum herrschaftlichen Bergwerk nach Kandern zu ermöglichen. So wurde 1720 ein neuer Weg nach Wollbach angelegt, 1733 eine neue Steinbrücke zwischen Holzen und Riedlingen gebaut, ebenso 1772/73 auf der Straße nach Mappach. Die Brücke über den Feuerbach wurde 1773 erneuert.

Der Ort zählte 1571/72 37 Häuser, 1765 umfaßte er 80 meist mit Häusern bestandene Hofreiten. Seit 1632 hatte er wie seine Umgebung unter den Auswirkungen des 30j.

Krieges zu leiden gehabt und erlitt in den Jahren um 1676/78 Zerstörungen und Plünderungen. Spätere Kriege, vor allem die Koalitionskriege seit dem Ende des 18. Jh., scheinen sich dagegen nur in Form von Einquartierungen ausgewirkt zu haben.

Die Wasserversorgung erfolgte 1789 über 3 Hauptbrunnen und 2 Nebenbrunnen, deren Wasser aus Brunnenstuben im Thannen und in Bammerlins Grasgarten bezogen wurde. Vier Brunnen hatten 1772/73 steinerne Kästen erhalten, ein fünfter scheint erst 1788 angelegt worden zu sein. Die Qualität des Wassers verminderte die Erzwäscherei, was zu ständigen Beschwerden führte.

Herrschaft und Staat. – Obwohl Holzen im 16. Jh. als Bestandteil der Herrschaft Sausenberg erscheint und innerhalb der markgräflichen Lande dem Sausenberger Viertel unterstand, ist fraglich, ob es ursprünglich dorthin gehört hatte. Die örtlichen Rechte hatte Markgraf Wilhelm 1430 von der Gräfin Johanna, Ehefrau des Burkhart Münch von Landskron, erworben, die sie von ihrem ersten Gatten, dem Grafen Hans Wilhelm von Tierstein geerbt hatte. Da dieser Tiersteiner Besitz jedoch mit einiger Sicherheit auf eine Pfandschaft oder Übertragung seitens der Markgrafen von Hachberg zurückgeht und die Mitgift der Adelheid von Lichtenberg, Ehefrau des Markgrafen Rudolf III. von Hachberg-Sausenberg, 1364 u. a. auch auf Holzen versichert war, kann angenommen werden, daß es sich hier um ehemals röttelnschen Besitz und vermutlich Basler Lehen gehandelt hat. Auf einen ehemaligen Adelssitz könnte der Flurname *Burgholz* hinweisen. – Bis zum Beginn des 19. Jh. unterstand Holzen dem Amt Kandern und zählte zum Sausenberger Viertel. Diesem wurde es auch 1809 wieder zugeteilt.

Bereits zu Beginn des 16. Jh. bildete der Ort zusammen mit Mappach und Maugenhard eine Vogtei. Deren Sitz scheint Holzen gewesen zu sein, jedoch hatten auch die beiden anderen Dörfer ihren Vogt, der im 18. Jh. Kopien der Sitzungsprotokolle erhielt und das Briefgeld einzog. Um 1740 setzte sich das Gericht aus Vogt, Stabhalter (seit 1753 bezeugt) und 6 Mann aus Holzen sowie 4 Mann aus Mappach und Maugenhart zusammen. Es tagte jeweils zweimal in Holzen, dann, wenn gewünscht, in Mappach. Die gesamte Vogtei zinste der Burgvogtei Sausenberg im 16. Jh. 55 lb 19 ß, darunter 34 lb 14 ß Steuer. Holzen gab zusätzlich 2 lb 16 ß sogenannten Hammersteinzins nach Wollbach und hatte 19 Mltr Steuerkorn zu entrichten. Der örtliche Vogt läßt sich seit 1458 nachweisen. Im 16. Jh. war er steuer- und fronfrei, erhielt die Hälfte des Bauholzes im Wald Böhlen und durfte vier Schweine kostenfrei in den Äckerich schicken (der Stabhalter zwei).

Grundherrschaft und Grundbesitz. – Der sehr zersplitterte Grundbesitz erlaubt keine grundsätzlichen Aussagen über die Entwicklung der örtlichen Güterverhältnisse. Die größten Grundbesitzer scheinen jedoch die *Markgrafen von Baden* einerseits, die St. Blasischen Propsteien *Bürgeln, Sitzenkirch* und *Weitenau* andererseits gewesen zu sein. Der herrschaftliche Besitz, zu dem der ehemalige Meierhof gehört haben dürfte, geht wohl überwiegend auf den Kauf von 1430 zurück. Er bestand 1761 aus 19 Tragereien und einem Zinsgut von zusammen 120½ J (33⅓ ha). Gülten daraus hatte seit 1430 bis zum Ende des 17. Jh. die Familie König von Tegernau bezogen. Die Einkünfte des Klosters St. Blasien verteilten sich auf dessen Propsteien und lassen sich seit 1323 nachweisen. Davon besaß *Bürgeln* 1796 neben 3 J Holz und Feld die sogenannte Schafweide, welche die Gemeinde in den Jahren nach 1806 an sich brachte, und 1806 das sogenannte Maugenhardlehen und 2 Zinsgüter von zusammen 10⅔ J (knapp 3 ha). Der *Sitzenkircher Besitz*, seit 1492 nachzuweisen und schwierig zu ermitteln, da er meist unter Tannenkirch geführt wird, umfaßte 1584 neben Haus, Hof und Keller im Dorf 84 J (ca. 23⅓ ha) Liegenschaften samt Zinsen aus weiteren 6½ Jauchert. *Weitenau*, seit 1388 bezeugt, verfügte 1530 über 30 J (ca. 8⅓ ha). Daneben war vor allem die Basler Geistlichkeit begütert. Das Hochstift vergab 1644 hiesige Einkünfte an die Familie von Rotberg, die noch 1838 am Ort vertreten war. Der Basler *St. Anna-Kaplanei* (seit 1491) zinsten noch im 18. Jh. 3 Personen. Die *Kirche in Istein* erhielt 1283 eine Schuppose vom Kirchenvogt Dietrich und besaß im 16. Jh. neben Hofstätten und Gärten etwa 31½ J (ca. 8⅔ ha) Liegenschaften. *Kl. Klingental* hatte 1303 drei Güterstücke erworben, verfügte damals über wenigstens 14 J (knapp 4 ha) und wird noch 1807 unter die Bezieher von Einkünften gerechnet. *Stift St. Peter* in Basel läßt sich hier 1390 anläßlich eines Zinskaufes, 1456 im Besitz von Gütern nachweisen. Neben diesen finden sich Einwohner, Gemeinde und Kirche am Ort begütert. Auch die Mappacher Kirche bezog 1663/64 Einkünfte aus einem Haus und Hof und etwa 7 J (knapp 2 ha) Liegenschaften.

Gemeinde. – Wie in den anderen markgräflichen Dörfern üblich, wurde auch Holzen durch den herrschaftlichen Vogt und ein Richtergremium verwaltet. Die Gemeinde selbst tritt selten in Erscheinung. Zwar urkunden 1521 Vogt, Gericht, Rat und ganze Gemeinde, 1562 beurkunden Vogt und Gemeinde einen Häusertausch, insgesamt tritt sie aber hinter die herrschaftlichen Beauftragten zurück. Ihr Vertreter, der Gemeindeschaffner, läßt sich erst seit 1733 nachweisen. Vogt und Gericht wählten im 16. Jh. auch Hirten und Bannwart. Um 1700 beschäftigte die Gemeinde einen Weidgesellen, der gefreit war und ein Dehmenrecht für 2 Schweine hatte. Ein Gemeindewappen (Holderbaum) ist um 1731 bezeugt. Sämtliche die Gemeinde betreffenden Urkunden besiegelte aber das Landgericht Rötteln-Sausenberg.

Zum *Besitz* der Gemeinde, deren Allmende 1584 ohne nähere Angaben als Anstößer genannt wird, gehörten 1788 Äcker und Wiesen, die damals auf 6 Jahre verpachtet waren. Zwischen 1789 und 1800 vermehrte sie diesen Besitz durch Zukauf kleinerer Parzellen und zweier Häuser; 3 J davon wurden, da schlecht zu bebauen, 1795 veräußert. Hauptbesitz war der Wald, aus dem 1788 der Pfarrer 15, der Lehrer 4 Klafter jährlich erhielt. In den Wald Behlen teilten sich die Gemeinden Holzen und Riedlingen, was immer wieder zu Klagen führte. Entscheide von 1467 und 1585 schrieben beiden Orten eine gemeinsame Nutzung vor, nachdem besonders vor 1467 eine excessive Nutzung zu Einnahmeausfällen geführt hatte. Auch später scheint es immer wieder Streitigkeiten gegeben zu haben, so daß anscheinend 1761 eine Aufteilung in Zuständigkeitsgebiete vorgenommen wurde. Eine endgültige Aufteilung des Waldes erfolgte 1828, damals erhielt Holzen 300 J, Riedlingen 200 Jauchert. Der dortige Weidgang war zudem anscheinend gemeinsam mit Wollbach und Hammerstein, worüber 1705 ein Streit geschlichtet werden mußte.

An Gebäuden besaß die Gemeinde 1788 ein Schulhaus, ein Rebbannwartshaus und ein Bürgergefängnis, ein kleines feuchtes Gewölbe. Da dieses bald darauf ziemlich baufällig wurde, erfolgte um 1795/96 der Bau eines neuen Bürgerhäusleins, in dem auch eine Wachtstube für den Nacht- und Scharwächter eingerichtet wurde. Zu den Gerätschaften der Gemeinde gehörte noch 1788 keine Feuerspritze, sie wurde erst 1790 auf Drängen des Amtes angeschafft. Hingegen waren genügend Feuereimer, auch Leitern und Haken vorhanden, die beiden Brandweiher wurden nach 1788 wieder instandgesetzt. Der schadhafte Sinnzuber (Eicheimer) wurde 1798 durch einen kupfernen ersetzt.

Einkünfte bezog die Gemeinde aus ihren Pachtgütern, daneben aus Umlagen, den Bürgerannahme- und Hintersassengeldern (5 lb/2 lb 10 ß) und aus dem 1521 von der Herrschaft gegen jährlichen Zins erworbenen Henckhubenrecht, das bisher der Vogt genutzt hatte. Die Tannenkircher Ausmärker lösten ihren Anteil erst 1753 ab. Unter den Ausgaben scheinen die Gehälter (Hebamme 5 lb, Gemeindeschaffner 2 lb 10 ß) und Ausgaben für Dienstgeschäfte gewesen zu sein. Insgesamt scheint die finanzielle

Situation der Gemeinde nicht schlecht gewesen sein. Abgesehen von den Grundstückskäufen am Ende des 18. Jh. leistete sie sich um die Mitte des Jahrhunderts einen Schulhausbau, 1772/73 wurden 4 steinerne Brunnenkästen angeschafft, die durch den Verkauf von 20 Eichen aus dem Gemeindewald finanziert wurden. Eine Glocke mußte 1787/88 umgegossen werden, wozu das Almosen einen Zuschuß gab. Der Ankauf der Feuerspritze 1790 und der Neubau des Bürgerhäusleins verschlangen zusätzliche Mittel, dazu entstanden um jene Zeit größere Unkosten durch Einquartierungen und Kriegslieferungen.

Kirche und Schule. – Die Pfarrei in Holzen bestand spätestens 1275. Ihr Patron war St. Pelagius, zuständiges Dekanat bis zur Reformation Wiesental. Nach der Reformation wurde die Kirche dem ev. Dekanat Sausenberg unterstellt und 1839 Lörrach zugeteilt. Seit 1556 wurde auch Riedlingen als Filial von hier aus versorgt, was dem Pfarrer Anteile am dortigen Fruchtzehnten einbrachte. Den Pfarrsatz hatte spätestens seit 1490 der Markgraf, vermutlich war dieses Recht ebenfalls 1430 erworben worden. Die Einkünfte der vorreformatorischen Kirche werden 1275 mit 15 lb Basler Pfennigen angegeben, die Annaten des 15. und beginnenden 16. Jh. betrugen durchweg 12 Gulden. Demnach hatte die Kirche seinerzeit eine auskömmliche, wenn auch nicht übermäßige Dotation erfahren. Noch 1572 hatte der Pfarrer die Hälfte des örtlichen Großzehnten bezogen, der anscheinend später durch eine Regelbesoldung ersetzt wurde. Es blieb ihm jedoch der Heuzehnt, ferner bezog er den halben Kleinzehnten aus Riedlingen. Den örtlichen Kleinzehnten erhielt er 1788 zugesprochen, mußte sich jedoch dafür verpflichten, das Wuchervieh zu halten. Die Verwaltung des Kirchenvermögens hatte 1571/72 ein Kirchenmeier besorgt, später war lediglich noch das Almosen zu verrechnen.

Die Baulast an der Kirche verteilte sich auf Herrschaft (Langhaus) und Gemeinde (Turm). Ältester Teil ist der Westturm aus dem 13. oder 14. Jahrhundert. Das gotische Langhaus wurde, nachdem es wohl in den Kriegen des 17. Jh. beschädigt worden war, nach 1678 vergrößert und erhielt 1686 eine neue Glocke. Nachdem die Kirche in den Franzosenkriegen zu Beginn des 18. Jh. völlig ausgeplündert worden war, mußte die Innenausstattung, wozu auch eine Orgel gehörte, um 1761 neu beschafft werden. Das Pfarrhaus, das Ende des 17. Jh. ebenfalls beträchtliche Kriegsschäden aufwies, wurde 1698 repariert und schließlich 1756 neu erstellt. Der Friedhof lag bis 1861 um die Kirche. Er sollte bereits 1765 erweitert werden, was jedoch aufgrund seiner Lage nicht möglich war.

In den *Großzehnten* teilten sich im 16. Jh. die örtliche Pfarrei und die Herren von Rotberg als bischöflich-baslische Lehenträger. Letztere bezogen ihre Einkünfte noch im 19. Jh., jetzt vom jeweiligen Großherzog belehnt; die Lehenschaft wurde erst 1866 aufgehoben. Anteile am Großzehnten hatten im 16. Jh. noch der Markgraf und die Johanniterkommende Neuenburg. Der Quartzehnt war, obwohl Holzen keine alte Quartkirche war, wenigstens im 18. Jh. dem Konstanzer Bischof zu entrichten. Heuzehnten und seit 1788 auch den Kleinzehnten bezog der örtliche Pfarrer. Zehntteile hatte 1373 Stift St. Peter in Basel, 1603 der Halter des Mappacher Wuchervieh (die dortige Pfarrei), außerdem gehörten noch 1815 3 J in den Hauptzehnten nach Wintersweiler. Die Zehntablösung erfolgte allgemein in den Jahren zwischen 1836 und 1846, die meisten Verträge wurden 1838 abgeschlossen.

Ein *Schulmeister* läßt sich seit 1628 nachweisen. Im allgemeinen bekleidete er zusätzlich das Amt des Gerichtsschreibers. Seine Besoldung war gering, 1754 betrug sie 10 fl, eine Summe, die bis 1764 auf 64 fl stieg. Immerhin war er gefreit und hatte 2 Dehmenrechte. Zur Gesamtbesoldung gehörten auch Holzeinkünfte von seiten der

Gemeinde und kleinere Zehntanteile. Bis 1748 unterrichtete er in der eigenen Wohnung, dann erwarb die Gemeinde um 70 lb ein Haus bei der Kirche. Bereits 1788 erwies sich dieses als zu klein, vor allem bot es dem Lehrer und seiner Familie zu wenig Raum, weshalb die Gemeinde damals Schweineställe und einen Schopf anbauen ließ. Eine Visitation ergab 1796, daß das Haus aufgrund seiner Lage am Berg ständig feucht und damit ungesund war. Es wurde daher bis 1800 verkauft.
Bevölkerung und Wirtschaft. – Die bereits bei Herrschafts- und Grundbesitzverhältnissen deutlich gewordenen frühen Beziehungen zu Basel sind auch beim Status der Eigenleute zu beobachten. In Holzen finden sich ebenfalls die sogenannten Frauenleute, welche der Basler Bischof in den Jahren 1365 und 1368 den Markgrafen zu Lehen überließ. Nach Holzen nannte sich zwischen 1314 und 1358 eine in Basel nachweisbare Bürgerfamilie mit Besitz in Haltingen, deren Name jedoch eine Herkunftsbezeichnung darstellen dürfte. Bis zum 16. Jh. war ein Großteil der Bewohner, vielleicht die ganze Einwohnerschaft, in die Leibeigenschaft der Herrschaft übergegangen. Fronen mußten 1571/72 nach Rötteln geleistet werden. Die Dörfler hatten den dortigen Hofgarten zu versehen und mußten Brennholz auf das Schloß führen. Ihre Zahl dürfte, nachdem bis 1643 nur ungefähr 95 bis 100 Einwohner die Kriegszeiten überlebt hatten, 1654 zwischen 180 und 200 Personen betragen haben, 1698/99 zählte man 277 Einwohner, darunter 14 Dienstboten. Seither ist eine steigende Einwohnerzahl festzustellen: 1709 ca. 307, 1743 332 und 1814 364. Im allgemeinen waren die Einwohner einigermaßen begütert, gelegentliche Kapitalaufnahmen, im 16. und 17. Jh. bevorzugt bei der Geistlichen Verwaltung Rötteln, sprechen nicht dagegen. Ende des 18. Jh. mußte die Gemeinde niemanden aus dem Almosen unterhalten, es gab auch kaum Übelhauser. Lediglich über die fremden Bettler wurde 1788 geklagt.

Ihren Lebensunterhalt bezog die Einwohnerschaft überwiegend aus Ackerbau und einer nicht unbeträchtlichen Viehhaltung. Problematisch war, daß um die Mitte des 18. Jh. Einmärker über 27% der Wirtschaftsfläche verfügten. Die Äcker lagen in den Zelgen *Belahalden Zelg, Hirsebronner Zelg* und *Murthentalzelg* (1571/72), angebaut wurden überwiegend Dinkel und Roggen. Im 18. Jh. nahm die Kartoffel immer größere Anbauflächen ein, 1784 war sie längst eingeführt. Sehr wichtig war der Weinbau. Noch im 18. Jh. wurden immer wieder kleine Parzellen zu Rebgärten gemacht. Die Rebfläche betrug 1879 noch 27¼ ha. Gekeltert wurde der Wein in der herrschaftlichen Trotte. Gepflanzt wurden auch ziemlich viele Obst- und Weichholzbäume.

Noch im 19. Jh. war der Ort die größte Viehhaltergemeinde der Umgebung (1700 waren als Zugvieh 24 Pferde und 26 Ochsen aufgeführt worden). Neben Pferden und Rindvieh wurden vor allem Schweine gehalten, 1784 ist von einer Schweineherde die Rede. Den Eber hielt der Pfarrer 1788 selbst, die Farrenhaltung hatte er verpachtet. Den Viehhandel besorgten die Juden aus den benachbarten Gemeinden. Ende des 18. Jh. war die Stallfütterung großenteils eingeführt, die Gemeinde verfügte ohnehin über keine eigentliche Weidefläche. Die Frühjahrsweide war 1788 abgeschafft, die Herbstweide jedoch noch üblich. Die Gemeinde wünschte zwar ihre Abschaffung, konnte sie jedoch wegen der zahlreichen Einmärker nicht durchsetzen.

Es gab zu wenig Wiesen und diese wurden immer wieder von den oberhalb gelegenen Erzgruben aus verschlammt. Ein anderer Teil der Wiesen war ständig feucht. Man ging daher im 18. Jh. zunehmend auf den Anbau von Futterpflanzen über: 1788 waren 40 J mit Klee bestanden. Auch die Esparsette war verbreitet, aber nicht in gleichem Maße geschätzt, da durch ihren Anbau der Boden nicht so verbessert wurde, wie man gehofft hatte. Ebenfalls nicht verbessert wurde die Wirtschaftsfläche durch die verbreitete Ziegenhaltung, weshalb 1788 angeordnet wurde, daß niemand mehr als 2 Stück halten dürfe. Auch Schafhaltung scheint üblich gewesen zu sein.

Das Handwerk war im 18. Jh. durch einen Metzger und Weber vertreten. Um die Jahrhundertwende arbeiteten hier 7 Weber, 5 Schuster, 3 Hufschmiede, 2 Schreiner und Küfer sowie je ein Zimmermann, Sattler, Wagner und Dreher. Die älteste Wirtschaft am Ort dürfte die Gemeindewirtschaft gewesen sein, bei der es sich jedoch kaum um die Vorgängerin der »Sonne« handeln kann, die sich seit 1795 nachweisen läßt. Bereits 1738 hatte der »Löwen« das Realrecht erhalten, der Betrieb war schon 1746 wieder eingestellt worden. Der »Hirschen« scheint erst im Verlauf des 19. Jh. hinzugekommen zu sein. Eine Mühle, die 1742 noch betrieben wurde, bestand 1788 nicht mehr. Eine Ziegelhütte wurde schon 1797 wegen Wegzugs wieder aufgegeben. Nachdem ein anderer Ziegler sie übernommen hatte, wurde sie noch bis 1896 betrieben. Die Entdeckung von gelbem Marmor am Suferrain hat nicht zur Anlegung von Steinbrüchen geführt. Dagegen wurden, nachdem um 1778 Bohnerze zwischen Holzen und Mappach gefunden worden waren, diese alsbald abgebaut und in den Hütten in Kandern und Hausen verarbeitet. Das Gewerbe wurde erst Mitte der 1850er Jahre wegen Unrentabilität aufgegeben.

Kandern

Ur- und Frühgeschichte. – Unter den verschiedenen Höhlen im Jurakalk bei Kandern hat bisher nur eine einzige archäologische Funde geliefert: die berühmte *Höhle in der Wolfsschlucht*, aus der die Hinterlassenschaft mittelsteinzeitlicher Jäger und Sammler geborgen worden ist. Von jungsteinzeitlicher Begehung der Gegend zeugt eine Steinpfeilspitze an der Landstraße nach Sitzenkirch und Jaspisstücke aus dem »Neuental«. Dagegen scheint auf dem »Häßler« eine Höhensiedlung dieser Zeit bestanden zu haben. Insgesamt ist die Gemarkung wenig erforscht, auch nur teilweise für frühe menschliche Besiedlung geeignet. So wundert es nicht, daß nur noch aus *römischer Zeit* zufällige Funde überliefert sind: ein Brandgrab aus den Tonwerken und eine Münze auf dem »Scheideck«, die wohl den Verlauf einer alten Straße markiert. Ein alemannisches Plattengrab weist auf den abgegangenen Ort *Minderkandern* im frühen Mittelalter, eine Erdbefestigung auf dem »Burberg« (Wall und Graben) gehört wohl schon in hochmittelalterliche Zeit.

Siedlung und Gemarkung. – Kandern verfügt über eine verhältnismäßig große Gemarkung, auf der neben Kleinsiedlungen auch einige Burgen abgegangen sind. Von diesen *ist die Vesteburg* nur noch als Flurname bezeugt. Östlich der Stadt finden sich auf dem *Burberg* Reste eines Ringwalls (s. o.). Eine von einem Wassergraben umgebene Tiefburg hingegen stand zwischen Sitzenkirch und Kandern, die sogenannte *Nüwenburg*, die sich seit 1345 urkundlich nachweisen läßt. Weiher und Weiherhaus gingen 1364 von den Markgrafen an Erkenbold Slegelholz, 1619 war alles im Besitz der Familie Besold von Steckhofen, die damals das Gelände verkaufte; das Haus war inzwischen abgegangen. Nach 1650 verschwindet das Anwesen aus den Urkunden. Neben dem Hauptort lag am gleichnamigen Bach seit unbekannter Zeit die Siedlung *Minderkandern*. In ihrer Nähe findet sich 1571 der Flurname *Künhofen*. An der Straße nach Hausen liegen die alten Wohnplätze Glashütte und Platzhof. Zur Gemarkung gehört heute auch die *Sausenburg*, die jedoch ursprünglich eine Sondergemarkung gehabt hatte.

Die Siedlung Kandern war oberhalb des Mündungsgebiets von Kander und Lippisbach/ Minderkander angelegt worden. Dort traf die Straße vom Rheintal ins Wiesental auf eine nach S führende Handelsstraße. Die ältesten Ortsteile lagen im Bereich der heutigen ev. Kirche. Erstmals urkundlich nachzuweisen ist das 1405 als solches bezeichnete Dorf 776 als *Cancer marca*, 778 als *villa Cantara*. Der Ortsname ist vorgermanisch und soll »klares Wasser« bedeuten. Einzelheiten der Ortsentwicklung sind unbekannt. Vermutlich blieb die Siedlung zunächst klein. Schon früh entstand aber eine Außensiedlung durch die Anlegung der Eisenhütte. Diese und die zugehörigen Werke befanden sich am Ortsausgang in Richtung Marzell – Hausen (sogenannter Schmelzofen). Siedlungsbildend hat sich auch die Papiermühle am entgegengesetzten Ortsende ausgewirkt, die allerdings nicht vor dem 16. Jh. nachzuweisen ist. Erst die Zerstörung der Sausenburg Ende des 17. Jh. und die schon zur Zeit des 30j. Krieges begonnene, seither fortgesetzte Übersiedlung von Behörden in den Ort hat damals zu größerer Bautätigkeit geführt. Ein Forsthaus wurde 1589 erbaut, es lag damals am Ende des Dorfes, sein Nachfolger aus dem 18. Jh. bereits zwischen Marktplatz und »Ochsen«. Auch die Häuser in der Hauptstraße sind im 18. Jh. neu erbaut worden. Die neugewonnene Bedeutung als Behördensitz und Marktort wird zusätzlich dadurch dokumentiert, daß man um 1766 die wichtigsten Straßen des Ortes pflasterte. Seit der 2. Hälfte des 18. Jh. wurden auch die verschiedenen Holzbrücken im Ortsbereich durch Steinbauten ersetzt. Die gesamte Struktur war schon im 18. Jh. die einer badischen Landstadt, so daß die späte Stadterhebung von 1810 lediglich ein Faktum bestätigte.

Der Ort war durch zahlreiche *Straßen* mit seiner Umgebung verbunden, deren Qualität unterschiedlich war und die z. T. beschwerlich zu begehen waren. Alt ist die Verbindung nach Sitzenkirch, der heutige Verlauf der Straße nach Müllheim über Obereggenen und Feldberg stammt jedoch aus dem Jahre 1761. Nach Hammerstein führte ein Allmendweg, der sich nach Binzen hin auf der Höhe zwischen Wollbach und Maugenhard fortsetzte. Alt dürfte auch der Weg über die Scheideck sein, wo die Gemeinde Kandern seit unbekannter Zeit eine Glashütte und den sogenannten Platzhof besaß, eine Erzniederlage für die Transporte nach Hausen. Die Verbindung nach Marzell über Vogelbach ist spätestens zu Zeiten des florierenden Bergbaus ausgebaut worden, 1790 wurde die Straße neu trassiert und die Faktorei beteiligte sich wegen der großen Bedeutung dieser Verbindung mit einem jährlichen Zuschuß an den Unterhaltskosten.

Alte Häuserzahlen liegen nicht vor. Jedoch weiß man, daß die Kaiserlichen am 5. April 1633 20 Häuser verbrannten. Die Einwohner flohen zunächst vor dem Militär, später vor der Pest nach Basel. Auch in den Koalitionskriegen war der Ort betroffen. vom 22. auf den 23. Oktober 1786 befand sich das französische Hauptquartier im hiesigen Forsthaus, einen Tag später eroberte Erzherzog Karl den Ort. Beim Rückzug der Franzosen wurde der Ort geplündert und beschossen, wobei einige Bürger ihr Leben verloren. Beim Rückzug der französischen Truppen 1796 kam es zu Plünderungen, bei denen einige Einwohner verletzt wurden. Auch 1798 klagte man über Kriegsschäden.

Herrschaft und Staat. – Abgesehen davon, daß Kandern 790 zum Breisgau gehörte, weiß man über frühe Herrschaftsverhältnisse wenig. Der Lorscher Besitz wird später nicht mehr genannt, seine Schenker lassen sich nicht einordnen. Dafür finden sich Hinweise auf Rechte des Basler Bischofs und des Klosters St. Alban (die Basler Vogtrechte konnte der Markgraf erst 1368 erwerben). Nach späterer Überlieferung sollen die Herren von Kaltenbach hiesige Rechte oder Besitzungen an St. Blasien geschenkt haben. Dieses Kloster und seine Propsteien hatten hier jedoch nur geringen Besitz und kaum Rechte. Für alte Kaltenbacher Rechte spricht aber die Urkunde von

1155, sie erwähnt ein bischöfliches Gericht in Kandern, dem auch der Ort Kaltenbach unterstellt gewesen war. Dies könnte bedeuten, daß die Herren von Kaltenbach, die zu den Wohltätern des Klosters St. Alban gehörten, bevor sie sich St. Blasien zuwandten, ihre Rechte in Kandern vor dem 12. Jh. an dieses Kloster abgetreten hatten, vielleicht anläßlich seiner Gründung im Jahre 1083.

Der Besitztausch zwischen St. Blasien und den Markgrafen von 1232 brachte die Sausenburg in markgräflichen Besitz. Kandern, über welches die Markgrafen dank ihrer Vogtei über St. Alban verfügen konnten, wurde damals offenbar mit der Sausenburg herrschaftlich verbunden. Erster Nachweis von markgräflichen Rechten bietet die Urkunde von 1350, in welcher ein örtlicher Zinsverkauf besiegelt wird. Die Heimsteuern der markgräflichen Gattinnen Adelheid von Lichtenberg und Anna von Freiburg wurden 1369 und 1387 auf den Ort versichert. Über fast alle örtlichen Rechte verfügten die Markgrafen zu Beginn des 16. Jh., 1514 wird Kandern unter dem Sausenberger Viertel aufgeführt. Die Einkünfte betrugen damals 119 lb 9 ß 2 d, darunter die Jahrsteuer in Höhe von 76 lb 10 ß Pfennig. Dazu kamen 2 Mltr Steuerroggen und eine Abgabe vom Zinswein. Die Anwesenheit von Angehörigen des markgräflichen Hauses ist des öfteren bezeugt. Sie kamen meist, um zu jagen, jedoch wurden auch Verträge, wie der zwischen dem Markgrafen und dem Abt von St. Blasien von 1599, hier abgeschlossen. Im 18. Jh. bestand ein herrschaftlicher Marstall, 1740 war eine Hirschsulze angelegt worden. Auch die berühmte *Goldene Sau* geht auf den Besuch eines Markgrafen (1605) und dessen Jagdglück zurück.

Herrschaftlicher Vertreter am Ort war zunächst der seit 1405 nachzuweisende *Vogt*, das Ortsgericht ist seit 1420 bezeugt. Um 1571/72 war dieser steuer- und fronfrei, hatte die Nutzung von 1 V Acker und dem Fischrecht in der Minderkander, außerdem durfte er 4 Schweine in den Äckerich schicken. Seit 1683 ist neben ihm ein Stabhalter bezeugt, neben Vogt und Stabhalter finden sich im 18. Jh. bis zu 7 Richter, ferner mehrere Geschworene (1746: 2). Seit dem Ende des 16. Jh. lassen sich weitere herrschaftliche Beamte nachweisen, in der Folge wurden verschiedene Behörden hierher verlegt. Ein Statthalter wird 1588 erwähnt; dieses Amt scheint es später nicht mehr gegeben zu haben.

Wichtig war die Einrichtung eines Forstamtes für die gesamte Herrschaft Rötteln-Sausenberg um 1589. Für die Forstmeister war am Ende des Ortes ein Haus erbaut worden, das 1696 als baufällig genannt wird. Da die Stelle zeitweise nicht besetzt war, wurde das Haus seit 1730 nicht mehr bewohnt. Man überließ es 1732 dem Einnehmer zur Wohnung und erwarb, als man das Forstamt 1748 wieder besetzen wollte, 1749/50 von Handelsmann Iselin dessen Haus im Ort, das gegenüber dem Wirtshaus »zum goldenen Löwen« stand, um 3000 Gulden. Es war dies das spätere Forstverwaltungsgebäude. Der Forstmeister bezog 1748 ein Gehalt von 225 fl, dazu Naturalien, Kostgeld für 2 Diener und Fourage für 4 Pferde, ferner durfte er 6 Schweine kostenfrei in den Äckerich treiben. Seine Beinutzung umfaßte 15 J Liegenschaften, wovon 10 J im Sitzenkircher Bann lagen. Der ihm beigegebene Forstknecht, der Ende des 18. Jh. auch die Fasanerie Mappach, diese allerdings unentgeltlich, zu versehen hatte, erhielt 1783 60 fl sowie Naturalien und 80 Burden Stroh von der Burgvogtei sowie 10 Klafter Brennholz von der Forstverwaltung. Das Forstamt unterhielt außerdem immer 2 bis 3 Büchsenspanner und die gleiche Anzahl Hofjäger oder Jagdlakeien. Es hatte die oberste Aufsicht über die herrschaftlichen und Gemeindewaldungen, obwohl der Ort Kandern zu diesem Zwecke einen eigenen Weidgesellen besoldete.

Seit Beginn des 18. Jh. war Kandern auch Sitz einer (Schatzungs-)*Einnehmerei*, deren Bezirk sich bis Blansingen erstreckte. Zu Beginn des 19. Jh. wurden dieser noch die

Orte Bürchau und Neuenweg vom Oberamt Badenweiler unterstellt. Seine Wohnung hatte der Einnehmer seit 1732 im Forstamt, seit 1748 im Faktoriehaus, sie wurde 1767 durch Einbau einer Schreibstube erweitert. In Kandern saß im 18. Jh. auch ein Geometer.

Grundherrschaft und Grundbesitz. – Die frühen Eigentumsverhältnisse in Kandern sind weitgehend ungeklärt. Frühesten Nennungen zufolge schenkten 778 Richbert, 786 und 790 Diebolt Besitz unbekannter Größenordnung an *Kl. Lorsch*. Einer gleichzeitigen Überlieferung zufolge soll es sich dabei um eine Hube gehandelt haben, über die aber später nichts mehr zu erfahren ist. Nach 1100 sollen dann die *Herren von Kaltenbach* eine Schenkung an *St. Blasien* gemacht haben, nachdem vorher *Kloster St. Alban* in Basel von ihnen bedacht worden war. Die *Markgrafen von Hachberg* verdankten ihre örtlichen Rechte weitgehend der Vogtei über diese Klöster. Daneben hatten sie nur wenig eigenen Grundbesitz, den neben den Rechtsverzeichnissen von 1514 und 1572 auch das Urbar von 1564 ausweist. Es führt Liegenschaften von höchstens 10 J auf und verzeichnet sonst nur Einkünfte, überwiegend aus Gewerbe- und Industriebetrieben. Ein Teil dieser Bezüge war im 15. Jh. an die Familie von Tegernau verliehen. Es könnte sich dabei um die Einkünfte von der Weißmühle gehandelt haben, welche die Familie 1466 den *Basler Augustinern* schenkte und die sie noch Ende des 15. Jh. bezogen. Zu den Liegenschaften zählten die herrschaftlichen Reben im Umfang von 1½ J, zu denen die Gemeinde Marzell fronpflichtig war. Diese wurden im 16. Jh. nicht bewirtschaftet und 1694/96 verkauft. Von den etwa 42 J Reutfeldern im Häßler bezog die Herrschaft die fünfte Garbe. Beträchtlich war allerdings der Waldbesitz, der im 18. Jh. durch Zukauf vergrößert wurde. Zwischen 1708 und 1731 wurden mindestens 50 J, zwischen 1735 und 1759 37 J und gegen Ende des Jahrhunderts nochmals 4 J von Privaten angekauft. Der gesamte *Kanderner Forst* umfaßte 1806 3830 J (ca. 106 ha). Die herrschaftlichen Matten Zweiggarten, Eselsmatte, Bruckmatt und Heubergmatte umfaßten zusammen 9 Tauenmatten. Zudem gehörten der Herrschaft mehrere Häuser im Ort, vor allem Forsthaus, Faktoriegebäude und die Industrieanlagen.

Daneben nehmen sich die Besitzungen anderer Auswärtiger bescheiden aus. *Kloster St. Blasien* verfügte 1700 über einige Erblehenmatten, die aber vermutlich seiner *Propstei Bürgeln* gehörten. Dieser hatte 1234 der Diakon Johann von Dietlingen Güter geschenkt, eine weitere Schenkung des Priesters Berthold von Kandern bestätigte Otto von Röttelen 1297. Auch die St. Blasischen *Propsteien Weitenau* (1388, 1491) und *Sitzenkirch* (1405, 1571) müssen kleinere Grundstücke oder zumindest Einkünfte besessen haben. *Kloster St. Ulrich* machte 1525 Ansprüche geltend, die vermutlich mit den Tannenkircher Rechten in Zusammenhang stehen. Über einen größeren Besitzkomplex allerdings, der sich weitgehend auf Minderkandern konzentrierte, verfügte 1571/81 Frau von Wendelsdorf als Erbin ihres Vaters *Wolf von Breiten-Landenberg*. Diese Liegenschaften und Einkünfte veräußerte die Familie an den Ratsherrn Johann Stäheli d. Ä. in Basel, dessen Schwiegersohn Johann Friedrich Wettstein alles im Jahre 1660 um 800 lb Stebler an die bisherigen Einzinser verkaufte. – Den größten Teil der örtlichen Liegenschaften müssen Kirche, Gemeinde und Bürger zu Kandern besessen haben, ohne daß Einzelheiten vor dem 19. Jh. festzustellen wären.

Gemeinde. – Die Verwaltung der Gemeinde Kandern erfolgte wie üblich durch Vogt und Gericht, wobei sich im 18. Jh. meist 5 Richter nachweisen lassen. Die Gemeinde unterhielt damals auch einen Almosenpfleger und 2 Baumeister, seit 1697 ist ein Weidgesell bezeugt. Der Gemeindeschaffner läßt sich seit 1746 nachweisen, 1765 urkunden 2 Gemeinschaffner. Der Gemeinde Lauben, das *Rathaus*, ist seit 1571 bezeugt, ebenso der Gemeinde Schulhaus, beide im Bereich des Marktplatzes gelegen. Das Gemeindehaus war ursprünglich zugleich Gemeindestube gewesen; die Wirtsgerechtigkeit »Zum (roten) Ochsen« wurde im 18. Jh. erblich verliehen. Spätestens im 16. Jh. zog die Gemeindeverwaltung in ein benachbartes Haus, das fortan als Rathaus diente. Sämtliche Urkunden der Gemeinde besiegelte die Herrschaft, auch wenn Kandern ein eigenes Wappen (Kanne) besaß, das schon vor der Stadterhebung auf Grenzsteinen erscheint und 1810 offiziell angenommen wurde. Kandern besaß auch vor den Umlandgemeinden ausreichende Feuergerätschaften: 1784 verfügte es über eine Feuerspritze, die 1811 durch eine neue ersetzt wurde, 2 Feuerleitern und 4 Haken. Lediglich die Zahl der Feuereimer war mit 100 zu gering, weshalb das Amt bereits 1776 die Auflage gemacht hatte, sofort weitere 40 anzuschaffen, die 1784 unter Strafandrohung erneuert wurde.

Der *Gemeindebesitz* war bedeutend. Den größten Posten bildete der Wald (noch 1956: 199 ha). Er war Ende des 18. Jh. durch Käufe im Bereich der Gaishalde, gefolgt von Aufforstung, noch vergrößert worden. Ausgaben, unter denen die Besoldungen ein größeres Ausmaß annahmen, wurden denn auch überwiegend durch Holzverkauf finanziert. Allmenden lassen sich seit 1564 nachweisen. An Liegenschaften werden 1692 42½ J Reutfeld genannt, 1711 verfügte die Gemeinde auch lehenweise über die Beinutzungsgüter der Forstmeisterei. Ende des 18. Jh. besaß sie 80–90 J, die Malsburger Heide genannt, die sie alle 7 bis 8 Jahre anblümen und die restliche Zeit als Weide nutzen ließ, weiteres Ackerland lag meist brach, da sich niemand fand, der es umsonst bauen wollte. Zu ihren einträglichsten Besitzungen gehörten der Glashüttehof mit 10 bis 12 J Matten und der Platzhof, beide an der Straße über die Scheideck gelegen. Ersteren verkaufte sie um 1776 gegen 1600 fl, den letzteren hielt sie und wollte ihn noch 1784 als Erblehen weiterbetreiben, obwohl die Erfahrungen mit dem dortigen Inhaber nicht gut gewesen waren. Die an sich nicht unvermögende Gemeinde wies um jene Zeit zahlreiche Ausstände auf, welche einzutreiben ihr das Amt dringend nahelegte.

Kirche und Schule. – Als die Kanderner Kirche um 1101/03 von unbekannter Seite, wohl durch Mitglieder der Kaltenbacher Familie, dem Basler Kloster St. Alban geschenkt wurde, bestand hier bereits eine Pfarrei. Die Schenkung scheint jedoch im ganzen 12. Jh. angefochten worden zu sein, zumindest deuten die Besitzbestätigungen von 1146, 1152, 1154, 1184, 1194 und 1196 derartige Vorgänge an. Weitere Indizien (1246 wird ein Vikar erwähnt) weisen auf eine Inkorporierung hin, die sich indes bisher nicht belegen ließ. Die Kirche gehörte bis zur Reformation zum Dekanat Feuerbach/ Neuenburg, den Kirchensatz übte St. Alban aus. Auch nach der Reformation wurden dessen nominelle Rechte nicht bestritten, obwohl der Markgraf damals die Rechte über die Kirche und deren Vogtei an sich brachte. Kirchenpatrone waren die Hll. Clemens (1454) und Katharina (1572), der hl. Wolfgang soll Mitpatron gewesen sein (1572). Hauptpatronin dürfte die hl. Katharina gewesen sein: der älteste Markt am Ort fiel auf ihren Namenstag, gelegentlich erscheint dieser auch als Zinstermin.

Die Verwaltung des Kirchenvermögens erfolgte 1420 durch mehrere Kirchenpfleger, 1572 waren es zwei. Die Einkünfte der Kirche werden 1275 mit 45 lb Basler angegeben; 1572 bezog sie noch 13 lb 4 d in 98 Posten, dazu 2½ lb Wachs und 5 Maß Öl. Dazu kamen Zinse von ausgeliehenen Kapitalien. Die Annaten des 15. Jh. hatten durchweg 15 fl betragen, was für eine ausreichende, wenn auch nicht übermäßige Dotation spricht.

Nach Einführung der *Reformation* am 1. Juni 1556 wurde Kandern dem ev. Dekanat Schopfheim unterstellt, 1839 dem Dekanat Lörrach zugeteilt, nachdem vorübergehend 1761 und wieder um 1810/12 der Gedanke an ein in Kandern ansässiges Dekanat aufgekommen war. Zur Kompetenz des ev. Pfarrers steuerten der Markgraf 50 lb, die Kollatoren ihre Zehnten bei. Ferner wurden ihm Haus und Gärtlein zur Verfügung gestellt, dazu 3 Stück Garten, später Reben. Für den Bezug des Großzehnten hatte er der Burgvogtei Sausenberg jährlich 26 Wellen Stroh abzugeben. Es oblag ihm die Haltung des Wucherviehs, wofür ihm die Nutzung von 1¼ Matten und Anteile am Heuzehnten überlassen wurden. Aus dieser Auflage ergaben sich im 18. Jh. verschiedentlich Streitigkeiten, teils weil die Pfarrer sich dieser Pflicht nur ungern unterzogen, teils weil sie, wie Ende des Jahrhunderts, kaum sich selbst und ihre Familie zu ernähren vermochten.

Über die Vorgängerbauten der heutigen Kirche gibt es wenig Nachrichten. Ein Neubau erfolgte 1625 an Stelle einer früheren Kirche; nach anderen Nachrichten soll damals lediglich eine Empore eingebaut worden sein. Steigende Einwohnerzahlen veranlaßten 1719/20 eine Erweiterung, zugleich wurde eine Orgel erworben. Bereits 1766 erwies sich die Kirche erneut als zu klein, was sich jedoch nur in der Erhöhung des Kommunionweinkontingentes niederschlug. Da die beiden Glocken nicht miteinander harmonierten, wurde 1772 zu derjenigen, die man behielt, eine weitere Glocke angeschafft, 1784/85 wurde die nicht mehr brauchbare Kirchenuhr ersetzt. Als sich im 19. Jh. eine neuerliche Erweiterung nicht mehr umgehen ließ, entschloß man sich 1825 zu einem völligen Neubau. Die Gemeinde wollte zwar den alten Turm erhalten, ließ sich aber schließlich überzeugen, daß ein Neubau billiger käme.

Seit spätestens Ende des 18. Jh. gab es auch gelegentlich wieder Katholiken am Ort. Es waren dies im allgemeinen Dienstboten, jedoch fanden sich darunter auch Unternehmer, denen die Regierung, um ihren Betrieb am Ort zu halten, ausdrücklich die Ausübung ihrer Religion erlaubte, soweit sich dies nicht störend bemerkbar machte. Allgemein gab es jedoch keine Lockerung der strengen Bestimmungen, so wurde 1783 ein Opferbildstöcklein, das Unbekannte im Wollbacher Feld aufgestellt hatten, unverzüglich »weggeschafft«. Nach 1800 wurden die wenigen Katholiken zunächst von Bürgeln, später von Kandern aus versorgt.

Fast alle *Zehntrechte* scheinen bis zur Reformation bei der örtlichen Kirche gelegen zu haben, wobei unklar ist, ob es sich hier um Besitz der Kirche oder vom Kollator zugelassene Nutzung handelte. Daran änderte sich auch in der Folgezeit nichts. Ausgenommen waren einige kleine Feldstücke, so waren 1½ J Reben zehntfrei. Von einigen Kleinstliegenschaften bezog auch die Johanniterkommende Neuenburg (1467), später das Großpriorat in Heitersheim den Zehnten.

Kandern hat eine alte *Schultradition*. Bereits 1517 läßt sich ein Schulmeister nachweisen, der vielleicht auch Lateinschule gehalten hat. Mit dem Schuldienst war nicht nur das nachreformatorische Sigristenamt, sondern auch im allgemeinen, wenigstens seit 1620, die Gerichtsschreiberei verbunden. Seit 1731 wurde dem jeweiligen Lehrer ein Provisor beigegeben. Spätestens um 1727 hatten die Bergleute ihren eigenen Schulmeister, der dem offiziellen Lehrer dafür jährlich 8 fl abzugeben hatte. – Der Gemeinde *Schulhaus* stand 1571 am Marktplatz hinter der Kirche. Es hat inzwischen mehrere Nachfolger erhalten, so einen Neubau an anderer Stelle um 1756.

Im Jahre 1777 baten einige der in Kandern ansässigen Beamten den Markgrafen, nachdem der örtliche Pfarrer wegen Überlastung den Lateinunterricht nicht übernehmen konnte, um Einrichtung einer Lateinschule für ihre Kinder. Diesem Wunsch wurde entsprochen und die Kanderner Lateinschule nahm 1778 die Lehrtätigkeit auf. Unterrichtet wurden zunächst 7 Schüler, seit 1795 waren es nur noch jeweils 4. Der eigens angestellte Präzeptor, der ein jährliches Gehalt von 150 fl bezog, war daher gegen Ende des Jahrhunderts nicht mehr ausgelastet, weshalb man ihm zusätzlich ein neuge-

schaffenes Vikariat an der Pfarrkirche übertrug, sehr zum Ärger verschiedener Pfarrer, die zu dessen Besoldung beitragen mußten. Die Lateinschule hat noch eine Weile weiterbestanden (1808: 3 Schüler), später ist aus ihr die Bürgerschule hervorgegangen.
Bevölkerung und Wirtschaft. – Im 13. und 14. Jh. finden sich zunächst noch verschiedentlich Eigenleute sowohl des Kl. Sitzenkirch wie des Basler Bischofs, letztere wurden 1365 und 1368 den Markgrafen zu Lehen übertragen.

Die Bedeutung des Ortes, der für die umliegenden Orte bald eine Zentralstellung erlangte, nahm zu, nachdem unter markgräflicher Herrschaft die örtlichen Eisenwerke ausgebaut worden waren. Entsprechend stieg auch die *Einwohnerzahl*, wobei vor allem Bergarbeiter zuwanderten. Sie kamen aus Tirol und dem Elsaß und nach dem 30j. Krieg vor allem aus der Schweiz, insgesamt jedoch kamen die Bergleute und Handwerker aus dem gesamten Reichsgebiet. Die Bitte um schnelle Besetzung der vakanten Pfarrstelle wird 1704 damit begründet, daß die Gemeinde sehr stark sei und beim Bergwerk und auch sonst viele fremde Handwerksleute aus allerlei Nationen sich befänden, daher auch viele Kranke zu versehen und Kinder zu taufen seien. Konkrete Zahlen liegen erst seit dem 17. Jh. vor. Nach den Pestjahren 1629/30, die viele Opfer forderten, und den Kriegszeiten, in denen 1633 allein 21 Bürger umgekommen sein sollen, lebten 1643 hier wieder 61 Bürger, 32 Witwen, 9 ledige Söhne und 3 Hintersassen, zusammen etwa 370 Personen. Bis 1709 hatte sich ihre Zahl annähernd verdoppelt: jetzt zählte man 123 Bürger, 44 ledige Söhne und 17 Hintersassen, also etwa 750 Einwohner. Deren Zahl erhöhte sich bis zum Ende des Jahrhunderts weiter (1776: 993) auf 1004 Personen im Jahr 1784, 1810 lebten hier 1320 Leute.

Dabei ist immer ein hoher Prozentsatz sowohl an Nichtbürgern (1712 arbeiteten hier 48 Taglöhner) wie an vermögenslosen bis armen Leuten anzunehmen. Vor allem im 15. und 16. Jh. wurde häufig Geld bei den umliegenden Kirchen aufgenommen, die Verschuldung muß zeitweise beträchtlich gewesen sein. Anläßlich eines Gesuchs um einen Zuschuß zu kirchlichen Anschaffungen erklärte das Oberamt, daß die Gemeinde zum größten Teil aus armen Handwerkern bestehe, die allerdings sehr spendenfreudig seien, wenn es um kirchliche Belange gehe. Ende des 18. Jh. ist auch mindestens eine Auswanderung nach Siebenbürgen bezeugt. Und 1784 hatten Gemeinde- und Bergwerksalmosen viele Arme soweit zu unterstützen, daß sie nicht betteln mußten. Dafür, daß der Straßenbettel Fremder nicht überhandnahm, sorgte ein von der Gemeinde besoldeter Bettelwächter.

Die ärztliche Versorgung der Bevölkerung erfolgte im 17. Jh. (und wohl auch vorher) durch eine Hebamme und verschiedene Bader, die sich allerdings nun Chirurgen nannten. Bereits 1604 gab es einen Barbier, der mit Sicherheit ärztliche Verrichtungen vorgenommen hat. Spätestens zu Beginn des 18. Jh. hatte die Regierung hier einen eigenen *Physikus* sitzen, der sich 1724 Landphysikus nennt und dessen Aufgabenbereich 1745 um Badenweiler verkleinert wurde. Zum Physikat kam bald auch eine *Apotheke*. Der erste Apotheker läßt sich seit 1665 nachweisen, seine Apotheke hat, unter verschiedenen Inhabern und 1731 privilegiert, bis 1914 bestanden. Neben dieser wurde 1717 eine zweite Apotheke errichtet, die zwei Generationen lang bestand. Als der Enkel des Gründers erneut um die Konzession einkam, wurde dies abgelehnt mit der Begründung, daß zwei solcher Institutionen am Ort nicht tragbar seien.

Obwohl zahlreiche Einwohner Handwerker oder in der örtlichen Industrie beschäftigt waren, konnte auf die Landwirtschaft nicht verzichtet werden. Sie wurde im wesentlichen im Nebenerwerb betrieben; nur wenige Einwohner dürften ausschließlich von Acker- oder Weinbau gelebt haben. Auch dienten die Produkte überwiegend dem Eigenbedarf. Angebaut wurden die üblichen Getreidesorten, wobei die Wirtschaftsfläche weitestgehend genutzt, sogar soweit möglich ausgeweitet wurde (Reutfelder 1606 erwähnt). Die ausgedehnten Wälder um den Ort ermöglichten auch eine nicht unbeträchtliche Imkerei. *Weinbau* könnte, wenn die Lorscher Urkunde entsprechend interpretiert wird, bereits im 8. Jh. getrieben worden sein, sicher ist es nicht. Im 16. Jh. jedoch werden Reben im Heißbühl erwähnt und die Herrschaft hatte am Ort eine Kelter, die sich 1738 als zu klein erwies und vergrößert werden mußte. Auch der *Obstbau* wurde gepflegt: 1589 werden Obstwiesen am Ortsende erwähnt. Ende des 18. Jh. war er allgemein verbreitet. Daneben wurden Weichholzbäume gezogen und seit etwa 1751 der weiße Maulbeerbaum gepflanzt. Da auch in Kandern keine Seidenraupenzucht erfolgt ist, verschwanden diese Bäume gegen Ende des Jahrhunderts wieder. Auf einem Teil der Matten wurden Ende des 18. Jh. Kartoffeln gepflanzt, den Rest versuchte man im Interesse der *Viehzucht* zu verbessern. Diese muß zeitweise beträchtlich gewesen sein, eine Viehseuche um 1746 verminderte den Tierbestand um 200 Stück. Gehalten wurden Rinder und Schweine. Stier und Eber hatte der Ortspfarrer zu halten, worüber es seit der Mitte des 18. Jh. zu ständigen Auseinandersetzungen mit der Gemeinde kam. Auch eine Anzahl Pferde war immer vorhanden, sie wurden vor allem für den Holzkohle- und Holztransport benötigt. Da die Stallfütterung bis zum Ende des 18. Jh. eingeführt worden war, gab es damals längst keine Frühjahrsweide mehr. Die Nachtweide hingegen wurde nicht strikt eingehalten. Unter den neu eingeführten Futterpflanzen dominierte der rote Klee, daneben gab es noch etwas Esparsette und weißen Klee.

Das örtliche *Handwerk* war stark und ziemlich umfassend vertreten. Über das späte 16. Jh. hinaus lassen sich jedoch im allgemeinen keine Aussagen machen. Die Wagner im Wald werden schon 1514/15 genannt, da der Markgraf von ihnen Gelder bezog. Auch das *Hafnergewerbe* läßt sich bis ins 16. Jh. zurückverfolgen, der erste bekannte Hafner ist 1597 verstorben. Infolge der individuellen Produktion (Geschirr, Ofenkacheln) und dem folglich großen Sortiment gedieh es und konnte sich bis heute behaupten. Eine Zunftordnung stammt aus dem Jahre 1661, damals gab es hier 4 Meister. – Eine herrschaftliche *Ziegelhütte* läßt sich seit 1564 nachweisen, der Inhaber hatte seine Erzeugnisse zu Vorzugspreisen auf Schloß Sausenburg zu liefern. Sie lag im Bereich der heutigen Tonwerke und befand sich seit 1668 im Besitz der Familie Kammüller (bis 1853). – Alt ist auch das *Bäckergewerbe*, das sich seit 1663 nachweisen läßt, wogegen die berühmte Kanderner Brezel erst seit 1727 urkundlich bekannt ist. Einzelne Bäcker weiteten ihr Gewerbe durch die Produktion von Gries und Semmelmehl aus, 1755 betrieb ein solcher eine Gerstenrendel. Um 1772 muß es etwa 8 bis 9 Bäcker am Ort gegeben haben, die ihre Erzeugnisse teilweise bis nach Schliengen lieferten. – Eine alte Tradition hatten die *Hutmacher*, deren Ordnung sich aus dem Jahr 1651 erhalten hat und von denen immer einige hier ihr Brot verdienten. Des weiteren werden erwähnt Hosenstricker (1664), Zimmerleute (1704/05), Schuhmacher (1710), Schreiner (1663), Sattler (1784) und Metzger (1795: 5), 1784 auch ein Buchbinder. Um die Wende zum 19. Jh. verzeichnete man hier 15 Weber, 12 Schuster, 10 Bäcker, 9 Schneider, 8 Sonstige, 7 Hafner und Metzger, je 5 Küfer, Färber, Wagner, 4 Müller, je 3 Zimmerleute, Schreiner, Hufschmiede, Nagelschmiede, Hutmacher, je 2 Maurer, Schlosser, Glaser, Sattler, Dreher, Seiler und je einen Spengler, Rot- und Weißgerber, Buchbinder und Zinngießer. Es gab auch mehrere Krämer und einen Handelsmann, der vermutlich Textilien vertrieb.

Die *Tuchfabrikation* und das mit ihr verbundene Gewerbe scheint ebenfalls im 18. Jh. einen ziemlichen Aufschwung genommen zu haben. Bereits vor 1710 besaß der Sausenberger Burgvogt eine Reibe und Walke, die er vor seinem Wegzug verkaufte.

Baumwollfabrikation betrieb 1764 die Firma Fischer und Wiedemann. Im gleichen Jahr erhielt Apotheker Meyer die Erlaubnis zur Anlegung einer Baumwollspinnerei und -weberei, deren Produkte er in Mühlhausen absetzen wollte. Diese Konzession scheint die Baumwollspinner des Bezirks veranlaßt zu haben, 1765 ein Gesuch an die Regierung zu richten, keine weitere Fabrik im Oberamt Rötteln mehr zu genehmigen. Im Jahre 1780 verlegten die Gebrüder Montfort ihre Tuchniederlage von Zell i. W. nach Kandern, wo ihnen – sie waren Katholiken – ungestörte Religionsausübung erlaubt wurde. Bis 1833 hatten sie auch eine eigene Bleiche. Seidenwarenfabrikant Mez schließlich erlangte 1795 ein Privileg, das ihm ein gewisses Monopol garantierte und das 1806 verlängert wurde. – Die notwendigen *Bleichen* lagen anscheinend oberhalb von Kandern im nach Vogelbach und Malsburg hinziehenden Tal. Dort ist 1779 eine solche erwähnt. Eine herrschaftliche Walke bestand 1736, damals legte ein örtlicher Schönfärber eine weitere auf dem ehemaligen Schmitteplatz an. Ein Weißgerber erwarb 1744 die alte Zainschmiede und baute sie zu einer Walke um, die so gut gedieh, daß 1746 3 Schwarz- und Schönfärber baten, dort walken zu dürfen, da der Inhaber der anderen Walke zu teuer sei und nicht sorgfältig genug arbeite. Auch die Weißgerber ließen dort walken. Eine Lohmühle betrieb 1771 ein örtlicher Bäcker, der sie einem Rotgerber abgekauft hatte. Nach 1779 baute er sie zu einer Mahlmühle um.

Kander und Minderkander trieben eine Reihe von *Mühlen*. Von diesen scheint die Blumenmühle, auch Hofmühle genannt, die älteste zu sein, jedenfalls läßt sie sich seit 1350 nachweisen. Sie war mit einem Zins an die Neuenburger Johanniter belastet, die sie zeitweise auch als Eigen ansprachen. Sie verfügte über 3 Gänge und erhielt 1743 ein weiteres Mühlrad. Von der Weißmühle bezogen im 15. Jh. die Herren von Tegernau Einkünfte, die sie 1466 den Basler Augustinern verkauften. Auch sie verfügte über 3 Gänge. Die Mühle im Hofacker oder niedere Mühle bestand 1564, sie verfügte ebenfalls über 3 Gänge und wurde später in ein Sägewerk umgewandelt. Bis zur Mitte des 16. Jh. war zu den bestehenden 3 Mühlen die Kammühle hinzugekommen. Während des 30j. Krieges dürften drei abgegangen sein, denn 1650 gab es in Kandern nur noch einen Müller. Bis zum 18. Jh. erstanden sie jedoch wieder und es wurden neue Konzessionen erteilt. Bäcker Johann Auckele hatte 1753 eine Mühle erworben und baute dort zunächst eine Gerstenrendel ein. Nachdem er 1755 die Erlaubnis erhalten hatte, Grieß- und Semmelmehl machen zu dürfen, versah er sein Gebäude mit einem Anbau und erreichte 1762 die Erlaubnis, seine Gerstenrendel zu einer Mahlmühle umbauen zu dürfen. Im Jahre 1771 gab es daraufhin 5 Mühlen am Ort, zu denen 1779 noch die Spohnsche Mühle kam. Bäcker Friedrich Spohn hatte eine Gerstenstampfe erworben und zu einer Mahlmühle umgebaut. Diese verfügte 1791 über 3 Gänge und befand sich noch 1819/21 im Familienbesitz.

Die Kander trieb auch mindestens eine *Papiermühle*. Hans Sixt Petri aus Basel wird 1564 als Inhaber einer solchen genannt. Sie muß im 30j. Krieg abgegangen sein, denn 1662 ist nur die Rede von einer öde liegenden Papiermühle. Nach ihrer Wiederherstellung besaß sie 1692 Johann Ludwig Iselin, 1706 Marx Lux Iselin von Basel. Letzterer betrieb gleichzeitig eine Öltrotte, die 1564 dem Hans Bur gehört hatte, später in eine Pulvermühle umgewandelt worden war und 1692 zu einer Walke zur Fabrikation von Wolltüchern gemacht wurde. Sein Nachfahre Johann Konrad Iselin überließ das Gewerbe 1735 zunächst auf 6 Jahre dem Nikolaus Häusler von Basel, der 1736 ein Privileg dafür erhielt. In dessen Familie blieb die Papierfabrikation bis 1819, in welchem Jahr der Betrieb an Emanuel Turneisen überging. Ludwig Andreas Turneisen verlegte die Produktion 1836 nach Malsburg. Sebastian Sengeysen von Aristorf erwarb 1696 das nunmehr überflüssige sogenannte Kunsthaus und das zum Drahtzug gebrauchte

Gebäude mit der Auflage, dort eine Papiermühle zu installieren. Es könnte sich dabei um die Einrichtung handeln, die sich noch 1709 im Besitz der Basler Familie Blum befand, während ein Familienangehöriger vor Ort den Betrieb leitete. In den Jahren 1710, 1724 und 1726 erwarb die markgräfliche Verwaltung eine oder mehrere Papiermühlen von der Witwe des Basler Handelsmannes Ochs.

Wann der erste *Jahrmarkt* eingerichtet worden ist, ist unbekannt. Er wurde jeweils am 25. November, dem Tag der hl. Katharina, abgehalten. Sein Einzugsgebiet war groß, abgesehen von der örtlichen Einwohnerschaft deckten sich vor allem die Leute auf dem Wald dort mit dem Notwendigsten ein. Jedoch kamen auch Besucher aus der Rheinebene, um Waren zu erwerben, die nur hier hergestellt wurden. Der Andrang war so groß, daß 1756 die Abhaltung eines zweiten Jahrmarktes, verbunden mit einem Viehmarkt, genehmigt wurde, der jeweils am 11. Mai oder dem folgenden Dienstag abgehalten werden sollte. Schließlich erhielt der Ort noch im September 1802 ein weiteres Privileg, jeweils am 2. (oder 3.) Donnerstag im Monat einen Viehmarkt abzuhalten, nachdem ein Probelauf 1801 (der erste Markt wurde am 5. März 1801 abgehalten) erfolgreich verlaufen war.

Marktbesucher, Kauflustige und Auftraggeber sowie die Besucher der örtlichen Ämter sorgten dafür, daß zahlreiche *Wirtschaften* ihr Auskommen hatten. Die älteste scheint die Gemeindestube gewesen zu sein, für welche die Gemeinde bis zum Beginn des 18. Jh. ein Realrecht (»Roter Löwen«) erlangt hatte, nachdem 1571/72 am Ort anscheinend noch keine Tafern gestanden hatte. Im 17. und 18. Jh. häuften sich dann die Konzessionen: der »Ochsen« bestand 1646, die »Blume« 1681. Deren Realrecht wurde nach dem Abriß des Gebäudes auf dem heutigen Blumenplatz 1859 auf das Haus Kümmich übertragen. Realrecht erhielten 1710 der »Goldene Löwe«, 1711 der »Hirschen«, 1739 die »Krone«, die ursprünglich im Hause der Eisenhandlung Schneider eingerichtet war und erst vor 1900 an den heutigen Standort verlegt wurde. Auch die »Sonne«, vor 1765 für ein am Marktplatz gelegenes Haus genehmigt, scheint einen Ortswechsel erfahren zu haben. Insgesamt zählte man 1741 4 Wirte, 1780 waren es bereits 8, dazu kam noch die Straußwirtschaft, welche die Gemeinde neben ihrer Tafern führte und jeweils auf drei Jahre verlieh (1779). Im Jahre 1810 zählte Kandern 9 Gastwirtschaften und 2 Schank- und Speisewirtschaften. Inzwischen hatten um 1780 auch die Besitzer des »Schwanen« und der nahegelegenen »Schnecke« eine Konzession für ihr Haus erlangt. Daneben gab es zwei weitere Wirtschaften: An der Straße nach Marzell nahe den Eisenwerken, betrieb die Herrschaft in der Bergwerksverweserei eine Wirtschaft, die sich 1718 nachweisen läßt und 1741 den Zorn der übrigen Wirte auf sich zog, weil der Inhaber warme Speisen ausgab, was ihm verboten wurde. Sie war später im allgemeinen im Besitz des jeweiligen Faktors. Ihr Durchschnittsertrag belief sich in den Jahren zwischen 1730 und 1749 auf 386 fl 56 x, zwischen 1760 und 1768 auf 359 fl 21 Kreuzer. – Auch der Erzmesser auf dem gemeindeeigenen Platzhof hatte seit wenigstens 1701 das Recht, Wein zu schenken und scheint es bis zur Aufgabe dieser Erzniederlage (Mitte 19. Jh.) ausgeübt zu haben.

Zu den *Kleinindustrien* zählte der Gipsabbau. Die Gipsgrube lag am Heuberg und wurde durch Pächter umgetrieben. Eine zweite erschloß man 1799. Die Aufbewahrung erfolgte in einem vor 1794 beschafften Magazin, der Gewinn betrug 1794 im zehnjährigen Durchschnitt 166 fl 16 x jährlich. Die Anlegung einer Gipsstampfe wurde 1804 genehmigt. – Von einer *Glashütte* bezog 1564 die Herrschaft Sausenberg Einkünfte. Es handelte sich dabei vermutlich um die am Weg über die Scheideck vor dem Platzhof gelegene Glashütte, welche die benötigte Weißerde vom Heuberg bezog. Sie wird bereits 1595 als alte Glashütte bezeichnet und war vielleicht schon damals nicht mehr in

Betrieb. Ein Glashüttenmeier, den vermutlich die Gemeinde gesetzt hatte, läßt sich 1699 nachweisen, im 18. Jh. gab die Gemeinde das Gut regelmäßig per Steigerung in Bestand. Nachdem das Oberamt anläßlich des Rüggerichts von 1776 einem Verkauf zugestimmt hatte, veräußerte die Gemeinde das Gut bald darauf (seit 1982 Grabungsschutzgebiet).

Die *Eisenverarbeitung* scheint in Kandern lange Tradition zu haben, bereits eine Lorscher Notiz aus dem 8. Jh. erwähnt Abgaben in Form von Eisen. Die nächsten urkundlichen Belege stammen erst wieder vom Beginn des 16. Jahrhunderts: 1512 verlieh der Markgraf eine örtliche Hammerschmiede. In den Anlagen, die sich am Ortsende nach Malsburg zu konzentrierten, wurde Eisen geschmolzen und verarbeitet. Neben dem Schmelzofen, der Mitte des 18. Jh. neu gebaut und 1793/99 durch einen modernen Hochofen mit Zylindergebläse ersetzt wurde, befanden sich eine Rennschmiede, eine Zainschmiede und ein Kohlemagazin, das 1726 neu gebaut wurde. Sämtliche Anlagen erfuhren im 18. Jh. Verbesserungen und Umbauten. So wurde die Rennschmiede 1713 neu erstellt, zugleich baute man 4 Wohnungen für die Arbeiter ein. Das ausgediente Gebäude erhielt der Rennschmied zur Wohnung. Der Neubau der Zainschmiede samt Wohnung wurde 1729 vorgenommen, die alte, da zu weit von den Anlagen entfernt, in die nicht mehr benötigte Rennschmiede verlegt und das Gebäude verkauft. Die Einrichtung einer Pfannenschmiede war 1719/20 geplant.

Das benötigte Bohnerz kam aus den umliegenden Gemarkungen. Auch die Holzkohle – Versuche 1758/66, mit Steinkohle zu arbeiten, wurden wohl wegen der hohen Transportkosten schon 1771 eingestellt – wurde aus der gesamten Umgebung angeliefert. Im Verlaufe des 18. Jh. mußte das Einzugsgebiet immer wieder vergrößert werden, nachdem auch die seit dem 17. Jh. nachweisbaren Waldkäufe der Forstverwaltung nicht ausreichten. Um 1725/26 mußten bereits Waldkäufe mit der Gemeinde Münstertal und Kloster St. Trudpert getätigt werden, 1755 wurde mit dem Fabrikanten Litschgi ein Vertrag auf 16 Jahre abgeschlossen, demzufolge dieser sich zur Holzlieferung gegen Eisenabgaben verpflichtete. Dennoch traten immer wieder Engpässe auf; so mußte der Betrieb 1734/35 wegen Holzmangels sehr eingeschränkt werden, 1738/39 mußte die Regierung sogar die Holzausfuhr verbieten. Infolge der Wichtigkeit dieser Transporte wurden besonders im 18. Jh. neue Straßen angelegt und bestehende verbessert.

Hauptabnehmer war bis zum Ende des 18. Jh. die Schweiz, auch der Einzelhandel wurde beliefert. Hergestellt wurden Handwerksgerät, Schmiedeeisen, Öfen und Kanonenkugeln. Man lieferte auch Roheisen zum Eisenwerk Hausen, wozu der Weg über die Scheideck öfter ausgebaut wurde. Da die Nachfrage groß war, wurden die Anlagen immer wieder erweitert. Mit Hilfe des brandenburgischen Stahlschmelzers Friedrich Bachtenkirch machte man 1738 auch den Versuch, Stahl herzustellen. Das Produkt wurde nach Karlsruhe geführt und dort verkauft. Wegen des geringen Absatzes, vor allem aber wegen des Kohlenmangels, lohnte sich die Fabrikation nie; sie wurde 1771 eingestellt.

Die Werke beschäftigten zahlreiche Bergleute (1847: 200) und eine Anzahl von Fuhrleuten, wobei im 17. Jh. bevorzugt Facharbeiter aus Tirol und dem Elsaß eingestellt wurden. Diese bildeten eine eigene Kolonie, die zwar anscheinend der örtlichen Verwaltung unterstand, aber über Sonderrechte verfügte. So ergab eine Anfrage 1761, daß die Bergleute von den herrschaftlichen Fronen, den Dorfwachten, dem Pfluggeld, den Rauchhühnern und der Teilnahme an Klopf- und Treibjagden befreit waren. Sie hatten jedoch Real- und Gütersteuern wie Kontributionen sowie den Hirtenlohn zu entrichten und waren zu Landstraßen- und Gemeindefronen verpflichtet. Sie unterstanden dem Bergfaktor oder -inspektor, einem herrschaftlichen Beamten, hatten ihre eigene Schule und ein eigenes Almosen (1784) und wohnten großenteils in den für sie erbauten sogenannten Laborantenhäusern.

Minderkandern. – Die frühmittelalterliche Siedlung (s. o. S. 45) lag am Lippisbach, früher Minderkander genannt, in der Nähe des heutigen Schwimmbades und läßt sich seit 1391 als *mindern Kandren* nachweisen. Wie groß der Ort gewesen ist und wie lange er bestanden hat, ist unbekannt. Die Erbin des Wolf von Breiten-Landenberg, Frau von Wendelsdorf, besaß dort 1571 und 1581 wenigstens 4 Häuser mit zugehörigen Hofstätten und eine Mühle, vermutlich die spätere Niedermühle, die gelegentlich auch Hofakkermühle genannt wird. Wasserfallzins hatte 1564 die Herrschaft Sausenberg bezogen, die am Ort auch eine Eisenschmiede unterhielt (1572). Minderkandern, an Straßen nach Kandern, Feuerbach und Riedlingen gelegen, scheint um die Zeit des 30j. Krieges abgegangen zu sein.

Sausenburg. – Die ehemalige Burg liegt auf dem sogenannten Sausenhart südlich von Sitzenkirch über der Kander. Die Bezeichnung Sausenhart, wie der Burgname von einem Personennamen abgeleitet, findet sich erstmals 1329, wobei jedoch Vorsicht geboten ist, da eine namensgleiche Örtlichkeit im Bereich der Orte Efringen, Fischingen und Kirchen nachgewiesen ist. Der *mons qui dicitur Susinberc* ist 1232 erstmals urkundlich bezeugt. Er hat vermutlich zur Herrschaft Kaltenbach gehört und kam mit dieser an Kloster St. Blasien. Da bald nach dieser Schenkung die Zähringer Schirmvögte dieses Klosters wurden, scheint es in der Folge zwischen beiden zu Auseinandersetzungen gekommen zu sein, da mit der Schirmvogtei keine größeren Einkünfte verbunden waren. Sicher zu Streitigkeiten kam es nach dem Erlöschen des Zähringerhauses zwischen den Markgrafen von Hachberg und Kloster St. Blasien. Diese endeten mit dem Vergleich vom 23. Mai 1232: Das Kloster überließ den Markgrafen die ehemalige Kaltenbacher Herrschaft im Austausch gegen andere Besitzungen und Rechte. Diese machten den Sausenberg zu ihrem Herrschaftsmittelpunkt und ließen dort zwischen 1232 und 1246 eine Burg erstellen, an die sie fortan ihre Landgrafenrechte im Breisgau banden. Die Anlage bestand aus Vorburg und höher gelegener innerer Burg, alles von einem 1246 erwähnten Wassergraben umgeben. In der Folge scheinen sich die Markgrafen hier öfter aufgehalten zu haben, bevor sie nach dem Erwerb der Burg Rötteln ihren Hauptsitz dorthin verlegten. Sie sind auch später gelegentlich auf der Sausenburg nachzuweisen, im allgemeinen jedoch ließen sie, nach einer vorübergehenden Übertragung 1358 an den Grafen Walraf von Tierstein, die Burg durch Burgvögte verwalten, zu deren Unterhalt die Orte der Umgebung beitrugen.

Der Burgvogt scheint später seine Amtsgeschäfte von Rötteln (bzw. Lörrach und Basel) aus wahrgenommen zu haben. Der letzte, Niklaus Christoph Langenhagen, wohnte in Kandern. Sein Amt ist offenbar in der örtlichen Einnehmerei aufgegangen. Die zu seiner Beinutzung gehörigen Äcker Schütte (2 J), Burggärtlein (½ J) und Schafacker (6–8 J) dienten lange den Gemeinden Malsburg und Vogelbach als Weidgang gegen jährlichen Zins von 3 Gulden. Der Schafacker wurde schließlich 1723 an die Gemeinde Vogelbach verkauft.

Die sogenannte Landgrafschaft Sausenberg bestand im 14. Jh. aus den alten Kaltenbacher Orten einschließlich Kandern, Feuerbach und Endenburg. Später wurde die Herrschaft erweitert um die Orte Holzen, Riedlingen, Tannenkirch, Hertingen, Welmlingen, Wintersweiler, Blansingen und Niedereggenen – eine Neueinteilung, die vor 1564 erfolgt ist. Nach dem Erwerb von Rötteln, wohin jetzt die Verwaltung verlegt wurde, verlor die Sausenburg ihre Bedeutung. Auch das Landgericht auf dem Sausenhart wurde, wenn überhaupt noch, durch den Röttler Landvogt abgehalten und Urkunden mit dem Röttler Amtssiegel besiegelt. Bis zum Ende des 30j. Krieges traf sich auf dem Sausenhart im wesentlichen noch der Gemeine Ausschuß des Sausenberger Viertels, verbunden mit einer Art Waffenparade, die der offenbar dazu bestimmte Sausenharter Vogt abnahm. Diese Einrichtung scheint 1618 durch die Fähnlein ersetzt worden zu sein, die aber auch das 17. Jh. nicht überdauert haben.

Riedlingen

Ur- und Frühgeschichte. – Steinhügelgräber unbekannter Zeitstellung im Gewann »Schorner« belegen, daß die vor allem für den Dinkelberg typische Grabform auch im Markgräfler Hügelland vorkommt. Sie sind gleichzeitig die einzigen prähistorischen, heute noch sichtbar erhaltenen Kulturdenkmale auf der Gemarkung. Wie in den Nachbargemeinden dominieren *Fundstellen des Neolithikums*, allesamt an Oberflächenfunden wie Steinbeilen und Feuersteingeräten erkennbar. Sie liegen teilweise auf Anhöhen (»Lemptsberg«, »Auf dem Hüner«), aber auch im Talgrund (»Feuerbachäkker). Nur vom »Schnellenberg«, einem lößbedeckten Höhenrücken, ist neben den Lesefunden auch eine Siedlungsgrube bekannt. Weitere urgeschichtliche Perioden sind auf der Gemarkung nicht vertreten, ebensowenig die Römerzeit. Erst aus dem *frühen Mittelalter* liegen wieder bescheidene Zeugnisse vor. Im »Baumgarten« und im »Hanfgarten« (nordwestlich des Ortes) liegt offenbar ein alemannisches Gräberfeld, teilweise mit Steinplattengräbern des 7. Jahrhunderts. Sie belegen die Gründung der heutigen Ortschaft in der Merowingerzeit, in die auch das abgegangene *Tüchlingen* (s. u.) zurückreicht.

Siedlung und Gemarkung. – Die oben aufgeführten Funde lassen vermuten, daß der Ort trotz der untypischen Namensform doch zur ältesten Siedlungsschicht gehört. Riedlingen wird erstmals sicher – die Nennung *Rihnlinga* zu 972 ist sehr fraglich – 1147 als *Ruedlinghouen*, 1169 als *Rudelicon* und 1185 als *Rodelinchouen* urkundlich erwähnt. Diesen Nennungen zufolge müßte es sich um einen mit einem Personennamen verbundenen »hofen«-Ort handeln. Riedlingen hat sich aus einem Dinghof heraus entwickelt, der das Areal gegenüber der Kirche einnahm, von dieser getrennt durch die Straße nach Kandern. Diese wurde zwischen 1773 und 1776 durch Verdohlung des in der Straßenmitte fließenden Feuerbachs verbreitert; die Arbeiten fanden ihren Abschluß 1795 mit dem Bau einer Straßenbrücke. Eine alte Straßenverbindung, der sogenannte Altweg, wird 1391 genannt, er scheint Riedlingen mit Liel verbunden zu haben. Alt dürften sich die Verbindungen mit Holzen und Tannenkirch sein. – In die Gemarkung teilte sich Riedlingen bis wenigstens zum 13. Jh. mit dem Dorf Dittlingen/Tüchlingen.

Trotz der abseitigen Lage ist der Ort, vor allem seit dem 30j. Krieg, immer wieder in Mitleidenschaft gezogen worden. Riedlingen, das 1571/72 30 und um 1740 31 Häuser zählte, hatte vor allem unter den Auswirkungen der Schlacht am Schlienger Berg 1796 zu leiden. Im Gefecht bei Riedlingen am 24. Juni 1849 sind die anrückenden Freischärler Heckers zurückgeschlagen worden.

Herrschaft und Staat. – Welche Rolle Adelbert von Riedlingen, 1169 als Zeuge Herzog Bertholds im Kirchener Kirchenstreit, und 1234 Lambert von Riedlingen gespielt haben, ob sie nicht vielleicht einem anderen Ort zugerechnet werden müssen, ist unbekannt. In Riedlingen hat sich bisher keine Spur einer burgähnlichen Anlage gefunden. – Seit wenigstens 1190 hat das Dorf zum Herrschaftsgebiet der Markgrafen von Hachberg gehört, 1305 zählte es zur Landgrafschaft Sausenberg und wird auch später dem Sausenberger Viertel zugerechnet. Im 18. Jh. zum Amt Kandern gehörig, wurde Riedlingen 1809 bei diesem Amt belassen und unterstand weiterhin der Einnehmerei Sausenberg.

Obwohl der Ort einen eigenen Vogt und ein Gericht (1571/72 genannt) hatte, zählte er 1514/15 zur *Vogtei Tannenkirch*. Der Vogt war steuer- und fronfrei, nutzte ein Fischwasser und durfte 4 Schweine kostenfrei in den Äckerich treiben. Ein Stabhalter wird 1681 erwähnt, 1773 urkunden neben dem Vogt der Altvogt, 4 des Gerichts und 2 Geschworene. Noch um 1740 wurde in Tannenkirch Gericht gehalten, an dem der Riedlinger Vogt und Stabhalter sowie 2 Richter teilnahmen. Mehrere Gesuche der Gemeinde im 18. Jh., sie von Tannenkirch zu trennen, wurden abschlägig beschieden.

Grundherrschaft und Grundbesitz. – Ähnlich den Verhältnissen in Feuerbach finden sich in Riedlingen früh Adelige und adelsgleiche Familien der näheren Umgebung begütert, wobei unklar ist, ob es sich dabei um Eigengut oder markgräfliche Lehen gehandelt hat. Um 1331 sind hier die Familien Brenner und Zähringer aus Neuenburg vertreten. Der wichtigste Hof jedoch befand sich in Händen der Familie *von Tegernau*. Er war mit der Haltung des Wucherstiers und dem Unterhalt eines Nachtlichtes in der örtlichen Kirche belastet, hatte das Dorf nach Bedarf mit Fischen zu beliefern und die Pflicht, das Kirchendach auf der linken Seite zu decken. Der Inhaber des Hofes bezog den Kleinzehnten, den halben Heuzehnten und den halben Weinzehnten. Diesen Hof verkauften Jakob von Tegernau und sein Sohn 1370 an die Markgrafen Otto und Rudolf von Hachberg, welche ihn ein Jahr später zur Dotierung einer neugestifteten Heiligkreuz-Pfründe in *Kl. Sitzenkirch* verwandten. Möglicherweise hatten sie sich damals Anteile zurückbehalten, da sie 1391 auch die neugestiftete *ULF-Pfründe auf Rötteln* mit hiesigen Gütern dotierten. Das nach Sitzenkirch gehörige Gut (1590 ca. 25 J = ca. 7 ha), nach einem der Pfründinhaber später als Häfelins-Pfründlehen bezeichnet, wurde nach der Reformation von der Herrschaft vergeben, es war noch 1749 mit der Wucherstierhaltung belastet. Auch das Röttler-Pfründlehen, das sogenannte Frauengut, fiel infolge der Reformation an die Markgrafen, es umfaßte 1743/44 ca. 19 J Liegenschaften (5 ha).

Einen Hof besaß die *Propstei Bürgeln*, wozu 1701 Haus und Hof am Bach und ca. 36 J Liegenschaften (10 ha) gehörten. Er wird damals als St. Blasische Trägerei bezeichnet, außer ihm besaß das Kloster noch weitere 10 Trägereien von zusammen etwa 45 J (12½ ha). Ein Teil dieser Besitzungen hatte 1325 der Neuenburger Priester Berthold Nasse dem Kloster aufgegeben. Besitz unbekannten Umfangs hatte die *Johanniterkommende Freiburg* behalten, die 1356 neben dem Kirchensatz auch das örtliche Widumgut erworben hatte; das sogenannte Johannitergut ist erst Anfang des 19. Jh. in Privathand übergegangen (1572: 10½ J). Neben diesen werden gelegentlich noch andere Grundbesitzer mehr oder weniger flüchtig erwähnt. So erhielt *Kloster St. Trudpert* 1147, 1179 und 1185 Schirmbriefe für seinen hiesigen Besitz, über den sonst nichts bekannt ist. *Kloster St. Ulrich* wird 1525 genannt und das *Basler Steinenkloster* bezog noch 1807 Bodenzinse. – *Eigenbesitz der Einwohner* läßt sich gelegentlich nachweisen, so werden 1687 Jakob Sütterlins und Georg Bürgins Eigengüter als Anstößer erwähnt. In seinem ganzen Umfang ist er aber vor dem 19. Jh. nicht festzustellen.

Gemeinde. – Sie wird erstmals 1571/72 erwähnt, als auf das Recht von Vogt, Gericht und Gemeinde hingewiesen wird, den Sigristen zu wählen. Ihre Verwaltung erfolgte allerdings durch Vogt und Gericht, der eigentliche Gemeindebeamte, der Gemeinschaffner, läßt sich erst 1724 nachweisen. Die Gemeinde unterstützten ein Weidgesell, seit 1700 bezeugt und mit 2 Dehmenrechten ausgestattet, und ein Waldbannwart (1773). Ihre Urkunden besiegelte die Herrschaft, allerdings führte sie um 1740 als sogenanntes Dorfzeichen, das einen Apfel darstellte.

Über ihren Besitz ist wenig bekannt, er muß vor allem aus Wald bestanden haben, der seit 1475 erwähnt wird (Behlen). Eine Gemeindehaus gab es 1773. Um 1787 ließ die

Gemeinde den sogenannten Lemberberg ausstocken und mit Getreide bepflanzen, er wurde anschließend unter die Bürgerschaft verteilt.
Kirche und Schule. – Die Pfarrkirche St. Michael in Riedlingen bestand bereits 1275. sie gehörte zum Dekanat Feuerbach/Neuenburg, 1324 war Riedlingen Dekanatssitz. Den Kirchensatz verkaufte Markgraf Otto von Hachberg samt dem zugehörigen Widumgut 1356 an die Freiburger Johanniterkommende, welcher die Kirche vor 1508 inkorporiert wurde. Nach der Einführung der Reformation 1556 behielten die Johanniter, nunmehr das Großpriorat Heitersheim, den Pfarrsatz, alle sonstigen Rechte zog der Markgraf an sich. Auch die Kirchenbaulasten wurden neu geregelt: die Johanniter hatten fortan den Chor der Kirche und das Türmchen, der Markgraf das Langhaus zu unterhalten – eine Regelung, die in der Folge zu vielen Streitigkeiten geführt hat.

Seit dem 16. Jh. gab es am Ort keinen Pfarrer mehr. Riedlingen wurde fortan von Holzen aus versehen, dessen Pfarrer die örtlichen Pfarreinkünfte, im wesentlichen Holz-, Fisch- und Zehntrechte, bezog. Das restliche, nicht von der Geistlichen Verwaltung eingezogene Kirchenvermögen wurde durch den Kirchmeier verwaltet.

Nachdem Riedlingen reformationsbedingt seinen Pfarreistatus verloren hatte, kümmerten sich die Baupflichtigen kaum mehr um die Kirche. Daher war sie 1724 völlig ruiniert, Sturmschäden im November 1725 verschlimmerten den Zustand noch. Auch die Inneneinrichtung war schlecht und vieles, da durch Kriegsvolk ausgeraubt, nicht mehr vorhanden. Offenbar ist sie damals repariert worden, wohl weil man den nach Kandern zum Markt ziehenden Katholiken kein ruinöses evangelisches Gotteshaus vorführen wollte. Weitere Ausbesserungen erfolgten in den 1730er und 1760er Jahren, 1756 wurde eine neue Orgel angeschafft.

Den örtlichen *Großzehnten* bezogen bis auf wenige Ausnahmen die Johanniter, denen auch der größte Teil des Weinzehnten zustand. Dieser Zehnt wurde in der Regel verliehen oder versteigert. Anläßlich dieser Veranstaltung mußten die Johanniter Pfarrer, Vogt, Geschworenen, Sigristen und Bannwart ein aus Fleisch und Brot bestehendes *Zehntmahl* geben, weswegen es seit dem 17. Jh. zu regelmäßigen Streitigkeiten mit der Gemeinde kam, die um 1751 sogar zu einem Prozeß führten. Die Gemeinde hatte verlangt, daß das Zehntmahl auch gegeben werden müsse, wenn der Zehnt nicht verliehen werde und daß daran die gesamte Bürgerschaft teilnehmen müsse. Den sogenannten *Laienzehnten* hatte Jakob von Tegernau 1370 an den Markgrafen zurückgegeben; es scheint sich hierbei um den Großzehnten aus 19 J zu handeln, den die Herrschaft noch später bezog. Den Klein- und Weinzehnten überließ man seit dem 16. Jh. dem Pfarrer zu seiner Besoldung, während die sonstigen bisher der Kirche zustehenden Zehntanteile am Groß- und Kleinzehnten an die Geistliche Verwaltung fielen. Weitere Zehntanteile bezog der Inhaber des Häfelin-Pfründlehens.

Einen *Schulmeister* scheint es spätestens nach dem 30j. Krieg gegeben zu haben: 1686/87 wird der neue Schulmeister erwähnt. Er bezog neben der Sigristenbesoldung Schulgeld, Zehnteinkünfte und hatte das Nutzungsrecht kleinerer Liegenschaften. Den Sigristenzehnten traten die Johanniter in einem Vergleich 1792 an die Schule ab. Noch gegen Ende des 18. Jh. hielt der Lehrer überwiegend Winterschule, um 1785 unterrichtete er in der Sommerschule ein Kind, während die Winterschule von 24 Schülern besucht wurde. Seine Wohnung hatte er zuletzt im Pfarrhaus, bis dieses 1810 verkauft wurde. Ein Schulhaus war noch um 1740 nicht vorhanden.

Bevölkerung und Wirtschaft. – Wie in den Orten der Umgebung verfügte auch hier das Bistum Basel über Eigenleute, die es 1365 und 1368 dem Markgrafen zu Lehen überließ. Spätestens im 16. Jh. jedoch hatte sich die Territorialleibeigenschaft fast völlig durchgesetzt. Die durch die verschiedenen Kriege dezimierte Bevölkerung suchte jeweils Zuflucht in Basel, wobei sicher auch eine gewisse Abwanderung erfolgt ist. Im 18. Jh. ist dann eine Zuwanderung aus der Schweiz festzustellen. Einwohnerzahlen aus früherer Zeit sind selten. Der Ort soll 1643 von 13 Bürgern, einer Witwe und 2 Hintersassen bewohnt gewesen sein, was einer Einwohnerzahl von höchstens 60–70 Personen entspricht. Ende des Jahrhunderts, 1698/99 zählte man bereits wieder 164 Einwohner, darunter 12 Dienstboten. Bis 1709 erhöhte sich ihre Zahl geringfügig auf etwa 160/190 Einwohner (35 Bürger und 21 ledige Söhne). Leutrum gibt die Einwohnerzahl um 1740 mit 138 an, darunter 4 Dienstboten. Da um jene Zeit keine Auswanderung festzustellen ist, könnte diese Zahl auf einem Irrtum beruhen. Die ärztliche Versorgung erfolgte durch den Physikus in Kandern, in gewissem Umfang auch durch das örtliche Bad.

Ihren Lebensunterhalt bezogen die Riedlinger aus der Landwirtschaft, wobei der Schwerpunkt auf dem Getreidebau lag. Angebaut wurde vor allem Dinkel, auf ungünstigen Böden auch Roggen. Die Ackerfläche war in die drei Zelgen *ob dem Brüel* oder *in Letten (Lettenzelg), der außern Breite am Schnellinger (Breitenzelg)* und *Zelg am Grubacker (Staltenzelg)* eingeteilt, was sich allerdings erst im 18. Jh. nachweisen läßt. Ein Teil der Wirtschaftsfläche wurde von Ausmärkern, vor allem aus Tannenkirch, umgetrieben. Der Bracheinbau kam im 18. Jh. auf, wobei hier anscheinend gerne Kartoffeln gepflanzt wurden. Ob sich aus dem Erlaß von 1726, wonach der Grundbirnenzehnt dem jeweiligen Pfarrer zustehen solle, herauslesen läßt, daß es damals auch schon hier Kartoffeln gab, ist unbekannt, bezeugt ist der Anbau in der 2. Hälfte des 18. Jahrhunderts. Die Viehhaltung diente weitgehend dem Eigenbedarf, als Zugvieh wurden bevorzugt Pferde (1700: 26) verwendet.

Neben dem Ackerbau spielte der *Weinbau* eine bedeutende Rolle. Das Erzeugnis wird allerdings um 1740 als mittelmäßig bezeichnet. Rebgewanne waren der Rebberg am Kilchberg, auf der Steingaß, im Schneckenberg und im Illenhard. Ein *Wirt* läßt sich 1701 nachweisen, 1572 hatte es noch keinen gegeben. Im gleichen Jahr bestand eine *Mühle*, die um 1740 noch betrieben wurde. Als 1742 ein Hertinger Einwohner das örtliche Bad neu errichten wollte, bat er auch um die Konzession, eine Mühle erstellen zu dürfen, was ihm erlaubt wurde. Diese Mahlmühle verfügte zunächst über einen Mahl- und Rendelgang, 1750 baute der Inhaber einen dritten Mahlgang ein. Handwerker werden selten genannt, im 18. Jh. ist gelegentlich von Webern und Schneidern die Rede.

Ein Bad läßt sich 1564 nachweisen. Da 1684 ein Badbrunnen erwähnt wird, hat es möglicherweise noch 1694 bestanden. Es ging dann ab und wurde um 1742 an der alten Stelle wieder errichtet, zusammen mit einem Wirtshaus und einer Mühle. Da der Betrieb florierte, erfolgte 1815 bis 1817 ein Neubau; es entstand eine Art von Kurbetrieb, der erst um die Mitte des 19. Jh. eingestellt wurde.

Tüchlingen (Dietlingen). – Ein Diakon Johannes von *Duhtelicon* schenkte 1234 Güter in Kandern an die Propstei Bürgeln. Dies ist zugleich die erste urkundliche Nennung des Ortes, der 1297 als *villa Tuetlikon* erscheint. Bürgeln erhielt weiteren örtlichen Besitz von dem Priester Berthold, was Markgraf Otto 1297 bestätigte. Der Ort war sicher 1344 noch bewohnt. Um 1500 stand hier eine Hammerschmiede des Kanderner Bergreviers, die aber, samt der zugehörigen Siedlung, vor 1664 abgegangen ist. Heute erinnern nur noch die Flurnamen Ober- und Untertüchlingen sowie Tüchlingenbuck an die ehemalige Ortschaft, die zwischen Riedlingen und Kandern, nördlich der L 135 gelegen hat.

Geschichte der Stadtteile 61

Sitzenkirch

Siedlung und Gemarkung. – Auf der Gemarkung von Sitzenkirch liegen außer dem Dorf selbst der alte Wohnplatz St.-Johannes-Breite und der Wässerlehof. Abgegangen ist eine Örtlichkeit *Adilboltishovin*, die nur 1266 urkundlich genannt wird. Sitzenkirch scheint sich um eine zu unbekannter Zeit erbaute Kirche herum entwickelt zu haben, die schon vor der Gründung des Klosters bestand. Der Ortsname könnte auf den Stifter hinweisen, er scheint von einem Personennamen abgeleitet zu sein.

Erstmals urkundlich nachzuweisen ist der Ort 1120 in einer kopialen Überlieferung des 15. Jh. als *Sizenkirken*, 1130 wird er als *Sizinchilcha* erwähnt. Er dürfte lange Zeit aus wenig mehr als Kloster, Kirche, dem Meierhof und einigen kleinen Gütern bestanden haben, obwohl er schon 1291 als Dorf bezeichnet wird. Noch um 1740 umfaßte er 18 Häuser, deren Zahl sich in der Folgezeit etwas erhöhte: 1779 wurde mit einem zum Meierhof gehörigen öden Platz der einzige Platz überbaut, der dafür noch zur Verfügung stand. Das Dorf lag immer an der Straße von Müllheim nach Kandern, diese Verbindung scheint alt zu sein. Im 18. Jh. wurden darüber Schwerlasten – Zins- und Materiallieferungen nach Kandern – transportiert. Infolge dieser Lage ist der Ort auch in Kriegszeiten immer wieder in Mitleidenschaft gezogen worden, angefangen vom Sternenkrieg Graf Rudolfs von Habsburg, des späteren Königs, 1272 mit dem Bischof von Basel bis zu den Koalitionskriegen des späten 18. und beginnenden 19. Jahrhunderts.

Herrschaft und Staat. – Sitzenkirch hat mit einiger Sicherheit im 12. Jh. zum Territorium der Herren von Kaltenbach und ihrer Verwandten gehört, möglicherweise saß hier zeitweise eine Nebenlinie, die sich nach Malsburg nannte. Die Ortsherrschaft soll 1120 durch die von Kaltenbach dem Kloster St. Blasien geschenkt worden sein. Spätestens der Vertrag von 1230 setzte die Markgrafen von Hachberg in den Besitz dieser Rechte, Landesherrschaft und Hochgericht hatten sie über die Breisgaugrafschaft und die Schirmvogtei über St. Blasien ohnehin schon seit einiger Zeit innegehabt. Seither war der Ort mit der Burgherrschaft Sausenburg verbunden, er wird 1514/15 unter Kandern geführt und gehörte 1654 zur Vogtei Obereggenen. Einer Bitte der Gde Sitzenkirch von 1795, sie von diesem Ort zu trennen, ist nicht entsprochen worden. Allerdings stieß die Ausübung der niedergerichtlichen Rechte gelegentlich auf den Widerspruch der Grundherrschaft, zunächst des Klosters, später der Propstei Bürgeln, die z. B. 1611 noch den Bannwart setzte. Die Konkurrenz dieser beiden Institutionen hat lange Zeit verhindert, daß der Ort eine gewisse Selbständigkeit erlangte. Herrschaftlicher Beauftragter am Ort war der Stabhalter (seit 1751 genannt). – Sitzenkirch wurde 1803 vorübergehend dem Oberamt Badenweiler und dem Amt Schliengen zugeteilt, 1809 kam es wieder zu Kandern.

Grundherrschaft und Grundbesitz. – Um 1120 schenkten Heribord, ein Bruder des Konstanzer Bischofs Ulrich II., seine Schwester Friderun, deren Tochter Agnes sowie Reginlint und Engela dem *Kloster St. Blasien* ein Gut, welches sie von Rudolf von Malsburg und Ulrich von Messen eingetauscht hatten, zur Gründung eines Klosters. Rudolf von Malsburg selbst gab zu unbekannter Zeit (vor 1151) ein weiteres Gut an *Bürgeln*, welches St. Blasien 1151 dem inzwischen eingerichteten Klösterlein zur Nutznießung überließ. Dieses erwarb 1266 das benachbarte *Adilboltshovin* und 1291 Ackerland von Angehörigen der Familie von Baden. Dazu kam 1319 ein Gut aus dem Besitz des Heinrich Keller, das zuvor entweder den Markgrafen von Hachberg oder den Johannitern zu Neuenburg gehört hatte. Das ganze scheint zu einem Wirtschaftshof zusammengefaßt worden zu sein. Daneben verfügten aber auch die Markgrafen über

Grundbesitz unbekannten Umfangs. Einiges davon verwendeten sie 1371 zur Dotation der von ihnen gestifteten Heiligkreuzpfründe an der örtlichen Kirche, der sie auch Haus und Hof, genannt des Bergers Haus, zu einer Wohnung für den Kaplan schenkten.

Nach der Reformation, welche eine Wiederherstellung des schon 1525 de facto abgegangenen Klosters endgültig unmöglich machte, wurden die Kirchengüter von der Burgvogtei Sausenburg eingezogen und von dieser, später der Geistlichen Verwaltung in Rötteln verwaltet. Diese vermehrte ihren Grundbesitz im 18. Jh. vor allem durch Ankauf von Waldparzellen von Privaten. Der größere Teil der örtlichen Güter jedoch, die schon früher im Auftrag des Klosters durch einen Schaffner verwaltet worden waren, blieb im Besitz von St. Blasien, dem das Kloster 1492 inkorporiert worden war. Zwar machte die markgräfliche Verwaltung seit 1568, verstärkt seit 1571 Ansprüche geltend, die sie mit ihrer Schirmvogtei begründete. Im Hintergrund stand die Forderung des Obereggener Pfarrers, der den Ort mitversorgen mußte, nach einer Entschädigung. St. Blasien hatte seit 1528 einen Schaffner als Verwalter dort sitzen, seit 1534 den ehemaligen Prior in Bürgeln, Bartholomäus Ramspach. Mit diesem hatte sich die markgräfliche Verwaltung abgefunden, untersagte dem Kloster jedoch, ihm einen Nachfolger zu geben und reagierte hart, als ihm 1578 ein Koadjutor zur Seite gestellt wurde. Nach seinem Tode 1581 zogen die Beamten sofort die Schaffnei ein und vertrieben den Schaffner. Der Protest des Klosters St. Blasien führte zum Eingreifen Österreichs. In der Folge stellte der Freiburger Vertrag vom 11. Januar 1582 die früheren Eigentumsverhältnisse wieder her, allerdings mußte das Kloster in konfessioneller Hinsicht Konzessionen machen. Aus diesem Passus ergaben sich im 18. Jh. erneut Streitigkeiten, besonders in den Jahren nach 1755, nachdem Bürgeln 1738 den Meierhof mit katholischen Bauern besetzt hatte, die, da ihnen der Gottesdienstbesuch auf Bürgeln durch Vertrag verwehrt war, von Liel aus versorgt wurden. Erst 1785 gab die badische Regierung nach und versprach, den Bauern zu dulden, solange er kein Aufsehen errege.

Zu Zeiten des Bartholomäus Ramspach hatte diesem lediglich die Oberaufsicht über die örtlichen Güter obgelegen. Neben ihm gab es einen Meier, mit dem sich der Schaffner das Haus teilte, dessen hinteren Teil der Meier bewohnte. Seit dem Ende des 16. Jh. wurde der Grundbesitz (1774: ca. 80 ha) bis 1669 in Eigenregie bewirtschaftet, die Verwaltung erfolgte von Bürgeln aus. Später wurde der auch als Freihof bezeichnete Meierhof auf 6 bis 12 Jahre in Bestand gegeben. Erneute Streitigkeiten regelte der Vertrag von 1718. Die 1722 neuerstellten Meiereigebäude wurden 1807 der Gemeinde zum Kauf angeboten, um als Schul- und Hirtenhaus Verwendung zu finden. Die zugehörigen Ländereien gingen zwischen 1807 und 1809 in den Besitz der Einwohner über. Der Verkauf der Gebäude jedoch kam nicht zustande, weil die verschuldete Gemeinde ihre Verbindlichkeiten nicht weiter vermehren wollte. Statt dessen erwarb alles – ein dreistöckiges Wohnhaus, eine große Scheuer mit 2 Tennen und doppelten Stallungen, Hofplatz, Kraut- und Grasgarten – zu günstigen Konditionen die Firma Huber und Steiner in Mühlhausen, welche hier eine Baumwollfärberei und -fabrik anlegen wollte. Die Zeitumstände und der Tod eines Partners beendeten um 1814/15 das Projekt, bevor es richtig begonnen hatte.

Gemeinde. – St. Blasien überließ 1488 der Gemeinde ein Stück Feld und 1544 verglich sie sich nach Streitigkeiten mit Feuerbach über den Weidgang. Dann ist nichts mehr von gemeinsamem Handeln oder Besitz zu hören, was wohl damit zusammenhängt, daß Sitzenkirch spätestens seit dem 16. Jh. von Obereggenen aus verwaltet wurde. Die örtlichen Beamten lassen sich daher erst spät nachweisen: Stabhalter und

Weidgesell um 1740, ein Gerichtsmann 1751, der Gemeinschaffner 1790. Über viel Besitz kann der Ort nicht verfügt haben. Noch 1726 scheint dieser neben Wald nur die 10 J Feld umfaßt zu haben, welche St. Blasien der Gemeinde schon 1488 gegen Zins überlassen hatte, den sogenannten Rebberg. Das Dorf verfügte ferner über Weiden unbekannten Umfangs, die 1776/77 Anlaß zu Ärger gaben, da die Gemeinde sie ohne herrschaftliche Erlaubnis verpachtet hatte, und 1774 über 93 ha Wald. Einnahmen wurden erzielt aus dem Verkauf von Holz und Frucht, aus Verpachtung sowie der Annahme von Bürgern (5 lb, Fremde 10 lb) und Hintersassen (1 lb 13 ß 4 d). Das Gemeindevermögen betrug 1788 364 fl 39 Kreuzer.

Kirche und Schule. – Eine Kirche muß bereits vor 1120 hier gestanden haben. Werner von Kaltenbach soll sie, einer Nachricht von 1151 zufolge, dem Kloster St. Blasien geschenkt haben. Jedenfalls bestätigte Bischof Hermann von Konstanz 1138/57 dem Kloster und dessen Zelle Bürgeln den Besitz dieser Kirche, ebenso mehrere päpstliche Privilegien der Jahre 1157, 1173 und 1179. Bereits 1151 erscheint sie als Pfarrkirche und diente zugleich als Klosterkirche. Man unterschied in der Folge eine innere und äußere Kirche – wohl Chor und Langhaus, wobei ersterer den Nonnen vorbehalten war, während letzteres der Gemeinde diente. Der Nonnenchor war durch einen Gang mit dem Klostergebäude verbunden. Auch der Friedhof hatte einen Kloster- und einen Gemeindeteil.

Zuständiges Dekanat war bis zur Reformation Feuerbach/Neuenburg, später das evangelische Dekanat Sausenberg. Den Pfarrer setzte das Kloster, seit 1492 St. Blasien. Allerdings konnte dieses Recht später nicht mehr wahrgenommen werden, weil die markgräfliche Verwaltung, um Auseinandersetzungen zu vermeiden, den Ort nach kurzfristiger Versehung von Feuerbach aus der Pfarrei Obereggenen unterstellt hatte. Der dortige Pfarrer hielt im 17. und 18. Jh. in Sitzenkirch vierzehntägig Gottesdienst und Kinderlehre, was die Gemeinde 1796 veranlaßte, um Loslösung von Obereggenen zu bitten. Diesem Wunsche wurde entsprochen, die Gemeinde seither durch den Präzeptor in Kandern versehen. Da auch dieses sich nicht bewährte, zudem die Gemeinde sich bald außerstande sah, auf Dauer die jährlichen 25 fl zur Pfarrbesoldung beizutragen, bat sie 1802 um Wiederherstellung der bisherigen Zustände, was auch geschah.

Patron der Kirche war St. Hilarius (1277, 1517), ein Patrozinium, das vielleicht auf den gelegentlich in der Umgebung anzutreffenden Säckinger Einfluß zurückzuführen ist. Die Kirche hatte mindestens drei Altäre. Nachdem sie wohl 1272 ebenfalls in Mitleidenschaft gezogen war, konnte nach dem Wiederaufbau 1277 der Hochaltar zu Ehren ULF und der Hll. Hilarius, Nikolaus und Caecilia, der außerhalb des Chores stehende Altar zu Ehren von Heiligkreuz und der Hll. Benedikt und Blasius geweiht werden. Den Altar auf der »Borkirche«, der Nonnenempore, stiftete 1305 Königin Agnes von Ungarn. Er war den 10 000 Märtyrern und St. Benedikt geweiht, der örtliche Kaplan sollte dort täglich eine Messe lesen. Die Dotation bestand aus 40 Mutt Roggen jährlich. Streitigkeiten wegen der Versehung der Pfründe führten bald zur Anstellung eines eigenen Kaplans. Auf den Heiligkreuzaltar stifteten 1371 die Markgrafen Otto und Rudolf von Hachberg eine Kaplaneipfründe, die später sogenannnte »Häfelinpfründe«, und dotierten sie mit Gütern in Sitzenkirch, Riedlingen und Rötteln sowie in anderen Orten. Sämtliche Kaplaneien wurden in der Reformationszeit aufgehoben, die Güter gingen in den Besitz der Burgvogtei Sausenberg bzw. der Geistlichen Verwaltung Rötteln über.

Im 14./15. Jh. diente die Kirche auch einigen Angehörigen des hachbergischen Hauses als Grablege. Gesichert ist dies allerdings nur für Markgraf Otto, der 1384 hier bestattet wurde und dessen Grabstein sich noch in der Kirche befindet. Es heißt, auch Markgraf Heinrich sei 1318, Markgraf Hugo 1448 hier begraben worden, ebenso die Witwen der Markgrafen Rudolf IV. und Heinrich VII., Margarete von Vienne und Verena von Fürstenberg. Sicher ist, daß eine eigentliche Gruft nicht vorhanden war, was sich anläßlich des Chorneubaus von 1787 herausstellte. Damals waren außer den drei noch vorhandenen (Markgraf Heinrich, Markgraf Otto und Bartholomäus Ramspach) drei weitere ältere Grabplatten oder Epitaphe erhalten, von denen der damalige Propst zwei, die einer Klosterfrau aus dem 13. Jh. und einen unkenntlichen Stein, 1788 nach Bürgeln brachte. – Sämtliche *Zehnteinkünfte* bezog bis zum Beginn des 19. Jh. St. Blasien bzw. die Propstei Bürgeln, welche daraus nach der Reformation einen Beitrag zur Obereggener Pfarrbesoldung zu leisten hatte.

Ein *(Neben-)Schulmeister*, der nur Winterschule hielt, läßt sich seit 1727 nachweisen. Seine Besoldung war gering, alle Akzidentien bezog der Lehrer in Obereggenen. Auch die Sigristenbesoldung, bestehend aus jährlich 2 Sack Gerste, 2 Sack Korn und der Nutzung von 1½ V Matten, stand ihm erst seit 1752 zu. Bis dahin hatte sie der Inhaber des Meierhofes erhalten, mit dessen Gut das Sigristenamt verbunden war. Als dort jedoch ein Katholik aufzog, gingen diese Gefälle widerruflich an den Lehrer. Ein Schul- und Hirtenhaus bestand um 1740, sein Unterhalt fiel in die Zuständigkeit der Gemeinde. Es wurde 1773 durch einen Anbau erweitert und 1830 durch den Neubau eines Schul- und Rathauses ersetzt.

Das Kloster. – Nach der Überlieferung sollen die vier Damen, die um 1120 zusammen mit ihrem Verwandten Heribord den Grund und Boden des späteren Klosters an St. Blasien geschenkt haben, den ersten Konvent gebildet haben. Sie ließen sich bei der Kirche nieder. Der genaue Zeitpunkt ist unbekannt, es soll jedoch unter Abt Berthold (1125–1141) geschehen sein. Die kleine Gemeinschaft wurde 1151 in die St. Blasische Obödienz aufgenommen und zugleich der geistlichen Aufsicht des Priors in Bürgeln unterstellt. Sie wurde 1492 zur Zeit ihres Niedergangs als selbständige Propstei St. Blasien inkorporiert. Repräsentiert wurde das Kloster durch eine Meisterin (magistra). Der Konvent umfaßte 1272/75 20 Nonnen (nachdem 1260 einige nach Gutenau abgewandert waren), eine Zahl, die sicherlich nie überschritten worden ist. Im Gegenteil ist anzunehmen, daß im Laufe der Zeit immer weniger Frauen im Kloster lebten. Zur Zeit des Bauernkrieges dürften es kaum mehr als 5 gewesen sein, die vor den Bauern flohen und von denen nur eine zurückkam (s. u.). Soweit etwas über den sozialen Status der Frauen bekannt ist, gehörten sie, wenigstens im 13. und 14. Jh., dem Niederadel an; es finden sich vor allem Frauen aus dem Basler Einzugsbereich. Gelegentlich wurden auch Pfründnerinnen aufgenommen.

Die Einkünfte des Klosters werden 1275 mit 40 lb d angegeben, was wenig erscheint angesichts der Förderung von seiten des Klosters St. Blasien und der Markgrafen. Jedoch mögen sich hier noch die Ereignisse von 1272 ausgewirkt haben, als das Kloster durch die Truppen des Grafen Rudolf, des späteren Königs, verbrannt worden war. Der *Grundbesitz* war nämlich ansehnlich. Er entstammte z. T. Aussteuer- und Jahrtagstiftungen (allein von 3 Seiten des markgräflichen Hauses), teilweise war er durch Kauf oder Tausch erworben worden. Die Kirche am Ort und die Nutznießung eines Gutes war dem Kloster 1151 von Abt Gunther von St. Blasien überlassen worden, weitere Liegenschaften wurden im 13. Jh. angekauft oder eingetauscht. Grundbesitz hatte das Kloster schließlich in den Orten Biengen (1787), Buggingen (1492), Efringen (1557, 1784), Ehrenstetten (1291 Verzicht des Peter von Ambringen, 15. Jh. Flachsblühelgut), Mappach (Jahrtagstiftung der Markgrafen Otto und Rudolf 1374), Mengen (1312 Ankauf von Johann von Endingen, noch 1701), Müllheim (2 Höfe und eine Mühle;

1261 Gütertausch mit Kl. Rheintal, 1378 Jahrtagstiftung der Witwe Katharina des Markgrafen Rudolf), Neuenburg (1295 Erwerb von Rudolf Pfister, noch 1557, dabei auch ein Haus), Niedereggenen (1261), Ötlingen (1371, 1528), Rümmingen (1310, noch 1721), Schallbach (Tausch 1240, 1310 Erwerb von Margarete, des Frigen Tochter), Vögisheim und Wettelbrunn (1492), Wollbach (Jahrtagstiftung 1374) und Wyhlen (1240 Wegtausch eines Gutes, 1243 Erwerb von Ulrich und Jakob von Kienberg). Einkünfte bezog das Kloster aus Dattingen (1336 Schenkung von Zehnten durch die Klosterfrau Katharina von Biengen), Ettikon (1294), Gennenbach (1365), Hiltelingen (1322), Kandern (1405, hier hatte das Kloster im 13. Jh. auch Eigenleute besessen), Malsburg (1343) und Obereggenen (1524).

Einzelheiten über das Klosterleben sind nicht überliefert. Man wird daher annehmen dürfen, daß auch hier im 15. Jh. der *Niedergang* eingesetzt hat. Beschleunigt wurde er durch einen Großbrand, welcher 1473 die Gebäude vernichtete. Sie wurden nur notdürftig wiederhergestellt. Schließlich erlebte das Kloster 1525 Plünderung und Brandschatzung durch die aufständischen Bauern. Die Frauen flohen, lediglich eine kehrte zurück. Damit bestand das Kloster praktisch nicht mehr, zumal sich die einzige verbliebene Nonne alsbald mit dem Schaffner Ramspach verheiratete. Die Einführung der Reformation ließ dann ebenfalls eine vorläufige Wiederherstellung des Klosters nicht zu. Und im Freiburger Vertrag von 1582 mußte der Abt von St. Blasien ausdrücklich darauf verzichten, in Sitzenkirch wieder ein Kloster einzurichten. Die Verwaltung des Grundbesitzes scheint zwar darauf hinzuweisen, daß man trotz dieser Versicherungen nur bessere Zeiten für eine Restitution abwarten wollte, der Gedanke scheint jedoch im 17. Jh. endgültig aufgegeben worden zu sein.

Bevölkerung und Wirtschaft. – Anbau und Gewerbe in Sitzenkirch waren, solange ein Kloster dort stand, auf dieses ausgerichtet gewesen. Die Zahl der Einwohner war klein, noch 1709 zählte man 16 Bürger und 3 ledige Söhne, was einer Gesamtzahl von 80 bis 90 Personen entsprechen dürfte. Um 1740 gab es 91 Einwohner, darunter 7 Hintersassen und 3 Dienstboten.

Zu dieser Zeit umfaßte die *Wirtschaftsfläche* 371 J (103 ha), wovon 137¼ J durch Einmärker, vorzugsweise aus Kandern, bewirtschaftet wurden. Bis 1774 war sie noch erweitert worden, sie verteilte sich nun auf 81 ha Äcker, 59 ha Wiesen, 4 ha Gärten und 2 ha Weiden, wozu noch 205 ha Wald kamen. Das Ackerland verteilte sich auf die drei Zelgen *Lichsenzelg*, *Langackerzelg* und *Rebbergzelg*. Man baute Dinkel und Hafer, im 18. Jh. auch etwas Einkorn und Weizen. Beeinträchtigt wurde der Landbau durch immer wiederkehrende Wildschäden. Zu erwähnen ist auch der Weinbau, der jedoch keine überragende Rolle gespielt hat. Bereits 1488 wurde der Gemeinde ein Stück Feld überlassen, das zu einem Weinberg gemacht werden sollte. Viehhaltung, die das übliche Ausmaß überstieg, findet sich auf dem Meierhof, wo der Wucherstier (1740: 2) und zu Beginn des 18. Jh. auch ein Eber gehalten wurde. Dort standen 1544 17, 1719 18 Stück Rindvieh. Als Zugvieh werden 1700 17 Ochsen und 5 Pferde genannt, zu Klosterzeiten war ihre Zahl größer gewesen, es gab damals eine eigene Roßweide. Auf die Klosterzeiten geht auch ein 1475 genannter Weiher zurück, der 1654 neu angelegt wurde.

Die wenigen Angaben über *Handwerk und Gewerbe* scheinen darauf hinzuweisen, daß ein Großteil der Einwohner verhältnismäßig arm gewesen ist. Im 18. Jh. finden sich neben einem Wagner nur Weber, Schneider und Schuhmacher. Um die Wende zum 19. Jh. (1790/1802) registrierte man 6 Weber, 3 Schneider, 2 Schuster und Maurer, dazu einen Müller. Dieser besaß eine St. Blasische Erblehenmühle, die zum Meierhof gehörte und sich seit 1589 nachweisen läßt. Sie wird 1717 als Freimühle bezeichnet und verfügte um die Mitte des Jahrhunderts auch über eine Hanfreibe. Es wird berichtet, die

Einwohner von Vogelbach hätten dort mahlen lassen. – Erst 1733 gab es ein *Wirtshaus* am Ort. Damals erhielt die »Tanne« Realrecht. Ihren Namen verdankt das noch Ende des 19. Jh. bestehende Gasthaus dem damaligen Inhaber Tanner.

Tannenkirch

Ur- und Frühgeschichte. – *Neolithische Fundstellen* sind auf der Gemarkung außerordentlich zahlreich. Sie lassen die günstigen Bedingungen erkennen, die der Mensch dieser Zeit hier vorgefunden hat. Seine Siedlungsplätze liegen teilweise auf Bergen oder flachen Anhöhen und lassen eine sorgfältige Platzwahl im Hinblick auf Wasser und Boden erkennen. Besonders in den Gewannen »Hohle Gass« und »Bifang«, auch im »Leuenboden« erstrecken sich ausgedehnte Siedlungsareale. Auf Gewann »Hohle Gass« wurden neben den üblichen Steinbeilen und Feuersteinartefakten auch Tonscherben gefunden, einer der relativ seltenen Belege für ein Keramik führendes Neolithikum im Markgräfler Hügelland. Danach ist erst die *römische Zeit* wieder vertreten. Schon 1825 wurden bei der Kaltenherberg römische Mauerreste erwähnt, die 1940 »Am Bamlacher Weg« lokalisiert werden konnten, einer Stelle, an der nach lokaler Überlieferung der Ort »Mauern« stand. Ganz in der Nähe führt die wichtige Straße von Basel nach Mainz (rechte Rheinuferstraße) an diesem Wohnplatz, wahrscheinlich einem Gutshof, vorbei. – In *alemannische Zeit* gehen nach ihren Namen die Ortsteile Ettingen und wahrscheinlich auch Uttnach zurück. Eine abgegangene Siedlung namens »Inningen« («Innicken«), nach der Namensform ebenfalls eine frühe Gründung südöstlich vom Ortsteil Gupf, wird archäologisch durch mehrere Steinkistengräber wahrscheinlich des 7. Jh. nachweisbar.

Siedlung und Gemarkung. – Tannenkirch gehört zu den Orten mit altbesiedelter Gemarkung (s. o.). Eine Siedlungskontinuität scheint dennoch vor der römischen Zeit ausgeschlossen. Das Dorf setzt sich zusammen aus Tannenkirch und den Ortsteilen Ettingen, Gupf und Uttnach, von denen Ettingen und Gupf im Hochmittelalter selbständige Kleinsiedlungen gebildet haben könnten. Auf der Gemarkung liegt ferner die ehemalige Poststation, das Hofgut *Kaltenherberg*. Abgegangen und nur noch als Flurnamen erhalten sind *Fronhausen* (1658) und, auf die Gemarkung von Holzen übergreifend, *Inningen*, beides vermutlich hochmittelalterliche Wüstungen.

Sämtliche Siedlungen lassen sich erst spät urkundlich nachweisen. Der Hauptort wird 1179 als *Tannenchilche* erstmals genannt, Ettingen, eine -hofen-Siedlung, 1290 als villa, 1365 als Dorf bezeichnet, 1265 in der Form *Ettinchon*. Der Hof in *Gupho* bestand 1163, *Utenachir* wird 1169 erstmals erwähnt. Von den genannten Orten sind Ettingen und Gupf Meierhofsiedlungen, die sich zu Weilern entwickelt haben, während das ursprüngliche Tannenkirch wohl aus Kirche und Widumgut bestanden hat, ein vielleicht vorhandener Meierhof ist nicht mehr zu ermitteln. Dorf und Bann werden 1265 genannt, ohne daß man wüßte, wieweit die Nebenorte einbezogen worden sind, von denen bisher auch unbekannt ist, ob wenigstens Ettingen und Gupf jeweils eine eigene Gemarkung besessen haben. Spätestens seit dem 13. Jh. erscheinen sie tatsächlich als Ortsteile. Über die Größe der Siedlungen in früherer Zeit und Einzelheiten ihres Zusammenwachsens – einzig Gupf liegt noch heute deutlich vom Hauptort abgesetzt – fehlen die Aussagen.

Die Aufstellung von 1571/72 führte 64 Häuser auf, wobei unklar ist, ob diese Zahl den Gebäudebestand der Vogtei oder des Ortes Tannenkirch wiedergibt. Um 1740 zählte man 110 Häuser: Tannenkirch 33, Ettikon 29, Uttnach 29 und Gupf 19. Der ganze Ort ist vor allem im 30j. Krieg sehr in Mitleidenschaft gezogen worden. Auch von einem Franzoseneinfall im Holländischen Krieg am 6. April 1677 hat sich der Ort lange nicht erholt. Noch 1691 klagte der Pfarrer über die infolge der »elenden Kriegszeiten« sehr verminderte Besoldung. Das 18. Jh. brachte meist Einquartierungen, ähnlich ging es in den Koalitionskriegen bis zum Beginn des 19. Jh. zu. Nachdem zwischen 1792 und 1800 meist kaiserliche Truppen im Ort gelegen hatten, bekam Tannenkirch 1813 eine russische Einquartierung, die eine Typhusepidemie mit sich brachte.

Herrschaft und Staat. – Ebensowenig wie das benachbarte Hertingen dürfte Tannenkirch ursprünglich mit Sausenberg verbunden gewesen sein, wohin es später gehörte. Vermutlich kam der Ort aus dem Rötteler Erbe an die Markgrafen von Hachberg und wurde zu unbekannter Zeit deren Herrschaft Sausenburg zugeteilt, bereits zu Beginn des 16. Jh. gehörte er zum Sausenberger Viertel. Im 15. Jh. war das Dorf wiederholt verpfändet gewesen, so 1419 an den Basler Bernhard Ziboll. Die markgräfliche Herrschaft verfügte 1514/15 über alle Rechte, sie bezog Einkünfte in Höhe von 186 lb 10 ß, davon allein 88 lb 10 ß Steuer, dazu Abgaben vom Zehnten. Steuerwein war an die Kellerei Rötteln abzugeben. Tannenkirch gehörte 1803 zum Amt Rötteln, wurde 1805 dem Amt Schliengen zugeteilt und kam 1809 zum Amt Kandern.

Im 16. Jh. war der Ort bereits Sitz einer Vogtei, zu welcher zunächst die Gemeinden Hertingen und Riedlingen, später nur noch letzteres gehörten. Um 1740 saßen im Gericht, das unter dem Vorsitz des Tannenkircher Vogtes tagte, 8 Tannenkircher und 4 Riedlinger. Der Vogt läßt sich seit 1356 nachweisen. Seit 1692 ist auch ein Stabhalter bezeugt, da damals der Inhaber der Kaltenherberg das Vogtamt innehatte, der 1728 als Oberschultheiß bezeichnet wird. Gelegentlich finden sich auch etliche Geschworene (1777: 4).

Der Vogt war auch Vorsitzender des seit dem 14. Jh. bekannten Landgerichtes, das auf dem sogenannten Sausenhart, einem zwischen Tannenkirch und der Kaltenherberg gelegenen Feld tagte. Hier sollen die Versammlungen der »Landschaft« stattgefunden haben. Belegt sind jedoch nur 3 markgräfliche Gerichtstage zu den Jahren 1356, 1481 und 1509. Spätestens um die Zeit des 30j. Krieges muß neben der »Landschaft« auch das Landgericht in Abgang gekommen sein, seine Funktionen dürften auf Rötteln übergegangen zu sein.

Grundherrschaft und Grundbesitz. – Infolge der Verteilung auf 4 Ortsteile sind die Grundbesitzverhältnisse nur schwerpunktmäßig darzustellen. In Tannenkirch selbst war *Kl. Klingental* in Basel Hauptgrundbesitzer, ebenso in Ettingen, wo auch die *Propstei Weitenau* recht begütert erscheint. In Uttnach und Gupf hingegen lag überwiegend Besitz der *Propstei Bürgeln*. Insgesamt teilten sich in die Liegenschaften die Basler Geistlichkeit, vor allem die Kleinbasler Klöster, und die St. Blasischen Propsteien, dazu kamen einige andere Grundbesitzer.

Bischöflich-baslische Einkünfte bezogen seit dem 15. Jh. die *Herren von Rotberg* als Lehen und verfügten noch im 18. Jh. darüber. Der *Klingentaler* Besitz, 4 Schuppissen, war dem Kloster 1450 von dem Basler Bürger Jakob Richwin von Neuenburg zugewandt worden. Den Namen Blumenhof verdanken sie der Familie zum Blumen, welche die Güter 1345 von dem Neuenburger Peter Brenner erworben hatte. *Kloster St. Clara* erwarb 1311 Einkünfte von der Begine Diemut von Oltingen. Diese drei Schuppissen, in zwei Lehen zusammengefaßt, lassen sich, wie der Klingentaler Besitz, noch 1807 in der Verwaltung der Basler Klosterschaffneien nachweisen. Von den drei Schuppissen des *Karthäuserklosters* war ein Teil 1294 im Besitz des Basler Bürgers Johann Vorgassen gewesen und an die Familie von Falkenstein gekommen. Katharina von Falkenstein verkaufte dem Kloster 1437 diese Güter, das sogenannte Ettinger Hofgut. Ebenfalls im

15. Jh. wurde offenbar das sogenannte Ackermannsgut erworben, das sich 1415 im Besitz der Anna von Mörsperg befunden hatte. *Stift St. Peter* hatte 1292 einen Hof in Ettingen von Konrad, genannt Möscheli, erworben und diesen wieder damit belehnt. Diese Zinse veräußerte das Stift 1465 an das örtliche *Predigerkloster*, das 1584 über ein weiteres Gut verfügte, das Konrad Möscheli 1307 dem Basler Bürger Burkhart zum Rosen verkauft hatte. Der Gesamtbesitz soll 1732 11 Schuppissen umfaßt haben. Ein Hof, den die Herren von Rötteln 1265 an den Basler Bürger Heinrich Tantz verkauft hatten, erscheint 1461 im Besitz des *Kl. Gnadental.* Die *Propstei Weitenau* soll 1168 von Abt Berthold von Stein am Rhein Besitz in Gupf erhalten haben, den Kaiser Heinrich II. 1007 zusammen mit Gütern in Kirchen diesem Kloster geschenkt haben soll. Sicher besaß Weitenau 1344 ein Hofgut in Ettingen, das wohl ursprünglich den Herren von Rötteln gehört hat und 1667 etwa 90 J (25 ha) umfaßte. Auch der umfangreiche Hof der *Propstei Bürgeln*, der Münchhof in Gupf, geht wohl letztlich auf Rötteler Vorbesitz zurück. Er bestand 1658 aus etwa 150 J (41½ ha), außerdem besaß die Propstei in Ettingen weitere ca. 46 J (12¾ ha). Das *Kl. Sitzenkirch* hatte bereits 1294 Einkünfte aus Gütern in Ettingen bezogen. Sein Gesamtbesitz bestand 1583 aus etwa 85 J (23⅔ ha), verteilt auf 4 Güter in den Ortsteilen Ettingen, Gupf und Uttnach. Vom ehemaligen Rötteler Besitz, der weitgehend an Basler Bürger und über diese an dortige Klöster gekommen ist, müssen auch die *Markgrafen* noch etwas geerbt haben. Bereits 1350 verkaufte Markgraf Otto eine Gült aus Ettingen an Heinrich von Walpach. Besitz in Uttnach gaben die Markgrafen Otto und Rudolf 1371 an die von ihnen gestiftete Heiligkreuzpfründe in Sitzenkirch, 1391 an eine Rötteler Kaplaneipfründe. Lehen, vermutlich Einkünfte aus Gupf, welche sich im Besitz der Vitztum von Basel befunden hatten, von denen sie an die Familie Marschalk gekommen waren, hatten bis 1824 die Herren von Baden. Diese waren bereits 1419 mit den Gütern oder Einkünften belehnt worden, welche zuvor Cuneman zem Rosen innegehabt hatte.

Außer den Vorgenannten finden sich in Tannenkirch begütert: die Johanniter (13. Jh., 1658), Spital (1658) und Bürger zu Neuenburg (13./14. Jh.), die Kirchen Riedlingen (1658) und Liel (1658) sowie das Damenstift Säckingen (1658, 1732). Besitz hatten ferner Gemeinde, Kirche und Bürger zu Tannenkirch und eine Anzahl von Ausmärkern. Unter diesen ist vor allem Posthalter Reinau zu nennen, dem 1778 64¾ J (18 ha) gehörten.

Gemeinde. – Auch die Verwaltung von Tannenkirch erfolgte durch Vogt und Gericht. Der eigentliche Gemeindebeamte, der *Gemeinschaffner*, läßt sich seit 1729 nachweisen, der Weidgesell seit 1700. – Über den *Besitz der Gemeinde* ist wenig bekannt. Ihr Vermögen betrug 1767 etwa 428 fl, 1772 ca. 400 Gulden. Um 1740 besaß sie ein Stück Holz im Kanderner Bann und ca. 16 J. Liegenschaften. Sie verkaufte 1773 einen Weg und 1775 verschiedene Grundstücke und legte den Erlös zu Kapital an. Ihre Äcker und Matten waren 1777 nicht die besten, dennoch waren sie gegen jährlich 260 fl in Bestand gegeben. Sie sollten damals veräußert werden, 1780 wurden denn auch 11½ J Gemeindeland unter die Bürger verteilt. Der wichtigste Besitz der Gemeinde dürfte der Wald gewesen sein, der an den Gemarkungsgrenzen nach Holzen (Inningen) und Hertingen lag. Da besonders in letzterem gemeinsame Äckerichnutzung mit Hertingen bestand, kam es darüber mit dieser Gemeinde immer wieder zu Auseinandersetzungen, die im 17. Jh. handfest ausgetragen wurden. – Ein *Schul- und Gemeindehaus* war bereits um 1740 vorhanden. Eine Feuerspritze sollte 1777 beschafft werden, sie scheint jedoch erst 1784 erworben worden zu sein.

Kirche und Schule. – Die Pfarrei in Tannenkirch läßt sich seit 1179 urkundlich nachweisen. Sie unterstand dem Dekanat Feuerbach/Neuenburg. Über ihren ursprünglichen Patron herrscht Unklarheit, es könnte der hl. Martin gewesen sein (die Flurnamen Martinsgut und St. Peters Geßlin dürften auf Hertinger Kirchenheilige hinweisen). Ein Kirchenurbar aus dem 17. Jh. gibt als Patron, vermutlich unrichtig, St. Matthias an. In der Nähe des Widumackers läßt sich zudem 1658 ein Flurname *Bläsenhard* nachweisen, der nicht klar gedeutet werden kann. Der Kirchensatz soll 1184 dem Kloster St. Ulrich gehört haben, welches noch 1525 Ansprüche geltend machte. In den offiziellen Rechteverzeichnissen erscheint seit 1493 der jeweilige Markgraf als Kirchherr. Jedoch findet sich in den Jahren 1447 und 1455 ein Angehöriger des Johanniterordens als Pfarrer, und 1555 ist ein Streit zwischen dem Pfarrer und dem Johanniterkomtur in Heitersheim bezeugt. Das Kirchspiel bestand aus den zu Tannenkirch gehörigen Orten, auch Hertingen wird im 14. Jh. gelegentlich genannt.

Zum *Besitz* der vorreformatorischen Kirche hat mit Sicherheit das Widumgut gehört mit Zubehör auf den Gemarkungen Holzen und Hertingen; die Pfarrgüter lagen im 17. Jh. teils im Tannenkircher, teils im Riedlinger Bann. Als Annaten wurden im 15. Jh. zwischen 15 fl und 30 fl, im allgemeinen zwischen 25 und 30 fl erhoben, was auf eine ursprünglich recht gute Dotation hinweist.

Die Vorgängerin der heutigen *Kirche*, eine Chorturmkirche, von der lediglich noch der Westturm erhalten ist, stammte in wesentlichen Teilen aus dem 13. Jahrhundert. Der Spätgotik verdankte sie ein Westportal und die Wandmalereien, deren Reste sich in der Turmhalle finden. Die Kriege des 17. und 18. Jh. ruinierten den Bau, der 1718 als baufällig und dachlos geschildert wird. Spätestens 1738 erwies sich die Kirche zudem als zu klein, so daß eine Erweiterung geplant wurde, die offensichtlich erst um 1750 zustandekam. Größere Reparaturen wurden über das gesamte Jahrhundert notwendig, um 1772/73 mußte auch die Inneneinrichtung ergänzt werden.

Auch in Tannenkirch wurde 1556 die Reformation eingeführt, der Ort unterstand seither dem Dekanat Sausenberg/Schopfheim. Die wenigen Katholiken, die sich seit dem Ende des 18. Jh. gelegentlich finden, wurden von Bürgeln, später von Kandern aus versorgt.

Die *Zehntverhältnisse* sind nicht ganz geklärt. Der sogenannte Kirchenzehnte war ein Lehen des Basler Bischofs und zunächst im Besitz verschiedener Basler Bürger, bis 1392 die Markgrafen damit belehnt wurden. Nachdem diese 1514/15 Einkünfte daraus bezogen hatten, erklärt das Rechteverzeichnis von 1571/72 den großen Zehnten zum Eigentum des Markgrafen, wogegen der Weinzehnt dem jeweiligen Pfarrer zustand. Auch den Kleinzehnten beanspruchte die Herrschaft, 1613 überließ sie ihn dem Pfarrer, der deswegen 1765/99 einen Streit mit der Burgvogtei auszufechten hatte. Ende des 18. Jh. bezog er auch den Heuzehnten. Klein- und Heuzehnten waren ihm 1718 in einem erneuten Vergleich unter der Bedingung zugesprochen worden, daß er dafür das Wuchervieh unterhalten müsse. Außer Herrschaft und Pfarrer finden sich als Bezieher kleiner Zehntteile die Kommende Beuggen (1658 ab 7 J) und die Herren von Baden (1807).

Schule wird in Tannenkirch seit wenigstens 1613 gehalten. Schon damals besorgte der Lehrer neben dem Mesnerdienst auch die Gerichtsschreiberei. Sein Gehalt betrug 12 lb 10 ß und 3 Saum Wein von der Geistlichen Verwaltung, 5 ß auf die Fronfasten von jedem Schüler, 8 lb von der Fleckenschreiberei, die Nutzung eines Hauses von der Gemeinde und für Sigristeneinkünfte, nämlich 2 Mltr Dinkel, 2 Mltr Roggen und 2 Mltr Hafer von der Burgvogtei Rötteln, von jeder Ehe im Ort einen Laib Brot und ein Sester Dinkel sowie von jeder Taufe einen Wecken Brot oder 4 Rappen.

In dem ihm überlassenen Haus hatte er eine Schulstube, deren Heizung 1768 die Gemeinde übernahm, welche dafür jährlich 6 Klafter Holz aus den herrschaftlichen

Waldungen holen durfte. Da anzunehmen war, daß das Lehrerhaus den Ansprüchen bald nicht mehr genügte, erhielt die Gemeinde 1773 den Befehl, die Schule im Gemeindehaus einzurichten, was bis 1777 auch erfolgt ist. Dieses Haus war 1817 in sehr schlechtem Zustand. Da der Platz keine Erweiterungsmöglichkeiten bot, wurde es damals an Stabhalter Hug gegen das Haus des Johann Jakob Brehm und zwei Gärten eingetauscht, das alsbald umgebaut wurde.

Bevölkerung und Wirtschaft. – Auch in Tannenkirch hatte der Basler Bischof Eigenleute besessen, die er in den Jahren 1365 und 1368 lehensweise an den Markgrafen abtrat. Später sind hier nur noch markgräfliche Leibeigene zu finden. Einwohnerzahlen sind spärlich überliefert. Um 1643 sollen hier 30 Bürger, 25 Witwen, 3 ledige Söhne und 2 Hintersassen gewohnt haben, was einer Zahl von ca. 100 Personen entsprechen könnte. Bis 1709 scheint ihre Zahl wieder den Vorkriegsstand erreicht zu haben, man verzeichnete 100 Bürger, 58 ledige Söhne und 3 Hintersassen, zusammen ca. 575 Personen. Um 1740 hatte Tannenkirch 560 Einwohner, deren Zahl bis 1804 auf 579 anstieg. Von ihnen lebte immer eine Anzahl nicht im Ort. So waren 1777 von 34 zu vereidigenden Jungbürgern 6 abwesend: einer diente auf dem Wald, 5 waren auf Wanderschaft.

Über die *wirtschaftlichen Verhältnisse* läßt sich wenig sagen. Eine gewisse Verschuldung läßt sich an den Darlehensnahmen des 17. und 18. Jh. bei der Geistlichen Verwaltung ablesen. Mitte des 18. Jh. muß erneut ein Teil der Bevölkerung in Armut gelebt haben, da 1777 berichtet wird, es gäbe nur wenig Hausbettel und der Gassenbettel sei abgestellt. Im 19. Jh. sind dann zahlreiche Auswanderer festzustellen.

Ihren Lebensunterhalt bezogen die Bewohner des Ortes überwiegend aus der Landwirtschaft. Der Schwerpunkt lag auf dem Getreidebau, der sich allgemein auf Dinkel konzentrierte, gefolgt von Hafer und etwas Roggen. Die drei Zelgen tragen noch im 17. Jh. keine besondere Bezeichnung, später werden *Riedzelg*, *Hüttstallzelg* und *Rüttinzelg* unterschieden. Um 1740 verteilte sich die Wirtschaftsfläche auf 1136 J (ca. 316 ha = 74%) Acker, 221 J (ca. 61 ha = 14%) Matten, 76 J (ca. 21 ha = 5%) Reben und 100 J (ca. 28 ha = 7%) Wald. Einmärker aus Holzen und Hertingen bebauten 55 Jauchert, darunter 10 J Reben. Neben Gemüse und Zwiebeln begann man 1691 mit dem Anbau von »weißen Wicken«, einer neuen Erbsensorte, im 18. Jh. folgte die Kartoffel. Allerdings wurde immer wieder einmal Ackerland zu Reben gemacht (1760: 7 J durch die Gemeinde). Der *Weinbau* konzentrierte sich auf die Gewanne Hinderm Hipberg, Im Erzberg, Am Schneckenberg und Oben im Berg (1658); die Qualität des Erzeugnisses wird um 1740 als mittelmäßig bezeichnet. Der *Obstbau* war damals längst eingeführt, auch wenn es am Ort keine Baumschule gab. Auf dem Kirchhof standen noch 1777 einige Maulbeerbäume.

Die *Viehhaltung*, überwiegend Rinder, wurde dadurch erschwert, daß nicht genügend Wiesen zur Verfügung standen (im 18. Jh. waren zeitweise weniger als 12% der Wirtschaftsfläche Wiesen) und die vorhandenen schlecht zu wässern oder, je nach Lage, sumpfig waren. Weiden gab es keine außer der Waldweide. Um 1777 war die Stallfütterung daher längst eingeführt, die Frühjahrsweiden abgeschafft, auch die Herbstweiden seit einigen Jahren, was offenbar durch den Widerstand einiger Bürger erschwert worden war. Von den gängigen Futterpflanzen wurde vor allem Klee gebaut, er stand damals auf 24 Morgen. Als Zugvieh werden 1700 79 Pferde aufgeführt.

Um die Wende zum 19. Jh. finden sich in Tannenkirch die folgenden *Handwerker*: 9 Weber, 5 Schneider, 4 Metzger, je 3 Schuster, Maurer, Hufschmiede, Küfer und Wagner sowie je ein Schreiner und Sattler. – *Mühlen* gab es keine, dazu war zuwenig Wasser vorhanden. Hingegen bestand bis 1782 eine *Öltrotte* und Posthalter Reinau

richtete 1798 ohne Genehmigung eine Handschrotmühle ein und weigerte sich 1818, sie stillzulegen. – Die Gemeinde unterhielt seit unbekannter Zeit eine Stube. Ein weiteres *Wirtshaus* entstand, als Metzger Burkhart Tanner 1754 die Konzession für die »Tanne« erhielt.
Der Flurname Erzberg (1658) weist bereits auf Bohnerzabbau hin, der sich seit 1717 auch nachweisen läßt. Das Bohnerz wurde an das Hüttenwerk Badenweiler geliefert.

Kaltenherberg. – Das am Anstieg zum Schlienger Berg gelegene Hofgut (58 ha) könnte vielleicht über einer villa rustica erbaut sein, jedenfalls fanden sich dort römische Reste. Dennoch läßt es sich erst seit 1514/15 urkundlich nachweisen. Es lag im Knotenpunkt der (Alten Post-) Straße Lörrach–Freiburg und der alten Basler Straße, weshalb der Gutsbetrieb spätestens im 17. Jh. auch eine Poststelle aufzuweisen hatte. Um 1649 erwarb der Quartiermeister Eckart Gerstner aus Stendal den Betrieb. Auf seiner Gant steigerte der jüdische Geschäftsmann Reinhard Reinau aus Schlettstadt 1686 das Hofgut und erkaufte es um 1025 Pfund. Im Besitz seiner Familie ist der Hof bis 1863 verblieben. Nachdem im 17. und 18. Jh. die Straßen auf markgräflichem Gebiet ständig verbessert oder neu angelegt worden waren (Ersatz zahlreicher Holzbrücken durch solche aus Stein, Neubau von Straßen), nahm die Post- und Umspannstation Kaltenherberg einen deutlichen Aufschwung. Im 18. Jh. erfolgte zweimal wöchentlich ein Postritt. Die Inhaber hielten eine respektable Zahl von Pferden und beherbergten im Laufe der Zeit zahlreiche berühmte Persönlichkeiten, kriegsbedingt jedoch häufig auch eine andere Art von Gästen. Hier befand sich 1743/44 ein Kriegslager und 1796 wechselten sich kaiserliche und französische Truppen zur Einquartierung ab. Der Inhaber hatte 1686 Fron- und Wachtfreiheit erhalten, zudem eine Schäfereigerechtigkeit, Privilegien, welche der Familie immer wieder erneuert wurden und die sie gegen alle Widerstände verteidigte. Im gleichen Jahr 1686 war Reinau auch die Schildgerechtigkeit »Zum Lamm« (auch »Zum Schaf« genannt) erteilt worden. Eine zweite Wirtskonzession 1765 schuf zwischen den damals auf dem Hof lebenden Brüdern zwar Unfrieden, wurde jedoch nicht zurückgezogen. – Auf dem Gelände, zu dem eine Wirtschaftsfläche von 43 ha gehörte, standen 1804 ein Posthaus, ein Wirtshaus und 11 Nebengebäude. Erst der Eisenbahnbau Freiburg – Basel zwischen 1845 und 1855 brachte die dortige Wirtschaft zum Erliegen.

Wollbach

Ur- und Frühgeschichte. – Trotz ihrer Größe und in ihrem westlichen Teil siedlungsgünstigem Gelände sind von Gemarkung Wollbach bisher fast keine Funde bekannt. Eine jungsteinzeitliche Spitze im Gewann »Wolfsgraben« ist eher ein zufällig verlorenes Stück als ein Siedlungshinweis. Gleiches gilt für Steinbeile aus dem Ort und dem Gewann »Etzel« an der Kander. Prähistorische Scherben im Ortsbereich lassen sich nicht näher klassifizieren, zufällig wohl fehlen bisher römische Spuren. Auch das frühe Mittelalter ist nicht vertreten. Möglicherweise ist aber die alemannische Besiedlung zunächst nur bis Wittlingen ins Kandertal eingedrungen, ab Wollbach talaufwärts fehlen jedenfalls die archäologischen Belege.

Siedlung und Gemarkung. – Die Wollbacher Gemarkung weist zahlreiche Siedlungen auf, von denen das Dorf Wollbach die älteste sein dürfte, während die restlichen als hoch- bis spätmittelalterliche Rodungssiedlungen anzusehen sind. Der Hauptort zieht sich oberhalb der Kandertalstraße den Hügel hinauf, er wird von Woll- und Heubach durchflossen. Urkundlich ist er erstmals 764/67 in der Namensform *Vvalapah* nachzuweisen, was auf eine fränkische Besiedlung hinweist.

Mit den Dörfern der Umgebung verbanden den Ort die Straßen nach Mappach (1412 als Weg, im 17. Jh. als Landstraße bezeichnet) und Wittlingen, der Weg nach Hammerstein mußte 1779/84 neu angelegt werden, da die alte Verbindung unbrauchbar geworden war. Über die Kander führten mehrere Brücken, von denen die steinerne gewölbte Brücke bei der Bruckmühle 1740, die unweit der Hofmühle 1819 erbaut worden ist.

Die Vogtei Wollbach zählte 1571/72 77 Häuser, um 1740 104, davon Wollbach allein 62 Häuser. Sie waren, da Holz teuer war, durchweg in Stein erbaut. Infolge der bergigen Lage litt das Dorf häufig unter Wasserschäden, die man 1766/67 durch eine Pflasterung der Dorfstraße zu begrenzen suchte. – Die Wasserversorgung erfolgte bis zum 19. Jh. durch Brunnen im Dorf.

Herrschaft und Staat. – Wollbach gehörte zu den fränkischen Konfiskationsgütern, die Graf Ruthart 764/67 dem *Kloster St. Denis* geschenkt hatte. Da dies ohne königliche Erlaubnis erfolgt war, überließ Karl der Große 790 diese Güter erneut genanntem Kloster. Von St. Denis ist in der Folge nicht mehr die Rede. Im 15. Jh. gehörte Wollbach mit allen Rechten den Markgrafen von Hachberg, die den Ort vielleicht vom Basler Bischof erworben hatten. Vorübergehend 1426 um 1200 fl an den Basler Bürger Lienhart Schönkind verpfändet, gehörte Wollbach zur Herrschaft Rötteln und zählte zum Röttler Viertel. Es wurde 1809 dem Amt Kandern und der Einnehmerei Sausenberg unterstellt.

Spätestens im 18. Jh. bestand hier eine herrschaftliche Forstdienststelle, die 1783 zu einer Oberförsterstelle erhoben wurde. Seit wenigstens 1770 hatte Rötteln hier auch einen Landhatschierer (Polizeiposten) sitzen. Zusammen mit den Nebenorten Bruckmühle, Egerten, Egisholz, Hammerstein, Nebenau und Rüttihof bildete Wollbach eine Vogtei, die schon zu Beginn des 16. Jh. bestand. Rötteln bezog daraus jährlich 73 lb Steuer sowie Getreideabgaben. Der markgräfliche Vogt läßt sich erstmals 1407 nachweisen, im 16. Jh. war er steuer- und fronfrei und durfte 4 Schweine in den Äckerich schicken. Die unterschiedliche Zahl von Gerichtsleuten (1591: 9, 1759: 8, 1764: 10) hängt auch mit dem wechselnden Status der Nebenorte zusammen, von denen Hammerstein von ca. 1700 bis 1718 einen Stabhalter hatte.

Grundherrschaft und Grundbesitz. – Unter den zahlreichen Grundbesitzern, die über Güter in Wollbach verfügt haben, sind vor allem *Basler Familien und Institutionen* zu nennen: die Johanniterkommende, der 1328 Gret Snizin Güter schenkte, die Präsenz, welche 1423 gleichzeitig mit dem St. Erasmusaltar Gülten erwarb, das Große Spital (noch im 18. Jh.) und die Kämmerei des Domstiftes, die 1570 bzw. 1571 mit Einkünften nachgewiesen sind, St. Johann auf Burg, welches 1455 Gülten erwarb und das Steinenkloster, das noch um 1800 Einkünfte bezog. Das Bistum Basel ist seit 1423 mit Gülten bezeugt, 1769/70 trat es den sogenannten Grünenberger oder Büttenwald an die Markgrafen ab. Kl. Klingental hatte 1345 Besitz von Rudolf Bulster erworben, es besaß 1591 7 Tragereien mit insgesamt 20 Häusern, davon eines zu Nebenau, und knapp 140 J Liegenschaften. Die Bodenzinse wurden erst nach 1807 abgelöst. Kloster St. Clara läßt sich seit 1582 nachweisen, es bezog 3 lb jährlich aus der sogenannten Hasenmatte. Kl. Gnadental zinsten 1560 3 Personen aus insgesamt 13 J Liegenschaften, wozu noch Pfennigzinse kamen, was alles noch 1807 bezogen wurde. Das große Almosen zu Basel schließlich hatte 1569 hier 2 Tragereien mit zusammen etwa 40 J und ist noch im 18. Jh. mit Besitz bezeugt.

Von den Besitzungen des Klosters St. Denis verlautet nach dem 8. Jh. nichts mehr, ebensowenig von dem, was die Tochter Herzog Bertholds II. und Ehefrau des Grafen Friedrich von Pfirt 1130 dem Kloster St. Peter geschenkt haben soll. Ein St. Gallener Gut wird lediglich 1304 erwähnt. Kleinere Einkünfte hatten Kloster St. Blasien aus einer Aussteuerschenkung der Familie Sweininger aus dem Jahre 1371 und Kl. Sitzenkirch aus einer Jahrtagstiftung, die Markgraf Otto 1374 errichtet hatte, ferner die Familien von Schliengen, Brombach von Rötteln, Faber von Schopfheim und Rotberg als Erben des Hans Münch von Landskron (1467). Die *Einkünfte der Markgrafen* waren, soweit es sich um solche aus landwirtschaftlichen Anwesen handelte, gering. Zwar ist 1350 Grundbesitzerwerb bezeugt, er scheint aber über Jahrtag- und andere Stiftungen wieder abgegeben worden zu sein. Nach der Reformation, als die Herrschaft Rötteln die Kirchengüter an sich gezogen hatte, besaß sie in Wollbach etwa 15 J Liegenschaften. Bedeutend war allerdings der Waldbesitz, der sogenannte Wollbacher Forst umfaßte 1806 2775 J (770 ha), die sich auf die Gemarkungen Wollbach, Rötteln, Hauingen, Wittlingen und Haagen verteilten. Seit etwa 1740 waren diese Waldungen durch Zukauf von Privaten ständig vergrößert worden, 1769/70 kam der Besitz des Hochstiftes Basel hinzu, 1786 fielen die bärenfelsischen Lehenwälder (94 J) der Herrschaft heim.

Daneben waren die Besitzungen von Kirche und Gemeinde bescheiden. Eigenbesitz der Einwohner läßt sich für frühere Zeiten zwar immer wieder nachweisen, aber in seinem ganzen Umfang nicht feststellen.

Gemeinde. – Die Verwaltung der Gemeinde besorgten auch hier Vogt und Gericht, der eigentliche Gemeindebeamte, der *Gemeinschaffner*, läßt sich seit 1745 nachweisen, Stabhalter und Weidgesell seit 1700. Vogt, Gericht und Gemeinde wählten 1571/72 auch den Sigristen, wogegen der Kirchenpfleger, die Hirten und Bannwarte von Vogt und Gericht erwählt wurden. Die Urkunden der Gemeinde besiegelte die Herrschaft, um 1740 wird aber als Dorfwappen eine »Segesen« (Sense) mit einem lateinischen W genannt.

Der *Gemeindebesitz* war gering. Die Allmenden werden 1569 ohne Angaben von Umfang als Anstößer erwähnt. 1785 gehörten der Gemeinde 8 bis 10 J Ödland, wovon damals 5 J zu Reben gemacht worden waren, dazu 15 J Wald, woraus ebenfalls ein Stück für den Weinbau gerodet worden war. An Gebäuden besaß sie bereits 1767 neben dem *Schulhaus* auch ein als Ortsarrest genutztes Bürgerhäuslein, an Gerätschaften keine Feuerspritze und nur eine ungenügende Anzahl von Feuereimern. Ihr stand ein Beholzungsrecht im Röttler Herrschaftswald zu. Zu ihren Pflichten gehörte, zusammen mit anderen Gemeinden, die Bewirtschaftung der Röttler Hofreben.

Kirche und Schule. – Die Wollbacher Pfarrei läßt sich seit 1275 nachweisen, sie unterstand von jeher dem Dekanat Wiesental. Patrone waren die Hll. Cyriak und Mauritius (1569), den Kirchensatz hatte seit wenigstens dem Beginn des 15. Jh. der Markgraf. Das Kirchspiel deckte sich mit der Vogtei, es umfaßte 1368 Hammerstein, Kriegshaus, zum Hof, Nebenau, Egerten und Rüttihof. Die Dotierung der vorreformatorischen Pfarrei scheint eine mittlere gewesen zu sein, im 15. Jh. wurden zwischen 12 und 18 fl an Annaten bezahlt, zudem profitierte die Kirche verschiedentlich von Zuwendungen seitens der Markgrafen. Das Vermögen wurde durch 2 Kirchmeier verwaltet, die im 16. Jh. von Vogt und Gericht gewählt wurden.

Nach Einführung der Reformation, in deren Folge der Ort dem Dekanat Rötteln/Lörrach unterstellt wurde, zog Rötteln den Kirchenbesitz ein, wobei festgestellt wurde, daß die Pfarrei ein Gut besessen und sonst nur über Zinseinkünfte verfügt hatte, wozu Zehnteinnahmen kamen. Reicher als die Pfarrei war die Fabrik gewesen. Dem nachreformatorischen Pfarrer wurde ein Gehalt zugewiesen, das weiterhin Zehntrechte umfaßte, ferner wurde ihm ein Dehmenrecht auf 4 Schweine zugestanden. – Mitte des 18. Jh. lebten am Ort etliche *Calvinisten* (1749: 15), allesamt Dienstboten, die vermutlich durch den örtlichen Pfarrer mitbetreut worden sind. Trotz des Gewannamens *Judenhölzle* (1766) ließ sich bisher kein in Wollbach niedergelassener Jude nachweisen.

Das Großteil der *Zehnten* bezog im 15. Jh. der Markgraf, wobei ihm der Basler Bischof den Laienzehnten gegen Übernahme von Baulasten an der Kirche überlassen hatte. Der Fruchtzehnt gehörte fast gänzlich der Burgvogtei Rötteln, innerhalb des Etters bezog ihn die örtliche Pfarrei, die von der Burgvogtei auch Gefälle aus deren Anteil erhielt. Der Weinzehnt war im Besitz der Pfarrei, die auch den Kleinzehnten, Schweinezehnten und Heuzehnten bezog, letzteren allerdings zusammen mit den Pfarreien Holzen und Wittlingen. Die Pfarrei Wittlingen ihrerseits bezog bis zum Austausch von 1813 den Zehnten von 35 J Liegenschaften. Im Ort stand eine herrschaftliche Zehntscheuer, die nach dem Verkauf des alten, baufälligen Gebäudes um 1767 neu erstellt wurde.

Nach der Reformation wurden die Kinder zunächst durch den Sigristen unterrichtet, dessen Pflichten später der *Schulmeister* übernahm. Dieser unterrichtete um 1740 60 Schulkinder (1812: 95), von denen er je 36 d Schulgeld erhielt, sein Gehalt betrug insgesamt 198 fl 24 Kreuzer. Ein Schulhaus war schon 1740 vorhanden, es wurde 1758 durch einen Neubau und 1847 durch eine neues Schul- und Rathaus ersetzt.

Bevölkerung und Wirtschaft. – Für frühe Basler Rechte, auf die nur Indizien weisen, sprechen auch die Eigenleute in Wollbach, die der Basler Bischof 1365 und 1368 dem Markgrafen zu Lehen überließ. Dieser hatte bis zum 16. Jh. die Territorialleibeigenschaft weitgehend erreicht. Jeder Leibeigene gab jährlich eine Leibhenne und 2 ß Stebler, vom Todfall (Besthaupt oder Bestkleid) waren 1571 nur eingesessene Eigenleute befreit. Bei Wegzug aus der Herrschaft waren 10% des Vermögens abzugeben. Die Einwohner hatten Fronpflichten zum Schloß Rötteln und bei der herrschaftlichen Jagd. Ihr Vermögensstand scheint im 16. und 17. Jh. nicht durchweg gut gewesen zu sein, wofür die Schuldbriefe beim Dekanat Wiesental, der Kirche Wittlingen sowie Burgvogtei und Geistlicher Verwaltung Rötteln sprechen. Um 1767 sorgte die Gemeinde für einige Hausarme, 1781 jedoch heißt es, die Einwohner hätten ihr gutes Auskommen.

Einwohnerzahlen sind vor dem 18. Jh. nicht überliefert, allerdings wohnten 1643 in Wollbach 64 Bürger, 17 Witwen und 12 ledige Söhne, dazu 3 Hintersassen, was etwa einer Einwohnerzahl von knapp 300 entsprechen dürfte. Bis 1709 war die Zahl der Bürger in der Vogtei auf 106 gestiegen, wozu 51 ledige Söhne und 5 Hintersassen kamen, insgesamt etwa 500 Personen. Um 1740 lebten in der Vogtei 541, 1749 514 und 1757 673 Personen, davon 1749 allein in Wollbach 375. Der Dienstbotenanteil war bemerkenswert: 1749 arbeiteten hier 15, 1757 bereits 40 Knechte und Mägde. Den Sozialstatus dokumentieren die Taglöhnerzahlen: im 18. Jh. im allgemeinen 5, 1812: 30. – Die *medizinische Versorgung* besorgte ein Barbierer (1724/27); später saß am Ort ein Chirurg (1767), der gleichzeitig als Hilfslehrer wirkte.

Ihren Lebensunterhalt bezogen die Wollbacher überwiegend aus der Landwirtschaft mit Schwerpunkt *Ackerbau*. Die Ackerfläche war in die Zelgen *bei der Bruckmühle*, *Bergzelg* und *Zelg, im Kriegster Feld* genannt (1698) eingeteilt, angebaut wurde überwiegend Dinkel, daneben Roggen und Hafer. Ende des 17. Jh. wurde das Ackerland durch Umwandlung von Gärten, Reben und Matten noch vermehrt, spätestens gegen Mitte des 18. Jh. war der Bracheinbau üblich, wobei überwiegend Kartoffeln gepflanzt wurden. Um 1730 hatte man durch Trockenlegung des sogenannten Mooses zusätzlich Ackerland gewonnen. Ein Teil der Wirtschaftsfläche wurde durch Ausmärker umgetrieben, deren Zahl zeitweise sehr hoch war (1689 aus Wittlingen, 1750 aus Eimeldingen), weshalb 1781 die Bürger forderten, diesen den Einkauf zu verbieten, womit sie sich jedoch nicht durchsetzen konnten. Die gesamte Wirtschaftsfläche verteilte sich um 1740 auf 600 J (ca. 167 ha = 58%) Acker, 365 J ca. 101 ha = 35%)

Matten und Gärten, 65 J (ca. 18 ha = 6%) Reben, 6 J (ca. 2 ha = 1%) Hanfland, wozu etwa 200 J (ca. 55½ ha) Wald kamen.
Nicht unwichtig am Ort war der seit dem 16. Jh. hier nachweisbare *Weinbau* (im Ziel, auf dem Bühl, der Rebberg), dessen Anbaufläche 1785 um 5 J ausgeweitet wurde. Das Produkt wird 1787 als ziemlich gut geschildert. Im 18. Jh. legte man verstärkt Wert auf den *Obstbau*, die Einwohner zogen ihre Bäume selbst (1757). Auch in Wollbach finden sich die üblichen Maulbeerbäume auf dem Kirchhof, ohne daß es zu einer Seidenraupenzucht gekommen wäre.

Nicht unbedeutend war die *Viehhaltung*, die sich vorwiegend auf Rindvieh konzentrierte, obwohl auch Pferde und Schweine gehalten wurden. Als Zugvieh werden 1700 27 Pferde und 36 Ochsen angegeben. Für die Waldarbeiten hat man anscheinend im 16. Jh. durchweg Pferde verwendet. Der Pfarrer hatte, da er den Heuzehnten bezog, die Pflicht, das Wuchervieh zu halten. Er hielt 1767 3 Stiere und bot sich an, auch einen Eber anzuschaffen, wozu es aber damals nicht kam. Wenige Jahre später (1773) versorgte er bereits 4 bis 5 Stiere, von denen 3 in den Nebenorten standen. Um 1800 mußte er für 4 Stiere und 4 Eber aufkommen, von denen je 2 in Wollbach und je einer in Hammerstein und Nebenau standen. Matten waren an sich genügend vorhanden, zudem waren im 17. Jh. Äcker in Matten umgewandelt worden. Jedoch wurden die in Waldnähe liegenden nicht bewirtschaftet, da man ständig mit Wildschäden rechnen mußte. Mit der Einführung der Stallfütterung nahm der Futterkräuteranbau zu. Um 1767 waren 20 bis 30 J mit Klee bestanden, Esparsette wurde zur Probe gebaut, scheint sich aber nicht durchgesetzt zu haben. Die Frühjahrs- und Nachtweide waren damals bereits abgeschafft, die Herbstweide noch üblich.

Das *Handwerk* ist in der Wollbacher Vogtei stark vertreten, wenn auch mit Sicherheit nicht als Vollerwerb. Die Akten verzeichnen zu 1743 einen Küfer, 1745 einen Schmied, 1781 je 2 Hafner, Maurer und Zimmerleute, je einen Küfer und Schreiner. Um 1790/1802 arbeiteten hier je 5 Schuster und Schneider, je 4 Küfer, Metzger und Weber, je 3 Maurer, Zimmerleute, Hufschmiede, Rot- und Weißgerber und Hafner, je 2 Schreiner und je ein Nagelschmied und Müller. – Der Vogteibereich wies 3 Mühlen auf: die Bruckmühle, die Hofmühle und die Hammersteiner Mühle. – Möglicherweise hat zu unbekannter Zeit Erzabbau stattgefunden, wofür die Flurnamen Eisenlöcher, Erzgraben und Eisenbrunnen zeugen könnten. Ende des 18. Jh. wurde ein Marmor- und Gipsbruch hinter Nebenau entdeckt. Es wurden zwar Probegrabungen gemacht, die aber ohne Folgen geblieben sind.

Eine *Tafern* bestand 1506, sie hatte dem Markgrafen jährlich 2 Viernzel Dinkel Tafernkorn zu entrichten. Sie ging, falls es sich nicht von Beginn an um eine Stubenwirtschaft gehandelt hat, in den Besitz der Gemeinde über, die um 1740 eine solche umtrieb. Im 18. Jh. findet sich in Wollbach selbst nur die Tafern »Zur Blume«, die 1711 Schildgerechtigkeit erhalten hatte und 1787/88 als ausgezeichnet gelobt wird.

Bruckmühle. – Ein Hof *zi Bruke in dem Banne* wird 1310 urkundlich erwähnt. Abgaben daraus bezogen der Basler Bischof und Kl. Weitenau bzw. St. Blasien. Seit wann die Mühle besteht, ist unklar, sicher gab es sie 1738, 1776 wurde sie neu erbaut und erhielt einen Zurichtgang.

Egerten. – 1365 als *an der Egerden* erstmals erwähnt, gehörte der Weiler zu Vogtei und Kirchspiel Wollbach, er war 1584 auch Sitz eines herrschaftlichen Försters. Von 1700 bis 1718 gehörte Egerten zur Stabhalterei Hammerstein, dann wieder zur Vogtei Wollbach, es zählte um 1740 7 Häuser und 1749 58 Einwohner. Im 19. Jh. galt es als Nebenort von Wollbach und hatte einen eigenen Stabhalter. Bei Nebenau und Egerten ist eine Siedlung *Gryfenwiler* abgegangen, die nur noch als Flurname bezeugt ist.

Egisholz. – Dieser kleine Ort läßt sich seit 1569 (*Hegisholz*) nachweisen. Er gehörte 1700 bis 1718 zur Hammersteiner Stabhalterei und war dort mit einem Geschworenen vertreten. Seit 1718 gehörte er wieder zur Wollbacher Vogtei, um 1740 zählte er 8 Häuser und 1749 53 Einwohner. In den 70er Jahren scheint eine bauliche Ausweitung erfolgt zu sein. Im 19. Jh. war Egisholz Nebenort von Wollbach und hatte einen Stabhalter.

Hammerstein. – Diese Burgsiedlung ist seit 1297 in der heutigen Namensform urkundlich bezeugt. Die zugehörige *Burg* lag auf einem Felssporn am Kanderübergang und wird schon 1374 nur noch als Burgstall bezeichnet. Allem zufolge ist sie durch Brand, wohl infolge Kriegseinwirkung, zerstört worden. Um 1760 waren noch Mauerreste vorhanden, inzwischen ist dort nichts mehr zu finden. Auch die Besitzer der Burg sind unbekannt geblieben. Wer sich im 13. und 14. Jh. gelegentlich nach Hammerstein nannte, ist als Angehöriger der unteren sozialen Schichten einzustufen; es handelt sich in allen Fällen um eine Herkunftsbezeichnung.

Die zugehörige Siedlung wird 1365 als Dorf bezeichnet, sie gehörte zum Kirchspiel Wollbach. Um 1740 umfaßte sie 13 Häuser, 1749 zählte sie 88 Einwohner (1712: 14 Bürger, also ca. 70 Personen). Auch die hier lebenden Eigenleute hatte der Basler Bischof 1365 und 1368 dem Markgrafen überlassen. Von 1759 bis 1761 und wieder 1803 bis 1808 unterrichtete hier ein Nebenschulmeister 20 bis 30 Kinder, vor- und nachher wurde in Wollbach unterrichtet. Hammerstein, in der Vogtei Wollbach zunächst durch einen Geschworenen vertreten, wurde um 1700 Stabhalterei, der Nebenau, Egerten und Egisholz zugeteilt wurden. Nachdem diese 1718 aufgehoben worden war, erhielt Hammerstein einen Geschworenen zugestanden. Der örtliche Grundbesitz gehörte weitgehend Bischof und Johanniterkommende Basel sowie einigen dortigen Familien, Einkünfte bezogen der Markgraf und die Kirchen in Schopfheim und Holzen. Auch hier konnte die markgräfliche Verwaltung ihren Besitz durch Zukauf mehren: 1680 erwarb die Burgvogtei ein Gut von etwa 16 J, welches 1632 im Besitz der Familie Reutner von Weil gewesen war, sie verfügte darüber hinaus über eine Schuppis von ca. 8 J Umfang. Wie im Hauptort lebte man auch in Hammerstein von der Landwirtschaft und Viehhaltung. Als Zugvieh werden 1700 4 Pferde und 42 Ochsen aufgeführt.

Eine Mühle, im 17. Jh. öfter erwähnt, soll dem Kl. Klingental gehört haben. Es wird auch angenommen, daß zu unbekannter Zeit hier Eisenerz abgebaut worden ist. Um 1711/12 entstand hier eine Schildwirtschaft, deren Wirt von den Bürgern gewählt wurde, was zur Folge hatte, daß sie häufig nicht besetzt war, da die wenigsten Lust hatten, zu wirten.

Hofmühle. – Sie könnte 1365 erstmals erwähnt worden sein, aber die Nennung ist unsicher. Mit Sicherheit bestand sie 1515 und gehörte der Herrschaft Rötteln. Ihr Inhaber stritt das ganze 18. Jh. mit den Gemeinden Tannenkirch und Kandern, zeitweise auch mit der Herrschaft, über sein Beholzungsrecht im herrschaftlichen Wald (Stockrain). Dies wohl mit Grund, da in diesem Jahrhundert zahlreiche Baumaßnahmen zu verzeichnen sind: 1720 kam zur Öltrotte eine Hanfreibe, 1759 wurde eine weitere Hanfreibe angebaut, 1765 die niederschlächtige Mühle in eine oberschlächtige umgewandelt. Gegen Ende des Jahrhunderts scheinen die Geschäfte schlecht gegangen zu sein, 1786/87 war die Mühle stillgelegt und stand zum Verkauf. Bald darauf scheint der Betrieb wieder aufgenommen worden zu sein, 1803 wurde ein zweiter Mahlgang eingebaut.

Kriegshaus. – Diese mögliche Vorgängersiedlung von Egisholz wird 1365 als Dorf *Kriegshus*, in der Wollbacher Vogtei gelegen, bezeichnet. Nach 1368 wird es nicht mehr genannt und heute weist nur noch der Flurname *Kriegsteinfeld* auf diese Ödung hin.

Nebenau. – 1356 als *Ebenowe* urkundlich nachzuweisen, gehörte das Dörflein zur Wollbacher Vogtei (1650), von 1700 bis 1718 zur Stabhalterei Hammerstein, wo es mit einem Geschworenen vertreten war, seither wieder zur Vogtei Wollbach. Im 19. Jh. war es Nebenort von Wollbach und hatte einen eigenen Stabhalter. Hinweise auf einen Adelssitz gibt allein der Flurname *Burgholen*. Der Ort, der um 1740 13 Häuser umfaßte, gehörte zum Kirchspiel Wollbach; vor der Reformation soll sich dort eine Wallfahrtskapelle befunden haben. Die Einwohner (1749: 67) lebten von der Landwirtschaft, 1717 wird auch ein Küfer erwähnt. Um 1729 gab es einen Wirt, dessen Wirtshaus aufgrund des regen Verkehrs auf der Straße von Nebenau nach Egerten entstanden war. Nach dem Bau der Landstraße nach Kandern ließ der Verkehr sofort nach, die Tafern florierte nicht mehr und wurde 1768 stillgelegt, da niemand mehr wirten wollte.

Rüttihof. – Diese spätmittelalterliche Rodungssiedlung läßt sich seit 1365 als *Rüte*, 1368 als *Sonn Rüti* nachweisen. Es handelte sich dabei um einen herrschaftlichen Meierhof, der im 18. Jh. als Erblehen vergeben und im allgemeinen von zwei Familien (1749: 10 Einwohner) bewohnt war. Sein Zubehör umfaßte 1764/68 neben Haus und Hof 91½ J Liegenschaften. Nachdem die letzten Inhaber den Hof heruntergewirtschaftet hatten, wozu allerdings Viehkrankheiten und Wildschäden gekommen waren, zog die Herrschaft den Hof 1777 ein und fand die Inhaber, die schon ein Jahr zuvor abgezogen waren, mit einer Geldsumme ab. Die zugehörigen Matten wurden 1778 verkauft, die Äcker seit 1776 aufgeforstet, die Hofgebäude 1788 abgebrochen.

Quellen und Literatur

Feuerbach

Quellen gedr.: FDA 1 (1865) S. 200, 210; 5 (1870) S. 88; 24 (1895) S. 203; 35 (1907) S. 78; 67 (1940) S. 259; 76 (1956) Nr. 641, 743, 872, 1010, 1542, 1547, 1550, 1570, 1601, 1612. – REC 3698. – RMB 1 Nr. h680, 689, 751. – Schöpflin HZB 5 S. 360. – ZGO 47 (1893) S. m 52.
Quellen ungedr.: StA Basel Klosterarchive St. Peter JJJ 50. – GA Feuerbach (Inv. masch. 1954/57). – PfA Feuerbach (Übers. in: ZGO 47 ⟨1893⟩ S. m.52). – GLA 11/Nr. 2482, 3226; 14/ Nr. 174/75; 19/Nr. 1229, 1252/53, 1255; 20/K. 32, 59, 135; 21/Nr. **2291–98**, 3894, 5571; 65/**570f**. **5942 f.**; 66/183, 434/44, **2546–53**, 3715, 3718, 5813, 5890, 6110, 7431, 7545/46, 8109/10; 120/1114, 1253 b; 159/ZR; 229/19825, **28361–446**, 39015, 39739, 42800, 42830, 73026, 74692, 74712, 74722, 74724, 77246, 78412, 87126, 87129, 87142, 87202, 88479, 88486, 92027, 94472, 107702, 107749, 112636; 365(1939, 14) 46; 391/**11030–39**; 399/**805–14**.
Literatur: *Heinz*, Ludwig, Festschrift zum 100jährigen Jubiläum des Gesangvereins und zum 700jährigen Jubiläum der Gemeinde Feuerbach, Kandern/Feuerbach 1974.- *Schülin*, Fritz, Die Mühle am Feuerbach. In: Das Markgräflerland 1/2 (1978) S. 28–32.
Erstnennungen: ON und Kirche 1275 (FDA 1 ⟨1865⟩ S. 210). – Kirchenpatron St. Georg 1572 (GLA 66/5813).

Holzen

Quellen gedr.: FDA 1 (1865) S. 199; 35 (1907) S. 81; 67 (1941) S. 398; 76 (1956) Nr. 467, 524, 1409, 1433, 1493, 1521, 1528. – RMB I Nr. h 674, 680, 689. – ZGO 19 (1866) S. 124; 42 (1888) S. m96; 58 (1904) S. m66, 75/76, 92/93, 111, 115, 151, 170/81.
Quellen ungedr.: StA Basel Urkunden Istein Nr. 11, St. Leonhard Nr. 211, 356; Spitalarchiv S 26,1; Klosterarchive Klingental HH 50. – GA Holzen (Inv. masch. 1954, Übers. in: ZGO 42 ⟨1888⟩ S. m92). – PfA Holzen (Übers. in: ZGO 47 ⟨1893⟩ S. m43/44). – GLA 11/Nr. 3225–27, 3301, 3971, 5083; 19/Nr. 723, 732–34, 736; 20/K.128; 21/Nr. 2346, 2358, 3964–69, 4218; 44/ Nr. 8168, 8171, 8173, 8175, 10185, 10187/88, 10192–96, 10198–206, 10208/9; 65/**569f**. **4538 f.**:

66/3715, 3718, 3809–18, 5305, 5310, 7006, 7218, 8109/10, 9620–22; 72/Reutner von Weil; 120/162, 582, 1114, 1253b; 229/13249, 16023, 16055, 22651, 23150, 28376, 28414, 42823, 42830, **45617–72**, 52884, 64343, 64373, 65544, 74672, 77246, 83978, 87132, 87142/43, 87148, 87155, 87180/81, 87188, 87193/94, 87198, 87200, 87202, 87206, 88465, 88486, 94072, 94472, 106495, 107720, 107749, 114091; 361 (1926, 43) 36; 391/**16634–44**, 18087, 19579, 23020, 32164.
Literatur: BB 13 S. 49 f. – *Hodapp*, Kurt, Festschrift der evangelischen Kirchengemeinde Holzen zur Einweihung des renovierten Gotteshauses am 5. 12. 1982 mit der Geschichte der baulichen Entwicklung, Kandern 1982. – *Raum*, Walter L., Untersuchungen zur Entwicklung von Flurformen im südlichen Oberrheingebiet, Berlin 1982 S. 68–83. – *Reime*, Rudolf, Aus der Ortsgeschichte Holzen, Kreis Lörrach, Holzen 1975. – *Derselbe*, Die Totenfeier für den in Riedlingen im Kampf gegen die Freischaren gefallenen Johann Friedrich Silbereisen von Holzen. In: Das Markgräflerland 3/4 (1973) S. 153–56. – *Scharf*, Jürgen, Die Holzener Passion. Zu einem Altarbild von Paul Ibenthaler – Eine Betrachtung. In: Das Markgräflerland 1 (1986) S. 119–126.
Erstnennungen: ON und Kirche 1275 (FDA 1 ⟨1865⟩ S. 199). – Kirchenpatron St. Pelagius 1663 (GLA 66/3816).

Kandern

Quellen gedr.: UB Basel 1 S. 26–28, 48–50, 222/23, 326/27 – CL 2 Nr. 2667–69, 3657 – FDA 1 (1865) S. 212; 35 (1907) S. 78; 70 (1950) S. 431; 76 (1956) Nr. 1554, 1558–60, 1569, 1577, 1599 – REC Nr. 923, 8139, 11803, 12184 – RMB 1, Nr. h655, 674, 680, 689, 751 – Trouillat 1, Nr. 195, 207, 255, 282 – ZGO 15 (1863) S. 473/74; 17 (1865) S. 105/6, 236, 246/47; 28 (1876) S. 100–2; 30 (1878) S. 221/22, 228; 42 (1888) S. m92, 96; 47 (1893) S. m45; 57 (1903) S. 90; 58 (1904) S. m98/99, 123, 154, 158.
Quellen ungedr.: StA Basel Urkunden Augustiner 208, 224; Klosterarchive St. Alban EE 37, Kartaus Q 27; Direktorium der Schaffneien Q 88. – Frh. A. Enzberg in Müllheim Urk. 304 – GLA 11/Nr. 1009, 3367–75, 4539, 4546, 5083, 5085; 18/Nr. 181, 301, 517; 19/Nr. 1099; 20/K.95, 128, 133, 135/36; 21/Nr. 1369, 3598, 3626, 3758, 3887, 3892, 4204–41, 5081, 5105, 5571, 5998/99, 6193, 6425, 7175; 44/Nr. 10185, 10187/88; 66/433/34, 889, 3715, 3718, **4194–99**, 5888, 7545/46, 9238/39; 74/1007–15; 79/102–60; 108 (Bergwerke); 120/11, 24, 37, 45a, 51a, 52, 79a, 82a, 84, 92, 94, 97, 100, 100a, 102, 106/7, 111, 118, 123a, 124, 127, 131–33, 135, 135a, 140a, 142–45, 148–50, 158, 160, 172, 180–81, 189, 194, 202a, 269, 272, 274, 418, 438, 441, 447, 524, 653, 921/22, 928, 947a, 1069,1114, 1238a, 1264b; 152/21; 159/39, 40, 60; 202; 212/260, 363/64; 229/13209, 22631, 22638, 22645, 22647–49, 23740, 23782, 28384, 28386/87, 28389–94, 28401, 28404, 28432, 28434/35, 28438–40, 28445, 28597, 33881, 33893, 34076, 34078, 39740, 39745, 42830, 42858, 42864, 45598, **50831–51091**, 52830, 52878, 52914, 52918, 53950, 81561, 87145/46, 87148, 88469, 88479, 88486, 92042, 92058, 106398, 112894, 112936, 115139, 115320, 217300; 314/Spezialia Kandern; 361 (1926, 43), 55; 391/18064–199, 22446, 22926, 23003/4, 23020, 23117, 377726, 43912/13, 88137/38; 392/18197 – GA Kandern, Urkunden, Akten, Bücher (Inventar masch.).
Literatur: *Amann*, Arnold, Badische Katholiken in der Zerstreuung. Kandern, die größte Diasporapfarrei der Erzdiözese Freiburg. In: Freib.kath.Kirchenbl. 1959, S. 291 f. – BB 1 S. 249 f.; 2 S. 303 f.; 3 S. 82 f., 191 f. – *Dietz*, A., Johann August Sutter – Der Kaiser von Kalifornien. Vom mexikanischen Oberst zum amerikanischen General. In: Das Markgräflerland 31 (1969) S. 23–36 – *Eisele*, Albert, Über das Alter der Kanderner Eisenwerke. In: Die Markgrafschaft 17 (1965) H. 2. – *Derselbe*, Die Entwicklung der Papierfabrikation in Kandern. In: Das Markgräflerland 16 (1954) S. 19–25 – *Derselbe*, Zur Geschichte der evangelischen Kirche und Schule in Kandern seit Einführung der Reformation. Müllheim 1964 – *Derselbe*, Zur Geschichte der katholischen Kirche in Kandern von 1083 bis heute. Müllheim 1961 – *Ernst*, Martin, Stratigraphie und Fazies des Braunen Juras im südlichen Oberrheingebiet (Blatt Kandern). In: Jahreshefte des Geol. Landesamtes Baden-Württemberg 32 (1990) S. 93–157. – *Fröhlich*, Jochen, Bodenerosion und Schutzmaßnahmen: vier Testgebiete im Einzugsbereich des Feuerbaches (Markgräfler Hügelland). In: Reg. Bas. 31 (1990) S. 51–59. – *Rüttimann*, Markus, Bodenerosion im Feuerbachtal: Gefährdungspotential, Schadensbilder und standortgerechte Fruchtfolgetypen. In: Reg. Bas. 31 (1990) S. 61–72. – *Zollinger*, Gaby, Geomorphogenese und Bodenentwicklung im Feuerbachtal. In: Reg. Bas. 31 (1990) S. 17–25.

Geschichte der Stadtteile 79

Erstnennungen: ON 776 (CL 2,541) – Kirche ca. 1101/3 (UB Basl 1 Nr. 14) – Patron Clemens 1454 (REC 11803).

Riedlingen

Quellen gedr.: UB Basel 1 Nr. 43. – Dümge S. 59, 137. – FDA 1 (1865) S. 212; 4 (1869, S. 33; 5 (1870) S. 87; 12 (1861) S. 396; 24 (1895) S. 201; 35 (1907) S. 78. – REC Nr. 767, 13588, 14047. – Neugart E.C. 2, 588. – RMB I Nr. h 645, 680, 689, 695, 711, 774. – Schöpflin HZB 5 S. 448. – WUB 1 S. 218/19. – ZGO 30 (1878) S. 83f.; 42 (1888) S. m92; 58 (1904) S. m 115, 170.
Quellen ungedr.: StA Basel Klosterarchive St. Peter JJJ 104. – PfA Holzen. – GLA 11/Nr. 3923; 20/K. 59, 128, 135, 141; 21/Nr. 5571, 6349–52, 6446/47, 6897, 7175, 7187; 65/**569f. 4606 f.**; 66/370, 382, 433–34, 1474, 3715, 3718, 4195, 5811, 5813–16, 5819/20, **6891–6904**, 7309, 7327, 7548, 8109–11, 8434, 8438, 8446/47, 9598, 9621, 9625, 9643, 11625, 11689–90, 11706; 120/ 469, 997, 1242, 1264 b; 229/16023, 16049, 28376, 28414, 28433, 28445, 28591, 28597, 42805, 42844, 42830, 65595, 74672, **87116–211**, 94472; 391/22964, **32148–67, 44147–48**. – GA Riedlingen (Inv. masch. 1954, Übers. in: ZGO 42 ⟨1888⟩ S. m96).
Literatur: BB 2 S. 238f. – *Eisele*, Albert, Liel und Riedlingen. In: Das Markgräflerland 1968 H.3. – *Derselbe*, Das Riedlinger Bad und J.P.Hebel. In: Das Markgräflerland 1971, S. 64. – *Heimann-Schwarzweber*, Annemarie, Die evangelische Kirche zu Riedlingen, Stadt Kandern, Lkr. Lörrach/Baden = Kleine Kunstführer 1246, München 1981. – *List*, Karl, Zur Baugeschichte der Kirche in Riedlingen. In: Das Markgräflerland 1982, S. 187–191. – *Reime*, Rudolf, Die Todtenfeier für den am 24.Juni 1849 in Riedlingen im Kampf gegen die Freischaren gefallenen Johann Friedrich Silbereisen, begangen am 19.8.1849 in Holzen. In: Das Markgräflerland 3/4 (1973) S. 153–156. – *Schülin*, Fritz, das Riedlinger Bad. In: Das Markgräflerland 1/2 (1971) S. 60–63. – *Derselbe*, Die aufgelassenen Heilbäder (Riedlingen). Ebd. S. 44–46.
Erstnennungen: ON 972/73 (WUB 1 S. 219). – Kirche 1275 (FDA 1 ⟨1865⟩ S. 212). – Kirchenpatron St.Michael. – ULF 1590 (GLA 66/9621).
Dietlingen: GLA 11/Nr. 3370 (1234); GLA 11/Nr. 3215, 3370/71; 21/Nr. 4213, 4230. – Schöpflin HZB 5, S. 309. – ZGO 14 (1862) S. 392. – *Kuhn*, Friedrich, Tüchtlingen – Tohtarinvhova. Eine abgegangene Siedlung bei Riedlingen (Kandern). In: Das Markgräflerland 3 (1971) S. 122–124. – *Schillinger*, Erika, Tüchlingen–Düttlingen. Zur Wüstungsfrage auf Gemarkung Riedlingen-Kandern. In: Das Markgräflerland 1975, S. 109–114.

Sitzenkirch

Quellen gedr.: FDA 35 (1907) S. 78. – FUB 7 Nr. 94. – REC Nr. 996, 2431. – RMB 1 Nr. h 711, 751, 1136. – ZGO 49 (1895) S. m60.
Quellen ungedr.: GLA 5/K. 565; 8/K. 2a; 11/Nr. 2482, 3831, 3834, 3898, **4528–61**; 21/ Nr. 5246, 6896–98; 65/139–40, **570f. 5846 f.**, 2010, 66/850, 3715, 4194, 5404–5, 5812, 5888, 7545/ 46, 8108–12; 67/1207, 1771/72; 70/vgl. ZR; 120/653, 661, 990, 1174; 159/vgl. ZR; 229/28377, 64378/79, 87121–23, 88486, **98437–94**; 365 (1894, 37) 442, (1939,14); 123; 391/32150–51, **36809–31**; 399/2384–93. – GA Sitzenkirch (Inv. masch. 1954, Übers. in: ZGO 47 ⟨1893⟩ S. m55).
Literatur: *Genser*, Hugo/*Mehl* Johannes, Keuper-, Lias- und Doggerschichten am St.Johannis-Breitehof nördl. Sitzenkirch/Südbaden. In: Oberrhein.geol.Abh. 28 (1979) S. 41–54. – *Martini*, Eduard Christian, Sitzenkirch. In: Schauinsland 3 (1876) S. 85–89. – *Trenkle*, Hans, Heimatgeschichte der Gemeinden Obereggenen und Sitzenkirch sowie der Propstei Bürgeln. Illenau 1930.
Erstnennungen: ON ca. 1120 (Gerbert HNS 1, 410) – Kirche 1138/57 (REC Nr. 996). – Kirchenpatron St.Hilarius 1277 (REC Nr. 2431).

Kloster Sitzenkirch

Quellen: GLA 11/Nr. 1498, 1971–74, 1993, 2254, 2256/57, 2262, 2266–68, 2685, 3003, 3372, 3706, 3748, 3826–29, 3832/33, 3835/36, 3843, 3850/51, 3855–58, 3860, 3868, 3903/4, 3919, 3926, 4054, 4130/31, 4259–61, 4309, **4524–61**, 4831, 5236 ; 20/K. 128, 135; 21/Nr. 5566; 66/2088, 4194, 5812, 8108/9; 120/1085; 229/16051, 16061, 52910, 77264, 81567, 81572–74. – UB Basel 3 Nr. 177. – FDA 1 (1865) S. 211; 24 (1895) S. 203; 76 (1956) Nr. 1555, 1557. – RBS 2, 979. – REC Nr. n44, 996,

2047, 2431, 3506, 3656, 3751, 4627, 6198, 11964. – RMB Nr. h 11, 314, 625, 711, 720, 1136. – Schöpflin HZB V, 184, 542. – WUB 2 S. 111, 172, 195. – ZGO 9 (1858) S. 441; 15 (1863) S. 479/80; 17 (1865) S. 104/5, 112/13, 121.
Literatur: W., Das Frauenkloster Sitzenkirch. In: Schauinsland 4 (1877) S. 43–46.

Tannenkirch

Quellen gedr.: UB Basel 1 Nr. 101; 3 Nr. 90, 177; 7 Nr. 143. – FDA 35 (1907) S. 78, 89; 76 (1956) Nr. 1567, 1592, 1609–10. – Neugart E.C. 2, 588. – REC Nr. 1360. – RMB 1 Nr. h 645, 680, 689, 763, 773/74, 780, 782, 1019, 1044, 1093; 4 Nr. 7951. – Schöpflin HZB 5, 448. – Troulliat 4, 539. – ZGO 17 (1865) S. 113–116; 37 (1884) S. 115; 38 (1885) S. 354; 58 (1904) S. m57/58, 97, 102, 143, 157, 167.
Quellen ungedr.: StA Basel Urkunden St. Clara Nr. 4, 106, 126, St. Peter Nr. 218; Klosterarchive St. Clara S 76, Gnadental J 43, Kartaus Q 34, Klingental HH 93, St. Peter JJJ 119, Prediger N 47; Direktorium der Schaffneien Q 161, 1–3. – GLA 6/K.82; 19/Nr. 1106; 20/K. 137, 326, 369, 373, 375, 392, 413; 21/Nr. 2358, 5571, 6350, 6420, 6446/47, 6769, **7170–90**; 39/Nr. 430; 44/Nr. 23, 420, 425, 431, 434, 441, 446, 453; 65/**569f.** 4458 f.; 66/3715, 3718, 4195, 5813, 7247, 8108–10, 8434–70, 11625, 11635; 72/v. Baden; 120/698, 997, 1253b, 1270a; 229/9527a, 16055/56, 19833, 22969, 42801, 42805, 42817, 42830, 42851, 42853, 42868, 42871, 42877/78, 64360, 74709, 74712, 74672, 81579, 87119, 87124, 87145, 87148, 87165, 87188, 87196, 88486, 90051, 94318, 94324, 94472, **104358–432**, 112637, 114065; 391/22964, 29698, 32148, **38329–39**. – GA Tannenkirch (Inv. masch. 1954, Übers. in: ZGO 42 ⟨1888⟩ S. m97). – PfA Tannenkirch (Übers. in: ZGO 47 ⟨1893⟩ S. m47).
Literatur: *Heimann-Schwarzweber*, Annemarie, Ev.Pfarrkirche Kandern-Tannenkirch = Kleine Kunstführer 1271, München 1981. – *Jörder* Ludwig/*Köbele*, Albert, Dorfsippenbuch Tannenkirch = Bad.Dorfsippenbücher 6, Grafenhausen/Lahr 1957 und 1974. – *Raum*, Walter L., Untersuchungen zur Entwicklung von Flurformen im südlichen Oberrheingebiet, Berlin 1982 S. 45–67.
Erstnennungen: ON und Kirche 1179 (Neugart E.C. 2, 588). – Kirchenpatron St. Mathias 1663 (GLA 66/8450).
Ettikon: StA Basel, Klosterarchive Gnadental J 17, Kartaus Q 17, Steinenkloster MM 24, St. Peter JJJ 48, Prediger N 29, Spital S. 30; Direktorium der Schaffneien Q 46. – GLA 1/K.522; 21/Nr. 3889/90; 44/Nr. 419, 422, 424–31, 433–36, 439–41, 446, 451, 453; 66/7247, 8110, 9598; 72/v. Baden. – UB Basel 1 Nr. .....; 3 Nr. 90, 177. – RMB 1 Nr. h 635, 680, 689, 1023. – ZGO 38 (1885) S. 353–54; 58 (1904) S. m108/09.
Gupf: GLA 11/K. 195; 21/Nr. 7175; 39/Nr. 430; 44/Nr. 419, 422, 424, 426–31, 433–36, 439–41, 446, 451, 453; 66/7247, 8108, 8110; 72/v. Baden; 391/29698. – UB Basel 1 Nr. 43. – Gerbert HNS 3 S. 99. – RMB 1 Nr. h 680, 689, 1023. – ZGO 38 (1885) S. 353–54.
Kaltenherberg: GLA 120/876, 1143b, 1149, 1155; 229/28389, 28602, **50820–30**, 77234; 391/38335. – ZGO 46 (1892) S. m84. – *Schäfer*, Hermann, Kaltenherberg. Aus der Geschichte einer berühmten Poststation. In: Das Markgräflerland 2 (1962) S. 26–31.
Uttnach: GLA 11/K. 52; 21/K. 400; 66/8108, 8118. – UB Basel 1 Nr. 43. – RMB 1 Nr. h 680, 689, 711.

Wollbach

Quellen gedr.: UB Basel 1 Nr. 86, 101; 3 Nr. 14; 5 Nr. 370. – FDA 1 (1865) S. 199; 35 (1907) S. 81; 76 (1956) Nr. 1411, 1484, 1505. – Félibien, Histoire del l'abbaye de S. Denis, xxix. – REC Nr. 1291, 1360. – RMB 1 Nr. h 680, 683, 689, 720, 1094, 1124. – ZGO 42 (1888) S. m86; 48 (1894) S. m120; 58 (1904) S. m80, 170.
Quellen ungedr.: StA Basel Urkunden Augustiner Nr. 54, Klingental Nr. 2588; Spitalarchiv S 26,1; Kirchen- und Schulgut R 35; Klosterarchive Augustiner D, H 19, St. Clara K, S 88, Gnadental E, J 51, Kartaus Q 39, Klingental HHH 102, St. Peter JJJ 135; Direktorium der Schaffneien QQ 182, 1–5; Almosen H 9, 1–5. – GLA 11/Nr. 3220, 3741/42, 5201; 16/K. 80 a, 19/ Nr. 1271; 20/K. 38; 21/Nr. 3599, 3889, 4206, 4233/43, 5405, 5642, 6426, 6734, 6769, **8182–208**; 44/

Nr. 3532, 3538, 3542, 3544, 3547, 3552, 3555, 3558, 3561, 3564, 3567, 3570; 65/565f. **2056 ff.**; 66/ 24, 33, 433/34, 890, 892, 3715, 3718, 5300, 5347, 7338, 7548, 7567, 8109/10, 8770/71, 9850, 9855/ 56, 9944–60; 72/v. Winterbach; 120/424, 818, 1049, 1114; 229/9574/75, 22969, 22979, 23731, 28574, 28614, 39746/47, 52884, 52932, 52957, 64355, 64374/75, 88579, 88465, 88486, 92049, 106423, 106502, 115317, 115328, 115332, 115342, 115358/59, 115367, **115697–796**, 217472; 361 (1926, 43) 81; 391/ 18102, 23003/4, 42561–81, **44161–74**. – GA Wollbach (Übers. in: ZGO 42 ⟨1888⟩ S. m98). – PfA Wollbach (Übers. in: ZGO 48 ⟨1894⟩ S. m120).

Literatur: *Köbele,* Albert/*Schülin,* Fritz, Ortssippenbuch Wollbach = Bad. Ortssippenbücher 11, Grafenhausen 1962. – *Staehelin,* Ernst, Die Beziehungen Basels zu Wollbach. In: Basler Stadtbuch 1969, S. 62–73.

Erstnennungen: ON 764 (Félibien, Hist.de l'abbaye de St.Denis xxix). – Kirche 1275 (FDA 1 ⟨1865⟩ S. 199). – Kirchenpatrone Ss Cyriak und Mauritius 1569 (GLA 66/9945).

Bruckmühle: GLA 11/Nr. 4261 (1310). – GLA 11/Nr. 5201; 21/Nr. 3742. – *Schülin,* Fritz/ *Kammüller,* Alfred, Mühlen im vorderen Kandertal. Die Bruckmühle bei Wollbach. Die letzten 200 Jahre Bruckmühle. In: Das Markgräflerland 1/2 (1978) S. 10–17.

Egerten: RMB 1 Nr. h 680 (1365). – GLA 66/8109; 229/115778, 115723, 115726. – RMB 1 Nr. h680, 689.

Egisholz: GLA 21/Nr. 4234; 229/64355, 115698, 115726, 115757, 115763/64, 115770, 115772/ 73,

Hammerstein: UB Basel 3 Nr. 390 (1297). – StA Basel Urkunden St. Clara Nr. 59; Kirchen- und Schulgut R 15; Klosterarchive Gnadental J 51, Klingental HH 42; Direktorium der Schaffneien Q 65. – GLA 11/Nr. 3227; 20/K. 38; 21/Nr. 3595–99; 66/3715, 7753, 8109, 81579, 88846; 229/88486, 94431, 94472, 106502, 115722, 115726, 115735/36, 115741, 115749, 115762–64, 115757/58, 115772/73, 115778/79. – UB Basel 3 Nr. 390. – RMB 1 Nr. h 680, 890. – ZGO 57 (1903) S m90.

Hofmühle: GLA 229/115714, 115743–50, 115759, 115765/66; 391/42563/64, 42572. – RMB 1 Nr. h 689. – *Schülin,* Fritz, Mühlen im vorderen Kandertal. Die Hofmühle zu Wollbach. In: Das Markgräflerland 1/2 (1978) S. 17/18.

Kriegshaus: RMB 1 Nr. h 680, 689.

Nebenau: RMB 1 Nr. h680 (1365). – GLA 21/Nr. 5638–44; 229/16017, 115700, 115702, 115706, 115722/23, 115726, 115742, 115735/36, 115763/64, 115772/73. – RMB 1 Nr. h 680, 689. – *Schülin,* Fritz, Die warme Quelle in der Nebenau im Wollbachtal. In: Das Markgräflerland 1/2 (1971) S. 59/60.

Rüttihof: RMB 1 Nr. h 72. – GLA 229/115705–12, 115720; 391/42562.

Lörrach

3943 ha Stadtgebiet, 42500 Einwohner (31.12.1990, 1987: 40561)

Wappen: In Rot eine aufsteigende goldene (gelbe) Lerche.
Flagge: Rot-Gelb-Rot (Rot-Gold-Rot).
Das in den badischen Farben gehaltene Wappen zeigt die Lerche, »redendes« Symbol für den Ortsnamen, wie es bereits vor der Stadterhebung 1756 verwandt wurde. Wappen und Flagge wurden am 11. November 1975 vom Innenministerium verliehen.

Gemarkungen: Brombach (987 ha, 6190 E.) mit Brombach, Abtsmatten und Im Löhr; Haagen (357 ha, 3036 E.) mit Haagen, Rötteln Schloß (Burgschenke) und Röttelnweiler; Hauingen (740 ha, 2636 E.) mit Hauingen, Heilisau und Rechberg; Lörrach (1858 ha, 28699 E.) mit Lörrach, Im Grütt, Stetten, Tüllingen (Ober- und Unter-) und Tumringen.

A. Naturraum und Siedlung

Natürliche Grundlagen. – Die Gemarkung der Stadt Lörrach erstreckt sich von der Schweizer Grenze im S bis auf die Höhen des Röttler Waldes im N, vom Tüllinger Berg im W bis zum Dinkelberg im O. Durch Eingemeindungen wurde die Gemarkungsfläche insbesondere im N auf heute 39,43 Quadratkilometer erweitert. Die größte Ausdehnung des Gemarkungsgebietes von NNO nach SSW beträgt etwa 10 km, von W nach O etwa 7 km. Kennzeichnendes Element der Stadtlandschaft ist der Verlauf der Wiese, die von O kommmend das Stadtgebiet in einem großen Bogen durchfließt, sich nach S wendet und an der Landesgrenze auf Schweizer Gebiet übertritt. Großräumig gesehen hat das Stadtgebiet Anteil an der südlichen Vorbergzone des Schwarzwaldes. Hierzu gehören: Die *Weitenauer Vorbergzone* nördlich der Wiese, im zentralen Teil aufgebaut aus Buntsandstein, der *Dinkelberg* südlich der Wiese, eine weitflächige Muschelkalklandschaft, und das Tertiärhügelland westlich der Wiese mit dem *Tüllinger Berg*. Die auf den ersten Blick einleuchtende geologische Struktur wird durch die Lage der Stadt an einer nord-südlich-ziehenden Abbiegungszone, der sogenannten *Rheintalflexur*, im Einzelfall komplizierter.

Als Leitlinie der Besiedlung sowohl für den historischen Ortskern von Lörrach als auch für die neu hinzugekommenen Stadtteile ist das Wiesental anzusprechen. Dieses zeigt eine klare Differenzierung in die höhere Niederterrasse und die tiefergelegene Talaue. Beide sind voneinander getrennt durch das Hochgestade, eine Steilböschung, die in Richtung Landesgrenze immer deutlicher ausgeprägt ist und dort etwa eine Höhe von 19 m erreicht. Die Niederterrasse ist im Bereich des nord-südlichen Flußabschnittes nur auf der Ostseite erkennbar ausgeprägt; durch die Unterschneidung des Prallhangs setzen auf der Westseite direkt die Schichten des Tüllinger Berges ein. Lediglich in dem ost-west-verlaufenden Abschnitt der Wiese haben sich in den Nischen Niederterrassenreste erhalten, die ihrerseits wiederum Siedlungsansätzen Platz boten. Die Niederterrasse erstreckt sich in einer Höhe von etwa 300–285 m zwischen den Ausläufern des Dinkelberges im O und der eigentlichen Talaue im Westen. Hierbei ist sie im südlichen Teil etwa 600 m breit, nach N erweitert sie sich auf etwa 1,1 km, um dann in Richtung Brombach durch die Ausläufer des Hellberges eine deutliche Verengung zu erfahren und im weiteren Verlauf sich auf nischenartige Ausweitungen zu beschränken. Die parallel laufende Talaue hat ihren niedrigsten Punkt an der Landesgrenze mit 272 m. Sie erstreckt sich flußaufwärts in einer Breite von etwa 400–500 m, wobei sie an der Flußbiegung eine Erweiterung auf etwa 800–900 m erfährt. Weiter nördlich ist sie wieder schmaler ausgeprägt.

Die Schotterplatten der Niederterrasse sind *Schüttungen der Würmeiszeit*, die in enger Verbindung mit dem vom Feldberg bis nach Atzenbach reichenden Wiesengletscher stehen. Der anfallende Gesteinsschutt wurde von den Flüssen talabwärts getragen, gerundet und schließlich abgelagert. Daher setzen sich die Niederterrassenschotter aus einem wohlsortierten Gemenge von Geröllen zusammen, in die aber immer wieder Sandbänke und -linsen eingelagert sind. Dies wird unterstrichen durch Flurnamen wie Grienacker. Die Zusammensetzung der Gerölle orientiert sich am Einzugsbereich der Wiese. So sind vorhanden: Gneise, Granite, Buntsandstein, vereinzelt auch Muschelkalk. Im ost-westlich-verlaufenden Teil der Wiese ist, bedingt durch rechtsseitige Nebenbäche, ein starker Geröllanteil von Buntsandstein festzustellen, was durch die auffallend rötliche Farbe der Schotter dokumentiert ist. Die Mächtigkeit der Niederterrassenschotter beträgt zwischen 20–23 m, unter der Schotterbedeckung – so haben Bohrungen ergeben – zeigt die Sohle ein flaches Relief mit Rinnen, Kolken und Rücken.

Die *Wiesenaue* beschränkt sich im Stadtbereich auf den östlichen Teil der Talebene. Rechtsseitig sind noch Flächenanteile in Haagen, Tumringen sowie in den Binsenmatten bei Lörrach vorhanden. Die Aufschüttungen sind überwiegend in frühgeschichtlicher Zeit entstanden. Die Mächtigkeit liegt zwischen 12 und 17 m. Die Ablagerungen bestehen aus Grob- und Feinkiesen sowie Feinsand mit schluffigen bis sandigen Auelehmen in Richtung Hochgestade. Eingelagertes grobes Geröll erreicht Durchmesser von bis zu 30 cm. Das Grundwasser steht zwischen 4 und 6 m unter Flur. Jahreszeitliche Spiegelschwankungen erreichen etwa 2 m. Die Entstehung der Talaue erklärt sich durch nacheiszeitliche Erosionen der Wiese, die sich hier in ihren eigenen Aufschüttungen ein breites kastenförmiges Tal geschaffen hat, wobei die seitlichen Ufer als Hochgestade ausgeprägt sind. Dieses so geschaffene Kastental wurde dann mit der bis zu 15 m mächtigen Auefüllung aufgefüllt. Insbesondere dieser Bereich hat starke Veränderungen erfahren. Noch im 19. Jh. spaltete sich die verwilderte Wiese in mehrere Gerinne (Giessen) auf, die durch Kiesbänke (Grienen) voneinander getrennt waren. Bei jedem Hochwasser ergaben sich Veränderungen und Materialverschiebungen.

Teile der Niederterrasse sind von fruchtbaren Schwemmlehmen überdeckt und werden z.T. noch heute als Ackerland genutzt. Dies zeigen auch die entsprechenden Flurnamen wie Taubenacker, Bodenacker und Ziegelacker. Der Flurname Lettenacker kennzeichnet stärker tonige Decklehme. Eine westwärts dünner werdende Decke von fruchtbarem Schwemmlöß bedeckt die Niederterrassenfelder im S der Gemarkung in Richtung Landesgrenze. Niederterrasse und Aue insgesamt werden als Ackerland oder Wässerwiesen genutzt, insbesondere in den nördlichen Teilen und im Bereich südlich von Stetten.

Niederterrasse und Aue sind die bedeutendsten *Grundwasserspeicher* im Stadtgebiet. Die gute Schichtung der Kiese und Gerölle ergeben eine hervorragende Filterwirkung bei vorhandener großer Staukapazität. Die Fließgeschwindigkeit im Wasserschutzgebiet »Grütt« wurde bei laufender Entnahme auf 55–108 l/s festgestellt. Oberhalb von Lörrach fließen 150–190 l/s, unterhalb der Stadt 30–50 l/s ab. Die Verringerung wird mit der großen Wasserentnahme im Stadtraum erklärt, aber auch durch Eindringen von Grundwasser in den Fluß infolge der Querschnittsverengung im S des Stadtgebiets. Die Zusammensetzung des Grundwassers unterscheidet sich je nach Herkunftsgebiet: Wasser aus dem Bereich des Grundgebirges, des Buntsandsteins und aus dem Karstgebiet des Dinkelberges ergibt bei entsprechenden Zusammensetzungen ein jeweils unterschiedliches Mischungsverhältnis. Zu dem vom Oberlauf mitgeführten Grundwasserstrom der Wiese kommen zum einen die Niederschläge, zum anderen Zusickerungen von Schichtgrundwasser von den Flexurbergen und dem Tüllinger Berg.

Die westliche Begrenzung des Stadtgebietes von Lörrach bildet der *Tüllinger Berg*. Als markante Erscheinung überragt der nord-südlich sich erstreckende Höhenzug das Stadtgebiet im Südteil um etwa 160 m. Die ebene Hochfläche verläuft nach S spitz zu und ist für den aus Richtung Schweiz kommenden Besucher ein markanter Orientierungspunkt unmittelbar an der Landesgrenze. Die Gemeindegrenze der Stadt gegen Weil am Rhein verläuft im Südteil unmittelbar am Westabfall des Berges, quert das Käferholz und zieht sich weiter nördlich am Osthang entlang der Autobahnbrücke in Richtung Röttler Wald. Der Tüllinger Berg erreicht im Südteil Höhen bis 460 m, um dann steil abzufallen, nach N erfolgt eine allmähliche Verflachung bis zum Paß an der Lucke. Der Osthang des etwa 5 km langen Berges zeigt einen ausgeprägten Wechsel von Geländestufen und Hangverflachungen. Den oberen Abschluß bildet eine tafelbergartige Verebnung, die aus Süßwasserkalkplatten besteht. Eingeschaltete Mergelhorizonte bedingen die Hangverflachungen. Im einzelnen sind am Bergfuß Sande der Elsässer Molasse nachgewiesen, so in der kleinen Sandgrube zwischen Weilrain und Wiesensteg. Darüber folgen Tüllinger Süßwasserschichten, das jüngste Tertiär im Stadtraum. Hierbei handelt es sich um Mergel mit eingeschalteten Süßwasserkalkbänken. Entlang der Straße »Ob der Bruck« und dem Langackerweg ist eine natürliche Verebnung festzustellen, die durch eine Folge bunter Mergeltone bedingt ist. Ein weiterer Geländeanstieg oberhalb dieser Verflachung ist durch eine etwa 2 m mächtige Süßwasserkalkbank hervorgerufen. Es folgen erneut Mergel in Wechsellage bis hin zur abschließenden Verebnungsfläche, die als stark rutschgefährdet gelten. Viele ältere und junge *Schlipfe* sind zu erkennen. Am Wiesensteg schiebt sich ein großer Schlipf gegen die Talsohle. Weite Teile des Tüllinger Berges sind von einem oft mehrere Meter dicken Schuttmantel aus dunkelgrauem, zum Teil weißlichem Hanglehm überkleidet, der teils tonig-schluffig, teils steinig ausgeprägt ist. Insbesondere am Fuß der Raine sind diese Lehme steinig und zuweilen von größeren Kalksteinblöcken durchsetzt. Die Grenzfläche zwischen Schuttmantel und dem unvermittelten Tonmergel mit seinen wasserstauenden Eigenschaften gilt als Schmierschicht und Auslöser für die seit Jahrhunderten bekannten Rutschungen. Ursachen sind die Quellerosion am Fuße der Raine, die Flußerosion am Bergfuß sowie Veränderungen des instabilen Gleichgewichtes infolge starker Niederschläge.

Die *Grundwasserverhältnisse* am Tüllinger Berg sind bestimmt von dem wiederholten Wechsel durchlässiger Süßwasserkalke und stauender Tone und Mergel. Hierdurch ergibt sich ein System übereinander gelagerter Grundwasserniveaus und damit Quellhorizonte. Ein besonders ergiebiger Quellhorizont liegt in etwa 400 m Höhe am Fuße einer Kalkplatte. Er gilt als Grundlage der Wasserversorgung von Tüllingen. Ein weiterer Quellhorizont in etwa 300 m Höhe speist die Quellen »Am Weilrain«, im »Hummel« und südlich von Tumringen. Die Ergiebigkeit dieser Quellen ist jedoch gering und die Schüttungsschwankungen sind groß.

Die tonig-sandigen, kalkigen Böden und Lößböden des Tüllinger Berges werden für Reb- und Obstanpflanzungen genutzt. Geschlossene Rebareale sind im S zwischen Baselweg, Lichsenweg und dem unteren Wagenkehrweg zu finden. Die Rutschgebiete bilden häufig Wiesen- und Weideareale, die Kalkstufen Trockenwiesenstandorte. Die Kalkplatte auf der Höhe ist mit Wald bestockt (Käferholz). Insgesamt steht der Tüllinger Berg unter Landschaftsschutz mit dem ausgewiesenen Ziel, Flächen für die Naherholung zu sichern.

Die Westbegrenzung des Stadtgebietes durch den mehr einförmigen Osthang des Tüllinger Berges mit der oben abschließenden Verebnung des Käferholzes steht im Gegensatz zu den reich gegliederten, treppenförmig ansteigenden Höhenzügen im O der Stadt, die zu den Höhen des Dinkelbergs mit seinen verkarsteten Muschelkalkhochflächen führen. Die höchsten Erhebungen erreicht der *Dinkelberg* im O der Stadtgemarkung in der Mezelhöhe mit 485 m. Nach N ergibt sich eine leichte Abtreppung zum Schindelberg mit 418 m und nach NO zur Homburg mit 430 m. Die Eiserne Hand im S an der Schweizer Grenze erreicht 464 m. Gegen W endet das Dinkelberg-Plateau mit einer steilen Halde, wobei die Höhenunterschiede zur Niederterrasse der Wiese am Homburg 130 m und am Schindelberg etwa 100 m erreichen. Der Dinkelberg-Hochfläche sind einige deutlich niedrigere kuppige Einzelberge und Hügel vorgelagert, so der Hünerberg mit 408 m und der Schädelberg mit 420 m. Eine weitere Abtreppung in Richtung W erfolgt über Leuselhard, Hafenbuck und Eggenbuck.

Die Schichten des Dinkelberges sind im wesentlichen aus flachgelagerten und wenig gestörten *Muschelkalkplatten* aufgebaut. In den stärker abgesenkten Bereichen, so zwischen Homburg und Schindelberg, haben sich über dem Muschelkalk teils Keupermergel, teils Kalke des unteren Jura erhalten. Auf der Mezelhöhe ist Lias durch harte, blaugraue Kalke voller grobschaliger, gekrümmter Austern und Reste anderer Meerestiere vertreten. Der bewaldete Homburg, der durch die Anlage der Autobahn angeschnitten ist, ist aus Kalken und Dolomiten des Oberen Muschelkalkes aufgebaut. Auch der Weilert besteht im Untergrund aus Muschelkalk mit einer dünnen Lößdecke im O. Im Nordteil des Salzert sowie auf dem zum Gretherhof abfallenden Hang sind Tonmergelsteine des Keupers festgestellt worden, wobei jedoch metertiefe Verlehmungen genannt werden.

Kennzeichnend für die Muschelkalkflächen ist die Waldbedeckung. Wald stockt im Lingert, Hellberg, Homburg, Maienbühl und Unterberg. Dies trifft auch mit wenigen Ausnahmen auf die Flächen mit überlagernden Keupermergeln zu. Ackerland findet sich in Gebieten, wo der Muschelkalk mit Löß oder Lößlehm bedeckt ist, so in Riederfeld, Weilert, Salzert und Chrischona. Auch die schmalen Keupermergelstreifen entlang der Rheintalflexur östlich von Hünerberg und Schädelberg werden ackerbaulich genutzt. Im Bereich der Gemarkung von Brombach ergeben sich als Verwitterungsprodukte von Muschelkalk und Lettenkeuper gelbe bis ockerfarbige, sandiganlehmige Böden mit unterschiedlicher Tiefe. Örtlich wurden Lößanteile mit zum Teil flächiger Ausprägung in den Gewannen Löhr, Schindelberg und Jelten festgestellt. Die Forschung hat diese sandig-schluffigen Böden ohnehin mit Lößboden in Verbindung gebracht. Auf den südlich anschließenden Keuperflächen sind schwere tonige Böden mit geringerem Kalkgehalt vorhanden. Aufgrund der Undurchlässigkeit neigen sie zu Vernässungen. An den steileren Halden sowie am Hellberg, Schindelberg und an der Wiesenhalde stockt auf Muschelkalk Wald; bei vorhandener Lehmbedeckung ist auch ackerbauliche Nutzung möglich. Die von Keupermergeln bedeckten Flächen im S der Gemarkung in Richtung Mezelhöhe sind als Waldgebiete ausgeprägt. Die Landmarke der Mezelhöhe, auffallendste Erhebung im nordwestlichen Dinkelbergbereich, ist durch das Vorkommen harter Jurakalke des Lias bedingt. Der hier stockende Hochwald verdeckt etwas die Reliefsituation. Bei der Festlegung der Banngrenzen war diese Anhöhe vorgegebener Richtpunkt, wobei der Grenzstein nicht unmittelbar die Höhe einnimmt, sondern etwa 500 m südöstlich versetzt wurde. Hier laufen am »Siebenbannstein« die Grenzen mehrerer Gemeinden aufeinander zu.

Der Bereich des Dinkelbergs ist durch eine große Wasserarmut gekennzeichnet, bedingt durch die starken *Karsterscheinungen*, die auch an der Erdoberfläche durch die

Häufung zahlreicher Dolinen festzustellen sind. Diese häufen sich an der Grenze zum überlagernden Lettenkeuper und sind auch noch im Lettenkeuper selbst festzustellen. Auf Lörracher Gemarkung trifft dies besonders im Einzugsgebiet des Tannengrabens zu. Andere Karsterscheinungen sind nur periodisch schüttende Quellen, die in der trockenen Jahreszeit versiegen. Sie liegen im Bereich der tonigen, wasserstauenden Mergel des Keupers oder im Grenzbereich zum Oberen Muschelkalk. Teilweise versickern die Bäche auch an Stellen, wo der unterlagernde Obere Muschelkalk erreicht wird. Das versickernde Wasser tritt in Karstquellen wieder zutage, dort wo der Karstwasserspiegel angeschnitten wird. Als solche Karstquellen werden die Quellen in den Weiermatten und die nur zeitweise fließenden Quellen im Wellental und die Schäftelquelle an der Hüsinger Straße bezeichnet.

Die *hydrologischen Verhältnisse* im Westteil des Dinkelberges werden durch die Eigenschaften des Muschelkalkes bestimmt. Niederschlagswasser versickert in Klüften, Schichtfugen und Rissen. Durch die Abtauchung nach W gegen die Rheintalflexur ergibt sich ein Rückstau an den Keupermergeln, so z. B. auf der Talsohle im Umkreis des Gretherhofes. Aufgrund der geringen Filterwirkung und des hohen Kalkgehaltes ergaben sich früher erhebliche Probleme bei der Trinkwasserversorgung bzw. -aufbereitung.

Die nächst niedrigere Geländestufe wird von den Höhen des Hünerberges und Schädelberges gebildet. An diesen sogenannten *Flexurbergen* taucht die Muschelkalkplatte nach W ab, und jüngere Gesteine haben sich erhalten. Die Hünerbergkuppe wird vom Hauptrogenstein des mittleren Jura gebildet. Er ist mit Wald und Trockenwiesen bestanden. Von der Kuppe aus erstrecken sich nach beiden Seiten teils mehrere Meter mächtige Hangschutte. Nach O folgen ausgedehnte Flächen aus Opalinus-Tonen im Bereich des Obereck. Sie gelten als besonders rutschgefährdet. Der südlich anschließende Schädelberg, getrennt durch das Tal des Rüttegrabens, ist mit 420 m die höchste Erhebung vor dem Dinkelberg. Die 175 x 40 m große Verebnung auf der Anhöhe ist ebenfalls aus Hauptrogenstein aufgebaut. Zum Teil als Felsen anstehend, zum Teil kleineren Anrissen entblößt, ist er an der Westhalde in einem Steinbruch erschlossen. Aufgrund der Hangbedeckung mit grobsteinigem Schutt ergibt sich eine ausgedehnte Bewaldung. Auf dem Plateau ist ein frühgeschichtlicher Wall erhalten, der auf die frühe Besiedlung dieses Gebietes hinweist.

Westlich des Schädelberges erstreckt sich der niedrige Hügel des Leuselhard, der dann im Rosenfels zur Niederterrasse abfällt. Er findet – durch eine Delle getrennt – seine Fortsetzung im Hafenbuck. Infolge der noch tieferen Absenkung der zerstückelten Schollen der Flexurberge haben sich hier noch jüngere Gesteine erhalten. Auf eine von W eingefallene Folge von Meeressand folgen blaue Letten, die wiederum von Tertiärmaterial, der Elsässer Molasse, überdeckt werden. Auf dem anschließenden Eggenbuck bilden blaue Letten die Grundlage für die rißeiszeitlichen Hochterrassenschotter der Wiese. Sie sind hier auf großer Fläche in 313 m Höhe freigelegt und erreichen eine Mächtigkeit von bis zu 18 m. Damit ergibt sich eine Höhendifferenz von etwa 20 m bis zur Niederterrasse und 33–35 m zur heutigen Talaue. Weitere Hochterrassenflächen lassen sich in 310–320 m am Hünerberg, Stettenbuck und Ettwang feststellen. Die Hochterrassenschotter sind jedoch zumeist von Löß oder Lößlehm überdeckt, die wegen ihrer Wasserdurchlässigkeit und des Nährstoffreichtums fruchtbare Ackerböden darstellen. Auf den Rogensteinbergen stockt in der Regel Wald, so am Hünerberg, Schädelberg, auch Trockenwiesen, wie an der Hünerbergkuppe und am Stettenbuck, sind vorhanden. Die tonig-sandigen Böden und Lößböden im hügeligen Übergangsbereich werden von Obstbaumanlagen eingenommen.

Die *hydrologische Situation* im Bereich der Flexurberge ist durch die starke Verstellung und Zerstückelung der Schollen bestimmt. Ein übergreifender und ergiebiger Wasserspeicher konnte daher nicht entstehen. Die isolierten Einzelberge mit teilweise recht steilen Hängen ergeben kleine Wassereinzugsbereiche. Wo auf größeren Flächen undurchlässige Juratone die Hänge bilden, so an den Hartmatten und am Schindelberg, ist der Abfluß relativ groß. Quellen treten an lokal begünstigten Stellen, meist an Verwerfungen auf. Sie befinden sich in den östlichen Hartmatten, im Scherbrunnen und im Brunnen an der Rheinfelder Straße. Im Umkreis von Stetten sind mehrere Schichtquellen vorhanden, die über den blauen Letten im Molassesand, aber auch in den durchlässigen Hochterrassenschottern gespeichert werden.

Die nördliche Begrenzung des Stadtgebietes bildet der *Röttler Wald*. Die im Stadtgebiet verlaufende Rheintalflexur führte auch in diesem Bereich nördlich der Wiese zu einer Absenkung der Schichten; von O nach W bilden zunehmend jüngere Schichten die Erdoberfläche. Von den Höhen des Röttler Waldes schieben sich einzelne Sporne bis an den Rand der Niederterrasse vor, so von O nach W der Stockert mit 430 m Höhe, die Dornhalde mit 420 m Höhe, der Lingert mit 420 m Höhe, der Burgberg am Röttler Schloß mit 435 m und schließlich der Ausläufer des Röttler Waldes westlich von Röttelnweiler. So kann man über kurze Distanz fast das gesamte Deckgebirge des Erdmittelalters feststellen: Buntsandstein im Stockert, Oberer Muschelkalk im Lingert, Keuper im Lichsen, Schwarzjura im Buck, den Rogenstein des Dogger am Burgberg sowie tertiäre Ablagerungen der Erdneuzeit im Schnellberg. Otto Wittmann hat festgestellt, daß hierbei die mehr kalkigen und sandigen Bildungen entblößt liegen, während die mehr tonig-mergeligen Schichtfolgen, die ja leichter verwittern, von Vegetationsdecken überzogen sind und von daher häufig nur zu vermuten oder anhand kennzeichnender Farben zu benennen sind.

Hinzuweisen ist auf die Verschlipfung im Bereich der blauen Letten oberhalb Röttelnweiler, wodurch im Rahmen der Autobahntrassierung wiederholt Sicherungsmaßnahmen gegen Abrutschungen notwendig wurden. Im Teilbereich östlich des Burgberges sind Opalinus-Tone des Doggers vorhanden, die von Ton- und Kalksteinen des Lias unterlagert werden. Am Südfuß des Lichsen stehen Tonmergel des Keupers an. Auch hier sind Rutschungen möglich. Der Obere Muschelkalk im Bereich des Lichsen ist stark verkarstet. Auf der Höhe liegt eine große, ca. 25 m tiefe Doline, das Lichsenloch. Am Südwestfuß des Lingert ergießt sich eine große Karstquelle, der Vogtbrunnen. Ein Feld von kleineren Dolinen befindet sich im Wald am Fuß des Hagenrains. Der Röttler Burgberg besteht aus Schichten des Braunjuras und alttertiären Meeressanden. Insbesondere der Hauptrogenstein des oberen Doggers ist hier vertreten. Die tertiären Ablagerungen bestehen aus Kalksandsteinen und Kalkkonglomeraten des Meeressandes. Der Röttler Burgberg und seine Umgebung stehen seit dem 20.12.1979 unter Landschaftsschutz und bilden mit dem südlich anschließenden Tüllinger Berg ein nahezu duchgehendes Naherholungsgebiet am Westsaum der Stadt.

Im Bereich der kiesig-sandigen Hanglehme mit ihren mageren Böden, also auf den Höhen der Berge und an den Hängen, befindet sich Wald. Auch die steilen Hänge der Kalkberge, um den Lingert, auf den Halden im schwarzen Graben und am Röttler Burgberg sind mit Wald bestanden. Reben und Obstkulturen sind im Bereich des oberen bunten Mergels (Keuper) am Südhang des Lichsen, auf steinigem Hanglehm des Lias in kleinen Parzellen am Hang des Bucks, vor allem aber über dem blauen Letten und den Glimmersanden des Tertiärs mit ihren trocken-sandigen, warmen Böden anzutreffen. Auf der Hochfläche des Röttler Waldes sind Reste jungtertiärer Juranagelfluh vorhanden; sie lassen sich als Anschüttungen einer Ur-Kander deuten, die etwa dem heutigen Lauf folgte. Etwas höher liegen alte Schotter, die Gerölle aus Graniten, Gneisen und Buntsandstein führen und als Ablagerungen einer Ur-Wiese angesehen werden. Die Hochterrassenschotter, die am östlichen Talhang am Lingertfuß an der Wittlinger Straße bei der Brücke vorhanden sind, stellen die erste zeitlich sicher eingeordnete Schüttung des Eiszeitalters dar. Sie reichen etwa 160 m weit das Tal hinauf und etwa 70 m entlang der Straße nach S. Ihre Höhenlage von etwa 350–380 m entspricht den Schotterflächen auf dem gegenüberliegenden Dinkelberg. Die Siedlungsansätze des historischen Stadtkernes und der eingemeindeten Ortsteile liegen bis auf wenige Ausnahmen im überschwemmungsfreien Bereich der Niederterrasse, zum Teil auch auf Schwemmfächern der aus den Randhügeln austretenden Bäche.

Siedlungsbild. – Wer auf der Autobahn in Richtung Lörrach fährt, gewinnt auf der Höhe der Lucke einen ersten *Überblick* über die Stadt. Im Vordergrund erstrecken sich die an den Hang geschmiegten Ausläufer des 1935 eingemeindeten Ortsteiles Tumringen. Lockere Ein- und Zweifamilienhausbebauung geht hangwärts in Wiesengrundstücke, Äcker und Obstbaumplantagen über. Die weiten Niederterrassen des Wiesentales werden von den ausgedehnten Sportanlagen im Grütt sowie den Anlagen der früheren Landesgartenschau entlang der Wiese eingenommen. Linker Hand erhebt sich die Burgruine Rötteln, Wahrzeichen des historischen Erbes. Die weitgespannte Autobahnbrücke von Rötteln über das Tal der Wiese bis hin zum angeschnittenen Hellberg markiert den nördlichen Abschluß des zusammenhängend überbauten Stadtgebietes, aus dem sich die charakteristische Silhouette der St. Peters-Kirche, das Rathaus sowie die schmalen Schornsteine der Fabrikbauten als auffallende Siedlungselemente herausheben. Wiesentalaufwärts liegen die eingemeindeten Stadtteile Haagen, Hauingen und Brombach. In südlicher Richtung ist auf dem Dinkelberg die moderne Überbauung des Salzert zu erkennen. Wieseabwärts erfolgt – unterbrochen durch die Landesgrenze – der bauliche Übergang nach Riehen, womit sich der durchgehende Siedlungszug in Richtung Basel andeutet.

Die Grundrißgestaltung orientiert sich zum einen an vorgegebenen Geländeformen, zum anderen an alten Leitlinien des überregionalen Verkehrs. So ist die heutige Basler Straße Teil einer alten, dem Wiesental folgenden Verbindung von Basel nach Schopfheim. Einer zweiten Verkehrsleitlinie von Lörrach über den Dinkelberg an den Hochrhein folgt im Stadtgebiet die Wallbrunnstraße. Sie mündet beim Marktplatz in die Basler Straße. Die überflutungsfreie Niederterrasse und der ebenfalls hochwassersichere Schwemmfächer des heutigen Rüttegrabens boten in Verbindung mit diesem Verkehrsschnittpunkt gute Voraussetzungen für eine Ansiedlung. Bereits im Mittelalter bestanden *zwei Siedlungskerne*. Im O am Fuß des Hünerberges lag die ältere *Ufhabi*. Die Namengebung wird u. a. damit erklärt, daß die Leute von St. Alban/Basel das Recht hatten, zum Aufrichten von Fachwerkhäusern am Hünerberg Holz »aufzuheben«, d. h. zu schlagen. Der zweite Siedlungskern entwickelte sich um *Kirche und Burg*. Letztere wurde nach 700 an der Stelle des heutigen Straßenkreuzes Basler Straße/ Wallbrunnstraße über dem hier 12 m hohen Niederterrassenrand errichtet und diente zur Sicherung der Verkehrswege. Sie ist heute noch im Namen Burghof im Kulturzentrum des südlichen Altstadtbereiches dokumentiert. Zur Zeit der Stadterhebung Lörrachs im Jahre 1682 waren die Basler Straße von der Baumgartner Straße, Tumringer Straße bis vor der Einmündung der Grabenstraße, die Turmstraße, Teichstraße, Herrenstraße bis zum Bereich des Hochgestades sowie Teile der Wallbrunnstraße in Richtung O bis zur Einmündung des Hünerbergweges besiedelt. Damit ist das Altstadtareal abgegrenzt. Zwischen den beiden Siedlungskernen wurde 1862 die Trasse der Wiesentalbahn gelegt.

Sowohl in den Grundriß- als auch in den Aufrißelementen herausgehoben erweist sich das *Stadtzentrum* von Lörrach. Moderne Orientierungsmarke ist der Rathausbau am Bahnhof mit dem angegliederten Verwaltungszentrum, der Post und dem Landratsamt, der leicht gewundene Verlauf der Turmstraße, als Fußgängerzone ausgewiesen und Mittelpunkt des Kaufzentrums, das sich bis zum Marktplatz erstreckt. Dort anschließend erhebt sich der historische Burghof, neben der evangelischen Stadtkirche Mittelpunkt eines ›Kulturbereichs‹, der den südlichen Abschluß der Stadtmitte bildet.

Die Altstadt hat im Laufe der Jahrhunderte mannigfaltige Umgestaltungen erfahren. Das Aufrißbild ist geprägt durch das Nebeneinander unterschiedlicher Bauhöhen sowie alter und neuer Baustile. Dieses für Lörrach durchaus charakteristische Spannungsverhältnis sei exemplarisch am Beispiel der Turmstraße beschrieben. Der leicht gewundene Verlauf der Turmstraße, die sich zum Hebel-Park öffnet, gehört zu den identitätsbildenden Elementen der Lörracher Stadtlandschaft. Die zwei-, zum Teil dreigeschossigen Häuser mit aufgesetzten Mansarden schaffen Abwechslung und Belebtheit. Die heute noch von Haus zu Haus wechselnde Stockwerkszahl, Geschoßhöhe und auch die Dachformen gehen auf einschneidende Veränderungen im 19. Jh. zurück. Durch den Einzug der Industrie zwischen 1750 und 1800 entstand ein großer Bedarf an Wohnraum. Dies führte einerseits zu starker Neubautätigkeit und zur Entstehung neuer Stadtteile, hatte aber auch zur Folge, daß die bisher durchweg zweistöckigen Bauten der Altstadt nun aufgestockt wurden, ohne auf Stockwerkshöhen oder Dachformen der Nachbarhäuser Rücksicht zu nehmen. Die häufigen Dachausbauten (Mansarden) sind für diese Periode bezeichnend. Die zwei- bis dreigeschossige geschlossene Bebauung in kleinteiligen Dimensionen kontrastiert mit dem Hochhaus am Marktplatz einerseits und dem 20geschossigen Rathausneubau andererseits, der den Bahnhofsvorplatz überragt. Am Übergang zur Turmstraße markieren zwei siebengeschossige Wohn- und Geschäftshäuser die Grenze des mittelalterlichen Stadtkerns. Dies weist auch die Bezeichnung »Grabenstraße« aus.

Zu den neugestalteten Altstadtbereichen gehört auch das Verwaltungszentrum von Lörrach. Eines seiner Elemente bildet das eben genannte neue Rathaus, das sich dem Neubaukomplex der Bundespost nördlich anschließt. Diese hatte gegenüber dem Hauptbahnhof ein großes Areal erworben und nach Abriß einer alten Fabrikanlage und mehrerer Wohnhäuser das jetzige Hauptpostgebäude errichtet. Hinter dem Neubau der Bundespost ist das neue Landratsamt entstanden, daneben im gleichen Stil das Sparkassengebäude.

1982 wurde die Bebauung des Bahnhofsplatzes mit der angegliederten Tiefgarage fertiggestellt. Er schafft die Verbindung zum renovierten Hauptbahnhof. Die Durchgangsstraße zwischen Platz und Bahnhof wurde abgesenkt und in den östlichen Einbahnring der Stadtkerntangente integriert. So ergibt sich eine direkte Fußgängerverbindung zwischen Bahnhof und Bahnhofsplatz. Die dreigeschossige Tiefgarage entspricht den Erfordernissen der Bereitstellung zentrumsnaher Parkplätze als Voraussetzung zur Attraktivitätssteigerung der nahen Fußgängerzone. Kennzeichen des Platzes sind fünf Geschäftskioske sowie in der Platzmitte eine Bronze-Skulptur, die die Kalendergeschichte von Hebel »Der Brassenheimer Müller und der Zundel-Heiner« darstellt. In Anknüpfung an die historische Situation am Nordausgang der Turmstraße bildet das Turmcafé als symbolisches Stadttor den nördlichen Abschluß des Platzes. All diese Bauwerke sind in moderner Stahl-Glas-Konstruktion erstellt. Mit der individuellen Formgebung gewinnt der Platz so einen eigenen Charakter.

Ein wesentlicher Eingriff in jüngerer Zeit ist mit dem Abbruch des historischen Gasthauses »Hirschen« am Verkehrsknotenpunkt Tumringer Straße/Basler Straße/Turmstraße im Jahre 1964 erfolgt. Hier entstand der Neubau des Kaufhauses Hertie in deutlicher Absetzung der kleinteiligen Gebäudestruktur der Turmstraße und der Tumringer Straße. Aus denselben Gründen wie bei der Turmstraße ist die Tumringer Straße im Aufriß gekennzeichnet durch einen ausgeprägten Wechsel unterschiedlicher Bauhöhen und -breiten. Das gegenüberliegende Gebäude des ehemaligen Kaufhauses »Kaufring« geht in der Fassade auf das erste Jahrzehnt des 20. Jh. zurück, wurde jedoch mit neuzeitlichen Baumaterialien der Front des Kaufhauses Hertie angepaßt. Arkaden an der Westseite der Tumringer Straße sowie beim Kaufhaus Hertie unterstreichen die Bedeutung des Fußgängerverkehrs. In diesen Zusammenhang ist auch die Umwandlung der Turmstraße in eine *Fußgängerzone* einzuordnen, wozu Bänke aufgestellt, Bäume gepflanzt und moderne Lampen installiert wurden. Gleichzeitig wurden die Fassaden mit unterschiedlicher Farbe gestaltet. Als südliche Fortsetzung erfährt die Basler Straße an der Einmündung der Wallbrunnstraße eine Erweiterung und schafft den Übergang vom alten zum neuen Marktplatz. Der alte Marktplatz ist durch einen Funktionswandel gekennzeichnet, wobei dort, wo früher Gaststätten und Hotels standen, heute verschiedene Geldinstitute eingezogen sind. Dadurch hat sich das Kaufzentrum allmählich nach N verlagert in Richtung Turmstraße. Ein neuer Kristallisationskern entstand mit der Geschäftspassage des Hochhauses am Marktplatz. Den Mittelpunkt des neuen Marktplatzes bildet eine moderne Brunnenplastik, um die herum sich dienstags, donnerstags und samstags das lebhafte Marktgeschehen abspielt. Moderne Bänke, Baumanpflanzungen und ein Kiosk runden das Gesamtbild ab.

Die südliche Begrenzung des Stadtkerns bildet das Kulturzentrum um den Burghof mit dem Komplex der evangelischen Stadtkirche und dem Heimatmuseum. Hier ist der westliche Kern der mittelalterlichen Dorfanlage von Lörrach, der durch eine Neuplanung eine großräumige Gestaltung erhalten hat. Das evangelische Pfarrhaus, die Stadtkirche sowie das Museum am Burghof bilden eine historische Baugruppe von hohem künstlerischem Wert. Im S dieser Platzanlage ist das neue Altersheim hinzugekommen. Herausragendes Kennzeichen ist der Turm der evangelischen Stadtkirche, der, wohlproportioniert, mit einer behutsamen Belebung der Wand durch Mauerschlitze und einfache spitzbogige Schallöffnungen wirkt. Die verputzten Wandflächen werden durch behauene Quadersteine begrenzt. Wesentlich jünger ist das Kirchenschiff, das 1817 im Weinbrennerstil und unter starker Veränderung der Dachpartie entstand. Die zur Basler Straße parallel gestellte Fassade gilt als gelungene Verbindung zwischen den beiden Barockbauten, dem Museum am Burghof einerseits und dem Pfarrhaus andererseits. Gegenüber dem schweren Turm erweist sich die Giebelfront mit den zwei niedrigen Ecktürmen als durchaus wohlproportioniert. Das heutige Museum am Burghof geht auf einen Tabakfabrikneubau aus dem Jahre 1755 zurück, der jedoch bereits kurze Zeit später als Ersatz der Kapitelschule in der Herrenstraße zum Pädagogikum umgebaut wurde. Als Hebel-Gymnasium bekannt, zog in das Gebäude 1978 das Städtische Museum ein, nachdem umfangreiche Außen- und Innenrenovierungen durchgeführt worden waren. Rechts neben der Stadtkirche befindet sich das 1761 erbaute Pfarrhaus mit seinem steilen Dach und den eingebauten Mansarden. Die Bescheidenheit wird durch die strenge Fassadengliederung unterstrichen.

Zusammenfassend ergibt sich folgende innerstädtische Funktionsdifferenzierung: Um den Bahnhofsplatz hat sich mit Rathaus, Finanzamt, Hauptpostamt, Fernmeldeamt und Landratsamt ein Verwaltungszentrum herausgebildet, das etwa den Bereich zwischen Palmstraße, Luisenstraße und Tumringer Straße umfaßt. Einkaufszentren sind der Bereich der Fußgängerzone in der Turmstraße sowie die angrenzenden Teile der Basler Straße und Tumringer Straße. In diesen Straßenzügen sowie den angrenzenden Nebenstraßen wird das Erdgeschoß in der Regel als Geschäft genutzt, während in den darüberliegenden Stockwerken häufig noch die Wohnfunktion dominiert. Eine Aufwertung des Bereiches um die Turmstraße erfolgt durch die innerstädtische Sanierungspolitik. Als Kulturzentrum gilt der südlich angrenzende Bereich mit dem Burghof, der evangelischen Stadtkirche, dem Museum und dem südlich anschließenden Altenheim.

Als weiterer historischer Kern ist das ehemalige Dorf Stetten südlich des Stadtzentrums kurz vor der Schweizer Grenze anzusprechen. Während Lörrach in der Anlage als ungeregeltes Haufendorf anzusprechen ist, sind für Stetten rundliche Strukturformen zu beobachten, die in der Literatur gelegentlich als »Rundling« gedeutet werden. Diese Charakterisierung ist jedoch nicht zutreffend; in der Uranlage handelt es sich um ein Haufendorf. Im Gegensatz zu Lörrach, das sich entlang der beiden Hauptverkehrswege mehr linear entwickelt hat, ist in Stetten aber eine Konzentration der Hofanlagen um Kirche, Friedhof und Dinghof festzustellen. Stetten wurde als Verwaltungszentrum von Klostergütern gegründet, die im weiten Umkreis auf dem Dinkelberg, im Hochrheintal und in der Nähe von Basel lagen. Die Anlage erfolgte auf dem Schwemmfächer des Steinentales, wobei das Kloster mit Kirche und Dinghof einen Mittelpunkt schuf. Die Höfe, die sich in mehreren Ringen um dieses Zentrum erstreckten, waren durch Wege sternförmig an das Zentrum angebunden. Das Gesamtbild mit zum Teil noch alten Häusern aus dem 17. und 18. Jh., dem Stettener Schloß sowie der klassizistischen Kirche in Randlage ergeben ein städtebaulich reizvolles Ensemble. Das *Stettener Schlößchen* steht westlich der Inzlinger Straße, kurz vor der Einmündung in die Hauptstaße, als zweistöckiger Renaissance-Bau (s. u. Bemerkenswerte Bauwerke). Unmittelbar von der Inzlinger Straße aus gelangt man durch Einfahrtstor und Fußgängertür zum Schloßhof. Das Einfahrtstor ist aus rotem Sandstein und rundbogig konstruiert. Abzweigend von der Hauptstraße hat sich in Stetten heute ein Subzentrum mit Geschäften des kurz- und mittelfristigen Bedarfs und Dienstleistungsunternehmen entwickelt. Kindergarten, Haus der Jugend, Fridolin-Schule und ein katholisches Altenheim sowie die St. Fridolin-Kirche vervollständigen die Infrastruktur.

Im Jahre 1935 wurden die zwei östlichen Stadtteile von Lörrach, Tüllingen und Tumringen, eingemeindet. Die ehemaligen Ortskerne sind heute noch im Stadtbild eindeutig zu erkennen. Tüllingen ist auf halber Höhe des Tüllinger Berges angelegt, die topographische Lage wird mit dem Auftreten eines Quellhorizontes an dieser Stelle erklärt, wodurch die Wasserversorgung gesichert wurde. Die lineare Erstreckung ist an eine ausstreichende Kalkschicht gebunden, wobei die Ausbauten sich hangparallel der Tüllinger Straße erstrecken. Über diese Trasse verläuft auch die Verbindung zwischen Lörrach und der Nachbarstadt Weil am Rhein. Eine bergwärts parallel geführte Straße mit kurzen Querstraßen ergibt einen leiterförmigen Grundriß. An der Südspitze des Tüllinger Berges liegt Obertüllingen mit der evangelischen Kirche und einigen wenigen Häusern. Der dörfliche Charakter ist dort noch weitgehend erhalten und wird unterstrichen durch die historischen Bauten, die zum Teil durch moderne Ausbauten ergänzt werden. Schule, Kinderheim und Kindergarten, Geschäfte des kurz- und mittelfristigen Bedarfes sowie einige Dienstleistungsunternehmen kennzeichnen Tüllingen als lokales Versorgungszentrum innerhalb der Stadt.

Das ehemalige Dorf Tumringen erstreckt sich am nördlichen Ostabfall des Tüllinger Berges rechts der Wiese, wobei vom Grundriß her einmal eine mehr ungeregelte haufendorfähnliche Anlage westlich der Freiburger Straße festzustellen ist und eine mehr hangparallele Erschließung östlich davon mit der Mühlenstraße, Seelhofstraße, Frohnbergstraße. Im Gewann Teichmatt, direkt oberhalb der Wiese, steht ein Wohnviertel in fünfgeschossiger Zeilenbauweise parallel zum Hang. Davorliegende dreigeschossige Blöcke öffnen sich zur freien Wiese des Grütt. Entlang der Mühlenstraße bestehen in Richtung O großflächige Industrieanlagen und Gewerbebetriebe. Hangaufwärts erstreckt sich eine Durchmischung älterer und jüngerer Wohnbauten.

Im Vergleich zwischen Tumringen und Tüllingen ist auf die unterschiedliche Gestaltung der ländlichen Hausform hinzuweisen. Die in beiden Orten andersgelagerte Struktur der Landwirtschaft wird hier als Begründung angeführt. Die stärkere Ausprägung der klassischen Landwirtschaft mit Ackerbau und Viehzucht in Tumringen führte zu größeren Häusern, die insgesamt massiger wirken und anstelle des einfachen Satteldaches vielfach Walmungen aufweisen. Die Untergeschosse sind meist aus roh behauenen Kalksteinen erstellt, auf denen Fachwerkkonstruktionen das Obergeschoß aufbauen. Häufig sind beide Konstruktionsteile verputzt, so daß die Unterschiede nicht zu erkennen sind. Restaurierungen an Einzelobjekten zeigen jedoch sehr schön die differenzierte Bauweise. Die Einfassungen der Haustüren und Fenster sind vielfach in Buntsandsteinquadern der Weitenauer Vorberge ausgeführt.

Abgetrennt direkt unterhalb der Autobahntrasse befindet sich der Ortsteil Rötteln, umgeben von Wiesen und Obstbaumanlagen. Zusammen mit der Burgruine (s. u.) bilden die Kirche und die eng darum gescharten Gebäude einen interessanten Markierungspunkt für den auf Lörrach zufahrenden Besucher. Die heutige Form der Kirche geht auf einen Umbau aus dem Jahr 1903 zurück, der von dem Karlsruher Professor Carl Schäfer durchgeführt wurde.

Ausgehend von den bisher beschriebenen Kernen dehnte sich die Stadt bis zu Beginn des 20. Jh. im wesentlichen auf der Niederterrasse und nach der Wiesekorrektur in Ansätzen auch in der Aue aus. Hierbei waren für den nördlichen Ausbau die Tumringer Straße sowie nach S die Basler Straße Leitlinien der Entwicklung. Geregelte Grundrisse in Rippen- und Leiterform sind sowohl auf der Niederterrasse als auch im Bereich der Aue festzustellen; der Übergang mit dem Hochgestade macht sich durch einen gewundenen Verlauf der Straßen bemerkbar, wie z. B. in der Herren- und Riesstraße. Im N orientiert sich das Straßennetz zunehmend an der Wiesentalbahn, die in nordnordöstlicher Richtung die Niederterrasse quert, um dann auf einem Damm die Talaue zu durchlaufen, parallel zur Wiese. Die das Stadtgebiet nord-südlich durchschneidende Trasse erlaubt eine Differenzierung in eine *West- und Oststadt*. Eine auffallende Orientierung der Straßenzüge zu beiden Seiten in paralleler und senkrechter Erstreckung ist festzustellen. Die Nachkriegsentwicklung mit der intensiven Bautätigkeit ist im nördlichen Bereich jenseits der Gretherstraße noch auf der Niederterrassenplatte sichtbar sowie im südlichen Teil im Auebereich an der Landesgrenze. Eine weitere Neubautätigkeit ist in den Hangbereichen von Hüner- und Schädelberg zu verzeichnen, die an eine erste Hangbebauung kurz nach der Jahrhundertwende anknüpft. Die Grundrißgestaltung erfolgt hier erkennbar in Anlehnung an die Geländeverhältnisse mit hangparalleler Erschließung, zum Teil in Serpentinen mit Querstufen und Stiegen. So liegen am Blauenblick Doppel- und Einzelhäuser gestaffelt am Hang, wobei die Planung so ausgerichtet wurde, um von den oberen Häusern den Blick in die Landschaft zu erhalten. Von daher sind talseitig in der Regel zwei Vollgeschosse ausgebaut mit einer Dachneigung von ca. 23 Grad. Der die Stadtsilhouette prägende Hausberg von Lörrach, der Hünerberg, ist im nördlichen Teil erschlossen durch die Hangstraße, dann Ziekerstraße, Obereckstraße, Breslauer Straße und Königsberger Straße. Die schräge und senkrechte Erschließung dazu bildet die Straße Zum Blauen-Blick, die bis zur Höhe kurz unterhalb 398 m verläuft. Von den in Anpassung an das Gelände gebauten Einzel- und Doppelhäusern aus bietet sich ein schöner Blick über die gesamte Stadtlandschaft. Der südliche Hang nördlich der Wallbrunnstraße ist in jüngster Zeit mit freistehenden, zum Teil großzügigen Ein- und Zweifamilienhäusern bebaut worden, wobei die Straßen vom Hünerberg abzweigen und parallel zur Wallbrunnstraße verlaufen. Die Bebauung setzt sich am Westrand des sich südlich anschließenden Schädelberges mit westöstlich verlaufenden Straßen, Leuselhardtweg, Birkenweg und Priesterrain, fort. Hangparallel verlaufen die Chrischona-Straße, Rebweg und Rosenfelsweg.

Die Wohnbebauung in der Ebene, insbesondere im Zeichen der starken Industrialisierung um die Jahrhundertwende, ist unterschiedlich realisiert. So bestehen zum einen Raumkanten in geschlossener Bauweise wie beispielsweise im Bereich zwischen Brühlstraße und Kreuzstraße, die in der Anlage zum Teil auf eine reduzierte Form der sogenannten Modellhäuser zurückgeführt werden. Sie sind in ihrer ursprünglichen Anlage noch in der Wallbrunnstraße Nr. 17–19 vorhanden. In den später realisierten Bauten fehlen die typischen Rundbogentoreinfahrten, so daß sich eine sehr regelmäßige Reihung ergibt. Unterhalb des Terrassenabfalls zur Wiese ist die Bebauung zwischen Haltinger Straße und Wollbacherstraße zu nennen, wobei hier zwei- bis dreistöckige Wohnhäuser ringförmig um einen Platz geordnet sind und damit gegen ihre Umgebung eine gewisse Abgeschlossenheit herstellen. Ein anderer Typ ist in dem südlich anschließenden Wohnquartier realisiert. Hier handelt es sich um eine Gruppe von drei zweigeschossigen Reihenhäusern, die der Länge nach hintereinander angeordnet sind und sich in mehreren parallellaufenden Gruppen wiederholen. Zwischen den Häusern verlaufen völlig regelmäßig angelegte Längs- und Querstraßen, die ein regelrechtes Schachbrettmuster ergeben. Den so entstandenen kleinen Reihenhäusern ist jeweils ein kleiner Garten zugeordnet. Die Häuser sind mit flachen Pultdächern gedeckt. Diese schmalen Hauszeilen sind nicht nur quer-, sondern auch noch in der Längsachse geteilt, so daß sich insgesamt 12 Wohnungen ergeben, die jeweils den ersten und zweiten Stock einnehmen. Die Eingänge führen von der Längsseite her über mehrere Stufen. Es handelt sich hier um Werkswohnungen der Firma Koechlin, Baumgartner & Co, KBC, aus der Mitte des letzten Jahrhunderts. Die sehr individuelle Gestaltung der einzelnen Hausteile ergibt ein differenziertes Bild und zeigt den unterschiedlichen Gestaltungswillen der jeweiligen Bewohner.

Die Großwohngebiete der Nachkriegszeit sind beispielhaft an der Wintersbuckstraße zu beobachten. Hier ist ein Stadtviertel für etwa 5000 Einwohner entstanden mit eigenem Einkaufszentrum an der Heithemstraße. Die offene Zeilenbauweise schließt weite Grünanlagen und Spielflächen für Kinder ein. Fußwege abseits vom Autoverkehr verbinden die Wohnbauten sowie Schule und Einkaufszentrum miteinander. Westlich der Wintersbuckstraße wurde ein großes Schulzentrum (Grund- und Hauptschule, Berufs-, Gewerbe- und Handelsschule sowie Landwirtschaftsschule) realisiert.

Die städtebaulichen Theorien der 1970er Jahre spiegeln sich deutlich in der Trabantensiedlung Salzert im SO der Stadt auf dem Abfall des Dinkelberges. Durch eine Zäsur aus offenen Flächen von dem bisher zusammenhängenden überbauten Stadtgebiet getrennt, liegt die Siedlung inselartig am Hang oberhalb des Gretherhofes zwischen dem Schädelberg und der Eisernen Hand. Die Verbindung zur Stadt wird über den Steinenweg und seit jüngster Zeit über die Salzertstraße hergestellt. Der Salzert erstreckt sich über eine Fläche von etwa 400 x 800 m am nordwestlichen Abhang des Maienbühl. Die Anlage wurde bewußt in dieser Insellage zur Aufnahme der schnellwachsenden Bevölkerung erstellt. Die Grundrißgestaltung paßt sich den topographischen Gegebenheiten an und läßt wiederum den städtebaulichen Diskussionsstand dieser Zeit an der Gestaltung von Stichstraßen, Querverbindungen und Kreisführungen erkennen, wie z. B. an der Salzertstraße, Röttelnstraße und Arend-Braye-Straße. Die

Aufrißgestaltung ergibt ein differenziertes Bild von freistehenden Einfamilienhäusern in ein- und zweigeschossiger Bauweise, zum Teil als Doppelhäuser ausgeführt, mehrgeschossigen Wohnblöcken, Punkthochhäusern sowie terrassierten Anlagen in verdichteter Bauweise zwischen der Dinkelbergstraße und der Fridolin-Engel-Straße. Kirche, Kindergarten, Jugendtreffpunkt, Gaststätte, Ladenzentrum, eine Werkstätte, Sparkasse und Post sind Einrichtungen, die der Versorgung der Bevölkerung dienen. Als Positiva dieser architektonischen Konzeption werden die landschaftliche Einbindung und der hohe Freizeitwert gewertet. Probleme ergaben sich hingegen bei der Schulversorgung, den Angeboten an mittelfristigen und langfristigen Gütern sowie bei der Verkehrsanbindung an die Kernstadt, die insbesondere für ältere Menschen zum Teil als problematisch angesehen wird. Die jüngsten größeren Wohnanlagen wurden in der Talaue der Wiese entlang der Wiesentalstraße südlich der Freiburger Straße und nördlich der Dammstraße realisiert. Diese Häuser zeigen gestufte Stockwerkshöhen, eine differenzierte Fassadengestaltung und nehmen weitgehend Abstand von den regelmäßigen Blockformen der 1960er und 1970er Jahre.

Die *Industriegebiete der Stadt* erstrecken sich in der Talaue östlich der Wiese und entlang der Eisenbahntrasse der Wiesentalbahn. Hiermit sind als wichtige Standortgesichtspunkte zum einen der Wasserbedarf und zum anderen die Transportorientierung angesprochen. Durch die Kanalisierung der Wiese im 19. Jh. verfügte die Stadt über weitflächige Industriegebiete in flußnaher Lage, stadtnah und abgesenkt in niedriger Lage, so daß die Industriebauten optisch im Stadtbild nicht dominieren. Das Wasser der Wiese als Rohstoff- und Energielieferant war Ansatzpunkt für die Textilindustrie. Weitläufige Produktionshallen mit Sheddächern kennzeichnen das äußere Bild zahlreicher Bauten. Zentrum ist der nördliche und südliche Bereich um die Teichstraße zwischen dem Hochgestade im O und der Wiesentalstraße im Westen. Hier ist auch der Standort der KBC. Mittelpunkt der heutigen Produktionsanlagen ist die Rotations- und Filmdruckhalle, die 1974 eingeweiht wurde. Das Bauwerk hat eine Gesamtnutzfläche von 8000 m^2. Die Konstruktion besteht aus Spannbeton-Fertigteilen mit einer Stützbreite von 20–25 Metern. Die Außenwand ist eine Stahlkonstruktion, die Außen- und die Innenhaut sind aus Aluminium-Trapezblech. Die neue Halle fügt sich den vorhandenen Sheddächern zusammen mit der neuen Kaminanlage entlang der Wiesentalstraße an und leitet über zur dicht bebauten Niederterrasse.

Ein zweiter Industriekomplex befindet sich nördlich des Bahnhofs entlang der Wiesentalbahn. Keimzelle ist der Bereich zwischen Mauer- und Untereckstraße mit dem Standort der Schokoladenwerke Suchard. Das neue große Werk II in der Brombacher Straße gegenüber dem Friedhof paßt sich mit seiner gegliederten Architektur trotz seiner Größe in das Stadtbild ein. Entlang der Brombacher Straße Richtung N sind, ausgehend von den Ansatzpunkten der Industrie, Flächenstandorte des Kfz-Gewerbes, zum Teil gemischt mit vier- bis sechsgeschossigen Mietshäusern, festzustellen. Gewerbeflächen, Standorte des Transportgewerbes, Lagerhallen und Baustoffbetriebe kennzeichnen die Nutzung. Besonders häufig ist das Speditionsgewerbe vertreten, was sich aufgrund der Nachbarschaft zur Schweiz erklärt.

Die *Erholungsgebiete der Stadt* verfügen über eine solide Infrastruktur. Spielplätze, Sportplätze und Abenteuerspielplätze sind in den einzelnen Stadtteilen gestreut. Gebündelt sind solche Einrichtungen im Grütt vorhanden, im Auebereich der Wiese, nördlich der Bahnlinie. Hier finden sich Sportplätze, der Campingplatz, der Schießstand sowie die weitläufigen Anlagen der ehemaligen Landesgartenschau, wofür auf etwa 100 ha Fläche ein Landschaftspark mit See, Bachlauf, Sporthallen und Sportplätzen, einem Fuß- und Radwegenetz, Rasen- und Wiesenflächen sowie landwirtschaftlich

Naturraum und Siedlung 95

genutzten Arealen und Wäldern angelegt wurden. Gerade für die Landesgartenschau 1983 bot sich die Talaue der Wiese als größte zusammenhängende Freifläche innerhalb des Siedlungsraumes an, begrenzt durch die Ortsränder von Lörrach, Tumringen, Haagen und Brombach. Der Kernbereich dieser Anlage umfaßt etwa 15 ha und einen etwa 1200 m^2 großen See, um dessen abwechslungsreich aufgebautes Ufer Wege, Holzstege und Sitzterrassen aus Steinquadern angelegt wurden. Die diesen nördlichen Bereich tangierende Autobahnbrücke über das Wiesental ist durch umfangreiche Schutzbauten abgesichert worden. Sie sollen insbesondere eine Verunreinigung des Grundwassers vermeiden, befindet sich doch eines der beiden Wasserschutzgebiete der Stadt hier im Grütt.

Insgesamt ergibt sich ein west-östlich gegliedertes Nutzungskonzept mit folgenden Bereichen: Der Sport- und Spielbereich enthält Campingplatz, Minigolfanlage, Sportplätze, Spielplätze und das Jugendzentrum. Der Stadtpark besteht aus Rasen- und Wiesenflächen, dem See, Bachlauf und dem Rosengarten. Die landwirtschaftlichen Flächen passen sich nach Neuordnung, Wegebau und begrenzender Bepflanzung in den Gesamtrahmen ein. Immissionsschutzwände begrenzen die Straßenneubauten. Dicht dabei schließt sich das Messegelände mit den Tennishallen, der Eislaufhalle, den Tennisplätzen und Parkplätzen an. Insgesamt konnte erreicht werden, daß durch Bepflanzung und Bodenmodellierung der Rand der nördlichen Niederterrasse herausgearbeitet und sichtbar gemacht wurde. Die lineare Waldbegrenzung des Hellberges durch den Verlauf der Brombacher Straße wurde aufgrund der durchgeführten Aufforstungsmaßnahmen parallel zur Autobahnbrücke abgemildert, wobei gleichzeitig störende Bauwerke abgedeckt werden konnten. Neben diesem zentralen Erholungsgebiet der Stadt sind die zahlreichen *Wälder* der Umgebung zu nennen, so das Käferholz im W auf dem Tüllinger Berg, die Eiserne Hand, der Schädelberg, die Kuppe des Hünerberges, der Hellberg im W sowie die Ausläufer des Röttler Waldes im Norden. Dazwischen liegen landwirtschaftlich genutzte Flächen, die von einzelnen Höfen bewirtschaftet werden, wie z. B. dem Gretherhof am Fuße des Salzert. Zahlreiche Waldparkplätze, Wanderwege, Hütten und Grillplätze laden zu ausgedehnten Wanderungen ein und leiten über zu den Naherholungsgebieten im Schwarzwald und auf dem Dinkelberg.

Der Stadtteil B r o m b a c h erstreckt sich nordöstlich der Kernstadt zwischen der Wiese und den Höhen des Dinkelberges. Während der Kern der Siedlung auf der hochwasserfreien Niederterrasse und dem Schwemmfächer des Löhrgrabens liegt, sind jüngere Ausbauten sowie die großflächigen Industrieanlagen in der Aue angesiedelt, in der auch die Trasse der Wiesentalbahn von Basel nach Schopfheim verläuft. Auf der Höhe des Dinkelbergs wurde in den 1970er Jahren das Wohngebiet »Auf dem Bühl« errichtet. So ergibt sich eine reliefmäßige Dreistufung von der Wiesenaue über die Niederterrasse bis hin zu den Höhen des Dinkelbergs. Von der Grundrißgestaltung ist ein älterer Ortskern mit unregelmäßiger Straßenführung entlang der »Ringstraße« festzustellen. In Richtung NO und SW erfolgt ein Übergang mit mehr geregelten rechtwinkligen Straßenführungen, wobei insbesondere die Lörracher Straße Leitlinie zur Ausbildung mehrerer Parallelstraßen war. Das Siedlungsbild ist gekennzeichnet durch den Wechsel alter alemannischer Einhäuser mit modernen Ausbauten. Wohnhäuser der 1950er bis 1980er Jahre kennzeichnen das Ortsbild, wobei unterschiedliche Hausfluchten, Gebäudehöhen und -abstände ein heterogenes Bild ergeben. Besonders viel wurde in den 1960er Jahren gebaut, als die Wohngebiete Hugenmatt, Käferholz, Feldle, Ortmatt und Hofmatt u. a. entstanden. Nachdem mit der Erschließung der Hofmatt die zunächst große Lücke für die Bebauung geschlossen worden war, wurde die Bebauung des Bühls in Angriff genommen. In mehreren Stufen wurde Gelände erschlossen. Der Anschluß an den Ortskern erfolgte über die Römerstraße. Dieses jüngste und größte zusammenhängende überbaute Wohngebiet ist gekennzeichnet durch den Wechsel unterschiedlicher Bauformen. Einzelne Punkthochhäuser wechseln mit mehrgeschossiger Bebauung sowie freistehenden Einfamilienhäusern. Die Straßenführung ist dem Gelände angepaßt durch ein System von Stichstraßen charakterisiert. Das moderne Brombach ist an seinen Punkthochhäusern auf der Höhe schon von weitem zu erkennen. Historischer Markierungspunkt ist der mittelalterliche Turm der evangelischen Kirche. Weithin sichtbar erhebt sich der stattliche Bau erhöht am Rande des Ortskernes.

Jenseits der Schopfheimer Straße erstreckt sich nördlich bis zur Bahnlinie, im W begrenzt durch die Franz-Ehret-Straße, ein großflächiges *Gewerbegebiet*, das heute von den baulichen Anlagen des Versandhauses Schöpflin eingenommen wird. Mit direktem Gleisanschluß an die Wiesentalbahn liegt es verkehrsgünstig in der Talaue der Wiese. Überragt von einzelnen Kaminen, ergeben die weitgespannten Sheddächer, der Sportplatz am Ostende, die Festhalle des Stadtteiles Brombach sowie mehrere fünfgeschossige Wohnblöcke ein geschlossenes Areal. Schon in den 1930er Jahren hatte das Unternehmen den Versand nach Brombach verlegt, wobei die Nähe des Gleisanschlusses von besonderer Bedeutung war.

Ausgehend von der Franz-Ehret-Straße jenseits der Bahn erstrecken sich in engen Abständen die Druckergasse, Webergasse, Leinengasse, Spindelgasse, Wirkergasse. Es handelt sich um eine Werkssiedlung der von Schöpflin übernommenen Gebrüder Großmann AG, die aus mehreren zwei- und mehrstöckigen, zwischen 1890 und 1922 gebauten Reihenhäusern besteht und insgesamt 38 Häuser umfaßt. Dieser Vorläufer des »sozialen Wohnungsbaus« wurde mit der Notwendigkeit begründet, für die sich ständig erhöhende Zahl der Arbeitskräfte Wohnraum bereitzustellen. Nach starken Zerstörungen im Februar 1945 wurden die Werkssiedlungen bis Mitte 1951 wieder instandgesetzt. Ab 1950 erfolgte eine Belegung mit Flüchtlingen, die zum Teil in der Weberei und im Versandgeschäft Arbeit fanden. Im Jahre 1967 wurden die Werkssiedlungen aufgelöst und teilweise als Eigentumswohnungen verkauft. Noch heute heißen sie bei den Einheimischen »Neui Hüsli«. Der betriebliche Wohnungsbau hat sich auch in den Einfamilien-Reihenhäusern niedergeschlagen, die in den Gewannen »Rainmatten« und »Bläsimatten« für etwa 100 Bewohner erbaut wurden. 1960 wurden auf der »Ortmatt« vier große Wohnblöcke mit 80 Wohnungen gebaut. – Ein zweiter Industriekomplex befindet sich weiter südwestlich auf der Höhe des Bahnhofs Haagen zwischen Eisenbahnstraße, Feerstraße und der Bahnlinie. Es handelt sich um die weitflächigen Anlagen der Druckerei und Appretur Brombach AG, die über eine eigene Energie- und Wasserversorgung verfügt hatte. Die großflächigen Fabrikhallen mit gliedernden Shed-Dächern, überragt von dem Energiegebäude mit dem hohen Kamin, prägen bis heute die Silhouette von Brombach im Bereich der Talaue der Wiese. – Entlang der Hauptstraße sind mehrere Gewerbebetriebe ansässig, die sich zum Teil rechts und links der Straße hinziehen. Dort findet sich auch die Walzenmühle J. F. Reiss KG. Heute ist die Mühle mit modernen technischen Einrichtungen versehen und arbeitet vollautomatisch. Der Stadtteil Brombach ist als Subzentrum ausgebildet mit Geschäften des kurz- und mittelfristigen Bedarfs entlang der Lörracher und Schopfheimer Straße. Postamt, Ortsverwaltung, Polizei, Feuerwehr, Schule und Kindergarten versorgen die Bevölkerung.

Der Stadtteil Hauingen befindet sich jenseits der Wiese nordöstlich der Kernstadt in einer Nische auf der Niederterrasse zwischen dem Lingert und dem Stockert auf dem Schwemmfächer des Soormattbaches. Das Ortszentrum der gestreckten Anlage zieht sich die Steinenstraße und Unterdorfstraße entlang. Die hangparallele Straßenführung, ausgehend von der Rechbergstraße, leitet über auf die Dornhalde. Es sind dies die Nutzingerstraße, Hebelstraße, Im Leh und Am Lehbühl. Kennzeichnende Elemente des Ortsbildes sind alte Hofanlagen mit charakteristischen Rundbogen und Fenstergewänden aus Buntsandstein. Hauingen wurde deshalb als »Buntsandsteindörfchen« bezeichnet im Gegensatz zum weiter westlich gelegenen Haagen, dem »Muschelkalkdorf«. Einfassungen, Gesimse und Mauersockel sowie ganze Gebäudeteile von Hauingen wurden aus dem in der Nähe anstehendem Buntsandstein errichtet. Die Ausläufer der Weitenauer Vorbergzone lieferten das Steinmaterial. Zentrum des Ortskernes ist die Kirche mit dem freistehenden Turm, dem hellen Verputz und dem begrenzenden roten Buntsandstein. Die Umrisse dieser weiträumigen Dorfkirche weisen auf die Erweiterung im 18. Jh hin. Aus mittelalterlicher Zeit ist lediglich der Turm erhalten.

Das Ortsbild ist charakterisiert durch unterschiedlich breite Straßen, einzelne vorspringende Häuserfronten, einen Wechsel von Trauf- und Giebelständigkeit sowie eine bunte Folge größerer und kleinerer Gebäude. Der sich langerstreckende Ortskern geht in den Randbereichen in neuere Bebauung über, sowohl in Ost-West-Richtung, als auch in die Richtung der Hangbereiche. In der Unterdorfstraße, kurz vor der Ortseinfahrt nach Haagen auf dem Lingertrain, entstand eine moderne Wohnanlage.

Der Stadtteil Haagen erstreckt sich auf einer Nische der Niederterrasse zwischen dem Schloßberg und dem Lingert entlang der Terrassenkante am Übergang zur Talaue. Durch die vorspringenden begrenzenden Bergsporne konnte sich hier ein Teil der Niederterrasse erhalten. In der ursprünglichen Anlage reihen sich die Häuserzeilen zu beiden Seiten entlang der Straße. In der heutigen Anlage ist deutlich eine höhengestufte Zweiteilung zu erkennen. Zwischen der Wiesenstraße im S und dem Gewerbekanal im N breiten sich in etwa 300 m Höhe großflächige Industrieanlagen und mehrgeschossige Wohnhäuser. Entlang der Hauinger Straße, etwa 10–15 m über der Talstraße, befindet sich der alte Ortskern; jüngere Ausbauten reichen hangaufwärts in Richtung Lichsenholz.

Der Ortskern ist geprägt durch den Typ des alemannischen Einhauses und durch Mehrseithöfe, wobei wiederum die sandsteineingefaßten Rundbögen der Toreinfahrten kennzeichnend für das Ortsbild sind. Freistehende Ein- und Zweifamilienhäuser sowie Doppelhäuser prägen die Bebauung hangaufwärts, Mehrfamilienhäuser bestimmen den talseitigen Charakter. Zum Teil geben moderne, terrassierte und in der Höhe abgestufte Wohnanlagen Hinweise auf die jüngste Bautätigkeit. Die linienhafte Erstreckung des Ortskernes mit punktuellen Verdichtungen ist gekennzeichnet durch einen Wechsel der Baufluchten sowie unterschiedliche Bauhöhen und Größen der Baukörper. Kirche, Schule und die jüngeren Ortsteile liegen jenseits der Hauinger Straße und erstrecken sich bis an den Hangfuß des Röttler Schloßberges. Die Grundrißanlage ist als Rippen- oder Leiterform zu kennzeichnen mit parallelen Straßenführungen zur Hauinger- und Röttler Straße, der Schloß- und der Markgrafenstraße.

Neuere Häuser, auch Flachdachreihensiedlungen sowie freistehende Ein- und Zweifamilienhäuser, prägen den nördlichen Randbereich des Stadtteiles zwischen Ritterstraße, Taubenacker und Vogteistraße. Die südwestliche Begrenzung des Stadtteiles bildet die Autobahn mit ihren Lärm- und Sichtschutzgittern. Umfangreiche Brückenbauten überspannen die Röttler Straße, von der die Auffahrt zur Schloßruine abzweigt, dem Wahrzeichen der Stadt. Den ganzen langgestreckten Bergsporn einnehmend, war Rötteln am Ende des Mittelalters eine der ausgedehntesten Burganlagen in Südwestdeutschland. Die Fundamente der Oberburg sind geschickt in die vorhandenen geologischen Verhältnisse eingebunden. Die nordstreichenden Schichtrippen wurden als Streifenfundamente verwendet, als Material für das Mauerwerk wurden alle in der näheren

und weiteren Umgebung vorkommenden und als geeignet erscheinenden Gesteine genutzt. Lage und Größe dieser in Teilen erhaltenen Burg lassen noch heute ihre zentrale Bedeutung bis in die frühe Neuzeit hinein erahnen.
Bemerkenswerte Bauwerke. – Die ausgedehnte Ruine *Schloß Rötteln* liegt auf einem schmalen, gegen das Wiesental von Norden nach Süden vorspringenden Sporn. Sie besteht aus der kleineren Hauptburg im Norden, der durch einen tiefen Graben von ihr getrennten ausgedehnten Vorburg und hauptsächlich um diese Vorburg herumgelegten bastionären Verteidigungsanlagen des 17. Jh. mit dem spitz auslaufenden Kapf im Süden. Die Gesamtanlage erstreckt sich auf eine Distanz von 280 m und wird an Größe in der Markgrafschaft nur noch übertroffen von der Hochburg bei Emmendingen. Ältester Teil ist der diagonal gegen die Nordmauer gestellte Bergfried der Hauptburg mit einer Grundfläche von 8 x 8 m. Er liegt gegen ihre übrigen Teile deutlich erhöht auf felsigem Untergrund. Seine Mauerstärke nimmt nach einem Rücksprung über dem Untergeschoß, wo sich auch der Eingang befindet, etwas ab. Bis dorthin sind die Ecken mit sehr sorgfältigen, kissenartig abgearbeiteten und teilweise merkwürdig ornamentierten Sandsteinbuckelquadern verstärkt, während sich dazwischen Füllmauerwerk aus Muschelkalk befindet. Vom Rücksprung an sind die oberen Teile des Turms ganz aus Sandsteinquadern, ebenfalls mit Randschlag, aber jetzt wesentlich gröberen Bossen, aufgeführt. Sie geben sich durch Zangenlöcher als jüngere Bauteile (1. Hälfte 13. Jh.) zu erkennen. An den Bergfried schließt sich nördlich das sogenannte Hexengewölbe an. Es war kaum das ursprüngliche Verlies, doch ist von einem solchen im Bergfried selbst nichts zu bemerken. Die Hauptburg besitzt auch auf der Südseite, wo die Außenmauer zum Halsgraben hin ebenfalls verstärkt ist, einen zinnenbekrönten Turm mit deutlich kleinerem, ebenfalls quadratischem Grundriß aus Bruchsteinmauerwerk. Er bewacht den über einen hohen Pfeiler im Halsgraben geführten Zugang von der Vorburg her. Das Tor schmückt das Wappen der Markgrafen von Hachberg-Sausenberg. Die Wohngebäude der Hauptburg folgen der fast geraden Ostmauer, vor die ein Flankierungsturm (datiert 1471) vorspringt. Über das älteste Wohngebäude in Nachbarschaft des Bergfriedes und mit dessen Eingang durch eine Brücke verbunden, kann kaum mehr etwas gesagt werden. Die jüngere und tiefer gelegene, sehr langgestreckte Palasreihe besteht aus dem zweigeschossigen sogenannten Alten Bau mit einem Saal im Erdgeschoß und Wohngemächern darüber, die sich beide durch Fensternischen mit Sitzbänken in den dicken Außenmauern auszeichnen. Abgetrennt durch einen Zwischenbau und eine deutliche Baunaht mit Buckelquadern schließt sich im Norden ein weiteres Wohn- und Wirtschaftsgebäude an. Es wird spätestens auf 1494 datiert. Über den gesamten Gebäudekomplex erheben sich die dünneren Außenmauern eines dritten Geschosses aus dem 15. Jahrhundert. An der Datierung des alten Herrenhauses auf die Zeit nach dem in Basel bezeugten Erdbeben von 1356 bestehen berechtigte Zweifel. Merkwürdigerweise befindet sich eine deutlich romanische Fenstergruppe im spätdatierten Mittelbau. In das sogenannte Alte Schloß führt ein Portal mit spätgotischem Eselsrücken. Rechtwinklig zu diesen Palastbauten liegt vor dem Bergfriedfelsen ein langgestreckter Raum mit Gewölbeansätzen. Er wird als Burgkapelle St. Marien gedeutet und quert die ganze übriggebliebene Breite der Burg. Eine Kaminanlage im Westen und eher auf Wohnzwecke deutende Fenstergruppen könnten darauf hinweisen, daß mindestens nicht der gesamte Raum dem Gottesdienst diente. Die Hauptburg ist von einer Zwingermauer der Zeit um 1500 mit eckigen und runden Halbtürmen umzogen. Ähnliches Mauerwerk mit offenen Rondellen sichert auch die Vorburg, in denen die Wirtschafts- und Verwaltungsgebäude, darunter die Landschreiberei, sich längs der Mauern anordnen. Der Baubestand stammt hauptsächlich aus dem 16./17. Jahrhundert.

Die Vorburg hat zwei Zugänge: das durch einen Rundturm mit dem Namen Landschaft gedeckte und von einem Vorwerk gesicherte Haupttor mit Zugbrücke in der Nordwestecke und das untere Burgtor von 1468 mit Pförtnerhaus und Zugbrücke. Durch es gelangte man auf den Kapf hinaus. Hier tagte das Landgericht, nach dem dieser Platz lange seinen Namen trug. Eng an die Westmauer der Hauptburg schließt sich eine in stumpfen Winkeln geführte Zwingermauer an. Die auch den Kapf umschließende noch weiter vorgelagerte Bastionärbefestigung wurde bei der Zerstörung der Burg 1678 weitgehend geschleift.

St. Gallus in Rötteln, heute ev. Gemeindekirche für Tumringen und Haagen, ließ Markgraf Rudolf III. im Jahre 1401 neu errichten. Sie erhebt sich anstelle eines älteren Vorgängerbaus, der bereits den Herren von Rötteln als Grabkirche diente, und übernahm diese Funktion auch für die Markgrafen von Hachberg, wofür sie Rudolf noch einmal 1418 durch Stiftungen besonders ausstattete. Es handelte sich damals um einen langgestreckten Rechteckraum ohne abgeteilten Chor mit einem Chorseitenturm im Norden und der im Osten angebauten Grabkapelle. In den südlichen Winkel zwischen Turm und Schiff baute Rudolf IV. († 1487) eine geräumige Kapelle. 1901/03 wurde die Kirche nach Süden durch eine zweijochige kreuzgewölbte Halle und Seitentürme erweitert. Alte Kreuzrippengewölbe tragen die Halle des dreigeschossigen Satteldachturms mit Wappensteinen von Rötteln, von Hachberg und von Thierstein und die Grabkapelle. Die große Kapelle südlich des Turmes trägt ein in dieser Form seltenes Netzgewölbe. Zwei Spitzbogen gegen das Kirchenschiff waren früher wohl offen. In der Grabkapelle Rudolfs III. liegen auf Konsolen oberhalb der eigentlichen Grabplatten die Epitaphien des Stifters und seiner Gemahlin Anna von Freiburg mit recht lebendig und detailfreudig wiedergegebener Gewandung und Bewaffnung. Die stilistisch ähnliche, aber viel flachere Grabplatte eines Geistlichen wurde 1900 im Turmuntergeschoß untergebracht. Unter den Grabplatten und vor dem Altar der Grabkapelle befinden sich insgesamt drei Grabkammern mit einer ganzen Reihe von herrschaftlichen Bestattungen, die letzte von 1503 mit der Urne des Herzens des letzten Hachberger Markgrafen. Fast alle Stücke der Innenausstattung der Kirche sowie die Fenster befinden sich nicht mehr an originaler Stelle. Im Altarbereich stammen das Chorgestühl mit reichen Schnitzereien aus gotischer Zeit und ebenso die Kanzelsäule, während der Korb mit den vier Evangelisten vom Kunstmaler Fey gestaltet wurde. Auch Altartisch und Orgel, letztere erhielt 1972 ein neues Werk von Peter Vier, sind Dokumente der Kunst um 1900. Anläßlich der damaligen Neugestaltung wurden eine ganze Anzahl Grabsteine an der nördlichen Außenwand untergebracht, darunter ein sehr monumentaler mit dem Wappen der Herren von Rötteln, der zuvor die mittlere Gruft in der Grabkapelle gedeckt hatte.

Auf einem Felsvorsprung bei der Bergsiedlung Tüllingen steht laut Grabungsbefunden seit dem 12./13. Jh. eine kleine, mehrfach umgebaute, seit 1556 *ev. Kirche*. Sie wurde 1955 restauriert. An ein kurzes Schiff schloß ursprünglich eine eingezogene runde Chorapsis an. Sie wurde im 15. Jh. durch einen Polygonalchor ersetzt. Älter ist der dreigeschossige wehrhafte Chorseitenturm mit gekuppelten Klangarkaden und Satteldach, der nach der Erweiterung des Schiffes nach Süden im 17. Jh. im Winkel zwischen Chor und Langhaus zu stehen kam. Der Innenraum erhält Licht durch die seit dem 18. Jh. maßwerklosen spitzbogigen Chorfenster und im Langhaus durch drei im 18. Jh. neu eingebrochene Fenster. Sie erhielten 1974 eine neue Verglasung von Theodor Baumann.

Vor dem runden Triumphbogen befindet sich nördlich der von Rudolf Scheurer geschaffene Taufstein, darüber ein Wandrelief mit dem Thema »Lamm Gottes«, südlich die Kanzel von Jodok Wilhelm.

Von der Ausstattung des Altarraumes ist neben dem einfachen Altartisch mit Kreuz ein nach St. Blasianischer Art gestaltetes Heiliges Grab zu erwähnen. Die Sakramentsnische darüber ist von Konsolen (für Engels- oder Prophetenfiguren?) flankiert und mit einem gestreckten Dreipaßbogen geschmückt. Im Bogenzwickel erscheint ein sitzender Geistlicher im Meßgewand, über seinem Kopf der Abendmahlskelch. Das wird als Anspielung auf den Vornamen des Pfarrers Christoph Bernhard († 1474) interpretiert, der dann der Stifter gewesen sein müßte. Das darüber bis zur Decke reichende recht qualitätsvolle Fresko stellt – antitypisch zum Abendmahlssakrament – die Mannalese dar. Über den Wolken Gottvater, flankiert von zwei Engeln, in der Grabnische drei trauernde Frauen mit Salbgefäßen.

Die *ev. Stadtkirche* in Lörrach hat von Südosten eine interessante Silhouette. Der 1817 nach Plänen von Wilhelm Frommel errichtete klassizistische Bau fügt sich diagonal an den inschriftlich 1517 datierten viergeschossigen Turm des Vorgängerbaus, der mit Eckquaderung und spitzbogigen Klangöffnungen seinen gotischen Charakter behielt, aber, um eine Vereinheitlichung zu erzielen, mit einem Pyramidendach versehen wurde.

Die Giebelfassade wird von niedrigen Ecktürmen flankiert, die ebenfalls von Pyramidendächern bekrönt sind. Wie das Kirchendach liegen auch die Turmdächer auf Konsolengesimsen auf. Die Hauptfassade wirkt, auf einem Podest über der Straße erhöht, monumental, ein Rundbogen umfängt das Portal und das Fenster im Obergeschoß. Ersteres wird von glatten Säulen mit dorischen Kapitellen gerahmt.

Im Innenraum befindet man sich in einer typischen Weinbrenner-Kirche. Die umlaufenden breiten Emporen werden an den Längsseiten von Säulen getragen, an den Stirnseiten schließen Wände den unteren Kirchenraum, hinten gegenüber dem Vorraum, vorn gegenüber der Sakristei, ab. In der Hauptachse sind Altar, Kanzel und Orgel vertikal gestaffelt.

1967, im Jahr des 450. Turmjubiläums und des 150. Kirchenjubiläums, wurde der Bau renoviert. Eine Altarmensa aus Riedlinger Kalkstein mit einem von Walter Koch entworfenen Kruzifix und vier Leuchtern, eine helle Fensterverglasung und zurückhaltendere Farbgebung veränderten den Raum. Darüber hinaus öffnete man das alte Turmuntergeschoß als Taufkapelle. Durch ein von Jürgen Brodwolf gestaltetes schmiedeeisernes Gitter gelangt man vom Altarbereich in die einstige von einem Sterngewölbe überzogene Eingangshalle. Rudolf Scheurer gestaltete als Taufstein einen Jurakalkblock und schuf den schmiedeeisernen Kruzifix und den Leuchter. Jürgen Brodwolf entwarf die Bleiverglasungen der beiden alten Eingänge.

Die katholische Kirche *St. Bonifatius in Lörrach* wurde 1865/67 durch Bezirksbaumeister Leonhard in enger Zusammenarbeit mit dem badischen Oberbaudirektor Heinrich Hübsch erbaut. An eine Backstein-Basilika mit fünf Fensterachsen schließt sich ein eingezogener Polygonalchor an.

Der an das südliche Seitenschiff angrenzende Turm auf quadratischem Grundriß verjüngt sich ins Achteck und wird von einer schlanken Dachpyramide bekrönt. Zahnschnittfries als Geschoßgliederung und als Dachgesims, Lisenen als vertikale Gliederung der Wände stammen aus dem Formenkanon der Romanik. Die Eingangsfassade ist zweigeschossig, das Hauptportal wird von einem säulengestützten Giebel überfangen.

So reich gegliedert im äußeren Erscheinungsbild, so nüchtern wirkt die Kirche im Inneren. Sie wurde im Verlauf der Nachkriegs-Renovierungen (1955 und 1972), den ursprünglichen altchristlichen Intentionen Hübschs entsprechend, vom Schmuck, der im Verlauf des 19. Jh. überreichlich hinzukam, wieder befreit. Das Mittelschiff wird von einer flachen Holzdecke geschlossen, die Seitenschiffe von offenem Gebälk. Auf monolithischen Granitsäulen ruhende Arkaden tragen die Obergadenwände. Der Chor, durch einen Triumphbogen vom Schiff getrennt, ist gewölbt. Der helle Anstrich der Wände läßt die Lisenengliederung zurücktreten und hebt die Wirkung der Säulen hervor. Altar und Taufstein aus Travertin, Tabernakel und Ambo aus Bronze wurden von Bruno Knittel gestaltet, die Fenster erhielten 1973 eine Bleiverglasung nach den Entwürfen von Jochem Poensgen. Die Turmhalle wird nach der Aufstellung einer barocken Marienfigur als Kapelle genutzt.

Auch die *ev. Christuskirche der Paulus- und Markuspfarrei* ist eine Basilika, nun aber, 1955/56 die technostatischen Möglichkeiten nutzend, im Gewand des Stahlbetons. Eingangsseite ist die Giebelfront. Drei Stufen führen in eine Vorhalle, deren auf sechs Säulen ruhendes Dach in die Seitenschiffsdächer übergeht, so daß sich gleichsam um den Kernbau des Hochschiffes Vorhalle und Seitenschiffe herumlegen. Die Mauern des überhöhten Mittelschiffs werden durch Lisenen – womit sich das Betonskelett von der heller verputzten füllenden Wand abhebt – gegliedert. Im Osten schließt sich ein eingezogener Chor an, dessen Ostwand kaum merklich nach außen gewölbt ist. Der Turm steht frei an der Nordseite des Chores.

Der Innenraum wird beleuchtet durch eine Reihe langrechteckiger Fenster an der Hochschiffswand, denen quadratische an den Seitenschiffswänden entsprechen. Es ist ein langer, auf den Chor hin gerichteter Raum. Große Fensterflächen in Raumhöhe schaffen einen lichten Altarraum mit mächtigem Kreuz und nur inselartig aufgetragenen Fresken der Gleichnisse vom Sämann, vom barmherzigen Samariter und von den klugen und törichten Jungfrauen.

Die *Kuratiekirche St. Peter* wurde 1962/64 errichtet. Vom weitem beeindruckt der zylinderförmige Bau mit eingehängtem Flachdach, an dessen Nordseite ein schlanker, sich verjüngender Turm emporwächst. Bei seinen Entwürfen hat Stadtbaudirektor Rudolf Dietsche sich von konstruktiven Möglichkeiten des Stahlbetonbaus bestimmen lassen. Eine quergelagerte Ellipse wird von Teilen einer anderen Ellipse mit niedrigerer Mauerhöhe umgeben. So entsteht Raum für Sakristei und Kapellen. Der Altar auf der Breitseite gegenüber Turm und Eingang erhält indirektes Licht aus einem senkrechten Glasband zwischen den beiden elliptischen Schalenmauern. Eine Stützenreihe im Osten trägt eine Empore. An der südöstlichsten Stütze schwebt die Kanzel. Südlich öffnet sich die Wand in eine große, schräg begrenzte Betonglasfläche von Wilfried Parraudin, die nur gedämpfte Tageshelle in den Raum fließen läßt. Ihr Thema sind monumentale Symbole des Kirchenpatrons wie Schlüssel, Hahn, auf dem Kopf stehendes Kreuz. Das Hängekreuz über dem Tischaltar aus Marmor gestaltete – wie auch den Tabernakel – E. Zimmermann.

Neben dem Eingang steht eine Stele des Kirchenpatrons von Paul Ibenthaler, der auch den Neuen-Testament-Zyklus für die Fenster der Beichtkapellen entworfen hat.

Die Doppelturmfassade der 1820 von Christoph Arnold, einem Neffen Friedrich Weinbrenners, erbauten *kath. Pfarrkirche St. Fridolin* erhebt sich auf dem alten Friedhof über dem Marktplatz in Stetten. Sie ist durch eine Freitreppe zu erreichen. Zwischen den Türmen springt das Mittelfeld zurück, seine gesamte Breite nimmt das von Pilastern flankierte Hauptportal ein, das im ersten Geschoß von einem Bogen mit einem Halbkreisfenster überspannt wird. Das Mittelfeld trägt über Rechteckfenstern ein eigenes Satteldach und schneidet damit die Klangarkaden im Obergeschoß der Türme, so daß es nur noch durch deren Pyramidendächer überragt wird.

Das Gliederungsprinzip der Seitenwände des Schiffes ist der Rundbogen, die Fenster sind zusätzlich von bis zur Sockelzone herabführenden Nischen umgeben. Das Innere ist nur dort nicht eine typische Weinbrenner-Kirche, wo die katholische Liturgie mehr Sakralität verlangte. Der einschiffige rechteckige Saal hat eine Westempore und einen eingezogenen, dreiseitig geschlossenen Chor. Jodok Wilhelm hat die Flachdecke im Chor wie im Schiff mit Zahnschnittfriesen unterzogen und in den Feldern mit Akanthusstab und Blattgirlanden zurückhaltend verziert. Der Triumphbogen ist durch Eckpilaster hervorgehoben, jedes Fenster schmücken Blütenzweige und Früchte und im Scheitel ein Engelskopf. Auch die Altäre hat Jodok Wilhelm geschaffen, den Hauptaltar nach dem Vorbild des von Ludwig Weinbrenner entworfenen in Istein; für die Nebenaltäre ebenso wie für die Kanzel benutzte er die Pläne C. Arnolds. Der Maler des wohl älteren St. Fridolin Bildes ist nicht bekannt. Der antikisch ornamentierte Orgelprospekt ist ebenfalls Wilhelms Werk. Die Renovierungen in jüngerer Zeit – in den sechziger Jahren erhielt die Kirche ein neues Orgelwerk und ein Bronzeportal mit Szenen aus dem Leben des hl. Fridolin – beseitigten 1974/75 fast alle Zutaten des späten 19. Jh. (vollständige Ausmalung, neugotischer Flügelaltar, dunkle Fensterverglasungen) und versahen den Altarraum mit einer neuen Ausstattung: einen Zelebrationsaltar, Ambo und Tabernakel aus weißglasiertem Ton mit Blumen, Laubzweigen und Traubenranken von E. Hillebrand (Köln).

Die *kath. Filialkirche Heilige Familie* in Lörrach-Stetten wurde 1965/66 als erstes Gotteshaus der Erzdiözese Freiburg in Fertigbauweise errichtet. Der Architekt Wilhelm Franke hat den äußerlich schlichten Giebelbau weit von der Straße zurückversetzt, jedoch den schlanken Glockenturm hier als Akzent plaziert. Die Konstruktion des Stahlbetonskeletts (2 mal 9 Pfeiler mit je 3 m Abstand) ist im Querschiff bereits auf der Eingangsfassade erkennbar. Auch hier wird das Skelett durch quadratische Beton-Sandstrahlplatten im Rastermaß gefüllt. Ein vom Boden aufsteigender Glasfries trennt die massiven Teile der Wand vom Giebel. In dessen quadratisches Schema ist auch die Vorhalle integriert sowie im Innenraum eine über eine offene Wendeltreppe zu betretende Empore. Das zweiflügelige Portal aus Rohgußeisen zeigt, angedeutet im Relief, das himmlische Jerusalem und das Lamm Gottes.

Der Raum differenziert nicht zwischen Chor und Schiff und wirkt durch das steile, weit heruntergezogene Dach, das zwei Drittel des Raumkörpers ausmacht, wie ein Zelt. Die Atmosphäre bestimmen die Fensterflächen, die allseits Bilder aus dem Themenkreis des Neuen Testaments in den Raum leuchten lassen. An der Altarwand, die nur in der Mitte von Betonfertigteilen geschlossen ist, beginnt der Leben-Jesu-Zyklus, der die gesamte Südwand einnimmt und in der Passion endet. Die Nordwand hat nur einen schmalen Fries und öffnet sich lediglich am Altar in das große quadratische Pfingstbild. Emil Wachter hat diese insgesamt 120 qm Betondickglasflächen geschaffen. An Kultgegenständen sind Kreuz, Leuchter und Sakramentshäuschen aus Bronze sowie Altar, Ambo und Taufstein aus Muschelkalk zu nennen.

Das sogenannte *Schlößchen in Stetten* ist ein dreistöckiger Bau mit vorgesetztem polygonalen Treppenturm. Er stammt allem Anschein nach aus dem 17. Jh. wie auch die Jahreszahlen 1630 am Tor und 1666 am Türsturz nahelegen. Als damalige Eigentümer sind durch Wappen die Herren von Schönau ausgewiesen.

Die *ev. Kirche* in Hauingen, erbaut 1768 an Stelle eines zu klein gewordenen Vorgängerbaus, ist das typische Markgräfler Gotteshaus der Epoche Karl Friedrichs mit einem noch mittelalterlichen Chorseitenturm. Das Schiff, ein Saal mit zweigeschossigen Fenstern und abgeschrägten Ecken im Altarbereich, hatte im Innern eine an drei Seiten umlaufende Empore, deren Brüstungen mit eher naiv wirkenden Gemälden aus der Erbauungszeit durch J. Scherr aus Steinen geschmückt waren. Ihr Thema: die wichtigsten Ereignisse der Heilsgeschichte aus dem Alten und Neuen Testament.

Durch den jüngsten Umbau und eine Orientierung nach der südlichen Längswand wurde 1969 der Raumeindruck völlig verändert. Hinter dem modernen Altar leuchten Glasfenster von J. Brodwolf (Edelsteine am Weg) auf. Die Empore wurde verkürzt, so daß sie jetzt außer an der gegenüberliegenden Längsseite an der Westwand und am einstigen Chorabschluß entlangläuft. Da nicht mehr alle Bilder an der Brüstung unterzubringen waren, wanderte ein Teil in das Museum in Lörrach. Der Eingang liegt nun auf der Nordseite, was auch aus verkehrstechnischen Gründen erforderlich war.

B. Die Stadt im 19. Jahrhundert und in der Gegenwart

Bevölkerung

Bevölkerungsentwicklung. – Seit dem Beginn des 19. Jh. kann die Bevölkerungsentwicklung in Lörrach genauer als zuvor verfolgt werden. 1813 lebten im heutigen Stadtgebiet 4303 Einwohner, von denen 1748 in Lörrach, 569 in Brombach, 302 in Haagen, 421 in Hauingen, 579 in Stetten, 358 in Tumringen und 326 in Tüllingen wohnten.

Von 1852 bis zum 2. Weltkrieg ist eine fast *stürmische Entwicklung* festzustellen. Im gesamten Stadtgebiet stieg die Bevölkerung von 7237 um das Dreieinhalbfache auf 26415 an. Den Hauptzuwachs hatte die Kernstadt; dort nahm die Einwohnerzahl von 4713 auf 20107 Bewohner zu. Brombach und Hauingen wuchsen von 1113 bzw. 638 auf 2791 bzw. 1818 Einwohner an. In Haagen hat sich die Einwohnerzahl mehr als verdoppelt. Sie stieg von 773 auf 1703. Diese Entwicklung hing mit der *Industrialisierung* zusammen, die in der 2. Hälfte des 19. Jh. in Lörrach und im Wiesental einsetzte. Der Raum Lörrach bot für Schweizer Gründungen einige Standortvorteile: billige Arbeitskräfte, die Wasserkraft der Wiese, meist auch die Nähe zum Schweizer Stammhaus und die günstige Möglichkeit zur Erschließung des großen deutschen Absatzmarktes. Waren es anfangs meist textilverarbeitende Betriebe, so folgten bald die Nahrungs- und Genußmittelindustrie und Maschinen- und Metallbetriebe, die Arbeitskräfte brauchten und damit Menschen anzogen.

Die erste Zählung nach dem 2. Weltkrieg zeigte einen *Rückgang* an, der sich zahlenmäßig weitgehend durch die 1792 Toten und Vermißten dieses Krieges erklärt. Von 1946 bis 1970 stieg die Bevölkerung von 25292 auf 44794 Bewohner an (+ 77%). Die einzelnen Stadtteile wuchsen wie folgt an: Haagen von 1630 auf 3343, Brombach von 2726 auf 5363 und Hauingen von 1642 auf 3170.

Die allgemeine Zunahme der Bevölkerungszahl hatte zwei Hauptursachen: den 1946 beginnenden Zustrom von *Heimatvertriebenen und Flüchtlingen* aus den Ostgebieten des Deutschen Reiches, aus deutschen Siedlungsgebieten in Osteuropa sowie den späteren Zuzug von Flüchtlingen aus Mitteldeutschland. Der Anteil der Vertriebenen und Flüchtlinge betrug in Lörrach fast 25%. Dazu kamen die *Gastarbeiter*, die besonders aus Italien, der Türkei und aus Jugoslawien kamen. Der Anteil der Italiener ist von 696 im Jahre 1960 auf 2522 im Jahre 1992 angestiegen. Er ist mindestens seit der Mitte der 1980er Jahre relativ konstant (1987:2438). Die Zahl der Türken stieg von 40 im Jahre 1965 auf 985 im Jahre 1992 (1987: 720).

Die *Zu- und Wegzüge* zwischen 1960 und 1985 betrugen oft bis zu 8% der Gesamtbevölkerung. Durch diese Binnenwanderung gab es bis 1971 Wanderungsgewinne, in der Mitte der 1970er Jahre aber erhebliche Wanderungsverluste. Diese wurden hauptsächlich durch wegziehende deutsche Einwohner verursacht. Nur zeit-

weilig zogen ab 1980 mehr Ausländer weg. Schon 1987 gab es wieder einen Wanderungsgewinn von 269 In- und Ausländern. Seither geschehen etwa 50% der Zu- und Wegzüge innerhalb des südbadischen Raumes, während die Zuwanderung aus dem Ausland 1992 26,3%, die Abwanderung ins Ausland 28,2% erreichte.
Seit 1975 zeigte die Entwicklungskurve eine Bevölkerungsabnahme an. Die Gesamtbevölkerung war von 1975 mit 44179 über 41355 im Jahre 1980 auf 40561 im Jahre 1987 gesunken. Die Ursachen lagen im zeitweiligen Rückgang der Ausländerzahlen, im Geburtenrückgang und im Zug auf das Land. Brombach und Haagen nahmen minimal zu. Bis 1992 ist die Einwohnerzahl der Gesamtstadt aber wieder auf 43976 gestiegen. Dazu haben eine gestiegene Geburtenzahl, der Zuzug aus den neuen Bundesländern, die Ankunft deutschstämmiger Aussiedler und der Zustrom von Asylbewerbern beigetragen.
Konfessionelle Gliederung. – Das Gebiet der heutigen Stadt Lörrach ist mit Ausnahme des bis 1806 zu Vorderösterreich gehörenden Dorfes Stetten seit 1556 *evangelisch* gewesen. 1825 waren in Brombach 98,3% evangelisch. In Haagen waren es 99,1%, in Hauingen 97,4%, in Tüllingen 99,7% und in Tumringen 95,7%. Noch um die Mitte des letzten Jahrhunderts wohnten im heutigen Stadtgebiet fast 80% Protestanten. Außer in Stetten stand in keinem der heutigen Stadtteile eine katholische Kirche. Erst seit dem Jahre 1859 finden in der Lörracher Innenstadt öffentliche katholische Gottesdienste statt.
Die Industrialisierung im 19. Jh., die Flüchtlingsbewegung nach Ende des 2. Weltkriegs und der Zuzug von Ausländern brachten eine Verschiebung und Durchmischung der konfessionellen Strukturen. Besonders betroffen wurden die Teile der Stadt, in denen sich bereits sehr früh Industrie ansiedelte. In Haagen stieg der Anteil der *Katholiken* von 0,9% (1825) auf über 22% im Jahre 1900 und von 25,1% 1933 auf 32,3% im Jahr 1992 (1987: 32,8%). In Brombach lag der Katholikenanteil 1825 bei 1,7%. Im Jahre 1900 betrug er 21,7%, und bis 1992 war er auf 31,3% (1987: 32,9%) angestiegen. In Tüllingen lebte 1825 nur ein Katholik; im Jahre 1900 waren es 10 und damit 2,7%. Noch 1933 betrug der Prozentsatz der Katholiken nur 9,2%. 1992 waren es 29,2% (1987: 31%). Diese starke Verschiebung ist dort mit den neuen Baugebieten und dem Trend des Wegzuges aus der Innenstadt zu erklären. Stetten, ursprünglich rein katholisch, hat zwischenzeitlich einen Bevölkerungsanteil von 36,9% Protestanten (1987: 41,4%). Hier und in Lörrach-Mitte besteht heute eine relative Mehrheit von Katholiken. Ist diese Mehrheit in Stetten noch auf den alten Bevölkerungskern zurückzuführen, so ist sie in Lörrach-Mitte dem hohen Ausländeranteil von 24,3% im Jahre 1992 (1987: 21,5%) zuzuschreiben.
In der gesamten Stadt lebten 1992 unter insgesamt 43687 Einwohnern 43% (1987: 47,4%) Evangelische, 35,4% (1987: 36,9%) Katholiken und 21,7% (1987: 15,4%) Sonstige. Der Anteil von 21,7% Angehöriger »sonstiger Glaubensbekenntnisse« ist auffallend hoch. 1825 hatte er – hauptsächlich bedingt durch die jüdische Gemeinde – nur 0,3% betragen, stieg dann aber kontinuierlich bis 1933 auf 6%, bis 1960 auf 7,7%, bis 1970 auf 8,7% und bis 1987 auf 15,4% an. In diesen Zahlen spiegelt sich einmal der hohe Ausländeranteil wider. 1987 gaben 2,1% aller Einwohner den Islam als ihr Bekenntnis an. Außerdem wird in den letzten Jahren der steigende Anteil der Lörracher ohne Bekenntnis getrennt von denjenigen mit »sonstigem Bekenntnis« ausgewiesen. Ohne Bekenntnis waren 1991 14,5%, 1992 18,1% der Einwohner. Unter den Bekenntnislosen werden Christen, die keine Kirchensteuer zahlen wollen, ebenso mitgezählt wie Sektenangehörige.
Schon 1670 lassen sich Juden in Lörrach nachweisen. 1813 wird von 22 jüdischen Familien mit 127 Personen berichtet. Bei der Volkszählung von 1855 lebten in der

heutigen Stadt 173 jüdische Einwohner (= 2,2%), die als Konfession »israelitisch« angaben. Bis 1875 stieg die Zahl auf 253, bis 1925 sank sie wieder auf 159 ab. Bei der Volkszählung 1933 lebten 162 Juden in Lörrach. Die Judenverfolgung im Dritten Reich hatte auch hier ihre einschneidenden Auswirkungen. Zwei Drittel der Lörracher Juden wanderten bis 1940 aus. Die USA, die Schweiz, Frankreich und Palästina waren die Hauptziele. 1940 wurden 50 jüdische Bürger in das unbesetzte Frankreich abgeschoben und dort in das Lager Gurs gebracht. Bei Kriegsende waren noch zwei jüdische Bürger in Lörrach. 1970 betrug die Zahl der Israeliten 14. In der Volkszählung von 1987 und seither wurde nicht mehr nach dem mosaischen Glauben gefragt.

Soziale Gliederung. – Zu Beginn des 19. Jh. wies Lörrach noch die typischen Strukturen einer *badischen Amtsstadt* auf. Darüber hinaus aber bestanden bereits seit der Mitte des 18. Jh. beachtlich große Industriebetriebe. Alle Gewerbe waren vertreten und 10 Gastwirtschaften hatten die Schildgerechtigkeit. Der überwiegende Teil der Bevölkerung aber betrieb noch Landwirtschaft. Die heutigen Stadtteile waren Bauerndörfer, in denen *Ackerbau*, *Viehzucht* und *Obstbau* betrieben wurden. In Tumringen und ganz besonders in Tüllingen war der *Rebbau* von Bedeutung.

Die *Industrialisierung* wandelte dieses Bild. Im heutigen Stadtgebiet gab es bei der Volkszählung von 1895 8844 Erwerbstätige. Davon waren 67,9% – über 6000 – in Industrie und Gewerbe tätig und nur 15,1% in der Landwirtschaft. Nur in Tüllingen herrschten noch die traditionellen Verhältnisse; zwei Drittel der Beschäftigten fanden in der Landwirtschaft Arbeit. Die nächsten Jahrzehnte setzten diese Entwicklung fort. Die Arbeitsplätze in der Industrie, im Handel und Gewerbe und im Dienstleistungsbereich boten mehr Verdienst und angenehmere Arbeitsbedingungen, so daß die Bedeutung der Landwirtschaft noch weiter in den Hintergrund trat. Bei der Volkszählung 1950 wurden nur noch 4% Erwerbstätige in der Land- und Forstwirtschaft ausgewiesen, 63,2% der Bevölkerung aber in der Industrie, im Handwerk und im Handel. Der Dienstleistungssektor und der öffentliche Dienst umfaßten 16,9% der Erwerbstätigen. Die weiteren Veränderungen auf dem sozialen Sektor zeigen die Ergebnisse der Volkszählung von 1970, als die Zahl der in der Land- und Forstwirtschaft Tätigen auf 243 Personen (= 1,2%) absank. Dagegen waren 52,8% im Produzierenden Gewerbe, 21,7% in Handel und Verkehr und 24,3% in sonstigen Wirtschaftsbereichen beschäftigt.

Seit dem Statistischen Jahresbericht 1985/86 der Stadt Lörrach wurde der Landwirtschaftsbereich nicht mehr gesondert ausgewiesen. Er fällt unter das Produzierende Gewerbe, in dem 1992 bei 22 175 Beschäftigten 9291 = 41,9% tätig waren (1987: 8338 = 44,6%). In Handel und Verkehr sowie im Dienstleistungssektor waren 1992 12 884 Personen = 58,1% beschäftigt. 1987 arbeiteten in Handel und Verkehr 25,7%, weitere 18,9% der Beschäftigten aber im Dienstleistungssektor. Dieser umfaßt neben dem öffentlichen Dienst auch die Banken, alle Dienstleistungsbetriebe und die freien Berufe.

Politisches Leben

Während der *Revolution von 1848/49* stand Lörrach zwei Tage im Mittelpunkt des politischen Geschehens. Im März 1848 war eine Bürgerwehr gebildet worden, die ihre Waffen nicht nur zur Sicherung von Ruhe und Ordnung verwenden sollte, sondern auch zur Wahrung und Durchsetzung der dem Volk versprochenen Rechte und Freiheiten. Heckers Aufforderung im April 1848, sie nach Kandern zu seiner Unterstützung zu entsenden, wurde jedoch von der Gemeindeverwaltung abgelehnt und nur wenige junge Leute folgten nach dem Einmarsch von Weisshaar diesem auf seinem Zug. Nach dem gescheiterten Aufstand war in der Grenzstadt zeitweise das württembergische Hauptquartier untergebracht.

Nach dem Abzug des Militärs sammelten die Revolutionäre ihre Kräfte wieder im Raum Lörrach. Am 21. September 1848 marschierte Gustav Struve in der Stadt ein. Die Stettener Bürgerwehr begleitete ihn und seine Freischaren. Die Lörracher Wehr schloß sich an, als Struve vom Rathaus aus die »*Deutsche Republik*« ausrief und Lörrach zum Hauptquartier der Provisorischen Regierung machte. Die großherzoglichen Wappen wurden überall entfernt, die Kassen beschlagnahmt und die Bürger unter Strafandrohung zur Teilnahme am zweiten Aufstand aufgefordert. Regierungstreue Beamte wurden verhaftet. Die Bürgerwehren von Lörrach und Stetten wurden noch am selben Abend in Marsch gesetzt, um Kandern zu besetzen und die Eisenbahn bei Schliengen zu sprengen. Über Staufen rückte die Lörracher Wehr dann ins Münstertal vor. Zum Gefecht von Staufen kam sie jedoch zu spät und löste sich vor der Rückkehr nach Lörrach auf.

Beim dritten badischen Aufstand meuterte die Lörracher Garnison im Mai 1849 und befreite die Gefangenen. Sie schloß sich der Aufstandsbewegung an. Am 11. Juli zog die preußische Armee in Lörrach ein. Damit war auch der dritte Versuch einer Revolution gescheitert. Die Bevölkerung Lörrachs war in dieser Zeit konstitutionell eingestellt, doch nicht revolutionär. Nur einigen wenigen Einwohnern wurde in dem folgenden Strafgericht der Prozeß wegen tätigem Anteil an der Revolution gemacht.

In der 2. Hälfte des 19. Jh. war das politische Leben in Lörrach geprägt vom *gemäßigten Liberalismus* badischer Prägung. Dies lag wohl mit an den Persönlichkeiten, die den Wahlkreis in Karlsruhe und in Berlin vertraten: Im Zeitraum von 1871–1918 war lediglich einmal von 1890–1893 der Freiburger Landgerichtsrat Karl Lauck als Vertreter des Zentrums Lörracher Abgeordneter. Sonst vertraten Franz von Roggenbach, der frühere badische Außenminister, Markus Pflüger, Ernst Blankenhorn und zuletzt der Lörracher Oberbürgermeister Dr. Erwin Gugelmeier Lörrach im Deutschen Reichstag. Dennoch spiegeln sich auch in dieser Zeit die sozialen und wirtschaftlichen Verhältnisse und Veränderungen in den Wahlergebnissen wider. Lagen die Nationalliberalen 1871 in allen Teilen der heutigen Stadt mit 85–100% der Stimmen an der Spitze, so zeichnete sich nach 1890 eine Trendwende ab. Sozialdemokraten und das Zentrum holten auf und brachen bis zur letzten Reichstagswahl vor dem 1. Weltkrieg das liberale Monopol. In Lörrach erreichten bei der Wahl von 1912 die *Sozialdemokraten* 50,2%, in Brombach 50,0%, in Haagen 38,7% und in Hauingen sogar 56,5% der Stimmen. Das *Zentrum* brachte es in Lörrach auf 17,2%. Nur im Stadtteil Haagen hielten die Liberalen mit 51,1% die Mehrheit. Diese Ergebnisse demonstrieren den Weg Lörrachs von der Amtsstadt zur Industriestadt.

In der Zeit nach dem 1. Weltkrieg ist Lörrach ein Musterbeispiel für die politische These, daß Krisenzeiten eine Radikalisierung nach links und rechts bringen. Zwar erhielten die demokratischen Parteien bei der Wahl zur Deutschen Nationalversammlung 1919 eine klare Mehrheit (in Lörrach: SPD 46,7%, Zentrum 20,3%, Deutsche Demokratische Partei 27,6%). Doch die politischen und wirtschaftlichen Verhältnisse brachten bald einen Wandel.

Die *Radikalisierung* wurde eingeleitet durch einen Attentatsversuch auf den Oberbürgermeister Dr. Gugelmeier im März 1919. Die KPD war 1921 neben Zentrum und Sozialdemokratie bereits die dritte politische Kraft und überspielte mit ihren auf Umsturz drängenden Agitatoren die demokratisch eingestellten Kräfte der Arbeiterschaft. Dies wurde besonders deutlich bei den blutigen *Arbeiterunruhen* im September

Die Stadt im 19. Jahrhundert und in der Gegenwart

1923. Damals erhitzte die Ruhr-Besetzung die Gemüter und die Inflation hatte einen neuen Höhepunkt erreicht. In Lörrach als Grenzstadt kam noch die Währungsfrage dazu. Die Arbeiter wünschten Zahlungen in Schweizer Franken und Sachlieferungen. Ein regulärer Tarifabschluß für die Region kam zu spät. Die Arbeiter verließen die Betriebe, als 1500 Bauarbeiter aus Weil in Lörrach einmarschierten. Straßensperren wurden errichtet, Sicherheitspolizei aus Freiburg eingesetzt und über Lörrach und das Hochrheingebiet der Ausnahmezustand verhängt. Die traurige Bilanz dieser Unruhen waren drei Tote und viele Verletzte. Andererseits erreichten die Arbeiter des Wiesentals tatsächlich Sachleistungen und Zahlungen in Devisen. Die weitere Radikalisierung und auch eine verstärkte Verunsicherung der Bevölkerung zeigt sich wiederum in den Ergebnissen der Landtags- und Reichstagswahlen. 1924 erreichten die *Kommunisten* im Stadtgebiet große Erfolge: in Lörrach 26,6 %, in Brombach 24,6 %, in Haagen 27,6 % und in Hauingen sogar 42,8 %. Die Völkischen, bei denen die Nationalsozialisten, die sich erstmals 1922 in Lörrach formierten, nach einem Verbot unterschlüpften, erhielten damals in Lörrach 6,7 %, in Hauingen 9,2 %, in Brombach 10,3 % und in Haagen 14,3 %. Die stärkste Partei im heutigen Stadtgebiet war damit die KPD. Sie hielt diese Stellung bis 1932, als sie von den *Nationalsozialisten* abgelöst wurde. Die NSDAP wurde gemeindepolitisch erstmals im November 1930 aktiv und nahm auf Anhieb Platz drei neben dem Zentrum und der KPD ein. Durch geschickte Agitation unter Ausnutzung der schwierigen wirtschaftlichen Situation (u. a. Einrichtung einer Volksküche) schob sie sich in den politischen Vordergrund. So wählten nach dem zweiten Reichstagswahlkampf von 1932 im November bei allgemein gesunkener Wahlbeteiligung (im Amtsbezirk Lörrach: 69,7 %) in Tüllingen 75,2 %, in Tumringen 52,9 %, in Brombach 47,4 %, in Haagen 42 %, in Hauingen 36,4 % und in Lörrach 29,2 % die NSDAP Hitlers. Im Dritten Reich erreichten Wahlbeteiligung und Zustimmung bald schwindelnde Höhen, immerhin blieben in der damaligen Stadt und in einzelnen heute eingemeindeten Orten nicht unbeachtliche Anteile von ungültigen Stimmen und Nein-Stimmen. Diese Stimmen erreichten 1934 in Lörrach fast 20 % der Wählenden und betrugen dort nach dem Anschluß Österreichs immerhin 4,4 %.

Der *Neuanfang des politischen Lebens* war in der französischen Besatzungszone mit großen Schwierigkeiten verbunden. Anfangs hatte die Besatzungsmacht gar nicht die Absicht, einen demokratischen Aufbau zuzulassen. Trotzdem formierten sich die alten Weimarer Parteien. Schon am 1. Mai 1945 meldete sich eine Antifaschistische Bewegung, die Ende 1945 in der *KPD* aufging. Am 11. Mai schlug eine provisorische *SPD Lörrach* dem Stadtkommandanten einen Stadtrat vor. Im Dezember 1945 war der Ortsverein der SPD wiedergegründet. Im Spätsommer 1945 entstand in Stetten auch die Initiative zur Gründung einer überkonfessionellen christlichen Partei. Im März 1946 wählte diese *Lörracher Badische-Christlich-Soziale Volkspartei* einen paritätischen Vorstand, der im August von der Generalversammlung bestätigt wurde. Die *Demokratische Partei* wurde im Januar 1946 gegründet.

Später als in den übrigen Besatzungszonen fanden im französischen Bereich die ersten *Kommunalwahlen* am 15. September 1946 statt, 51,9 % der Einwohner erhielten das Wahlrecht. Das Ergebnis war ein Votum für die bürgerlichen Parteien und eine Absage an die KPD. In Lörrach wählten 36,6 % die BCSV, 26,3 % die SPD, 21,9 % die DP und nur 15,3 % die KPD. Diese Ergebnisse wurden bei der ersten Landtagswahl in Baden im Mai 1947 bestätigt. Bei der Wahl zum 1. Deutschen Bundestag 1949 konnten die demokratischen Parteien ihren Stimmenanteil steigern. Die KPD sank auf 11,1 % ab. Bei der letzten Wahl vor dem Verbot der KPD war sie in allen Stadtteilen rapide zurückgegangen. Nur noch in Hauingen erreichte sie 7,3 %.

Nachfolgeparteien sind in den letzten Wahlen nicht annähernd an die 5%-Klausel herangekommen.

Jahrelang rangen CDU und SPD um die Führungsrolle in der Stadt und in den Stadtteilen. Lag bis in die 1960er Jahre die SPD vorne, so ist heute die CDU dominierend. Bei der letzten Bundestagswahl 1990 erreichte die CDU 42,7% und die SPD 32,9%. Die FDP war in den Wahlen seit 1984 durch die Grünen von ihrem traditionellen dritten Platz verdrängt gewesen, erreichte aber 1990 12% (Grüne: 6,2%). Im gemeindepolitischen Leben spielt neben den politischen Parteien auch die Freie Wählervereinigung (FWV) eine Rolle. Sie verfügt in allen Stadtteilen über einen beachtlichen Wählerstamm und hat bei der letzten Gemeinderatswahl 1989 bei einem Stimmenanteil von 19,5% acht Sitze gewonnen.

Wirtschaft und Verkehr

Land- und Forstwirtschaft. – Vor allem seit 1950 ist die bis vor die Jahrhundertwende bestimmende Landwirtschaft im Gebiet der heutigen Stadt permanent zurückgegangen. *Landwirtschaftliche Nutzfläche* wurde mehr und mehr für Industrie- wie auch für Wohnsiedlungen benötigt. Sie ist darum besonders nach 1950 sehr stark geschwunden. 1925 betrug die LF im heutigen Stadtgebiet 1790 ha; 1950 waren es 1648 ha, um in der Zeit der stärksten wirtschaftlichen Expansion bis 1971 auf 997 ha abzufallen. 1989 betrug die LF noch 907 ha.

Der Anteil des *Wiesen- und Weidelandes* war im Raum Lörrach immer größer als der des Acker- und Gartenlandes. Die Wiesenfläche nahm von 1925 mit 1131 ha über 569 ha 1971 bis 1989 auf 443 ha ab. Das *Acker- und Gartenland* reduzierte sich in diesem Zeitraum fast um die Hälfte. Waren es 1925 769 ha, so waren es 1985 nur noch 440 ha. In der Bodennutzung sind die *Hackfrüchte* in den Hintergrund getreten. Von 1971 bis 1991 ist die Anbaufläche um über $\frac{2}{3}$ auf 2 ha gefallen. Dagegen ist die Anbaufläche für Futterpflanzen, besonders Mais, auf 100 ha angestiegen. Der *Getreideanbau* hat sich in dieser Zeit kaum verändert. 228 ha wurden 1991 angebaut, wobei der Weizen wie auch schon in früheren Jahren jeweils die Hälfte davon einnahm (Winterweizen: 87 ha).

Auch die Zahl der landwirtschaftlichen Betriebe ist stark zurückgegangen; sie war 1895 im Gebiet der heutigen Stadt bei 1069 Betrieben gelegen, bis 1950 auf 550 gesunken und 1992 noch bei 140 gelegen. Unterdessen hat sich die *Betriebsstruktur* wesentlich gewandelt. 1895 lag die Zahl der Kleinlandwirte mit Wirtschaftsflächen unter 5 ha bei 86%. Gegen Ende der 1980er Jahre bebauten nur noch 68% der Landwirte weniger als 5 ha. – *Aussiedlerhöfe* sind im Stadtgebiet 12, davon 6 in Brombach, je 2 in Haagen, Hauingen und in Lörrach. Mit Ausnahme eines Brombacher Hofes, der bereits 1937 aussiedelte, sind diese Höfe seit den 1960er Jahren angelegt worden.

Der *Rebbau* hatte früher in Tüllingen eine entscheidende Rolle gespielt, in Tumringen und Haagen war er wichtig gewesen. Allein in Haagen waren z. B. um 1860 rund 18 ha als Weinberge angelegt gewesen. Doch inzwischen ist der Weinbau sehr stark in den Hintergrund getreten. Die bebaute Rebfläche lag 1989 bei 10 ha, fast ausschließlich auf Tüllinger Gemarkung gelegen. Dort gab es 1992 noch 17, meist Nebenerwerbswinzer.

Entsprechend dem Rückgang der LF sind auch die Großviehbestände zurückgegangen. 1855 wurden im Stadtgebiet 1660 Rinder und 202 Pferde gemeldet. Die zahlenmäßig stärkste Viehhaltung war in Lörrach 1925 zu beobachten gewesen. Im ganzen

Die Stadt im 19. Jahrhundert und in der Gegenwart

Stadtgebiet wurden damals 2051 Rinder, 345 Pferde und 1272 Schweine gezählt. Die letzte *Viehzählung* 1990 ergab 891 Rinder und 141 (meist Reit-)Pferde. Gesunken ist auch die Zahl der Schweine und Schafe. 1855 wurden 620 Schweine und 576 Schafe gezählt. 1986 waren es 597 Schweine und 191 Schafe.

Die Stadt Lörrach hatte vor der Gemeindereform mit Tüllingen und Tumringen zusammen nur 485 ha *Wald*. Das waren 26,1 % der Gemarkungsfläche. Durch die Eingemeindung von Haagen mit 153 und besonders Brombachs und Hauingens mit 486 und 440 ha Wald ist heute mit 1541 ha 39,1 % der Gemarkungsfläche der Stadt mit Wald bedeckt. Durch den Autobahnbau und die Errichtung des Wohngebietes auf dem Salzert gingen in den 1980er Jahren etwa 20 ha verloren. Großflächige Aufforstungen gab es nicht. Etwa ⅔ des Bestandes sind Laubhölzer. Die Hauptbaumart ist mit 47 % die Buche. Der Eichenbestand beträgt 9 %. Bei den Nadelhölzern führt die Fichte mit 13 %. Douglasien, Lärchen und Forlen gehören gleichfalls zum Bestand. ⅔ des Waldes ist Gemeindewald. Der Privatwald umfaßt ca. 280 ha, der Staatswald ca. 165 ha. Auch die Bundesvermögensverwaltung besitzt kleine Waldanteile (2,7 ha). Die Jagd auf der Gemarkung wird von der Gemeinde verpachtet. Der Staat bewirtschaftet sie in seinem Wald selbst.

Handwerk und Industrie. – Lörrach, dessen moderne Gewerbegeschichte in der 2. Hälfte des 18. Jh. einsetzt, hatte die typischen Handwerks- und Gewerbebetriebe einer badischen ländlichen Kleinstadt, die geprägt war von der Landwirtschaft, dem Weinbau und dem Wasserlauf der Wiese. Erwartungsgemäß weist dann auch das Müllerhandwerk eine ausgeprägte Tradition auf, die ins Mittelalter zurückreicht. Jahrhundertelang war die Wiese zur Holzflößerei aus dem Schwarzwald genutzt worden. Holzumschlagsplatz war Basel. Gegen Ende des 18. Jh. wurde der Flößereibetrieb eingestellt. Die Wassergerechtigkeiten der Mühlenbetriebe wurden meist im 19. Jh. von der aufstrebenden Textilindustrie erworben, die vor der Elektrifizierung auf die Wasserkraft angewiesen war.

Die Festschrift zum 200jährigen Jubiläum der Stadtrechtserneuerung von 1882 weist für Lörrach 65 verschiedene Gewerbebranchen mit 229 Betrieben und 257 Beschäftigten aus, wobei der Vergleich mit der Gegenwart aber schwierig ist. 5 Fabrikbetriebe mit über 100 Arbeitskräften im *Textilbereich* werden aufgeführt, darunter die Manufaktur Koechlin, Baumgartner & Cie. mit über 1400 Beschäftigten. Dazu kam noch die Schokoladenfabrik Suchard, die sich 1879 aus zollpolitischen Gründen in Lörrach niederließ. Die erste offizielle *Betriebszählung*, die grobe Vergleichsmöglichkeiten gibt, liegt von 1895 vor. Sie weist 878 Hauptbetriebe mit 6558 Beschäftigten aus. Fast ⅔ davon, nämlich 4080, in den 35 Betrieben der Textilindustrie tätig. Es folgten in weitem Abstand 438 Personen in den Betrieben des Nahrungs- und Genußmittelgewerbes, 431 in 278 Bekleidungs- und Reinigungsbetrieben und 396 Beschäftigte in 186 Betrieben in Handel, Versicherungen und im Verkehrsgewerbe. Das Baugewerbe beschäftigte in 65 Betrieben 355 Personen. Metallverarbeitung, Maschinenbau und Installation waren mit 63 Betrieben und 275 Beschäftigten noch am Ende dieser Aufstellung.

Aus der Badischen Gemeindestatistik, basierend auf der Volks-, Gewerbe- und Betriebszählung von 1925, erfahren wir, daß es im heutigen Stadtgebiet 32 Fabriken mit mehr als 20 Arbeitern gab. Insgesamt arbeiteten in der Industrie 4713 Personen, davon 2197 Frauen. Dieser Anteil der Frauen von 46,6 % weist erneut auf die dominierende Stellung der Textilindustrie hin, die im Lörracher Raum Hauptarbeitgeber war. An Handwerksmeistern werden 1925 241 Personen nachgewiesen.

Bei der Volks- und Betriebszählung 1950 wurden im nichtlandwirtschaftlichen Bereich 1542 Betriebe mit 13 987 Arbeitnehmern festgestellt. Darin sind Industrie,

Handel, Handwerk und Dienstleistungsbetriebe enthalten. Auf das *Handwerk* entfielen damals 536 Betriebe mit 2408 Arbeitnehmern, darunter waren 130 Betriebe des Baugewerbes mit 936 Personen. Die Handwerkszählungen der Jahre 1968 und 1978 zeigen, daß sich die Zahl der Betriebe bei steigender Mitarbeiterzahl in diesem Zeitraum stark vermindert hat. Waren es 1968 438 Betriebe mit 3342 tätigen Personen, so waren es 1978 nur noch 359 Betriebe mit zusammen 3464 Beschäftigten. An der Spitze standen sowohl 1968 wie 1978 das Metallgewerbe mit 106 bzw. 108, das Bau- und Ausbaugewerbe mit 84 bzw. 72 und das Bekleidungsgewerbe mit 83 bzw. 46 Betrieben. In allen Sparten mit Ausnahme von Glas, Papier und Keramik waren von 1968 bis 1978 hohe Umsatzsteigerungen zu verzeichnen. Im Metallgewerbe stiegen die Umsätze von 53,6 auf 132,9 Mio. DM, im Baugewerbe von 33,3 auf 57,6 und im Nahrungsmittelgewerbe von 15,6 auf 50,1 Mio. DM. Die stärkste Zuwachsrate war in diesem Zeitraum bei den Fleischern und Bäckern zu verzeichnen, bei denen die Betriebe sich zwar von 40 auf 29 reduzierten, aber die Zahl der Beschäftigten von 255 auf 388 und die Umsätze von 12,9 auf 48,3 Mio. DM kletterten.

Nach einer Aufstellung der Stadtverwaltung vom Januar 1988 war die Zahl der Handwerksbetriebe wieder angestiegen; im Stadtgebiet gab es nun 378 Handwerksbetriebe. Zugenommen hatten besonders das Metallgewerbe mit 143 (+35) und das Bau- und Ausbaugewerbe mit 81 (+9) Betrieben, abgenommen wiederum das Bekleidungs- und Textilgewerbe um 19 auf 27 und das Nahrungsmittelgewerbe um 4 auf 30 Betriebe. Im Metallgewerbe führten die Kraftfahrzeugmechanikerbetriebe die Liste an. Im Nahrungsmittelgewerbe waren es die Bäcker. Die Situation des Handwerks in den frühen 1990er Jahren erhellt die nebenstehende Tabelle.

Tab. 2: Das Handwerk 1992

Branche	Zahl der Betriebe	Beschäftigte	Umsatz
Baugewerbe	75	739	86,0 Mio. DM
Metall	145	954	189,0 Mio. DM
Holz	20	108	13,5 Mio. DM
Textil/Leder/Bekleidung	24	65	6,7 Mio. DM
Nahrung	27	199	33,9 Mio. DM
Gesundheit/Körperpflege	59	536	30,6 Mio. DM
Glas/Papier/Keramik/Sonstige	21	195	30,3 Mio. DM
Gesamt	371	2796	390,0 Mio. DM

Quelle: Handwerkskammer Freiburg

Lörrach wurde in hohem Maße durch die *Textilindustrie* geprägt. Bereits 1753 gründete Johann Friedrich Küpfer eine Indiennedruckerei, die heute als KBC, *Manufaktur Koechlin, Baumgartner & Cie. AG*, eine Weltfirma ist und über 1700 Mitarbeiter beschäftigt. Jahrzehntelang wurde dieser Betrieb mit staatlichen Subventionen über Wasser gehalten und war sogar zu Beginn des 19. Jh. »Großherzoglich badisch gnädigst privilegierte Zitz- und Cattunfabrik«. Die Initiative der um Lörrach sehr verdienten Familie Koechlin verhalf dem Unternehmen zum Durchbruch, so daß es die Krisen nach dem 1. Weltkrieg überstand und eine führende Rolle auf technischem Gebiet nach der Einführung des Filmdrucks in den 1930er Jahren erreichen konnte. Diese Tatsache machte KBC zum größten Exporteur des Wiesentales. 1992 lag der Exportanteil an der

Die Stadt im 19. Jahrhundert und in der Gegenwart 111

Produktion bei 52%. Der Umsatz stieg, von 1550 Mitarbeitern erarbeitet, auf 673 Mio. DM an. – In die Zeit nach dem Beitritt Badens zum Deutschen Zollverein im Jahre 1836, als in der Region viele Fabriken entstanden, gehört die vom Basler Bürger Friedrich vom Hove 1837 gegründete Tuchfabrik Lörrach, heute *Technische Textilien Lörrach GmbH*. Sie exportierte 1992 bei einem Umsatz von 27 Mio. DM mit 130 Mitarbeitern 35% ihrer Produktion ins Ausland. – Auch in Brombach und Haagen war die Textilindustrie beheimatet. Im 19. Jh. waren die Standortvorteile für Schweizer Unternehmer dort besonders groß: Wasser, billige Arbeitskräfte und Grenznähe. So siedelte der Basler Wolltuchfabrikant Fürstenberger 1831 in Brombach einen Tuchbetrieb an, der 1837 von Heinrich Riggenbach und Johann Rudolf Großmann gekauft wurde. 1866 wurde die Geschäftsleitung von der des Schweizer Stammhauses in Aarburg getrennt. Neben der Produktionsstätte in Brombach bestand inzwischen ein weiterer Betrieb in Lörrach. Das Unternehmen weitete sich aus und erwies sich als großer Wohltäter für Brombach. Bahnhof und ein Grundstück für das Schwimmbad waren Schenkungen der *Fa. Gebr. Großmann*, die 1937 von der Textilmanufaktur Wilhelm Schöpflin Haagen übernommen wurde. – Aus verwandtschaftlichen Beziehungen zu den Gebr. Großmann entstand 1899 die *Druckerei und Appretur Brombach GmbH* als Lohnveredelungsbetrieb. Die Textilbetriebe im Wiesental und Betriebe aus Frankreich, Holland und der Schweiz gehörten zu ihren Auftraggebern, so daß Kriegs- und Nachkriegszeiten überstanden werden konnten. 1954 übernahm im Zeichen der Konzentration im Textilgewerbe die *Spinnerei und Weberei Steinen* die Hauptanteile der Firma, die dann 1963 an die Winkler-Gruppe übergingen. Mit der 1951 gegründeten *Ausrüstung an der Wiese GmbH* wurde 1969 die *Wiese Textilveredelung GmbH* gebildet, die zur Lauffenmühle Waldshut-Tiengen gehört. Seit 1986 firmieren die Brombacher Betriebe als *Lauffenmühle GmbH Werk Wiese*. Die rund 700 Beschäftigten produzieren jährlich auf ca. 800 Webmaschinen 80 Mio. qm Gewebe und veredeln zudem 50 000 km Gewebe und Gewirke. – Auch in Haagen war es die Wasserkraft der Wiese, die Grundlage der ersten industriellen Betriebe wurde. Basler Fabrikanten erwarben eine Sägemühle mit dem zugehörigen Wasserrecht im Jahre 1834, um eine Seidenbandfabrikation aufzubauen. Das Projekt zerschlug sich, doch übernahm das Basler Handelshaus Sarasin-Heußler das Areal in Röttelnweiler und errichtete darauf 1835 die *Mechanische Baumwollspinnerei Haagen*. 1853 wurde am Mühlenteich in Haagen an Stelle der alten Ölmühle und Hanfreibe ein Filialbetrieb eingerichtet. 1860 arbeiteten in beiden Betrieben rund 700 Arbeiter an 33 700 Spindeln. Auf der Weltausstellung in Wien 1873 wurde die Haagener Firma mit einer Medaille ausgezeichnet. Bis 1918 verblieb die Firma in Schweizer Hand. Als *Spinnerei Haagen und Rötteln AG* firmierte sie bis 1932. Danach lief sie als »Wiesag«, *AG Spinnereien und Webereien im Wiesental*, Lörrach. 1976 stellte die Firma ihre Produktion ein. Die einer Liegenschaftsverwaltung unterstehenden Gebäulichkeiten sind heute zum großen Teil vom Großversandhaus Quelle angemietet.

Als Weltfirma ist auch die *Schokoladenfabrik Suchard* anzusprechen. 1879 kaufte der Schweizer Unternehmer Philipp Suchard in Rötteln ein Fabrikgebäude und erwarb 1881 in Lörrach eine ehemalige Seidenbandweberei mit Gleisanschluß. Das erleichterte die Anfuhr der Kakaobohnen und den Abtransport der Produkte. 1882 waren 40 Arbeiter beschäftigt, vor dem 1. Weltkrieg schon 450. Die Schweizer Zweigniederlassung wurde 1907 GmbH und erhielt 1927 eine eigene Leitung. 1984 verschmolz sich die Suchard GmbH mit der *Tobler GmbH* und der *Schoko-Buck GmbH*. 1986 fusionierte *Suchard Lörrach* mit *Jakobs Suchard Bremen* und die Hauptverwaltung wurde von Lörrach nach Bremen verlegt. Das Unternehmen, das

1992 40% seiner Produktion exportierte und dessen Umsatz nicht mehr getrennt errechnet wird, firmiert heute unter der Bezeichnung *Jakobs Suchard Manufacturing GmbH & Co. KG,* die seit 1990 Teil der Philipp Morris Company Inc., USA, ist. Es beschäftigt in Lörrach 800 Arbeiter und Angestellte.

Die beiden Lörracher Brauereien haben eine alte Tradition. Die Firma *Lasser-Brauerei* nahm 1850 ihren Anfang. 1861 wurde dieses Unternehmen von Adam Lasser gepachtet und 1864 gekauft. Seit 1954 werden auch alkoholfreie Getränke produziert und mit dem Bier im ganzen südbadischen Raum vertrieben. Die 98 Beschäftigten erreichten 1992 einen Umsatz von 18 Mio. DM. Die zweite Lörracher Brauerei, die *Brauereigesellschaft Reitter,* wurde 1877 gegründet. Seit 1952 werden Biere und alkoholfreie Getränke im weiten Umkreis, bis ins Oberelsaß hinein, vertrieben. 55 Arbeitnehmer sind in dem Betrieb beschäftigt. Der Umsatz betrug 1992 18 Mio. DM, der Exportanteil 8%.

Wohl einer der ältesten Metallbetriebe im Raum ist die 1842 gegründete *Werkzeugmaschinenfabrik Fritz Kern.* Für die aufstrebende Textilindustrie wurden Dampfmaschinen, Pumpen, Winden und Kräne gebaut. In den 1930er Jahren wurde die Produktion umgestellt und Drehbänke hergestellt. Nach dem 2. Weltkrieg wurde der Betrieb Opfer der Demontage. Unter großen Mühen wurde er wiederaufgebaut und produzierte schließlich neben den konventionellen Drehbänken mit ca. 90 Beschäftigten Drehautomaten; er hatte 1992 einen Jahresumsatz von 5,5 Mio. DM (1990: 13 Mio. DM), der Exportanteil lag bei ca. 10%. Im gleichen Jahr wurde Konkurs angemeldet. 1993 schloß das Unternehmen. – 1887 gründete Julius Kaltenbach in Haagen eine Maschinenfabrik, in der Drehbänke, Fräsmaschinen und Stumpenwickelmaschinen hergestellt wurden. Bald wurden landwirtschaftliche Geräte in das Programm aufgenommen, wie Obstkeltern, Ackerwalzen und Bandsägen. 1936 wurde der Bau einer neuen Fabrikanlage im Lörracher Gewerbegebiet erforderlich. Der Ausbruch des Krieges unterbrach den Aufschwung. Nach der Demontage wurde mit der Produktion von »Rollis«, den vierrädrigen Handwagen, neu begonnen. 1953 spezialisierte sich das Unternehmen auf die Herstellung von Metallkreissägen. Filialen der Firma *Hans Kaltenbach Maschinenfabrik GmbH & Co.* sind zwischenzeitlich in England, Finnland, Frankreich, Österreich, Schweden und in den USA eingerichtet. 1957 waren es 35 Mitarbeiter, 1992 bereits 410 im Stammwerk in Lörrach. Die Produktion geht zu 38,2% ins Ausland. Der Umsatz im Lörracher Betrieb betrug 1992 70 Mio. DM.

1886 erfand Albert Raymond in Grenoble den Druckknopf. Zur Belieferung der deutschen Kundschaft errichtete er in Lörrach 1892 eine Fabrik mit 20 Arbeitern. Der immer wieder modernisierte und vergrößerte Betrieb *A. Raymond GmbH & Co. KG* beschäftigt in Lörrach 699 Mitarbeiter in 2 Werken und einem Auslieferungslager. Der Umsatz betrug 1992 145 Mio. DM, der Exportanteil lag bei 35%. Kleinere Filialen dieses Unternehmens bestehen in Großbritannien, Italien, Spanien und den USA. Der Hauptbetrieb liegt in Grenoble.

Die Lörracher Firma *Wybert GmbH* wurde 1921 gegründet; ursprünglich auf die Produktion von Halspastillen konzentriert, kam Wybert 1956 auch mit Zahnpasten auf den Markt. Heute hat sich die Produktpalette – bei ca. 200 Mitarbeitern und einem Umsatz von 89,4 Mio. DM – erweitert um Mundwasser, Desinfektionsmittel und Kosmetikartikel. Der Exportanteil beträgt 7,1%.

Die Zahl der versicherungspflichtigen beschäftigten Arbeitnehmer bewegt sich in der Stadt Lörrach seit 1975 um rund 20000 (1987: 18695; 1991: 22175). Davon entfielen 1991 9291 (1987: 8338) auf das Produzierende Gewerbe, 12 884 auf Handel und Verkehr und auf sonstige Dienstleistungen (1987: Handel und Verkehr 4799, Dienstlei-

1 Kandern, Innenstadt

2 Kandern, Zentrum, (Ausschnitt aus einem Plan um die Mitte des 18. Jh.)

3 Kandern, Chamottefabrik um die Jahrhundertwende

4 Kandern, Lederfabrik Gebr. Kramer um die Jahrhundertwende

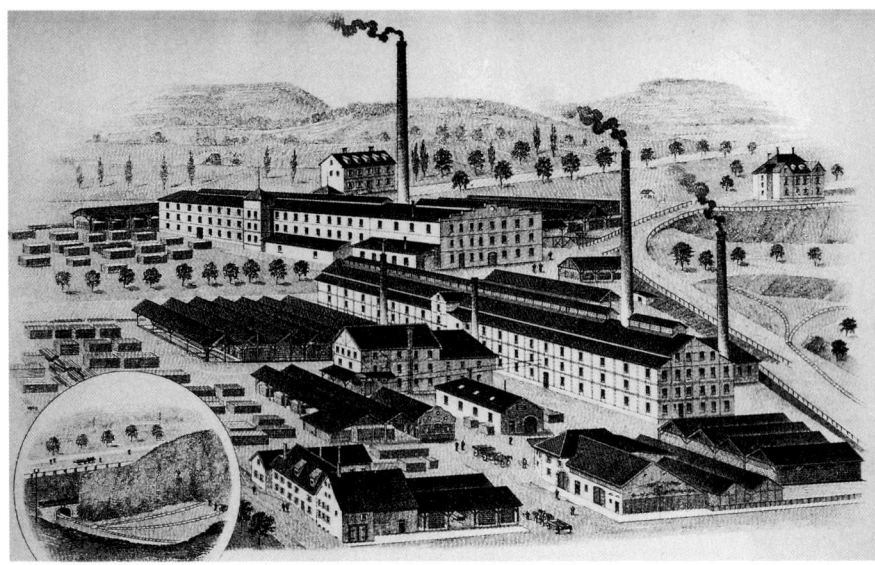

5 Kandern, Fabriken für Dachziegel und feine Tonwaren, Kunsttöpferei (um 1910)

6 Kandern, Marktplatz mit Blick auf die ev. Stadtkirche

7 Kandern, Stadthaus »Zum roten Löwen«, Gemeindestube, heute Verkehrsamt

8 Kandern, Der Anagama-Hangofen zum Brennen von Keramik, gebaut von Horst Kerstan 1976

9 Feuerbach, ev. Kirche

10 Holzen ▷

11 Riedlingen

12 *Sitzenkirch*

13 *Tannenkirch* 14 *Wollbach*

15 Lörrach, Blick über das Stadtzentrum

16 Lörrach, Blick auf den Bahnhof

17 Lörrach, Rathaus

18 Lörrach, Burgmuseum, Innenhof, Blick auf den Turm der ev. Stadtkirche

19 Lörrach, Landratsamt

20 Röttelnweiler

21 Brombach, Blick auf das Schöpflin-Werk

22 Brombach, Kirche St. Joseph

23 Blick über Schloß Rötteln auf Haagen

24 *Hauingen, Steinenstraße, Blick in die Unterdorfstraße*

25 *Hauingen, Unterdorfstraße, Blick in die Steinenstraße*

26 *Malsburg*

27 Marzell

28 Maulburg, Rathaus

29 Maulburg, Hauptstraße, Blick nach Westen

30 Maulburg, Hauptstraße, Blick nach Osten

31 Maulburg, Kellermühle, 1902 vor dem Brand

32 Maulburg, Alte Wiesebrücke

Die Stadt im 19. Jahrhundert und in der Gegenwart 113

stungen 3526). 1382 wurden als Angestellte (1987: 7969), 10793 als Arbeiter (1987: 7833) geführt.
Handel und Dienstleistungen. – Schon 1403 erhielt Lörrach das Marktrecht. Seit über 500 Jahren finden damit die traditionellen Märkte statt. Das ist der Wochenmarkt, der – je nach Jahreszeit – durchschnittlich von 180–190 Erzeugern aus dem Kreisgebiet, besonders aus dem Markgräflerland, beschickt wird. Das Angebot umfaßt landwirtschaftliche und gärtnerische Produkte. Wochenmärkte finden in Brombach, Haagen und Stetten statt. Es gibt des weiteren die beiden Jahrmärkte im Frühjahr und im Herbst, die 145 Stellplätze ausweisen und bei denen auch Schausteller dabei sind. Die früheren Viehmärkte sind eingegangen. Als Erinnerung besteht noch im Mai der Tag des Pferdes, an dem die Lörracher Pferdehalter und die Züchter aus dem Wiesental und dem Markgräflerland ihre Pferde zur Prämierung vorstellen.

In der Innenstadt wie in fast allen Stadtteilen gibt es eine beachtenswerte Zahl von Einzelhandelsgeschäften und – besonders im Zentrum konzentriert – Kaufhäuser, darunter als größtes das *Hertie Waren- und Kaufhaus*; an die Stelle des früheren *Kaufring Kaufhauses* ist im Erdgeschoß ein »Shop in Shop« getreten, d. h. dort befinden sich mehrere Einzelgeschäfte. In Haagen liegt das frühere *Kaufhaus Schöpflin*, heute *Quelle-Kaufhaus*, das seit 1993 größtenteils an die Firma *Burgholz* verpachtet ist.

Zwischen Lörrach und Brombach ist im Gewerbegebiet ein Einkaufszentrum entstanden. Mittelpunkt ist ein *Kaufland* der Kette *Lidl & Schwarz*, in die ein Garten- und Campingartikelverkauf, ein Reifenmarkt und verschiedene andere Einzelhandelsgeschäfte integriert sind. Ein Schuhhof, ein Teppich-Markt, zwei Modemärkte, ein Möbel-Großgeschäft und ein *Praktiker Baumarkt* ergänzen das Angebot. Auch ein Lebensmitteldiscounter hat sich in diesem Areal niedergelassen. Weitere große Bau- und Gartenmärkte befinden sich in der Wiesentalstraße, die sich gleichfalls zu einem Gewerbegebiet entwickelt hat. Hier saßen auch die Milchzentrale Lörrach und die Metzgerei Eugen Gruninger GmbH & Co., die ehemalige Wufa oder Wurstfabrik Lörrach. Die bis 1990 hier ansässige Milchzentrale wurde 1927 gegründet. Ihr gehörten die Genossenschaften des Kreises Lörrach und Teile der Landkreise Waldshut und Freiburg-Land an. Seit 1990 ist der Bezirk der Milchzentrale der *Breisgau Milch GmbH* in Freiburg angeschlossen. In das Hauptgebäude der Milchzentrale ist vor allem die Stome Fleischgroßhandlung GmbH eingezogen, die 1993 die Hauptaufgaben von Gruninger übernommen hat. – Als Lebensmittelgroßhandel versorgt die Firma *Erwin Oechsler GmbH* die weitere Umgebung.

Eine herausragende Stellung unter den Handelsunternehmen nimmt das *Großversandhaus Schöpflin* in Haagen ein. 1907 begann Wilhelm Schöpflin in Haagen ein kleines Ladengeschäft mit Manufakturwaren und Resten. 1924 kam der Textilgroßhandel dazu und 1930 wurde das Versandgeschäft aufgenommen. In eigenen Betrieben wurden in Haagen, Brombach und Herbolzheim Textilien gewoben. Bis 1964 war das Großversandhaus Schöpflin ein reiner Familienbetrieb, der zu den Branchenführern gehörte und ob seiner sozialen Dienste, wie Werkswohnungen, Altersversorgung, Fahrkostenbeteiligung und Personalrabatte, sich großer Beliebtheit erfreute. Werkbusse holen noch heute die Arbeitskräfte aus dem Rhein- und Wiesental und vom Dinkelberg nach Lörrach und Brombach. Am 1. Juli 1964 verband sich die Firma *Schöpflin Haagen* mit dem Fürther Unternehmen *Quelle*. Heute ist die Großversandhaus Schöpflin GmbH mit 1595 Arbeitnehmern und 775 Mio. DM Umsatz im Jahre 1992 einer der größten Lörracher Betriebe.

Die Grenzlage Lörrachs brachte es mit sich, daß sich hier auch das *Transportgewerbe* niedergelassen hat. Hier sind die Stammhäuser der internationalen Transportfirmen

A. *Mutter GmbH* und *Streck Transport GmbH* sowie eine Niederlassung der Firma *Fröde GmbH*, Weil am Rhein, und 8 weitere Unternehmen der Branche. – Die *freien Berufe* sind im Stadtgebiet Lörrach sehr stark vertreten. Im Jahr 1992 waren 33 Architekten, 146 Ärzte und Zahnärzte sowie 8 Heilpraktiker und 27 Rechtsanwälte tätig.
Waren im 19. und zu Beginn des 20. Jh. die Industriebetriebe auf dem Wohnungsbausektor führend, indem sie in Lörrach und in den heutigen Stadtteilen Werkswohnungen für ihre Betriebsangehörigen erstellten, so sind an ihre Stelle nach dem 1. Weltkrieg Genossenschaften getreten. Entsprechend einem Reichsgesetz von 1921 bildete die Stadt Lörrach einen *Wohnungsfürsorgeverband*, der durch Baudarlehen und Zinszuschüsse den Kleinwohnungsbau förderte. Daneben entstanden die *Gemeinnützige Baugenossenschaft für Angestellte* und die *Gemeinnützige Baugenossenschaft Lörrach*, die beide eine rege Bautätigkeit entfalteten und den Gemeinderat veranlaßten, den bisherigen Barackenbau zugunsten der Sozialwohnungen einzustellen. Die Weltwirtschaftskrise stoppte diese Entwicklung. Die Stadt entwickelte dann 1932 ein Siedlungsprogramm im Rahmen der Stadtrandsiedlung, das in der Hammerstraße und an der Brombacher Straße als *Volkswohnsiedlungen* nach 1933 realisiert wurde.
Eine sehr wichtige Rolle übernahm beim Wohnungsbau die *Städtische Wohnbau GmbH*, die 1956 gegründet wurde. Gesellschafter sind die Stadt und die Bezirkssparkasse Lörrach. Aus bescheidenen Anfängen mit nur 50000 DM Stammkapital entwickelte sich ein Unternehmen, das auch die kommunale Wohnungsvermittlung übernahm. 1992 verwaltete die *Städtische Wohnbau GmbH* einen Bestand von insgesamt 2040 Wohnungen in der Stadt.
Neben der städtischen Wohnungsbaugesellschaft bestehen an Baugenossenschaften in Lörrach noch die *Baugenossenschaft Lörrach e.G.* mit 861 und die *Familienheim Lörrach e.G.* mit 413 Wohnungseinheiten.
Das älteste Lörracher Bank- und Kreditinstitut ist die *Sparkasse Lörrach*. 1834 forderte der Präzeptor Koch am Lörracher Pädagogium zur Gründung einer »Spargesellschaft« auf, unterstützt vom Fabrikanten Koechlin. Am Jahresende 1834 waren bereits 313 Bürger Mitglieder dieser Kasse. Beim 100. Gründungsjubiläum war die Sparkasse zur Bezirkssparkasse mit 12 Gewährleistungsgemeinden angewachsen. Als erster freiwilliger Zusammenschluß von Sparkassen in Baden kam 1970 Kandern hinzu. Steinen folgte 1971. Im Herbst 1972 schloß sich Rheinfelden mit dem Dinkelberg an und so entstand die *Bezirkssparkasse Lörrach-Rheinfelden* mit 33 Gewährsträgergemeinden und einem Bilanzvolumen von 330 Mio. DM. Die 1,677 Mrd. DM Bilanzvolumen 1991 zeigen die zwischenzeitliche Ausweitung an. In Lörrach gibt es neben der Hauptstelle noch 6 Zweigstellen; 1992 waren 318 Mitarbeiter und 50 Auszubildende beschäftigt. – Auf eine sehr lange Tradition blickt auch die *Volksbank Lörrach e.G.* zurück. Sie wuchs aus der 1866 gegründeten *Vorschußbank Lörrach* heraus. Seit 1942 nennt sie sich Volksbank. Im Stadtgebiet hat sie 6 Zweigstellen und eine Wechselstube. Bei einem Bilanzvolumen von 956 Mio. DM werden 218 Mitarbeiter und 24 Auszubildende beschäftigt. – Die 1878 gegründete Reichsbanknebenstelle ist heute die *Nebenstelle Lörrach der Landeszentralbank* in Baden-Württemberg. – Mit 7 Beschäftigten begann 1899 in Lörrach eine Agentur des Wiesenthäler Bankvereins. Sie schloß sich 1909 der Rheinischen Kreditbank an, die sich 1929 mit der Filiale Lörrach der Süddeutschen Discontogesellschaft AG zur Filiale der Deutschen Bank und Discontogesellschaft AG verband. Ab 1937 wurde der Name *Deutsche Bank, Filiale Lörrach*, geführt. 1947 wurde im Zuge der Entflechtung der Großbanken auf Forderung der Alliierten daraus die Oberrheinische Bank. Nachdem 1952 die Bundesrepublik eine teilweise Souveränität erlangte, wurde das Bankinstitut in Süddeutsche Bank AG

Die Stadt im 19. Jahrhundert und in der Gegenwart 115

umbenannt. Seit 1957 führt es wieder den Namen Deutsche Bank AG Filiale Lörrach. Die Bank hat in Stetten eine Zweigstelle. – Die 1868 gegründete *Kreishypothekenbank* wurde 1953 liquidiert. Eine Filiale der *Gebrüder Röchling Bank*, 1921 gegründet, wurde bereits 1927 wieder geschlossen. – An weiteren Kreditinstituten bestehen in Lörrach Filialen der *Baden-Württembergischen Bank*, der *Badischen Beamtenbank e.G.*, der *Bank für Gemeinwirtschaft*, der *Citibank Privatkunden AG*, der *Commerzbank AG* und der *Dresdner Bank AG*. In Haagen ist außerdem eine Filiale der *Noris-Bank AG*.

Im Hofe des Museums am Burghof künden die kunstvoll gefertigten schmiedeeisernen Wirtshausschilder von der gastronomischen Tradition der Stadt. Von den Gasthäusern, die im 18. Jh. bereits die Schankgerechtigkeit erhielten, bestehen in der Innenstadt noch der »Meyerhof« (1726 Adler), der »Schwarze Bären« (1749), in Brombach der »Wilde Mann« (1728), in dem Johann Peter Hebel gerne verkehrte, und der »Hirschen« (1746) sowie in Tumringen an der Lucke der »Engel« (1794). 1992 lag die Zahl gastronomischer Betriebe bei 112, darunter 7 Bars, 16 Cafés und 89 Gaststätten.

Von der Grenzlage und ganz besonders von den Basler Messen profitiert auch das Lörracher Hotelgewerbe. 17 Hotels bieten neben einer Reihe von Gasthäusern Übernachtungsmöglichkeiten an; 607 Betten standen Ende 1992 zur Verfügung, was nahezu einer Verdoppelung seit 1973 entspricht. Von den 96 409 Übernachtungen der Monate November 1991 bis Oktober 1992 entfielen 47 096 auf konzessionierte Gastbetriebe, 21 829 auf die neue Jugendherberge und 27 484 auf den im Grütt eingerichteten Campingplatz.

Verkehr. – Die Grenzlage bedingte stets den Verkehr in Lörrach. Die Talstraße, die heutige B 317, kommt von Basel und führt der Wiese entlang zum Feldberg; von dieser Lörracher Hauptachse zweigt im Stadtgebiet der West-Ast der B 316 über die Lucke an den Oberrhein ab. Um den hohen Basler Zoll zu umgehen, plante Österreich eine Fahrstraße aus dem Breisgau durch die Markgrafschaft in die vorderösterreichischen Waldstädte. Trotz Protestes der Schweizer wurde sie gebaut und 1766 dem Verkehr übergeben. Es war in jener Zeit die schnellste Verbindung für Transporte nach Zürich. Die frühe Lörracher Hauptstraße, die heutige Wallbrunn- und Rheinfelder Straße, wurde in diesem Zusammenhang erstmals gepflastert. 1867 – die Schweiz hatte inzwischen aus Konkurrenzgründen die Zölle gesenkt – sollte die Strecke Lörrach-Rheinfelden wieder aus dem Verband der badischen Staatsstraßen herausgenommen werden. Lörrach wehrte sich aus militärischen Gründen und auch im Interesse der Unabhängigkeit von der Schweiz heftig dagegen und setzte sich durch. So blieb die heutige B 316 erhalten. Sie erfuhr in den letzten Jahren eine Entlastung durch den Bau der Autobahn A 98, die zwischen Märkt und Haltingen von der A 5 abzweigt und heute kurz vor dem Waidhof endet. Der Verkehr vornehmlich in der Innenstadt wurde dadurch beruhigt, die Verkehrsanbindung der Stadt und des gesamten Umlandes wesentlich verbessert.

Die Stadt wird von zwei *Eisenbahnlinien* durchschnitten. 1860 wurde einer privaten Gesellschaft die Konzession für die »Wiesenthal Eisenbahn« erteilt. In Anwesenheit des Großherzogs und des Schweizer Bundespräsidenten wurde 1862 das erste Teilstück dieser Eisenbahn, Basel–Schopfheim, eingeweiht. 1876 wurde sie bis Zell weitergeführt, 1889 bis Todtnau. In diesem Jahr wurde der Betrieb der Privatbahn bis Zell von der Badischen Staatseisenbahn übernommen. Von Montag bis Samstag fuhren im Jahr 1992 auf der Strecke mindestens 19 Zugpaare in beiden Richtungen. Neben dem Hauptbahnhof bestehen Bahnhöfe in Stetten, Haagen und Brombach. Der Hauptbahnhof ist auch Verladestelle für Autoreisezüge der Deutschen Bundesbahn. Eine zweite Bahnlinie führt von Weil am Rhein nach Lörrach durch den Tüllinger Berg und über die Wiese.

Sie wurde 1890 aus militärisch-strategischen Gründen unter Umgehung des Schweizer Staatsgebiets gebaut. Auf dieser Strecke fuhren 1992 von Montag bis Freitag in jeder Richtung stündlich oft zwei Züge. – Neben der Bahn bringen auch *Buslinien* Beschäftigte und Besucher in die Stadt. Sie werden von zwei Gesellschaften bedient, der SBG, Südbaden Bus GmbH, Freiburg, und der SWEG, Südwestdeutsche Verkehrs-AG, Lahr. Die SBG befährt die Strecken Basel-Feldberg-Titisee mit 14 Haltestellen im Stadtgebiet und von Lörrach nach Bad Säckingen. Von der SWEG werden die Linien aus dem Kanderner Tal, aus Inzlingen und aus Weil am Rhein versorgt. – Der innerörtliche Verkehr und die Anbindung der Stadtteile wird durch zwei Omnibusgesellschaften durchgeführt. Es sind die SWEG, Südwestdeutsche Verkehrs-AG, und der Omnibusbetrieb Stiefvater. Bis 1967 fuhr in Lörrach noch das »Trämli«, eine Straßenbahn, die von der Grenze in Stetten bis zum ehemaligen Rathaus führte. Von dort ab fuhren Busse nach Brombach, Haagen, Tumringen, Tüllingen und zur Nordstadt.

Verwaltungszugehörigkeit, Gemeinde und öffentliches Leben

Die heutige Stadt setzt sich zusammen aus Lörrach, 1682 erstmals (wichtiger 1756) zur Stadt erhoben, Stetten, das am 1. April 1908 eingemeindet wurde (465 ha Gkg), Tüllingen (208 ha Gkg) und Tumringen (429 ha Gkg) (eingemeindet zum 1. Oktober 1935), Haagen (freiwillig mit Lörrach zusammengeschlossen am 1. Januar 1974) sowie Brombach und Hauingen, die seit dem 1. Januar 1975 zur neuen Stadt gehören. Alle diese Gemeinden waren – mit Ausnahme des vorderösterreichischen Stetten – immer markgräflich-badisches Gebiet und standen unter dem *Oberamt Rötteln*, dann dem *Amt Lörrach* und kamen schließlich zum Landkreis Lörrach. Erst 1806 wurden die *Stettener* Untertanen des Großherzogs von Baden im Bezirksamt Lörrach. Damit war das heutige Stadtgebiet unter einer staatlichen Hoheit vereint. Für die Nachbargemeinde Inzlingen erfüllt die Stadt Lörrach die Aufgaben einer *Verwaltungsgemeinschaft*.

Seit Ende des 18. Jh. gab es kaum mehr *Gebietsveränderungen*. 1861 wurde im Rahmen des Baues der Wiesentalbahn die Versetzung einiger Grenzsteine zwischen Haagen und Tumringen erforderlich. 1865 machten Tüllingen und Haltingen einen Geländetausch in den Gewannen Untere Rütte, Obere Hasel und Geffelbrunnen. Die Grenze zur Schweiz ist seit Jahrhunderten fest fixiert. Die Eingemeindungen im Laufe von über 80 Jahren haben die Gemarkungsfläche der Stadt auf 3942,43 ha anwachsen lassen. Die alte Lörracher Gemarkung umfaßte 1880 751,42 ha. Mit Stetten wuchs sie um 461 ha und Tumringen und Tüllingen brachten 439 bzw. 208 ha hinzu. Haagen schloß sich mit 365 ha an, Brombach und Hauingen hatten 988 bzw. 739 ha große Gemarkungen eingebracht.

Gemeindeverwaltung. – Die Stadt Lörrach hatte eine andere Gemeindeverwaltung als die im 20. Jh. eingemeindeten Dörfer. Noch zu Beginn des 19. Jh. wurden die Bürgermeister durch die großherzoglichen Staatsbehörden ernannt. Der Stadtrat war zugleich das Stadtgericht. Den Ratschreiber durfte die Stadt selbst bestellen. Als Bürgergemeinde gab es bis 1890 vollberechtigte Ortsbürger (durch Geburt oder durch Einkauf) und minderberechtigte Einwohner. Im Stadtjubiläumsjahr 1882 stand an der Spitze der städtischen Verwaltung der Bürgermeister. Er und der Gemeinderat wurden vom Bürgerausschuß gewählt. Der Gemeinderat umfaßte acht Personen. In Haushaltsfragen wurden ein Vertreter der Firma KBC, ein Vertreter der Ausmärker und zwei Vertreter der umlagepflichtigen nichtbürgerlichen Einwohner hinzugezogen. Der Bürgerausschuß wurde von der Gemeindeversammlung aller Gemeindebürger gewählt. Er

Die Stadt im 19. Jahrhundert und in der Gegenwart   117

umfaßte – ohne den erweiterten Gemeinderat – 22 Personen. Für die durch die Industrialisierung erheblich vergrößerte Stadt genügte als Verwaltungszentrale das alte Lörracher *Rathaus* in der Wallbrunnstraße nicht mehr, so daß 1869 an der Stelle des ersten Rathauses von 1756 ein neues errichtet wurde. Um die Jahrhundertwende war dort der Raum für die aufstrebende Stadt bereits wieder zu eng. Planungen für einen Neubau wurden ein Opfer des 1. Weltkrieges und der nachfolgenden Krisenjahre. 1927 erwarb die Stadt die Villa Favre in der Turmstraße als Sitz des Bürgermeisters. Die wachsende Verwaltung war in den folgenden 40 Jahren in fünf verschiedenen Gebäuden untergebracht. Ein Neubau war daher erforderlich, zumal nach den Eingemeindungen der 1970er Jahre. 1972 wurde der erste Spatenstich gemacht, nachdem die Villa Favre abgerissen war, und im März 1976 wurde das neue Rathaus seiner Bestimmung übergeben.

Im alten Rathaus hatten Mitte des 19. Jh. die gesamte Verwaltung und die Polizei Platz gefunden. Die Verwaltung bestand damals aus dem Stadtrechner, zwei Ratschreibern, einem Schreibgehilfen. Dazu kamen als Bedienstete ein Ratsdiener, ein Wald- und Feldhüter, ein Straßenwart, ein Brunnenwart und ein Farrenwart. Für eine Stadt von der Größe Lörrachs war dieser Verwaltungsapparat ungenügend. Der 1906 gewählte Bürgermeister Erwin Gugelmeier ordnete darum die Stadtverwaltung neu und legte damit den Grundstein zu einer modernen Verwaltung. Sein Stellenplan von 1907 umfaßte in der allgemeinen Verwaltung 11, in der technischen Verwaltung 7 Stellen sowie einen Stadtbaumeister und einen Direktor der Gas- und Wasserwerke, außerdem zwei Sparkassenbeamte und einen Polizei-, Straßen- und Markungsdienst mit 15 Personen. Diese Verwaltungsform bewährte sich lange und zeigte sich auch den neuen Aufgaben, die mit den ersten Eingemeindungen kamen, gewachsen. 1922 wurde Lörrach bezirksfreie Stadt und damit dem Landeskommissär in Freiburg direkt unterstellt. Die Verwaltung erhielt weitere Aufgaben. Der Gemeinderat wurde auf 14 Personen erweitert und ein besoldeter Stadtrat als Stellvertreter des Oberbürgermeisters gewählt.

Die Verwaltung der sechs früher selbständigen Dörfer war im 19. Jh. noch weit geringer ausgeprägt. Das ehemals vorderösterreichische *Stetten* baute 1843 die alte *Zehntscheuer* als Rathaus aus. Nach der Eingemeindung diente dieser Verwaltungs- und Polizeisitz als Schule. Der Bürgerausschuß und der sechsköpfige Gemeinderat waren die Beschlußorgane, die den Bürgermeister und die 11 Gemeindebediensteten bei der Verwaltungsarbeit unterstützten. Bereits ab 1869 bemühten sich der Bürgerausschuß und der Gemeinderat um einen Anschluß an Lörrach, zumal sich durch die Industrialisierung ein neuer, ungeliebter Ortsteil – Neustetten – als reine Arbeitersiedlung gebildet hatte, die allein nicht an Lörrach abgegeben werden konnte. – *Tumringen* forderte seit 1844 als Verwaltungszentrum ein Rathaus. Die gesamten Verwaltungsunterlagen lagerten bis zum Bau des mit der Schule verbundenen *Rathauses* 1872 beim jeweiligen Bürgermeister. 36 Gemeindeverordnete und sechs Gemeinderäte standen dem Bürgermeister zur Seite. 1925 und 1931 lehnte der Gemeinderat eine Eingemeindung nach Lörrach entschieden ab. 1935 kam sie dann unter Druck zustande. Die Gemeindebediensteten wurden von der Stadt Lörrach übernommen. Ein gleiches Schicksal erfuhr die Gemeinde *Tüllingen*. – Auch in *Haagen* lagen die Verwaltungsunterlagen bis zum Bau eines Rathauses 1845 beim Bürgermeister zu Hause. Die Gemeindeverwaltung war in der Mitte des letzten Jahrhunderts nach Amtsberichten in guter Ordnung. Bereits 1847 wurde als Anregung für einen besseren Besuch der Sitzungen dem sechsköpfigen Gemeinderat ein Sitzungsgeld gewährt. 17 Gemeindebedienstete besorgten um die Jahrhundertwende die Verwaltung und die öffentlichen Dienste. Im

Dritten Reich widersetzte sich Haagen vehement einer Eingliederung nach Lörrach. 1969 wurde ein modernes *Rathaus* mit einem Feuerwehrgerätehaus erstellt, das heute Sitz der Ortsverwaltung und der Stadtteil-Bücherei ist. Zum Zeitpunkt der Eingemeindung bestand der Gemeinderat aus 12 Personen. In der Verwaltung waren 16 Bedienstete, darunter 3 Beamte tätig. – Als 1846 das *Rathaus in Hauingen* errichtet wurde, bestand die Gemeindeverwaltung aus dem Bürgermeister, drei Gemeinderäten und vier Bürgerausschußmitgliedern. Dazu kamen sieben Bedienstete, zu denen auch der Nachtwächter und die Hebamme gehörten. Das Anwachsen der Gemeinde durch die Industrialisierung brachte eine Ausweitung; 1909 umfaßte die Verwaltung 16 Stellen. Dazu kamen sechs Gemeinderäte. Bei der Eingemeindung waren es 12 Gemeinderäte und 17 Bedienstete. – Zum Gemeindevorstand von *Brombach* gehörten in der Mitte des 19. Jh. neben dem Bürgermeister drei Gemeinderäte, vier Mitglieder im kleinen Ausschuß und 27 des großen Bürgerausschusses. Dazu kamen für die Verwaltung der Ratschreiber, der Gemeinderechner und die öffentlichen Dienste wie Hebamme, Wächter für Feld, Wald und Flur und der Polizeidiener; insgesamt waren es 14 Personen. Nach dem 1. Weltkrieg stieg die Zahl der Gemeinderäte auf 8 an. Daneben gab es 48 Gemeindeverordnete. Vor der Eingemeindung 1975 – Brombach ging in seinem Widerstand dagegen bis vor den Staatsgerichtshof – waren 48 Gemeindebedienstete angestellt. Die Zahl der Gemeinderäte betrug 16. Brombach hatte schon im letzten Drittel des 18. Jh. ein Gemeindehaus, das als Rathaus diente. 1843 wurde ein neues errichtet, in dem auch die Schule untergebracht war. Dieses brannte 1933 ab. Die Verwaltung ging in das renovierte alte Schulhaus zurück. 1962 kaufte die Gemeinde das Reichensteiner Schloß. Es wurde bis 1966 zu einem repräsentativen Rathaus umgebaut.

Die Große Kreisstadt Lörrach hat einen Oberbürgermeister als Stadtoberhaupt; ihm steht ein Beigeordneter als Bürgermeister zur Seite. In der Verwaltung arbeiteten 1992 60 Beamte, 295 Angestellte, 231 Arbeiter, 23 Auszubildende und 7 Anwärter. Zur Gemeindeverwaltung zählt auch das Städtische Krankenhaus mit vier Beamten, 669 Angestellten und 155 Arbeitern sowie 25 Auszubildenden. Die Stadtverwaltung gliedert sich in Hauptamt, Rechnungsprüfungsamt, Zentralstelle für Umweltschutz, Stadtkämmerei, Rechtsamt, Amt für öffentliche Ordnung, Standesamt, Stadtbauamt, Vermessungsamt, Zentralstelle für Wirtschaftsförderung und die Stadtwerke. Brombach, Haagen und Hauingen haben auf Grund des Eingliederungsvertrages bzw. des Eingliederungsgesetzes eigene *Ortsverwaltungen* mit ehrenamtlichen Ortsvorstehern.

Nach der Wahl von 1989 setzt sich der Lörracher *Gemeinderat* aus 15 Vertretern der CDU, 12 der SPD, 8 der Freien Wählervereinigung (FWV), 4 der Grünen und 2 der FDP zusammen. Der 1992 wiedergewählte Oberbürgermeister gehört der SPD an. Der Ortschaftsrat von Brombach hat fünf Mitglieder der FWV, drei von der CDU und vier von der SPD. Haagen wird von vier Mitgliedern der CDU, fünf der SPD und drei Freien Wählern vertreten. Der Hauinger Ortschaftsrat setzt sich aus 3 Vertretern der CDU, 3 Vertretern der SPD und 2 der FWV zusammen.

Nichtkommunale Behörden. – Die traditionelle Stellung Lörrachs als Verwaltungsmittelpunkt der Markgrafschaft zeigt sich heute noch in der Vielzahl der Behörden des Bundes und des Landes sowie anderer Einrichtungen. Die größte dieser Behörden ist das *Landratsamt*, das die Selbstverwaltungsaufgaben des Landkreises wahrnimmt und zugleich untere staatliche Verwaltungsbehörde ist (vgl. Bd. 1, S. 516). Seit 1983 befinden sich alle Dienststellen mit Ausnahme der Psychologischen Beratungsstelle für Eltern, Kinder und Jugendliche im neuen Gebäude in der Palmstraße. 1592 Beamte, Angestellte und Arbeiter sind beim Landkreis beschäftigt. Eine selbständige Behörde ist das *Landwirtschaftsamt* Lörrach. An Gerichtsbehörden sind in der Stadt ein *Amtsgericht*

Die Stadt im 19. Jahrhundert und in der Gegenwart 119

und das *Arbeitsgericht* untergebracht. Neben dem *Notariat* gibt es eine *Zweigstelle der Staatsanwaltschaft Freiburg* und eine *Vollzugsanstalt*. Die *Polizeidirektion* Lörrach hat eine Kriminalpolizeiabteilung, einen Wirtschaftskontroll- und Verkehrsdienst. Außerdem gibt es in Lörrach ein Polizeirevier und einen Polizeiposten in Brombach. Die *Post* ist mit 8 Dienststellen vertreten. Neben der Hauptpost am Bahnhof befinden sich Postämter in Stetten, Tumringen, auf dem Salzert, in Haagen und Brombach sowie eine Postannahmestelle in Hauingen. Die *Telekom* unterhält in Lörrach eine Zentrale und ein Service Center. Dem *Arbeitsamt* ist ein Berufsinformationszentrum (BIZ) angeschlossen.

An weiteren staatlichen Behörden in Lörrach sind *Forstamt, Gesundheitsamt, Schulamt* mit einem Seminar für schulpraktische Ausbildung und *Vermessungsamt* präsent. *Außenstellen* des Staatlichen Hochbauamtes Radolfzell, des Staatlichen Veterinäramtes Waldshut-Tiengen, des Wasserwirtschaftsamtes Waldshut und des Straßenbauamtes Bad Säckingen befinden sich in der Stadt. Die *Bundeswehr* ist durch ein Kreiswehrersatzamt vertreten. Als Grenzstadt beherbergt Lörrach ein *Hauptzollamt*, zwei Zollämter und zwei Zollkommissariate für Lörrach-Ost und -West. Das *Finanzamt* setzt heute als Behörde die Tradition des Röttler Generaleinnehmers fort.

Ver- und Entsorgungseinrichtungen. – Obwohl an der Wiese gelegen, hatte Lörrach lange Zeit Versorgungsprobleme und Wassermangel. Quellen und Sodbrunnen speisten die Stadt und die heutigen Stadtteile mit Wasser. Nach Berichten aus dem 18. Jh. war dieses *Wasser* oftmals knapp oder aber lehmig verschmutzt. In der 2. Hälfte des 19. Jh. waren noch 70 Sodbrunnen, also gegrabene Tiefbrunnen, in Betrieb, die in privater Hand oder Gemeindeeigentum waren. Wichtigster Wasserlieferant waren die Quellen beim Gretherhof. 1801 waren dort vier Quellen in zwei Brunnenstuben gefaßt, die in hölzernen Deichelleitungen zum Marktbrunnen führten, von wo das Wasser auf die anderen öffentlichen Brunnen verteilt wurde. Noch heute werden die laufenden Brunnen von dort – inzwischen mit eisernen Rohrleitungen – versorgt. Daneben waren die wichtigsten Straßen von »Rinnenwasser« aus der Wiese durchflossen. In überwiegend offenen Rinnen floß es durch die Turm-, Graben-, Teich- und Basler Straße durch die Stadt zum Gewerbekanal und in Rohrleitungen entlang der Brühlstraße in den Stadtgraben. Dies war das Brauchwasser für die meisten Haushaltungen und einige Betriebe der Stadt. Die schlechte Wasserqualität und besonders der Bevölkerungsanstieg machten eine neue Wasserversorgung unumgänglich. Nach jahrelangen Versuchen wurde 1888 ein neues Wasserwerk in Dienst gestellt. Die Pumpstation lag in der Nähe des heutigen Berliner Platzes. Der Hochbehälter und das Pumpwerk befanden sich bis 1974 am unteren Schützenwaldweg. 1905 stellte man den Antrieb der Wasserversorgung auf elektrische Energie um. 1974 wurde die Wasserversorgung Lörrachs durch eine Trinkwasserkaverne am Schädelberg mit 10000 cbm Vorratskapazität erheblich erweitert, und 1981 wurde mit dem Bau des neuen zentralen Wasserwerks im Grütt begonnen, das zwischenzeitlich das gesamte Lörracher Wasserversorgungssystem elektronisch steuert. Stetten war von Quellen am Steinenweg versorgt worden. 1908 war es nach der Eingemeindung an die zentrale Wasserversorgung der Stadt angeschlossen worden.

In den heutigen Ortsteilen Brombach, Haagen und Hauingen waren gleichfalls Sodbrunnen und Quellen Grundlage der Wasserversorgung. Brombach hatte die größte Zahl laufender, also von Quellen gespeister Brunnen. In allen Orten waren Brunnenmeister als Gemeindeangestellte tätig und für gutes Wasser verantwortlich. Zudem bestanden herrschaftliche Brunnenordnungen. Um die Jahrhundertwende wurden Wasserleitungen gebaut, die bis in die 2. Hälfte unseres Jahrhunderts ausreichend waren. 1967 gründeten die drei damals noch selbständigen Gemeinden den Zweckverband »Wasserversorgungsgruppe Brombach, Haagen, Hauingen«. Bereits bei der Planung wurde die Verbindung mit Lörrach vorgesehen und im Grütt ein neues Wassergewinnungsgebiet mit Tiefbrunnen erschlossen. 1975 schloß sich die Gruppe den Stadtwerken an.

Mit der Inbetriebnahme des Wasserwerkes stieg der Wasserverbrauch erheblich an. Das alte System der Rinnen und Gräben war überfordert. Zudem mußten für das Industrieabwasser Wege gefunden werden. 1896 wurden Pläne eines Schweizer Ingenieurs für eine erste Teil-*Kanalisation* vorgelegt, drei Bezirke sollten in die Wiese entwässert werden. Seit 1909 wurden von den Bürgern Kanalgebühren verlangt. Ab 1913 wurde der Anschluß an das Basler Abwassernetz erreicht, damit waren auch Fäkalienableitungen verbunden. Bis 1929 war die ganze Stadt angeschlossen. Der Bauboom nach dem 2. Weltkrieg machte einen Generalentwässerungsplan nötig. Er wurde ab 1960 erstellt und bis 1981 in drei Bauabschnitten realisiert. Gemeinsam mit den Nachbarorten wurde bereits 1957 der Wieseverband mit dem Ziel gegründet, die Abwässer der Verbandsgemeinden zu sammeln, in einer Kläranlage zu reinigen und sie dann bei Weil am Rhein in den Rhein zu leiten. Diesem Verband schlossen sich neben Lörrach, Weil am Rhein, Brombach, Haagen, Hauingen auch die großen Industriebetriebe KBC, Druckerei und Appretur Brombach und die Ausrüstung an der Wiese GmbH Brombach an. Grenzüberschreitend mit Basel zusammen sollte eine Großkläranlage entstehen. Dieser Plan scheiterte nach zehnjährigen Verhandlungen 1973 endgültig. 1980 konnte dann endlich der erste Spatenstich zur Kläranlage des Wieseverbandes im Bändlegrund auf Weiler Gemarkung gemacht werden. Dieser Zweckverband übernimmt auch die Abwässer aus dem vorderen Kandertal.

Zur *Müllentsorgung* ist das Stadtgebiet in sechs Bezirke eingeteilt. Jeweils am gleichen Wochentag findet in einem Bezirk die Abfuhr statt. Ansonsten finden Sammlungen statt. Vereinzelt stehen auch Altpapier- und Aluminium-Container im Stadtgebiet.

Schon sehr früh wurde in Lörrach die Energiequelle Leuchtgas eingeführt. Den Ausschlag dafür gaben die Industriebetriebe Sarasin und KBC. Diese Betriebe richteten anfangs der 1860er Jahre fabrikeigene Gasanlagen ein. 1864 erhielt ein Basler Ingenieur eine Konzession für eine städtische Straßenbeleuchtung. Das Gaswerk ging 1865 in Betrieb und wurde 1890 von der Stadt erworben. 1912 wurde ein Gasverbund mit Nachbargemeinden gebildet. Dieser Gaswerksverband schloß sich 1912 der leistungsstarken Thüringer Gasgesellschaft an, die dann auch Steinen, Haltingen, Grenzach, Wyhlen und Weil belieferte. Durch den Kriegsausbruch 1914 wurde das Gaswerk erst 1921 fertiggestellt. 1923 wurde die *Badische Gas- und Elektrizitätsversorgungs AG* gegründet, als »Gaselektro« allgemein bekannt. Dieser Name wurde gewählt, um eine Verbindung mit dem Kraftstrom, der Elektrizität, zu erleichtern, die 1927 durch einen Konzessionsvertrag dann auch zustande kam. Ab 1938 wurden auch die Gemeinden des mittleren Wiesentales und Schopfheim vom Lörracher Gaswerk versorgt. Im April 1945 wurde das Gaswerk durch Kriegseinwirkungen beschädigt und mußte wegen Kohlenmangels den Betrieb bis in den Oktober 1945 einstellen. Nach dem Kriege wurde die Gaserzeugungsanlage zwischen 1949 und 1955 erneuert. Bald jedoch verdrängte das billige Heizöl den Koks als rentables Abfallprodukt der Gaserzeugung. 1964 wurde darum die Anlage stillgelegt und 1970 gesprengt. Die Gasversorgung der Stadt wird seither durch die Gasversorgung Süddeutschland vorgenommen, der sich die Gaselektro bereits 1966 anschloß.

Wenig aufgeschlossen zeigte sich Lörrach anfangs gegenüber der *elektrischen Energie*. 1898 schloß die Stadt zwar mit den Rheinfelder Kraftübertragungswerken (KWR)

Die Stadt im 19. Jahrhundert und in der Gegenwart 121

einen Liefervertrag. 1903 legte sie aber zum Schutze des Gaswerkes einen 10%igen Aufschlag auf die Strompreise fest, der erst durch ein Arrangement mit dem Kraftwerk im Jahre 1913 wegfiel. Die Stadt war in der Zwischenzeit selbst zum Hauptabnehmer des elektrischen Stromes geworden und erhielt dadurch vom Kraftwerk einen Sondertarif. 1927 wurde der laufende Energiekonflikt durch einen neuen Konzessionsvertrag gelöst. Das Rheinfelder Kraftwerk erhielt das Stromlieferungsmonopol für das gesamte Gebiet der Gaselektro Lörrach, übernahm sämtliche Anlagen bis auf die öffentlichen Beleuchtungseinrichtungen und erhielt die Verantwortung für den weiteren Ausbau des Stromnetzes. An Klein- und Großverbraucher lieferten die Kraftübertragungswerke Rheinfelden AG in Rheinfelden (Baden), die in Lörrach eine Betriebsstelle unterhalten, 1992 ca. 75,3 Mio. kWh.

Die *medizinische Versorgung* der Stadt Lörrach lag 1992 in Händen von 107 Ärzten, 39 Zahnärzten und 8 Heilpraktikern. Zwei ausgebaute Krankenanstalten sind vorhanden. Dem städtischen Krankenhaus ist eine Kinderklinik mit 98 Betten angeschlossen. Seit 1977 ist ihm auch eine Dialyse-Station angegliedert. Zusammen mit dem St. Elisabethen-Krankenhaus, das von kirchlicher Seite getragen wird, ist damit dem staatlichen Krankenhausbedarfsplan Rechnung getragen. Zudem bestehen über die AOK mit den Basler Kliniken vertragliche Abmachungen für Sonderfälle. Die medikamentöse Versorgung geschieht über 18 Apotheken.

Zwölf *Altenwohn- und Pflegeheime* bestehen im Stadtgebiet. Eine Reihe sozialer Einrichtungen nimmt sich älterer Mitbürger und gefährdeter Personen und Gruppen an. Dazu gehören die 16 Altenklubs, Seniorentreffs und Begegnungsstätten wie auch die Beratungsstellen für Drogen- und Alkoholprobleme, Ehe- und Lebensfragen, für Frauen und Mütter in Not und für Konfliktsituationen. Sie werden von den Kirchen, der öffentlichen Hand und freien Trägern unterhalten. Eine Geschäftsstelle der Lebenshilfe für geistig Behinderte e.V. mit Werkstätte und ein Frauenhaus helfen viele soziale Probleme zu lösen.

Bis zur Mitte des 19. Jh. war der Brandschutz eine Angelegenheit gegenseitiger Hilfsverpflichtung. Obrigkeitliche Vorschriften verlangten von jedem Bürger den (ledernen) Wassereimer zur Brandlöschung und von der Gemeinde Leitern und Feuerhaken zur Brandbekämpfung. Im Dorf war eine Löschmannschaft eingeteilt, zu der auch Mägde gehörten. 1859 wurde in Lörrach eine *Freiwillige Feuerwehr* gebildet, die von der Gemeinde einen Ausstattungskredit bekam und die im 1870er Krieg auch zu Wachdiensten an der Grenze herangezogen wurde. Diese Wehr diente von Anfang an nicht nur bei Brand- und Katastrophenfällen. Wach-, Sicherungs- und Ordnungsmaßnahmen gehörten in das Ressort dieser freiwilligen Bürgerwehr, die seit ihrer Gründung auch eine Musikgruppe einschloß. 1936 wurde die Freiwillige Feuerwehr und die zwischenzeitlich gebildete – durch das Wachstum und die Industrialisierung der Stadt erforderliche – kleine Berufsfeuerwehr als Feuerlöschpolizei der Polizei angegliedert. Im 2. Weltkrieg wurden Frauengruppen und die Hitlerjugend zum Feuerwehrdienst herangezogen. Jahrzehntelang war das Bereitschaftslokal in der Feuerwache am Burghof. Von dort aus wurden die Einsätze gestartet, die oft ins Rhein- und Wiesental und auf den Dinkelberg führten. 1964 wurde dort die erste Funkstation installiert. Im gleichen Jahr wurde auch eine Jugend-Feuerwehr gegründet. 1967 fand der erste Spatenstich zur neuen Feuerwache der Stadt statt. Beim 110. Jubiläum wurde sie der Wehr 1969 übergeben.

Nach den Eingemeindungen wurde es erforderlich, die in bisher selbständigen Gemeinden bestehenden Freiwilligen Feuerwehren in die Gesamtwehr einzugliedern. In Brombach bestand seit 1872 eine Wehr, die bereits 1875 eine Feuerwehrmusik und seit 1971 eine Jugendwehr hatte. Im gleichen Jahr 1872 bildete sich auch in Haagen eine Feuerwehr, sehr unterstützt von der dort ansässigen Industrie. Die Feuerwehrzüge in Tumringen und Tüllingen wurden gleichfalls in diesem Jahr gegründet, nachdem Stetten bereits 1871 voranging. Hauingen folgte 1875. Die Eingliederung dieser Wehren wurde 1976 – wenn auch mit Schwierigkeiten – vollzogen. Heute besteht die Freiwillige Feuerwehr aus den vier Abteilungen Lörrach, Brombach, Haagen und Hauingen. Die Feuerwache wurde 1979 zur Feuerwehrleitstelle ausgebaut. Sie ist für Öl-, Chemie- und Strahlenunfälle ausgerüstet und dient der Sicherheit der ganzen Region.

Nachdem sich durch den Bevölkerungszuwachs im 19. Jh. der *Friedhof* im Gebiet des heutigen, 1875 angelegten Hebelparks als zu klein erwiesen hatte, wurde 1865 an der Brombacher Straße ein neuer Friedhof angelegt. Um die Jahrhundertwende wurde er unter Androhung von Zwangsenteignungen erweitert und in der Zwischenzeit noch erheblich vergrößert. Heute erstreckt er sich weit gegen den Homberg. Die erste Leichenhalle wurde 1924 eingerichtet, nachdem bereits durch eine Bürgerinitiative eine Friedhofskapelle errichtet war. 1955 wurden eine neue Aussegnungshalle und ein Krematorium gebaut. In den einstmals selbständigen Gemeinden bestanden jeweils in Kirchennähe Kirch- oder Friedhöfe. Sie werden zum Teil noch heute benutzt. Auch die frühere jüdische Gemeinde hatte von 1669 bis 1902 in Lörrach einen Zentralfriedhof für die Markgrafschaft am Schützenwaldweg. Eine Gedenktafel erinnert heute daran. Da er nicht mehr erweitert werden konnte, wurde 1890 der heute noch genutzte Friedhof im Anschluß an den städtischen Friedhof in der Brombacher Straße angelegt.

Kirche. – Die Kirchenorganisation in Lörrach war bis in die 2. Hälfte des 19. Jh. historisch bestimmt. Lörrach, Brombach, Hauingen, Tüllingen und Rötteln waren evangelische Kirchengemeinden. *Stetten* bildete die St. Fridolins-Pfarrei, deren Kirche auch die Lörracher Katholiken besuchten. Das Anwachsen der Bevölkerung und die damit verbundene konfessionelle Umstrukturierung veränderte die Kirchenorganisation. Nachdem in *Lörrach* 1859 der öffentliche katholische Gottesdienst erlaubt wurde, bauten die Katholiken die Bonifatiuskirche. Sie wurde 1867 von Bischof Ketteler geweiht. 1868 wurde die katholische Pfarrei Lörrach errichtet. Anfang der 1960er Jahre entstand für die Pfarrkuratie in der Nordstadt die St. Peterskirche als Rundbau, der 1964 eingeweiht wurde. In *Brombach* gründeten die Katholiken 1896 einen Kirchenbauverein, der 1900 die St. Josefskirche einweihen konnte. Die Kuratie Brombach wurde 1900 errichtet und 1911 zur Pfarrei erhoben. Sie ist zuständig für Brombach, Haagen und Hauingen. Damit gibt es neben dem alten Stettener Pfarramt noch drei katholische Pfarrämter in der Stadt.

Auch die Organisation der *evangelischen Kirche* hat sich erheblich ausgeweitet. Bereits Ende des 19. Jh. bestanden Planungen für eine zweite evangelische Kirche in der Stadt. Sie konnten erst mit dem Bau der Christuskirche 1956 verwirklicht werden. Neben den alten *markgräflichen Pfarrämtern Brombach, Hauingen, Tüllingen und Rötteln* (dieses Pfarramt betreut auch die Tumringer und Haagener Protestanten) bestehen in Lörrach die *Johannes- und die Matthäus-Pfarrei* mit der Stadtkirche und die *Markus- und Paulus-Pfarrei*, deren Gottesdienste in der Christuskirche stattfinden. Dazu kommen die Friedensgemeinde (ehemals Pfarrgemeinde Homburg) mit dem Gemeindezentrum Matthias-Claudius-Haus und die Salzertgemeinde mit ihrem Gemeindezentrum auf dem Salzert. Die Johannespfarrei betreut auch die Gemeinde Inzlingen.

Die im 17. und 18. Jh. als Schutzjuden angesiedelten *Juden* gehörten zum Oberländer Rabbinat in Sulzburg. 1808 baute die Lörracher jüdische Gemeinde, die einen eigenen

Die Stadt im 19. Jahrhundert und in der Gegenwart 123

Vorsteher hatte, in der Stadtmitte eine Synagoge. Sie wurde 1938 im Innern absichtlich schwer demoliert und dann abgerissen. Heute besteht in Lörrach keine jüdische Gemeinde mehr.

Schule. – Nach der Einführung der Schulpflicht Mitte des 18. Jh. mußte das bestehende Schulwesen (s. u., Abschnitt Geschichte) stärker ausgebaut werden. 1842 wurde die Schule in eine *Knaben- und Mädchenschule* getrennt und in je zwei Klassen aufgeteilt. In dieser getrennten Stadtschule waren die Kinder der Bürger, Handwerker und Bauern. Daneben bestand seit 1791 eine *Fabrikschule* der Manufaktur Koechlin, Baumgartner & Cie., die mit 70 Kindern begann und 1837 bereits von 200 Kindern besucht wurde. Sie erhielten am Abend wöchentlich 8 Stunden Unterricht nach ihrer Arbeitszeit. Ab 1867 wurde an dieser Fabrikschule täglich 3 Stunden Unterricht erteilt. 1875 ging sie in die Stadtschule über. 1859 errichteten die Katholiken Lörrachs mit Hilfe des Erzbischöflichen Ordinariats eine *private katholische Schule*. Sie zählte 1869, als die Ausweitung der Stadtschule begann, 166 Schüler. 1878 wurde sie mit der nun gesetzlichen Simultanschule verschmolzen und damit das Lörracher Volksschulwesen vereinigt. Die *Stadtschule* war in dem 1872 errichteten Gebäude am Hebelpark untergebracht. 1880 forderte die Bürgerschaft durch eine Unterschriftensammlung eine »erweiterte Volksschule«, die als Bürgerschule für Knaben und Töchter (eine informelle Realschule) 1892 eingerichtet wurde. Fortbildung für jugendliche Fabrikarbeiter fand in Lörrach seit 1761 in der Industrieschule für Jungen statt. Sie ging 1870/71 in die Fortbildungsschule über, an der abends oder am Sonntag unterrichtet wurde. Dazu kam 1893 ein Fortbildungsunterricht für Mädchen in Haushaltung, an dem 1909 bereits 144 Schülerinnen teilnahmen.

Ein Vorläufer der heutigen *gewerblichen Schulen* war die im Jahr 1761 gegründete Schule zur Ausbildung von »Professionisten, Künstlern, Fabrikanten und Kaufleuten«, die allerdings 1765 schon wieder einging. 1863 wurden aus dem Vermögen der aufgelösten Zünfte 20130 fl für die Errichtung einer Gewerbeschule vorgesehen. 1868 wurde sie im Kapitelhaus eingerichtet und Abend- und Sonntagsunterricht erteilt. 1872 wurde der Besuch für eine Reihe von Berufen obligatorisch. Sicher ausgenommen waren noch Bäcker, Bierbrauer, Feilenhauer, Gerber, Metzger, Seifensieder, Seiler, Wirte und Zigarrenmacher. Sie wurden erst 1908 gewerbeschulpflichtig. Diese Gewerbeschulpflicht wurde 1914 auch auf Mädchen – in Lörrach Schneiderinnen, Putzmacherinnen und Weißnäherinnen – ausgedehnt. Durch das Reichspflichtschulgesetz von 1938 wurde aus der Gewerbeschule die neue Gewerbliche Berufsschule, die 1941 in die Verwaltung des Landkreises überging. Die *kaufmännisch-beruflichen Schulen* entstanden durch private Initiativen im Winter 1897/98. Es begann mit Abendkursen in Buchführung, kaufmännischem Rechnen und den Fremdsprachen Englisch und Französisch als eine Art Fortbildungsunterricht auf Kosten der Handelskammer und der Teilnehmer. 1904 wurde diese private Institution als Handelsschule anerkannt und die Schulpflicht durch ein Ortsstatut geregelt. Gewerbe- und Handelsschule waren ursprünglich in der Hebelschule untergebracht. Die Kriege verhinderten Neubauten, so daß die Schulen bis in die 1950er Jahre immer nur behelfsmäßig unterkamen. 1949 wurde der Neubau eines *Berufsschulzentrums* beschlossen. 1950 wurde der erste Bautrakt begonnen und das Schulzentrum in Abschnitten bis zum Jahre 1980 fertiggestellt.

Die Geschichte der *Lörracher Gymnasien* ist eng mit dem markgräflichen Pädagogium verbunden, das für die höheren Schulen in Durlach bzw. Karlsruhe vorbereitete und bis 1839 nach den Statuten von 1719 ausbildete. 1839 wurde an dieses Pädagogium eine Bürgerschule (eine Realabteilung) angegliedert, an der sogar Turnunterricht gegeben wurde und die in 5 Klassen um die Jahrhundertmitte 115 Schüler zählte. 1871 wurde diese Bürgerschule in ein sechsklassiges »Realgymnasium« umgewandelt, in dem Latein unterrichtet wurde, während im Pädagogium auch Griechischunterricht stattfand. 1880 wurde der humanistische Zweig zu einem siebenklassigen Progymnasium erhoben und 1883 eine Unter- und Oberprima angeschlossen, so daß eine Vollanstalt des humanistischen Gymnasiums geschaffen war und Lörrach eine höhere Schule hatte, die zur Hochschulreife führte. 1926 wurde diese Schule *Hebel-Gymnasium* benannt.

Die engen wirtschaftlichen Bindungen Lörrachs ins Elsaß, nach Frankreich und in die Schweiz verlangten eine Intensivierung des Unterrichts in der französischen Sprache. Dafür stand zwar ab 1871 der realgymnasiale Zweig zur Verfügung. Doch den Mädchen war nach wie vor der Zugang verwehrt. So wurden zwei Privatschulen für Mädchen gegründet, die nach ihrer Vereinigung 1892 in die neue »erweiterte Volksschule« aufgenommen wurden. Diese »Bürgerschule« trennte man 1907 nach Buben und Mädchen. Im Herbst 1912 wurde dann schließlich die Realschule mit 138 Schülern – ohne Mädchen – eingerichtet. Sie war eine Schule mit 7 Klassen. 1909 wurde der erste Spatenstich für das Realschulgebäude auf dem Niederfeld gemacht, das dann die Realschule und noch für Jahre Klassen der Mädchenbürgerschule (sie führte bis Klasse 8) und der Volksschule beherbergen mußte. 1924 erhielt das Gebäude den Namen *Hans-Thoma-Schule*.

Bereits 1918 begannen die Bemühungen, die Realschule zusammen mit der Mädchenschule auszubauen. 1928 war der Ausbau zur Oberrealschule mit 9 Klassen abgeschlossen. Schrittweise wurde die Mädchenbürgerschule zur Mädchenrealschule umgewandelt, die allerdings nur auf der Unterstufe nach einem besonderen Lehrplan unterrichtete. 1931 war der Fortbestand dieser Oberrealschule gefährdet, doch blieb sie erhalten, mußte jedoch die Mädchenrealschule aufgeben. 1938 wurde die Oberrealschule in eine Oberschule für Jungen umgewandelt, an der auch Mädchen unterrichtet wurden. 1948 wurde die Schule *Hans-Thoma-Gymnasium* benannt.

Nach dem Brand im Rötteler Kirchweiler von 1786 wurde in *Haagen* eine neue Schule eingerichtet, die 1884 einem Neubau weichen mußte. Es bestand neben der Dorfschule in der Firma Sarasin und Heußler eine Fabrikschule, die 1837 von ca. 30 Kindern besucht wurde. 1862 beschwerte sich der Ortspfarrer, daß die Kinder von 5 Uhr morgens bis 9 Uhr abends in der Fabrik seien, wobei 2 Stunden Unterricht eingeschlossen waren. 1886 ging die Fabrikschule in die Haagener Dorfschule über. Wegen der gestiegenen Bevölkerungszahl war es erforderlich, 1965 ein neues Schulzentrum zu erstellen. – Die Schüler von *Tumringen* besuchten wie die Haagener Schüler nach 1786 den Schulneubau in Röttelnweiler. 1870 wurde die Schule im Rathaus untergebracht, bis 1909 ein eigenes Schulhaus errichtet wurde. – In *Hauingen* war der Lehrer vom 18. Jh. an belegt; er versah bis 1869 zugleich auch den Mesnerdienst. 1885 wurde die Schule ins Rathaus verlegt und 1904 ein eigenes Schulgebäude errichtet. – Der Bevölkerungsanstieg in *Brombach* machte 1843, 1892 und 1972 Schulhausneubauten nötig. 1897 wurde für Brombach eine *Gewerbliche Fortbildungsschule* eingerichtet, die 1913 ihr eigenes Haus erhielt. Andere Gemeinden schlossen sich ab 1912 an. Sie bildeten ab 1914 einen die Schule tragenden Schulverband. 1961 wurde die Ländliche Berufsschule nach Steinen verlegt. 1952 wurde in Brombach eine Hilfsschulklasse eingerichtet, die 1966 Sonderschule für Lernbehinderte wurde.

Die *Kindergärten* gingen aus den 1854 genehmigten Kleinkinderbewahranstalten hervor, meist Gründungen konfessioneller Frauenvereine oder von Kirchengemeinden. 1992 bestanden in Lörrach 5 städtische Kinder- bzw. Schulkindergärten , 5 katholische und 10 evangelische, einer der Arbeiterwohlfahrt und ein Waldorf-Kindergarten. Der

Die Stadt im 19. Jahrhundert und in der Gegenwart 125

Neumattschule und der Pfarrei St. Peter für die Nordstadt sind Schülerhorte angeschlossen. Seit 1972 besteht auch die Kindertagesstätte »Zum guten Hirten«. Eine Sonderstellung nimmt die ›Tüllinger Höhe‹, Fachdienst für Kind und Familie e.v., ein, die 56 Plätze im vollstationären und 60 Plätze im teilstationären Bereich für Kinder und Jugendliche zur Verfügung hält. Diese Einrichtung entstand 1860 aus der Süddeutschen Rettungshausbewegung von Christian Heinrich Zeller. Ursprünglich ein Kinderheim, wurde es 1960 eine heilpädagogische Einrichtung für verhaltens- und entwicklungsgestörte junge Menschen. Dazu gehören heilpädagogische Tagesstätten in Tüllingen und Beuggen. Den Dienst versehen im heilpädagogischen Bereich 50 Kräfte, im psychologischen Bereich 5 Kräfte. Der Einrichtung angegliedert ist eine staatlich anerkannte Schule für Erziehungshilfe mit 23 Lehrkräften.

Im Schuljahr 1992/93 waren im Stadtgebiet Lörrach folgende *Schüler- und Lehrerzahlen* anzutreffen: 2547 Grund- und Hauptschüler wurden in 12 Schulen von 170 Lehrkräften unterrichtet. An der *Theodor-Heuß-Realschule* unterrichteten 42 Lehrer 634 Schüler. In der *Pestalozzi-Sonderschule für Lernbehinderte* waren es 131 Schüler mit 21 Lehrern, an der Schule für kranke Kinder und Jugendliche an der Kinderklinik (*Krankenhausschule*) 19 Kinder und 8 Lehrkräfte, davon eine Vollzeitkraft. Die *Lörracher Gymnasien* hatten im September 1992 folgende Schüler- und Lehrerzahlen: Hebel-Gymnasium: 481 Schüler und 49 Lehrkräfte, Hans-Thoma-Gymnasium: 866 Schüler und 70 Lehrkräfte, Wirtschaftsgymnasium: 294 Schüler, Technisches Gymnasium: 120 Schüler und Berufliches Gymnasium ernährungswissenschaftlicher Richtung: 116 Schüler. An der *Gewerbeschule* besuchen das Berufsvorbereitungsjahr und die Berufsfachschule 46 bzw. 86 Vollzeitschüler, die Berufsschule absolvieren 1061 Teilzeitschüler, das Telekolleg, Schule für Erwachsene, ist von 94 Teilnehmern belegt, in Verfahrenstechnik und Umweltschutz werden 45 Vollschüler ausgebildet, die Technikerschule für Elektronik und Datenverarbeitung besuchen 82, die Fachschule für Maschinenbaukonstruktion 81 Vollzeit-Schüler. Im gesamten Gewerbeschulbereich, das Technische Gymnasium eingeschlossen, waren 99 Voll- und 10 Teilzeitlehrer tätig. An der *Kaufmännischen Schule* wurden 295 Voll- und 1007 Teilzeitschüler von 96 Lehrkräften (einschließlich Wirtschaftsgymnasium) unterrichtet. Die *Hauswirtschaftlichen Schulen* hatten 359 Voll- und 85 Teilzeitschüler. Zusammen mit dem Ernährungswissenschaftlichen Gymnasium waren in diesem Bereich 55 Lehrer eingesetzt. Die *Fachschule für Landwirtschaft* ist eingestellt worden. Am *Staatlichen Seminar für schulpraktische Ausbildung für Grund- und Hauptschullehrer* studierten von Februar bis Herbst 1992 84 Lehramtskandidaten. An zwei staatlich anerkannten *Krankenpflegeschulen* absolvierten im Elisabethen-Krankenhaus 48, und am Städtischen Krankenhaus 41 Schülerinnen und Schüler ihre Ausbildung. Das Städtische Krankenhaus hatte zudem eine staatlich anerkannte *Kinderkrankenpflegeschule*. Am dreijährigen Kurs nehmen z. Zt. 23 Teilnehmer teil. Die *Städtische Musikschule*, die seit 1973 besteht, hatte 1992 710 Schüler, die von 6 vollzeit- und 19 teilzeitbeschäftigten Lehrern unterrichtet wurden.

Die *Volkshochschule Lörrach*, aus dem alten Volksbildungswerk entstanden, veranstaltet aktuelle, kunst- und regionalgeschichtliche Vorträge und Exkursionen und z. B. Kurse über philosophische Lebenshilfe, EDV, berufliche Bildung, Sprachen, künstlerisches Gestalten und Gesundheitsfragen. Außerdem gibt es gezielte Angebote für Senioren und die Junge VHS. 1992 wurden insgesamt 8100 Teilnehmer gezählt.

Das bildungspolitische Angebot wird durch eine *Staatliche Berufsakademie* abgerundet. Sie wurde 1981 als strukturpolitischer Ausgleich gegründet, nachdem die Schließung der Pädagogischen Hochschule Lörrach wegen eines geringen Lehrerbedarfs

beschlossen worden war. Tatsächlich bestand in Lörrach von 1966 bis 1984 eine Pädagogische Hochschule, die Grund- und Hauptschullehrer vor allem aus der Region ausbildete. Die Berufsakademie hatte im Herbst 1992 560 Studierende. 36 hauptamtliche Mitarbeiter und über 300 Lehrbeauftragte gehörten zum Lehrkörper der drei Ausbildungsbereiche Elektrotechnik, Maschinenbau und Wirtschaft.
Kulturelle Einrichtungen. – Aus dem Altertumsverein von 1882 und dem 1928 gegründeten Museumsverein heraus entstand in Lörrach 1932 in der alten Hofküferei ein *Heimatmuseum*, das durch private Sammlungen erweitert wurde. Seit 1978 ist dieses städtische »Museum am Burghof« im früheren Hebelgymnasium, dem einstigen Pädagogium, an dem J. P. Hebel lehrte, untergebracht und zählt zu den bedeutenden Museen in der Region. Seine Schwerpunkte liegen in Exponaten aus der Revolution von 1848/49, der mittelalterlichen Plastik (»Madonna vom Dinkelberg«), der Keramiksammlung Max Laeuger und in der Malerei. Die künstlerischen Nachlässe der bekannten badischen Maler Hermann Daur, Adolf Strübe und Adolf Riedlin sind dort untergebracht. Auf drei Etagen findet der Besucher Zeugnisse des Lebens, der Kultur und der Wirtschaft des Dreiländerecks von den ersten Spuren menschlicher Besiedelung bis heute. Sonderausstellungen aus vielen Bereichen ergänzen dieses Angebot. In dem Museum sind 6 festangestellte und rund 6 ehrenamtliche Mitarbeiter tätig. 13 000 Besucher wurden 1992 gezählt. – Der *Museumsverein* führt zudem Vortragsreihen durch, bei denen historische und künstlerische Themen behandelt werden. – Auch in der Villa Aichele, dem Domizil des »Künstlerkreises Lörrach«, finden häufig *Kunstausstellungen* statt. Theater- und Konzertabende veranstaltet das Kulturreferat der Stadt in der Stadthalle. Die Burgruine *Rötteln* ist jährlich Schauplatz der *Burgfestspiele*. Im Sommer werden bis zu 16 Aufführungen klassischer oder moderner Autoren gebracht, die viele Besucher nach Lörrach locken. Träger ist der *Verein Burgfestspiele Rötteln e.V.* Im *Galerietheater im Riesgässli* werden besonders das Kabarett und das Chanson gepflegt; außerdem werden Ausstellungen zeitgenössischer Künstler veranstaltet. – Eine private *Galerie* ist im Stettener Schloß untergebracht. Daneben gibt es weitere vier Galerien.

Auf dem musikalischen Sektor bietet Lörrach das 1954 gegründete *Orchester Oberrheinischer Musikfreunde*. Seit 1926 wirkt der *Lörracher Motettenchor*. Die *Lörracher Chorgemeinschaft*, in der 12 Chöre zusammengeschlossen sind, veranstaltet jährlich ein großes Sommerkonzert. – Fraglos zu den Höhepunkten des kulturellen Lebens der Stadt zählt das traditionelle *Schatzkästlein des Hebelbundes*. Jährlich im Mai findet diese Veranstaltung statt, bei der der »Hebeldank« an eine Persönlichkeit verliehen wird, die sich um J. P. Hebel und die Heimat auf kulturellem Gebiet besonders verdient gemacht hat. Der Hebelbund führt auch Autorenabende durch, bei denen Dichter und Schriftsteller aus dem gesamten alemannischen Sprachraum zu Worte kommen.

Die *Stadtbibliothek* mit einem Bestand von ca. 37 000 Bänden hat in Brombach (6131 Bände) und in Haagen (3772 Bände) Nebenstellen. Sie ist dem Fernleih-System angeschlossen und hatte nach der Neueröffnung im Gebäude des früheren Kaufhauses Knopf allein im Januar und Februar 1993 4122 Benutzer. Eine Medienbibliothek ist im Aufbau und umfaßt bereits 631 Videos, 982 Tonträger, 150 Spiele und 221 Karten. 90 Zeitschriften werden geführt. – 50 791 Bände sind in der *Wissenschaftlichen Regionalbibliothek* im Staatlichen Schulamt vorhanden. 1992 benutzten 9550 Leser diese Einrichtung, die vor allem die pädagogischen und regionalen Teile der Bibliothek der ehemaligen Pädagogischen Hochschule übernahm. – Das *Stadtarchiv* Lörrach hat für historisch Interessierte einen eigenen Arbeitsraum, in dem die reichhaltigen Bestände zur Stadtgeschichte eingesehen werden können. – Die *Kreisbildstelle* stellt für Schulen

Die Stadt im 19. Jahrhundert und in der Gegenwart 127

und Vereine Filme, Dias und Folien zur Verfügung und ergänzt das Angebot der Landesbildstelle. – 1993 begann die Stadt ein sozio-kulturelles Zentrum zu bauen, in dem ein Trägerverein kleinere Säle und Räume für alternative Kunst vermieten soll.
Sportstätten. – Die Landesgartenschau im Jahre 1983 brachte Lörrach den *Regio-Freizeit- und Erholungspark* im »Grütt«, in dem viele Sportstätten auf Vereins-, privater und städtischer Ebene zusammengefaßt sind. Neben einem städtischen Stadion sind dort die Sportplätze des FVL und des FV Tumringen, die Gymnastikhalle, die Tennisanlage und die Rollschuhbahn des Sportvereins Rot-Weiß Lörrach. Daneben unterhält ein privater Unternehmer in diesem Bereich Tennis- und Squashplätze und Kegel- und Bowlingbahnen. Die bisherige Tennis- und Eissporthalle soll in Zukunft teils für Messen, teils für Sport genutzt werden. Der Schützenverein ist im »Grütt« mit einer Schießanlage vertreten. In Stetten gibt es das Stadion des TuS. In den *Stadtteilen* Brombach, Haagen und Hauingen sind für den Spielbetrieb Sportplätze vorhanden. Drei Sporthallen, fünf Mehrzweckhallen und zehn Turnhallen stehen neben drei Gymnastikhallen Schulen und Vereinen zur Verfügung. In Haagen, Hauingen und Stetten gibt es Vereins-Tennisanlagen und in Brombach liegt ein großes privates Tennis-Center mit Freiplätzen und Halle. An der Oberen Wallbrunnenstraße unterhält der Reiterverein Lörrach eine Reithalle mit Schulbetrieb. Die Freiplätze grenzen an den ausgewiesenen Reitweg an. Eine private Reithalle befindet sich im Stadtteil Brombach. – Bereits 1929 wurde in Lörrach ein *Freibad* errichtet, das seither mehrmals erweitert und modernisiert wurde. Es hat drei Becken für Sport, Spiel und Erholung. Als sportliches Zentrum verfügt Lörrach auch über ein modernes *Hallenbad* mit Liegewiese, Sauna und Solarium. – Ein *Waldsportpfad* oder Trimm-Dich-Pfad befindet sich im Stadtwald an der Adelhauser Straße um die Mezelhöhe.
Vereine. – Im Stadtgebiet Lörrach bestanden zum Jahresende 1992 229 Vereine, ohne die politischen und gewerkschaftlichen Gruppen. Unter diesen Vereinen stehen zahlenmäßig die *Sportvereine* an der Spitze. 49 Sportvereine sind in der IGTS, der Interessengemeinschaft der Lörracher Turn- und Sportvereine zusammengefaßt, die Ende 1992 um 13000 Mitglieder hatte. Das Angebot dieser Sportvereine geht vom Angeln und Billard über den Fußball und das Reiten zum Tauchen und Tennisspiel. Alle Sportarten im Wasser, auf dem Land und in der Luft sind in der Stadt vertreten. Der größte Sportverein ist der Turn- und Sportverein Stetten, der in neun Abteilungen um 2300 Mitglieder vereinigt und der ein eigenes Stadion hat. Ihm folgt der Turn- und Sportverein Rot-Weiß Lörrach, dem 1550 Mitglieder angehören und der mit 13 Abteilungen die größte Zahl von Sportarten anbietet. Wohl der älteste Verein Lörrachs ist die Schützengesellschaft. Sie führt ihre Tradition auf den Privilegienbrief des Markgrafen Friedrich Magnus bei der Stadterhebung im Jahre 1682 zurück. Doch bereits 1564 ist in Lörrach ein Schützenplatz nachgewiesen und Rötteler Schützen nahmen schon 1605 in Basel bei einem Schießen teil.

Einen starken Anreiz üben die 13 *Gesangvereine* und *Chöre* und die neun Kirchenchöre aus. In der Lörracher Chorgemeinschaft, die das jährliche Rosenfeldspark-Konzert gestaltet, sind rund 650 aktive Sänger erfaßt. Unter den 14 Musikvereinen stellt die Stadtmusik mit 55 aktiven und 630 passiven Mitgliedern das größte Ensemble. – Viele *kulturelle Vereine*, wie der Geschichtsverein Markgräflerland e.V., der Hebelbund, die Burte-Gesellschaft, der Museumsverein und der Röttelnbund, nehmen sich der geschichtlichen und künstlerischen Tradition der näheren Heimat an und gestalten so wesentlich das Kulturleben der Stadt. Als Glied *alemannischer Fasnacht* sind im Stadtgebiet 42 Cliquen und 5 Guggenmusiken in Aktion. In der Narrenzunft Lörrach sind 2500 Mitglieder zusammengeschlossen. – Die Heimatvertriebenen halten in einer

Reihe von landsmannschaftlichen Vereinigungen, Trachten- und Volkstanzgruppen ihr heimatliches Brauchtum aufrecht. – Vereinsmäßig erfaßt sind im ganzen Stadtgebiet auch viele Interessengruppen, von den Briefmarkensammlern über die Liebhaber der verschiedenen Hunderassen bis zu den Sternenfreunden. Auch ausländische Mitbürger haben sich in Vereinen zusammengeschlossen, um ihre Interessen und ihre Eigentümlichkeiten zu wahren.

Strukturbild

Das alte Lörrach, der heutige Stadtkern, war bis zum Eintritt Badens in den Deutschen Zollverein noch weitgehend ein ländliches Marktstädtchen mit kleinen Gewerbebetrieben, Landwirten und natürlich den Behörden. Von den übrigen kleinen Städten hob es sich vor der Industrialisierung besonders durch den Manufakturbetrieb der Indiennefabrique ab. Brombach, Haagen, Hauingen, Tüllingen, Tumringen und Stetten waren Bauerndörfer, die ihre eigene Struktur hatten. Überall wurde der Rebenanbau gepflegt, der erst in der 2. Hälfte des 19. Jh. rückläufig wurde. In Haagen und Brombach waren bereits vor 1835 Anfänge des Textilgewerbes zu finden, Lohnweber, die in Heimarbeit Seiden und Tuche webten, und erste Fabriken. Reben und Weben haben ja auch der Raumschaft ihren Namen gegeben: Reb- und Webland.

Vor allem zollpolitische Gründe brachten nach 1835 einen Wandel. Meist waren es Schweizer und französische Unternehmer, die schon vor der Mitte des 19. Jh. im Lörracher Raum investierten. Sie blieben damit in der Nähe des Stammhauses und konnten sich dennoch den großen deutschen Absatzmarkt erschließen. Die Wiese lieferte Wasser und aus dem Wiesental kamen zudem billige Arbeitskräfte. So wurde Lörrach um die Jahrhundertwende zum industriellen Zentrum Oberbadens, in dem die Textilbranche führend war, gefolgt von der Nahrungs- und Genußmittelindustrie. Diese Struktur hat sich über ein Jahrhundert lang erhalten. Zur Zeit fällt die Textilindustrie stark zurück. Die Industrialisierung traf auch die heutigen Stadtteile Brombach, Haagen, Tumringen und Stetten. Ländlichen Charakter konnten sich dagegen Hauingen und Tüllingen am längsten bewahren. Tüllingen wurde im Laufe der Jahre zum gehobenen Wohngebiet der Stadt.

Der durch die Industrie und die Umsiedlungswellen nach 1945 verursachte Bevölkerungsanstieg machte in allen Stadtteilen die Erschließung von neuen Baugebieten erforderlich. So entstanden zwischen Lörrach und Haagen-Brombach die Nordstadt, auf dem Stettener Allmendland die Wohnsiedlung Salzert und in Brombach das Wohngebiet Bühl.

Die notwendigen Infrastrukturen wurden in mühevoller Arbeit geschaffen. 1981 wurde wieder ein Generalverkehrsplan verabschiedet, der 1988 nochmals eine Abänderung erfuhr und der im wesentlichen realisiert ist. Probleme brachte dabei der ruhende Verkehr, der durch Parkhäuser und Tiefgaragen – wie z. B. am Bahnhof – aufgefangen werden soll. In der Innenstadt wird die Fußgängerzone ständig weiter ausgestaltet. Dem Ausbau der Stadt lag ein Investitionsprogramm zugrunde, das bereits in der 1. Hälfte der 1980er Jahre jährlich die 25-Millionen-Grenze überschritt und 1981 sogar 42,2 Mio. DM erreichte. Diese großen Anstrengungen, die Infrastruktur der Mittelstadt zu verbessern, fanden ihre Höhepunkte im 300jährigen Stadtjubiläum 1982 und in der Landesgartenschau 1983. In der 2. Hälfte der 1980er Jahre wurden die Investitionen abgesenkt. 1992 lagen sie bei 25,5 Mio. DM.

Alle diese Maßnahmen waren und sind nicht möglich ohne eine gesunde kommunale Finanzstruktur. So stieg die Steuerkraftsumme der Stadt von 1975 mit 23,8 Mio. DM über 47,7 Mio. DM im Jahre 1988 auf 64,7 Mio. DM für 1992. Dies entspricht einer Steigerung von 594 DM pro Einwohner 1975 auf 1480 DM 1992. Gleichzeitig stieg das Gesamtsteueraufkommen von 1975 32,8 Mio. DM über 45,7 Mio. DM auf 1992 63,5 Mio. DM an. 1988 war der Anteil der Einkommensteuer mit 21,7 Mio. DM erstmals etwas höher als der der Gewerbesteuer (1985 21,1 Mio. DM). 1975, zum Zeitpunkt der Bildung der Stadt Lörrach als neuer Gebietskörperschaft, betrug der Schuldenstand 36,3 Mio. DM. Er schnellte bis 1980 hoch und hatte 1985 seinen Höchststand mit 111,4 Mio. DM erreicht. 1992 betrug er noch 80,6 Mio. DM. Die Pro-Kopf-Verschuldung war damit auf 1845 DM gesunken.

Als vordringliche Zukunftsaufgaben standen 1993 die Fortführung der Stadt- und Dorfsanierungsvorhaben, die weitere Straßen- und Verkehrserschließung und der Bau einer Stadthalle an. Ferner war die Realisierung eines großen Naherholungsgebietes am rechten Wieseufer von Haagen bis Stetten in Fortsetzung des Landschaftsparkes im Grütt vorgesehen.

C. Geschichte der Stadtteile

Brombach

Ur- und Frühgeschichte. – In den ausgedehnten Waldgebieten der Brombacher Gemarkung sind an verschiedenen Stellen Grabhügel erhalten geblieben. Teilweise sind sie schon sehr lange bekannt und in einem Fall hat man sogar, den romantischen Vorstellungen des 19. Jh. folgend, eine kleine Hügelgruppe zu »Keltengräbern« erklärt, eine irrige Bezeichnung, die sich aber eingebürgert hat und heute noch auf den amtlichen Karten zu finden ist. Diese Hügel, in der für das Muschelkalkgebiet typischen Steinschüttung errichtet, könnten schon seit der *Jungsteinzeit* angelegt worden sein. Das gilt vor allem für die Hügelgruppe am nördlichen Ende des »Homburgs«, die zu der großen, über den ganzen Höhenrücken sich hinziehenden Nekropole gehört (vgl. Lörrach). Auch auf dem »Jelten« und an der »Bollhalde« finden sich solche Steinhügel. Teilweise sind sie schon ausgegraben, doch ist über Funde nichts bekanntgeworden. Die einzigen, einigermaßen planmäßigen Untersuchungen, über die teilweise auch Berichte vorliegen, hat gegen Ende des 19. Jh. der Brombacher Fabrikant Großmann durchgeführt. Er legte die Gräber im »Blinzgraben« (knapp außerhalb der Gemarkung auf Hüsinger Boden) frei, grub in den »Keltengräbern« an der »Hohen Straße« und am »Homburg«, teilweise ohne Erfolg.

Eine der wichtigsten Entdeckungen der jüngsten Zeit ist die spätkeltische Viereckschanze, die nahe der »Kreuzeiche« von der Kreisstraße nach Adelhausen durchschnitten wird. Ortskundigen Brombachern allerdings waren die flachen Wälle und Gräben, die einen rechteckigen Innenraum einschließen, schon länger bekannt, doch konnte erst 1981 der Platz erstmals systematisch begangen, genau vermessen und als *keltisches Heiligtum* bestimmt werden. Auch ohne Grabungen, ohne jeden Fund läßt sich dies mit Gewißheit feststellen, da diese Anlagen immer in einer sehr charakteristischen Weise errichtet und ausgeprägt sind. Die moderne Bezeichnung »Schanze« darf dabei nicht täuschen. Nach zahlreichen gut ergrabenen Beispielen wissen wir, daß es sich dabei nicht um Befestigungen, sondern um eingezäunte, umfriedete Plätze handelt, die kultischen Vorgängen, Versammlungen und Opferhandlungen dienten. Im Inneren, allerdings nur durch sorgfältigste großflächige Ausgrabung erfaßbar, sind Grundrisse von Holzbauten, darunter der eines Tempels und ein tief in die Erde hinabreichender Brunnenschacht, zu erwarten. Im Gegensatz zu den »Keltengräbern« ist dies wirklich noch ein oberirdisch sichtbares Denkmal keltischer Zeit auf Brombacher Boden, das der Wald, trotz neuerer Störungen, bisher gut erhalten hat.

Ein *Kulturdenkmal römischer Zeit* dagegen war völlig verschüttet und wurde erst durch eine Ausgrabung wieder sichtbar gemacht. Es präsentiert sich jetzt in einer kleinen, gärtnerisch gestalteteten Anlage. Das römische Gebäude ist am Hang des »Wellentals« an dem Platz gelegen, wo nach örtlicher Überlieferung einst die Ritter vom Wellental ihre Burg hatten. Man war nämlich früher schon auf Mauerreste und verkohlte Balken gestoßen, hatte sich aber nicht den richtigen Reim darauf machen können. Der nahe bei der sogenannten »Römerstraße« gelegene Steinbau, eine zweiflügelige Anlage mit einem von einer Mauer umfaßten Innenhof, gehört zu einem römischen Landgut, einer villa rustica. Weitere zugehörige Baulichkeiten sind mit Sicherheit anzunehmen, bisher aber noch nicht gefunden. Der einfache, nicht allzu große Bau besaß in seinem hangabwärts gelegenen vorderen Teil einen Keller, in dem zahlreiche Funde gemacht werden konnten, darunter auch eine Anzahl verkohlter Äpfel, die einzigen derartigen Funde, die aus römischer Zeit bisher bekannt geworden sind. Errichtet wurde dieser Bau im 2. nachchristlichen Jahrhundert, seine Zerstörung durch Brand fällt wohl ins 3. Jh., die Zeit der Alemanneneinfälle ins römische Gebiet hinter dem Limes.

Auch die *Alemannen*, seit 260 n. Chr. die neuen Bewohner des Landes, haben archäologische Spuren hinterlassen. Es sind die als »Keltengräber« bezeichneten Grabhügel im Gewann »Allmend«, die allerdings mit dem heutigen Ort Brombach nichts zu tun haben, sondern ungefähr die Lage eines Einzelhofs der sogenannten Ausbauzeit, also des 7. Jh., bezeichnen. Mit Ausnahme eines nachträglich gefundenen Eisenrings hat der von Fabrikant Großmann untersuchte Erdhügel zwar keine Funde erbracht, dafür aber zwei Steinplattengräber, eines aus Sandstein, eines aus Muschelkalk, die als typisch für das frühe Mittelalter in diesem Raum anzusehen sind. Bestätigt wird diese geschichtliche Einordnung durch die gleichartigen Gräber im »Blinzgraben« (Hüsingen), aus denen Schmuck und Trachtbestandteile der späten Merowingerzeit geborgen worden sind. Die Siedlungsgeschichte des Ortes Brombach selbst mit dem interessanten und seltenen Germanus-Patrozinium der Pfarrkirche läßt sich bisher archäologisch nicht beurteilen.

Siedlung und Gemarkung. – Auf der verhältnismäßig großen und altbesiedelten Gemarkung weist der Flurname Hochstraß (1540) noch auf die römische Zeit hin, Homburg auf eine abgegangene Burganlage. Wieweit der Flurname *Fenningen* mit den obengenannten alemannischen Grabfunden in Verbindung steht, ist derzeit noch nicht ermittelt. Hinzuweisen ist noch auf den Siebenbannstein, welcher die Gemarkung von Brombach von der sechs weiterer Orte trennte.

Brombach wird erstmals 786 als *Prampahch* urkundlich genannt. Die Bedeutung des Ortsnamens ist umstritten – er mag sich von dem den Ort durchfließenden Bach, dem Brombeerstrauch (ahd. prama) oder auch von einem Personennamen herleiten. Der *Kern des Dorfes* ist in einem Dinghof zu suchen, dessen Lage noch geklärt werden muß. Dessen Besitzer ließ hier früh eine Kirche errichten, später, wohl im 12. Jh., kam noch eine Burganlage hinzu. Bis 1294 hatte sich um diese Anwesen herum das Dorf entwickelt, damals ist die Rede von *munitio, curtis et villa*. Über die Größe dieses Dorfes ist wenig bekannt. Nach dem 30j. Krieg soll Brombach noch 24 Häuser aufgewiesen haben, 1660 dann 47 Häuser. Fast das ganze Dorf wurde am 23. Oktober 1676 von den Franzosen verbrannt. Bis um 1730 hatten die Einwohner ihr Dorf wieder aufgebaut und zudem durch Überbauung aller verfügbaren Plätze vergrößert; es umfaßte damals 70, meist mit Ziegeln gedeckte Häuser.

Von den Verkehrsverbindungen, welche den Ort berührten, wird die Straße nach Hüsingen 1392, die nach Hauingen 1574 erwähnt. Letztere erhielt in den Jahren zwischen 1788 und 1799 eine neue Straßenführung. Sie führte über eine der wichtigeren Wiesebrücken, die 1721/23 erbaut wurde. Zwei Brücken auf der Landstraße nach Lörrach wurden 1740 und 1771 in Stein aufgeführt. Die durch das Dorf führende Straße erhielt um 1763 eine Pflasterung.

Herrschaft und Staat. – Brombach war eine Besitzung der Herren von Rötteln, später standen den Markgrafen von Hachberg Hoch- und Niedergericht über das Dorf zu. Ihre Einkünfte betrugen 1514/15 54 lb 14 d, wozu noch Einnahmen von der Mühle, den Weihern und dem Zehnten kamen. Verwaltungsmäßig unterstand Brombach dem Rötteler Viertel bzw. dem Amt Lörrach.

Der markgräfliche Vogt ist seit 1536 nachzuweisen. Er war steuer- und fronfrei und durfte 4 Schweine in das Äckerich treiben. Dazu gab ihm St. Blasien 1 Fuder Heu aus dem Heuzehnten sowie Anteile an Umgeld und Maßpfennig. Ferner erhielt er jährlich eine Eiche aus dem Gemeindewald, ein Recht, das 1731 allgemein abgeschafft wurde.

Schon früh gehörte das Dorf der Basler Stadtadelsfamilie *Reich von Reichenstein*, wohl als Mannlehen oder in ihrer Eigenschaft als Vögte der Herren von Rötteln. Mathias Reich verkaufte 1294 Schloß und Dorf an seinen Bruder, den Basler Bischof Peter Reich und wurde von diesem wieder belehnt. Im 14. Jh. lassen sich in Brombach immer wieder markgräfliche Beamte nachweisen, die sich Vögte nannten und einem Gericht vorsaßen, das unter der Linde tagte und dessen Zuständigkeit sich auch auf die umliegenden Orte erstreckte. Diese Herren sind als Vorgänger der Rötteler Obervögte anzusehen, wie überhaupt die Annahme berechtigt erscheint, daß die Markgrafen von Hachberg eine Zeitlang erwogen, Brombach zum Mittelpunkt ihrer Herrschaft auszubauen, da ihnen der Ort – im Gegensatz zu Rötteln und Schopfheim – zu eigen gehörte. Zwischen 1293 und 1359 lebte auch eine Familie Vogt von Brombach in Kleinbasel, die sich bislang nirgends einordnen läßt. Spätestens im frühen 16. Jh. findet sich (erneut) die Familie Reich von Reichenstein im Lehenbesitz des Ortes. Die letzte Belehnung erfolgte 1845.

Die Erbauer des *Schlosses* sind unbekannt. Es bestand jedoch spätestens 1294, damals im Besitz der Reich von Reichenstein. Nach dem Erlöschen des Hauses derer von Rötteln gehörte es den Markgrafen und den Herren von Krenkingen gemeinsam, wobei jede Partei Vorkaufsrecht auf den Anteil der anderen hatte. Dennoch gab es bald Streit, der 1341 dahingehend geschlichtet wurde, daß die von Krenkingen verzichteten und dafür das Dorf Niedereggenen erhielten. Seit 1405 erscheint der jeweilige Markgraf als Lehensherr. Leheninhaber waren die Reich von Reichenstein, welche das Schloß noch im 16. Jh. bewohnten. Nachdem sie Laimen zu ihrem Hauptwohnsitz gemacht hatten, wurde der Schloßkomplex in einen Meiereibetrieb umgewandelt, der Ende des 18. Jh. aufgelöst wurde. Der Bau selbst war beim Erdbeben von 1356 zerstört worden. Nachdem es im 30j. Krieg anscheinend nicht gelitten hatte, brannten die Franzosen am 23. Oktober 1676 mit dem Dorf auch das Schloß ab und sprengten es zwei Jahre später. Seither blieb es Ruine, bis es Ende der 1890er Jahre wieder aufgebaut wurde.

Grundherrschaft und Grundbesitz. – Hauptgrundbesitzer in Brombach war seit dem 12. Jh. Kloster St. Blasien, dem Walicho von Waldeck 1113 eine größere Schenkung gemacht hatte, die wohl im wesentlichen aus dem örtlichen Dinghof bestand. Da St. Blasien wohl derselben Schenkung auch das örtliche Patronat verdankte, von dem jedoch 786 Ercanpert einen Teil dem Kloster St. Gallen überlassen hatte, mit der Auflage, diesen als Zinslehen an seinen Bruder auszugeben, kann angenommen werden, daß Brombach im 8. Jh. der Familie dieses Ercanpert gehört hat. Vielleicht gehörten auch die Herren von Waldeck zu den Nachfahren der damals genannten Brüder.

Die Schenkung von 1113 konnte 1336/37 und 1341 noch durch einige Güter ergänzt werden, die dem Kloster von Geistlichen und Ortseinwohnern überlassen wurden. Den Haupthof, dessen Rechte das Weistum von 1413 zusammenfaßte, überließ das Kloster seiner Propstei Weitenau und nahm ihn erst nach dessen in der Reformationszeit erfolgten Aufhebung wieder in Eigenbesitz. Er umfaßte 1574 Haus und Hof, ca. 90 J (ca. 25 ha) Liegenschaften und eine Mühle. Die wohl zugehörigen sogenannten Schuppisgüter (Huben und Schupposen), 1619 insgesamt 40, umfaßten damals 2 Häuser und Höfe sowie 152 J (ca. 42¼ ha) Liegenschaften und waren mit Schirmgeldabgaben an die Rötteler Burgvogtei belastet.

Diese Güter, die einem auf dem Haupthof sitzenden Meier unterstanden, gehörten grundsätzlich zum St. Blasischen Baselamt, unterstanden jedoch unmittelbar dessen Schaffnei in Steinen. Im 17. Jh. verrechnete gelegentlich auch der Schaffner in Obereggenen. Später konnte der Meier selbständiger wirtschaften; die Steiner Schaffnei war angewiesen, nur in Ausnahmefällen in Brombach einzugreifen. Der Meier verwaltete seine Einnahmen eigenständig und leitete einen Teil davon an das Amt Basel weiter. Zu seinen Pflichten gehörte der Unterhalt des Wucherviehs. Der gesamte Besitz ging nach der Säkularisation an das Großherzogtum Baden über und wurde in den folgenden Jahren allodifiziert.

Die Landesherrschaft war zunächst überwiegend auf Steuern angewiesen. Erst 1333 übertrug Margarete von Staufen, Witwe des Ritters Hugo Münch, dem Markgrafen ihren ererbten Besitz zu Brombach gegen Leibgeding. Der gesamte Besitz umfaßte 1660 (8 Schupposen) etwa 115 Jauchert. Güter und Einkünfte wurden in der Folge verdienten Beamten überlassen, so den Auberlin von Weil im frühen 16. Jh., der Familie Böhringer seit 1530. Die letztgenannten Einkünfte wurden 1726 zurückerworben. In den Jahren 1737 und 1741 konnte die Herrschaft auch noch einige Waldparzellen von Privaten an sich bringen. Eine Matte war nicht ausgegeben, sie mußte von den Einwohnern des Rötteler Viertels, zeitweise auch von denen der Vogtei Tegernau in der Fron bewirtschaftet werden. Der Familie Reich von Reichenstein war der Schloßkomplex überlassen wurden, zu dem im 18. Jh. etwa 70 J (ca. 19½ ha) Liegenschaften gehörten. Diese wurden gegen Ende des 18. Jh., nachdem die Familie den Meiereibetrieb aufgelöst hatte, parzelliert und an die Einwohner verliehen.

Einnahmen bezogen daneben einige kleinere Institutionen, auch Privatpersonen. Das Basler Steinenkloster erwarb 1268 eine Wiese von Johann von Lörrach und veräußerte diese 12 TW 1380 an den markgräflichen Vogt Oswald Pfirter, der sie vermutlich den Schloßgütern zuschlug. Kl. Gnadental wird 1659 mit Gefällen erwähnt, Klingental 1574 als Anstößer. Zinse aus 10 J bezog 1564/74 die Schopfheimer Dreikönigskaplanei. Die Kommende Beuggen besaß 1399 die sogenannte Seelmatte und die Familie von Ulm erwarb 1617 und 1636 verschiedentlich Waldparzellen von Privaten. Die Brombacher Bürger scheinen vor allem Waldeigentum besessen zu haben; etliche von ihnen veräußerten in der 1. Hälfte des 17. Jh. ihre Parzellen an Einwohner von Lörrach oder markgräfliche Beamte.

Gemeinde. – Die Gemeindeverwaltung besorgte der herrschaftliche Vogt, unterstützt vom Stabhalter (genannt seit 1670) und mehreren Gerichtsleuten (1700: 3, 1737: 5). Ein Seckelmeister wird 1700 erwähnt; er war, ebenso wie Vogt, Weidgesell (genannt seit 1731) und übrigens auch der herrschaftliche Meier von allen Fronen befreit. Das Gericht besetzten im 18. Jh. Gemeinde und Bürgerschaft, der Vogt wurde in Anwesenheit von Amtleuten gewählt und vom Markgrafen bestätigt. Der eigentliche Gemeindebeamte, der Gemeinschaffner (vielleicht identisch mit dem vorher genannten Seckelmeister), läßt sich erst seit 1737 nachweisen; im gleichen Jahr hatte der Ort auch 2 Waisenrichter. Das Amt des Gerichtsschreibers versah der jeweilige Schulmeister.

»Der von Brombach Allmend« wird 1392 als Anstößer erwähnt, ohne Lage und Umfang näher zu bestimmen. Gleiches gilt für die Nennungen zu 1572 und 1574, erstere spricht vom alten Allmend. Die Gemeinde besaß einige Wiesen, wichtiger war der Wald. Sein Umfang wird 1786 mit 900 J (250 ha) angegeben; daraus mußten jährlich 11½ Klafter Fronholz für die herrschaftlichen Bediensteten, 6 Klafter Pfarrholz und 2 bis 3 Klafter Gabholz abgegeben werden. An Gebäuden besaß die Gemeinde 1660 das Schulhaus, 1773 war auch ein Gemeindehaus vorhanden, dem damals Scheuer, Stall und Feuerspritzenschopf angebaut wurden (An Feuerlöschgerätschaften hatte die Gemeinde 1730 besessen: 1 Feuerspritze, 106 Eimer, 3 Leitern und 2 Haken). Nachdem 1781 ein Wachthaus errichtet worden war, wurde das Haus dem neu angestellten Schäfer zur Wohnung angewiesen. 1786 tauschte die Gemeinde die Hälfte des Hauses gegen ein Wohnhaus ein, das sie zum Schulhaus umzubauen gedachte. Einnahmen bezog die Gemeinde aus verpachteten Liegenschaften und Holzverkäufen sowie aus den Bürgerannahmegeldern. Die herrschaftliche Jahrsteuer betrug 28 lb oder 50 Gulden.

Da die Gemarkung von Brombach an zahlreiche andere Gemarkungen angrenzte (Siebenbannstein), waren Streitigkeiten mit deren Einwohnern vorprogrammiert, wobei im wesentlichen zwei Komplexe zu Auseinandersetzungen führten: das Wässerungsrecht an der Wiese und Weiderechte. Über ersteres wurden vor allem mit Lörrach, aber auch mit Hauingen und Steinen verschiedene Vergleiche geschlossen, so 1538, 1592, 1595, 1608 und 1609. Um Weiderechte wurde im wesentlichen mit den Rheinfelder Orten gestritten. Ein Vergleich von 1540 mit der Vogtei Eichsel legte fest, daß der Brombacher Weidebereich bis zur Hochstraße und von dort bis zur Hagenbuche reichen sollte. Bis zum 18. Jh. wurde um Äckerich, Weidgang und Beholzungsrecht auf dem Dinkelberg gestritten.

Kirche und Schule. – Im Jahre 786 überließ Ercanpert seinen Anteil an der Kirche des hl. Germanus in Brombach dem Kloster St. Gallen mit der Auflage, dieses Recht seinem Bruder Hanno und dessen Nachfahren gegen Zins einzuräumen. Da dem wohl entsprochen wurde, ist von dem Kloster später nicht mehr die Rede. Das Patronatsrecht dürfte sich in der Familie Hannos weitervererbt haben. Im 12. Jh. übten es vermutlich die Herren von Waldeck aus. In ihrer großen Schenkung von 1113 an St. Blasien war wohl der Kirchensatz inbegriffen, jedenfalls hat das Kloster bis 1806 den jeweiligen Pfarrer eingesetzt bzw. bestätigt. Im Jahre 1414 erreichte St. Blasien, dessen Gefälleinzug sich hier schwierig gestaltete, daß ihm die Pfarrei inkorporiert wurde. Das Recht, den Ort durch einen Mönch versehen zu lassen, ließ sich das Kloster 1419 bestätigen. Eine Quelle erwähnt zu 1660 »des Münchs Häuslin, so abgangen, worauf jetzt ein Bannstein steht«. Hierbei könnte es sich um eine Einsiedelei gehandelt haben, von der aber weiteres nicht bekannt ist.

Als Markgraf Karl II. 1556 die Reformation auch im Brombach einführte, wurde die Pfarrei zunächst vom bisherigen Dekanat Wiesental dem neugeschaffenen evangelischen Kirchenbezirk Rötteln/Lörrach zugeteilt. Der Pfarrsatz blieb nach anfänglichen Streitigkeiten mit dem Markgrafen bei St. Blasien, dessen Rechte sich jedoch nun auf die Bestätigung und die Besoldung des jeweiligen Pfarrers beschränkten.

Die Besitzverhältnisse von Kirche und Pfarrei bis zur Reformation sind in ihrem gesamten Umfang nicht festzustellen. Neben dem Widumgut, dem später von der

Geistlichen Verwaltung verliehenen St. Germanuslehen, dürften der Kirche sämtliche Zehnten gehört haben. Dazu kamen Einkünfte aus Schenkungen und Jahrtagstiftungen sowie Gebühren. Verwaltet wurden die Einkünfte durch einen Kirchmeier (1660). Den Annaten zufolge hatte die Kirche zu Beginn des 15. Jh. ein Jahreseinkommen von etwa 15 Gulden. Mit der Inkorporation gingen zumindest die Zehnteinkünfte auf St. Blasien über, hingegen anscheinend nicht das St. Germanuslehen. Dieses umfaßte 1565, damals bereits Erblehen, etwa 38 bis 40 J (ca. 14 ha) Liegenschaften. Aus dem Zehnten besoldete das Kloster den jeweiligen Pfarrer, allerdings nicht reichlich, denn schon vor der Reformation gab es darüber Klagen. Das Gehalt wurde denn auch im 17. und 18. Jh. verschiedentlich angehoben, schließlich gab die Gemeinde seit 1784 noch jährlich 15 Klafter Holz. Damals standen dem Pfarrer neben der Naturalbesoldung 4 Dehmenrechte zu, er bezog den Klein-, Heu- und Blutzehnten, hatte die Nutzung eines Krebswassers und einiger kleiner Liegenschaften sowie von Pfarrhaus und Garten. Der Gesamtwert der Besoldung lag damals bei 388, 38 Gulden.

Von den *Zehnten* bezog Kloster St. Blasien den Großen und Weinzehnten, sowie den Heuzehnten, außerdem Anteile am Kleinen Zehnten. Dafür hatte es der Herrschaft jährlich 2 Mltr Dinkel und 100 Wellen Stroh zu entrichten. Der Durchschnittsertrag des Großzehnten lag um 1730 bei jährlich 200 Mltr Dinkel und Hafer. Der Heu- und Kleinzehnt innerhalb Etters sowie ein Großzehntanteil von 12 J gehörten dem Pfarrer. Über die Zehnten neu angebauter Früchte und Futterpflanzen stritten sich Kloster und Pfarrer immer wieder, ebenso Herrschaft und Pfarrer über den Novalzehnten, wovon auch die Verträge von 1594 und 1599 zeugen. Zehntfrei waren lediglich die herrschaftlichen Matten. Die St. Blasische Zehntscheuer wurde 1784 neu erbaut, 1837 kaufte sie der Baumwollfabrikant Riggenbach und ließ sie zu Arbeiterwohnungen umbauen. Auf dem Zehnten haftete ursprünglich die Baulast an Kirche und Pfarrhaus. Nach Einführung der Reformation wurden die Verhältnisse dahingehend neu geregelt, daß St. Blasien nur noch die Baulast am Pfarrhaus und am Chor der Kirche haben sollte, wogegen das Langhaus künftig von der Geistlichen Verwaltung, der Turm von der Gemeinde unterhalten wurden.

Spätestens im 17. Jh. wurde in Brombach *Schule* gehalten, ein Lehrer läßt sich seit 1604 nachweisen. Im 18. Jh. pflegte er seine Einkünfte, im wesentlichen die Sigristenabgaben (1 V Dinkel und 1 Laib Brot von jeder Ehe) und das Schulgeld (3 Batzen von jedem Kind) durch Übernahme der Gerichtsschreiberei aufzubessern. Kurz vor 1660 ließ die Gemeinde ein Schulhaus erbauen, das aber wohl die folgenden Kriege nicht überdauert hat. Ende des 18. Jh. unterrichtete der Lehrer in seiner Wohnung, 1781 dachte die Gemeinde an einen Neubau bzw. den Umbau des Gemeindehäusleins. Durch Tausch der Hälfte ihres Gemeindehauses erwarb sie 1786 ein Wohnhaus, das zum Schulhaus umgebaut wurde und bis zum Neubau 1840/43 seinen Zweck erfüllt hat.

Bevölkerung und Wirtschaft. – Frühe Einwohnerzahlen sind auch aus Brombach nicht bekannt. Berichtet wird, daß nach dem 30j. Krieg nur noch 50 Familien den Ort bewohnt hätten, was etwa 250 Personen entsprechen könnte. Dann allerdings nahm die Bevölkerung stetig zu: 1720 und 1730 wurden 421 Einwohner verzeichnet, 1778 bereits 460 (darunter 22 Taglöhner) und 1786 ist die Rede von 120 Bürgern, was auf eine Bevölkerung von etwa 600 Personen schließen läßt. Schon um 1730 waren die meisten Häuser von 2 Haushaltungen bewohnt. Dem stetigen Zuzug suchte die Gemeinde 1769 zu steuern, indem sie um Erhöhung der Bürgerannahmegelder nachsuchte, was ihr jedoch abgeschlagen wurde. Sie erreichte lediglich, daß »Verdächtige« zunächst nur auf ein Jahr zu Hintersassen aufgenommen wurden. – Unter den Bewohnern des Ortes war eine Anzahl bischöflich-baslischer Eigenleute gewesen, die 1365 und 1368 dem Markgrafen zu Lehen gegeben wurden. Im 17. Jh. hatte sich dann die markgräfliche Territorialleibeigenschaft durchgesetzt. Die Einwohner hatten bei Wegzug jährlich 1 Henne und 10 ß Stebler sowie einmalig den 10. Teil ihres Vermögens, im Todesfall das beste Haupt Vieh oder den Gegenwert abzugeben. Sie waren zu Fronen bei der Weinlese und Abfuhr zu Rötteln verpflichtet sowie zu Fuhr- und Jagdfronen.

Die *medizinische Versorgung* oblag weitgehend der Hebamme (seit 1623 genannt), deren Mann von allen Fronbelastungen gefreit war. Ende des 18. Jh. holte man im Krankheitsfall den Physikus aus Lörrach oder wandte sich an die Ärzte in Basel und den Physikus in Rheinfelden. – Ihren *Lebensunterhalt* bezogen die Brombacher überwiegend aus der Landwirtschaft. Selbst 1760 leistete nur ein Haushalt Heimarbeit für die Schopfheimer Bleiche-Compagnie. Dabei wurde die Wirtschaftsfläche seit dem 18. Jh. immer wieder durch Rodung erweitert. Ackerbau wurde in den Zelgen *vor oder gegen dem Löhr, Mittelzelg* und *Zelg im Schindelberg* betrieben; einmal, 1574, wird auch die *Zelg im nidern Velt* erwähnt. Angebaut wurden Roggen, Dinkel und Hafer, in der 2. Hälfte des 18. Jh. auch Kartoffeln. Um 1730 verteilte sich die Wirtschaftsfläche auf 370 J (ca. 133 ha) Acker, 300 J (ca. 83⅓ ha) Matten und Gärten und 12 J (ca. 3⅓ ha) Bünden. Bis 1778 war die Ackerfläche auf 628 J erweitert worden, die Wiesenfläche hatte geringfügig abgenommen und umfaßte noch 286½ Jauchert. Weinbau war vermutlich noch bis zum 30j. Krieg getrieben worden, jedoch später völlig in Abgang gekommen. Etwa 1778/79 begann man, schlechtes Ackerland zu Weinbergen zu machen; 1791 waren etwa 30 J (ca. 8⅓ ha) mit Reben besetzt. Auch der Obstbau wurde damals schon sehr gefördert, die Gemeinde unterhielt eine Baumschule.

Die Einführung der Stallfütterung hatte den Anbau von Futterkräutern zur Folge. Die Wiesen wurden regelmäßig gewässert und waren Ende des 18. Jh. durchweg in gutem Zustand. Frühjahrs- und Nachtweide waren 1778 abgeschafft, vor allem das Verbot der letzteren wurde immer noch unterlaufen. Die Waldweide war noch üblich; dank des 1775 begonnenen erfolgreichen Kleeanbaus hoffte man, sie bald aufgeben zu können. Man hielt damals 112 Stück Zugvieh (1700: 24 Pferde, 24 Ochsen) und 140 Stück Melk- und Zuchtvieh, 1791 werden u. a. 6 Mutterschweine aufgeführt. Die beiden Stiere und den Eber hielt der St. Blasische Meier, dem dafür der klösterliche Anteil des Heuzehnten und 8 bis 9 J Acker zur Verfügung gestellt wurden.

Wohl bedingt durch die Funktion des Ortes als zeitweiliger Sitz der Ortsherrschaft wie durch seine Funktion als St. Blasische Meierei dürfte es schon früh verhältnismäßig viele *Handwerker* am Ort gegeben haben. Von diesen dürfte jedoch kaum einer ohne zusätzliche Landwirtschaft ausgekommen sein. Bereits im 17. Jh. ist die Rede von Hafnern, Küfern, Maurern, Schlossern, Schreinern und Zimmerern. Konkrete Angaben vermittelt erst das 18. Jahrhundert: 1729 gab es einen Säger am Ort, 1756 einen Rotgerber, der eine Lohstampfe hatte. 1778 lebten in Brombach 5 Weber, je 4 Schneider und Schuster, je 3 Maurer, Schmiede und Wagner, 2 Küfer sowie je ein Schreiner, Säger, Müller, Sattler, Nagler und Zimmermann. Bis 1791 hatte sich daran wenig geändert, jetzt verzeichnete man 5 Weber, 4 Schuhmacher, je 3 Maurer, Schmiede, Schneider und Wagner, 2 Küfer, je 1 Müller, Nagler, Sattler, Schreiner und Zimmerer. – Eine *Mühle* läßt sich seit 1514/15 nachweisen, sie lag unter dem Schloß an der Landstraße und zinste an Weitenau. Spätestens im 18. Jh. erweiterte sie der Inhaber um eine Ölmühle mit Hanfreibe. Eine Gerberei wurde 1786 begründet. Die herrschaftlichen Fischweiher wurden im 17. Jh. regelmäßig auf 3, im 18. Jh. auf 6 Jahre verpachtet.

Eine *Tafern* wird 1514/15 genannt. Ob sie mit der seit etwa 1597 bestehenden Stubenwirtschaft identisch ist, weiß man nicht. Für letztere zahlte die Gemeinde der Burgvogtei 1694 3 fl Tafernzins, das Recht wurde ihr 1697 bestätigt. Der jeweilige Stubenwirt schenkte im eigenen Haus, da die Gemeinde kein Wirtshaus besaß. Im 18. Jh. kamen weitere Schildwirtschaften hinzu; 1775 zählte man bereits 4 Tafernen, von denen sich der »Ochsen« seit 1776 unter diesem Namen nachweisen läßt. – Eine *Ziegelhütte* war 1764 vorhanden. Eine zweite wurde damals nicht genehmigt.

Haagen

Ur- und Frühgeschichte. – Auf dem Kamm des Höhenrückens zwischen Wiesen- und Kandertal verläuft ein sehr alter Weg, die »Hohe Straße«. Mit ihr im Zusammenhang steht möglicherweise der Fund eines Steinbeils im »Röttler Wald«, will man nicht einen zufälligen Verlust bei Rodungsarbeiten in neolithischer Zeit annehmen. Siedlungsgelände war hier ebensowenig wie auf dem »Lingert«, der sich als markante Anhöhe über dem Wiesental erhebt. Auf seinem plateauartig gebildeten Rücken liegen nicht weniger als vier Grabhügelgruppen, die aus dem hier anstehenden Muschelkalk aufgeführt sind. Die zugehörigen Siedlungen müssen wir in Tallage vermuten, ohne daß bis heute allerdings der Nachweis gelungen wäre. Die Zeitstellung dieser Hügel ist ungewiß, sie können (vgl. Lörrach »Homburg«) teilweise schon der *Jungsteinzeit* angehören, aber auch in wesentlich jüngeren Perioden entstanden sein. Da zahlreiche dieser Steinhügel in früherer Zeit beraubt worden sind, erkennbar an deutlichen Störungen des Hügelaufbaus, können nur noch sorgfältigste archäologische Untersuchungen Auskünfte über die Kulturzugehörigkeit und damit die früheste Besiedlungsgeschichte auf Haagener Gemarkung geben.

Möglicherweise in *römische Zeit* führt eine aus Kalkstein gefügte unterirdische Wasserleitung am Röttler Hang. Sie könnte zu einem Gutshof am Fuß des Röttler Waldes gehören, doch fehlen bisher weitere Hinweise. Von einem Profilschnitt durch die »Hohe Straße«, der sich 1940 bei Straßenbauarbeiten ergab, hatte man die Entdeckung eines römischen Straßenkörpers erwartet. Dies bestätigte sich aber nicht, so daß wir davon ausgehen müssen, daß dieser bestimmt in prähistorische Zeiten zurückreichende Weg in römischer Zeit zwar vermutlich weiter benutzt, aber nicht als feste Straße ausgebaut worden ist.

Da Haagen nicht zu den frühesten Ortsnamenformen gehört, bedeutete es eine Überraschung, als hier vor mehr als 50 Jahren eine eiserne Axt des 6. Jh. n. Chr. gefunden wurde. Man hat deshalb dieses Stück bisher nicht siedlungsgeschichtlich ausgewertet, sondern eher an eine zufällig verlorene Waffe gedacht. Sicher zum Ort gehört dagegen ein, wie im Markgräflerland häufig, aus Sandsteinplatten gefügtes Grab, das in der Schloßstraße zum Vorschein kam. Es zeigt den Bestattungsplatz des Ausbauortes Haagen an und ist kaum vor das Ende des 7. Jh. zu datieren.

Siedlung und Gemarkung, Herrschaft und Staat. – Die Gemarkung, auf der Rötteln, Röttelnweiler und der seit 1698/99 nachzuweisende Wohnplatz Hasenloch liegen, gehörte ursprünglich zur großen Burggemarkung Rötteln. Diese blieb bis zum 15. Jh. erhalten, vermutlich erst dann erhielten Tumringen und Haagen eigene Gemarkungen. Das unterhalb der Burg Rötteln gelegene Dorf ist, schon der Ortname weist darauf hin, als hochmittelalterlicher Ausbauort anzusehen. Es wird 1365 als (zu) *Hagena* erstmals urkundlich genannt.

Haagen gehörte immer zur Herrschaft Rötteln. Von der Steuer bezogen seit 1543 (1430?) bis wenigstens 1716 die König von Tegernau auf Grund einer Belehnung

Anteile. Haagen bildete (bis 1780?) zusammen mit Rötteln, Rötteinweiler, Tumringen und (bis 1769) auch mit Hauingen eine gemeinsame Vogtei. Dabei entsandte Hagen in das gemeinsame Vogtgericht 3 Richter, was bereits 1393 nachzuweisen ist.

Grundherrschaft und Grundbesitz. – Auch der örtliche Grundbesitz war überwiegend im Besitz der Herrschaft Rötteln, die ihren Einfluß nach der Reformation durch die Verfügung über das Widumgut noch vermehrte. Im 18. Jh. konnte sie noch einige Waldparzellen von Privaten dazuerwerben.

Der Besitz, den Oberamtmann Johann Pauli 1661 erworben hatte, wurde ihm 1662 gefreit. Er bestand im wesentlichen aus Haus, Hof, Scheuer, Trotte, etwas Garten und 1¼ J Reben. Von den Paulischen Erben erwarb alles Johann Fünfschilling, der 1753 als Besitzer erscheint. Um 1776/77 gehörte der Besitz dem Chirurgen Heidenreich, dem damals noch die auf dem Hause ruhende Wachtfreiheit bestätigt wurde.

Neben Herrschaft und Einwohnern bezogen wenige andere Institutionen Einkünfte. Es waren dies St. Alban in Basel (1582, 1695), der den Heiligen Philippus und Jacobus im Basler Münster geweihte Altar (1500/30) und der dortige Altar des hl. Nikolaus, dem 1310 Lütold von Rötteln 25 ß d aus zwei Haagener Schupposen zu einer Jahrtagstiftung vermacht hatte. Das sogenannte Rötteln'sche Pfarrlehen besaß im 18. Jh. noch 3½ J Acker, die Geistliche Verwaltung verfügte 1774 über Matten.

Gemeinde, Kirche und Schule. – Haagen war Teil der Gemeinde Rötteln mit begrenztem Eigenleben, wenigstens im 18. Jahrhundert. Der Ort hatte zeitweise einen eigenen Vogt (1700, 1734), wurde aber seit der Mitte des Jahrhunderts nur noch durch den Stabhalter repräsentiert, während Tumringen einen Vogt aufzuweisen hatte. Ein Siegel besaß die Gemeinde nicht, als Dorfzeichen wird aber 1740 ein Fisch genannt. – Als *Gemeindebesitz* werden 1767 7 V Matten an der Wiese und 60 J Wald angegeben. Diese Wiesen wurden 1781/82 zu Wald eingeschlagen, weil sie keinen Nutzen brachten. Das Schulhaus teilte sich Haagen mit Tumringen, ebenso den Unterhalt von Turm und Mauer der Rötteler Kirche. Man besaß keine Feuerspritze und auch keine Mittel, eine solche zu beschaffen. Noch um 1800 galt die Gemeinde als sehr arm. – Die Einwohner waren ursprünglich verpflichtet gewesen, Fronen in den Rötteler Hofreben zu leisten. Diese Pflicht wurde Ende des 17. Jh. in eine Geldabgabe umgewandelt.

Haagen war Filial der Rötteler *Kirche*, die ein Widumgut auf der Gemarkung hatte. Zu unbekannter Zeit war oben im Dorf eine St. Wolfgangs-Kapelle errichtet worden (Hauinger Str. 21). Diese wurde, nachdem die Reformation in Haagen Eingang gefunden hatte, 1563 einem Einwohner zum Bau eines Wohnhauses überlassen. – Auch das für die Vogtei zuständige *Schulhaus* lag auf Gemarkung Rötteln. Als es 1788/89 abgebrannt war, erwarb die Gemeinde die Hälfte des Heidenreichischen Hauses zu einem Schulhaus. In die Baulasten teilten sich die Gemeinden Haagen und Tumringen.

Bevölkerung und Wirtschaft. – Der Ort hatte nie eine hohe Einwohnerzahl aufzuweisen. Eine Schätzung anhand der Bürgerzahlen von 1643 (22 Bürger, 4 Witwen) ergibt eine Bevölkerung von 130 bis 150 Personen, deren Zahl sich bis um 1700 auf ca. 175 erhöhte. Bis 1709 trat eine weitere geringfügige Steigerung ein (31 Bürger und 3 Hintersassen, ca. 180 Personen), die sich aber in Grenzen hielt; 1781 zählte man 196 Einwohner. Sie scheinen im allgemeinen ihr Auskommen gehabt zu haben, denn 1767 mußte die Gemeinde lediglich 4 Ortsarme aus dem Almosen unterstützen und nur 2 Übelhauser wurden verzeichnet. Auch der Gassenbettel hatte abgenommen. – In die *medizinische Versorgung* teilten sich eine Hebamme und die gelegentlich in die umliegenden Orte zuziehenden Chirurgen. Ein solcher praktizierte hier 1776/77.

Ihren *Lebensunterhalt* verdienten die Einwohner vor dem 19. Jh. fast ausschließlich mit der Landwirtschaft. Angebaut wurden Dinkel und Hafer, wichtiger scheint aber der Weinbau im Norden des Ortes gewesen zu sein. Das Produkt wird 1760 als »ziemlich gut« bezeichnet. Um jene Zeit war auch die Anpflanzung von Obstbäumen allgemein üblich, obwohl die Gemeinde keine Baumschule unterhielt. Die vielen und guten Wiesen waren Voraussetzung für eine einträgliche *Viehhaltung*, die sich überwiegend auf Rindvieh konzentrierte (1700: 18 Zugochsen). Es wurden auch Pferde gehalten (1700: 12). Um 1767 gab es einen Wucherstier, den der Meier versorgte, Schweinehaltung wurde, da nicht nützlich, von den Einwohnern abgelehnt. Die Einführung der Stallfütterung hatte, zumal Frühjahrs- und Nachtweide damals schon abgeschafft waren und nur die Herbstweide in gewissem Umfang noch üblich war, den Anbau von Futterkräutern zur Folge. So waren 1767 15 J mit Klee bestanden, Luzerne und Esparsette hingegen wurden nicht kultiviert.

Das wichtigste *gewerbliche Unternehmen* war die auf Gemarkung Haagen stehende Rötteler Hofmühle, Bannmühle für die Vogtei und weitere umliegende Orte, wie ein Vertrag vom 12. Februar 1608 festlegte. Diese Mühle wurde 1739 gefreit. Das *Handwerk* war gering vertreten. Einige Fischer lebten hier, welche die herrschaftliche Lachsweide zu pflegen hatten. 1681 wird ein Metzger genannt, 1781 je ein Glaser, Säger, Schreiner und Schuhmacher.

Rötteln. – Die ursprüngliche Rötteler Gemarkung war recht groß, auf ihr wurden neben Kirche und der Burg noch die Orte Tumringen und Haagen mit ihren Nebenorten angelegt. Nach der Auflösung in Einzelgemarkungen blieb eine erweiterte Burgmarkung erhalten, auf der Röttelnweiler entstand. Diese wurde nach 1678 mit der Gemarkung von Haagen vereinigt.

Die *villa Raudinleim* wird 751 erstmals urkundlich erwähnt, ohne daß klar würde, wo die Siedlung lag und welchen Umfang sie hatte. Da die *Kirche* in jenem Jahr bereits bestand, liegt es aber nahe, den zugehörigen Ort in ihrer Nähe zu suchen, wohl im Bereich des späteren Röttelnweiler. Die Siedlung des Hochmittelalters bestand jedoch nur noch aus der Kirche mit Friedhof und einigen um diese gelegenen kircheneigenen Gebäuden. Veränderungen ergaben sich aus den Stiftungen der Markgrafen von Hachberg im 15. Jh., die zur Überbauung von Teilen des Friedhofs führten. Ein Marienaltar, wohl eine Kapelle, ist dort 1485 bezeugt, 1513 ließ das Dekanat Wiesental auf einem anderen Teil dieses Bezirks ein Kapitelhaus erstellen. Zu den Pfründhäusern und dem Pfarrhaus kamen zu unbekannter Zeit weitere Gebäude hinzu. Das Landschaftshaus, als einziges Gebäude neben der Kirche 1678 nicht zerstört, diente 1678–1774 als Pfarrhaus, später auch als Schule, das Landvogtei-Amtshaus wurde seit 1774 als Pfarrhaus genutzt. Die zu Zeiten der Reformation begründete Lateinschule erhielt nach 1650 einen Neubau, sie wurde später nach Lörrach verlegt. Schließlich gab es noch das Sigristenhaus, das im wesentlichen als Schulhaus genutzt wurde.

Auf einem anderen Teil der Gemarkung war etwa im 11. Jh. die *Burg* entstanden. Deren Oberburg wurde im 14. und 15. Jh. im Zusammenhang mit der Verlagerung der Verwaltung von der Sausenburg in den südlichen Herrschaftsteil ausgebaut, dort entstanden Amtsgebäude und Wohnungen für markgräfliche Beamte. Im Laufe der Zeit mußte hier die Vorburg einbezogen werden, in welche die Landschreiberei schließlich auswich. Dort wird 1576 auch ein Wirt genannt. Weitere Gebäude verteilten sich auf die umliegenden Gemarkungen: Die Bannmühle stand auf Gkg Haagen, der Scharfrichter wohnte im Hasenloch, eine Wirtschaft entstand in Röttelnweiler, wo seit der Mitte des 16. Jh. bereits die Geistliche Verwaltung ihre Amtsräume hatte.

Beide Siedlungsteile wurden 1678 hart betroffen. Während die Burg und die auf ihr stehenden Gebäude zerstört wurden, blieb anderenorts nur die Kirche und das Landschaftshaus stehen. Letzteres verwüsteten die Franzosen dann 1702. Nach einigen halbherzigen Reparaturversuchen ist die Burg nicht wieder hergestellt worden. Die auf ihr ansässigen Behörden ließen sich in der Folge in Lörrach nieder.

Ebo und seine Gattin Odalsinda sowie Alodoes hatten 751 die Kirche an St. Gallen geschenkt. Das Kloster läßt sich nochmals nachweisen, als es 800 diese Kirche dem Prunicho gegen Zins überließ und als es sich 898 seinen Besitz und seine Rechte durch König Arnulf bestätigen ließ. Die nächste Nachricht stammt aus dem Jahre 1259. Damals gehörte die Burg den Grafen von Habsburg in ihrer Eigenschaft als Teilvögte des Kl. Murbach. Wie sich später herausstellte, war die gesamte spätere Rötteler Gemarkung zu unbekannter Zeit an dieses Kloster gekommen. Tatsächliche Besitzer des Ganzen waren damals die *Herren von Rötteln* (vgl. Bd. 1, S. 134–136), eine edelfreie Familie, die den Namen der Burg angenommmen hatte. Sie trugen Bann, Burg und Kirche von den Habsburgern zu Lehen. Auch ihre Nachfolger, die Markgrafen von Hachberg, haben dieses Lehen regelmäßig empfangen. Erst Markgraf Christoph von Baden hat zu Beginn des 16. Jh. die Lehennahme verweigert. Was an Grundbesitz auf der Gemarkung lag, im wesentlichen Reben, gehörte der Herrschaft.

Die *Herrschaft Rötteln* (vgl. Bd. 1, S. 144 ff., zu den kirchlichen Verhältnissen vgl. Bd. 1 S. 186 ff.) ist erst unter den Markgrafen von Hachberg entstanden. Unter diesen war es besonders Rudolf III., der nicht nur ein Territorium erwerben konnte, sondern auch die Burg zum Mittelpunkt seiner Verwaltung ausbaute. In der dortigen Vorburg unter der Linde oder auf dem »Kapf« vor dem unteren Tor tagte bis 1664 das für die Herrschaft zuständige Hochgericht, das sich seit 1392 nachweisen läßt und 1668 abgeschafft wurde. Die *Kirche* war Pfarrkirche der auf Röttler Gemarkung gelegenen Gemeinden und ist es auch nach der Reformation geblieben. Rudolf III. hat diese Kirche besonders gefördert, der Bau vom Beginn des 15. Jh. geht auf ihn zurück. Den Annaten des 15. Jh. zufolge gehörte sie zu den reichsten im weiteren Umkreis. Von den wenigstens vier Kaplaneipfründen, die uns bekannt sind, hat Rudolf III. drei gestiftet, wobei nur die Marienpfründe von 1391 eindeutig auf ihn zurückzuführen ist. Daneben werden 1418 noch genannt: der dem Hl. Kreuz und den Dreikönigen geweihte Altar, der Altar der Hll. Erhart, Barbara und Katharina und ein neuer Altar neben dem Eingang zur Gruft, der offenbar später in diese Grabkapelle verlegt wurde und den hl. Georg zum Patron hatte. Vor allem die Erharts- und die Marienpfründe müssen er und sein Sohn Wilhelm reich dotiert haben. Rudolf selbst und seine Gattin Anna von Freiburg haben in der wohl auch von ihm erbauten Grabkapelle ihre letzte Ruhe gefunden.

Röttelnweiler. – Auch in diesem kleinen Ort, der wohl im 13. Jh. durch Ansiedlung von Fischern entstanden ist, saßen im 14. Jh. Eigenleute der Basler Kirche, die der Bischof zu dieser Zeit dem Markgrafen zu Lehen überließ. Der Ort läßt sich damals erstmals urkundlich nachweisen: die Leute lebten 1365 *in dem wiler,* 1551 *zu Rötteln in dem Weiler.* Politisch gehörte Röttelnweiler zu Haagen, erhielt aber im 18. Jh. (1775 erwähnt) einen eigenen Stabhalter. Es wohnten 1781 dort 36 Personen, im Hasenloch 10. – Im 18. Jh. gab es eine *Öltrotte,* die der Besitzer 1738/39 zu einer Lohstampfe und 1750 zu einer Walkmühle umbaute. Eine Tafernkonzession wurde 1691 erteilt. Diese Wirtschaft, um 1700 kriegshalber stillgelegt, bestand aber 1726 wieder.

Hauingen

Siedlung und Gemarkung. – Der Ort wird 1103 als *Howingin* erstmals urkundlich erwähnt, wobei der Ortsname von einem Personennamen abgeleitet sein könnte. Die unterhalb des Röttler Berges angelegte Siedlung dürfte auf eine größere (Ding-)Hofanlage in Ortsmitte zurückgehen, die beiderseits der Landstraße nach Steinen lag. Das

Dorf entwickelte sich in der Folge entlang dieser Straße, wobei die wichtigeren Gebäude in Richtung Steinen liegen. Der Ort zählte um 1740 54 Häuser, die weitgehend, die Neubauten sämtlich, in Stein aufgeführt waren und noch gegen Ende des Jahrhunderts durch Tag- und Nachtwächter bewacht wurden. Die Wasserversorgung erfolgte 1760 durch 4 Brunnen, deren Wasser gelobt wird und die aus verschiedenen Brunnenstuben abgeleitet waren.

Hauingen ist in den verschiedenen Kriegen immer wieder in Mitleidenschaft gezogen worden, so bei der Einnahme Rötteln durch die Bauern im Jahre 1525, im 30j. Krieg und 1678 bei der Einnahme von Rötteln. Einmal allerdings, 1796, blieb das Dorf verschont, weil das Hochwasser den Wiesensteg zwischen Hauingen und Brombach weggerissen hatte. Auf der Gemarkung liegen noch das Haus Heilisau und der seit 1365 nachzuweisende Weiler Rechberg, der 1760 als zu Hauingen gehörig bezeichnet wurde. Der Waldgewannname *Alter Hof* könnte auf eine abgegangene Siedlung hinweisen.

Herrschaft und Staat, Grundherrschaft und Grundbesitz. – Hauingen ist wohl als Besitz des Klosters St. Alban in Basel an dessen Vögte, die Herren von Rötteln und deren Erben, die Markgrafen von Hachberg gekommen. Es gehörte spätestens 1514/15 zur Vogtei Rötteln. 1393 entsandte der Ort 2 Vertreter zum Rötteler Kapfgericht. Ein *Vogt* läßt sich seit 1411 nachweisen, das Gericht war im 18. Jh. mit Haagen und Tumringen gemeinsam. Es tagte in regelmäßigem Wechsel an einem der drei Orte, der Vogt des jeweiligen Gerichtsortes erhielt die anfallenden Gebühren. Aus diesem Verbund schied Hauingen 1769 auf eigenen Wunsch aus und erlangte damit eine gewisse Selbständigkeit.

Bischof Burkhart von Basel, der Stifter von St. Alban, hatte diesem 1103 zumindest die Kirche mit Zubehör geschenkt. Seither besaß das Kloster in Hauingen neben dem Kirchensatz das Widumgut, nach 1493 auch die restlichen Pfarrgüter. Möglicherweise hat ihm auch der Dinghof gehört. In der Folge hatte es einen eigenen Meier am Ort sitzen, der die Einkünfte verwaltete und der Gemeinde den Wucherstier zur Verfügung halten mußte. Der zugehörige Grundbesitz umfaßte 1782 noch 36 Jauchert. Das Basler Domkapitel ist seit 1439 im Bezug von Gülten bezeugt, 1753 wurde ein Vergleich mit dem Markgrafen über die beiderseitigen Einkünfte geschlossen. Während die Kottidian 1551 lediglich Kapitalzinse bezog, gehörten dem Steinenkloster (1592, noch 1807) 1782 neben einem Haus etwa 5 J Liegenschaften.

Zu den *kleineren Güterbesitzern* gehörten Hans von Schönau, der sich 1517 hier einkaufte, die Gemeinde Eimeldingen, die 1789 11 V Wald besaß, die Gemeinde Haltingen, die 1755 einen Wald erwarb, und Kl. Weitenau, das 1344 als Grundbesitzer erwähnt wird. Der Besitz Privater ist nur gelegentlich festzustellen. Ein Stück Holz, welches 1582 der damalige Burgvogt erworben hatte, vererbte sich unter den Burgvögten; von Johann Pauli ging es an dessen Erben über, von denen einer die 12 J 1726 an die markgräfliche Verwaltung verkaufte. Der Rötteler Besitz bestand aus wenigen landwirtschaftlichen Grundstücken und größeren Waldanteilen. Seit 1608 wurde gerade dieser Wald durch Zukäufe ständig vergrößert, 1766 besaß Rötteln hier 68¾ J, die zum Wollbacher Forst gehörten.

Gemeinde. – Wie im gesamten Bereich der markgräflichen Lande, wurde auch in Hauingen die Gemeinde durch Vogt und Gerichtsleute verwaltet. Der Gemeinschaffner läßt sich erst seit 1780 nachweisen, er wurde von der Gemeindeversammlung gewählt und anschließend vereidigt. – Die Allmenden werden 1551 als Anstößer genannt. Einen Überblick über den Gemeindebesitz erhält man erst 1767. Damals besaß die Gemeinde an Gebäuden lediglich das Schulhaus, 18 J wenig brauchbare Matten, weil sie im hochwassergefährdeten Bereich der Wiese lagen, 2 TM Matten, welche der Pfarrer statt des ihm zustehenden Gartenzehnten nutzte, und ½ V Acker, das verliehen war. Außerdem gehörte ihr ein Steinbruch. Bedeutend war nur der Waldbesitz von 700 J, welcher es der Gemeinde ermöglichte, ihren Aufgaben nachzukommen. *Feuerlöschgerätschaften* waren kaum vorhanden, so daß damals die Auflage erging, jährlich 4 Feuereimer anzuschaffen. Bis 1782 hatte sich dann eine Wachmannschaft zusammengefunden, von denen 14 Mann für die Leitern, 10 Mann für die Haken zuständig waren. Jeder Neubürger wurde künftig verpflichtet, 2 Feuereimer anzuschaffen.

Zu den Belastungen, welche die Gemeinde zu tragen hatte, zählten nicht nur die Besoldungen der Gemeindebediensteten, die Beholzung von Pfarrer und Lehrer, die Abgaben von Gabholz und Bauholz an die Bürger (1787 erhielt jeder Bürger ein Klafter Buchenholz jährlich), sondern auch Verpflichtungen nach Rötteln, wie die Beteiligung an der Bewirtschaftung der dortigen Hofreben. Dazu kamen immer wieder außerordentliche Ausgaben: Kontributionen, Beseitigung von Kriegsschäden, aber auch andere Dinge. So war die Gemeinde 1733 mit 5 fl an der Reparatur der Wiesebrücke beteiligt, 1768/69 war eine Kirchenreparatur fällig, es mußten Teile der Inneneinrichtung erneuert werden, zugleich wurde eine Kirchhoferweiterung nötig. Eine Glocke mußte 1781 umgegossen werden, 1780 wurden die Baukosten für den Anteil an der Straße Schopfheim-Wehr durch den Verkauf von Eichen finanziert. Eine sehr preisgünstige Orgel konnte 1778/79 angeschafft werden und 1790 fielen erneut Reparaturen an Kirchhofmauer und Kirchturm an. Die finanzielle Lage scheint jedoch im 18. Jh. nicht schlecht gewesen zu sein, denn 1787 bot die Gemeinde an, Pflug- und Steuerkorn bei der Burgvogtei und die Kirchenzinse bei der Geistlichen Verwaltung abzulösen.

Mit den Nachbargemeinden sind verschiedentlich Verträge geschlossen worden, bei denen es um Weide- oder Wässerungsrechte ging. Ein Vergleich mit den 4 Höfen (vgl. Bd. 1 S. 147) von 1527 legte den Grundstein für den späteren Gemeindewald, da damals der gemeinsame Waldbezirk aufgeteilt wurde. Wässerungsverträge wurden 1538 mit Steinen, 1600 und 1609 mit Brombach geschlossen, mit dem es 1596 auch zu einem Weidevergleich gekommen war.

Kirche und Schule. – Die Kirche in Hauingen läßt sich seit 1103, die Pfarrei seit 1258 nachweisen. Sie gehörte bis zur Reformation zum Dekanat Wiesental, ihr Patron war St. Nikolaus (1258?, 1550). Den *Pfarrsatz* übte Kloster St. Alban aus, dem die Kirche 1493 inkorporiert wurde. Die vielen Besitzbestätigungen, welche das Kloster im 12. Jh. und dann nochmals 1393 erwirkte, lassen auf Anfechtungen dieses Rechtes schließen; durch wen dies geschah, ist unbekannt. Die Kirche war reich, wie die Annaten des 15. Jh., die allgemein 32 fl betrugen, beweisen. Nach Einführung der Reformation blieb der Kirchensatz bei St. Alban bzw. dem Direktorium der Schaffneien in Basel, alle anderen Rechte freilich hatte der Markgraf an sich gezogen. St. Alban zahlte denn auch die Kompetenz des Pfarrers, die aus einer Mischung von Naturalien und Geldeinkünften bestand, wozu noch der Kleinzehnt kam, und die bis 1759 beträchtlich erhöht wurde. Der Pfarrer hatte sich dafür verpflichten müssen, den baulichen Unterhalt des Pfarrhauses zu übernehmen. Er bezog im 18. Jh. auch Abgaben aus dem Großzehnten, wurde von der Gemeinde beholzt und hatte Dehmenrecht für 4 Schweine. Die Baupflichten waren nach der Reformation so geregelt worden, daß St. Alban noch den Kirchenchor und das Pfarrhaus, die Geistliche Verwaltung das Langhaus zu unterhalten hatte. Die Baupflicht zum Turm hatte, wie später zu erfahren, die Gemeinde. Auf dem Hauinger Friedhof wurden von etwa 1678/79 bis 1739/40 auch die bei Rötteln hingerichteten Missetäter begraben, ein Brauch, der nach massiven Protesten von Pfarrer und Gemeinde schließlich abgestellt wurde. Sämtliche *Zehnten* gehörten dem

Kloster St. Alban, das neben dem Kleinzehnten auch den Werg- und Etterzehnten an den Pfarrer überlassen hatte. Lediglich wegen des Novalzehnten gab es vom 15. bis 18. Jh. fast ständig Streit zwischen St. Alban und dem Markgrafen.

Einen *Lehrer* gab es in Hauingen spätestens um 1700. Er bezog 1725 neben der Sigristenkompetenz von jedem Kind 36 x Schulgeld und hatte das Dehmenrecht für 2 Schweine. Seine Wohnung hatte er in einem von der Gemeinde angekauften Haus, in dem auch Schule gehalten wurde. Sein Verdienst, zu dem noch Bau- und Brennholz von der Gemeinde kam, wird ständig als gering angegeben. Er sank, als 1769 ein Provisor angestellt wurde, da bisher in Hauingen keine Geometrie gelehrt worden war, weshalb die Kinder die Brombacher Schule besuchten. 1750 wurden 42 Schulkinder unterrichtet. Das *Schulhaus*, 1767 als reparaturbedürftig bezeichnet, wurde 1781 repariert, ebenso 1817. Ein Schulhausneubau scheint aber erst 1903/04 zustandegekommen zu sein.

Bevölkerung und Wirtschaft. – Vom 13. bis 15. Jh. werden immer wieder Personen genannt, die sich nach Hauingen nannten. Es dürfte sich in allen Fällen um eine Herkunftsbezeichnung gehandelt haben, zudem ist ein Familienverband nicht zu erkennen. Auch in Hauingen besaß der Basler Bischof Eigenleute, die er 1365 und 1368 den Markgrafen zu Lehen überließ. Bis zum 16. Jh. war die Mehrzahl der Einwohner in markgräflicher Leibeigenschaft. Einwohnerzahlen gibt es, mit Einschränkung, erst seit dem 18. Jh. Um 1643 bewohnten 24 Bürger und 3 Witwen den Ort, also höchstens 100 Personen, 1698/99 war ihre Zahl auf 238 angewachsen, bis 1749 auf 330, bis 1757 auf 358. Im Jahre 1749 sollen 2 Ehepaare nach Siebenbürgen ausgewandert sein. Insgesamt waren die wirtschaftlichen Verhältnisse keineswegs befriedigend. Um 1750 gab es 7 Hausarme, etliche Vaganten und es heißt, die Armut sei groß gewesen in der Gemeinde. Dies war nicht nur eine Folge der Kriegszeiten, sondern auch der obrigkeitlichen Gewohnheit, Fremde irgendwelchen Gemeinden zuzuweisen, die sich dann damit abfinden mußten. Die Gemeinde beschloß daher 1766/67, das Bürgergeld zu erhöhen, weil sie zuviel Fremde aufnehmen müsse, und erreichte damit wenigstens, daß der Zuzug künftig beschränkt wurde. Bis 1767 war zwar der Gassenbettel abgestellt, aber es gab immer wieder Arme, welche die Gemeinde zu unterstützen hatte. Dazu kam die gegen Ende des Jahrhunderts notorische Verschuldung bei Juden, wohl denen in Lörrach.

Hauingen war rein landwirtschaftlich ausgerichtet, wobei der Schwerpunkt anscheinend auf Rebbau und Viehzucht lag. Angebaut wurden Dinkel, Gerste, auch Einkorn (1759), Ende des 18. Jh. wurden verschiedentlich öde Plätze rekultiviert. Ebenfalls in diese Zeit fallen die Neuanpflanzungen von Reben, deren Ertrag offenbar recht ordentlich ausfiel. Schlechte Lagen wurden mit Obstbäumen bepflanzt; der Obstbau nahm gegen Ende des Jahrhunderts eher zu, obwohl die Gemeinde keine Baumschule hatte. Der Kirchhof war auch hier mit Maulbeerbäumen bestanden, zur Seidenraupenzucht hatte man jedoch am Ort, wie es heißt, keine Zeit. Da diese Bäume schließlich dem Totengräber lästig wurden, verschwanden sie seit dem Ende des 18. Jh. langsam wieder.

Die starke Viehzucht, vor allem die allmähliche Abschaffung der Weiderechte, hatte Umstellungen im Anbau zur Folge. Bereits 1767 waren die Frühjahrs- und Nachtweiden abgestellt, es herrschte Mangel an Vieh und Futter. Daher waren in diesem Jahr bereits 18 Mg mit Klee bestanden, die zum Schutz vor Wildschäden eingezäunt werden mußten. Bis 1782 war die Anbaufläche beträchtlich vergrößert worden. Mit Esparsette hingegen kam man nicht zurecht, dennoch wurde sie in geringem Umfang auch gepflanzt. – Die *Herbstweide* war immer noch üblich, weil man offenbar ohne sie nicht auskam. Im 18. Jh. hielt der St. Albansche Meier einen Stier und einen Eber; offenbar wurde besonders Schweinezucht betrieben, was wiederum dazu führte, daß gegen Ende des Jahrhunderts der Kleeanbau stagnierte.

Mit wenigen Ausnahmen finden sich in Hauingen die üblichen *Handwerker*, die im allgemeinen nebenher noch eine Landwirtschaft umtrieben. Ein Schuhmacher wird bereits 1551 erwähnt, ebenfalls 1768. Mitte des 17. Jh. verfügte das Dorf über einen Schmied, 1774 lebte hier, wohl bedingt durch die Nähe des Herrschaftssitzes, ein Waffenschmied, im gleichen Jahr und noch 1780 ist ein Steinhauer nachgewiesen. – Eine *Tafern* könnte schon im 14. Jh. bestanden haben, sicher nachzuweisen ist sie in den Jahren um 1514/15. Vermutlich wieder abgegangen, wurde 1713 ein Tafernrecht für die Wirtschaft »Zur Blume« genehmigt, die 1736 an den Badhauswirt überging und vermutlich 1741 auf sein Haus übertragen und in »Zum Badhaus« umbenannt wurde. Der »Rebstock« läßt sich seit 1768 nachweisen.

Auch die Fischerei war vertreten. Im 16. Jh. verlieh die Herrschaft ihre eigene Fischweide regelmäßig um entsprechenden Zins. Steingruben befanden sich in dem Schweinsgraben; diese wurden 1788, da die Steine immer teurer wurden, durch eine neue in der Heilisau ersetzt. Eine *Mühle* dürfte schon im 16. Jh. bestanden haben, 1608 jedoch war die Rötteler Hofmühle Bannmühle für Hauingen. Obwohl dieser Mühlenbann noch im 18. Jh. galt, ließen die Einwohner damals meist in der Brombacher Mühle mahlen. Einen Ziegler gab es 1662/64. Da sein Unternehmen inzwischen abgegangen war, wurde 1770 am Binzener Viehweg erneut eine Ziegelhütte errichtet, deren Inhaber jedoch schon 1787 als Übelhauser verschrieen war, so daß wohl auch diese nicht lange bestanden haben dürfte.

Ein *Bad* läßt sich 1492 nachweisen, es gehörte zum Widumgut der Kirche. Vermutlich ist es im Laufe der Zeit in Vergessenheit geraten, bis man im 18. Jh. den Badebetrieb wieder aufnahm, der um 1732 bereits florierte. Da vor allem zahlreiche Basler zur Kur kamen, konnte der Inhaber des Badhauses 1741 eine Wirtschaft anschließen. Das Bad half vor allem bei Rheumatismus und Gliederschmerzen. Man stellte auch ein Pulver her (das Wasser wurde gekocht, der Schaum abgeschöpft und getrocknet), das sich ebenfalls großer Beliebtheit erfreute. Seinen Höhepunkt dürfte der Betrieb in den Jahren um 1760 gehabt haben. Danach ging er bis gegen Ende des Jahrhunderts zurück, um dann ganz zum Erliegen zu kommen.

Lörrach

Ur- und Frühgeschichte. – Das Fundspektrum auf Gkg Lörrach beginnt mit der Jungsteinzeit (*Neolithikum*). Eine Feuersteinpfeilspitze vom Hünerberg ist bisher vereinzelt geblieben, so daß die Frage nach einer möglicherweise befestigten Anlage auf dieser exponierten Höhe offen bleibt. Besser läßt sich ein Siedlungsplatz auf dem Homburg beurteilen. Dort wurde, in unmittelbarer Nachbarschaft von Steinhügelgräbern, ein Wohnplatz der sogenannten »Dickenbännli-Gruppe« gefunden, anscheinend von einem flachen Wall begrenzt. Aufgesammelt wurden zahlreiche Steinartefakte, vor allem die namengebenden Dickenbännlispitzen, kleine zur Herstellung von Kalkperlen verwendete Bohrer aus dem spröden Hornstein des westlichen Dinkelbergs. Leider fehlt zugehörige Keramik, so daß sich ein Zusammenhang mit dem gleichfalls spätneolithischen Grab unter einem Steinhügel im Homburger Wald nicht mit Bestimmtheit feststellen läßt. Hier fand sich nämlich neben zwei atypischen Feuersteingeräten als Beigabe einer Hockerbestattung ein stark zerdrückter, aber rekonstruierbarer Tonbecher, der sich nicht eindeutig einer bestimmten Kulturstufe zuordnen läßt. Der topographische Zusammenhang läßt aber doch an eine Verbindung zur »Dickenbännli-Siedlung« denken.

Leider ist mit diesem gesichert spätneolithischen Grab, dazu zwei weiteren Hockerbestattungen unter Steinhügeln, die Zeitstellung der großen Nekropole noch nicht geklärt, die sich 1,4 km weit über das ganze Homburg-Hochplateau hinzieht. Das Gräberfeld besteht aus mehr als 200 Hügeln, die aus groben Kalksteinen aufgeschüttet sind. Schon 1898 sind erste, wenn auch ergebnislose Grabungen in einigen Hügeln durchgeführt worden. Man glaubte danach, daß es sich um Lesesteinhaufen handeln müsse, Zeugnisse für einen früheren Ackerbau. Heute benennen wir diese Steinhügel nach dem Lörracher Fundplatz »Hügel vom Typ Homburg«. Es ist anzunehmen, daß in Analogie zu Grabungsergebnissen an anderen Plätzen auch die Nekropole auf dem Homburg zu verschiedenen Zeiten, wahrscheinlich bis ins frühe Mittelalter hinein, belegt worden ist.

Zeugnisse der frühen und mittleren Bronzezeit sind bis heute auf Lörracher Gemarkung nicht aufgetaucht, sicher eine Forschungslücke. Erst die *späte Bronzezeit* hat wieder Funde geliefert, die wir der sogenannten Urnenfelderkultur zuweisen können. Zum ersten Mal findet sich mit zwei Urnengräbern im Gewann »Zwischen den Wegen« ein Zeugnis für die Besiedlung des Tals, genauer der Niederterrasse. Eines enthielt nur keramische Funde, das andere außer einem großen Tongefäß (Urne) ein Messer, eine Lanzenspitze und eine Sichel aus Bronze, trotz Beschädigungen auf dem Scheiterhaufen gute Belege für das hochstehende Metallhandwerk dieser Epoche. Die zweite Fundstelle gehört zu einer der für die Urnenfelderkultur sehr kennzeichnenden Höhensiedlungen. Auf dem Hünerberg, in typischer Plateau-Lage, fanden sich zahlreiche Scherben dieser Zeit, die auf eine wahrscheinlich befestigte Anlage hinweisen. Von Wall und Graben auf dem Hünerberg sollte man trotzdem vor einem tatsächlichen Nachweis nicht sprechen, zumal gewisse Anhaltspunkte für künstliche Eingriffe im Gelände (Ostseite) schwierig zu deuten und vor allem derzeit auch nicht zu datieren sind.

Der dritte urnenfelderzeitliche Fundplatz auf der Gemarkung ergänzt das Bild dieser Zeit nach einer anderen Seite. Von einer flachen Kuppe auf der Höhe des Homburger Waldes stammt eine größere Menge kleiner und kleinster Scherben, die Reste zahlreicher an dieser Stelle zerbrochener Tongefäße. Eine Anzahl ähnlicher, gut beobachteter Situationen in Süddeutschland, Österreich und der Schweiz erlaubt es, diese Scherbenanhäufung als einen Opferplatz zu bestimmen. Anscheinend wurden an solchen meist hoch und exponiert gelegenen Stellen Brandopfer dargebracht und in ritueller Weise Tongefäße zerschlagen, die als Behälter für Opfergaben gedient haben. Die Sitte, solche Opferplätze anzulegen, erreicht mit dem Befund von Lörrach den bisher westlichsten Punkt ihrer Verbreitung. Sie scheint außerdem zeitlich begrenzt gewesen zu sein. Scherben anderer Perioden haben sich jedenfalls bis jetzt weder hier noch anderswo gefunden.

Die folgende *Hallstattzeit*, in der erstmals von einer keltischen Bevölkerung gesprochen werden kann, ist auf der Gemarkung mit Grabfunden vertreten. In deutlichem Gegensatz zu den Steinhügeln vom Homburg stehen die großen, aus der Erde aufgeschütteten Hügel im Gewann Moos nahe beim Waidhof, von denen einer 1925 untersucht und völlig abgetragen worden ist. Die dabei geborgenen Funde, Tongefäße und ein Armreif aus Bronze, weisen auf eine wohlhabende bäuerliche Bevölkerung auf dem Dinkelberg und im angrenzenden Wiesental. Damals war noch nicht bekannt, daß ein zweiter, etwas größerer Hügel in geringer Entfernung liegt. Er blieb deshalb zumindest in neuerer Zeit bisher unberührt und ist heute als Kulturdenkmal von besonderer Bedeutung im baden-württembergischen Denkmalbuch eingetragen. –

Ebenfalls in die Hallstattzeit gehört eine Höhensiedlung auf dem Schädelberg. Von hier sind Scherbenfunde bekannt, die eine Fortsetzung der auf dem Hünerberg und Homburg begonnenen Tradition hochgelegener Siedlungsplätze beweisen. Der Charakter dieser Siedlung, ob offen oder befestigt, läßt sich allerdings noch nicht beurteilen. Mit Sicherheit haben wir es hier aber nicht mit einer der großen Fürstenburgen zu tun, die in dieser Zeit an einigen Plätzen Südwestdeutschlands nachgewiesen sind. Nur von Grabungen sind Aufschlüsse über diesen Platz und seine Bewohner zu erhalten. Wahrscheinlich aber waren es Leute vom gleichen Rang und Stand wie die Siedler vom Waidhof, die wir nach ihren Grabfunden einigermaßen sicher einstufen können.

Obwohl der Ortsname vom lateinischen laureacum oder lauriacum abgeleitet wird, ist die *römische Zeit* bisher im Fundmaterial kaum vertreten. Ein kleines Glasfläschchen aus der Bergstraße ist ein Einzelfund, die genaueren Fundumstände sind nicht bekannt. Vielleicht war es ursprünglich Teil einer Grabausstattung, wofür die gute Erhaltung sprechen könnte. Denkbar wäre dann ein zugehöriger Gutshof am Talrand (vgl. Brombach). Jedenfalls reicht dieses Einzelstück nicht aus, um auf dem Boden der Stadt Lörrach eine römische Vorgängersiedlung zu lokalisieren.

Wie viele Städte im Südwesten Deutschlands ist Lörrach aus dörflicher Wurzel entstanden. Die genaue Lage des ersten, in der *Merowingerzeit* gegründeten Gehöfts oder Weilers ist nicht durch Funde oder Beobachtungen bekannt, läßt sich aber mit großer Wahrscheinlichkeit bestimmen. Der Versuch einer Lokalisierung kann sich auf den historischen Straßenverlauf, allgemeine topographische Anhaltspunkte und nicht zuletzt auf die Lage des zugehörigen Gräberfeldes (Hirschengarten, Tumringer Straße, Teichstraße) stützen. Mit Sicherheit lag der Bestattungsplatz nicht weit von der Siedlung, die wir an der »Ufhabi«, der zum Dinkelberg ansteigenden Straße, vermuten dürfen.

Der Name dieser alemannischen Siedlung kann durchaus anders gelautet haben. In dem relativ spät ersterwähnten *Lorracho* steckt sehr wahrscheinlich ein alter römischer Ortsname, der nicht unbedingt sofort von den Neusiedlern übernommen sein muß. Auch anderswo sind durch Reste der römischen Bevölkerung Ortsnamen und topographische Bezeichnungen über lange Zeit mündlich tradiert worden. Sowenig wir über eine römische Restbevölkerung im vorderen Wiesental wissen: fest steht jedenfalls, daß im Laufe des 5. Jh. eine oder mehrere alemannische Familien an dieser verkehrsgünstigen Stelle (Straßenkreuzung) eine neue Siedlung errichtet und in unmittelbarer Nähe davon ihre Verstorbenen begraben haben. Aus dieser Keimzelle hat sich das mittelalterliche Dorf und schließlich die Stadt entwickelt.

Das zur ältesten alemannischen Ansiedlung gehörende Reihengräberfeld ist nur in kleinen Ausschnitten bekannt geworden. Allzuviel dürfte der Boden auch nicht mehr enthalten, da im Bereich von Tumringer, Turm- und Teichstraße das Friedhofsareal tiefgründig zerstört worden ist. Ein Glücksfall brachte 1899 wesentliche Teile eines reichen Frauengrabes zutage, das mit seiner Datierung in die Zeit »um 500 n. Chr.« den Beginn der Friedhofbelegung markiert. Gleichzeitig läßt der hier gefundene kostbare Schmuck erkennen, daß es keine schlichte bäuerliche Familie, sondern eine Adelssippe war, die sich im vorderen Wiesental, an einer für Handel und Verkehr günstigen Stelle im Vorfeld des frühmittelalterlichen Basel niedergelassen hat. Die aus dem ostgotischen Italien stammenden Bügelfibeln und der ebenfalls dort gefertigte Fingerring unterstreichen diese überregionalen Zusammenhänge.

Fast zwei Jahrhunderte trennen diesen ältesten Fund von den wenigen Gräbern, die 1955 im Hirschengarten geborgen werden konnten. Sie gehören zum gleichen Friedhof, auf dem also mindestens fünf bis sechs Generationen bestattet worden sind, von denen wir archäologisch nichts wissen. Vieles mag sich in dieser langen Zeit auch in der Siedlung geändert haben, die sich in jedem Fall vergrößert hat. Aber auch unter den Gräbern dieser jüngsten – und letzten – hier bestatteten Generation fand sich ein Grab, das wir adligem Milieu zuschreiben müssen (ein Mädchen mit ebenfalls reichhaltiger, wenn auch weniger kostbarer Schmuckausstattung). Ob es die Nachkommen der Gründerfamilie sind, die im ausgehenden 7. und beginnenden 8. Jh. in Lörrach die führende Rolle spielten, läßt sich nicht entscheiden. Zu lückenhaft, auch für andere Fragen, ist an dieser Stelle die archäologische Überlieferung, zu gering der Rest, der von einem großen und reichen Fundplatz geblieben ist.

Siedlung und Gemarkung. – Wie aus dem vorstehenden Kapitel hervorgeht, wurde das spätere Lörrach auf einer altbesiedelten Gemarkung angelegt, wobei bis zum 6. Jh. wohl keine Siedlungskontinuität an einer bestimmten Stelle vorliegt. Der eigentliche Ortskern, vielleicht der Herrenhof einer merowingerzeitlichen adeligen Familie, später eine Villikation, ist an der *Ufhabi* zu suchen, an der in jener Zeit wichtigen West-Ost-Verbindung, der Wiesentalstraße. Sie scheint ein nicht mehr genau eingrenzbares Gebiet nördlich der Teich- und unteren Turmstraße eingenommen zu haben, zumindest wird 1595 von der »Kilchgasse« (dem heutigen Kirchgäßlein) gesagt, daß sie »gegen Uffhaben« führe. Im Bereich von Uffhabi, Kirch- und Teichgasse lagen 1605 die zum Dinghof des Klosters St. Alban gehörigen Häuser und Hofstätten. Dafür, daß eine Siedlung am Fuße des Hünerbergs diesen Namen getragen hat, gibt es keine Beweise. Allerdings verzeichnet der Plan von 1786 dort eine kleine Siedlungsverdichtung, in deren Nähe der bereits 1605 verschiedentlich erwähnte Flurname »Weyler« oder (im) »hindern W(e)yler« bezeugt ist, der seit 1687 als Weylert erscheint. Die Bedeutung des Namens Ufhabi ist im übrigen ungeklärt.

Zur Zeit der ersten urkundlichen Erwähnung 1102 als *Loracho* hatte sich die Villikation bereits in einen Dinghofverband aufgelöst. Es gab schon eine Kirche, wobei ihr damaliger Standort nicht unbedingt dem heutigen entsprochen haben dürfte. Wahrscheinlich stand auch bereits die Wasserburg, die sich die Vögte außerhalb des Dinghofbereichs dort, wo sich die Nord-Süd-Verbindung mit der Wiesentalstraße kreuzte, erbaut hatten. In der Folge entwickelten sich die beiden Siedlungsbereiche aufeinander zu. Voraussetzung hierfür war die Auflösung des Dinghofverbandes, die um die Mitte des 13. Jh. zu beobachten ist, aber wohl schon früher eingesetzt hatte. Auch ist anzunehmen, daß das Zusammenwachsen von den Vögten und den Landesherren bewußt gefördert wurde, um die beherrschende Stellung des Dinghofes und seiner Besitzer zu schwächen. Es gibt Anzeichen dafür, daß diese Entwicklung, in deren Verlauf der alte Marktplatz entstand und die Kirche an den heutigen Standort verlegt wurde, spätestens Ende des 14. Jh. abgeschlossen war (Marktrecht von 1403). Begrenzt wurde das damalige Lörrach im Osten durch die Landstraße, die spätere Basler Straße.

Jahrhundertelang hat sich hieran wenig geändert. Natürlich gab es Siedlungsverdichtungen, indem auf eine Hofstätte mehrere Häuser gesetzt wurden, gelegentlich erfolgte ein Neubau außerhalb der bisher bebauten Flächen. Insgesamt kam der Ort aber nicht über den Status eines Dorfes hinaus, woran der Verleihung des Marktrechtes von 1403 wenig änderte, zumal diesem keine Stadterhebung folgte. Eine entsprechende Absicht könnte am Einspruch der Stadt Basel gescheitert sein, mit der Markgraf Rudolf ein Jahr später einen Neutralitätsvertrag abschließen mußte. Im Jahre 1628 umfaßte Lörrach 94 Häuser, von denen allein etwa 26, dazu 9 Hofstätten zum ehemaligen Dinghofbereich gehörten. Bis 1648 war infolge der Kriegszeiten, die sich im Ort seit 1624 durch Dauereinquartierungen und seit 1633 durch ständige Truppendurchzüge bemerkbar machten, ihre Zahl auf 75 gesunken. Dazu hat wohl auch Bernhard von Weimar beigetragen, der sich 1638 mit 800 Reitern im Ort verschanzt hatte und unter anderem die Burg niederbrennen ließ. Die Stadterhebung von 1682 sah eine spätere Ummauerung vor, die jedoch nicht so ausgeführt wurde, wie ursprünglich geplant. 1688/91 entstand lediglich ein Torturm (abgebrochen 1867), der aber nur als Gefängnis diente, die zusätzliche Sicherung erfolgte durch Gräben (Ableitung eines Teils des Rüttigrabens von der Uffhabi in die Grabenstraße). Möglicherweise wurde auch damals der Dorfbach, der um 1600 noch durch Lörrach geflossen war – seinen ursprünglichen Lauf kann man nicht mehr ermitteln – verdohlt bzw. in Kanäle umgeleitet. Angesichts der schlechten Zeiten sind für das 17. Jh. trotz des Zuzugs verschiedener Behörden keine wesentlichen Baumaßnahmen anzunehmen.

Seit 1702 wurde das Umland von Lörrach erneut zum Kriegsschauplatz. Erst als der Friede einkehrte, blühte der Ort wieder auf. Um 1740 zählte er 163 bürgerliche Häuser, wozu noch etwa 10 bis 11 herrschaftliche Gebäude kamen. Fünf Jahre später wurde Lörrach der Taxischen Post angeschlossen. Schon damals war Lörrach recht überlaufen, angesichts seiner Lage auch mit Bettlern. Die Stadtrechtsverleihung von 1756 brachte dann noch mehr Leute in die Stadt, jetzt vor allem Arbeitskräfte der sich neu ansiedelnden Betriebe. Im Nordwesten der Stadt entstand entlang des Gewerbekanals ein erstes »Industriegebiet«, wo sich seit 1753 die »Cotton- und Indiennefabrik« Küpfer niederließ. Weitere Produktionsstätten im Nordosten und Südwesten folgten gegen Ende des Jahrhunderts. Auch das innerstädtische Bild änderte sich. Schon die Verlagerung der Institutionen von der Burg Rötteln nach Lörrach zwischen 1678 und 1700 hatte eine beschränkte Bautätigkeit zur Folge gehabt, welche zur Besiedlung des Geländes östlich der Basler Straße (Wallbrunnstraße) beitrug. Vorrangig aber begann sich durch den Bau von Amtsgebäuden (Landvogtei 1718 erbaut, 1896 abgerissen, Landschreiberei, erbaut 1740/50, 1914 abgerissen, Burgvogtei, erbaut 1727) und Umbau der Wohnhäuser der markgräflichen Beamten der dörfliche Charakter von Lörrach zu ändern. Nach der Stadterhebung ist dies in großem Umfang der Fall. Um die Mitte des 18. Jh. erfolgte der Um- und Neubau fast aller herrschaftlichen Gebäude (Gymnasium 1761/62, Pfarrhaus 1760/61, Dienstgebäude an der Wallbrunnstraße 1756/59), es entstand ein repräsentatives Rathaus in der Wallbrunnstraße, 1754/56 erbaut und 1869 abgerissen. Die sich neu ansiedelnden Fabrikanten erbauten neben Fabriken und Laborantenhäusern auch Villen. Erst die Industrialisierung des 19. Jh. hat dann einen weiteren Siedlungsschub bewirkt.

Herrschaft und Staat. – Vermutlich aus dem Besitz des Bistums Basel kam der Dinghofverband Lörrach Ende des 11. Jh. samt den damit verbundenen Gerichtsrechten an das neugestiftete Kloster St. Alban. Dessen Vögte, die Herren von Rötteln, übten zunächst alle weitergehenden Rechte aus, die sie ihren Untervögten, den Herren von Lörrach, übertragen hatten. Diese haben wohl die am Rand des Dinghofbereichs stehende Burg erbaut und versuchten fortan, auch gestützt auf den ihnen 1311 zu Erblehen geliehenen Dinghof samt Meiertum (noch 1348), eine Ortsherrschaft zu begründen. Obwohl das Dinghofgericht schon im 13. Jh. nicht mehr für den ganzen Ort Geltung gehabt haben dürfte, wurde es damals noch gehalten. Zu dieser Zeit gab es wohl schon ein Niedergericht, d. h. der herrschaftliche Vogt, der am Dinggericht teilnahm, übernahm alle Fälle, die nicht in die Kompetenz des Meiers fielen.

Der Übergang des Rötteler Erbes an die Markgrafen von Baden-Hachberg änderte zunächst wenig. Erst Rudolf III. hat, auch unter Einsetzung seiner Grafenrechte, hier eingegriffen. Zunächst wurden 1355 die Herren von Lörrach zur Aufgabe ihrer örtlichen Positionen gebracht, anschließend die Besitzer der Burg und der noch damit verbundenen Rechte ausgekauft. Die Abfassung des *Dinghofrodels* von 1364 weist ebenfalls auf veränderte Verhältnisse hin. Aus ihm, von dem ungeklärt ist, ob es sich um die Darstellung zeitgenössischer Umstände handelt oder um die Behauptung von Rechtsansprüchen, geht hervor, daß die Rechte von St. Alban bereits beschnitten worden waren: statt der üblichen 3 Dinggerichte im Jahr werden nur noch die beiden Sitzungen im Mai und um Martini aufgeführt (wie 1311 wurden die Meier auch jetzt verpflichtet, den Prior von St. Alban zweimal jährlich zu beherbergen). Auch der Geltungsbereich des Gerichtes war auf grundherrliche Dinge eingeengt worden. Zwar werden als Beisitzer noch die 12 Huber genannt, ihre Huben gab es aber bereits nicht mehr, da die Parzellierung der Grundherrschaft ebenfalls schon längst im Gange war. Als die Dinghofordnung 1492 nochmals aufgezeichnet wurde, war das Dinggericht in der Theorie zwar noch vorhanden, praktisch waren ihm jedoch längst die Grundlagen entzogen worden, es war im Niedergericht aufgegangen. Damals wird auch der Markgraf von Baden bereits als Herr des Ortes Lörrach genannt.

Vertreter des Kastvogtes/Ortsherren waren zunächst die *Herren von Lörrach* gewesen, die sich von 1238 bis 1397 nachweisen lassen. Im Wappen führten sie (1258) vorn ein leeres, silbernes Feld, hinten in Schwarz einen Lorbeerzweig – wohl eine Anspielung auf die Herkunft des Ortsnamens Lörrach. Sie scheinen zunächst Lehenleute der Herren von Üsenberg gewesen zu sein, später sind sie öfter als Zeugen in Urkunden der Herren von Rotenberg und Rötteln zu finden. Schon Ende des 13. Jh. waren sie in Kleinbasel, wenig später in Basel ansässig, wo sie zu den ratsfähigen Familien zählten. Ritter Hugo von Lörrach erscheint dort 1282 und 1291 als Bürgermeister. Mehrere männliche Familienangehörige lassen sich als Basler Priester und Kanoniker nachweisen, Hugo von Lörrach war 1301 Beauftragter der Dompropstei in Tiengen. Vom Besitz der Familie weiß man wenig; 1268 wurde eine Wiese zu Brombach verkauft, 1276 der Besitz in Uffheim, 1295 werden Reben in Weil erwähnt. Der Burgstall Altikon (bei Schliengen) scheint Eigentum gewesen zu sein. Der Hauptbesitz der Herren von Lörrach dürfte in und bei Lörrach gelegen haben, wo sie sich als Ortsherren fühlen konnten. Spätestens 1353 begannen jedoch die Auseinandersetzungen mit den Markgrafen von Hachberg, zunächst um die Gerichtsrechte zwischen Grenzach und Bertlikon; 1355 übergab Hugo von Lörrach dem Markgrafen alle seine »bisher widerrechtlich genutzten« Lehen. Die Familie zog sich nach Basel zurück. Spätestens 1415, als die vormals von ihnen zu Lehen getragenen Gülten und Güter in Grenzach neu verliehen wurden, war das Geschlecht erloschen.

Die *örtliche Burg*, ein »Weiherhaus«, befand sich um die Mitte des 14. Jh. im Besitz von Verwandten der Herren von Lörrach. Markgraf Rudolf III. erwarb, nachdem er 1357 eine Teilung der Allmende mit den Herren von Eptingen vorgenommen hatte, 1358 den Anteil der Ursula von Baden an der Burg, den zugehörigen Weiher 1387 von Heinzmann von Baden. Einen weiteren Anteil samt den zugehörigen Rechten mußte 1361 Johann von Eptingen genannt Puliant an ihn abtreten. In der Folge wurden die Gebäude an markgräfliche Gefolgsleute verliehen: 1430 an Hans von Wegenstetten, 1444 an Rudolf von Wegenstetten, 1451 an Hans von Flachsland, dessen Witwe sie 1475 bewohnte. 1504 saß ein weiterer Hans von Flachsland darauf. Hans Bernhard von Flachsland erhielt 1557, Hans von Flachsland 1580 die Erlaubnis, das »Haus« zu verkaufen. Es wurde von dem markgräflichen Einnehmer Georg Böhringer erworben, dem es 1590 gefreit wurde. Hans Christoph von Bärenfels kaufte es 1631, nach 1645 muß es an den Rötteler Landvogt Hanman von Offenburg gekommen sein. Dessen Erben verkauften die 1638 abgebrannte Burg 1684 an den Markgrafen, der die Ruine nicht mehr aufbauen ließ. Ihre Reste wurden zu Beginn des 18. Jh. abgetragen. – Nach dem Auskauf der Adelsfamilien war der Markgraf alleiniger Herr in Lörrach, denn St. Alban verfügte über keine realen Rechte mehr, wenn man vom Patronat absieht, das aber durch die Reformation entwertet wurde. Vertreter der Herrschaft war jetzt der Vogt (1370), der dem Ortsgericht von im allgemeinen 12 Personen vorsaß.

Behördensitz wurde Lörrach erst, nachdem die Franzosen 1678 die Burg Rötteln und fast alle dort stehenden herrschaftlichen Gebäude zerstört hatten. Ein Teil der Beamten floh nach Basel, wo sich die Regierung meist aufhielt, kehrte aber zurück, nachdem das Kriegstreiben nachgelassen hatte. Auf Vorschlag des damaligen Landvogtes erhob daher Markgraf Friedrich Magnus 1682 Lörrach zur Stadt. Zwar geriet dieses Privileg schon kurze Zeit später in Vergessenheit, der Ort blieb jedoch seitdem Sitz der röttelnschen Verwaltung. Seit 1697 war Lörrach Sitz des Landvogtes, Landschreibers, Burgvogtes, des Geistlichen Verwalters und des Spezials. Eine zusätzliche Aufwertung erfuhr es durch die Übersiedlung der Kapitelschule, des späteren Pädagogiums, vom Chilft zu Rötteln in den Ort. Der so gewonnenen Bedeutung Lörrachs trug dann die zweite Stadterhebung von 1756 Rechnung.

Grundherrschaft und Grundbesitz. – Der wichtigste Teil des örtlichen Grundbesitzes, der Dinghofverband, gehörte dem Basler *Kloster St. Alban*, das ihn wohl einer Schenkung seines Gründers verdankte. Ob die kaiserlichen, päpstlichen und bischöflichen Besitzbestätigungen aus den Jahren zwischen 1146 und 1218 auf Streitigkeiten wegen dieser Schenkungen schließen lassen, sei dahingestellt. St. Alban blieb auch in der Folgezeit der größte Grundbesitzer am Ort. Die Verwaltung oblag in Basel dem Klosterschaffner, der auch nach der Reformation, nun im Auftrag des Direktoriums der Schaffneien, seine Aufgaben erfüllte. In Lörrach selbst war ein Meier, dessen Aufgaben im Laufe der Zeit sehr reduziert worden sind, schließlich noch für einen geordneten Zinseinzug und die Rechnungslegung mit dem Schaffner verantwortlich. Dieses Meieramt hat noch im 18. Jh. bestanden. Zum Besitz gehörte ziemlich viel Wald, das sogenannte Bischofsholz, um das (bzw. die Äckerichnutzung) es im 18. Jh. zahlreiche Streitigkeiten mit der Gemeinde Lörrach gab, die schließlich in einen Prozeß mündeten. Ferner bezog St. Alban Geldzinse, überwiegend aus Reben, und verfügte über das Kirchenwidum.

Der Dinghofverband befand sich spätestens zu Beginn des 14. Jh. in Auflösung, auch wenn er nominell noch weiterbestand. Ende des 16. Jh. (1590) bestand er aus einem geteilten Haupthof und 11 Schupposen, alles stark parzelliert. Die Belange der Inhaber wurden durch 14 Huber, darunter der Meier, vertreten, von denen nur ein Teil auch gleichzeitig Lehenträger der Schupposen war. Nachdem es den Besitz des Klosters St. Clara übernommen hatte, gehörte auch Stift St. Peter in Basel zu den Hubern. Sämtliche Schupposen entrichteten zusätzlich zu ihrem Jahreszins der Rötteler Burgvogtei festgesetzte Weinabgaben.

Nicht unbedeutend war der Grundbesitz des *Basler Stiftes St. Peter*, der offenbar auf die Erwerbungen des Jahres 1563 von Gregor Kraft von Delmensingen und Jakob Witz zurückgeht. Auch *Kloster St. Clara* in Kleinbasel (1507, 1595) muß nicht unbeträchtliche Einkünfte bezogen haben, die um jene Zeit auf St. Peter übergingen. Unter den weiteren Grundbesitzern finden sich Steinenkloster (1380, 1413), Kl. Klingental (1595), Domstift (Weinzinse 1696), Dompropstei (verlieh 1360 einen Hof, noch 1595), Präsenz (1366 Güter, 1380) und Kottidian (1605, 1700, jeweils etwa 11 J, davon ½ J im Stetter Bann) und Prediger (1595) Basel, die dortige St. Johannesbruderschaft auf Burg (1347, noch Mitte 18. Jh., 1547 Einkünfte aus 9–10 J) und die Rötteler Frauenpfründe bzw. die Geistliche Verwaltung Rötteln (Stiftung des Markgrafen Rudolf von 1391, Weinzinse, noch 1649). Güter unbekannten Umfangs hatte 1317 die Witwe des Albert von Lörrach dem Basler Johanniterhaus geschenkt. Möglicherweise hat die Familie sie 1324 durch Tausch gegen Besitz in Weil wieder an sich gebracht. Drei Lehen von insgesamt ca. 20 J samt 3 Häusern im Bereich Teichgasse/Enner Gasse befanden sich 1572 im Besitz der Familie von Landegg.

Die Markgrafen von Hachberg hatten seinerzeit vor allem den Eigen- und Mannlehenbesitz der Herren von Lörrach und ihrer Verwandten erworben, im wesentlichen die Burg mit Zubehör. Diese Güter waren später meist im Lehenbesitz von markgräflichen Dienstleuten, bis der Markgraf 1684 ein daraus entstandenes Freigut von den Erben des Landvogtes Hanman von Offenburg zurückerwarb. Seit 1430 wurden die König von Tegernau regelmäßig mit hiesigen Gütern belehnt, von 1520 bis 1593 die von Rappenberg. 12 TM befanden sich seit 1590 bis 1726 im Besitz der Familie Böhringer. Ein weiteres Mannlehen, die »obere und niedere Behausung«, wohl auf dem Gelände des heutigen Burghofs angelegt, verkaufte Einnehmer Hans Jochum 1577, vermutlich an die Familie Sigelmann. Die Bevollmächtigten des Melchior Sigelmann veräußerten alles 1603 an den Landvogt Hans von Ulm, der in den folgenden Jahren Liegenschaften hinzuerwarb. Haus und Güter waren ihm 1603 gefreit worden. Auch diese Besitzungen kaufte der Markgraf 1697 von Friedrich Ludwig von Ulm zurück.

Gemeinde. – Wichtigster Mann bis um die Mitte des 13. Jh. war der Meier des Klosters St. Alban gewesen. Der Zuzug von nicht zum Dinghof gehörigen Leuten war Voraussetzung für die Ernennung eines Vogtes, der hier seit 1370 (1364) bezeugt ist. Vogt und Gericht, zu denen später noch ein Stabhalter (1669) hinzukam, verwalteten Dorf und Gemeinde im Namen des Ortsherrn. Daran änderte die Stadterhebung vom 18. November 1682 nur kurzfristig etwas: der bisherige Landschreiber wurde zum Bürgermeister ernannt, neben ihm gehörten der Stadtverwaltung an: Stadtschreiber, Stadtwaibel, Stadtrechner, Weidgesell, Bannwart und Totengräber, die ihre Ämter anscheinend nebenberuflich wahrnahmen. Unter dem Einfluß der bald darauf wieder einsetzenden Kriegszeiten gerieten Stadtverfassung, städtische Ämter und ein vielleicht vorhandenes Stadtsiegel (um 1680 ist von einer Prägezange die Rede) jedoch bald in Vergessenheit. Schon 1700 wird wieder der (Stadt-)Vogt als Ortsvorsteher genannt, der zusammen mit dem Baumeister oder Stabhalter die örtliche Verwaltung repräsentierte. Zum Stadtschreiber wurde regelmäßig der Lehrer bestimmt, der offenbar auch die Kapitelschaffnei zu verwalten hatte. Erst 1711 wurde der Schuldienst von diesen Ämtern getrennt. Das Gemeindegericht bestand aus 12 Personen, die aus der Bürgerschaft gewählt wurden. Der Vogt selbst war offensichtlich nicht gefreit, durfte aber 4 Schweine in das Äckerich treiben. Aus dem Stadtrechner war wieder der Gemeinschaffner (1750) geworden. Seit 1687 ist ein Weidgesell bezeugt.

Erst als Markgraf Carl Friedrich auf Anregung des damaligen Landvogtes von Wallbrunn und auf Wunsch der Gemeinde am 3. Juni 1756 dem Ort ein weiteres Stadtprivileg verliehen hatte, bekam die Lörracher Verwaltung städtisches Gepräge. Diese besorgten hinfort ein Bürgermeister und 6 Räte. Der Markgraf bestätigte auch ein Wappen und erlaubte der Stadt, eine goldene Lerche im roten Feld zu führen. Um jene Zeit beschäftigte die Stadt neben Bürgermeister, Stadtschreiber und Baumeister (Gemeinderechner) 2 Feuerschauer, je einen Wachtmeister, Nachtwächter, Wald- und Feldbannwart, Kornhausaufseher, Schermausfänger und Stadttambour, wozu einige Geschworene kamen. Die meisten arbeiteten ehrenamtlich gegen Vergütung ihrer Auslagen.

Der »Gemein Haus, Hof und Zubehör« wird 1595 genannt. Es lag im Bereich Teichstraße/Kirchgäßlin neben dem Haus des Meiers Ludin, grenzte vorne auf den damals noch unverdohlten Dorfbach und seitlich an die Basler Straße und zinste

Geschichte der Stadtteile 151

jährlich 7 ß und 1 Huhn in das Meieramt des Stiftes St. Alban. Es wird nochmals 1669 mit gleichen Abgaben erwähnt. Ob dieses Haus identisch war mit dem 1686 genannten Bau »des gemeinen oder Rathauses«, in dem die Gemeinde eine Tafern betrieb, von der sie jährlich 2 fl zinste, ist ungeklärt, das jeweilige Gemeindehaus lag aber bis zum Neubau des 18. Jh. immer in dem südlich der Uffhabi gelegenen Bezirk. Kurz vor der zweiten Stadterhebung fanden die Gemeindeversammlungen in der sogenannten »Stube« statt, aus welcher der »Ochsen«, später in »Storchen« umbenannt und am alten Marktplatz gelegen, hervorging. Erst zwischen 1754 und 1756 wurde, nachdem 1753 der Bau eines Korn- und Rathauses genehmigt worden war, das erste eigentliche Rathaus in der Wallbrunnstraße errichtet (das Glöcklein im Turm goß 1757 der Lörracher Glockengießer Andreas Rost). An dessen Stelle trat nach 1869 ein Neubau, in dem die Stadtverwaltung bis 1927 verblieb.

Besitz und Einkünfte der Gemeinde werden immer nur gelegentlich genannt. Allmende und der Gemein Gut erscheinen seit 1537 immer wieder als Anstößer in den Urbaren (1595 im Schlatt, zu Uffhaben und das junge Allmend genannt im Mooß). Späteren Nachrichten zufolge waren die Allmenden verpachtet. Auch Waldbesitz ist bezeugt. Sicher ist, daß die Gemeinde spätestens zu Beginn des 18. Jh. nach Einquartierung, Truppendurchzügen und Kontributionsleistungen in erhebliche Schulden geraten war. Der Landvogt meldete 1693, daß die Gemeinde Lörrach »gar verarmet und nichts von gemeinen güthern mehr gehabt«. Zum Rathausbau mußte sie 1753 3000 fl aufnehmen, 4 Jahre später ihre Matten verkaufen. Der Schulhausbau von 1766 erschöpfte dann die städtischen Mittel völlig. Die Zerrüttung der städtischen Finanzen demonstriert auch die Tatsache, daß die Stadt erst seit 1784 imstande war, ihren Bürgermeister zu besolden. Weide- und Wässerungsstreitigkeiten mit den umliegenden Gemeinden sind seit dem 16. Jh. überliefert: 1501 ein Vergleich mit Stetten, mit dem im übrigen seit Einführung der Reformation ständig Auseinandersetzungen zu verzeichnen sind. Ein Vertrag mit Brombach wurde 1760, ein weiterer mit Tumringen 1699 abgeschlossen.

Die Landesherrschaft förderte die Wehrtüchtigkeit ihrer Untertanen und so findet sich in Lörrach neben dem militärischen Aufgebot des Rötteler Viertels schon 1654 eine *Schützengilde*. Im gleichen Jahr wurde ein Schützenplatz eingerichtet. Seit der Stadterhebung von 1682 bezog die Gemeinde jährlich 12 fl von der Herrschaft »zur Förderung des Schießens mit dem Gewehr«; 1718 erließ der damalige Markgraf eine Schützenordnung. Das Stadtrecht von 1756 sah daneben die Bildung einer Bürgerkompanie vor. Zur Bildung einer Scharfschützenkompanie kam es 1794, die aber im Laufe der Zeit in der Schützengesellschaft aufging. Diese Schützengesellschaft, die 1848/49 verboten, 1857 wieder zugelassen wurde, besteht noch heute.

Kirche und Schule. – Die Pfarrkirche St. Peter in Lörrach, später SS. Peter und Paul (1537), läßt sich erstmals 1102 nachweisen, schon damals im Besitz des Stiftes St. Alban. Mehrere Besitzbestätigungen, von denen sich mindestens die des Papstes Honorius III. von 1218 mit der Lörracher Kirche befaßt, lassen vermuten, daß der Besitz nicht unangefochten gewesen ist. Er war es auch später nicht. Im 14. Jh. finden sich verschiedentlich Auseinandersetzungen zwischen St. Alban und dem Konstanzer Bischof um die Besetzung der Pfründe, die in einem Fall bis zum Prozeß gediehen. Inzwischen hatte das Stift 1317 eine Inkorporation erreicht, die anscheinend keine Gültigkeit erlangte, da sie 1362 und 1381 mit anderer Begründung wiederholt wurde. Das Stift sicherte sich nun dieses Recht zusätzlich durch eine 1392 ausgestellte Besitzbestätigung Papst Bonifaz IX.

Die Besetzung der Kirche, wohl einer alten Quartkirche, die zum Dekanat Wiesental gehörte (1275), blieb auch nach der Reformation nominell bei St. Alban, tatsächlich wurden die damit verbundenen Rechte bis 1818 vom Direktorium der Schaffneien in Basel wahrgenommen. Dessen Pflichten, um die Mitte des 16. Jh. neu geregelt, umfaßten neben der Besoldung des Pfarrers die Baulast am Kirchenchor und Pfarrhaus, während das Langhaus in die Kompetenz der Geistlichen Verwaltung Rötteln, der Turm in die der Gemeinde Lörrach fiel.

An der Pfarrkirche bestanden mindestens zwei Altarpfründen: die um 1320 von den Herren von Lörrach auf den St. Katharinenaltar gestiftete Pfründe und die 1453 von einem Pfarrer auf den rechten Seitenaltar gestiftete und dotierte Marienkaplanei. Offenbar ist der Friedhof früh aus dem Ort hinaus gelegt worden (heute Hebelpark). Hier entstand 1522 eine St. Anna-Kapelle, die im 18. Jh. abgerissen wurde. Ob sich der Flurname hinder der Capeln (1605) auf diese oder eine andere Kapelle bezieht, ist nicht geklärt.

Über die Besitzverhältnisse der vorreformatorischen Pfarrei ist kaum etwas bekannt. Wie die Streitigkeiten des 14. Jh. nahelegen, scheint sie jedoch eine gewisse Anziehungskraft gehabt zu haben, die wohl auf eine ursprünglich reiche Dotation zurückzuführen ist, worauf auch die Annaten des 15./16. Jh. noch hinweisen. Seit der endgültigen Inkorporation haben denn auch, ausgenommen ein weiterer Prozeß um 1417, die Streitigkeiten aufgehört. St. Peters Matten und St. Peters Holz werden 1537 erwähnt. Über das Kirchenwidum, 2 Häuser mit Hofstätten und etwas Liegenschaften, verfügte 1595 St. Alban. Die eigenen Güter der Kirche umfaßten 1537 lediglich 1½ J Matten, wozu allerdings größere Geld- und Naturaleinkünfte kamen.

Ein Pfarrerwechsel in Lörrach 1556 begünstigte die Einführung der Reformation. So konnte bereits im Januar 1556 die erste evangelische Predigt gehalten werden. Nachdem die Burg Rötteln unbewohnbar geworden war, wurde Lörrach zum Mittelpunkt des Kirchenbezirks Rötteln/Lörrach und Sitz des jeweiligen Spezials/Dekans.

Daß die Kirche immer am heutigen Ort gestanden hat, ist unwahrscheinlich. Das Kirchgäßlein, dessen Name altbezeugt ist, steht in keiner Verbindung zum heutigen Bau und zieht sich in einiger Entfernung davon hin. Grabungen in diesem Bereich haben jedoch bisher zu keinen Ergebnissen geführt. Auch steht die spätestens seit dem Beginn des 16. Jh. bestehende Kirche im Schloßbereich und vom alten Ortskern abgelegen. Man wird zumindest vermuten dürfen, daß mit der Ortserweiterung des 14./15. Jh. auch die Kirche zentraler gelegt worden ist. Dieser Kirchenbau, zuletzt eine etwas erhöht gelegene, spätgotische Anlage, hatte in den Kriegen des 17./18. Jh. sehr gelitten und mußte 1696 und 1750 repariert werden. Ein 1537 erwähntes Beinhäuslein hinter der Kirche war damals wohl längst abgetragen worden. Von dem Bau, der 1815 einer Kirche im Weinbrennerstil weichen mußte (eingeweiht 1817), hat sich nur der Turm erhalten. Das an ihm angebrachte Datum 1517 bezieht sich allerdings kaum auf seinen Bau, sondern eher auf Reparatur- oder Umbaumaßnahmen.

Ende des 16. Jh. finden sich in Lörrach vereinzelt »Wiedertäufer«, die damals bekämpft wurden. Das Stadtrecht von 1682 sah dann eine weitgehende Religionsfreiheit vor, die jedoch, der schlechten Zeiten wegen, eigentlich erst im 18. Jh. und im Zuge der zweiten Stadterhebung von 1756 zum Tragen kam. Damals lebten bereits etwa 100 Reformierte im Ort, welche von Riehen aus seelsorgerlich betreut wurden. Sie bekamen damals die Erlaubnis, eine eigene Kirche zu bauen. Um 1757 sollen auch bereits wieder 30 Katholiken in der Stadt gelebt haben, welche die Pfarrkirche in Stetten besuchten. – Begünstigt wurde durch beide Privilegien auch der Zuzug von *Juden*. Zwar muß es schon vorher vereinzelte Ansiedlung von Juden gegeben haben, von denen einer 1670 sogar Gelände für die Anlegung eines eigenen, zunächst privaten Friedhofs erwarb. Dieser wurde im Laufe des 18. Jh. zum einzigen erlaubten Zentralfriedhof der Herrschaft Rötteln (bis 1891). Aber nun galten bessere Voraussetzungen wie die Befreiung von Einquartierungen und Kriegslasten sowie unter bestimmten Bedingungen vom Schutzgeld. Dennoch lebten 1716 hier nur 4 Familien, die aber anscheinend bis 1727 den Ort wieder verließen. Nach der Ausweisung der Juden aus Dornach ließ sich auch ein Teil von ihnen in Lörrach nieder, wo 1738 3 Haushaltungen nachzuweisen sind, die sich bis 1778 auf 8 vermehrten. 1749 lebten hier insgesamt 34 Personen. Ihre Zahl erhöhte sich bis 1756 auf 68. Zum Bau einer Synagoge kam es allerdings erst 1808; ein Betsaal war 1800 eingerichtet worden.

Sämtliche *Zehnten* dürften ursprünglich der Pfarrei gehört haben und gelangten über die Inkorporation an St. Alban. Dieses scheint dem Pfarrer Anteile am Kleinzehnten und den Blutzehnten (abgelöst 1826) zu seiner Besoldung überlassen zu haben. Wegen der mit den Markgrafen strittigen Novalzehnten kam es 1590 zu einem Vertrag. Ein Zehnthof des Stiftes stand 1595 in der Teichstraße/Mittlere Gasse.

Man darf vermuten, daß schon bald nach Einführung der Reformation in Lörrach *Schule* gehalten worden ist. Ein Lehrer ist allerdings erst 1595 nachzuweisen; wo er unterrichtet hat, ist unbekannt. Er hatte gleichzeitig die Pflichten des Sigristen wahrzunehmen, dessen Einkünfte (1791: 16 fl 4 x, 1 Mltr 1 V Dinkel) er bezog und bekleidete zeitweise auch das Amt des Stadtschreibers. Ein Schulhausbau scheint erst 1766 erfolgt zu sein. Unterricht erteilten auch seit 1558 die Lehrer der Rötteler Kapitelschule, der später eine lateinische Landschule angeschlossen wurde, um den Pfarrernachwuchs zu sichern. Die wirtschaftliche Grundlage der Neustiftungen bildeten die aufgehobenen Kaplaneipfründen an der Rötteler Kirche. In den Wirren des 30j. Krieges ging das Schulwesen ein. Markgraf Friedrich V. begründete 1650 die Lateinschule neu, die 1678 aus Rötteln vertrieben wurde. Obwohl bald an eine Verlegung nach Lörrach gedacht war und Anfang der 1680er Jahre auch ein Haus erworben wurde, fand der Unterricht noch um 1689 in Basel statt, wohin sich Lehrer und Schüler geflüchtet hatten. Sicher wurde erst 1693, als der Markgraf das »Kapitelhaus« von allen Steuern befreite, in Lörrach unterrichtet, allerdings von einem gering besoldeten Lehrer, weshalb hier ein häufiger Wechsel zu verzeichnen ist. Auf Veranlassung des Johann Martin Fecht erfolgte 1715 eine Schulreform, aus der die bisherige Kapitelschule als *Pädagogium* mit 3 Klassen hervorging. 1741 erhielt sie eine neue Schulordnung, 1759, nach Ankauf und Umbau der ehemaligen Tabakfabrik, auch eine neue Bleibe.

Bevölkerung und Wirtschaft. – Entsprechend seiner ursprünglich dörflichen Struktur war die Einwohnerzahl von Lörrach bis zur zweiten Stadterhebung nicht allzu hoch, wenn auch die topographische Lage des Ortes den Zuzug Ortsfremder begünstigte. Schon 1582 heißt es, der Flecken liege an der Landstraße und sei von vielen überlaufen, wobei man allerdings überwiegend die Bettler meinte. Die Pestzeiten von 1610 und 1629 sowie die Kriegszeiten dürften die Zahl der Einwohner dezimiert haben. Dennoch zählte man 1645 (wieder) 110 Haushaltungen mit zusammen etwa 500 Einwohnern, deren Zahl sich bis 1692 auf etwa 900 erhöhte. Bis 1700 scheint ein leichter Rückgang eingetreten zu sein, damals verzeichnete man 146 Männer, dazu 11, die sich in Kriegsdiensten auswärts aufhielten. Bis um 1740 (720 Einwohner und zusätzliche Dienstboten) änderte sich hieran wenig, wenn nicht sogar ein weiterer leichter Rückgang erfolgte. Erst unmittelbar vor der Stadterhebung von 1756 ist ein wesentlicher Zuzug festzustellen: 1745 lebten in Lörrach 1335 Einwohner, deren Zahl seither kontinuierlich gestiegen ist (1805: 1706). Darauf weist schon die Erhöhung des Kommunionweinkontingentes 1761 hin. Mitte des Jahrhunderts ist eine geringe Auswanderung (10–15 Personen) nach Siebenbürgen festzustellen, gegen Ende des Jahrhunderts scheinen auch einige minderbemittelte Leute nach Ungarn gezogen zu sein.

Die zum Dinghof gehörigen Bewohner des Ortes waren Eigenleute des Klosters St. Alban, das noch im 16. Jh. beim Tod eines Hubers das Besthaupt verlangte. Im 14. Jh. werden unter den Basler Frauenleuten auch solche in Lörrach genannt; sie wurden damals dem Markgrafen zu Lehen gegeben. Seither bemühten sich die Ortsherren erfolgreich, die Lokalleibeigenschaft durchzusetzen. Es finden sich später keine Eigenleute anderer Herrschaften mehr. Das Stadtrecht von 1682 befreite die Neubürger von der Leibeigenschaft, von der Zahlung des Bürgergeldes und für 30 Jahre von den Real- und Personalabgaben, während sich die bisherigen Einwohner freikaufen konnten. Aber auch dieser Passus geriet bald wieder in Vergessenheit. Erst das Stadtrecht von 1756 hat die Bürger und Einwohner endgültig von der Leibeigenschaft befreit.

Die *medizinische Versorgung* der Einwohner dürfte weitgehend in Händen der Hebamme gelegen haben. Diese bzw. ihr Ehemann war fronfrei und hatte ein Dehmenrecht im Äckerich (1740). Für 1595 sind auch eine am Dorfbach gelegene Badstube und ein Scherer bezeugt (schon 1590). Seit dem 18. Jh. gab es immer wieder Chirurgen und Physici, seit 1700 besaß Lörrach eine Apotheke. Es könnte in Lörrach auch ein altes Spital gegeben haben.

Bis zum 18. Jh. lebten die Einwohner Lörrachs überwiegend von der Landwirtschaft, wozu auch der Verkauf landwirtschaftlicher Erzeugnisse auf dem einheimischen und dem Basler Markt zählte. Der Getreidebau konzentrierte sich auf Dinkel, dem spätestens im 16. Jh. zusätzliches Gelände durch Rodung (1595 Engelins Reute) erschlossen wurde. Wichtiger scheint jedoch der Weinbau gewesen zu sein, der immer mehr ausgedehnt wurde. Dafür sprechen neben dem Flurnamen Nuseze (1537) die verschiedenen Nachrichten, wonach Äcker in Rebland umgewandelt wurde (1595). Daneben war die Viehhaltung von Bedeutung. Der Schwerpunkt scheint hier auf der Rinderhaltung gelegen zu haben: 1700 werden als Zugvieh 55 Ochsen und 19 Pferde angegeben. Im 18. Jh. wurde die Viehhaltung deutlich dadurch erschwert, daß Ausmärker ein Viertel der Wiesen an sich gebracht hatten, woraufhin ihnen 1758 weiterer Erwerb ausdrücklich verboten wurde. Die Stier- und Eberhaltung oblag im 14. Jh. dem Meier des Klosters St. Alban.

Zum Absatz der Landprodukte erhielt Lörrach 1403 einen *Wochenmarkt*, der jeweils am Mittwoch, und einen *Jahrmarkt*, der am Mittwoch vor Michaelis abgehalten werden sollte. König Ruprecht hatte ihn am 26. Januar auf Bitten des Markgrafen Rudolf hin genehmigt, 1452 bestätigte König Friedrich das Privileg seines Vorgängers. Es darf angenommen werden, daß dem Unternehmen schon der Kriegszeiten halber wenig Erfolg beschieden war: noch Ende des 18. Jh. verkauften die Lörracher ihre Erzeugnisse lieber in Basel, da dort höhere Preise zu erzielen waren. Das Stadtrechtsprivileg von 1682 genehmigte erneut einen, diesmal am Donnerstag abzuhaltenden Wochenmarkt und 2 Jahrmärkte, die am Montag nach Estomihi und Mittwoch vor Michaelis stattfinden sollten. Es ist anzunehmen, daß die folgenden Kriegszeiten auch diese zum Erliegen gebracht haben. Ebensowenig scheint der 1750 genehmigte Wochenmarkt samt Fruchtmarkt floriert zu haben, zu dem 1759 zwei Viehmärkte hinzukamen, abzuhalten am letzten Mittwoch im Mai und am 1. Mittwoch nach Jacobi. Diese wurden 1766 auf andere Termine verlegt, zugleich kam ein weiterer Jahrmarkt hinzu, der 8 Tage vor Johann Baptista gehalten werden sollte. Wieweit diese erfolgreich waren, steht dahin, da die Konkurrenz zu Basel zunächst nicht auszuschalten war. Erst im 19. Jh. hat sich dies geändert.

Das *Handwerk* scheint zumindest seit dem 16. Jh. recht gut vertreten gewesen zu sein. Später war Lörrach Sitz zahlreicher Zünfte, deren Meister 1654 weitgehend von den Fronen befreit wurden. Seit dem 18. Jh. hatten die Zünfte der Herrschaft Rötteln ihren amtlichen Sitz in der Stadt. An einzelnen Handwerkern werden 1595 Metzger, Schmied und Weber genannt. Um 1700 arbeiteten hier 11 Schuhmacher, je 2 Weber und Wagner, je ein Hutmacher, Nadelmacher, Posamentierer, Schlosser, Schmied, Schneider, Seidenweber und Strumpfweber. Seit 1743 gab es einen Buchdrucker im Ort, 1770 bereits zwei. Zwischen 1790 und 1802 lebten und arbeiteten in der Stadt 30 Indiennedrucker (s. u.), 12 Schuster, 11 Schneider, 7 Küfer, je 6 Bäcker, Sattler und Weber, je 5 Metzger und Schreiner, 4 Schlosser, je 3 Färber, Rot- und Weißgerber, Goldschmiede, Hufschmiede und Müller, je 2 Glaser, Hafner, Maurer, Spengler, Uhrmacher, Wagner, Ziegler und Zimmerleute, je ein Buchbinder, Dreher, Kettenschmied, Messerschmied, Seiler und Zinngießer sowie 18 weitere Handwerker, deren Profession nicht angegeben ist. Eine *Mühle* im Besitz des Klosters St. Alban läßt sich 1265 nachweisen. In der 2. Hälfte des 18. Jh. finden sich vor Ort 3 Müller. Auch eine Ziegelhütte ist bereits 1669 (zu Uffhaben) bezeugt.

Es scheint zunächst nur eine *Gastwirtschaft* am Ort gegeben zu haben, die 1567 und 1595 erwähnt wird, wohl die Gemeindestube, der spätere »Ochsen«. Um 1682 gab es zwei Tafernen, deren Zahl sich bis 1687 auf 4 erhöhte (»Ochsen«, »Krone« seit 1682, »Wilder Mann 1682, »Zu den drei Königen 1687). Bis 1749 nahm sie weiter zu. Konzessionen hatten inzwischen erhalten: Die »Sonne« 1718, der »Engel« 1719, der »Adler« (seit 1893 »Meyerhof) 1726, der »Hirschen, die spätere Posthalterei, 1728, der »Schwanen« 1732, der »Schlüssel« 1740 und schließlich 1749 die Wirtschaft zum »Schwarzen Bären«. Eine »Billard- und Café-Stuben« wurde 1758 eröffnet und eine Bierbrauerei ist 1756 nachzuweisen. Als 1778 eine (weitere) Straußwirtschaft für eine seit 1771 nicht mehr bestehende zugelassen wurde, wird angemerkt, daß 3 Tafernen und viele Maienwirte aufgegeben hätten. Das Tafernrecht »Zum Schwanen« konnte Indiennefabrikant Gmelin 1784/85 auf sein Wohnhaus übertragen, das »Zum Hirsch« 1786 Silberbote Pfaff auf ein ihm gehöriges Haus.

Das älteste *Manufakturunternehmen* in Lörrach war die Papiermühle (auf dem ehemaligen KBC-Gelände), die 1497 durch einen aus Basel zugewanderten Papierer begründet wurde. 1567 bestand ein zweites Unternehmen, Ende des 17. Jh. war ein drittes hinzugekommen. Seit der Mitte des 18. Jh. wurde die Produktion allmählich eingestellt. Um jene Zeit plante man, den allgemeinen Wohlstand durch Zuzug weiterer Manufakturen zu heben. Dem trug bereits ein markgräfliches Patent vom 30. Oktober 1752 Rechnung, das zur Gründung von Fabriken aufrief. Bereits am 27. August 1753 erhielt der aus Bern stammende Johann Friedrich Küpfer die Erlaubnis, eine Cotton- und Indiennefabrik anzulegen, 1754 verkaufte ihm Markgraf Carl Friedrich weiteres benötigtes Land. Die ersten Fabrikunternehmen wurden im Nordwesten der Stadt angesiedelt. Nach Küpfer folgte noch im gleichen Jahr 1753 eine Tabakfabrik, wenig später 1757 eine allerdings kurzlebige Seifenfabrik und bis zum Ende des Jahrhunderts weitere Unternehmen der Tuchherstellung.

Stetten

Ur- und Frühgeschichte. – In deutlichem Gegensatz zum Gräberfeld von Lörrach steht der kleine, ursprünglich wohl 50–60 Gräber umfassende Friedhof im Ortsteil Stetten. Dieser Ort ist schon durch seinen Namen als jüngere Siedlung ausgewiesen, die in der Zeit des sogenannten Landausbaus, also erst im 7. Jh. n. Chr. entstanden ist. Die 49 untersuchten Gräber verteilen sich, etwa von der Mitte des 7. Jh. an, auf zwei bis drei Generationen, wobei die exakte Belegungszeit vor allem wegen zahlreicher beigabenloser Gräber nicht zu ermitteln ist. Ein Indiz für besonders späte Zeitstellung zumindest einzelner Gräber liefert ein Estrichboden aus Kalkmörtel und Ziegelmehl, der sich in einem Plattengrab vorfand. Die relativ wenigen Beispiele von Mörtelverwendung bei alemannischen Steinkistengräbern sind häufig im Zusammenhang mit frühen Kirchen gefunden worden und gehören in der Regel schon ins beginnende 8. Jahrhundert. Danach wurde der Bestattungsplatz aufgegeben, ein neuer entstand bei der Pfarrkirche, von der allerdings keine baulichen Reste bekannt sind.

Der Stettener Friedhof ist in seiner Art und Größe typisch für die Zeit des alemannischen Landausbaus, der teilweise vom Adel, teilweise von Klöstern, aber auch unmittelbar von der freien bäuerlichen Bevölkerung betrieben wurde. In Stetten kann die zugehörige Siedlung nur wenige Familien umfaßt haben, wenn sie nicht überhaupt nur von einem einzigen Hof ausging. Überwiegend sind die Gräber recht ärmlich mit Beigaben versehen, nur wenige erreichen ein durchschnittliches Ausstattungsniveau. Von Gräbern des Adels wie in Lörrach kann keine Rede sein. Selbst wenn im einen oder anderen Fall eine ursprünglich etwas reichere Grabausstattung durch frühere Beraubung dezimiert sein sollte, würde sich an dem bescheidenen Gesamteindruck nichts ändern: ausgesprochene Armut beim größeren Teil der Bevölkerung, nur wenige Individuen mit einigermaßen durchschnittlicher Ausstattung an Waffen- und Trachtzubehör. Man hat diesen Befund in verschiedener Weise auszudeuten versucht. Naheliegend erschien zunächst der Schluß »auf hörige Stellung der Stettener Siedler, die anscheinend von einem größeren Grundherrn auf Rodungsland angesetzt wurden« (F. Kuhn). Es gibt aber noch eine andere Möglichkeit der Erklärung, zu der auch das Vorhandensein einzelner »besserer« Grabausstattungen, d. h. also auch im Leben höhergestellter und wohl freier Leute passen würde. Vielleicht waren nur diese Angehörige des alemannischen Volkes, während die Armen und vermutlich unfreien Leute (Hörigen) Romanen waren, Reste der seit Römerzeiten im Land gebliebenen voralemannischen Bevölkerung. Stetten wäre dann kein Ausbauort im Sinne expandierender alemannischer Siedlung, sondern ein Ort, der von einem Grundherrn (Kl. Säckingen?) angelegt, von Verwaltern geleitet und von einigen hörigen Familien romanischer Abstammung bewirtschaftet worden ist. Leider lassen sich diese sozialgeschichtlich wie bevölkerungsgeschichtlich hochinteressanten Fragen nicht mit letzter Sicherheit beantworten, da eine anthropologische Auswertung, d. h. eine Bestimmung und Typendiagnose der Skelette, wegen der schlechten Erhaltung nicht möglich ist. Sprachliche und archäologische Befunde aus Süddeutschland und der Schweiz belegen aber mit Sicherheit ein solches Zusammenleben dieser ganz verschiedenartigen Bevölkerungsgruppen, das für das frühgeschichtliche Stetten mit Hilfe des Fundmaterials ebenfalls sehr wahrscheinlich gemacht werden kann. Vielleicht war es auch diese, ein provinzielles Lateinisch sprechende Gruppe, die den Namen Laureacum/Lauriacum überliefert hat, aus dem das frühmittelalterliche Lorracho entstanden ist.

Siedlung und Gemarkung. – Auf die verhältnismäßig späte Entstehung des Ortes weist die erste urkundliche Nennung von 763 als *Stetiheim* hin. Der Ort wird gelegentlich als Ausbausiedlung von Riehen oder Hüningen aus angesehen. Sicher dabei ist nur, daß der Basler Einfluß seit dem Spätmittelalter die Jahrhunderte überdauert hat. Der Ort ist aus einem Dinghof hervorgegangen, der sich um das 12. Jh. auflöste und zum Dorf wurde. Dieses zählte 1787 72 Häuser, es war durch die Wiesentalstraße mit Basel und Lörrach verbunden. – *Bannstreitigkeiten* sind mit allen Nachbargemeinden überliefert, so 1439 mit Riehen, 1650/67 mit Tüllingen, 1691 mit Lörrach, 1718 mit Weil und Tüllingen, 1724 bis 1730 schließlich mit Tüllingen, Tumringen und Lörrach.

Seine Lage hat dafür gesorgt, daß der Ort in allen *Kriegszeiten* betroffen gewesen ist. Bereits 1624/25 hielt keine Salva guardia die Truppen davon ab, den Ort zumindest

Geschichte der Stadtteile 157

durch Einquartierung zu schädigen, 1642 bis 1644 hatte er unter Plünderungen und Kontributionszahlungen zu leiden. Bei der Belagerung und Zerstörung von Rötteln 1678 wurde auch Stetten von den Franzosen gebrandschatzt, 1688 von denselben völlig ausgeplündert, so daß die Gemeinde 1695 am Rande des Ruins stand. Kontributionen und Einquartierung hatte Stetten nochmals 1746 zu erleiden und wurde 1797, trotz Neutralitätserklärung, von den Franzosen eingenommen. Zwischen 1800 und 1815 wechselten Einquartierungen und Truppendurchzüge; 1812 lagen hier auch russische Soldaten, denen das »Rößle« als Lazarett diente.

Herrschaft und Staat. – Der örtliche Dinghof gehörte mit allen Rechten Kl. Säckingen. Inhaber des Niedergerichtes und Meieramtes waren dessen Vögte, die Herren vom Stein, 1373 bis 1391 Rudolf von Schönau, bis 1399 Albrecht von Schönau, dann eine Gruppe von Adeligen, 1407 bis 1494/95 die Herren von Ramstein, unter denen es kurzfristig, 1472, zu einer Verpfändung an Dietrich Murer von Basel kam. Seit 1495 befanden sich die zugehörigen Rechte als Pfandlehen im Besitz der Herren von Schönau, die zu unbekannter Zeit das »Schlößle« erstellten. Säckingen hat das Pfand einmal, 1577, nach dem söhnelosen Ableben des damaligen Niedergerichtsherren ausgelöst, um es an einen anderen Zweig der Familie zu übertragen. Endgültig an sich ziehen wollte das Stift diese Rechte 1722, was einen Prozeß der Herren von Schönau mit anschließender Appellation nach sich zog, den Säckingen in allen Instanzen gewann. Die Auslösung erfolgte 1725, die Immission am 2. Oktober 1725, ein Vergleich mit der Familie von Schönau kam am 10. März 1727 zustande, gefolgt vom Verkauf der schönauischen Güter 1728. Im Jahre 1732 bezog Säckingen aus Stetten 42 lb Steuer, 60 lb Äckerichgeld, 90–100 lb Umgeld, 20–25 lb Salzkastengeld, dazu Metzigbankzins, Bodenzinse und Strafen.

Das örtliche Dinggericht wird 1443 als längst üblich bezeichnet, der zugehörige Dingrodel soll aus dem Jahre 1413 stammen. Im 15. Jh. nahm an den Sitzungen jeweils der Lörracher Vogt als Vertreter der Herrschaft Rötteln teil. Berufungsinstanz war das Gericht unter dem Hohen Bogen in Säckingen, schließlich die Kammer der Äbtissin. Gefangene wurden in Rheinfelden inhaftiert. Anscheinend sind die Dinggerichte seit dem 16. Jh. durch einen jährlichen »Schwörtag« ersetzt worden. Eine 1584 erlassene, in Teilen neue Dorfordnung sollte jährlich am »20. Tag« verlesen werden.

Landeshoheit und Hochgericht beanspruchte der Markgraf. Es hat vermutlich etliche Auseinandersetzungen gegeben, bis Säckingen im Jahre 1409 diese Rechte anerkannte. Daß diese Urkunde 1494 und 1768 vidimiert wurde, weist auf erneute Streitigkeiten hin. Seit etwa 1680 bis zum Ende des alten Reiches machte auch Österreich (wieder?) seine Ansprüche geltend; die Auseinandersetzungen haben erst in den Umwälzungen des 19. Jh. ihr Ende gefunden.

Die Lage des Dorfes, das sich wie ein Sperriegel zwischen Basel und Rötteln schob und den Markgrafen zu zeitraubenden Umgehungen zwang, war die Ursache, daß die markgräfliche Verwaltung spätestens seit dem 16. Jh. immer wieder versucht hat, sich auf die eine oder andere Weise des Dorfes zu bemächtigen. Besonders die Reformation bot den willkommenen Vorwand, in die Stetter Verhältnisse einzugreifen. Das ganze 16. Jh., besonders die Jahre zwischen 1560 und 1566, sind geprägt von den Auseinandersetzungen zwischen den markgräflichen Obervögten auf Rötteln und dem Stift Säckingen, für welches allerdings aufgrund des Schirmbriefs von 1495 die vorderösterreichische Regierung in Ensisheim eintrat. Der Markgraf verlangte erfolglos die Einführung der Reformation in Stetten, die Abgabe von Umgeld, Maßpfennig und Türkensteuer etc. Diese Streitigkeiten haben bis zum Beginn des 19. Jh. angedauert, wobei sich die markgräflichen Beamten immer wieder Rechtsverletzungen zum Teil ernsterer Art

leisteten. Erreicht haben sie im wesentlichen aufgrund eines Privilegs Kaiser Ferdinands II. das Recht, Delinquenten über den Stetter Bann zum Hochgericht nach Grenzach oder Hüningen führen zu dürfen.
Neben dem Dorfvogt, der sich hier seit 1393 nachweisen läßt, unterhielt die Herrschaft Schönau einen eigenen Amtmann, der ein eigenes Ortsgericht entbehrlich machte. Nach dem Übergang des Ortes an Säckingen im 18. Jh. übernahm der Vogt weitgehend die Pflichten des Amtmannes. Ihm wurden für den Einzug der herrschaftlichen Gefälle 2 lb d, sowie der 3. Schochen Heu von 3 TM auf der Allmend überlassen.

Grundherrschaft und Grundbesitz. – Eine Schenkung von Besitz in Egringen an Kloster St. Gallen hatte 763 in Stetten stattgefunden. Obwohl man daraus auf hiesigen Besitz dieses Klosters schließen darf, läßt sich solcher nicht nachweisen. *Größter Grundbesitzer* war spätestens im 14. Jh. das Stift Säckingen, dem der örtliche Dinghof gehörte. Dieser scheint über Zubehör in Ottwangen, Inzlingen, Ötlingen, Brombach, Maulburg und Lörrach verfügt zu haben, wovon später nichts mehr zu erfahren ist. Die Verwaltung erfolgte zunächst durch den Keller und Schaffner, später durch den örtlichen Amtmann. Die letzten Reste der Säckinger Gefälle sind 1807 an das Großherzogtum Baden gekommen. Neben Säckingen finden sich *weitere Grundbesitzer*, die jedoch keine größeren Einkünfte bezogen. Es waren dies die Stifte St. Alban (1451) und St. Leonhard (1315) in Basel, die dortige Bruderschaft St. Johann auf Burg (1471) und die Dompropstei (1356). Einkünfte bezog 1378 Kloster St. Blasien, sie wurden 1804 von Riehen aus verwaltet. Einwohner von Riehen und Tüllingen verfügten über Liegenschaften, die Kirche Riehen bezog noch 1811 Geld- und Fruchtbodenzinse. Dazu kam der Besitz von Kirche, Gemeinde und Einwohnern von Stetten.

Gemeinde, Kirche und Schule. – Obwohl Stetten bis zu einem gewissen Grade als ritterschaftlicher Ort anzusprechen ist, erfolgte auch hier die Verwaltung durch Vogt und Geschworene, später im wesentlichen über den Schaffner oder Vogt. Die Geschworenen hatten der Äbtissin oder deren Schaffner jährlich Rechnung zu legen. Gemeindeversammlungen durften im 18. Jh. ohne Vorwissen des Vogtes nicht abgehalten werden. Der *Gemeindebesitz* scheint nicht bedeutend gewesen zu sein. Im 18. Jh. dürfte dessen wesentlicher Teil in Wald (bereits 1584 erwähnt) bestanden haben, wovon die Gemeinde 16½ J auf Gemarkung Adelhausen besaß. Zwei Drittel des größten Teils des Heuzehnten hatte sie 1712 in einem Vergleich zugesprochen bekommen, wofür sie aber künftig den Wucherstier zu unterhalten hatte. Zu den Einnahmen zählten die Bürgereinkaufsgelder (1584: 5 lb), die sie sich aber mit der Herrschaft teilen mußte. Zumindest im 18. und zu Beginn des 19. Jh. scheint sie, infolge der ständigen Kriegszeiten, ziemlich verschuldet gewesen zu sein, wenigstens erfährt man von Geldaufnahmen, rückständigen Zinsen u. a. Die Auseinandersetzungen mit den Nachbargemeinden galten teils den gewohnten Themen. Dauerstreitigkeiten gab es jedoch mit dem Müller in Riehen, der das Wasser auf seine Mühle über den Stetter Bann leitete (1427–1760), ferner mit Müller und Gemeinde zu Lörrach wegen Ableitung von Wasser aus dem Lörracher Bann nach Stetten und dem damit verbundenen Wuhrbau (1661–1791) und dessen Unterhalt. – Seit wann es ein *Gemeindehaus* gegeben hat, ist unklar. Jedenfalls bestand dieses 1695 und war baufällig. Da es der Gemeinde an Mitteln fehlte, es wiederherstellen zu lassen, überließ sie es damals an Fridli German mit der Auflage, ihr für alle Zeiten darin ein Zimmer für Gemeindeversammlungen zur Verfügung zu stellen, was in der Folge auch geschehen ist. In diesem Hause hat sich später die Wirtschaft zum »Adler« befunden.

Die *Pfarrkirche* zu Stetten im Dekanat Wiesental läßt sich seit 1275 urkundlich nachweisen. Sie ist dem hl. Fridolin geweiht, was eine Patrozinienänderung nach dem Übergang des örtlichen Grundbesitzes von St. Gallen auf Säckingen vermuten läßt. Patronatsherr war Stift Säckingen, welchem die Pfarrei um 1493 inkorporiert wurde. Der Kirchensatz ging nach 1803 auf den badischen Großherzog über. Filial war, bis zu dessen Aufgabe, Hiltlingen (1360/70). Im 19. Jh. betreute die Pfarrei die Katholiken aller umliegenden Orte (1816 ca. 300 Personen), womit dann auch der Wunsch nach Vergrößerung der Kirche begründet wurde. Den Annaten des 15. Jh. zufolge lag die Dotation der Pfarrei an der oberen Mittelgrenze. Die *Reformation* hat sich in Stetten nicht durchsetzen können, obwohl die markgräfliche Verwaltung fast alles unternahm, um es zu erreichen. Begünstigt wurde dieses Vorhaben vorübergehend durch den Übertritt einiger Priester, insgesamt jedoch konnte Säckingen sich mit Hilfe der Regierung in Ensisheim durchsetzen. Allerdings setzten die Rötteler Beamten ihre Versuche noch bis ins 17. Jh. hinein fort.

Zum Einkommen des Pfarrers zählten neben der Nutzung von Haus und Hof am Kirchhof vor allem Zehntrechte. So bezog er den Fruchtzehnten zu Hiltlingen, einen Teil des dortigen Heuzehnten, Weinzehnten zu Haltingen, die Kleinzehnten zu Stetten und Hiltlingen und den Allmendzehnten zu Stetten. Aus dem Hiltlinger Fruchtzehnt gab er der Gemeinde im 18. Jh. 4 Säcke Haber zum Unterhalt des Wucherstiers. Eine Erneuerung der Kompetenz von 1774 sprach ihm auch den halben Weinzehnten zu Ötlingen, Haltingen und Weil sowie den halben Heuzehnten zu Haltingen zu. Sein Gehalt betrug 1809, nach Abzug der Unkosten, 590,21 Gulden. – Eine Rosenkranzbruderschaft bestand 1767; sie ist den Josephinischen Reformen zum Opfer gefallen. – Mitte des 16. Jh. hatten sich am Ort einige *Wiedertäufer* niedergelassen, die aber bis 1565 sämtlich ausgewiesen worden waren. Vorbeugend ordnete der Dingrodel von 1584 an, daß künftig Lutherische, Wiedertäufer und Calvinisten das Bürgerrecht verlieren sollten.

In die örtlichen *Zehnten* aus Korn, Wein und Heu teilten sich die Klöster und Stifte Säckingen, Wettingen und St. Alban zu je einem Drittel. Säckingen war dabei mit der Wucherstierhaltung belastet, weshalb es mit den beiden anderen Institutionen 1712 zu einem Vergleich kam: alle traten der Gemeinde einen Teil ihres Heuzehnten ab, woraufhin diese die Haltung des Faselviehs übernahm. Zur Kompetenz der Pfarrei (s. o.) gehörten auch der Zehnt auf der Allmend, der Fruchtzehnt von bestimmten Äckern und der Weinzehnt aus 16 J Reben. – Ein *Schulmeister* läßt sich seit 1615 nachweisen, er hatte jedoch mindestens einen Vorgänger gehabt. Anfang des 19. Jh. unterrichtete ein Lehrer von Allerheiligen bis Ostern (Winterhalbjahr) und von Ostern bis Michaelis (Sommerhalbjahr), wobei während der Heuet und Erntezeit kein Unterricht stattfand. Die Schulrequisiten beschaffte die Gemeinde. Der Schulmeister bezog 1809 (er unterrichtete damals 106 Kinder) ein Gehalt von insgesamt 162,57 fl, das sich zusammensetzte aus der Mesnerkompetenz, Fruchtkompetenz, der Nutznießung von 63 R Reben und Anteil am Bürgerholz. Schulhaus und Lehrerwohnung waren vorhanden, die Baupflicht hatte die Gemeinde.

Bevölkerung und Wirtschaft. – Auch der Besitz und die Steuer von Eigenleuten boten in Stetten ständigen Anlaß zu Streitigkeiten zwischen den Ortsinhabern und den markgräflichen Beamten. Schon ein Vertrag vom 24. März 1520 hatte die markgräflichen Eigenleute verpflichtet, in die Steuer nach Lörrach zu zahlen, Fasnachtshühner zu geben und Frontagwan zu leisten. Die Einsisheimer Regierung erlaubte 1564 dem Markgrafen, über seine Leute zu urteilen. Eine rege Korrespondenz verursachte dessen Wunsch von 1624/25, die dortigen Einwohner zu Frondiensten heranzuziehen. Diese Auseinandersetzungen brachten beträchtliche Unruhe ins Dorf. – *Einwohnerzahlen*

sind erst seit dem 17. Jahrhundert bekannt: die Steuerrödel führen 1641 24 Männer und 19 Frauen auf, 1657 43 Männer und 33 Frauen. 1649 war Stetten von 316, 1699 von 500, 1799 von 674 Seelen bewohnt, deren Zahl bis 1837 auf 634 zurückging.
Auch hier lebten die Einwohner bis zum 19. Jh. überwiegend von der Landwirtschaft, wobei dem Weinbau eine große Rolle zufiel. Das Ackerland (1684 517½ J = 56% der Wirtschaftsfläche) verteilte sich auf die *Zelgen gegen Riehen, ob dem Dorf und gegen Lörrach*, angebaut wurden überwiegend Dinkel und Roggen. Die an den Süd- und Westhängen des Schädelbergs und Stettenbucks wachsenden Reben umfaßten 1684 170¾ J (= 18% der Wirtschaftsfläche). Die Viehzucht scheint eine bedeutende Rolle gespielt zu haben. Bereits 1451 hielt Säckingen für das Dorf Wucherstier und Eber, später übernahm der Keller diese Aufgabe, wofür man ihm Heuzehnten überließ. Im 18. Jh. wurden meist 2 Stiere gehalten. Grundlage für die Viehhaltung war eine ausreichende Anzahl von Matten, die hier vorhanden war: 1684 umfaßten sie 222¾ J (= 24% der Wirtschaftsfläche).

Das *Handwerk* scheint am Ort reichlich vertreten gewesen zu sein. Schon 1393 wird ein Brotbeck erwähnt, im 16. Jh. Wagner und ein Hutmacher, 1615 Weber, Scherer und Schmied. 1725 arbeiteten hier 3 Küfer, 2 Schneider und je ein Zimmermann, Weber, Schuhmacher, Bäcker und Metzger. – Eine *Mühle* wird 1342 erwähnt. Im 16. Jh. gab es zwei, die obere und untere Mühle, beide im Besitz des Stiftes Säckingen. Die obere Mühle wurde 1732 an Johann Litschgi von Krozingen verkauft, der 1734 eine Hammerschmiede und Säge anschloß. Für die Inhaber St. Blasischer, Weitenauer und Berauer Lehen galt zumindest im frühen 15. Jh. der Mühlenbann nach Riehen. – Eine Ziegelhütte bestand 1770; sie muß einen guten Umsatz gehabt haben, da dort auch die Leute aus dem Markgräflichen ihre Ziegel holten.

Eine Tafern gab es bereits 1356, eine zweite Konzession wurde erst 1787 erteilt. Von den beiden Wirtschaften »Adler« und »Rößle« besteht noch die erstgenannte, das »Rößle« wurde 1925/30 abgebrochen.

Tüllingen

Siedlung und Gemarkung. – Der Ort dürfte aus einer um eine frühe Kirche angelegten Siedlung entstanden sein. Die Erstnennung 1113 *Tülliken* weist ihn als -hofen-Siedlung aus, die vermutlich von einem Personennamen abgeleitet ist. Auf eine abgegangene Siedlung dürfte der Flurname *Hofstetten* (1538) hinweisen. – Das Dorf hat sich in der Folge entlang der Straße nach Rötteln entwickelt, an welcher die ersten Gebäude der Siedlung gestanden hatten. Es ist, wie die Dörfer der Umgebung, in allen den Raum betreffenden Kriegen in Mitleidenschaft gezogen worden, so im 30j. Krieg, bei der Zerstörung von Rötteln 1678. Das Gefecht am Käferholz, am 14. Oktober 1702, hat auf Tüllinger Gemarkung stattgefunden und dem Ort einen ziemlichen Schaden zugefügt. Abgesehen davon hatte der Ort immer wieder unter Kontributionen und Einquartierungen zu leiden. – Die *Wasserversorgung* erfolgte im 18. Jh. durch eine zwischen Ober- und Niedertüllingen gelegene Quelle, die 1767 gefaßt und in den Ort geleitet wurde. – *Bannstreitigkeiten* gab es 1650/67 mit Stetten, 1724/30 zwischen Tüllingen, Tumringen, Lörrach und Stetten, 1767 wurden die Grenzen nach Rötteln bestätigt.

Herrschaft und Staat, Grundherrschaft und Grundbesitz. – Auch in Tüllingen hatte die Herrschaft Rötteln, wohl als Nachfolger des Basler Bistums, spätestens im 15. Jh. alle Rechte. Letzte Differenzen wurden 1458 in einem Vergleich zwischen Markgraf Rudolf und Bischof Johann geschlichtet. Der Ort gehörte zum Weiler Viertel des Amtes Rötteln. Ein herrschaftlicher Vogt ist seit 1539 nachzuweisen, ein Stabhalter seit 1743.

Neben zahlreichen Basler Institutionen waren in Tüllingen im wesentlichen die *Klöster St. Blasien und Säckingen* begütert. St. Blasien verdankt seinen hiesigen Grundbesitz zum Teil der Schenkung des Walicho von Waldeck im Jahre 1113 und konnte später noch etliches hinzuerwerben. Das Amt Basel bezog 1720 Einkünfte aus 35½ J Liegenschaften, welche an das Kloster, und solche aus ca. 9 J Liegenschaften und 4 Häusern, welche an die Kusterei gingen. Dem Kl. Säckingen hatte 1393 der Tüllinger Meierhof gehört, offenbar der in Niedertüllingen gelegene. Im Laufe der Zeit wohl ziemlich dezimiert, scheint der Besitz des Klosters im 18. Jh. nur noch 5 bis 6 Häuser sowie etwa 20 J Liegenschaften umfaßt zu haben. Zinse aus kleineren Liegenschaften bezogen das Basler Domkapitel (1538 erwähnt), dessen Besitz im Verlauf des 18. Jh. an die Herrschaft Rötteln überging, die Kottidian, welche 1538 Geld- und Weineinkünfte aus etwa 6 J im Tüllinger und 5 TM im Stetter Bann bezog (noch 1592), die Dompropstei (1356 ein MW Reben), die Münsterpräsenz, welcher 1538 2 Schuposen gehörten, die zusammen 3 Häuser, 3 Hofstätten und etwa 34 J Liegenschaften umfaßten. Zu nennen sind ferner die Kaplanei SS. Philippi und Jacobi im Münster (1500, 1530), der Propst zu St. Leonhard (18. Jh.), die St. Johannsdechanei (1471) und das Spital (1538, 1661). Als *weitere Grundbesitzer* erscheinen Stift St. Peter in Basel (1737, noch 1807), Kl. Wettingen (1538), die Kirche in Riehen (18. Jh., ca. 9 J Reben und Holz), die Kl. Weitenau (1344), Berau (1661) und Sitzenkirch (1538), ferner einige Privatleute. Der Besitz der Herrschaft Rötteln und der Geistlichen Verwaltung war unbedeutend, derjenige der Einwohner ist, obwohl zweifellos vorhanden, vor dem 19. Jh. nicht festzustellen.

Gemeinde, Kirche und Schule. – Bereits 1539 urkunden Vogt, Geschworene und Ratleute für die ganze Gemeinde, woran sich später nichts geändert hat. Der Gemeindeschaffner läßt sich hier seit 1753 nachweisen. Die Gemeinde besaß 1409 ein mit Haltingen gemeinsames Stück Wald im Helmenhag, weswegen einige Streitigkeiten überliefert sind (1409, 1507, 1648). Allmenden lassen sich seit 1661 nachweisen, bis 1767 waren sie unter die Bürger verteilt worden. Damals besaß die Gemeinde gerade noch ½ J Reben, den Gemeindewald im Käferholz, der 8 J 3 V groß war und keinerlei Gebäude. Eine Feuerspritze konnte, der geringen Einkünfte wegen, erst nach 1779 angeschafft werden, Bannstreitigkeiten sind vor allem mit Stetten überliefert (1648, 1698, 1718), aber auch mit Weil (1718, 1747/48) und Lörrach (1750).

Die *Pfarrkirche* St. Michael (1661) in Obertüllingen dürfte zu den ältesten des Gebietes gehören, wofür schon ihre Lage spricht. Sie gehörte bis zur Reformation zum Dekanat Wiesental und war, den Annaten zufolge, ursprünglich recht gut dotiert gewesen. Den Pfarrsatz hatte Kloster St. Blasien wohl zusammen mit den sonstigen Gütern in der Waldecker Schenkung von 1113 erhalten; um 1394 ließ es sich die Kirche inkorporieren. Um die Reformationszeit war der Ort vorübergehend von Inzlingen aus versorgt worden, weil das Kloster nicht mehr über genügend Priester verfügte. Streitigkeiten mit der markgräflichen Verwaltung wegen des Kirchensatzes gab es bereits seit 1539. Ein Vertrag zwischen dem Markgrafen und St. Blasien von 1560 beließ dem Kloster die Kollatur und den Pfarreisatz, schrieb ihm jedoch vor, den Pfarrkandidaten durch den markgräflichen Superintendenten prüfen zu lassen. Seither wurde es allgemein üblich, daß Landvogt und Spezial zu Rötteln den Pfarrer St. Blasien präsentierten, woraufhin dieser im Kloster um seine Kompetenz bitten mußte. Da dies in der Folge lasch gehandhabt wurde, mußte der Abt 1671 erneut auf einer persönlichen Vorstellung des Kandidaten bestehen. Das Einkommen der Pfarrei und Fabrik, noch im 16. Jh.

durch mehrere Kirchenpfleger verwaltet, wird 1275 mit 15 lb Basler d angegeben. Die nachreformatorische Pfarrkompetenz umfaßte neben Natural- und Geldabgaben auch Zehntteile. Für den ihm widerruflich überlassenen Zehnten von der Widemmatte mußte der jeweilige Pfarrer im 18. Jh. der Gemeinde den Wucherstier unterhalten. Sämtliche *Zehnten* gehörten Kloster St. Blasien, welches dem Pfarrer daraus Getreide und Wein zukommen ließ. Obst-, Klein- und Etterzehnten bezog der Pfarrer. Auseinandersetzungen mit Rötteln gab es allein wegen des Novalzehnten, trotz der Verträge von 1594 und 1599 ist es auch später immer wieder zu Streitigkeiten gekommen. – Ein *Schulmeister* läßt sich schon 1685 nachweisen. Neben den Sigristeneinkünften bezog er 4 Saum Wein von St. Blasien und von jedem Kind wöchentlich 6 d Schulgeld. Sein Gehalt wurde im Laufe des 18. Jh. mehrfach erhöht, so daß er um 1800 jährlich 41 fl beziehen konnte. Das erste Schulhaus scheint um 1800 gebaut worden zu sein, 1767 war noch keines vorhanden.

Bevölkerung und Wirtschaft. – Der Status der Einwohner unterscheidet sich nicht von dem der umliegenden Orte. Auch hier zeigt sich im 18. Jh. eine gewisse Verarmung, die teilweise zum Gassenbettel führte. Dieser scheint nach 1767 jedoch nicht mehr vorgekommen zu sein. Einwohnerzahlen liegen seit dem 18. Jh. vor. Um 1643 lebten hier 26 Bürger, 4 Witwen und 6 ledige Söhne, was einer Personenzahl von 100 bis 120 entsprechen könnte. Bis 1709 hatte sich ihre Zahl erhöht; jetzt bewohnten den Ort 63 Bürger und 24 ledige Söhne, 1739 dann 232 Personen, 1749 320, 1804 schließlich 309 und 1833 325. Die Tüllinger lebten ausschließlich von der Landwirtschaft, was durch den sehr kleinen Bann erschwert wurde. 1538 wurden sogar Gärten zu Äckern gemacht. Es war auch immer üblich, Matten in den umliegenden Bännen anzukaufen oder zu pachten, vor allem im Stetter (1695: 10 TM) und Lörracher (1724/25: 15 TM) Bann, was gelegentlich zu Auseinandersetzungen mit diesen Gemeinden führte. Es wundert auch nicht, daß die örtlichen Lehengüter stark zersplittert waren, jede Möglichkeit, Land zu gewinnen, wurde genutzt (FN Brandacker 1661). Neben dem Getreidebau, der aber nur dem Eigenbedarf diente, wurde vor allem Weinbau getrieben (in den Gewannen Halden, Rotenacker, Langenacker, Tieffenriedt), Ende des 17./ Anfang des 18. Jh. wurde die Rebfläche (nochmals) erweitert. Es wurde roter und weißer Wein gekeltert, besonders der rote Wein muß von hervorragender Qualität gewesen sein. Daneben wurde im 18. Jh. auch der Obstbau gepflegt, für eine Baumschule war damals jedoch kein Platz vorhanden. Bedeutend war auch die Viehhaltung. Nachdem im 18. Jh. die Weidemöglichkeiten stark eingeschränkt worden waren, nahm daher der Anbau von Futterpflanzen stark zu. Damals wurden die letzten Feuchtgebiete zu Ackerfeld gemacht, um dort vor allem Klee, aber auch Esparsette anzupflanzen. Die Herbstweide wurde 1767 und in der folgenden Zeit noch beibehalten, weil man ohne sie nicht auszukommen vermochte. Außer zwei Schildwirtschaften, beide im 18. Jh. genehmigt, die letzte 1784, ist am Ort kein Gewerbe nachzuweisen.

Tumringen

Ur- und Frühgeschichte. – Wichtige Wegverbindungen schon in prähistorischer Zeit nachzuweisen, ist außerordentlich schwierig und auch ein wenig vom Zufall abhängig. In Tumringen ist dies für die alte, über den Paß der »Lucke« vom Wiesental ins Kander- und Rheintal führende Straße gelungen – Straße allerdings nur im Sinn eines immer wieder begangenen und dadurch gefestigten und ausgeprägten Weges. Der Nachweis stützt sich vor allem auf den Fund eines seltenen Feuersteinbeils, das in unserer Gegend als Fremdkörper wirkt und das auf Beziehungen zur Westschweiz und zu Ostfrankreich in neolithischer Zeit hinweist. Für die intensive Begehung dieses niedrigen Passes, von dem auch die ebenfalls uralte »Hohe Straße« nach Norden abzweigt, sprechen auch zahlreiche andere Feuersteinfunde am Hang zwischen Lucke und Röttler Wald (»Rüttenen«), die auf eine an dieser Weggabelung liegende Siedlung, hinweisen.

Ein weiteres »Glanzstück« unter den steinzeitlichen Funden des Markgräflerlandes ist eine durchlochte, geschliffene und polierte Steinaxt, deren Fundlage und Fundumstände leider nicht geklärt sind. An einen Zufallsverlust der zu ihrer Zeit sehr wertvollen Waffe mag man nicht denken, eher ist sie einem Mann der jüngeren Steinzeit mit ins Grab gegeben worden, der sie zu seinen Lebzeiten als besondere Auszeichnung getragen hat. Auch dabei könnte man an eine Siedlung und an Personen denken, die ihre besondere wirtschaftliche und soziale Stellung der hier durchziehenden Straße verdankt haben.

Siedlung und Gemarkung. – Tumringen verdankt seine Entstehung wohl dem Verkehr, genauer, seiner Lage am Luckepaß. Das 764/67 als *Tohtarinchoua* erstmals urkundlich nachweisbare Dorf ist wohl spätmerowingerzeitlichen Ursprungs. Der Ortsname ist von einem Personennamen abgeleitet, der mit -hofen verbunden wurde. Die nächste erhaltene Urkunde von 890 zeigt die Namensform *Tuomaringa*, die sich bis zum 14. Jh. gehalten hat Der Umfang dieser Siedlung, die sich beiderseits der Straße zur Lucke hinaufzieht, wird erst spät sichtbar. Als die Franzosen 1678 hier hausten, verbrannten sie am 29. Januar 28 Häuser und 22 Scheunen, 13 Häuser blieben erhalten. Demnach zählte der Ort damals 41 Wohnhäuser, deren Zahl sich bis um 1740 geringfügig auf 48 erhöhte, nachdem auch 1702 mehrere Häuser abgebrannt worden waren. Um die Mitte des 18. Jh. wies das Dorf bereits überwiegend Steinbauten auf. Die durch den Ort führende Landstraße erhielt (außerhalb) 1725 eine neue Führung, 1771 wurde sie außerhalb des Ortes begradigt und 1777 erweitert. Hier verkehrten die Postwägen und im 19. Jh. bestand eine Vorspannstation.

Bannstreitigkeiten mit Tüllingen, Lörrach und Stetten sind aus den Jahren 1724 bis 1730 überliefert, 1731 erfolgte die Grenzziehung zu Haagen. Die auf der Gemarkung gelegene Brücke über die Wiese wurde 1591 errichtet. Nach der Zerstörung 1676 wurde sie wieder errichtet, mußte jedoch, der ständigen Hochwasser wegen, häufig repariert werden. Schließlich entschloß man sich 1742, sie in Stein aufzuführen. Auch die seit 1780 unternommenen Flußbauarbeiten (Begradigung des Flußlaufs, Tieferlegung des Flußbettes) verminderten die Hochwassergefahr. Sämtliche Kosten trugen im 17. Jh. die Gemeinden der Herrschaft Rötteln.

Herrschaft und Staat. – Tumringen, das 890 als im Breisgau gelegen bezeichnet wird, muß zu den ältesten Besitzungen der Herrschaft Rötteln gehört haben, was 1571 urkundlich bestätigt wird. Damals gehörten dieser Herrschaft sämtliche Rechte. Tumringen zählte zum Rötteler Viertel und entsandte 1393 2 Vertreter ins Rötteler Kapfgericht. Im 16. Jh. hatte der Ort offenbar ein eigenes Gericht gehabt, 1571 bildete er mit Haagen samt Röttelnweiler und Hauingen eine Vogtei, die erst 1806/07 aufgelöst wurde. Spätestens 1730 bestand ein mit diesen Orten (Hauingen bis 1769) gemeinsames Gericht, das wechselweise in einem der drei Dörfer tagte und in dem Tumringen mit 5 Richtern vertreten war. Jeder Ort hatte jedoch seinen eigenen Vogt (1564) und Stabhalter (1698); ersterer bezog einen Anteil an den Gerichtsgebühren.

Grundherrschaft und Grundbesitz. – Tumringen lag im 8. Jh. inmitten eines Komplexes von Reichsgut, den Graf Ruthart 764/67 an Kloster St. Denis schenkte. Zwar annulierte Karl der Große 790 diese Handlung und vergabte den Besitz seinerseits an dieses Kloster. Später ist darüber jedoch nichts mehr zu erfahren. Helmger übertrug

890 seinen hiesigen Besitz dem Kloster St. Gallen vorbehaltlich lebenslanger Nutzung und eines Rückkaufrechtes. Wie diese Güter über die St. Gallische Vogtei später an die von Rötteln gekommen sind, steht dahin. Denn die Herren von Rötteln waren später die einzigen Grundbesitzer, die hier über nennenswerte Liegenschaften verfügten, die sie zugunsten der Rötteler Kirche schmälerten und von denen sie 1435 den König von Tegernau Güter überließen. Diese Familie war mindestens seit 1430 und noch 1716 auch im Besitz hiesiger Lehen. Später finden sich dann die von Roggenbach hier begütert. Zur Beinutzung des Rötteler Landschreibers gehörten 2½ T. Matten. Der Pfarrei Rötteln gehörte das örtliche Widumgut (1725 14 J) und das sogenannte Frauenpfründlehen (1725 7½ J), die jedoch seit der Reformation der Geistlichen Verwaltung Rötteln ihre Abgaben entrichteten. Das Kapitel auf Rötteln hingegen scheint seinen Besitz behalten zu haben; erst 1731 verkaufte es 25 J Wald an die Herrschaft.

Daneben bezogen weitere Personen und Institutionen Einkünfte, vor allem aus Reben. Zu nennen wäre das Spital in Basel (1495, 1606), das dortige Hochstift (1165, 1663) und die Barfüßer (1458 12 Tagwerk Matten, teils im Lörracher Bann gelegen). Auch die Frauenklöster Klingental und St. Clara lassen sich im 15. Jh. gelegentlich nachweisen, Basler Bürger im 18. Jahrhundert. Unter diesen war Bürgermeister Marx Christoph Leibfried, dessen Einkünfte 1723/27 schuldenhalber an den Riehener Bürger Hans Wenck übergingen, von dem sie vermutlich nach 1754 die Herrschaft Rötteln erwarb. Die Kommende Beuggen besaß im 18. Jh. einige Matten und Ende des 18. Jh. gehörte ein Rebstück zur Burg Steinen.

Gemeinde. – Sie wurde, wie in der Herrschaft Rötteln üblich, durch Vogt und Richter verwaltet, zu denen im 17. Jh. (erwähnt 1698) auch ein Stabhalter hinzukam. Der örtliche Rechner, der Gemeinschaffner, läßt sich seit 1759 nachweisen, damals wird auch ein Geschworener genannt. Alle Urkunden besiegelte die Herrschaft, erst zu Beginn des 19. Jh. erhielt Tumringen ein eigenes Siegel.

Vom Gemeindebesitz ist wenig bekannt. Tumringen gehörte zu den Gemeinden, die im 4-Höfe-Wald (vgl. Bd. 1 S. 147) berechtigt gewesen waren, was jedoch im 18. Jh. nur noch hieß, daß der Ort dort ein Beholzungsrecht hatte. Anteile am Stockertwald werden 1605 genannt; diese waren jedoch mindestens mit Haagen, wenn nicht auch mit Brombach gemeinsam. Erst 1754 wurde dieser Wald aufgeteilt. Anläßlich des Rüggerichtes von 1767 gab die Gemeinde an, neben dem Schulhaus nur noch 6 Güter und 30 J Wald zu besitzen. Sie hatte damals auch nur wenige Feuerlöschgerätschaften, die Anschaffung einer Feuerspritze wurde erst 1777 diskutiert. Als 1732 das »Vogtshaus« erbaut wurde, brachte man die Löschgeräte dort unter.

Die Vogtei hatte gemeinsame Verpflichtungen. Vor allem der Unterhalt von Kirchturm und Kirchenmauer der gemeinsamen Pfarrkirche auf Rötteln gehörte dazu, ferner Bau und Unterhalt des dortigen Schulhauses. Beide Gemeinden Haagen und Tumringen waren auch zur Bewirtschaftung der Rötteler Hofreben fronpflichtig. Nach dem 30j. Krieg stellte die Herrschaft jedoch eigene Rebknechte an und besoldete sie über eine von den Gemeinden erhobene Umlage. Tumringen allein hatte, zusammen mit Lörrach und Brombach, ein Wuhr oberhalb der Wiesenbrücke zu unterhalten und mußte im übrigen für den eigenen Bann, die Besoldung der Ortsvorgesetzten, Steuern und alle weiteren Belastungen aufkommen. 1698 hingegen erklärte die seit 1633 immer wieder heimgesuchte Gemeinde, daß ihre Mittel erschöpft seien. Daran änderte sich auch in der Folgezeit wenig.

Kirche und Schule. – Tumringen gehörte immer zur Pfarrei auf Rötteln. Diese bezog dafür Einkünfte aus dem Ort, der auch Baulasten an den kirchlichen Gebäuden

Geschichte der Stadtteile 165

übernehmen mußte. Sämtliche *Zehnten* gehörten der Ortsherrschaft, die sie jedoch schon bald als Lehen ausgab. Spätestens seit 1512 bezogen die Familien von Andlau und Reich von Reichenstein, seit 1528 nur noch die letztgenannten, diese Einkünfte. Ein Vertrag von 1512 verpflichtete sie allerdings, verschiedene Abgaben zu tragen, die auf von der Herrschaft an Dritte geschenkten Zehntrechten basierten. Einkünfte bezog so der Kaplan von Sitzenkirch für mindestens 9 J Acker, der Kirchherr auf Rötteln für 54 J Acker, die Pfarrei Ötlingen für 18 J Acker und die Pfarrei Riehen für 9 J Acker. Die Rötteler Zehntanteile gingen nach der Reformation auf die Geistliche Verwaltung über, die Ende des 18. Jh. der Gemeinde daraus den Heuzehnten auf 12 Jahre gegen Gebühr überließ. Die Reich von Reichenstein wurden mit ihren Anteilen noch 1831 vom badischen Großherzog belehnt, 1845 um die Zeit der allgemeinen Zehntablösung nochmals mit den Zehntsurrogaten.

Auch die *Schule* für die Kinder aus Tumringen und Haagen stand auf Rötteln. Zum dortigen Schulhaus hatten beide eine gemeinsame Unterhaltspflicht, ebenso mußten sie bis 1789 für Wohnung und Besoldung des Lehrers aufkommen. Angehörige anderer Bekenntnisse oder Religionsgemeinschaften blieben bis zum Ende des 18. Jh. selten. Um 1780/81 zählte man neben 260 evangelisch-lutherischen Einwohnern nur einen Reformierten und einen Katholiken. Dazu kamen 7 *Juden*. Vermutlich haben schon früher einzelne Juden in Tumringen gelebt. Der 1495 erwähnte Hans Levy dürfte ein solcher gewesen sein. Aber erst seit 1733 wurde offiziell ein Schutzjude zugelassen, der die übliche Gebühr von 40 fl jährlich zu entrichten hatte. Im allgemeinen lebten hier zu Beginn des 19. Jh. eine bis zwei Familien, die der Gemeinde in Lörrach unterstanden.

Bevölkerung und Wirtschaft. – Noch im 14. Jh. finden sich hier Eigenleute der Basler Kirche, die der Bischof 1365 und 1368 dem Markgrafen verlieh. Später ist davon nicht mehr die Rede, bis zum 16. Jh. hatte sich die Territorialleibeigenschaft völlig durchgesetzt. Frühe *Einwohnerzahlen* liegen auch hier nicht vor; erst 1643 erfährt man, daß Tumringen 22 Bürger, 2 Hintersassen, 4 Witwen und 6 Jungmänner, zusammen also etwa 130 Personen umfaßte. Damals war aber wohl bereits ein Teil der Bevölkerung vor den Kriegswirren nach Basel geflohen, so daß diese Zahl nicht unbedingt repräsentativ ist. Nach dem Krieg, 1664, werden neben 31 Bürgern und 17 Taglöhnern 3 Witwen und 13 Waisen verzeichnet, was einer Einwohnerzahl von 250 entsprechen könnte. Bis 1709 erhöhte sich die Zahl der Bürger auf 50, absolut nahm jedoch die Bevölkerung, wohl infolge der neuen Kriegswirren, wieder ab: 1715 lebten hier 219 Personen, deren Zahl sich bis 1780/81 auf 269 erhöhte.

Um 1800 war Tumringen ein überwiegend landwirtschaftlich ausgerichteter Ort. Der Ackerbau, in den *Zelgen am aussern Feld, im mitteln Feld und im Kirchhof Feld* (1767) betrieben, konzentrierte sich auf Dinkel, außerdem wurden Gerste und Hafer gesät. Um die Mitte des 18. Jh. hatte sich auch die Kartoffel durchgesetzt. Es muß zudem ein nicht unbeträchtlicher Weinbau betrieben worden sein. Der Obstbau nahm im 18. Jh. einen ziemlichen Aufschwung. Zwar zogen die Leute ihre Obstbäume meist selbst, die um 1767 neu angelegte Baumschule erfreute sich aber regen Zuspruchs. Lediglich die auf obrigkeitlichen Wunsch auf den Kirchhof gepflanzten Maulbeerbäume brachten keinen Nutzen und wurden im Laufe der Zeit ausgehauen.

Der Feldbau wurde zunächst überwiegend mit Hilfe von Pferden bewältigt (1643: 18, 1700: 14 Zugpferde, 1798: 29), seit dem 17. Jh. wurden zunehmend auch Ochsen eingesetzt (1643: 4, 1700: 21). Die Gemeinde unterhielt 1767 einen Wucherstier, wofür ihr ein Teil des Heuzehnten überlassen wurde. Seit dem Ende des 18. Jh. wurde auch die Schweinezucht gefördert. Und spätestens seit dem 18. Jh. (1769) hielt man Schafe (1796: 141). Nach der Einführung der Stallfütterung war man darauf bedacht, die Matten zu verbessern (schon 1605 war die regelmäßige Bewässerung üblich) und Futterkräuter anzupflanzen. Frühjahrs- und Herbstweide waren 1767 theoretisch bereits abgeschafft, die Herbstweide war aber noch üblich. Ca. 18 J waren mit Klee, ca. 1½ J mit Esparsette bestanden, und im übrigen gab es keinerlei Ödland mehr.

Handwerk und Gewerbe waren schwach vertreten. Bannmühle war die Rötteler Hofmühle, zu der Frondienste geleistet werden mußten (erst 1833 abgelöst). Eine Lachsweide war herrschaftlich und beschäftigte höchstens einen Fischer. Ein Wagner und ein Schuhmacher werden um 1773/81 erwähnt. Eine Wirtschaft bestand bereits 1725, wohl eine Vorgängerin des »Goldenen Engel«, dem 1794 die Schildgerechtigkeit verliehen wurde (seit 1829 nennt er sich nur noch »Engel«). Alle weiteren Wirtschaften entstammen dem 19. und 20. Jahrhundert.

Quellen und Literatur

Brombach

Quellen gedr.: UB Basel 3 Nr. 14, 99–101, 142, 462; 7 Nr. 150. – FDA 35 (1907) S. 81; 67 (1940) Anh. S. 122/23; 76 (1956) Nr. 94, 151, 1428, 1489. – REC Nr. 5149, 5581, 8445, 8459, 8697. – RMB 1 Nr. 35, h 613, 623, 643, 655, 657, 674, 680, 683, 689, 706/7, 737, 803, 867, 967. – Schöpflin HZB 5, 408. – SGUB 1 Nr. 105. – WUB 2 Nr. 111, 114, 172, 195, 265; 4 Nr. 344. – ZGO 2 (1851) S. 202; 30 (1878) S. 83 f., 234, 240; 37 (1884) S. 114; 51 (1897) S. m56; 57 (1903) S. m17; 58 (1904) S. m115, m166; 79 (1927) S. 122 f.

Quellen ungedr.: StA Basel, Urkunden St. Leonhard Nr. 188; Klöster W 3,2; Klosterarchive Gnadental J 14; Zins und Zehnten G 1. – GA Brombach (Inv. masch. 1955; Übers. in: ZGO 47 ⟨1893⟩ S. m41/42). – PfA Brombach (Übers. ebd. S. m42). – GLA H/Brombach 1–3a; 11/ Nr. 1580, K. 186/87, 331, 475–78, 522; 19/Nr. 1776/77; 21/Nr. 1202–39, 1533, 3585, 3743, 5219/ 20, 5721, 5749/50, 6421, 6425–28, 6761, 7192, 7194/95, 7452, 7956/57, 7959, 7962, 7973; 44/ Nr. 1174, 1179, 1192/93, 1195, 1199, 1201/2, 7336, 7338, 7344, 7380, 7385, 7388, 7391, 7393, 7396; 61/5325; 65/565 f.; 66/1344–64, 3715, 6109, 7218, 7247, 8485; 72/Böhringer, Reich v. Reichenstein; 120/483, 569, 657, 812, 818, 824, 998, 1087, 1145, 1203, 1238; 159/38, 65, 69; 212/217–28, 232, 345; 229/9587, 9589, **13176–306**, 16055/56, 22645, 23187, 23781, 33881, 34061, 37703, 37706, 38017, 39730, 47588, 52827, 53976, 74672, 77222, 77246, 86918/19, 88465, 88486, 88490, 88491, 88493, 89915–17, 92047, 94378/79, 94431, 94447, 94472, 100897, 101851, 101879, 112636, 114091, 115318, 115328; 361 (1926, 43) 15; 391/**5945–70**, 32020, 23023.

Literatur: *Fingerlin,* Gerhard, Ein römisches Gebäude aus Brombach, Stadt Lörrach. In: AA 1981, S. 160. – *Hofmann,* Kurt und *Jung,* Walter, 200 Jahre Reiss-Mühle in Brombach. In: Unser Lörrach 13 (1982) S. 152–158. – *Richter,* Erhard, Der römische Gutshof von Brombach. In: Das Markgräflerland 1 (1982) S. 56. – *Derselbe,* Die neuentdeckte römische Viereckschanze von Brombach. In: Das Markgräflerland 1 (1982) S. 50–55 und Unser Lörrach 13 (1982) S. 7–14. – *Schülin,* Fritz, Brombach 786–1972. Beiträge zur Orts-, Landschafts- und Siedlungsgeschichte. Brombach 1973.

Erstnennungen: ON, Kirche und Kirchenpatron St. Germanus 786 (SGUB 1 Nr. 105).

Haagen

Quellen gedr.: RMB 1 Nr. 680, 689. – ZGO 30 (1878) S. 232/33; 37 (1884) S. 117 f.; 47 (1893) S. m41; 48 (1894) S. m142 f.

Quellen ungedr.: GA Haagen (Inv. masch. 1954. Übers. in: ZGO 47 ⟨1893⟩ S. m43). – GLA H/Haagen 1–2a; 19/Nr. 343; 21/Nr. 1203, **3524–48**, 3734, 3743; 44/Nr. 5200, 10186, 10192–96, 10198–201, 10202–6, 10208/9; 65/565 f.; 66/3329–31, 7757; 72/v. Tegernau; 120/574, 818; 159/65; 229/22651, **37685–716**, 37963–69, 39742, 39742, 39750, 88465, 88470/71, 88473–76, 88481, 88590/

91, 88493, 88498, 88500, 88504/5, 90062, 101467/68; 361 (1926, 43), 24; 391/**5952**, **13937**–47, 23089.
Literatur: *Heitz*, Ernst, Haagen einst und jetzt. In: Unser Lörrach 5 (1974) S. 7–21. – *Poisel*, Manfred, Schöpflin – 50 Jahre Großhandel. In: Unser Lörrach 5 (1974) S. 22–31. – *Schülin*, Fritz, Rötteln-Haagen. Beiträge zur Orts-, Landschafts- und Siedlungsgeschichte, Lörrach 1965.
Erstnennung: ON 1365 (RMB I Nr. h 680).
Rötteln: SGUB 1 Nr. 14 (751). – Vgl. die Quellen Röttler Amtsorte, besonders von Lörrach. – *Fingerlin*, Ilse, Kirche und Grabdenkmäler von Rötteln. In: Lörrach und das rechtsrheinische Vorland von Basel S. 224–37. – *Heimgartner*, Heinz, Burg Rötteln, Ein Führer durch Geschichte und Kunst in Wort und Bild. Haagen 1964. – *Roller*, Otto, Die Geschichte der Edelherren von Rötteln = Bll. aus der Markgrafschaft 1927. – *Schülin*, Fritz, Rötteln-Haagen. Beiträge zur Orts-, Landschafts- und Siedlungsgeschichte. Lörrach 1965.
Röttelnweiler: RMB 1 Nr. 680 (1365). – GLA 229/23731, 88457, 88481, 88489–94, 88505. – RMB 1 Nr. h 689. – ZGO 58 (1904) S. m126.

Hauingen

Quellen, gedr.: BB 1 S. 377ff. – Basler UB 1 Nr. 33, 34, 45–47, 66, 68; 3 Nr. 398. – FDA 1 (1865) S. 99; 35 (1907) S. 81; 68 (1941) S. 355; 76 (1956) Nr. 1398, 1410, 1413, 1420, 1531. – REC Nr. 7354. – RMB 1 Nr. h 680, 689, 706, 827. – Trouillat 1 Nr. 195, 207, 212, 255, 282. – ZGO 14 (1862) S. 16, 225; 30 (1878) S. 232f; (1884) S. 113–115; 42 (1888) S. m90; 48 (1894) S. m142; 57 (1903) S. m 17.
Quellen ungedr.: StA Basel Urkunden St. Alban 232; Kirchen- und Schulgut R 16, 1–2; Klosterarchive St. Alban EE 29, Kartaus Q 23, St. Maria Magdalena MM 33; Direktorium der Schaffneien Q 66, 1–8; Zins und Zehnten G 1. – GA Hauingen (Übers. in: ZGO 47 ⟨1893⟩ S. m43).– PfA Hauingen (Übers. in: ZGO 51 ⟨1897⟩ S. m55). – GLA H/Hauingen 1–8; 11/K. 476; 19/Nr. 623, **737**–**41**; 21/Nr. 1235, **3733**–**65**, 6440; 44/Nr. 10185, 10187/88; 66/3438–44, 3715; 120/422, 574, 612, 693, 818, 1206, 1237; 159/65; 212/476, 480/81; 229/13179, 22651, 22947, 22958, 23754/55, 23790, 37963, 37969, **39703**–**59**, 81564, 88465, 88486, 88490 II, 88491, 88493, 92037/38, 92047, 101851, 106422, 106475/76, 106495; 361 (1926, 43) 27; 391/ **14400**–**16**, 23020.
Literatur: *Gula*, Inge, Die Flurnamen der Gemeinde Hauingen. In: Das Markgräflerland 1966, S. 124–40; 1967, S. 55–72. – *Moehring*, Gerhard, Hebelgedenkstätten (Hauingen). In: Das Markgräflerland 3/4 (1976) S. 328–342. – *Schülin*, Fritz, Das Bad zu Hauingen. In: Das Markgräflerland 1/2 (1971) S. 49–51. – *Derselbe*, Die aufgelassenen Heilbäder (Hauingen). In: Das Markgräflerland 1/2 (1971) S. 44–46.
Erstnennungen: ON und Kirche 1103 (Trouillat 1 Nr. 146). – Patron St. Nikolaus 1550 (GLA 21 Nr. 3743).

Lörrach

Quellen gedr.: BB 1 S. 73, 220; 2 S. 421; 4 S. 52, 160, 196, 214; 5, 2 S. 853; 6 S. 504. – UB Basel 1 Nr. 33, 34, 90; 2 Nr. 184; 4 Nr. 151; 5 Nr. 100. – *Berner*, Herbert, Stadt Lörrach. Die Urkunden, Akten, Bücher, Pläne und Sammlungen des Stadtarchivs Lörrach und der eingemeindeten Orte Stetten, Tüllingen und Tumringen = Inventare Badischer Gemeindearchive. Lörrach 1953. – FDA 35 (1907) S. 81. – Lünig XI S. 137. – REC Nr. 3758, 5756, 6186, 6315, 6326, 7324, 8571, 11764. – RMB Nr. h 644, 650, 653, 665, 667, 680, 683, 689, 706/7, 737, 753, 774, 836, 866, 924, 1005, 1021, 1127. – Schöpflin HZB 5 S. 99, 190; 6 S. 18. – Trouillat 1 Nr. 195, 207, 212, 255, 282; 2 Nr. 27. – ZGO 9 (1858) S. 245; 30 (1878) S. 258/59 31 (1879) S. 187; 37 (1884 S. 113; 42 (1888) S. m98; 47 1893) S. m41/42; 48 1894) S. m120, 141; 55 (1901) S. m55; 58 (1904) S. m39, 88, 110, 161, 167, 169.
Quellen ungedr.: StA Basel Urkunden St. Alban Nr. 162, 178, 225, 291/92; Kirchen- und Schulgut R 22. 1–5; Klosterarchive St. Alban U, EE 43, St. Clara S 43, Karatus Q 29, St. Maria Magdalena MM 45, St. Peter JJJ 81, Spital S 66; Direktorium der Schaffneien Q 105.1–13; Städte und Dörfer L 18. – GLA D 477, 836; H/Lörrach Nr. 1–9 (Nr. 9 = Übersichtsplan 1786); 11/ K. 381, 495, 515; 16/K. 87; 18/K. 20, 30, 53; 19/Nr. 990–1000; 20/K. 105, 152, 435; 21/ Nr. 5040–5227; 44/Nr. 1174, 1176, 1179, 1192/93, 1195, 1199–1202, 2314, 2317–19, 5200, 10186; 65/563–70, 2084; 66/24, 33, 41, 49, 52–55, 60/61, 65/66, 433/34, 3715, 3718, 5117–35, 7021,

168 Lörrach

7270–72, 8699, 8702/3, 9601/2; 72/Böhringer, v. Rappenberg; 120/84, 174, 208, 320, 323b, 324a, 343, 380, 427, 431, 494, 576, 604, 617, 637, 647, 657, 818, 921/22, 950, 957, 968, 975/76, 981, 1107/ 8, 1137a, 1149, 1153, 1155, 1174, 1200, 1213, 1237; 159 (Akten Lörrach-Amt); 212 (Akten Lörrach-Stadt); 229/22645, 22647–49, 23725, 28597, 28614, 33739, 33881, 33952, 33965, 34006, 37691, 39732, 39757, 52815, 52821, 52827, 52868, 52874, 52922, 81564, 88457, 88465, 88469/70, 88480, 88490/91, 88493, 88496/97, 92025, 92030, 101830, 101836, 101839, 101842, 101847, 101851, 101860, 101879, 101882, 101888/89, 101891, 101913–15, 101917, 101921/22, 101925, 101928, 106398, 106414/15, 106417, 106433, 106447, 106466, 106489; 275 (Akten Amtsgericht Lörrach); 361 (Bezirksamt Lörrach); 391/7195, 22897–23124, 32155, 33427, 35258, 44003/4; 405 (Domänenamt Lörrach). – PfA Lörrach.
Literatur: *Kirchberg*, Wolf, Lörrach – Geographie einer Grenzstadt = Forschungen zur deutschen Landeskunde 122 (1961). – *Kullen*, Siegfried, Lörrach als Hochschulstadt. In: Regio Bas. 12 (1971) S. 103–112. – Lörrach. Landschaft, Geschichte, Kultur. Hg v. d. Stadt Lörrach, Lörrach 1982. – Unser Lörrach, hg. v. d. Stadtverwaltung Lörrach 1970ff. (mit zahlreichen Einzelbeiträgen zur Stadtgeschichte).
Erstnennungen: ON und Kirche 1102 (UB Basel I Nr. 14). – Patrone SS Peter und Paul 1537 (GLA 66/5117).

Stetten

Quellen gedr.: UB Basel 4 Nr. 16, 151; 5 Nr. 44. – *Berner*, Herbert, Die Urkunden, Akten, Bücher, Pläne und Sammlungen des Stadtarchivs Lörrach und der eingemeindeten Orte Stetten, Tüllingen und Tumringen = Inventare Bad.Gemeindearchive, Lörrach 1953. – FDA 1 (1865) S. 196; 35 (1908) S. 82; 68 (1941) S. 353, 375; 76 (1956) Nr. 1481. – REC Nr. 10829. – RMB 1 Nr. h 787, 911, 913, 930. – SGUB 1 Nr. 38. – ZGO 4 (1853) S. 471; 30 (1878) S. 232; 42 (1888) S. m96 f.; 55 (1901) S. m27–30, m33–36, m38–39, m42 f; 57 (1903) S. m8, m15 f; 58 (1904) S. m154.
Quellen ungedr.: StA Basel, Urkunden St. Leonhard Nr. 220, St. Peter Nr. 125; Spitalarchiv S 26,1; Kirchen- und Schulgut R 29,1–4; Klöster B 3,9, S 1,2, Q 3,2; Klosterarchive St. Alban EE 61, Domstift WW 58, Spital S 102; Direktorium der Schaffneien Q 158, 1–3; Zins und Zehnten G 1. – GLA H/Stetten 1–8a; 11/K. 478; 16/K.81, 83–87; 18/K.53; 19/Nr. 1167/68, 1235, 1261; 21/ Nr. 1236, 5112, 5222, **7021–71**; 65/563 f; 66/3715, 7256, **8342–53**; 67/131–32; 120/1282; 212/ 214–15, 342, 362, 379; 221/101851; 229/39717. **101781–939**, 106409–12, 10643334, 106450, 106452; 230/Gen. 1241; 391/32819, **37829–47**. – PfA Stetten.
Literatur: *Buck*, E. und *Wittmann*, Otto, Ein neues Profil aus dem unteren und mittleren Braunen Jura in den Ziegeleigruben Lörrach-Stetten. In: Jahresberr. Mitt. d. oberrh. geol. Ver. 41 (1959) S. 47–81. – *Deißler*, Otto, Lörrach-Stetten. Aus alten Zeiten. Ein Beitrag zum Jubiläum 763–1963, Lörrach 1963. – *Gula*, Inge, Flurnamen der alten Gemarkung Stetten. In: Unser Lörrach 6 (1975) S. 118–162. – *Heimann*, Annemarie, Die St.Fridolinskirche in Stetten. Zur Renovierung der Pfarrkirche zu Stetten. In: Bad. Heimat 33 (1953) S. 127–133. – *Jehle*, Fridolin, Das Dorf Stetten unter der Herrschaft des Stiftes Säckingen. In: Bad. Heimat 38 (1958) S. 58–66. – *Kuhn*, Friedrich, Maienbühl. (Archäologische Grabungen in Lörrach-Stetten). In: Das Markgräflerland 1 (1970) S. 27–34.
Erstnennungen: ON 763 (SGUB 1 Nr.38). – Kirche 1275 (FDA 1 ⟨1865⟩ S. 196). – Kirchenpatron St.Fridolin.

Tüllingen

Quellen gedr.: UB Basel 1 Nr. 40; 3 Nr. 47; 4 Nr. 151. – *Berner*, Herbert, Stadt Lörrach. Die Urkunden, Akten, Bücher, Pläne und Sammlungen des Stadtarchivs Lörrach und der eingemeindeten Orte Stetten, Tüllingen und Tumringen = Inventare Badischer Gemeindearchive, Lörrach 1953. – FDA 1 (1865) S. 198; 35 (1907) S. 81; 76 (1956) Nr. 1429, 1459, 1453, 1474, 1487. – REC Nr. 6845, 11916. – RMB 1 Nr. 35, h 930. – WUB 1, 216; 2, 172, 195, 265, 444. – ZGO 2 (1851) S. 200; 4 (1853) S. 471; 17 (1865) S. 107/8; 28 (1876) S. 411–413, 416/17; 37 (1884) S. 112 f, 115, 117; 42 (1888) S. m90; 51 (1897) S. m55; 55 (1901) S. m41/42.

Geschichte der Stadtteile 169

Quellen ungedr.: StA Basel Urkunden, St. Clara Nr. 202, 221, St. Peter Nr. 108, 224 a; Kirchen- und Schulgut R 30; Klöster W 3,2; Klosterarchive Kartaus Q 35, St. Peter JJJ 123; Direktorium der Schaffneien Q 162; Elenden Herberg V 35; Zins und Zehnten G 1. – GLA H/Tüllingen 1–5a; 11/ K.187, 381, 441, 495; 16/K.85,88; 19/Nr.343, 993, 1215–21, 1223/24, 1237, 1252/53, 1255; 21/ Nr. 3585, 3588, 5052, 6436, **7448–62**, 7978; **65/566f 2468ff**; 66/3715, 7211, **8768–80**, 10759, 11749, 11758; 120/483, 697, 1051, 1238a; 159/38; 212/219, 224/35; 229/9498, 22645, 22647–49, 22979, 28597, 33881, 33923, 37966, 64360, 81554, 81577, 88460, 88486, 92047, 101847, 101851, 101903, 101934/35, **106398–465**, 106495; 391/4651, 19190, 23020, **39125–36**. – PfA Tüllingen.
Literatur: *Gmeiner*, Baptist, Das evangelische Rettungshaus in Tüllingen. Eine soziale Tat aus dem Jahre 1860. In: Die Markgrafschaft 12 (1960) H.10. – *Gula*, Inge, Flurnamen der alten Gemarkung (Lörrach)-Tüllingen. In: Unser Lörrach 3 (1972) S. 62–104. – *Heimann*, Annemarie, Die Tüllinger Kirche und ihre Fresken. In: Unser Lörrach 3 (1972) S.10–15. – *Wittmann*, Otto und *Heimann-Schwarzweber*, Annemarie, Zur Baugeschichte der Tüllinger Kirche in Lörrach. In: Bad. Heimat 58 (1978) S. 253–262.
Erstnennungen: 1113 (RMB 1 Nr.35). – Kirche 1173 (WUB 2 S.172). – Kirchenpatron St.Michael 1661 (GLA 66/8772)

Tumringen

Quellen gedr.: *Berner*, Herbert, Stadt Lörrach. die Urkunden, Akten, Bücher, Pläne und Sammlungen des Stadtarchivs von Lörrach und der eingemeindeten Orte Stetten, Tüllingen und Tumringen = Inventare Badischer Gemeindearchive, Lörrach 1953. – RMB 1 Nr. h 680, 689. – SGUB 2 Nr. 677. – ZGO 17 (1865) S.236; 30 (1878) S.232f; 37 (1884) S. 113; 42 (1888) S.m86; 47 (1893) S.m41; 48 (1894) S.m141.
Quellen ungedr.: StA Basel, Klosterarchive Barfüßer H, L 23, St.Martin H 15, Spital S 105. – GLA 9/K. 67a; 11/K. 408; 20/K. 135; 21/Nr. 1203/4, 4603, 5052, 5068, 6413–15, 6463, **7314–66**; 44/Nr. 7336, 7338, 7344, 7385, 7391, 7393, 7396, 10185, 10187/88, 10193–96, 10198–206, 10208/9; 65/565f; 66/24, 41, 52, 61, 65, 1347, 3715, 7010, 7019/20, 7032–34, 7039, 7043, 7282, **8699–8704**, 9385, 11685; 72/Reich v. Reichenstein; 120/424, 574, 818; 159/59, 228, 287; 159/ 64–66; 212/59, 228, 287; 229/22651, 22958, 22973, 23725 I, 23781, 36792, 37700/1, 37713, 37716, 37969, 39742, 45584, 81561, 88457, 88459, 88465, 88469–71, 88473–76, 88480/81, 88486, 88490 II, 88491, 88493, 88495, 88498, 88500, 88504–6, **106466–514**; 375 (1896,21) 47; 391/4675, 5952, 13937, 13947, **39137–54**.
Literatur: *Fingerlin*, Gerhard, Urgeschichte, Römerzeit und Frühes Mittelalter. In: Lörrach, Landschaft, Geschichte, Kultur, S. 49. – *Gula*, Inge, Tohtarinchova = Tumringen? In: Das Markgräflerland 2/3 (1970) S. 78–79. – *Dieselbe*, Noch einmal Tumringen–Tohtarinchova. In: Das Markgräflerland 3 (1971) S.124–126. – *Kuhn*, Friedrich, Tümlingen–Tohtarinchova. In: Das Markgräflerland 3 (1971) S. 122–124. – *Moehring*, Gerhard u. a., Lörrach-Tumringen 767–1967. Eine Chronik zur 1200-Jahr-Feier, Tumringen 1967.
Erstnennung: ON 764/67 (Fèlibien, Hist. de l'abbaye de Saint-Denys XXIX).

Malsburg-Marzell

2492 ha Gemeindegebiet, 1605 Einwohner (31. 12. 1990, 1987: 1532)

Wappen: In Silber (Weiß) auf grünem Berg eine rote Burgruine, rechts und links auf dem Hang eine grüne Tanne mit schwarzem Stamm.
Flagge: Rot-Weiß (Rot-Silber).
Das Wappen vereinigt die Motive beider namengebenden Ortsteile. Die Ruine soll an die Sausenburg nahe Malsburg erinnern, beide Tannen sind dem alten Marzeller Wappen entnommen. Es wurde in dieser Form am 2. August 1974 vom Innenministerium verliehen.

Gemarkungen: Malsburg (1727 ha, 937 E.) mit Malsburg, Höfe, Käsacker, Kaltenbach, Lütschenbach und Vogelbach; Marzell (766 ha, 595 E.) mit Marzell, Friedrichsheim und Luisenheim.

A. Naturraum und Siedlung

Natürliche Grundlagen. – Das Gemeindegebiet Malsburg-Marzell erstreckt sich nordöstlich von Kandern über Tal und Gebirgsumrahmung des oberen Kandertals und reicht, bei einer Distanz von etwa 10 km Längendehnung, im N bis zu den Höhen von Blauen, Stockberg und Brandeck. Die Gemeinde entstand 1974 durch den Zusammenschluß von Malsburg und Marzell und umfaßt heute eine Fläche von 2492 ha. Den höchsten Punkt bildet der Gipfel des Blauen mit 1165 m, beim Überschreiten der südlichen Gemeindegrenze weist die Landstraße eine Höhe von 439 m ü.d.M. auf. Die Reliefunterschiede sind also beachtlich, weshalb auch die Kander auf einer Luftlinienentfernung von etwa 7 km ein Gefälle von 400 m erreicht.

Das Gemeindegebiet gehört naturräumlich zum *Blauen-Kanderner Bergland* und liegt im unmittelbaren Grenzbereich zur *Schwarzwald-Randverwerfung*, die den Übergang zum Oberrheingraben bildet. Wesentlich stärker als beim östlich anschließenden Landschaftsraum der Kleinwiesentäler Mulde wurden die Oberflächenformen des Gemeindegebiets daher sowohl von der Tektonik des Grabenbruchs als auch von den Hebungsphasen des Grundgebirgskörpers beeinflußt. Besonders zur Geltung kamen die tektonischen Beanspruchungen aber auch deshalb, weil sie im heutigen hinteren Kandertal auf eine bereits zur Zeit des Rotliegenden grabenartig angelegte tektonische Schwächezone traf (*Graben von Marzell*), die bei der Heraushebung des Schwarzwaldes im Pliozän reaktiviert wurde.

Die Grabenform wird in der auffallenden allseitigen Gebirgsumrahmung des oberen Kandertals faßbar, wobei sich die starke tektonische Beanspruchung nicht zuletzt auch in den erheblichen Reliefunterschieden niederschlägt. Die größten Höhen liegen mit Blauen, Stockberg (1074 m), Brandeck (1116 m) und Stühle (1043 m) im N und nehmen nach S sowie O hin ab. Bedingt durch die Bruchtektonik pausen sich dabei einzelne, staffelartig angeordnete Höhenniveaus ab, die besonders ausgeprägt an der westlichen Umrahmung des Kandertals auszumachen sind. Abgesehen vom Blauen, der zusätzlich herausgehoben wurde, markiert der Streitblauen mit 1057 m ü.d.M. das obere Niveau. Tiefer abgesenkt sind Hexenplatz (847 m) und Großholz (848 m), während beispielsweise mit dem Sausenhard (645 m) bzw. Burgberg (663 m) ganz im S die untere Niveaustufe der Talumrahmung faßbar wird. Die Ostseite des Kandertals weist keine solche Staffelung auf. Die klar ausgebildete Kammlinie bleibt vom Meierskopf (1053 m), unterbrochen zwar vom Lipplesattel (892 m), bis zum Hochwildberg (1084 m) und Wildsberg (1018 m) mit Schwankungen über der 1000-m-Marke und geht dann eher allmählich vom Federlisberg (981 m) zu den Hohen Stückbäumen (939 m) über. Der gesamte Höhenzug bildet die Wasserscheide zwischen dem Einzugsbereich der Kleinen Wiese im O und der Kander.

Auch die *Gestaltung des Kleinreliefs* auf beiden Seiten der Kander zeigt eine auffällige Asymmetrie. Während die Westhänge steil und relativ wenig gegliedert sind, weist die Ostflanke vor allem in den unteren und mittleren Hangbereichen flachere, durch Verebnungen gekennzeichnete Formen auf. Das am Osthang stärker ausgeprägte Gewässernetz hat diese flachen Bereiche in zahlreiche Buckel und Leisten aufgelöst, die die Schwerpunkte der Besiedlung bilden. Die Talsohle selbst ist nämlich sehr eng und weitet sich nur am nördlichen und südlichen Ende des oberen Kandertals, so daß sie hier zusätzlichen Raum für Siedlungen bietet. Der Gesteinsuntergrund besteht überwiegend aus dem *Malsburg-Granit*, der zu den undeformierten unterkarbonischen Graniten des Südschwarzwaldes mit mittelkörnig ausgebildeter Mineralstruktur gehört und als Plutonit wahrscheinlich während der sudetischen Gebirgsbildungsphase des Schwarzwaldes in die oberen Stockwerke des Orogens aufgedrungen ist. Als Varietät dieses Gesteins treten vor allem westlich des Kanderlaufs besonders quarzreiche Nachschübe in Erscheinung, die stellenweise durch die Anlage der Kandertalstraße aufgeschlossen sind. Früher wurde der Malsburggranit in zahlreichen Steinbrüchen u. a. als Baustein abgebaut. Heute besteht nur noch das große Steinbruchunternehmen am Kanderlauf südlich von Lütschenbach, wo der Stein zu Schotter verarbeitet wird. Lediglich ganz im SO des Gemeindegebietes tritt im Gebiet der Hohen Stückbäume ein älterer Paragneis (»Blauen-Palingenit«) in Erscheinung, der die südliche Umhüllung des Malsburgplutons bildet. Im südlichen Gemeindegebiet durchziehen einzelne Porphyrgänge den granitischen Gesteinsuntergrund. Sie nehmen nach N hin an Zahl zu. Zwischen Kaltenbach und Marzell, insbesondere aber an den Dehnungsfugen des nordwestlichen Grabenrandes, sind ausgedehnte *Porphyrdecken* aufgedrungen, die u. a. den Stockberg und den Rasinakopf aufbauen. Der andersartige Untergrund in Verbindung mit der am nördlichen Grabenende höheren Reliefenergie erlaubt es dem Gewässernetz, hier stärker nach W bzw. NW auszugreifen. Die nordwestliche Grabenflanke ist daher im Gegensatz zur gesamten sonstigen westlichen Talbegrenzung durch einzelne recht lange, aber schmale und tief eingeschnittene Bachläufe gegliedert.

Eine hohe Waldbedeckung ist kennzeichnend für das Gemeindegebiet, die sich keinesfalls nur auf die Kammlagen oder übersteilen Reliefteile beschränkt. Vor allem an der Westflanke des oberen Kandertals, so beispielsweise am Großholz, reicht ein dichter Laubmischwald von den Kammbereichen bis unmittelbar an den Kanderlauf heran. Auf den Verebnungsflächen der östlichen Talseite tritt der Wald dagegen zugunsten von weitläufigen Wiesen und Weideflächen, aber auch vereinzelten Äckern zurück. Mit diesem Gegensatz von offenen Bereichen, die immer wieder von einzelnen Waldarealen unterbrochen werden, und den durchgängig bewaldeten Höhenzügen weist das Gemeindegebiet ein Charakteristikum des Südschwarzwaldes auf, dessen besonderer Erholungswert hier im Zusammenhang mit der verkehrsmäßig eher randlichen Lage und der dadurch bedingten Ruhe schon früh erkannt worden ist.

Siedlungsbild. – Die Besiedlung des hinteren Kandertales findet ihren Schwerpunkt in den Orten Malsburg und Marzell und setzt sich aus verschiedenen, räumlich oft deutlich getrennten Siedlungskernen zusammen, von denen eine nicht geringe Zahl nur Weilergröße erreicht. Einzelhöfe im eigentlichen Sinn spielen dagegen für die Siedlungsstruktur eine untergeordnete Rolle. Abgesehen von den wenigen Stellen, wo sich der Talraum verbreitert, bietet vor allem der Sonnenhang auf der Ostseite der Kander für Siedlungen Raum, wobei die Quellmulden der Nebenbäche zu den bevorzugten Siedlungslagen gehören.

Selbst der Ortsteil Malsburg besteht aus mehreren Kernen, deren namengebender ganz im Süden des Gemeindegebietes in 490 m Höhe oberhalb der Talsohle auf einer Verebnung an der Ostflanke des Kandertals am Ausgang des Lipertsgrabens liegt. Die wenigen älteren Anwesen, meist alemannische Eindachhöfe, gruppieren sich dort um eine kleine platzartige Straßenerweiterung in unregelmäßiger Ausrichtung. Nur ganz wenige Höfe haben ihre landwirtschaftliche Funktion behalten; auch hier überwiegen die Umbauten zu reinen Wohnhäusern, wobei inzwischen auch neue Wohngebäude, oft gehobenen Stils, den Ortskern erweitern und den Fahrweg ins Tal hinab begleiten. Zum Teil werden sie als Ferienwohnungen angeboten.

Vor allem um die Jahrhundertwende bzw. im ersten Jahrzehnt des 20. Jh. fand im Tal entlang der Durchgangsstraße (Talstraße) ein kleiner Siedlungsausbau statt. Dicht aneinandergereiht folgen die in ihrem Kern noch als langgestreckte Eindachhöfe erkennbaren Gebäude der Talstraße. Besonders hebt sich hier das stattliche Gasthaus »Hirschen« nahe dem südlichen Ende der Ausbauzone heraus. Unmittelbar daneben ist einer der ehemaligen Eindachhöfe zu einer modernen Zimmerei umgebaut worden. Auch hier ergänzen Neubauten den Siedlungsbereich, der sich heute als beinahe geschlossenes Häuserband zwischen Kander und Durchgangsstraße talaufwärts schiebt. Eine Tankstelle, die aus einem alten Anwesen hervorgegangen ist, sowie ein hauptsächlich Souvenirs anbietender Gemischtwarenladen lassen zaghafte Ansätze einer Versorgungszeile entlang der Durchgangsachse erkennen. Dort, wo die Kander dicht an den östlichen Hangfuß heranrückt, endet das Siedlungsband. An dieser Stelle kommt auch die Straße vom erhöht liegenden Siedlungskern ins Tal und quert den Kanderlauf. Einzelne ältere Gebäude setzen den Siedlungsbereich jenseits der Brücke auf der westlichen Kanderseite fort. Sie bilden den Übergang zu einem ausgedehnten Neubaugebiet von architektonisch bisweilen sehr aufwendig gestalteten Zweifamilienwohnhäusern, das nach N zu inzwischen Anschluß an den Siedlungsteil Höfe gefunden hat. Entlang der Durchgangsachse, die dicht am Hangfuß östlich der Kander verläuft, wird die ursprüngliche räumliche Zäsur zwischen Malsburg und seinem Ortsteil Höfe besonders deutlich. Auf gut 500 m Länge trennen weite Wiesenareale beide Bereiche.

Der Ortsteil Höfe liegt ebenfalls im Talgrund am Ende der Malsburger Talerweiterung, bevor die Durchgangsachse sich in die Talenge nach N hineinzwängt. Den Mittelpunkt bildet der Komplex der Tantenmühle. Sein hohes, modernisiertes und nach wie vor in Funktion stehendes Mühlengebäude überragt sogar das unmittelbar südlich angebaute, sehr stattliche, zweistöckige Gasthaus »Zum Kranz«. Schräg gegenüber steht das Rathaus, ein zweigeschossiger Natursteinbau aus dem Jahr 1902. Daneben hat sich in einem umgebauten Wohnhaus die Poststelle ihre Unterkunft gefunden. Eine Metzgerei rundet schließlich das kleine funktionale Zentrum rund um die Tantenmühle ab.

Von der Tantenmühle schraubt sich eine Nebenstraße die östliche Hangflanke hinauf zum Lausbühl, dessen Ebenheit mehreren älteren Schwarzwaldhöfen sowie einzelnen modernen Zweifamilienhäusern Platz bietet. Die alten Höfe werden hier noch deutlich durch ihre landwirtschaftliche Nutzung geprägt. Einen geradezu konträren Charakter weist das Neubaugebiet Grundacker/Weihermatt auf. Exklusive Ein- und Zweifamilienhäuser, z. T. in ausgefallener Architektur, nehmen hier den Südhang ein. Vereinzelt wird allerdings auch erkennbar versucht, traditionelle Bauformen des Schwarzwaldhauses durch Verwendung von Krüppelwalmdach und weitgehender Holzverkleidung nachzuahmen.

Vogelbach, die einzige Siedlung auf der westlichen Flankenseite des oberen Kandertals, zeichnet sich durch eine ausgeprägte Mulden- bzw. Sattellage in etwa 680 m Höhe aus. Die meist giebelständig ausgerichteten, langen alemannischen Eindachhöfe konzentrieren sich auf die kurvenreiche Durchgangsstraße nach Sitzenkirch. Etwas erhöht im W liegt die 1760 erbaute Kirche. Daneben setzt sich das Dorf auch mit einzelnen, teilweise neueren Gebäuden nach N bzw. in sehr lockerer Form entlang der Straße am Bannholz in östliche Richtung fort. Deutlich vom Dorf abgesetzt, folgt nach W hin, wiederum an der Durchgangstraße nach Sitzenkirch, der Höfekomplex »Auf dem Buck«. Zur Gkg Vogelbach gehört auch der Weiler *Käsacker*, der im Lippisbachtal am Westabhang des Großholzes liegt und neben Vogelbach vor allem über Sitzenkirch zugänglich ist. Die wenigen, z.T. modernisierten Anwesen, durchweg alemannische Eindachhöfe, begleiten in lockerem Abstand mit ihren Traufseiten die hier in engen Kurven zum Großholz aufsteigende Durchgangsstraße. Auch in Käsacker haben einzelne Neubauten den ursprünglichen Siedlungsbestand vergrößert.

Auf der gegenüberliegenden, östlichen Hangseite erstreckt sich der Weiler Lütschenbach. Den Kern des Siedlungsbandes, das sich wiederum eng an die Durchgangsstraße als einzige Erschließungsachse hält, nehmen langgestreckte alemannische Eindachhöfe ein, aus denen die Landwirtschaft noch nicht vollkommen verbannt ist. Gleichsam als Zentrum des Siedlungsbandes präsentiert sich das Gasthaus »Löwen«, das nicht zuletzt zur Aufnahme von Pensionsgästen eingerichtet ist. An beiden Enden wird der Ort inzwischen durch Zweifamilienwohnhäuser erweitert.

Ebenfalls auf der östlichen Talseite folgt in wenigen Kilometern Abstand der Weiler Kaltenbach. Hier tritt der Charakter einer Streusiedlung besonders ausgeprägt zutage. Der kleine Siedlungskern liegt auf halber Höhe der Talflanke in der Quellnische eines Seitenbaches der Kander. Er besteht aus wenigen landwirtschaftlichen Anwesen, Ökonomie- und Nebengebäuden sowie einzelnen Ein- und Zweifamilien-Fertighäusern als moderne Ausbauten. Überragt wird der Kern von der erhöht stehenden Kirche, deren massiger, aus dem Jahr 1095 stammender Turm ins Tal blickt, während das hohe, allerdings modern veränderte Kirchenschiff quer zum Hang steht. Von diesem Kern greift die Siedlung weit nach W auf die Höhen aus. Zwei Hangsträßchen bilden unterhalb des Waldsaumes die Haupterschließungsachsen, denen lockere, weitabständige Häuserzeilen folgen. Zum Teil sind dort ehemals landwirtschaftliche Anwesen zu Wohnhäusern umgebaut worden, wobei aus den Schöpfen häufig Garagen wurden. Die obere Hangstraße säumen freistehende Einfamilienhäuser in gehobener Ausstattung. Auch hier wird um Pensionsgäste geworben. Eine an ein Wohnhaus angegliederte Tankstelle ist am Ortsausgang in Richtung Marzell vorhanden. Die touristische Infrastruktur beschränkt sich auf ein Gasthaus, Telefonzelle, Briefkasten und Briefmarkenautomat.

Am nördlichen Ende des Grabenbereichs weitet sich das Kandertal wieder zu einem kleinen Becken, das etwa 200 m höher als das von Malsburg liegt. Hier nimmt das Dorf Marzell die Talsohle am Zusammenfluß mehrerer Nebenbäche mit der Kander ein. Etwas erhöht am Beckenschluß steht die evangelische Kirche, ein schlichter Kapellenbau mit kleinem Dachreiter. Sie bildet den Dorfmittelpunkt, der sich aus dem etwas tiefer gelegenen, schräg gegenüber stehenden Rathaus, einem typischen, zweigeschossigen Amtsbau aus der Zeit um die Jahrhundertwende, sowie der Post und einem Lebensmittelgeschäft zusammensetzt. In unmittelbarer Nähe der Kirche befindet sich auch die Schule. Die Gebäude rücken hier dichter aneinander, so daß sich auch optisch der Eindruck eines Dorfzentrums vermittelt. Diese relative Siedlungsverdichtung setzt sich nach N ein kleines Stück in das Maisenbachtal fort und leitet über zu dem Neubaugebiet am Südhang des Rasinakopfes mit seinen modernen Ein- und Zweifamilienhäusern. Dort sind auch Ableger der »Black Forest Academy« (Häuser Sonne und Stockberg) untergebracht. Oberhalb der evangelischen Kirche, fast am nördlichen Ortsausgang, folgt die katholische Kirche, die sich gleichfalls als schlichter Kapellenbau präsentiert. Eine weitere Siedlungszeile erstreckt sich parallel zum Westhang mit einer Abzweigung nach NW in ein Nebental. Kleinere landwirtschaftliche Anwesen in der traditionellen Form des quergeteilten alemannischen Eindachhauses, einzelne Schwarzwaldhöfe mit ausladendem Walmdach sowie kleinere Nebengebäude und mehrstöckige alte Wohnhäuser, aber auch ein hoher Anteil neuer Zweifamilienwohnhäuser kennzeichnen diesen Abschnitt. Einen Mittelpunkt bildet das Gasthaus »Marzeller Hof«, das stark auf Fremdenverkehr ausgerichtet ist. Auch bei Privathäusern finden sich verschiedentlich Hinweise auf die Beherbergungsmöglichkeiten für Pensionsgäste. In einem renovierten Fachwerkbau hatte bis 1993 eine Kunstwerkstätte (Glaskunst) ihren Sitz. Nach S hin folgt das Dorf in zunehmend lockerer Bebauung der Kander, wobei die einstigen Anwesen durch moderne Um- und Neubauten oft kaum noch etwas von ihrem ursprünglichen Charakter bewahren konnten. Zwischen älteren Bauten wurden die Siedlungslücken immer wieder durch Ein- und Zweifamilienhäuser ausgefüllt. Zu den traditionsreicheren Gebäuden zählt hier das 1993 renovierte Gasthaus »Maien« an der Hauptstraße, dessen Saal die Gemeinde erworben und 1993/94 zur Mehrzweckhalle umgebaut hat. Gleich daneben weist ein Minigolfplatz ein weiteres Mal auf die Funktion Marzells als Urlaubsort hin. Das südliche Dorfende wird schließlich beherrscht durch den Lagerplatz und die flachen Betriebsgebäude eines sich entlang der Kander erstreckenden großen Sägewerkes.

Einige Kilometer oberhalb von Marzell, am äußersten nördlichen Talschluß, liegen mitten im Wald die *Rehabilitationskliniken Kandertal und Birkenbuck* der Landesversicherungsanstalt Baden. Während die Fachklinik Kandertal, die aus der 1905 eröffneten Frauenheilstätte Friedrichsheim hervorgegangen ist, am Talschluß des Maisenbaches errichtet wurde, steht der mehrteilige, 6–8stöckige hochhausähnliche Komplex der Klinik Birkenbuck auf einem Sporn im obersten Talbereich der Kander. Sie ist die Nachfolgeeinrichtung der bereits 1899 in Betrieb genommenen Lungenheilstätte Luisenheim. Unweit nördlich davon führt die Straße Tegernau-Wies-Badenweiler vorbei, an der sich neben einer Straßenmeisterei mit Tankanlage ein mit dem Klinikbetrieb verbundenes Energie- und Heizwerk sowie mehrere Nebengebäude befinden.

Bemerkenswerte Bauwerke. – Auf einer Anhöhe oberhalb von Kaltenbach erhebt sich der massive Satteldachturm der *ev. Kirche*. Aus dem 12.Jh. stammend, hat er Mauerschlitze und über einem Gesims im Obergeschoß gekuppelte Schallöffnungen (von 1785). Er steht in der Mitte vor der Giebelwand des Schiffes, das nach Auskunft der Jahreszahl im Portalscheitel 1785 errichtet wurde, und überragt diese nur wenig. Von der gewölbten Turmhalle her gelangt man durch den unter der Westempore abgeschlossenen Vorraum in den Kirchensaal, der von einem dreiseits umlaufenden doppelreihigen Fensterband erhellt wird. Der lediglich durch die Erhöhung um zwei Stufen abgesonderte Altarraum erhielt während der Renovierung 1964 einen Kruzifixus und Leuchter von Jürgen Brodwolf. Vor den Stufen steht an der Nordwand, 1892 erworben, eine von Blasius Schaxel 1808/09 gebaute klassizistische Orgel. Sie erhielt 1964 ein neues Werk von Peter Vier.

Die 1769/70 vielleicht unter Verwendung älterer Teile errichtete *Nikolauskirche* in Vogelbach war ein längsrechteckiger Saal mit vier Fensterachsen. Das Innere wurde

1975 bis 1977 durch die Umorientierung zu einem schlichten Holzaltar an der Längswand völlig umgestaltet. Das Gestühl ist halbkreisförmig um den Altar angeordnet, eine neue Empore wurde auf der östlichen Schmalseite, der alten Eingangsseite, eingezogen, ihre Brüstung in die südliche Langhausseite, dem Oval angepaßt, hinübergeleitet. Unter der Empore befindet sich ein durch Schiebetüren abtrennbarer Saal. Von der modernen Ausstattung ist der Wandteppich hinter der Mensa erwähnenswert, der nach einem Entwurf von Jürgen Brodwolf von Frauen des Dorfes genäht wurde, und das hohe Holzkreuz, in dessen Scheitel das Rundfenster in der Hauptachse der Altarwand liegt.

Die ev. *Kirche* St. Martin in Marzell wurde unter Verwendung der West- und Teile der Südwand der mittelalterlichen Martinskapelle 1687 erbaut. Sie erhielt ein Satteldach mit einem Glockenstuhl über dem abgewalmten Westgiebel. Eine der beiden Holzsäulen, die den Mittelbalken der Holzdecke tragen, zeigt das Datum 1687. Im Jahre 1718 wurde die ebenfalls holzgestützte Winkelempore eingezogen. Der Raum wirkt gedrungen und uneinheitlich, weil die Empore zwar sehr breit, aber schmaler als der nördliche Sitzbankblock ist, der Hauptbalken nicht die Mitte bildet und die Fensterachsen nicht aufeinander bezogen sind. Die Ausstattung ist die eines protestantischen Predigtsaales mit Taufbecken und der über den Stufen an der Südwand angebrachten Kanzel als Mitte der Gemeinde. An der nördlichen Altarraumwand steht als Gegengewicht die Orgel, der spätbarocke Prospekt von G. M. Stein erhielt 1923 ein neues Werk von der Firma E. F. Walcker. Bei der Innenrenovierung 1956/57 wurden bleiverglaste Fenster von Jürgen Brodwolf eingebaut. 1974 fand die letzte Renovierung statt. Über dem Altartisch wurde ein großes Holzkreuz aufgehängt.

1953 erhielt Marzell eine *katholische Kirche* als schlichten Rechteckbau mit Satteldach. Ein quadratischer Dachreiter mit spitzer Pyramide sitzt über der Eingangsfront im Osten. Der Innenraum hat eine flache Decke, seine Wände sind glatt verputzt. Er wird erhellt durch je drei hohe Rechteckfenster, seit der Renovierung 1967 mit einer neutralen Bleiverglasung. Hinter dem Steinaltar ist die gotische Beweinungsgruppe (eine Leihgabe des Augustinermuseums Freiburg) das kostbarste Inventarstück.

B. Die Gemeinde im 19. Jahrhundert und in der Gegenwart

Bevölkerung

Bevölkerungsentwicklung. – Das landesweite Bevölkerungswachstum anfangs des 19. Jh. wirkte sich auch in Malsburg, Marzell und den übrigen heute zur Gemeinde zählenden Dörfern aus, wie der Anstieg der Einwohnerzahl von 1064 (1804) auf 1233 (1809) auch unter Berücksichtigung möglicher Zählfehler verdeutlicht. Der leichte Rückgang bis 1828 um knapp 5% weist darauf hin, daß die Notjahre nach 1815 ihre Spuren hinterlassen haben. Deutliche Erholung dagegen signalisiert der Anstieg auf 1444 Einwohner (1845). Allein der Ortsteil Marzell gewann in diesen siebzehn Jahren 138 Einwohner (+36%) hinzu, mehr als die Hälfte des Gesamtwachstums (262 Personen) der heutigen Gemeinde.

Mit Beginn der 2. Jahrhunderthälfte trat eine relativ ruhige Phase ein; die Gesamtzahl der Bevölkerung lag 1861 bei 1455. Dennoch darf dies nicht darüber hinwegtäuschen, daß gerade ab 1850 die *Auswanderung* zugenommen hatte (Malsburg 1850 bis 1856: 11 Pers., Marzell: 4); die gestiegene Geburtenrate glich aber den Verlust aus. Der geringfügige Rückgang auf 1418 Einwohner bei der Reichsgründung (–2,5%) erklärt sich jedoch zumindest nicht durch registrierte Auswanderung, sondern muß auf Abwanderung zurückgeführt werden. In Malsburg war nach den Quellen von 1866 bis 1871 ein Einwohner, in Marzell niemand ausgewandert. Bis zum Ende des Kaiserreichs war die Auswanderung hingegen nicht unerheblich: in Malsburg wurden 10 Familien mit 48 Einwohnern und zwei Einzelpersonen registriert, in Marzell 29 Einwohner. Die Gesamtzahl der Bevölkerung nahm von den 1890er Jahren an ganz erheblich zu. Sie lag in Malsburg 1910 bei genau 1000, in Marzell bei 929, was für beide Ortsteile zusammen einem Zuwachs von 36% gegenüber 1871 entspricht. Damit war in beiden Gemeinden bis heute die Höchstzahl erreicht. Die *Gründe für das Wachstum* waren unterschiedlich: in der Gemeinde Malsburg hatte vor allem die Steinindustrie einen beachtlichen Zuzug ausgelöst, in Marzell der Bau von zwei großen Sanatorien. Gemeinsames Merkmal beider Orte war die Anwesenheit einer großen Zahl italienischer Arbeiter.

Von den wirtschaftlichen Einbußen während des 1. Weltkriegs und der damit verbundenen erheblichen Abwanderung erholten sich Malsburg und Marzell nur langsam. Die Kriegsverluste lagen in Malsburg bei 44, in Marzell bei 16 Gefallenen und Vermißten. 1933 wurden 1504 Personen gezählt, 425 oder 22% weniger als vor dem 1. Weltkrieg. Die Verluste im 2. Weltkrieg (Malsburg 74, Marzell 56 Personen) waren 1950 von insgesamt 152 Heimatvertriebenen zahlenmäßig ausgeglichen (9,3% der Bevölkerung). Diese verteilten sich nahezu gleichmäßig auf die beiden Hauptorte. 1963 zählte man 93 Vertriebene und 61 SBZ-Flüchtlinge, vorwiegend in Marzell.

Der trotz eines Geburtenüberschusses nur langsame Bevölkerungszuwachs zwischen 1961 (1653 E.) und 1970 (1700 E.) ist die Folge einer bereits wieder verstärkten Abwanderung. Malsburg wies 1970 934 Einwohner auf und übertraf damit kaum mehr die Bevölkerungsstärke von 1845; in Marzell lebten 766 Einwohner, was einem Zuwachs im gleichen Zeitraum von 47% entsprach.

Seit der Volkszählung 1970 setzte eine erneute Abwanderungswelle ein, die bis zur Mitte der 1980er Jahre andauerte und die, verstärkt durch ein Geburtendefizit, zum Verlust von etwa 300 Einwohnern (−17,2%) führte. Nach der Erschließung eines neuen Wohngebietes begann ab 1985 die Bevölkerungszahl wieder zu wachsen. Bei der Volkszählung von 1987 lebten bereits wieder 1529 Menschen in Malsburg-Marzell und 1992 ergab die Fortschreibung die Zahl von 1660 Einwohnern. Mit diesem Wachstum ging eine Zunahme des Ausländeranteils einher: während er 1985 unter 2% lag, erreichte er sieben Jahre später immerhin 7,2%. Die meisten dieser Menschen kamen aus Ländern außerhalb der Europäischen Union.

Konfessionelle Gliederung. – Wegen der Zugehörigkeit zur Herrschaft Sausenberg der Markgrafschaft Baden-Durlach erlangte das ev. Bekenntnis während der Reformationszeit seine dominierende Stellung. Von den 1453 Einwohnern von Malsburg und Marzell bekannten sich 1852 1443 zur ev. Landeskirche. Die Katholiken stellten im 19. Jh. eine verschwindende Minderheit dar. Erst der Zustrom auswärtiger Arbeitskräfte um die Jahrhundertwende leitete die Veränderung ein. Arbeiter sowie Pflege- und Hauspersonal aus Italien und Österreich erhöhten 1900 den Katholikenanteil vorübergehend auf 14,3%. Die Krisensituation der Malsburger Industrie führte nach dem 1. Weltkrieg aber wieder zum Verlust von Arbeitsplätzen. Davon waren, nach dem schwindenden Katholikenanteil zu urteilen, vor allem die neu Hinzugekommenen betroffen (1925: 40 Kath. = 4,4% der Einwohner, gegenüber 1900: 139 E. = 13,9%). Auf die heutige Gemeinde bezogen, bedeutete dies einen Rückgang auf 7,8%.

Nach dem 2. Weltkrieg schwankte der Anteil der katholischen Bevölkerung infolge der allgemein zu beobachtenden Bevölkerungsverschiebungen und des fortschreitenden sozialen Wandels zwischen 9% und 14%. 1987 gehörten rund drei Viertel (1939 =

Die Gemeinde im 19. Jahrhundert und in der Gegenwart

74,3%) der Einwohner von Malsburg-Marzell der ev. Landeskirche an; 11,9% (183) bekannten sich zur römisch-katholischen Kirche. Die restlichen 13,8% der Bevölkerung verteilten sich auf die ev. Freikirche (5%), den Islam (0,7%) und sonstige Bekenntnisse oder erklärten sich keiner Gemeinschaft zugehörig. Bis 1992 vermehrte sich der Anteil der Katholiken auf 13,1%, die ev. Landeskirche blieb mit 74,6% nahezu konstant, während die übrigen zusammen nur noch 12,3% ausmachten.

Soziale Gliederung. – Neben der Landwirtschaft spielte die Forstwirtschaft Mitte des 19. Jh. eine bedeutende Rolle im Erwerbsleben von Malsburg und Marzell. In Heimarbeit betriebene Handweberei diente vorwiegend dem Nebenerwerb. Auch das Köhlerhandwerk war in der 1. Hälfte des Jahrhunderts noch weit verbreitet. 1852 verdiente in Malsburg etwa ein Drittel der Einwohner in den Wäldern den Lebensunterhalt. Nach der Berufszählung von 1895 waren in beiden heutigen Gemeindeteilen 530 Personen in der Land- und Forstwirtschaft beschäftigt, was nahezu drei Vierteln aller Erwerbstätigen entsprach; in Marzell wurde die Forstarbeit noch anfangs des 20. Jahrhunderts als Haupterwerbsquelle bezeichnet. Die Malsburger Steinindustrie und der Bau der Sanatorien in Marzell ließ die Landwirtschaft dann auch in diesen Dörfern seit der Jahrhundertwende allmählich an Bedeutung verlieren. Bis 1939 wies Malsburg fast gleich viele Landwirte (406) und Industriebeschäftigte (396) auf; in Marzell dagegen war der öffentliche Dienst, zu dem die Beschäftigten der Sanatorien zählten, mit 292 Arbeitsplätzen wichtigster Erwerbsbereich geworden (Landwirtschaft: 214). Auf die heutige Gemeinde bezogen, beschäftigte die Landwirtschaft vor dem 2. Weltkrieg nahezu 40%, Industrie und Handwerk ein knappes Drittel, der öffentliche Dienst nicht ganz 20%. Die übrigen, weniger als 10% der Erwerbstätigen, waren Berufslose, in Handel und Verkehr und in den häuslichen Diensten Tätige. In den anderthalb Jahrzehnten nach dem Kriege änderte sich an dieser Sozialstruktur nur wenig. 1950 waren noch knapp 39% der Erwerbstätigen in der Landwirtschaft beschäftigt, 1961 37,7%. Während der 1960er Jahre erfolgte dann ein wesentlicher Einschnitt und 1970 waren nur noch knapp 21% in der Landwirtschaft, knapp 31% in Handwerk und Industrie, fast 10% in Handel und Verkehr, aber nahezu 40% in den übrigen Bereichen tätig. Der Bedeutungsverlust der Land- und Forstwirtschaft setzte sich jedoch weiter fort: sie beschäftigte 1987 nur noch 3,6%. Dafür verzeichneten die übrigen Bereiche entsprechende Zunahmen. Das Produzierende Gewerbe nahm nun 40,9% der Erwerbstätigen auf, Handel, Verkehr und Nachrichtenübermittlung 13,7%, die übrigen Wirtschaftsbereiche aber 41,9%.

Politisches Leben

Bei den *Reichstagswahlen* seit 1868 bzw. 1871 dominierten, wie für Markgräfler Orte nicht anders zu erwarten, die liberalen Parteien, wobei sich sowohl die gemäßigt linksliberalen Freisinnigen wie die rechten Nationalliberalen als mehrheitsfähig erwiesen. Bis zur Jahrhundertwende gelang es bei gleichbleibend geringer Wahlbeteiligung, besonders in Malsburg, keiner anderen Partei, sich zu etablieren. Schließlich führte die steigende Bedeutung industrieller Beschäftigung und vor allem der Zustrom fremder Arbeitskräfte zwischen 1903 und 1912 zu einer Zunahme der sozialdemokratischen Stimmen von 15% auf 44,6%. In Marzell wurden die Sozialdemokraten mit 91 gegen 60 liberale Wählerstimmen sogar stärkste Partei; in Malsburg hingegen behaupteten die Nationalliberalen mit 102 gegen 53 sozialdemokratische Stimmen ihre bisherige Stellung. Das katholische Zentrum erreichte wegen der geringen Zahl von Katholiken nie mehr als 4,6%.

Bemerkenswert ist, daß nach dem 1. Weltkrieg die SPD trotz aufgefächerter Parteienlandschaft in beiden Orten ihre starke Position in Reichs- und Landtagswahlen halten konnte und bis 1928 über die absolute, 1930 noch über die relative Mehrheit verfügte. Erst 1932 ging ihr Anteil auf 29,3% zurück. Hiervon profitierten mit 13,5% der Stimmen erstmals die Kommunisten. Die Radikalisierung und Polarisierung der Politik hatte bis Anfang der 1930er Jahre aber längst auch in diesen Orten zu völligem Bedeutungsverlust des Liberalismus geführt. 1919 hatte er noch über ein Viertel aller Wahlberechtigten repräsentiert. Schon 1928, spätestens 1932, schwanden die Anteile der im liberalen Erbe stehenden Parteien dahin; dafür nahm jetzt die NSDAP zu und war mit 135 Wählern (50,4%) in Malsburg im November 1932 stärkste und in Marzell mit 153 Stimmen, nur 6 Stimmen hinter der SPD, zweitstärkste politische Kraft.

Bei den *Bundes- und Landtagswahlen* votierten wieder große Teile der Wähler für die SPD, die im Bereich der heutigen Gemeinde – mit Ausnahme der Bundestagswahlen von 1953 (41%) und 1957 (49,4%) sowie der Landtagswahlen von 1949 und 1968 – stets über 50% der Wählerstimmen erhielt. Die CDU als zweitstärkste Kraft gewann durchschnittlich zwischen einem Viertel und einem Drittel der Wähler. Die FDP sank von fast 30% (1947) auf 4,2% (Landtagswahl 1984) der Stimmen; sie wurde erstmals bei der Bundestagswahl 1983 von den Grünen mit 6,1% übertroffen. Bis 1965 war die CDU in Marzell wesentlich stärker als in Malsburg und hatte 1953 sogar die absolute Mehrheit erreicht. Gerade umgekehrt waren die Schwerpunkte der FDP gelagert, doch auch hier glich sich seit 1965 die Stimmabgabe in beiden Ortsteilen an. Die Wahlresultate seit den 1980er Jahren ließen insgesamt durchgängige Strukturen erkennen. Eindeutig stärkste politische Gruppierung mit absoluten Mehrheiten sind die Sozialdemokraten. Sie konnten allerdings ihre bei den Bundestagswahlen in den 1970er Jahren erzielten Ergebnisse, die sich der Zweidrittel-Mehrheit näherten, seither nicht mehr erreichen. Die CDU lag immer weit abgeschlagen auf dem zweiten Platz; ihre Anteile schwankten zwischen 25% und 30% der abgegebenen gültigen Stimmen. Die Grünen rangierten mit 6% bis 10% der Stimmen bis auf die Bundestagswahl 1990 noch vor der FDP, die auffälligerweise bei Landtagswahlen, die geringere Wahlbeteiligung aufweisen, oftmals unter die 5%-Marke abrutschte. Seit 1990 ist das Ansteigen sonstiger Wahlstimmen bemerkenswert (1992: 10,5%, darunter 3,8% für die Republikaner). – Das Feld der *Kommunalpolitik* bestimmen seit den 1950er Jahren eindeutig die Wählervereinigungen, die alle Gemeinderäte stellen.

Wirtschaft und Verkehr

Land- und Forstwirtschaft. – Ungeachtet des gebirgigen, wenig ertragreichen Bodens und des rauhen Klimas, betrieben die Einwohner von Malsburg und Marzell Land- und Forstwirtschaft bis fast zur Mitte des 20. Jh. als Hauptwirtschaftszweig. Die Erträge des *Roggen-, Hafer- und Kartoffelanbaus* reichten aber nicht aus, um den Eigenbedarf zu decken. Charakteristisch für die Struktur der Landwirtschaft war die große Anzahl bäuerlicher Kleinstbetriebe auf einer relativ begrenzten *landwirtschaftlich genutzten Fläche* (LF): 1895 wurden 786 ha (31,5% der Gemarkung) durch 220 Betriebe angebaut. Davon hatten 80 (36,4%) eine Betriebsfläche von weniger als 2 ha und weitere 132 (60%) nur 2–10 ha bewirtschaftet. Zwar rangierte Malsburg mit 551 ha und 144 landwirtschaftlichen Betrieben deutlich vor Marzell, die Betriebsgröße war aber in beiden heutigen Gemeindeteilen durchaus vergleichbar (Malsburg durchschnittlich 3,8 ha; Marzell 3,1 ha). In den Jahren nach dem 1. Weltkrieg läßt sich eine Tendenz zu weniger Betrieben fast nicht erkennen: für 1925 weist die Statistik 221 Betriebe aus, darunter 149 in Malsburg, für 1939 insgesamt 233 mit 155 in Malsburg. Unterschiedliche Erhebungskriterien verwischen die Differenz gänzlich. Erst aus den Zählungen der Nachkriegszeit geht hervor, daß immer mehr Betriebe aufgegeben wurden: 1949 wurden 213 , 1966 182, 1978 126 und 1983 weniger als 100 landwirtschaftliche Betriebe gezählt. Fast die Hälfte davon waren Futterbaubetriebe. 1987 war die LF auf 680 ha zurückgegangen und betrug damit noch 27,3% der Gemarkungsfläche. 640 ha wurden als Dauergrünland und nur 28 ha als Ackerland genutzt. Von den 137 landwirtschaftlichen Betrieben bearbeiteten 85 eine LF von bis zu 10 ha, 12 Betriebe 10–20 ha und 3 Betriebe über 20 ha. Die 3 Vollerwerbsbetriebe waren alle auf Milchwirtschaft spezialisiert. 1993 gab es nur noch einen Vollerwerbsbetrieb.

Der Lage der heute zur Gemeinde Malsburg-Marzell gehörenden Dörfer entsprechend trat der *Ackerbau* in seiner wirtschaftlichen Bedeutung stets hinter der Viehzucht zurück. Dinkel, Winterroggen, Sommergerste und -hafer waren 1910 in beiden Orten zusammen nur auf 86,6 ha angebaut. Der Roggen nahm davon mit 41,5 ha nahezu die Hälfte ein, fast die gleiche Fläche wie der Kartoffelanbau. Als ausgesprochene Futterpflanze fand sich Klee auf knapp 31 ha. Vor allem in Malsburg kommt dem *Dauergrünland* bis heute größte Bedeutung zu; in der gesamten Gemeinde nahm es in den letzten Jahren um 700 ha ein, während der Getreideanbau mit inzwischen weniger als 10 ha eine zu vernachlässigende Größe darstellt, genauso wie der Anbau von Kartoffeln und Grünmais.

Aber auch eine Ausdehnung der *Viehhaltung* fand nicht statt. Die Rinderzahl, die 1855 über 700 gelegen hatte (darunter 523 in Malsburg), sank seit 1950 und lag 1983 unter 500. Die Schweinehaltung, die von 1855 bis 1971 um mehr als die Hälfte auf 289 Schweine, darunter 203 in Marzell, zugenommen hatte, hatte bis 1983 mit 58 Tieren ihre Bedeutung gänzlich eingebüßt. Die Mitte des 19. Jh. besonders für Malsburg erwähnenswerte Schaf- und Ziegenhaltung wurde schon vor der Jahrhundertwende eingestellt. Als Ergebnis läßt sich also feststellen, daß – Nebenerwerbsbetriebe ausgenommen – die heutige Landwirtschaft in Malsburg-Marzell auf wenige, im Schwerpunkt Futterbau und Viehhaltung betreibende Betriebe zurückgegangen ist.

Im Gebiet der Gemeinde Malsburg-Marzell spielte die *Forstwirtschaft* stets eine herausragende Rolle. Der größte Teil des Waldes befand sich im herrschaftlichen Besitz. Aus ganz unterschiedlichen Gründen wurde der Waldbestand seither mehrfach verändert. 1993 nimmt der Wald mit 1782 ha fast drei Viertel (71,5%) der Gemarkungsfläche ein. Er besteht in allen unteren Regionen zum größten Teil aus Buchen und Eichen, in den oberen aus Tannen und Fichten.

Handwerk und Industrie. – In direkter Beziehung zur Waldwirtschaft stand das in beiden Orten vor dem 19. Jh. betriebene *Köhlerhandwerk*, das in den 1950er Jahren ausgestorben ist. Große Bedeutung kam auch traditionell der Nutzung der Wasserkraft der Kander zu. Im 19. Jh. arbeiteten 4 *Mühlen* in Malsburg und Marzell: Für 1719 ist die bereits im 16. Jh. entstandene Tantenmühle als Besitz des Jakob Senn nachgewiesen. Um dieselbe Zeit wurde ebenfalls in Marzell eine Sägemühle errichtet. In Malsburg bestanden die 1834 erbaute Taubenmühle und die Bockmühle, deren volkstümlicher Name »Ribi« auf ihre Funktion als Reibemühle hinweist. Unter den übrigen Handwerken spielte in der 1. Hälfte des 19. Jh. die *Heimweberei* eine beachtliche Rolle. 1895 wurden 38 *Handwerksbetriebe* mit 51 Beschäftigten gezählt, darunter in Malsburg 24 Betriebe mit 32 Beschäftigten.

Aus der Gemarkung Malsburg wurden schon in den 1890er Jahren Granitfindlinge an Kanderner Bildhauer geliefert. Straßenbau förderte den Abbau und die Verarbeitung des Granits. Der Aufschwung dieses Gewerbezweigs zog eine zunehmende Zahl ausländischer, insbesondere italienischer Steinhauer an. Mit der Gründung der Fa. *Mayer & Bohrmann* begann ein Konzentrationsprozeß, in dessen Verlauf die bis dahin zahlreichen kleinen Betriebe verdrängt wurden. Der Zuzug fremder Arbeitskräfte hielt jedoch an. 1908 beschäftigten 2 Granitsteinbrüche fast 200 überwiegend aus Italien, daneben aus der Schweiz, Österreich und Bayern stammende Arbeiter. Als 1905 der Bau einer Industriebahn nach Kandern die bisher auf Pferdefuhrwerke beschränkten Transportmöglichkeiten wesentlich erweiterte, konnte die Produktion von Pflastersteinen und Schotter erhöht werden. Nach einem deutlichen Rückgang wurde die Situation nach dem 1. Weltkrieg wieder besser; der Bau einer Drahtseilbahn und die Umstellung des Transports auf Lastkraftwagen trugen dazu bei. Auch die Rezession der späten Weimarer Zeit machte sich in der Malsburger Steinindustrie stark bemerkbar. Erst um die Mitte der 1930er Jahre stieg die Förderung erneut und erreichte 1938 29000 Tonnen. Von der *Steinindustrie* gibt es in Malsburg noch 2 Betriebe; beide Granitwerke stellen Schotter, Splitte und Pflastersteine her.

Als weiterer Industriezweig gewann in der Zwischenkriegszeit die *Holzindustrie* mit zwei Sägewerken in Marzell Bedeutung. Am Ortseingang befindet sich heute noch ein modernes Unternehmen, das jährlich ca. 6000 Festmeter Holz verarbeitet. In Folge des anhaltenden Nachkriegsbedarfs an Bau- und Steinmaterialien entwickelten sich Handwerk und Industrie seit 1950 zum zweitwichtigsten Beschäftigungssektor. 1968 wurden in Malsburg-Marzell 18 *Handwerksbetriebe* mit 44 Beschäftigten gezählt; 1977 waren es noch 16 Betriebe mit 37 Mitarbeitern. In der Zwischenzeit haben weitere Betriebe geschlossen; Schneidereien und Schuhmacher (1968: 5; 1977: 3) gibt es in der Gemeinde nicht mehr und auch das Nahrungsmittelgewerbe war 1986 nur noch mit einer Bäckerei in Marzell und einer Metzgerei in Malsburg vertreten. Die Zahl der Handwerksbetriebe lag in diesem Jahr bei 9, darunter ein Steinmetz, eine Zimmerei, eine Schlosserei, 3 Schreinereien und eine Glaserei. Die gegenwärtige Situation des Handwerks in der Gemeinde verdeutlicht die untenstehende Tabelle.

Tab. 3: Das Handwerk 1992

Branche	Zahl der Betriebe	Beschäftigte	Umsatz
Baugewerbe	2	20	2,3 Mio. DM
Metall	4	26	5,2 Mio. DM
Holz	3	16	2,0 Mio. DM
Textil/Leder/Bekleidung	–	–	–
Nahrung	4	30	5,0 Mio. DM
Gesundheit/Körperpflege			
Glas/Papier/Keramik und Sonstige	–	–	–
Gesamt	13	92	14,5 Mio. DM

Quelle: Handwerkskammer Freiburg

Handel und Dienstleistungen. – Mit der Steinindustrie nahmen auch Handel und Verkehr vor allem in Malsburg zu. 1895 wurden in beiden Gemeinden zusammen 8 Betriebe gezählt. Besonders das Transportgewerbe profitierte bis zum Bau der Industriebahn. 1992 bestand noch ein Transportunternehmen. In Marzell hingegen nahm das Dienstleistungsgewerbe durch den Bau der Sanatorien einen Aufschwung. Die Zahl der Betriebe ist aber in den letzten Jahren ebenfalls stark zurückgegangen. In

Die Gemeinde im 19. Jahrhundert und in der Gegenwart 181

Malsburg gab es 1992 nur noch das Metzgereigeschäft; der Ort wurde im übrigen durch ein Einkaufsmobil mit Lebensmitteln versorgt. In Marzell verkaufte die Bäckerei Lebensmittel. - Die freien Berufe sind mit einem Architekten und einem Programmierer, beide in Malsburg ansässig, vertreten.

Als *landwirtschaftliche Vereinigungen* entstanden während des Kaiserreichs in Malsburg und Marzell Viehversicherungsvereine; sie gingen jedoch im 1. Weltkrieg ein. Die Neugründungen in beiden Orten wurden 1989 zu einem gemeinsamen Verein zusammengefaßt. Die Gemeindekrankenversicherung von 1887 in Malsburg existiert nicht mehr.

Größere Bedeutung, die gerade in den letzten Jahren noch zunahm, kommt den Weideverbänden beider Orte zu. Die Offenhaltung der Landschaft spielt dabei eine genauso wichtige Rolle wie die Erhaltung der Weideflächen. Die Vereine entstanden 1960 (Malsburg) bzw. 1962 (Marzell). Sie zählten 1992 70 bzw. 35 Mitglieder und bewirtschafteten 169 ha und 80 ha, die vor allem von Fremdvieh beweidet wurden.

Spareinrichtungen entstanden in Malsburg 1867, in Marzell ein Jahr später. Beide Gemeinden traten damals der Ersparniskasse Müllheim bei, die 1972 mit der Sparkasse Weil am Rhein zur *Sparkasse Markgräflerland* fusionierte. Malsburg-Marzell ist seither eine der 14 Gewährträgergemeinden. 1992 gab es im Marzeller Rathaus (früher auch in den Kliniken) eine stundenweise geöffnete Zweigstelle der Sparkasse Lörrach-Rheinfelden, begründet durch die Aktivitäten von Kandern aus.

Gerade in den letzten Jahren hat die Gemeinde, deren Gemarkungsflächen im *Landschaftsschutzgebiet Blauen* liegen, große Anstrengungen gemacht, den *Fremdenverkehr* zu steigern. Zum Teil auf private Initiative entstandene Einrichtungen, wie eine Minigolfanlage oder ein Wassertretplatz sowie über 50 km Loipen im Winter und beschilderte Wanderwege, sind Ergebnisse dieses Bemühens. Die Koordinierung übernehmen die *Verkehrsvereine* der beiden ehemals selbständigen Gemeinden; der Marzeller wurde 1955 gegründet, der Malsburger 1972. Sie hatten 1992 63 bzw. 40 Mitglieder.

Im Angebot an Übernachtungsmöglichkeiten überwogen 1992 die Privatunterkünfte bei weitem. Den insgesamt 20 Betten der Gasthäuser »Zur Krone« in Kaltenbach, »Zum Kranz« in Höfe sowie der Pension »Erika« in Marzell standen bei Privatleuten in Marzell 50 und in Malsburg, Höfe, Lütschenbach, Kaltenbach, Vogelbach und Käsakker weitere 36 Fremdenbetten gegenüber. 1985 waren insgesamt 56 976 Fremdenübernachtungen gemeldet, 1992 79 252, wobei die Klinikübernachtungen den größeren Anteil ausmachen.

Verkehr. - Für den Bezug und Absatz der landwirtschaftlichen Produkte während des 19. Jh. waren die Verbindungen nach Kandern und Müllheim von besonderer Bedeutung. Erster Einschnitt in die Entwicklung war der Bau der Kandertalstraße 1875. Der nächste Schritt geschah durch den Bau der Kandertalbahn von Haltingen nach Kandern, der ab 1890 die Verkehrssituation beider Orte entscheidend verbesserte. Ein direkter Anschluß entstand jedoch erst 1905 mit der Industriebahn nach Kandern, die bis 1919 in Betrieb war.

Die Errichtung der *Lungenheilanstalten* erforderte darüber hinaus den Ausbau einer Verbindungsstraße zur im Umkreis wichtigsten Bahnstation Müllheim. Sie wurde 1899 fertiggestellt. Heute führt die Kreisstraße 6350 nach Kandern im Süden; sie ist zugleich Anbindung zur L 140, die über Badenweiler nach Müllheim führt, und damit für die Gemeinde die bedeutendste Straßenverbindung. An öffentlichen Verkehrsverbindungen gibt es lediglich eine Buslinie, die von Marzell über Malsburg nach Kandern fährt.

Verwaltungszugehörigkeit, Gemeinde und öffentliches Leben

Bis 1792 hatten beide Orte zur sausenberg-badischen Vogtei Vogelbach gehört, aus der Marzell als selbständige Ortsgemeinde damals ausschied. Der Vogteisitz wurde nach Malsburg verlegt. Beide Ortschaften kamen 1819 zusammen zum Amt (seit 1813 Bezirksamt) Kandern und nach dessen Auflösung 1819/20 zum Bezirksamt (1939 Landkreis) Müllheim. Seit der Kreisreform 1973 sind beide Orte in den Landkreis Lörrach eingegliedert.

Das Gebiet der Vogtei Malsburg umfaßte bis 1813 neben den heutigen Orten auch noch Wambach (heute: Gde Wies). Seither haben die Gemarkungen keine nennenswerten Veränderungen mehr erfahren; der Unterschied von 1704 ha (1854) und 1726 ha (Malsburg heute) dürfte wie bei Marzell (1854: 756 ha, heute 766 ha) auf einer Korrektur durch die Katastervermessung in der 2. Hälfte des 19. Jh. beruhen; die Geländeabtretung von Malsburg an Marzell, die den Ortseingang von Marzell betraf, geht in der Addition auf. (vgl. auch C. Geschichte: Malsburg, Siedlung und Gemarkung).

Malsburg besaß im 19. Jh. weder Wald noch Allmendgut und konnte deshalb auch keinen Bürgernutzen gewähren. Selbst ein *Rathaus* vermochte sich die Gemeinde bis 1904 nicht zu leisten. Die Amtsgeschäfte wurden in Privaträumen des Bürgermeisters geführt; Versammlungsraum des Gemeinderates war der Gasthof »Kranz« im Ortsteil Höfe, den die Vogtei in der 2. Hälfte des 18. Jh. gebaut hatte. Dort wurde dann auch das Rathaus mit einem Kostenaufwand von 17000 Mark errichtet, wovon der Staat 4000 Mark übernahm. In unmittelbarer Nähe befand sich das »Türmli«, Ortsarrest und Nachtwächterstube. *Schulhäuser* standen in Vogelbach und Kaltenbach. Lütschenbach besaß außerdem eine Feuerspritze aus dem Jahr 1846. Der Marzeller Gemeindebesitz bestand aus dem *Rat- und Schulhaus* sowie einem Gerätehaus. Daneben besaß auch diese Gemeinde ein »Türmli« (s. o.). Nach der Aufhebung der Nachtwache diente der Raum den Ortsarmen als Unterkunft. An das alte Schul- und Rathaus wurde 1913 ein Erweiterungsbau angefügt. Dort befindet sich bis heute das Rathaus. Die Gemeinde Malsburg-Marzell besaß 1992 außer den bereits erwähnten Gebäuden 99,3 ha Land, darunter 19,6 ha Grünland, 35,3 ha Wald, 40 ha Straßen, Wege und Wasserflächen sowie 4,4 ha Gebäude- und Freiflächen.

Gemeindeverwaltung. – Die Verwaltungen beider Gemeinden waren bis zur Mitte des 19. Jh. klein; in Malsburg beschränkte sie sich auf Bürgermeister, Rechner, Polizeidiener und – bis in die 1880er Jahre – Nachtwächter. Der Schullehrer war gleichzeitig Ratschreiber. Die Filialorte Lütschenbach und Vogelbach sowie Edenbach mit Lausbühl und Tantenmühle hatten eigene Ortsdiener, 3 Feldhüter und Vogelbach noch einen Nachtwächter. Dazu kamen nach Bedarf weitere, zum großen Teil ehrenamtlich versehene Funktionen, z. B. 2–4 Straßenwarte, 7–10 Steinsetzer, Leichenschauer u. a. Wichtiger waren die Ämter von Ratschreiber und Gemeinderechner. Charakteristisch für die interne Verwaltungsstruktur blieb die relative Eigenständigkeit der Teilorte wie Vogelbach, Höfe, Lütschenbach und Kaltenbach. Sie verfügten jeweils über ein gesondertes Ortsvermögen und wählten entsprechend der Gemeindeordnung von 1831 eigene Verwaltungsräte mit einem Stabhalter an der Spitze und einem Ortsrechner. Das Eigenleben der Teilorte wurde 1936 beendet.

Die Marzeller Gemeindeverwaltung war seit ihrer Herauslösung aus der Vogtei Vogelbach auf den einen Ort konzentriert. Den Bürgermeister entlasteten der Gemeinderechner und der Ratschreiber, der zeitweise auch Fleischbeschauer und Totengräber in einer Person war. Neben den anderen, schon bei Malsburg genannten Funktionen

Die Gemeinde im 19. Jahrhundert und in der Gegenwart

gab es in Marzell seit dem Bau der Lungenheilanstalten noch einen Gendarmen; dessen Station wurde nach dem 1. Weltkrieg aufgelöst.

Die *Gemeindeverwaltung* gliederte sich Ende 1992 in Allgemeine Verwaltung und Einwohnermeldeamt, die im Malsburger Rathaus untergebracht sind, und in Grundbuch- und Standesamt, die sich im Rathaus Marzell befinden. Neben dem Bürgermeister beschäftigte die Gemeinde 1992 einen Beamten, 7 Angestellte, 2 Arbeiter und durchschnittlich 5 Teilzeitkräfte. Mit der Stadt Kandern besteht seit 1974 eine vereinbarte Verwaltungsgemeinschaft. – In Malsburg befindet sich unmittelbar neben dem Rathaus das *Postamt*; in Marzell und in den Fachkliniken gibt es *Poststellen*.

Ver- und Entsorgungseinrichtungen. – Die *Wasserversorgung* beider Gemeindeteile beruhte bis 1950 auf privaten Brunnen. Trink- und Brauchwasser waren aber durch die Verschmutzung der Kander belastet. Nur für die Lungenheilanstalten in Marzell war schon nach dem 1. Weltkrieg eine Wasserleitung gebaut worden. Seit den 1950er Jahren wurden Wasserversorgung und *Kanalisation* ausgebaut; die Gemeinde hat hierfür über 10 Mio. DM investiert und bis 1992 8 Quellgebiete erschlossen. 1992 war Malsburg ganz, Höfe, Lütschenbach und Marzell zum größten Teil an die Kanalisation angeschlossen. Die *Abwässer* werden in mechanisch-biologische Kläranlagen in Malsburg und Marzell geleitet. Das Marzeller Klärwerk wurde 1986/87 gebaut. – Löschmannschaften bestanden schon vor dem 19. Jh. Die heutige *Freiwillige Feuerwehr* der Gemeinde wurde 1937 in Malsburg als Verein gegründet. Sie gliederte sich 1992 in 5 Ortsgruppen mit 68 Aktiven. – Die *Elektrifizierung* von Marzell setzte mit der Inbetriebnahme des Elektrizitätswerks Köhlgartenwiese zwischen Wies und Tegernau 1919 ein, das Malsburg und Marzell zusammen mit Gemeinden des Kleinen Wiesentals belieferte. Malsburg bezieht seit 1971 seinen Strom von den Kraftübertragungswerken Rheinfelden AG in Rheinfelden (Baden); die Marzeller Haushalte werden noch immer von Köhlgartenwiese aus versorgt. Die Kliniken hatten früher ein eigenes mit Dampf betriebenes Kraftwerk. – Die *Müllabfuhr* geschieht wöchentlich durch ein Privatunternehmen zur Kreismülldeponie Scheinberg bei Wieslet.

Weit überregionale Bedeutung haben die von 1897 bis 1905 erbauten *Sanatorien* für Lungenkrankheiten Friedrichsheim und Luisenheim in Marzell. Sie werden heute als Fachkliniken Kandertal und Birkenbuck von der Landesversicherungsanstalt Baden getragen. – Die *medizinische Versorgung* der Bevölkerung geschieht durch Ärzte in Kandern und Badenweiler. Neben den Kliniken des Landkreises Lörrach wird nach wie vor das Müllheimer Kreiskrankenhaus aufgesucht. Die Gemeinde Malsburg-Marzell hat 1978 die *Evangelische Sozialstation Südliches Markgräflerland* mitbegründet und gehört seither deren Trägerverein an; Vorläufer in Malsburg war der Diakonieverein.

Der älteste *Friedhof* der Gemeinde befindet sich bei der Kirche in Kaltenbach. 1860 wurde in Vogelbach eine neue Begräbnisstätte, der Bergfriedhof, angelegt; der alte Friedhof bei der Kirche wurde 1968 aufgegeben. Der neue Marzeller Friedhof (der alte lag bei der ev. Kirche) wurde 1910 an die heutige Stelle, unterhalb der kath. Kirche, verlegt.

Kirche und Schule. – Bis ins Jahr 1918 gehörte die ganze heutige Gemeinde zur *Pfarrei Vogelbach*, die seit der Reformation evangelisch war. Dann wurde in Marzell ein Vikariat errichtet, das auch beide Sanatorien betreute. Seit 1951 besteht die ev. *Pfarrei Marzell*. Gottesdienste finden in den Kirchen von Vogelbach, Kaltenbach und Marzell sowie im Gemeindesaal in Malsburg statt. Für die Katholiken in Malsburg-Marzell war während des 19. Jh. die Pfarrkuratie Bürgeln (Gemeinde Schliengen) zuständig; seit 1939 ist es die Pfarrei Kandern .

Im 19. Jh. gab es in Vogelbach, Kaltenbach und Marzell *Schulen.* Das Marzeller Schulhaus war nach seiner Zerstörung 1763 wiedererbaut worden. Im Rathaus von Marzell aus dem Jahr 1913 waren ebenfalls 2 Schulzimmer untergebracht. 1962/63 löste ein Volksschulneubau mit einem Lehrerwohnhaus den Raummangel. Malsburg hatte ebenfalls anfangs des 19. Jh. ein Schulhaus. Das heutige Gebäude wurde 1958 errichtet. Die alten Schulhäuser in Kaltenbach und Vogelbach wurden damals aufgegeben. Das alte Schulhaus wurde zum Rathaus umgestaltet. Die *Grundschule* der heutigen Gemeinde, die im Schuljahr 1992 von 64 Schülern besucht und von 4 Lehrern betreut war, ist im Schulgebäude von Marzell untergebracht. Die Hauptschüler gehen nach Kandern, wo auch die weiterführenden Schulen aufgesucht werden. – In Kaltenbach befindet sich eine von einem Verein getragene staatlich anerkannte *Schule für geistig Behinderte,* der eine beschützende Werkstatt angegliedert ist. – Angebote zur *Erwachsenenbildung* macht die Volkshochschule Kandern, die in Malsburg-Marzell Kurse durchführt; außerdem bietet die *Jugendmusikschule Markgräflerland,* Schliengen, in Malsburg-Marzell Unterricht an.

Vereine und Sportstätten. – Das *sportliche Vereinsleben* tragen die beiden Fußballvereine, die 1930 gegründeten Sportfreunde Marzell (1992: 185 Mitglieder) und der 1972 gegründete Sportverein Malsburg (1992: 220 Mitglieder). Beide Vereine haben eigene Fußballplätze; außerdem befindet sich in Marzell noch ein Tennisplatz. Zu den Sportfreunden Marzell gehört auch eine Skiabteilung. Seit 1910 gibt es in Malsburg einen Kegelclub (1992: 125 Mitglieder).

Außerdem wirken vier *kulturelle Vereine* in den beiden Orten: Der Musikverein Malsburg 1887 wies als ältester Verein der Gemeinde 1992 241 Mitglieder auf. Der Musikverein Marzell entstand 1905; er zählte 1992 148 Mitglieder. Außerdem gibt es zwei Gesangvereine: den Männergesangverein Vogelbach-Malsburg 1924 (125 Mitglieder) und die 1973 gegründete Chorgemeinschaft Malsburg-Marzell mit 98 Mitgliedern, die aus dem Zusammenschluß der Gesangvereine Eintracht Marzell und Frohsinn Kaltenbach entstand.

Strukturbild

Der strukturelle Wandel, den Malsburg und Marzell in den vergangenen knapp 200 Jahren erlebt haben, machte aus den beiden bis in die frühen Nachkriegsjahre noch stärker landwirtschaftlich geprägten Gemeinden – in Marzell spielte seit dem Bau der Sanatorien der Dienstleistungssektor eine bedeutende Rolle – im wesentlichen Wohngemeinden, deren erwerbstätige Bevölkerung bei tendenziell rückläufiger Erwerbsquote in wachsendem Maße (1961: 20%, 1970: 37%) auspendelt. Außer nach Kandern fuhren die Berufspendler (1987 wie 1991: 377) nach Lörrach und in geringem Maße auch in die benachbarten Schweizer Industrieorte. Einpendler gibt es dagegen nur wenige (1970: 21, 1991: 57). Lediglich der Dienstleistungsbereich blieb durch die Sanatorien als innerörtliche Erwerbsquelle von struktureller Bedeutung für die heutige Gemeinde. Doch auch hier boten sich 1992 nur noch etwa 150 Arbeitsplätze. Die Steinindustrie, die von den späten 1890er Jahren bis in die 1930er Jahre für Malsburg bedeutend war, ist bis heute stark zurückgegangen.

Auch hinsichtlich zentralörtlicher Funktionen ist Malsburg-Marzell bis heute unverändert auf Kandern hin orientiert. Dort werden die weiterführenden Schulen besucht, erfolgt die ärztliche Versorgung und wird – allerdings in beschränkterem Maße – auch eingekauft. Güter des längerfristigen Bedarfs erwirbt man überwiegend in den nächstliegenden Mittelzentren Lörrach/Weil am Rhein und Müllheim, wo auch die Krankenhäuser aufgesucht werden.

Hinsichtlich der Finanzkraft hat die Gemeinde, deren Ortsteile im 19. Jh. sämtlich arm waren, parallel zum Strukturwandel eine positive Entwicklung erlebt. Dies läßt sich u. a. am Steueraufkommen ablesen, das allein von 1970 bis 1992 von 244000 auf 2,138 Mio. DM anstieg. Der Gewerbesteueranteil lag bis weit in die 1980er Jahre meist unter 15% (1984: 17,2%). 1992 betrug er nur noch 5%. Hinsichtlich der Steuerkraftsumme je Einwohner drückt sich die Zunahme des Steueraufkommens im Ansteigen des Wertes von 245 DM (1970) auf etwa 800 DM (1984: 804 DM) aus. Er betrug 1992 1146 DM. Der Landesdurchschnitt wurde damit aber noch immer knapp verfehlt.

Das Haushaltsvolumen von Malsburg stieg seit 1970 von 389000 DM und das von Marzell von 301300 DM auf insgesamt 4,3 Mio. DM im Jahr 1992 an; der Verwaltungshaushalt umfaßte dabei 3 Mio. DM. Größere Investitionen, zunächst vor allem im Bereich der Wasserversorgung und Abwasserbeseitigung, erhöhten die Pro-Kopf-Verschuldung, die von 1970 bis 1980 stets unter 300 DM gelegen hatte, in den letzten Jahren deutlich; sie lag 1992 bei 740 DM.

Wichtigstes Vorhaben der Gemeinde für die nahe Zukunft war 1993 der weitere Ausbau der Wasserver- und -entsorgung in den Ortsteilen. Vorgesehen waren außerdem die Sanierung des Ortszentrums im Bereich des Rathauses, der Bau von Sport- und Veranstaltungshallen in Malsburg und Marzell sowie die Anschaffung einer neuen Feuerwehrausrüstung.

C. Geschichte der Gemeindeteile

Malsburg

Siedlung und Gemarkung. – Die Malsburger Gemarkung setzt sich zusammen aus den 1935 aufgelassenen Gemarkungen der Dörfer und Weiler Malsburg, Höfe mit Edenbach, Lausbühl und Tantenmühle, Kaltenbach, Lützschenbach und Vogelbach mit Käsacker. Der über dem Kandertal gelegene Hauptort Malsburg, wo sich auf dem sogenannten Burgberg Reste eines Ringwalls gefunden haben, läßt sich erstmals um 1295 als *Mahtolsperc* urkundlich nachweisen. Er dürfte im 11. Jh. als Rodungssiedlung entstanden sein. Unklar ist, ob die Ansiedlung auf die Herren von Kaltenbach zurückgeht, manches spricht für eine Entstehung von Sitzenkirch aus. Der Ortsname, der noch im 16. Jh. in der Form *Ma(c)helsperg* erscheint, ist von einem Personennamen abgeleitet.

Noch das heutige Erscheinungsbild des 1352 als Dorf bezeichneten Ortes mit seiner Siedlungsverdichtung im Tal und den über die Hänge verstreuten Häusern zeigt, wie sich der Ort entwickelt hat. Man hat es wohl ursprünglich mit einem weilerartig angelegten Hofgut zu tun, zu dem gleichzeitig oder wenig später ein Adelssitz kam. Die zahlreichen Brunnengemeinschaften des 18. Jh. (Buck, Burgfeld) lassen jedoch den Schluß zu, daß die Besiedelung der Hänge früh erfolgt ist und damals noch ausgedehnt wurde.

Die Straßenverhältnisse waren nicht besonders gut, wenn auch der Ort mit Vogelbach, Sitzenkirch, Kaltenbach-Marzell und Kandern durch zum Teil mühsam zu begehende Wege verbunden war. Vor allem die Verbindung nach Kandern war wichtig, da über diese Straße die Abfuhr von Holz und Holzkohle aus den Vogteiorten, aber auch aus entfernter gelegenen Orten bis hin zum Münstertal, erfolgte. Ihretwegen hat der Ort mindestens seit dem 30j. Krieg immer wieder unter Plünderungen und Einquartierungen zu leiden gehabt.

Herrschaft und Staat. – Eine Schenkung des 12. Jh. an Kl. Bürgeln nennt als Donator Rudolf von *Madelberg*. Dessen Familienzugehörigkeit ist ungeklärt, wenn auch eine Verwandtschaft zu den Herren von Kaltenbach angenommen werden kann. Auch muß, nachdem die Schreibweise nur kopial überliefert ist, offengelassen werden, ob er sich nach Malsburg oder nach Adelberg (Rems-Murr-Kreis) geschrieben hat. Sicher ist, daß er neben Besitz in Malsburg auch Güter in Sitzenkirch hatte, die er teils der Familie des dortigen Klosterstifters Heribord überließ, teils vor 1151 direkt an Kl. Bürgeln veräußerte. Der Ort selbst gelangte um 1130, zusammen mit der restlichen Herrschaft der Herren von Kaltenbach an Kloster St. Blasien und war für das damals neugestiftete Kl. Bürgeln bestimmt. Vielleicht über die Grafschaftsrechte im Breisgau, sicher jedoch über die Schirmvogtei über St. Blasien, die sie von ihren Verwandten, den Zähringern, geerbt hatten, gelangten die Markgrafen von Hachberg in den Besitz von Landeshoheit und Hochgerichtsrechten; die Niedergerichte erwarben sie 1232 zusammen mit der Sausenburg anläßlich des Besitztauschs mit St. Blasien.

Der Ort Malsburg gehörte spätestens im 16. Jh. zur Vogtei Vogelbach und steuerte dorthin. Noch Ende des 17. Jh. hatte die Gemeinde 13 Mltr 4 Sester Steuerhafer an die Burgvogtei Sausenberg zu entrichten; sie war zudem verpflichtet, das Heu von den herrschaftlichen Matten auf die Burg zu führen, solange diese bestand. In der Verwaltung der Vogtei war Malsburg zunächst durch einen Geschworenen vertreten, bereits 1755 werden jedoch schon Vogt und Stabhalter erwähnt. Ende des 18. Jh. wurde der Sitz der Vogtei nach Malsburg verlegt.

Grundherrschaft und Grundbesitz. – In den örtlichen Grundbesitz teilten sich die Klöster und Zellen St. Blasien, Bürgeln und Sitzenkirch, wobei anzunehmen ist, daß der überwiegende Teil der hiesigen Güter ursprünglich dem Kl. Sitzenkirch gehört hat. Letzteres wird namentlich noch 1564 aufgeführt. Später wurde der Besitz von Bürgeln aus verwaltet bzw. als St. Blasisches Gut bezeichnet. Begütert war auch die Kirche in Kaltenbach. Die Landesherrschaft hingegen kam erst im 18. Jh. zu nennenswertem Besitz. Zwischen 1726 und 1753 erwarb die Forstverwaltung in Kandern mindestens 110 J in kleinen Parzellen, fast durchweg von Privatleuten. Weitere Waldstücke wurden 1761/62 angekauft. Der Wald wurde benötigt, um den Betrieb in Kandern aufrechterhalten zu können. Die St. Blasischen Güter fielen 1803 an die badische Regierung und wurden in den folgenden Jahren an die Einwohner veräußert.

Gemeinde. – Infolge der Zugehörigkeit zur Vogtei Vogelbach wurde der Ort zwar von dort aus verwaltet, die Malsburger Bürger bildeten jedoch eine eigene Gemeinde, die durch den Geschworenen repräsentiert wurde. Die Gemeinde war arm, nach Ende des 18. Jh. mußten alle größeren Ausgaben (z. B. 1795 Bau eines Bürgergefängnisses) durch Umlagen bestritten werden. Ihr Besitz dürfte überwiegend aus Wald bestanden haben, mit dem jedoch wohl wenig anzufangen war, da er zur Gewinnung von Kohle und wegen der Lieferungen nach Kandern häufig abgeholzt wurde. Von diesem Wald gingen 1735 24 J an die Landesherrschaft, mit der 1760 auch ein Waldtausch stattfand. Allmenden waren keine vorhanden. – Der Weidgang war im 17./18. Jh. mit Vogelbach gemeinsam. Streitigkeiten wegen Weiderechten sind nur 1757/61 mit dem Besitzer der Tantenmühle überliefert. Die spätere Gemeinde wurde 1832 gebildet, nachdem die Vogtei aufgelöst worden war.

Kirche und Schule. – Malsburg war bis zur Reformation Filiale von Kaltenbach gewesen und wurde dann der Pfarrkirche Vogelbach unterstellt. Die wenigen Katholiken wurden im 19. Jh. von Kandern aus versorgt. – Die *Zehnten* gehörten, mit wenig Ausnahmen, der Propstei Bürgeln, wurden jedoch seit dem 16. Jh. von St. Blasien bezogen. Einige Grundstücke leisteten ihre Abgaben im 15. Jh. in die Riedlinger

Zehnten. Alle herrschaftlichen Zehnten in der Vogtei wurden zwischen 1837 und 1839 abgelöst, die Blutzehntablösung mit Bürgeln war 1806 erfolgt. Bis zum Beginn des 19. Jh. wurden die Kinder in der Vogelbacher Schule unterrichtet.
Bevölkerung und Wirtschaft. – Die durchweg arme Bevölkerung, über deren Zahl nichts bekannt ist, war durch ihre Fronpflichten zum Schloß Sausenburg sehr belastet. Neben den Brennholz- und Wegfronen hatte sie noch im 18. Jh. Baufronen auf die Sirnitz zu leisten. Auch die Streitigkeiten zwischen der Gerichtsherrschaft Sausenberg und der St. Blasischen Grundherrschaft hatten ihre Auswirkungen. Wohl nicht ohne Grund haben sich die Einwohner am *Bauernkrieg* beteiligt. Für eine noch zunehmende Verarmung sprechen die Geldaufnahmen des 16. Jh. und die Waldverkäufe und Kapitalaufnahmen des 18. Jahrhunderts. Auch an der Art des hier ansässigen Handwerks läßt sich dies ablesen: 1790/1802 sind 8 Weber, je 3 Schuster, Schneider und Nagelschmiede nachgewiesen, Berufe, die auf dem Land häufig von ärmeren Einwohnern ausgeübt wurden. Dazu kamen je ein Maurer, Zimmermann, Schreiner, Wagner und Blechner. Ihren Lebensunterhalt bezogen die Leute überwiegend aus dem Wald – der für den Eigenbedarf betriebene Ackerbau war wegen des harten und steinigen Bodens mühsam und erforderte mehr Zugvieh (4–6 Stück statt der sonst üblichen 2 Tiere) als sich der durchschnittliche Bauer leisten konnte. Trotzdem sind zu Beginn des 18. Jh. Waldflächen zu Äckern und Wiesen ausgestockt worden. Der Malsburger Einwohner arbeitete meist entweder als Waldarbeiter oder Köhler oder besorgte das Fuhrwesen als Zulieferer zum Kanderner Bergwerk. Zu diesem Zwecke wurde immer eine größere Anzahl sogenannter Kohlpferde gehalten, Rindvieh dagegen nur zum Eigenbedarf.
Eine *Wirtschaft* gab es nur von 1718 bis 1746. Eine *Mühle* wurde 1834 neu errichtet. Vorher hatten die Einwohner teils in der hiesigen, 1760 erwähnten Mühle, teils in der Tantenmühle mahlen lassen.
Kaltenbach. – Der Ort, dessen Name wohl wirklich »Kalter Bach« bedeutet, ist in einer kopialen Überlieferung des 15. Jh. erstmals zu 1103 als *Caltenbach* urkundlich bezeugt. Von seinem Ausgangspunkt, der über dem Kandertal angelegten Burg, sind keine Reste mehr vorhanden. Unterhalb dieser Burg, die vielleicht im 11. Jh. im Zuge der Territorienbildung erbaut worden war, muß es bald auch einen Meierhof gegeben haben, zur gleichen Zeit könnte auch die Kirche entstanden sein.
Träger der Rodungstätigkeit in diesem Gebiet war eine *edelfreie Familie*, die sich später von Kaltenbach nannte und von der nur die beiden letzten Generationen bekannt sind. Man weiß über sie wenig, jedoch müssen ihre Angehörigen über weitreichende Beziehungen und weitverstreuten Grundbesitz verfügt haben. Werner von Kaltenbach vermachte kurz nach 1100 dem Kloster St. Alban in Basel Güter in der Nordwestschweiz; der Chronist von Bürgeln spricht auch von Besitzungen in Burgund. Um Kaltenbach herum hatte die Familie eine kleine Herrschaft aufgebaut, wozu Besitz und Rechte in Marzell, Sitzenkirch und im Tal des Lippisbachs gehörten. Einen Mittelpunkt dieser Herrschaft scheint Bürgeln (s. d.) gebildet zu haben, wo sich eine Kirche befand, in welcher die Familie ihre Grablege gehabt haben soll. Werner von Kaltenbach († 1125) und seine Söhne Werner († 1159/60) und Wipert († 1158) traten in St. Blasien ein, dem sie ihren Besitz einbrachten. Werners d. Ä. Gattin Ita und mindestens eine Tochter lassen sich in der 1. Hälfte des 12. Jh. in den Klöstern Berau und Sulzburg nachweisen.
Durch den Besitztausch von 1232 kam Kaltenbach unter die Herrschaft der Markgrafen von Hachberg und gehörte seither zur Vogtei Vogelbach in der Herrschaft Sausenburg (allerdings ist 1550 einmal auch von einer Vogtei Kaltenbach die Rede). Aus dem Ort erhielt die Burgvogtei Sausenburg Ende des 17. Jh. jährlich 3 Mltr 3 Sester Steuerhafer.

Der örtliche *Grundbesitz*, weitgehend identisch mit dem Meierhof, gehörte fast ganz der Propstei Bürgeln, welche der Herrschaft Sausenberg dafür jährlich 8 Sester Schutzhafer entrichtete. Seit dem 17. Jh. verlieh St. Blasien dieses Gut, dessen Verwaltung jedoch nach wie vor von Bürgeln aus erfolgte. Zu diesem Hof gehörte vor allem Wald: im 18. Jh. bestand der Besitz der Propstei aus ca. 164 J (dem Wald Hohenwildsberg), 28 J Äckern und Matten und 8½ J Bergfeldern, insgesamt ca. 200 J (ca. 55½ ha). Wälder besaßen auch die Gemeinde, die Einwohner und wohl auch die vorreformatorische Kirche. Die Landesherrschaft hatte zunächst in Kaltenbach nur Einkünfte, welche sich aus ihrer Schutzfunktion ergaben. Erst seit dem 18. Jh. konnte sie ansehnlichen Waldbesitz (wenigstens 155 ha) an sich bringen: 1730 von Gemeinde und Privatleuten 335 J, 1741 bis 1744 mindestens weitere 208 J, 1760 nochmals ½ Jauchert. Abgesehen davon war ihr örtliches Eigentum nicht nennenswert.

Die *Verwaltung* des Ortes erfolgte von Vogelbach aus. In eigentlichen Gemeindedingen traten die Einwohner als Gemeinschaft auf, in der Vogtei vertreten durch einen Geschworenen, nachdem 1550 noch ein Vogt genannt worden war. Ihr Besitz bestand so gut wie ausschließlich aus Wald, im 17./18. Jh. Mischwald, der weitgehend zum Verkohlen benutzt und daher immer wieder abgeholzt wurde. Wohl aus akuter Notlage infolge der Kriegszeiten des 17. und 18. Jh. veräußerte die Gemeinde 1730 300 J Buchenwald im Roßboden an die Herrschaft und verkaufte derselben 1741/43 weitere 51 J im Schweisert. Um 1784/92 konnte sie dann von der Herrschaft die »Blaumatte« zum Ausstocken erwerben.

Die *Pfarrkirche* St. Michael wurde 1103 geweiht. Infolge der Kaltenbacher Schenkung um 1120 ging die Kollatur auf Bürgeln über, dem die Kirche 1155 auch inkorporiert wurde, nachdem Bischof Hermann von Konstanz schon vorher dem Kloster ihren Besitz bestätigt hatte. Päpstliche Schutzbestätigungen der Jahre 1157, 1173 und 1179 weisen auf Auseinandersetzungen hin, die vermutlich mit den Markgrafen von Hachberg ausgetragen werden mußten. Zum Kirchspiel gehörten alle zur Vogtei Vogelbach gehörigen Orte, ausgenommen Marzell.

Über den Besitz der vorreformatorischen Kirche ist man schlecht unterrichtet; 1548 bezog sie vor allem Geldeinkünfte aus Kaltenbach, Malsburg, Vogelbach, Lütschenbach, Marzell, Wambach, Kandern und Ettenbach. Auch trat sie im 16. Jh. über ihre Pfleger verschiedentlich als Darlehensgeber auf, so daß sie über etwas Vermögen verfügt haben muß. Als auch hier 1556 die Reformation eingeführt wurde, ließ die markgräfliche Regierung, um weitere Auseinandersetzungen zu vermeiden, die Pfarrei eingehen – sie wird 1572 nur noch als eine Kaplanei bezeichnet, deren Satz St. Blasien zustehe. Die Einwohner wurden künftig von Vogelbach aus versehen.

Die Kirche selbst war 1733 bereits zu klein und offenbar auch reparaturbedüftig. Der Bau war 1756 so ruiniert, daß »selbige (Kirche) eher einer wüsteney als Kirche gleichet«. Wenig später, 1767, kam man zu der Erkenntnis, daß eine Reparatur nicht lohne. Dennoch dauerte es bis 1782, bis ein Gutachten für einen Neubau erstellt wurde, der 1787 unter Einbeziehung des älteren Turms zustande gekommen ist. – Sämtliche *Zehnten* gehörten der Propstei Bürgeln, welche jährlich 20 fl zum Unterhalt des Vogelbacher Pfarrers beizutragen hatte. – Der Vorsteher einer *Nebenschule* läßt sich hier seit 1778/79 nachweisen. Sein Gehalt betrug damals 12 Gulden. Offenbar unterrichtete er in seiner Wohnung, denn ein Schulhaus wurde erst 1800 gebaut.

Frühe *Einwohnerzahlen* sind unbekannt, es darf jedoch angenommen werden, daß Kaltenbach bis zum Ende des 19. Jh. ein kleiner Wohnplatz mit vielleicht 50 Einwohnern gewesen ist. Diese lebten überwiegend von der Waldwirtschaft. Ackerbau, soweit möglich, und Viehwirtschaft dienten dem Eigenbedarf. Vorübergehend (Ende des

18. Jh.) scheint man auch Eisenerzabbau betrieben zu haben, der sich jedoch bald als nicht lohnend erwiesen hat. Um 1759 leistete ein Haushalt Heimarbeit für die Schopfheimer Bleiche-Compagnie.
Lütschenbach. – Das Dörflein Lütschenbach läßt sich erstmals 1352 als *Lutschenbach* urkundlich nachweisen; der Name könnte von einem Personennamen hergeleitet sein. Es gehörte zur Herrschaft Sausenburg und zur Vogtei Vogelbach, in deren Verwaltung es im 18. Jh. durch einen Geschworenen vertreten war. Die Beziehungen zum Hauptort waren nicht immer erfreulich: als die von Vogelbach den sogenannten Schafacker um 1765 urbar zu machen begannen, sahen sich die Einwohner von Lütschenbach in ihren Weiderechten geschmälert. Erst der Vertrag vom 3. Juni 1767 regelte die Verhältnisse. – Grundbesitz hatte neben den Einwohnern das Kl. Sitzenkirch, Einkünfte bezog die Kirche in Kaltenbach. – Der Ort war nach Kaltenbach eingepfarrt, seit der Reformation war Vogelbach zuständige Pfarrei. Sämtliche Zehnten gehörten der Propstei Bürgeln.
Im Jahre 1765 werden 12 männliche *Einwohner* aufgeführt, wenig später insgesamt 16, was einer Bevölkerungszahl von höchstens 80 Personen entsprechen dürfte. Sie bezogen ihren Lebensunterhalt aus der Waldwirtschaft. Daneben scheint Viehhaltung etwas größeren Ausmaßes betrieben worden zu sein, denn 1770 wünschte die Gemeinde, 5 V Wald an der Burghalde und die gemeinsamen Brachen zu Matten machen zu dürfen, weil allgemeiner Futtermangel herrschte. In diese Zeit fallen auch die Waldverkäufe von Privatleuten an die Herrschaft. Eine Mühle wird lediglich 1352 genannt.
Vogelbach. – Die Entstehung von Vogelbach, in einer kopialen Überlieferung vom Ende des 15. Jh. zu ca. 1130 als *villa Uogilbach* erstmals urkundlich nachzuweisen, datiert in die Kolonisationsphase des 11. Jh., die mit der Familie von Kaltenbach verbunden ist. Der Flurname *Burgberg* weist darauf hin, daß das Dorf (1352 so bezeichnet) sich um einen Adelssitz herum entwickelt hat. Rudolf von Vogelbach, wohl ebenfalls ein Mitglied der Kaltenbacher Sippe, schenkte um 1130, entsprechend dem allgemeinen Brauch, seinen hiesigen Besitz an das neuerrichtete Kl. Bürgeln. Infolge des Besitztausches von 1232 gelangte auch Vogelbach mit der Herrschaft Sausenburg an die Markgrafen von Hachberg. Es ist seither bei dieser Herrschaft verblieben, was jedoch verschiedene Pflichten mit sich brachte. Die Einwohner der Vogtei Vogelbach hatten alles, was auf der herrschaftlichen Matte wuchs, nach Sausenburg zu führen, ebenso alles, was dort gebraucht wurde, samt dem notwendigen Holz. Sie hatten sich für forstliche Dienstbarkeiten zur Verfügung zu stellen und konnten jederzeit zu Bauarbeiten am Schloß herangezogen werden. Noch im 18. Jh. hatten sie Baufronen zu den Stallgebäuden auf der Sirnitz zu leisten.
Bereits zu Beginn es 16. Jh. verfügten die Markgrafen hier nachweislich über alle Rechte. Sie bezogen damals jährlich 73 lb 9 ß 4 d, darunter allein 60 lb Steuer, dazu 34 Mltr »Walthaber«. Diese Abgaben gingen aus der gesamten damals bereits bestehenden *Vogtei Vogelbach*, deren Einzugsgebiet mit der heutigen Gemeinde identisch ist und zu der bis 1812 auch Wambach (Gde Wies) gehört hat. Der herrschaftliche Vogt, seit 1546 nachzuweisen, saß in Vogelbach, er war damals steuer- und fronfrei, hatte 4 Schweine im Äckerich frei und erhielt ein Malter vom herrschaftlichen »Walthaber«. Im 18. Jh. werden neben ihm ein Stabhalter (1759), 3 bis 4 Gerichtsleute und bis zu 3 Geschworene, wohl Vertreter der in der Vogtei zusammengeschlossenen Gemeinden, genannt. Nachdem Ende des 18. Jh. der Vogteisitz nach Malsburg verlegt worden war, erhielt Vogelbach einen Stabhalter.
Der örtliche *Grundbesitz* verteilte sich auf die Klöster Sitzenkirch (1492, 1564) und Bürgeln, die Kirchen Vogelbach und Kaltenbach, die Gemeinde und die Einwohner.

Erst infolge der Reformation gelangte die Herrschaft über die Geistliche Verwaltung Rötteln zu hiesigem Besitz, überwiegend in Form von Wald. Da auch Vogelbach zum Einzugsgebiet der Kanderner Eisenwerke gehörte, wurde dieser benötigt, weshalb sich vor allem im 18. Jh. zahlreiche Waldverkäufe von Einwohnern an die Herrschaft finden.

Die *Gemeinde* wurde durch den Vogt verwaltet, den bis zu 6 Richter unterstützten. Sie besaß vor allem Wald, der jedoch häufig wenig erbrachte, da er immer wieder (so 1699) abgeholzt wurde, um Kohle für Kandern herzustellen. Spätestens im 18. Jh. mußten sämtliche Bedürfnisse der Gemeinde durch Umlagen finanziert werden, weshalb es häufig am Nötigsten fehlte. Die wenigen Allmendfelder, 1564 als Anstößer erwähnt, waren im 18. Jh. teils verkauft (1762: 3 J an Privat), teils urbar gemacht und zwischen 1783 und 1805 unter die Einwohner verteilt worden. Eine Feuerspritze war 1778 noch nicht vorhanden, auch gab es nicht genügend Feuereimer, weshalb das Amt damals verfügte, zehn Jahre lang jährlich 6 Feuereimer anzuschaffen und einen Brandweiher anzulegen.

Die Brachfelder »Schütte« und »Schafacker« von zusammen 10 J, die zur Sausenburg gehörten, waren 1722/23 erworben worden, sie dienten überwiegend als Weiden. Da auch die Gemeinde Marzell daran beteiligt war, führte die um 1764 vorgenommene Rekultivierung vor allem des Schafackers zu ernsthaften Auseinandersetzungen zwischen beiden Orten. Mit Lütschenbach wurde unter dem 3. Juni 1767 ein Weidevertrag abgeschlossen.

Die 1326 geweihte *Kapelle* zum hl. Nikolaus (sie hat sicher eine Vorgängerin gehabt) unterstand der Pfarrei in Kaltenbach. Eine Erweiterung der reparaturbedürftigen Kirche verlangte die Gemeinde 1726. Diese kam aber erst zwischen 1759 und 1761 zustande. Sämtliche Rechte lagen bei den Markgrafen von Hachberg, was die Einführung der Reformation sehr erleichterte. Zwar ist noch 1571/72 von einer Kaplanei die Rede, sie muß jedoch um diese Zeit zur Pfarrei erhoben worden sein, welcher die bisherige Pfarrei Kaltenbach als Filial unterstellt wurde, nachdem ihr zu unbekannter Zeit Marzell zugeteilt worden war. Bis 1788 wurde auch Wambach von Vogelbach aus versorgt.

Zur Besoldung des Pfarrers gehörten 10 Klafter Holz, die um 1750 aus dem Gemeindewald zu entrichten waren. Die Vogteiorte trugen dazu nichts bei, was, da sie mehr Bürger und mehr Wald als Vogelbach hatten, spätestens im 18. Jh. zu Auseinandersetzungen führte (nachzuweisen seit 1742/43), die 1759 in einen Prozeß zwischen der Gemeinde Vogelbach und den Filialen mündeten, gegen dessen Urteil 1761 noch appelliert wurde. Da die Streitereien auch nach dem Urteil von 1770 nicht endeten, übernahm schließlich die Herrschaft 1789/90 die Beholzung des Pfarrers gegen Entrichtung von 535 fl 33⅓ Kreuzer.

Hauptbesitz der vorreformatorischen *Kirche* war, neben dem 1564 erwähnten Pfründgut und dem Zehnten zu Marzell, ein größeres Waldstück von etwa 100 J gewesen, der St. Nikolausenwald, später Schweißert genannt. Diesen zog während der Reformationszeit die Herrschaft an sich, was seit 1592 zu ständigen Auseinandersetzungen mit der Propstei Bürgeln führte, die Rechte geltend machte. Im 18. Jh., besonders 1726 bis 1728, stritten sich die Gemeinden Vogelbach und Obereggenen darum, die beide den Wald für ihren Bann beanspruchten.

Sämtliche *Zehnten* hatten der Propstei Bürgeln, vielleicht anteilig auch der örtlichen Kaplanei gehört. Im 16. Jh. bezog Bürgeln den gesamten Großzehnten innerhalb Etters, die Herrschaft lediglich den außerhalb Etters und darüber hinaus von 9 J 1 V Acker und Matten. Den kleinen Zehnten überließ Bürgeln 1599, den Heuzehnten 1750 der Pfarrei Vogelbach. Um 1771/72 bezog die Burgvogtei aus 28 J den sogenannten Malsburger oder Winkelzehnten. Die Ablösung der Pfarreizehnten auf Gkg Vogelbach erfolgte 1838/39, die Ablösung mit der Gde Marzell 1839.

Seit wenigstens 1716 (1710) bestand eine *Schule* am Ort, wo bis 1788 auch die Kinder aus Wambach unterrichtet wurden. Der Lehrer, welcher zeitweise die Gerichtsschreiberei versah, bezog im 18.Jh. ein Gehalt von der Burgvogtei, die Sigristeneinkünfte aus Vogelbach und Wambach sowie Schulholz und Schulgeld (12x pro Quartal) von jedem Kind. Er hatte zudem 2 Schweine im Äckerich frei. Seine Einkünfte summierten sich 1740 auf 113,28 Gulden. Ein Schulhaus wurde erst 1832 erbaut, das 1903 bis 1905 durch einen Neubau ersetzt wurde.

Die *Einwohnerzahl* war klein, 1694 zählte man in der Vogtei ca. 70 Untertanen, 1700 95 Männer. Im Ort selbst lebten 1767 15 »Einwohner«, 1789 20 Bürger. Dies ergibt eine tatsächliche Einwohnerzahl von etwa 70 bis 110 Personen. Dennoch wurden sowohl der Wunsch nach Kirchenerweiterung 1726/27 wie der um Erhöhung des Kommunionweinkontingentes 1753 mit dem Bevölkerungszuwachs begründet, der jedoch auch in den Filialen erfolgt sein kann.

Die Leute waren größtenteils arm und bei ihren Verdienstmöglichkeiten fast völlig auf die Kanderner Betriebe angewiesen. Die schlechten und kalten Böden brachten geringen Ertrag. An ihnen scheiterten auch Ende des 18.Jh. die Versuche, den Kleebau einzuführen. Dagegen gedieh, neben dem Kraut, seit 1747 nachzuweisen, die Kartoffel. Ihr erfolgreicher Anbau hatte in den 1760er Jahren Streitigkeiten zwischen Pfarrer und Filialen und von 1779 und 1788 zwischen der Propstei Bürgeln und den Filialen wegen des Kartoffelzehnten zur Folge.

Die *Viehhaltung* diente dem Eigenbedarf, für den Rindvieh, Schweine, Ziegen und wohl gelegentlich auch Schafe gehalten wurden. In der Vogtei wurden 1700 an Zugvieh 52 Pferde und 53 Ochsen gehalten. In allen Vogteiorten gab es die sogenannten Kohlpferde (im 18.Jh. ca. 45), mit deren Hilfe etliche Einwohner ihren Lebensunterhalt verdienten, indem sie Holz und Holzkohle nach Kandern beförderten. Das *Handwerk* war in Vogelbach spärlich vertreten, und es darf bezweifelt werden, ob sich davon leben ließ. Gegen Ende des 18.Jh. verzeichnete man 2 Schreiner und je einen Bäcker und Wagner. Im 16.Jh. scheint es auch zwei *Mühlen* gegeben zu haben.

Da der Transport von Marzell nach Kandern weitgehend über Vogelbach lief, konnte sich hier, wohl im 18.Jh., eine *Gemeindewirtschaft* etablieren, die jährlich versteigert wurde, da die Gemeinde über kein eigenes Haus verfügte. Eine weitere Schildgerechtigkeit wurde 1718 konzessioniert. Diese Wirtschaft ging bald ein, wurde 1730 wieder eröffnet und bestand noch 1740. Wahrscheinlich ist sie bald darauf erneut aufgegeben worden, da 1767 ein weiteres Realrecht für die »Sonne« vergeben wurde, das 1806 noch in Gebrauch war und neben dem es am Ort nur die Gemeindewirtschaft gab.

Käsacker. – Die Kleinsiedlung auf der Vogelbacher Gemarkung hatte mit Vogelbach einen gemeinsamen Bann. Zinse aus dem Holz, dem sogenannten *Keßackher*, werden 1564 erwähnt. Um 1650 wohl besiedelt, hatte sich der Ort bis 1762 ausgeweitet; damals wurden oberer und unterer Käßacker unterschieden. Neben den eigentlichen Hofgebäuden findet sich dort eine Hanfreibe, 1731/32 neu erstellt. Eine Mühle mit 3 Mahlgängen und einem Rendelgang wird 1751 erwähnt, die jedoch unter Kundenmangel litt. – Käßacker unterstand bis zur Reformation der Pfarrei Kaltenbach und wurde dann Vogelbach unterstellt. Es war ein Teil der dortigen Vogtei.

Höfe. – Dieser Ortsteil setzte sich zusammen aus den Weilern Edenbach, Höfe, Lausbühl und Tantenmühle, alle zur Vogtei Vogelbach gehörig. Von diesen läßt sich Edenbach vielleicht schon 1140 (*Oedinbach*), sicher 1650 nachweisen (*Oedtenbach*), der Name erscheint seit dem 18. Jh. als Etten- oder Edenbach. Die dortige Gemeinde entrichtete der Burgvogtei Sausenberg jährlich 6 Mltr 6 Sester Steuerhafer. 1607 wird ein Bauer *us dem Leusbühl* genannt. Um 1614 könnten dort zwei Anwesen gestanden haben. Die Tantenmühle, 1564 als die Mühle *zu Tampten* erstmals nachzuweisen, verfügte 1749 über eine Rendel und drei Mahlgänge, von denen ihr Besitzer um 1739/41 den dritten ohne Erlaubnis hatte einbauen lassen. Ihr Inhaber mußte der Sausenburg mahlen und zu diesem Zwecke das Getreide dort abholen und das Mehl bringen. Zinse bezog die Burgvogtei Sausenberg. Die Mühle galt zeitweise als so wenig kundenfreundlich, daß die Leute, wie 1717, in Sitzenkirch mahlen ließen.

Marzell

Ur- und Frühgeschichte. – Auffällig sind an diesem hochgelegenen Ort die *jungsteinzeitlichen Funde*, die teilweise mit der Verkehrslage zusammenhängen, teils mit den damals günstigeren klimatischen Verhältnissen. Am »Egerten-Paß«, einer wichtigen alten Wegverbindung von Badenweiler her, fanden sich bearbeitete Feuersteingeräte, die für eine Begehung dieser Strecke im Neolithikum sprechen. Ein sicherer Siedlungshinweis liegt dagegen für das Gewann »Halden« am Südwesthang des Hochblauen vor. Hier wurden in über 800 m Höhe ein Steinbeil und ein Dreh- oder Auflagestein von einem neolithischen Bohrgerät aufgesammelt. Wegen der Höhenlage ist wohl eher an ein einzeln liegendes Gehöft als an eine größere Ansiedlung zu denken.

Beherrschend über dem »Egerten-Paß« erhebt sich der »Stockberg«, auf dessen Gipfelplateau ein kleiner Ringwall liegt. Um eine verstürzte Trockenmauer aus dem anstehenden Porphyr zieht sich ein tiefer Graben, davor ein flacher Erdwall. Die relativ kleine Anlage ist offenbar noch im Hochmittelalter benutzt, vielleicht in dieser Zeit sogar ausgebaut worden. Sie könnte aber in ältere Zeiten zurückreichen, da immerhin ein prähistorischer (latènezeitlicher?) Scherben von hier vorliegt. Auch römische Keramik (unsicher) und Leistenziegel sind von dieser Stelle bekannt. Diese Funde könnten mit der römerzeitlichen Gewinnung von Porphyr zusammenhängen, aus dem beispielsweise Mahlsteine für die Erzzerkleinerung im Sulzbachtal (Sulzburg) hergestellt wurden.

Siedlung und Gemarkung. – Einer kopialen Überlieferung vom Ende des 15. Jh. zufolge schenkte im 12. Jh., jedoch vor 1152, Zeizo de *Marticellisperc* hiesigen Grundbesitz an Kl. Bürgeln. Noch 1342 erscheint der Ort in der Namensform *Marticelle*. Man wird daher annehmen dürfen, daß sich hier zu unbekannter Zeit eine Einsiedelei befunden hat, welche die Familie von Kaltenbach im 11. Jh. in ihr Herrschaftsgebiet aufnahm. Das Dorf war mit Kandern durch eine über Vogelbach führende Straße verbunden, wohl ein Grund, warum es sowohl 1624 wie 1633 und in allen späteren Kriegszeiten immer wieder betroffen wurde. – Bannstreitigkeiten sind nur mit Kaltenbach überliefert, diese hatten sich über die Abgrenzung auf etlichen oberhalb des am Blauen durchgehenden Wegs gelegenen Äckern ergeben und wurden 1690 geschlichtet.

Herrschaft und Grundbesitz. – Als Bestandteil der Herrschaft Kaltenbach dürfte der Ort im 12. Jh. an Kloster St. Blasien gekommen sein. Ob hier zeitweise Adel ansässig war, ist fraglich. Außer dem vor 1152 genannten Zeizo von Marzell ließ sich kein weiterer Vertreter dieser Familie nachweisen. Allerdings haben sich an der Gemarkungsgrenze nach Badenweiler auf dem Stockberg Graben und Reste eines Rundturms erhalten, die sich derzeit historisch nicht einordnen lassen. Die niedergerichtlichen Rechte gingen infolge des Besitztauschs von 1232 an die Markgrafen von

Hachberg über, die den Ort ihrer neuen Herrschaft Sausenberg zuteilten. Zu unbekannter Zeit gelangte das Dorf in den Pfand- oder Mannlehenbesitz der Familie von Schönau, die ihrerseits die von Neuenfels damit belehnte. Jakob von Neuenfels und seine Söhne verpfändeten 1342 ihre Hälfte an Ritter Heinrich vom Stein. Vermutlich wurde das Pfand in den folgenden Jahren ausgelöst, denn 1368 verzichteten Jakob von Tegernau und seine Söhne auf alle Ansprüche auf diese Hälfte, welche Rudolf von Schönau 1369 um 500 lb Basler Pfennige an die Markgrafen Otto und Rudolf von Hachberg verkaufte. Die andere Hälfte scheinen die Markgrafen 1372 erworben zu haben, jedenfalls wurde 1387 die Mitgift der Gräfin Anna von Freiburg auf das Dorf versichert.

Spätestens seit jener Zeit gehörte Marzell (wieder) zur Herrschaft Sausenburg und innerhalb der markgräflichen Lande zum Sausenberger Viertel. Die Herrschaft unterhielt hier seit dem 17. Jh. einen Forstmeister. Zu den Pflichten der Einwohner gehörte es, jährlich 400 Rebstecken in die herrschaftlichen Reben nach Kandern zu liefern und 4 Mltr Haber ins Schloß Sausenburg zu führen. Der Ort war seit wenigstens dem 16. Jh. Bestandteil der Vogtei Vogelbach und erlangte erst 1792 die Selbständigkeit und das Recht, einen eigenen Vogt zu wählen.

Der Ort gehörte anscheinend fast völlig dem Kloster St. Blasien und dessen Propstei Bürgeln. Der umfangreiche Marzeller Forst hingegen (1806: 1559½ J, etwa 433 ha) war Besitz der Herrschaft Rötteln/Sausenberg und wurde im 18. Jh. durch Ankäufe von Waldparzellen (1730–43 mindestens 530 J, etwa 147 ha) von Einwohnern und Gemeinde noch vergrößert.

Gemeinde, Kirche und Schule. – Die Verwaltung der Gemeinde erfolgte bis 1792 von Vogelbach aus, wobei Marzell im dortigen Gericht durch einen Geschworenen oder Gerichtsmann (1588) vertreten war. Zu ihrem Besitz scheint vor allem Wald gehört zu haben, von dem sie 1732 116 J, 1743 auch ihren Jungwald an die Landesherrschaft verkaufte. Ein Bannstreit mit Kaltenbach über die Abgrenzung der Brachfelder am Blauen wurde 1690 ausgetragen.

In Marzell bestand 1275 eine *Pfarrei*, als deren Patron St. Oswald (1661) erscheint. Sie unterstand dem Dekanat Feuerbach/Neuenburg, über den Kirchensatz verfügten – ohne daß man wüßte, wie sie dazu gekommen sind – die Herren von Schönau und Neuenfels. Ihre Rechte verkauften sie 1369 und 1372, zusammen mit der Ortsherrschaft, an die Markgrafen von Hachberg. Da die Einkünfte der Kirche (die Annaten des 15. Jh. betrugen durchweg 5 fl) zum Unterhalt eines Priesters nicht ausreichten, scheint die Pfründe häufig unbesetzt gewesen zu sein. Die Kirche wurde daher 1379, nachdem hier seit 10 Jahren kein Pfarrer mehr gewirkt hatte, mit Zustimmung des Markgrafen der Propstei Bürgeln inkorporiert. Seit 1453 war die Pfründe mit der Sitzenkircher Hl. Kreuzkaplanei verbunden; der jeweilige Kaplan übernahm die Seelsorge in Marzell. Der Markgraf blieb jedoch Kirchherr. Das Einkommen der Kirche war gering, es wird 1508 mit 1 lb Rappen angegeben. Nach Einführung der Reformation wurde die Gemeinde der neuen Pfarrei Vogelbach unterstellt. Der dortige Pfarrer erhielt sein Besoldungsholz aus dem Marzeller Forst. Erst Ende des 18. Jh. wurde der Ort von Vogelbach getrennt und bekam einen eigenen Pfarrer. – Im 16. Jh. hatte die Pfarrei Vogelbach hier den *Groß- und Kleinzehnten* bezogen. Im 18. Jh. teilten sich Landesherrschaft und Pfarrei in diese Einkünfte, auch der Neubruchzehnt ging zur Hälfte an den jeweiligen Pfarrer. Sämtliche Zehnten wurden zwischen 1834 und 1844 abgelöst. – Ein *Winterschulmeister* läßt sich seit 1727 nachweisen. Ein Schulhaus wurde 1746 erstellt und, nachdem der Bau durch das Hochwasser von 1758 weggeschwemmt worden war, 1763 wiedererrichtet.

Bevölkerung und Wirtschaft. – Angeblich sollen in Marzell 1709 95 Bürger und 61 ledige Söhne gelebt haben, was einer Einwohnerzahl von etwa 536 entsprechen würde. Dies würde erklären, warum gerade in diesem Jahrhundert die Darlehensaufnahmen (bevorzugt bei der Geistlichen Verwaltung) und die Waldverkäufe an die Herrschaft ein solches Ausmaß angenommen hatten. Auch Auswanderung nach Amerika ist schon für den Beginn des 19. Jh. bezeugt. – Der *Landbau* war mühsam, angebaut wurden dennoch Gerste, Hafer und Roggen, letzterer im 18. Jh. auf Reutland. Kartoffeln werden 1771 erwähnt, auch die Imkerei scheint verbreitet gewesen zu sein. – Obwohl *Handwerker* bezeugt sind – um die Wende zum 19. Jh. lassen sich 5 Schuster, je 4 Schneider und Weber sowie je ein Maurer und Schreiner nachweisen – dürfte die Mehrzahl der Einwohner in der *Waldwirtschaft* und als Zulieferer für das Kanderner Bergwerk beschäftigt gewesen sein. Es scheint zahlreiche *Kohlhütten* gegeben zu haben und auch das Transportgewerbe hatte Arbeit. In Marzell stand eine Provisionshütte, die 1726 baufällig war. Um 1748 faßte man den Plan, hier eine Kohlscheuer zu errichten, da in der schlechten Jahreszeit die Kohlpferde den Transport aus dem Münstertal nach Kandern nicht in einem Tage schafften. Die in diesem Gewerbe Beschäftigten hatten Anspruch auf Fronwein und Fronbrot. Wohl im wesentlichen der Stärkung der Fuhrleute diente die 1721 konzessionierte *Wirtschaft*, die sich aber zunächst nicht hielt und 1736 neu eingerichtet wurde. Ein Müller hatte 1713 eine *Mühle* erstellt, die ihm 1719 auch genehmigt wurde. Sie verfügte 1749 über einen Mahl- und einen Rendelgang und litt im Sommer unter Wassermangel. Eine *Säge* wurde 1721 erbaut, 1738 riß sie das Hochwasser fort.

Quellen und Literatur

Malsburg

Quellen gedr.: RMB 1 Nr. h 625, 638, 751.
Quellen ungedr. GLA 11/K. 374, 467; 20/K. 128; 21/Nr. 5237–52, 5268/69; 66/3718, 7545, 8109; 229/10749, 16033, 16049, 34152, 50809, 50813, **63501–22**, 86918–19, 88486, 107681–83, 107686, 107694, 107696, 107754; 365 (1939,14); 84; 391/**23450–57**, 18181/82, **23450–57**. – GA Malsburg (Inv. masch. 1954).
Literatur: Breh, Fritz, Chronik des hinteren Kandertals, der Gemeinden Malsburg und Marzell, Malsburg 1955.
Erstnennungen: 1301/8 (GLA 11/456.)
Edenbach: GLA HFK Nr. 39 (ca. 1650). – GLA 229/63509, 107696; 391/23457.
Käsacker: GLA HFK Nr. 39 (ca. 1650). – GLA 21 Nr. 4201; 229/50805, 104597, 104655, 107695, 107698; 391/23457.
Kaltenbach: REC Nr. 608 (1103/5). – GLA 11/K. 333; 21 Nr. 3956, **4191–4204**, 4221/42, 4225/26, 4890, 5237, 5989, 5992/93, 5996, 6896; 65/139–40; 66/3718, 7545, 9237–39; 120/162; 229/10749, 16033, 16049, **50786–50812**, 86918/19, 94378/79, 104612, 107693, 107696, 107698, 107702, 107707, 113708; 391/18181–82, 23450/51, 23454/55, 23457; 399/1237–39. – FDA 35 (1907) S. 78. – REC Nr. 608, 778, 923, 996. – RMB 1 Nr. h 751. – Trouillat 1 Nr. 186. – WUB 2, 111, 172, 195.
Lausbühl: GLA 21 Nr. 4890 (1607). – GLA 21 Nr. **4890–93**; 229/63508, 10749, 107686.
Lütschenbach: RMB 1 Nr. h 638 (1352). – GLA 21 Nr. 4196, 5225–27, 5396; 66/3718, 7545, 8109, 9237/38; 229/10749, 16033, 16049, 50813, 63502, 63509, 63511, 63519, 86918/19, 104596, 107724; 391/23457. – RMB 1 Nr. h 638, 751.
Tantenmühle: GLA 66/7545 (1564). – GLA HFK N 39; 229/63513/14, 63517/18, 107726, 107728. – Schülin, Fritz, Mühlen im hinteren Kandertal. Die Tantenmühle und Taubenmühle in Malsburg. In: Das Markgräflerland 1/2 (1978) S. 4–9.

Geschichte der Gemeindeteile 195

Vogelbach: GLA 65/139–40 (A. 12.Jh.). – GLA 21 Nr. 4196, 4200/1, 4232, 5226, 5332, **7589–95**; 66/3715, 3718, 7545, 8109, 9237–39; 120/111, 405; 229/16023, 16033, 16058, 31845, 42830, 50789, 50796, 50798, 50808, 50813, 74663, 74672, 74692, 74722, 74724, 74727, 77228, 77233, 77241, 77246, 77264, 77295/96, 86918/19, 88486, 88496, 94423/24, 94472, 100894, 104596, 104655, **107681–107762**, 115704, 115735/36; 391/23457, **40021–32**; 399/1485, 1488, 1490, 1492. – REC Nr. 4096. – RMB 1 Nr. h 638, 751. – ZGO 30 (1878) S. 84.

Marzell

Quellen gedr.: FDA 1 (1865) S. 210; 35 (1907) S. 78; 76 (1956) Nr. 1552, 1555, 1557, 1606. – FUB 7 Nr. 94. – REC Nr. 6527. – RMB 1 Nr. h693, 699, 703, 751. – ZGO 16 (1864) S. 456.
Quellen ungedr.: GLA 8/Gen. K.2a; 11/K.374; 21 Nr. 4200/1, 4204, 5331–97; 46/Hochberg-Sausenberg 12; 66/3718, 5340, 7545, 9237–39; 120/205; 212/198; 229/9576, 28614, 34132, 50795, 50798, 50803, 50805, 50811, 57659, **65304–35**, 74665, 77277, 86918/19, 88486, 94365, 104591, 104596, 107687, 107693, 107696, 107702, 107707, 107713/14, 107720, 107726, 107733; 365 (1939, 14) 85; 375 (1907, 97) 550; 391/ 18135, 18181/82, **24486–97**, 41895; 399/ **1484–92**. – GA Marzell (Inv. masch. 1953).
Literatur: *Breh,* Fritz, Chronik des hinteren Kandertals, die Gemeinden Malsburg und Marzell, Malsburg 1955.
Erstnennungen: ON 12.Jh. (GLA 65/139–40). – Kirche FDA 1 ⟨1865⟩ S. 210. – Kirchenpatron St. Oswald 1661 (GLA 66/9239)

Maulburg

973 ha Gemeindegebiet, 3682 Einwohner (31.12.1990, 1987: 3612)

Wappen: In Silber (Weiß) ein roter Zinnenturm mit offenem schwarzem Tor.
Flagge: Rot-Weiß (Rot-Silber).
Das Wappensymbol des Turms bezieht sich auf das Grundwort »Burg« im Ortsnamen und wurde vom ausgehenden 18. Jahrhundert an verwandt. Der Gemeinderat folgte 1904 dem Wappenvorschlag des badischen Generallandesarchivs.

A. Naturraum und Siedlung

Natürliche Grundlagen. – Mit einer Fläche von 973 ha erstreckt sich die Gemeinde Maulburg in nordsüdlicher Ausdehnung vom Dinkelberg im S über das mittlere Wiesental, das die Gemarkung von O nach W durchschneidet, bis auf den Scheinberg im Norden. Mit dem Königsberg (619 m ü.d.M.), der höchsten Erhebung des Scheinbergs, erreicht das Gemeindegebiet sein Höhenmaximum. Dagegen liegt der höchste Punkt der Gemarkung auf dem Dinkelberg lediglich bei 493 m (Mauerhaldebuck). Die Gemeindegrenzen orientieren sich weitgehend an der Topographie. Nördlich des Wiesentals verläuft die Westgrenze entlang des Alsbachs, während die oberen Hangkanten den Grenzverlauf markieren. Südlich der Wiese folgt die westliche Grenzlinie einem Trockental, die östliche dem Wintertal. Dagegen hält sich die Begrenzung im S weniger deutlich an topographische Formen.

Aufgrund der naturräumlichen Gegebenheit und ihrer wirtschaftlichen Nutzung sind innerhalb der Gemarkungsgrenzen somit *drei Raumeinheiten* erkennbar. Das Zentrum bildet das durchschnittlich 1 km breite Wiesental mit der Siedlung Maulburg. Ihm schließt sich im N die Buntsandsteintafel des Scheinbergs an, die der naturräumlichen Einheit des Weitenauer Berglandes angehört, während im S die Muschelkalkfläche des Dinkelbergs das Bild der Gemarkung bestimmt. Für das enge Nebeneinander dieser sowohl vom Aufbau als auch vom Alter her sehr verschiedenen Raumeinheiten ist im wesentlichen die tektonisch bedingte Hebung des Schwarzwaldes im Tertiär (vor ca. 64 Mio. Jahren) verantwortlich zu machen. Sie bewirkte eine »Zerstückelung« des auflagernden Deckgebirges in einzelne Schollen (*Bruchschollentektonik*), wobei die Schollen, wie hier der Scheinberg und der Dinkelberg, in unterschiedlichen Höhen zu liegen kamen. In unterschiedlichem Maße waren daher auch die Schollen der Abtragung ausgesetzt. Der Bruchfuge zwischen beiden Schollen folgt heute das Wiesental.

Die *ältesten Gesteine* auf dem Gemarkungsgebiet findet man an den Talhängen des Scheinbergs. Es handelt sich vorwiegend um tonige Sedimente des *Rotliegenden*, einer Unterabteilung des Perms (Wende Erdaltertum/Erdmittelalter). Diese Gesteine, aber auch jene des darauf lagernden unteren Buntsandsteins (Bröckelschiefer, Konglomerate, Sandsteine) sind ganz weich, so daß es nach schweren Regenfällen zu Erdrutschen kommen kann. Ein Beispiel dafür ist der Erdrutsch von 1935 an der Wieshalde. Von ganz anderer Beschaffenheit zeigt sich der mittlere und obere *Buntsandstein*, der in besonderem Maße Relief und Nutzung gestaltet. Den wasserdurchlässigen und äußerst widerständigen Gesteinen ist die relative Steilheit des Scheinbergs zu verdanken. Auch lassen sie ausgesprochen arme Böden entstehen. Der Anstieg des Scheinbergs ist daher ebenso bewaldet wie seine plateauartige Hochfläche. Ursprünglich herrschten Eichen

Naturraum und Siedlung 197

und Buchen vor. Obwohl nach den Sturmschäden von 1989 eine neuerliche Anpflanzung von Eichen erfolgte, überwiegen immer noch Fichten und Lärchen, die in den vergangenen Jahren wegen ihrer kürzeren Umtriebszeit (ca. 30 Jahre) von der Forstwirtschaft bevorzugt wurden.

Im Bereich des tektonisch stärker abgesunkenen *Dinkelbergs* konnte sich die den Buntsandstein überlagernde *Muschelkalktafel* erhalten. Sie wird von mehreren in rheinischer Richtung (SSW–NNO) verlaufenden Störungslinien durchzogen, die am Nordrand des Dinkelbergs häufig von Talläufen nachgezeichnet werden. Hierzu gehört neben dem Wintertal jenes Tal, das sich am westlichen Gemeinderand nach Höllstein hin öffnet. Wie in vielen dieser schmalen, im Gemeindegebiet kräftig eingeschnittenen Gräben haben sich auch im Wintertal Reste des ursprünglich über dem Muschelkalk folgenden *Keupermergels* erhalten. Auf der Hochfläche des Dinkelbergs selbst stehen überwiegend dolomitisierte Trigonoduskalke des Oberen Muschelkalks an. Sie neigen in besonderem Maße zur Verkarstung, so daß hier das Gemeindegebiet eine für *Karstlandschaften* charakteristische Oberflächengestalt aufweist. Hierzu zählen, neben dem insgesamt flachwelligen Relief, Trockentäler und als typische Lösungsformen verschiedene Dolinen, wie sie z. B. westlich des Schmiedholzes oder südlich des Jungholzes vorkommen. Die Kalke selbst waren auch von wirtschaftlicher Bedeutung. Bis ins 20. Jh. wurden sie in zwei Steinbrüchen an der Straße nach Adelhausen gebrochen und unter anderem zum Ausbau der Bundesstraße 317 verwandt. Auch die Gipse des Mittleren Muschelkalks wurden ausgebeutet. In zwei Gipsgruben und Gipsmühlen wurden sie zu »Baugips« bzw. »Feldgips« verarbeitet. Der Feldgips war als Düngemittel für die Felder begehrt, der »Baugips« fand in Südbaden, im Elsaß und in der Schweiz (vor allem in Basel) seinen Absatzmarkt. Im W, stärker noch im S des Gemeindegebiets, werden die Karsterscheinungen jedoch verwischt von flächenhaft auftretenden Schichten des Unteren Keupers, die hier den Trigonoduskalk überdecken. Dieser Wechsel des Untergrunds wird auch von der landwirtschaftlichen Inwertsetzung des Dinkelbergs nachgezeichnet. So finden sich Wiesen bzw. Ackerland im Bereich des Oberen Muschelkalks, Waldareale hingegen auf den ärmeren Böden des Keupermergels. Eine besondere Ausprägung haben die Täler am Nordrand des Dinkelbergs erfahren. Zum Teil sind es echte Trockentäler, wie etwa jenes, an dem sich die westliche Gemeindegrenze orientiert und in dem die Straße Höllstein-Adelhausen verläuft. Ein weiteres, kleineres findet sich weiter östlich. Da in beiden Tälchen eine Keuperfüllung fehlt, versickert der Oberflächenabfluß meist im Kalkgestein. Lediglich bei überstarken Regenfällen wird das Tal reaktiviert. Dagegen sind die Sohlen des Wintertals sowie des Tals, das die Straße von Maulburg nach Adelhausen als Aufstieg benutzt, durch Keuperschichten gleichsam versiegelt, weshalb hier auch ein ständiger Oberflächenabfluß besteht.

Zwischen Scheinberg im N und Dinkelberg im S spannt sich das hier über 1 km breite *Tal der Wiese* auf. Es ist als typisches Sohlenkastental ausgebildet, das seine heutige Form dem mehrfachen Wechsel zwischen Kalt- und Warmzeiten während des Pleistozäns verdankt. Besonders gut entwickelt sind Schotterpakete, die während der letzten Kaltzeit, der Würmeiszeit, abgelagert wurden und heute die sogenannte Niederterrasse bilden. In diese Schotterpakete hat sich die Wiese postpleistozän bis auf den darunterliegenden Buntsandstein eingeschnitten, so daß in der Folgezeit die Tiefenerosion zurückging. Dennoch ist der Wasserreichtum erheblich, mündet doch im W des Gemeindegebiets (im Gewann Müschele) die Kleine Wiese in den Hauptfluß. Nachdem 1877 ein Hochwasser die Eisenbahnverbindung im Wiesental unterbrochen und ein Haus stark beschädigt hatte, wurde die Kanalisierung der Wiese in die Wege geleitet.

Dieses Projekt bot Schutz vor weiteren Überschwemmungen und ermöglichte es gleichzeitig, die aufblühende Industrie mit Wasser zu versorgen.

Siedlungsbild. – In hochwassersicherer Lage auf einem Schotterrücken der Wiese liegt der Kern des alten Dorfes Maulburg südlich des Flusses. Ursprünglich als *kleines Wegedorf* mit nur wenigen flächenhaften Erweiterungen angelegt, entwickelte sich der Ort mit der einsetzenden Industrialisierung im letzten Jahrhundert zu einem unregelmäßigen Haufendorf und nimmt heute den gesamten Talbereich zwischen der zum Scheinberg abgedrängten Wiese und dem Dinkelberg ein. Die eingleisige Bahnlinie Basel-Zell i. W., die den Ort durchschneidet, zeichnet in gewisser Weise auch eine Entwicklungsgrenze nach. Südlich der Trasse befindet sich der alte Ortskern, das sogenannte Innerdorf, nördlich davon das später entstandene Außerdorf.

Das »*Innerdorf*« erstreckt sich vom Bahnhof bis zur evangelischen Kirche. Entlang der ehemaligen breiten Dorfstraße und früheren Hauptleitlinie (heutige Hermann-Burte-Straße) stehen die ältesten Gebäude des Ortes: langgestreckte, stattliche, traufseitig angeordnete Bauernhöfe. Die einst vorrangig betriebene Viehzucht verlangte eine große Heubühne und entsprechende Ställe. Zudem mußten die Produkte des Ackerbaus gelagert werden. Von ihrer Form her lassen sich die Höfe dem Typ des quergeteilten alemannischen Eindachhofes zuordnen. Fast alle Bauernanwesen sind mit einem sogenannten Wagenschopf ausgestattet, der gleichsam als Regendach an der Außenmauer des Scheunenteils weit in Richtung Straße hinausragt. Als ältestes Gebäude Maulburgs gilt das »Wagnerhaus« unweit der evangelischen Kirche. Zwar zeigt der Schlußstein über dem Eingang die Jahreszahl 1878, doch weisen die Angaben im Wappen auf der Giebelseite des Gebäudes darauf hin, daß es bereits 1699 renoviert und erweitert wurde. Das stattliche dreigeschossige Bürgerhaus, das ursprünglich auch als Pfarrhaus diente, fällt sowohl durch seinen Rundbogeneingang als auch durch seine mit Ornamenten versehenen Gewände der vierteiligen Fenster auf. Über dem Fensterbereich ist das Wappen der Familie Wagner angebracht. Das westliche Ende des »alten Dorfs« markiert die 1753 errichtete *evangelische Pfarrkirche*, eine schlichte Saalkirche mit einem gotisch anmutenden Turm auf der Westseite (s. u., Bemerkenswerte Bauwerke). Bereits in der 1. Hälfte des 19. Jh. wurde der Friedhof neben der Kirche aufgelassen und an das südliche Ortsende verlegt. Zu den erwähnenswerten Gebäuden in der Hermann-Burte-Straße gehört auch das *Rathaus*. Der zweigeschossige traufständige Bau im typisch badischen Amtsstil, dem Weinbrennerstil, der sich durch seinen zweistöckigen Dachreiter heraushebt, wurde 1829 fertiggestellt. Fünf Jahre danach ließ die Gemeinde einen Brunnen aus rotem Sandstein vor dem Rathaus aufstellen. Ebenfalls im einstigen Dorfkern, an der Straße »In der Kirchhalde«, steht das alte (dritte) Schulhaus von Maulburg. Das vierte, ein stattlicher Bau, der mit einer Front an die Hermann-Burte-Straße grenzt, wurde 1907/08 beim Rathaus errichtet. Seit 1966, als die Hauptschule einen Neubau im Gewann »Breitmatt« bezog (s. u.), steht es ausschließlich der Grundschule zur Verfügung.

Die meisten landwirtschaftlichen Anwesen haben freilich auch in Maulburg ihre ehemalige Funktion verloren: so fehlt der einst typische Misthaufen und unter den Wagenschöpfen steht kaum mehr ein landwirtschaftliches Fahrzeug oder Gerät, sondern der private Personenwagen. Dafür sind an den Fenstern der ehemaligen Stallteile Gardinen angebracht und auch der zweite Briefkasten am Eingang läßt erkennen, daß diese Teile heute als Wohnung genutzt werden. Teilweise wurden die alten Höfe abgerissen und dafür neue Wohnhäuser erstellt. Neben der Wohnfunktion finden sich auch immer mehr Geschäfte des täglichen Bedarfs sowie Dienstleistungseinrichtungen.

Naturraum und Siedlung 199

Zu den alten Gebäuden außerhalb des einstigen Dorfbereichs gehört die (»Grether«-) *Mühle* am Mühleweg, weitab vom Dorfkern im NW des heutigen Ortes. Das stattliche Gebäude mit hochgezogenem Halbwalmdach und seinem repräsentativen Turmanbau, das 1987 letztmalig umfassend renoviert wurde, stammt wahrscheinlich aus dem frühen 17. Jahrhundert. Die übrigen Gebäude außerhalb des Dorfkernes sind dagegen meist erst nach 1860 errichtet worden. Diese *erste Dorferweiterung* war bereits eine Folge früher Industrieansiedlung. Vor allem um den Bahnhof und im Bereich der heutigen Hauptstraße und Köchlinstraße begann damals das »Außerdorf« zu wachsen. Im Gegensatz zum bäuerlichen »Innerdorf« dominiert hier die Wohnfunktion, speziell für die Industriebeschäftigten. Wachstumsimpulse kamen vor allem durch den Eisenbahnanschluß 1862. Damals wurde auch der Bahnhof gebaut.

Heute liegt hauptsächlich im nördlichen Siedlungsteil, zwischen Bahnhof und Hauptstraße, der *Versorgungsschwerpunkt des Ortes*. Vor allem in der Neuen Straße, wo die Bausubstanz nach N immer jünger wird, kann man bereits von einer »kleinen Geschäftsstraße« sprechen. Hier sind ein Sonnenstudio, eine Musikschule mit Musikgeschäft, ein Kachelofenbauer, eine Bäckerei und ein Papier- und Schreibwarengeschäft vertreten. An der Kreuzung zur Hauptstraße steht zur Linken das Gasthaus »Wiesentäler Hof«. Zur Rechten befindet sich die Volksbank. Der Kreuzungsbereich ist in modernem Stil neu gestaltet worden. Die Gebäude sind etwas von der Straße zurückversetzt, so daß trotz des Verkehrs der Hauptstraße das Gefühl einer Fußgängerzone entsteht. Östlich der Volksbank steht ein neues Doppelhaus, in dessen Erdgeschoß ein Blumenladen und die Post untergebracht sind. Im 1. Stock hat ein Zahnarzt seine Praxis und ein Architekt sein Büro eingerichtet. In den Umgestaltungsbereich wurde auch ein Brunnen auf der anderen Hauptstraßenseite einbezogen. In den Gebäuden daneben finden sich ein Eiscafé, eine Lotto-Toto-Annahmestelle, ein Frisör und das Gasthaus »Meyerhof«. Zwischen der Hauptstraße und dem Bahnhof steht auch die 1967 fertiggestellte *katholische Pauluskirche* (s. u., Bemerkenswerte Bauwerke). An der Hauptstraße östlich der Kreuzung zur Köchlinstraße ist in einem ehemaligen, heute modern gestalteten Werksgebäude der früheren Spinnerei und Weberei Steinen ein Wohnausstattungszentrum untergebracht, das durch seine durchgehende Schaufensterfassade auffällt. In einem gleichfalls langgestreckten, eingeschossigen Anbau schließt sich unmittelbar daran ein größerer Schuhmarkt an.

Nach den ersten Dorferweiterungen im Bereich des Bahnhofs dehnte sich Maulburg westlich und östlich des alten Kerns aus. So wird die Bausubstanz von der Röttlerstraße in westlicher Richtung bis zur Hauinger Straße immer jünger und moderner, doch finden sich zwischen den neuen Häusern immer wieder ältere Gebäude eingestreut. In den älteren *Ausbauzonen* beherrschen Ein- und Zweifamilienhäuser das Bild, die in den 1920er und 1930er Jahren entstanden sind. Ab 1950 kam im Gewann »Herzenau« die Königsberger Siedlung hinzu, die überwiegend von ehemaligen Vertriebenen bewohnt wird. Ein- und Zweifamilienhäuser sind giebelständig zur Straße angeordnet. Die Gewanne »Im Mußakker« und »In der Steigmatt« sind geprägt durch dreistöckige Reihenhäuser, während westlich davon, im Bereich von Alemannenstraße/Höllsteiner Straße, vier- und achtstöckige Wohnblöcke das Siedlungsbild bestimmen. Die jüngsten Ausbauzonen, die Neubaugebiete »Im Feld« und »Brunnstube«, bestehen überwiegend aus Ein- und Zweifamilienhäusern und nehmen das Areal zwischen der Wiechser Straße und dem Dinkelberg ein.

In der Nähe der Eisenbahnlinie, im Gewann »Breitmatt«, befindet sich das moderne *Schul- und Sportzentrum*. Der neue Schulbau, im zeittypischen Stil als zweigeschossiges Pultdachgebäude errichtet, war 1966 bezugsfertig und steht an der Ecke Schulstraße/Neue Straße. Östlich davon, getrennt durch das Gebäude der Freiwilligen Feuerwehr hat der moderne, im Bungalowstil gehaltene Kindergarten seinen Platz gefunden. Dem Schulzentrum ist die *Helen-Keller-Schule* angegliedert, eine Sonderschule für geistig Behinderte, die vom Landkreis Lörrach gebaut wurde. Der eingeschossige, in sich mehrfach gegliederte Flachdachkomplex mit Holzbinderkonstruktion, in den eine spezielle Turnhalle integriert ist, steht dicht an der Eisenbahnlinie. Die Schüler kommen aus dem Großen und Kleinen Wiesental, vom Dinkelberg und vom Ober- und Hochrhein. Zeitgleich mit dem neuen Schulgebäude wurde südlich des Schulareals ein Stadion mit Tribüne und verschiedenen Anlagen für die Leichtathletik angelegt. Seit 1975 ergänzt die *Alemannenhalle*, die auch von der Gemeinde für verschiedene Aktivitäten benützt wird, das Sportstättenangebot. Der Mehrzweckhalle ist ein Hallenbad angegliedert, das sowohl von der Schule als auch von der Öffentlichkeit in Anspruch genommen werden kann. Die drei Tennisplätze des 1973 gegründeten Tennisvereins befinden sich südlich des Stadions, und mit dem Bau des Vereinsheimes 1983 wurde die Anlage vervollständigt.

Welche Bedeutung die Industrie für Maulburg hatte und hat, wird allein schon daraus ersichtlich, daß heute *zwei größere Gewerbegebiete* ausgewiesen sind. Allerdings haben sich von der schon in der 1. Hälfte des 19. Jh. einsetzenden, frühen Industrialisierung kaum Spuren erhalten. Lediglich am östlichen Ast der Hauptstraße steht noch ein älteres, teilweise sanierungsbedürftiges, dreigeschossiges Arbeiterwohnhaus, dessen durchgehende Fensterfront zur Straße hin weist. Ein Zugang besteht nur auf der Rückseite über Laubengänge auf jedem Stockwerk. Ein ähnlicher Haustyp an der Hauptstraße, der durch Renovierung allerdings sehr stark verändert worden ist und in dem sich auch eine Zahnarztpraxis befindet, bildet den Übergang zu dem flächenmäßig kleineren Gewerbegebiet Ost. Dieses wird geprägt durch überwiegend zweigeschossige Flachdachhallenkomplexe. So schließt sich unmittelbar an die alten Arbeiterhäuser der Komplex der Firma »Magnetic Antriebstechnik GmbH« an, während auf der anderen Straßenseite die Produktionshalle der Firma Endress & Hauser liegt, der, bereits an der Ecke Harzfeldstraße/Blostweg, der mehrstöckige, kubische Bau eines modernen Entwicklungszentrums folgt. Die südlich anschließenden, keineswegs immer großen Hallenkomplexe des Gewerbegebiets-Ost haben z. T. Firmen von internationalem Ruf bezogen, wie die Firmen Dr. Ing. K. Busch GmbH (Vakuumpumpen und Kompressoren), Müller-Martini oder die frühere Grapha GmbH (Hochleistungsmaschinen für die graphische Industrie). Aber auch eine Druckerei (Hornberger), eine Großhandlung für Bodenbeläge und Haushaltswaren (Rützler) sowie die Metallveredelungsfirma Lücke und ein Zimmereibetrieb sind hier vertreten.

Das Gewerbegebiet-West wird gegenüber dem im O von Maulburg stärker durch eingeschossige Flachdachhallen geprägt. In einem größeren Baukomplex hat sich hier u. a. die Firma »Medima« niedergelassen. Neben weiteren Firmen ist auch eine Bettfedernfabrik hier ansässig. Ein großes Autohaus und ein Gastronomiegroßmarkt bereits an der Umgehungsstraße runden die Palette ab. Das westliche Ende des Gewerbegebiets wird von einem großen Umspannwerk gebildet.

Zu Maulburg gehören schließlich auch drei *Aussiedlerhöfe*, die in den 1950er Jahren aus dem Ortskern herausgenommen und mit durchschnittlich 30 ha Wirtschaftsfläche auf dem Dinkelberg angesiedelt wurden.

Bemerkenswerte Bauwerke. – Die *ev. Kirche* fügt sich als Bau des 18. Jh. an einen Turm, der zumindest in seinen drei unteren Geschossen wohl aus gotischer Zeit stammt. Er hat Mauerschlitze, im vierten Geschoß Rundbogenfenster und ein Satteldach in Richtung des Langhausdaches. Die Rotsandstein-Eckquaderung wiederholt sich an den Ecken des Schiffes. Man betritt es entweder durch die Turmhalle – im

Scheitel des Portals ist als Baujahr 1753 genannt – oder durch die Seitentür unter einem Barockgiebel mit dem Wappen des Markgrafen Carl Friedrich. Der Rechteckraum umfaßt Langhaus und Chor und ist durch die dreiseitig umlaufende Empore vertikal stark untergliedert. Sie schneidet die vier Korbbogenfenster an den Langhauswänden. Alles Holzwerk, auch die Flachdecke, trägt Rokokobemalung (in blau-weiß), die durch die Renovierung von 1973 wieder zum Vorschein kam.

Die kath. Filialkirche St. Paulus wurde 1966/67 nach Plänen von Josef Ebert errichtet. Der Betonbau mit kaum merklich geneigtem Satteldach erhebt sich über ungefähr längsrechteckigem Grundriß mit abgeschrägten Ecken in der Eingangswand. Der eingezogene Chor ist fensterlos, die Lichtführung ganz den oberen zwei Dritteln der Längswände überlassen, die sägen- oder fächerartig aufgefaltet sind und sich in großen, von Maximilian Bartosz entworfenen Fenstern so öffnen, daß das Licht zum Altarraum fließt. Dessen Rückwand wird von einem großen Kruzifix beherrscht. Der Tabernakel wurde von F. Spintzik entworfen. Über dem Portal aus Gußaluminium, ein Werk von Alfred Riedel, ruht auf vier Rundstützen die Orgelempore. Nur durch einen niedrigen Zwischenbau verbunden, schließt sich an die Eingangsseite ein schlanker quadratischer Turm an, dessen Kreuz das Pultdach überragt.

B. Die Gemeinde im 19. Jahrhundert und in der Gegenwart

Bevölkerung

Bevölkerungsentwicklung. – Mit der Industrialisierung Maulburgs im 19. Jh. nahm die Bevölkerung der Wiesentalgemeinde rapide zu. Während das Dorf 1809 gerade 594 Einwohner gezählt hatte, waren es um die Mitte des Jahrhunderts doppelt (1852: 1203) und Ende des Jahrhunderts bereits dreimal so viele (1895: 1742). Mit der Aussicht auf bessere Verdienstmöglichkeiten strömten aus der näheren und weiteren Umgebung viele Angehörige ärmerer Schichten in die neu entstandenen Maulburger Fabriken, so daß allmählich ein neuer Ortsteil, das *Außerdorf*, entstand. Gegenläufige Entwicklungen, wie etwa die *Auswanderung* von ca. 90 Maulburgern in die Vereinigten Staaten innerhalb dieses Zeitraums, fielen kaum ins Gewicht. Der Bevölkerungszuwachs setzte sich im 20. Jh. fort. 1910 lebten in der Gemeinde 1947 Menschen, 1933 waren es 2070. Der sprunghafte Anstieg der Einwohnerzahlen nach dem 2. Weltkrieg übertraf das bisherige Bevölkerungswachstum. Dafür sorgten nicht zuletzt die 289 Heimatvertriebenen, vorwiegend aus Ostpreußen, Schlesien und Pommern, die 1950 in der Gemeinde aufgenommen wurden. Bis 1961 fanden in Maulburg 532 Vertriebene eine Bleibe, zu denen nochmals 253 SBZ-Flüchtlinge hinzustießen. Von 1950 bis 1970 schnellte die Bevölkerungszahl von 2272 auf 3729 empor; das entsprach einer Zunahme von über 64%. Mit 3781 Einwohnern war 1975 ein Höchststand erreicht, der bis in die 1980er Jahre stabil blieb (1987: 3612 E.). Von den 335 ausländischen Mitbürgern, die 1987 in der Gemeinde lebten (= 9,3%; 1993: 426 Ausländer unter 3799 Einwohnern), stellten die Italiener die größte Gruppe, gefolgt von Türken.

Konfessionelle Gliederung. – An den konfessionellen Verhältnissen hatte sich in Maulburg vom Zeitalter der Reformation bis ins 19. Jh. nichts geändert. So gehörten beispielsweise 1825 99,7% der Bewohner dem ev. Glauben an. Der rein protestantische Charakter des Ortes ging erst im Zuge der Industrialisierung verloren. 1845 bekannten sich 135 Maulburger zum kath. Glauben (ca. 14,8%), und bis zum Ende des Jahrhunderts zählte sich knapp ein Drittel dazu (1900: 564). Nachdem der Anteil der Katholiken in der Weimarer Republik und der frühen Nachkriegszeit auf fast ein Fünftel der Einwohnerzahl zurückgegangen war, betrug er 1970 mit 1185 Gläubigen beinahe wieder ein Drittel. Im gleichen Jahr belief sich die Zahl der Protestanten auf 2325 (62,3%), anderer Konfession waren 219 Einwohner (5,9%). Das Ergebnis der Volkszählung von 1987 hat gezeigt, daß der Protestantenanteil weiter zurückgegangen ist; er lag noch bei 55,7%. Der Katholikenanteil war unterdessen bei 29,5% angelangt. Auch in Maulburg war also der Prozentsatz der Sonstigen wesentlich höher als bei früheren Zählungen beobachtet, darunter waren 3,8% islamischer Religion.

Soziale Gliederung. – Bis in die 1. Hälfte des 19. Jh. war Maulburgs Bevölkerung von der Landwirtschaft geprägt. Kleinbauern und wenige Handwerker bewohnten den Ort. Dann aber vollzog sich der soziale Wandel mit großer Geschwindigkeit und am Ende des 19. Jh. hatte die Landwirtschaft aufgehört, der wichtigste Erwerbszweig für Maulburg zu sein. Immer mehr auswärtige Arbeitskräfte kamen in die Gemeinde. Ihre Lage war anfangs erbärmlich und erforderte dringend soziale Maßnahmen. Einerseits half sich die Arbeiterschaft selbst, indem sie einen Konsumverein sowie einen Arbeiterunterstützungsverein (1896) ins Leben rief, andererseits sorgten die Fabrikanten dafür, daß zusätzlicher Wohnraum (»Kosthäuser« oder »Laborantenhäuser«) geschaffen wurde. 1895 arbeiteten lediglich 27,9% der Erwerbsbevölkerung in der Landwirtschaft, während der Sektor »Industrie und Gewerbe« mit 61,9% mehr als doppelt so viele Menschen beschäftigte. Bis zum 2. Weltkrieg nahm die Bedeutung der Landwirtschaft weiter zugunsten des Tertiären Sektors ab. 1939 fanden nur noch 16,9% der ständigen Bevölkerung ihr Auskommen in der Agrarwirtschaft, dagegen 9,4% im Bereich »Handel und Verkehr«. Mit 1153 Beschäftigten (= 58%) behauptete das Produzierende Gewerbe nicht nur am Vorabend des 2. Weltkrieges seine herausragende Stellung, sondern erwies sich bis heute als der wichtigste Wirtschaftsfaktor am Ort. 1970 ernährte dieser Wirtschaftszweig mit 2206 Personen 59% der Wohnbevölkerung, die Land- und Forstwirtschaft dagegen nur noch 101 Menschen (= 3%). Die Gruppe der Rentner und Pensionäre übertraf seit Anfang der 1960er Jahre mit 476 Personen (16%) zahlenmäßig die Berufstätigen in der Sparte »Handel und Verkehr« (399 bzw. 13%). Bis 1970 blieben diese Relationen in etwa stabil. Von der Wohnbevölkerung waren 1987 noch 46,1% erwerbstätig, 18,5% lebten von Renten, Pensionen oder Arbeitslosengeldern, 35,3% bezogen ihren Unterhalt über Familienangehörige. Auf die Wirtschaftsbereiche bezogen, waren 61,4% der Erwerbstätigen, die große Mehrheit also, im Produzierenden Gewerbe beschäftigt, im Dienstleistungsbereich mehr als ein Drittel (15,6% im Handel, Verkehr, Kredit- und Versicherungsgewerbe und 21,3% in den sonstigen Dienstleistungsberufen), in der Landwirtschaft hingegen nur mehr 1,7%.

Politisches Leben

Nachdem industrielle Produktionsweisen durch die Papierfabrik Thurneisen (1836) und den Textilbetrieb der Firma Geigy & Cie. Einzug in das Dorf gehalten hatten, begannen sich die zahlreich zugezogenen Arbeitskräfte bald zu organisieren. Das erste Zeugnis eines Zusammenschlusses der Arbeiterbewegung im Wiesental findet sich in Maulburg, wo am 29. Juni 1867 ein *Arbeiterbildungsverein* gegründet wurde. Dieser war die Keimzelle der *SPD*, die während des Kaiserreichs über eine solide Basis in der Gemeinde verfügte. 1903 erlangte sie einen Stimmenanteil von 29,1%, den sie 1912 auf 40,4% steigern konnte, womit sie nahe an die bis 1890 führenden *Nationalliberalen* herankam (46,4%). Das *Zentrum* stellte analog zum geringen Katholikenanteil am Vorabend des 1. Weltkrieges mit 13,2% nur eine schwache dritte politische Kraft in

Die Gemeinde im 19. Jahrhundert und in der Gegenwart 203

Maulburg dar. Nach 1918 erhielt es zwischen 12% (1919) und 15% (1928) der Stimmen.

Die Zeit der Weimarer Republik verminderte den Einfluß der anfangs führenden SPD (1919: 52,8%) in Maulburg erheblich. 1924 vereinigte sie gerade 31,8% der Stimmen auf sich, und obwohl sie danach wieder Terrain gutmachen konnte (1928: 44,5%), fiel sie 1932 auf 23,5% zurück. Die weltweite Wirtschaftskrise begünstigte auch in Maulburg sowohl die KPD, die ihr Gewicht von 2,1% der Stimmen im Jahre 1928 auf 19,2% bei der Wahl von 1932 steigerte, als auch der NSDAP, die 1932 ein Ergebnis von 33,2% erzielte. Eiserne Front und SA lieferten sich heftige Auseinandersetzungen auf dem sogenannten Latschari. Dennoch konnte sich der *Nationalsozialismus* bis zur Machtergreifung in Maulburg nicht durchsetzen.

Aus der ersten Bundestagswahl von 1949 ging die *SPD* mit 49,4% als klarer Sieger hervor, gefolgt von der CDU (22,6%), der FDP (18,5%) und der KPD (6,7%). Sie konnte die führende Position trotz hoher Verluste in den 1950er Jahren behaupten. 1972 hatte sie mit 53,7% ihren Zenit erreicht. Danach verlor sie zusehends, so daß ihr 1987 noch ein Stimmenanteil von 40,7% (1990: 40,2%) blieb. Die *CDU* erlangte ihr bestes Ergebnis 1953 mit 43,7%, an das sie nach einer von Höhen und Tiefen gekennzeichneten Entwicklung erst wieder 1983 herankam (43,1%). 1987 erlitt sie enorme Stimmeneinbußen mit einem Wahlergebnis von 36,2%, die jedoch 1990 mit 38,8% wieder wettgemacht wurden. Von diesen Stimmenverlusten profitierte vor allem die *FDP*. Sie hatte sich seit 1949 immer wieder als wichtige politische Kraft behauptet, 1961 (14,9%) und 1980 (11,7%). Zwar wurde sie bei der Bundestagswahl von 1983 (7,2%) als drittstärkste Partei am Ort von den *Grünen* (8,0%) abgelöst, doch konnte sie diese Position 1987 – trotz eines Stimmenanteils der Grünen von 9,3% – durch ein Wahlergebnis von 11,3% zurückerobern und 1990 mit 10,6% (Grüne: 5,4%) halten.

Die ersten Landtagswahlen 1947 brachten den Linksparteien in Maulburg eine überwältigende Mehrheit. SPD und KPD erlangten zusammen 60,5% der Stimmen, wovon auf die SPD 44,9% entfielen. CDU und FDP erhielten 26% bzw. 13,4%. Der CDU gelang es erstmals 1964, die 30%-Marke mit einem Ergebnis von 33,8% zu überspringen. Nach unterschiedlich starkem Stimmenzuwachs bei den folgenden Wahlen erhielt sie 1984 43,9%, fiel aber gemäß dem Landestrend seither ab und erreichte 1992 mit 32,8% nur mehr den Stand der 1960er Jahre. Im Vergleich zu den Bundestagswahlen schnitt die SPD bei den Landtagswahlen bis 1960 (59,9%) deutlich besser ab, in den 1970er Jahren verhielt es sich dagegen genau umgekehrt. Erstmals 1988 war sie mit 41,4% wieder deutlich stärker als die CDU. Die FDP erreichte 1956 mit 19% ihr bestes Wahlergebnis. Insgesamt gesehen war sie bei Landtagswahlen in der Gemeinde weniger erfolgreich als bei Bundestagswahlen. 1992 entfielen auf sie 6,6% der abgegebenen Stimmen. Die Grünen konnten bei Landtagswahlen etwas bessere Wahlresultate als bei Bundestagswahlen erzielen. Sie schnitten 1988 mit 6,5% und 1992 mit 7,2% ab.

Wirtschaft und Verkehr

Land- und Forstwirtschaft. – Maulburgs Landwirtschaft zeichnete sich durch eine kleinbetriebliche Struktur aus. Bis Ende des 19. Jh. hielt man an der Dreifelderwirtschaft fest und verbrauchte die landwirtschaftlichen Erzeugnisse entweder selbst oder setzte sie im nahegelegenen Schopfheim ab. Bis heute hat sich der Umfang der landwirtschaftlichen Fläche der Gemeinde nur wenig verringert: 1895 belief er sich auf 497 ha und damit 51% der Gemarkung, er sank seither und betrug 1983 428 ha, 1987 noch 405 ha. Dabei blieb das *Verhältnis Acker- und Gartenland* zu Wiesen lange Zeit konstant. Zwischen 1880 und 1930 war es bei einer Relation von 1,2:1 beinahe ausgeglichen, inzwischen überwiegt das Dauergrünland mit 199 ha deutlicher (Ackerland: 159 ha). Sonderkulturen, bestehend vor allem aus Apfel-, Kirsch- und Zwetschgenbäumen, waren auf 18 ha angebaut.

Bis zum 1. Weltkrieg wurden auf Maulburger Gemarkung ca. 190 ha mit Getreide bepflanzt. Danach ging die *Getreideanbaufläche* um fast 50% zurück und umfaßte 1930 gerade noch 96 ha. Von dieser Entwicklung waren hauptsächlich Winterweizen (1913: 80 ha; 1930: 43 ha) und Hafer (1913: 81 ha; 1930: 33 ha) betroffen; daneben wurde in geringerem Umfang Winterroggen, Dinkel und Sommergerste angebaut. Futterpflanzen wurden dagegen vermehrt angebaut und von 45 ha (1880) auf 135 ha (1930) auf das Dreifache ausgedehnt (1987: 47 ha). 1979 wurde auf 104 ha Getreide angepflanzt, 1987 noch auf 85 ha.

Seit jeher wurde in der Gemeinde *Obstbau* betrieben. 1933 standen 7789 Obstbäume, darunter 3049 Apfelbäume (= 39,1%). Reichhaltige Erträge liefern darüber hinaus ansehnliche Birnen-, Zwetschgen- und Kirschenkulturen.

Die Haupterwerbsquelle für die Bauern stellte die *Viehzucht* dar. Sie hatten sich schon früh der *Markgräfler Zuchtgenossenschaft* angeschlossen und hielten mehrere Farren. Zwischen 1855 und 1913 stieg die Zahl der Rinder in Maulburg von 390 auf 588 (+ 50,8%). Damit war der Höhepunkt der *Rinderhaltung* erreicht; bis 1950 verringerte sich der Rindviehbestand auf 478 Tiere (– 18,7%). Zwar variierte er bis 1982 (483 Rinder) kaum, doch sank die Zahl der Milchkühe im gleichen Zeitraum von 268 auf 199 (– 25,7%). 1988 hatte der Rinderbestand (410) wie die Zahl der Milchkühe (165) weiter abgenommen; nach den Unterlagen des Ortsviehversicherungsvereins lag er 1993 bei 377 Tieren. Nachdem sich der *Schweinebestand* 1913 mit 397 Tieren gegenüber 1855 fast um 160% vergrößert hatte, nahm er in den folgenden Jahren beständig ab. 1930 wurden 277 (– 30,2%) und 1950 nur noch 190 Schweine (– 31,4%) gehalten. 1988 war ihre Zahl auf 131 zurückgegangen.

Seit dem ausgehenden 19. Jh. wurden in Maulburg in großem Ausmaß landwirtschaftliche Betriebe aufgegeben. 1895 existierten insgesamt 247, wovon sich bis 1925 179 (72,5%) halten konnten. Der gravierendste Einschnitt erfolgte nach dem 2. Weltkrieg. Von 134 Betrieben im Jahr 1949 blieben 1979 gerade 43 übrig (– 67,9%). 1993 wirtschafteten auf Maulburger Gemarkung 5 *Vollerwerbsbetriebe*, darunter drei Aussiedlerhöfe, die jeweils über 40–60 ha LF verfügten. Ihre Schwerpunkte lagen in der Milchwirtschaft und im Obstbau. Die massive Aufgabe landwirtschaftlicher Betriebe führte zwangsläufig zu einer *veränderten Größenstruktur* der weiterhin bewirtschafteten Höfe. Hatte 1895 die Durchschnittsgröße eines Betriebes 2 ha betragen, so war sie 1925 bereits auf 2,9 ha und 1949 schließlich auf 3,7 ha angestiegen. 1983 standen einem Hof durchschnittlich 9,5 ha zur Verfügung, 1987 schon 14 ha mit seither weiter steigender Tendenz.

Die Betriebssystematik unterschied 1987 von den bestehenden 23 landwirtschaftlichen Betrieben 12 Futterbau-, 3 Marktfrucht-, 3 Dauerkultur-, 3 Gemischt- sowie 2 Veredelungsbetriebe. Daneben lebten 14 Betriebe ausschließlich von der Forstwirtschaft und 2 weitere vom Gartenbau. Die *Waldfläche* auf der Gemarkung Maulburg zeigt seit 1850 praktisch keine Veränderungen; die geringfügige Zunahme von 363 ha auf 387 ha, also von 38% (1850 bis 1900) auf 40% der Gemarkungsfläche um 1990 mag z. T. auf veränderte Erhebungsbedingungen zurückzuführen sein. Unverändert blieb die Tatsache, daß die Gemeinde den überwiegenden Anteil am Waldbesitz hält (1850: 83%, 1990: 86,5%). Staatswald gibt es gar nicht auf der Gemarkung, Privatwald lag bei etwa 13% der Waldfläche. Lediglich der Blick auf die Holzarten läßt eine Veränderung

Die Gemeinde im 19. Jahrhundert und in der Gegenwart

zugunsten des Nadelwaldes erkennen, dessen Anteil in der untersuchten Zeit von 2% (1850) auf 37% der Waldfläche auf Gemarkung Maulburg angestiegen ist.

Handwerk und Industrie. – Zu Beginn des 19. Jh. orientierte sich das Handwerk in Maulburg vorwiegend an den Bedürfnissen der bäuerlichen Bevölkerung. 1852 lebten im Ort 29 Handwerker und Gewerbetreibende, in der Mehrzahl Schreiner, Schuhmacher, Bäcker, Krämer und Wirte. Ein Wirt war es denn auch, der 1820 die erste *Gipsmühle* im Dorf errichtet hatte. Um die Mitte des 19. Jh. hatte sich ein florierendes Gewerbe entwickelt, dessen Wohlstand sich hauptsächlich auf die natürlichen Reichtümer der Gemeinde gründete. 2 Gipsgruben und -mühlen verkauften Baugips nach Basel und ins Elsaß, während ein gemeindeeigener *Steinbruch* (später 2 private) sowohl die Maulburger Bauherren belieferte als auch den im Zuge des Eisenbahnbaus entstehenden Weiler Ortsteil Leopoldshöhe mit Materialien versorgte. Daneben wurden eine *Ziegelhütte* sowie eine *Kornmühle* betrieben. Die Zählung von 1895 ergab für Maulburg 15 Unternehmen der Sparte »Bekleidung und Reinigung« (23 Beschäftigte), 9 Betriebe des Baugewerbes (37 Beschäftigte), 7 in der Branche »Holz- und Schnitzstoffe« (11 Beschäftigte), 7 im Bereich »Beherbergung und Erquickung« (15 Beschäftigte), 6 in der Sparte »Nahrungs- und Genußmittel« (22 Beschäftigte), 5 im Sektor »Steine und Erden« (22 Beschäftigte) sowie 5 metallverarbeitende Betriebe (10 Beschäftigte), um nur die wichtigsten aufzuführen. Nachdem 1968 und 1977 wieder Handwerkszählungen durchgeführt worden waren, ließ sich ein leichter Rückgang von 33 auf 29 Firmen erkennen. Von diesen gehörten wiederum die meisten dem Metallgewerbe an (1977: 10 Betriebe).

Um die Mitte der 1980er Jahre waren 31 Handwerksbetriebe in Maulburg ansässig; ein Malerbetrieb mit 38 Mitarbeitern stellte die größte Handwerksfirma am Ort dar. Die Situation 1992 verdeutlicht die untenstehende Tabelle.

Tab. 4: Das Handwerk 1992

Branche	Zahl der Betriebe	Beschäftigte	Umsatz
Baugewerbe	7	69	8,0 Mio. DM
Metall	21	138	27,4 Mio. DM
Holz	2	11	1,3 Mio. DM
Textil/Leder/Bekleidung	3	8	0,9 Mio. DM
Nahrung	2	15	2,5 Mio. DM
Gesundheit/Körperpflege	5	45	2,6 Mio. DM
Glas/Papier/Keramik und Sonstige	–	–	–
Gesamt	40	286	42,7 Mio. DM

Quelle: Handwerkskammer Freiburg

Von den zahlreichen *Industriegründungen* im Wiesental, die im 19. Jh. durch schweizerische Fabrikanten vorgenommen wurden, erfolgten zwei in Maulburg. Der Beitritt Badens zum Deutschen Zollverein (1835), ein billiges und großes Arbeitskräftepotential im Wiesental und die Möglichkeit, die Wasserkraft der Wiese durch neuartige Turbinen zu nutzen – diese drei Faktoren führten 1836 trotz des Widerstands der Bauern und kleinen Papierproduzenten zur Inbetriebnahme der *Thurneisen'schen Papierfabrik* und zur Gründung einer *Weberei* durch den Basler Obersten Geigy-Lichtenhahn. Der Bau der Wiesentalbahn bis Schopfheim im Jahre 1862 begünstigte die weitere industrielle

Entwicklung. Die Firma Geigy beschäftigte allein 500 Arbeiter, von denen zwei Drittel Frauen waren.
1993 belief sich die Zahl der Maulburger Industriebetriebe auf 15. Von ihnen stellte die Firma *Endress + Hauser GmbH & Co.*, *Meß- und Regeltechnik* mit etwa 1200 Beschäftigten den größten Arbeitgeber am Ort dar. Die Produktpalette des Unternehmens, das seit seiner Gründung 1953 in Lörrach ständig expandierte und inzwischen weltweit vertreten ist, umfaßt in Maulburg Füllstand-, Durchfluß- und Durchsatzmeßgeräte, Feuchte-, Betriebsmeßgeräte für Wasseranalysen, Meßwertdrucker, Wasserprobensammler und Leiterplatten. Die *Medima-Werke*, 1932 von Karl Scheurer als Oberbadische Angorafarm gegründet, gelten als Europas größter Hersteller von Angora-Gesundheitswäsche. 1980 stieg der Umsatz der Firma, die ihre Waren in 17 Länder ausführte, erstmals auf mehr als 100 Mio. DM an. Ein Jahr darauf wurde das neue Maulburger Werk mit einer Gesamtnutzungsfläche von 25 000 m^2 bezogen. In ihm arbeiteten nach der Betriebskonzentration auf Maulburg (zuvor auch Betriebe in Kandern, Lörrach-Hauingen und Tegernau) 1993 350 Personen. Auf die Fabrikation von Maschinen für das graphische Gewerbe, insbesondere auf Offset-Formular-Druckmaschinen, hat sich das 276 Mitarbeiter zählende Maulburger Tochterunternehmen des schweizerischen Müller-Martini Konzerns in Zofingen (Kt. Aargau), früher *Grapha Maschinenfabrik GmbH*, spezialisiert. Bei einem Exportanteil von ca. 80% erzielte sie 1993 einen Umsatz von 53 Mio. DM. Die Firma *Dr. Ing. K. Busch GmbH* stellt Vakuumpumpen her, die sie in 21 Länder exportiert. Sie beschäftigte 1993 200 Personen. Der Grundstein für die *Magnetic Elektromotoren GmbH* wurde 1959 in Liestal (Schweiz) gelegt. Ihre 193 Mitarbeiter produzierten 1993 in Maulburg Elektromotoren, Linearantriebe sowie Schranken aller Art. Der Umsatz des Unternehmens (Exportanteil 1993 ca. 36%) betrug 1993 44,2 Mio. DM. Die Firma *Udo Fischer, Papierverarbeitungswerk*, stellte bis zur Schließung 1992 Hartpapierhülsen für die Textil-, Papier- und Verpackungsindustrie her. Mit 62 Beschäftigten hatte sie 1985 einen Umsatz von 9,9 Mio. DM erwirtschaftet. Mittlere und große Firmen der chemischen Industrie im In- und Ausland werden von der *G.A.B. Neumann GmbH* mit Graphit-Wärmeaustauschern beliefert. In dem Betrieb, dessen Exportanteil am Umsatz zwischen 15 und 20% beträgt, arbeiteten 1993 44 Personen. Die *Heinz Hornberger OHG* ist eine Buch- und Offsetdruckerei. Sie zählte 1993 38 Mitarbeiter. 1974 war die *Bärwinkel GmbH* von A. Bärwinkel in Maulburg gegründet worden. Sie hat sich spezialisiert auf Stahl-, Apparate-, Rohrleitungs- und Kunststoffbau. Die Firma beschäftigte 1993 24 Personen; sie hatte 1985 einen Umsatz von 2,6 Mio. DM erzielt.

Handel und Dienstleistungen. – Aufgrund seiner geographischen Lage war der *Handel* in Maulburg auf die Märkte in Basel, Schopfheim und Lörrach ausgerichtet. Inzwischen hat der Tertiäre Sektor stark an Gewicht gewonnen. Dies wird deutlich an den 50 Handels- und 41 Dienstleistungsbetrieben, die 1988 in Maulburg registriert wurden. Im Bereich des Handels überwiegen die Lebensmittel- (3 Einzelhandels-, 1 Großhandelsgeschäft), Haushaltswarengeschäfte (3) und Getränkehandlungen (1 Groß-, 2 Einzelhändler), während im Dienstleistungssektor Versicherungs- und Bausparbereich (12 Niederlassungen) sowie Immobilienmakler (3) arbeiten.

Die *freien Berufe* waren in der Gemeinde 1992 mit je 2 praktischen Ärzten und Zahnärzten, einem Apotheker, einem freien Architekten und 2 Ingenieuren, sowie je einem Steuerbevollmächtigten, Designer und Propagandisten vertreten.

Die *Maulburger Raiffeisenbank* wurde am 19. November 1880 von 22 Bürgern als Ländlicher Darlehenskassenverein gegründet. Er sah seine Aufgabe darin, angesichts wirtschaftlicher Not seinen Mitgliedern Kredite zinsgünstig zu beschaffen. Im Jahre

Die Gemeinde im 19. Jahrhundert und in der Gegenwart

1952 erfolgte erst die Bildung einer Einheitsgenossenschaft, und zwar durch den Zusammenschluß mit dem 1885 ins Leben gerufenen Landwirtschaftlichen Bezugs- und Absatzverein. Eine herausragende Leistung dieser landwirtschaftlichen Selbsthilfeorganisation war 1933 die Errichtung einer Milchsammelstelle für ca. 100 Bauernhöfe. Von 1968 bis 1979 setzte ein Konzentrationsprozeß ein, der zur Fusion mit der Raiffeisen-Warengenossenschaft Langenau und den Raiffeisenkassen Adelhausen, Wies, Schlächtenhaus, Gersbach, Geschwend und Häg-Ehrsberg führte. Ab 1973 wurden die Warenlager der Raiffeisenbank eGmbH Maulburg in Schlächtenhaus, Gersbach und Maulburg der Raiffeisen-Zentralgenossenschaft eG Karlsruhe übertragen. Ein Zusammengehen mit der *Volksbank Schopfheim* wurde jedoch 1974 mehrheitlich abgelehnt. Sie unterhielt bereits seit 1965 eine Filiale in der Gemeinde. Die *Sparkasse Schopfheim*, 1843 als private Ersparnisgesellschaft gegründet, eröffnete 1961 eine Zweigstelle in Maulburg.

Der *Fremdenverkehr* hat keine wesentliche Bedeutung für den Ort, der 14 zum Teil traditionsreiche Gaststätten und Hotels aufweist. Die Geschichte der Gasthäuser reicht z. T. über das 18. Jh. hinaus, (s. u., Geschichte, Bevölkerung und Wirtschaft); »Meyerhof« und »Ochsen« sind im 18. Jh. entstanden, der »Wiesentäler Hof« und das »Gasthaus zum Bahnhof«, vormals »Restauration«, 1883 bzw. 1884.

Verkehr. – Seit 1862 ist die Gemeinde an die *Bahnlinie Basel–Schopfheim* angebunden. Daneben führen die Regionalbuslinien Schopfheim-Rheinfelden und Titisee–Schopfheim–Basel über Maulburg. Die Wiesentalstraße B 317 berührt den Ort in Form einer Umgehungsstraße und stellt die Verbindung zu Lörrach und Schopfheim her. Nach Rheinfelden gelangt man von Maulburg aus über die L 144. Wiechs und Höllstein sind über Gemeindeverbindungsstraßen zu erreichen. *Öffentliche Verkehrsverbindungen* schaffen Busse, die Maulburg in die Linie Basel–Titisee und Schopfheim–Rheinfelden einbinden.

Verwaltungszugehörigkeit, Gemeinde und öffentliches Leben

Maulburg gehörte im 19. Jh. zum Amt Schopfheim, mit dem es 1936 zum Landkreis Lörrach kam. Seit 1971 besteht eine Verwaltungsgemeinschaft mit Schopfheim, Hausen und Hasel.

Von der Mitte des letzten Jahrhunderts bis in die Gegenwart blieb die Größe der *Gemarkung* nahezu unverändert. Sie umfaßte 1992 973 ha; davon gehören der Gemeinde 331 ha Wald und 193 ha landwirtschaftliche Flächen. Des weiteren befinden sich 8 Dienst- bzw. öffentliche Gebäude sowie 6 Wohnhäuser im Besitz der Gemeinde. – Die Maulburger *Gemeindeverwaltung* setzte sich 1852 aus dem Bürgermeister, fünfköpfigem Gemeinderat, Polizeidiener, 4 Nachtwächtern, 2 Wald- und je einem Feldhüter, Leichenschauer und Waisenrichter, 2 Hebammen, Ratschreiber, Gemeinderechner, Straßenwart sowie 2 Parkwächtern zusammen. Nachdem das *Rathaus* 1829 fertiggestellt worden war, beherbergte es das Magazin für Feuerspritzen und -gerätschaften, die Bürgerwachstube und das Bürgergefängnis, die Gemeindestube, eine kleine Wohnung für Minderbemittelte und für einige Zeit die Kinderschule. Der 1971 abgeschlossene Umbau brachte eine Ausquartierung der Feuerwehr samt Geräten mit sich. Die Gemeindeverwaltung bestand 1993 aus 3 Beamten, 34 Angestellten (darunter 9 Teilzeitbeschäftigte) und 25 Arbeitern (darunter 14 Teilzeitkräfte). Von den 14 *Gemeinderäten* gehören nach der Gemeinderatswahl 1989 6 der SPD, 5 der Freien Wählervereinigung Maulburg und 3 der CDU an.

Ver- und Entsorgungseinrichtungen. – Die zentrale *Wasserversorgung* wurde 1902 mit dem Bau eines gemeindeeigenen Pumpwerkes eingeführt. Da Engpässe aufgrund des Bevölkerungswachstums nicht ausblieben, schloß die Gemeinde 1924 mit dem Dinkelberger Wasserversorgungsverband einen Vertrag ab, der ihr das Recht einräumte, bei Wasserknappheit Trinkwasser aus dem Tiefbrunnen des Verbandes zu entnehmen. Zu Beginn der 1960er Jahre wurde schließlich eine neue, leistungsfähigere Wasserversorgungsanlage in Maulburg in Betrieb genommen. Die Gemeinde gehört seit 1979 dem *Zweckverband Dinkelberger Wasserversorgung* an, der seinen Sitz in Maulburg hat. – Der Ort ist vollständig kanalisiert. 1968 schloß er sich mit 12 weiteren Gemeinden des mittleren Wiesentals zum *Abwasserverband Mittleres Wiesental* mit Sitz in Schopfheim zusammen. Die Sammelkläranlage des Verbandes befindet sich in Steinen. Die *Müllabfuhr* wird im Auftrag des Landkreises von Privatunternehmen besorgt und erfolgt einmal wöchentlich. Der anfallende Haushaltsmüll wird von der Deponie in Scheinberg bei Wieslet aufgenommen. – Seit 1927 beliefert die *Badische Gas- und Elektrizitäts-Versorgung AG* in Lörrach Maulburg mit Gas. 1984 waren 651 Anschlüsse angemeldet. Die Stromversorgung erfolgt durch die *Kraftübertragungswerke Rheinfelden*.

Für die *medizinische Betreuung* stehen 2 Ärzte für Allgemeinmedizin, 2 Zahnärzte und eine Apotheke zur Verfügung. Die nächstgelegenen Krankenhäuser befinden sich in Schopfheim, Lörrach, Basel und Freiburg. Die *Evangelische Sozialstation Schopfheim*, die von der Evangelischen Diakonie unterhalten wird, die Arbeiterwohlfahrt und das Deutsche Rote Kreuz kümmern sich um die sozialen Belange der Gemeinde. Der Maulburger *Friedhof* wurde 1830 eingeweiht. Die *Freiwillige Feuerwehr* wurde 1872 gegründet. Sie zählte 1993 40 Aktive.

Kirche und Schule. – Die ev. Kirchengemeinde Maulburg umfaßte auch die Kirchspiele Adelhausen und Eichsel (beide Stadt Rheinfelden). Heute besuchen nur noch die Adelhauser Protestanten zusammen mit den Maulburger Gläubigen die 1753 erbaute Johannes-Kirche. Der kath. Bevölkerungsteil, der lange Zeit nach Höllstein eingepfarrt war, besitzt seit 1967 ein eigenes Gotteshaus, die Pauluskirche.

Um die Mitte des 19. Jh. wurde von der ev. Kirche ein *Kindergarten* in Maulburg eingerichtet. Er stand unter der Aufsicht eines Verwaltungsrates, in dem der Ortspfarrer den Vorsitz führte, und war bis zur Fertigstellung des neuen Kinderschulgebäudes im Jahre 1907 im Rathaus untergebracht. 1908 besuchten ihn 101 Kinder. 1993 gab es zwei gemeindeeigene Kindergärten mit zusammen 7 Gruppen.

1856 unterrichtete in der *Volksschule* ein Hauptlehrer 120 schulpflichtige Kinder. Ihre Zahl erhöhte sich bis 1908 auf 350, denen nach dem Schulhausneubau auf dem Gelände des ehemaligen Farrenstalls bessere Lernmöglichkeiten geboten wurden. In 6 Lehrsälen und verschiedenen Nebenräumen konnten nunmehr 3 Haupt- sowie 1 Unterlehrer Unterricht erteilen. 1992/93 besuchten 189 Schulkinder die örtliche *Grund-* und 99 Schüler die *Hauptschule*. 106 Kinder waren in der Helen-Keller-Schule, einer Einrichtung des Lkr. Lörrach für körperlich und geistig Behinderte.

Weiterführende Schulen befinden sich in Schopfheim und Lörrach sowie in Steinen und Zell i. W. Für außerschulische Bildungsmöglichkeiten sorgen das *Volksbildungswerk Maulburg* und die Musikschule Steinen-Schopfheim.

Sportstätten und Vereine. – Dank der baulichen Maßnahmen zur Förderung des Sports, die besonders Mitte der 1970er Jahre durchgeführt wurden, besitzt die Gemeinde eine ausgezeichnete sportliche Infrastruktur. So kann sie einen Rasenfußballplatz, einen Tennenplatz, ein Hallenbad mit Liegewiese, drei Tennisplätze, ein Leichtathletik-Stadion, eine Mehrzweckhalle sowie einen Bolzplatz vorweisen.

Zahlreiche Maulburger Vereine gingen aus der Arbeiterbewegung des letzten Jahrhunderts hervor. 1861 wurde ein Gesangverein, 1871 ein Arbeitermusikverein, 1882 die

Musikgesellschaft und 1907 der Radfahrverein »Solidarität« gegründet. Caritative Überlegungen standen 1880 bei der Bildung des Frauenvereins im Vordergrund, der 1906 zur Krankenpflege eine Diakonisse und eine Landkrankenpflegerin angestellt hatte und auch von der Gemeinde bezuschußt wurde. 1992 boten 14 kulturelle und 9 Sportvereine den Maulburgern ein breites Betätigungsfeld. Mehr als 4000 Mitglieder engagierten sich in diesen Vereinen.

Strukturbild

Die neuere Geschichte Maulburgs ist eng mit der Geschichte der Industrialisierung des Wiesentals verknüpft. Die Entwicklung der Gemeinde ab 1830 verdeutlicht beispielhaft, wie die Einführung industrieller Produktionsweisen in einem agrarisch strukturierten Milieu die Lebensgrundlagen eines Dorfes und seiner Umgebung tiefgreifend veränderten. Binnen kurzem hörte die Landwirtschaft auf, der wichtigste Erwerbszweig der Bevölkerung zu sein, da die schweizerischen Textil- und Papierfabrikanten zahllose einheimische wie auswärtige Tagelöhner und Landarbeiter sowie deren Familien mit wenn auch nicht üppigen, so doch deutlich höheren Löhnen lockten. Infrastrukturelle Verbesserungen wie der Bau der Eisenbahnlinie von Basel nach Schopfheim förderten das wirtschaftliche Aufblühen des Ortes.

Das Gesicht des Dorfes veränderte sich im Laufe dieser Entwicklung erheblich. Der starke Zustrom von Menschen – innerhalb von weniger als 100 Jahren verdreifachte sich die Bevölkerung – stellte die Gemeinde vor schwerwiegende Probleme, insbesondere in bezug auf Wohnmöglichkeiten. So entstanden schließlich das Außerdorf, ein ganz neuer Ortsteil, und mit Unterstützung der Industriellen zusätzlicher Wohnraum in Form der Kost- oder Laborantenhäuser. Wirtschaftliche Depressionen und schwierigste Arbeitsbedingungen in den Fabriken ließen eine starke Arbeiterbewegung mit ihrer spezifischen Kultur und einem ausgeprägten Vereinswesen aufkommen. Darauf konnte wiederum die Sozialdemokratie aufbauen, die bis in die Gegenwart hinein eine bedeutende Rolle spielt.

Die Industrie bestimmt auch heute das wirtschaftliche Leben Maulburgs. Die Gemeinde, deren Bevölkerungszahl in den letzten Jahren stagnierte, gründet ihren Wohlstand auf zahlreiche mittelständische Wirtschaftsbetriebe. Die ökonomische Bedeutung Maulburgs für das Große und Kleine Wiesental und benachbarte Gebiete wird daran deutlich, daß die Gemeinde mehr Einpendler (1987: 2071) als Auspendler (1987: 1203) hat und 1987 bei 3612 Einwohnern ca. 3100 Arbeitsplätze aufwies. Die Steuerkraftsumme je Einwohner stieg von 462,30 DM 1975 auf 2322,06 DM im Jahre 1992.

Die Gemeinde ist dem Mittelzentrum Schopfheim zugeordnet, das den Maulburgern, ebenso wie Lörrach, Basel und Freiburg, als Einkaufsort dient. Künftige Aufgabenschwerpunkte stellen der Bau einer neuen Grundschule sowie der Umbau der alten Grundschule zum Rathaus dar. Geplant ist auch der Bau eines weiteren Hochwasserrückhaltebeckens und eines Regenklärbeckens. Die Erschließung von 3 Baugebieten südlich der B 317 – im Brühl, in der Mühlematt und im Äckerle-/Schlagetermatt – soll 1994 weitgehend abgeschlossen werden.

C. Geschichte

Ur- und Frühgeschichte. – Die Gemarkung ist praktisch noch unerforscht, obwohl auf dem »Mauerhaldebuck« am Nordrand des Dinkelbergs schon zahlreiche Schatzgräbereien durchgeführt worden sind, die ihre bis heute sichtbaren Spuren hinterlassen haben. Auf der Höhe dieser im Westen und Osten von zwei tiefen Bachtälern begrenzten Kalkscholle lag anscheinend eine aus Trockenmauerwerk errichtete Befestigungsanlage unbekannter Zeitstellung. Mit diesen »Mauern auf dem Berg« hat man auch den heutigen Ortsnamen zu erklären versucht, der in der ältesten Überlieferung *Murperch* lautet. Wahrscheinlich hat man es mit einer Anlage des hohen Mittelalters zu tun, dafür spricht auch der Ziehbrunnen (Zisterne), der auf der höchsten Stelle des Berges liegt. Wenn auch noch kein einziger prähistorischer Fund von der Gemarkung bekannt ist, sind doch oberirdisch erhaltene Denkmäler zahlreich. Gemeint sind die für das Dinkelberggebiet kennzeichnenden *Steingrabhügel*, die in Gruppen oder einzeln auf den Anhöhen südlich des Wiesentals anzutreffen sind. Die größte dieser Grabhügelgruppen, im Volksmund früher »Heidengräber« genannt, liegt auf dem »Mauerhaldebuck«, und zwar auf seinem nach Westen abfallenden Plateau. Weitere Gruppen von mehreren Hügeln liegen beispielsweise in den Gewannen »Hinter den Fohren« oder »Hasenwaid«. Ob es sich dabei immer um Grabhügel handelt, muß derzeit offenbleiben. Auch die Zeitstellung ist unsicher. Nach Grabungsergebnissen auf dem Dinkelberg gibt es solche Steinhügel in der Jungsteinzeit, in der Hügelgräberbronzezeit und im frühen Mittelalter (Merowingerzeit).

Siedlung und Gemarkung. – Maulburg liegt in einem von Bächen durchzogenen Tal. Am östlichen Ortsrand vereinigen sich Wiese und Kleine Wiese. Über dem Tal könnten sich, den Flurnamen (z. B. Oberbürglen) zufolge, Befestigungen unbekannter Zeitstellung erhoben haben (s. o.).

Das Dorf läßt sich urkundlich erstmals 786 als *Murperch villa* nachweisen. Die Verschleifung des Ortsnamens zu *Mulberc* hatte sich spätestens im 13. Jh. durchgesetzt, eine Namensform, die sich bis in die frühe Neuzeit gehalten hat. Der Ortskern, ein Gutshof, in dem die Schenkung von 786 stattfand *(in ipsa casa)*, ist östlich der Kirche zu suchen, seine Hauptgebäude lagen nördlich der heutigen Hermann-Burte-Straße. Die östlich an diesen Komplex anschließende Bebauung stellt einen frühen Ausbau dar, vielleicht lagen hier die zum Hof gehörigen Schupposen. Den früh verkehrsmäßig gut erschlossenen Ort verbanden zahlreiche Straßen mit der Umgebung: die Landstraße nach Basel (1528), die Straßen nach Schopfheim (1528) und nach Adelhausen bzw. Eichsel zu den 3 Jungfrauen (1529), die Wege nach Rheinfelden (1529) und auf den Hägelberg (1528). Die alte Straße nach Höllstein wird 1658 genannt, *der alte Weg, der nach Adelhausen geht*, 1582. Die Hauptstraße (heute: Hermann-Burte-Straße) wurde übrigens 1770 gepflastert.

Nachteilig an dieser offenen Lage war, daß Maulburg in allen Kriegsläuften betroffen wurde. Seit 1622 hatte der Ort fast ständig unter Einquartierungen zu leiden, ebenso 1690/96. Vor allem diese erwies sich als wahre Heimsuchung: die Soldaten ruinierten die von ihnen bewohnten Gebäude, darunter auch das Pfarrhaus. Daneben begünstigte die damalige Hausbauweise Brandfälle. Der folgenschwerste Großbrand vom 12. April 1787, bei dem 21 Gebäude zerstört wurden, hatte zur Folge, daß die bis dahin noch üblichen Strohdächer endgültig verboten wurden.

Herrschaft und Staat. – Maulburg wird 786, anläßlich der Schenkung des Ercanpert an Kloster St. Gallen, als *villa publici* (!) bezeichnet. Da die Urkunde Maulburg als einen bedeutenden Ort ausweist, hat man schon vermutet, daß es Sitz des zwischen 786

Geschichte 211

und 815 (828) bezeugten Zentenars Brunicho gewesen sein könnte. Diese Annahme wird bisher von den Quellen nicht unterstützt.
Seit dem 14. Jh. erscheint das Dorf als österreichisches Lehen im Besitz der Markgrafen von Hachberg. Der 1392 erwähnte Flurname *zem Galgen* könnte darauf hinweisen, daß sie auch über hochgerichtliche Rechte verfügt haben. Die österreichische Lehenschaft endete de facto mit dem Übergang der Herrschaft Rötteln an die Markgrafen von Baden im 16. Jh., da Markgraf Christoph diese Rechte nicht anerkannte, de jure aber erst mit dem Vertrag von 1741.
Eine anfängliche Eigenständigkeit des Dorfes – 1344 wird ein Vogt genannt – wurde in der 2. Hälfte des 14. Jh. eingeschränkt. Maulburg wurde Schopfheim unterstellt und spätestens 1372 zur dortigen Vogtei gerechnet. Der Schopfheimer Vogt saß bis zum Beginn des 16. Jh. dem Ortsgericht vor. Auch als das Dorf wieder einen eigenen Vogt erhielt, der sich 1513 nachweisen läßt, besiegelten der Schopfheimer Vogt oder die Stadt alle anfallenden Urkunden. Erst gegen Ende des 16. Jh. übernahm der Röttler Landvogt die Besiegelung. Auch hatte Maulburg Wächtergarben oder -geld in die Stadt zu entrichten. Es gehörte zum Schopfheimer Viertel und später zum gleichnamigen Amt.
Grundherrschaft und Grundbesitz. – Der örtliche Grundbesitz scheint sich zunächst auf wenige Herrschaften verteilt zu haben, unter den die *Herren von Klingen* die wichtigsten waren. Walter von Klingen und seine Familie schenkten 1249 den herrschaftlichen Hof mit dem zugehörigen Kirchensatz an *Kl. Wettingen.* Inbegriffen scheint der Wald Scheinberg gewesen zu sein, denn 1254 verzichtete Konrad von Rötteln ausdrücklich auf seine diesbezüglichen Rechte zugunsten des Klosters. Einen Teil dieses beträchtlichen Besitzes, 7 Schupposen, verkaufte Wettingen 1287 an die Ehefrau des Hug Vrowin in Lörrach. Diese überließ Hug von Lörrach 1328 den Kindern seiner Schwester Sofie von Ramstein, aus deren Familie sie 1393 in den Besitz der Kaplanei St. Johann Baptista im Basler Münster übergingen. Den Rest dieser ehemaligen Grundherrschaft verkaufte Wettingen 1540 an die *Stadt Basel.* Dies führte zu Auseinandersetzungen mit Markgraf und Gemeinde wegen des Scheinberges, die durch den Vertrag vom 12. Oktober 1543 geschlichtet wurden. Die zugehörigen Güter finden sich später im Besitz der *Klosterverwaltung St. Clara* in Kleinbasel, deren Besitz 1582 aus zwei Häusern in Kirchennähe, 4 Hofstätten, Gärten und ca. 165 J (46 ha) Liegenschaften bestand und die noch 1810 Frucht- und Geldzinse bezog. Lehenbesitz der Herren von Klingen waren auch die 3 Schupposen, eine Wiese und die Mühle samt einem Viertel des Waldes Scheinberg gewesen, was alles Richenza, die Ehefrau des Heinrich von Eschenz, 1257 an *Kl. Klingental* in Kleinbasel schenkte. Ihre Mutter, die Witwe des Adelbero von Tottingen, gab weitere 2 Schupposen. Daraus bezog die Klosterverwaltung noch 1810 Frucht- und Geldzinse.
Auch das Kollegiatstift *St. Martin in Rheinfelden* bzw. dessen St. Hieronymuskaplanei bezogen Einkünfte, die wohl ebenfalls einstmals den Herren von Klingen gehört hatten. Die zugehörigen Güter, überwiegend Wald, umfaßten 1658 etwa 228 J (63⅓ ha), dazu kamen Zehntrechte aus etwa 370 J (102¾ ha). Die letzte Renovation scheint 1752 stattgefunden zu haben, nachdem sich Verkaufsverhandlungen mit der markgräflichen Verwaltung 1740/41 offenbar zerschlagen hatten. Die *Deutschordenskommende Beuggen* besaß 1529 5 Lehen mit zusammen etwa 40 J (11 ha) Liegenschaften.
Die zahlreichen *Basler Institutionen*, die außer Stadt und St. Clara hier noch über Besitz und Einkünfte verfügten, sind wohl ebenfalls als mittelbare Erben der Herren von Klingen anzusehen. Das Domkapitel bezog 1528 und noch 1809 Zinsgefälle, die Münsterfabrik verfügte 1571 über Güter und Gülten. Die Kottidian Basel besaß 1592

10 Lehen mit einem Haus und insgesamt 166½ J (42¼ ha) Liegenschaften und hatte noch 1810 Einkünfte aus dem Ort. Begütert waren auch die Schwarzpfaffenkaplanei (1658: ein Haus mit Hof und Zubehör sowie 160 J = ca. 45 ha) und die Marienpfründe in der St. Johanneskapelle auf Burg. Allen gemeinsam war, daß spätestens seit dem 17. Jh. der Zinsbezug immer schwieriger wurde, da die Untertanen ungerne zahlten und die Obrigkeit den Wünschen der Grundbesitzer nur schleppend nachkam.

Altbesitz waren die Güter, welche die Truchsessen von Rheinfelden als österreichische Lehen innehatten. Diese fielen im 17. Jh. heim und wurden 1741 dem Stift Säckingen überlassen. Zeitweise (1344) war Wald an die Gemeinde verliehen, von dem 1728 Kl. Olsberg einen Teil besaß.

Die Herren von Rötteln lassen sich selten nachweisen, dafür war die Rotenberger Seitenlinie hier begütert. Adelheid von Rotenberg schenkte 1278 ein Gut und die Hälfte der Mühle an *Kloster St. Blasien*, das 1374 weitere Einkünfte von Klosterbruder Rudolf Sweiniger erbte, die dieser 1371 von seiner Familie erhalten hatte. Eine Gült kam von der Familie König von Tegernau, auf die die Lehenfamilie von Roggenbach 1444 verzichtete. Der Besitz, der zeitweilig (1344) Kl. Weitenau überlassen gewesen war und nach der Reformation wieder durch St. Blasien selbst verwaltet wurde, umfaßte 1528 9 Lehen (1632 als Schupposen bezeichnet) von zusammen etwa 70 J (19½ ha) Liegenschaften. Drei dieser Lehen gehörten dem klösterlichen Siechenamt (1392).

Die *Markgrafen von Hachberg* und Baden scheinen im wesentlichen Einkünfte aus Steuern (Jahrsteuer 35 lb) und Vogtrechten bezogen zu haben. Als Leheninhaber erscheinen seit 1430 bis zum Ende des 17. Jh. die Herren (König) *von Tegernau*, die 1640 neben Haus und Hof gegen 61 J (ca. 22 ha) Liegenschaften besaßen. Erst im 18. Jh. erfolgten wieder Erwerbungen: 1747 und 1760 wurden etwa 10 J Wald angekauft, 1748 die Gülten des Hof- und Stadtdiakons Walz in Karlsruhe erworben. Diese waren 1651 an den Schopfheimer Obervogt Franz Christoph von Ulm gekommen und später durch den Maulburger Pfarrer Walz, den Vater des Obigen, erworben worden.

Weitere Institutionen und Personen waren in Maulburg begütert. Die Kirche Fahrnau erwarb 1457 Gülten. Die Pfarrei Schopfheim bezog 1573/1664 Zinse, 1613 Zehnteinkünfte. Markgräfliche Amtleute, wie die König von Tegernau oder die Herren von Baden, später auch die von Ulm und Oberamtmann Pauli, nutzten sich bietende Gelegenheiten zum Grunderwerb, begründeten damit jedoch keine Grundherrschaften.

Gemeinde. – Als Vertreter der Gemeinde urkundeten 1344 Vogt und 5 Personen für die Gebursame, 1658 Vogt und 6 von der Gemeinde; 1696 wird ein Geschworener erwähnt. Der Vogt war bis zum 17. Jh. steuer- und fronfrei und durfte 4 Schweine in das Äckerich treiben. Seit 1661 ist auch ein Stabhalter bezeugt. Das erste bekannte Siegel der Gemeinde stammt von 1782; es zeigte einen Turm mit Zinnen.

Der Grundbesitz, meist nur als Anstößer (1582, 1658) aufgeführt, dürfte weitgehend aus Wald bestanden haben, wenn dieser auch nicht durchweg eigen war. Seit 1344 besaß die Gemeinde ein Lehenholz von den Truchsessen von Rheinfelden, der davon gehende Zins wurde erst 1805 abgelöst. Eigen scheint die Hälfte des Waldes Scheinberg gewesen zu sein, über dessen Besitz es 1543 zu einem Vergleich mit der Stadt Basel kam, die gegen Lieferung von 200 Stämmen Eichenholz auf ihre Rechte verzichtete. Die Gemeinde besaß offenbar so viel Wald, daß sie es sich zeitweise leisten konnte, das Holz verderben zu lassen, 1697 ließ das Oberamt dieses durch andere Gemeinden abführen. Insgesamt machte dieser 1786 812 J (225½ ha) aus. Daraus waren 10½ Klafter Fronholz an die herrschaftlichen Beamten, 15 Klafter an den Pfarrer und je 2 Klafter Gabholz an die Bürger abzugeben, die zudem auch ihr Bauholz aus diesen Waldungen bezogen. Im gleichen Jahr wurden die Grenzen zwischen Herrschafts- und Gemeindewald berichtigt.

Der restliche Grundbesitz war gering. Zwar hatte die Gemeinde 1462 Güter von Otman Küng von Tegernau erworben, 1658 wird jedoch nur 1 J in den Steigäckern aufgeführt. An Gebäuden besaß sie lediglich das Schulhaus. Obwohl die Belastungen zeitweise recht hoch gewesen sein müssen – im 18. Jh. belasteten vor allem die Anschaffungen für die Kirche (1731 Ersetzung des im letzten Krieg verlorenen Kirchenornats, 1737 und 1780 Anschaffung, 1761 Umgießung einer Glocke) den Haushalt – galt die Gemeinde als vermögend.

Kirche und Schule. – Spätestens 1244 war Maulburg Pfarrort und unterstand dem Dekanat Wiesental. Patron war der hl. Johannes. Den Kirchensatz schenkten Walter von Klingen und seine Familie 1249 dem Kl. Wettingen, das ihn sich 1398 inkorporieren ließ und 1411 und 1418 päpstliche Bestätigungen darüber erwirkte. Nach dem Verkauf dieser Rechte 1540 an die Stadt Basel kam es zu Streitigkeiten mit dem Markgrafen, die 1543 durch Vergleich beendet wurden. Die Kollatur stand seit der Reformation der Stadt zu; ausgeübt wurde sie durch den jeweiligen Obervogt zu Riehen.

Die Dotation war keine reichhaltige gewesen, 1330 werden die Einkünfte der Kirche unter 14 lb, 1398, im Jahr der Inkorporation, unter 10 lb angegeben. Ihre Ausstattung lag also an der untersten Mittelgrenze. Erst Ende des 15. Jh. trat eine Besserung ein. Woher die Einkünfte kamen, wird nur gelegentlich sichtbar; 1571/72 bezog die Kirche Zehnten von Gütern des Klosters St. Clara, der Stifte Rheinfelden und Säckingen. Das Kirchengut wird 1582, Pfarrgut und Pfründgut werden noch 1658 als Anstößer genannt. Ihre Verwaltung erfolgte durch die beiden Kirchmeier (1517), später (1572) durch einen, der von Vogt und Gericht gewählt wurde. Die Besoldung, welche dem Pfarrer nach der Einführung der Reformation zugewiesen wurde, bestand aus Anteilen am Frucht- und Heuzehnten, dem Kleinen Zehnten, Einkünften aus dem Widumgut und Holz aus dem Gemeindewald; dazu kamen 1613 zwei Zehntlein zu Höllstein und Langenau. Die Übernahme auch der Seelsorge in Dossenbach 1591 vermehrte die Einkünfte um die dortigen Pfarrbezüge.

Für seine Besoldung hatte der Pfarrer jährliche Abgaben zu leisten: 2 Mltr Schirmkorn nach Rötteln und 8 Mltr Dinkel und 4 Mltr Haber ins Wettinger Amt; auch oblagen ihm Bau und Unterhalt des örtlichen Pfarrhauses sowie ein Anteil der Baulasten an der Dossenbacher Kirche.

Die Kirche, zuletzt ein Fachwerkbau mit Holzturm, in dem ein Glöcklein, ab 1737 zwei hingen, war bereits 1739 infolge von Sturmschäden baufällig geworden. Nachdem sie 1751/52 nochmals repariert worden war, ersetzte man sie 1753 durch einen Neubau.

Die *Zehntverhältnisse* sind nicht eindeutig festzustellen. Sicher ist, daß Kl. Wettingen 1249 auch etwa die Hälfte der örtlichen Zehnten erhalten hatte, die mit dem Rest der Grundherrschaft 1540 in den Besitz der Stadt Basel übergingen. Diesen Anteil bezog der Maulburger Pfarrer als beträchtlichen Teil seines Einkommens. In die andere Hälfte teilten sich Kloster St. Blasien, dem die Zehnten von seinen Gütern gehörten, und die Stifte Säckingen und Rheinfelden. Die beiden letzteren bezogen den sogenannten Goltzenzehnten, der von ca. 370 J Liegenschaften erhoben wurde. Dessen Säckinger Anteil brachte 1576 Markgraf Karl gegen Austausch der Pfarrei Schupfart an sich, während der Rest noch 1754 der Kaplanei St. Hieronymus in Rheinfelden gehörte. Daneben waren noch die Pfarrei Schopfheim bzw. die Geistliche Verwaltung Rötteln und die Pfarrei Eichsel, letztere mit halben Zehnteinkünften von 8 J, beteiligt. Auch die Basler Schwarzpfaffenpfründe muß über Zehnteinkünfte verfügt haben.

Spätestens seit dem Beginn des 17. Jh. wurde in Maulburg *Schule* gehalten. Der Lehrer, von allen bürgerlichen Lasten befreit, erhielt zu seiner Besoldung – 1658 belegt – jährlich 2 Mltr Roggen, welche ihm die Geistliche Verwaltung seit dem Ende des Jahrhunderts wieder streitig machte. Das Schulhaus wurde 1696 neu gedeckt und erscheint 1747 als baufällig. Die Gemeinde plante damals einen Neubau, der vermutlich 1752 auch zustande gekommen ist.

Bevölkerung und Wirtschaft. – Alte Einwohnerzahlen liegen für Maulburg nicht vor. Bekannt ist lediglich, daß die Pestzeiten des 17. Jh. zwischen 1618 und 1648 273 Opfer gefordert haben, im selben Zeitraum wurden 353 Kinder geboren – dies, obwohl der größte Teil der Bevölkerung nach Riehen und Basel geflüchtet war. Demnach dürfte das Dorf schon damals nicht zu den kleinsten gehört haben. Dafür spricht auch, daß es 1700 62 waffenfähige Männer aufzuweisen hatte, so daß auf eine Einwohnerschaft von mindestens 300 Personen geschlossen werden kann. Deren Zahl stieg nunmehr ziemlich an: 1747 reichte für die etwa 450 Personen die Kirche nicht mehr aus. Bereits 1744 war mindestens eine Person nach Amerika ausgewandert, 1750 zog eine weitere nach Siebenbürgen. Gegen Ende des Jahrhunderts zählte man 1773 100, 1786 93 Bürger.

Obwohl die Einwohner spätestens im 16. Jh. alle dem Markgrafen leibeigen waren, hielten sich Reste früherer Verhältnisse. Die Lehenträger der Basler Schwarzpfaffenkaplanei waren, wie 1592 festgestellt wurde, verpflichtet, als Fall einen Jahreszins nach Basel zu liefern. Für die Mitbesitzer der Güter galt dies nicht.

Belastet waren die Einwohner mit Abgaben und Fronen: noch im 18. Jh. gab jedes Haus, ausgenommen das Pfarrhaus, der Vogt und Kindbetterinnen, jährlich 1 Fasnachtshuhn, das der Schopfheimer Vogt namens der Burgvogtei einzog. Zu den Pflichten gehörten unter anderem Weinfuhren von Haltingen nach Rötteln. Diese Fronen wurden erst 1832/34 abgelöst.

Die medizinische Versorgung lag neben der örtlichen Hebamme im 18. Jh. in Händen der in den umliegenden Orten ansässigen »Chirurgen«. Um 1766/71 war der Haltinger Chirurg für die Armenversorgung zuständig. Möglicherweise hat Maulburg früher auch ein Siechenhaus besessen, zumindest könnte der Flurname Maltz(en)weg (1466, 1658) darauf hinweisen.

Ihren Lebensunterhalt bezogen die Maulburger überwiegend aus der Landwirtschaft, wobei im 18. Jh. die Viehhaltung mehr in den Vordergrund trat. Die Ackerfläche, in die sich die Einwohner mit Einmärkern aus Adelhausen, Gündenhausen und Wiechs teilten, war in die *niederste, mittelste und oberste* (1528) bzw. *erste, andere und dritte Zelg* (1592) eingeteilt. Angebaut wurden im 13. Jh. meist Roggen, später überwiegend Dinkel und Hafer. Der Weinbau ist, wenngleich wohl älter, seit dem Beginn des 16. Jh. bezeugt. Die Rebfläche wurde im 18. Jh. auf Kosten des Ackerlandes erweitert: 1762 wurden 10 J Äcker zu Weingärten gemacht und noch 1809 ist von neu angelegten Reben in der Wiesenhalde die Rede.

Bei den Zugtieren hielt sich die Anzahl von Pferden und Ochsen die Waage: 1700 zählte man 37 Pferde und 38 Ochsen. Für eine Zunahme des Viehbestandes spricht die Erweiterung des Wiesenlandes nach 1725 und 1768 (10 J). Mit dem Bau von Futterkräutern begann man früh: 1694 werden Wicken genannt, während Lewat, eine Futterpflanze, sich erst 1774 nachweisen läßt.

Weitere Verdienstmöglichkeiten boten sich nur wenigen. Das örtliche Fischwasser war spätestens 1602 verliehen, seit 1639 nachweislich im Erblehenbesitz der Familie Schanzlin. Das Handwerk – in der 2. Hälfte des 18. Jh. werden Maurer, Kettenschmied, Schneider, Schreiner, Schuhmacher, Wagner und Zimmerer genannt – ernährte seinen Mann nur teilweise, weshalb meist noch Landwirtschaft nebenher betrieben werden mußte. Eine Familie leistete 1760 auch Heimarbeit für die Schopfheimer Bleiche-Compagnie.

Eine *Mühle* gab es 1278, damals überließ Adelheid von Rotenberg deren Hälfte dem Kloster St. Blasien. Um 1764 kam eine Schleifmühle mit Gerstenstampfe hinzu und 1802 wurde eine weitere Mahl- oder Sägmühle auf dem Platz einer der vormaligen Papiermühlen errichtet.

In der 2. Hälfte des 16. Jh. gab es eine Papiermühle, die dem Markgrafen zinste. Sie lag zwischen der Basler Straße und der Wiese und wird 1661 als ruiniert und abgegangen geschildert. Sie wurde jedoch wieder eingerichtet und erhielt im 17. Jh. Konkurrenz. Beide Unternehmen wurden durch die Basler Familien Blum und Ferber umgetrieben. Von diesen ging die obere Papiermühle bis 1711 ab und wurde in eine Mahlmühle umgewandelt, die andere lag 1722 öd. Die Produktion wurde dort jedoch später wieder aufgenommen und wohl von Kandern aus gesteuert.

Eine weitere, wenn auch nicht sehr bedeutende Einnahmequelle für wenige bildete seit 1792 der *Gipsabbau*, der bis um 1900 betrieben wurde. – Seit etwa 1600 hatte das Vorkommen von schwefelhaltigem Wasser zu einem regelrechten *Badebetrieb* geführt, der noch im 18. Jh. florierte. Davon profitierten auch die Wirtschaften, von denen die »Blume« 1691, der »Engel« 1736 konzessioniert wurden. Ende des Jahrhunderts bestand noch der »Ochsen« (1787) und 1800 schenkte zudem ein Straßenwirt aus. Daneben betrieb die Gemeinde eine eigene Wirtschaft (1761).

Quellen und Literatur

Quellen gedr.: UB Basel 1 Nr. 175, 233, 278. – FDA 5 (1870) S. 87; 24 (1895) S. 216; 35 (1907) S. 81. – REC Nr. 4243, 4814, 6562/63, 6861, 7562, 8239, 8445, 8600. – RMB 1 Nr. h 714, 879, 896. – SGUB 1 Nr. 105. – ZGO 2 (1851) S. 495–499; 4 (1853) S. 234; 26 (1874) S. 363; 30 (1878) S. 289; 48 (1894) S. m142; 51 (1897) S. m56.

Quellen ungedr.: StA Aarau, Wettingen 461, 869, 910. – StA Basel, Urkunden Nr. 756; Kirchenakten H 10; Kirchen- und Schulgut R 23,1-2; Klosterarchive St. Clara S 45, Klingental HH 66, St. Theodor G 9; Direktorium der Schaffneien Q 111, 1–3; Zins und Zehnten G 1. – GLA 11 Nr. 1876, 3217, **3741–45**, 4673; 19 Nr. 627, 705, **1002–14**, 1157; 21 Nr. 1528/29, 1530, 4811, **5408–23**, 6422; 44 Nr. 10185, 10188, 10192, 10197; 66/433–34, 777, 789, 3715, 3718, **5350–77**, 7006, 7015, 7218, 7544, 7548, 8302, 9850, 9598, 11670; 72/v. Tegernau; 120/168, 422, 442, 582, 698, 829, 1114; 229/9589, 16055, 19823–26, 19833, 19853–55, 19857/58, 23147, 23207, 28614, 33939/40, 38047, 47588, 52825, 52899, 64360, **65535–641**, 74672 III, 88486, 92027, 94431, 94378/79, 94398, 94444, 94472, 94488, 96305, 100896, 100909, 110679, 110961, 115139; 375 (1909, 97), 278, (1924,2),191; 391/23021, **24528–48**. – GA Maulburg (Inv. masch. 1953). – PfA Maulburg.

Literatur: Chronik der Gemeinde Maulburg. Von Murperch bis Maulburg, hg. von der Gemeinde Maulburg, 1986. – *Fischer*, W. Ferdinand, Maulburg und die Gebrüder Strübe. In: Das Markgräflerland 3 (1971) S. 153–157. – Die Kirche in Maulburg. Rückblick auf zwei Jahrhunderte 1753–1953, Maulburg 1953. – *Landolt*, Elisabeth, »Des Mulberg Badts beschreibung« von Felix Platter. Ein Gedicht aus dem ausgehenden 16. Jahrhundert. In: Das Markgräflerland 1/2 (1974) S. 66–75. – *Neff*, Magdalena, Zwei Maulburger Ehrenbürger (Hermann Burte-Strübe, Adolf Strübe). In: Das Markgräflerland 1 (1986) S. 163 f. – *Erhard*, Beobachtungen zur Baugeschichte der evangelischen Pfarrkirche in Maulburg, Landkreis Lörrach. In: Forsch. u. Berr. d. Archäol. d. Mittelalters in Bad.-Württ. 6 (1979) S. 209–212. – *Schülin*, Fritz, Die aufgelassenen Heilbäder (Maulburg). In: Das Markgräflerland 1/2 (1971) S. 44–46, 52 f. – *Wörner*, Judith und Hans Jakob, Die evangelische Kirche in Maulburg. In: Das Markgräflerland 1975, H,. 3/4, S. 278–284.

Erstnennungen: ON 786 (SGUB 1 Nr. 105). – Kirche 1244 (UB Basel 1 Nr. 175). – Kirchenpatron St. Johann 1466 (GLA 66/5350) oder 1661 (GLA 66/5369).

Neuenweg

1264 ha Gemeindegebiet, 379 Einwohner (31.12.1990, 1987: 342)

Wappen: In geteiltem und halbgespaltenem Schild oben in Blau ein silberner (weißer) Flügel, unten vorn rot, hinten golden (gelb). Das Wappen erinnert an die Herrschaftsgeschichte des Ortes: Der Flügel steht für die Üsenberger, von denen man 1903 zu Unrecht annahm, daß ihr Wappen mit großen Teilen des Besitzes auf die Markgrafen von Hachberg übergegangen sei; die badischen Farben stehen für deren Besitznachfolger, die Markgrafen von Baden. Mit der Annahme dieses Wappens folgte der Gemeinderat damals einem Vorschlag des badischen Generallandesarchivs.

Gemarkung: Neuenweg (1264 ha, 342 E.) mit Belchenhöfe, Hinterheubronn, Mittelheubronn, Sägemättle und Vorderheubronn.

A. Naturraum und Siedlung

Natürliche Grundlagen. – Südlich des dritthöchsten Schwarzwaldgipfels, des Belchen, gelegen, bildet die Gemeinde Neuenweg gleichsam den Siedlungsabschluß im hinteren Kleinen Wiesental. Die das Dorf mit seinen Ortsteilen umgebenden Gipfel markieren in etwa auch den Verlauf der Gemeindegrenzen. So gehören im S der Köhlgarten (1224 m ü.d.M.) und das Silbereck (977 m ü.d.M.) zum Gemeindegebiet, während die im NW verlaufende Grenze über den Weiherkopf (1143 m ü.d.M.), das Heubronner Eck (962 m ü.d.M.), den Stuhlskopf (1116 m ü.d.M.), die Heideck (1132 m ü.d.M.) und den Hohen Kelch (1264 m ü.d.M.) zum Belchen zieht, dessen 1415 m ü.d.M. hoher Gipfel mit den Nachbargemeinden Münstertal und Schönenberg geteilt werden muß. Weiter nach S verläuft die Grenze zwischen Belchenhaus und Parkplatz über das Böllener Eck (918 m ü.d.M.) und einige bemerkenswerte Schanzenreste aus der Zeit des »Türkenlouis« (Viereckschanze und Sternschanze aus dem 17. Jh.) bis hin zum Silbereck.

Wesentliche Ausstattungsmerkmale des Neuenweger Raums basieren auf der geologischen Lage innerhalb der sogenannten *Devon-Unterkarbonzone* des Südschwarzwaldes. Dabei handelt es sich um ein paläogeologisch bedeutendes Element des Gebirgsaufbaus, das zwischen der Zentralschwarzwälder Gneismasse im N und dem Südschwarzwälder Granitkörper im S aus einem westostverlaufenden Band aus steil eingefaltetem und eingeschupptem, z.T. sehr unterschiedlich abtragungsresistentem Sediment- und Vulkanitgestein des Devons und Unterkarbons besteht. So wird der das Neuenweger Tal nach NW hin umrahmende Gebirgszug von Stuhlskopf und Heideck vom *Münsterhalde-Granit* aufgebaut, auf den auch der steile Hangabfall unterhalb der Belchenhöfe zurückgeht. Die Felspartien am Hohen Kelch und am Heideckfelsen sowie die schroffen Geländeformen des südlichen Belchenmassivs bestehen aus *Metablastiten*, d.h. aus Gneisen, die durch aufdringende Granitschmelzen umineralisiert wurden. Der Belchengipfel selbst wird aus einer inselhaft aufragenden Scholle des sich südlich an die Zentralschwarzwälder Gneismasse anschließenden *Randgranit-Gürtels* gebildet, wobei er zudem an einer in Nordwest-Südost-Richtung (herzynisch) verlaufenden Verwerfung um etwa 150 m herausgehoben ist. Nach S zu schließt sich die Zone

Naturraum und Siedlung 217

des leichter erodierbaren und daher tiefer eingeschnittenen *Unterkarbon-Konglomerats* (Visée) an, in der sich der überwiegende Siedlungsbereich mit den Siedlungskernen Neuenweg und Heubronn befindet. Südlich des Ortskerns von Neuenweg treten dann *Unterkarbon-Vulkanite* in Wechsellagerung mit Tuffen, Agglomeraten, Sandsteinen und Grauwacken in Erscheinung, die als Härteriegel das Talbecken nach S hin beispielsweise mit Tannenkopf und Spitzkopf begrenzen. An sie schließt sich der ausgedehnte Bereich der *Syntexitzone von Mambach* an, in den die Gemeinde mit ihrem südlichen und insbesondere westlichen Saum (am Köhlgartenrücken) noch hineinreicht.

Die *Zone der Unterkarbon-Vulkanite* nimmt den größten Anteil am Gemeindegebiet ein, wobei sie vor allem weite Teile der dichtbewaldeten Höhen und Kuppen auf der Ostseite des Köhlgartenmassivs, aber auch die Hänge zum Silbereck jenseits des Kleinen Wiesentals aufbaut. In dem kaum ausgeprägten Gewässernetz fallen die Kleine Wiese und der von W kommende Klemmbach heraus, die in engen, siedlungsleeren Sohlentälern diese Zone in nordsüdlicher Richtung durchbrechen. Das ebenfalls von W kommende, kürzere und vornehmlich in Ost-Richtung verlaufende Tannenbächle zeigt demgegenüber, bei ausgeprägterem Gefälle, eher eine Kerbtalform.

In der nördlich anschließenden *Kulm-Konglomeratzone* fällt das Gelände auf Höhen zwischen 825 m und 850 m ab, wobei allerdings das Ausraumgebiet keineswegs eine einheitliche morphologische Gestaltung zeigt. Getrennt durch den Sattel »Auf der Eck« wird der westliche Teil durch das Kreuzbächle gebildet, das auf einem Höhenniveau von rund 800 m zwischen Heubronn und Vorderheubronn in einem recht breiten Tallauf fließt, während sich östlich des Sattels der Talkessel von Neuenweg sogar bis auf ein Höhenniveau von 750 m absenkt. Die gesamte Ausraumzone ist heute weitgehend waldfrei, z. T. finden sich einzelne Ackerparzellen, doch herrscht Wiesen- und Weideland vor.

Auf der Grundlage der relativ leichten Erodierbarkeit des Gesteinsuntergrundes hat zu diesem Formenbild maßgeblich auch die besondere Wirkung des Gletschereises vor allem während der letzten Kaltzeit beigetragen. Neben dem kleinen Kar am Seilermoos unterhalb des Köhlgartenrückens, nahe der südlichen Gemeindegrenze, zeigt sich dies am beispielhaft gestalteten würmeiszeitlichen *Wannenkar des Nonnenmattweihers* (Bild s. Bd. 1, S. 225). In typischer, nach Nordosten gerichteter Exposition ist es ebenfalls am Köhlgartenrücken unweit des Überganges von der Ausraumzone zum Vulkanit-Bereich anzutreffen. Charakteristisch ausgebildet sind die rückseitigen Steilhänge südlich und westlich des Sees und der in Fließrichtung des ehemaligen Gletschers das Kar abschließende mächtige Moränenwall. Der Weiher an sich geht jedoch in seiner heutigen Form auf anthropogene Eingriffe zurück. Nachdem der ursprüngliche Karsee wohl schon im Mittelalter verlandet war, wurde 1758 eine Staumauer gebaut, um Forellen- und Karpfenzucht zu betreiben bzw. einen Wasserspeicher für die Mühlen zu haben. Dabei löste sich der »Torfboden« vom Untergrund ab und schwimmt seither auf der Seeoberfläche. 1920 machte ein Bruch des Staudamms – mit entsprechenden Verwüstungen im Oberlauf der Kleinen Wiese – einen Neubau notwendig. Heute ist der Nonnenmattweiher als Naturschutzgebiet ausgewiesen und bildet ein attraktives Ausflugsziel; ein Teil des Sees ermöglicht als Badebucht eine erholsame Erfrischung an heißen Sommertagen.

Auch der *Talkessel von Neuenweg* verdankt seine Existenz u. a. glazialen Formungsprozessen, obwohl der Talboden eigentlich zu tief liegt, als daß sich ein Vereisungszentrum im üblichen Sinn hätte ausbilden können. Ähnlich wie beim Kar des Nonnenmattweihers dürfte der Gletscher im Neuenweger Talkessel daher aus der Zufuhr großer

Mengen von Lawinenschnee entstanden sein, die ihn erst allmählich – zumindest während des Vereisungshöchststandes – über die Schneegrenze erhöhte.

Den nördlichen Beckenabschluß bilden die steil abfallenden Hänge von Stuhlskopf und Heideck, die im NO, oberhalb der Belchenhöfe, zu der als regelrechte Wand in Erscheinung tretenden südlichen Flanke des *Belchenmassivs* überleiten. Gerade von S aus bildet der Belchen den »großartigsten Talabschluß im Schwarzwald« (Schrepfer). Das Tal der Belchenwiese endet unterhalb der Wand in einem eindrucksvollen Quellmuldenkar, auf dessen Boden die Belchenhöfe Platz gefunden haben. Der darüber aufragende Steilhang des Belchen ist unbewaldet und gehört ab der Fuchsrütte zu einem Naturschutzgebiet, das seit 1949 die gesamte *Belchenkuppe* umfaßt. Zu den schützenswerten Besonderheiten gehören die an Steilhängen und auf Felsnasen vorkommenden zahlreichen alpinen und subalpinen Pflanzenarten, aber auch die die flacheren Bereiche überziehenden Heidekraut- und Borstgrasgesellschaften. Ihr Schutz ist um so notwendiger, da sich Schäden hier noch stärker als am Feldberg auswirken, weil sich der Besucherstrom am Belchen auf eine wesentlich kleinere Fläche konzentrieren muß.

Siedlungsbild. – Ein erster Blick über den Ortskern von Neuenweg vermittelt den Eindruck eines kleinen Haufendorfs mit einer unregelmäßigen und relativ dichten Anordnung der Häuser. Markant ist die kesselförmige Lage, wobei zu den Häusern im Zentrum einige verstreut liegende Höfe auf den umgebenden Hängen hinzukommen. In der *Ortsmitte* selbst sorgt ein neu gestalteter, mit Bäumen und Büschen begrünter Platz mit Brunnen und Sitzbänken für Auflockerung. Hier ist auch der Halteplatz für den Überlandbus. Die Anlage des Platzes geschah im Zuge der Verbreiterung der Ortsdurchfahrt.

Etwas nördlich davon und leicht erhöht liegt, inmitten des Friedhofs, die zwischen 1807 und 1808 errichtete *ev. Kirche* (s. u., Bemerkenswerte Bauwerke). Der Neubau wurde aus dem Ortkern heraus auf die Anhöhe im bisherigen Pfarrgarten verlegt. Nach 1929 erfolgte in den 1970er Jahren eine weitere Renovierung der Kirche, auf die die Verkleidung mit schwarzen Schindelplatten von Turm und Dach zurückgeht. In unmittelbarer Nähe der Kirche stehen das *Pfarrhaus*, über dessen Portal die Jahreszahl 1781 angegeben ist, und das ehemalige *Schulgebäude*, das heute als Kindergarten genutzt wird. Die beiden soliden, zweigeschossigen Steinbauten mit den relativ dicht angeordneten Fenstern und den verzierten Portalen heben sich deutlich von den landwirtschaftlichen Anwesen des Ortes ab und weisen auf ihre Funktion als Amtsgebäude hin.

Trotz vielfacher Veränderung lassen die räumlich etwas abgesetzten übrigen Gebäude im Ort ihre ursprüngliche Bestimmung als Bauernhöfe meist noch klar erkennen. Typische Bauformen sind die Einhauskonstruktion mit einem der Straße zugewandten Wohn- und daran anschließendem Wirtschaftsteil mit Stall im Erdgeschoß und darüberliegender Tenne. Wohn- und Stallteil sind meist aus Bruchsteinen aufgemauert, bei der Tenne ist eine Verkleidung mit Holz die Regel. Die Größe der Häuser umfaßt in den meisten Fällen eineinhalb bis zwei, bei den größeren Höfen auch zweieinhalb Stockwerke. Die Dachkonstruktion wird charakterisiert durch einen Krüppelwalm und ein Vorspringen des Dachs über den sogenannten »Wagenschopf«, den Platz unmittelbar vor den Eingängen zu den Ställen. Bei geeigneter Lage des Hauses ist oft auch eine Hocheinfahrt zur Tenne zu finden. Die Eingänge zum Wohnteil und zu den Ställen sind in der Regel traufseitig angebracht, die Eingangstür liegt etwas erhöht über dem Keller und ist über Stufen zu erreichen. Fenster und Türumrahmungen bestehen aus rotem Sandstein und heben sich farblich vom Hausverputz ab. In der Regel sind die Fenster mit Klappläden ausgestattet. Die Giebelseite wird in vielen Fällen durch einen hölzernen Balkon in Höhe des zweiten Stockwerks gegliedert. In der Umgebung der Häuser finden sich oft kleinere Hausgärten mit Gemüseanbau für den Eigenbedarf; alte Schuppen dienen heute als Garagen. Die meisten dieser Häuser entstanden nach 1903, als ein großer Brand die Mehrzahl der Höfe im Ortskern vernichtete. Demgegenüber finden sich im Randbereich der Siedlung einige ältere Höfe, für die eine Aufspaltung des Wohnteils in zwei unabhängige Hälften typisch ist. Deren Eingangstüren befinden sich an den beiden Längsseiten der Anwesen, zur Straße hin gewandt bzw. von hinten über den Hof zu erreichen; der Wohnteil ist also der Länge nach geteilt. Daneben fallen vereinzelt im Dorfbereich auch neuere Bauten ins Auge. Dazu gehört das östlich des zentralen Platzes gelegene, aus dem Jahr 1958 stammende *Rathaus*, das im damaligen zeittypischen Stil eines schlichten zweigeschossigen Wohnhauses errichtet wurde. Am östlichen Hang des Neuenweger Talkessels wurde ein kleineres Neubaugebiet ausgewiesen.

Auffällig für einen Ort dieser Größe sind die zahlreichen *Gaststätten*, die sich z. T. aus ehemaligen Bauernhöfen entwickelt haben. Trotz vielfacher Um- und Anbauten zeigen sie in Ansätzen noch entsprechende Bauformen. Zusammen mit einer Vielzahl von Pensionen und Ferienwohnungen dokumentieren sie die spezielle, auf eine nahezu 100jährige Tradition zurückreichende Funktion des Dorfes als gut besuchter Fremdenverkehrsort am Fuße des Belchen, der mit ruhiger, naturnaher Lage, umfangreichen Wander- und Ausflugsmöglichkeiten sowie Wintersportangeboten (Loipen, Skilift) lockt. Diese Funktion wird auch durch das vom Schwarzwaldverein betriebene Wanderheim »Belchenblick« unterstrichen, das sich nordöstlich des Ortskerns etwas oberhalb des Talgrunds befindet. Als Fremdenverkehrsort kann Neuenweg mit verschiedenen Einkaufsmöglichkeiten aufwarten, die neben den Waren des täglichen Bedarfs auch spezielle Souvenirangebote umfassen.

Die Ausrichtung auf den Fremdenverkehr in Form von Zimmervermietungen oder Ferien auf dem Bauernhof spielt auch in den zu Neuenweg gehörenden Weilern Vorder-, Mittel- und Hinterheubronn eine große Rolle. Augenfällig wird dies, wenn man z. B. den von Mittelheubronn aus zu erreichenden Nonnenmattweiher oder den traditionsreichen, seit jeher als Ausgangspunkt für Belchenwanderungen dienenden Haldenhof in Hinterheubronn mit ihren zahlreichen Besuchern betrachtet.

Unabhängig davon zeigen die Hofformen in den drei Weilern meist noch ursprüngliche Züge. Auch wenn die landwirtschaftlichen Anwesen z. T. – bedingt durch den Brand in Neuenweg – älteren Datums als im Hauptort sind, handelt es sich weitgehend um den gleichen Haustyp mit den entsprechenden Gemeinsamkeiten. In den meisten Fällen sind die Höfe so an den Hang gebaut, daß eine Hocheinfahrt zur Tenne eingerichtet werden konnte, die Eingangstür zum Wohnteil ist dabei giebelseitig angebracht. Vereinzelt treten auch Merkmale des Schwarzwaldhauses hinzu, wie etwa das große, fast den ganzen Giebel abdeckende Walmdach. Beispiele hierfür finden sich in Mittel- und Hinterheubronn, wobei in einem Fall sogar noch eine für das Schwarzwaldhaus typische Ständer-Bohlen-Konstruktion für den zweiten Stock des Wohnteils erhalten geblieben ist.

Zum überwiegenden Teil sind die Höfe äußerlich in sehr gutem Zustand, ohne daß die charakteristischen Formen »wegrenoviert« wurden. Nur in wenigen Fällen wurden größere Umbaumaßnahmen im Stil der 1970er Jahre durchgeführt. Bedeutsam für die Erhaltung des Siedlungsbildes dürfte nicht zuletzt auch die recht verbreitete Nebenerwerbslandwirtschaft sein, was sich in vielen Hausgärten und der relativ offenen, zum großen Teil als Wiese bzw. Weide genutzten Landschaft ausdrückt.

Die zu Neuenweg gehörenden **Belchenhöfe** sind demgegenüber besonders durch ihre Lage abseits jeder Durchgangsstraße charakterisiert. Zusammen mit ihrer recht weit gestreuten Anordnung verstärkt sich hier noch der Eindruck eines ruhigen und abgeschiedenen Siedlungsplatzes. Neuestes Element bildet, neben den teilweise erfolgten Umbauten und Renovierungen an den einzelnen Höfen, das »Freizeitheim Belchenhöfe« des CVJM. Während die Belchenhöfe selbst eine deutliche Verwandtschaft ihrer Formen mit den bereits für die anderen Ortsteile beschriebenen Typen erkennen lassen, wirkt der zweigeschossige Bau des Freizeitheims mit seinem sehr flachen Giebeldach beim Blick von Neuenweg aus auf den Belchengipfel fast als Fremdkörper.

Bemerkenswerte Bauwerke. – Im Auftrag des Großherzogs Carl Friedrich wurde 1807 von Ludwig Christian Krämer eine typische *Weinbrennerkirche* nach dem Vorbild der Kirche von Kleinsteinbach (Gde Pfinztal, Lkr. Karlsruhe) errichtet. Die Eingangsfassade, hinter der ein quadratischer, um ein weiteres Türmchen mit Helm aufgestockter Dachreiter erscheint, wird von dem hohen Rundbogen bestimmt, in den das von einem weiteren Rundbogen überfangene Portal eingenischt ist. Darüber befindet sich ein halbkreisförmiges Oberlicht. Die klassizistische *Innenraumgestaltung* wurde durch die Renovierung von 1976 weitgehend entfernt, so daß der Saal mit den hoch angesetzten Fenstern fast kahl wirkt. Die Decke wurde mit Holzbalken verkleidet. Von den beiden, den Architrav tragenden Säulenreihen, zwischen denen die Nord- und Südemporen eingespannt wurden, steht lediglich ein Säulenpaar ohne tektonische Funktion vor der Westempore über der vom Kirchenraum abgeschlossenen Eingangshalle. Die Altarrückwand wird beherrscht von einem hohen Holzkreuz, vor dem die Mensa zwischen Ambo und Taufbecken angeordnet ist.

B. Die Gemeinde im 19. Jahrhundert und in der Gegenwart

Bevölkerung

Bevölkerungsentwicklung. – Als Folge des Geburtenüberschusses verzeichnete das Großherzogtum Baden in den ersten drei Jahrzehnten des vorigen Jahrhunderts eine starke Zunahme der Bevölkerung. Dies galt nicht für Neuenweg und seine Nebenorte. Die Volkszählung im Jahre 1804 ergab den Stand von 535 Einwohnern, jedoch 1828 nur 495 Einwohner. Die in der Folgezeit sich entwickelnde Tendenz des Bevölkerungszuwachses (1849: 540 E.) wurde durch die Auswanderung unterbrochen (1861: 520 E.). Während für Neuenweg zwischen 1830 und 1850 lediglich drei Personen statistisch erfaßt sind, die nach den USA emigrierten – und zwar mit eigenen Mitteln –, können allein für Heubronn im Jahre 1855 neun Familien mit insgesamt 54 Personen nachgewiesen werden, die auf dem Armenwege, d. h. auf Kosten der Gemeinde, nach Nordamerika auswanderten. Die Zahl der Bürger, also der männlichen Einwohner, die das Recht auf Allmende und das Wahlrecht hatten, verminderte sich auf 107 im Jahre 1855 (1849: 125 Bürger), so daß der Kreis der Auswanderer weniger unter den lohnabhängigen Dienstboten als unter den Einwohnern mit Bürgerrecht zu suchen ist. Die Einwohnerzahl erhöhte sich bis zum Jahre 1871 auf 297 männliche und 273 weibliche, doch bereits ein Jahr später berichten die Quellen von einer »einschneidenden Maßnahme, durch die dem Trunk und dem Spiel, die in der Gemeinde häufig vertreten sind, begegnet« wurde, indem 66 Personen auf Kosten der Gemeinde nach den USA geschickt wurden. Die höchste Einwohnerzahl erreichte Neuenweg-Heubronn 1885 mit 579 Personen; danach setzte eine stetige Abnahme ein: 1890 auf

Die Gemeinde im 19. Jahrhundert und in der Gegenwart

528 Einwohner, 1900 auf 509 Einwohner. Da nur wenige wohlhabende Familien vorhanden waren (diese in Sonderheit in Heubronn), dürfte die Ursache in der Abwanderung in die Nachbarstädte zu suchen sein, wo bessere Arbeitsmöglichkeiten und höhere Löhne im Gewerbe oder im häuslichen Dienst geboten waren. Die Tendenz zu dieser Landflucht scheint noch vor Ende des Kaiserreichs beendet zu sein.

Im 19. Jh. wies Heubronn die niedrigere Einwohnerzahl gegenüber Neuenweg auf: 1849 wurden in Neuenweg 368, in Heubronn nur 172 Personen erfaßt; gemessen an der Zahl der Bürger kaum die Hälfte (1853). Das Jahr 1929 ergab umgekehrte Werte: mit 354 Einwohnern hatte Heubronn den Hauptort Neuenweg (120 E.) bevölkerungsmäßig um zwei Drittel überflügelt.

Der 1. Weltkrieg forderte 13 Gefallene und 3 Vermißte. Der aus den Verlusten des 2. Weltkrieges (28 Gefallene und 4 Vermißte) resultierende Bevölkerungsrückgang wurde durch die Aufnahme von Heimatvertriebenen und Flüchtlingen (1950: 14,7%) zahlenmäßig mehr als ausgeglichen. Nur ein geringer Teil blieb jedoch ortsansässig (1961: 8,3%). Die Einwohnerzahl ist seit 1950 (455), deutlich zurückgegangen (1970: 409; 1987: 342; Mitte 1993: 340). Der Anteil an Ausländern, der 1970 mit 6,4% seinen Höchststand erreichte, betrug 1987 nur noch 1,5%.

Konfessionelle Gliederung. – Neuenweg hat – und dies ist eine Besonderheit im südlichen Schwarzwald –, mehrheitlich evangelische Einwohner, eine historische Folge der Zugehörigkeit der Gemeinde zur Markgrafschaft Baden-Durlach.

Die Statistik führt 1809 lediglich evangelische Einwohner an; bis zum Jahre 1828 waren 12 Katholiken zugezogen. 1856 wurden 471 Protestanten, 21 Katholiken und 2 Israeliten gezählt, dagegen 1871 nur noch 3 Katholiken. Das zahlenmäßige Verhältnis von Protestanten und Katholiken stagnierte über die Jahrhundertwende hinaus (1925: 1,5% Katholiken) bis nach Beendigung des 2. Weltkrieges. Erst die Integration der Vertriebenen und Flüchtlinge brachte eine sichtbare Verschiebung der konfessionellen Struktur zugunsten der Katholiken: 1970 hatte Neuenweg 82,2% Protestanten, 16,4% Katholiken, 1987: 64,0% Protestanten, 16,4% Katholiken, der restliche Prozentsatz entfiel auf den Anteil an Ausländern, die sonstigen religiösen Gemeinschaften angehörten, und auf Konfessionslose.

Soziale Gliederung. – Die soziale Struktur von Neuenweg und Heubronn entsprach im 19. Jh. den klimatischen und geologischen Bedingungen des südlichen Schwarzwaldes: Ackerbau und Viehzucht sowie Forstwirtschaft bildeten die Grundlage einer Höhenlandwirtschaft. Das Fehlen außerlandwirtschaftlicher Verdienstmöglichkeiten – mit Ausnahme der Heimarbeit – machte die Bewohner Neuenwegs zu einer homogenen gesellschaftlichen Schicht von Bauern. Zwar wurden laut staatlicher Ortsbereisungen in den Jahren 1850/60 23 Handwerker registriert, doch dürften diese die Landwirtschaft mindestens im Nebenerwerb und zur Selbstversorgung betrieben haben. 1895 zählte Neuenweg 91 landwirtschaftliche Betriebe, das bedeutet, daß 83,0% der Einwohner Bauern waren, in Industrie und Gewerbe verdienten 8,1% den Unterhalt, in Handel und Verkehr 2,7%, der Rest fiel auf übrige Erwerbstätigkeiten. Diese Zahlen stagnierten bis 1925, hauptsächlich weil sich in Neuenweg keine Industrie gebildet hatte, so daß demnach auch keine Veränderung der sozialen Zusammensetzung der Bevölkerung stattfand. 57,6% der Erwerbstätigen waren 1961 in der Land- und Forstwirtschaft tätig, 1970 noch 39,2% und 1987 lediglich 5,2%, was den Bedeutungsrückgang der Landwirtschaft verdeutlicht.

Gleichzeitig erfuhren Produktion sowie Handel und Verkehr Zuwächse: 24,7% bzw. 4,7% für 1961, 30,3% bzw. 11,0% für 1970 und 41,2% bzw. 11,4% für 1987. Auch die übrigen Bereiche gewannen an Bedeutung als Erwerbsfaktoren: 12,9%

(1961), 18,9% (1970) und 41,9% (1987) zeigen dies deutlich. Der hohe Prozentsatz von Arbeitern und Angestellten bzw. Beamten an den Gesamtbeschäftigten (1987: 66,0% bzw. 30,1%) ist ein Kennzeichen des Rückgangs der bäuerlichen Schicht in Neuenweg und Heubronn.

Politisches Leben

Da die badische Verfassung von 1818 dem männlichen Bürger lediglich das indirekte Wahlrecht bei der Wahl der II. Kammer zugestand, können aus den Akten für die Wahlmänner kaum Rückschlüsse auf die politische Gesinnung der Wähler abgeleitet werden; parteipolitische Tendenzen wurden erst sichtbar nach der in geheimer Stimmgebung erfolgten Wahl der Abgeordneten durch die relative Mehrheit der Wahlmänner. So viel steht jedoch fest, daß der Wahlbezirk Schopfheim in der Zeit, in der Neuenweg zu diesem Amtsbezirk gehörte (1813 bis 1885), einen liberalen Abgeordneten in die II. Kammer entsandte. Der für die 2. Hälfte des 19. Jh. vorherrschende politische Trend zum Liberalismus drückte sich in Neuenweg auch in Wahlresultaten bei Reichtagswahlen aus. Mit Ausnahme der Wahl von 1881, bei der 4 von 108 Wählern für das Zentrum stimmten, erzielte die Nationalliberale Partei 100%ige Stimmanteile. Erst 1903 konnte die SPD mit 24,4% die Monopolstellung der Nationalliberalen brechen und diesen Anteil 1912 sogar auf 37% erhöhen.

Ein verlorener Krieg und der Wechsel im Regierungssystem ließen die Neuenweger Wahlergebnisse für die SPD hinaufschnellen; bereits bei der Wahl zur Nationalversammlung im Januar 1919 erhielt die SPD 80,3% der abgegebenen Stimmen, gefolgt von der DDP mit 18,4%. Mit zusehends abnehmender Wahlbeteiligung schrumpfte auch der Stimmengewinn der SPD, die 1928 nur noch 26,8% für sich verbuchen konnte und die Hälfte ihrer Wähler an die NSDAP abgeben mußte. Bei der Reichstagswahl 1932 gaben die beiden extremen Parteien den Ausschlag: die NSDAP siegte mit 62,4%, die KPD errang 16,1%, während der SPD nur 2,2% der Wählerstimmen verblieben.

Aus der 1. Bundestagswahl von 1949, bei der in Neuenweg nur 31,4% der Wahlberechtigten ihren Entscheid trafen, ging die FDP mit 53,6% als Sieger hervor, gefolgt von der SPD mit 40,5%. Die CDU lag mit 2,4% unter der Wählerquote der KPD (3,6%). 1953 und 1957 übernahm die CDU die Führung, sie schien die Wähler der FDP zu sich hinübergezogen zu haben. Die folgenden Bundestagswahlen festigten die dominante Stellung der SPD wieder, doch mußte sie 1983 starke Verluste hinnehmen (1980: 72,7%; 1983: 51,8%), während die CDU bei schlechter Wahlbeteiligung 1980 nur 11,4%, bei einer Wahlbeteiligung von 83,1% im Jahre 1983 38,1% der Stimmen erhielt. FDP und Grüne scheiterten 1983 an der Fünf-Prozent-Klausel. Bei den folgenden Bundestagswahlen von 1987 und 1990 blieb die SPD trotz weiterer Verluste stärkste Partei (49,4% bzw. 44,6%), wobei die CDU hiervon nicht profitieren konnte (1987: 28,6%, 1990: 34,9%). Die Grünen nahmen als drittstärkste (9,9% bzw. 8,2%), die FDP als viertstärkste Kraft (7,0% bzw. 7,2%) die 5%-Hürde.

Die Landtagswahlen zeigten ein einheitlicheres Ergebnis. Wie bei den Bundestagswahlen wurde die FDP 1947 die stärkste Partei (51,6%); die SPD errang 27,4%, ließ jedoch 1952 mit 59,6% die FDP weit hinter sich und konnte in den weiteren Landtagswahlen ihre dominante Stellung halten. 1992 erhielten die SPD 52,7%, die CDU 23,0%, die Grünen 14,9%, während die FDP nur noch 2,7% der in Neuenweg abgegebenen gültigen Stimmen erreichen konnte.

Die Gemeinde im 19. Jahrhundert und in der Gegenwart

Wirtschaft und Verkehr

Land- und Forstwirtschaft. – Schwerpunkt der Landwirtschaft waren die *Weideflächen* (1850: Neuenweg 800 Mg, Heubronn: 400 Mg, was etwa 288 bzw. 144 ha entspricht), die sich bis auf die Höhen des Belchen erstreckten und die Grundlage einer Viehzucht bildeten. Die Weiden waren Gemeindebesitz und standen zur allgemeinen Nutzung, d. h., den Bürgern mit Allmendrecht wurde ein bestimmter Anteil an Weideflächen zugewiesen, der Rest verpachtet. Da die Viehzucht die Haupterwerbsquelle war, wurde größte Sorgfalt auf eine stetige Verbesserung des Weidegrunds gelegt; ein von der Staatlichen Weidekommission vorgelegter Kulturplan (1884) kam allerdings nur in Heubronn zum Tragen. Die in den 1890er Jahren durchgeführte künstliche Düngung sollte den Ertrag verbessern und die Erweiterung der Belchenweide durch Pachtung auf der Münstertaler Gemarkung größere Weidemöglichkeiten schaffen, doch trat schließlich die Stallfütterung neben den Weidgang. Neuenweg besaß 1987 394 ha Dauergrünland, das vorwiegend als Weidefläche benutzt wurde.

Dem *Acker- und Obstbau* waren durch das Klima und die Bodenbeschaffenheit natürliche Grenzen gesetzt. Neuenweg-Heubronn umfaßte 1949 611 ha landwirtschaftliche Nutzfläche, 1987 nur noch 398 ha. Feldfrüchte wie Roggen, Spelz, Hafer und Gerste, ebenso Kartoffeln, dienten zur Hälfte der Selbstversorgung. Neuenweg hatte 1895 238 ha Anbaufläche, die sich auf 226 ha im Jahre 1925 verringerte. 1987 war sie mit 4 ha weitgehend bedeutungslos. – Aber auch die *Viehhaltung* hat an Bedeutung verloren. Die Zahl der Rinder – mit 459 im Jahre 1913 auf dem Höchststand – betrug 1987 noch 198, die der Schweine 31 (1880: 102; 1950: 158). Pferde- und Schafhaltung spielen keine nennenswerte Rolle mehr.

Weideland und *Waldbesitz* der Gemeinde Neuenweg gründen sich auf eine Schenkung des Klosters St. Trudpert im Münstertal, dessen Abt vor der 1803 erfolgten Säkularisierung die Klosterwaldungen, die sonst dem Staat zugefallen wären, unter die Gemeinden aufteilte, in deren Gemarkungen sie lagen. Der Wald bot einem großen Teil der Bevölkerung Beschäftigung im Winter (1909 ca. 50 Beschäftigte; die Gemeinde zahlte durchschnittlich 5000–6000 Mark/Jahr Holzmacherlöhne). Die Waldfläche betrug 1850 ca. 540 ha (1950: 553 ha). Sie ist inzwischen deutlich erweitert worden und betrug 1990 726 ha, die überwiegend mit Nadelwald (58%) bestanden sind. Nach wie vor ist die Gemeinde größter Waldbesitzer (1990:642 ha). Neuenweg ist heute das einzige Dorf im Kleinen Wiesental mit Allmendfeld.

Handwerk und Industrie. – Die Handwerksbetriebe – es waren alle lebensnotwendigen Branchen vertreten – dienten lediglich der örtlichen Versorgung (1895: 25 Betriebe mit 42 Beschäftigten). 1992 existierten noch sechs handwerkliche Betriebe in Neuenweg. Vom 19. Jh. bis heute kann in Neuenweg von Industrie im eigentlichen Sinne nicht gesprochen werden. Wohl ist die Entwicklung einer Bürstenfabrikation in den Anfängen ersichtlich. Kein Erfolg war dem mit Wasserkraft betriebenen Bürstengeschäft der *Gebr. Oswald* beschert. Mangel an Kapital und Kredit werden als Gründe berichtet. Der 1901 von Norddeutschland zugezogene Fabrikant Mühlradt mußte die Produktion (8 Arbeiter) wegen fehlender Aufträge unterbrechen und arbeitete nur noch für die Bürstenfabrik AG Schönau. Diese Filiale wurde aber bereits ein Jahr später, die Mühlradtsche Bürstenfabrik 1914 endgültig geschlossen. Damit beschränkte sich die Herstellung von Bürsten auf Heimarbeit im Auftrage der Schönauer Bürstenfabriken August Kaiser und Jakob Schlotterbeck, die bis zu 25 Familien einen Nebenerwerb boten.

Ein anderer Heimarbeitszweig war die Herstellung von Holzwaren (Rechen, Schauel- und Besenstiele, Wäscheklammern, Löffel u.ä.), die aber nach der Jahrhundert-

Tab. 5: Das Handwerk 1992

Branche	Zahl der Betriebe	Beschäftigte	Umsatz
Baugewerbe	1	10	1,2 Mio. DM
Metall	1	7	1,3 Mio. DM
Holz	2	11	1,3 Mio. DM
Textil/Leder/Bekleidung	–	–	–
Nahrung	1	7	1,3 Mio. DM
Gesundheit/Körperpflege	–	–	–
Glas/Papier/Keramik und Sonstige	1	9	1,4 Mio. DM
Gesamt	6	44	6,5 Mio. DM

Quelle: Handwerkskammer Freiburg

wende eine stark rückläufige Tendenz wegen der hohen Holzpreise zeigte. Heimarbeit wurde noch bis zum 2. Weltkrieg vergeben.

Handel und Dienstleistungen. – Ein großer Teil der in Heimarbeit gefertigten Waren wurde von Hausierern gehandelt. Allein 1879 wurden in Neuenweg und Heubronn 27 Wandergewerbescheine ausgestellt. Der Überschuß an landwirtschaftlichen Produkten und Vieh wurde in die Nachbarstädte, auch in das Elsaß, verkauft. Heute befindet sich ein Lebensmittelgeschäft sowie der zur Bäckerei gehörende Laden im Ort. *Bankinstitute* sind durch die Filialen der Sparkasse Schönau (zweimal wöchentlich im Rathaus) und der Volksbank Schopfheim (Bus, einmal wöchentlich) vertreten. Die Raiffeisengenossenschaft ist Schönau angeschlossen.

Unter den *Gasthäusern* sind als älteste der »Adler«, die »Krone« und die »Sonne« in Neuenweg sowie das »Rößle« in Heubronn zu nennen. Mit dem Aufschwung im *Fremdenverkehr* kam als neue Beherbergungsform die Vermietung von Privatzimmern und Ferienwohnungen hinzu. Als staatlich anerkannter Erholungsort entwickelte sich Neuenweg zu einem idyllischen Sommer- und Winterferienort (1 Skilift) und verfügte 1993 über mehr als 300 Betten. Der Fremdenverkehr stieß jedoch in den 1970er Jahren an Grenzen; mit 30 540 Übernachtungen im Jahr 1993 ist seit 1971 (37 700 Übernachtungen) eine rückläufige Tendenz zu verzeichnen.

Verkehr. – Die heutigen Straßen folgen noch weitgehend den Trassen der ehemaligen »Vicinalstraßen«, die der lokalen Versorgung dienten. Die Überwindung großer Höhenunterschiede (ca. 700–1400 m) sind mit Gefälle bis zu 22% verbunden. Die Straße von Neuenweg nach Norden (bereits 1874 Landstraße) führt über Münstertal nach Staufen; über Badenweiler verläuft eine Straße westwärts nach Müllheim (L 131), die Weiterführung nach Osten bis Wembach (bereits 1811 erwähnt) mit Anschluß an die B 317 nach Schönau bzw. nach Süden bis Schopfheim, das auch über die L 139 über Tegernau erreicht werden kann. Die Straßen sind, um eine verkehrsmäßige Benachteiligung des Kleinen Wiesentals zu vermeiden, gut ausgebaut. Der öffentliche Personennahverkehr wird über Busse nach Schopfheim und Badenweiler geführt.

Die Gemeinde im 19. Jahrhundert und in der Gegenwart 225

Verwaltungszugehörigkeit, Gemeinde und öffentliches Leben

Verwaltungszugehörigkeit. – Der badische Ort Neuenweg gehörte seit 1805 zum Amt Müllheim, wurde 1809 bis 1813 dem Amtsbezirk Schönau überwiesen, blieb bis 1885 beim Amtsbezirk Schopfheim, um dann wieder Schönau zugeteilt zu werden. 1924 erfolgte die Rückgliederung in den Amtsbezirk Schopfheim; seit 1936 ist Neuenweg eine Gemeinde des Landkreises Lörrach. 1934 wurde Heubronn mit Neuenweg vereinigt.
1985 wies der Ort eine Gemarkungsfläche von 1264 ha auf, wovon nur 3,7% Siedlungsfläche waren. Gegenüber 1854 sind keine nennenswerten Veränderungen eingetreten, eventuelle Ungenauigkeiten der damaligen Vermessung sind dabei allerdings zu berücksichtigen.
Gemeindeverwaltung. – Der Gemeinderat Neuenwegs bestand im Jahre 1855 aus 4 Mitgliedern, 2 aus jeder Ortsgemeinde, der kleine Bürgerausschuß aus 5, der große aus 27 (Neuenweg: 18; Heubronn: 9) Bürgern. Die Zahl der Gemeinderäte erhöhte sich in den 1880er Jahren auf 7, wobei eine Teilung in einen Ortsgemeinderat Neuenweg und einen von Heubronn erfolgte; Heubronn hatte einen eigenen Stabhalter, der dem Gesamtgemeinderat angehörte. Ein Ratschreiber, bis 1883 ein, dann 2 Gemeinderechner, 4 Feldhüter und ein Straßenwart, je ein Leichenschauer, der gleichzeitig Totengräber und später Friedhofaufseher war, ein Waisenrichter sowie eine Hebamme hatten ihre Funktionen innerhalb der Gemeindeverwaltung. An dieser Zusammensetzung änderte sich bis 1921 nichts. Derzeit besteht der Gemeinderat aus 8 Mitgliedern und dem Bürgermeister, der seine Aufgabe ehrenamtlich versieht. Gemeindebedienstete sind eine Teilzeitschreibkraft, 3 Holzhauer und 2 Gemeindearbeiter. Neuenweg gehört zum *Gemeindeverwaltungsverband »Kleines Wiesental«* in Tegernau. – Außer einer *Poststelle* befinden sich in Neuenweg keine weiteren Behörden.
Gemeindebesitz. – Im Jahre 1855 wurde das bisher als *Rathaus* benutzte Gebäude zum Abbruch versteigert und ein älteres, nicht allzu großes Haus aus Stein mit Ziegeldach erworben, das nach dem Umbau den damaligen Erfordernissen entsprach: Gemeindesaal, Ratstube, Archiv, Wachstube und Bürgerarrest sowie eine Remise für Feuerlöschgeräte. Heute ist die Gemeindeverwaltung in dem 1958/59 erbauten Rathaus untergebracht, das als verwaltungstechnisch moderne Anlage angesehen werden kann. Zum Gemeindebesitz gehören auch das ehemalige *Schulgebäude*, ein *Feuerwehrgerätehaus* und ein *Weideschuppen*. Das übrige *Gemeindevermögen* besteht in Wald- und Weideflächen.
Ver- und Entsorgungseinrichtungen. – Schon Mitte des vorigen Jahrhunderts (s. o.) wird die Remise bzw. ein Spritzenhaus, ebenso die Einteilung in Feuerlöschmannschaften erwähnt. Eine solche Vorsorge war wegen der mit Stroh und Schindeln gedeckten Häuser erforderlich: 1884 wurden 2 Häuser, 1903 sogar 15 Häuser im Ortskern von Neuenweg durch Brand zerstört. 1993 besteht die *Freiwillige Feuerwehr* aus 24 zu einem Löschzug zusammengefaßten Mitgliedern. – Die Einführung der *Elektrizität* war nur mit Hilfe eines Kredits in Höhe von 20 000 Mark 1921 möglich. Die Gemeinde versorgte sich bis zum Anschluß an die Kraftübertragungswerke Rheinfelden AG durch ein eigenes E-Werk, das auf Gemarkung Neuenweg stand.
Die Herstellung und Erhaltung von Brunnen lag bis zum Bau der modernen *Wasserversorgung* in privaten Händen; dies trifft heute noch für Heubronn und die Belchenhöfe zu (Speisung durch drei Quellen). Zwar wurde bereits 1914 eine Wasserleitung zum Schul- und Pfarrhaus gelegt, die zentrale Wasserversorgung setzte aber erst 1965/66 ein. Neuenweg ist voll kanalisiert und an eine mechanisch-biologische *Kläran-*

lage angeschlossen; die anderen Ortsteile werden noch privat geklärt. – Der *Müll* wird einmal wöchentlich, der Sperrmüll einmal im Quartal abgeholt und auf der Kreismülldeponie Scheinberg bei Wieslet gelagert. – Die gesundheitliche Versorgung erfolgt in Tegernau, Schönau und Schopfheim. – Auf dem bei der Kirche gelegenen *Friedhof* werden Verstorbene von Neuenweg, Heubronn und Bürchau bestattet.

Kirche, Schule und Vereine. – Die politische Gemeinde Neuenweg und die Filiale Bürchau bilden die ev. Kirchengemeinde Neuenweg. Die Katholiken sind nach Schönau eingepfarrt, doch finden in der evangelischen St. Nikolauskirche auch katholische Gottesdienste statt.

Die *Schultradition* Neuenwegs reicht bis ins ausgehende 17. Jh. zurück. Das zum Gemeindebesitz gehörende Schulgebäude von 1813, ein zweistöckiges Haus aus Stein, erhielt aufgrund der steigenden Schülerzahlen (1850: 93; 1878: 130) im Jahre 1878 einen Erweiterungsbau mit einem zweiten Klassenzimmer und einer Wohnung für den zusätzlich eingestellten Unterlehrer. Das alte Schulhaus wurde 1904 durch einen neuen Bau ersetzt, der 1954 renoviert wurde. Im Erdgeschoß des ehemaligen Schulgebäudes ist heute die Spielstube (s. o.) untergebracht. Bereits in den 1880er Jahren besaß Neuenweg eine Fortbildungsschule, eine Schülerbibliothek und einen Fonds für Schulzwecke in Höhe von 2000 Mark; eine Industrielehrerin erteilte im Winter 6 Stunden Unterricht. – Für die Grund- und Hauptschule ist seit 1974 Tegernau zuständig; die übrigen weiterführenden Schulen werden in Schönau und Schopfheim aufgesucht. – Das *Vereinsleben* in Neuenweg und Heubronn beschränkt sich auf den 1907 gegründeten Musikverein und den seit 1930 bestehenden Skiclub.

Strukturbild

In Neuenweg blieb die bäuerliche Wirtschaftsstruktur bis nach dem 2. Weltkrieg erhalten: vor allem die Viehzucht war Arbeits- und Ernährungsgrundlage, erweitert durch Ackerbau, Wald- und Heimarbeit, die im Winter einen Nebenverdienst brachte. Der Aufschwung der Nachkriegszeit mit lohnenden Arbeitsplatzangeboten in Schönau, Zell i. W., Schopfheim und Lörrach und verbesserten Verkehrsverhältnissen machte aus Neuenweg seither ein Pendlerdorf, für das die Landwirtschaft nur zur Selbstversorgung dient (1961: 55; 1970: 78; 1987: 121 Auspendler). Die positive Entwicklung des Fremdenverkehrs tat ihr übriges, die Struktur des Ortes zu verändern.

Die Verwaltung der selbständigen Gemeinde Neuenweg wird wie bei den übrigen Gemeinden des Tals vom Verwaltungsverband mit Sitz in Tegernau wahrgenommen. Dort befindet sich auch die Grund- und Hauptschule und eine Arztpraxis. Die weiterführenden Schulen werden in Schönau und Schopfheim aufgesucht, dort und in Lörrach wird auch vorwiegend eingekauft. Schopfheim und Lörrach sind die wichtigsten Ziele der Berufspendler aus Neuenweg. Die Gemeinde hat nur ein recht geringes Steueraufkommen, das im Jahr 1992 DM 222 000 betrug, einschließlich der Gewerbesteuer von 31 000 DM. Der Verwaltungshaushalt umfaßte in diesem Jahr DM 963 000, der Vermögenshaushalt DM 817 000. Die Steuerkraftsumme je Einwohner betrug 1289 DM (Kreisdurchschnitt 1580 DM). Neuenweg ist wie die übrigen Gemeinden des Verwaltungsverbandes (bis auf Wieslet) als Bedarfsgemeinde bis auf die anteiligen Verbandsschulden von 273 DM pro Einwohner schuldenfrei. Wichtigste Vorhaben der kleinen und finanziell recht bescheiden ausgestatteten Gemeinde werden in den nächsten Jahren die Sanierung des Rathauses und die Anschaffung eines neuen Feuerwehrfahrzeugs sein.

C. Geschichte

Siedlung und Gemarkung. – Auf der an die Kreisgrenze anschließenden Gemarkung von Neuenweg finden sich die Weiler Vorder-, Mittel- und Hinterheubronn, die Belchenhöfe und das 1809 erwähnte Sägmättle. Das *Dorf* selbst liegt an zwei Paßstraßen, welche die Rheinebene mit dem hinteren Wiesental verbinden und vor dem Ort zusammenlaufen: der Straße von Müllheim über Badenweiler und die Sirnitz sowie der Verbindung von Tegernau durch das Münstertal nach Staufen, wobei die Landstraße von der Sirnitz nach Neuenweg erst um 1767 ausgebaut wurde. Vor allem die hochwassergefährdete Straße nach Tegernau wurde in der 2. Hälfte des 18. Jh. durch den Bau von Brücken verbessert; 1787 wurden einige dieser Brücken in Stein neu aufgeführt. Der Verbindung über die Sirnitz verdankt der Ort seinen Namen: 1278 wird er erstmals als ein Weiler *ze dem niuwen wege* urkundlich erwähnt, wobei offen bleibt, was unter dem alten Weg verstanden werden kann und wann der neue Weg angelegt worden ist.

Infolge seiner Lage an der befahrenen Straße, die als Transportweg von und zu den Silberbergwerken und Eisenhütten des Wiesentals das Kleine Wiesental durchzieht, ist das Dorf von zahlreichen *Kriegsereignissen* betroffen worden, am stärksten seit dem 30j. Krieg durch die Franzosen. Gegen diese Invasoren wurden im 17./18. Jh. die Schanzen auf dem Hau angelegt; der Kommandant dieser Arbeiten, Johann Markloffski von Zabratz, ist im Mai 1691 hier gestorben, seine Grabtafel findet sich noch an der Außenwand der Kirche. – Die *Häuser* waren durchweg aus Holz gebaut und trugen noch zu Beginn des 19. Jh. Strohdächer. Fast jeder Bauer hatte seinen eigenen Brunnen vor dem Haus, für den er auch selbst verantwortlich war.

Herrschaft und Grundherrschaft. – Neuenweg war wohl ursprünglich Bestandteil der *Herrschaft Tegernau* gewesen. Im 14. Jh. hatten die Herren von Rötteln hier alle Rechte. Diese belehnten 1310 die Basler Bürger Johann von Arguel und Schüfter zer Sunnen mit Dorf und Kirchensatz; unklar bleibt, wie lange sie im Besitz des Dorfes geblieben sind. Die Ortsherrschaft ging vielleicht schon im 14. Jh. an die Markgrafen von Hachberg über, die 1514/15 Einkünfte, darunter 23 lb Steuer, aus dem Ort bezogen. Wohl schon 1473 war das Dorf dem Amt Schopfheim unterstellt, es zählte auch 1700 zum Schopfheimer Viertel. – Adelheid von Rotenberg schenkte 1278 ihren *Besitz* zwischen Elbenschwand und Neuenweg, mit allem Zubehör bis zum Belchen, an Kloster St. Blasien. Damit dürfte das Kloster zunächst größter Grundbesitzer geworden sein. Es ist auch mit bedeutendem Besitz von Einwohnern zu rechnen, der sich jedoch vor dem 19. Jh. nur gelegentlich feststellen läßt.

Gemeinde. – Die Verwaltung der Gemeinde besorgte der Vogt, der sich hier seit 1585 nachweisen läßt, allerdings bezog die Herrschaft Rötteln schon 1514/15 Vogtgeld aus dem Ort. Unterstützt wurde er von mehreren Richtern und dem Stabhalter (erwähnt 1722). Der Gemeinschaffner, zuständig für das örtliche Rechnungswesen, wird erst 1781 genannt.

Obwohl ursprünglich recht begütert, verarmte die Gemeinde, wohl infolge der ständigen Kriegszeiten seit dem 17. Jh., bis zum 18. Jh. dergestalt, daß sie Besitzungen abstoßen mußte. Ihren Wald im Kohlgarten, 400 J groß (ca. 111 ha), mußte sie 1736/37 der Herrschaft gegen Nachlaß der Schatzungsschulden überlassen. Um 1767 trennte sie sich von ihrer Mahlsäge in Mittelheubronn. Bereits 1731 hatte ein amtlicher Bericht die Gemeinde als »sehr, ja fast bettelarm« bezeichnet. Damals sah sie sich außerstande, aus eigenen Mitteln ein Schulhaus zu bauen. Ihre einzige Einnahmequelle scheint Ende des 18. Jh. die Gemeindewirtschaft (genannt 1714) gewesen zu sein, die sie auf jeweils 6 oder 3 Jahre in Bestand gegeben hatte. Daß ihr 1781 diese Konzession entzogen wurde, schmerzte, zumal ihr die Unterhaltspflicht der 8 Brücken auf der Gemarkung oblag. Allerdings ist 1781 auch von 300 bis 400 J Gemeindewald die Rede. Dieser wird 1809 mit 1078¾ J (ca. 300 ha) angegeben. Im gleichen Jahr umfaßte die Allmende 1375¼ J (ca. 382 ha).

Kirche und Schule. – Neuenweg hatte 1310 eine eigene Kirche, wobei unklar bleibt, ob es sich um eine Kapelle mit zugehöriger Pfründe oder um eine Pfarrkirche gehandelt hat. Das Recht, den Geistlichen zu setzen, überließ damals Lutold von Rötteln den beiden Basler Bürgern, denen er auch das Niedergericht verliehen hatte. Um 1360/70 erscheint Neuenweg als Pfarrei, als Kirchenheiliger der hl. Nikolaus; den Pfarrsatz übten die Markgrafen von Hachberg aus. Die Kirche unterstand dem Dekanat Wiesental. – Über Besitz und Einkünfte der vorreformatorischen Kirche ist man schlecht unterrichtet. Den Annaten zufolge muß sie zunächst zu den Institutionen mit mittlerem Einkommen gezählt haben, seit der Mitte des 15. Jh. aber beträchtlich verarmt sein, da seither nur noch ein Drittel der bisherigen Summe entrichtet wurde. Nach Einführung der *Reformation* verlor die Kirche ihren Status und wurde Tegernau als Filiale zugeteilt. Der dortige Diakon versorgte die Gemeinde, bis Neuenweg 1686 wieder einen eigenen Pfarrer erhielt. Der neuen Pfarrei wurde Bürchau als Filiale überlassen, mit dem es in der Folge häufig zu Streitigkeiten wegen der damit verbundenen Abgaben (Brennholz) kam.

Wie der Pfarrer 1690 feststellte, war die *Kirche* reparaturbedürftig geworden. Zudem lägen dort alte, zerbrochene Bilder, und der Schwibbogen müsse durch zwei eichene Säulen ersetzt werden. Man entschied sich jedoch für einem Neubau, der 1701 beendet war und erst 1807/08 durch die heutige Weinbrennerkirche ersetzt wurde. Das 1687 errichtete Pfarrhaus wurde 1781 neu aufgeführt. – Über die ursprünglichen *Zehntverhältnisse* besteht keine Klarheit. Im 18. Jh. jedoch bezog der Pfarrer den großen Fruchtzehnten. Wegen des kleinen und Heuzehnten verglich er sich 1746 mit der Gemeinde, die sich verpflichtete, ihm künftig dafür 40 fl 30 x zu bezahlen.

Vor 1690 unterrichtete der Diakon von Tegernau die Kinder, wohl auch die von Bürchau, gegen Erstattung eines geringen Schulgeldes. Dann stellte die Gemeinde einen eigenen Lehrer an, der gleichzeitig die Funktionen des Gerichtsschreibers und Sigristen übernahm. Seine Kompetenz wurde immer wieder angehoben, 1755 von 70 fl auf 80 Gulden. Seine Wohnung hatte er zunächst im Diakonatshaus, bis sich die Gemeinde 1731 entschloß, ein Schulhaus zu bauen. Da sie dies aus eigenen Mitteln nicht konnte, wurde ihr erlaubt, die Gelder einer allgemeinen Kirchenkollekte dazu zu verwenden. Der Bau scheint 1732 begonnen worden zu sein und wurde um 1777 erweitert.

Bevölkerung und Wirtschaft. – Um 1700 müssen zwischen 150 und 200 Personen den Ort bewohnt haben, von denen viele angesichts der allgemeinen Armut kaum ihr Auskommen hatten. Von den Einwohnern, die 1745 als »morose Zahler« bezeichnet werden, traten einige Männer in Söldnerdienste, andere Familien wanderten nach Siebenbürgen aus. – Die Kranken gingen im 18. Jh. bevorzugt nach Staufen, um sich dort Rat zu holen, wogegen in leichteren Fällen der Barbierer in Schönau aufgesucht wurde. Am Ort gab es eine Hebamme, die auch Heubronn mitversorgte. Sie erhielt 1760 von jeder Ehe einen Groschen und Holz von der Gemeinde.

Ihren Lebensunterhalt bezogen die Einwohner überwiegend aus Waldwirtschaft und Viehzucht. Zwar wurde auch etwas Getreide, meist Roggen und Hafer, wenig Dinkel und Gerste, gebaut, aber es gab zu wenig Ackerfeld (1809: 129 J = ca. 35 ha), obwohl immer wieder Wald zu Ackerland umgebrochen wurde. Auch war das Klima dem Getreideanbau nicht günstig. Die Wirtschaftsfläche bestand überwiegend aus Bergfeld

(1809: 920 J = 255½ ha), das alle 10 bis 15 Jahre umgebrochen, dann 2 Jahre mit Frucht angesät und anschließend wieder als Weidgang genutzt wurde. Dazu kamen ausreichend viele und gute Wiesen, die nach Möglichkeit durch Wässerung verbessert wurden und eine ertragreiche Viehhaltung ermöglichten. Gehalten wurden vor allem Rindvieh und Schafe, verhältnismäßig viele Ziegen und auch einige Pferde, letztere besonders für Holz- und Holzkohletransporte. Insgesamt verzeichnete man 1809 41 Pferde, 76 Ochsen, 164 Kühe, 255 Schafe, 61 Schweine und 150 Ziegen. Um die Verbesserung der wirtschaftlichen Zustände, besonders die Förderung des Kleeanbaus und die Düngung der Ackerflächen, hat sich Ende des 18. Jh. der seit 1774 amtierende Pfarrer Johann Georg Wilhelm Ziegler sehr verdient gemacht.

Gehandelt wurde mit Holz und Holzwaren. Getreide wurde zu Beginn des 19. Jh. auf dem Müllheimer Markt verkauft. Vor Ort versorgte in der 2. Hälfte des 18. Jh. eine Witwe die Einwohner mit Tabak und Krämereiware. Ihr Unternehmen wurde 1780 durch den damaligen Schulmeister zu einem Kramladen ausgebaut. Das *Handwerk* war gering vertreten: Um 1778 wurde eine Nagelschmiede erstellt und Ende des Jahrhunderts gab es einen Bäcker, der sich aber nur durch zusätzliches Betreiben einer Wirtschaft halten konnte. Von der 1514/15 genannten Mühle ist später nicht mehr die Rede. – Bedingt durch die günstige Straßenlage etablierten sich auch *Wirtschaften*. Die erste Tafern ist 1694 nachgewiesen. Auch die Gemeinde hatte 1714/15 das Recht, eine Stube und Wirtschaft zu halten, scheint dies aber erst in der 2. Hälfte des Jahrhunderts verwirklicht zu haben. Unter Protest mußte sie diese Gemeindewirtschaft 1781 aufgeben, weil es im Ort damals bereits zwei Schildwirtschaften gab. Eine weitere kam 1785 hinzu.

Heubronn. – Seit wann diese, aus den drei Weilern Vorder-, Mittel- und Hinterheubronn zusammengesetzte Siedlung besteht, ist nicht bekannt. Sie ist spätestens 1758 nachgewiesen und bestand noch 1760 aus zwei Ortschaften. Sie gehörte zur Vogtei Neuenweg, wohin die Einwohner auch kirch- und schulpflichtig waren. In Mittelheubronn stand eine Mahlsäge, die jedoch nur zur Zeit der Schneeschmelze betrieben werden konnte und daher im Verlaufe des 18. Jh. aufgegeben wurde. In der Wirtschaftsform unterschieden sich die Weiler nicht vom Hauptort: 1809 wurden neben 70 J Ackerland (ca. 19½ ha) 430 J Bergfeld (ca. 119½ ha) bewirtschaftet.

Quellen und Literatur

Quellen gedr.: FDA 5 (1870) S. 87; 24 (1895) S. 216; 76 (1956) Nr. 1387, 1401, 1431, 1461, 1483, 1533. – ZGO 2 (1851) S. 495–99; 48 (1894) S. m141, m151.
Quellen ungedr.: GLA 11/K. 398, 482; 21/K. 334, 367; 65/339; 66/433–34, 3715, 3718, 5841, 9698; 120/200, 653, 1264b; 229/15968, 15970, 19833, 28614, 31845, 31852, 34144, 42830, 65563, 65606, **73375–442**, 81579, 88486, 88496/97, 92028, 93877, 94472, 104587, 104599, 104631; 313/ 3597; 374 (1909, 32) 194, (1925, 34) 32/33; 375 (1902, 53) 22–24; 391/35101. – GA Neuenweg (Übers. in ZGO 55 ⟨1901⟩ S. m50). – PfA Neuenweg (Übers. wie GA).
Literatur: *Schlageter*, Albrecht, Vom Belchen zum Köhlgarten. »Oeconomische und geometrische Anmerkungen über den Neuweger und Heimbrunner Bann« von Geometer Erhardt im Auftrag der Markgräflich-Badischen Verwaltung 1773 angefertigt. In: Das Markgräflerland 2 (1982) S. 107–117. – *Seith*, Karl, Zur Geschichte von Neuenweg. In: Das Markgräflerland 1961, S. 2–19. – *Welsch-Weis*, Gudrun, Die St. Nikolauskirche zu Neuenweg. Schopfheim 1972.
Erstnennungen: ON 1278 (ZGO 2 ⟨1851⟩ S. 496). – Kapelle 1310. – (Bll. aus der Markgrafschaft 1927, S. 121 Nr. 348 f.). – Patron St. Nikolaus 1360/70 (FDA 5 ⟨1870⟩ S. 87).
Heubronn: GLA 229/ 73411/12, 73441, 74672 III, 93378. – GA Neuenweg, Akten.

Raich

937 ha Gemeindegebiet, 250 Einwohner (31.12.1990, 1987: 246)

Wappen: In Silber (Weiß) ein aus dem unteren Schildrand wachsender roter Hirschkopf im Visier mit zwölfendigem Geweih, zwischen den Stangen schwebend ein goldener (gelber) Schild mit rotem Schrägbalken.

Der Hirschkopf erinnert an den ehemaligen St. Blasier Besitz in weiten Teilen der Gemeinde, die zum großen Teil sehr früh an die Herren von Rötteln und über deren Besitznachfolge an Baden kam, worauf das schwebende Schild mit dem badischen Wappen verweist.

Gemarkung: Raich (937 ha, 246 E.) mit Am Rain, Burstel, Hohenegg, Lochhäuser (Im Loch), Oberhäuser, Ried und Scheurenhof.

A. Naturraum und Siedlung

Natürliche Grundlagen. – Das im N spitz zulaufende, sich nach S deutlich verbreiternde, 937 ha große Gemeindegebiet von Raich liegt zwischen Köhlgarten- und Kleiner Wiese und umfaßt dort weitgehend den Einzugsbereich des Rieder und Raicher Baches. Naturräumlich gehört es mit seinem Südteil noch der *Kleinwiesentäler Mulde* an, wird im N aber von den südlichen Ausläufern des *Köhlgartenmassivs* geprägt, das bisweilen bereits einer eigenständigen naturräumlichen Einheit zugeordnet wird. Mit seiner Nordspitze reicht das Gemeindeareal weit auf die südliche Zunge des Köhlgartenmassivs hinauf, wo es mit rund 1150 m auch das Höhenmaximum erreicht. Die Gemeindegrenze folgt dann im W dem durch die Kuppen des Jungholzes (990 m), Schattanns (1067 m) und Hörnles (961 m) markierten Höhenzug, der zugleich die regionale Wasserscheide zwischen Köhlgartenwiese und Kleiner (Belchen-)Wiese bildet. Dieser Höhenrücken wird im S abgeschlossen durch das mit 912 m etwas niedrigere (Raicher) Hörnle, das von der Gemeindegrenze allerdings westlich umfaßt wird, die von dort bis auf die Verebnungsflächen oberhalb von Wies und schließlich mit dem Gaißrain auf die weite Südabdachung des (Raicher) Hörnles ausgreift. Auch im NO orientiert sich die Gemeindegrenze anfangs an den Kammlinien des Köhlgartenrückens, biegt dann jedoch beim Farnbühl mit scharfem Knick nach O ab und führt hinab bis ins tief eingeschnittene Tal der Kleinen Wiese. Damit greift das Gemeindeareal über den engeren Einzugsbereich des Rieder Baches hinaus, der im O von dem von der Grube (908 m) über das Eck (836 m) zum Sättele (833 m) ziehenden Höhenrücken begrenzt wird. Ab den Kastelhöfen folgt die Gemeindegrenze der Kleinen Wiese flußabwärts bis zum Katzengraben unterhalb von Elbenschwand, zieht sich dann auf die westliche obere Hangkante des Kleinen Wiesentals zurück und verläuft über die bei etwa 600 m auftretende Hochfläche nach Osten. Der tiefste Punkt in der Gemeinde wird mit 540 m an der Mündung des Katzengrabens, wo die Kleine Wiese das Gemeindegebiet verläßt, erreicht.

Die Höhendifferenzen sind somit beachtlich und zeigen ihre Wirkung auch in der Erosionsdynamik, die wesentlich zu dem überaus stark gegliederten, durch tiefe Taleinschnitte gekennzeichneten Relief des mittleren und südlichen Gemeindegebiets beigetragen hat. Gleichwohl ist die Hauptentwässerung im Gemeindegebiet parallel zur

Kleinen Wiese nach S gerichtet, entsprechend dem generellen Neigungsgefälle der Kleinwiesentäler Mulde. Die überaus kräftige Gliederung des Gemeindegebietes hängt aber auch mit dem Aufeinandertreffen zweier für das Grundgebirge des südlichen Schwarzwalds typischer Gesteinskomplexe zusammen. Etwa ab einer Linie westlich des Dorfes Ried steht *Malsburg-Granit* an, während östlich davon der *Syntexit von Mambach* den Gesteinsuntergrund bildet. Gegenüber dem Malsburggranit, einem in der Spätphase der Gebirgsbildung aufgedrungenen riesigen Pluton, hat sich der Syntexit von Mambach früher gebildet, wobei in ihm ältere Gesteine wiederholt aufgeschmolzen wurden. Weniger die unterschiedliche Konsistenz des Gesteins als die Fugenzone an der Kontaktstelle beider Gesteinsbereiche macht sich dabei reliefgestaltend bemerkbar. Vor allem entlang einer in nordsüdlicher Richtung zwischen Ried und Hohenegg verlaufenden tektonischen Störung sind beide Gesteinsbereiche verstellt und in ihrer räumlichen Anordnung verändert worden.

An dieser Schwächezone im Untergrund orientiert sich weitgehend auch der Rieder Bach, der das Gemeindegebiet nahezu in seiner gesamten Länge von N nach S durchfließt und im N aus zwei Bächen, die unterhalb der Wanne bzw. des Fahrnbühls über einem regelrechten Quellhorizont entspringen, gespeist wird. Südlich von Raich hat der Rieder Bach die Störungslinie im Gelände erkennbar herauspräpariert, zeigt sich doch hier eine deutliche Asymmetrie an seinen Talflanken, die im O, zum Sättele, wesentlich steiler ansteigen. Offensichtlich waren durch diese Störungslinie besondere Angriffspunkte geschaffen, die alten Verebnungsbereiche, wie sie z.B. im südlichen Anschluß bei Schwand (Gde Tegernau) noch stärker flächenhaft vorhanden sind, im Bereich des Rieder und des von W hinzukommenden Raicher Bächles in eine Vielzahl kleiner Restflächen aufzulösen. Davon kündet auch der Schrauen, ein großer, rund 60 m hoher Sporn im Zentrum des Gemeindegebiets, den Rieder und Raicher Bach herausmodelliert haben und der an seiner Wurzel von W her durch ein kleines Kerbtälchen bereits weiter angegriffen wird. Der Raicher Bach, der sein Wasser von zahlreichen kurzen, am Fuß des großen Hörnles bzw. Brombergs entspringenden Quelläsiten bezieht, wird an diesem Sporn nach S abgelenkt und vereinigt sich weit unterhalb der Spornspitze mit dem Riederbächle zum Hollbach, der ein kurzes Stück die Gemeindegrenze bildet.

Derartige Auflösungserscheinungen lassen sich im nördlichen Gemeindegebiet nicht beobachten, wenngleich sich der Rieder Bach auch hier kräftig eingeschnitten hat. Dies kann daran liegen, daß die Störungslinie nach N ausklingt und der Gesteinsuntergrund hier viel einheitlicher ist. Obwohl im N vereinzelt Porphyrgänge in Erscheinung treten, die als besondere Härteriegel im Gelände zu einer gewissen Kamm- und Rückenbildung beitragen, sind selbst in den Höhenlagen Flachformen vorherrschend. Dennoch pausen sich die Porphyrzüge teilweise recht deutlich im Relief durch. So zieht ein solcher Porphyrstock von Elbenschwand unmittelbar nördlich des Katzengrabens über das Sättele zur Stelle und bildet hier die dicht bewaldeten, zum Rieder Bach abfallenden Steilbereiche, die die Engstelle nördlich von Ried markieren. Oberhalb davon zeigt das Talprofil eine deutlich ausgebildete Sohle, an deren Ausformung die während der Kaltzeiten im eisfreien Raum (Periglazialgebiet) ablaufenden intensiven Umverlagerungsprozesse des Verwitterungsmaterials an den Hängen beteiligt waren. Die Flächen des Lambertsbucks und Farnbühls markieren den nördlichen Einzugsbereich des Rieder Baches. Nördlich davon ist – entgegen dem sonstigen Gefälle im Gemeindegebiet – der Oberlauf des Dresselbaches nach O zur Kleinen Wiese hin gerichtet. Der Bach entspringt am Jungholz, wobei sein nach O sich zunehmend tiefer eingrabendes Kerbtal die Zäsur zwischen dem Farnbühl-Lambertsbuck-Rücken und dem hoch aufragenden Köhlgartenmassiv noch unterstreicht.

Der nördliche Gemeindeabschnitt ist siedlungsleer und es überwiegt der Wald, der bis zur Talsohle hinabreicht. Die Sohle selbst ist Wiesenland. Auch im übrigen Gemeindegebiet sind die Höhenrücken sämtlich bewaldet, wobei der Wald in den oberen Lagen, wie beispielsweise am großen und kleinen Hörnle, teilweise Hochwaldcharakter aufweist. Die unteren Hangbereiche sind dagegen dort, wo sie nicht gerodet wurden, mit dichtem Laubmischwald überzogen. Die Siedlungen konzentrieren sich auf die erhalten gebliebenen Verebnungsflächen, wobei vor allem die Talhänge unterhalb der Siedlungen waldfrei sind. Neben den stets wichtigen Weideflächen war bis in die 1970er Jahre auf terrassierten Hangbereichen auch Ackerland anzutreffen. Von ihm ist so gut wie nichts mehr vorhanden. Inzwischen dominieren eindeutig die Weideflächen, was mit dem modernen Ausbau einer genossenschaftlichen Weideorganisation in Zusammenhang steht.

Siedlungsbild. – Die Gemeinde Raich setzt sich aus mehreren, räumlich deutlich voneinander getrennten Teilsiedlungen zusammen, die in ihrer Form vom kleinen Dorf (Ried) über den geschlossener erscheinenden Weiler (Hohenegg) bis zum Streuweiler (Raich) bzw. zur Streusiedlung (Oberhäuser) reichen.

So zeigt sich der namengebende Ort Raich als Streuweiler, der östlich unterhalb des (Raicher) Hörnles auf einer kleinen, sanft abfallenden Verebnungsfläche liegt. Die Anwesen reihen sich in sehr lockerem Abstand entlang der Straße auf, die von Schwand über Raich nach Ried führt. Bei den Anwesen handelt es sich um langgestreckte Eindachhöfe mit tief herabgezogenen Satteldächern, die an den Stirnseiten eingewalmt sind. Allerdings zeigen auch in Raich nur noch wenige Höfe ihre ursprüngliche Aufteilung, vielmehr finden sich allenthalben Um- und Ausbauten der Stallteile zu Wohnungen. Eines der umgestalteten Anwesen hat in einem großen zweigeschossigen Erweiterungsbau einen metall- und kunststoffverarbeitenden Betrieb aufgenommen. Ein kleines *Neubaugebiet* vergrößert den Weiler nach N hin, wobei die wenigen Dreifamilienhäuser mit nachempfundenen Halbwalmdächern die Südflanke des Hanges einnehmen. In einer Anrißnische deutlich unterhalb von Raich stehen die beiden alten Anwesen von Lochhäuser, ebenfalls Eindachhöfe mit schweren, eingewalmten Satteldächern.

Wesentlich enger rücken die alten landwirtschaftlichen Anwesen im kleinen Ort Ried auf der relativ ebenen Fläche im nordwestlichen Wurzelbereich des Sporns zusammen, der vom Raicher und Rieder Bach herausmodelliert wurde. Durch die unregelmäßige Anordnung der Höfe wirkt die Siedlung sogar wie ein sehr kleines Haufendorf. Die alten Höfe gruppieren sich um eine Wegegabelung, die von der Durchgangsstraße und zwei in die Flur führenden Straßen gebildet wird. Zwar weisen die Anwesen noch weitgehend ihre typische Form als langgestreckte, im Wohnteil zweigeschossige Eindachhöfe auf, doch zeigen sich fast überall modernisierende Eingriffe, die vor allem den Scheunenbereich betreffen und ihn meist in den Wohnteil mit einbezogen haben. Vereinzelt wurde er zu separaten Wohnungen ausgebaut, die an Feriengäste vermietet werden. Unmittelbar an der Gabelung, zur Durchgangsstraße ausgerichtet, steht das 1868 erbaute *Rathaus*, ein zeittypischer, zweigeschossiger Bau, der sich durch seinen Dachreiter und die durch Buntsandstein gegliederte Fensterfront von den übrigen Anwesen abhebt. Etwas in der Front zurückgesetzt, aber nahezu in gleicher Firsthöhe, ist daran nach W hin das 1921 errichtete *ehemalige Schulhaus* angebaut, das heute in seinem oberen Stockwerk die Spielstube, im Erdgeschoß die Milchsammelstelle und einen Geräteraum aufgenommen hat. In den 1970er Jahren wurde ein weiterer Flachdachanbau für die Feuerwehr hinzugefügt. Der gesamte, langgestreckt wirkende Gebäudekomplex wurde 1982 umfassend renoviert. Im Rathaus ist auch Platz gehalten für Sparkasse und Volksbank, die hier einmal wöchentlich ihre Schalter öffnen. In einiger Entfernung südlich gegenüber dem Rathaus steht der mächtige, dreigeschossige Bau des Gasthauses »Zum Adler«, zu dem noch weitere große Wirtschaftsgebäude gehören. Sie werden nach wie vor für eine intensive Nebenerwerbslandwirtschaft genutzt.

Auf der Höhe nördlich des Rathauses, in herrlicher Südlage, erweitert ein kleines, bislang aus drei Mehrfamilienhäusern bestehendes *Neubaugebiet* den Ortskern. In einem der umgebauten und renovierten Höfe hat der Forstbetrieb »Kraft« seinen Verwaltungssitz. Südlich des Dorfkerns, auf dem Sporn des Schrauen, liegt der Friedhof mit seiner modernen, 1992 eingeweihten Aussegnungshalle, die auch zu sonntäglichen Gottesdiensten genutzt werden kann. Ihr Dachreiter aus titanverzinktem Blech bildet inzwischen eine weithin sichtbare Landmarke.

An der Westflanke des Rückens zwischen Sättele und Wacht liegt der Weiler Hohenegg direkt an der Gemeindestraße, die von Ried ins Wiesental führt. Der Ort spannt sich hier um ein Wegekreuz auf, das von der hangparallel verlaufenden Überlandstraße und einem alten Verbindungsweg gebildet wird, der vom Tal des Rieder Bachs über den Höhenrücken durch den Katzengraben ins Kleine Wiesental führt. Der Haustyp unterscheidet sich nicht von denen der übrigen Teilorte, die langgestreckten Eindachhöfe stehen parallel zum Hang und sind damit vor allem zur Überlandstraße hin ausgerichtet, begleiten aber auch ein kurzes Stück den Weg hangabwärts zum Riederbächle. Wie in den anderen Teilorten ist auch hier, trotz einer verstärkten Nebenerwerbslandwirtschaft, durchweg eine auf überwiegende Wohnfunktion ausgerichtete Umbautätigkeit zu beobachten. Bei einzelnen, selbst isoliert liegenden Hofstellen, wie jenen östlich von Hohenegg am Haberhalm, haben Um- und Anbauten den ursprünglichen Bauernhauscharakter weitgehend verwischt.

Den kleinsten Ortsteil bildet Oberhäuser, in ca. 770 m ü.d.M. unterhalb des (großen) Hörnles gelegen. Seine Höfe ordnen sich weitgestreut über den zum Raicherbächle abfallenden Hang an und sind noch stark landwirtschaftlich geprägt, wenngleich kein reiner Haupterwerbsbetrieb mehr ansässig ist. In eines der Anwesen, das von Grund auf renoviert und teilweise umgebaut wurde, ist seit den 1980er Jahren eine Arztpraxis eingezogen.

B. Die Gemeinde im 19. Jahrhundert und in der Gegenwart

Bevölkerung

Bevölkerungsentwicklung. – Der in Baden landesweit registrierte Geburtenüberschuß zu Beginn des 19. Jh. kann auch an der steigenden Tendenz der Einwohnerzahl von Raich und seinen Ortsteilen abgelesen werden. Der Zuwachs zwischen 1804 (351 E.) und 1845 (451 E.) lag bei 28,5 %. Nach einem kurzen Stillstand (1852: 457 E.), der auf die Auswanderungswelle nach den USA aufgrund der Agrar- und Wirtschaftskrise zurückzuführen ist, erreichte die Bevölkerungszahl 1861 mit 490 ihren Kulminationspunkt. Danach fiel sie stetig. Die Abwanderung machte sich bis zur Jahrhundertwende bemerkbar; lohnendere Erwerbstätigkeit in benachbarten Industrieorten in Südbaden und in der Schweiz veranlaßten in Sonderheit junge Männer, das Dorf zu verlassen.

Die Volkszählung von 1925 ergab 312 Einwohner, die von 1950 300 Personen. Von diesem Zeitpunkt bis 1987 (246 E.) hatte die Gemeinde einen Bevölkerungsschwund von 18,0%. Die Bevölkerungszahl war bis 1993 auf 256 angestiegen. Der Prozentsatz der überwiegend aus Ostpreußen stammenden Heimatvertriebenen und Flüchtlinge nach dem 2. Weltkrieg fiel als Zuwachsrate nicht ins Gewicht, da von 18 Personen (1951) nur 6 (1961) ihren Wohnsitz in der Gemeinde behielten.

Konfessionelle und soziale Gliederung. – Als ehemalige südbadische Herrschaft des protestantischen Markgrafen von Baden-Durlach wurde Raich in der Reformation eine rein evangelische Gemeinde, deren Katholikenanteil bei der Jahrhundertwende knapp 5% betrug und danach sogar unter 1% sank. 1987 überwogen die sonstigen religiösen Gemeinschaften und Konfessionslose mit 4,1% sogar die Quote der Katholiken, von denen es nur 2,4% am Ort gab.

Weit über das 19.Jh. hinaus blieb Raich eine rein bäuerliche Gemeinde. 1895 entfielen nach dem Hauptberuf des Ernährers 87,5% der Erwerbstätigen auf die Bereiche Landwirtschaft und 9,4% auf Industrie und Gewerbe. Mit insgesamt 70 landwirtschaftlichen Betrieben stellten die Einwohner von Raich eine homogene Schicht von Bauern dar. Die wenigen handwerklichen Betriebe dienten nur der lokalen Versorgung, ihre Besitzer betrieben die Landwirtschaft zumindest als Nebenerwerb.

An dieser Situation hatte sich bis zum Ausbruch des 2. Weltkrieges nichts geändert. 90,8% der Berufstätigen waren 1939 in der Land- und Forstwirtschaft tätig. Von 1961 über 1971 bis 1987 suchten dagegen immer weniger Raicher ihren überwiegenden Lebensunterhalt in der Landwirtschaft; der Anteil sank von 59% über 33% auf 8,3%. Dagegen nahmen die Zahlen der im Produzierenden Gewerbe Tätigen (1961: 22%, 1970: 39%, 1987: 60%), aber auch die Anteile von Rentnern, Pensionären und Arbeitslosengeldempfängern (11% über 18% auf 22,8%) an der Bevölkerung zu Lasten des ursprünglich bedeutendsten Beschäftigungszweigs zu. Sehr groß war bei der Volkszählung von 1987 auch der Anteil des Tertiären Sektors, in dem 32% der Erwerbstätigen beschäftigt waren.

Politisches Leben

Die *Wahlen zum Deutschen Reichstag* in den Jahren 1877 bis 1887 waren auch in der Gemeinde Raich gekennzeichnet von dem politischen Trend zur Nationalliberalen Partei, die bis 1887 meist 100% der abgegebenen gültigen Stimmen für sich verbuchen konnte. Zwar schmälerten die Freisinnigen und Sozialdemokraten im Jahre 1890 diesen Wahlerfolg (je 6,3%) und 1912 konnte die SPD auf 21,3% erhöhen und das Zentrum erreichte 8,9%, aber die Liberalen behielten stets die absolute Mehrheit.

Die Wahl von 1919 zeigte die Veränderungen, die der Übergang vom Kaiserreich zur *Weimarer Republik* mit sich brachte. Ein Teil der nationalliberalen Wähler hatte sich der DDP angeschlossen (41,5%), die konservative DNVP erreichte 23%, die Vereinigte SPD 35,6%. Bereits 1920 büßten DDP und SPD ihre Anteile zugunsten der DNVP (84,5%) wieder ein. Den höchsten Anteil an Wählerstimmen erzielte 1924 der Badische Landbund mit 76,9%. Zu diesem Zeitpunkt zeichneten sich bereits die ersten Stimmengewinne der NSDAP (19,2%) ab, deren Anteil 1930 auf 55,9% und 1932 sogar auf 96,2% anwuchs. Die KPD spielte in der Gemeinde Raich keine Rolle.

Mit zunehmender Beteiligung bei den *Bundes- und Landtagswahlen* konnte die CDU sich seit 1949 zur dominierenden politischen Kraft emporarbeiten. Sie übertraf damit die FDP, die noch bei der Landtagswahl 1956 die meisten Stimmen erhalten hatte, und auch die SPD, die 1961 und 1980 stärkste Partei gewesen war. Als vierte politische Kraft in der Gemeinde hatten die Grünen erstmals bei der Bundestagswahl 1983 mit 6,7% der abgegebenen gültigen Stimmen abgeschnitten und erhielten bei der

Landtagswahl 1984 mit 8,3% mehr Stimmen als die FDP. Bei den Bundestagswahlen von 1990 und den Landtagswahlen von 1992 konnte die CDU mit jeweils knapp über 50% die absolute Mehrheit behaupten. Die SPD-Anteile lagen unter einem Drittel der Stimmen (1990: 27,2%; 1992: 31,4%). Die FDP erlitt nach einer guten Bundestagswahl (8,6%) auf Landesebene 1992 eine schwere Niederlage (1,0%). Das Potential der Grünen schwankte zwischen 4,6% und 6,7% der Stimmen.

Wirtschaft und Verkehr

Land- und Forstwirtschaft. – Die steilen, oft schwer zugänglichen Felder mit ihren mageren Böden zwangen in den 1880er Jahren zum Übergang von der Dreifelder- zur Fruchtwechselwirtschaft mit dem Resultat, daß bis 1913 eine fast 40%ige Vergrößerung der *Getreideanbaufläche* (96 ha) erzielt wurde. Vorzugsweise wurden Roggen und Hafer gesät, in etwas geringerem Umfang Kartoffeln und Hackfrüchte angebaut. Diese beiden zum Verkauf bestimmten Getreidesorten behielten ihren Vorrang vor Spelz und Gerste bis in die 1930er Jahre. Handelsgewächse gediehen aufgrund der ungünstigen Naturverhältnisse nicht, lediglich der *Obstbau* – überwiegend Apfelbäume – spielte eine Rolle.

Die im Jahre 1895 von 70 Betrieben bewirtschaftete Anbaufläche von 342 ha reduzierte sich bis 1987 auf 36 Betriebe mit 251 ha landwirtschaftlich genutzter Fläche. Auch strukturelle Veränderungen traten ein: der Getreideanbau ist gänzlich verschwunden, es verblieben 247 ha Dauergrünland und nur 4 ha Acker- und Gartenland. 1987 existierten in Raich noch 2 landwirtschaftliche *Vollerwerbsbetriebe* mit dem Produktionsschwerpunkt Milch- und Forstwirtschaft.

Da *Viehzucht* die Haupterwerbsquelle war, mußten die Bestrebungen auf eine größtmögliche Rentabilität ausgerichtet sein. Versuche, im Molkereiwesen Fuß zu fassen (um 1894), scheiterten wegen der schlechten Transportwege; auch die Viehausfuhr (nach dem Saargebiet, um 1900) erwies sich als nicht konkurrenzfähig. Die Zahl der Rinder, die um 1855 369 Stück betrug und 1913 mit 500 auf dem Höchststand war, nahm seither stark ab. Sie belief sich 1971 auf 317 (darunter 167 Milchkühe), 1988 auf 283 Stück (darunter 119 Milchkühe). Bei der Viehzählung 1992 wurde mit 246 Rindern ein erneut verminderter Bestand festgestellt. Die Schweinezucht zeigt einen ähnlichen Verlauf; seit 1903 (210 Stück) ist die Zahl der Schweine – von geringen Schwankungen abgesehen – rückläufig. 1988 wurden 51 Schweine im Ort gehalten, 1992 nur noch 31, jetzt vorwiegend zum Eigenbedarf. Raich besitzt keine *Aussiedlerhöfe*; eine Flurbereinigung wurde nicht durchgeführt. Die Gemeinde ist Mitglied des Bodenverbandes Wiesental.

Gegen Ende des vorigen Jahrhunderts befand sich das landwirtschaftliche Gelände im Besitz der Einheimischen, während die Waldungen – abgesehen vom Gemeindewald – überwiegend in der Hand von »Ausmärkern« waren. So werden in den Ortsbereisungsberichten von 1868 bis 1890 der Fabrikant Grether und der Unternehmer Krafft als Eigentümer erwähnt. Die Familie Krafft besaß im Jahre 1913 rund 250 ha, vor allem Wald und anbaufähiges Land. Der Waldanteil auf Raicher Gemarkung – noch immer vorwiegend in Privathand – hat seit der Jahrhundertwende, als er bei 38% lag, stark zugenommen und erstreckte sich 1990 mit 631 ha, darunter 80% Nadelhölzer, auf mehr als zwei Drittel der Fläche. Die Gemeinde besaß nur 6 ha, der Staatswald nahm 19 ha ein.

Handwerk und Industrie. – Für den einfachen bäuerlichen Lebensstil der Einwohner von Raich genügten die zum Alltag notwendigen handwerklichen Leistungen: 10 Handwerksbetriebe mit insgesamt 15 Beschäftigten waren 1895 registriert, darunter 4 Schneider. Von den Nagelschmieden wurde berichtet, daß sie einen kärglichen Verdienst hätten, ein Hinweis darauf, daß die Handwerker ohne Landwirtschaft ihren Lebensunterhalt wohl kaum hätten bestreiten können. Die Zahl der Handwerker schwankte nach der Jahrhundertwende zwischen 5 und 8; 1939 lag sie bei 4.

Die Lage des Ortes stand der Ansiedlung von Industrie oder Gewerbebetrieben immer entgegen; daran änderten auch die verbesserten Verkehrsmöglichkeiten nichts. Seit den 1960er Jahren gibt es in Raich lediglich einen kunststoff- und metallverarbeitenden Betrieb mit 40 Beschäftigten (1987), jedoch keine Handwerksbetriebe.

Handel und Dienstleistungen. – Ebenfalls lagebedingt konnte sich in der Gemeinde kaum Handel entwickeln. Versuche um die Jahrhundertwende, die Produktion von Vieh für die Ausfuhr zu steigern oder das Molkereiwesen auszubauen (s. o.), blieben kurzfristig und erfolglos. Raich ist bis heute noch ohne Markt oder Handelsniederlassungen; ein Einzelhandelsgeschäft sorgte 1993 für den kurzfristigen Bedarf an Lebensmitteln.

Die moderne Urlaubs- und Freizeitgestaltung hat in Raich einen neuen Erwerbszweig erschlossen: erfolgreiche Ansätze für den Ausbau des *Fremdenverkehrs* sind zwar an den gestiegenen Übernachtungszahlen – im einzigen Gasthaus am Ort, dem »Adler«, in den Privatpensionen und Ferienwohnungen – erkennbar, hielten sich aber in relativ engen Grenzen. 1992 wurden 3758 Fremdenübernachtungen registriert. Die für die Einwohner notwendigen Dienstleistungen im *Bankwesen* werden einmal wöchentlich durch die Zweigstelle der Sparkasse Schopfheim und der Volksbank Schopfheim wahrgenommen.

Verkehr. – Die K 64 führt von der L 139, die Tegernau mit Schopfheim verbindet, in das Dorf. Im Anschluß an die K 64 bis zur Gemarkungsgrenze Tegernau (Ortsteil Schwand) verlaufen 2,4 km Gemeindeverbindungsstraßen. Es besteht keine Verbindung durch öffentliche Verkehrsmittel, doch ist die Möglichkeit gegeben, den Schulbus – außer in den Ferien – nach Tegernau und zurück zu benutzen.

Verwaltungszugehörigkeit, Gemeinde und öffentliches Leben

Verwaltungszugehörigkeit, Gemeindegebiet und -verwaltung. – Nach der Bildung des Großherzogtums wurde Raich im Jahre 1809 dem Amtsbezirk Schopfheim zugeteilt und gehört seit 1936/39 zum Landkreis Lörrach. Die Gemeinde besteht aus den Ortsteilen Raich, Ried, Hohenegg und Oberhäuser, die 1934 vereinigt wurden. Seit dem Jahre 1854 hat sich der Umfang des Gemeindegebietes mit 936 ha (davon 1985 2,9 % Siedlungsfläche und 97,1 % Naturfläche) nicht geändert.

Im Jahre 1878 wurde vom Ortsteil Ried wiederholt im Gemeinderat der Vorschlag gemacht, die politische Gemeinde von »Raich« in »Ried« umzubenennen, da der Ort Ried mitten in der Gemarkung läge, am größten sei und Rat- sowie Schulhaus besitze. Ferner baten die Bewohner der abgelegenen Kastelhöfe, der Gemeinde Bürchau zugeteilt zu werden, da die Kinder ohnehin Schule und Kirche von Bürchau besuchten. Es blieb jedoch bei der bisherigen Ortsbenennung und Verwaltung mit den für jene Zeit üblichen, nebenamtlich fungierenden Gemeindebeamten und -bediensteten: dem Bürgermeister und 6 Gemeinderäten, für jeden Ortsteil je einem Verwaltungsrat, Ratschreiber und Ortsrechner. Ferner hatte die Gesamtgemeinde je einen Polizeidiener, Fleischbeschauer, Feldhüter und Straßenwart, Leichenschauer, Totengräber und eine Hebamme. Im Jahre 1907 wurden 44 Bedienstete gezählt.

Die heutige Gemeindeverwaltung besteht aus einem ehrenamtlichen Bürgermeister (mit Sitz im Rathaus in Ried), der wie die 8 Gemeinderäte keiner politischen Richtung angehört. Da der Hauptteil der Verwaltungsarbeit durch den 1972 gebildeten *Gemeindeverwaltungsverband Kleines Wiesental* wahrgenommen wird, gehört lediglich noch ein Arbeiter zur Verwaltung der Gemeinde.

Gemeindebesitz. – 1861 besaß die Gemeinde in den Ortsteilen Raich und Ried je ein Rathaus, in denen auch die Schule stattfand, dazu ein weiteres Schulhaus in Hohenegg sowie ein Armenhaus und ein Spritzenhaus in Ried. Der heutige Gemeindebesitz besteht aus dem Rathaus mit Feuerwehrgarage in Ried, dem Friedhof, drei Brandweihern und einer Friedhofskapelle. Hinzu kommen noch landwirtschaftliche Flächen (582 a) und der Waldanteil von 6 ha.

Ver- und Entsorgungseinrichtungen. – Die *Freiwillige Feuerwehr* wurde im Jahre 1889 in Ried gegründet, wo sich auch die Remise für die Unterbringung der Feuerlöschgeräte befand. 1993 bestand die Freiwillige Feuerwehr aus 21 Mitgliedern, die in einem Feuerlöschzug zusammengefaßt waren. – Die *Stromversorgung,* 1930 noch als »mangelhaft« bezeichnet, da die 20 aufgestellten Motoren nicht genügend Kraft erzeugen konnten, geschieht seit 1920 über das Kraftwerk »Köhlgartenwiese«. – Um die Jahrhundertwende besaß fast jeder Hof einen Brunnen. In Raich war bereits 1894 mit dem Bau einer *Wasserleitung* begonnen worden. Die moderne Wasserversorgung wurde von der Gemeinde in den Jahren 1962 bis 1973 aufgebaut; sie wird über mehrere gefaßte Quellen gespeist und versorgt die vier Ortsteile sowie den Ortsteil Holl (Gde Elbenschwand, Bd. 1, S. 759 ff.). Die *Abwasser* werden in der mechanisch-biologischen Kläranlage von Tegernau gereinigt. An die Kanalisation sind alle Ortsteile bis auf wenige Gebäude angeschlossen. Ein Privatunternehmen holt wöchentlich einmal den *Müll* ab und transportiert ihn zur Kreismülldeponie Scheinberg bei Wieslet. Der zwischen Ried und Raich gelegene *Friedhof* besteht seit 1862.

In Raich-Oberhäuser praktiziert eine Ärztin. Im übrigen wird die *medizinische Versorgung* durch Ärzte in den Nachbarorten, z. B. Tegernau und Schopfheim, wahrgenommen. In Schopfheim befinden sich auch die *Sozialstation*, das nächstgelegene Alten- und Pflegeheim, Apotheken und ein Krankenhaus. Für stationäre Behandlungen werden auch die Krankenhäuser von Lörrach, Freiburg und Basel in Anspruch genommen.

Schule, Kirche und Vereine. – Es ist anzunehmen, daß der Lehrer reihum in den Schulhäusern von Raich, Ried und Hohenegg unterrichten mußte. 1861 kamen 72 Schüler auf einen Lehrer, in den 1880er Jahren bereits 100. Um die Jahrhundertwende befand sich ein Turnplatz hinter der Schule, auch eine Bibliothek war vorhanden. Die Schülerzahl von Raich sank bis 1930 auf 34. Im Zuge der Zusammenfassung von Zwerg- in Nachbarschaftsschulen wurden Grund- und Hauptschule nach Tegernau verlegt, nachdem bereits vorher je zwei Klassen der Grundschule, bestehend aus Schülern der Gemeinden Raich und Elbenschwand, gebildet worden waren. Die übrigen weiterführenden Schulen wurden überwiegend in Steinen und Schopfheim aufgesucht. Die evangelische Kinderpflege Tegernau hat im Ortsteil Ried eine Spielstube eingerichtet.

Die Protestanten der Gemeinde Raich sind dem Kirchspiel Tegernau zugewiesen, die Katholiken nach Hausen eingepfarrt. Die Gemeinde besitzt weder eine Kirche noch eine Kapelle. – Einziger *Verein* am Ort war bis 1933 der Gesangverein, der 1877 gegründet wurde und 30 Mitglieder zählte. Seither gibt es noch einen Weideverband mit 20 Mitgliedern.

Strukturbild

Raich wurde im vorigen Jahrhundert als eine Gemeinde mit zunehmendem Wohlstand und geordneten Verhältnissen geschildert. Der Armenaufwand, der in den 1870er Jahren von der politischen Gemeinde und nicht mehr von jedem einzelnen Ortsteil getragen wurde, war gering. Trotz der im 20. Jh. verstärkt einsetzenden Industrialisierung des Wiesentales blieb Raich aufgrund seiner ungünstigen Lage eine kleine Landgemeinde. Die Folge war zunächst die Abwanderung in die Industrie der Umgebung. Nach dem 2. Weltkrieg stieg vor allem die Zahl der Auspendler. 1961 waren 30, 1970 48 und 1987 97 Auspendler gezählt worden. Raich gehört zum Einzugsgebiet der Städte Schopfheim und Lörrach, die nicht nur Arbeitsplätze in Handel, Handwerk und Industrie und auf dem Dienstleistungssektor, sondern auch Einkaufsmöglichkeiten, weiterbildende Schulen sowie medizinische und soziale Versorgung bieten. Daneben stieg seit der Gründung des Verwaltungsverbandes auch die Bedeutung von Tegernau. Schon nach dem 2. Weltkrieg war Raich zur Bedarfsgemeinde geworden und zählt zu den finanzschwächsten des Kreises. Das Gesamtsteueraufkommen betrug 1992 212000 DM, etwa ein Viertel davon aus Gewerbesteuer. Dem Vermögenshaushalt von 1992 547000 DM stand ein Verwaltungshaushalt von 607000 DM gegenüber. Die Verschuldung pro Einwohner, die 1972 noch 1030 DM betragen hatte, ist seit 1980 Null, abgesehen von den anteiligen Verbandsschulden (1992: 273 DM/Kopf). Die Steuerkraftsumme je Einwohner betrug 860 DM.

Die Gemeinde ist im Dorfentwicklungsprogramm berücksichtigt. Unter den wichtigsten Vorhaben der jüngsten Vergangenheit sind der Bau der Aussegnungshalle und die Neugestaltung des Dorfplatzes in Ried zu nennen. Für 1994 ist der Neubau eines Feuerwehrgerätehauses vorgesehen.

C. Geschichte

Siedlung und Gemarkung. – Die Siedlungen in den Tälern der Belchenwiese und der Köhlgartenwiese sind durchweg im Hochmittelalter entstanden, sie gehen auf Rodungstätigkeit wohl der Herren von Waldeck zurück. Älteste Anlage dürfte die Burg Alt-Waldeck sein, an die nur noch der Flurname *Burstel* erinnert. In Hohenegg könnte der zugehörige Wirtschaftshof gelegen haben. Raich seinerseits scheint eine Ausbausiedlung von Hohenegg zu sein, wie vielleicht in nördlicher Richtung Ried. Der weitere Ausbau richtete sich gleichermaßen nach Süden, wo bei Tegernau die Burg Neu-Waldeck entstand, und nach Norden, wo vermutlich über den Kastelhöfen ebenfalls eine kleine Befestigung entstand. Möglicherweise bezieht sich darauf der 1536 erwähnte Flurname *uf dem Burgstal*. Die heutige Gemarkung umfaßt, neben der des namengebenden Dorfes, die Dörfer und Höfe Hohenegg, Oberhäuser und Ried, sowie die Wohnplätze Am Rain, inzwischen wieder abgegangen, Lochhäuser, im 19. Jh. von Raich aus entstanden, und Scheurenhof. Von den Burgen Alt-Waldeck und Neu-Waldeck haben sich nur geringe Reste erhalten. Zu Ried gehörten auch Haus und Hof *auf dem Kastel* (1687), der spätere Kastlerhof, der sich bis zum Ende des 18. Jh. in vier Höfe aufgelöst hatte. Von diesen wurden 1809 zwei, die restlichen beiden nach 1918 Bürchau zugeteilt.

Dorfähnlichen Charakter hat dabei am ehesten Ried, das 1113 in der Form *Ried* erstmals urkundlich nachzuweisen ist und bis zum Ende des 18. Jh. Hauptort der Vogtei war. Raich, wohl 1278 erstmals als das Gut *zu der Aich* urkundlich erwähnt, fiel dagegen in der Bedeutung etwas zurück, die Urkunde führt es als Teil von Hohenegg auf. Gemeinsam waren allen Ortsteilen noch um die Mitte des 19. Jh. die Strohdächer, welche die nicht seltenen Brandfälle (Ried 1803: 4 Häuser) begünstigten. Alte Häuserzahlen liegen nicht vor. Ried zählte 1752 17 Häuser (1851: 19), Raich 1851 17 Häuser. Es kann also angenommen werden, daß sämtliche Orte klein waren und zwischen der Mitte des 18. und der Mitte des 19. Jh. kein großes Wachstum aufzuweisen hatten.

Herrschaft und Staat. – Während Raich und Hohenegg wohl von altersher Bestandteil der *Herrschaft Tegernau* gewesen waren, traf dies auf die anderen Ortsteile nicht zu. Oberhäuser gehörte vermutlich zu Weitenau und Ried hatte seine eigene Herrschaftsgeschichte. Besitzer und Inhaber der Niedergerichtsbarkeit über Ried waren die Herren von Waldeck. Walicho von Waldeck schenkte 1113 seinen hiesigen Besitz samt den Gerichtsrechten dem Kloster St. Blasien. Im 13. Jh. hatte dieses die Vogtei dem Ulrich von Gutenburg übertragen, der sie vor 1262 ohne Genehmigung seiner Lehenherren an Konrad von Rötteln verkaufte. Im Februar 1262 traten die Erben des letztgenannten, die Brüder Walter, Otto und Lutold von Rötteln, die erworbenen Rechte gegen eine Entschädigung an das Kloster ab.

Die hohe Gerichtsbarkeit besaßen im 15. Jh. die Inhaber des Dinghofes Tegernau, die Herren von Rotenberg. Sollte, wie anzunehmen, Ried ursprünglich Bestandteil dieser Herrschaft gewesen sein, so ist unklar, warum die Herren von Rötteln seinerzeit die Schenkung an St. Blasien zugelassen hatten. Denn der Ort war seither immer wieder Streitobjekt zwischen den Besitzern der Vogtei Tegernau und dem Kloster. Bereits mit den Herren von Rotenburg hatte es Auseinandersetzungen gegeben, die 1270 mit deren Verzicht und 1278 endgültig durch Besitzübertragung an St. Blasien beendet wurden. Mit den Rechtsnachfolgern der Herren von Rötteln, den Markgrafen von Hachberg, scheint es seit dem 15. Jh. zu Auseinandersetzungen gekommen zu sein: 1480 wurde nach Zeugeneinvernahmen festgestellt, daß die hohe Gerichtsbarkeit den Markgrafen, die niedere hingegen dem Kloster zustehe. Ein Vergleich vom 16. November 1500 regelte unter anderen Punkten das vom Markgrafen beanspruchte Jagdrecht in Ried. In der Folge häuften sich die Streitpunkte, während der Reformationszeit erreichten die Auseinandersetzungen einen ersten Höhepunkt. Abgesehen davon, daß der Markgraf damals in Ried die Reformation einführte, zog er auch die Niedergerichtsrechte, obwohl sie in den Bereinen von 1572/1663 als St. Blasien gehörig bezeichnet wurden, an sich und unterstellte das Dorf der Vogtei Tegernau. Daß daraufhin St. Blasien die Einwohner von Ried zur Teilnahme am Dinggericht Ittenschwand verpflichtete, verbesserte die Beziehungen nicht. Ende des 17. Jh. eskalierten die Streitigkeiten unter Landvogt von Gemmingen, der unter Androhung harter Strafen versuchte, die markgräflichen Forderungen durchzusetzen. Schließlich trat Markgraf Karl im Jahre 1718 der Abtei alle diese Rechte ab. Die Auseinandersetzungen dauerten jedoch an, da nicht alle seit der Reformation geschaffenen Fakten rückgängig gemacht werden konnten. Die finanzielle Situation von St. Blasien führte dann schließlich dazu, daß das Kloster am 2. Januar 1751 dem Markgrafen das Dorf abtrat. Dieses wurde nunmehr endgültig der Vogtei Tegernau unterstellt.

Die Herrschaft war in Ried doppelt vertreten: St. Blasien durch seinen Pfleger (1352), später den Vogt (1588), der Markgraf durch seinen Stabhalter (1683). Bis um die Zeit des 30j. Krieges wurde hier Gericht gehalten, das unter dem Vorsitz des Schönauer Ammans stattfand (1588, 1605). Von den 12 Richtern kamen 6 aus dem Ort, drei brachte der Amman mit und 3 kamen aus Tegernau. Seit der Reformationszeit nahm der jeweilige Vogt, meist von einem weiteren Mann begleitet, an den Sitzungen des Dinggerichts Fröhnd-Ittenschwand teil. Dort, später in St. Blasien, fanden auch die

Huldigungen für einen neu eingesetzten Abt statt, welche die männliche Einwohnerschaft von Ried zu leisten hatte.

Grundherrschaft und Grundbesitz. – Walicho von Waldeck hatte 1113 dem Kloster St. Blasien u. a. auch seinen Besitz in Ried vermacht. Dieser erscheint 1352 als Eigentum der Propstei Weitenau und bestand damals aus 8 Lehen und der Mühle. Später, 1722, war er auf 2 Lehen von zusammen 2 T Matten zusammengeschmolzen, vermutlich, weil sein größter Teil durch Grundzinsablösung inzwischen in Privathand gelangt war. Im 14. Jh. besaß hier auch die Kirche Tegernau ein Lehengut, wohl dasselbe, über das später die Geistliche Verwaltung Rötteln verfügte. Neben St. Blasien/Weitenau finden sich später nur noch Gemeinde und Einwohner als Grundbesitzer.

Gemeinde, Kirche und Schule. – Obwohl sich alle Ortsteile als Gemeinden bezeichneten, ist eine eigentliche Gemeindeverwaltung nicht festzustellen. Die damit zusammenhängenden Aufgaben wurden durch den Vogt in Ried bzw. die Geschworenen der anderen Orte unter Aufsicht des zuständigen Vogtes ausgeübt. *Gemeindebesitz* war vorhanden, sein Umfang ist jedoch nicht festzustellen. Allmenden werden 1722 für Ried als Anstößer erwähnt, aber ohne genaue Lagebezeichnung. Vorherrschend war wohl die gemeinsame Bewirtschaftung von Gemeineigentum. Von solchen Flächen besaß Ried 1752 57½ J Wald, 385½ J Bergfeld und den Kastlerhof mit 62½ J Umfang. Sämtliche Ortsteile unterstanden der *Pfarrei Tegernau*. Oberhäuser allerdings hatte ursprünglich zu Demberg gehört und war erst infolge der Reformation Tegernau zugeteilt worden. Bis zur Einrichtung einer eigenen *Schule* in Hohenegg 1705/6 besuchten die Kinder auch die Tegernauer Schule. Von den Zehnten bezog die Pfarrei Tegernau bis 1718 die Einkünfte aus Ried, während der Kleine Zehnt aus Raich dem Pfarrer in Weitenau zustand.

Bevölkerung und Wirtschaft. – Von den Einwohnern der verschiedenen Ortsteile waren die von Ried seit dem 12. Jh. überwiegend dem Kloster St. Blasien leibeigen. Auf Ansprüche an die Leute, die zum Dinghof Tegernau gehörten, verzichteten 1270 Diethelm von Rotenberg und Konrad von Rötteln zugunsten dieses Klosters. Über ihre Zahl gibt es keine frühen Aufstellungen. Geht man nach den Huldigungslisten seit dem 16. Jh., so könnten in Ried Ende des 16. Jh. 45 bis 55 Personen gelebt haben, deren Zahl sich bis zur zweiten Hälfte des 17. Jh. auf etwa 70, bis zur Mitte des 18. Jh. auf gegen 100 erhöhte (1754: 18 Bürger, 1851: 111 Einwohner). Wieweit das Wachstum der restlichen Orte damit verglichen werden kann, sei dahingestellt. Die Sigristeneinnahmen von 1693 lassen darauf schließen, daß damals Raich etwa ⅔ der Einwohner von Ried aufzuweisen hatte, während in Hohenegg etwa ¼ von dieser Zahl lebten. 1851 zählte man in Raich 129, in Hohenegg 128 und in Oberhäuser 83 Personen.

Ihren *Lebensunterhalt* bezogen die Bewohner zu einem geringen Teil aus dem Landbau. Dies zeigt noch die Landaufteilung von 1851 sehr deutlich: in Raich verteilte sich die Wirtschaftsfläche auf Äcker 50¹/₁ Mg, Wiesen 341 Mg, Gärten 2 Mg, Wald 14 Mg sowie Weide und Ödland 222 Morgen, in Ried auf Äcker 78¾ Mg, Wiesen 93 Mg, Gärten 5¼ Mg, Wald 46¼ Mg und Weiden 353 Morgen. Einwohner von Ried bearbeiteten zusätzlich Land auf Tegernauer Gemarkung, wogegen etliche Tegernauer als Einmärker erscheinen. Wichtiger war die *Viehzucht*, die sich vor allem auf Rindvieh konzentrierte. Im 19. Jh. hatte jeder Ortsteil seinen eigenen Farren. Daneben wurden Pferde gehalten, Schweine wohl nur für den Eigenbedarf gemästet. Schafhaltung scheint in Ried und Oberhäuser eine gewisse Rolle gespielt zu haben und in allen Ortsteilen findet sich eine kleine Zahl von Ziegen. Wichtig muß auch die *Waldwirtschaft* gewesen sein: noch heute bestehen zwei Drittel der Gemarkung aus Wald.

Gewerbe ist kaum zu finden. In Ried stand eine Mühle, die sich seit 1352 nachweisen läßt und St. Blasien zinste. Einem Nachfolgebau wurde 1722 ein weiterer Gang eingebaut. Die Mühle wurde erst 1926 stillgelegt. Ried verfügte spätestens seit 1565 über eine *Wirtschaft*, vielleicht die 1754 bezeugte Gemeindewirtschaft. Der Wirt erhielt damals eine eigene Tafernkonzession.

Hohenegg. – Anläßlich der Schenkung der Adelheid von Rotenberg an Kloster St. Blasien wird Hohenegg 1278 erstmals urkundlich erwähnt. Damals wechselten 2 Güter und eine Mühle sowie das Gut zu der Eiche den Besitzer. Diese werden später unter die Weitenauer Güter gerechnet. Neben St. Blasien und den Einwohnern bezogen noch die Herren von Roggenbach Einkünfte, die von der Schopfheimer Schaffnei verwaltet wurden. Der Ort selbst gehörte zu Tegernau und unterstand der dortigen Pfarrei, welche die meisten Zehnten bezog, wogegen der Kleinzehnt der Propstei Weitenau zustand.

Als um 1706 die Vogtei Tegernau mehrere Schulen erhielt, wurde eine Winterschule in Hohenegg eingerichtet. Sie wurde von den Kindern aus Elbenschwand (bis 1760), Holl, Langensee, Oberhäuser, Raich und Ried besucht (1760: ca. 70 Schulkinder). Weil immer noch Anteile an der Lehrerbesoldung nach Tegernau abgegeben werden mußten, konnte der Lehrer kaum existieren; im Laufe des 18. Jh. wurde sein Gehalt verschiedentlich angehoben. Ein Schulhaus war 1743 vorhanden, es mußte damals, da baufällig, einem Neubau weichen.

Auch in Hohenegg war die Viehhaltung der beherrschende Wirtschaftszweig. Sie konzentrierte sich überwiegend auf Rindvieh, daneben finden sich auch Schafe, einige Schweine (schon 1278 werden Schweineabgaben genannt), Ziegen und Pferde. Die Wirtschaftsfläche (1851: 338¼ Mg) bestand überwiegend aus Wiesen und Weiden, wobei im 18. Jh. verschiedentlich Ödland zu Ackerland gemacht worden war. Von der 1278 erwähnten Mühle verlautet nach 1374 nichts mehr. Da jedoch viel Ölgewächse angebaut wurden, konnte sich 1785 eine Ölmühle mit Hanfreibe etablieren.

Oberhäuser. – Daß *ze Obrenhüsern* Leute wohnten, wird erstmals 1344 sichtbar. Zugleich erfährt man, daß der Grundbesitz überwiegend der Propstei Weitenau gehörte. Diese, seit dem 18. Jh. die Propstei Bürgeln, bezog auch alle Zehnten. Zuständige Kirche war wohl Demberg gewesen, wo bis 1775 auch die Toten begraben wurden. Ob das Dörflein ursprünglich zur Vogtei Weitenau gehört hatte, ist nicht geklärt, seit dem 16. Jh. unterstand es der Tegernauer Vogtei, wo es durch einen Geschworenen vertreten war. Die Einwohner (1763: 70) lebten überwiegend von Wald- und Weidewirtschaft: 1573 forderte Weitenau Schindelzinse. Die Viehhaltung konzentrierte sich überwiegend auf Rinder, auch Schafzucht, daneben wurden einige Pferde und Ziegen, sowie Schweine für den eigenen Bedarf gehalten. Auf der ehemaligen Gemarkung ist eine Flur *Sitliburg*, 1445 erwähnt, abgegangen, deren Lage nicht mehr festgestellt werden kann.

Waldeck. – Von den wohl edelfreien Herren von Waldeck, die zu den Kolonisatoren des Kleinen Wiesentals gerechnet werden müssen, ist wenig bekannt. Sie lassen sich auch nur in etwa 3 Generationen nachweisen und sollen als Wappen ein schwarzes Andreaskreuz auf silbernem Grund geführt haben. Daß sie teilweise von den Herren von Rotenberg beerbt wurden, läßt auf eine enge Verwandtschaft schließen. Sie gehörten ferner zu der Erbengemeinschaft, welche zu Beginn des 12. Jh. ihren Besitz in und bei Schönau dem Kloster St. Blasien übertrug. Dafür spricht auch ihr Besitz, der kein geschlossenes Gebiet umfaßte, sondern aus Gütern und Rechten bestand, die zwischen dem Kleinen Wiesental und der Rheinebene lagen und von denen ein Großteil 1113 an St. Blasien kam. Im einzelnen kennt man den Schenker von 1113, Walicho, seine Gattin Mechthild und deren Sohn Gerung, die mutmaßlichen Brüder Trutwin (1122–52) und Heinrich (1139–49) sowie die Brüder Werner und Lütfried und des letzteren Sohn Walicho, die 1168 genannt werden, was zugleich die letzte Nennung von Angehörigen der Familie darstellt.

Von ihren beiden Burgen lag Alt-Waldeck bei Hohenegg, worauf nur noch der Flurname Burstel hinweist. Neu-Waldeck wurde bei Tegernau, am Zusammenfluß von Belchen- und Köhlgartenwiese, errichtet. Trutwin und Heinrich von Waldeck sollen sie 1149 der Basler Kirche übertragen haben, weiteres ist nicht bekannt. Vermutlich sind beide Burgen beim Erdbeben von 1356 weitgehend zerstört und nicht wieder aufgebaut worden.

Quellen und Literatur

Quellen ungedr.: GLA 229/83917–34; 375 (1909, 97), 343, 346, (1924, 2) 226; 391/7195, 30985, 30988. – GA Raich (Inv.masch.1966, 1979). – GA Tegernau, Akten.

Erstnennung von Raich: 1278 (ZGO 2 ⟨1851⟩ S. 495.

Hoheneck: ZGO 2 (1851) S. 495 (1278). – GLA 11/K. 482; 66/7218, 7757, 9598; 229/34129, 34147, 94444, 94492/93; 391/30991. – ZGO 2 (1851) S. 495–99.

Kastel: GLA 229/30395 (1260). – 21/K. 367; 66/7723; 229/30372, 34144; 375 (1902,53) 21, (1909,97) 346. – GA Wembach, Akten.

Oberhäuser: GLA 66/9598 (1344); 375 (1909, 37) 346. – GLA 66/7214, 9598; 229/16056, 24696, 34129.

Ried: ZGO 2 (1851) S. 195 (1113). – GLA 11/ K. 414, 427/28; 21/K. 367; 66/7207, 7214, 7319, 9598; 120/1085, 1200c-e; 229/30415, 34129, 34143, 34152, 94030, 94090, 98443; 391/30986–87, 30990. – RMB 1, Nr. 35. – ZGO 2 (1851) S. 195. – Schöpflin HZB 5 S. 241 f. – *Böhler,* Eduard, Zur Geschichte der Gemeinde Ried (Kreis Lörrach). In: Das Markgräflerland 2 (1962) S. 55–63.

Waldeck: GLA 44/Nr. 4890, 4892–95; 229/93969, 94049. – FDA 15 (1882) S. 150, 157. – Gerbert HNS 3, 96. – RMB 1 Nr. 35. – Trouillat 1 Nr. 1156, 204. – WUB 4, 344.

Rheinfelden (Baden)

6285 ha Stadtgebiet, 29 148 Einwohner (31. 12. 1990, 1987: 27 453)

Wappen: In Gold (Gelb) ein roter Löwe, in der linken Vorderpranke eine rote Rose an grünem Stiel mit zwei grünen Blättern haltend. Flagge: Grün-Gelb-Rot (Grün-Gold-Rot).

Rheinfelden führt das alte Nollinger Gemeindewappen weiter, das 1911 auf Vorschlag des badischen Generallandesarchivs angenommen worden war und auf Siegel der Herren von Nollingen zurückgeht. Die Tingierung (Farbgebung) entspricht den badischen Farben.

Gemarkungen: Adelhausen (713 ha, 538 E.) mit Adelhausen und Ottwangen; Degerfelden (989 ha, 1479 E.) mit Degerfelden, Auf Reibematt, Hagenbach und Riesberg; Eichsel (500 ha, 768 E.) mit Gelkenhof, Niedereichsel und Obereichsel; Herten (817 ha, 3889 E.) mit Herten, Herten – St. Josef-Anstalt und Markhof; Karsau (841 ha, 2925 E.) mit Karsau, Beuggen, Breitacker, Hardt, Hölzle, Kalchofen, Kraftwerk, Pestalozziheim, Riedmatt und Steig; Minseln (944 ha, 1612 E.) mit Minseln (Ober-), Minseln (Mittel-) und Minseln (Unter-); Nordschwaben (345 ha, 279 E.); Rheinfelden (Baden) (1132 ha, 15963 E.) mit Rheinfelden (Baden), Nollingen und Warmbach.

A. Naturraum und Siedlung

Natürliche Grundlagen. – Rheinfelden (Baden) verdankt seine Entstehung dem Bau des ersten Laufkraftwerks im Hochrhein zwischen 1895 und 1898. Damit war eine Energiequelle erschlossen, die eine rasche Industrialisierung einleitete, in deren Folge sich eine neue Siedlung entwickelte. Durch Verlegung der Gemarkungsgrenzen wurde 1901 das auf einem Teil der Gemarkung Karsau entstandene Industriegebiet mit dem sich auf Gemarkung Nollingen ausdehnenden Wohngebiet zusammengefaßt und der Ort Badisch-Rheinfelden gegründet, und zwar als Nebenort der Gemeinde Nollingen. 1921 erweiterte sich der Industrieort im W durch die Eingliederung der Gemeinde Warmbach. 1922 wurde der Gesamtgemeinde Nollingen die Eigenschaft einer Stadtgemeinde verliehen und der Name in Rheinfelden umgeändert, Rheinfelden (Baden) offiziell ab 1963. 1935 bis 1939 wuchs die Gemarkung durch weitere Grenzkorrekturen zu Karsau. Im Zuge der Gebietsreform der 1970er Jahre erfolgte die Eingemeindung von sieben an und auf dem Dinkelberg gelegenen Dörfern: Adelhausen, Degerfelden, Eichsel, Herten, Karsau, Minseln, Nordschwaben. Dabei verfünffachte sich das Gemeindeareal auf 6285 ha, wodurch Rheinfelden zur größten Dinkelberg- und zur drittgrößten Landkreisgemeinde geworden ist.

Naturräumlich gesehen spannt sich die Gemeindefläche vom Strom und seinem Niederterrassenfeld bis in den aus mesozoischen Schichtpaketen aufgebauten Dinkelberg, der zusammen mit dem nördlich anschließenden Weitenauer Bergland zur (Schwarzwald-)Vorbergzone rechnet.

Mit markanter, zumeist bewaldeter Stufe steigt der *Dinkelberg* aus dem Hochrheintal, wobei die Höhenunterschiede im W zwischen Herten und Degerfelden maximal 240 m erreichen, im Mittelteil bei Nollingen auf rund 100 m, im O bei Karsau auf rund 50 m zurückgehen. Wenige Täler gestatten den Zugang zum Inneren des Hügellandes. Dieses wird in seinem tektonisch-geologischen Bau von zwei Elementen geprägt: einmal von schmalen, rheinisch gerichteten und bis zu 100 m abgesenkten Keilgräben, zum anderen vom breiten herzynisch streichenden Dinkelberggraben (Verwerfungen von Degerfelden-Lörrach und Schwörstadt-Maulburg). Das hieraus resultierende Gittermuster erlaubt eine Dreiteilung des Berglandes: zwei höhere Seitenflügel mit vornehmlich Muschelkalk (Hoher Flum 535 m im NO, Chrischona 522 m im SW) schließen einen zentralen Grabenbereich mit Sedimentserien des unteren und mittleren Keupers ein.

Die Rheinfelder Gemeindefläche erstreckt sich mit den Gemarkungen der Stadtteile Herten und Nordschwaben in die beiden Randflügel hinein, den Grabenbereich füllt sie mit Ausnahme des nördlichen Teiles ganz aus. In diese ca. 10 km breite Ausräumungszone hat man vom Muschelkalkrücken des Hohen Flum einen guten Einblick. Die östliche Bruchstufe im Hauptmuschelkalk ist teilweise als Härtekante herauspräpariert, die westliche paust sich als Begrenzung des Chrischona-Hirzenleck-Plateaus morphologisch durch; ihr folgt das Tal des Hagenbachs. 50 bis 90 m betragen die Höhenunterschiede zu den Seitenflügeln.

Ebenfalls Einfluß auf die Reliefformung haben die nord-süd laufenden Keilgräben, denn ihre Kerne wurden, von einer geringmächtigen Liaskalkdecke geschützt, als Härterippen und Härtekuppen herausmodelliert, während die weniger widerstandsfähigen Grabenränder abgetragen worden sind. Einen solchen Fall von Reliefumkehr stellt der Rücken von Adelhausen-Obereichsel dar. Zu den Keilgräben im westlichen Dinkelberg, die dessen südlichen Steilrand aufschlitzen, gehört der morphologisch wenig wirksame Markhofgraben mit seiner Verlängerung in der Volkertsbergmulde.

Am petrographischen Aufbau des Dinkelbergsüdrandes sind bei stellenweise größerer Flächenentfaltung altquartäre Schotter beteiligt, so im Hirzenleck bei Herten, im Degerfelder Nettenberg, auf dem Beuggener Hang, bei Riedmatt. Die Schotter sind durch Kalkbindemittel verbacken und äußerst widerstandsfähig. Wo sie unterspült wurden, brechen sie senkrecht ab oder hängen sogar über, wie das Beispiel der Nagelfluhhöhle östlich von Riedmatt zeigt. Die ältesten Sedimentserien des Berglandes liegen an dessen Fuß bei Degerfelden vor, nämlich Sandsteine des Rotliegenden und des Buntsandsteins, die als Baumaterial – beispielsweise am Basler Münster – Verwertung fanden.

Besondere Bedeutung für die geomorphologische und hydrographische Entwicklung des Dinkelbergs erlangen seine Karsterscheinungen. Karsthold sind die Kalke und Dolomite des oberen Muschelkalks sowie des unteren Keupers, dagegen bilden Tone und Mergel des Keupers und des mittleren Muschelkalks wasserstauende Horizonte. Die im Jahresdurchschnitt rund 1000 mm erreichenden Niederschläge versickern weitgehend, die meisten Rinnsale haben keine kontinuierliche Wasserführung. Oberflächige Gerinne sind nur dort vorhanden, wo die Schichten des Keupermergels anstehen; streichen sie aus oder sind sie infolge Erosion bis zum unterlagernden Kalk ausgeräumt, versinkt das Wasser sofort. So verschwindet der Bach des Kapellentals östlich von Nordschwaben in Schlucklöchern des Hauptmuschelkalks ebenso wie der Dorfbach von Niedereichsel, der wenig unterhalb in der »Enge« als Waidbach neu entsteht. Anschauliche Beispiele von Schlucklöchern bietet das Gelände unterhalb der Adelhauser Gärtnerei. Zeugen ehemals oberirdischer Entwässerung, d. h. bevor die Verkarstung im Altpleistozän einsetzte, sind die zahlreichen Trockentäler, die die Straßenführung von Nordschwaben bzw. von Adelhausen nach Minseln vorgeben.

Ein weiteres Charakteristikum des Dinkelberger Karstes stellen seine Dolinen dar. Als Lösungs- wie Einsturzdolinen treten sie gereiht oder in Feldern auf; vielfach zeichnen sie tektonische Störungslinien nach, in deren Verlauf die Kluftbildung erleichtert war. Kleinere Dolinenfelder findet man am östlichen Fuß des Adelhauser Rückens, auf dem Nollinger Berg oder westlich von Nordschwaben im Gewann »Schluckacker«. Übersät von Dolinenschwärmen ist der Wald zwischen Nordschwaben und Riedmatt. In ihm liegt das »Teufelsloch«, das trichterförmig rund 25 m tief durch den Lettenkeuper in den Hauptmuschelkalk reicht und sich dort gangartig verzweigt; 105 m Höhlenlänge bis in 75 m Tiefe sind bislang erforscht. Von hier wird eine Verbindung zur Tschamberhöhle von Riedmatt vermutet. Diese führt einen von N kommenden, über einen Wasserfall eindringenden Höhlenbach in gewundenem Verlauf nach Süden. Da der Abfluß zum Rhein unterirdisch erfolgt, ist ihr Südabschnitt trocken gefallen. Der Eingang zu der auf über 500 m begehbaren Tschamberhöhle mußte neu gegraben werden, als der ursprüngliche Zugang beim Bau der Eisenbahnstrecke Basel-Säckingen verschüttet wurde.

Soweit das Karstwasser nicht unmittelbar in den Hauptvorfluter Rhein strömt, tritt es am Fuß des Hügellandes an Quellhorizonten zutage. Zahl und Schüttung der Quellen schwanken je nach Niederschlagshöhe. Ergiebige Wasserspender wie in Nollingen stehen neben solchen, die nur in regenreichen Perioden Wasserfäden entsenden und danach schnell erschöpft sind. Da das Karstwasser nicht gefiltert wird, trübt es sich bei kräftigen Regenfällen bis zur Ungenießbarkeit. Dazu kommt die Verfrachtung von Krankheitskeimen, wodurch Mensch und Tier früher gesundheitlich gefährdet waren, bis durch die Anlage der zentralen Dinkelbergwasserversorgung (1908), die aus dem mittleren Wiesental gespeist wird, einwandfreies Wasser zur Verfügung stand.

Das Naturraumpotential des Dinkelbergs ist wegen verschiedener ökologisch relevanter Einflußfaktoren kleinräumig differenziert; Rodung, Melioration, Düngung u. a. haben aber die Unterschiede teilweise verwischt. So registriert man bei den Böden mittlere Ertragsmeßzahlen von 40 bis 50. Die ursprüngliche Vegetation, v. a. der Eichen-Hainbuchen-Wald, hat sich nach Artenzusammensetzung und Ausdehnung grundlegend verändert. Zurückgedrängt ist der Halbtrockenrasen auf den Kalkhängen. Der sekundär eingebrachte Buchs geht von Grenzach her nicht über den Hertener Schloßberg hinaus.

Das ganz auf dem Dinkelberg liegende Waldareal Rheinfeldens von 2448 ha Fläche (1992) wird durch den Offenlandstreifen von Karsau-Minseln-Adelhausen in zwei Äste geteilt. Ziemlich geschlossen ist der westliche Flügel im weiteren Einzugsbereich des Hagenbachs vom Siebenbannstein bis zum Hirzenleck und zum Nollinger Berg. Wie Rodungsgassen treten die Wiesentäler von Hagenbach sowie die Felder des Gelkenhofs und das abseitige Hertener Flurstück »Im Volkertsberg« hervor. Randlich in das Waldgebiet greifen die Fluren von Ottwangen und Eichsel ein. Von anderen ehemaligen Rodungsinseln wie dem römischen Gutshof oberhalb Nollingen, dem Hof Festnau oder der mutmaßlichen Wüstung Bubenschwil, hat der Wald wieder Besitz ergriffen. Das östliche Waldgebiet Windelberg/Riedmatthalden isoliert Nordschwaben mit seinen Ackerfluren vom Kulturlandstreifen des Kernraumes.

In den Mischwaldbeständen dominiert die Rotbuche, begleitet von der Eiche. Auch die Tanne mischt sich unter, während Fichten und Douglasien in der Regel als Monokulturen angepflanzt worden sind. Auf den südexponierten Hängen zum Hochrhein hat der Wald nicht nur die aufgelassenen Buntsandsteinbrüche von Degerfelden und die Muschelkalkbrüche von Nollingen überzogen, sondern auch die noch vor dem 1. Weltkrieg ausgedehnten Rebfluren, von denen im ortsnahen Hertener Weinberg ein letzter Rest sorgfältig gehegt wird. Kleinere Hangstücke unterliegen der Verbuschung; zwischen Herten und dem Markhof fördert man die Umwandlung in ein Gartengelände.

Insgesamt hat der Rheinfelder Dinkelberg mehrere, z. T. sich überschneidende und zu Zielkonflikten führende Funktionen zu erfüllen: er dient als ökologischer Ausgleichsraum, als forstliche und landwirtschaftliche Produktionsfläche sowie als Naherholungsgebiet, ferner als Verkehrsträger (Autobahn), Wohngebiet sowie Siedlungsreserve, kleinsträumig sogar als Deponiestandort.

Die zwischen Dinkelbergfuß und Rhein maximal 2,5 km breite *Niederterrasse* – die zweite naturräumliche Einheit Rheinfeldens – wird durch die Engen bei Beuggen (290 m NN) und am Markhof (270 m NN) wie eine Bucht abgeschlossen. Eine schwache Geländestufe gliedert sie in einen höheren Nord- und einen niedrigeren Südteil, die zwei ineinandergeschachtelten Terrassenniveaus entsprechen. Die Stufe ist in der Feldflur und trotz dichter Überbauung auch in den Siedlungen, so in der Kernstadt entlang der Hardt- und Nollinger Straße bis zur Wiechsmühle sowie in Herten entlang der Augster Straße, gut zu verfolgen. Wahrscheinlich verlief auf dieser Terrassenkante eine Römerstraße. Die waldfreie Ebene, deren Schotter stellenweise von Auelehm (Acker- und Grünlandzahlen 50 bis 60) überdeckt sind, wird heute ackerbaulich genutzt. Die früher eifrig betriebene Wiesenwässerung aus dem Groß- und Klein(Matten)bach sowie aus dem Dorf- und Linsenbach zwischen Degerfelden, Warmbach, Herten und Nollingen ist aufgegeben. Funktionslose Gräben sowie Flurbezeichnungen auf »-matt« erinnern an das ehemals umfangreiche Grünland. Freilich ist die landwirtschaftliche Nutzfläche wegen der Siedlungsexpansion seit der Jahrhundertwende auf weniger als die Hälfte geschrumpft.

In seine quartären Schotter hat der Rhein epigenetisch eine Rinne gegraben und sich bis zu 15 m eingetieft. Nur ansatzweise ist wie am Hertener Loch oder bei Beuggen eine schmale Aue entwickelt. Das Steilufer wird in scharfen Kerben von den wenigen Bächen, welche nicht auf der Niederterrasse versickern, durchsägt. An der Stufenmündung des Dürrenbachs wurden dabei die anstehenden Schotter durch Kalkausscheidungen übersintert.

Die Schotter ruhen hier auf Muschelkalkbänken, die als harte Schwellen den Strom queren und eine Gefällsversteilung bedingen. Aus dem Strom ragt die Felseninsel »Stein«; sie erleichterte zusammen mit dem inzwischen abgetragenen Böckersturmfels den Brückenschlag über den Rhein. Oberhalb des Höllhakens hat die rund 10 m betragende Gefällsstufe im Rheinfelder »G'wild«, dessen bizarre Strudel- und Kolkformen während des winterlichen Niedrigwassers offenliegen, den Anstoß zum Bau des ersten europäischen Niederdruck-Wasserkraftwerks gegeben.

Siedlungsbild. – Ältester Siedlungsteil Rheinfeldens ist nicht der Kraftwerksbereich, sondern das Gelände um den Brückenkopf, wenn man die dörflichen Vorgänger Warmbach und Nollingen außer Acht läßt. Hier lagen die Herberge »Aue« – vom 14. bis 18. Jh. Gerichtsstätte der Herrschaft Rheinfelden –, das Haus am Höllhaken und der Sennhof. 1833 folgte das Großherzogliche Zollamt, dann an der seit 1856 befahrenen Eisenbahnstrecke Basel-Säckingen ein Stationsgebäude zur Bedienung des schweizerischen Rheinfelden. Dieses steht bezeichnenderweise südlich des Bahnkörpers, dem badischen Rheinfelden abgewandt. Zum alten Bestand gehörten überdies Gasthäuser sowie Gebäude für Zoll- und Bahnpersonal. 1894 kam die Seidenweberei Baumann, Streuli & Cie. hinzu.

Nachhaltigere Impulse gingen von dem knapp 2 km oberhalb der Rheinbrücke zwischen 1895 und 1898 entstandenen Laufkraftwerk aus. Sie veränderten in kurzer Zeit die gesamte Siedlungsstruktur zwischen Nollingen, Warmbach und dem Deutschordensschloß Beuggen von Grund auf. Bereits während des Kraftwerkbaus in Oberrheinfelden ließen sich dort chemische und metallurgische Betriebe nieder. Für die zuziehenden Bau- und Fabrikarbeiter errichtete man Werkswohnungen auf firmeneigenem Gelände. Dagegen blühte im Bahnhofsgebiet der spekulative Wohnungsbau.

Die beiden Siedlungsansätze miteinander zu verbinden machte wegen ungeklärter Bodeneigentumsverhältnisse, mehr noch wegen unterschiedlicher Gemeindezugehörigkeit Probleme: Während nämlich die Industrieprojekte auf Karsauer Gemarkung verwirklicht wurden und die Gewerbesteuer diesem Ort zufloß, lag der größte Teil des Wohngebietes westlich des Dürrenbachs auf Nollinger Gemarkung. Im Jahre 1901 ist durch Ministerialbeschluß das Industrieareal – allerdings knapp bemessen – mit Nollingen vereinigt worden. Für die bauliche Gestaltung wählte man einen schematischen Grundriß, der im Parallelstraßenzug von Friedrich- und Karl-Fürstenberg-Straße einschließlich ihrer Querspangen heute noch zu erkennen ist.

Wie Abb. 2 über das räumliche Nutzungsgefüge zeigt, hat sich der westliche Teil dieses doppelten Straßenzuges in den vergangenen Jahrzehnten zur Rheinfelder *Innenstadt* entwickelt. Verknüpft durch die drei zentralen Plätze, Kirch-, Friedrich- und Oberrheinplatz, liegen hier private und öffentliche Dienstleistungseinrichtungen sowie Ladengeschäfte des Einzelhandels konzentriert. Als beste Einkaufslagen gelten die Kapuziner- und die Zähringerstraße sowie der Oberrheinplatz, denen die untere Friedrich- und Karl-Fürstenberg-Straße nur wenig nachsteht. Der Einzelhandel ist bunt gemischt: täglicher, mittel- und langfristiger Bedarf kann in Spezialläden, bei Lebensmittelfilialisten und in einem Kaufhaus gedeckt werden. Die Befriedigung des einfachen und gehobenen Konsums hat Vorrang vor exklusiver Nachfrage. Zwischen die Geschäfte schieben sich Dienstleistungseinrichtungen, Banken, Praxen freier Berufe und Gaststätten. Von ihnen wird durchweg das Erdgeschoß belegt. Erst langsam setzt die tertiärwirtschaftliche Durchdringung der Obergeschosse ein, während dazwischen einzelne Baublöcke zur Wohnnutzung erhalten blieben.

Den administrativen Mittelpunkt der Innenstadt bildet seit 1980 das für 24 Mio. DM auf dem Kirchplatz errichtete Rathaus. Das als Kultur- und Verwaltungszentrum mehrfunktionale Gebäude mit Tiefgarage, Ladenpassage und Gastronomiebetrieb im Erdgeschoß, einem Bürgersaal (für Veranstaltungen, 800 Sitzplätze) sowie den Büros der Stadtverwaltung in den sechs Obergeschossen hat manch unbefriedigender Situation in der Vergangenheit abgeholfen: der Streuung von Behörden über das Stadtgebiet und der Raumnot bei größeren Vereins- und kulturellen Veranstaltungen. Indem man das große Bauvolumen von 55000 cbm und 12000 qm Arbeitsfläche (Nutzfläche des Rathauses 9000 qm) in Teilkomplexe auflöste, die sich in versetzten Ebenen um den Zentralbau gruppieren, versuchte man, das moderne Gebäude in seine Umgebung einzubinden. Sein Vorplatz mit einem Kastanienbestand leitet als bescheidene Fußgängerzone zur Geschäftszeile der Zähringerstraße über. Auf der anderen Seite schließt das in den 30er Jahren entstandene ev. Gemeindezentrum an. Die Christuskirche (1935–1937) bildet nun zusammen mit dem Rathaus eine neue städtebauliche Dominante neben der älteren, im Jugendstil errichteten kath. St. Joseph-Kirche (1913–1915) an der Friedrichstraße. Diese drei Bauten liegen randlich zur Innenstadt, welche nach Alter und Aufriß ebenfalls recht heterogen ist. Das Rheinfelder Zentrum besitzt weder die Vorzüge eines organisch gewachsenen Kerns – im Kontrast zur schweizerischen Zwillingsstadt – noch die Nachteile einer nüchternen Gleichförmigkeit. Sein Wachstum erfolgte sprunghaft und lange Zeit ohne Gesamtkonzept. Unkoordiniert verfolgten private Bauherren, Genossenschaften und Firmen sowie die Gemeinde selbst ihre Vorhaben. So ist ein heterogenes Gebilde entstanden und, da von Kriegsschäden verschont, erhalten geblieben; gleichwohl erscheinen einzelne Straßenzüge einheitlich geformt.

Beispielsweise belegte die Seidenweberei Baumann, Streuli & Cie. die südliche Kapuzinerstraße mit Wohnkolonien (»Sidehüser«), die Anfang der 1970er Jahre einem

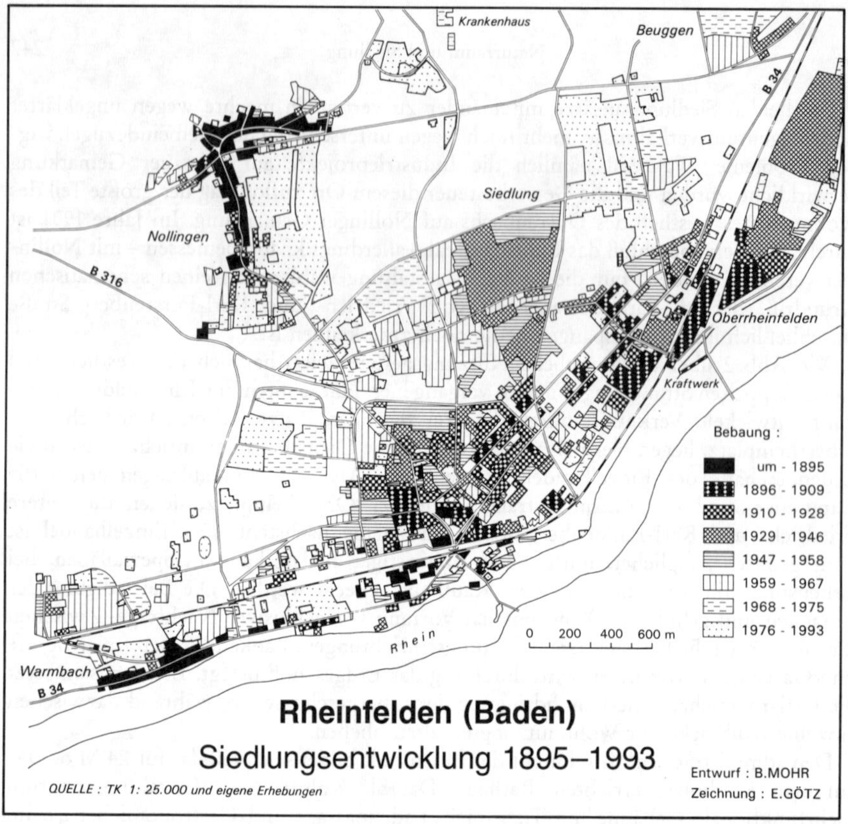
Krankenhaus
Beuggen
B 34
Siedlung
Nollingen
B 316
Oberrheinfelden
Kraftwerk
Bebaung :
um - 1895
1896 - 1909
1910 - 1928
1929 - 1946
1947 - 1958
1959 - 1967
1968 - 1975
1976 - 1993
0 200 400 600 m
Rhein
Warmbach
B 34
Rheinfelden (Baden)
Siedlungsentwicklung 1895–1993
Entwurf : B.MOHR
QUELLE : TK 1: 25.000 und eigene Erhebungen
Zeichnung : E.GÖTZ

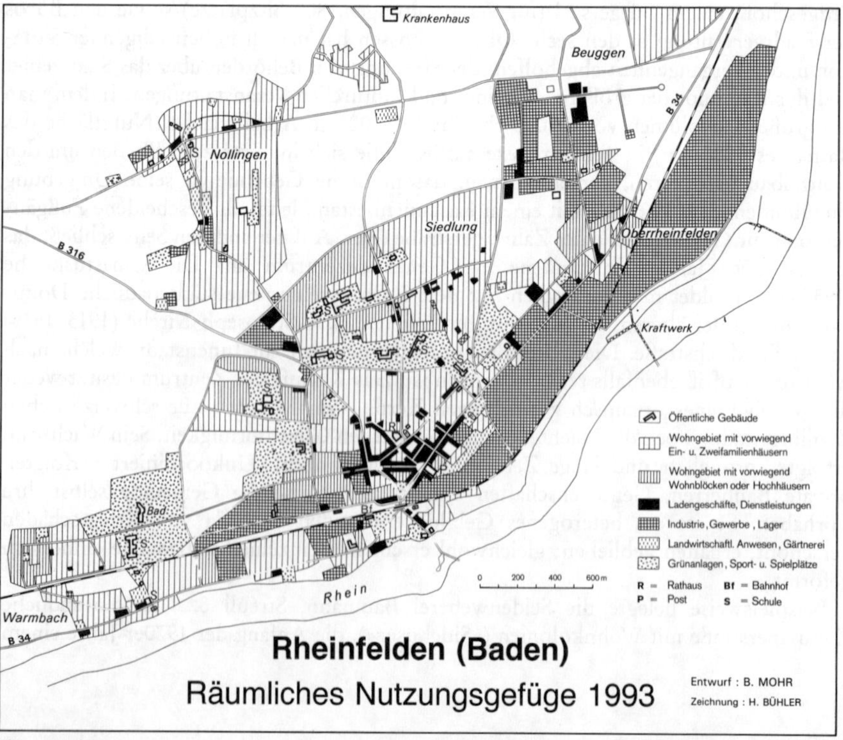
Krankenhaus
Beuggen
B 34
Nollingen
Siedlung
B 316
Oberrheinfelden
Kraftwerk
Öffentliche Gebäude
Wohngebiet mit vorwiegend Ein- u. Zweifamilienhäusern
Wohngebiet mit vorwiegend Wohnblöcken oder Hochhäusern
Ladengeschäfte, Dienstleistungen
Industrie, Gewerbe, Lager
Landwirtschaftl. Anwesen, Gärtnerei
Grünanlagen, Sport- u. Spielplätze
0 200 400 600 m
R = Rathaus
Bf = Bahnhof
P = Post
S = Schule
Bad
Rhein
Warmbach
B 34
Rheinfelden (Baden)
Räumliches Nutzungsgefüge 1993
Entwurf : B. MOHR
Zeichnung : H. BÜHLER

TK 1 und 2

Kaufhauskomplex weichen mußten. Die locker bestandene Nordseite dieser Straße wird seit Mitte der 1980er Jahre unter Einbezug der alten Substanz verdichtet, die Gebäude erhalten ein zusätzliches Obergeschoß. Kompakt wirkt der Wohnblock der Baugenossenschaft in der westlichen Cesar-Stünzi-Straße aus den 20er Jahren. Ein anderes Beispiel ist die Blockrandbebauung Karl-Fürstenberg-Straße 4–8/Zähringerstraße 7–13, die aus den Jahren 1926–1928 stammt. Auch wenn deren einheitliche Hausfassade jüngst durchbrochen wurde, sind die hochgezogenen, triumphbogenartigen Eingänge mit Halbsäulenvorlage, die profilierten Fenstergewände und das Mansarddach anspruchsvolle Formelemente.

Längst als schützenswert erkannt sind die gründerzeitlichen Bauzeilen in der unteren Friedrichstraße; ihre dreigeschossigen Häuser mit ausgebautem Mansarddach wurden z. T. ansprechend renoviert. Auch die 1920 von der Gemeindeverwaltung zum Rathaus (1920–1979) umgebaute Gaststätte »Gambrinus« geht auf diese Periode zurück. Modernisierungsbestrebungen stellten am südlichen Friedrichplatz neu neben alt, Zweckbauten mit farblich abgestuften Fassaden neben die Filigranarbeit der Jahrhundertwende.

Gravierende Einschnitte hatte die Unterfahrung der Bahnlinie (1901) für den südlichsten Teil der heutigen Innenstadt gebracht. Einerseits ist das bauliche Ensemble zu beiden Seiten des ehemals ebenerdigen Übergangs mit Riegeler Bierdepot, Gasthaus Sängerhalle, den inzwischen abgerissenen Hotels Bellevue und Bahnhof sowie der Adelberg-Kirche auseinandergebrochen, andererseits erfuhr der abgesenkte Winkel zwischen Nollinger- und Basler Straße einen eindrucksvollen Abschluß durch die Rudolf-Vogel-Anlage; diese wurde nach dem ersten ortsfremden Bürgermeister benannt, der in den 20er Jahren nicht nur wichtige kommunalpolitische Entscheidungen herbeiführte, sondern auch die bauliche Konsolidierung des Ortes einleitete.

Allgemein sind Bestrebungen im Gange, die älteren Häuser der Innenstadt zu modernisieren und die Gebäudekapazitäten so zu erweitern, daß zusätzliche Geschäfte und Dienstleistungseinrichtungen aufgenommen werden können. Ziel ist, die Attraktivität des Stadtzentrums zu steigern. Zwischen Kapuziner- und Friedrichstraße sowie Karl-Fürstenberg-Straße hat man ein »Sanierungsgebiet Innenstadt« förmlich festgelegt. Konkrete Sanierungsschritte sind Verdichtung und Aufstockung des Baubestandes, Anlage einer Quartiersgarage und Verkehrsberuhigung. Der Stadtplanung stellt sich die Aufgabe, den unvermeidlichen Funktionswandel baulich sinnvoll zu steuern und Erhaltenswertes zu schützen, ohne überholte Strukturen zu konservieren.

Einer Erneuerung bedarf das südwestlich an das Zentrum anschließende Quartier, in das innerstädtische Funktionen vom Oberrheinplatz her ausstrahlen. Dieses Stadtviertel weist eine ungeordnete Mischstruktur hinsichtlich Bebauung und Nutzung auf. Es wird durch die Bahntrasse halbiert, die erst in jüngerer Zeit durch Unterführungen für Fußgänger und Radfahrer direkt miteinander verbunden worden sind.

Sein Südteil wird vom Verkehr geprägt und belastet: einmal durch die Bahnanlagen, denen ein Busbahnhof sowie Park-and-Ride-Stellplätze angegliedert sind, zum anderen durch die überörtlichen Verkehrsachsen und den doppelten Straßenknoten von B 34 und B 316 nördlich und südlich der Unterführung. Über diese Kreuzungen läuft nicht nur der Schwerlastverkehr Richtung Grenzach-Wyhlen, sondern auch der Besucher-, Käufer- und Grenzgängerstrom von und nach der Schweiz. Dabei erweist sich der Stauraum vor dem Zoll in der Rheinbrückstraße als nicht ausreichend, so daß es in Stoßzeiten zu Behinderungen kommt. Die 1911 erbaute Rheinbrücke ersetzte die 1897 abgebrannte Holzbrücke.

Neben der Verkehrslenkung treten die übrigen Funktionen in den Hintergrund. Einen wenig ansprechenden Eindruck hinterließ bis vor kurzem das Rheinufer unter halb der Brücke, einziger städtischer Freiraum am Fluß. Hier in der »Aue« wurde auf den Grundmauern einer Herberge an der ehemaligen Gerichtsstätte 1824 das Haus »Salmegg« errichtet. Das unter Denkmalschutz stehende und mit hohem Aufwand restaurierte Gebäude wurde an den kleinen Stadtpark angebunden. Daneben befindet sich eine Tiefgarage. Auf dem Steilufer flußabwärts folgt Wohnbebauung, dazwischen schieben sich eine Privatklinik und an der Basler Straße das einstige Großherzogliche Zollamt. Gegen den Bahnhof hin wird das Gelände der 1992 abgebrochenen Seidenweberei einer neuen Nutzung zugeführt (u. a. Hotel, Wohnanlage).

Der Nordteil des Südwestviertels, der bis zur Hebelstraße reicht, birgt gründerzeitliche Bausubstanz. Hochgespannte Erwartungen hatten hier viergeschossige Häuser mit Mansardengeschossen entstehen lassen, deren Fassaden noch heute imponierend wirken (Elsa-Brändström-Str. 4–8). Allerdings blieb die Randbebauung entlang der Planquadrate lückenhaft; ein Eckhaus mit Brandgiebel an der Güterstraße steht seit 1900 sogar völlig isoliert. In den Blockinnenlagen siedelten sich Bauunternehmer und Handwerker an. Richtung Bahnunterführung thront die »Sängerhalle«, jahrzehntelang wichtiges Versammlungs- und Festlokal. Das Quartier ist von ungenutzten Flächen und jungen Gewerbebrachen durchsetzt, obwohl hin und wieder eine Auffüllung, z. B. durch die Rheinfelder Baugenossenschaft (Emil-Frey-Straße), versucht wurde. Eher deplaziert wirkt ein sechsgeschossiger Wohnblock an der Güterstraße. Sind in die zentrumsnahen Lagen Geschäftsfunktionen eingedrungen, so erfuhr der Bauhof der zusammengebrochenen Firma Schröter eine Mischnutzung.

Um den Stadtkern legt sich halbkreisförmig ein Wohngebiet, das bis zur Hardt- und Goethestraße reicht und die *Innenzone* Rheinfelds vervollständigt. Es ist locker überbaut, von Gärten durchsetzt oder zumindest durchgrünt. Größere Bauträger haben neben privaten Bauherren das Erscheinungsbild geprägt.

Am ältesten sind die vor der Jahrhundertwende von der Seidenweberei erstellten Arbeiterwohnhäuser an der Karl-Fürstenberg-Straße 19–27 sowie die etwas jüngeren der Kraftübertragungswerke am gleichen Straßenzug. Die Ecke Fürstenberg-/Hardtstraße beherrscht das alte Spritzenhaus, in dessen Obergeschoß 1908 die ersten kommunalen Dienststellen für »Badisch-Rheinfelden« einzogen. An der Hardtstraße schließen drei eigenwillig gestaltete Werkswohnhäuser der I.G. Farbenindustrie aus der Zwischenkriegszeit an. Mehrheitlich ebenfalls aus den 1920er und 1930er Jahren stammt die Bebauung gegen W bis zur Achse der Müßmattstraße. Das mit geringer Geschoßzahl recht einheitliche Niveau der Einzel- und Mehrfamilienhäuser durchbrechen einige Neubauten aus der Nachkriegszeit mit z.T. fünf Stockwerken und Flachdächern. Als wichtiger Bauträger betätigte sich die Baugenossenschaft im Bereich der Rosenau, deren gepflegte Vorgärten ihrem Namen seit Jahrzehnten alle Ehre machen. Zwischen 1950 und 1960 ist das Gelände westlich der Müßmatt- bis über die Moselstraße hinaus mit Eigenheimen bebaut worden.

Noch jünger ist die Bebauung im Dreieck Nollinger-/Goethe-/Eichamtstraße, wo die Städtische Siedlungs- und Wohnungsbau GmbH zur Behebung der Wohnungsnot in den 1960er Jahren mehrgeschossige Wohnblocks erstellte – ähnlich wie kurz vorher beiderseits der Werderstraße. Die langgestreckten Häuserzeilen stoßen spitzwinklig auf ihre Erschließungsachsen, der Baumbestand dazwischen macht einen parkähnlichen Eindruck. Verbunden werden die beiden Wohnblockbereiche durch ältere Gebäude unterschiedlicher Nutzung. Es dominiert aber die Wohnfunktion, beispielsweise in den von der Baugenossenschaft errichteten Häusern an der Wilhelm-Busch-Straße. Unmittelbar daneben hatte eine Gruppe von Kriegsversehrten im Jahre 1926 mit Hilfe ihrer

Rentenabfindung sowie von Gemeinde- und Staatszuschüssen vier Doppelhäuser erstellen lassen.

Räumliche Geschlossenheit erhält die Rheinfelder Innenzone durch den *Grüngürtel*, der vom Dürrenbach halbkreisförmig zur Nollinger Straße zieht und westlich der Goethestraße partiell eine Fortsetzung findet (Friedhof). Zu seiner Funktion als Siedlungszäsur und innerstädtisches Naherholungsgebiet kommt die Standortzuweisung von Bildungseinrichtungen.

Letztere sind in ihrer Entstehungsfolge zum sichtbaren Ausdruck der wachsenden Bevölkerungs- und Schülerzahlen sowie zunehmender Qualifizierungsbestrebungen geworden. Nahe dem Dürrenbach steht die 1903 bezogene, 1910 erweiterte Schillerschule, die älteste und bis zum 2. Weltkrieg einzige Volksschule der jungen Siedlung. Nach W folgt jenseits des Jahnstadions die Realschule, ein zweigeschossiger Bau mit Turn- und Schwimmhalle aus den Jahren 1954–1957, in dem früher das Progymnasium, später das Gymnasium war (daneben das VHS-Gebäude). Benachbart liegt das 1958 eingeweihte Altersheim. 1959 beendete der Bezug des Gewerbeschul-Neubaus ein halbes Jahrhundert provisorischer Unterbringung dieser für eine Industriestadt unverzichtbaren Einrichtung. Goethe- und Eichendorffschule haben ihren Standort nördlich des Grünzuges. Am Fécampring setzte Anfang der 1970er Jahre die Fertigstellung des Gymnasiums mit großer Sporthalle und Grünanlagen sowie einer architektonisch bemerkenswerten Atriumhalle den Schlußstrich hinter eine erfolgreiche Schulbauphase.

Bereits in der Zwischenkriegszeit hatte die Bebauung den Grüngürtel nach N hin übersprungen. Nach Grenzkorrekturen mit Karsau entstand zwischen 1934 und 1940 im Winkel zwischen Dürrenbach und Römerstraße die *»Siedlung«* in drei Bauabschnitten, denen ein vierter nach dem 2. Weltkrieg folgte. Die damaligen Machthaber forcierten das Projekt, dem der Gedanke der »Heimstätte« zugrunde lag, d. h. Bewerbern aus sozial schwachen Schichten, wie Kinderreichen, Kriegsopfern, Hilfsarbeitern auf längere Sicht hin zu Eigentum zu verhelfen, zu einem Haus mit Wirtschaftsteil und Nutzgarten. Das Bauland kam aus Domänenbesitz und wurde in 600–1000 qm große Parzellen aufgeteilt. »Mir siedeln« war das damals gebräuchliche Schlagwort. Das Zusammengehörigkeitsgefühl ist bis heute in der »Siedlergemeinschaft« lebendig, zumal fast alle Stellen noch in den Händen der Gründergeneration bzw. ihrer Nachkommen sind.

Bei der Errichtung der Doppelhäuser von *»Siedlung 1«* an der Elsässer- und Lindenstraße wurden alle erdenklichen Eigenleistungen erbracht. Die Bauherren fertigten Hohlblocks aus Kesselschlacke und stellten sich den Handwerkern als Hilfskräfte zur Verfügung. Von den Betrieben wurden Geräte ausgeliehen und Mitarbeiter für die Dauer der Bauzeit beurlaubt.

Nachbarschaftshilfe und eigener Arbeitseinsatz traten beim Bau der *»Siedlung 2«* in den Jahren 1937/38 etwas zurück. An diesem Abschnitt zwischen Belchen-/Alemannen-/Vogesenstraße beteiligten sich die Stadt mit 15 und die Gemeinnützige Kriegersiedlung GmbH, Berlin, mit 22 Einheiten. Bei einer monatlichen Belastung von 39,80 RM betrugen die gesamten Anlagekosten 7760 RM pro Stelle. Ende 1939 begann unter der Trägerschaft der Badischen Heimstätte GmbH, Karlsruhe, die Erschließung von 70 weiteren Parzellen um die Blauen- und die nördliche Elsässerstraße. Mit finanzieller Hilfe der expandierenden Aluminiumhütte wurden ausnahmslos Häuser für deren Belegschaftsmitglieder erstellt (*»Siedlung 3«* oder »Alusiedlung«). Das neue Viertel umfaßte im Jahre 1940 insgesamt 139 Einheiten.

Erst nach der Währungsreform konnte das Projekt *»Siedlung 4«* durch die Badische Heimstätte verwirklicht werden. Damit war der Raum zwischen östlicher Römerstraße und Dürrenbach voll belegt. Offene und durchgrünte Bebauung an leicht geschwungenen Straßen bestimmt sein Erscheinungsbild. An die Stelle der reinen Nutzgärten sind heute Blumenrabatten und Rasenflächen getreten, ohne daß Gemüse- und Obstkulturen verschwunden wären. Die Wirtschaftsteile wurden in zusätzlichen Wohnraum oder zu Garagen umgewandelt. Immer stärker tritt die Funktion des Quartiers als wertvolle Grünzone hervor, die zahlreiche Spaziergänger in diese ehemalige »Arme-Leute-Gegend« lockt.

Die extensive Raumnutzung in der »Siedlung«, die in manchen Abschnitten weniger als 40 Einwohner/ha aufweist, geht nach W in eine flächensparende Bebauung mit vielgeschossigen Wohnanlagen über. Grund hierfür war das sprunghafte Anwachsen der Bevölkerung in den 1950er und 1960er Jahren, für die Wohnraum geschaffen werden mußte, ohne daß man die Grundstücksreserven über Gebühr beanspruchen wollte. Insbesondere die 1951 gegründete Städtische Wohnungs- und Siedlungsbau GmbH suchte im Rahmen des sozialen Wohnungsbaus die Nachfrage zu befriedigen, wobei ihr die rege kommunale Bodenpolitik zustatten kam.

Dieses städtische Organ hat in der Rheinfelder *Außenzone* zwischen Grüngürtel und Römerstraße zahlreiche Projekte westlich der Müßmattstraße abgewickelt. Auch andere Bauträger wie die Aluminiumhütte traten in Erscheinung. Flüchtlinge schufen mit viel Eigeninitiative ganze Wohnviertel an Breslauer-/Stettiner-/Danziger-/ und Sudetenstraße. Wurde hier meist das Doppelhaus bevorzugt, so dominieren ansonsten Wohnblocks, die zeilenweise angeordnet sowie in Grünflächen liegend mit Kinderspielplätzen und Sammelgaragen ausgestattet sind. Im Bereich Müßmatt-/Friedrich-Ebert-Straße folgen Großgeschoßbauten mit bis zu sechs Stockwerken und bis zu 50 Wohneinheiten. Den Abschluß gegen die Römerstraße markieren drei Hochhäuser, die wie die sechzehngeschossigen Punkthäuser am Fécampring die Silhouette der Stadt im NW bestimmen. Daß aber auch individuelles Bauen nicht ganz fehlte, zeigen die Bungalows »In der Klus«. An der Maurice-Sadorge-Straße kam die private Bautätigkeit nach einer Stockungsphase ab Mitte der 80er Jahre wieder in Gang.

Ist die Versorgung mit Bildungs-, Gesundheits- und Erholungseinrichtungen der Außenzone durch die Nähe zum Grüngürtel sowie durch die in das Wohnquartier integrierte Goetheschule (1960–1962) vorbildlich gelöst, so sind die Einkaufsmöglichkeiten zur Abdeckung des Grundbedarfs weniger günstig. Erstaunlicherweise hat sich bislang an der Erschließungsachse Müßmattstraße kein Quartierzentrum entwickelt, lediglich Ansätze bestehen im Abschnitt um die Stadtbücherei. Bessergestellt sind die Anwohner des Gewerbegebiets »Nollinger Kreuz«, wo mehrere Lebensmittelmärkte neben verschiedenen Handwerksbetrieben frequentiert werden können.

Klar abgesetzt vom Geschäftskern und den Wohnquartieren der Innen- und Außenzone ist, wie Abb. 1 zeigt, das von gewerblichen Bauflächen geprägte *Oberrheinfelden* östlich des Dürrenbachs. Drei Teilräume sind hier zu unterscheiden: der von der Großindustrie belegte ufernahe Streifen, das junge Gewerbegebiet »Schildgasse«, welches sich bis an den Fuß des Dinkelbergs erstreckt, und zwischen beiden eine kleinere Mischbauzone, auf der zahlreiche werkseigene Häuser die Wohnfunktion betonen.

Den zur Ansiedlung der Großindustrie maßgeblichen Impuls gaben die 1894 gegründeten »Kraftübertragungswerke Rheinfelden« (KWR). Beim Bau des Laufkraftwerks (1895–1898) fundierte man am Ende des »Beuggener Sees« ein Stauwehr auf der anstehenden Kalkschwelle und zog längs des Ufers einen 900 m langen und 50 m breiten Oberwasserkanal, der mit einer durchgehenden Mauer gegen das Unterwasser im Rheinbett abschließt. Das Maschinenhaus wurde schräg zur Kanalachse gestellt; in ihm sind 20 Turbinen zur Nutzung eines mittleren Gefälles von 6,1 m installiert. Durch

Naturraum und Siedlung 253

schrittweise Erneuerung der Maschinensätze steigerte sich die Jahresproduktion von anfänglich 70 Mio. kWh auf heute bis zu 180 Mio. kWh. 550 Mio. kWh werden aus einem Kraftwerksneubau (ca. 1996–2004) erwartet. Flußabwärts stehen, getrennt vom Werk, die Verwaltungsgebäude der KWR an der Rheinbrückstraße.

Schon vor Baubeginn des Kraftwerks hatte man sichergestellt, daß die Hälfte der anfallenden Energiemengen von Zweigniederlassungen der Aluminium-Industrie-Actiengesellschaft/Neuhausen (Schweiz) und von den Elektrochemischen Werken Bitterfeld übernommen würde. Ihre Fabriken wurden 1897/98 oberhalb des Kanals auf der Niederterrasse erstellt. 1898/99 siedelte sich als weiterer Großabnehmer von Strom die Elektrochemische Fabrik Natrium an.

In diesem Zweigwerk der Degussa wurde 1899 die Erzeugung von Natriummetall (bis 1929), 1907 von Natriumperborat (bis 1964), 1930 von Wasserstoffperoxid, nach dem 2. Weltkrieg von Aerosil aufgenommen. Der mehrstufige Produktionsaufbau schlug sich in einer fortschreitenden Ausdehnung des Betriebsterrains auf 24 ha zwischen Kanal und Bahnlinie nieder. In den 80er Jahren löste ein Investitionsschub neue Bauaktivitäten aus, einmal um die Schäden eines Großbrandes (1982) zu beseitigen, zum anderen um die Katalysator- und Rußfiltertechnik voranzutreiben.

Dem Degussa-Areal benachbart liegt das Werksgelände der Aluminium GmbH. Ihrem ältesten Betriebsteil oberhalb des Kraftwerkes gliederte man in den Jahren 1935/36 westlich der Bahnlinie Werk II an. Raummangel zwang das expansive und zum Rüstungsbetrieb erklärte Unternehmen, für Werk III (1936–1944) einen Standort nordöstlich des Degussa-Terrains auf Karsauer Gemarkung zu wählen. Während das Fabrikareal seither nur unwesentlich weitergewachsen ist, hat sich die Produktion gewandelt. So wurde die Aluminiumelektrolyse 1991 stillgelegt. Gußlegierungen tragen heute zu 75% zum Umsatz bei (1993), während die Beschäftigtenzahl von einst 1400 auf 330 (1993) sank und weiter sinkt.

Der dritte Rheinfelder Großbetrieb – nach mehrfachem Eigentümerwechsel seit 1988 Zweigwerk der Hüls AG – belegt das Gelände von der Unteren Kanalstraße bis westlich des Dürrenbachs. Standortvoraussetzung für dieses Chemieunternehmen war neben dem Stromangebot auch das Vorkommen von Steinsalz, das in 120 m Tiefe aus dem mittleren Muschelkalk gelöst und zur Gewinnung von Ätznatron und Chlorlauge herangezogen wurde. Die Solung hatte allerdings zu so gravierenden Bodensenkungen innerhalb und außerhalb des Werksgeländes und zu Gebäudeschäden geführt, daß man ab 1955 auf den Bezug von Sole aus Rheinheim bei Waldshut auswich. Umstellungen wurden auch in der Produktion notwendig. 1986 ist die Erzeugung des umstrittenen Holzschutzmittels PCP ausgelaufen. Seit 1987 arbeitet eine neue Anlage zur Herstellung hochdisperser Kieselsäure auf dem Gelände westlich des Dürrenbachs, das durch Brücken und Versorgungsleitungen mit dem Kernbereich in Verbindung steht.

Bei allen drei Großbetrieben ist seit Jahren keine Erweiterung des Werksgeländes mehr erforderlich gewesen. Rationellere Verfahren sowie Um- und Ausbauten haben auf gegebenem Raum die Diversifikation ermöglicht. Gefährliche Produktlinien wurden aufgegeben, doch sind deren Altlasten geblieben: sehr hohe Dioxin-Werte im Erdreich, mit Industriemüll belastete Kiesgruben, eine inzwischen versiegelte Sondermülldeponie in den Riedmatthalden.

Die raumwirksame Firmentätigkeit erschöpfte sich nicht in der Erstellung von Produktionsanlagen. Sie umfaßte ursprünglich auch Infrastrukturleistungen wie die Wasserversorgung, den Straßen- und vor allem den Werkswohnungsbau, der gerade in Oberrheinfelden einen beträchtlichen Umfang angenommen und bei angespannter Arbeitsmarktlage ein zugkräftiges Argument zur Personalwerbung dargestellt hatte. So lebte im Jahre 1905 jeder dritte Beschäftigte der Aluminiumhütte in der Kolonie an der Sophienstraße. Durch die Erstellung von Wohnblocks in der östlichen Scheffelstraße ist die Zahl der Alu-Werkswohnungen bis 1939 auf 134 angewachsen. Jenseits der Karsauer Gemarkungsgrenze stand eine Barackensiedlung. 1951 kamen die ersten Nachkriegsbauten hinzu. Auch das Degussa-Zweigwerk mußte aufgrund der hohen Mitarbeiterzahl in den ersten Jahrzehnten seines Bestehens für Unterkunftsmöglichkeiten in Oberrheinfelden sorgen. Eine Vorgängerin der Hüls AG erstellte auf Werksgelände entlang der Friedrichstraße ihre »Chemische Hüser«, die inzwischen der Spitzhacke zum Opfer gefallen sind. Noch in den 1960er Jahren errichteten die KWR Wohnblocks, während die anderen Firmen bereits Werkswohnungen privatisierten, den Wohnungsbau teils ausgliederten, teils über die Städt. Wohnungs- und Siedlungsbau GmbH abwickeln ließen.

Überragt vom alten Wasserturm, dem Kennzeichen des »Kanalgebietes«, wird das westlich der Friedrichstraße gegen den Dürrenbach hin gelegene Gelände für Sportanlagen, als Festwiese, zum Parken usw. genutzt. Im dicht verbauten Teil östlich der Oberen Kanalstraße tritt neben die Wohnfunktion eine offensichtlich vom Zufall diktierte Mischnutzung. Einzig die Eckkneipen an der Friedrichstraße spiegeln das vertraute Standortmuster wider, in dem das grenzlagenbedingte Vergnügungslokal nicht fehlt.

Oberrheinfelden, das ohne Mittelpunkt blieb, ist jahrzehntelang in seiner Entwicklung durch die Karsauer Gemarkungsgrenze behindert worden. Erst als sich ab 1975 der Handlungsspielraum für die Stadt erweiterte, konnte neues Gewerbeareal entlang der bereits von Karsau erschlossenen *Schildgasse* angeboten werden. In kurzer Zeit siedelten sich dort Betriebe mit großem Flächenbedarf, meist geringem Arbeitsplatzangebot, doch regem Kundenbesuch an: Autohäuser, Verbrauchermärkte, Transport- und Baufirmen, Sporthallen, kleine Industrieunternehmen und eine Schnellgaststätte. Die Einkaufsmärkte ziehen zwar Kaufkraft aus dem Zentrum ab, locken aber andererseits Kunden aus dem deutschen und schweizerischen Umland an. Unter den in Flachbauweise erstellten Hallen sticht das originell gestaltete, um einen Lichthof gruppierte Möbelcenter am Fuße des Dinkelbergs wohltuend heraus. Für Neuansiedlungen stehen seit Anfang der 90er Jahre Erweiterungsflächen in der Schildgasse-Ost zur Verfügung.

Anders strukturiert als die Oberrheinfelder Industriezone ist das Gewerbegebiet an der *Güterstraße* westlich des Bahnhofs. Hier sind transportorientierte Branchen vertreten, wie die Lagerflächen für Schrott und Baumaterialien am Gelände um den Güterbahnhof belegen. Säge- und Furnierwerke dürften den Standort aus dem gleichen Grunde gewählt haben. Ehemals rohstofforientiert waren Bauunternehmen, doch ist die Rohstoffgewinnung auf der Basis jahrzehntelang betriebener Kieswerke in den Gewannen »Rütte« und »Klotz« längst eingestellt. In verwahrlostem Zustand und z. T. mit Industriemüll verfüllt wurden zwei ausgebeutete Gruben hinterlassen. Von städtischer Seite sind der Werkhof sowie die Stadtgärtnerei an die Güterstraße verlagert worden. Wohn- und gewerblichen Zwecken dient der südlich der Bahnlinie gelegene traditionsreiche Sennhof, an den sich die Wohnzone Hochgericht anschließt.

Südlich davon gelangt man jenseits der Basler Straße zum *Rheinhafen*. Seit 1933 Endpunkt der Frachtschiffahrt auf dem Rhein, bietet er heute an Infrastruktur eine Lagerhalle, offene Läger, Spezialsilos und Portalkrane bis 12 t Tragkraft. Sein Umschlag unterliegt beträchtlichen Schwankungen. Nachteilig war die bis 1992 durch die Schleuse Augst begrenzte geringe Tonnenzahl der Schiffe. Die räumliche Trennung von den wichtigsten Kunden in Oberrheinfelden – wegen der Brücke – erzwingt kostspieliges

Umladen im gebrochenen Verkehr und Pendelzufahrt durch die Innenstadt. Anvisiert wird ein Hafenneubau in der Nähe der vorgesehenen Autobahnspange in die Schweiz westlich Warmbach.

Mitte der 1980er Jahre war die letzte bauliche Lücke zwischen dem Kernort und Warmbach geschlossen worden. 1921 eingemeindet, erlebte dieser Stadtteil nach dem 2. Weltkrieg eine ungestüme Siedlungsexpansion durch die Angliederung mehrerer Neubaugebiete sowie eines Sport- und Freizeitzentrums.

Alt-Warmbach besitzt mit seinen zwei Bauzeilen an der B 34 den Grundriß eines Straßendorfes auf dem Rheinhochgestade. Eindrucksvoll überragt die St. Gallus-Kirche die Stufenmündung des Rheinnebenflüßchens Warmbach. Sie ist von dem bereits im 8. Jh. hier begüterten Kloster St. Gallen als Pfarrkirche errichtet worden. Der romanische Bau hatte bis 1897 bzw. 1930 keine Veränderungen erfahren, wurde dann erweitert, sein Turm erhöht, worauf eine Tafel an der Rheinfront hinweist. Die Bevölkerung Warmbachs lebte bis Ende des 19. Jh. von der Landwirtschaft und Schiffahrt, dem Salmenfang und dem Monopol der Steinfuhren vom Dinkelberg insbesondere nach Basel, was bescheidenen Wohlstand brachte und den Hausbau beeinflußte. Nicht zuletzt die stattlichen Gasthäuser einschließlich des zur Schule umgebauten ehemaligen Gasthauses »Adler« sind Zeugen dieser Periode.

An die historischen Verbindungen zum Kloster St. Gallen wie zur Johanniterkommende in Rheinfelden (CH) erinnern verschiedene Straßennamen im Neubaugebiet nördlich der Bahnlinie. Dieses in der Zwischenkriegszeit mit einfachen Mietshäusern belegte Areal ist in den 1960er Jahren unter Mitwirkung von Neuer Heimat, Badischer Heimstätte, Aluminiumhütte und Stadtgemeinde überbaut worden. Im ostwestlichen Formenwandel vom Einzel- und Reihenhaus bis zum Einfachwohnblock kommt ein Absinken der Wohnqualität zum Ausdruck. Zwischen Bahnlinie und Alt-Warmbach wird das Gelände entlang von Hertener- und Akazienstraße nach und nach aufgefüllt. Im Osten, am Thomaring, hatte das Evangelische Hilfswerk, Stuttgart, zahlreiche Heimatvertriebene, die selbst große Eigenleistungen erbrachten, beim Erwerb eines Eigenheims in den 60er Jahren unterstützt.

Die Ausstattung Warmbachs mit Einkaufsmöglichkeiten ist dürftig, wofür u. a. der lästige Durchgangsverkehr verantwortlich gemacht werden muß, der auch den Dorfmittelpunkt an Kirche und altem Schulhaus – bis 1921 zugleich Rathaus – entwertet hat. Andererseits profitiert die Bevölkerung heute von dem an Warmbach und Dorfbach nach N wachsenden Schul- und Naherholungsgebiet. Den Anfang machte dort 1962 die pavillonartige Hans-Thoma-Schule. In der 2. Hälfte der 1970er Jahre wurde mit einem Investitionsaufwand von 11 Mio. DM ein Freibad erbaut. Diesem durch Tennisplätze ergänzten Kern gliederte man in der 2. Hälfte der 1980er Jahre ein kombiniertes Fußball-Leichtathletikstadion sowie weitere Sportplätze am Rande des Rheinfelder Wasserschutzgebietes an.

Gegenüber der hektischen Expansion Rheinfeldens hat die bauliche Entwicklung der Muttergemeinde Nollingen einen lange Zeit ruhigen Verlauf genommen. Obwohl hier die Weichenstellungen für die neue Industriesiedlung erfolgten und Belastungen aus der Gründerphase verkraftet werden mußten, hielt das Dorf beharrlich an seinem Eigenleben fest, worin es nach dem Verlust von Rathaus und Gemeindenamen eher noch bestärkt wurde. Bis 1945 fand keine nennenswerte Raumerschließung statt. Erst in den 1960er Jahren stießen Wachstumsspitzen entlang den Ausfallstraßen vor. Verdichtet wurde das Gelände zwischen Zielgasse und Unterer Dorfstraße, dem im Laufe der letzten zwei Jahrzehnte die Überbauung der »Neumatt-Süd« folgte. Eine Mehrzweckhalle stellt die Verbindung zur »Neumatt-Nord« her, deren Belegung bis Mitte der 90er

Jahre abgeschlossen ist. Anders als bei Warmbach bleibt Nollingen von der Rheinfelder Außenzone durch eine Siedlungszäsur getrennt.

Die ursprüngliche Grundrißanlage Nollingens besteht aus einem einzigen Straßenzug, der als Obere Dorfstraße am Dinkelbergfuß entlangführt und bei der Kirche im rechten Winkel als Untere Dorfstraße auf die Niederterrasse hinaus abknickt. Scheidepunkt ist die Kreuzung mit der Beuggener Straße, welche den überregionalen Verkehr durch den Rheinfelder Raum hochrheinaufwärts zu bewältigen hat und völlig überlastet ist. Abseits der Kreuzung erhebt sich auf dem Anstieg zum Dinkelberg die kath. Kirche St. Felix-und-Regula. Sie wurde 1938/1939 an Stelle eines Kirchleins errichtet, an das noch die Seitenkapelle, der auf 1415 datierte Chor des Vorgängerbaus, erinnert. Das mächtige Kirchenschiff wird vom haubengekrönten Turm nur wenig überragt. Zusammen mit dem ehemaligen Friedhof (bis 1882), mit Pfarramt und der zum Gemeindehaus umgebauten Pfarrscheuer ist der Kirchenbezirk aufgrund seiner exponierten Lage, der Ummauerung und der Einfassung durch den Kapfweg klar vom Dorf abgehoben und dennoch in ihm verankert.

Die Hauptkreuzung Nollingens wird vom neugotischen Bau des Schulhauses (1904) beherrscht, zwei Gasthäuser sowie das zurückversetzte alte Rathaus vervollständigen neben landwirtschaftlichen Anwesen den Kreuzungsbereich. Die breit angelegte Obere Dorfstraße wird dicht gesäumt von traufständigen Einhäusern, von denen einige vorbildlich renoviert wurden. Hier wie an der Unteren Dorfstraße hat sich der ländliche Charakter in den Grundzügen erhalten, betont nicht zuletzt durch die Verwendung von Kalkstein als traditionellem Baustoff (massive Stützmauern). Beleben im Oberdorf nicht weniger als sechs Brunnen das Ortsbild, so im Unterdorf der parallel zur Straße geführte, leicht gewundene Dorfbach. Dessen Gefälle an der Niederterrassenkante nutzt seit alters die Wiechsmühle. Funde römischer Ziegelsteine auf deren Gelände deuten auf einen früh besiedelten Punkt an der Straße nach Kaiseraugst. Ohne Siedlungskontinuität blieb hingegen der römische Gutshof auf der Nollinger Höhe, dessen Mauerreste 1931–1934 ausgegraben und konserviert wurden.

Die formalen Strukturen im Kern Nollingens verdecken den längst vollzogenen Funktionswandel von der Landwirtschaft weg zur fast ausschließlichen Wohnnutzung. Das bäuerliche Element hat sich in wenigen Nebenerwerbsbetrieben erhalten. Handwerker paßten ihre Werkstätten zeitgemäßen Erfordernissen an. Es sind sogar neue gewerbliche Kleinunternehmen am Rande des Unterdorfes sowie auf dem Areal des aufgelassenen Steinbruchs hinzugekommen, während der dreigeschossige Bau der ehemaligen Knopf-, dann Uhrenfabrik jetzt Wohnzwecken dient. Es fällt auf, daß der Ortsmittelpunkt nur schwache Ansätze zur Ausbildung eines Quartierzentrums erkennen läßt; vor allem fehlen Geschäfte zur Abdeckung des täglichen Bedarfs.

Im Anstieg zum Dinkelberg weist die Rebgasse mit ihrem Namen auf den – kurz vor dem 1. Weltkrieg aufgegebenen – Weinbau hin, der gemäß einer Flurkarte aus dem Jahre 1775 den ganzen Südhang einnahm und zusammen mit den Reben am Rheinhochgestade (Weinbergstraße) 44 ha umfaßte. Seitdem haben die Hangpartien eine Extensivierung über Grünland und Obstwiesen bis zur Wiederbewaldung und Verbuschung erfahren. Im »Vogelsang« werden sie seit Mitte der 1980er Jahre für ein gehobenes Wohngebiet erschlossen, auf dem die in Rheinfelden eher seltene individuelle Hausgestaltung zum Zuge kommt. Die Hangüberbauung eingeleitet hatte das 1975 fertiggestellte Kreiskrankenhaus, eine wichtige infrastrukturelle Bereicherung der Stadt.

Auf der westlich an die Kernstadt anschließenden Gemarkung von Herten sind zahlreiche Spuren früher Besiedlung nachgewiesen. Römische Gutshöfe im Gewann Hagenacker, beim Markhof und an anderen Stellen waren in die Versorgung von

Augusta Raurica eingebunden. Von der Brücke zum spätrömischen Castrum Kaiseraugst sind Fundamente dreier Rundtürme erhalten. Sie wurden vom Rhein ebenso unterspült wie ein auf dem Hochgestade freigelegtes alemannisches Reihengräberfeld. Die Keimzelle des heutigen Dorfes am Dinkelbergfuß nutzte einen Quellhorizont wie vermutlich vorher schon eine *villa rustica* an gleicher Stelle. Durchfeuchtet neigen die wasserstauenden Mergeltone zu Hangrutschungen, die 1872 mehrere Häuser am »Alten Berg« zerstörten.

Wie Abb. 2 zeigt, richtete sich das Siedlungswachstum in den letzten 100 Jahren vom Hangfuß nach S zur Bahnstation, dann zum 2 km entfernten Rhein. Entlang der Bahnhofstraße als Erschließungsachse rückte die Bebauung vor 1945 nur zaghaft bis zur Augster Straße vor. Flächenhaft aufgefüllt wurde das Zwischengelände erst nach 1950, zunächst im Bahnhofsviertel durch die Vergabe von Bauplätzen an Heimatvertriebene in der Gartenstraße, dann vor allem durch die Erstellung der Geigy-Wohnsiedlung ab 1964/1965, wo Zuwanderer aus dem Ruhrgebiet in Wohnblocks und Zweifamilienhäusern – inzwischen privatisiert – Unterkunft fanden. Vornehmlich Zuzug aus der Region erhielten die jüngsten Eigenheimgebiete zwischen Mattenbach und Friedhof östlich der Bahnhofstraße; westlich davon sind von dem einst vorgesehenen Gemeindezentrum zwischen Altort und Herten-Süd die Projekte einer Grundschule mit Mehrzweckhalle und eines Sportplatzes verwirklicht worden. Nahebei steht in der Augster Straße die ev. Petruskirche (1958). Südlich der Bahntrasse füllt sich nach und nach das Gewerbegebiet West und Süd mit industriellen Kleinbetrieben sowie mit Filialen von Speditionen, die den künftigen grenzüberschreitenden Autobahnanschluß nutzen wollen. Der Uferstreifen zwischen B 34 und Hochrhein schließlich hat Erholungs- (Hertener Loch) und Entsorgungsfunktionen (Kläranlage).

Der alte, von der Hauptstraße durchzogene Ortskern von Herten besitzt einen unregelmäßigen Grundriß. Äußerlich kaum veränderte Bauernhäuser prägen die Kirch-, Rabenfels- und Weiherhausstraße. Zum Ortsmittelpunkt aufgewertet wurde der neu gestaltete Platz an der Abzweigung der Bahnhof- von der Hauptstraße, und zwar dadurch, daß man im Tausch das Pfarrhaus zum Rathaus und den Pfarrgarten zu einem Parkplatz mit Bushaltestelle umwandelte. Da außerdem der Besatz an Einzelhandelsgeschäften und das Angebot des Dienstleistungshandwerks verdichtet wurde, entstand zusammen mit den altansässigen Gaststätten sowie der Volksbankfiliale ein vollwertiges Stadtteilzentrum. Ihm zuzurechnen ist die nahegelegene, von der Hauptstraße abgerückte kath. Pfarrkirche St. Urban, 1789–1792 erbaut nach Plänen des Deutschordens-Baumeisters Franz Anton Bagnato (gotischer Chorturm der Vorgängerkirche). Ein Brunnen (1827) mit achtseitiger Sandsteinschale und Rundsäule belebt den Vorplatz. Die Kirchstraße führt an Hauptschule und Kindergarten vorbei in die Wohngebiete »Wockerle« und »Burgreben«. Den östlichen Ortsausgang bestimmt der Friedhof mit moderner Einsegnungshalle und mit der auf das Jahr 1715 zurückgehenden Wallfahrts-, dann Friedhofs-Kapelle »Maria-Schnee«, deren Giebelfront mit Totentanzmotiven übermalt ist.

Immer weiter nach W aus dem Dorf heraus wächst der Komplex des St. Josefshauses. Die 1879 gegründete Anstalt beherbergt rund 600 geistig Behinderte und beschäftigt nahezu 500 Mitarbeiter. Sie stellt nicht nur baulich, sondern auch verwaltungs-, schul- und versorgungsmäßig ein Gemeinwesen für sich dar: mit eigener Kirche, Heilerzieherschule, mit allen benötigten Handwerksstätten, gärtnerischen und landwirtschaftlichen Betrieben, unter denen der 115 ha landwirtschaftliche Nutzfläche umfassende Markhof zugleich eines der ältesten urkundlich bekannten Anwesen in Herten (1313) darstellt; er

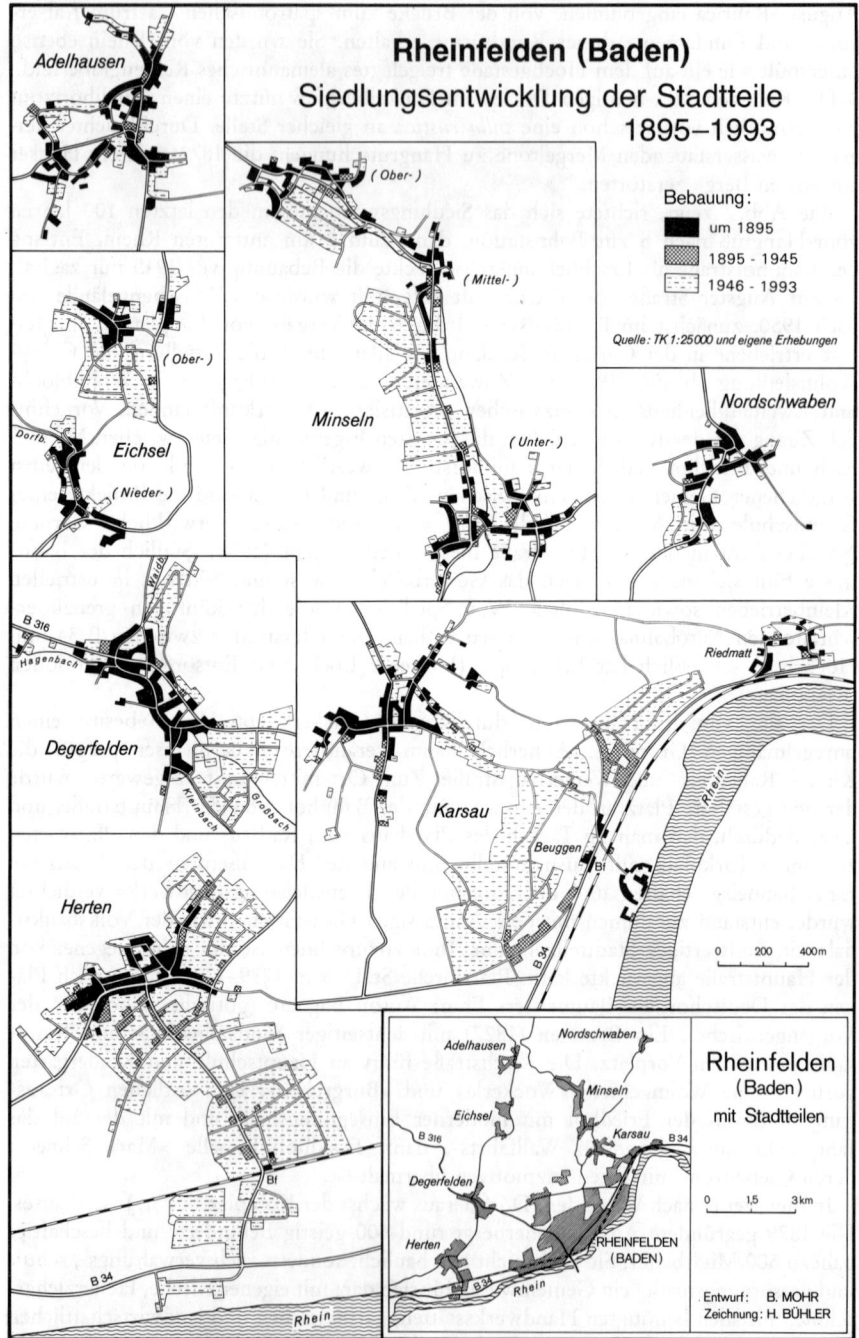

TK 3: Rheinfelden (Baden). Siedlungsentwicklung der Stadtteile 1895–1993

liegt auf dem Schwemmfächer des Leuengrabens am Fuß des Schloßkopfes, auf dem die spärlichen Mauerreste der Ruine Hertenberg langsam verfallen. Insgesamt dominiert in diesem bevölkerungsreichsten Teilort Rheinfeldens (4250 E.) die Wohnfunktion. Man pendelt nach Grenzach-Wyhlen, in die eigene Kernstadt, nach Lörrach und in die Schweiz oder ist im St. Josefshaus tätig. Die breitgefächerte infrastrukturelle Ausstattung verleiht dem im Regionalplan als Ort mit verstärkter Siedlungsentwicklung ausgewiesenen Herten ein hohes Maß an Selbständigkeit.

Enge Verbindungen zu Herten – beispielsweise durch die gemeinsame kath. Kirche und den Friedhof – besitzt der Nachbarort Degerfelden, der mit 1500 Einwohnern zu den mittelgroßen Rheinfelder Stadtteilen zählt. Er ist aus der Talöffnung des Hagenbachs zwischen Nettenberg und Hirzenleck auf die Niederterrasse hinausgewachsen und hat sich auch entlang des Waidbachs nach N ausgedehnt. Die beiden Bäche, die mitten im Dorf zusammenfließen, haben manch kritischen Notstand heraufbeschworen – zuletzt 1953, als Wasser in 56 Häuser eindrang. Andererseits war dieses einzige bedeutende perennierende Dinkelberggewässer zum Antrieb von Mühlen wie zur Mattenbewässerung prädestiniert. Neben der Sägemühle an der Straße nach Lörrach arbeiteten im Dorf eine Ölmühle und zeitweise nicht weniger als vier Getreidemühlen, von denen eine – auf Tierfutterproduktion spezialisiert – die Tradition bis heute fortsetzt.

Dem Hagenbach (=Großbach) und dem Mühlenkanal (=Kleinbach) folgt die Grenzacher Straße. Sie bildet mit der parallel geführten Lörracher Straße den Grundriß einer Zweiwegeanlage, die von locker, im Unterdorf dichter stehenden, meist zu Wohnzwecken umgestalteten Bauernhäusern gesäumt wird. Als heimische Baustoffe wurden Kalkstein, für Fenster- und Türfassungen Sandstein aus den Brüchen am Eich- und Nettenberg verwendet.

Entlang der vom Verkehr durchfluteten Lörracher Straße (B 316) bestimmen zwischen den Wohngebäuden, Gaststätten und Autohäusern einige öffentliche Gebäude das Straßenbild: Rathaus und Poststelle, das stattliche ehemalige Schulhaus – darin ist jetzt die Sparkassenfiliale – und die barocke St. Ubald-Kapelle. Am Parallelstraßenzug vermutet man historische Amtsgebäude – z. B. das als Stabhalterhaus überlieferte Staffelgiebelhaus Am Dorfbach 8. Daneben soll das Gebäude am Mühlenbach, ursprünglich wohl Wasserschloß, als Vogtshaus gedient haben. Es ist vom Landesdenkmalamt und Eigentümer hervorragend renoviert worden: gotische Stufenfenster, Tür- und Fensterfassungen aus Sandstein, gegeneinander versetzte Sandsteinquader an den Hausecken sowie eine kräftige Farbgebung gliedern das dreigeschossige Gebäude. Von Wasserreichtum, heimischem Werkstein und dem Geschick der Degerfelder Steinmetzen – die Steinbrucharbeit bot bis ins letzte Jahrhundert die meisten Arbeitsplätze nach der Landwirtschaft – zeugen mehrere reizvolle Brunnen.

Im Neubaugebiet-Süd sind in den 1970er Jahren Grundschule, Kindergarten und Festhalle als einheitliche Anlage geschaffen worden, um die sich eine lockere Bebauung mit Eigenheimen legte. Bereits ein Jahrzehnt vorher wurde der westexponierte Talhang des Waidbachs – die an den früheren Weinbau erinnernde Rebetsmatt – in gefälliger Weise mit Ein- und Zweifamilienhäusern belegt, während die Terrassensiedlung am östlichen Ortsausgang die Nähe zur Stadt erahnen läßt.

Außerhalb des Ortsetters liegt im oberen Talabschnitt des Hagenbachs der im Jahre 800 in einer sanktgallischen Schenkungsurkunde erwähnte Hagenbacher Hof. An der Wende zur Neuzeit besaß die Siedlung Weilergröße. Die lange Zugehörigkeit des Hofgutes zur Deutschordenskommende Beuggen dokumentiert das Doppelwappen des Ordens und des Komturs Freiherr H. J. vom Stein über dem Türsturz am Wohnhaus.

Der gotische Bau mit Staffelgiebel und schönem Erker, umgeben von den Ökonomiegebäuden, wirkt wie ein ländlicher Adelssitz.

Den Waidbach aufwärts passiert man an der Einmündung des Löhlegrabens die Stelle der Ortswüstung Geitlikon, in deren Gemarkung sich Degerfelden und *Eichsel* Anfang des 16. Jh. teilten, und erreicht an dem nun Dorfbach genannten Gewässer Niedereichsel. Rund 100 m höher liegt auf dem Südausläufer des Adelhauser Rückens Obereichsel, das in den letzten zwei Jahrzehnten beträchtlich gewachsen ist.

Der Ortskern von Obereichsel vereinigt die öffentlichen Einrichtungen der Doppelsiedlung, und zwar alt und neu harmonisch aufeinander abgestimmt. Den Mittelpunkt bildet die alles dominierende, 1192 erstmals erwähnte St. Gallus-Kirche. Ihr weithin sichtbarer gotischer Bau mit steilem Satteldach und 1852 aufgestocktem Kirchturm ist vom Friedhof umgeben. An dessen Umfassungsmauer schließt der Pfarrhof mit seinem stattlichen Wohnhaus aus dem Jahre 1742 an. In der Tradition als Wallfahrtsort steht der 1978 am Maienplatz errichtete Jungfrauenbrunnen, welcher auf drei hier verehrte Legendenfiguren – in einer Muschelkalksäule als Brunnenstock zur Einheit verschmolzen – Bezug nimmt.

Vervollständigt wird das Ensemble des Ortszentrums durch die Gaststätte »Maien«, durch die Schule (1892, erweitert 1965) und durch das 1984 eröffnete Gemeindezentrum. Letzteres beherbergt in einem dem abschüssigen Gelände vorbildlich eingepaßten Hallenbau die Ortsverwaltung, die Feuerwehr, Vereinsräume sowie die Zweigstellen von Sparkasse und Raiffeisenbank.

Um den Dorfkern gruppieren sich die bäuerlichen Anwesen. Die quergeteilten Einhäuser mit Satteldach haben im Übergang zur Nebenerwerbslandwirtschaft ihren alten Zustand weitgehend bewahrt. Nach S führen Kirchmatten- und Birkenweg in das Neubaugebiet (ab 1964), dessen reine Wohnfunktion und eine stark von Akademikern durchsetzte Bevölkerung dem Dorf fremde Elemente mit anfänglichen Integrationsschwierigkeiten bescherten. In Südhanglage werden die in reichlich Grün eingebetteten Bungalows von der Dinkelbergstraße erschlossen. Seit 1963 zieht das Ausflugslokal »Café Elke« am Westende des Dorfes Besucher aus nah und fern an. Hingegen besitzen die Eichsler keine Möglichkeit mehr, den täglichen Grundbedarf am Ort zu decken.

Mehrere Wanderwege führen über den rutschgefährdeten, durch Schafkoppeln unterteilten Keuperhang nach Niedereichsel hinunter. Die lockere Reihensiedlung entlang von Birs- und Angerstraße bzw. Dorfbach erweitert sich im Bereich des Gasthauses »Wilder Mann«. Dort erhält der Bachgraben Zulauf aus einem mit dem alten Ortswappen (einzelnes Eichenblatt, 1832) und mit einer Eichel als Säulenkopf geschmückten Brunnen. Abseits am Hang gegen Degerfelden liegt der 1849 errichtete Gelkenhof, einer der wenigen verbliebenen landwirtschaftlichen Vollerwerbsbetriebe.

Seit Jahrhunderten kirchlich, seit drei Jahrzehnten schulisch mit Eichsel verbunden ist Adelhausen, das wegen seiner exponierten Plateaulage (Liasrücken) nicht selten als Mittelpunkt des Dinkelberges angesprochen wird. Im 600 Einwohner (1992) großen Dorf legt man Wert darauf, den Charakter als ländliche Siedlung zu wahren und hat deshalb keine umfangreichen Neubaugebiete ausgewiesen.

Der Ort besteht aus den drei Kernen Adelhausen, Rapperswyher und Ottwangen. Rappersweier, rund 25 m unterhalb des Liasplateaus an einem Quellhorizont gelegen, ist in Adelhausen aufgegangen. Sein Name verschwand von den Karten, lebt aber in einer Straßenbezeichnung weiter. Der Hauptort erscheint aufgrund seiner topographischen Situation langgestreckt mit der Rheintalstraße als Siedlungsachse, die im Bereich des Kegelplatzweges und des Dr.-Karl-Fritz-Platzes eine haufendorfartige Erweiterung aufweist. Hier sind die öffentlichen Einrichtungen konzentriert: das Rathaus, der eingeschossige Schulbau (1961), die für das rege Vereinsleben unentbehrliche Dinkelberghalle (1974) und ein zum Feuerwehrhaus umgestalteter Hof. Nach W zweigt die Rapperswyher Straße ab, beschreibt einen Bogen und führt als Juchstraße zum Kegelplatz zurück. Ihre tiefsten Partien, das alte Rapperswyher mit dem obligaten Brunnen, sind stärker verdichtet. Obstwiesen füllen den Innenraum des Straßenbogens wie den gesamten Ortsetter.

Unter den Bauernhöfen herrscht das quergeteilte Einhaus mit einem weit den Stall und die Scheune überkragenden Satteldach vor (beispielhaft am Kegelplatz). Daß die Landwirtschaft noch einige Bedeutung besitzt, beweist die bauliche Erneuerung von Ökonomieteilen und die Zahl von immerhin 25 viehhaltenden, wenn auch meist nebenberuflich geführten Betrieben (1992). Dennoch hinterläßt die Umstrukturierung zum Pendlerort bei idealer Ausgangsposition Richtung Lörrach, Kernstadt Rheinfelden und mittleres Wiesental ihre Spuren in Form von Umbauten, weniger von Neubauten, die lediglich Lücken füllen.

Den westlichen Teil der Adelhauser Flur nimmt der Weiler Ottwangen ein. Seine Grünlandparzellen greifen wie Rodungszungen in den Wald um die Mezelhöhe (485 m NN), die Siedlung schmiegt sich an die Hangleiste des Dultenaugrabens entlang der Straße nach Lörrach. Wo letztere in den Wald eintritt, lädt an der 400jährigen Kreuzeiche (auf Gemarkung Brombach) ein Wanderpark- und Spielplatz zur Naherholung ein. Beliebte Routen führen über die »Römerstraße« Richtung Brombach oder zum Siebenbannstein. Dieser Markstein und Meßpunkt, an dem die alten Banne von Lörrach, Stetten, Inzlingen, Hagenbach, Adelhausen, Ottwangen und Brombach aneinanderstießen, wurde 1790 fixiert.

Ähnliche Strukturen wie Adelhausen weist Nordschwaben auf, der nach Einwohnerzahl (rd. 300) und Gemarkungsfläche (345 ha) kleinste Rheinfelder Stadtteil. Gegen übermäßigen urbanen Einfluß setzt man hier auf dörfliche Überschaubarkeit. Die Pflege des traditionellen Siedlungsbildes geht vor Wachstum.

Der Ort kann als siedlungsgenetisches Schulbeispiel eines Etterdorfes gelten mit vielgliedriger Gewannflur, in der Zelgbezeichnungen (Obere, Niedere, Äußere Zelg) noch lebendig sind. Auf einer Hangverflachung südlich der Dinkelbergkulmination Hoher Flum gelegen (470 m NN), wird das locker bebaute Haufendorf von der kurvenreichen Schopfheimer Straße durchzogen. Die quergeteilten Einhäuser sind traufseitig gestellt. In ihren Scheunenteil führen entweder steinerne Rundbögen mit sorgfältig zugehauenem Schlußstein (oft mit Jahreszahl) oder rechteckige Einfahrten aus Holzbalken. An exponierter Stelle in der Ortsmitte erhebt sich das zweigeschossige Rat- und ehemalige Schulhaus. Im Unterdorf nimmt eine Mehrzweckhalle den Platz des einstigen Dreschschopfes ein. Das stundenweise Dienstangebot von Ortsverwaltung, Post und Sparkassenfiliale unterstreicht, daß Nordschwaben hinsichtlich seiner Versorgung fast ganz außenabhängig ist.

Etwa 500 m östlich des Dorfes befindet sich in auffallend abseitiger Lage die St. Mauritius-Kapelle mit dem Friedhof. Ob sie einst von Häusern umgeben war, ob also eine partielle Ortswüstung vorliegt, bleibt unklar. Der vergleichsweise wuchtige Turm verrät romanische Einflüsse, der gotische Chor enthält Wandfresken, die ins 15. Jh. datiert werden. Außen, in die Südwand des Langhauses ist ein Sandstein mit Schriftzeichen eingelassen, die auf 1733 als Jahr des (Wieder-)Aufbaus hindeuten.

Ein über Jahrzehnte hinweg zwiespältiges Verhältnis kennzeichnete die Beziehungen zwischen Karsau und (Nollingen-)Rheinfelden. Einerseits trug das Dorf maßgeblich zur industriellen Entwicklung der neuen Stadt bei, nicht nur weil die ersten Industrialisierungsschritte und spätere Betriebserweiterungen auf seiner Gemarkung erfolgten, sondern auch weil mit Geländeabgaben der Rheinfelder Raumnot abgeholfen wurde (1901, 1935–1939, insgesamt 113 ha). Andererseits lehnten die Karsauer bis 1975 alle Eingemeindungswünsche standhaft ab.

Der inzwischen weitgehend integrierte, über 3300 Einwohner (1993) zählende Stadtteil setzt sich aus mehreren, räumlich voneinander getrennten Siedlungen zusammen: Karsau auf einem randlichen Plateau des Dinkelbergs (360 m NN), Schloß Beuggen rund 100 m tiefer unmittelbar am Strom, Riedmatt ca. 1 km flußaufwärts auf der Niederterrasse (s. Abb. 1). Zwischen diesen Siedlungszellen wuchsen nach dem 2. Weltkrieg die Beuggener Neubaugebiete am Dinkelberghang zu beachtlicher Größe, so daß der Bevölkerungsschwerpunkt vom Altort weg gegen O wanderte. Daraus zog die Gemeindeverwaltung Konsequenzen und verlagerte Schule (1953), Rathaus (1955), Kindergarten (1960) – eine Mehrzweckhalle kam 1970, das kath. Gemeindezentrum 1993 hinzu – in das zentral gelegene Baugebiet »Blümleacker«. Dieser administrative, kirchliche und schulische Dorfmittelpunkt entbehrt allerdings bislang jeglicher privater Folgeeinrichtung, und auch die Wohnbebauung rückte erst in jüngster Zeit aus S vom »Kapfbühl« und aus W von Alt-Karsau heran.

Das Haufendorf Karsau mit lockerer, nur entlang der Kreisstraße dichter Bebauung hat den Umbruch vom Agrar- zum Wohnort längst vollzogen. Die ehemaligen landwirtschaftlichen Anwesen wurden umgebaut oder renoviert, auch Neubauten entstanden auf alten Hausplätzen. Lediglich an der nördlichen Forststraße und in einem Aussiedlerhof ist das bäuerliche Element noch wahrnehmbar. Die für die Grundversorgung notwendigen Ladengeschäfte und Dienstleistungseinrichtungen sowie die Gasthäuser liegen fast alle an der Kreisstraße, genauso wie die ehemalige Schule (Nr. 58 im 19. Jh., Nr. 56 bis Mitte des 20. Jh.). Abgerissen wurde das alte Rathaus an der Kreuzung mit der Karsauer Straße. Folgt man dieser nach W, trifft man auf eine Reihe von Häusern (Nr. 63–69 und 70–80) mit Stockwerkseigentum, wobei die Gebäude wechselnd längs- oder quergeteilt sind. An der Abzweigung des Innerdorfs bildet die geschmackvoll renovierte »Schütte« (1534), der zur Zehntscheuer des Deutschritterordens gehörende Fruchtspeicher, einen Blickfang.

Zusammen mit Karsau gehörte Riedmatt rund 500 Jahre zum engeren Herrschaftsbereich der Kommende Beuggen. An den sehr locker verteilten Einhäusern des Weilers kann man die traditionelle Lehmfachwerkkonstruktion, immer seltener das Stockwerkseigentum (Haus 12) beobachten. Die renommierte Landgaststätte »Storchen« auf dem Gelände einer abgegangenen Brauerei reiht sich in die Kette von Beherbergungs- und Gastronomiebetrieben entlang der B 34 ein, zu denen auch der »Anker«, die ehemalige Poststation oberhalb des Schlosses, und nicht zuletzt ein die Grenzlage nutzender Nachtclub gehören. Dem »Anker« benachbart liegt der alte Karsauer Friedhof, in dem einst die Dorfkirche stand. Als sie 1678 durch Artilleriebeschuß zerstört wurde, verlegte man die Gottesdienste bis zum Bau der neuen Kirche (1993) in die zur Ordensburg gehörende Kirche.

Wo der Anstieg zum Dinkelberg nicht allzu steil ist, sind die Hänge mit Wohnbauten überzogen. Den ersten Häusern aus der Jahrhundertwende im »Burstel« folgten 1930/31 drei aus dem Stauraum des Kraftwerks Ryburg-Schwörstadt umgesetzte Anwesen (z. B. Karsauer Str. 5). Nach kriegsbedingter Unterbrechung wurde dieses aus Domänenbesitz stammende Gelände mehr und mehr mit Einfamilienhäusern unter Federführung der »Neuen Heimat« Säckingen überzogen. An den schmalen Straßen stehen die Eigenheime und Terrassenbauten recht eng beieinander.

Zu einer Stadtrandsiedlung entwickelte sich der südexponierte »Kapfbühl«. Seine Erschließungsachse gleichen Namens verbindet ihn über das jüngste Baugebiet »Auf der Schanz« mit dem Ortszentrum. Einzel- und Reihenhäuser bestimmen den nach Einwohnerzahl größten Karsauer Ortsteil, welcher, von einer deplazierten Poststelle abgesehen, versorgungsmäßig ganz auf die Kernstadt orientiert ist.

Unterhalb von Bundesstraße und Bahn erhebt sich unmittelbar am Rhein die guterhaltene und restaurierte mächtige Anlage des Deutschordensschlosses *Beuggen*. Ursprünglich eine Wasserburg, beschreibt ihre Umfassungsmauer mit dem Graben ein Halbrund. Zwei Tore führen in den großen Hof, in dessen Mitte sich die eigentliche Schloßanlage befindet, die aus einem mit Treppengiebel (16. Jh.) versehenen Gebäude (13. Jh.) und dem angefügten größeren Rokokobau (1775) besteht. Rechtwinklig hierzu steht die Schloßkirche. Hauptbau und ehemalige Wirtschaftsgebäude entlang der Mauer – alle mit den Wappen des Ordens und der Komture geschmückt – dienen heute als ev. Tagungs- und Begegnungsstätte. Der im S vorgelagerte landwirtschaftliche Betrieb mag an den Fronhof erinnern, der dem Deutschen Orden 1246 geschenkt wurde und an dessen Stelle dann das Schloß entstand.

Von Alt-Karsau durch eine schmale Siedlungszäsur getrennt, liegt Minseln im Mühlbachtal. Der Ort besteht aus drei bäuerlichen Siedlungszellen (Unter,- Mittel-, Oberminseln), die nach dem 2. Weltkrieg entlang der fast 3 km langen Wiesentalstraße zusammengewachsen sind und verdichtet wurden (s. Abb. 3). Auch wenn sich die Bebauung auf die unteren Talhänge ausgedehnt hat, gelangt man auf allen Stichstraßen nach wenigen Schritten in die obstbaumreiche Feldflur. Die Minselner Gemarkung bildet das Kernstück des agrarisch geprägten mittleren Dinkelbergs; im Dorf zählte man 1992 immerhin noch 5 landwirtschaftliche Voll- und 20 Nebenerwerbsbetriebe. Dennoch ist der Umbruch zum Auspendlerort (1993: 1800 Einwohner) im Sog der Arbeitsplätze vom badischen und schweizerischen Rheinfelden vollzogen, die baulichen und räumlichen Strukturen passen sich dem Funktionswandel an.

Unterminseln besitzt einen haufendorfartigen Grundriß, bedingt durch die Abzweigung der Straßen nach Karsau und Nordschwaben. Einen für den Ortsteil wie die Gesamtsiedlung (und Nordschwaben) peripheren Standort nimmt auf dem südwestlichen Talhang die Kirche mit Friedhof und Pfarrhaus ein; ihr Patrozinium Peter und Paul weist auf ein hohes Alter hin. Der heutige schlichte Bau mit stämmigem Turm stammt aus dem Jahre 1686. Ursprünglich als Pfarrhaus diente das Gebäude Kirchgasse 2, das mit den Insignien der Apostelfürsten (= Dorfwappen) und der Deutschherren geschmückt ist. Im Talgrund beanspruchen zwei holzverarbeitende Betriebe größere Areale. Das Sägewerk oberhalb der Nordschwabener Straße hat den Platz der ehemaligen Dorfmühle eingenommen, die über einen Hangkanal (Pappelreihe) gespeist wurde. Zwischen den zu Wohnzwecken umgebauten Höfen treten randlich – beispielsweise in der Brisengasse und am Zehntenweg – die landwirtschaftlichen Anwesen stärker in Erscheinung.

Die Verbindung zu Mittelminseln stellen Baugebiete der 1960er Jahre (Dinkelacker, Geisbühl), das Ortszentrum und das Neubaugebiet »Nottenberg« (seit 1975) her. Zum Ortszentrum zählt die auf einem Hügel mit gebührendem Abstand zur jungen Wohnbebauung errichtete ev. Johanneskirche (1955), weiterhin die Sporthalle (1974) und – wiederum leicht erhöht – das stattliche, zweigschossige Schulgebäude (1929), das 1989/90 umgebaut und erweitert wurde. Auf der Ostseite der Wiesentalstraße schließen eine Sparkassenfiliale und das Rathaus (1824) an. Es markiert den Eingang zum bäuerlichen Mittelminseln, das Im Hof und im Schmiederain noch ursprüngliche Züge trägt.

Ähnlich präsentiert sich die Alte Ortsstraße in Oberminseln. Ihre traufständig gestellten, quergeteilten Einhäuser, die meist landwirtschaftlich genutzt werden, erfuh-

ren durch die Maßnahmen des Dorfentwicklungsprogramms eine bauliche Aufwertung. Hier wie in den anderen Siedlungskernen sind die traditionellen Bauweisen und Werksteine, nämlich Lehmfachwerk auf Bruchsteinunterbau oder Kalksteinmauern, gut zu erkennen. Südlich der Wiesentalstraße ist die Bebauung mit Eigenheimen an der Stock- und Zielmattstraße abgeschlossen.
Bemerkenswerte Bauwerke. – Die *kath. Pfarrkirche St. Josef in* Rheinfelden wurde 1913/15 in den Formen des späten schmuckfreudigen Klassizismus erbaut. Der von Gebälk, Pilastern, Lisenen streng untergliederten Giebelfassade ist eine nach vorn gewölbte und ihrerseits giebelbekrönte Eingangshalle vorgelagert. Dahinter wird das Schiff von einem Mansarddach bedeckt. Der Chorseitenturm ist rechteckig, hat rundbogige Klangarkaden im Obergeschoß und endet in einer Zwiebelhaube. Der reich mit Girlanden und anderen Stuckornamenten geschmückte *Innenraum* ist ebenfalls streng geometrisch gegliedert. Jeweils fünf Seitenschiffsfenster schließen abwechselnd in Segment- bzw. Kleeblattbögen. Das Mittelschiff, das von den niedrigeren Seitenschiffen durch Säulen und Pfeiler getrennt ist, erhält zusätzlich durch vier runde Mansardfenster Licht. Es ist um ein Joch länger als die Seitenschiffe und endet in einer eingezogenen Rundapsis mit vier Kleeblattfenstern. Die ansonsten flache Decke des Mittelschiffes ist in ihrem östlichen und westlichen Joch eingewölbt. Im Chor sind seitlich zwei Balkone eingezogen. Über dem Eingang liegt eine säulengestützte Orgelempore. – Die *ev. Christuskirche* entstand 1935 nach Plänen des Architekten Wilhelm Preschany. Dem Rechteckbau mit Satteldach sind an beiden Frontseiten in gleicher Form, jedoch kleineren Proportionen Anbauten vorgelagert: einer nach Süden, der sich im Untergeschoß dreiseitig in Arkaden zur Vorhalle öffnet, und einer nach Norden, der, ebenfalls zweigeschossig angelegt, der Gemeindearbeit dient. Der Turm mit gekuppelten Klangarkaden und einem Satteldach, das quer zum Hauptbau verläuft, ist an der Nordostecke des Schiffes durch die Sakristei mit der Kirche verbunden. Das Langhaus ist mit einer balkenunterzogenen Holzdecke eingedeckt und erhält von fünf hohen Rundbogenfenstern Licht. Die *bildnerische Gestaltung* der Kirche besorgte Rudolf Yelin jun. (Stuttgart). Er schuf die Glasmalereien der Langhausfenster, Taufe, Versuchung, Jesus und die Kinder, Jesus und Nikodemus, Bergpredigt und Abendmahl darstellend; weiterhin die Mosaiken in den mittleren der fünf Chorwand-Nischen (eine Heilungsszene, die Frauen am Grab, Christus erscheint Petrus und Jakobus); schließlich ein Mosaikband an der Kanzel mit den Evangelistensymbolen. Die Ausstattung des Altarraums besteht aus einer Mensa mit Kreuz und einem Ambo. – Die älteste Kirche Rheinfeldens steht auf dem Adelberg und wird heute von der *Altkatholischen Gemeinde* für ihre Gottesdienste benutzt. Der schlichte Rechteckbau wurde 1899 geweiht. Er hat an der Südwand fünf, an der Nordwand und an den Giebelwänden jeweils zwei Spitzbogenfenster. Die Eingangsfassade im Westen schmückt außerdem ein kleiner Vorbau. Ein Dachreiter mit historisierenden Verzierungen und schlanker Pyramide bekrönt das Satteldach.

St. Felix und St. Regula in Nollingen wurde – in Querrichtung zur alten kath. Pfarrkirche – 1938 neu errichtet, so daß sich das dreischiffige Langhaus in seinem vorderen Joch in einem Spitzbogen (der im Scheitel die Jahreszahl 1494 mit österreichischem Bindenschild zeigt) nach Osten hin öffnet. Der heute als Taufkapelle genutzte alte Polygonalchor wird von einem Rippengewölbe überzogen, das in einem Schlußstein mit dem Wappen des Deutschordenskomturs und von Stadion mündet. Hier stehen ein gotischer Taufstein und ein Barockaltar. Auch der Chorseitenturm stammt aus dem 15. Jh.; er wurde 1740 um ein Geschoß erhöht und mit einem Helmdach bekrönt. Über einer Freitreppenanlage öffnet sich die von einer großen Christophorus-

Statue geschmückte Giebelfassade der neuen Kirche in drei Arkaden zu einer Vorhalle, über der die Empore angeordnet ist. Der weiß verputzte Innenraum erhält Licht durch die rundbogigen Fenster im Langhaus und eines in der westlichen Chorwand. Jeweils fünf auf schmucklosen Pfeilern ruhende Arkaden verbinden das Mittelschiff mit den Seitenschiffen. Die Schiffe haben flache Holzdecken, während der Polygonalchor hinter dem runden Triumphbogen eingewölbt ist. Der Triumphbogen wird durch eine schmiedeiserne Chorschranke geschlossen. Altar, Ambo, Tabernakel und Sedilien aus Jurastein hat ebenfalls Leonhard Eder gestaltet. Zur modernen Ausstattung gehören weiterhin ein Kruzifixus aus rotem Sandstein und Bilder an der Chorrückwand: die Vertreibung aus dem Paradies und Pfingsten, die Seitenaltäre und die Kanzel mit den vier Aposteln.

Die *kath. Pfarrkirche St. Gallus* in Warmbach ist ein schlichter Satteldachbau, der seine heutige Gestalt nach umfangreichen Umbau- und Vergrößerungsmaßnahmen im Jahre 1931 erhielt. Der *Polygonalchor* wird nördlich durch die Sakristei und südlich durch den Turm flankiert, der spitzbogige, gekuppelte Klangarkaden hat und von einer Zwiebelhaube über einem quer zum Hauptbau verlaufenden und abgewalmten Satteldach bekrönt wird. Im *Inneren des Langhauses* tragen Kolonnaden das Gebälk zwischen dem Hauptschiff und den nur wenig niedrigeren Seitenschiffen. Hier ist die Decke flach – sie wurde 1941 von C. Bertsche mit einem Gemälde des Kirchenpatrons versehen –, während sie im Chor flach gewölbt und mit Kassetten verziert ist. In einem Flachbogen öffnet sich die Triumphwand, vor der die Seitenaltäre stehen. Der Raum wirkt seit der Renovierung 1983 freundlich durch hellen Putz und in Rotsandstein deutlich gegliederte Architekturteile. – Bei der *Heilig-Kreuz-Kapelle* handelt es sich um einen nahezu quadratischen Rechteckbau mit einem vorgezogenen Satteldach, das an die Westwand von *St. Gallus* anstößt. Er hat zwei Rundbogenfenster und eine Tür in der Ostwand mit der Jahreszahl 1850. Die *Ausstattung* umfaßt vier Barockfiguren und ein Kruzifix. Das Deckengemälde wurde 1982 restauriert.

In Degerfelden steht die *Ubaldkapelle,* die wahrscheinlich im 17. Jh. erbaut und 1763 erneuert wurde, wie die Jahreszahl an dem neben dem Eingang errichteten Kreuz vermuten läßt. Dem Rechteckbau, der an den Längswänden jeweils drei Rundbogenfenster und an der Giebelseite ein Rundbogenportal hat und dessen Satteldach im Westen von einem Glockentürmchen mit geschweifter Haube bekrönt wird, gab die Außenrenovierung 1974/75 sein heutiges Aussehen. Bei der *Innenrenovierung* 1968/69 wurde der Altar neu ausgestattet, Leonhard Eder schuf eine Mensa aus Marmor und Tabernakel, Ambo und Wandkreuz aus Aluminium. Noch aus barocker Zeit stammen eine hl. Katharina, ein hl. Antonius und ein (armloser) Christus.

Die *kath. Pfarrkirche St. Gallus* in Eichsel ist ein einschiffiger, flachgedeckter, im Kern gotischer Raum mit Westturm. Als Eingang dient die kleine, einst offene, gewölbte Turmhalle. Als sie nach der feierlichen Reliquienerhebung im Jahre 1504 Wallfahrtskirche wurde, mußte das Langhaus auf seine heutigen Ausmaße erweitert werden. Es bekam jeweils vier große, in ihren Laibungen bemalte Spitzbogenfenster. Im 19. Jh. erfuhr die Kirche weitere Veränderungen: Der Turm wurde 1852 um einen schlanken achteckigen Aufbau mit spitzem Pyramidendach erhöht. 1899 erfolgte die Umgestaltung des *Innenraums*. Der eingezogene Chor mit abgeschrägten Ecken wurde neu gebaut. An der Nordwand des Chores wurde 1478 eine Sakramentsnische mit Heiliggrab, das allerdings heute ohne Schmuck ist, angebracht. Die neugotische Altarausstattung lieferte um 1899 die Kunstwerkstätte Gebrüder Marmon: den Hochaltar mit vier Tafelbildern aus dem Passionszyklus, für die linke Chorwand einen Marienaltar, rechts den Jungfrauenaltar mit den Reliquienschreinen und Statuen der drei

Heiligen, Kunigunde, Mechtund und Wibranda, aus dem 18. Jahrhundert. Die Kirche besitzt noch eine gotische Madonna oberrheinischer Herkunft aus Lindenholz und eine Pietà aus der Zeit um 1650. Zelebrationsaltar, Ambo und Sedilien um 1981 stammen von Leonhard Eder, die Merklin-Orgel von 1829/30. – Die *Marienkapelle* wurde 1892 errichtet. Auf dem Altartisch steht eine Madonna aus dem 15. Jahrhundert.

Die *kath. Kirche* des *St. Josefshauses* in Herten wurde 1928 durch den Architekten Kern nach Plänen von Dipl. Ing. Geis in neubarockem Stil erbaut. Vor der Giebelseite ist eine Vorhalle mit drei korbbogenförmigen Arkaden angeordnet. Über ihr öffnet sich eine Nische mit großer Madonnenstatue. Der Giebel ist geschwungen und wird von einem schmiedeeisernen Kreuz bekrönt, während ein Glockentürmchen mit Zwiebelhaube sich am östlichen Ende des Satteldaches befindet. – Das *Schiff* mit sechs Langhaus-Achsen ist korbbogenförmig eingewölbt und durch lange Korbbogenfenster gegliedert. Die Fensterumrahmungen sind von Weißburger stukkiert. Im rund abschließenden Chor steht der reich ornamentierte Hochaltar von Peter Valentin sen., in dessen säulenflankiertem Mittelbild Christus und die Mühseligen dargestellt sind. 1965 kamen ein Zelebrationsaltar und ein Kanzelpult hinzu. Kanzel und Seitenaltäre wurden wieder entfernt, die Kreuzwegbilder von Peter Valentin sen. wieder aufgehängt. Die Orgel der Fa. Mönch und Söhne (Überlingen) stammt aus dem Jahre 1930 und wurde 1981 renoviert. – Als die *kath. Pfarrkirche St. Urban* in Herten im ausgehenden 18. Jh. (über dem Portal 1792) neu erbaut wurde, blieb an der Nordseite des Chores der mittelalterliche viergeschossige Turm stehen. Er wurde aber mit einem Pyramidendach versehen. Die kreuzgewölbte Halle im Erdgeschoß war im Vorgängerbau der Chor. Das Ostfenster im Turm ist erhalten; der Triumphbogen nach Westen zeichnet sich im Mauerputz ab. Franz Anton Bagnato errichtete einen Rechteckbau mit einem eingezogenen, rund schließenden Chor, der von hohen Rundbogenfenstern viel Licht erhält. Hinter dem runden Triumphbogen schließt sich das Kirchenschiff als flachgedeckter Saal an. Das *Kircheninnere* ist dem Zeitstil entsprechend mit Stuck-Girlanden an Decken und Wänden geschmückt. Eine Rokoko-Kanzel von Matthias Faller aus dem Jahre 1765 wurde aus der Freiburger Dominikanerkirche 1795 nach Herten gebracht. Sie zeigt Allegorien der damals bekannten vier Erdteile. Den Schalldeckel zieren die vier Evangelistensymbole. Ein Posaunenengel schließt ihn nach oben hin ab. Schon klassizistisch sind die Seitenaltäre und der Hauptaltar mit den Statuen St. Urbans und St. Valerius' von Anton Feuerstein. 1975 gestaltete Leonhard Eder einen Zelebrationsaltar, ein Kanzelpult aus Jurakalk und Leuchter und Auflagekreuz aus Bronze. Auf der Orgelempore über dem Haupteingang steht seit 1978 ein Instrument der Fa. Freiburger Orgelbau; das Orgelgehäuse kopiert die alte Orgel von 1820. – Die *Kapelle »Maria im Schnee«* wurde, wie der Jahreszahl über dem spitzbogigen Portal zu entnehmen ist, 1715 erbaut. Das abgewalmte Satteldach überspannt den Rechteckbau mit im Osten abgeschrägten Ecken und die sich dreiseitig in säulengestützten Korbbögen öffnende Vorhalle. Die Glocke im Dachreiter wird von einer Haube bekrönt. Den flachgedeckten *Innenraum* erhellen zwei Spitzbogenfenster. Das Altarbild, das die Gründungslegende zeigt, entstand wohl um 1830. Als die Kapelle Friedhofskapelle wurde, schuf Dominik Weber die 12 Totentanzbilder (zwei davon befinden sich an der Außenwand). Bei der letzten Renovierung 1970 wurde eine Pietà aus der Pfarrkirche St. Urban neben dem Altar aufgestellt.

Die *Schloßkirche* in Beuggen (s. u.) diente bis 1993 als Pfarrkirche von Karsau. Mittelpunkt des neuen *katholischen Pfarrzentrums St. Michael* in Karsau ist die im Mai 1993 geweihte neue Kirche. Nach der Vorstellung der Planer des Erzbischöflichen Bauamtes soll sie an eine Höhenburg erinnern. Deutlich läßt sich das seit dem zweiten

Vaticanum bevorzugte Schema des angenäherten Zentralraums erkennen. Der Grundriß der Kirche ist ein auf die Spitze gestelltes Quadrat, das Dach eine Kombination von Sattel- und Grabendach. Die Halbtürme auf dreieckigem Grundriß erscheinen als vorgestellte Winkel an den Ecken und enden in hohen Zinnen. Der Westturm ist gleichzeitig Glockenträger und Eingang, der Ostturm beherbergt Tabernakel und Kreuz, die beiden niedrigeren mittleren Türme sollen Orte für Taufe und Buße sein. Innen erhält der Raum indirektes Licht aus Fensterbändern an der Nahtstelle zwischen Türmen und Außenmauern sowie aus 24 schmalen Fenstern in gestuften Längen. Architektur und Kunst wollen hier zur Einheit verschmelzen. Die Statue des Erzengels Michael am Eingang stammt von Leonhard Eder, der auch u. a. Altar, Tabernakel und Eingangsportale schuf. Der Altar aus Muschelkalk und Marmor, d. h. metamorphem Kalk, soll das Geheimnis der Eucharistie andeuten. Der Tabernakel ist von vegetabilisch-abstrakten Formen umkleidet. Hinter dem Altar sind an Metallstäben drehbare Bilder von Hortense von Gelmini aufgerichtet. Sie können je nach Festkreis anders angeordnet werden und erinnern so in völlig moderner Form an die alten gotischen Retabeln. Statt Kreuzwegbildern wählte die Künstlerin symbolische Intarsien im Boden, so daß man den Kreuzweg tatsächlich gehen kann. – Das *Gemeindezentrum der ev. Johannespfarrei*, das 1974 von der Infraplanungsgruppe Mainz errichtet wurde, ist ein Flachbau aus Fertigbetonteilen über einem Grundriß mehrerer unregelmäßiger Sechsecke. Um den Gottesdienstsaal gruppieren sich mehrere Räume für Gemeindearbeit, die teils durch eigene Eingänge zugänglich sind. Der schlanke dreieckige Glockenturm steht in der Nähe des durch ein Vordach geschützten und akzentuierten Haupteingangs. – Die *Kapelle* auf dem Waldfriedhof von Karsau wurde als Betonbau 1964 von O. Rittweger errichtet. Der Rechteckbau hat ein steiles Satteldach. Die Giebelwand springt im Eingangsbereich zurück und ruht auf zwei Stützen, so daß eine dreiseits offene Vorhalle vor den drei großen Portalen entsteht; in ihrer Spitze öffnet sie sich in Rauten zur Klangarkade. Der Innenraum wirkt durch die tief heruntergezogene Holzdecke, die geschlossenen Seiten und die nur aus Glas bestehende, zum Friedhof hin gelegene nördliche Giebelwand zeltartig.

Die *Deutschordenskommende* B e u g g e n liegt, durch Mauern und einen halbkreisförmigen Wassergraben gesichert, unmittelbar über dem Rhein. Vom Graben blieb nur ein heute als See wirkendes Stück im Südwesten erhalten. Aus der äußeren Zwingermauer ragen einige halbkreisförmige Rondelle in ihn hinein. Der eigentlichen Ringmauer folgen die alten Ökonomiegebäude. Sie sind im Süden durch ein neues Tagungshaus ersetzt. Dort und im Westen bilden Torbauten die Zugänge, während der alte Nordausgang beseitigt ist. Die Tortürme weisen teilweise Buckelquadermauerwerk mit Zangenlöchern und spitzbogige Durchgänge auf. Ihre Quader sind nachträglich für rechteckige Torflügel abgearbeitet. Der Wachtturm ist ein zinnengekrönter Schalenturm. Zwei lange Schlitze dienten für das Aufziehen der Zugbrücke. An ihn schließt das ebenfalls an den Ecken mit Buckelquadern ausgemauerte, durch neuere Umbauten romantisierte Brückenhaus mit Treppentürmchen an. Beide Tortürme tragen verschiedene Wappentafeln, die ältesten von 1516 bzw. 1528. Im Innenbereich der Kommende folgen dem Rheinufer von Süden nach Norden die Bauten der alten Mühle (1614) und des Infirmariums (Krankenhaus) mit Wappentafel von 1663. Das anschließende eigentliche Schloß präsentiert sich heute als langgestreckter Bau, der mit der Schmalseite an den Rhein anstößt. Dort befindet sich sein ältester Teil, ein im Grunde gotischer Bau mit Staffelgiebel, einem zum Fluß hingekehrten Erker und spitzbogigem Tor. Die Fenster gehören verschiedenen Bauphasen zwischen dem 13. und dem 16. Jh. an. Das Innere birgt den Rittersaal mit alter Balkendecke. – Für das unmittelbar anschließende *neue*

Schloß verwendete 1755 der Ordensbaumeister J. C. Bagnato einen älteren Vorgängerbau, dessen Treppentürmchen er beseitigte und den er um ein Geschoß erhöhte. So entstand ein recht eintöniges dreigeschossiges Gebäude mit zehn Fensterachsen, einzig geziert durch ein Portal mit Atlantenhalbfiguren und Vasen. Von den alten Innengebäuden ist vor allem das Treppenhaus mit hölzernen Balustraden erwähnenswert. – Auch die vom Schloß rechtwinklig vorspringende *Kirche St. Michael* hat Bagnato 1752–1757 barockisiert. Dabei blieb nach außen hin der gotische Baukörper mit Satteldach, das über dem dreiseitig schließenden Chor abgewalmt ist, erhalten. Der Dachreiter erhielt eine Zwiebelhaube. Die Eingänge befinden sich im Schloß und an der landseitigen Außenwand. Der sehr hohe Raum wird nur dadurch untergliedert, daß ein Triumphbogen eingezogen ist. Alle Fenster, je drei im Langhaus und zwei im Chor, schließen in Rundbogen. An der Langhausrückwand befindet sich über drei Loggien die Orgelempore. In Hohlkehlen geht die flache Decke in die Seitenwände über. Die an den Triumphbogen stoßenden Wände sind zu den Seiten hin abgeschrägt. Lediglich die Decke ist ausgemalt. Die Szenen werden von illusionistischer Architektur gerahmt. Das Deckengemälde zeigt die als Barockfürstin dargestellte hl. Elisabeth, wie sie Almosen verteilt. Über dem Chor ist die Himmelfahrt Mariens dargestellt. Beide Deckengemälde werden aufgrund stilistischer Merkmale Josef Appiani zugeschrieben, der häufig mit Bagnato zusammenarbeitete. Ein Bild des Pfarrpatrons St. Michael schließt die Stirnwand über dem Altar ab. Die beiden Seiten des Langhauses sind mit barock gerahmten Tafelbildern von M. Grohmert (18. Jh.) mit den Martyrien der Heiligen Sebastian und Erasmus geschmückt. Auch der Hochaltar gehört zur Ausstattung des 18. Jh., während die Seitenaltäre weitgehend durch das 19. geprägt sind. Die Kirche enthält noch ein Kruzifix aus dem 18. Jahrhundert. Unter den Loggien sind in barocken Stuckrahmen acht Totenschilde verschiedener Ordensangehöriger angebracht.

Die 1686 von Anton Troger erbaute *kath. Pfarrkirche St. Peter und Paul* in Minseln besteht aus einem einschiffigen Langhaus mit jeweils drei Rundbogenfenstern, einem durch einen Triumphbogen abgetrennten, eingezogenen Polygonalchor und einem dreigeschossigen Westturm, dessen Untergeschoß die Eingangshalle ist. Das oberste Geschoß sowie die spitze achteckige Dachpyramide stammen erst von 1826. Der Besucher betritt heute einen reich ausgestatteten, einheitlich gestalteten *Rokokoraum*. Die ältere Barockausstattung wurde 1762/63 durch eine umfassende Innenrenovation – abgesehen von einigen kostbaren Werken, dem Taufstein, einer Muttergottes, einem Kruzifixus und einem Auferstandenen Christus – beseitigt. Für die Stukkierung wurde Johann Michael Hennevogel berufen; die Ausmalung besorgte Gotthard Hilzinger. Die Decken in Chor und Langhaus erhielten Spiegelgewölbe, die, wie auch Wände, Fensterrahmen und Emporenbrüstung, nach genauer Maßgabe des Pfarrers Kienberger mit blaugrauem Ornamentwerk überzogen wurden. Auch das Programm des Freskenzyklus war von ihm festgelegt worden. Im mittleren Deckenbild sind die Martyrien der hll. Petrus und Paulus vor den Bildern von Kaiser Nero und von Neptun, Jupiter, im Chor die Eucharistie dargestellt. Kartuschengemälde mit Szenen aus der Petrus- und Paulusgeschichte begleiten das Hauptbild. Vom ersten Hochaltar (1697) wurden 1770 für einen neuen nur die Bilder verwendet, Hans Michael Hartmann schuf den figürlichen Schmuck und Franz Josef Beckert die Fassung: Neben dem Hauptbild stehen zwischen Pilastern auf Konsolen Nepomuk und Franz Xaver. Die klassizistischen Seitenaltäre von dem Maler und Bildhauer Vollmar (1814/15) erhielten 1924 durch C. Bertsche die Mittelbilder, Mariä Himmelfahrt und die Anbetung der Hl. Drei Könige. Aus jüngster Zeit stammen Zelebrationsaltar und Ambo aus Bronze von Josef Henger. Die Orgel auf der Eingangsempore von Eduard Stadtmüller (1864) wurde 1967 renoviert. – Die *ev. Kirche* wurde 1953 von dem Architekten Wacker errichtet. Der Rechteckbau mit eingezogenem, flachschließendem Chor unter einem Satteldach wird südlich des Ostgiebels vom ebenfalls satteldachbekrönten Turm flankiert. Unter dem Ostgiebel liegt der Eingang mit Rundbogenportal. Rundbogig sind auch die Fenster im vierjochigen Langhaus und im Chor sowie die gekuppelten Klangarkaden im Turm. Man betritt den *Innenraum* unter der Orgelempore und wird mit einer Kreuzigungsdarstellung von Gerhard Olbrich (1954) konfrontiert, die sich an der Stirnwand des Chores befindet. Davor steht ein schlichter Holzaltar. Vor dem Chorbereich, der vom Gemeinderaum durch einen Segmentbogen getrennt ist, stehen Ambo und Taufstein. Die Fenster haben farbige Verglasung mit neutestamentlichen Darstellungen, die ebenfalls Gerhard Olbrich (1954/55) gestaltet hat.

Die *Mauritius-Kapelle* in Nordschwaben hat einen nahezu quadratischen Chor und einen dreigeschossigen Westturm mit segmentbogenförmigen Klangarkaden im Obergeschoß und einem Rundbogen-Eingangsportal von Süden aus dem späten 15. Jahrhundert. 1733 wurde das Langhaus neu erbaut (die Jahreszahl befindet sich auf einem in der Südwand eingelassenen Rotsandstein) und ist mit einem Triumphbogen zum Chor hin geöffnet. Das wenig über den Chor vorspringende Schiff wird ebenso wie dieser von einer flachen Decke überzogen. Die Chorfresken von 1480, eine Kreuzigungsgruppe und ein Apostelzyklus (teilweise zerstört durch den Einbau des barocken Hochaltars) wurden 1940 freigelegt und restauriert.

B. Die Stadt im 19. Jahrhundert und in der Gegenwart

Bevölkerung

Bevölkerungsentwicklung. – Im letzten Jahrzehnt des 19. Jh. siedelte sich auf dem Gebiet der heutigen Stadt Rheinfelden Industrie an und entwickelte sich rasch. Daher zeigen auch die Bevölkerungszahlen eine auffallend *sprunghafte Entwicklung*. Zu Beginn des 19. Jh. lebten nur 3642 Menschen in den neun Gemeinden, die heute zu der zweitgrößten Stadt des Landkreises gehören (Volkszählung 1987: 27453 E., 1993: 30144 E.) – die Bevölkerung hat sich also um den Faktor 8,3 vermehrt.

Insgesamt entwickelte sich die Bevölkerungszahl während der letzten beiden Jahrhunderte äußerst unregelmäßig. Nach einer Phase des Wachstums in der 1. Hälfte des 19. Jh. erreichte sie im Jahre 1845 die Zahl von 5554 Einwohnern. Darauf folgten drei Jahrzehnte der Bevölkerungsschrumpfung, die von den Hungerkrisen der späten 1840er Jahre und der Unsicherheit der Revolutionszeit 1848/49 eingeleitet wurde. Die Einwohnerzahl sank zunächst auf 5351 (1852), dann auf 5212 (1861), und erreichte 1871 den Tiefststand von 5158 Einwohnern. Erst gegen Ende des 19. Jh. begann der rasche Anstieg der Bevölkerungszahl, der von Wanderungsgewinnen aus anderen badischen und deutschen Regionen zu den Arbeitsplätzen der neuen Industriestadt getragen wurde. Daneben war, besonders während des Kraftwerkbaus, auch ausländische Zuwanderung bereits feststellbar, insbesondere von Italienern. Bis 1925 verdoppelte sich die Einwohnerzahl, bis 1970 verdreifachte sie sich fast noch einmal. Ein deutlicher Schwerpunkt des Wachstums lag dabei in der frühen Nachkriegszeit, als zahlreiche Flüchtlinge in der Industriestadt Beschäftigung fanden – 1961 machte der Anteil der Vertriebenen und Flüchtlinge 20,5% aus. In der Zeit von 1970 bis 1987 stieg die Einwohnerzahl analog zur allgemein beobachteten Entwicklung nur noch leicht an, in einigen Jahren fiel sie sogar leicht ab. Eine deutlichere Bevölkerungsabnahme verhinderten die Ausländer, deren Anteil 1987 bei rund 10%, nach Angaben der Stadt 1993 bei 11% lag.

Da das Bevölkerungswachstum im 20. Jh. am stärksten durch die Industrieansiedlung ausgelöst wurde, erklären sich die unterschiedlichen Entwicklungen in den heutigen Ortsteilen. Am stärksten unter den Bevölkerungsverlusten der 1840er bis 1870er Jahre litten die heutigen Ortsteile Minseln, Eichsel, Adelhausen, Degerfelden und Nordschwaben, die verkehrsungünstiger lagen als Nollingen, Karsau, Herten und Warmbach. In den erstgenannten Gemeinden fiel die Einwohnerzahl von 2868 (1845) auf 2440 (1871). Von dem Wachstum ab den 1890er Jahren profitierten Nollingen und Warmbach am meisten, die – 1921 vereinigt – 1922 zur Stadt Rheinfelden (ab 1963 mit dem Zusatz Baden) erhoben wurden. Verglichen mit den rund 900 Nollingern und Warmbachern im Jahr 1825, bedeuten 1993 die rund 18 000 Einwohner dieser Ortsteile eine Steigerung um fast das 20fache. Daneben wuchsen besonders auch die früheren Gemeinden Herten, Karsau, Minseln und Degerfelden zu einwohnerstarken Stadtteilen heran, wohingegen die Bevölkerung in Adelhausen und Nordschwaben von 1825 bis 1987 nur unwesentlich zunahm.

Konfessionelle Gliederung. – Zu Beginn des 19. Jh. gab es in allen neun Dörfern, die die heutige Stadt Rheinfelden bilden, eine geschlossene katholische Bevölkerung – ein Erbe der jahrhundertelangen Zugehörigkeit zu Vorderösterreich. Daran änderte sich bis in die 1890er Jahre nicht viel. Lediglich im Ordensschloß Beuggen auf der Karsauer Gemarkung, das nach der Aufhebung der Deutschordenskommende ein evangelisches Kinderheim geworden war, lebten Protestanten. Auch der *Wandel der konfessionellen Gliederung* wurde seither durch die Industrieansiedlung ausgelöst: Durch zuwandernde Arbeiter stieg der evangelische Bevölkerungsanteil Anfang des 20. Jh. von rund 9 % im Jahre 1895 auf fast 30 % Mitte der 1920er Jahre. Dabei erstaunt es nicht, daß vor allem die heutigen Stadtteile Nollingen/Rheinfelden und Karsau besonders früh konfessionell gemischt waren, während in Adelhausen, Eichsel, Herten und Minseln noch 1925 zu über 90 % Katholiken lebten. 1987 bekannten sich 61 % zum katholischen und 29 % zum evangelischen Christentum, wobei es in fast keinem Stadtteil weniger als 28 % Protestanten gab. Allein in Adelhausen im Nordwesten der Stadt waren es 70 % Katholiken und nur 21 % Evangelische.

Soziale Gliederung. – Bis zum Umbruch der 1890er Jahre blieben die traditionellen Strukturen in den neun Dörfern weitgehend erhalten: Die Bevölkerung lebte überwiegend von der Landwirtschaft und vom Handwerk, das für den örtlichen Bedarf, stets aber auch für die Stadt Rheinfelden (Schweiz) produzierte. Ein wenig Obstbau betrieben die Rheintalgemeinden Nollingen, Herten und Karsau. In Warmbach und Karsau spielte zudem die Fischerei eine gewisse Rolle. Gemeinsam mit Nollingen genoß Warmbach den Ruf, einigermaßen wohlhabend zu sein.

Einen ersten, wenn auch zaghaften Veränderungsimpuls setzte die *Bahnstation »bei Rheinfelden«*, die 1856 an der Strecke Basel–Säckingen eröffnet wurde. Der Name der Station verweist allerdings darauf, daß die Bahnverwaltung mehr die Einwohner der schweizerischen Stadt Rheinfelden anvisierte als die Bevölkerung der badischen Dörfer. Immerhin war damit eine infrastrukturelle Voraussetzung für die weitere Entwicklung geschaffen.

An den Volkszählungsdaten aus dem Jahre 1895 kann der beginnende Wandel hin zum *Industrieort* abgelesen werden. Zwar lebten in den neun Gemeinden noch über die Hälfte der Erwerbstätigen, was einem Drittel der Einwohner entsprach, von der Landwirtschaft, jedoch war der Anteil der industriell oder gewerblich Beschäftigten bereits auf 17 % angewachsen. Dabei lag er in den kleineren Dörfern Warmbach und Degerfelden prozentual höher (40 bzw. 31 %) als in Nollingen und Karsau (29 bzw. 21 %), den Standorten der großen Fabriken. Von der absoluten Zahl her gesehen, lebten in Nollingen allerdings die meisten Beschäftigten des Sekundären Sektors.

Die Stadt im 19. Jahrhundert und in der Gegenwart

In der 1. Hälfte des 20. Jh. beschleunigte sich der Bedeutungsverlust der Landwirtschaft. 1950 lebten nur noch 14% von diesem Wirtschaftssektor, während 54% der Erwerbstätigen in Industrie und Handwerk arbeiteten. Deutlich unterschiedliche Entwicklungsstadien zeigten damals die Gemeinden: In Adelhausen, Eichsel und Nordschwaben arbeiteten nach wie vor über 60% im Primären Sektor, während es in der damaligen Stadt Rheinfelden (= Nollingen und Warmbach) nur noch 4,2% waren.
Seine größte Ausdehnung erreichte der Sekundäre Sektor bei den Volkszählungen 1961 und 1970, als er einen Beschäftigtenanteil von 63% bzw. 62% erreichte. Seitdem setzte – in Rheinfelden allerdings weniger deutlich als in anderen Städten – der *Strukturwandel* zugunsten des Dienstleistungssektors ein. Bis 1987 sank der Anteil des Produzierenden Sektors unter 60%, während der Tertiäre Sektor auf 39% anstieg. Der Anteil der Selbständigen fiel von 1961 bis 1970 von 9 auf 6%; 1987 war er wieder auf rund 7% gestiegen.

Politisches Leben

Aufgrund des deutlichen katholischen Übergewichts in den neun Dörfern überrascht es nicht, daß die *Zentrumspartei* im 19. Jh. die wichtigste politische Kraft war. Gut die Hälfte der Wählerstimmen fiel dieser Partei von 1871 bis 1903 mit großer Regelmäßigkeit zu, lediglich 1878 verlor sie kurzfristig 18% der Wähler an die Deutsch-Konservativen. Als zweite politische Kraft fungierten die *Nationalliberalen*, die bis zum Ende der 1880er Jahre in der Wählergunst knapp hinter dem Zentrum lagen, danach jedoch massiv Stimmen einbüßten, während die linksliberalen Freisinnigen und die Sozialdemokraten Gewinne verbuchten. Der Aufstieg der *SPD* war eng mit der Zuwanderung von Industriearbeitern verbunden: Sie erlangte 1903 schon 23% und kurz vor dem 1. Weltkrieg 35% der Stimmen. Die soziale Herkunft ihrer Wähler zeigt sich besonders deutlich bei der Differenzierung nach den einzelnen Dörfern. So wählten in Nollingen, dem industriellen Kerngebiet, schon 1903 39% sozialdemokratisch, während es in Nordschwaben nur ein Wähler und in Adelhausen drei Wähler waren.

Das katholische Zentrum wies auch in der Weimarer Zeit eine große Stabilität auf, wenngleich der Stimmenanteil allmählich von der 40%-Marke auf etwas unter 30% sank – ein Indiz dafür, daß das katholische Milieu in den 1920er Jahren noch eine starke Bindungskraft besaß. Der klare Schwerpunkt der Zentrumswähler lag dabei in Herten, Eichsel und Minseln, während die Wähler in Nordschwaben ein sehr wechselhaftes Wahlverhalten entwickelten: Zunächst wählte dieser kleine katholische Ort 1919 zu 53% Zentrum und zu 37% SPD, dann 1920 zu 67% Zentrum. 1928 entschieden sich hingegen 81% für die Mittelstandsvereinigung und 1932 schließlich 72% für die NSDAP. An diesem Beispiel wird die Verunsicherung der Wähler in der wirtschaftlich schwierigen Weimarer Zeit deutlich sichtbar.

Im Durchschnitt wählten die Einwohner des heutigen Stadtgebiets 1932 nur 27% NSDAP – das bedeutet einen Anteil, der deutlich unter dem deutschen Mittelwert liegt. Dagegen erreichten die Kommunisten bei der ersten Wahl nach der Inflation (1924) und bei den »Krisenwahlen« der frühen 1930er Jahre vergleichsweise hohe Ergebnisse, was für Industriestädte wie Rheinfelden durchaus typisch ist. Ihr bestes Ergebnis erlangte die KPD im Zentrum der Industriestadt mit mehr als 23% im November 1932, wobei sie zwei Prozentpunkte vor den Sozialdemokraten lag.

Nachdem in der NS-Zeit keine demokratisch zu nennenden Wahlen stattgefunden hatten, erwachte das politische Leben ab 1946 mit leicht gewandeltem Parteiengefüge. Konstanten gegenüber der Weimarer Republik blieben die SPD und – allerdings nur von kurzfristiger Bedeutung – die KPD, während sich das liberale Wählerspektrum in der FDP und die übrigen Wählerschichten in der überkonfessionell-christlichen Badischen Christlich-Sozialen Volkspartei sammelten, aus der die CDU hervorging.

Bei den Landtagswahlen hielt die CDU relativ konstant ungefähr 10% Vorsprung vor der SPD. FDP und KPD begannen bei der Landtagswahl mit einem Stimmenanteil von je rund 12%, den sie jedoch beide nicht halten konnten: Die KPD sank schon 1956 unter die 5%-Marke, während die Liberalen sich ab den 1960er Jahren bei ungefähr 6% einpendelten. Aufgrund des hohen Anteils der Vertriebenen und Flüchtlinge erreichte der BHE (Bund der Heimatvertriebenen und Entrechteten) bei den Wahlen zwischen 1956 und 1960 jeweils zwischen 6 und 8% der Stimmen.

Nach dem kurzfristigen Zwischenspiel der NPD bei der Landtagswahl 1968 wurde Anfang der 1980er Jahre das Parteiensystem erneut leicht modifiziert: Die Grünen erreichten schon 1980 in Rheinfelden 7%. Dieser Wert liegt deutlich über dem Landesdurchschnitt und dürfte mit der relativ hohen Umweltbelastung in der Stadt mit viel chemischer Industrie zusammenhängen. Bei der Landtagswahl im April 1992 gelang es der SPD, die CDU knapp zu überrunden, was sie zuvor nur 1952 erreicht hatte – damals gingen zahlreiche CDU-Wähler nicht zur Wahl, weil die Christdemokraten über die Frage der Südweststaatsgründung zerstritten waren. In der Grundstruktur ähneln die Bundestagswahlen den Landtagswahlen stark. Der fast permanente CDU-Vorsprung vor den Sozialdemokraten lag bei den meisten Wahlen noch etwas höher, was möglicherweise durch die höhere Wahlbeteiligung bei Bundestagswahlen bedingt war. So erreichte die Union bei fünf der elf Bundestagswahlen von 1949 bis 1990 einen Vorsprung von 11 und mehr Prozent.

Wirtschaft und Verkehr

Land- und Forstwirtschaft. – Durch Straßenbau, neue Siedlungen und Industrieanlagen, aber auch durch Aufforstungen verminderte sich die landwirtschaftliche Nutzfläche auf dem Gebiet des heutigen Rheinfelden permanent. Lag sie Ende des 19. Jh. noch bei 4055 ha (d. h. 65% der Gesamtgemarkungsfläche), so verminderte sie sich bis 1940 zunächst geringfügig auf rund 3600 ha. 1985 wurden hingegen nur noch 2871 ha landwirtschaftlich genutzt; diese Fläche machte 46% des Gesamtareals aus. Im Vergleich der einzelnen Orte bewirtschafteten Ende des letzten Jahrhunderts Bauern aus Nollingen mit 729 ha die größte Fläche, mit Abstand folgen Minseln und Herten mit jeweils gut 500 ha. Die LF von Warmbach und Nordschwaben war mit gut 200 ha eher klein, der Umfang der LF in den übrigen Dörfern lag bei 300–480 ha.

Während um 1900 das Verhältnis von Äckern zu Wiesen noch ungefähr 1:1 betrug, überwog im Jahre 1940 die *Nutzung als Grünland* deutlich. Daran änderte sich bis 1987 nichts Wesentliches. Um 1880 waren die Äcker der nördlichen Gemeindeteile vorzugsweise mit Dinkel (Dinkelberg!) und Hafer bestanden, während bis 1930 ein deutlicher Wandel zugunsten des Winterweizens und der Sommergerste eintrat. Über den gesamten Zeitraum hinweg dominierte der Getreideanbau deutlich vor der Erzeugung von Hackfrüchten und Futterpflanzen; so nutzten die Rheinfelder im Jahre 1979 665 ha für Getreide, aber nur 55 ha für Hackfrüchte (v. a. Kartoffeln) und 154 ha für Futterpflanzen.

Der *Weinbau* spielte nur in Herten und Nollingen (je etwa 25 ha), Karsau und Minseln (je etwa 10 ha) eine gewisse Rolle. In der 1. Hälfte des 20. Jh., als die Rebschädlinge zu einem großen Problem wurden, reduzierte man den Weinbau aufgrund seiner eher mittelmäßigen Ergebnisse. Heute sind noch etwa 3 ha mit Reben

Die Stadt im 19. Jahrhundert und in der Gegenwart

bepflanzt. Der *Obstbau* dagegen hat sich länger gehalten; ihn lobten die zuständigen Behörden Ende des 19. Jh. sehr: »Die Wiesen und Wälder gewähren im hiesigen Bezirk seltenen Anblick vieler schöner Obstbäume aller Arten.« 1940 entfielen 86 ha auf diese arbeitsintensive Kultur, 1983 waren es noch 45 ha.

Im Gegensatz zum Weinbau förderten die Behörden des Großherzogtums die *Viehzucht* mit großem Engagement. Ebenfalls positiv wirkte sich der Absatzmarkt des Industrieortes auf die Produktion von leicht verderblichen Milchprodukten und Eiern aus. In den 1880er Jahren zählte man rund 3700 Rinder, bis zum 1. Weltkrieg war die Tendenz zunehmend. Danach stagnierte die Rinderzahl zuerst und ging dann zurück. Schwankend war dabei die Bedeutung der Milchviehhaltung, die zwischen den Kriegen etwa zwei Drittel des Rinderbestandes ausgemacht hatte. Die letzte Viehzählung im Jahre 1987 wies gut 2000 Rinder auf, davon weniger als die Hälfte Milchkühe. Keine sehr großen Veränderungen gab es bei der Zahl der Schweine, Pferde und Ziegen, wobei keine dieser Tierarten eine zentrale landwirtschaftliche Bedeutung für die betrachteten Gemeinden aufwies. In den 1970er Jahren nahm jedoch die Zahl der Schweine zu und erreichte 1971 einen Höhepunkt mit 1761 Stück. Die rund 100 Schafe, die Mitte des 19. Jh. noch in jedem der Dörfer gehalten wurden, verschwanden im frühen 20. Jh. fast völlig, da die Wollproduktion allmählich im industrialisierten Deutschland aufhörte. Erst in den 1970er Jahren lebte die Schafhaltung wieder auf.

1895 gab es 869 landwirtschaftliche Betriebe in den neun Gemeinden, eine Zahl, die sich trotz der Industrialisierung bis nach dem 2. Weltkrieg nur wenig verringerte (1949: 805 Betriebe). Danach sank sie deutlich ab und liegt heute bei 265 Anwesen. Neben der Möglichkeit, den Hof als Nebenerwerbslandwirt weiterzuführen, dürfte eine weitere Ursache für dieses Beharrungsvermögen der relativ hohe Anteil von damals als mittelgroß betrachteten Betrieben (2–10 ha) gewesen sein, der mit 61 % über dem entsprechenden Wert für viele andere Gemeinden des heutigen Landkreises lag. Daneben bewirtschafteten 36 % der Betriebe eine Fläche von weniger als zwei Hektar, so daß der durchschnittliche Hof 3,8 ha zur Verfügung hatte. Größere Höfe (> 20 ha) bestanden vor 1950 nie mehr als sieben, während bei der jüngsten Zählung 1987 27 Betriebe dieser Größe festgestellt wurden. Fast die Hälfte der Betriebe basierte 1983 auf Futterbau, mit weitem Abstand folgten die 55 forstwirtschaftlichen und die 35 Marktfruchtbetriebe. Die Futterbaubetriebe verfügten auch über 63 % der landwirtschaftlich genutzten Fläche. Da der Weinbau gegenüber dem vorigen Jahrhundert stark reduziert wurde, machten die Dauerkulturbetriebe nur 4 % der Gesamtzahl aus. In den 1950er und 1960er Jahren wurden sieben Aussiedlerhöfe errichtet, von denen je zwei in Herten und Karsau und je einer in Rheinfelden, Eichsel und Adelhausen lagen.

Ein knappes Drittel des heutigen Stadtgebietes ist heute mit *Wald* bestanden, insgesamt eine Fläche von 2448 ha. Das bedeutet, daß gegenüber dem Zustand im Jahre 1940 etwa 700 ha hinzugekommen sind. Damals war der Wald in Minseln am weitesten ausgedehnt (337 ha), während es in Nordschwaben und Eichsel am wenigsten Wald gab (je 118 ha), was allerdings an den insgesamt eher kleinen Gemarkungen lag. Prozentual wies die damalige Stadt Rheinfelden (= Nollingen und Warmbach) mit 22 % den geringsten Waldanteil auf. Rund die Hälfte des Waldes ist in kommunalem Besitz, ein Drittel privat und ein Sechstel Staatswald. In den staatlichen und privaten Wäldern nahm der Laubholzanteil am stärksten ab, von 80–90 % um 1850 auf heute 60 %, während der Gemeindewald schon im 19. Jh. zu 40 % mit Nadelhölzern bestanden war, dessen Anteil aber auch nicht wesentlich auf Kosten des Laubholzes anstieg.

Handwerk und Industrie. – Bevor in den 1890er Jahren die Industrieansiedlung in Nollingen und Karsau begann, war eine nicht überdurchschnittliche Anzahl von

Handwerkern in den Gemeinden des heutigen Stadtgebietes ansässig. In Karsau und Adelhausen gab es 1852 je 26 Handwerker (Leinenweber, Schuster, Schreiner, Bauleute Wagner u. a.), in Minseln ungefähr doppelt so viele – davon die Hälfte Weber. In Eichsel verdienten 16 Einwohner ihren Lebensunterhalt mit dem Handwerk, in Nordschwaben nur acht, weil der Bedarf dieses Ortes in Schopfheim gedeckt werden konnte. Müller sind aus Nollingen, Degerfelden, Minseln und Beuggen bekannt, wo eine Mahlmühle stand. Im Riedmatt wurde Bier gebraut.

Eine Veränderung der handwerklichen Gewerbelandschaft zog der Bau der *Eisenbahnstrecke* Basel-Säckingen nach sich. Die Linie wurde im Februar 1856 eröffnet und bekam einen Haltepunkt auf dem Gebiet der heutigen Stadt. Nach dem schweizerischen Kur- und Badeort Rheinfelden wurde die Bahnstation auf der deutschen Rheinseite »bei Rheinfelden« benannt. Sie lag auf Nollinger Gemarkung, jedoch weitab vom Ortskern. Neben den Verdienstmöglichkeiten beim Bau dieser Bahnlinie boten auch das Speditionsgeschäft und Gastwirtschaften neue Beschäftigungsfelder für die ortsansässige Bevölkerung. Der entscheidende Impuls kam auch für das Handwerk 1895 durch den Bau des *Großkraftwerkes* auf dem »Rheinfeld« bei Beuggen. Für die dort Angestellten und die Beschäftigten der anderen Industriebetriebe arbeiteten in den Nachbarorten zahlreiche Handwerker. An erster Stelle sind hier die Branchen Bau, Bekleidung und Reinigung, Nahrung und Genuß, daneben Beherbergung zu nennen.

Die Betriebszählung von 1895 gibt Aufschluß über die Struktur des Gewerbes in den neun Orten. Nollingen und Karsau wiesen 20 bzw. 13 Beschäftigte bei der »Beherbergung und Erquickung«, 13 bzw. 15 im Bereich Bekleidung und Reinigung sowie je 8 Bauhandwerker auf. In der letzteren Branche hatten auch Herten und Minseln (9 bzw. 7) eine größere Beschäftigtenzahl aufzuweisen. In Eichsel und Nordschwaben zählte man nur 3 bzw. 6 Beschäftigte im Sekundären Sektor, wobei in Nordschwaben noch 1923 besonders der Mangel an einem Bäcker, Metzger und Schuhmacher beklagt wurde. Einige Warmbacher und Degerfelder arbeiteten in der Nahrungs- und Genußmittelbranche, Einwohner von Degerfelden, Adelhausen und Herten auch im Bekleidungs- und Beherbergungsgewerbe.

Die Handwerkszählungen 1968 und 1977 geben Aufschluß über die Entwicklung in der Nachkriegszeit auf dem Gebiet der heutigen Stadt Rheinfelden. Zwischen diesen beiden Stichjahren hat sich die Gesamtzahl der handwerklichen Unternehmen leicht verringert, von 194 auf 186; die Zahl der im Handwerk beschäftigten Personen stieg jedoch von 1245 auf 1436 an, d.h. um ca. 15%. Innerhalb der Handwerksgruppen zählte in beiden Jahren das *Bau- und Ausbaugewerbe* die meisten Beschäftigten (43,7 bzw. 43,0%). Die Zahl der metallgewerblichen Handwerker stieg auf Kosten der Bereiche Gesundheit/Reinigung/Chemie und Bekleidung/Textil/Reinigung auf 30,8% der Beschäftigten an. Das *Metallgewerbe* übertraf 1977 hinsichtlich des Umsatzes die Baubranche (38,4 Mio. DM im Metall- gegenüber 36,8 Mio. DM im Baugewerbe), weil es seit 1968 seine Umsätze – ohne Inflationsbereinigung – um das fast Fünffache gesteigert hatte. Die baugewerblichen Umsätze im Handwerk hatten sich dagegen nur verdoppelt. Innerhalb des Metallgewerbes traten die Beschäftigungsbereiche Schlosser/Maschinenbauer, Kfz-Mechaniker und Heizungsbauer 1977 neu hinzu, wohingegen 1968 noch keine Handwerker in diesen Bereichen statistisch gesondert ausgewiesen sind. Die Situation des Handwerks in den frühen 1990er Jahren zeigt die untenstehende Tabelle.

Stärker als das Handwerk hat die Entwicklung der Industrie das Bild der Stadt Rheinfelden geprägt. Davon war allerdings trotz Haltepunkt der Bahnlinie bis in die 1890er Jahre in den Orten auf dem heutigen Stadtgebiet noch nichts zu bemerken.

Die Stadt im 19. Jahrhundert und in der Gegenwart

Tab 6: Das Handwerk 1992

Branche	Zahl der Betriebe	Beschäftigte	Umsatz
Baugewerbe	55	542	63,1 Mio. DM
Metall	86	566	112,2 Mio. DM
Holz	12	65	8,1 Mio. DM
Textil/Leder/Bekleidung	10	27	2,8 Mio. DM
Nahrung	16	118	20,1 Mio. DM
Gesundheit/Körperpflege	36	327	18,6 Mio. DM
Glas/Papier/Keramik und Sonstige	7	65	10,1 Mio. DM
Gesamt	222	1710	235,0 Mio. DM

Quelle: Handwerkskammer Freiburg

Neben den obengenannten Mühlen gab es einige Lehm-, Kies- und Gipsgruben, einen Steinbruch in Herten sowie etwas Hausindustrie, die sich mit dem Seidenweben für Lörracher Betriebe befaßte. Nahe der Bahnstation »bei Rheinfelden«, wo zuvor nur wenige Häuser standen, siedelte sich 1894 eine erste Fabrik an, die Schweizer *Seidenweberei Baumann & Streuli*. Dieser Betrieb zählte zunächst 82, vier Jahre später schon 262 Beschäftigte.

Das einschneidende Ereignis in der Industriegeschichte Rheinfeldens und des gesamten Hochrheingebietes war der Bau des damals *größten Laufwasserkraftwerkes in Europa* im Jahr 1895. Auf Initiative des Elektrokonzerns AEG begonnen, wurde die Anlage 1898 durch die »Kraftübertragungswerke Rheinfelden« (KWR) in Betrieb genommen. Es blieb bis heute ein wichtiger Stromlieferant. Parallel zu diesem Kraftwerksbau siedelten sich auf dem nach 1895 im Volksmund »Klein Amerika« genannten Gebiet *elektrochemische Fabriken* an, die die Hälfte der enormen Strommengen abnahmen. Interessant ist, daß diese Elektrizitätsabnahme schon vor der Gründung der Chemiefirmen geregelt war, was auf die intensive Verflechtung der AEG mit den beteiligten Unternehmen zurückgeht. Der andere Standortfaktor, der für diese Industrieentwicklung Relevanz besaß, war das Vorhandensein von Steinsalz. Bereits 1844 wurde ein Lager auf schweizerischer, 1897 auch auf der badischen Seite erbohrt.

So gewannen für Rheinfelden elektrochemische Betriebe die Rolle von »Traditionsunternehmen«, was abgesehen von einem bayerischen Standort mit ähnlich umfangreichen, früh erschlossenen Wasserkräften in Deutschland einzigartig sein dürfte. Freilich erwuchs daraus auch schon früh eine beträchtliche Umweltproblematik. An erster Stelle unter den Traditionsfirmen ist die *Aluminium Rheinfelden GmbH* zu nennen, die 1898 von der Aluminium-Industrie-Aktiengesellschaft, Neuhausen (Schweiz), gegründet wurde. Die Aluminiumhütte nahm ihren Betrieb mit zunächst 145 Beschäftigten auf. Man gewann das Rein- und Reinstaluminium in Elektrolyseöfen aus Tonerde, indem diese mittels elektrischer Energie in Sauerstoff und Aluminium zerlegt wurde. Die Produktion blieb nach einer Anlaufphase bis Ende der 1920er Jahre relativ konstant bei ca. 1000 t. Nach der nationalsozialistischen Machtergreifung stieg sie hingegen enorm an. Der Grund dafür war das Bestreben, von ausländischen Metallimporten möglichst unabhängig zu werden. Gerade das Aluminium fand zudem in der Rüstungsindustrie (Flugzeugbau) eine rapide steigende Verwendung. Staatliche Eingriffe kennzeichnen die Kriegsjahre, als die Zahl der Beschäftigten – 1930 noch weniger als 200 – fast 2000 erreichte, darunter Fremdarbeiter und Kriegsgefangene. Nach dem Kriegsende befand sich aufgrund der Stromlieferungsverpflichtungen an Frankreich die Produktion zunächst auf sehr niedrigem Niveau. Die Zahl der Beschäftigten lag 1945 gerade noch bei 340, stieg dann jedoch wieder an (1968: 1330 Mitarbeiter, 1975: 1145). Im Jahre 1985 arbeiteten 988 Personen auf einem Areal von 341 000 qm in Rheinfelden und im Werk Lottstetten nahe Schaffhausen. Der Exportanteil lag bei 22% mit Lieferungen nach Frankreich, Italien und in andere Länder. Neben den traditionellen Produkten Aluminium und Karbid sind seit den 1960er Jahren sukzessive weitere Diversifikationszweige hinzugekommen, so etwa Korrosions- und Verschleiß-Schutzschichten durch thermische Spritzverfahren und andere Aluminium-Spezialgußartikel. Der Umsatz ließ sich für 1985 mit 407 Mio. DM beziffern. Trotz beachtlicher Investitionen in der 2. Hälfte der 1980er Jahre, einer Verlegung des Produktionsschwerpunktes und trotz geänderter Rahmenbedingungen bei den Produktionskosten (neuer Stromvertrag mit dem Badenwerk 1987) traf die weltweite Krise das Rheinfelder Unternehmen derart, daß 1990 die Produktion erst auf 34 000 t, danach auf 19 000 t Rohaluminium zurückgenommen wurde. Mitte 1991 wurde die Elektrolyse ganz eingestellt, wodurch weitere 200 Arbeitsplätze verlorengingen (später noch etwa 500 Beschäftigte). Die seither sichtbare Existenzkrise des Unternehmens ist noch nicht ganz überwunden.

Bereits ein Jahr vor der Aluminiumhütte öffneten 1897 die Elektrochemischen Werke GmbH. Das Werk wurde 1899 von der Chemischen Fabrik Griesheim-Elektron übernommen. Mit 206 Beschäftigten und umfangreichen Stromlieferungen vom Rheinkraftwerk wurden auf der Rheinniederterrasse Ätznatron und Chlor für die benachbarte Textil- und Aluminiumindustrie gewonnen. Mit der Eingliederung in die IG Farben AG 1925 begann eine allmähliche Umstellung von anorganischen auf organische Chlorprodukte, insbesondere Vinylchlorid, Ausgangsstoff für den Kunststoff PVC. Ende der 1960er Jahre erfolgte der Einstieg in die Siliciumtechnologie, wobei das Werk seit 1953 der Dynamit Nobel AG, Hauptsitz Troisdorf, gehörte. Die benachbarten Maschinen- und Schleifmittelwerke Offenbach (gegr. 1905) wurden 1972 eingegliedert. Heute gehört das Werk zur *Hüls AG*. Der Umsatz betrug 1985 205 Mio. DM, wovon ca. 10% aus dem Export in zahlreiche europäische und amerikanische Länder stammte. Die Mitarbeiterzahl stieg bis 1930 allmählich an, verdoppelte sich dann bis 1940 beinahe auf 423 Beschäftigte. Trotz der Energieprobleme der Nachkriegszeit konnte 1960 abermals die doppelte Belegschaft beschäftigt werden (855 Beschäftigte). Bis 1980 stieg die Mitarbeiterzahl langsam weiter, sank dann bis 1985 aber auf 773 ab. 1986 wurde die Trichlorsilan-Herstellung erheblich ausgebaut. Im selben Jahr wurden für 20 Mio. DM Abgas- und Abwasserreinigungsanlagen errichtet. Die zum VEBA-Konzern gehörende Hüls AG in Marl übernahm den Chemie- und Kunststoffbereich der Dynamit Nobel AG, Troisdorf. Damit hatte das Rheinfelder Zweigwerk einen neuen Besitzer und firmierte fortan als »Hüls-Troisdorf AG, Werk Rheinfelden«, wurde aber bereits 1989 direkt an die Hüls AG angegliedert. Seit diesem Jahr wird die Chlorproduktion stark reduziert; der Versand von Flüssigchlor ist bereits eingestellt. 1989 belief sich der Umsatz des Rheinfelder Werkes auf 230 Mio. DM. Die Zahl der Mitarbeiter lag bei 850. Die im Herbst 1991 eingetretene Konjunkturschwäche und große Absatzprobleme bei Schwerchemikalien führten dann aber zu Einstellungsstops sowie Vorruhestandsregelungen. In zwei Stufen sollen bis zum Jahre 1995 200 Arbeitsplätze abgebaut werden. Der totale Ausstieg aus der Chlorproduktion ist für 1994 vorgesehen, statt dessen soll die Siliciumproduktion ausgeweitet werden.

1898/99 siedelte sich ein weiterer bedeutender Strombezieher an, die Elektrochemische Fabrik Natrium GmbH, die gemeinsam von der Degussa und der Aluminium-Corporation Ltd. London gegründet wurde. Die Produktion bestand zunächst aus

Die Stadt im 19. Jahrhundert und in der Gegenwart   277

metallischem Natrium und Natriumperoxid; allmählich traten Natriumperborat und Natriumpercarbonat (Grundstoffe für weitere chemische Prozesse), schließlich auch Wasserstoffperoxid hinzu. Heute produziert das Werk neben den genannten Artikeln u. a. auch Autoabgaskatalysatoren. Die *Degussa AG, Werk Rheinfelden*, erzielte 1985 einen Umsatz von ca. 400 Mio. DM bei einem Exportanteil von etwa 45% (die Exporte gehen in alle Welt), während die Degussa weltweit fast 12 Mrd. DM umsetzte. Die Mitarbeiterzahl lag im Gründungsjahr bei 60, stieg bis 1909 rapide auf 431 Beschäftigte. Bis 1928 wuchs diese Zahl allmählich weiter (mit beinahe periodischen Einbrüchen) auf 813, danach wurde die Belegschaft, insbesondere seit der Weltwirtschaftskrise 1930 bis zum Kriegsbeginn, auf Zahlen zwischen 500 und 600 gehalten. Die Nachkriegszeit war nach einem Tiefpunkt 1949 (348 Mitarbeiter) bis 1960 eine Zeit des Wachstums, seit diesem Jahr lag die Beschäftigtenzahl zwischen 800 und 900. Nachdem bereits 1989 rund 40 Mio. DM investiert wurden und in den folgenden drei Jahren weitere 150 Mio. DM hinzukamen – schon im Jahr 1990 erreichte die Anlage einen jährlichen Ausstoß von ca. 3 Mio. Katalysatoren –, stieg nach Erweiterung der Anlage die Jahresproduktion auf bis zu 7 Mio. Katalysatoren. Damit werden im Werk Rheinfelden derzeit rund ein Drittel der europaweit abgesetzten Katalysatoren hergestellt. Dieser Produktionsteil macht im Werk Rheinfelden etwa ein Drittel der Aktivitäten aus. Die beiden weiteren Standbeine des Werkes sind die Herstellung von Perboraten und Aerosilen. Das Werk ist weltweit die einzige Firma, die den neuen Dieselkatalysator herstellt. 1992 waren hier 1000 Mitarbeiter tätig.

Ebenfalls bedeutender Arbeitgeber sind die *Kraftübertragungswerke Rheinfelden* selbst, die 1898 mit 121 Personen begannen. In der Zeit nach dem 2. Weltkrieg lag die Mitarbeiterzahl zwischen 300 und 400. Die Kapazitäten wurden während dieser Zeit ständig erweitert: Bei der Betriebsaufnahme waren es 12000 kW (16000 PS), die schon bald nicht mehr ausreichten, so daß 1903 neben die Laufwasserkraftanlage Dampfturbinen als Reserve für Niedrigwasserstand mit einer Leistung von 6000 PS traten. 1912 wurde gemeinsam mit dem Elektrizitätswerk Basel eine Anlage in Augst-Wyhlen von 60000 PS eröffnet, worauf der Stromabsatz in Baden, der Schweiz und dem Oberelsaß kräftig anstieg. In den 1920er Jahren erfolgte ein Zusammenschluß mit dem Stromnetz der Badenwerk AG Karlsruhe. Seitdem ist das Kraftwerk in die Landeselektrizitätsversorgung integriert. Die KWR beschäftigten 1992 430 Mitarbeiter. Zwischen dem heutigen Stauwehr und dem heutigen Kraftwerk ist ein neues Flußkraftwerk für 1997 geplant. Neben den drei großen Chemiebetrieben und den KWR verfügt Rheinfelden über einen guten Besatz an Klein- und Mittelbetrieben. Im Bereich des Gewerbegebietes »Schildgasse« sind neben den ansässigen großflächigen Einzelhandelsgeschäften mittelständische Betriebe mit zum Teil guter Wertschöpfung angesiedelt.

Außerhalb der Chemie- und Energiebranche gab es in Rheinfelden noch Traditionsunternehmen im Textil- und Metallverarbeitungsbereich. Neben der erwähnten Seidenweberei Baumann und Streuli siedelte sich 1900 die Firma F. Mayer aus Zürich an, in der zunächst 65 Beschäftigte ebenfalls mit der Weberei von Seidenstoffen befaßt waren. In den späten 1960er Jahren schloß die nunmehr *Seidenweberei GmbH* genannte Fabrik, die nach dem Kriege etwa 270 Beschäftigte hatte. Noch heute existent ist dagegen die *Müller GmbH* aus der Metallverarbeitungsbranche, die 1904 mit 23 Mitarbeitern als Pumpenfabrik gegründet wurde. Nach einer vollkommenen Umstellung stellt die Firma heute Stahlblechverpackungen und Faß-Handling-Systeme her. Die Beschäftigtenzahl liegt seit Mitte der 1980er Jahre bei 90 Personen.

Die Branchen, mit denen diese Traditionsunternehmen begannen, prägen heute noch die Struktur der Industriestadt Rheinfelden, wie die Arbeitsstättenzählungen 1970 und

1987 zeigen. Die Zahl der Beschäftigten im Sekundären Sektor, d. h. dem Bereich Handwerk und Industrie, lag 1970 im Zentrum von Rheinfelden bei 5390. Davon gehörte ziemlich genau ein Drittel dem Bereich Chemie (in 4 Betrieben) an. – Zum Teil in den Räumlichkeiten der ehemaligen Uhrenfabrik Stowa befindet sich die 1987 von Paris nach Rheinfelden umgesiedelte Firma Cabot. Die *Cabot Hüls GmbH* produziert hochdisperse Kieselsäure. Die Gesamtinvestition der Firma betrug 42 Mio. DM. 1992 waren 75 Mitarbeiter beschäftigt, der Umsatz lag bei 57 Mio. DM. Der weltweite Produktvertrieb geschieht über ein Tochterunternehmen, die Cabot GmbH. Die Firma *Späne GmbH, chemisch-technische Produkte* ist tätig im Bereich der Brunnenregenerierung sowie der Desinfektion von Trinkwasseranlagen. Der Vertrieb von Desinfektionsmitteln wird von hier aus europaweit betrieben. Das Unternehmen beschäftigte 1992 33 Mitarbeiter. – Weitere stark vertretene Bereiche waren die Baubranche (1970: 19% der industriell Beschäftigten in Rheinfelden, 18 Betriebe) und die Metallproduktion und -verarbeitung (fast 12%, 6 Werke). Bereits seit 1909 ist die Firma *Metzger-Bau GmbH* in Rheinfelden tätig. Das vor allem im Industriebau arbeitende Werk beschäftigte 1992 durchschnittlich 100 Mitarbeiter. Die seit 1970 ansässige *Allgemeine Bauunternehmung GmbH* mit 130 Mitarbeitern (1992) ist vor allem für Energieunternehmen tätig. Das Bauunternehmen *Stumpf GmbH & Co. KG*, seit 1954 in Rheinfelden, arbeitete 1992 mit 70 Mitarbeitern. Seit der Übernahme der Firma Scheu & Wirth 1991 ist die Firma *Babcock Rohrleitungsbau GmbH* mit etwa 30 Mitarbeitern vor allem im Bereich des industriellen Rohrleitungsbaus sowie des Gas- und Fernwärme-Rohrleitungsbaus tätig. – Um ein Unternehmen der Druckindustrie handelt es sich bei der Firma *OZ-Druck- und Verlags-GmbH*, einer der größten Druckereien im Landkreis Lörrach mit 1992 125 Mitarbeitern. – Die *Fryma-Maschinenbau GmbH* mit 35 Mitarbeitern (1992) ist auf Naßzerkleinerungsgeräte spezialisiert, während die (1992) 42 Beschäftigten der Firma *Dihart GmbH*, die seit 1980 in Rheinfelden arbeitet, für die Automobil-, Druckerei-, Werkzeug- und Flugzeugindustrie Spezialwerkzeuge herstellt. Die *Schöler GmbH Fördertechnik* beschäftigt 100 Mitarbeiter in Rheinfelden. Mit einem Durchschnittsumsatz von jeweils 40 Mio. DM jährlich zählt das Unternehmen inzwischen zu den größten Gabelstaplerhändlern der Bundesrepublik. – Die *Glorex GmbH, Bastelservice*, wurde 1987 gegründet. Sie beschäftigte 1992 etwa 50 Personen sowie ca. 30 Heimarbeiter und stellt Stoffpuppen, Marionetten, Teddybären sowie Bastelartikel her, die europaweit vertrieben werden.

Der Sektor Metallverarbeitung prägte eindeutig das Bild der ehemaligen Gemeinde Karsau: Dort arbeiteten 1970 1020 Personen bei einer Gesamtbeschäftigtenzahl von 1107. Mit dem Werk 3 ist die Aluminium-Hütte hier vertreten. Inzwischen ist das Gewerbegebiet auf Karsauer und alter Rheinfelder Gemarkung im östlichen Stadtbereich zusammengewachsen. Während die Ortsteile Adelhausen, Nordschwaben, Eichsel und Degerfelden 1970 noch stark landwirtschaftlich geprägt waren, nahmen Minseln und insbesondere Herten einen mittleren Platz bei der Zahl der Arbeitsstätten im Sekundären Sektor ein: In Minseln arbeiteten 25 Personen in der Branche Holz, Papier und Druck sowie 13 im Bauhauptgewerbe; insgesamt waren 61 Beschäftigte dem Bereich Handwerk und Industrie zuzurechnen. In Herten gab es 1970 185 Arbeitsstätten, darunter 42,7% allein im Maschinenbau. Das große Hertener Unternehmen in dieser Branche ist die Firma *Chr. Häusler GmbH*, die 1958 durch Christian und Clara Häusler gegründet wurde und anfangs 10 Mitarbeiter zählte. Bis zum Jahre 1985 expandierte der Betrieb auf 243 Beschäftigte, darunter 140 im Hauptbetrieb im schweizerischen Dornach und 103 in Herten (1992 in Herten: 85 Mitarbeiter). Neben der sehr kräftig vertretenen Metallbranche beschäftigten die Bereiche Bau, Holz/Papier/Druck

Die Stadt im 19. Jahrhundert und in der Gegenwart 279

und Chemie 48, 23 und 21 Personen. Die *Instrument- und Elektro GmbH* plant, fertigt und montiert meß-, steuer- und regeltechnische Anlagen im Bereich der chemischen Industrie. Der Projektumfang reicht von einfachen Steuerungen bis zu ganzen Produktionsanlagen. Die Firma beschäftigte 1992 60 Mitarbeiter.

Vergleicht man die Arbeitsstättenzählungen 1970 und 1987, so fällt das starke relative Anwachsen des Chemiebereiches auf. Für das heutige Stadtgebiet lag er 1970 insgesamt bei 26,8%, 1987 dagegen bei 37,1%. Beinahe gleichgeblieben ist der Anteil der Beschäftigten in der Metallverarbeitung (1987: 22,3%).

Handel und Dienstleistungen. – Trotz des Bahnhaltepunktes in Nollingen erlangte der Bereich Handel und Dienstleistungen im vorigen Jahrhundert keine sehr große Bedeutung. Die Zählung 1895 wies diesem Sektor knapp 3% der berufstätigen Bevölkerung zu, ohne allerdings die Angestellten des öffentlichen Dienstes und die freien Berufe mit einzuberechnen. Erst im Gefolge der Industrieansiedlungen der späten 1890er Jahre entstanden zahlreiche Arbeitsplätze in diesem Bereich, von dem 1987 39% der Beschäftigten lebten.

Im Jahre 1804 wurde Nollingen zum Marktflecken erhoben, und weil es so verkehrsgünstig an der Landstraße von Lörrach nach Säckingen lag, kamen zahlreiche Marktbesucher in den Ort. Durchschnittlich 100 Stück Vieh trieb man jeweils im März, Mai, Juli, September und November auf. Zwar schlief der Markt Mitte des 19. Jh. ein, seit 1882 erfuhr er jedoch eine Neubelebung. Die Volkszählung 1987 zählte 41 Großhandelsbetriebe mit 319 Beschäftigten und 162 Einzelhandelsgeschäfte mit 940 Angestellten sowie 7 Handelsvermittlungen. 1990 lag die Zahl der Einzelhandelsbetriebe bei 180. Darunter sind 7 größere Einkaufsmärkte zu nennen, die durchweg im Stadtrandgebiet liegen, wo der tägliche Lebensbedarf der Bevölkerung zum überwiegenden Teil gedeckt wird. Im Innenstadtbereich waren 1990 insgesamt 116 Einzelhandelsbetriebe ansässig, die auf 18060 m² Verkaufsfläche 117,5 Mio. DM umsetzten. Als bedeutend ist das Kaufhaus Blum hervorzuheben. Nach einem Markt- und Standortgutachten waren 1990 etwa 78% der Kaufkraft innerhalb der Stadt gebunden gewesen. Hauptsächlich Gegenstände des mittel- und längerfristigen Bedarfs wurden auch außerhalb erworben, insbesondere in Lörrach, daneben in Basel und Freiburg.

Im Wirtschaftsbereich »Dienstleistungen durch Unternehmen und freie Berufe« sind in Rheinfelden die *Gastwirtschaften* hervorzuheben. In der Zeit, als zahlreiche Arbeiter aus den verschiedensten Regionen nach Rheinfelden strömten, gab es ein besonders starkes Bedürfnis nach geselligen, ungezwungenen Begegnungsmöglichkeiten. So besaßen in Nollingen schon im Jahre 1903 neun Wirtschaften eine Schankerlaubnis bei damals rund 1500 Einwohnern. 1987 waren von insgesamt 315 Arbeitsstätten des Wirtschaftsbereiches 84 dem Gastgewerbe zuzurechnen. Daneben besaßen das Gesundheitswesen (70 Arbeitsstätten) und die Rechts- und Steuerberatung (63 Arbeitsstätten) eine große Bedeutung.

Banken und Sparkassen entwickelten sich relativ spät. Zwar legten schon im Jahre 1899 43 Nollinger Bürger die Statuten für eine »Sparkasse Nollingen« fest. Das Großherzogliche Bezirksamt Säckingen erteilte dieser Sparkasse jedoch keine Genehmigung. Erfolgreich war dagegen die Gründung der *Bezirkssparkasse Badisch-Rheinfelden* 1914/15, für die von den Gemeinden Nollingen, Karsau, Ober- und Niederschwörstadt, Warmbach, Degerfelden und Herten gebürgt wurde. 1925 traten auch Eichsel und Minseln, das ab 1906 eine eigene Sparkasse unterhielt, diesem Sparkassengewährverband bei. Heute gibt es neben der Sparkasse Lörrach-Rheinfelden mit ihren 11 Filialen auch Vertretungen der Deutschen und der Dresdner Bank, der Commerzbank sowie der Volksbanken Lörrach und Rhein-Wehra. Im Ortsteil Nordschwaben existiert eine Filiale der Sparkasse Schopfheim, in Adelhausen und Eichsel je eine der Raiffeisenbank Maulburg.

Die Versorgung der Bevölkerung mit Wohnungen leistete neben den privaten Wohnungsfirmen, den Kommunen und den großen Firmen vor allem die 1908 gegründete *Baugenossenschaft*. Als ihre Gründungsmitglieder fungierten Arbeiter, Handwerker und Kaufleute, die Fabrikarbeitergewerkschaft sowie die Firma Degussa. Die Kommune unterstützte diese Baugenossenschaft mit kostengünstigem Bauland. Nach dem 2. Weltkrieg förderte die Stadt den Wohnungsbau mittels einer nicht genossenschaftlich organisierten *Städtischen Wohnungs- und Siedlungsbau GmbH*, Rheinfelden, die 1951 gegründet wurde. 1976 betreute die »Städtische« fast 1300 Wohneinheiten, während die o. g. Baugenossenschaft rund 200 Wohnungen stellte. 1992/93 verfügte die »Städtische« über 1418 eigene Wohnungen, während der Bestand der Baugenossenschaft gleich blieb.

Verkehr. – Der Verkehr tangierte die Orte, die im Hochrheintal lagen, aufgrund der natürlichen Gegebenheiten stärker als die Dinkelberggemeinden. Die *Eisenbahnlinie Basel–Säckingen* hatte seit dem Jahre 1856 einen Haltepunkt auf Nollinger Gemarkung. Neben diesem heutigen Bahnhof Rheinfelden waren 1992 in Herten und Beuggen Bahnhaltepunkte. Da die Bötzbergbahn auf schweizerischer Seite erst 1875 ihren Dienst aufnahm, gab man so den Besuchern der Stadt Rheinfelden (Schweiz) die Möglichkeit, mit der Badischen Staatsbahn anzureisen. So wurde der Bahnhof auch nicht beim Ortskern von Nollingen errichtet, sondern in der Nähe der Rheinbrücke auf der der Schweiz zugewandten Gleisseite. Neben dem Personenverkehr erlangte der Warenverkehr bald einige Bedeutung: Das Salz aus den schweizerischen Salinen wurde hier auf die Bahn verladen und in verschiedene süddeutsche Gebiete verschickt.

Nicht die gleiche Bedeutung wie die Eisenbahn erlangte der Transport über den Wasserweg. Rheinfelden hat seit 1933 einen *Rheinhafen*, der den letzten Anlegeplatz für Frachtschiffe am Hochrhein bildet. Die Rheinregulierung des 19. Jh., der Bau des Canal d'Alsace (1928 in Betrieb genommen) und die Niederwasserregulierung ermöglichten seine Errichtung. Solange beim Kraftwerk Augst-Wyhlen keine ausreichend großen Schleusen vorhanden waren, war es nicht möglich, daß größere Frachtschiffe den Rheinfelder Hafen anliefen. Dies hat sich 1992 mit der Vergrößerung der Schleuse soweit abgemildert, daß Frachtkähne nach Euronorm durchfahren können. Auch der fehlende Bahnanschluß wirkt sich hemmend auf eine intensivere Nutzung für Massengüter aus. Im Jahresdurchschnitt wurden seit Jahren rund 200000 t Güter umgeschlagen.

Für den *Straßenverkehr* zwischen Basel und Schaffhausen spielte die Rheinbrücke zur Stadt Rheinfelden (Schweiz) schon früh eine wichtige Rolle. Die Fuhrwerke und Reisenden aus Basel hielten sich zunächst auf der rechtsrheinischen Seite, wechselten bei Rheinfelden das Flußufer und bewegten sich dann auf der schweizerischen Seite weiter. Kurze Zeit nachdem das rechte Ufer 1806 zum Großherzogtum Baden gekommen war, wollten die badischen Behörden den Verkehr auf ihrer Uferseite fördern. Daher errichteten sie eine neue Straße zwischen Warmbach und Laufenburg. Heute folgt die Bundesstraße 34 im wesentlichen der badischen Straße von 1812. Sie stellt die Verbindung nach Grenzach-Wyhlen und Basel, Schwörstadt und Säckingen dar. Nach Nordwesten, in Richtung Lörrach, führt die überlastete B 316. Schon seit Jahrzehnten steht die *Hochrheinautobahn A 98* zur Diskussion. Die schweizerische Autobahn N 3 und die Nationalstraße 3/7 bieten die Möglichkeit, die linksrheinischen Orte sowie die Nordostschweiz zu erreichen. Diese Straßen sind über die sehr stark befahrene Rheinbrücke unter Durchquerung der Stadtgebiete von Rheinfelden (Baden) und von

Die Stadt im 19. Jahrhundert und in der Gegenwart 281

Rheinfelden/Schweiz erreichbar. Die Verbindungen in das nördlich gelegene Wiesental bilden die L 144 und Kreisstraßen, die gleichzeitig die Dinkelbergortsteile mit dem Stadtzentrum verbinden.

Für den öffentlichen Personennahverkehr stehen die Busse der Südbadenbus GmbH (SBG) und Nahverkehrszüge der Deutschen Bundesbahn zur Verfügung. Die SBG verbindet Rheinfelden mit den Ortsteilen Degerfelden und Nollingen in Richtung Lörrach sowie Herten in Richtung Grenzach-Wyhlen; in Richtung Minseln, Adelhausen, Nordschwaben und Eichsel führt die Buslinie nach Schopfheim. Eine weitere Busverbindung über Beuggen führt nach Bad Säckingen. In dieser Richtung wirkt der Nahverkehr der Deutschen Bundesbahn auf der Linie Waldshut-Badischer Bahnhof Basel komplementär. Außerdem verkehrt innerhalb von Rheinfelden, Nollingen und Warmbach eine *Stadtbuslinie*.

Der Flughafen Basel-Mulhouse liegt rund 30 km von Rheinfelden entfernt, während der Flugplatz auf dem Stadtgebiet zwischen Degerfelden und Herten vornehmlich sportlichen Zwecken dient.

Verwaltungszugehörigkeit, Gemeinde und öffentliches Leben

Verwaltungszugehörigkeit und Gemeindegebiet. – Recht *wechselhaft* entwickelte sich die Verwaltungszugehörigkeit der Gemeinden des heutigen Stadtgebiets. Zu Anfang des 19. Jh. gehörten fast alle Gemeinden zur Herrschaft Rheinfelden (Vorderösterreich), abgesehen von Karsau, Riedmatt und Beuggen, die als österreichische Lehen zur Deutschordenskommende gehörten. 1801 wurde Nollingen für kurze Zeit Amtssitz innerhalb Vorderösterreichs, ab 1806 innerhalb Badens. 1809 wurden die Gemeinden verschiedenen badischen Bezirksämtern zugeteilt: Adelhausen, Eichsel, Minseln und Nordschwaben dem BA Schopfheim, Degerfelden, Herten und Warmbach dem BA Lörrach, Karsau und Nollingen dem BA Säckingen. Warmbach wurde mit Nollingen 1921 vereinigt, im Folgejahr zur Stadt Rheinfelden erhoben und gehörte zum BA Säckingen. 1936/39 löste man das Amt Schopfheim auf, wobei Adelhausen und Eichsel zum Lkr. Lörrach, Minseln und Nordschwaben zum Lkr. Säckingen kamen. In die Stadt Rheinfelden (seit 1963 offiziell mit dem Zusatz Baden) wurden Degerfelden und Minseln 1972, Herten 1973, Adelhausen, Eichsel und Nordschwaben 1974 und Karsau 1975 eingemeindet. In diesem Jahr wurde auch dem Antrag der Stadt auf Erhebung zur Großen Kreisstadt entsprochen.

Durch diese *Eingemeindungen* stieg die Gemarkungsfläche um mehr als das Fünffache an: Größter Stadtteil blieb Rheinfelden mit 1132 ha, hinzu kamen Degerfelden (990 ha), Minseln (945 ha), Karsau (841 ha), Herten (819 ha), Adelhausen (714 ha), Eichsel (500 ha) und Nordschwaben (345 ha), so daß die Gemarkungsfläche 6286 ha beträgt.

Umfangreichere Gebietsveränderungen erlebten lediglich Degerfelden, von 700 ha im Jahre 1854 auf 990 ha, als die Gkg Hagenbach eingegliedert wurde, sowie Nollingen (später Rheinfelden) und Karsau. Auf der Gemarkung dieser beiden Gemeinden entstand der Industrieort, in Karsau hauptsächlich die Fabrikanlagen und in Nollingen mehr Arbeiterwohnungen. Durch diese Trennung hätte es Probleme im Infrastrukturbereich gegeben, wenn nicht schon im Jahre 1900 die Gemeinde Karsau bereit gewesen wäre, die rund 100 ha Industriegelände an Nollingen abzutreten, das so von 737 auf 839 ha anwuchs. Durch die Vereinigung von Warmbach und Nollingen 1921 kam eine Gemarkungsfläche von 1115 ha zusammen. Diese Fläche nahm durch Grenzkorrekturen in den 1930er Jahren auf 1132 ha zu.

Gemeindeverwaltung und übrige Behörden. – In der 2. Hälfte des 19. Jh. war die ländliche Verwaltungsstruktur in den untersuchten Dörfern noch ganz erhalten. Überall gab es neben dem Bürgermeister nur 4–6 Gemeinderäte, ferner Ratschreiber und Gemeinderechner, Waldhüter, Nachtwächter, Hebamme, Straßenwart, Polizeidiener und mehrere Steinsetzer. Da diese Tätigkeiten ehrenamtlich oder gegen ein sehr mäßiges Honorar ausgeübt wurden, konnte man keine großen Ansprüche an die Qualifikation des Personals stellen. Den Wandel der traditionellen Verwaltungsstruktur brachte die Entstehung des Industrieortes. Bei zeitweise deutlich gestiegener Kriminalität kamen besonders auf die Ortspolizei ganz neue Aufgaben zu.

Fast alle Gemeinden verfügten Mitte des 19. Jh. über ein Schulhaus, das gleichzeitig als Rathaus benutzt wurde, über ein Armenhaus und einen Raum für die Feuerlöschgeräte (meist als Anbau). Als ein architektonisches Symbol des Wandels in der kommunalen Verwaltung kann die Tatsache betrachtet werden, daß die räumliche Einheit von Rat- und Schulhaus um 1900 fast überall aufgehoben wurde, wie z. B. in Degerfelden, wo 1903 das Rathaus neu hergerichtet und mit einem feuerfesten Archiv versehen wurde. Im Ortsteil Badisch-Rheinfelden der Gemeinde Nollingen wurde hingegen vorerst nur ein Geschäftszimmer im 2. Stock des Gasthauses »Zum Oberrheinischen Hof« für das Bürgermeisteramt angemietet, während das Nollinger Rat- und Schulhaus weiter benutzt wurde. Erst 1920 trug hier die Verwaltung den veränderten Verhältnissen Rechnung, indem sie die Wirtschaft »Gambrinushalle« im Ortsteil Badisch-Rheinfelden kaufte und dort das *Rathaus* einrichtete. Es wurde im Jahre 1922 eingeweiht. Vor allem die Eingemeindungen der 1970er Jahre und vermehrte Verwaltungsaufgaben der Großen Kreisstadt legten eine Zusammenfassung der inzwischen auf mehrere Gebäude verteilten Verwaltung nahe. Deshalb erfolgte 1976 bis 1979 ein Rathausneubau am Kirchplatz.

Personell bestand die *Verwaltung* im Jahre 1992 aus 37 Beamten, 183 Angestellten (darunter 61 teilzeitbeschäftigt) und 163 Arbeitern. Von den Arbeitern waren lediglich 93 in einem Vollzeit-Beschäftigungsverhältnis. Sachlich gliederte sich die Verwaltung in Hauptamt, Rechnungsprüfungsamt, Stadtkämmerei, das Amt für öffentliche Ordnung und Umwelt, Standesamt, Grundbuchamt, Kulturamt, Sozialamt und Stadtbauamt. Alle sieben eingemeindeten Orte haben eigene Ortsverwaltungen mit Ortsvorstehern. Seit Rheinfelden 1975 Große Kreisstadt wurde, steht ein Oberbürgermeister an der Spitze der Verwaltung, zu dessen Dezernat Hauptamt, Rechnungsprüfungsamt, Stadtkämmerei, Kultur- und Stadtbauamt gehören. Dezernent für die übrigen Ämter ist der Bürgermeister.

Der *Gemeinderat* von Rheinfelden setzte sich nach der Wahl von 1989 aus 16 Vertretern der CDU, 12 der SPD, 9 Angehörigen von zwei Wählervereinigungen (Freie Wählervereinigung, FWV 4, Unabhängige Rheinfelder 5) sowie 3 Grünen zusammen. Die Ortschaftsräte werden von folgenden Gruppen dominiert: Adelhausen CDU (5 von 8), Degerfelden CDU (4 von 8), Eichsel CDU (5 von 8), Herten CDU (5 von 12, 4 Sozialdemokraten), Karsau CDU und SPD (je 6 von 12), Minseln CDU (5 von 10) und Nordschwaben von einer Wählervereinigung (5 von 6 FWV).

An *Behörden von Bund und Land* finden sich in der Großen Kreisstadt noch eine Hilfsstelle des Arbeitsamts Lörrach und ein Polizeirevier sowie der Bahnhof, das Zollamt, Postämter in Rheinfelden und Herten sowie Poststellen in Adelhausen, Beuggen, Degerfelden, Eichsel, Karsau, Minseln und Nordschwaben. Der Landkreis Lörrach unterhält in Rheinfelden Außenstellen der Kfz-Zulassungsstelle und des Bezirkssozialdienstes.

Die Stadt im 19. Jahrhundert und in der Gegenwart

Ver- und Entsorgungseinrichtungen. – In den 1880er Jahren tauchten in mehreren Gemeinden Klagen über die Qualität des *Trinkwassers* auf, das man damals aus Einzelbrunnen gewann. In Nollingen gab die Situation zuerst Anlaß zum Handeln. 1889 konnte die Mehrzahl der Haushalte über zentrale Wassergewinnungsanlagen und Leitungen versorgt werden. Schon in den frühen 1890er Jahren entzündete sich an der Wasserfrage ein Konflikt mit der Seidenweberei Baumann und Streuli, die sich ansiedeln wollte. Dieser Betrieb bestand darauf, daß die Wasserleitung auf Gemeindekosten um 2 km bis zum projektierten Firmengelände verlängert werde. Später erhielt die Seidenweberei sogar einen Teil des Wassers kostenlos. Für die nachfolgenden Betriebe der elektrochemischen und metallurgischen Industrie reichte die gemeindeeigene Versorgung bei weitem nicht aus. So entschlossen sich die Kraftübertragungswerke dazu, selbst ein Wasserwerk mit zwei Pumpanlagen und einem Wasserturm (1898 gebaut) zu erstellen. Dieser Teil der Wasserversorgung ging 1938 von den KWR auf die Stadt Rheinfelden über.

Einen anderen Weg beschritten die Dinkelberggemeinden: Adelhausen, Eichsel, Minseln, Nordschwaben, Karsau und Dossenbach (Gde Schwörstadt) vereinigten sich zu einem Bezirksverband und konnten so eine *Gruppenwasserversorgung* erstellen, die von der Kulturinspektion Waldshut ausgearbeitet worden war. Seit 1907 wurde Grundwasser des Wiesentales in den Hochbehälter »Hoher Flum« gepumpt, von dem wiederum die Wasserspeicher der einzelnen Gemeinden gespeist wurden. Heute wird die Stadt Rheinfelden mit den Stadtteilen Herten, Nollingen und Warmbach über vier Grundwasserpumpwerke und Herten über eine Stollenquelle versorgt. Degerfelden bekommt das Wasser aus den Hindelbachquellen, während die übrigen Stadtteile nach wie vor vom Zweckverband Wasserversorgung Dinkelberg mit Grundwasser aus dem Wiesental beliefert werden.

Während in den 1970er Jahren knapp 80% der Stadt an die *Kanalisation* angeschlossen waren, wurde nur ein geringer Anteil der Abwässer einer öffentlichen Kläranlage zugeführt: 1975 nur 8,3%. Ein radikaler Wandel trat hier bis 1983 ein. Nun waren 86,1% an die kommunalen Kläranlagen angeschlossen. Die 3,5 Mio. cbm Abwässer aus den kommunalen Kläranlagen stellten in diesem Jahr jedoch nur 20,6% der gesamten Abwassereinleitungen dar, bei den übrigen Abwässern handelt es sich um industrielle Direkteinleitungen. Mit Schwörstadt besteht ein Abwasserzweckverband. Das Aufkommen an festem Haus- und Sperrmüll betrug 1982 6705 t, 1992 6004 t, die auf die Kreismülldeponie gelangten.

In der Energieversorgung Rheinfeldens kam der Elektrizität von Anfang an größere Bedeutung als dem Gas zu. In Nollingen/Badisch-Rheinfelden schon bald nach dem Bau der Kraftübertragungswerke Rheinfelden und in Minseln 1903 eingeführt, mußten die nahegelegenen Dinkelberggemeinden jedoch relativ lange auf die Annehmlichkeit des elektrischen Stromes warten. Erst Anfang der 1920er Jahre wurden Eichsel, Nordschwaben und Degerfelden an das Stromnetz angeschlossen; zu wenig zahlungskräftige Kunden hatten zuvor Bedarf angemeldet. Aber obwohl Minseln früh angeschlossen worden war, verzichtete die Gemeinde lange Zeit darauf, die Straßenbeleuchtung von Petroleum auf Elektrizität umzustellen, weil die Kosten – einer Schätzung aus dem Jahre 1909 zufolge etwa 4000 M – der Gemeinde zu hoch schienen. Bis heute versorgen die KWR die gesamte Region mit Elektrizität.

An die *Gasversorgung* wurde die Stadt erst 1926 angeschlossen, heute liegt die Versorgung in den Händen der Badischen Gas AG Lörrach. Die 2800 Abnehmer verbrauchten 1984 845,4 Mio. kWh, 1992 waren es 5183 Abnehmer, die 1070,6 Mio. kWh verbrauchten.

Die ärztliche Versorgung der Dörfer erfolgte traditionell vor allem von der Schweiz aus. Erst nach den Betriebsansiedlungen kamen drei Ärzte, 1901 eröffnete auch eine Apotheke. Daneben bemühten sich die Industriefirmen selbst um eine Verbesserung der *medizinischen Versorgung*. Heute gibt es in der Stadt Praxen von 12 Allgemeinmedizinern, 29 Fachärzten sowie 17 Zahnärzten. Für die stationäre Betreuung standen zunächst drei Fachkliniken zur Verfügung, die aus Privatinitiativen entstanden waren. Sie spezialisierten sich auf Frauenkrankheiten, Chirurgie und Hals-Nasen-Ohren-Krankheiten und hielten hierfür rund 130 Betten bereit (Stand 1986). Nach längeren Diskussionen über die Finanzierung erstellte der Landkreis ab 1971 ein Kreiskrankenhaus mit 170 Betten, in dem 1986 242 Beschäftigte tätig waren, darunter 23 Ärzte. Die private Frauenklinik im »Bampi-Schlößle« hatte 1993 etwa 200 Beschäftigte, darunter 11 Ärzte. Sie wies 51 Betten auf. Das Krankenhaus wurde nicht zuletzt auf die Initiative eines »Krankenhausfördervereines« hin durchgesetzt. Es erfüllt eine zentrale Rolle bei der gesundheitlichen Versorgung des gesamten westlichen Hochrheintals.

Auch bei der sozialen Versorgung bedachte der Landkreis seine zweitgrößte Stadt: 1974 richtete er den *Bezirkssozialdienst* ein, der gemeinsam mit dem Kreissozialamt und dem Kreisjugendamt die soziale Versorgung der Bevölkerung verbesserte. Er ist auch für Grenzach-Wyhlen und Schwörstadt zuständig. Die katholische Kirche betreibt zudem eine »Kirchliche Zentralstation für soziale Dienste«, die für alle Pfarreien der Großen Kreisstadt tätig ist. Um die älteren Mitbürger kümmert sich die Stadtgemeinde, indem sie in einem »Bürgerheim« Wohnungen (33) und Zimmer (57) für betreutes Wohnen zur Verfügung stellt. Weitere wichtige Aufgaben in der sozialen Versorgung der Bürgerschaft nimmt das städtische Sozialamt wahr. Mit dem Bau des Bürgerheims im Jahre 1956 wurde das erste Altenheim und Altenwohnheim der Stadt geschaffen. Durch einen Neubau und Erweiterung 1987 bis 1992 wurde das Bürgerheim auch zum Pflegeheim umgestaltet; es beherbergt seither 27 Einzimmerwohnungen, 6 Zweizimmerwohnungen, 101 Altenheim- und Pflegeplätze und 6 Kurzzeitpflegeplätze.

Die ältesten *Friedhöfe* der Stadt liegen in den Ortsteilen Nordschwaben und Eichsel (beide 12. Jh.). Diese Friedhöfe sind heute die einzigen ohne Leichenhalle. Auch der Minselner Gottesacker datiert aus der Zeit vor 1600. Die Nollinger und Hertener Friedhöfe wurden im frühen 19. Jh., der in Badisch-Rheinfelden 1902 angelegt. Der neue Friedhof in Karsau fand 1963 seinen Standort am Waldrand des Gehölzes Riedmatthalden, der alte lag in der Nähe der Beuggener Kirche. Der Warmbacher Friedhof wurde geschlossen. Dieser Ortsteil hat seither einen gemeinsamen Friedhof mit Rheinfelden. Adelhausen benutzt den Friedhof in Eichsel, Degerfelden den Friedhof in Herten.

Rheinfelden hat eine *Freiwillige Feuerwehr*. Sie besteht aus den 10 Abteilungen Adelhausen, Degerfelden, Eichsel, Herten, Karsau, Minseln, Nollingen, Nordschwaben, Rheinfelden und Warmbach sowie einer Jugendfeuerwehr. Die Nollinger Wehr, heute Abteilung, kann auf eine Tradition seit dem Jahre 1864 zurückblicken, während die meisten übrigen Abteilungen um 1900 gegründet wurden. Insgesamt zählt die Freiwillige Feuerwehr Rheinfelden 810 Aktive. Neben der Freiwilligen Feuerwehr bestehen Werksfeuerwehren bei der Aluminium Rheinfelden, der Degussa und bei der Hüls AG sowie eine eigene Wehr im St. Josefshaus.

Kirche. – Die meisten der sieben katholischen Pfarreien im heutigen Rheinfelden sind mittelalterlichen Ursprungs (s. u. Geschichte der Stadtteile), Warmbach und Eichsel ebenso wie die St. Felix und Regula Kirche in Nollingen und in Beuggen St. Michael. Zur St. Peter und Pauls Pfarrei in Minseln gehört traditionell Nordschwaben, dessen Kirche ebenso wie das St. Urban-Gotteshaus (Herten/Degerfelden) im 17./18. Jh. erbaut wurde. Die jüngste katholische Pfarrei St. Josef im Zentrum Rheinfeldens benutzte seit 1899 zunächst eine Notkirche, bis 1913–15 die Josefskirche erbaut wurde. Karsau erhielt 1993 eine neue kath. Kirche, St. Michael geweiht.

Die wenigen Protestanten, die es im 19. Jh. in der Region gab, trafen sich seit 1820 in der ehemaligen Deutschordenskommende Beuggen, die heute eine *Evangelische Tagungs- und Begegnungsstätte* beherbergt. Erst durch den Zustrom zahlreicher evangelischer Industriearbeiter ergab sich die Notwendigkeit, auch Gottesdienste dieser Konfession in Nollingen abzuhalten. Damit begann der Pfarrer aus Grenzach 1897 in der Gaststätte »Sängerhalle«, wobei er nicht wenig Probleme mit dem Lärm in der Wirtschaft hatte. 1899 gelang es den 435 Rheinfelder Protestanten, ein Grundstück auf dem Adelberg zu erwerben und dort eine Scheune zu einer kleinen evangelischen Kirche umzubauen. Als dieses Gotteshaus zu eng geworden war, baute man 1935 die Christuskirche. 1955 entstand die Johanneskirche in Minseln (auch für Adelhausen, Eichsel und Karsau). Die erste Kirche am Adelberg wird heute von Altkatholiken besucht. Die Protestanten in Nordschwaben finden noch heute ihren religiösen Mittelpunkt im benachbarten Dossenbach. In Herten errichtete die ev. Kirchengemeinde Wyhlen 1959 eine Kapelle, die 1991 zum Gemeindezentrum der jetzigen Petrusgemeinde ausgebaut wurde.

Schule. – Für die Kinder im Vorschulalter bestand im Jahre 1992 in Rheinfelden ein Angebot von 15 Kindergärten. Die katholische Kirche war der Träger von acht Kindergärten im Stadtzentrum, Warmbach, Minseln, Herten und Degerfelden, während die evangelische Kirche vier Einrichtungen in Warmbach, Herten und der Innenstadt unterhält. Lücken in den Ortsteilen Karsau und Eichsel schlossen zwei städtische Kindergärten. In Nollingen besteht ein Waldorf-Kindergarten.

In keiner der früheren Gemeinden fehlte ein *Schulhaus*, oft mit dem Rathaus kombiniert. In Minseln gab es zu Anfang des 19. Jh. sogar zwei Schulen, eine für das Ober- und Mitteldorf und eine für das Unterdorf. Im Laufe des letzten Jahrhunderts häuften sich jedoch die Klagen der Amtleute über den Zustand der Unterrichtsräume: in Eichsel z. B. litten die Schulkinder unter der Feuchtigkeit, insbesondere im Winter. Die Gemeinde erstellte daraufhin in den Jahren ab 1890 einen Neubau. Mit dem Wachstum des Industrieortes Rheinfelden Anfang des 20. Jh. stellte sich die Frage nach einer neuen Schule. Zwar konnten die Kinder von Rheinfelden nach Nollingen und Karsau gehen, aber das bedeutete einen mehr als halbstündigen Fußweg. Daher mietete die Gemeinde Karsau 1899 zunächst einen Kantinenraum in der Aluminiumfabrik. Als dieser Raum für die steigenden Schülerzahlen zu klein wurde, gab es heftige Konflikte zwischen den Eltern und der Gemeinde Karsau. Die endgültige Lösung erbrachte erst ein Neubau mit 11 Schulsälen (heute die Schillerschule), der 1903 eingeweiht werden konnte. 1930 baute Minseln eine neue Schule (1989/90 erweitert), 1951/52 wurde die Hans-Thoma-Schule in Warmbach gebaut, die Goethe-Schule entstand 1960 bis 1962 am nördlichen Stadtrand. In Bezug auf weiterführende Schulen lag Rheinfelden, wie es die Jubiläumsschrift von 1972 ausdrückte, bis in die 1950er Jahre »in einer Art Niemandsland«. Die Schüler mußten bis nach Lörrach, Schopfheim oder Säckingen fahren, um ein Gymnasium besuchen zu können. Im April 1956 konnte diese Lücke durch die Eröffnung des Gymnasiums geschlossen werden, im Jahr zuvor war bereits eine Realschule eingeweiht worden. Lediglich durch seine *Gewerbeschule* strahlte Rheinfelden bereits ab 1908/09 über seine engeren Grenzen hinaus, während die Stadt heute ein wichtiges Zentrum im Bildungsbereich darstellt. 1992 gab es in Rheinfelden 6 Grund- und Hauptschulen: die Christian-Heinrich-Zeller-Schule in Karsau, sie wird auch von den Kindern aus Nordschwaben besucht; die Dinkelbergschule in Minseln, zuständig auch für Adelhausen und Eichsel, wohin aber Klassen ausgelagert sind; die

Goethe- und die Schillerschule in Rheinfelden; die Hans-Thoma-Schule in Warmbach und die Scheffelschule in Herten. Die Hebelschule in Nollingen mit einer Außenstelle in Degerfelden ist Grundschule. Hauptschüler dieser Orte besuchen die Goetheschule. Unmittelbar benachbart liegt dort die Eichendorffschule, eine Sonderschule für Lernbehinderte. Eine Sonderschule, eine Schule für Heimerziehungspflege und ein Heilpädagogisches Seminar sind dem St. Josefshaus in Herten angeschlossen. 1992 wurden in den Grund- und Hauptschulen 1990 Schüler unterrichtet. Die Realschule wies 488, das Gymnasium – mathematisch-naturwissenschaftlich ausgerichtet – 616 Schüler auf.

Das Bildungsangebot wird durch die Volkshochschule und die *Musikschule Rheinfelden* erweitert, die beide als Vereine organisiert sind. Letztere entstand 1963 durch private Initiative, mit staatlicher Unterstützung sowie Förderung durch die damaligen Nachbargemeinden Herten, Grenzach und Wyhlen. Die Nachfrage stellte sich als überraschend hoch heraus und bescherte dieser Institution eine stetige Aufwärtsentwicklung. Ebenfalls gut besucht war die Volkshochschule Rheinfelden, die nach dem 2. Weltkrieg zunächst mit kulturellen Einzelveranstaltungen begann (Konzerte und Lichtbildervorträge) und sich ab den 1960er Jahren stärker auf das Angebot von Kursen konzentrierte, vor allem auch zur beruflichen Fortbildung. Der Abendrealschule kommt hier besondere Bedeutung zu.

Kulturelle Einrichtungen, Sportstätten und Vereine. – Neben den Konzertveranstaltungen durch Volkshochschule und Musikschule organisierte der *Kulturring* traditionell im Mai jeden Jahres eine »Kulturwoche« und stellte Abonnement-Reihen zusammen. Seine Aufgaben werden seit 1991 durch das damals geschaffene Kulturamt der Stadt wahrgenommen. Wenig bekannt war lange Zeit die Stadtbücherei Rheinfeldens, zumal die großen Betriebe und Pfarreien eigene Bibliotheken unterhielten. Von 1200 Bänden im Jahre 1963 stieg deren Bestand auf über 25 000 Bände 1992. Die Zahl der jährlichen Entleihungen betrug rund das Dreifache ihres Bestandes.

Mit Ausnahme von Adelhausen und Nordschwaben gibt es in allen Stadtteilen *Sportplätze*. Traditionell besonders für den Schulsport wichtig waren die Sportanlagen des Jahn-Stadions. Dort befinden sich mehrere Turnhallen und das Hallenbad (1956); benachbart liegen ein weiterer Vereins-Sportplatz und eine Tennisanlage. Heute wohl wichtigste Sportanlage der Stadt ist das Sportzentrum am Ortsrand von Warmbach (1989) mit einem Freibad (1977 gebaut), Leichtathletikanlagen, einem Rasen- und zwei Hartplätzen, Tennisplätzen und einer -halle. Außerdem gibt es noch 2 Tennishallen in Rheinfelden und eine in Herten, Tennisplätze in Herten und Karsau und eine Reithalle in Adelhausen.

Ein wichtiger Träger des sportlichen und kulturellen Lebens in Rheinfelden sind die Vereine. Gemeinsam veranstalten rund 40 Vereine jeweils Ende August/Anfang September das *Trottoirfest*, ein umfangreiches Straßenfest. Die Geschichte der Musik- oder Gesangvereine, die es in allen Stadtteilen gibt, reicht in Nollingen bis in das Jahr 1826 zurück, als sich erstmals eine Musikantengruppe eine Vereinssatzung gab. Mit der Stadtwerdung Rheinfeldens 1922 entstand die »Stadtmusik« aus dem Musikverein Harmonie Badisch Rheinfelden, der 1905 gegründet worden war. In den ländlichen Gemeinden, die heute zur Stadt gehören, waren früher landwirtschaftliche und kirchliche Vereine dominant. Dazu kamen nach dem 1870/71er Krieg Militär-, Veteranen- und politische Vereine. In Minseln gab es neben einem liberalen und einem katholischen Volksverein, die sich direkt mit Politik befaßten, auch je einen Gesangverein der Liberalen und der Zentrumspartei. In der entstehenden Industriestadt Rheinfelden war die Arbeiterbewegung im frühen 20. Jh. prägend für das Vereinswesen. Ihrer Tradition

Die Stadt im 19. Jahrhundert und in der Gegenwart 287

waren der Gesangverein »Vorwärts«, Arbeitergesangverein »Eintracht« und der Arbeiterradfahrverein verbunden, die alle 1933 verboten wurden.
Die Koordination der Arbeit der Sportvereine geschieht im Stadtsportausschuß. Zu den wichtigsten und mitgliederstärksten Sportvereinen zählen der Turnverein Rheinfelden 1898, der mehr als 1000 Mitglieder zählt, die Fußballvereine 1. FC Rheinfelden 1909 und der VfR Rheinfelden, der SV Nollingen, der SV Warmbach, der SV Herten, der SV Karsau 1923, der SC Minseln, dann der Ruderclub Rheinfelden, die Tennisclubs in Rheinfelden, Karsau und Herten sowie die Turn- und Sportvereine Herten und Adelhausen.

Strukturbild

Nur in wenigen badischen Städten hat sich die Struktur seit dem 19. Jh. derart radikal geändert wie in Rheinfelden. Die neun Dörfer auf dem Gebiet der heutigen Stadt lebten noch Mitte des 19. Jh. fast ausschließlich von der Landwirtschaft, vom Dorfhandwerk und von ein wenig Fischerei (Warmbach und Karsau). Die Eisenbahnstation »bei Rheinfelden« (seit 1856), mit der die schweizerische Stadt Rheinfelden gemeint war, veränderte die Struktur vorerst nur wenig: Einige Zoll- und Bahnbeschäftigte kamen in den Ort Nollingen, und der Transport von Waren in die Stadt am schweizerischen Rheinufer bot eine kleine Verdienstmöglichkeit. Erst durch unternehmerische Standortentscheidungen – für eine Seidenweberei, ein Laufwasserkraftwerk und drei große elektrochemische und metallurgische Betriebe – begann die *Strukturveränderung*: Zwischen Nollingen und Karsau entstand ab 1894 ein Industriegebiet mit zahlreichen Arbeitsplätzen. Durch die Wohnbedürfnisse der Arbeiter entwickelte sich die Gegend um den Bahnhof zu einer umfangreichen Wohnanlage. Ein zweites Wohngebiet entstand östlich der Kanalstraße. Von der Sozialstruktur her bestanden diese neuen Wohngebiete aus einer recht dünnen Ober- und Mittelschicht (Betriebsleiter, Ingenieure, Beamte) und einer dominanten Unterschicht, den Fabrikarbeitern und ihren Familien.
Die *Nachbarorte* wurden – abgesehen von Nollingen und Karsau – zunächst vom entstehenden Industrieort nur mittelbar beeinflußt: Ihre landwirtschaftliche Produktion stellte sich aufgrund der gestiegenen Nachfrage auf leicht verderbliche Produkte wie Milcherzeugnisse und Eier um. Einige Landwirte arbeiteten als »Arbeiterbauern« in den Rheinfelder Fabriken, d.h. sie behielten ihre – typischerweise kleinen – Bauernhöfe bei, während sie tagsüber in der Industrie arbeiteten. Abends und an den Wochenenden versorgten sie mit ihrer Familie die Landwirtschaft. Einige zugezogene Fabrikarbeiter mieteten vor allem in den nahegelegenen Orten Zimmer an.
In den 1930er Jahren und der Nachkriegszeit erlebte der Strukturwandel in der heutigen Innenstadt neue Impulse. Die kommunalen Entscheidungsträger legten – planvoller als ihre Vorgänger – einen Grünstreifen und einen neuen Wohnbereich wie einen Gürtel um die älteren Wohn- und Industriegebiete. Erst mit den *Eingemeindungen* der 1970er Jahre verstärkten sich die Veränderungen auch in den umliegenden Orten nachhaltig. Mehr und mehr Arbeitnehmer aus Rheinfelden zogen nun in die neuen Stadtteile, die mit ihrer höheren Wohnqualität werben konnten.
Rheinfelden bemüht sich angesichts seiner Funktion für das Umland darum, im Landesentwicklungsplan als *Mittelzentrum* ausgewiesen zu werden. Viele Voraussetzungen dazu sind seit der Erhebung zur Großen Kreisstadt erfüllt. Die Stadt ist nach wie vor ein wichtiger Industriestandort, wenngleich Traditionsbetriebe, wie die Aluminiumfabrik Rheinfelden, seit Beginn der 1990er Jahre verstärkt unter wirtschaftlichen

Druck geraten sind. Im Landesentwicklungsplan ist die Hochrheinachse jedoch ausdrücklich als Standort für Industrie, Gewerbe, Handel und Handwerk ausgewiesen. Weitere Zentralitätsfunktionen übt Rheinfelden im Bildungssektor sowie bei der medizinischen und sozialen Versorgung aus. Daneben bietet es für die nähergelegenen Orte angenehme Einkaufsmöglichkeiten. Die Einkäufe wurden in den letzten Jahren bevorzugt in der Außenstadt getätigt (43% der Kaufkraft von 202,1 Mio. DM), aber auch der innerstädtische Handel verlor seine wichtige Rolle nicht (38%). Lediglich 19% der Einkäufe tätigten die Rheinfelder außerhalb des Stadtgebietes.

Bei der letzten Volkszählung 1987 lebten 27453 Einwohner in der Stadt. Die Erwerbsquote lag bei 42,7% und entsprach damit exakt dem Landkreisdurchschnitt. Von den 11 711 Erwerbstätigen waren 1,2% in der Land- und Forstwirtschaft, 59,3% im Produzierenden Gewerbe, 12,2% in Handel und Verkehr sowie 27,2% in sonstigen Berufen beschäftigt. Die Zahl der *Auspendler* lag mit 4986 deutlich über der der Einpendler (2296). Einen wichtigen Grund hierfür stellt das Lohngefälle gegenüber der benachbarten Schweiz dar, in die allein 1363 Rheinfelder auspendelten. Daneben arbeitete ein großer Prozentsatz der Auspendler in der Industriegemeinde Grenzach-Wyhlen (1236), während nach Lörrach nur 886 Beschäftigte pendelten. Die meisten Einpendler kamen aus Grenzach-Wyhlen (570), recht viele auch aus Schwörstadt (326).

Indizien für die *Finanzkraft* einer Gemeinde sind Steueraufkommen und Verschuldung. Das Steuerkraftaufkommen stieg in den 1970er Jahren kräftig an, von 7,14 Mio. DM (1970) auf 23,32 Mio. DM (1980). Der Anteil der Gewerbesteuer lag dabei zwischen 40,9% und 46,7%, wenn man vom Jahr der ersten Ölkrise 1973 absieht, als er auf 36,1% abrutschte. Ebenfalls den einzigen Knick in diesem Jahr zeigt das Wachstum der Steuerkraftsumme je Einwohner. Dieser Wert stieg insgesamt relativ kontinuierlich, von 326 DM im Jahre 1970 auf 1588 DM im Jahre 1988. Damit lag er deutlich über dem Landkreisdurchschnitt von 1178 DM pro Einwohner, während er 1975 noch etwas darunter rangiert hatte. Ebenso wie die Einnahmen kletterten jedoch auch die Schulden in die Höhe, auf den Einwohner umgerechnet von 512 DM (1970) auf 1873 DM im Jahre 1980. Bis Ende der 1980er Jahre stieg die Pro-Kopf-Verschuldung dann jedoch nicht mehr an (1752 DM pro Einwohner), inflationsbereinigt bedeutet das sogar ein deutliches Absinken der Verschuldung auf kommunaler Ebene.

Die *künftigen Entwicklungsziele* konzentrieren sich auf den Erhalt des Wirtschaftsstandortes Rheinfelden, wobei auch die Förderung der Wohn- und Lebensqualität in der Stadt eine wichtige Rolle spielt. In diesem Sinne stehen in der Zukunft größere Investitionen im Bildungs- und Freizeitbereich an (Schulen, Kindergärten, Sportstätten, Grünanlagen), insbesondere zur Anpassung der Infrastruktur an die gestiegene Einwohnerzahl aufgrund der intensiven Wohnbebauung. Durch verstärkte Gewerbeansiedlung soll das Angebot an Arbeitsplätzen verbessert und der Verlust an industriellen Arbeitsplätzen aufgefangen werden. Im Verkehrsbereich wird der Bau der Hochrhein-Autobahn A 98 und der Autobahn-Querspange zur Schweiz als vordringlichste Maßnahme angesehen. Flankierend soll der Bau eines äußeren Stadtringes zur Verkehrsentlastung im Stadtkern und in den Stadtteilen Nollingen und Warmbach beitragen. Die strukturelle Verbesserung im Stadtzentrum soll mit Hilfe des Landes in zwei Stadterneuerungsgebieten weitergeführt werden, die Struktur der einzelnen Ortsteile mit Hilfe des Dorfentwicklungsprogrammes gestärkt werden. 1993 liefen Fördermaßnahmen in den Stadtteilen Adelhausen, Degerfelden, Minseln, Nollingen und Nordschwaben. Für die anderen Stadtteile ist die Aufnahme in das Dorfentwicklungsprogramm beantragt. Auf dem Sektor Abwasserbeseitigung steht die Verbesserung der Abwasserreinigung durch Einbau der dritten Reinigungsstufe an.

C. Geschichte der Stadtteile

Adelhausen

Ur- und Frühgeschichte. – Im Gewann »Heidengräber« (0,7 km südöstlich der Ortsmitte) liegt der nicht eben seltene Fall vor, daß ein nachträglich gegebener Flurname an einen frühgeschichtlich-alemannischen Bestattungsplatz erinnert. Die dort früher besser sichtbaren Steingrabhügel wurden in »heidnische« Zeit verlegt, da sich niemand mehr an die hier Begrabenen erinnern konnte. Tatsächlich hat man 1819 dort Steinplattengräber aufgedeckt, die der späten Merowingerzeit (7. Jh. n. Chr.) angehören dürften. Leider ist nicht völlig klar, ob vor 1813 gefundene Waffen und ein goldener Ohrring – heute verschollen – aus diesen Plattengräbern oder aus zeitgleichen Gräbern an einer anderen Stelle, möglicherweise sogar innerhalb der Ortschaft, stammen. Gesichert sind aus dem Bereich der »Heidengräber« aber römische Scherben, die zu den ältesten Siedlungszeugnissen dieser Periode auf dem Dinkelberg gehören (1. Jh. n. Chr.).

Siedlung und Gemarkung. – Der Name Adelhausen, 1192 in kopialer Überlieferung erstmals erwähnt, leitet sich von einem Personennamen ab. Er gehört nach seiner Bildung in die späte Merowingerzeit. Ähnlich zu datieren sind auch die beiden anderen Ortsteile Rappersweier (1399 *Rappertzschwil*, 1406 *Raprechczwiler*) und das vielleicht etwas jüngere Ottwangen (1318 *Otwang*). Auch diese Ortsnamen gehen auf Personennamen zurück. Sie sind wohl alle Zeugnisse einer locker gestreuten, frühmittelalterlichen Besiedlung auf der heutigen Gemarkung, zu der vermutlich auch noch andere Gehöftegruppen, wie die durch Funde bei den Heidengräbern, aber nicht schriftlich nachgewiesene Siedlung gehörten. Obwohl Adelhausen und Rappersweier so eng beieinander liegen, daß letzteres nur den südwestlichen Ortsteil von ersterem bildet, verfügten beide über eigene Bänne und Gemarkungen bis in die Zeit um 1800, wobei Adelhausen mindestens zeitweilig mit Eichsel zusammen eine Einheit bildete. Es ist aber unmöglich, heute eine Abgrenzung gegenüber Rappersweier zu rekonstruieren. Sicher ist lediglich, daß am Siebenbannstein, der 1790 erneuert wurde, aber gewiß bis in die Mitte des 18. Jh. und vermutlich noch viel weiter als Grenzpunkt zurückreicht, je eine Gemarkung von Adelhausen und Ottwangen, vielleicht mit Rappersweier zusammen, angrenzte. Die übrigen dort beteiligten Gemarkungen waren Lörrach, Stetten, Brombach, Hagenbach und Inzlingen. Dieser Grenzpunkt muß auf ursprünglich gemeinsames Waldeigentum der Angrenzer zurückgehen, das nachträglich nahezu sternförmig aufgeteilt wurde. Eine Nachwirkung davon waren wohl die vom 16. bis ins 18. Jh. überlieferten Streitigkeiten mit den angrenzenden markgräflichen Gemeinden wegen Äckerich, Weidgang und Holzrechten. 1540 fand ein Vergleich mit dem am Siebenbannstein nicht beteiligten Hüsingen und 1680 ein solcher mit Brombach statt. Auf Rodung seit dem Spätmittelalter deuten die Flurnamen *Tenn, Engelhart, Tannrütte* und *Hardt* im Süden und Südosten von Adelhausen. Die jüngsten Zurückdrängungen von Wald sind wohl mit dem Jungholz ganz im Osten zu erkennen. Aber auch westlich von Adelhausen findet sich eine ganze Reihe von Wald- und Rodenamen. In der frühen Neuzeit dürfte der Schwerpunkt der Siedlungsentwicklung sich nach Adelhausen verschoben haben, während Ottwangen eher zurückging. Das Hinterdorf von Adelhausen soll um 1700 durch ein Großfeuer zerstört worden sein. 1803 bestand Adelhausen aus 58 Häusern mit den zugehörigen Hofraiten.

Herrschaft und Staat. – Anläßlich der Schenkung von 2 J Land an die Kirche in Eichsel im Jahre 1192 treten mit den Brüdern Conrad, Albert, Heinrich, Burkhart und

Rudolf von Adelhausen zum ersten Mal Angehörige eines sich nach dem Ort benennenden Geschlechtes auf. Zusammen mit dem 1333 und 1368 erwähnten Rudolf von Adelhausen, der Grundbesitz zu Geitlikon hatte, sind dies die einzigen bekannten Angehörigen dieser Familie. Alle drei Orte gehörten zur *Herrschaft Rheinfelden* und teilten deren Geschichte. Im Jahre 1302 entschieden Schultheiß und Rat zu Rheinfelden, daß seit alters her das Dorf Adelhausen zur Burg Rheinfelden gehöre und daß die Einwohner pro Kopf mit einem Mutt Hafer dorthin steuerpflichtig seien. Eine Entscheidung des Hofgerichts zu Ensisheim im Jahre 1510 bestätigte nochmals die Abgabepflicht der Untertanen von Adelhausen an den Vogt der Burg Rheinfelden. Auch für Adelhausen war der Dinghof Herten Gerichtsstätte. Nach der Aufhebung der Burgvogtei Rheinfelden um 1750 zählte Adelhausen zur vorderösterreichisch-breisgauischen Kameralherrschaft Rheinfelden, im besonderen zur Landschaft Rheintal. Es kam durch den Frieden von Preßburg Ende 1805 an Baden und wurde 1807 dem Amt Beuggen, dann 1809 Schopfheim zugeteilt.

Grundherrschaft und Grundbesitz. – Von später her sind als frühe Besitzer das Stift Säckingen und das Kloster St. Blasien, letzteres in Rappersweier, zu vermuten. Am frühesten urkundlich zu fassen ist dagegen das *Deutschordenshaus Beuggen*. Ihm übergaben 1318 Rudolf von Wieladingen und seine Frau ihre unbeweglichen Güter, u. a. im Bann des Dorfes Ottwangen. 1402 verkaufte Junker Hermann von Nollingen an einen Rheinfelder Bürger u. a. auch Bodenzinse in Adelhausen. Zum wichtigsten Grundbesitzer entwickelte sich, ohne daß das im einzelnen verfolgt werden kann, die Deutschordenskommende Beuggen. 1575 waren insgesamt 83 J Äcker an 5 Träger ausgegeben. Seit dem 16. Jh. verlehnte das Haus Österreich Höfe, Güter und Gülten an verschiedene Einwohner. Die österreichischen Lehen, die an die Truchsessen von Rheinfelden ausgegeben waren, fielen 1712 heim und wurden 1741 von der Regierung für 18 000 fl an das Stift Säckingen veräußert. Im 15. Jh. erwarben auch das Rheinfelder Stift St. Martin sowie das dortige Sondersiechenhaus Gefälle in Adelhausen und Rappersweier. Aus dem Erbe der Eufemia von Küngstein erwarb das Stift 1427 auch Einkünfte von Ottwanger Lehen.

1778 gab es in Adelhausen zwei Hausbesitzer, die Hofstattzinsen an die Herrschaft entrichteten. Die Gemeinde Stetten, ebenso wie Ottwangen schon 1755 als Bezieherin von Einkünften nachweisbar, besaß 1792 16½ J Wald auf Adelhauser Gemarkung. In Ottwangen ist in der 1. Hälfte des 14. Jh. ein dem Stift Säckingen zinspflichtiger Meierhof belegt. 1712 wurde der Hof Ottwangen von Maria Friedin geb. von Schönau an Johannes Wucherer verkauft.

In Rappersweier ist 1406 ein Hof des Klosters St. Blasien genannt, 1423 urteilte das Gericht des St. Blasischen Dinghofs zu Steinen, daß Hans Zimermann von Eichsel auch weiterhin 9 V Korn und 1 V Hafer von dem Niederhof zu »Rappoltsweiler« jährlich in den Dinghof Steinen entrichten soll. 1491 verzeichnete der Basler Offizial aus dem Weitenauer Urbar von 1388 auch Rappersweier als fallbar. Die Kirchenpfleger von Minseln baten 1778 um Bereinigung der Kirchengüter im Rappersweier Bann.

Gemeinde, Kirche und Schule. – In den Auseinandersetzungen um die Abgabenpflicht der Einwohner von Adelhausen gegenüber der Herrschaft Rheinfelden im Jahr 1302 (s. o.) tritt zum ersten Mal die Gemeinde in Erscheinung, ohne daß sie als solche bezeichnet wird. Der dort als Vogt der Einwohner genannte Konrad von Beuggen dürfte diese Aufgabe vermutlich nur in den beschriebenen Streitigkeiten wahrgenommen haben. Der Streit um die Besteuerung geriet in den nächsten Jahrhunderten in Vergessenheit, bis zu Beginn des 16. Jh. die Urkunde von 1302, die im Rheinfelder Stadtarchiv verwahrt wurde, den Einwohnern von Adelhausen bekannt wurde. 1510 erhoben sie die Forderung, die Schatzung wieder auf einen Mutt Hafer pro Person zu begrenzen. Höhere Abgaben und Frondienste wurden verweigert. Ulrich von Habsberg, zu diesem Zeitpunkt Pfandinhaber der Herrschaft, reagierte mit Härte. Doch sein Versuch, die Vertreter von Adelhausen im Rheinfelder Gefängnis inhaftieren zu lassen, scheiterte am Widerstand der Stadt, die ihm das Gebäude nicht öffnete. Der Fall wurde von ihm vor das kaiserliche Hofgericht zu Ensisheim gebracht. Dort wurde das Anliegen von Adelhausen zurückgewiesen. Bis Ende des 18. Jh. hatten Adelhausen und Eichsel eine gemeinsame Gemeindeverwaltung. Dann erhielt das Dorf einen eigenen Gemeindevorstand, der aber dem Vogt von Eichsel unterstellt blieb. 1728 ist ein Stabhalter belegt. Nach Streitigkeiten um Waldungen im Gewann Kohlhütte, wovon 6 J als gemeinsamer Besitz von Adelhausen und Eichsel und 10 J als Eigentum von Adelhausen festgelegt wurden, erhielt der Ort 1811 seine Selbständigkeit.

Auch kirchlich war Adelhausen stets mit Eichsel verbunden. Um 1800 wohnte aber ein Kirchenpfleger in Adelhausen. Seit Ende 15. Jh. wurden die Truchsessen von Rheinfelden mit dem *Zehnten* zu Rappersweier belehnt. Zu den truchsessischen Lehen zählte auch der Zehnt in Adelhausen. Dabei stand dem Pfarrer zu Eichsel, nach einem Verzeichnis von 1595, ein fester, vom Ertrag unabhängiger Anteil am Zehnten von Dinkel und Hafer zu. Den Heuzehnten zog er, ebenso wie in Eichsel, auch in Adelhausen und Rappersweier selbst ein.- Kompetenzen verschiedener *Schullehrer*, u. a. auch des in Adelhausen, wurden 1780 geregelt. Nach einer Schätzung von 1803 wurde die Schule damals von etwa 60 Kindern besucht.

Bevölkerung und Wirtschaft. – Die Einwohner waren wohl Eigenleute der Herrschaft Rheinfelden. Adelhausen ist nie ein großer Ort gewesen. 1741 mußten Adelhausen und Rappersweier zusammen 27 Fasnachtshühner an die Herrschaft entrichten. 1802 zählte man 414 Einwohner. Ihren Lebensunterhalt bezogen die Bewohner von Adelhausen überwiegend aus der Landwirtschaft. Diese wurde in drei Zelgen: die erste Zelg, die andere Zelg, die dritte Zelg bzw. *Zelg auf Schlatt, Zelg Tiefengrueb* und *Zelg auf Schorren* betrieben. Es fällt schwer, diese Zelgen zu identifizieren und gar eine Aussage zu machen, wie sie sich vom Rappersweier Bann abgrenzten. 1460 wurde überwiegend Dinkel angebaut, auch Weißwein wird damals erwähnt. Nichtlandwirtschaftliche Erwerbstätigkeit der Einwohner wird selten deutlich. Bei den 1802 erwähnten 23 »Professionisten«, also Gewerbetreibenden, dürfte es sich um typische ländliche Kleinhandwerker gehandelt haben. 1760 leisteten drei Haushalte Heimarbeit für die Schopfheimer Bleiche-Compagnie. Ein Wirt wird 1791/92 erwähnt, 1803 der Schild »Zum Adler«.

Degerfelden

Ur- und Frühgeschichte. – Auf einer Gemarkung, die großen Anteil am Dinkelberggebiet hat, wundert es nicht, an verschiedenen Stellen (»Nettenberg«, »Klingental«, »Eichberg«, »Obmannsgrab«) auf die charakteristischen Steinhügel zu stoßen. Außer beim »Obmannsgrab« (s. u.) gibt es dabei keinerlei Datierungshinweise. Eine merkwürdige Fundstelle der *Jungsteinzeit*, der vielleicht einzelne dieser Hügel angehören, fand sich am Fuß des »Strengen Felsens«. Zerschlagene und verbrannte menschliche Knochen, zusammen mit Scherben, sind kaum anders als Rest eines kannibalischen Mahles zu deuten, eines der seltenen Zeugnisse für wahrscheinlich »rituellen« Kannibalismus im Neolithikum. Ein weiterer interessanter Fund stammt aus der Ortschaft selbst: Das steinerne Widerlager eines einfachen Bohrapparats, mit dessen Hilfe der Mensch der Jungsteinzeit seine Steinäxte für die Schäftung durchbohrt hat. Feuersteinklingen und wohl zeitgleiche Scherben wurden auf dem »Hirschenleck« gesammelt, abgeschwemmtes Siedlungsmaterial der gleichen Zeit fand sich im Hangschutt nahe beim »Strengen Felsen«.

Früh hat sich das geschichtliche Interesse den Grabhügeln beim *Obmannsgrab* zugewandt, vor allem dem länglichen Hügel selbst, der diesen eigenartigen Namen trägt. Er enthielt eine Steinkiste mit Bestattung, jedoch keinerlei Beigaben. Trotzdem erscheint durch die Grabform frühmittelalterliche Zeitstellung gesichert. Vielleicht besteht ein Zusammenhang mit dem südwestlich davon gelegenen Hagenbacher Hof. – Vollständig ausgegraben und konserviert wurde schon vor dem 2. Weltkrieg eine *kleine Burganlage* (»Fliehburg«) unsicherer Zeitstellung auf der »Schloßhalde«, die von einem vielleicht zugehörigen Ringwall umgeben ist. Der Ausgräber brachte diese in ihrer Art ziemlich einzigartige kleine Befestigung mit den Ungarneinfällen des 10. Jh. n. Chr. in Verbindung (vgl. Grenzach), doch sprechen keramische Funde eher für eine jüngere Zeitstellung. Vielleicht ist aber der Ringwall älter als die in Trockenmauerwerk aufgeführte Burg.

Siedlung und Gemarkung. – Angesichts der Schwierigkeit, die Herkunft der Ritter von Degerfelden und ihre Beziehung zu den Edelfreien von Tegerfelden zu klären (s. u.), ist die erste sichere Nennung des Orts schwer auszumachen. Ein Angehöriger des Rittergeschlechts wird zum ersten Mal 1228 genannt. Der Ort wird in unsicherer Identifizierung 1283 erwähnt, Nennungen zu Beginn des 14. Jh. häufen sich. Der Ortsname dürfte in seinem Bestimmungswort, wenn nicht erst sekundär durch das Rittergeschlecht auf das Dorf übertragen (s. u.), auf einen schweren Boden hinweisen. Gemeint sein könnte damit die ganz im Südosten der großen Gemarkung liegende alturbare Ackerfläche, wo sich bis heute u. a. der Flurname Letten befindet. Die Datierung der Siedlung selbst, die bezeichnenderweise beim Austritt des Großbachtals aus dem Wald ins offene Gelände liegt, ist bereits durch Bodenfunde für die ausgehende Merowingerzeit gesichert (s. o.) und wird noch einmal dadurch bestätigt, daß Ort und Gemarkung zwischen dem bereits 807 urkundlich genannten, aber zweifellos älteren Herten und dem ebenfalls schon um 800 erwähnten Hagenbach liegen. Die relativ große *Gemarkung* von Degerfelden umfaßte zumeist Waldberge und die in sie eingeschnittenen Täler. Der Versuch, sie durch Teile der Gemarkung der Wüstung Geitlikon zu vergrößern, scheiterte 1506 (s. Eichsel). Nach dem 30j. Krieg (1655) wurden die Grenzen zwischen Nollingen, Warmbach, Degerfelden und Herten geringfügig verändert (s. Warmbach). – Der Ort selbst zog sich entlang von Bach und Straße mit einer Häuserzeile auf jeder Seite. Das Dorf war gegliedert in Ober- und Unterdorf sowie das Außendorf ganz im Südosten gegen das offene Land hin. 1803 gab es am Ort 84 Häuser.

Herrschaft und Staat. – Die Edlen von Tegerfelden bei Zurzach sind seit der 1. Hälfte des 12. Jh. erwähnt. Das Geschlecht starb in der Mitte des 13. Jh. aus. Ab dem 2. Viertel des 13. Jh. tritt ein gleichnamiges Rittergeschlecht auf. Vermutlich zunächst Ministeriale der Edelfreien, sind sie später als Gefolgsleute der Habsburger und Lehnsleute der Herren von Klingen nachweisbar. Allerdings ist die Herkunft der Ritter ungeklärt. Sollten sie tatsächlich zunächst Dienstleute der Edelfreien gewesen sein, müßte davon ausgegangen werden, daß sie erst Ende des 13. Jh. an den Dinkelberg kamen. Ihr Grundbesitz (s. u.) ist erst für das frühe 14. Jh. belegt, das Patrozinium weist ebenfalls in dieselbe Zeit (s. u.). Unter diesen Umständen wäre dann das Dorf nach dem zugezogenen Adelsgeschlecht umbenannt worden. Beweise dafür fehlen jedoch. Als städtische Bürger sind die Ritter zuerst in Klingnau bezeugt (ab 1270), später auch in Rheinfelden. Hausbesitz ist dort an der Neuen Gasse, dem Sitz verschiedener Adelsgeschlechter, für das Jahr 1345 belegt. Auch Heiratsbeziehungen sind nachweisbar. So war Ritter Burkhard von Degerfelden (belegt 1294–1333) mit Brida, der Tochter des Rheinfelder Bürgers Johann Belzer, verheiratet. Zahlreiche Angehörige der Familie sind für das 13. und 14. Jh. belegt, darunter Ritter Rudolf (1262–1318), der nach Ausweis eines Rodels von 1281 umfangreichen Besitz als österreichisches Pfand besaß. Weitere Angehörige bekleideten wichtige kirchliche Positionen: Romana war Äbtissin in Olsberg (1369–72), Johannes (gest. 1360) Kanoniker in Beromünster. Mit Franz Ulrich von Degerfelden, der 1386 in der Schlacht von Sempach fiel, scheint das Geschlecht ausgestorben zu sein. Das Siegel, das einen gerandeten Schild zeigt, ist in unveränderter Form seit Hugo von Degerfelden (1275) belegt. Ein ähnliches Siegel, ein gespaltener und halbgeteilter Dreiecksschild, wurde seit der 2. Hälfte des 14. Jh. von einer »bürgerlichen« Familie Degerfeld, die hauptsächlich im Aargau belegt ist, verwendet. Unter Umständen handelt es sich dabei um einen abgestiegenen Zweig der Ministerialenfamilie.

Bei der Jahrzeitstiftung an Kl. Klingental wurde 1345 ein *Burgstall* zu den Heidengraben, uff Richsperg auch genannt am Wolffgraben, aufgeführt. Durch den Flurnamen am Wolfgraben ist er mit großer Sicherheit auf das bisher nicht urkundlich zu fassende Mauertrapez auf dem »Strengen Felsen« (s. o.) zu beziehen. Dem entsprechen auch die dortigen Keramikfunde. Es muß sich um eine äußerst bescheidene und nur vorübergehend genutzte Anlage gehandelt haben, die wohl durch eine Außenumwehrung (Ringwall?) und künstliche Eingriffe am überhöht gelegenen »Strengen Felsen« selbst notdürftig abgesichert war.

Die *Niedergerichtsbarkeit* war in der Mitte des 14. Jh. noch in den Händen der örtlichen Adelsfamilie, ein Drittel davon wurde 1345 an das Kl. Klingental veräußert. Zumindest Teile davon gelangten später auf nicht geklärtem Weg an die Truchsessen von Rheinfelden, deren Rechte in einem Vertrag mit Österreich 1596 festgelegt wurden. Danach stand ihnen die Ernennung des örtlichen Bachvogts zu, der geringere Strafgelder erheben durfte, das jährliche Rüggericht einberief sowie bei der örtlichen Gerichtssitzung den Stab führte. Außerdem war er bei der Ernennung wichtiger Gemeindeämter beteiligt (s. u.). Zugleich war Degerfelden in die österreichische Gerichtsorganisation eingebunden. Es unterstand dem Gericht Herten, außerdem wurde bis ins 18. Jh. immer wieder die Unterstellung des Dorfs unter das dortige Dinghofgericht herausgestrichen. – Unbeschadet der örtlichen Adelsherrschaft gehörte der Ort selbst zur *Herrschaft Rheinfelden* und teilte deren Geschicke (s. Nollingen). Bis 1805 blieb Degerfelden dem Haus Österreich, zuletzt als Bestandteil der Kameralherrschaft Rheinfelden-Rheintal verbunden und fiel dann an Baden. Das Dorf wurde zunächst dem Amt Beuggen unterstellt, seit 1809 gehörte es zum Bezirksamt Lörrach.

Grundherrschaft und Grundbesitz. – Für das 13. und 14. Jh. ist in Degerfelden umfangreicher Besitz in den Händen der Ritter von Degerfelden bezeugt. Zur Jahrtagstiftung der Witwe des Burkhard von Degerfelden an das Kl. Klingental vom Jahr 1345 gehörten im Degerfelder Bann ein Haus, Hof, Garten und Baumgarten sowie der Burgstall, Ackerland und Wald. Schon 1325 hatte Junker Gerung von Degerfelden dem Ritter Heiden von Hertenberg Reben am Ort verkauft. 1378 erwarb ein Rheinfelder Bürger umfangreiche Gefälle von Franz Ulrich von Degerfelden. Durch Erbgang gelangte weiterer Besitz des Geschlechts an die Ritter von Küngstein (1336), von dort dann auch an das mit diesen verschwägerte Geschlecht der Gessler, ebenfalls Ritter. 1393 vermachte Euphemia von Küngstein, die Schwester des Ritters Heinrich Gessler, dem Stift Rheinfelden umfangreiche Gefälle. Zusammen mit ihrem Bruder stiftete sie außerdem 1399 ein Glasfenster im Chor der Stiftskirche. Weitere Rechte verkauften die Erben der Euphemia von Küngstein 1427 an die Rheinfelder Kollegiatkirche. Der

Erwerb von Grundbesitz durch Rheinfelder Bürger ist ab dem 14. Jh. dicht belegt. Teile davon gelangten wiederum durch Schenkungen an Rheinfelder Kirchen, besonders an das Stift St. Martin, z. B. durch die Stiftung des Richard Schümpelli (1397) oder durch die des Hans Gylg (1420), mit der dieser den Fridolinsaltar in der Stiftskirche begründete. Durch Kreditvergabe gelangte das Stift ab dem 15. Jh. außerdem in den Genuß zahlreicher Zinseinkünfte in Degerfelden. 1605 umfaßten dessen gesamte Besitzungen am Ort um die 14 J Ackerland, 4 MW Matten und 5 J Reben mit 9 Trägern sowie 3 Behausungen. Auch der Besitz des Rheinfelder Spitals wuchs in Degerfelden kontinuierlich. Bereits ein Zinsrodel von 1390 weist bedeutende Einkünfte aus Degerfelden nach, u. a. von 2 Schupposen. Die Belehnung von Degerfelder Einwohnern mit Reben, den sogenannten Spitaläckern am Roten Weg, ist bis ins 17. Jh. belegt, ebenso wie dessen steigende Zinseinkünfte durch Kreditvergabe. Ebenfalls über Degerfelder Besitz verfügte die Kommende Beuggen (1573: ca. 14 J landwirtschaftliches Gelände und 8 J Holz), dessen Herkunft jedoch weitgehend ungeklärt ist. Die Schenkung eines Weingartens an den Deutschen Orden durch Walther von Klingen und Ulrich von Tiefenstein aus dem Jahr 1283 ist nicht mit Sicherheit hier zu lokalisieren. Ebenfalls ungeklärt ist die Herkunft des Besitzes des Kolmarer Unterlindenklosters. 1326 verkaufte das Elsässer Dominikanerinnenkloster einem Rheinfelder Bürger eine Schuppose am Ort. Da weiterer Besitz in der Gegend belegt ist und mehrere Rheinfelder Frauen in Kolmar als Nonnen nachweisbar sind, war diese Schuppose vermutlich Teil umfangreicherer Schenkungen unbekannter örtlicher Stifter. Belegt ist dieser Vorgang für das Kl. Olsberg. 1332 übergab Burchard von Rickenbach für seine Töchter, Olsberger Klosterfrauen, u. a. Güter in Degerfelden.

Als weitere Beziehen von Degerfelder Gefällen sind das Rheinfelder Sondersiechenhaus sowie die dortigen Tertiarinnen (1481) nachweisbar. Das Rheinfelder Johanniterhaus war zeitweise mit 10 Häusern und Hofstätten sowie Ackerland (1543) begütert. 1691 bzw. 1722 hatte die Johanniterkommende jährlich Gefälle, die von 28 Trägern aufgebracht werden mußten. Der Herrschaft gehörten 1640 neben einem Trotthaus knapp 12 J Liegenschaften. Das Kl. Himmelspforte verfügte 1699 über 7½ MW Matten. Ebenfalls am Ort begütert waren seit 1542 die Familie Reutner, die Güter als Lehen von den Markgrafen von Hachberg besaß, sowie die Truchsessen von Rheinfelden bzw. seit 1741 das Stift Säckingen. Die von ihnen beanspruchten Tafern- und Bachzinsen leiteten sich aus den früheren niedergerichtlichen Rechten her (s. o.). Ebenfalls aus dem Jahr 1741 stammt ein Berain über die Gefälle der Kaplanei St. Agnes im Domstift Basel über ein Haus und ein kleines Gut mit ca. 9 Jauchert.

Gemeinde. – Ein Vogt zu Degerfelden wird erstmals 1394 genannt, daneben 1459/81 8 bzw. 9 Urteilsprecher, 1657 ein Obervogt der Landschaft Rheintal und ein Stabhalter. Die Vertreter des österreichischen Landesherrn standen vor Ort in gewisser Konkurrenz zum örtlichen Bachvogt mit dessen niedergerichtlichen Kompetenzen (s. o.). Dieser hatte ein gewichtiges Mitspracherecht bei der Besetzung zentraler Gemeindeämter. Die fünf Markleute, vermutlich für die Ordnung innerhalb der Gemarkung zuständig, und die zwei Geschworenen wurden vom Bachvogt aus mehreren Kandidaten, die von den jeweiligen Amtsinhabern ausgewählt worden waren, ernannt. Der Feuerschauer, für die Brandsicherheit am Ort zuständig, und der Weinstecher, der die herrschaftlichen Abgaben auf den Wein einzog, wurden ebenfalls vom Bachvogt mit einem Gelübde auf ihr Amt vereidigt. Weitere Hinweise auf frühe Organisationsformen der Gemeinde sind nur indirekt durch Notizen über deren Besitz überliefert. Bereits 1455 leistete Degerfelden Abgaben an die Herrschaft für Reben. Dem Rheinfelder Stift St. Martin hatte die Gemeinde 1603 Zinsen für Allmendweiden, zwischen der Straße

nach Hagenbach und dem gleichnamigen Bach gelegen, zu entrichten. Im herrschaftlichen Gelkenbann besaß man ein Waldstück, außerdem verlangte Österreich von Degerfelden und Eichsel Abgaben für die Nutzung des Äckerichs in dem Forst. Im 17. Jh. hatte die Gemeinde mehrere Jahre von Beuggen den örtlichen Heuzehnt für jährlich 15 lb d gepachtet. Der gesamte Gemeindewald (356 J an der Gemarkungsgrenze nach Herten) wurde 1780 an die Gemeindepartikularen zu Eigentum verteilt.
Kirche und Schule. – Die Filialkapelle St. Theobald in Degerfelden war stets der Pfarrei Herten unterstellt. Der Schutzpatron, oft auch in anderer Form Diepold genannt, deutet darauf hin, daß die Kapelle vermutlich im frühen 14. Jh. gegründet wurde. Die Verehrung des hl. Theobald erhielt durch die Translation einer Reliquie durch die Grafen von Pfirt in die elsässische Stadt Thann im Jahr 1310 starken Aufschwung in Südwestdeutschland. Etwa zeitgleich findet sich unter den Rittern von Degerfelden ein Diebald, auch hatte Hartmann von Degerfelden im selben Jahrzehnt durch die Heirat mit Else von Pfirt, die aus einer Ministerialenfamilie der Grafen stammte, familiäre Kontakte ins Elsaß geknüpft. Der nicht datierbare Wechsel des Patroziniums vom hl. Diebold zum hl. Ubald ergab sich durch einen nicht nur an diesem Ort feststellbaren Irrtum. Ubald, Bischof der umbrischen Stadt Gubbio, wurde oft mit seinem Nachfolger und Biograph, Theobald, gleichgesetzt. In der Legende verschmolzen darüber hinaus umbrischer Bischof (Ubald) und in Thann verehrter Eremit (Theobald) zu einer Person. Dieser Vorgang läßt sich im Bistum Basel für das Jahr 1584 nachweisen, so daß auch der Degerfelder Patroziniumswechsel vermutlich im 16. Jh. stattfand. Das Kirchlein soll 1763 neuerbaut oder renoviert worden sein, wobei es jedoch 1803 schon wieder als äußerst baufällig beschrieben wurde. Überlegungen, eine eigene Pfarrei in Degerfelden zu errichten, führten 1781/82 zu keinem Ergebnis. Seit 1493 sind Kapellenpfleger belegt. Sie verwalteten u. a. die Meßstiftung eines Rheinfelder Kaplans aus demselben Jahr.

Die Degerfelder *Zehntrechte* waren im 15. Jh. zersplittert. In einem Vergleich zwischen den Rheinfelder Johannitern und der Deutschordenskommende Beuggen einigten sich die beiden Parteien auf einen Tausch, in dem Beuggen, von einigen Ausnahmen abgesehen, die Degerfelder Zehntrechte zugesprochen bekam, wobei jedoch der Zehnt von Hanf, Obst und Ferkeln direkt vom Hertener Pfarrer eingezogen wurde.

Eine *Schule* ist erstmals 1769 bezeugt, doch hatte die Gemeinde weder Schulstube noch Schulhaus. Weil außerdem im Sommer niemand bereit war, Schule zu halten, wollte der Obervogt die Schüler zur Hertener Schule ziehen. 1780 galt dagegen der Schulbesuch als gut und der Unterricht als erfolgreich. Immerhin wurde 1803 die Zahl der Schüler auf 110 geschätzt. Man verzeichnete zwar bei der Bevölkerung eine gewisse Eigensinnigkeit und Roheit wie in allen Hertener Filialen, hoffte jedoch, daß sich gerade durch die Bildungsarbeit »die Anzahl der guten Einwohner vermehren und fortpflanzen werde«.

Bevölkerung und Wirtschaft. – 1345 werden Eigenleute der Edelknechte von Degerfelden im Ort genannt, 1390 und 1399 Leibeigene der Deutschordenskommende Beuggen. Erste Bevölkerungszahlen beziehen sich auf die Hertener Pfarrei (s. u.), berücksichtigen also auch den größeren Nachbarort. Von seiner Sozialstruktur her unterschied sich Degerfelden kaum von seinen Nachbarn. 1706 zählte man nur 3 ganze und 10 halbe Züge (= Bauern, unterschieden nach ihrem Vermögen), außerdem 30 Tagelöhner, 14 Hausarme und 4 Hintersassen. 1741 hatte das Dorf 61 Fasnachtshühner (je eines pro Haushalt) an die Herrschaft zu entrichten. Knapp 30 Jahre später (1769) wurden bereits 88 Feuerstätten gezählt. Damals gliederte sich die Bürgerschaft in

24 Bauern, 50 Taglöhner und 22 Handwerker. 1807 wurden 100 Haushaltungen gezählt, die Bevölkerungszunahme hielt also an. 1803 entsprachen dieser Zahl 430 Einwohner.

Der Ackerbau wurde nachweislich seit dem 16. Jh. in 3 Zelgen betrieben wie auch noch im 18. Jh.: *im Kapellenfeld, in der mittleren* und *in der unteren Zelg.* Letztere galt als staunaß, die anderen als gut. Sonderbezirke waren die 60 J hinter dem Berg im einstigen Bann von Geitlikon und 20 J im Krayenloch. Der Ackerbau, der als noch sehr verbesserungswürdig durch Düngung und Pflugtechnik galt, zielte hauptsächlich auf die Erzeugung von Dinkel, Roggen, Hafer und Rüben. Das Ackerland (312 J) sowie die Wiesen (213 J) lagen gegen das Rheintal hin und im Hagenbachtal. Der Hauptteil der Gemarkung (981 J) war jedoch bewaldet. Im Rebgelände (34 J), das am Abhang des Dinkelbergs oberhalb des Kirchwegs nach Herten sowie des Wegs nach Nollingen lag, wurden zu zwei Drittel weißer, zu einem Drittel roter Wein gezogen. Eine Kelter ist bereits für das Jahr 1423 belegt. Allmendweiden gab es 1769 nur auf dem Eichberg, doch stellte die Gemeinde 1780 wegen Futtermangels den Antrag, das Vieh auch auf die 356 J Hertenberg treiben zu dürfen. Die Forstbehörden waren erneut dagegen, wie schon die Regierung in Ensisheim 1603 die Amtleute angehalten hatte, gegen die übermäßige Ziegenhaltung und die dadurch bedingten Waldschäden einzuschreiten.

Bereits 1320 ist eine *Mühle* im Dorf bei der Schmiede genannt. Ob sie mit der 1381 als den Johannitern zinspflichtig bezeichneten Mühle des Rudolf Satler oder der 1493 erwähnten »Kesers müli« identisch ist, bleibt offen. Von den drei 1737 bekannten Mühlen zinsten die obere und die mittlere dem Stift Säckingen, die untere der Kommende Beuggen. Letztere ging durch Schenkung im selben Jahr in den Besitz des Säckinger Franziskanerinnenklosters über, das sie als Erbzinslehen vergab. Die Fischrechte im Hagenbach wurden bis ins 19. Jh. durch die Herrschaft verpachtet. 1772 wurde die Errichtung einer Sägemühle gestattet, hingegen wurde der Bau einer Schleifmühle bzw. einer Ziegelhütte 1783/90 abgelehnt. Der Betrieb einer Steingrube ist bereits für das Jahr 1400 belegt. 1548 erwarb das Rheinfelder Spital 2 Steingruben in Degerfelden, für das Jahr 1628 sind 4 Gruben bezeugt, von denen drei der Herrschaft und eine wiederum dem Rheinfelder Spital zinsten. Unter den Handwerkern waren neben den Müllern (s. o.) 2 Schmiede, je ein Schlosser, Zimmermann und Maurer und die für ärmere Bevölkerungskreise typischen 3 Schneider, 4 Schuhmacher, 5 Leinweber und 2 »schlechte Pfuschküfer« zu verzeichnen. Das *Tafernrecht* ist bereits für 1427 belegt. Damals kam ein Viertel davon, verbunden mit den entsprechenden Zwing- und Bannrechten, durch Kauf an das Rheinfelder Stift St. Martin, das es an die Gemeinde verpachtete. Es wurde jährlich durch den Bachvogt versteigert. Nach Abzug der obligaten Abgaben an die Truchsessen und das Stift gingen die restlichen Mehreinnahmen an die Gemeinde. 1803 gab es mit der »Blume«, der Gemeindewirtschaft, und dem »Engel« zwei Gaststätten am Ort.

Hagenbacher Hof. – 800 war die *villa Hacanpahc* Ausstellungsort einer Schenkung an Kloster St. Gallen. Als örtliche Grundbesitzer werden jedoch am frühesten die Ritter von Kienberg greifbar. 1261 schenkte Ulrich von Kienberg seiner Frau u. a. zwei Schupposen in Hagenbach; Jakob veräußerte 1275 10 J Ackerland an Rudolf von Hagenbach. Als Erbteil für Burkhard von Kienberg gelangte das Gut schließlich an die Deutschordenskommende Beuggen. Weiterer Adelsbesitz ist für die Familien von Geitlikon, von Schönau und für die Ritter von Degerfelden belegt. Conrad von Geitlikon bebaute 1339 ein Gut im Hagenbacher Bann. Johann und Conrad von Schönau verkauften 1303 2 Schupposen an eine Rheinfelder Bürgerin; von Junker Georg von Schönau kaufte 1511 Hans Meyer von Werdenberg zu Hagenbach zwei

Höfe, den sogenannten Stift St. Martin zu Rheinfelden-Hof und den Offtringer Hof. Aus dem Besitz der Ritter von Degerfelden erwarb 1345 das Basler Kl. Klingental in Hagenbach neben Geldgefällen Ackerland, Reben und Matten. Zuvor schon hatte Burkhard von Degerfelden eine Schuppose im Ort an die Deutschordenskommende Beuggen verkauft. Als weitere geistliche Institutionen sind die Rheinfelder Johanniter belegt, die 1303 durch Schenkung eines Rheinfelder Bürgers in den Besitz des Laienzehnten in Hagenbach gelangten. Der Kapelle St. Margaretha des Rheinfelder Sondersiechenhauses fielen schon bei der Altarstiftung im Jahr 1349 Güter zu Hagenbach zu; weitere Gefälle folgten. Auch die Rheinfelder Tertiarinnen gelangten durch Schenkung an Hagenbacher Zinseinkünfte.

Zum bedeutendsten Grundbesitzer am Ort stieg jedoch der Deutsche Orden auf. Neben den Erwerbungen aus dem Besitz derer von Kienberg und der Ritter von Degerfelden konnte er 1429 auch Zehntanteile von Ulrich von Stoffeln kaufen. Außerdem wurde 1519 der wegen rückständiger Zinsen eingezogene Hagenbacher Hof der Herrschaft des Steins zu Rheinfelden an Beuggen veräußert. Im selben Jahr fiel der Meierhof an die Kommende. Damit scheint die bisherige Vielfalt in Grundbesitz und Gebäuden zugunsten einer einheitlichen Domäne des Deutschen Ordens überwunden gewesen zu sein. Ob der beschriebenen Konzentration des Grundbesitzes Veränderungen in der Besiedlung vorausgegangen waren, läßt sich nicht sagen. Zwar war der Ort im großen Erdbeben von 1356 zerstört worden, doch weisen die herrschaftlichen Urbare des 15. Jh. nicht auf größere Bevölkerungsverluste hin. Zumindest blieben die geforderten Abgaben unverändert. Durch die herrschaftliche Organisationsform – Hagenbach war der Vogtei Eichsel unterstellt – war der Ort auf den Dinkelberg hin orientiert, während das pfarrliche Filialverhältnis zu Herten den Gang der Besiedlung aus dem Rheintal das Hagenbachtal hinauf widerspiegelt. Das Beuggener Domanialgut blieb als eigene umsteinte Gemarkung bestehen, obwohl schon seit spätestens dem 15. Jh. gemeinsamer Weidgang mit dem Dorf Inzlingen bestand. 1609 erteilte Erzherzog Maximilian von Österreich den Komturen von Beuggen das Recht, im Hagenbacher Bann Rot- und Schwarzwild jagen zu dürfen. 1738 erhielt die Kommende u. a. die Forst- und Jagdgerechtigkeit im Hagenbacher Wald zu freien Lehen. Nach der Säkularisation blieb das Hofgut mit abgesonderter Gemarkung im Besitz des badischen Domänenärars.

Eichsel

Ur- und Frühgeschichte. – Für *jungsteinzeitliche Besiedlung* spricht ein Steinbeil, das im 19. Jh. aus einem Hügelgrab bei Eichsel geborgen wurde. Es könnte sich durchaus um eine neolithische Bestattung gehandelt haben, da steinzeitliche Hügel auf dem Dinkelberg nachgewiesen sind (vgl. Lörrach). Ein Nachweis ist mit diesem alten und nicht genau beobachteten Fund selbstverständlich nicht mehr zu führen.

Nicht weiter erforscht, und daher auch nicht näher zu charakterisieren, sind Fundplätze römischer Zeit in den Gewannen »Mauer« und »Beim Mägdebrunnen«. Wahrscheinlich handelt es sich dabei um ländliche Gutshöfe. Gegraben wurde dagegen schon mehrfach in den »Heidengräbern«. Dort fand sich 1934 ein Plattengrab mit einem Messer, datierbar ins 7. Jh. n. Chr. Damit lassen sich auch weitere Plattengräber an dieser Stelle zeitlich einordnen, die schon vor 1800 aufgedeckt worden sind. Dagegen ist eine andere Fundstelle nicht mit Sicherheit den alemannischen Siedlern zuzuweisen. Beim Ausgraben eines Kellers im Ort sollen in Zusammenhang mit einer Brandstelle farbige Tonperlen und ein Kurzschwert zum Vorschein gekommen sein, doch sind diese Funde offenbar durch Kriegsereignisse im Landesmuseum Karlsruhe verlorengegangen.

Siedlung und Gemarkung. – Die Erstnennung des Orts im Jahr 1192, allerdings nur in kopialer Überlieferung (1504) belegt, steht im Zusammenhang mit Schenkungen an die Eichseler Kirche (s. u.). Trotz später Nennung dürfte der Ort, 1242 als *Eichissol* erwähnt, bereits in merowingischer Zeit entstanden sein. Auf eine vielleicht weiter gestreute Siedlung in kleinen Gruppen deuten die Grabfunde hin, auch das St. Galluspatrozinium der Kirche dürfte auf ein relativ hohes Alter von Obereichsel hinweisen. Die Erklärung des Ortsnamens ist nicht eindeutig, doch spricht am meisten dafür, daß er von der Eiche und Sol in der Bedeutung Lache (Suhle) abgeleitet ist. Die Trennung in die beiden Ortsteile ist erstmals mit der Unterscheidung von Niedereichsel 1311 bezeugt, aber zweifellos wesentlich älter, wenn sie nicht gar bis in die Anfänge des Ortes zurückreicht. 1452 wird der Ort als abgebrannt bezeichnet; 1803 standen in Ober- und Niedereichsel 52 Häuser.

Die beiden Siedlungskerne sind durch den Rebberg und das Ackerland der Rütte, also Rodungsgelände, voneinander getrennt. Größere Veränderungen der Gemarkungsgrenzen lassen sich im Südosten auch urkundlich fassen. Dort lag der ebenfalls in die Merowingerzeit zurückgehende, seit 1311 bezeugte Ort *Geitlikon*, der um die Mitte des 15. Jh. abgegangen ist. Ob dabei ein Zusammenhang mit dem etwa zeitgleichen Brand von Eichsel bestand, ist offen. In die Auseinandersetzung um die Gemarkung Geitlikons zwischen Eichsel und Degerfelden griff die Herrschaft Rheinfelden ein. 1506 wurde entschieden, daß Zwing und Bann über die Wüstung an sie falle, ebenso auch das Recht der Verleihung von Wald und Äckerich. Dieser wurde in der Folgezeit an Eichsel und Degerfelden verpachtet. Während Degerfeldens Ansprüche vollständig abgewiesen wurden, wurden zumindest die bisherigen Rechte der Gemeinde Eichsel über die Gemarkung Geitlikons bestätigt. Noch 1773 wird jedoch der Gelkenbann als herrschaftlicher Forst mit 172 J Laubwald als Sondergemarkung (464 J = 129 ha) aufgeführt. Das ebenfalls seit 1311 belegte Geschlecht derer von Geitlikon ließ sich früh in Rheinfelden nieder. Dort ist Cunrat von Geitlikon bereits 1311 als Rat nachweisbar, ebenso Rudolf im Jahr 1368. Zusammen mit seinen Brüdern Bernhard und Lienhart veräußerte dieser im selben Jahr Zinse von 3 MW Matten im Bann von Geitlikon an eine Rheinfelder Bürgerin. Als weiteres Mitglied der Familie wird 1323 Ulrich als Besitzer eines Hauses in der Rheinfelder Geißgasse erwähnt. Nicht am alten Siedlungsplatz, aber als deutlicher Nachfolger in der Namengebung entstand wohl erst nach dem 30j. Krieg der *Gelkenhof*. Ebenfalls auf der Gemarkung lag der *Festnauer Hof*, über dessen Ursprünge nichts bekannt ist, der aber wohl in die Neuzeit gehört. Das Hofgebäude ist noch 1880 an der Gemarkungsgrenze zu Adelhausen auf den amtlichen Karten eingetragen. Die zugehörige Ackerfläche lag größtenteils auf einer Rodungsinsel weiter südlich. Bis in das 19. Jh. hatten Eichsel und Adelhausen gemeinsamen Waldbesitz und eine gemeinsame Gemarkung. Die darüber vorhandenen Nachrichten sind hinsichtlich des Verhältnisses zu Ottwangen und Rappersweier so widersprüchlich, daß heute nicht mehr zu klären ist, ob diese Gemarkungen ganz selbständig waren oder Untereinheiten von Eichsel/Adelhausen darstellten. Grenzstreitigkeiten zwischen Eichsel und Brombach sind jedenfalls bezeugt und nur denkbar, wenn es einen Zusammenhang mit den letzterwähnten Nachbargemarkungen gegeben hat.

Herrschaft und Grundherrschaft. – Eichsel gehörte seit dem 13. Jh. nachweisbar zur Herrschaft Rheinfelden und teilte deren Geschicke bis zum Anfall an Baden (s. Nollingen). Zusammen mit den anderen Orten am Dinkelberg war Eichsel zu Anfang des 17. Jh. zu einem gemeinsamen Gerichtsbezirk zusammengefaßt. Er ent-

Geschichte der Stadtteile 299

sprach etwa dem Bereich, der anfangs des 15. Jh. als landesherrliche Vogtei auf dem Dinkelberg erwähnt wurde. Zudem unterstand Eichsel dem Hertener Dinggericht. Nach der Übernahme durch Baden kam der Ort 1806 zum Amt Beuggen, 1809 zum Bezirksamt Schopfheim.

Im Besitz eines Rheinfelder Bürgers ist 1242 ein Gut in Eichsel genannt. Von einem anderen Gut verschrieb 1299 die Witwe eines weiteren Rheinfelder Bürgers Zinsen. Der bedeutendste Grundbesitzer am Ort war jedoch die *Deutschordenskommende Beuggen:* 1311 vergabten Margaretha von Kelhalden und ihre Söhne den Hof in Niedereichsel, 1323 schenkte Sophie Kuchmeisterin u. a. Gülten aus dem Hof in Niedereichsel. 1681 gingen Bodenzinsen aus Eichsel von knapp 58 J Ackerland, 9 MW Matten und 20 J Holz ein. 1784 waren die Beuggener Grundstücke in der Hand von fünf Trägern. Der Deutschordensbesitz stammte wohl ebenso wie der meiste sonstige herrschaftliche Besitz im Ort ursprünglich aus adliger Hand. Zum Ausstattungsgut der Grabkapelle der Herren von Beuggen in Nollingen gehörten 1371 in Eichsel ein Hof mit vier Häusern, über 60 J Äcker und Matten sowie 28 J Wald. Das Lehen der Truchsessen von Rheinfelden ging, wie in den Nachbarorten auch, mit Zustimmung der Herrschaft durch Kauf 1741 an das Stift Säckingen über (s. Kirche), welches 1773 über 12 J an Liegenschaften besaß. Teile der truchsessischen Lehen gelangten aber auch in den Besitz der Freiherren von Reuttner. Vorgänger könnte die 1493 bis 1520 im Besitz von Lehengülten bezeugte Familie Hurnus gewesen sein. Bei der Allodifikation 1814 umfaßte dieses Lehen Liegenschaften im Umfang von knapp 68 Jauchert. Die Reuttner von Weil waren aber auch Inhaber eines Erblehens zu »Kleinen-Eichsel« (wohl Niedereichsel), das vom Markgrafen von Baden stammte und 1493 im Besitz der Künsegk und vermutlich 1497 in der Hand des Hans von Wunnenberg, dann in der des Hans von Hohenfirst war. Der Herrschaft Rheinfelden gehörten 1773 knapp 67 J Wald. Einzelne Gefälle bezogen die Gemeinden Stetten und das Rheinfelder Stift St. Martin sowie das dortige Spital und Siechenhaus. Zum Hagenbacher Hof gehörte auch Streubesitz auf der Gemarkung Eichsel.

Gemeinde. – Die Organisation der Gemeinde ist erstmals mit dem 1423 bezeugten Vogt zu greifen. Im 18. Jh. waren Eichsel, Adelhausen und alle Nebenorte sowie der Hagenbacher Hof zu einer Vogtei zusammengefaßt. Innerhalb dieser Vogtei dauerten die seit dem 16. Jh. erwähnten Auseinandersetzungen mit den markgräflichen Nachbargemeinden wegen Äckerich, Weidgang und Beholzung an. Gewisse soziale Spannungen sind 1788 zu fassen, als sich die Hintersassen oder Häusler mit einer Bittschrift an die Regierung wandten, um vom Hintersassengeld freizukommen. Das Amt hielt dieses Gesuch für unbegründet und war höchstens mit einer Kapitalisierung der jährlichen Abgabe einverstanden. Hauptsächlicher Besitz war der Wald, der sich bis auf kleine herrschaftliche Einsprengsel in der Hand der Gemeinde befand.

Kirche und Schule. – Die ersten Nachrichten über die Kirche zu Eichsel stehen im Zusammenhang mit der dortigen Verehrung der *drei heiligen Jungfrauen* Kunigunde, Mechtund und Wibranda. Bereits 1192 ist eine Stiftung von 2 J Land durch die Gebrüder Conrad, Albert, Heinrich, Burkhard und Rudolf von Adelhausen zu Ehren des hl. Gallus und der namentlich noch nicht genannten heiligen Jungfrauen überliefert. Das Gallus-Patrozinium weist freilich auf ein höheres Alter der Kirche hin. Zur Zeit des Eichseler Pfarrherrn Berthold von Heidelberg wurde die Kirche erweitert und 1288 neu geweiht. Berthold, der zugleich Kämmerer des Dekanats Wiesental war und 1290 bereits 67 Jahre die Eichseler Pfarrstelle innehatte, verfaßte 1286 eine Zusammenstellung der liturgischen Geräte und Bücher, die die außergewöhnliche gute Ausstattung der Kirche belegt und zusammen mit den überlieferten Jahrtagstiftungen des 15. Jh. auf die überörtliche Bedeutung der Kirche hinweist. Diese Bedeutung gründete auf der eingangs erwähnten Verehrung der heiligen Jungfrauen. Nach der lokalen Legende, die zum ersten Mal 1504 schriftlich festgehalten wurde, gehörten die Frauen dem Umkreis der hl. Ursula an. Auf dem Weg nach Basel verstarben sie in Rappersweier und wurden in Eichsel begraben. Eine weitere Begleiterin, die hl. Crischona, wurde in dem gleichnamigen Ort am Westrand des Dinkelbergs bei Basel bestattet. Nach einer Überprüfung des Kults durch den päpstlichen Legaten, Kardinal Raymund Peraudi, wurden die Gebeine der drei Eichseler Jungfrauen 1504 aus den Gräbern in einen Altar überführt. Die Heiligenreliquien sind heute in der Fassung des 18. Jh. auf einem neugotischen Seitenaltar aufgestellt. Ebenfalls seit 1504 ist eine Bruderschaft mit ihrem Pfleger nachweisbar. Sie besaß durch eine Schenkung des Melchior von Schönau das Melifach, einen Salmenfang am Rhein. Die jährliche Wallfahrt, die bereits im ausgehenden 15. Jh. für die Städte Rheinfelden und Schopfheim sowie für den Nachbarort Degerfelden belegt ist, hielt sich, nur in der Zeit des Josephinismus unterbrochen, bis in unsere Tage. Das Patronatsrecht übten seit frühester Zeit die Truchsessen von Rheinfelden aus. Dieses war zunächst Reichslehen und kam dann an die Habsburger. Zum Lehen gehörte erheblicher Grundbesitz in allen Gemeinden der Pfarrei. Zahlreiche Belehnungen sind überkommen. Mit dem Verkauf des »Truchsessischen Lehen« im Jahr 1741 ging u. a. auch die Kollatur an das Stift Säckingen über. Ebenfalls im Besitz der Truchsessen befand sich das Patronatsrecht über die 1453 durch den Basler Domkantor, Ulrich Truchseß von Rheinfelden, gestiftete Kaplanei auf dem Altar der Muttergottes sowie der heiligen Nikolaus und Antonius in der Eichseler Pfarrkirche. Zur Pfarrei zählte seit jeher die Filiale Adelhausen. Die Pfarrausstattung bestand Ende des 18. Jh. aus 12 J Acker, 7 J Wald und wenig Wiesen und Reben. Ein Brand zerstörte das 1669 erbaute Pfarrhaus im Jahr 1719. Der Wiederaufbau erfolgte erst 1742.

Der *Zehnt* war stets mit der Patronatsherrschaft verbunden. Davon ausgenommen war der sogenannte Laienzehnt, dessen eine Hälfte 1390 die Markgrafen von Hachberg an den Edelknecht Edwin Meyer von Hüningen verliehen. Schließlich wurden die Reuttner von Weil durch die Markgrafen seit dem 16. Jh. damit belehnt. Neben verschiedenen kleineren Zehntanteilen standen nach einer Übersicht von 1595 dem Eichseler Pfarrer feste Mengen aus den Erträgen des Zehnten an Hafer und Dinkel in Niedereichsel zu. In Obereichsel zog er ihn, ebenso wie in ganz Eichsel den Hanf- und Heuzehnten, selbst ein.

Die Kompetenz des *Lehrers* in Eichsel wurde 1780 geregelt. Der Unterricht fand 1808 im gemeindeeigenen Gebäude statt. 1803 wurde er von etwa 75 Schülern besucht. Der Saal war viel zu groß und kaum heizbar, weshalb viele Kinder winters zu Hause blieben. Als entsprechend ungebildet galt daher die Dorfjugend, zumal dem Ortspfarrer nichts an der Schule lag.

Bevölkerung und Wirtschaft. – Erste Nachrichten über markgräfliche Eigenleute liegen für das Jahr 1412 vor. Seit 1520 belehnte der Markgraf von Baden-Hachberg Mitglieder der Familie Reuttner u. a. auch mit Eigenleuten zu Eichsel. Anhaltspunkte für die Größe des Dorfes liegen für das Jahr 1595 vor. Damals gab es im Eichseler Kirchspiel etwa 150 »opferbare«, also erwachsene Einwohner. 1680 wurden etwa 70 Haushaltungen gezählt. Die Herrschaft Rheinfelden verzeichnete 1706 49 Untertanen (Haushalte) und 27 Hausarme in der gesamten Vogtei. Ein vollständiges Gespann (ganzer Zug) konnte nur von drei Bauern gestellt werden, ein halbes von zwölf. 33 Familienvorstände waren Tagelöhner, einer Hintersasse. Die Zahl der Hintersassen stieg bis 1789 auf sechs. 1798 umfaßte dieser Bezirk 115 Familien mit 690 Einwohnern, in Eichsel selbst waren es dagegen 1802 nur 350.

Der Ackerbau wurde in drei Zelgen betrieben: die *Zelg uff Schlatt in der Neumatt, die ander Zelg in Maßholderen bey dem Käppele* und *die dritte Zelg*. 1773 verteilte sich die Fläche so: 437 J Ackerfeld, 585 J Matten, 16 J Reben, 66 J Baumgärten, 49 J Hofplätze, 988 J Laubwald, 10 J Weiden. Nach der Übersicht über die Zehnteinkünfte von 1595 wurden hauptsächlich Dinkel und Hafer angebaut, außerdem Hanf. Der jährliche Obstertrag betrug etwa 300 Körbe. Der Weinbau spielte keine bedeutende Rolle, obwohl seit 1477 eine Kelter im Dorf belegt ist. Der Anbau von Kartoffeln ist erstmals 1738 genannt.

Unter den *Dorfhandwerkern* werden 1793 lediglich drei Schneider (einer in Obereichsel), ein Stricker in Obereichsel und ein Ziegler in Niedereichsel erwähnt. Die örtliche Ziegelhütte zählte bereits 1749 zum Besitz des Rheinfelder Bürgermeisters Brutschin. Ebenso wie in Nordschwaben und Minseln blieb der Abbau von Feuersteinen 1788 in seinen Anfängen stecken. Eine *Mühle* mit zwei Mahlgängen wurde 1798 in Niedereichsel errichtet. Eine *Tafern* ist seit 1455 zu fassen. 1803 gab es den Schild »Zur Gans« in Ober- und »Zum Wilden Mann« in Niedereichsel. Die »Gans« trug ihren Namen vielleicht vom Gänsezins, der von der alten Tafern zu entrichten war.

Herten

Ur- und Frühgeschichte. – Die archäologische Situation auf Gemarkung Herten ist geprägt von *Fundstellen römischer und frühmittelalterlicher Zeit*. Unsicher ist die Datierung einer großen rechteckigen Befestigungsanlage auf dem »Hirschenleck«, wo sich auch zwei kleinere Steingrabhügel-Nekropolen unbekannter, aber wohl prähistorischer Zeitstellung befinden. Das sind zugleich die einzigen archäologischen Zeugnisse aus dem zu Herten gehörenden Dinkelbergbereich, alle anderen Fundplätze liegen am Hangfuß oder in der Ebene. Dieser Teil des Rheintals ist in römischer Zeit geprägt durch die linksrheinische Stadt Augst (*Augusta raurica*), die mit dem rechten Ufer durch eine Brücke auf der benachbarten Gemarkung Wyhlen verbunden ist. Von der Brückenstelle führt eine direkte Verbindung zu der auf dem rechten Ufer verlaufenden römischen Talstraße. Wenig westlich der Kreuzung erstreckt sich ein offenbar ausgedehntes Siedlungsgebiet, das man als eine Art rechtsrheinischer Vorstadt von Augusta raurica ansprechen kann. F. Kuhn aus Lörrach war der erste, der in diesem Areal Grabungen durchgeführt hat. Er deutete die von ihm aufgedeckten Mauerzüge zunächst als Reste eines Tempels mit umliegenden Gebäuden, später als sogenannte Straßenstation (Rasthaus). Offenbar haben wir es aber nur mit einem kleinen Ausschnitt zu tun, dessen Deutung vielleicht besser offen bleibt, bis weitere Grabungsergebnisse vorliegen. Sicher ist jedenfalls der Zusammenhang dieser Siedlung mit der römischen Rheintalstraße, die unmittelbar an den bisher bekannten Gebäuden vorbeizieht.

Ebenfalls in Zusammenhang mit dem Rheinübergang sind Funde aus frührömischer Zeit zu bringen, die im Gewann »Weberalten« zusammen mit alemannischen Gräbern zum Vorschein gekommen sind. Früh schon dachte man an einen militärischen Stützpunkt an dieser verkehrsgeographisch wie strategisch wichtigen Stelle. In einem neu erschienenen Übersichtsplan der römischen Stadt Augst ist auch auf der benachbarten Wyhlener Gemarkung ein mutmaßliches Kastell eingetragen worden. Dort sind jedoch entsprechende Nachforschungen ohne Erfolg geblieben. Wenn also an diesem wichtigen Rheinübergang in der Mitte des 1. Jh. n. Chr. ein Kastell errichtet worden ist, und die Funde sprechen eindeutig dafür, muß es im Gewann »Weberalten« unmittelbar am Hochufer des Rheins lokalisiert werden. Dann allerdings ist diese Anlage durch die riesige Kiesgrube zerstört worden, die hier jahrzehntelang ausgebeutet wurde. Trotz archäologischer Untersuchungen in diesem Bereich blieb es unentdeckt, weil seine Mauern aus Holz und Erde, die Innenbauten aus Holz nur schwer erkennbare Spuren hinterlassen haben. Die anderen Fundplätze römischer Zeit sind wohl durchweg als Gutshöfe anzusprechen. Davon ist allerdings nur einer im »Hagenacker« teilweise ausgegraben worden. Vollständig erfaßt wurden ein kleiner Tempelgrundriß und die Fundamente eines Wirtschaftsgebäudes, in dem offensichtlich landwirtschaftliche Produkte gelagert und weiterverarbeitet worden sind. Von diesem Gebäude führt ein gedeckter Gang (porticus) zum Wohnhaus, das an der nach Süden weisenden Frontseite zwei vorspringende Eckräume (Risalite) aufweist, bisher aber nur in kleinen Teilen freigelegt werden konnte. Die drei erfaßten Gebäude bilden den zentralen Teil eines großen Gutshofes mit einigen Nebengebäuden und wahrscheinlich einer Umfassungsmauer, wie er für die römische Zeit in diesem Gebiet charakteristisch ist. Ähnlich hat man sich auch die Anlagen beim »Markhof«, im »Burgfeld«, am »Alten Berg« oder im »Steinacker« vorzustellen.

Der am besten untersuchte Fundplatz auf der Gemarkung ist das *Reihengräberfeld* des 5.–7. Jh. n. Chr. im Gewann »Weberalten«. Es wurde in der Vorkriegszeit durch F. Kuhn untersucht und so vor der Zerstörung durch den Kiesabbau an dieser Stelle gerettet. Die Erforschung dieses Platzes reicht allerdings weit ins 19. Jh. zurück, doch ist aus dieser Zeit manches verlorengegangen oder in Privatsammlungen verschwunden. Trotzdem läßt sich insgesamt mit Hilfe der Grabfunde ein gutes Bild der Verhältnisse im 5.–7. Jh. zeichnen. Dabei muß zunächst an den auf Wyhlener Gemarkung liegenden spätrömischen Brückenkopf erinnert werden, dessen Reste sich in unmittelbarer Nachbarschaft zum Gräberfeld sichtbar erhalten haben. Offenbar wurde diese Grenzfestung im 5. Jh. nach Abzug der römischen Truppen von einer alemannischen Besatzung übernommen, die zunächst noch in römischem Auftrag, vermutlich gegen entsprechende Soldzahlung, die Kontrolle dieses Rheinübergangs ausübte. Offensichtlich sind es diese Leute aus dem Kastell und ihre Angehörigen, die als erste am Hochgestade begraben worden sind. Später kamen dann die Verstorbenen aus einer neugegründeten Siedlung hinzu. Dieses Dorf ist nicht identisch mit dem heutigen Herten, sondern muß näher am Rhein gelegen haben. Sein Platz ist bis heute nicht aufgefunden, auch fehlt jede Namensüberlieferung. Im 7. Jh. war dieses Dorf so gewachsen, daß einzelne Familien »aussiedelten« und neue Höfe an anderen Stellen gründeten. Ihre Toten bestatteten sie nahe dem großen Gräberfeld, aber doch separat in kleinen »Nebenfriedhöfen«, die ebenfalls ausgegraben worden sind. Durch diesen großen und reich mit Funden ausgestatteten Friedhof wird uns eine frühmittelalterliche Siedlung auf Hertener Gemarkung bekannt, die in ihrer Zeit durch Größe und Reichtum bedeutend gewesen ist, Resultat der günstigen Lage an einem wichtigen Verkehrsweg und zumindest zeitweise an der Nahtstelle zwischen römischer und germanischer Welt.

Siedlung und Gemarkung. – Der heutige Ort begegnet in sicherer urkundlicher Überlieferung 807 als *Harta* und *Hertum*, während die entstellte Namensform *Artiovinia* von 754 nicht mit Gewißheit auf Herten zu beziehen ist. Dessen Ortsname leitet sich wohl von hart (= Wald) ab. Zur Zeit der Erstnennung bestand die nach dem Namen als Ausbauort charakterisierte Siedlung schon geraume Zeit, denn der Besiedlungsvorgang war inzwischen über Degerfelden (s. dort) talaufwärts bis nach Hagenbach vorgedrungen. Der Mutterort von Herten muß die zum großen Reihengräberfriedhof (s. o.) gehörige Siedlung gewesen sein, die weder nach ihrer Lage noch nach ihrem Namen bekannt ist. Wohl erst spätmittelalterlichen Ursprungs ist der im Nordwesten der Gemarkung auf einer Rodungsinsel gelegene Hof Volkertsberg, 1300 bzw. 1398 in dem Bann *ze Wolkisperg* erwähnt. 1701 wurden dessen Güter vom Meier des Hofes Rührberg (vgl. Grenzach-Wyhlen) bewirtschaftet. Der Hof selbst war also verlassen. Der Markhof, dessen Grundbesitz bereits in die Gemarkung Wyhlen hineinreichte, ist seit 1439 nachweisbar, er ist aber zweifellos in seinem Ursprung mit der Hertenburg verbunden und dürfte mindestens ins frühe 13. Jh. zurückreichen. – 1447 beklagte sich der Burgherr in Rheinfelden, daß seine Dörfer, u. a. Herten, von den Baslern niedergebrannt waren. 1803 gab es 67 Häuser im Dorf. Schon in einer Urkunde von 1345 wird *nider Herten* erwähnt, also wurde damals bereits zwischen Ober- und Unterdorf unterschieden. Das alte Zentrum lag im Oberdorf mit dem ummauerten Kirchhof und dem gegenüberliegenden Haus der Kommende Beuggen samt der Trotte. Durch die Gemarkung führte rheinparallel die Landstraße von Basel nach Rheinfelden. Der Ort selbst lag an der von ihr bereits auf Gemarkung Wyhlen abzweigenden Verbindung nach Degerfelden, die nordöstlich von Herten in zwei Strängen, dem Kirchweg längs des Hangfußes und dem weiter im Ackerland liegenden Breitweg, geführt wurde. Die alte Römerstraße war zur Nahverbindung über die Wiechsmühle nach Nollingen herabgesunken.

Herrschaft und Staat. – In Herten sind zwei verschiedene *Adelsgeschlechter* und zwei *Burgstadel* faßbar. Es bleibt Vermutung, ob außerdem eine dritte Burgstelle nicht im Waldgelände, sondern südwestlich des Orts im Burgfeld lag. Der Flurname jedenfalls läßt sich damit erklären, daß wahrscheinlich die entsprechenden Felder der Burg Rheinfelden zinspflichtig waren. Eine ähnliche Namengebung liegt auch bei den Burgreben vor (s. u.). Zudem wurden im Burgfeld Reste einer römischen Villa gefunden, die ebenfalls zum Flurnamen geführt haben könnten. Auf einem Bergsporn oberhalb des Markhofes liegt die *Hertenburg*. Anläßlich ihrer ersten schriftlichen Erwähnung 1268 wird sie als neu errichtet bezeichnet. Es handelt sich um eine zweiteilige, durch einen tiefen Halsgraben geteilte Burganlage, die im Norden von Natur aus weitgehend isoliert liegt und nur eines kleinen künstlichen Grabens bedurfte. Das Mauerwerk besteht überall aus dem anstehenden Kalk und ist fast nur noch in den stark mit Mörtel versetzten Füllungen der einstigen Schalenmauern erhalten, während die behauene Außenschicht lediglich an wenigen Stellen noch anzutreffen ist. Der heutige Zustand der Burg ist also dem Steinraub zuzuschreiben. Ob das Erdbeben von 1356, in dem auch die Hertenburg zerstört wurde, oder einfach eine spätere Auflassung Ursache des Ruins war, ist nicht zu entscheiden. Die etwa rechteckige Vorburg zeigt aber deutlich umgestürzte und abgerutschte Mauerteile, so daß man an eine plötzliche Zerstörung denken muß. Die ein langgestrecktes Trapez umschreibende Mauer der Hauptburg läßt solches nicht erkennen, aber auch nicht ausschließen. Verstärkungen zeigt sie auf beiden Schmalseiten. Ob man von einer Schildmauer sprechen kann, bleibt ebenso fraglich wie fast alle Grundrisse im Innern. Lediglich ein rechteckiges Wohngebäude ist in deutlichen Resten faßbar und läßt erkennen, daß das Fußbodenniveau erheblich niedriger lag. Etwas nordöstlich dieser Anlage befindet sich über dem Steilabfall der Halde eine weitere Befestigung, die durch einen noch mehrere Meter tiefen Halsgraben gegen die Hochfläche abgegrenzt ist.

Die Verbindung der schriftlichen Belege mit der archäologischen Überlieferung gestaltet sich in diesem Fall schwierig. Die 1261 erwähnte und 1268 an das Kl. Magdenau (Degersheim, Kt. St. Gallen) verkaufte Burg Hertin dürfte nur schwerlich hier zu lokalisieren sein. Hingegen sind zwei weitere Nachrichten eindeutig auf Burgen in der Gemarkung Herten zu beziehen, ohne sie genau topographisch identifizieren zu können. 1261 findet in den Colmarer Annalen eine Burg («castrum») in Herten bei Basel Erwähnung. Die zweite Nachricht ist auf das Jahr 1246 datiert. Damals verkaufte das Stift St. Martin der Stadt Rheinfelden auf Hertener Gemarkung einen Felsen, der im Volksmund »Schadbasel« genannt wurde. Nach Auskunft der Urkunde bestand zu diesem Zeitpunkt dort schon eine bescheidene Befestigungsanlage, dem Namen nach vermutlich zum Schutz gegen den Basler Bischof ausgerichtet. Die Nachrichten der Urkunde von 1246 deuten darauf hin, daß es sich bei der zweiten, bisher nicht identifizierten Hertener Burg um den »Schadbasel« handeln könnte. Bereits 1249 brachen auch die kriegerischen Auseinandersetzungen zwischen dem Reich und dem Grafen Rudolf von Habsburg auf der einen und dem Basler Bischof auf der anderen Seite aus. In deren Zusammenhang wurde 1268 die Hertenburg durch den Basler Bischof zerstört. Die wenigen Nachrichten verdeutlichen, daß Herten in der Auseinandersetzung um die Herrschaft Rheinfelden große Bedeutung zukam, zumal der Ort nicht nur strategisch günstig lag, sondern sich dort auch wichtiger Besitz der Herrschaft Rheinfelden befand (s. u.).

Als Angehöriger eines *örtlichen Adelsgeschlechts* tritt 1242 erstmals Heinrich von Herten als Zeuge in einer Urkunde auf, die vom Rheinfelder Schultheiß ausgestellt wurde. 1248 erscheint er als Aussteller einer Urkunde zusammen mit dem Burggrafen von Rheinfelden und denen von Kienberg. Weitere Vertreter der Familie sind bis in die Mitte des 14. Jh. als Bürger von Rheinfelden, dort auch mit Hausbesitz, und von Basel nachweisbar. Die Ritter von Hertenberg, ein zweites Geschlecht, sind nicht nur wegen ihres Namens, sondern auch wegen des dicht massierten Grundbesitzes am Westrand der Hertener Gemarkung mit der gleichnamigen Burg in Verbindung zu bringen. Ob verwandtschaftliche Beziehungen zu dem gleichnamigen elsässischen Adelsgeschlecht, das auch in Basel beheimatet war, bestanden, muß offen bleiben. Die Ritter sind früh in Rheinfelden mit Hausbesitz an der Neuen Gasse in der Nachbarschaft weiterer Adelsfamilien belegt. Seit 1315 amtete dort Heid von Hertenberg als Schultheiß. Nach ihm bekleideten Bertschmann und Berthold von Hertenberg dieses Amt. Johann von Hertenberg war zu Beginn des 15. Jh. Propst des Stifts St. Martin in Rheinfelden. Vertreter der Familie traten auch als Ministerialen des Markgrafen Otto von Hachberg auf. Ein Siegel ist bereits für Heinrich von Hertenberg (1278) belegt, jedoch erst in mehreren Abdrücken nach 1321 überliefert. Es führt im schrägrechtsgeteilten Schild einen Stern.

Herten gehörte zur *Herrschaft Rheinfelden* und teilte deren Schicksale bis zum Ende der österreichischen Kameralherrschaft Rheintal im Jahr 1805 (s. Nollingen), obwohl 1671 erwogen wurde, den Ort zusammen mit Minseln zu verkaufen. Das Dorf war wohl Zentralort der rechtsrheinischen Grundherrschaft der Herrschaft, dessen besondere Stellung durch den Dinggerichtsrodel von 1450 beschrieben wurde. Die Zusammenstellung wurde bis ins 18. Jh. immer wieder erneuert, da trotz mancher Änderungen »doch mehrer theils bey seinem inhalt des dinghofs halb erhalten worden«. Das Dinggericht fand jährlich im Namen der Herrschaft statt und bezog auch zahlreiche Orte des Dinkelbergs in seinen Geltungsbereich mit ein. Neben das Dinggericht schob sich die übliche herrschaftliche Gliederung nach Vogteien. Die einzelnen Ortsgerichte lösten nur allmählich das Dinggericht ab. Nach dem Übergang an Baden gehörte das Dorf zunächst zum Amt Beuggen, ab 1809 dann zum Bezirksamt Lörrach.

Grundherrschaft und Grundbesitz. – Ältester bekannter Grundbesitzer in Herten war die Abtei St. Gallen, der 807 Blindsind, Ruadini und seine Gemahlin Swanahilt ihren Besitz schenkten. 820 erhielt Hiltiburg Hertener Besitz des Klosters zu Lehen. Über den Verbleib des St. Galler Besitzes ist keine Aussage möglich, auch bleibt die Herkunft des Dinghofes unklar. Er war seit dem Hochmittelalter wohl in der Hand der jeweiligen Herren von Rheinfelden, doch könnte durchaus in seinem Ursprung kirchli-

Geschichte der Stadtteile 305

cher Besitz gestanden haben. Zudem waren zu Beginn des 14. Jh. auch noch Kirchensatz und Laienzehnt in herrschaftlicher Hand. Während alle anderen Gerichtsrechte von der Herrschaft selbst in Anspruch genommen wurden, blieb der Dinghof bis ins 18. Jh. hinein zuständig für Erbe und Eigen. Die Organisation des herrschaftlichen Grundbesitzes und sein Verhältnis zum Dinghof ist aus den Quellen nicht mehr ersichtlich. Das älteste Rheinfelder Urbar von 1400 verzeichnet in Herten Zinseinnahmen von 19 Personen, die 18½ Schupposen bebauten. Daß der öfter erwähnte herrschaftliche Oberhof, dem Namen nach vermutlich im alten Siedlungszentrum, dem Oberdorf, gelegen, mit dem Dinghof identisch ist, erscheint wahrscheinlich.

Herten erweist sich als Kern des herrschaftlichen Grundbesitzes auf dem rechten Rheinufer. In der frühen Neuzeit bezog *Österreich* Zinse aus 212 J Land. Dazu kamen noch die mit besonderen Auflagen behafteten Burgreben und der Wagenacker. Von den 12 MW Burgreben, benannt nach der herrschaftlichen Burg Stein im Rhein bei Rheinfelden, waren 12 Saum Wein, also etwa 2650 Liter, abzuliefern. Der Transport war durch den Bebauer des Wagenackers durchzuführen. Der Flurname spiegelt diese Pflicht wider. Als zweiter wichtiger Grundbesitzer in Herten ist das Rheinfelder *Stift St. Martin* zu nennen. Der Erwerb von Grundbesitz durch die Chorherren läßt sich bis in die Frühgeschichte des Stifts zurückverfolgen. Bereits 1227 bestätigte Papst Gregor IX. die Schenkung eines Hofes zu Herten an die Kollegiatkirche. Unter Umständen ist dieses Gut mit dem an der Brunnengasse gelegenen Niederhof identisch, der später als Eigentum des Stifts durch die ganze frühe Neuzeit belegt ist. Er wurde durch den herrschaftlichen Oberhof bevogtet und war deshalb diesem zinspflichtig. Durch weitere Stiftungen, Erwerbungen und Zinskäufe, also Kreditvergabe, wuchs der Besitz kontinuierlich. 1605 standen dem Stift 137 J Acker, knapp 20 MW Matten und etwa 28 J Reben zu. Der Besitz der *Abtei Olsberg*, immerhin vier Hofstätten, reicht ebenfalls in die Frühgeschichte des Zisterzienserinnenklosters zurück. Allerdings waren schon 1284 durch Tausch Hertener Güter von dem Kloster in den Besitz der Herrschaft Rheinfelden übergegangen. Ebenfalls früh ist *Beuggener Grundbesitz* am Ort nachweisbar. Nach kleineren Käufen von 1304 und 1305 erwarb der Orden 1368 von einem Hertener Bürger einen Hof mit Zubehör und Trotthaus für 140 lb. Ein Berein aus dem Jahr 1573 verzeichnete 13 Träger, die ca. 43 J Acker, 13 MW Matten, 6 J Reben und ½ J Holz innehatten.

Adeliger Besitz in Herten ist nur für das Mittelalter bezeugt. So läßt sich etwa die Ausdehnung des Grundbesitzes der Ritter von Hertenberg hauptsächlich für das 14. Jh. nachzeichnen. Neben den Gütern am Westrand der Hertener Gemarkung (s. u.) ist vor allem der Erwerb von Grundbesitz durch den Rheinfelder Schultheiß Heid von Hertenberg belegt: 1312 gelangte er im Tausch mit den Rheinfelder Johannitern in den Besitz von zwei Schupposen, die seine Eltern zuvor dem Orden gestiftet hatten. Ein Jahr später kaufte er ein weiteres Gut am Ort, 1318 außerdem von Rudolf von Degerfelden ein Haus am Kirchhof, das dort an dessen eigenes anstieß. Um 1300 verkauften Ritter Walter von Wise und seine Brüder 2 Schupposen Acker an den Rheinfelder Bürger Hermann von Bellikon. In der Folgezeit ist der Besitz Rheinfelder Bürger in Herten durch zahlreiche Urkunden dicht belegt. Außerdem werden im 16./18. Jh. noch erwähnt die Johanniter von Rheinfelden, die Kämmerei des Basler Domstifts, die dortigen Klöster St. Klara und Klingental, die St. Fridolinspfründe Säckingen sowie das Rheinfelder Sondersiechenhaus und Spital. Die Familie von Rotberg zu Eptingen verfügte im 15. Jh. über 2 Schupposgüter. Die Reuttner von Weil hatten ab dem 16. Jh. das Holz Obernetz vom Markgrafen zu Lehen.

Gemeinde, Kirche und Schule. – 1423 werden Heini Loeli zu Herten und das Gericht erwähnt, Heini Löli ist 1434 auch Untervogt im Rheintal. 1481 ist der Vogt zu

Degerfelden gleichzeitig Statthalter der Vogtei zu Herten. Die Gemeinde tritt 1400 in Erscheinung; 1574 wird die Ratsstube als Anstößer genannt. Zu Beginn des 17. Jh. hatte die Gemeinde von Beuggen für jährlich 30 lb d den Heuzehnten in der Gemarkung gepachtet. Vogt, Geschworene und Gemeine des Dorfes legten 1620 einen Streit mit der Gemeinde Warmbach bei. Der bisherige Anspruch der Warmbacher auf ausgedehnten Weidgang auf der Gemarkung Herten, angeblich aus früher viel weiter ausgedehnten Gemarkungsrechten stammend, wurde abgewiesen. Die Hertener hatten den alleinigen Weidgang auf ihrer Gemarkung nur mit Berechtigung des Markhofes und von Nollingen. Die Weidestreitigkeiten mit Warmbach und den anderen Nachbarorten setzten sich fort, ein Vergleich mit den Inhabern des Markhofes von 1664 und dessen Fortsetzung von 1715 brachten endlich die Beteiligung des Hofes an den Gemeindelasten mit einem festen Betrag. Der Wald auf der Gemarkung gehörte größtenteils der Gemeinde. 1802 durfte sie mit herrschaftlicher Erlaubnis 20 J zur Tilgung der Kriegsschulden an ihre Bürger verkaufen.

Die *Kirche* wird 1275 als zum Dekanat Wiesental gehörig ersterwähnt, man darf aber annehmen, daß Herten damals schon längst Pfarrei war, die auch stets Degerfelden sowie die spätere Wüstung Geitlikon umfaßte. Kirchenheiliger war der Winzerpatron St. Urban. 1293 bzw. 1303 erscheint ein Vikar der Kirche. Vier Kirchenpfleger, darunter je einer von den beiden Filialorten, sind zum ersten Mal 1423 bezeugt. Das Patronatsrecht, vermutlich zusammen mit der Herrschaft Rheinfelden in den Besitz des Reiches gekommen, wurde 1311 durch Kg. Heinrich VII. der Deutschordenskommende Beuggen geschenkt. Indizien sprechen dafür, daß die Kirche schon wenig später der Kommende inkorporiert wurde, so daß auch die beträchtlichen Kirchengüter, darunter auch eine Wittumschuppose, Beuggen zustanden. Der Neubau der Kirche erfolgte 1792 nach Plänen des Deutschordensbaumeisters Franz Anton Bagnato. Das Pfarrhaus war bereits 1741/47 durch dessen Vater Johann Caspar Bagnato als einfaches Gebäude mit Wohnteil und Ökonomie neu errichtet worden. Die frühere Wallfahrtskapelle »Maria im Schnee« wurde um 1740 von der Gemeinde in Erfüllung eines Gelübdes bei einer Viehseuche erbaut. Sie dient seit etwa 1907 als Friedhofskapelle. Eine Rosenkranzbruderschaft wurde zur Zeit des Josephinismus aufgehoben.

Die *Zehntrechte* über zahlreiche Hertener Güter waren im 15. Jh., ebenso wie in den Nachbarorten, zwischen den Rheinfelder Johannitern und Beuggen umstritten. Ein Schiedspruch von 1483 bereinigte die Verhältnisse vor Ort zugunsten des Deutschen Ordens; nur kleinere Teile des Weinzehnten blieben bei den Johannitern. Von diesem Vergleich unberührt waren die Zehntrechte der Abtei Olsberg, die einen 65 J großen Bereich in Herten betrafen. Sie wurden erst 1596 dem Deutschen Orden überlassen und sind wahrscheinlich mit dem Laienzehnt identisch, den 1356 Burkhard von Hohenberg vom Reich verliehen bekam und der vermutlich ebenso wie das Patronatsrecht zum alten Besitz der Herrschaft Rheinfelden gehört hatte; denn noch Anfang des 14. Jh. wurden durch den Rheinfelder Burggrafen Hertener Zehnteinkünfte eingenommen. Im 15. Jh. wurde der Laienzehnt dann als österreichisches Lehen an Rheinfelder Bürger vergeben; dabei wurde er nach einem seiner Besitzer zumeist Muntschizehnt genannt. Erst in der Mitte des 15. Jh. ging er in den Besitz von Olsberg über. Das Einkommen des Hertener Pfarrers war von diesen Wechseln nicht betroffen. Er verfügte nach einer Zusammenstellung von 1595 über ein festes Deputat aus den Beuggener Zehnteinkünften an Dinkel, Hafer und Wein. Den Hanfzehnten zog er in Herten selbst ein, ebenso den Heuzehnten im Etter sowie im Rebbann. Außerdem erhielt er den Obstzehnten. –

Bis 1766 fand der *Schulunterricht* in Privaträumen statt, dann zog man ins Gemeindehaus um. Erst 1807 konnte für die etwa 110 Schüler ein Schulhaus mit Lehrerwohnung errichtet werden.

Bevölkerung und Wirtschaft. – 1307 verkaufte Konrad von Degerfelden Eigenleute an die Kommende Beuggen. 1407 findet ein Leibeigener des Ritters Arnold von Bärenfels am Ort Erwähnung. Die Eigenleute der Herrschaft werden 1628 als Minderheit unter der Bevölkerung eingeschätzt. Sie wurden mit keinen besonderen Abgaben belastet. Eine erste Einwohnerzahl vermeldet 1588 vermutlich für den ganzen Pfarrbezirk (also mit Degerfelden) 637 Einwohner; 1595 wurde die Zahl der Erwachsenen in der Pfarrei auf 450 geschätzt. Angaben über Bürgerzahlen von 1671 (60 Bürger und 16 Söhne), 1680 sowie 1769/70 (jeweils 90) zeigen, daß die Bevölkerungszahl nur sehr langsam gewachsen ist. Auch 1798 waren es mit 101 Familien nur etwa 500 Personen. 1802 hatten sich die Zahlen kaum geändert. 1706 werden für die Vogtei Herten 3 ganze, 10 halbe Züge (=Bauern), 30 Tagelöhner, 1 Hintersasse und 14 Hausarme genannt, was die soziale Gliederung verdeutlicht. Daran hatte sich bis 1770 wenig geändert (5 ganze und 14 halbe Bauern).

Der *Ackerbau* produzierte überwiegend Dinkel und Hafer (1459). Außerdem weisen die Zehnteinkünfte des Hertener Pfarrers auf den Anbau von Hanf und Obst hin. Die *drei Zelgen* werden von 1603 an mehrmals genannt. Das mitten in der Gemarkung liegende ausgedehnte Wiesengelände beiderseits des Mattenbachs trennte das *Niederfeld* ganz im Westen bis zum Markhof, die *mittlere Zelg* hauptsächlich zwischen Wiesengelände und Rhein und die *Oberzelg* im Nordosten der Gemarkung. In der 2. Hälfte des 18. Jh. war man der Ansicht, daß der Hauptverdienst nicht aus dem Ertrag des Acker- und Wiesenlandes, sondern vom Weinbau komme. Zu dieser Zeit (1773) gliederte sich die Gemarkung in 925 J Wald, 83 J Reben am Berghang und 94 J Baumgärten am Hangfuß sowie 766 J Acker und 313 J Matten. *Weinbau* ist seit 1303/04 bezeugt. Zu diesem Zeitpunkt verzeichnet die Rechnung des Rheinfelder Burggrafen Ausgaben für die Hertener Weinberge sowie für die herrschaftliche Kelter. Die zeitgleichen Rheinfelder Zehnteinkünfte weisen auf den Anbau von Rotwein hin, später wurde jedoch Weißwein bevorzugt. An *Handwerkern* werden genannt: 1640 ein Schmied, 1769/70 5 Weber, 4–5 Schneider, 3 Schuster, je 2 Küfer, Zimmerleute und Maurer, je ein Metzger und Sattler. 1628 bezog die Herrschaft Zinse von Steingruben. Beim Markhof wurde spätestens seit der Mitte des 18. Jh. eine *Gipsgrube* mit Gipsbrennerei und Gipsmühle betrieben. Sie war damals im Gegensatz zu früher durch Kriegslasten und Wassermangel fast ohne Ertrag. Trotzdem eröffnete man sozusagen als Investition in die Zukunft einen neuen Stollen. Ab 1787 gab es fünf Betreiber. Die Produktion lief bis 1803. Eine *Tafern* ist bereits für das Jahr 1400 belegt; sie war der Herrschaft Rheinfelden zinspflichtig. Das zweite Tafernrecht war im Besitz der Herrschaft Rötteln und ist zum ersten Mal 1514 bezeugt. Es wurde später als markgräfliches Lehen durch die Reuttner von Weil weiterverliehen. Allerdings setzte Österreich durch, daß die markgräfliche Tafern erst verliehen werden durfte, wenn auch für die österreichische ein Pächter gefunden war. Den beiden Tafern entsprechen Ende des 18. Jh. die beiden Wirtschaften »Zum Adler« und »Zum Engel«. Das Gesuch um eine weitere Wirtshausgenehmigung wurde 1798 abgelehnt.

Markhof. – Der Markhof wird – wenn nicht schon 1313 (*ze marhe*, St. Peter in Basel) oder 1392 (*ze march*, Augustinerkloster Basel) – mit Sicherheit erstmals 1439 erwähnt, als er mit Konsens der Herrschaft Rheinfelden durch Hans von Hertenberg dem Kloster St. Urban im Aargau verkauft wurde. 1558 stand er im Besitz des Benedikt Kraft von Dellmensingen, 1570 in dem des Dr. Adam von Bodenstein zu Basel. Dieser verkaufte ihn 1573 an Hannibal von Bärenfels und der wiederum an seinen Vetter und

Schwager Hans Georg Reich von Reichenstein, den Besitzer von Inzlingen. Graf Paul Nikolaus Reich von Reichenstein verkaufte das Rittergut 1742 an Kl. Olsberg und dieses wiederum 1752 an Kl. Bellelay bzw. Himmelpforten. Das Gut umfaßte 1749 ein Wohnhaus und Ökonomiegebäude innerhalb einer quadratischen Ummauerung mit vier Ecktürmen, außerhalb lag die Gipsmühle an einem Teich. Zum Gut gehörten insgesamt rund 200 J landwirtschaftliches Gelände und 67 J Wald in der Gemarkung Wyhlen sowie 140 J landwirtschaftliches Gelände und 50 J Wald auf Gemarkung Herten. Der Hof war stets von der Propstei Himmelpforten unabhängig und wurde von einem eigens abgeordneten Stiftsgeistlichen verwaltet. Er schuldete der Herrschaft Österreich Bodenzinse und nahm an den Gemeindelasten von Herten teil (s. o.).

Volkertsberg. – Die ersten Nachrichten über Volkertsberg stammen aus dem Jahr 1337. Damals wurden Conrad und Hartung von Hertenberg vom Rheinfelder Stift St. Martin mit Gütern in Rührberg und Volkertsberg belehnt. Die hohen Zinse, die zu entrichten waren, und der Hinweis darauf, daß der Besitz durch acht Personen bebaut wurde, weisen auf dessen Größe hin. Ob allerdings Rührberg und Volkertsberg, wie anläßlich der Belehnung geschehen, als Dörfer mit eigenen Bännen bezeichnet werden können, bleibt offen. Offenkundig ist jedoch die Massierung von Grundbesitz in Händen des örtlichen Adelsgeschlechts am Westrand der Hertener Gemarkung um die Hertenburg herum. Denn neben dem Markhof und den Lehensgütern des Rheinfelder Stifts besaßen die Hertenberger noch eine weitere Schuppose in Volkertsberg. Über den Verbleib dieser Besitzungen liegen jedoch keine Nachrichten vor. 1640 unterstand Volkertsberg mit allen Rechten der Herrschaft Rheinfelden und war anscheinend schon seit dem 16. Jh. in bürgerlichem bzw. bäuerlichem Privatbesitz. Das zugehörige Ackerland bildete einen schmalen Streifen beiderseits des Hofgebäudes mitten im Hertener Wald. Zu ihm gehörte aber auch das Großfeld, das sich unmittelbar an der nordöstlichen Gemarkungsgrenze an den Hof Rührberg anschloß. Insofern ist verständlich, daß bereits 1700 der dortige Hofmeier die Bewirtschaftung übernommen hatte.

Karsau

Ur- und Frühgeschichte. – Die Steilhänge der Deckenschotter über der Niederterrasse des Rheins boten mit zahlreichen Überhängen (abris) und Grotten dem altsteinzeitlichen *Jäger und Sammler* günstige Bedingungen (»Waldbruderhütte«). Werkzeuge wahrscheinlich aus dem mittleren Paläolithikum fanden sich auch auf dem »Burstel«, einer ziemlich steil zum Rhein hin abfallenden Muschelkalkzunge der Dinkelberghochfläche. Dagegen wurde die enge, weit in den Berg hineinführende »Tschamberhöhle« in ihrem vorderen Teil anscheinend vom neolithischen Menschen genützt, der hier Steinbeile und eine gelochte Axt zurückließ. Ähnliche Funde stammen auch vom Westabhang des »Burstel«, vor allem aber von mehreren Stellen der Niederterrasse. Eine Siedlungsschicht wurde 1943 im »Rheinfeld« angetroffen. Ganz offensichtlich war die Nähe des Flusses der ausschlaggebende Faktor für die Anlage kleinerer und größerer Wohnplätze.

Sicher nur zufällig sind aus den folgenden prähistorischen Perioden keine Funde überliefert. Erst die *römische Zeit* hat auf der Gemarkung wieder zahlreiche Spuren hinterlassen. Mehrere Münzen stammen von verschiedenen, nicht immer genau lokalisierbaren Fundstellen. Landgüter standen auf dem »Burstel«, wo auch ein Brandgrab gefunden wurde, im Gewann »Erlen« an der Gemarkungsgrenze Rheinfelden/Nollingen, im »Großfeld« und vor allem im »Steinacker« westlich des Ortsteils Beuggen. Dort lag offenbar eine größere Villa nahe der Römerstraße, die als wichtige Verbindung am rechten Rheinufer entlangführte. Von diesem Platz sind zahlreiche Reste römischer Wandmalerei bekannt, Hinweise auf den gehobenen Lebensstil der damaligen Bewohner. – Das *frühe Mittelalter* ist demgegenüber nur spärlich mit Plattengräbern nordwestlich der Bahnstation Beuggen belegt, aus denen ein in der Nähe liegendes alemannisches Gehöft des 7. Jh. erschlossen werden kann.

Siedlung und Gemarkung. – Auf der Gemarkung Karsau, wie sie bis zur Eingemeindung in Rheinfelden bestand, liegen drei größere Siedlungen des Mittelalters, deren Gewicht sich seit dem 13. Jh. deutlich verändert hat. Karsau (*Karlesouwe*, von Personennamen) wird zum ersten Mal zusammen mit Riedmatt (*ze Rietmatten*) 1269 erwähnt. Beuggen ist nicht nur nach seiner Erstnennung als *Buchein* (1218), sondern nach allen siedlungsgeschichtlichen Befunden der älteste dieser drei Orte und gehört wohl schon in die späte Merowingerzeit, wie bisher spärliche Grabfunde (s. o.) andeuten. Seinen Namen hat Beuggen von der topographischen Situation. Gemeint ist die Lage an der Biegung des Rheins. Die früheste Besiedlung befand sich am Hang über der Niederung im Gebiet der heutigen Bahnstation. Zu ihr gehörten eine etwas weiter abgelegene Burg sowie die alte Pfarrkirche.

Mit dem Übergang von Burg und Herrschaft an den Deutschen Orden hängt offensichtlich die Verlagerung des bäuerlichen Siedlungsschwerpunktes nach Karsau zusammen. Karsau und Beuggen bildeten eine gemeinsame Gemarkung, wobei der bäuerliche Besitz und die bäuerlichen Pachtgüter mehr um Karsau herum lagen und die Ordensgüter sich in großen Parzellen längs des Rheins und südlich der Straße nach Nollingen erstreckten. Keineswegs bestand jedoch eine saubere Trennung nach Besitz, sondern die großen Ordensparzellen waren unterbrochen durch Land in der Nutzung des Dorfes. Mit der Siedlungsverlagerung könnte auch eine größere Rodung östlich von Karsau zusammenhängen, wo sich der Flurname Neuland findet. Spätere Waldrodung ist im Bereich der Oberen und Unteren Hard im Süden der Gemarkung an der Grenze zu Rheinfelden nachweisbar. Der Wald verblieb ganz unter dem Orden. Der Vorgang der Verlagerung der bäuerlichen Ansiedlung nach Karsau ist urkundlich nicht zu fassen. Am alten Platz der Siedlung Beuggen blieb lediglich die Pfarrkirche stehen, während der Deutsche Orden unterhalb davon unmittelbar am Rhein seine Kommende ausbaute. Schließlich wurde die Pfarrkirche auch dorthin verlagert. Das Dorf Karsau zählte in der 2. Hälfte des 17. Jh. etwas mehr als 40 Häuser (1663/80), Riedmatt zur gleichen Zeit dagegen nur 4. Ein Großbrand, der 1726 beim Dörren von Flachs ausgebrochen war, zerstörte in Karsau 26 Gebäude, also mehr als die halbe Siedlung. Durch den Ort zogen die 1680 erwähnte Schneidergass sowie die Dorfstraße.

Die Gemarkung wurde vom Basler Sträßle, dem Nachfolger der alten Römerstraße, durchquert. Es kam von der Wiechsmühle südlich Nollingen her und folgte etwa vom Platz des alten Beuggen aus der Terrassenkante zur Rheinniederung. Nahverbindungen liefen nördlich und südlich dieses ältesten Weges von Nollingen und Rheinfelden her und vereinigten sich mit der alten Streckenführung nach Riedmatt im Osten etwa bei Beuggen. Karsau lag an der Landstraße, die schon im Spätmittelalter von Rheinfelden her über Minseln ins Wiesental führte. Diese Verbindung war als »Karlisower straß« bekannt.

Herrschaft und Staat. – Beuggen hatte einen eigenen *Adel* und eine *Burg*. Ihre Lage ist bisher nicht exakt festzustellen, doch nach allen Hinweisen im Gewann Burstel unmittelbar westlich von Riedmatt zu suchen. Die Familie von Beuggen ist erstmals durch einen Mangold von Buchein und seine Mutter Agnes von Wülflingen (Kt. Zürich) 1248 bezeugt. Gewiß bestehen verwandtschaftliche Beziehungen zum 1218 genannten Mangold Chelalda von Rheinfelden, der damals mit der Kirche in Beuggen belehnt wurde (s. u.). Die Burg und größere Teile ihres Besitzes haben die Ritter von Beuggen wohl früh durch Erbteilungen verloren, denn 1246 übereignete Ritter Ulrich von Liebenberg den Ordensbrüdern seine Besitzungen zu Beuggen, nämlich Hof, Kirche samt Patronatsrecht mit Einkünften sowie die Burg nebst seinen Gütern zu Nollingen, ferner den Hollwangerhof bei Schwörstadt. Die Familie selbst nahm Sitz in Nollingen (s. dort) und ist um 1400 ausgestorben. Eines ihrer letzten Glieder, Konrad, der Sohn des Hermann von Beuggen, wurde 1394 als Ordensmitglied in die Kommende Beuggen aufgenommen.

Vermutlich unmittelbar nach dem Erwerb der Burg 1246 begann der *Ausbau der neuen Ordenskommende* als Wasserschloß unmittelbar am Rheinufer. Beuggen gehörte herrschaftlich zur Burg Rheinfelden. Das Verhältnis der vom Deutschen Orden übernommenen Adelsherrschaft zum alten Grafensitz Rheinfelden bleibt unklar. Doch scheint der Übergang der ortsherrschaftlichen Rechte an die Kommende eine vergleichbare Entwicklung wie in mehreren Nachbargemeinden (etwa Nollingen oder Degerfelden), wo diese Rechte vom Adel allmählich an die Herrschaft Rheinfelden übergingen, hier verhindert zu haben. Ein Streit von 1434/35 zeigt, daß das Ordenshaus die Erhebung eines Umgeldes für Rheinfelden in Beuggen wie in Karsau und Riedmatt abwenden konnte. Der Orden hatte ein Dinggericht, dessen Ordnung aus dem 15. Jh. die Rechte des Deutschordens wie diejenigen der österreichischen Oberherrschaft umriß. Der Herrschaft Rheinfelden gehörte die hohe Gerichtsbarkeit und das Aufgebotsrecht zum Heeresdienst. Die Untertanen in Karsau mußten nach Rheinfelden Fasnachts- und Herbsthühner sowie Ehrengarben von Dinkel und Weizen liefern. Sie waren dem Komtur oder seinem Amtmann rugpflichtig. Alle Strafen außer der hohen Buße gehörten dem Deutschen Orden. Dieser kontrollierte alle Vormundschaften und Nachlaßangelegenheiten, schaute darauf, daß sich im Ort besonders seine eigenen Leibeigenen niederließen, und hatte Anspruch auf die Fronen der Bewohner von Karsau und Riedmatt. Außer dem Dinghofgericht gab es noch ein Wochen- oder Kaufgericht, das nach Bedarf für Akte der freiwilligen Gerichtsbarkeit einberufen wurde. In der 2. Hälfte des 16. Jh. hatten sich allerdings die Differenzen zwischen dem Gotteshaus und den Untertanen in Karsau und Riedmatt über die Ausübung obrigkeitlicher Gewalt im weitesten Sinn zugespitzt. Alle Rechtsstufen waren tangiert. 1578 brach der Zwist offen aus, vor allem wohl durch eine Rechtsanmaßung der Komturei, die widerspenstige und zahlungssäumige Untertanen gefangensetzen ließ. Die vorderösterreichische Regierung zu Ensisheim schlichtete zwischen den Konfliktparteien. Im zustandegekommenen Abschied wurden die Rechte klar abgesteckt. Die Kommende hatte die »Turmstrafen« aufzuheben und auf Gefangensetzung zu verzichten. Ihr wurde aber das Recht auf Strafe und Buße bis zur Höhe von 1 lb zugebilligt. In Sachen Frevel sollte nur die Herrschaft Rheinfelden zuständig sein und Verbrecher oder Meineidige alleine abstrafen dürfen. Die Vertreter der vorderösterreichischen Regierung ordneten einen »gemeinen fridstand« an, was Komturei und Leute von Karsau und Riedmatt zu einer Verständigung in grundherrlichen Rechtsfragen veranlaßte (s. u.).

Zwei Jahre später (1580) ließ Erzherzog Ferdinand vertraglich die Rechte von hoher und niederer Obrigkeit, Frevel und Bußen zu Karsau und Riedmatt zwischen der Kommende und Herrschaft Rheinfelden festlegen. Von der vorderösterreichischen Regierung folgte 1586 eine Ergänzung zum vorhergehenden Vertrag. Ähnliche Differenzen über die Abgrenzung der hoheitlichen Rechte bestanden seit dem 16. Jh. auch in Riedmatt, dort zwischen dem Deutschen Orden und der Herrschaft in Schwörstadt, die eine Teilhabe an der Gerichtsherrschaft forderte.

Eine grundlegende Neuordnung der Gerichtsbarkeit erfolgte erst im 18. Jh. Bis dahin hatte die Kommende die niedere Gerichtsbarkeit in Beuggen, Karsau und Riedmatt inne und besaß das Jagdrecht in Bann und Wald von Beuggen und Hagenbach als Prekarie. Die hohe Gerichtsbarkeit wurde nach wie vor durch die vorderösterreichische Regierung ausgeübt. Nachdem 1736 darüber Konfikte entstanden waren, einigten sich 1738 Österreich und der Landkomtur der Ballei Elsaß und Burgund dahin, daß die Kommende Beuggen gegen die Bezahlung von 18 000 fl auch mit der hohen und mittleren Gerichtsbarkeit zu Beuggen, Karsau und Riedmatt nebst dem erwähnten Jagdrecht als Freilehen belehnt werden solle. Bereits ein Jahr später wurden die Rechte dem Deutschen Orden übertragen, zugleich huldigten die Einwohner der Dörfer ihrer neuen hohen Obrigkeit. Die alle 20 Jahre neu vorzunehmende Belehnung der Kommende durch Österreich mit diesen Rechten ist urkundlich bis ans Ende des 18. Jh. belegt.

Die Grenze der hohen Jurisdiktion zwischen Österreich und dem Deutschen Orden deckte sich seither mit den Gemarkungsgrenzen. Nur im Bereich von Riedmatt wich sie davon ab und verlief zwischen dem Wald und den Riedmatter Feldern auf dem Weg, der von Hollwangen nach Riedmatt führte, wo dann der Bach im wesentlichen die Grenzlinie bildete. Nur der Schäfergarten westlich davon unterstand ebenfalls noch österreichischer Jurisdiktion. Die Kommende Beuggen war auch weiterhin vorderösterreichischer Landstand und geriet als solcher durch den Preßburger Frieden Ende 1805 unter badische Obrigkeit. Die Rheinbundakte hob im folgenden Jahr die Kommende auf und schlug ihren Besitz dem Großherzogtum Baden zu. Zugleich wurde Beuggen für kurze Zeit als Nachfolger Nollingens zum Amtssitz erhoben. Doch schon bei der Neugliederung der Landesverwaltung 1809 wurde das Amt Beuggen wieder aufgelöst. Zusammen mit Karsau und Riedmatt wurde Beuggen dem Bezirksamt Säckingen zugeschlagen.

Grundherrschaft und Grundbesitz. – Nach einem Streit mit Bertold von Arisdorf (Kt. Basel-Landschaft) verzichtete dieser 1269 zugunsten des Ordens auf die Ansprüche seiner Familie in Riedmatt. Nur ein Jahr danach konnte Beuggen ebenfalls in seiner unmittelbaren Nachbarschaft weiteren Grund und Boden hinzukaufen. Der Hof zu Karsau war im 13. Jh. im Besitz des Rheinfelder Bürgergeschlechts Imhof. Die Witwe Heilke verkaufte 1270 das Erbe ihres ersten Mannes an den Deutschen Orden um 46 Mark Silber. Ein weiteres Gut im Besitz von Beuggen, von dem eine Jahrzeit auszurichten war, wird 1281 genannt. 1307 wurden Grundstücke und Zinse zu Karsau dem Deutschordenshaus unter Vorbehalt der Nutznießung versprochen. Erstmals wurde 1384 ein Erblehen zu Karsau vergeben, bestehend aus Haus, Hofstatt und Bünden. Güterzuwachs verzeichnete die Kommende im 16. Jh. durch einige Käufe, durch Einziehung von Grundstücken im Falle einer Urfehde sowie durch Überlassung von Liegenschaften bei Pfründeneinkauf. Die spätere Besitzverteilung hatte eine langwierige Genese, deren einzelne Schritte nicht alle belegt sind. Auch auf das Gegenufer griff der Besitz der Kommende über. Dort lag, umgeben von Rheinfelder Wald, der Beuggenboden. Er umfaßte im 18. Jh. eine Hofstatt mit 90 J Acker und Wiesen. Vermutlich war das Gut erst durch Rodungen der frühen Neuzeit entstanden, da noch 1573 nur von Beuggener Waldungen in diesem Bereich die Rede war. Die Zugehörigkeit des Areals zu Pfarrei und Gemarkung Rheinfelden war zwischen Stadt und Kommende umstritten. Schon ein Schiedsspruch von 1573 hatte die dortigen Bannrechte der Stadt Rheinfelden zugesprochen. Gegen die Gewohnheit, den Beuggenboden durch den Pfarrvikar der Kommende betreuen zu lassen, erhob der Basler Bischof 1763, nicht zuletzt auch wegen des damit verbundenen Anspruchs auf die Zehnteinkünfte, Klage. Der Fall wurde jedoch bis zum Ende des alten Reichs nicht entschieden.

Es läßt sich nicht mehr feststellen, ob die Dinghofordnung auf einen alten, schon vor der Kommende bestehenden Grundherrschaftsverband zurückgeht oder erst durch den Orden eingerichtet wurde. Jedenfalls regelte sie die grundsätzlichen Beziehungen zwischen Orden und der bäuerlichen Bevölkerung auf dem Gebiet der Güterbewirtschaftung. Insgesamt verfügte die Kommende 1781 über 335 J Äcker, 145 J Matten und 66 J Weide als eigentliches Hofgut, dazu noch über 1090 J Wald. Die Partikulargüter der Gemeinde Karsau bestanden in 350 J Ackerfeld und 27 J Matten beim Dorf sowie 26 J Reben und 57 J Baumgärten, außerdem noch 65 J Feld und 108 J Matten in der Hard. Riedmatt verfügte über etwa 115 J landwirtschaftliches Gelände, meist Ackerland, dabei war ein Großteil der Nutzfläche im Besitz des örtlichen Meierhofes. Neben der in beiden Orten dominierenden Kommende gab es kaum weiteren nennenswerten Grundbesitz in der Hand anderer Institutionen, auch wenn die Rheinfelder Johanniter, das dortige Spital und das Stift St. Martin auf der Gemarkung begütert waren. Allein das Gut der Johanniter, das 1548 neben Haus und Hof etwa 27 J Liegenschaften umfaßte, ist noch erwähnenswert.

Gemeinde. – Das Bestreben der Komturei Beuggen, die grund- und leibherrschaftlichen Rechte im unmittelbaren Herrschaftsbereich zu stärken, mußte zumal im 16. Jh. zu vielfachem Konflikt mit der Gemeinde führen, die dabei erstmals in den Quellen anschaulich wird. 1533 bezeugte eine Kundschaft, daß schon vor 1500 ein Gericht zu Beuggen bestand. Vom Ortsgericht Karsau, dem neben dem Vogt bzw. Stabhalter 13 Gerichtsleute angehörten, konnte an den Richterstuhl bei der Beuggener Oberkirche appelliert werden, von dort direkt an den Komtur. Ein Vogt der Kommende ist 1434 zum ersten Mal erwähnt, daneben gab es noch im 17. Jh. den Freivogt, der vermutlich von der Herrschaft Rheinfelden bestellt wurde. Ein regelrechter Aufruhr der Untertanen zu Karsau und Riedmatt richtete sich 1578 gegen Komtur Hans Kaspar von Jestetten. Die Gemeinde kam vor einem Privathaus zusammen, machte ein großes Geschrei und wollte den Vogt dazu bewegen, ihre Beschwerden vor den Komtur zu bringen. Streitpunkte waren die Viehweide, der Bannwart, verschiedene Frondienste und die Sühne von Verbalinjurien, die sich in der Auseinandersetzung zwischen der Gemeinde und dem Keller des Deutschen Ordens ergeben hatten. Zunächst kam nur ein befristeter Abschied zustande. 1581 wurden in einem Vertrag Rechte und Pflichten der Streitparteien geregelt. Die Weidegerechtigkeiten verbunden mit Wegrechten wurden umschrieben, die Entlohnung und Verköstigung bei Fronarbeiten auf dem Feld, in den Rebbergen sowie beim Trotten und Dreschen aufgelistet, freiwillige Arbeiten in Außenhöfen umrissen. Dagegen erhielt die Komturei das Vorkaufsrecht auf Nahrungsmittel zugesprochen; der Leibfall (in dieser Sache war vor dem Hofgericht zu Rottweil geklagt worden) sollte dem Gotteshaus unbestritten zugehören. Der Vogt zu Karsau hatte eine intensive Güter- und Einwohnerkontrolle zu führen: Güterverkäufe mußten bekanntgemacht werden; Anzeigepflicht bestand für Anstellung von Dienstboten sowie bei Reisen von Untertanen über die 2-Meilen-Zone hinaus. Im Jahre 1586 einigten sich die Kommende einerseits, Vogt, Geschworene und ganze Gemeinde zu Karsau und Riedmatt andererseits schließlich über die inskünftig zu entrichtende Schatzung. Die Vorverhandlungen zeigen, daß die Untertanen seit 14 Jahren wegen schwerer Teuerung und Hungersnot die Steuer nicht mehr bezahlt hatten. Nachdem ihnen der Rückstand erlassen war, verpflichteten sie sich eidlich zur künftigen Zahlung. Ein letzter Streit zwischen Gemeinde und Herrschaft entbrannte 1799, als die Karsauer eigenmächtig ein Weinschankhaus eingerichtet hatten. Er wurde erst in badischer Zeit beigelegt, wie auch bis dahin die gemeinsame Nutzung von Weide und Wald stets konfliktträchtig blieb. Eine Aufteilung von 1817/19 übertrug den größten Teil des

Waldes an die Gemeinde und beließ dem Staat nur das unmittelbar an Hohlwangen angrenzende Stück.
Kirche und Schule. – 1218 belehnte Lütold von Böttstein (Kt. Aargau) den Mangold Chelalda von Rheinfelden und seine Söhne mit dem Patronatsrecht in Beuggen. 1246 wurde es bereits durch Ulrich von Liebenberg dem Deutschen Orden geschenkt. Schon bald danach setzt die Stiftung von Altären ein. 1298 werden erwähnt der Altar der Heiligen Katharina und Verena sowie der 11 000 Jungfrauen, 1437 die Kaplanei St. Katharina sowie 1472 die beiden Pfründen St. Nikolaus und Unserer Lieben Frau. Die Kirche, 1298 als Basilika bezeichnet, gehörte zum Dekanat Wiesental. Noch 1533 wird von ihr berichtet, sie sei vor dem Haus Beuggen gelegen. Erst die Zerstörung der Oberkirche genannten Pfarrkirche 1678 führte zu deren Aufgabe. Fortan diente die Kapelle des Ordenshauses als Pfarrkirche. Es ist nicht mehr zu entscheiden, ob das Patrozinium St. Michael alt ist oder erst durch den Orden eingeführt wurde. Zur Pfarrei gehörten, soweit die Nachrichten zurückreichen, lediglich Riedmatt und Karsau. Die Sebastians-, später Rochusbruderschaft zu Karsau und Riedmatt wurde um 1784 aufgehoben. Sie war 1587 durch Komtur Hans Hartmann von Hallwyl anläßlich einer Epidemie gegründet worden. Eine *Schule* ist in Karsau seit 1665 bezeugt, sicher aber älter.
Bevölkerung und Wirtschaft. – Eigenleute der Kommende Beuggen sind im 13. Jh. verstreut in einem weiten Gebiet beiderseits des Rheins nachzuweisen. Bis ins 16. Jh. hinein kann die schließlich erfolgreiche Tendenz festgestellt werden, die Leibeigenschaft ganz auf die Gemarkung unmittelbarer Herrschaft, also Lengnau und Karsau, zu konzentrieren. Um 1541 setzte der Komtur durch, daß sich in Karsau keine auswärtigen Freien, sogenannte Wildflügel, niederlassen durften. Die schon am Ort ansässigen Freien hatten mit der Ausweisung zu rechnen. Bei Aufnahme von Leibeigenen wirkte die Kommende dahin, daß diese in Karsau oder Riedmatt ihren Wohnsitz nahmen und zudem das Versprechen leisteten, kein fremdes Bürgerrecht anzunehmen oder samt ihrem Besitz in eine fremde Stadt zu ziehen. Die ungenossame Ehe wurde erschwert, ja teilweise bestraft. Andererseits brauchten die in Karsau oder Riedmatt ansässigen Leibeigenen keine Leibsteuer (sonst jährlich ½ fl) zu zahlen und waren bei der Vergabe von Lehengütern bevorzugt. Die Vernachlässigung dieser Güter wurde bereits 1422 mit Gefängnisstrafen belegt. Die leibherrschaftliche Stellung der Kommende wurde allerdings im 16. Jh. vom Burgherrn zu Rheinfelden angefochten. Dieser konnte für sich den Huldigungseid erzwingen, ohne damit die leibrechtlichen Ansprüche der Kommende verdrängen zu können. – Genaue *Angaben zur Größe von Karsau* fehlen für die ganze frühe Neuzeit. Nur dürftige Hinweise bieten die überlieferten Nachrichten: 1574 gab es 9 Meier und 21 Tauner am Ort; die Schatzungsliste von 1686 verzeichnet 49 Personen, die auf eine gleiche Zahl an Haushalten schließen läßt. Zu Ende des 18. Jh. (1775/76) schließlich waren im Dorf 113 Zinser ansässig.

In wirtschaftlicher Hinsicht stand auf der ganzen Gemarkung der *Ackerbau* im Vordergrund. Dafür standen 1680 324 J Land zur Verfügung. Anhand der Karsauer Zehntabgaben läßt sich für die Neuzeit nachweisen, daß vor allem Dinkel und Hafer produziert wurden. Mit der *Seefeldzelg*, der *Zelg gegen Rheinfelden* sowie der *Zelg gegen Beuggen* wird erst sehr spät (1797) eine Dreifeldereinteilung greifbar. Die Streulage von Deutschordensgut und dem der Untertanen bot für diese Wirtschaftsform ohnehin schlechte Voraussetzungen. Für Riedmatt sind die Zelgen hingegen schon 1663 als innere, mittlere und äußere erwähnt. Die südostwärts gelegenen Abhänge zum Rhein hin trugen das *Rebland* (1680 etwa 32 J), in Karsau und Riedmatt allein wurden 1593/94 240 Saum Wein gekeltert. Die Weinpresse, also Trotte, lag im

Norden von Karsau. An herrschaftliche oder Gemeindeschäferei erinnert der Schäfergarten nordöstlich der großen Wegekreuzung im Karsauer Ortskern. Zahlen über die Viehhaltung am Ort liegen erstmals für 1680 vor. Damals gab es 4 Pferde und 66 Rinder im Dorf, weitere 15 in Riedmatt. 1587 waren bereits Schweine (69 Stück) erwähnt worden. Die Zunahme der Schweinezucht im 18. Jh. – 1764 gab es 167 Tiere in bäuerlichem Besitz sowie 52, die der Herrschaft gehörten – führte zu Klagen Beuggens, daß zu viele Tiere zur Eichelmast in den Wald getrieben würden. Denn der Wald diente, wie allgemein üblich, neben der Holznutzung der Weide, außerdem nach einem 1781 eingetragenen Kohlplatz mit Haus der Köhlerei.

Die *Fischereirechte* am Hochrhein befanden sich im 13. Jh. nur teilweise in der Hand des Königs; teilweise waren sie mit der Grundherrschaft verbunden. Die Kommende Beuggen verfügte möglicherweise seit ihrem Bestehen (1246) über Fischenzen im Rhein. Sie einigte sich 1285 mit Rudolf und Konrad Schluop von Schwörstadt über die Besitzrechte der Fischenzen unterhalb und oberhalb der Wandfluh-Salmenwag. Einen Teil der Wag selber besaß 1437 ein Fischer aus Riedmatt, Leibeigener der Kommende. Auch andere Fischereirechte gelangten in private Hände. 1461 kaufte ein Fischer aus Riedmatt die Fischweide, genannt das »Steinvach«; diese erwarb 1507 ein Käufer aus Karsau, der später (1533) nochmals im gleichen Gebiet eine Fischweide »vom obern wag untz an den alten Vischbach« an sich brachte.

Im Streit mit dem Rheinfelder Burgvogt erhielt die Kommende 1300 das Fischereirecht im Rhein und im Dürrbach westlich von Karsau zugesprochen. Ein dafür schuldiger Zins wurde 1310 von König Heinrich VII. aufgehoben. Fünf Jahre später erlaubte König Friedrich der Schöne dem Ordenshaus die Errichtung einer Wag im Rhein, die 1337 von Kaiser Ludwig dem Bayern verliehen wurde. Bis 1358 wurden dem Beuggener Besitz an Fischenzen noch hinzugefügt der Wag »zer Tannen« oberhalb der Kommende, ¾ des »Höllhakenwags« bei der Brücke zu Rheinfelden, dies z. T. als österreichisches Lehen. Anfang des 15. Jh. soll Beuggen über Fischereirechte im Rhein vom Möhlinbach bis zur Siedlung Rapertshüseren verfügt haben. In einem erneuten Streit zwischen der Kommende und der Rheinfelder Herrschaft (1435) standen sich gegensätzliche Ansprüche gegenüber. Beuggen beanspruchte die dem Grundherrn zustehende und somit private links- und rechtsrheinische Haldenfischerei; der Rheinfelder Burgvogt reklamierte die Rheinfischenz vom Bach zu Mumpf bis Grenzach als Bestandteil der Landesherrschaft. Das Urteil wies jedoch dem Burgherrn nur die Stanggarnfischerei auf dem Rhein zu. Beuggen verblieb im Besitz der Wage. Eine kaiserliche Urkunde von 1500 legt jedoch den Schluß nahe, daß sich die Landesherrschaft auf dem offenen Rhein durchsetzte.

Das dörfliche *Handwerk* verzeichnete die typischen Berufe. Neben den Fischern gab es 1 Küfer und 1 Schäfer, zudem wurden 1574 1 Maurer und 1 Schneider erwähnt, 1611 außerdem 1 Schmied und 1636 1 Weber. Ende des 18. Jh. (1775/76) hatten sich zudem 1 Wagner und 2 Zimmerleute in Karsau niedergelassen. Eine *Ziegelhütte* wird bereits 1574 erwähnt. Sie hatte bis zum Ende des 18. Jh. Bestand. Die Riedmatter *Sägemühle* findet seit 1712 öfter Erwähnung. In Beuggen wird bereits 1294 in einem Vergleich der Kommende mit einem Rheinfelder Bürger die Fudenmühle genannt, 1303 zudem eine Herrenmühle. Im 18. Jh. wurde die Mühle jeweils auf 6 Jahre verpachtet. Der Müller war verpflichtet, auf dem Dinkelberg und im Rheintal die Zinsen einzutreiben. Für das 16. Jh. (1539) findet sich ein Hinweis auf einen örtlichen *Markt*. Es wird berichtet, daß an Kirchweih fremde Krämer ihre Waren im Dorf verkauften.

Eine *Tafern* ist früh in Karsau anzunehmen. Bereits 1408 wird der örtliche Wirt erwähnt. Sie war vermutlich bereits zu dieser Zeit der Kommende zinspflichtig. Denn für 1593/94 verzeichnet die Rechnung der Kommende unter den Einnahmen ein Taferngeld von 9 lb Pfennig. Im 18. Jh. scheinen jedoch Probleme mit der Wirtschaft aufgetreten zu sein. Nachdem sie mehrere Jahre (1763/67) vom Schulmeister betrieben worden war, wurde sie von der Kommende in Eigenregie fortgeführt. Versuche, neben der herrschaftlichen Wirtschaft ein Schankhaus der Gemeinde zu etablieren, scheiterten 1799 (s. o.). Ein Wirt in Riedmatt wird erst mit der Aufgabe seines Gewerbes 1732 faßbar.

Deutschordenskommende Beuggen. – Die Anfänge der Kommende stehen im Zusammenhang mit zahlreichen weiteren Gründungen des Deutschen Ordens im oberrheinisch-burgundischen Gebiet (Elsaß, Kantone Bern und Aargau) während des 2. Viertels des 13. Jahrhunderts. 1246 übereignete Ritter Ulrich von Liebenberg den Ordensbrüdern seine Besitzungen zu Beuggen, nämlich Hof, Kirche samt Patronatsrecht mit Einkünften und die Burg nebst seinen Gütern zu Nollingen sowie den Hollwangerhof bei Schwörstadt. Ein Jahr später erfolgte eine umfangreiche Seelgerätstiftung von Gütern zu Beuggen durch Ita, Gattin des Ulrich von Altenklingen. Ihr Sohn Walter übertrug dem Orden weitere Grundstücke. Schenkungen an die Kommende im Elsaß, im Sisgau, in den heutigen Kantonen Baselland und Solothurn erfolgten meist auch im Zusammenhang mit einem Ordenseintritt.

Die Dotation durch Ulrich von Liebenberg mochte die Existenz des jungen Ordenshauses noch nicht sicherstellen. Bereits vor 1246 an den Orden gelangte Besitzungen, die möglicherweise der Kommende Rufach eigen gewesen waren, bildeten zusätzlich den Grundstock der beuggischen Güter, der im 13. und zu Beginn des 14. Jh. erweitert wurde. Entferntere Güter wurden bisweilen verkauft oder gegen näherliegende vertauscht. Der Kern der weitverstreuten Liegenschaften lag nun im näheren Umkreis von Beuggen beidseits des Rheins in den Einzugsgebieten der Rheinzuflüsse Alb, Murg, Wehra, Wiese und der Ergolz. Hauptwirtschaftsräume blieben der Dinkelberg, Sisgau und Frickgau.

Einen Teil der Güter bewirtschaftete die Kommende selbst, so den Bauhof in unmittelbarer Nachbarschaft und anfänglich den Hof in Gebersweiler (Elsaß). Die meisten anderen landwirtschaftlichen Grundstücke wurden an ortsansässige Bauern und an Stadtbewohner, aber auch gerne an Eigenleute verliehen, seltener als Erblehen übertragen. Als Sammelstellen von Zinsen und Zehnten waren Schaffneien (z. B. Bellingen, Rheinfelden) eingerichtet.

1269 trat infolge einer Schenkung der Edlen von Regensberg der Deutsche Orden in Ober- und Unterlengnau, Degermoos und Vogelsang die Rechtsnachfolge in der Vogtei über das Kirchengut mit Zwing und Bann und niederen Gerichten an. Hingegen beanspruchten die Eidgenossen, vertreten durch den Landvogt zu Baden, seit der Eroberung des Aargaus die hohe Obrigkeit. Auch an anderen Orten erwarb die Kommende zusammen mit Höfen niedere Gerichtsbarkeiten, die allerdings oft ohne urkundliche Nachricht im Laufe der Jahrhunderte wieder abhanden kamen.

Teils durch Schenkung, teils durch Kauf gelangte die Kommende Beuggen vor allem im 13. und 14. Jh., aber auch später in den Besitz von Patronatsrechten von über einem Dutzend Pfarrkirchen. Dazu gehörten: Birndorf im Hotzenwald, Hertingen, Herten, Hasel, Nollingen, Wyhlen, Minseln, Rickenbach (Lkr. Waldshut), Lengnau, Möhlin und Frick im Aargau, Buus, Wintersingen im Sisgau und Geltenkinden im Kanton Baselland. Das Patronatsrecht war meist auch mit der Erwerbung eines Fronhofes samt Zwing und Bann verbunden. In der Nachfolge von Rufach hatte die Kommende Beuggen vom Ende des 13. Jh. bis zum beginnenden 15. Jh. die führende Rolle in der Ordensballei Elsaß-Burgund, die u. a. wegen der habsburgischen Landeshoheit dann an Altshausen überging.

Aus der *Reformationszeit* ging die Komturei Beuggen trotz Anfechtungen von innen und außen gestärkt hervor, nicht zuletzt dank der Unterstützung des österreichischen Landesherrn. Doch hatte sich der Orden weiter zur Versorgungsanstalt für den Adel entwickelt. Die Kommende Beuggen war Mitglied der breisgauischen Stände. Der mittelalterliche Gebäudekomplex erlitt während des Bauernkrieges durch Plünderungen gravierende Schäden. 1598 wurde ein neu erbautes Ordenshaus vollendet, die Kirche mit höherem Aufbau verändert. Kriegerische Auseinandersetzungen am Oberrhein vom 30j. Krieg bis zum österreichischen Erbfolgekrieg hatten verheerende Schäden verursacht. In der 2. Hälfte des 18. Jh. wurden Teile der älteren und neueren Gebäude umgebaut und restauriert, das Neue Schloß erbaut sowie Gartenanlagen eingerichtet.

1798 gingen die Güter im Aargau durch den Einmarsch der Franzosen in die Eidgenossenschaft verloren, 1803 jene im Fricktal, das zur schweizerischen Eidgenossenschaft geschlagen wurde. Schließlich wurde 1806 das Deutschordenshaus aufgehoben und der Großherzoglichen Domänenverwaltung übergeben. Vorübergehend dienten die leerstehenden Gebäude als Kriegslazarett (1813/15).

Minseln

Ur- und Frühgeschichte. – Eine Befestigungsanlage unbekannter Zeitstellung liegt im Gewann »Birk« auf einer Geländezunge, eher mittelalterlich als prähistorisch. Relativ zahlreich sind Steinbeilfunde von verschiedenen Stellen der Gemarkung, wogegen Feuersteinartefakte oder Keramik der Jungsteinzeit fehlen. Teilweise sind diese Beile wohl als Hinweise auf Rodungsplätze aufzufassen, einige fanden sich in heute bewaldetem Gebiet. Römische Ziegel und Scherben kamen »bei der alten Landstraße« zum Vorschein, leider ist die Stelle, an der wohl ein Gutshof liegt, nicht mehr genauer zu bestimmen. Auch der Fundplatz alemannischer Waffen, die sich im Museum Rheinfelden/Schweiz befinden, ist nicht mehr bekannt. Möglicherweise stammen sie aus der »Kellermatte« bei Mittelminseln, wo ein Steinplattengrab der jüngeren Merowingerzeit beobachtet werden konnte. Zumindest dieser Ortsteil ist demnach als Gründung des frühen Mittelalters gesichert.

Siedlung und Gemarkung. – Die erste urkundliche Nennung von Minseln (*Minsilidum*) fällt ins Jahr 754. Unter Umständen leitet sich der Ortsname von dem mittelhochdeutschen »selide« in der Bedeutung »kleines Haus mit umgebendem Gartenland« ab. Mit der Erwähnung einer »*curia superioris Minseldon*« von 1261 wird deutlich, daß zu diesem Zeitpunkt schon einzelne Dorfteile unterschieden wurden. Die für das Jahr 1271 überlieferte Nachricht einer neuen Reute, »an dem berge ... Katzenstig, nidsich und obsich«, illustriert den Gang der Erschließung, die sich, verbunden mit Rodungen, durch das Durenbachtal den Dinkelberg hinaufzog. Mittelminseln mit dem Fronhof ist durch archäologische Funde schon als frühmittelalterliche Siedlung anzunehmen (s. o.); ob es allerdings als ursprünglicher Siedlungskern anzusehen ist, muß offen bleiben. Die Lage der Pfarrkirche, ganz im Südwesten des Orts in Unterminseln lokalisiert, läßt dies eher bezweifeln. Der Flurname *Engelschweil* im Norden bei der Gemarkungsgrenze weist auf eine abgegangene Siedlung hin. Urkundliche Belege dafür fehlen jedoch. Insgesamt weisen die dargelegten Indizien auf eine zunächst ähnlich locker gestreute Besiedlung hin, wie sie auch bei den westlichen Nachbarn am Dinkelberg, Adelhausen und Eichsel (s. o.), festgestellt wurde. Differenzen zwischen Wiechs und Minseln über die gemeinsame Gemarkungsgrenze konnten 1579 in einem Vergleich beigelegt werden. Die im dortigen Grenzbereich gelegene Zelg Ob Engelschweil bezog aber auch noch im

frühen 17. Jh. Teile der Wiechser Gemarkung mit ein. Das Dorf, das 1803 immerhin 103 Häuser zählte, zog sich an der schon für das Mittelalter belegten Landstraße hin, die, von Rheinfelden und Karsau kommend, nördlich ins Wiesental weiterführte.
Herrschaft und Staat. – Ende des 13. Jh. wird ein bescheidener *Ortsadel* faßbar. 1272 erscheint ein Albert von Minseln, 1283 ein Ritter Heinrich von Minseln. Wie auch die anderen adeligen Familien des Dinkelbergs ließ sich das Geschlecht im 14. Jh. in Rheinfelden nieder. Dort ist schon 1300 Werner von Minseln als Rat belegt. Für 1358 ist zudem ein Edelknecht Egbert aus dieser Familie genannt. Der 1289 bezeugte Burkhard dürfte mit dem sechs Jahre früher erwähnten Kleriker B. von Minseln identisch sein.

Minseln war Teil der *Herrschaft Rheinfelden* und teilte deren Geschicke bis zum Übergang der Herrschaft von Österreich an Baden (s. Nollingen). Den Versuchen der Stadt Rheinfelden (1445/49), sich der österreichischen Herrschaft durch ein Bündnis mit Basel und weiteren eidgenössischen Städten zu entziehen, schloß sich Minseln nicht an. Die Rückgewinnung Rheinfeldens, verbunden mit dem Verrat der Stadt, soll nach zeitgenössischer Zeugenaussage »zu guter masse« durch Nollingen und Minseln erfolgt sein. Pläne, Minseln zusammen mit Herten zu verkaufen, wurden 1671 nicht weiterverfolgt. Die Urbare verzeichnen ab 1400 die üblichen Abgaben (s. Nollingen). Sie betonen noch 1628, daß der Ort dem Hertener Dinggericht unterstehe (s. o.). Die niedergerichtlichen Rechte waren im Spätmittelalter zu einer Hälfte an den Fronhof gebunden und waren denselben häufigen Besitzerwechseln unterworfen: 1323 wurde bei dessen Verkauf durch Beuggen auch die Hälfte von Zwing, Bann und Gericht veräußert (s. u.). Die Kommende konnte aber diese Rechte wieder zurückerwerben; in einem Schiedsgerichtsurteil wurde ihr 1405 der Besitz der Hälfte von Zwing und Bann zugesichert. Doch verlor der Deutsche Orden diese Rechte in der Folgezeit endgültig an die Herrschaft Rheinfelden. Nachdem die österreichische Kameralherrschaft Rheintal, der rechtsrheinische Rest der ehemaligen Herrschaft Rheinfelden, im Frieden von Preßburg an Baden gekommen war, wurde die Gemeinde dem Amt Beuggen eingegliedert, 1809/10 dem Bezirksamt Schopfheim.

Grundherrschaft und Grundbesitz. – Die Erstnennung von Minseln gibt zugleich Auskunft über frühe Besitzverhältnisse. Die damals erfolgte Seelgerätstiftung eines Cauzpert mit verschiedenen ererbten Gütern im Breisgau an das Kloster St. Gallen erinnert auch an dessen anderweitige Vergrößerung des Besitzstandes im südbadischen Raum, der allerdings größtenteils im Investiturstreit wieder verloren ging. In der 2. Hälfte des 13. Jh. war das Solothurner Geschlecht der Herren von Kienberg mit einem Hof in Oberminseln begütert. Dieser fiel als Erbe 1281 an die *Deutschordenskommende Beuggen*. Der Besitz Beuggens veränderte in den nächsten Jahrzehnten durch Erwerbungen und Veräußerungen häufig seine Gestalt: 1297 verkaufte man nicht genau bestimmte Güter an einen Rheinfelder Bürger; 1322 konnte der Besitz durch den Kauf des Fronhofs mit den damit verbundenen Rechten (s. o.) aus dem Gut der Herren von Eptingen beträchtlich erweitert werden. Doch bereits im folgenden Jahr wurde er mit allen Rechten an Konrad Brunwart von Laufenburg veräußert; die Gründe für diesen Schritt bleiben im Dunkeln. Auffällig ist jedoch, daß Beuggen bemüht war, in den nächsten Jahrzehnten den Verkauf rückgängig zu machen. 1326 und nochmals 1457 (aus geistlichem Besitz) konnte die Kommende Teile davon wieder zurückgewinnen. Weitere Erwerbungen sowie der 1405 bestätigte Besitz der Hälfte von Zwing und Bann im Dorf (s. o.) untermauerten die dominierende Stellung Beuggens als örtlicher Grundherr. Früh dürfte auch das *Stift Säckingen* in Minseln begütert gewesen sein. 1354 sind die Herren von Wieladingen als Besitzer von Lehengütern belegt. Die dortige Fridolinskaplanei erhielt ab 1391 verschiedene Zinse in Minseln übertragen. 1759 besaß die Pfründe zwei Lehen mit Haus und Hofstatt zu Oberminseln sowie etwa 33 J Liegenschaften. Nur wenige Jahrzehnte war das Kolmarer Unterlindenkloster in Minseln begütert. Durch die Stiftung eines Rheinfelder Bürgers kamen die elsässischen Dominikanerinnen 1289 zu Grundbesitz am Ort, den sie aber schon wieder 1326 verkauften.

Neben diesen wichtigen Güterbesitzern konnten in vermehrtem Maße Rheinfelder Bürger im 15. Jh. von Adeligen (u. a. von Stoffeln, Reich von Reichenstein) ebenso wie Bürger von Säckingen, Kaiserstuhl und auch von Minseln Gülten erwerben. Außerdem sind die Herren von Rötteln und die Markgrafen von Hachberg-Sausenberg als Grundbesitzer und Lehnsherren zu nennen. Eher unbedeutend war der Besitz des Stifts St. Martin in Rheinfelden, des dortigen Spitals sowie einiger Pfründen des Basler Domstifts.

Gemeinde. – Seit 1444 ist ein eigener Vogt für Minseln belegt, der etwa ab 1650 im Zusammenhang mit dem örtlichen Dorfgericht als Stabhalter bezeichnet wird. Die Gemeinde ist in den Quellen schwer zu greifen, doch ist hinter der für das beginnende 15. Jh. belegten Formulierung »die von Minseln« eine organisierte dörfliche Gemeinschaft anzunehmen. Sie tritt neben der Erwähnung in den herrschaftlichen Urbaren zum ersten Mal 1405 in Erscheinung, als sie zusammen mit Nollingen der Kommende Beuggen das Weiderecht in der örtlichen Gemarkung untersagen wollte. Obwohl Herzog Friedrich die Rechte des Deutschen Ordens bestätigte, hielten die Differenzen an. 1407 mußten deshalb die strittigen Flächen auf Nollinger und Minselner Gemarkung umsteint werden. Versuche Minselns, das Urteil von 1405 zu revidieren, blieben bis ins späte 18. Jh. erfolglos. Auch ein Vorstoß des Stabhalters, im Gegenzug wenigstens das Schafweiderecht auf Nollinger Gemarkung zugestanden zu bekommen, wurde 1784 vom Rheinfelder Oberamt zurückgewiesen. Zu Beginn des 19. Jh. verfügte Minseln mit 949 J Wald und 13½ J Allmende über umfangreichen Grundbesitz.

Kirche und Schule. – Über die Entstehung der Kirche ist nichts bekannt, doch weist das Patrozinium St. Peter und Paul auf eine frühe Gründung hin. Eine Pfarrei ist im 13. Jh. belegt. Sie gehörte zum Dekanat Wiesental. Im »liber decimationis« von 1275 wird ein Pleban genannt, 1297 findet ein »viceplebanus« Erwähnung. Mit dem Rheinfelder Bürger Rudolf Rettenfuchs wird in der 2. Hälfte des 14. Jh. der Pfarrer von Minseln explizit als Kirchherr bezeichnet. Die mittelalterliche Kirche erwies sich im letzten Drittel des 17. Jh. als zu klein und wurde durch einen Neubau ersetzt. Der Rohbau war 1686 abgeschlossen; der Innenausbau zog sich aber bis ins 18. Jh. hin. Besitz der Minselner Kirche ist bereits für das späte 15. Jh. belegt. 1600 umfaßten die Güter zwei Schupposen, wobei zu der einen zwei Häuser gehörten. Für 1608 ist auch Grundbesitz in Rappersweier belegt. Genaue Zahlen liegen für das Jahr 1773 vor: Damals umfaßte das Widumgut etwa 3 J Acker und 2 J Matten sowie etwas Rebland.

Die örtlichen Patronatsverhältnisse gestalteten sich äußerst kompliziert. Im 15. Jh. besaßen die Markgrafen von Hachberg-Sausenberg die Hälfte des Kirchensatzes, der von ihnen weiterverliehen wurde, zunächst an die von Liebegg, 1440 an die Familie von Luternau, die im Aargau und im Berner Land ansässig war. Nach der Reformation nahm die Familie ihre Präsentationsrechte offensichtlich nicht mehr wahr. Denn in der 2. Hälfte des 16. Jh. bewarb sich der künftige Pfarrer direkt beim Konstanzer Bischof um die vakante Pfründe. Allerdings wurde der Kirchensatz schon vor 1587 an die Familie Rappenberger verliehen. Von ihnen gelangte er vor 1620 an die Familie von Rotberg. Die Ansprüche Beuggens auf den Kirchensatz führten 1603 zu einem Vergleich, der dem Deutschen Orden die Hälfte daran sicherte. Offensichtlich präsentierte jedoch in der 1. Hälfte des 17. Jh. die Kommende alleine den entsprechenden Kandidaten dem Konstanzer Bischof. Der Verkauf des Rotberger Anteils an den Rheinfelder Amtmann Dr. Johann Christoph Hug blieb ein kurzes Zwischenspiel. Bereits 1667 kam er von diesem in den Besitz des Konstanzer Bischofs, der ihn bis zu Beginn des 19. Jh. behielt. − Die Maria-Trost-Bruderschaft, deren beträchtliches Kapitalvermögen durch einen Pfleger verwaltet wurde, wurde in der Aufklärung aufgehoben.

Den Besitz des *Zehnten* teilten sich drei Parteien. Im 18. Jh waren dies die Markgrafen, die Kirchenfabrik sowie Beuggen. Ein Drittel des Heu- und Fruchtzehnten war durch die Markgrafen bereits im 14. Jh. der Rötteler Grabkapelle gestiftet worden. Nach der Reformation ging dieser Anteil an das Kapitel Rötteln, das ihn bis zur Zehntablösung im 19. Jh. behielt.

Schulunterricht wurde sowohl in Nieder- als auch in Mittelminseln erteilt. Lehrer sind seit 1780 bezeugt. Allerdings gab es zu Beginn des 19. Jh. nur in Mittelminseln ein Schulgebäude, während in Niederminseln im Haus des Lehrers unterrichtet wurde. Dort hatten die Schüler der 1. Klasse an 4 Tagen zu erscheinen, die der 2. Klasse nur an 2 Tagen. Im Sommer wurde der Unterricht zudem jeweils auf den halben Tag begrenzt. Die Einschätzung der dörflichen Verhältnisse durch die badische Obrigkeit war − wie auch in der Schilderung vieler Nachbargemeinden − durch tiefe Skepsis und Distanz gekennzeichnet. Doch zeigten sich im Bericht über Mittelminseln zumindest Ansätze von aufklärerischem Optimismus: »Der Grad der Volkskultur ist noch tief. Die Kinder modeln sich gerne nach dem groben Urbilde ihrer Eltern, doch zeigen sich Gott sei Dank jährlich immer mehr der Politur fähige Subjekte«.

Bevölkerung und Wirtschaft. − Die Nachricht des Jahres 1440, daß dem Minseler Pfarrer die Annaten, eine Abgabe an den Konstanzer Bischof, wegen der am Ort grassierenden Pest herabgesetzt würden, ist die einzige Auskunft über die mittelalterliche Bevölkerung des Dorfs. Erste Zahlen liegen für das ausgehende 16. Jh. vor: 1595 zählte die Pfarrei 116 Erwachsene. Im 17. Jh. scheint das Dorf dann geringfügig gewachsen zu sein. 1671 gab es ca. 50 Bürger, 5 Hintersassen und 35 ledige Bürgersöhne am Ort. 1688 wurden 70 erwachsene Bürger in Minseln und Nordschwaben gezählt. 1798 waren es schließlich 105 Familien mit zusammen 606 Personen, doch ging die Zahl bis 1802 schon wieder auf 550 zurück. Die Nachricht über die Auswanderung von Minselner Einwohnern nach Bessarabien (1759) ist nicht ganz sicher. Zu Beginn des 19. Jh. war Minseln hinter Wyhlen der größte Ort der rechtsrheinischen Herrschaft Rheinfelden. In seiner sozialen Gliederung unterschied sich das Dorf kaum von den Nachbargemeinden. 1706 gab es in der Vogtei Minseln 3 ganze und 12 halbe Züge (Bauern, unterschieden nach ihrem Vermögen), 27 Hausarme, 33 Tagelöhner und 3 Hintersassen.

Eine Gemarkungsbeschreibung des Jahres 1773 gibt Auskunft über den Schwerpunkt der örtlichen Landwirtschaft. Es dominierte der *Ackerbau*, der auf knapp 1310 J Land hauptsächlich Dinkel und Hafer produzierte. Der Laubwald (961 J) und die Matten (166 J) nahmen beträchtlich weniger Raum ein. Der Weinbau spielte eine unbedeutende Rolle, zumal sich im 18. Jh. die Klagen Beuggens häuften, daß auf den etwa 25 J Rebland immer mehr Obstbäume angepflanzt würden, die den Ertrag der Weinstöcke, somit auch den Weinzehnten, negativ beeinflußten. Ob es tatsächlich gelang, die Obstbäume wieder gegen den Willen der Besitzer zu fällen, muß wohl bezweifelt werden. Die örtlichen Zelgen finden zum ersten Mal 1600 Erwähnung. Die erste Zelg hieß *uf dem Busch*. Die zweite, *Ob Angelschweil* genannt, nahm den nördlich/nordöstlichen Teil der Gemarkung ein und reichte bis in den Wiechser Bann. Im Westen grenzte sie an die *Adelhauser Zelg*. Bei der *Viehhaltung* dominierte zu Beginn des 19. Jh. (1803) die Schafzucht. Immerhin gab es 300 Tiere am Ort, außerdem 17 Ziegen, 80 Schweine und 25 Pferde. Beträchtlich war auch die Zahl der Rinder (178).

Die örtliche *Mühle* wird zum ersten Mal 1254 erwähnt. 1384 befand sie sich im Besitz der Deutschordenskommende Beuggen, die sie auch noch in der frühen Neuzeit besaß. Sie hatte noch zu Beginn des 19. Jh. Bestand. Der an die Mühle angrenzende Weiher, schon im 16. Jh. erwähnt, wurde im 17. Jh. längere Zeit nicht als Fischwasser genutzt, sondern trockengelegt und zur Viehweide herangezogen. Nachrichten über das dörfliche *Handwerk* sind sehr dünn. 1578 wird ein Schneider erwähnt, 1784 ein Leinenweber, außerdem wurde 1788 der Bau einer Nagelschmiede genehmigt. 1802 wurden jedoch 98 Gewerbetreibende am Ort gezählt, das war die höchste Zahl in der gesamten Herrschaft. Versuche, Bodenschätze auszubeuten, blieben erfolglos. Der Abbau von Steinkohle (1726) und die Schürfung von Eisenerz (1787) wurden bald wieder eingestellt. Das vorderösterreichische Bergamt unterstützte mit Nachdruck die Suche nach geeigneten Feuersteinbrüchen. Doch verliefen die 1788 vorgenommenen Untersuchungen der Gesteinsproben aus Eichsel, Nordschwaben und Minseln enttäuschend. Das örtliche *Tafernrecht*, das von der Herrschaft verliehen wurde, findet bereits im ältesten Urbar (1400) Erwähnung. Im 17. Jh. gingen die Einnahmen aus der Verpachtung der Tafern zu gleichen Teilen an Gemeinde und Herrschaft. Aus diesem Wirtshaus ging vermutlich der »Maien«, die Gemeindewirtschaft in Niederminseln, hervor. Daneben gab es 1803 noch in Oberminseln den »Adler«.

Nollingen

Ur- und Frühgeschichte. – Von der Gemarkung Rheinfelden (Baden), die auch die früher selbständigen Orte Nollingen und Warmbach umfaßt, liegen bereits *Funde der jüngeren Altsteinzeit* vor, und zwar vom Fuß des »Strengen Felsens«, einer mächtigen Felswand des Dinkelbergs. Als der paläolithische Mensch am Fuß dieser Felsen seine Rastplätze aufschlug, gab es wahrscheinlich überhängende Teile (sogenannte Abris), unter denen er Schutz vor der eiszeitlich-rauhen Witterung suchte. Auf dem Plateau oberhalb dieser Felsen, am Südrand der Dinkelbergtafel, gibt es *Spuren jungsteinzeitlicher Ansiedlungen* in geschützter Höhenlage (Silexgeräte, Rössener Scherben). Aus der Ebene, dem Gewann »Zwischengraben« im Ortsteil Warmbach, ist ein neolithischer Keulenkopf bekannt, eine Pfeilspitze aus Muschelkalkhornstein fand sich in Rheinfelden selbst (Ortsetter). Als älter, der Mittelsteinzeit zugehörig, haben sich Feuersteingeräte von der Niederterrasse erwiesen («Rütte« im Ortsteil Warmbach), Spuren sammelnder und Fischfang treibender Gruppen.

Jüngere prähistorische Perioden sind bisher nicht mit Fundstellen vertreten, desto stärker aber die *römische Zeit*. Zahlreiche Münzen, von Kaiser Vespasian bis Valens (71 bis 378 n. Chr.) stammen aus der Gemarkung, sind aber nicht exakt zu lokalisieren. 1855 beim Bau der Bahnlinie Basel-Waldshut gelang im Ortsteil Warmbach (»Tanzboden«) ein großartiger Fund. Zwischen Mauerresten einer römischen Siedlung verborgen, entdeckte man zahlreiche Bruchstücke einer schön verzierten Bronzeverkleidung. Zunächst dachte man an eine prunkvolle Tür, doch wissen wir heute, daß diese Teile von einem Denkmalsockel stammen. Dieses Denkmal allerdings stand nicht auf der rechten Rheinseite, sondern im linksrheinischen Augst, von wo es wohl durch plündernde Alemannen verschleppt und dann an seiner Fundstelle versteckt worden ist. Der römische Siedlungsplatz, den man als Versteck auswählte, lag damals (im späten 3. oder 4. Jh. n. Chr.) schon in Trümmern. Gleiches gilt auch für die übrigen römischen Siedlungen, die bei der Einwanderung der Alemannen von ihren Besitzern aufgegeben wurden: eine schöne große Villa bei der »Wiechsmühle« (Ortsteil Nollingen), ein weiterer Gutshof im Bereich der Kirche von Nollingen, ein kleinerer Gebäudekomplex

33 *Neuenweg*

34 *Raich*

35 *Rheinfelden/Baden*

36 Rheinfelden/Baden, Zentrum

37 Rheinfelden/Baden, Rathaus

38 *Adelhausen*

39 *Adelhausen, Rathaus*

40 Eichsel

41 Degerfelden, Grenzacherstraße entlang dem Dorfbach

42 Herten, St. Urban

43 Warmbach, St. Galluskirche

44 *Karsau, Rathaus*

45 *Karsau-Beuggen, St. Michael*

46 Minseln

47 Nordschwaben

48 Rümmingen

49 Rümmingen, Dorfstraße

50 *Sallneck*

51 *Schallbach*

52 *Schliengen*

53 Schliengen, Schloß Entenstein (Rathaus)

54 Schliengen, St. Leodegar

55 *Liel, St. Vincentius*

56 *Liel, Rebhuhnstraße*

57 *Mauchen, Zentrum, Blick auf die Kapelle*

58 *Obereggenen, ev. Kirche*

59 Ober- und Niedereggenen, im Hintergrund der Blauen

»Beim Salzbrünnele« auf dem Dinkelberg (Nollingen) und ein einzelner Bau (?) im »Steinacker« (Warmbach). Soweit bekannt, wurde an allen diesen Plätzen Landwirtschaft betrieben, am Fundplatz »Salzbrünnele« fanden sich Knochen von Schwein, Schaf und Ziege.

Die alemannischen Siedler, Gründer der Ortschaft Nollingen, sind bisher nur in einem Grabfund am Ortsrand gegen Beuggen nachgewiesen. Am Platz einer abgegangenen, durch Flurnamen nachgewiesenen Siedlung in der Ebene (»Enniken«), westlich von Rheinfelden, wurden beim Kiesabbau mehrere aus Trockenmauerwerk gesetzte Brunnen beobachtet, die allerdings keine datierbaren Funde enthielten. Zur Gemarkung gehören schließlich noch einige der am rasch fließenden Hochrhein äußerst seltenen Flußfunde. Sie wurden 1897 beim Bau des Kraftwerks in Kiesschichten des Altrheinbetts angetroffen: ein schönes Randleistenbeil der frühen Bronzezeit, ein Dolch der Urnenfelderkultur und eine alemannische Bartaxt – zufällige Verluste, Hinweise auf Unglücksfälle oder auch Opfergaben, die der ur- und frühgeschichtliche Mensch gerne in Gewässern niedergelegt hat.

Siedlung und Gemarkung. – Der Ort wird erstmals 752 als *Lollincas*, 828 als villa *Lollinga* genannt. Sein Name leitet sich von einer Person her. Die Form deutet auf einen Ursprung um etwa 500. Im Lauf des Mittelalters erreichte die Siedlung eine gewisse Größe. Sie war schon in Oberdorf und Unterdorf, die im rechten Winkel zueinander liegen, geteilt. Im hangparallelen Oberdorf lag wie heute die Kirche. Weiter nach Osten erstreckte sich von dort aus die vielleicht erst neuzeitliche Erweiterung des Außerdorfs. Der Hofacker westlich des Oberdorfs und der anschließende Brühl deuten auf einen zentralen grundherrlichen Hof im Kernbereich der Siedlung hin. An diesen schloß sich im Westen wie auch östlich des Außerdorfs eine Bünde an. Der Ort, 1409 und 1447 von den Eidgenossen angeblich gänzlich niedergebrannt, zählte um 1750 72 Häuser, 19 davon gehörten Bauern, 53 Tagelöhnern. Bis 1803 wuchs das Dorf auf 84 Wohnhäuser an.

Die Gemarkung zieht vom Rhein bis auf die Anhöhen über dem Dorf. Der Hangfuß war ganz von Rebgelände mit zahlreichen Weinberghäuschen besetzt. Der Flurname *Beim neuen Haus* ganz im Westen könnte auch auf ein solches deuten, vielleicht aber auch auf die Burganlage auf dem »Strengen Felsen« (s. Degerfelden). Im Wald in Richtung Minseln findet sich der Flurname *Im Buben Schwiel* (1775), 1604 *Bueblisweil*, heute *Am Wiedenweg*. Vielleicht könnte hier das in St. Galler Urkunden 838 und 871 genannte *Puabilinswilare* gelegen haben, was aber sonst auf Bollschweil südlich Freiburg bezogen wird. Die mittelalterlichen Bezeichnungen *Boblisweile* (1387) und *Boliswiler* (1457) erlauben zumindest eine sprachliche Ableitung. Die Lage der Flur, verbunden mit einer Rodungsinsel, auf der, seit dem späten 14. Jh. bezeugt, Reben standen, läßt ebenfalls auf eine Wüstung schließen. Zudem erscheint noch bis zu Beginn des 17. Jh. in den Beuggener Zehntverzeichnissen Bublisweil als Sonderbezirk auf Nollinger Gemarkung. Es spricht einiges dafür, daß sich hinter dem Flurnamen *Ittinger* nahe der Wiechsmühle ebenfalls eine Wüstung verbirgt. Neben der *Wiechsmühle* findet sich als weitere spätmittelalterliche Einzelsiedlung auf der Gemarkung *Höllhacken*, das erstmals 1345 als der *wag Hellehag*, also nur ein Fischwasser und kein Gebäude, genannt wird. Später ist es dann ein Einzelhaus am Rhein, wie auch der nicht datierbare *Sennhof*, die beide in der frühen, an den Bahnhof sich anschließenden Siedlung Badisch Rheinfelden aufgegangen sind.

Mit dem alten Rheinfelden und seiner Burg auf dem Stein mitten im Rhein war Nollingen seit alters verbunden. Eine Zugbrücke führte von einer kleinen Insel, auf der der Böckersturm stand, zum nördlichen Ufer. Der zum Rhein hin abfallende Gemarkungsstreifen, zumeist Au oder Aurain genannt, war aus der Dreifelderwirtschaft des Dorfes ausgegrenzt und trug hauptsächlich von der Stadt Rheinfelden aus bewirtschaftetes Rebgelände. Bereits im 14. Jh. hatte sich dort eine kleine Siedlung von Handwerkern und Fischern entwickelt. Auch ein Gasthaus war dort gelegen. Die Einrichtung eines Markts in der Au wurde durch die Stadt Rheinfelden 1425 verhindert. In der frühen Neuzeit scheint diese Siedlung jedoch den Rheinfelder Befestigungsanlagen zum Opfer gefallen zu sein. Der 1644 entstandene Merian-Stich zeigt auf dem rechten Rheinufer die 1640 um den Brückenkopf errichtete Feldbefestigung. Eine Bebauung ist dort nicht feststellbar. Auch nach der Zerstörung des Steins (1745) lebte die Siedlung nicht mehr auf. Doch noch 1775 wird die Fläche des früheren Aurains, jetzt Etter genannt, als Sondergemarkung ausgewiesen. Sie umfaßte 35½ J Ackerland, 13 J Reben und 6 J sonstiges Gelände. Neben weiteren Privilegien stand dort der Stadt Rheinfelden das Recht der Besteuerung zu. An den Etter schloß sich ein gegen die Gemarkung Karsau vorspringender Zipfel, der Burgboden oder Burggarten, an. Bereits im späten 13. Jh. belegt, handelt es sich dabei um zur Burg Rheinfelden gehöriges Wiesen- und Ackerland. Nollingen hatte in Fronarbeit den Zaun um das Gelände instandzuhalten. Zwischen diesen Rheinfelder Bezirken und dem Dorf lagen die *Nollinger Dreifelder*. Sie wurden von der Landstraße durchquert, die von Degerfelden über die Wiechsmühle nach Rheinfelden zog.

Herrschaft und Staat. – In Nollingen erscheinen als eigenes *dörfliches Adelsgeschlecht* die Ritter von Nollingen. Sie werden zum ersten Mal 1202 erwähnt. Die Familie war mit zahlreichen Adelsfamilien am Hochrhein verschwägert. Von den Töchtern der Luccarda von Nollingen war Bertha mit dem Basler Otto Münch von Münchenstein verheiratet, ihre Schwester Anna mit Dietrich von Schliengen, einem Rheinfelder Ratsherrn. Anna und Bertha waren es auch, die 1302 mit ihren Gütern das Prämonstratenserkloster Himmelspforte (s. Bd. 1, S. 849 f.) stifteten. Wie auch die anderen Adelsfamilien des südlichen Dinkelbergs ließen sich die von Nollingen früh in Rheinfelden nieder. Sie sind dort bereits 1212 belegt. Nachdem der Ostturm der alten Stadtbefestigung nach der Erweiterung von Rheinfelden seine Funktion verloren hatte, wurde er Sitz der Ritter von Nollingen. Der am Markt gelegene Wohnturm wurde später im Rheinfelder Jahrzeitbuch als der ehemalige Turm derer von Nollingen (turrim quondam dicte de Nollingen) bezeichnet. Der Beiname »Steinhaus«, belegt für Cunrad von Nollingen (1285), leitet sich wohl von diesem Turm her. In der vermutlich ältesten Aufzählung der Rheinfelder Ratsherren aus dem Jahr 1247 findet sich mit Echardus de Nollingen auch bereits ein Angehöriger dieses Geschlechts. In Nollingen besaß die Familie eine *Wasserburg*. Vielleicht handelt es sich bei dem Bau um das Anwesen zur »Krone«, das den bekannten baulichen Gegebenheiten entsprechen könnte. Mit Johann von Nollingen, dem Komtur des Basler Deutschordenshauses, starb die Familie zu Beginn des 15. Jh. aus.

Seit etwa 1250 saßen auch die Edelknechte von Beuggen in Nollingen, nachdem ihr Stammsitz in Beuggen an das Deutschordenshaus übergegangen war. Sie besaßen ebenfalls ein burgähnliches Haus im Ort, vermutlich das Grießersche Haus im Unterdorf. Wie auch die Ritter von Nollingen hatten die Edelknechte von Beuggen enge Beziehungen zur Stadt Rheinfelden. Konrad von Beuggen ist dort um 1334 als Ratsmitglied belegt, die Gebrüder Berchtold und Mangold bekleideten zwischen 1321 und 1359 das Amt des Propstes am dortigen Stift St. Martin. Mangold war außerdem Domherr zu Basel. Begräbnisplatz war für die Familie im späten 14. Jh. der Nollinger Friedhof. Dort hatte Konrad von Beuggen 1371 eine Grabkapelle für sein Geschlecht gestiftet. Mit dem Eintritt Konrads von Beuggen in das Deutschordenshaus zu Beginn

Geschichte der Stadtteile 323

des 15. Jh. scheint die Familie ausgestorben zu sein. Denn auch Heinzmann von Beuggen, ein Sohn von Mangold, erscheint in dieser Zeit zum letzten Mal in den Urkunden. Die niedergerichtlichen Rechte in Nollingen befanden sich im Spätmittelalter in der Hand mehrerer Adelsgeschlechter. Zusammen mit Kirchensatz und Tafernrecht gelangten sie in mehreren Etappen an die Deutschordenskommende Beuggen: So verkaufte 1318 Rudolf von Wieladingen seinen Anteil an der Niedergerichtsbarkeit an Beuggen. Die andere Hälfte, ein Lehen der Herren von Rötteln, veräußerte Heinzmann von Beuggen am Ende des 14. Jh. ebenfalls an die Kommende. Der Deutsche Orden war so zu Beginn des 15. Jh. im Besitz der gesamten ortsherrlichen Rechte, die er sich allerdings nicht sichern konnte. Denn wahrscheinlich noch im 15. Jh., spätestens jedoch im frühen 16. Jh., gingen die niedergerichtlichen Rechte an die Herrschaft Rheinfelden über. Nollingen entwickelte sich, nicht zuletzt wegen der räumlichen Nähe zur Burg Stein im Rhein, zum zentralen Ort des rechtsrheinischen Teils der Herrschaft Rheinfelden.

Die österreichische *Herrschaft Rheinfelden* hatte sich aus der Grafschaft Rheinfelden des 10./11. Jh. entwickelt. Sie hatte ihr Zentrum in der im Rhein vor Rheinfelden gelegenen Burg Stein im Rhein. Nach dieser Festung wurde sie auch öfter die Herrschaft des Steins genannt. Nachdem Rudolf von Rheinfelden in den Kämpfen um die deutsche Kaiserkrone 1080 in der Schlacht bei Hohenmölsen in Sachsen gegen Heinrich IV. gefallen war, starb das Grafengeschlecht mit seinem Sohn Berthold 1090 aus. Durch die Heirat des Zähringers Berthold II. mit Agnes, einer Tochter König Rudolfs, gelangte die Grafschaft Rheinfelden an die Zähringer. Als diese 1218 ebenfalls ausstarben, fiel die Herrschaft ans Reich. Zur Verwaltung wurden Burggrafen als Reichsministeriale eingesetzt. Die Kämpfe zwischen Berthold, dem Bischof von Basel, einem Angehörigen des Grafengeschlechts derer von Pfirt, und dem Kaiser, der von Rudolf von Habsburg unterstützt wurde, machten die Dörfer am rechten Rheinufer zum Kriegsgebiet (s. Herten). Letztlich gelang es jedoch Rudolf nach seiner Wahl zum König, die Herrschaft für das Reich zu sichern, obwohl der Bischof von Basel 1252 Stadt und Festung Rheinfelden mit päpstlicher Billigung eingenommen hatte. Unter Rudolf von Habsburg wurde die Herrschaft Rheinfelden durch einen Burggrafen verwaltet. Nachdem sie 1330 als Reichspfand in österreichischen Besitz gelangt war, wurde sie in einem zeitlich nicht genau fixierbaren Prozeß in den Habsburger Herrschaftsverband integriert. Der Vorgang war um 1400 abgeschlossen. Die Ächtung Herzog Friedrichs auf dem Konstanzer Konzil 1415 gefährdete nochmals die österreichische Herrschaft über Rheinfelden. Der Stein wurde 1415 als Reichspfand den Brüdern Hans und Frischhans von Bodman übergeben, 1433 dem Wilhelm von Grünenberg. Dieser wurde auch von Österreich als Pfandherr bestätigt, nachdem die Ächtung Friedrichs aufgehoben worden war. Die Stadt Rheinfelden, die durch diesen Schritt ihre Reichsfreiheit gefährdet sah, verbündete sich mit Basel und weiteren eidgenössischen Städten gegen Österreich. Der Stein konnte 1445 von deren Truppen eingenommen werden. Der Erfolg blieb jedoch von kurzer Dauer: 1448 konnte die Stadt zurückerobert werden, 1449 ging die Herrschaft Rheinfelden wieder in den Besitz Herzog Albrechts über. Knapp zwei Jahrzehnte später war Österreich jedoch schon wieder gezwungen, die Herrschaft an Karl den Kühnen, den Herzog von Burgund, zu verpfänden. Eine folgenschwere Umgestaltung der territorialen Verhältnisse am Hochrhein bahnte sich an. Doch konnte das Bündnis der Eidgenossen mit Herzog Sigismund die burgundische Expansion stoppen. Nachdem Herzog Karl der Kühne 1477 in der Schlacht von Nancy den Tod gefunden hatte, fiel die Herrschaft Rheinfelden wieder an Habsburg. Erneut zum Schauplatz heftiger Kämpfe wurden Rheinfelden und besonders die Dörfer am rechten Rheinufer im 30j. Krieg. Zu Beginn des Jahres 1638 zog Bernhard von Weimar, vom Breisgau kommend, gegen die österreichischen Städte am Hochrhein. Säckingen, Lauffenburg und Waldshut öffneten ihre Tore. Rheinfelden, als wichtigste Festung, wurde im Februar belagert. Doch konnten die kaiserlichen Truppen, von Karsau her vorstoßend, die Belagerer am 28. Februar nach Lauffenburg zurückdrängen. Bereits wenige Tage später, am 3. März, kehrte von Weimar jedoch zurück. Die völlig überraschten kaiserlichen Truppen, die zwischen dem Dorf Nollingen und dem Rhein Stellung bezogen hatten, wurden entscheidend geschlagen. Rheinfelden mußte übergeben werden. Territoriale Veränderungen der Herrschaft Rheinfelden brachte jedoch erst das späte 18. Jahrhundert. Die im Frieden von Campo Formio (1797) vorgesehene Abtretung der Herrschaft an den Herzog von Modena wurde durch die Bestimmungen von Lunéville (1801) hinfällig. Die linksrheinischen Teile der Herrschaft sollten an Frankreich kommen, das sich seinerseits die Abtretung an die Helvetische Republik vorbehielt. 1802 wurde im Einvernehmen mit Frankreich das Kameralamt Rheinfelden aufgelöst. Der zunächst gegründete Kanton Fricktal ging 1803 im Kanton Aargau auf. Nur die Dörfer am nördlichen Rheinufer, traditionell als Landschaft Rheintal zusammengefaßt, blieben bei Österreich. In den letzten Jahren österreichischer Landesherrschaft bis zum Preßburger Frieden 1805 und dem damit verbundenen Übergang an Baden wurde Nollingen zur »Hauptstadt« des kleinen Rests der ehemaligen Kameralherrschaft Rheinfelden. Doch war dieser Zustand provisorisch. Der Amtmann residierte im Wirtshaus, da es kein Dienstgebäude gab. Personal war ebenso kaum vorhanden. Nach dem Übergang an Baden wurde der Amtssitz 1807 nach Beuggen verlegt. 1809 kam das Dorf zum Amt Säckingen, während das benachbarte Warmbach dem Amt Lörrach zugeschlagen wurde.

Erste Nachrichten über die landesherrliche Organisation der rechtsrheinischen Dörfer der Herrschaft Rheinfelden bieten die (zumeist) österreichischen Lagerbücher des 15. Jh. Um 1400 waren noch zwei Komplexe getrennt: Die Dörfer, die mit ihren Gemarkungen ans Rheinufer angrenzten (etwa Warmbach und Herten), zählten zum Rheintal, die übrigen Dörfer des Dinkelbergs waren zu einer eigenen Vogtei »Dinkelberg« zusammengefaßt. Bis in die Mitte des 15. Jh. wurde diese Gliederung verfeinert. Fast jedes Dorf wurde zum Sitz eines eigenen Vogts. Aus allen rechtsrheinischen Vögten wurde als Vertreter der Landschaft in der frühen Neuzeit ein Obervogt erwählt. Seit dem 17. Jh. war dies zumeist der Nollinger Vogt. Die Ausbildung der österreichischen Verwaltung hatte damit ihren Endpunkt erreicht: Es gab vor Ort Stabhalter bzw. (Unter-)Vögte, aus denen der Obervogt der Landschaft gewählt wurde. In Rheinfelden endlich saß der Obervogt oder Oberamtmann der gesamten Herrschaft. Neben dieser Verwaltungsgliederung gab es noch zwei weitere wichtige Zentren: In Herten sprach das *Dinggericht* bis in die frühe Neuzeit hinein Recht, hauptsächlich in Fällen der freiwilligen Gerichtsbarkeit (s. Herten). Auf Nollinger Gemarkung tagte das *Gericht in der Au* in der Nähe der Rheinbrücke. Dort wurden hauptsächlich Fälle der Strafgerichtsbarkeit verhandelt. Schließlich fand sich die Richtstätte nicht weit davon entfernt auf Warmbacher Gemarkung. Urteile des Gerichts in der Au, dem immer ein herrschaftlicher Vertreter (Burggraf, Burgvogt oder Obervogt) vorsaß, sind seit der Mitte des 14. Jh. überliefert. Als Ort der Gerichtssitzung wird 1341 »Burchartz Meders Hus« angegeben. Es handelt sich dabei um das Wirtshaus in der Au. Diese beiden Institutionen – Dinggericht und Gericht in der Au – gehen in ihren Wurzeln zumindest in die Frühgeschichte der Herrschaft Rheinfelden als Reichsgut im 13./14. Jh. zurück. Sie dienten aber auch noch nach dem 30j. Krieg als einigendes Band: Pläne, die beiden

Dörfer Herten und Minseln an den Markgrafen von Baden zu verkaufen, wurden vom Rheinfelder Oberamtmann mit dem Hinweis zurückgewiesen, daß die Dörfer im Rheintal und am Dinkelberg durch die Zugehörigkeit zu Dinggericht und Gericht in der Au eine Einheit bildeten.

Allen Dörfern waren Form und Höhe der Abgaben und Fronpflichten gemeinsam. Zumeist war das Tafernrecht im Besitz der Herrschaft, die dafür einen Geldzins einzog. Jeder Haushalt hatte ein Fasnachts- und ein Herbsthuhn an die Herrschaft zu entrichten. Ebenso ist die Pflicht zur Abgabe des »Steuerhafers« seit dem 14. Jh. belegt. Die Abgaben der Gemeinden unterschieden sich kaum voneinander. Im 16. Jh. hatten die Dörfer im Rheintal zusammen 50 lb d an die Herrschaft als Steuer zu zahlen. Im 15. Jh. waren die einzelnen Gemeinden verpflichtet, etwa 6 Viernzel Dinkel der Herrschaft zu liefern. Dazu kamen noch die Korngarben oder Burggarben und das Burgholz, also Verpflichtungen zur Lieferung von Naturalien (Holz und Getreide) auf die Burg. Diese wurden – ebenso wie die Fasnachts- und Herbsthühner – im Lauf der frühen Neuzeit durch Geldzahlungen abgelöst.

Grundherrschaft und Grundbesitz. – Ältester nachweisbarer Grundbesitzer am Ort war die Abtei St. Gallen. 752 vermachte ihr Dudar seine Güter in Nollingen. 828 schenkte Pertcardis dem Kloster weitere Güter. Um 880 wollte ein Bischof Landeloh das Dorf Nollingen, wohl mit allen Herrschaftsrechten, an St. Gallen schenken. Doch mußte er die Schenkung auf Drängen seiner Verwandten einem Grafen Ulrich übergeben. Auseinandersetzungen zwischen dem Herzogtum Schwaben und dem Kloster St. Gallen mögen der Anlaß für diesen Vorgang gewesen sein. Seit dem 13. Jh. war ein Großteil des Besitzes in Händen der *Deutschordenskommende Beuggen*, die als Inhaber der niederen Gerichtsrechte und des Kirchensatzes die dominierende Grundherrschaft im Ort wurde. Der Beuggener Besitz stammte zum Großteil aus adeliger Hand: 1285 erhielt die Kommende von Cunrad genannt Steinhaus von Nollingen die ersten Güter im Dorf geschenkt. Weitere Schenkungen und Käufe folgten. Auch noch in der Neuzeit konnte die Kommende ihren Grundbesitz erweitern: 1575/97 erwarb sie von den Reuttner von Weil etwa 22 J Ackerland, 12 MW Matten, knapp 5 J Reben und 4 J Holz. Der Besitz des Deutschen Ordens belief sich 1733/98 auf 17 Haus- und Hofstätten, 106 J Ackerland, 77 MW Matten, 13 J Rebland, 11 J Holz sowie 6 J Gartenland. Die Güter des *Kl. Himmelpforte* stammten zu einem nicht genau bestimmbaren Teil aus der Stiftung der Anna und Bertha von Nollingen (1303). Weitere Erwerbungen folgten 1313, 1315 und 1319; zudem tauschte der Konvent 1321 mit Beuggen seinen Anteil am Kirchensatz gegen weiteren Grundbesitz. Zu Beginn des 17. Jh. (1602) besaß das Kloster 5 Schupposen mit insgesamt 7 Haus- und Hofstätten, knapp 88 J Ackerland, etwa 16 MW Matten sowie 21 J Holz, 13 J Weideland und etwas Gartenland. Dicht belegt ist seit dem 14. Jh. *Grundbesitz Rheinfelder Bürger*. So besaßen 1652 Bürger der nahen Stadt 160 MW Matten, 169 J Acker und 36 J Reben in Nollingen. Hauptsächlich durch deren Stiftungen, im Spätmittelalter aber auch durch Zinskäufe, also durch Kreditvergabe, gelangten das Stift St. Martin sowie das Rheinfelder Spital zu beträchtlichen Besitzungen auf dem gegenüberliegenden Rheinufer.

Gemeinde. – 1430 wird der Vogt von Nollingen genannt. Das örtliche Gericht bestand aus Vogt oder Stabhalter und drei Geschworenen. Eine organisierte Gemeinde tritt zum ersten Mal zu Beginn des 15. Jh. in Erscheinung. Ihr Versuch, Beuggens ungehindertes Weiderecht auf der dörflichen Gemarkung einzuschränken, endete mit einem Vergleich: Der Gemeinde wurde 1407 zugestanden, einen bestimmten Bezirk, in dem dem Deutschen Orden das Weiderecht zustehen sollte, mit Steinen zu umgeben. Auch die anderen Anlässe, bei denen die Gemeinde in Erscheinung trat, ergaben sich aus Differenzen mit Nachbarn über gewisse Rechte innerhalb der Gemarkung: Im 15./16. Jh. lag Nollingen mit den jeweiligen Besitzern der Wiechsmühle darüber im Streit, ob die Mühle ihr Wasser aus dem Dorfbrunnen abzweigen durfte. Häufig entstanden Differenzen zwischen dem Dorf und der Stadt Rheinfelden über Weidgang und andere Sonderrechte der Stadt auf Nollinger Gemarkung. Äckerich und Allmendnutzung standen der Gemeinde frei. Über die Ausdehnung ihrer Nutzungsrechte konnte die Gemeinde allmählich den Wald ganz in ihren Besitz bringen. Zur Kreditaufnahme (30 lb d) verkaufte die Gemeinde 1527 einen jährlichen Zins, der auf allen dörflichen Haus- und Hofstätten liegen sollte, an einen Rheinfelder Bürger. Wozu das Geld vom Dorf benötigt wurde, bleibt offen. Wie auch in den Nachbardörfern konnte im 17./18. Jh. Nollingen von Beuggen den örtlichen Heuzehnt gegen einen festen jährlichen Betrag erwerben. Dieser schwankte zwischen 56 und 250 lb Pfennig.

Kirche und Schule. – 1223 und 1242 sind Plebane zu Nollingen genannt, die Kirche wird zum ersten Mal 1252 urkundlich bezeugt. Die Pfarrei gehörte zum Dekanat Wiesental. Die Herkunft der Kirchenpatrone Felix und Regula, der Züricher Stadtpatrone, ist ungeklärt. Doch läßt es das Patrozinium als unwahrscheinlich erscheinen, daß der Kirchensatz jemals bei St. Gallen als frühem Grundherrn gelegen hatte. Urkundlich faßbar werden die zersplitterten Patronatsrechte zum ersten Mal 1303, als Bertha von Nollingen ihren Anteil dem künftigen Kl. Himmelspforte schenkte. Dieser gelangte durch Gütertausch 1321 an Beuggen. Einen weiteren Teil hatte der Deutsche Orden bereits 1318 von Rudolf von Wieladingen erhalten. Den Rest hatten als Teil der Ortsherrschaft die Edelknechte von Beuggen von den Markgrafen von Hachberg zu Lehen. Ihr Einfluß auf die Vergabe der Pfarrstelle zeigt sich darin, daß mit Berchtold und Mangold von Beuggen zwei Angehörige der Familie in der 1. Hälfte des 14. Jh. als örtliche Pfarrherren belegt sind. Zusammen mit den übrigen Rechten (s. o.) verkaufte Heinzmann von Beuggen um 1400 diesen Anteil an die Kommende, die erst ab diesem Zeitpunkt den Kirchensatz in allen Teilen besaß. Bereits im 15. Jh. wurde die Pfarrei dem Deutschordenshaus inkorporiert. Etwa zeitgleich mit der Übernahme des gesamten Kirchensatzes konnte Beuggen auch die Lehenschaft über den Widumhof erwerben (1404/08). Das Gut wurde gegen einen jährlichen Zins durch die Kommende verpachtet. 1529 setzte er sich aus 10 Viernzel Dinkel, 6 Viernzel Hafer, je 8 Fasnachts- und Herbsthühnern und einem geringeren Geldbetrag zusammen. Das Gut umfaßte zu diesem Zeitpunkt knapp 50 J Ackerland, etwa 12 MW Matten, 3 J Reben sowie Haus und Hof mit Garten und dem entprechenden Zubehör. Doch scheint der Besitz des Widumhofes in den nächsten beiden Jahrhunderten beträchtlich zusammengeschmolzen zu sein; denn 1773 umfaßte das Gut nur noch etwa 7 J Matten. Wie bei Inkorporationen üblich, wurde der Pfarrer durch Beuggen mit einem festen Einkommen aus dem Zehnten (Dinkel, Hafer, Wein und Stroh) besoldet. Nach Klagen durch den Pfarrer wurde es 1732 neu festgesetzt, aber gegenüber den für 1595 überlieferten Zahlen kaum erhöht. 1371 stiftete Ritter Conrad von Beuggen d. Ä. genannt Nollinger auf dem Kirchhof eine Kapelle und einen Altar zu Ehren der Jungfrau Maria als Grablege des Geschlechts. Zur Ausstattung der Stiftung gehörten Güter in Minseln, Eichsel und Schopfheim. Die Pfründe wurde vor 1508 Beuggen inkorporiert. Die Kapelle stand am Ausgang der Kirche an der Kirchhofmauer. Nach ihrem Abbruch wurde der Altar in der Kirche aufgestellt, später entfernt. Der für das 16. Jh. bezeugte Flurname »under dem kepelin« oder »by dem kepelin« dürfte sich wohl darauf beziehen.

Teile des *Zehnten* befanden sich im 14. Jh. noch im Besitz der Edelknechte von Beuggen, die zu diesem Zeitpunkt auch Rechte am Kirchensatz besaßen. Wie der

Vergleich zwischen Mangold von Beuggen und seinem Bruder Conrad mit den Rheinfelder Johannitern aus dem Jahr 1356 zeigt, waren die Zehntrechte zu diesem Zeitpunkt schon zersplittert. Mit dem Erwerb der vollständigen Patronatsrechte durch Beuggen stieg der Deutsche Orden auch zum alleinigen örtlichen Zehntherrn auf, zumal 1483 auch die Johanniter in einem umfangreichen Tausch auf ihre Nollinger Rechte, nur die Einnahmen vom Aurain ausgenommen, verzichteten.

Etwa seit der Mitte des 18. Jh. wurde in Nollingen *Schule* gehalten, während es noch 1737 keinen Lehrer gegeben hatte. Der Unterricht fand zunächst in dem 1750 errichteten Kirchenspeicher statt. Zu Beginn des 19. Jh. hatte der Ort ein eigenes Schulhaus. Das Urteil über den Erfolg des Unterrichts und über den Charakter der 106 Schüler glich zu Beginn des 19. Jh. den Schilderungen in den Nachbardörfern: Das Volk befinde sich »auf einem tiefen Grad der Humanität«, doch hoffe man, daß die Zahl »derjenigen, welche Gefühl für das Gute haben, sich nun täglich vermehren werde«.

Bevölkerung und Wirtschaft. – Die unterschiedlichen Zahlen zu der örtlichen Bevölkerungsgröße lassen einen beträchtlichen Bevölkerungsrückgang infolge des 30j. Krieges vermuten. 1595 wurden am Ort 160 Erwachsene gezählt, 1688 konnten für eine Zusammenstellung der kriegstüchtigen Männer nur 46 Nollinger verzeichnet werden. Dieser Zahl entspricht die Nachricht, daß es 1680 in Warmbach und Nollingen 90 Haushaltungen gab. In seiner sozialen Gliederung unterschied sich das Dorf kaum von den Nachbargemeinden: 1706 zählte man 4 ganze und 12 halbe Züge (Bauern, nach ihrem Besitz getrennt), 5 Hintersassen, 21 Hausarme und 32 Tagelöhner. Das 18. Jh. scheint die Bevölkerungsverluste bereits bis zur Jahrhundertmitte ausgeglichen zu haben. Denn 1755 gab es immerhin 440 Bewohner im Dorf, und das Bevölkerungswachstum hielt bis zu Beginn des 19. Jh. an: 1798 wurden 119 Familien mit 521 Personen gezählt, 1803 schließlich 529 Einwohner.

Die Nutzung der landwirtschaftlichen Fläche in Form der *Dreifelderwirtschaft* ist für Nollingen urkundlich seit dem 17. Jh. zu fassen. Die erste Zelg westlich des Dorfs, genannt *Im Brühl* und *Auf dem Staffel*, lag zwischen der Straße nach Degerfelden und dem alten Weg, also der Römerstraße, von der Wiechsmühle nach Herten. Die zweite Zelg *auf dem Ittiger und den Beunten* erstreckte sich östlich und südlich des Unterdorfs zwischen dem Weg nach Warmbach und dem Wiesengelände im Kleeboden. Sie wurde nachträglich um die Rodungsfläche des sogenannten Greutt östlich der Straße nach Beuggen ergänzt. Die dritte Zelg *auf dem Harth und im Soodboden* lag beiderseits der Landstraße, die von Degerfelden über die Wiechsmühle nach Rheinfelden zog. Der Gemarkungsbeschrieb von 1775 zeigt, daß der Ackerbau dominierte (752 J). Es wurden hauptsächlich Dinkel und Hafer angebaut, im späten 18. Jh. auch Kartoffeln gepflanzt. Das Rebgelände, seit 1356 mehrfach erwähnt, machte einen bedeutenden Anteil der Gemarkung aus (127 J). Daneben gab es 417 J Matten sowie etwa 41 J Baumgärten. Das bewaldete Gelände erstreckte sich hauptsächlich am Abhang des Dinkelbergs (97 J Eichenwald, 292 J Nadelwald). Zur Verbesserung der Ackerfläche und der Weinberge wurde Mergel verwendet, der vor Ort abgebaut wurde. Bereits 1387 wird der Flurname Mergelgrube urkundlich erwähnt. Die Tierhaltung weist keine Besonderheiten auf: 1803 wurden 24 Pferde, 198 Stück Rindvieh, 154 Schweine, 15 Ziegen und 45 Schafe gezählt. Die Schafweide war bereits in den Auseinandersetzungen mit Beuggen zu Beginn des 15. Jh. erwähnt worden (s. o.).

Zum *örtlichen Gewerbe*, das 1755 17 Handwerker zählte, gehörten 1769/70 4 Küfer, 3 Weber, je 2 Schneider, Schuster und Zimmerleute sowie je ein Schmied und Büchsenmacher. Außerdem wurde 1787 der Gemeinde der Bau einer Ziegelhütte genehmigt. Am Rheinufer in der Au ist schon für die Mitte des 14. Jh. eine kleine

Handwerkersiedlung belegt, zu der neben Fischern auch ein Schmied gehörte. Die Fischer waren wie auch in den anderen Orten am Rheinufer der Herrschaft zinspflichtig. Die *Wiechsmühle* wird zum ersten Mal 1403 erwähnt, als das Stift St. Martin von einem Rheinfelder Bürger auf der Mühle lastende Gülten erwarb. Sie wechselte in den folgenden beiden Jahrhunderten häufig den Besitzer. In der 2. Hälfte des 15. Jh. gehörte sie dem Rheinfelder Spital, dann einem Züricher Bürger. Dieser verkaufte sie den Truchsessen von Rheinfelden (1565). Zu Beginn des 17. Jh. war sie im Besitz des Hans Heinrich Reich von Reichenstein. Im 18. Jh. war sie jedoch schon wieder in anderen Händen (Hauptmann Heinrich Kayser). Der Wirt in der Au, dessen Haus auch als Gerichtsstätte diente, wird seit 1340 häufig erwähnt. Er hatte der Herrschaft einen Zins zu entrichten. Die Wirtschaft, später »Zur Sonne« genannt, war aber weniger auf Nollingen bezogen, sondern vielmehr auf die nahe Burg Stein und die Stadt Rheinfelden. Das dörfliche *Tafernrecht* lag 1397 zur Hälfte bei der Kommende Beuggen, die es an die Edelknechte von Beuggen verlieh. Wem der andere Teil gehörte, der später ebenfalls an Beuggen kam, ist ungeklärt. Im 18. Jh. gab es neben dem »Adler« im Dorf noch die »Krone« (1748) sowie in der Wiechsmühle den »Bären«.

Nordschwaben

Siedlung und Gemarkung. – Im wenig siedlungsgünstigen östlichen Teil des Dinkelbergs gelegen, ist die Gemarkung fundarm, aber auch noch wenig erforscht. Ein 1937 aufgelesenes Steinbeil zeugt für neolithische Begehung. Steinhügel im Gewann »Egelsee« gehören mit Sicherheit ins frühe Mittelalter (7. Jh. n. Chr.), da in einem dieser Hügel ein für diese Zeit kennzeichnendes Steinplattengrab gefunden wurde.

Der als *Nortsuuaben* Anfang des 12. Jh. in kopialer Überlieferung (1492) erstmals genannte Ort, dessen Name nicht erklärt ist, stellt möglicherweise eine Ausbausiedlung der fränkischen Zeit dar. Die weitere Bezeichnung »Ortschwaben«, schon für das 17. Jh. belegt, lebt in der heute noch gebräuchlichen mundartlichen Form »Orrschwobe« fort. Es ist nicht klar, ob die Mauritiuskapelle beim Friedhof auf eine frühe Wehranlage zurückgeht oder ob hier vielleicht der Kern der ersten Dorfsiedlung lag, die später nach Norden verlegt wurde. Der Ort lag nach einem Plan des 18. Jh. sehr zerstreut in einer kleinen Mulde längs der drei sich gabelnden Straßenzüge. Das Dorf zählte 1803 nur 30 Häuser. 1392 ist der Flurname *Leinhoven* in der zweiten Zelg, also im Nordwesten erwähnt, bisher einziger Hinweis auf eine Wüstung. Im Südosten von Nordschwaben schließt sich Wiesenland an die Siedlung an, dahinter der Wald. Auch im Norden der Gemarkung befindet sich mit dem Oberholz ein weiteres einzelnes Waldstück. Hauptsächlich in den östlichen und nördlichen Außenbezirken der Gemarkung finden sich zahlreiche Rodenamen, die auf eine Ausdehnung der Ackerfläche hinweisen. Dennoch umfaßten noch um 1773 die Waldungen insgesamt 429 J Land, also fast die Hälfte der Gemarkung. Ein größeres Stück des Waldes war 1567 von der Stadt Rheinfelden erworben und später als eigene Parzelle mit Steinen umgrenzt worden.

Herrschaft und Staat. – Als Vertreter eines *Geschlechts von Nordschwaben* erscheint Anfang des 12. Jh. Burchardus von Nordschwaben in der Bürgler Chronik. 1287 ist Werner als Zeuge in einer Basler Urkunde belegt. Gülten zu Neuenburg verkauften 1343 Rudolf und seine Söhne Hug und Johannes, 1352 traten alle drei gemeinsam, 1363 nur die beiden Söhne als Zeugen auf. 1370 verkaufte Johannes von Nordschwaben Zinsrechte zu Nordschwaben. Ein weiterer Zweig dieser Familie, der um 1360 mit Vergabungen an die Kommende Beuggen auftrat, scheint gleichzeitig bestanden zu haben: Hans Konrad von Nordschwaben und sein Sohn Heinrich. 1364 ist Johann von Nordschwaben Mönch zu St. Blasien. Noch bis 1396 erscheint dieses Geschlecht mit Lehen der Abtei St. Blasien und der Markgrafen von Baden-Hachberg im oberen Breisgau. Ortsherrschaftliche Rechte in Nordschwaben hatte die Familie nicht erringen können. Vielleicht hatte sie ihren Sitz dort, wo heute Friedhof und Mauritiuskapelle stehen, Belege dafür sind jedoch nicht zu finden.

Wann das Dorf Bestandteil der *Herrschaft Rheinfelden* wurde, ist nicht auszumachen. Allerdings müßte dieser Vorgang spätestens im frühen 14. Jh. abgeschlossen gewesen sein. Auffällig ist jedoch, daß der Ort in den Rheinfelder Urbaren des 15. Jh. fehlt; zudem besaß die Herrschaft außer den üblichen Abgaben keine Einkünfte in der Dorfgemarkung. Das Hofgericht in Ensisheim mußte 1510 im Streit zwischen dem Vogt der Herrschaft Rheinfelden und markgräflichen Eigenleuten zu Nordschwaben wegen Verweigerung der Steuer entscheiden. Deren Begründung, sie seien als badische Untertanen nur zu Abgaben an den Markgrafen verpflichtet, wurde abgewiesen. In der frühen Neuzeit war der Ort dem Gericht Eichsel zugewiesen. Nach dem Übergang an Baden kam Nordschwaben 1807 an das Amt Beuggen, 1809 an das Amt Schopfheim.

Grundherrschaft, Grundbesitz und Gemeinde. – Grundherrlichen Besitz hatten vor allem die Abtei St. Blasien, die Deutschordenskommende Beuggen sowie in geringerem Umfang das Stift St. Martin in Rheinfelden. Das Widumgut von St. Blasien umfaßte 1392 neben Haus, Hof und Garten Liegenschaften von ca. 66 Jauchert. Ein Güterverzeichnis von 1599 beziffert den Klosterbesitz auf 3 Schupposen mit etwa 23 J Acker, 7 T Matten und 35 J Holz. Der Umfang war also etwa konstant geblieben. Beuggen, bereits 1392 als Anstößer genannt, hatte 1696 etwa 14 J Ackerland, 3 T Matten sowie 18 J Holz als Besitz in Nordschwaben. Die Säckinger Franziskanerinnen konnten 1743 als Zinsgüter 3 Häuser und 2 Hofstätten mit 45 J Acker, 52 J Holz und 7 T Matten am Ort ihr eigen nennen. – Ein Vogt zu Nordschwaben ist 1477 genannt. Als einziger Beleg für die längst organisierte Gemeinde wird 1601 Gemeindegut an der Gemarkungsgrenze gegen Minseln erwähnt; auch gehörte der Äckerich der Gemeinde. Weitere Nachrichten fehlen.

Kirche und Schule. – Die dem hl. Mauritius geweihte Kapelle liegt südlich des Dorfes in abseitiger Lage beim Friedhof. Bereits 1307 erwähnt, wird sie 1493 als Filialkapelle bezeichnet. Sie wurde von Höllstein aus versehen, das St. Blasien inkorporiert war. Die ungewöhnlich weite Entfernung von Mutterkirche zum Filial läßt es als wahrscheinlich erscheinen, daß der Zustand des Spätmittelalters sich erst aus den gemeinsamen Patronatsrechten von St. Blasien ergeben hatte und nicht die ursprünglichen Verhältnisse widerspiegelt. Die konfessionellen Konstellationen machten jedoch nach der Reformation eine Umstrukturierung erforderlich. Fortan war Nordschwaben Filial von Minseln. Die um die Kapelle gelegenen Kirchmatten und Kirchäcker können als Hinweis auf Kirchengut gelten. Schon 1392 waren die St. Mauritien Matten als Anstößer genannt worden. Der *Zehnt,* teilweise zersplittert, lag bei St. Blasien, doch bezogen auch der Säckinger Leprosenfonds sowie die Geistliche Verwaltung der Markgrafschaft namens der Schopfheimer Höcklin-Kaplanei Anteile davon. Als Entgelt für den Kleinzehnt bekam der jeweilige Pfarrer von St. Blasien einen Käse, außerdem ein festes Deputat an Geld, Dinkel und Hafer.

Schule wurde spätestens 1780 im Dorf gehalten, 1793 wird auch das Schulhaus erwähnt. Nach einem Bericht von 1808 wurde der Unterricht fleißig besucht (21 Kinder), das Gesamturteil über die lokalen Verhältnisse drückt jedoch die Distanz der aufgeklärten Verwaltung, zugleich aber auch deren Bildungsoptimismus aus: Die

Erwachsenen seien noch mit manchen »Vorurteilen gegen das Gute befangen, doch werden sie dessen immer mehr empfänglich«.

Bevölkerung und Wirtschaft. – 1510 werden Eigenleute der Markgrafschaft Baden im Ort erwähnt (s. o.). Das Dorf selbst war klein. Erste Nachrichten melden für das Jahr 1595 23 »opferbare«, also erwachsene Menschen, doch scheint im 18. Jh. die Bevölkerungszahl angewachsen zu sein. Denn 1798 lebten schon 30 Familien mit 148 Personen im Ort, ähnliche Zahlen liegen auch für 1802 vor (32 Familien mit 170 Personen). Der Ackerbau wurde in der *Dreifelderwirtschaft* betrieben. Diese Wirtschaftsform ist bereits für 1392 belegt. Eine Zelg lag im Osten gegen Dossenbach, eine zweite im Nordwesten und die dritte im Südwesten. Der Anbau von Wein war gering (5 J), es dominierten auf der Gemarkung neben dem Wald (s. o.) die Ackerflächen mit etwa 406 Jauchert. Für die Jahre 1769/70 wurde der Fruchtanbau als ergiebig bezeichnet. Auch wurde Klee angebaut. Der geringe Anteil von Weiden in der Gemarkung erklärt, warum in Nordschwaben die Waldweide üblich blieb. 1803 zählte man immerhin 10 Pferde, 83 Stück Rindvieh, 31 Schweine, 37 Schafe (1808: 108) und 4 Ziegen im Dorf. – Das *Handwerk* war im Dorf schwach vertreten. 1770 werden je ein Schmied und Nagler sowie zwei Schuster erwähnt, 1793 außerdem ein Weber. Es handelt sich also um die typischen kleinen Dorfhandwerker. 1760 arbeiteten zudem vier Haushaltungen für die Schopfheimer Baumwollmanufaktur. Der Abbau von Lehm, 1769/70 bezeugt, erreichte keine große Bedeutung. Eine *Taferngerechtigkeit* wurde 1770 verliehen; zuvor hatte der Antragsteller schon 20 Jahre eine Buschwirtschaft am Ort betrieben. 1803 gab es als Gasthof den »Adler« am Ort.

Warmbach

Siedlung und Gemarkung. – Das erstmals 754 bezeugte *Warbinbach*, 820 *Warminbach*, dürfte noch in der Merowingerzeit entstanden sein. Der Ortsname hängt wohl mit einem Personennamen zusammen. Höchstwahrscheinlich stellt das Dorf eine von Nollingen aus zum Rhein hin vorgeschobene Siedlung dar. Der Ort war mit Nollingen lose verbunden, so etwa durch die gemeinsame Nutzung von Äckerich und Allmend, dennoch besaß er eine eigene Gemarkung. 1655 einigten sich die Nachbarn Nollingen, Warmbach, Degerfelden und Herten auf eine Grenzregulierung und eine enge Abstimmung der Bebauung der einzelnen Zelgen, da durch den 30j. Krieg die bisherige Ordnung verlorengegangen war. Die Siedlung lag an der Landstraße von Basel nach Rheinfelden an der Einmündung des Warmbachs in den Rhein. Ihr Zentrum befand sich östlich der Bachmündung bei der Kirche und dem angrenzenden Johannitergut. Das kleine Dorf wurde in den Auseinandersetzungen um die Herrschaft Rheinfelden 1447 von Basel beraubt und verbrannt. Am Ende des 18. Jh. zählte es 30 Häuser, davon waren 4 unbewohnt (1792).

Herrschaft und Staat. – In den Jahren zwischen 1366 und 1377 treten mit Hermann von Warenbach, einem Rheinfelder Bürger, und Burkhard von Warenbach, einem Angehörigen des Stifts St. Amarinus im Oberelsaß, zwei Angehörige eines *örtlichen Adelsgeschlechts* auf. Weitere Nachrichten über die Familie fehlen jedoch. Der Ort war stets Bestandteil der Herrschaft Rheinfelden und gehörte in der frühen Neuzeit zur Vogtei Nollingen. Die Nähe zu Rheinfelden erklärt, daß auf der Warmbacher Gemarkung ganz im Osten nördlich der Landstraße das Hochgericht, also die herrschaftliche Gerichtsstätte, lag. Nach dem Übergang der rechtsrheinischen Herrschaft Rheinfelden an Baden gehörte Warmbach bis 1809 zum Kameralamt Nollingen bzw. zum Amt Beuggen. Es kam dann als selbständige Gemeinde zum Bezirksamt Lörrach.

Geschichte der Stadtteile 331

Grundherrschaft, Grundbesitz und Gemeinde. – Frühester Grundbesitzer ist die Abtei St. Gallen. 754 schenkte ihr Cauzpert die von seinem Vater geerbten Besitzungen am Ort und erhielt sie als Erblehen vom Kloster zurück. 820 besaß Hildeburg St. Galler Besitz in Warmbach zu Lehen. Durch zahlreiche Weiterverleihungen an verschiedene Adelsfamilien wurde der umfangreiche Grundbesitz immer stärker dem weit entfernten Kloster entfremdet. Die verschachtelten Rechtsverhältnisse wurden beim beabsichtigten Verkauf der Güter durch Ritter Conrad von Heidegg und seinen Sohn Johann an die Rheinfelder Johanniter in den Jahren 1269/70 offenbar. Elisabeth von Staufen, eine Schwester Gottfrieds von Staufen, hatte die Warmbacher Güter bei ihrer Heirat mit Conrad von Heidegg als Mitgift bekommen. Außerdem hatten die von Staufen den Hof wiederum nur als Afterlehen von Walther von Eschenbach und Johann von Schnabelburg erhalten, so daß ein mehrstufiger Verzicht notwendig war, bis die Rheinfelder Johanniter in direkte Verhandlungen mit St. Gallen eintreten konnten. Die Abtei verweigerte jedoch zunächst den Verkauf und verlieh den Hof nur gegen einen jährlichen Zins in Höhe von 10 lb Wachs an den Ritterorden. Außerdem blieben 1270 acht Schupposen und der Kirchensatz von der Vergabe ausgeschlossen. Erst 1304 verkaufte St. Gallen den vollständigen Besitz mit allen dazugehörigen Rechten an die Johanniter, die damit zum dominierenden Grundherrn am Ort aufstiegen, zumal sie im 14. Jh. weiteren Besitz in Warmbach von Rheinfelder Bürgern erwerben konnten. Der Tausch mit dem Kl. Olsberg (1301), bei dem der Ritterorden zwei weitere Schupposen und Wiesen zu Warmbach und Nollingen erhielt, macht deutlich, daß der Besitz am rechten Rheinufer systematisch vergrößert wurde. Die herausragende Stellung der Johanniter ließ keinen Platz für weitere Grundherren am Ort. Neben Rheinfelder Bürgern waren noch das Stift St. Martin, das Spital und Siechenhaus, die Propstei Himmelspforte sowie die Herrschaft Rheinfelden in Warmbach in bescheidenem Umfang begütert. Doch auch die Besitzrechte der Johanniter dünnten im Lauf der frühen Neuzeit immer stärker aus. 1773 besaß das Hofgut der Johanniter nur noch etwa 7 J Matten.

Erste Hinweise für eine organisierte *Gemeinde* liegen bereits für das ausgehende 14. Jh. vor. 1397 entschied Herzog Leopold in einem Urteil, daß die Grundstücke, die der Warmbacher Allmende entzogen worden seien, wieder in diese eingegliedert werden müßten. Auch verzeichnen die Urbare des 15. Jh. regelmäßig Abgaben von der örtlichen Allmend an die Herrschaft. 1455 wird in diesem Zusammenhang explizit von einer Gemeinde gesprochen. Der Gemeindewald lag nach Plänen des 18. Jh. westlich der Siedlung an der Landstraße nach Basel. Da vor Ort kein herrschaftlicher Vogt residierte, wurden die Abgaben Warmbachs durch den Bannwart, einen Gemeindebediensteten, eingezogen und dem Nollinger Vogt überbracht.

Kirche und Schule. – Obwohl die dem hl. Gallus geweihte Kirche urkundlich erstmals 1270 bezeugt ist, dürfte ihr Ursprung in die Frühzeit der örtlichen St. Galler Grundherrschaft im 8./9. Jh. zurückreichen. Ein Warmbacher Kirchherr, zugleich Rheinfelder Chorherr, wird im Jahr 1284 erwähnt, 1275 wurde er als Pleban im Dekanat Wiesental bezeichnet. Das Patronatsrecht, zusammen mit der Vogtei über das Widumgut ebenfalls im Besitz von St. Gallen, wurde 1304 mit dem letzten Grundbesitz der Abtei an die Rheinfelder Johanniter verkauft. Diese erreichten spätestens in der 1. Hälfte des 15. Jh. die Inkorporation der Pfarrei. 1326 stifteten Ritter Johann von Eptingen, gen. Puliant, und sein Sohn Conrad an der Pfarrkirche eine Pfründe, zu deren Ausstattung sie u. a. Güter in Warmbach und Nollingen bestimmten. Vermutlich zum ursprünglichen Widumgut gehörte der auf Beuggener Gemarkung liegende St. Gallen-Acker, der 1284 im Tausch an den Deutschen Orden ging. Am Rheinufer in der Au besaß die Kirche weiteren Grundbesitz. Von dort bezog der Pfarrer auch verschiedene Gefälle. Kirchenpfleger werden zum ersten Mal 1520 genannt; zu dieser Zeit beginnen auch die Klagen über die schlechte Versorgung der Pfarrei. Sie wurde zeitweise von Nollingen oder Rheinfelden aus versehen. Das baufällige Pfarrhaus diente als Armenhaus und wurde 1737 abgebrochen. In ähnlich schlechtem Zustand befand sich die Kirche, die zudem zu klein war. Ein Neubau scheiterte aber an der Armut der Kirchenfabrik. Der *Zehnt* in Warmbach ging vollständig an die Rheinfelder Johanniter, nachdem sie 1483 in einem Vergleich auch die Beuggener Zehntanteile – von wenigen Parzellen Gartenland am Rheinufer abgesehen – zugesprochen bekommen hatten. Kleinere Teile des Laienzehnts sind im 15. Jh. im Besitz Rheinfelder Bürger belegt. Zum Hertener Zehnten des Kl. Olsberg gehörten auch 11 J Warmbacher Ackerland. Wie bei Inkorporationen üblich, wurde der Pfarrer mit einem geringen Gehalt von den Johannitern besoldet. – Das Warmbacher *Siechenhaus*, die Leprosenherberge, findet nur in den schriftlichen Quellen des 15./16. Jh. Erwähnung. Über den noch in der Neuzeit gebräuchlichen Flurnamen »Im Siechenhaus« läßt es sich westlich des Orts in isolierter Lage am Rheinufer lokalisieren. Die Herberge dürfte wohl die Leprosenkranken der weiteren Umgebung aufgenommen haben. Allerdings gab es auch schon seit dem späten Mittelalter ein Leprosorium in Rheinfelden, dessen Nähe vielleicht in der Folgezeit zur Aufhebung des Warmbacher Hauses führte. – Spätestens seit 1780 wurde in Warmbach *Schule* gehalten. Der Unterricht fand in der Wohnung des Lehrers statt. Ein Schulhaus wurde 1825 gebaut. Der Besuch war äußerst schwankend; nach einem Bericht von 1803 zählte man im Winter 40 Schüler, im Sommer dagegen nur die Hälfte.

Bevölkerung und Wirtschaft. – Warmbach war ein kleines Dorf: 1595 wurden 20 Erwachsene gezählt, 1686 elf waffenfähige, also erwachsene Männer. Nachrichten über eine wachsende Bevölkerung um 1736 folgten in den nächsten Jahrzehnten Klagen über die steigende Armut, mitverursacht durch den Kinderreichtum (1792). Aus diesen Jahren liegen auch die ersten umfassenden Zahlen über die Bevölkerung vor: 1798 gab es 35 Familien und 232 Einwohner, 1803 wurden 38 Familien, aber nur 224 Einwohner gezählt. Die Bevölkerung blieb also nach der Wachstumsphase des 18. Jh. konstant.

1772 gliederte sich die Gemarkung in ca. 414 J Ackerland, 162 J Matten, 15 J Wald, 21 J Baumgärten. 15½ J waren Ödland. Der dominierende Ackerbau wurde in der *Dreifelderwirtschaft* betrieben. Westlich des Orts und der Wiesen lag die mittlere Rütte, zwischen dem Warmbach und dem Weg nach Herten das Gernetzfeld. Als weitere Zelg wird das Feld in den langen Fuhren, zwischen dem Weg nach Herten und dem Rhein gelegen, genannt. Darin waren Waldland und Wiesen, besonders die Tanzmatt, eingestreut. Das Rebgelände befand sich westlich des Orts am Rhein in der Gegend des Siechenhauses. Es war erst zu Beginn des 15. Jh. mit Reben bepflanzt worden. Die Viehhaltung war gering. 1803 zählte man 30 Ochsen, 38 Kühe, 42 Schweine, 17 Stück Jungvieh, 8 Ziegen und 17 Schafe. Dagegen besaß der *Fischfang* im Rhein seit dem Mittelalter große Bedeutung für den Ort. Der Salmwag »im Alten«, eine Vorrichtung zum Fang von Salmen, war um 1300 zu einem Drittel im Besitz von Beuggen, der Rest gehörte den Rheinfelder Johannitern. Diese hatten ihren Anteil von einem Rheinfelder Bürger geschenkt bekommen. Der zweite bedeutende Salmenfang, »zur Rotenfluh« genannt, gehörte zu Beginn des 15. Jh. zum Teil dem Wirt in der Au (s. Nollingen), später der Stadt Rheinfelden. Durch sie wurde er 1600 erneuert. Die Salmenfänge waren in der Regel dem Reich, später Österreich zinspflichtig. Die entsprechenden Rheinfelder Urbare verzeichnen auch die Warmbacher Einnahmen. Gewisse Familien gehörten zur Rheingenossenschaft, deren Privilegien in den sog. Maienbriefen vom Kaiser bestätigt wurden (vgl. Bd. 1, S. 219). So hatten die Warmbacher Fischer das Recht, gemeinsam mit den Rheinfelder Rheingenossen das dreimal in der Woche von Rheinfelden nach Basel verkehrende Schiff mit Waren und Personen, das sog. Wochengefährt, zu führen. Außerdem hatten sie das Monopol des Transports der Steine, die von den Gruben am Dinkelberg nach Basel verschickt wurden. Auch ein regelmäßiger Fährverkehr über den Rhein wurde von Warmbach aus betrieben. Am Ostrand der Gemarkung befand sich am Rheinufer das von den Breisgauer Landständen betriebene Salzhaus. Nachrichten über eine *Kiesgrube* in Warmbach liegen bereits für 1310 vor, als sie vom Pfarrer von St. Leonhard in Basel verkauft wurde. In der Mitte des 15. Jh. gelangte ein Zins durch Kauf an die Pfarrkirche von Liestal. Die Steingruben, später im Besitz von Basel und der österreichischen Herrschaft, wurden bis in die Neuzeit ausgebeutet. Auch der Rheinfelder Hermannsturm soll um 1590 mit Warmbacher Quadern erbaut worden sein. Eine örtliche *Mühle*, 1305 zur Hälfte durch die Johanniter von einem Rheinfelder Bürger erworben, findet ab der 2. Hälfte des 15. Jh. keine Erwähnung mehr. Über das lokale *Handwerk* liegen keine genaueren Angaben vor. 1725 wird ein Steinhauer erwähnt, 1778 eine Schmiede, zuvor schon ein Hufschmied. 1803 wurden 28 »Professionisten«, also Gewerbetreibende, wohl die typischen ländlichen Kleinhandwerker, gezählt. Die örtliche *Tafern* wird bereits 1400 erwähnt; sie war der Herrschaft zinspflichtig. 1734 wurde das Tafernrecht dem »Hirschen« bewilligt. 1803 gab es daneben noch den »Adler« und den »Ochsen« am Ort.

Quellen und Literatur

Adelhausen

Quellen gedr.: AU 3 Nr. 53, 403; 5 Nr. 481, 589. – FDA 63 (1935) S. 278. – ZFreiburg 6 S. 404. – ZGO 30 (1878) S. 244–80; 42 (1888) S. m96; 47 (1893) S. m42; 48 (1894) S. m139.
Quellen ungedr.: GA Adelhausen. – StaatsA Basel, Klosterarchive St. Clara K. – PfA Eichsel. – GLA H/Adelhausen 1; 18/K. 16, 19, 38, 42; 21/K. 63, 242; 44/Nr. 4739–42, 7633, 7636, 7638, 7642, 7647, 7653–56, 8927; 66/149–50, 158, 164, 169–75, 782, 789, 798/99, 8552/53, A 148–50; 67/1843; 72/Reutner v. Weil; 120/1203; 159/69; 229/**284–95**, 23184, 23207, 33940, 34030, 86342, 86349, 96305/6, 101932; 375 (1909, 97) 29, (1924, 2) 30, 30a; 391/2048.
Literatur: *Kähny*, Heinrich, Drei Dörfer am badischen Dinkelberg (Adelhausen, Eichsel, Minseln). Eine sozialökonomische Studie. Diss. masch. Frankfurt 1923/24.
Erstnennungen: ON 1192 (Processus ... ⟨1504⟩ s. Kähny).
Ottwangen: ZGO 29 (1877) S. 222 (1318). – GLA 18/K. 23; 21/K. 373; 159/69. – Urbar Basel 349. – ZGO 12 (1861) S. 306; 26 (1874) S. 360 Nr. 18; (1877) S. 225–230; 30 (1878) S. 221, 248; 42 (1888) S. m96.
Rappersweier: AL 5 Nr. 266 (1399). – AU 5 Nr. 481, 589. – FDA 63 (1935) S. 278. – GLA 11/K. 238, 258, 522, 569; 18/K. 19, 22, 34, 42; 21/K. 63, 242; 44/Nr. 10238, 10241, 10244, 10246, 10248, 10250; 120/1203; 159/69. – ZGO 2 (1851) S. 206; 30 (1878) S. 244, 272; 48 (1894) S. m139; 57 (1903) S. m19.

Degerfelden

Quellen gedr.: AU 3 Nr. 142, 369, 374, 389, 399, 614, 626, 716/17, 755, 803, 885, 888; 4 Nr. 144, 172; 5 Nr. 49, 52, 64, 184/85, 257, 262, 361, 715, 724. – REC Nr. 3123, 3385, 4807, 6473, n 33, 43. – RMB 1 Nr. h 614. – Trouillat 5, 701. – ZGO 12 (1861) S. 306; 13 (1861) S. 325; 15 (1863) S. 240f; 26 (1874) S. 406; 29 (1877) S. 174f, 193; 30 (1878) S. 219–280, 318ff; 31 (1879) S. 210; 42 (1888) S. m91, 97; 48 (1894) S. m139; 55 (1901) S. m21, 23.

Quellen ungedr.: StA Basel, Kirchen- und Schulgut R 7; Klosterarchive Klingental HH 25, Prediger N 23; Direktorium der Schaffneien Q 34, 1–3. – GA Degerfelden. – PfA Herten. – GLA H/Degerfelden 1–2; 11/K. 368; 16/K. 78; 17/K. 6a; 18/K. 7, 16, 19/20, 22–24, 31, 35, 38, 42, 53; 21/K. 109, 373; 44/Nr. 7632, 7640/41, 7644/45, 7648–52; 66/785–88, 1604–8, 10040–44, 10071, 10097, 10100, 10102, 11627, 11966, A 147/48, 154, 157, 159, 161/62; 72/Reutner v. Weil; 120/582; 229/17402–36, 23211, 37725, 37732, 42739, 42749, 42765, 42778, 42783, 42787, 42789, 75563, 86337, 86342, 86349, 110260, 117048; 361 (1926, 43) 17; 391/7440–64.

Literatur: *Kuhn*, Friedrich, Eine neuentdeckte frühmittelalterliche Fliehburg auf der Nollinger Höhe. In: Vom Jura zum Schwarzwald NF 6 (1931) S. 26. – *Merz*, Walther, Die Burganlagen und Wehrbauten des Kantons Aargau 2. S. 13–20. – Jubiläum 700 Jahre (Degerfelden). In: Das Markgräflerland 1/2 (1979) S. 169.

Erstnennungen: ON 1283 (ZGO 28 ⟨1876⟩ S. 406). – Kapelle und Patron St. Theobald 1493 (AU 5 Nr. 724).

Hagenbach: SGUB 1 Nr. 161 (800). – GLA H/Hagenbach 1; 18/K. 2–4, 8, 16, 18–20; 21/K. 206; 229/17412–14, 37717–35, 42742, 51736. – AU 3 Nr. 21/22, 54–57, 399; 5 Nr. 86, 579. – REC Nr. 80. – ZGO 28 (1876) S. 120, 403, 405–7; 29 (1877) S. 193/94, 199–201; 30 (1878) S. 257; 31 (1879) S. 169–79, 192. – *Schülin*, Fritz, Wappen über dem Hofportal des Hagenbacher Hofes. In: Das Markgräflerland 1/2 (1976) S. 168 f.

Eichsel

Quellen gedr.: AU 3 Nr. 313, 374, 390; 5 Nr. 333, 375, 387, 516. – UB Basel 1 Nr. 168. – FDA 1 (1865) S. 200; 35 (1907) S. 81; 63 (1935) S. 278 f; 76 (1956) Nr. 1359, 1404, 1424, 1520. – REC Nr. 1674, 11700, 12430. – RMB 1 Nr. 769. – ZGO 12 (1861) S. 306; 28 (1876) S. 436 f; 29 (1877) S. 171, 184, 238–40; 30 (1878) S. 244, 248, 254 f, 263 f, 267 f, 271, 273 f, 276, 279 f; 42 (1888) S. m96; 55 (1901) S. m21 und 23; 79 (1940) Anh. S. 209 f. – Acta Sanctorum Juni 3 (1701) S. 114–132. – Processus habitus et factus occasione translationum et elevationum sanctarum virginum Kunegundis, Mechtundis et Wibrandis in ecclesia Eichsel Constantiensis diocesis ... Basel 1504 (VD 16, 1990 P 4946).

Quellen ungedr.: StA Basel, Privatarchive Nr. 15; Direktorium der Schaffneien Q 43. – GA Eichsel. – PfA Eichsel (Übers. in ZGO 48 ⟨1894⟩ S. m139/40). – LRA Innsbruck Urk. I 8295. – GLA 11/K. 569; 16/K. 63, 80; 18/K. 12, 14, 16, 19/20, 22, 25, 27, 30/31, 34, 38, 42, 44; 21/K. 109, 127, 373; 44/Nr. 4458, 4460, 4462, 4739–42, 6135/36, 7632/33, 7636, 7638, 7640–42, 7644/45, 7647–56, 10238, 10241, 10244, 10246, 10248, 10250; 66/782, 798/99, 2118–23, 3715, A 148–50, 1159; 72/Reutner v. Weil; 86/ vgl. ZR; 120/1203; 159/69; 229/17406, 17408, **23173–213**, 33940, 378732, 42734, 67791, 86278, 86337, 86342, 86349, 96305/6; 375 (1896, 21) 31, (1909, 97) 78 f., (1924, 2) 64; 391/9373–82, 2048.

Literatur: *Deisler*, Otto, Eichsel, Aus der Vergangenheit der Pfarrei. Mit einer kunsthistorischen Betrachtung von Hermann Ginter. Freiburg/Br. 1956. – *Kähny*, Heinrich, vgl. Adelhausen. – *Rothmund*, Paul (Hg.), Heiligenlegenden = Heimatgeschichtliche Schriftenreihe Rheinfelden-Dinkelberg 7, Rheinfelden 1989.

Erstnennungen: ON, Kirche und Patron St. Gallus 1192 (Processus ...).

Geitlikon/Gelkenhof: AU 3 Nr. 30 (1311). – AU 3 Nr. 55, 95; 4 Nr. 93–95; 5 Nr. 64, 136. – GLA 16/Warmbach; 21/Nr. 1903; 66/10040/41. – Kolb 1 S. 384.

Herten

Quellen gedr.: AU 3 Nr. 3, 53, 109, 305, 744, 783; 4 Nr. 36, 102, 203, 228; 5 Nr. 2, 26, 39, 66, 308, 374, 591. – Boos 1 Nr. 157, 258, 317, 327, 377; 2 Nr. 574, 612, 706, 745. – UB Basel 1, Nr. 168; 3, Nr. 411; 5, Nr. 275; 7, Nr. 143. – Böhmer, Reg.Imp. Nr. 355. – FDA 1 (1865) S. 199, 211; 4 (1869) S. 33; 35 (1907) S. 82; 63 (1935) S. 276; 68 (1941) S. 375. – FUB 1, Nr. 398. – MG Const. IV/2 Nr. 1204. – Mone Anzeiger 1839 S. 466. – Neugart EC Nr. 163. – REC Nr. 93, 3308, 8445, 8793. – RMB 1, Nr. h 798. – SGUB 1, Nr. 194, 196, 257. – Trouillat 5, S. 683 f, 689, 696. – ZGO 16

(1864) S. 200f; 26 (1874) S. 367f, 373, 376; 28 (1876) S. 392f; 29 (1877) S. 165–240; 30 (1878) S. 221–320; 31 (1879) S. 194; 36 (1883) S. 262–267; 42 (1888) S. m90/91, 97; 55 (1901) S. m21, 23; 58 (1904) S. m110.
Quellen ungedr.: StA Basel Urkunden Augustiner Nr. 81; Klosterarchive St. Clara S 35, Klingental HH 48; Direktorium der Schaffneien Q 74,1. – GA Herten (Inv. masch. 1954). – PfA Herten. – GLA H/Herten 1; 5/K. 21; 11/K. 186; 16/K. 67; 17/K. 6; 18/K. 2, 6, 10, 14, 16, 22–25, 29, 31/33, 35, 38, 42, 44, 53; 19/K. 26, 47; 21/K. 227, 312, 344, 373; 66/778–81, 785–89, 1474, 3664–72, 3715, 7190, 7195, 10097, 10102, 11752, A 147/48, 154, 157, 159–61; 72/Reutner v. Weil, v. Rotberg; 120/582; 229/17406, 37735, **42728–93**, 67769, 75538, 75544, 75563, 86299, 86337, 86341ff86349, 101912, 110260, 117048; 361 (1926, 43) 28; 375 (1896, 21) 31; 391/**15781–97**.
Literatur: Festschrift zum 60. Jubiläum, 1879–1939, der St. Josefsanstalt Herten i. B. Privat-, Unterrichts- Erziehungs- und Pflegeanstalt für Geistesschwache und Epileptische. Villingen 1939. – *Fingerlin*, Gerhard, Neue Ausgrabungen an römerzeitlichen Fundplätzen im rechtsrheinischen Vorfeld von Augst. In: Archäologie der Schweiz 8, 1985, H. 2 S. 79. – *Ders.*, Der römische Gutshof an der ehemaligen Gemarkungsgrenze Herten/Warmbach, Stadt Rheinfelden, Kreis Lörrach – ein durch Ackerbau gefährdetes Kulturdenkmal. In: AA 1984 S. 144. – *Ders.*, Eine römische Raststation an der Hochrheinstraße? In: AA 1987 S. 139–142. – *Ders.*, Fortsetzung der Grabungen in Herten. In: AA 1988 S. 147–150. – *Ders.*, Ein bisher unbekannter Gutshof auf Gemarkung Herten. In: AA 1992 S. 168–171. – *Gubler*, Hans Martin, Johann Caspar Bagnato und das Bauwesen des Deutschen Ordens in der Ballei Elsaß-Burgund im 18. Jahrhundert. Sigmaringen 1985 S. 253. – *Richter*, Erhard, Ein großer römischer Gutshof an der ehemaligen Gemarkungsgrenze Herten/Warmbach. In: Das Markgräflerland 1, 1984, H. 1 S. 12–28. – *Ders.*, Der Markhof zwischen Wyhlen und Herten. In: Das Markgräflerland 2 (1993), S. 122 ff.
Erstnennungen: ON 807 (SGUB 1 Nr. 194). – Kirche 1275 (FDA 1 ⟨1875⟩ S. 199). – Patron St. Urban.
Markhof: ZGO 26 (1874) S. 367 (1439). – StaatsA Basel Klosterarchive St. Clara K. – GLA H/Markhof 1; 17/K. 1, 6, 118; 18/K. 29; 21/K. 312; 229/42764, 42768, 86341, 117074, 117076, 117078, 117092; 391/15596, 15785. – ZGO 26, 1874, S. 368, 371, 373/74, 376/77.
Volkensberg: ZGO 29 (1877) S. 185 (1300). – Au 3 Nr. 885; 5 Nr. 66. – GLA 18/K. 10, 22, 33; 229/42744, 42767. – ZGO 29, 1877, S. 185–87; 30, 1878, S. 217, 297–99.

Karsau

Quellen gedr.: Trouillat 5 S. 698, 700. – ZGO 28 (1876) S. 392f, 396f, 402; 29 (1877) S. 175, 202–205; 30 (1878) S. 228–310 passim; 31 (1879) S. 168–201 passim; 55 (1901) S. m15/16.
Quellen ungedr.: GLA 18/K. 1–4, 6–9, 12, 13, 16, 26–28, 30, 31, 33, 38, 651; 21/K. 252a, 373, 406; 66/4246–53, 10647–49; 67/664f. 10/11; 86/vgl. ZR; 229/**51681–788**, 67787, 86349, 67810, 86309; 372 (1929, 15) 230, (1943, 40) 329; 391/4394, **18951–19022**. – GA Karsau (Inv. masch. 1951; Übers. ZGO 46 ⟨1892⟩ S. 74–76).
Erstnennungen: ON 1269 (ZGO 28 ⟨1876⟩ S, 393).
Riedmatt: ZGO 28 (1876) S. 393 (1269). – PfA Beuggen. – GLA 18/K. 2–4, 7/8, 11/12, 26, 28, 35; 21/K. 252a; 229/19854, 96345, 96360, 96371; 391/4361, 4394, 18959–61, 36287. – GA Karsau. – ZGO 29 (1877) S. 166f; 30 (1878) S. 256, 274, 290–292.

Beuggen

Quellen gedr.: Böhmer RI Nr. 236, 285, 355, 2089. – Chmel Reg. Frid. Nr. 732; Reg. Rup. Nr. 1532, 1682. – FDA 68 (1941) S. 353 A, 375 A. – Hennes Cod. dipl. ord. Theut. S. 60. – Huillard-Breholes 2/1 S. 156f. – Lünig RA 7 S. 12, 18. – Mone Anz. 1839 S. 466. – Potthast Nr. 6446. – REC Nr. 1799, –1817, 2032, 2082, 2149, 2227, 3059, 4741, 6082, 6456, 6689, 8793, 12043. – RMB Nr. h 604, 679, 853–56. – Trouillat 5 S. 682–729 passim. – Voigt 1 S. 638. – WUB 5 Nr. 1268. – ZGO 1 (1850) S. 457; 4 (1853) S. 73 ff.; 5 (1854) S. 369; 23 (1871) S. 147; 26 (1874) S. 360–365, 374/376; 28 (1876) S. 97–127, 376–436 passim; 30 (1878) S. 213–322; 31 (1879) S. 168–194; 42 (1888) S. m91/92, 99; 46 (1892) S. m 74–76; 49 (1895) S. m61; 55 (1901) S. m20–21, 23, 36; 58 (1904) S. m168.

Quellen ungedr.: StA Basel Klosterarchive Barfüßer H, St. Clara K, Deutschorden B 1–5. – FrhA Enzberg Urkunden 276, 665, 666. – GLA D 139; H/Beuggen 5–8; 2/K. 4a, 72; 3/K. 213; 5/ K. 21; 11/K. 161, 435; 16/K. 59, 61; 17/K. 1, 6a, 7, 9b; 18 (Urkunden Beuggen) vgl. BR; 19/K. 19, 62, 67; 21/K. 82, 210, 222, 252a, 375; 61/5143–46; 65/121; 66/156, 665, 777–801, 3389/90, 3392–94, 3687, 3692, 11620, 11633; 67/242–43, 664, 1843; 72/vgl. ZR; 86 (Akten Beuggen) vgl. ZR; 159/59; 229/10032, 17405, 17409, 28571, 28579, 30907, 30909, 32020, 33972, 34022, 34035–37, 36282, 37717/18, 37721, 37724, 37726, 37728, 37731/2, 37735, 42739, 42742, 42771, 42783, 42785/86, 42788/89, 42792, 42853, 42861, 42883, 42885–87, 44145, 51682/83, 51688, 51696–98, 51701–3, 51707, 51709, 51711–14, 51720, 51724/25, 51727, 51730, 51734, 51736, 51739, 51741, 51745, 51747/48, 51751–53, 51756, 51761, 51768, 51771, 51773, 51775, 51778/79, 51785, 67770/71, 67774, 67788, 67790, 75531, 75536, 75538, 75562, 75566/67, 75572/73, 75589, 86288, 86311–14, 86316/17, 86346, 96311, 96362, 106468, 110260–62, 112890, 112931, 114283, 117046, 117055, 117058, 117062, 117090–93, 117095. – 313/3597; 391/4361, 4394, 15807, 18961, 18964–67, 18998, 19002–4, 19006, 19011, 19019, 23042, 27587, 35277, 40904, 40916, 43485. – HStA Stuttgart Collectaneen; A. Altshausen Bü 292/93, 480, 500, 527–28.
Literatur: *Heim,* Peter, Die Deutschordenskommende Beuggen und die Anfänge der Ballei Elsaß-Burgund von ihrer Entstehung bis zur Reformationszeit. = QS des Deutschordens 32 (1977). – *Müller,* Karl Otto, Das Finanzwesen der Deutschordenskommenden Beuggen und Freiburg i. Br. im Jahre 1414. In: Zs Freib. 32 (1917) S. 47–102. – *Zeller,* Eugen, Die Baugeschichte Beuggens als Kulturgeschichte des Deutschritterordens. In: Das Markgräflerland 2/3 (1970) S. 79–87. – *Zeller,* Konrad, Bemerkungen zu den beiden Ansichten des Deutschordenshauses Beuggen aus den Jahren 1702 und 1842. In: Das Markgräflerland 1970, 2/3, S. 79 ff.
Adel: StA Basel, Urkunden St. Peter Nr. 234. – GLA 18/K. 10–11, 13, 31–33, 44; 21/K. 375, 392; 67/664f. 8. – HStA Stuttgart, A. Altshausen. – UB Basel 3 Nr. 443, 486. – REC Nr. 2032. – RMB Nr. h 582, 614, 853–56. – Trouillat 5 S. 703. – ZGO 26 (1874) S. 363; 28 (1876) S. 105 ff, 119; 29 (1877) S. 170, 180 ff, 249–253; 30 (1878) S. 213, 216 ff, 233–237, 240 ff, 252, 281–283, 293, 297 ff.
Erstnennungen: ON und Kirchensatz 1218 (ZGO 28 ⟨1876⟩ S. 93). – Patron St. Michael 1785 (GLA 229/51743).

Minseln

Quellen gedr.: AU 3 Nr. 423; 4 Nr. 29, 61; 5 Nr. 52. – UB Basel 3, Nachtr. Nr. 65. – FDA 1 (1865) S. 200; 5 (1870) S. 87; 24 (1895) S. 213; 35 (1907) S. 81; 63 (1935) S. 279 ff; 76 (1956) Nr. 1384, 1395, 1425, 1437, 1462, 1475, 1518, 1532. – RMB 1 Nr. h 652, 915, 1039. – SGUB 1 Nr. 19. – ZGO 4 (1853) S. 74; 9 (1858) S. 187; 12 (1861) S. 306; 28 (1876) S. 78–127, 376–438; 29 (1877) S. 163–260; 30 (1878) S. 213–321; 31 (1879) S. 168–233, m 179/80, 187 und A3; 48 (1894) S. m140; 55 (1901) S. m21, 23; 58 (1904) S. m65.
Quellen ungedr.: GLA 16/K. 70, 81; 18/K. 6–8, 12, 16, 18, 22, 25, 27, 30, 32–34, 38, 53; 19/ K. 37; 21/K. 324, 344, 373, 406; 44/Nr. 5892–98, 7217, 7220, 7223/24, 8148, 8152; 66/5464–77, 7190, 7195, 10647–49, 10742, 11965, A 147/48, 159, 160, 169/70, 180/81; 72/v. Luterau, v. Rappenberg, v. Rotberg; 86/vgl. BR; 212/394; 229/23185, 23188, 42758, 42787, 51711, 51728, **67754–810**, 75527, 75562, 86278, 86337, 86342, 86349; 313/3597; 375 (1901, 97), 302, (1924, 2) 205, 205a; 391/ 2048, 4394,, 15793, 25203–14. – GA Kirchen, Bücher I,2. – GA Minseln (Inv. masch. 1952). – PfA Minseln (Übers. in ZGO 48, 1894, S. m140).
Literatur: Festschrift mit Heimat-Chronik zur 1200-Jahrfeier der Gemeinde Minseln. 1954. – *Kähny,* Heinrich, vgl. Adelhausen. – *Wörner,* Hans Jakob, St. Peter und Paul Rheinfelden-Minseln = Kleine Kunstführer 1132, München 1978.
Erstnennungen: ON 754 (SGUB 1 Nr. 19). – Kirche 1275 (FDA 1 ⟨1865⟩ S. 200).

Nollingen

Quellen gedr.: AU 3 Nr. 56, 116; 4 Nr. 228; 5 Nr. 8. – UB Basel 1, Nr. 101, 192, 226. – Böhmer, Reg.Heinr. Nr. 236; Reg. Imp. Nr. 285. – FDA 1 (1865) S. 199; 35 (1907) S. 81; 63 (1935) S. 276f. – REC Nr. 8793, 12430. – RMB 1, Nr. h 660, 854–56, 915. – Trouillat 5, S. 703. – ZGO 2 (1851)

Geschichte der Stadtteile 337

S. 495–499; 4 (1853) S. 73 f; 5 (1854) S. 365 f., 369 f; 9 (1894) S. 39 f; 15 (1863) S. 458–461, 479 f; 26 (1874) S. 357–369; 28 (1876) S. 100 ff, 111 f, 406 f, 411; 29 (1877) S. 163–169, 173, 175 f, 180 f, 225–233, 240–243, 249–253; 30 (1878) S. 213–280; 31 (1879) S. 170, 173; 42 (1888) S. m97; 46 (1892) S. m76; 55 (1901) S. m19–23.
Quellen ungedr.: StA Basel Klosterarchive St. Peter JJJ 95, Prediger N 58. – GLA D 139; 5/ K. 21; 11/K. 316, 441, 482; 16/K. 73; 17/K. 1, 4, 7–8, 9b; 18/K. 2, 6/7, 10, 12/13, 16, 19, 21–23, 27, 30–33, 38/39, 43, 53; 19/K. 37; 21/K. 344, 373, 375, 406; 66/**5978–6007**, 7190, 7195, 10040–44, 10071, 10647/48, 11983, 16649, A 148, 159–63, 168, 176–78; 72 / Truchseß v. Rheinfelden; 86/168; 212/394; 229/17406, 42757, 42771, 42783, 42787, 42789, 51768, 67766, 67806, **75519–74**, 86337, 86342, 86346, 86349, 86361, 110260, 117048; 372 (1929, 15) 371–72; 375 (1896, 21) 31; 391/4394, 22954, **27583–602**, 45514. – GA Nollingen. – PfA Nollingen (Übers. in ZGO 46, 1892, S. m85/86).
Literatur: *Kuhn*, Friedrich, Streiflichter aus der Vergangenheit des alten Dorfes Nollingen. In: JS 41.Jg (1966–67) S. 23–31. – *Steinegger*, H., Heimatgeschichte Nollingen, Rheinfelden und Umgebung bis zum Jahre 1922.
Adel: GLA 17/K. 4–5, 7–8; 18/K. 5, 13, 26, 33, 44; 20/K. 139. – AU 3 Nr. 16; 4 Nr. 19; 5 Nr. 62. – UB Basel 1, Nr. 71, 168, 189, 226, 244. – Trouillat 5, S. 683 f. – ZGO 5 (1854) S. 365 f., 267 ff; 18 (1865) S. 484 f; 26 (1874) S. 357–360; 28 (1876) S. 106 f, 111 f; 29 (1877) S. 191 ff; 30 (1878) S. 228, 236 f. – Helvetia Sacra II/1 S. 406 f. – *Schib*, Karl, Geschichte der Stadt Rheinfelden. Rheinfelden 1961 S. 72 ff.
Erstnennungen: ON 752 (SGUB 1 Nr. 15). – Kirche 1223 (UB Basel 1 Nr. 101).

Nordschwaben

Quellen gedr.: AU 3 Nr. 740, 892. – FDA 35 (1907) S. 82; 63 (1935) S. 277 f. – REC Nr. 6861. – ZGO 30 (1878) S. 273 f; 55 (1901) S. m21, 23.
Quellen ungedr.: StA Basel, Urkunden St. Peter Nr. 162, 172, 306. – GLA H/Nordschwaben 1; 11/K. 316, 408; 18/K. 31, 34; 21/K. 344; 66/6012–13, 7260, 7190, 7195, 7218, 10648/49, A 159, 169/ 70, 180; 67/1843; 86 / vgl. ZR; 229/23185, 23188, 42757, 51728, 75527, **75841–48**, 86309, 86337, 86342, 86349; 313/3597; 375 (1909, 97), 331, (1924, 2) 220, 220a; 391/**27714–17**.
Literatur: *Fingerlin*, Gerhard, Steingrabhügel im Dinkelberggebiet. Zu einem Neufund aus Nordschwaben, Stadt Rheinfelden, Kr. Lörrach. In: AA 1986 S. 204–207 – *Spitz*, Alban, Die Kapelle zu Nordschwaben. In: Das Markgräflerland 1975, S. 304–308.
Adel: StA Basel, Urkunden Gr. Spital Nr. 265, 297a; Spitalarchiv S 26,1. – GLA 11/K. 397, 515; 18/K. 34, 41; 44/Nr. 6950. – AU 3 Nr. 599. – ZGO 30 (1878) S. 219, 225.
Erstnennungen: ON 12.Jh. (Heer S. 382). – Kapelle 1307 (GLA 11/K. 316). – Patron St. Mauritius 1392 (GLA 66/7218).

Rheinfelden (Baden)

Literatur: Rheinfelden(Baden) 1922–1972. Vergangenheit und Gegenwart. – *Allgemeine Elektricitäts-Gesellschaft* (Hg.), Die Kraftübertragungswerke Rheinfelden. Technische und wirtschaftliche Darstellung der Ausnützung der Wasserkräfte des Rheins bei Rheinfelden. Berlin 1896. – *Baten*, Jörg, Regionale Wirtschaftsentwicklung, öffentliche Elektrizitätswirtschaft und Erster Weltkrieg in Baden und Württemberg. In: Historical Social Research 16/3 (1991) S. 69–112. – *Haas*, R., Der Hochrhein und seine Kraftwerke. In: Bad. Heimat 19 (1932) S. 110–115. – *Verlag des Südkurier* (Hg.), Rheinfelden, Bilder aus einem halben Jahrhundert seiner Geschichte. Rheinfelden 1968. – *Schäfer*, Hermann, Gewerbelandschaften: Elektro, Papier, Glas, Keramik. In: *Pohl*, Hans (Hg.), Gewerbe- und Industrielandschaften vom Spätmittelalter bis ins 20. Jahrhundert S. 456–477. – *Mohr*, Bernhard, Rheinfelden (Baden), Siedlungsentwicklung und ihre Bestimmungsfaktoren, räumliches Wachstum und Bauträger einer Industriestadt am Hochrhein. In: Basler Geograph. Hefte 17 (1978) S. 98–141. – *Klein*, Eveline, Die Entstehung des Industriestandortes Badisch Rheinfelden. Probleme und Auswirkungen einer Industrieansiedlung in einem rein landwirtschaftlichen Gebiet. Mag. Arb. Univ. Freiburg 1989. – *Kampffmeyer*, Hans, Die Entwicklung eines modernen Industriestandortes und die Lehren, die sich daraus für die industrielle

Ansiedlungspolitik ergeben. Karlsruhe 1910. – *Pistor*, Horst, Chronik des Degussa-Werkes Rheinfelden. Ungedr. Ms. 1973.

Warmbach

Quellen gedr.: AU 3 Nr. 19, 86, 95, 230, 645, 803; 4 Nr. 25 f., 32 f., 76, 87, 100, 153, 158, 167, 176, 181, 213 f, 227; 5 Nr. 78, 89, 95, 125, 136, 151, 177, 187, 189 f, 200, 207, 257, 266, 344, 428. – UB Basel 2, Nr. 309; 7, Nr. 143, 385. – Boos 2 Nr. 810. – Chartularium Sangallense 4 Nr. 1841–43, 1849; 5 Nr. 2619. – FDA 1 (1865) S. 199; 5 (1870) S. 86; 35 (1907) S. 82; 63 (1935) S. 277. – REC Nr. 6273. – SGUB 1, Nr. 19, 257. – ZGO 5 (1854) S. 370; 26 (1874) S. 365 f, 369 f, 374 f; 28 (1876) S. 377 f, 385 f, 395 f, 406 f; 29 (1877) S. 165 f, 195 ff, 257 f; 30 (1878) S. 217–280.

Quellen ungedr.: StA Basel Urkunden St. Leonhard Nr. 189; Direktorium der Schaffneien Q 169. – GA Herten, Urkunden. – GLA 17/K. 7–8; 18/K. 6–7, 16, 24, 31, 33, 38, 53; 21/K. 406; 66/9355, A 147 f, 159, 162; 120/24e; 159/59; 229/17406, 39739, 42776, 42783, 75527, 75563, 86337, 86342, 86349, 101911, **110228–66**; 391/27592, 32021, **40901–28**. – GA Nollingen, Urkunden. – GA Warmbach (Übers. in: ZGO 42 ⟨1888⟩ S. m97). – PfA Warmbach.

Literatur: *Richter*, Erhard, Ein großer römischer Gutshof an der ehemaligen Gemarkungsgrenze Herten/Warmbach. In: Das Markgräflerland 1, 1984, S. 123–128. – *Stadt Rheinfelden (Baden)* (Hg.), Festschrift der Stadt Rheinfelden (Baden) zur 1200-Jahrfeier im Ortsteil Warmbach vom 4.–7. September 1954. Rheinfelden 1954.

Erstnennungen: ON 754 (SGUB 1 Nr. 19). – Kirche 1270 (Chart. Sang. 4 Nr. 1849).

Rümmingen

446 ha Gemeindegebiet, 1355 Einwohner (31.12.1990, 1987: 1274)

Wappen: In geteiltem Schild oben in Gold (Gelb) ein wachsender, doppelgeschwänzter roter Löwe, unten in Silber (Weiß) auf grünem Dreiberg ein grüner Apfelbaum mit roten Früchten und schwarzem Stamm.
Der rote Löwe ist dem Wappen der Herren von Rötteln entnommen, der Obstbaum weist auf den Obstbau in Rümmingen hin. Die Gemeinde nahm diesen Vorschlag des badischen Generallandesarchivs 1907 als Wappen an.

A. Naturraum und Siedlung

Natürliche Grundlagen. – In unmittelbarer Nachbarschaft zu Binzen gelegen und nördlich an das Stadtgebiet von Lörrach grenzend, erstreckt sich das Gemeindegebiet von Rümmingen über 446 ha in ausgedehnter westöstlicher Richtung vom Bamlach-Schallbacher Lößhügelland über das breite Kandertal auf die von altquartären Schottern überdeckten Hänge des Röttler Waldes.

Der westliche Teil des Gemeindegebiets wird geprägt durch das wellige, in Lößplatten und Talmulden gegliederte Relief des *Bamlach-Schallbacher Lößhügellandes*. Die mächtigen Lagen aus jungem Löß, die den tektonisch stark beanspruchten tertiären Rumpfflächensockel überziehen, bilden weiche Geländeformen aus. Das Relief dacht sich von 348 m fast im äußersten NW des Gemeindegebiets auf rund 280 m am Kandertal ab. Breite, langgestreckte *Talmulden* greifen von dort weit auf die Lößplatten aus und lösen diese zum Kandertal hin in flach geböschte Riedel auf. Bei diesen Talmulden handelt es sich um ehemalige Lößtälchen, die durch die spät- bzw. postglaziale Solifluktion muldenförmig umgestaltet und durch Schwemmlehme nach unten abgedichtet wurden. Die Talmulden neigen daher zur Staunässebildung, bilden Gleyböden und zeichnen sich vorrangig durch fettes Wiesenland aus. Die kalkreichen, gut drainierten höheren *Lößplatten* geben demgegenüber bei bester Bodenqualität ein hervorragendes Ackerland ab.

Östlich des breiten Kandertals setzt sich das Lößhügelland fort. Doch steigt hier das Gelände wesentlich steiler und höher an, da auf den tertiären Sockel weitere pleistozäne Schichten gelagert sind. Mit 430 m werden auf der Hochfläche des *Röttler Waldes* die größten Höhen des Gemeindegebietes erreicht. Zumindest das untere Drittel der Nordflanke des Röttler Waldes ähnelt in wesentlichen Zügen dem westlichen Gemeindegebiet. Die lößbedeckten Hänge werden durch breite, lehmgefüllte Talmulden zerfurcht, die an ihrem unteren Ende mit weiten Schwemmfächern in das Kandertal ausgreifen und teilweise zu einer regelrechten Schwemmfächerleiste verwachsen sind. Bisweilen finden sich an den unteren Hangbereichen Tonablagerungen, wie nördlich von Rümmingen, wo sie bis 1993 in einer weitflächigen *Tongrube* zu Ziegeln verarbeitet wurden. Wiederum sind die Talmulden vorrangig Wiesenland, während die jetzt steileren Lößhänge, soweit sie nicht überbaut sind, von Ackerland oder Obstwiesen eingenommen werden.

Ab einem Höhenniveau von 330 m ändert sich jedoch das Bild. Dichter Laubwald verhüllt die oberen Hangpartien sowie die weitgehend ebene Hochfläche. Den Grund für diesen Wechsel bilden die *altquartären Schotter*, die hier als weite zusammenhängende Schicht in etwa 385 m Höhe der tertiären Unterlage auflagern. Wenn trotzdem der Wald bereits wesentlich weiter hangabwärts einsetzt, so liegt dies daran, daß die stark verwitterten Hochterrassenschotter, die mindestens aus der Mindel-, wahrscheinlich aber aus der Günzeiszeit stammen, durch spätere Solifluktion weit über die Hänge verschwemmt wurden. An der Nordflanke sind daher die durch Lößüberwehung lehmig-sandigen Böden massenhaft mit Buntsandstein- und Quarzitgeröllen durchsetzt. Teilweise ist die Verlehmung so stark, daß sich im Waldgebiet anmoorige Bereiche gebildet haben. Bekannt ist das Naturschutzgebiet *Rümminger Moos* am flachgeneigten Nordwesthang des Röttler Waldes, das sich durch seinen feuchten Eichen-Hainbuchen-Wald mit besonders alten Eichenbeständen auszeichnet. Dort, wo die altpleistozäne Schotterschicht intakt geblieben ist, stellt sie einen hervorragenden Grundwasserträger dar, wobei der Wasserstauer von den darunterliegenden jungtertiären Mergeln gebildet wird. An den Ausstrichstellen der Mergel/Schottergrenze treten daher bevorzugt Quellen auf, die auch für die Wasserversorgung von Rümmingen von Bedeutung sind. Von diesem Quellhorizont gehen die meisten der den Hang zertalenden Bachläufe ab, die im oberen Hangdrittel meist kerbtalartig eingeschnitten sind, in den lößbedeckten unteren Hangpartien, insbesondere zum Kandertal hin, jedoch Muldentäler ausgebildet haben.

In die ursprünglich durchgehende Fläche des Lößhügellandes hat sich dicht an der Nordwestseite des altquartären Schotterfeldes das *Kandertal* eingetieft, das das Gemeindegebiet in seinem westlichen Drittel annähernd in nordsüdlicher Richtung durchquert. Der Fluß schlängelt sich hier durch den breiten Talboden. Die häufige Schlingenbildung kommt dabei durch die vielen Schwemmfächer an den Einmündungen der Muldentäler zustande, die den Flußlauf jeweils immer zum gegenüberliegenden Hang drängen. Die weite Talform zeugt davon, daß die Kander ehemals einen bedeutenden Schmelzwasserabfluß der Schwarzwaldvergletscherung darstellte. Schwemmlöße und Lößlehme, die durch Solifluktion und Abspülung von den umliegenden Hängen auf der Talsohle zur Ablagerung kamen, stauen heute auf dem Talboden das Grundwasser, so daß sich hier schwere, anmoorige, nur als Wiesenland geeignete Böden finden.

Siedlungsbild. – Von Binzen ca. 2 km kanderaufwärts, im breiten Auslauf eines Lößtals an der Nordflanke des Röttler Waldes, liegt der Ort Rümmingen. Sein Straßengrundriß wird geprägt durch das gedehnte Straßenkreuz, dessen eine Achse die dem Kandertal folgende L 134 (Binzener Straße/Wittlinger Straße) bildet, während die andere, von Schallbach kommend, ab der Kreuzung als Lörracher Straße L 141 in langgezogenem, später scharf nach S abknickendem Bogen in Richtung auf die Lucke führt. Allerdings orientiert sich die *ursprüngliche Dorferstreckung* nur im Kreuzungsbereich an diesen alten Verkehrsleitlinien. So steht direkt im Winkel der Schallbacher und der Wittlinger Straße das Ende des 18. Jh. errichtete Gasthaus »Zur Sonne«. Das mit dem Giebel zur Straßenkreuzung ausgerichtete zweistöckige Gebäude zeigt sich als wuchtiger Streckhof, bei dem an den vorderen Gast- und Wohnhausbereich eine mächtige Scheune firstgleich angesetzt ist. In unmittelbarer Nachbarschaft zur »Sonne« finden sich entlang der Wittlinger Straße einige stark modernisierte ältere Anwesen. Eines davon beherbergt einen Reitstall.

Nach O folgt der Ortskern dem Bogen der Lörracher Straße und hält sich dann vor allem an die hier abzweigende, mit kräftiger Steigung hangaufziehende Dorfstraße. Jener Straßenbogen bildet gleichsam das *Ortszentrum*. In seiner Nähe haben sich auch einige der wenigen Geschäfte des Dorfes niedergelassen, so ein Lebensmittelladen im

Winkel zwischen Wittlinger Straße und Lörracher Straße, die Post und eine Toto-Lotto-Annahmestelle an der Ecke Lörracher Straße/Dorfstraße. Entlang der Dorfstraße hat der Ort seinen dörflichen Charakter noch am besten bewahrt. Streckhöfe und durch Zubauten erweiterte Hakenhöfe bestimmen das Siedlungsbild. Allenthalben ist jedoch auch der anhaltende Funktionswandel zu erkennen. Viele der Gebäude, deren Fachwerk wieder liebevoll freigelegt wurde, sind zu reinen Wohnhäusern umgewandelt; in einen der Streckhöfe ist eine Metzgerei mit größerer Schaufensterfront eingezogen. Am oberen Ende der Dorfstraße steht, etwas erhöht und mit der Längsseite zur Straße, die kleine *evangelische Remigiuskirche* (s. u., Bemerkenswerte Bauwerke).

Hinter der Kirche greift der ursprüngliche Ortsbereich mit wenigen Anwesen über die Dorfstraße auf die Karl-Friedrich-Böhringer-Straße aus, wo ein moderner Sparkassenbungalow den Übergang zum oberhalb beginnenden Neubaugebiet markiert. Aber auch entlang der Webergasse schieben sich alte Anwesen den Hang hinauf. Die Dorfstraße selbst biegt bei der Kirche scharf nach N um und endet blind oberhalb des weiten, seit 1861 am Ortsausgang bestehenden Ziegeleiareals (heute: Gewerbegebiet Holzacker). Der Zugang zu dieser den Tonwerken Kandern zugehörigen Niederlassung geschieht von der Wittlinger Straße her. Dort fällt auch sofort der zweistöckige, mit repräsentativem Vierseitwalmdach gedeckte und aus dem Ende des letzten Jahrhunderts stammende Büro- und Betriebsleiterwohnbau ins Auge, der direkt an der Straße steht. Neben älteren Backsteinhallen prägen weite Werksgebäude mit flachen Giebeldächern das Areal, das nach wie vor das nördliche Siedlungsende markiert. Westlich der Wittlinger Straße erstreckt sich das 1993/94 entstandene Neubaugebiet »Unter der Wittlinger Straße«, überwiegend aus Einfamilien-Reihenhäusern und wenigen Doppelhäusern bestehend.

Entlang der Binzener Straße, wo das 1861 als Privathaus errichtete einstige Rathaus steht, insbesondere aber entlang der Lörracher Straße in Richtung auf die Lucke hat sich die Siedlung erst spät ausgedehnt. Kennzeichnend hierfür sind die großen, sauber an die Straße gesetzten Streckhöfe sowie kleinere, eher Seldnercharakter aufweisende Anwesen. Nach O zweigt von der Lörracher Straße der Schulweg ab, der bergauf zum neuen *Rathaus* führt. Den langgestreckten, zweistöckigen, parallel zum Hang stehenden Bau, dem ein säulengestützter Treppeneingang vorgelagert ist, hat sich das Bürgermeisteramt bis 1986 mit dem Kindergarten teilen müssen. Inzwischen hat der Kindergarten hinter dem heutigen Rathaus einen Neubau erhalten. Weiter oben am Hang, ebenfalls am Schulweg, folgt der schlichte, zweigeschossige Schulhausbau aus den späten 1950er Jahren mit einer Erweiterung aus dem Jahre 1994, woran in gleicher Fluchtlinie eine moderne Mehrzweckhalle angeschlossen ist.

Der Schulweg bildet einen der Übergänge zu dem ausgedehnten Neubaugebiet, das sich im S an den alten Ortskern anlehnt. Seine zentrale Achse bildet die Karl-Friedrich-Böhringer-Straße, die, gleich einer Ringstraße, das gesamte *Neubaugebiet* von der Dorfstraße im O bis zur Lörracher Straße im S durchzieht. Schmale Zufahrtsstraßen, die zudem noch durch reine Fußgängerwege verbunden sind, erschließen das Gebiet, das in unmittelbarer Nähe zum Dorfkern Villencharakter mit größeren Gartenflächen trägt, zu den Randbereichen hin aber stärker von Ein- und Zweifamilienreihenhäusern geprägt wird. Am östlichen Rand schließen mehrere aneinandergesetzte sechsgeschossige Wohnblöcke die Neubausiedlung ab, die sich hier bereits bis zum Friedhof ausgedehnt hat. Auf dem *Friedhof* erinnert ein Gedenkstein an den 1849 erschossenen Freiheitskämpfer Friedrich Neff, nach dem auch eine Straße im Neubaugebiet benannt ist.

Nach N hin hat sich die Siedlung bis heute kaum über die nur noch episodisch als Museumsbahn betriebene *Kanderbahnlinie* hinausgeschoben. Dort liegt, noch südlich des Kanderflusses, an der Schallbacher Straße das kleine *Gewerbegebiet* von Rümmingen. Die wenigen, teilweise zweistöckigen, meist flachen Hallenbauten verleihen ihm bereits das typische Aussehen solcher Anlagen.

Bemerkenswerte Bauwerke. – Die im Jahre 1505 geweihte Remigiuskapelle erhielt ihre heutige Gestalt noch vor dem 30j. Krieg. Es ist ein einfacher, flachgedeckter Saal mit abgeschrägten Ecken im Osten, je zwei Spitzbogenfenstern an den Längs- und kleinen Lanzettfenstern an den Schrägseiten. Das Satteldach wird von einem Giebelreiter bekrönt, ein weitausladendes Pultdach über der Eingangstür gewährt zusätzlichen Schutz für Gottesdienstbesucher, die der kleine Raum nicht aufnehmen kann. Chorstufen trennen im Inneren den Altar- vom Gemeindebereich, welcher zur Hälfte von einer Empore überdeckt wird. Das Ganze ist von einer flachen Decke abgeschlossen.

B. Die Gemeinde im 19. Jahrhundert und in der Gegenwart

Bevölkerung

Bevölkerungsentwicklung. – Zu Beginn des 19. Jh. zählte Rümmingen 222 Einwohner (1804). Diese Zahl stieg nach anfänglichem Absinken (1809: 184) bis zur Jahrhundertmitte auf 276 an und blieb – abgesehen von den Krisenjahren nach 1848 (1861: 249) und um die Jahrhundertwende (1900: 256, 1910: 274) – im wesentlichen konstant. Nur sehr vereinzelte Auswanderungen sind belegt. Der Geburtenüberschuß zwischen 1852 und 1925 betrug nach Abzug der 98 Abwanderungen 25, die Bevölkerungszahl war 1925 auf 301 gestiegen. Seit dem 1. Weltkrieg (12 Todesopfer) wuchs die Bevölkerungszahl trotz erheblicher Verluste im 2. Weltkrieg (38 Tote, 6 Vermißte) zunächst stetig. Nach dem Kriegsende trug hierzu der Zustrom Heimatvertriebener bei: 1950 wurden bei 392 Einwohnern 59 Vertriebene gezählt, 1961 bei 501 Einwohnern 53 Vertriebene und 38 SBZ-Flüchtlinge. Durch die Erschließung des rund 200 Wohnhäuser umfassenden Baugebiets im Gewann »Ob der Lörracher Straße« vor allem in den 1970er Jahren schnellte die Bevölkerungszahl von 595 (1970) auf 1210 (1980) hoch. In diesem Jahr betrug der Ausländeranteil 54 Personen (4,5%); 1987 lebten unter 1274 Einwohnern 34 Ausländer (2,7%). Die Einwohnerzahl stieg inzwischen weiter an und betrug beim Jahresanfang 1993: 1360.

Konfessionelle und soziale Gliederung. – Die Rümminger Bevölkerung war seit der Reformation lutherisch, seit 1821 evangelisch-uniert. Der zunächst sehr geringe Anteil der Katholiken stieg seit 1861 von 5,6% bis 1925 auf 8% an. 1970 bzw. 1987 gab es in Rümmingen 77,1% bzw. 59,3% Protestanten, 17,8% bzw. 26,2% Katholiken und 5,1% bzw. 14,5% Sonstige und Konfessionslose.

Um die Wende vom 19. zum 20. Jh. lebten nach den Berichten der Amtleute in Rümmingen durchweg mittelmäßig situierte Bauersleute bei relativ geringem Besitzstand, dennoch in guten wirtschaftlichen Verhältnissen. 1895 ernährten sich von den 274 Einwohnern 78,2% von der Landwirtschaft, 14,6% von Handwerk und Industrie, 1,5% von Handel und Verkehr und 5,8% von einem anderen Erwerb oder erhielten ihren Unterhalt nicht aus eigener Berufstätigkeit. Der landwirtschaftliche Charakter des Dorfes blieb bis nach dem 2. Weltkrieg erhalten, 18 Personen suchten sich ihre Arbeit in Haltingen, Tumringen, Wyhlen und Lörrach. In den folgenden zehn Jahren zogen jedoch mehr und mehr Einwohner die Industriearbeit ihrem bisherigen landwirtschaftlichen Beruf vor. Diese Veränderung ist nach dem 2. Weltkrieg deutlich zu erfassen:

1950 lebten nur noch 36,7% der Bevölkerung von der Land- und Forstwirtschaft und genauso viele von Handwerk und Industrie. Die Bereiche Handel und Verkehr, öffentlicher Dienst sowie Selbständige und Berufslose hatten ebenfalls zugenommen (10,5%, 6,9%, 0,2%).
Bei den Volkszählungen 1961 und 1970 war der Bereich der Land- und Forstwirtschaft auf 16% dann auf 6% gesunken, der Bereich Produzierendes Gewerbe auf 50% bzw. 47% gestiegen. 14% bezogen ihren Unterhalt aus Handel und Verkehr, 9% bzw. 19% aus sonstigen Wirtschaftsbereichen und 10% bzw. 13% waren Pensions- und Rentenempfänger. Die Volkszählung von 1987 zeigte als Ergebnis, daß nur noch 1,9% der Erwerbstätigen in der Land- und Forstwirtschaft ihr Auskommen fanden, gegenüber 35,1% im Produzierenden Gewerbe und 22,0% im Handel, Verkehr, Kredit- und Versicherungsgewerbe. Der Bereich der sonstigen Dienstleistungen ist mit 40,6% zum Haupterwerbszweig geworden. 11,9% der Wohnbevölkerung lebten von Renten, Pension, Arbeitslosengeld etc.

Politisches Leben

Ein bedeutender Teil der Rümminger Bürger scheint in den 1840er Jahren mit der Regierungsform unzufrieden und entsprechend politisch aktiv gewesen zu sein. Eine namhafte Gruppe gehörte einem Demokratischen Verein an. Über die unmittelbare Umgebung hinaus wirkten die in Rümmingen geborenen späteren Revolutionäre Friedrich Neff (1821 bis 1849, in Freiburg standrechtlich erschossen) und der Dichter Ludwig Friedrich Schnaufer (1816 bis 1890).
Ähnlich wie in vielen Gemeinden des altbadisch evangelischen Markgräflerlandes erhielt die Nationalliberale Partei in Rümmingen bei allen Wahlen während des Kaiserreichs die absolute Mehrheit; zwischen 1871 und 1881 erreichte sie nicht selten alle Wählerstimmen. Der Übertritt des bisherigen Abgeordneten zu den Freisinnigen, die 1884 41% der Stimmen erhielten, änderte an der Dominanz dieser Richtung ebensowenig wie das Aufkommen der 1893 mit 30,4% in Rümmingen überdurchschnittlich erfolgreichen Antisemiten. Ein konservatives Wählerpotential war bereits 1878 (7,5%) aufgefallen. Bemerkenswert scheinen die frühen, 1878 mit 12,5% relativ hohen SPD-Anteile, die sich aus der örtlichen Arbeiterschaft in der Ziegelei erklären ließen. Angesichts der geringen Zahl der Wahlberechtigten (1912: 73) relativieren sich diese Aussagen freilich.
Ungeachtet des geänderten Wahlrechts und der mit dem Frauenwahlrecht mehr als verdoppelten Zahl der Wahlberechtigten, behielten bei den Reichstagswahlen der frühen Weimarer Zeit die Liberalen die deutliche Mehrheit; die SPD erzielte 1919 36,4%, 1924 28,6% der Wählerstimmen. Wie in der Umgebung mehrfach sichtbar, stieg dann die Stimmenzahl des Badischen Landbundes (1924: 56,3%), 1928 die der wirtschaftlichen Vereinigung des badischen Mittelstandes (38,2%). Dann aber brach auch in Rümmingen die Zeit der politischen Extreme an, 1930 wuchsen die Anteile der KPD (16,4%) und NSDAP (42,3%), sie stiegen 1932 auf 74,5%, was fast drei Viertel aller Wähler und deutlich mehr als die Hälfte der Wahlberechtigten ausmachte.
Mit 61,8% siegte bei den Bundestagswahlen 1949 zunächst die FDP; sie verlor jedoch rasch an Stimmen. 1953 erreichte die CDU mit 38,1% die relative Mehrheit, 1957 die SPD mit 37,4%, die sie bis 1972 behielt. Die NPD wählten 1965 6,1% und 1969 8,6% der Rümminger Bevölkerung. In den folgenden Jahren mag der rasche Zuzug von Neubürgern bei der wechselnden Dominanz der beiden stärksten Parteien eine Rolle gespielt haben: 1976 war die CDU, 1980 die SPD und seit 1983 die CDU

wieder stärkste Partei; 1990 erhielt sie 39,3% der gültigen Stimmen (SPD: 30,9%). Die Landtagswahlen hingegen lassen ein einfacheres Bild erkennen: der weniger deutlich dominierenden FDP folgte schon 1952 die SPD als relativ stärkste Partei. Aus dieser Position wurde sie zwischen 1972 und 1988 von der CDU verdrängt. Erst 1992 überflügelte die SPD mit 37,4% wieder die CDU (33,0%).

Wirtschaft und Verkehr

Land- und Forstwirtschaft. – Auf der im Kandertal gelegenen Gemarkung Rümmingen werden der Talgrund als Wiesen, die flachen Hänge beiderseits des Flusses als Ackerland genutzt. Gegen Ende des 19. Jh. wurden auf 159 ha *Acker- und Gartenland* hauptsächlich Gerste (60 ha) und Weizen (25 ha), daneben Roggen (2 ha), Weizen und Roggen als Gemenge (3 ha) und Hafer (6 ha) kultiviert. Der Getreideanbau wurde ergänzt durch Kartoffeln (14 ha), Gemüse und Raps. Als Futterpflanzen baute man Grünfutter, fast ausschließlich Blauklee (20 ha), und Hackfrüchte (3 ha) an. 1913 war der Gerstenanbau (20 ha) zugunsten des Weizenanbaus (39 ha) zurückgegangen, wegen vermehrter Pferdehaltung und Rindviehzucht der Hafer- und Grünfutteranbau ausgeweitet. Der Getreideanbau insgesamt war 1930 von 103 ha auf 54 ha zurückgegangen, entsprechend das Ackerland (124 ha) zugunsten der Wiesen (1880: 53 ha; 1930: 84 ha). Bis 1987 waren Ackerland (69 ha) und Wiesen (40 ha) deutlich verringert. Während der Getreideanbau (36 ha) auch den Sorten nach die ähnliche Bedeutung wie vor dem Krieg behielt, war der traditionelle Hackfrucht- und Futterbau stark reduziert (1987: 33 ha). Diese für die leicht verminderte, aber immer noch bedeutende Viehhaltung ehemals wichtigen Kulturen wurden weitgehend durch Futtermais ersetzt.

An Rebgebieten besaßen die Rümminger 1882 insgesamt etwa 11 ha, verteilt auf vier Berge der Umgebung. Angebaut waren alles in allem 60% Mosttrauben, ein Vorläufer der Gutedelrebe, und 40% Elbling. Der durchschnittliche Gesamtertrag lag bei 400 hl pro Jahr. Während um die Jahrhundertwende der Rebbau als unbedeutend bezeichnet wurde, wies Rümmingen 1987 wieder 12 ha Rebfläche in drei Lagen auf: in der Exklave am Hartberg, im Neuberg und im Steinbühl. Die Trauben werden an die Bezirkskellerei Markgräflerland in Efringen-Kirchen geliefert. Wirtschaftlich bedeutender war in Rümmingen der Obstbau. Um die Jahrhundertwende wurde die Ernte bis nach Hüningen (Elsaß) verkauft. 1933 zählte man 3048 Obstbäume, darunter 931 Apfelbäume. In den 1950er Jahren gingen die Erträge wegen Frostschäden zurück, vor allem aber mußte der Streuobstbau Neubaugebieten weichen. Seit 1971, vermehrt seit 1975, werden vorwiegend Kirschen und Äpfel auf der insgesamt rund 5 ha umfassenden Gemeinschaftsanlage auf dem Hartberg kultiviert. Weitere kleine private Obstanlagen sind in jüngster Zeit entstanden. Die Obsterzeugnisse gehen über den Erzeugergroßmarkt in Efringen-Kirchen in den Handel.

Die *Viehzucht* war und ist immer noch ein bedeutender Zweig der Rümminger Landwirtschaft. Die Zahl der Rinder schwankte von 1855 bis heute zwischen ungefähr 150 und etwa 200 Stück (1988: 163 Rinder), hielt sich also angesichts des schwindenden Umfangs der Landwirtschaft noch immer recht gut. Unterdessen ist die Zahl der Milchkühe in den letzten Jahren deutlich gesunken (1978: 76; 1988: 49). Die Schweinehaltung umfaßte 1855 63, 1913 131 und 1965 264 Stück. Seither ging die Anzahl wieder zurück; sie lag 1988 bei 24 Tieren. Pferde als Zugtiere wurden vermehrt um 1930 gehalten (33 Stück). Wegen des in Rümmingen aufgekommenen Reitsports – die Gemeinde weist auch private Reiterhöfe auf – gibt es heute wieder mehr Pferde im Ort (1975: 28; 1988: 43).

Die Gemeinde im 19. Jahrhundert und in der Gegenwart

Von 1895 bis 1925 war bei etwa gleichbleibender landwirtschaftlicher Nutzfläche von 210 ha die *Zahl der landwirtschaftlichen Betriebe* von 53 auf 57 angestiegen, bis 1949 dann wieder auf 48 zurückgegangen. Die Veränderung beschränkte sich zunächst auf die Kleinbetriebe mit weniger als 2 ha Anbaufläche. Die rapide Abnahme auf 10 landwirtschaftliche Betriebe bei gleichzeitiger Reduzierung der landwirtschaftlichen Nutzfläche auf 137 ha bis 1987 erfaßte auch die Mittelbetriebe bis 20 ha, die von 37 auf 7 zurückgingen. Die Anzahl der Betriebe mit einer Anbaufläche von über 20 ha war auf drei angestiegen. 1987 gab es in Rümmingen 5 landwirtschaftliche Vollerwerbsbetriebe in der Größe zwischen 10 bis 35 ha, durchweg Mischbetriebe mit Viehhaltung, Acker-, Obst- und Weinbau. 1993 bestanden nur noch drei davon. – 5 ha Rebflur wurden 1956 bis 1958 bereinigt, die gesamte übrige Gemarkung außer der Orts- und Waldlage im klassischen Flurbereinigungsverfahren zwischen 1965 und 1978.

Den großen *Waldanteil* auf seiner Gemarkung verdankt Rümmingen dem Umstand, daß bei der Trennung des gemeinsamen Bannes Rümmingen-Binzen 1750 vergessen wurde, den bisher gemeinschaftlich genutzten Anteil am Röttler Herrschaftswald ebenfalls zu teilen (s. u. Geschichte, vgl. auch Bd. 1, S. 599 ff.). Die Waldfläche blieb während der letzten 150 Jahre nahezu unverändert. Der Bewaldungsanteil an der Gemarkungsfläche betrug stets 47%; die Schwankung der Angaben (1950: 209 ha; 1850: 210 ha; 1900 und 1990: 211 ha) darf vernachlässigt werden. Größter Waldbesitzer war immer der Staat; er besaß zwischen 135 und 137 ha, vorwiegend mit Laubholz bestanden. Seit 1950 gewann auch auf Rümminger Gemarkung der Nadelwald an Bedeutung (1990: 54 ha, also 40% der Staatswaldfläche). Diese Verschiebung ist auch bei den Holzarten in privaten Waldungen und beim Kommunal- und Körperschaftswald feststellbar, dessen Gesamtfläche allerdings nur bescheidene 14 ha ausmachte.

Handwerk und Industrie. – In Rümmingen arbeiteten 1895 in 7 Betrieben – eingeschlossen die Gastwirtschaft – 13 Personen. 1909 gab es dort je einen Schmied, Küfer, Schuhmacher, Glaser und Metzger; der letzte von drei 1886 noch genannten Handwebern erarbeitete gerade noch sein Auskommen. In diesem Umfang blieb das Handwerk mit wechselnden Berufsarten bis nach dem 2. Weltkrieg im Ort vertreten. 1958 bestand noch die Schmiede. Die Situation um 1992 verdeutlicht die untenstehende Tabelle.

Der erste und lange Zeit einzige Industriebetrieb, die Firma Tonwerke Kandern, Ziegelei Rümmingen, geht auf eine 1861 erstmals bei einer Ortsbereisung genannte

Tab. 7: Das Handwerk 1992

Branche	Zahl der Betriebe	Beschäftigte	Umsatz
Baugewerbe	4	39	4,6 Mio. DM
Metall	1	7	1,3 Mio. DM
Holz	1	5	0,7 Mio. DM
Textil/Leder/Bekleidung	1	3	0,3 Mio. DM
Nahrung	–	–	–
Gesundheit/Körperpflege			
Glas/Papier/Keramik und Sonstige	–	–	–
Gesamt	7	54	6,9 Mio. DM

Quelle: Handwerkskammer Freiburg

Feldbacksteinbrennerei zurück. Nach häufigem Wechsel begann eine gute Entwicklung erst, als ihr damaliger Besitzer 1891 die Ziegelhütte in Binzen dazukaufte und schloß, das Rümminger Werk aber auf Maschinenarbeit umstellte. Als Mechanische Ziegelei Rümmingen, Gebr. Lange, nahm die Firma seit 1907 einen weiteren Aufschwung. Sie beschäftigte anfänglich 35 bis 50, von 1922 bis 1958 100 bis 110 Arbeiter. Das seit 1968 zu den Tonwerken Kandern gehörige Werk beschäftigte auch 1987 18 Arbeiter und Angestellte. Die seit 1993 als Auslieferungslager weiterbestehende Niederlassung beschäftigte seither noch 4 Mitarbeiter.

Die Firma Industrie- und Wohnbau Trimpin & Senn, Bauunternehmung GmbH, wurde 1970 im neuangelegten, kleinen Gewerbegebiet in Rümmingen gegründet. Sie beschäftigte zu Beginn 24, 1984 94 Arbeiter und Angestellte und erzielte in diesem Jahr einen Umsatz von 12,9 Mio. DM. Das seit 1991 unter dem neuen Namen *Stamm-Trimpin GmbH* firmierende Unternehmen beschäftigte 1993 94 Mitarbeiter und setzte 19 Mio. DM um.

Handel und Dienstleistungen. – Seit der Jahrhundertwende versorgte eine Kolonialwarenhandlung am Ort die Bevölkerung mit den wichtigsten nicht selbst produzierten Konsumgütern. Heute ist ein etwas weiter gefächertes Angebot vorhanden, ohne daß die dörflichen Strukturmerkmale dadurch beseitigt worden wären.

1993 war der Einzelhandel mit je einem Lebensmittel- und Gemischtwarengeschäft, einer Metzgereifiliale, einem Reitsportartikelgeschäft, einer Verkaufsstelle der Raiffeisengenossenschaft, einem Gartenmöbelgeschäft, einer Antiquitätenhandlung sowie einer Pferdehandlung vertreten.

Ein Getränkedepot versorgt weite Teile des Landkreises. Außerdem sind 3 Transportunternehmen in Rümmingen ansässig. – Einziges örtliches Kreditinstitut war bis 1980 in Rümmingen die Sparkasse Weil, die heute als *Sparkasse Markgräflerland* im Ort eine Zweigstelle unterhält. Einzige nichtkommunale Behörde im Dorf ist die Poststelle.

Rümmingen, an der verkehrsreichen Kreuzung der Kandertalstraße und der Poststraße gelegen, besaß lange Zeit kein *Wirtshaus*, wohl aber verfügte die Gemeinde über ein Wirtschaftsrecht, das an verschiedene Personen verliehen werden konnte. Dieses Recht wurde 1817 von den Besitzern des 1784 an der Poststraße erbauten Wohnhauses mit Schmiedewerkstatt ersteigert. Das heutige Gasthaus »Zur Sonne« trägt den Bedürfnissen der Einwohner wie auch des Durchreise- und Ausflugsverkehrs Rechnung. Von 1866 bis 1876 bestand in Rümmingen das Gasthaus »Zum Löwen« als Gemeindewirtshaus. 1981 wurde mit der Reithalle eine kleine Gaststätte eröffnet.

Verkehr. – Die alte Kandertalstraße, die den Ort Kandern über Rümmingen und Binzen mit der Rheinebene verband, lag früher im Bereich der Rümminger Gemarkung rechts des Flusses. Für den anwachsenden Verkehr zu schmal geworden, wurde sie in den 1860er Jahren auf die linke Seite verlegt und – wesentlich breiter – durch den Ort geführt. Damals wurde die heutige L 134 zur Staatsstraße erhoben. Direkt durch das Dorf verlief die Poststraße von Lörrach zur Kaltenherberge. Der Postwagenverkehr wurde 1895 mit der Eröffnung der Kandertalbahn eingestellt. 1893 wurde das Straßenstück von der Staatsstraße in Rümmingen über die Lucke nach Lörrach ausgebaut und zur Kreisstraße erhoben. Sie stellt heute als L 141 (Rümmingen – Tumringen) die Verbindung von der L 134 in Rümmingen nach Lörrach und zur A 98 her.

Seit der Eröffnung der Kandertalbahn, zu deren Errichtung die Gemeinde Rümmingen 1500 Mark beisteuerte, konnten die Landwirte, die bisher nur Lörrach belieferten, auch den Markt in Basel sowie in Hüningen erreichen. Der fahrplanmäßige Betrieb der Bahn wurde 1983 eingestellt. Rümmingen ist durch Buslinien der SWEG über Binzen mit Weil am Rhein und Basel, Kandern und Lörrach verbunden.

Verwaltungszugehörigkeit, Gemeinde und öffentliches Leben

Verwaltungszugehörigkeit, Gemeindegebiet und Gemeindeverwaltung. – Die Rümminger Verwaltungsgeschichte entspricht der der gesamten Umgebung. Der Ort kam 1809 als Teil des Oberamts Rötteln zum Amt Lörrach, das 1939 im Landkreis aufging. – Die *Gemarkungsgröße* beträgt 446 ha. Obwohl fast die Hälfte davon mit Wald bestanden ist, besaß die Gemeinde am Ende des 19. Jh. kaum eigenen Wald. 1993 umfaßte der Gemeindebesitz 12 ha Wald, 1 ha Hof- und Gebäudefläche (Rathaus, Schulhaus), 2,5 ha Sportgelände, dazu den Friedhof, Straßen, Grünanlagen und Wege. – 1887 wurde von der Gemeinde ein Gehöft an der Binzener Straße durch Tausch erworben und das zweistöckige Wohnhaus zum *Rathaus* umgebaut. Zuvor hatte die Gemeinde im »Löwen« ein Zimmer. Es wurde 1986 verkauft. Seit 1985 befindet sich das Rathaus im ehemaligen Schulhaus an der Lörracher Straße.

Um die Jahrhundertwende standen der Gemeinde der Bürgermeister und 6 Gemeinderäte vor; wichtigste Bedienstete waren der Ratschreiber und der Rechner. Der Gemeinderat setzt sich aus dem hauptamtlichen Bürgermeister und 10 Gemeinderäten zusammen. Im übrigen stehen drei Angestellte und 3 Arbeiter, alle teilzeitbeschäftigt, im Dienst der Gemeinde. Seit dem Zusammenschluß zum Verwaltungsverband Vorderes Kandertal mit Sitz in Binzen 1972 wird der größte Teil der Verwaltungsarbeit von diesem wahrgenommen.

Ver- und Entsorgung. – Bis in die letzten Jahre des 19. Jh. versorgten der obere (1780), mittlere (1794) und untere Brunnen (nach 1835), 1868 durch einen Pumpbrunnen im Oberdorf ergänzt und von 2 Quellen gespeist, Mensch und Vieh mit *Wasser*. Die 1896 gebaute Wasserleitung führte das Quellwasser direkt in die Häuser. 1908 wurde für den höhergelegenen Ortsteil eine dritte Quelle gefaßt und die Wasserleitung erweitert. In den 1920er Jahren kamen die Lehm-Tonmassen neben der Lehmgrube der Ziegelwerke ins Rutschen, so daß der Weg »Im Letten« in die Grube glitt. Ein weiterer Erdrutsch 1941 machte die Umlegung der Wasserleitung vom Wasserbehälter am Waldrand bis ins Dorf erforderlich. 1950/51 wurden ein Pumpwerk und ein Tiefbrunnen gebaut. Seit 1968 fördert der Wasserversorgungszweckverband Südliches Markgräflerland Weil am Rhein das Wasser. – *Elektrischen Strom* bezog die Ziegelei in Rümmingen seit 1906 aus Rheinfelden. Die Anschlüsse in die Haushaltungen wurden 1911 bis 1915 gelegt. Heute werden sie über die Kraftübertragungswerke Rheinfelden AG in Rheinfelden/Baden direkt versorgt. – Alle Häuser sind seit der 2. Hälfte der 1980er Jahre an die *Kanalisation* und über den Verbandssammler Unteres Kandertal der Sammelkläranlage Bändlegrund, Gemarkung Haltingen, angeschlossen. – Der *Hausmüll* wird einmal pro Woche zur Kreismülldeponie Scheinberg gefahren.

Ärzte und Apotheken werden hauptsächlich in Binzen, Lörrach und Weil am Rhein aufgesucht, zur stationären Behandlung wird in die Krankenhäuser in Lörrach, Rheinfelden, auch Freiburg und Basel überwiesen. Rümmingen ist der Kirchlichen Sozialstation in Weil am Rhein, einem öffentlich geförderten Zusammenschluß von 13 caritativen Vereinen der Stadt und des Vorderen Kandertals, angeschlossen. Der Frauenverein Binzen-Rümmingen, 1862 gegründet, trägt die örtliche Organisation. – Bis 1854 bestatteten die Rümminger, zu der Pfarrei Binzen gehörig, ihre Toten auf dem dortigen Friedhof. Dann konnten sie durch einen Grundstückstausch und eine Schenkung der Mutter des Freiheitskämpfers Friedrich Neff in Rümmingen einen eigenen anlegen. 1960/61 wurde ein neuer Friedhof eröffnet. – Eine Feuerwehr gab es in Rümmingen bereits 1875, die Gründung der *Freiwilligen Feuerwehr* erfolgte 1937. 1992 umfaßte sie 26 aktive Wehrmänner. Im Gewerbegebiet entstand zwischen 1982 und 1984 das Feuerwehrhaus.

Kirche und Schule. – Kirchlich gehörte Rümmingen schon in der vorreformatorischen Zeit zur Pfarrei Binzen. 1989 wurde die selbständige Kirchengemeinde errichtet, die aber wie zuvor von Binzen versorgt wird. Im Ort selbst befindet sich eine 1503/04 gebaute und dem Hl. Remigius geweihte Kapelle, die 1956/57 gründlich renoviert wurde. Die Katholiken wurden früher von Kandern, später von Stetten aus pastorisiert. Seit 1975 ist für sie die Pfarrei in Haltingen zuständig.

Seit 1978 besitzt Rümmingen einen *Kindergarten*, der von der evangelischen Kirchengemeinde getragen wird. 1985/86 wurde nahe beim Rathaus ein neuer Kindergarten gebaut. – Die Rümminger Kinder wurden, als der Schulunterricht aufkam, bis 1740 in Binzen unterrichtet. 1838 baute die Gemeinde ein *Schulhaus* mit Lehrerwohnung, das 1913 gründlich renoviert wurde. In diesen Jahren unterrichtete ein Lehrer 35 Kinder, 1922 und auch 1958 waren es 48 Kinder. Im Rathaus mußte ein weiterer Schulraum eingerichtet werden. 1963 erhielt Rümmingen ein neues Schulhaus mit drei Klassenzimmern und einem Handarbeitsraum. Das Gebäude wurde 1993/94 erweitert.

Am 1. Dezember 1966 wurde das 9. Schuljahr eingeführt und gleichzeitig die 8. und 9., später alle Hauptschulklassen, nach Binzen verlegt. Seit 1975 gehören alle Rümminger Schüler der Grund- und Hauptschule Vorderes Kanderntal in Binzen an. Nach Rümmingen sind vier Grundschulklassen ausgelagert. Andere weiterführende und Sonderschulen werden in Kandern, Weil am Rhein und Lörrach aufgesucht.

Sportstätten und Vereine. – Für sportliche Betätigung stehen in Rümmingen ein Fußballplatz, 4 Tennisplätze, ein Reitplatz und eine Reithalle zur Verfügung. Hallensport wird auch in der 1974 bis 1977 gebauten Mehrzweckhalle betrieben. – Freunden des Tischtennis, Fußballs, Tennis und Reitsports stehen 3 Vereine mit insgesamt über 500 Mitgliedern offen. Der Sängerbund Rümmingen e.V., gegründet 1858, und der Singkreis Rümmingen e.V., gegründet 1958, pflegen das heimatliche Liedgut. Drei weitere Vereine, zwischen 1968 und 1978 gegründet, widmen sich der Tradition älterer und neuerer Fasnachtsbräuche.

Strukturbild

Rümmingen, in einer Talmulde des Vorderen Kanderntals gelegen, war bis zum 1. Weltkrieg eine vorwiegend landwirtschaftliche Gemeinde, die in ihrem Verhältnis zu der Einwohnerzahl (knapp 250) eine große Gemarkung besaß (446 ha). Dies rührt von ihrem anteiligen Nutzungsrecht am früheren Röttler Wald her, der der Gemeinde im 18. Jh. als Staatswald zugesprochen wurde und zusammen mit Gemeinde- und Privatwald um 210 ha ausmacht. Nach dem 1. Weltkrieg begann sich die soziale Struktur zu wandeln. Die sich entwickelnde Ziegelindustrie fiel dabei weniger ins Gewicht, da bis zu 90% der Arbeiterschaft von auswärts kam. Von den Rümminger Bürgern suchten sich mehr und mehr Arbeit in der Industrie der umliegenden Orte, vor allem in Lörrach, aber auch in der Schweiz, und gaben ihre landwirtschaftlichen Betriebe als Haupterwerb auf. Dies schlug sich im Ansteigen der Auspendlerzahl nieder (1922 18, 1950 49, 1961 119, 1970 177 und 1987 680), was einer Steigerung von 6,2% auf 53,4% der Rümminger Einwohner entspricht. Die Zahl der Einpendler, in der Blütezeit der Ziegelei bei 73 (1950) gelegen, blieb mit knapp 40 zwischen 1960 und 1970 weitgehend konstant. Seither stieg auch diese Zahl an und erreichte 1987 den Stand von 137.

Die Umwandlung der bisherigen landwirtschaftlichen in eine Wohngemeinde wurde seit den 1950er Jahren besonders begünstigt durch die Erschließung des Baugebietes

»Ob der Lörracher Straße« für rund 200 Wohnhäuser, die viele Bauinteressenten aus der Umgebung anlockte. 1970 wurden 18, von 1976 bis 1981 129 neue Häuser erstellt. Die Anzahl der Wohnungen stieg bis in die 1980er Jahre auf 520.

1983 hatte Rümmingen 783 000 DM Steuereinnahmen mit einem Gewerbesteueranteil von 28,8%, dieser liegt deutlich unter dem Landkreiswert von 43,9% und dem Landeswert von 48,7%. Seither ist das Gesamtsteueraufkommen beträchtlich angestiegen und erreichte 1992 1,55 Mio. DM, wobei allerdings der Gewerbesteueranteil mit 16,3% weiter zurückgegangen ist. Die Steuerkraftsumme machte je Einwohner 1988 978 DM bei einer Pro-Kopf-Verschuldung von 1267 DM aus. Sie lag damit unter dem Landkreiswert (1178 DM bei 1908 DM). Die Pro-Kopf-Verschuldung lag 1992 in Rümmingen nur noch bei 783 DM; hinzu kommen aber noch anteilige Verbandsschulden (einschließlich Wasser- und Abwasserverband) von zusammen 555 DM. Die Steuerkraftsumme pro Einwohner lag bei 1166 DM (1992). – Wichtigste Investition der jüngsten Jahre war die Schulhauserweiterung und die Erschließung des neuen Baugebietes »Unter der Wittlinger Straße«, das 35 Wohneinheiten ausweist. Der Bau eines Gemeindezentrums ist als nächstes größeres Vorhaben ins Auge gefaßt.

C. Geschichte

Ur- und Frühgeschichte. – Die kleine Gemarkung Rümmingen ist arm an archäologischen Funden, was sich durch einen Blick auf die Karte erklären läßt. Nur im Westteil findet sich ein Gebiet, das zum Altsiedelland gerechnet werden kann, ein großer Teil der östlichen Gemarkung ist noch heute bewaldet. So hat man das Steinbeil vom »Röttler Wald« und das spätbronzezeitliche Beil von den »Rüttimatten« auch nie als Siedlungszeugnisse verstanden, sondern in Zusammenhang gebracht mit der »Hohen Straße«, einem sehr alten Weg, der auf dem Höhenrücken zwischen Kandertal und Wiesental entlangzieht. Einziger Siedlungshinweis aus prähistorischer Zeit könnte ein Steinbeil aus dem »Breitacker« sein, wo sich gute Böden finden. Zumindest in seinem Gemarkungsteil östlich der Kander zeigt sich Rümmingen, ursprünglich ein -hofen-Ort (Romaninchova, s. u.), als Siedlung in typischer, spät erschlossener Ausbaulage, deren Gründung kaum vor der Mitte des 7. nachchristlichen Jahrhunderts erfolgt ist.

Siedlung und Gemarkung. – Das 764 als *Romaninchova* erstmals urkundlich bezeugte Rümmingen ist wohl nur kurze Zeit vor dieser Nennung als Ausbausiedlung von Binzen her entstanden. Der Name könnte von einem Personennamen abgeleitet sein. Er hat sich über verschiedene Zwischenformen (790 *Romaningahoba*, 1064 *Raminchoven*, 1157 *Rimelingen*, 1310 *Rumikon*) zu einem -ingen-Ort entwickelt. Hier lagen zum Dinghof in Binzen gehörige Huben, die sich im Laufe der Zeit verselbständigten, so daß die Siedlung schließlich als um einen »Meierhof« herum gruppiertes Dorf erscheinen konnte (Flurname Maiergarten, Maiermatten 1730). Auf der Gemarkung weisen die Flurnamen *Schweighof* (1730) und *Hugelhoff* (1742) auf abgegangene Einzelhöfe.

Der Ort, der Anfang des 18. Jh. vielleicht 30 Häuser gezählt haben mag, lag an der Poststraße Lörrach–Kaltenherberg, was ihm in allen *Kriegszeiten* Unannehmlichkeiten eingebracht hat. Nach Schäden im 30j. Krieg wurde das Dorf 1676 oder 1678 von den Franzosen verbrannt, die Kriegsschäden waren am Ende des Jahrhunderts noch nicht beseitigt. Die *Wasserversorgung* erfolgte über eine ins Dorf abgeleitete Quelle am Moosbachgraben, später wurde eine zweite (im Gänsbrunnen) erschlossen. Im 18. Jh. gab es im Ort drei laufende Brunnen.

Bann und Weidgang waren mit Binzen gemeinsam, was immer wieder Streitigkeiten nach sich zog. Seit 1726 sind ernsthafte Bestrebungen zu verzeichnen, eine Abteilung des Banns zu erreichen, was schließlich 1750 auch erfolgte. Dabei erhielt Rümmingen auch die 12 ha große Exklave im Hartberg und, von Binzen übersehen, den gesamten Anteil am 4-Höfe-Wald (ca. 140 ha), was, als es schließlich bemerkt wurde, großen Ärger brachte, aber nichts mehr änderte.

Herrschaft und Staat. – Wie Binzen war auch Rümmingen fränkisches Konfiskationsgut gewesen und wurde 764 durch den Grafen Ruthart an Kloster St. Denis geschenkt. Es muß sich dabei um Königsgut gehandelt haben, denn König Karl (d. Gr.) annulierte die Schenkung 790, überließ jedoch anschließend den fraglichen Besitz als König erneut diesem Kloster. Wie diese Rechte schließlich auf den Markgrafen gekommen sind, ist ungeklärt. Noch 1343 besaßen die Markgrafen von Hachberg Leute und Güter zu Rümmingen als Lehen vom Hochstift Basel. Anfang des 16. Jh. bezogen sie zwar nur Vogtrechte, 1571/72 jedoch bereits so gut wie alle örtlichen Steuern und Dienste.

Rümmingen war zu unbekannter Zeit der *Vogtei Wittlingen* unterstellt worden. Proteste blieben erfolglos, 1509 erging ein Urteil, wonach die von Rümmingen ihr Gericht »wie von alters her« in Wittlingen haben sollten. Im 18. Jh. wechselten die Gerichtssitzungen zwischen den drei Orten Rümmingen, Schallbach und Wittlingen; den Vorsitz führte der dienstälteste Vogt. Der örtliche Vogt läßt sich seit 1594 nachweisen, seit 1654 ist ein Stabhalter bezeugt. Beide wurden bei der Verwaltung des Ortes von 5 Gerichtsleuten (1775) unterstützt. – Rümmingen gehörte Ende des 17. Jh. zum Rötteler Viertel des OA Rötteln und kam mit diesem 1809 zum Amt Lörrach.

Grundherrschaft und Grundbesitz. – Die Rümminger Besitzverhältnisse sind aus Quellenmangel nicht klar zu übersehen. Es ist jedoch mit umfangreichem Reichs- oder Königsgut zu rechnen. Von den Gütern, welche Graf Ruthart 764 und Karl d. Gr. 790 dem *Kloster St. Denis* geschenkt haben, ist später nichts mehr zu erfahren. Zweihundert Jahre später, 993, schenkte der Gründer des *Kl. Sulzburg*, Pirchtilo, seiner Gründung alles, was er in Rümmingen geerbt hatte. Dort findet sich noch 1157 ein Priester Konrad von Rimelingen, was für eine wenigstens bis zum 12. Jh. andauernde Besitzkontinuität sprechen könnte. Pirchtilos mutmaßlicher Verwandter Rudolf überließ in der 1. Hälfte des 11. Jh. vermutlich einen Hof mit Zubehör an *Kl. Ottmarsheim*, den Kaiser Heinrich IV. diesem 1064 bestätigte. Dieser 1722 an Pfarrer Huber in Niedereggenen getauschte Besitz ging 1730 in den des Markgrafen über. Damals gehörten dazu 2 Häuser mit Scheuern, Stall, Hof, Gärten und ca. 60 J Liegenschaften (ca. 17 ha), wovon allein 18 J im Schweighof lagen. Vermutlich hat es sich bei dem Schweighof, der demnach auch von Rudolf an Ottmarsheim gekommen sein müßte, um den zu jenem Hof gehörigen Viehhof gehandelt, der wohl spätestens zur Zeit des 30j. Krieges aufgegeben worden ist. Der restliche Besitz des Markgrafen (s. 1343) war nicht sehr bedeutend gewesen.

Kl. Sitzenkirch hatte 1310 eine Schenkung von Margarete, des Vrigen Tochter von Schallbach, erhalten. Noch 1721 bezog es Einkünfte aus Haus, Hof und Zubehör am Ort. Stift Säckingen ist 1321 im Besitz von Liegenschaften nachgewiesen. Einkünfte bezog die Familie Münch von Landskron als Lehen vom Hochstift Basel, diese gingen 1476 an die Familie von Rotberg über. Über Zinse verfügte auch die Deutschordenskommende Basel (1656 aus 3 Häusern mit Hof und Garten, noch 1701), welche in den Fischinger Hof zu entrichten waren. Weinzinse schließlich finden sich bei etlichen Basler Bürgern (1668 Geschwister von Mechel und Erben des Handelsmannes im Hof, 1694 Familie Wettstein und Hans Ulrich Fäsch). Der Besitz der Einwohner läßt sich vor dem 19. Jh. in seinem ganzen Umfang nicht erfassen.

Gemeinde. – Bis 1750 scheint, was an genossenschaftlichen Elementen noch vorhanden war, von Binzen aus wahrgenommen worden zu sein. Rümmingen trug denn auch im allgemeinen etwa ein Viertel an den dortigen Unkosten. *Vogt und Gericht,* welche die Verwaltung des Ortes besorgten, unterstanden lange Zeit der Vogtei Wittlingen. Der eigentliche Gemeindebeamte, der Gemeinschaffner, läßt sich seit 1770 nachweisen, ein Weidgesell seit 1693/94. Ein *Rathaus* gab es vor dem 19. Jh. nicht. Die Gemeinde führte bis zum 19. Jh. kein eigenes Siegel, um 1740 ist aber ein *Wappen* bezeugt, das ein Türmchen mit dem Buchstaben R zeigte.

Weide- und Holzrechte waren mit Binzen gemeinsam. Allmendrechte, wenn nicht ursprünglich Eigentumsrechte, bestanden am und im Röttler Forst, dem sogenannten 4-Höfe-Wald. Dieser scheint ein Genossenschaftswald der Dörfer Binzen, Fischingen, Eimeldingen und Ötlingen gewesen zu sein, der spätestens im 18. Jh., da die Gemeinden ihre Rechte nicht nachweisen konnten, von der Herrschaft Rötteln mit Erfolg beansprucht worden war. Zu den Pflichten der Gemeinde gehörte es, die Rötteler Hofreben in der Fron zu bauen (1668), kostspieliger jedoch war der Unterhalt der den Ort berührenden Straßen, vor allem der Poststraße.

Kirche und Schule. – Rümmingen war bis 1989 Filial von Binzen, weshalb sich die Kirchengemeinde in der Vergangenheit an den dortigen Unkosten zu beteiligen hatte. Um nicht ganz abhängig von der Mutterkirche zu sein, hatten die Rümminger um 1503 ein eigenes Kirchlein erstellt, das 1505 geweiht wurde und als dessen Patrone 1505 ULF und Allerheiligen, 1663 St. Jakob, spätestens seit dem 18. Jh., wohl aber früher, der heilige Remigius erscheinen. Der Besitz des Kirchleins, in dem nach der Reformation gelegentlich Taufen und Trauungen stattfanden, war unbedeutend: 1780 bezog die Geistliche Verwaltung Einkünfte aus 1 V Acker und 1 Zw. Reben sowie ein Allmendzehntlein. *Frucht- und Weinzehnten* gehörten im 16. Jh. dem Basler Bischof. Anteile bezogen die Pfarrei Wittlingen (1772 aus ca. 26 J) sowie die Kapelle St. Martin daselbst (bzw. St. Alban, 1772 aus ca. 20 J). – Obwohl der Ort vielleicht früher in begrenztem Umfang Begräbnisrecht gehabt hat (beim Kirchenbau wurde ein mittelalterlicher Friedhof angeschnitten), war doch später dafür allein Binzen zuständig. Erst 1854 erhielt Rümmingen, nachdem es seit 1811 darum gekämpft hatte, einen eigenen *Friedhof.*

Die *Schule* war bis 1740 mit Binzen gemeinsam gewesen, auch hierzu trug Rümmingen mit etwa ¼ der Unkosten bei. Allerdings gab es am Ort schon 1726 einen eigenen Schulmeister, was zu einer gewissen Verwirrung führte, da ein Teil der Kinder am Ort, ein anderer in Binzen unterrichtet wurde. Diese Verhältnisse führten 1739 zu größeren Streitigkeiten, als deren Folge Rümmingen 1740 eine eigene Schule erhielt, wofür der Lehrer in Binzen entschädigt werden mußte. Bis zum Schulhausbau von 1838 unterrichtete der Lehrer in seiner eigenen Wohnung. Aufgrund eines Erlasses von 1798 bestand in Rümmingen bereits im 1. Viertel des 19. Jh. eine Industrieschule.

Bevölkerung und Wirtschaft. – Im 14. Jh. finden sich hier noch *Eigenleute* des Basler Bischofs, die dieser 1365 und 1368 dem Markgrafen zu Lehen überließ. Andere tauschten 1465 die Deutschordenskommende Beuggen und Kloster St. Blasien. Später scheint sich auch hier die markgräfliche Territorialleibeigenschaft durchgesetzt zu haben. Die *Einwohnerschaft,* die im 30j. Krieg sehr zusammengeschmolzen war (die Rümminger waren, soweit möglich, nach Basel geflohen), soll 1643 92 Personen umfaßt haben. Bis zum Beginn des 18. Jh. war ihre Zahl auf etwa 160 angewachsen, bis 1781/90 auf 172 Personen.

Auch Rümmingen war ausschließlich von der *Landwirtschaft* bestimmt. Angebaut wurde im wesentlichen Getreide, meist Dinkel. Die Anbaufläche wurde im 18. Jh.

durch Waldrodung erweitert, was jedoch unterbunden wurde, um den Wald nicht zu beeinträchtigen (1757). Die Viehhaltung scheint sich auf Rinder konzentriert zu haben, den Wucherstier hielt der Pfarrer in Binzen. Als Zugvieh werden 1700 14 Pferde und 17 Ochsen aufgeführt. *Handwerk und Gewerbe* waren im 18. Jh. zahlreich vertreten, was die kleinbäuerliche Struktur des Ortes kennzeichnet. Alle waren gezwungen, nebenher noch Landwirtschaft zu treiben. In der 1. Hälfte des 18. Jh. finden sich hier mehrere Schneider, Weber und Schuhmacher, um 1770 auch ein Glaser, der freilich bald wieder wegzog, ferner je ein Küfer, Zimmermann und Schreiner. Eine *Wirtschaft* gab es 1571/72 noch nicht. Ende des 17. Jh. hat die Gemeinde dann ein Wirtschaftsrecht erworben, das sie jeweils verpachtete und 1866 an einen Privaten verkaufte, der damit den zwischen 1867 und 1876 bestehenden »Löwen« betrieb. Die »Sonne« entstand 1819.

Quellen und Literatur

Quellen gedr.: RMB 1 Nr. 3, h 626, 680, 689. – WUB 5, 370. – ZGO 4 (1853) S. 459; 30 (1878) S. 225; 37 (1884) S. 112/13; 58 (1904) S. m57–59, m80.
Quellen ungedr.: GLA 10/K. 25; 11/Nr. 4252, 4259; 16/K. 85; 18/Nr. 497, 548; 19/Nr. 715, 1106; 21/Nr. 689, 693, 695, 697, 6193, 6460, **6465–76**; 65/ **565 f.** 1915 f.; 2105; 66/33, 44/45, 57, 59, 433/34, 879, 890/91, 896, 902, 904/5, 908, 912, 918–21, 928, 930, 3715, 3718, 4360, 6375, 7007, 7021, 7044, 7048, **7105–15**, 7338, 9849, 9856, 11647, 11664, 11673; 120/424, 697, 818, 1155; 212/ 226; 229/22651, 23742, 81572–76, 88465, 88507, **90051–68**, 92030, 115342, 115359; 391/4649, 4654, 19097. – GA Rümmingen (Inv. masch. 1955). – PfA Binzen.
Literatur: *Köbele*, Albert, Ortssippenbuch der Gemeinden Binzen und Rümmingen, Grafenhausen 1967. – Rümmingen. Beitrr. z. Orts-, Landschafts- und Siedlungsgeschichte, Rümmingen 1967. – *Wetz*, Hellmuth, Die letzten Tage des Freiheitskämpfers von 1848/49, Friedrich Neff von Rümmingen. In: Das Markgräflerland 3/4 (1973) S. 176–86.
Erstnennungen: ON 764 (*Felibien*, Hist. de l'abbaye de S. Denis XXIX). – Kapelle und Patrone ULF und Allerheiligen 1505 (GLA 21 Nr. 6466); St. Jakob 1663 (GLA 66/7110).

Sallneck

461 ha Gemeindegebiet, 312 Einwohner (31.12.1990, 1987: 281)

Wappen: In gespaltenem Schild vorn in Gold (Gelb) ein roter Schrägbalken, hinten in Blau ein silbernes (weißes) Hufeisen, darunter eine gestürzte goldene (gelbe) Pflugschar. Das Wappen erinnert an die traditionelle Zugehörigkeit zu Baden, die Pflugschar steht für den landwirtschaftlichen Charakter des Ortes, das Hufeisen für den früher bedeutsamen Fuhrbetrieb mit Holz und Erz. Das Wappen wurde 1906 auf Vorschlag des badischen Generallandesarchivs angenommen.

Gemarkung: Sallneck (461 ha, 281 E.) mit Ebigen (in den Staatshandbüchern von 1958 und 1961 irrtümlich: Ebingen).

A. Naturraum und Siedlung

Natürliche Grundlagen. – Oberhalb der steilen Talflanke der Köhlgartenwiese dehnt sich das relativ kleine Gemeindegebiet von Sallneck mit 461 ha in deutlicher Nordsüderstreckung auf den flacheren Hangbereichen zwischen Kleinem Wiesental und den Bergrücken aus, die im W zum Einzugsbereich des Höllbachtals (Gkg Endenburg, Gde Steinen) überleiten. Die Erhebungen des Köpfles (778 m ü.d.M.) und Tiergartens (793 m ü.d.M.) bilden hier eine natürliche Grenzlinie, welche sich in dem langgestreckten Glaserberg nach N zu fortsetzt. Dort steigt das Gemeindegebiet auf eine Höhe von 775 m an. Dagegen reicht im NO die Gemeindegrenze bis zur Köhlgartenwiese hinab, deren Lauf sie ein Stück weit nach S folgt. Jenseits des Kinnwaldes, ab dem Bereich des dortigen großen Steinbruchs, beschränkt sich das Gemeindeareal jedoch wieder auf das westlich der Köhlgartenwiese gelegene Höhengebiet, wo es den Bergrücken des Nollen (767 m ü.d.M.) umfaßt und nach S mit einer schmalen Zunge bis auf den Katzenberg (636 m ü.d.M.) ausgreift. Das Gemeindegebiet reicht damit vom südlichen Randbereich der naturräumlichen Einheit *Kleinwiesentäler Mulde* bis in deren Zentrum hinein.

Aus dem Geschilderten wird deutlich, daß die Höhenunterschiede im Gemeindegebiet beachtlich sind und eine Spanne von 793 Höhenmetern (Tiergarten) bis ca. 491 m ü.d.M. (dort, wo die Köhlgartenwiese das Gemeindegebiet verläßt) umfassen. Der weitaus größte Teil des Siedlungsbereiches liegt jedoch in einer Höhenlage zwischen 600 m und 650 m über dem Meer. Die Höhenstufen oberhalb von 650 m ü.d.M. sind, ebenso wie die steileren Talhänge, dem Wald vorbehalten, in den übrigen Bereichen dominiert die Grünlandnutzung mit weitläufigen Obstwiesen und ganz vereinzelten Ackerflächen. Neben den Fahrstraßen nach Tegernau, Lehnacker und Eichholz erschließt eine größere Anzahl von kleineren Forststraßen und Feldwegen das Gemeindegebiet. Zusammen mit den zahlreichen Wanderwegen schaffen sie gute Voraussetzungen für die touristische Erschließung dieses Raums.

Hinsichtlich des geologischen Untergrunds lassen sich für Sallneck die gleichen Feststellungen treffen wie für fast alle Gemeinden im Einzugsgebiet der Kleinen Wiese: Das vorherrschende Gestein ist der Malsburggranit, der auch im Gemeindegebiet von Porphyrgängen durchzogen wird und vereinzelt syntektische Umwandlungen erfahren hat. Solchen Porphyrzügen dürfte die Engstelle südlich der Baselmatt zuzuschreiben sein, welche die Köhlgartenwiese mit schmalem Tal durchbricht. Neben dem Gesteinsuntergrund spielten die glazialen und periglazialen Gestaltungsprozesse eine weitere wichtige Rolle für die Reliefformung. Zwar hat die würmeiszeitliche Vergletscherung das Gemeindegebiet nicht erreicht, doch deuten einzelne erratische Blöcke und Moränenreste auf eine Vergletscherung während der vorausgegangenen *Rißkaltzeit* hin. Im Würmglazial hatten die vor dem Eisschild ablaufenden Prozesse des Periglazialraumes großen Einfluß auf die Talformen. Ständiges Frieren und Tauen führte auf den unbewachsenen Hangbereichen zu einer dauernden Verlagerung des Bodenmaterials (Solifluktion), das schließlich in den Tälern zusammengeschwemmt wurde und von den damals wesentlich wasserreicheren Bächen leicht abgetragen werden konnte. Diese Prozesse trugen zur Ausbildung sohlenartiger Talformen mit breiten Auen bei, wie sie die Köhlgartenwiese etwa im Bereich der Baselmatt aufweist. Dagegen ist die nacheiszeitliche linienhafte Flußerosion verantwortlich für die Ausbildung der steilen Talflanken und kleineren Sporne.

Siedlungsbild. – Lockere Bebauung in leichter Hanglage mit deutlicher Gruppenbildung der alten Bauernhäuser sowohl in Sallneck selbst als auch im Ortsteil Ebigen stellen die augenfälligsten Merkmale im Siedlungsbild dieser Gemeinde dar. Im *ursprünglichen Ortskern* von Sallneck spaltet sich die von Tegernau kommende Straße in zwei Dorfstraßen auf, entlang derer sich die relativ großen Eindachhöfe teils giebel-, teils traufständig erstrecken. Unter ihrem z. T. mit einem Krüppelwalm versehenen, langen Dach beherbergen diese Höfe ein eineinhalb bis zweigeschossiges Wohnhaus aus verputztem Mauerwerk sowie – in Längsrichtung anschließend – einen Stall- und Scheunentrakt, der auf einem steinernen Unterbau aus einer Balken- und Bretterkonstruktion aufgebaut ist. Bei älteren Höfen weist dieser Trakt gelegentlich auch eine hangseitig angeordnete Quereinfahrt unter den Dachraum auf, der Vorplatz vor dem Stall wird durch ein Überkragen des Giebeldachs teilweise überspannt. Fenster und Türen der klar gegliederten Wohnhausfassade werden von steinernen Gesimsen umrahmt, die entweder aus rotem Sandstein oder, in der Regel bei den jüngeren Höfen, aus grauem Granit gefertigt sind. Teilweise anzutreffende Holzlauben in Höhe des Obergeschosses stellen ein weiteres Schmuckelement dieses Hausformentyps dar. Zu den einzelnen Höfen hinzuzurechnen sind auch die auf den Freiflächen zwischen den Häusern angeordneten Holzschöpfe mit ihren weit auskragenden Dächern sowie die oft anzutreffenden Hausgärten.

Während mehrere Zimmereien und Schreinereien am Ort die nach wie vor wichtige Holzwirtschaft unterstreichen, nehmen Milchviehhaltung und Obstbau auf den Streuobstwiesen in ihrer Bedeutung stetig ab. Entsprechend wird die alte Milchsammelstelle (»Milchhäusle«) am südlichen Ortsrand heute als kleines Schlachthaus mit Selbstvermarktung durch die Bauern und als Gemeindeschuppen genutzt. Im Zuge dieser Umorientierung wurde in Sallneck auch die Idee einer Weidegemeinschaft mit einem gemeinschaftlichen Maschinenpark verwirklicht. Ein Schuppen für diese Geräte befindet sich abseits der überbauten Flächen auf dem Paß in Richtung Lehnacker.

Neuere Umbaumaßnahmen bei den Bauernhöfen betreffen daher auch vor allem die Umwandlung von Scheune und Stall in zusätzlichen Wohnraum bzw. in Garagen. Damit wird oft das Ziel verfolgt, Gästezimmer und Wohnungen für »Ferien auf dem Bauernhof« anzubieten und über den Fremdenverkehr neue Erwerbszweige erschließen zu können. Wichtiger Anziehungspunkt hierfür ist auch der große, in der Ortsmitte gelegene Gasthof »Hirschen« mit einem breiten Angebot an Übernachtungsmöglichkeiten. Einen weiteren Funktionswandel Sallnecks in Richtung Wohngemeinde dokumentiert die Ausweisung des relativ großen Baugebiets »Buchenacker« südlich des Ortskerns. Die seit den 1970er Jahren erfolgte Bebauung mit Einfamilienhäusern mittlerer Größe wird in neuester Zeit nach S fortgesetzt.

Trotz der damit verbundenen Bevölkerungszunahme hat Sallneck keine Einkaufsmöglichkeiten aufzuweisen. Lediglich das zwischen Sallneck und Ebigen angesiedelte *Rathaus* aus den 1960er Jahren, das früher zugleich *Schulgebäude* war, gewährt mit Feuerwehrgarage und Bolzplatz sowie zwei Bankfilialen eine minimale zentralörtliche Versorgung. Weiter in Richtung Ebigen reduziert sich die Bebauung auf einige wenige Höfe und Holzschuppen entlang der Straße. Rund um die Weggabelung nach Lehnakker bzw. Eichholz bildet schließlich eine kleinere Gruppe von Eindachhöfen inmitten weitläufiger Obstwiesen den Ortsteil **Ebigen**, der gegenüber Sallneck einen ausgesprochenen Streusiedlungscharakter aufweist.

B. Die Gemeinde im 19. Jahrhundert und in der Gegenwart

Bevölkerung

Bevölkerungsentwicklung. – Ein Vergleich der Einwohnerzahlen der Gemeinde Sallneck einschließlich des Nebenortes Ebigen in den Jahren 1804 (204 E.) bis 1871 (346 E.) zeigt einen stetigen Anstieg. Die Zunahme von 69,6 % ergab sich aus dem Geburtenüberschuß, wie er landesweit zu verzeichnen war, und aus dem Bemühen der Gemeinde, durch Aufnahme Ortsfremder die Zahl der Einwohner zu vergrößern. Die dann bis zur Jahrhundertwende rückläufige Tendenz (1900: 275 E.) kann mit der Abwanderung in die Städte aufgrund der Industrialisierung in Verbindung gebracht werden; die Ortsbereisungsberichte nennen auch das Fehlen eines Bürgernutzens als Abwanderungsgrund.

Wenn Sallneck nach der Jahrhundertwende eine schwankende Einwohnerzahl aufweist (1914: 306 E.; 1928: 276 E.), so ist dies u. a. auch auf die unterschiedliche Beschäftigungszahl in den Steinbrüchen im Tal der Köhlgartenwiese zurückzuführen. Die Gemeinde mußte 19 Gefallene im 1. Weltkrieg beklagen, im 2. Weltkrieg 17 Gefallene und 2 Vermißte. Die Aufnahme von Heimatvertriebenen und Flüchtlingen (1950: 38) brachte einen kurzfristigen Ausgleich; nur 3 Personen (1961) blieben dauernd ansässig. 1980 war die Einwohnerzahl auf ihrem tiefsten Stand (221 E.); 1987 zählte Sallneck wieder 281 Einwohner, darunter nur ein Ausländer. Seither ist die Einwohnerzahl bis Ende 1993 auf 345 angestiegen (31. 12. 1992: 327).

Konfessionelle und soziale Gliederung. – Die überkommene Zugehörigkeit zu Baden-Durlach ist heute noch an der konfessionellen Gliederung der rein protestantischen Gemeinde zu erkennen. Die Quote der Katholiken lag stets unter 10 % (1975: 5,9 %; 1987: 8,2 %). – Des Klimas und der Lage wegen waren der Landwirtschaft in Sallneck immer enge Grenzen gesetzt. Andere *Erwerbszweige* konnten kaum aufkommen. So waren von 134 im Jahre 1895 registrierten Erwerbstätigen 90 Landwirte. Die unter der Rubrik »Industrie und Gewerbe« eingetragene Zahl von 25 Personen erscheint hoch; Industrie war in Sallneck nicht vorhanden, es muß sich also hauptsächlich um Auspendler gehandelt haben.

Für 1925 sind 50 landwirtschaftliche Betriebe verzeichnet, doch ist mit Sicherheit anzunehmen, daß in diesem Zeitraum keine großen Schwankungen in der sozialen Struktur der Gemeinde erfolgten; denn 1950 existierten noch 45 bäuerliche Betriebe. Der für den Schwarzwald symptomatische Rückgang des landwirtschaftlichen Berufs hatte auch in der Gemeinde Sallneck die entsprechende Verschiebung der sozialen Gliederung zur Folge. Die Auswertung über die Art der Erwerbstätigkeit der berufstätigen Bevölkerung ergab 1961 für die Land- und Forstwirtschaft einen Anteil von 56%. Bis 1970 war der Prozentsatz auf die Hälfte, bis 1987 auf 8,1% geschrumpft. Im selben Zeitraum erhöhte sich die Erwerbstätigkeit in Produktion und Gewerbe von 21% auf 59,5%. Der Anteil der im Tertiären Sektor Beschäftigten belief sich 1987 auf 32,4%. Die Rentner, Pensionäre und Arbeitslosengeldempfänger stellten im gleichen Jahr 21,4% der Wohnbevölkerung.

Politisches Leben

Die Wahlen zum *Reichstag des Kaiserreichs* waren auch in Sallneck gekennzeichnet von dem allgemeinen Trend zum Nationalliberalismus. 1877 bis 1887 erhielt diese Partei jeweils 100% der Stimmen, bis 1890 der Freisinn auch in Sallneck Fuß fassen und beachtliche 48,3% der Wähler auf sich vereinigen konnte. 1903 erhielt die SPD erstmals 20,4% und konnte sich bereits 1912 die Wählerstimmen hälftig mit den Nationalliberalen teilen (beide 48,3%).

Die Reichstagswahlen in der *Weimarer Republik* zeigten als Ergebnis die Aufsplitterung in die vielen Parteien. Während die SPD 1919 noch 61,9% der Stimmen erhielt, war 1920 die DDP (75%) erfolgreich. 1924 schwenkte die Mehrheit zum Badischen Landbund (78,6%) über, der 1930 7,7% verlor, wohl an die NSDAP, die im März 1932 mit 80% als eindeutiger Sieger aus der Wahl hervorging. Die andere extreme Partei, die KPD, hatte 10,5% der gültigen Wählerstimmen erhalten.

Die Wahlen zum *Bundestag* begannen 1949 mit einem hohen Sieg der FDP (71,8%), deren Wählerschaft aber stetig abnahm und 1983 lediglich 7,7% betrug. 1990 erreichte die FDP mit 12,3% der abgegebenen Stimmen ein neuerliches Hoch. Die CDU dagegen verbuchte einen langsamen Aufstieg (1949: 10,3%; 1990: 49,1%), der nur 1961 und 1965 durch SPD-Mehrheiten unterbrochen wurde. Einen ähnlichen Verlauf nahmen die *Landtagswahlen*: die anfänglich hohe FDP Wählerquote (1947: 58%, 1952 sogar 71,2%) reduzierte sich bis zum Wahljahr 1984 auf 7,6%, bis 1992 sogar auf 2,8%. Die CDU, die 1952 nicht eine Stimme erhalten hatte, überrundete 1960 mit 44,4% die SPD (25,9%) und war mit Ausnahme von 1964 (SPD: 46%; CDU: 34%) ohne Unterbrechung die Partei mit dem höchsten Stimmenanteil in Sallneck (1992: 49,6%).

Wirtschaft und Verkehr

Land- und Forstwirtschaft. – Die Ortsbereisungsberichte von 1879/81 bewerteten die Farrenhaltung der Gemeinde Sallneck als die schlechteste im Amtsbezirk; schuld daran sei das Überwiegen des Ackerlandes, das die Viehzucht bremse. Zu diesem Zeitpunkt verteilten sich die landwirtschaftlichen Flächen auf 156 ha Acker- und Gartenland (darunter 76 ha Getreideanbau), 84 ha Wiesen und 90 ha Weide. In dieser Größenordnung war – sieht man von der Abnahme der Weidefläche ab – bis 1950 keine Veränderung eingetreten. 1987 betrug die landwirtschaftlich genutzte Fläche 229 ha; die Verteilung auf 221 ha Wiesen- und nur noch 7 ha Ackerland zeigt, wie sich die Gewichtung verschoben hat. Sonderkulturen spielen erwartungsgemäß keine Rolle (1987: 1 ha).

Da Bodenbeschaffenheit und Klima ungünstig für Handelsgewächse waren – Hanf wurde lediglich für den Eigenbedarf gepflanzt –, blieben Roggen, Hafer, Gerste und Spelz die wichtigsten Getreidearten. Während die Anbaufläche von Roggen 1880 noch 32 ha, 1913 sogar 51 ha betrug, wird diese Getreidesorte ebenso wie der Hafer (1880: 25 ha; 1930: 12 ha) heute praktisch nicht mehr angebaut. Bereits zu Beginn des

Jahrhunderts wurde auch kein Wert auf den Anbau von Spelz und Sommergerste gelegt. Ebenfalls rückläufig waren der Anbau von Kartoffeln – 1930 noch 46 ha, 1987 lediglich 2 ha, – und von Futterpflanzen, deren Anbaufläche von 34 ha (1913) auf 3 ha (1987) zurückging.

Mit Ausnahme der Rinderhaltung verringerte sich der *Viehbestand*: die Zahl der Schweine – mit 145 im Jahre 1913 auf dem Höchststand – betrug 1988 noch 32, Ende 1992 noch 11; Schafe und Ziegen werden nicht mehr gehalten. Dagegen war die Rinderzahl 1988 (351) höher als je zuvor: 1855: 223; 1913: 330; 1950: 294. Sie war bis Ende 1992 auf 319 bei 18 Haltern zurückgegangen, also etwa wieder auf den Stand von vor dem 1. Weltkrieg. – Die *Zahl der landwirtschaftlichen Betriebe* – im Jahre 1895 mit 57 angegeben – war bis 1987 auf 27 gesunken. 1987 wurden in Sallneck nur noch 5 landwirtschaftliche Vollerwerbsbetriebe von 15 bis 35 ha mit dem Schwerpunkt auf Rindermast und Milchwirtschaft gezählt. Diese Zahl war 1993 unverändert.

Auch in Sallneck hat die *Waldfläche* seit 1850 eine enorme Erweiterung erfahren. Damals hatte sie mit 52 ha nur 11 % der Gemarkungsfläche von 461 ha ausgemacht, 1990 mit 233 ha dagegen mehr als die Hälfte davon bedeckt. Auffällig ist auch, daß vor allem die Fläche der Nadelhölzer vermehrt wurde, die 1850 knapp 20 %, 1990 mehr als drei Viertel der Waldfläche ausmachte. Unverändert blieb die Tatsache, daß auf Sallnecker Gemarkung kein Staatswald zu finden ist, sondern vorwiegend (1850: 50 ha, 1990: 214 ha) Privatwald.

Handwerk und Industrie. – Unter den 15 Handwerkern, die 1852 mit »amtlichen Lizenzen ausgerüstet« waren, befanden sich 6 Weber und 4 Nagelschmiede, ein Zeichen dafür, daß diese Handwerkszweige nicht nur der lokalen Versorgung dienten. Als Nebenerwerb wurde das »Seidenputzen« in hausgewerblicher Tätigkeit durchgeführt. Trotz Technisierung der Webmaschinen hielt sich die Handweberei bis in die 1880er Jahre. Ein weiteres Gewerbe war die Fertigung von Fensterbänken aus dem in der Nähe vorkommenden Granit; für diese Arbeit kamen erstmals vor der Jahrhundertwende italienische Arbeiter in diese Gegend. Stein- und Holzverwertung bestimmten die Handwerksberufe nach der Jahrhundertwende. 1987 befand sich ein holzverarbeitender Handwerksbetrieb mit 4 Beschäftigten in Sallneck. 3 Betriebe des Baugewerbes beschäftigten 14 Personen.

Handel, Dienstleistungen und Verkehr. – Schlechte Zufahrtsstraßen erschwerten bis ins 20. Jh. den Absatz von Überschußprodukten. Dienstleistungen werden heute von den Nachbarorten und -städten übernommen. Abgesehen von zwei beratenden Firmen der Leiterplattenindustrie (5 Beschäftigte) wäre lediglich der *Fremdenverkehr* zu nennen, vorab das traditionsreiche Gasthaus »Hirschen« und die Vermietung von Ferienwohnungen. 1984 zählte die Gemeinde bei 364 Gästen 2818 Übernachtungen. Inzwischen ist die Zahl von Gästen und Übernachtungen deutlich angestiegen. Bei 64 Betten wurden 1993 903 Ankünfte und 7155 Übernachtungen gezählt.

Noch 1875 besaß die Gemeinde keinen einzigen ordentlichen Verbindungsweg zu einer *Hauptverkehrsstraße*, sondern lediglich unzweckmäßig angelegte, teilweise sehr mangelhafte »Vicinalwege«, die für schwere Fuhrwerke nicht ausreichend waren. Da der Gemeinde Tegernau die Unterhaltspflicht für die Straße nach Sallneck oblag, kam ein Neubau erst 1885 zustande (Kosten: 23800 Mark, davon 19300 Mark auf die Gemarkung Tegernau). Diese Mängel versuchte die Gemeinde durch Ausbau des Wegenetzes auszugleichen. Bis 1930 war dies weitgehend gelungen. Heute wird Sallneck von der Kreisstraße 63 berührt und besitzt 6,5 km anerkannte Gemeindeverbindungsstraßen. Es besteht eine öffentliche Bus-Verkehrslinie Schopfheim–Tegernau–Sallneck–Wies.

Verwaltungszugehörigkeit, Gemeinde und öffentliches Leben

Sallneck wurde 1809 dem Amtsbezirk Schopfheim zugeteilt und ist seit 1936 eine Gemeinde des Landkreises Lörrach. Die Mitgliedschaft zum *Gemeindeverwaltungsverband Kleines Wiesental* besteht seit 1972. – Zur *Gemarkung* Sallneck gehört seit 1848 auch Ebigen, das bis 1852 noch eine eigene Gemeindeverwaltung besaß. Die Gemarkungsfläche von 460 ha ist bis heute unverändert geblieben. – Zum *Gemeindebesitz* gehörte das Rathaus, in dem auch die Schule untergebracht war, sowie bis 1876 ein Armenhaus. Diesem 1911 renovierten Gebäude waren der Bürgerarrest und das Spritzenhaus angebaut. 1951 wurde ein neues *Rathaus* mit einer Milchstation, einer Wohnung für Heimatvertriebene und der Spritzenremise errichtet. 1993 besaß die Gemeinde Sallneck 5 Gebäude (das ehemalige Lehrerwohnhaus, das Rathaus – früher Schule –, die Gemeindescheune, der Weideschuppen und die Aussegnungshalle), ferner 0,8 ha Bauland und 18 ha Wald. – Bürgermeister und 3 Gemeinderäte, Ratschreiber und Gemeinderechner, Polizeidiener und Nachtwächter, Straßenwart und Waldhüter sowie der Fleischbeschauer bildeten bis 1914 die *Gemeindeverwaltung*. Ehrenamtlich arbeiteten der Waisenrichter, der Leichenschauer und 3 Steinsetzer. Die Zahl der Gemeinderäte wurde 1914 um zwei erhöht, an Gemeindebediensteten werden zu diesem Zeitpunkt nur 3 Steinsetzer, 2 Wegwarte und 1 Leichenschauerstellvertreter erwähnt. Der Gemeinderat zählt 8 Mitglieder, die heutige Gemeindeverwaltung besteht aus dem ehrenamtlichen Bürgermeister sowie einem Gemeindearbeiter, einer stundenweise beschäftigten Schreibkraft und einem Farrenwärter (im Nebenerwerb).

Ver- und Entsorgungseinrichtungen. – Die 1879 gegründete *Freiwillige Feuerwehr* war mit 3 Spritzen ausgerüstet. Das Spritzwasser wurde den Brunnen entnommen, die im Oberdorf bei jedem Haus vorhanden waren, was aber im Unterdorf, wo auf 10 Häuser nur ein Brunnen kam, sich schwierig gestaltete. 1993 bestand die Freiwillige Feuerwehr aus 37 Aktiven. – Die *Stromversorgung* erfolgt seit 1919 durch das Kraftwerk Köhlgartenwiese direkt an die einzelnen Haushalte. – Die durch private Brunnen gewährleistete *Wasserversorgung* wurde bereits 1903 durch eine Wasserleitung (Kosten: 5000 Mark) verbessert, an die 16 Häuser sowie das Rat- und Schulhaus angeschlossen waren. Bis zum Bau einer zentralen Leitung (1930) hatte jede Familie ihren eigenen Brunnen oder ihren privaten Anschluß. Die in den Jahren 1956/67 gebaute moderne Wasserversorgung hat eine Kapazität von durchschnittlich 2,8 l/s; weitere Quellfassungen sind geplant. – Der gesamte Ort Sallneck mit Ausnahme von vier Grundstücken ist an die Kanalisation angeschlossen, die in eine mechanisch-biologische *Kläranlage* in Sallneck mündet. – Die *Müllabfuhr* erfolgt einmal wöchentlich durch eine private Firma auf die Mülldeponie Scheinberg bei Wiesler. – Bereits 1914 begann die Planung für einen neuen *Friedhof*, die aber erst im Jahre 1923 verwirklicht werden konnte. Bis dahin wurden die Verstorbenen der Gemeinde Sallneck in Tegernau bestattet. 1987 wurde die Aussegnungshalle neu gebaut. – Die *ärztliche Versorgung* geschieht durch einen Arzt für Allgemeinmedizin in Tegernau und einen Zahnarzt in Tegernau; für den Krankenhausbereich und die Altenpflege sind Schopfheim und Lörrach zuständig.

Kirche, Schule und Vereine. – Die Protestanten der Gemeinde Sallneck gehören zum Kirchspiel Tegernau, die Katholiken sind der Pfarrei Hausen im W. angeschlossen. In Sallneck gibt es keine Kirche. – Ein 1774/75 erbautes *Schulhaus* wurde 1857 erweitert. 1961 errichtete die Gemeinde ein neues Schulhaus. Nach der Bildung einer Verwaltungsgemeinschaft im Jahre 1972 übernahm der Gemeindeverwaltungsverband die Aufgaben des Trägers der Nachbarschaftsschule. Die Zwergschule von Sallneck

(1909: 58 Schüler; 1951: 39 Schüler) wurde der Grund- und Hauptschule Tegernau eingegliedert. Weiterführende Schulen sind die Realschule in Steinen sowie das Gymnasium und die gewerbliche Berufsschule in Schopfheim. – Den Kindergarten ersetzt eine Spielstube in Tegernau. – Dem 1909 gegründeten Musikverein Sallneck gehörten 1992 230 Mitglieder an.

Strukturbild

Das rauhe Klima und der wenig ertragreiche Boden machten Sallneck zu einer wirtschaftlich armen Gemeinde. Die amtlichen Berichte registrierten gegen Ende des 19. Jh. eine Zunahme der Pfändungen und eine Steigerung des Armenaufwands, so daß ein Großteil des Gemeindebesitzes verkauft werden mußte. Steigende Vieh- und Fleischpreise brachten Sallneck nach der Jahrhundertwende einen bescheidenen Wohlstand. Landwirtschaft und Viehzucht bestimmten bis nach dem 2. Weltkrieg die wirtschaftliche Struktur; seit den 1960er Jahren fällt die Zunahme der Berufsauspendler auf (1970: 52; 1987: 87), weswegen Sallneck heute vorwiegend als Pendlerwohngemeinde angesprochen werden kann. Wichtigste Zielorte sind Schopfheim und Lörrach. Das Steueraufkommen in Sallneck betrug 1992 225 202 DM, wovon der Gewerbesteueranteil 12,5% beträgt. Der Verwaltungshaushalt umfaßte in diesem Jahr 490 000 DM, der Vermögenshaushalt 109 000 DM. Auch Sallneck gehört zu den Bedarfsgemeinden.

C. Geschichte

Siedlung und Gemarkung. – Sallneck und sein Ortsteil Ebigen liegen auf der Anhöhe über dem Tal der Köhlgartenwiese. Beide lassen sich erst spät nachweisen und sind wohl als hochmittelalterliche Rodungssiedlungen anzusehen. Das Dorf wird erstmals 1344 als *Salnegge* urkundlich erwähnt. Die wenigen Häuser (1844: 38) lagen 1573 unten und mitten im Dorf, wo eine Linde stand. Noch im 18. Jh. waren sie überwiegend in Holz gebaut und trugen Strohdächer. – Mit den umliegenden Dörfern war Sallneck über die Weitenauer Straß und den Tegernauer Fußweg (1573) verbunden, 1722 wird auch die Gasse nach Ebigen erwähnt. Die abseitige Lage verhinderte jedoch Plünderungen in Kriegszeiten nicht, als Folge der Kriege mußte die Gemeinde 1811 zum Schutz vor Räuberbanden Tag- und Nachtwachen aufstellen.

Herrschaft und Grundherrschaft. – Als früher Bestandteil der *Herrschaft Weitenau* gehörte Sallneck den Herren von Wart, die es zusammen mit ihrer Klosterstiftung Weitenau dem Kloster St. Blasien überließen. Der Ort blieb seither bei der Vogtei Weitenau, allerdings wurde er nach der Reformation von Tegernau aus verwaltet und wird seither meist auch als Bestandteil der dortigen Vogtei angegeben. Offiziell wurde Sallneck jedoch erst 1786 von Weitenau getrennt, was die Mehrheit der damaligen Bürger mit ihrem Grundbesitz auf Gemarkung Tegernau und den inzwischen dorthin entstandenen Bindungen begründete. Beide Vogteien, Weitenau wie Tegernau, unterstanden seit dem 16. Jh. dem Schopfheimer Viertel.

Der örtliche *Grundbesitz* gehörte überwiegend dem Kl. Weitenau, das 1344 acht Lehengüter besaß. Dieser Besitz wurde nach der Reformation von St. Blasien verwaltet. Er bestand 1573 aus fünf Höfen mit zugehörigen Häusern und insgesamt 28 T. Matten. Bis 1722 gehörten zu den unverändert 5 Höfen insgesamt 9 Häuser, von den 28 TM zinsten 29 Inhaber. Einzelliegenschaften bewirtschafteten Einmärker aus Schillighof und Wieslet.

Gemeinde, Kirche und Schule. – Die *Verwaltung des Ortes* erfolgte zunächst von Weitenau aus, noch 1588 vertrat dort ein Geschworener die Belange des Dorfes. Die Lockerung der Bindung an diesen Ort durch die Verweisung nach Tegernau hatte eine verstärkte Eigenverwaltung zur Folge, so daß Sallneck 1776 einen Stabhalter und einen Geschworenen aufzuweisen hatte. Im örtlichen Rat saß ein Geschworener für den Ortsteil Ebigen. – Zwar wird die Allmende 1573 und 1722 als Anstößer erwähnt, der Hauptbesitz der Gemeinde dürfte jedoch aus Wald bestanden haben.

Sallneck war vermutlich bis zur Reformation *Filiale von Weitenau* bzw. *Demberg* gewesen, dessen Pfarrer noch 1607 den hiesigen kleinen Zehnten bezog. Dann wurde der Ort Tegernau zugeteilt, bei welcher Pfarrei das Dorf geblieben ist. – Sämtliche *Zehnten* gehörten der Propstei Weitenau bzw. Kloster St. Blasien. Teile daran waren dem Weitenauer Pfarrer überlassen worden, der sie auch nach dem 16. Jh. noch bezog, obwohl der Tegernauer Pfarrer, unterstützt von der Herrschaft Rötteln, Ansprüche geltend machte. Der Großzehnt wurde 1806 durch die Schaffnei Wieslet eingezogen. – Die Kinder besuchten zunächst die *Schule* in Tegernau, bis die Gemeinde im frühen 18. Jh. (vor 1735) eine eigene Schule einrichtete. Der Tegernauer Lehrer bezog daher auch die Sigristenabgaben: 6 x und ½ V Roggen von jedem Bürger, die vormals nach Demberg gegangen waren und dem dortigen Sigristen immer noch zustanden. Die in Sallneck eingerichtete Nebenschule war nicht sonderlich gut dotiert und das »Umessen« war 1768/69 zum Ärger der Amtleute noch üblich. Ein Schulhaus wurde erst 1774/75 erbaut; es diente wohl gleichzeitig als Gemeindehaus, weshalb 1777 eine Glocke bei Glockengießer Weitnauer in Basel angeschafft wurde.

Bevölkerung und Wirtschaft. – Die Einwohnerschaft von Sallneck bestand 1735 aus 34 Bürgern, was einer Personenzahl von etwa 170 gleichkommt. Bis zum Ende des Jahrhunderts (1786) ging die Zahl der Bürger auf 26 zurück, vermutlich sind damals einige Familien ausgewandert. Ein Drittel der Einwohnerschaft dürfte auf den Ortsteil Ebigen entfallen sein. – Ihren *Lebensunterhalt* bestritten die Einwohner zum größten Teil aus der *Viehhaltung*. Darauf weist auch die 1769 erfolgte Umwidmung von 6 J Brachland zu Matten hin. Aber schon 1573 waren bedeutende Fleischabgaben an Weitenau zu leisten. Daneben wurde auch etwas Getreide angebaut, im 16. Jh. Hafer, der in der Weitenauer Bannmühle gemahlen werden mußte. – Außerhalb der Landwirtschaft gab es wenig Verdienstmöglichkeiten. Verschiedene *Versuche, Erz abzubauen*, stellten sich als nicht lohnend heraus, obwohl besonders seit der 2. Hälfte des 18. Jh. immer wieder neue Anläufe gemacht wurden. Die Eisengrube am Haisberg wurde 1799 unter der Aufsicht des Badenweiler Bergamtes ausgebeutet, sie beschäftigte damals 7 Personen. Ein weiterer Versuchsbetrieb begann 1813/14 unter der Leitung einer eigens dazu gegründeten Gesellschaft von 10 Mitgliedern. Auch er wurde schließlich als erfolglos aufgegeben.

Ebigen. – Dieser Nebenort von Sallneck hatte anscheinend über keine Sondergemarkung verfügt. Ob die Erstnennung einer *ecclesia Ebikon* 1360/70 sich auf diese Siedlung bezieht, ist fraglich, sicher ist eine Nennung von 1564. Der Grundbesitz scheint durchweg St. Blasien bzw. Weitenau gehört zu haben, dem 1573 ein Gut von 4 TM (1722: 4 Inhaber) zinste. Politisch gehörte Ebigen zu Sallneck und hatte einen Geschworenen, offenbar auch eigenen Besitz, denn 1573 wird *der Gmein Holz* als Anstößer erwähnt. Kirchlich unterstand der Ort seit dem 16. Jh. ebenfalls der Pfarrei Tegernau. Nach Einrichtung der Schule in Sallneck wurden die Ebiger Kinder dort unterrichtet.

Geschichte 361

Quellen und Literatur

Quellen ungedr.: GLA 21/K. 378; 66/7247, 7545, 8486, 9598; 120/187, 483, 661; 229/16056, 23981, 24696, 45592, 65606, 73418, 74662, 83924, **90682–92**, 94444, 104596, 104652, 104656, 104662, 112640, 113711, 113718, 113765, 114072, 114074; 375 (1909, 97) 379–81, (1924, 2) 259; 391/**33425–30**, 35258.
Erstennung: ON 1344 (GLA 66/9598).
Ebigen: FDA 5 (1870) S. 93 (1360/70?); GLA 66/7545 (1564). – GLA 66/7247, 7545, 8484–86; 229/90690/91, 104626, 104652, 104656, 104662, 114072; 391/33429–30, 35258. – FDA 5 (1870) S. 93.

Schallbach

396 ha Gemeindegebiet, 655 Einwohner (31.12.1990, 1987: 596)

Wappen: In gespaltenem Schild vorn in Gold (Gelb) ein roter Schrägbalken, hinten in Blau ein silbernes (weißes) Hufeisen.
Das Wappen symbolisiert die weit ins Mittelalter zurückreichende Zugehörigkeit zu Baden einerseits und andererseits die traditionelle Bedeutung der örtlichen Landwirtschaft. Die Gemeinde hat 1905 diesen Vorschlag des badischen Generallandesarchivs als Wappen angenommen.

A. Naturraum und Siedlung

Natürliche Grundlagen. – Mit 396 ha Ausdehnung umfaßt das Gemeindegebiet von Schallbach einen typischen Ausschnitt des hügeligen, von Talwannen geprägten *Bamlach-Schallbacher Lößhügellandes*, das in dieser Form vom Kanderlauf bis über Bamlach im N hinausreicht. Die weichen Geländeformen gehen zurück auf die mächtige Lößschicht, die den durch die Senkungstektonik des Grabens vielfach zerstückelten tertiären Sockel überdeckt. So herrscht auch im Gemeindegebiet ein welliges Relief mit geringen Höhenunterschieden vor, das überwiegend von NW nach SO zum Kandertal abfällt. Der nördliche Gemeindeteil zeigt allerdings eine sanfte Gefällrichtung auf das Feuerbachtal hin. Die größten Höhen werden mit rd. 380 m an der nordwestlichen Gemeindegrenze erreicht, die hier bis an den Läufelberg reicht. Nach SO, zur Mulde des Eggrabens hin, geht das Höhenniveau auf Tiefstwerte von rd. 290 m zurück. Wichtigstes Differenzierungsmerkmal des Naturraumes bilden die porösen, wasserdurchlässigen *Lößgebiete* einerseits, die in weiten Bereichen des Gemeindegebietes von breiten, flachen, oft fächerförmig verzweigten *Talmulden* andererseits in einzelne Platten aufgelöst werden. Entsprechend einer unterschiedlichen Entwässerungsrichtung geschieht die Auflösung der Lößplatten über den zur Kander gerichteten Eggraben hauptsächlich von S, aber auch von NO her, wo ein kleiner Wasserlauf dem Feuerbach zufließt. Ein flacher Lößrücken unmittelbar nördlich von Schallbach, der oberhalb der Flur »Steinacker« 336 m erreicht, scheidet die beiden Fließrichtungen. Diese so charakteristischen Talmulden dürften aus ehemaligen Lößtälchen hervorgegangen sein, die durch postglaziale Solifluktionserscheinungen muldenförmig umgestaltet und durch Schwemmlößausfüllungen zur Sohle hin abgedichtet worden sind. Aufgrund des geringen Gefälles staut sich das an der Oberfläche abfließende Wasser, die Böden neigen zur Versauerung und müssen drainiert werden. Neben dem jeweiligen Bach sind die Mulden daher von zahlreichen Entwässerungsgräben durchzogen. An einzelnen Stellen treten an den Muldenenden sogar Quellen aus, wie etwa am Ostrand der fast kreisrunden Talwanne von Schallbach oder südlich der Wiedenmatten. Hier kommt das auf den Lößplatten versickerte Wasser wieder ans Tageslicht. Die Talwannen geben als *Feuchtstandorte* hervorragendes Wiesengelände ab, während die kalkhaltigen, gut zu bearbeitenden und äußerst fruchtbaren jüngeren Lößplatten auch heute noch vorherrschend *Ackerland* darstellen. Lediglich im nordöstlichen Gemeindegebiet treten auch außerhalb der Talwannen auf Lößgebieten Wiesenmatten auf, ganz im N ist die Lößplatte sogar mit Laubwald, dem *Schallbacher Holz*, bestockt. Der markante Wechsel in der Nutzungsänderung dürfte mit dem Alter des Lösses zusammenhängen.

Naturraum und Siedlung 363

Ältere Lösse bilden nämlich schwere, rasch zur Vernässung neigende Böden, die leicht versauern und aus diesem Grunde eine geringere Nutzungsgunst zeigen.
Siedlungsbild. – Abseits der alten Durchgangsstraßen und nur über Stichverbindungen sowohl mit dem alten Postweg von der Kaltenherberg nach Rümmingen und Binzen als auch mit seinem modernen Nachfolger, der K 6327, verbunden, liegt das Dorf Schallbach am Rande einer weiten, flachen Talwanne. Bereits die alte Siedlung in der Mitte des letzten Jahrhunderts zeigt jenen auffallenden, annähernd ovalen Straßengrundriß, entlang dem sich die Anwesen aufreihen. Seine durchgängige Bezeichnung mit »Dorfstraße« hebt die Vorstellung eines einheitlichen Straßenrings auch im Namen hervor. Die Dorfstraße umschließt im *Zentrum der Siedlung* ein weites, in dieser Ausdehnung für Markgräflerdörfer untypisches Angerareal, das bis heute unbebaut geblieben ist. Allerdings dürfte der östliche Ast des Straßenovals erst relativ spät in die Dorfbebauung einbezogen worden sein. Darauf deutet die lockere Bebauung mit vorwiegend traufständig zur Straße ausgerichteten Streckhöfen hin. Ungehinderter als im westlichen Dorfbereich gibt die Bauzeile hier den Blick auf den weiten Anger frei, der fast durchweg von Nutzgärten eingenommen wird. Die älteste Siedlungsentwicklung scheint dagegen dem hufeisenförmig verlaufenden westlichen Straßenzug gefolgt zu sein. Nahezu in der Mitte wird der Straßenlauf unterbrochen von einer größeren platzartigen Erweiterung, auf die auch die Hauptverbindung von der Kreisstraße her mündet. Durch jüngere Eingriffe ist diese einstige Straßenerweiterung zu einer dreieckigen Kreuzung verändert worden. Der moderne Dorfbrunnen am *Feuerwehrhaus* sowie die alte Gemeindewaage deuten jedoch noch auf die ehemalige Mittelpunktfunktion hin. Ab hier reihen sich vor allem entlang des nördlichen Astes des »Hufeisens« alte Anwesen haufendorfartig in stärkerer Verdichtung auf. Einst waren wohl größere Winkelhöfe vorherrschend, doch verstellen heute zahlreiche Zu- und Neubauten, insbesondere bei den Wohnbereichen, das ursprüngliche Bild. Zudem tragen inzwischen moderne Mehrfamilienreihenhäuser zur weiteren Verdichtung dieses nördlichen Siedlungskerns bei. Der Gärtnereibetrieb an der nördlichen Biegung der Dorfstraße markiert ungefähr das Ende dieses Siedlungskerns. Danach lockert die alte Bebauung rasch auf und weite Freiflächen schieben sich zwischen die Höfe. Eine davon wird am nördlichen Ast der Dorfstraße von einem Autoreparaturbetrieb als Park- und Abstellfläche benutzt.

Südlich des obengenannten Dorfplatzes bleibt die alte Bebauung anfangs lockerer. Etwas abseits auf einer Anhöhe steht die 1743 errichtete kleine *Dorfkirche* (s. u., Bemerkenswerte Bauwerke). Nach W hin wird der Kirchbereich abgeschlossen durch einen langen zweiteiligen Schopf, dessen weit vorspringende Stützpfeiler an den Hausecken sein hohes Alter verraten. Davor steht das breite, nahezu quadratische *Pfarrhaus*, das sich durch ein hohes ausgebautes Vierseitwalmdach hervorhebt. Ein barockes Portal umrahmt den ebenerdigen Eingang des zweistöckigen Baus. Zur Dorfstraße hin vervollständigt ein niedriger kapellenartiger Giebelbau mit schmalen bunten Glasfenstern das Kirchareal. Das ursprüngliche Waschhaus, auf das noch der Kamin hindeutet, dient heute als Leichenhalle. Der *Friedhof* ist allerdings schon seit langem nach W auf die Flur Hofacker verlegt. Südlich der Kirche rücken die alten Anwesen wiederum deutlich enger zusammen und bilden einen zweiten, baulich stärker verdichteten Kern, der über die Hubergasse ebenfalls Verbindung zur alten Poststraße erhält. Hier in dem zweiten Kern steht gegenüber einem modernen Lebensmittelgeschäft das *Rathaus*, ein zweieinhalbstöckiger, von dichten Fensterreihen geprägter Giebelbau, der sich mit der Traufseite zur Dorfstraße orientiert. Neben Anwesen, deren Alter an den Fassaden zu erkennen ist, fallen auch in diesem Kern zahlreiche

Neubauten, vor allem innerhalb der Hofstellen, ins Auge. Trotz der überall anzutreffenden baulichen Modernisierungsbestrebungen wird das Siedlungsbild maßgeblich durch die Landwirtschaft, durch frische Dunglegen und vollbesetzte Viehställe geprägt. Der Ort zeigt nur ein mäßiges *Siedlungswachstum*. Insbesondere im O und SO des Dorfes hat sich seit der 2. Hälfte der 1970er Jahre ein kleines Neubauviertel entwickelt, das sich vorwiegend aus Ein- und Zweifamilienhäusern zusammensetzt. In jüngster Zeit schiebt sich eine derartige Bebauung aber auch die westlichen Hänge der Talwanne in Richtung zur alten Poststraße hinauf. Dort hat auch ein moderner Pensionsgasthof seinen Standort gefunden.

Bemerkenswerte Bauwerke. – Der älteste Teil der *ev. Kirche* ist der viergeschossige Turm, der aus dem Jahr 1383 stammt, als Markgraf Rudolf III. eine an diesem Ort befindliche Kapelle zur Kirche erweitern ließ. Sein Wappen erscheint nur noch an dem mit Blendmaßwerk versehenen Taufbecken. Der Neubau des Kirchenschiffes erfolgte im Jahre 1743 durch Markgraf Karl (Friedrich), worauf Jahreszahl, Wappen und die Initialen MK über dem Südeingang hinweisen. Die Fassaden werden durch Korbbogenfenster in profilierten Einfassungen und durch Lisenen rhythmisiert. Der Innenraum trägt typische Merkmale protestantischer Barockkirchen im Markgräflerland: ein Saal mit einer leichten Einziehung im Osten um den Altarraum, der seine Abgrenzung nur durch die Erhöhung um eine Stufe erhält. Die Ausstattung trägt zur Vereinheitlichung des Raumes bei. Die Winkelempore zieht sich über die West- und über zwei Fensterachsen an der Nordwand. Ihr diagonal gegenüber an der Südwand steht über der Chortreppe auf einer Holzsäule die Kanzel. Mit reichem Schnitzwerk versehen sind ihr Schalldeckel sowie die Balustraden an Treppen- und Emporenbrüstungen. Das wiederhergestellte Gestühl längs der Chorwände weist einen eigenen Platz für den Vogt aus. Ebenfalls aus der Erbauungszeit stammt der Kruzifixus an der nördlichen Chorschrägwand. Von der modernen Ausstattung ist der achteckige Altartisch zu nennen, der sich an das Chorpolygon anpaßt.

B. Die Gemeinde im 19. Jahrhundert und in der Gegenwart

Bevölkerung

Bevölkerungsentwicklung. – Die Schallbacher Bevölkerung, deren Zahl 1809 mit 304 angegeben war, nahm in der 1. Hälfte des 19. Jh. recht kontinuierlich auf 415 zu. Der dann einsetzende Rückgang bis vor den 2. Weltkrieg (Tiefststand 1910: 330 E.) erklärt sich sicherlich durch – in geringerem Maße – Auswanderung, vor allem aber Abwanderung in die benachbarten Industrieorte. Auch nach dem 2. Weltkrieg waren es zunächst im wesentlichen die in den Ort gekommenen Heimatvertriebenen und Flüchtlinge (1950: 8,6% der Bevölkerung; 1961: 12,6%), die den Zuwachs brachten. Seit 1970 aber sind es Wanderungsgewinne, die die Bevölkerungszahl von 405 auf 596 (1987) ansteigen ließ. Die Zahl war bis Mitte 1993 auf 635 gestiegen.

Konfessionelle und soziale Gliederung. – Das von der Reformation her geschlossen evangelische Dorf hatte in konfessioneller Hinsicht bis zum 2. Weltkrieg keinerlei Wandel erlebt. Nur vereinzelt wohnten Katholiken am Ort; 1950 z. B. nur 8 bei 360 Einwohnern. Auch durch die Integration der Heimatvertriebenen und Flüchtlinge und selbst durch die beachtliche Zuwanderung stieg der Anteil der katholischen Bevölkerung nur wenig an; er lag 1970 mit 18 Katholiken bei 4,4% der Einwohner, 1987, mit 95 katholischen Einwohnern, bei 15,9%.

Auch hinsichtlich der sozialen Gliederung zeigt sich in Schallbach nur relativ wenig Veränderung. Das gesamte 19. Jh. hindurch verblieb das Dorf bei seiner agrarischen Struktur; kaum 15% der Bevölkerung lebten gegen Ende des Jahrhunderts von einer Beschäftigung außerhalb der Landwirtschaft: von 177 Erwerbstätigen arbeiteten 1895 nur 12 in Industrie und Gewerbe und 13 gingen einer anderen Erwerbstätigkeit nach. Dies war angesichts der über die Jahrzehnte hinweg immer wieder betont guten landwirtschaftlichen Erträge und daraus resultierendem Wohlstand der Gemeinde und ihrer als fleißig und sparsam charakterisierten Bevölkerung nicht anders zu erwarten gewesen. Noch 1913 stellte der inspizierende Beamte fest, daß es keine reine Fabrikarbeiterfamilie in Schallbach gebe, sondern daß nur 8 Personen in den Fabriken in Lörrach und Hüningen sowie in der Ziegelei Rümmingen arbeiteten. Für 1922 werden 6 Fabrikarbeiter genannt. Angesichts der unveränderten Wichtigkeit der landwirtschaftlichen Beschäftigung nimmt es deshalb auch nicht wunder, daß der Ort von der großen Krise anfangs der 1930er Jahre verschont blieb. 1932 gab es nicht einen Arbeitslosen in Schallbach.

Die Veränderungen nach dem 2. Weltkrieg zeichneten sich von den 1960er Jahren an allmählich ab. 1970 war noch immer über die Hälfte der Erwerbstätigen in der Landwirtschaft beschäftigt. Es läßt sich bei steigender Erwerbsquote sogar feststellen, daß der Anteil der Industriebeschäftigten zwischen 1961 (30,2%) und 1970 (28,3%) etwas zurückging, dagegen nahm die Zahl der in Handel, Verkehr und übrigen Bereichen Tätigen zu. Ihr Anteil lag 1961 bei 11,5%, 1970 bei 16,6%. So ist festzuhalten, daß sich die strukturelle Veränderung bereits seit 1961 in Gestalt einer Verlagerung auf den Tertiären Sektor zutrug. Dies bestätigt auch das Ergebnis der Volkszählung von 1987, als knapp über die Hälfte der Erwerbstätigen zum Tertiären Sektor zu rechnen war (50,5%), nur 40,2% aber zum Produzierenden Gewerbe. Mit 9,2% der Erwerbstätigen war in Schallbach die Land- und Forstwirtschaft zwar noch immer stark vertreten, ihre frühere Bedeutung war aber verlorengegangen.

Politisches Leben

Das Wahlverhalten der Schallbacher Bürger läßt über die Jahre des Kaiserreichs hinweg nur die im gesamten Umland feststellbare starke und andauernde Präferenz für die *Nationalliberalen* erkennen, für die – bei meist hoher Wahlbeteiligung – nur 1893 weniger als drei Viertel aller Wähler votierten. Für die übrigen politischen Richtungen blieb kaum Raum, und selbst mit dem Kandidaten Markus Pflüger erreichten die Linksliberalen nicht einmal 10%; später lagen ihre Anteile zwischen 10% und 20%. Die konservativen Wählerstimmen 1878 und 1912 dürften sich aus einer örtlichen evangelisch-pietistischen Opposition heraus erklären.

Anfangs der *Weimarer Zeit* waren die Demokraten zunächst Erben der Nationalliberalen in Schallbach, dann die Deutschnationalen. Auffällig, durch das weitgehende Fehlen von Industriearbeitern aber hinreichend erklärt, ist die Tatsache, daß die Linke bis 1932 überhaupt keine Anhängerschaft fand. Daraus resultiert, daß bürgerliche Liberale bis 1930 die relative Mehrheit der – in der Beteiligung aber jetzt zurückhaltenden – Wählerschaft erreichten. Erst auf dem Höhepunkt der Krise erzielte die NSDAP bei der Wahl im November 1932 mit 86,9% eine Mehrheit, wie sie bis 1912 gelegentlich nur die Nationalliberalen verzeichnet hatten.

Bei den ersten demokratischen Wahlen der *Nachkriegszeit* ergaben sich wieder klare liberale Mehrheiten. Offenbar bundespolitische Ereignisse führten dann aber dazu, daß die CDU 1953 – seither nur 1972, 1980 und bei der Landtagswahl 1992 unterbrochen –

als stärkste Partei in Schallbach abschnitt. Dabei erreichte sie lediglich bei der Bundestagswahl 1965 mit 55,7% die absolute Mehrheit der im Ort abgegebenen gültigen Stimmen. Auch von der Position des Zweitstärksten wurden die Freien Demokraten verdrängt. Dieser Vorgang dauerte bemerkenswerterweise bis 1969, als die SPD mit 26% der Wählerstimmen erstmals ein besseres Ergebnis erzielte. Dennoch blieb die FDP mit über oder um 20% der Wähler (1990: 18,2%) bei Wahlbeteiligungen, die in Regel über 70%, seit 1972 über 80% liegen, eine dritte Kraft mit deutlichem Vorsprung vor den Grünen (1990: 5,5%). CDU und SPD sind im Rahmen des Gemeindeverwaltungsverbandes Vorderes Kandertal organisiert. Die FDP hat in Schallbach einen Ortsverband.

Wirtschaft und Verkehr

Land- und Forstwirtschaft. – Der bis in die 1960er Jahre landwirtschaftlich geprägte Ort zeigt auf diesem Sektor eine erstaunliche Konstanz. Selbst die überkommene *Dreifelderwirtschaft* wurde erst in den frühen 1950er Jahren endgültig aufgegeben. Die landwirtschaftliche Nutzfläche lag über Jahrzehnte hinweg kaum verändert zwischen 320 und 355 ha (1987: 355 ha), wovon bis zum 2. Weltkrieg um zwei Drittel, in der jüngsten Zeit durch Ausdehnung der Sonderkulturfläche etwa 70% Ackerland waren (1987: 247 ha).

Der *Körneranbau* war recht ertragreich, begünstigt durch den schweren Lößboden. Wichtigste Getreidearten waren im 19. Jh. Winterweizen und Sommergerste. Bis 1930 ging der Gerstenanbau stark zurück, dafür wurde mehr Hafer angebaut. Etwa 30 ha der Anbaufläche waren vor der Jahrhundertwende bis um 1930 mit Kartoffeln bebaut, weitere 40 ha mit Futterpflanzen. Die heutige Situation verdeutlichen die Zahlen von 1987, als 175 ha mit Getreide und 9 ha mit Hackfrüchten angebaut waren. Der Futterpflanzenanbau war in diesem Jahr auf 48 ha ausgedehnt.

Weinbau spielt auf Schallbacher Gemarkung nur eine untergeordnete Rolle. Gegen Ende des vergangenen Jahrhunderts fanden sich in den Gewannen »Im Schweizer« gegen Egringen zu und »Im Läufelberg« Most- und Elblingreben, etwa im Verhältnis 3:2. Die Krise des Weinbaus, die die ersten Jahrzehnte unseres Jahrhunderts prägte, traf auch diesen Ort. Erst nach der Vernichtung der reblaus- und mehltauverseuchten Amerikanerreben um 1930 setzte wieder Besserung ein. Eine gewisse Bedeutungssteigerung des Weinbaus geht dann aus der wachsenden Anbaufläche hervor. Von 1952 bis 1983 wurde die vorwiegend mit Gutedeltrauben, daneben mit Müller-Thurgau- und Spätburgunderreben bestandene Fläche fast verdreifacht (1983: 21 ha). Hierbei handelt es sich jedoch im wesentlichen um Rebgelände auf Fischinger Gemarkung. Die Schallbacher Rebfläche stieg nur von 2 auf ca. 3 ha (1952 gegen 1983).

Auch die *Obstanlagen* wurden in jüngster Zeit ausgedehnt. 1961 lagen sie bei 2 ha, 1981 bei 13 ha. Dennoch darf die Bedeutung der Sonderkulturen für die Schallbacher Landwirtschaft nicht allzu hoch bewertet werden. Getreidebau und Viehhaltung blieben die ausschlaggebenden Faktoren.

Von der Mitte des 19. Jh. an nahm zunächst die *Rinder-*, nach 1880 auch die *Schweinehaltung* deutlich zu. So stieg der Rinderbestand zwischen 1855 und 1930 von 276 auf 446, die Zahl der Schweine von 122 auf 208. Während die Rinderhaltung dann zahlenmäßig weitgehend gleichblieb (1988: 358 Stück, davon 139 Milchkühe), gewann die Schweinehaltung nach 1950 noch einmal an Umfang und stieg bis 1988 auf 660 Schweine, darunter 102 (1965: 27) Zuchtsauen.

Ungeachtet der gleichbleibenden wirtschaftlichen Schwerpunkte veränderte sich die *Betriebsstruktur* in den vergangenen 100 Jahren nachhaltig. Mehr als die Hälfte der Betriebe schloß bzw. ging in anderen auf, so daß sich die Gesamtzahl von 71 (1895) auf

Die Gemeinde im 19. Jahrhundert und in der Gegenwart

30 (1987) verminderte. Darunter befanden sich noch 13 Vollerwerbsbetriebe (1993: 9). Die durchschnittliche Betriebsgröße stieg in dieser Zeit von 3,9 ha auf 11,1 ha an. Von den Betriebsformen her gesehen, lagen die Futterbau- und die Dauerkulturbetriebe mit jeweils 9 von insgesamt 32 im Jahre 1987 an der Spitze, gefolgt von 8 Gemischt- und 3 Marktfruchtbetrieben. 3 Betriebe arbeiteten im Bereich Gartenbau und Forstwirtschaft. Ein Flurbereinigungsverfahren war seit 1972 im Gange. 1980 wurde der einzige Schallbacher Aussiedlerhof errichtet.

Nur etwa 11% der Gemarkungsfläche sind überkommenerweise mit *Wald* bestanden. Es handelt sich vorwiegend um Laubhölzer, wovon der überwiegende Teil – seit 1950 weitgehend unverändert 39 ha – sich im Gemeindebesitz befindet. Von den 4 ha Nadelwald nennt die Gemeinde Schallbach 3 ha ihr eigen.

Handwerk und Industrie. – Das Schallbacher Handwerk zeigte im 19. Jh. die für einen Ort mit wohlfunktionierender Landwirtschaft zu erwartende Vertretung; so waren 1895 8 Handwerksbetriebe mit 11 Beschäftigten gezählt worden. 1909 berichtete der ortsbereisende Beamte nur von 6 Betrieben: 2 Schreinereien, 2 Schmieden, einer Zimmerei und einer Schuhmacherei. Diese Situation fand sich nur punktuell verändert bis zum 2. Weltkrieg. Noch heute (1992) ist das Handwerk in Schallbach mit 6 Betrieben vertreten. Industrie fehlt ganz.

Tab. 8: Das Handwerk 1992

Branche	Zahl der Betriebe	Beschäftigte	Umsatz
Baugewerbe	2	20	2,3 Mio. DM
Metall	3	20	3,9 Mio. DM
Holz	–	–	–
Textil/Leder/Bekleidung	1	3	0,3 Mio. DM
Nahrung	–	–	–
Gesundheit/Körperpflege	–	–	–
Glas/Papier/Keramik und Sonstige	–	–	–
Gesamt	6	43	6,5 Mio. DM

Quelle: Handwerkskammer Freiburg

Für den alltäglichen Bedarf gab es in Schallbach ein Gemischtwarengeschäft sowie einen Obst- und Gemüsehandel. Alle übrigen Güter werden vorwiegend in Lörrach, zum Teil auch in Weil am Rhein eingekauft. In der jüngsten Zeit ist die Versorgung mit *Banken* stark erweitert worden. Filialen der Bezirkssparkasse Lörrach-Rheinfelden und der Volksbank Lörrach eröffneten 1965 bzw. 1975 in Schallbach. Beide sind im Rathausgebäude untergebracht.

Die Schallbacher *Gemeindewirtschaft* des 18. Jh. ist bis ins 19. Jh. faßbar; sie wurde dann durch das Gasthaus »Zum Rebstock« ersetzt, das mit Unterbrechungen bis 1977 in Betrieb war, zuweilen jedoch nur sonntags geöffnet. Nach dem Umbau eines Wohnhauses an der alten Poststraße, eröffnete das Gasthaus »Alte Post« 1979. Dieser heute einzige Gastbetrieb des Ortes verfügt über 34 Fremdenbetten.

Verkehr. – Im 19. Jh. führte die alte Poststraße, die auch als Handelsweg Bedeutung hatte, von der Kaltenherberge nach Lörrach, am Ortsrand vorbei. Zu den heutigen Verkehrsverbindungen gehört die Kreisstraße 6327, die südlich und westlich des Dorfes verläuft, in die Verbindungsstraße von Efringen-Kirchen nach Tannenkirch und Riedlingen mündet und gleichzeitig im Süden von Schallbach den kürzesten Weg nach Rümmingen darstellt. Durch eine vom Nordausgang des Dorfes nach Osten führende Gemeindestraße ist Schallbach mit Wittlingen und der Kandertalstraße (L 134) verbunden. Einzige öffentliche Verkehrsverbindung ist die SWEG-Buslinie, die Kandern mit Lörrach verbindet.

Verwaltungszugehörigkeit, Gemeinde und öffentliches Leben

Auch Schallbach hat die den Rötteler und damit altbadischen Orten gemeinsame Geschichte der Verwaltungszugehörigkeit, die auf geradem Wege in den Landkreis Lörrach führte. Alle üblichen Gemeindeämter sind im vergangenen Jahrhundert bis in die unmittelbare Vorkriegszeit in Schallbach zu finden gewesen. Neben dem Bürgermeister und 6 Gemeinderäten gab es einen Ratschreiber und einen Rechner als die überkommenen Gemeindediener. Daneben wurden zahlreiche, oft ehren- oder nebenamtlich versehene Funktionen wie Ortsdiener, Wald- und Feldhüter, Steinsetzer, Waagmeister, 2 Straßenwarte, Brunnenmeister, Abdecker, Fleischbeschauer, Hebamme und Totengräber genannt. Auch einen Farrenwärter hatte die Gemeinde zeitweise angestellt. Heutige Gemeindebedienstete sind dagegen nur der ehrenamtliche Bürgermeister sowie eine Halbtagsangestellte. Die Mehrzahl der Verwaltungsaufgaben wird vom *Gemeindeverwaltungsverband Vorderes Kandertal* mit Sitz in Binzen (vgl. Bd. 1, S. 606 f.) wahrgenommen.

Gemeindebesitz. – Im 19. Jh. gehörte Schallbach zu den wohlhabenderen Orten im Bezirk. Durch Ausstockungen war gegen Ende des 19. Jh. das bei der Sparkasse eingelegte Gemeindevermögen noch angestiegen und hatte 115 000 Mark erreicht. Vor dem 1. Weltkrieg stieg es auf über 170 000 Mark. Mit 20 000 bis 25 000 Mark war indessen der Schuldenstand sehr gering. Armenlasten hatte die Gemeinde fast keine zu tragen. Auch in den krisenreichen frühen 1930er Jahren stand Schallbach finanziell gut da. Das Gemeindevermögen belief sich wieder auf fast 180 000 Reichsmark; der Schuldenstand war mit 3000 Reichsmark noch niedriger als früher. Schon 1951 konnte das Dorf an den Bau eines Gemeindesaales gehen.

Zum Besitz der Gemeinde gehörten 1993 neben 50 ha Wald, davon 42 ha auf Schallbacher Gemarkung, das 1990 gebaute Feuerwehrgerätehaus mit Kindergarten, das 1968 gebaute Schulhaus, das Gebäude des ehemaligen Farrenstalls sowie das 1993 renovierte Rathaus. Einzige nichtkommunale Behörde am Ort ist die Poststelle.

Ver- und Entsorgungseinrichtungen. – Die Anfänge der *Freiwilligen Feuerwehr* Schallbach reichen ins Jahr 1926 zurück. 1993 zählte sie 32 aktive Mitglieder, die in einem Löschzug zusammengefaßt waren. – Die moderne *Wasserversorgung* setzte nach längeren Vorarbeiten im Jahre 1907 ein, als eine auf Mappacher Gemarkung liegende Quelle gefaßt und mit einem Hochbehälter verbunden wurde. In den folgenden Jahren wurde das Versorgungsnetz sowie die Kanalisation ausgebaut und zwischen 1973 und 1983 mit dem Ausbau der Ortskanalisation erneuert. Heute ist das Dorf an den Wasserverband Südliches Markgräflerland angeschlossen. Die Entsorgung geschieht über den Abwasserverband Unteres Kandertal, der in das Klärwerk Bändlegrund (Weil am Rhein) einleitet. Oberflächen- und Schmutzwasser werden seit 1986 getrennt abgeführt. Die *Stromversorgung*, die in Schallbach 1909 zusammen mit der elektrischen Straßenbeleuchtung einsetzte, lag anfangs in Händen der Elektra Markgräflerland in Haltingen (Weil am Rhein). Heute wird sie durch die Kraftübertragungswerke Rheinfelden besorgt, die alle Haushaltungen direkt beliefern. Die Müllabfuhr geschieht wöchentlich durch ein Privatunternehmen.

Die Gemeinde im 19. Jahrhundert und in der Gegenwart 369

Die *ärztliche Versorgung* geschieht über die niedergelassenen Mediziner in Binzen, Haltingen, Efringen-Kirchen und Wollbach. Im 19. und frühen 20. Jh. wurden die Ärzte in Efringen und Kirchen konsultiert. Für stationäre Behandlungen werden – wie in der gesamten Umgebung – die Krankenhäuser von Lörrach, Rheinfelden und – in schweren Fällen – die Universitätskliniken von Freiburg sowie die Basler Spitäler aufgesucht. Schallbach gehört zum Bereich der evangelischen Sozialstation Weil am Rhein. Der Schallbacher *Friedhof*, nordwestlich des Dorfes, wurde 1840 angelegt. Seine letzte Erweiterung erfuhr er im Zusammenhang mit der Flurbereinigung. In dieser Zeit wurde auch eine kleine Leichenhalle bei der Kirche gebaut.

Kirche und Schule. – Die seit der Reformation evangelische Pfarrei hatte bis 1940 Fischingen als Filialort. Seither haben die nach wie vor selbständigen Kirchengemeinden Schallbach und Wittlingen einen gemeinsamen Pfarrer. Die Schallbacher Katholiken wurden im 19. Jh. von Stetten aus betreut; seit der Errichtung der Marienkuratie Haltingen 1938 sind sie dorthin eingepfarrt.

Das im 18. Jh. gekaufte Haus (s. u., Geschichte), in dem *Schule* gehalten wurde, wurde bis ins 20. Jh. hinein für die Unterrichtung der Schallbacher Kinder als ausreichend erachtet, obwohl der Raum um 1890 mit etwa 60 Schülern stark überbesetzt war. Doch da die Zahl der Schüler sank (1952 noch 40), wurde das alte Schulhaus erst 1968 durch einen Neubau ersetzt, der 2 Klassen Raum bietet. Nach der Bildung des Gemeindeverwaltungsverbandes Vorderes Kandertal (vgl. Bd. 1, S. 606, Binzen) ging die Schulträgerschaft an den Verband über. Die Hauptschüler besuchen seither die Schule in Binzen. Die in Schallbach verbliebene Grundschule, die mit Wittlingen kooperiert, wies 1992/93 2 Klassen der Stufen 1 bis 4 auf, davon 2 in Schallbach, die von 2 Lehrern unterrichtet wurden. Der Kindergarten ist mit dem Feuerwehrgerätehaus 1990 neu gebaut worden.

Vereine. – Das 632 Einwohner zählende Dorf wies 1993 5 Vereine mit etwa 350 Mitgliedern auf. Wohl traditionsreichster und mit 196 Mitgliedern, darunter 46 aktiven, auch stärkster Verein ist der 1862 gegründete Gesangverein. Daneben gibt es einen evangelischen Frauenverein und einen Landfrauenverein. 1975 kam die Zeechencleque, ein Narrenverein, hinzu. Ein Kindergartenförderverein wurde im Zusammenhang mit dem Neubau 1988 gegründet.

Strukturbild

Schallbach, im 19. und frühen 20. Jh. immer wieder zu den wohlhabenden landwirtschaftlich geprägten Orten des Bezirks gerechnet, wies bis in die 1970er Jahre eine erstaunlich konstante Struktur auf. Schon damals war jedoch die Verlagerung der Erwerbsstruktur auf die beiden anderen Wirtschaftsbereiche absehbar, die 1987 über 90% der Erwerbstätigen aufnahmen. Zu dieser Umstrukturierung hat der Zuzug ins 1972/73 erschlossene Neubaugebiet »Hinter der Eich« wesentlich beigetragen. Ungeachtet des teilweise noch bäuerlich anmutenden Ortsbildes zeigt die gestiegene Auspendlerzahl (1970: 104; 1987: 285 bei nur 3 bzw. 6 Einpendlern), auch das Fehlen von Industrie, daß Schallbach sich überwiegend zum Wohnort gewandelt hat.

Zentraler Ort blieb unverändert Lörrach, wo vorwiegend die weiterführenden Schulen aufgesucht werden, eingekauft wird und auch die stationäre Krankenversorgung in den meisten Fällen geschieht; daneben hat Weil am Rhein in den letzten Jahren für Schallbach an Bedeutung gewonnen. Hinsichtlich der Verwaltungsfunktionen und als Standort der Hauptschule nahm auch die Wichtigkeit von Binzen, dem Sitz des Verwaltungsverbandes, zu.

Veränderungsimpulse von den 1970er Jahren an zeigen sich auch am Steueraufkommen der Gemeinde. Es ist von 44 000 DM (1970) über 234 615 (1985) fast kontinuierlich auf (1992) 523 000 DM angestiegen. Dennoch hält es sich noch immer in recht bescheidener Höhe. Die Steuerkraftsumme je Einwohner, die in den 1980er Jahren ebenfalls steigende Tendenz aufwies – 1988 1081,7 DM gegenüber 1970 257 DM – betrug 1992 1072 DM. Der Gewerbesteueranteil schwankte von Jahr zu Jahr beträchtlich. Mit nur 6,4 % am Gesamtsteueraufkommen von 1992 blieb er unverändert eine nicht ausschlaggebende Größe, wobei er, verglichen mit den 1980er Jahren deutlich abgenommen hat. Durch Investitionen für Straßen- und Kanalbau hatte die Verschuldung von Schallbach in der 2. Hälfte der 1980er Jahre zugenommen. Sie lag 1970 bei 415 DM je Einwohner, 1988 bei 753,3 DM, hinzu kam anteilig die Verschuldung des Verbandes mit 63 DM. 1992 betrug die Pro-Kopf-Verschuldung 815 DM zuzüglich der anteiligen Verwaltungsverbands- (40 DM) Wasserverbands- (265 DM) und Abwasserverbandsschulden (250 DM). Als wichtigste Investitionen der Gemeinde in der 2. Hälfte der 1980er Jahre standen die Renovierung des Rathauses und Gemeindesaales, der Neubau des Feuerwehrgerätehauses und des Kindergartens an. Für 1994 war die Sanierung des Schulgebäudes vorgesehen.

C. Geschichte

Siedlung und Gemarkung. – Das Dorf dürfte eine Ausbausiedlung wohl des 8./9. Jh. sein. Sein Name ist ungeklärt, er könnte auf eine vordeutsche Stellenbezeichnung hinweisen. Das 1240 als *Schalbach* erstmals urkundlich nachzuweisende Dorf ist aus einem Hof heraus entstanden, zu dem bald eine Kapelle oder Kirche kam, um beide herum hat sich die Siedlung entwickelt. Der auch heute noch nicht sehr große Ort dürfte gegen Ende des 16. Jh. kaum mehr als 25 bis 35 Häuser umfaßt haben, bis um 1740 war ihre Zahl auf 61 angewachsen. Vermutlich hat man zunächst überwiegend in Holz gebaut, da dieses reichlich vorhanden war, wogegen Sand und Steine von anderen Orten herbeigeführt werden mußten. Im 18. Jh. wurde daher bei Neubauten im allgemeinen nur der untere Stock in Stein aufgeführt, um den herrschaftlichen Vorschriften zu genügen. – Die *Wasserversorgung* erfolgte über mehrere Brunnen, die aus Quellen abgeleitet worden waren.

Der Ort war mit den Dörfern der Umgebung durch Straßen verbunden, welche im allgemeinen nicht besonders gut waren. Besonders über die Verbindung nach Fischingen (1575 als Pfad bezeichnet) klagten die Pfarrer noch gegen Ende des 18. Jahrhunderts. Ähnlich scheinen die Wege nach Eimeldingen, Binzen und Egringen beschaffen gewesen zu sein. Lediglich nach Mappach und Rümmingen bestand eine gute Verbindung, im 18. Jh. auch als Landstraße erwähnt, ähnlich nach Wittlingen und Wollbach. Nachteile dieser Straßen waren, daß nicht nur Bettler, sondern auch Kriegsvölker öfter den Weg nach Schallbach fanden, das vor allem unter den Begleiterscheinungen des 30j. Krieges, aber auch der folgenden Kriegszüge bis in die Neuzeit hinein zu leiden gehabt hat.

Herrschaft und Staat. – Vermutlich ist auch Schallbach als bischöflich-baslisches Lehen 1315 an die Herrschaft Rötteln gelangt, spätestens 1458 hatte diese die Niedergerichtsrechte am Ort. Noch 1343 hatten die Markgrafen Rudolf und Otto von Hachberg das Dorf als Lehen vom Hochstift Basel besessen.

Schallbach bildete mit Rümmingen und Wittlingen zusammen eine *Vogtei*, die zunächst von Wittlingen aus verwaltet wurde, während spätestens im 18. Jh. das gemeinsame Gericht wechselweise in einem der drei Orte tagte. In Schallbach könnte dies bei der Linde stattgefunden haben, die verschiedentlich herausgehoben wird. Der Ort hatte einen eigenen Vogt (1458), der 1571/72 steuer- und fronfrei war und 4 Schweine kostenfrei in den Äckerich treiben durfte. Ihn vertrat später (1662) ein Stabhalter, beide wurden bei der Verwaltung des Ortes unterstützt von mehreren Gerichtsleuten (1662: 4, 1750: 3). Schallbach gehörte zum Röttler Viertel des OA Rötteln.

Grundherrschaft und Grundbesitz. – Der die Siedlung begründende Hof, wohl ursprünglich in bischöflich-baslischem Besitz, hatte sich bis zum 13. Jh. längst in Einzelgüter aufgelöst. Deren Besitzer, soweit zu ermitteln fast durchweg Basler Stadtbürger, überließen diese im Laufe der Zeit überwiegend an geistliche Institutionen, so daß Basel in Schallbach weiterhin dominierte. Die Einkünfte des Basler Hochstiftes, die an die Familie Münch von Landskron verliehen gewesen waren, gingen 1467 an Bernhart von Rotberg und blieben weiterhin als Lehen in dessen Familie. Kloster St. Clara wird 1553 als Anstößer erwähnt und St. Alban ist 1284 mit Streubesitz vertreten. Ferner finden sich immer wieder Einzelbürger, die nur kurz in Erscheinung treten, wie Adelheid Kraft 1316, Martin Wirth 1656 (Haus, Hof, Trottgarten und Scheune sowie ca. 15 J Liegenschaften = ca. 4½ ha), Johann Bratschin 1744/45. Einkünfte aus dem Besitz der Familie Münch von Löwenberg waren bis zum 18. Jh. an Pfarrer Schöni gekommen, 1729 verkaufte der Vormund von dessen Kindern diese Einkünfte an den *Markgrafen v. Baden.* Dessen Vorgänger ist 1343 mit Gütern und Leuten nachzuweisen, die er seiner Ehefrau zum Wittum aussetzte. Möglicherweise handelte es sich dabei um die sogenannten Albrecht'schen Lehen (1661 Haus, Hof, Garten, ca. 30 J Liegenschaften = ca. 9 ha), die sich seit 1514 nachweisen lassen und 1671 der Herrschaft heimfielen. Auch dürfte der Markgraf über den Besitz des Kl. Sitzenkirch verfügt haben. Dieses hatte 1240 ein Gut von B. von Eschkon ertauscht, 1310 von der Schallbacher Familie Frei den Hubershof und Heimenacker erhalten. Im übrigen bestanden seine Einkünfte aus den örtlichen Steuern und Vogtrechten. Im 18. Jh. gehörten auch 19½ J Liegenschaften zum Wittlinger Freigut der Herren von Bärenfels.

Frau Sophie, genannt Kuchimeisterin, hatte seinerzeit 3 Güter in Schallbach an die *Deutschordenskommende Beuggen* geschenkt. Diese tauschte 1321 unter anderem auch diese Einkünfte an Kl. Himmelspforte in Wyhlen, welches die Güter jedoch schon 1325 gegen eine jährliche Abgabe aus dem Zehnten zu Wyhlen wieder an die Kommende zurückgab. Die Deutschordenskommende Basel erhielt 1458 schuldenhalber Güter zugesprochen, die sie zusammen mit ihrem Fischinger Besitz verwaltete. Fraglich ist dabei, ob es sich um die vorgenannten Liegenschaften gehandelt hatte, zumal künftig nur noch der Deutschorden in Fischingen als Grundbesitzer nachzuweisen ist. Er bezog 1553 Einkünfte aus Haus und Hof, die jetzt zu Garten gemacht waren, sowie ca. 46 J = knapp 14 ha Liegenschaften, die erst nach 1800 abgelöst worden sind. Neben Kirche und Gemeinde waren natürlich auch die Schallbacher Einwohner am Ort begütert, allerdings läßt sich der Umfang von deren Besitz vor dem 19. Jh. nicht ermitteln.

Gemeinde. – Den Ort verwalteten in der markgräflichen Zeit *Vogt und Geschworene;* 1750 werden neben dem Vogt 3 Richter genannt. Der eigentliche Gemeindebeamte, der Gemeinschaffner, läßt sich erst seit 1774 nachweisen, ihm oblag, unter herrschaftlicher Aufsicht und im Zusammenwirken mit Vogt und Gericht, die Verrechnung der Gemeindeeinkünfte und -ausgaben.

Die *Gemeinde* besaß eine größere Allmende im Dorf (1553 als Anstößer erwähnt), die noch heute im Ortsbild sichtbar ist. Allmenden am Rümminger Weg werden 1662 erwähnt. Ihr größter Aktivposten scheint jedoch der Wald gewesen zu sein (1512 an der Gemarkungsgrenze nach Maugenhard), der es ermöglichte, immer wieder Schulden durch Holzverkäufe abzutragen. An Liegenschaften besaß die Gemeinde 1767 1½ T. Gemeindematten, die jedoch dem Halter des Wucherrindes zur Nutzung überlassen waren, und ca. 100 J (ca. 30 ha) Wald (um 1740: 110 J), der sich damals in gutem Zustand befand. An Gebäuden war nur das *Schulhaus* vorhanden, die Feuerlöschgerätschaften bestanden aus der nötigen Anzahl von Eimern. Eine Feuerspritze war nicht vorhanden, die Gemeinde auch nicht imstande, eine solche anzuschaffen. Denn die laufenden Projekte verschlangen größere Summen, die aus den laufenden Einnahmen nicht zu finanzieren waren. In der 2. Hälfte des 18. Jh. waren dies z. B. die Anschaffung der Orgel (1753), die Kirchenbaukosten (1756), der Unterhalt der Landstraße, von der ein großes Stück in die Zuständigkeit von Schallbach fiel, und der Ankauf eines Privathauses zu einem Schulhaus (1770). Die Gelder hatte damals Vogt Nikolaus Gempp vorgestreckt, sie wurden durch außerordentliche Holzhiebe aufgebracht. Die Gemeinderechnung von 1779 weist neben Schulden in Höhe von 321 fl Aktiva in Höhe von nur 123 fl aus. Weidestreitigkeiten mit Fischingen mußten 1495 und 1603 geschlichtet werden.

Kirche und Schule. – Die Kapelle in Schallbach wird 1275 als Filial von Mappach erstmals erwähnt. Sie war den Hll. Peter, Paul und Konrad (1383) geweiht. Das Patronat ging 1383 von dem Basler Bürger Johann genannt Helbeling durch Schenkung in den Besitz der Stadt Basel über. Die Trennung von Mappach erfolgte vor 1493, in welchem Jahr der Ort als Filial von Binzen erscheint. Kurz vor 1642 wurde er von dieser Pfarrei getrennt und zu einer eigenen Pfarrei erhoben. Inzwischen war auch hier die Reformation durchgeführt worden, Rötteln beanspruchte seither alle kirchlichen Rechte und scheint sich gegen Basel durchgesetzt zu haben (1637?). Im 17. Jh. wurde die Pfarrei Fischingen Schallbach als Filial unterstellt, was sie letztlich, trotz einer vorübergehenden Loslösung im 19. Jh., bis 1940 geblieben ist.

Die der Kirche ursprünglich zustehenden Widumgüter – 1574 knapp 77 Jauchert, etwa 21⅓ ha – waren zehntfrei. Sie wurden im 17. Jh. der Geistlichen Verwaltung Rötteln übertragen, nachdem 1574 die Karthause in Kleinbasel noch als Besitzer (Pfandherr?) aufgetreten war. Die *Einkünfte der Kirche*, noch Ende des 16. Jh. von zwei Kirchmeiern verwaltet, bestanden seither nur noch aus ablösigen und unablösigen Geldzinsen aus Wittlingen und Schallbach. Der Pfarrer erhielt ein Gehalt, das sich im Laufe der Zeit als sehr gering herausstellte. Ende des 18. Jh. mehren sich daher die Klagen der Pfarrer über das Mißverhältnis von Pflichten (Versehung von 2 Gemeinden jeden Sonntag vormittag, wöchentlich an beiden Orten Schule) und Gehalt (1795: 441 fl). Immerhin konnte 1775 das dem Pfarrer aberkannte Dehmenrecht für 4 Schweine wieder erkämpft werden. Der Pfarrer bezog ferner kleinere Zehntanteile, so den Nußzehnten (1687) und den Kleinzehnten, der ihm 1700 gegen Gebühr überlassen wurde. Wegen des Etterzehnten stritten sich etliche Geistliche im 17. Jh. mit dem Pfarrer in Binzen, da dieser den Zehnten bis zur Trennung der Pfarreien bezogen hatte und ihn schließlich gegen Gebühr dem Schallbacher Amtsinhaber überließ.

Kirche und Pfarrhaus befanden sich nach den Kriegszeiten des 17. und frühen 18. Jh. in schlechtem baulichem Zustand. Seit 1701 mehren sich die Klagen, im allgemeinen ohne Erfolg. Offenbar hat man jeweils nur die notwendigsten Reparaturen ausgeführt. Nachdem sich 1740 die Kirche nicht nur als baufällig, sondern auch als zu klein erwiesen hatte, zog man einen Neubau des Langhauses (1743 vollendet) dem Einbau einer Empore vor. Eine Orgel wurde 1750/53 beschafft, die 1871/72 durch eine neue ersetzt. Der Pfarrhausneubau erfolgte 1748.

Vom Großzehnten bezogen die Burgvogtei Rötteln ⅜, der Basler Bischof ebensoviel und der Konstanzer Bischof (wegen der Zehntquart in Binzen) ein Viertel. Über kleinere Anteile verfügten Deutschordenskommende und Spital Basel (letzteres 1785 von 20 J), sowie die Pfarrei Wittlingen (1772 ca. 71 J) und St. Alban wegen der St. Martinspfründe in Wittlingen (1772 ca. 18 J). Der Kleinzehnt war um 1700 dem Schallbacher Pfarrer gegen eine jährliche Gebühr überlassen worden.

Ein Schulmeister läßt sich seit 1695 nachweisen. Er hielt damals nur Winterschule und bezog neben den Schulgebühren die Einkünfte des Sigristenamtes. Er unterrichtete zunächst in seiner Wohnung, bis die Gemeinde 1770 um 500 Pfd das Wohnhaus des Leonhard Freu ankaufte und in den folgenden Jahren zu einem *Schulhaus* umbaute. Die Kosten wurden aus den Gemeindeausständen und dem Verkauf von Holz aus dem Gemeindewald aufgebracht.

Bevölkerung und Wirtschaft. – Zwischen 1299 und 1310 läßt sich am Ort eine Familie nachweisen, von der unklar ist, ob es sich dabei um Freie gehandelt hat oder ob sie sich nur so nannten. In jedem Fall waren diese Leute sehr begütert, aus ihrem Besitz ging 1310 der örtliche Hubershof und Grundbesitz in Rümmingen an Kl. Sitzenkirch über. *Eigenleute* des Basler Bischofs wurden zwischen 1300 und 1368 verschiedentlich dem Markgrafen zu Lehen überlassen, der bis zum 16. Jh. sämtliche Einwohner unter seine Leibeigenschaft brachte. Die Ausnahmen sind unbedeutend: 1617/18 gaben 2, 1631 5 Leute dem Deutschorden nach Fischingen Hühnerzinse. Der Name Schallbach als Herkunftsbezeichnung findet sich in der 1. Hälfte des 14. Jh. in Basel, 1366/70 war Johann von Schallbach Vogt in Lörrach. »Schallbachs Herberg« in Eimeldingen, der heutige »Steinkellerhof« hat wohl einmal einem ehemaligen Schallbacher gehört. *Einwohnerzahlen* früherer Jahrhunderte lassen sich nur schätzen. Nach dem 30j. Krieg lebten hier mindestens 45 Bürger, was einer Einwohnerzahl von etwa 200 Personen entsprechen könnte. Seither stiegen die Bürgerzahlen (1643: 25, 1709: 48, 1757: 59), auch die Zahl der Einwohner nahm zu. Um 1740 lebten hier 258 Personen, 1757 252. Um 1749 sind wahrscheinlich 4 Familien mit zusammen 15 Personen nach Siebenbürgen ausgewandert.

Auch der soziale Status läßt sich kaum ermitteln. Geldaufnahmen bei der Geistlichen Verwaltung zwischen 1530 und 1728 könnten auf eine gewisse Verschuldung hinweisen. Später, 1767, wird berichtet, daß die Gemeinde keine Bettler oder Übelhauser aufzuweisen habe und alle Güter gehörig gebaut würden. In jenem Jahr arbeiteten in Schallbach 10 Dienstboten. Die *ärztliche Versorgung* erfolgte von den Nachbarorten aus, in Schallbach gab es im 18. Jh. nur eine Hebamme, die ein Schwein kostenfrei in das Äckerich treiben durfte.

Das Leben am Ort war völlig auf die *Landwirtschaft* hin ausgerichtet. Den Ackerbau begünstigten gute Felder. Um 1740 verteilte sich die Wirtschaftsfläche auf 852¾ J (237 ha = 91%) Äcker, 73½ J (20½ ha = 8%) Matten und 6½ J (ca. 2 ha = 1%) Hanfgärten. Von dieser Fläche wurden 265½ J (73¾ ha = 28%) des bewirtschafteten Landes) durch Einmärker umgetrieben. Die Ackerfläche war in die Zelgen *wider den Leuffelberg, gegen (Leimgrüppel oder) dem Holz* und *gegen Binzen* (1553) gegliedert. Es wurde auch Weinbau getrieben (1575 Reben zu Hardt), der aber bis zum 18. Jh. auf der eigenen Gemarkung aufgegeben worden war. Danach bearbeiteten die Schallbacher bevorzugt Reben im Fischinger Bann. Statt dessen wurde der Obstbau gefördert, 1767 wird berichtet, jeder pflanze Obstbäume, soviel er könne. Für die Anlegung einer Baumschule hingegen fehlte der Platz. Der Obrigkeit zuliebe hatte man Maulbeerbäume auf den Kirchhof gesetzt, ohne daß es zu einer Seidenraupenzucht gekommen wäre. Im 18. Jh. war jede für die Landwirtschaft geeignete Fläche genutzt, zumal es dem

Dorf an Wiesen mangelte; es gab kein Ödland mehr. Dort, wo Frucht nicht gedieh, hatte man Esparsette gepflanzt, andere Liegenschaften (1767 ca. 4 J) waren mit Klee bestanden, der infolge Düngung mit Gips einen guten Ertrag brachte. Die Viehhaltung konzentrierte sich auf Rindvieh und Schweine, als Zugvieh wurden Pferde gehalten (1700: 39), später auch Ochsen (1795). Bis zur Mitte des 18. Jh. war man zur Stallfütterung übergegangen, Frühjahrs- und Nachtweide waren bis 1757 völlig eingestellt. Die Herbstweide war hier offenbar nie üblich gewesen, was dem Heuertrag zugute kam. – Das *Handwerk* war schwach vertreten, 1699 wird ein Schneider, 1734 ein Schmied genannt, 1752 ließ sich ein Weber im Dorf nieder.

Quellen und Literatur

Quellen gedr.: UB Basel 5 Nr. 13, 348, 351; 7 Nr. 105a. – FDA 1 (1865) S. 199; 5 (1870) S. 87; 24 (1895) S. 215; 35 (1907) S. 81. – REC Nr. 7982, 11227, 11902, 11911, 11919. – RMB 1, Nr. h 626, 680, 689. – ZGO 4 (1853) S. 459; 5 (1854) S. 369; 26 (1874) S. 360/61; 29 (1877) S. 217–19, 225–30; 30 (1878) S. 266/67; 58 (1904) S. m57–59, m80, m109, m114.

Quellen ungedr.: StA Basel, Urkunden Augustiner Nr. 12, 22,24–26, 33, Klingental Nr. 2588; Kirchenakten H 14; Kirchen- und Schulgut R 9; Klosterarchive St. Clara S 65, St. Peter EEE 7, Spital S 94; Direktorium der Schaffneien Q 148. – GLA 11/Nr. .4259–61; 17/Nr. 19, 21, 22; 18/Nr. 496/97, 559; 21/Nr. 698, 1210, 1224, 1837, 2315, 2359, 2364, 3524/35, 6426, **6623–51**, 7974; 65/**565f.** 2011f.; 66/33, 44/45, 75, 82, 3715, 3718f. 188, **7562–78**, 8110, 9856, 12066; 120/686, 693, 818; 159/38; 229/22651, 22945, 23773, 28582/83, 28592/93, 28603, 28628a, 28632, 39013, 39015, 52884, 64343, 74663, 81576, 81579, 88465, 88586, **92025–69**, 94431, 94472, 100888, 106422, 106495, 115333, 115338, 115342, 115353; 391/4674, **34596–601**, 40022. – GdA Schallbach (Inv. masch. 1955). – PfA Schallbach (Übers. in: ZGO 47 ⟨1893⟩ S. m47).

Erstnennungen: Ortsname 1240 (GLA 11/Nr. 4259). – Kirche 1275 (FDA 1, 1865, S. 199). – Kirchenpatrone Ss Peter, Paul und Konrad 1383 (UB Basel 5 Nr. 13).

Schliengen

3745 ha Gemeindegebiet, 4115 Einwohner (31.12.1990, 1987: 3871)

Wappen: Vorn in Rot ein goldenes (gelbes) Hufeisen, hinten in Silber (Weiß) ein schwarzer Baselstab.
Flagge: Gelb-Rot (Gold-Rot).
Das Hufeisen ist Symbol für Landwirtschaft und Fuhrbetrieb. Es entspricht dem seit Mitte des 18. Jahrhunderts geführten Siegelbild der Gemeinde. Der Baselstab erinnert an die Zugehörigkeit Schliengens und Mauchens zu Basel, wenngleich hier der rote Baselstab des Hochstifts zutreffender wäre; der schwarze steht für die Stadt Basel. Dieses Wappen wurde am 25. September 1969 vom Innenministerium verliehen.

Gemarkungen: Liel (765 ha, 677 E.) mit Karlshof, Erlenboden, Fohlenweide; Mauchen (407 ha, 340 E.); Niedereggenen (376 ha, 447 E.); Obereggenen (1402 ha, 535 E.) mit Obereggenen, Blauenhaus, Bürgeln Schloß, Lippisbacherhof und Schallsingen; Schliengen (794 ha, 1872 E.) mit Schliengen, Altingermühle und Schliengen Bahnstation.

A. Naturraum und Siedlung

Natürliche Grundlagen. – Das durch die Eingemeindungen stark nach O gestreckte Gemeindegebiet von Schliengen schließt den nordwestlichen Rand des Kreisgebiets ab. Dabei reicht es vom Schotterfeld des Rheintals über die gesamte Breite der Markgräfler Vorbergzone bis in den Schwarzwald hinein. Die nordöstliche Gemeindegrenze verläuft über die Blauenkuppe. Dort erreicht das Gemeindegebiet mit 1164 m ü.d.M. seinen höchsten Geländepunkt.

An den Landschaftseinheiten der Rheinebene hat die Gemeinde nur einen vergleichsweise geringen Anteil. Vor allem der nordwestliche Gemeindesaum wird von dem durchgehend ebenen, hier wiederum weit aufgefächerten *Niederterrassenfeld* geprägt. Das mächtige würmeiszeitliche Schotterpaket ist von einer dicken Löß- und Lößlehmdecke überzogen, die eine intensive landwirtschaftliche Nutzung erlaubt. Mit dem südwestlichen Zipfel greift die Gemeinde über den 15 m hohen, steil abfallenden, bewaldeten Rand der Schotterplatte (Hochgestade) auf die einstige *Rheinaue* aus. Forstflächen kennzeichnen die ehemals von Wasser gefüllten Bereiche (Giessen) und schaffen so auch heute noch einen Gegensatz zu den einstigen hochwassersicheren Inseln (Griene), die landwirtschaftlich genutzt werden. Im südwestlichsten Zwickel des Gemeindeareals werden die sandigen Geröllschotter der Aueablagerungen in einem großflächigen Kieswerk abgebaut.

Den östlichen Abschluß des Rheintals bildet der markante, im Gemeindegebiet etwa 100 m hohe Stufenabbruch der *Markgräfler Vorbergzone*, die hier an der inneren Randverwerfung weit in die Tiefe versetzt ist. Ein mächtiger, überwiegend aus Tonen und Lößlehm bestehender Hangschuttmantel verhüllt die Bruchstufe und verleiht ihr, trotz der Steilheit, weiche, immer wieder durch Hangleisten unterbrochene Formen. Der tiefgründige Untergrund, die süd- bzw. westexponierte Hanglage sowie die besondere Klimagunst des Rheintals geben ideale Rebstandorte ab. Fast durchgehend überziehen Rebflächen den westlichen Abhang.

Auffallend im Verlauf des ansonsten geradlinig durchziehenden Abbruchrandes ist seine weite Einbuchtung direkt beim Gemeindehauptort Schliengen. Sie geht auf *tektonische Bewegungen* zurück, deren mannigfache Auswirkungen die Gestalt der Vorbergzone gerade im Gemeindegebiet besonders beeinflussen. So verläuft eine zentrale Störungszone entlang des westlichen Randes des bewaldeten Sonnholen-Höhenrückens bis zur Hohen Schule. Eine weitere Verwerfung zieht parallel zu dieser östlich des Rückens. Im oberen Bereich wird jene vom Holebach nachgezeichnet, der mit deutlichem, nord-west-gerichtetem Knick in deren Verlauf einschwenkt. Nach SO hin markiert das Riedbächle die Störung. Eine andere Verwerfung zieht von Schliengen in Richtung Mauchen. An ihr orientiert sich das Mauchenbächle. Westlich der Hauptstörungslinie zeigt die Vorbergzone noch einen eher flächenhaften Charakter. Am Guldenkopf setzt sie mit 322 m ein und steigt als leicht wellige Platte bis auf 375 m am Hüttling und Haberberg nach S an. Östlich der Störungszone wird das Relief jedoch zusehends unruhiger und löst sich in eine Vielzahl deutlich aufragender, überwiegend bewaldeter Höhenrücken mit dazwischengelagerten, oft weiten Talungen auf.

Dieses verwirrende Höhenrückensystem läßt sich am besten von seinem Kernbereich aus, der Talweitung um Nieder- und Obereggenen, aufschlüsseln. Hier befindet sich das Zentrum eines einst kegelförmig aufgewölbten Juraschollenstücks, das sich an die Schwarzwaldflexur anlehnte und von der späteren Abtragung annähernd horizontal gekappt wurde. Die Verwitterung ließ aus den unterschiedlich harten Gesteinen der Juraschichten eine *Stufenlandschaft* im kleinen entstehen. Im innersten Bereich dieses einstigen Kegels sind Opalinustone des Unteren Doggers erschlossen, die der Abtragung wenig Widerstand entgegensetzen und heute den Boden einer weiten, muldenförmigen Ausraumzone um Nieder- und Obereggenen bilden. Auf den weichen, wasserstauenden Tonen vereinigen sich Aubächle, Berglebächle, Blauenbach und Lülsbach zum Holebach, der schließlich die weite Talung nach W entwässert. Der wasserreiche, durch weiche Reliefformen gekennzeichnete Talbereich bildet einen deutlichen Gegensatz zu den Bergrücken, die aus jüngeren, härteren Gesteinen bestehen und die Kernzone rundum einrahmen. Eindrucksvoll zeigt sich dies im Süden, wo mit markanter Stufe die dichtbewaldeten Rücken des Stocken und Rüttenen bis auf 458 bzw. 543 m aufsteigen. Sie werden beide von den massigen Kalken des *Hauptrogensteins* aus dem Oberen Dogger aufgebaut, wobei die fast ebene Schichtoberfläche sich sanft nach S bzw. SW abdacht. Dieser Bereich unterliegt in starkem Maße der Verkarstung, was zahlreiche, z.T. an Strukturlinien aufgereihte Kleindolinen anzeigen, wie beispielsweise am Stocken oder am Ameisenbuck auf der Gemarkung von Liel. Im N wird die Umrahmung der Talweitung durch den Heidel bzw. durch Freudenberg, Röten und Bergle fortgesetzt. Vor allem der Hauptrogenstein des Freudenbergs tritt wiederum als mächtige Schichtstufe in Erscheinung. Weniger ausgeprägt zeigt sich demgegenüber die Stufenbildung am Röten und Berglen. Hier sind durch die Abtragung bereits tiefere Stockwerke, und zwar die eisenoolithischen Murchison-Schichten aus dem ausgehenden Unteren Dogger, freigelegt, die früher z.T. abgebaut wurden.

Während nach NW hin diese Juraschichtstufenlandschaft an der Gennebachflexur abrupt abgebrochen und durch das Tertiärgebirge ersetzt wird, folgt südwestlich des Stocken mit dem dichtbewaldeten Anstieg zu den Schnepfenstößen eine weitere Jurastufe. Verstellt an der Störungslinie entlang des Riedbächles, vermitteln Oxfordtone des Unteren Malm den Übergang zum eigentlichen Stufenbildner, der aus witterungsbeständigen Oxfordkalken besteht. Als äußere Juraschicht des gekappten Kegels steiler gestellt und zudem durch tektonische Störungslinien beeinträchtigt, erreicht die Kalkplatte im Gemeindegebiet nur eine maximale Höhe von 410 m, wobei die Stufenoberfläche nach NW bis auf etwa 330 m abfällt. Bereits an Wanne, Hölzle und am

Föhrenbuck steigt das Gelände wiederum rasch bis auf 380 m an. Hier werden die Juraschichten überlagert von den alttertiären Melanienkalken. Vor allem an Wanne und Hölzle, aber auch nördlich der Holebachsenke am Röten und am Kutzerfeld bilden sie eine weitere, letzte Schichtstufe. An ihrem Fuße streichen mehrere, z.T. sehr reiche *Bohnerzflöze* aus, die in der gesamten Umgebung bis weit ins 19.Jh. hinein einen bedeutenden Eisenerzabbau entstehen ließen. Heute wird der süd- bzw. südostexponierte Hang der Schichtstufe fast durchgehend von Rebflächen eingenommen. Einzelne Bereiche sind aber auch unter Naturschutz gestellt, um den hier ursprünglich bestehenden Trockenrasen mit seinen besonderen Pflanzen und seiner Kleintierwelt erhalten zu können.

Den östlichen Abschluß der Talweitung um Nieder- und Obereggenen bildet die *Schwarzwaldrandverwerfung*, die den Übergang zur geotektonischen und naturräumlichen Einheit des Süd- und Hochschwarzwaldes markiert. Dicht bewaldet steigt das Relief von der Talsohle rasch und kontinuierlich an, bis es in der Blauenkuppe kulminiert. Allerdings gliedern zwei Geländestaffeln den Westhang des Blauen, deren untere buckelartig selbst unter dem dichten Waldkleid deutlich in Erscheinung tritt. Sie liegt etwa 700 m ü.d.M. und wird hier vor allem durch die Hangnasen von Grüneck und Brennten Buck sowie durch die Verebnungsfläche des Burgbergs von Schloß Bürgeln faßbar. Unmittelbar darüber, in ca. 800 m Höhe, folgt mit dem Ameisenbuck die zweite Staffel, die dann von der eigentlichen Blauenkuppe überragt wird. Auf den Verebnungsflächen finden sich stellenweise noch Reste des Deckgebirges (z.B. Buntsandstein), während ansonsten der *Blauengranit* den Hangbereich aufbaut. Es handelt sich dabei um einen palingenen Paragneisanatexit, der in der metamorphen Kontaktzone des Malsburggranits entstanden ist. Obwohl die für kristalline Gesteine typischen kuppigen, runden Großformen vorherrschen, machen sich bisweilen auch schroffere Felsriegel bemerkbar, die jedoch meist vom Waldkleid verhüllt werden. Typisch für kristallines Gestein ist auch das gut ausgebildete Gewässernetz am Westhang mit den meist tiefeingeschnittenen Kerbtälern (ein deutliches Indiz für die junge Hebung des Schwarzwaldkörpers), wie besonders am Blauenbach zu erkennen.

Siedlungsbild. – Auf der ebenen Schotterfläche der Niederterrasse gelegen, schmiegt sich der Gemeindehauptort Schliengen, dem Holebach folgend, direkt in die weit nach O ausschwingende Bucht der Vorbergstufe ein. Hier kreuzen sich zwei alte, z.T. überregional bedeutende Verkehrsachsen. Die eine wird von der zentralen Überlandverbindung Freiburg – Basel (heutige B 3) gebildet (Freiburger Straße, Basler Straße), die bei Schliengen aus der Rheinebene heraus die Stufe zur Vorbergzone überwindet. Sie trifft im Ortsbereich auf eine ost-west-gerichtete Verkehrslinie, die von Kandern kommend über das Holebachtal nach Schliengen und weiter nach W in Richtung Steinenstadt und Bad Bellingen führt. Schließlich zweigt im Kreuzungsbereich auch die Verbindungsstraße nach Mauchen ab.

Obwohl hinsichtlich der alten Ortsausdehnung etwas an die nordwestliche Peripherie der Siedlung verschoben, bildet der x-förmig gedehnte Kreuzungsbereich (Dorfplatz) eindeutig das *Ortszentrum*, das auch im Siedlungsgrundriß markant in Erscheinung tritt. Neben dem aus dem Jahr 1659 stammenden Dorfbrunnen (Ecke Eisenbahnstraße/Freiburger Straße) unterstreichen heute zahlreiche Geschäfte (u.a. Textilgeschäft, Drogeriemarkt und Blumengeschäft) rein optisch diese Mittelpunktfunktion. Die dicht aneinandergerückten, zweigeschossigen, z.T. stark erneuerten älteren Gebäude der Gasthäuser »Krone« und »Schlüssel«, sowie die unmittelbar darangesetzte moderne zweigeschossige Bauzeile, in deren Erdgeschoß die Sparkasse und ein Café mit Konditorei untergebracht sind, verleihen diesem Teil der Siedlung (an der Südseite der

Eisenbahnstraße) einen regelrecht kleinstädtischen Charakter. Zu den herausragenden älteren Gebäuden im Kreuzungsbereich gehört auch das aus dem Jahr 1772 stammende Gasthaus »Sonne«. Im nordöstlichen Winkel der Kreuzung erhebt sich schließlich die bereits auf einer Hangleiste der Vorbergstufe erhöht stehende *Pfarrkirche St. Leodegar*, deren trutziger viergeschossiger Kirchturm zur Ortsmitte gerichtet ist und ein weithin sichtbares Erkennungszeichen bildet. Durch einen schönen, barocken Torbogen erreicht man die Kirche und den sie umgebenden Kirchhof. Zur Freiburger Straße hin schließt das ebenfalls erhöht stehende, zweigeschossige, mit langem Vierseitwalmdach gedeckte Pfarrhaus mit seinem etwas niedrigeren Anbau, dem alten Pfarrhaus von 1569, den Kirchkomplex ab.

Nach N und W hin wird der Kreuzungsbereich vereinzelt noch von teilweise recht alten Anwesen abgeschlossen, die bis an die halbkreisförmig verlaufende Gasse Im Winkel heranreichen. Hier, im Kreuzungsbereich zur Eisenbahnstraße, ist nach Abriß des alten zweistöckigen Schulhauses der Jahrhundertwende der *Nidauer Platz* angelegt worden. Den Mittelpunkt bildet ein ausgedehnter, mehrflügeliger Baukomplex, modern gestaltet und zweigeschossig, dessen Erdgeschoß durchweg von Einkaufsläden (u. a. von einem Lebensmittelmarkt, einem Drogerie- und Boutiquegeschäft und einem Friseur) eingenommen wird. Etwas von der Eisenbahnstraße zurückversetzt läßt der Bau Raum für einen kleinen Cafépavillon. Eine Metzgerei sowie ein Geschenkartikelgeschäft runden die Angebotspalette des Nidauer Platzes ab. Nordwestlich des neuen Einkaufszentrums schließt sich das im selben Baustil gehaltene, 1993 eingeweihte Bürger- und Gästehaus an. Damit hat sich die Mittelpunktfunktion des Dorfplatzes weiter auf dem östlichen Ast der Eisenbahnstraße ausgedehnt.

Im südlichen Kreuzungsbereich, im Zwickel zwischen Eisenbahnstraße und Basler Straße, fällt schließlich das Hauptgebäude des Weinguts Blankenhorn ins Auge, der ehemalige Gasthof »Baselstab«, dessen älteste Teile im 17. Jh. entstanden sind. Das Gut selbst besteht aus mehreren verschiedenen Baueinheiten und nimmt, weit nach S gestreckt, den gesamten Bereich zwischen Basler Straße und Holebach ein. Es bildet mit seinen jüngeren Gebäuden die östliche Begrenzung des *alten Dorfbereichs*, der sich hier dem Holebach bzw. dem kleinen Schwefelbächle entlang bis an die Vorbergstufe ausgedehnt hat. Alte Straße, Talstraße und Am Prestenberg sind seine wichtigsten Erschließungsachsen. Im nördlichen Teil der Alten Straße haben weitreichende Um- und Neubauten im Zusammenhang mit dem sich erweiternden Geschäftsbereich nur wenig von der alten Bausubstanz unbeeinträchtigt gelassen. Hier herrschen jetzt ebenfalls eher städtische Stilelemente vor. Erst in der leicht ansteigenden Talstraße treten die einstigen kleinen Bauern- und Winzeranwesen stärker in Erscheinung, die vereinzelt sogar noch aus dem ausgehenden 18. und beginnenden 19. Jh. stammen.

In zungenförmigen Siedlungsbändern hat sich der alte Ort auch nach O bzw. SO ausgedehnt. Mit der Mauchener Straße, die steil ansteigt, greift das alte Dorf auf den Hangbereich der Vorbergzone aus. Den Mittelpunkt dieses Ausbaus bildet der sogenannte »Freihof«, der zweite Dinghof am Ort, dessen Hauptgebäude direkt an der Mauchener Straße steht und sich bis heute, allerdings stark verändert, durch seinen wuchtigen Charakter heraushebt. Der frühe Siedlungsausbau erstreckt sich bis zu der aus dem Jahr 1607 stammenden Ölmühle am Freimühlenbächle.

Auch entlang der Altinger Straße, wo sich ursprünglich eine eigenständige Siedlung befand, hat sich der Ort schon früh als schmales Band weit nach SO ausgedehnt. Den Auftakt bildet gegenüber dem Weingut Blankenhorn das *Schloß Entenstein*, das inmitten einer weiten, zur Altinger und Basler Straße hin mauerumstandenen und in moderner Form sehr ansprechend gestalteten Parkanlage liegt. Innerhalb des Parks schirmt ein breiter, an seinen Außenrändern heute als Feuchtbiotop gestalteter Wassergraben das Schloß selbst ab. Das gründlich renovierte Gebäude besteht aus einem hohen zweigeschossigen, rechteckigen Hauptbau, dem ein kleinerer, etwas niedrigerer Seitentrakt angefügt ist. Vor allem fällt der hohe spitze Helm des Treppenhausturms ins Auge. Hölzerne Stege und eine Treppenbrücke ermöglichen den Zugang zu dem Wasserschlößchen, das seit 1977 als *Rathaus* dient.

In das frühere Rathaus ist inzwischen die Post eingezogen. Das zweistöckige, annähernd quadratische Gebäude aus dem Jahr 1893 mit seinen historisierenden Stilelementen steht nur wenige Meter vom Schloß entfernt an der Altinger Straße. Eine Sparkasse in einem einstöckig gehaltenen modernen Giebelbau, die Polizeistelle sowie ein Elektrofachgeschäft runden hier das Dienstleistungs- und Einkaufsangebot ab. Eng an die Altinger Straße gedrängt greift der Dorfkörper weit nach SO bis zur *Altinger Mühle* aus, wo sich schon früher ein eigener kleiner Ort befunden hatte. In den letzten Jahren kamen Neubauten hinzu und heute wird diese Wohnsiedlung durch mehrere neugeführte Sträßchen (Mühlenweg, Im Mühlengarten) erschlossen.

Weitab vom Dorfbereich im W liegt der in der 2. Hälfte des vorigen Jahrhunderts mit der Anlage der Eisenbahnlinie gebaute *Bahnhof*. Er bildete zeitweise den Ansatzpunkt eines Siedlungswachstums in diese Richtung, so daß, an den Ortsmittelpunkt im NW ansetzend, entlang der Eisenbahnstraße eine kleinere Siedlungserweiterung aus der Zeit um die Jahrhundertwende zu erkennen ist. Gegenüber dem Nidauer Platz markiert die 1836 im Weinbrennerstil erbaute Apotheke das damalige Ortsende. Nach 1950 ging hier der Siedlungsausbau weiter. Inzwischen hat sich ein weites *Neubaugebiet* im Bereich zwischen Hans-Thoma-, Johann-Peter-Hebel- und Baierstraße entwickelt, das jedoch nach wie vor durch landwirtschaftlich genutzte Freiflächen vom Bahnhofsgebiet getrennt ist. Nach N greift es bis zur Freiburger Straße aus, wo es in ein vergleichsweise weitflächiges *Gewerbegebiet* übergeht, das den nördlichen Ortsrand markiert. Den Auftakt des von der Freiburger Straße aus erschlossenen gemischtgewerblichen Gebietes bilden flächenextensive Einkaufsmärkte (u. a. ein Lebensmittel- und ein Sanitärmarkt, ein Möbel- und ein Teppichhaus), an die sich dann einzelne Gewerbebetriebe anschließen. Gegenüber dem Gewerbegebiet, auf der anderen Seite der Freiburger Straße und ebenfalls am Ortsende, steht der lange flache Bau der Schliengener Winzergenossenschaft. *Junge Ausbauzonen* finden sich auch im O, wo sie sich an den Bereich der Ölmühle anschließen und neuerdings die östlichen und südöstlichen Höhen zur Vorbergzone einnehmen. Hier, in besonderer Wohnlage, bestimmen vor allem Einfamilienhäuser gehobenen Stils das Siedlungsbild. Aber auch der ausgedehnte Neubau der *Schule* hat am Hang oberhalb des Freimühlenbächles seinen Standort gefunden.

Zwischen Schnepfenstöße und Stocken in einer breiten Talmulde oberhalb des Holebachtals liegt der Ortsteil L i e l. Das alte Dorf folgt vornehmlich der langgezogenen, überwiegend ost-west-gerichteten Hauptstraße, die im westlichen Ortsbereich mit scharfem Knick nach N abbiegt. Dennoch läßt sich Liel nicht als reines Wegedorf ansprechen. Vor allem im Bereich des wesentlich kürzeren nördlichen Astes der Hauptstraße zeigt die Siedlung einen deutlichen Haufendorfcharakter, indem sich die Bauernanwesen nicht nur in unregelmäßiger Ausrichtung entlang der Hauptstraße aufreihen, sondern auch eher flächenhaft auf den nach O ansteigenden Hang bis über die Bifangstraße ausdehnen. Frühe Wachstumsspitzen, beispielsweise an der Eggener Straße, die im N des Ortsbereichs von der Hauptstraße nach O abzweigt, oder entlang der Schuhmacherstraße bzw. Rebhuhnstraße bilden ein zusätzliches Kennzeichen dieses westlichen Dorfbereichs. Alte, teilweise in Fachwerk konstruierte Anwesen bestimmen das Bild, unter denen sich insbesondere das Gasthaus »Krone« direkt im

Knick der Hauptstraße heraushebt. Unmittelbar daneben befindet sich das einzige Lebensmittelgeschäft am Ort, ursprünglich eine Bäckerei. Wenige Meter nördlich, etwas von der Hauptstraße zurückgesetzt, haben in einem langen, heute stark umgebauten Eindachhof die Post und eine Zweigstelle der Sparkasse Markgräflerland ihre Unterkunft gefunden. Den nördlichen Ortsausgang markiert schließlich der mächtige Eindachhof des Gasthauses »Sonne«, dessen Erbauungsjahr mit 1833 angegeben ist.

Zum *frühen Dorfbereich* gehört auch die Obere Hauptstraße, der ost-west-verlaufende Ast der Hauptstraße. Während hier anfangs der Haufendorfcharakter noch spürbar ist, wird die Bebauung von der Kirchstraße an lockerer und bleibt auf beiden Seiten dicht auf die Obere Hauptstraße ausgerichtet. Maßgeblich dürfte zu diesem Erscheinungsbild das ausgedehnte Areal des *Schloßbezirks* auf der Südseite der Oberen Hauptstraße beigetragen haben. Etwas abseits, oberhalb der Hauptstraße, steht inmitten eines weitflächigen, abgeschlossenen Parks das einstige *Schloß* der Herren von Baden, ein zweistöckiger Rechteckbau, der vor allem durch sein hohes, von Mansarden gegliedertes Dach ins Auge fällt. Anfang der 1970er Jahre wurde es vorbildlich renoviert und ist heute in Privatbesitz. In einem Nebenbau, der mit langer durchgehender Front unmittelbar an die Obere Hauptstraße gerückt ist und damit das Schloßareal im NO abschließt, befindet sich die moderne Abfüllanlage, welche die seit 1560 gefaßte Mineralquelle nutzt und das Wasser als »Lieler Schloßbrunnen« verkauft. Gleich hinter dem Schloßbezirk hat die *Ortsverwaltung* in einem großen Eindachhof eine neue Unterkunft. Der Standort markiert den Übergang zu einem Neubaugebiet, das sich mit Ein- und Zweifamilienhäusern nach S erstreckt.

Östlich des Schloßareals reichen alte, z.T. recht kleine Anwesen entlang der Oberen Hauptstraße bis an den Kreuzungspunkt, wo diese auf Turm- und Kirchstraße trifft und mit einem scharfen Knick nach S abbiegt. Ein schlichtes Gefallenendenkmal sowie ein schön herausgeputztes Anwesen aus dem Jahr 1802 mit gebrochenem Walmdach geben dem Kreuzungsbereich sein besonderes Gepräge. Die Kirchstraße schafft den Zugang zu der auch heute noch weit abseits vom Dorfkern liegenden, in ihrer heutigen Form aus der Mitte des 18. Jh. stammenden *Kirche* und zum Friedhof. Die Kirche ist vor allem durch ihre Kapelle mit gut erhaltenen spätmittelalterlichen Fresken überregional bekannt. Unmittelbar neben dem schlichten Kirchenbau steht das zweistöckige ehemalige Lehrerhaus, das heute privaten Wohnzwecken dient. Zu der kleinen separaten, aber sehr alten Siedlungszelle gehört auch das direkt der Lehrerwohnung benachbarte Pfarrhaus am Ende der Kirchstraße. Ein wesentliches Element dieses Siedlungskerns bildete ursprünglich das *Wasserschloß zu Liel*, dessen Fundamentplattform mit dem umlaufenden Graben unweit westlich der Kirche im Gelände erhalten ist. Daneben wurde in den späten 1950er Jahren das zweistöckige *Schulgebäude* errichtet, vor dem, mit dem Eingang zum Kreuzungsbereich Kirchstraße/Turmstraße weisend, 1967 die moderne Gemeindehalle ihren Platz gefunden hat. Die Turmstraße führt in weitem Bogen östlich des Dorfkerns von der Oberen Hauptstraße zur Eggener Straße. Diese Spange markiert den Rand eines ausgedehnten jungen *Villenviertels*, das sich inzwischen weiter in Richtung auf den Stocken erstreckt und dessen zentrale Erschließungsachse die Fambergstraße bildet.

Etwa 1 km nordöstlich von Schliengen, etwas abgelegen von den größeren Verkehrsleitlinien, am Mittellauf des Mauchenbächles, liegt der Ortsteil Mauchen. Begrenzt durch drei z.T. rebbestandene Hänge am Zusammenlauf zweier Bäche, legt sich die Siedlung quer über die Talsenke. Am nordwestlichen Talrand zieht ein alter Weg nach Auggen vorbei (Auggener Straße), während am südöstlichen Talsaum eine Verbindungsstraße nach dem Dorf Feldberg (Müllheimer Straße) verläuft. Zwischen diesen beiden, jeweils freilich nur lokal bedeutsamen Achsen spannt sich der *alte Ortskern* auf. Dabei lassen sich heute noch zwei deutlich getrennte bauliche Kerne innerhalb des ursprünglichen Dorfes erkennen. Der eine, das Oberdorf, erstreckt sich bandförmig entlang der Müllheimer Straße, wobei die oftmals stattlichen Anwesen eng, aber in unregelmäßiger Ausrichtung auf die Durchgangsstraße orientiert sind. Hier im Oberdorf steht auch die *Kapelle St. Nikolaus*, wie in anderen umliegenden Orten ebenfalls inmitten eines kleinen ehemaligen Friedhofes gelegen. Die Bergstraße, die im nördlichen Ortsbereich die Müllheimer Straße mit der Auggener Straße verbindet, führt zum *Unterdorf* hin. Hinter der Kirche wird die Bebauung rasch lockerer, setzt kurz ganz aus, bis, vor allem zwischen Mühlackerstraße und Mündung in die Auggener Straße, jetzt deutlich kleinere Anwesen eng aneinandergesetzt die Bergstraße säumen. Dabei greift das Unterdorf mit einzelnen Häusern auch auf die Auggener Straße aus. Hier, im südlichen Bereich der Auggener Straße, steht die alte Schule.

Bedeutungsvoll für die Siedlungsstruktur von Mauchen ist, daß die Bebauung sowohl an der Bergstraße wie auch an der Müllheimer Straße nur wenig in die Fläche hineinreicht. Die inneren Dorfbereiche sind somit bis heute weitgehend unbebaut geblieben. Vor allem die Mühlackerstraße, die in Nord-Süd-Richtung von der Bergstraße wieder auf die Müllheimer Straße zuläuft, läßt einen ungehinderten Blick auf die ausgedehnten Nutzgärten und Obstwiesenflächen zu. Ein weiterer, ebenfalls alter Siedlungsteil liegt, etwas getrennt vom alten Dorfbereich, unterhalb des Frauenbergs direkt am Mauchenbächle und erstreckt sich hier, ebenfalls bandförmig, entlang der Straße In der Hohle. Wohl aufgrund der abseitigen Lage blieb der jüngere Zuwachs bis heute gering. Ein kleineres *Neubaugebiet* mit Ein- und Zweifamilienhäusern hat sich ganz am südlichen Ende des Dorfes in Richtung nach Schlingen im Bereich des Sträßchens Im Wiesengrund entwickelt. Weitere, hauptsächlich Einfamilienhäuser kamen seit 1990 nördlich der Straße »im Spitzgarten« hinzu.

Am Oberlauf des Holebachtals, zu Füßen des rebbestandenen Heidels, erstreckt sich als lange, bandförmige Siedlung der Ortsteil Niedereggenen. Das alte Dorf ist in den letzten Jahren in vorbildlicher Weise umfassend saniert worden, wodurch es ein neues Gesicht erhalten hat, ohne daß die alten Strukturen stärker als notwendig zerstört worden wären. In lockerer, unregelmäßiger Anordnung folgen die einstigen, heute überwiegend zu reinen Wohnhäusern umgestalteten Anwesen dem Holebach, der im Siedlungsbereich allerdings stark eingeengt und mit senkrechten Bachrändern kanalartig ausgebaut ist. Ein einheitliches, schmuckes Geländer grenzt die Bachrinne ab, mildert damit den schachtartigen Eindruck und markiert zugleich deutlich den zentralen, leicht gewundenen Verlauf des Holebachs im Dorf. Jeweils an den Uferrändern durchzogen zwei Dorfstraßen den Ort nahezu in seiner gesamten Länge. Mit der Verlegung des Holebachs auf die Nord- bzw. Südseite der jetzigen Haupt- und Durchgangsachse (Hohlebachstraße) ist die jeweils gegenüberliegende einstige Dorfstraße zu einem gepflasterten Fußweg umgestaltet worden.

Die kurvige Dorfstraße zeichnet sich heute durch eine vergleichsweise großzügige Weite aus, was u. a. auch auf die flachgehaltenen Gehsteige zurückzuführen ist, die lediglich durch ihre rote Pflasterung in Erscheinung treten. Daß die Hohlebachstraße stets das Rückgrat des Ortes war, unterstreicht der *alte Siedlungskörper*. Die z.T. sehr stattlichen und mit ihrer Grundstückstiefe weit nach N ausgreifenden Anwesen sind hier gleichmäßiger und in einheitlicherer Stellung aufgereiht als in den Siedlungskernen. Als besonderer Blickfang zeigt sich das mächtige, mit seiner Schmalseite zur Hauptstraße weisende Staffelgiebelhaus. Südlich des Holebachs konzentriert sich die Bebauung dagegen einerseits stärker auf den westlichen Dorfteil, wo sie sich dicht an die den

Holebach überquerende und weit nach S ausschwingende Hohlebachstraße hält (*Unterdorf*), andererseits auf den östlichen Dorfrand, mit der Feuerbacherstraße und der Brückenstraße bzw. dem Baselweg als Bauleitlinie (*Oberdorf*). Dazwischen bleibt die alte Besiedlung spärlich. Gerade hier, nahezu in der Mitte zwischen den beiden Siedlungsverdichtungen direkt an der Hohlebachstraße, steht das ehemalige Rathaus aus der Mitte des 19. Jh., heute ein Privatwohnhaus. Ihm gegenüber, wieder an der Hohlebachstraße, wurde als Ortsmittelpunkt eine langer, rechteckiger Platz mit Brunnen angelegt, wo eine Kanone auf den inzwischen für Nieder- und Obereggenen gebrauchten Necknamen »Kanonentäler« hinweist.

Ganz im W der alten Dorferstreckung am Fuß des Heidels steht die alte, von Ferne etwas gedrungen wirkende *ev. Kirche*. Eine Zehntscheuer im O sowie das aus dem Anfang des 18. Jh. stammende Pfarrhaus runden den Kirchbereich ab. Südlich davon, zum Holebach hin, hat in einem schlichten, jüngeren einstöckigen Gebäude die *Ortsverwaltung* zusammen mit dem Kindergarten ihre Unterkunft. Unmittelbar daneben markiert die 1962 eingeweihte, im Pavillonstil gehaltene *Grundschule* den westlichen Ortsrand.

Im Gegensatz zu anderen Ortsteilen haben Neubauten bei Niedereggenen weniger eine Siedlungserweiterung als eine Siedlungsverdichtung herbeigeführt. So sind lediglich kleinere *Neubaugebiete* im W, entlang der Straßenverbindung nach Liel und Schliengen, und, bereits seit den frühen 1960er Jahren, auch am östlichen Dorfrand, in Richtung auf Obereggenen hinzugekommen. Anfang der 1990er Jahre hat sich der Ort durch mehrere Ein- und Zweifamilienhäuser im Bereich um den Baselweg weiter nach SO und am oberen Ende des Krämergässles mit einigen wenigen Einfamilienhäusern nach NO hin vergrößert. Am östlichen Dorfrand schließen, etwas vom Ort abgesetzt, ein großes Sägewerk sowie der Landgasthof »Mühlmatten« die Siedlung ab.

Wenige Kilometer östlich von Niedereggenen, in einer weiten Talung, folgt der Ortsteil Obereggenen. Wie Niedereggenen zeigt auch er sich als langgezogenes Wegedorf, dessen Hauptleitlinie die Durchgangsachse nach Schallsingen und Schloß Bürgeln bildet. Im Ort setzt sich diese Zentralachse aus den Straßen In der Laiern und Bürglerstraße zusammen. In dichter, aber unregelmäßiger Anordnung reihen sich die Anwesen aneinander, wobei der *ursprüngliche Dorfbereich* vom Kreuzungspunkt Bürglerstraße/Feldbergerstraße im W (hier fällt sogleich der Fachwerk imitierende Bau der Winzergenossenschaft ins Auge) bis an die Abzweigung nach Schallsingen (Pfaffenholz) im O reicht. Auf diese Achse konzentrieren sich die wenigen Einkaufsmöglichkeiten des Ortes.

Während die Dorfbebauung nach O hin immer enger an die Hauptleitlinie rückt und die Anwesen zunehmend jüngere Züge annehmen, läßt der Ortsbereich im W eine stärkere Breitenausdehnung erkennen. Große, alte Höfe folgen hier auch der Feldbergerstraße nach N und der Kanderner und Lichsenstraße nach S bzw. Südosten. Zu dieser großen Hofeinheiten gehört das ausgedehnte Anwesen des Gasthauses »Rebstock« an der Ecke Lichsenstraße/Kanderner Straße, das zugleich das südliche Ortsende markiert. Eine interessante Baueinheit bildet im Grenzstreifen zum Nachbaranwesen ein äußerst schmaler, zweigeschossiger Ökonomieflügel mit dem Gesindestock. Unweit vom »Rebstock« an der Kanderner Straße findet sich noch eines der wenigen alten Anwesen, das überwiegend landwirtschaftlich genutzt wird und in dem Vieh eingestellt ist. Ansonsten dienen die durchweg sauber herausgeputzten Bauernhäuser vornehmlich Wohnzwecken. Bisweilen bieten sie auch Gästezimmer an. Allenthalben stößt man auf Ergebnisse der Dorfsanierung, wie beispielsweise an der Abzweigung Bürglerstraße/Kanderner Straße, wo ein schöner, alter Dorfbrunnen mit seinen umliegenden, ansprechend renovierten Anwesen (darunter das einstige Pfarrhaus südlich des Brunnens) ins Auge fällt. Weiter nördlich an der Bürglerstraße, nahezu in der Ortsmitte, wo der Blauenbach die Bürglerstraße unterquert, steht das frühere *Rathaus*, ein langgestreckter, zweigeschossiger Giebelbau aus dem Jahr 1955, an dessen Längsseite eine repräsentative zweiflügelige Treppe zur hochgesetzten Eingangstür hinaufführt. Heute nutzt die Ortsverwaltung nur noch einen ganz kleinen Bereich dieses Gebäudes, in dem neben einer Zweigstelle der Sparkasse Markgräflerland auch die Post untergebracht ist. Der Zugang zur Post erfolgt von der Giebelseite her über den Rathausplatz. Dort zieht unmittelbar vor dem Posteingang ein großer alter Brunnen den Blick auf sich. Nördlich hinter dem Rathausgebäude ist ein ehemaliger Schopf aus dem Jahr 1828 zu einem schmucken Feuerwehrhaus ausgebaut worden. Daneben, am oberen Ende des weiten Platzes, steht das *ehemalige Schulund alte Rathaus*. Ihm gegenüber vervollständigt die moderne Blauenhalle den neugestalteten, bewußt wieder aufgewerteten Dorfmittelpunkt, zu dem auch heute noch das sehr alte Gasthaus »Zum Hirschen« zählen dürfte, dessen durch Anbauten stark verwinkelter Fachwerkbau direkt gegenüber dem jüngeren Rathaus an der Bürglerstraße steht.

Die Bürglerstraße aufwärts, im östlichen Dorfbereich, fällt der Freihof von St. Blasien ins Auge, ein großes, mehrteiliges Gehöft, dessen aus dem Jahr 1552 datierendes Wohngebäude zur Hauptachse weist und unmittelbar an den dahinter folgenden Kirch- und Friedhofsbereich stößt. Dieser liegt etwas erhöht und wird von einer hohen Mauer umgeben, die zur Bürglerstraße hin kräftige Stützpfeiler gliedern, was der gesamten Anlage ein wehrhaftes Aussehen verleiht. Das Kirchareal nimmt den Eckbereich Bürglerstraße/Kreuzweg ein, jedoch erfolgt der Zugang von »hinten«, von S her. Am südlichen Ende des heute noch genutzten Friedhofes steht die *Kirche* im typischen Markgräfler Stil mit satteldachgedecktem Turm. Während das Dorf mit jüngeren Anwesen entlang der Hauptachse weiter nach O ausgreift, setzen nur wenige Höfe den Ort südlich des Kirchareals fort. Jenseits des Blauenbachs, etwas vom Dorfkern abgesetzt, schließt der in einem Eindachhof eingezogene Hotelgasthof »Graf« die Siedlung ab.

Zwischen 1895 und 1945 hat der Ort nur geringfügige *Erweiterungen* erfahren, indem einige wenige Anwesen im östlichen Dorfteil hinzugekommen sind. Erst die rege Bautätigkeit der letzten zwanzig Jahre brachte Obereggenen eine stärkere Siedlungsausdehnung. Dies gilt insbesondere für den westlichen Ortsbereich, wo um die neuangelegten Straßen Eichacker, Im Rudigarten und In der Höfi ein größeres *Neubaugebiet*, vornehmlich bestehend aus Einfamilienhäusern, hinzugekommen ist und damit die Siedlungen Nieder- und Obereggenen enger miteinander verbunden hat. Ein jüngerer, teilweise im Villenstil gehaltener Ausbau mit Ein- und Zweifamilienhäusern findet sich im Anschluß an das östliche Dorfareal oberhalb der Bürglerstraße im Bereich von Lina-Kromer- und Blauenstraße.

Ebenfalls zur Gemarkung Obereggenen gehört der Weiler Schallsingen, der ganz im O mit etwa 440 m ü.d.M. deutlich über die anderen Siedlungen erhöht am Rand des Obereggener Beckens liegt und vom Blauenbächle durchflossen wird. Die wenigen weitständigen Höfe reihen sich hauptsächlich entlang eines schmalen, gewundenen Sträßchens auf, das den Talgrund des Blauenbachs quert. Drei weitere größere Anwesen liegen abseits davon hangaufwärts. Auch hier haben inzwischen fast alle Anwesen ihr ursprüngliches Aussehen durch Um- und Neubauten teilweise erheblich verändert.

Östlich von Obereggenen auf einer Hangverebnung in 665 m Höhe steht das Schloß Bürgeln. Leuchtend gelb verputzt, bildet die ursprünglich dreiflügelige

Anlage einen weithin sichtbaren Orientierungspunkt (s. u., Bemerkenswerte Bauwerke).

Bemerkenswerte Bauwerke. – Das heutige Rathaus der Gemeinde Schliengen, *Schloß Entenstein*, liegt in einem ursprünglich herrschaftlichen Park und präsentiert sich seit der Restaurierung von 1975 wieder als Wasserburg. Die letzten adeligen Besitzer hatten den Graben zuschütten lassen und den Charakter des Gebäudes um 1858 durch ein neues Portal mit Andlau-Wappen, umlaufendem Spitzbogenfries und Dachaufbauten verändert. Insgesamt handelt es sich um einen querrechteckigen verputzten Bau mit zwei Wohnetagen über dem eher wehrhaften Sockelgeschoß. Die Ecken sind durch Strebepfeiler verstärkt und mit Bossenquadern ausgemauert. Dieses Mauerwerk mit gleichmäßig abgearbeiteten Kissen und breitem Randschlag befindet sich auch am risalitartig vorspringenden Portalturm, der vor dem Umbau des 19. Jh. durch eine tieferliegende Zugbrücke verschlossen war. Seit dem 16. Jh. besitzt der Bau einschließlich des Portalturms auf der Längsseite fünf repräsentative Fensterachsen und zwei auf der Schmalseite. Das Ganze wird von einem mächtigen Walmdach abgeschlossen.

Durch ein Portal mit barockem Volutengiebel von etwa 1720 führt der Weg von der Seite her über einen stufigen Treppenaufgang zur erhöht gelegenen *kath. Kirche St. Leodegar*. Diese wird vom Turm aus dem 13./14. Jh. mit zwei Spitzbogenfenstern im zweiten Geschoß beherrscht. Doch wirkt die Eingangsseite barock durch den Turmabschluß mit abgeschrägten Ecken, einer Haube und die an den Turm anschließenden Giebelvoluten. Eine kreuzgewölbte Turmhalle führt in das Schiff, einen barocken Saal mit stuckverzierter Flachdecke. Die Fensternischen haben Flachbögen. Mit Rücksicht auf die säulengestützte Empore ist das Fensterpaar vor der Westwand kürzer als die vier übrigen. Ein Rundbogen trennt das Schiff vom zweijochigen Rechteck-Chor mit abgeschrägten Ecken. Die bunten Seitenaltäre und die Kanzel werden dem Umkreis des Freiburger Rokoko-Meisters Christian Wenzinger zugeschrieben. Vom alten Hochaltar blieben die Statuen von St. Konrad und St. Leo (IX.) von 1681 erhalten, davor der große Steinblock (Juramarmor) des modernen Zelebrationsaltars. An das klassizistische Pfarrhaus stößt noch ein älteres landwirtschaftliches Gebäude mit Wappentafel des Johannitergroßmeisters Adam von Schwalbach (1567–1573).

In einer 1752 erbauten (Hl. Kreuz?) *Kapelle* auf dem Weg nach Bellingen befindet sich eine Figurengruppe Maria und Johannes unterm Kreuz, der Kruzifixus ist eine Barockarbeit, die beiden anderen Figuren sind noch gotisch. – Vor dem Friedhof steht die *Loreto-Kapelle* von 1650.

Die *Kirche St. Vinzenz* in Liel war ursprünglich eine Chorturmkirche, vor die man im Osten einen spätgotischen Chor gesetzt hat. Das Langhaus wurde 1718 durch einen barocken Saal mit Chor, dessen Ecken auf die alte Turmhalle hin abgeschrägt sind, ersetzt. Inzwischen ist die ursprüngliche Öffnung zur Turmhalle hin zugemauert, so daß der barocke Kirchenraum und die anschließenden, heute als Kapelle bezeichneten, gotischen Bauteile zwei völlig getrennte Räume darstellen. Die Kapelle betritt man von Süden durch eine kielbogenförmige Tür und trifft im Inneren auf die Grabmäler der Herren von Baden. Fast der ganze Raum ist ausgemalt. Das Turmjoch und die Bogenlaibungen werden von Rankenwerk aus dem frühen 16. Jh. überzogen, die flache Decke des Chores weist ähnliches Rankenwerk mit großen Blütenständen auf. In der Mitte umrahmen Engelsköpfe die Taube des Hl. Geistes. Eine Nische an der Nordwand diente als Heiliges Grab, über ihr sind die trauernden Frauen mit Salbgefäßen (um 1460/70) abgebildet, wohl das beste Stück der ganzen Malerei. Ein eigenes Sakramentshäuschen auf einer Säule läßt erkennen, daß hier nicht die in der Markgrafschaft sonst verbreitete Verbindung von Hl. Grab und Sakramentsnische bestand. Unter den Grabdenkmälern ragt an Qualität ein Sandsteinepitaph von 1560 auch wegen seiner Ikonographie hervor. In zwei Bogennischen sind Justitia und das Familienwappen einander gegenübergestellt, im Feld darüber das Weltgericht. Als Bekrönung hält ein nackter Knabe das Stundenglas, Symbol der Vergänglichkeit. Der Turm über der kreuzrippengewölbten Chorhalle ist ein Satteldachturm mit Mauerschlitzen und gekuppelten Fenstern in der oberen Zone. Das Schiff des 18. Jh. wird durch eine schlichte Giebelfassade abgeschlossen mit dem schwarz-weiß-quadrierten Schild der Freiherren von Baden und der Jahreszahl 1718. Der Raum ist flachgedeckt und trägt in einer neubarocken Kartusche ein Gemälde der Immakulata aus den 1920er Jahren. Die Chorausstattung ist neu und besteht aus violettem Marmor.

Das kleine *Schloß* ist ein breitgelagerter (sieben mal zwei Achsen), zweigeschossiger Barockbau mit Mansarddach. Die Fensterordnung zeigt im Erdgeschoß rechteckige Gewände mit schmiedeeisernen Gittern, im Obergeschoß Flachbogen. Die Fassade ist mit einem Frontispiz über dem dreiachsigen Mittelrisalit aufwendig gestaltet. Der Giebel schneidet in die Dachfront ein und hat im Tympanon zwei Wappen in Kartuschen – von Baden und von Kageneck –, die von Standarten und Kanonenrohren flankiert werden. Die Fenster im Risalit des piano nobile werden von Blattmasken in ihrem Scheitel geschmückt. Das Portal wird darüber hinaus seitlich von Pilastern begrenzt und von einem gesprengten Volutengiebel bekrönt.

An der Gesamterscheinung der etwas erhöht außerhalb des Dorfes gelegenen *ev. Kirche* in Niedereggenen beeindruckt zunächst der romanische (neben dem von St. Cyriak in Sulzburg älteste) Satteldachturm der Region, der – noch ohne behauene Eckquader – vielleicht vor 1200 entstanden ist. Er wirkt mit seinen Mauerschlitzen und nur im oberen Geschoß sich öffnenden Kuppelfenstern massig und gedrungen gegenüber dem gotischen Schiff unter einem hohen Dach, welches den fünfseitigen Chor bedeckt. Daß der Chor gewölbt ist, verraten die abgestuften Stützen. Durch die sehr niedrige, tonnengewölbte Turmhalle betritt man einen hohen, flachgedeckten Kirchensaal. Die hohen Rechteckfenster wurden erst im 19. Jh. ausgebrochen, wodurch die spätgotischen Wandmalereien noch mehr von ihrer Substanz einbüßten als beim Einbau der Winkelempore im 18. Jh., deren Nordteil 1966 wieder entfernt wurde. Die Langhauswände waren ursprünglich dreizonig mit Freskenzyklen überzogen: In der oberen Reihe blieben die Bilder der Schöpfungsgeschichte weitgehend erhalten, darunter einige Szenen aus dem Passions- und Osterkanon, beginnend mit dem Einzug in Jerusalem; alle Bilder sind umrahmt durch Diamantschnittfries und Rankengirlanden. Das Schirmgewölbe des Chores ruht auf kunstvollen Kopfkonsolen. Die Ikonographie der Malereien ist aufwendig und differenziert. Zwölf Propheten erscheinen in den Gewölbekappen. In den Gewölbefeldern wird neben den vier Evangelistensymbolen das Leiden Christi durch die Marterwerkzeuge dargestellt, über der Hauptachse der Gnadenstuhl und die Krönung Mariens. Die Fenster lassen nur in ihren oberen flachen Laibungen noch ursprüngliche Malereien erkennen, da sie nach unten verlängert und damit denen im Langhaus angeglichen wurden. Die Malereien, um 1430/40 zu datieren, sind im Chor durch eine Restaurierung um 1900 stark aufgefrischt, während die Fresken im Schiff nach ihrer Entdeckung 1970 sehr vorsichtig konserviert wurden. Von der Ausstattung ist vor allem die Predella zu nennen, ein Gemälde aus dem 15. Jh., Christus inmitten seiner Jünger darstellend. Sie wurde hinter dem modernen, von Rudolf Scheurer geschaffenen Steinaltar aufgestellt.

Beherrschend auf dem Kirchhofhügel über Obereggenen erhebt sich der gegenüber dem Kirchenschiff kaum schmalere Satteldachturm der *ev. Kirche*, dessen gekuppelte Fenster in der oberen Zone Mauerschlitze, darunter Geschoßgesimse und Eckquader aus Rotsandstein sind. Er wurde nach 1250 als Chorturm an die 1132 erstmals genannte Johanneskapelle angebaut und birgt seitdem den erhöhten Chor und im Untergeschoß ein Beinhaus, das man von Süden her durch eine kleine Rundbogentür betreten kann. Wenig später wurde das Schiff errichtet, das im Westen ein Spitzbogenportal und im Süden seit 1470 eine kleine Rundbogentür hat. Im Inneren befindet man sich in einer typischen Markgräfler Kirche, die ihre Gestalt zu Anfang des 17. Jh. erhielt. Die Winkelempore endet im Norden über den zu Altar und Taufstein emporführenden Stufen. Aus der südlichen Chorwand ist eine Kanzel mit Schalldeckel ausgekragt. Im Chorraum ist die Orgel aufgestellt. Den Raumcharakter, der durch den kräftig aus Rotsandstein gemauerten gotischen Chorbogen bestimmt ist, suchte die Renovierung 1829 durch die gotisierenden Fenster zu verstärken.

In Mauchen steht, zunächst nur am Glockentürmchen mit spitzer Haube erkennbar, die *Nikolauskapelle* als schlichter, flachgedeckter Saalbau mit zwei mal zwei Rechteckfenstern, an den sich ein Rechteckchor anfügt. Der runde Chorbogen ruht auf Profilen, die als Hinweis auf die Erbauungszeit (13. Jh.) gedeutet werden. Ein weiteres originales Element ist der in die Stirnwand eingelassene spätgotische Sakramentsschrein, der allerdings moderne Türen erhalten hat. Zurückhaltende Ornamentrahmen schmücken die Holzdecke und das Rankenwerk die Fensterlaibungen.

An der Stelle einer hochmittelalterlichen Burg und einer ganzen Reihe von Klosterbauten auf einem Bergrücken südlich des Blauen wurde im Jahre 1762 *Schloß Bürgeln* als St. Blasianische Propstei durch Franz Anton Bagnato errichtet. Die Dreiflügelanlage mit einem Ehrenhof, von dem aus man zu dem risalitartig aus dem Mitteltrakt vorspringenden, von einem achteckigen Türmchen mit Zwiebelhaube überhöhten Treppenhaus gelangt, wurde beim Umbau durch die neuen Besitzer 1912 zu einer Vierflügelanlage geschlossen. Von der vom Tal her sichtbaren elfachsigen Gartenseite des zweigeschossigen Baus werden die mittleren fünf Achsen von einem in das Walmdach eingeschnittenen Frontispiz hervorgehoben; nur hier sind die Fenster des piano nobile rundbogig, denn hinter ihnen befindet sich der Festsaal. Der schmiedeeiserne Balkon über dem ausgekragten Gartenportal stammt ebenso wie dieses vom Umbau 1920. Ursprünglich betonte nur ein gesprengter Volutengiebel die Mitteltür. Am Nordflügel deuten drei hohe über beide Geschosse geführte Korbbogenfenster darauf hin, daß hier die Schloßkapelle untergebracht ist. Sie ist ein Rokokoraum über längsrechteckigem Grundriß mit leicht tonnengewölbter Decke (von der Stichkappen die Übergänge zu den Fensternischen bilden) mit reichen Stuckarbeiten von Johann Georg Gigl. Der Spiegel in der Mitte stellt die Taufe Christi dar, ein Bild des 19. Jh. von Benedikt Schwarz. Die Stirnwand ist mit einem von üppigen Blumengirlanden umrahmten Stuckrahmen betont, der die Korbbogenform des Querschnitts wiederholt. In eine weitere Rocailleverzierung fügt sich der Barockaltar, der nach dem 2. Weltkrieg aufgestellt wurde.

Auch die übrigen Räume sind kostbar ausgestaltet. In der Eingangshalle wird die Treppe mit schnitzereiverziertem Geländer auf halber Höhe doppelläufig. Entlang den vom Innenhof her beleuchteten Korridoren führen in jedes Zimmer Türen, die zum Teil mit Intarsien versehen sind und Supraporten haben, am interessantesten jene über der Festsaaltür mit einer Abbildung der Klosteranlage St. Blasiens vor 1768. Der Festsaal wird auch Bildersaal genannt, weil die Wände mit Ölbildern überzogen sind: Über einer Holzvertäfelung sind auf allen vier Wänden umlaufend drei Bilderzonen angeordnet. In der unteren und mittleren Zone reihen sich in querrechteckigen Formaten Landschaften und Stilleben, die Mittelzone bilden 16 doppelt so hohe Porträts, u. a.

der Herrscher Karl VI., Maria Theresia und Josef II. sowie des Markgrafen Ludwig Wilhelm von Baden, des Türkenlouis. In näheren Beziehungen zur Geschichte Bürgelns selbst stehen der Propst Aloysius Mader und die beiden Fürstäbte Meinrad Troger (1749–1764) und Martin II. Gerbert (1764–1793). Von letzterem stammt wohl die Anregung zum ganzen Bildprogramm. Er war auch für den Neubau der Propstei maßgebend.

B. Die Gemeinde im 19. Jahrhundert und in der Gegenwart

Bevölkerung

Bevölkerungsentwicklung. – In sämtlichen Teilen der Gemeinde Schliengen zeigt sich bis zur Jahrhundertmitte der landesweit feststellbare Bevölkerungsanstieg. Im heutigen Schliengen erhöhte sich die Gesamtzahl der Bewohner zwischen 1804 (2709) und 1861 (3673) um mehr als ein Viertel, obwohl Epidemien – der 1813/14 in Ober- und Niedereggenen auftretende Typhus – und Auswanderungsbewegungen dem Bevölkerungswachstum entgegenwirkten.

Begünstigt durch den auf Lieler Gemarkung bis in die 1860er Jahre betriebenen Erzabbau verdoppelte sich dort während der 1. Hälfte des 19. Jh. die Bevölkerung (1861: 810). In Schliengen (1861: 1310) und Obereggenen (1861: 618) stiegen die Einwohnerzahlen jeweils um ein Drittel. Nach dem Einsetzen des Industrialisierungsprozesses und der dadurch bedingten Abwanderung der Landbevölkerung in die umliegenden städtischen Zentren fiel die Einwohnerzahl zwischen 1852 und 1925 trotz des Überschusses von 1363 Geburten um insgesamt 2018 Personen. 1910 erreichte die heutige Gemeinde mit lediglich 2681 Bewohnern den tiefsten Stand ihrer demographischen Entwicklung. In den 1920er Jahren war ein erneuter Wachstumsschub zu beobachten. Doch erst 1970 wurde mit 3530 Einwohnern der Stand von 1845 (3576 Personen) wieder nahezu erreicht. Einen Ausgleich der Verluste aus beiden Weltkriegen stellten 350 Heimatvertriebene und Flüchtlinge dar, die 1950, auf die heutige Gemeinde bezogen, einen Anteil von 10,8% (Niedereggenen: 20%; Obereggenen: 15%) der Einwohner ausmachten. Der Zuzug begann z. T. bereits 1941, als 100 Volksdeutsche aus Bessarabien in der Gemeinde angesiedelt wurden. Bis 1961 kamen weitere 332 Vertriebene und 70 Sowjetzonenflüchtlinge hinzu, die sich allerdings größtenteils nur kurzfristig in der Gemeinde aufhielten. Da der einsetzende Geburtenrückgang bis 1974 durch eine positive Zuwandererbilanz ausgeglichen wurde, stagnierte die Einwohnerzahl bis gegen Ende der 1970er Jahre bei 3730 (1978). Nach einem leichten Zuwachs, der schon in den 1980er Jahren einsetzte, erreichte die Gesamtbevölkerung 1987 den Stand von 3871 Einwohnern. Die Zahl der Ausländer war unterdessen von 144 (1980) auf 180 (1987) angestiegen, was einem Anteil von 4,6% entsprach. Die am stärksten vertretenen Nationalitäten waren die Türken und ehemals jugoslawische Staatsbürger. Seither war ein recht kontinuierliches weiteres Ansteigen der Gesamteinwohnerzahl festzustellen. Sie lag zum Jahresende 1992 bei 4354 Einwohnern. Die leicht steigende Tendenz hielt unterdessen an.

Konfessionelle und soziale Gliederung. – Aus der konfessionellen Zugehörigkeit der Einwohner läßt sich bis in die Gegenwart die Herrschaftsverteilung des alten Reiches erkennen. Bis 1925 gehörten die aus der ehemaligen fürstbischöflich-Basler Oberhoheit resultierenden Katholizismus in Schliengen und dem unter habsburgischer Oberhoheit gewesenen Ort der Herren von Baden, Liel, mehr als 87%, in Mauchen sogar fast 99% der Bevölkerung an. Ober- und Niedereggenen gehörten zur Markgrafschaft Baden-Durlach, was das mit über 90% dominierende ev. Bekenntnis in diesen beiden Dörfern erklärt. Durch die Bevölkerungsbewegungen der Kriegs- und Nachkriegszeit verstärkte sich zwar in einzelnen Ortsteilen die konfessionelle Minorität, doch war die bislang vorherrschende Konfession bis 1970 noch mit vier Fünfteln, in Schliengen mit knapp drei Vierteln der Einwohner vertreten. Der Protestantenanteil stieg indessen bis 1987 auf 40,3% weiter an, nur noch knapp über die Hälfte aller Einwohner (50,8%) waren katholisch. Die übrigen, immerhin 8,9%, wurden als Sonstige erfaßt, d. h. machten keine Angaben oder waren konfessionslos.

Der allgemeine Wandel der Erwerbsbedingungen verringerte die ökonomische Bedeutung der Landwirtschaft, besonders des Weinbaus in der Gemeinde Schliengen, nur allmählich. 1895 waren 1130 (68,9%) Einwohner aller Ortsteile hauptberuflich im Agrarsektor tätig; in den einzelnen Gemeinden betrug ihr Anteil 75% und mehr, in Schliengen waren es mit 334 (55,9%) dagegen auffällig weniger, was sich aus der dort beachtlichen Anzahl von Handwerkern und im Dienstleistungsbereich Beschäftigten, daneben auch Pendlern erklärt. Noch 1950 waren 50,9% (1656 E.) aller Erwerbstätigen in Schliengen in der Landwirtschaft beschäftigt. Allerdings deutet der weitere Rückgang im Hauptort Schliengen (36,8%) die Fortdauer der schon beobachteten Tendenz zum Auspendeln an. Bis 1970 nahm die Gesamtzahl der in der Landwirtschaft Tätigen auf 512 (42,3%) ab.

Auf die Gesamtbevölkerung Schliengens bezogen hatten sich 1970 bereits bedeutend mehr Einwohner von gewerblichen Tätigkeiten ernährt (34%), und selbst die Gruppe der von Renten oder Pensionen Lebenden (19%) war schon größer geworden. Diese Tatsache war im wesentlichen durch die Entwicklung im Ortsteil Schliengen geprägt. In den vier kleineren Orten war sie jedoch bei weitem weniger weit fortgeschritten; um oder über die Hälfte der Lieler und Obereggener und bis zu drei Viertel der Niedereggener und Mauchener Bevölkerung hatten 1970 noch von der Landwirtschaft gelebt. Der Anteil der industriell und gewerblich Beschäftigten wuchs langsam an, doch war diese Berufsgruppe zum Auspendeln gezwungen, eine Entwicklung, die bis in die Gegenwart den Arbeitsmarkt prägt. Überragende Bedeutung als öffentlicher Arbeitgeber erlangte die Bahn, bei der nach dem 1. Weltkrieg zahlreiche Pendler – insbesondere aus Schliengen – Anstellung gefunden hatten.

Im Dienstleistungsbereich, der 1895 nur 80 Erwerbstätigen Arbeit geboten hatte, stieg die Zahl der Beschäftigten im 20. Jh. kontinuierlich an. Bei der Zählung von 1970 waren es 266 Personen gewesen. Anteilig aber war der Tertiäre Sektor damit gegenüber 1950 von 11,1% auf 8,2% zurückgegangen. Bis 1987 war die Bedeutung der Landwirtschaft als Erwerbsquelle weiter gesunken. In Schliengen gingen aber immerhin noch 7,6% der Erwerbstätigen in diesem Sektor ihrer Hauptbeschäftigung nach und wesentlich höhere Zahlen erreichten die Gemeindeteile Mauchen (18,0%) und Obereggenen. Dennoch war das Produzierende Gewerbe inzwischen in allen Ortsteilen zum dominierenden Beschäftigungszweig geworden. Es machte in Schliengen 43,9% der Erwerbstätigen aus. Der Bereich Handel, Verkehr, Kredit- und Versicherungsgewerbe, auf die Gesamtgemeinde bezogen mit 19,1% aller Erwerbstätigen vertreten, erreichte nur in Mauchen mit 28,3% eine auffällig höhere Zahl. Die Beschäftigung in den Sonstigen Dienstleistungen war bis auf 29,4% gestiegen, wobei der Ortsteil Schliengen mit 33,8% in der Gesamtgemeinde an der Spitze lag.

Politisches Leben

Auch für das politische Leben der heute zu Schliengen gehörenden Dörfer war im 19. Jh. die landesweit anzutreffende Gegnerschaft zwischen Nationalliberalen und katholischem Zentrum bezeichnend. Sie wurde in den Reichstagswahlen in der *Zeit des Kaiserreichs* zugunsten der Nationalliberalen entschieden, die in der Regel deutliche Mehrheiten erreichten (nach 1881: 42,2% und 65,7%), was angesichts der katholischen Bevölkerungsmajorität umso bemerkenswerter bleibt. Mit Ergebnissen zwischen 28,3% und 42,1% blieb das Zentrum stets hinter den Liberalen zurück. Die Sozialdemokraten erzielten 1912 mit 7,6% der Stimmen ihr bestes Ergebnis und blieben damit genauso wie die Deutschkonservativen und die 1893 kurzzeitig mit geringem Stimmenaufkommen in Erscheinung tretenden Antisemiten ohne nennenswerte Anhängerschaft in den fünf Orten.

Wie sehr die Konfessionszugehörigkeit das Wahlverhalten der Bevölkerung prägte, beweisen die Stimmenanteile der Parteien in fast allen Ortsteilen: In den mehrheitlich ev. Orten Ober- und Niedereggenen dominierten die Nationalliberalen stets mit mehr als 80% der abgegebenen Stimmen. In Niedereggenen fand sich mit bis zu 24% (1912) der Abstimmenden eine gewisse Tendenz zugunsten der SPD. Dem stand in den kath. Dörfern Mauchen und Liel eine deutliche Überlegenheit des Zentrums gegenüber, das nach 1881 über drei Viertel bzw. über die Hälfte der Wähler dieser Orte erreichte. Die Wahlergebnisse im kath. Schliengen hingegen erbrachten gänzlich abweichend vom übrigen Wählerverhalten Mehrheiten für die Nationalliberale Partei. Das Zentrum vermochte nur 1884 mit 51,5% den nationalliberalen Stimmenanteil zu übertreffen.

In der *Weimarer Zeit* hingegen war das Zentrum, bezogen auf die heutige Gemeinde, stärkste politische Kraft, die 1928 sogar die absolute Mehrheit erreichte. Erst ab März 1932 fiel es mit 31,2% der Stimmen hinter die NSDAP (58,1%) zurück, die schon 1930 mit 37,9% zweitstärkste politische Kraft geworden war. Vor allem in Mauchen, aber auch in Schliengen blieb das Zentrum unterdessen stärkste Partei, im kath. Liel dagegen war schon im März 1932 die NSDAP annähernd doppelt so stark wie das Zentrum, völlig dominant war diese Partei längst in den ev. Dörfern Ober- und Niedereggenen. Der Liberalismus hatte bereits in den 1920er Jahren seine Zugkraft bei Reichstagswahlen gänzlich eingebüßt, und auch die allmählich nach rechts rückende DNVP fand im heutigen Schliengen immer weniger Anhänger. Die SPD ging nach 1919 rasch wieder auf die Vorkriegsstärke zurück (1920: 9,8%) und schrumpfte bis 1932 auf 2,2% zusammen. Auch die wenigen Stimmen für die KPD (3%) unterstreichen die geringe Bedeutung beider linker Parteien in den ländlichen Gemeinden.

Schon bei den *ersten Wahlen nach 1945* gelang es der CDU, in die Zentrumstradition einzutreten; seither hat sie – abgesehen von der Landtagswahl 1992 (44,0%) – in sämtlichen Bundes- und Landtagswahlen die absolute Mehrheit errungen. Die SPD-Anteile stiegen seit 1949 von 10,3% auf 30,2% (1992), so daß sich die Partei zur zweiten politischen Kraft in Schliengen entwickelte. Die FDP, 1949 noch zweitstärkste Partei (21%), trat bei der Bundestagswahl 1953 erstmals hinter die SPD, hielt sich jedoch bei Landtagswahlen besser und liegt trotz ihres kontinuierlichen Rückgangs mit etwa 10% über dem Landesdurchschnitt. Nur 1992 wich sie mit 5,2% deutlich von diesem Trend ab. Das Aufkommen der Grünen – (1990: 5,4% bei der Wahl zum Bundestag; 1992: 9,6% bei der Wahl zum Landtag) – ging vor allem zu Lasten der SPD. Als Hochburgen der CDU gelten wiederum die kath. Orte Schliengen, Mauchen und Liel. Schwerpunkte der FDP lagen in Ober- und Niedereggenen, wo die Partei sogar bis 1961 vereinzelt die Führung übernehmen konnte. Gleichmäßiger verteilt waren die

Wähleranteile der SPD bis 1972: in Liel und Niedereggenen durchschnittlich um 30%, in Obereggenen und Schliengen knapp über 20% und in Mauchen nur bei etwa 10%. Auch auf kommunalpolitischem Gebiet dominierte die CDU in den kleinen eingemeindeten Orten. In Schliengen erreichte sie in den 1970er Jahren nur relative Mehrheiten. Seither verstand sie es, ihren maßgeblichen Einfluß durch absolute Mehrheiten auszubauen, erlitt aber 1989 mit 44,9% auf die Gesamtgemeinde bezogen einen Dämpfer. Mit deutlichem Abstand folgen seit 1980 SPD (zwischen 20 und 30%) und Freie Wähler (um 20%). Der Gemeindereform paßten sich 1974 auch die politischen Parteien an, indem sie sich zu Gemeindeverbänden formierten. Zuvor besaß die SPD seit 1958 in Obereggenen und Liel, seit 1968 auch in Schliengen, einen Ortsverein. Die CDU war seit 1946 in Liel, Schliengen und Mauchen, die FDP lediglich in Schliengen vertreten. 1992 zählte die CDU 80, die SPD 43, die FDP 12 Mitglieder. Im 1985 gegründeten Verband der Grünen sind Schliengen und Bad Bellingen zusammen organisiert.

Wirtschaft und Verkehr

Land- und Forstwirtschaft. – Bis nach dem 2. Weltkrieg prägte die Landwirtschaft alle fünf Orte nachhaltig, wobei dem Weinbau bis heute besondere Bedeutung zukommt. Zur Eigenversorgung wurde in sämtlichen Gemeinden der *Anbau von Getreide* (Weizen, Roggen) und seit Beginn des 18. Jh. auch von Kartoffeln betrieben. Weitere Getreidearten, z. B. Gerste und Hafer, vor allem aber Rüben, Klee und Luzerne wurden angesichts zunehmender Viehhaltung verstärkt angebaut. Mehr als die Hälfte der fünf Gemarkungen (3745 ha) war bis 1930 landwirtschaftlich genutzte Fläche (2108 ha LF). Während die Gemarkungen Schliengen und Mauchen mit jeweils drei Vierteln LF eine verhältnismäßig extensive agrarische Nutzung aufwiesen, fielen ausgedehnte Waldungen bei der größten Gemarkung, Obereggenen (1402 ha), ins Gewicht, so daß dort nur etwa ein Drittel der Fläche (480 ha) als LF Verwendung fand.

Zwischen 1880 und 1930 ging der Getreideanbau in Schliengen von 867 auf 673 ha zurück. Gleichzeitig wurden die für die Selbstversorgung wichtigen Kartoffeln – ebenfalls mit Schwerpunkt in Schliengen – in größerem Umfang angebaut (215 ha). Bis 1930 war die als Acker- und Gartenland (1172 ha) sowie als Wiesen (706 ha) genutzte Fläche weitgehend konstant geblieben. Den Weiden kam mit 20 ha in Ober- und Niedereggenen nur geringe Bedeutung zu. Lag das Hauptgewicht des Getreideanbaus und damit des Acker- und Gartenlands in den dem Rhein zugewandten Gemeindeteilen Schliengen, Mauchen und Liel, so nahmen Wiesen und Weiden als Voraussetzung der Viehhaltung in Niedereggenen (98 ha) und Obereggenen (267 ha) mehr Fläche ein. Um bessere Möglichkeiten für die Viehhaltung zu erzielen, wandelten aber auch die drei erstgenannten Orte seit der Jahrhundertwende Acker- in Wiesenland um. Bis 1987 war der Anteil der landwirtschaftlich genutzten Fläche mit 1671 ha auf 45,1 % der Gemarkung gefallen. Dabei waren 717 ha als Acker-, 586 ha als Dauergrünland sowie 368 ha für Sonderkulturen (Weinbau und Obstkulturen) genutzt. Auf dem Ackerland wurden hauptsächlich Getreide (522 ha) und Futterpflanzen (158 ha) kultiviert, der Anteil der Hackfrüchte fiel kaum noch ins Gewicht. Während in Liel, Mauchen und Schliengen die Ackerfläche größer war als das Dauergrünland, war in Obereggenen (261 ha Wiesen und Weiden, 127 ha Ackerland) und in Niedereggenen (96 ha Wiesen und Weiden, 72 ha Ackerland) das Verhältnis umgekehrt.

Eine nicht unerhebliche Bedeutung im Wirtschaftsgefüge der Gemeinde kommt seit Mitte des 19. Jh. den auf den fruchtbaren Lieler und Obereggener Vorbergen, daneben aber auch auf Schliengener Gemarkung angelegten *Obstkulturen* zu. 1933 standen im Bereich der heutigen Gemeinde insgesamt 25 873 Obstbäume (Kirsch-, Birn-, Nuß- und Zwetschgenbäume), darunter 5196 Apfelbäume. Das Obst findet zum größeren Teil in der Freiburger und Basler Region Absatz oder wird zu Spirituosen weiterverarbeitet (Obereggener Kirschwasser).

Mit 250 ha Anbaufläche nimmt der seit dem Mittelalter nachgewiesene *Weinbau* innerhalb der Landwirtschaft eine überragende Stellung ein. Schliengen entwickelte sich zu einer der größten und bedeutendsten Weinbaugemeinden im Landkreis (Schliengen: 94 ha; Mauchen: 84 ha). Seit Ende des 2. Weltkriegs wurden durch die Flurbereinigung und die inzwischen abgeschlossene Rebumlegung die Anbauflächen noch erheblich ausgeweitet. Eine Ausnahme stellt allein Obereggenen dar, dessen Höhenlage den Weinbau in quantitativer (19 ha) und qualitativer Hinsicht einschränkte.

Auf der vorhandenen Rebfläche standen 1993 etwa zur Hälfte Gutedel-, zu einem Viertel Müller-Thurgau- und zu knapp 15% Spätburgunderreben. Die übrige Fläche nahmen Weißburgunder-, Ruländer-, Muskat-Ottonel- und Gewürztraminer-Reben ein. Impulse für die Modernisierung und Rationalisierung erhielt der Weinbau von einem der ältesten Weingüter im Markgräflerland, dem 1847 in Obereggenen entstandenen, seit 1857 in Schliengen bestehenden Gut Blankenhorn. Schliengen ist auch Sitz der 1908 gegründeten *Ersten Markgräfler Winzergenossenschaft e.G.*, der sich 1954 Winzer aus Mauchen, Liel, Steinenstadt und Bellingen angeschlossen hatten. Sie zählte 1992 370 Mitglieder und verfügt über eine Lagerkapazität von etwa 5,5 Mio. Liter. Bedeutende landwirtschaftliche Genossenschaften sind ferner die Badische Landwirtschaftliche Zentralgenossenschaft Schliengen-Müllheim und die Landwirtschaftliche Ein- und Verkaufsgenossenschaft Schliengen-Müllheim.

Der Rückgang der Landwirtschaft machte sich im grundlegenden Wandel der *Betriebsgrößenstruktur* bemerkbar. Wie in der gesamten Region überwogen 1895 Klein- und Kleinstbetriebe, die zur nebenberuflichen Eigenversorgung dienten: Auf 1721 ha LF umfaßten von 617 Betrieben 300 (48,6%) weniger als 2 ha; weitere 304 (49,3%) wiesen eine Betriebsfläche zwischen 2 und 10 ha auf. Bis zu 20 ha reichten 12 Unternehmen, nur ein Hof lag darüber. Bei nahezu unveränderter LF erhöhte sich 1949 bei verminderter Zahl von bäuerlichen Betrieben (481) die durchschnittliche Anbaufläche von 2,8 auf 3,7 ha. Das Flurumlegungsverfahren, die Errichtung von 14 *Aussiedlerhöfen* (allein 8 auf Gkg Schliengen) seit 1966 und Bemühungen um weitere Konzentration führten schließlich dazu, daß 1987 noch 1694 ha LF von 226 Betrieben bewirtschaftet wurden. 168 dieser Betriebe (74,3%) hatten weniger als 10 ha, 37 (16,4%) reichten bis 20 ha und 21 Betriebe (9,3%) verfügten über jeweils mehr als 20 ha landwirtschaftlich genutzte Fläche. Zu diesen Größenklassen gehörten die 70 landwirtschaftlichen Vollbetriebe mit insgesamt 1265 ha, wovon sich 7 in Schliengen und 12 in Mauchen ausschließlich mit dem Weinbau befaßten. 46 Betriebe wiesen neben dem Obst- und Weinbau Milch- und Mastviehhaltung auf. Ihr räumlicher Schwerpunkt befindet sich mit 17 (291 ha) bzw. 10 Höfen (146 ha) in Ober- und Niedereggenen. 8 dieser Mischbetriebe (184 ha) liegen in Schliengen, weitere 6 (133 ha) in Liel. Hinzu kommen 6 kleinere Höfe (66 ha) in Liel sowie Ober- und Niedereggenen, die Obst- und Weinbau betreiben. Ein Betrieb in Liel (35 ha) und 2 weitere in Schliengen (81 ha) verbinden den Ackerbau mit der Milch- und Mastviehhaltung.

Bereits zu Beginn des 20. Jh. wurde die im Abnehmen begriffene Schafzucht eingestellt, nach Ende des 2. Weltkriegs auch die Ziegenhaltung. Die Mechanisierung der Landwirtschaft machte nach 1950 zudem den Einsatz von Pferden bei der Feldarbeit überflüssig. Unterdessen wuchs der *Rinderbestand* (1855: 1483) bis zum 1. Weltkrieg

(1913: 1695) kontinuierlich und hielt sich bis zur Gegenwart relativ konstant (1988: 1441). Zwischen 1930 und 1971 verringerte sich die Zahl der Milchkühe um fast ein Drittel auf 673 Tiere, seither bis 1988 auf 431 Tiere. Die Rinderhaltung war von Anfang an in Obereggenen wegen der günstigen natürlichen Voraussetzungen sehr stark (1988: 571 Tiere), ein Viertel der Tiere (335) wurde 1988 im Hauptort Schliengen gehalten. Die *Schweinezucht* gewann in der jüngsten Vergangenheit noch an Bedeutung (1971: 1435; 1988: 1834); sie wird vor allem in Schliengen, Mauchen, Liel und Niedereggenen betrieben.

Die für Schliengen wirtschaftlich bedeutende, im Jahr 1990 1503 ha umfassende *Waldfläche* erstreckt sich vor allem auf den Gemarkungen von Obereggenen (897 ha) und Liel (355 ha). Damit ist die Fläche seit 1850 (1486 ha) nur unwesentlich ausgedehnt worden. Verschiebungen haben sich indessen bei den Holzarten ergeben. Immerhin nimmt heute der Nadelwald ein Viertel der Fläche ein, während er 1850 mit 90 ha nur 6% der Waldfläche im heutigen Gemeindegebiet ausgemacht hatte. Auch in den Besitzarten hat sich eine wesentliche Veränderung ergeben. 1850 hatte der Gemeindewald auf den fünf Gemarkungen zusammen mit 619 ha noch 30 ha weniger betragen als alle Staatswaldungen zusammen. Schon um 1900 war der kommunale Wald mit 730 ha um 127 ha größer als der Staatswald gewesen. Diese Größenrelation kennzeichnet auch die Situation zu Beginn der 1990er Jahre (724 ha Kommunal- und 599 ha Staatswald). Die Fläche von privaten Wäldern ging in dieser Zeit ebenfalls leicht zurück. Sie nahm 1990 noch 180 ha ein (−38 ha gegenüber 1850). In allen drei Besitzarten dominierte stets der Laubwald, 1850 im Verhältnis 9:1, 1990 im Verhältnis 7,5:1.

Handwerk und Industrie. – In den früheren Gemeinden Schliengen und Liel sowie auf der Nachbargemarkung Hertingen (heutige Gemeinde Bad Bellingen) wurde seit der Mitte des 17. Jh. durch die Grundherren *Eisenerzabbau* betrieben (s. u., Geschichte, Bevölkerung und Wirtschaft). Wegen sinkender Rentabilität wurde der Bergbau zu Beginn der 1860er Jahre endgültig eingestellt. Kurzfristige Wiederbelebungsversuche während des 1. Weltkrieges (Manganerzförderung) konnten nicht an die Tradition anknüpfen.

Seit Ende des 19. Jh. rückte das Wasser der im *Lieler* Schloßhof gelegenen *Mineral- und Thermalquelle* in die Reihe der bekanntesten Vertriebsprodukte der Gemeinde auf. Der 1896 noch begrenzte Vertrieb weitete sich unter der Leitung der Fa. Hoffmann-La Roche rasch aus, als auch ausländische Märkte erschlossen wurden (1908: 2000 Flaschen Tagesproduktion). Nach 1955 erfolgte unter dem neuen Inhaber Sattler die laufende Modernisierung und Rationalisierung des Brunnenbetriebes. In den Jahren 1963 bis 1965 wurde im Nachbarort Steinenstadt die »Markgräfler Mineralquelle«, als weiterer Brunnen in Betrieb genommen. In beiden Betrieben waren 1992 durchschnittlich 55 bis 60 Personen beschäftigt. Die verkaufte Menge an alkoholfreien Getränken wurde bis zum Jahre 1993 auf über 50 Mio. Flaschen jährlich gesteigert.

Die übrigen Gewerbebetriebe standen noch in engem Bezug zur Land- und Forstwirtschaft. Mehrere, z.T. seit dem späten Mittelalter betriebene *Mühlen* (Freimühle, Altinger Mühle, Schallsinger Mühle, Kutzmühle, Lielmühle) arbeiteten in Schliengen und Obereggenen. Die vorherrschenden Handwerke waren über das 19. Jh. hinaus Schuster, Zimmerleute, Küfer, Schneider, Bäcker, Sattler, Metzger, Schmiede und Weber. Laut Berufszählung nahmen Handwerk und Gewerbe 1895 mit insgesamt 247 Beschäftigten (15,1%) weit hinter der Landwirtschaft den zweiten Rang ein. In 155 Betrieben, Kleinfirmen und Geschäften mit 329 Mitarbeitern bestand das handwerkliche Kleingewerbe meist als Ein-Mann-Betriebe. Es war in Schliengen mit

72 Betrieben und 200 Beschäftigten, also rund einem Viertel aller Berufstätigen, verhältnismäßig am stärksten vertreten.

Nach dem Ausgang des 2. Weltkriegs setzte sich die bereits in der Zwischenkriegszeit begonnene Ansiedlung kleinerer Gewerbeunternehmungen aus der Bau-, Konsumgüter- und Elektrobranche fort. Die günstige Nachkriegskonjunktur gab dem Gewerbe in Schliengen Auftrieb. Dies trug schließlich dazu bei, daß zwischen 1961 und 1970 die Zahl der am Wohnort arbeitenden Erwerbstätigen von 228 auf 307 Personen zunahm. Schliengens Anteil lag im Vergleich zu den heutigen Gemeindeteilen über 50%. 1984 gab es dort unter Einbeziehung der Verkehrs-, Fuhr- und Fremdenverkehrsbetriebe 104 Gewerbebetriebe (darunter 6 mit mehr als 10 Beschäftigten), in Liel 34, in Mauchen 5, in Niedereggenen 18 und in Obereggenen 23 (darunter einer mit mehr als 10 Beschäftigten). Die heutige Situation verdeutlicht die Tabelle der Handwerkskammer Freiburg.

Tab. 9: Das Handwerk 1992

Branche	Zahl der Betriebe	Beschäftigte	Umsatz
Baugewerbe	14	138	16,1 Mio. DM
Metall	19	125	24,8 Mio. DM
Holz	7	38	4,7 Mio. DM
Textil/Leder/Bekleidung	2	5	0,6 Mio. DM
Nahrung	5	37	6,3 Mio. DM
Gesundheit/Körperpflege	2	18	1,0 Mio. DM
Glas/Papier/Keramik und Sonstige	1	9	1,4 Mio. DM
Gesamt	50	370	54,9 Mio. DM

Quelle: Handwerkskammer Freiburg

Eine herausragende Stellung unter den Gewerbebetrieben nimmt die Firma *Hermann Bieg & Sohn, Elektrotechnisches Unternehmen GmbH* ein, das mit 48 Beschäftigten (1992) im Hauptbetrieb Obereggenen den größten Arbeitgeber in der Gemeinde darstellt. Das 1927 durch Hermann Bieg sen. gegründete Werk erstellt Hoch- und Niederspannungs-Freileitungen sowie Kabelleitungen und Straßenbeleuchtungen. Daneben reicht die Produktion von einfachen Elektrogeräten über Steuer- und Regelanlagen bis hin zu fertigen Transformatorenstationen. 1992 wurde ein Umsatz von ca. 7 Mio. DM erzielt.

Handel und Dienstleistungen. – Eine weit zurückreichende Tradition hat der 1704 nach der Zerstörung Neuenburgs eingeführte, 1818 erneuerte *Schliengener Markt*. Seither fanden vier Jahrmärkte und ein Wochenmarkt statt. Bis 1928 wurde zudem ein *Viehmarkt* abgehalten. Die vermehrte Rinderhaltung machte vor dem 1. Weltkrieg in allen Ortsteilen – in Niedereggenen schon seit etwa 1870 – die Gründung von Ortsviehversicherungsvereinen und -anstalten erforderlich. Den Tertiären Sektor bildeten im 19. Jh. nur wenige, zur Deckung des täglichen Lebensbedarfs nötige Einzelhandelsgeschäfte, Wirtshäuser sowie Fuhrbetriebe. Seither war in dieser Hinsicht nur eine recht verhaltene Entwicklung zu verzeichnen. 1987 existierten insgesamt 31 Handelsbetriebe (4 Großhandels- und 26 Einzelhandelsbetriebe sowie eine Handelsvermittlung) mit 104 Beschäftigten.

Vier Betrieben kommt besondere Bedeutung zu. Herausragend ob ihrer Tradition und typisch für das Markgräflerland sind zwei Keltereibetriebe, die 1908 gegründete *Winzergenossenschaft* (s. o.) und das *Weingut Blankenhorn*. Eine jüngere Gründung stellt ein Teppich- und Ausstattungshaus dar, das seit 1963 in Schliengen existiert. – Die *Autohaus-Vollmer-GmbH* gehört mit einem Jahresumsatz von 12 Mio. DM (1992) zu den wirtschaftlich bedeutendsten Unternehmen Schliengens. Im Schliengener Hauptbetrieb und in der Müllheimer Filiale beschäftigte die Firma zusammen 44 Mitarbeiter. Das Schliengener Geschäftsgrundstück umfaßt etwa 1,2 ha Fläche.

Die Gründung einer *Pfennigsparkasse* erfolgte auf Betreiben des ev. Ortsgeistlichen in Obereggenen um 1880. Im Jahr 1900 entstand auch in Schliengen ein »Ländlicher Kreditverein«, der 1934 seinen Namen in Spar- und Darlehenskasse und 1955 in Spar- und Kreditbank änderte. 1952 vereinigte sich in Obereggenen die 1922 gegründete Spar- und Darlehenskasse mit dem 1896 ins Leben gerufenen landwirtschaftlichen Bezugs- und Absatzverein sowie mit der seit 1929 existierenden Molkereigenossenschaft zur Spar- und Darlehenskasse. Auf gleiche Weise schlossen sich 1957 die 1895 gegründete Molkereigenossenschaft Niedereggenen, aus der nach dem 1. Weltkrieg die landwirtschaftliche Ein- und Verkaufsgenossenschaft entstanden war, und die seit 1923 bestehende Spar- und Darlehenskasse zur Raiffeisenbank zusammen. Gegenwärtig sind in Schliengen die Raiffeisenbank und die Sparkasse Markgräflerland, und die Volksbank Müllheim mit Zweigstellen in Liel, Ober- und Niedereggenen vertreten.

Das *landwirtschaftliche Genossenschaftswesen* etablierte sich zu Beginn des 20. Jh. in allen Gemeindeteilen. Die in Liel, Mauchen und Schliengen unmittelbar nach dem 1. Weltkrieg aus Bauernvereinen hervorgegangenen landwirtschaftlichen Ein- und Verkaufsgenossenschaften wurden in den späten 1930er Jahren der Milchgenossenschaft angegliedert und richteten nach dem 2. Weltkrieg Lagerhäuser mit Milchsammelstellen ein. Im gleichen Zusammenhang entstand 1908 in Schliengen die Erste *Markgräfler Winzergenossenschaft* (s. o.). Nach ihrer Gründung durch Pfarrer Leonhard Müller entwickelte sie sich sehr rasch zu einem bedeutenden, über die örtlichen Grenzen hinaus bekannten Unternehmen. Heute unterhält sie Filialen in Bad Hersfeld, Hannover und Reichenbach (Sachsen). 1992 betrug der Umsatz etwa 8,5 Mio. DM.

Nach 1956 brachte der im benachbarten Bad Bellingen einsetzende Kurbetrieb dem *Fremdenverkehr* und der Gastronomie einen nachhaltigen Aufschwung, was hauptsächlich den Ortsteilen Schliengen und Obereggenen zugute kam. Von den 19 vorhandenen Gaststätten befinden sich 7 in Schliengen und 5 in Obereggenen. Im selben Verhältnis teilten sich die 65 Hotels und Pensionen auf Schliengen (29) und Obereggenen (18) auf; 1984 lag deren Kapazität bei 412 Betten (1992: 398). Die wirtschaftliche Rezession schlug sich nach dem bisherigen Höhepunkt an Übernachtungen im Jahr 1981 (48 537) bis 1984 in einem empfindlichen Rückgang (35 955) nieder. Damit nahm die Entwicklung des Fremdenverkehrs in der Gemeinde denselben Verlauf wie in den vergleichbaren Kur- und Fremdenverkehrsorten der gesamten Region. Die Übernachtungszahl hat danach wieder deutlich zugenommen, ist seit dem neuerlichen Höhepunkt von 1990 mit 45 647 Übernachtungen aber wieder leicht rückläufig (1992: 44 428).

Verkehr. – Der 1847 hergestellte *Eisenbahnanschluß* Schliengens an die Strecke Mannheim–Freiburg, die 1855 Basel erreicht hatte, veränderte die Verkehrssituation des Dorfes nachhaltig. Sie begünstigte zwar den Absatz der landwirtschaftlichen Produkte aus der Umgebung, dem Dorf selbst bereitete sie zunächst durchaus Probleme, da die Verdienste aus den bisherigen Umspanndiensten über den Schliengener Berg wegfielen. Schon seit den 1840er Jahren war mit dem systematischen Ausbau von Wegen und Verbindungsstraßen zwischen den heutigen Gemeindeteilen und der Umgebung begonnen worden.

Die Gemeinde im 19. Jahrhundert und in der Gegenwart 395

Die in Nord-Süd-Richtung verlaufende, Schliengen und den westlichen Teil der Gemeinde durchziehende B 3 bildet heute die bedeutendste *Straßenverbindung*. Von ihr zweigt in Schliengen die L 134 ab, die in südöstlicher Richtung über Liel nach Kandern führt und über die K 6316 auch die Ortsteile Ober- und Niedereggenen mit Schliengen verbindet. Mauchen ist über eine Gemeindeverbindungsstraße zu erreichen.
– Gegenwärtig bestehen in der Gemeinde öffentliche Busverbindungen nach Freiburg–Lörrach, Kandern–Müllheim, Kandern–Bad Bellingen, hinzu kommt eine Ringlinie – Süd (Müllheim).

Verwaltungszugehörigkeit, Gemeinde und öffentliches Leben

Verwaltungszugehörigkeit. – Die verwaltungsmäßige Orientierung nach Süden, wie sie die Verwaltungsreform 1973 mit der Umgliederung aller heute zur Gemeinde Schliengen gehörenden Ortsteile vom Lkr. Müllheim zum Lkr. Lörrach nach sich zog, findet in der Verwaltungsgeschichte der vergangenen knapp 200 Jahre nur in Liel eine schwache Parallele, das bis 1813 zum Amt Rötteln gehört hatte und dann, nach 6 Jahren Zugehörigkeit zum Bezirksamt Kandern, nach Müllheim kam. Die übrigen vier Orte ließen schon zu Beginn des 19. Jh. einen deutlichen Bezug zu Schliengen erkennen, das damals markgräfliches Unteramt war und, nachdem es von 1803 bis 1807 Badenweiler zugeordnet war, wieder für 2 Jahre als Oberamt selbständig blieb. 1809 endete die Geschichte des Schliengener Amtes endgültig, der Hauptort und mit ihm Ober- und Niedereggenen sowie Mauchen wurden dem Amt, ab 1813 Bezirksamt Kandern angegliedert. Noch vor dessen Auflösung kamen Schliengen und Mauchen 1813, Ober- und Niedereggenen 1819 zum Bezirksamt Müllheim.

Gemeindeverwaltung und nichtkommunale Behörden. – Die Verwaltungen der fünf Dörfer zeigten um die Mitte des 19. Jh. völlig gleiche Strukturen. Bürgermeister standen an ihrer Spitze, Ratschreiber und Rechner, z. T. in Personalunion, waren ihre Mitarbeiter. Unterstützungs- bzw. Kontrollorgane waren die Gemeinderäte – 5 Mitglieder in Schliengen, je 4 in den anderen Dörfern – sowie je nach der wechselnden Vorschrift der badischen Gemeindeordnung, ein kleiner und ein großer Bürgerausschuß. Außerdem gab es um die Mitte des 19. Jh. in Schliengen noch weitere Gemeindebedienstete: je 2 Polizeidiener und Nachtwächter, je einen Wald- und Feldhüter, 2 Hebammen und je einen Waisenrichter und Leichenschauer. Später kamen noch weitere Ämter hinzu, z. B. 4 Steinsetzer und je ein Straßenwart, Brunnenmeister und Fleischbeschauer. In den kleineren Orten waren diese Funktionen durchweg auch besetzt, oftmals jedoch nur einfach. Gerade in Angriff genommene, nicht selten von der tagespolitischen Situation diktierte Projekte schlugen sich naturgemäß auch in den Gemeindeverwaltungen nieder. So wies Obereggenen 1912 einen Feldbereinigungsrechner auf – die Aufgabe mußte sonst vom Gemeinderechner wahrgenommen werden –, Schliengen und Obereggenen beschäftigten 1928 einen Ortsjugendhelfer, der in örtlichen Beratungsstellen Fürsorgeangelegenheiten regelte.

Die Gemeindeverwaltung des Jahres 1992, an deren Spitze der Bürgermeister stand, gliederte sich in Haupt-, Bau- und Rechnungsamt. Personell war sie Ende 1992 mit 9 Beamten, 13 Angestellten, 12 Arbeitern und 17 Teilzeitbeschäftigten besetzt. Sitz der Schliengener Verwaltung ist seit 1966 das Andlaw-Homburgsche *Schloß Entenstein*, das die Grafen 1857 erworben und mitsamt dem etwa 1 ha großen Besitz 1961 dem Jesuitenorden vermacht hatten. 1970 hat ihn die Gemeinde Schliengen erworben. Das Schloß wurde seither vollständig renoviert, der frühere Wassergraben wiederhergestellt. Seit der Umwandlung in einen Park ist der Bereich der Öffentlichkeit zugänglich.

In den übrigen Ortsteilen befinden sich Ortsverwaltungen in den ehemaligen Rathäusern mit ehrenamtlichen Ortsvorstehern an der Spitze. Hierzu dient das 1983/84 renovierte Rathaus von Liel, das ehemalige Lehrerwohnhaus in Niedereggenen, das Mauchener Rathaus von 1913 sowie das alte Obereggener Schul- und Rathaus. – Schon 1743 gab es in Schliengen eine Zuspannstation, 1840 erhielt es eine offizielle Poststation. 1984 befanden sich an *nichtkommunalen Behörden* im Ortsteil Schliengen ein Postamt, in Liel und Obereggenen jeweils eine Poststelle. In Schliengen gab es auch einen Polizeiposten.

Ver- und Entsorgungseinrichtungen. – Die *Wasserversorgung* aller heutigen Ortsteile beruhte vor der Jahrhundertwende hauptsächlich auf privaten Brunnen. Schliengen hatte, ausgehend vom Brunngraben, der nordöstlich von Altingen liegt, eine Deichselleitung, die die meisten Dorfbrunnen versorgte. Öffentliche Wasserleitungen wurden bis 1910 installiert. Eine umfassende Modernisierung der Wasserversorgung für die Gemeinde erfolgte 1969, als Schliengen dem Trinkwasserzweckverband »Hohlebach – Kandertal« beitrat, dem 1992 noch Hertingen (Gde Bad Bellingen), Feldberg (Stadt Müllheim) und Kandern (bis auf Tannenkirch und Holzen) angehörten. Nachdem Schliengen im Zuge der Ortskanalisation zwischen 1960 und 1966 eine Zentralkläranlage erhalten hatte, schloß sich die Gesamtgemeinde der 1981 fertiggestellten, im benachbarten Steinenstadt gelegenen mechanisch-biologischen Verbandskläranlage des 1975 gegründeten Abwasserzweckverbands »Holebachtal« an.

Die *Kanalisation* des gesamten Gemeindegebiets ist noch nicht abgeschlossen. 1984 waren die Ortsteile Schliengen und Liel vollständig, Mauchen und Obereggenen zu ca. 60% und Niedereggenen zu ca. 40% kanalisiert. Lediglich im Ortsteil Schallsingen bestand zu diesem Zeitpunkt keine geregelte Abwasserbeseitigung, doch sind Behelfskläranlagen in Betrieb. Zuständige Mülldeponie ist Scheinberg auf Gkg Wieslet.

Zwischen 1907 und 1921 begann die *Elektrifizierung* durch Anschluß der Teilgemeinden an das Versorgungsnetz der Elektra-Markgräflerland in Weil am Rhein – Haltingen, das 1939 von den Kraftübertragungswerken Rheinfelden übernommen wurde. Seit 1983 wird die Gemeinde mit *Erdgas* versorgt, das die Badische Gas- und Elektrizitätsversorgungs-AG liefert.

In Schliengen gab es bereits im ausgehenden 18. Jh. einen Physikus. Seit Mitte des 19. Jh. versorgte dieser alle heutigen Gemeindeteile, Feldberg (Stadt Müllheim) und die Rheinorte. Obereggenen wies 1894 eine Krankenpflegestation auf. Die heutige *medizinische Versorgung* der Bevölkerung wird durch 3 Allgemeinmediziner und einen Internisten, einen Zahnarzt, einen Heilpraktiker und 2 Masseure gewährleistet. Die nächstgelegenen Krankenhäuser befinden sich in Müllheim und Lörrach. Die schon 1830 in Schliengen bestehende Apotheke, die 52 Mitglieder zählende DRK-Ortsgruppe in Schliengen und die von der Gemeinde unterstützte *Sozialstation Südliches Markgräflerland e.V.*, die mit 2 Schwestern besetzt ist, ergänzen die Einrichtungen des Gesundheitswesens. – In allen Ortsteilen befinden sich *Friedhöfe*. Erweiterungen wurden 1970 in Schliengen und 1983/84 in Mauchen durchgeführt. Auf dem Schliengener Friedhof wurde 1977 eine Friedhofshalle gebaut.

1870 formierte sich in Schliengen eine *Freiwillige Feuerwehr*, die bis 1945 auch für Mauchen zuständig war. Danach entstand in Mauchen eine eigene Wehr; in Liel war die Feuerwehr 1942 gegründet worden. Die Freiwillige Feuerwehr der heutigen Gemeinde Schliengen zählte 1992 156 Aktive und 38 Angehörige der Jugendwehr, die Altersmannschaft hatte 61 Mitglieder. Sie bildet die Abschnittswehr für die Gemeinden Schliengen und Bad Bellingen. Feuerwehrhäuser sind in allen Gemeindeteilen vorhanden: Schliengen erhielt 1974, Mauchen 1983 einen Neubau, während in Nieder- und

Obereggenen 1981 bzw. 1984 und in Liel 1985 Umbauten vorgenommen wurden. Der Feuerwehr angegliedert ist ein Katastrophenschutzzug von 20 Mann.

Kirche und Schule. – Seit der Reformation waren Ober- und Niedereggenen *ev. Pfarreien*, Obereggenen jedoch wird seit 1939 vom Pfarrer in Niedereggenen mitversorgt. Die Evangelischen von Liel gehören ebenfalls zu dieser Kirchengemeinde. Schliengen bildet zusammen mit Mauchen und Steinenstadt (Stadt Neuenburg) seit 1953 eine ev. Kirchengemeinde; sie wird jedoch von Auggen (Lkr. Breisgau-Hochschwarzwald) mitversorgt. Die *kath. Pfarrorte* sind Schliengen und Liel. Zur kath. Pfarrei Schliengen gehört Mauchen. Die Pfarrei Liel umfaßt die Ortsteile Ober- und Niedereggenen sowie die auf Obereggener Gemarkung liegende frühere Pfarrkuratie Schloß Bürgeln, die 1876 zur Pfarrei Kandern gezogen, später jedoch wieder in den Pfarrsprengel von Liel eingegliedert wurde.

Heute besitzt jeder Ortsteil von Schliengen einen Kindergarten. In Schliengen wird die 1893 auf Initiative der Gräfin von Andlaw-Homburg gegründete, 1956 mit einem neuen eigenen Gebäude ausgestattete Kindertagesstätte ebenso wie die 1864 in Liel eingerichtete Kinderbewahranstalt und der 1933 eingerichtete Kindergarten von Mauchen von der katholischen, in Niedereggenen von der ev. Kirche betreut. Der 1972 neu eingerichtete Kindergarten in Obereggenen wird von der Gemeinde getragen. Er ist in einem seit 1930 in Gemeindeeigentum befindlichen Gebäude untergebracht.

Das erste *Schulhaus* von Obereggenen läßt sich bereits in der 2. Hälfte des 17. Jh. nachweisen. Es wurde 1834 ersetzt. 1883 zog die Schule in das Hornsche Anwesen um, dessen Scheune 1887 zu einem zweiten Schulsaal ausgebaut wurde. Niedereggenen besaß seit dem frühen 18. Jh. ein Schulgebäude, das 1772 Wohnräume für die Lehrer erhielt und nach verschiedenen Erweiterungen bis zum Bau einer neuen Schule 1962 verwendet wurde. Schliengen hatte 1836 ein Gebäude ersteigert und darin ab 1840 die Schule untergebracht. 1931 wurde ein neues Schulhaus gebaut; dieses wurde 1959 erweitert und 1988 abgerissen. Das Mauchener Schulgebäude entstand im Jahr 1964. In Liel war die Volksschule bis zur Mitte des 18. Jh. im Sigristenhaus, danach im ehemaligen Pfarrhaus untergebracht. 1966 wurde dort die neue Schule mit einem Lehrerwohnhaus errichtet.

Im Zusammenhang mit der Erweiterung der Gemeinde auf das heutige Gebiet wurde 1974 in Schliengen die *Hebelschule* neu gebaut, in der die *Grund- und Hauptschule* untergebracht ist, die von Schülern aller Ortsteile besucht wird. Im Schuljahr 1992/93 waren es 220 Grund- und 145 Hauptschüler, die von 28 Lehrern unterrichtet wurden. In den Schulhäusern von Mauchen, Liel und Niedereggenen werden noch Grundschüler unterrichtet. Weiterführende Schulen werden in Kandern (Realschule) und Müllheim (Realschule und Gymnasium) besucht.

Kulturelle und soziale Einrichtungen. – Die *Volkshochschule* in Schliengen entstand 1974 aus den selbständigen Bildungswerken Bad Bellingens, Neuenburgs und Schliengens. Ihre Aktivitäten umfassen jährlich etwa 8000 Unterrichtseinheiten (Schwerpunkte: Sprachen, Umwelt, Ernährung, Gesundheit und Sport). Zu den in den Ortsteilen abgehaltenen Veranstaltungen kommen Kunst- und Kulturfahrten ins Elsaß und in die Schweiz, Konzerte im Schloß Bürgeln (bei Obereggenen) sowie Kunstausstellungen im Schloß Entenstein hinzu. Die Volkshochschule ist auch auf dem Gebiet der Altenbetreuung tätig und hat hierfür ein eigenes Programm mit Vorträgen, Ausflugsfahrten und geselligen Veranstaltungen aufgestellt; 1977 wurde ein Seniorentreff gegründet, Gegenstück zum Mauchener *Jugendtreff* und den vergleichbaren Einrichtungen in Niedereggenen und im Pfarrzentrum in Schliengen.

Mit dem Ziel, das Schloß Bürgeln zu erwerben und so vor dem damals drohenden Verfall zu retten, fanden sich 1920 kulturell Interessierte der ganzen Umgebung zusammen und gründeten den *Bürgelnbund e.V. Lörrach*. Als gemeinnützige Stiftung gelang es dem Bürgelnbund seither, das Schloß baulich zu erneuern und zu erhalten. Hierzu werden vornehmlich Beiträge der etwa 400 Mitglieder, Spenden sowie sonstige Einnahmen verwendet. Kammerkonzerte, die in den Sommermonaten stattfinden, sowie Gemälde- und Skulpturausstellungen festigten die Bedeutung des Vereins, der zu den wichtigsten Einrichtungen dieser Art im ganzen Markgräflerland zählt. Auch die täglichen Schloßführungen werden vom Bürgelnbund organisiert.

Ebenfalls 1974 wurde die *Jugendmusikschule Markgräflerland e.V.* in Schliengen gegründet. Der Unterricht von 1600 Schülern (1992/93) an Instrumenten sowie im Gesang oblag 5 hauptamtlichen und 70 nebenberuflichen Musiklehrern. Finanziert wird der kreisüberschreitend und an 30 Unterrichtsstätten dezentralisiert durchgeführte Schulbetrieb durch Beiträge der Eltern (ca. 60%), Zuschüsse des Landes, der Landkreise Lörrach und Breisgau-Hochschwarzwald und durch Beiträge der Trägergemeinden Bad Bellingen, Efringen-Kirchen, Eimeldingen, Fischingen, Kandern, Malsburg-Marzell und Schliengen sowie Auggen, Ballrechten-Dottingen, Eschbach, Hartheim, Heitersheim und Neuenburg.

Sportstätten und Vereine. – Schliengen und Liel richteten 1950/51 Sport- bzw. Fußballplätze ein; die Schliengener Sportanlage wurde 1979 erweitert. Das Volksbad Schliengen wurde 1956 im Schulhaus gebaut und zusammen mit diesem abgerissen. Auch die 1950 in Schliengen, 1965 in Liel und 1975 in Obereggenen errichteten Mehrzweckhallen dienen sportlicher Betätigung. *Sportvereine* entstanden nach dem 1. Weltkrieg: 1919 der Fußballclub Schliengen, 1949 die Sportfreunde Liel/Niedereggenen. Als Neugründungen entstanden 1972 der Sportschützenverein in Niedereggenen und 1975 der Tennisverein in Schliengen.

Zwischen 1845 und 1865 wurden in allen Ortsteilen *Gesangvereine* gegründet, die bis heute bestehen. Hinzu kamen bis 1925 in Schliengen, Liel und Obereggenen noch *Musikvereine*, in Schliengen außerdem ein kath. Kirchenchor. Hauptsächlich auf *sozialem Gebiet* betätigten sich die in den 1890er Jahren entstandenen Frauenvereine des Roten Kreuzes in Schliengen, Ober- und Niedereggenen. Seit 1978 gibt es eine Kath. Frauengemeinschaft in Schliengen. Eine beachtliche Rolle spielen auch die *kulturellen Fördervereine*, so der Bürgelnbund (s. o.), der Verein zur Erhaltung des Wasserschlosses Entenstein und der Verein Heimatmuseum (1987 gegründet). Die Koordination des örtlichen Tourismus hat sich der 1973 gegründete Fremdenverkehrsverein zur Aufgabe gemacht, gewerbefördernd wirkt seit 1972 der Gewerbeverein.

Strukturbild

Die in ihrem heutigen Umfang zwischen 1973 und 1974 entstandene Gemeinde Schliengen läßt deutliche strukturelle Unterschiedlichkeiten zwischen dem Hauptort und Sitz aller zentralen Einrichtungen der Gemeinde und den eingemeindeten Dörfern erkennen. Der bedeutende Weinort Schliengen war noch vor dem 2. Weltkrieg zur Dienstleistungsgemeinde für die nähere Umgebung geworden. Begründet in der verkehrsgünstigen Lage und im überkommenen hohen Wohlstand der Winzergemeinde hatte sich ihre Struktur schon um die Jahrhundertwende zu wandeln begonnen. Diese Funktion vermochte die neue Gemeinde seit der Vereinbarung der Verwaltungsgemeinschaft mit Bad Bellingen 1975, wodurch beide Orte gemeinsam zum Kleinzentrum wurden, noch weiter auszubauen. Die eingemeindeten Dörfer Mauchen, Liel, Ober- und Niedereggenen bewahrten unterdessen ihren bäuerlichen Charakter.

Allen Ortsteilen gemein ist bis heute die hohe Zahl der Auspendler, vor allem nach Müllheim, Basel und Lörrach, die 1987 bei steigender Gesamtzahl der Erwerbstätigen am Wohnort (1010, d. s. +306 gegenüber 1970) mit 1316 fast doppelt so hoch lag wie 1970 (668 Auspendler). In diesem Zeitraum ist jedoch die Zahl der Einpendler auf 275 (1970: 156) angestiegen.

Auch die heutige Gemeinde, deren Teile vor der Landkreisreform 1973 alle zum Lkr. Müllheim gehört hatten, läßt die überkommene Bindung noch erkennen. Dies gilt für den Besuch weiterführender Schulen genauso wie für das Einkaufsverhalten. Andererseits läßt sich an den Pendlerströmen erkennen, daß ein ganz erheblicher Teil der erwerbstätigen Bevölkerung nach Süden und damit auf den übrigen Lkr. Lörrach bzw. die angrenzende Schweiz orientiert ist.

Ein Blick auf die Finanzkraft von Schliengen zeigt, daß ein stetes Wachstum bis in die jüngste Zeit anhält, wenngleich sich seit etwa 1980 die Steigerungsrate deutlich verflacht hat. Die Steuereinnahmen betrugen 1992 knapp 6 Mio. DM. Der Anteil der Gewerbesteuer unterdessen hatte mit diesem Wachstum bei weitem nicht mitgehalten. Er lag 1970 bei etwa einem Viertel des Steueraufkommens, in der zweiten Hälfte der 1970er Jahre zum Teil deutlich über 40%, sank seither aber wieder ab. Er betrug 1984 weniger als ein Drittel, 1992 nur noch 16% des Gesamtsteueraufkommens. Dennoch muß die steuerliche Gesamtentwicklung der Gemeinde positiv beurteilt werden. Deutliches Indiz hierfür ist die Steuerkraftsumme je Einwohner, die sich zwischen 1970 und 1990 mehr als verfünffacht hat und seither weiter anstieg. Sie lag 1992 bei 1250 DM. Dennoch wurde mit diesen Werten zu keinem Zeitpunkt der Kreis- oder Landesdurchschnitt erreicht (1992: 1494 bzw. 1492 DM).

Ungeachtet des wachsenden Steueraufkommens stiegen die Aufgaben der Gemeinde in ungleich höherem Maße, was zur verstärkten Schuldenaufnahme führte. Mit dem Gemeindehaushalt 1988 wies Schliengen eine Pro-Kopf-Verschuldung von 1024 DM auf, was mehr als dem Doppelten des Wertes von 1970 entsprach. 1992 lag dieser Wert bei 1124 DM, damit aber wiederum deutlich unter den Vergleichswerten des Landkreises (1701 DM) und des Landes (1646 DM).

Schliengen hatte in diesem Jahr ein Haushaltsvolumen von 16 Mio. DM erreicht, davon 4,9 Mio. DM im Vermögenshaushalt. Zu den wichtigsten Zielen der Kommunalpolitik für die absehbare Zukunft gehören die Erschließung neuer Baugebiete (z. B. Bifang und Unteres Franderfeld in Schliengen, Famberg in Liel, Hinterm Hof in Obereggenen, Untere Dorfmatte II und Spitzgarten III in Mauchen) und die Erweiterung des Schliengener Gewerbegebiets. Dabei wird angestrebt, daß bereits bestehende Betriebe dorthin umziehen. Auch dem Bemühen um weitere Verschönerung aller Ortsteile gilt das Augenmerk der Gemeindeverwaltung. In Schliengen soll u. a. eine neue Verkehrsgestaltung den innerörtlichen Verkehr beruhigen, in Mauchen die Müllheimer Straße ausgebaut und ein Dorfplatz und ein Dorfzentrum neu angelegt werden. In Niedereggenen ist der Bau eines Gemeindezentrums vorgesehen. Schließlich ist der weitere Ausbau der Wasserversorgung der Gemeinde und die Inbetriebnahme eines dritten und Anlage eines vierten Tiefbrunnens vorgesehen. Die Abwasserentsorgung soll u. a. durch den Bau einer dritten Klärstufe verbessert werden.

C. Geschichte der Gemeindeteile

Liel

Ur- und Frühgeschichte. – Liel ist in der prähistorischen Forschung durch seine reichen steinzeitlichen Silexfunde bekannt geworden. Sie hängen zusammen mit dem beträchtlichen Vorkommen weißgrauer Malm- und besonders roter und gelber *Bohnerzjaspisse*, die sich vor allem im Tal zwischen Liel und Schliengen finden. »Man ist versucht, förmlich von einem Jaspisteppich zu sprechen, den das tief in die Vorbergzone eingeschnittene Holebachtal präsentiert« (Stefan Unser, 1977). Neben Siedlungsstellen, die auch geschliffene Steinbeile und Keramik geliefert haben, gibt es mehrere Schlagplätze für den »Feuerstein«, die außerhalb der bewohnten Areale liegen, mithin als reine Werkstattplätze des steinzeitlichen Menschen anzusprechen sind. Die Frage nach dem Beginn menschlicher Nutzung und Siedlung in diesem rohstoffreichen Gebiet ist allerdings noch umstritten (schon altsteinzeitlich?), wie auch unentschieden bleibt, ob das begehrte Material damals nur aufgesammelt, eventuell auch schon ergraben oder sogar mit einfachen bergmännischen Methoden gewonnen worden ist. Kleine Grabungen mit dem Ziel, Schichtzusammenhänge und damit bessere Datierungsmöglichkeiten zu finden, blieben vor allem deshalb ohne Resultat, weil hier in jüngerer Zeit intensiver Erzabbau betrieben und dabei an manchen Stellen die alte Oberfläche gründlich zerstört worden ist. – Gegenüber der Menge und Bedeutung des mittel- und jungsteinzeitlichen Fundmaterials treten die Spuren *jüngerer Perioden* in den Hintergrund. Neben einem bronzezeitlichen Beil sind römische Scherben und eine Münze des Augustus zu nennen, die in den »Maueräckern«, wohl dem Standort eines römischen Gutshofs, aufgelesen worden sind.

Siedlung und Gemarkung. – Auf der verhältnismäßig großen Gemarkung von Liel liegen neben dem namengebenden Dorf die Wohnplätze Kutzmühle, Rest eines abgegangenen Weilers aus dem Hochmittelalter, und das ehemalige Hofgut Karlshof, die heutige Jungviehweide Erlenboden, das wohl erst im 18. Jh. entstanden ist.

Das Dorf ist 952 als *Liela* und in einer undatierten Urkunde des selben Jahrhunderts als *Li(e)laha* urkundlich nachzuweisen; die Bedeutung des Namens ist ungeklärt. Es bestand damals aus zwei Teilen: einem Dinghof mit Burg und Kirche im Osten und einem weiteren Dinghof mit Kirche im Westen. Während der Kirchenbereich und der in Burgnähe gelegene Hof sich nicht siedlungsbildend auswirkten – im Gegenteil erfolgte hier eine Vereinödung, verbunden mit der Ausweitung des Burgbereichs –, hat sich der zweite Dinghof im Laufe der Zeit zum Dorf erweitert; die zugehörige Kirche wurde jedoch aufgegeben und der Dorfteil an die Kirche bei der Burg gebunden. Die Bezeichnung Oberdorf für den östlichen Dorfteil dürfte aufgekommen sein, nachdem die Ortsherrschaft die Burg aufgegeben hatte und in den Ort gezogen war, schließlich zwischen den beiden ehemaligen Ortsteilen das heutige Schloß erbaut hatte.

Das Dorf wurde in verschiedenen Kriegen in Mitleidenschaft gezogen. Es wurde 1447 durch die von Laufenburg überfallen und geplündert, im Bauernkrieg und im 30j. Krieg, der die Pest nach sich zog, geschädigt. Auch zwischen 1672 und 1715 wurde die Einwohnerschaft durch Truppendurchzüge, Kontributionen und Einquartierungen geschädigt, wie durch die Auswirkungen des Gefechtes bei Schliengen im Juli 1796.

Als alte Straßen werden 1652 die Straße nach Niedereggenen, 1666 der Hertinger Pfad und die Eggenheimer Straß, 1733 die Straße nach Müllheim genannt. Die wichtigste Verbindung dürfte die durch den Ort führende Straße gewesen sein, welche von Schliengen herführte und über Riedlingen nach Kandern weiterzog. Die Abgrenzung zu den Nachbargemeinden war lange Zeit unsicher und strittig. Bannstreitigkeiten gab es vor allem mit Schliengen, so 1767 und 1780/81, mit Altikon 1579 und mit Riedlingen 1784, die durch Verträge und Steinsetzungen beendet wurden.

Herrschaft und Staat. – Als Kaiser Otto I. 952 den Grafen Guntram enteignete und große Teile von dessen Besitz dem *Kl. Einsiedeln* übertrug, war unter dessen Gütern auch Besitz zu Liel. Aus den späteren Verhältnissen läßt sich schließen, daß der Kaiser damals das ganze spätere Dorf dem Kloster geschenkt hat. Diesen Akt bestätigte sein Sohn, Kaiser Otto II., 973. Die Bedeutung, welche die Kaiser dem Ort beimaßen, scheint dafür zu sprechen, daß Liel Reichsgut und Amtsgut des Grafen Guntram gewesen war. Daß das Dorf auch später eine Bedeutung hatte, die nicht mehr nachzuvollziehen ist, vielleicht aber mit dem Bohnerzabbau zusammenhängt, zeigt die Urkunde von 1130: der Vergleich zwischen dem jungen Kl. Bürgeln und den um ihre Rechte besorgten Weltpriestern ist hier abgeschlossen worden.

Mit einiger Sicherheit hat Kl. Einsiedeln die Gerichtsbarkeit über die beiden Dinghöfe besessen. Dies trifft auch für dessen Besitznachfolger Kl. Beinwil zu, dem das Dorf seit wenigstens 1194 (1150?) gehörte. Alle weitergehenden Rechte hatte im 14. Jh. die Landgrafschaft Breisgau. Ihre Inhaber, die Herzoge zu Österreich, ließen ihre Rechte durch einen Vogt ausüben, der dem Niedergericht vorsaß. Dieses Amt übten zunächst möglicherweise die zwischen 1243 und 1293 genannten Ritter von Liel aus. Seit etwa 1336 (vielleicht schon in den 1320er Jahren) hatten es die Freiherren von Baden, anfänglich jedoch ohne weitere Einnahmequelle. Erst als es Hans Heinrich von Baden nach Auseinandersetzungen mit der Grundherrschaft 1466 gelungen war, das Dorf, d. h. vorwiegend die damit verbundenen Rechte und Liegenschaften, zu erwerben, sind die von Baden als echte Ortsherrschaft zu bezeichnen. Hans Balthasar von Baden hat 1550 ein Dorfrecht erlassen, das 1600 um einige Punkte ergänzt wurde. Auch die Rechte des örtlichen Handwerks hat er 1591 kodifizieren lassen. Da die Herren von Baden, obwohl sie im Breisgau noch weitere Besitzungen hatten, bald ihren Sitz am Ort nahmen, unterhielten sie in Liel eine Verwaltung, der ein Amtmann vorstand. Sie setzten auch den örtlichen Vogt, dessen Amt seit 1581 bezeugt ist. Die herrschaftlichen Einkünfte werden 1806 mit 600 fl 30 x angegeben.

Mit der markgräflichen Nachbarschaft gab es wenig Streit, was den Ort selbst betraf. Im 18. Jh. übten die Freiherren von Baden das Jagdrecht als Gnadenjagen von Baden-Durlach aus. Ständige Auseinandersetzungen hatte die Ortsherrschaft jedoch wegen der Hochgerichtsrechte über Kutz mit den Beamten auf Rötteln auszutragen.

Nach dem Übergang an das Großherzogtum Baden wurde Liel 1807 dem Oberamt Rötteln unterstellt. Die Grundherrschaft blieb im Besitz der Freiherren von Baden, die der jeweilige Großherzog belehnte. Nach dem Tode des letzten männlichen Familienangehörigen, des badischen Staatsrates Karl Anton von Baden, im Jahre 1830 erbte sein Schwager Anton von Rotberg, der aber schon 1838 verstarb, die restliche Grundherrschaft. Sein Erbe trat Bruno von Türckheim an, ein Neffe des letzten Freiherrn von Baden, dem Großherzog Leopold das Recht verlieh, Namen und Wappen derer von Baden mit denen seiner Familie zu verbinden. Der letzte Lehenbrief ist 1853 ausgestellt worden.

Die im 12./13. Jh. errichtete *Burg*, ein rechteckiger, von einem Wassergraben umgebener Bau, lag unterhalb der Kirche über der Straße nach Riedlingen. Sie hat vermutlich der Sicherung der Erztransporte gedient und dürfte spätestens im 15. Jh. aufgegeben worden sein. Heute sind nur noch die Fundamente und der Graben zu erkennen. Die Ortsherrschaft bewohnte 1573 ein sogenanntes Steinhaus im Ort, das wohl durch Hans

Balthasar von Baden errichtet worden war, einen Vorgängerbau des Ende des 17. Jh. neu erstellten Schlosses.

Grundherrschaft und Grundbesitz. – Der gesamte Grundbesitz dürfte 952 an *Kl. Einsiedeln* gekommen sein, das noch wenigstens 973 Grundherrschaft war. Spätestens 1194 erscheint *Kl. Beinwil* als Besitznachfolger, das später Einzelliegenschaften, u. a. 1298 von Johann von Schliengen, dazuerwerben konnte. Mit dem Dorf zusammen verkaufte dieses Kloster 1430 auch den großen und kleinen Meierhof an die *Karthäuser in Kleinbasel*. Unter deren Grundherrschaft scheinen Veräußerungen erfolgt zu sein: 1492 wird *Kl. Sitzenkirch* als Besitzer von Liegenschaften, 1577 (und noch mindestens 1611) eines Meierhofes genannt; diese Einkünfte hat später die Propstei Bürgeln (1798) bezogen. Die *Pfarrei Feuerbach* erhielt im 17./18. Jh. ihr Kompetenzholz aus dem sogenannten Pfaffenhölzlin. Die *Pfarrei Badenweiler* erhob 1696 Ansprüche auf Einkünfte, und 1760 gehörten 2 J Matten zum Leutrumschen Gut in Hertingen. Auch das *Stift Säckingen* hatte hier Besitz, wohl im wesentlichen Wald und meist auf Kutzer Gemarkung. Er bestand 1733 aus 2 Trägereien von zusammen ca. 25 J und wurde vom Dinghof in Schliengen aus verwaltet. Dorthin gingen auch die Weinzinse, welche das Kloster aus Liel bezog (noch 1733). Daneben werden 1652 als Anstößer Johann Adam von Rotberg (Neuenfelser Gut) und die Kirche in Schliengen aufgeführt.

Mit den Karthäusern geriet der damalige Ortsherr ziemlich rasch in einen Streit über die örtlichen Rechte, der um 1460 geschlichtet wurde. Wie es scheint, hat das Kloster ihm damals seine sämtlichen Rechte und Liegenschaften verkauft; künftig blieb die Ortsherrschaft größter Grundbesitzer. Vielleicht seit dieser Zeit, wenn auch erst seit 1579 nachzuweisen, unterhielt sie einen Schaffner vor Ort, seit 1632 als Amtmann bezeichnet. Im 18. Jh. war auch ein Förster für sie tätig.

Bis zum Beginn des 18. Jh. blieb die bisherige Grundherrschaft mit dem zentralen Meierhof erhalten. Erst dann wurden, vielleicht im Zusammenhang mit dem 1701 durch Konrad Friedrich von Baden errichteten Fideikommiß, die Güter aufgeteilt und die Pflichten neu geregelt. Dies war wohl der Auslöser für die seither immer wieder aufflammenden Streitigkeiten zwischen den Herren von Baden und der Gemeinde, die in den Jahren nach 1780 voll durchbrachen. Wesentlichster Punkt waren die Fronen. Bereits ein Vergleich von 1726 hatte, nach seit 1722 andauernden Streitigkeiten, festgelegt, daß, nachdem ursprünglich nur die Meier gefront hatten, nun diese Pflicht auf alle Untertanen entfiel. Die Herrschaft mußte allerdings demjenigen, der mit einem ganzen Wagen (4 Zugtiere) fronte, 1 Maß Wein und ½ Brot geben, für einen halben Wagen die Hälfte. Inzwischen waren die Ansprüche der Herrschaft gestiegen, weshalb es um 1783 zum Prozeß um Urbaraufnahme, Fronen und Fallrechte kam, den die Gemeinde zunächst verlor. Das 1786 ausgesprochene Urteil im Einspruchsverfahren gab ihr teilweise Recht. Die Forderung nach neuerlicher Bereinigung wurde anerkannt. Was die Fronen angeht, so wurde bestimmt, daß die Herrschaft nur Fronen zur Eigenversorgung fordern durfte, nicht aber, wenn sie das so geführte Holz verkaufen wollte. Hinsichtlich des Falls riet die Regierung, ihn in eine andere Abgabe umzuwandeln, da dadurch die Bauern zu sehr belastet würden.

Gemeinde. – Vogt (1581) und Gericht (um 1600) verwalteten, seit dem 15./16. Jh. unter der Aufsicht des herrschaftlichen Amtmanns, den Ort. Der Waibel und ein Geschworener werden 1698 genannt, der Stabhalter läßt sich seit 1628 nachweisen. Im 17. und 18. Jh. werden neben Vogt und Stabhalter regelmäßig 8 geschworene Richter genannt.

Das *Gemeingut* wird 1648 als Anstößer genannt, ohne daß man Näheres, wie Umfang oder Lage, bestimmen könnte. Die gemeine Gerichtsstube wird 1588 erwähnt,

deren ursprüngliche Lage ist nicht mehr festzustellen. Die Weiderechte im Kutzer Bann, die sich Liel mit markgräflichen Untertanen verschiedener Orte teilen mußte, sorgten immer wieder für Streitigkeiten, vor allem mit denen von Niedereggenen.
Kirche und Schule. – Die Besitzübertragung von 952 an Kl. Einsiedeln muß bereits kirchliche Rechte eingeschlossen haben. Denn eine Handschrift aus dem 10. Jh., welche die Weihedaten von Einsiedler Kirchen verzeichnet, führt unter dem 1. Juni die Weihe zweier *basilicae* in Liel auf, die den hll. Johann dem Evangelisten und Pankratius geweiht waren. Die nächste Nachricht stammt aus dem Jahre 1275. Jetzt gab es nur noch eine Pfarrkirche am Ort, die dem Dekanat Feuerbach/Neuenburg unterstand und, wie sich später herausstellt, dem hl. Vincentius (1636) geweiht war. Da dies der Patron des Kl. Beinwil, des damaligen Orts- und Grundherrn, gewesen ist, darf angenommen werden, daß sowohl der romanische Kirchenbau wie die Wahl des Kirchenheiligen auf dieses Kloster zurückzuführen ist. Mit dem Verkauf der Grundherrschaft 1430 ging auch der Kirchensatz auf die Basler Karthäuser über, denen die Kirche, wie aus einer Nachricht von 1459 hervorgeht, inkorporiert wurde. In dem Verkauf von 1460/66 war das Patronatsrecht daher nicht inbegriffen, erst nach 1493 scheinen die Freiherren von Baden auch dieses Recht an sich gebracht zu haben.

Den Annaten des 15. Jh. zufolge, die durchweg 30 fl betrugen, muß die Kirche zu den besserdotierten des Dekanates gehört haben. Einzelheiten über die den Einkünften zugrundeliegenden Güter kennen wir einstweilen nicht. Allerdings bezog der Pfarrer einen Teil der örtlichen Zehnten. Die Einkünfte der Kirchenfabrik verwaltete mindestens ein Kirchenpfleger (1627).

Die Lage des Ortes an der Grenze zum markgräflich-protestantischen Gebiet hatte seit dem 18. Jh. zur Folge, daß die wenigen Katholiken in der Herrschaft Sausenberg, meist Dienstboten, aber auch die Beständer der St. Blasischen Höfe Sitzenkirch und Lippersbach, mehr oder weniger legal zur Pfarrei Liel rechneten, da dem Propst auf Bürgeln die Seelsorge außerhalb seines Hausstandes untersagt war. Erst 1794 wurde dem Pfarrer in Liel offiziell die Aufsicht über den Hof Lippersbach übertragen. Die wenigen Protestanten, welche seit dem 18. Jh. in Liel lebten, wurden von Niedereggenen aus versorgt.

Die Kirche hat in allen Zeiten Veränderungen erfahren. Aus romanischer Zeit stammt noch das Untergeschoß des Turmes, dessen Obergeschoß wie der Chor um 1464 erbaut wurden. Die Unkosten wurden wohl teilweise durch Spenden (Ablaßbrief von 1472) aufgebracht. Dieser Chor dient seit dem Kirchenneubau von 1718 als Grabkapelle der Freiherren von Baden (Ablaßbrief von 1725). Das heutige Langhaus wurde 1850/55 neu erstellt und 1934 renoviert. Die Sakristei wurde 1908 erbaut. In die örtlichen *Zehnten* teilten sich Ortsherrschaft (1769 aus 210 J) und Pfarrei. Ein Drittel des Frucht- und Weinzehnten erwarben die Herren von Baden 1700 aus dem Besitz der Familie von Rotberg. Vermutlich hat auch das Stift Säckingen über kleinere Anteile verfügt. – Ein *Schulmeister* läßt sich seit 1628 nachweisen, er hatte gleichzeitig das Mesneramt zu versehen. Der Unterricht fand noch im 18. Jh. im Sigristenhaus statt, seit dem Pfarrhausneubau von 1750 im alten Pfarrhaus. Dieses Haus wurde von Herrschaft und Gemeinde zusammen unterhalten.

Bevölkerung und Wirtschaft. – Nachdem die Propstei Bürgeln noch 1483 Ansprüche an Eigenleute geltend gemacht hatte, ist später von Rechten Dritter nichts mehr zu erfahren. Eine Umfrage aus der 2. Hälfte des 18. Jh. ergab auch, daß im Ort nie markgräfliche Untertanen gesessen hatten. Einwohnerzahlen lassen sich nur schätzen: 1579 hatten 32 Personen Militär zu verköstigen, was der Mindestzahl der damaligen Haushalte entspricht. Damit könnten den Ort etwa 160 Personen bewohnt haben; 1809 zählte man 514 Seelen. – Um die *medizinische Versorgung* dürfte sich der Bader (1581 erwähnt) gekümmert haben; möglicherweise war er im zeitweise gut besuchten Lieler Bad beschäftigt, nachdem Hans Balthasar von Baden um 1560 die örtliche Mineralquelle hatte fassen lassen. Die Erben eines Scherers werden 1652 genannt und ein Chirurg 1799 in das Bürgerrecht aufgenommen.

Wie in den umliegenden Orten lebte auch die Einwohnerschaft in Liel überwiegend von der *Landwirtschaft.* Angebaut wurden Dinkel, der im 18. Jh. 50% der dem Getreide vorbehaltenen Anbaufläche einnahm, Gerste, die auf 33% und Hafer, der auf 17% kultiviert wurde. Ackerbau wurde in den Zelgen *Thurnackerzelg, Kuzersbrunnenzelg* und *Hollenzelg* (1648) betrieben, die häufig auch nur Kornzelg, Haberzelg und Brachzelg genannt werden. Seit 1727/28 begann sich der Kartoffelanbau langsam durchzusetzen. Eine wichtige Rolle spielte der *Weinbau.* Reben werden früh erwähnt, die zugehörigen Weinberge lagen auf Gkg Kutz, ferner im Boden (1636), im Lay und im Hertenberg (1666).

Es wurden zahlreiche Pferde als Zugtiere gehalten (1601 führten die Niedereggener 22 der besten weg). Als Todfall war das beste Pferd abzugeben. Die Rinderhaltung diente wohl ausschließlich der Eigenversorgung, und im 18. Jh muß die Schweinehaltung nicht unbeträchtlich gewesen sein, denn fast jedes Haus wies Schweineställe auf. Viehzahlen liegen nicht vor, wenn aber 1757 40 Stück Vieh in den Kutzer Wald getrieben wurden, was zu mit Tätlichkeiten verbundenen Auseinandersetzungen mit den restlichen Weideberechtigten führte, so spricht dies für sich. Die Wucherviehhaltung war damals Sache der Gemeinde, welche diese Pflicht auf jeweils 6 Jahre einem Bürger übertrug. Dieser hatte je einen Stier und Eber zu halten, wofür ihm die Nutzung von 2 J Gemeindehurst und ½ J Allmendplatz zustand (1796). Die Herrschaft hielt zusätzlich Schafe und besoldete einen eigenen Schäfer (1775).

Das *Handwerk* war nicht zahlreich vertreten. Natürlich finden sich Schmied (1678) und Küfer, auch eine Mühle war 1591 (Mühlenordnung) und (wieder) 1678 vorhanden. Im 18. Jh. arbeiteten hier je ein Metzger (1745) und Leineweber (1790). Ein Wirt läßt sich erst 1797 nachweisen, das zugehörige Wirtshaus gehörte der Ortsherrschaft, die es 1829 verkaufte. Ob die 1825 genannte Ziegelhütte noch in das 18. Jh. zurückgeht, ist nicht bekannt. – Verdienstmöglichkeiten bot der *Erzabbau.* Seit 1657 verfügte die Ortsherrschaft über das örtliche Bergregal und ließ den Bohnerzabbau durch einen Admodiator verwalten. Dieser hatte für jeden Kübel Erz 4 x an die vorderösterreichische Kammer nach Freiburg abzugeben. Wegen des Erzregals stritten sich seit 1705 und noch 1826 die Herren von Baden mit den Amtleuten auf Rötteln bzw. mit denen in Karlsruhe. Die ständigen Erzfuhren ruinierten die Straßen und Güter in einem solchen Ausmaß, daß Rötteln 1723/24 die Herren von Baden durch die Lieferung von jährlich 5 Pflugscharen entschädigte und 1787 einen Zuschuß zum Bau einer Steinbrücke zwischen Schliengen und Liel gab. Das Erz wurde offenbar auch nach Kandern geliefert, vorzugsweise jedoch in die vorderösterreichischen Eisenwerke Wehr und Kollnau (1737). Den Abbau, der bis in die 1860er Jahre andauerte, besorgten sogenannte Erzknappen, die eine eigene Bruderschaft bildeten.

Kutzmühle. – Sie ist der Rest eines kleinen Weilers, der 1286 als *Kuz* erstmals genannt wird. Die Mühle selbst, seit 1629 nachzuweisen, war mit Zinsen an die Herren von Baden, die Burgvogtei und die Kirche Rötteln belastet. In den Grundbesitz teilten sich die Johanniter von Neuenburg (1286), die Herren von Neuenfels (1652) bzw. von Rotberg, Stift Säckingen und Kl. Sitzenkirch. Letzterem, das seit

1492 mit Besitz bezeugt ist, gehörte 1652 ein aufgeteiltes Lehengut, bestehend aus einer Hofstatt und 7 ½ J Liegenschaften zu Kutz, wozu weitere 44 J auf Gkg Liel kamen. Die Jagdrechte übten die Herren von Baden, später die von Rotberg aus.

Alle hochgerichtlichen Rechte standen dem Markgrafen von Baden, das Niedergericht den Herren von Baden zu, was zu unzähligen Streitigkeiten geführt hat. Denn die markgräflichen Amtleute zählten Weide und Äckerich zu den hochgerichtlichen Rechten und hatten daher einer Reihe von Gemeinden Weiderechte im Kutzer Bann erteilt (z. B. Mauchen, Niedereggenen). Weiderechte hatte auch die Gde Liel, und so kam es meist in Äckerichzeiten zu Auseinandersetzungen, die nicht selten in Tätlichkeiten ausarteten. Hinzu kam, daß das Stift Säckingen Waldungen auf Kutzer Gemarkung besaß, die in den Dinghof nach Schliengen gehörten, auch dies ein Grund für Streit, denn das Stift beanspruchte Triebrechte für Schliengen. Seit dem 16. Jh. (Vergleich mit dem Markgrafen 1555, mit Säckingen 1562) mußte in Abständen geschlichtet werden.

Mauchen

Ur- und Frühgeschichte. – Systematische Begehungen in den letzten Jahren durch das Landesdenkmalamt (W. Mähling) haben auf Mauchener Gemarkung zahlreiche Fundstellen erbracht. Vor allem die klimatisch sehr begünstigte Talmulde zwischen Mauchen und Feldberg, die vom Mauchenbach entwässert wird, hat sich als ein Gebiet erwiesen, das vom Menschen schon sehr früh begangen und besiedelt worden ist. Nicht unerwähnt bleiben darf dabei eine Fundstelle (»Steinacker«), die zwar auf Gkg Feldberg (Stadt Müllheim) liegt, aber zur Geschichte dieser Siedlungskammer als ältester Beleg menschlicher Anwesenheit einfach dazugehört. An einem Südhang oberhalb der eigentlichen Talmulde werden seit Jahren *spätpaläolithische Jaspisartefakte* ausgepflügt und leider immer wieder von Steinsammlern aufgelesen, die sich nur für das schöne, farbig strukturierte Material interessieren, ohne den geschichtlichen Wert dieser Funde zu beachten. Trotzdem läßt sich feststellen, daß hier am Rand der Talmulde der Rastplatz einer Jägergruppe der *ausgehenden Altsteinzeit* gelegen hat, der möglicherweise auch später hin und wieder aufgesucht worden ist. Typische Fundstücke verweisen auf Zusammenhänge mit dem französischen Jungpaläolithikum (11.–10. Jh. v. Chr.). Das Gros der Fundstätten gehört allerdings ins *Neolithikum*, wobei sich nicht immer entscheiden läßt, ob die bisher nur an der Oberfläche aufgelesenen Funde jeweils auf Siedlungsstellen deuten oder Schlagplätze anzeigen. Durchweg sind, wie in der Altsteinzeit, die verschiedenen Artefakte aus einheimischem Feuersteinmaterial hergestellt (Jaspisknollen).

Auf eine befestigte (?) Höhensiedlung weisen vereinzelt Funde auf der Anhöhe des »Frauenberges«, ein ausgedehnter Siedlungsplatz liegt im »Feldberger Feld«, um nur zwei der wichtigeren Plätze herauszugreifen. Auch in der folgenden *Bronzezeit* spielt die Mauchener Talmulde eine große Rolle. Im Gewann »Matthurst« liegt die bisher am besten bekannte prähistorische Siedlung auf der ganzen Gemarkung. Sie beginnt in der Zeit, in der sich die Bronze als neuer Werkstoff durchsetzte, und hat offenbar kontinuierlich über einen längeren Zeitraum hinweg bestanden. Zu den Funden gehören vereinzelt auch Steingeräte, vor allem aber Feinkeramik und gröbere Wirtschaftsware. Nach der Ausdehnung des Fundareals stand hier wohl ein einzelnes Gehöft oder eine kleine Hofgruppe. Dieser besonders siedlungsgeeignete Platz, in der Nähe von Quellen gelegen, wurde anscheinend auch in der *Hallstattzeit* und später dann noch einmal in römischer Zeit genutzt. Eine befestigte Höhensiedlung der Hallstattzeit kam bei einer Rebflurbereinigung zutage. Im Gewann »Roggenbach-Vierjauchert« riegelt ein doppelter Graben den Zugang zu einem Hochplateau ab, auf dem man den Wohnsitz einer adeligen Familie dieser Zeit lokalisieren darf. Spuren *alemannischer Siedler* haben sich in mehreren Plattengräbern erhalten, die im Gewann »Baschle« an der Straße Mauchen-Schliengen aufgedeckt worden sind.

Siedlung und Gemarkung. – Das Dorf ist erstmals 1147 als *Muchheim* bezeugt. Die Erstnennung weist den Ortsnamen dem -heim-Typus zu, seine Deutung ist jedoch unsicher. Die Siedlung, in einem Seitental des Holebachs zwischen Getschberg und Frauenberg/Himmelberg gelegen, dürfte noch im Frühmittelalter, wohl von Schliengen her, entstanden sein. Nach einem Plan von 1768 war das Dorf von den Rebhängen des Frauenbergs und des Getschbergs (Gewanne Rauchmatt und Steinbuck) umgeben. Die Waldungen lagen an den Gemarkungsgrenzen, so gegen Auggen der Steinacker, gegen Liel und Feldberg das Käferholz sowie der Eckwald. Grenzregulierungen modifizierten 1768/70 die örtliche Gemarkung geringfügig. – Der Flurname *Wettlingen* weist auf eine abgegangene Siedlung hin. Ebenso dürfte die in bischöflichen Quellen 1275 und 1360/70 erwähnte Kapelle *Hofen* auf Mauchener Gemarkung lokalisiert werden.

Herrschaft und Staat. – Aus herrschaftlicher Perspektive war Mauchen seit Einsetzen der schriftlichen Überlieferung um 1300 bis zum Ende des alten Reiches als *Teil des Hochstifts Basel* untrennbar mit den beiden Nachbarorten Schliengen und Steinenstadt verbunden (s. u.). Die Auseinandersetzungen zwischen dem Basler Bischof und Baden über die Hochgerichtsbarkeit in Schliengen betrafen auch Mauchen. Sie konnten erst im Vertrag von 1769 beendet werden. Zunächst Teil des Niederamtes Birseck, wurde das Dorf bei der Abtrennung eines eigenen Oberamtes Schliengen diesem zugeschlagen (1719). Zusammen mit den anderen rechtsrheinischen Besitzungen des Hochstifts wurde der Ort 1802/03 von Baden besetzt, Mauchen kam zum Oberamt Badenweiler. Die zahlreichen Verwaltungsreformen der nächsten Jahre betrafen auch jeweils Mauchen. Über das kurz existierende Amt Schliengen kam das Dorf 1809 an das Amt Kandern.

Grundherrschaft und Grundbesitz. – Als frühe örtliche Grundherren sind verschiedene Klöster im Breisgau und Schwarzwald greifbar. 1179 und 1184 wurde dem Kloster St. Ulrich im Schwarzwald durch Papst Alexander III. der Besitz eines Hofes in Mauchen bestätigt. 1260 verkauften die Nonnen von Adelhausen bei Freiburg einen Weinberg am Ort, 1270 die Zisterzienser von St. Urban (Kt. Luzern) verschiedene Güter. Der Erwerb von Grundbesitz durch das Neuenburger Johanniterhaus ist seit 1286 belegt. Neben Weinbergen erwarb der Ritterorden auch zwei Häuser und mehrere Gärten. Spätere Güterverzeichnisse erwähnen neben Schliengen jeweils auch Besitz in Mauchen (1330/40). Tennenbach bezog zu Beginn des 14. Jh. Einkünfte aus Mauchener Weinbergen, ebenso wie Gutnau im 15./16. Jahrhundert. Bis in die Neuzeit läßt sich das Gut des Klosters St. Peter im Schwarzwald verfolgen. Der sog. Petershof (auch Petersgut) ist zum ersten Mal 1323 genannt. In der Neuzeit zersplitterte sich das Lehengut, das etwa 30 J umfaßte, in knapp 40 Parzellen, die einzeln ausgegeben und dann zum Teil noch in kleinere Stücke aufgeteilt wurden. Das St. Blasianische Gut umfaßte 40 Jauchert. 1492 wurde der Lehenträger zur Rechenschaft gezogen, weil er unerlaubterweise Güter aus dem Lehen verkauft hatte. Das Bernauer Gut, ebenfalls ein Lehen des Klosters St. Blasien mit Besitz zu Mauchen, wurde 1545 von der Abtei an einen Auggener Bürger veräußert.

Von den beiden Schliengener Dinghöfen wurden auch Güter zu Mauchen verwaltet. Im 15. Jh. gehörten Säckingen zwei Haus- und Hofstätten, eine neben dem Gut von St. Peter gelegen, die andere neben dem von St. Blasien. Dazu kamen noch knapp 11 J Acker und Rebland. Der Besitz blieb auch in der Neuzeit dem Stift erhalten, allerdings wurden die Güter immer stärker parzelliert. 1562 waren sie bereits in 7 Lehen aufgeteilt. Die mit dem Murbacher Dinghof verbundenen Gerichtsrechte erstreckten sich auch auf Mauchen. Der 1438 geschlossene Vertrag über die sog. »kleinen Gerichte« regelte dies grundsätzlich, unter den Urteilsprechern finden sich immer auch Bürger von Mauchen. Auch einer der 10 Huber stammte aus Mauchen. Die Tatsache, daß im 18. Jh. der Basler Bischof der dominierende örtliche Grundherr war, ergab sich nicht zuletzt aus dem Übergang des Dinghofes an ihn (1694). Eine Zusammenstellung von 1766 nennt namentlich 10 Lehen, u. a. das Grafenlehen, das Kirchenwittumlehen und das des Sigristen. Weitere Lehen sind nach Einzelpersonen benannt. Das Waibellehen war mit der Pflicht verbunden, die Huber zum Dinghofgericht zu laden.

Gemeinde. – Die Ausbildung der örtlichen Gemeinde läßt sich für Mauchen nicht nachzeichnen. Der kurze Aufstand, der 1443 in Schliengen unter dem Zeichen des Bundschuhs ausgebrochen war, griff nicht auf Mauchen über. Der kleine Ort distanzierte sich von seinem Nachbarn. Hingegen scheint der Bauernkrieg nicht spurlos am Dorf vorübergegangen zu sein. Die Klagen der Zehntherren über die unvollständigen bäuerlichen Abgaben betrafen auch Mauchen (1540). Die bischöfliche Dorfordnung für Schliengen von 1546 bestimmte ausdrücklich, daß sie auch in Mauchen Geltung haben sollte (s. u.). Die wichtigsten Organe der Herrschaft und der Gemeinde finden sich deshalb auch hier. Ein herrschaftlicher *Vogt* wird zum ersten Mal 1471 genannt, die Dorfgeschworenen als Vertreter der Gemeinde sind in der ganzen frühen Neuzeit belegt. – Die Waldordnung für das Käferholz (1551), das sich im Besitz der Markgrafschaft befand, sicherte den Bürgern von Mauchen das Recht, bei Neubauten in gewissem Umfang Bauholz aus dem Forst gestellt zu bekommen. Der Äckerich wurde hingegen von Baden verpachtet. Die örtliche Allmende ist seit dem 15. Jh. belegt.

Kirche und Schule. – Mauchen war seit jeher eine Filiale von Schliengen; 1308 findet sich der erste urkundliche Beleg dafür. Die dem hl. Nikolaus geweihte Kapelle weist durch ihre romanischen Elemente auf ihr Alter hin. Die seelsorgerliche Betreuung der Gemeinde durch den Schliengener Pfarrer war nicht unproblematisch. 1612 beklagte sich das Dorf, daß im Jahr kaum zwei Messen in Mauchen gelesen würden, obwohl der Pfarrer eigentlich gehalten sei, alle 14 Tage die Filiale zu besuchen. Andererseits war Mauchen verpflichtet, einen finanziellen Beitrag zu den Baulasten der Schliengener Kirche zu leisten. Dies bestätigte nochmals ein Urteil aus großherzoglicher Zeit (1816). Der *Zehnt* in der örtlichen Gemarkung war traditionell mit dem der Mutterkirche Schliengen verbunden. Er war also seit dem 14. Jh. zur Hälfte im Besitz des Kl. Königsfelden, ein Viertel gehörte den Johannitern, der Rest war der bischöfliche Quartteil. Auch in den zahlreichen Wechseln der Neuzeit blieben die Mauchener Zehntrechte immer mit denen von Schliengen verbunden (s. u.). Einzig bei der kurzfristigen Veräußerung des bischöflichen Viertels an einen Ritter von Endingen 1308 wurde ein Mauchener Zehntteil von dem der Nachbargemarkung getrennt. – Erst 1783 faßte die Gemeinde den Entschluß, einen eigenen *Lehrer* anzustellen, nachdem die Kinder zuvor zum Unterricht hatten nach Schliengen gehen müssen. Die mangelhafte finanzielle Ausstattung der Lehrerstelle durch die Gemeinde rief jedoch die Kritik der Basler Obrigkeit hervor.

Bevölkerung und Wirtschaft. – Ähnlich wie in Schliengen waren auch in Mauchen die meisten Einwohner Leibeigene des Bischofs von Basel. Für die markgräflichen Leibeigenen – 1770: 8 Männer und 7 Frauen – war ein eigener badischer Leibeigenschaftsvogt, manchmal auch Steuervogt genannt, zuständig. Zahlen über die Größe des Dorfes liegen nur für den Beginn des 30j. Krieges vor. Damals wurden 41 waffenfähige

Männer am Ort gezählt. Die Auswanderung eines markgräflichen Leibeigenen mit seiner Familie nach Ungarn (1768) blieb eine Ausnahme.

Der örtliche Ackerbau wurde in der *oberen, mittleren* und *niederen* Zelg in der Dreifelderwirtschaft betrieben. Erste Belege sind für 1441 vorhanden, eine ältere Quelle (1330/40) könnte sich unter Umständen auf Schliengen beziehen. Zahlen über den örtlichen Viehbestand liegen für das frühe 19. Jh. vor: 1806 gab es 54 Kühe, 66 Ochsen, 89 Schafe und 47 Schweine am Ort; die geringe Zahl von 3 Pferden ist auffallend. Der umfangreiche Rebbau ist erstmals für das Jahr 1260 bezeugt, als ein Weinberg an einen Neuenburger verkauft wurde. 1286 werden 16 MW Reben im Besitz der Johanniter genannt. Die erste urkundlich erwähnte Trotte (1330) gehörte einem Neuenburger Bürger. In der Neuzeit wurde der örtliche Weinausschank durch die herrschaftliche Ordnung von 1594 geregelt (s. Schliengen). In den Quellen finden sich keine Hinweise auf Mauchener Gasthäuser.

Niedereggenen

Ur- und Frühgeschichte. – Südlich der Ortschaft, im Eggener Tal, liegt ein kleiner, markanter Bergrücken, der sich mit drei steil abfallenden Seiten ausgezeichnet für eine befestigte Höhensiedlung eignet. An der Nordseite dieser »Hagschutz« genannten Anhöhe befindet sich ein Wall unbekannter Zeitstellung, aus dem südlichen Bereich sind Siedlungsfunde des *Neolithikums* bekannt, die zu den interessantesten und bedeutendsten des Markgräflerlandes zählen. Sie sind es auch, die den Fundort Niedereggenen weit über die Grenzen der Region archäologisch bekannt gemacht haben. Allerdings stand über der Erforschung dieses Fundplatzes kein glücklicher Stern. Teilweise wurde er durch Steinbrüche zerstört, die an der Südseite lange Zeit betrieben wurden. Dabei ging auch der Großteil der Funde verloren, bis ein heimatkundlich interessierter Bürgermeister nach dem 1. Weltkrieg mit systematischen Aufsammlungen begann und die Fundstücke in einem kleinen örtlichen Museum zusammentrug. Diese Sammlung veranlaßte auch die bisher einzige größere Grabung, 1928 durch Prof. G. Kraft aus Freiburg. Damals glaubte man, zwei übereinanderliegende, durch ein Kalktuffband getrennte Siedlungshorizonte unterscheiden zu können. Die untere Schicht wurde dabei der »Rössener«, die obere der »Michelsberger« Kultur zugewiesen. Diese scheinbar gesicherte Abfolge der Kulturen wurde dann auch prompt in der Fachliteratur als wichtige Beobachtung zur Chronologie der Jungsteinzeit in Mitteleuropa übernommen und hat den »Hagschutz« weithin bekannt gemacht.

Leider ist aber diese Grabung nie ausreichend veröffentlicht worden. Dazu ergab sich nach dem 2. Weltkrieg, daß offenbar Aufzeichnungen verloren, die Funde durcheinandergebracht worden waren. Die damaligen Beobachtungen müssen deshalb als fraglich gelten, zumal heute die Auffassung überwiegt, daß man es auf dem »Hagschutz« gar nicht mit den genannten »klassischen« Kulturen der Jungsteinzeit zu tun hat, sondern mit einer für das Markgräflerland kennzeichnenden besonderen Ausprägung einer einzigen Kulturstufe. Ohne neue Forschungsgrabungen lassen sich die mit dem Hagschutz verbundenen Fragen sicher nicht lösen. So bleibt hier bis auf weiteres ein bedeutsames Forschungsreservat, aus dem wichtige Informationen über die jungsteinzeitlichen Verhältnisse im Markgräflerland zu erwarten sind. Nicht zufällig kommt dem »Hagschutz« diese Schlüsselrolle zu, liegt er doch in einer dicht besetzten jungsteinzeitlichen Siedlungskammer und bildete sicher schon in dieser Zeit einen beachteten Mittelpunkt. Die Niedereggener Gemarkung ist nämlich förmlich übersät mit meist oberflächlich aufgelesenen Funden der *Jungsteinzeit*, die in vielen Fällen auch tatsächlich Siedlungsplätze anzeigen. Zu den wichtigsten Arealen zählen »Kutzerfeld«, »Sonnhohle« und »Freudenberg«. Ein Grabhügel bezeugt den Fortgang der Besiedlung in jüngeren Perioden. Er wurde schon 1869 teilweise ausgegraben und enthielt eine Bestattung der *Hallstattzeit*. Im Volksmund hieß er »Silberbuck«, da man in seinem Inneren große Schätze vermutete. Eine Nachuntersuchung 1933 erbrachte eine unter dem Hügel liegende neolithische Siedlungsgrube, aber keine weiteren Spuren aus der Zeit, in der dieses monumentale Grab aufgeschüttet wurde. Nicht lokalisierbar sind die Fundstellen zweier *römischer Münzen*, unsicher ist die Zeitstellung »gemauerter« Gräber im »Reichssteinbruch« und im Ort. In keinem fanden sich für die Merowingerzeit kennzeichnende Beigaben.

Siedlung und Gemarkung. – Die erste Nennung Niedereggenens ist umstritten, da nicht mit letzter Sicherheit festgestellt werden kann, ob sich es sich bei *Eckenheim* 773 und *Echinaim* 820 um Ober- oder Niedereggenen gehandelt hat. Geht man davon aus, daß die Besiedlung des Holebachtals talaufwärts erfolgt ist, so müßten sich beide Urkunden auf Niedereggenen beziehen. Ein sicherer Nachweis für den Ort stammt erst aus dem Jahre 1166. Fraglich ist, ob es sich bei dem Ortsnamen um einen echten -heim-Ort oder um einen umbenannten -ingen-Ort handelt, unklar auch, ob sich der Ortsname von einem Personennamen herleitet.

Niedereggenen vermittelt den Eindruck eines Straßendorfes, das sich entlang der Straße von Schliengen nach Obereggenen hinzieht. Dies ist historisch jedoch nicht belegt. Als Ortskerne sind nämlich zwei größere Höfe mit ihrem Zubehör auszumachen: der längst abgegangene Oberhof an der Brühlgasse, in dessen Umgebung sich die Flurnamen Brühl und Breite finden, und der ebenfalls nicht mehr bestehende Niederhof an der Kreuzung der Straße nach Obereggenen und zur Kirche (Flurname Hofacker). Durch Überbauung der zwischen beiden gelegenen Liegenschaften entstand das Dorf. Auf der Grenze zwischen beiden Rechtsbereichen liegt das Staffelhaus, die ehemalige Gemeindestube. Einen dritten Ortsteil bildet der etwas abseits erhöht gelegene, rechtlich zum Oberdorf zählende Kirchenbezirk mit Pfarrhaus und Zehntscheuer. Die Zeiträume, in denen sich diese Entwicklungen vollzogen haben, sind nicht festzulegen, ein Siedlungsschub dürfte zwischen 1680 und 1740 stattgefunden haben. Der Ort zählte 1761 etwa 70 Häuser. – Alte Straßenverbindungen bestanden nach Obereggenen und Schliengen (die sogenannte Steingasse ⟨1571⟩), sowie nach Feuerbach (Lichsengasse) und Neuenburg.

Die Lage des Dorfes im Holebachtal am Fuß des Hochblauen brachte es mit sich, daß häufig Hochwasserschäden (z. B. 1748) zu verzeichnen sind, im wesentlichen verursacht durch den in den Dorfbach mündenden Lichsengraben. Seit dem 18. Jh. wurden Gegenmaßnahmen diskutiert. Auch Kriegszeiten haben das Dorf seit dem 17. Jh. immer wieder betroffen, so im Herbst 1676, als lothringische Truppen Kirche und Pfarrhaus plünderten. In den Franzosenkriegen des 18. Jh. und den Freiheitskriegen des 19. Jh. erlebte Niedereggenen Belagerungen und Truppendurchzüge; besonders im Oktober 1796, als beim Treffen von Schliengen die Front zwischen den flüchtenden Franzosen und den nachrückenden Österreichern durch das Eggener Tal verlief. Im Jahr 1803 zerstörten die Franzosen den Rebberg.

Herrschaft und Staat. – Niedereggenen scheint kein alter Bestandteil der Herrschaft Sausenberg gewesen zu sein. Die meisten Rechte dürften den Herren von Rötteln gehört haben. Darauf weist schon hin, daß die Pfarrei 1275 mit einem Lütold (von Rötteln) besetzt war. Die Niedergerichtsrechte übte zunächst über seinen Dinghof Kloster St. Blasien aus. Der St. Blasische Dingrodel von 1399 vermerkt, daß zum

Oberhof ⅔ des Zwing und Banns, zum Niederhof ⅓ gehörten, wobei der herrschaftliche Oberhof »Vogt« über den Niederhof sei.

Margarete von Staufen übertrug 1333 den Markgrafen Rudolf und Otto von Hachberg ihre von Lütold von Rötteln und Konrad von Gösgen ererbten Güter und Rechte. In dem bald darauf ausgebrochenen Streit der Markgrafen mit ihrem Verwandten Lütold von Krenkingen sprach ein Schiedsgericht 1341 das Dorf mit hoher und niederer Gerichtsbarkeit dem letztgenannten zu. Aber schon 1345 verkaufte dieser seinen Anteil an den Basler Bürger Heinrich von Wallbach, der ein Jahr später auch die Rechte von Lütold und Konrad von Krenkingen an sich bringen konnte. Ein sofort unternommener Versuch der Markgrafen von Hachberg, das Hochgericht an sich zu ziehen, war erfolgreich; der neue Besitzer verzichtete trotz unklarer Beweislage auf diese Rechte. Thomas und Jakob von Wallbach verpfändeten 1380 das Dorf schuldenhalber an Heinrich von Baden zu Liel, von dessen Nachfahren die Markgrafen von Hachberg Niedereggenen aufgrund eines 1430 von Mathias von Wallbach erhaltenen Lösungsrechtes 1470 erwarben. Seither gehörte der Ort zur *Herrschaft Sausenberg*, seit dem 16. Jh. dem Sausenharter Viertel; der Markgraf bezog daraus sämtliche Steuern, darunter die Jahrsteuer in Höhe von 53 lb 4 Schilling.

Ursprünglich war die örtliche Gerichtsbarkeit an den Dinghof gebunden, eine Besitzung des Klosters St. Blasien. Das Kloster ließ 1399 seine Rechte niederschreiben, vermutlich weil sie schon damals gefährdet waren. Eigentlich sollten jährlich drei Dinggerichte stattfinden: auf Hilarii (13. Januar), Johann Bapt. (24. Juni) und Martini (11. November). Tatsächlich läßt sich jedoch nur eine Dinggerichtssitzung zu 1440 nachweisen, die der herrschaftliche Vogt im Auftrag des Klosters St. Blasien leitete, während neben ihm der Ortsherr »in Vogts und Schirmers Weise« saß. Als Beisitzer werden noch, ohne nähere Angabe, Huber genannt. Verhandelt wurde über Schulden, ein weiteres Zeichen dafür, daß die Ortsherren inzwischen die wichtigsten Rechte an ihr Niedergericht gezogen hatten. Zwar versuchte St. Blasien nach 1718, auch seine hiesigen Rechte zu reaktivieren, es blieb aber bei Absichtserklärungen. Der Dinghof selbst war inzwischen längst parzelliert worden.

Als Vertreter der Ortsherrschaft erscheint seit 1399 der *Vogt*, der dem seit 1405 bezeugten Ortsgericht vorsaß. Im 16. Jh. war er steuer- und fronfrei, hatte die Nutzung des Baches Holl und ein Dehmenrecht auf 4 Schweine, letzteres übrigens noch im 18. Jahrhundert. Die Protokolle des Ortsgerichtes führte ein Gerichtsschreiber (seit 1636 nachzuweisen), später der jeweilige Schulmeister.

Grundherrschaft und Grundbesitz. – Geht man davon aus, daß die frühen Nennungen Niedereggenen betreffen, so schenkte im Jahre 773 Rutpert mit seinen Söhnen Hartolf und Reginard seinen gesamten hiesigen und Britzinger Besitz an Kl. Lorsch. Dies ist das einzige Zeugnis des Rheingauklosters geblieben. Fünfzig Jahre später, 820, übergab Hildiburg, die Tochter des Huto, dem Kloster St. Gallen alles, was sie hier, in Buggingen, Zizingen und Laufen besaß und erhielt die Güter als Leibgeding zurück. Die Schenkung beinhaltete jedoch ein Rückkaufsrecht, so daß unklar bleibt, ob Hildiburgs Nachfahren die Liegenschaften wieder an sich gebracht haben, oder ob diese auf anderem Wege an – vermutlich – das *Bistum Basel* gekommen sind. Denn auch St. Gallen ist nach dem 9. Jh. hier nicht mehr nachzuweisen.

Später scheint sich der Grundbesitz entsprechend den Herrschaftsverhältnissen verteilt zu haben. Die Ortsherrschaft bezog 1564 aus dem Oberhof und 8 Schupposen, etwa ⅔ der örtlichen Liegenschaften (um 1780: 153 ¾ J), Einkünfte, wobei völlig unklar ist, ob es sich hier um Vogtrechte oder Eigentum gehandelt hat. Letzteres scheint unwahrscheinlich, da keine Besitzübertragungen bekannt sind und der Dinghof, dessen Lage allerdings nie angegeben wird, noch 1551 dem *Kloster St. Blasien* gehörte. Da das Kloster noch einen Meierhof am Ort hatte, der an der Kreuzung Lichsengasse/ Schliengener Straße lag, könnte es die Dinghofeigenschaften auch auf diesen Hof übertragen haben. St. Blasien besaß um 1780 80 J, im 17. Jh. von der Propstei Krozingen, später von Bürgeln aus verwaltet. Der gesamte Besitz bestand 1600 aus einem Hof, 11 Häusern und 47 J bewirtschafteter Fläche. Neben diesen beiden Grundherrschaften besaß das *Kl. Sitzenkirch* 10–15 J Liegenschaften (1261, noch 1528), die Domherren von Basel verfügten 1528 über ein Gut im Oberdorf, das noch im 18. Jh. Einkünfte abwarf. Das Stift Säckingen ist 1528 im Besitz von 6 Gütern (Schuppissen) mit 7 Häusern und etwa 45 J Liegenschaften nachgewiesen. Im 17. Jh. zinsten 4 bis 5 Personen nur noch von etwa 13½ J Land. Dazu kamen 7 J Wald im Stockert. Insgesamt gehörten Säckingen um 1780 21¼ J Liegenschaften, deren Verwaltung vom Schliengener Dinghof aus erfolgte. Kleinere Güter gehörten den Herren von Bärenfels (1576 etwa 8¾ J) und 1571 besaß Nikolaus von Wendelsdorf 4 Häuser und 25¼ J Liegenschaften, über welche vorher die von Breiten-Landenberg verfügt hatten.

Gemeinde. – Die Verwaltung der Gemeinde besorgten *Vogt und Richter*. Weitere wichtige Ämter bekleideten der Gemeinschaffner und der Weidgesell (seit 1688 bzw. 1700 erwähnt und von den bürgerlichen Lasten gefreit), der Stabhalter läßt sich seit 1636 nachweisen. Die Gemeinde besoldete ferner einen Rebbannwart (2 weitere unterhielt die Herrschaft).

Seit 1492 werden die Allmenden verschiedentlich als Anstößer aufgeführt, ohne nähere Angabe zu ihrer Lage, ausgenommen 1517, als angegeben wird, daß sie an die Gkg Holzen anstießen. Daß es sich dabei vorwiegend um Wald handelte, geht aus späteren Nennungen hervor: 1552 ist von einem Holz hinter dem Lippersbach die Rede, und anläßlich der Streitigkeiten mit den röttelnschen Forstleuten im 18. Jh. erfährt man, daß der Gemeinde im Vogelbacher Bann mindestens 65 J (Langeneck), im Feuerbacher Bann 18 J (Steineck) und auf der eigenen Gemarkung 42¾ J (1770) gehörten. Der Umfang der Wälder auf Gkg Malsburg wird 1770 mit 98½ J angegeben. Ein Waldtausch mit der Herrschaft 1769 scheint einige Streitpunkte bereinigt zu haben. Zu den Einkünften zählten die Bürgerannahmegelder: 1692: 4, 1749: 10 bis 20 fl für einen Mann, 4 bis 10 fl für eine Frau, wozu jeweils noch ein Feuereimer hinzukam. Eine Feuerspritze sollte zwar schon 1780 angeschafft werden, der Plan wurde aber erst 1833 verwirklicht.

Die Gemeinde tagte seit dem Abgang des Dinghofes in der Gemeindestube, einer Vorgängerin des Staffelhauses. Der dortige Stubenwirt läßt sich seit 1696 nachweisen, das Haus ist aber älter, es dürfte um die Mitte des 15. Jh. erbaut worden sein. Nachdem das Pfarrhaus 1693 abgebrannt war, wurde der Pfarrer bis zum Pfarrhausneubau von 1741 im Staffelhaus untergebracht. Ein »Bürgerhäuslein«, wohl eine Kombination von Ortsarrest und Wachtstube, besaß die Gemeinde seit unbekannter Zeit; es wurde 1784 an anderer Stelle neu erbaut.

Die Gemeinde hatte Weiderechte in Teilen des Gennenbacher und Obereggener Banns. Sie hatte, zusammen mit anderen markgräflichen Gemeinden, aber auch Weide- und Äckerichrechte im Kutzer Bann und geriet dadurch seit dem 16. Jh. ständig in Auseinandersetzungen mit Gemeinde und Herrschaft in Liel. Dies führte so weit, daß im Jahre 1603 die von Niedereggenen eine Lieler Flurprozession störten, die Teilnehmer auf Kutzer Gemarkung gefangennahmen und ihre Auslösung forderten.

Kirche und Schule. – Frühe Nennungen von Pfarrern – so 1130, 1246 und 1274 – sind nicht eindeutig auf Niedereggenen festzulegen. Die 1275 erstmals genannte Pfarrkirche zu den hll. Barbara und Cyriak dürfte auf das 12. Jh. zurückgehen und erhielt ihren Status wohl im Zuge der Siedlungsentwicklung im Holebachtal. Das Patronatsrecht lag im 14. Jh. bei den Markgrafen von Hachberg als Nachfolger der Herren von Rötteln und wurde 1341 den Herren von Krenkingen zugesprochen. Trotz verschiedener Einsprüche von seiten der Markgrafen setzte seither die jeweilige Ortsherrschaft den Pfarrer, bis es den Markgrafen 1470 gelang, mit dem Dorf auch den Kirchensatz wieder an sich zu bringen. Die Kirche gehörte zum Dekanat Neuenburg, als Filial ist neben Gennenbach Feldberg (1387–1524) bezeugt. Nach Einführung der Reformation 1556 wurde die Kirche dem ev. Dekanat Sausenberg zugeteilt.

Einkommen und Besitz der vorreformatorischen Kirche werden nur in Ansätzen sichtbar. Den Annaten des 15. und beginnenden 16. Jh. zufolge (45 fl) muß sie recht vermögend gewesen sein. Vom Grundbesitz, der 1393 durch Ankauf vermehrt wurde, werden 1528 der Kirchen Gut und St. Barbeln Gut genannt. Er dürfte die 58½ J Liegenschaften umfaßt haben, über welche die Geistliche Verwaltung um 1770 verfügte. Die Einkünfte, vermehrt durch Darlehensvergaben, wurden durch mehrere Kirchmeier (1537) verwaltet. Eine jährliche Abgabe zum Eimeldinger Siechenhaus, welche nach der Reformation die Geistliche Verwaltung übernahm, könnte ebenfalls dafür sprechen, daß der Ort in der Frühzeit zur Herrschaft Rötteln gehört hat.

Der Turm als ältester Teil der Pfarrkirche, einer Chorturmkirche, wird dem ausgehenden 11. Jh. zugeschrieben. Alt ist auch die im Grunde romanische Nordwand des Langhauses. In wesentlichen Teilen stammt der Bau jedoch aus der Mitte des 15. Jahrhunderts. Infolge der Lage des Ortes litt die Kirche stets unter Feuchtigkeit und war 1429 so baufällig, daß die Herrschaft einen Ablaß für Spender erwirkte. Der Umbau scheint gegen 1450 stattgefunden zu haben, offenbar wurde damals das Schiff erhöht und der Chor gebaut. Zur gleichen Zeit entstanden auch die inzwischen wieder freigelegten Fresken. Reparaturen wurden 1699, um 1754 und Ende des 18. Jh. notwendig, bedingt durch Kriegsschäden und Feuchtigkeit. Der Anschaffung einer neuen Orgel 1782 war nach 1723 der Einbau einer Empore vorausgegangen. Eine Erweiterung des Langhauses wurde 1830 notwendig, damals wurde ein neuer Chor angebaut (ein Plan von 1824, die Gemeinden Ober- und Niedereggenen zusammenzulegen und in der Mitte Kirche und Pfarrhaus zu bauen, kam nicht zustande). Nach einer Renovierung von 1901 erhielt die Kirche 1926 ein neues Geläute, nachdem die Glocken im 1. Weltkrieg abgeliefert worden waren. Anläßlich der Innenrenovation von 1970/71 wurden Fresken aus dem 15. Jh. entdeckt und freigelegt. – Sämtliche *Zehnten* bezog der Pfarrer, ausgenommen einen kleinen Anteil aus 8½ J, den das Stift Säckingen den Kirchenpflegern verliehen hatte, und einen Weinzehntanteil aus 15 J Reben, den St. Blasien bezog. Zehntfrei waren im 16. Jh. 5½ Jauchert.

Noch 1661 schickten die Gemeinden Feldberg und Niedereggenen ihre Kinder, wie »von alters her«, in die *Schule* nach Obereggenen. Ein Lehrer läßt sich erst seit 1687 nachweisen, er unterrichtete zunächst in der Gemeindestube. Um 1690 mietete die Gemeinde ein Haus, das sie später wohl ankaufte, als Schulhaus und ließ es 1715 grundlegend umbauen. Bis 1758 war es jedoch in so schlechtem Zustand, daß der Lehrer vorzog, im eigenen Haus zu wohnen. Ende der 1770er Jahre erwarb oder erbaute die Gemeinde ein neues Schulhaus, diesmal mit Wohnräumen, das verschiedentlich (1858, 1903) erweitert wurde.

Bevölkerung und Wirtschaft. – Eine Anzahl der Einwohner war St. Blasien leibeigen; das Kloster erhob noch im 18. Jh. im Todesfall Leibfälle. Eine Pestepidemie zwischen 1629 und 1634 hat auch die Bevölkerung von Niedereggenen erheblich dezimiert, danach erholte sich der Ort langsam wieder und zählte 1693 über 200 Einwohner. Deren Zahl erhöhte sich bis 1709 auf ca. 300, bis 1744 auf 356, darunter

18 Dienstboten. Der Pfarrer begründete 1766 ein Gesuch um Erhöhung des Kommunionweinkontingentes mit der gestiegenen Einwohnerzahl. Am Ende des Jahrhunderts (1794) lebten hier 394 Personen. Ihre *medizinische Versorgung* übernahm um 1730 ein am Ort lebender Chirurg, insgesamt fiel das Dorf unter die Zuständigkeit des Physikats in Kandern. Die Hebamme war von allen bürgerlichen Lasten gefreit.

Ihren Lebensunterhalt bezogen die Einwohner und etliche Einmärker aus Holzen und Obereggenen aus der *Landwirtschaft*, hier im wesentlichen Acker- und Weinbau. Die seit 1698 beträchtlich erweiterte Wirtschaftsfläche verteilte sich 1770 auf 388 J Acker (ca. 155 ha; 1698: 237¼ J), 124 J Matten (ca. 50 ha; 1698: mit Gärten 89¾ J) und 74 J Reben (ca 30 ha; 1698: 63 J), wobei im 18. Jh. verschiedentlich Matten zu Äckern gemacht wurden. Wie die Flurnamen Rütti und im Lochen im Süden der Gemarkung ausweisen, war auch vorher schon in größerem Ausmaß Wald gerodet worden, um zusätzliches Ackerland zu erhalten. Angebaut wurden Dinkel, Roggen und etwas Hafer, seit etwa 1740 auch Kartoffeln. Die Einführung der Stallfütterung hatte gegen Ende des 18. Jh. verstärkten Anbau von Futterkräutern, besonders von Klee, zur Folge; 1779 befahl die Obrigkeit, den Esparsettebau zu fördern. *Weinbau* wird schon 773 urkundlich erwähnt; für seine Bedeutung spricht, daß die Gemeinde zeitweise (1690) 3 Rebbannwarte beschäftigte. Die Rebfläche erstreckte sich nördlich des Dorfes, dort wo sie sich auch heute noch findet, und wurde vor (Flurname In der Neusaz, 1564) und nach dem 30j. Krieg noch erweitert (1698: 63 J; 1770: 74 J). Die Herrschaft unterhielt vor Ort eine Zehnttrotte. Die *Viehhaltung* dürfte weitgehend dem Eigenbedarf gedient haben und konzentrierte sich im wesentlichen auf Rinder und Schweine. Als Zugvieh werden 1700 27 Pferde und 16 Ochsen genannt. Zeitweilig ist auch von Schafhaltung die Rede. Die Wucherviehhaltung oblag schon im 16. Jh. dem Vogt, dem dafür die Nutzung von 2 J Matten und 1 J Acker überlassen wurde.

Obwohl Flurnamen und die Kirchenpatrone auf älteren *Bergbau* hinweisen, haben sich dazu keine schriftlichen Zeugnisse erhalten. Lediglich 1781 plante man den Abbau von Lettenschiefer, der aber bereits 1783 wegen Absatzschwierigkeiten eingestellt wurde.

Das *Gewerbe* war im 18. Jh. im Dorf reichlich vertreten, schon vorher werden Küfer (1558), Maurer (1683) und Metzger (1696) genannt. Dabei weist die verhältnismäßig große Zahl der Weber, auch der Schuster und Schneider, darauf hin, daß die Sozialstruktur vorwiegend kleinbäuerlich war, denn Hintersassen oder Taglöhner werden kaum genannt. Einen Querschnitt über das Dorfhandwerk vermittelt eine Aufstellung von 1767. Sie verzeichnet 9 Weber (1790/1802: 12), 6 Schuster, 3 Schneider und Wagner, je zwei Küfer, Müller, Maurer, Schreiner, Schmiede und Zimmerleute, je einen Bäcker, Metzger, Barbierer, Handelsmann und Schweinehändler. – Von den beiden *Mühlen* läßt sich die obere Mahlmühle seit 1514/15 nachweisen; ihr Zubehör umfaßte 30 Jauchert. Unweit davon errichtete 1728 der damalige Inhaber eine zweite Mühle, die über einen Mahlgang und eine Rendel verfügte. – Bereits 1393 gab es in Niedereggenen einen *Wirt*, von dem jedoch im 16. Jh. nicht mehr die Rede ist. Erst 1696 ist das Stubenwirtshaus bezeugt, dessen Inhaber das Metzgerhandwerk ausübte. Ein Schildrecht wurde 1719 für die »Krone« erteilt, eine weitere Konzession 1750 vergeben. Beide wurden jedoch nicht durchgängig betrieben, und schon 1771 mußte der Vogt »in Ermang(e)lung tüchtiger Wirte« anfallende Bewirtungen übernehmen. Von den alten Wirtschaften besteht heute keine mehr.

Obereggenen

Siedlung und Gemarkung. – Die verhältnismäßig große Gemarkung von Obereggenen hat einen vorgeschichtlichen Ringwall aufzuweisen, der sich südlich der Ruine Grüneck *Am Brenntenbuck* findet. Verschiedentlich sind auch Funde aus der jüngeren Steinzeit gemacht worden. Die auf der Gemarkung gelegenen bekannten, bestehenden oder abgegangenen Wohnplätze (neben dem namengebenden Dorf selbst Bürgeln, die Lippisbacher Höfe und der Weiler Schallsingen) sind jedoch im allgemeinen im Hochmittelalter entstanden, eine Siedlungskontinuität ist nirgends nachzuweisen. Abgegangen sind der zwischen 1130 und 1591 genannte *Bitzehof*, auf dessen Gelände, südwestlich des Dorfes, seit 1826 der St. Johannesbreitehof steht, und das in der Bürgler Chronik ersterwähnte, noch 1566 bewohnte *Gorgendorf* im Südosten der Gemarkung. Auf einen weiteren, nicht mehr bestehenden Wohnplatz weist der Flurname *In den Höfen* (1563) hin, vielleicht war auch das *Eimuntal* im 12. Jh. bewohnt. Auf einer Anhöhe über Schallsingen weisen Mauerreste und Halsgraben auf die abgegangene Turmburg Grüneck, eine hochmittelalterliche, im Zuge des Landesausbaus entstandene, einfache Anlage. Sie wird lediglich in der Bürgler Chronik aus dem 12. Jh. als *Grinega* erwähnt.

Ob sich die Erstnennung von 773 *in Eckenheim in pago Brisegowe* auf Ober- oder Niedereggenen bezieht, ist ungeklärt, gleiches gilt für die Nennungen von 820 *Echinaim* und 1078/1111 *Eggenheim*. Erst im 12. Jh. lassen sich beide Dörfer unterscheiden. Erstmals läßt sich Obereggenen 1280 eindeutig als *in superiori Eggenhain* nachweisen, allerdings beziehen sich alle im Zusammenhang mit der Errichtung der Propstei Bürgeln vorkommenden Nennungen seit 1130 auf diesen Ort.

Die Entstehung des Dorfes, dessen Name vielleicht auf einen Personennamen zurückgeht, dürfte spätestens im 9./10. Jh. erfolgt sein, vielleicht als Ausbausiedlung von Bürgeln oder auch von Niedereggenen aus. Es ist aus einem unterhalb der Kirche gelegenen Dinghof hervorgegangen, der ursprünglich von einer Ringmauer umgeben war. Spätestens bis zum 15. Jh. hatte sich um ihn herum das Dorf entwickelt, von der Mauer wußte im 16. Jh. niemand mehr etwas. Auffallend sind die hier früh vorkommenden Straßennamen: Brüelgasse, Steingasse, Talweg (1492), Finstergäßlin, Steingasse, Schmidtgasse (1537). Von den alten Verkehrsverbindungen zu den Nachbarorten ist vor allem die Straße nach Bürgeln zu nennen, alt sind auch die Straßen nach Feldberg (1537) und Sitzenkirch (1591) bzw. nach Kandern, 1730 wird auch die Neuenburger Straße genannt.

Über die Größe des Ortes in früherer Zeit fehlen die Nachrichten. Um 1745 zählte Obereggenen zusammen mit Schallsingen 58 Wohnhäuser, 1816 Obereggenen allein 70. Die Wasserversorgung erfolgte lange Zeit durch mehrere Quellen, die vermutlich in dem 1698 erstellten oder erneuerten Platzbrunnen zusammenliefen. Dieser blieb lange Zeit der einzige laufende Brunnen im Dorf, erst 1739 wurde beim »Pflug« ein weiterer Brunnen errichtet. Sämtliche überwachte ein von der Gemeinde dazu angestellter Brunnenmeister (1739).

Der Ort ist in den verschiedenen *Kriegszeiten* in Mitleidenschaft gezogen worden. Am 24. März 1633 wurde er durch kaiserliche Reiter geplündert, 70 Einwohner retteten sich nach Bürgeln. Während der Schlacht bei Schliengen war er Frontgebiet. Dagegen machten sich die Koalitionskriege im wesentlichen durch Einquartierungen und Truppendurchzüge bemerkbar.

Herrschaft und Staat. – Alle Indizien weisen darauf hin, daß Obereggenen ursprünglich zur Herrschaft Kaltenbach gehört hatte und mit dieser an *Kloster St. Bla-*

sien bzw. dessen Propstei Bürgeln gekommen war. Über die St. Blasische Schirmvogtei konnten die *Markgrafen von Hachberg* Einfluß gewinnen: Über ihren Vogt, der sich seit 1417 nachweisen läßt, nahmen sie am örtlichen Dinggericht teil und konnten schließlich die niedere Gerichtsbarkeit völlig an sich bringen. Obereggenen gehörte zu Beginn des 16. Jh. zur Herrschaft Sausenberg, welche daraus Einkünfte in Höhe von insgesamt 122 lb 16 ß, darunter die Jahrsteuer von 102 lb 16 ß, bezog. Der markgräfliche Vogt war steuer- und fronfrei, hatte ein Dehmenrecht für 4 Schweine und als Beinutzung das Fischrecht im Dorfbach.

Das *Dinggericht*, das im Dinghof abgehalten wurde, gehörte der Propstei Bürgeln. Über dessen Zuständigkeiten stritten sich Markgraf und Propst häufig; 1477, 1480 und 1500 verglich man sich deswegen. Die Rechte des Gerichts regelte der Dingrodel von 1346, allerdings wurden sie mehr und mehr beschnitten. Obwohl im 14. Jh. noch jährlich drei Sitzungen, auf Hilarii (13. Januar), Anfang Mai und Martini (11. November) vorgesehen waren, fand im 16. Jh. anscheinend nur noch eine Sitzung im Frühjahr statt, desgleichen zu Beginn des 17. Jahrhunderts. In der Folge versuchten die markgräflichen Beamten mit Erfolg, diese Art der Rechtsprechung zu unterbinden: 1682 beklagten sich die Einwohner, daß seit 20 Jahren kein Dinggericht mehr gehalten worden sei. Offenbar fand danach auch keine weitere Sitzung mehr statt, so daß 1726 das Rötteler Oberamt erklären lassen konnte, daß die Dinggerechtigkeit nicht mehr in Kraft sei. Auch das im Dingrodel erwähnte Asylrecht war längst außer Kraft gesetzt worden.

St. Blasien, das spätestens seit der Reformationszeit die Eigenständigkeit Bürgelns beseitigt hatte, hatte spätestens seit 1493 einen eigenen *Vogt* in Obereggenen, dem jährlich 4 lb Besoldung vom Amt Basel ausbezahlt wurden. Dieser gewann in dem Maße an Bedeutung, wie das Dinggericht, das sich zuletzt im wesentlichen mit Liegenschafts- und Leibeigenenfragen beschäftigt hatte, zurückgedrängt wurde. Seit dem 16. Jh. Schaffner genannt, läßt er sich häufig als Stabhalter neben dem markgräflichen Vogt nachweisen.

Grundherrschaft und Grundbesitz. – Größter Grundbesitzer in Obereggenen dürften zunächst die Herren von Kaltenbach gewesen sein, später waren es deren Besitznachfolger, die Pröpste von *Bürgeln*. Ihnen gehörte der Dinghof im Ort, an dem bis 1840 die Pflicht haftete, Wucherstier und Eber, gegebenenfalls auch den Schafbock zu halten und aus dessen Einkünften der Pfarrer zu unterhalten war. Spätestens im 16. Jh. war der Hof zweigeteilt, 1790 hatte er 8 Inhaber. Zu diesem Besitz, den St. Blasien seit dem 16. Jh. direkt verwalten ließ, gehörten auch Liegenschaften, welche der Neuenburger Bürger Jakob Sermenzer von seinem Schwiegervater, Ritter Heinrich von Hach, geerbt und 1279 St. Blasien übergeben hatte und welche die Markgrafen 1281 dem Kloster übereigneten. Der Gesamtumfang der Bürgler Güter ist schwierig festzustellen, 1348 gehörten neben dem Meierhof 14 Schupposen dazu.

Neben diesen Besitzungen (Dinghof, Mühle, Zehntscheuer, dazu 1774 umgerechnet 140½ ha Wald) nimmt sich das, was andere besaßen, gering aus. *Markgräfliche Lehen*, deren Umfang nicht genau festzustellen ist (1564: ca. 6 J), finden sich von 1405 bis 1444 im Besitz der Familie Fröwler, bis 1819 in dem der Herren von Bärenfels, sie kamen dann an die von Beroldingen und schließlich durch Kauf an die von Berstett, die noch 1840 als Inhaber dieser Güter bezeugt sind. Das *Basler Domkapitel*, dem Richenza von Baden 1300 ihren hiesigen Besitz überlassen hatte, bezog noch 1754 Gefälle, ebenso im 15. Jh. die Neuenburger Johanniter. Das *Damenstift Säckingen* wird 1492 als Anstößer genannt, 1664 hatte es Einkünfte aus 2 Häusern mit Hof und Garten sowie 8–9 J Liegenschaften, über die es noch 1788 verfügte. Burgvogtei und Geistliche Verwaltung hatten Gültgüter, das Steinenkloster in Basel wird 1537 als Anstößer genannt. Und *Kl. Sitzenkirch* war 1492 und 1528 Besitzer eines Gutes, das aus Haus, Hof, Trotte, Garten und 20–25 J Liegenschaften bestand.

Gemeinde. – Die Verwaltung des Ortes besorgte der *Vogt*, unterstützt von im allgemeinen 4 Richtern, wobei der vierte anscheinend ein Vertreter Schallsingens war. Ein *Stabhalter* ist seit 1729 bezeugt, dieses Amt wurde fast ausschließlich vom St. Blasischen Schaffner wahrgenommen, der bis zur Reformationszeit ebenfalls ein Vogtamt bekleidet hatte. Der eigentliche Gemeindebeamte, der *Gemeinschaffner*, läßt sich seit 1732 nachweisen. Die Gemeinde besoldete im 17. Jh. einen bis 2 Weidgesellen (1667), im 18. Jh. 2 Bannwarte, 1772 gab es auch je einen Kuh- und Schafhirten. Seit 1740 kennt man ein Gemeindesiegel, welches eine Rose zeigte und von dem ein Abdruck von 1767 erhalten ist.

Das Allmend wird 1576 als Anstößer erwähnt. Darüber hinaus ist über den *Gemeindebesitz*, ausgenommen den Wald, wenig bekannt. An Gebäuden gehörten der Gemeinde seit dem 17. Jh. ein Schulhaus, seit 1787/88 auch ein Feuerspritzenschopf, in dem 1788 die neuerworbene Feuerspritze untergebracht wurde, deren Anschaffung seit 1779 immer wieder zugunsten anderer Ausgaben zurückgestellt worden war. Seit unbekannter Zeit unterhielt sie eine Gemeindestube mit Wirtshausrecht, die sich 1779 in Johann Kibigers Haus befand. Der Bau eines Schul- und Rathauses erfolgte erst 1834.

Um die *Wälder* auf der Gemarkung wurde ständig gestritten. Entweder lagen der Markgraf und Bürgeln im Streit oder die Gemeinde mit dem Markgrafen. Ursache war, daß die Besitzverhältnisse nicht durchweg geklärt waren und die markgräflichen Beamten als herrschaftlich reklamierten, wo die Besitztitel nicht eindeutig waren. Davon abgesehen, wurden immer wieder große Teile des Waldes verkohlt und an anderer Stelle Matten aufgeforstet. Anscheinend unbestritten besaß die Gemeinde den Wald Klergraben, aus dem sie 1667 das Holz an den damaligen Admodiator des Eisenwerkes Kandern verkaufte, nicht aber den Grund und Boden, den das Forstamt 1696 als herrschaftlich ansprach. Dieser Besitz konnte in der Folge behauptet werden. Ursache für einen anderen Streit waren die durch die Reformation veränderten Rechtsverhältnisse. Dabei ging es um den sogenannten Schweißert oder, richtiger, St. Niclausenwald. Allem Anschein nach hatte dieser Wald der St. Nikolauskirche in Vogelbach gehört, die ihrerseits Eigentum von Bürgeln gewesen war. Die markgräflichen Beamten hatten das Kirchengut eingezogen und erklärten es zu Herrschaftsgut, obwohl sowohl die Gemeinde Vogelbach als auch Bürgeln ihre besseren Rechte beweisen konnten. Bürgeln blieb lediglich ein Beholzungsrecht. Ein Vergleich von 1600, der auch Pfarrer und Meier zu Obereggenen Bau- und Brennholz aus diesem Wald zusprach, scheint die Ansprüche der Gemeinde Obereggenen begründet zu haben, die sie seit wenigstens 1687 erhob. Obwohl sie diese Ansprüche nicht beweisen konnte, verteidigte die Gemeinde diese in den Jahren zwischen 1726 und 1764 in einem erbitterten Bannstreit mit Vogelbach, wobei jedoch beide Gemeinden der Herrschaft unterlagen. Um 1774 wird der Gemeindewald mit umgerechnet 374 ha angegeben. – Ein Weidgangsstreit mit Feldberg ist 1765 überliefert. Der offenbare Mangel an Weiden hatte schon 1753 zu einem Gesuch geführt, das Vieh auf den Hochblauen zur Weide treiben zu dürfen, was genehmigt wurde.

Insgesamt scheint Obereggenen eine arme Gemeinde gewesen zu sein, vor allem seit den Kriegszeiten des 17. Jahrhunderts. Bereits 1688 hatte die Gemeinde einen Nachlaß ihrer der Burgvogtei schuldigen Zinse erhalten, 1717 wurde ein erneutes Gesuch abschlägig beschieden. Noch 1732 hatte sie alte Ausstände bei der Burgvogtei, die sie wegen der Kriegszeiten abzutragen nicht imstande war. Kontributionen und notwendige Anschaffungen verschlangen bis zum Ende des Jahrhunderts sämtliche Gelder, und 1780 wird berichtet, die Gemeindekasse sei erschöpft.

Kirche und Schule. – Bis zum 12. Jh. war Obereggenen Filiale von Bürgeln. Die Errichtung der dortigen Propstei, verbunden mit der Besetzung der Pfarrstelle mit einem Mönch, hatte den erbitterten Widerstand der Weltgeistlichkeit zur Folge. Nach längeren Verhandlungen kam es 1130 in Liel zu einem Vergleich, wobei die Einkünfte der Bürgler Pfarrkirche zwischen der dortigen Propstei und einer neu zu errichtenden Pfarrei in Obereggenen geteilt wurden. Bereits 1132 ist von der *capella sancti Johannis* die Rede, die 1257 als *ecclesia*, 1275 schließlich als Pfarrkirche bezeichnet wird. Als Kirchenpatron erscheint später der hl. Blasius (1557). Zuständiges Dekanat war bis zur Reformation Feuerbach/Neuenburg, später das ev. Dekanat Sausenberg. Über den Kirchensatz verfügte Kloster St. Blasien, dem die Kirche 1398 inkorporiert wurde (bestätigt 1405). – An der Kirche bestand eine *Marienbruderschaft*, die 1537 genannt wird und in der Reformationszeit aufgehoben wurde.

Früher Kirchenbesitz ist nicht festzustellen. Sicher dazugehört hat der Zehnte vom Blauen, den der Pfarrer 1347 bezog. Das »Kilch Almen« läßt sich 1537 nachweisen. Anzunehmen ist aber, daß die Kirche vor allem mit Zehntrechten großzügig ausgestattet war, die infolge der Inkorporation an St. Blasien fielen. Den Annaten des 15. Jh. zufolge (20 fl) verfügte die Kirche damals über ausreichende Einkünfte.

Nach Einführung der Reformation 1556 weigerte sich St. Blasien zunächst, einen ev. Pfarrer zu besolden und gab erst nach, als der Markgraf die klösterlichen Gefälle hatte beschlagnahmen lassen (Neuenburger Vertrag von 1561). Auch der örtliche Vogt scheint die Berechtigung des Markgrafen, die Religion zu ändern, bezweifelt zu haben, was er mit einer Turmstrafe büßte. Fortan setzte der Markgraf den Pfarrer, St. Blasien besoldete ihn aus seinen Zehnteinkünften. Eine zusätzliche Summe erhielt der Geistliche für die Versehung von Sitzenkirch, das nun Obereggenen zugeteilt wurde und, mit Ausnahme einer bestimmten Zeit zwischen dem 17. und 18. Jh., dessen Filiale geblieben ist.

Die Kirche, eine ehemalige Chorturmkirche, stand ursprünglich am Ortsende, die sich heute anschließende Bebauung stammt aus der Zeit seit dem 17. Jahrhundert. Sie hat verschiedene grundlegende Reparaturen erfahren. So fand zwischen 1472 und 1475 eine grundlegende Erneuerung statt, ebenso nach dem lothringischen Einfall in den Jahren 1713 und 1714. Inzwischen war auch eine Empore eingebaut worden, vermutlich Ende des 16. Jahrhunderts. Eine 1754 geplante Vergrößerung des Langhauses unterblieb ebenso wie ein 1791 erwogener Neubau. Die Sakristei an der Nordseite der Kirche wurde 1802 abgebrochen.

Sämtliche *Zehnten* bezog Kloster St. Blasien, seit dem 16. Jh. behielt sich die Herrschaft lediglich den Novalzehnten vor. Den Kleinzehnten und Anteile am Heuzehnten wie auch den Blutzehnten hatte man dem örtlichen Pfarrer überlassen, der 1640 auch Teile des Novalzehnten als Ausgleich für einen entgangenen Heuzehnten erhielt. Der Heuzehnt aus 12 J Matten gehörte den Neuenburger Johannitern, welche ihn seit 1557 St. Blasien gegen eine jährliche Geldsumme überließen. Belastet war der St. Blasische Anteil mit der Baulast an Chor, Turm und Sakristei der Kirche und dem Unterhalt des Pfarrhauses. Groß- und Kleinzehnten wurden mit Vertrag vom 25. November 1828 abgelöst, im gleichen Jahr der Blutzehnt, 1838/39 der Niedereggener Schulzehnt.

Eine *Schule* bestand in Obereggenen seit wenigstens 1558. Den Unterricht erteilte zunächst der Pfarrer, den um 1583 ein eigens angestellter Schulmeister ablöste. Von Anfang an versah dieser auch die Gerichtsschreiberei, wofür seiner Besoldung jährlich 1 lb zugefügt wurde. Sein Gehalt setzte sich zusammen aus Fruchtgefällen, aus dem

Zehnten, den Sigristenabgaben, jährlich einem Laib Brot und 1 ß von jeder Ehe sowie dem Schulgeld, das im 17. Jh. vierteljährlich 1 ß ausmachte. Ferner hatte er die Nutznießung von 2 Stücklein Matten. Da die Schulkinder, im 17. Jh. durchweg Knaben, auch Brennholz mitbringen mußten, löste die Gemeinde 1769 diese Pflicht ab, der Schulmeister erhielt künftig 5 Klafter Holz zusätzlich. – Ein damals wohl neu erstelltes Schulhaus bestand 1668. Das Haus hat, häufig repariert und umgebaut (1779/80 erweitert), bis 1834 seinen Zweck erfüllt. Hier wurden bis 1670 die Kinder aus Feldberg und zeitweilig auch die von Niedereggenen unterrichtet. Daß man die Gde Feldberg zu den Kosten heranziehen wollte, scheint dazu geführt zu haben, daß diese eine eigene Schule einrichtete.

Bevölkerung und Wirtschaft. – Die Einwohner von Obereggenen gehörten zunächst durchweg in den örtlichen Dinghof und waren damit Eigenleute des Klosters St. Blasien. Trotz aller Bemühungen der Markgrafen und ihrer Verwaltung, die Leute allein auf die Gerichtsherrschaft zu verpflichten, änderte sich daran nur wenig. Ein Hofgerichtsurteil erging 1548 in dieser Sache. Die Einwohner waren St. Blasien bzw. dessen Propstei Bürgeln fallbar. Dabei gab der Eigenmann im Todesfall das beste Haupt Vieh, der nicht leibeigene Lehenmann das zweitbeste. Bis zum Ende des 18. Jh. scheint dieser Fall überwiegend in natura bezogen worden zu sein, dann allerdings weigerten sich die Bauern, wohl unter dem Eindruck der damaligen großen Verschuldung, dem weiterhin zu folgen. – Frühe *Einwohnerzahlen* lassen sich nur schätzen. Im Jahre 1709 bewohnten 64 Bürger den Ort. Die späteren Angaben (1744: 278 Einwohner; 1750: ca 56 Bürger; 1767: 348 Einwohner; 1798/99: 160 Kommunikanten) lassen erkennen, daß sich die Einwohnerzahlen im 18. Jh. geringfügig erhöhten und zwischen 350 und 400 einpendelten (1804: 386), ein zeitweise hoher Anteil an Dienstboten (um 1740: 19) noch nicht eingerechnet. Die Zahl der Hintersassen (1709: 1; um 1740: 5) hielt sich dabei in Grenzen. – Die *medizinische Versorgung* der Einwohner oblag wohl im allgemeinen der Hebamme, die im 18. Jh. ein Wartegeld von 5 lb bezog. Zeitweise, so 1734, gab es auch einen Chirurgen am Ort.

Ihren Lebensunterhalt bezogen die Einwohner aus bäuerlicher Tätigkeit. Der Ackerbau in den drei Zelgen *Meistbergzelg*, *Rubinzelg* und *Feldbergzelg* (um 1790) konzentrierte sich überwiegend auf Getreide, meist Dinkel, etwas Hafer und Gerste. Erst seit 1716 wurde auch die Kartoffel kultiviert, 1776 nahm sie eine Fläche von 4 ha ein. Die Wirtschaftsfläche verteilte sich 1774 umgerechnet auf 189 ha Ackerland, 214 ha Wiesen, 12¼ ha Reben und 13 ha Gärten, wozu noch Wald im Umfang von 940 ha kam. Nachdem im 18. Jh. die Stallfütterung eingeführt worden war, wurden vermehrt Futterkräuter angebaut, allerdings offenbar erst mit obrigkeitlichem Nachdruck: 1779 wurde den Einwohnern befohlen, den Esparsettebau zu fördern. Damals stand Klee auf 1½ Hektar. – *Viehzahlen* sind spärlich überliefert. Man hielt vor allem Rindvieh, das im 14. Jh. bevorzugt als Zugvieh diente. Daneben wurden Schweine (1795 wurden 124 Schweine in den Äckerich getrieben) und Schafe gehalten. Pferde waren selten, 1700 werden als Zugvieh 10 Pferde und 38 Ochsen aufgeführt. – Einen großen Stellenwert hatte der *Weinbau*, der wohl Grundlage des örtlichen Wohlstandes war. Im 14. Jh. wurde Weiß- und Rotwein im Verhältnis 2:1 gekeltert. Rebberge gab es 1537 zu den Hütten, im Obernberg, am Lewen, im Berglin, im Schlatt, im Bitzengraben und im Luggenbühl. Im 17. Jh. scheint die Rebfläche noch erweitert worden zu sein.

Als Ende des 18. Jh. im herrschaftlichen Wald Leydeck eine *Erzgrube* entdeckt wurde (»Neuglück«), stellte man 1790/91 Überlegungen zu deren Ausbeutung an. Dieser Plan wurde offenbar jedoch nicht realisiert. – Unter den *Handwerkern* wird vor allem der Schmied genannt, dessen Werkstatt 1697 mitten im Dorf stand. Das 18. Jh.

kennt Metzger (1744/60), Hafner (vor 1760), Schuhmacher (vor 1770, 1798) und Schneider (1780). Ende des Jahrhunderts arbeiteten hier je 4 Schuster und Weber, je zwei Küfer und Nagelschmiede und je ein Bäcker, Hufschmied, Schneider und Schreiner. Ein Krämer läßt sich 1739 nachweisen. – Das 1537 erwähnte Müli Wur weist auf das Vorhandensein einer *Mahlmühle* hin, die sich seit 1586 nachweisen läßt. Eine Öltrotte wurde 1745 erstellt. Um jene Zeit bestand auch bereits eine Ziegelhütte und 1732 wird die Produktion von Kohlholz erwähnt. Im 18. Jh. arbeitete am Ort auch ein Ziegler. – Älteste *Wirtschaft* war die seit 1638 nachzuweisende Gemeindewirtschaft, zu der, vermutlich im 18. Jh., die »Sonne« (1789) und der »Pflug« kamen.

Bürgeln. – Vermutlich im 11. Jh. schufen die Herren von Kaltenbach sich mit der späteren Herrschaft Sausenburg oder großen Teilen davon eine Herrschaft. Die Erbauung der Burg Bürgeln dürfte am Ende der Herrschaftsbildung gestanden haben, zumal ihr eine Kirche mit Familiengrablege angegliedert war. Als die Familie zu Beginn des 12. Jh. in die Auseinandersetzungen um Kloster St. Blasien hineingezogen wurde – sie scheint bis dahin Parteigänger des Basler Bischofs gewesen zu sein und wechselte nun zu den Zähringern über – schuf sie durch ihre Parteinahme die Voraussetzungen für den damaligen Vogtwechsel. Werner von Kaltenbach und seine Söhne Werner, Wipert und Konrad wurden um 1120 Konventualen in St. Blasien und brachten dem Kloster ihren gesamten Besitz ein. Über die Burg scheint jedoch erst zwischen 1126 und 1130 verfügt worden zu sein, nach Werners Tod 1125 und dem Ableben des damaligen Leutpriesters auf Bürgeln, Heribert. Dieser, ein Bruder des Konstanzer Bischofs Ulrich II., hatte dort aber bereits eine Zelle gegründet (1126 *cella ecclesiae*) und damit Kompetenzstreitigkeiten um die Pastoration der umliegenden Dörfer ausgelöst, die erst durch den am 8. Februar 1130 in Basel durch Bischof Ulrich von Konstanz ratifizierten Vergleich zu Liel geschlichtet wurden. Entsprechend den Wünschen der Stifter sollte auf dem Berg ein Kloster errichtet werden. Der Besitz der Bürgler Kirche sollte jedoch einer in Obereggenen neu zu errichtenden Kirche zufallen, welche die Funktionen der Bergkirche übernehmen würde.

Um die Zeit des Vergleichs wurde die Burg abgebrochen und ein Klösterlein errichtet, das unter die Leitung der Kaltenbach-Söhne Wipert und Werner gestellt wurde. Es ist jedoch noch im ganzen 12. Jh. die Rede nur von einer *cella*. Erst eine Urkunde von 1225 nennt den *conventus claustri* und 1297 wird ein *monasterium* erwähnt. Vermutlich ist es aber nie zur Gründung eines eigenständigen Klosters gekommen, denn es scheint, daß St. Blasien von Beginn an auf der Abhängigkeit vom Kloster bestand. Seit 1299 wird von einer *prepositura* gesprochen und Propstei ist Bürgeln auch geblieben. In der Reformationszeit gelang es St. Blasien, Bürgeln als katholischen Außenposten zu erhalten, dem Propst wurden jedoch alle seelsorgerlichen Handlungen, die über seinen Hausstand hinausgingen, untersagt. Daß er sich nicht immer daran hielt, hat gelegentlich zu Ärger mit den markgräflichen Amtleuten geführt. Im 18. Jh. wurden die beiderseitigen Beziehungen jedoch zunehmend ausgeglichener, bis die Propstei dann 1803 ebenfalls ein Opfer der Säkularisation wurde.

Die ursprüngliche Dotation dürfte die gesamte Herrschaft Kaltenbach umfaßt haben. Allerdings nahm St. Blasien bald eine Umverteilung dieser Güter vor und behielt einen Großteil selbst. Weitere Besitzungen wurden nach der Reformation an das Kloster gezogen. Erst im 18. Jh. erfuhr die Propstei eine Aufwertung, ihr wurde die Oberaufsicht über die Güterverwaltung der ehemaligen Bürgler und Weitenauer Besitzungen anvertraut (vgl. dazu Bd. 1 S. 172/73).

Die *Anlage* hat öfter die Gestalt geändert. Das Kloster zum hl. Johannes auf Bürgeln brannte 1268 ab und wurde in den folgenden Jahren wieder aufgebaut. Die Weihe eines

Hl. Kreuzaltars im Jahre 1277 spricht dafür, daß die Gebäude damals wieder genutzt werden konnten. Diese wurden 1481 gründlich erneuert und teilweise neu aufgeführt, im Mai 1525 von aufständischen Bauern geplündert und wohl auch beschädigt, denn zwischen 1592 und 1594 ließ St. Blasien einen Neubau erstellen. Dieser wurde dann von den Begleitumständen des 30j. Krieges in Mitleidenschaft gezogen, 1657 wurden verschiedene Reparaturen an der Ringmauer und den Gebäuden durchgeführt. Nach den Franzoseneinfällen am Ende des 17. Jh. waren Propstei und Kirche in schlechtem baulichen Zustand. Verschiedene Reparaturen (1701, 1738, 1747) änderten daran letztlich nichts, so daß man sich 1762 zu einem völligen Neubau entschloß, der zwei Jahre später beendet war. (s. u. Bemerkenswerte Bauwerke).

Lippersbach. – Das Hofgut (21,96 ha), eine spätmittelalterliche Ausbausiedlung vermutlich von Sitzenkirch aus, wird 1346 als *Luperspach* erstmals urkundlich erwähnt. Bereits damals gehörte es, samt allen Zehnteinkünften, der Propstei Bürgeln, woran sich bis zum Beginn des 19. Jh. nichts geändert hat. Der jeweilige Propst vergab es als Bestandslehen, im 16./17. Jh. meist auf 8 bis 10 Jahre, im 18. Jh. auf 3 bis 9, zuletzt 12 Jahre. Der Hof steuerte nach Obereggenen, wohin seine Bewohner vermutlich auch kirchhörig waren.

Ende des 17. Jh. kam es verschiedentlich zu Auseinandersetzungen zwischen den markgräflichen Beamten und dem Propst auf Bürgeln, vor allem wegen der Fronpflicht und anderer Leistungen des Hofes. In deren Verlauf scheint St. Blasien den Propst 1694 angewiesen zu haben, das Gut dem Pfarrer in Liel zu unterstellen. Sicher ist, daß Bürgeln spätestens seit 1701 entgegen den Abmachungen mit der Herrschaft Rötteln-Sausenberg den Hof mit Katholiken besetzte, was, als es herauskam, weiteren Streit nach sich zog. Erst Ende des Jahrhunderts gab das Oberamt Rötteln nach und beließ den Bauern auf dem Hof, solange er kein Aufsehen erregte. Zuständige Pfarrei dieser Bauerngeneration war Liel, die einzige kath. Pfarrkirche im weiteren Umkreis, nachdem dem Propst auf Bürgeln die Pastoration von nicht zu seinem Hausstand gehörigen Leuten untersagt war. Es ist anzunehmen, daß die Kinder auch den Schulunterricht in Liel besuchten.

Der Hof scheint vorwiegend als Sennerei betrieben worden zu sein. Nachdem der Meier 1600 9 Schweine in den Äckerich getrieben hatte und 1657 Rindvieh für den Verkauf aufzog, war der Hof 1743 mit 26 Stück Vieh, bis auf 2 Pferde lediglich Rindvieh, bestanden. Darunter befand sich immer auch Stellvieh der Propstei. Die Wirtschaftsfläche bestand aus 66 J Land (ca. 18 ha), darunter 40 J Bergäcker. Neben Land- und Viehwirtschaft übernahm der Meier auch Sonderaufgaben für Bürgeln, wie Wein-, Frucht- und Heufuhren sowie Botendienste nach Basel. Nach dem Übergang an Baden wurde der Lippersbacher Hof an einen Privatmann verkauft, der bisherige Pächter mußte 1807 das Gut räumen.

Schallsingen. – Die *villa que dicitur Salsingen* läßt sich erstmals zwischen 1093 und 1111 urkundlich nachweisen. Unklar ist, ob der oben im Holebachtal gelegene Ort als letzte Ausbausiedlung von Obereggenen oder von Feldberg aus angelegt worden ist. Andererseits scheinen die wenigen alten Nennungen (vor 1152 *villa Scalsingen*) für eine echte -ingen-Siedlung zu sprechen. Einigermaßen sicher ist lediglich, daß der Ortsname von einem Personennamen abgeleitet ist. Die kleine Siedlung, 1387 als Dorf bezeichnet, hatte eine eigene Gemarkung und wohl auch eigenen Besitz, zumindest ist gelegentlich von der *Schallsinger Allmend* die Rede. Der örtliche Besitz verteilte sich auf die Klöster bzw. Propsteien Bürgeln und Sitzenkirch (1492: 3–4 J, 2 Hofstätten) sowie die Einwohner und vermutlich die Johanniterkomende Neuenburg. Der 1093/1111 durch den Kenzinger Bürger Erkenbold dem Kloster St. Peter im Schwarzwald geschenkte Besitz wird später nicht mehr genannt. Schallsingen hatte keine eigene Ortsverwaltung, es entsandte im 16. Jh. einen Vertreter ins Ortsgericht Obereggenen, wohin die Einwohner wohl auch kirchhörig waren. Die landwirtschaftlichen Verhältnisse entsprachen denen des Hauptortes. Um 1580 wurde eine Mühle erbaut, die bis 1868 betrieben wurde.

Schliengen

Ur- und Frühgeschichte. – Spuren des neolithischen Menschen finden sich an verschiedenen Punkten der Gemarkung, sowohl im Hügelland wie in der Rheinebene (»Äußere Wagenstelle«). Grabungen wurden allerdings noch an keinem dieser Plätze durchgeführt. Gegenüber den durch Oberflächenfunde gekennzeichneten *jungsteinzeitlichen Fundstellen* sind jüngere prähistorische Perioden spärlicher vertreten. Im Neubaugebiet »Magazin«, auf der mit Schwemmlehm bedeckten Niederterrasse, wurden Scherben der Bronzezeit und der darauf folgenden Urnenfelderzeit aufgelesen. Leider konnten nur die Funde geborgen, aber keine Siedlungsspuren im Boden entdeckt werden.

Besonderes Interesse hat man in Schliengen schon immer der *römischen Zeit* zugewandt. Die wichtige Rheinuferstraße von Basel nach Mainz führt über die Gemarkung, teilt sich hier sogar in einen östlichen und einen westlichen Strang. Nach diesem Straßenverlauf wurde verschiedentlich geforscht, ein Wegstück nördlich des »Habergergs« gilt als Römerstraße. Münzen sind seit dem 19. Jh. bekannt, aber nicht genau lokalisierbar. Im Ort fanden sich Leistenziegel, vielleicht Hinweise auf eine Straßenstation, die man hier vor dem steilen Aufstieg zum Schliengener Berg benötigte. Auch am Ortsausgang gegen Liel liegt offenbar ein römisches Gebäude, wahrscheinlich ein Gutshof.

Zur *alemannischen Siedlung* Schliengen gehört ein Grab des 7. Jh., das oberhalb des Orts, nahe der Kirche, ausgegraben worden ist. Dagegen bleibt die Zeitstellung zweier Gräber am Ortsausgang gegen Liel ungewiß.

Siedlung und Gemarkung. – Die Siedlung wird 820 erstmals in einer Urkunde des Klosters St. Gallen als *in Sliingas* erwähnt. Ihr Name leitet sich von einer Person her. Nicht zuletzt der Fund eines alemannischen Grabes (s. o.) weist darauf hin, daß der -ingen-Ort in der frühen Merowingerzeit entstanden ist.

Traditionell war Schliengen durch seine Lage an der römischen Handelsstraße von Basel nach Mainz bzw. Frankfurt geprägt. Die schon für das Mittelalter belegten Bezeichnungen *ze Hochstraße* oder *zum Altweg* weisen auf die Straßenführung hin, die – unter Umgehung der immer wieder periodisch von Überschwemmungen bedrohten Rheinebene – in Richtung Basel zog. Karten aus der Mitte des 18. Jh. weisen mit dem Flurnamen *Alte Landstraße* darauf hin, daß die Streckenführung im Lauf der Zeit etwas in das Landesinnere verlegt wurde. Zu dieser Zeit (1768) verließ sie den Ort im Süden, während sie zuvor westlich des Dorfes gegen den Rhein hin einen Bogen beschrieben hatte.

Die besonderen Herrschaftsverhältnisse in Schliengen brachten es mit sich, daß der Dorfetter umsteint war. Der eingegrenzte Bereich umfaßte auch die beiden außerhalb der Siedlung gelegenen Mühlen, die Freimühle und die Altinger Mühle. Letztere war Rest einer abgegangenen Siedlung (s. u.). Bereits im Mittelalter gliederte sich Schliengen in einzelne Teile, wird doch bereits 1314 ein Oberdorf erwähnt. Zahlen über die Größe der Siedlung fehlen. Im 30j. Krieg wurde der Ort nicht nur durch hohe Kontributionen und mehrfache Einquartierungen feindlicher Truppen belastet; es wurde auch ein beträchtlicher Teil der Häuser und Wirtschaftsgebäude niedergebrannt. Auch das Treffen französischer und österreichischer Truppen bei Schliengen 1796 hinterließ seine Spuren.

Der Kernbereich der Schliengener Gemarkung wird im Westen durch das *Hochgestade*, zeitgenössisch auch *(Hoch-)Rain* genannt, begrenzt. Westlich dieses hochwassersicheren Gebietes lagen die Rheinauen. Zahlreiche, häufig erneuerte Vergleiche zwischen Schliengen und den nördlichen Nachbarn Steinenstadt und Neuenburg (z. B. 1495, 1545, 1602, 1702) führten zu einer Aufteilung der Fläche unter den genannten Gemeinden, die Schliengen lediglich einen Großteil des Großen Grüns beließ. In den anderen Fluren der Rheinauen, die zum Teil durch Dämme gegen das Hochwasser geschützt waren, hatte die Gemeinde besondere Holz- und Weiderechte. Die Rheinkorrekturen des 19. Jh. schnitten Schliengen endgültig vom Flußufer ab.

Lange schon vorgetragene Ansprüche von Steinenstadt wurden bei der Neufestlegung der Gemarkungsgrenzen 1786/88 berücksichtigt. In der nordöstlichen Grenze der Schliengener Gemarkung, am Zusammenstoß mit Auggen und Mauchen, erhielt Steinenstadt Rebland am Himmelberg als Exklave zugesprochen. Auch wurde die gemeinsame Grenze zwischen den beiden Orten etwas nach Osten verlegt.

Herrschaft und Staat. – Anfänge eines *Ortsadels* lassen sich bis etwa in die Mitte des 12. Jh. zurückverfolgen. Ein Mangoldus de Sleingen lebte um 1152. Aber erst im 13. Jh. werden Angehörige des Geschlechts, die sich als Ritter bezeichneten, deutlicher greifbar. 1287/89 verkauften die Brüder Johannes und Dietrich von Schliengen zusammen mit ihrem Neffen Heinrich ihren Hof zu Heitersheim an die Freiburger Johanniter. Im Gegenzug erwarben sie vom Kl. Murbach Besitz zu Schliengen. Enge Beziehungen bestanden zum Adel am Hochrhein in der Gegend von Rheinfelden. Anna von Nollingen, eine der Stifterinnen des Kl. Himmelspforte, war mit Dietrich von Schliengen verheiratet, einem Ratsherrn in Rheinfelden (belegt 1275–1287). Auch zu den dortigen geistlichen Institutionen bestanden enge Kontakte: Heinrich von Schliengen ist als Mitglied des Deutschordenshauses Beuggen belegt (1285–1289), Hugo von Schliengen als Kanoniker am Rheinfelder Stift St. Martin (1279). Das schildförmige Siegel der Familie zeigt im Wappen einen Vogelfuß mit vier Krallen. In der 1. Hälfte des 14. Jh. verlieren sich die Spuren der Ritter von Schliengen.

Von der adeligen Familie derer von Schliengen muß das gleichnamige bürgerliche Geschlecht unterschieden werden. Das Siegel der Familie, in Abdrücken aus der Mitte des 14. Jh. überliefert, zeigt im Gegensatz zu den Rittern einen Schild, der schrägrechts durch einen Wolkenschnitt geteilt wird. Diese Familie, schon im 13. Jh. mit dem Basler Bürgerrecht versehen, stieg in den dortigen Rat auf (ab 1279). Heinrich von Schliengen bekleidete sogar das hohe Amt des bischöflichen Stadtschultheißen (1332/33). Angehörige der Familie waren als Wirte und in Geldgeschäften tätig. So bekam etwa Hüglin von Schliengen vom Basler Bischof das Recht übertragen, Münzen zu prägen (1370). Zu Beginn des 15. Jh. brechen jedoch die Nachrichten über die Familie in Basel ab.

Mit Diethelm von Schliengen ist seit 1311 auch ein Zweig des Geschlechts als Neuenburger Bürger belegt. Durch die Heirat seiner Tochter Anna mit Rudolf Kuechlin, einem Angehörigen des weitverbreiteten Freiburger Adelsgeschlechts, bildete sich eine Nebenlinie dieser Familie, die sich zur Unterscheidung von den anderen Zweigen bisweilen Kuechlin von Schliengen nannte. In Schliengen wird nochmals 1378 ein Rudi Kuechlin als örtlicher Vogt des Basler Geschlechts der Schaler, die damals die Ortsherrschaft als Pfand besaßen, erwähnt.

Die Frage, ob die genannten Ritter von Schliengen einen Herrschaftssitz am Ort besaßen, läßt sich aus den schriftlichen Quellen nicht klären. Die Geschichte der

Schloßanlage Entenstein, im Zentrum des Dorfes bei der Kirche gelegen, ist unklar, doch dürfte der Bau in seiner Substanz zumindest bis ins 14. Jh. zurückreichen. Im 17. Jh. befand sich das Wasserschloß, zeitgenössisch oft Weiherhaus genannt, in Händen der Nagel von der alten Schönstein, der niederen Gerichtsherren. Das Hochstift Basel, zuvor Besitzer der Anlage, besaß weiterhin ein Vorkaufsrecht, von dem auch 1725 Gebrauch gemacht wurde. Unter dem Vorbehalt gewisser Nutzungsrechte veräußerte Johanna von Roggenbach Entenstein an den Landesherrn. Die stark vernachlässigte Anlage wurde daraufhin zum Sitz des Schliengener Landvogtes ausgebaut.

Nachrichten über die Schliengener *Herrschaftsverhältnisse* liegen seit dem späten 13. Jh. vor. Das Dorf war zusammen mit Steinenstadt und Mauchen mit hohen und niederen Gerichten im Besitz des Hochstifts Basel, von dem es an die Herren von Üsenberg verliehen wurde. Als sich deren Herrschaft 1284/92 in zwei Linien spaltete, fiel das Basler Lehen zusammen mit zahlreichen weiteren Dörfern des Kaiserstuhls als Teil der sogenannten oberen Herrschaft an Hesso IV. von Üsenberg. Von diesem wurde Schliengen als Afterlehen, also Unterlehen, weiterverliehen. Es befand sich zunächst im Besitz von Ritter Rudolf dem Schaler, dem Basler Schultheißen. Dieser verkaufte seine Schliengener Rechte 1327 an den Neuenburger Schultheiß Jakob von Neuenfels. Vermutlich Erbstreitigkeiten führten dazu, daß dem neuen Besitzer seine Schliengener Rechte durch Hug von Üsenberg streitig gemacht wurden, der die Hälfte von Dorf und Gericht von Schliengen für sich beanspruchte. Ein Schiedsgericht scheint jedoch die Rechte von Burkhard von Üsenberg, dem Sohn des verstorbenen Hesso, entgegen den Forderungen des Hug von Üsenberg bestätigt zu haben. Denn 1331 verlieh Burkhard von Üsenberg das ganze Dorf Schliengen an Jakob von Neuenfels.

Die komplizierten Rechtsverhältnisse fanden auch kein Ende, als Bischof Johann von Basel im Rahmen der Neuordnung des Hochstiftes 1343 alle Schliengener Rechte und Besitzungen des Jakob von Neuenfels, zu denen auch der Burgstall zu Altikon gehörte (s. u.), um 300 Mark Silber erwerben konnte. Denn bevor mit dem Aussterben der Üsenberger (1380) die Basler Lehen endgültig an das Hochstift zurückfielen, war Schliengen schon wieder der direkten bischöflichen Herrschaft entzogen worden. Nach 1343 teilte nämlich das Dorf zusammen mit Mauchen und Steinenstadt das Los der Festung Istein (vgl. Bd. 1, S. 712 f.). 1372 kam diese an die Stadt Basel, 1374 konnte sie wieder vom Bischof ausgelöst werden, um weitere zwei Jahre später an Werner den Schaler, den Basler Archidiakon und späteren Gegenbischof, versetzt zu werden. Über Herzog Leopold III. von Österreich kam die gesamte Pfandschaft an die Grafen von Freiburg, von diesen 1386 an Markgraf Rudolf III. von Hachberg-Sausenberg. Bereits 1394 konnte jedoch Herzog Leopold IV. die Herrschaft über die Orte wieder auslösen, um die Dörfer bald erneut als Unterpfand an die Münch von Landskron, danach an den Basler Junker Hans von Laufen (1423) zu versetzen. Die endgültige Auslösung der Pfandschaft durch den Basler Bischof ist nicht genau datierbar. Sie vollzog sich jedoch vor 1438.

Die wechselnden Pfandschaften des späten 14. Jh. hatten die bischöflichen Hoheitsrechte über Schliengen ins Wanken gebracht. Seit 1398 beanspruchte Markgraf Rudolf von Hachberg als Inhaber der Landgrafschaft Sausenberg die hohen Gerichtsrechte in Schliengen. Der Markgraf leitete seine Ansprüche aus den alten Rechten der Landgrafschaft ab. Sitzungen des Landgerichts in Schliengen zu Beginn des 14. Jh. scheinen die markgräflichen Forderungen zu stützen. Dieser beanspruchte alle hohen Gerichtsrechte außerhalb des Schliengener Dorfetters. Über Straftaten, die innerhalb des Etters begangen wurden, sollten Schultheiß, Vogt und Gemeinde Recht sprechen. Die Exekution der Urteile beanspruchte er jedoch für sich. Die bischöfliche Seite hingegen reklamierte die gesamten hohen Gerichtsrechte für Basel. Sie seien traditionell an die Feste Istein gebunden. Nach längeren Auseinandersetzungen unterwarfen sich die beiden Parteien einem Schiedsgericht unter Burkhard Münch von Landskron. Der sogenannte »Lange Urteilsbrief« von 1424 bestätigte die badischen Forderungen. Er gestattete allein den Amtleuten des Markgrafen das Richten am Schliengener Galgen, der im Galgenboden an der Landstraße gegen Hertingen hin stand.

Die Auseinandersetzungen um die Abgrenzung bischöflicher und markgräflicher Hoheitsrechte fanden jedoch mit dem Urteil von 1424 kein Ende. Die Schiedssprüche von 1489 und 1496 weisen auf fortdauernde Konflikte hin. Ein weiterer Vergleich von 1509 (sog. Zaberner Vertrag) modifizierte die älteren Regelungen. Der Etterbereich von Schliengen wurde mit 16 Steinen genau festgelegt. Ein Abkommen von 1572/73 regelte die Überführung der Gefangenen in die bischöflichen Orte Binzen und Birseck. Die Markgrafschaft beschränkte sich jedoch nicht darauf, die bischöflichen Hochgerichtsrechte in Schliengen massiv zu beschneiden. Seit 1422 wurde auch das bischöfliche Jagdregal in den Gemarkungen von Schliengen und Steinenstadt durch Baden beansprucht. In diesem Fall konnte sich jedoch Basel durchsetzen. Das Privileg des »Hagens und Jagens« wurde vom Bischof seit dem 16. Jh. an die Nagel von der alten Schönstein verliehen. Auch Heitersheimer Johannitermeister wurden mit entsprechenden Rechten belehnt. Daneben gab es noch eine Reihe von Sonderrechten. So war dem Amtmann des Säckinger Dinghofes die Hasenjagd erlaubt. Das Recht der Stadt Neuenburg, in den Gemarkungen von Schliengen und Steinenstadt Wildhäge zu errichten, wurde 1545 von Basel modifiziert. Auch Baden hatte noch um 1700 gewisse Rechte in den Gemarkungen.

Die entscheidende Zäsur in den herrschaftlichen Verhältnissen in Schliengen brachte das Jahr 1769. In einem breit angelegten Vergleich zwischen der Markgrafschaft und dem Basler Bischof gab Baden alle hoheitlichen Rechte zu Schliengen preis. Basel verzichtete im Gegenzug auf die umstrittenen Burgvogteirechte zu Binzen. Der Bischof war nun unumschränkter Herr zu Schliengen, Mauchen und Steinenstadt, zumal sich Basel bereits 1696 durch den Kauf des Murbacher Dinghofs auch dessen grundherrliche Rechte hatte sichern können. Der Austausch der Leibeigenen trug ebenfalls zu einer Bereinigung der Verhältnisse bei. Baden verblieb nur das Durchzugsrecht für Truppen, auch Schürf- und Bergwerksrechte wurden nicht abgegeben (s. u.). – *Verwaltungsmäßig* gehörte der rechtsrheinische Besitz des Basler Hochstifts zum sogenannten Niederamt Birseck. Erst 1719 wurde Schliengen zu einem eigenen Oberamt erhoben, dem ein Obervogt, auch Landvogt genannt, vorstand. Diesem waren (Unter-)Vögte in den Dörfern untergeordnet.

Die militär- und waffenpflichtige Mannschaft war in Listen erfaßt und hatte sich – wie etwa in den Krisenzeiten des 30j. Krieges – vermehrt Musterungen zu unterziehen. Zu Beginn des Krieges wurden selbst Männer aus Schliengen zum Schutz der bischöflichen Residenz Pruntrut herangezogen. Die bischöflichen Untertanen zu Schliengen waren zu Frondiensten auf dem Felde und bei Unterhaltsarbeiten an herrschaftlichen Gebäuden verpflichtet. Der Landvogt spendete dafür Fronbrot und Fronwein. Seit 1479 erscheint Schliengen auch in den Huldigungslisten, in denen die geleisteten Treueeide der Untertanen gegenüber dem neu erwählten Landesherrn festgehalten wurden. Die Erhebung von Steuern ist zum ersten Mal für das Jahr 1378 belegt. Eine Schliengener Frau war damals gezwungen, zur Begleichung ihrer Steuerschulden in Höhe von 36 fl Besitz im Dorf zu verkaufen. Die Einführung einer außerordentlichen Schatzung durch den Basler Bischof führte 1443 zur Erhebung der Gemeinde unter dem Zeichen des Bundschuhs (s. u.). Die Dorfordnung von 1546 schrieb die Abgaben der Gemeinden Schliengen, Mauchen und Steinenstadt an den Landesherrn auf insgesamt 20 lb, 20 Mltr Roggen und 20 Saum Wein fest. Das Umgeld vom ausgeschenkten und verkauften Wein und das Abzugsgeld im Umfang von 5 Prozent bildeten weitere örtliche Einnahmequellen des Landesherrn. Besonders das Umgeld mit jährlichen Einnahmen zwischen 200 und 280 lb gehörte zu den wichtigsten landesherrlichen Finanzquellen im Amt Schliengen.

Die bischöflichen Besitzungen auf dem rechten Rheinufer wurden 1802/03 durch die Markgrafschaft besetzt. Schliengen kam 1803 zum Oberamt Badenweiler. Bereits ein Jahr später wurde ein eigenes Oberamt Schliengen errichtet, das 1805 auf Kosten von Rötteln vergrößert wurde. 1809 kam das Dorf zum Amt Kandern.

Grundherrschaft und Grundbesitz. – Die Erstnennung des Ortes aus dem Jahr 820 weist das Kloster St. Gallen als frühen Grundherren zu Schliengen nach. Im späten 12. Jh. werden die beiden Klöster St. Ulrich im Schwarzwald (1179/1184) und das erst zu Beginn des Jahrhunderts gegründete Beinwil (1194, Kt. Solothurn) durch päpstliche Besitzbestätigungen als örtliche Grundherren greifbar. Nennungen in Güterverzeichnissen des 14. Jh. weisen auf die Kontinuität dieses Besitzes hin. Durch Stiftung Adeliger (Heid von Hertenberg, Rudolf von Wieladingen) gelangte auch das Deutschordenshaus Beuggen im frühen 14. Jh. zu Besitz in Schliengen (1309/1318), darunter neben Matten auch Weinberge und eine Trotte. Für das 13./14. Jh. sind Ländereien der Ritter von Schliengen am Ort belegt. Die beiden Klöster Ottmarsheim und Sitzenkirch (ab 1361) sind in der ganzen frühen Neuzeit als Grundherren in Schliengen bezeugt. Zum umfangreichen Besitz der Familie von Klingenberg gehörte auch ein Hof zu Schliengen, der 1489 an Ruf von Reischach verliehen wurde. 1520 kam er an St. Blasien. 1564 konnte schließlich die Abtei den gesamten Besitz derer von Klingenberg im Breisgau als Eigen erwerben. Die zahlreichen Einkünfte Neuenburger Bürger in Schliengen sind wegen der Nähe der Stadt nicht überraschend.

Dominierende Grundherren am Ort waren jedoch das *Kl. Murbach* und das *Stift Säckingen*. Auch wenn der Besitz der elsässischen Abtei urkundlich erst ab 1282 zu greifen ist, kann die Konzentration der Murbacher Rechte zu Schliengen als Indiz für deren Alter gewertet werden. Die beiden Lehen umfaßten zum einen den Wittumhof und damit verbunden den Kirchensatz und Zehnten sowie zum anderen den Dinghof mit weitgehenden niedergerichtlichen Rechten. Das Wittumgut wurde zusammen mit Patronats- und Zehntrechten 1282 durch Murbach an Johann Snewelin, den Sohn des Freiburger Ritters Konrad Snewelin d. J., verliehen, nachdem es die Snewelin zuvor von dem Pfalzgrafen Hugo von Tübingen erworben hatten. Der jährliche Zins betrug 4 Pfund Wachs, zudem hatten die Snewelin für die Umwandlung des Gutes in ein Erbzinslehen einmalig 40 M. S. zu bezahlen. Doch bereits 1300 übergaben die Snewelin den Hof im Tausch gegen die Burg Landeck an die oberdeutschen Johanniter. Der systematische Besitzausbau des Ritterordens in Schliengen und dem Nachbarort Steinenstadt, wo die Johanniter bereits 1238 den Fronhof erworben hatten, wurde jedoch schon wenig später aus finanziellen Gründen gestoppt. 1318 mußte das Wittumgut unter Ausschluß des Kirchensatzes für die enorme Summe von 500 M. S. an das erst 1311 gegründete Kl. Königsfelden im Aargau verkauft werden. Den Neuenburger Johannitern verblieben nur etwa 14 J Ackerland sowie Reben und Matten im Schliengener Bann (1330/40). Da der Wittumhof aus Mitteln der Königin Agnes von Ungarn erworben worden war, findet sich in der Folgezeit neben den Bezeichnungen »niederer« oder »Königsfelder Hof« auch der Titel »Königinnenhof«. Nachdem sich der Konvent in der Reformationszeit aufgelöst hatte (1528), kam das Gut an Bern. 1534 wurde es von der Stadt an das Spital Rheinfelden veräußert. Aus den Quellen ist nicht ersichtlich, wann das Gut aus dem Besitz des Rheinfelder Spitals an die Nagel von der alten Schönstein überging. Der große Erbvergleich der Familie von 1660 legte jedoch fest, daß der Hof zu gleichen Teilen an die drei Schwestern des Franz Konrad gehen sollte. Durch Heirat gelangte das Gut dann in den Besitz derer von Toussaint.

Lag die Bedeutung des Wittumgutes hauptsächlich in der Verbindung mit den dazugehörenden lukrativen Zehntrechten, so gehörten zum anderen Murbacher Lehengut, dem eigentlichen Dinghof, umfassende grundherrliche Rechte. 1303 besaßen die Snewelin den Hof, nachdem zuvor Diethelm von Staufen mit ihm belehnt gewesen war. Diese Konstellation mochte der Grund dafür sein, daß noch zu Beginn des 15. Jh. zwischen den beiden Familien über die Zugehörigkeit eines Hofes in Kleinkems zum Schliengener Dinghof gestritten wurde. Bis zum Verkauf des Wittumgutes (1300) hatte somit die Freiburger Patrizierfamilie beide Murbacher Lehen in Händen gehabt. Durch Erbgang gelangte das Gut im 1. Drittel des 15. Jh. an die verschwägerte Familie von Blumeneck, später an die von Hattstatt. 1523 kam die Familie Nagel von der alten Schönstein in den Besitz des Dinghofes. Zu Beginn des 17. Jh. setzte sich das Dinghoflehen aus dem eigentlichen Murbacher Lehen, dem Tennenbacher Lehen, dem Gässlin-Lehen sowie einigen kleineren Einzelgütern und der Freimühle (s. u.) zusammen. Die Einkünfte waren beträchtlich. Neben geringeren Geldzinsen erhielten die Nagel jährlich 41 Mltr Roggen und Weizen, 39 Mltr Hafer und etwa 1½ Saum Weißwein. Im Dinghofrodel von 1522 werden 10 Huber genannt, unter ihnen das Neuenburger Spital. Als mit dem Basler Domherrn Hans Dietrich Nagel der Mannesstamm der Familie erlosch, fiel das Murbacher Lehen an die Abtei zurück. 1696 verkaufte das Kloster den gesamten Dinghof, dessen Gebäude zu diesem Zeitpunkt schon gar nicht mehr vorhanden waren, mit allen Einkünften und vor allem auch mit allen Gerichtsrechten an den Bischof von Basel. 1715 wurde das Gut (80 J Acker, 20 J Matten) zu gleichen Teilen an Franz Conrad von Toussaint, den bischöflichen Statthalter vor Ort, sowie an den alten Schultheißen verpachtet.

Der Schritt stärkte die obrigkeitliche Position des Bischofs in Schliengen, da die an den Dinghof gebundenen Gerichtsrechte immer in Spannung zu den Kompetenzen des landesherrlichen Vogtes gestanden hatten. 1365 wird zum ersten Mal ein vom Dinghofherrn ernannter Schultheiß erwähnt. 1438 wurde zwischen Heinrich von Blumeneck und dem Basler Bischof eine Vereinbarung über die sogenannten »kleinen Gerichte«, die für Schliengen, Mauchen und Altikon zuständig waren, getroffen. Der Schultheiß sollte dreimal im Jahr das Gericht in Schliengen leiten, das sich aus 10 Gerichtsleuten, von denen 7 bischöfliche Untertanen sein sollten, zusammensetzte. Ein Vertrag von 1462 konkretisierte die ältere Vereinbarung. Von »bussen und bessrung« erhielt der Schultheiß 2 Drittel, der Vogt den Rest. In einigen Fällen gingen sie aber auch ganz an das Gericht. Appellation war möglich. Die unterlegene Partei konnte sich an das bischöfliche Hofgericht wenden (z. B. 1529/30). Der Dinghofrodel von 1522 bestätigte die alten Rechte und betonte nochmals, daß alle örtlichen Bannrechte zum Hof gehörten.

Besitz des *Stiftes Säckingen* in Schliengen ist seit 1240 belegt. Die ersten Bestimmungen über die Pflichten des Richters auf dem Säckinger Dinghof von 1306 sind zugleich die erste Erwähnung dieses Gutes. Wie auch bei anderen Säckinger Dinghöfen war das Meieramt zu Beginn des 14. Jh. an die Herren von Wieladingen verliehen. Das Stift verwaltete die Güter in Schliengen energisch und haushälterisch. Gülten wurden eingelöst oder getauscht, ebenso Grundstücke. Mißwirtschaft wurde mit Nachforderungen geahndet. Eine Zusammenstellung von 1449 nennt 40 Huber des Dinghofes, deren Herkunft die Streuung des Besitzes aufzeigt. Eine etwa zeitgleiche Zusammenstellung der Einkünfte unterstreicht die wirtschaftliche Bedeutung des Dinghofes für das Stift. Säckingen erhielt jährlich neben unbedeutenden Geldeinkünften mehr als 80 Saum Rotwein und 18 Mltr Korn. Zur Reformationszeit mußte das Kloster mit personellen Schwierigkeiten kämpfen. Der Keller hatte den Hof verkommen lassen und erwies sich in einem Prozeß zwischen ihm und dem Stift als äußerst widerspenstig. Die Säckinger Verwaltung hielt dennoch bis zur Säkularisation daran fest, den Hof samt Kelleramt als Erblehen zu verleihen. Das große Stiftsurbar von 1562 dokumentiert den nach Bauernkrieg und Reformation gefestigten Säckinger Besitz. Der eigentliche Maierhof umfaßte knapp 70 J Ackerland, 4 J Matten und 66 J Holz. Weingärten finden sich kaum darunter. Als Zins hatte der Maier jährlich 2 Mltr Roggen abzuliefern. Der Rest des Säckinger Besitzes zu Schliengen war in 38 Lehen gespalten, darunter 4 Haus- und Hofstätten; unter den Ländereien dominierten Reben und Flächen mit Sondernutzungen. Dazu kamen noch die Besitzungen im Altinger Bann, wo 10 Zinser Abgaben zu leisten hatten. Die Besitzungen des Dinghofes waren über Schliengen und alle Nachbarorte verstreut. Die Rechnungen des örtlichen Kellers vom Ende des 18. Jh. belegen, daß die Säckinger Besitzungen erstaunlich konstant geblieben waren. Wie im Spätmittelalter dominierte unter den Einnahmen der Wein (1698 bis 1700: 239 Saum), dazu kamen die verschiedenen Getreidezinse, die in 3 Jahren 48 Mutt Kernen, 85 Mutt Roggen, 42 Mutt Hafer und 23 Mutt Gerste ausmachten. Hohe Geldeinnahmen ergaben sich daraus, daß die Naturalien zum Teil sofort wieder verkauft wurden.

Auf die besonderen Privilegien des Hofes spielt die Bezeichnung »Freihof« an. Daß die Bezeichnung »Of(f)enhaus« von 1315 ein Synonym für diese Bezeichnung sein könnte, ist durchaus möglich. Damit war gemäß Dorfoffnung die Befreiung von Steuern und Diensten sowie das durch kaiserliches Privileg verbriefte Asylrecht gemeint. Auch besondere Zehntrechte konnte Säckingen durchsetzen (s. u.). In einem detailreichen Vergleich mit dem Bischof von Basel erreichte Säckingen 1723 die Wiederbelebung des Dinggerichtes, das – wie schon 1306 festgelegt – dreimal jährlich zusammentreten sollte. In dem Vertrag wurden alte dinghöfliche Rechte erneuert, aber auch eine Abgrenzung der Rechte und Gerichtskompetenzen zwischen Grundherrn und Landesherrn erreicht.

Gemeinde. – Die Ausbildung der örtlichen Gemeinde ist in Schliengen im ausgehenden Mittelalter durch die starke grundherrliche Stellung der beiden Dinghofgerichte (s. o.) mitgeprägt. Bald nach dem Einsetzen der urkundlichen Überlieferung wird 1303 in einer Auseinandersetzung zwischen Schliengen und Steinenstadt die »gebursame«, also der Zusammenschluß der örtlichen Bauernschaft, erwähnt, 1348 die Gemeinde des Dorfes zu Schliengen. In beiden Urkunden wird auch der örtliche *Vogt* genannt, der im letzteren Fall mit Sicherheit als lokaler herrschaftlicher Vertreter vom Basler Bischof ernannt worden war. In wichtigen Urkunden erscheint der Vogt als Siegler. Eine Stellvertretung des grundherrlichen Schultheißen durch den Vogt ist belegt (1497).

Deutlicher faßbar wird die örtliche Gemeinde in ihrem Aufstandsversuch gegen den Basler Bischof 1443. Schliengen weigerte sich im Gegensatz zu den Nachbarorten Istein, Huttingen, Mauchen und Steinenstadt, eine außerordentliche Steuer, eine Landschatzung, zu entrichten. Zum Zeichen des Widerstandes gegen die Obrigkeit hob einer der Aufständischen einen *Bundschuh* an einer Stange in die Höhe, der Rest der Gemeinde schloß sich diesem an. Die Rädelsführer wurden durch den Bischof gefangengesetzt, ihre Abstrafung durch das Einlenken der Gemeinde vermieden. Der Schliengener Aufstand setzte zum ersten Mal den Bundschuh als Zeichen der Erhebung gegen die Ortsherrschaft ein. Gleichzeitige Zusammenschlüsse im nahen Elsaß benutzten ihn als Symbol der bewaffneten Selbsthilfe einzelner Gemeinden gegen die umherziehenden Armagnaken, französische Söldner. Auch der *Bauernkrieg* ging nicht spurlos an Schliengen vorüber. 1540 beklagten sich die örtlichen Zehntherren, daß die Einwohner von Schliengen, Mauchen und Steinenstadt seit dem bäuerlichen Aufruhr ihre Abgaben nicht mehr korrekt ablieferten. Erneute Beschwerden nach der Weinernte machen deutlich, daß die Dörfer trotz herrschaftlicher Ermahnungen nur zögerlich bereit waren, ihren Verpflichtungen nachzukommen.

Die herrschaftliche Dorfordnung des Jahres 1546 beanspruchte, örtliche Gewohnheitsrechte zu berücksichtigen. Zugleich diente sie aber auch der Bestätigung bischöflicher Rechte, wohl als Reaktion auf die dörflichen Unruhen. Sie vermittelt einen umfassenden Einblick in die *Verwaltung der Gemeinde*. An ihrer Spitze stand der (Unter-)Vogt, der vom Birsecker Obervogt ernannt wurde. Ihm zur Seite standen die Dorfgeschworenen, die jeweils von den Vorgängern des vergangenen Jahres und dem Untervogt ernannt wurden. Ihnen oblag die Rechnungsführung über die Verwaltung des Gemeindevermögens. Die neu ernannten Geschworenen wählten wiederum zusammen mit dem Untervogt die Zwölfer, aus denen der Statthalter des Vogtes genommen wurde. Zugleich bestimmten sie den Waibel, den Gerichtsbüttel. Die Dorfordnung bestätigte erneut die Appellationsmöglichkeit an das bischöfliche Hofgericht und erneuerte die vertraglichen Vereinbarungen über das niedere Gericht unter dem Vorsitz des Schultheißen (1462, s. o.) sowie über das herrschaftliche Frevelgericht. Bestimmungen über vogtbare Personen oder die Setzung von Marksteinen durch spezielle Verordnete wurden festgehalten. Die Pflichten von Eichmeistern, von Brot- und Fleischschätzern wurden geregelt, ebenso Fragen der freiwilligen Gerichtsbarkeit (Erbschaften und Testamemte). Die dörflichen Abgaben wurden aufgelistet (s. o.), auch wurde der Zuzug neuer Einwohner sowie die Erfassung der örtlichen wehrfähigen Männer festgehalten. – Der Bau des *Schliengener Rathauses* erfolgte in den Jahren um 1563. Die Gemeinde mußte zu diesem Zweck 200 fl aufnehmen, wofür sie als Pfand Neubruch und Allmendgut einsetzte.

Die frühen vertraglichen Regelungen mit Steinenstadt (1303, 1495) über gegenseitige Weiderechte sowie die permanenten Auseinandersetzungen um die Nutzung der Rheinauen verdeutlichen das Bemühen Schliengens, die eigenen Allmendflächen durch weitere Möglichkeiten der Viehweidung zu erweitern. In der eigenen Gemarkung wurden die Weideflächen durch die Schafhaltung der Nagel von der alten Schönstein beeinträchtigt. Ein Vergleich von 1577 gestattete dem Jakob von Ampringen, dem Stiefvater des Hans Jakob Nagel, 80 Schafe zu halten. Ein Dekret des bischöflichen Hofrates von 1629 reduzierte diese Zahl, zudem waren die Nagel angehalten, bei künftigen Erwerbungen von Liegenschaften diese weiterhin der allgemeinen Schatzung unterworfen bleiben zu lassen und nicht der gemeindlichen Steuerumlage zu entziehen.

Kirche und Schule. – Obwohl urkundlich erstmals im Liber decimationis (1275) ein Pleban in Schliengen erwähnt ist und erst 1282 ausdrücklich die Pfarrkirche genannt wird, dürfte der Ursprung des dem hl. Leodegar geweihten Gotteshauses in die Frühzeit der örtlichen Murbacher Grundherrschaft (s. o.) zurückreichen. Die Tatsache, daß Schliengen eine Quartkirche war, daß also ein Viertel der Zehnteinkünfte an den Konstanzer Bischof ging, kann als Indiz für ihr hohes Alter gewertet werden. Auch das bis in die Neuzeit bestehende Filialverhältnis von Mauchen sowie der späteren Wüstung Altikon stützt diese Vermutung. Das Patronatsrecht war mit dem Besitz des örtlichen Wittumhofes verbunden (s. o.). Es lag also als Murbacher Lehen zunächst in den Händen der Tübinger Pfalzgrafen, dann bei den Snewelin, ab 1300 bei den oberdeutschen Johannitern. Als diese den Wittumhof 1318 an das neugegründete

Aargauer Kl. Königsfelden verkauften, brach die traditionelle Verbindung auseinander, denn der Kirchensatz verblieb bei dem Ritterorden. Bereits 1363 wurde die Pfarrei durch einen Johanniter versehen, die Inkorporation, 1493 zum ersten Mal explizit genannt, dürfte also schon im Lauf des 14. Jh. erfolgt sein. Steinenstadt, ursprünglich eine eigene Pfarrei, die ebenfalls dem Johanniterorden inkorporiert worden war, wurde spätestens seit dem 16. Jh. von Schliengen aus als Filiale versehen. Dafür erhielt der Pfarrer zu seinen normalen Einkünften eine gesonderte Vergütung aus Steinenstadt. Im Gegenzug war er verpflichtet, einen Vikar anzustellen.

Eine der Gottesmutter geweihte Altarpfründe wurde 1492 durch die gleichnamige örtliche Bruderschaft gestiftet. Das Präsentationsrecht blieb in den Händen der 3 Bruderschaftspfleger. Eine zweite Frühmeßpfründe, der hl. Beate geweiht, wurde 1522 errichtet.

Der örtliche *Zehnt* war an die beiden Murbacher Lehengüter, den Dinghof und den Wittumhof, gebunden. Er befand sich somit am Ende des 13. Jh. vollständig in der Hand der Snewelin. Mit dem Verkauf des Wittumgutes an die Johanniter (1300) gingen auch nicht genau umschriebene Zehntrechte an den Ritterorden über, die nach dem Verkauf an Kl. Königsfelden weiter geteilt wurden. Den Johannitern verblieb zum Kirchensatz der Zehntteil, den bisher der Pfarrer erhalten hatte. Die Snewelin, noch immer im Besitz des Murbacher Dinghofes, beanpruchten zudem Zehntanteile, die 1324 ausdrücklich als Laienzehnt bezeichnet wurden. Die durch die Snewelinschen Forderungen hervorgerufenen Differenzen konnten 1358 in einem Vergleich beigelegt werden: Als alleinige Zehntbesitzer wurden der Konstanzer Bischof als Quartherr und die Neuenburger Johanniterkommende als Patronatsherr sowie das Kl. Königsfelden als Inhaber des Wittumgutes anerkannt. Die Hälfte der Zehnteinkünfte ging nach Königsfelden, den Rest teilten sich der Konstanzer Bischof und die Johanniterkommende zu gleichen Teilen. Den Snewelin als Besitzern des Dinghofes wurden große Zugeständnisse eingeräumt. Ihnen wurde das Recht bestätigt, von ihren Lehengütern den Zehnten selbst einzuziehen. Weitergehende Ansprüche wurden durch umfangreiche Naturalleistungen der eigentlichen Zehntherren, den sog. Snewelinschen Voraus, abgegolten. Diese Gülteinnahmen wurden fester Bestandteil des Murbacher Dinghoflehens. Weitere Einbußen mußten die Schliengener Zehntherren hinnehmen, als 1456 auch Säckingen für seinen Dinghof unter Hinweis auf dessen umfassende Immunitätsprivilegien das Recht durchsetzen konnte, den Zehnten von den entsprechenden Gütern selbst einzuziehen. Schon 1428 hatte das Stift in seinem Güterverzeichnis den Weinzehnten von allen Säckingern Zinsgütern als Besitz der eigenen Präsenz beansprucht. Die bischöfliche Quart wurde 1362 von Konstanz an das Geschlecht der Münch von Münchenstein verpfändet. Um ihren Besitz entstanden lange Auseinandersetzungen, bis das Zehntviertel über den Basler Bischof (1489) und das dortige Domkapitel (1521) vom Konstanzer Bischof, dem Kardinal Andreas von Österreich, 1592 wieder zurückgekauft werden konnte.

Die Besitzwechsel des Wittumgutes in der Neuzeit (s. o.) beeinflußten auch die örtlichen Zehntverhältnisse. Von Königsfelden ging die Hälfte des Schliengener Zehnten über das Rheinfelder Spital an die Nagel von der alten Schönstein. Nachdem zwischen den einzelnen Inhabern 1650 eine Vereinbarung über den Zehntbezug getroffen worden war, brachte die Nagelsche Erbteilung von 1660 eine weitere Zersplitterung ihres Zehntanteils. Ursprünglich die Hälfte der gesamten Zehnteinkünfte, wurde er in drei gleiche Teile gespalten. Die so entstandenen Zehntsechstel wurden in drei Etappen (1743, 1744, 1766) vom Basler Domkapitel um je 9000 lb Basler Münze bzw. 1200 Louis d'ors (1766) erworben. Ausgenommen von den zahlreichen Verkäufen war der Neubruchzehnt in der Gemarkung. Dieser war in einem Urteil der bischöflichen Kurie 1536 den Johannitern, durch die Inkorporation zu den eigentlichen Pfarrherren geworden, gegen die Ansprüche Königsfeldens zugesprochen worden.

Die zersplitterten Zehntrechte zogen zahlreiche Auseinandersetzungen um die finanzielle Lastenverteilung von Bau- und Unterhaltsarbeiten an der Schliengener Kirche nach sich. Ein Urteil des Basler Bischofs legte 1348 fest, daß die Johanniterkommende Neuenburg für den Chor, einen Teil des Wendelsteins sowie das halbe Kirchenschiff zuständig sei, Kl. Königsfelden sowie die örtliche Gemeinde für den Rest. 1503 wurde das Gotteshaus nach Renovierungsarbeiten durch den Konstanzer Bischof neu geweiht. Ein vollständiger Neubau der Kirche wurde seit der 2. Hälfte des 18. Jh. unter den Zehntherren diskutiert. Zu dem Neubau trug die Gemeinde mit der Lieferung von Baumaterial und durch Fronarbeit viel bei. In der vergeblichen Hoffnung, die Johanniter zu Heitersheim würden sich neben dem Basler Domkapitel stärker an den Baukosten beteiligen, hatte die Gemeinde Darlehen aufgenommen. Klagen an den Höfen des Konstanzer und des Basler Bischofs und sogar in Rom blieben erfolglos und trieben nur die eigenen Unkosten weiter in die Höhe. In badischer Zeit wurden die Gemeinden Schliengen und Mauchen dann anläßlich des Neubaus gerichtlich zur Mitfinanzierung des Kirchturms angehalten (1816/19). – Eine Dominikanerklause wird anläßlich ihres Übergangs an das Freiburger Predigerkloster 1289 erstmals erwähnt. Doch erlangte die Ordensniederlassung keine größere Bedeutung. Nach 1294 brechen die Nachrichten über sie ab. 1662 wurde eine Kapelle am Ort errichtet.

Das Sigristenamt (1538 ersterwähnt) war aus finanziellen Gründen mit der Stelle des örtlichen Lehrers verbunden, der erstmals 1574 genannt ist. Um den Lehrer von seinen weiteren Pflichten zu entlasten, wurde 1693 ein Schulfonds eingerichtet, in den auch eine Stiftung der Nagel von der alten Schönstein in Höhe von 500 lb einfloß. Allein die Berufung eines Sigristen durch die Heitersheimer Johanniter (1755) und die darauf erfolgte Ernennung eines *Schulmeisters* durch die Dorfgemeinde brachten wegen ungelöster finanzieller Fragen und umstrittener Kompetenzen jahrelange Zwistigkeiten mit sich, die sich bis nach Rom zogen. Solche Streitigkeiten hatten offenbar Einfluß auf den Schulbesuch, der nach Aussagen des Landvogtes von 1786 sehr im argen lag.

Bevölkerung und Wirtschaft. – Die Einwohnerschaft von Schliengen war hauptsächlich in bischöfliche und markgräfliche Eigenleute geteilt. Die 1327 genannten Fridolinsleute, also Säckinger Leibeigene, spielten später keine Rolle mehr. Anläßlich ihrer Verpfändung werden erstmals 1317 badische Leibeigene am Ort erwähnt. Die Vergleiche zwischen Basel und der Markgrafschaft (etwa 1509, s. o.) beließen ihnen Sonderrechte. Ein Verzeichnis von 1762 nennt 2 verheiratete Männer und 6 ledige Knaben sowie 4 verheiratete Frauen und 2 Jungfrauen als markgräfliche Leibeigene zu Schliengen. Ihre Freizügigkeit war beschränkt. Auch Umzüge in nahe Orte fremder Herren mußten durch die Markgrafschaft genehmigt werden, selbstverständlich auch die Auswanderung zweier Familien nach Ungarn (1750/52). Die Durchlöcherung der Basler Herrschaft über Schliengen durch die markgräflichen Eigenleute führte im 18. Jh. zu Konflikten. Bereits die Dorfordnung von 1546 hatte bestimmt, daß alle nach Schliengen ziehenden Personen ohne Leibherren, sogenannte Wildflügel, automatisch nach einem Jahr Basler Eigenleute werden sollten. 1756 verlangte der Bischof auch von den badischen Eigenleuten die Huldigung. Zugleich versuchte jedoch die Markgrafschaft, durch ihren örtlichen Leibeigenschaftsvogt die Kontrolle über die Eigenleute zu erhöhen. Der Austausch aller Leibeigenen zwischen Baden und Basel im großen Vertrag von 1769 machte diesen Auseinandersetzungen ein Ende. Die Leibeigenen der Edlen von Baden zu Liel fielen hingegen zahlenmäßig nicht ins Gewicht, auch wenn

1575/76 ihretwegen Konflikte zwischen Basel und den Herren von Baden entstanden waren. Genaue Einwohnerzahlen fehlen für Schliengen. Am Vorabend des 30j. Krieges zählte der Ort 124 waffenfähige Männer, weitere 17 lebten in Altingen; dies war knapp ein Drittel der gesamten Herrschaft (326 Bürger). Hunger und Seuchen führten jedoch zu einem dramatischen Bevölkerungsrückgang bis zum Ende des Krieges: zeitgenössische Quellen behaupten, daß nur noch 40 Bürger im ganzen Amt lebten.

Der Ackerbau wurde bereits im frühen 14. Jh. (1303) in der Dreifelderwirtschaft betrieben. Die *obere Zelg* lag im Süden der Gemarkung gegen Bellingen und Hertingen zu, ihr schloß sich nach Norden hin die *mittlere Zelg* am Steinenstadter Weg an. Die *niedere Zelg* dehnte sich zwischen den Straßen nach Neuenburg und Mauchen hin aus, sie lag also im nordwestlichen Bereich des Schliengener Bannes. Bereits in der Mitte des 14. Jh. wurden nach Ausweis der Zehnterträge hauptsächlich Dinkel, dann auch Weizen, Roggen, Gerste und Hafer angebaut. Im 18. Jh. herrschten hingegen Dinkel und Gerste vor. Nach Schätzungen aus der Mitte dieses Jahrhunderts konnten jährlich etwa 4000 Mltr Dinkel und 1800 Mltr Gerste von den Schliengener und auch Mauchener Äckern geerntet werden, die von den üblichen Zehntzahlungen befreiten Ländereien nicht berücksichtigt. Das *Rebgelände* lag am Himmelberg gegen Mauchen hin sowie an der südöstlichen Gemarkungsgrenze gegen Liel zu. Auch die Abhänge zum Rhein hin waren mit Weinstöcken bepflanzt. Bereits 1240 werden Rebflächen genannt. Nach Ausweis der Säckinger Zinsverzeichnisse wurde hauptsächlich Rotwein angebaut. Er wurde in den Trotten des Dorfes gekeltert; bereits 1288 wird eine Trotte erwähnt. Der Gesamtertrag der Schliengener und Mauchener Rebflächen läßt sich wiederum aufgrund der Zehnterträge grob schätzen. Danach betrug er in der Mitte des 18. Jh. in guten Jahren bis zu 3200 Saum. Der örtliche Weinausschank wurde durch die landesherrliche Ordnung des Jahres 1594 geregelt. Danach hatten die Wirte in Schliengen, Mauchen und Steinenstadt von jedem ausgeschenkten Saum Wein 1 lb Stebler als Umgeld, eine Art Konsumsteuer, an den Basler Bischof zu entrichten.

Bereits 1312/15 werden *Obstgärten* genannt, 1497 sind zum ersten Mal auch Hanfländer erwähnt. Das knappe Weideland erstreckte sich gegen Steinenstadt zu. Zahlen über den *Viehbestand* liegen erst für das frühe 19. Jh. vor. 1806 wurden 61 Pferde, 89 Kühe, 61 Ochsen, 195 Schafe sowie 64 Schweine im Dorf gezählt. Die Nutzung des Holebachs zur Bewässerung der Matten ist schon 1331 bezeugt. Die Nutzung der örtlichen Brunnenwasser, ebenso wie die Fischereirechte im Holebach, wurden durch den Basler Bischof verliehen.

Überörtliche Bedeutung erlangte der *Abbau von Bohnerz*. Die Grube lag südöstlich der Altinger Mühle gegen Liel zu. Grabungen sind bereits für 1732 bezeugt; nach 1741 dehnte die Markgrafschaft die Ausbeutung der Vorkommen aus und erwarb dazu neue Grundstücke. Die Bedeutung der Erzgrube wird durch die Tatsache unterstrichen, daß sich der Markgraf in dem umfassenden Ausgleich mit dem Basler Bischof über die Schliengener Herrschaftsrechte 1769 ausdrücklich die örtlichen Schürfrechte bestätigen ließ. Vorderösterreichische Pläne sahen vor, durch den Erwerb der Schliengener Gruben die eigene Breisgauer Eisenerzgewinnung zu intensivieren (1799). Sie wurden wegen der politischen Entwicklungen jedoch nicht weiterverfolgt. Nachrichten über das dörfliche *Handwerk* liegen nicht vor. Die am Weg nach Mauchen gelegene *Freimühle* wird zum ersten Mal 1345 genannt. Sie gehörte zum Murbacher Dinghoflehen. Deshalb mußte auch der Murbacher Abt 1522 die Erlaubnis zum Verkauf eines Zinses an die Neuenburger Johanniter erteilen. Nach der Zerstörung von Neuenburg in den Franzosenkriegen (1704) bekam Schliengen vom Basler Bischof das Privileg verliehen, zu den üblichen Wochenmärkten jährlich 4 *Jahrmärkte* abhalten zu dürfen.

Die Lage Schliengens an einer alten Handelsstraße begünstigte die örtlichen *Wirtschaften*. Bereits 1363 wird eine Herberge genannt. Das Wirtshaus »Zum Engel« läßt sich bis 1458 zurückverfolgen. Es wurde von Basel verliehen, zudem war im 16. Jh. das örtliche Salzmonopol der Herrschaft an dieses Gasthaus gebunden. Der »Schlüssel« wird zum ersten Mal 1535 erwähnt. Der »Sternen«, 1545 genannt, wurde mit Unterbrechung bis ins 17. Jh. betrieben und von der Stubenwirtschaft der Gemeinde abgelöst. Nur kurzen Bestand hatte die Wirtschaft »Zum Ochsen« (16. Jh.). Zu Beginn des 30j. Krieges werden 3 Wirtschaften genannt. Anläßlich eines Urteils des Schliengener Gerichts von 1708 wurde die Betriebsberechtigung der drei bisherigen, auf die Schankordnung vereidigten Gasthäuser »Zum Engel«, »Zur Sonne« (1652) und »Zum Schlüssel« erneuert, die Lizenz für ein weiteres mit ausgehängtem Schild bestätigt und der Verlust des Schildes für illegal betriebene Wirtshäuser angedroht. 1720 waren im ganzen 6 Schildwirtschaften registriert. 1717 hatte der »Adler« seine Türen geöffnet, 1775 das Gasthaus »Zur Krone« und 1801 schließlich der »Baselstab«. Zeitweilige oder dauernde Schließungen und Verpfändungen werden immer wieder erwähnt.

Altinger Mühle. – In den päpstlichen Besitzbestätigungen für das Kloster St. Ulrich wird in der 2. Hälfte des 12. Jh. zum ersten Mal ein Hof zu *Altelinghoven* (1148) oder *Hatelinchoven* (1179) genannt. Der Name, eine typische -inghofen-Bezeichnung, wandelte sich schon gegen Ende des 13. Jh. mit *Altinchon* (1282) oder *Altilicon* (1286) in die hochalemannische -ikon-Form. Ab dem späten 15. Jh. konnte sich die für die Neuzeit typische Form *Altikon* oder *Altingen* durchsetzen. Der Ort, vermutlich eine von Schliengen ausgehende Siedlung, besaß einen *Burgstall*, der 1343 von Jakob von Neuenfels an den Basler Bischof verkauft wurde. Zuvor war er im Besitz des Ritters Johann von Lörrach gewesen. Zähringer Ministeriale, die sich nach *Altinchoven* nannten, werden bereits 1123 erwähnt. Ob damit zugleich die Erstnennung der Siedlung belegt ist, muß offenbleiben, da die Familie unter Umständen auch mit einem gleichnamigen Dorf in der Schweiz in Verbindung gebracht werden kann. Der Burgstall lag in unmittelbarer Nähe zur Altinger Mühle. Er war nach einer Beschreibung von 1618 nur noch ein mit einem Graben umgebener leerer Platz. Die Siedlung selbst dürfte schon früh in Schliengen aufgegangen sein; in der Neuzeit war der Bereich in den umsteinten Schliengener Etterbezirk einbezogen. Allein der stets eigen genannte Altinger Bann sowie der gleichnamige Zehntbezirk erinnerten an die frühere Siedlung. Die Altinger *Mühle* bewahrte zudem den Ortsnamen. Sie wird bereits 1282 in einem Streit zwischen dem Kirchherrn Bertold von Rimsingen und Diethelm von Schliengen genannt. Ihr Kauf durch Hans Jakob von Ampringen um 1800 fl brachte die Mühle in den Besitz der Nagel von der alten Schönstein, dann durch Erbgang an die von Toussaint. Hoch verschuldet wurde sie 1751 durch das Hochstift Basel erworben; zu diesem Zeitpunkt besaß sie 3 Mahlgänge sowie eine Öltrotte. Ein Neubau wurde 1765 errichtet.

Quellen und Literatur

Liel

Quellen gedr.: UB Basel 1 Nr. 66, 259; 2 Nr. 272; 3 Nr. 397; 7 Nr. 143. – FDA 1 (1865) S. 212; 5 (1870) S. 88; 24 (1895) S. 204; 35 (1907) S. 78; 76 (1956) Nr. 1561, 1598, 1604. – REC Nr. 766, 11111. – RMB 1 Nr. h88, 833. – Schöpflin HZB 5 S. 70. – ThuB 2 S. 5. – WUB 1 S. 219. – ZGO 17 (1865) S. 127; 57 (1903) S. m3; 58 (1904) S. m40, 42, 48, 90, 94, 113, 117, 124, 150, 154, 161, 170. – ZUB 1 S. 114, 120, 124.
Quellen ungedr.: StA Basel Urkunden Karthaus Nr. 117, 248; Klosterarchive Karthaus Q 28; Direktorium der Schaffneien Q 102. – Frh.A.Enzberg zu Mühlheim Urk. 686. – GLA 11/

Nr. 3655; 20/K. 133; 21/Nr. 2298, 4931–35, 5571; 44/Nr. 417, 423, 432, 437/38, 443/44, 452; 66/ 5085–89, 7177–79, 7211, 8109/10, 9621, 9627, 10857, 11232; 72/v. Baden; 229/**60986–61108**; 365 (1939, 14) 81; 391/**22441–49**, 34900; 399/1440–43, 2201. – GA Liel. – PfA Liel (Übers. in ZGO 48 ⟨1894⟩ S. m56).
Literatur: *Bromberger*, Franz, St. Barbara und der Lieler Bergbau. In: FDA 77 (1957) S. 332–35. – *Derselbe*, St. Fridolin und St. Sebastian zu Liel. In: FDA 80 (1960) S. 295–97. – *Fischer*, Fritz, Aus der Geschichte des Dorfes Liel 952–1952. Liel 1952. – *Kraus*, Franz Xaver, Wandgemälde zu Liel. In: Schauinsland 12 (1885) S. 10. – *Unser*, Stefan, Alt- bis mittelpaläolithische Abschlagkulturen von Schliengen-Liel (Landkreis Lörrach). In: Fs Elisabeth Schmid zu ihrem 65. Geburtstag, S. 273–89.
Erstnennungen: ON 952 (MGDDO I S. 237). – Kirche 10. Jh. (ZGO 17 ⟨1865⟩ S. 127); 1275 (FDA 1 ⟨1975⟩ S. 212). – Patron St. Vinzenz 1636 (GLA 229/61011).
Kutzmühle: ZGO 18 (1865) S. 478 (1286). – GLA 11/Nr. 4301; 19/Nr. 1107; 20/K. 105, 133; 21/Nr. 4767; 66/4194, 5887, 8109. – ZGO 15 (1863) S. 458–60, 480–83; 17 (1865) S. 372–74; 58 (1904) S. m113.

Mauchen

Quellen gedr.: Acta Murensia 95. – Dümgé S. 137. – FDA 5 (1870) S. 88; 15 (1882) S. 159. Hefele 1 Nr. 181. – Neugart 2, S. 588, 599. – REC 3471. – Das Tennenbacher Güterbuch (1317–1341), bearb. v. Max Weber, Stuttgart 1969 S. 348. – Trouillat 3, S. 12, 588. – ZGO 3 (1852) S. 282; 13 (1861) S. 361 f.; 15 (1863) S. 238; 16 (1864) S. 247 f.; 17 (1865) S. 100–24, 221–56, 356–74, 490 passim: 18 (1865) S. 218–24, 476–83; 57 (1903) S. m106, 113.
Quellen ungedr.: StA Basel, Klosterarchive St. Peter JJJ 85. – StAF, Landratsamt Müllheim (1978/2), Spez. Mauchen. – GLA H/Mauchen 15/K. 557; 11/Nr. 979/80, 3710–16, 4310; 14/Spez. Mauchen; 16/K. 78; 19/Nr. 1080, 1124, 1126; 20/K. 105, 133, 135/36; 21/K. 315, 390; 24/Nr. 988. – 66/28, 84, 5341–46, 7152, 8553; 120/518, 532, 897; 159/51–52, 7152, 7158; 176/8–12, 23, 29, 36, 50, 114/15, 122, 142, 148, 155, 160, 175, 185, 205–208, 220, 224–26, 241, 274, 351, 360/61, 367, 405, 410/11, 437–39, 441, 499, 506, 523–26, 530, 535, 539, 547, 550, 554, 559/60; 229/**65366–401**, 74712, 90059; 365 (1939, 14) 86; 391/4241, 14092, 24498–513; 399/1493–99, 2195. – GA Mauchen (Übers. in: ZGO 47 ⟨1893⟩ S. m54). – PfA Schliengen.
Literatur: *Bader*, Joseph, Urkunden und Regesten über die ehemalige Hochstift-Basel'sche Landvogtei Schliengen. Mauchen. In: ZGO 18 (1865) S. 476–83. – *Schülin*, Fritz, Beitrag zur Ortsgeschichte von Schliengen. In: Das Markgräflerland 3/4 (1978).
Erstnennungen: ON 1147 (Dümgé 137). – Kapelle St. Nikolaus 15 Jh. (GLA 66/7152).

Niedereggenen

Quellen gedr.: CL 2 Nr. 2678. – FDA 1 (1865) S. 198; 35 (1907) S. 78; 76 (1956) Nr. 1553, 1568, 1584, 1587, 1605. – REC Nr. 6858–60, 9285, 10987, 11111. – RMB 1 Nr. h 613, 623/24, 628–30, 632, 642, 754, 923. – Schöpflin HZB 5 S. 408. – SGUB 1 Nr. 257. – ZGO 2 (1851) S. 335; 17 (1865) S. 469; 48 (1894) S. m54/55.
Quellen ungedr.: StA Basel, Urkunden St. Leonhard Nr. 614. – GLA 11/Nr. 2685, 3962–76, 4044, 4057, 4071, 4529; 16/K. 73; 19/Nr. 1025/26, 1252/53, 1255; 20/K. 121; 21/Nr. 2267, 2292, 3579, 5571, **5716–51**, 6002, 6007; 66/1475, 3715, 3718, 4194, **5887–99**, 6110–18, 7041, 7208, 7231, 7545/46, 8108/09; 120/1092, 1174, 1253b; 159/vgl. ZR; 212/145; 229/23747, 23776, 64361; **74661–74734**, 81561, 81575, 88486, 90052; 365 (1894, 37) 140, 388–93; (1933, 10) 661–76; (1939, 14) 93; 391/9175, 9179, 9183, 9186, 9192/93, 9195, 9198, 9200–2, 9204, 9214, 9220, 40022; 399/144, **1708–18**, 1818. – GA Niedereggenen (Inv. masch. 1951). – PfA Niedereggenen (Übers. in: ZGO 48 ⟨1894⟩ S. m 54/55).
Literatur: *Anders*, Gerd, Dorferneuerung. In: Deutsche Bauzeitung 1979 S. 339–42. – *Feßenbecker*, Fritz, Der Hagschutz bei Niedereggenen. Ein vergessener Abschnitt aus der Frühgeschichtsforschung. In: Die Markgrafschaft 9 (1957) S. 16. – *Heimann-Schwarzweber*, Annemarie, Die Kirche in Niedereggenen = Kleine Kunstführer 1214, München 1980. – *Wieland*, Rudolf, Unser Niedereggenen. Ein schlichtes Dorfbild aus dem Markgräflerland = Bilder aus der Evang.-Prot. Landeskirche des Großherzogtums Baden 11, Heidelberg 1915. – *Zwernemann*, Winfried,

Spätkeltische Schanze bei Auggen/Markgräflerland. Fundstellen der Mittel- und Spätlatènezeit aus der Umgebung von Mauchen, Grißheim, Niedereggenen und Maulburg. In: Das Markgräflerland 1/2 (1979) S. 58–63.
Erstnennungen: ON 773 (CL 2 Nr. 2678). – Kirche 1157 (?) (WUB 2, 111); 1275 (FDA 1 ⟨1865⟩ S. 198). – Patrone Ss Barbara und Cyriak 1429 (REC 9285).

Obereggenen

Quellen gedr.: UB Basel 3 Nr. 538. – FDA 1 (1865) S. 210; 35 (1907) S. 78; 76 (1956) Nr. 1564, 1572, 1576. – REC Nr. 766, 778, 996, 2998, 6869/70, 7901, 7908. – RMB 1 Nr. h 57, 70, 613, 632, 751, 886, 923, 1128. – Schöpflin HZB 5 S. 274. – WUB 2, 111, 172, 195. – ZGO 2 (1851) S. 336.
Quellen ungedr.: GLA 11/Nr. 1966/67, 1969, 3666, 3911, 3969, 3971, **4044–74**, 4763; 19/ Nr. 1252/53, 1255; 20/K. 121; 21/Nr. 5571, **5988–6007**, 6653/54; 44/Nr. 713, 2521–24; 65/2010; 66/433–34, 474, 1475, 3715, 3718, 3780, 5888, 5891, **6108–18**, 7018, 7231, 7327, 7545/46, 8108/09, 10857, 11232, 61168; 72/v. Bärenfels; 120/112, 483, 686, 698, 1114, 1174, 1253b, 12646; 159/vgl. ZR; 176/171; 229/9498, 22645, 22647–49, 52885, 53958, **77195–311**, 88479, 88486, 115744; 365 (1894, 37) 115, 126, 394–96, 442; (1939, 14) 97; 391/9174–221, 40022; 399/1810–18. – GA Obereggenen (Übers. in ZGO 48 ⟨1894⟩ S. m53). – PfA Obereggenen (Übers. ebd. S. m55).
Literatur: *Trenkle*, Hans, Heimatgeschichte der Gemeinden Obereggenen und Sitzenkirch sowie der Propstei Bürgeln. Illenau 1930.
Erstnennungen: ON 1130 (REC 766). – Kirche 1132 (REC 778). – Patron St. Blasius 1557 (GLA 21/350 a).
Butzihof: GLA 11/K. 195.
Gorgendorf: GLA 66/1476; 229/77272. – RMB 1 Nr. h 751.
Lippersbach: GLA 66/1476 (1346). – GLA 11/Nr. 3666; 66/1476; 120/483; 229/16017, 16028/ 29, 16035, 16055, 16058, 74713, 77233/34, 77263.
Schallsingen: FDA 15 (1882) S. 141 (1099/1111). – GLA 11/K. 412, 436; 21/Nr. 6652–55; 66/ 6108, 6114, 13241, 74701, 77201, 77203, 77257/58, 77266, 8108–9; 159/vgl. ZR. – 229/16049, 77264, Heer, Anonymus Murensis 382. – RMB 1 Nr. h57, 422, 751. – Schoepflin HZB 5, 271, 274.
Bürgeln. – GLA Selekt C 31; 5/K. 165; 11/Nr. 1964–75; 18/K. 13; 21/K. 68a, 375; 65/139–40 (Conradi Monachi S. Blasii in Nigra silva. Chronicon Bürglense, 2010; 66/1474–76, 1478, 3303, 3689, 3715, 7222, 7243, 7327, 9613, 9810„ 11637 67/1187, 1189; 120/430, 484, 901b-d, 990, 997, 1011, 1085, 1174, 1199, 1200a; 229/9492, 9527a, 9528–30, 9533, 9539, 9599, 16017–65, 22618, 22620, 22626, 22631, 53973, 64372, 81572–74; 391/3741, 7224–40, 23453, 26828, 26831; 399/ 593–94, 1811/12, 2389. – UB Basel 1 Nr. 24, 106, 122, 137; 3 Nr. 138. – FDA 68 (1941) S. 375/76. – REC Nr. 748, 766, 773, 778, 788, 923, 996, 2427, 2998, 9010. – RMB 1 Nr. h 11, 751. – Trouillat 1 r. 333. – WUB 1, 369; 2, 2, 14, 111, 114, 172, 195, 265f. – ZGO 6 (1855) S. 101; 10 (1859) S. 332; 13 (1861) S. 480; 14 (1862) S. 480; 28 (1876) S. 100; 42 /1888) S. m91/92; 47 (1893) S. m50; 48 (1894) S. m 55/56; 58 (1904) S. m173/74. – *Eisele*, Albert, Beiträge zur älteren Geschichte von Bürgeln. In: Die Markgrafschaft 9, 2 (1957). – *Schulze-Battmann*, Elfriede, Schloß Bürgeln. In: Nachrichtenbl. der öffentl. Kultur- und Denkmalpflege im Regierungsbezirk Südbaden 8 (1957) S. 61ff. – *Trenkle*, Hans, Die Gründung der Propstei Bürgeln und der Pfarrei Obereggenen vor 800 Jahren. In: Das Markgräflerland 2 (1930/31) S. 1–6. – *Derselbe*, Heimatgeschichte der Gemeinden Obereggenen und Sitzenkirch sowie der Propstei Bürgeln. Illenau 1930. – *Wörner*, Judith und Hans Jakob, Schloß Bürgeln = Kleine Kunstführer 1173, 4. A. 1990.

Schliengen

Quellen gedr.: Acta Murensia S. 93. – Anon.Mur. 381. – Argovia 5 S. 143. – AU 3 Nr. 13, 566; 5 Nr. 11, 13. – UB Basel 1 Nr. 66, 71 S. 116, 138; 2 S. 36, 125, 155, 213, 374; 3 Nr. 14, 74, 138, 397 Nachtr. Nr. 65; 4 Nr. 16, 342, S. 138, 304, 328. – Dümgé S. 137. – FDA 1 (1865) S. 210; 4 (1869) S. 33; 5 (1870) S. 88; 8 (1907) S. 78; 24 (1895) S. 201; 35 (1907) S. 78. – FUB 1 Nr. 398. – Hefele 1 Nr. 66, 348; 2 Nr. 71, 80, 83, 165, 289/90, 297, 310; 3 Nr. 3, 138, 249, 279, 476, 478, 518. – Jb f.Schweizer Geschichte 18, S. 79. – Mone 3 S. 589. – MGSS 26 S. 123. – Neugart E.C. 2 S. 588, 599. – REC Nr. 3341, 4015, 5729, 5734, 12885. – RMB Nr. h 579–81, 611, 628, 646, 654, 910, 950, 1110,

111. – Schöpflin HZB 5, 332. – SGUB 1 Nr. 257; 3 S. 182. – Trouillat 1 Nr. 454. – ZGO 3 (1852) S. 282; 4 (1853) S. 365, 377–80, 450–73 passim; 5 (1854) S. 367 f.; 11 (1860) S. 380; 26 (1874) S. 356–58; 28 (1876) S. 94; 29 (1877) S. 220–25, 253(54; 30 (1878) S. 215; 31 (1879) S. 183; 48 (1894) S. m56; 55 (1901) S. m 38, 80, 92; f.; 57 (1903) S. m 99, 102, 104–6, 113; 58 (1904) S. m 37, 69, 74, 77, 99, 121, 149, 152, 172.
Quellen ungedr.: StA Basel, Urkunden, St. Clara Nr. 287; Klosterarchive Klingental HH 86, St. Peter JJJ 109. – StadtA Basel, Klingental K.S. 304–6. – EbA Freiburg, Fi 25410–53; O 10954–73. – StAF, LRA Müllheim (1978/2) Sepezialie Schliengen. – GLA H/Mauchen 1, Schliengen 1–3; Rödel Nr. 28/29; 5/K. 185a, 549, 557; 11/Nr. 906–7, 1033–35, 2226, 3710/11, 3923, 4301–12, 4634–40; 16/K. 53, 59, 78/79, 81, 91; 17/K. 4–5; 18/K. 9, 30, 38; 19/Nr. 1020–22, 1075–1146, 2074/ 75; 20/Nr. 1874–1971, 2030; 21/Nr. 295, 606, 4588, 4590, 5571, 6436, 6606, 6710–27; 44/Nr. 442, 6571; 61/10842–78; 65/1187; 66/7152/53, 7178, **7664–86**, 8109, 8553, 9598; 120/518, 529, 532, 546, 565, 594, 623, 897, 1143b, 1150, 1200m, 1238a; 152/237; 159/3, 6–7; **176**/vgl. ZR (Akten Schliengen); 220/112902; 229/9491, 9560, 22647–49, 22665, 23776, 52932/33, 64390, 66797, 88486, 90059, 93137, 112902; 365 (1894, 37) 1, 5, 31, 250, 257, 262, 266, 312, 405–20, (1933, 10) 794–843, (1939, 14) 117; 391/41092, 24498, 24508, 24510, 32819, 34888–924, 42634; 399/1443, 1499, 2189–2205. – GA Schliengen. – PfA Schliengen (Übers. in: ZGO 48 ⟨1894⟩ S. m56).
Literatur: *Bader*, Joseph, Die Schliengener Dorfordnung von 1546 (Nach einer gleichzeitigen Abschrift) In: ZGO 18 (1865) S. 225–43. – *Derselbe*, Oeffnung des stift-säckingischen Dinghofs zu Schliengen. In: ZGO 17 (1865) S. 374–78. – *Derselbe*, Urkunden und Regeste über die ehemalige Hochstift Basel'sche Landvogtei Schliengen. In: ZGO 15 (1863) S. 228–55, 458–88; 16 (1864) S. 227–56; 17 (1865) S. 99–126, 221–54, 356–74, 466–90; 18 (1865) S. 218–24; 19 (1866) S. 117–28, 194–222. – *Boepple*, Helmut, Fieberepidemie in Schliengen. Diss. Freiburg 1959. – *Eisele*, Albert, Schliengen. Ein Überblick über die geschichtliche Entwicklung des Dorfes. In: Die Markgrafschaft 7/8 (1959). – *Feßenbecker*, Fritz, Das Ende der »Obervogtei Schliengen« und ihr Übergang an das Großherzogtum Baden vor hundertfünfzig Jahren. In: Die Markgrafschaft 2/3 (1956). – *Hänssler*, Jeanette, Die zentralörtliche Zuordnung des Nahbereichs Schliengen-Bad Bellingen unter besonderer Berücksichtigung der Auswirkungen der Kreisreform. Examensarbeit Geograph. Inst. II der Univ. Freiburg. 1979. – *Haserodt*, Klaus, Rebflurbereinigungen im Markgräflerland. Luftbild Mauchen/Schliengen. In: Regio Bas. 12 (1971) S. 3/4. – *Mannhardt*, Karl, Restauration Schloß Entenstein. In: Das Markgräflerland 3/4 (1980) S. 291–99. – *Mayer*, Franz-Josef, Vom Weiherhaus zum Rathaus. Aus der noch nicht veröffentlichten Chronik der Gemeinde Schliengen. In: Das Markgräflerland 3/4 (1980). – *Membrez*, Amédée, Die Herrschaft Schliengen im dreißigjährigen Krieg. In: Das Markgräflerland 3 (1932/33) S. 83–94; 4 (1932/33) S. 97–110; 1 (1933/34) S. 1–21. – *Schülin*, Fritz, Beitrag zur Ortsgeschichte von Schliengen. In: Das Markgräflerland 3/4 (1978) S. 373–416. – *Schulte*, Rolf, Schliengen. Wirtschafts- und sozialgeographische Untersuchung eines Weinbauortes im südlichen Oberrheingraben. Zul. Arbeit Geograph. Inst. II der Univ. Freiburg 1971. – *Derselbe*, Schliengen. Examensarbeit Geograph. Inst. II der Univ. Freiburg. Freiburg 1971.
Adel: StA Basel, Urkunden St. Clara 238. – GLA 11/K. 482; 16/K. 79; 17/K. 4–5; 18/K. 10. 14. 17. 30, 44; 20/K. 133, 135; 21/K. 227, 335, 359. – UB Basel 1 Nr. 71, 168, 189. 192; 2 Nr. 61, 272/ 73, 306; 3 Nr. 14, 138, 397, 471, Nachtr. 65; 4 Nr. 16, 342; 5 Nr. 189, 221. – REC Nr. 2731. – RMB 1 Nr. h 613, 635, 646. – Trouillat 1 Nr. 454. – ZGO 5 (1854) S. 367; 11 (1860) S. 379; 14 (1862) S. 17; 15 (1863) S. 243/44, 251–53; 17 (1865) S. 242 A 1, 469; 26 (1874) S. 356; 28 (1877) S. 163, 179/ 80, 253/54; 30 (1878) S. 215.
Erstnennungen: ON 820 (SGUB 1 Nr. 257). – Kirche 1275 (FDA 1 ⟨1865⟩ S. 210/11.
Altingen: ZGO 15 (1863) S. 469–71 (1343). – StadtA Basel, Klingental K. S. 304–6. – GLA 5/K. 557; 11/Nr. 906–7, K. 441; 19/K. 16, 40–42; 20/K. 33, 133, 135–36; 21/K. 21; 66/8109; 120/623; 176/22, 364, 367, 404/5, 410, 524–26, 539. – ZGO 4 (1853) S. 459; 15 /1863) S. 469–71, 480–82; 16 (1864) S. 238/39, 242, 247 f.; 17 (1865) S. 103/4, 222–24, 233, 249/50, 358/59, 361, 363 f.; 18 (1865) S. 222 f.; 29 (1877) S. 220 f.; 58 (1904) S. m117. – *Schülin*, Fritz, Das geschichtlich bewegte Leben wurde in Schliengen von zwei herrschaftlichen Mühlen mitgestaltet. 1. Die Freimühle. 2. Die Altinger Mühle. In: Das Markgräflerland 1/2 (1978) S. 45–49.
Entenstein: ZGO 18 (1865) S. 222–24; 41 (1887) S. 347.

Schönau im Schwarzwald

1470 ha Stadtgebiet, 2647 Einwohner (31.12.1990, 1987: 2241)

Wappen: In gespaltenem Schild vorn in Rot ein silberner (weißer) Balken, hinten in Blau ein steigender goldener (gelber) Hirsch. Der österreichische Bindenschild weist auf die Zugehörigkeit zu Vorderösterreich bis zum Ende des alten Reiches hin, der Hirsch erinnert an die sanktblasianische Grundherrschaft. Das Wappen wurde in dieser Form 1898 auf Vorschlag des badischen Generallandesarchivs von der Stadt angenommen.

Gemarkung: Schönau im Schwarzwald (1470 ha, 2241 E.) mit Brand und Schönenbuchen.

A. Naturraum und Siedlung

Natürliche Grundlagen. – Das Stadtgebiet von Schönau setzt sich aus dem geschlossenen Kernareal um die Stadt (Innengemarkung) und 7 östlichen Waldexklaven (Außengemarkung) zusammen, die insgesamt größer sind als die Innengemarkung. Im weiteren soll unter »Gemarkung« stets die Innengemarkung verstanden werden. Leitlinie ist das nordnordost-südsüdwest-streichende Wiesental, welches die Gemarkung bei Brand in einer Meereshöhe von 510 m verläßt. Die Differenz gegenüber dem 1064 m hohen Tiergrüble beträgt somit 554 Meter. Unter Einschluß des Blößlings (1309 m), der in einer der Exklaven liegt, erreichen die Höhenunterschiede allerdings 800 Meter. Innerhalb der beckenförmigen Weitung des Wiesentals, in die von W der Haldsmattbach, von O der Schleifenbach münden, liegt die Altstadt auf dem flachen Schwemmfächer des ersteren. Vor allem der Haldsmattbach führt bisweilen katastrophale Hochwässer, worunter die Stadt insbesondere vor den Kanalisierungsmaßnahmen zu leiden hatte. 1801 war die Talstraße bis zur Kirche mit 3 bis 4 m hohem Schutt bedeckt.

Die Gemarkung von Schönau liegt innerhalb der west-östlich streichenden *Devon-Unterkarbonzone von Badenweiler-Lenzkirch* mit ihren paläozoischen, großenteils metamorph veränderten Sedimenten und Vulkaniten. Im N quert der *Münsterhalden-Granit* das Wiesental und verursacht durch seine Härte die Talenge von Schönenbuchen – den nördlichen Abschluß des Beckens von Schönau. Westlich der Wiese bestehen Letzberg und Farnbühl, östlich davon die Mairösleinhalden bis zum Haldenbuck aus diesem Granit. Südlich schließen sich *marine paläozoische Sedimente* an. Ihre relative Weichheit hat maßgeblich zur Bildung des »Beckens von Schönau« beigetragen. Am Scheibenfelsen, an der südlichen Letzberghalde bis zur Haideck-Kuppe sowie östlich der Wiese in den Mühlhalden stehen oberkarbonische Grauwacken (stark verfestigte, alte Sandsteine) und Pelite (Tonsteine) an. Später eingedrungene graue, quarzarme Porphyre hat die Verwitterung als Härtlingsrippen herauspräpariert. Im S werden die marinen Ablagerungen abgelöst durch vorwiegend *festländische*, ebenfalls *oberkarbonische Sedimentgesteine* (Konglomerate, vereinzelt Tonschiefer) und gleichaltrige *Vulkangesteine* (Orthophyre, Tuffe und Brekzien). So finden sich am Kälberbelchen westlich der Stadt vulkanisch-detritische Brekzien, im Bereich der Haselbergkuppe und des oberen Gurgeltals Konglomerate, westlich des Berges massige Vulkanite und östlich davon vulkanische Tuffe. Sie bilden auch östlich der Wiese am Gelbenboden den tieferen Untergrund. Die südliche Begrenzung des Schönauer Beckens besteht wiederum aus sehr harten *Syntexiten von Mambach*, die für die Verengung des Wiesentals bei Brand verantwortlich sind. Der mineralisch recht uneinheitliche Gesteinsverband reicht von den Kieshalden im W über die Galgenhalde bis zur Fluh und zum Windfeld (jenseits der Wiese). Auch die Rabenfelsen westlich der B 317, an der südlichen Gemarkungsgrenze, liegen in der Syntexit-Zone. Dort steht aber inselartig der Rest eines alten, nicht aufgeschmolzenen Dioritkörpers an. Im Bereich des Stadtparks ist in den Syntexit vulkanisches Material in Form von einzelnen Gängen aus extrem hartem Granitporphyr eingedrungen und von den Gletschern (s. u.) als Rundhöcker herauspräpariert worden. Bei der oberen Letzberghalde zieht von Schönenberg her der bis ins 16. Jh. ausgebeutete Erzgang »Stefanie« einige hundert Meter ins Gemarkungsgebiet herein. Sichtbare Zeugen sind einige Pingen (offene Gruben) und Steinhalden.

Der kleinräumige Wechsel harter und weicher Gesteine trug dazu bei, daß im Stadtgebiet von Schönau die *eiszeitlichen Formungskräfte* besonders prägnante Spuren hinterlassen konnten. So sind im Talbodenbereich beim Sportplatz direkt neben der B 317 die Gänge aus hartem Granitporphyr vom Eis als *Rundhöcker* herausmodelliert worden, von denen allerdings wesentliche Teile bei Baumaßnahmen weggesprengt wurden. Erhalten blieb ein kleiner Gletscherschliff von ca. 9 m² sowie ein größerer, geschrammter erratischer Block. Eine weitere Rundhöckerlandschaft stellt das Windfeld südöstlich der Stadt dar. Einen Rundhöcker von besonderer Art bildet der 50 m hohe Haideck. Unmittelbar südlich davon liegt der einst größte und schönste *Gletscherschliff* der deutschen Mittelgebirge im Bereich des ehemaligen Schlageter-Denkmals in 611 m Höhe. Zwar wurden die oberen zwei Drittel des 300 m² großen Naturphänomens beim Bau des Denkmals 1938 weggesprengt, doch ist der Rest, der unter einem Betonüberbau erhalten blieb, immer noch eindrucksvoll.

Auf dem Ochsenberg liegen in 860 m Höhe *Moränenreste* aus Gneis über dem anstehenden Münsterhaldengranit. Ähnliches gilt für den Haselberg, der außer Moränenresten auch Lesesteinhaufen und Bruchsteinmauern aus erratischen Geschieben aufweist. Als schönes *Flankental* ist der Letzbergbach mit seiner Fortsetzung im Gurgeltal anzusprechen. Dabei handelt es sich um eine Schmelzwasserabflußrinne parallel zum Rand des Haupttals, das gegen Ende der Eiszeit noch vom Gletscher erfüllt war.

Entsprechend den rasch wechselnden Gesteinen variieren auch die *Böden* um Schönau stärker als in den Nachbargebieten. Im allgemeinen verwittern die paläozoischen Sedimente intensiv, weshalb die Böden in ihrem Bereich tiefgründig und nährstoffreich sind. In den Hochlagen nimmt darüber hinaus die Verlehmung zu, weswegen dort trotz kühleren Klimas vergleichsweise gutes Baumwachstum anzutreffen ist. Begünstigt wird es durch ein *atlantisch getöntes Gebirgsklima*, was sich in relativ milden Wintern (Januar −0,7°C) und kühlen Sommern (Juli 16,6°C) ausdrückt. Während die mittlere Jahrestemperatur mit 8,1°C anderen Orten gleicher Höhenlage außerhalb des Schwarzwaldes entspricht, sind die Niederschläge mit 1680 mm extrem hoch. Dies hängt mit der unmittelbaren Nähe zum niederschlagstauenden Belchenmassiv im NW zusammen. Der Blößling erhält – obwohl 780 m höher – wegen seiner östlicheren Lage nur unwesentlich höhere Niederschläge als Schönau (ca. 1700 mm), ist dagegen viel kälter (ca. 4,5°C).

Ohne die Exklaven umfaßt die Gemarkung Schönau lediglich das submontane und montane Höhenstockwerk mit einer Vegetationszeit zwischen 160 und 130 Tagen. Bezogen auf die Gesamtgemarkung liegen 17% der *Waldflächen* im submontanen, 65% im montanen und 18% im hochmontanen Bereich. Von Natur aus nur in den höchsten

Lagen beigemischt, hat die *Fichte* aus wirtschaftlichen Gründen ursprünglich kräftig zugenommen, zeigt allerdings seit den 1970er Jahren leicht abnehmende Tendenz, weil man sie bei Aufforstungen unterhalb 1000 m (z. B. am Südwesthang des Haselbergs) häufig durch die Douglasie ersetzt. Fichtenmonokulturen gibt es dank umsichtiger Forstarbeit kaum, in der Regel werden die Fichtenbestände durch hohe Anteile vor allem an Buchen aufgelockert. Nur ausnahmsweise gibt es reine *Tannenwälder*, so die Pflanzung am Osthang über dem Letzbergbächle. Die meisten Tannen stehen beigemischt im Altholz (z. B. östlich des Nollenkopfes 140jähriger Buchen-Tannenwald mit einzelnen Fichten), doch stieg in jüngster Zeit die Zahl der Jungtannen durch Neuanpflanzungen, denn eine natürliche Verjüngung macht der starke Wildverbiß (zuviel Rehwild) unmöglich. Die Hauptbaumart der natürlichen Waldgesellschaft, dem montanen »Buchen-Tannenwald mit örtlichen Fichtenvorkommen«, bildet die *Buche*, deren Anteil seit Anfang des 20. Jh. allerdings ebenfalls zurückgegangen ist. Im Gemeindegebiet besitzen jedoch noch viele der über 120jährigen Althölzer die ursprüngliche Zusammensetzung, wie z. B. im Distrikt Schwarzenbach (80% Buche, 15% Tanne, 5% Fichte). Im Unterschied zur Tanne verjüngt sich die Buche äußerst vital. Dasselbe gilt in frischen Hochlagen für den *Bergahorn*, der insgesamt einen Anteil von 5% hat. Beispiele für einen Buchen-Fichten-Bergahornwald finden sich im Gamswald am Blößling-Nordhang in 1250 m Höhe oder am Osthang des Hochgescheids.

Teile der Kieshalde verdanken den Kahlhieben nach dem 2. Weltkrieg (»Export- und Franzosenhiebe«) ihre heutigen, sehr schön gemischten Jungbestände. Aber auch an einigen Steilhängen und Blockhalden sind artenreiche, ungleichaltrige Laub- und Mischwälder erhalten geblieben. Dazu gehören die Mairösleinhalden mit einem Gemisch aus Buche, Bergahorn, Esche, Birke, Erle, Tanne, Fichte und Douglasie oder westlich der Wiese die Schönenbuchenhalden und die Letzberghalden. Eiche, Esche, Vogelbeere, Birke, Roterle und Strauchholz sind zwar wirtschaftlich unbedeutend, um so wichtiger aber für Landschaft und Ökologie, insbesondere als Erholungswald (am Haselberg und Letzberg). Schließlich kennzeichnen stattliche Altbäume (z. T. mit Exoten) das Arboretum des Stadtparks.

Von den *Offenflächen*, die gegenüber dem Wald eine vergleichsweise geringe Rolle spielen, sind neun Zehntel *Weideland*, der Rest entfällt auf intensiv bewirtschaftete *Wiesen*, überwiegend in der ebenen Flußaue gelegen. Kleinere Wiesenareale entfallen auf das leicht reliefierte Muldental des Haldsmattbachs, welches die Siedlungsbereiche von Schönenberg und Schönau trennt, sowie den leicht ansteigenden Mündungstrichter des Aiternbachs. Fast so intensiv wie die Wiesen wird das schmale Band der gut gedüngten Privatweiden bewirtschaftet, das sich von der Brach bis zum unteren Letzbergbächle hinzieht. Der Bewuchs besteht ausschließlich aus wenigen, aber ertragsstarken Weidegräsern (Straußgras, Rotschwingel etc.), außerdem aus Rot- und Weißklee. Auf typische extensive Allmendweiden stößt man am 650 bis 800 m hoch gelegenen Nordwesthang des Windfelds im SO der Gemarkung. Die freien, mit Flügelginster, Heidelbeere, Heidekraut, Salbeigamander und Weidegräsern (Rotschwingel) bestandenen Flächen werden unterbrochen von einzelnen kleineren Nadelwaldinseln (aufgeforstete Weidflächen), Gruppen von Weißdorn- und Stechginsterbüschen sowie Weidbuchen, Bergahorn, Fichten und Birken. An Lesesteinhaufen und eisüberschliffenen, felsigen Rundhöckern findet sich eine interessante Vegetation mit alpinem Einschlag (u. a. Felsenleimkraut, großflächiger Bewuchs von Landkarten-, Krusten- und Nabelflechte). Periodische Pflegeeingriffe verhindern an den seltener beweideten Rändern eine Sukzession mit Wald als Schlußgesellschaft. Zwischen den felsigen Rundhöckern und den Geröllhalden der extrem stark glazial geformten Weidfelder am Letzberg (600 bis 750 m) haben sich viele feuchte Rinnen und staunasse Senken mit Naßwiesen gebildet. Der künstlich angelegte Weiher paßt allerdings nicht ins landschaftliche Ambiente.

Fast eine Rarität im Schwarzwald bilden die Schafweiden im Naherholungsgebiet Haselberg sowie am Kälberbelchen, Böllenbach und Gelberboden (östlich der Wiese). Am Haselberg will man damit die offene, stellenweise parkartige naturnahe Kulturlandschaft bewahren, die aus dem alten, durch acht hangparallele Wege erschlossenen und leicht terrassierten, im Allmendbesitz befindlichen Feld-Gras-Wechselland hervorgegangen ist. Entlang der Terrassenstufen wachsen Birke, Hasel, Kirsche, Bergahorn, Schlehe, Esche und an feuchten Stellen Schwarzerle. An den Gehölzrändern, z.T. auch auf den freien Flächen, trifft man Arzneithymian, Schafgarbe, Kleines Habichtskraut, Salbeigamander, Bärwurz, Heidekraut, Heidenelke und Adlerfarn an. In den feuchten, quelligen Rinnen und Mulden des Haselberger Bachs finden sich artenarme, ungenutzte Binsenwiesen und Reste von Flachmooren. Ein naturnaher Eschen-Schwarzerlen-Galeriewald begleitet den Bach. Am Kälberbelchen wurden einige flache Teiche angelegt. Inzwischen bilden die kleinen Biotope mit Wasserminze, Gilbweiderich, Mädesüß und Igelkolben einen Lebensraum für viele Amphibien.

Siedlungsbild. – Die Stadt Schönau liegt in einer Talweitung des oberen Großen Wiesentals, wobei sich ihre Siedlungsfläche überwiegend westlich der Wiese bis an bzw. bereits auch auf die steil ansteigenden Hänge der Beckenbegrenzung ausgebreitet hat. Deutlich hebt sich im Stadtgrundriß der relativ kleine, *alte Siedlungskern* heraus, der auf einem Schwemmfächer des Haldsmattbachs angelegt ist und eine mit der Spitze nach W zeigende annähernde Dreiecksform aufweist. Kirchbühlstraße und Ledergasse stellen den nördlichen bzw. südlichen Schenkel des Dreiecks dar, während Gentner- und Kirchstraße das östliche Ende des Stadtkerns markieren. An dieses schließt sich eine beachtliche Siedlungserweiterung an, die hauptsächlich aus der 2. Hälfte des 19. Jh. stammt und über die Friedrichstraße, einen Teil der Hauptdurchgangsachse längs des Wiesentals, hinaus bis an das ehemalige Bahnhofsgelände bzw. an die Wiese heranreicht.

Zu den markanten Grundrißelementen des Siedlungskerns zählt die deutlich verbreiterte Mittelachse, die obere Talstraße, die noch gut ihre einstige Funktion als Straßenmarkt erkennen läßt und bis heute das Zentrum der Stadt bildet. Die Achse ist Teil eines alten Weges quer zum Wiesental, der den gesamten Stadtkern von seinem westlichen Ende an in NW-SO-Richtung durchzieht und durch die Ausbauzone des 19. Jh. hindurch und über die Wiese hinweg weiter in Richtung Tunau führt. Rund um das Zentrum ist der Stadtkern von Schönau dicht bebaut, wobei vor allem entlang des ehemaligen Straßenmarktes meist dreigeschossige Gebäude eng aneinandergereiht stehen und mit unterschiedlicher Giebelhöhe überwiegend traufständig diesen oberen Abschnitt der Talstraße begleiten. In die Erdgeschosse der im Kern oft bis ins 18. Jh. zurückreichenden Gebäude sind heute vielfach Ladengeschäfte eingezogen, deren Angebotspalette vom Lebensmittelgeschäft über die Boutique bis zum Souvenirladen reicht. Zu den bedeutenden Gebäuden des Innenstadtbereichs gehört die alte Apotheke am oberen (westlichen) Ende der Talstraße genauso wie das wesentlich jüngere ehemalige Parkhotel »Sonne« am Straßenknoten von Talstraße, Ledergasse und Kirchbühlstraße, das die westliche Spitze der ursprünglichen Stadtausdehnung markiert. Mit dem »Adler«, »Ochsen«, »Löwen« und der »Krone« zeigt der untere Teil des Siedlungskerns eine beachtliche Konzentration an älteren Gasthäusern, unter denen die »Krone« das bedeutendste und traditionsreichste ist. Der schlichte, zweistöckige Gasthausbau, der nahe beim östlichen Ende des Stadtkerns an der Talstraße steht und auf eine über

200jährige Tradition zurückblicken kann, war ehemals St. Blasischer Amtssitz, worauf das Wappen über dem Haupteingang hinweist. Auf der gegenüberliegenden Straßenseite prägt heute die mächtige, neugotische *katholische Pfarrkirche* mit ihrem sehr hohen, spitzen Turmhelm das Stadtbild und darüber hinaus den gesamten Talraum. Die Kirche wurde 1903 bis 1907 an der Stelle eines sehr viel schlichteren Vorgängerbaus mit Satteldachturm errichtet, der eher an Kirchenbautraditionen des Markgräfler Landes erinnerte. Bemerkenswert ist die noch erhaltene Gerichtslinde an der Talstraße westlich vor der Kirche, unter der 1837 das letzte Todesurteil gefällt wurde.

In ähnlicher Weise wie im Bereich des Straßenmarktes reihen sich entlang der Ledergasse, dem südlichen Schenkel des Stadtkerns, die Häuser in durchgängiger Bebauung traufständig auf. Dies gilt für die südliche Straßenseite, während das sehr uneinheitliche Baubild auf der gegenüberliegenden Seite mit seinen vielen, häufig modernen Aus- und Anbauten darauf hindeutet, daß hier das ursprüngliche Garten- oder Hofgelände der zur oberen Talstraße weisenden Häuser bebaut worden ist. Die ehemaligen Ackerbürgerhäuser sind durchweg hervorragend renoviert, teilweise aber auch stark verändert worden und haben ebenfalls vereinzelt bereits Geschäfte oder Dienstleistungseinrichtungen, z. B. ein Friseurgeschäft, aufgenommen. Häufig werden Pensionsunterkünfte angeboten.

Auch auf der nördlichen Seite der Talstraße, entlang der Kirchbühl- und Hofmattstraße sowie der Kirchstraße, bestimmen eindeutig städtische Elemente die alten Hausformen, die heute durch die Schaufensterfronten einzelner kleiner Geschäfte zusätzlich unterstrichen werden. Dennoch wird nach O hin die Bebauung lockerer, die Häuser rücken zunehmend voneinander ab, und es treten jetzt auch stärker ehemals bäuerliche Anwesen in Erscheinung. Zum Teil bestimmen dabei freistehende Schwarzwaldhöfe das Siedlungsbild. Natürlich spielt die Landwirtschaft auch hier keinerlei Rolle mehr, die Anwesen dienen reinen Wohnzwecken. Häufig bieten sie Zimmer für Pensionsgäste an, wie u. a. das offenbar aus einem stark umgestalteten, ehemaligen größeren Anwesen hervorgegangene Restaurant »Kirchbühl« an der Kirchbühlstraße.

Östlich der Kirchstraße erreicht man den Bereich der *Stadterweiterung aus dem 19. Jh.*, der besonders entlang der Neustadtstraße wiederum eine starke bauliche Verdichtung aufweist. In nahezu einheitlicher Fassade begleiten die Gebäude den Straßenzug. Freilich läßt sich nur noch ganz vereinzelt der ursprüngliche, durch Ackerbürgerhäuser geprägte Charakter dieses Siedlungsausbaus erahnen. Einen Anhaltspunkt gibt das sauber renovierte Gebäude mit seiner ehemals großen Hofeinfahrt, das am östlichen Ende der Neustadtstraße liegt. Überwiegend jedoch sind die Häuser umgebaut und erweitert, wobei das Erdgeschoß häufig wiederum von Ladengeschäften eingenommen wird.

Einen ganz anderen Charakter weist diese ältere Stadterweiterung südlich der Neustadtstraße, im Bereich der Talstraße, auf. Hier haben vor allem Amtsgebäude ihren Platz gefunden, die, deutlich von der Talstraße abgesetzt, dem Stadtbild eine vergleichsweise großzügige Dimension verleihen. Hierin spiegelt sich die Funktion Schönaus als Bezirksamtssitz wider, die die Stadt bis 1924 innehatte. Den Auftakt bildet das schräg gegenüber der Pfarrkirche Ende des 19. Jh. fertiggestellte neue *Rathaus*, in dem neben der Stadtverwaltung auch der *Gemeindeverwaltungsverband Schönau* seinen Sitz hat. Ihm gegenüber steht an der Talstraße das *Gymnasium*, das mit seinen aus Buntsandstein gearbeiteten Fenster- und Türgewänden des unteren Stockwerkes den typischen strengen Amtsstil des ausgehenden 19. Jh. zeigt. Die heutige Aufstockung geht auf die späten 1950er bzw. frühen 1960er Jahre zurück. Noch klarer als Amtsgebäude der wilhelminischen Ära erweist sich das daran anschließende, stärker an die Straße herangerückte *Amtsgericht* und *Notariat*, zu dem östlich der Friedrichstraße ein gleichgestalteter Erweiterungsbau gehört. Im selben Stil ist schließlich der Sitz der *Staatlichen Weideinspektion* an der Friedrichstraße gehalten. Eine Rettungsstation des Deutschen Roten Kreuzes ist südlich des Rathauses von der Gentnerstraße aus zu erreichen. Gegenüber hat in einem Hallenbau die Feuerwehr noch ihre Unterkunft. Eine Auslagerung ist geplant. Unweit davon, an der Kreuzung Gentnerstraße/Ledergasse, steht das 1953 in einem der älteren Gebäude eingerichtete »Haus des Gastes«. Nach SO hin wird das Angebot an öffentlichen Einrichtungen durch das Kindergartenareal abgerundet, das bereits wieder an die Friedrichstraße grenzt. Neben dem älteren Kindergartengebäude wird das Gelände von einem modernen, weitgehend in Holz gehaltenen und durch große Glasfronten gegliederten Flachdachpavillon eingenommen.

Nach O zu trifft die Talstraße auf die sehr stark vom Durchgangsverkehr beeinflußte Friedrichstraße, entlang der sich inzwischen der Hauptteil des Einkaufs- und Dienstleistungsbereichs von Schönau etabliert hat. Auch hier ist die Wohnfunktion keineswegs aus dem Geschäftsbereich verbannt. Sie findet sich in den Obergeschossen der meist zwei- bis dreistöckigen, häufig noch älteren Gebäude. Im Vergleich mit dem Stadtkern erscheinen die Geschäftsflächen im Erdgeschoß jedoch meist ausgedehnter, wobei Einkaufsmöglichkeiten für den täglichen wie für den periodischen Bedarf in mehrfacher Form anzutreffen sind. Die Palette reicht dabei vom Bekleidungsgeschäft über Blumen-, Schreibwaren- und Fotogeschäft bis zum Drogeriemarkt und zur Apotheke. Im N wird das Angebot durch eine Tankstelle mit einem kleinen Autohaus ergänzt. Post und Sparkasse haben im südlichen Abschnitt der Friedrichstraße ihren Sitz. Zumindest die Post ist ebenfalls in einem älteren Gebäude einquartiert. Inzwischen hat sich der Geschäftsbereich mit einzelnen Läden an Talstraße, Neustadtstraße und Hofmattstraße nach O weiter ausgedehnt.

Östlich der Friedrichstraße setzt sich die Talstraße fort und führt über die Wiese hinweg auf die andere Talseite. Direkt am Fluß und nahe an der Wiesebrücke steht das sogenannte *Klösterle*, dessen ursprüngliche Funktion (Mühle?) nicht mehr bekannt ist. In dem alten, unlängst renovierten Gebäude ist das Stadtmuseum untergebracht. Ebenfalls noch westlich des Flusses, unweit vom Klösterle, zweigt von der Talstraße nach S hin die Bahnhofstraße ab. Parallel zur Friedrichstraße verlief hier bis in die 1970er Jahre die 1889 eröffnete Schmalspurbahn, die von Zell kommend nach Todtnau weiterführte und im Bereich der Bahnhofstraße zweigleisig angelegt war. An das *ehemalige Bahnhofsgelände* erinnert lediglich noch das hübsche, weißgetünchte und durch Buntsandsteinquader gegliederte Lagergebäude an der Ecke Bahnhofstraße/Talstraße. Der aus der Zeit um die Jahrhundertwende stammende Bau wird heute von einem Getränkemarkt genutzt. Der Bahnhof selbst wurde abgetragen, nur eine weite Parkplatzfläche markiert noch seinen einstigen Standort. Große Teile des einstigen Trassenareals werden inzwischen von Verkaufs- und Dienstleistungseinrichtungen eingenommen, zu denen u. a. ein größeres Raiffeisenlager, ein ausgedehnter Lebensmittelmarkt und die Volksbank gehören.

Östlich des einstigen Bahnhofsgeländes hatte sich bereits vor dem 2. Weltkrieg ein kleineres Wohngebiet im Bereich der heutigen Wiesenstraße etabliert, dessen Ausdehnungstendenz nach S gerichtet war. Zwar fallen an der Wiesestraße zwei größere Mehrfamilienwohnblöcke ins Auge, doch dominieren in diesem Bereich Ein- und Zweifamilienhäuser, die, liebevoll hergerichtet, z.T. noch den ehemaligen Siedlerstil erkennen lassen. Jüngere, oft aufwendiger gestaltete Wohnhäuser runden diesen Siedlungsteil ab. Östlich der Eisenbahnlinie, am südlichen Ende der Bahnhofstraße, hatten zwei Bürstenfabriken ihren Standort. Zumindest das langgestreckte zweigeschossige, mit Satteldach gedeckte südliche Fabrikgebäude ist noch erkennbar, doch wird es inzwischen anderweitig genutzt. In das Hauptgebäude sind Wohnungen und eine Praxis für Krankengymnastik eingezogen, während in dem östlich an der Wiesestraße anschließenden ursprünglichen Erweiterungsbau eine Getränkefirma ihre Unterkunft gefunden hat. Auf der gegenüberliegenden Straßenseite, im Winkel zwischen Bahnhofstraße und Friedrichstraße, markieren einzelne Mehrfamilienwohnblöcke aus den 1960er bzw. 1970er Jahren, z. T. mit mehr als drei Geschossen, das südliche Ende des überbauten Gebietes. Der Siedlungsteil wird hier begrenzt durch den Waldpark, in den der Sportplatz integriert ist. Der Waldpark trennt zugleich das Wohngebiet vom Areal der 1969/70 errichteten Buchenbrand-Schule. Drei jeweils etwas zurückgesetzte Geschosse, die sich durch lange Glasfronten auszeichnen, gliedern den Schulbau, dem eine separat stehende, große Mehrzweckhalle angegliedert ist.

Auch der *Bereich zwischen Friedrichstraße und Flußlauf* der Wiese nördlich des Bahnhofsgeländes war von der Stadterweiterung des vorigen Jahrhunderts erfaßt worden. Der Siedlungsausbau folgte dabei vor allem der Neustadt- und Hofmattstraße bis zur Wiedlegasse. Eine Zeile kleiner, bescheidener zweigeschossiger Reihenhäuschen im Mündungsbereich von Wiedlegasse und Neustadtstraße sowie das daran anschließende alte »Städtische Elektrizitätswerk« aus der Zeit um die Jahrhundertwende sind augenfällige Zeugen für diesen Entwicklungsgang. Allerdings scheint die anfängliche Bebauung östlich der Friedrichstraße wesentlich lockerer als auf der gegenüberliegenden Straßenseite erfolgt zu sein, denn die dazwischen verbliebenen größeren Freiflächen wurden überwiegend erst von der Mitte der 1960er Jahre an aufgefüllt. Heute mischen sich unter den älteren Baubestand zahlreiche moderne Wohnhäuser. Selbst in jüngster Zeit kamen an der Wiedlegasse noch einzelne Ein- und Zweifamilienhäuser hinzu. Vor allem nach N hin setzt sich dieser Ausbau in einem weitflächigen Neubaugebiet aus den 1970er und 1980er Jahren fort. Zu diesen jüngeren Gebäuden gehört auch der Komplex des Belegkrankenhauses an der Friedrichstraße. Inzwischen ist dieses jüngste Ausbaugebiet sogar über das ausgedehnte Werksareal der ebenfalls mit der Bürstenindustrie in Verbindung stehenden Kunststoffabrik Frisetta hinausgewachsen. Die überwiegend zweigeschossigen, z.T. im postmodernen Stil gehaltenen Baueinheiten schieben sich ab der Oberfeldstraße zwischen die Wohnhäuser und den Wieselauf. Nach S zu übernimmt diese Begrenzungsfunktion der städtische Bauhof, der an das alte Elektrizitätswerk grenzt.

Während östlich der Friedrichstraße der Friedhof eine weitere Siedlungsausdehnung verhindert hat, hatte sich auf der gegenüberliegenden Seite das Stadtgebiet schon zu Beginn des 20. Jh. mit einer eher sporadischen Bebauung nach N zum Stadtteil Schönenbuchen vorgeschoben. Vor allem an der Friedrichstraße fallen einzelne Häuser im Landhausstil der Jahrhundertwende ins Auge. Zu einer Siedlungsverdichtung ist es aber auch hier erst in den letzten zehn Jahren gekommen. Vor allem auf der Höhe des Campingplatzes (Johann-Peter-Hebel-Weg) dominieren moderne, z.T. recht aufwendig gestaltete Ein- und Zweifamilienhäuser. Vereinzelt hatte bereits die Stadterweiterung der Jahrhundertwende auch nach N entlang der Felsenstraße ausgegriffen, wo das aus dieser Zeit stammende Forstamt steht. An der Sonnhalde setzte der Ausbau in den 1970er Jahren ein. Ein weiteres ausgedehntes Neubaugebiet, hauptsächlich aus den 1980er Jahren, zieht sich im nordwestlichen Stadtgebiet den Hangbereich der dortigen Talbegrenzung hinauf. Dabei bestimmen an Letzbergstraße, Tannenweg und Eggenrütte große Ein- und Zweifamilienhäuser, die bisweilen Villencharakter tragen, das Bild. Baulicher Mittelpunkt des Siedlungsteils bildet die 1925 bis 1927 ursprünglich etwas abseits des Stadtgebietes errichtete *evangelische Bergkirche* mit ihrem sehr massiv erscheinenden, satteldachgedeckten Turm. Das auffällige, erhöht auf einer Hangleiste stehende Bauwerk stellt neben der katholischen Pfarrkirche einen zweiten markanten Blickfang im Stadtbild von Schönau dar. Das niedrigere Pfarrhaus ist unmittelbar an den Kirchturm im O angebaut und über das Hausdach architektonisch sehr ansprechend mit dem Kirchenschiff verbunden. Baulich leicht abgesetzt und etwas niedriger in der Dachhöhe verlängert ein modernes Gemeindehaus die Kirchenfront, die dadurch von Ferne besonders langgestreckt erscheint.

Die Hauptanbindung dieses Neubaugebiets zum Stadtzentrum erfolgt über den kräftig ansteigenden Felsenweg, die alte Verbindung nach Schönenberg. Dort steht, früher deutlich vom einstigen Siedlungskern abgesetzt, die Felsenmühle. Ursprünglich wohl Erzmühle, wurde sie später zur Getreidemühle umgebaut. Heute dient der lange, durch Anbauten im hinteren westlichen Teil etwas veränderte Schwarzwaldhof, der durch seine Schindelverkleidung und sein tief herabgezogenes, abgewalmtes Dach auffällt, reinen Wohnzwecken.

Bislang hat sich die Stadtausdehnung auf den Bereich westlich der Wiese beschränkt. Lediglich in Verlängerung der Talstraße, entlang der Tunauerstraße, setzt sie sich dicht an der Straße in sehr lockerer, z.T. eher sporadischer Form fort. Dabei fällt vor allem das langgestreckte Gebäude einer Bürstenfabrik ins Auge. Enger rücken die Häuser wieder im Bereich des Schleifenbaches zusammen, wo an der Straße »Im Grün« auch einzelne Neubauten hinzugekommen sind.

Am nördlichen Ausgang des Talkessels von Schönau, bereits in der Engstelle zur Talweitung von Utzenfeld, liegt der Stadtteil Schönenbuchen, der sich weitgehend aus der früheren Koechlinschen Textilfabrik mit ihren dazugehörigen Laborantenhäusern zusammensetzt. Das gesamte Ensemble, dessen heutige bauliche Gestalt aus der Zeit vor dem 1. Weltkrieg stammt, steht inzwischen unter Denkmalschutz. Aufgrund der Talenge dicht an die Straße gerückt, begleiten Fabrikgebäude und Arbeiterhäuser bandförmig die Durchgangsachse der B 317 auf beiden Seiten. Das Fabrikgebäude selbst füllt als schmaler, langgestreckter dreigeschossiger Bau den Raum zwischen Wiesefluß und Straße aus. Heute beherbergt es in seinem südlichen Teil Wohnungen, der nördliche dient als Lagerhalle. Auf der gegenüberliegenden Straßenseite stehen die vier zwei- bis dreigeschossigen einstigen Laborantenhäuser, dicht aneinander gesetzt, sich durch ihre unterschiedliche Stockwerks- und Firsthöhe jedoch deutlich voneinander abhebend. Inzwischen ansprechend renoviert, sind sie nach wie vor bewohnt. Wenige moderne Zweifamilienhäuser erweitern den Stadtteil nach Norden. Die südliche Grenze von Schönenbuchen markiert neben dem Gasthaus »Schönenbuchen« die *Kapelle St. Peter* aus der Mitte des 17. Jahrhunderts. Das kleine, schlichte Hallenkirchlein hebt sich durch seinen Dachreiter mit auffallender Zwiebelkuppe heraus.

Ebenfalls einem frühen Standort des Textilgewerbes verdankt der südliche Stadtteil Brand seine Entstehung. In der 2. Hälfte des 19. Jh. war hier das erste Fabrikgebäude des unmittelbaren Vorgängers der traditionellen »Baumwollspinnerei und -webereien Zell-Schönau AG« errichtet worden. An der gleichen Stelle, östlich der B 317 dicht am Wiesefluß, steht heute ein dreigeschossiger Fabrikbau, der bis vor kurzem noch Produktionsanlagen dieser Firma (»Irisette«) beherbergt hatte. Ausgedehnte, flach und niedriger gehaltene Anbauten, in denen vor allem eine Weberei untergebracht war, erweitern dieses Hauptgebäude besonders nach N hin und zur Straße. In den 1960er Jahren wurde der Fabrikbetrieb zudem durch den großen Flachdachbau einer Spinnerei auf der gegenüberliegenden westlichen Straßenseite vergrößert. Dem Hauptgebäude gegenüber befinden sich zwei dreigeschossige Wohnblöcke, die bisher für die Industriebeschäftigten reserviert waren. Diese ältere Blockbebauung wird inzwischen nach W hin durch einzelne Ein- und Mehrfamilienhäuser entlang der Georg-Färber-Straße vergrößert.

Bemerkenswerte Bauwerke. – Die *kath. Pfarrkirche Mariä Himmelfahrt* ist ein Werk des Freiburger Kirchenbaumeisters Raimund Jeblinger aus den Jahren 1903 bis 1907. Vom Vorgängerbau blieb der nun diagonal zum Schiff zwischen Chorhals und südlichem Querhaus eigenständig stehende Turm, der bis in die romanische Zeit zurückreicht und in den Untergeschossen noch gotische Fenster aufweist, während seine neuen Teile mit reicher Verzierung ins Oktogon übergehen und mit steilem Helmdach abschließen. Insgesamt vermittelt das Äußere der Kirche den für die kleine Stadt ungewöhnlichen Charakter einer dreischiffigen Basilika mit breitem Querhaus. Frei über die Seitenschiffdächer hinweggeführte Strebebögen übertragen den Gewölbeschub des Hochschiffes auf die Umfassungsmauern der Seitenschiffe. Das Kreuzrippengewölbe, das den hohen Innenraum überspannt, ruht auf mächtigen Rundpfeilern mit vorgelegten Dienstbündeln. Das Gliedergerüst tritt in Rotsandstein gegenüber den weißverputzten Wänden wirkungsvoll hervor. Diese öffnen sich in Spitzbögen zu den Seitenschiffen und in der oberen Zone in gekuppelten Rundbogenfenstern. Die Vertikalität des Raumgefüges wird im Querhaus durchbrochen, da dort jeweils über breitgezogenen Jochen Emporen lasten. Der Chor schließt in einer polygonalen Apsis. Als wichtigstes Kunstwerk der Kirche steht hier der Hochaltar, ein neugefaßter Schrein mit spätgotischen Skulpturen, die Madonna inmitten von Johannes, Blasius, Barbara und Katharina, den Patronen der Kirche, im Gespränge Petrus und Paulus, Stephanus und Christopherus und die Madonna. Die Reliefs auf den inneren Flügeln erzählen die Marienlegende. Der Altar stand ursprünglich in der Chorhalle des Turmes. Verblieben ist dort der Sakramentsschrein mit Heiliggrab aus der Zeit zwischen 1493 und 1519.

Die auf einer Anhöhe gelegene *ev. Bergkirche* ist ein Bau von 1925/27, an den schon damals ein Wohnhaus und neuerdings ein Gemeindesaal angebaut wurde. Trotzdem ist der beherrschende Eindruck einer Kirche mit Satteldach und zum Hauptdach quergestelltem Satteldachturm erhalten geblieben. Man betritt sie von der talseitigen Längsseite, wo das abgeschleppte Dach von drei Säulen gestützt eine Vorhalle bildet, und gelangt in einen Vorraum unter der Orgelempore, der sich durch Schiebetüren zum Schiff hin öffnen läßt. Es erhält durch hohe Rundbogenfenster von drei Seiten Licht. Den Charakter des Raumes bestimmt das dunkle Holzwerk, besonders die nach den Seiten hin abgeschrägte Kassettendecke. Der Altar steht vor einer Konche, in der Kanzel und Orgel übereinander geordnet sind.

Die Marienkapelle in Schönenbuchen, die eine Wallfahrt zu St. Peter hatte, weist eine bewegte Geschichte auf. Ein Umbau von 1781/82 mußte im 19. Jh. mehrmals, noch einmal 1949/50 gründlich renoviert werden. Erhalten blieb die Grundform, ein rechteckiger Saal mit eingezogenem Chorpolygon, abgewalmtem Satteldach und zwiebelgekröntem Glockenreiter. Hochaltar und Ausmalung des Raumes 19. und 20. Jahrhundert. Bemerkenswert erscheint das große Gemälde an der rechten Innenwand, das den Kampf der Bauern mit den Armagnaken darstellt. Es ist wohl anläßlich der Renovierung im 18. Jh. gemalt worden.

B. Die Stadt im 19. Jahrhundert und in der Gegenwart

Bevölkerung

Bevölkerungsentwicklung. – Die Zunahme der Bevölkerung in Schönau im 19. Jh. war eng verbunden mit der *industriellen Entwicklung* der Stadt, die den Zuzug fremder Arbeitskräfte begünstigte. Von 809 Einwohnern (1804) erhöhte sich die Bevölkerungszahl über 1132 (1852) auf 1860 (1910); davon wohnten Mitte des vergangenen Jahrhunderts ca. 50 Personen im Ortsteil Schönenbuchen. Auch die *Auswanderungen* von 62 Personen im Zeitraum 1832 bis 1852 nach dem Niedergang der Hausindustrie blieben ohne nachhaltige Wirkung auf die positive Bevölkerungsentwicklung. Im 1. Weltkrieg beklagte Schönau 54 Gefallene, im 2. Weltkrieg mußte die Stadt 82 Gefallene sowie 6 getötete Zivilisten und 16 Vermißte hinnehmen. In den Nachkriegsjahren, bis 1950, hatte Schönau 276 Vertriebene (12,5% der Bevölkerung) aufgenommen, deren Zahl sich bis 1961 auf 325 erweiterte, dazu kamen 82 SBZ-Flüchtlinge.

Nach stetig zunehmendem Bevölkerungswachstum setzte seit 1963 eine Negativentwicklung ein, bedingt durch Abwanderung, die auch durch gleichzeitigen Geburtenüberschuß nicht wettgemacht werden konnte. Dieser Trend wird noch durch das seit den späten 1970er Jahren vorherrschende Geburtendefizit verstärkt. Insgesamt sank die Einwohnerzahl, die 1967 ihren vorläufigen Höchststand mit 2455 Personen erreicht hatte, auf 2241 im Jahr 1987, d.h. um 11,5%. Der Hauptgrund hierfür dürfte im Personalabbau der Textilindustrie zu suchen sein. Die Beschäftigungsquote in der Textilindustrie (am Anteil aller Industriebeschäftigten in Schönau) sank von über 90% (1960) drastisch auf 52,2% im Jahre 1987. Im Zeitraum von 1960 bis 1980 blieb der Ausländeranteil mit einem knappen Zehntel der Bevölkerung (1980: 9,5%) relativ stabil. Seither ist er etwas gesunken und erreichte 1987 (163 Personen) noch 7,3%. Die stärkste Volksgruppe bildeten hierbei die Türken. Nach der Bevölkerungsfortschreibung hatte Schönau am 31. Dezember 1992 2556 Einwohner. Unter den 294 Ausländern wurden 185 Türken gezählt.

Konfessionelle und soziale Gliederung. – Der Ort Schönau, ehemals vorderösterreichisch und zur Grundherrschaft St. Blasien gehörig, hatte beim Übergang an Baden eine fast ausschließlich *katholische Bevölkerung* aufzuweisen. Durch Zuzug fremder Arbeiter, von Beamten und Dienstboten seit Mitte des 19. Jh. sowie durch die Aufnahme von Flüchtlingen nach dem 2. Weltkrieg stieg der Anteil der Protestanten von 6,9% (1925) auf 18,7% (1970) an und blieb seither relativ stabil (1987: 17,6%). Die Sonstigen, einschließlich der Konfessionslosen, sind dagegen anteilsmäßig im Steigen begriffen; nach 3,3% (1970) wurden 1987 schon 8,8% erreicht, in der Mehrzahl Mohammedaner (5,6%). Bis zur 1. Hälfte des 19. Jh. lebte die Schönauer Bevölkerung noch hauptsächlich vom Feldbau, dessen Rentabilität damals anstieg. Viehzucht und -handel trieben die Wohlhabenderen, die Ärmeren dagegen suchten (ab etwa 1830) Verdienst in der Baumwollweberei, ungeachtet der geringen Bezahlung. Zuvor war dem Holzmachen und Kohlebrennen als Erwerbsquelle Bedeutung zugekommen; Kleinarbeiten, wie Kienspanschneiden, das Schnitzen von hölzernen Geräten oder Kügelchen für die Seidenfabriken in der Schweiz, brachten Zusatzverdienst vor allem im Winter. Schaubinger hebt 1834 im übrigen hervor, daß die Mittelklasse bei weitem die bedeutsamste sei und daß es nur ganz wenig Arme gebe, die der Gemeinde zur Last fielen.

Schon gegen Ende des vergangenen Jahrhunderts entsprach die *soziale Struktur* Schönaus aber weitgehend der einer durch die Industrie geprägten Gesellschaft. 1895 waren bei insgesamt 1423 Erwerbstätigen nach dem Hauptberuf des Ernährers eine

Mehrheit von 62,5% in Industrie und Gewerbe beschäftigt, in der Landwirtschaft dagegen nur 17,1%. In den sonstigen Wirtschaftsbereichen waren es bereits 20,3%. Nach dem 2. Weltkrieg sank der Anteil der in der Landwirtschaft Beschäftigten an der Zahl der Erwerbstätigen rapide auf nur noch 4 Beschäftigte (1970) ab und verschwand bis 1987 völlig. Leichter Rückgang entstand auch beim Produzierenden Gewerbe von 1950 bis 1970. Angewachsen ist dagegen der Tertiäre Sektor von (1961) 12% auf (1970) 17% und weiter auf 36% (1987), was zum einen die heutige Bedeutung des Fremdenverkehrs für die örtliche Bevölkerung unterstreicht, andererseits auf die Funktion Schönaus als Verwaltungsmittelpunkt zurückzuführen ist. Keine Veränderungen ergaben sich im Bereich Handel und Verkehr, in dem zwischen 1895 und 1987 gleichbleibend bis zu 11% der erwerbstätigen Bevölkerung beschäftigt waren. Der Anteil der Renten-, Pensions- und Arbeitslosengeldempfänger an der Wohnbevölkerung war 1970 bereits auf 19% angestiegen, 1987 erreichte er 24,3%.

Wie schon 1961 (53%), und anteilig kaum verändert, fand 1987 mit 53,9% der überwiegende Anteil der Bevölkerung seine Beschäftigung am Wohnort. Vom 1970 zu beobachtenden leichten Rückgang (−4,2 Prozentpunkte) war also bei der letzten Volkszählung nichts mehr festzustellen. Überdurchschnittlich verminderte sich zwischen 1961 und 1970 die Zahl der Selbständigen um 13,5% und die der Mithelfenden sogar um 42,5%; beide Bereiche geben insbesondere den Rückgang der in der Landwirtschaft Beschäftigten (Selbständige und Mithelfende) an. 1987 waren 7,1% der erwerbstätigen Bevölkerung als Selbständige erfaßt; nur noch 1,6% entfielen auf unbezahlt mithelfende Familienangehörige.

Politisches Leben

Bis ins Kaiserreich konnte die Gesinnung der Bevölkerung als überwiegend klerikal katholisch, abgesehen von Beamten und Angestellten, charakterisiert werden. Die in Baden allgemein erkennbare *Polarisierung zwischen Nationalliberalen und Zentrum* wurde im katholischen Amtsort besonders deutlich. Die beiden genannten Parteien bildeten fast ausschließlich das politische Spektrum. Ab 1890 stabilisierten sich die Wahlverhältnisse mit Zentrum um 70% und Nationalliberale um 22% sowie ab 1903 einem geringen Stimmenanteil für die SPD (1903: 8,2%).

Die ersten Wahlergebnisse von 1919 und 1920 stellten ein Votum für die *Weimarer Parteien* dar. Im katholischen Schönau hielt das Zentrum weiterhin die absolute Mehrheit, auch bei der Wahl 1932. Der allgemeine Trend bezüglich der übrigen Parteien wurde auch in Schönau sichtbar: die DDP mit 1919 16,8% zersplitterte sich und sank zur Bedeutungslosigkeit ab (1932). Die NSDAP erreichte bei der ersten Wahl 1924 lediglich 3,6 und 1932 dann 30,4%.

Bei den *Bundestagswahlen* errang die CDU gemäß der Zentrumstradition in Schönau bis 1990 stets die absolute Mehrheit. Die SPD, zweitstärkste Partei, lag um ein Drittel der abgegebenen Stimmen. Der allgemein zu beobachtende Rückgang der FDP von ursprünglich 20% auf 7% wurde auch in Schönau deutlich. Die *Landtagswahlergebnisse* entsprachen im allgemeinen denen der Bundestagswahl, nur die FDP schnitt hier meist deutlich schlechter ab (1988: 4,2%; 1992: 5,4%). Die Grünen, 1980 erstmals angetreten, erreichten damals 1,5%. Sie schnitten seither – umgekehrt wie die FDP – bei Landtagswahlen regelmäßig mit um 7% der abgegebenen gültigen Stimmen besser als bei Bundestagswahlen ab, wobei allerdings das Ergebnis von 3,4% (1990) aus der Entwicklungsreihe herausfällt.

Die Stadt im 19. Jahrhundert und in der Gegenwart

Wirtschaft und Verkehr

Land- und Forstwirtschaft. – Die Landwirtschaft, bis zum 19. Jh. Haupterwerbsquelle, blieb bis weit ins 20. Jh. ein bedeutender Wirtschaftszweig in Schönau, zumal auch die am Ort ansässigen Fabrikarbeiter und Handwerker meist über einigen Grundbesitz verfügten und sich die Allmendweide zunutze machen konnten. Wenig günstige Produktionsbedingungen erlaubten eine landwirtschaftliche Betriebsführung nur als *extensive Bewirtschaftungsform*. Dem Einsatz technischer Hilfsgeräte waren stets enge Grenzen gesetzt.

Aufgrund des sehr schlechten Zustandes der *Weideflächen* im 19. Jh. wurden mit staatlicher Förderung, insbesondere durch die Bemühungen der Staatlichen Weideinspektion Schönau, inzwischen umfangreiche Verbesserungsmaßnahmen durchgeführt. Schönau ist Mitglied im 1970 gegründeten »Bodenverband Wiesental«, der für den Bau von Wirtschafts- und Weidewegen zuständig ist (vgl. auch Bd. 1, S. 345 ff.).

Mit dem Rückgang der Ackerfläche von ca. 25% der *landwirtschaftlich genutzten Fläche* um die Jahrhundertwende auf 2 bis 3% in neuerer Zeit hat die bereits vorherrschende Grünlandnutzung mit Weidgang noch weiter an Bedeutung gewonnen. Auch die LN insgesamt erfuhr seit der Mitte des vorigen Jahrhunderts einen starken Rückgang. In unserem Jahrhundert verringerte sie sich weiter von 380 ha auf 219 ha (1930–1987). Dies ist vor allem zurückzuführen auf eine ausgedehnte Aufforstung sowie eine geringfügige Randbebauung oder Umnutzung. Um 1880 wurde das Ackerland je zur Hälfte mit Kartoffeln und Getreide bestellt. Die Erträge reichten, so 1885 vermerkt, meist nicht zur Deckung des Eigenbedarfs der Bevölkerung aus. In den 1970er Jahren ist der Anbau insgesamt fast zum Erliegen gekommen (Anbaufläche 1987: 1 ha).

Die Weiden befinden sich ausschließlich in Gemeindebesitz. Der Bericht von 1887 über den Zustand der Schwarzwaldweiden ergab für Schönau eine mangelhafte Qualität der Weidflächen, hervorgerufen durch einen starken Überbesatz an Vieh und die sogenannte Reutbergwirtschaft. Das Hauptproblem seit den 1960er Jahren bildet die Sozialbrache infolge zurückgehender Nutzung. Dank der Tätigkeit der Weideinspektion Schönau ist es jedoch gelungen, Brachflächen in der Gemarkung weitgehend zu verhindern. Dem Gastviehauftrieb fällt hierbei aufgrund der zurückgegangenen Rinderzahl in Schönau wachsende Bedeutung zu.

Nach wie vor konzentriert sich die *Tierhaltung* schwerpunktmäßig auf die Rinderhaltung. War die Rinderzahl im 19. Jh. kontinuierlich angestiegen, so ist nach dem 2. Weltkrieg ein Rückgang um 85% (1975) zu verzeichnen. Der Bestand pendelte sich auf rund 60 Tiere (1987: 53) ein. Der Anteil der Milchproduktion ging zugunsten der Mastproduktion von 85% im Jahr 1930 auf 43% Ende der 1980er Jahre zurück. Die in der Landwirtschaft stattfindende Intensivierung der Nutztierhaltung wird auch in Schönau deutlich. Von 1965 bis 1987 verringerte sich die Zahl der Betriebe mit Rinderhaltung von 27 auf 9 bei einer gleichzeitigen Erhöhung des durchschnittlichen Rinderbestandes von 4 auf 6 Tiere. Auffallend an der Tierhaltung Schönaus im 19. Jh. war der relativ hohe Ziegenbestand, was auf eher ärmliche Verhältnisse schließen läßt. Die Schweinehaltung diente in Schönau immer überwiegend dem Eigenbedarf (1987: 23 Schweine). Im Gegensatz dazu erfuhr nach dem 2. Weltkrieg die Schafhaltung infolge der Bemühungen der Staatlichen Weideinspektion eine Aufwärtsentwicklung (1982: 108 Schafe).

Der allgemeine Rückgang der Landwirtschaft zeigt sich auch in der Verminderung der Zahl der Betriebe von 176 (1925) über 93 (1949) auf 9 (1987). Damit verbunden war die Vergrößerung der durchschnittlichen *Betriebsfläche* von 1,3 ha (1925) über 3,3 ha (1949) auf 24,3 ha (1987). Aufgrund der Gemeinde-(Allmend-)weiden verfügt die Stadt Schönau über den größten Anteil an der landwirtschaftlich genutzten Fläche (1981: LF von 76%) im Lkr. Lörrach. 1987 war am Ort kein Vollerwerbslandwirt mehr ansässig, alle 9 Betriebe wurden nebenberuflich geführt.

Wald bedeckte immer den größeren Teil der Schönauer Talschaft und besaß auch erhebliche wirtschaftliche Bedeutung. Die häufigen Streitigkeiten, besonders nach der Abschaffung der Märkerschaften 1809, die die ganze 1. Hälfte des 19. Jh. andauerten, werden darum verständlicher, bis die gemeinsamen Waldungen 1850 auf Schönau, Präg und Geschwend aufgeteilt wurden. Während die Waldfläche von 1850 (878 ha) bis zur Gegenwart noch deutlich zunahm, ging ihre wirtschaftliche Bedeutung jedoch stark zurück. 1992 betrug die Forstfläche der Stadtgemeinde 1166 ha. Eine Besonderheit bilden dabei die im Raum Geschwend-Präg liegenden Exklaven. Größter Waldeigentümer war die Stadt Schönau mit 1110 ha neben dem Land Baden-Württemberg mit 32 ha, der Kleinprivatwald umfaßte 25 ha. Laub- und Nadelholzbestände hielten sich dabei etwa die Waage; lediglich beim Staatswald überwog der Laubholzbestand deutlich (26 ha von insgesamt 32 ha).

Handwerk und Industrie. – Die Industrie wurzelt in einer langen gewerblichen Tradition. Wiederholte Versuche, den im Mittelalter betriebenen *Bergbau* von silberhaltigen Erzen im 19. Jh. erneut zu beleben (Grube Stefanie am Schönenberg), scheiterten letztendlich an der geringen Förderkapazität. Von den ehemals 6 Schönauer *Mühlen* sind zwei mit dem Bergbau untergegangen. In neuerer Zeit wurde die Wasserkraft der übrigen auch anderen Zwecken zugeführt, z. B. der Stromversorgung des städtischen Elektrizitätswerkes und zum Betrieb einer Textilfabrik.

Für das 1. Drittel des 19. Jh. hebt Schaubinger hervor, daß es mit dem *Handwerk* in Schönau nicht zum Besten stünde. Mangelnde Bereitschaft, auf die Wanderung zu gehen, macht er dafür verantwortlich. Dagegen hebt er die Leistungen von Nagelschmieden und Färbern hervor. Das (Klein-)Handwerk war unterdessen zahlreich vertreten. So zählte die Schönauer Gewerbesteuerliste von 1829/30 mehr als 70 Handwerker bei 28 verschiedenen Gewerbearten. Der Kundenkreis blieb dabei nicht auf die ortsansässigen Bewohner beschränkt, zumal die Bewohner der Umlandgemeinden häufig Schönau frequentierten (Amtsgeschäfte, Kirchenbesuch, Fabrikarbeit). Dabei wurde jedoch das (Klein-)Handwerk nur als Nebenbeschäftigung zur Landwirtschaft betrieben. In der Nachkriegszeit hat sich die Zahl der Handwerksbetriebe von 53 (1968) auf 31 (1977) reduziert; dabei bildete das Bau- und Ausbaugewerbe trotz Schließung einiger Betriebe die nach wie vor stärkste Handwerksgruppe bei gleichbleibender Beschäftigtenzahl. Deutlich verringert hat sich das Metallgewerbe. 1986 waren 26 Handwerksbetriebe ansässig, denen in der Mehrzahl Handelsgeschäfte angeschlossen sind. Die Handwerkskammer Freiburg stellt die Situation des Jahres 1992 in der untenstehenden Tabelle dar.

Die auch in Schönau mit dem Beitritt Badens zum Deutschen Zollverein (1835) einsetzende *Industrialisierung* im Textilbereich konnte auf bereits durch die Hausindustrie qualifizierte Arbeiter zurückgreifen; einen zusätzlichen Standortvorteil bot die Wasserkraft der Wiese. Die Betriebszählung von 1895 spiegelte den Stand der Entwicklung und die wirtschaftliche Gesamtsituation Schönaus um die Jahrhundertwende wider. Bei insgesamt 120 Hauptbetrieben mit 873 Personen war das Bekleidungs- und Reinigungsgewerbe mit 26 Betrieben am stärksten vertreten. Die weitaus höchste Konzentration in der Beschäftigtenzahl wies die Textilindustrie mit 553 Beschäftigten in nur 9 Betrieben auf.

Die Stadt im 19. Jahrhundert und in der Gegenwart

Tab. 10: Das Handwerk 1992

Branche	Zahl der Betriebe	Beschäftigte	Umsatz
Baugewerbe	15	148	17,2 Mio. DM
Metall	9	59	11,7 Mio. DM
Holz	2	11	1,3 Mio. DM
Textil/Leder/Bekleidung	–	–	–
Nahrung	4	30	5,0 Mio. DM
Gesundheit/Körperpflege	3	27	1,6 Mio. DM
Glas/Papier/Keramik und Sonstige	–	–	–
Gesamt	33	275	36,8 Mio. DM

Quelle: Handwerkskammer Freiburg

Albert Koechlin, Vertreter einer der bedeutendsten und ältesten Textilfabriken im Wiesental, errichtete auf dem Mühlenanwesen in Schönenbuchen eine Filiale als Nachfolgerin des zuvor nur kurze Zeit in Schönau existierenden Zweigbetriebes. 1866 beschäftigte die mechanische Weberei 100 Arbeiter aus Schönau, Aitern und Utzenfeld. Nach mehrmaligem Besitzerwechsel entstand 1943 die *Kammgarnweberei Schönenbuchen, Karl Hipp K.G.* (1960 mit 150 Mitarbeitern). Seit 1966 ist der Betrieb eingestellt.

Nur kurze Zeit nach Gründung des Zollvereins errichtete Dietrich Iselin, ein Textilunternehmer aus Basel, eine Filiale und legte damit den Grundstein zur heutigen *Zell-Schönau AG*. Die Baumwollspinn- und weberei mit mechanischer Produktionsweise war als reiner Fabrikbetrieb konzipiert. Die Beschäftigtenzahl lag 1841 nach Fertigstellung des Gebäudes bei 200 Personen, in der Mehrzahl Frauen, stieg 1866 auf ca. 500 an, ging dann aber bis 1895 auf 350 Beschäftigte mit einem hohen Anteil an Arbeitern aus den umliegenden Orten zurück. Nach mehrmaligen Veränderungen der Gesellschaftsform fusionierten 1920 die Firmen »Iselin und Cie.« und die »Mechanische Weberei Zell i. W.« zur heutigen »Spinnerei und Webereien Zell-Schönau AG« mit dem Hauptsitz Zell. Sie entwickelte sich zu einem der größten Industrieunternehmen am Oberrhein. Ungeachtet aller Schwierigkeiten gehörte die am 31. Dezember 1993 geschlossene Firma bis in die späten 1980er Jahre hinein zu den wichtigsten Arbeitgebern Schönaus, allerdings mit abnehmender Beschäftigtenzahl. Diese war bereits von 1969 bis 1977 von knapp 700 auf 450 zurückgegangen, anfangs der 1990er Jahre war die Zahl auf etwa 150 vermindert. Die Produktion der Firma konzentrierte sich zuletzt auf Bett- und Tischwäsche sowie Modestoffe.

In den 1880er Jahren trat neben die Textilindustrie die Bürstenfabrikation als neuer Industrieschwerpunkt. Ältester Betrieb dieses Produktionszweiges war die Bürstenhölzerfabrik des Eduard Böhler mit anfangs 12 bis 16 Beschäftigten. Die Mitarbeiterzahl erhöhte sich vor dem 1. Weltkrieg auf 100 Beschäftigte und ca. 200 Heimarbeiter. Seit 1943 ist die Bürstenfabrik im Besitz der Firma *Frank & Co.*, 1992 zählte sie 32 Mitarbeiter. Hergestellt werden Haushaltsbürsten aus der eigenen Hölzerfertigung oder aus Kunststoff sowie Bürsten für Werbezwecke und die Körperpflege. – In der Zwischenkriegszeit (1933) wurde als weiterer Betrieb die Bürstenfabrikation der *Ernst Kremp GmbH* gegründet, die Anfang der 1990er Jahre die Produktion einstellte. Zu den bestehenden Bürstenfabriken kamen nach dem 2. Weltkrieg zwei weitere hinzu. Die *Frisetta GmbH Kunststoffwerke*, 1948 gegründet, war zeitweise das dynamischste Unternehmen in Schönau. Die Zahl der Mitarbeiter steigerte sich von 5 (1960) bis 1992 auf 195. Das Unternehmen verwertet in der Hauptsache selbstentwickelte und patentierte Produkte, wie Zahnbürsten, Bürsten, technische Kunststoffteile und Polyamid-Granulate.

Seit 1892 besteht in Schönau ein weiteres Unternehmen der Nahrungs- und Genußmittelindustrie, das heute Feinkostartikel wie Senf, Mayonnaise, Essig und Ketchup herstellt und seine Waren vor allem regional verteilt. Es hatte 1992 10 Mitarbeiter. Die 1913 gegründete Firma *Alfred Faller GmbH* stellt Konfitüren her. Sie beschäftigte im Jahresdurchschnitt 1992 etwa 30 Mitarbeiter.

Die 1959 entstandene *Spritzgußfabrik Schönau, Wolfgang Kremp & Co.* mit 20 Mitarbeitern (1985) fertigt Kunststoffteile, hauptsächlich für die Bürstenindustrie. Sie wurde 1988 geschlossen. – Eines der beiden jüngsten Unternehmen in Schönau ist die *Fritz Heinzmann GmbH & Co.*, die im Bereich der mechanischen und elektronischen Drehzahlregler für Verbrennungskraftmaschinen und Elektromotoren tätig ist. 1992 beschäftigte sie 85 Personen. Das andere Unternehmen, die *Anton Gromer GmbH & Co.*, stellt mit 45 Beschäftigten (1992) Schnitt- und Ziehwerkzeuge bis zu 30 t Gewicht für die Automobilindustrie her. Beide Firmen haben ihren Geschäftssitz in Albershausen (Lkr. Göppingen).

Handel und Dienstleistungen. – Vor Anfang des 19. Jh. galt Schönau längst als alter Marktflecken. Das ganze Schönauer Umland nahm an den Wochenmärkten teil. Der seit 1854 monatlich stattfindende Viehmarkt diente überwiegend dem Verkauf von Jung- und Mastvieh. Von den drei traditionellen Jahrmärkten wurde insbesondere der Markt im Herbst stark frequentiert. Noch heute werden drei Jahrmärkte abgehalten, davon der Peter und Pauls-Markt in Schönenbuchen. Außerdem findet im Dezember ein Weihnachtsmarkt statt.

Die Versorgung mit Waren des kurzfristigen Bedarfs ist durch die ansässigen *Handelsgeschäfte* ausreichend sichergestellt. Ebenso sind die Güter des mittelfristigen Bedarfs fast alle am Ort, meist jedoch wie in Kleinstädten dieser Größenordnung üblich, in jeweils einem Geschäft erhältlich. Längerfristige Bedarfsgüter sind auf die Bereiche Auto sowie Bau- und Ausbaugeschäfte beschränkt. 1987 gab es in Schönau insgesamt 40 Handelsbetriebe, darunter 5 des Groß- und 33 des Einzelhandels mit insgesamt 160 Beschäftigten. In 2 Handelsvermittlungen waren 4 Personen beschäftigt.

An *Genossenschaften* besteht die Raiffeisen-Zentralgenossenschaft aus dem Jahr 1911. Bereits 1855 wurde die spätere *Sparkasse Schönau* gegründet. 1954 bezog sie, nachdem sie zunächst im Rathaus untergebracht war, ein eigenes Gebäude. Die *Volksbank Freiburg* ist seit 1959 mit einer Zweigstelle vertreten. – Der *Dienstleistungssektor* entspricht dem Größenbereich der Stadt; die Betriebe sind fast ausschließlich einfach angesiedelt. Erheblich vergrößert wird dieser Bereich jedoch durch den Fremdenverkehr im Luftkurort Schönau, der neben der Industrie ein wirtschaftlicher Hauptfaktor der Stadt ist. Seit der Zunahme des Fremdenverkehrs 1970 bis 1975 liegen die Übernachtungszahlen relativ konstant bei 60000. Neben rund 40 Appartements entfallen auf Hotellerie und private Zimmervermietung je etwa die Hälfte der ca. 600 Fremdenbetten. 1992 wurden 61065 Übernachtungen gezählt.

Gemessen am örtlichen Bedarf waren die *Gastwirtschaften* in Schönau Mitte des vergangenen Jahrhunderts stark repräsentiert und auch von auswärtigen Gästen frequentiert. Von den damals genannten 7 Realwirtschaften sowie einer Bierbrauerei mit Bierwirtschaftsbetrieb können heute noch 6 auf eine lange, 3 davon auf eine mehr als 200jährige Tradition zurückblicken (»Adler«, »Krone«, »Ochsen«, »Schönenbuchen«, »Sonne« und »Vier Löwen«). Mit der Zunahme des Fremdenverkehrs hat sich die Zahl der gastronomischen Betriebe weiter vergrößert. In sämtlichen Häusern wird Über-

Die Stadt im 19. Jahrhundert und in der Gegenwart 451

nachtung angeboten. Zur weiteren Förderung des Fremdenverkehrs wurde 1909 ein Kur- und Verkehrsverein gegründet; außerdem entstand das »Haus des Gastes« als zentrale Einrichtung für Kurgäste.

Verkehr. – Zu den ehemals wichtigsten Verkehrswegen Schönaus zählten der Weg über den Sattel bei Kastel als Verbindung mit Basel, die erst Mitte vergangenen Jahrhunderts ausgebaute Wiesentalstraße sowie der Weg über die Krinne in den Breisgau, der 1857 durch die Paßstraße über das Wiedener Eck ersetzt wurde. Im modernen Straßensystem ist die Ortsdurchfahrt Teil der B 317, Lörrach – Feldberg – Titisee. Die Behinderung des Verkehrsflusses durch die Ortsdurchfahrt gab Anlaß zur Planung einer 3,4 km langen Ortsumgehung. Der Ausbau der L 131 Wembach–Müllheim, der eine Querverbindung zum Oberrheintal bzw. zur Autobahn Karlsruhe–Basel bedeutet, wurde auf Gemarkung Schönau und Böllen Ende der 1980er Jahre realisiert. – 1831 erhielt Schönau eine *Postexpeditur*, eingerichtet im Gasthaus »Vier Löwen«. Die 1889 als erste *Schmalspurbahn* in Baden eröffnete Nebenbahnlinie Zell-Todtnau brachte Schönau den Anschluß an das Eisenbahnnetz. Sinkende Rentabilität führte 1966 zur Stillegung der Strecke. Seither wird der öffentliche Personennahverkehr über mehrere Buslinien – Todtnau–Zell, Schönau–Freiburg, Schönau–Todtmoos, Schönau–Belchen – abgewickelt.

Verwaltungszugehörigkeit, Gemeinde und öffentliches Leben

Verwaltungszugehörigkeit. – Nachdem 1805 im Preßburger Frieden die zu Vorderösterreich gehörenden St. Blasischen Ämter an Baden gelangt waren, erfolgten 1809 mit Auflösung der Talvogteien auch für Schönau umwälzende politische Veränderungen. Innerhalb dieses Verbandes hatte Schönau zuvor über 550 Jahre hindurch eine zentrale Funktion als Hauptort der Talvogtei Schönau, als Gerichtsort sowie als Officium Schönau innegehabt. Die früheren Nebenorte der Talvogtei Schönau wurden bei deren Auflösung selbständige Gemeinden. Schönau erhielt im Gegenzug 1809 das Stadtrecht verliehen, das – mit Unterbrechung von 1936 bis 1950 – bis heute gilt. Die erstmals 1928 verfügte Änderung des Namens – Schönau erhielt den Zusatz »im Schwarzwald« – wurde 1950 erneut rechtskräftig. 1807 war Schönau auch in seiner zentralen Funktion bestätigt: Es wurde Sitz eines Bezirksamtes, dessen Gebiet ab 1924 dem Bezirksamt Schopfheim eingegliedert wurde und 1936/38 im Lkr. Lörrach aufging.

Gemeindegebiet und Gemeindeverwaltung. – Die Gemarkung Schönau umfaßt neben dem Hauptort die außerhalb liegenden Ortsteile Schönenbuchen sowie Brand; sie bedeckt eine Fläche von 1470 ha. Größeren Flächengewinn (765 ha) brachte nach Aufhebung der Talvogtei die Auflösung der Märkerschaften: Der mit Präg und Geschwend gemeinsame Wald (3633 Mg) war seit 1817 umstritten gewesen. Er wurde 1843 in ein mit Präg gemeinsames und ein mit Geschwend gemeinsames Waldstück aufgeteilt.

Nach der Stadterhebung 1809 lag die *Verwaltung* bei einem Magistrat, bestehend aus dem Bürgermeister, 2 Räten und einem Ratschreiber. Die Zahl der Gemeinderäte erhöhte sich in der 2. Hälfte des 19. Jh. von 5 auf 8. Damals war der Verwaltung auch eine erhebliche Zahl von Bediensteten beigeordnet, u. a. 2 Nachtwächter, 2 Waldhüter, jeweils ein Stadtrechner, Ratschreiber, Steuererheber, Postbote, Steuergarist, Gerichtsbote, Brunnenmeister, Fleischbeschauer und Förster. Diese wurden später um die Posten des Stiftungsrechners, Abdeckers und von 4 Steinsetzern ergänzt.

Der zwölfköpfige Schönauer Gemeinderat bestand nach der Wahl von 1989 aus 5 CDU-, 4 FWV- und 3 SPD-Mitgliedern. Schönau ist neben den Gemeinden Aitern,

Böllen, Fröhnd, Schönenberg, Tunau, Utzenfeld, Wembach und Wieden Mitglied und auch Sitz des 1971 gegründeten *Gemeindeverwaltungsverbandes Schönau*. Die Verwaltungsaufgaben der Stadt sind heute insgesamt an den Gemeindeverwaltungsverband delegiert, dessen Verbandsvorsitzender der Schönauer Bürgermeister ist. Außer dem Bürgermeister sind 5 weitere Beamte, 7 Angestellte, davon 3 teilzeitbeschäftigt, 27 voll- und 11 teilzeitbeschäftigte Arbeiter beim Verband tätig.

An *Behörden* des Landes und Bundes sind in Schönau, z.T. noch aus der Zeit als Bezirksamtsstadt, das Amtsgericht, Notariat und ein staatliches Forstamt erhalten geblieben, ein Postamt sowie ein Polizeiposten. Besondere Erwähnung verdient die Staatliche Weideinspektion Schönau, die seit 1937 ihren Sitz in Schönau hat. Sie betreut neben den Gemeinde-(Allmenden-)Weiden Genossenschafts- und private Gemeinschaftsweiden mit einer Fläche von mehr als 10000 ha (vgl. Bd. 1, S. 345 ff.). Neben zunächst vorrangig betriebenen produktionstechnischen sowie organisatorischen Verbesserungsmaßnahmen gilt die Sorge der Weideinspektion der Erhaltung des Landschaftsbildes des Südschwarzwaldes.

Gemeindebesitz. – Die mangelhafte Ausstattung des zu Beginn des 19. Jh. erbauten Schul- und Gemeindehauses führte 1866 zur Errichtung eines Neubaus, in dessen östlichem Gebäudeteil das Amtsgericht Unterkunft fand. Später nahm es auch die Räume der Sparkasse auf. Ende des 19. Jh. wurde das bisherige *Rathaus* dem Amtsgericht übergeben und das neue Rathaus mit Räumlichkeiten wiederum für die Sparkasse und einer Wohnung erstellt. Heute beherbergt es den Gemeindeverwaltungsverband Schönau. Im gleichen Zeitraum entstand der Neubau eines Krankenhauses. Daneben besitzt die Gemeinde seit 1878 ein Schulgebäude und eine Kleinkinderschule.

Die Stadt Schönau verfügt über ausgedehnte Liegenschaften. Besonders aufgrund ihres großen Waldbesitzes (s. o.) galt sie Mitte des letzten Jahrhunderts als eine der reichsten Gemeinden des Bezirks. Die Ansprüche der genußberechtigten Bürger auf Loszuteilung aus diesen ehemaligen Allmendwaldungen haben sich trotz qualitativer und quantitativer Veränderungen bis zur Neuregelung der Gemeindeordnung im Jahr 1968 erhalten.

Die Weideflächen, ausschließlich Gemeindebesitz, sind bis heute Gemeinschaftsweiden. 1895 hatten in Schönau 175 Personen Anrecht auf den Bürgergenuß. Die Größe der Allmendflächen betrug Mitte vorigen Jahrhunderts noch 802 Mg, reduzierte sich zwischen 1880 und 1950 um mehr als die Hälfte, wobei der Rückgang stärker als sonst im Wiesental war. Die 105 ha großen Gemeinschaftsweiden (1985) werden in 5 Weidebezirke eingeteilt. Neben den unaufgeteilten, meist in extensiver Nutzung stehenden Weiden, wurde in Schönau auch Allmende aufgeteilt und den einzelnen Berechtigten zur Intensivnutzung, meist Ackerbau, überlassen. 1940 lag die Losgröße durchschnittlich bei 50 Ar. Neben Wald und Weiden verfügt die Stadt über 134,16 ha landwirtschaftliche Fläche. An Gebäuden besitzt sie außer dem Rathaus, dem Haus des Gastes, den Gebäuden von Gymnasium, Feuerwehrhaus und Schwimmbad noch 8 Häuser mit insgesamt 24 Wohnungen. Der Schlachthof, ehemals städtischer Besitz, wurde 1984 privatisiert.

Ver- und Entsorgungseinrichtungen. – Die 1856 gegründete *Freiwillige Feuerwehr* verfügte 1992 über 40 aktive und 12 jugendliche Feuerwehrleute, die 2 Löschzüge bilden. – 1884 erfolgte der Bau einer *Wasserleitung* mit Hochbehälter und einer Verbindungsleitung mit Schönenbuchen. Das Wasserleitungsnetz wurde 1953 durch Errichtung eines Tiefbrunnens sowie 1973 durch den Bau eines Hochbehälters ergänzt. Die derzeitige Versorgung geschieht über den Tiefbrunnen sowie durch Quellen unterhalb von Schönenberg. Die *Entsorgung* erfolgt durch die seit 1982 betriebene mechanisch-biologische Zentralkläranlage in Wembach, die dem Gemeindeverwaltungsverband unterstellt ist. – 1909 wurde das städtische *Elektrizitätswerk* gegründet; dabei diente die Wasserkraft zweier ehemaliger Mühlen als Stromlieferant. Seit Mitte der 1970er Jahre geschieht die Versorgung durch die Kraftübertragungswerke Rheinfelden. – Die *Müllabfuhr* erfolgt durch ein Privatunternehmen. Der Müll wird auf der durch den Landkreis betriebenen Mülldeponie Scheinberg bei Wieslet deponiert.

Die *gesundheitliche Versorgung* geschieht durch 4 Ärzte der Allgemeinmedizin sowie 2 Zahnärzte und eine Hebamme. Das medizinisch-hygienische Warenangebot liefern die örtliche Apotheke und 2 Drogerien. Das Städtische Krankenhaus, 1893 erbaut und in den 1970er Jahren erweitert und umgebaut, hat 30 Betten und ist ausschließlich Belegkrankenhaus der ortsansässigen Ärzte. Träger der Sozialstation »Oberes Wiesental« in Schönau ist die kath. Kirchengemeinde.

1812 hatte das Bezirksamt, dem badischen Gesetz entsprechend, die Verlegung des Friedhofs aus der Siedlung heraus verlangt. Gegen hartnäckigen Widerstand der Schönauer, die sogar aus Protest Tote wieder zur Pfarrkirche umbetteten, wurde dieses Projekt schließlich durch den Einsatz von Exekutionstruppen, die nach Schönau verlegt wurden, erzwungen. 1842 bis 1845 wurde die jetzige Begräbnisstätte im Gewann »Oberfeld« angelegt. Der inzwischen mehrfach erweiterte *Friedhof* mit 1979 neu errichteter Friedhofskapelle untersteht dem Gemeindeverwaltungsverband Schönau.

Kirche. – Nach Auflösung des Klosters St. Blasien wurden Weltgeistliche als Seelsorger verpflichtet. Die relativ große Kirchspielgemeinde lag z.T. bis zweieinhalb Wegstunden von der Pfarrei entfernt. Die *katholische Pfarrei* umfaßt heute ohne wesentliche Veränderungen den gesamten Verwaltungsraum bis auf die Gemeinde Wieden und außerdem die Gemeinde Neuenweg. Die Pfarrkirche mit Chorturm aus dem 13.Jh. wurde 1903 bis 1907 neu und in erweiterter Form aufgebaut. Die Kapelle in Schönenbuchen war früher Ziel einer Petruswallfahrt. – Die *Evangelischen* am Ort erhielten 1925 eine Filialkirche, zu deren Sprengel auch die übrigen Gemeinden des Verwaltungsraumes bis auf Wieden gehören. Seit 1983 ist Schönau selbständige Pfarrei (s.o., Bemerkenswerte Bauwerke).

Schule. – Über die 1. Hälfte des 19.Jh. hinaus waren Schul- und Rathaus in einem Gebäude untergebracht, um 1878 entstand dann ein Schulhaus mit 4 Schulsälen sowie 3 Lehrerwohnungen. Die Kleinkinderschule erhielt gegen Ende des 19.Jh. einen Neubau. Die Schule für »Volksschul- und Religionsunterricht« wurde 1855 von 160 Schülern besucht, unterrichtet wurden sie von einem Haupt- und einem Unterlehrer. Die 1855 gegründete Gewerbeschule bestand nur kurze Zeit; daneben gab es in der 2. Hälfte des 19.Jh. noch Sonntags-, Industrie- und Fabrikschulen, auch ein vorschulisches Lehrangebot wird erwähnt.

Im bildungspolitischen Bereich nimmt Schönau eine zentrale Funktion ein. Am Stadtpark liegt die 1969/70 gebaute *Nachbarschaftsschule* »Buchenbrand« mit Grund-, Haupt- und Sonderschule, an der (1992/93) 343 Schüler von 26 Lehrern unterrichtet werden. Noch größer ist das seit 1974 bestehende *Gymnasium* mit 381 Schülern, 24 voll- und 14 teilzeitbeschäftigten Lehrkräften. Die Schule hat einen beachtlichen Einzugsbereich, der bis Todtmoos und Todtnauberg und im Süden bis nach Schopfheim und Hausen reicht. Das Bildungsangebot wird durch die *Volkshochschule* »Oberes Wiesental« und eine *Musikschule* ergänzt. Außerdem verfügt Schönau über einen von der katholischen Kirchengemeinde geleiteten Kindergarten.

Sportstätten, kulturelle Einrichtungen und Vereine. – Zum städtischen Freibad, angelegt 1970, und einer Minigolfanlage kamen 1970/71 der Fußballplatz mit diversen Leichtathletik-Anlagen und 1975 zwei Tennisplätze hinzu. Mehrere Lifte und Loipen stellen das Angebot für den Wintersport dar. Außerdem verfügt Schönau seit 1969/70 über die *Buchenbrandhalle* am Stadtpark. Ein Kurzentrum, in dem Konzerte und Heimatabende stattfinden, und Parkanlagen bieten Freizeitmöglichkeiten und heben die Attraktivität des Fremdenverkehrsorts.

Auch die zahlreichen örtlichen *Vereine*, insgesamt 35, lassen auf ein reges Gemeinschaftsleben schließen. Von den 4 Gesang- und Musikvereinen haben besonders zwei, zusammen mit der Freiwilligen Feuerwehr, eine lange Tradition. Der 1838 gegründete Stadtmusikverein weist mit 496 Personen die zweitstärkste Mitgliederzahl nach dem Roten Kreuz (830 Mitglieder) auf. Der Männergesangverein »Harmonie« entstand 1856. Von den 6 Sportvereinen mit insgesamt 1310 Mitgliedern ist besonders der 1898 gegründete Skiclub hervorzuheben. Der 1985 gegründete, 55 Mitglieder zählende »Förderverein Klösterle« hat sich die Erhaltung des wertvollen, in Zusammenhang mit der ehemaligen St. Blasischen Grundherrschaft stehenden Baudenkmals an der Straße nach Tunau, in dem das *Heimatmuseum* untergebracht ist, zum Ziel gesetzt.

Strukturbild

Zu Beginn des 19. Jh. befand sich Schönau wirtschaftlich in einer desolaten Lage. Nach dem Niedergang der Hausindustrie, die nur kurzfristig wirtschaftliche Impulse gebracht hatte, war die Stadt wieder in ihre alten Bewirtschaftungsformen zurückgesunken: Acker-, Weide- und Waldflächen wurden durch intensivste Nutzung ausgebeutet. Erst der Beitritt Badens zum Zollverein brachte auch Schönau allmählich Prosperität. Die nun einsetzende Industrialisierung begann durch die Ansiedlung von Textil- und Ende des 19. Jh. der Bürstenindustrie, die sich hier nach Todtnau zu einem kleineren Zentrum entwickelte. Trotz dadurch einsetzendem Zuzug fremder Arbeitskräfte sowie Bevölkerungszuwachs gab es in Schönau nie ein eigentliches Fabrikproletariat, denn auch viele Arbeiter am Ort verfügten über kleine Liegenschaften und machten sich die Allmendvorteile zunutze. Als kleineres industrielles Zentrum bot Schönau darüber hinaus Arbeitsplätze für die Bevölkerung des Umlands.

Die aufgrund von Lage und Klima unter den gegenwärtigen Bedingungen nicht mehr konkurrenzfähige Landwirtschaft geschieht heute ausschließlich im Nebenerwerb und zur Erhaltung der Landschaft. Zwar konnte nach dem 2. Weltkrieg die Bürstenindustrie in Verbindung mit der Kunststoffverarbeitung weiter an Bedeutung gewinnen und das Tief der Textilindustrie teilweise ausgleichen, die Krise in jüngster Vergangenheit läßt aber die wirtschaftliche Anfälligkeit Schönaus sichtbar werden. Die Pendlerbilanz fiel 1987 eindeutig positiv aus: 445 Auspendler standen 1325 Einpendlern gegenüber, die überwiegend aus den Orten des Gemeindeverwaltungsverbandes kamen.

Neben der zentralörtlichen Funktion in der Wirtschaft nimmt Schönau auch in anderen Bereichen diese Position ein: in seiner historischen Bedeutung als Pfarrort, Einkaufsort, bei der medizinischen Akutversorgung, als Bildungs- und nicht zuletzt als Verwaltungszentrum. Daraus ergibt sich die Berechtigung, daß Schönau zusammen mit Todtnau im Landesentwicklungsplan als Unterzentrum ausgewiesen wird.

Das Gesamtsteueraufkommen stieg von 1970 bis 1977 um 26,3% auf 1,8 Mio. DM an; dabei konnte sich der Anteil der Gewerbesteuer im gleichen Zeitraum von 34,6% auf mehr als die Hälfte steigern. Ab 1978 trat dann die wirtschaftliche Problematik der Industrie auch im Steueraufkommen zutage. Von 1982 auf 1983 halbierte sich das Gewerbesteueraufkommen, und somit nahmen die gesamten Steuereinnahmen um ca. 25% ab. Inzwischen ist die Höhe des Steueraufkommens verhalten weitergewachsen; 1992 flossen 2,8 Mio. DM an Steuern in die Stadtkasse, davon waren 36,7% Gewerbesteuer. Die Steuerkraftsumme je Einwohner lag meist deutlich unter dem Vergleichswert des Landkreises, 1987 z. B. um 18,2% darunter; gleichzeitig war damals aber auch der Schuldenstand je Einwohner um 31,7% niedriger als im Kreisdurchschnitt. Daran hat sich seither tendenziell nichts geändert; 1992 belief sich die Steuerkraftsumme pro Einwohner auf 981 DM (im Kreisdurchschnitt 1580 DM), die Pro-Kopf-Schuld machte in Schönau unterdessen 852 DM aus. Der Schönauer Gemeindehaushalt umfaßte 1992 knapp 7 Mio. DM im Verwaltungs- und 2,5 Mio. DM im Vermögenshaushalt.

Zukünftige Vorhaben sind die Fortsetzung der Stadtsanierung und die Sanierung des Abwasserkanalnetzes, der Bau eines Feuerwehrgerätehauses sowie weitere Gewerbeansiedelungen, zumal nach der Schließung der Zell-Schönau AG. Im Rahmen des Konzeptes »umweltverträglicher Fremdenverkehr« will Schönau den Bau einer größeren Hotelanlage und eines Golfplatzes fördern.

C. Geschichte

Ur- und Frühgeschichte. – Die tief im hinteren Wiesental gelegene Gemarkung weist jungsteinzeitliche Funde auf und zeigt damit, wie weit die Besiedlung in geeigneten Tallagen in den Schwarzwald hinein reichte. Wenn auch eine Pfeilspitze noch kein Siedlungszeugnis darstellt, gilt dies doch sicher für den halb durchlochten Auflage- oder Druckstein eines einfachen Gerätes, wie es zum Durchbohren von Streitäxten verwendet wurde. Man fand ihn 1926 beim Fundamentgraben in der Neustadt an der Wiese. Dort unmittelbar am Wasser dürfte auch der Wohnplatz gelegen haben.

Weitere prähistorische Funde sind von der Gemarkung nicht bekannt, doch liegt auf dem »Haideck«, im Volksmund »Heiderkopf« genannt, eine *Befestigungsanlage*, die mit Erdwall und Trockenmauerwerk durchaus prähistorisch anmutet. Sie könnte allerdings auch im frühen Mittelalter entstanden sein, vielleicht als Fluchtburg gallo-römischer Bevölkerungsreste, die sich vor den eindringenden Alemannen in die hinteren Teile der Schwarzwaldtäler zurückgezogen hatten. Dies bleibt allerdings so lange Vermutung, bis durch systematische Ausgrabungen das Alter dieser Anlage geklärt worden ist.

Siedlung und Gemarkung. – Schönau wird erstmals 1113 (Kop. 16. Jh.) in der Namensform *Scônnova* und *Schônow* erwähnt. Die Besiedlung der waldreichen Gebirgsgegenden dürfte seit dem 10. Jh. von W her zunächst vom Adel und vom Kloster St. Trudpert, vielleicht auf Initiative des Kl. Murbach, erfolgt sein. Der weitere Ausbau fällt ins 12. Jahrhundert, die Zeit St. Blasiens. Schon früh, vielleicht von Anfang an, bestanden neben dem Hauptort weit in die Täler verstreute Siedlungen, und es ist rein zufällig, welche der Nebenorte zuerst genannt werden. Das Zentrum Schönau hat sich erst im Lauf der Konjunktur des Bergbaus etwas verdichtet. 1294 ist von der *villa* Schönau die Rede, 1341 jedoch von einem *oppidum*. Neben den alten Höfen von Schönau entstand wohl im 14. Jh. die planmäßige Anlage der neuen Stadt, deren drei Straßen sich an einem Punkt im W des Fleckens trafen; den Abschluß nach O bildete die in ihrem Ursprung ältere Kirche.

Schönau wurde im Jahre 1599 durch einen großen *Brand* schwer mitgenommen, im 30j. Krieg 1634 wiederum bis auf die Kirche ein Opfer der Flammen und noch einmal im Holländischen Krieg 1672/73 einschneidend zerstört. Unachtsamkeit einer deutschen Truppe hatte 1694 eine begrenztere Brandkatastrophe ausgelöst. Stets eng mit Schönau verbunden waren die *Wohnplätze* Brand und Schönenbuchen, letzteres ist erstmals 1304 als *infra arborem ... dictam dú Schômbůch*, 1374 *ob der Schônenbůchen* genannt.

Schon im Mittelalter wurde das zunächst einheitliche Tal durch die Bildung der Sondereinheit Fröhnd verkleinert. Um 1300 ist bereits mit der Verselbständigung von Todtnau zu rechnen. Grenze wurde die Talenge zwischen Geschwend und Schlechtnau, so daß die heute zu Todtnau gehörigen Teilorte Geschwend und Präg bis zu Beginn des 19. Jh. mit Schönau verbunden blieben. Auf der immer noch großen Gesamtgemarkung Schönau, die nach der Statistik um 1805 31 Ortschaften (Siedlungsplätze) umfaßte, bildeten sich wohl schon im Spätmittelalter eigene Bänne für die größeren Untereinheiten Schönenberg, Aitern, Utzenfeld, Geschwend, Präg, Tunau, Wembach und Böllen heraus. Diese waren jedoch insofern noch lange keine festen Einheiten, als ihre Weide- und Nutzungsrechte für das Allmendfeld häufig die Banngrenzen überschritten, was zu vielen Streitigkeiten führte. Noch schwieriger war die Situation bei den weitab von diesen Bännen gelegenen Hochwäldern auf der Höhe der östlichen Talseite. Hier sollte es erst nach 1850 zur Ablösung und Aufteilung kommen, während im übrigen Bereich die Gemeindebildung von 1809 und die Waldaufteilung von 1838 für klar abgegrenzte Gemarkungen sorgte. Zum engeren Bereich von Schönau zählten 1773 374 J Wiesen, 682 J Ödfeld, 50 J Wald und 420 J Gestrüpp, dazu als abgetrennte Parzelle der Fuchswald mit 255 Jauchert. Die Aufstellung zeigt, daß mit Ödfeld und Gestrüpp größere Bereiche nur sehr extensiv genutzt wurden und von richtigem Ackerland überhaupt nicht die Rede sein konnte. Die wertvollsten Parzellen für die Landwirtschaft waren offensichtlich die Hofmatten und Bifänge, die den Ort unmittelbar umgaben.

Herrschaft und Staat. – Das Obere Wiesental war im 11. Jh. weitgehend in den Besitz eines edelfreien Geschlechtes, der sogenannten Hesso-Dietrich-Familie gekommen, die ihre Position durch Rodung weiter ausbaute. Als ihre Erben übergaben die Herren von Gränchen, von Waldeck, von Eichstetten und von Wehr in mehreren Akten 1113, 1114 und 1156 ihren Besitz an das *Kloster St. Blasien*. Die Güter verteilten sich wohl über verschiedene Gegenden des Tals, genannt werden Orte der Fröhnd und Schönau selbst. Die Vogtei über St. Blasien übte anfangs der Bischof von Basel aus. Aus dieser Schutzherrschaft konnte sich das Kloster vermutlich im Zusammenhang mit den macht- und territorialpolitischen Auseinandersetzungen der Zähringer mit dem Bischof zu Anfang des 12. Jh. lösen. 1125 erfolgte der königliche Spruch, wonach die Abtei frei und nur dem Königsschutz unterstellt sein sollte. Ihren Vogt konnte sie selbst wählen. So übernahmen die Zähringer die Schutzvogtei. Nach ihrem Aussterben 1218 zog König Friedrich II. die Vogtei an das Reich und ließ sie wohl durch die Herren von Staufen ausüben. In der Mitte des 13. Jh. gelangte die Schutz- und Kastvogtei des Klosters an die *Habsburger*, die sie bis zur Aufhebung behaupteten. Die Herren von Staufen behielten aber wohl als Lehenleute die tatsächliche Ausübung der Vogtrechte bis etwa 1330. Dann wurde Schönau Bestandteil der Grafschaft Hauenstein und hinsichtlich der höheren Obrigkeit dem *Waldvogt in Waldshut* unterstellt.

Im Jahre 1260 erwarb St. Blasien den Rest des Schönauer Tals, die heutige Fröhnd, von den Herren von Kienberg. Das Kloster stellte diesen Neuerwerb jedoch nicht mehr unter die Vogtei der Herren von Staufen, sondern behielt sich die Vogteirechte darüber selbst vor. Die langwierigen und kostspieligen Auseinandersetzungen mit der Eidgenossenschaft zwangen die Habsburger seit dem Anfang des 15. Jh., die Täler Schönau und Todtnau und die Grafschaft Hauenstein zu verpfänden. Durch die Ächtung Herzog Friedrichs 1415 ging bis 1425 mit den Waldstädten auch der angrenzende

Schwarzwald vorübergehend an das Reich verloren. Eine kurzfristige Verpfändung an die Markgrafen von Hachberg-Sausenberg hatte wohl nicht die Bedeutung wie diejenige an Karl den Kühnen von Burgund durch den Vertrag von St. Omer 1469. Sie konnte im Bündnis mit den Eidgenosssen 1474 wieder rückgängig gemacht werden.

Im Talbrief von 1321 wurden älteren Gewohnheiten entsprechend die Rechte zwischen Herrschaft und Gemeinde abgegrenzt. Das *Talrecht* fand 1519 im sogenannten Dürrackerweistum eine weitere Auslegung und Verfestigung. Dem Landesherrn standen die hohe Gerichtsbarkeit und das Frevelgericht zu. Er ließ dieses durch den hauensteinischen Waldvogt wahrnehmen. In Schönau befanden sich Stock und Galgen. In der Besetzung mit 24 Schöffen, je 12 aus Schönau und aus den Amtsorten, trat das *kaiserliche Halsgericht* zusammen. Im Lauf der Neuzeit allerdings wurden die Bluturteile nach entsprechender Untersuchung praktisch in Waldshut vom Amt im Einvernehmen mit der Regierung gefällt und das Schönauer Halsgericht hatte nur noch die Aufgabe, das Urteil unmittelbar vor der Vollstreckung feierlich zu verkünden. Als Frevelgericht tagte dieses Gericht alle zwei Jahre unter dem Vorsitz des Waldvogtes. In anderer Besetzung (10 Richter aus Schönau, dazu je zwei aus der Fröhnd und aus Todtnau) trat das *Ammanneigericht* im Namen des Abtes von St. Blasien zusammen, dessen Amtmann den Stab führte. Es war im ganzen Tal Schönau und Todtnau samt der Fröhnd und Todtnauberg für Liegenschaftssachen, Eheverträge und Vormundschaften sowie Allmendstreitigkeiten zuständig. Der weite Sprengel dieses Gerichts wurde bis zum Ende des 18. Jh. beibehalten, während die zunächst unter den Herren von Staufen, dann unter dem Waldvogt stehende Talvogtei nie die Orte der Fröhnd umfaßte. Bereits um 1300 teilte sich dieser Gerichtssprengel in die beiden Talvogteien Schönau und Todtnau, wobei Todtnauberg (s. dort) in letzterer nochmals eine Sondereinheit bildete. – St. Blasien ließ in Schönau 1750 erstmals ein Gefängnis erbauen. Es war aber nur zuständig für die Orte, die dem Kloster mit der Strafgerichtsbarkeit unterstanden, nämlich Fröhnd und Todtnauberg, angeblich auch Ried, aber gerade nicht für Schönau.

Grundherrschaft und Grundbesitz. – Der Adelsbesitz im Oberen Wiesental war um 1100 bereits durch Erbgänge zersplittert. Walicho von Waldeck vergabte 1113 dem *Kloster St. Blasien* seine Besitzungen, u. a. auch im Tal von Schönau. Diese umfaßten die Hälfte des väterlichen Viertels und ein käuflich erworbenes Drittel eines weiteren Viertels. Ebenfalls an St. Blasien schenkten 1113 die Söhne des verstorbenen Eberhard von Eichstetten das väterliche Viertel der Schönauer Mark und das halbe Viertel des Adilgoz von Wehr. Die Besitzungen dieser Familien waren keine geschlossenen Gebiete: Güter der Edlen von Waldeck lagen bei Schönau, Künaberg und Hepschingen, der von Eichstetten bei Hepschingen, der von Gränchen bei Schönau, Künaberg und Ittenschwand. 1156 überließ dann auch Heinrich von Wehr anderthalb Teile seines Besitzes im Schönauer Tal an St. Blasien. So hatte das Kloster in dieser Zeit mehr als zwei Drittel und durch weitere Schenkungen, vielleicht auch durch Erwerb von anderen Vorbesitzern (vgl. Todtnau) sowie den Kauf der Fröhnd, im Jahre 1260 das ganze Gebiet vom Feldberg bis zum Küna- und Pfaffenbach in seine Hand gebracht.

Zur Feststellung der Güter und Rechte wurden auch in St. Blasien Beraine angelegt. Der früheste überlieferte stammt aus dem Jahre 1352/59. Ein zweites Gesamturbar entstand in den Jahren 1373 ff. Danach besaß St. Blasien in Schönau 5 Mühlen, 12 Güter, Matten, 38 Häuser, 10 Höfe sowie Zehnten und Zinsen. Wie überall, so unterlag der St. Blasier Grundbesitz auch einer gewissen Bewegung. Einzelurkunden können davon schwerlich ein repräsentatives Bild geben. So übergaben 1286 die Eheleute Magister Walter Propst und seine Frau Gertrud ihr aus Holz und Stein erbautes Haus in Schönau an St. Blasien. Die Witwe des Ammanns Bertschi Schmid von

Schönau überließ 1403 ihrem Sohn, der Konventsbruder in St. Blasien war, ihren Besitz in Schönau, nämlich 2 Häuser und 4 Tagwann »Sepismatten«. 1568 wurde eine Scheune zwischen Garten und Haus des Klosters vorn an der Landstraße erworben, 1576 ein weiteres Haus mit Garten und Scheune bei der Leutpriesterei und dem Ledergaßbach mit 24 Tauen Matten. Im wesentlichen konnte das Kloster seinen Besitzstand in Schönau und in den anderen Talorten bis zur Auflösung seiner Grundherrschaft 1806 erhalten.

Die Verwaltung der Güter und Rechte St. Blasiens im hinteren und kleinen Wiesental unterstand dem Amt (*officium*) Schönau, das erstmals 1255/56 begegnet und insgesamt 49 Orte umfaßte. Dazu zählten die Talvogteien Schönau und Todtnau, die Güter in der Fröhnd, das Dorf Ried und weiterer Besitz im hinteren Markgräflerland. Der Amann war der Leiter des Amts – vor 1300 wurde der Vorsteher des Klosterguts *minister* genannt – ihm oblag die Verwaltung des liegenschaftlichen Besitzes, der Einzug der Zehnten und der anderen Abgaben. Er führte den Vorsitz bei Gericht in liegenschaftlichen Fällen. Bis 1695 verwaltete der Schönauer Amtmann auch das Klostergut in Schönau. Unregelmäßigkeiten auf diesem Feld führten jedoch dazu, daß der Abt von da an einen Konventualen an die Spitze der Verwaltung des Klosterguts stellte. Dieser war gleichzeitig der Ortspfarrer und führte wohl schon von daher die Amtsbezeichnung Administrator.

Bei aller Einheitlichkeit der St. Blasischen Grundherrschaft haben sich wohl aufgrund früherer Zustände einzelne Zinsgüter von *Kloster St. Trudpert* im Schönauer Tal, zumal auf seiner Westseite, erhalten. Das Datum ihres Erwerbs ist zwar unbekannt, da es aber 1474 für diese Güter ein eigenes Gericht gab, muß mit relativ frühem Ansatz und einem nicht ganz unbeträchtlichen Umfang gerechnet werden. Der Abt von St. Trudpert berief dazu 5 Gerichtsleute, die auf seinen Gütern saßen. Hinzu traten 4 Gerichtsleute namens der Gemeinde Schönau und ein Gerichtsmann aus Münster. Frevelstrafen auf den Gütern wurden zwischen dem Amtmann von St. Trudpert und dem »Untervogt« von St. Blasien geteilt. Die kleineren Strafen gingen zu zwei Dritteln an den Rat des Schönauer Tales, zu einem Drittel an den Amtmann von St. Trudpert. In späteren Jahrhunderten blieben für St. Trudpert nur noch einzelne Zinse übrig. Schon 1442 zinste das Amt Schönau an St. Trudpert jährlich 14 Käse von 5 J Matten in der oberen Furt bei der Wiese und für 2 V Matten auf dem Aiternfeld bei Schönau. Diese Naturalzinsen wurden 1557 verglichen und abgelöst. Nachdem andere Rechtstitel im Laufe der Zeit verloren gegangen waren, bat Abt Augustin von St. Trudpert 1714 den Abt von St. Blasien, die sanktrudpertischen Güter renovieren lassen zu dürfen. Nach diesem Berain standen St. Trudpert in Schönau Zinsen zu in Höhe von 13 ß, 50 Stebler und 27 Käsen von 5 Häusern, 4 Hofstätten, 3 Gärten und Wiesen.

Gemeinde. – Lange Auseinandersetzungen mit dem klösterlichen Schutzvogt Diethelm von Staufen und den Talleuten von Schönau und Todtnau veranlaßten den Abt von St. Blasien, einen Tag nach Schönau einzuberufen. Hier forderten die Talleute eine Urkunde, die ihre Rechte, die des Klosters und die des Vogtes bestimmen sollte. Es kam 1321 der sogenannte *Talbrief* zustande, der die Freiheiten und Pflichten der Talleute gegenüber Kloster und Vogt fixierte. Fast 500 Jahre lang war das Talrecht auf den Tagsatzungen, die seit 1519 auf dem Dürracker bei Geschwend stattfanden, Richtschnur und Rechtsgrundlage. In die Gerichtsbarkeit teilten sich Landesherr und Grundherr (s. o.). In der Verfassung der Talvogtei mischten sich herrschaftliche und gemeindliche Zuständigkeiten.

Die Talvogtei setzte sich zusammen aus dem Hauptort Schönau, auch als das *inwendige Tal* bezeichnet, und dem *außwendigen Tal*, das aus 6 Geschworeneien bestand. Als solche galten Schönenberg, Aitern mit Nebenorten, Wieden, Utzenfeld und Geschwend. Die sechste Geschworenei war die sogenannte Grafschaft, die sich aus Präg mit Herrenschwand, Tunau mit Nebenorten, Wembach mit Schindeln, Ober- und Niederböllen sowie Haidflüh zusammensetzte. An der Spitze des Tales standen Vogt und Rat. Schon nach dem Talbrief von 1321 waren sie althergebracht. Sie regelten alle Gemeindeangelegenheiten, und der Rat hatte Rugpflicht für alle Rechtsbrüche im Tal. Von ihnen wurden die Frevel unter Vorsitz des Waldvogts (s. o.) abgeurteilt, die niederen Strafen und die Entscheidungen über Fahrhabe lagen in eigener Zuständigkeit des Rates. Sechs Mitglieder des zwölfköpfigen Rates kamen aus dem Hauptort und je ein Geschworener aus den 6 Geschworeneien des auswendigen Tales. Bereits 1363 führte die Talvogtei das *Wappen* Österreichs und den Krummstab St. Blasiens in ihrem Siegel. In ihrer Verfassung war die Talgemeinde besser privilegiert als ein durchschnittliches Dorf. Wohl deshalb findet sich für den Hauptort 1341 die Bezeichnung *oppidum* und 1488 *statt* (die *nüwe statt* setzt auch eine alte Stadt voraus).

Im Jahre 1433 traten die Täler Schönau und Todtnau einem Schutzbund bei, den die 8 Einungen der Grafschaft Hauenstein geschlossen hatten. Selbstbewußtsein in der Wahrnehmung eigener Interessen zeigten die Talbewohner in mehrerer Hinsicht, eigene Vogt- und Ratsprotokolle wurden seit dem 15. Jh. geführt. Zwischen 1715 und 1753 häuften sich die Beschwerden des Abtes von St. Blasien gegenüber den Untertanen von Schönau und Todtnau, weil der Abt meinte, in seinen Rechten verkürzt zu werden. Die Bewohner der Täler Schönau und Todtnau hatten, später gegen Pacht, das Recht zum Fischen, Jagen und zum Vogelfang, durften jedoch keinen Handel mit ihrer Jagdbeute treiben. Eigenständigkeit zeigte sich auch in den kirchlichen Stiftungen und deren Verwaltung (s. u.). In die badische Zeit hinüber reichten die Konflikte wegen des Jagdrechtes und um die Beibehaltung des alten Friedhofs.

Die Verfassung der Talvogtei erfuhr 1788 dadurch eine Änderung, daß Österreich eine neue Gemeindeordnung und die Anstellung von Rechtskundigen durchsetzte. Vogt und Rat bestanden jedoch als Gemeinde weiter, bis 1808 die badische Regierung eine Aufteilung des Tales durchsetzte. Entgegen ursprünglichen, noch weitergehenden Parzellierungsabsichten hat man auf den Vorschlag von Rottecks hin die alten Geschworeneien zu Gemeinden gemacht. Nur die sogenannte Grafschaft wurde weiter aufgeteilt und Präg, Tunau, Wembach sowie Böllen verselbständigt. Schönau wurde 1809 *zur Stadt erhoben*. Vorausgegangen war ein langer Streit zwischen Schönenberg, Utzenfeld, Aitern, Tunau, Wembach, Böllen und Herrenschwand einerseits, Schönau, Präg und Geschwend andererseits wegen des Miteigentums an den Hochwaldungen in der Vogtei. Es handelte sich um 3633 Mg gemeinsamen Waldes. Eine Aufteilung fand erst während des 19. Jh. statt (s. o.). An sonstigem Allmendnutzen erhielt in der Vogtei Schönau jeder Bürger nach Maßgabe seiner Eigengüter oder, wenn er solche nicht hatte, entsprechend seiner Leibsteuer ein Stück oder mehrere aus den Allmendplätzen zugeteilt. Diese wurden nach der Zuteilung zunächst mit Roggen, dann mit Hafer bestellt und dienten im dritten Jahr als Weide für das Hornvieh. Danach erfolgte eine Neuzuteilung von Allmendplätzen an anderer Stelle, d. h. das bisherige Allmendland wurde wieder in längerdauernde Brache überführt. 1783 scheiterte der Antrag, solche Zuteilung ein für alle Mal durchzuführen und keinen Wechsel mehr zu betreiben, am Widerstand der Mehrheit der Bürger.

Kirche und Schule. – Zu Beginn des 12. Jh. gehörte Schönau noch zum Sprengel der Pfarrkirche Tegernau, der ältesten Pfarrei im Kleinen und Oberen Wiesental. Auf Anordnung des Bischofs Hermann von Konstanz ließ der Abt von St. Blasien eine Kirche in Schönau erbauen, die im Jahre 1154 der Jungfrau Maria und Johann

Evangelist (späteres Patrozinium: Mariae Himmelfahrt) geweiht wurde. Zum Ausstattungsgut der *Pfarrei* gehörten Güter in Schönau und in Herrenschwand. 1168 bestätigte Bischof Otto von Konstanz bei einem Aufenthalt in St. Blasien die Rechte des Klosters, insbesondere das Zehntrecht im Tal Schönau, und übertrug für immer die Seelsorge dem Kloster. Später, der Zeitpunkt läßt sich nicht genau feststellen, wurde die Pfarrei dem Kloster inkorporiert. Zwei Konventualen versorgten nach einer 1232 erteilten Erlaubnis die Bewohner des ganzen Tals oberhalb der Pfaffensteige, also Schönau, die Fröhnd und Todtnau. 1288 wurde der oberste Teil des Tales durch Errichtung der Pfarrei Todtnau abgetrennt. Auch in diesem verkleinerten Umfang war die Seelsorge angesichts der vielen Streusiedlungen schwierig. So statteten die Schönauer aus eigener Stiftung eine Frühmesse mit Gefällen eines Meierhofs in Buggingen (Lkr. Breisgau-Hochschwarzwald) aus und baten um einen dritten Konventualen aus dem Kloster. Als sich später die Einkünfte infolge ungünstiger Verpachtung gemindert hatten, zog das Kloster den dritten Geistlichen wieder zurück. Nach einem Rechtsstreit von 1557 bis 1587 verleibte der Konstanzer Bischof die Frühmeßpfründe der Pfarrdotation ein. Nach dem 30j. Krieg blieb nur noch ein Klosterpater in der Pfarrei. Die Schönauer erreichten 1664 durch Vermittlung des Bischofs von Konstanz und einen freiwilligen Zuschuß von 20 fl wiederum einen zweiten Klostergeistlichen. Bis ins 18. Jh. blieben Pfarrei und Seelsorge auf diesem Stand. Dann wurde ein eigener Seelsorger wiederum aus dem Kloster 1792 in Wieden eingesetzt, die förmliche Abtrennung von der Pfarrei Schönau erfolgte erst 1810. Ohne Erfolg blieben die damals schon 30 Jahre andauernden Bemühungen von Präg um die Errichtung einer eigenen Pfarrei, zu der Herrenschwand und Geschwend als Filialen kommen sollten. Ersteres hat der Abt von St. Blasien zur Pastoration an die Pfarrei Todtmoos übergeben.

Bei der *Verwaltung des Kirchenvermögens* entschied die Regierung in Ensisheim 1624 einen Streit zwischen dem Kloster und der Gemeinde. Der Ortsvorgesetzte bestellte weiterhin Kirchenrechner und Sigrist. Letzterer mußte sich dreinschicken, daß auch der Pfarrer in Zukunft einen Kirchenschlüssel hatte. Dem Abt von St. Blasien war immerhin zugestanden, daß er die Kirchenrechnungen mitabhören und das Kirchenvermögen kontrollieren konnte. Die Schönauer mußten dem Pfarrer ein Pferd für Versehgänge nach entlegenen Orten stellen, die Wirte den Meßwein liefern. Der Pfarrer hatte Tanzveranstaltungen an Sonntagen mitzugenehmigen, an normalen Wochentagen regelte das der Ortsvorgesetzte.

In der ersten Urkunde wird eine hölzerne *Kirche* erwähnt. Der einstige Chorturm stammt aus dem 13. Jh., also ist schon damals mit einem Steinbau zu rechnen. Der Bau eines Langhauses, auf 1304 datiert, wurde 1727 stark erweitert, 1792 nochmals verlängert. Das an die alte Kirchenmauer angebaute Pfarrhaus aus dem 13. Jh. wurde 1560 abgebrochen und neu gebaut. Seit dem großen Brand von 1634 wohnte der Pfarrer im sanktblasischen Amtshaus.

Das Alter der *Kapelle im Ortsteil Schönenbuchen*, die der Jungfrau Maria, dem hl. Blasius und den Aposteln Peter und Paul geweiht ist, ist schwer zu bestimmen. Es wäre sicher verfehlt, vom Mitpatron St. Peter allein auf ein hohes Alter zu schließen oder gar schon eine Bedeutung für die vorsanktblasische Zeit daraus abzuleiten. Nur durch Sage und ein übermaltes Bild belegt ist ihre Rolle als Wallfahrtskapelle zur dankbaren Erinnerung an die (nicht durch Schriftzeugnisse verbürgte) Abwehr der Armagnaken 1444. Immerhin bestand schon vor 1500 ein Fonds zur Unterhaltung der Wallfahrtskapelle, die sich 1655 in einem ruinösen Zustand befand; ein Neubau wurde 1699 geweiht. Die jetzige Kapelle stammt aus den Jahren 1780/81.

St. Blasien war als Großzehntherr des Tals Schönau 1113 vom Diözesanbischof anerkannt und bestätigt worden. 1178 erneuerte Papst Alexander die Bestätigung des Besitzes aller *Zehnten* im Tal Schönau. Der Pfarrer genoß bis zu Neudotierung durch Baden den großen Zehnten der Ortschaft Schönau.

Erstmals ist 1670 ein »Schuldiener« belegt. Schon vor 1700 war im Talvogteihaus eine *Schulstube*. Nach 1790 wurde in wechselnden Räumen Schulunterricht gehalten bis zum Bau eines Schulhauses 1816. Im Jahre 1787 wurden in der Schönauer Schule 1317 Kinder gezählt.

Bevölkerung und Wirtschaft. – Nach dem Talbrief von 1321 gehörten Leib und Gut der Talvogtei Schönau zum Kloster St. Blasien. Schon 1395 kam es zu einem Streit über die Sterbfallabgaben von hinter das Kloster St. Trudpert gezogenen sanktblasischen Leuten. Das deutet darauf, daß trotz der Formel von 1321 die Talleute *Freizügigkeit* besaßen oder mindestens beanspruchten. Diese Freizügigkeit war 1519 anerkannt und kam auch darin zum Ausdruck, daß die Schönauer sich weigerten, den Abt als ihren gnädigen Herrn zu bezeichnen. Sie wollten ihren Huldigungseid nur so ausgelegt sehen, daß er die Pflicht nach sich zog, die grundherrlichen Abgaben pünktlich zu entrichten, aber keine personale Bindung schuf. Sie sahen sich als freie Leute und nur Österreich als ihren Herrn an. Die Wurzeln dieser Entwicklung hängen mit besonderen Privilegien zur Besiedlung des Tales, vielleicht auch mit dem Bergbau zusammen. Auch noch im 16. Jh. hatte der Prälat von St. Blasien das Recht, alle Fremden, die in die Täler Schönau und Todtnau zuzogen, als Landzüglinge anzunehmen. Dies, eine Art Wildfangsrecht, bewirkte den Schutz dieser Personengruppe, beließ ihr aber die Freizügigkeit. Das könnten in der Folge alle Schönauer beansprucht haben. Ein Vergleich von 1608 bestätigte die Freizügigkeit, erkannte aber andererseits die Leibeigenschaft an, doch sollte von ihr künftig nicht die Rede sein. Das heißt, alle Einwohner des Tales konnten bei Abzug als frei gelten.

Einigermaßen brauchbare *Einwohnerzahlen* gibt es erst seit dem späten 18. Jahrhundert. Im Ort selbst waren es 1782 722 Einwohner, 1809 889. Vor ihrer Auflösung zählte man in der gesamten Vogtei Schönau 4210 Seelen. Neben den Kriegszerstörungen hatten auch Seuchen immer wieder das Bevölkerungswachstum unterbrochen. Für 1611/13 wird von einer Pest berichtet, der mehr als die Hälfte der Einwohner zum Opfer gefallen sein soll. An exakteren Angaben ist aber nur greifbar, daß von den 4 aus St. Blasien geschickten Patres einer verstorben ist.

Es läßt sich nicht mehr sicher klären, ob im Anfang des Wirtschaftslebens im Schönauer Tal die land- und forstwirtschaftliche Nutzung oder der *Bergbau* im Vordergrund stand. Für ersteres spricht, daß bei den frühen Vergabungen an St. Blasien vom Bergbau nicht die Rede ist und erstmals 1224 der Graf von Freiburg durch König Heinrich (VII.) unter anderem mit der Wiese und den dortigen Bergwerken belehnt wurde. Es bleibt noch die Frage, ob sich diese Belehnung auf Schönau oder auf die bedeutenderen Bergbaureviere von Schönenberg und Todtnau bezog. Auch in Schönau selbst wurden während der Blütezeit des Bergbaus vom 13. bis zum frühen 15. Jh. Silbergruben an der Lötzberghalde, im Tal des Schleifenbachs und auf dem Windfeld betrieben. Zum Zerkleinern des Gesteins und zur Verhüttung des Erzes wurden am Wasser *Erzmühlen* errichtet, das Kleingestein in den Schmelzöfen ausgeschieden. Am Letzbächle, am Buchenbrand und auf dem Felsen waren solche Erzmühlen. Als Hauptort des Tales nahm Schönau selbstverständlich am Bergsegen teil und konnte dadurch zeitweilig zum Rang einer Stadt aufsteigen. Es hatte Marktrecht und wurde anscheinend zeitweilig auch als Silbermarkt aufgesucht. Diese Rolle ging jedoch schon um 1350 wieder verloren. Trotzdem bezog Kaiser Maximilian seine Bergwerksordnung von 1517, die für das ganze Tal gültig war, auf Schönau. Freilich kam der Wiesentäler Bergbau im 16. Jh. ganz zum Erliegen.

Von da an war die Lebensgrundlage eindeutig die *Landwirtschaft*. Sie wurde in der in den Höhenlagen üblichen, sehr extensiven Form betrieben. Der größte Teil der Hänge war gerodet und diente überwiegend der Beweidung. Nur während einer durch lange Brache wieder abgelösten Nutzungszeit von zwei Jahren wurden Roggen und Hafer angebaut. Erst das 19. Jh. hat diese Form der Landwirtschaft wesentlich verbessert (s. o.). Eine intensivere Nutzung fand zuvor lediglich in der Talaue selbst statt, wo das Gartenland, die Bifänge und die gewässerten Wiesen lagen.

Eine wohl schon alte *Holzflößerei* ging in den Kriegszeiten des 17. Jh. unter. Sie wurde 1726 wieder erneuert. Gewaltige Holzmengen wurden nun auf dem Wasserweg aus dem hinteren Wiesental nach Basel gebracht, woraus diese Stadt große Vorteile, die Vogtei Schönau aber wenig Gewinn zog. Daher ließ die Obrigkeit wegen der Waldverwüstung die Flößerei 1756 wieder einstellen.

Trotz der geringen Bedeutung des Getreidebaus gab es in Schönau einige *Mühlen*. Sie dienten ursprünglich wohl in erster Linie der Erzverarbeitung und waren auch dafür, wie später für andere gewerbliche Zwecke und für Getreide, nur zeitweilig tätig: die Wiesenmühle, die Felsenmühle, die Mühle am Brand, die am Lötzbächle, die auf dem Oberfeld und die Mühle in Schönenbuchen. Die Wiesenmühle war eine Erblehenmühle des Klosters St. Blasien. Für 1332 ist die erste Belehnung faßbar, die letzte erfolgte 1805. Der Lehenzins blieb über Jahrhunderte hinweg unverändert. 1372 in einem St. blasischen Berain wird eine *muli obnan im tal an dem bach an den velsen*, die Felsenmühle, aufgeführt. Lange Zeit arbeitete die Mühle als Erzmühle, erst im 18. Jh. deutete der Mühlzins auf eine Getreidemühle hin. Die Mühlen auf dem Felsen am Lötzbächle und am Buchenbrand werden ebenfalls 1374 erstgenannt. Beide Mühlen, dem Mühlenzins nach Erzmühlen, sind schon vor 1500 eingestellt worden. Die Oberfeldmühle, wohl erst um 1600 als Mahlmühle zwischen Wiese und Landstraße im Oberfeld errichtet, ist schon im 30j. Krieg eingegangen. Eine Mühle in Schönenbuchen ist seit 1374 belegt.

Schönau hatte schon früh einen *Jahrmarkt*. Anfang des 19. Jh. wurden drei Jahrmärkte, im Frühjahr, an Johannis und im Herbst abgehalten. 1821 kamen erstmals Viehmärkte hinzu. Wochenmärkte fanden seit dem 15. Jh. statt. Ende des 16. Jh. hat sie die österreichische Regierung verboten, weil Fruchtvorräte ins Altbadische und ins Fürstenbergische geschmuggelt wurden.

Mit dem Rückgang des Bergbaus wurde nicht nur die Landwirtschaft, sondern auch das Schmiedehandwerk, die Sattlerei und das Fuhrwesen intensiver betrieben. Im Anfang des 19. Jh. hatten die Nagelschmiede und die Färber eine gewisse Bedeutung.

Ein größerer Teil der Einwohner suchte seinen Lebensunterhalt als *Taglöhner* nicht nur im Tal selbst, sondern bei der Heu- und Getreideernte sowie beim Dreschen in den Orten der Rheinebene. 1741 schlug Peter Raist aus Lichtensteig in der Schweiz dem Prälaten von St. Blasien zur Bekämpfung von Armut und Bettel die Begründung einer *Baumwollmanufaktur* vor. Sie sollte durch Unterricht im Spinnen und Weben in Gang gesetzt werden und bei geringem Kapitalbedarf selbst für Kinder Verdienst schaffen. Zum Zug kam aber Raists Konkurrent Franz Ludwig Wygler aus Aarau. Verarbeitet wurde mazedonische Baumwolle. Der Erfolg ist daran abzulesen, daß 1765 verordnet werden mußte, daß die über 14jährigen Weibspersonen von der Baumwollspinnerei abgehalten und zum Feldbau angehalten werden sollten. Man befürchtete also eine Schädigung der Landwirtschaft durch die aufkommende Hausindustrie. 1769 sollte eine neue Färberei gegründet werden. Dagegen wehrten sich die

übrigen Färber. Im ganzen war die frühe Textilindustrie in Schönau von untergeordneter Bedeutung, jedoch ist sie als Vorbereitung der Entwicklung des 19. Jh. nicht zu unterschätzen.
Als einer der ersten Hausbesitzer in Schönau wird schon im 13. Jh. Arnold der Beste *Wirt* genannt. 1374 ist der Wirt von Schönau als Zinszahler belegt. 1482/91 wird ein Haus »zum beren« genannt. Das Verhör über die Leibeigenschaft der Schönauer fand 1576 in der »offenen Gastherberge« zu Schönau statt. Außerdem war seit 1480 die »Bürger Trinkstube« in Betrieb. Im 18. Jh. werden genannt: »Ochsen«, »Sonne«, »Krone«, »Vier Löwen«, »Adler« und »Post«.

Quellen und Literatur

Quellen gedr.: UB Basel 3 Nr. 326. – FDA 5 (1870) S. 87; 22 (1892) S. 152; 24 (1895) S. 218; 35 (1907) S. 82. FUB 5 Nr. 128. – Gerbert HNS 3 Nr. 62, 94, 95. – REC Nr. 689, 797, 977, 1006, 1341, 1431/32, 1581, 1926, 2676, 3747a, 9010. – RMB 1 Nr. 35, h 706/7, 730. – Schöpflin HZB 5 S. 242. – Trouillat 1 Nr. 156. – WUB 2, 121, 153, 172, 195, 265, 444; 4, 344. – ZGO 1 (1850) S. 19ff; 2 (1851) S. 332; 6 (1855) S. 239, 467; 7 (1856) S. 121, 252; 10 (1859) S. 357–59; 11 (1860) S. 378
Quellen ungedr.: StA Basel Urkunden Augustiner Nr. 1; Städte und Dörfer S 7; Adelsarchive S 8, 1–3. – GLA Selekt B Nr. 40; 1/K. 76; 4/K. 181; 5/K. 756; 11/Nr. 816, 892/93, 2525, 2731, 3095–98, 3171/72, 3174, 3180, 3931, 4140, 4188, 4226/27, 4299, **4384–4475**, 4486/87, 4771, 4776, 4778, 4780–83, 4786, 4789, 4794, 5118/19, 5160–62, 5164/65; 65/579–81, 687; 66/673, 680, 1492, 1494, 1505, 7210, 7214, 7218, 7422–24, 7715–37, 8553, 11961, 11963, 11967; 67/1202, 1204–6, 1674, 1815; 120/567; 229/30388, 30396, 30417/18, 30433, 37646, 64337, 73410, 83922, 86896, 86899, 86909, **93860–94150**, 94328, 106203–7, 106211, 106213, 106231/32, 106250, 106261, 106267, 107586, 112966, 113689/90, 113693, 113704; 374 (1909, 37/32) 248, (1925,34) 40; 391/33533, 33637, **35083–159**, **44160–74**, 45328; 412/340–49. – LRA Innsbruck Urk. P 737. – StiftsA St.Paul/Kärnten (Film und Rep. in: GLA). – GA Schönau (Übers.in ZGO 49 ⟨1895⟩ S. m 54–59). – PfA Schönau (Übers.ebd. S. m59 und ZGO 55 ⟨1901⟩ S. m52). – StaatsA Wien Urk. aus Rep. XIV/1 und XIV/6.
Literatur: *Böhler*, Eduard, Die Auflösung der Talvogtei Schönau. In: Das Markgräflerland 4 (1932) S. 110–114. – *Derselbe*, Frühgeschichte von Schönau. In: Das Markgräflerland 1954, S. 1–12. – *Derselbe*, Geschichte von Schönau. Freiburg 1960. – *Derselbe*, Kirche und Pfarrgemeinde Schönau. Stuttgart 1962. – *Brauchle*, Karl, Die Entstehung der Industrie in Schönau und Zell im Wiesental und ihre Bedeutung für die Siedlungs- und Sozialstruktur der beiden Städte. Ex. Arb. Geogr.Inst.II d.Univ.Freiburg, 1977. – *Drescher*, Wolf, Staatliches Forstamt Schönau im Schwarzwald: Gemeindewald-Forstamt mit naturnaher Mischbestandswirtschaft im Mittelgebirge. In: Allgemeine Forstzeitschrift 42, 1987. S. 589–594. – *Gehlen*, Kurt von, Erzgänge und Bergbau zwischen Schönau i. Schw. und Belchen. In: Berr. d. Naturf. Ges. zu Freiburg i. Br. 43, 1953, S. 93–120. – *Humpert*, Theodor, Heimatkunde des Amtsbezirks Schönau i. Schw. Schönau 1920. – *Rothmund*, Paul, Albert Leo Schlageter 1923–1983. In: Das Markgräflerland 2 (1983) S. 3–36. – *Rühl*, Harald, Geologie der Badenweiler-Lenzkirch-Zone im Gebiet um Schönau i. W., (Diplomarbeit Univ. Freiburg 1987). – *Schaubinger*, Clemens, Geschichte der Pfarrei Schönau. Freiburg 1834. – *Schwabe-Braun*, Angelika/*Dietrich* Hermann/*Bücking*, Winfried, Der Bannwald »Flüh«. Freiburg 1979. – *Wilhelm*, Julius, Von der Schönauer Glocke Susanna. In: FDA 72 (1952) S. 255ff. – *Derselbe*, Der Hochaltar in Schönau. In: Wilhelm, Aus Lörrach und Nachbarschaft S. 133–39.
Erstnennungen: ON 1113 (Kop. 16. Jh.: ZGO 2 ⟨1851⟩ S. 195) – Kirche und Patrone 1154 (Gerbert HNS 3, 97).
Schönenbuchen: GLA 11 /Nr. 4413 (1304). – GLA 66/7214, 7218, 7717; 229/94013, 94037, 94057, 94093, 106211.

Schönenberg

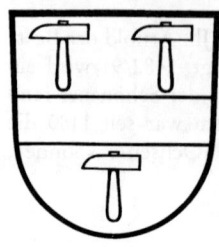

743 ha Gemeindegebiet, 381 Einwohner (31.12.1990, 1987: 339)

Wappen: In Rot ein silberner (weißer) Balken, begleitet oben von zwei, unten von einem silbernen (weißen) Eisen mit goldenem (gelbem) Stiel. Der österreichische Bindenschild erinnert an die Zugehörigkeit zum vorderösterreichischen Breisgau bis 1806; die Eisen symbolisieren den mittelalterlichen Bergbau auf Silber und Blei. Das Wappen, 1902 vom badischen Generallandesarchiv entworfen, wurde nachträglich nach der heraldischen Farbregel tingiert.

Gemarkung: Schönenberg (743 ha, 339 E.) mit Belchenhaus, Entenschwand und Wildböllen.

A. Naturraum und Siedlung

Natürliche Grundlagen. – Ein hervorstechendes Merkmal der Gemarkung Schönenberg ist die selbst für Hochschwarzwälder Verhältnisse große Höhenspannweite: Zwischen dem tiefsten Punkt am Böllenbach (580 m) und dem Belchengipfel (1413 m) liegen über 830 m Differenz, mehr als etwa die Gemeinde Feldberg aufzuweisen hat. Diese durchaus alpinen Verhältnisse haben ihre Ursache in der starken Heraushebung des Belchenmassivs während des Pliozän und der seither wirkenden intensiven Abtragung durch die Wiese. Zudem hinterließen sowohl der vom Feldberg kommende Wieselgletscher als auch die lokale Vergletscherung des Belchen ihre Spuren im Gemarkungsgebiet. Entsprechend weisen Vegetation und Landnutzung ein ausgeprägtes Höhenprofil auf.

Sämtliche Gesteine des Gemarkungsgebiets gehören zum Grundgebirge, wobei das Gesteinsspektrum mit elf Haupttypen sehr breit ausfällt. Mit seinem äußersten Nordzipfel reicht Schönenberg noch in den zwischen Schauinsland-Feldberg-Horst und Belchenhorst liegenden Münstertal-Albtal-Graben, so daß um den Rübgartenkopf *Metatexite* zutage treten. Sie sind durch wenig intensive Aufschmelzungsprozesse (Metatexis) aus Paragneisen (s. u.) entstanden und verwittern zu kleinstückigem, lehmigem Schutt mit kaum ausgeprägten Felsbildungen. Den größeren Rest des nordwestlichen Gemarkungsgebiets nimmt der *Belchenhorst* ein. In ihm dominieren vier Gesteine. Im N und NO ist es der *Leuko-Gneis*, ein wegen seiner Armut an Biotit (Schwarzem Glimmer) heller Paragneis, der durch Metamorphose aus saurem vulkanischem Tuff hervorging. Im Bereich Kaltwasser- und Hägstutzfelsen sowie, räumlich getrennt, am Südabhang der Rabenfelsen schließt sich der mineralisch uneinheitliche Komplex des *Randgranits* an, der nach neuesten Erkenntnissen durch Aufschmelzung älterer Gesteine im Varistikum entstanden ist. Ihm folgen nach S hin auf der Linie Belchenhaus-Hägstutzfelsen-Böllener Eck-Obere Stuhlsebene-Rabenfelsen *Metablastite*. Sie haben sich unter besonderen Druck- und Temperaturbedingungen während des Varistikums durch bevorzugtes Wachstum der Feldspatkristalle (Metablasten) aus Paragneisen gebildet. Knapp die Hälfte der Gemarkungsfläche nimmt schließlich der *Granit von Münsterhalden* ein, der in einem breiten von O nach W verlaufenden Streifen zwischen den Linien Kaibenschlag–Hagedorn im N bzw. Dossen–Dorf Schönenberg im S verläuft. Das meist hellfarbige, mittel- bis feinkörnige Gestein weist im Gemarkungsgebiet eine für Granit eigentlich untypische Parallelstruktur auf, denn es wurde nach seinem Aufdringen im Unterkarbon mit den südlich anschließenden, nur wenig älteren Gesteinen der Devon-Unterkarbonzone verschuppt. Verschiedentlich, wie am Rübgarten und am Gfällswasserbächle, finden sich als felsbildende »Linsen« harte *Amphibolite*, dunkle hochmetamorphe Gesteine. Das südliche Gemarkungsgebiet wird von der *Devon-Unterkarbonzone von Badenweiler-Lenzkirch* aufgebaut, in der mächtige Lagen variskischer Sedimente und Vulkanite verfaltet und verschuppt wurden.

An vielen Stellen im Grundgebirge treten Gänge aus *Granitporphyr* (Oberkarbon) auf, die durchsetzt sind von zahlreichen schmalen hydrothermalen Mineral- und Erzgängen. Auf der Gemarkung Schönenberg reicht ein solcher *silberhaltiger Erzgang* – der ergiebigste im Umkreis von Schönau – vom südwestlichen Ende des Dorfes in nordöstlicher Richtung etwa 1 km weit gegen den Letzberg.

Diese Unterschiedlichkeit der Gesteine wirkt sich allerdings kaum auf das *Relief* aus. Zwar geht die weite flache Hochmulde, in welcher der Ort Schönenberg liegt, zweifellos größtenteils auf die leichtere Ausräumbarkeit der weniger widerständigen paläozoischen Sedimente zurück, jedoch reicht die kuppige, durch kräftig eingetiefte Kerbtäler gegliederte Geländeplastik über sämtliche Gesteinsgrenzen hinweg. Ein Beispiel hierfür bildet der Dossen, welcher im N aus Granit von Münsterhalden, im S aus devonischen Schiefern besteht und trotzdem allseitig als ebenmäßige Kuppe erscheint.

Im übrigen reicht das anstehende Grundgebirge nur ausnahmsweise an die Oberfläche, denn über 90 % werden verhüllt von mächtigen periglazialen Schuttdecken (steilere Hänge) bzw. Moränen (flacheres Gelände). Da schon während des Tertiärs eine tiefgreifende Verwitterung einsetzte, deren Produkte durch die Gletscher mehr oder weniger weit verfrachtet wurden, läßt sich zwischen Hangschutt und Moränen nicht immer eine scharfe Grenze ziehen. Eindeutig der *würmeiszeitlichen Grundmoräne* zuzurechnen sind die kantengerundeten Gneisgeschiebe auf dem 87 m hohen Letzberg, die hier ortsfremd über dem anstehenden Münsterhaldengranit liegen. Aufgrund der Höhenlage der Grundmoräne muß die Mächtigkeit des vom Feldberg kommenden Wieseglaetschers hier mindestens 350 m betragen haben. Beim Haus Bergfried ist in 1070 m Höhe zwischen Gfällwasserbächle und Rübgartenbächle ein *Endmoränenwall* vorhanden, welcher den äußeren Feldsee-Stand (wahrscheinlich Feldseemoos-Stadium) des sich zurückziehenden Aiternbachgletschers (vom Belchen) dokumentiert.

Durch ein Unwetter am 22. Dezember 1970 entstand am SO-Ende der Rimshalde nahe dem Böllenbach (1,8 km südöstlich des Dorfes) ein Aufschluß, der Moräne über Deltasanden zeigt. Sie sind durch den Wieseglaetscher entstanden, der über Schönenberg in das Tal des Lehbachs drang (Transfluenz). Später flossen Schmelzwässer über diesen Weg ab und schütteten die Sande in einem See auf, der sich im Böllenbachtal an den Eismassen des Wiesetals aufstaute. Aus der über den Sanden liegenden Moräne läßt sich ein Wiedervorstoß des Wieseglaetschers ableiten. An dessen Flanke haben die Schmelzwasser mit dem Lehbach ein sogenanntes »Flankental« geschaffen.

Kaum noch Spuren sind von dem sehr kleinen Gletscher im obersten Wildböllental erhalten. Dagegen haben sich am Sägenecksattel bei Wildböllen Grundmoränenreste in 820 m Höhe erhalten, wo der Wiesetalgletscher in einer weiteren Transfluenz ins Haldsmattbachtal eingedrungen war (Geschiebe aus dem Wiesetal). Neben dem beherrschenden Wiesentalgletscher finden sich auf Schönenberger Gemarkung aber auch Moränenreste des Belcheneises, wie z. B. südwestlich der Unteren Stuhlsebene. Häufig liegen Gletschererosion und Gletscherakkumulation dicht beieinander. Westlich von Entenschwand zeugen einige Rundhöcker von örtlicher Gletschererosion, und nur wenige hundert Meter weiter östlich neben der Straße nach Schönenberg findet sich eine 60 m lange, 1,5 m hohe und 3 m breite Seitenmoräne.

Die weite Hochmulde, in welcher der Hauptort liegt, endet unterhalb des Dorfes auffallend steil. Da das Tal des Haldsmattbachs keinen eigenen Gletscher führte, ist die Mulde wohl durch Aufschüttung im späten Hochglazial der letzten Eiszeit im Stau des abschmelzenden, aber noch bis in fast 700 m Höhe reichenden Wieseltalgletschers entstanden. Die Tatsache, daß das Dorf auf einer mächtigen Schicht aus eiszeitlichem Lockermaterial liegt, zeitigte im Dezember 1801 verheerende Folgen: Ein extremes Hochwasser des Haldsmattbachs erodierte eine 15 m tiefe und 50 m lange Kerbe (heute noch sichtbar und »Loch« genannt), wobei ein Schwarzwaldhaus mitgerissen wurde, und zwei weitere wegen akuter Gefährdung verlegt werden mußten. Die Kapelle und ein Bauernhaus stehen auch heute noch hart am Rand; die Erosionsgefahr ist aber weitgehend durch einen Ausbau des dort nunmehr sehr steilen Bachbetts mit großen Blöcken gebannt.

Als Ausgangsmaterial für die heutigen Böden sind weniger das anstehende Gestein als vielmehr die auflagernden Schuttdecken, Moränen und Talsedimente wichtig. Ihrem häufigen Vorkommen ist es zu verdanken, daß im Gemeindegebiet kalkarme, sandige und lehmige Braunerden dominieren und an keiner Stelle der Gemarkung eine Podsolierung stattfindet. Dabei ist ein deutliches Höhenprofil feststellbar. Grundform der tieferen Lagen (600 bis 1000 m) ist die saure *Braunerde*, welche beispielsweise am Dossen verbreitet ist. Ab etwa 800 m bis zum Belchengipfel (das ist rund die Hälfte der Gemarkungsfläche) herrscht die Sonderform *Humusbraunerde* vor, ein tiefgründig entwickelter Boden auf lockerem Substrat mit hohem Humusgehalt. Dabei dominiert die günstige Humusform »Mull« in allen Höhenlagen. Selbstverständlich gibt es kleinflächig an den steilen Partien *Ranker* und sogar – wie im Schutthaldenbereich um den Hägstutzfelsen – *Rohböden* (Syrosem). Mineralische *Grundwasserböden* haben sich z. B. in den hochgelegenen, relativ flachen vernäßten und eiszeitlich geformten Muldentälchen entlang des Gfällwasser- und des Rübgartenbachs gebildet. Andere hydromorphe Böden (*Gley und brauner Auenboden*) finden sich im Wiesenbereich am Haldsmattbach oberhalb Schönenberg.

Auch das *Vegationsbild* wird auf der Gemarkung Schönenberg besonders durch die Höhenstufung bestimmt, die von der submontanen Stufe unterhalb etwa 700 m bis zur hochmontanen und im engsten Gipfelbereich des Belchen sogar subalpinen Stufe reicht. Flächenmäßig überwiegt mit über 70% die montane Stufe (700 bis 1050 m), die hoch- und submontanen Areale liegen bei je etwa 15%. Mischwälder und mit ihnen die Buche (welche in sämtlichen Höhenstufen präsent ist) sind ein wichtiges Charakteristikum fast aller Waldungen Schönenbergs. Besonderen Artenreichtum weisen die submontanen Areale auf, wie die Beispiele am südlichen Salenwald und am Südwesthang des Letzbergs zeigen. Außer der Buche kommen dort jeweils Hainbuche, Ahorn, Birke, Eiche, Esche, Fichte, Tanne, Kiefer, Douglasie und Lärche vor, wobei die Nadelhölzer großenteils vom Menschen eingebracht wurden.

Bis in die 1920er Jahre wurde aus ortsnahen *Birken-Schneitelwaldungen* (Birkenbühl, Letzberg-Südwesthang, Wälder um Wildböllen) Besenreisig gewonnen. Die so entstandenen, bis heute verkrüppelten birkenreichen Waldungen stellen eine Besonderheit Schönenbergs dar und sind als »Naturdenkmal begrenzter Zeitdauer« ausgewiesen. Ansonsten ist die Birke zusammen mit der Fichte und Buche eine der Pionierbaumarten auf aufgelassenen Weidfeldern, wie man z. B. auf der großen »Blöße« am westexponierten Hang des Wildböllenbachs südlich der Häusergruppe und südlich des Mittelbühls beobachten kann. Nicht mehr genutzte Weidfelder – meist handelt es sich um kleinere

Randbereiche – hat man bis Anfang der 1970er Jahre auch in Form von Fichtenmonokulturen aufgeforstet (z. B. östlich von Wildböllen oder im Bereich der Unteren Stuhlsebene). Diese ökologisch ungünstige Massierung der Fichte in montanen und tieferen Lagen (wo sie von Natur aus hier nicht vorkommt) hält sich auf Gemarkung Schönenberg aber glücklicherweise in engen Grenzen. Charakteristische Buchen-Tannenwälder finden sich überall in der montanen Zone, z. B. auf dem Letzberg und im Löchlewald. An sehr sonnigen oder trockenen Hängen fehlt die Tanne, wie z. b. am Südwesthang der Unteren Stuhlsebene, wo man ehemaliges Weideland mit der sonnen- und wärmeliebenden Douglasie aufgeforstet hat.

Obwohl man die Fichte heute in allen Höhenlagen der Gemeinde recht häufig antrifft, dominiert sie lediglich in den hochmontanen Bereichen oberhalb 1050 m, wogegen die Tanne dort stark zurücktritt. So setzt sich der im Naturschutzgebiet gelegene Belchenwald auf Gkg Schönenberg über weite Teile wie folgt zusammen: Fichte 40 %, Buche 30 %, Bergahorn 20 %, Tanne 10 %; die schönsten Bestände finden sich zwischen Hägstutzfelsen und Kaltwasser. Im Rübgartenwald (kalter Nordosthang) liegt der Fichtenanteil mit 80 % noch höher. An stärker versauerten, meist sonnigen, lichten Stellen finden sich allenthalben im Gemeindegebiet Heidelbeerrasen, besonders ausgeprägt im Rübgartenwald und in den Wäldern nordwestlich und nordöstlich von Wildböllen.

Waldflächen und Offenland (ohne Siedlungsflächen) halten sich in Schönenberg annähernd die Waage. Einen besonderen Bereich der *Offenflächen* bildet das großenteils zu Schönenberg gehörende Gipfelplateau des Belchen mit seinen speziellen Vegetationsgesellschaften wie Borstgraswiesen und Zwergstrauchheiden (vgl. Bd. 1, S. 70ff., Vegetation). Diese durch vieljährige Beweidung entstandene Formation wird in jüngster Zeit durch einen Wanderschäfer genutzt und dadurch erhalten.

Den größten Teil des Offenlandes umfassen freilich die *Weidfelder* der Gemarkung (es handelt sich ausschließlich um Gemeinschaftsweiden auf Allmendflächen), die unterhalb von 1200 m liegen. Hier ist die »Flügelginster-Weide« (Festuco-Genistetum saggitalis) mit Flügelginster (Genista saggitalis) und Rotschwingelgras (Festuca rubra) beherrschend. Flügelginster wird vom Großvieh weitgehend verschmäht und dadurch gefördert, so daß er als schlimmes Weideunkraut gilt (Lokalname: Ramsele). Mit am schönsten ist diese Weideformation im Bereich Sägeneck-Dossen ausgebildet, wo neben einzelnen Wacholderbüschen Thymian (Thymus serpyllum) und Heidekraut (Calluna vulgaris) häufig sind. Das häufige Vorkommen des Tormentills (Potentilla erecta) als Magerkeitsanzeiger läßt auf extensive Weidenutzung mit höchstens schwacher Düngung schließen. Dies gilt auch für die übrigen Weidfelder an der (trockenen) Rimshalde, am Enerberg und im Stuhlsebenen-Bereich.

Am Weg vom Sägeneck zur Unteren Stuhlsebene beleben besonders mächtige, weit ausladende Weidbuchen (Schutzbäume für das Vieh) das Landschaftsbild; im übrigen kommen sie aber auf allen Weidfeldern der Gemarkung vor. Nordwestlich der Rabenfelsen breitet sich in randlichen, nicht oder selten vom Vieh betretenen Weidearealen der Adlerfarn (Pteridium aquilinium) in geschlossenen Beständen aus; er stellt durch seine intensive Auslegerbildung ein schwer zu beseitigendes, lästiges Weideunkraut dar. Auch an einigen anderen abgelegenen Stellen in Südost- bis Südwest-Exposition unterhalb 1100 m unterliegen die Flügelginsterweiden dieser »Verunkrautung«. Wie man an vielen Stellen beobachten kann, verbuschen vor allem die Randbereiche der Extensivweiden durch Stockausschlag bzw. Anflug von Buchen, Birken und Fichten. Im allgemeinen werden diese Gehölze auf Veranlassung der Weideinspektion in mehrjährigem Abstand durch – heute meist mechanische – »Pflegeeingriffe« entfernt.

Viehtrittschäden sind bis auf wenige erodierte Stellen am Hang oberhalb der Weidehütte bei den Rabenfelsen nicht vorhanden – ein Positivum extensiver Weidewirtschaft. Das Drittel *Wiesenland* hebt sich durch das satte Grün deutlich von den vor allem zum Herbst hin gelblich bis bräunlich erscheinenden Weideflächen ab. Es konzentriert sich überwiegend auf die feuchteren Böden in der Haldsmattbachtal-Mulde nordwestlich des Hauptortes und in entsprechenden Tallagen um Wildböllen sowie bei Entenschwand. Einzelne der (fast ausschließlich auf Privatland befindlichen) Wiesen werden vor allem im Spätsommer eingekoppelt und dienen als intensivere Weide (»Mähweide«).

Bei einer Niederschlagshöhe zwischen 2000 mm am Belchengipfel und 1600 mm im Dorf ist naturgemäß kein rentabler *Ackerbau* möglich: In ortsnaher Lage um Schönenberg beleben immerhin einzelne Kartoffelfelder in hängiger, Staunässe vermeidender Lage das Landschaftsbild; Kartoffeln sind dem sandig-lehmigen Braunerdeboden ökologisch gut angepaßt, bleiben aber als Selbstversorgerkultur flächenmäßig weit unter einem Prozent der landwirtschaftlichen Nutzfläche. In mikroklimatisch günstiger Lage gedeihen Gewächse, deren Höhengrenze normalerweise viel tiefer liegt: so gelangen z. B. in 710 m Höhe in Wildböllen (Südexposition) Walnüsse und Tomaten zur Reife.

Siedlungsbild. – Die Hauptachse der Siedlung (Belchenstraße) erstreckt sich entlang des Haldsmattbachs, bis dieser aus seinem flachmuldigen Tal im Oberlauf in die steile und gefällreiche Kerbe seines Mittellaufs eintritt. Ab hier setzt sich die weiterhin beidseitig locker mit Häusern bestandene Dorfstraße als »Bergstraße« auf einer terrassenartig südwestexponierten Hangverflachung in südöstlicher Richtung über dem Tal fort. Da das enge Haldsmattbachtal den einzigen Zugang von der Hauptverkehrsstraße im Wiesental nach Schönenberg darstellt, war und ist die verkehrsmäßige Anbindung des Ortes mit Schwierigkeiten behaftet. Der alte Verbindungsweg nach Schönau verläuft zwar relativ geradlinig am linken Talhang, hat aber stellenweise über 20% Gefälle. Die neu ausgebaute und weniger steile Autostraße konnte nur durch weit ausholende Schlingen mit Abtragung und Aufschüttungen ermöglicht werden.

Aus dem annähernd geraden Verlauf der Hauptachse erwächst der Eindruck eines *gestreckten Straßendorfes*. Tatsächlich ist dieser Grundriß nicht ausschließlich geländebedingt, sondern auch Ausdruck dafür, daß bei der Gründung (Ausbaurodung vom nahen Schönau aus) spätestens im 13. Jh. der Bergbau im Vordergrund stand. In vielen zu diesem Zweck angelegten Dörfern dominieren aufgereihte Häuser. Als traditionelle Hausform überwiegt im *Ortskern* heute noch das Schwarzwaldhaus in seiner »Schauinsland«-Variante. Die Häuser stehen mit ihren Längsachsen hangparallel und damit traufständig zur Straße, wobei die landwirtschaftlichen Speicherräume von der bergwärts gelegenen Dachfläche durch ein Einfahrtshäuschen (»Ifahrthüsli«) erschlossen werden. Die typische Eindeckung mit Holzschindeln ist inzwischen jedoch häufig Schindelimitationen gewichen. Da bis heute alle Schwarzwaldhäuser ausschließlich mit Holz beheizt werden, prägen immer noch die riesigen, aber akkurat aufgeschichteten Holzbeigen unter den Dachvorsprüngen das Siedlungsbild mit.

Von den insgesamt 35 Gebäuden des Hauptortes sind 11 Schwarzwaldhäuser (darunter 4 Doppelhäuser) mit einem Alter von 200 bis 300 Jahren. Abgesehen von einem bestehen alle noch weitgehend aus Holz. Die Steinbauten sind im 19. und 20. Jh. oft nach Bränden und anderen Katastrophen neu erbaut worden, so z. B. die Häuser Rosengasse 3 und Belchenstraße 10, die nach dem Hochwasser des Haldsmattenbachs von 1801 von der Südwestseite der Hauptstraße an die heutige Stelle verlegt wurden. Bis ins Jahr 1684 reicht dagegen das guterhaltene Schwarzwaldhaus an der Bergstraße 1 zurück, dessen Verkleidung noch ganz aus Holzschindeln besteht und das sich durch eine schöne Laube auszeichnet; zum Teil weist es noch die ursprünglichen Sprossenfenster auf. Manche der Schwarzwaldhäuser Schönenbergs sind besitzmäßig geteilt – meist entlang der Firstlinie. Doch gibt es auch Querteilungen, wodurch mächtige und lange Doppelhäuser, die sogenannten »Archen«, entstehen. Etwa 40 m lang ist die große, gut gepflegte »Arche« an der Belchenstraße, die vier Besitzer unter einem Dach vereint.

Bei der relativ lockeren Bebauung des Ortes fühlt man sich eigentlich nicht wie in einem geschlossenen Dorf. Dennoch formiert sich der mittlere Abschnitt der Hauptachse (Belchenstraße) zu einer Art Zentrum. An der Einmündung der Bergstraße steht das *Rathaus* (1856 als Schulhaus erbaut, 1913 umgebaut und vergrößert), mit der für die Viehwirtschaft so bedeutungsvollen Milchsammelstelle. 30 m nordwestlich folgt die *St. Antonius Kapelle*, die ein rechteckiges Langhaus mit zum Chor abgeschrägten Seiten und dort wie zum Eingangsbereich ein abgewalmtes Satteldach aufweist. Die Kapelle krönt ein sechseckiger geschindelter Dachreiter mit roter Zwiebelhaube. Ihre Innenausstattung stammt aus dem 17. und 18. Jahrhundert. 35 m weiter befindet sich ein Neubau mit dem einzigen Gemischtwarenladen. Ebenfalls an der Belchenstraße, nur 50 m weiter nordwestlich, liegen die beiden Gasthäuser des Ortes: der »Sternen« und der »Beckerhof«. Ersteres, ein Steinbau der Jahrhundertwende, wurde 1984 umgebaut, letzteres 1976 im Schwarzwaldhausstil renoviert.

Östlich des Rathauses steht in verkehrsgünstiger Lage das Feuerwehrgerätehaus (mit Wohnung). Funktionslos geworden ist dagegen der erst in den 1950er Jahren erbaute »Dreschschopf« (Standplatz für die Dreschmaschine) an dem Sträßchen nach Entenschwand. Als Relikt des bis 1960 relativ intensiv betriebenen, heute aber völlig erloschenen Getreidebaus ist er jetzt ein Lagerschuppen. In nur vier der insgesamt 13 Landwirtschaft treibenden Bauernhäuser sind Fremdenzimmer eingerichtet. Der insgesamt gepflegte Zustand des Ortes ist also sicher nicht primär eine Folge des kaum entwickelten Tourismus.

Nördlich der Straße »Am Bühlrain« bereichern – noch innerhalb des Dorfes – eindrucksvolle Felsaufragungen das Ortsbild. Dahinter, gegen den Ortsrand, liegt landschaftlich reizvoll das jüngste *Neubaugebiet* (seit Beginn der 1980er Jahre) mit 3 fertiggestellten Häusern. Einige kleine Ferienhäuschen aus Holz (südlich davon) stammen aus den 1970er Jahren. Ebenfalls aus den 1970er Jahren stellt mit 7 Häusern das Gebiet »Berghalde« am Westrand des Dorfes das größte Neubaugebiet Schönenbergs dar. Ansonsten gibt es an anderen randlichen Stellen insgesamt nur noch 5 Neubauten. Auffallend im Ortsbild sind die vielen Garagen-Neubauten zwischen den locker gestellten Häusern, deren Funktion für die Bewohner in einem schneereichen und dazu kaum durch öffentliche Verkehrsmittel erschlossenen Raum besonders wichtig ist.

Der kleine Weiler Entenschwand, 500 m südlich von Schönenberg, besteht aus 8 Bauernhäusern. Das einzige Schwarzwaldhaus (18. Jh.) mit Blechdach ist heute ohne Landwirtschaft. Die restlichen 7 Höfe stehen bis auf eines beiderseits der Straße und wurden nach einem Brand 1835 als Einhäuser mit Satteldach neu gebaut. Ihre Abmessungen sind im Durchschnitt etwas kleiner als im Hauptort. Ein älteres Wohnhaus sowie ein Wohnneubau von 1985 im (neuerdings vorgeschriebenen) Schwarzwaldstil runden den Siedlungsteil ab.

Mit nur 4 Häusern liegt der Kleinweiler Wildböllen malerisch und einsam in der kleinen Talweitung am Zusammenfluß der Quelläste des Wildböllenbachs. Das einzige Schwarzwaldhaus von 1760 (Nr. 1) mit Landwirtschaft wurde Ende der 1970er Jahre umgebaut. Von den drei übrigen Häusern (Mitte 19. Jh.) läßt das größte (Nr. 2) erkennen, daß noch Landwirtschaft betrieben wird, wogegen Nr. 4 nur noch Wohnzwecken und Nr. 3 als Ferienhaus eines auswärtigen Besitzers dient.

Von der ursprünglichen Bausubstanz des Belchenhauses aus dem Jahr 1866 ist durch spätere Um- und Erweiterungsbauten nur noch wenig übriggeblieben. 1977 wurden die beiden in ostwestlicher Richtung aneinander gebauten zweistöckigen Häuser mit Dachgaupenausbau letztmals renoviert. Die auf einstige Viehhaltung zurückgehenden östlichen Anbauten dienen heute als Lagerräume u.ä. An dem Komplex sitzt im W ein Kiosk an, welcher zusammen mit dem Restaurant und dem 1 ha großen Parkplatz den stoßweisen Massenandrang der Touristen bewältigen muß.

An der Belchenstraße östlich von Multen (Gde Aitern) wurde das zweistöckige, nach dem 2. Weltkrieg erbaute *Haus Bergfried* 1985 mit neuer Holzaußenhaut versehen und dient als (nicht ständig bewohntes) Wander- und Skiheim.

B. Die Gemeinde im 19. Jahrhundert und in der Gegenwart

Bevölkerung

Bevölkerungsentwicklung. – Schönenberg wurde in seiner jüngeren Bevölkerungsentwicklung sowohl durch die Rentabilität der Landwirtschaft als auch die aufkommende Industrialisierung geprägt: Die Einwohnerzahlen lagen in den ersten Jahrzehnten des 19. Jh. noch nahe bei 400. Stärkere *Bevölkerungsverluste* um die Mitte des Jahrhunderts sind hauptsächlich auf Abwanderungen in industriebegünstigte Standorte im Wiesental zurückzuführen. Erst infolge von Industrieansiedlungen in Schönau um die Jahrhundertwende erfolgte eine Konsolidierung der Einwohnerzahlen bei 300 Personen.

In den Nebenorten *Entenschwand* und *Wildböllen* lebten Mitte des 19. Jh. bei annähernd gleicher Verteilung in beiden Ortsteilen knapp ein Drittel der Bewohner der Gesamtgemeinde. Die besonders ungünstigen wirtschaftlichen Bedingungen führten aber dann im abgelegenen Wildböllen zur Abwanderung seiner Bewohner: bis 1926 verließen etwa drei Viertel der Bewohner das Dorf. Der 1. Weltkrieg hatte in Schönenberg 19, der 2. Weltkrieg 7 Gefallene gefordert.

Trotz insgesamt gesehen erstaunlicher Kontinuität in der Bevölkerungsentwicklung ist auch Schönenberg in den 1960er und 1970er Jahren von der allgemeinen *Abwanderungstendenz* aus dem oberen Wiesental betroffen gewesen. Es handelt sich hierbei meist um Personen im erwerbsfähigen Alter. Die neuere Entwicklung von 1976 bis 1987 läßt für Schönenberg bei geringfügigem Geburtendefizit und insgesamt positivem Wanderungssaldo den Schluß zu, daß die Bevölkerungszahl weiterhin relativ stabil bleibt (1987: 339 E.; 1993: 337 E.) und der Ort für Zuziehende gewisse Vorteile bietet. Der Anteil der *ausländischen Bevölkerung* ist insgesamt *gering*; er lag zwischen 1972 und 1987 nie höher als 4%, 1987 betrug er bei 12 Personen 3,5%.

Konfessionelle und soziale Gliederung. – Die Einwohner Schönenbergs sind bis heute fast ausnahmslos *katholisch*. Dies resultiert vor allem aus der Vergangenheit des Ortes als Mitglied der St. Blasischen Talvogtei Schönau, zum anderen aus der geringen Bevölkerungsfluktuation. Erst ab 1900 und noch bis 1970 waren die Protestanten eine verschwindend kleine Minderheit (1970: 4 Personen = 1,4%). Die seither höhere Wanderungsintensität drückte sich bis 1987 im deutlich vermehrten Anteil der Protestanten aus, die bei der letzten Volkszählung bereits 10,0% der Schönenberger Bevölkerung ausmachten. Die Katholiken bildeten zwar immer noch die weitaus stärkste Gruppe (83,8%), bemerkenswert ist aber auch hier der stark gestiegene Anteil der Sonstigen und Konfessionslosen (6,2%).

Neben einigen um die Jahrhundertmitte als ziemlich wohlhabend geltenden Bauern gelang es in der 2. Hälfte des 19. Jh. den übrigen durchweg *bäuerlichen Familien* mit Hilfe von *Fabrikarbeit* ihren bescheidenen Wohlstand aufrechtzuerhalten. Die Fabrikarbeiter waren ausschließlich in der Iselin'schen Baumwollspinn- und -weberei in Schönau, dem einzigen größeren Arbeitgeber in der näheren Umgebung, beschäftigt. Ihre Zahl lag zwischen 60 und 70 Personen um die Mitte des vergangenen Jahrhunderts, später sank sie auf 30 bis 40 Personen.

Bezogen auf die Gesamtbevölkerung waren um die Jahrhundertwende mehr als zwei Drittel der Bewohner immer noch hauptberuflich in der *Land- und Forstwirtschaft* tätig, darunter eine große Zahl von Waldarbeitern und Holzmachern, die Schönenberg den Ruf einer »Waldarbeitergemeinde« (1936) einbrachten. Verglichen damit erreichten Industrie und Handwerk mit 23,2% der Beschäftigten nur eine untergeordnete Bedeutung. Handel und Verkehr (3,4%) sowie übrige Erwerbstätigkeit (5,8%) fielen kaum mehr ins Gewicht.

Nach dem 2. Weltkrieg setzte eine gegenläufige Entwicklung in den Bereichen Land- und Forstwirtschaft sowie Industrie und Handwerk ein: Der Anteil der in der Landwirtschaft Beschäftigten sank von 1950, als noch 40,3% der gesamten Erwerbstätigen hier gezählt worden waren, auf 20% (1961) und hat auch in Schönenberg den typischen weiteren Verlauf genommen (1970: 1%; 1987: 0,7%), an dessen Ende fast ausschließlich landwirtschaftlicher Nebenerwerb stand.

Obwohl der Ort selbst kaum Arbeitsstätten in *Industrie und Handwerk* aufweist, ist heute die Mehrzahl seiner Bewohner hauptberuflich in diesem Erwerbssektor tätig: 1950 lag sein Anteil bereits bei 41,5% und stieg bis 1987 auf 64,2%. Schönenberg zeigt sich damit als eine für das Wiesental typische *Auspendlergemeinde*. Hauptarbeitsorte sind nach wie vor Schönau neben Schopfheim, Utzenfeld und Zell im Wiesental.

Neue Entwicklungen deuten sich mit dem Anwachsen der im Wirtschaftsbereich »Sonstiges« Beschäftigten um das Zweieinhalbfache von 1961 bis 1970 (15% der Erwerbstätigen) und weiter auf 27,2% im Jahre 1987 an. Handel, Verkehr, Kredit- und Versicherungsgewerbe waren mit 7,9% vertreten.

Politisches Leben

Entsprechend der konfessionellen Zugehörigkeit Schönenbergs lag bei insgesamt hoher Wahlbeteiligung der Stimmenanteil des *Zentrums* immer über 90%. Der Höchststand war 1912 mit 98,2% der abgegebenen Stimmen erreicht. Die Nationalliberalen fanden also die ganze Zeit des Kaiserreichs über kaum Anhänger in Schönenberg.

Auch in der Weimarer Republik blieb die politische Kontinuität gewahrt. Das Zentrum war weiterhin führende politische Partei. Veränderungen deuteten sich zu Beginn der Weimarer Republik durch das fast völlige Verschwinden der *Liberalen* und Stimmen für die *SPD* an. Im Verlaufe der Weimarer Republik änderte sich dann aber relativ wenig. Erst im Wahljahr 1932 mußte das Zentrum deutliche Verluste hinnehmen; es erreichte aber immerhin noch 75,4% der abgegebenen Stimmen, während die *NSDAP* 13,8% verzeichnen konnte. Sie lag damit jedoch weit unter dem Reichsdurchschnitt.

Bei allen Bundes- und Landtagswahlen war die *CDU* bisher stärkste Partei, gefolgt von *SPD*, *FDP* und neuerdings den *Grünen*. Dabei lag der Stimmenanteil der CDU immer um 75%, mit Ausnahme des Jahres 1953 (90,4%). Bei den Wahlen seit 1987 (62,1%) ist dieser hohe Stimmenanteil nicht zu halten gewesen; die CDU erreichte bei der Bundestagswahl 1990 68,1% und bei der Landtagswahl 1992 52,2%. Die SPD konnte dabei ihr bisher bestes Ergebnis erzielen (33,6%). Der FDP gelang es meist nicht – eine

Ausnahme war 1990 mit 5,9% – die 5%-Grenze zu erreichen (1992: 2,9%). Starke Stimmengewinne hatten die *Grünen* bei den Bundestagswahlen 1987 mit 8,9% der Wählerstimmen verzeichnet; sie fielen seither aber wieder deutlich ab (1990: 3,4%; 1992: 4,4%).

Wirtschaft und Verkehr

Land- und Forstwirtschaft. – Das teilweise bis heute noch landwirtschaftlich geprägte Bild des Dorfes darf nicht darüber hinwegtäuschen, daß die Landwirtschaft in den 1980er Jahren längst zu einem reinen Nebenerwerbszweig geworden war. Diese Entwicklung schlägt sich in der Veränderung der *landwirtschaftlichen Nutzfläche* (LN) nieder. Sie betrug zwischen 1880 und 1965 rund 540 ha, sank aber bis 1979 um 40% ab. Seither liegt die LN konstant bei 325 ha. Neben einer geringfügigen Vergrößerung der Siedlungsfläche wurde vor allem eine intensive Aufforstung betrieben, so daß die Forstwirtschaft einen wesentlichen Bestandteil des Primären Sektors in Schönenberg ausmacht, dem sich 1987 5 Betriebe zugewandt hatten.

Ackerbau ist nur spärlich in Form der Feldgraswirtschaft möglich. Die Anbaufläche betrug maximal 5% der gesamten LN und sank bis 1987 auf einen Restbestand von 2 ha ab. Hauptanbauprodukte bis in die 1930er Jahre waren Getreide und Kartoffeln. 1982 wurde auch das sogenannte *zahme Feld* nur noch als Grünland genutzt. Obwohl die Landwirtschaft heute fast ausschließlich *Grünlandbewirtschaftung* betreibt, betraf bereits die Reduzierung der LN hauptsächlich das Dauergrünland. Von ca. 400 ha Weiden (nebst knapp 110 ha Wiesen) verringerte sich die Weidefläche inzwischen um fast die Hälfte auf 215 ha. Sie machte damit aber noch immer 66,2% der LN aus. Das Weideland ist von jeher ausschließlich in Gemeindebesitz.

Geringe Weidequalität bei nahezu doppelter Auslastung und ausgedehnter Reutfeldbetrieb auf 27% der Weideflächen kennzeichneten die Weidewirtschaft in Schönenberg schon in der 2. Hälfte des 19. Jahrhunderts. Den mit zurückgehender Bewirtschaftung des Weidegeländes sich einstellenden Problemen nach dem 2. Weltkrieg suchte man durch eine Ausweitung der Auftriebszahlen zu begegnen. 1982 wurden die fünf Weidebezirke mit 132 Rindern beschickt, darunter fast 40% *Gastvieh*. Neben den Talweiden wird die mit 58 ha recht ausgedehnte gemeindeeigene Schönenberger *Jungviehhochweide* am Belchen seit der Erbauung einer Viehhütte im Jahre 1901 bis heute intensiv genutzt.

Die *Viehzucht*, in der Hauptsache Rinderhaltung, ist landwirtschaftlicher Haupterwerbszweig. Lag die Zeit der höchsten Bestände mit 350 Stück um die Jahrhundertwende, so ist nach deutlichem Rückgang seit den 1970er Jahren eine relative Stabilität bei ca. 180 Rindern eingekehrt. Milchviehhaltung und Viehmast werden in jüngster Zeit zu gleichen Teilen betrieben. *Schweine- und Hühnerhaltung* dienten wohl von jeher hauptsächlich dem Eigenbedarf. Versuche, Schafe zur Offenhaltung der Landwirtschaft einzusetzen, werden derzeit unternommen.

Von 1895 bis 1949 verringerte sich die *Zahl der landwirtschaftlichen Betriebe* lediglich um 13,2% auf 46. Diese Stabilität erklärt sich aus dem bereits 1895 bestehenden Übergewicht der Klein- und Mittelbetriebe von 2 bis 10 ha Betriebsfläche gegenüber den Kleinstbetrieben. Auch im Verlauf der neueren Entwicklung (1966 bis 1987) blieb die Landwirtschaft in Schönenberg überwiegend kleinbetrieblich strukturiert. Die durchschnittliche landwirtschaftlich genutzte Fläche (LF) je Betrieb ist von 2,1 ha (1895) auf 3,8 ha (1987) angestiegen. Haupterwerbslandwirte gab es 1992 in Schönenberg nicht mehr.

Die *Waldfläche* Schönenbergs betrug nach Aufhebung der Märkerschaften um 1850 und verschiedenen Zukäufen 163 ha, wovon sich 153 ha im Gemeindebesitz befanden. Knapp über die Hälfte davon war Laubwald. An diesen Verhältnissen hatte sich bis 1950 nur wenig geändert: Die Gesamtfläche war lediglich um 40 ha erweitert worden – auffälligerweise erscheinen seit 1900 30 ha Wald im Staatsbesitz –, nur der Laubholzanteil war auf 44% des Bestandes zurückgegangen. Seit 1970 betrieb vor allem die Gemeinde eine Aufforstungspolitik in erheblichem Umfang, so daß um 1990 der Waldbestand auf 381 ha (51% der Gemarkungsfläche) ausgedehnt war. Größter Waldbesitzer mit 317 ha war die Gemeinde, der Staatswald nahm 28 ha ein.

Handwerk und Industrie. – Schönenberg kann seine Entstehung und Bedeutung im Mittelalter aus dem *Bergbau* auf Blei- und Silbererze herleiten. Wiederholte Versuche im 19. Jh., die *Grube Stefanie* nahe der Gemarkungsgrenze zu Schönau erneut zu eröffnen, brachten ebenso unzureichende Ergebnisse wie die in den Anfängen des 20. Jh. erfolgte Öffnung des *Bergwerks Pfingstsegen*, das auf der Gemarkungsgrenze zwischen Aitern und Schönenberg lag.

Das Handwerk blieb in der 2. Hälfte des 19. Jh. auf kleinen Rahmen beschränkt; selbst Grundnahrungsmittel wurden aus Schönau bezogen. Eine um die Wende zum 20. Jh. durchgeführte Betriebszählung vermittelt einen ähnlichen Eindruck: von den 8 fast ausschließlich Ein-Mann-Betrieben waren 4 im Bereich Bekleidung und Reinigung tätig. Wie schon 1925 arbeitete 1987 lediglich ein Handwerksbetrieb am Ort. Dabei handelte es sich heute um eine Zimmerei mit 5 Beschäftigten. Industrie ist in Schönenberg nicht vorhanden.

Handel und Dienstleistungen. – Wie schon um die Mitte des 19. Jh. gibt es bis heute einen *Lebensmittelladen* im Dorf. – Die Vergrößerung des Hotel- und Gastronomiebereichs insbesondere in jüngster Zeit weist auf einen zunehmenden Bedarf des *Fremdenverkehrs* in Schönenberg hin. Neben der Realgastwirtschaft zum »Maier« wurde 1887 ein Rasthaus auf dem Belchen, jetzt Hotel »Belchenhaus«, errichtet, das heute mit Kiosk und Gaststätte insbesondere dem starken Zustrom von Tagesausflüglern Rechnung trägt. Im Ort selbst stehen den Gästen das Gasthaus »Sternen«, lange Zeit einzige Wirtschaft, sowie in neuerer Zeit der Landgasthof »Beckerhof« und das Wandererheim »Bergfried« – alle mit Übernachtungsmöglichkeiten – zur Verfügung. 1992 verzeichnete Schönenberg 3081 Übernachtungen bei 274 Gästen. Das Fremdenverkehrsgebiet ist in die Förderungsmaßnahmen des Landes einbezogen.

Verkehr. – Schlecht ausgebaute und durch starke natürliche Gefälle zusätzlich erschwerte Verbindungswege kennzeichneten die Verkehrssituation der Gemeinde und ihrer Nebenorte Ende des 19. Jahrhunderts. Die größte Bedeutung kam von jeher der Straße nach Schönau zu. Heute ist die zu Beginn des 20. Jh. erbaute K 6306, die am südlichen Rand von Schönau von der B 317 abzweigt, Hauptverbindungsweg der Gemeinde zum Unterzentrum Schönau und gleichzeitig Anschluß an die von Norden nach Südwesten verlaufende Wiesentalstraße B 317. Der Weiler Entenschwand ist über ein Anbindungssträßchen von Schönau nach Schönenberg zu erreichen. Die Verbindung von Schönau nach Wildböllen führt über eine Abzweigung von der L 131. Das unterhalb des Belchengipfels gelegene Belchenhaus ist über die zu Beginn des 20. Jh. erbaute Belchenstraße von Utzenfeld über Aitern zu erreichen. Schönenberg hat keinen Anschluß an den öffentlichen Personennahverkehr.

Verwaltungszugehörigkeit, Gemeinde und öffentliches Leben

Die Gemeinde Schönenberg, ehemals eine der sechs Geschworeneien des »Auswendigen« Tals der St. Blasischen Talvogtei Schönau, teilte mit diesen auch ihre weitere Entwicklung. Nach Auflösung des Talverbandes (1809) wurde sie *selbständige Gemeinde* im neu gegründeten Bezirksamt Schönau, kam nach dessen Auflösung 1824 zum Bezirksamt Schopfheim und 1936/38 zum Landkreis Lörrach.

Schönenberg mit seinen Nebenorten Entenschwand und Wildböllen sowie dem Belchenhaus verfügt seit der 2. Hälfte des 19. Jh. unverändert über 743 ha *Gemarkungsfläche*.

Nach Erlangung ihrer Selbständigkeit wurde die Gemeinde von einem Vogt sowie je einem Gerichtsmann aus den beiden Nebenorten geleitet. In der Mitte des 19. Jh. waren alle zu einer Gemeindeverwaltung gehörigen Ämter besetzt. Schönenberg ist Mitglied des 1971 gegründeten *Gemeindeverwaltungsverbandes Schönau* (mit Sitz in Schönau), der die Verwaltungsaufgaben der Verbandsgemeinde wahrnimmt. Daneben ist in der Gemeinde selbst noch ein *ehrenamtlicher Bürgermeister* tätig. Die Mitglieder des achtköpfigen Gemeinderates sind nicht parteigebunden.

Das Vermögen der Gemeinde an Liegenschaften bestand seit Mitte der 1980er Jahre unverändert aus 29,6 ar an *Gebäudeflächen* und 39,8 ha *landwirtschaftlicher Fläche* sowie aus einem *Waldanteil* von 317 ha, wobei ein Relikt des ursprünglichen Allmendcharakters noch in den bis Ende der 1960er Jahre bestehenden Holzabgaben vorhanden war. Die umfangreichen *Weideflächen* von 215 ha sind nach dem Besitzstand Gemeinde-(Allmend-)Weide. Daneben verfügte die Gemeinde über ein in den Jahren 1855/57 errichtetes *Schul- und Rathaus* mit Lehrerwohnung. Ein in der 2. Hälfte des 19. Jh. erwähntes Wachhaus mit Arrest- und Spritzenremise wurde auch als Armenhaus genutzt. In kommunaler Hand befanden sich zeitweilig die beiden Gasthäuser »Sternen« (von 1919 bis 1930) sowie das 1867 errichtete und 1882/83 erweiterte Rasthaus auf dem Belchen.

Ver- und Entsorgungseinrichtungen. – Die *Freiwillige Feuerwehr* wurde im Jahr 1940 gegründet; sie bestand 1992 aus 22 aktiven Mitgliedern, die zusammen einen Löschzug stellen. – Der Anschluß an die moderne *Wasserversorgung* erfolgte 1888 bzw. 1891 für Schönenberg und Entenschwand mit der Errichtung eines Wasserleitungssystems. Die moderne Wasserversorgung geht von einem Hochbehälter aus. Eine weitere Quellfassung, im Gewann »Im Stuhl« gelegen, wurde 1988 errichtet. – Das örtliche *Kanalisationssystem* ist in Schönenberg und Entenschwand vollständig ausgebaut; in Wildböllen befinden sich Hauskläranlagen. – Die wöchentliche *Müllabfuhr* wird von einem Privatunternehmen auf die Kreismülldeponie Scheinberg durchgeführt. Die Einführung von *Elektrizität* erfolgte 1926 durch Anschluß des Zweckverbandes »Hinteres Wiesental«, dessen Mitglied Schönenberg war, an das Versorgungsnetz des Werkes Zell. Zur Versorgung Wildböllens wurde auf vorhandene Ressourcen zurückgegriffen: 1927 entstand am Wildböllenbach ein kleines Elektrizitätswerk. Seit den 1950er Jahren gehört die Gemeinde zum unmittelbaren Versorgungsbereich des Kraftwerkes Rheinfelden, das direkt die Haushaltungen beliefert. – Die *medizinische Versorgung* erhalten die Bewohner in Schönau, dort wird auch das Krankenhaus aufgesucht. – Der *Friedhof* befindet sich bis heute am Pfarrort Schönau. Er ist dem Gemeindeverwaltungsverband unterstellt.

Schule und Kirche, Sportstätten und Vereine. – Das 1855 errichtete neue *Schul- (und Rat-)haus* wurde zunächst von etwa 50 Schülern besucht. Erhöhte Schülerzahlen veranlaßten 1913 eine großzügige Erweiterung, 1964 einen Umbau. 1992/93 besuchten die Grund- und Hauptschüler aus Schönenberg die Buchenbrandschule in Schönau.

Die fast ausschließlich katholische Gemeinde Schönenberg ist der *Pfarrei Schönau* zugeteilt. Am Ort selbst befindet sich die St. Antoniuskapelle, die Gemeindeeigentum ist und bereits 1739/40 Erwähnung findet. Sie ist ausgestattet mit einem aus dem Anfang des 16. Jh. stammenden Relief mit Engelsdarstellungen. Die ab 1900 ansässigen *Protestanten* gehörten zunächst der Diasporagenossenschaft im hinteren Wiesental und seit 1927 der bestehenden Filialkirchengemeinde in Schönau (1983 Pfarrei) an.

An Wintersporteinrichtungen bietet die Gemeinde eine Loipe und bei guter Schneelage eine Abfahrtsmöglichkeit vom Belchen bis nach Schönenberg. – Einziger *Verein* neben der Freiwilligen Feuerwehr ist der 1935 gegründete Gesangverein Schönenberg, der 1992 125 Passive und 20 Aktive, rechnerisch also fast jeden zweiten Einwohner, als Mitglied nennen konnte.

Strukturbild

Der grundlegende Strukturwandel vom Bauerndorf zur Pendlerwohngemeinde begann sich in Schönenberg schon vor der Jahrhundertwende zu vollziehen. Dank der Nähe industrieller Arbeitsplätze – Schönau war und ist Hauptarbeitsort – hielt sich die Abwanderung stets in Grenzen. Gestiegene Mobilität der Bevölkerung und damit auch Attraktivität der Gemeinde als Wohnort wirkten gerade in den letzten Jahren zusätzlich ausgleichend.

Heute rührt die Wirtschaftskraft der Bewohner hauptsächlich von einer Beschäftigung in der auswärtigen Industrie her; Landwirtschaft wird nur noch im Nebenerwerb betrieben. Dank der Nebenerwerbslandwirtschaft haben sich die Landschaftsstrukturen weitgehend erhalten. Der Ort selbst ist gewerbearm. Ruhebedürftigen Gästen bietet Schönenberg eine ideale Erholungsmöglichkeit; deshalb wurde der Fremdenverkehr ausgebaut.

Schönenberg war als Arbeits-, Schul-, Pfarrei-, Verwaltungs- und Einkaufsort stets nach Schönau hin orientiert. Dort arbeiteten auch 1987 129 der 200 Berufsauspendler (1970: 92 Berufsauspendler).

Das Gesamtsteueraufkommen der Gemeinde hatte sich bereits zwischen 1970 und 1983 auf 129 000 DM verdreifacht. Es ist seither in noch erheblicherem Maße weiter angestiegen und betrug 1992 495 000 DM. Damit lag die Steuerkraftsumme je Einwohner bei 1352 DM, und war dem Kreis- bzw. Landesdurchschnitt (1494 DM bzw. 1492 DM) wesentlich näher gekommen als in früheren Jahren. Nach wie vor blieb indessen die Gewerbesteuer ein zu vernachlässigender Faktor; sie hatte 1992 nur 5,8% des Steueraufkommens ausgemacht. Relativ günstig entwickelte sich auch der Schuldenstand der Gemeinde. Mit 455 DM pro Einwohner lag er noch deutlich unter dem 1988 erreichten Wert von 667 DM. Selbst wenn man die anteiligen Verbandsschulden in Höhe von 568 DM pro Einwohner hinzurechnet, waren damit nur knapp 70% der Verschuldung des Landkreises erreicht. Der Verwaltungshaushalt der Gemeinde Schönenberg hatte 1992 766 000 DM umfaßt, der Vermögenshaushalt betrug 357 000 DM.

Nachdem die Quellfassung »Im Stuhl« und die vollständige Kanalisation von Entenschwand und Wildböllen durchgeführt sind, sieht die Gemeinde in der Baulanderschließung im Gewann »Pferrich« ihre derzeitige Hauptaufgabe. Im Rahmen der Dorfentwicklung soll sodann der Ortskern verschönert werden. Im Rahmen dieses Programms war 1993 bereits das innerörtliche Bachufer neu gestaltet worden.

C. Geschichte

Das erstmals 1272 urkundlich in der Namensform *Shonenberg* bezeugte Schönenberg dürfte wie die anderen Orte des hinteren Wiesentals seit dem 10. Jh. wohl von Westen her besiedelt worden sein. Wieweit die seit dem 18. Jh. auf den Flurkarten erkennbare, weit auseinandergezogene Kette von Einzelhöfen ursprünglich ist oder erst eine Folge der nachlassenden Bergbautätigkeit, läßt sich nicht mit Bestimmtheit entscheiden. Südlich von Schönenberg liegt der Ortsteil Entenschwand (um 1295 *Entulimswande*), von einem Personennamen abzuleiten. Zur *Gemarkung* gehören außerdem noch Wildbollen im Nordwesten (1488 *in der wilden Belna*) vom Böllenbach, wohl eine Ausbausiedlung von Schönenberg im Tal des Wildböllenbachs. Eine eigene Gemarkung im vollen Rechtssinn entstand 1808/9.

1272 traten Berchtold von Schönenberg, 1276 Wilhelm von Schönenberg, ein Basler Bürger, und 1287 Rudolf von Schönenberg, Ritter, als Zeugen in Basler Urkunden auf. Über eine *Burg* oder einen Sitz im Ort ist nichts bekannt. Der Schlößlefesen liegt auf der späteren Gkg Schönau, was aber nicht ausschließen muß, daß es sich um den ursprünglichen Sitz des ohnedies unsicheren *Adels* von Schönenberg gehandelt haben könnte. Über die *Herrschaftsverhältnisse* war längst vor dem urkundlichen Auftreten des Adels im Sinne von St. Blasien (vgl. Schönau) entschieden. Mit der Schutzherrschaft über St. Blasien kam die Landesherrschaft schon im 13. Jh. an die Habsburger und wurde seit dem 14. Jh. durch das *Waldvogteiamt* wahrgenommen. Erst der Preßburger Friede brachte 1805 mit dem Anfall an Baden eine nachhaltige Veränderung der Herrschaftsverhältnisse. Bis 1924 blieb Schönau der zuständige Amtssitz.

Seit Anfang des 12. Jh. war Schönenberg stets mit *St. Blasien* verbunden. Nach den zwei Urbaren des Klosters von 1352/59 und 1372 ff. bestanden im Ort eine *Mühle*, wohl eine Erzmühle, 5 Güter, Äcker, Gärten, Matten, 21 Häuser und 8 Hofstätten. Vogt Hans Guntram von Schönau überließ 1418 alle seine Rechte, die er an dem Weiher zu Schönenberg besaß, dem Kloster St. Blasien unter der Bedingung, daß das Kloster seine Brüder alljährlich zum Fischen einladen solle.

Alte Zusammenhänge deuten sich auch noch in gewissen Rechten des *Klosters St. Trudpert* an. Nach einem Berain aus dem Jahre 1390 bezog es in Schönenberg von einigen Matten Käsezinsen und von Häusern Zinsen und Abgaben. Noch 1714 beanspruchte das Kloster von einer Matte in Wildböllen zwei Käse. Eine Matte, *die da heißt in der Entenschwand* wird 1374 in einem Berain St. Blasiens erwähnt.

Schönenberg bildete eine eigene Geschworenei der Talvogtei Schönau. In deren Rat nahm es nach dem Hauptort den ersten Platz ein und zahlte ein Drittel des Betrags, den die gesamte Vogtei jährlich zu entrichten hatte. Zusammen mit Entenschwand und Wildböllen entsandte es einen Geschworenen in den Rat. Obschon es bereits im 18. Jh. über einen eigenen Bann verfügte, wurde es doch erst durch die Auflösung der Talvogtei 1808 *selbständige Gemeinde*, und seine Gemarkung erhielt erst mit der Waldaufteilung von 1838 feste Grenzen.

Kirchlich gehörte Schönenberg stets in die *Klosterpfarrei Schönau*. Das Alter der dem hl. Antonius dem Einsiedler geweihten *Dorfkapelle* auf dem Schönenberg ist nicht belegt. Für 1739 wird berichtet, daß in der Kapelle die Hl. Messe abgehalten wurde. Ein Relief mit singenden Engeln aus dem 16. Jh. dient als Altarschmuck. Eine figürliche Darstellung der hl. Barbara erinnert an den früheren Bergbau. 1801 beim Hochwasser des Haldmattbachs wurde die Kapelle beschädigt. 1963/64 restauriert. Die *Zehnten* gingen an St. Blasien und den Pfarrer von Schönau.

Schönenberg zählte im Jahre 1785 348 Einwohner. Bis zum 14.Jh. spielte der *Bergbau* im Ort eine wichtige Rolle. Auf der Gemarkung lassen sich Spuren des Bergbaus vor allem am Lötzberg und Hohweier nachweisen. Die *Erzmühle* stand im Talgrund und hatte den Namen Niedermühle. Seit dem 15.Jh. wird sie nicht mehr erwähnt.

Seit dem Niedergang des Bergbaus waren die Bewohner auf *Landwirtschaft und Waldgewerbe* angewiesen, die Viehzucht war im agrarischen Bereich entscheidend. Im Schönenberger Bann bestanden 1773 322 J Wiesen, 1200 J Ödfeld, 321 J Wald und 246 J Gestrüpp. Bereits Ende des 14.Jh. gibt es Anzeichen, daß die Sommerweide in Schönenberg auch für das Vieh von weiter entlegenen Dörfern, etwa Geschwend und Todtnau, genutzt wurde.

Quellen und Literatur

Quellen gedr.: UB Basel 2 Nr. 93, 210, 584. – ZGO 1 (1850) S. 204; 49 (1895) S. m55–56.
Quellen ungedr.: GLA 11/Nr. 892–93, 4485–87; 18/K. 24; 66/7210, 7214, 7218, 7422, 7717; 221/390; 229/86354, 92244–46, 94130, 94143; 374 (1909, 37/32) 269, (1925, 34) 41; 412/350–52. – GA Gschwend. – GA Schönenberg (Übers. in ZGO 55 ⟨1901⟩ S. m52/53).
Literatur: *Wilhelm*, Julius, Das Engelkonzert in der Kapelle von Schönenberg. In: Wilhelm, Aus Lörrach und Nachbarschaft S. 17–22.
Erstnennungen: Schönenberg 1272 (UB Basel 2 Nr. 93), Entenschwand ca. 1295 (GLA 11/456), Wildböllen 1488 (GLA 66/7717).

Schopfheim

6800 ha Gemeindegebiet, 16 647 Einwohner (31.12.1990, 1987: 15 857)

Wappen: In gespaltenem Schild vorn in Gold (Gelb) ein roter Schrägbalken, hinten in Blau der silbern (weiß) gekleidete Erzengel Michael mit rotem Schwert in der erhobenen Rechten und einer roten Waage in der gesenkten Linken.
Flagge: Blau-Weiß (Blau-Silber).
Das Wappen nimmt einerseits die altbadische Tradition, andererseits den Patron der Stadtkirche, St. Michael, auf. Bereits ein Siegel von 1529 zeigt dieses Wappenbild; das hintere Feld wurde 1964 nach den Regeln der heraldischen Farbgebung tingiert.

Gemarkungen: Eichen (425 ha, 466 E.); Enkenstein (366 ha, 213 E.) mit Enkenstein und Brodenloch; Fahrnau (560 ha, 3285 E.) mit Fahrnau und Kürnberg; Gersbach (2409 ha, 669 E.) mit Gersbach, Fetzenbach, Lochmühle, Mettlen(hof), Neuhaus, Neusäge und Schlechtbach; Langenau (430 ha, 1429 E.); Raitbach (824 ha, 518 E.) mit Raitbach, Blumberg, Hausen-Raitbach Bahnstation, Kehrengraben, Sattelhof, Scheuermatt, Schweigmatt und Steinighof; Schopfheim (1127 ha, 7842 E.) mit Schopfheim und Ehner-Fahrnau; Wiechs (658 ha, 1435 E.) mit Wiechs, Im Kirchhölzle, Kreispflegeanstalt.

A. Naturraum und Siedlung

Natürliche Grundlagen. – Das Stadtgebiet von Schopfheim umfaßte ursprünglich nur einen kleinen Ausschnitt der südlichen Vorbergzone des Schwarzwaldes. Vom Entegast als Teil der Weitenauer Vorberge im N reichte es über die breite Senke des mittleren Wiesentals bis auf den Dinkelberg hinauf, wo es mit einzelnen, z.T. nur schmalen Streifen weit über die Plateaufläche ausgriff. Durch Eingemeindungen hat sich die Stadtgemeinde jedoch drastisch vergrößert und weist seitdem eine Flächenausdehnung von 6800 ha auf. Im NW reicht sie mit der Gkg Enkenstein jetzt über die Weitenauer Vorbergzone hinweg bis zum Südabbruch des kleinwiesentäler Grundgebirgsschwarzwaldes heran. Im S und O gehören nicht nur weite Bereiche des östlichen Dinkelbergs zu Schopfheim, sondern die Stadt hat im NO auch wieder Anteil am kristallinen Schwarzwald, wobei sich das Stadtgebiet mit der Gkg Gersbach auf der Hochfläche des Wehrataler Grundgebirgsschwarzwalds bis an die östliche Kreisgrenze ausdehnt. Die naturräumliche Vielfalt ist dementsprechend erheblich, wobei mit der Nahtstelle vom Schwarzwald zur sogenannten »Schopfheimer Bucht« eine geologisch besonders interessante Zone im Stadtgebiet zur Geltung kommt.

Ganz dem Grundgebirge zuzurechnen ist die Gkg Gersbach. Sie gehört im naturräumlichen Sinn dem *Wehrataler Schwarzwald* an, der zu den eher flächenhaften Reliefformen des südöstlich anschließenden Hotzenwaldes überleitet. Der Wehrataler Schwarzwald tritt jedoch noch mit ausgeprägtem Kuppencharakter in Erscheinung, wobei die Reliefunterschiede im Stadtgebiet beachtlich sind. Entlang der Kammlinie Glaskopf (674 m) – Hohe Möhr (983 m) – Rohrenkopf (1169 m) – Dietenschwander Kopf (1099 m) – Hohemuttlen (1143 m), die den Wehrataler Schwarzwald nach N hin begrenzt, verläuft die Stadtgrenze, so daß mit dem Rohrenkopf das Höhenmaximum im Stadtgebiet erreicht wird. Das kuppige Relief setzt sich aus deutlich erkennbaren Hochflächenresten in unterschiedlichen Höhenniveaus zusammen. Die dichtbewaldeten plateauartigen Rücken des Scheuerkopfes (1010 m) und Fetzenbergs (1006 m) können einer oberen Niveaustufe zugeordnet werden, Kälberholz und Berg auf 929 bzw. 940 m ü. d. M. markieren eine zweite, niedrigere. Vor allem im NO sind diese Niveaus durch steile Taleinschnitte zergliedert (Rotmoosbach), wobei das Waldkleid hier bis in die Talsohle hinabreicht. Gerade in ihrem östlichen Teil zeichnet sich die Gkg Gersbach durch reiche Tannenbestände aus. Den Untergrund bilden hier Gneisanatexite vom Typ Todtmoos, die als westlicher Aufbruch des Granits von St. Blasien zu deuten sind. Nach SW hin treten die Talflanken stärker auseinander und die Täler nehmen eher eine Muldenform mit breiter Talsohle an. Besonders ausgeprägt zeigt dies der Mühlematt unterhalb von Gersbach. Den Untergrund bilden jetzt feinkörnige, diatektisch veränderte Paragneise des Wiesen-Wehratal-Komplexes, die basenreiche, sandig-lehmige Böden abgeben. Diese Böden und die eher kuppig-flächige Ausprägung des Reliefs begünstigten früher in den unteren Höhenniveaus einen mäßigen Ackerbau. Auch heute noch sind die auf 920 bis 930 Höhenmeter liegenden Kuppen rund um Gersbach durchweg waldfrei und tragen stellenweise sogar Ackerparzellen, doch dominieren die Weideareale. Nur dort, wo die Talflanken steil abfallen, tritt auch in Siedlungsnähe Wald auf. Der Paragneis des Wiesen-Wehratal-Komplexes weist zahlreiche Quarzgänge auf, an die gelegentlich Pyrit-, Kupferkies- und Eisenglanzvorkommen gebunden sind. Aus einem dieser Gänge südlich von Gersbach (Flur Heiterspan) wurde zu unterschiedlichen Zeiten, vor allem im frühen 19. Jh., Pyrit gewonnen.

Im S bricht die Kuppenfläche bei einem Niveau von ca. 770 m ü. d. M. mit einem grandiosen, bisweilen von nahezu senkrechten Felsflühen aufgebauten Steilhang zur *Wehraschlucht* ab. In den harten Granodiorit hat die Wehra ein über 100 m tiefes, enges Kerbtal eingeschnitten. Dichter, noch sehr naturnaher Schluchtwald mit seltenen Tier- und Pflanzenarten bedeckt die Hänge, weshalb die Wehraschlucht in ihrer gesamten Länge unter Landschaftsschutz steht. Teile der bereits zum Lkr. Waldshut gehörenden gegenüberliegenden Talflanke sind sogar als Naturschutzgebiet ausgewiesen. Im Schluchtbereich bildet der Lauf der Wehra auf rund 4 km die östliche Landkreisgrenze.

Im westlichen Teil der Gemarkung, zwischen Gersbach und Schlechtbach, wechselt erneut der geologische Untergrund. Jetzt dominieren Gneise und Porphyre des »Syntektischen Komplexes von Mambach«. In diese haben sich seit der Hebung des Schwarzwaldkörpers der Lohbach, der obere Zulauf des Haselbaches, und dessen Seitenäste mit jungen Kerbtälern tief eingeschnitten und dadurch den Süd- bzw. Westrand der Hochflächen durch steile Talflanken stark zerriedelt. Ein dichtes Waldkleid verhüllt auch hier das Steilrelief, wobei in typischer Zonierung die oberen Bereiche mehr vom Nadelwald geprägt werden, während in den mittleren und unteren Hangpartien der Laubbaumanteil immer dominanter in Erscheinung tritt. Die Hochfläche und der westliche Randbereich des Wehratäler Schwarzwaldes weisen damit auch über die Vegetation einen augenfälligen Gegensatz auf.

In dem eindrucksvollen Abfall der Schwarzwaldhöhen zum südwestlichen Vorland werden die tektonischen Ereignisse im Zusammenhang mit der Heraushebung des Grundgebirges während des Jungtertiärs (Pliozän) faßbar. Auf der Gkg Raitbach trifft nämlich die in WO-Richtung laufende Kanderner-Schlächtenhaus-Hausener Störung im spitzen Winkel auf die nordsüdgerichtete Bruchzone von Wehr. An diesen »Scharnieren« brach bei Hebung des Grundgebirgsschwarzwaldes das südliche Schollenstück, die sogenannte *Schopfheimer Bucht*, gleichsam heraus. Sie kam tiefer zu liegen, wodurch sich auf ihr Teile des ehemals auch dem Schwarzwaldkristallin aufliegenden Deckgebirges erhalten konnten. Der Störungsbereich tritt im Gelände als deutlich ansteigender, dicht bewaldeter Bergzug eindrucksvoll in Erscheinung. Von der Kammlinie Glaskopf (674 m) – Hohe Möhr (983 m), die die nördliche Stadtgrenze bildet, fällt das Gelände in einer Entfernung von oft weniger als einem Kilometer auf unter 600 m zu den Dinkelbergausläufern bzw. auf unter 450 m ins Wiesental ab. Entsprechend der hohen Reliefenergie haben zahlreiche Bäche den Anstieg zum Schwarzwald mit tiefen, engen Kerbtälern zerschnitten, von denen der Riesbach von der Hohen Möhr oder der Mäusegraben vom Schänzle nur die größeren sind. Bei der Hebung des Grundgebirges blieben Deckgebirgsreste am Gebirgskörper regelrecht haften und konnten auch in größeren Höhen die Abtragung überdauern. So steht bei Scheuermatt, in ca. 660 m Höhe, mittleres Rotliegendes an, wie man es auch am Fuß der Weitenauer Vorberge findet. Tatsächlich kann das Gebiet zwischen Raitbach und Kürnberg als Übergangszone vom Schwarzwald zum Dinkelberg angesehen werden, in der die Schichten des tieferen Deckgebirges reliefbestimmend zur Geltung kommen und die daher treffend als »*Kürnberg-Raitbacher-Brücke*« bezeichnet wird. Vor allem zwischen Krebsbach (bei Raitbach) und Schlierbach (dem Tal, dem die einstige Eisenbahntrasse folgte) hebt sich ein pultförmiges Schollenstück heraus, das, wie die Weitenauer Vorberge, aus Oberrotliegendem und Buntsandstein aufgebaut ist. Es steigt leicht zum Schwarzwaldrand hin an. Auf den wenig reliefierten Flächen des Oberen Buntsandsteins in rd. 500 m Höhe (Wüstelehe, Langefirst) herrscht Acker- bzw. Wiesenland vor, wohingegen die widerständigen (mittlerer Buntsandstein), recht steilen und von Wasserläufen wenig gegliederten Hänge im N, W und S von Laubwald eingenommen werden.

Einen ganz ähnlichen Formenschatz, wenn auch in ungleich größeren Dimensionen, zeigt der östlich, jenseits des breiten Wiesentals, gegenüberliegende *Entegast*. Der Hausberg der Stadt Schopfheim und östlichste Ausläufer der Weitenauer Vorberge tritt als eindrucksvoller Tafelberg mit einer maximalen Höhe von 589 m in Erscheinung. Vor allem zum Wiesental hin fallen die Hänge relativ schroff ab. Sie sind hier durch die Flußerosion offenkundig übersteilt. Dagegen zeigt sich das für die Weitenauer Berge typische Hangprofil am Nordwestabfall des Entegast, wo sich die steilen Hänge nach unten hin deutlich abflachen. Die allseitig wenig durch Wasserläufe gegliederten Hänge sind Hinweis auf das erosionsbeständige Material, wobei vor allem die Schichten des quarzreichen, stark wasserdurchlässigen mittleren Buntsandsteins für die Steilformen verantwortlich zu machen sind. Dagegen kommt über den stärker tonigen Sandsteinen besonders des Mittleren und Unteren Rotliegenden das sanftere Relief am Hangfuß zur Ausbildung. Wie sämtliche Berge der Weitenauer Vorbergzone ist auch der Entegast durchweg bewaldet, einschließlich seines ausgedehnten Hochplateaus. Daß dies nicht immer so war, lassen neuere Bodenuntersuchungen vermuten. Auf den lehmigen Verwitterungsböden, die stellenweise sogar Lößeinwehungen zeigen, wurde in früheren Perioden offenbar auch, zumindest in Notzeiten, Ackerbau betrieben. Nach W greift die Stadtgrenze über den Entegastrücken und die breite Talsohle der Kleinen Wiese bis an die Ostkante des ebenfalls zum Weitenauer Bergland zählenden Scheinbergplateaus aus. An der Scheinbergflanke finden sich dementsprechend die gleichen Aufbauelemente wie beim Entegast. Auffallend ist jedoch, daß sich am Scheinberg, möglicherweise eine tektonisch vorgezeichnete Schwächelinie nutzend, ein Wassergerinne mit steilem Kerbtal tief in die Ostflanke einschneiden konnte.

Scheinberg und Entegast werden durch das sehr breite *Tal der Kleinen Wiese* getrennt, das entlang einer tektonischen Leitlinie angelegt ist, die vom Dinkelberg hierher ihre Fortsetzung findet. In einem »ererbten« Verlauf hat der Fluß die ursprünglich einheitliche Buntsandsteintafel zerschnitten. Nördlich des Scheinberg- und Entegastrückens bildet das untere Kleine Wiesental heute den Übergang zu jener sich weit nach W öffnenden *Depressionszone*, die parallel zur Kanderner-Schlächtenhaus-Hausener

Störungszone zieht und die Buntsandsteinberge deutlich vom Grundgebirgsschwarzwald trennt. Bei der Hebung des Grundgebirges wurden hier die weichen tonigen Sedimentgesteine vor allem des Rotliegenden aufgeschleppt, die von den Gebirgsbächen, und dabei in erster Linie von der Kleinen Wiese, rasch erodiert werden konnten. Tief verwitterte braune Quarzitblöcke deuten darauf hin, daß die Senke möglicherweise auf ein pliozänes Flußtal zurückgeht. Im O findet die Rinne durch den Entegast bzw. Ubholzrücken (Gde Hausen) einen gewissen Abschluß. Zwar haben die Schmelzwässer während der Eiszeiten zwischen den beiden Höhenzügen einen Überlauf geschaffen, doch dürften die Bergrücken stets den Hauptwasserabfluß bei Enkenstein nach S durch den heutigen Unterlauf der Kleinen Wiese umgelenkt haben. Dies erklärte auch die stark verbreitete Talsohle zwischen Scheinberg und Entegast. Das Gefälle zwischen Schwarzwaldrand und Mündung in das Untere Wiesental ist sehr gering, weshalb die vom Schwarzwald kommenden Flüsse hier ursprünglich rasch verwilderten. Von dem recht hoch stehenden Grundwasserspiegel künden die oft gleyigen, bisweilen sogar anmoorigen Böden, auf denen Fettwiesen wachsen, die hier zusammen mit Weiden weithin das Landschaftsbild bestimmen. Heute tragen zahlreiche Kanälchen und Gräben zu einer Drainage des Gebietes bei. Auch die Kleine Wiese ist in ihrem Unterlauf vollständig kanalisiert. Und trotzdem ist ihr gesamter Talraum von Enkenstein bis zur Mündung bei Maulburg immer wieder durch Hochwasser gefährdet.

Nördlich von Enkenstein greift das Stadtgebiet wieder auf die *Hebungsstufe des kristallinen Schwarzwaldes aus*. Mit einem Steilanstieg von 380 auf rund 500 m setzt der Grundgebirgsschwarzwald, der hier aus Malsburggranit aufgebaut wird, unvermittelt ein. Dabei werden mit dem Kläfferbuck (660 m) und Tannenbühl (727 m) auf der Gkg Enkenstein Höhenmaxima erreicht, die nicht wesentlich hinter denen östlich des Wiesentals (Glaskopf, Gkg Raitbach, s. o.) zurückbleiben. In einem weitverästelten Netz haben die Bäche auch hier wiederum in tiefen Kerbtälern den Gebirgsrand zerriedelt und nach S zu in einzelne Sporne aufgelöst, die, wie etwa der Sturmen unmittelbar nördlich von Enkenstein, noch die ursprünglich viel weiter verbreiteten flächenhaften Oberflächenformen aufweisen. Vereinzelt tritt hier der Wald auch zurück und macht Wiesen und Weidearealen Platz. Ansonsten wird der Hebungsrand aufgrund des Gesteinsuntergrundes und der steilen Reliefformen von einem dichten Waldkleid überdeckt.

Am westlichen Rand des Stadtgebietes geht der Talraum der Kleinen Wiese schließlich in das *Untere Wiesental* über, das als rund 1 km breite, scharf begrenzte und entlang tektonischen Leitlinien verlaufende Talsenke ausgebildet ist. Mit scharfem Knick schwenkt es gerade bei der Stadt Schopfheim aus nordsüdlicher Richtung in eine ostwestliche um. Vor allem jungpleistozäne Schotter bauen die Sohle auf, die maßgeblich vom Schmelzwasser des Wiesentalgletschers stammen. Ihre Mächtigkeit erreicht stellenweise über 20 m. Genauere Beobachtungen lassen in dem zum Stadtgebiet gehörenden Talbereich eine deutliche *Zweiteilung in Schotterfeld und Aue*, z. T. auch eine zusätzliche Differenzierung innerhalb der Schotterfeldes erkennen. Mit einer klaren, allerdings nur wenige Meter (ca. 3–3,5 m) hohen Stufe sind z.B nördlich von Fahrnau auf beiden Seiten der Wiese ältere, wahrscheinlich würmeiszeitliche Vorstoßschotter an den Talrändern von einer späteren Aufschotterung getrennt. Weiter flußabwärts läßt sich diese Stufe lediglich noch auf der linken Talseite verfolgen, wobei die höhere Schotterterrasse oft nur in einem relativ schmalen Streifen erhalten ist. Hier, am linken Talrand, sind darüber hinaus in einer schmalen Leiste entlang des Dinkelbergs von Wiechs bis zum Kirchrain südöstlich von Fahrnau auf einem Höhenniveau von rund 410 m etwa 10 m mächtige Schotterreste der *rißeiszeitlichen Hochterrasse* anzutreffen. Diese Schotter sind stark verwittert und grusig zersetzt, lassen jedoch ihre Herkunft aus dem Grundgebirge noch gut erkennen.

Mit steilem Anstieg begrenzt auf der Südseite die *Muschelkalktafel des Dinkelbergs* das Untere Wiesental. Ihr Sockel aus oberem Buntsandstein ist als schmales Sims am Hangfuß gerade noch freigelegt. Das Stadtgebiet hat vor allem Anteil an der östlichen Hochscholle des Dinkelbergs, die hier im Durchschnitt 450 bis 500 m erreicht und sich sanft nach O hin abdacht. Trotz starker bruchtektonischer Beanspruchung, die sich auch auf dem östlichen Dinkelberg ausgewirkt hat, sind es weniger die Großformen des Reliefs, sondern die Vielzahl an Karstbildungen, die das Landschaftsbild bestimmen. Lediglich im äußersten südwestlichen Zipfel reicht das Stadtgebiet mit dem Windelberg an den zentralen Dinkelberggraben heran und greift ein Stück auf dessen Ostflanke aus. Der dort anstehende Hauptmuschelkalk ist zum Teil als Härtestufe herauspräpariert, so daß sich hier die Grabentektonik in durchaus beachtlichen Reliefunterschieden niederschlägt. Von rund 420 m am Grabenfuß steigt das Relief am Windelberg auf 465 m an. In weniger als 2 km Entfernung vom Grabenrand kulminiert es dann in dem an weiteren Störungslinien zusätzlich herausgehobenen, ebenfalls zum Stadtgebiet gehörenden Rücken des *Hohen Flum*. Mit 535 m ü.d.M. wird damit zugleich die höchste Erhebung des Dinkelbergs überhaupt erreicht, von der aus ein hervorragender Überblick über den gesamten Dinkelberg möglich ist.

Das Dinkelbergplateau im O wird von dem sehr karstanfälligen Trigodonusdolomit des Oberen Muschelkalks gebildet. Hochgradige Wasserarmut zeichnet daher das gesamte Gebiet aus, das zumindest in seinen östlichen Teilen zum Bereich mit der absolut geringsten Flußdichte auf dem Dinkelberg zählt. Ein wesentliches Charakteristikum der Dinkelbergoberfläche stellt daher – gerade auch im Stadtgebiet – das weitgespannte Netz von Trockentälern dar, das zu Zeiten angelegt wurde, als auf dem Dinkelberg noch ein Oberflächenabfluß bestand. Das Talnetz dürfte im Pleistozän entstanden sein, als während der Kaltzeiten die Dauerfrostböden hier praktisch zu einer Versiegelung der Kalkklüfte beitrugen. Einsichtig ist aber auch, daß es zur Ausbildung der verschiedenen Grundwasserstockwerke und damit zur eigentlichen Verkarstung erst durch die Tieferlegung des Vorfluters Hochrhein gekommen ist. Typisches Kennzeichen für die starke Verkarstung sind die flachen Schüssel- und steilen Wannendolinen südlich von Kürnberg in den Gewannen Grüt bzw. Stammenacker. Während die Schüsseldolinen (Uvalas) echte Korrosionsformen darstellen, sind die Wannendolinen als Einsturzformen über unterirdischen Abflußrinnen entstanden und durch ihre scharfen Bruchränder im Gelände gut von den Uvalas zu unterscheiden. Die Einsturzdolinen an der östlichen Stadtgrenze gehören bereits zu den Ausläufern des sogenannten *Dolinenfeldes von Hasel*. Nicht zufällig treten die Dolinen hier gehäuft auf, wurde doch der östliche Bereich der Dinkelbergplatte bei der Heraushebung des Schwarzwaldes tektonisch besonders in Mitleidenschaft gezogen. Mit der Annäherung an das Dolinenfeld, zwischen Kürnberg und Hasel nördlich der Durchgangsstraße Schopfheim-Wehr, beginnt deshalb das sonst eher sanftwellige Dinkelbergrelief immer kuppiger und bewegter zu werden. Dem fehlenden Oberflächenabfluß steht ein intensives, karstspezifisches unterirdisches Gewässernetz gegenüber. Eng daran gebunden ist das Phänomen des *Eichener Sees*. Er präsentiert sich als flache Schüsseldoline östlich von Eichen, die fast völlig von tonigen Verwitterungsbildungen aufgefüllt ist und in der Regel trocken liegt. Nach langanhaltenden, starken Niederschlägen füllt sie sich recht rasch mit Wasser aus den Karstklüften am südlichen Dolinenrand, so daß sich bei Maximalstand ein See mit einer Tiefe von 3 m, einer Ausdehnung von 2,2 ha und damit einem Wasserinhalt vom 33 000 m^3 zu bilden vermag. Durch ein vom Geologischen

Landesamt am Rand der Wanne gesetztes Pegelrohr konnte der Zusammenhang der Seebildung mit den Bewegungen des Karstwasserspiegels nachgewiesen werden. Wenn dieser sich absenkt, versickert das Wasser langsam in den Ponoren am nördlichen Dolinenende.

Obwohl sich auch der östliche Dinkelberg durch einen überraschend kleinräumigen Wechsel der Bodentypen auszeichnet und die Bodengüte starke Unterschiede (häufige Trockenstandorte) aufweist, werden weite Teile der Dinkelberghochfläche im Stadtgebiet ackerbaulich genutzt. Obstwiesen und Ackerfelder wechseln sich ab. Nach wie vor ist deutlich zu erkennen, daß die Fluren der vom Wiesental herkommenden Gemeinden halbinselartig in den Wald ausgegriffen und diesen auf die peripheren oder stärker reliefierten Bereiche zurückgedrängt haben. Vor allem entlang der südlichen und östlichen Stadtgrenze finden sich noch größere geschlossene Waldstreifen, die hier an den Gemarkungsgrenzen stehengeblieben sind. Zum Teil sind aber auch ehemals siedlungsferne Ackerflächen wieder dem Wald überlassen worden. Vereinzelt, speziell im westlichen Bereich, setzt sich dieser Wald sogar noch aus relativ naturnahem Eichenmischwald zusammen, doch dominieren heute auch dort überwiegend Buchenbestände; nach O zu tritt in stärkerem Maße Fichtenmischwald auf.

Siedlungsbild. – Unterhalb des Entegast, wo das Wiesental mit deutlichem Knick aus seiner vorherrschenden Ost-West- in eine Nord-Süd-Richtung abbiegt, dehnt sich die Kernstadt Schopfheim über die gesamte Talbreite aus. Von dem bereits 1844 eingemeindeten Gündenhausen im W erstreckt sich der Siedlungsbereich über die Biegung des Wiesentals hinaus nach N bis zum heutigen Stadtteil Fahrnau, mit dem Schopfheim inzwischen auch baulich verwachsen ist.

Die eigentliche Keimzelle der Stadt Schopfheim, die *Altstadt*, liebevoll »Städtle« genannt, liegt direkt südlich unterhalb des Entegast auf der Niederterrasse. Sie wird von der sich nach der Flußkorrektur von 1878 dicht an den Entegastfuß haltenden Wiese nördlich umflossen. Der elliptische Grundriß der im Vergleich zu anderen mittelalterlichen Städten äußerst kleinen ursprünglichen Stadtanlage hat sich relativ gut sichtbar erhalten, wozu sowohl der Gebäudering als auch das Straßen- und Gassensystem beigetragen haben. Vor allem im O zeichnen die Gebäude an der Altstadtstraße den Mauerverlauf im Innern, die Entegaststraße die Wallführung vor der Stadtmauer nach. Die nahezu geradlinig von N nach S ziehende Hauszeile entlang der Wallstraße markiert das westliche Ende der Stadtausdehnung. Der Erhalt dieses Außengrundrisses ist um so bemerkenswerter, als die Altstadt durch häufige Zerstörungen und überwiegend planlose Wiederaufbauphasen in ihrem Innern stark verändert worden ist. Trotzdem lassen sich die Grundzüge des ehemaligen, wohl gitterförmig ausgerichteten Straßen- bzw. Gassennetzes noch erkennen. Dies gilt insbesondere für den Bereich um die Torstraße, der einstigen Haupterschließungsachse und dem früheren Straßenmarkt. Südlich davon, rund um die Kirche, treten derartige Regelhaftigkeiten allerdings kaum zutage. Gleichwohl haben sich bedeutende Elemente des Grundrißsystems, insbesondere aber der Aufriß gegenüber der ursprünglichen Anlage, völlig verändert. Der Zugang zur Altstadt erfolgte ursprünglich von W und O her. Seit 1740 gibt auch das sogenannte Neutor einen Weg nach W frei, der heute noch, zumindest für Fußgänger, eine wichtige Passage bildet. Der Torstraße kommt inzwischen aber nicht mehr die zentrale Erschließungsfunktion zu. Seit dem ersten Jahrzehnt unseres Jahrhunderts geschieht der Zugang zur Altstadt, insbesondere im Verkehrsbereich, vornehmlich von S her über die Wallstraße. Dieser Zugang, aber auch die nördlichen Erschließungsachsen einschließlich der Torstraße sind für mittelalterliche Anlagen keineswegs schmal angelegt und haben wohl im Laufe der mannigfachen Veränderungen eine Verbreiterung erfahren. Eine durchgängige, moderne Bepflasterung läßt das Straßennetz besonders geräumig und großzügig erscheinen. Gleichzeitig wird die Altstadt dadurch ganz bewußt stärker dem Fußgängerbereich geöffnet. Die fast durchweg renovierten und schmuck hergerichteten Häuser sind traufständig an die Straße gesetzt, wobei unterschiedliche Stockwerkhöhen, Dachformen und Außenfassaden ein sehr abwechslungsreiches Bild bieten. Dabei übersteigt die Gebäudehöhe selten mehr als drei Geschosse. Bei diesen Stadthäusern sind Ökonomiegebäude an der Straße kaum mehr anzutreffen; wenn überhaupt vorhanden, sind sie in die hinteren Grundstücksbereiche abgedrängt. Vor allem entlang der Wallstraße präsentiert sich die Häuserzeile recht einheitlich. Hier befanden sich einst zahlreiche Palais, wie das Roggenbachsche, in das heute das Gasthaus »Sonne« eingezogen ist. Weiter nördlich schließt sich direkt an das Neutor das früheste Pfarrhaus der Stadt an. Aus der Häuserzeile hebt sich auch das Gasthaus »Hans Sachs« heraus, das das Gebäude des einstigen Marstalls nutzt. Gleichzeitig befindet man sich damit im einstigen Schloßbezirk, dessen Hauptgebäude auf der gegenüberliegenden Straßenseite als einfacher, mehrgeschossiger Bau mit auffallendem (allerdings neuem) Treppenhausturm in Erscheinung tritt. Deutlicher werden die Unterschiede hinsichtlich Stockwerkhöhe und Dachformen entlang der Torstraße sichtbar. Hier sticht vor allem der mächtige, 1732 erbaute Kornspeicher ins Auge, dessen hochgezogenes Dach sich aus der Umgebung abhebt. Das dreigeschossige Gebäude diente seit 1830 als Schulhaus und beherbergt seit 1968 die Sonderschule. Davor, genau im Zentrum des ursprünglichen Altstadtovals, wird die Torstraße heute durch eine wohlgelungene Platzanlage gestaltet, die sich durch einen kleinen, in die Straße eingetieften Brunnen, Sitzsteine und eine Figurengruppe auszeichnet. Am nördlichen Ende des Altstadtgebiets treten Fachwerkhäuser, z.T. mit klar erkennbarem Ökonomieteil, stärker in den Vordergrund. Hierzu gehört der große, verwinkelte Komplex der Stadtmühle, der z.T. in die Stadtmauer integriert war. Schmuck hergerichtet, hat er heute ein renommiertes Restaurant aufgenommen. Mit der Häuserzeile am östlichen Ende der Altstadt wird eine sehr frühe Stadterweiterung faßbar, die hier das Stadtareal um eine Straßenbreite vergrößert hat. Auf dem aufgeschütteten einstigen Wall stehen die drei sogenannten Gebhardtschen Häuser, nördlich anschließend das einstige Zeughaus sowie der Tanzboden, der später von der für Schopfheim bedeutenden Tuchfärberfamilie Lenz übernommen wurde, das alte Rathaus und die Metzig. In einem der Gebhardtschen Häuser hat heute ein Kosmetiksalon seinen Sitz. Dies ist nicht untypisch für die Altstadt. Vielfach sind in das Erdgeschoß der alten Häuser Geschäfte und Dienstleistungseinrichtungen eingezogen, während die restlichen Stockwerke der Wohnfunktion vorbehalten sind.

Südlich der Torstraße und über eine schmale Gasse direkt von dort aus erreichbar, prägt das Kirchareal den Altstadtbereich. Der verhältnismäßig große Bereich war ursprünglich ganz am südlichen Rand des Altstadtovals gelegen. Den Mittelpunkt bildet, durch einen Platz deutlich von der Häuserzeile im N abgesetzt, die stattliche, allerdings sich nur wenig über die Dächer erhebende Michaelskirche (s. u. Bemerkenswerte Bauwerke). Seit dem 14. Jh. steht sie an der Stelle einer Kapelle, doch wurde das Gebäude verschiedentlich verändert. Neben seiner kirchlichen Funktion wird der traditionsreiche Bau vor allem zu kulturellen Veranstaltungen genutzt. Nördlich gegenüber, im ehemaligen Palais der Herren von Ulm, wurde das Schopfheimer Heimatmuseum untergebracht. Im O rücken die Häuser dichter an den Kirchbau heran und lassen nur einen schmalen Gassendurchgang nach S frei. An dieser Stelle fällt das frühere Haus der Höcklin von Steinegg ins Auge, das heute ebenfalls ein Restaurant beherbergt. Unmittelbar dahinter, die Grenze zur oben genannten frühen Stadterweiterung markierend, steht das langgestreckte Gebäude der ehemaligen Lateinschule. Die südliche Hälfte des Kirchareals wird heute durch die Konrad-von-Rötteln-Straße durchschnitten, die von der Wallstraße in westlicher Richtung wieder auf den Lindenplatz führt. Hier befindet sich, unmittelbar südlich der Kirche, der städtische Kindergarten.

Viel ausgeprägter als die eigentliche Altstadt hebt sich die wesentlich größere, östlich anschließende (alte) *Vorstadt* aus dem Siedlungsgrundriß heraus. Die Entegaststraße markiert die ungefähre Trennungslinie beider Stadtteile. Hauptleitlinie der Vorstadt bildet die Hauptstraße, beginnend ab der Wallstraße und knapp über die markante S-Kurve hinausführend. Nach N hin wird die Leitlinie durch die Austraße fortgesetzt, die bogenförmig zur Entegaststraße zurückführt. Dicht aneinandergerückt, mit der Traufseite zur Straße schauend, zeichnen die steilgieblign, oft dreigeschossigen Häuser auf beiden Straßenseiten diesen weiten Halbkreisring nach, so daß, zusammen mit der Entegaststraße im W, jener Bogen auch heute noch ein besonders auffallendes Element im Stadtgrundriß bildet. Wie stark sich die damalige Siedlungsentwicklung allein auf diese Hauptleitlinie konzentrierte, wird daraus ersichtlich, daß bis heute das Innere des beschriebenen Rundes nur durch wenige Stichgassen erschlossen und überwiegend mit Wirtschaftsgebäuden bebaut ist. Ein Teil des Zentrums weist sogar noch Freiflächen auf, die auf den ehemaligen Spitalgarten zurückgehen.

Daß sich die wichtigsten städtischen Funktionen rasch aus der viel zu kleinen Altstadt in die Vorstadt verlagert hatten, lassen die repräsentativen Gebäude erkennen. Zu ihnen gehört die Stadtapotheke aus dem Jahr 1712, direkt an der Hauptstraße. Schon früh war der südliche Ast der Hauptstraße beidseitig bebaut und in der 1. Hälfte des 19. Jh. erreichte die Ausdehnung der Vorstadt bereits die Feldbergstraße. Zahlreiche Gasthäuser, die mit dem Zunftwesen in Verbindung standen und in den seltensten Fällen am gleichen Ort und in gleicher Funktion überlebt haben, prägten die Vorstadt. Dazu gehörte u. a. der »Pflug«, direkt an der Hauptstraße, dessen Gebäude nach einem Brand 1993 abgerissen wurde.

Zentrales Element der Vorstadt und Nahtstelle zu den jüngeren Ausbaugebieten bildet der 1821 angelegte Lindenplatz, der den Bereich zwischen südlichem Altstadtoval und Hauptstraße einnimmt. Geprägt wird der Platz durch das im Weinbrennerstil ausgeführte Rathaus aus dem Jahr 1826, an das sich, etwas zurückgesetzt und gleichsam den Verlauf des einstigen Stadtgrabens markierend, die Gebäudezeile mit dem Amtsgericht von 1866, der noch heute als städtischer Kindergarten genutzten Kinderschule von 1867 sowie dem Bernbachschen Haus von 1863 (Eckgebäude) anschließt. Im W, an der Wallstraße, wird der Platz schließlich durch einen weiteren, separat stehenden und ebenfalls im Stil des Klassizismus gehaltenen alte Amtshaus abgegrenzt, in dem ein weiterer Teil der städtischen Verwaltung untergebracht ist.

Gleichfalls aus der 1. Hälfte des letzten Jahrhunderts stammt die kurze Wachstumsspitze entlang der Hauptstraße westlich des Rathausplatzes, die sich hier durch eine z.T. sehr repräsentative Villenbebauung zu erkennen gibt. In einem dieser Gebäude haben auch das Amtsgericht und das Notariat ihren Sitz gefunden. Die Freiflächen zwischen den oft sehr weitabständigen Villen sind häufig von Neubauten aus allerjüngster Zeit aufgesiedelt worden. Heute zeigt sich die gesamte Hauptstraße von der Wallstraße bis weit über die Einmündung der Feldbergstraße als nahezu durchgehender Einkaufsbereich, der in zunehmendem Maße auf die von der Hauptstraße abgehenden Straßen ausgreift. Trotz der Geschäftsfunktion blieb aber auch an der Hauptstraße bislang die Wohnnutzung in den oberen Stockwerken der Gebäude erhalten.

Nach ihrem deutlichen Nordknick stößt die Hauptstraße dort, wo eine Straßenverbreiterung auf den ehemaligen Viehmarkt hindeutet (beim Gasthaus »Kranz«), auf den

Bereich der Au, der ebenfalls zu den sehr alten Teilen des Stadtgebiets von Schopfheim zählt. Hier, jenseits des Gewerbekanals, zwischen Mattenleestraße und Hauptstraße, zeigt der Siedlungskörper wieder eine stärker in die Fläche gehende Struktur. Kurze, sehr unregelmäßige Straßen und Gassen erschließen dieses Gebiet und die Gebäude lassen – trotz starken Umwandlungstendenzen zu reinen Wohnhäusern – häufig immer noch ihre ursprüngliche Form als alemannische Eindachhöfe erkennen. In der Au hatten offenbar bäuerliche Strukturen dominiert. Hier lag auch die für die Tuchfärberei so wichtige Bleiche, auf deren Bedeutung noch eines der hölzernen Trockenhäuser (Hängeschopf) nördlich der Wiese, dicht am Abhang zum Entegast, hinweist. Heute wird dieses Stadtviertel neben der Wohnfunktion vor allem im Nordteil durch kleingewerbliche Betriebe geprägt. So hat ganz im N, direkt an der Mattenleestraße, der Bauhof seinen Platz gefunden, unweit davon steht eine Betriebsniederlassung von Endriss & Hauser. Daneben sind beispielsweise ein holzverarbeitender Betrieb und ein Küchenstudio bzw. Küchengerätevertrieb zu finden. Ein aus der Jahrhundertwende stammendes, backsteingemauertes ehemaliges Brauereigebäude ist inzwischen zum »Theater auf der Au« umgewandelt worden. Das früher zur Brauerei gehörende Gasthaus existiert noch als »Löwengaststätte« an der Hauptstraße.

Deutlich setzen sich die späteren, planmäßiger angelegten Stadtbereiche vor allem südlich der Hauptstraße von den älteren Siedlungsteilen durch ihren überwiegend geradlinigen Straßenverlauf ab. Dies zeigen bereits die drei von der Hauptstraße nach S zur Eisenbahn gerichteten Verbindungslinien, die Karlstraße im W, die Adolf-Müller-Straße und die schmale, ältere Scheffelstraße im O, die in die parallel zur Eisenbahnlinie verlaufende Bahnhofstraße münden. Vor allem entlang der Scheffelstraße hat sich der Einkaufsbereich schon früh von der Hauptstraße zur Bahnhofstraße vorgeschoben. Geschäfte des täglichen Bedarfs wie z. B. Metzgerei, Lebensmittel-Markt, auch Modegeschäfte finden sich hier. Entlang der Karl- und Adolf-Müller-Straße beginnt sich die Einkaufszone auszudehnen. Die neue Sparkasse an der Ecke Hauptstraße/Adolf-Müller-Straße sowie ein Elektrofachgeschäft in einem modernen Betonbau gegenüber zeugen davon. Hauptsächlich konzentrieren sich an der Karlstraße und Adolf-Müller-Straße jedoch öffentliche Gebäude aus dem ausgehenden 19. Jahrhundert. Das auffallendste bildet zweifellos der große, neuromanische Buntsandsteinbau der katholischen Kirche an der Adolf-Müller-Straße, zu der das Pfarramtsgebäude auf der gegenüberliegenden westlichen Straßenseite gehört. Den Bereich zwischen Karl- und Adolf-Müller-Straße nimmt der ausgedehnte Komplex der Dr.-Max-Metzger-Schule ein, der mit seinem Südende bereits an die Bahnhofstraße grenzt. An der Ecke Karlstraße/Bismarckstraße befindet sich das Staatliche Forstamt.

Bis zur Wende zum 20. Jh. bildete die Bahnhofstraße gleichsam den südlichen Abschluß des Siedlungsausbaus. Lediglich entlang der Ausfallstraßen nach Schwörstadt (Hebelstraße) und Wehr (Wehrer Straße) hat sich die Stadt in jener Zeit über die Eisenbahnlinie hinaus nach S ausgedehnt. Der Bahnhof selbst stammt aus dem Jahr 1862. Inzwischen finden sich auch auf der Bahnhofstraße Einzelhandelsgeschäfte bzw. Dienstleistungsunternehmen (Kino). Östlich des Bahnhofs, an der Einmündung der Scheffelstraße, schließt sich eine kleine Parkanlage mit Wasserspielen an die, vom Eckgebäude der Volksbank getrennt, bis fast an die Hebelstraße reicht. Sie und die von ihr abzweigende Wehrer Straße sind, zumindest in ihren nördlich der Eisenbahnlinie liegenden Ästen, ebenfalls in den von der Hauptstraße ausgehenden Einkaufsbereich einbezogen. An der Hebelstraße hat das Postamt seinen Standort.

Bis zum 1. Weltkrieg erfolgte die Stadterweiterung östlich der Hebel- und Wehrer Straße vor allem entlang der parallel zur Eisenbahnlinie verlaufenden Feldberg- und

Roggenbachstraße. Den Auftakt bildet zwischen Wehrer Straße und Friedrichstraße die 1892 errichtete große, sehr stattliche evangelische Kirche, deren 53 m hoher Turm einen weithin sichtbaren Orientierungspunkt bildet. Bei dem Buntsandsteinbau sind neuromanische und neugotische Stilformen vermischt. Zur Wehrer Straße hin schließt das Pfarramt, ein Gebäude aus der Jahrhundertwende, den Kirchplatz ab, nach N zu übernimmt diese Funktion das evangelische Gemeindehaus, ein moderner, zweigeschossiger Betonkubus. Bemerkenswert ist südlich gegenüber der Kirche, dicht an der Bahnlinie, das ehemalige Bahnwärterhäuschen, heute Vereinsheim. Gründerzeitliche Ausbauformen prägen schließlich auch den westlichen Bereich der Feldberg- und Roggenbachstraße. An der Roggenbachstraße fällt dabei insbesondere der ausgedehnte Komplex der Friedrich-Ebert-Schule mit der Sporthalle ins Auge, dessen 1908 entstandener Hauptbau sich durch seinen Dachreiter deutlich über die Umgebung hinaushebt. An die gründerzeitlichen Ausbauten schließen sich nach O Mehrfamilienwohnblöcke des sozialen Wohnungsbaus aus den Jahren 1953/54 an.

Im *östlichen Stadtgebiet* fand der gründerzeitliche Ausbau nicht nur durch Wohngebäude, sondern auch durch Fabrikanlagen statt. Dies dokumentiert der stark verbaute Industriekomplex zwischen Bühlmattstraße und Hauptstraße. Zur Hauptstraße gewandt, steht an seinem westlichen Ende eine schmucke Fabrikantenvilla, erweitert durch einen Anbau im postmodernen Stil. Jüngere Mehrfamilienwohnhäuser mit eingestreuten Einfamilienchalets setzen den Siedlungsbereich hinter dem Fabrikareal vor allem entlang der Bühlmattstraße nach O bzw. NO bis etwa zur Statthalterstraße fort. Diese markiert die nordöstliche Ausdehnung der heutigen Kernstadt Schopfheim.

Wie erwähnt konzentrierte sich die *Stadterweiterung südlich der Eisenbahnlinie* bis zum 2. Weltkrieg vorrangig auf die beiden Ausfallstraßen, erfaßte aber mit der Schwarzwaldstraße auch deren parallel zur Gleisstrasse verlaufende Verbindungsspange. Südlich des Bahnhofs, zwischen Bannmattstraße und Schwarzwaldstraße sind jedoch kaum noch Ausbauten aus dieser Zeit faßbar. Hier dominiert heute im W, an die Hebelstraße grenzend, der Komplex des 1969 eingeweihten Berufsschulzentrums, westlich benachbart liegen das Altersheim und das evangelische Pfarramt. Auf der gegenüberliegenden Seite der Schwarzwaldstraße wurde zwischen 1914 und 1916 das (bis 1991 städtische) Krankenhaus errichtet, dessen ursprünglich zeittypisch reich gegliedertes Hauptgebäude von 1960 bis 1972 zu seiner heutigen recht schlichten Form umgebaut wurde. Mit mehreren Gebäuden umfaßt das Krankenhausareal den gesamten Bereich zwischen Schwarzwaldstraße und deren Parallelstraße Am Eisweiher. Deutlicher wird der Ausbau dagegen südlich der Bahnlinie entlang der Hebelstraße faßbar, wo eine typische Villenbebauung aus der Zeit um die Jahrhundertwende anzutreffen ist. Daran schließen sich Wohnblöcke aus den 1930er, aber auch aus den späten 1960er Jahren an. In diesem Bereich sind im ehemaligen Gebäude des Finanzamts das Polizeirevier Schopfheim, die Außenstelle des Staatlichen Hochbauamtes Konstanz und die Kfz-Zulassungsstelle des Landratsamtes untergebracht. In einem dieser Blöcke ist eine Außenstelle der Landesversicherungsanstalt Baden untergebracht. Ganz im S der Hebelstraße, dicht an der erst 1993 eröffneten Umgehungstraße, fällt ein zweiflügeliger winkelförmiger Bau, eine ehemalige Fabrikantenvilla, mit Treppenhausturm an der Nahtstelle beider Flügel ins Auge, zu dem, umgeben von einer hohen Mauer, ein weites Garten- und Wiesenareal gehört. Heute wird es vom Alten- und Pflegeheim Haus Columban genutzt.

Neben zweigeschossigen, weitabständigen Mehrfamilienwohngebäuden des ausgehenden 19.Jh., wie sie an der Wehrer Straße und Schwarzwaldstraße stehen, fallen südlich der Schwarzwaldstraße ältere Doppelhäuser ins Auge, die Anklänge an Gartenstadtformen aufweisen und zwischen 1914 und 1916 errichtet wurden. Umfangreiche Renovierungstätigkeiten haben deren ursprüngliche Gestalt jedoch häufig verwischt. Während an der Wehrer Straße die bis zum 2. Weltkrieg erfolgte Siedlungsausdehnung bislang so gut wie nicht überschritten wurde, vergrößerte sich im Bereich zwischen Wehrer Straße, Stettiner Straße und Oberfeldstraße das Siedlungsgebiet in den 1950er und 1960er Jahren durch eine zwei- bis dreigeschossige Wohnblockbebauung. Aber auch ältere Ein- und Zweifamilienhäuser finden sich an der Oberfeldstraße, die durch einen jüngeren, wohl aus den 1970er Jahren stammenden Ausbau mit Ein- und Zweifamilienhäusern ergänzt (Breslauer Straße) und erst im O bzw. NO von Mehrfamilienwohnblöcken abgelöst werden. Die jüngste Bebauung hat sich jenseits der Hauptstraße nach N bis an den Entegastrand vorgeschoben, wo Mehrfamilienwohnblöcke, vereinzelt sogar Wohnhochhäuser entstanden sind.

Eine rege Bautätigkeit südlich der Eisenbahnlinie setzte vor allem in den frühen 1950er Jahren ein, die im Zusammenhang mit der Unterbringung von Heimatvertriebenen und Flüchtlingen stand. Aus dieser Zeit stammt die Bebauung in der Weiermattstraße südlich der Gartenstadt (Gartenstraße). Zudem erfolgte zu Beginn der 1950er Jahre eine größere Ansiedlung weiter westlich im Lus. Beide Siedlungsbereiche werden wiederum durch ein ausgedehntes Industrieareal getrennt. Die jüngste Bauentwicklung ist noch weiter nach S entlang der Hebelstraße vorgerückt. Schon in den 1950er Jahren hatte sie sich auf die Hochfläche des Dinkelbergs hinaufgeschoben. Etwas abgesetzt von den Wohnhäusern liegen noch im Talbereich die großen mehrflügeligen Gebäude von Gymnasium mit Sporthalle und der Freien Waldorfschule Schopfheim. Dann steigt die Straße nach Dossenbach den dichtbewaldeten Steilhang zum Dinkelberg hinauf, im W vorbei am Naturschutzgebiet Sengelwäldchen. Östlich der Straße nach Dossenbach dehnt sich auf der Hochfläche der Stadtteil *Altig* mit seiner sehr lockeren Ein- und Zweifamilienhausbebauung aus. Er hat sich entlang der Dossenbacher Ausfallstraße bereits weit nach S vorgeschoben.

Das *Stadtgebiet westlich der Altstadt* ist in den 1980er Jahren städtebaulich saniert und umgestaltet worden. Kleine, abgeschlossene Gärten im Bereich des einstigen Walles und anschließende, großzügige Parkplatzflächen bilden eine gewollte Zäsur zwischen alt und neu. Zu den älteren Gebäuden außerhalb der (Alt-)Stadt zählt lediglich das ehemalige Gefängnis, ein auffallender hoher Sandsteinbau des ausgehenden 19. Jh., das jetzt als Wohngebäude dient. Heute wird das Gebiet unmittelbar westlich der Altstadt geprägt durch eine ausgedehnte Wohnanlage, zu der auch das Seniorenwohnstift im Bifig gehört. Langgestreckte, viergeschossige, durch postmoderne Stilformen aufgelockerte Giebelhäuser bilden hier ein eigenständiges kleines Viertel, das nach O zu durch ältere, viergeschossige, sehr einfach gehaltene Häuserblöcke aus den späten 1940er bzw. frühen 1950er Jahren, aber auch von einem zwölfgeschossigen Hochhaus aus den 1960er Jahren abgeschlossen wird. Zur Versorgung dieses Bereichs hat sich an der Ecke Hauptstraße/Am Stadtgraben ein größerer Einkaufsmarkt niedergelassen. Östlich daneben schließt sich das Areal der Stadthalle mit Bibliothek und Altenbegegnungsstätte an. Durch eine wohlgestaltete Platzanlage etwas von der Hauptstraße abgerückt, bildet der flachgehaltene und stark gegliederte Bau den südlichen Abschluß des Viertels Im Bifig. Jenseits des Ernst-Friedrich-Gottschalk-Wegs folgt, ebenfalls direkt an der Hauptstraße liegend, der Neubau der Industrie- und Handelskammer.

Von den Wohngebäuden durch Freiflächen abgesetzt, schließen sich stadtauswärts in Richtung Lörrach weite Industrieflächen an. Das Gasthaus »Am Drahtzug« weist auf die Entstehung dieses Industrieareals hin, die mit Papiermühle und Drahtzug bereits in die 2. Hälfte des 18. Jh. fällt. Die Lage der Industrieflächen hat wesentlich dazu beigetragen, die Siedlungsentwicklung nach O bzw. nach NO zu lenken und verhindert, daß die Stadt Schopfheim mit dem einstigen Dörfchen Gündenhausen zusammenwachsen konnte. Seine stärkste Entwicklung erfuhr dieser Bereich allerdings im 19. Jahrhundert. Von den Altanlagen ist nur noch wenig zu erkennen. Einzelne Fabrikgebäude, z. T. mit herrlichen Staffelgiebeln, sowie eine Villa an der Hauptstraße haben überlebt. Das gesamte Fabrikareal ist in einen Gewerbepark, vorwiegend für mittelständisches Gewerbe, umgewandelt. Nach O setzt sich dieses Gewerbegebiet durch ein weiteres (»Niedere Schleife«) fort, das sich nördlich der Hauptstraße bis fast an die Abzweigung nach Tegernau erstreckt. Südlich der Hauptstraße prägen moderne Großeinkaufseinrichtungen, so z. B. ein Bau- und Gartencenter, ein großer Einkaufsmarkt, ein Einrichtungs- und ein Autohaus, aber auch einzelne moderne uniforme Fabrikgebäude den Bereich bis zur Eisenbahnlinie.

Nach W schiebt sich diese Zone bis unmittelbar an den Kern des alten Dorfes Gündenhausen heran. Dabei wird deutlich, wie sehr das Areal der einstigen Papierfabrik dessen Entwicklung im S und O einengte. Das Dorf selbst tritt heute kaum noch mit einem eigenständigen Siedlungsbild in Erscheinung. Zu stark ist es von den umliegenden Industrie- und Gewerbegebieten überprägt worden. Lediglich im Kreuzungsbereich der vom Kleinen Wiesental kommenden Landstraße mit der Hauptstraße und der nach S weiterführenden Hohe-Flum-Straße weisen einige sehr stark veränderte Anwesen sowie das alte Gasthaus »Löwen« auf den einstigen Ortskern hin. Über die Hohe-Flum-Straße wird der Zugang zu dem ca. 40 ha ausgedehnten Industrie- und Gerwerbegebiet »Im Lus« ermöglicht, das die Stadt südlich der Eisenbahnlinie zwischen Hohe-Flum-Straße und Wehrer Straße ausgewiesen hat und das sich um die Siedlung »Im Lus« legt.

Talaufwärts, nach N hin, ist das Stadtgebiet von Schopfheim inzwischen auch baulich mit dem bis 1971 selbständigen Stadtteil Fahrnau zusammengewachsen. Dessen Wachstumstendenzen waren nach S auf das Stadtgebiet gerichtet, weshalb der alte Dorfkern heute ganz am nördlichen Ende der jetzigen Stadtausdehnung liegt. Die Haufendorfanlage vor allem des Oberdorfes hebt sich nach wie vor gut im Siedlungsgrundriß ab. Die Hauptstraße durchzieht das Oberdorf in einem scharfen Bogen, in den südlich davon die halbkreisförmig verlaufende Kirchstraße mündet. Entlang dieser Straßen spannt sich das alte Dorf auf, wobei sich die inzwischen meist zu reinen Wohngebäuden veränderten ursprünglichen Anwesen einerseits zur Hauptstraße orientieren, andererseits der Kirchstraße zugewandt sind. Den Dorfmittelpunkt bildet die in ihrer heutigen Form aus dem Jahr 1723 stammende St. Agatha Kirche, ein kleiner, schlichter Bau mit Dachreiter. Ihr gegenüber an der Hauptstraße liegt die »Krone«, die mit zu den ältesten Gasthäusern von Fahrnau zählt. Einzelne Geschäfte haben sich in diesem Bereich ebenfalls niedergelassen. Die St. Agatha-Kirche wird nicht mehr genutzt; seit 1964 hat Fahrnau südlich des alten Zentrums eine neue, größere evangelische Kirche, die dort innerhalb eines weiten Freiareals steht. Südlich des Oberdorfes und von diesem ursprünglich deutlich abgesetzt, weisen einige mit der Traufseite der Hauptstraße folgende ältere Anwesen auf das Unterdorf hin. Der Siedlungsbereich dazwischen ist jedoch schon im letzten Jahrhundert aufgesiedelt worden. Auffallendes Siedlungselement bilden hier die sich vor allem entlang der Hauptstraße aufreihenden, meist zweigeschossigen Arbeiterwohnhäuser (Doppelhäuser), die aus der 2. Hälfte des 19. Jh. stammen und an die damalige Bedeutung Fahrnaus als Industrieort erinnern. Bereits um die Jahrhundertwende hat sich das Dorf entlang der Schulstraße nach S in Richtung auf die Bläsistraße vorgeschoben. In der 1. Hälfte unseres Jahrhunderts ging zwischen Hauptstraße und Eisenbahnlinie die Siedlungsausdehnung in relativ planförmiger Erschließung weiter. Dabei sind ältere Bauformen vor allem südlich der Bläsistraße, zwischen Friedenstraße und Turnstraße, zu finden. Auch im N, entlang der Kürnberger Straße, läßt sich eine kurze Wachstumsspitze aus dieser Zeit erkennen. Der nördliche Teil der Bläsistraße wurde erst in der jüngsten Zeit bebaut. Hier haben sich insbesondere Geschäfte angesiedelt, u. a. eine Bäckerei, eine Sanitärhandlung, eine Apotheke, ein Drogeriemarkt sowie die Sparkasse und das Postamt. Im selben Bereich auf der Gerberstraße in Richtung Eisenbahnlinie befindet sich seit 1954 die katholische Kirche. Seit der 2. Hälfte der 1960er Jahre wurde das Gebiet südlich der Eisenbahnlinie bis zum Schlierbach bzw. zum Dinkelberganstieg z. T. mit Ein- und Zweifamilienhäusern, im südlichen Bereich auch mit Mehrfamilienwohnblöcken aufgesiedelt. An der Turnstraße war bereits 1908 auf freiem Gelände eine Turnhalle errichtet worden. Dort haben inzwischen die neue Schule sowie die Turnhalle ihren Platz.

Am nördlichen Ende der Siedlung, fast unmittelbar an den Dorfkern anschließend, erstreckt sich das Gelände der Firma Rietschle, die 1960 in einen schon bestehenden Firmenkomplex eingezogen war. Dicht am Dorfkern stehen die alten, heute sauber herausgeputzen dreigeschossigen Fabrikgebäude, die im ausgehenden 19. Jh. errichtet worden waren. Daran schließen sich moderne Sheddachgebäude an. Das Firmengelände ist Teil eines ausgedehnten Industrie- und Gewerbegebiets (»Grienmatt«), das mit zahlreichen mittelständischen Betrieben bis an den Gewerbekanal im W und diesem folgend nach S bis zur Webergasse reicht.

Jenseits der Wiese, jedoch auf Schopfheimer Gemarkung, weitab nordwestlich vom Oberdorf und dicht am Fuß des Entegast, liegt das einstige Roggenbachsche Schloß, daß heute als Teil einer Fabrikanlage (Brunnenvertrieb) mit Nebengebäuden zu dem eigenständigen Siedlungsbereich *Ehner-Fahrnau* geworden ist. An der Südseite der Anlage ist deutlich noch das Schloßgebäude mit seinem schönen Staffelgiebel und dem angesetzten Treppenhausturm zu erkennen.

Ebenfalls zur Fahrnauer Gemarkung gehört der etwa 3 km vom Oberdorf entfernte, oberhalb des Schlierbaches bereits auf der Muschelkalkscholle des Dinkelbergs gelegene Ortsteil Kürnberg. Hauptdurchgangsachse bildet die K 6352, die von Fahrnau nach Gersbach führt. Der Ort spannt sich um eine mehrfache Wegegabelung auf, von der aus die Anwesen, überwiegend langgestreckte Eindachhöfe, den Straßen und Seitenwegen folgen. Unweit der Wegegabelung, nördlich der Durchgangsstraße, liegt das ehemalige Schul- und Rathaus. Der Ort zeigt kaum Ausbauspitzen.

Der Ortsteil Raitbach, am Südhang der Hohen Möhr gelegen, setzt sich aus mehreren, z. T. deutlich voneinander getrennten Siedlungsteilen zusammen. Verbindendes Element ist die K 6339, die als Hauptdurchgangsachse von Gersbach nach Hausen im Wiesental führt. Hier steht, noch auf Raitbacher Gemarkung, aber weit ab vom eigentlichen Ort Raitbach, an der Bahnlinie Basel–Zell der *Bahnhof Hausen-Raitbach*. Das kleine Abfertigungsgebäude entstand in den 1870er Jahren im Zusammenhang mit dem Ausbau der Bahnstrecke von Schopfheim nach Zell.

Selbst Ober- und Unterdorf von Raitbach sind räumlich deutlich voneinander abgesetzt. Die wenigen, vornehmlich aus der 1. Hälfte des 19. Jh. stammenden Anwesen des Unterdorfes nehmen oberhalb des Wiesentals eine schmale Hangverflachung in ca. 490 m Höhe ein. In einem der Anwesen ist heute eine Internatsschule für Schwererziehbare mit angegliedertem Reitstall untergebracht. Auf rd. 530 m Höhe folgt das der Siedlungsfläche nach etwas größere Oberdorf. Wie im Unterdorf dominieren auch hier Eindachhöfe der alemannischen Form, die größtenteils aus der gleichen Zeit stammen. Besonders hebt sich das ehemalige Gasthaus »Krone« heraus, ein im Kern altes, aber durch mehrere Anbauten stark verändertes Gebäude. Nahe dem westlichen Ende des Oberdorfes steht das Rathaus von Raitbach.

Kaum einen halben Kilometer östlich des Oberdorfes und nahezu in gleicher Höhenlage erreicht die K 6339 den Weiler *Scheuermatt*. In lockerem Abstand nehmen seine wenigen Höfe jene an dieser Stelle sich etwas weiter ausdehnende Hangverebnung ein. Das Zentrum dieser Kleinsiedlung bildet die ehemalige Schule mit der angebauten Festhalle sowie das Feuerwehrhaus. Beide Gebäude stehen ein wenig abseits der Hauptstraße nach Gersbach, unweit der Stelle, wo der Verbindungsweg zum Sattelhof abgeht. In dem um die Jahrhundertwende entstandenen zweigeschossigen Schulhaus, das sich neben seinem hohen Satteldach durch den Dachreiter heraushebt, ist heute der Kindergarten untergebracht. Zu den älteren Anwesen gehört der Pensionsgasthof »Hirschen« am südlichen Siedlungsende, in Richtung zum Siedlungsteil Sattelhof hin.

Eine nur schmale Hangleiste nutzend, halten sich die Häuser des Weilers *Sattelhof* mit weitem Gebäudeabstand dicht an das Verbindungssträßchen nach Scheuermatt. Deutlich zeigt sich hier ein Wachstum von S nach N, wobei auch hier alte Anwesen z. T. sehr stark modernisiert und zu hochwertigen Wohngebäuden umgestaltet wurden.

Ebenfalls dicht an der östlichen Stadtgrenze, auf einer weiteren Verebnungsfläche in rd. 720 m Höhe, durchzieht die Verbindungsstraße nach Gersbach die weit auseinanderliegenden Höfegruppen des Weilers *Schweigmatt*. Die alten, wohl schon um die Jahrhundertwende zur Aufnahme von Pensionsgästen erweiterten und ausgebauten langgestreckten Schwarzwaldhöfe sind heute ganz auf den Fremdenverkehr ausgerichtet. Deutlich zeigt dies die weitflächige Anlage des »Tannenhofes« am westlichen Ortsausgang, der sich als Reiterhof präsentiert. Eine wichtige Fremdenverkehrseinrichtung stellt nicht zuletzt das etwas unterhalb der Höfegruppen nahe der Durchgangsstraße gelegene beheizte Freibad dar.

Auf ihrem Weg nach Gersbach führt die K 6339 durch den kleinen Weiler *Schlechtbach*, der sich in eine Mulde der Hochfläche schmiegt und dessen markantes Zentrum das alte Anwesen des heutigen Pensionsgasthofes »Auerhahn« bildet.

Mit Gersbach ist der östlichste Stadtteil Schopfheims erreicht, der weit abseits der Kernstadt auf den Höhen des Schwarzwaldes liegt. Das Dorf folgt der Straße nach Todtmoos, die sich mit vielen Kurven den Hang hinab in die Talmulde windet (Wehratalstraße). Am Muldenende zweigen von der Durchgangsstraße mehrere Seitensträßchen ab. Hier liegt das Ortszentrum, das sich auch durch eine stärkere bauliche Verdichtung der Anwesen auszeichnet, die sich sonst, topographisch bedingt, in lockerem Abstand überwiegend in der Form von Eindachhöfen an den Straßen aufreihen. Ein Dorfplatz mit mächtiger Linde und Dorfbrunnen markiert den Ortsmittelpunkt, auf den sich die wenigen öffentlichen Einrichtungen wie Rathaus und Poststelle konzentrieren. Das *Rathaus*, etwas erhöht gelegen, zeigt sich als stattlicher Bau der Jahrhundertwende. Gleichfalls auf die Mittelpunktsfunktion weist der östlich benachbarte Gasthof »Pflug«. Nördlich davon, an der Wehratalstraße, hat die Feuerwehr ihre neue Unterkunft erhalten. Die *evangelische Kirche* befindet sich fast am südlichen Dorfende an der Wehratalstraße. Die recht knappen Versorgungs- und Dienstleistungseinrichtungen verteilen sich über die gesamte Länge der Hauptachse. Eine kleinere Konzentration findet man im Mündungsbereich zwischen Grubenweg und Wehratalstraße, wo sich ein Einkaufsgeschäft, eine Tankstelle sowie eine Sparkassenfiliale niedergelassen haben. Metzgerei und Bäckerei runden weiter südlich an der Hauptstraße das Angebot ab.

Neben der Hauptachse hat sich das Dorf vor allem nach N und NO ausgedehnt. Alte, heute jedoch oft tiefgreifend zu reinen Wohngebäuden umgestaltete Eindachhöfe begleiten die Bergkopfstraße nach N, wo auch, erhöht am Hang liegend, der aus den 1960er Jahren stammende Flachdachbetonbau der neuen Schule steht. Besonders weit erstreckt sich die Häuserzeile nach NO, entlang der Rauschenbachstraße und des Scherentanns. Anfangs prägen hier noch alte, ebenfalls jedoch zu Wohnzwecken und z.T. auch zur Aufnahme von Pensionsgästen stark veränderte Anwesen das Straßenbild. Nahe dem Ortsende weisen die einstigen Höfe dann deutlich kleinbäuerliche Züge auf, die trotz der bisweilen weitreichenden und meist sehr ansprechenden Umgestaltung der Gebäude durchscheinen. Die alte Bausubstanz wird verschiedentlich ergänzt durch jüngere und jüngste Wohnausbauten, z.T. sehr gehobenen Stils.

Nach W beschränkt sich die Dorfausdehnung eher auf einzelne, isolierte Höfe. Lediglich unterhalb der Kirche reihen sich entlang dem Sträßchen »Zum Bühl« ältere Anwesen in sehr lockerem Abstand auf. Hier befindet sich der alte Mühlbereich, dessen Gebäude heute Fremdenzimmer bereitstellen und dessen Zentrum das Gasthaus »Mühle zu Gersbach« bildet. Die Bedeutung des Fremdenverkehrs für den Ort unterstreicht das wenige Meter weiter westlich folgende Anwesen des »Hägihofes«, das ebenfalls Fremdenunterkünfte anbietet. Auch hier setzen nur wenige jüngere Wohngebäude den Siedlungsstrang nach SW fort. Ein kleines Neubaugebiet besitzt Gersbach dagegen im NW, wo im Bereich von Wehratalstraße, Tiergarten und Möhrenblick mehrere Ein- und Zweifamilienhäuser entstanden sind.

Zu Gersbach gehören weitere kleine Siedlungsteile, die weitab vom eigentlichen Dorf auf dem Gemarkungsgebiet liegen. Nur aus vier Häusern besteht der Weiler *Fetzenbach* im NO von Gersbach, der hier Flanke und Talgrund des gleichnamigen Baches einnimmt. Allerdings ist nur noch ein Anwesen ständig bewohnt, die restlichen Häuser dienen als Zweitwohnsitze. Südlich von Gersbach, am Ende der Talmulde des Mühlematts, steht die *Lochmühle*. Neben einem ehemaligen Sägewerk bildet die 1960 stillgelegte Mühle den Mittelpunkt dieses Siedlungsplatzes. In der Mühle ist heute eine Galerie untergebracht, die Kunsthandwerk ausstellt und verkauft. Von der Lochmühle führt eine Zugangsstraße zu der rund einen Kilometer südwestlich gelegenen Häusergruppe *Neuhaus*. Sie besteht aus zwei heute vorwiegend zu Wohnzwecken umgebauten ehemaligen Schwarzwaldhöfen, zu denen in den 1980er Jahren ein Neubau hinzugekommen ist. Oberhalb der Wehraschlucht, dort wo der Neusägbach mit tiefeingeschnittenem Kerbtal zur Wehra strebt, liegt an der L 147 der Siedlungsplatz *Neusäge*. Nach weitgehender Umgestaltung dienen die beiden Gebäude heute ebenfalls als Zweitwohnsitze.

Das Dorf Wiechs liegt am nördlichen Rand der Dinkelbergscholle, wo das Brunnenbächle den Schollenfuß trichterförmig geöffnet hat und damit einen geeigneten Aufstieg zur Dinkelberghochfläche ermöglicht. Der alte Ortskern zieht sich, fast wegedorfförmig, entlang der Verbindungslinie Schopfheim-Nordschwaben-Rheinfelden oberhalb des Wasserlaufs, am hinteren Ende des Tälchens. Eine stärkere Siedlungsverdichtung zeigt sich im Kreuzungsbereich des nördlichen Ortsteils, von dem aus Seitenstraßen (Bachtalstraße, Lindenweg) auf die Hochfläche im W und O führen. Hier befinden sich das Postamt und eine Sparkasse, und von hier gelangt man auf die Rathausstraße, die ein kurzes Stück parallel zur Hauptachse am oberen Hangbereich verläuft. Dort hebt sich das Rathaus, in dem die Feuerwehr integriert ist, mit hohem Dach und Dachreiter weit über das Dorf hinaus. Im südlichen Ortsbereich stehen die Anwesen in lockerem Abstand zueinander streng auf die Straße orientiert. Ein kleinerer und möglicherweise älterer moderner Siedlungsausbau legt sich im SO, im Bereich Dellacker, an die älteren Anwesen an. In geschlossener Anlage stehen hier die Einfamilienhäuschen, durch eine hufeisenförmige Straße von außen und zwei Stichstraßen im Innern erschlossen.

Wesentlich ausgedehnter ist der in den späten 1960er Jahren einsetzende Siedlungsausbau nördlich des alten Ortskerns, der inzwischen die gesamte Hochfläche westlich des Brunnenbächles vom Talschluß bis fast zum Dinkelbergrand im N einnimmt. Dort liegt der Friedhof, den das Ausbaugebiet bereits umschließt. Moderne, kurvige Erschließungsstraßen öffnen das weitflächige Gebiet, dessen zentrale Achse die Kapellenstraße bildet. Nahe ihrem südwestlichen Ende, unweit des Kreuzungsbereichs, fallen die beiden etwas erhöht liegenden, mehrteiligen Gebäude der Grundschule und des Kindergartens ins Auge, die über die Silberrainstraße zugänglich sind. Unterhalb des Schulareals an der Kapellenstraße stehen die kleine evangelische Kirche sowie das Gemeindehaus. Am nördlichen Ende dieser Straße schließt der ausgedehnte, aus mehreren separaten, z. T. viergeschossigen Flachdachbaueinheiten zusammengesetzte Komplex des Kreispflegeheims das Ausbaugebiet ab.

In einem relativ breiten, sich zum Wiesental öffnenden Talgraben des nördlichen Dinkelbergabfalls liegt das Dorf Eichen. Entlang zweier sich auf beiden Seiten des Bachlaufs haltender Siedlungsachsen nimmt das Dorf fast den gesamten Talgrund von seinem Austritt bis zum Talschluß ein. Mehrere Querspangen verbinden die Achsen und geben damit dem Ort einen leiterförmigen Grundriß. Hauptachse bildet die Alte Wehrer Straße, die am westlichen Talende (jetzt als Oberdorfstraße) sich mit einer scharfen S-Kurve nach NW wendet und von dort auf die Dinkelberghochfläche führt. Im Knickbereich der Hauptachse liegt auch das Rathaus. Es markiert den alten Ortskern, der sich deutlich durch eine stärkere Verdichtung der Anwesen, überwiegend alemannische Eindachhöfe, in unmittelbarer Nähe eines Weihers aus dem Siedlungsband heraushebt. Außerhalb des Ortskerns reihen sich die Anwesen wesentlich lockerer und häufig durch Gartengrundstücke voneinander getrennt an den Achsen auf. Nach W hat sich die Siedlung nur wenig auf die Dinkelberghochfläche ausgedehnt. Zwischen den alten Höfen, die durch moderne Um- und Anbauten nicht selten stark in ihrem Aussehen verändert sind und bei denen inzwischen die Wohnfunktion dominiert, bilden Neubauten mit z. T. sehr ausgefallener Architektur einen unübersehbaren Kontrast. Am Talausgang, räumlich deutlich vom Ortskern abgesetzt, fällt das etwas erhöht stehende sogenannte »Schlößle« von Eichen ins Auge. Es zeigt sich als stattlicher zweigeschossiger Satteldachbau mit vorgelagertem Treppenhausturm, der mit einer hohen welschen Haube gedeckt ist. Im O, nach Schopfheim zu, bildet der Friedhof, direkt am Talausgang, den Siedlungsabschluß, in dessen Mitte seit 1826 die evangelische Pankrazkapelle steht.

Am Ausgang des Kleinen Wiesentals, zwischen Entegast und Scheinberg, liegt das Dorf Langenau. Der Wieselauf ist hier ganz nach W, dicht an den Fuß des Scheinbergs gedrängt, so daß die Siedlung etwa von der Talmitte aus den gesamten östlichen Bereich der weiten Talöffnung einnehmen kann. Der alte Ortskern orientiert sich an der Überlandverbindung von Schopfheim das Kleine Wiesental aufwärts, der die alten, heute weitestgehend zu reinen Wohngebäuden umgebauten alemannischen Eindachhöfe in lockerem Abstand in Form eines weitgezogenen Wegedorfes folgen. Der nördliche Ortsteil weist auch heute noch eine deutliche Zäsur auf. Abgesetzt durch größere Freiflächen setzt sich hier der ältere Dorfbereich mit wenigen und noch wesentlich stärker landwirtschaftlich geprägten Anwesen zwischen der nach O abgehenden Bergstraße und der nach W führenden Inselstraße fort. Letztere markiert auch das nördliche Ortsende.

Die wichtigsten öffentlichen Einrichtungen des Ortes haben sich am Nordende der südlichen geschlossenen Dorferstreckung etabliert. Dort, wo die Fritz-Reimold-Straße nahezu rechtwinklig nach W abgeht und über den Lauf der Kleinen Wiese hinweg

Zugang zum Scheinberg ermöglicht, liegt unmittelbar nördlich der Abzweigung das Rathaus, im W gefolgt von Schule und Turnhalle. Dem Rathaus gegenüber ergänzt das evangelische Gemeindehaus die wenigen öffentlichen Einrichtungen. Daneben haben sich an der Hauptstraße eine Pizzeria, ein Café, ein Bäcker sowie ein Antiquitätengeschäft niedergelassen. Östlich des alten Dorfkörpers dehnt sich seit den 1960er Jahren ein weites Neubaugebiet aus, das sich inzwischen bis an den Fuß des Entegast vorgeschoben hat und sich vorwiegend aus Ein- und Zweifamilienhäusern unterschiedlichen Baualters zusammensetzt.

Zu Langenau gehören auch zwei Industrie- bzw. Gewerbeareale, die, ehemals die Wasserkraft der Wiese nutzend, beide deutlich abgesetzt, westlich des Dorfes liegen. Das eine, das wohl aus dem einstigen Ziegeleibezirk hervorgegangen ist, befindet sich am nördlichen Ortsende und wird über die Inselstraße erschlossen. Allerdings besteht dieser Betrieb, der an einem von der Kleinen Wiese abzweigenden Kanal gelegen ist, heute nicht mehr. Das Haupt- und die verschiedenen Nebengebäude dienen inzwischen reinen Wohnzwecken. Der zweite, wesentlich größere Industriekomplex, in dem auch heute noch Textilien hergestellt werden, liegt auf der Höhe des südlichen Ortsbereichs und ist über die Fabrikstraße zu erreichen.

Ganz im NW des Stadtgebiets liegt das Dorf Enkenstein am östlichen Rand des Kleinen Wiesentals, unmittelbar am Schwarzwaldanstieg. Die ursprüngliche Hauptachse bildet die Verbindungsstraße von Langenau nach Wieslet (Dorfstraße), die im nördlichen Siedlungsteil scharf nach NO abknickt (Wiesleter Straße). Hier, an einem weitgezogenen Kreuzungsbereich, hat sich die Siedlung oft nur mit wenigen Anwesen entlang einzelner Sträßchen nach N bzw. entlang der Maienbergstraße nach O vorgeschoben. Am weitesten dehnte sich der alte Ortskern nach N an der Gresger Straße aus. Mit dem Ausbau des Maienbergpasses nach Hausen i. W. erhielt der Ort eine weitere Durchgangsachse (Maienbergstraße), die inzwischen verstärkt in den Siedlungsausbau einbezogen ist. Der Hauptteil des Ortes zieht sich jedoch vom Kreuzungsbereich nach S, wobei sich die alten Eindachhöfe mit ihrer Traufseite dicht an die Dorfstraße halten. Hier, nahe am Südende der Siedlung, liegt das Rathaus, das sich durch einen schindelverkleideten Dachreiter heraushebt. Ein kleines Neubaugebiet wurde oberhalb der Wiesleter Straße an den südexponierten Hängen des Schwarzwaldrandes angelegt.

Bemerkenswerte Bauwerke. – St. Michael in Schopfheim, durch Gräber schon als Kirche der Merowingerzeit belegt und bereits in der Karolingerzeit ein längsrechteckiger Saal mit Apsis, ist nach dem heutigen Bestand Zeugnis der Bautätigkeit der Herren von Rötteln und ihrer markgräflichen Nachfolger. Der mächtige Chorturm stammt in seinen beiden unteren Geschossen aus romanischer Zeit, die beiden oberen Geschosse gehören erst der Zeit Markgraf Rudolfs IV. an. Der Rechteckchor erhielt um 1300 ein Kreuzrippengewölbe und Spitzbogenfenster nach Osten und Süden. Hier befindet sich eine in einem Kleeblattbogen schließende Piscina. Die Nordwand weist Reste eines Leben-Jesu-Zyklus auf, der als unterste von bis zu sieben Malschichten sich über die Chorwände hingezogen hat. 1940 wurden die Szenen der Geburt, der Darstellung im Tempel und des Einzugs in Jerusalem freigelegt. Aus einer Malschicht des 15. Jh. stammen der Erzengel Michael und die Madonna.

Das Langhaus erhielt, da es aus der Achse des Chores gerückt ist, wahrscheinlich erst im Zuge einer Vergrößerung durch Herausschieben der Nord- und der Westwand, frühestens nach dem Erdbeben von 1356, möglicherweise auch erst nach dem Stadtbrand 1412 seinen heutigen Umriß. Die Westwand ist bis auf eine große Maßwerkrosette völlig geschlossen und schmucklos. Die beiden Seitenportale im hinteren Joch des Schiffes tragen die Jahreszahl 1479, die übrigen drei Joche weisen Spitzbogenfenster auf.

Die hohlkehligen Gewölberippen auf wappengeschmückten Konsolen spannen sich zwischen pfeilartige Wandvorlagen. Das erste Joch vor dem Chor öffnet sich in Seitenkapellen, im Süden zur Michaelskapelle mit dem Epitaph des Friedrich Gutt und der Anna, geb. Haller von Hallerstein († 1595/99). Im Norden ist die Dreikönigskapelle angebaut mit der Grablege der Familie Höcklin. Die Fresken an der Ostwand stammen aus dem 15. Jh. und stellen über einer Reihe von Heiligen die Kreuzigung mit Johannes und Maria dar.

Der Innenraum entstand in der spätgotischen Bauphase des Markgrafen Rudolf IV. Das Schiff enthielt ein Netzgewölbe, beide Kapellen wurden ebenfalls eingewölbt. Der Triumphbogen, der in seinem Scheitel die Jahreszahl der Beendigung der Bautätigkeit (1482) zeigt, ist mit einem krabbenbesetzten Eselsrücken verziert. Außerdem wurde der Turm um die beiden oberen Geschosse aufgestockt. An der Nordwand des Chores wurde eine Sakristei angefügt (wenn schon vorhanden, dann zumindest eingewölbt), deren Außenportal ein Eselsrücken mit Kreuzblume, dazu das Wappen Rudolfs IV. schmücken. Auf der Westempore aus dem Material der 1938 abgerissenen Emporenbauten des 17. und 18. Jh. steht die Orgel von Marcus Stein (1766/68).

Die 1878/79 vom erzbischöflichen Bauinspektor Engesser errichtete *kath. Pfarrkirche St. Bernhard* präsentiert sich außen als neuromanischer Hausteinbau. Das Hauptportal führt durch den etwas vorspringenden, die Westfassade dominierenden Turm. Er ist mit reicher Blendverzierung versehen, hat eine Nische, in der eine Marienstatue steht, gekuppelte Klangarkaden und endet in einer steilen Achteckpyramide. Rechts und links oberhalb der Seiteneingänge entspricht die Wandgliederung derjenigen der Seitenwände: Rundbogen- und Rundfenster sind übereinandergeordnet. An den Seiten sind Strebepfeiler zusätzliches Schmuckelement. Ein Arkadenfries unter dem Dachansatz steigt im Giebel an.

Der Innenraum ist ein einschiffiger Saal, im Osten liegt hinter dem runden Triumphbogen ein eingezogener Chor mit Apsidenschluß; beide Raumteile haben eine flache Holzdecke. Die überraschend nüchterne Gestaltung der Wände ist das Ergebnis der Umgestaltung von 1955/58, die alle Wandmalereien, die Nischen, den reichen Bildschmuck und den Hochaltar entfernte. Der Bildhauer Siegfried Fricker schuf anstelle des Altaraufbaus vor der Apsis einen großen Kruzifixus. Die großen Holzstatuen des Seligen Bernhard von Baden (mit Schild und Schwert) und der Rosenkranz-Madonna von S. Fricker stehen anstelle der einstigen Seitenaltäre auf Wandkonsolen. Diese wie die Chorausstattung besorgte 1975/76 Leonhard Eder; Altar, Tabernakel, Ambo, Taufstein und Leuchter sind in Kalkstein und Bronze gehalten.

Beim Bau der *ev. Stadtkirche* 1887 bis 1892 orientierte sich der Karlsruher Architekt Josef Durm am Formenschatz der Frühgotik. Die Westfassade bildet der Turm: im Untergeschoß an den Ecken strebenverstärkt, verjüngt er sich nach oben, öffnet sich im Obergeschoß in gekuppelten spitzbogigen Klangarkaden, die von Giebeldreiecken überfangen werden, und gipfelt in einer schlanken, von Fialen flankierten Dachpyramide. Zwischen das einschiffige schmale Langhaus und den Polygonalchor schiebt sich ein breites Querhaus, das beidseits ebenso in polygonalen Apsiden endet. In den Winkeln befinden sich wiederum Polygone: westlich je ein Treppenhaus, östlich eine Sakristei und eine ursprünglich als Taufkapelle vorgesehene Gedenkkapelle für die Kriegsopfer. Alle Fenster sind mit Maßwerk, die Außenmauern mit Strebepfeilern versehen. Auch der Innenraum ist aufwendig ausgestattet; er ist vollständig mit Rippengewölbe überzogen, hat Triforien im Chor, außer der Orgelempore im Westen zwei weitere Emporen in den Querschiffen über je drei Arkaden. Der Spitzbogen ist an Fenstern, bei Gurten und Jochen das vorherrschende Gestaltungselement, der Rundbogen an den Arkaden und Triforien. Die farbigen Chorfenster, von Bürgern der Stadt gestiftet, stellen einen Leben-Jesu-Zyklus sowie Petrus und Paulus dar. Über dem modernen Altar befindet sich ein Kruzifixus aus dem Jahr 1687 (früher in St. Michael).

Die *Katharinenkapelle*, im Jahre 1719 erbaut, wird, nachdem 1967/68 der mit der Kapelle durch einen gedeckten Gang verbundene Anbau von Aufbahrungs- und anderen Nebenräumen im Westen erfolgte, als Friedhofskapelle genutzt. Es ist ein einfacher Rechteckbau mit Satteldach. An seiner östlichen Giebelseite befindet sich ein Portal zwischen zwei schmalen, hohen Rundbogenfenstern. Die Südwand gliedern ebenfalls drei Rundbogenfenster.

Die *ev. Kirche* in Eichen wurde 1818 errichtet. Der schlichte Satteldachbau wird im Westen von einem quadratischen Glockenstuhl bekrönt. Unter seiner Pyramide öffnen sich nach allen Seiten rundbogige Schallarkaden. Die Giebelfassade schmückt über dem Hauptportal ein Halbrundfenster, während die Ostwand ganz geschlossen ist. Die Seitenwände gliedern jeweils drei Rundbogenfenster. Man betritt den flachgedeckten Saal unter einer Westempore. Zur Ausstattung gehört seit 1963 vor der Stirnwand mit einem Kreuz ein schlichter Altar, daneben steht ein Kanzelpult. Die Orgel wurde 1963 von der Firma Wilhelm Wagner, Grötzingen, aufgestellt.

In Fahrnau wurde von Rolf Sutter 1961 die *ev. Matthäuskirche* als Rechteckbau mit leicht geneigtem Pultdach erbaut. Den Campanile im Südosten verbindet der Flachbau der Sakristei mit der Kirche. Die Gestaltung der Betonwände erschließt sich im Innenraum. Im Altarbereich öffnen sich beidseits die Wände vom Fußboden bis zum Dach in Glasfenstern, der Gemeinderaum dagegen erhält Licht nur durch ein Oberlichtband und weitere kleinere, unregelmäßig über die Wände verteilte farbige Glasbetonfenster. Die beiden Bereiche werden durch unterschiedliche Höhen räumlich getrennt. Der Saal hat eine Westempore, unter der sich der Eingangsvorraum befindet. Die Holzdecke neigt sich, wie das Dach, nach Südwesten. Zur Ausstattung gehören ein Altartisch, ein Kreuz vor der Stirnwand, Ambo und Taufschale, vier Leuchter und ein Betonrelief von O. E. Döbele. – Ein schlichter Rechteckbau – in seinen Fundamenten vielleicht noch dem 15. Jh. zugehörig, im Jahr 1723 und im 19. Jh. renoviert – diente vor dem Bau der Matthäuskirche als ev. Gotteshaus. Das Satteldach trägt im Osten einen quadratischen Glockenstuhl mit einer geknickten Pyramide. Drei Spitzbogenfenster gliedern die Seitenwände, ein weiteres liegt in der Chorwand. An der Westwand wird das spitzbogige Portal oberhalb von zwei Konsolen und zwei querovalen Fenstern flankiert.

Die 1765 errichtete *ev. Kirche* in Gersbach ersetzte einen kleineren diagonal und noch schlechter geosteten unter ihr liegenden turmlosen mittelalterlichen Vorgängerbau. Ein Brand von 1784 machte einen nochmaligen Neubau innerhalb der Außenwände nötig. Er richtete sich ganz nach der Planung von 1765, so daß die typische Markgräfler Predigtkirche der Regierungszeit Karl Friedrichs entstand. Der Saalbau mit im Osten eingezogenen Ecken wird von einem abgewalmten Satteldach bedeckt. Nord-, Ost- und Südwand umläuft eine zweigeschossige Fensterreihe, unten rechteckig und oben in Segmentbogen schließend. Diesen Fenstern entsprach eine an drei Seiten umlaufende Empore und eine Altar- und Kanzelwand im Osten. Der hinter ihr befindliche Eingang für den Pfarrer wurde bei der Renovierung 1967/68 vermauert. Damals hat man im Westteil der Kirche Nebenräume abgetrennt, über die sich eine tiefgestaffelte neue Empore legt. Die alten Seitenemporen wurden abgebrochen, die großen Holzsäulen blieben als Stützen der Decke stehen. Die geometrisch ornamentierte Holzdecke ist vermutlich nach einem kleinen Brand um die Jahrhundertwende gestaltet worden. Die jüngste Renovierung hat einen einfachen Altarbereich mit Taufstein und Ambo

60 *Schönau*

61 Schönau, Marienkirche

62 Schönau, Rathaus

63 Schönau, Klösterle

64 Schönau am Ende des 19. Jahrhunderts

65 Schönenberg

66 Schopfheim, Blick auf die Altstadt ▷

67 Schopfheim, Rathaus

68 *Schopfheim, Industrie- und Handelskammer*

69 *Schopfheim, Gewerbeakademie der Handwerkskammer Freiburg*

70 *Schopfheim, Hauptstraße östlicher Teil*

71 *Enkenstein* ▷

72 *Fahrnau,
Kirchstraße,
Mühlengasse*

73 *Gersbach*

74 *Langenau,* ▷
Rathaus

75 *Raitbach*

78 Dossenbach

79 Dossenbach, ev. Kirche

◁ 76 Wiechs 1928

77 Wiechs 1991 (Ausschnitt)

80 *Schwörstadt*

geschaffen, darüber ist ein Holzkruzifix des 18. Jh. raumbeherrschend angebracht. Die Orgel der Firma Peter Vier wurde an der Nordwand auf Stahlträger gesetzt. Unter ihr befindet sich der neue Zugang zur Kirche durch die Turmhalle, über der sich der fünfstöckige Turm mit Pyramidendach erhebt.

B. Die Stadt im 19. Jahrhundert und in der Gegenwart

Bevölkerung

Bevölkerungsentwicklung. – Innerhalb ihrer heutigen Grenzen hat sich die Einwohnerzahl der Stadt Schopfheim seit 1825 fast kontinuierlich von 3761 Personen auf 17 569 Personen (1.1.1993) vergrößert. Neben einem Einbruch in den 1930er Jahren (−266 Personen = −2,7%) führte lediglich die starke Auswanderungswelle zwischen 1845 und 1855 auch im Stadtgebiet von Schopfheim zu einem deutlichen Bevölkerungsrückgang (−327 Personen = −6,4%), der noch 1861 nicht völlig ausgeglichen war. Kräftige Wachstumsschübe prägten dagegen den Entwicklungsverlauf zwischen 1890 und 1910 sowie unmittelbar nach dem 2. Weltkrieg einschließlich der 1950er Jahre. Einen nicht unwesentlichen Anteil hatte die Zuwanderung von Heimatvertriebenen, ab den 1960er Jahren auch von Ausländern, deren Anteil aber unter dem Kreisdurchschnitt blieb.

Die überwiegende Aufwärtsentwicklung verdeckt allerdings die sehr unterschiedlichen Tendenzen in den Teilorten. So war in der 1. Hälfte des 19. Jh. vornehmlich die schon früh durch industrielle Impulse geprägte Kernstadt selbst mit weit überdurchschnittlichen Wachstumsraten (z. T. um 40%) am Gesamtbevölkerungsanstieg beteiligt. Sie wurde dann zwar auch wie alle übrigen Teilorte mit Ausnahme von Enkenstein und Fahrnau vom Bevölkerungsrückgang in den Jahren 1845 bis 1855 erfaßt, doch hielt sich hier der Verlust mit rd. 5% in engem Rahmen, während beispielsweise Langenau, Raitbach und Wiechs weit mehr als 10% ihrer Bevölkerung verloren. Neben Schopfheim zeigte seit Mitte des 19. Jh. auch Fahrnau überdurchschnittliche Zuwachsraten, die zwischen 1871 und 1910 nahezu zu einer Vervierfachung der Einwohnerzahl führten. Die Nachbarschaft zu Schopfheim sowie die Anlage örtlicher Textilindustriebetriebe bewirkten eine kräftige Zuwanderung. Erst nach 1910 kam das Wachstum in Fahrnau zum Stillstand und mündete in einen deutlichen Bevölkerungsrückgang, der bis 1939 anhielt. Dem Bevölkerungsanstieg in der Wiesentalachse standen Einwohnerverluste in den peripheren Stadtgebieten gegenüber, so vor allem in Enkenstein, Raitbach, z. T. auch in Wiechs und Eichen, sowie seit 1900 insbesondere in Gersbach. Der Bevölkerungsrückgang resultierte hier aus Abwanderungsüberschüssen, die vornehmlich der Kernstadt bzw. den Industrieorten im Wiesental zugute kamen.

Unmittelbar nach dem 2. Weltkrieg stieg die Einwohnerzahl in allen Teilorten nicht zuletzt durch Zuwanderung von Heimatvertriebenen und Flüchtlingen an. In der Kernstadt Schopfheim, aber auch in Fahrnau machte sich dies 1950 mit Quoten von 9,5% bzw. 11% bemerkbar. Gerade in der wirtschaftlichen Aufbauphase bis Ende der 1950er Jahre fiel hier der Bevölkerungszuwachs weitaus stärker als in den anderen Teilorten aus. Danach ging er jedoch, wie bei vielen Städten, rapide zurück, und verkehrte sich in der Kernstadt selbst zwischen 1970 und 1987 in einen Bevölkerungsverlust.

Die meisten anderen Teilorte, abgesehen von Eichen, Gersbach und Raitbach, konnten dagegen einen durchgehenden Bevölkerungsanstieg verzeichnen. Ein besonderer Wachstumsschub setzte allgemein in den Jahren zwischen 1961 und 1970 ein, der bei Fahrnau (+23,7%) und Wiechs (+18,1%), insbesondere aber bei Langenau (+32,5%) über dem Durchschnitt der Gesamtstadt lag. Langenau im Kleinen Wiesental nimmt insofern eine Sonderrolle ein, als es sein ohnehin weit überdurchschnittliches Bevölkerungswachstum von 1950 bis 1987 noch weiter steigern konnte. Dagegen zeigte das noch stark landwirtschaftlich geprägte Eichen bemerkenswert verhaltene Wachstumstendenzen, während Raitbach nach einem schwachen Anstieg in den 1950er Jahren kräftige Verluste in den 1960er Jahren hinnehmen mußte. Erst zwischen 1970 und 1987 nahm die Einwohnerzahl, wohl auch im Zusammenhang mit dem sich etablierenden Fremdenverkehr, wieder zu. Ähnlich verhielt es sich in Enkenstein, wo erst in den letzten Jahren Zuwanderungen zu einem leichten Bevölkerungsanstieg geführt haben. In Gersbach schließlich macht sich die periphere Lage besonders bemerkbar. Hier vermochte das schwache Wachstum in den 1960er Jahren die Bevölkerungsverluste der 1950er, 1970er und 1980er Jahre nicht auszugleichen. Gersbach ist deshalb der einzige Teilort der Stadt Schopfheim, der 1987 nahezu genausoviel Einwohner wie 1825 und damit deutlich weniger als 1950 aufwies.

Konfessionelle Gliederung. – Die Bewohner von Schopfheim nahmen 1556 als badische Untertanen an der Reformation teil. Auch 1809 gehörte noch in allen heutigen Ortsteilen die überwältigende Mehrheit dieser Konfession an: Insgesamt 3198 Evangelische standen 154 Katholiken gegenüber. Im Laufe des 19. Jh. erfolgte *die konfessionelle Durchmischung* insbesondere in den stärker industrialisierten Orten, wo nicht wenige Arbeiter aus katholischen Dörfern zuwanderten. Trotzdem behielten die Protestanten in allen heutigen Ortsteilen bis 1945 zumindest eine Zweidrittel-Mehrheit.

Nach dem Ende des 2. Weltkrieges verwischten sich die konfessionellen Unterschiede mehr und mehr durch die gestiegene Mobilität. 1970 machten die Evangelischen noch 64,4% im heutigen Stadtgebiet aus; bis zur Volkszählung 1987 war diese Zahl schon auf 55,7% gesunken. Ein neues Element seit den 1960er Jahren stellten die sonstigen Religionen – vor allem die Moslems – dar, die sich auch im Ausländeranteil (1987: 7,4%) widerspiegeln. Ortsteile mit mehr als 60% protestantischer Bevölkerung waren 1987 Eichen, Enkenstein, Gersbach und Raitbach. Innerhalb der Bandbreite von 50 bis 60% lagen Fahrnau, Langenau, Schopfheim-Stadt und Wiechs.

Soziale Gliederung. – Die sozialen Strukturen veränderten sich infolge der vergleichsweise frühen Industrialisierung schon um die Mitte des 19. Jahrhunderts in einem gravierenden Ausmaß. Die Masse der erwerbstätigen Bevölkerung wechselte – insbesondere in den Ortsteilen Fahrnau, Langenau und der Stadt Schopfheim – *von der Landwirtschaft in die Industrie* und das Gewerbe. Hinzu kamen zahlreiche Ortsfremde, die von den neuen Arbeitsplätzen angezogen wurden. Deutlich sichtbar wird dieser Trend in den Ergebnissen der Volkszählung von 1895. Über die Hälfte der Gesamtbevölkerung (50,4%) lebte zu diesem Zeitpunkt vom Sekundären Sektor, in Fahrnau betrug der Prozentsatz sogar beachtliche 84,9%. Von der landwirtschaftlichen Arbeit hatten hingegen die meisten Menschen in Enkenstein (81,5%), Gersbach (80,7%), Raitbach (73,1%) und Eichen (72,7%) ihr Einkommen. Der Bedeutungsverlust des Primären Sektors hielt in den folgenden Jahrzehnten weiter an. 1939 waren in Schopfheim 4221 Menschen in Industrie und Handwerk, aber nur noch 2032 in der Land- und Forstwirtschaft beschäftigt. Von 1950 (15,4%) fiel der Anteil der hauptberuflich in der Landwirtschaft Tätigen kontinuierlich weiter (1961: 13,3%, 1970: 6,6%, 1987: 1,9%). Darin kommt zum einen die gestiegene Bedeutung von Industrie- und Dienstleistungssektor, zum anderen der Produktivitätszuwachs in der Landwirtschaft zum Ausdruck. Doch lag dieser Anteil in Eichen mit 4,7% und in Raitbach mit 2,6%

noch weit über dem Durchschnitt der Stadt insgesamt. Zum Zeitpunkt der letzten Volkszählung im Jahre 1987 bezogen 23,1% der Wohnbevölkerung Schopfheims ihren überwiegenden Lebensunterhalt aus dem produzierenden Gewerbe, wobei sich Fahrnau mit knapp 34% als ausgesprochener Industriearbeiterort präsentierte. Aber auch Langenau und Gersbach lagen mit Quoten um 25% noch über dem Stadtmittel. Auffällig gestiegen ist der Anteil des Tertiären Sektors. Während Handel, Verkehr, Kredit- und Versicherungsgewerbe 1987 genauso wie 1970 für 5,8% der Gesamteinwohner die Haupterwerbsquelle bildeten, erwuchs die Steigerung vor allem aus dem übrigen Dienstleistungsbereich. 1987 war er für 12% der Wohnbevölkerung Hauptwirtschaftsgrundlage gegenüber 8,9% im Jahr 1970. Im stark vom Fremdenverkehr geprägten Raitbach stammte der überwiegende Lebensunterhalt sogar bei über 13% der Einwohnerschaft aus dem sonstigen Dienstleistungsbereich. Renten, Pensionen, Arbeitslosengelder etc. bedeuteten 1987 für 23,9% der Gesamtbevölkerung Schopfheims den überwiegenden Lebensunterhalt. Dabei reichten die Anteile von 16,7% in Eichen bis über 33% in Wiechs, das durch die Bewohner des Kreisaltersheims weit vor den anderen Teilorten rangierte.

Politisches Leben

In der Zeit der revolutionären Unruhen im Jahre 1848 gründeten die Schopfheimer einen *Bürgerverein*, dem sämtliche »besser denkenden Bürger« beitraten, um »allen anarchischen Bestrebungen« entgegenzutreten. Später wurde eine Bürgerwehr gegründet, die einen positiven moralischen Einfluß auf die Aufständischen ausüben wollte. Außerdem wurden alle Mitglieder bewaffnet, was allerdings in den späteren Kämpfen keine Rolle spielte.

Die weitere politische Entwicklung im 19. Jh. läßt alle für die stärker industrialisierten altbadischen Orte typischen Merkmale erkennen. Auffällig bleibt lediglich der späte Aufstieg der Sozialdemokraten. Schon in der Zeit der politischen Reaktion auf die Unruhen der Jahre 1848/49 bildete sich eine deutliche Mehrheit für den gemäßigten und regierungsnahen badischen Liberalismus heraus. Dies zeigen alle frühen Wahlergebnisse. Bei der Reichstagswahl 1877 erreichten die Nationalliberalen im heutigen Stadtgebiet 1255 Stimmen, das entsprach 99,5% der Stimmen. Die absolute Dominanz der Nationalliberalen wurde erstmals im Jahre 1890 gebrochen, als die eher linksliberal orientierten Freisinnigen von 27,1% der Abstimmenden gewählt wurden. In Wiechs (60,4%), Langenau (55,2%) und Enkenstein (69,6%) konnte diese neue Gruppierung sogar eine Mehrheit erringen. 1893 kandidierte der Fabrikant und Bürgermeister von Fahrnau, Albert Krafft, als Freisinniger für den badischen Landtag, was den Trend weg von den Nationalliberalen verstärkte. Bei den folgenden Wahlen modifizierte sich die Parteienstruktur weiter. Erst 1903 trat die Sozialdemokratische Partei in Schopfheim auf die politische Bühne und konnte dennoch bereits bei der letzten Reichstagswahl des Kaiserreiches im Jahre 1912 43,9% verbuchen. Bei dieser Wahl erhielt auch das Zentrum mit 11,3% erstmals ein zweistelliges Ergebnis, das auf den Zuzug von Arbeitskräften, die katholischen Glaubens waren, zurückzuführen ist. Die Nationalliberalen konnten eine knappe Mehrheit von 44,8% der Stimmen halten. Besonders hoch lag der Anteil sozialdemokratischer Wähler in den stärker industrialisierten Ortsteilen, wie z. B. Langenau (61,3%).

Bei der Wahl zur Nationalversammlung 1919 konnte die SPD ihren Stimmenanteil auf 47,3% steigern – ein Wert, den sie in den späteren Wahlen der Weimarer Republik nicht mehr erreichte. Die neu gegründete, linksliberal orientierte Deutsche Demokratische Partei gewann 34,7%, das katholische Zentrum 8,1 % der Stimmen. Die aus dem rechten Flügel vor allem der aufgelösten Nationalliberalen hervorgegangene Deutschnationale Volkspartei (DNVP) kam mit 9,9% auf den dritten Platz der Wählergunst. In den folgenden Jahren zeigte sich auch in Schopfheim die Tendenz, daß bei nachlassender Wahlbeteiligung die gemäßigten Parteien der Weimarer Koalition Stimmen verloren, während die *Kräfte der extremen Rechten und Linken* gerade in den Krisenjahren 1923/24 und ab 1930 ihren Stimmenanteil steigern konnten. 1924 erhielten die Sozialdemokraten enttäuschende 26,0% und das Zentrum 10,3%. Die Deutsche Demokratische Partei ging auf 11,9% zurück, die Kommunistische Partei gewann hingegen dazu (10,4%), ebenso die Deutschnationale Volkspartei (7,7%) und der Badische Landbund (20,1%), von deren Protestwählerpotential später die Nationalsozialisten profitieren konnten. Bei der Krisenwahl 1930 steigerte sich die KPD auf 15,3%, die NSDAP verzeichnete mit 13,9% ihren ersten größeren Wahlerfolg in Schopfheim. 1932 gelang den Nationalsozialisten der Durchbruch. Sie verzeichneten mit 42,2% einen deutlichen Wahlsieg, während die Ergebnisse der anderen Parteien des rechten Flügels bescheiden blieben: Die DNVP bekam 6,2%, die Deutsche Volkspartei gerade 2,9% der Stimmen. Das Zentrum hielt 8,0% der Wähler, das sozialdemokratische Ergebnis schrumpfte auf 16,3%. Die Kommunisten hatten mit 19,1% einen weiteren, wenn auch ihren bisher letzten Aufschwung erreicht. Interessant ist der nach Ortsteilen sehr unterschiedliche Erfolg der NSDAP. Überwältigend waren die Ergebnisse in den noch am ehesten ländlich geprägten Orten Enkenstein (93,6%), Gersbach (85,5%) und Eichen (84,0%). Dort verwiesen die Nationalsozialisten alle anderen Parteien in die Bedeutungslosigkeit. In Raitbach (74,3%) und Wiechs (60,3%) waren die Ergebnisse ebenfalls hoch, aber die Sozialdemokraten (11,0% bzw. 9,4%), die Kommunisten (2,5% bzw. 13,5%) und das Zentrum (1,3% bzw. 7,4%) konnten zumindest einige Stimmen gewinnen. In Langenau, Fahrnau und Schopfheim errangen die Nationalsozialisten Ergebnisse zwischen 32 und 37%. Hier hielten sich die Kommunisten (Schopfheim 23,8%) und Sozialdemokraten (Langenau 33,0%) wesentlich besser.

In den Wahlen nach dem Ende der NS-Diktatur, als sich das *Parteiensystem der Nachkriegszeit* herausbildete, spielte zunächst die Sozialdemokratische Partei die wichtigste Rolle. Bei der Bundestagwahl 1949 gewann sie in Schopfheim 43% der abgegebenen Stimmen. Wie die Sozialdemokraten hatten sich auch die Kommunisten schon 1946 neu organisiert. Sie erreichten 1949 mit 10,6% ihr letztes zweistelliges Ergebnis und verloren in der Folgezeit von Wahl zu Wahl an Stimmen. 1953 wählten nur noch 3,2% der Schopfheimer die KPD. Deren Nachfolgeorganisationen nach dem Parteiverbot 1957 kamen nie über die Position von Splitterparteien hinaus. Ebenfalls 1946 entstand die Badische Christlich-Soziale Volkspartei, die in Abkehr von der alten Zentrumstradition als überkonfessionelle Partei gegründet wurde und 1947 in die CDU überging. Die Christdemokraten erreichten 1949 nur 22,6%, konnten jedoch innerhalb der folgenden Jahre ihren Stimmenanteil erheblich steigern. Auf die heutige Stadt berechnet waren sie 1953 bereits stärker als die SPD, konnten jedoch keine dauerhafte Mehrheit behaupten. Bei den Bundestagswahlen der folgenden Jahrzehnte stritten SPD und CDU um die politische Vormachtstellung. Dabei hatten die Christdemokraten in den 1950er Jahren die besseren Ergebnisse, bis 1961 die SPD mit 45% eine klare Mehrheit erreichen konnte – die CDU erzielte damals nur 34,9%. Die vier folgenden Wahlen zum Bundestag ergaben etwa gleiche Stimmenanteile für die beiden großen Parteien. 1980 lag die SPD, 1983 die CDU vorn, danach näherten sich die Ergebnisse erneut an (1990 SPD: 39,0%, CDU: 38,7%). Die vierte Kraft der Nachkriegszeit stellte die FDP als Vereinigung der Liberalen dar. Nach einem kraftvollen Auftakt mit 21,8% im Jahre

1949 stabilisierte sie sich auf niedrigerem Niveau in den folgenden Jahren, und bekam meist um die 10% der Stimmen. Tendenziell resultierten die Landtagswahlen insgesamt ähnlich, wobei vor allem die deutlich geringere Wahlbeteiligung die Stimmenanteile gegenüber den Bundestagswahlen leicht verschob. Davon konnten beide großen Parteien, je nach vorherrschendem Trend, zeitweise profitieren. Die CDU lag von 1976 an mit Abstand vor der SPD. Hier trat 1992 eine Wende ein, als die SPD bei 41,5%, die CDU hingegen nur bei 32,0% der Wähler in Schopfheim Zustimmung fand.

Betrachtet man die Unterschiede im Wahlverhalten der Schopfheimer gegenüber den baden-württembergischen Gesamttendenzen, so fällt das recht starke Gewicht der SPD auf, wobei der Abstand zur CDU jedoch meist gering war. Diese Beobachtung bestätigt die *Untersuchung der einzelnen Ortsteile*. Die Sozialdemokraten hatten traditionell gute Ergebnisse in den Ortsteilen Langenau, Fahrnau, Wiechs und dem Stadtgebiet Schopfheim. In den weniger stark industrialisierten Ortsteilen Gersbach, Eichen, Enkenstein und Raitbach ähnelte das Wählerverhalten dem Landesdurchschnitt; dort errang die CDU meist absolute Mehrheiten. Ein in allen Ortsteilen neues Phänomen stellte seit 1980 die Partei der Grünen dar, die bei den Bundestagswahlen 1983 und 1987 die FDP vom dritten Platz verdrängte. Diese Position konnte 1990 nicht gehalten werden, als die FDP mit 10,8% die Grünen (6,2%) deutlich überflügelte. Die Landtagswahl von 1992 sah die Grünen mit 10,4% der Stimmen wieder im Aufwärtstrend; bei der gleichen Wahl schnitten die Republikaner mit 5,3% ab.

Wirtschaft und Verkehr

Land- und Forstwirtschaft. – Aufgrund der früh einsetzenden Industrialisierung begann die Landwirtschaft in Schopfheim schon in der 2. Hälfte des 19. Jh. ihre traditionelle Rolle als Haupterwerbsquelle der Bevölkerung zu verlieren. Dieser kontinuierlich fortschreitende Prozeß erfaßte alle Gemeinden auf dem heutigen Stadtgebiet, wenngleich in einzelnen Ortsteilen die Agrarwirtschaft, vor allem die Viehzucht, bis heute einen Wirtschaftsfaktor darstellt. Durch Bebauung großer Flächen mit Industrieanlagen, Siedlungen und Straßen verringerte sich in den letzten hundert Jahren der *Umfang der landwirtschaftlich genutzten Fläche* ständig. 1895 lag der Anteil der bewirtschafteten Fläche bei 5155 ha, was rund 75% der Gesamtfläche ausmachte. Bis 1930 fiel der Wert mit 3263 ha auf 48,1% der Gemarkungsfläche. 1987 betrug er nur noch 2184 ha, weniger als ein Drittel der Gemarkungsfläche der Stadt.

Das *Verhältnis von Ackerland und Wiesen* betrug 1880 und 1930 etwa 1:1. Ausgedehnte Weideflächen befanden sich 1940 nur im heutigen Ortsteil Gersbach, auf die Gesamtfläche bezogen überwogen die intensiver genutzten Wiesen die Weideflächen im Verhältnis 10:1.

In den beiden Jahrzehnten um die Mitte des 20. Jh. blieb der Umfang des Dauergrünlandes fast unverändert, während die *Ackerfläche* weiter schrumpfte. In den 1960er Jahren kam es zu einer Trendwende: Ab dieser Zeit blieb die Größe des Ackerlandes relativ stabil (1987: 410 ha), während das Dauergrünland bis 1987 auf eine Fläche von 1749 ha abnahm. Die Ackerfläche war 1987 hauptsächlich mit *Getreide* bestanden, wobei Weizen (87 ha), Hafer (66 ha) und Gerste (52 ha) die Hauptfruchtsorten darstellten. Der Anteil der Gartengewächse (3 ha) und des Feldgemüses (1 ha) nahm sich dagegen sehr bescheiden aus.

Ebenso wie der Weinbau besitzt auch der *Obstanbau* heute eine geringe Bedeutung. Letzterer erlebte gegen Ende des 19. Jh. einen kräftigen Aufschwung, als vor allem

Äpfel, Birnen und Zwetschgen für den Hausgebrauch und die Märkte der Region gezüchtet wurden. 1887 bestand in Fahrnau eine vom Hauptlehrer betriebene Obstbaumschule. Auch in den anderen heutigen Ortsteilen, wie z. B. in Gersbach, forcierte man den Obstanbau, nachdem er lange Zeit durch Hagelschäden sowie Desinteresse der Landwirte unbedeutend gewesen war. Den Anstoß zu dieser Entwicklung gaben zahlreiche Gelehrte und gebildete Grundbesitzer, die die Veredelungsmethoden bedeutend verbesserten. Ebenso wurden in der Region von Schopfheim nun Handelsgewächse (Hanf und Flachs) angebaut, vornehmlich jedoch zum Eigengebrauch, und etwas Bienenzucht betrieben. Der Rückgang des Obstbaues setzte nach dem 1. Weltkrieg ein und ist zum größten Teil auf das doch rauhere Klima von Schopfheim gegenüber dem mittleren Wiesental zurückzuführen. Von wenigen geschützten Lagen abgesehen, liegen hier die Durchschnittstemperaturen etwas niedriger als es für lohnenden Obstanbau erforderlich wäre. So ist für einen ausgedehnten Obstanbau keine ausreichende Rentabilität gegeben. Trotzdem ist die Gesamtfläche an Obstanlagen wieder von 2 ha im Jahre 1965 auf 22 ha im Jahre 1981 gestiegen. Ungeachtet dieser Steigerung nimmt der Obstanbau heute nur etwa 0,9% der LF in Anspruch. Hinzu kamen 1981 20 ha Gartenland, eine seit zwei Jahrzehnten relativ stabile Zahl. Der Anbau von Handelsgewächsen hat keine Bedeutung mehr.

Die *Viehhaltung* besaß in den Gemeinden der heutigen Stadt Schopfheim traditionell eine relativ große Bedeutung. So lag die Gesamtzahl der Rinder 1987 (2629 Stück) in derselben Größenordnung wie schon 1855 mit 2432 Stück (1992: 2457), obwohl die LF stark zurückgegangen war. Im Zeitraum von 1880 bis 1912 war der Viehbestand ständig angewachsen und erreichte 1913 den Spitzenwert von 3619 Rindern. Dazu hatte die Unterstützung des landwirtschaftlichen Bezirksvereins bei der Aufzucht des Jungviehs ebenso beigetragen wie die Gründung von Viehversicherungsvereinen, welche die Bauern wirtschaftlich absicherten. Zudem besaßen die Bauern der Region wegen der stark zunehmenden Industriearbeiterschaft einen wachsenden Absatzmarkt und erzielten gute Preise. Mit dem 1. Weltkrieg und dem danach verstärkt einsetzenden überregionalen Fleischhandel kehrte sich die Tendenz um, daraus resultiert die Ähnlichkeit der Viehzahlen von 1855 und 1987. Der Anteil der Milchwirtschaft verringerte sich in den letzten 50 Jahren ständig. Wurden 1930 noch 1893 Milchkühe gezählt, das waren mehr als 60% des Rinderbestandes, waren es 1987 nur noch 1031 Stück oder rund 39% (1992: 857). Die Schweinezucht spielte eine recht geringe Rolle. 1982 hielten die Schopfheimer Landwirte 662 Schweine (1992: 405), Mitte des 19. Jh. waren es 877 Tiere gewesen. Auf diesem sehr viel niedrigeren Niveau gab es eine ähnliche Entwicklung wie bei den Rindern. Der Höhepunkt lag ebenfalls im Jahre 1913 mit 1562 Schweinen. Die Schafzucht besaß früher in Gemeinden wie Eichen eine gewisse Bedeutung – 1855 wurden dort 1234 Tiere geweidet –, heute wird sie kaum noch betrieben: 1982 zählte man nur 318 Schafe (1992: 568) auf dem Stadtgebiet. Auch der Hühnerbestand ist in einem stetigen Absinken begriffen. 1965 gab es 5635 Stück Federvieh, 1982 noch 2032, 1992 nur mehr 1083 Stück. Die Zahl der Pferde und Ziegen ist heute fast zu vernachlässigen. Insgesamt gesehen ist also festzustellen, daß der Schwerpunkt der Schopfheimer Landwirtschaft in der Milch- und Rindfleischproduktion liegt.

Die *Anzahl der landwirtschaftlichen Betriebe* stieg von 1895, als es 1024 gegeben hatte, bis in die 1920er Jahre an (1925: 1324 Betriebe). Nach dem 2. Weltkrieg nahm ihre Zahl stetig ab und lag 1987 nur noch bei 182 Betrieben. Im Zuge dieser Entwicklung veränderte sich auch deren Durchschnittsgröße: 1895 bewirtschafteten 55,6% der Betriebe weniger als 2 ha Land, weitere 40,1% zwischen 2 und 10 ha. Nur vier Betriebe verfügten über mehr als 20 ha LF. Während sich 1925 noch annähernd gleiche

Strukturen vorfanden, ging nach dem 2. Weltkrieg die Anzahl der Kleinstbetriebe beständig zurück. 1987 waren 116 Betriebe mit bis zu 10 ha LF ausgestattet, 39 mit 10 bis 20 ha, und immerhin 27 Betriebe konnten mehr als 20 ha bewirtschaften. Bei sämtlichen 42 Betrieben, die 1986 als Vollerwerbslandwirtschaft geführt wurden und eine Durchschnittsgröße von 15,2 ha besaßen, lag der *Produktionsschwerpunkt in der Milch- und Fleischwirtschaft*. Flurbereinigungen führte man in den Ortsteilen Eichen 1973/74, Kürnberg (1976 bis 1979) und Raitbach (1980 bis 1984) in Form von beschleunigter Zusammenlegung durch. Seit Ende der 1950er Jahre wurden drei *Aussiedlerhöfe* im alten Stadtbereich Schopfheim und drei in Fahrnau angelegt.

Die *Forstwirtschaft* trug schon im 19. Jh. einen wesentlichen Teil zum Lebensunterhalt der Bevölkerung bei. Neben der normalen Waldwirtschaft diente der Wald als Vermögensreserve: Größere Ausgaben wurden von kommunaler wie auch von privater Seite her häufig gedeckt, indem man Wald abholzte. So kaufte im Jahre 1905 der heutige Ortsteil Eichen 5 Mg Wald für 1500 Mark an, der Kaufpreis entstammte einem speziell dafür durchgeführten Holzhieb. Der Wald nahm 1850 auf dem heutigen Stadtgebiet ein Areal von 2859 ha ein, das waren 42% der gesamten Gemarkungsfläche. Seither stieg der Anteil langsam an, 1989 lag er schon bei 3541 ha bzw. 52,0% der Gemarkungsfläche. Ein besonders großer Teil liegt im Gemeindeteil Gersbach, der fast 1500 ha Wald aufweist. Auf die gesamte Gemeinde bezogen nahm der Umfang des Staatswaldes zwischen 1855 (114 ha) und 1986 (461 ha) ebenso zu wie der sehr viel größere Gemeindewald (von 1095 auf 1545 ha). Der Waldbesitz in privater Hand ging dagegen im selben Zeitraum von 1650 auf 1477 ha zurück. Der Anteil der Laubbäume verringerte sich von 66% im Jahre 1850 auf 44% 1986.

Handwerk und Industrie. – Die alte Stadt Schopfheim bildete einen *Schwerpunkt des Handwerkes* im Wiesental, während sich die Industrieentwicklung stärker auf den heutigen Teilort Fahrnau konzentrierte. 1852 zählte das Schopfheimer Bezirksamt in der Stadt 121 Handwerks- und handwerksähnliche Betriebe mit amtlichen Lizenzen. Von diesen entfielen 38 auf das *Textilgewerbe*, 33 auf das holzverarbeitende und das Bauhandwerk. Innerhalb des Bauhandwerks besaßen je 6 Schreiner und Zimmerleute die größte Bedeutung. Die drittgrößte Branche stellten die 23 nahrungsmittelverarbeitenden Handwerker (u. a. 8 Bäcker, 4 Metzger) dar, dicht gefolgt von den metallverarbeitenden Handwerkern (21 Betriebe, darunter 5 Schmiede und 5 Kettenschmiede). In einer Verwaltungsstadt wie Schopfheim fehlten auch die Buchbinder nicht (1852: 3). Dabei muß bedacht werden, daß das Stichjahr 1852 ein wirtschaftlich schwieriges Jahr darstellte. Infolge der Wirtschaftskrise 1845–47 und der badischen Revolution 1848/49 hatten zahlreiche Handwerker ihre Werkstätten schließen müssen. Daher dürften die genannten Zahlen eher unter dem Durchschnitt der 1. Hälfte des 19. Jh. für die Stadt Schopfheim gelegen haben. In den heutigen Ortsteilen dagegen war das Handwerk im Vergleich zu anderen Gemeinden im 19. Jh. eher unterrepräsentiert.

Zwei wichtige *Veränderungsimpulse* beeinflußten die Entwicklung des Handwerks im 19. Jh.: Das Aufblühen der Industrie nach dem badischen Beitritt zum deutschen Zollverein 1836, als die Handwerker teilweise Zulieferertätigkeiten für die regionale Textilindustrie übernahmen. So entstammten z. B. viele spezialgefertigte Textilverarbeitungswerkzeuge den lokalen Werkstätten. Dieser marktorientierte Impuls prägte bereits die oben genannten Verhältnisse im Jahre 1852. Die Konkurrenz wurde hingegen verstärkt durch den Bau der Wiesental-Eisenbahnlinie in den Jahren 1859 bis 1862 und die Einführung der Gewerbefreiheit 1862. Durch die verringerten Frachtkosten konnten die Wiesentäler Fabriken nun auch weniger wertvolle Ausstattungsgegenstände aus Basel oder dem Oberelsaß beziehen.

Die *Betriebsstättenzählung von 1895* zeigt, daß die Zahl der Handwerksbetriebe nicht in demselben Maße anstieg wie die der Gesamtbevölkerung. In der überwiegend handwerklich organisierten Baubranche wuchs die Zahl der Betriebe beispielsweise nur von 33 (1852) auf 41 (1895) an, ähnlich waren die Verhältnisse in der Nahrungsmittel- und metallverarbeitenden Branche. Lediglich im Bekleidungs- und Reinigungsgewerbe war ein kräftiges Wachstum zu verzeichnen. Der Anstieg von 38 (1852) auf 128 Betriebe (1895) ist nur zu einem kleinen Teil von industriellen Unternehmen getragen, die meisten Betriebe waren handwerklich geprägt.

Im Laufe des 20. Jh. erfuhr das Schopfheimer Handwerk eine deutliche *Umstrukturierung*. Die zahlreichen selbständigen Schneider verschwanden bis auf zwei Betriebe im Jahre 1977. Der Anteil der metallverarbeitenden Handwerker gewann hingegen an Bedeutung, ebenso das Bau- und Ausbaugewerbe: Die Metallbranche wies im Jahre 1977 39 Betriebe auf, die Baubranche 36 Betriebe. Während das Bau- und Ausbaugewerbe mit mehr Beschäftigten ausgestattet war als die handwerkliche Metallbranche (323 statt 251 Handwerker), waren die Umsätze im Metallbereich deutlich höher. Aufgrund des höheren Maschineneinsatzes setzte dieser Bereich 25,3 Mio. DM um, das Baugewerbe nur 16,2 Mio. DM. Die Veränderung zwischen den Handwerkszählungen 1968 und 1977 ist relativ unbedeutend, sieht man von dem weiteren Absinken des Textilhandwerks in Beschäftigtenzahl und Umsatz ab. Das Geschäftsvolumen sank bei den textilverarbeitenden Handwerkern von 1,2 Mio. auf 0,6 Mio. DM ab und machte nur noch 0,9% des Gesamtumsatzes der Schopfheimer Handwerker aus. Die Gesamtzahl der Handwerksbetriebe blieb von 1977 bis zu einer städtischen Erhebung im Jahre 1985 nahezu konstant (141 und 144 Betriebe). Die meisten Betriebe befanden sich in den Ortsteilen Schopfheim (93) und Fahrnau (25), während die übrigen Teilorte jeweils weniger als 10 Handwerksbetriebe aufwiesen.

Tab. 11: Das Handwerk 1992

Branche	Zahl der Betriebe	Beschäftigte	Umsatz
Baugewerbe	43	423	49,3 Mio. DM
Metall	59	388	77,0 Mio. DM
Holz	12	65	8,1 Mio. DM
Textil/Leder/Bekleidung	6	16	1,7 Mio. DM
Nahrung	12	89	15,0 Mio. DM
Gesundheit/Körperpflege	21	191	10,9 Mio. DM
Glas/Papier/Keramik und Sonstige	6	56	8,6 Mio. DM
Gesamt	159	1228	170,6 Mio. DM

Quelle: Handwerkskammer Freiburg

Die *Industrie in Schopfheim* und den heutigen Teilorten durchlief eine andere Entwicklung als in den übrigen Wiesentalgemeinden. Zwar stellte sich die Marktlage nach dem Beitritt Badens zum Deutschen Zollverein 1836 durchaus ähnlich dar: Vor diesem Einschnitt hatten die Produkte der Schopfheimer Drahtzieherei und der Eisenwerke fast unbelastet von Zöllen auf dem Basler Markt abgesetzt werden können, ab 1836 verteuerten die Zölle auf Metallprodukte und Maschinen diese Erzeugnisse massiv. Auf der anderen Seite erließ der Zollverein protektionistische Einfuhrzölle gegen Textilimporte, wovon die Schweiz und das Elsaß besonders betroffen wurden.

Die traditionelle Eisenverarbeitung des Wiesentales verlor an Bedeutung, während die Textilproduktion und die Lederverarbeitung zunahmen. In Schopfheim waren es jedoch im Gegensatz zum übrigen Wiesental nicht die schweizerischen und elsässischen Investoren, die mit ihrem Kapital diesen Strukturwandel bewirkten. Vielmehr gab es *in Schopfheim eine eigene Unternehmerschaft*, die sich vor allem aus den vormaligen Müller- und Händlerfamilien rekrutierte. Ansiedlungswillige Basler Unternehmer erfuhren einige Ablehnung. So führte 1828 der Schopfheimer Papierfabrikant Kolb eine Protestaktion gegen den Basler Unternehmer Oser-Thurneisen an, der in Brombach eine Papierfabrik eröffnen wollte. Die größte Schopfheimer Textilfabrik des 19. Jh. entstand durch eine Produktionsumstellung. 1835 wandelte Ernst Friedrich *Gottschalk* seine Drahtfabrik in eine mechanische Baumwollspinnerei und -weberei um, die er später um eine Stoffdruckerei erweiterte. Sein Unternehmen beschäftigte 1852 etwa 300 Arbeiter. Die Papierfabrik *Sutter* (gegr. 1834) hatte in diesem Jahr erst 40 Arbeiter. 1902 arbeiteten in dieser Papierfabrik, der eine Lumpenreißerei angegliedert war, 184 Beschäftigte, bei Gottschalk & Majer hingegen nur noch 117 Arbeiter. Die ebenfalls bedeutende Baumwollweberei *Pflüger* (70 Beschäftigte 1902) ging auf eine Gründung von 1755 zurück, deren Entwicklung allerdings während der Napoleonischen Kriege unterbrochen worden war.

Stürmischer als in der Stadt Schopfheim verlief die Entwicklung im heutigen Stadtteil *Fahrnau*. 1852 wurden gleich zwei bedeutende Unternehmen gegründet. Adolf *Singeisen* wandelte ein Eisenhammerwerk in eine mechanische Weberei um, an deren Jacquard-Webstühlen im Jahre 1902 204 Beschäftigte tätig waren, darunter 125 Frauen. Einen noch kräftigeren Aufschwung nahm die Lederfabrik der *Gebrüder Krafft*. Wilhelm Krafft, der Sohn eines Weinhändlers, hatte Anfang der 1850er Jahre die Gebäude und Wasserrechte einer Rotgerberei in Fahrnau geerbt. In die 1852 gegründete Fabrik trat zwei Jahre später sein Bruder Karl Friedrich, 1860 auch der letzte Bruder Albert ein. Seit 1866 stellte die Lederfabrik auch Schuhe her, zunächst für die badische, ab 1867 auch für die japanische Armee. Die Arbeiterzahl schnellte bis 1897 auf 524 Beschäftigte hoch, im Gegensatz zur Weberei Singeisen bestand sie fast ausschließlich aus männlichem Personal. Im Vergleich zu den rund 1000 Beschäftigten in Industrie und Handwerk in Schopfheim (1895) und den 768 Industriearbeitern in Fahrnau nehmen sich die knapp 200 Arbeitsplätze des Sekundären Sektors in den übrigen sechs Gemeinden der heutigen Stadt vergleichsweise gering aus.

Wenngleich es im heutigen Schopfheim kaum *Traditionsunternehmen* gibt, die mit ihrem Firmennamen an die Industriegeschichte des 19. Jh. anknüpfen, hat sich an der räumlichen Verteilungsstruktur von Industrie und Handwerk kaum etwas geändert. Beinahe alle Unternehmen mit mehr als 20 Beschäftigten konzentrierten sich auch Anfang der 1990er Jahre noch auf die Ortsteile Schopfheim und Fahrnau.

Ganz im Gegensatz zur Dominanz der Textil-, Leder- und Papierbranche im 19. und frühen 20. Jh. hat sich, während der 1930er Jahre einsetzend, der *Maschinenbau* klar an die erste Stelle geschoben. 46,2% der insgesamt 3291 Beschäftigten im verarbeitenden Gewerbe waren 1987 im Maschinenbau tätig. Im Industriebereich Textil und Leder arbeiteten 18,8% der Beschäftigten, jedoch fast ausschließlich in Betrieben, die nach dem 2. Weltkrieg gegründet wurden. Die dritte wichtige Branche ist die Elektrotechnik und Feinmechanik, dort waren 1987 15,9% der industriellen Arbeitsplätze angesiedelt. Gerade in den letzten beiden Jahrzehnten entwickelte die Schopfheimer Elektrotechnik eine enorme Dynamik. Die übrigen Bereiche liegen unter 8% (Holz/Papier/Druck) bzw. unter 5% der Industriebeschäftigten.

Der heute größte Betrieb des Schopfheimer Maschinenbaues wurde 1950 von Werner Rietschle in der Nachbargemeinde Hausen mit zunächst drei Mitarbeitern gegründet. 1953 zog die *Werner Rietschle Maschinen- und Apparatebau GmbH* nach Schopfheim um, weil die Stadt dem schnell expandierenden Unternehmen günstige Flächen und Kredite zur Verfügung stellen konnte. Die von der Firma hergestellten Kompressoren und Vakuumpumpen wurden insbesondere auf den Auslandsmärkten bekannt, weil namhafte deutsche Papiermaschinenexporteure die Maschinenteile von Rietschle in ihre eigenen Produktionsanlagen integrierten, die sie im Ausland verkauften. Bei den Druck-Vakuumpumpen für die papierverarbeitende Industrie konnte das Unternehmen bis heute einen Weltmarktanteil von 60% erreichen. Von den etwa weltweit 1000 Beschäftigten im Jahre 1992 (incl. der Schopfheimer Tochter Werner Rietschle Leichtmetallguß GmbH) arbeiteten etwa 750 in den beiden Schopfheimer Stammwerken, die übrigen in den zahlreichen Filialen und Verkaufsvertretungen im In- und Ausland. Der bei dieser Unternehmensstruktur überraschend niedrige Exportanteil von 42% erstaunt nur auf den ersten Blick: Viele Vakuumpumpen werden an deutsche Weiterverarbeiter verkauft, die ihrerseits das Fertigprodukt exportieren. Effektiv werden daher rund 70% der Produktion in das Ausland geliefert, der konsolidierte Umsatz der Rietschle-Gruppe lag 1992 bei 180 Mio. DM. *Ekato-Rühr- und Mischtechnik GmbH* steht für die Anfangsbuchstaben von Erich Karl Todtenhaupt, der die Firma 1933 gründete. Zunächst in Düsseldorf ansässig, wurde der Betrieb 1943 wegen der Bombardements der rheinisch-westfälischen Industriestädte in das relativ geschützte Schopfheim verlagert, wo Ekato nach dem 2. Weltkrieg blieb. Schon Ende der 1960er Jahre gelang es dem Unternehmen, zum deutschen Marktführer in der Rührtechnik aufzusteigen; heute nimmt es weltweit den zweiten Platz ein. Ein neues Werk wurde 1991 errichtet, wobei eine Synthese zwischen Gebäude- und Fabrikplanung angestrebt wurde. Von den 530 Beschäftigten arbeiteten 1992 rund 390 in Schopfheim; der Exportanteil lag bei 47% des Umsatzes, der in der Ekato-Gruppe 105 Mio. DM betrug. – Im Jahre 1935 kam die Firma Karl Wittig nach Schopfheim, die 1885 in Zell gegründet worden war und seit 1910 Rotationsverdichter hergestellt hatte. Der Mannesmann-Konzern übernahm die Firma im Jahre 1956 und gliederte sie 1975 in den Teilkonzern Demag (Duisburg) ein, als *Demag-Wittig*, Schopfheim. Die Verdichter und Vakuumpumpen finden in fast allen Industriebranchen Absatz. Ein vielversprechender Zukunftsmarkt ist die Umwelttechnik: Verunreinigte Lösungsmittel können durch Vakuum-Destillationsanlagen zu 95% zurückgewonnen werden, anstatt in den Sondermüll zu gelangen. Der Hauptteil des Exports von rund einem Drittel der Produktion geht in die EG-Staaten, aber auch in anderen Ländern werden die Vakuumpumpen nachgefragt. Im Schopfheimer Betrieb arbeiteten 1992 rund 250 Beschäftigte, der Umsatz lag bei 65 Mio. DM. – Das vierte Schopfheimer Maschinenbau-Unternehmen mit mehr als 200 Beschäftigten ist das *Dreistern-Werk*, das 1949 von dem Ingenieur Dr. Theo Krückels gegründet wurde. Mit etwa 230 Beschäftigten (1992) stellt der Betrieb Profiliermaschinen, Rohrschweißanlagen und komplette Fertigungsstraßen her. Am Gesamtumsatz von über 50 Mio. DM im Jahre 1992 war der Export etwa zur Hälfte beteiligt. – Die Maschinenbau-Branche wird verstärkt durch eine ganze Reihe von mittelständischen Unternehmen, unter denen die *Rüdtlin Lufttechnik* (1992 rund 50 Beschäftigte), und die *K + B Apparatebau* (30 Beschäftigte) eine größere Bedeutung erlangten. Alle diese Betriebe sind erst nach dem 2. Weltkrieg gegründet worden. Die *Laempe GmbH* wurde 1976 gegründet und hat ihre Produktion auf die Herstellung von Gießerei- und Kernfertigungsanlagen ausgerichtet, worin sie inzwischen auf dem Weltmarkt führend ist. 1992 hatte das Schopfheimer Stammwerk 130 Beschäftigte. Tochterunternehmen in Mitteldeutschland, Italien, Frank-

Die Stadt im 19. Jahrhundert und in der Gegenwart 507

reich, Skandinavien, China und in Amerika eingerechnet, waren es etwa 180 Mitarbeiter, die zusammen über 30 Mio. DM umsetzten. Auf dem Gebiet der Oberflächentechnik arbeitet in Schopfheim die 1981 gegründete *VST, Verschleiss Schutz Technik Dr. Ing. Klaus Keller*. Die Firma ist auf Beschichtungstechniken für Hochleistungswerkzeuge spezialisiert, z. B. Großpressen, die bei der Herstellung von Kraftfahrzeugen eingesetzt werden, und hat eine führende Position innerhalb der europäischen Umformtechnik-Industrie erreicht. Sie beschäftigte 1992 im Jahresdurchschnitt 40 Mitarbeiter.

Die Elektrotechnik ist erst seit 1967 und 1970 in Schopfheim ansässig, verzeichnete in den vergangenen zwei Jahrzehnten bei der Beschäftigtenzahl jedoch einen steilen Anstieg. Bei der *Photo Print Electronic GmbH* (gegründet 1970) stellten 1992 etwa 400 Mitarbeiter hochwertige Leiterplatten her, insbesondere für die Medizintechnik. Der Umsatz stieg von 53 Mio. DM im Jahre 1985 auf 75 Mio. DM 1992. Drei Jahre zuvor schon war in Schopfheim die *DURLUM-Leuchten GmbH* von Fritz Reuter und Heinrich Dame gegründet worden, die Decken- und Lichtsysteme herstellt. 1992 betrug der Umsatz 23 Mio. DM; der Exportanteil lag bei etwa 15%.

Der älteste noch bestehende Betrieb in Schopfheim mit mehr als 20 Beschäftigten ist die holzverarbeitende Firma *Friedrich Brüderlin Söhne*. Um 1800 gegründet, verlegte sich der Betrieb seit 1820 auf die Fensterherstellung und seit 1920 auf den Innenausbau. 1992 stellte die Firma mit 35 Mitarbeitern ein breites Programm von Fenstern, Türen, Wänden u. a. her. Der Export war mit rund 15% am Umsatz von 6 Mio. DM beteiligt.

Ebenso wie die holz- ist auch die papierverarbeitende Industrie im Ortsteil Schopfheim nur durch einen größeren Betrieb vertreten. Die *Hülsenfabrik Ed. Herbster GmbH & Co. KG* stellte 1992 mit 58 Beschäftigten Papierhülsen für die Textilindustrie sowie medizinische und verpackungstechnische Zwecke her. Rund ein Drittel der Hülsen gingen in den Export.

Im Bereich der graphischen Industrie arbeiten zwei Schopfheimer Druckereien. Die *Druckerei Max Trefzer KG* betrieb seit ihrer Gründung im Jahre 1927 zunächst Akzidenzdruck. 1977 stellte sie sich völlig auf Rollenoffset und Flexodruck um, wobei sie sich auf die Belieferung von Pharmaherstellern spezialisierte. 1989 wurde das Unternehmen in die Max Trefzer Verwaltungs KG und die Trefzer Druck GmbH aufgespalten. Mit zusammen im Jahresdurchschnitt 45 Beschäftigten wurde 1992 ein Umsatz von etwa 7,5 Mio. DM erzielt. Etwas kleiner war die Beschäftigtenzahl bei der schon 1864 gegründeten *Uehlin Druck und Papier GmbH*, die 1992 32 Angestellte zählte. Der Umsatz von rund 4 Mio. DM wurde durch Akzidenzaufträge und den Druck von Geschäftsbüchern und Zeitschriften erreicht.

Zwar ist die Textilindustrie vor allem in den Krisen der 1930er und 1960er Jahre schwer getroffen worden, jedoch konnten sich drei Betriebe in der Kernstadt stabilisieren, die erst um die Mitte des 20. Jh. gegründet wurden. Die Firma *Brendlin GmbH & Co. KG.* ist auf Damenoberbekleidung spezialisiert. Neben dem Hauptwerk in Schopfheim, in dem rund 70 Arbeitsplätze vorhanden sind, produziert die Firma in Dannemarie/Elsaß und in Jejeyda/Tunesien. Insgesamt beschäftigt das nach wie vor in Familienbesitz befindliche Unternehmen ungefähr 500 Mitarbeiter. Die *Hanf-Union GmbH* entstand 1969 als Umgründung der Hanf-Union AG, die zu diesem Jahr noch 170 Beschäftigte hatte. Bis 1993 sank deren Zahl auf 16 Mitarbeiter. Mit der Produktion von Web- und Seilgarnen, Bindfäden und Kordeln wurde 1992 ein Umsatz von etwa 3 Mio. DM erzielt. Sehr viel mehr Beschäftigte als im Stadtteil Schopfheim arbeiten nach wie vor in Fahrnau und Langenau in der Textilindustrie. Die Firma *Arlington Socks GmbH* in Langenau ist die Zentrale der gleichnamigen Gruppe, die vor allem Strickstrümpfe und Pullover herstellt und europaweit vertreibt. Die Arlington Gruppe, die seit 1990 zum Kunert Konzern gehört und deren Produktionsstätten sich in Österreich und Ungarn befinden, beschäftigte 1993 insgesamt etwa 650 Mitarbeiter. Nach der weitgehenden Auflösung der dortigen Produktion waren in Langenau 1993 noch etwa 200 Mitarbeiter in Verwaltung, Vertrieb und zentraler Logistik tätig. Arlington erzielte 1992 einen Umsatz von 90 Mio. DM, wobei der Exportanteil bei 60% lag. Als zweiter Textilbetrieb mit einer eher mittelständischen Prägung ist die *Wiesentäler Wäschefabrik W. Blank* zu nennen, die 1954 von Otto Blank gegründet wurde. Etwa 40 Beschäftigte stellten im Jahre 1992 Wäsche für Bett, Tisch und Bad her.

Die Chemie-, Maschinenbau- und die Holzindustrie ist mit jeweils einem größeren Betrieb vertreten. Die 1973 gegründete *Chimitex GmbH* und die Chimitex Cellchemie GmbH stellen chemisch-technische Produkte auf Cellulose-Basis her. Ihre Spezialität sind Industrieklebstoffe für die Textil-, Papier- und Keramikindustrie, die sie weltweit exportiert (1992 50% Exportanteil am Umsatz von 9 Mio. DM). Etwa 25 Beschäftigte arbeiteten 1992 in den beiden Teilunternehmen. 1987 hatte die 1968 gegründete Hans Kapp Stahl- und Apparatebau in Fahrnau eine Teilung vollzogen: die *Kapp Stahl- und Apparatebau GmbH* stellt Druckbehälter her und ist in der Blechbearbeitung tätig, fabriziert vor allem aber als eine von drei Firmen weltweit Spiralwärmeaustauscher. 1992 erzielten 40 Mitarbeiter 7 Mio. DM Umsatz. Die *Müller Stahlbau GmbH*, das zweite aus dieser Teilung hervorgegangene Unternehmen, ist auf schlüsselfertigen Industriebau spezialisiert; es hatte 1992 bei gleicher Mitarbeiterzahl 8 Mio. DM Umsatz erzielt. Mit etwa 60 Mitarbeitern konnte die *Superba-Betten AG* in Fahrnau 1992 einen Umsatz von ungefähr 20 Mio. DM erzielen. Seit seiner Gründung im Jahre 1969 stellt das Schweizer Unternehmen, dessen Hauptsitz Büron (Kt. Luzern) ist, Polsterbetten her und vertreibt Matratzen.

Handel und Dienstleistungen. – Während die Stadt Schopfheim im 19. Jh. einen der höchsten Beschäftigungsanteile im Dienstleistungsbereich hatte, lag der Tertiäre Sektor 1987 weit unter den Werten vergleichbarer Städte: Nur 17,8% der Schopfheimer Wohnbevölkerung arbeiteten in den Bereichen Handel, Verkehr und sonstige Dienstleistungen, während es in Weil am Rhein 24% und in Lörrach 22,5% der Wohnbevölkerung waren. Diese *relative Abnahme des Dienstleistungsanteils* in Schopfheim ist in erster Linie auf den Funktionsverlust zurückzuführen, den die Auflösung des Schopfheimer Amtsbezirkes 1938 nach sich zog. Gleichzeitig wurde der Anteil der industriell Beschäftigten durch die Expansion der Elektro- und Maschinenbaubetriebe gestärkt.

Dabei wies die Stadt Schopfheim traditionell eine *große Zahl von Märkten* auf. Vier Jahrmärkte fanden immer im Bereich des heutigen Altstadtkerns statt, auf dem Marktplatz auch ein Wochenmarkt und neuerdings ein Flohmarkt beim Rathaus. Ähnlich wie in anderen Städten verlagerte sich der Warenhandel mit Konsumgütern allmählich von den Märkten weg in die täglich geöffneten *Einzelhandelsgeschäfte*, später ging der Trend wiederum zu größeren Einheiten (Supermärkte, Einkaufsketten). 1987 wurden in 129 Einzelhandelsbetrieben 587 Beschäftigte gezählt, also 7,6% aller Schopfheimer Arbeitsplätze. Im Großhandel und in Handelsvermittlungen arbeiteten 110 Arbeitskräfte in 21 Betrieben.

Der weitaus größte Teil der Beschäftigten im Tertiären Sektor gehört zur Abteilung »Dienstleistungen, soweit von Unternehmen und freien Berufen erbracht«. Darunter versteht man alle Dienstleistungen, die in Betrieben mit Erwerbszweck betrieben werden, aber nicht den Bereichen Handel, Verkehr und Kreditgewerbe zuzurechnen sind. In 226 Schopfheimer Arbeitsstätten waren in dieser Wirtschaftsabteilung 1557 Personen tätig. Davon stellte der Teilbereich Gebäudereinigung/hygienische Einrichtungen mehr als ein Drittel der Beschäftigten. Mit 85,6% Anteil lag der Frauenanteil in diesem Teilbereich besonders hoch. Der größte Teil der *freiberuflich Tätigen* arbeitete im zweitgrößten Teilbereich dieser Wirtschaftsabteilung, der Rechts- und Steuerberatung (324 Beschäftigte) und dem Gesundheitswesen (209 Beschäftigte).

Aufgrund der Zentrumsfunktion im Bereich der Dienstleistungen für das Wiesental entwickelte sich das *Kreditwesen* in Schopfheim relativ früh. Die erste Initiative kam 1837 von kirchlicher Seite. Das Schopfheimer Stadtpfarramt richtete an die Stadtverwaltung die Anfrage, ob es nicht sinnvoll wäre, einen Sparkassenverein zu errichten. Obwohl der Stadtpfarrer gleich einen Entwurf für eine Geschäftsordnung beigelegt hatte, verstrichen vier Jahre, bis der damalige Amtmann den Gedanken aufgriff. Die 1842 festgelegten Statuten unterschrieben 81 Schopfheimer Bürger, darunter viele Handwerker und die Angehörigen der Fabrikantenfamilien Gottschalk, Grether, Pflüger und Sutter. Letztere stellten den Großteil des Vorstandes, als die Sparkasse am 27. Mai 1843 gegründet wurde. Nach einer rapiden Wachstumsphase benannte sich das Kreditinstitut in »Bezirkssparkasse Schopfheim« (heute: *Sparkasse Schopfheim*) um. Auf dem heutigen Stadtgebiet stehen ihren Kunden neben der Zentrale sechs Zweigstellen zur Verfügung, in Fahrnau, Gersbach, Schlattholz, Langenau, Gündenhausen und Wiechs. Die heutige *Volksbank Schopfheim* wurde im Jahre 1865 als »Vorschußbank in Schopfheim« gegründet. Gerade in einer handwerklich geprägten Stadt wie Schopfheim fielen die Ideen des Sozialreformers Schulze-Delitzsch auf einen fruchtbaren Boden, der durch ein genossenschaftliches Kreditwesen die Handwerker gegenüber den großen Industriebetrieben konkurrenzfähig machen wollte. 1942 entfiel der alte Name »Vorschußbank«. Nach dem Kriege expandierte die Volksbank Schopfheim, indem sie Zweigstellen in Maulburg und Zell im Wiesental errichtete. Im Gegenzug ist heute in Gersbach die 1880 in Maulburg gegründete Raiffeisen eG auf dem Schopfheimer Stadtgebiet tätig, 1965 kam noch eine Filiale der Deutschen Bank in der Innenstadt hinzu. – Neben den genossenschaftlich organisierten Kreditanstalten gründeten auch die Landwirte Vereine mit dem Ziel, einander gegenseitig zu helfen. *Landwirtschaftliche Vereine* gab es 1852 in Wiechs, Schopfheim und Eichen, Viehversicherungsvereine in Wiechs, seit 1881 in Gersbach und seit 1887 auch in Fahrnau.

Aufgrund seiner Lage in einem landschaftlich reizvollen Schwarzwaldtal hat der *Fremdenverkehr* für Schopfheim eine beträchtliche Bedeutung, wie man sie bei industriell geprägten Städten sonst selten findet. Eine Schopfheimer Privatinitiative plante im Jahre 1884 ein Luftkurhotel mit 30 Zimmern im Schweigmatt, das 1891 um ein Stockwerk vergrößert wurde und 180 Betten zählte. Auch zahlreiche Bauernhöfe boten dem zunehmenden Tourismus Übernachtungsmöglichkeiten an, ebenso die Gasthäuser. Allein in der Stadt Schopfheim vergrößerte sich deren Zahl von 13 Wirtschaften im Jahre 1852 auf 19 Häuser im Jahre 1878, die auch Fremdenzimmer bereit stellten. Hinzu kamen zwei bis drei Gasthäuser in jedem der heutigen Teilorte, so daß bereits im ausgehenden 19. Jh. eine umfangreiche Zahl von Übernachtungsmöglichkeiten vorhanden war. Gegenüber den frühen 1970er Jahren nahm die Zahl der Übernachtungen bis Mitte der 1980er Jahre jedoch ab, von 81 940 (1970) auf 55 269 im Jahre 1985. Rund 10 % der Gäste kamen aus dem Ausland, die Verweildauer lag 1985 im Durchschnitt bei etwa drei Tagen.

Verkehr. – Bis zu den 1830er Jahren war der Gütertransport von Basel nach Schopfheim ausgesprochen problematisch. Das Erz für das Hüttenwerk im benachbarten Hausen mußte auf Eseln und Karren über den letzten Streckenabschnitt transportiert werden. Auch die Schopfheimer und Fahrnauer Industriebetriebe litten unter diesen unerträglichen Verkehrshemmnissen. Daher ergriffen die ortsansässigen Unternehmer selbst die Initiative und gründeten die *Wiesentalbahn-Aktiengesellschaft*. Zwischen 1859 und 1862 errichtete die Gesellschaft die Bahnlinie Basel–Schopfheim mit einem Kostenaufwand von 1 292 270 fl. Von der Endhaltestelle Schopfheim aus verkehrten Postwagen nach Todtnau, Brennet und Tegernau. Damit waren die Betriebe im hinteren Wiesental jedoch nicht einverstanden, sie strebten im nachfolgenden Jahrzehnt nach einer Verlängerung bis Zell. Am 14. März 1872 beschloß der badische Staat, die Verlängerung der Eisenbahn bis Zell durch eine Ertragsgarantie zu unterstützen. Bau und Betrieb der Strecke Schopfheim-Zell lagen wiederum in den Händen der Aktiengesellschaft. Gerade bei der Anlieferung von Rohstoffen für die Schopfheimer Betriebe hat die Bahn bis heute noch eine große Bedeutung.

Die Hauptstraße durch das Wiesental wurde in den 1830er Jahren entscheidend verbessert, in den 1860er bis 1880er Jahren auch die kleineren Straßen von Schopfheim zu den heutigen Ortsteilen. Die Umgehungsstraße für die Innenstadt und Fahrnau war 1993 teilweise in Betrieb (Fertigstellung 1994). Noch heute ist die B 317 die wichtigste *Straßenverbindung* Schopfheims nach Lörrach–Basel und in das hintere Wiesental. Daneben sichert die B 518 die Verkehrsverbindung in südöstlicher Richtung nach Wehr und Bad Säckingen. Der Anschluß an die neue Schnellstraße nach Lörrach dürfte in den nächsten Jahren fertiggestellt werden.

Den *öffentlichen Nahverkehr* mit Bussen zwischen Schopfheim und seinen Ortsteilen leistet ein öffentlich bezuschußtes Privatunternehmen sowie die Südbadenbus GmbH. Im Rahmen des Stadtverkehrs Schopfheim setzt diese Gesellschaft häufig verkehrende Busse nach Langenau, Fahrnau und Wiechs ein. Gersbach ist mit der Innenstadt über eine eigene Route verbunden, deren Betrieb die Stadt mitfinanziert. Die anderen Ortsteile werden über zwei Linien bedient, mit denen man auch zu weiter entfernt liegenden Zielen fahren kann: Enkenstein und Langenau liegen an der Strecke in Richtung Tegernau, Eichen in Richtung Wehr–Bad Säckingen. Zwei weitere Strecken verbinden Schopfheim mit Rheinfelden und Schwörstadt. Die Züge der Deutschen Bundesbahn halten in Schopfheim und Fahrnau und verbinden die beiden Orte mit Basel und dem hinteren Wiesental.

Verwaltungszugehörigkeit, Gemeinde und öffentliches Leben

Verwaltungszugehörigkeit und Gemeindegebiet. – Alle Orte, die heute Teile der Stadt Schopfheim sind, gehörten schon vor 1806 zur badischen Herrschaft. Nach der Gründung des Großherzogtums wurde Schopfheim im Jahre *1809 Amtsstadt*, das Schopfheimer Viertel Amtsbezirk. 1864 kamen Wehr und am 1. April 1924 das Amt Schönau sowie Bernau und Todtmoos zum Schopfheimer Amtsbezirk. In der Verwaltungsreform am 1. April *1938* wurde der *Amtsbezirk aufgelöst*. Schopfheim, die heutigen Stadtteile und der größte Teil des Amtes kamen zum Lkr. Lörrach, zu dem die Stadt bis heute gehört.

Die Gemeinde Schopfheim hat den heutigen Umfang im Zuge der *Eingemeindungen* in den 1970er Jahren erreicht. Als erste Gemeinde stieß Fahrnau am 1. 7. 1971 zu Schopfheim. Es folgten Langenau 1972, Raitbach 1973, Enkenstein und Gersbach 1974. Schließlich kamen Anfang 1975 Eichen und Wiechs hinzu. Auf das heutige Stadtgebiet bezogen, haben sich im Laufe des 19. und 20. Jh. *kaum Gebietsveränderungen* ergeben. Schon die statistischen Erhebungen im Jahre 1854 ermittelten eine Gemarkungsfläche von zusammengerechnet 6724 ha. Nur bei wenigen Orten gab es nennenswerte Verschiebungen. Die Gemeindefläche von Fahrnau nahm zwischen 1854 und 1985 um 45,7% zu, was auf den enormen Flächenbedarf der dort prosperierenden Industrie zurückzuführen ist. Die Gemarkung des heutigen Ortsteiles Raitbach nahm im gleichen

Zeitraum um 27,1% ab, da früher zur Gemeinde gehörige Wohnplätze an die Nachbarortschaft Hausen fielen.

Gemeindebesitz und -verwaltung. – Die Gemeindeordnung von 1831 förderte neben stärkerer kommunaler Selbstverwaltung auch die *Entwicklung einer modernen Verwaltungsstruktur*. Die Zahl der besoldeten Kräfte im Dienst der Stadt Schopfheim wuchs an, wenngleich sie nicht viel größer war als in den Landgemeinden. So gab es 1854 in Schopfheim zwei Polizeidiener, sechs Nachtwächter, zwei Wald- und einen Feldhüter, zwei Hebammen, einen Ratschreiber und einen Gemeinderechner. Letzterer übte jedoch noch einen anderen Beruf aus. Die Steinsetzer, ein Waisenrichter und ein Leichenschauer wirkten unentgeltlich. In den Landgemeinden war die Struktur durchaus vergleichbar. Weitere Posten wurden nach Bedarf geschaffen, wie etwa der Brunnenmeister in Fahrnau, der 1880 dort für zwei Mark Tageslohn tätig war, oder der Maulwurfsfänger, der 1897 ungefähr 90 Mark jährlich verdiente. Gersbach beschäftigte 1869 immerhin sieben Straßenwarte. Der technische Fortschritt brachte neue Aufgaben mit sich. So wurden in Langenau 1849 sowohl ein Schulheizer als auch ein Turmuhraufzieher beschäftigt.

Vergleichsweise früh wurden in Schopfheim und seinen heutigen Ortsteilen *Rathäuser* gebaut. In der Stadt Schopfheim begann man schon 1826 mit dem Bau eines neuen Rathauses, das den Anforderungen einer Verwaltung im 19. Jh. genügen sollte. Damit sich die umfangreichen Ausgaben lohnten, brachte die Stadtverwaltung im selben Gebäude zwei Wohnungen, die Gemeindebäckerei, eine Wachstube und das Bürgergefängnis unter. Eine derartige Mehrfachnutzung war auch in den kleineren Gemeinden durchaus üblich. In den Rathäusern von Wiechs, Fahrnau und Eichen wurden um die Mitte des 19. Jh. neben der Wachstube und der Arrestzelle Feuerspritzenremisen eingebaut. In Eichen und Gersbach nutzte der Dorflehrer das Rathaus gleichzeitig als Schulhaus. Noch bis in das Jahr 1956 befanden sich in Langenau zwei Lehrerwohnungen im Rathaus.

Die Inspektionsbeamten des Bezirksamtes charakterisierten die öffentlichen Gebäude als »in baulichem Zustand«, was auf einen *vergleichsweise großen Wohlstand* der Stadtgemeinde Schopfheim im 19. Jh. hinweist. Auch die heutigen Teilorte wurden von den staatlichen Stellen überwiegend in dieser positiven Weise beurteilt, wenn auch – wie z. B. 1880 in Raitbach – gelegentlich kostspielige Reparaturen angemahnt werden mußten. Den größten Anteil am Gemeindevermögen machten die *Waldbesitzungen* aus. Umfangreiche kommunale Ausgaben wurden oft über einen erweiterten Holzeinschlag finanziert. Der Bürgernutzen (Bürgergenuß) an Holz war ebenfalls nicht unbedeutend. In Raitbach betrug der Bürgernutzen noch 1951 je 2 Ster Buchen- und Tannenholz pro Los.

Heute benutzt die Verwaltung für ihre Amtsgeschäfte fast ausschließlich Gebäude, die in der Innenstadt von Schopfheim gelegen sind. Das Rathaus in der Hauptstraße 31 umfaßt die Hauptverwaltung, den Amtssitz des Bürgermeisters und seines Beigeordneten. In der Hauptstraße 29, dem ehemaligen Amtsgerichtsgebäude, befindet sich die Finanzverwaltung und das städtische Archiv. Das Ordnungs- und das Sozialamt, Grundbuchamt, Bauamt, Standesamt und der mobile Hilfsdienst sind im früheren Bezirksamt in der Wallstraße 1 untergebracht. Eine eigene, ganztägig besetzte Ortsverwaltung besteht nur noch in Gersbach. In allen anderen Ortsteilen finden im Rathaus bzw. Schulgebäude nur noch die Sitzungen des Ortschaftsrates und die Sprechstunden des Ortsvorstehers statt. Die Zahl der *städtischen Beschäftigten* betrug Ende 1992 146, darunter 19 Beamte, 70 Angestellte und 57 Arbeiter. Hinzu kamen 78 Teilzeitbeschäftigte. An der Spitze der Verwaltung steht ein direkt gewählter Bürgermeister.

Bei der *Gemeinderatswahl* der Stadt Schopfheim 1989 setzte sich die SPD mit 41,9% durch, die CDU bekam 25,6% und die Wählervereinigung 17,1%. Die Grünen und die FDP folgten mit 10,0 bzw. 5,3%. der Stimmen.

Nichtkommunale Behörden. – Eine »Postexpedition« hatte in Schopfheim schon 1830 bestanden, ein Jahrzehnt später verkehrte bereits täglich eine Postkutsche nach Basel und in das hintere Wiesental; seitdem ist Schopfheim ein wichtiger Stützpunkt im Postsystem. Trotz der Eingemeindungen in den 1970er Jahren unterhält die *Bundespost* außer der Hauptpost im Stadtzentrum nach wie vor Postämter in den Ortsteilen Fahrnau, Langenau, Wiechs und Gersbach. Ebenso halten die Züge der *Bundesbahn* nicht nur am Schopfheimer Hauptbahnhof, sondern auch in Schopfheim-Fahrnau und Hausen-Raitbach.

Weitere nichtkommunale Einrichtungen in der Stadt sind das *Amtsgericht* und *Notariat*, das *Staatliche Forstamt*, eine *Zulassungsstelle für Kraftfahrzeuge* des Landratsamtes und das *Polizeirevier*. Als Außenstellen fungieren das Finanzamt (Außenstelle von Lörrach), das Staatliche Hoch- und Universitätsbauamt (Außenstelle von Konstanz) und das Staatliche Vermessungsamt (Außenstelle von Lörrach). Ebenfalls in Schopfheim befindet sich die Hauptgeschäftsstelle der *Industrie- und Handelskammer Hochrhein-Bodensee*.

Ver- und Entsorgungseinrichtungen. – Bis um die Jahrhundertwende bestand die öffentliche *Wasserversorgung* Schopfheims aus elf laufenden Brunnen, in denen Wasser aus Quellen im Berg Entegast und im Altigrain zugeleitet wurde. Als keine ausreichende Versorgung mehr gewährleistet werden konnte, unternahm der Schopfheimer Gemeinderat 1878 eine öffentliche Umfrage bei den Einwohnern. Er wollte feststellen, wieviele Haushalte sich der Wasserleitung anschließen würden. 75 Hauseigentümer erklärten sich dazu bereit, einen Teil der Kosten mitzutragen und trugen so zur Finanzierung der Wasserleitung bei. Die Wasser- und Straßenbaudirektion Lörrach führte die gesamten Arbeiten durch. Schon 1891 erwies sich jedoch die Wassermenge wiederum als unzureichend. Der beigezogene Gutachter schlug ein Pumpwerk vor. Im Jahre 1900 erklärte sich die Firma Gottschalk & Mager bereit, Wasser vom Brunnen ihrer Fabrik in die städtische Leitung pumpen zu lassen. Nach einigen Verzögerungen genehmigte der Bürgerausschuß 1912 das Projekt eines städtischen Pumpwerkes, das schließlich 1913 bei Ehnerfahrnau in Betrieb genommen werden konnte. Seit 1965 läuft die Wasserversorgung über das neue Pumpwerk Ruhm. Dabei beträgt die Wasserförderung laut wasserrechtlicher Genehmigung 57 Liter pro Sekunde, was eine jährliche Gesamtmenge von 1,34 Mio. cbm ergibt. Nach einigen baulichen Maßnahmen wurde im Jahre 1979 eine Quote von 100% bei den an die öffentliche Versorgung angeschlossenen Haushalten erreicht. Eine eigene Versorgung, die durch Quellwasser gespeist wird, haben die Ortsteile Enkenstein (seit 1908) und Gersbach (seit 1964). Enkenstein ist zudem seit 1983 an den Dinkelberger Wasserversorgungsverband angeschlossen. Langenau, das seit 1910 eine eigene Wasserversorgung besitzt, und Wiechs traten diesem Verband 1970 bei. Fahrnau partizipiert seit 1973 an der Wasserversorgung der Stadt Schopfheim. Eigene Quellen versorgen Raitbach, seit 1979 ist der Ort zusätzlich an das Pumpwerk Ruhm durch eine Verbindungsleitung angeschlossen.

Im vergangenen Jahrhundert waren häufig Klagen über mangelnde hygienische Verhältnisse laut geworden, weil bei anhaltenden Regenfällen der Inhalt der Dunggruben auf die Straßen floß. Zur Sicherung der öffentlichen Gesundheit und Reinlichkeit beschloß der Schopfheimer Gemeinderat im August 1884, eine *Kanalisation* zu errichten. Im Vergleich zu anderen Städten derselben Größenordnung gingen die Schopfheimer dieses Problem sehr früh an. Der anschließend bei der Wasser- und Straßenbauin-

Die Stadt im 19. Jahrhundert und in der Gegenwart 513

spektion gestellte Antrag konnte jedoch wegen Mangels an Personal von dieser Behörde nicht bearbeitet werden. Die Inspektion empfahl, einen Zivilingenieur zu beauftragen, was von der Stadt aufgrund der beträchtlichen Kosten verworfen wurde. Erst zwischen 1910 und 1918 wurden die wichtigsten und größten Schopfheimer Straßen kanalisiert. Der seitdem fortschreitende Ausbau des Kanalnetzes führte inzwischen dazu, daß heute alle Ortsteile mit Zwischenortsammlern an die Kanalisation angeschlossen sind. Bis Mitte der 1980er Jahre blieben einige auf das gesamte Stadtgebiet verteilte Gegenden bestehen, in denen die Ortskanalisation noch ergänzungsbedürftig blieb. 1992 waren fast alle Haushalte (1992: 97,5 %) an die öffentliche Sammelkanalisation und damit an kommunale Kläranlagen angeschlossen. Die Stadtteile Gersbach, Gersbach-Schlechtbach und Raitbach-Sattelhof verfügen über eigene biologisch-mechanische Kläranlagen. Die übrigen Gemeindeteile sind an den Verbandssammler Steinen angeschlossen.

Die *Abfuhr von Haus- und Gewerbemüll* erfolgt in allen Ortsteilen einmal wöchentlich im Auftrag des Landkreises durch ein privates Unternehmen. Der Abfall wird in die Kreismülldeponie Scheinberg gebracht, die zum Teil auf der Gemarkung Schopfheim-Langenau liegt. Auf der Gemarkung Schopfheim-Wiechs befindet sich eine langfristig nutzbare Bauschuttdeponie für den gesamten Lkr. Lörrach.

1908 nahm das städtische *Gaswerk* die öffentliche Versorgung auf, nachdem zuvor ein Baseler Ingenieur (seit 1867 bis 1877) und die Schweizerische Gasgesellschaft Schaffhausen private Gasanstalten in Schopfheim betrieben hatten. 1908 wurden 70 Gaslaternen zur Beleuchtung der Straßen aufgestellt. Um 1920 fusionierte die Schopfheimer Gasanstalt mit dem Lörracher Gaswerk. Bis heute wird die Versorgung durch diesen Verbund sichergestellt. 1984 nutzten die Einwohner des Versorgungsgebietes 88,3 Mio. kWh Gas, 1992 über 140 Mio. Kilowattstunden.

Der Beginn der *Elektrizitätsversorgung* ist durch das Bemühen der Kraftübertragungswerke Rheinfelden (KWR) gekennzeichnet, ihr Versorgungsgebiet in das Hintere Wiesental auszudehnen. Noch lange setzten Handwerksbetriebe und Fabriken in Schopfheim ihre eigenen Kleinwasserkräfte für die Elektrizitätserzeugung ein und waren daher nicht auf die KWR angewiesen. Heute wird das gesamte Stadtgebiet von den Kraftübertragungswerken versorgt.

Eine *medizinische Grundversorgung* wurde in den heutigen Ortsteilen seit dem ausgehenden 19. Jh. von kommunaler Seite sichergestellt. Gersbach z. B. bezahlte eine Krankenpflegerin. Erst in der 2. Hälfte des 20. Jh. stieg die Zahl der niedergelassenen Mediziner deutlich an. 1992 übten 6 Allgemeinmediziner ihre Tätigkeit in der Gesamtgemeinde Schopfheim aus. An Fachärzten praktizierten 5 Internisten, ein Kinderpsychiater und 2 Kinderärzte, 2 Nervenärzte, 3 Frauenärzte, ein Hals-, Nasen- und Ohrenarzt, ein Augenarzt, ein Urologe, eine Ärztin für Psychiatrie und Psychotherapie sowie ein Chirurg. Auf dem Gebiet der Zahnheilkunde arbeiteten ein Kieferorthopäde sowie 11 Zahnärzte. Psychologische Betreuung bieten ein Familientherapeut sowie eine psychologische Beratungsstelle für Eltern, Kinder und Jugendliche. Außerdem boten 5 Heilpraktiker, 6 Krankengymnasten und 5 Masseure ihre Dienste. Die veterinärmäßige Versorgung lag in Händen zweier Tierärzte, die in einer Gemeinschaftspraxis arbeiteten. In den verschiedenen Ortsteilen bestehen 6 Apotheken und ein Sanitätshaus. Für die stationären Behandlungen kann das Kreiskrankenhaus mit 150 Betten aufgesucht werden.

Für die *soziale Versorgung* der Schopfheimer ist ein Mobiler Hilfsdienst der Arbeiterwohlfahrt eingerichtet. Die Evangelische Diakonie arbeitet seit 1976 und organisiert die Gemeindekrankenpflege, »Essen auf Rädern«, eine Nachbarschaftshilfe sowie eine Telefonseelsorge. Das Evangelische Sozialwerk ist auch Träger des Georg-Reinhardt-

Hauses in Schopfheim, das aus einem Altenheim mit 60 Plätzen und einem Pflegeheim mit 160 Plätzen besteht. Weitere 25 Plätze bietet das Altenheim »Haus Columban«. Der Lkr. Lörrach unterhält in Wiechs das Markus-Pflüger-Heim, ein Alten- und Pflegeheim mit 300 Plätzen. Diese Einrichtung geht auf ein 1877 errichtetes Kreispflegeheim zurück, dessen Gebäude bis 1985 vom Landkreis grundlegend erneuert wurde. Seit 1979 bietet das private Seniorenwohnstift »Im Bifig« 21 Appartements und 60 Pflegeplätze.

Die Ortsteile besitzen alle noch ihre alten *Friedhöfe*. In Fahrnau, Langenau und Wiechs steht eine Aussegnungshalle zur Verfügung. Der Friedhof in der Nähe des Stadtzentrums mit seiner St. Katharinen-Kapelle besitzt ebenfalls eine Aussegnungshalle, die 1967 gebaut wurde.

Die älteste Freiwillige *Feuerwehr* läßt sich für Schopfheim belegen; sie wurde 1862 eingerichtet. In kurzem Abstand folgten die Gründungen in Gersbach (1864), Wiechs (1870), Langenau (1873), Fahrnau (1874) und Eichen (1880). 1863 wurden in Wiechs schon 63 Mitglieder, 1878 in Fahrnau 70 Mitglieder und 1880 in Eichen 54 Mitglieder registriert. In Enkenstein und Raitbach entstanden 1940 Freiwillige Feuerwehren, als ein neues Feuerlöschgesetz deren Gründung in jeder Gemeinde zwingend vorschrieb. Vor der Einrichtung von Freiwilligen Feuerwehren hatten die Gemeinden allein das Feuerlöschwesen organisiert. Im Laufe des 19. Jh. schafften sie Feuerleitern und fahrbare Spritzen an, die zunächst von Brandweihern und später von Hydranten aus mit Wasser versorgt wurden. 1992 taten in der Stadt Schopfheim 245 aktive Feuerwehrmänner ihren Dienst, wobei der Kommandant und der Gerätewart hauptberuflich tätig waren. Die Jugendfeuerwehren steuerten nochmal 68 Helfer bei.

Kirche und Schule. – Schopfheim und alle seine Ortsteile waren seit der Reformation in der Markgrafschaft protestantisch. Die *katholische Minderheit*, deren Anteil mit den Zuwanderungsbewegungen allmählich anstieg, erhielt erst 1879 mit dem Bau der St. Bernhardskirche in Schopfheim eine eigene Kirche. Im Jahre 1954 folgte der Bau der Marienkirche in Fahrnau, die 1983 erweitert wurde. Lange Zeit gehörten die katholischen Christen von Schopfheim, Eichen, Enkenstein und Fahrnau zur Pfarrei Höllstein (Gde Steinen), die Katholiken aus Wiechs zur Pfarrei Minseln. Heute besitzt Schopfheim ein eigenes katholisches Pfarramt.

Die *evangelische Pfarrei* von Schopfheim bildet seit jeher eine Einheit mit Eichen, Langenau und Wiechs. Zur älteren oberen Pfarrei gehört Eichen, die untere, zuständig für Langenau und Wiechs, wurde 1929 gebildet. Eichen und Wiechs haben eigene Kirchen, in Langenau wurde 1973 ein Gemeindezentrum errichtet. Die Protestanten in Gersbach werden von einer eigenen Pfarrei betreut und versammeln sich in einer 1765 erbauten Kirche. In Fahrnau, dessen Kirchengemeinde 1919 selbständig geworden ist, gibt es neben der 1964 gebauten Kirche eine aus der 1. Hälfte des 14. Jh. stammende Kapelle. Raitbach gehört zur Pfarrei Hausen, deren Pfarrer zwei- bis dreimal im Monat einen Gottesdienst im ehemaligen Raitbacher Schulgebäude abhält. Im Falle von Enkenstein decken sich kommunale und kirchliche Zugehörigkeit ebenfalls nicht, weil dieser Ortsteil zur Pfarrei Wieslet gehört. Die älteste Kirche befindet sich in der Schopfheimer Innenstadt. Die Ursprünge von St. Michael gehen auf das 12. Jh. zurück, bis 1891 war sie evangelische Stadtpfarrkirche, 1892 wurde die neue Stadtkirche errichtet. Nach einer Teilrenovierung des Chorraumes, insbesondere der Fresken, und des Vorderschiffes ist auch St. Michael wieder im Gebrauch der Kirchengemeinde, wobei bisher ein Teil des Gebäudes als Museum diente.

1992 wurden in der Stadt Schopfheim 11 Kindergärten und 2 Spielstuben gezählt, die insgesamt 608 Plätze boten. Von der Kommune getragen werden der Kindergarten am

Marktplatz und der Kindergarten Oberfeld; hinzu kommen in der Innenstadt ein katholischer und ein evangelischer Kindergarten. In Fahrnau und Wiechs gibt es städtische Kindergärten, während der Gersbacher Kindergarten von der evangelischen Kirchengemeinde geleitet wird. Die Spielstube in Raitbach untersteht der protestantischen Kirchengemeinde in Hausen. Der Waldorfkindergarten wird auch von Kindern der weiteren Umgebung, bis nach Rheinfelden, besucht.

Schon in der 2. Hälfte des 19. Jh. besaßen alle heutigen Ortsteile eigene *Schulhäuser*. Teilweise waren in deren Gebäuden Wohnungen vorhanden, in denen der Lehrer mit seiner Familie untergebracht war. Ein sogenannter Hauptlehrer – nur teilweise wurden zusätzliche Unterlehrer beschäftigt – unterrichtete eine große Anzahl von schulpflichtigen Kindern aller Altersstufen in einer Klasse. In Eichen z. B. hatte der Hauptlehrer im Jahre 1852 88 Kinder zu betreuen, in Wiechs sogar 114 Schülerinnen und Schüler. Die Baupflicht oblag zu dieser Zeit den Gemeinden, die ebenso für die laufende Instandhaltung zuständig waren. Raitbach hatte als relativ kleine Gemeinde enorme Probleme, die hohen Ausgaben für die Schulhausrenovierung im Jahre 1880 aufzubringen. Aus Kostengründen wurden häufig die Gemeindeverwaltung und die Schule im selben Gebäude untergebracht, wie es in Gersbach das ganze 19. Jh. hindurch der Fall war. Eine *höhere Bürgerschule* bestand nur in Schopfheim, die 1852 drei Lehrer beschäftigte. Außerdem existierte eine private höhere Töchterschule mit zwei Lehrern. Der starke Bevölkerungsanstieg im ausgehenden 19. Jh. ließ überall neue Schulgebäude notwendig werden. In dem besonders dynamischen Fahrnau erbaute man 1891 ein Schulhaus als Anbau an das Rathaus. Schon 1902, nur 11 Jahre später, wurde ein erneuter Schulhausbau notwendig. Das neue Fahrnauer Schulhaus beherbergte zudem einen Teil der Gemeindeverwaltung und eine Kochschule. Nach dem 2. Weltkrieg beschlagnahmte die französische Besatzungsmacht das Schulhaus, so daß der Unterricht für einige Zeit im Kaufhaus Brasse abgehalten werden mußte.

Schopfheim wies im Schuljahr 1992/93 insgesamt 715 Grund- und 450 Hauptschüler, 661 Gymnasiasten sowie 91 Schüler der Förderschule auf. Die Waldorfschule hatte 467 Schüler in 14 Klassen. 810 Schüler besuchten die Gewerbeschule, 211 die Haus- und Landwirtschaftliche Schule (darunter 174 als Teilzeitschüler) sowie 636 die kaufmännische Schule (darunter 490 Teilzeitschüler). Im gleichen Schuljahr unterrichteten 40 Lehrer an der Gewerbeschule, 24 an der Kaufmännischen, 32 an der Haus- und Landwirtschaftlichen Schule, 98 an den Grund- und Hauptschulen, 16 an der Förderschule, 34 an der Waldorfschule sowie 57 am Gymnasium. Die heutige Schulorganisation verbindet alle Ortsteile miteinander. Grundschulen gibt es in Fahrnau, Gersbach und Schopfheim; die Hauptschule befindet sich in Schopfheim. Das Theodor-Heuss-Gymnasium, die Hebelschule und das Berufsschulzentrum befinden sich in der Innenstadt von Schopfheim.

Kulturelle Einrichtungen. – Das Bildungsangebot der Stadt wird durch die *Volkshochschule Schopfheim* und die *Musikschule Steinen-Schopfheim* erweitert. Beide Institutionen bieten regelmäßig Kurse an und organisieren Abendveranstaltungen. Schopfheim besitzt eine *Stadtbücherei*, die 1992 bei einem Bestand von über 25 000 Medieneinheiten eine Ausleihe von knapp 144 000 Entleihungen aufwies. Ein weiteres kulturelles Angebot stellt das vom Kulturring Schopfheim organisierte Programm dar. Jährlich veranstaltet der Kulturring u. a. etwa 10 Theateraufführungen und Konzerte in der Stadthalle. Außerdem zeigt das Schopfheimer *Heimatmuseum* die geschichtliche Entwicklung der Stadt, insbesondere werden dort zahlreiche interessante Wechselausstellungen gezeigt.

Sportstätten und Vereine. – Sportstätten für Freiluft- und Hallensportarten verteilen sich auf das gesamte Stadtgebiet. Das beheizte Schwimmbad Schweigmatt wurde

1934 errichtet und 1981 neu aufgebaut; das Freibad Schopfheim von 1951 wurde 1973/74 erweitert. Es bestehen auch drei Schützenhäuser und zwei Hundesportplätze. In den ungefähr 80 Vereinen der heutigen Stadt Schopfheim ist ein überaus großer Teil der Bevölkerung organisiert, so daß ein reges Vereinsleben besteht. Eine besondere Rolle kommt der Pflege des *Fasnachtsbrauchtums* zu. Die Fasnachtsgesellschaft in Schopfheim von 1935 ist in sechs Unterabteilungen gegliedert. Ebenfalls kulturellen Aufgaben widmen sich die zahlreichen Sängerbünde und *Gesangsvereine*. Schon im letzten Jahrhundert gegründet wurden die Gesangsvereine in Schopfheim (1835), Wiechs (1858), Raitbach (1863), Fahrnau (1864), Eichen (1865), Gersbach (1868), Kürnberg (1876) und Langenau (1884). Auf eine lange Tradition blicken auch Musikvereine zurück. Die Stadtmusik Schopfheim wurde z. B. 1814 ins Leben gerufen. Ebenfalls zu den kulturellen Vereinen gehört die 1956 gegründete *Museumsgesellschaft*, die sich lokalhistorischen Aufgaben widmet. In den zahlreichen und mitgliederstarken *Sportvereinen* können die verschiedensten Sportarten wie Angeln, Fußball, Motorsport, Reiten, Schach, Schießen, Segelfliegen, Ski, Kegeln, Turnen usw. betrieben werden. Eine große Bandbreite von Sportarten ist in den allgemeinen Sportvereinen abgedeckt: Der TSG Schopfheim 1846 und der SV Schopfheim 1912 bieten eine ganze Reihe von Sportarten an. Zu den ältesten Sportvereinen gehört der Turnverein Fahrnau (seit 1882) und die Schachgesellschaft Schopfheim (seit 1885). Außerdem besteht eine ganze Reihe weiterer Vereine, von den Aquarienfreunden Wiesental e. V. über den Bezirksimkerverein Schopfheim zum Vogelschutzverein Schopfheim.

Strukturbild

Schopfheim im mittleren Wiesental wies im 19. und 20. Jh. eine Entwicklung auf, die nicht frei von Brüchen war. Der traditionell wichtige handwerkliche Sektor verlor ähnlich wie in vergleichbaren Städten gegenüber der Industrie an Bedeutung. Dennoch verlief die *Industrialisierung* – nicht zuletzt aufgrund der schwierigen Verkehrslage – bis 1862 in der alten Stadt Schopfheim und in Langenau nicht so stürmisch wie etwa in der Industriegemeinde Fahrnau oder in anderen Orten des Wiesentales. Die heutigen Ortsteile Eichen, Wiechs, Gersbach, Enkenstein und Raitbach blieben noch relativ lange von der Land- und Forstwirtschaft geprägt. Der Bereich Verwaltung und Dienstleistung bewahrte während des 19. und frühen 20. Jh. seine Bedeutung, verlor jedoch nach *Auflösung des Bezirksamtes im Jahre 1938* erheblich an Gewicht. Infolge zahlreicher Unternehmensgründungen in innovativen Branchen expandierte ab den 1950er Jahren die Industrie erneut, stärker als anderswo. Ein spezielles Förderungsprogramm in den 1970er Jahren bewirkte, daß die Arbeitsplätze im Sekundären Sektor auch in dieser wirtschaftlich schwierigen Zeit weiter vermehrt werden konnten.

Schopfheim ist bis heute ein Industriestandort geblieben, wenngleich der Tertiäre Sektor inzwischen eine zunehmende Bedeutung erlangt hat. Die Gemeinde fungiert heute als *Mittelzentrum* des mittleren, oberen und Kleinen Wiesentals und bietet ihrem Umland Dienstleistungen aller Art an. Ein Teil der Kaufkraft fließt nach Lörrach, Rheinfelden, Basel und Freiburg ab.

Die Zahl der *Berufspendler* nahm zwischen den Volkszählungen 1970 und 1987 im Zuge der allgemein gestiegenen Mobilität kräftig zu. Die Pendelrichtung geht im wesentlichen vom oberen Wiesental (Region Zell) über Hausen, Schopfheim und Maulburg bis nach Lörrach und Basel. Rund 250 Schopfheimer pendelten 1987 täglich in das untere Wiesental. Einige arbeiteten als Grenzgänger in der benachbarten Schweiz. Kleinere Pendelströme weisen eine entgegengesetzte Richtung auf. Von

Enkenstein gingen beispielsweise die größten Bewegungen nach Hausen (126) und Zell (274). Schopfheim gewinnt Einpendler aus der gesamten Umgebung, z. B. aus Hausen 229 und aus Hasel 103.

Das Steueraufkommen der Stadt Schopfheim steigerte sich in den letzten beiden Jahrzehnten kontinuierlich. Betrug es noch 1970 3,7 Mio. DM, so waren es 1980 12,8 und 1992 bereits 21,6 Mio. DM. Pro Kopf stiegen die Steuereinnahmen von 380,7 DM im Jahre 1975 auf 1259 DM (1992). Die Steuerkraftsumme, die im selben Zeitraum von 537,80 DM auf 1200 DM pro Kopf wuchs, liegt in der Größenordnung des Landesdurchschnitts. Der Anteil der Gewerbesteuer machte 1970 ein Drittel des städtischen Steueraufkommens aus, 1976 hatte deren Anteil mit 49,2% fast die Hälfte erreicht. Seither ist der Anteil der Gewerbesteuer stark rückläufig; er betrug 1992 nur noch 19%. Währenddessen stieg die städtische Verschuldung von 1975 bis 1991 an, und zwar von 879 DM auf 2292 DM pro Kopf. Durch die Bildung eines Eigenbetriebes für die Abwasserbeseitigung verringerte sich dieser Betrag 1992 rechnerisch auf 1173 DM pro Einwohner. Der Gemeindehaushalt sah 1993 9,6 Mio. DM für den Vermögens- und 42,6 Mio. DM für den Verwaltungshaushalt vor. Die Schuldenlast belief sich auf 45,1 Mio. DM.

Als wichtige kommunalpolitische Aufgaben der Zukunft sieht die Stadtgemeinde die weitere Erschließung von Gewerbe- und Wohnbaugebieten an. Auf diese Weise sollen Arbeitsplätze in bestehenden Industriebetrieben gesichert, neue geschaffen und der Wohnungsfehlbestand abgebaut werden. Auch soll die Verkehrsberuhigung und der Umbau der Innenstadt mit dem Ziel einer Stärkung von Einzelhandel und Dienstleistungen vorangetrieben werden. Weiterhin werden Dorfentwicklungsprogramme für einige Ortsteile vom Regierungspräsidium Freiburg gefördert.

C. Geschichte der Stadtteile

Eichen

Ur- und Frühgeschichte. – Scherben und mehrere unbestimmbare Münzen des 3. Jh. n. Chr. weisen auf eine *römische Ansiedlung* im Ortsbereich. Unsicher ist dagegen die Lage weiterer Siedlungen, die sich durch Funde bei den 1979 am Platz der ehemaligen St. Pankratiuskirche durchgeführten Grabungen zu erkennen geben. Feuersteingeräte mittel- und jungsteinzeitlichen Charakters weisen auf nahegelegene Rast- und Wohnplätze. Diese Geräte sind aber ebenso in verlagertem Material gefunden worden wie römische Scherben und Ziegel und erlauben deshalb keine exakte Lokalisierung. Es muß damit auch die Frage offenbleiben, ob die mittelalterliche Kirche St. Pankratius auf dem Platz einer römischen Siedlung, vielleicht eines Gutshofes, erbaut worden ist. Zwar wurde ein eingemauerter römischer Ziegel im Fundament entdeckt, doch fanden sich in der ausgegrabenen Fläche keine vormittelalterlichen Mauerreste. Diese könnten allerdings auch vollständig abgebrochen und zum Bau der Kirche benutzt worden sein.

Siedlung und Gemarkung. – Das Dinkelbergdorf Eichen dürfte eine Ausbausiedlung von Schopfheim gewesen sein oder ist früh in Zwing und Bann der Stadt einbezogen worden. Im Gegensatz zu der gängigen Auffassung verfügte der Ort über eine eigene Gemarkung. Hier könnte der Flurname *Finningen* auf eine abgegangene Siedlung hinweisen. Grenzstreitigkeiten sind vor allem mit Wehr überliefert, 1718 und 1779/81 fanden Grenzberichtigungen statt.

Der Ort selbst läßt sich erstmals 807 (801?) in der Form *Eihheim* urkundlich nachweisen. Kern der Siedlung könnte ein größerer Hof gewesen sein, an dessen Platz später das »Schlößle« errichtet wurde. Die wichtigste Verbindung zu den umliegenden Dörfern waren die Straße nach Wehr und der Pfad nach Schopfheim (1652). Diese Straße, ein Hohlweg, der im Winter kaum zu begehen war, wurde 1766 ausgebaut und erhielt eine neue Führung. Die Häuser waren übrigens, wegen des ständigen Holzmangels, noch im 18. Jh. meist mit Stroh gedeckt. Auch Eichen ist von Kriegszeiten nicht verschont geblieben; besonders folgenreich war ein Überfall lothringischer Soldaten im Herbst 1676, bei dem selbst die große Glocke der Kapelle abhanden kam.

Herrschaft und Grundbesitz. – Das Dorf gehörte 807 zum Breisgau. Mit Schopfheim zusammen war es österreichisches Lehen in Händen der Herren von Rötteln, später der *Markgrafen von Baden*. Eigenen Adel hatte der Ort kaum: Gunther von Eichen, der 1258 als Zeuge der Herren von Rotenberg urkundet, könnte vielleicht dem niederen Adel angehört haben. Alle anderen Nennungen sind Herkunftsbezeichnungen.

Zwing und Bann waren, wie die Urkunde von 1394 ausweist, zusammen mit Ehnerfahrnau, Ennikon, Gündenhausen und Wiechs mit Schopfheim gemeinsam. Alle Gerichtssitzungen wurden daher in der Stadt abgehalten, im Richtergremium war Eichen mit 2 Bürgern vertreten. Vor Ort amtierte ein Stabhalter, der von allen herrschaftlichen Belastungen befreit war und dem Schopfheimer Vogt unterstand.

Der *Besitz*, welchen Blidsind, Ruadini und dessen Ehefrau Swanahilt 807 dem Kloster St. Gallen übergaben, ist wohl über Vogteirechte oder einen unbekannten Besitzerwechsel an die Herren von Rötteln, schließlich an die Markgrafen gekommen. Wahrscheinlich handelte es sich dabei um den Meierhof, der spätestens im 17. Jh. an verdiente Rötteler Beamte verliehen war. Landschreiber Johann Jakob Vinther verkaufte das Gut an den königlich-französischen Generalauditeur Johann Pauli, dem es der Markgraf 1652, zusammen mit anderen von Pauli erworbenen Gütern in Haagen und Hauingen, von herrschaftlichen und bürgerlichen Lasten befreite. Das Eichener Gut, das 1662 154½ J (ca. 43 ha) umfaßte, davon 20 J Holz im Dossenbacher Bann, vererbte sich samt den Freiheiten in der Familie Pauli. Spätestens 1738 war es viergeteilt: zwei neue Besitzer hatten über Heirat und Erbe Anteile erworben. Später gingen die Hofteile völlig in fremde Hände über. Gegen Ende des Jahrhunderts versuchte die Herrschaft Rötteln die Besitzer zu Landesfronen und bürgerlichen Lasten heranzuziehen, was diese ablehnten. Da Akten zu diesem Gegenstand fehlten, zogen sich die Verhandlungen hin und die Sache war 1808 noch nicht entschieden.

Die restlichen herrschaftlichen Liegenschaften waren ebenfalls an Beamte vergeben. Die Herren von Ulm, 1652 mit Besitz erwähnt, verkauften 1735/36 8 J Wald. Die Herren von Roggenbach lassen sich noch bis zum Beginn des 19. Jh. nachweisen.

Einen Hof hatte Adelheid von Rotenberg 1287 dem Kloster St. Blasien geschenkt. Er wird später unter die Weitenauer Besitzungen gerechnet und umfaßte 1344 neben Haus, Hof und Garten etwa 105 J (ca. 30 ha), von denen ein Teil im Fahrnauer Bann lag. Einkünfte bezogen die Kirchen in Dossenbach (1568) und Schopfheim (1664), letztere vermutlich über ihre St. Katharinapfründe (1573), ebenso das Domstift Basel (1772) und die Geistliche Verwaltung Rötteln (1777). Gefälle im Wert von 6 fl veräußerten 1755 die Erben des Pfarrers Schöni in Kirchen.

Gemeinde. – Die *Verwaltung* der Gemeinde besorgten der örtliche Stabhalter, der 1700 als von allen Fronen gefreit erscheint, zusammen mit mehreren Geschworenen und dem Gemeinschaffner (1733 erwähnt), letzterer zuständig für das Rechnungswesen. Die durchschnittliche Amtszeit des Stabhalters betrug in der 2. Hälfte des 18. Jh. drei bis sechs Jahre.

Zum *Besitz* der Gemeinde gehörten 1749 ca. 4 J Acker und Ödfeld und etwas Wald, der sich auf 10 Standorte verteilte. Um diesen zu erweitern, wurden 1762 und 1769 kleinere Wald-, Acker- und Allmendparzellen hinzuerworben. Spätestens 1724 betrieb die Gemeinde eine Wirtschaft, die jährlich, später alle 3 Jahre, neu besetzt und erst 1834 verkauft wurde. Eine Feuerspritze gab es 1759 noch nicht, es waren lediglich 3 Leitern und 34 Feuereimer vorhanden (jeder Neubürger mußte einen beschaffen).

Eichen hatte ein mit Schopfheim gemeinsames Weiderecht auf dem Ackerfeld bis an den Dossenbacher Bann, auf den Matten im Herbst auf dem oberen Feld und auf den Bannmatten bis an den Wiechser Kirchweg (1759). Dies war nach einem Streit 1603 im Vertrag zwischen Schopfheim, Eichen, Wiechs und Dossenbach festgesetzt worden. Ein Vergleich mit Dossenbach 1735 erlaubte den Einwohnern von Eichen, ihre Schweine in den Dossenbacher Bann zu treiben.

Spätestens die nicht endenden Kriegszeiten seit dem 17. Jh. hatten zu einer ziemlichen Verarmung geführt. In der 2. Hälfte des 18. Jh. war die Gemeinde ständig leicht verschuldet, wenn sie sich auch um eine kontinuierliche Tilgung bemühte. Einnahmen kamen aus dem Verkauf von Heu, Holz und Frucht, der Verpachtung von Gütern, aus Strafen, Einungen, Zinsen, Bürger- und Hintersassenannahmegeldern. Anläßlich der Hochzeit von Bürgersöhnen bezog sie 10 Schilling. Unter den Ausgaben dominierten, neben den durchlaufenden Posten Steuer, Schatzung, Wächter- und Hühnergeld, die zusammen mit den Kirchspielkosten nach Schopfheim zu entrichten waren, die Besoldungen, Zehrungen und Taglöhne. Seit 1761 stiegen auch die Ausgaben für die Ortsarmen ständig. Zu den Belastungen jener Zeit zählten zwischen 1763 und 1771 Anschaffungen für die Schule. Zur neuen Schopfheimer Orgel sollte die Gemeinde 1763 182 fl beitragen, die sie nicht aufbringen konnte. Schopfheim prozessierte schließlich 1791 sogar deswegen. Ende des Jahrhunderts war die Gemeinde außerstande, ihre herrschaftlichen Fruchtgefälle zu entrichten; sie wurden mit den Kriegslieferungen verrechnet.

Zu den Pflichten der Gemeinde gehörte der Unterhalt der Straßen nach Hasel, Wehr und Schopfheim sowie einiger Güterstraßen. Sie war ferner verpflichtet, jährlich 4 Wagen Holz zur Vogtbesoldung nach Schopfheim zu entrichten.

Kirche und Schule. – Eichen ist seit der Mitte des 14. Jh. bis heute als Filiale von Schopfheim bezeugt. Die 1471 genannte Kapelle zum hl. Pankratius (1477) soll vor der Reformation Ziel von Wallfahrten gewesen sein. Möglicherweise hatte sie Begräbnisrecht, zumindest weist der 1344 genannte Flurname *hinder dem Kilchoff* darauf hin.

Bis zur Einführung der Reformation 1556 oblag die Seelsorge vor Ort dem Kaplan der Schopfheimer Liebfrauenpfründe. Danach wurde die Gemeinde durch den Schopfheimer Diakon, später den Subdiakon versorgt, der 1791 auch die Kinderlehre übernahm.

Über den Besitz der Kapelle, der im 16. Jh. durch einen Pfleger verwaltet wurde, ist wenig bekannt. Die Flurnamen Kirchrain und Kirchhölzlin (1664) könnten auf solchen hinweisen. Des Heiligen Gut wird 1652 als Anstößer erwähnt. Das restliche Kirchengut wurde 1784 verkauft und der Erlös gegen Zins angelegt. Die Finanzlage scheint nicht schlecht gewesen zu sein, da die Kapelle im gesamten 16. und noch im 17. Jh. als Darlehensgeber für Einheimische und Auswärtige auftrat. Die Kapelle selbst lag ursprünglich außerhalb des Ortes und wurde erst 1817 am heutigen Platz errichtet.

In die *Zehnten* teilten sich im 18. Jh. die Geistliche Verwaltung Rötteln und die Schopfheimer Kirche. Letztere bezog den Heu- und Kleinzehnten. Aus dem großen Zehnten erhielt der Schopfheimer Sigrist jährlich 50 Wellen Stroh, der Schopfheimer Lehrer bzw. der Stadtschreiber 20 Mltr Frucht.

Spätestens 1707 wurde am Ort *Schule* gehalten, wobei diese Einrichtung zunächst als Winter-, später als Nebenschule erscheint. Der Lehrer lebte durchweg in schlechten Verhältnissen (1767 war der Wandertisch noch üblich), weshalb im 18. Jh. seine Bezüge häufig aufgebessert werden mußten. Die Sigristeneinnahmen, von jedem Bürger ein Laib Brot und eine Korngarbe jährlich, bezog die Schopfheimer Kirche. Unterricht wurde zunächst im Pfarrhaus erteilt. Um 1763 scheint die Gemeinde ein *Schulhaus* erworben zu haben, da sie damals eine Anzahl von Schulrequisiten anschaffte. Von dem neuerbauten Schulhaus wird 1776 gesprochen. Ein weiterer Schulhausbau, diesmal mit Lehrerwohnung, erfolgte 1784/86.

Bevölkerung und Wirtschaft. – Frühe Einwohnerzahlen liegen für Eichen nicht vor. Die 19 Fasnachtshennen, die 1695 abgeliefert wurden, lassen auf eine Bevölkerung von etwa 100 Personen schließen, was angesichts der damaligen Kriegszeiten nicht verwundert. Wenig später, 1700, lebten hier 44 Männer, zwei weitere standen in französischen Kriegsdiensten. Bis zum Ende des Jahrhunderts nahm die Einwohnerschaft kontinuierlich zu: 1733 verzeichnete man ca. 40 Bürger, 1776 61 Bürger unter 233 Einwohnern, wozu 4 Dienstboten kamen, 1789 schließlich 61 Bürger und insgesamt 283 Einwohner. Von jeder Ehe erhielt der Schopfheimer Vogt jährlich ein Fasnachtshuhn, eine Abgabe, die seit der 2. Hälfte des 18. Jh. in Geld erhoben wurde.

Seit dem 16. Jh. lassen sich zahlreiche Einwohner nachweisen, die bei der örtlichen Kirchenpflege wie bei den umliegenden Kirchen Darlehen aufnahmen. Die dadurch dokumentierte Bedürftigkeit nahm bis zum 18. Jh. noch zu, zumal Bürgertöchter in auswärtigen Diensten häufig arme Männer heirateten und diese in den Ort mitbrachten. Als Folge hatte Eichen um 1776 zu viele Taglöhner (nur 26 Einwohner hatten einen eigenen Pflug, dafür gab es 1777 20 Taglöhner, von denen lediglich 5 ihren Unterhalt verdienten), die trotz guter Arbeitsmöglichkeiten im Dorf und außerhalb meist nicht zur Arbeit zu bewegen waren. Geklagt wird um jene Zeit auch über etliche Übelhauser und die zunehmenden Felddiebstähle.

Grundlage des Lebensunterhaltes war auch hier die Landwirtschaft. Das Ackerland (1776: 380½ J = ca. 105½ ha) wurde nach der Zelg gebaut; 1652 werden die *Zelg im Rosseler*, die *mittlere Zelg* und die *dritte Zelg, so dem Langenhag zugeht*, erwähnt. Angebaut wurden Dinkel, Hafer, auch etwas Roggen, wobei die Erträge im 18. Jh. zu wünschen übrigließen. Der Ackerbau war beschwerlich, die Felder der einzelnen Bürger verstreut gelegen, zumal die Zerstückelung der Güter nicht aufzuhalten war, außerdem waren die Äcker rauh und steinig. Ende des Jahrhunderts war alles verfügbare Land bebaut. Trotz Stallfütterung mangelte es am Dung, da infolge Wiesenmangels (1776 ca. 96 J Matten = ca. 26½ ha) nicht genügend Vieh gehalten werden konnte. Die Wiesen lagen überwiegend im Bergland und konnten daher nur schlecht gewässert werden. Das Oberamt versuchte damals, mehr Kleeanbau durchzusetzen, was aber wegen der Wildschäden nur begrenzt möglich war. Futterzukauf war daher nicht zu umgehen.

Insgesamt wurde zuviel Vieh gehalten, weshalb die Sommerweide noch 1777 nicht abgestellt war. Jeder Waldeinschlag schmälerte die geringen Weidemöglichkeiten zusätzlich. Das Wuchervieh hielt die Gemeinde, die dafür Teile des Heuzehnten bezog. Um 1700 wurden als Zugtiere 10 Pferde und 14 Ochsen gehalten. 1776 zählte man 98 Stück Zugvieh, fast ausschließlich Rindvieh, und 50 Stück Milchvieh. Man scheint sich damals verstärkt dem Obstbau zugewandt zu haben, der 1780 fleißig betrieben wurde. Es gab auch Weichholzpflanzungen, und die Maulbeerbäume auf dem Kirchhof gediehen, ohne daß es zur Seidenraupenzucht gekommen wäre. Weinbau muß es den Flurnamen zufolge (Weinhalde 1344, 1652, ob den Reben 1344) auch gegeben haben; im 19. Jh. war davon nichts mehr vorhanden.

Arbeitsmöglichkeiten boten sich dem Taglöhner bei den Bauern, aber auch im benachbarten Schopfheim. Für die dortige Bleiche-Compagnie leisteten 1760 5 Haushalte Heimarbeit. Vor Ort war das Gewerbe spärlich vertreten. Ein Ziegler wird 1733, ein Hafner 1780 erwähnt. Eine Aufstellung von 1776 verzeichnet 4 Weber, 2 Kettenschmiede und je einen Müller, Schneider, Schuhmacher, Metzger und Ziegler. Die Mühle war erst 1736 genehmigt worden, vorher mußte in der Schopfheimer Mühle gemahlen werden. Der Weinschank lief zunächst nur über die Gemeindewirtschaft. Eine Tafernkonzession für den »Löwen« wurde 1724 erteilt. Infolge der 1766 durchgeführten Neutrassierung der Hauptstraße ging dessen Verdienst so zurück, daß das Wirtsrecht 1787 auf ein günstiger gelegenes Haus übertragen wurde. Eine weitere Tafernkonzession wurde 1779 vergeben.

Enkenstein

Siedlung und Gemarkung. – Das kleine Dorf, 1392 erstmals urkundlich als *am Eingestein* erwähnt, ist aus einer Burgsiedlung hervorgegangen. Dabei bleibt unklar, ob es Zubehör der Rotenburg gewesen ist, die auf der Gemarkungsgrenze nach Wieslet erbaut wurde, oder ob es zu einer anderen unbekannten Burg gehört hat, von der noch der Flurname Bürgele erhalten ist. Noch lange ist nicht von Leuten aus dem Dorf Enkenstein die Rede, sondern von Personen ab dem oder uff dem Enkenstein. Das an der Gresger Straß (1392) gelegene Dorf zählte 1844 24 Häuser.

Herrschaft und Grundbesitz. – Der Ort muß wohl einmal zur Herrschaft Rotenburg gehört haben, kam dann an die Herren von Rötteln und schließlich an die Markgrafen von Baden. Er unterstand der Vogtei Tegernau (1564) und hatte ein gemeinsames Gericht mit Langenau, das wechselweise in beiden Orten abgehalten wurde. Enkenstein war in der Vogtei durch einen Geschworenen vertreten. Die Trennung von Langenau erfolgte erst 1830.

Obwohl nicht im einzelnen nachzuweisen, muß ein Großteil des örtlichen Grundbesitzes den Herren von Rotenberg gehört haben. Aus deren Besitz stammt wohl auch das, worüber St. Blasien später verfügte: 1392 Einkünfte aus 9 J Liegenschaften. Später jedoch besaß das Kloster hier mindestens 40 J Holz und Feld. Ein Stück Brachfeld von 12 bis 15 J gehörte noch 1806 zur Beinutzung des Schaffners in Wieslet.

Die Markgrafen von Baden, die wohl auch etwas von der Rotenburger Erbschaft erhalten hatten, konnten 1400 von Henman von Beuggen dessen Streubesitz an sich bringen. Ihre Rechte und Liegenschaften finden sich seit 1423 und noch im 19. Jh. im Lehenbesitz der Herren von Roggenbach. 1746 konnten noch ca. 20 J Wald von vier Privaten hinzuerworben werden. Neben diesen beiden Institutionen lassen sich noch die Schopfheimer Dreikönigskaplanei 1443 ff. mit Einkünften aus einem Haus und Hof und die dortige Kirche 1664 mit Einkünften nachweisen. Eigenbesitz eines gewissen Winman wird 1392 erwähnt, im 18. Jh. müssen zahlreiche Waldparzellen in privater Hand gewesen sein.

Gemeinde, Kirche und Schule. – Die Verwaltung des Ortes besorgte ein Geschworener unter der Aufsicht des Tegernauer Vogtes, das örtliche Rechnungswesen der seit 1799 nachzuweisende Gemeinschaffner.

Die Gemeinde besaß Wald und Wiesen, die sie 1759 durch den Ankauf von 6 J Wald vermehrte. Damals allerdings hatte sie nur noch so wenig Wald, daß sie außerstande war, ihren Anteil am Besoldungsholz des Schopfheimer Vogtes zu liefern. Sie unterhielt zeitweilig eine Wirtschaft (»Adler«). Bann- und Weidestreitigkeiten sind 1602 und wieder 1779/80 mit Wieslet überliefert. Mit dieser Gemeinde stritt man sich auch 1783 wegen des Sigristenroggens.

Enkenstein war zunächst Filiale von Schopfheim und wurde schließlich von Ehnerfahrnau aus betreut. Nach Einführung der Reformation entschloß sich die Einwohnerschaft 1582, künftig die Kirche in Wieslet zu besuchen, an deren Bau- und Reparaturkosten sie sich auch beteiligen wollte. Seit wann der Ort eine eigene Kirche besaß, ist unbekannt. Jedenfalls war sie 1701 zu klein und sollte erweitert werden. Statt dessen kam es 1757 zum Neubau.

Sämtliche *Zehnten* gehörten der Herrschaft Rötteln, die den halben Kleinzehnten an die Herren von Roggenbach verliehen hatte, die offenbar auch Heuzehntanteile bezogen. Wegen dieser Abgaben kam es 1778 zum Streit mit der Gemeinde; diese sperrte die Zehnten, wurde aber 1781 dazu verurteilt, sie wieder zu reichen.

Die Enkensteiner Kinder besuchten die *Schule* in Wieslet. Der dortige Lehrer bezog daher auch die Sigristeneinkünfte aus Enkenstein, nämlich von jedem Haushalt auf Weihnachten einen Laib Brot und von jedem Bauern mit eigenem Zug jährlich ½ V, von jedem halben Zug 1 Imi Roggen. Wegen dieser Abgaben erhob sich 1783 ein Streit.

Bevölkerung und Wirtschaft. – Die Zahl der Einwohner muß nie sehr hoch gewesen sein. Selbst 1844 bewohnten nur 145 Personen den Ort. Zu ihren Pflichten gehörte es, daß jeder Zug jährlich einen Wagen mit Holz nach Schopfheim ins Torstüblein zur Besoldung des Tagwächters zu liefern hatte. Sie lebten weitgehend von der Viehhaltung, wobei die Herbstweide 1779/80 durchaus noch im Schwange war. Die wenigen Handwerker – 1773 ein Hechler, 1781, 1786 ein Schneider, 1785 ein Nagler und 1789 ein Nagelschmied – lassen vermuten, daß die Einwohnerschaft immer recht arm gewesen ist. Eine Wirtschaft wurde erst 1805 konzessioniert.

Fahrnau

Ur- und Frühgeschichte. – In dem 1889 erschienenen Werk von Karl Bissinger über die Fundmünzen im Großherzogtum Baden wird eine keltische Silbermünze aus dem Ortsteil Kürnberg erwähnt. Bissinger stützt sich dabei selbst auf ältere Angaben und gibt deshalb auch für das wohl damals schon verschollene Stück keine nähere Bestimmung. Vor 1908 sollen in der Nähe des Ortes Steinplattengräber entdeckt worden sein, über die ebenfalls keine näheren Angaben vorliegen. Eine Zugehörigkeit zum heutigen Dorf ist aber wegen der Namensform wenig wahrscheinlich.

Siedlung und Gemarkung. – Die Gemarkung von Fahrnau umfaßt die des namengebenden Dorfes und seit 1934 die des vielleicht älteren Weilers Kürnberg. Wieweit der Flurname *hinder Hoffen* (1592) auf eine abgegangene Hofsiedlung hinweist, ist noch zu klären. Ein Bannstreit mit Raitbach wurde 1655 verglichen. Das Dorf läßt sich erstmals 1113 als *Varnow* urkundlich nachweisen. Dem Namen zufolge gehörte es zu den hochmittelalterlichen, im Zuge des Landesausbaus angelegten Siedlungen, deren Initiatoren nicht bekannt sind. Man könnte hier an die Herren von Üsenberg denken, die in der Umgebung begütert waren und auf die auch das Patrozinium der Pfarrkirche zurückgehen könnte. Ein früher Zusammenhang mit Schopfheim ist dabei nicht festzustellen. Den Besitzverhältnissen zufolge dürfte der Ort eher zur Herrschaft Waldeck gehört haben. Für seine Bedeutung spricht eine Urkunde von 1166, die *in publico placito Varnowa* ausgestellt wurde. Die Rodung der Gemarkung Raitbach ist mit einiger Sicherheit von hier ausgegangen, vielleicht auch die Besiedelung von Hausen, dem ebenfalls keine frühen Beziehungen zu Schopfheim nachgewiesen werden können.

Ortskern war ein Dinghof, dessen Gebäude nahe der alten Kapelle im Bereich des heutigen Rathauses, jedoch beiderseits der Landstraße zu suchen sind. Auch eine Tafern muß dazugehört haben; ob ihr Standort allerdings mit dem der heutigen »Krone« identisch ist, sei dahingestellt. Durch den Ort zogen Straßen von Schopfheim nach Hausen und nach Zell.

Über die Größe des Dorfes ist erst spät etwas zu erfahren: 1695 dürfte es 19 Häuser umfaßt haben, die meist noch Strohdächer trugen. Von Kriegszeiten und sonstigen Katastrophen ist auch Fahrnau nicht verschont geblieben; im 30j. Krieg hatte es seit 1622 zu leiden und wurde 1676 erheblich geplündert. Zu den schlimmsten Brandkatastrophen, die der Ort erfahren hat, gehört der Brand vom 4. Mai 1778, ausgelöst durch Selbstzündung in einer Scheune. Damals verbrannten von vielleicht 30 Wohngebäuden 9 Häuser und 14 Scheuern. Die Wasserversorgung erfolgte im 18. Jh. durch einen Schöpf- und 3 laufende Brunnen.

Herrschaft und Staat. – Den frühen kirchlichen und Grundbesitzverhältnissen zufolge muß Fahrnau zu Beginn des 12. Jh. den Herren von Waldeck gehört haben. Nach Aussterben der Familie kam der Ort an die Röttelnsche Seitenlinie von Rotenberg. Diese wurde von der Hauptlinie beerbt, von welcher schließlich alles auf die Markgrafen von Hachberg kam. Ortsadel gab es kaum. Ein 1258 als Zeuge in einer Rotenberger Urkunde genannter Konrad von Fahrnau dürfte Bürger in Schopfheim gewesen sein, die 1371 erwähnten Meier von Fahrnau waren es mit Sicherheit. Unklar sind die Rechtsverhältnisse des Ortes zwischen dem 14. und frühen 15. Jh., als Fahrnau noch nicht Schopfheim zugeordnet war, jedoch offensichtlich auch nicht, wie Raitbach und Hausen, zur Herrschaft Neuenstein gehört hat. Spätestens zu Beginn des 16. Jh. zählte der Ort zur Schopfheimer Vogtei und war mit Abgaben nicht nur an den Markgrafen (Steuer 12 lb, Bannwein und Überleitgeld 4 lb), sondern auch an die Stadt belastet (Anteile an der Vogtsbesoldung, Wächtergeld). Gerichtssitzungen fanden im Ort statt, der aber keinen eigenen Vogt mehr hatte. Im 16. Jh. führte zunächst der Schopfheimer Waibel auf Befehl des Schopfheimer Vogtes den Gerichtsvorsitz, 1528 wird ein Richter, seit 1534 ein Stabhalter erwähnt. Die Urkunden besiegelte bis zur Mitte des 16. Jh. der jeweilige Schopfheimer Vogt, später die Stadt selbst, seit der 2. Hälfte des 16. Jh. der Rötteler Landvogt. Seit dem 18. Jh. unterhielt die Obrigkeit vor Ort einen Förster.

Das örtliche Dinggericht gehörte St. Blasien und war auch für die Bewohner von Raitbach zuständig. Bei den jährlich dreimal abgehaltenen Sitzungen war zur Zeit des Dingrodels von 1413 bereits der markgräfliche Vogt anwesend, dem ein Drittel der Strafgelder zustand. Jedem Dinggericht folgten zwei Nachgerichte, außerdem wurde noch Wochengericht gehalten. Den Vorsitz führte der St. Blasische Amtmann, die Richter mußten Eigenleute des Klosters sein. Schon 1413 war das Gericht nur noch für Liegenschaftsveränderungen, Lehen- und Leibeigenendinge zuständig. Die Appellation folgte einem festgelegten Rechtszug: von Fahrnau nach Ittenschwand, dann nach Schönau, schließlich nach St. Blasien. Diese Rechte kamen unter markgräflichem Einfluß spätestens nach 1548 in Abgang. Erst der Vertrag von 1718 räumte dem Kloster unter anderem auch das Dingrecht wieder ein, allerdings waren Appellationen jetzt an das Oberamt in Rötteln zu richten.

Grundherrschaft und Grundbesitz. – Die wichtigsten Liegenschaften befanden sich bis zum 12./13. Jh. im Besitz der Ortsherrschaft. Von den Herren von Waldeck gelangten Güter unbekannten Umfangs 1113 an *Kloster St. Blasien*. Kirchensatz und Meierhof, der 1385 als Dinghof erscheint, schenkte 1278 Adelheid von Rotenberg. Nachdem das Kloster schon 1341 auch über die örtlichen Steinbrüche verfügen konnte, dürfte es damals der größte Grundbesitzer vor Ort gewesen sein. Einen Teil dieser Güter trat das Kloster an seine Propstei Weitenau ab, die 1388 und 1491 hier als begütert nachzuweisen ist. St. Blasien selbst verfügte 1592 über den Dinghof mit Garten, 4 weitere Häuser mit Garten und eine Hofstatt, die untere und obere Mühle und mindestens 43 J (12 ha) zugehöriger Liegenschaften, die im 18. Jh. von der Schaffnei in Steinen verwaltet wurden. Die herrschaftlichen Besitzungen waren nach 1278 nicht mehr bedeutend, dafür konnten die Einkünfte über Schirmgelder vermehrt werden. Diese Zinse waren seit wenigstens 1423 an die Familie von Roggenbach verliehen, die 1792 Einnahmen aus 20 Häusern und 3½ J Ackerfeld bezog. Nicht verliehen waren die umfangreichen Waldungen. Der durch eigene Forstleute verwaltete Fahrnauer Forst umfaßte 1806 389¾ J (ca. 108 ha).

Daneben bezogen noch einige *Privatpersonen und Institutionen* kleinere Einkünfte. Die Kirche in Dossenbach wird 1568, die Schopfheimer Kirche 1573/1664 mit kleinen Einnahmen erwähnt. Unbedeutende Liegenschaften finden sich seit 1697 bei der Familie Pauli. Herr von Ulm verkaufte 1735 seine 17 J Wald an Einwohner von Fahrnau, die zwischen 1733 und 1739 auch 6 J Wald aus markgräflichem Besitz an sich bringen konnten.

Gemeinde. – Während der St. Blasische Dingrodel von 1413 noch einen Vogt kennt, war Fahrnau bald darauf Schopfheim unterstellt worden und hatte nur noch einen Stabhalter. Unterstützt wurde dieser von mehreren Geschworenen (1662). Um den Gemeindewald kümmerte sich ein Weidgesell (seit 1638 bezeugt). Die *Allmende* wird 1592 als Anstößer erwähnt, ohne genaue Angabe über Lage und Umfang. Gleiches gilt für den sicher bedeutenden Gemeindewald, der 1656 durch den Ankauf des Bannholzes vermehrt wurde. Heu- und Kleinzehnten konnte die Gemeinde 1740 auf 9 Jahre pachten. Weidestreitigkeiten gab es gelegentlich (1655, 1681) mit Hausen.

Einnahmen erzielte die Gemeinde aus Holzverkäufen, Verpachtungen von Gemeindeland, Anteilen am Bürger- und Hintersassengeld (im 18. Jh. 12 lb und 1 Feuereimer bzw. 2 lb 10 ß jährlich). Die Belastungen waren hoch, sie steigerten sich mit den Kriegszeiten und den vermehrten Anforderungen der Obrigkeit. Einen wichtigen Posten machten die Besoldungen aus (im 18. Jh. Gemeinschaffner 9 fl, zwei Geschworene je 1 fl 20 x, Hebamme 3 fl 15 x) und die Abgaben nach Schopfheim. St. Blasien bezog eine jährliche Haberabgabe, die wohl nach dem Bauernkrieg erhoben worden ist. Als 1787 die Umgießung einer Glocke anstand, stellte sich heraus, daß die Gemeinde nur 128 fl besaß und diese, wie wohl auch andere Unkosten, über Umlagen finanzieren mußte. Ausstehende Fruchtgefälle wurden um 1800 denn auch mit den Kriegslieferungen verrechnet.

Kirche und Schule. – Bereits 1173 wurde dem *Kloster St. Blasien* von Papst Calixt III. der Besitz der Fahrnauer Kirche bestätigt, die es vermutlich einer Schenkung der Herren von Waldeck verdankte, was möglicherweise von deren Nachfolgern, den Herren von Rotenberg, angefochten wurde. Wie die spätere Entwicklung zeigt, bestand die Ortsherrschaft auf diesem Recht. Zwar schenkte Adelheid von Rotenberg 1278 mit dem Dinghof auch den Kirchensatz an St. Blasien, jedoch übte dieses Recht spätestens seit 1436 der jeweilige Markgraf aus. Die letzte Präsentation scheint 1496 vorgenommen worden zu sein, 1508 wurde die Kirche als *ecclesia mortua* bezeichnet. Folgerichtig ließ der Patronatsherr sie spätestens nach Einführung der Reformation eingehen und unterstellte die Kirchgemeinde der Schopfheimer Kirche. Deren Filiale ist sie bis 1920 geblieben. Nachdem im 18. Jh. die dortige Einwohnerschaft jedoch sehr zugenommen hatte, wurde Ende des Jahrhunderts die zweite Sonntagspredigt (durch den Schopfheimer Subdiakon) wieder in der Fahrnauer Kirche gehalten, da diese von einigen anderen Filialen aus leichter zu erreichen war. Auf dem Fahrnauer Friedhof wurden 1760 auch die verstorbenen Raitbacher begraben. Die Kirche, obwohl 1723 neu errichtet, wird 1771 bereits wieder als zu klein geschildert.

Die Pfarrkirche unterstand dem Dekanat Wiesental. Patronin war, vielleicht zusammen mit ULF, die hl. Agatha. An ihrer Kirche bestand wohl schon im 14. Jh. eine Liebfrauenpfründe, deren Altar seit unbekannter Zeit mit einer urkundlich erst 1513 genannten Marienbruderschaft verbunden war.

Vom Besitz des Kirchleins und der Pfarrei ist wenig bekannt. Den Annaten des 15. Jh. zufolge, durchweg 5 fl, kann die Pfarrei nicht reich gewesen sein. Die Kirche scheint über Waldbesitz verfügt zu haben. Ein Streit zwischen der Gemeinde und St. Blasien um das Bann- oder Kirchholz endete 1763 mit einem Vergleich, demzufolge der Waldertrag nur zum Kirchenbauwesen und zur Beholzung des Sigristen verwendet werden durfte. Gülten in Maulburg wurden 1457, Güter in Fahrnau 1466 erworben, die jedoch, zusammen mit dem sonstigen Besitz, nach der Reformation der Geistlichen Verwaltung Rötteln zufielen. Seit dem 15. Jh. bis um die Mitte des 17. Jh. vermehrte der örtliche Kirchmeier das Einkommen der Kirchenfabrik durch Darlehensvergaben.

Mit der Kirche war seinerzeit auch ein Großteil der *Zehnten* an St. Blasien gekommen. Später besaß das Kloster zwei Drittel daran, während die Herrschaft Rötteln ein Drittel bezog. Heu- und Kleinzehnt gehörten im 18. Jh. zu zwei Dritteln der Burgvogtei, zu einem Drittel der Geistlichen Verwaltung Rötteln und wurden 1740 der Gemeinde auf 9 Jahre überlassen. Daneben gab es weitere Zehntteile. Der sogenannte »von Bellikon«-Zehnt ging 1433 von Hans Ulrich von Stoffeln in den Besitz des Rheinfelder Bürgers Ulman am Graben über. Vermutlich diesen Zehnten bezog im 17. Jh. die Kommende Beuggen, die ihn 1598 erworben haben wollte. Die Vorbesitzer der Schönauer Anteile ließen sich bisher nicht feststellen. Franz Ignaz Anton von Schönau veräußerte 1711 einen halben Zehnten an einen Schopfheimer Einwohner, Maria Johanna Regina von Schönau überließ ihr Drittel im gleichen Jahr dem Markgrafen.

Schule wurde in Fahrnau seit wenigstens 1699 gehalten, wobei der Lehrer jedoch erst nach 1800 in den Genuß der Sigristeneinkünfte kam. Bis dahin gingen diese, 1 Laib Brot von jedem Haushalt, der mit dem Pflug baute, 4 Pfg von jedem ohne Pflug und 5 ß anläßlich einer Hochzeit, an den Schopfheimer Sigristen. Der Unterricht soll bis 1792 in einer Bauernstube gehalten worden sein, allerdings ist bereits 1769 ein Schulhaus erwähnt. Pläne für einen Neubau lagen 1788 vor; möglicherweise kam es nur zum Umbau eines bestehenden Gebäudes. Dieses wurde erst 1845 durch einen Neubau ersetzt.

Bevölkerung und Wirtschaft. – Die Einwohner waren zu einem großen Teil an den örtlichen Dinghof gebunden. Dies hieß *Leibeigenschaft* des Klosters St. Blasien zumindest für diejenigen, welche am Dinggericht richteten und teilnahmen. Im Todesfall jedoch hatten sowohl die Eigenleute wie diejenigen, welche Klostergüter bauten, den sogenannten Fall zu entrichten, jeweils das Besthaupt oder beste Kleid. Bei Güterinhabern, welche einen anderen Leibherrn hatten, bezog das Kloster den Nachfall, das zweitbeste Stück Vieh. Bei einer Heirat zwischen Eigenleuten und Freien verlor der

Freie seinen Status. Ehen mit Eigenleuten anderer Herrschaften, sogenannte Ungenossenehen, waren unbeliebt. Starb der dem Kloster gehörige Ehepartner, ohne daß der andere Teil sich dem Kloster ergeben hatte, so zog dieses zwei Drittel des Nachlasses ein. Diese Regelung war noch im 18. Jh. gültig. Markgräfliche Eigenleute werden 1504 unterschieden, sie wurden damals den Herren von Roggenbach verliehen. *Frondienste* belasteten die Einwohner gegen Ende des 18. Jh. sehr, da zusätzlich zu den Jagd-, Landes- und Gemeindefronen noch Holzfuhrfronen zur Faktorei Hausen gefordert wurden.

Die Einwohnerzahl läßt sich für frühere Zeiten nur schätzen. Den 19 Fasnachtshennen zufolge, die 1695 nach Schopfheim entrichtet wurden, war Fahrnau damals von mindestens 100 Personen bewohnt, wahrscheinlich waren es doppelt soviele. Denn 1700 zählte man 41 Männer, zwei weitere standen in auswärtigen Kriegsdiensten; 1701 werden 178 Einwohner angegeben. Deren Zahl dürfte sich bis zur Mitte des Jahrhunderts etwas erhöht haben: 1719 zählte man 24 Ehen, 1726 28 und 1736 32 Ehen. 1793 gab es 32 ganze und 16 halbe Ehen (d. h. mit und ohne Pflug), 1799 35 Ehen.

Die Einwohnerschaft lebte von Land- und Viehwirtschaft. Angebaut wurden im 15. Jh. Roggen und Hafer, später setzte sich der Dinkel durch. Der Anteil des Hafers blieb jedoch beträchtlich. Mitte des 18. Jh. wurde auch etwas Gerste gesät, jedoch auf umgegrabenen Wiesen, da sie anscheinend dort am besten gedieh. Auch der Obstbau war um 1760 schon recht verbreitet, und das Erzeugnis wurde gelobt. Die Ausgangslage für die Viehhaltung war gut, da genügend gute Wiesen zur Verfügung standen. Um 1700 werden 17 Pferde und 16 Ochsen als Zugtiere genannt; der Schwerpunkt dürfte auf der Rinderhaltung gelegen haben.

Andere Möglichkeiten, den Lebensunterhalt zu verdienen, waren selten. An Handwerkern wird lediglich 1739 ein Bäcker erwähnt. Sechs Haushaltungen leisteten 1760 Heimarbeit für die Schopfheimer Bleiche-Compagnie. Die örtliche Fischenz, ein herrschaftliches Lehen, versorgte einen Fischer. Arbeitsmöglichkeiten boten zeitweise die schon 1341 bezeugten Steinbrüche, die Ende des 16. Jh. noch ausgebeutet und 1787 erweitert wurden. Eine Tafern ist bereits 1350 bezeugt, sie scheint noch 1718 die einzige am Ort gewesen zu sein.

Lediglich die beiden seit 1350 erwähnten *Mühlen* arbeiteten zeitweise mit Gewinn. Beide gehörten St. Blasien. Die obere Mühle war zugleich Bannmühle für Raitbach und Schlechtbach. Sie erhielt 1744 eine Öltrotte und hat noch bis in die 1930er Jahre bestanden. Die niedere Mühle war bereits bis 1657 zu einem privaten Eisenwerk umgebaut worden, dessen Besitzer in den umliegenden Orten Alteisen aufkaufte und daraus landwirtschaftliche Geräte herstellte. Das Werk, dem 1762 ebenfalls eine Öltrotte angebaut worden war, wurde in den 1770er Jahren stillgelegt. Die beiden Besitzer, welche es um 1780 wieder in Betrieb genommen hatten, boten es 1783 St. Blasien zum Kauf an. In den folgenden Jahrzehnten wechselten die Besitzer in kurzen Zeiträumen, wobei lediglich Stadtschreiber Ziegler von Schopfheim das Werk mit 3 Hämmern betrieben zu haben scheint. Bei seinem Konkurs erwarb ein Basler Gläubiger den Betrieb, der 1813 an einen dortigen Papierfabrikanten überging.

Kürnberg. – Das 1344 erstmals urkundlich genannte Dörflein (184 ha) gelangte 1400 mit anderen Orten der Herrschaft Neuenstein an den Markgrafen von Hachberg. Spätestens zu Beginn des 16. Jh. gehörte es zur Vogtei und Gemeinde Raitbach und war mit Abgaben nach Schopfheim belastet. Grundbesitz hatten neben den Einwohnern das Kloster St. Blasien und die Schopfheimer Kirche. Der Wunsch nach einem eigenen Stabhalter wurde 1789 abgeschlagen.

Kirchlich könnte es früher zu Fahrnau gehört haben, unterstand jedoch seit der Reformation der Schopfheimer Kirche, wohin auch die Sigristenabgaben zu leisten waren. Ein Lehrer läßt sich seit 1775 nachweisen, ein Schulhaus entstand erst 1834. Die Einwohnerzahl war nie sehr hoch, 1793 lebten dort 16 Haushaltungen und 3 halbe Ehen, 1799 im Ort und auf den Höfen 40 Ehen. Zwei Haushalte leisteten 1759 Heimarbeit für die Schopfheimer Bleiche-Compagnie, alle anderen lebten ausschließlich von der Land- und Viehwirtschaft.

Gersbach

Siedlung und Gemarkung. – Der an der Südseite des Berg- und Rohrenkopfs gelegene Ort verdankt seinen Namen dem ihn durchfließenden Gersbach, der kurz vor der Gemarkungs- und Kreisgrenze in die Wehra mündet. Auf der ausgedehnten Gemarkung liegen sieben zum Teil alte Höfe und Weiler. Obwohl keine vorgeschichtlichen Funde von der Gemarkung bekannt sind, scheint doch der Flurname Hochstraß darauf hinzuweisen, daß die zu Gersbach gehörige Flur im Mittelalter, vielleicht auch schon früher begangen worden ist. Die Abgrenzung zu den benachbarten Orten, vor allem zu Wehr und zur Herrschaft Zell, hat immer wieder zu Streitigkeiten geführt. Eine Grenzberichtigung mit Zell und Raitbach erfolgte 1720/21, die Neufestsetzung der Grenze nach Hasel und Wehr 1733, nach Schwarzenbach 1780.

Erstmals 1166 als *Gerisbac* urkundlich nachzuweisen, dürfte das Dorf eine hochmittelalterliche Rodungssiedlung darstellen, die vermutlich von Wehr aus angelegt wurde. Die Straße nach Wehr scheint lange Zeit die wichtigste Verbindung gewesen zu sein: 1592 wird sie, im Gegensatz zur Jakobs-»Gasse« nach Schopfheim, als Straße bezeichnet.

Über die Größe des Dorfes in früherer Zeit ist wenig bekannt (um die Mitte des 19. Jh. wurden 90 Häuser gezählt). Da 1769 Allmendplätze überbaut wurden, ist anzunehmen, daß damals eine gewisse Erweiterung erfolgt ist. Die Häuser trugen teils Stroh-, teils Schindeldächer, was die nicht seltenen Brände begünstigte. Diese forderten in der Regel auch Menschenleben, so 1741 der Brand der Mühle, 1768 der Blitzschlag in ein Wohnhaus und vor allem die Brandkatastrophe vom 19./20. Mai 1784, bei welcher ein Drittel des Dorfes eingeäschert wurde. Im 18. Jh. hatte noch jedes Haus seinen eigenen Brunnen, der vor allem zum Tränken des Viehs benötigt wurde, da die Winter sehr hart und schneereich auszufallen pflegten.

Herrschaft und Staat. – Für eine frühere Zugehörigkeit zur Herrschaft Wehr sprechen verschiedene Indizien. Neben der Mähnegenossenschaft sind dies vor allem die Rechtsverhältnisse des 14. Jahrhunderts. Damals teilten sich die Markgrafen von Hachberg mit dem Hause Habsburg in das örtliche Niedergericht, wohl als Erben der Herren von Wehr. Wann dieses ganz an den Markgrafen gekommen ist, bleibt unklar, noch 1407 ließ der österreichische Landvogt durch die Stadt Rheinfelden deswegen Kundschaften erheben. Die Aussagen ergaben jedoch, daß damals hohe und niedere Gerichtsbarkeit beim Markgrafen lagen.

In der Mitte des 14. Jh. war Gersbach zusammen mit Schweigmatt an Petermann von Roggenbach verpfändet gewesen und 1365 durch Rudolf von Schönau ausgelöst worden. Dessen Schwiegertochter und Enkel verkauften das Dorf zusammen mit der Herrschaft Neuenstein 1400 an den Markgrafen Rudolf. Dieser ließ seine Einkünfte über seine Schopfheimer Schaffnei einziehen, wozu das Dorf dem dortigen Amt unterstellt wurde, dem es spätestens 1473 angehörte. Daß Gersbach, im Gegensatz zu anderen, später Schopfheim unterstellten Orten, eine eigene Verwaltung behalten konnte, hat seine Ursache wohl in den damals vor allem im Winter ungünstigen

Verkehrsverhältnissen. Allerdings unterhielt die Forstverwaltung Rötteln im 18. Jh. vor Ort einen Förster.

Grundherrschaft und Grundbesitz. – Der örtliche Grundbesitz scheint weitgehend der Ortsherrschaft, den *Herren von Wehr* und *von Klingen*, gehört zu haben, soweit nicht bäuerliches Eigen vorhanden war. Von diesen Herren und ihren Erben gelangen Güter im 12. Jh. an Kloster St. Blasien und 1257 an Kl. Klingental. Während die St. Blasischen Einkünfte, darunter auch solche von der Mühle, bis zum Beginn des 19. Jh. bezogen wurden, ist von den Klingentaler Besitzungen später nichts mehr zu erfahren. Auch die markgräfliche Herrschaft verfügte über Besitzungen, die sie im 16. und 17. Jh. an die Familie Höcklin von Steinegg verliehen hatte. Die ausgedehnten Waldungen – der Gersbacher Forst umfaßte 1806 728½ J (202⅓ ha) – unterstanden seit dem 16. Jh. dem Forstamt in Kandern und wurden durch einen örtlichen Förster verwaltet.

Walter von Klingen schenkte 1260 den Wald bei Todtmoos der *Deutschordenskommende Beuggen* und dem *Konstanzer Hochstift*, um dort eine Kirche zu errichten. Wenig später erscheint diese Kirche mit ihrem Zubehör als habsburgisches Eigentum. Einen Teil dieses Waldes rodeten Bauern aus Gersbach, die damit zu Rodungsfreien wurden und die bearbeiteten Stücke als ihr Eigentum betrachten konnten. Dieses Waldstück wurde später aufgeteilt: die 20 sogenannten Mähnebauern (nach Männi = Zug) erhielten je 90 Mg, gemeinsam blieben 3200 Mg Wald und 1800 Mg Bergfeld. Von dem noch verbleibenden Genossenschaftswald wurden, um die Streitigkeiten mit den Taglöhnern zu beenden, Mitte des 19. Jh. 1423¾ Mg an die Gemeinde abgetreten, die dafür Belastungen in Form von Gabholz und Besoldungsholz übernahm; 1876 Mg blieben genossenschaftlich.

Gemeinde. – Die Verwaltung der Gemeinde besorgte der Vogt (1591), unterstützt von mehreren (1693: 2) Geschworenen oder Richtern (1757: 3). Seit 1733 ist auch ein Stabhalter nachzuweisen. Vogt und Weidgesell (1700 erwähnt) waren von allen Fronleistungen befreit. Zur Beinutzung des Vogtes gehörte das herrschaftliche Fischwasser, das er im 18. Jh. als Afterlehen weiterverliehen hatte.

Die Allmende wird 1592 erwähnt, das Gersbacher Gemeindegut im faulen Mattpach 1691, das die Gemeinde damals um 18 J Reutfeld erweiterte. Ihre Wälder hatte sie jedoch schon 1587 gegen Abgabe von Bau- und Brennholz der Herrschaft überlassen. Es ist zwar später immer wieder vom Waldbesitz der Gemeinde die Rede, dabei dürfte es sich vor dem 19. Jh. aber durchweg um den Besitz der Mähnegenossenschaft gehandelt haben.

Wegen der Weiderechte und etlicher Güter erhoben sich um 1691 Streitigkeiten mit Schlechtbach, die trotz eines Vergleichs von 1693 noch 1703 nicht endgültig beigelegt waren. Es handelte sich um ein Stück Reutfeld, das die Herrschaft als eigen angesehen und an die Gemeinde Gersbach verkauft hatte, obwohl es Schlechtbacher Bauern gehörte. Der Vergleich regelte den Schadenersatz und verbot, Gersbacher Vieh auf die Schlechtbacher Güter zu treiben. Insgesamt scheint die Gemeinde seit dem 18. Jh. trotz Kriegszeiten und verschiedener Schadensfälle hinsichtlich ihrer Vermögensverhältnisse nicht allzu schlecht dagestanden zu sein, wie die Anschaffung einer Feuerspritze 1769 und der Schulhausbau zeigen.

Kirche und Schule. – Die Kirche samt ihrem Zubehör schenkte Konrad von Hoßkirch, wohl ein Nachfahre der Herren von Wehr, 1166 dem Kloster St. Blasien. Bischöfliche und päpstliche Besitzbestätigungen für dieses Kloster von 1166, 1173 und 1189 weisen auf nicht ungestörten Besitz dieser Rechte hin, die das Kloster aber bis zur Reformation behaupten konnte. Möglicherweise ist auch eine Inkorporation erfolgt, da

1482 ein »vicarius perpetuus« und 1488 ein St. Blasischer Mönch die Kirche versahen. Diese war spätestens 1258 eine Pfarrkirche und dem Dekanat Wiesental unterstellt. Ihre Einkünfte werden 1275 mit 22 lb angegeben. Die Annaten des 15. Jh. lagen jedoch zwischen 6 und 8 Gulden. Auch diese Verhältnisse sprechen für eine Inkorporation, in jedem Fall gehörte die Pfarrei im 15. Jh. bereits zu den ärmeren im Dekanat.

Nach Einführung der Reformation unterstellte die Regierung Gersbach, um Ärger mit St. Blasien zuvorzukommen, dem benachbarten Hasel. Dessen Filial blieb der Ort, trotz wenigstens eines Versuchs, wieder selbständig zu werden (1689), bis 1742. Der Gottesdienst wurde zunächst wechselweise an beiden Orten abgehalten, wobei der Pfarrhausbeständer in Gersbach den Pfarrer verköstigen und dessen Pferd füttern mußte. Zu Beginn des 18. Jh. hatte die Kirchengemeinde dann einen eigenen Diakon.

Als Gersbach 1742 wieder einen eigenen Pfarrer erhielt, übernahm dessen Besoldung die Geistliche Verwaltung Rötteln. Sie betrug zunächst insgesamt 212 fl, worin die Beinutzung von ca. 3½ J Liegenschaften, der Kleinzehnt und ein Teil des Blutzehnten eingerechnet war und wurde im Laufe des Jahrhunderts immer wieder erhöht. Ein Pfarrhaus wurde 1745 erbaut, 1768 erfolgte der Neubau der Kirche, für welche die Gemeinde 1731 Ornate angeschafft hatte. Kirche und Pfarrhaus wurden beim großen Brand vom Mai 1784 so sehr beschädigt, daß man sich für einen Neubau der Kirche entschied. Die Geistliche Verwaltung erwarb 1788 ein Bauernhaus, das sie zu einem Pfarrhaus umbauen ließ.

Die *Zehnten* müßten eigentlich St. Blasien gehört haben, tatsächlich bezog sie spätestens im 18. Jh. die Herrschaft Rötteln. Einen Teil des kleinen Zehnten hatte sie der Gemeinde verliehen, die seit 1747 Geld dafür gab. Über die Summe wurde 1749 ein Vergleich erzielt.

Seit wenigstens 1683 wurde am Ort *Schule* gehalten. Der Lehrer bezog sein Gehalt von der Geistlichen Verwaltung, Schulgeld, 1770 50 fl, und eine Gebühr für das Halten der Sonntagsschule (2 fl) gab die Gemeinde, die 1782/83, nach dem Verbot des Scheiterholztragens, auch jährlich 8 Klafter Holz zur Heizung der Schule bereitstellte. Ferner wurden dem Lehrer die Sigristeneinkünfte überlassen, ½ V Roggen jährlich von jeder Ehe und 3 Becher von Witwen und Witwern. Im übrigen war er von allen Fronen befreit. Seit 1771 hatte der jeweilige Lehrer einen Provisor.

Als 1766 die Schlechtbacher Kinder der Gersbacher Schule zugeteilt wurden, erhielt die Gemeinde die Auflage, ein neues Schulhaus zu bauen, da das alte, neben dem Friedhof gelegene Haus den Anforderungen nicht mehr entsprach. Der 1771 geplante Neubau war 1775 fertiggestellt, das alte Schulhäuslein konnte 1783 verkauft werden. Leider wurde der Neubau dann ebenfalls ein Opfer des Brandes von 1784.

Bevölkerung und Wirtschaft. – Das im 18. Jh. verschiedentlich gerühmte rauhe, aber gesunde Klima scheint dafür gesorgt zu haben, daß Gersbach verhältnismäßig bevölkert war. Um 1700 zählte der Ort 66 waffenfähige Männer, 1770 wohnten hier 88 Ehen und 16 Witwer und Witwen, was auf eine Einwohnerzahl zwischen 450 und 500 schließen läßt. Im 13. und 14. Jh. finden sich gelegentlich in Basel Leute, die sich nach Gersbach nannten. Im 18. Jh. wanderten verschiedentlich Leute nach Siebenbürgen aus.

Ursprünglich bildeten wohl die Mähnebauern die gesamte Einwohnerschaft des Ortes. Diese besaßen gemeinsam den Wald, wobei der einzelne eine festgelegte Nutznießung, aber keinen Anspruch auf bestimmte Distrikte hatte. Holz bildete die Haupterwerbsquelle der Einwohner. Mit zunehmender Bevölkerung ergaben sich Probleme im Zusammenleben mit den nicht zu dieser Gruppe gehörigen Bauern. In einem 1570 erzielten Vergleich wurden den nicht mähneberechtigten Bauern jährlich

4 Klafter Brennholz und 1 Sägtanne aus dem Genossenschaftswald zugesprochen, außerdem durften sie 1½ V Brachfeld auf 4 Jahre nutzen und so viel Vieh in den Mähnewald treiben, wie sie überwintern konnten. Der nächste große Streit begann um 1786. Inzwischen war auch die Zahl der Taglöhner angewachsen und diese stellten zunächst die Forderung nach einer eigenen Sägmühle, die abgewiesen wurde, da die Gemeinde ihnen keinen Platz im Mähnewald anweisen wollte. Die nächste Forderung zielte auf Gleichstellung mit den Bauern: die Taglöhner forderten eine jährliche Sägtanne. Seit mindestens 1791 lief in dieser Sache ein Prozeß vor dem Reichskammergericht, der noch 1806 nicht entschieden war. Damals lebten in Gersbach 31 Taglöhner. Endgültig scheint diese Angelegenheit erst 1881 bereinigt worden zu sein.

Ackerbau wurde zwar betrieben, angesichts der Höhenlage des Ortes, des rauhen Klimas und der groben »Sandböden« (körnige Lehmböden) jedoch mit wenig Erfolg. Zwar förderte die Regierung im 17. und 18. Jh. die Urbarmachung von Ödland durch Befreiung von Schatzung und Zehnten, jedoch konnte davon wenig Gebrauch gemacht werden. Wie 1771 berichtet wird, reichte der Ertrag in guten Jahren gerade aus, um zwei Drittel der Einwohner zu ernähren. Die Äcker lagen meist in Hofnähe, alle 12 bis 14 Jahre pflügte man das Bergfeld um und säte Frucht an. Angebaut wurden Sommerroggen, Dinkel, Gerste, Hafer und viel Kartoffeln, daneben etwas Flachs, Hanf und Rüben. Versuche mit Winterkorn und Weizen waren bald wieder aufgegeben worden. Es gab fast keine Obstbäume, natürlich auch keinen Weinbau, wenn man mit letzterem offenbar auch im 16. Jh. noch Versuche gemacht hatte (1591 werden Rebstecken erwähnt).

Besser stand es um die *Viehhaltung*. Es gab genug Wiesen, die bei zahlreichen Quellen auch ausreichend gewässert wurden. Weidemöglichkeiten boten auch die abgeernteten Felder und der Wald. Bereits im 14. Jh. muß die Schweinezucht beträchtlich gewesen sein, da unter den Abgaben Schweineschultern aufgeführt werden. Im 18. Jh. lag der Schwerpunkt auf der Rinderzucht. Gemästet wurde nicht, vom Frühjahr an wurde den ganzen Sommer hindurch Handel getrieben. Es wurden auch Pferde gehalten, 1700 werden 28 neben 66 Zugochsen aufgeführt.

Zugvieh wurde benötigt für den wichtigsten Wirtschaftszweig, den *Handel mit Holz* und Holzerzeugnissen. Die Mähnegenossenschaft unterhielt im 18. Jh. 3 Sägmühlen, in denen das zum Bau und Unterhalt herrschaftlicher Gebäude und sonstiger Anlagen wie Brücken usw. benötigte Holz bearbeitet wurde. Große Mengen Stammholz wurden verkauft, überwiegend nach Basel und schließlich wurde ein Teil verkohlt und ins Eisenwerk Hausen geliefert. Offenbar nicht nur dorthin (auch das Eisenwerk in Wehr benötigte Holzkohle), denn 1764 wurden Strafen wegen verbotener Kohleausfuhr verhängt.

Das *Handwerk* war im Ort nie stark vertreten. Ein Zeugmacher wird 1734/39 genannt, 1784 werden 2 Weber, 2 Schmiede, je ein Zimmermann, Schneider und Schuster aufgeführt, wohl meist Hintersassen oder Taglöhner. Sieben Haushalte leisteten 1760 Heimarbeit für die Schopfheimer Bleiche-Compagnie.

Neben den verschiedenen *Sägmühlen* – die des Markgrafen war 1608 als Erblehen vergeben, die Mähnebauern betrieben im 18. Jh. drei – besaß der Ort auch eine Mahlmühle. Sie wird 1514/15 erwähnt, gehörte 1592 zu den St. Blasischen Hofgütern und bekam bis zum 18. Jh. Konkurrenz durch einen zweiten Betrieb. Eine der beiden erhielt 1734/39 eine Handwalke, sie brannte 1741 ab, wobei Frau und Kinder des Müllers ums Leben kamen. Nach ihrem Wiederaufbau kam wenig später ein zweites Unternehmen hinzu. Beide bestanden bis ins 20. Jahrhundert: die Dorfmühle wurde 1930 abgebrochen, die Lochmühle in den 1960er Jahren umgebaut.

In Gersbach wurde nach *Silber und Erz* gegraben. Deswegen war der Ort 1680 auch als Standort für die geplante Eisenschmelze, die dann in Hausen errichtet wurde, im Gespräch. Der örtliche Schmelzofen wurde jedoch zwei Jahre später stillgelegt. Wiederaufgenommen wurde der Betrieb 1720 für etwa 10 Jahre, 1738 wurde nochmals das Erzgraben gestattet, 1759 das Graben nach Silbererz. Das Gerücht, wonach in Gersbach Silber zu finden sei, führte zeitweise zu einer wilden Raubgräberei, was die Behörden zum Eingreifen zwang. Schwefelkies wurde noch 1788 gefördert, woraufhin sich eine »Vitriol-Gesellschaft« bildete, die seit 1796 einen neuentdeckten Schwefelkiesgang auszubeuten begann, 1797 eine Vitriolhütte errichtete und seitdem betrieb. Bereits ein Jahr später häuften sich die Beschwerden über die dadurch verursachten Waldschäden. Dennoch hat die Gesellschaft noch 1820 die Vitriolfabriken des oberen Wiesentals beliefert. Die Flurnamen Glasmatt und Glaserberg könnten auf eine abgegangene Glashütte hinweisen.

Fetzenbach. – An dem Bach, der 1267 als Vetzbach urkundlich erwähnt wird, siedelten wohl erst im 18. Jh. einige Gersbacher. Das Dörflein bestand 1760 aus 5 Höfen und unterstand in allen Angelegenheiten Gersbach, mit dem Schule, Kirche und Friedhof gemeinsam waren.

Mettlenhof. – Besitz in *Mettelon* erwarb Kl. Klingental 1257 mit Zustimmung des Lehensherrn von Klingen von den damaligen Besitzern von Eschenz und von Tottikon. Noch 1626 war der Hof österreichisches Lehen und wurde zusammen mit Wehr verliehen. Er wurde im 18. Jh. durch einen Stabhalter verwaltet, den zwei weitere Personen unterstützten. Das Hofgut (37 ha) wurde 1929 endgültig nach Gersbach umgemeindet.

Neuhaus. – Die Herberg oder Haus, das *Neuhauß* genannt, erscheint 1574/79 als markgräfliches Erblehen. Um die Mitte des 19. Jh. bestand die Siedlung aus 2 Häusern mit 18 Einwohnern.

Schlechtbach. – Das 1924 nach Gersbach eingemeindete Dorf wird 1301/08 erstmals in der Form *Slehtlob* urkundlich erwähnt; der Name *Slechbach* läßt sich erstmals 1350 nachweisen. Markgraf Rudolf von Hachberg erwarb es 1400, zusammen mit anderen Orten der Herrschaft Neuenstein von der Familie von Schönau und teilte es der Vogtei Raitbach zu, der es seit spätestens 1564 angehörte. Der Grundbesitz gehörte überwiegend dem Kloster St. Blasien, die markgräflichen Einkünfte bezogen die Familie Höcklin von Steinegg und ihre Rechtsnachfolger. Die Einwohner, 1592 die Bewohner zweier Höfe, 1766 4 Bürger, von denen 1741 einer die Konzession für eine Mühle erhalten hatte, waren nach Raitbach eingepfarrt. Erst 1766 wurden sie auf ihre Bitten hin Kirche und Schule Gersbach zugeteilt. Ihren Lebensunterhalt bezogen die Bewohner teilweise aus dem Ackerbau, größtenteils aus der Viehhaltung. Ein Gesuch, die gemeinsamen Bergfelder teilen zu dürfen, wurde 1773 abgeschlagen. Der Flurname Mühlhalde von 1592 läßt Rückschlüsse auf eine Mühle zu, von aber fraglich ist, ob sie durchgängig bestanden hat. 1757 gab es jedenfalls eine, der Besitzer versah sie 1804 mit einem zweiten Gang.

Langenau

Siedlung und Gemarkung. – Langenau, im Tal der kleinen Wiese gelegen, ist eine späte Ausbausiedlung, die wohl von Norden (Rotenberg) her angelegt wurde. An der Gemarkungsgrenze nach Wieslet ist die noch spätere Siedlung Rothenhäuser abgegangen, die angeblich im 30j. Krieg zerstört und nicht wiederaufgebaut worden war. Der Flurname Weidenhof dürfte auf eine nicht mehr bestehende Hofsiedlung hinweisen.

Die Erstnennung des Dorfes als *Owe* von 1278 ist nicht eindeutig auf den Ort festzulegen, aber möglich. Die Form *in der langen Ow* tritt erst seit dem frühen 15. Jh. auf. Über die Größe des Ortes in früherer Zeit und seine Entwicklung ist nichts bekannt; 1844 umfaßte er 50 Häuser.

Herrschaft und Grundbesitz. – Für die frühe Zugehörigkeit zur *Herrschaft Rotenberg* könnten die späteren Vogteiverhältnisse sprechen. Den Grundbesitzverhältnissen zufolge lag der Ort jedoch im Einflußbereich auch von Schopfheim. Zwar entrichtete Langenau 1514/15 Schaffneihaber nach Schopfheim, Bauern mit eigenem Zug hatten auch dem dortigen Tagwächter einen Wagen Holz zu liefern. Es wird jedoch spätestens 1564 zur Tegernauer Vogtei gerechnet. Zusammen mit Enkenstein bildete Langenau bis 1830 eine Vogtei; das für beide Orte zuständige Gericht tagte wechselweise in einem der beiden Dörfer.

Der größte Teil des *örtlichen Grundbesitzes* dürfte der Ortsherrschaft gehört haben. Adelheid von Rotenberg schenkte 1278 ein Gut und den Wald Bannholz an Kloster St. Blasien, dessen Propstei Weitenau 1344 hier Einkünfte hatte. Markgräfliche Lehen finden sich noch im 18. Jh. im Besitz der Herren von Roggenbach, die sie durch ihren Schaffner in Schopfheim verwalten ließen. Der herrschaftliche Besitz wurde im 18. Jh. durch verschiedene Waldkäufe von Privaten noch vermehrt: zwischen 1740 und 1760 konnten allein 74 J Wald erworben werden. Wohl auf Vergabungen seitens der Markgrafen gehen die Einkünfte zurück, welche die Dreikönigskaplanei (1564) und die Pfarrkirche in Schopfheim (1664) sowie die Rötteler St. Erhartspfründe bezogen. Der Besitz des Kl. Klingental hingegen war diesem von zwei Adeligen mit Zustimmung des Lehensherrn Walter von Klingen überlassen worden.

Gemeinde. – Den Ort verwaltete ein Stabhalter (1700), unterstützt von mehreren Geschworenen (1701: 2). Seit 1799 hatte Langenau einen eigenen Gemeinderechner, um den Gemeindewald kümmerte sich der Weidegesell. Stabhalter und Weidegesell waren im 18. Jh. von allen herrschaftlichen und bürgerlichen Lasten gefreit.

Hauptbesitz der Gemeinde scheint der Wald gewesen zu sein, aus dem sie Brennholz an den Schopfheimer Tagwächter zu liefern hatte. Wegen dieser Pflicht stritt sich Langenau zwischen 1697 und 1700 mit der Stadt.

Streitpunkte ergaben sich auch aus den kirchlichen Verpflichtungen nach Schopfheim, da die Gemeinde an den Kosten jeweils beteiligt wurde und auch die Sigristenabgaben dorthin zu liefern waren.

Wegen gemeinsamer Weiderechte verglich man sich 1574 und 1661/63 mit Gündenhausen, 1662 mit Schopfheim, nachdem Langenau 1642 das Weiderecht bis Höfen zugesprochen worden war. Ansprüche der Gemeinden Langenau, Enkenstein und Gündenhausen 1583 auf den Äckerich im Entegast waren allerdings abgewiesen worden.

Kirche und Schule. – Langenau war *Filiale von Schopfheim* und scheint vor der Reformation von der dortigen St. Katharinapfründe versorgt worden zu sein. Nach der Reformation hatten die Einwohner die Pfarrkirche zu besuchen und wurden vermutlich durch einen der dortigen Diakone versorgt. Eine Kapelle scheint Langenau erst 1828/29 erhalten zu haben. Bis dahin mußten die Toten noch in Schopfheim begraben werden. Alle *Zehnten* gehörten der Landesherrschaft, die sie weitgehend an die Herren von Roggenbach verliehen hatte. Den kleinen Zehnten allerdings bezog die Pfarrei Schopfheim. Ein *Lehrer* läßt sich seit 1698 nachweisen, der noch 1769 von einem wöchentlichen Kostgeld lebte. Langenau galt als Nebenschule und bekam vermutlich 1778, vielleicht auch erst 1781 ein eigenes Schulhaus.

Bevölkerung und Wirtschaft. – Für die Lage des Ortes zwischen zwei Herrschaften spricht auch, daß 1465 die Kommende Beuggen hier noch Eigenleute hatte, die sie damals an St. Blasien tauschte. Bis zum 16. Jh. hatte sich allerdings die Territorialleibeigenschaft durchgesetzt. Frühe Zahlen der durch die Pestzeiten 1610 und 1678 dezimierten Einwohnerschaft sind nicht erhalten. Um 1700 zählte man 46 waffenfähige Männer, woraus man auf eine Bevölkerungszahl von 230 bis 250 Einwohner schließen darf. Bis zum Ende des Jahrhunderts (1793 gab es 45 Bürger, 1798 verzeichnete man 35 Ehen) scheint sich daran wenig geändert zu haben. Um 1730 und um 1750 sind wenigstens zwei Familien nach Siebenbürgen ausgewandert.

Haupterwerbszweig scheint weniger der Ackerbau gewesen zu sein, obwohl 1793 von 45 Bauern 42 mit dem Pflug bauten. Vermutlich wurde mit der Viehhaltung (1700 werden als Zugtiere 1 Pferd und 42 Ochsen genannt) und vor allem durch die Holzwirtschaft mehr verdient. Drei Laubmühlen gingen bereits vor 1572 ab und scheinen keine Nachfolger gefunden zu haben. Unter den Handwerkern dominierten die Ketten-, Kammer- und Hufschmiede, Nagler und Weber, alles Berufe, die auf keinen sonderlichen Reichtum weisen. Das örtliche Fischwasser war im Besitz begüterter Schopfheimer Bürger. Eine Wirtschaft (»Zum Hirsch«) konnte sich erst 1695 etablieren.

Raitbach

Siedlung und Gemarkung. – Raitbach verfügt über eine ausgedehnte Gemarkung, auf der mehrere hoch- und spätmittelalterliche Siedlungen liegen, meist Höfe, aus denen Weiler geworden sind, wie Blumberg, Sattelhof, Scheuer- und Schweigmatt. Steinighof ist aus einer Burg mit zugehörigem Wirtschaftshof hervorgegangen. Etwas jünger ist das wohl dem 17. Jh. entstammende Kehrengraben, neu der Wohnplatz Bahnstation Hausen-Raitbach. Auf *abgegangene Burganlagen*, wohl im Zusammenhang mit der Rodungstätigkeit in diesem Gebiet angelegt und nach deren Abschluß aufgegeben, weist neben den Ruinen Turmhölzle (über Oberraitbach) und Steinegg die unbenannte Ruine hin, auf die sich vermutlich die Flurnamen Burgacker und Burgholz (nördlich und westlich von Spitzenberg) beziehen. Vielleicht hatte sie den Namen Spitzenberg getragen, der heute an einer weiter östlich gelegenen Lokalität haftet.

Grenzstreitigkeiten sind vor allem mit Zell überliefert (1694, Vergleich 1720), und mit Hausen (Vergleich 1655). Eine Grenzberichtigung mit Gersbach und Hausen fand in den Jahren zwischen 1694 und 1720 statt. Die Gemarkung weist noch etliche der seinerzeit wohl unter Prinz Eugen angelegten Schanzen auf, der Flurname Schwedenschanze düfte aber darauf hinweisen, daß diese Art der Verteidigung auch schon vorher üblich gewesen ist.

Der Hauptort, 1113 als *Raitenbuch* erstmals urkundlich nachzuweisen und noch im 14. Jh. meist als *Reitbuch* bezeichnet, während er später meist in der Form *Reypach*, *Reippach* u.ä. erscheint, ist aus einem größeren Meierhof hervorgegangen, dem sich später eine Ausbausiedlung anschloß: 1778 werden Ober- und Niederraitbach unterschieden. Der Name deutet auf eine hochmittelalterliche Rodungssiedlung, die vielleicht im Zusammenhang mit einer abgegangenen Burg, auf die noch der Flurname *Turmhölzle* hinweist, angelegt worden ist. Die Größe des Ortes läßt sich für frühere Zeiten nur schätzen: 1592 zinsten neben dem Inhaber des Meierhofs 10 weitere Einwohner, so daß Raitbach damals vielleicht aus 15 Häusern bestanden hat (1844: 30). Die wichtigsten Verkehrsverbindungen waren 1592 der Weg nach Fahrnau, die Zellemer Straß und der sogenannte Neuweg.

Herrschaft und Grundbesitz. – Raitbach könnte ein Bestandteil der *Herrschaft Waldeck-Rotenburg* gewesen sein; es gelangte später in den Lehenbesitz der Herren von Schönau. Zusammen mit der Herrschaft Neuenstein erwarb Markgraf Rudolf 1400 auch dieses Dorf, das er dem Amt Schopfheim unterstellte und aus dem er zu Beginn des 16. Jh. sämtliche herrschaftlichen Abgaben (18 lb Jahrsteuer, Kalbgeld, Hühner und Bannwein) bezog. Zusammen mit Schweigmatt, Schlechtbach, Sattellege, Kürnberg und Steinegg bildete Raitbach eine eigene Vogtei (1564), wobei 1501 im Ortsgericht Schweigmatt und Kürnberg durch je einen Einwohner vertreten waren. Der herrschaftliche Vogt läßt sich seit 1484 nachweisen. In grundherrlichen Anglegenheiten war bis zum 16. Jh. der Dinghof in Fahrnau zuständig.

Der örtliche Grundbesitz muß ganz oder überwiegend im Besitz der Ortsherrschaft gewesen sein. Dieser, den Herren von *Waldeck*, später denen von Rotenberg, verdankt *Kloster St. Blasien* seine hiesigen Güter. Walicho von Waldeck scheint 1113 schon eine beträchtliche Schenkung vorgenommen zu haben, die Adelheid von Rotenberg 1278 ergänzte und die offenbar dem *Kl. Weitenau* gegolten hat, unter dessen Besitzungen Raitbach auch 1388 und 1491 aufgeführt ist. Im 16. Jh. zog das Mutterkloster die Güter wieder an sich. Diese bestanden 1592 aus einem Hof mit Haus, Scheuer und Garten sowie 75½ J (21 ha) Liegenschaften, dazu einem Zinsgut im Umfang von 58 J (16 ha). Der in den Kriegszeiten des 17. Jh. ziemlich ruinierte Hof war nach einem Heimfall von 1633 bis 1649 im Besitz des Basler Amtmanns; er unterstand später der Verwaltung der Schaffnei Steinen.

Neben St. Blasien bezogen noch andere Institutionen und Personen Einkünfte aus Grundbesitz. Die Kirche in Fahrnau besaß im 16. Jh. ein Zinsgut, die Kirche Schopfheim bezog Einkünfte (1573), vermutlich aus 3 Tauenmatten, die 1735 bei der Geistlichen Verwaltung abgelöst wurden. Auf der Gemarkung lag auch der Wald der Gemeinde Hausen, der Alsbühl. Ihn beanspruchte allerdings im 18. Jh. die Herrschaft Rötteln und ließ ihn bis 1793 völlig abholzen. Vom herrschaftlichen Besitz, überwiegend Reutfelder und Wald, gingen zwischen 1691 und 1740 mindestens 23 J in Privatbesitz über. Einkünfte von den zur Vogtei gehörigen Höfen bezogen noch bis um 1800 die Herren von Roggenbach. Der von Riedhofen Güter und Junker Höcklins Lehengut werden lediglich 1592 als Anstößer erwähnt.

Gemeinde. – Die Verwaltung des Dorfes besorgte der Vogt, der von allen herrschaftlichen und Gemeindelasten befreit war. Dabei unterstützten ihn mehrere (1592: 4) Gerichtsleute oder Geschworene (1634: 2). Obwohl Schopfheim unterstellt – der dortige Stadtschreiber leitete im 18. Jh. die Vogtwahlen –, wurden alle Bücher, vor allem das Gerichtsprotokoll, im Ort geführt.

Hauptbesitz der Gemeinde war der Wald, dem sie ihre wesentlichen Einnahmen verdankte. Ihn beaufsichtigte der Weidgesell, auch er von allen herrschaftlichen Fronen befreit. Ein Weidestreit mit Hausen und Fahrnau wurde 1655 geschlichtet. Allen Anzeichen nach gehörte Raitbach zu den bessergestellten Gemeinden, 1763 konnte es sogar Aktiva vorweisen. Gegen Ende des Jahrhunderts scheint sich dies, wohl wegen der erneuten Kriegszeiten, etwas geändert zu haben. Damals mußten die ausstehenden Fruchtgefälle mit den Kriegslieferungen verrechnet werden. Raitbach besaß auch einen Salzkasten, den Ende des 18. Jh. der jeweilige Altvogt verwaltete.

Kirche und Schule. – Bis zum Ende des 15. Jh. war Raitbach Filiale von Fahrnau und wurde dann nach Schopfheim eingepfarrt. Die ungünstigen Wegverhältnisse führten später dazu, daß die Einwohner seit der Mitte des 18. Jh. die Gottesdienste wieder in Fahrnau besuchen durften, auf dem dortigen Friedhof wurden auch ihre Toten begraben. Mit den Beiträgen zu den Schopfheimer Kirchenkosten war die Gemeinde jedoch auch weiterhin belastet.

Die *Zehnten* dürften ursprünglich St. Blasien gehört haben, später teilten sich die Herrschaft Rötteln und die Deutschordenskommende Beuggen die Erträge. Den kleinen Zehnten bezog der Schopfheimer Pfarrer.

Winter- oder *Nebenschule* wurde in Raitbach spätestens seit dem frühen 18. Jh. gehalten. Dort wurden auch die Kinder aus den Höfen unterrichtet, bis Schlechtbach 1766 Gersbach zugeteilt wurde. Die restlichen Höfe stellten um 1782 einen eigenen Lehrer an, der in Schweigmatt unterrichtete. Die Sigristenabgaben, nämlich ½ V Roggen jährlich von jedem, der mit dem Pflug baute, und 1 Laib Brot von jeder Haushaltung, gingen nach Schopfheim. Ein Schulhaus gab es zunächst nicht, erst um 1781 kam ein Neubau in Schweigmatt zustande.

Bevölkerung und Wirtschaft. – Frühe Einwohnerzahlen haben sich für Raitbach nicht erhalten. Die Zahl der waffenfähigen Männer betrug 1700 65, darunter 4 Knechte, was auf eine Einwohnerzahl in der Vogtei von etwa 325 schließen läßt. Die Vogtei war 1771 von 345 Seelen bewohnt und wurde schon 1762 als »stark«, also bevölkert erwähnt. Es ist auch zur Auswanderung nach Siebenbürgen gekommen. Ihre medizinische Versorgung oblag weitgehend der Hebamme, die (bzw. deren Mann) von allen bürgerlichen Lasten befreit war.

Für den Broterwerb spielte die Landwirtschaft keine besondere Rolle, obwohl seit dem Ende des 17. Jh. alle vorhandenen Ödländer rekultiviert wurden, was die Herrschaft mit befristeten Schatzungs- und Zehntfreiheiten honorierte. Obstbau ist 1592 bezeugt, damals bezog St. Blasien ein Drittel des Ertrags. Wichtiger war die Viehhaltung. Rösser werden 1592 erwähnt, 1700 wurden als Zugtiere 24 Pferde und 60 Ochsen gehalten. Mit Holzverkauf, Holzflößerei und Holzkohlelieferungen zum Eisenwerk Hausen bestritten viele Einwohner ihren Lebensunterhalt. Weitere Verdienstmöglichkeiten waren selten. Ein Haushalt leistete 1760 Heimarbeit für die Schopfheimer Bleiche-Compagnie. Das Handwerk war schwach vertreten, 1761 gab es einen Schneider vor Ort. Es herrschte Mühlenzwang nach Fahrnau, bis 1718 ein Einwohner für seine neuerbaute Mühle, die nur einen Gang aufwies, ein Mahlrecht erhielt. Infolge Wassermangels konnte sie nie ertragreich arbeiten. Auch Wirtshäuser haben sich hier erst spät angesiedelt und bestehen inzwischen nicht mehr (»Krone«, »Blumberg«). Eine Zeitlang hielt sich auch eine Glashütte, von der nur noch Flurnamen zeugen.

Blumberg. – Der Hof zu *Blumenberg* war 1400 ein Bestandteil der Herrschaft Neuenstein und kam damals mit dieser an den Markgrafen. In der Folge der Raitbacher Vogtei zugeteilt, teilte er deren Geschicke. Er wurde als herrschaftliches Lehen vermutlich an die Höcklin von Steinegg, dann an die von Ulm verliehen, die ihn 1646 an Privat verkauften. Später bezogen noch die Herren von Roggenbach Einkünfte aus dem Hofgut.

Kehrengraben. – Dieser Wohnplatz läßt sich erstmals 1681 nachweisen und war 1792 von 2 Familien bewohnt.

Sattelhof. – Der Hof, 1344 als *ze Reibuch an der Sattellegi* beschrieben, ging ebenfalls 1400, zusammen mit der Herrschaft Neuenstein, in den Besitz des Markgrafen Rudolf über. Seit 1509 war er an die Höcklin von Steinegg verliehen und gelangte durch eine Heirat in den Besitz der Familie Offenburg. Das 1719 von 5 Personen bewohnte Gut wurde 1697 um eine Mühle ergänzt, der 1773 ein zweiter Gang eingebaut wurde.

Scheuermatt. – Um 1650 war *Schirmatten* ein einfacher Bauernhof, der 1844 43 Einwohner hatte.

Schweigmatt. – Das Dorf *Swaigmatt*, bereits dem Namen nach eine hochmittelalterliche Rodungssiedlung, schenkte Walicho von Waldeck 1113 an Kloster St. Blasien, das diesen Besitz seiner Propstei Weitenau übertrug und ihn erst nach Einführung der

Reformation wieder an sich zog. Im 16. und 17. Jh. allerdings war der dortige Hof als markgräfliches Lehen im Besitz der Familien Höcklin von Steinegg und Offenburg. St. Blasien bezog 1592 noch von 4 Personen Zinse aus 15½ J Liegenschaften. Die niedergerichtlichen Rechte waren von den Herren von Waldeck über die von Rotenberg und Rötteln auf die Markgrafen übergegangen. Rudolf von Schönau hatte 1365 markgräfliche Rechte bei Petermann von Roggenbach ausgelöst, von seinen Nachfahren gelangten diese 1400 wieder an den Markgrafen zurück. In Schweigmatt unterrichtete seit 1782/85 ein Lehrer die Kinder der restlichen Hofsiedlungen. Hier lebten 1793 die Familien von 8 Bürgern. Auf dem Schweigmatter Gelände lag der Hof *im Kolbach*, der im 18. Jh. den Herren von Roggenbach zinste. Ende des Jahrhunderts wurde er von einem Beständer umgetrieben.

Spitzenberg. – Dieser inzwischen abgegangene Hof war zwischen 1531 und 1622 als markgräfliches Lehen im Besitz der Familien Höcklin von Steinegg und Offenburg.

Steinighof. – Die Burg Steinegg und der zugehörige Wirtschaftshof scheinen ursprünglich nach Zell gehört zu haben, vielleicht als echtes Zubehör der Herrschaft Neuenstein. Vermutlich kam beides 1400 an den Markgrafen Rudolf, der es alsbald der Familie Höcklin von Steinegg und ihren Besitznachfolgern zu Lehen überließ. Einer seiner Nachfolger kaufte den Hof 1754 von der Familie von Ulm zurück und veräußerte ihn 1760 wieder. Das Schloß wird 1509 bereits als Burgstall bezeichnet. Der zugehörige Meierhof, 1759 ein neuerbauter Steinriegelbau mit Strohdach, wurde durch einen Beständer umgetrieben. Die zugehörigen Liegenschaften, 83 TM, 68 J Acker und 170 J Holz, machten zusammen 321 J aus (ca. 89 ha).

Schopfheim

Ur- und Frühgeschichte. – Sieht man von einem Stein mit »Zeichnung« ab, der sich früher am Weg nach Raitbach befunden haben soll (Schalenstein?), hat sich auf der alten Schopfheimer Gemarkung kein Zeugnis aus ur- oder frühgeschichtlicher Zeit erhalten. Was bekannt ist, stammt ausschließlich von Beobachtungen im Stadtzentrum, in erster Linie aus dem Bereich um und unter der Pfarrkirche St. Michael. Dabei beschränkt sich die Kenntnis auf die römische und frühmittelalterliche Periode. Als 1921 im Innern der Kirche Ausgrabungen durchgeführt wurden, kam man wohl nicht tief genug, um die Reste eines *römischen Gutshofes* zu entdecken, der im Bereich der Kirche liegt. Seine Fundamente wurden bei Kanalisationsarbeiten außerhalb des Kirchenbaus angeschnitten, ergaben aber noch keine Vorstellung vom Grundriß dieses römischen Baus, der wahrscheinlich als Wohnhaus einer sogenannten villa rustica anzusprechen ist.

Bei den Grabungen von 1921 wurden dagegen außer einem romanischen Vorgängerbau mehrere Steinkistengräber aufgedeckt. In einem dieser Gräber lag ein Mann mit Kurzschwert (Sax) und Bronzesporn, Funde, die sich in die *späte Merowingerzeit*, in die 2. Hälfte des 7. Jh. datieren lassen. Mit großer Wahrscheinlichkeit sind auch die anderen Gräber gleicher Bauweise als gleichzeitig anzusehen. Dafür spricht nicht nur die Grabform, die auch für jüngere Perioden belegt ist, sondern vor allem die Aufreihung zu beiden Seiten eines freibleibenden Mittelgangs. In dieser Lage der Gräber drückt sich offensichtlich die Rücksichtnahme auf einen älteren, kleineren Kirchenbau aus, der wahrscheinlich in Holz aufgeführt worden ist. Leider sind bei der Ausgrabung keine Spuren beobachtet worden.

Die St. Michaelskirche in Schopfheim gehört damit in eine Gruppe früher Kirchen, in denen sich eine adelige merowingerzeitliche Stifterfamilie hat bestatten lassen. Über deren Rang und politische Stellung lassen die 1921 geborgenen Funde keinen Aufschluß zu. Ganz offensichtlich sind nämlich die Gräber zu einem früheren Zeitpunkt geöffnet und dabei wahrscheinlich auch Beigaben entnommen worden. Die spätere Gründung der Stadt Schopfheim an der Stelle des ursprünglichen Dorfes weist auf eine gewisse Bedeutung des Platzes schon in frühmittelalterlicher Zeit. Dazu paßt der Nachweis einer adeligen Familie mit Eigenkirche und eigener Grablege. Es ist auch kein Zufall, daß diese Kirche auf römischer »Grundlage« steht. Ein ähnlicher geschichtlicher Werdegang, von römischer Villa über merowingerzeitlichen Adelshof mit Eigenkirche bis zur mittelalterlichen Stadt, läßt sich auch an anderen Orten des römisch-alemannischen Siedlungsraumes nachweisen.

Siedlung und Gemarkung. – Geht man von den Rechtsverhältnissen des ausgehenden Mittelalters aus, so muß Schopfheim über eine Großgemarkung verfügt haben, die Gündenhausen, Eichen und Wiechs und vielleicht einen Teil von Langenau einschloß. Gesichert ist, daß es sich dabei um einen Dinghofverband gehandelt hatte, dessen Zentrum Schopfheim bildete und der wohl aus einer Villikation hervorgegangen ist. Die später der Stadt zugeordneten Dörfer Fahrnau, Raitbach und besonders Hausen hingegen haben andere historische Bezüge, was auch an ihrer späteren Verwaltungsstruktur abzulesen ist. Die im Zwing und Bann gelegenen Dörfer bekamen zwar im Laufe der Zeit eigene Gemarkungen, blieben aber rechtlich immer der Stadt zugeordnet.

Der Ort Schopfheim läßt sich erstmals 807 als *Scofhei(n)* urkundlich nachweisen. Wie die verschiedenen Grabungsbefunde (s. o.) gezeigt haben, ist er jedoch um einiges älter. Dabei kann die Frage, wo die merowingerzeitliche Siedlung gelegen hat, von welcher der heutige Ort ausgegangen ist, nicht zufriedenstellend beantwortet werden. Wahrscheinlich hat die Siedlung ursprünglich im Bereich der heutigen Au gelegen, während die Kirche am Ortsrand erbaut worden war. Nicht auszuschließen ist, daß die Vögte außerhalb dieses Bezirks wohl im 11./12. Jh. bereits eine Burg erbaut hatten, um welche herum Konrad von Rötteln seine Stadt anlegte, wobei er möglicherweise die Kirche aufgrund seiner Kastvogtei einbeziehen konnte.

Diese *Stadtanlage* war klein. Sie umfaßte den Bereich zwischen dem Kirchplatz im Süden bis zum Schloß im Norden einerseits, Wallstraße im Westen bis knapp an die Entegaststraße im Osten. Sie war durch Mauern, Graben und Wall gesichert, der Zugang über mehrere Tore (mindestens 3) gewährleistet, zu denen noch etliche Pforten kamen. Wie groß die Stadt damals war, ist unbekannt; beim Stadtbrand vom 25. November 1412 und in den folgenden Tagen sollen 47 Häuser verbrannt sein. Es muß jedoch schon vorher Brandkatastrophen (vor 1250, um 1330) gegeben haben, worauf neben den Grabungsergebnissen in der St. Michaelskirche eine Urkunde von 1340 hinweist. Die einzige Stadterweiterung dürfte auf den Markgrafen Rudolf IV. zurückgehen, der 1473 den Einwohnern erlaubte, den Stadtgraben zu wirtschaftlichen Zwecken zu nutzen und Häuser an die Stadtmauer zu bauen. Dadurch wurde im Osten die Stadtmühle in die Ummauerung einbezogen: es entstand die heutige Entegaststraße, deren östliche Häuserzeile auf dem aufgeschütteten Graben erbaut worden ist. Von der alten Stadtmauer ist bei der Stadtmühle noch ein Stück erhalten.

Die Entstehung der *Vorstadt* läßt sich nicht genau festlegen. Der Vorgang muß aber bald nach der Stadtgründung eingesetzt haben, worauf unter anderem die kirchlichen Verhältnisse hinweisen. Urkundlich ist sie erst seit dem frühen 16. Jh. bezeugt und hat lange Zeit aus einer entlang der Landstraße führenden Häuserzeile bestanden. Eine Ausweitung erfuhr sie durch die Schaffung des Lindenplatzes und die Verlegung der Jahrmärkte dorthin. Später finden sich hier auch die Zollstelle und ein Wachthaus, noch später verschiedene Amtsgebäude. Das Leben *auf der Au* ging auch nach der Stadtgrün-

dung unverändert weiter. Dort finden sich noch lange bäuerliche Anwesen, später zaghafte Ansätze von Industrialisierung (Ziegelhütte, Bleiche-Compagnie).
Herrschaft und Staat. – Wie oben ausgeführt, sind die ursprünglichen Rechtsverhältnisse nicht zweifelsfrei zu klären. Den Schenkern von 807 müssen jedoch große Teile, wenn nicht der gesamte Grundbesitz in Schopfheim gehört haben. Die *Herren von Rötteln*, die sich seit der Mitte des 12. Jh. hier nachweisen lassen, dürften den Ort nicht als Eigentum, sondern in ihrer Eigenschaft als Kastvögte des Kl. Murbach (St. Gallen?) besessen haben. Die *Stadterhebung*, die Konrad von Rötteln zwischen 1240 und 1250 vornahm, muß im Zusammenhang mit den damaligen politischen Ereignissen gesehen werden. Ob diese Maßnahme sich allerdings gegen das Reich oder gegen die antikaiserliche Partei gerichtet hat, ist aus Mangel an Quellen nicht festzustellen. Sicher ist nur, daß den Herren von Rötteln der Besitz der Stadt sowenig bestritten worden ist wie ihren Nachfolgern. Seit 1371 sind Lehenbriefe der Herzoge zu Österreich für die Markgrafen von Hachberg überliefert, denen widerspruchslos die Reverse als Anerkennung folgten. Erst der Herrschaftsantritt der markgräflichen Hauptlinie nach dem Erlöschen des hachbergischen Hauses brachte eine Änderung. Markgraf Christoph und seine Nachfahren weigerten sich sofort, Schopfheim (und Rötteln) als Lehen anzuerkennen, was zahlreiche Auseinandersetzungen nach sich gezogen, an den Fakten aber nichts geändert hat. Eine gewisse Unsicherheit blieb jedoch zurück: sie hat verhindert, daß Markgraf Ernst seinen Sitz in Schopfheim nahm, der statt dessen Sulzburg zu seiner Residenz ausbaute. Seine Nachfolger haben sich für das verkehrsgünstiger gelegene Lörrach entschieden. All dieses hatte seine Auswirkungen auf die Stadt, die trotz guter Ausgangsbedingungen nie über den Status einer kleinen Amtsstadt hinausgekommen ist.

Bereits die Herren von Rötteln besaßen eine *Tiefburg* im Ort, die wohl von Beginn an in der Nordwestecke des späteren Stadtgebietes stand. Daß sie auf Klosterland errichtet worden ist, erscheint unwahrscheinlich, eher war sie außerhalb von Zwing und Bann des Hofes angelegt worden. Vom ursprünglichen Aussehen der wohl kleinen Anlage ist nichts bekannt, ihre vermutliche Nachfolgerin fiel vielleicht schon dem Stadtbrand von 1330, sicher dem von 1412 zum Opfer. Im folgenden Jahr wieder aufgebaut, wurde sie im 30j. Krieg endgültig zerstört. Einzelne zugehörige Gebäude lassen sich noch feststellen (ehemaliger Marstall), die Anlage selbst wurde durch den Wiederaufbau des 17. Jh. aufgelöst.

Bis zu Markgraf Rudolf IV. dürften Angehörige der Rötteler und der markgräflichen Familie zeitweise hier gewohnt haben. Später ist dies nicht mehr der Fall, die Markgrafen behielten sich jedoch bis zuletzt Raum in der Stadt, vor allem Keller, zur eigenen Verwendung vor. Die zum Schloß gehörigen Gebäude wurden seit dem Ende des 16. Jh. vom markgräflichen Obervogt bewohnt.

Grundherrschaft und Grundbesitz. – Als älteste Grundbesitzer in Schopfheim erscheinen 807 Himini und seine Söhne Einhart und Winipold, die damals ihren wohl beträchtlichen Besitz als Zinslehen dem *Kloster St. Gallen* übertrugen. Von diesem Kloster ist danach nicht mehr die Rede. Österreich hat im 13. Jh. seinen Anspruch auf die Stadt mit der Vogtei über Güter des *Kl. Murbach* begründet, die sich vorher urkundlich nicht nachweisen lassen. Nun war die Schenkung an St. Gallen sofort dadurch eingeschränkt worden, daß der Besitz als Zinslehen bei den Schenkern und ihren Nachkommen bleiben sollte. Ähnlich verhielt es sich mit einer Schenkung des gleichen Jahres 807 in Wiechs. Es ist also fraglich, ob St. Gallen je in den wirklichen Besitz dieser wohl bedeutenden Liegenschaften gekommen ist. Es spricht auch sonst nichts dafür, daß im 9. Jh. andere Klöster Besitz in Schopfheim gehabt hätten (die päpstlichen Besitzbestätigungen von 1139 und 1179 für das Schwarzwaldkloster St. Georgen hingegen beziehen sich mit einiger Sicherheit auf Ober- und Niederschopfheim im Ortenaukreis). Murbach müßte also später hier beschenkt worden sein, wobei es sich weitgehend um den eigentlich St. Gallen zustehenden Besitz gehandelt haben wird. Wohl schon im 12. Jh. finden sich die *Herren von Rötteln* als Vögte geistlichen Eigentums am Ort. Mit der Stadtgründung schufen sie sich Eigentum, was sich vor allem unter ihren Besitznachfolgern, den *Markgrafen von Hachberg* zeigte. Diese verfügten über Grund, Boden und Einkünfte zugunsten ihrer Dienstleute, von denen einige wenige – die *von Roggenbach* und die *von Ulm* – sich hier dauerhaft niederließen. Ihre Häuser waren teils Lehen, teils Geschenke ihres Dienstherrn, in jedem Fall waren sie bis zum 18. Jh. sämtlich in Privateigentum übergegangen. Beide Adelshäuser unterhielten in Schopfheim Schaffneien, von denen aus ihr umliegender Besitz verwaltet wurde.

Daneben gab es wenig *andere Grundbesitzer*, wenn man Bürgerschaft, Stadt und Kirche ausnimmt. Das Basler Domstift hatte 1388 Lehen unbekannter Größenordnung an den Markgrafen vergeben, der sie an seine Dienstleute Arnleder weiterverlieh. Die Basler Prediger besaßen bis um die Reformationszeit, Stift St. Peter in Basel bis zum 17. Jh. Häuser in der Stadt. Auch die Kirche in Dossenbach wird 1568 mit Einkünften erwähnt.

Gemeinde. – Die vorstädtische Verwaltung ging vom Dinghof aus und dürfte dem entsprochen haben, was von anderen Dinghöfen bekannt ist. Der wichtigste Mann war also zunächst der *Meier*, dessen Wirkungskreis jedoch schon vor der Stadtgründung durch die *Kastvögte* eingeschränkt worden sein dürfte. Die näheren Umstände der Stadtgründung, selbst das Jahr sind unbekannt. Allgemein wird dafür die Zeit »zwischen 1240 und 1250« bzw. »um 1250« angenommen. Die Tatsache, daß der Reichsministeriale Ulrich von Liebenberg 1244 hier einen Verkauf an Kl. Wettingen tätigte, scheint aber dafür zu sprechen, daß der Vorgang in die 1. Hälfte der 1240er Jahre zu verlegen ist. Sicher dürfte sein, daß Schopfheim damals kein Stadtrecht erhalten hat. Zwar bestätigte Markgraf Heinrich der Stadt 1316 die dieser von seinem Oheim gegebenen Privilegien, diese dürften aber lediglich aus den Allmendrechten im Entegast bestanden haben, die Lutold von Rötteln der Stadt 2 Jahre zuvor überlassen hatte. Während das inzwischen verlorene Fragment eines »Stadtbuchs« von 1374 offenbar eine Art Dinghofrecht zum Inhalt gehabt hat, bezeugt eine Urkunde aus dem Jahr 1394, daß die Einwohner noch immer nominell einem *Dinggericht* unterstanden, wenn dieses auch kaum mehr über Rechte verfügte und in der Stadt tagte. Zwing und Bann gehörten, wie die Urkunde aussagt, dem Markgrafen, der auch über Leib und Gut richtete. Die Sitzungen, wie üblich drei im Jahr, fanden bereits an Terminen statt, die offenbar der Stadtherr nach seinen Bedürfnissen festgelegt hatte: am Dienstag nach dem 20. Tag, Dienstag nach ausgehender Osterwoche und Dienstag nach ausgehender Pfingstwoche. Den Vorsitz führte der Vogt des Markgrafen – ein solcher läßt sich seit 1258 nachweisen –, von den Urteilsprechern stammten 6 aus Schopfheim, je 2 kamen aus Eichen, Gündenhausen und Wiechs. In dieser Besetzung tagte das Gericht auch in späterer Zeit.

Bis zum 14. Jh. hatte sich bereits eine halbstädtische *Verwaltung* herausgebildet. Neben den obengenannten Dinggerichten fanden bei Bedarf weitere Gerichtssitzungen statt; als Gerichtspersonen erscheinen Vogt, Richter und der Rat zu Schopfheim (1393). Die Ladungen besorgte ein Waibel, der gelegentlich auch als Stabhalter fungierte. Sämtliche Urkunden besiegelte der Vogt mit seinem privaten Siegel. Einzelheiten über Amtszeit und Besoldung hat erst das »Stadtbuch« von 1585 festgehalten. Der Vogt, sein

Stellvertreter, der Statthalter und die Inhaber aller herrschaftlichen Ämter wurden auf unbestimmte Zeit bestellt. Die 6 Ratspersonen, denen sich aus gegebenem Anlaß der Baumeister (Gemeinderechner) hinzugesellen konnte, mußten jedes Jahr neu bestellt oder bestätigt werden. Gleiches galt für die 12 Gerichtspersonen, von denen die Hälfte von Rat und Gemeinde Schopfheim gewählt wurden, während die restlichen sechs aus den Dörfern kamen.

Das Gericht tagte »*under der Loben*«, wobei diese Gerichtslaube wohl schon damals mit einer Tafern, der Stube, verbunden war. Urkundlich ist sie seit 1394 bezeugt. Ihr ursprünglicher Standort ist nicht bekannt. Die *Stube* überließ Markgraf Wilhelm 1442 der Stadt, zusammen mit Holzrechten aus dem Sengelenwäldchen, behielt sich aber die Nutzung des unter dem Gebäude liegenden Kellers vor. Die Stadt verkaufte das baufällige Haus 1583 an Hans Adolf von Roggenbach, der wahrscheinlich auf dem Grundstück einen Neubau errichtete. Das Stadtbuch von 1585 verzeichnet unter den stadteigenen Gebäuden auch die »Stube« in der Entegastgasse, die an die lange School anstieß, genauer an den Teil, in dem sich das Zeughaus befand. Da von einem Rathaus nicht die Rede ist, darf angenommen werden, daß die »Stube«, vielleicht deren Erdgeschoß, als solches gedient hat.

Der Zuständigkeitsbereich des Gerichtes war im 15. Jh. mit der Schaffung einer Vogtei Schopfheim erweitert worden. Dieser waren Fahrnau, Raitbach, Hausen und Maulburg, zeitweise auch Dossenbach, zugeteilt worden. Zwar wurden an diesen Orten Gerichtssitzungen abgehalten, aber auf Anweisung des Schopfheimer Vogtes, der auch siegelte. Änderungen traten ein, nachdem Schopfheim Anfang des 16. Jh. an die *Markgrafen von Baden* gekommen war. Zum Dank dafür, daß die Stadt ihn gegen die aufständischen Bauern unterstützt hatte, verlieh ihr Markgraf Ernst 1529 das Recht zu siegeln. Um 1564, als die Herrschaften Rötteln und Sausenberg verwaltungsmäßig neu eingeteilt wurden, erhielt Schopfheim den Status einer Amtsstadt mit Sitz des Obervogts der neuen Herrschaft Sausenberg. Eine Art Stadtrecht scheint es seit diesem Jahrhundert auch gegeben zu haben, wenigstens wird 1585, das Jahr, aus dem das älteste erhaltene »*Stadtbuch*« stammt, von einem alten Stadtbuch und verschiedenen Schriften über städtische Ämter gesprochen. Dieses sogenannte Stadtbuch von 1585 ist in der Folge immer wieder bestätigt worden. Es enthält ein Verzeichnis der städtischen Ämter, deren Aufgabengebiet und Besoldung: Vogt, Statthalter, Stadtschreiber, Zeugmeister, Brunnenmeister, Ungelter, 3 Marcher, 3 Fechter (Eichmeister), der Gemeindeämter, nämlich Brot- und Feuerschauer, Wein- und Fleischschätzer, Baumeister, Spitalpfleger, Salzmeister, Waibel, Feldwaibel, Tag- und Nachtwächter, Kuh- und Schweinehirten. Es folgt eine Beschreibung von Zwing und Bann, eine Aufzählung der städtischen Privilegien sowie der städtischen Häuser und Einkünfte.

Wohl im Zusammenhang mit den *Neuregelungen* der Verwaltung im 17. Jh. sind Änderungen eingetreten. Zwar blieb die Zahl von Räten und Richtern erhalten, auch Zahl und Termine der Gerichtssitzungen. Bis 1701 war jedoch das Vogtamt teils mit dem Obervogtamt, teils mit dem Statthalteramt zusammengelegt worden, der nunmehrige Obervogt wurde von der Herrschaft ernannt und hatte u. a. die Aufsicht über alle städtischen Ämter. Sein Amt war jedoch bereits auf den Titel reduziert worden, wie die seit dem Ende des 17. Jh. bezeugten Streitigkeiten zwischen der Stadt und dem Oberamt Rötteln belegen, in denen die Stadt erfolglos die Beibehaltung ihrer bisherigen Rechte forderte. Die Rechte im Schopfheimer Viertel übte nun der Landvogt in Rötteln aus: er, nicht mehr der Vogt, besiegelte jetzt die Gerichtsurkunden der Amtsorte mit dem Siegel des Landgerichtes. Der *Statthalter* wurde von der Gemeindeversammlung gewählt und von der Herrschaft gegebenenfalls bestätigt. Der *Stadtschreiber* wurde der Herrschaft von Obervogt, Statthalter und Räten zur Bestätigung vorgeschlagen.

Rechte und Besitz der Stadt bleiben für die Zeit zwischen dem 13. und frühen 16. Jh. ziemlich vage. Lütold von Rötteln schenkte ihr 1314 Wald und Berg Entegast, was Markgraf Heinrich 1316 bestätigte. Dem Markgrafen Wilhelm verdankt Schopfheim einen Teil des Sengelwäldchens und ein Haus in der Stadt, das er 1442 schenkte. Markgraf Rudolf IV. gestattete die Nutzung des Stadtgrabens zur Anlegung von Gärten sowie den Anbau von Häusern an die Stadtmauer und verlieh der Stadt 1473 das Recht des alleinigen Salzverkaufs in den benachbarten Vogteien zum gleichen Preis wie in Rheinfelden. Dieses Privileg hat Markgraf Christoph 1503 bestätigt.

Insgesamt besaß die Stadt 1585 7 Häuser, darunter den Ziegelhof, das Schützenhaus und das Haus des Wasenmeisters, alle in der Au gelegen, das Spital in der Vorstadt und 3 Häuser in der Stadt, darunter das Hirtenhaus bei der Kirche. Der Grundbesitz umfaßte vorzugsweise Wald. Ihre Liegenschaften vermehrte die Stadt regelmäßig durch den Ankauf zahlreicher Kleinparzellen, diese Käufe sind seit 1599 bezeugt. Im übrigen kamen die städtischen Einnahmen fast durchweg aus Boden- oder Kapitalzinsen. Die Rechnungen zeigen, daß sich das Schopfheimer Haushaltswesen spätestens im 17. und 18. Jh. kaum von dem der umliegenden Gemeinden unterschied. Grundsätzlich verfügte die Stadt im 18. Jh. trotz einer gewissen Verschuldung über ein stetig anwachsendes Vermögen. Dabei hatte sie überwiegend Einnahmen wechselnder Höhe wie Bodenzinse, Umgeld, Kapitalzinse, Gantkapitalien, Mattenzinse, Standgeld und Pfundzoll, Einnahmen vom Ziegelofen und Bestandsgelder. Dazu kamen in unregelmäßigen Abständen Hintersassen- und Bürgergelder, Erlöse aus Holz- und Güterverkäufen. Unter den Ausgaben nahmen Bau- und Besoldungskosten samt Diäten und Tagegeldern den größten Posten ein. Die restlichen Ausgaben fielen kaum ins Gewicht. Ende des Jahrhunderts konnte die Stadt es sich sogar leisten, ihren Schulkindern eine sogenannte Prämie zu zahlen. Auch die Schützen, die sich hier seit dem 16. Jh. nachweisen lassen, erhielten eine jährliche Zuwendung.

Kirche und Schule. – Wie die Ausgrabungen beweisen, gehört die Schopfheimer *St. Michaelskirche* zu den ältesten Kirchen der Landschaft. Darauf weist neben ihrem Status als Quartkirche auch ihr Sprengel hin, der sich mit dem Dinghofbereich deckte und im 16. Jh. reformationsbedingt durch einige Amtsorte (Fahrnau 1360/70, Hausen, Raitbach) erweitert wurde. Sie unterstand bis zur Reformation dem Dekanat Wiesental und gehörte später zum Spezialat Sausenberg, dessen Sitz Schopfheim bis 1672 gewesen ist. Die Pfarrei läßt sich seit 1244 (1130?) urkundlich nachweisen. Den Kirchensatz übten die Herren von Rötteln aus, unklar, in welcher Eigenschaft; 1387 erscheint auch dieser als österreichisches Lehen.

Die Stadtkirche, um die lange der zunächst einzige Begräbnisplatz für den Sprengel lag, muß sich bald als zu klein erwiesen haben. Zudem dürften die zahlreichen Taufen, Hochzeiten und Beerdigungen den Pfarrer überfordert haben. Es gab daher eine Anzahl von Kaplaneien, deren Stiftungsdaten bis auf die Pfründstiftung des Lienhart Scherer und seiner Ehefrau von 1423 durchweg unbekannt sind, wenn auch anzunehmen ist, daß die Familie Höcklin und die von Roggenbach (Dreikönigskaplanei?) ebenfalls als Pfründstifter hervorgetreten sind. Die Inhaber dieser Pfründen hatten die auswärtigen Kirchspielgenossen zu versorgen. Man findet dort früh Kapellen und teilweise auch Begräbnisplätze. Der Stadt gehörte die sogenannte Gottesackerkirche, die vom Kaplan der St. Katharinenpfründe versehen wurde, mit zugehörigem Friedhof (die beide noch bestehen). Zuständig war sie für die Einwohner von Gündenhausen und Langenau, auch für Au und Vorstadt und später anscheinend für Wiechs. Der Kaplan der Dreikönigspfründe versah seit dem Ende des 15. Jh. die Einwohner von Enkenstein, Hausen und Ehnerfahrnau, wo eine Kapelle stand. Daneben gab es noch eine Liebfrauenpfründe, die für Eichen zuständig gewesen sein soll und eine Hl. Kreuzpfründe mit Kapellchen im Sengelenwald. Wie gelegentlich aus den Urkunden zu erfahren ist, gab es bei der Pfarrkirche auch eine Armen- und eine Salve-Stiftung (1494).

Über Einkünfte und Besitz von Pfarrkirche und Pfründen ist nichts Umfassendes bekannt. Sicher ist, daß Kirchherr und Kirchenfonds der Pfarrkirche Geldeinkünfte aus Liegenschaften bezogen, welche durch mehrere Kirchenpfleger (1440), später noch durch einen Kirchmeier verwaltet wurden. Die zahlreichen Darlehensvergaben des 15./16. Jh. sprechen auch für eine ausreichende Dotation. Von den Pfründen waren die Hl. Kreuz- und die Liebfrauenpfründe am besten dotiert, während die Dreikönigskaplanei gerade das Existenzminimum erreichte.

Sämtliche Pfründen verschwanden im Zuge der Reformation. Da der nunmehrige Stadtpfarrer jedoch außerstande war, die kirchlichen Aufgaben alleine zu bewältigen, wurde ihm schon 1557 ein Diakon zur Seite gestellt, der vor allem die entfernt gelegenen Orte (z. B. Hausen), manchmal bis zur Errichtung einer eigenen Pfarrei zu versehen hatte. Ein Subdiakonat wurde 1786 geschaffen. Die Einwohner der Kirchspielorte wurden zum sonntäglichen Gottesdienst nach Schopfheim verpflichtet, was sich jedoch auf Dauer als unzweckmäßig erwies. Enkenstein hatte sich bereits 1582 entschlossen, künftig die Kirche in Wieslet zu besuchen. Im 18. Jh. wurde regelmäßig die zweite Sonntagspredigt in der Fahrnauer Kirche gehalten, wo sich neben den Einwohnern auch die von Raitbach versammelten. Auf dem dortigen Friedhof wurden die Kirchgenossen auch begraben. Einzig die Einwohner von Eichen haben bis in die neueste Zeit hinein die Schopfheimer Kirche besucht.

Spätestens im 18. Jh. lassen sich vereinzelt wieder Katholiken in der Stadt nachweisen, meist Dienstboten. Diese pflegten am Privatgottesdienst im Hause der Familie von Roggenbach teilzunehmen, was ihnen noch 1796 verboten wurde. Die von Roggenbach selbst durften mit ausdrücklicher Erlaubnis der Markgrafen in ihrem Hause Messe lesen lassen.

Sämtliche *Zehnten*, ausgenommen die Quart, die, obwohl öfter verpfändet, seit 1592 dem Konstanzer Bischof wieder zustand, dürften der Pfarrkirche gehört haben. Papst Eugen IV. erlaubte dem Markgrafen Wilhelm von Hachberg im Jahre 1435, von einigen Pfarrkirchen, darunter Schopfheim, deren Patronat er besaß, den Großzehnten bis zu 300 Mltr Getreide und 70 Saum Wein jährlich zu beziehen. Da die Markgrafen schon vorher über den Laienzehnten verfügt hatten, waren sie damit alleinige Zehntherren, wenn sie auch später dem Pfarrer den Kleinen Zehnten zu seiner Kompetenz zugaben. Lange Zeit waren die einzelnen Zehntteile an markgräfliche Dienstleute verliehen oder verpfändet. Seit dem 16. Jh. dürfte sie die Herrschaft allein bezogen haben, wozu in der Torstraße eine Zehntscheuer zur Verfügung stand. Da sich die Zulieferung zunehmend schwieriger gestaltete, wurde 1760 auf einem Allmendstück in der Au ein Neubau erstellt.

Ein *Schulmeister* bezog 1585 jährlich von der Stadt 20 lb Stebler und hatte 2 Schweine im Äckerich frei. Zu Beginn des 18. Jh. wurde ihm ein Provisor beigegeben. Da im 18. Jh. bei den herrschaftlichen Beamten das Bedürfnis bestand, ihren Söhnen eine über das Übliche hinausreichende Bildung zu geben, traten sie an den Markgrafen heran mit der Bitte, eine *Lateinschule* zuzulassen. Diese wurde 1770 errichtet und hat in dieser Form bis 1838 bestanden. Den Unterricht erteilte der Diakon in einem Haus der Altstadt, nachdem sein bisheriger Wohnsitz 1759 veräußert worden war.

Bevölkerung und Wirtschaft. – Eigener Adel ist für Schopfheim nicht bezeugt. Die im Reichenbacher Schenkungsbuch genannte Familie dürfte nach Oberschopfheim (Ortenaukreis) gehört haben. Lediglich Anna von *Scopheym*, die 1138 mit Zustimmung des Herrn Dietrich (von Rötteln?) Reben bei Tannenkirch an Bürgeln schenkte, könnte ihren Namen von der Stadt hergeleitet haben.

Im 13. Jh. war Schopfheim eine Burgmannensiedlung, die von der Au her, wo das bäuerliche Leben weiterlief, versorgt wurde. In der Stadt saßen bis zum Ende des 15. Jh. überwiegend markgräfliche Dienstleute, denen sich jedoch zunehmend Handwerker und Gewerbetreibende zugesellten. Gewerbe, denen in der Stadt die für sie wichtigen Voraussetzungen fehlten, finden sich in der Folge in der Au und der Vorstadt.

Wer Jahr und Tag in Schopfheim lebte, ohne daß sein Leibherr ihn zurückforderte, war von diesem frei, mußte jedoch dem Markgrafen huldigen. Die Einwohner waren von den herrschaftlichen Fronen befreit, weil sie den Unterhalt der Stadtmauern samt Gräben und Wällen zu besorgen hatten. Dafür gestattete ihnen Markgraf Rudolf 1473 die Nutzung des Fischwassers in den Stadtgräben. Sie waren jedoch offensichtlich leibeigen, was selbst für etliche der markgräflichen Dienstleute zutrifft (1398 Manumission Arnleder).

Die *Zahl der Einwohner* war zunächst gering, wobei unklar bleibt, wie sie sich auf Stadt, Au und Vorstadt verteilt haben. Legt man die Zahl der beim Stadtbrand vernichteten Häuser zugrunde, so ist für das frühe 15. Jh. mit etwa 250 Einwohnern zu rechnen. Später, 1643, zählte man 35 Bürger und 14 Bürgerswitwen (etwa 200/230 Einwohner), 1698 574, 1709 ca. 700 (125 Bürger, 65 mannbare Söhne), 1780 1024 und 1800 1005 Einwohner. Davon wanderten um 1749 mindestens 5 nach Siebenbürgen aus, 1782 mindestens 17 nach Galizien und 1792/93 mindestens 11 nach Ungarn. Ein Mann war 1744 nach Amerika gegangen.

Einen Teil der medizinischen Versorgung dürfte lange Zeit der örtliche Bader wahrgenommen haben. Seine Badstube lag im Bereich der Au und läßt sich dort seit 1350 nachweisen. Auch die Hebamme hat sicherlich gewisse ärztliche Verrichtungen ausgeführt. Seit 1755 läßt sich ein »Chirurg« in der Stadt nachweisen, 1793 zwei; 1712 wurde die erste Apotheke eingerichtet, zu der später eine zweite hinzukam. Beide führten auch Spezerei- bzw. Krämerwaren.

Ein *Spital* wird im Stadtbuch von 1585 aufgeführt, es erscheint als eine längst eingeführte Institution. Wohl aus einem mittelalterlichen Siechenhaus heraus entstanden, finden sich seine Gebäude zwischen Stadt und Vorstadt an der Ringmauer, auf einem Gelände nördlich der Hauptstraße. Es unterstand der Stadt, die es durch einen Pfleger verwalten ließ. Er war für Bau und Betrieb zuständig und verwaltete die Einkünfte. Im 18. Jh. wurde er auf drei Jahre bestellt. Diesem unterstand wiederum ein Spitalknecht. Aus dem Spital ist später das städtische Krankenhaus hervorgegangen. Die Rechnungen des 18. Jh. zeigen, daß fast durchweg Überschüsse erwirtschaftet wurden. Eingenommen wurden Kapitalzinsen, abgelöste Zinsen, Gantkapitalien. Von seiten der Pfründner hingegen sind nur geringe Einnahmen zu verbuchen. Unter den Ausgaben finden sich bevorzugt neue Kapitalanlagen. Geringere Summen wurden für Almosen, Verpflegung und Kleidung der Pfründner, Besoldungen, Baukosten, Steuern, Schreib- und Rechnungsstellgebühren ausgegeben. Ein Betrag von 7 lb jährlich diente der »Ermunterung der Schulkinder«.

Während die Einwohner der Au durchweg und die der Vorstadt weitgehend ihren *Lebensunterhalt* aus Acker- und Viehwirtschaft bezogen, scheinen die Bewohner der frühen Stadt häufig von Diensten und Renten gelebt zu haben. Zwar werden auch innerhalb der Ringmauer Scheunen und Ställe erwähnt, wobei erstere jedoch nur zur

Aufnahme der gelieferten Früchte dienten. Der Obstbau scheint im 18. Jh. sehr gefördert worden zu sein; 1798 wurde der Vorschlag gemacht, eine Baumschule einzurichten.

Die *Viehhaltung* muß zeitweise beträchtlich gewesen sein, zumal der Stadt seit 1314 der Wald Entegast weitgehend als Weide zur Verfügung stand. Die Einführung der Stallfütterung und damit das Verbot der Waldweide hatte jedoch einen Rückgang der Tierzahlen zur Folge, trotz des gleichzeitig forcierten Kleeanbaus. Wie um 1787 berichtet wird, hatte es vorher 60 Züge mit 125 Paar Zugochsen und 40 Züge mit Pferden gegeben. Dies weist auf eine Umstellung im Laufe des Jahrhunderts hin, denn um 1700 hatte man an Zugvieh nur 63 Pferde und 26 Ochsen gezählt. Gegen Ende des Jahrhunderts verzeichnete man noch 12 Züge mit Ochsen, also 24 Tiere, dazu 140 Kühe, 40 Pferde, 30 Stück Jungvieh und 109 Schafe. Die Pferdehaltung hatte zugenommen, da diese im Transportwesen, vor allem nach Basel, besser einzusetzen waren.

Handwerker lassen sich, von Einzelpersonen abgesehen, erst seit dem 18. Jh. nachweisen, obwohl natürlich Bäcker und Metzger bereits im Stadtbuch von 1585 aufgeführt sind. Ein Zeugenverhör von 1717 verzeichnet 3 Schuhmacher, 2 Müller und je einen Bäcker, Schmied, Seiler und Wagner. Einen besseren Überblick erhält man durch eine Aufstellung von 1757. Damals arbeiteten hier 7 Schuster, 4 Müller, 3 Schmiede, je 2 Färber, Schreiner und Wagner sowie je ein Barbierer, Bäcker, Küfer, Nagler, Säger, Schneider, Siebmacher und Zeugmacher. Daneben finden sich seit 1725 immer wieder Rot- und Weißgerber. Metzger mußten nach dem Stadtbuch von 1585 jährlich dem Statthalter schwören, ihre Bänke der Ordnung gemäß zu belegen und kein Fleisch ungeschätzt zu verkaufen. 1747 wird auch ein Zinkenschmied erwähnt. Schließlich führt eine Liste von 1793, erstellt anläßlich einer Sammlung als »freiwilligen patriotischen Kriegsbeitrag« die folgenden Handwerker auf: 10 Bäcker, 6 Schuster, je 5 Kettenschmiede und Weber, je 4 Gerber, Glaser, Sattler und Schneider, je 3 Färber, Metzger, Zinkenschmiede und Wagner, je 2 Hutmacher, Maurer, Müller, Schlosser, Schmiede, Schreiner und Zimmerleute, sowie je einen Dingelschmied, Hafner, Küfer, Nagler, Rotgerber, Seckler, Spengler, Weißgerber und Ziegler. Alle Handwerker waren zünftig organisiert. Zunftordnungen haben sich erhalten für die Schuhmacher (1655), Leineweber und Metzger (beide 1727) und die Ring- und Waffenschmiede (1728). Eine Müllerzunft läßt sich 1709, die Rotgerberzunft 1715, die Schneiderzunft 1761 und die Bäckerzunft 1764 nachweisen. Neben dem Handwerk finden sich im 18. Jh. zwei Krämereien, welche die Pflugwirtin und die Inhaber der einen Apotheke nebenher betrieben. Ein Handelsmann ließ sich erst 1776 hier nieder.

In der Stadt wurden, wie es 1585 heißt, »von alters her« drei *Jahrmärkte* gehalten und zwar auf Dienstag nach Pfingsten, Dienstag nach Michaelis und auf den Lucientag (13. Dezember). Die Stadt erhielt hier von jedem umgesetzten Pfund Stebler 4 Pfennige sowie Standgelder, später auch Zollgebühren. Spätestens der 30j. Krieg brachte die Märkte zum Erliegen: 1693 wird noch vom Lucienmarkt gesprochen, 1701 ist nur mehr von einem jeweils am Donnerstag abzuhaltenden Wochenmarkt die Rede, der aber auch nicht florierte, weil die Leute den Direktverkauf vorzogen. Seit 1717 versuchte die Stadt immer wieder, ihre Märkte neu aufleben zu lassen, die indes immer nur eine gewisse Zeit florierten. Der Wochenmarkt war 1738 eingegangen und wurde 1755 wieder genehmigt. Wenig später konnte der Jahrmarkt am Pfingstdienstag erneut stattfinden, der 1776 auf den Dienstag nach Cantate verlegt wurde. Die Kriege der Jahrhundertwende beendeten erneut die Markttätigkeit; 1801 stellte die Stadt erneut ein Gesuch, die seit langen Jahren eingegangenen Frucht- und Wochenmärkte wieder einführen zu dürfen. Erst seitdem 1822 Viehmärkte eingerichtet worden waren, scheinen hier Besserungen eingetreten zu sein.

Ein Wirt läßt sich seit 1363 nachweisen. Im 16. Jh. bestanden zwei Wirtschaften: die Gemeindestube mit Tafernrecht in der Stadt, die 1585 als »zwischen den Stadtgräben gelegen« bezeichnet wird. Das von ihr benötigte Holz konnte die Stadt mit herrschaftlicher Bewilligung aus dem Sengelenwald holen. Neben dieser Wirtschaft, vermutlich der spätere »Pfau«, gab es lange Zeit nur noch eine weitere, den »Engel« in der Vorstadt. Beide Gaststätten, Tafernen, hatten auch das Recht, Gäste zu speisen und zu beherbergen, im »Engel« fanden darüberhinaus Rechtsgeschäfte statt. Erst nach der 2. Hälfte des 17. Jh. wurden, gegen den Widerstand der Stadt, weitere Wirtschaften konzessioniert. Eine Nebenwirtschaft läßt sich 1674 nachweisen. Weitere Neuzulassungen erfolgten 1692 (»Rößle«), 1700 (»Pflug«), 1724, 1727 und 1773. Um die Mitte des 18. Jh. gab es neben dem »Engel« in der Vorstadt den »Adler«, »Löwen«, »Pflug«, das »Rößle«, den »Ochsen« und »Schwanen« und die »Sonne«. Wenig später kam der »Hirschen« hinzu (1768 erwähnt), seit 1784 ist auch die »Krone« bezeugt. Bis 1801 war die Zahl der Gaststätten auf elf angewachsen.

Zu den *vorindustriellen Unternehmen* zählte vor allem die städtische Ziegelhütte auf der Au, die dort schon 1585 belegt ist. Ihre Einnahmen verrechnete der Baumeister. Im 18. Jh. werden zwei Ziegler genannt, 1793 nur einer. Ein weiteres Unternehmen, dessen Alter unbestimmt ist, war die Hammerschmiede, von der ihr Besitzer 1718 behauptet, sie sei schon mehrere hundert Jahre alt. Sie war auf der Allmende errichtet worden und verarbeitete Alteisen zu landwirtschaftlichen Geräten, die allerdings, da das Werk privat betrieben wurde, nur außer Landes verkauft werden durften. Nachdem der Betrieb in der 2. Hälfte des 18. Jh. einen großen Aufschwung genommen hatte, wurde dem Besitzer 1779 erlaubt, auch im Inland zu verkaufen. Das Werk hat noch zu Beginn des 19. Jh. bestanden, seine Gebäude wurden später von der Leinenindustrie genutzt. Am wichtigsten scheint, neben den Papierfabriken in Gündenhausen und Höfen, die Leinwand- und Fadenbleiche gewesen zu sein, für deren Anlage der damalige Statthalter Sebastian Pflüger und vier Rats- und Gerichtsmitglieder, die später unter dem Namen »Bleiche-Compagnie« firmierten, 1755 die Erlaubnis erhielt. Das Werk, dessen zugehörige Gebäude auf der Au errichtet wurden, war recht erfolgreich, der Ausstoß an gebleichtem Tuch, das aus Basel und Mülhausen bezogen wurde, konnte jährlich gesteigert werden. Zahlreiche Haushalte im weiteren Umkreis von Schopfheim leisteten in den 1760er Jahren Heimarbeit. Damals beschäftigte das Unternehmen bereits 14 Weber und richtete 4 weitere Webstühle ein. Der Erfolg des Unternehmens zog weitere Fabriken nach. Johann Heinrich Theiler aus Wädenswil erhielt 1778 die Konzession für eine Fabrik von Baumwolltuch, verbunden mit weitreichenden Privilegien. Das Gesuch der Fabrikanten Christoph Gottfried Sonntag aus Lörrach und Johann Konrad Gegauf aus Kurzrickenbach, die in Schopfheim eine Woll- und Baumwollspinnerei und -weberei errichten wollten, wurde 1794 genehmigt.

Ehner-Fahrnau. – Dieser Weiler, 1394 als *enre Varnow* erstmals urkundlich belegt, scheint eine späte Ausbausiedlung von Schopfheim gewesen zu sein. Zu Fahrnau hatte der Ort, der damals als Dorf bezeichnet wird, keine Beziehung, er lag aber in Zwing und Bann der Stadt. Im 17. Jh. erwarb der Rötteler Oberamtmann Johann Pauli die dortigen Liegenschaften und baute Ehnerfarnau zu einem kleinen Herrensitz aus. Markgraf Friedrich erteilte ihm 1662 für seine sämtlichen Güter die Befreiung von bürgerlichen Lasten. Ein Nachfahre des Oberamtmanns, Johann Christian Pauli, verkaufte das Freigut 1741 schuldenhalber an seine Vettern, die Brüder Grether aus Schopfheim, die schon vorher Anteile am Gesamtgut erworben hatten. Diese Käufe wurden Anlaß zu einer regen Korrespondenz mit den Behörden, die seit dem Ende des 18. Jh. die seinerzeit gewährten Privilegien nur mehr sehr beschränkt (nur bei Geburt auf dem Haupthof) anerkennen wollten. Zuletzt gehörte das »Schloß« den Freiherren von Roggenbach.

Enningen. – Der Ort, auf den heute nur noch die Flurnamen *Ober- und Niederenningen* weisen, lag westlich von Wiechs an der Gemarkungsgrenze zu Minseln. Er wird vielleicht 774 als *villa Enningen* erstmals urkundlich genannt. Die nächste Nennung als *Enninchon* datiert von 1255, 1294 findet sich die Form *Ennikon*. Aufgrund dieser wenigen Hinweise läßt sich nicht zweifelsfrei feststellen, ob es sich um einen merowingerzeitlichen -ingen-Ort oder einen hochmittelalterlichen -hofen-Ort handelte. Das Dorf hatte seine Besonderheiten: 1394 lag es in Zwing und Bann der Stadt Schopfheim, hatte aber Sonderrechte, da es, wie die Urkunde behauptete, seit wenigstens 40 Jahren zur Herrschaft Rheinfelden gehörte. Damit unterstand es einerseits dem Dinggericht in Schopfheim, andererseits dem Rheinfelder Gericht auf der Au. Das Problem scheint dadurch gelöst worden zu sein, daß das Dörflein bereits im 13. Jh. ganz oder weitgehend im Besitz von Schopfheimer Bürgern war, die nur der städtischen Gerichtsbarkeit unterstanden.

Besitz in Enningen schenkte, falls es sich nicht um einen anderen Ort gleichen Namens gehandelt hat, Gundeland im Jahre 774 an Kl. Lorsch. Davon ist später nicht mehr die Rede. Abgesehen von Gütern des Kl. St. Leonhard in Basel (1294/97) und der Kommende Beuggen (1561), anscheinend auch von St. Blasien/Weitenau, gehörten Güter und Rechte, auch Zehnten, im 14. Jh. und später den Markgrafen von Hachberg und Baden. Als Leheninhaber erscheinen neben Schopfheimer Bürgern vor allem die König von Tegernau.

Über die kirchlichen Verhältnisse ist nichts bekannt, man wird aber, solange der Ort bestand, ein Filialverhältnis zu Schopfheim annehmen dürfen. Da die Nennungen seit dem frühen 16. Jh. fast völlig versiegen, ist zu vermuten, daß Enningen damals schon nicht mehr bewohnt war.

Höfen. – Zwischen Gündenhausen und Schopfheim entstand spät, sicher nicht vor dem 16. Jh., eine kleine Ansiedlung, die sich 1573 nachweisen läßt. Ob damals die Papiermühle schon bestand, die später das ganze Areal einnehmen sollte, ist nicht sicher. Mit Sicherheit läßt sich der dortige Papierer 1696 anläßlich eines Streites um eine Wasserzuleitung nachweisen. Von diesem Unternehmen weiß man wenig. In der 2. Hälfte des 18. Jh. war die Papiermühle anscheinend in Zerfall geraten. Wilhelm Leopold Sonntag, der sie 1777 erwarb, baute sie neu und scheint sie mit einigem Erfolg betrieben zu haben. 1797 war sie im Besitz von Basler Papierfabrikanten. Sie hat noch bis 1934 bestanden.

Gündenhausen. – Dieses Dörflein wird in einer verfälschten Urkunde zu ca. 1186 als *Gundihusin* erstmals genannt. Die nächste Nennung *Guindinhusen* stammt aus dem Jahre 1278 und macht wahrscheinlich, daß der Ortsname von einem Personennamen abgeleitet ist. Die Entstehung des Ortes ist wegen der Nähe zu Maulburg, mit dem es oft genannt wird, nicht zu klären: hochmittelalterliche Rodungssiedlung oder Ausbausiedlung von Schopfheim her. Im 14. Jh. lag Gündenhausen in Zwing und Bann der Stadt, entsandte seither zwei Abgeordnete zum Dinggericht und war zur Abgabe des Wächtergeldes verpflichtet. *Grundbesitz* hatten Kloster St. Blasien aus der Schenkung der Adelheid von Rotenberg 1278 (noch 1392), die Propstei Weitenau aus der Schenkung des Walter von Tegernau (1344), die Kirche Dossenbach (1568), das Fabrikamt Basel (1571) und die Pfarrei Schopfheim (1573/1664).

Als handlungsfähige *Gemeinde* erscheint Gündenhausen 1521 anläßlich eines Waldkaufs. Seit 1694 läßt sich ein Stabhalter nachweisen, im 18. Jh. auch ein Weidegesell.

Aktenkundig ist die Gemeinde jedoch durch ihre Weidgangsstreitigkeiten vor allem mit Langenau (1574, 1580, 1661/63), aber auch mit Schopfheim (1529) und Wiechs (1598) geworden. Die Einwohner waren nach Schopfheim eingepfarrt, wo sie, zusammen mit denen von Wiechs zu unbekannter Zeit eine eigene, vom Kaplan der St. Katharinenpfründe versorgte *Kirche* bekamen, zu der ein eigener Friedhof gehörte. Die Bewohner des Ortes lebten von Ackerbau und von Wiesenfischerei und hielten nur wenig Vieh (1700 werden als Zugvieh 6 Tiere angegeben). Um 1700 dürften hier etwa 70 Personen gelebt haben, deren Zahl sich bis zum Ende des Jahrhunderts kaum veränderte (1793 ist von 12 Ehen die Rede). Handwerk und Gewerbe waren kaum vertreten (1543 wird ein Schmied genannt), allerdings ist schon 1392 eine Mühle bezeugt.

Die verkehrsgünstige Lage an der Landstraße zwischen Maulburg und Schopfheim brachte es mit sich, daß sich dort schon früh eine *Tafern* etablierte, die seit mindestens 1514/15 bestand. Sie dürfte der Stadt gehört haben, die auch das Taferngeld an den Markgrafen entrichtete. Seit 1666 läßt sich, wie noch heute, das Schild zum »Löwen« nachweisen.

Wiechs

Ur- und Frühgeschichte. – Im Gewann »Auf den Heidengräbern«, auf einer plateauartigen Sattelzone des Dinkelberges zwischen zwei größeren Taleinschnitten, liegen mehrere kleine Steinhügel. Der Flurname gab 1856 Veranlassung zu einer Untersuchung, die eine Steinkiste erbrachte, wie sie auch in Flachgräberfeldern der *jüngeren Merowingerzeit* häufig sind. Die Funde (Schnalle, Ohrringe, Riemenzungen) bestätigten die Datierung dieser Hügel in die späte Merowingerzeit. Wiechs ist damit einer der immer noch seltenen Belege, daß die im Muschelkalkgebiet relativ häufigen, aus Steinen aufgeschichteten Hügel teilweise dem frühen Mittelalter angehören. Weshalb ein kleiner Teil der alemannischen Bevölkerung, statt in den üblichen Reihengräberfeldern zu bestatten, auf die »prähistorische« Grabform des Hügels zurückgegriffen hat, ist unbekannt. Teilweise scheint sich darin eine soziale Unterscheidung auszudrücken, teilweise hat man auch den Eindruck, daß sich in diesem Rückgriff eine oppositionelle Haltung gegen das Christentum dokumentiert. Vielleicht kann der Flurname »Heidengräber« in diesem Fall als Hinweis verstanden werden. Da in diesem Bereich des Dinkelbergs ältere Funde fehlen, ist die Besiedlung wohl erst im frühen Mittelalter erfolgt.
Siedlung und Gemarkung. – Die Gemarkung von Wiechs setzt sich zusammen aus der des namengebenden Dorfes sowie der mehrerer abgegangener Kleinsiedlungen. Nur noch Flurnamen weisen auf diese hin: *Lienhoven* (1392)/Linikon und Altschweilmatt, wo 807 *Ansoldowilare* lag. Damals schenkte Emthrud ihren dortigen ererbten Besitz an Kloster St. Gallen. Nieder- und Oberenningen, an der Gemarkungsgrenze nach Minseln gelegen, sind wohl zwischen Schopfheim und Wiechs aufgeteilt worden. Über die Abgrenzung nach Minseln wurde 1570 eine Einigung erzielt.

Der am nördlichen Abhang des Dinkelbergs gelegene Ort ist erstmals 807 als *Wechsa* urkundlich nachzuweisen. Er zählte 1777 56 Hausplätze und Häuser auf einer Fläche von 6 J 55 Ruten. Damals ist auch von einem Niederdorf die Rede.
Herrschaft und Grundbesitz. – Wiechs lag, da zum Schopfheimer Dinghof gehörig, im Zwing und Bann der Stadt, eine Verbindung, die erst im 19. Jh. gelöst wurde. Obwohl in der 2. Hälfte des 14. und zu Beginn des 15. Jh. gelegentlich Pfandlehen der Meyer von Hüningen und Arnleder, blieb das Dorf bei Schopfheim, in dessen Stadtgericht der Ort mit 2 Richtern vertreten war.

Als Emthrud 807 den von ihrem Vater ererbten Besitz zu Wiechs an *Kloster St. Gallen* übertrug, behielt sie sich und ihren Nachkommen die Nutznießung vor. Es ist also anzunehmen, daß diese Güter dem Kloster immer nur nominell gehört haben und so ist später davon nichts mehr zu erfahren. Es steht allerdings zu vermuten, daß dieser Besitz denselben Weg gegangen ist wie die Schopfheimer Güter des Klosters St. Gallen, also später dem Kl. Murbach zufiel.

Über Adelheid von Rotenberg kam 1278 Besitz an *Kloster St. Blasien*. Dieser, 1392 3 Häuser und Höfe mit zusammen 54 J (15 ha) Liegenschaften, gehörte damals der Propstei Weitenau, die bereits 1186 hier mit Besitz vertreten ist. Den Herren von Röttein und ihren Besitznachfolgern, den Markgrafen, scheint aber auch Grundbesitz verblieben zu sein: im 16. Jh. verfügten die Nef von Weil über markgräfliche Lehen oder Einkünfte, seit 1420 auch die von Roggenbach.

Weitere Grundbesitzer werden nur gelegentlich erwähnt. Das Rheinfelder Spital erscheint 1444 als Eigentümer der Mühle. Die Kirche in Dossenbach bezog 1568, die in Schopfheim 1573/1664 Zinse, ebenso 1777 die Geistliche Verwaltung Röttein. Über Gülten und kleinere Liegenschaften verfügte seit 1438 auch die Kommende Beuggen, der 1561 2 J Äcker und ein weiteres Erblehen gehörten. Die beträchtlichen Waldflächen verteilten sich 1777 auf die Herrschaft mit 11 J (Pfarrhölzle), die Stadt Schopfheim mit 29 J (Kirchhölzle) und 334 J Privatwald.

Gemeinde. – Wiechs wurde durch einen Stabhalter (1700) verwaltet, der dem Schopfheimer Vogt unterstand. Unterstützt wurde er von mehreren Gerichtspersonen, für den Gemeindewald war der Weidgesell, für die Verwaltung des Gemeindebesitzes der Gemeinschaffner (1730) zuständig. Stabhalter und Weidgesell waren im 18. Jh. von allen herrschaftlichen und bürgerlichen Lasten befreit. Der Gemeinschaffner bezog damals eine jährliche Besoldung von 4 Pfund.

Der Gemeindebesitz scheint überwiegend aus Wald bestanden zu haben, der 1720 durch Zukauf von der Gemeinde Schwand etwas vergrößert wurde. Er umfaßte 1777 191¾ J (53 ha). Eine Gemeindematte diente dem Unterhalt des Wucherstiers. Dazu kam etwas Ödland. Teile davon gingen an die Bürger: 1777 wurden 4 J aufm Leier, 1787 die sogenannte Hühnerhalde unter die Bürgerschaft verteilt. Seit 1786 ist ein kontinuierlicher Erwerb von Liegenschaften, vor allem kleiner Waldparzellen zu beobachten.

Ein Gemeindehaus war lange nicht vorhanden. Seit 1767 konnten die Versammlungen im Schulhaus abgehalten werden. Auch eine Gemeindewirtschaft dürfte es nicht gegeben haben, da berichtet wird, daß die Gemeindezehrungen gewöhnlich im Schopfheimer »Engel« stattfanden. Ein Bürgerhäuslein sollte 1781/82 erstellt werden, zumindest wurden damals Risse und Überschläge ermittelt.

In der 2. Hälfte des 18. Jh. scheinen Grundbesitz und sonstige Einnahmen – Bürgerannahmegelder, Verkauf von Heu und Holz, Pachtgebühren – nicht mehr ausgereicht zu haben, die Bedürfnisse der Gemeinde zu decken und ihre Verpflichtungen zu erfüllen. Letztere umfaßten vor allem Leistungen nach Schopfheim: Beteiligung an den Kirchenkosten, Holzabgaben an den dortigen Vogt und Zahlung des sogenannten Wächtergeldes, wodurch der Ort von der Stellung eigener Wachmannschaften befreit war. Die Jahrsteuer in Höhe von 3 lb 15 ß bezogen am Anfang des 19. Jh. die Herren von Roggenbach als markgräfliches Lehen. Dazu kamen Steuern und Abgaben an die Burgvogtei und die Geistliche Verwaltung Röttein, seit der Mitte des Jahrhunderts auch neue Gebühren und Taxen. Man mußte aus aktuellem Anlaß einen Schermauser und einen Bettelvogt anstellen, wie überhaupt die Besoldungen fast die Höhe der Steuern erreichten. Schon 1767 mußten alle Vorhaben über Umlagen finanziert werden. Über kleinere Engpässe half man sich mit außerordentlichen Holzhieben hinweg, mindestens zweimal, 1773 und 1788/89, wurde Land veräußert, nämlich 10 J und 2 Jauchert. Gegen Ende des Jahrhunderts wurden die ausstehenden Fruchtgefälle mit den Kriegslieferungen verrechnet.

Die Gemeinde hatte ein Weiderecht auf der Schopfheimer Gemarkung und ein gemeinsames Äckerichrecht; beide boten ständig Anlaß zu Streitigkeiten. Seit 1563 mußten regelmäßig Schiedsleute Vergleiche erwirken, bis schließlich Wiechs ein eigener Bezirk für seine Nachtweide zugesprochen wurde. Dennoch wurde bis zum Ende des Jahrhunderts weitergestritten, seit 1740 auch prozessiert, zumal das Äckerich nach wie vor gemeinsam blieb. Als Wiechs 1722 eine eigenen Waibel verlangte, wurde dem nicht entsprochen, allerdings hatte Schopfheim künftig einen zweiten einzustellen.

Kirche und Schule. – Der Ort war, soweit feststellbar, immer Filiale von Schopfheim gewesen. Demzufolge gingen auch alle örtlichen Sigristeneinkünfte an den dortigen Sigristen. Wieweit die Flurnamen *hinder der Kilchen* und *an Kilchmatten* (1392) auf eine eigene Kapelle hindeuten, sei dahingestellt. Der Flurname *in St. Mauricien Mettlin* (1392) dürfte sich auf Besitz des Kirchenheiligen des benachbarten Nordschwaben beziehen.

Alle *Zehnten* bezog der Markgraf, der sie aber im allgemeinen an verdiente Familien verliehen hatte. Im 14. Jh. waren dies die Clewly von Rheinfelden und die Arnleder von Schopfheim, seit dem 15. Jh. die von Roggenbach, im 16. Jh. auch die Nef von Weil. Kleinere Anteile bezog die Geistliche Verwaltung Rötteln, den halben Kleinzehnten hatte man dem Schopfheimer Pfarrer überlassen und Einkünfte aus dem großen Zehnten erhielt der Schopfheimer Sigrist.

Schule wurde in Wiechs spätestens im 18. Jh., vermutlich aber schon früher gehalten. Um 1800 bezog der Lehrer jährlich 97 Gulden. Ein Schulhaus war lange nicht vorhanden. Als der Stabhalter den Bau 1767 gegen den Willen des Oberamtes betrieb, sorgte er damit für beträchtlichen Ärger, konnte sich aber schließlich durchsetzen.

Bevölkerung und Wirtschaft. – Frühe Einwohnerzahlen sind für Wiechs nicht überliefert. Sicher ist jedoch, daß im Verlaufe des 18. Jh. die Bevölkerung ziemlich zunahm, wofür auch das Gesuch der Gemeinde von 1769, die Bürgerannahmegelder zu erhöhen, spricht. Dabei waren diese zwischen 1740 und 1745 bereits von 10 lb auf 15 lb erhöht worden, wozu noch jeweils ein Feuereimer zu stellen war. Um 1700 zählte der Ort 36 waffenfähige Männer, was einer Einwohnerzahl von 180 bis 200 Personen entsprechen dürfte. Bis 1741 war die Bürgerzahl auf 52 angewachsen (250 Personen), bis 1777 auf 98 Bürger. 1799 verzeichnete man 80 Ehen (etwa 400 Personen). Ihre medizinische Versorgung, soweit sie nicht von den Schopfheimer Ärzten besorgt wurde, oblag der Hebamme, deren Mann von allen herrschaftlichen und bürgerlichen Lasten gefreit war und die im 18. Jh. ein Wartgeld von 2 lb 10 ß bezog.

Ihren Lebensunterhalt fanden die Einwohner von Wiechs in der Land-, Vieh- und Waldwirtschaft, wobei die beiden letztgenannten Bereiche wohl überwogen. Die Wirtschaftsfläche wird 1699 mit 592 J angegeben, wovon 392 J (109 ha = 66%) auf Ackerland, 140 J (39 ha = 24%) auf Wiesen und 60 J (17 ha = 10%) auf Wald entfielen. Ein knappes Jahrhundert später, 1777, war sie beträchtlich vergrößert worden: in den drei Zelgen *Schaubler Zelg*, *Käppelin Zelg* und *Lichs Zelg* wurden 712½ J Acker bebaut (198 ha = 67%), 290¼ J (80 ha = 27%) entfielen auf Wiesen, 66 J (18 ha = 6%) auf Gärten und 566 J (157 ha) auf Wald. Außerhalb des Zelgverbundes waren 14¼ J (4 ha) bebaut. Angebaut wurden die üblichen Sorten, überwiegend Dinkel. Unter den Bürgern fanden sich 1793 nur vier, welche keinen Ackerbau trieben. Große Teile der Liegenschaften wurden durch Ausmärker bewirtschaftet, von denen 1777 die meisten (28) aus Nordschwaben kamen, gefolgt von Schopfheim (7 Bürger und die Stadt),

Gündenhausen (5), Eichen (2) sowie Höfen, Maulburg, Langenau, Hauingen und Minseln (je einer). Weinbau wurde, obwohl die Flurnamen *hinder den alten Reben* und *am Nübruch* von 1392 bezeugen, daß es ihn hier einmal gegeben hatte, nicht mehr betrieben. Dafür pflegte man den Obstbau. Den häufigen Weidestreitigkeiten nach muß die Viehhaltung nicht unbedeutend gewesen sein. Dafür spricht, daß Ende des 19. Jh. noch Ödland zu Wiesen umgebrochen wurde. An Zugvieh werden 1700 27 Pferde und 18 Ochsen genannt, 1740 trieb man 270 Stück Vieh auf die Weiden.

Das Handwerk war spärlich vertreten, es werden vor allem Nagel-, Huf- und Kettenschmiede genannt. Einige Einwohner unterhielten Fuhrbetriebe mit Pferden, welche überwiegend Holz und Kalk transportierten. Für die Schopfheimer Bleiche-Compagnie leisteten 1760 9 Haushalte Heimarbeit. Die Mühle wird nur einmal (1444) erwähnt. Seit der Mitte des 18. Jh. findet sich auch ein Wirt am Ort.

Quellen und Literatur

Eichen

Quellen gedr.: FDA 5 (1870) S. 87. – RMB 1 Nr. h 714, 803. – SGUB 1 Nr. 196. – ZGO 2 (1851) S. 197; 29 (1877) S. 183; 30 (1878) S. 221, 261; 48 (1894) S. m142–44.
Quellen ungedr.: StA Basel, Direktorium der Schaffneien Q 42. – GA Eichen (Übers. in ZGO 48 ⟨1894⟩ S. m139). – GLA 11/K. 4, 218, 522; 18/K. 23, 41; 21/Nr. 1533, 1882–1900, 3779, 3781, 4816, 6422, 6761; 66/433–34, 2113–17, 3715, 6013, 7260, 7545, 7752/53, 7756, 9598, 10742, 11965; 120/878; 152/309; 229/19811, 19848, **23140–72**, 25335, 27843, 31861, 37963, 45588, 52818, 52885, 73418, 94040, 94365, 94378/79, 94398, 94417/18, 94420/21, 94431, 94436/ 37, 94442–44, 94472; 375 (1902, 53), 35, 55, 56; 391/14508.
Erstnennungen: ON 807 (SGUB 1 Nr. 196). – Kapelle 1471 (GLA 21 Nr. 1886). – Patron St. Pankratius 1477 (GLA 66/2113).

Enkenstein

Quellen gedr.: RMB 1 Nr. h 854/55. – ZGO 30 (1878) S. 241.
Quellen ungedr.: GA Enkenstein (Inv. masch, 1954). – GLA 18/K. 32; 21/Nr. 4802, 6444; 66/24, 7218, 7545, 7753, 7757, 8485; 120/1205a; 229/16055, 22651. 25327–38, 34129, 52885, 77233, 88486, 94366, 94431, 94447, 94492/93, 114050, 114058, 114081/82, 114086; 391/9958–60, 21433.
Literatur: *Eichin,* Ulrich, Das Bürgele bei Enkenstein. In: Das Markgräflerland 2/3 (1969) S. 142f.
Erstnennung: ON 1392 (GLA 66/7218).

Fahrnau

Quellen gedr.: BB 5, 2 S. 417ff. – FDA 1 (1865) S. 199; 5 (1870) S. 87; 24 (1895) S. 216; 36 (1907) S. 81; 67 (1940) S. 254; 76 (1956) Nr. 1392, 1405, 1446, 1452, 1492, 1500, 1514. – Gerbert HNS 3 Nr. 95. – Grimm 1, S. 317. – Herrgott, Gen. Habsb. 2 S. 201. – REC Nr. 1011, 1094. – RMB 1 Nr. 35, h 699. – WUB 2, 153, 172. – ZGO 2 (1851) S. 195, 197, 208, 495–499; 30 (1878) S. 258f; 48 (1894) S. m140–143. – ZUB 1, 198.
Quellen ungedr.: StA Basel, Klosterarchive St. Peter JJJ 49, Spital S 31. – GA Fahrnau (Übers. in: ZGO 48 ⟨1894⟩ S. m140). – GLA 11/K. 218, 239, 339, 482, 491, 495, 522; 18/K. 53; 21/Nr. 1533, 2223–30, 3260, 3452, 3745, 3755, 3776/77, 3783, 5411, 6290/91, 6293; 44/ Nr. 7988, 7992, 7994, 7996, 7998, 8003, 8005, 8007/8, 8011/12, 8015/16, 8019, 8021; 46/K. 12; 66/2519–24, 3715, 7206, 7210/11, 7219, 7221, 7257, 7545, 7753, 7757, 9598, 11648, 11751; 72/v.

Roggenbach; 120/878; 229/16055, **27840–73**, 31830, 52885, 74672 I, 88486, 92056, 100897; 375 (1907, 97), 148, (1925, 2) 99, 99a; 391/8261, 10895–900, 14508, 35262.
Erstnennungen: ON 1113 (Kop. 16. Jh.: ZGO 2 ⟨1851⟩ S. 197). – Kirche 1173 (WUB 2, 172). – Patronin St. Agatha 1466 (ZGO 48 ⟨1894⟩ S. m141).
Kürnberg: GLA 66/9598 (1344). – GLA 21/K. 190, 281; 66/3715, 7218/19, 7545, 9598; 229/27582, 52885, 94378/79, 94431, 94436/37, 94440, 94443/44. – RMB 1 Nr. h 857.

Gersbach

Quellen gedr.: FDA 1 (1865) S. 198; 5 (1870) S. 87; 35 (1907) S. 80; 76 (1956) Nr. 1418, 1444, 1457, 1485, 1496, 1507/8. – Neugart E. C. 2, 265, 453. – QSG 14, 64. – REC Nr. 2149. – RMB 1 Nr. h 681, 805, 857, 897–99. – WUB 1, 153, 172, 265; 2, 153, 173, 265. – ZGO 2 (1851) S. 197, 209; 6 (1855), S. 471; 8 (1857), S. 138; 29 (1877) S. 183; 48 (1894) S. m140f; 49 (1895) S. m53; 55 (1901) S. 55f; 57 (1903) S. m12. – ZUB 1, 199.
Quellen ungedr.: GA Gersbach. – GLA 11/K. 218, 238, 258; 18/K. 14; 21/Nr. 3252–61; 44/Nr. 4380/81, 4383–85, 4387–95; 66/3715, 7211, 7257, 7545; 120/115a, 387, 412, 422, 1253b; 212/147; 229/23729, 27851, 27858, 27863, 31820–77, 31863, 37610, 37670, 42830, 74672 I, 83937, 83956, 83961, 83967, 86906/7, 88486, 92049, 94359, 94378/79, 94444, 94472, 104591, 106068, 106495, 112636, 112640, 113710; 375 (1902,53) 87–93, (1909, 97) 161, (1924, 2) 108, 108a; 391/12463–76.
Literatur: *Oehler*, Friedrich, Zur Geschichte des Dorfes Gersbach. In: Das Markgräflerland 2/4 (1940) S. 41–45. – *Piepenbrink*, H., Schanzen auf Gersbacher Gemarkung. In: Der Schwarzwald 4 (1979) S. 162f.
Erstnennungen: ON und Kirche 1166 (WUB 2, 153).
Au: GLA 66/3715.
Fetzenbach: GLA 5/Todtmoos; 229/31863, 31871. – REC Nr. 2149
Mettlen(hof): GLA 5a/K. 5; 229/86895. – UB Basel 1, S. 228.
Neuhaus: GLA 21/K. 334.
Schlechtbach: GLA 11/456 (ca. 1295). – GLA 21/Nr. 6709; 44/Nr. 4380/81, 4383–85, 4387–95; 66/7211, 7257, 7545; 229/23985, 31827, 31830, 31848, 31854–56, 57649, 83936, 83955/56, 83959, 83961, 83966/68, 83971, 83975–78, 83991, 90063, 90689, 94444; 391/30995, 30999. – RMB 1 Nr. h 857. – ZWB 2, 852.

Langenau

Quellen gedr.: ZGO 48 (1894) S. m140, 143.
Quellen ungedr.: GLA 11/K. 435; 21/Nr. 4802–23; 66/7545, 7753, 7757, 8485; 229/19850, 22651, 23786, 25334/35, 27845, 52885, 57644–64, 88486, 94366, 94417/18, 94437, 9443/4494447, 94472, 94492/93, 104593; 391/21433–35, 39143. – GA Langenau (Inv. masch. 1953).
Erstnennung: ON 1278 (GLA 11 Nr. 4673).

Raitbach

Quellen gedr.: RMB 1 Nr. 35, h 857, 1129. – ZGO 2 (1851) S. 208; 9 (1894) S. m140f; 55 (1901) S. m55.
Quellen ungedr.: GLA 11/K. 422, 522; 21/K. 190, 365; 66/3715, 6644, 7206, 7210/11, 7257, 7322/23, 7341, 7545, 7753, 7757, 9385, 9598, 11679, 11751; 120/878, 212/147, 229/16055, 19844, 27845, 27849, 27852/53, 27858/59, 31830, 31832, 31870, 52885, **83935–93**, 83976/77, 94322, 94378/79, 94417/18, 94431, 94436/37, 94440, 94443/44, 94451, 94472, 94492/93, 100879, 113669; 375 (1896, 21) 47, 67, (1902, 53) 88, (1924, 2) 240; 391/**30992–31000**.
Literatur: *Kuhn*, Friedrich, Das Burgendorf Raitbach bei Schopfheim. ein Beitrag zur Burgenkunde. In: Das Markgräflerland 2 (1983) S. 148–151.
Erstnennung: ON 1113 (RMB 1 Nr. 35).
Blumberg: RMB 1 Nr. h 857 (1400). – GLA 21/K. 190, 365; 66/7757. – RMB 1 Nr. h 857.
Kehrengraben: GLA 21/K. 365 (1681). – GLA 66/7757.

Sattellege: GLA 66/9598 (1344). – GLA 21/K. 190; 44/Nr. 4373–76, 4380/81, 4383/84, 4387/ 88, 4390–95; 66/7545; 229/57200, 83936, 83947, 83968/69, 83972; 391/30998. – RMB 1, Nr. h 857. – ZGO 48 (1894) S. m140f.
Schweigmatt: RMB 1 Nr. 35 (1113). – GLA 21/K. 190, 365, 394; 44/Nr. 4377/78, 4380/81, 4383–85, 4387–95; 66/7219, 7257, 7545, 7757, 9598; 229/28614, 83936, 83945/46, 83958, 83960, 83964, 83976–78, 83987/88, 83991, 94436, 94444. – Herrgott, Gen. Habsb. 2, 201. – RMB 1 Nr. 35, h 72, 681, 805, 857. – WUB 4, 344. – ZGO 57 (1903) S. m12. – *Disch,* Friedrich, Schweigmatt und Sattelhof im südlichen Schwarzwald. Eine Luftbildauswertung. In: Regio Bas. 5 (1964) S. 109–124. – *Joos,* Marcel, Eine permische Brekzie aus dem Südschwarzwald und ihre Verbreitung als Mühlstein im Spätlatène und in frühromischer Zeit. In: Archäol. Korrespondenzbl. 5 (1975) S. 197ff.
Spitzenberg: GLA 44/Nr. 4380/81, 4383–85, 4387–95.
Steinighof: RMB 1, Nr. h 857 (1400). – StA Basel, Privatarchive 21/12. – GLA 9/Altenstein; 21/ K. 190, 476; 44/Nr. 4373–74, 4377/78, 4380/81, 4383–85, 4387–95; 66/7545, 7757; 72/v. Ulm; 229/ 94334; 391/30997. – RMB 1, Nr. h 857.

Schopfheim

Quellen, gedr.: BB 2 S. 134, 193, 195; 4 S. 360; 5,1 S. 301; 6 S. 108, 404. – FDA 1 (1865) S 199; 4 (1869) S. 32; 35 (1907) S. 80; 67 (1940) S. 180, 254; 68 (1941) S. 326, 355, 398. – FUB 4 Nr. 529,1; 7 Nr. 314,9. – REC Nr. 2047, 4243, 5729, 5734, 12885. – RMB 1 Nr. h 588/89, 596, 614, 620, 652, 669, 681, 686, 688, 691, 694, 698/99, 705, 714, 716, 740, 751, 754, 757, 759, 766, 769, 803, 812, 822, 956, 963, 972, 992, 1030, 1092, 1105; 3 Nr. 5310. – Schöpflin HZB 5, 343. – SGUB 1 Nr. 195. – WUB 2 S. 10, 198. – ZGO 2 (1851) S. 197; 30 (1878) S. 214f, 218f, 222, 238, 261, 267, 274f, 277; 38 (1878) S. 330–333; 48 (1894) S. m141–144; 57 (1903) S. m102, 104f; 58 (1904) S. m115.
Quellen ungedr.: StA Basel Urkunden, St. Leonhard Nr. 273, St. Peter Nr. 216, 236, 249, 283; Klosterarchive Prediger N 71, St. Peter JJJ 110; Städte und Dörfer S 8. – Frh. A. Enzberg in Mühlheim U 716. – GLA 5/Nr. 4216/17, 4219, 14884/85; 11/Nr. 2242. 3742/43; 16/Nr. 987; 18/ Nr. 354, 386/87, 390, 453, 498, 538/39, 541; 19/Nr. 627, 1025, 1147/48, 1157, 1271; 21/Nr. 467/68, 470, 702, 1216, 1533, 1891, 1894, 1898–1900, 2224, 2360, 3448, 3450/51, 3453/54, 3628, 3773, 3780, 4461, 4803, 4812/13, 5126, 5218, 5414–18, 6292, 6295, 6420, 6422/23, 6452, 6709, **6733–69,** 6988, 8063–68, 8141; 40/K.10; 44/Nr. 293–95, 298/99, 1236–39, 2236, 3531, 3829, 4373–76, 4379–95, 6134–37, 6179, 6300–21, 7981, 7987/88, 7992, 7994, 7996–98, 8003, 8005, 8007/8, 8011/12, 8015/ 16, 8019, 8021, 8026, 8031/31, 8034, 8039, 8041, 8044, 8047, 8052/53, 8056–59, 8927, 9303, 9652; 46/12; 63/117–18; 65/582; 66/890, 3389, 3391, 3445, 3715, 3718, 7022, 7218, 7270–72, 7545, 7752–57, 8485; 72/Münch v. Münchenstein, v. Roggenbach, v. Ulm; 120/90, 213, 361, 383/84, 422, 468a, 653, 683, 698, 703, 820/21, 824, 878, 924, 1114, 1127a, 1200i, 1264b, 1329, 1336; 159/39; 212/ 51, 73; 229/9589, 19822, 19850, 22678, 23141, 23143, 23148/49, 23160–62, 23164, 23166, 23169–72, 23786, 25328, 25336, 27847/48, 27850/51, 27860, 27866, 27869/70, 28597, 31870, 31877, 33940, 34143, 47586, 47613, 52885, 64343, 64360, 81564, 83938, 83943/44, 83948, 83952/53, 83961, 83970, 83973, 90051, 90689, **94315–607,** 106398, 106422, 112637, 113666, 113671/72, 113674; 292/vgl. ZR; 314/vgl. ZR; 375/vgl. ZR; 375 (1896, 21) 20, 47, 91–95, (1924, 2) 273; 391/18162, 22949, 33533, 35245–92, 41965, 44161–74; 392/23020. – StadtA Schopfheim. – PfA Schopfheim.
Literatur: *Bischoff,* Bernhard, Kirchen in Schopfheim im Wiesental (Baden) = Kleine Kunstführer 1254. München 1981. – *Brüderlin,* Rolf, Die gewerbliche und industrielle Entwicklung im Schopfheimer Raum. In: Das Markgräflerland 2 (1981) S. 295f. – *Brüderlin,* Rolf Hans, Das Neutor in Schopfheim. In: Das Markgräflerland 1981, H. 2, S. 142f. – *Eberlin,* August, Geschichte der Stadt Schopfheim und ihrer Umgebung, im Zusammenhang mit der Zeitgeschichte. Schopfheim 1878. Faks. A. Freiburg/Br. 1982. – *Fingerlin,* Gerhard, Schopfheim. Merowingerzeitliche Grabfunde in St. Michael. In: Lörrach und das rechtsrh. Vorland von Basel, S. 238. – *Rümmele,* Meinrad, Die demokratische Entwicklung in den Gemeinden des Kreises nach der Hitlerdiktatur (aufgezeigt am Beispiel der Stadt Schopfheim und des Kreises Lörrach). In: Das Markgräflerland 2 (1983) S. 60–83. – *Schmidt-Thomé,* Peter, Die Kirche St. Michael in Schopfheim. In: Lörrach und das rechtsrheinische Vorland von Basel, S. 243–248. – *Strütt,* Klaus, Schopfheim – nach der Gemeindereform. In: Einwohnerbuch Schopfheim 1976, S. 9–13. – *Vetter,* Hans, Zur siedlungsgeschichtlichen Entwicklung der Stadt Schopfheim. In: Regio Bas. 12, 1971, S. 133–146.

Geschichte der Stadtteile 553

Erstnennungen: ON 807 (SGUB 1 Nr. 195). – Pleban 1244 (UB Basel 1 Nr. 175). – Patron St. Michael 1277 (GLA 66/2113).
Ehner-Fahrnau: GLA 21/Nr. 6761 (1394). – 229/23149, 37700, 37963; 375 (1896, 21), 47 – RMB 1 Nr. h 803. – *Seith, Karl*, Zur Geschichte von Ehner-Fahrnau. In: Feldbergs Töchterlein 1955, S. 16–20.
Gündenhausen: Herrgott, Gen. Habsb. 2, 201 (ca. 1186). – StA Basel, Klosterarchive St. Clara K. – GLA 11/K. 381, 482; 19/K. 25, 43; 21/Nr. **3442–57**; 66/7218, 7545, 7753; 120/361; 229/ 23786, 27856, 27863, 52885, 86327a, 94322, 94397/98, 94417/18, 94431, 94437, 94443, 94472, 94488. – RMB 1 Nr. h 714, 803. – ZGO 2 (1851) S. 495–99; 48 (1894) S. 141–44. – *Seith, Karl*, Die hartnäckigen Gündenhausener. Wie die kleine Gemeinde Gündenhausen mit der Stadt Schopfheim vereinigt wurde. In: Feldbergs Töchterlein 1956 Nr. 28–30. – *Derselbe*, Gündenhausen. In: Das Markgräflerland 1964, S. 1–6.

Wiechs

Quellen gedr.: Herrgott, Gen. Habsb. 2, 201. – RMB 1 Nr. h 694, 714, 769, 789, 803, 1030, 1105. – SGUB 1 Nr. 194. – ZGO 30 (1878) S. 261 f; 38 (1885) S. 330 ff; 48 (1894) S. m 142, 144.
Quellen ungedr.: StA Basel, Klosterarchive St. Clara K. – GLA 18/Nr. 538–41; 21/ Nr. 8062–68; 44/Nr. 293, 297, 6134–36, 6444–50, 7981/82; 66/3715, 6013, 7218, 7260, 7545, 7752/ 53, 7756/57, 9598; 120/878; 229/13179, 19848, 27845, 37687, 52885, 73418, 74672 I, 75841, 94378/ 79, 94396, 94398, 94410, 94417/18, 94431, 94436/37, 94443/44, 94472, 94488, 94492/93, 100879, 104606, 104666, **113657–77**; 375 (1896, 21) 91–95, (1909, 97), 533, (1924, 2) 334; 391/35262. – GA Wiechs (Inv. masch.1953, Übers. in: ZGO 55 ⟨1901⟩ S. m19f).
Erstnennung: ON 807 (SGUB 1 Nr. 194).
Ansoldowilare: SGUB 1 Nr. 194.
Enningen: CL 2 Nr. 2710 (774). – GLA 18/K. 41; 21 Nr. 6761; 44/Nr. 6134, 6136, 10192; 66/ 3715, 7757; 229/94437, 113674. – UB Basel 3 Nr. 153, 368. – CL 2 Nr. 2710. – RMB 1 Nr. h 652, 698, 795, 803. – ZGO 12 (1861) S. 306; 30 (1878) S. 222. – *Kuhn, Friedrich*, Enniken, Zwei Ödungen gleichen Namens am Hochrhein (bei Rheinfelden) und auf dem Dinkelberg (bei Wiechs). In: Vom Jura zum Schwarzwald NF 42 (1968) S. 47–55.

Schwörstadt

2008 ha Gemeindegebiet, 2437 Einwohner (31.12.1990, 1987: 2311)

Wappen: In halbgeteiltem und gespaltenem Schild vorn oben in Schwarz ein goldener (gelber), unten in Gold (Gelb) ein schwarzer Ring, hinten in Silber (Weiß) ein doppelgeschwänzter, golden (gelb) gekrönter roter Löwe.
Flagge: Rot-Weiß (Rot-Silber).
Die vordere Wappenhälfte erinnert an die Herren von Schönau, die die beiden Schwörstadt vom Beginn des 17. Jahrhunderts an als österreichische Lehen innehatten, die hintere mit dem Hachberger Löwen weist auf die Markgrafen von Hachberg-Sausenberg, Herren von Dossenbach, deren Besitznachfolger ab 1503 die Markgrafen von Baden waren.

Gemarkungen: Dossenbach (836 ha, 388 E.); Schwörstadt (1173 ha, 1923 E.) mit Eichbühlhof, Hollwangen, Kraftwerkkolonie, Niederdossenbach, Oberdorf, Schloß und Schloßhof, Siedlung äußerer Berg und Unterdorf.

A. Naturraum und Siedlung

Natürliche Grundlagen. – Mit einer Fläche von 2008 ha umfaßt das Gemeindegebiet von Schwörstadt die Südost-Ecke des Lkr. Lörrach. Auf ca. 6 km bildet der Hochrhein die Gemeindegrenze, die hier zugleich Staatsgrenze zur Schweiz ist. Im W und N sind Rheinfelden (Baden) bzw. Schopfheim die Nachbarstädte, während nach O hin die seit 1973 bestehende Landkreisgrenze die Gemeinden Schwörstadt und Wehr trennt.

Hochrhein und Dinkelberg sind die beiden naturräumlichen Einheiten, die das Gemeindegebiet gestalten. Etwa 9/10 des Gemeindeareals erstrecken sich dabei über den östlichen Teil des Dinkelberges, wohingegen es nur mit 1/10 auf die pleistozänen Niederterrassenreste und jungen Ablagerungen des Hochrheintales hinabreicht. Niederterrassenflächen und *junge Talaue* gliedern den zunächst recht einheitlich wirkenden Talstreifen am Hochrhein weiter. Allerdings ist eine ausgeprägte Talaue nicht vorhanden. Dies liegt zum einen daran, daß der rißeiszeitliche Alpengletscher mit den Moränenablagerungen des sogenannten Möhliner Feldes den Rhein hier weit nach N gegen den Dinkelberg gedrängt hatte. Zum anderen fiel ein Teil der Talaue der Aufstauung des Rheins beim Bau des Flußkraftwerks Ryburg-Schwörstadt von 1925 bis 1930 zum Opfer.

Dort, wo die Talaue erhalten geblieben ist, steigt das Gelände mit einer deutlichen Stufe zur *Niederterrasse* an. Die Bahnlinie zeichnet diese natürliche Grenze ungefähr nach, da sie, bewußt hochwassergeschützt, nahe am talseitigen Rand der Niederterrasse (Hochgestade) angelegt wurde. Augenfällig wird dies insbesondere im Bereich von Oberschwörstadt, wo der nördliche Talraum breitere Ausdehnung gewinnt, während im W, im Bereich von Niederschwörstadt, der Rheinlauf bis dicht an den Dinkelbergfuß heranrückt. Ursache für das kräftige Zurückdrängen des Rheins beim Oberdorf ist ein Schwemmkegel, der sich bei der Talmündung des Oberschwörstadter Baches in das Hochrheintal gebildet hat. Allerdings kann dieser große Schwemmkegel kaum vom heutigen Bach stammen. Vermutlich handelt es sich um die Ablagerungen einer pliopleistozänen *Ur-Wiese*, die damals nach S über den Dinkelberg zum Rhein entwässerte. Schotterfunde auf dem Dinkelberg untermauern diese These. Die Ur-Wiese folgte dem

Talzug von Dossenbach, floß dann ab Niederdossenbach weiter in Südost-Richtung, um bei Oberschwörstadt in den Rhein zu münden. Beim Austritt aus dem Bergland und der dadurch bedingten rasch nachlassenden Erosionskraft kam es schließlich zur Aufschüttung des Schotterkegels. Weitere, allerdings wesentlich kleinere Schwemmkegel, oft aber auch nur flache Schwemmfächer, finden sich an den übrigen Talkerben des Dinkelberges. Schon von der Bundesstraße aus zu erkennen sind die Schwemmkegel an der »Mündung« der Finstergaß in das Hochrheintal und am Seebühl im westlichen Gemeindegebiet.

Der durchgehend bewaldete *Steilhang des Dinkelberges* bietet einen scharfen Kontrast zum weithin ebenen, waldfreien und stark zersiedelten Hochrheintal. Der Anstieg ist kurz und steil. Auf nur wenigen Metern Luftlinie wird eine Höhendistanz von etwa 70 bis 80 m überwunden. Liegt die Schule von Schwörstadt am Fuße des Ossenberges noch auf ca. 300 m, so beträgt die Höhe am oberen Rand des Steilhangs schon 370 Meter. Ähnliches gilt für den Dinkelberganstieg im südwestlichen Gemeindegebiet. Der Seebühl liegt auf 300 m, die nur wenig entfernte Willburg schon auf 373 Meter.

Modifiziert sind die Verhältnisse in der Südost-Ecke der Gemarkung. Zwar steigt das Gelände von der Siedlung »Äußerer Berg« zum Eichbühlhof schnell von 310 m auf 402 m an, von dort werden bis zum Eichbühl aber weitere 56 Höhenmeter überwunden. Hier liegen der Muschelkalkdeckplatte des Dinkelbergs noch *Keuperschichten* auf, vor allem Schilfsandstein und Bunter Mergel. Sie tragen insofern zu einer veränderten Morphologie bei, als sie wasserstauend sind und dadurch einen oberirdischen Abfluß ermöglichen. Die westlichen Zuläufe zum Lochengraben stehen hierfür als Beispiel. Aber bereits dort, wo, wie am westlichen Rand des Eichbühls, die Lettenkohle des Unteren Keupers zutage tritt, versiegen die jungen Bäche wieder. Diese nur wenige Meter dicke Schicht aus gelben Dolomiten und aus einigen Metern Mergelschiefer vermag das Oberflächenwasser nicht zu halten.

Vom Ossenberg fällt der Blick auf die weite, durch Wellen und Mulden gegliederte Fastebene der östlichen *Dinkelberghochfläche*, die hier ganz überwiegend aus dem stark verkarstungsanfälligen Oberen Muschelkalk aufgebaut wird. Der morphologische Eindruck läßt nicht vermuten, wie stark die Gebirgsscholle durch Gräben und Brüche zerrüttet ist. So folgt beispielsweise der Talzug von Dossenbach, das beherrschende morphologische Element in diesem Teil der Gemeinde, einer herzynisch (NW-SO) verlaufenden Verwerfung. Gerade die tektonischen und petrographischen Schwächelinien sind bevorzugte Ansatzpunkte der Lösungsverwitterung und damit für die Ausprägung des Reliefs von großer Bedeutung. Die vielfach vorhandenen Verkarstungserscheinungen verleihen dem Gelände sein individuelles Gepräge.

Zu den typischen *Karstphänomenen* zählen auch im Gemeindegebiet die zahlreichen Trockentäler. Beispielhaft ausgebildet sind u. a. das Gehrental westlich und das Kienetal nördlich von Dossenbach. Mit einem deutlichen Gefällsknick münden sie in den Talkessel von Dossenbach. Ein weiteres schönes, in Nordwest-Südost-Richtung verlaufendes Trockental trifft westlich von Niederdossenbach auf den Bachtelegraben. Hier versickert das Regenwasser meist sofort in den durchlässigen Gesteinsschichten. Höchstens bei Starkregen kann es kurzzeitig das Talnetz als Abflußrinne benutzen.

Dennoch sind die *Trockentäler* reine fluviatile Erosionsformen. Zwei Entstehungsvarianten sind möglich. Zum einen kann der Untergrund während der Eiszeit plombiert gewesen sein. Das Regenwasser konnte dadurch oberflächlich abfließen und sich dabei in die Tiefe arbeiten. Wahrscheinlicher ist auf dem Dinkelberg aber eine zweite Möglichkeit. Die Verkarstungsprozesse kamen erst in Gang, als eine gewisse vertikale Distanz zwischen verkarstungsfähigem Gestein und Vorfluterniveau bestand. Erst dann konnte das Wasser in tiefere Bereiche versickern und dabei Lösungsvorgänge im Untergrund bewirken. Der Rhein als Vorfluter hat sich aber erst nach dem Pleistozän in seine glazialen Schotterablagerungen eingetieft. Bis zu diesem Zeitpunkt konnten auch die kleinen Bäche des Dinkelberges Erosionsrinnen bilden. Erst als der Rhein sein Bett immer tiefer gelegt hatte, war die Vertikaldistanz groß genug, um oberirdisch fließende Gewässer versickern zu lassen. Ein weiteres Ausformen der Täler war nicht mehr möglich.

Bedeutendster Abfluß des gesamten östlichen Dinkelbergs ist der Bachtelegraben. Der Bach, der diesem Talzug folgt (der Oberlauf wird Dossenbach, der Unterlauf – ab Niederdossenbach – Bachtele genannt), führt ganzjährig Wasser. Die Hauptquelle des Dossenbachs befindet sich kurz unterhalb der Dossenbacher Höhle. Im Innern der Höhle, die sich nur wenige Meter nordwestlich des Ortes Dossenbach am Ende des Talkessels befindet, hört man sein Rauschen. Unschwer ist zu erkennen, daß der heute begehbare Teil der Höhle ein ursprüngliches Bachniveau darstellt. Durch das Tieferlegen des Vorfluters, d. h. durch das kontinuierliche Einschneiden des Rheins in seinen Untergrund, hat auch der Bach der Dossenbacher Höhle sein Bett tiefergelegt. Früher soll der Bach über einen Wasserfall aus der Höhle ausgetreten sein. Heute entspringt das Wasser etwa 20 m unterhalb des Höhleneingangs. Es wird vermutet, daß das Wasser des Dossenbachs u. a. dem nördlich von Dossenbach liegenden, periodisch erscheinenden Eichener See (s. Stadt Schopfheim) entstammt. Seine Wasserschwankungen beeinflussen direkt die Schüttung der Dossenbacher Quelle. In seinem Oberlauf fließt der Dossenbach auf wasserstauendem Anhydritletten des Mittleren Muschelkalks. Unterhalb von Niederdossenbach verschwindet ein Teil des Wassers, da, bedingt durch die Bruchtektonik, nun Kalke und Dolomite des Oberen Muschelkalks anstehen. Das Oberflächenwasser nutzt den Bachtelegraben und fließt, jetzt unter dem Namen Bachtele, dem Rhein zu. Der andere Teil folgt unterirdisch einer Störungslinie und tritt am Brödelsbrunnen in Niederschwörstadt, einer Karstquelle mit einer Schüttung von etwa 40 l/sec, wieder zutage (nach starkem Regen »brodelt« das Wasser aus der Quelle, daher der Name). Als Musterbeispiel eines Karstflusses zeichnet der Dossenbach/ Bachtele mit seinem Wechsel von ober- und unterirdischem Verlauf die Petrovarianz der anstehenden triadischen Schichtgesteine nach.

Neben Trockentalzügen bilden Hohlformen ein weiteres charakteristisches Gestaltungsprinzip von Karstlandschaften. Auch im Gemeindegebiet prägen zahlreiche *Dolinen* in vielfältiger Form und Größe, mal baumbestanden, mal auf freiem Felde, das Landschaftsbild. Mundartlich werden sie »Muelde«, »Duelle« oder ganz einfach »Loch« genannt. So ist das eigentlich ebene und übersichtliche Gebiet nordöstlich von Dossenbach zwischen Noteriff und dem Linsenberg übersät von Dolinen unterschiedlichster Ausformung. Dies ist kein Zufall, denn das nordöstliche Gemeindegebiet gehört bereits zu dem besonders tektonisch beanspruchten östlichen Teil des Dinkelbergs. Und auch Dolinen hängen eng mit Schwächezonen und Störungslinien im geologischen Unterbau zusammen. Das Relief wird durch den Flurnamen »Wannen« (am Waldrand, nördlich der Straße nach Wehr) trefflich charakterisiert. Mehrere wannenartig eingesenkte, sogenannte Schüsseldolinen sind hier in dichter Folge aneinandergereiht. Sie können als die geradezu typischen Lösungsformen im Dolomit des Oberen Muschelkalks gelten. Daneben sind aus nebeneinanderliegenden Dolinen durch Abtragung der Zwischenwände bisweilen auch große Ausräumungsdolinen entstanden, wie beispielsweise an der »Rütte« (ebenfalls nördlich der Straße nach Wehr).

Bedingt durch ihre Größe und ihre meist windgeschützte Lage, weisen die Dolinen oftmals ein anderes Mikroklima auf als ihre Umgebung. Auch kommt es in den Dolinen durch Einschwemmungen und Staunässe zur Ausbildung besonderer *Böden*. Im Vergleich zu den auf dem Dinkelberg weitverbreiteten Kalkverwitterungslehmen des Muschelkalks und den gelblichen bis ockerfarbigen, tiefgründigen, sandig-lehmigen Böden des obersten dolomitisierten Muschelkalks, bieten die oftmals nassen und wenig mineralreichen Böden innerhalb der Dolinen aber wenig Vorteile für die ackerbauliche Nutzung. Daher sind die Dolinen, wie ihre Umgebung, hauptsächlich mit Wiesen und Weiden bestanden, wenn sie nicht sogar dem Wald überlassen werden. Im Gemeindegebiet wird Ackerbau nur noch selten betrieben, auf der Hochfläche dominieren die Obstwiesen. Außerdem findet man überall verstreut stehende Obstbäume. Vor allem in Dossenbach sind einige Landwirte nur noch als Obstbauern tätig.

Mit der Abnahme der Landwirtschaft wächst auch der *Waldanteil* im Gemeindegebiet. Bis auf den Talstreifen am Hochrhein, die Rodungsinseln um Dossenbach, Niederdossenbach, um die Hollwanger Höfe und den Eichbühlhof ist die übrige Gemarkung heute fast durchgängig bewaldet. Alte Flurbezeichnungen wie z. B. »Dinkelacker« oder »Foracker« nordöstlich von Dossenbach beweisen, daß immer mehr Ackerfläche vom Wald erobert wurde (Flurwüstungen). Meist ist es die schnellwachsende Fichte, die bei den Aufforstungsmaßnahmen in geordneten Parzellen angepflanzt wird. Im collinen Vegetationsbereich des Dinkelberges gehört die Fichte freilich nicht zur von Natur aus heimischen Pflanzengesellschaft. Rot- und Hainbuchen, durchsetzt von Robinien, Eschen, Zitterpappeln und eingestreuten Tannen, sind der »natürliche« Waldbewuchs, der allerdings im Gemeindegebiet nirgends mehr zu finden ist.

Siedlungsbild. – Neben dem namengebenden Hauptort setzt sich die Gemeinde Schwörstadt aus den Ortsteilen Dossenbach und Niederdossenbach sowie den Hollwanger Höfen, dem Eichbühlhof und der Kraftwerkskolonie zusammen. Der Hauptort S c h w ö r s t a d t wirkt heute wie ein einziges, langgezogenes Straßendorf, welches sich an der zum Dinkelbergrand hangparallel verlaufenden Hauptstraße in westöstlicher Richtung erstreckt. Entwickelt hat sich Schwörstadt aber aus zwei Haufendörfern, die im Laufe der Zeit zusammenwuchsen. 1929 wurden Oberschwörstadt, Niederschwörstadt und das damals schon als Hinterdorf zu Oberschwörstadt zählende Niederdossenbach zur Gemeinde Schwörstadt zusammengefaßt. Man einigte sich auf das alte Rathaus von Niederschwörstadt als Sitz der Ortsverwaltung. Eine gemeinsame Schule gab es ohnehin schon seit 1913. Da durch die Vereinigung auch die Ortsetter aufgehoben wurden, konnte nun das Areal zwischen den beiden Dörfern bebaut werden. Bis dahin hatten sich Nieder- und Oberschwörstadt innerhalb ihrer Ettergrenzen eigenständig entwickelt.

Der ursprüngliche Dorfkern von O b e r s c h w ö r s t a d t legt sich unterhalb des einst erhöht über der Siedlung liegenden Kirchbezirks in hochwassersicherer Lage an den Hang des Ossenbergs an. Bis in die 1. Hälfte des 19. Jh. stand die Pfarrkirche auf einer Verebnungsfläche über dem Dorf, wo sich heute noch der Friedhof befindet. Zwischen 1849 und 1853 wurde dann am südwestlichen Rande des alten Dorfes die neue *kath. Kirche St. Clemens und St. Urban* errichtet. Der große stattliche Kirchenbau mit seinem hohen schlanken Turm bildet nach wie vor den wesentlichsten architektonischen Bezugspunkt in dem modernen, langgezogenen Dorfkörper. In scharfem, s-förmigem Knick führt die Durchgangsstraße heute an der Kirche vorbei. Hier, im nördlichen und westlichen Bereich der Straßenkreuzung, kommt der ursprüngliche Charakter als Haufendorf besonders ausgeprägt zur Geltung. Die Lage der Höfe orientiert sich zwar weitgehend an der Hauptstraßenführung, doch zeigen die Anwesen die für solche Dorfformen typische regellose Anordnung. Das alte, ansprechend hergerichtete Anwesen mit Treppenzugang zur hochgesetzten Eingangstür, das gegenüber der Kirche an der Ecke Hauptstraße/Rheinstraße steht, wird zusammen mit dem dahinterliegenden Wirtschaftstrakt noch landwirtschaftlich genutzt. Meist haben die Anwesen diese Funktion aber verloren. Modernisiert und renoviert sind sie heute überwiegend reine Wohngebäude. In einem der vollkommen renovierten Bauernhöfe nördlich der Hauptstraße ist ein Lebensmittelgeschäft eingezogen.

An der Ecke Bergstraße/Hauptstraße fällt der stattliche Bau des ehemaligen Gasthauses »Zum Schwanen« ins Auge. Es ist das älteste bekannte Wirtshaus von Oberschwörstadt, das seit jeher Treff der Schwörstädter Bürger war. Auch heute bildet der »Schwanen-Platz«, wie die Erweiterung vor dem Haus liebevoll genannt wird, einen wichtigen Orientierungspunkt im Dorf. Zwar ziert der Name noch immer die Ostseite des Hauses, doch hat das Gasthaus seit einigen Jahren seinen Betrieb eingestellt. Der westliche Teil des Gebäudes ist renoviert, während der östliche Teil seinen ursprünglichen Zustand bewahren konnte. Die Funktion des Kurvenbereichs als Zentrum des einstigen Dorfes unterstreicht das unmittelbar nördlich der Kirche an der Hauptstraße gelegene alte Rathaus, das heute als reines Wohnhaus dient.

Der wesentlich kleinere alte Ortskern von Niederschwörstadt liegt auf dem Schotterkörper des einmündenden Bachtelegrabens am Hangfuß des Dinkelbergs. Die ältesten Häuser gruppieren sich rund um die ebenfalls erhöht auf einem kleinen Hügel stehende St. Antoniuskapelle (1750 erbaut, 1891 umgebaut) zwischen der Römerstraße und der heutigen Durchgangsachse. Auch in diesem alten Kern läßt die Stellung mancher Gebäude noch Spuren der einstigen haufendorfförmigen Struktur erkennen. Direkt an der Hauptstraße (Nr. 167) fällt ein Staffelgiebelhaus ins Auge, das, lange Zeit Vogtsitz, nachweislich zu den ältesten Häusern von Niederschwörstadt gehört und in die 2. Hälfte des 16. Jh. zu datieren ist. Die meisten der alten quergeteilten Eindachhöfe werden auch hier nicht mehr landwirtschaftlich genutzt, ganz eindeutig dominiert inzwischen die Wohnfunktion. Nahezu am westlichen Ende des Unterdorfes steht oberhalb der Hauptstraße das *Rathaus* von Schwörstadt, die ehemalige, 1913 errichtete Schule von Niederschwörstadt. Unweit davon zweigt die Bahnhofstraße nach S in Richtung auf die Eisenbahnlinie ab. Um auf den kleinen, aus dem Jahr 1873 stammenden *Bahnhof* zu treffen, muß sie den Bahnkörper überqueren, denn der Bahnhof ist nicht zum Unterdorf hin ausgerichtet, sondern liegt jenseits der Eisenbahnlinie. Ein weiterer, heute verschwundener Ortsteil von Niederschwörstadt befand sich am Rheinufer südlich des heutigen Bahnhofs. Dieser Teil des Ortes mit 7 Wohnhäusern, einer Mühle und einem Sägewerk, fiel der Aufstauung des Rheins beim Bau des Kraftwerks Ryburg-Schwörstadt von 1925 bis 1930 zum Opfer. Die Häuser mußten abgerissen werden.

Der Bereich zwischen den beiden Ortskernen zeigt dagegen deutlich die Züge eines *jüngeren Siedlungsausbaus*. Mit zunehmender Entfernung von den Kernen werden ältere Höfe seltener und durch Häuser aus der Zeit kurz vor bzw. nach dem 2. Weltkrieg abgelöst. Typisch ist deren exakte traufständige Aufreihung. In lockerem Abstand folgen die kleinen Ein- und Zweifamilienhäuser am Hangfuß des Dinkelbergs, vor allem in der Römer- und Schulstraße. Hier, von der Römerstraße aus zu erreichen, steht inmitten einer kleinen Grünanlage ein besonderes geschichtliches Denkmal, nämlich der berühmte Heidenstein von Schwörstadt. Es handelt sich um die Reste eines jungsteinzeitlichen Megalithgrabes. Unterbrochen wird dieses Wohngebiet durch das großzügige Areal der *Grund- und Hauptschule* auf der Nordseite der Römerstraße. Seit 1818 war die Schule von Oberschwörstadt in dem auffallenden, annähernd quadratischen Gebäude an der Mündung Römerstraße/Schulstraße untergebracht. 1955 konnte in den gegenüberliegenden Neubau an der Römerstraße umgezogen werden, der zusammen mit einer Sport- und Festhalle errichtet worden war. 1982 und 1990 wurde die Schule renoviert bzw. erweitert, um dem wachsenden Bedarf zu genügen. Ebenfalls im Bereich zwischen den Ortskernen, am östlichen Ende der Schulstraße, hat 1958 die kleine *ev. Kirche* ihren Standort gefunden. Auch sie ist ein Zeugnis für die Vergrößerung bzw. soziodemographische Veränderung der Gemeinde nach dem 2. Weltkrieg. Erweiterungstendenzen aus derselben Zeit finden sich zudem am östlichen Ortsende, wo, etwas abseits vom Ortskern Oberschwörstadt, in der nördlich der Hauptstraße gelegenen Gartenstraße eine Reihe von kleinen Ein- und Zweifamilienhäusern das Siedlungsbild bestimmt.

Eine starke *Ausdehnung der Siedlungsfläche* fand in den 1960er Jahren, zu Zeiten der allgemeinen wirtschaftlichen Blüte, statt. Die Flächenreserven der Gemeinde lagen vor allem südlich des alten Ortskerns von Oberschwörstadt. Zunächst in der Königsberger und der Breslauer Straße, später in der Hebelstraße, der Baumattenstraße und im Pflumgarten entstanden zahlreiche Ein- und Mehrfamilienhäuser. An der Art der Straßenführung wird der Bebauungsfortgang ersichtlich. Wurden in den 1960er und 1970er Jahren die Straßen noch schematisch angelegt (wie dies in der Königsberger und Breslauer Straße der Fall ist), so zeugt die Straßenführung des Bonhoeffer-Rings von einer jüngeren Siedlungsgestaltung. Stichstraßen, wie im Pflumgarten, entstammen schließlich der neuesten Zeit. Seit den 1980er Jahren wird eine solche Straßenführung ohne störenden Durchgangsverkehr bevorzugt. In den letzten Jahren hat sich die Siedlungsfläche von Schwörstadt nicht mehr wesentlich verändert. Es wurden Baulücken aufgefüllt, alte Höfe renoviert, z. T. durch Neubauten ersetzt. Die Bewohner dieser neueren Wohngebiete arbeiten selten in Schwörstadt, sondern meist in der Industrie der benachbarten Städte, oftmals auch in der Schweiz.

Das *Gewerbegebiet* »Lettenbündte« entstand Ende der 1980er Jahre und hat noch eine recht bescheidene Größe. Es liegt im SO der Gemeinde und wird dominiert von einem Sägewerk. Auch eine Kegelbahn und das einzige Hotel von Schwörstadt liegen in diesem Gebiet. Nicht im Gewerbegebiet liegt das größte Unternehmen der Gemeinde, ein Betrieb der Textilbranche. Es hat seinen Standort am gegenüberliegenden Ende des Ortes, direkt neben dem Rathaus. Ganz am östlichen Rand des Gemeindegebietes, heute dicht oberhalb des aufgestauten Hochrheins stehend, erhebt sich auf einem Nagelfluhfelsen das 1834/35 im Weinbrennerstil errichtete *Schloß von Schönau-Schwörstadt*. Die Anlage wird nordöstlich des Hauptauses durch zwei langgestreckte, parallel zueinander angeordnete Ökonomiegebäude abgerundet. Ein kleineres drittes schließt den Ökonomiebereich nach S hin ab.

Nördlich der Hauptgemeinde in einer Talweitung des Bachtelegrabens liegt der Ortsteil Niederdossenbach. Bereits seit 1925 gehörte der Ort zu Oberschwörstadt (damals Hinterdorf) und kam dadurch 1929 mit zur neuentstandenen Gemeinde Schwörstadt. Rund um ein Straßendreieck gruppieren sich vorwiegend ältere Eindachhäuser. Die Anwesen, oft 200 bis 300 Jahre alt, sind meist renoviert und in gutem Zustand. Vor allem dem Hof links an der Wegegabelung zu den Hollwanger Höfen sieht man sein ehrwürdiges Alter an. Das mit Fachwerk durchsetzte Gebäude wurde 1713 erbaut. Am östlichen Talhang, rechts der Straße nach Oberschwörstadt, steht die kleine *Marienkapelle* Rosenkranzkönigin. Sie wurde 1887 erbaut. Vor allem im S hat sich der Ort in den letzten Jahren deutlich vergrößert. Neben Ein- und Zweifamilienhäusern in der Talmatt hat dazu das oberhalb davon gelegene *Neubaugebiet* Rebgarten beigetragen, das bis auf 45 Wohnhäuser vergrößert werden soll.

Folgt man dem Bachtelegraben weiter aufwärts, erreicht man nach einem Kilometer Dossenbach. 1971 wurde der bis dahin selbständige Ort auf freiwilliger Basis in die

Gemeinde Schwörstadt eingegliedert. Das locker bebaute Haufendorf liegt beiderseits des Bachtelegrabens in einem Talkessel. 1851 vernichtete ein verheerender Brand fast das gesamte Dorf (60 Gebäude). In geregelter, einheitlicher Form wurde die Siedlung wieder aufgebaut, wobei als vorherrschender Haustyp der traditionelle quergeteilte Eindachhof mit traufseitiger Stellung zur Straße gewählt wurde. So verwundert es nicht, daß die Mehrzahl der Anwesen entlang der Wehrer Straße, der Landstraße, der Talstraße und im Harget aus den Jahren 1851 oder 1852 stammen. In der Größe oft unterschiedlich, weisen sie doch fast alle die gleichen Bauelemente auf. Aber selbst in diesem noch stark ländlich geprägten Bereich des Dinkelbergs hat der Funktionswandel seine Spuren hinterlassen. Viele der Höfe werden heute nicht mehr bewirtschaftet. Sie sind meist renoviert und oftmals ist aus dem ehemaligen Wirtschaftsteil des Gebäudes ein stattlicher Wohntrakt geworden.

Das *Rathaus*, heute Ortsverwaltung, befindet sich an der Wehrer Straße, direkt an der Abzweigung der Kirchstraße. Im gleichen Gebäude, wo sich früher auch die Schule befand, ist eine Spielstube untergebracht. Heute werden die schulpflichtigen Kinder mit Bussen je nach Schulart nach Schwörstadt, Wehr oder Schopfheim gebracht. Das Gebiet um das Rathaus kann als das Zentrum von Dossenbach betrachtet werden. Wenige Meter weiter nördlich, ebenfalls an der Wehrer Straße, steht der älteste Gasthof des Ortes. Schon im 17. Jh. fungierte das Gasthaus »Zum Hirschen« als Trinkstube und Versammlungsort. Wenige Meter südlich des Rathauses steht in der Kirchstraße die 1855 fertiggestellte *ev. Kirche*. Neben der Kirche erinnert eine Gedenktafel an die gefallenen Freischärler der Revolutionswirren von 1848.

Seit Oktober 1929 gehören auch die Hollwanger Höfe zur Gemeinde Schwörstadt. Dieses Gut, nahe der westlichen Gemeindegrenze auf dem Dinkelberg gelegen, wurde in früherer Zeit immer als Dorf genannt. Den Kern bildet ein aus zwei Höfen zusammengewachsener Doppelhof, der von mehreren Wirtschaftsgebäuden umgeben ist. Etwas südöstlich dieses Ensembles liegt der Bühlerhof, der den Hollwanger Höfen zugerechnet wird. Viel jünger ist der Eichbühlhof in der südöstlichen Ecke des Gemeindegebietes. Das gut erhaltene Hauptgebäude wurde in den 1850er Jahren errichtet. Heute aber dominiert das westlich benachbarte neue, große Wirtschaftsgebäude die Gesamtansicht. Es weist auf die anhaltende, in die Zukunft orientierte landwirtschaftliche Ausrichtung des Anwesens hin. Aus unserem Jahrhundert stammt dagegen die Kraftwerkskolonie. Mit dem Kraftwerksbau von 1925 bis 1930 wurden im Südwesten der Gemarkung vier ursprünglich nur für Kraftwerksangestellte vorgesehene Wohnhäuser erstellt. Diese Bindung ist inzwischen aufgehoben.

Bemerkenswerte Bauwerke. – Die 1849 bis 1853 errichtete *kath. Pfarrkirche St. Clemens und St. Urban* in Oberschwörstadt ist ein Putzbau im Rundbogenstil. Nach O folgt auf das satteldachgedeckte Langhaus ein eingezogener Rechteckchor mit niedrigerem Dachfirst. Etwas vor die westliche Giebelfassade ist der dreistöckige, quadratische Turm gerückt; er hat ein eingeknicktes vierseitiges Pyramidendach. Alle drei Baukörper schmücken Rundbogenfriese in Geschoßgliederung und Dachansatz. Rundbogig sind auch die jeweils sechs Fenster am Langhaus, am Chor die beiden Dreiergruppen und die Blendarkaden an der Stirnwand. Der risalitartig hervorspringende Turm betont die Mitte der Westfassade als Haupteingang. Der Innenraum, eine flachgedeckte Halle, wird durch Pfeilerarkaden in drei Schiffe gegliedert und zum Chor hin durch den Triumphbogen abgetrennt. In der Stirnwandnische befindet sich eine Kreuzigungsgruppe, die von den beiden Kirchenpatronen flankiert wird. Während der Renovierungen 1960 bis 1966 wurden Haupt- und Seitenaltäre (Werkstätte Gebrüder Marmon) entfernt. Die Wandmalereien von Ludwig Rigger wurden durch einen hellen Putz ersetzt. Der Altarraum erhielt eine einheitliche Ausstattung: die Mensa ist, ebenso wie Treppen und Chorschranken, aus dunklem Marmor. Sämtliche Fenster erhielten eine neue Bleiverglasung nach Entwürfen von Benedikt Schaufelberger. Die Orgel auf der in ihrem Mittelteil ausladenden Westempore wurde 1852 von der Fa. Albiez in das Gehäuse aus der Vorgängerkirche gebaut.

Die ev. *Michaelskirche* ist 1958 als schlichter Satteldachbau errichtet worden. An die Nordostecke ist die Sakristei unter demselben Dach, an der Nordwestecke der Turm mit einem offenen Glockenstuhl angefügt. Die Eingangswand im W hat in der Mitte eine Fensterfront aus Glasbetonsteinen, in die das Portal integriert ist. Man betritt den Innenraum unter der Westempore. Der durch Betonbinder in fünf Kompartimente gegliederte Rechteckraum umfaßt das Langhaus und den um drei Stufen erhöhten Chor. Glasbetonsteine öffnen die Südwand in halber Höhe; im Chorbereich, dem vorderen Wandkompartiment, nehmen diese die ganze Wandfläche ein und werden so zum bestimmenden Element, wie an der Westwand. Die Unterseite des Dachs ist holzverschalt, die geschlossene Stirnwand mit Spritzputz versehen. Auf der Altarmensa aus grauem Stein steht ein Kruzifixus.

Die um 1750 erbaute *Antonius-Kapelle* in Niederschwörstadt betritt man von der Giebelseite. Das im O abgewalmte Satteldach trägt ein Glockentürmchen, das bei der Renovierung 1960 von O über den Westgiebel versetzt wurde. Das flachgedeckte Langhaus endet in einem gleichbreiten Chor mit abgeschrägten Ecken. Licht erhält der Raum durch zwei segmentbogige Fenster an der Südwand und zwei im Chor, während die Nordwand geschlossen ist. Hier hängt ein Kruzifixus. Auf dem Barockaltar steht ein Marienbild, links von ihm eine Madonna mit Kind, rechts eine Antoniusstatue.

Eine *Kapelle Mariä Heimsuchung* von 1891 hatte vermutlich einen Vorläufer, der aus Anlaß einer Epidemie 1760 errichtet wurde. Darauf deutet ein Stein in der Eingangswand des jetzigen Baus hin. Der Neubau ist ein kleiner Saal mit dreiseitig schließendem Chor. Über der Tür befindet sich eine kleine Rundbogennische für eine Muttergottesstatue, die wohl aus der Zeit des Vorgängerbaus stammt. Der moderne Altar, eine Mondsichelmadonna und ein Kreuz schmücken seit der Renovierung von 1973 den Chor.

In Dossenbach steht eine neugotische *ev. Kirche* vom Jahre 1857, ein hell verputzter Bau mit Schmuckformen in rotem Sandstein. Das Westportal wird von einem Eselsrücken überfangen. Der Zahnschnittfries am Giebel leitet über zum Turm, der spitzbogige Maßwerkfenster hat und ebenfalls verzierte Giebelchen, aus denen sich die schlanke Pyramide erhebt. Der Innenraum ist eine dreischiffige Halle mit jeweils fünf hohen Spitzbogenfenstern, an die sich, durch einen Triumphbogen getrennt, ein Fünfachtelchor anschließt. 1950 erhielt die Kirche einen neuen Altar, 1954 wurden die Fenster erneuert und die Wände neu gestrichen. Eine Orgel der Fa. Fridolin Merklin von 1862 steht auf der Westempore.

1887 entstand die *Kapelle der Muttergottes vom Rosenkranz* in Niederdossenbach, ein schlichter Saalbau mit im O eingezogenen Ecken. Das Satteldach trägt im W einen quadratischen Dachreiter mit einer Pyramide. Die Eingangstür ist rundbogig, ebenso die Fenster. Im Inneren steht ein schlichter Altartisch.

B. Die Gemeinde im 19. Jahrhundert und in der Gegenwart

Bevölkerung

Bevölkerungsentwicklung. – Zu Beginn des 19. Jh. wird die Einwohnerzahl der Dörfer, die heute die Gde Schwörstadt bilden, mit 901 (1804) und 952 (1809) Einwohner angegeben. Bis zur Mitte des Jahrhunderts läßt sich ein Bevölkerungsanstieg auf fast 1400 Einwohner verzeichnen; verglichen mit 1809 entsprach dies einem Zuwachs von 47%. Wie in der gesamten Umgebung feststellbar, trat dann ein deutlicher, durch Abwanderung bedingter Rückgang ein, die mit Sicherheit auch in dieser Gegend aus wirtschaftlicher Not resultierte. Besonders aus beiden Schwörstadt, in geringerem Maße auch aus Dossenbach, zogen Einwohner im Erwerbsalter in die Industriestandorte der Umgebung, wo sich bessere Verdienstmöglichkeiten boten. 1861 war die Einwohnerzahl insgesamt auf 1196 zurückgegangen, bei der Reichsgründung betrug sie 1205, 1910 noch 1185. Der diese Zeit über zu beobachtende Geburtenüberschuß war also erneut durch Wegzug aufgezehrt worden, wobei die zahlenmäßig nicht durchgängig zu erfassende Auswanderung, besonders in den 1870er und 1880er Jahren, nicht unerheblich war. In Dossenbach z. B. wanderten 1883 alleine 5 Ledige und 2 Familien nach Amerika aus.

Oberschwörstadt machte in dieser Zeit eine Ausnahme; dort war die Bevölkerungszahl ununterbrochen während des Kaiserreichs angestiegen, was den Gesamtverlust deutlich minderte (1804: 352 E.; 1871:455 E.; 1910: 520 E.). Nach dem 1. Weltkrieg hatten die Dörfer 42 Gefallene zu beklagen, dennoch stieg die Gesamteinwohnerzahl in der Zwischenkriegszeit auf 1413 (1933) und bis 1939 weiter auf 1525 Einwohner an, was einem Zuwachs von 28,7% gegenüber 1910 entspricht. Wiederum fällt hierbei die gegensätzliche Entwicklung auf: in Dossenbach hatte sich kein Zuwachs ergeben (1910: 352 E.; 1939: 350 E.), sondern alleine in Schwörstadt.

Im 2. Weltkrieg waren 67 Einwohner der heutigen Gde Schwörstadt gefallen, 42 wurden vermißt. Dieser Verlust war 1950 bereits zahlenmäßig durch die Aufnahme von 157 Vertriebenen (hauptsächlich Ostpreußen) mehr als ausgeglichen, die damals 9,3% an der inzwischen auf 1683 gestiegenen Einwohnerzahl ausmachten. Der Anteil von Vertriebenen und Flüchtlingen stieg danach noch weiter an und betrug 1970 14% der Einwohner. Aber auch hierbei fällt wieder auf, daß die Veränderungen sich im wesentlichen auf Schwörstadt beschränkten. In Dossenbach, wo 1961 mit 387 Einwohnern 23 weniger als 1950 gezählt worden waren, lebten 1961 nur 20 Vertriebene und Flüchtlinge, 13 weniger als 1950; der Zuwachs insgesamt (1950: 1273 E.; 1961: 1616 E.) war wiederum auf Schwörstadt beschränkt geblieben. Dort betrug der Vertriebenen- und Flüchtlingsanteil 16,1% (1961). Der nach dem 2. Weltkrieg zu beobachtende Anstieg der Bevölkerung hielt bis 1970 an. Mit 2429 Einwohnern war damals eine vorläufige Höchstzahl erreicht, wie die Volkszählung von 1987 erkennen läßt, als noch 2311 Einwohner gezählt wurden (−4,9% gegenüber 1970). Damals war der Ausländeranteil von 12,6% (1970) auf 10% leicht zurückgegangen. Inzwischen ist die Einwohnerzahl aber wieder gestiegen. Sie lag zum Jahresende 1992 bei 2480 Einwohnern.

Konfessionelle und soziale Gliederung. – Die während der Reformationszeit 1556 entstandene konfessionelle Grenze zieht sich durch die heutige Gemeinde. Dossenbach, ehemals badischer Besitz, erlebte wie alle baden-durlachischen Orte die Reformation. Niederdossenbach und Schwörstadt dagegen, das die Herren von Schönau zu Lehen innehatten, blieben katholisch. Noch am Ende des 19. Jh. war Dossenbach ein fast geschlossen evangelisches Dorf (1895: 96,5% ev.). Niederdossenbach und Nieder-

Die Gemeinde im 19. Jahrhundert und in der Gegenwart   563

schwörstadt hingegen waren geschlossen katholisch, in Oberschwörstadt waren es 93,2%, der kleine Rest waren Protestanten.

Dieses Zahlenverhältnis hat auch im 20. Jh. keine nennenswerte Veränderung erfahren. Auf die gesamte heutige Gemeinde bezogen waren 1925 69,4% katholisch und 30,6% evangelisch, 1970 hatte der Katholikenanteil bei knapp zwei Dritteln gelegen und 31,6% der Einwohner waren evangelisch. Bei der Volkszählung von 1987 war der Protestantenanteil mit 31,1% um einen halben Prozentpunkt, der Katholikenanteil um 6,3 Prozentpunkte zurückgegangen. Mit 60,2% waren aber noch immer weitaus die meisten Einwohner von Schwörstadt katholischer Konfession. Auffällig war der mit 5,5% beachtliche Anteil von Konfessionslosen. 3,2% der Bevölkerung waren moslemische Religionsangehörige, wobei es sich meist um türkische Staatsangehörige handelte.

Wie zu erwarten, waren alle heutigen Gemeindeteile von Schwörstadt bis weit ins 19. Jh. hinein landwirtschaftlich geprägt. Die *sozialen Veränderungen* schlugen sich dann unterschiedlich nieder: in Dossenbach, das 1851 fast gänzlich durch einen Brand zerstört worden war, hatte wohl der Wiederaufbau bis in die Zeit des Kaiserreichs hinein das Hauptinteresse des größeren Teils der Bevölkerung gebildet. Nicht wenige Einwohner sind unterdessen abgewandert. Dennoch war die Landwirtschaft dort stets einträglich, es gab im Gegensatz zu Schwörstadt, wo die Freiherren von Schönau bis zum Aussterben der Linie 1935 größte Grundbesitzer waren und mit dem Schloßgut und dem Eichbühlhof Mustergüter bewirtschafteten, kaum Pachtbauern und keine Tagelöhner. Vor allem in Oberschwörstadt wandelte sich die Sozialstruktur bis zum Ende des 19. Jh. bereits beachtlich, so daß 1895 von 606 Erwerbstätigen zwar noch 70,5% in der Landwirtschaft tätig waren, 103 Erwerbstätige (17%) aber bereits vom Produzierenden Gewerbe und 12,5% von Tätigkeiten in Handel und Verkehr und sonstigen Bereichen lebten.

Der weitere Rückgang der Erwerbstätigkeit in der Landwirtschaft vollzog sich im 20. Jh., vor allem nach dem 2. Weltkrieg. 1950 waren noch 32% der Erwerbstätigen Landwirte gewesen, Industrie und Gewerbe beschäftigten 42,3%, der Tertiäre Sektor 25,7% der Erwerbstätigen. Danach verschoben sich die Anteile weiter: die Landwirtschaft ging über 27,7% (1961) und 13,4% (1970) bis 1987 auf 3% zurück. In Industrie und Gewerbe hingegen waren 1961 bereits 56,7% erwerbstätig gewesen, seither fast zwei Drittel (1970: 65,2%; 1987: 66,2%), während der Anteil der in Handel und Verkehr Arbeitenden von 6,4% (1961) über 9,8% (1970) auf 10,3% (1987) und der in sonstigen Dienstleistungsbereichen Tätigen von 9,1 über 11,5% (1970) bei der Volkszählung 1987 auf 20,5% angestiegen war.

Politisches Leben

Zum wichtigen Ereignis in der Geschichte von Dossenbach ist das Gefecht am 27. April 1848 geworden, als die 6. Kompanie des 6. württembergischen Infanterieregiments 800 Mann der Deutschen Arbeiterlegion unter Georg Herwegh und Reinhard Schimmelpfennig, der dabei fiel, besiegte. Von den übrigen Orten ist aus dieser Zeit kaum etwas zu vermerken; lediglich von Schwörstadt ist überliefert, daß Freischärler einmal des nachts fouragiert hätten. Ganz allgemein heißt es, daß die Bauern der Umgebung an diesen Ereignissen nur wenig Anteil genommen hätten.

Was über die *Zeit des Kaiserreichs* aus dem Wählerverhalten in den die heutige Gemeinde bildenden Dörfern zu erkennen ist, entspricht weitgehend dem zu Erwartenden: Das ev. Dossenbach wählte bis nach der Jahrhundertwende geschlossen *nationalliberal*, danach faßten auch die Sozialdemokraten Fuß. In Schwörstadt hingegen wählte von Anfang an die große Mehrheit Katholische Volkspartei, das spätere *Zentrum*, dem bei sehr hohen Wahlbeteiligungen auch am Ende dieser Epoche noch mehr als zwei Drittel der Wähler folgten. Mit 14,1% war der Anteil sozialdemokratischer Stimmen auch 1912 noch recht niedrig.

Während es dem Zentrum in diesem Dorf gelang, seine beherrschende Position über die *Weimarer Zeit* hinweg zu behaupten – in Schwörstadt wählten noch im März 1932 43,9% Zentrum, und erst im November gelang es der NSDAP, das Zentrum um 8 Stimmen zu übertreffen – zerfiel, wie auch andernorts zu beobachten, der liberale Wählerblock in Dossenbach sehr rasch. Auch von der anfänglichen sozialdemokratischen Dominanz (1919: 57,1%) war schon 1920 nichts mehr geblieben. Statt dessen vereinigten sich die Wähler dort schon im März 1932 fast geschlossen hinter dem Hakenkreuzbanner: 86,3% (Nov. 1932: 87,0%) der Wähler votierten damals für die *NSDAP*. Mit jeweils weniger als 10 Stimmen blieben alle übrigen Splitterparteien.

Auch in der Zeit des *demokratischen Neubeginns* ließen beide Ortschaften noch unterschiedliche Wählerpräferenzen erkennen. In Dossenbach spaltete sich die Wählerschaft von 1947 an auf potentiell drei gleichstarke Blöcke, wobei die relative Mehrheit selbst 1968 bei der Landtagswahl noch der FDP zufiel, in Schwörstadt hingegen dominierte die CDU von Anbeginn an. Auf die gesamte heutige Gemeinde bezogen endeten – die Landtagswahl 1960 und die Bundestagswahl 1961 ausgenommen – alle Wahlen bis 1990 mit absoluten Stimmenmehrheiten für die CDU. Seither hat diese Partei jedoch deutlich in der Wählergunst verloren und bei der Landtagswahl 1992 nur noch 40,8% der Wählerstimmen erhalten (SPD: 32,6%; FDP: 7,4%; Grüne: 8,0%). Ungeachtet der Tatsache, daß die beiden großen Parteien in Schwörstadt örtlich organisiert sind, waren die Kommunalwahlen stets von freien Wählergruppen dominiert, deren Vertreter 1989 weit über zwei Drittel der Wähler hinter sich hatten.

Wirtschaft und Verkehr

Land- und Forstwirtschaft. – Die *landwirtschaftlich genutzte Fläche* war vom 19. Jh. bis über die Mitte unseres Jahrhunderts hinaus weitgehend konstant geblieben. Von den 826 ha LF lagen 354 ha auf Dossenbacher Gemarkung (1895), 173 ha entfielen auf Niederschwörstadt und 299 ha umfaßte die LF auf Gkg Oberschwörstadt. Seither ist die LF recht kontinuierlich zurückgegangen. 1987 umfaßte sie noch 653 ha, davon 304 ha (-15%) auf Gkg Dossenbach und 349 ha auf Gkg Schwörstadt (-26%).

Traditionell hatte der *Ackerbau*, begünstigt von relativ mildem Klima und ertragreichen Böden, besonders in Schwörstadt Bedeutung gehabt. Nach der Jahrhundertwende allerdings änderten sich die Verhältnisse rasch und bis zum 2. Weltkrieg war die Viehwirtschaft in Schwörstadt bereits deutlich wichtiger geworden; es überwog die Wiesenfläche. Dies hatte sich auch 1987 wieder bestätigt, als 396 ha Dauergrünland, darunter 215 auf Gkg Schwörstadt, und 229 ha Ackerflächen, darunter 122 ha auf Gkg Schwörstadt, ausgewiesen wurden.

Das Ackerland war gewöhnlich mit Weizen und Hafer, daneben mit Roggen und Gerste bestanden. Bis zum 2. Weltkrieg war dem Dinkelanbau Bedeutung zugekommen, und auch der Hackfrüchte- und Kartoffelanbau war stark rückläufig. Die gesamte Ackerfläche von 229 ha war 1987 auf 160 ha mit Getreide, 61 ha mit Futterpflanzen und auf 8 ha mit Hackfrüchten bestanden. In Dossenbach hatte es um die Jahrhundertwende eine über die damalige Gemeinde hinaus bedeutende gemeindeeigene Saat- und Pflanzschule gegeben. In den späten 1920er Jahren führte der Versuchsring Wiesental Kartoffel-, Hafer- und Weizenversuche auf dieser Gemarkung durch.

Die Gemeinde im 19. Jahrhundert und in der Gegenwart 565

Eine Besonderheit vor allem der (Ober-)Schwörstadter Gemarkung war der *Weinbau* gewesen, der eine lange, wohl über das Hochmittelalter hinausreichende Tradition aufwies. Im Laufe des 19. Jh. hatte der Weinbau in Schwörstadt jedoch, da der Realteilung wegen kaum nennenswerte zusammenhängende Flächen bestanden und die Weine aus dem benachbarten Markgräflerland und aus dem Elsaß wesentlich bessere Qualitäten erreichten, seine wirtschaftliche Bedeutung weitgehend eingebüßt. Bis in die Gegenwart ist er völlig verschwunden. Anders dagegen der *Obstbau*, der, nach der Jahrhundertwende durch Baumschulen gefördert, beachtliche Dimensionen erreicht hatte und besonders in Dossenbach (Kirschen und Äpfel) in den 1930er Jahren einen Höhepunkt erreicht hatte. Die 19 ha Sonderkulturflächen, die 1987 ausgewiesen wurden, darunter 15 ha auf Gkg Dossenbach, sind überwiegend mit Obstbäumen (hauptsächlich Äpfel und Kirschen, auch Zwetschgen) bestanden.

Die zunehmende Bedeutung der *Viehzucht* drückte sich schon vor der Jahrhundertwende in steigenden Rinderzahlen aus. 1887 waren 870 Rinder, darunter 505 in Schwörstadt, gezählt worden, 320 mehr als um die Mitte des Jahrhunderts. In der Zwischenkriegszeit ging die Rinderhaltung leicht zurück, nach dem 2. Weltkrieg stieg sie jedoch wieder deutlich an und erreichte mit etwa 900 in den 1970er Jahren den Höchststand. 1987 waren in Schwörstadt 734 Rinder gehalten worden, darunter 298 Milchkühe. Der sonstigen Tierhaltung war keine sonderliche Bedeutung mehr zugekommen. Die Schweinehaltung – vor der Jahrhundertwende waren es annähernd 300 Schweine – war auf 77 Tiere zurückgegangen, lediglich die Schafhaltung (196 Tiere) war noch von nennenswertem Umfang.

Der Wandel in der Landwirtschaft läßt sich auch in Schwörstadt anhand der Zahl und der *Größe der Betriebe* verdeutlichen. 1895 hatte es 210 Betriebe im Gemeindebereich gegeben, darunter 148 in Schwörstadt. Sie waren dort mit 3,2 ha jedoch noch deutlich kleiner, was die durchschnittliche bewirtschaftete Fläche angeht, als in Dossenbach (5,7 ha). Nur 3 Betriebe hatten damals mehr als 20 ha bewirtschaftet. Bis 1949 war die Gesamtzahl der landwirtschaftlichen Betriebe auf 189 zurückgegangen, so daß kaum von einem nachhaltigen Wandel zu sprechen war. Seither jedoch ging die Zahl deutlich zurück, so daß 1987 nur noch 47 landwirtschaftliche Betriebe bestanden, jeweils etwa gleich viele in Dossenbach und in Schwörstadt; mit 15,5 ha bewirtschafteten sie durchschnittlich deutlich mehr Fläche als zuvor beobachtet. Die drei größten Betriebe wiesen jeweils über 30 ha Betriebsfläche auf.

Die Betriebssystematik läßt erkennen, daß 1987 von 36 rein landwirtschaftlichen Betrieben, darunter 12 Vollerwerbsbetriebe, 24 Futterbau-, 4 Marktfrucht-, 3 Dauerkultur- und 5 Gemischtbetriebe waren. Als reine Forstbetriebe wurden unterdessen 30, als land- und forstwirtschaftliche Mischbetriebe 11 festgehalten.

Die Entwicklung der *Waldflächen* läßt keine allzu großen Veränderungen seit der Mitte des 19. Jh. erkennen. 1850 waren 964 ha, das sind 48% der heutigen Gemeindefläche, mit Wald bestanden, um 1990 war die Waldfläche um 71 ha größer geworden, nahm damit also 52% der Gemeindefläche ein. Auch was die Besitzanteile angeht, blieben die Relationen weitgehend unverändert. Stets befand sich der weitaus größte Anteil des Waldes im Bereich des heutigen Schwörstadt in Privathand. 1850 waren es 67,3%, 1990 bei um 6 ha vergrößerter Fläche noch 63,3%. Eine unbedeutende Veränderung hatte sich unterdessen beim Gemeindewald ergeben. Er wurde in der hier untersuchten Zeit um 51 ha ausgedehnt (20,6% der gesamten Waldfläche), während der Staatswald um 1990 nur 14 ha größer war als 1850 (16,1% der gesamten Waldfläche; +0,2 Prozentpunkte gegenüber 1850). Insgesamt gesehen war die Nadelholzfläche um die Mitte des 19. Jh. wie in der Gegenwart im Verhältnis 6:4 größer als die von

Laubhölzern bestandene Fläche. Vom Privatwald hatten die schneller wachsenden Nadelhölzer stets fast zwei Drittel eingenommen und auch im Staatswald wurden fast ausschließlich Nadelbäume gepflanzt. Anders im kommunalen Wald, wo hauptsächlich neue Laubbäume gepflanzt wurden (+30 ha gegenüber 1850), so daß die Veränderungen insgesamt sich gegenseitig aufhoben.

Handwerk und Industrie. – Handwerker, die ihr Gewerbe oftmals nebenberuflich betrieben oder im Nebenerwerb eine Landwirtschaft hatten, waren im 19. Jh. in allen Ortsteilen der heutigen Gemeinde Schwörstadt vertreten; darunter befanden sich Schmiede, Schreiner, Wagner, Zimmerleute und Maurer, Schuster und Schneider. Den für 1880 überlieferten Zahlen nach mögen zumindest in dieser Zeit mit etwa 10 besonders viele Handwerker in Niederschwörstadt ihr Gewerbe betrieben haben; in Dossenbach und Oberschwörstadt scheinen es jeweils fünf gewesen zu sein. Auch das *Müllerhandwerk* war vertreten. In Dossenbach gab es eine Mahlmühle, in Niederschwörstadt eine Getreide-, eine Säge- und eine Ölmühle. Dort war außerdem überkommenerweise die *Fischerei* auf Lachse von Bedeutung, wenngleich die 1897 zwischen der badischen und der Aargauer Regierung getroffene Vereinbarung sowohl den Personenkreis als auch den Rheinabschnitt einschränkte, der abgefischt werden durfte: die Strecke zwischen der Säckinger Brücke und der Grenze bei Basel. Dieser Vertrag hatte nur 6 Jahre Gültigkeit. Danach wurden die Fischwasser verpachtet. Auch die Flößerei fand um diese Zeit ihr – zumindest vorläufiges – Ende mit dem Stauwehrbau für die Kraftübertragungswerke. Nachdem eine Floßgasse geschaffen worden war, wurde die Flößerei zwar wieder möglich, wirtschaftlich aber nie mehr recht bedeutsam.

Bei der Betriebszählung von 1895 waren im heutigen Gemeindegebiet 45 Betriebe mit 55 Beschäftigten gezählt worden, davon 12 Betriebe mit 16 Beschäftigten in Dossenbach, 20 Betriebe mit 26 Beschäftigten in Nieder- und 13 Ein-Mann-Betriebe in Oberschwörstadt. Die durchweg also sehr kleinen Betriebe waren im Textilbereich, in Handel und Verkehr, in der Gastronomie und im Baugewerbe tätig. Ungeachtet sich ändernder Zahlen – 1939 wurden 29, 1987 24 Betriebe ermittelt – blieben alle Betriebe kleingewerblich orientiert. Die aktuelle Situation verdeutlicht die Zusammenstellung der Handwerkskammer Freiburg aus dem Jahr 1992.

Industriebetriebe haben sich im 19. und frühen 20. Jh. in Schwörstadt nicht niedergelassen. Heimarbeit für eine Laufenburger Firma war in beschränktem Umfang in Dossenbach festzustellen, ein nicht unerheblicher Teil der Erwerbstätigen pendelte nach Säckingen und nach Hausen. Der Bau des Kraftwerks Ryburg-Schwörstadt zog

Tab. 12: Das Handwerk 1992

Branche	Zahl der Betriebe	Beschäftigte	Umsatz
Baugewerbe	8	79	9,2 Mio. DM
Metall	6	39	7,8 Mio. DM
Holz	2	11	1,3 Mio. DM
Textil/Leder/Bekleidung	2	5	0,6 Mio. DM
Nahrung	1	7	1,3 Mio. DM
Gesundheit/Körperpflege	2	18	1,0 Mio. DM
Glas/Papier/Keramik und Sonstige	1	9	1,4 Mio. DM
Gesamt	22	168	22,6 Mio. DM

Quelle: Handwerkskammer Freiburg

Die Gemeinde im 19. Jahrhundert und in der Gegenwart 567

nur zeitlich beschränkte Veränderungen nach sich, brachte aber keinen nachhaltigen Wandel, da die Hälfte der erzeugten Energie in die Schweiz verkauft werden mußte. Zwar gab es beim Bau des Kraftwerks 1927 bis 1931 über 300 Arbeitsplätze, sie waren jedoch nicht von Dauer. Erst die Nachkriegszeit brachte zwei größere Industriebetriebe in Schwörstadt hervor. 1955 war die Stoffausnäherei *Brendel KG* in Oberschwörstadt gegründet worden, die Fehler in Web- und Wirkwaren manuell beseitigen läßt und fast die Hälfte ihrer Kunden im benachbarten Ausland findet. 1992 beschäftigte das Unternehmen durchschnittlich um 20 Mitarbeiter. Das andere größere Unternehmen in Schwörstadt ist die *Karl Klausmann Werkzeugbau GmbH*. Sie stellt seit 1966 Spritzgußformen für Kunststoff her. 1992 waren 21 Mitarbeiter beschäftigt.
Handel und Dienstleistungen. – Der Tertiäre Sektor war im 19. Jh. in allen Dörfern, die die heutige Gemeinde bilden, nur recht schwach vertreten; von den 9 Betrieben mit 13 Beschäftigten, die 1895 gezählt worden waren, gehörten 6 dem Gastgewerbe an. Die übrigen 3 waren Lebensmittelgeschäfte, die auch nach dem 2. Weltkrieg noch bestanden. Zwar sind bis heute noch immer Rheinfelden (Baden) und Bad Säckingen bevorzugte Einkaufsorte, mit 18 Handelsbetrieben, davon 2 Groß-, 14 Einzelhandelsbetrieben und 2 Handelsvermittlungen, und insgesamt 76 Beschäftigten war der Tertiäre Sektor 1987 dennoch wesentlich stärker vertreten als zuvor. Größtes Unternehmen war die zur Brendel KG gehörende *Conversa GmbH*, Dienstleistungsservice und Lohnverpackung, mit 1992 jahresdurchschnittlich etwa 20 Mitarbeitern. Die *Freien Berufe* waren mit 2 Ärzten und je einem Architekten, Ingenieur und Industriefotografen in Schwörstadt vertreten gewesen. Das weit über die Grenzen des Landkreises hinaus bekannte Fotografenunternehmen beschäftigte 1992 durchschnittlich 15 Mitarbeiter. – Geldgeschäfte waren von der Jahrhundertwende an über die Sparkassen in Wehr und Schopfheim abgewickelt worden, ebenso über die Schopfheimer Vorschußbank. Heute unterhalten die *Sparkassen Lörrach-Rheinfelden* und *Schopfheim* sowie die *Volksbank Rhein-Wehra* Zweigstellen in Schwörstadt. Dort gibt es auch eine Warengenossenschaft des Raiffeisenverbandes.
Der *Fremdenverkehr* kam in Schwörstadt nie recht zu Bedeutung. Von den sechs Gaststätten befinden sich die Gasthäuser »Zum Pflug« (März 1993 geschlossen) und »Zum Hirschen« in Dossenbach, die übrigen (»Zum Stiefel«, »Zum Lamm«, »Zum Hirschen« und »Zur frohen Einkehr«) in Schwörstadt. Als einziges Hotel entstand die »Schloßmatt« 1991 auf dem Gewerbegebiet.
Verkehr. – Erst einige Jahre nach dem Bau der *Eisenbahnlinie* vom Badischen Bahnhof in Basel nach Konstanz (1856) erhielt Niederschwörstadt 1873 einen Bahnhof, der bis heute in Betrieb ist. Die andere wichtige Anbindung schafft der Rhein; Schwörstadt hat eine *Schiffsanlegestelle*, den Mühlebachsteg, und einen kleinen Jachthafen. Der Fährbetrieb wurde durch die Rheinstauung 1930 unmöglich.
Allein der durch Niederschwörstadt führenden *Straße* war im 19. Jh. der Rang einer Landstraße zuerkannt gewesen. Alle übrigen Verbindungswege waren zunächst als Vicinalstraßen von untergeordneter Bedeutung und vor allem innerorts nicht in allzu gutem Zustand. Die Situation wurde in der Zeit des Kaiserreichs allmählich besser: 1875 wurde die bisher sehr steile Straße nach Dossenbach (16% Gefälle) verbessert und über Nordschwaben eine Verbindung mit Wiechs hergestellt. Die Straße von Dossenbach über Niederdossenbach nach Niederschwörstadt, bereits 1899 als Landstraße vorgesehen, wurde erst um die Zeit des 1. Weltkriegs ausgebaut.
Die heute wichtigste Straße stellt die B 34 dar, die von Bad Säckingen über Rheinfelden (Baden) am Rhein entlang nach Basel durch Schwörstadt führt. Die wichtigste Nordverbindung Richtung Schopfheim schafft die L 145, die Niederschwör-

stadt, Niederdossenbach und Dossenbach miteinander verbindet. Die K 6337 verläuft von Dossenbach ostwärts nach Wehr, und Gemeindestraßen verbinden Oberschwörstadt mit Niederdossenbach und Dossenbach mit Wiechs. Im Angebot des *öffentlichen Personennahverkehrs* verkehrt eine Buslinie zwischen Schopfheim und Schwörstadt, eine andere fährt von Bad Säckingen über Rheinfelden (Baden) nach Basel und hält in Schwörstadt.

Verwaltungszugehörigkeit, Gemeinde und öffentliches Leben

Verwaltungszugehörigkeit. – Der zu Vorderösterreich gehörende Besitz des Hauses Schönau-Schwörstadt kam 1806 an Baden und 1807 zum Amt, später Lkr. Säckingen. Dossenbach, das wie das übrige Markgräflerland an Baden-Durlach gelangt war, kam 1809 vom Oberamt Rötteln zum Amt Schopfheim und 1936 zum Lkr. Säckingen. Seit 1973 gehört die 1971 gebildete neue Gemeinde zum Lkr. Lörrach.

Im 19. Jh. hatten Dossenbach, Niederdossenbach, Hollwangen, Oberschwörstadt und Niederschwörstadt eigene Gemarkungen. Oberschwörstadt und Niederdossenbach wurden 1925 zu einer zusammengesetzten Gemeinde vereinigt, 1928 zur einfachen Gemeinde. Im Oktober 1929 wurden die beiden Schwörstadt und Hollwangen zusammengelegt; die Bezeichnungen Oberdorf, Unterdorf und Hinterdorf (1960 wurde wieder Niederdossenbach gebräuchlich) markierten fortan, um welchen Ortsteil es sich handelte. Im Zuge der Gemeindereform wurde Dossenbach 1971 in die Gde Schwörstadt eingegliedert, die 1975 eine Verwaltungsgemeinschaft mit Rheinfelden vereinbarte. Seit dem 19. Jh. blieb das Gebiet der ehemals selbständigen Gemeinden, die heute Schwörstadt bilden, ohne nennenswerte Veränderungen.

Gemeindeverwaltung. – Ober- und Niederschwörstadt hatten im 19. Jh. getrennte Vermögensverwaltungen; an der Spitze von Niederdossenbach stand der Stabhalter, der einer der sechs Gemeinderäte war. Weitere Gemeindeämter waren wie anderswo verteilt: Bürgermeister, Rechner und Ratschreiber waren die wichtigsten Beamten, daneben gab es u. a. Waldhüter, Hebammen, in Niederschwörstadt einen und in Oberschwörstadt zwei Feldhüter. Dossenbach hatte eine sehr ähnliche Verwaltungsstruktur und vier Gemeinderäte. Hier wie dort wurde um 1920 ein Stromwart eingeführt. Heute ist Schwörstadt Sitz der Gemeindeverwaltung, Dossenbach hat eine eigene Ortsverwaltung. Für die Gemeinde waren 1992 3 Beamte, 5 Angestellte und 6 Arbeiter tätig. Der Gemeinderat besteht aus 12 Mitgliedern, dem Bürgermeister und dem Ortsvorsteher von Dossenbach, der beratende Funktion hat. Eine Poststelle und ein Haltepunkt der Bahn waren die einzigen *nichtkommunalen Einrichtungen*.

In Dossenbach hatte um die Mitte des 19. Jh. ein gemeindeeigenes Haus gleichzeitig als Rathaus, Schulhaus mit Lehrerwohnung und Pfarrhaus gedient. Das Ratszimmer wurde 1875 um das bisherige Wachtzimmer vergrößert; wie beide Schwörstadt unterhielt die Gemeinde in dieser Zeit einen Almosenfonds. Gegen Ende des Kaiserreichs wurde das Gemeindevermögen auf 152 000 Mark beziffert, die Schulden beliefen sich auf 38 000 Mark. Die Gemeinde besaß damals 56 ha Wald und hatte die Jagd verpachtet. Daß die Armenausgaben gering waren, wie berichtet wird, zeigt, daß Dossenbach zu den eher wohlhabenden Gemeinwesen zählte. Einen Bürgergenuß gab es wie in Niederschwörstadt und Niederdossenbach nicht. In Oberschwörstadt war 1880 ein zweistöckiges Rathaus gebaut worden, in dem sich neben dem Ratssaal ein Wachzimmer und die Lehrerwohnung befunden hatten. Im Jahr 1900 wurde die Spritzenremise erneuert. Der Bürgernutzen bestand vor der Jahrhundertwende aus zwei Ster Brennholz und 25 Wellen. Auch das Rathaus von Niederschwörstadt wurde mehrfach genutzt; dort waren u. a. der Ortsarrest und die Feuerspritzenremise untergebracht. Das im Jahr 1900 bereits reparaturbedürftige Gebäude wurde 1920 verkauft. Zwar gänzlich ohne Verbindlichkeiten und trotz eines Anstiegs um etwa 4000 Mark seit der Jahrhundertwende war Niederschwörstadt eine doch deutlich weniger wohlhabende Gemeinde als Dossenbach, wie das Vermögen in Höhe von 23 000 Mark (1906) erkennen läßt. In diesem Jahr waren 7 ha Wald und 22 a Wiesen verkauft worden. Der *heutige Gemeindebesitz* bestand anfangs der 2. Hälfte der 1980er Jahre aus 2 ha bebautem Grundbesitz, 2,7 a Bauerwartungsland, 153 ha Wald und 28 ha landwirtschaftlichem sowie sonstigem Grundbesitz.

Ver- und Entsorgungseinrichtungen. – Bis zur Jahrhundertwende war die Bevölkerung aller Ortsteile noch auf Brunnen angewiesen. Danach begann der Ausbau einer *modernen Wasserversorgung,* zunächst in Oberschwörstadt 1904, wo Quellen nahe beim Friedhof und beim »Helgebrünnle« gefaßt und bis 1953 in öffentliche Leitungen eingespeist wurden. In Niederschwörstadt und Niederdossenbach wurden vier Jahre später Wasserleitungen gebaut, die von einer Quelle auf dem »Mühlemättle« (Gkg Dossenbach) Wasser erhielten. 1936 wurde auf dem Gewann »Lehnematt« ein Tiefbrunnen angelegt, der, nachdem auch die Quelle auf dem »Mühlemättle« 1959 hatte geschlossen werden müssen, alle Ortsteile versorgte. Die Hollwanger Höfe sind 1978 an die Wasserleitung angeschlossen worden. Dossenbach hatte sich um die gleiche Zeit wie die anderen Ortsteile um eine moderne Wasserversorgung bemüht. Vorarbeiten für einen *Dinkelberger Wasserversorgungsverband,* dem auch Maulburg, Rheinfelden und Schopfheim angehörten, liefen bereits 1905 an. Seit Mitte des Jahres 1908 erhält der Ort Wasser aus einer auf der »Pfingstmatt« gefaßten Quelle.

Das Wasserleitungsnetz der heutigen Gemeinde wurde 1978 zusammen mit der Kanalisation erneuert. Seither gibt es auch eine Verbindungsleitung nach Niederdossenbach und Niederschwörstadt, so daß bei einem Ausfall des Tiefbrunnens auf dem Gewann »Lehnematt« die gesamte Gemeinde Wasser vom Dinkelberger Verband erhalten kann. Mit dieser Maßnahme wurden auch alle bisher noch nicht versorgten Haushaltungen an die öffentliche Wasserleitung angeschlossen, ebenso (bis auf Hollwangen und Eichbühlhof) an die Sammelkanalisation, die die Abwasser in die mechanisch-biologische Kläranlage des *Abwasserzweckverbandes Rheinfelden-Schwörstadt* in Schwörstadt führt. Seit 1988 wird die ganze Gemeinde vom Dinkelberger Wasserverband versorgt. 1990 und 1991 wurde auf dem Ossenberg ein Hochbehälter errichtet. – Der *Müll* wird wöchentlich bzw. vierzehntägig abgeführt und auf die Kreismülldeponie Lachengraben des Lkr. Waldshut verfrachtet, die teilweise auf Schwörstadter Gemarkung reicht.

Die Versorgung mit *elektrischer Energie* setzte in Oberschwörstadt während des 1. Weltkrieges ein. Da man allerdings Eisendrähte verwandte, war der Stromverlust hoch und die Spannung besonders bei nasser Witterung schwankend. Dem wurde 1924 durch eine Kupferleitung abgeholfen. Die Kosten hierfür, 8000 Reichsmark, wurden über einen außerordentlichen Holzhieb aufgebracht. Auch in Dossenbach wurde der gleiche Fehler bei der ersten Strominstallation 1919 begangen. Dort wurde um 1930 ein Kupferleitungsnetz gezogen. Die moderne Stromversorgung geschieht über die Kraftübertragungswerke Rheinfelden direkt an alle Haushaltungen.

Von jeher geschah die *medizinische Versorgung* des heutigen Schwörstadt über die größeren Orte der Umgebung, wie Wehr, Säckingen und seit dem 20. Jh. auch Rheinfelden. Dies gilt bis heute für die zahnärztliche und medikamentöse Versorgung. Der Versuch des Frauenvereins von Schwörstadt, nach der Jahrhundertwende eine

Krankenschwester zu bezahlen, scheiterte. Erst in der Nachkriegszeit ließ sich in Schwörstadt ein Arzt nieder; 1992 gab es eine Arztpraxis. Stationäre Behandlungen finden in den Krankenhäusern von Rheinfelden, Schopfheim und auch Bad Säckingen statt. – *Friedhöfe* befinden sich in Schwörstadt bei der kath. Kirche (mit dieser 1854 entstanden) und bei der ev. Kirche von Dossenbach; dort war er 1856 angelegt worden. 1972 bis 1974 wurde eine Leichenhalle beim Schwörstadter Friedhof gebaut. Die *Freiwillige Feuerwehr* wurde in Schwörstadt im Jahr 1866 (Oberschwörstadt, Niederdossenbach und Niederschwörstadt; Niederdossenbach und Niederschwörstadt 1888 abgetrennt) gegründet, in Dossenbach 1871. Anstelle von Brandweihern, wie noch 1901 in Oberschwörstadt auf Anregung des Freiherrn von Schönau angelegt, waren schon beim Bau der modernen Wasserversorgung Hydranten getreten. – Die Freiwillige Feuerwehr der modernen Gemeinde gliedert sich in die Abteilungen Schwörstadt (1992: 58 Aktive) und Dossenbach (1992: 37 Aktive). Feuerwehrgerätehäuser gibt es in beiden Ortsteilen.

Kirche und Schule. – Die Evangelischen in Dossenbach gehörten bis zur Mitte des 19. Jh. zur Pfarrei Maulburg. 1853 wurde Dossenbach wieder Pfarrei, zu der auch Schwörstadt und Nordschwaben gehören (1971: Kirchengemeinde Schwörstadt-Dossenbach). Die ev. Kirche wurde 1855 gebaut (s. o., Bemerkenswerte Bauwerke). Die Katholiken in Dossenbach gehören zur Pfarrei Schwörstadt. Deren Tradition reicht weit ins Hochmittelalter zurück, allerdings wurde ihr Sprengel 1810 durch Abtrennung von Öflingen und 1900 mit der Herauslösung von Wallbach verkleinert, so daß er sich heute mit den Gemeindegrenzen deckt. Die kath. St. Clemenskirche wurde 1849 bis 1853 in Oberschwörstadt gebaut, 1958 entstand dort auch die ev. St. Michaelskirche (s. o., Bemerkenswerte Bauwerke).

Ober- und Niederschwörstadt hatten im 19. Jh. eine gemeinsame *Schule*, in der um die Mitte des 19. Jh. ein Haupt- und ein Unterlehrer 42 Schüler unterrichteten, 1905 bereits 134 Schüler. Das Schulhaus wurde 1891/92 erweitert, die Kosten im Verhältnis der Einwohnerzahl aufgeteilt. 1953 bis 1955 wurde ein neues Schulhaus in der Dorfmitte von Schwörstadt gebaut, in dem die heutige Grund- und Hauptschule untergebracht ist. Das in den 1950er Jahren für 400000 DM gebaute Schulhaus wurde 1976 für 1,5 Mio. DM, noch einmal 1991/1992 für 815000 DM erweitert und renoviert. Über die neue Dossenbacher Schule heißt es 1852, daß sie sich in gutem Zustand befinde, obwohl darin nur ein Lehrer 100 schulpflichtige Kinder unterrichtete (1909 nur noch 52). Dieses Schulhaus von 1818 wurde in den 1950er Jahren erweitert und grundlegend erneuert. Dort war 1992 die Kinderspielstube untergebracht. Schwörstadt hat seit 1856 einen kath. Kindergarten.

Die Grund- und Hauptschule von Schwörstadt hatte 1987 150 Schüler in 9 Schulklassen, die 13 Lehrer unterrichteten, darunter 6 im Teilzeitdeputat. Im Schuljahr 1992/93 wurden 199 Schüler, darunter 128 Grundschüler, von 11 voll- und 7 teilzeitbeschäftigten Lehrern unterrichtet. Weiterführende Schulen werden vor allem in Rheinfelden aufgesucht. Einzige Einrichtung der Erwachsenenbildung ist das *kath. Bildungswerk* in Schwörstadt, das seit 1969 besteht.

Sportstätten und Vereine. – Zwei Fußballplätze, darunter ein Rasenplatz mit Leichtathletik-Anlagen, 1985/86 angelegt, das 1934 entstandene, 1972 und 1984 erneuerte Rheinschwimmbad, die Turn- und Festhalle Schwörstadt, 1955 gebaut, 1988/89 renoviert und erweitert, und die Schießanlage in Schwörstadt, die 1957 gebaut und 1985 erweitert wurde, stellen die *Sporteinrichtungen* der Gde Schwörstadt dar, die vorwiegend von 7 *Vereinen* mit mehr als 1000 aktiven und passiven Mitgliedern genutzt werden. Dazu gehören der Wassersportverein »Rheinstrom« Schwörstadt von 1954,

Die Gemeinde im 19. Jahrhundert und in der Gegenwart

der Jachtclub Lörrach, dessen Vereinsgelände sich in Schwörstadt befindet, der Turnverein Schwörstadt, 1955 gegründet, der 1927 entstandene Sportverein, der Fischer- (1967 gegründet) und der Schützenverein.
Neun der insgesamt 22 Vereine mit ebenfalls über 1000 Mitgliedern widmen sich kulturellen Anliegen. Der älteste darunter, der kath. Kirchenchor Schwörstadt, reicht mit seiner Tradition ins Jahr 1813 zurück. Auch die Gesang- und Musikvereine sind im 19. Jh. entstanden: der Liederkranz Schwörstadt 1864, der Gesangverein Dossenbach 1872 und der Musikverein Schwörstadt 1897. Der Musikverein Dossenbach wurde im Jahr 1900 gegründet. Die übrigen Vereine sind in der Nachkriegszeit entstanden, darunter auch die *drei Fasnachtsvereine*: die Narrenzunft »Schwörstädter Schnecken« und die Guggenmusikvereine in Schwörstadt und Dossenbach. Annähernd 3000 Vereinsmitglieder, also mehr als die Gemeinde an Einwohnern zählt (Mehrfachmitgliedschaften), verdeutlichen, welch reges und auch vielfältiges Vereinsleben die Gemeinde heute aufzuweisen hat. Auch darin spiegelt sich der Wandel seit dem frühen 19. Jh. wider, als das Vereinsleben hauptsächlich in landwirtschaftlichen Vereinen stattfand.

Strukturbild

Unter den heutigen Ortsteilen von Schwörstadt mag Dossenbach noch am deutlichsten sichtbare, traditionelle agrarische Strukturen erkennen lassen, ungeachtet des Brandes vom 17. Juni 1851, dem der größere Teil des Dorfes samt Kirche und Rathaus zum Opfer gefallen war. Es hatte zwar mehr als 20 Jahre gedauert, bis die Folgen des Unglücks überwunden waren, vor der Jahrhundertwende aber gab es bereits weder Ortsarme noch Tagelöhner im Dorf, und Vieh- und Milchwirtschaft, Obstbau und Holzhandel brachten meist gute Erträge. Nach dem 1. Weltkrieg begann sich das Bild allmählich etwas zu wandeln, als die Zahl der Industrieauspendler anstieg. Vollends die Nachkriegsentwicklung und die bauliche Erweiterung stärkten den zweiten Charakterzug des Dorfes, den des Pendlerwohnortes.
Anders dagegen in beiden Ortsteilen von Schwörstadt. Dort war die Landwirtschaft von vornherein nie so einträglich. Vor allem in Oberschwörstadt war sie anders strukturiert. Dem großen Besitz der Herren von Schönau standen viele Kleinbauern gegenüber, die stets auf Nebenerwerb bedacht sein mußten, anfangs als Tagelöhner, so bald wie möglich auch als Auspendler, da in den Dörfern selbst sich keine Gewerbebetriebe niederließen. Daran änderten auch der Eisenbahnbau, vor allem aber auch der Bau des Kraftwerks Ryburg-Schwörstadt nichts, weil die erzeugte Energiemenge nicht ausreichte, zusätzliche Industriebetriebe zu versorgen. Die Entwicklung zur Auspendlergemeinde schritt dort daher früher und auch rascher voran, veränderte diese Dörfer nachhaltiger. Das 1956 erschlossene, 7 ha große Wohn- und Gewerbegebiet änderte daran insgesamt kaum etwas, ebenso wie die Bildung der heutigen Gemeinde. Bei der Volkzählung 1987 standen 96 Einpendlern 927 Auspendler gegenüber, die – auch dies ist überkommen – vor allem in Rheinfelden, in Bad Säckingen und Wehr Arbeit finden; knapp 100 waren Berufsauspendler in die Schweiz. Die finanzielle Situation der Gemeinde hat sich in den vergangenen Jahren recht gleichmäßig entwikkelt; die Steuerkraftsumme pro Einwohner lag 1992 mit 1150 DM um 23% unter den mit 1494 DM bzw. 1492 DM fast identischen Vergleichswerten des Landkreises und des Landes. Am Gesamtsteueraufkommen von 2,6 Mio. DM hatte die Gewerbesteuer in Schwörstadt einen Anteil von 27%. Ungeachtet der Investitionen des vergangenen Jahrzehnts lag die Pro-Kopf-Verschuldung der Gemeinde mit 821 DM (1992) wesent-

lich günstiger als die vergleichbaren Durchschnittswerte, die im Landkreis (1701 DM) und im Land (1646 DM) 1992 festgestellt wurden. Dieser Wert verschiebt sich allerdings, rechnet man die anteilige Verschuldung der gemeindeeigenen Wasserversorgung hinzu, die im gleichen Jahr pro Kopf 504 DM betragen hatte.

Der Verwaltungshaushalt von Schwörstadt umfaßte 1992 6 Mio. DM, der Vermögenshaushalt 1,47 Mio. DM. Als wichtigste Vorhaben für die absehbare Zukunft sieht die Gemeinde vier Projekte: die Anlage eines neuen Baugebiets in Schwörstadt südlich der Bahn und des Gewerbegebiets West zwischen Ortsende und Kläranlage. Schwörstadt und Dossenbach sollen außerdem neue Ortszentren bekommen. Im Dossenbacher Zentrum ist geplant, den Kindergarten und einen neuen Bürgersaal unterzubringen; das neue Dienstleistungszentrum in der Dorfmitte von Schwörstadt soll neben der Gemeindeverwaltung eine Sparkassenfiliale und die bisher fehlenden Einrichtungen einer Zahnarztpraxis und einer Apotheke, außerdem ein Café und Wohnungen aufnehmen.

C. Geschichte der Gemeindeteile

Dossenbach

Ur- und Frühgeschichte. – Wohl die ältesten menschlichen Spuren im Kreisgebiet wurden 1941 südlich von Niederdossenbach im Gewann »Euleten« entdeckt: verrutschte und verschwemmte Geräte des *älteren Paläolithikums*, gefertigt aus Muschelkalk-Hornstein, von dem sich auch einige unbearbeitete große Knollen fanden. Offensichtlich handelt es sich hier um den archäologischen Niederschlag eines Rastplatzes, der auf einer zwischen zwei Bachläufen herausmodellierten Bergzunge mit weiter Talsicht gelegen hat. Leider ist es bis heute nicht gelungen, diesen Platz exakt zu lokalisieren.

Auf den Gkgn Dossenbach und Niederdossenbach finden sich erwartungsgemäß zahlreiche Steinhügelgruppen (z. B. »Sitthau« oder »Schachbühl«). Die ältesten könnten noch ins Neolithikum gehören, die jüngsten schon ins frühe Mittelalter, doch läßt sich ohne Ausgrabung nichts sicheres sagen. Für beide Perioden gibt es jedenfalls weitere Anhaltspunkte. In die *ausgehende Jungsteinzeit* gehören die beiden Menhire, die zu einer nur in seltenen Fällen erhaltenen Denkmalkategorie zählen. Auch hier haben nur glückliche Zufälle dazu beigetragen, daß die beiden heute wieder aufrechtstehenden Steine nicht längst verschwunden sind. Der eine, im Volksmund einfach »der Stein« genannt, steht auf dem Westabhang einer plateauartigen Kuppe, dicht über dem Talschluß eines seichten Trockentales im Gewann »Kalte Waid«. Der andere, der Wissenschaft schon länger bekannt, trägt eingemeißelt seinen wohl im letzten Jahrhundert entstandenen Namen »Hunnenstein«. Auch er steht an einem sanften Hang im »Krosilienwald« auf Gkg Niederdossenbach. In seiner Nähe konnten römische Scherben aufgesammelt werden, die aber mit diesem Stein nichts zu tun haben. Beide Menhire bestehen aus Granit und müssen deshalb mehrere Kilometer weit zu ihrem Standort herantransportiert worden sein. Ihre Bedeutung ist nicht gesichert, liegt jedoch in der religiösen Vorstellungswelt der Menschen des ausgehenden Neolithikums.

Siedlung und Gemarkung. – Das Dinkelbergdorf Dossenbach, am Ende des gegen Schwörstadt zu geöffneten Dossenbacher Tales gelegen, läßt sich erstmals 1247 (1230?) in der Form *Tossenbach* urkundlich nachweisen. Ortskern scheint ein Meierhof gewesen zu sein, der im Mitteldorf bei der Kirche gesucht werden muß. Abgesehen davon, daß die Besitzverhältnisse zu dessen Auflösung beigetragen haben, hat der Großbrand vom 17. Juni 1851 seine restlichen Spuren vollends verwischt. Die Häuser trugen noch im 18. Jh. überwiegend Strohdächer, weshalb anläßlich des Vogtgerichtes von 1780 den Einwohnern vorgeschrieben wurde, nur noch Häuser mit Steinsockel und Ziegeldach zu errichten. Die Wasserversorgung erfolgte über mehrere Brunnen im Dorf.

Älteste Verkehrsverbindung dürfte die hohe Straße gewesen sein, die, von Schopfheim kommend, über Niederdossenbach nach Schwörstadt und von dort nach Säckingen weiterführte. Durch das Dorf führte ein Weg nach Rheinfelden (1402); 1508 werden die Wege nach Wehr und Nordschwaben genannt. – Eine Grenzberichtigung mit Eichen und Wehr erfolgte in den Jahren 1779 bis 1781; 1780 wurden die Grenzsteine nach Nordschwaben erneuert.

Herrschaft und Staat. – Dossenbach erscheint 1316 als markgräfliches Lehen in Händen des Johann von Hauenstein, dessen Vorfahren es bereits besessen hatten. Der jedoch fast ausschließlich österreichische Grundbesitz scheint Vorbesitz der Herren von Rötteln auszuschließen. Vermutlich hat das Dorf zur Herrschaft Wehr der Herren von Klingen gehört, die auch im benachbarten Maulburg über Rechte verfügt haben.

Wilhelm von Hauenstein verkaufte 1368 mit Zustimmung seines Sohnes Henman Dossenbach mit allen Rechten, ausgenommen den Kirchensatz, an den Markgrafen Rudolf von Hachberg. Im Besitz seiner Familie, später dem seiner badischen Verwandten, ist das Dorf seither geblieben. Die Jagdrechte waren von 1663 bis wenigstens 1736 an den jeweiligen Komtur zu Beuggen verliehen, seit 1775 an einen Freiherrn von Schönau.

Bereits 1402 wird ein in Dossenbach vor dem dortigen Vogt getätigter Verkauf vom Schopfheimer Vogt besiegelt. Spätestens seit dem 16. Jh. (1564) wurden alle Gerichtsverhandlungen in der Stadt abgehalten, dort führte man auch das Gerichts- und Unterpfandbuch. Obwohl die Gemeinde verschiedentlich auf durch dieses Verfahren verursachte Mißstände hinwies und 1758, 1774 und 1780 ein eigenes Gericht verlangte, scheint sie damit erst im 19. Jh. Erfolg gehabt zu haben. Vor Ort läßt sich seit 1652 nur noch ein Stabhalter nachweisen. Noch 1809 unterstand Dossenbach dem Amt Schopfheim.

Die Flurnamen *Burstet* und *Burstethalde* nordwestlich des Ortes sprechen zwar für einen abgegangenen Adelssitz. Die Familie, welche von 1258 bis 1305 in zwei Generationen nach Dossenbach genannt wird, könnte dem niederen Adel angehört haben, ein Zusammenhang mit der obengenannten Anlage ist aber nicht herzustellen. Heinrich und seiner Tochter Hiltburg verdankt die Kommende Beuggen, wo der Stifter und seine Ehefrau begraben wurden, aber hiesige Einkünfte.

Grundherrschaft und Grundbesitz. – Maierhof, Kirchensatz und 10 Schupposen befanden sich 1476 als österreichische Lehen im Besitz des Thomas Rats von Säckingen. Da der Kirchensatz an den Meierhof gebunden war und 1493 als von den *Herren von Klingen* herrührend bezeichnet wurde, ist anzunehmen, daß der gesamte Grundbesitz im 13. Jh. den Herren von Klingen gehörte, wenn man auch nicht weiß, in welcher Eigenschaft. Unklar ist auch, an wen diese Güter später gekommen sind. Möglicherweise sind sie vor 1572 von der *Herrschaft Rötteln* erworben worden, die 1743 hier 9 Tragereien besaß, zu denen sie 1746 2 J Wald hinzuerwarb. Die herrschaftlichen Bodenzinse wurden 1787 abgelöst. Die *Herren von Schönau*, spätere Inhaber des Patronatsrechtes, verfügten damit auch über das örtliche Widumgut, das sie um 1823 ihrem Amtmann verkauften. Henman von Hauenstein und Kuni Schröter verkauften 1402 dem Säckinger Bürger Ulrich von Harpolingen, was sie von Anna von Hauenstein geerbt hatten, nämlich mindestens 12 J Liegenschaften, samt einem Holz. Vermutlich sind diese Güter später an das *Stift Säckingen* gelangt. Dessen St. Fridolinskaplanei verfügte 1555 über ein Zinsgut von insgesamt 16 J Grundbesitz. Zwei Tragereien gehörten 1764 dem dortigen Jahrzeitenamt. Obwohl vor allem im 18. Jh. der Einzug der Zinse immer beschwerlicher wurde – 1758 verweigerten die Bauern die Abgabe von Zinsfrüchten –, sind diese Güter erst zu Beginn des 19. Jh. in Privathand übergegangen.

Die *Kirche in Wehr* besaß 1333 in Dossenbach, sicherlich aus einer Schenkung des Walter von Klingen, ein Widumgut, über welches seit der Inkorporation das *Kl. Klingental* verfügte. Dazu gehörten 1508 neben Haus und Hof 28 J Liegenschaften, 7 Matten und 3 Hölzer. Da auch die Inhaber dieses Gutes sich im 18. Jh. weigerten, ihre Zinse zu entrichten, mußte das Basler Direktorium der Schaffneien 1754 einen Prozeß gegen die Gemeinde führen. Klingentaler Besitz ist noch 1807 am Ort nachzuweisen.

Eine Anzahl *weiterer Grundbesitzer* ist nur sporadisch zu erfassen. Heinrich von Tossenbach machte 1258, derselbe oder ein gleichnamiger Verwandter 1284 eine Jahrtagstiftung bei der Kommende Beuggen. Weitere Güter überließ seine Tochter, die Begine Hiltburg, der Kommende 1305 unter Vorbehalt der lebenslangen Nutznießung. Beuggen tauschte alles 1321 an Kl. Himmelspforte und wurde wieder belehnt. Letztmals ist 1402 von Gütern der Kommende die Rede. Markgraf Rudolf von Hachberg machte 1391 mit Dinkel- und Geldeinkünften eine Jahrtagstiftung beim Chorherrenstift Rheinfelden. Die den Einkünften zugrundeliegenden Besitzungen lassen sich noch 1508 nachweisen. Wohl ebenfalls auf den Markgrafen könnte das 1508 erwähnte Gut der Herren von Bärenfels zurückgehen. Im gleichen Jahr wird das Oftringer Gut genannt. Zum Freigut in Eichen gehörten 1652 auch 20 J Holz und 2 befreite Ausäcker im Dossenbacher Bann. Landvogt von Ulm verkaufte um 1735 5 J Wald an einige Einwohner.

Gemeinde. – Nachdem Dossenbach im 15. Jh, einen eigenen Vogt gehabt hatte, wurde es spätestens seit dem 17. Jh. durch einen Stabhalter (1652) verwaltet, dessen Amtszeit in der 2. Hälfte des 18. Jh. durchschnittlich 3 bis 4 Jahre betrug. Ihm zur Seite standen Geschworene (1706: 2). Die Gemeindeeinnahmen verwaltete der Gemeindeschaffner (hier sehr spät, 1780, erwähnt), der jeweils auf 3 Jahre bestellt wurde. Ein Weidgesell wird 1702 genannt.

Wohl infolge der seit dem 17. Jh. andauernden Kriegszeiten war die Gemeinde im 18. Jh. arm, worauf hinzuweisen sie sich öfter genötigt sah, so anläßlich der Anschaffung einer Kirchenglocke 1743 oder des Schulhausbaus um 1775. Obwohl sie 1771 etwa 450 J (125 ha) Wald besaß, aus dem sie ihren Anteil des zur Besoldung der herrschaftlichen Bediensteten zu liefernden Fronholzes nehmen mußte und aus dem die Bürgerschaft ihr Bauholz bezog, hatte sie davon offenbar wenig Nutzen. Ihr Einkommen stammte im wesentlichen aus dem Ertrag der Allmende, die damals gemeinschaftlich gebaut wurde. Obwohl eine Feuerspritze benötigt wurde, machte der Geldmangel die Anschaffung unmöglich. Dafür erhielt die Gemeinde 1780 die Auflage, jährlich 6 bis 8 Feuereimer anzuschaffen und Neubürger zur Anschaffung eines solchen zu verpflichten. An Gebäuden besaß sie damals nur das Schulhaus.

Zu ihren Pflichten gehörte, außer der Lieferung von jährlich einem Wagen Holz zum Torstüblein des Schopfheimer Tagwächters, die Leistung von Jagd-, Landes- und Gemeindefronen. Im 18. Jh. kamen zusätzliche Holzfuhrfronen hinzu. Klagen über diese Belastungen führten indes zu nichts. Der Unterhalt von Wegen und Stegen, die 1780 allesamt Wasserschäden aufwiesen, fiel ebenso in die Kompetenz der Gemeinde wie die Beschaffung von Kirchen- und Schulinventar. Wegen der Kirchenbaulasten stritt sich die Gemeinde seit der Mitte des 18.Jh. mit den Freiherren von Schönau. Es kam darüber schließlich zum Prozeß, der durch die Weigerung der Gemeinde, dem Freiherrn Fronen zu leisten, noch verschärft wurde. Einen weiteren Prozeß mußte die Gemeinde 1735 mit der Gemeinde Eichen führen, wobei es um den Schweinetrieb im Dossenbacher Wald ging. Bereits 1603 war ein Vertrag mit Eichen, Schopfheim und Wiechs über den Weidgang geschlossen worden.

Kirche und Schule. – Ein Pleban zu Dossenbach wird 1247 erwähnt, es gab damals also bereits eine Pfarrkirche. Sie gehörte zum Dekanat Wiesental, ihr Patron war der hl. Pelagius (1554). Ob der Flurname *Unserer Frauen Boden* (1508) auf eine Kapelle oder auf Besitz der Schopfheimer Marienpfründe weist, ist unbekannt. Der Kirchensatz, ursprünglich an den örtlichen Meierhof gebunden und im Besitz der Herren von Klingen, befand sich 1368 als österreichisches Lehen bei der Familie Müllner in Zürich. Konrad Rats von Rheinsberg erscheint 1465 als Patronatsherr, 1476 bis 1493 Thomas Rats aus Säckingen. Später erwarben die Herren von Schönau dieses Recht, das sie allerdings – inzwischen hatte der markgräfliche Landesherr hier die Reformation eingeführt – seither nicht mehr ausübten. Eine Vereinbarung von 1591 mit dem Pfarrer von Maulburg verpflichtete diesen zur Seelsorge auch in Dossenbach, wofür er den großen und kleinen Zehnten sowie die Nutzung des Pfarrhauses erhielt. Obwohl die Gemeinde später versuchte, wieder einen eigenen Pfarrer zu erhalten, hat das Filialverhältnis bis 1853 bestanden.

Die Baulast an Chor und Pfarrhaus übernahm 1591 der Junker, dem der Pfarrer dafür jährlich 7 Viernzel Frucht schuldete. Diese Vereinbarung erfuhr im Laufe der Jahre Änderungen, zumal die Kirche sehr reparaturanfällig war. Eine größere Reparatur erfolgte 1669, womit vermutlich die Schäden des 30j. Krieges behoben wurden, 1686 eine kleinere. Bereits 1702 war die Kirche zu klein, vermutlich wurde damals die Empore eingebaut. Das Turmdach war 1727 schadhaft, 1755 schlug der Blitz in den Turm ein, 1765 mußte die Giebelmauer erneuert werden. Nachdem 1778 berichtet wurde, die Kirche sei einsturzgefährdet, begann man an einen Neubau zu denken, es blieb jedoch vorläufig nur bei einigen kostspieligen Baumaßnahmen. Auch die Innenausstattung der Kirche war ärmlich: 1727 besaß sie weder Altartuch noch Taufbecken. Ein Pfarrhaus gab es seit dem 30j. Kriege nicht mehr.

Die ständigen Baukosten veranlaßten die Herren von Schönau, eine Neufestlegung der Baupflichten anzustreben. Tatsächlich wurde 1702 bestimmt, daß die Baulast am Turm zur Hälfte denen von Schönau und der Geistlichen Verwaltung Rötteln obliegen solle, während der Chor allein in die Zuständigkeit derer von Schönau fiel. Um die Mitte des 18.Jh. versuchten die markgräflichen Amtleute, diese Belastung abzugeben, was zu einem längeren, zwischen 1755 und 1765 ausgetragenen Streit mit den Herren von Schönau führte. Während ein Urteil von 1761 allein denen von Schönau die Baulast aufgebürdet hatte, übertrug das Revisionsurteil von 1764 den bisherigen Anteil der Geistlichen Verwaltung auf den Pfarrer in Maulburg. Schönau versuchte nun erneut mit der Begründung, keine Zehnten zu beziehen, diese Lasten abzuwälzen und geriet nun in Gegensatz zur Gemeinde, mit der schließlich zwischen 1782 und 1794 sogar prozessiert wurde.

Den Annaten des 15.Jh. zufolge, die bis zu 10 fl betragen konnten, müssen die Einkommensverhältnisse der Pfarrei nicht allzu schlecht, aber keineswegs üppig gewesen sein. Die Einkünfte vermehrte die Kirchenpflege im 15. und 16.Jh. durch Darlehensvergaben. *Der Kirche Gut* und *der Kirche Matten* werden 1508 als Anstößer erwähnt und 1568 führt ein Register die Einkünfte der Kirche aus vielen umliegenden Orten auf. Über das Widumgut verfügten allerdings die Herren von Schönau, es umfaßte 1712 18¾ J (etwa 5 ha) Liegenschaften. – *Groß- und Kleinzehnt* waren, zusammen mit dem Patronat und dem Widumgut, auf die Freiherren von Schönau übergegangen, welche sie 1591 dem Maulburger Pfarrer überließen. Die dortige Pfarrei trat 1809 ihre Rechte gegen ein Surrogat an die großherzogliche Verwaltung ab, die eigentliche Zehnablösung erfolgte 1835/54. – Eine *Schule* bestand offenbar schon gegen Ende des 17. Jh., damals allerdings nur als Winterschule. Sie wird 1792 als eine der besten im Amtsbezirk geschildert, wozu sicher auch beitrug, daß die Besoldung des Lehrers etwa 100 fl betrug, wozu noch ein Fruchtgratiale kam. Das Gehalt wurde 1800 angehoben. Ein Schulhaus war um 1775 gebaut worden.

Bevölkerung und Wirtschaft. – Der ursprünglich kleine Ort scheint nach dem 30j. Krieg eine stetige Zunahme der Einwohnerzahl erfahren zu haben. Bereits 1702 wird die Kirche als zu klein geschildert, wegen der »fast täglich sich vermehrende(n) Gemeinde«. 1700 waren 16 Männer und 3 Knechte verzeichnet worden, was einer Gesamtbevölkerung von etwa 100 Personen entspricht. Dossenbach hatte 1771 60 Bürger und damit eine Einwohnerzahl zwischen 250 und 300 Personen. Der Anteil der Tagelöhner scheint gering gewesen zu sein.

Ihren Lebensunterhalt bezogen die Dossenbacher aus der Landwirtschaft. Der Getreideanbau, überwiegend Dinkel, aber auch Hafer, etwas Gerste und Roggen, nahm 1780 eine Fläche von 700 J (195 ha) ein. Wiesen gab es nur wenige (1771: 36 TM; 1780: ca. 32 TM), und nur die Hälfte konnte gewässert werden. Gegen Ende des 18. Jh. versuchte man daher erfolgreich, diesen Mangel durch den Anbau von Futterkräutern auszugleichen. Auch wurden gelegentlich Äcker zu Wiesen gemacht. Öde Plätze gab es um jene Zeit nicht mehr. – Die *Viehzucht* nahm ebenfalls im 18. Jh. einen ziemlichen Aufschwung, nachdem 1700 4 Pferde und 21 Zugochsen gezählt worden waren. Dabei war die Waldweide noch üblich, weshalb die Gemeinde 1771 die Einschränkung ihrer Viehweide durch die Bannung von 30 J Wald (bei insgesamt 700 J) als hinderlich empfand. Dennoch setzte sich das Verbot der Frühjahrs-, Herbst- und Nachtweide bis 1780 durch. Um jene Zeit war vor allem die Schweinezucht stark verbreitet.

Neben der Landwirtschaft gab es wenig Verdienstmöglichkeiten. Zwar leisteten 1760 acht Haushaltungen Heimarbeit für die Schopfheimer Bleiche-Compagnie, aber Gewerbe war kaum vertreten. Dem Flurnamen Mühlehalden zufolge, der 1402 erscheint, dürfte es um jene Zeit eine *Mühle* gegeben haben. Im 18. Jh. war eine solche vorhanden, deren Inhaber 1752 einen zweiten Gang einbaute. Eine *Wirtschaft* scheint es lange nicht gegeben zu haben, erst 1728 läßt sich ein Wirt nachweisen, der die Gemeindewirtschaft umtrieb. Zwei Jahre später wurde ihm eine Tafernkonzession erteilt, die er jedoch 1751 aufkündigte.

Schwörstadt

Ur- und Frühgeschichte. – Schwörstadt zählt zu den fundreichsten Gemarkungen des Kreisgebietes. Dank der Tätigkeit des ehemaligen Kreispflegers im Lkr. Säckingen, dessen Hauptaugenmerk der *jüngeren Steinzeit* galt, sind auf der Gemarkung zahlreiche Fundstellen dieser Periode freigelegt. Aber auch das im Kreisgebiet sonst nur selten vorkommende *Paläolithikum* ist namhaft vertreten, fand doch hier am Steilabfall des Dinkelbergs der Jäger der Eiszeit besonders günstige Lebensumstände. Offenbar nutzte man damals vor allem die Felsdächer und Nischen der Bergkante, um Unterschlupf zu finden (»Halde«). Aber auch auf der *Willburg*, einer aus der Dinkelbergtafel herauspräparierten Kuppe hoch über dem Rheintal, ist ein Lagerplatz zu vermuten. Von dort abgerutschte und abgeschwemmte altsteinzeitliche Artefakte fanden sich im Austrittsbereich des Seebühlgrabens und auf der anschließenden Niederterrasse. Auch der Mensch der Nacheiszeit *(Mesolithikum)* suchte seine Lagerplätze gerne auf den am Talrand gelegenen Anhöhen. Unterhalb der Steilhänge gefundene Artefakte der gleichen Kulturstufe (z. B. »Seebühl«, »Ramenkostets«) könnten aus der Höhe abgeschwemmte Materialien sein. Unter den Fundstellen der *Jungsteinzeit* ist ohne Zweifel das Megalithgrab auf der oberen Niederterrasse, in der Flur »Rebhalde«, die bedeutendste. Bekannt unter dem Namen *Heidenstein* steht dort noch eine mächtige Muschelkalkplatte der Grabkammer mit sogenanntem Seelenloch aufrecht neben einigen Gruppen von Steingrabhügeln, ein besonders seltenes und auffallendes Denkmal aus prähistorischer Zeit (Bild s. Bd. 1, Abb.26). Am Beginn des 19. Jh. stand hier noch die vollständige Grabkammer, genutzt als Rebhäuschen und dadurch auch vor Zerstörung geschützt, bis sie dann nach Auflassung der Rebberge abgebrochen wurde. 1922 und 1926 wurde das Gelände um den Heidenstein archäologisch untersucht. Man fand die Reste einer trapezförmigen Grabkammer, die von einem großen Steinring eingefaßt war, das Ganze als Grabhügel mit äußerem Steinkranz und eingebautem, plattenumstelltem und -gedecktem Innenraum zu rekonstruieren. Im Grabraum kamen die Gebeine von 19 Erwachsenen und Kindern zum Vorschein, stark gestört und durcheinandergeworfen. Dementsprechend war die Fundausbeute gering: eine Dolchklinge aus importiertem französischem Feuerstein, Knochenringe, eine Gagatperle, zahlreiche Anhänger aus gelochten Hunde- und Wolfszähnen, daneben ungelochte Zähne und andere Tierknochen. Der Heidenstein gehört zu den im Hochrheintal vorkommenden Zeugnissen einer *Megalithgrabkultur* (vgl. Bd. 1 S. 93 f.). Im Zusammenhang mit diesen Grabanlagen ist wahrscheinlich auch die Errichtung der sogenannten Menhire zu bringen (s. Dossenbach). Auffallend ist, daß sich die Fundstellen der Jungsteinzeit, Siedlungsplätze und Gräber, auf den Talbereich konzentrieren und die Höhen des Dinkelbergs aussparen. Keinen dieser Wohnplätze kann man mit dem Heidenstein sicher verbinden. Nur bei zwei Siedlungsplätzen ist Keramik gefunden worden (»Rebhalde« und »Reben zwischen Dorf«), die für eine genaue Kulturzuweisung im Neolithikum unerläßlich ist. Bei den hier aufgelesenen Scherben handelt es sich um Ware der *Michelsberger Kultur*, datierbar in die ausgehende Jungsteinzeit. Die Träger dieser Kultur sind in mehreren Gräbern unter einem Felsdach (»Ossenberg«, in Höhe des Heidensteins) und in einer Höhle (»Ramenkostets«) zu erfassen.

Einen ungewöhnlichen Fund stellt ein sogenannter Schalenstein dar, der 1928 auf der Niederterrasse zwischen »Wannengraben« und östlichem Ortseingang entdeckt wurde. Auf seiner Oberfläche sind fünf kleine Schälchen ausgeschliffen. Solche Steine werden mit kultischen Handlungen in Verbindung gebracht. Der Schwörstadter Stein, der sich heute im Hochrheinmuseum Säckingen befindet, könnte ins Neolithikum gehören, ist aber nicht sicher datiert.

Von den jüngeren Perioden ist vor allem die späte Bronzezeit *(Urnenfelderzeit)* mit Siedlungs- und Grabfunden vertreten (»Wannengraben«, »Rebhalde« und beim Heidenstein), dann die *Hallstattzeit* mit spärlichen Siedlungsspuren in der »Rebhalde«. Die genannten Grabhügel auf der Gemarkung sind bis heute keiner bestimmten Periode zuweisbar. Spuren der *römischen Zeit*, wahrscheinlich zwei Gutshöfe, fanden sich beim alten Ortskern von Oberschwörstadt und im »Höllacker« beim Schloß, unmittelbar am Rhein. Hier handelt es sich offenbar um eine größere Villa in besonders bevorzugter Lage. Keiner der beiden Plätze ist aber bisher näher erforscht. Auch die *alemannische Zeit* (Merowingerzeit) ist mit zwei Fundstellen vertreten. Südwestlich vom Heidenstein liegt ein Reihengräberfeld am Hangfuß, ein zweiter Bestattungsplatz ist wohl teilweise durch den großen Steinbruch an der Straße nach Dossenbach unbeachtet zerstört worden.

Siedlung und Gemarkung. – In die verhältnismäßig große Gemarkung teilen sich die Dorfsiedlungen Ober- und Niederschwörstadt sowie Niederdossenbach, dazu die Höfe Eichbühl und Hollwangen. Während die beiden Schwörstadt durch ihre Reihengräber (s. o.) als merowingerzeitliche Siedlungen ausgewiesen sind, was vielleicht auch für Niederdossenbach gilt, entstammt der Hollwanger Hof dem Hochmittelalter. Der seit 1740 genannte Eichbühlhof stellt dagegen eine Rodungssiedlung des 18. Jh. dar.

Trotz gemeinsamen Ursprungs bildeten Ober- und Niederschwörstadt vom Spätmittelalter an bis zum Zusammenschluß von 1925 zwei getrennte Gemarkungen. Ihre Geschichte hat aber so viel Gemeinsamkeiten, daß sie in einem Zusammenhang dargestellt werden kann. Erstmals urkundlich nachzuweisen ist Schwörstadt im Jahre 1246 als *Swercstat*. Es wird 1297 als villa bezeichnet, etwas später, zu Beginn des 14. Jh., werden erstmals Ober- und Niederschwörstadt unterschieden. Der Ortsname, vielleicht mit der Farbbezeichnung Schwarz zu erklären, gehört nach seinem Grundwort in die Merowingerzeit. Daß es sich schon damals um zwei getrennte Siedlungsplätze handelte, macht die Archäologie deutlich: Zu Niederschwörstadt gehörige Reihengräber südwestlich des Heidensteins liegen im Osten des Ortskerns. Der zu Oberschwörstadt gehörige alemannische Friedhof oberhalb des Ortes ist durch den Steinbruchbetrieb zerstört (s. o.). Bis an die Schwelle unseres Jahrhunderts waren beide Orte durch eine deutliche Siedlungslücke voneinander getrennt. Siedlungsansätze für beide waren die Taleinschnitte der vom Dinkelberg herabkommenden Bäche, wobei die Hauptausdehnung von Niederschwörstadt nur nach Osten, die von Oberschwörstadt nach Osten und Westen erfolgte.

Beide Orte verfügten über getrennte *Gemarkungen*. Die Niederschwörstadter Gemarkung zog sich längs des Rheins und reichte gerade auf die Höhe der anschließenden Waldberge hinauf, die Oberschwörstadter Gemarkung griff dagegen weit nach Norden fast bis nach Niederdossenbach und zur Südgrenze der Gemarkung Wehr aus. Das offene Land für Niederschwörstadt lag ganz in der Niederung des Hochrheins und wurde von der Straße von Beuggen nach Oberschwörstadt durchzogen. Nördlich von ihr befand sich die Zelg gegen der Halde, zwischen der Straße und dem Rhein die Unterzelg und näher beim Ort die Oberzelg, die noch ein wenig über die Straße hinübergriff. Das Rebgelände lag hauptsächlich östlich von Niederdossenbach, der Ort selbst war von Matten umgeben. Innerhalb der Unterzelg deutet der Flurname Rütte wohl auf späte Rodungen. Bannstreitigkeiten mit Niederdossenbach brachen 1775 aus und wurden 1787 durch Schiedspruch beigelegt.

Ganz anders gestaltete sich die Gemarkung Oberschwörstadt. Hier lagen die Wälder zwar auch oberhalb der Straße von Beuggen nach Säckingen und des Rebgeländes am Hangfuß, sie waren im 18. Jh. aber fast ringsum von Ackerland umschlossen. Seine älteren Teile befanden sich im Süden, Westen und Nordwesten und waren im 18. Jh. in die Zelgen *auf der Höhe*, *auf dem Bohl* und zwei weitere Zelglein (wohl im Westen und Norden) verteilt. Aus der Rodung im herrschaftlichen Wald ist der *Eichbühlhof* hervorgegangen.

Über die Größe beider Orte ist wenig überliefert, zumal sie seit wenigstens dem 15. Jh. durch zahlreiche kriegerische Ereignisse in Mitleidenschaft gezogen und oft geplündert und verbrannt worden sind (s. Kriegsereignisse). Im Alten Zürichkrieg sollen die Berner und Basler im August 1445 40 Häuser, darunter auch das Schloß, verbrannt haben.

Herrschaft und Staat. – Als alte Besitzung des Kl. Säckingen unterstand Schwörstadt der Gerichtshoheit seiner Vögte, der Habsburger, welche beide Dörfer getrennt verliehen. Beide wurden zur Herrschaft Wehr gerechnet, wobei unklar bleibt, ob sie von Beginn an zu Wehr gehört haben oder diesem später nur verwaltungsmäßig zugeteilt worden sind, wofür einiges spricht. Oberschwörstadt war an die Herren vom Stein und später die von Wieladingen vergeben, die sich seit 1278 hier nachweisen lassen. Als Rudolf von Schönau, genannt Hürus, Ehemann der Erbtochter der Herren vom Stein, Margaretha, 1365 die sogenannte Grafschaft Wehr als österreichisches Pfandlehen erwarb, wurde ihm zugleich Schwörstadt verliehen. Erst 1608, als Erzherzog Maximilian der Familie auch die hohe und forstliche Obrigkeit samt dem Wildbann über die Herrschaft zugestand, wurden die Pfandherrschaft Wehr und die eigene Herrschaft Schwörstadt in ein österreichisches Mannlehen umgewandelt, das denen von Schönau zuletzt 1792 vom jeweiligen Reichsoberhaupt in seiner Eigenschaft als Erzherzog zu Österreich, bis 1854 vom badischen Großherzog bestätigt worden ist.

Gerichtsherren in Niederschwörstadt waren seit wenigstens dem Beginn des 14. Jh. die Truchsessen von Rheinfelden, die das Dorf als österreichisches Mannlehen innehatten, wohin auch Lehengüter in den Dörfern der Umgebung (Degerfelden, Eichsel und Maulburg) zinsten. Die letzte Belehnung erfolgte 1533, 1543 fielen die dortigen Rechte dem Hause Österreich heim, das die Herren von Schönau zu Schwörstadt damit belehnte. Die Gerichtsrechte samt den zugehörigen Lehen kaufte 1742 das Stift Säckingen zurück, Inhaber blieben die Herren von Schönau, die das Lehen letztmals 1793 empfingen. Seit 1706 war Niederschwörstadt Standort eines österreichischen Zolls.

Spätestens seit 1608 besaßen die Herren von Schönau eine Herrschaft, die aus den Dörfern Ober- und Niederschwörstadt, Niederdossenbach, Öflingen und Wallbach (Städte Wehr bzw. Bad Säckingen, beide Lkr. Waldshut) bestand. Seit der Erbteilung von 1628 saß hier die Linie Schönau-Schwörstadt. Das Verhältnis zwischen Lehensherrn und Leheninhabern scheint in den österreichischen Zeiten gut gewesen zu sein. Erst mit dem Stift Säckingen kam es in den Jahren zwischen 1755 und 1757 zu größeren Auseinandersetzungen, die ihre Parallelen in den Herrschaften Stetten und Zell finden. In Niederschwörstadt ging es dabei im wesentlichen um die Fertigung von Kontrakten und die Besiegelung von Urkunden sowie Äckerich- und Weiderecht in den ehemals truchsessischen Waldungen. 1735/39 hatte es auch Auseinandersetzungen mit der Kommende Beuggen um die jeweiligen Jurisdiktions- und Jagdrechte gegeben.

In beiden Dörfern war die Herrschaft zunächst durch den Vogt vertreten, der sich für Oberschwörstadt seit 1456, für Niederschwörstadt seit 1461 nachweisen läßt. Spätestens seit dem 18. Jh. ließ die Herrschaft ihre Rechte durch einen Amtmann wahrnehmen.

In beiden Dörfern stand eine *Niederungsburg*, wobei die in Niederschwörstadt nicht urkundlich bezeugt ist. Ob beide 1608, als die Herren von Schönau das Eigentum an den Burgen Ober- und Niederschwörstadt Österreich zu Lehen auftrugen, tatsächlich noch bestanden, ist fraglich. Die Niederschwörstadter Anlage wird später nicht mehr genannt und war damals vermutlich schon abgegangen. Die Oberschwörstadter Burg wird erstmals 1316 erwähnt, als Verena von Hünwyl, Ehefrau des Hartmann von Wieladingen, zwei Drittel daran an die Gattin des Heinrich vom Stein, Katharina von Hünaberg, verkaufte. Um 1447 wurde sie den damaligen Besitzern, den Herren von Schönau, von den Baslern vorübergehend abgenommen und im übrigen infolge der vielen Kriegszeiten öfter geplündert und verbrannt. Bis 1782 wurden die von Schönau regelmäßig von Österreich belehnt. Nach einem Brand von 1790 lagen die Gebäude zunächst wüst. Erst als wieder Frieden eingekehrt war, konnte um 1820 der Wiederaufbau der heute noch bestehenden klassizistischen Anlage erfolgen.

Grundherrschaft und Grundbesitz. – Der größte Teil der örtlichen Güter dürfte einmal *Kl. Säckingen* gehört haben. Später war über die Lehenschaft Grundbesitz in Oberschwörstadt an die *Herren von Schönau* (18. Jh.: 178 J als Lehen, 16 J als Eigen) in Niederschwörstadt an die *Truchsessen von Rheinfelden* gelangt. Außerdem erscheinen seit dem 14. Jh. Rheinfelder Bürger und, außer der Kirche, vereinzelt auch Schwörstadter Einwohner als Grundbesitzer. In Niederschwörstadt hatten Stift und Spital Rheinfelden (16. Jh.: 10½ J) Grundbesitz. Recht begütert war auch die Schwörstadter Pfarrkirche.

Säckingen, das 1305 mit Ulrich von Wieladingen einen Vergleich über Güter, Fälle und Zinse geschlossen hatte, verfügte später im wesentlichen über das örtliche Widumgut. Dieses hatte bereits 1568 vier Inhaber und wurde seit dem Ende des Jahrhunderts viertelweise verliehen. Wohl nicht identisch damit waren das öfter als Anstößer genannte St. Fridlins Gut (1563) bzw. der Frauen von Säckingen Gut. Eines davon dürfte identisch mit dem Besitz gewesen sein, den das Kloster 1323 seinem Heiligkreuzaltar überlassen hatte, falls letzterer nicht mit dem 1584 erwähnten Kustereigut gleichzusetzen ist. Der Altar der hll. Johann Bapt. und Ev. in Säckingen hatte 1382 von Rudolf von Schönau Gülten erhalten, das Stift selbst 1323 ein Gült von Gerung von Degerfelden. Der gesamte Besitz bestand 1740 aus dem Widumgut mit ca. 154 J, den Sigristengütern von 3 J und Zinsgütern, umfassend Haus, Hof und Garten sowie ca. 10 J, insgesamt also umgerechnet 46½ Hektar. Der Heimfall der truchsessischen Lehen brachte eine kleine Besitz- und Einkünfteerweiterung vor allem auf Gemarkung Niederschwörstadt. Am wichtigsten dürften die drei Lehenwaldungen Ochsenberg, Ramsperg und Willerberg von zusammen 81 J (22½ ha) gewesen sein. Der Besitz der Rheinfelder Bürgerfamilien gelangte zu einem großen Teil an die *Kommende Beuggen*. Güter und Gülten schenkte 1372 die Familie Brendli und 1394 Richi Schümppeli. Die Belastungen bei der Säckinger Kirche löste Beuggen 1397 ab. Der Kommende Beuggen Gut wird später häufig als Anstößer erwähnt (1509, noch 1740).

Gemeinde. – In beiden Gemeinden gab es neben dem Vogt eine Anzahl von Gerichtsleuten, die namens der Herrschaft beide Orte verwalteten und von der jeweiligen Herrschaft eingesetzt wurden. Ein Teil ihrer Kompetenzen gelangte später an den herrschaftlichen Amtmann: während 1586 Vögte, Geschworene und ganze Gemeinden zu Ober- und Niederschwörstadt geurkundet hatten, taten dies 1666 Obervogt und Geschworene namens der Gemeinden. Für die Verwaltung des Gemeindevermögens war ein eigenes Amt zuständig, das des Dreiers, das allerdings bisher nur einmal zu 1789 für Niederschwörstadt nachzuweisen ist.

Das Allmend, wohl das Oberschwörstadter, wird 1509 als Anstößer genannt, ebenso 1563 zusammen mit »der Gemein Holz« und »der Gemein Gut«. Lage und Umfang sind aus dieser Quelle nicht zu ermitteln. Insgesamt sind Quellen zur wirtschaftlichen Situation der Gemeinden spärlich. Beider Einkünfte dürften aus dem Verkauf von Früchten und Holz, Pacht- Bürger- und Hintersassengeldern bestanden haben. Zu ihren Ausgaben gehörten als durchlaufende Posten die Vogtsteuer und der ebenfalls auf Martini fällige Hofstattzins. Ständige Ausgaben bildeten die Besoldungen sowie die Beiträge zu Bau und Unterhalt der Brücken über die Wehra. Weide- und Äckerichrechte in den herrschaftlichen Waldungen hatte zumindest die Gemeinde Niederschwörstadt. Darüber kam es 1735 zum Streit mit der Kommende Beuggen wegen unberechtigten Weidens auf der sogenannten Gemeindeweide. Die Untertanen haben hier offensichtlich alte, aber versessene oder verlorene Rechte wieder in Anspruch zu nehmen gesucht. Mit dem Stift Säckingen prozessierte Niederschwörstadt 1755 bis 1757. Sämtliche Untertanen durften außerhalb des herrschaftlichen Tiergartens

Raubwild erlegen und das Wild aus ihren Feldern treiben, die Anschaffung von Flinten hingegen war ihnen verboten.

Kirche und Schule. – Oberschwörstadt hatte 1246 eine Pfarrkirche, die, wie 1275 nachzuweisen, dem Dekanat Wiesental unterstand. Der Kirchensatz dürfte immer Kl. Säckingen gehört haben, auch wenn gelegentlich Angehörige der Säckinger Stiftsmeier als Pfarrherren erscheinen. Das Stift erreichte 1394 die Inkorporation, 1395 erfolgte die offizielle Inbesitznahme. Als Patron erscheint 1563 und noch um 1582 der hl. Clemens, seit 1616 begleitet vom hl. Urban.

Vom ursprünglichen Besitz der Kirche ist außer dem Widumgut, über das nach der Inkorporation jedoch Kl. Säckingen verfügte, wenig bekannt. Zwar wird 1275 der Pleban mit 2 lb 14 ß aufgeführt, einen Teil seiner Einkünfte verdankte er aber Amtspflichten in Säckingen. Die Summe von 1 lb 3 ß d, die 1508 genannt wird, dürfte dagegen repräsentativ sein. Damit hätte Schwörstadt zu den Pfarreien mit mäßiger Dotation gehört, wofür auch die Annaten des 15. und 16. Jh. sprechen, die sich zwischen 10 und 12 fl bewegen. Von den Gütern zu Harpolingen, welche der damalige Pfarrer 1351 erwarb, verlautet später nichts mehr. Im 16. Jh. bezog die Kirche neben Einkünften aus dem Widumgut Ewigzinse aus Ober- und Niederschwörstadt, Niederdossenbach, Öflingen und Säckingen. Das Vermögen der Kirche verwalteten bis 1711 zwei Kirchenpfleger, von denen jeder auf 2 Jahre im jährlichen Wechsel bestellt wurde. Später gab es nur noch einen sogenannten Kirchmeier, der jährlich in Säckingen Rechnung zu legen hatte, worüber es 1793 zu größeren Auseinandersetzungen mit der Herrschaft Schönau kam.

Der Pfarrer bezog seit der Inkorporation eine Besoldung, die verschiedentlich angehoben wurde. Dazu gehörten Naturaleinkünfte aus dem Widumgut, Anteile am Klein-, Heu- und Etterzehnten, Geldeinkünfte aus den Filialen sowie die Akzidentien, dazu die Nutzung von Haus, Hof, Kohlgarten und einem weiteren Gärtlein. Zu seinen Pflichten gehörte die Versorgung der Filialen. Als solche erscheinen 1246 der Hollwanger Hof, der jedoch spätestens im 17. Jh. offenbar Beuggen unterstellt war, 1360/70 das Dorf Öflingen (bis 1810), später noch das Dorf Wallbach (bis 1900). In Öflingen hatte er vierzehntägig und am Patroziniumstag (St. Ulrich) zu zelebrieren. Am letztgenannten Fest nahm die gesamte Kirchengemeinde teil, wie umgekehrt zum Schwörstadter Patrozinium die Öflinger mit Kreuz und Fahne zur Pfarrkirche kamen. Alle drei Gemeinden unternahmen im Mai eine Wallfahrt nach Todtmoos. Der Pfarrer hatte ferner die Pflicht, jeden Mittwoch und am Sonntag in der Schloßkapelle eine Messe zu lesen und dafür am Samstag im Dorf zu zelebrieren, wofür er von der Herrschaft 2 lb bezog.

Die Kirche stand bis zum Neubau 1849/53 auf dem Hügel über dem Dorf Oberschwörstadt inmitten des Friedhofs. Sie war 1609 erweitert und mehrfach, da in Kriegszeiten beschädigt, repariert bzw. wiederhergestellt worden. Am 28. Januar 1616 erfolgte nach einer größeren Restaurierung die Weihe zu Ehren der hll. Clemens und Urban sowie zweier Seitenaltäre. Der unterhalb der Kanzel stehende linke Seitenaltar wurde zu Ehren der hll. Anna, BMV, Sebastian, Johannes Ev. und Johannes Bapt. geweiht; er enthielt die Reliquien der hll. Christophorus, Viktor und aus der Gesellschaft der hl. Ursula. Der Kreuzaltar wurde zu Ehren der hl. Margarethe sowie der hll. Markus und Beatrix geweiht. Die Weihe des Hochaltars, der Reliquien der hll. Cosmas und Damian sowie Alexander erhielt, zu Ehren der beiden Kirchenheiligen erfolgte am 9. September 1656. Vermutlich aufgrund einer größeren Instandsetzung nach kriegsbedingter Zerstörung konnten am 18. September 1681 beide Seitenaltäre (rechts: BMV, Dominikus, Katharina von Siena, Antonius von Padua, Ignatius und Xaver, links: Anna, Sebastian, Johannes Ev. und Johannes Bapt.) und der Kreuzaltar (Margarete,

Maximus, Felicitas) nochmals geweiht werden. Ein zur Kirche gehöriges Beinhaus war noch 1668 vorhanden.

Auf den linken Seitenaltar war zu unbekannter Zeit eine *Kaplanei* zu Ehren der hl. Anna gestiftet worden, die sich erst 1508 nachweisen läßt und mindestens ein Gut (1509: St. Anna Schuppis) besaß. Wohl noch im gleichen Jahrhundert wurde sie aufgegeben, 1601 bestand sie nicht mehr. Die ihr gehörigen Güter nutzte fortan der Sigrist. – Der rechte Seitenaltar war 1681 Altar der *Rosenkranzbruderschaft*, die wohl um jene Zeit eingeführt worden war und deren Vermögen ein Pfleger verwaltete. Sie fiel, wie fast alle diese Bruderschaften, Ende des 18. Jh. den Josephinischen Reformen zum Opfer und wurde 1786/87 aufgehoben.

Das Schloß in Oberschwörstadt hatte seine eigene Kapelle, wo an Sonn- und Feiertagen Gottesdienst für die Herrschaft stattfand. Ihr Patron ist nicht bekannt. In Niederschwörstadt bestand spätestens um 1750 eine dem hl. Antonius geweihte Filialkapelle.

Bis auf kleine Anteile gehörten sämtliche *Zehnten* dem Stift Säckingen, das jedoch den Klein- und Heuzehnten teilweise dem Pfarrer zu seiner Kompetenz überlassen hatte. Einige Liegenschaften in Niederschwörstadt zehnteten der Kirche in Hasel, solche in Oberschwörstadt der Kirche in Dossenbach.

Schule wurde in Schwörstadt bereits im 17. Jh. gehalten, wobei 1682 der Schulmeister auch die Öflinger Kinder unterrichtete. Beide Kirchen entrichteten dem Schulmeister je 1 Viernzel Dinkel. Ende des 18. Jh. bezog dieser von der Kirche in Schwörstadt jährlich 5,30 fl, von Öflingen 10,30 fl und von Wallbach 6 Gulden.

Bevölkerung und Wirtschaft. – Ein Vertrag von 1305 zwischen Kl. Säckingen und den Herren von Wieladingen hatte noch festgestellt, daß die Oberschwörstadter Bauern Grundhörige des Klosters seien. Später dürfte die Einwohnerschaft, auch die von Niederschwörstadt, überwiegend der *Herrschaft Schönau* leibeigen gewesen sein. Zumindest gab jeder Haushalt auf Martini ein Fasnachtshuhn. Auch waren sie mit Fronen belastet, die bis zum 17. Jh. teilweise abgelöst waren: 1628 gab jeder Bauer auf Martini 36 x, ein Tagelöhner 24 Kreuzer. Jagdfronen (jährlich 2 Tage), Baufronen (2 Tage) mit Zug oder Handarbeit und Holzfronen mußten in natura geleistet werden, letztere gemeinsam mit den Nachbarorten Niederdossenbach und Günnenbach (Gde Wehr, Lkr. Waldshut). Insgesamt hatten die Tagelöhner 70 Klafter Holz aufzubereiten, die Bauern diese zu führen. Dies war bereits das Ergebnis eines 1586 zwischen Herrschaft und Untertanen geschlossenen, 1666 bestätigten Vergleichs, den Schultheiß und Rat zu Säckingen 1686 vidimierten. Franz Heinrich Reinhart von Schönau hatte von beiden Gemeinden unter Berufung auf ihren Eid persönliche Dienste eingefordert, die nun festgelegt wurden. Ende des 18. Jh. verweigerten dann die Gemeinden Niederschwörstadt, Öflingen und Wallbach dem Baron die Frondienste. Sie beriefen sich auf die Aufhebung der Leibeigenschaft und wollten außerdem weder Sterbfallgebühren noch Fasnachtshühner entrichten, zudem sollte der Baron das schädliche Wild reduzieren. Die Regierung hat diese Beschwerden nach langen Verhandlungen schließlich abgewiesen, von Schönau mußte für seine Verluste entschädigt werden. Die Verpflichtungen der Untertanen wurden 1798 letztmals festgesetzt. Die Loskaufverträge begannen 1823.

Der Lebensunterhalt mußte aus *Landwirtschaft*, etwas Viehhaltung und Fischfang bestritten werden. In der Landwirtschaft dominierte der Getreideanbau in für jeden Ort eigenen Zelgen. Für Oberschwörstadt werden 1563 die Zelgen *In der Buchhalden* (1740: Ossenberg), *Im Stalden* (Braithen) und *Am Hard* (Sperbirbaum) genannt. Angebaut wurde überwiegend Dinkel, daneben Roggen und Haber sowie etwas Gerste.

Auch der *Weinbau* war verbreitet, 1563 finden sich Reben in den Gewannen Im Thurscher, Im Send, By dem Güßbronnen und an anderen Orten. Zur *Viehhaltung* liegen keine Zahlen vor. Die Vatertierhaltung (1563: 1 Stier) hatte der Widummeier, der Niederdossenbach mitversorgte und dafür von dort jährlich 2 V Dinkel bezog. Bereits 1285 hatten sich zwei Einwohner mit der Kommende Beuggen über die Nutzung eines *Salmenwages* (Wantfluh) verglichen, dieser Wag sorgte auch später noch für Streit (1437). Überhaupt war die Fischerei nicht unbedeutend, die Fischer gehörten der Rheingenossenschaft an und damit zum Maiengericht der Herrschaft Rheinfelden. Das *Handwerk* war schwach vertreten, lediglich der Schmied läßt sich seit 1343 nachweisen. In Niederschwörstadt stand 1565 eine *Mühle*, für welche das Stift Säckingen damals eine Ordnung erließ. Ein *Wirtshaus* wird in Oberschwörstadt 1585, vielleicht schon 1461, erwähnt, der »Schwanen« (1740) und der »Hirschen« (1752) dürften ihre Konzession im 18. Jh. erhalten haben. In Niederschwörstadt läßt sich 1782 eine Wirtschaft nachweisen, in der auch Rechtsgeschäfte stattfanden. – Verdienstmöglichkeiten, vorzugsweise für Tagelöhner, bot neben der Gemeinde die Schloßherrschaft. Um 1760 leisteten 3 Haushalte Heimarbeit für die Schopfheimer Baumwollspinnerei.

Hollwanger Hof. – Diese hochmittelalterliche Rodungssiedlung läßt sich urkundlich erstmals 1246 als *Haldenwanc* nachweisen. Sie muß ein Weiler gewesen sein und wird 1296 denn auch als villa bezeichnet. Die zugehörigen Güter im Besitz der Klöster Säckingen und Olsberg, verschiedener Rheinfelder Bürgerfamilien sowie des Reichsministerialen Ulrich von Liebenberg gelangten von 1246 an nach und nach an die Deutschordenskommende Beuggen, die durch Vereinödung das Dorf zunächst auf einige Höfe (1608), später auf einen Hof reduzierte. Diesem, der im 18. Jh. einem Meier auf jeweils 3 Jahre in Bestand gegeben wurde, war bis 1665 eine Sennerei angegliedert worden. – Das Gut gehörte zur Herrschaft Wehr. Kirchlich unterstand es 1246 der Pfarrei Schwörstadt, wurde jedoch spätestens im 17. Jh. von Beuggen seelsorglich betreut.

Niederdossenbach. – Ins frühe Mittelalter gehören Gräber auf dem »Ossenberg« bei der Kapelle von Niederdossenbach. Sie belegen mit zahlreichen Fundstücken für diesen Ortsteil alemannische Besiedlung, Voraussetzung wohl auch für die eine oder andere der oben erwähnten Steinhügelgruppen (vgl. Dossenbach).

Der 1321 erstmals als in *nidern Tossenbach* nachzuweisende, an der Wehrer Straße gelegene Ort, wird seit wenigstens 1582 als Dorf bezeichnet. Dabei bestand dieses ursprünglich wohl aus einem Hof, aus dem im Laufe der Zeit 2 Höfe wurden, die noch im 18. Jh. von 3 Haushaltungen bewohnt waren.

Niederdossenbach, das zunächst wohl dieselben Herrschaftsverhältnisse aufwies wie der Hauptort Dossenbach, unterlag seit dem 14. Jh. einer anderen Entwicklung. Markgraf Otto von Hachberg nahm 1363 das Lehen vom bisherigen Inhaber Walter Vasolt auf und übertrug es auf Rudolf von Schönau. In dessen Familie ist das Dörflein bis zum 19. Jh. – der letzte Lehenbrief datiert von 1854 – verblieben. Wegen der landes- und lehenherrlichen Rechte gab es mehrfach Streit zwischen Baden und Österreich, so 1585 und dann wieder 1736 bis 1781, zweimal, 1626 und 1741, wurden auch österreichische Lehenbriefe ausgestellt. 1797/98 sorgte die Wegführung der Leiche eines Selbstmörders durch die badischen Beamten für Streit mit der Herrschaft Schönau, da sich die Beamten darauf beriefen, infolge des Friedens mit Frankreich die Territorialhoheit zu besitzen.

Spätestens in der 1. Hälfte des 15. Jh. bildete der Ort einen Bestandteil der Herrschaft Schwörstadt. Deren Besitzer bezog jährlich 14 lb, dazu von jedem Haus zwei Hühner. Die Bauern waren zu Frondiensten verpflichtet, von denen nur die 2 Tage Jagdfronen und die 3 Tage Baufronen zu den herrschaftlichen Gebäuden sowie Holzfronen in natura zu leisten waren. Für die Ackerfronen zahlte ein Bauer auf Martini 36 x, ein Tagelöhner 24 Kreuzer. Diese Belastungen waren die gleichen wie in der gesamten Herrschaft Schwörstadt, so daß die Niederdossenbacher Bauern sich gewöhnlich den dortigen Untertanen bei Fronstreitigkeiten mit der Herrschaft anschlossen.

Die beiden Höfe, 1628 zu insgesamt 232 fl 20 x angeschlagen, hatten zusammen eine Wirtschaftsfläche von etwa 250 J (69 ha).Dazu kamen 498 J Wald. Einen Hof besaß die Herrschaft Schönau 1629 als Eigen, er wird 1704 als freiadeliger Hof bezeichnet. Diesen veräußerte die Familie von Schönau 1736 an den Baron von Croysille, was sofort zum Protest der markgräflichen Beamten führte. Zu diesem Gut gehörten neben einem abgebrannten Haus mit Hofstatt (2 J) 64¼ J Ackerland in den drei Zelgen *Auf dem Ochsenberg, Hinter dem Ochsenberg* und *Gegen Bahnholz* sowie 60 J Wald, insgesamt also 126¼ J (ca. 35 ha). Ende des 18.Jh. besaßen die Herrschaft Schönau 456 J, die Bauern 242 J, zum Pfarrwidum gehörten 7 Jauchert. Auffällig ist, daß die nichtherrschaftlichen Güter meist späterer Rodung entstammten. Die Anbauverhältnisse unterscheiden sich nicht von denen in Dossenbach: es wurden überwiegend Dinkel und Hafer im Verhältnis 3:1 angebaut, daneben wenig Gerste und etwas Roggen. An Vieh wurden 1700 3 Pferde und 9 Ochsen gehalten. Da der Ort von der Pfarrei Schwörstadt versorgt wurde, bezog der dortige Pfarrer größere Anteile am kleinen Zehnten, wofür man ihm 1742 ein Surrogat von 1 lb 5 ß entrichtete.

Quellen und Literatur

Dossenbach

Quellen gedr.: UB Basel 7 Nr. 52. – FDA 35 (1907) S. 81; 67 (1949) Anh. S. 179f.; 76 (1956) Nr. 1432, 1503. – RMB 1 Nr. h 595, 692, 777. – Schöpflin HZB 5, 355. – ZGO 28 (1876) S. 118, 408f.; 29 (1877) S. 166, 201f.; 48 (1894) S. m139, 141f.; 57 (1903) S. m12/13. – ZUB 2, S. 159.

Quellen ungedr.: StA Basel, Klosterarchive, Klingental HH 27. – GA Dossenbach (Inv. masch.). – PfA Dossenbach (Übers.in ZGO 48 ⟨1894⟩ S. m139). – GLA H/Dossenbach; 16/K. 61; 21/K. 73, 82, 109, 200, 285; 44/ Nr. 1460; v. Bütikon, v. Hauenstein; 66/ 1846–50, 3715, 7158, 7545, 11965; 72/v. Schönau; 120/519, 878, 1114; 159/69; 229/**19808–58**, 23148, 27845, 42830, 64378/79, 88486, 94366, 94378/79, 94410, 94444, 94472, 96294, 96299, 96303, 96308, 96311, 96317, 96328, 96345, 96348, 96352, 96370–72, 96377, 113571; 375 (1896,21), 20, (1902, 53) 28, 29, 35, (1909,97) 49f., (1914, 2) 42, 42a; 391/4394, **8253–66**, 36287.

Literatur: *Dorneich*, Julius, Der Zug der Herwegh'schen Legion und die Erinnerungen des badischen Regierungskommissärs Johann Nepomuk Frommherz über ihr Ende bei Dossenbach am 27. April 1848. In: Das Markgräflerland 1973, S. 111–130.

Erstnennungen: Ort und Kirche 1247 (ZUB 2, S. 159). – Kirchenpatron St. Pelagius 1554 (GLA 21 Nr. 3455).

Schwörstadt

Quellen gedr.: UB Basel 2 Nr. 93, 96; 7 Nr. 52, 143, 240. – FDA 1 (1865) S. 200; 35 (1907) S. 81. – REC Nr. 4243, 6847, 6850. – ZGO 15 (1863) S. 240f.; 16 (1901) S. m29/30, 37, 39, 43; 18 (1903) S. m7–9, 11, 17f.; 19 (1904) S. m174; 20 (1876) S. 100f., 410, 432; 29 (1877) S. 184, 233; 30 (1878) S. 224, 233f., 246f., 260, 266, 268, 270f.; 31 (1879) S. 169, 175f.

Quellen ungedr.: Frh. A. Enzberg in Mühlheim Urk. 790. – GLA H/Oberschwörstadt; 5a/K. 5; 11/K. 4; 16/K. 65, 73, 76, 78, 80–82a, 90; 18/K. 6, 8, 10–13, 19, 25, 35, 37; 21/K. 82, 394, 451; 44/Nr. 9241, 9243, 9247, 9251/52, 9257, 9262, 9264, 9266, 9276–79, 9281, 9285–89, 9292/93, 1023940, 10243, 10249; 66/7961–67, 10742, 10751, 11965/66; 72/v. Schönau; 120/1281; 229/19823–24, 19837, 19851, 19855, 23184, 51726, 51734, 75549, 94378/79, 96280–381; 372 (1929,

15) 298, (1943, 40) 465; 375 (1902, 53) 28; 391/4394, 27325/26, 36265–92, 37329/30. – GA Schwörstadt (Übers. in ZGO 46 ⟨1892⟩ S. m87). – PfA Schwörstadt (Übers. ebenda S. m 87/88). **Literatur:** *Binninger*, Kurt, Die Albiez-Orgel (1857) der katholischen Pfarrkirche in Schwörstadt. In: Ars organdi 29 (1981) S. 128–134. – *Dehn*, Rolf, Niederschwörstadt, Gemeinde Schwörstadt, Kr. Lörrach. Neolith. Großsteingrab. In: Lebendige Archäologie 1976, S. 92 f. – *Klein*, F. W. W., Die Entwicklung des Rebbaus in der Gemarkung Schwörstadt. In: Das Markgräflerland 1/2 (1980) S. 99–113. – *Derselbe*, Häuser in Schwörstadt und Dossenbach, Schopfheim 1990. – *Derselbe*, Die Geschichte von Schwörstadt und Dossenbach, hg. v. der Gemeinde Schwörstadt, Schopfheim 1993. – *Schlageter*, Albrecht, Die ungehorsamsten Untertanen Vorderösterreichs. Der Kampf der Bevölkerung in der Herrschaft Schwörstadt um die Abschaffung der Frondienste am Vorabend der Französischen Revolution. In: Das Markgräflerland 1/2 (1977) S. 4–19.

Erstnennungen: Ort 1246 (GLA 18/K. 13 bzw. ZGO 28 ⟨1876⟩ S. 100). – Kirche 1246 (ZGO 28 ⟨1876⟩ S. 100–102). – Patron St. Clemens 1563 (GLA 229/96352). – Kirche St. Clemens und St. Urban 1616 (GLA 229/96328).

Hollwangen: GLA 18/K. 13; ZUB 2 S. 144 (1246). – GLA 5a/K. 5; 18/K. 13, 25; 66/7961; 229/ 51684, 51695, 51735, 51738; 391 (1991, 49) 883–85. – Trouillat 5 S. 682 f., 696 f. – ZGO 28 (1876) S. 100 f., 384 f., 417 f.; 29 (1877) S. 170, 172, 199 f.; 30 (1878) S. 219, 221, 227, 271; 55 (1901) S. m15/ 16; 57 (1903) S. m11.

Niederdossenbach: ZGO 29 (1877) S. 225–230 (1321). – GLA H/Dossenbach 7; 5a/Gen. 5; 17/ K. 1, 9b; 18/K. 43; 44/Nr. 9234, 9237–40, 9244/45, 9248, 9253, 9265, 9267, 9269, 9272, 9275, 9285–89, 9292/93; 72/v. Schönau; 229/19837/38, 19855, 96299, 96303, 96311, 96317, 96328, 96345, 96348, 96352, 96370, 96377, 96379; 391/4394, **27325–32**, 27599. – UB Basel 7, Nr. 52. – RMB 1, Nr. h 672, 805. – ZGO 5, 1854, S. 369; 26, 1874, S. 360 f.; 29, 1877, S. 225–230; 46, 1892, S. m87/88; 57, 1903, S. m11.

Steinen

4686 ha Gemeindegebiet, 9434 Einwohner (31.12.1990, 1987: 8794)

Wappen: In geteiltem Schild oben in Blau eine aus sieben (3:4) Steinen bestehende silberne (weiße) Mauer, die untere, durchgehende Steinreihe auf der Teilung, unten in Grün ein silberner (weißer) Wellenbalken.
Flagge: Weiß-Grün (Silber-Grün).
Die Steinreihe ist »redend« und will auf den Ortsnamen hinweisen, der Wellenbalken bezieht sich auf die Wiese. Das heutige, vom Landratsamt Lörrach am 15. Dezember 1976 verliehene Wappen ist eine geringfügige Modifikation des vor den Eingemeindungen üblichen Wappens von Steinen (seit 1902).

Gemarkungen: Endenburg (1063 ha, 339 E.) mit Endenburg, Auhof, Kirchhausen, Lehnacker, Schrohmühle, Stalten und Stelle; Hägelberg (645 ha, 599 E.); Höllstein (264 ha, 1684 E.) mit Höllstein, Förishäusle, Gaze- und Kreppweberei (frühere Gipsmühle), Hagmatt und Schalthaus; Hüsingen (687 ha, 523 E.) mit Hüsingen und Meriansche Anlagen; Schlächtenhaus (753 ha, 453 E.) mit Schlächtenhaus, Heuberg, Hofen, Klosterhof und Kloster Weitenau; Steinen (595 ha, 4699 E.); Weitenau (678 ha, 497 E.) mit Weitenau, Außerdorf, Farnbuck, Hummelberg und Schillighof.

A. Naturraum und Siedlung

Natürliche Grundlagen. – Die Gemeinde Steinen, die mit ihren sieben Ortsteilen innerhalb des Lkr. Lörrach eine zentrale Lage einnimmt, präsentiert sich dem Beobachter mit einer Fläche von knapp 47 km² als langgezogener Gebietsstreifen, der vom Dinkelberg im S über das Untere Wiesental und die Weitenauer Vorbergzone bis in den Schwarzwaldbereich (Kleinwiesentäler Mulde) hineinreicht. Die Nord-Süd-Ausdehnung des Gemeindeareals beträgt immerhin ca. 12 km bei einer durchschnittlichen Breite von 3 bis 4 Kilometern. Auf relativ kleinem Raum weist sie eine eindrucksvolle naturräumliche Vielfalt auf, wobei die intensive bruchtektonische Gestaltung des Untergrundes hier in vollem Umfang zum Tragen kommt.
Mit der nördlichen Gemarkung Endenburg greift die Gemeinde auf das *kristalline Grundgebirge* des Schwarzwaldes aus, das sich hier aus vier verschieden alten Gesteinsbildungen zusammensetzt. Der nördliche Teil des Gemarkungsgebiets, bis etwa zur Linie Stühlepaß-Kirchhausen, wird vom *Malsburg-Granit* aufgebaut. Er bildet den Untergrund der deutlich über 900 m aufsteigenden Höhenrücken von Glaserberg, Schlöttleberg und und Federlisberg, die das Gemeindegebiet im N abschließen. Mit 988 m markiert der Schlöttleberg den höchsten Punkt der Gemeinde. Eine Besonderheit in Massengesteinen, wie hier im Granit, findet sich am Glaserberg nordöstlich von Endenburg: Durch die Verwitterung entlang von Klüften des Gesteins wurden sogenannte Wollsackblöcke herauspräpariert. Nachdem die Verwitterungsdecke abgetragen wurde, blieben die Blöcke frei an der Oberfläche liegen und bilden, wie am Glaserberg, kleine Felsburgen auf den Kuppen oder sogenannte Blockmeere an den Hängen, z.B. des Hohfelsens. An die Zone des Malsburg-Granits schließt sich nach S als ältestes Gestein der *Blauengranit* an, der eigentlich ein Gneisanatexit ist. Er stieg an der Wende Devon/Karbon auf und durchzieht als relativ schmaler Streifen in nordwest-südöstlicher Richtung das Gemeindeareal. Die Siedlung Endenburg liegt in dieser Gesteins-

zone. Weiter im SW steht der nur wenig jüngere *Zweiglimmergranit von Schlächtenhaus* an, der durch später aufsteigende Schmelzen stark metamorph verändert und dem im Zusammenhang mit der variszischen Gebirgsbildung eine regelhafte Gefügestruktur aufgepreßt wurde. Sein helles Gestein bildet z. B. den Südhang der »Hohen Stückbäume«. Ihm folgt ganz im S des Grundgebirgsbereichs die nur etwa 1 km² große Scholle des *Quarzbiotithornfelsschiefers* von Schlächtenhaus-Hofen. Je nach Ausgangsgestein haben sich unterschiedliche *Böden* entwickelt. Gneise verwittern meist stärker als Granite und liefern einen mittel- bis tiefgründigen, schwach sauren, lehmigen bis grusigen Boden, der überwiegend forstwirtschaftlich genutzt wird, aber auch Weidefelder oder an besonders günstigen Stellen dürftiges Ackerland zuläßt. Über Graniten entstanden sandig-grusige Böden mit unausgeglichenem Wasserhaushalt, die überwiegend Waldstandorte abgeben.

Auch im Gemeindegebiet von Steinen tritt die große Verwerfungslinie von Kandern über Schlächtenhaus bis Hausen als auffallende landschaftliche Marke in Erscheinung. Entlang dieser *Kandern-Schlächtenhaus-Hausener Störung* steht der bewaldete Schwarzwaldanstieg in deutlichem Kontrast zum südlich anschließenden, offenen Wiesenland, wo bereits Oberrotliegendes ansteht. Die Verwerfung bildet die Begrenzungslinie des Schwarzwaldes, denn an ihr wurde das kristalline Grundgebirge stärker als die Vorbergzone herausgehoben. Unter dem Waldkleid weist die Bruchstufe ein sehr unruhiges Relief auf, das durch eine Vielzahl kleiner, kurzer, aber steiler Kerbtäler zerfurcht ist. Die Steilheit der geologisch jungen Hebungszone, der relativ wasserundurchlässige kristalline Untergrund sowie die etwas erhöhten Niederschläge sind hierfür verantwortlich zu machen. Guten Einblick in die Randverwerfung, die zudem noch in nordsüdliche Richtung versetzt ist, bietet das Höllbachtal, 130 m südlich der Schrohmühle. Auffallend ist die starke Hangversteilung im Granit mit ihren Felsbildungen an den Seitenhängen und die Veränderung im Längsprofil des Tales, das sich durch ein unausgeglichenes Gefälle mit z. T. kleineren Wasserfällen auszeichnet. Alles dies sind Indizien für die junge Hebung des Gebirges und die damit verbundene starke Tiefenerosion des Höllbaches.

Von der Kirche bei Hofen hat man einen guten Überblick über den Landschaftswechsel vom Schwarzwald zur Vorbergzone. Im Vordergrund ist eine weiträumige, muldenförmige Ausräumungssenke mit sanften Hügelformen und einem ausgeglichenen Relief zu sehen, das überwiegend von Weiden und Wiesenland eingenommen wird. Diese Senke, nach den beiden Hauptorten *Schlächtenhaus-Weitenauer Senke* genannt, wird aus einer mächtigen Folge roter, bröckliger Tone aufgebaut, die aus mittleren und oberen Schichten des Oberrotliegenden stammen. Nach N zum Bruchrand des Schwarzwaldes hin sind die Schichten hochgeschleppt, so daß die Sandsteine und konglomeratischen Bildungen des älteren *Oberrotliegenden* zutage treten. Mit ihnen wird der schlecht aufgearbeitete Abtragungsschutt des alten variskischen Gebirges faßbar. Die relativ wenig widerständigen Schichten konnten durch die Erosion leicht abgetragen werden, wobei wahrscheinlich zur eigentlichen Ausbildung der Senke pleistozäne Schmelzwässer den wesentlichsten Beitrag leisteten. Im Senkengebiet überwiegt die Grünlandwirtschaft, vor allem in den oft sehr feuchten Talmulden, während die *Bodenstruktur* auf den höherliegenden Bereichen durchaus auch Ackerbau zuläßt. Entsprechend dem Untergrund präsentieren sich die frisch gepflügten Flächen bei feuchter Witterung oft in einem leuchtenden Rot. Auf südexponierten Lagen am Schwarzwaldanstieg greift der Ackerbau sogar auf kristalline Flächen aus, die ansonsten bewaldet sind.

Weiter nach S bzw. SO bestimmen die nach N gerichteten Stufen des Staffelbergs, des Häfnets und des Scheinbergs und damit Teile der *Weitenauer Buntsandsteinberge* das

Relief. Die an ihrer Oberfläche wie gekappt erscheinenden charakteristischen Tafelberge der Weitenauer Vorberge erinnern mit ihren leicht konkaven Hängen an »Sargdeckel« und zeigen insgesamt eine sanfte Abdachung nach Südosten. Der etwas nach außen geschleppte Hangfuß setzt sich aus sandigen Gesteinen des Oberrotliegenden zusammen, denen Arkosen aus derselben Zeit folgen. Als Stufenbildner sind sie für die kleine Hangverflachung verantwortlich zu machen, auf der z. B. der Weiler Heuberg liegt. Den eigentlichen Steilanstieg bilden die harten Konglomerate des mittleren Buntsandsteins, während der konvexe Oberhang der Tafelberge bereits dem oberen Buntsandstein angehört. Dabei kann die Höhendifferenz zwischen Oberrotliegendem und der Tafeloberfläche des Buntsandsteins bis zu 200 m betragen. Abgesehen vom Steilrelief bilden die sterilen, stark wasserdurchlässigen Sandsteine der Tafelberge eine äußerst schlechte Grundlage für landwirtschaftliche Nutzung. Das Bergland ist daher durchweg bewaldet, woraus sich der überdurchschnittlich hohe Waldanteil der Gemeinde von 58% erklärt. Lediglich dort, wo sich auf der Buntsandsteintafel noch Abtragungsreste des unteren Muschelkalks inselartig erhalten haben, ist die Landwirtschaft ertragreich. Hier findet sich auch mit Hägelberg eine der wenigen größeren Siedlungen des Weitenauer Berglandes.

Das *Gewässernetz* im Weitenauer Bergland folgt überwiegend dem Schichtfallen der Buntsandsteintafel und ist daher konsequent nach S zum Hauptfluß Wiese gerichtet. Wegen der Durchlässigkeit des Gesteins fehlen obsequente Bachläufe, d. h. Gewässer, die gegen das Schichtfallen verlaufen. Das Aubächle ist ein subsequenter Stufenrandfluß, der zwischen der Scheideck und Schlächtenhaus die muldenförmige, weitflächige Senke im Oberrotliegenden geschaffen hat. Bei Schlächtenhaus vereinigt es sich mit dem Höllbach zum Klosterbach, der, wie der weiter östlich verlaufende Schwammerich, das Bergland regelrecht durchbricht. Wahrscheinlich liegen hier alte, ererbte, vor der pliozänen Schwarzwaldhebung entstandene Fließrichtungen vor, wobei sich aber zumindest Höll- und Klosterbach bzw. das aus beiden entstandene obere Teilstück des Steinenbaches an einer in nordsüdlicher Richtung verlaufenden Verwerfung orientieren, die sich nach S hin auf dem Dinkelberg fortsetzt. Mit dem Eintritt ins Bergland zeigen Klosterbach, Schwammerich und Steinenbach die für den Buntsandstein typische Kastentalform mit beidseitig sehr steilen Talwänden, die, bis zum deutlichen Geländeknick, am Talboden bewaldet sind. Die breite Talsohle wird dagegen von Wiesenland eingenommen.

Zwei Verwerfungsbereiche, die auf dem Dinkelberg ausgeprägt zur Geltung kommen, spielen auch in der Weitenauer Vorbergzone und speziell im Gemeindegebiet eine wichtige Rolle. Es handelt sich dabei im SW um die *Rheinfelder* bzw. im NO um die *Maulburger Verwerfung*, die die Randbrüche eines breiten, nordwestlich-südöstlich verlaufenden Grabens darstellen, des zentralen *Dinkelberggrabens*. Große Teile des Gemeindegebiets auch nördlich der Wiese liegen innerhalb dieser Grabenzone.

Im Grabeninneren blieben jüngere Gesteinsschichten des Deckgebirges länger von der Abtragung verschont. Dies ist auch der Grund, warum bei Hägelberg der Untergrund noch aus einer ausgedehnten Muschelkalkfläche besteht. Dagegen sind nordöstlich der Maulburger Verwerfung die Schichten stärker herausgehoben und damit früher der Abtragung ausgesetzt worden, weshalb dort das Rotliegende zutage tritt. Deutlich erkennbar wird dies u. a. am Geländewechsel im Schwammerichtal. Die Verwerfung quert das Tälchen südwestlich von Außerdorf. Im NO sind die Reliefformen flacher, ausgeglichener und Wiesen reichen von der Straße im Talgrund bis hoch auf den Hang. Im SW dagegen sind die Hänge steil und bis unmittelbar an die Talsohle bewaldet.

Das im Gemeindegebiet z. T. bis 1 km breite *untere Wiesental* trennt die Weitenauer Vorbergzone vom Dinkelberg und ist gegenüber diesen benachbarten Hochgebieten um 150 bis 200 m eingetieft. Ab Schopfheim folgt die Wiese in ostwestlicher Richtung einer Störungszone, an der die Dinkelbergscholle von der der Weitenauer Vorberge zusätzlich abgesunken ist, bevor der Fluß bei Lörrach wieder in Richtung S verläuft. An der östlichen Gemeindegrenze bei Höllstein hält sich der kanalisierte Flußlauf noch eng an den Fuß des Scheinbergs, quert dann allerdings die gesamte Talbreite, bis er an der westlichen Gemeindegrenze die Nordstirn des Dinkelberges berührt. Hier liegt mit 321 m auch der tiefste Punkt des Gemeindegebiets.

Über die Entstehung des Unteren Wiesentals gibt es mehrere Theorien. Einer älteren zufolge soll die Wiese ursprünglich ungefähr ab Schopfheim über den Dinkelberg hinweg nach S abgeflossen und das heutige Untere Wiesental aus einer jüngeren Anzapfung von W hervorgegangen sein. Wahrscheinlicher ist jedoch, daß das Talsystem Schopfheim-Basel schon im Oligozän vorhanden gewesen ist, wobei der Abfluß möglicherweise ab Haagen über die »Lucke« bei Lörrach erfolgte. Das Alter der heutigen Talanlage ist also noch nicht sicher geklärt. Die jungpleistozäne Wiese fand bereits eine ausgeprägte Talmulde vor. Das rißzeitliche Talniveau, die Hochterrasse, liegt etwa 20 m über der Niederterrasse aus der Würmeiszeit und ist in Relikten nahezu durchgehend nachgewiesen worden. Dagegen ist die Niederterrasse nicht kontinuierlich ausgebildet und beispielsweise talaufwärts von Steinen aufgrund des hier relativ engen Talquerschnitts nur noch in Resten am Anstieg zum Dinkelberg erhalten. Ausgeprägte Terrassenfelder gibt es im Gemeindegebiet vor allem im westlichen Talabschnitt. Die Mündung des Steinenbaches, der bei Steinen aus der Vorbergzone austritt, aber erst bei Brombach in die Wiese mündet, ist durch die Aufschotterungen der Wiese um 3 km nach W verschleppt. Anderseits wird der würmzeitliche Schotterfächer des Steinenbaches von Abtragungsmaterial aus dem Weitenauer Bergland aufgebaut und hat damit eine andere Zusammensetzung und Farbe als die Sande und Schotter der Wiese, die aus dem Grundgebirgsschwarzwald stammen. Seit der letzten Eiszeit hat sich die Wiese schließlich in die Niederterrasse eingeschnitten und die heutige Talaue gebildet. Das Flußbett wurde in den Jahren 1877 bis 1886 begradigt und mit Hochwasserschutzbauten versehen.

Südlich des Wiesentals setzt sich die Vorbergzone mit der *Muschelkalktafel des Dinkelbergs* fort. Dabei kommt im Gemeindegebiet die besondere bruchtektonische Situation des Dinkelbergs insofern deutlich zur Geltung, als der Gemeindeanteil sich weitgehend auf das Innere des zentralen Dinkelberggrabens beschränkt. Auch hier blieben jüngere Gesteinsschichten des Deckgebirges vom Keuper bis zum Lias erhalten. Eine weitere tektonische Besonderheit des Dinkelbergs bilden die von NNO nach SSW verlaufenden sogenannten Keilgräben, schmale, nicht weit in die Tiefe reichende Grabenzonen, in denen die Schichten ebenfalls deutlich abgesenkt sind. Auf dem Gemeindegebiet quert eine solche Bruchstruktur den zentralen Dinkelberggraben östlich von Hüsingen in Richtung auf Höllstein.

Auch im Gemeindegebiet wird der Anstieg vom Unteren Wiesental zum Dinkelberg vom mittleren bzw. vom stark zur Verkarstung neigenden oberen Muschelkalk gebildet, in den zahlreiche kleine, aber nur wenig tiefe Trockentälchen scharf eingeschnitten sind. Um Hüsingen sind Keuperschichten flächenhaft verbreitet, wobei es sich westlich von Hüsingen um Schichten des unteren Keupers handelt, während sich östlich des Dorfes, im Bereich des schmalen Quergrabens, auch jüngere Schichtpakete des mittleren Keupers erhalten haben. Nahe der südlichen Gemeindegrenze, im Bereich der Hummelrütte, die ebenfalls noch zu dem Keilgraben gehört, stehen sogar noch Reste des über dem Keuper folgenden Lias an. Der tonige Untergrund der Keuper- und Liasschichten wirkt wasserstauend, weshalb es hier Quellen gibt, so daß an dieser Stelle eine Siedlung entstehen konnte. Östlich von Hüsingen am Halt, insbesondere aber am westlichen Gemeinderand entlang des Binziggrabens sowie im Bereich des Roggenstud, tritt der Trigonodus-Dolomit des oberen Muschelkalks unmittelbar zutage, der vor allem auf der östlichen Hochscholle die Dinkelbergoberfläche weitflächig aufbaut. Er ist zwar hochgradig karstanfällig, doch treten typische Karsterscheinungen, wie Trockentäler oder Dolinen, im Gemeindegebiet nur rudimentär in Erscheinung. Dem rasch wechselnden Gesteinsuntergrund, dem vereinzelt auch Lehmdecken aufliegen, paßt sich die jeweilige Landnutzung an, die sich aus Wiesen und Ackerland und auf landwirtschaftlichen Ungunststandorten auch aus Wald zusammensetzt.

Siedlungsbild. – Steinen (sechstgrößte Gemeinde des Lkr. Lörrach) besteht seit der Gemeindereform vom 1. 1. 1975 aus den ehemals eigenständigen Ortsteilen Endenburg, Hägelberg, Höllstein, Hüsingen, Schlächtenhaus, Steinen und Weitenau.

Der Hauptort Steinen, der sich heute im Wiesental vom südlichen Abbruchrand der Weitenauer Buntsandsteinberge bis zum Wieselauf, der Gemarkungsgrenze, ausdehnt, ist das unbestrittene Zentrum der heutigen Gemeinde, in dem mehr als die Hälfte der Bevölkerung wohnt. Der eigentliche Ortskern liegt auf einem Niederterrassensporn zwischen Wiesenaue und Steinenbach. Das alte Bauerndorf mit Haufendorfgrundriß und Anwesen, die aus dem 19. und 18. Jh. und vereinzelt aus noch älterer Zeit stammen, ist leicht auszumachen, hebt es sich doch in seinem kurvenreichen Straßenverlauf gut von den großen, später hinzugekommenen Erweiterungszonen ab. Den Ortsmittelpunkt bildet die Kreuzung, an der die Straßen aus Lörrach, Hägelberg, Kandern und Höllstein (Lörracher, Kirch-, Kanderner und Eisenbahnstraße) zusammentreffen. Von hier greift die dörfliche Bebauung entlang obiger Leitlinien strahlenförmig nach außen aus. Aber auch der Raum zwischen diesen Achsen, vor allem östlich der Kirch- und Lörracher Straße, ist dicht und unregelmäßig bebaut. Gerade im Zentrum zeigt sich der bauliche Wandel am deutlichsten, der durch die seit 1985 durchgeführte Ortskernsanierung zusätzlich unterstützt wurde. Zu den besonders schön hergerichteten alten Gebäuden gehört das stattliche Hotel »Ochsen« mit der Jahreszahl 1833 über der Eingangstür, die Apotheke nördlich davon, das Eckgebäude südwestlich (1776) und der Gasthof »Löwen« (1623). Dagegen wurde auf dem Grundstück gegenüber der Kanderner Straße die ursprüngliche Bebauung, ein Eckgebäude aus dem 18. Jh. und zwei Kosthäuser des 19. Jh., vollständig abgerissen und 1988 durch einen Komplex aus dreistöckigen, unregelmäßig ausgerichteten Wohnhäusern ersetzt, bei denen das Erdgeschoß Geschäften vorbehalten ist. Ein Platz mit Brunnen lockert die Anlage auf, wobei sich die Gebäude in Größe und Form der Umgebung anpassen. Auf der anderen Seite der Eisenbahnstraße steht ein 1989 auf fotografischer Basis originalgetreu wiederaufgebautes Haus mit Staffelgiebel, in dem die Volksbank untergebracht ist. Daneben wird momentan das Vogtshaus restauriert, das bereits Ende des 16. Jh. errichtet wurde. Die benachbarte Baulücke, die inzwischen durch ein Wohn- und Geschäftshaus geschlossen wurde, gab eine Zeit lang den Blick frei auf das Mauerwerk der umliegenden alten Gebäude. Die rötlichen, unregelmäßig behauenen Sandsteinquader stammen aus den nahen, einst überregional bedeutenden Steinbrüchen. Nach S zu setzt sich die Siedlung in einer Wachstumsspitze fort, die aus der 2. Hälfte des 19. Jh. stammt und auf den alten *Bahnhof*, einen schlichten, zweistöckigen Bau, gerichtet ist. Vor allem entlang der Eisenbahnstraße verdankt Steinen dieser Ausbauphase einige sehr reizvolle Häuser, wie jenes, das mit seinem südwesenden Erker ins Auge fällt. Ebenfalls an der Eisenbahnstraße, durch Grünflächen etwas vom

Straßenlauf abgetrennt, stehen die Volksschule und das *Rathaus,* beides typische Amtsgebäude aus der wilhelminischen Zeit, zweigeschossig mit großen Fensterflächen und Buntsandsteingewänden sowie architektonischen Gliederungselementen aus gleichem Baumaterial. Durch die modernen Veränderungen hat das Dorf insgesamt in seinem Südteil eine regelrecht kleinstädtische Prägung bekommen.

Deutlich außerhalb des Ortskerns im N an der Kirchstraße steht die in ihrem heutigen Aussehen aus dem Jahre 1749 stammende Kirche, deren Turm von einem dreigeschossigen, hohen spitzen Helm abgeschlossen wird. Südlich davon, an der Stelle der früheren Zehntscheuer des Klosters St.Blasien, folgt das Pfarrhaus. Noch weiter im NW, abseits der ursprünglichen Siedlung, befindet sich das Schloß aus dem 16.Jahrhundert. Der dreieinhalbgeschossige Satteldachbau, der heute Privatwohnungen beherbergt, hebt sich vor allem durch seine alle vier Ecken abschirmenden Seitentürme heraus. Durch die umliegende moderne Wohnbebauung ist das Schloß inzwischen voll in den Siedlungsbereich integriert.

Vom Ortskern aus schritt die Bebauung zuerst entlang der vier Ausfallstraßen vorwärts, wobei die alten Anwesen zum Rand hin in immer größerem Abstand voneinander die Straßen begleiten. Eine frühe Ausbauspitze zeigen die Straßen nach Hägelberg und Kandern. Nur wenige Baulücken zwischen den älteren Häusern sind dort bis heute gefüllt worden. In der Zwischenkriegszeit setzte ein größerer Ausbau östlich des Dorfbereichs ein, dessen ältere Bebauung sich bis an den Fuß des Scheinbergs schiebt und der sich inzwischen – überwiegend aus Einfamilienhäusern bestehend – weit auf dessen Südhang hinauf ausgedehnt hat. Aus der Nachkriegszeit stammt das kleinere, meist mit Zwei- und Mehrfamilienhäusern besetzte Neubaugebiet, das sich nördlich des Steinenbachs um die Straßen Im Steinbrunnen, Schützenweg und Reifhalde gruppiert. Dorthin wurden auch zwei Höfe ausgesiedelt.

Die weitaus *stärkste Siedlungsausdehnung* war jedoch nach W gerichtet. Ausgehend von Kirch- und Lörracher Straße schritt vor allem nach dem letzten Weltkrieg die Bebauung sukzessive fort, so daß dieses Gebiet durch eine sehr gemischte Wohnbaustruktur in Erscheinung tritt. Lediglich im S, an der Lörracher Straße, stehen noch Häuser aus dem 19.Jh., u.a. zwei Kosthäuser gegenüber der ehemaligen Weberei. Ältere Einfamilienhäuser finden sich westlich der Kirchstraße auf beiden Seiten der Ernst-Hänßler-Straße. Aus den 1960er Jahren stammen die dreigeschossigen Miethäuser, die westlich hinter dem Schloß stehen. Nach N und W zu wird die Bebauung jünger, wobei auch die Siedlungsdichte, abzulesen an den Stockwerkshöhen, größer wird. Im südlichen Teil finden sich häufig architektonisch aufwendig gestaltete Einfamilienhäuser, z.T. in größeren Gartenarealen. Nach N hin werden die Grundstücksflächen oft kleiner, Ein- und Zweifamilienreihenhäuser treten stärker in Erscheinung. Ganz im N, vor allem aber am westlichen Rand der Siedlungsausdehnung, (entlang der Gerhard-Hauptmann-Straße) runden sechsgeschossige Wohnhochhäuser, vereinzelt auch Häuserblöcke das Bild ab.

Auch das Dorf Steinen ist durch die frühe Ansiedlung von Textilindustrie im Unteren Wiesental hochgradig geprägt worden. Zur gleichen Zeit wie in Höllstein wurde unmittelbar südlich des Dorfbereichs (um die Wasserkraft der Wiese nutzen zu können) ein Textilbetrieb gegründet, die spätere »Spinnerei und Weberei Steinen AG«. Das große Fabrikgebäude der Spinnerei im O des Ortes wurde mit einigen Kosthäusern erst vor kurzem abgerissen und durch Wohneinheiten ersetzt, während das ehemalige Webereigebäude im SW der Siedlung heute von anderen Firmen genutzt wird. Westlich schließt sich ein großes Gewerbegebiet an, das bis zur Eisenbahnlinie im S bzw. zum Schwimmbad und Tenniscenter an der Gemarkungsgrenze reicht. Die Palette umfaßt neben Speditionsfirmen u. a. jeweils einen Feinmechanik- und Werkzeugformenbaubetrieb sowie eine Logistikgruppe, außerdem ein Sandstrahlgerätewerk, das mit einem ausgedehnten Betriebskomplex vertreten ist. Vereinzelt finden sich hier auch architektonisch sehr interessant gestaltete Wohn-Arbeitsgebäude, wie etwa das Dentallabor am westlichen Rand des Gewerbegebiets.

Der flächengrößte, aber mit 424 Einwohnern bevölkerungsschwächste Ortsteil *Endenburg* ist am weitesten vom Hauptort Steinen entfernt. Er setzt sich aus den Siedlungen Endenburg, Kirchhausen und Lehnacker zusammen, die als Rodungsinseln inmitten des Waldes am Südrand des Schwarzwälder Grundgebirges liegen. Endenburg selbst zeigt sich als noch stark landwirtschaftlich geprägtes, weit in Nord-Süd-Richtung auseinandergezogenes, sehr lockeres Siedlungsband. Den nördlichen Siedlungsbereich im Höllbach bilden mehrere Bauernhöfe von z.T. beachtlicher Größe. Ganz am Nordrand steht die kleine *Dorfkirche* aus dem 14. Jh., die 1972 vollständig renoviert wurde. Südlich des 1968 erbauten *Rathauses* zieht sich der Ort den Hang hinauf zu einer Verflachung, auf der u. a. der Gasthof »Zum Pflug« mit einigen Wohnhäusern und vier Höfen liegt. Der südwestliche Teil Endenburgs an der Zufahrt zur anthroposophischen Kurklinik »Haus am Stalten« besteht aus fünf Höfen, sieben Einfamilienhäusern und dem Berggasthof »Alpenblick«. Hier wird die Funktion der Gemeinde als Wohnort am offensichtlichsten. Den Abschluß, ganz im S, bildet eine Gruppe von sieben alten Höfen. Zwischen Endenburg und Kirchhausen liegt das 1963 erbaute *Schulhaus* im Gewann »Stelle«.

Der Streuweiler Kirchhausen, nordöstlich von Endenburg im Talschluß des Kirchhauser Baches gelegen, setzt sich aus 15 ehemaligen Bauernhöfen zusammen. Dabei nimmt die überwiegende Zahl der Gebäude, einschließlich des Gasthofes »Zum fröhlichen Landmann«, den oberen flachen Talabschnitt ein, bevor dieser sich unterhalb des Dorfes im SW einzuschneiden beginnt. Einige Höfegruppen stehen aber auch direkt am Hang, an dem sich die Straße nach Lehnacker hinaufwindet.

Lehnacker weist eine ausgesprochen lineare Siedlungsform auf, wobei die z.T. in recht weitem Abstand folgenden Bauernhöfe sich an der einzigen Dorfstraße aufreihen. Lediglich ganz im S bildet ein Neubaugebiet mit sieben Einfamilienhäusern aus den 1970er Jahren eine etwas mehr in die Fläche gehende Siedlungausdehnung. Von den drei Siedlungen zeigt Lehnacker am ehesten den Charakter einer Wohnsiedlung, da hier die alten Höfe im Siedlungsbild etwas zurücktreten.

Am südlichen Rand der Ausraumzone zwischen dem Schwarzwaldrand und den Buntsandsteinrücken des Weitenauer Berglandes liegt der Ortsteil Weitenau. Das Dorf selbst zeigt sich als locker bebaute, gestreckte Talsiedlung am Zusammenfluß mehrerer Bäche. Die alten Bauernhöfe begleiten auf beiden Seiten die Straßen von Steinen nach Wieslet und nach Schlächtenhaus. Letztere zweigt in der Dorfmitte ab. Wie in den anderen Dörfern der Umgebung wurden die freien Bereiche zwischen den Bauernanwesen, die teilweise nur noch reine Wohnfunktion innehaben, meist mit Einfamilienhäusern unterschiedlichen Alters bebaut. Dem wachsenden Bedarf an Bauland mußte 1989 die Holzsäge gegenüber dem Rathaus, an der Abzweigung nach Schlächtenhaus, weichen. Das zweigeschossige *Rathaus* mit Giebeldach, das bis 1960 auch Schulhaus war, fällt durch seine beiden Fensterreihen und den Dachreiter sofort ins Auge. Nördlich anschließend steht die 1960 bezogene neue *Schule*, der eine aus dem selben Jahr stammende Turn- und Festhalle angegliedert ist. Direkt nördlich davon wird der ältere Siedlungsteil durch ein *Neubaugebiet* aus den 1980er Jahren erweitert, das mit 15 Einfamilienhäusern von recht gehobenem Stil Akzente setzt. Es ist jedoch noch nicht vollständig belegt. Weitere kleine Wohngebiete liegen südlich der Schule und nordöstlich des Gasthauses »Maien« am Ortsausgang Richtung Wieslet. Ganz im S hat noch ein inzwischen sehr groß gewordener Garten- und Landschaftsbaubetrieb seinen Standort.

Ebenfalls zu Weitenau gehören die kleineren Siedlungen Außerdorf, Fahrnbuck, Hummelberg, und Schillighof. Südwestlich von Weitenau, bachabwärts im Schwammerichtal, liegt der Streuweiler Außerdorf. Er umfaßt drei Bauernhöfe und doppelt so viele Einfamilienhäuser und hat sich, u. a. bedingt durch seine Lage an der Verbindungsstraße nach Steinen, bereits stark zu einer Wohnsiedlung gewandelt. Östlich von Weitenau folgt die Höfegruppe Hummelberg, die aus zwei großen, alten Bauernanwesen besteht. Am nördlichen Rand der Ausraumzone trifft man auf den Weiler Farnbuck, der wahrscheinlich ein ehemals eigenbewirtschafteter Hof des Kl. Weitenau war. Vier große Höfe, die noch alle Landwirtschaft betreiben, prägen hier das Siedlungsbild. Doch haben auch in Farnbuck einige neuere Wohnhäuser das ursprünglich rein bäuerliche Dorfbild verändert. Am weitesten von Weitenau entfernt liegt, auf einer Verebnung im unteren Hangbereich der Ausläufer des Schwarzwaldabbruchs, der Weiler Schillighof. Bekannt ist dort vor allem der Gasthof »Hirschen«, der sich als prachtvolles Gehöft mit mehreren Wirtschaftsgebäuden präsentiert. Insgesamt betreiben nur noch vier Bauern in Schillighof Landwirtschaft, einschließlich des südlich gelegenen, 1972 ausgesiedelten Guetlehofes, der aus zwei großen Wirtschaftsgebäuden und einem in Vergleich dazu kleinen Wohnhaus besteht.

Der Ortsteil Schlächtenhaus setzt sich gleichfalls aus mehreren Siedlungsteilen zusammen, und zwar den beiden Dörfern Schlächtenhaus und Hofen sowie der Höfegruppe Heuberg und dem Kloster Weitenau mit Klosterhof. Heuberg, dessen zwei Bauernhöfe mit zu den ältesten auf der Gemarkung Schlächtenhaus gehören, liegt 50 m über der Talsiedlung Schlächtenhaus am Nordabfall des Glaserbergs. Der Ort Schlächtenhaus selbst erstreckt sich im Tal, dort wo Klosterbach und Aubächle sich treffen, wobei er noch gut seinen ursprünglichen Wegedorfcharakter zu erkennen gibt. Die alten Anwesen reihen sich mit deutlichem Abstand an der Straße Kandern-Weitenau auf, nur gelegentlich von neueren Einfamilienhäusern unterbrochen. Erst wenige Neubauten haben den noch stark landwirtschaftlich geprägten Ort bislang verändert bzw. vergrößert. Hierzu gehört eine Häuserzeile im S entlang der Straße in Richtung Kloster Weitenau sowie die kleine, eher flächenhafte Erweiterung am östlichen bzw. nordöstlichen Rand des Ortes in Richtung Hofen. Hier stehen neben der 1902 erbauten *Schule* das 1956 errichtete *Rathaus* mit Gemeindesaal und die Spielstube.

Ebenfalls dem Typus des Wegedorfes zuzuordnen ist der Ortsteil Hofen, der auf einem flachen Hang am Südrand des Steinenbergs und damit am Abbruchrand des Schwarzwälder Grundgebirges liegt. Die Bauernhöfe reihen sich entlang der Straße nach Endenburg-Kirchhausen auf, wobei, ähnlich wie in Schlächtenhaus, die weiten Bereiche zwischen den Anwesen an der Straße häufig mit neueren Einfamilienhäusern aufgesiedelt worden sind. Ein *Neubaugebiet* (»Geisbühl«) mit 18 Bauplätzen wurde am südöstlichen Siedlungsrand erschlossen. Deutlich vom südlichen Dorfrand abgesetzt, unweit der Straße nach Weitenau, steht auf einer Anhöhe die *evangelische Kirche* der Ortsteile Endenburg, Schlächtenhaus und Weitenau. Das 1891 erbaute Gotteshaus übernahm die Funktion, die ursprünglich die Kirche des Kl. Weitenau innehatte. Weiter westlich, ebenfalls an der Straße nach Weitenau, entstand auf ehemals versumpften Gebiet durch private Initiative ein *Vogelpark* von ca. 12 ha Ausdehnung. Nahezu an der südlichen Gemarkungsgrenze von Schlächtenhaus, im engen Tal des Klosterbachs zwischen Stoffelberg, Häfnet und Rüttele, liegt das Kloster Weitenau. Klosterkirche und einige später hinzugekommene, z. T. separat stehende Gebäude sind erhalten.

Heute ist dort eine Fachklinik für suchtkranke Jugendliche eingerichtet. Der zum Kloster gehörige Hof, der sich aus zwei alten Anwesen zusammensetzt, war vermutlich ein Mustergut des Klosters.

Der Ortsteil Hägelberg, der auf erhalten gebliebenem Muschelkalkuntergrund nördlich des Hauptortes Steinen liegt, ist geprägt durch den Unterschied zwischen dem alten Bauerndorf und den angrenzenden ausgedehnten, modernen Wohngebieten. Das alte, dicht gebaute Haufendorf hat enge winklige Straßen. Viele ehemalige Bauernhöfe, denen man die ursprüngliche Form kaum mehr ansieht, sind zu Zwei- oder Mehrfamilienhäusern umgebaut worden. Die wenigen alten Höfe, die noch Landwirtschaft betreiben – es gibt noch vier Landwirte in Hägelberg –, sind in relativ schlechtem Zustand: meist ist das alte Mauerwerk von außen erkennbar. Typisch für den Ortskern sind die alten Dorfbrunnen und kleine Buntsandsteinmauern, die die leichte Hangneigung ausgleichen. Einige Gärten mit Obstbäumen reichen bis an den Ortskern heran.

Im Gegensatz dazu haben die Neubaugebiete, die auch in Hägelberg im Zusammenhang mit der starken Bautätigkeit im Umland von Steinen entstanden, eine lockere, regelmäßige Struktur. Das größte Baugebiet »In den Bergen«, westlich des Kernes am Hang gelegen, wurde ab den 1960er Jahren errichtet und besteht durchgehend aus Einfamilienhäusern z. T. sehr gehobenen Stils. Einfamilienhäuser zeichnen auch die beiden kleineren Baugebiete im NO (Richtung Friedhof) und im SO aus. Der südlichste Teil, bestehend aus Ein- und Mehrfamilienhäusern unterschiedlichsten Alters, war früher ein wenig vom übrigen Dorf abgesetzt, ist aber durch die Neubauten in den letzten Jahren mit dem Ort zusammengewachsen. Hier steht die Mehrzweckhalle aus dem Jahr 1972. Zu erwähnen sind noch ein größerer holzverarbeitender Betrieb südlich des Dorfkernes und ein Aussiedlerhof im Südwesten.

Der mit Abstand flächenkleinste Ortsteil Höllstein ist ebenfalls geprägt durch den Unterschied zwischen dem alten Bauerndorf einerseits, ausgedehnten Wohngebieten sowie einem großen Industriebetrieb (Lauffenmühle GmbH) andererseits. Der alte Ortskern liegt im Wiesental südlich des Wiesfleusses dicht am Fuß des Dinkelbergs. Den Mittelpunkt des alten dicht verbauten Haufendorfes bildet die nicht sehr große *ev. Kirche* aus dem 11. Jahrhundert. Um die Kirche scharen sich die alten Bauernhäuser derart eng, daß sich der Ortskern im Siedlungsgrundriß mit deutlicher Kreisform zu erkennen gibt. Hier im Zentrum haben sich auch einige kleinere Ladengeschäfte niedergelassen. Lineare Erweiterungen vergrößern den alten Dorfbereich sowohl nach W als auch nach O, wo er sich vor allem zwischen den parallel zueinander verlaufenden Friedrichstraße und Schulstraße auch stärker flächenhaft aufspannt. Beide Bereiche werden geprägt durch alte Bauernanwesen, von denen manche mit der Jahreszahl 1802 über der Eingangstür ihre Entstehungszeit angeben. Dies verweist auf eine Brandkatastrophe, die damals Höllstein nach einem Blitzschlag heimsuchte, wodurch 15 Bauernhöfe vernichtet wurden. Allerdings wird keines der Anwesen mehr landwirtschaftlich genutzt, allenthalben finden sich Um- und Ausbauten vor allem des Stallteils zu Wohnungen. Dies gilt auch für den großen Gutshof westlich des Zentrums mit seinem Wirtschaftsteil in der Mitte und den zwei kosthausähnlichen Anbauten an beiden Seiten. Auch hier wurde der Stall zur Aufnahme von Wohnungen umgestaltet. Die dichte Bebauung entlang der Erweiterungsachsen wird nach außen immer lockerer und vor allem im Ostteil wird der Bereich zwischen den obengenannten Straßen zunehmend von den Hofraiten und Nutzgärten der Bauernanwesen eingenommen. Zum Teil sind die Nebengebäude noch erhalten, vereinzelt sind die Freiflächen aber mit Einfamilienhäusern bebaut worden.

Vom nördlichen Dorfrand reicht das ausgedehnte Fabrikareal bis dicht an die kanalisierte Wiese heran. Der 1836 gegründete Textilbetrieb, der Mitte 1992 geschlossen wurde, hinterließ seine Spuren aber nicht nur durch die Fabrikgebäude, sondern auch durch den Werkwohnungsbau. Im 19. Jh. wurden zahlreiche sogenannte »Kosthäuser« und ein Gutshof zur Versorgung der Arbeiter errichtet. Zwar wurden einige dieser Häuser, die unmittelbar beim Betrieb lagen, bereits abgerissen, doch blieben westlich der ev. Kirche, auf der Nordseite der Hauptstraße, zwei Kosthäuser in ihrer typischen Form erhalten: es handelt sich um zweigeschossige Gebäude mit ausgebautem Dachstock und spitz zulaufendem Giebel. Auf der Rückseite ist außerdem eine hölzerne Laube angebaut. Die Gebäudeformen bilden einen deutlichen Gegensatz zu der Bausubstanz des bäuerlichen Ortskerns.

Eine *Siedlungserweiterung* erfolgte im Anschluß an die Industrialisierung des Ortes auch östlich der Fabrik im Bereich der Bernhardstraße, wo noch einige typische Wohnhäuser aus dem 19. Jahrhundert zu finden sind. Unweit vom Fabrikgelände an der Bernhardstraße steht auch die 1866 erbaute *kath. Kirche*. Diese Erweiterung entwickelte sich im Laufe der Zeit zu dem ausgedehnten Wohngebiet, das sich östlich an die Bernhardstraße anschließt und sich bis zum ehemaligen zweiten Fabrikbetrieb am Neuteich erstreckt. Im älteren, westlichen Teil sind meist ältere Einfamilienhäuser anzutreffen, während nach O hin kleinere Mehrfamilienhäuser das Bild des Wohngebiets bestimmen. Das ehemalige Fabrikareal ganz im O der Gemarkung ist zu einem Gewerbepark umgestaltet worden. Südlich des Kanals, der den ganzen Ort durchzieht und früher zur Bewässerung der Matten diente, schließt sich die *jüngste Ausbauzone* mit Einfamilienhäusern aus den 1980er Jahren an, die bis zur Sägmattstraße reicht (Wohngebiet »Feldle«). Bereits in den 1970er Jahren setzte die Bebauung des Dinkelberganstiegs am Südrand des Ortes mit Ein- und kleineren Mehrfamilienhäusern ein, zu denen im SW später einige genormte Zweifamilienhäuser hinzukamen. Den westlichen Abschluß der Siedlung markiert das 1991 eingeweihte Sportzentrum sowie die aus dem Jahr 1982 stammende große Mehrzweckhalle.

Die noch ländlich geprägte Siedlung Hüsingen liegt in der Quellnische des kurzen, aber stark eingetieften Hüsinger Tälchens, das sich nach N zum Wiesental öffnet. Das Dorf ist auf den anderen Seiten von Höhenrücken umgeben und weist somit eine geschützte Muldenlage auf. Der alte Ortskern mit Haufendorfgrundriß ist dicht verbaut und zeigt noch weitgehend alte Bausubstanz. Im nördlichen Bereich des alten Kerns steht die *Kirche* aus dem 15. Jahrhundert, unweit davon an der gleichen Straße das *Rathaus*. Vielen der noch zahlreich vorhandenen Bauernanwesen sieht man ihr Alter deutlich an, wenige Höfe wurden renoviert. Häufig sind Stall- oder Scheunentrakt zu Garagen umgewandelt oder zu Wohnungen umgebaut worden. Bisweilen wurden die Freiräume zwischen den Anwesen mit Neubauten aufgesiedelt. Zahlreiche alte Dorfbrunnen bilden ein auffälliges Kennzeichen. Ein kleiner Lebensmittelladen steht zur örtlichen Versorgung der Bevölkerung bereit.

Im deutlichen Kontrast zu der bäuerlich geprägten Siedlung hebt sich nördlich des Ortskerns das *Wohngebiet Laier* mit ungefähr 60 Einfamilienhäusern ab. Der östliche Teil dieses Baugebietes wurde in den 1960er und 1970er Jahren belegt, der westliche Abschnitt erst in den letzten zehn Jahren. Ebenfalls zu den neueren Bauten gehört östlich des Ortskerns, an der Straße nach Adelhausen, die Mehrzweckhalle, die unweit vom Friedhof liegt. Etwas abseits im O steht der alte Wasserbehälter, der 1908 gebaut wurde und das Wasser von der jenseits der Wiese gelegenen Gemarkungsfläche (knapp 7 km^2) sammelte und die Wasserarmut auf dem kalkigen Untergrund zu lindern versuchte. Westlich des Dorfes, bereits auf der Hochfläche des Dinkelbergs, liegen an der Straße nach Brombach dicht beieinander drei Aussiedlerhöfe, die im Rahmen der

Flurbereinigung 1968 aus dem Ortsbereich hierher verlegt wurden und noch Vollerwerbsbetriebe sind.
Bemerkenswerte Bauwerke. – Die *ev. Kirche St. Peter* in **Steinen** wurde im 18. Jh. auf den Fundamenten eines mittelalterlichen Vorgängerbaus errichtet. An das Langhaus schließt sich ein etwas eingezogener, fünfseitiger Chor an. Die Langhausfenster sind doppelgeschossig angelegt – unten quadratisch, oben rechteckig – und liegen in segmentbogigen Mauernischen. Der Turm – dreigeschossig mit Mauerschlitzen, Eckquaderung und Geschoßgesimsen in Rotsandstein – wurde erst 1768 erneuert, dabei um ein Geschoß, das sich allseits in rundbogigen Klangarkaden öffnet, erhöht. Eine Dachpyramide bekrönt ihn, in die an allen vier Seiten Giebel eingeschnitten sind. Er steht vor der Giebelwand des Barockneubaus, so daß durch die Turmhalle der Haupteingang in die Kirche führt. Der Innenraum wurde 1958 renoviert, von der Winkelempore wurde der nördliche Teil entfernt. Der Taufstein stammt von Rudolf Scheurer, die farbigen Chorfenster von Jürgen Brodwolf. Für die *evangelischlutherische* Gemeinde errichtete Olaf Gulbranssen (München) eine zweigeschossige Anlage, die *Kirche* und Gemeindehaus vereint. Der Zentralbau über quadratischem Grundriß zeigt eine eigenwillige Silhouette: Die Ecken sind durch vertikale Fensterbänder und dadurch betont, daß sie zugleich die Giebelspitze von Satteldächern sind, deren Scheitel diagonal zum Grundriß verlaufen. Aus dem tiefgelegenen Schnittpunkt der Diagonalen erhebt sich eine schlanke Turmspitze. Über Treppen gelangt man an zwei Ecken in die Kirche, die über den Gemeinderäumen liegt. Die Bänke sind segmentförmig auf Altar, Kanzelpult und Taufbecken hin geordnet, diese stehen vor einer vor die vierte Ecke gezogenen Wand, hinter der der Glockenstuhl untergebracht ist.

Die *kath. Pfarrkirche »Unbefleckte Empfängnis«* in **Höllstein** wurde 1865 von Lukas Engesser erbaut: ein rechteckiges Langhaus und ein eingezogener, in einer Rundapsis schließender Chor. Sie ist weiß verputzt und weist historisierende Architekturglieder aus Rotsandstein auf. Die Eingangsfassade schmückt ein Sandsteinportal, das Obergeschoß öffnen zwei Rundbogenfenster. Der Treppengiebel endet im Ansatz des Dachreiters. Die Seitenwände werden durch Lisenen gegliedert, dazwischen befinden sich fünf Rundbogenfenster. Der Innenraum wirkt klassizistisch nüchtern. In der Mittelachse lädt die Orgelempore aus. Die Wände haben wie die Außenmauern Lisenengliederung, darüber spannt sich eine flache Holzdecke. Der Hochaltar mit der Kreuzigungsgruppe und Seitenaltären stammen aus der Werkstatt Xaver Marmon. In jüngster Zeit wurde der Raum zur Längsseite hin umorientiert, die alte Ausstattung weitgehend beibehalten, ein neuer Hochaltar aufgestellt und das neue Kirchengestühl um ihn herum halbkreisförmig angeordnet. – Die *ev. Pfarrkirche St. Margarethe* ist neben St. Cyriak in Sulzburg die einzige erhaltene romanische Kirche im Markgräflerland. Der heutige Bau – ein einschiffiges Langhaus mit Rechteckchor – wurde um 1100 oder kurz zuvor über einem karolingischen Vorgängerbau errichtet. Die Außenwände sind durch Lisenen und Blendarkaden gegliedert. Ihre kleinen Rundbogenfenster wurden teilweise an der Südwand und am Chor 1610 zu hohen Spitzbogenfenstern mit Fischblasen- und Kleeblattmaßwerk aufgebrochen. An der Westwand sind die Bögen der Blendarkaden durch waagerechte Abschlüsse ersetzt. Das spätgotische Portal wird von einem Pultdach geschützt. Der seitlich an die Nordwand anstoßende Turm mit einem Satteldach in Langhausrichtung stammt erst aus dem 14. Jh.; er hat Mauerschlitze in den Untergeschossen, im Obergeschoß spitzbogige Klangarkaden; seine ungewölbte Halle ist durch eine spitzbogige Tür vom Langhaus zu betreten. Im Innern öffnet sich der runde Triumphbogen zum Chor hin. Hier entstand etwa 1460 ein Freskenzyklus (1918 entdeckt, 1924 freigelegt, 1964 von Jürgen Brodwolf restauriert), welcher die

Die Gemeinde im 19. Jahrhundert und in der Gegenwart

zwölf Apostel und die heilige Margarethe darstellt. Von einer gemalten Verkündigung im Triumphbogen hat sich nur der Engel erhalten. Im Chor hängt ein Kruzifixus aus der Zeit um 1500.

1726 und 1778 wurde die kleine mittelalterliche *ev. Kirche* in Hüsingen renoviert. Der Rechteckbau mit im Osten eingezogenen Ecken hat ein leicht eingeknicktes Satteldach. Das Glockentürmchen über dem Westgiebel präsentiert sich mit Zwillingsklangarkaden und trägt eine allseits mit Giebelchen verblendete, achteckige Pyramide. Die Fenster im Schiff, die alle eine moderne Bleiverglasung haben, schließen jeweils abwechselnd mit Rund- und Segmentbogen.

Das Gebäude der Kurklinik Weitenau war ehemals die Klosterkirche St. Gangolf. Am Zugang sind die Wappen des Markgrafen Rudolf IV. und der St. Blasier Äbte Christoph von Greuth und Georg Eberhard eingemauert. Vermutlich bezeugen sie eine letzte Bautätigkeit zu Ende des 15. Jahrhunderts. Als das Gebäude nach der Reformation Pfarrkirche wurde, hat man den Querbau als Pfarrhaus angefügt und die Wappen dorthin versetzt. Nach der Profanierung 1891 wurden das Schiff durch den Einzug einer Zwischendecke zweigeschossig und dabei wurden auch die Fenster geteilt, so daß sie nur noch im Obergeschoß ihre Spitzbögen zeigen. Der Turm – ehemals seitlich des 1891 abgerissenen Chores – stammt aus dem 15. Jahrhundert. Das Obergeschoß in unverputztem Sandsteinmauerwerk mit sonst spitzbogigen Maßwerkfenstern und einem Triforium im Osten wurde Ende des 16. Jh. aufgestockt, die Pyramide erhielt er 1891.

Die *ev. Kirche* in Hofen ist ein neugotischer Hausteinbau aus dem Jahre 1891. Aus der westlichen Giebelfassade tritt ein querrechteckiger Turm risalitartig hervor, der allseits gekuppelte spitzbogige Klangarkaden und eine geknickte Pyramide hat. An das Langhaus, das in fünf Joche gegliedert wird, fügt sich ein eingezogener Rechteckchor an. An Nord- und Westseite umzieht den flach mit einer Holzdecke gedeckten einschiffigen Innenraum eine Winkelempore. Ihr diagonal gegenüber liegt vor der rechten Triumphbogenwand eine Kanzel auf einer Säule, daneben ein Kruzifixus. Die Altarwand öffnet sich in einem spitzbogigen Drillingsfenster. Unter den Spitzbogenfenstern im Langhaus liegen Kleeblattfenster, die allerdings auf der Südwand geschlossen sind. Die Glasfenster wurden um 1960 von Johannes Schreiter neugestaltet.

B. Die Gemeinde im 19. Jahrhundert und in der Gegenwart

Bevölkerung

Bevölkerungsentwicklung. – Der Marktort und Vogtsitz Steinen zählte 1809 419 Einwohner und damit nahezu doppel soviele wie jeder der drei übrigen zur Vogtei Steinen gehörigen Orte: Hägelberg (222), Höllstein (234) und Hüsingen (248). Endenburg mit seinen Nebenorten Kirchhausen (95) und Lehnacker (103) wies einschließlich der Schrohmühle sowie dem Auhof 429 Einwohner auf. In Schlächtenhaus (134) und Hofen (154) mit dem dazugehörigen Weiler Heuberg (13) wohnten 301 Personen; in Weitenau mit dem gleichnamigen Kloster (8) und den Siedlungen Klosterhof (15), Schillighof (62), Farnbuck (13) und Hummelberg (13) lebten 291 Menschen. Bis um die Mitte des 19. Jh. wuchs die Gesamteinwohnerzahl der in der heutigen Gemeinde Steinen zusammengefaßten Orte von 2144 um 60,4 Prozent. Dazu trug hauptsächlich (+147%) der im Wiesental gelegene Hauptort bei, wohingegen die unzugänglicheren Orte wesentlich geringer wuchsen, wenn nicht gar, wie Endenburg (mit Ausnahme von

Lehnacker), stagnierten. Die Entwicklung der Bevölkerungszahl war dort in erster Linie durch mehr oder weniger hohen Geburtenüberschuß und eine verhältnismäßig niedrige, aber stetige Ab- und Auswanderung bestimmt. Im Gegensatz hierzu verzeichneten Steinen und in geringerem Maß auch Höllstein nach dem Aufblühen der Textilindustrie seit der Mitte der 1830er Jahre beachtliche Zuwanderung. In den meisten Orten erreichte die Bevölkerungsentwicklung drei Jahrzehnte später einen vorläufigen Höhepunkt; nur Steinen und bemerkenswerterweise zunächst auch Schlächtenhaus wuchsen weiter. Zwischen 1852 und 1925 stand, bezogen auf die heutige Gemeinde Steinen, einem Geburtenüberschuß von 3156 ein Wanderungsverlust von 2325 gegenüber; daraus ergab sich eine Zunahme der Einwohnerzahl um 831 Personen. Die hohen Verluste von Endenburg (-229) und Weitenau (-100) resultierten aus starker Abwanderung. Die trotz eines negativen Wanderungssaldos deutlichen Gewinne von Höllstein (+389) und Steinen (+769) lassen sich aus einer für eine hohe Geburtenrate günstigen Altersstruktur der Bevölkerung erklären. Beide Orte zeigten im Zeitraum zwischen 1871 und 1987 ein ununterbrochenes Wachstum, Höllstein um 141,5% und Steinen um 236,4 Prozent. In Endenburg, Hägelberg, Hüsingen, Schlächtenhaus und Weitenau war die Bevölkerungsentwicklung in der 1. Hälfte des 20. Jh. rückläufig oder stagnierte; danach konnte außer in Endenburg überall eine deutliche Zunahme festgestellt werden. Die Einwohnerzahl in sämtlichen Orten der heutigen Gemeinde Steinen stieg von 5322 (1950) um 65% auf 8783 (1987). Darunter befanden sich 569 (6,5%) Personen mit fremder Staatsangehörigkeit; sie stammten insbesondere aus der Türkei (234) und aus Italien (177). Am Jahresbeginn 1993 betrug die Einwohnerzahl 9654.

Während des 1. Weltkriegs waren aus der jetzigen Gesamtgemeinde 177 Gefallene zu beklagen; der 2. Weltkrieg forderte 271 Opfer, davon starben 4 bei einem Bombenangriff auf Steinen am 16. Dezember 1944. Während des Krieges wurden nach Steinen und in seine Teilorte annähernd 300 Menschen, teils aus dem Ruhrgebiet (u. a. aus Dortmund und Witten-Annen), teils aus Grenzorten am Oberrhein, evakuiert. Nach dem Kriege nahmen alle Orte Vertriebene und Flüchtlinge auf. Die größten Kontingente, vor allem aus der Batschka (Serbien) und aus dem Sudetenland, fanden sich 1950 in Steinen (294 Personen) und Höllstein (159 Personen); die Zuwanderer stellten dort 13,4% bzw. 12,1% der Bevölkerung dar. In dem kleinen Hüsingen machten allerdings schon 49 Vertriebene 12,4% der Einwohner aus. Der Zuzug in die anderen Orte war zahlenmäßig und im Verhältnis zu den Einheimischen geringer. 1961 lebten auf dem heutigen Gemeindegebiet Steinen 868 Vertriebene und 237 Flüchtlinge aus der SBZ; das waren zusammen 16,9% der Einwohner.

Konfessionelle und soziale Gliederung. – Als baden-durlachische Untertanen waren fast alle Bewohner der Vogtei Steinen sowie der Gemeinden Endenburg, Schlächtenhaus und Weitenau zu Beginn des 19. Jh. evangelisch. Mit zunehmender Ausweitung der Industrie in den Talorten Höllstein und Steinen ließen sich dort auch immer mehr kath. Arbeiter nieder. Zwischen 1828 und 1871 stieg der Katholikenanteil in Steinen von 16,1% auf 44,7%, in Höllstein von 5,2% auf 33,1% und stabilisierte sich jeweils in diesem Bereich. In Hägelberg und Hüsingen sank die Katholikenzahl wieder auf das Niveau der 1820er Jahre, als nach der Mitte des 19. Jh. sinkende Einwohnerzahlen zu verzeichnen waren. In den drei abseits der Industrialisierungszone gelegenen Gemeinden Endenburg, Schlächtenhaus und Weitenau blieb die konfessionelle Homogenität noch bis weit ins 20. Jh. erhalten. Nur in Weitenau vermehrten sich die Katholiken nach der Jahrhundertmitte deutlich (1970: 12,5%). 1987 rechneten sich 59,5% der Bevölkerung der heutigen Gemeinde Steinen zur ev. Landeskirche, 25,2% bekannten sich zur kath. Kirche, 2,7% waren Muslime und 12,6% gehörten einer sonstigen oder keiner Religionsgemeinschaft an.

Gegen Ende des 18. Jh. reichte der Ertrag der traditionellen Landwirtschaft allein immer weniger zur Versorgung der wachsenden Bevölkerung aus, woraus schließlich ein *sozialer Wandel* resultierte. Die herrschende Realteilung hatte die Herausbildung von Kleinbetrieben gefördert. Vor allem in den Höhenlagen versuchten die Kleinbauern, sich zusätzliche Erwerbsquellen zu erschließen. So konnte man um die Mitte des 19. Jh. gerade in abgelegenen Weilern, wie z. B. in Lehnacker, eine verhältnismäßig große Zahl an Handwerkern, besonders Nagelschmiede und Weber (14), aber auch Schuhmacher und Schneider, antreffen. In Schlächtenhaus wurden nach einem amtlichen Bericht von 1852 sogar 32 Handwerker gezählt, die sämtlich über eine entsprechende Gewerbeerlaubnis verfügten. Zu verschiedenen anderen Tätigkeiten, z. B. Seidenputzen, Herstellung von Stroh- (Strauhfinke) oder Holzschuhen, war keine Lizenz erforderlich. Auf größeren Höfen verdienten 1896 Knechte 150 bis 200 Mark, Mägde 120 bis 170 Mark jährlich; als Tagelohn erhielten in der Landwirtschaft Männer 2 Mark, Frauen 1,40 Mark, jeweils mit Verköstigung. Die Industriebetriebe in Steinen und Höllstein bezahlten 1900 pro Tag zwischen 1,40 (für Jugendliche) und 2,70 Mark (für Männer). Zu diesen Konditionen, und weil zum Pendeln geeignete Verkehrsmittel fehlten, konnten aus der näheren Umgebung nicht genügend Arbeitskräfte gewonnen werden. Deshalb warben die Unternehmen Männer und Frauen von auswärts, auch in der Schweiz und in Italien, an, denen dann werkseigene Unterkünfte zugewiesen wurden. Um die Jahrhundertwende machten die Industriearbeiterschaft und ihre Familien in Höllstein und Steinen mehr als zwei Drittel der Bevölkerung aus. Teile der alteingesessenen Bevölkerung fühlten sich durch den Zustrom von Fremden und die damit zuweilen verbundenen Spannungen so sehr verunsichert, daß sie die Verstärkung der Polizeikräfte verlangten.

Noch 1895 waren jedoch die nahegelegenen Bergdörfer von den wirtschaftlichen und sozialen Verhältnissen im Wiesetal kaum berührt: Während in Höllstein kaum mehr ein Fünftel (18,9%) und in Steinen gerade noch ein Achtel (12,4%) der Erwerbstätigen von Land- und Forstwirtschaft lebte, bezogen in Hägelberg noch immer 74,5% der Einwohner ihren Lebensunterhalt aus diesem Wirtschaftsbereich, in Hüsingen waren es mit 79,6% kaum weniger als im weiter entfernten Schlächtenhaus (80,9%) oder Endenburg (81,8%), in Weitenau sogar 87,5 Prozent. Aus Gewerbe und Industrie gewannen in Hägelberg immerhin schon 19% ihr Auskommen, in Schlächtenhaus 11,6%, in Endenburg 10,6%, in Hüsingen 9,2%, in Weitenau aber nur 4,4%; demgegenüber waren in Höllstein 70,7% und in Steinen 74,1% der Erwerbstätigen im Produzierenden Gewerbe beschäftigt. Handel und Verkehr ernährten in den Industrieorten 3,7% bzw. 6,9%, in Endenburg 3% und in Weitenau 1,3%; in Hägelberg, Hüsingen und Schlächtenhaus waren es dagegen jeweils nur ein oder zwei Personen. Mit sonstiger Erwerbstätigkeit ernährten sich im gesamten Gebiet der heutigen Gemeinde 6,9% der Einwohner.

In der 1. Hälfte des 20. Jh. verloren Land- und Forstwirtschaft auch in den bislang agrarisch geprägten Orten an Bedeutung; nur noch 42,2% (Hägelberg) bis 57,4% (Weitenau) der jeweiligen Dorfbewohner bezogen daraus ihren Lebensunterhalt. Eine Ausnahme bildete freilich Endenburg, wo 1950 noch immer 81,1% der Bevölkerung von bäuerlicher Arbeit und nur 5,9% von Handwerk und Industrie lebten. Abgesehen von den eigentlichen Industrieorten lag der Anteil der aus dem Produzierenden Gewerbe versorgten Bevölkerung zwischen 19,6% in Weitenau und 36,6% in Hägelberg. Aus dem Tertiären Bereich bezogen 1950 bereits 11,2% der Steinemer und 7,6%

der Höllsteiner ihren Lebensunterhalt. Während die Ausweitung der Beschäftigung in Handel und Verkehr in diesen beiden Orten mit einer Abnahme der im Produzierenden Gewerbe Beschäftigten einherging, erfolgte dieser Vorgang in Weitenau (9,4%), Hüsingen (7,1%) und Hägelberg (6,8%) auf Kosten der Landwirtschaft. In Schlächtenhaus gab es noch um die Mitte des 20. Jh. lediglich 16 Einwohner (4%), die ihr Einkommen überwiegend aus Handel und Verkehr bezogen, aus Endenburg arbeitete niemand hauptberuflich in diesem Wirtschaftsbereich. Dienstleistungsgewerbe und Öffentlicher Dienst sicherten 1950 das Auskommen von 10,5% der Einwohner Steinens und von 3,8 bis 6,5% der Einwohner der übrigen Orte. Zwischen 8,2% (Endenburg) und 15,9% (Steinen) der Bevölkerung verdienten ihren Lebensunterhalt aus sonstigen Erwerbsquellen.

1970 bezogen nur noch in Endenburg, dem Teilort mit der geringsten Bevölkerungszahl, knapp die Hälfte der Einwohner (165 = 49%) aus Land- und Forstwirtschaft ihr Haupteinkommen, in Schlächtenhaus betraf dies noch 24%, in Weitenau 20%, in Hüsingen 14% und in Hägelberg 9 Prozent. In Steinen dagegen gehörten nur noch 41 Personen (1%) und in Höllstein 34 Personen (2%) zu diesem Wirtschaftsbereich, von dem auf die heutige Gesamtgemeinde gerechnet 7% der Bevölkerung abhingen. Im selben Jahr ernährten das Produzierende Gewerbe 52% (62% in Höllstein), Handel und Verkehr 13% (nur 7% in Endenburg) und sonstige Wirtschaftsbereiche 11% der Einwohner; 17% lebten von Arbeitslosenunterstützung, Renten u.ä. Das Ergebnis der Volkszählung von 1987 läßt deutlich werden, daß die Bedeutung der Landwirtschaft als Erwerbsfaktor noch weiter zurückgegangen ist. Auf die Gesamtgemeinde bezogen, nannten nur noch 2% der Erwerbstätigen Land- und Forstwirtschaft als Haupterwerbszweig; mit 7,9% bzw. 7,4% waren die entsprechenden Werte auch in Endenburg und Weitenau deutlich zurückgegangen. Mit 53,7% kaum gestiegen war hingegen der Anteil der im Produzierenden Gewerbe Tätigen, während Handel und Verkehr (18,3%) und die sonstigen Dienstleistungen (26,0%) noch einmal deutliche Zuwächse zu vermelden hatten.

Politisches Leben

Die Ideen der französischen Revolution hatten zunächst kaum Gelegenheit, im »Steinemer Viertel« Wirkung zu zeigen: Für die Bevölkerung brachte diese Zeit zunächst die Ankunft zumeist wohlhabender Emigranten, bald darauf für mehr als zwei Jahrzehnte wechselnde Einquartierungen und oft schier unerfüllbare Forderungen nach Geld, Naturalien und Dienstleistungen. Als die mit Krieg, Hunger und Seuchen beladenen Jahre um 1818 endlich vorüber waren, bemühten sich Bauern und Gewerbsleute zunächst, ihre Alltagsgeschäfte zu ordnen und zu befördern. 1824 erhielt Steinen mit Johann Michael Scheffelt einen Mann zum Vogt, der in der Schweiz mit republikanischen und demokratischen Gedanken in Berührung gekommen war. 1834 wurde er als Abgeordneter für den achten Ämterwahlbezirk (Schopfheim/Kandern) in die zweite Kammer der badischen Ständeversammlung gewählt, wo er zur Gruppe der Radikalen zählte. 1848 erhielt er als erneuten Vetrauensbeweis seiner Mitbürger ein Mandat zur *Deutschen Nationalversammlung*, dem Frankfurter Parlament. 1849 gehörte er der revolutionären »Konstituierenden Landesversammlung« an, die Baden eine demokratische Verfassung geben sollte. Nachdem die Revolution unter Führung des preußischen »Kartätschenprinzen« und späteren Kaisers Wilhelm I. niedergeworfen war, entzog sich Scheffelt der über ihn verhängten Zuchthausstrafe durch Flucht in die Schweiz und schließlich in die USA. Scheffelt vertrat wohl radikalrepublikanische, keineswegs aber

Die Gemeinde im 19. Jahrhundert und in der Gegenwart 601

sozialistische Ideen. In Steinen selbst scheint er kaum einen Kreis entschiedener Gesinnungsgenossen gefunden zu haben. Jedenfalls wurden die revolutionären Erhebungen im Frühjahr 1848 in Steinen, wo die Aufständischen mehrfach durchzogen, kaum unterstützt. Die Bürgerwehr des Marktfleckens legte im Gegenteil großen Wert auf ihre aktive Rolle bei der Eskortierung des gefangenen Revolutionsführers Struve. Auch der wirtschaftlich tonangebende Unternehmer, Wilhelm Geigy-Lichtenhahn, hielt es, obwohl selbst Schweizer, mit der alten monarchischen Ordnung. Die Mehrzahl der Hüsinger galten dagegen als eifrige Anhänger der Revolution; in Hägelberg hatte Johann Jakob Glaser mit recht geringem Erfolg gegen die herrschende Ordnung agitiert.

In den 1850er Jahren kehrte zur großen Zufriedenheit des Bezirksamts wieder Ruhe ein. 1868 bei der in Baden vom Kulturkampf beeinflußten Wahl zum Deutschen Zollparlament entfielen auf die regierungsnahen Nationalliberalen in den rein protestantischen Orten Hägelberg und Hüsingen jeweils sämtliche abgegebenen Stimmen, während die katholische Minderheit der Katholischen Volkspartei, dem späteren *Zentrum*, in Steinen 23,2% und in Höllstein immerhin 5,1% einbrachte. Bei den Reichstagswahlen, für die auch die Ergebnisse der übrigen heutigen Teilorte vorliegen, konnten die *Nationalliberalen* in Endenburg, Schlächtenhaus und Weitenau bis 1912 fast durchgehend 95 bis 100% der Stimmen auf sich vereinigen; ausnahmsweise entfielen 1890 in Weitenau 27,8% auf die *Freisinnigen*. In Hägelberg waren die Nationalliberalen bis einschließlich 1881 ebenfalls unangefochten; 1884 und 1890 gelang es jedoch den Freisinnigen, 22,2% bzw. 37,2% für sich zu gewinnen. Danach vermochte die Sezession ihre Wähler offenbar nicht mehr in gleichem Maße zur Abstimmung zu bewegen. Daher ließ die Wahlbeteiligung sehr stark nach und erreichte 1903 nur noch 38,7%. In Hüsingen blieben die Nationalliberalen bereits 1877 nicht unangefochten: die *Deutsch-Konservativen* erreichten damals 23,9% und vier Jahre später, bei geringerer Wahlbeteiligung, 24,1%; 1878 entfielen auf die freikonservative *Deutsche Reichspartei* 37,7%. Von 1884 bis 1893 konnten sich die Freisinnigen als stärkste Partei behaupten, danach dominierten wieder die Nationalliberalen. Sie erreichten 1912 mit 77% ihr seit 1871 bestes Ergebnis. In Steinen und Höllstein traten außer dem Zentrum ab 1884 ebenfalls die Freisinnigen mit den Nationalliberalen in Konkurrenz. In Hägelberg, Höllstein und Steinen wurden 1878 erstmals Stimmen für *Sozialdemokraten* abgegeben; ab 1893 konnten sie außer in den genannten Orten auch in Hüsingen regelmäßig auf Stimmen zählen. 1903 erreichten sie in Steinen sogar eine klare absolute Mehrheit und 1912 waren sie mit 47,8% vor den Nationalliberalen mit 41,3% und dem Zentrum mit 9,3% die eindeutig stärkste Partei. In allen übrigen Orten konnten die Sozialdemokraten 1912 mit wechselnden Stimmenanteilen den zweiten Rang einnehmen.

Nach dem Sturz der Monarchie bestätigte sich die Stärke der Sozialdemokraten gerade in den bevölkerungsreichsten Industrieorten Höllstein (43,8%) und Steinen (52,8%); den verhältnismäßig größten Erfolg errangen sie in Hägelberg mit 64,7%. In Endenburg, Hüsingen, Schlächtenhaus und Weitenau verbuchten sie 1919 jeweils knapp über 10%. Die Konkurrenz zweier sozialdemokratischer Parteien und das Auftreten der Kommunisten zersplitterte dann das Stimmpotential der Linken und reduzierte es schließlich deutlich. Da auch in den anderen politischen Lagern Richtungskämpfe ausgetragen wurden und die wirtschaftliche Entwicklung keine auch nur mittelfristige Sicherheit versprach, spiegelte sich die Verunsicherung der Wähler 1924 in der Streuung der Stimmen über das gesamte Parteienspektrum, 1928 in einer sehr geringen Wahlbeteiligung wider. Als stabilste Kraft erwies sich die kath. Wählerschaft des Zentrums in Höllstein und Steinen. 1930 erreichte die NSDAP in Endenburg bei einer Wahlbeteiligung von 46% quasi aus dem Stand 86,7% der abgegebenen gültigen Stimmen, im November 1932 bei wesentlich höherer Beteiligung vereinigten die Nationalsozialisten 97,7% auf sich, eine Stimme erhielt die SPD. Ähnliche Verhältnisse ergaben sich in Schlächtenhaus und Weitenau. In Steinen entfielen auf die NSDAP im November 1932 44,6%, während das Zentrum 11,9%, die SPD 20,4% und die KPD 12,7% erreichten. In Höllstein mußte sich die NSDAP mit 25,3% begnügen, während 22,2% an das Zentrum und 26,7% an die KPD gingen; die SPD blieb mit 8,2% noch hinter dem Evangelischen Volksdienst (EVD, 14,4%) zurück. Auf die heutige Gemeinde Steinen umgerechnet, erreichte die NSDAP bei der letzten freien Wahl der ersten deutschen Republik, am 6. November 1932, 53,5%, die KPD 12,4%, die SPD 11,5%, das Zentrum 10,4% und der EVD 7,2%.

An der *ersten freien Wahl* zum (süd-)badischen Landtag 1947, den ersten Wahlen nach dem Ende der Diktatur, beteiligten sich in den bäuerlich geprägten Dörfern nur zwischen 16,1% (Endenburg) und 53,9% (Hägelberg) der Wahlberechtigten. Dabei konnte die FDP zunächst mit Stimmenanteilen bis zu 83,3% (Endenburg) an die liberale Tradition dieser Orte anknüpfen. Die starke Position der Liberalen ging teilweise erst gegen Ende der 1960er Jahre verloren. Im übrigen entschieden sich die Wähler in Endenburg, Hägelberg, Hüsingen, Schlächtenhaus und Weitenau auch bei annähernd zeitgleichen Bundestags- und Landtagswahlen oft recht verschieden. Aufhorchen ließen freilich die Ergebnisse von 1968 und 1969 in Endenburg: Für die *NPD* votierten zunächst bei der Landtagswahl 31,6% der Wähler, bei der folgenden Bundestagswahl erhielt sie immerhin noch 22,5% und nahm damit vor SPD und FDP den zweiten Platz ein. In den Industrieorten war die Wahlbeteiligung vor allem bei den Bundestagswahlen anfangs erheblich höher. In Steinen erhielt die KPD bei der ersten Landtagswahl 17,0% bzw. 12,4% bei der ersten Bundestagswahl und 11,1% der Stimmen in Höllstein. In beiden Wahlen entfielen auf die SPD jeweils die meisten Stimmen. FDP und CDU nahmen den zweiten oder den dritten Platz ein. Bei den folgenden Abstimmungen, mit Ausnahme der Bundestagswahlen von 1953 und 1957, behaupteten sich in Höllstein die Sozialdemokraten als stärkste, die *CDU* als zweitstärkste Partei. In Steinen konnten die Christdemokraten die Bundestagswahlen jeweils für sich entscheiden, bei den Landtagswahlen 1952, 1960, 1964 und neuerlich 1992 (38,8% SPD – 36,1% CDU) dominierte jeweils die SPD. Zwischen 1972 und 1987 ging im Gebiet der heutigen Gesamtgemeinde die CDU mit Stimmenanteilen zwischen 41,1% (1987) und 52% (1976) immer als stärkste Kraft aus den Wahlen hervor. Die SPD besetzte mit Ergebnissen zwischen 42,6% (1972) und 32,7% (1990) stets den zweiten Platz. FDP und Grüne mußten, wie andernorts auch, seit 1980 um den dritten Rang konkurrieren. Bei der Bundestagswahl 1987 entschieden sich für beide Parteien je 11,5% der Wähler. 1990 fiel der Anteil der Grünen auch in der Gemeinde Steinen mit 5,6% deutlich ab, während sich die FDP mit 12,9% verbessern konnte. – Auch im *Gemeinderat* von Steinen sind, wie sonst meist nur in mittleren Städten zu beobachten, die Parteien stark vertreten. Seit der Wahl von 1989 gehören dem Gemeindeparlament 12 Vertreter der CDU und 8 der SPD an. Die 9 parteipolitisch nicht gebundenen Gemeinderäte wurden über die Liste der Freien Wählervereinigung Steinen gewählt. – Die Mitglieder von CDU, SPD, FDP sowie der Grünen haben sich in der Gemeinde Steinen zu örtlichen Organisationen zusammengeschlossen.

Wirtschaft und Verkehr

Land- und Forstwirtschaft. – Während an den Hängen des Wiesentals bei Steinen, am Dinkelberg bei Hüsingen (1850: 3,6 ha) sowie auf den Höhen um Hägelberg bis ins 19. Jh. immerhin einige Flurstücke mit *Reben* bestockt waren, ließ das Klima in Höllstein oder Weitenau, noch viel weniger aber in Schlächtenhaus oder gar Endenburg den Anbau empfindlicher Gewächse zu. Allerdings wurde 1880 in Weitenau sowohl relativ zur Gemarkung (33,9%) als auch im Vergleich zu den anderen Orten die größte Fläche, 230 ha, als *Ackerland* genutzt; an zweiter Stelle folgte Hüsingen, wo 219 ha (31,9% der Gemarkung) beackert wurden, den dritten Platz nahm Schlächtenhaus mit 184 ha Ackerland (24,4% der Gemarkung) ein. Es folgte Endenburg (174 ha; 16,4% der Gemarkung), während in Steinen 144 ha immerhin 24,2% entsprachen. In Hägelberg waren mit 118 ha 18,3% angebaut, in Höllstein mit 49 ha 18,5% der Gemarkungsfläche.

In den folgenden 50 Jahren verminderte sich in sämtlichen Orten die Anbaufläche: im Ortsteil Steinen um mehr als die Hälfte auf 56 ha, im ebenso industriell geprägten Höllstein auf 36 ha. In Schlächtenhaus wurden dagegen im selben Zeitraum nur 3 ha aufgegeben, in Endenburg 18 ha. Bei ähnlichem Gemarkungsumfang und vergleichbarer Ausgangsfläche fiel der Rückgang in Hüsingen mit 40 ha und in Weitenau mit 25 ha doch recht unterschiedlich aus; in Hägelberg schließlich ging die Ackerfläche um 43 ha zurück. In erster Linie wurde der *Getreideanbau* vermindert, insbesondere von Dinkel. Im Bereich der heutigen Gemeinde Steinen sank der Anbau dieser einst landschaftsprägenden, robusten Sorte von 129 ha auf 22 ha. Sehr stark ging auch der Anbau der Sommergerste zurück (von insgesamt 82 ha auf 21 ha) und – trotz anfänglicher Zunahme und obwohl er das meistangebaute Getreide blieb – des Hafers (1913: 187 ha; 1930: 90 ha). Geringere Einbußen betrafen Winterweizen und Winterroggen. Von den übrigen Feldfrüchten blieb die Kartoffelfläche insgesamt gleich. Eine erhebliche Zunahme konnte beim Anbau von Futterpflanzen vor allem in Weitenau (von 19 ha auf 90 ha) und Schlächtenhaus festgestellt werden.

Die aufgegebenen Ackerflächen wurden weitgehend in *Gras-* und *Wiesenland* verwandelt. Von 1930 bis zur Bildung der heutigen Gemeinde Steinen schrumpfte die landwirtschaftlich genutzte Fläche (LF) vor allem in Steinen (−56,5%), Hüsingen (−30%) und Schlächtenhaus (−24,8%); fast unverändert groß blieb die LF in Endenburg mit 342 ha und Weitenau mit 287 ha. Danach nahm die LF im Gebiet der neuen Gemeinde geringfügig zu und umfaßte 1987 1471 ha. Darunter waren 300 ha (1971: 311 ha) Ackerland und 1116 ha Dauergrünland. Mit Sonderkulturen (meist Obstbäume) waren 26 ha bestanden.

Die Vieh- und insbesondere *Rinderhaltung* war in sämtlichen Teilorten der heutigen Gemeinde zu Beginn des 19. Jh. ein wichtiger Wirtschaftsfaktor. In den Talorten wurde hauptsächlich Jungvieh aufgezogen, während in den dünner besiedelten Bergorten gemästet wurde, in Schlächtenhaus wurde hauptsächlich Milchvieh gehalten. Dort gab es auch eine Käserei.

Die größten Rinderbestände gab es um die Mitte des 19. Jh. in Endenburg (385), Weitenau (308) und Schlächtenhaus (280), es folgten Steinen (256) und Hüsingen (244) sowie Hägelberg (192) und Höllstein (118). Trotz mehrfachen Auftretens der Maul- und Klauenseuche stieg die Rinderzahl bis in die 1910er Jahre überall, in Höllstein sogar um fast 90%. Ungünstigere Absatzmöglichkeiten minderten nach dem 1. Weltkrieg das Interesse an der Rinderhaltung, und der Gesamtbestand der sieben Orte sank ab. Diese Entwicklung hielt besonders in Endenburg und Schlächtenhaus, also dort, wo es die größten Bestände gegeben hatte, bis in die 1970er Jahre an. Gegenläufig jedoch war die Entwicklung in Hägelberg (+ 15,8%) und Hüsingen (+ 15,2%), besonders aber in Weitenau (+ 17,6%). Hier wurden schließlich 428 Rinder gehalten, darunter 205 Milchkühe. 1982 wurden im Bereich der heutigen Gde Steinen in 111 Betrieben insgesamt 2193 Rinder (darunter 780 Kühe) gehalten; damit hatte sich der Durchschnittsbestand infolge von Betriebsaufgaben seit 1965 nahezu verdoppelt (1987: in 119 Betrieben 2018 Rinder, darunter 721 Milchkühe).

Neben der Rinderhaltung kam der *Schweinezucht* erhebliche Bedeutung zu (1855: 569; 1913: 938 Stück). Die Jungschweine konnten mit gutem Gewinn auf Märkten oder direkt an Händler verkauft werden. Zur Schweinemast wurden in Hüsingen um 1914 vor allem Eicheln verwendet. 1982 hielten in der Gesamtgemeinde 87 Betriebe 814 Schweine, darunter 27 Zuchtsauen. Bis 1987 war die Schweinezahl auf 768 zurückgegangen. – Noch um die Wende zum 20. Jh. spielte die *Schafzucht* in allen Orten (1855: 692 Tiere), besonders aber in Endenburg (1855: 317) und Hüsingen (1855: 166) eine wichtige Rolle. Nachdem sie über sechs Jahrzehnte hin aufgegeben war, werden seit der Mitte der 1970er Jahre mit wechselndem Erfolg wieder Schafe (1980: 506; 1987: 547) gehalten. – *Ziegen* waren um die Mitte des 19. Jh. vor allem für die Kleinstbetriebe in Endenburg, Schlächtenhaus und Weitenau wichtig und noch in den 1920er Jahren wurde die »Kuh des kleinen Mannes« gehalten, selbst in den Industrieorten Steinen (1930: 27) und Höllstein (1930: 16). Nach dem 2. Weltkrieg verschwand die Ziegenhaltung völlig. – 1880 wurden von Endenburg bis Hüsingen 131 *Pferde* gehalten, 1930 waren es sogar 164. 1965 schien die Pferdehaltung überall aufgegeben. Doch bereits zehn Jahre später wurden in der Gesamtgemeinde Steinen in 20 Betrieben wieder 48, 1987 57 Pferde gezählt (durchweg Reitpferde). – *Hühner* wurden im 19. Jh. vorrangig zur Deckung des Eigenbedarfs gehalten. 1982 hielten 88 Betriebe 4969 Hühner, darunter 4308 Legehennen, 1987 5347 Stück.

Alle Orte zusammen wiesen 1895 1747 ha Anbaufläche auf, die sich auf 507 Betriebe allerdings recht ungleich verteilten. Die durchschnittliche *Betriebsgröße* reichte von 1,4 ha in Steinen bis 5,6 ha in Endenburg. In Steinen bewirtschafteten damals von insgesamt 145 Betrieben 99 Betriebe (68,3%) nur bis zu 1 ha und 10 (6,9%) weitere bis zu 2 ha. In den folgenden 30 Jahren stieg die Gesamtzahl der Betriebe um 52 an, ungeachtet der insgesamt leicht rückläufigen landwirtschaftlich genutzten Fläche (LF). Dabei waren gegensätzliche Tendenzen in den einzelnen heutigen Ortsteilen festzustellen: während Steinen bei sogar leichter Ausdehnung der LF bereits eine Konzentration auf größere Betriebe erkennen läßt, stieg in Höllstein bei verkleinerter LF (– 30 ha) die Zahl der – meist sehr kleinen – Betriebe von 53 auf 155.

Indessen lief der Konzentrationsprozeß seither in der gesamten heutigen Gemeinde weiter. Bei der Volkszählung von 1987 meldeten von den 119 Betrieben immerhin 23 mehr als 20 ha LF, 26 Betriebe bewirtschafteten zwischen 10 und 20 ha, die übrigen 70 weniger als 10 ha LF. – 1965 wurde in Weitenau zur Flurbereinigung ein freiwilliger Landtausch durchgeführt; 1968 fand in Hüsingen ein beschleunigtes Zusammenlegungsverfahren statt. Bereits 1964 siedelten auf Steinemer Gemarkung zwei Höfe aus. 1969 bzw. 1970 wurden in Hägelberg und Weitenau je ein Aussiedlerhof und in Hüsingen drei weitere *Aussiedlerhöfe* angelegt. 1987 gab es in der Gesamtgemeinde noch 36 *Vollerwerbsbetriebe*, deren Produktionsschwerpunkt im Bereich der Tierhaltung lag. Seither ist die Zahl weiter rückläufig gewesen.

Um 1850 wiesen die sieben Gemarkungen insgesamt 2192 ha *Waldfläche* auf, darunter Höllstein 117 ha und Endenburg 430 ha. Es handelte sich fast durchweg um Laubwald. Mehr als die Hälfte des Waldes befand sich in Privatbesitz, knapp 35%

Die Gemeinde im 19. Jahrhundert und in der Gegenwart

gehörte den Gemeinden. Vor allem in der Zeit bis zur Jahrhundertwende wurde die Waldfläche ausgedehnt (1900: 2535 ha; 1990: 2732 ha), die Besitzverhältnisse indessen blieben bis heute im wesentlichen unverändert. Anders die Holzarten: während Laubwald abgeholzt wurde (1900: 2109 ha; 1990: 1382 ha), wurden fast nur Nadelhölzer neu angepflanzt, so daß deren Fläche 1990 mit 1350 ha fast die Hälfte des Waldes im Bereich der heutigen Gemeinde Steinen ausmachte.

Handwerk und Industrie. – Von allen drei zur Gemeinde Endenburg gehörigen Orten zählte der Weiler Lehnacker um die Mitte des 19. Jh. die meisten Handwerker: 14 Weber und Nagelschmiede arbeiteten für auswärtige Auftraggeber, u. a. aus Basel. Zu Beginn des 20. Jh. war die Weberei und das Nagelschmieden bereits weitgehend aufgegeben. Daneben gab es wie in Kirchhausen und im Hauptort Endenburg immer einige Handwerker, z. B. Schuhmacher und Schneider, Maurer, Zimmerleute, Schreiner, Wagner, Schmiede, Steinhauer und auch Bäcker, die ihr Gewerbe neben einer Landwirtschaft betrieben. Der älteste Gewerbebetrieb auf Endenburger Gemarkung war die *Schrohmühle* im Höllbachtal.

In Schlächtenhaus baute man noch im 19. Jh. ein allerdings sehr geringfügiges Steinsalzvorkommen »auf der Weiermatt« ab. Im Ort und im Zinken Hofen wurden 1852 32 Personen mit einer Gewerbekonzession angetroffen; unter anderem wurde eine Holzschuhbödenfabrikation betrieben. Außer einer seit langem vorhandenen Getreidemühle arbeitete eine mechanische Werkstätte in Hofen mit Wasserkraft. 1884 wurde eine Käserei gegründet, die die örtlichen Rindviehhalter zur regelmäßigen Milchablieferung zu verpflichten suchte. Zwei Jahre danach übernahm eine Genossenschaft das Unternehmen und errichtete 1888 ein neues Betriebsgebäude.

Im benachbarten Weitenau arbeiteten 1852 13 Handwerker, darunter Nagelschmiede, Wagner, Weber und Schneider. Zu Beginn des 20. Jh. kamen noch je ein Zimmermann, Schreiner und Schuhmacher hinzu. Der wichtigste Betrieb war seit 1897 die von einem ehemaligen Bürgermeister erbaute *Sägemühle*, die neun Arbeiter beschäftigte. Ihr Bau war nur aufgrund der Bürgschaft mehrerer Einwohner zustandegekommen. Ihr Konkurs 1910 fügte diesen großen Schaden zu. Immerhin fand sich der neue Besitzer zum Weiterbetrieb bereit. Auch in Hägelberg konnte man im Laufe des 19. Jh. die üblichen Dorfhandwerker antreffen. Der Gipsabbau in Hüsingen war um 1850 bereits wieder eingestellt, jedoch wurden sieben Handwerker angetroffen. Im Industrieort Höllstein waren die meisten Handwerksgattungen vertreten. Die um die Jahrhundertwende gegründete Sägerei Hutter beschäftigte 10 bis 12 Arbeiter.

Im Marktflecken Steinen hatte bereits im 18. Jh. eine eigene Zunft der Schuhmacher des Steinemer Viertels ihren Sitz. Auch sonst war der Ort mit Handwerkern gut ausgestattet und bis um die Mitte des 19. Jh. gab es auch zwei Mühlen. Später kamen eine mechanische Werkstätte, eine Steinsägerei, zwei Holzsägereien und ein Holzwarenhersteller hinzu. 1940 zählte man in Steinen allein 47 Handwerker, in Höllstein 23 und in allen sieben Orten zusammen 99 Betriebe. Über die Verteilung der im Jahre 1992 in der Gesamtgemeinde Steinen ansässigen Handwerksbetriebe gibt die nachstehende Tabelle Auskunft.

1816 errichtete die Lörracher Firma Merian & Koechlin in Steinen eine Handweberei, in der 45 Männer und 56 Frauen beschäftigt wurden. Zwanzig Jahre später nahm die »Mechanische Spinnerei und Weberei Steinen« des Schweizer Majors Wilhelm Geigy-Lichtenhahn ihren Betrieb auf, nachdem dieser 1834 Gelände und Wasserrecht am Steinemer Gewerbekanal erworben und ein neues Gebäude, »die obere Fabrik«, für zunächst 115 Webstühle hatte erbauen lassen. 1849 pachtete Geigy die im unteren Teil des Dorfes an der Landstraße gelegene Koechlinsche Weberei und kaufte sie neun Jahre

Tab. 13: Das Handwerk 1992

Branche	Zahl der Betriebe	Beschäftigte	Umsatz
Baugewerbe	23	226	26,4 Mio. DM
Metall	30	197	39,1 Mio DM
Holz	7	38	4,7 Mio. DM
Textil/Leder/Bekleidung	1	3	0,3 Mio. DM
Nahrung	6	44	7,5 Mio. DM
Gesundheit/Körperpflege	9	82	4,7 Mio. DM
Glas/Papier/Keramik und Sonstige	3	28	4,3 Mio. DM
Gesamt	79	618	87,0 Mio. DM

Quelle: Handwerkskammer Freiburg

später samt den 164 Handwebstühlen. Bereits 1853 hatte der Unternehmer vom Basler Handelshaus Debary und Bischoff in der Nähe einen bereits als Fabrikgelände vorgesehenen Platz gekauft. 1854 ließ er darauf die »untere Fabrik« errichten, eine Spinnerei mit zunächst 21 000 Spindeln. Vier Jahre darauf baute er die »obere Fabrik« um, fügte ein Kessel- und Maschinenhaus an und ließ schließlich einen Schornstein aufrichten, der nun das Dorf weithin sichtbar überragte. Zu Beginn des Jahres 1859 firmierte das Unternehmen unter »Wilhelm Geigy & Co.«; es zählte 27 000 Spindeln und beschäftigte an 600 Webstühlen 450 Arbeitskräfte. 1864 wurde als weiteres Werk eine Wollweberei mit 246 Stühlen, einschließlich Färberei und Appretur, am unteren Ortsausgang in Betrieb genommen. Der Tod der Witwe des Firmengründers löste eine Erbauseinandersetzung und im Zusammenhang damit den Verkauf des Unternehmens an eine neugegründete Aktiengesellschaft aus. Die Firma hieß seitdem *Spinnerei und Weberei Steinen AG*; das Firmenkapital wurde je zur Hälfte von Mitgliedern der Familie Geigy und von den übrigen Aktionären gestellt. Die Fabriken erhielten damals die nötige Energie aus drei Wasserkraftanlagen mit einer Gesamtleistung von 300 PS sowie aus vier Dampfmaschinen mit 595 PS. Dem Unternehmen gehörten 14 Wohnhäuser, darunter 9 Arbeiterhäuser mit 88 Wohnungen. In den 1890er Jahren entwickelte sich die Spinnerei und Weberei Steinen AG mit 45 000 Spindeln zur zweitgrößten Baumwollspinnerei Badens. 1898 eröffnete man in Maulburg eine Webereifiliale mit 1200 Stühlen und rückte damit auch in diesem Bereich in die Spitzengruppe vor. Während des 1. Weltkrieg wurden beide Bereiche des Unternehmens zu Hochleistungsbetrieben erklärt und durften als solche voll ausgelastet weiterarbeiten. Dieser Umstand sicherte der Firma auch während der Kriegsjahre ansehnliche Gewinne und den ungestörten Fortbestand. Im Oktober 1963 kaufte die Firma *Merian & Co. GmbH* in Höllstein, damals bereits eine Tochterfirma der Lauffenmühle GmbH, den gesamten Besitz der Spinnerei und Weberei Steinen AG auf. Die »obere Fabrik« wurde von der Käuferin kurzzeitig für eigene Produktion genutzt; in der »unteren Fabrik« arbeitete ab 1970 der Angorawäscheproduzent »Medima«.

1835 gründete der Basler Geschäftsmann *Louis Merian* in Höllstein die zweite Maschinenfabrik im Großherzogtum Baden. Ihr Hauptprodukt waren Textilmaschinen; es wurden aber auch Werkzeugmaschinen, Eisenbahnweichen und Drehbühnen, später auch Turbinen hergestellt. Der Betrieb beschäftigte anfangs etwa 15 Arbeiter, zu Beginn der 1860er Jahre etwa 80 Personen. Gegen Ende des Jahrzehnts gab Merian die Metallverarbeitung wieder auf. Zuvor schon hatte er seinem Unternehmen eine Baumwollspinnerei und Weberei angegliedert, die 1869 ca. 170 Arbeitskräfte beschäftigte. 1878/79 wurde auch diese Firma von der allgemeinen Krise erfaßt. In den folgenden Jahrzehnten nahm das Unternehmen jedoch einen gewaltigen Aufschwung und wies am Vorabend des 1. Weltkriegs eine Kapazität von 17800 Spindeln und 386 Webstühlen auf. Durch Einsatz moderner Technik benötigte man nur knapp 200 Arbeitskräfte. Mitte der 1920er Jahre rügten jedoch amerikanische Sachverständige die inzwischen veralteten Webstühle und rieten zu einer gründlichen Rationalisierung des Betriebes. Ende der 1970er Jahre wechselte der Betrieb in den Besitz des Winkler-Konzerns und erfuhr eine neuerliche intensive Rationalisierung. Inzwischen wurde er von der *Laufenmühle GmbH* mit Sitz in Lauchringen (Lkr. Waldshut) übernommen und produzierte in den 1980er Jahren Bekleidungsstoffe und technische Gewebe sowie die dazu nötigen Garne. 50% des Umsatzes wurden im europäischen Ausland erzielt. Das Unternehmen wurde 1992 geschlossen. Lediglich die Ausrüstung (Indigofärberei) mit ca. 30 bis 35 Beschäftigten ist noch in Betrieb.

Als weitere Textilfabrik kam die *Gaze- und Crepp-Weberei* Höllstein in der 1. Hälfte des 20. Jh. zu einiger Bedeutung. Obwohl das Unternehmen wegen seiner Exportorientierung in den Kriegsjahren 1914/18 erhebliche Absatzschwierigkeiten hatte, beschäftigte es zu Beginn der 1920er Jahre bereits wieder über 100 Personen. Dieser Betrieb war 1966 von der Frankfurter Bettfedernfabrik Fritz Volker GmbH übernommen worden. Er wurde 1988/89 geschlossen. Auch die *Rumpfsche Kreppfabrik* in Steinen hatte während ihres Bestehens bis in die Kriegsjahre nach 1914 ständig mit Absatzproblemen zu kämpfen. Um 1900 zählte das Unternehmen knapp 90 Beschäftigte. In den 1950er Jahren wurde der Betrieb aufgegeben. Die Wiesentäler *Knüpf- und Webwaren GmbH*, 1950 von Dr. Hans Göller gegründet, beschäftigte Ende 1992 ca. 35 Personen mit der Konfektion von Bettwäsche sowie mit dem Besticken von Frottiertüchern und Wäschestücken. Franz und Marianne Brändle gründeten 1973 die *Wiesentäler Berufskleidung GmbH*. Das Unternehmen beschäftigte 1992 durchschnittlich 20 Mitarbeiter.

Neben der Textil- und Bekleidungsindustrie hat auch die Metallverarbeitung in Steinen und Höllstein Tradition. Bald nach der Übernahme der seit drei Generationen in der Familie vererbten Schmiede begann Ernst Rotzler zu Beginn der 1920er Jahre Seilwinden herzustellen und damit vor allem landwirtschaftliche Fördergeräte auszurüsten. Als sich 1933 die Gelegenheit bot, das Betriebsgebäude einer ehemaligen Spinnerei – heute Werk I – zu erwerben, verlegte Ernst Rotzler seine Produktion und gründete mit seinem Bruder Wilhelm eine OHG; die neue Firma beschäftigte sieben Arbeiter und einen Angestellten. 1934/35 begann das Unternehmem mit der Herstellung von speziellen Seilwinden zur Ausrüstung von Lastkraftwagen, Schleppern und Panzerfahrzeugen. Dank reger Nachfrage konnte die Produktion ausgeweitet und das Werk zwischen 1938 und 1941 weiter ausgebaut werden. 1945 wurde es von der französischen Besatzungsmacht beschlagnahmt und demontiert. Im wirtschaftlichen Aufschwung der 1950er Jahre begann auch die *Rotzler GmbH & Co*, Fabrik für Seilwinden, wieder zu florieren. Ein enormer Bedarf an Heuaufzügen und Seilwinden für Schlepper und Lastkraftwagen trug dazu bei. Schon 1959 zählte das Unternehmen 125 Beschäftigte. 1962 bezog die Firma eine neue Fabrikationshalle. Ein Jahr darauf begann Rotzler, sich aus seinem ursprünglichen Produktionsbereich zurückzuziehen. Statt landwirtschaftliche Fördergeräte zu bauen, bemühte man sich nun um die Einführung der Planetenwinde mit hydraulischem Antrieb. Bereits 1972 konnte in Karlsruhe ein Filialbetrieb mit zunächst 50 Arbeitsplätzen eröffnet werden. 1976 und 1982 bezog die Firma weitere Fertigungshallen auf dem Steinemer Betriebsgelände. 1985 beschäftigte Rotzler in Steinen 282 Personen. Die Erzeugnisse der Firma sind weltweit gefragt: der

Exportanteil am Gesamtumsatz (52 Mio. DM) betrug 1985 ca. 40%. Ende 1992 waren 568 Mitarbeiter, darunter 277 in Steinen, bei diesem Unternehmen tätig. Der Umsatz von 83 Mio. DM wurde bei einem Exportanteil von 42% erzielt.

Seit 1974 besteht die *Bobolowski Antriebssysteme GmbH*. Das Unternehmen beschäftigte 1992 etwa 20 Personen und hat inzwischen seine Produktion auf Vorschubantriebe für Werkzeugmaschinen ausgeweitet. – Nach dem 2. Weltkrieg hatte sich Ernst Hänsler als Konstrukteur von Stauwehranlagen selbständig gemacht. 1962 wurde das Ingenieurbüro durch eine von Wolf-Dieter Hänsler geführte Mechanikerwerkstätte ergänzt. Während des Ausbaus des Oberrheins erhielt das Spezialunternehmen zahlreiche Aufträge und konnte seinen Betrieb in den 1970er Jahren mehrfach erweitern und modernisieren. Durchschnittlich wurden 10 bis 20 Mitarbeiter beschäftigt. Die Firma lieferte inzwischen auch nach Übersee, u. a. nach Chile und nach Äthiopien. Seit 1977 wird das Unternehmen als *Ernst Hänsler GmbH* geführt. Mit Planung und Bau von Wehranlagen in Kanalisationen wurde ein neuer Tätigkeitsbereich erschlossen. – C. Vischi und A. Litterer gründeten 1953 eine Kammfabrik für Spinnereien und Kämmereien, die *KSK Vischi & Co. KG*. Mit zunächst sechs, später knapp 20 Mitarbeitern stellt die Spezialfirma benadeltes Maschinenzubehör für die Textil- und Plastikindustrie her und beliefert damit Betriebe sowohl im Inland als auch (1992: ca. 65% des Umsatzes) viele Länder Europas, Amerikas und Afrikas. – 1964 begann Max Boll in Höllstein, unterstützt von seiner Frau, mit der Herstellung diverser Kleingeräte. Sie gründeten eine GmbH und konnten dank des guten Absatzes ihrer Produkte die Zahl ihrer Mitarbeiter stetig erhöhen (1992: 25). Inzwischen produziert die *Max Boll Maschinen- und Stahlbau GmbH* insbesondere Maschinen zum Aufbereiten und Sieben von Abfällen und Erde sowie Bandsägen für den Tischlereibedarf. 1992 gingen ca. 10% der Produktion ins westeuropäische Ausland. – Die Firma *RMF, Rolf Merstetter Feinmechanik*, stellt seit ihrer Gründung im Jahr 1970 Langdrehteile zu unterschiedlichster Verwendung her. Der Betrieb zählte 1992 15 bis 20 Mitarbeiter. – 1983 gründete Herbert Hüttlin eine Firma, die sich auf die Entwicklung und Konstruktion von Anlagen zur Beschichtung von Feststoffen, Granulierung von Pulvermassen und Trocknung von Schüttgut spezialisierte. Als Folge der allgemeinen Rezession in der chemischen Industrie ging die *Hüttlin-Coating-Technik GmbH* 1994 in Konkurs und wurde von der Badenwerk AG aufgekauft. Der Betrieb wird seither unter dem gleichen Namen weitergeführt, die 33 Beschäftigten wurden übernommen.

Handel, Dienstleistungen und Verkehr. – Aufgrund seiner Lage an der Mündung des Steinenbachtals ins Wiesetal und wegen seiner Funktion als Vogtsitz waren in Steinen gute Voraussetzungen für das Abhalten von *Märkten* vorhanden. Dementsprechend hatte der Flecken im 18. Jh. das Marktrecht erhalten. Die Nähe der Städte Lörrach und Schopfheim scheint aber die dauerhafte Einrichtung von Vieh- und Krämermärkten behindert zu haben. Auf das 1830 erteilte Recht zur Abhaltung eines Schweinemarkts jede Woche dienstags verzichtete die Gemeinde schon nach zehn Monaten. Ein weiterer Versuch zur Einrichtung eines Vieh- und Schweinemarkts jeweils am letzten Montag eines jeden Monats scheiterte um die Jahrhundertwende an mangelndem Zulauf. 1836 bemühte sich der Bürgermeister um die Erlaubnis, am Dienstag und Freitag jeweils Wochenmarkt halten zu dürfen, um die Nahrungsmittelversorgung insbesondere der Fabrikbevölkerung zu verbessern und »einem unerlaubten Hausierhandel zu begegnen«. Die Genehmigung wurde erteilt und die Markttage wurden bis gegen Ende des 1. Weltkriegs rege genutzt. In den 1920er Jahren unternahm man zwei vergebliche Anläufe zur Wiederbelebung dieser Märkte. Erst seit 1974 gibt es

Die Gemeinde im 19. Jahrhundert und in der Gegenwart 609

in Steinen wieder wöchentlich zwei Markttage. Außerdem wurde der Steinemer Weihnachtsmarkt zur Tradition.

1905 gab es in Steinen neben 7 Bäckereien und 4 Metzgereien 10 Kaufläden; zwei Jahrzehnte später, nachdem die Wochenmärkte eingestellt waren, fanden sich neben den 4 Metzgereien nur noch 5 Bäckereien und 8 sonstige Ladengeschäfte. In Höllstein existierten damals neben 3 Bäckerei- und 2 Metzgereigeschäften 2 Kaufläden. In den übrigen Dörfern scheinen bis um die Mitte des 20. Jh. nur kleine Kramläden bestanden zu haben. 1972 zählte man in Steinen 26 und in Höllstein 6 Handelsbetriebe; in den anderen Orten gab es je einen Lebensmittelladen und in Schlächtenhaus noch ein Schuhgeschäft. Bei der Volkszählung 1987 wurden in Steinen 58 Handelsbetriebe, davon 13 im Groß-, 42 im Einzelhandel sowie 3 Handelsvermittlungen gezählt.

Zu Beginn des 20. Jh. wurden in der damaligen Gemeinde Endenburg drei *Gasthäuser* betrieben: »Pflug«, »Sonne« und »Krone« (in Lehnacker); dazu kam eine Pension. In Hägelberg bestand 1850 die Realwirtschaft »Zum fröhlichen Mann«, wo vor allem Hausierer aus dem Schwarzwald übernachteten. Von 1879 bis 1914 ist im Unterdorf die Realwirtschaft »Zur Sonne« belegt. Das Gasthaus »Zum Hirschen« besteht in Hägelberg zumindest seit Anfang des 20. Jahrhunderts. In Höllstein sind für 1915 drei Wirtschaften und ein Branntweinausschank aufgeführt. Auch in Hüsingen gab es bereits 1850 wenigstens eine Realwirtschaft. 1910 wird der Gasthof »Zum Sternen« sowie der Gasthof »Zum Hirschen« erwähnt, die beide auch Wannenbäder für die Ortseinwohner boten. In Schlächtenhaus waren um die Mitte des 19. Jh. ebenfalls zwei Realwirtschaften in Betrieb. 1906 wurden drei Gaststätten gezählt, davon befand sich eine in Hofen. In Steinen kannte man 1903 sechs Gasthäuser: »Löwen«, »Hirschen«, »Ochsen«, »Salmen«, »Sonne« und »Krone«. Davon gehörten der »Löwen« und der »Ochsen« zu den ältesten Wirtshäusern. Eine der beiden 1852 in Weitenau bestehenden Realwirtschaften war im Besitz der Gemeinde; 1913 ist für Weitenau wie für Schillighof je eine Gaststätte bekannt.

Zu Anfang der 1990er Jahre bestanden in Endenburg insgesamt fünf Wirtschaften; davon befanden sich zwei in Lehnacker und eine in Kirchhausen. Hägelberg, Hüsingen Schlächtenhaus-Hofen und Weitenau hatten je zwei, Höllstein und Steinen je fünf Gaststätten. Übernachtungsmöglichkeit bieten in Steinen zwei Pensionen, ein Gästehaus sowie das Hotel »Ochsen«. In Weitenau das Gasthaus »Maien«, in Hüsingen der Landgasthof »Hirschen« und in Höllstein das Gasthaus »Traube« halten ebenfalls Betten bereit. In Endenburg findet man Aufnahme in den Gasthäusern »Alpenblick«, »Krone«, »Pflug« und »Tanne«. Außerdem gibt es in Hüsingen einen Campingplatz mit ca. 100 Parzellen. Endenburg hat sich seine Tradition als Erholungsort bewahrt. 1987 konnten hier 19360 Übernachtungen verbucht werden; davon entfielen ca. 10000 auf das Sanatorium »Haus am Stalten«. Die übrigen Ortsteile registrierten insgesamt 3830 Übernachtungen (1992: 18454, darunter 10585 im »Haus am Stalten«). Eine über die Region hinaus bekannte Attraktion besitzt seit 1980 Steinens Teilort Schlächtenhaus mit dem *Vogelpark Wiesental*.

Um die Befriedigung des Kreditbedarfs nicht privaten Geldverleihern zu überlassen, wurde 1883 in Endenburg eine ländliche Darlehenskasse gegründet, die nach drei Jahren bereits einen für die damalige Zeit beachtlichen Jahresumsatz von 11000 Mark ausweisen konnte. In Weitenau bestand zunächst seit 1852 eine eigene Sparkasse; 1906 wurde außerdem für das Kirchspiel Weitenau eine sogenannte »Pfennigsparkasse« ins Leben gerufen. 1839/40 wurde in Steinen eine Sparkasse gegründet, für deren Verbindlichkeiten die Gemeinden Steinen, Hägelberg und Höllstein zunächst eine beschränkte Haftung übernahmen. 1880 verzichteten die Vertreter der Sparkasse auf diese Garantie.

1931 wurde das inzwischen als Ersparnisgesellschaft Steinen firmierende Institut in eine öffentliche Verbandssparkasse umgewandelt. Als 1954 durch eine Satzungsänderung die geschäftlichen Möglichkeiten der Sparkasse erweitert wurden, änderte man auch den Namen in Bezirkssparkasse Steinen. 1967 eröffnete die Kasse in Höllstein eine Zweigstelle und in den folgenden Jahren organisierte sie in den übrigen Verbandsgemeinden wöchentliche Schalterstunden in den Rathäusern. 1971 schloß sich die Steinemer Bezirkssparkasse freiwillig der *Sparkasse Lörrach-Rheinfelden* an. Die *Volksbank Lörrach* unterhält seit Ende der 1950er Jahre in Hüsingen und seit 1961 in Steinen je eine Zweigstelle. Die ehemals selbständigen Raiffeisenkassen in Höllstein und Schlächtenhaus sind seit 1967 bzw. 1968 Zweigstellen der Raiffeisenbank Maulburg eG.

Steinen ist sowohl durch die *Bahnlinie* Basel–Zell als auch durch die B 317 mit dem oberen Wiesental und mit dem Wirtschaftszentrum am Rheinknie verbunden. Während Hägelberg durch zwei Gemeindeverbindungsstraßen mit Steinen angebunden ist, führt die historisch bedeutsame heutige L 135 von Steinen über Kloster Weitenau nach Schlächtenhaus und von dort aus weiter nach Kandern. Innerorts biegt in Schlächtenhaus die L 136 nach Weitenau ab, das mit Steinen direkt über die K 6346 verbunden ist. Die entlegeneren Ortsteile Endenburg und Kirchhausen sind über die K 6309, die westlich vom Platzhof von der L 135 abzweigt und über Endenburg, Kirchhausen und Sallneck nach Tegernau führt, sowie über die K 6310, den Verbindungsweg von Kirchhausen nach Hofen, verkehrsmäßig erschlossen. Im Rahmen des öffentlichen Personennahverkehrs wird Steinen mit allen Ortsteilen von vier Buslinien der Südbaden Bus GmbH angefahren. Den Hauptort bedient die Wiesentallinie Basel–Titisee. Eine andere Linie verbindet Steinen über Weitenau, Wieslet und Schlächtenhaus mit Endenburg, eine dritte mit Hägelberg, eine vierte, die über Höllstein führt, schafft die öffentliche Verkehrsanbindung von Hüsingen.

Verwaltungszugehörigkeit, Gemeinde und öffentliches Leben

Von der heutigen Gemeinde Steinen wurden bereits 1809 die Vogtei und 1810 die selbständigen Gemeinden Hägelberg, Höllstein, Hüsingen und Steinen dem Amt Lörrach eingefügt. Endenburg und Schlächtenhaus waren 1809 zunächst dem neugeschaffenen Amt Kandern zugeteilt worden; sie fielen nach dessen Auflösung 1919 an das Amt Schopfheim, dem Weitenau schon vorher zugehörte. Mit diesem kamen diese Dörfer 1936/38 zum Amt bzw. Landkreis Lörrach.

Um die Mitte des 19. Jh. wurden als Gesamtareal von Endenburg 1070 ha angegeben, von Hägelberg 644 ha, von Höllstein 265 ha, von Hüsingen 676 ha, von Schlächtenhaus 793 ha, von Steinen 584 ha und von Weitenau 671 ha. Zusammen erstreckten sich die Gemarkungen somit über 4703 ha. Nach Abschluß der Katastervermessungen in den 1870er Jahren ergaben sich für die meisten Gemeinden nur geringfügige Abweichungen.

Erst seit Einführung der badischen Gemeindeordnung 1831 stand den vollberechtigten Gemeindeangehörigen die Entscheidung über die Zusammensetzung der Gemeindegremien und die Wahl des Vogtes bzw. Bürgermeisters zu. Um 1852 gab es in jeder der heute zu Steinen gehörigen Gemeinden einen Gemeinderat, der einschließlich des Bürgermeisters je 4 Mitglieder zählte. Ebensoviele Mitglieder hatten die sogenannten kleinen Ausschüsse, die als Kontrollinstanz vorgesehen waren. In Endenburg, Schlächtenhaus und Steinen bestand als Ersatz für die in den anderen Gemeinden zuständige Gemeindeversammlung ein großer Ausschuß, dessen Mitgliederzahl nach einem komplizierten Schlüssel entsprechend der Einwohnerzahl ermittelt wurde. In der Gemeinde

Die Gemeinde im 19. Jahrhundert und in der Gegenwart 611

Endenburg bestand im übrigen für Kirchhausen, Lehnacker und Endenburg selbst je ein Verwaltungsrat, dem jeweils der Ortsrechner und im Hauptort drei Verwaltungsräte, in den Nebenorten je ein Verwaltungsrat sowie der Stabhalter des Orts angehörten. Seit der Reform der Gemeindeordnung waren die kleinen Ausschüsse weggefallen und dafür die Zahl der Gemeinderäte erhöht worden. In Endenburg gehörten dem Gemeinderat außer dem Bürgermeister nun sieben, in den übrigen Gemeinden sechs Mitglieder an. Nach Vorschrift der Gemeindeordnung mußte jede Gemeinde einen Rechner und einen Ratschreiber bestellen und besolden. Darüber hinaus gab es in jeder Gemeinde noch 10 bis 20 Tätigkeiten zu verteilen; sie wurden meist von Jahr zu Jahr dem Wenigstnehmenden übertragen. Oft wurde nur der Bezug von Gebühren bewilligt. Zu den wichtigsten dieser Bediensteten gehörten die Hebamme, die Wald- und Feldhüter, der Polizeidiener, die Steinsetzer, der Leichenschauer und der Waisenrichter. Die Nachtwache wurde, wie z.B. in Kirchhausen, aus Sparsamkeit von den Bürgern umschichtig übernommen. Wo Viehweiden bestanden, war die Aufgabe des Hirten bedeutsam. 1992 arbeiteten für die Gemeinde Steinen 8 Beamte, 29 Angestellte und 20 Arbeiter. 73 Personen waren teilzeitbeschäftigt. Der Gemeinderat setzte sich seit der Wahl von 1989 aus 29 Mitgliedern zusammen, davon waren 7 Ausgleichsmandate. Die CDU hatte 12 Mandate, Freie Wähler 9 und die SPD 8 Mandate. Von den sieben Teilorten haben Endenburg, Hägelberg, Hüsingen, Schlächtenhaus und Weitenau eine Ortschaftsverfassung und eigene Ortsverwaltungen. Im Rathaus von Steinen sind das Hauptamt und das Rechnungsamt der Gemeinde untergebracht, im Höllsteiner Rathaus das Bauamt und das Grundbuchamt. – In Steinen gibt es einen *Bahnhof*, ein *Postamt* und einen *Polizeiposten*. Für Postnebenstellen wurden in Endenburg, Schlächtenhaus und Hüsingen Räume in Privathäusern angemietet.

Ver- und Entsorgungseinrichtungen. – Während in sechs der früheren Gemeinden bereits in der Zeit zwischen 1873 (Höllstein und Hägelberg) und 1898 (Hüsingen) Freiwillige Feuerwehren gegründet wurden, begnügte man sich in den Ortsteilen Endenburgs mit der Bereitstellung der nötigen Gerätschaften und der Einteilung einer Löschmannschaft. Erst seit 1956 besteht auch hier eine *Freiwillige Feuerwehr.* Im folgenden Jahr erhielt Endenburg, wo bis dahin jedes Haus seinen eigenen Brunnen unterhalten hatte, auch eine zentrale *Wasserversorgung.* Während in Steinen zwar das älteste (erbaut 1894), aber auch das leistungsfähigste (9 l/sec.) Versorgungsnetz besteht, fördern die übrigen Anlagen mit Ausnahme von Höllstein (3 l/sek.) lediglich einen Liter pro Sekunde. Steinen, Hägelberg, Höllstein und Weitenau sind vollständig, Hüsingen und Schlächtenhaus teilweise an eine *Kanalisation* angeschlossen. Endenburg ist seit 1992 teilweise kanalisiert. Die Verbandskläranlage Mittleres Wiesental auf der Gkg Hüsingen nimmt sämtliche Abwässer der Gemeinde Steinen und des gesamten mittleren Wiesentals bis Häg-Ehrsberg auf. Die Müllabfuhr erfolgt durch ein Privatunternehmen einmal wöchentlich zur Kreismülldeponie Scheinberg. Die *Stromversorgung* begann zu Beginn des Jahrhunderts zunächst durch verschiedene Lieferanten, so in Endenburg und Schlächtenhaus vom Kraftwerk Köhlgartenwiese und in Hägelberg von der Spinnerei- und Weberei Steinen. Inzwischen werden außer Endenburg sämtliche Teilorte von den Kraftübertragungswerken Rheinfelden direkt versorgt. Die Badische Kraft- und Elektrizitätsversorgung Lörrach beliefert noch Teile von Steinen, Höllstein und Hüsingen.

Von 1893 bis 1896 bestand in Steinen ein Spital mit einem eigenen Arzt. Danach wurde die medizinische Versorgung wie zuvor und in den übrigen Orten durch freipraktizierende Ärzte aufrechterhalten. Die häusliche Pflege wurde vor allem durch den ev. Krankenpflegeverein sowie durch kath. Ordensschwestern unterstützt. Heute gibt es in Steinen 7 Ärzte für Allgemeinmedizin (davon je einer in Endenburg, Hägelberg, Höllstein und Schlächtenhaus); im Hauptort praktizieren außerdem ein Kinderarzt und 3 Zahnärzte. Außerdem gibt es in Steinen und Schlächtenhaus je einen Heilpraktiker. In Steinen finden sich auch eine Praxis für Krankengymnastik sowie 2 Massagepraxen; eine weitere gibt es in Endenburg. Beratung in sozialen Notlagen sowie Unterstützung bei häuslicher Pflege leistet die Ev. *Sozialstation Schopfheim,* zu deren Unterhalt die Gemeinde Steinen beiträgt. Das ehemalige Klostergebäude Weitenau wird heute vom gemeinnützigen Verein »Badischer Landesverband gegen Suchtgefahren e.V.« mit Sitz in Karlsruhe als *Fachklinik für suchtkranke Jugendliche* genutzt, die etwa 40 Plätze aufweist. Eine Nachsorgeeinrichtung des gleichen Trägers mit etwa 10 Plätzen befindet sich in Steinen. Im Sanatorium »Haus am Stalten« in Endenburg werden Kurbehandlungen nach den Grundsätzen der anthroposophischen Medizin durchgeführt. Alle Ortsteile haben eigene *Friedhöfe.* Leichenhallen sind jedoch nur in Hägelberg, Hüsingen, Höllstein und Steinen vorhanden.

Kirche und Schule. – Für das ev. Kirchspiel Schlächtenhaus-Endenburg-Weitenau diente bis 1890 die Kirche des ehemaligen Klosters Weitenau als Pfarrkirche. Dann konnte der außerhalb des Ortsteils Hofen auf einer Anhöhe erstellte Neubau für den Gottesdienst genutzt werden. 1959/60 wurde diese Kirche gründlich renoviert. Endenburg besitzt eine eigene kleine Kirche im Friedhof. Sitz des ev. Pfarrers ist Schlächtenhaus. Hägelberg, Höllstein und Hüsingen gehören zur ev. Kirchengemeinde Steinen. Steinen und Hägelberg bilden den Bezirk der Petrus-Pfarrei; Höllstein und Hüsingen die Margareten-Pfarrei. Die Pfarrkirche in Steinen stammt zumindest in Teilen aus dem 15. Jh.; sie wurde 1861 und 1958 renoviert. Auch in den Orten Höllstein und Hüsingen stehen wertvolle Kirchen (s. o., Bemerkenswerte Bauwerke). Neben der ev.-landeskirchlichen Gemeinde gibt es in Steinen eine ev.-lutherische Pfarrei. Zum Sprengel der *kath. Diasporapfarrei Höllstein* gehören sämtliche Teilorte der politischen Gemeinde Steinen. 1842 wurde hier eine Kuratie eingerichtet, 1902 eine Pfarrei.

Die Entstehung des ev. *Kindergartens* in Steinen reicht bis 1858 zurück. Nachdem 1972 die ev. Kirchengemeinde im Fröbelweg einen neuen, größeren Kindergarten erbaut hatte, ging die Trägerschaft des Hebelkindergartens 1975 durch Vermittlung der politischen Gemeinde an die kath. Kirchengemeinde Höllstein über. Der Kindergarten für Höllstein und Hüsingen ist nach seiner Stifterin Dora Merian benannt und wird ebenso wie die Spielstube in Hägelberg von der Gemeinde unterhalten. Die Spielstuben in Schlächtenhaus, Weitenau und Endenburg werden vom »Verband für Kinderpflege im Kleinen Wiesental« beim ev. Pfarramt in Tegernau getragen.

Für alle drei Ortsteile unterhielt die Gemeinde Endenburg um die Mitte des 19. Jh. ein *Schulhaus* mit einer Lehrerwohnung und einem Schulsaal, in dem damals 95 Schüler unterrichtet wurden. Spätestens seit Beginn des 20. Jh. war die Schülerzahl rückläufig. Hägelberg erhielt in den 1840er Jahren ein Gemeindehaus mit Räumen für die Schule, einem Ratszimmer, einer Wachstube und dem Bürgergefängnis. An der Schule unterrichtete ein Hauptlehrer 54 Kinder; neben dem Unterricht übernahm er ab 1855 noch die Ratschreiberstelle. 1896 erbaute die Gemeinde Höllstein anstelle der damals seit 50 Jahren bestehenden Schule ein neues einstöckiges Gebäude. Es enthielt lediglich zwei Schulsäle für einen Haupt- und einen Unterlehrer. Bereits zehn Jahre darauf erwies sich das neue Schulhaus als unzureichend. 1913 konnte ein neues bezogen werden. 1923 wurde der Unterricht von zwei Haupt- und einem Unterlehrer erteilt. In Hüsingen besuchten 1850 52 Kinder die Volksschule; sie wurden von einem Hauptlehrer unterrichtet. 1953 errichtete die Gemeinde ein neues Schulhaus; das alte wurde zu einem Ladengeschäft umgebaut. In Schlächtenhaus befanden sich der Schulsaal für die damals 82 Schüler und die Lehrerwohnung in den 1850er Jahren im Rathaus. 1923 richtete der Schulträger im Keller des Rathauses eine Schulküche ein. Weitenau unterhielt etwa um 1852 eine Volksschule zusammen mit Wieslet. Ein Hauptlehrer unterrichtete die Kinder aus beiden Gemeinden. 1876 ließ Steinen ein neues Schulhaus erbauen; es enthielt 3 Schulsäle und einen kleinen Bibliotheksraum. Angesichts steigender Schülerzahlen mußte 1905 und nochmals 1954/56 das bestehende Schulgebäude erweitert werden.

1913 fiel der Beschluß, anstelle einer Fortbildungsschule für Mädchen gemeinsam mit Hägelberg, Höllstein und Hüsingen eine *Haushaltsschule* einzurichten. Diese wurde dann bereits im Schuljahr 1913/14 von 25 Schülerinnen besucht; 1921 waren es 33. Eine inzwischen ebenfalls gegründete *gewerbliche Fortbildungsschule* zählte damals 32 Schüler. 1950 bestanden in Steinen neben der Volksschule eine allgemeine Berufsschule für Jungen und eine landwirtschaftliche Berufsschule für Mädchen.

Nach den Schulreformen der 1970er Jahre bestehen Grundschulen für Höllstein/Hüsingen (1992/93: 116 Schüler mit 12 Lehrern) und – weiterhin zusammen mit Wieslet – für Weitenau, Schlächtenhaus und Endenburg (1992/93: 68 Schüler mit 4 Lehrern). Am *Schulzentrum in Steinen* gibt es die Grundschule für Steinen und Hägelberg (1992/93: 242 Schüler), eine Hauptschule (1992/93: 177 Schüler für die Klassenstufen 7 bis 9) sowie eine Realschule (1992/93: 292 Schüler für die Klassenstufen 7 bis 10) und eine Abendrealschule. Insgesamt 93 Lehrer, 3 Junglehrer sowie 4 Pfarrer gestalteten den Unterricht. Gymnasien werden in Schopfheim und Lörrach aufgesucht.

Kulturelle Einrichtungen, Sportstätten und Vereine. – Das *Volksbildungswerk Steinen* bietet halbjährlich ein informatives und unterhaltsames Programm. Die von der Gemeinde Steinen zusammen mit Schopfheim getragene *Musikschule* ermöglicht allen, die selbst musizieren möchten, eine entsprechende Ausbildung. Gelegenheit, sich an klassischer Musik zu erfreuen, findet man bei den Kammermusikabenden im Sanatorium »Haus am Stalten« sowie bei den Kirchenkonzerten der Kantorei Steinen. Darüber hinaus bieten die örtlichen Musikvereine und Chöre zahlreiche Konzerte.

In der *Gemeindebücherei Steinen* standen 1986 6700 Bände (1992: 7500) zur Auswahl. Für Veranstaltungen verschiedenster Art stehen die 1981 erbaute *Wiesental-Halle* in Höllstein und die *Gemeindehallen* in Endenburg, Hägelberg, Hüsingen und Weitenau zur Verfügung. Turnen und sonstiger Hallensport kann in der Sporthalle von Steinen betrieben werden. Auch für Tennisspieler gibt es in Steinen eine Halle sowie mehrere Plätze. Anlagen für Sportschützen bieten die Schützenvereine Endenburg, Schlächtenhaus-Hofen und Steinen. Neben einem beheizten Freibad mit angeschlossener Minigolf-Anlage kann auch ein Reitplatz genutzt werden.

Das *Vereinswesen* hat in Steinen und seinen Teilorten eine lange Tradition. Seit der 1. Hälfte des 19. Jh. wurden hier Vereine gegründet, angefangen vom Höllsteiner Viehversicherungsverein (1864) über den Endenburger Verschönerungsverein, der 1922 einen Weg durch die Höllenbachschlucht anlegte, bis hin zum Militärverein von Schlächtenhaus. Wie viele andere sind auch diese drei heute längst verschwunden. Gegenwärtig bestehen in der Gemeinde Steinen insgesamt 63 Vereine, darunter allein 19 Musik- und Gesangvereine oder Chöre. 16 Vereine vertreten jeweils verschiedene soziale Anliegen oder organisieren Hilfsdienste. Die Mitglieder von 15 Vereinen widmen sich unterschiedlichen Sportarten. Von den übrigen 13 Zusammenschlüssen beschäftigen sich u. a. drei mit der Gestaltung der Fasnacht, zwei mit Tierhaltung und Tierzucht und einer mit Naturschutz.

Strukturbild

Spätestens seit dem Beginn der Industrialisierung nahm die Entwicklung von Steinen und Höllstein einen anderen Weg als in den übrigen Ortsteilen, die allerdings untereinander auch nur bedingt vergleichbare Strukturen aufwiesen. Während Hägelberg und Hüsingen zu Wohnsiedlungen für die Industrieorte Steinen und Höllstein wurden, bewahrte die Landwirtschaft vor allem in Weitenau und Schlächtenhaus ihren Einfluß. Endenburg bemühte sich, neben der Holzwirtschaft im Fremdenverkehr einen neuen Wirtschaftszweig zu entwickeln. Der Niedergang der das Wiesental zeitweise beherrschenden Textilindustrie hinderte Steinen und Höllstein am weiteren Ausbau zentralörtlicher Funktion. Die Ansiedlung neuer, zukunftsweisender Industriezweige verläuft seither nur schleppend und war mit Rückschlägen verbunden. So bewahrten sich aber auch die verschiedenen Ortsteile bis heute viel von ihrer Eigenständigkeit. Das Pendlersaldo der letzten Jahre läßt ein weiteres Ansteigen der Auspendlerzahlen erkennen. 1987 gingen 3007 Personen (darunter 373 Schüler) hauptsächlich nach Lörrach (1389), Schopfheim (477) und in die Schweiz (311); nach Steinen kamen dagegen lediglich 945 Personen (darunter 126 Schüler), vor allem aus Lörrach (305), Schopfheim (157) und Maulburg (117).

Das Steueraufkommen in Steinen lag 1992 bei knapp 11,9 Mio. DM, wovon die Gewerbesteuer 36,3 % ausmachte. Die Steuerkraftsumme je Einwohner betrug in diesem Jahr 1116 DM, der Schuldenstand 1149 DM. Steinen erreichte damit zwar die Vergleichswerte des Landkreises (1494 DM) und des Landes (1492 DM) für die Steuerkraftsumme nicht ganz, wies aber auch einen deutlich niedrigeren Verschuldungsgrad auf (Landkreis 1701 DM, Land 1646 DM). Der Vermögenshaushalt der Gemeinde umfaßte in diesem Jahr 5,4 Mio. DM, der Verwaltungshaushalt 22,2 Mio. DM. Die Investitionsausgaben der Gemeinde flossen in der jüngsten Vergangenheit hauptsächlich in den Tiefbau, die Wasserversorgung und die Kanalisation. Seit 1988 wurde die Sanierung des Ortskerns im Hauptort betrieben. Unter den wichtigsten Maßnahmen der Gegenwart ist die Erschließung eines Gewerbegebiets zu nennen, das östlich der Verbandskläranlage entstehen wird. Auf dem Gelände der ehemaligen Spinnerei Steinen entstehen derzeit etwa 300 neue Wohneinheiten. Die Gemeinde nimmt mit kommunalen und privaten Vorhaben am Dorfentwicklungsprogramm des Landes teil.

C. Geschichte der Gemeindeteile

Endenburg

Ur- und Frühgeschichte. – In der Buntsandsteinzone gelegen, bot die Gegend um Endenburg dem vorgeschichtlichen Menschen keine günstigen Lebensbedingungen. Feuersteingeräte beim Kurhaus Stalten wurden deshalb auch als Hinweis auf nur vorübergehende Anwesenheit sammelnder oder jagender Gruppen angesehen, wie sie vor allem in der *Mittelsteinzeit* auch noch weiter ins Innere des Schwarzwaldes vorgedrungen sind. Der Fund eines Steinbeiles 1970 im Gemeindewald »Hagmatten« ist geeignet, dieses Bild zu korrigieren. Zwar muß er nicht unbedingt als Zeugnis eines Siedlungsplatzes an Ort und Stelle angesprochen werden, doch zeigt dieser Fund, daß auch der Ackerbau treibende Mensch der *Jungsteinzeit* in diesen Bereich gekommen ist, obwohl er nicht mehr als Jäger und Sammler das Land durchstreifte, sondern auf bestimmte wirtschaftliche Voraussetzungen, vor allem gute Böden, angewiesen war.

Dieses Steinbeil kann als Beleg einer saisonalen Nutzung der Landschaft gewertet werden, wahrscheinlich im Zusammenhang mit der Viehhaltung. Denkbar wäre aber auch, daß eine solche mehr auf Tierzucht orientierte Gruppe in der Jungsteinzeit hier gesiedelt hat. Danach scheint allerdings die Besiedlung bis zum frühen Mittelalter ausgesetzt zu haben, zumindest sind bisher keine Funde aus jüngeren Perioden bekannt geworden.

Siedlung und Gemarkung. – Im Steuerverzeichnis des Bistums Konstanz von 1275 wird erstmals *Entenburch* erwähnt. Eine Deutung des Namens ist schwierig. Das Bestimmungswort kann mit ähnlichen Namen in der Umgebung wie Entegast, Entenschwand und Entenstein in Verbindung gebracht werden. Die größte Wahrscheinlichkeit hat für sich, daß Entenburg wie Entenschwand von einem Personennamen abgeleitet ist. Wegen des auf -burg lautenden Grundwortes wird der Name mit der nördlich der mittelalterlichen Siedlung auf dem Hornberg zu vermutenden ur- oder frühgeschichtlichen Fliehburg in Zusammenhang gebracht. Dem widerspricht die Tatsache, daß der Flurname *Im Endenburg* sich im S der Gemarkung unmittelbar vor dem Wald befindet. Die Topographie gibt keinerlei Hinweis auf eine Befestigung. Trotz all dieser Unsicherheiten wird man eine bäuerliche Besiedlung etwa in das 10./11. Jh. datieren können. Sie dürfte auf die Initiative der Vorläufer der Herren von Rötteln zurückgehen.

Die heutigen Teilorte Kirchhausen und Lehnacker gehörten nur lose in den grundherrschaftlichen Verband von Endenburg, bildeten aber eigene Gemarkungen und Gemeinden. Die sonstigen Wohnplätze, Auhof, Stalten und Ställe, verfügten über keine eigenen Bänne und werden erst seit dem 18. Jh. genannt. Vermutlich handelt es sich um späten Ausbau. Auch die Schrohmühle dürfte nicht vor dem frühen 17. Jh. entstanden sein. Über die Größe des Ortes in früherer Zeit ist nichts bekannt; 1804 zählte man 28 Wohn- und 65 Nebengebäude.

Die stark frequentierte Straße nach Kandern, an welcher der Ort angelegt worden war, wurde 1779 durch den Bau einer steinernen Brücke verbessert. Dafür wurden die Endenburger mit Zustimmung der ganzen Vogtei Tegernau für ein Jahr von den Fronen befreit. Auch die Straße über Kirchhausen nach Tegernau sollte 1791 durch eine Brücke in besseren Stand gesetzt werden, doch zog sich die Baumaßnahme bis 1805 hin.

Herrschaft und Staat. – Von Anfang an gehörte Endenburg nicht zum Zwing und Bann des Kl. Weitenau, sondern wohl zum Herrschaftsgebiet der Herren von Rötteln. Dies wird aber erst in den Urkunden seit dem 14. Jh. deutlich. Ulrich von Baden belehnte 1293 den Rheinfelder Bürger Hermann von Bellikon mit seinen dortigen Lehen: Leuten, Gütern, seinem Anteil am Kirchensatz und wohl auch am Niedergericht. 1323 gab er seine Lehen und sämtliche Ansprüche an Hartmann von Wieladingen und dessen Neffen Henman und Hermann (von Bellikon) auf. Bereits 1307 hatte Hermann von Bellikon von Walter von Rötteln die Hälfte des Dorfes mit Gerichtsrechten, Kirchensatz und Liegenschaften erworben. Er ist noch 1346 am Ort nachzuweisen. *Alle die lüte und die rechtung*, die er im Dorf gehabt hatte, überließ Graf Egen von Freiburg 1367 seinem Oheim, dem Markgrafen Otto von Hachberg, und entband den bisherigen Leheninhaber Berschmann von Hertenberg seiner Verpflichtungen. Das Dorf ist seither im Besitz der Markgrafen verblieben, was sich auch daran zeigt, daß Anna von Freiburg bei ihrer Vermählung mit Markgraf Rudolf 1387 u. a. das Dorf Endenburg zur Sicherung ihrer Morgengabe erhielt. Seit 1564 ist Endenburg als Teil der Vogtei Tegernau im Schopfheimer Viertel der Herrschaft Rötteln-Sausenberg bezeugt. Nach dem Übergang an Baden blieb es zunächst bei der Vogtei Tegernau und wurde 1809 dem Amt Kandern unterstellt.

Grundherrschaft und Grundbesitz. – Die ersten nachweislichen Grundherren in Endenburg waren Ulrich von Baden und die Herren von Rötteln. Ersterer überließ 1293 die Hälfte seiner Eigengüter an Hermann von Bellikon, der neben den niedergerichtlichen Rechten 1307 auch Liegenschaften von Walter von Rötteln erwarb. Kl. Beinwil, dem ein Gut im Ort gehörte, überließ ihm 1346 daraus eine Gült. Unter dem Schenkungsgut der Herren von Rotenburg an Kloster St. Blasien 1278 befanden sich Güter und Rechte zu Endenburg. Auch Kl. Weitenau verfügte in Endenburg über Güter, Lehen, Wiesen und Zehnten. Als sein Besitznachfolger ist St. Blasien bis zum Ende des 18. Jh. mit Einkünften bezeugt. Hans Ulrich von Stoffeln verkaufte 1433 Zinse an den Rheinfelder Bürger Ulman Im Graben, die über eine Heirat an die von Landegg kamen. Hans Friedrich von Landegg verwandte diese Gült zu Jahrtagstiftungen bei den Kirchen in Endenburg und Eichsel sowie den Sondersiechen vor Rheinfelden. Er bezog noch 1564 Einkünfte aus dem Ort, um die er damals allerdings prozessieren mußte. Einen großen Teil des örtlichen Grundbesitzes müssen auch die Einwohner besessen haben.

Gemeinde. – 1372 ist erstmals von der *gebursami*, dem Zusammenschluß der Bauern, die Rede und damit zumindest eine Vorstufe der Gemeindebildung greifbar. In der Frühneuzeit (1693) vertrat ein Geschworener die Belange der Gemeinde. Deren wichtigster Besitz war der Wald, der seit 1573 als Anstößer erwähnt wird und um 1780 ca. 800 J (222 ha) umfaßte. Zu seiner Pflege besoldete sie 2 Weidegesellen (1724). Um 1780 wurde dieser Wald in 10 verschiedene Teile geteilt, die jeweils durch Erbrecht bedingten Nutzungen durch die Bauern unterlagen. Um überhaupt noch eine Verteilung nach den zuständigen Bruchanteilen zu gewährleisten, mußte das Brennholz scheiterweise und das Nutzholz zu Rebstecken aufgespalten vergeben werden. Trotzdem zeigt sich eine Bindung an die Gesamtgemeinde darin, daß allen, auch den Nichtbauern, im Brandfall neues Bauholz gewährt wurde, unabhängig von Bruchteilen an der sonstigen Waldnutzung. Dies führte seit 1780 zu umfangreichen Prozessen, wobei sich die Anhänger einer Realteilung und völligen Privatisierung nicht endgültig durchsetzen konnten. Die Gemeinde besaß eine Wirtschaft, die sie im dreijährigen Turnus von einem Bürger betreiben ließ. Einnahmen brachte auch der Salzstadel, den sie 1786 zusammen mit Kirchhausen und Lehnacker errichtet hatte.

Kirche und Schule. – Kirche und Pleban, die zum Dekanat Wiesental gehörten, werden erstmals 1275 erwähnt. Mit der Hälfte des Dorfes ging in den Jahren 1293 und 1307 der Kirchensatz von den Herren von Baden und von Rötteln an den Rheinfelder Bürger Hermann von Bellikon über. Das seltene Patrozinium St. German (1545) ist im Landkreis nur noch in Brombach vertreten. Noch 1437 ist von der Pfarrkirche die Rede, 1493 und nochmals 1508 erscheint Endenburg dann als Filial der Kirche in Tegernau. Bereits 1607 wurde die Pfarrei von Weitenau aus versehen, wobei im 18. Jh. Gottesdienst, abgesehen von Feiertagen, nur an jedem dritten Sonntag gehalten wurde. Nach 1791 versah der Diakon im Kl. Weitenau den sonntäglichen Gottesdienst. – Das Vermögen der Kirche, welches sie im 15./16. Jh. durch Darlehenvergabe vermehrte, verwalteten ein (1481), später (1545) zwei Kirchmeier.

Die kleine *Kirche*, 1508 als Kapelle bezeichnet, stammt in ihren ältesten Bauteilen aus dem 14. Jahrhundert. Sie hatte jedoch, wie anläßlich der Renovierung von 1971/72 festgestellt wurde, mehrere Vorgängerkirchen, deren Fundamente damals freigelegt wurden. Der älteste Bau dürfte auf das 12. Jh. zurückgehen. Es handelte sich um eine einfache Anlage, deren Chor niedriger als das Langhaus war, das von einem hölzernen Türmchen bekrönt wurde. Im 17. Jh. wurde eine Empore eingebaut, zu der später eine weitere hinzukam. Die infolge des 30j. Krieges entstandenen Schäden wurden 1697 behoben, 1701/02 erfolgte eine weitere Reparatur, 1712 wurde die Empore vergrößert. Um 1751 war das Gebäude zu klein und baufällig; es scheint damals jedoch nicht zu umfassenden Baumaßnahmen gekommen zu sein. Erst zwischen 1806 und 1815 ist, offenbar zum letztmöglichen Zeitpunkt, eine größere Instandsetzung erfolgt. Anläßlich der derzeit letzten Renovation von 1971/72 wurden die Emporen an der Nord- und Ostwand beseitigt, ebenso der gemauerte Altartisch und die Kanzel. Das älteste noch vorhandene Stück ist der romanische Taufstein.

Groß- und Kleinzehnten gehörten im 16. Jh. der Pfarrei Tegernau, deren Inhaber sie gegen Ansprüche des Weitenauer Pfarrers verteidigten. – Bereits vor 1765 wurde in Endenburg in der *Oberen Weitenauer Schule* unterrichtet. Um 1774 war sie auch für die Kinder in Kirchhausen und Lehnacker zuständig, weshalb die dortigen Gemeinden 2 Klafter Holz zur Heizung der Schulstube beizusteuern hatten.

Bevölkerung und Wirtschaft. – Im 14. Jh. hatte Kl. Weitenau hier Eigenleute und Zinser. Unter der markgräflichen Herrschaft setzte sich aber später die Territorialleibeigenschaft durch. Im Jahre 1782 hatte Endenburg 178 Einwohner, 1789 zählte man 30 Bürger. Diese bezogen ihren überwiegenden Lebensunterhalt aus der *Landwirtschaft*, wobei der Viehhaltung ein größeres Gewicht zukam als dem Ackerbau (1809: 129½ J Acker, 183 J Wiesen). Anfang des 19. Jh. zählte man 5 Pferde, 112 Rinder, 52 Schweine und 11 Ziegen. Eine wichtige Rolle kam auch der *Holzwirtschaft* zu. Aus den Wäldern von Kirchhausen und Endenburg, wo den Einwohnern um 1800 827 J gehörten, wurde Holzkohle nach Kandern sowie Bauholz an die Herrschaft und an die Stadt Basel geliefert. Das geringe Gewerbe wie die Ziegenhaltung deuten auf relative Armut der Bewohner: 1753 wird ein Weber, 1775/76 auch ein Zimmermann genannt. Eine *Mühle* bestand 1626, sie wurde, nachdem sie vermutlich im 30j. Krieg abgegangen war, 1693 am alten Standort wieder errichtet. Die Gemeinde betrieb seit unbekannter Zeit eine eigene *Wirtschaft*, zu der 1789 eine weitere hinzukam (»Sonne«), für die der örtliche Müller die Konzession erhalten hatte.

Kirchhausen. – Kirchhausen wird erstmals 1344 als *Kilchen husun* urkundlich genannt. Unklar ist, ob der an der Straße von Kandern nach Steinen gelegene Ort eine Ausbausiedlung von Endenburg oder von Weitenau gewesen ist, denn sein Name erklärt sich wohl aus der frühen Zugehörigkeit zu Kl. Weitenau. Kirchhausen, 1573 als Dorf bezeichnet, hatte eine eigene Gemarkung. Die Gemeinde wurde durch einen Geschworenen (1733) verwaltet. Das Allmend wird 1573 erwähnt. Aus dem Gemeindewald war im 18. Jh. verschiedentlich Holz zur Faktorie Kandern abzugeben. Das Dorf unterstand der Vogtei Tegernau, wohin 1572 »die Höfe« 11 lb Steuern zahlten, und war nach Endenburg, später nach Tegernau eingepfarrt. Die Kinder besuchten die Schule in Endenburg.

Vermutlich gehörte der Ort zum Dotationsgut des Kl. Weitenau, in dessen Urbar er 1344 genannt wird. Als Besitz dieses Klosters, allerdings von St. Blasien verwaltet, werden 1573 3 Höfe und 16 TM, 1658 3 Höfe mit 3 Häusern und 22 TM angegeben. Diese Liegenschaften erscheinen noch 1722 im Klosterbesitz. Sie wurden im 18. und frühen 19. Jh. von der Schaffnei Wieslet verwaltet, welche auch den Weitenau gehörigen Großzehnten einzog.

Kirchhausen zählte 1782 70 Einwohner, die wie der Hauptort von der Landwirtschaft lebten. Vor allem im 18. Jh. wurde die Wirtschaftsfläche durch Umnutzung von Matten öfter geringfügig erweitert. Das Handwerk war schwach vertreten: 1771 wird ein Hufschmied, 1776 je ein Zimmerer und Schneider genannt. Der Flurname *Mühlinmatten* (1722) weist auf eine damals nicht mehr bestehende Mühle hin.

Lehnacker. – Für Lehnacker, dessen Name eindeutig grundherrlicher Natur ist, gibt es keine mittelalterlichen Belege. Tatsächlich läßt sich der wohl von Kirchhausen aus angelegte Ort erst 1733 urkundlich nachweisen. Damals bildete er eine eigene Gemeinde, die durch einen Geschworenen repräsentiert wurde und zur Tegernauer Vogtei gehörte. Um 1804 umfaßte er 10 Wohn- und 18 Nebengebäude, wobei die Häuser schon im 18. Jh. häufig von zwei Familien bewohnt wurden. In Lehnacker, dessen Einwohner wie im Hauptort ihren Lebensunterhalt aus der Landwirtschaft bezogen, arbeiteten 1776 ein Schneider und 3 Weber. Um 1800 bestand eine Straußwirtschaft, die aber vor 1809 eingestellt wurde.

Schrohmühle. – Alles spricht dafür, daß die Schrohmühle um 1607 als neue Mühle außerhalb des Weitenauer Klosterbanns errichtet wurde, die aber politisch zur Gde Endenburg gehörte. Infolge ihrer Lage im Tal, zu dem der Zugang, besonders im Winter, schwierig war, aber gelegentlich auch wegen schlechter oder unzureichender Bedienung, hatte sie stets mit Existenzsorgen zu kämpfen. Die genannten Gründe führten dazu, daß 1693 Endenburg eine eigene Mühle bekam. 1773 bat der Schrohmüller vergeblich darum, auch für Hofen und Schlechtenhaus mahlen zu dürfen. Das Anwesen war 1782 von 10 Personen bewohnt.

Hägelberg

Siedlung und Gemarkung. – Hägelberg liegt an der Grenze der alten Vogteien Steinen und Weitenau und ist wohl als hochmittelalterliche Ausbausiedlung von Steinen anzusehen, deren Kern an der Landstraße von Steinen nach Kandern lag. Der nur einmal genannte Flurname *Münzingen* (1605) könnte auf eine weitere, abgegangene Siedlung auf der Gemarkung hinweisen. Das hochgelegene und sonnige Dorf wird erstmals 1113 als *Hegniberg* urkundlich genannt, 1573 unterschied man das obere und untere Dorf. Die Wasserversorgung regelten mehrere Brunnen.

Die Häuser waren meist mit Strohdächern gedeckt, weshalb Feuersbrünste nicht ausblieben. Eine solche ist um 1695 bezeugt, bei welcher offenbar die Gemeinderegistratur verbrannt ist. Die Kriege seit dem ausgehenden 18. Jh. brachten im allgemeinen meist Belastungen finanzieller Art, aber auch Einquartierungen und die Verpflichtung der Einwohner zu Schanzarbeiten.

Herrschaft und Grundherrschaft. – Als Bestandteil des Dinghofs, seit dem 16. Jh. der Vogtei Steinen, stand das Dorf in alten Beziehungen zu Schopfheim. Seit der Mitte des 16. Jh. zählte es zum Schopfheimer Viertel der markgräflichen Landgrafschaft Rötteln-Sausenberg. Hägelberg scheint völlig im Besitz der *Herren von Waldeck* gewesen zu sein, von denen Güter und Höfe 1113 an Kloster St. Blasien kamen. Mit ihren Nachfolgern, den Herren von Rötteln, ist man wohl 1290 übereingekommen, daß diese Güter dem Kl. Weitenau gehören sollen, das sich 1388 und 1491 hier mit Besitz (4 Lehen) nachweisen läßt. Nach der Reformation zog aber St. Blasien alles an sich. Es verfügte 1573 über 7 Höfe mit ca. 60 J (17 ha) Grundbesitz und bezog 1776 Einkünfte. Daneben waren offenbar vor allem Gemeinde und Bürger begütert. Bereits 1608/09 erwarb Hans von Ulm 2 J Wald von Einwohnern. In den Jahren zwischen 1718 und 1753 brachte die markgräfliche Verwaltung über 30 J Wald von einzelnen Bürgern an sich.

Gemeinde. – Innerhalb der Vogtei Steinen war der *Stabhalter* für die Gemeinde zuständig. Im 18. Jh. amtierte er meist drei, höchstens sechs Jahre. Ihn unterstützten mehrere Richter und Geschworene, die Gemeindefinanzen besorgte der Gemeinschaffner (1759). Stabhalter und Weidgesell waren von den üblichen Fronen befreit.

Der kleine Ort wird 1772 als eines der ärmsten Dörfer der Herrschaft Rötteln bezeichnet. Einziger Besitz der Gemeinde war *Wald*, dessen Umfang 1745 mit 2000 bis

2500 J angegeben wird (1783 noch 898 J = ca. 249½ ha). Seit 1290 hatten die Bürger das Recht, die Windfälle aus dem Wald zu verkaufen, ebenso durfte jeder Einwohner jährlich 6 Klafter Holz holen und verkaufen. Bis 1588 war der Wald daher so heruntergewirtschaftet, daß die Regierung eingriff. Sie mußte dies noch öfter tun, schließlich sprachen die Forstleute den Wald als herrschaftliches Eigentum an. Nach langen Auseinandersetzungen erhielt die Gemeinde den Wald 1713 wieder zugesprochen, mußte künftig jedoch die Hälfte des Eichenholzes dem Markgrafen abliefern, eine Abgabe, welche die Bürger erst 1827 ablösten. – Weiderechte bestanden auf den Matten im Steinener Bann unterhalb des Dorfes Steinen bis zur Wiese und das Tal dem Kloster zu bis an den Weitenauer Bann.

An Einkünften hatte die Gemeinde neben dem Erlös aus Holzverkauf und aus gelegentlichen Heuverkäufen nur die unregelmäßig eingehenden Bürger- und Hintersassenannahmegelder. Dennoch macht es Sinn, wenn die Gemeinde 1769 bat, diese Gebühren erhöhen zu dürfen, um den Zuzug zu erschweren, zumal um jene Zeit eine Bettlerplage die Gegend heimsuchte. Zwar überwogen in der 2. Hälfte des 18. Jh. im allgemeinen die Einnahmen die Ausgaben, aber nur wegen der allgemeinen Bedürfnislosigkeit. Selbst an Feuergerätschaften besaß die Gemeinde 1769 neben 11 Eimern, einem Haken und einem Teuchelbohrer nur eine alte Holzfeuerspritze. Jede Anschaffung, vor allem der Erwerb eines Hauses zum Schulhaus 1766, die Umbaukosten und die Beschaffung von Schulrequisiten verursachten Schulden, zumal fast immer Ausstände zu verzeichnen waren. Die Jahrsteuer betrug 32 Gulden.

Kirche und Schule. – Hägelberg war Filiale von Steinen, wo bis 1882 auch die Toten begraben wurden. Um die Reformationszeit pflegten die Einwohner den Gottesdienst in Weitenau zu besuchen, wohl aus Protest, der aber mit Einführung der Reformation auch dort zusammenbrach. An der Straße nach Kandern war 1464 eine Kapelle (neu) erbaut worden, die wahrscheinlich dem hl. Wendelin geweiht war (1573 erwähnt *die Straße, so zu St. Wendel geht*). Dieses Kirchlein, 1736 »seit langem nicht gebraucht«, war damals baufällig, zu klein und hatte keine Inneneinrichtung mehr. Lediglich ein Glöcklein läutete einmal wöchentlich zur Predigt. Die Baulast lag bei der Gemeinde, die das Gebäude, mit dem keinerlei Einkünfte verbunden waren, 1838 an einen Privatmann verkaufte.

Den großen *Zehnten* bezog St. Blasien, ausgenommen die eigenen Matten der Herrschaft und, seit der Reformationszeit, sämtliche Novalien. Klein- und Etterzehnt waren dem Pfarrer in Steinen überlassen. Den Heuzehnten erhielt bis 1761 der St. Blasische Schaffner in Steinen für die Haltung des Wucherviehs, dann ging beides an die Gemeinde Hägelberg über.

Bis 1726 besuchten die Schulkinder aus Hägelberg die *Schule* in Steinen, dann stellte die Gemeinde einen Lehrer an, der aber nur Winterschule hielt. Dieser schlecht bezahlte Nebenschulmeister erhielt 1767 lediglich das Schulgeld von 23 Kindern. Seinem Nachfolger versprach man ein zusätzliches Einkommen für die Übernahme des Sigristendienstes und einer wöchentlichen Betstunde, 1770 kamen ein wöchentliches Kostgeld und eine Sonderzuteilung an Naturalien hinzu. Vermutlich hat der Lehrer zunächst in der eigenen Wohnung unterrichtet. Spätestens seit 1755 zahlte die Gemeinde ihm einen jährlichen Mietzins, bis sie 1766 ein Häuslein erwarb und es zu einem Schulhaus umbaute.

Bevölkerung und Wirtschaft. – Noch 1415 gehörten die Bewohner Hägelbergs in den Steinener Dinghof. Diese Beziehungen lockerten sich aber bald unter dem Einfluß der markgräflichen Politik, die schließlich zur Territorialleibeigenschaft führte. Ob

St. Blasien schließlich noch Eigenleute hier gehabt hat, ist nicht bekannt. Auch Einwohnerzahlen sind erst spät zu erhalten. Den Bürgerzahlen zufolge müssen 1709 150 bis 160, 1738 etwa 200 Leute den Ort bewohnt haben. Der Anstieg der Bevölkerung vermehrte nur deren Armut, weshalb zwischen 1742 und 1751 mindestens 4 Einzelpersonen oder Familien nach Siebenbürgen ausgewandert sind. Die medizinische Versorgung der Einwohner dürfte meist die Hebamme besorgt haben. Diese erhielt 1760 2 fl Wartgeld und 1 Klafter Holz jährlich.

Ihren Lebensunterhalt bezogen die Einwohner aus Land- und Waldwirtschaft sowie aus der Viehzucht. Die Wirtschaftsfläche umfaßte 1699 141 J Äcker (39 ha = 50%), 76½ J Matten (21¼ ha = 33%), 10½ J Gärten (knapp 3 ha = 3%), 3 J Reben (83 a = 1%) und 50 J Wald (knapp 14 ha = 13%). Die Anbaufläche wurde seither, vor allem im 18. Jh., durch Rodung von Waldparzellen und Umbruch von Wiesen erweitert: 1809 gab es 307¾ J Äcker, 53 J Wiesen und 1½ J Reben. Angebaut wurden vor allem Dinkel, daneben Gerste und Hafer. Roggen gedieh schlecht und wurde nur wegen des Strohs in kleinen Mengen kultiviert. Im 16. Jh. bezog die Herrschaft Rötteln von jedem Pflug 1 V Dinkel jährlich, wer keinen eigenen Pflug hatte, zahlte 2 Pfg Rappen Wächtergeld. Vor allem die letztgenannte Abgabe weist erneut auf alte Bindungen zu Schopfheim hin. Der Weinbau, wohl spätestens im 19. Jh. völlig aufgegeben, scheint, dem Flurnamen Im Rebacker (1573) zufolge, Tradition gehabt zu haben. – Gute Wiesen bildeten die Voraussetzung für eine ausgedehnte *Viehhaltung*, wohl überwiegend Rindvieh (1809: 90) aber auch Pferde (1700: 18; 1809: 29). Das Wuchervieh hielt zunächst der Schaffner in Steinen, bis 1761 die Gemeinden Hägelberg und Hüsingen es übernahmen und dafür ihre Heuzehnten wieder selbst bezogen.

Die besten Verdienstmöglichkeiten (1809 besaßen die Einwohner 278 J Wald) bot jedoch der *Holzhandel*. Abgesetzt wurde das Holz in Basel und in den Fabriken und Manufakturen des Wiesentals. Daneben gab es kaum Arbeitsmöglichkeiten. Eine Glashütte bestand bereits 1571 nicht mehr; der Platz, auf dem sie gestanden hatte, war zu Matten gemacht worden. Zwei Haushalte leisteten 1760 Heimarbeit für die Schopfheimer Bleiche-Kompanie. Saisonale Arbeitsmöglichkeiten boten daneben nur noch die Steinbrüche im Wald. – Auf eine abgegangene *Mühle* könnte der Flurname *Im Mülacker* (1573) hinweisen. Eine *Wirtschaft* scheint es vor 1740 nicht gegeben zu haben, erst dann erhielt ein Einwohner die Konzession. Er gab sie 1748 zurück und ließ sie 1750 unter dem Schild »Zum fröhlichen Mann« erneuern. Das Wirtshaus bestand noch mindestens 1809.

Höllstein

Ur- und Frühgeschichte. – Beim Einbau der Heizung in der ev. Kirche St. Margaretha im Sommer 1963 kamen in einer flachen Grube unter der Außenmauer einer karolingischen Saalkirche Fragmente von römischen Leistenziegeln zum Vorschein. Mauerreste dieser Zeit fanden sich allerdings nicht, St. Margaretha zählt damit auch nicht zu den frühen Kirchen auf dem Platz eines alten römischen Gutshofs. Die von den Ziegeln angezeigte *römische Siedlung* dürfte sich aber in unmittelbarer Nähe befunden haben.

Siedlung und Gemarkung. – Höllstein liegt auf einer Niederterrasse über der Wiese vor einem Steilhang des Dinkelbergs. Auf der Gemarkung ist ein Wohnplatz Erlenhaus, 1709 erwähnt, nach 1782 abgegangen. Ein weiterer, Förishäusle, brannte 1841 ab und wurde erst 1937/38 wieder aufgebaut. Von den restlichen, heute bestehenden Kleinsiedlungen könnte die Gipsmühle noch auf das ausgehende 18. Jh. zurückgehen.

Geschichte der Gemeindeteile 621

Der Ort selbst wird 1083/1103 als *Holstein* erstmals urkundlich erwähnt. Das kleine Dorf, 1378 als villa bezeichnet, lag an der Landstraße von Basel nach Maulburg, der sogenannten alten Straße (1658), deren Führung 1710 verändert wurde. Infolge dieser Lage ist es in Kriegszeiten immer wieder betroffen worden; so wurde Höllstein 1676 durch kaiserliche und lothringische Reiter verwüstet, 1678 verbrannten die Franzosen die Wiesenbrücke. Die Bauweise der Häuser förderte zudem Katastrophen anderer Art: am 5. Juni 1802 äscherte ein durch Blitzschlag verursachter Brand 15 Häuser ein. Über die Größe des Ortes weiß man wenig, 1814 standen dort 27 Wohnhäuser.

Herrschaft und Staat. – Nach Höllstein nannte sich 1168 ein Angehöriger der Familie von Grenchen, Seliger, 1226 ein Dietrich. Bei dem Rheinfelder Bürger Heinrich, der sich von 1239 bis 1274 nachweisen läßt, könnte der Name eine Herkunftsbezeichnung darstellen.

Oberhoheit und Niedergericht gehörten dem *Bischof von Basel*, ohne daß man genau wüßte, wie er dazu gekommen war. Möglicherweise war hier Kloster St. Alban beteiligt. Seit 1360 erscheinen die Markgrafen von Hachberg als Leheninhaber der bischöflichen Hochgerichtsrechte, während der Bischof das Niedergericht ausübte. Nachdem es den Markgrafen gelungen war, 1365 diese Rechte gegen Abtretung des Dorfes Huttingen an sich zu bringen, erscheinen sie in der Folge als Ortsherren. Allerdings gehörten alle Gerichtsrechte, ausgenommen die Landeshoheit, nominell bis 1803 dem Bistum Basel, die letzte Belehnung fand 1725 statt. – Im 16. Jh. zählte Höllstein zur Vogtei Steinen. Der Markgraf bezog aber 1514/15 nur Gelder für Gänse, das Überleitgeld, die Steuer von der Fischweide und Einkünfte aus einem Teich. Die Verwaltung besorgte der herrschaftliche Vogt.

Grundherrschaft und Grundbesitz. – Die Herren von Üsenberg überließen ihre hiesigen Güter, wohl fast den gesamten Grundbesitz, im Jahre 1238 dem *Kl. Wettingen*. Dieses verkaufte 1267 seine Liegenschaften an Dietrich Schnewlin, der sie, zusammen mit Besitz an anderen Orten, 1270 an den *Basler Bischof* tauschte.

Mit dem Verkauf des Kirchensatzes durch Wettingen im Jahre 1248 und vor allem durch die Inkorporation der Kirche gelangten auch Liegenschaften an *Kloster St. Blasien*. Dieses bezog 1392 Zinse aus 3 Höfen mit insgesamt 5 Häusern und etwas über 15 J (4 ha) Äckern und Matten. Über Besitz scheint auch die Basler Dompropstei verfügt zu haben, den sie 1250 dem Vikar in Riehen verlieh. Markgraf Rudolf überließ 1391 der Liebfrauenpfründe auf Rötteln Gülten in Höllstein. Güter und Gülten übertrugen Johanna von Tierstein und ihr Gatte Burkhart Münch von Landskron 1430 auf den Markgrafen Wilhelm. Dennoch waren die Einkünfte der *Herrschaft Rötteln* nicht bedeutend. Den Grundbesitz mehrten erst die Waldkäufe des 18. Jh. (1731 bis 1740 mindestens 12 J 3 V) von genannten Einwohnern.

Gemeinde. – Sie wurde durch den jeweiligen Vogt verwaltet, unterstützt von bis zu 2 Geschworenen und 2 Richtern. Der für die Verwaltung der Gemeindefinanzen zuständige Gemeinschaffner läßt sich seit 1764 nachweisen. – *Der von Höllstein Allmend* wird bereits 1392 erwähnt, ohne Angabe zu Lage und Größe. Matten der Gemeinde erscheinen 1571 als Anstößer, sie waren mit Abgaben an die Herrschaft Rötteln belastet. Der wichtigste Besitz der Gemeinde dürfte der *Wald* gewesen sein. Das Holz Ottermoos läßt sich 1658 im Eigentum der Gemeinde nachweisen, 1786 umfaßte es 246 J (68⅓ ha). Daraus waren 3 Klafter Fronholz an die Herrschaft und je 1 Klafter Gabholz an die Bürger zu entrichten. Holz war der wichtigste Haushaltsposten: Größere Unternehmungen, wie der Ankauf der Hälfte des Steinener Schulhauses 1764, konnten nur durch Holz- oder Waldverkauf finanziert werden. Wenn möglich, wurde die Waldfläche auch erweitert, so 1772 und 1802, als mit dem Erlös vom Verkauf des unrentablen Gemeindehauses ca. 2 J Wald erworben wurden. Die Gemeinde besaß auch ein Tafernrecht (1697). Zu ihren Pflichten gehörte es, zu den Bau- und Unterhaltskosten der Tumringer Wiesenbrücke beizutragen. Auch war ein Wächtergeld an die Burgvogtei Rötteln abzuführen.

Kirche und Schule. – Höllstein besaß eine vielleicht schon im 12. Jh., sicher 1275 bestehende Pfarrei, Patronin war die hl. Margarethe (1336). Die Kirche gehörte zum Dekanat Wiesental und versah bis zur Reformation die 1307 als solche bezeichneten Filialen Gresgen und Nordschwaben.

Den Kirchensatz schenkten Burkhart und Rudolf von Üsenberg 1238 dem Kl. Wettingen, das ihn 1248 an Kloster St. Blasien tauschte. Die Kirche wurde dem Kloster am 8. November 1307 inkorporiert, 1409 und 1418 erhielt es die Erlaubnis, sie widerruflich durch einen Mönch versehen zu lassen. Während einer Vakanz um 1537 wurde sie von Steinen aus versehen. Die Einführung der Reformation scheint erst nach Ableben des letzten Pfarrers 1567 möglich geworden sein. Um weitere Streitigkeiten zu vermeiden, wurde die Kirche 1570 Steinen unterstellt. Sie gehörte fortan zum ev. Dekanat Sausenberg.

Der Besitz der Kirche scheint ursprünglich bedeutend gewesen sein. Ihre Einkünfte werden 1275 mit 7 Mark Silber angegeben, die Annaten des 15. Jh. lagen zwischen 16 und 20 Gulden. Dennoch ist von ihren Gütern nur das St. Margaretenlehen bekannt mit Gütern im Höllsteiner, Hüsinger und Steinener Bann, das seit dem 16. Jh. von der Herrschaft Rötteln verliehen wurde.

Alle *Zehnten*, früher wohl der Höllsteiner Kirche gehörig, bezog später St. Blasien. Klein- und Strohzehnt gehörten dem Pfarrer, nach der Reformation erhielt der Pfarrer in Steinen den Etterzehnten. – Die Schulkinder wurden in Steinen unterrichtet. Dort erwarb die Gemeinde Höllstein 1764 die Hälfte des *Schulhauses*.

Bevölkerung und Wirtschaft. – Unter den Einwohnern von Höllstein finden sich in der 2. Hälfte des 14. Jh. »Frauenleute« des Basler Bischofs, die damals dem Markgrafen geliehen wurden. Bereits im frühen 15. Jh. gehörten die Untertanen in den Steinener Dinghof. Diese Abhängigkeiten lockerten sich unter markgräflichem Einfluß ebenfalls und endeten, als sich die Territorialleibeigenschaft durchgesetzt hatte.

Die Zahl der Bewohner war klein. In den Pestjahren am Ende des 16. und in der 1. Hälfte des 17. Jh. sollen 140 Personen, wohl fast die ganze Bevölkerung, in der Pfarrei gestorben sein. Um 1700 war Höllstein von etwa 180 Personen, 1740 von 187 Seelen bewohnt. Bis zum Ende des Jahrhunderts dürfte sich ihre Zahl geringfügig auf etwa 200 erhöht haben (1786: 38 Bürger). Dazwischen ist wohl ein verstärkter Zuzug zu verzeichnen, da die Gemeinde 1769 bat, die Bürgerannahmegelder erhöhen zu dürfen, um nicht überlaufen zu werden. Bereits 1751 waren fünf Familien nach Siebenbürgern ausgewandert.

Bis in die 1830er Jahre lebten die Einwohner von Landwirtschaft, Viehhaltung und Holzhandel. Die Wirtschaftsfläche verteilte sich 1809 auf 136 J Acker und 164 J Wiesen. Es gab auf der Gemarkung auch verschiedene Fischwasser und Teiche, die aber meist herrschaftlich waren. Das Teichwasser gehörte zur Beinutzung des Steinener Vogtes. *Weingärten* an des Velwers Matten werden 1329 genannt, später ist davon nicht mehr die Rede. – Die *Viehhaltung* diente wohl nur dem Eigenbedarf, 1700 werden als Zugtiere 19 Pferde und 8 Ochsen aufgeführt, 1809 insgesamt 8 Pferde, 54 Rinder, 77 Schafe, 52 Schweine und 4 Ziegen. Bemerkenswert sind die Gänseabgaben, die im 16. Jh. gefordert wurden.

Handwerk wurde wohl vor allem von Mittellosen betrieben. Weber werden 1753 und 1773 genannt, ein Schreiner 1775/76, ein Schuhmacher 1788. Eine Haushaltung arbeitete 1760 für die Bleiche-Compagnie in Schopfheim. Am Ort gab es 1571 zwei *Mühlen*: eine Mahlmühle und eine Laub- oder Rindenmühle. Eine Säge wurde 1766 um einen Mahlgang erweitert. Eine dieser Mühlen erwarb 1835 Louis Merian als Grundstock seiner Maschinenfabrik. Ein *Wirt* ist 1327/29 nachzuweisen und eine Tafern der Gemeinde 1697. Sie blieb lange das einzige Wirtshaus und ist wohl die Vorgängerin des »Tannenbaum«, der 1809 bestand.

Hüsingen

Ur- und Frühgeschichte. – Auf Hüsinger Gemarkung liegen an der »Hochstraße« zwei *Grabhügel* beachtlicher Größe, die sich von den zahlreichen Steinhügeln des Dinkelberggebietes durch ihren Aufbau unterscheiden. Sie sind aus Erde aufgeschüttet und lassen sich deshalb mit den hallstattzeitlichen Grabhügelgruppen von Wintersweiler »Katzenberg« oder Lörrach »Moos« vergleichen und vermutlich auch in dieselbe frühkeltische Zeit datieren. In der Nähe ist also ein Gehöft der *Hallstattzeit* zu vermuten. Auch wenn die Hügel, wie häufig, an einem alten vielbegangenen Weg, der »Hochstraße« liegen, besteht doch kein Grund, diese Gräber damit in Verbindung zu bringen. Grabhügel gibt es auch am »Dachsberg«, diesmal in der geläufigen Form der aus Muschelkalkschotter und wenig Erde aufgeschütteten Steinhügel, die sich, da bislang nicht untersucht, einer genaueren Zeitbestimmung entziehen.

Genaueres läßt sich dagegen über einen anderen Fundplatz aussagen: Im Gewann »Blinzgraben-Fenningen« ist seit dem 19. Jh. ein *alemannisches Gräberfeld* bekannt, bestehend aus Erdhügeln und Flachgräbern. Dabei gibt der urkundlich sonst nirgends belegte Name Fenningen einen klaren Hinweis auf einen abgegangenen Ort, der Fenningen oder Enningen hieß und am Rand des Wiesentals an einem hier austretenden Bachlauf lag. 1894 war man beim Bau einer Waldstraße zunächst auf einige Flachgräber gestoßen. Im gleichen Jahr noch ließ der auch an anderen Stellen als Ausgräber tätige Brombacher Fabrikant Großmann mehrere flache Hügel öffnen, die insgesamt acht Gräber, meist Steinplattengräber, enthielten. Ausnahmsweise können hier einmal die Spuren früherer Beraubung zeitlich genauer bestimmt werden. In den Hügeln fanden sich nämlich, von den Grabräubern zurückgelassen, das Bruchstück einer Hellebarde, eine Lanzenspitze, ein Dolch und Topfscherben des ausgehenden Mittelalters, Anzeichen für eine Plünderung durch Soldaten in kriegerischer Zeit. Die trotzdem noch angetroffenen alemannischen Funde, darunter Perlen, Ohrringe und Gürtelschnallen, lassen sich durchweg ins 7. Jh. datieren und liefern so einen wichtigen Anhaltspunkt für die Zeitbestimmung ähnlich fundleerer Hügel mit Steinplattengräbern auf dem Dinkelberg (z. B. Brombach). 1895 wurden die Grabungen durch den Direktor der großherzoglichen Kunstsammlung in Karlsruhe, Ernst Wagner, weitergeführt und dabei acht Bestattungen untersucht, von denen einige sicher beigabenlos waren, ein Zeichen für späte, vielleicht schon karolingische Zeit.

Auch zur heutigen Ortschaft ist das zugehörige Gräberfeld bekannt. Es wurde bei Bauarbeiten im Gewann »Laier« entdeckt, ein Flurname, der so oder ähnlich oft mit alemannischen Bestattungsplätzen verbunden ist. Leider konnten aus dem sicher ausgedehnten Friedhofsareal bisher nur wenige, dazu beigabenlose Bestattungen geborgen werden, darunter aber zwei Steinkisten, die den Ansatz ins frühe Mittelalter bestätigen. Gräber, die bis in die Gründungszeit des Ortes hinabreichen, sind bisher allerdings nicht zutage gekommen.

Siedlung und Gemarkung. – Die Gemarkung von Hüsingen ist (s. o.) reich an vorgeschichtlichen Fundplätzen, wovon auch die Flurnamen Steinweg (14. Jh.), Steinacker (1573) und Hochstraß (1344) zeugen. Westlich des Dorfes weist der Flurname *Fenningen* auf eine abgegangene Siedlung hin. – Der am Südhang des Dinkelbergs an der alten Straßenverbindung von Basel ins Wiesental (Inzlingen-Lörrach/Basel) gelegene Ort ist, wie die Grabfunde ausweisen, merowingerzeitlichen Ursprungs (-inghofen-Siedlung?). Urkundlich läßt er sich allerdings erst 1242 als *Husinchon* nachweisen, eine Bezeichnung, die wohl von einem Personennamen abgeleitet ist. Über die Größe des Dorfes weiß man wenig, 1783 wird es als »mittelmäßig stark« bezeichnet, was, bei einer Bürgerzahl zwischen 36 und 44 im 18. Jh., auf eine Häuserzahl von 30 bis 40 schließen läßt. Sie wurden weitgehend von einem mitten im Dorf stehenden Brunnen versorgt.

Herrschaft und Grundherrschaft. – Hüsingen war Bestandteil des Dinghofs in Steinen und unterstand spätestens 1517 der dortigen Vogtei. Die Verwaltung vor Ort besorgte der Stabhalter, der kraft Amtes von den Fronpflichten befreit war. Ihn unterstützten im 18. Jh. zwei Richter und zwei Geschworene. – Der größte Teil der örtlichen Güter dürfte St. Blasien und seiner Propstei Weitenau gehört haben. Weitenau ist von 1344 bis 1491 mit Besitz erwähnt, St. Blasien bis mindestens 1776. Dieser umfaßte 1573 zwei Höfe mit je einem Haus (1658: 4 Häuser) und ca. 55 J (15¼ ha) Liegenschaften. Alter Rötteler Besitz dürften die (geringen) Einkünfte gewesen sein, welche die Markgrafen später bezogen. Davon gingen 1391 Gülten an die Liebfrauenpfründe auf Rötteln. Im 18. Jh. vermehrte die Herrschaft Rötteln ihren Besitz vor allem durch Waldkäufe von Einwohnern. Auch die Kirche in Höllstein war hier begütert.

Gemeinde. – Die Gemeinde wurde vom örtlichen *Stabhalter*, welcher dem Steinener Vogt unterstand, verwaltet. Für das Rechnungswesen war der Gemeinschaffner zuständig, der sich seit 1757 nachweisen läßt. Die Gemeinde hatte im 18. Jh. ferner einen von allen Fronverpflichtungen befreiten Weidgesellen, sie besoldete mehrere Hirten, 1760 bis 1772 einen Schermauser (Maulwurffänger) und 1768 bis 1770 vier Hatschierer, welche die Bettlerplage eindämmen sollten. Der *Gemeinde Platz* wird 1658 als Anstößer erwähnt.

Ihr Besitz bestand überwiegend aus Wald (1786: 660 J = ca. 183 ha), den sie immer wieder durch Zukäufe (1763, 1767) vergrößerte, so daß er 1809 814 J umfaßte. *Des Dorfs Allmend* und *der Gmein Gut* werden 1573 als Anstößer ohne nähere Angaben genannt. Im 18. Jh. bestand dies aus einigen Äckern (1759 3 J) und Matten (1¾ T) sowie Egerten, zu Beginn des 19. Jh. war keine Allmende mehr vorhanden. Es gab kein Rathaus, aber eine Gemeindewirtschaft. Das Schulhaus wurde erst 1765 erworben, 1788 ein Feuerspritzenschopf erstellt. Mit dem Grundbesitz waren meist Auflagen verbunden: Aus dem Wald hatte die Gemeinde jährlich 8 Klafter Fronholz und 6 Klafter Försterbesoldung an die Herrschaft zu liefern. Ferner bezog jeder Bürger mit eigenem Haus 2 Klafter Gabholz, ein Hausteil nur einen Klafter. Wegen dieses Gabholzes kam es Ende des Jahrhunderts zu Streitigkeiten unter den Bürgern, woraufhin die Gemeinde beschloß, ihren Wald aufzuteilen, was aber nicht genehmigt wurde. Die Wiesen dienten zum Teil dem Unterhalt des Wucherstiers, teils als Beinutzung des Schulmeisters. Der Rest und die Äcker waren in Bestand gegeben (verpachtet).

Einnahmen kamen überwiegend aus dem Verkauf von Holz, auch von Heu, Dinkel und sonstiger Frucht sowie aus Bürger- und Hintersassengeldern. Unter den Ausgaben dominierten Steuer (im 18. Jh.: 48 fl) und Schatzung, Besoldungen, Diäten und Tagegebühren. Hinzu kamen gelegentliche Ausgaben wechselnder Höhe wie die Kosten für die Schule und die Kirche, der Unterhalt der Wiesenbrücke, den Hüsingen zusammen mit Höllstein zu tragen hatte, und der Straßen nach Schopfheim und Steinen-Weitenau. Der Haushalt war im allgemeinen ausgeglichen bei leichtem Überwiegen der Einnahmen. Große Vorhaben waren aber nur unter Schwierigkeiten auszuführen, so die Anschaffung einer Feuerspritze, ein Wunsch, der erst 1788 verwirklicht werden konnte. Weiderechte bestanden im ganzen Höllsteiner Bann, ausgenommen den Wald und das Öhlinmättlein. In bestimmten Distrikten des Hüsinger Banns hatte hingegen die Gemeinde Höllstein Weiderechte. Auch die Einwohner von Steinen hatten Weiderechte, jedoch, laut Vergleich von 1747, nur für Rindvieh. Um ein Weidgangs- und Beholzungsrecht auf dem Dinkelberg (im Schuckholz) sind seit dem 16. Jh. etliche Streitigkeiten der Markgräfler Gemeinden Hüsingen, Brombach und Wiechs mit den angrenzenden Orten der Herrschaft Rheinfelden überliefert.

Kirche und Schule. – Hüsingen war Filiale der Pfarrkirche in Steinen, besaß aber spätestens 1406 eine eigene Kapelle. Vermutlich war sie dem hl. Nikolaus (1573) geweiht. Sie wurde, nachdem in den vergangenen Kriegszeiten der Chor weggerissen worden war, 1726 erweitert. Um 1769/70 ruinierte ein Blitzschlag den Dachstuhl, der 1772 neu gebaut wurde. Obwohl immer versucht wurde, eine Baupflicht des Klosters St. Blasien nachzuweisen, trug schließlich die Gemeinde alle entstehenden Kosten. Das Kloster gab jedoch im allgemeinen einen freiwilligen Beitrag.

Fast alle *Zehnten*, den Großen Zehnten und fast den gesamten Heuzehnten, bezog St. Blasien. Der Etterzehnt war dem Pfarrer in Steinen überlassen, ebenso der Blutzehnte. Geringe Zehnteinkünfte hatte auch der Halter des Wucherstiers. – *Schule* wurde spätestens 1727 am Ort gehalten. Ein Schulhaus erwarb die Gemeinde erst 1765, bis dahin zahlte sie dem Lehrer, dessen Gehalt 1779 113 fl jährlich betrug, die Mietkosten. Im 18. Jh. gab es auch bereits eine Art von Industrieschule; die Gemeinderechnung für 1772 verzeichnet Ausgaben für Unterricht im Spinnen.

Bevölkerung und Wirtschaft. – Die Einwohner gehörten ursprünglich in den Dinghof nach Steinen und waren damit Eigenleute des Klosters St. Blasien, dem sie den Todfall zu entrichten hatten. Dies änderte sich, als es der Herrschaft Rötteln gelungen war, auch hier die Territorialleibeigenschaft durchzusetzen. Einwohnerzahlen, dezimiert durch die Pestzeiten des 15. Jh. und die Kriege seit dem 17. Jh., in deren Verlauf zahlreiche Personen nach Basel oder Riehen flüchteten, lassen sich erst seit dem 18. Jh. erschließen. Den Bürgerzahlen zufolge wohnten hier zwischen 195 und 250 Personen. Gegen Ende des Jahrhunderts nahm die Bevölkerung anscheinend beträchtlich zu, da die Gemeinde 1769 bat, die Bürgerannahmegelder zu erhöhen, um den Zuzug zu erschweren. Auch ist 1749 mindestens eine Familie nach Siebenbürgen ausgewandert. Hüsingen hatte eine eigene Hebamme, deren Ausbildung die Gemeinde bezahlte.

Während 1709 zwei Hintersassen genannt werden, gab es 1782 nur einen am Ort. Allerdings befanden sich unter den 43 Bürgern damals 6 Taglöhner. Erwachsene Kinder verdingten sich gern in den Dörfern der Umgebung. Der Vermögensstand wird damals für 20 Personen als gut, für 10 als mittelmäßig und für 14 als schlecht oder gering angegeben. Dennoch hatte die Gemeinde nicht, wie in den Jahren zuvor, Arme aus dem Almosen zu unterstützen.

Ihren Lebensunterhalt bezogen die Hüsinger aus Land- und Waldwirtschaft, vor allem aus der letzteren, sowie aus Viehhaltung und -zucht. Die Wirtschaftsfläche verteilte sich 1782 auf 500 J (139 ha) fruchtbares Ackerland, 150 J (41½ ha) Wiesen und 10 J (2¾ ha) Reben. Bis zum Beginn des 19. Jh. nahm die Ackerfläche noch zu (1809: 671 J), was weitgehend auf Kosten der Wiesen (121 J) ging. Die Grundstücke waren jedoch durch fortwährende Teilung so klein geworden, daß die weitere Parzellierung verboten wurde. Dazu kamen 100 J (27¾ ha) Privat- und 600 J Gemeindewald. Angebaut wurden die üblichen Getreidesorten, vor allem Dinkel.

Die Wiesen, im allgemeinen gut, deckten zwar nicht den Bedarf, Ankauf und Pacht von Wiesen auf den umliegenden Gemarkungen Steinen, Höllstein und Maulburg ermöglichten jedoch eine ertragreiche *Viehhaltung*. Man hielt Rindvieh, Schweine und Schafe. Im 18. und frühen 19. Jh. konzentrierte sich die Zucht auf Rinder und Schweine. Auch Pferde werden genannt (1700: 16), Hinweis auf frühere Zucht ist der Flurname Hengstried (1573). Der gesamte Viehbestand umfaßte 1809 18 Pferde, 104 Rinder, 178 Schafe, 114 Schweine und 2 Ziegen. In der Gemeinde wurden, was ursprünglich die Aufgabe des Schaffners in Steinen gewesen war, je ein Wucherstier und ein Eber gehalten. Der Halter des Wucherstiers durfte dafür ein Zweitel Gemeindematten nutzen und bekam zusätzlich 16 lb jährlich. Ende des Jahrhunderts besoldete die Gemeinde zwei Hirten. Die Frühjahrsweide war 1782 nicht mehr üblich, die Herbstweide, zusammem mit der Gde Höllstein, aber noch durchaus im Schwange, ebenso die Waldweide in einem kleinen Bezirk. Sie wurde damals erneut, erfolglos, verboten. Noch 1825/28 wurden die Schweine in den Wald getrieben. Der Futterbau wurde jedoch intensiv betrieben, 1782 waren bereits 12 J (3⅓ ha) mit Klee bepflanzt, weitere Flächen nahm der Lewat ein.

Die *Rebfläche* (*im Rebgeländ, auf dem Rimberg, in der Rütte*) war immer wieder etwas erweitert worden. Es gab 1699 6 J, 1782 10 J Weingärten, 1784 wurden Äcker und 1787 Ödland umgebrochen, um eine Neuanpflanzung zu ermöglichen. Das Oberamt bemängelte allerdings 1782 die Qualität des Erzeugnisses und vermutete die Ursache in der starken Düngung. Um jene Zeit wurde viel Obst gezogen, es ist von Mandel- und Pfirsichbäumen in den Reben die Rede, auch die Maulbeerbäume auf dem Kirchhof standen noch, ohne daß Seidenraupenzucht betrieben worden wäre.

Das *Handwerk* war gering vertreten, 1772 durch einen Küfer, 1782 durch 2 Schuhmacher, je einen Nagler, Wagner, Taugenhauer, Zimmermann und Schmied. Eine *Gipsgrube* wurde 1781 entdeckt, seit 1782 bis wenigstens um 1801 wirtschaftlich genutzt. Da Gemeinde und Einwohner (letztere 1809: 59½ J) Wald besaßen, wurde viel *Holzhandel* betrieben, meist mit Basel. Am Ende des 18. Jh. gab es eine einzige *Wirtschaft* am Ort, welche die Gemeinde bestandweise ausgab. Das Gesuch um eine weitere Konzession wurde 1783 abgelehnt.

Schlächtenhaus

Siedlung und Gemarkung. – Auf der Gemarkung befinden sich zwei Dorfsiedlungen: das Dorf Schlächtenhaus im Tal und östlich benachbart das Dorf Hofen in flacher Hanglage. Weitere Gemeindeteile sind Heuberg sowie Klosterhof und Kloster Weitenau, die nach der Mitte des 19. Jh. von der Gde Weitenau nach Schlächtenhaus umgemeindet wurden. Ein Hof auf den Fohrenbühl nördlich der Klosterhöfe wird 1802 erwähnt und besteht nicht mehr.

Als 1344 *die im Tale* unter den Zinsern des Kl. Weitenau aufgeführt wurden, gab es dort wohl nur einzelne, verstreut liegende Gebäude. Der erste urkundliche Nachweis von 1564 als *Schlechthauß* führt dieses zwischen Hofen und den zur Vogtei gehörigen Höfen auf, was auf geringe Größe schließen läßt. Wenig später, 1573 besaß St. Blasien *Zum Schlechten Haus* drei Höfe mit zusammen fünf Häusern, die wohl die gesamte Siedlung ausgemacht haben. Bis 1658 war eines dieser Häuser abgegangen, bis 1777 ein weiteres. Die wenigen Nennungen lassen vermuten, daß der Ort erst nach dem 30j. Krieg ein gewisses Wachstum aufzuweisen hatte. 1804 wurden in Schlächtenhaus 27 Wohn- und Nebengebäude gezählt. Der Name des Dorfes, einer an der Landstraße nach Kandern gelegenen Ausbausiedlung wohl von Hofen aus, geht mit einiger Sicherheit nicht auf ein Schlachthaus des Klosters St. Blasien zurück, sondern eher auf ein ursprünglich ärmliches Anwesen.

Herrschaft und Grundherrschaft. – Das Fundationsgut des Priorats Weitenau, das die Herren von Wart um 1100 an St. Blasien geschenkt hatten, umfaßte wahrscheinlich auch die späteren Orte Schlächtenhaus und Hofen. In diesen beiden Orten wie auch in Heuberg besaß Kl. Weitenau Zwing- und Bannrechte, der Propst übte die Niedergerichtsbarkeit aus. Anfang des 14. Jh. befanden sich beide Orte unter der Vogtei und Landesherrschaft der Markgrafen von Hachberg-Sausenberg, 1503 der Markgrafen von Baden. Sie gehörten zur Vogtei Weitenau im Schopfheimer Viertel in der Landgrafschaft Sausenberg und kamen 1809 zum Amt Kandern.

Früheste belegte *Grundbesitzer* waren die *Herren von Wart*, die um 1100 ihre Besitzungen an St. Blasien vergaben. Dieses Kloster blieb lange Zeit der einzige Grundbesitzer im Ort. Es besaß 1573 dort drei Höfe mit ca. 80 J Liegenschaften (1777: 113 J) sowie Wald unbekannten Umfangs, um 1779 ca. 185 J Acker und Matten sowie 420 J Wald, letzterer teilweise im Bereich von Hofen. Diese Besitzungen wurden nach der Reformation vom Amt Basel bzw. von der Schaffnei Wieslet aus verwaltet. Sie gingen nach 1803 in den Besitz der Einwohner über, die, wie in der gesamten Vogtei Weitenau, schon vorher den größten Teil der Liegenschaften besessen haben dürften.

Gemeinde, Kirche und Schule. – Obwohl erst zu Beginn des 18. Jh. von einer Gemeinde gesprochen wird, dürfte deren Organisation wenigstens auf das 17. Jh. zurückgehen. Sie gehörte zur Weitenauer Vogtei und war dort durch einen Geschworenen vertreten (1737). Anfang des 19. Jh. betrieb sie eine Gemeindewirtschaft. Ihr Besitz war gering, vor allem besaß sie keinen eigenen Wald, weshalb sie zur Erfüllung ihrer Aufgaben, wie der Reparatur von Brunnen, Holz aus den herrschaftlichen Wäldern beziehen mußte. Zwar wird 1779 vom *Communwald* gesprochen, dessen Aufteilung die Bürger wünschten. Es dürfte sich bei diesen 96 J, die Schlächtenhaus zusammen mit Hofen besaß, jedoch um den Hofer Gemeindewald gehandelt haben, über den nur die dortige Gemeinde verfügen konnte. Bannstreitigkeiten wurden im 18. Jh. vor allem mit den Klostermeiern ausgetragen.

Mit den Vogteiorten, die über keine eigene *Kirche* verfügten, war Schlächtenhaus nach Kl. Weitenau eingepfarrt. Erst Ende des 19. Jh. erfolgte eine Änderung der Pfarrorganisation, es entstand die Pfarrei Weitenau-Schlächtenhaus mit der neuen Kirche in Hofen. – Die Kinder besuchten zunächst die *Schule* in Weitenau, bis in den 1730er Jahren in Hofen ein Schulhaus gebaut wurde. Seither versorgte ein Lehrer beide Schulen, die erst 1766 getrennt wurden. Hofen bekam einen Nebenschulmeister, der allerdings schlecht besoldet und auf den Wandertisch angewiesen war.

Bevölkerung und Wirtschaft. – In Schlächtenhaus lebten 1754 19 Bürger, also ca. 100 Personen (1782: 123) überwiegend Bauern. Die landwirtschaftliche Fläche war Ende des 18. Jh. stark parzelliert, was nahelegt, daß der Ackerbau, meist auf Getreide (Hafer) konzentriert, lediglich der Eigenversorgung diente. Zusammen mit Hofen verfügten die Einwohner 1809 über 279½ J Ackerland und 211 J Wiesen, wozu noch 516 J Wald kamen. Wichtiger war die *Viehzucht*, von deren Bedeutung bereits die Fleischabgaben in den Lagerbüchern des Klosters St. Blasien zeugen. Eine Aufstellung von 1809 nennt 8 Pferde, 83 Rinder, 34 Schafe, 67 Schweine und eine Ziege. Auch daß Ende des 18. Jh. mindestens 17 J Hurstplätze zu Matten gemacht wurden, spricht dafür. – In Schlächtenhaus wurden 1803 13 Bauern und 17 Taglöhner gezählt, 9 Nagelschmiede, 2 Schneider und je ein Schmied, Schuster und Weber. Die Einwohner von Heuberg, Hofen, Klosterhöfe und Schlächtenhaus mußten die *Mühle* beim Kl. Weitenau benützen. Gesuche, eine eigene Mühle zuzulassen, wurden stets abschlägig beschieden. – Nachdem bereits eine *Wirtschaft* bestand, die jedoch nicht recht florierte, wurde 1706 eine zweite Tafern konzessioniert. Eine davon wurde 1781/82 wegen Mißwirtschaft der Inhaber geschlossen, die zweite (»Baum«) bestand noch 1809.

Heuberg. – Dieser Hof ist 1344 als *Houberg* belegt, 1564 wird er *Hewberg* genannt. Es handelt sich um ein hochmittelalterliches Rodungsgut, das der Vogtei Weitenau unterstand. Der Hof war, nachdem 1344 die Propstei Weitenau dort 6½ Lehen besessen hatte, später Besitz des Klosters St. Blasien und umfaßte 1573 und 1658 neben Haus und Hof etwa 44 J Liegenschaften. Bis 1777 war ein zweites Haus hinzugekommen. Den von St. Blasien geforderten Fleischabgaben zufolge dürfte die Viehhaltung auf dem Hof nicht unbedeutend gewesen sein. Er wurde 1782 von 16 Personen bewohnt und bestand 1804 aus 2 Wohn- und Nebengebäuden. Politisch gehörte der Hof noch im 18. Jh. zur Gde Weitenau.

Hofen. – Hofen wird erstmals 1344 als *villa Hovun* bzw. *ze Hovin* erwähnt, 1564 als *Höffen*; 1573 wird es als Dorf bezeichnet. Ob der Flurname *im Kastel* (1777) auf eine im Zuge des Landesausbaus angelegte und bald wieder aufgegebene Burganlage hinweist, ist ungeklärt. Hofen war eine hochmittelalterliche Ausbausiedlung an der Landstraße von Steinen nach Kandern, vielleicht älter und größer als das benachbarte Schlächtenhaus. Zunächst eine Besitzung der Propstei Weitenau, die um 1344 hier 20½ Lehen besaß, wird der Ort später unter die Besitzungen des Klosters St. Blasien gerechnet. Dessen Grundbesitz umfaßte 1573 sieben Lehen mit fünf Höfen und ca. 250 J Liegenschaften, die sich jedoch, teils als Folge des 30j. Krieges, teils wohl durch Grundzinsablösungen, bis 1658 auf 198 J, bis 1777 auf ca. 140 J reduzierten, wogegen sich die Zahl der zugehörigen Häuser bis 1777 auf acht erhöhte. Dazu kamen 410 J Wald. Hofen, das eine eigene Gemeinde bildete, die 1658 auch eigenen Waldbesitz hatte (1779/1809: 95¾ J) und der 1779 9½ J Bergfeld gehörten, zählte 1754 19 Bürger, 1782 122 Einwohner und 1804 28 Häuser. Von den Bewohnern waren 1803 neun Männer als Bauern tätig und 19 als Taglöhner. Außerdem gab es drei Weber, vier Nagelschmiede, je einen Kettenschmied und Zimmermann. Eine Wirtschaft, das »Rößle«, bestand 1809.

Klosterhof. – Die beiden Höfe sind Ausbausiedlungen des 12. Jh., die vom Kl. Weitenau aus angelegt wurden. Der ältere Hof dürfte der niedere Klosterhof gewesen sein, da mit ihm das Sigristenamt verbunden war. Nach der Reformation amtierte der jeweilige Inhaber als Stabhalter und bis zur Einrichtung der Schaffnei Wieslet oblag ihm auch der Einzug der Zinsfrüchte und deren Lieferung nach Steinen oder Basel. Der Hof, der 313 J (1716; ca. 87 ha) umfaßte, davon 55 J im Bann von Hofen, wurde seit dem 16. Jh. als Bestandslehen auf 6 bis 15 Jahre verliehen. Zusammen mit dem niederen Klosterhof wurde das sogenannte Reichenauer Höflein vergeben, das seit dem frühen 17. Jh. nicht mehr bewohnt war (das Gelände wurde 1736/37 ausgestockt). Der obere Klosterhof läßt sich erst seit dem späten 16. Jh. nachweisen, er war schon damals zu Erblehen vergeben. Seit 1758 war er geteilt. – 1804 bestand der Wohnplatz Klosterhof aus zwei Wohn- und sechs Nebengebäuden. 1782 lebten hier 20 Personen (1754 in Kloster und Klosterhof: 3 Bürger).

Kloster Weitenau. – Das Gebiet der ehemaligen Vogtei Weitenau wurde wohl seit dem 11. Jh. von einer Adelsfamilie erschlossen, als deren Nachfahren um 1100 die Herren von Wart erscheinen, deren Stammburg bei Uesslingen im Kanton Thurgau zu suchen ist. Dabei scheint die Kirche, an deren Stelle später das Kloster trat, erst errichtet worden zu sein, als die kleine Herrschaft schon bestand. Darauf könnte die Formulierung *apud Witnow constituta* hinweisen, die bei der Schenkung von 1100 verwandt wurde. Hier sollte wohl die Vogtei ihren Mittelpunkt haben. Dafür spricht neben dem Status der Kirche als Pfarrkirche der gesamten Vogtei auch die Funktion, die der Örtlichkeit als zentrale Gerichtsstätte zukam.

Als die Brüder Arnold, Heinrich und Erkinbold von Wart die Kirche mit ihrem Zubehör, wohl der ganzen Herrschaft, im Jahre 1100 dem Kloster St. Blasien übergaben, geschah dies zum Zwecke einer Klostergründung. Ob die Übergabe freiwillig geschah, steht dahin; die zahlreichen Besitzbestätigungen des 12. Jh. für St. Blasien und die Tatsache, daß die Gründung zwischen 1126 und 1189 als Klause bezeichnet wird, spricht eher für Unstimmigkeiten zwischen den Vertragspartnern. Dazu paßt auch, daß Heinrich von Wart noch 1186 als Vogt des Klösterleins erscheint. Wohl erst nachdem ein Vergleich zustandegekommen war, konnte die Gründung einer klösterlichen Institution erfolgen, die sich jedoch ebensowenig wie Bürgeln aus der Abhängigkeit von St. Blasien befreien konnte. Von Beginn an scheint sie den Status einer Propstei gehabt zu haben, die wohl als verwaltungstechnischer Außenposten von St. Blasien gedacht und daher auch nie mit einer größeren Zahl von Mönchen besetzt war. Geleitet wurde Weitenau durch einen Prior (seit 1246 nachzuweisen) und einen Propst (seit 1278 erwähnt), wobei letzterer für die Verwaltung zuständig war. Nicht selten waren beide Ämter in einer Hand vereinigt.

Der Anteil des Klösterleins Weitenau an der Erschließung des südlichen Schwarzwaldes ist entgegen bisheriger Meinung gering. Bei seiner Gründung bestand die Herrschaft bereits in ihren wesentlichen Teilen, vom Kloster wurde die Erschließung innerhalb dieses Gebietes jedoch weitergetrieben. So entstanden die beiden Klosterhöfe, einige weitere Außenhöfe und schließlich wurde von hier aus auch die Ursiedlung von Schlächtenhaus ausgebaut. Dabei dürfte die Anlegung der Klosterhöfe recht früh erfolgt sein, da die Lage des Klosters einen Wirtschaftshof notwendig machte. Die Bannmühle für die engere Vogtei Weitenau, die sich 1344 nachweisen läßt, lag nördlich des Klosters am Klosterbach (Flurname Mühlematten) und erscheint seit 1607 als Erblehen. Seit der Mitte des 17. Jh. ging infolge der Zulassung neuer Mühlen und der laufenden Kriegszeiten der Verdienst immer mehr zurück, so daß der Inhaber 1764 freiwillig die Postzuteilung übernahm, wogegen sein Betrieb von allen Fronen, ausgenommen zum Fron- und Schulholz, befreit wurde. Dennoch wurden die Zwangsrechte erst 1789 anläßlich des Verkaufs an die Gemeinde aufgehoben. Seit 1790 befanden sich die Gebäude in Privatbesitz.

Die Schenkung der Herren von Wart hatte vermutlich den bis zum Ende des 18. Jh. in der »Vogtei Weitenau« vereinigten Grundbesitz umfaßt. Nachdem 1278 Adelheid, Gattin des Dietrich von Rotenberg, dem Kloster St. Blasien weitere Güter und Rechte im Bereich der Vogtei Tegernau überlassen hatte, nahm St. Blasien eine Umverteilung seines eigenen sowie des den Propsteien Bürgeln und Weitenau zugedachten Grundbesitzes vor. Ein Teil davon fiel dem Kl. Weitenau zu und ermöglichte die Erweiterung und Abrundung der Besitzungen. Nach dem ältesten vorhandenen Urbar des Klosters von 1344 besaß Weitenau *Zwing- und Bannrechte* im Ort Weitenau und in der näheren Umgebung in Heuberg, Hofen, Schlächtenhaus (im Tale), Schillighof, Bussoltzberg, Wieslet, Henschenberg, Eichholz, Sallneck und Demberg. Der Grundbesitz bestand aus 11 ganzen und 3 halben Lehen in Weitenau, 11 ganzen und einem halben Lehen in Wieslet, 6 alten ganzen, 7 halben und 5½ neuen Lehen in Hofen, etwa 7 in Demberg, etwa 2½ in Heuberg und 8 in Sallnegg. Lehenbesitz hatte das Kloster ferner in Steinen, Hägelberg, Eichholz, Freudenbühl, Niedergresgen, Niedertegernau, Henschenberg und Hertingen. Eigene *Höfe* befanden sich in Holl, Obergresgen, Eichen, Rappersweier bei Adelhausen, Brombach, Weil, Welmlingen, Winterisweiler, Ettingen-Gupf (bei Tannenkirch) und Bamlach. Insgesamt war Weitenau in etwa 60 Orten im heutigen Lkr. Lörrach begütert. In *Basel* besaß die Propstei 2 Häuser in der Greifengasse: Zum Einhorn und Zum Weitenau.

Mit dem Übergang sämtlicher Rechte auf St. Blasien traten die Markgrafen von Hachberg als Schirmvögte des Klosters in diese Rechte ein. Auch dieses Verhältnis gestaltete sich nicht reibungslos, wie die beiden Verträge von 1480 und 1500 über die Jagdrechte in der Herrschaft zeigen. Nicht angefochten wurden die Hochgerichtsrechte der Markgrafen, die spätestens im 14. Jh. auch Anteil an der niederen Gerichtsbarkeit hatten, was ihnen im 16. Jh. die Einführung der Reformation erleichterte.

Das Patronat über die dem hl. Gangolf geweihte Klosterkirche mit den Filialen Demberg und Wieslet stand seit ca. 1100 St. Blasien zu, dem sie 1493 inkorporiert wurde. Ein Pleban ist seit 1183 nachzuweisen. Die Kirche gehörte zum Dekanat Wiesental und wurde bis um die Reformationszeit durch Konventualen des Klosters versehen. Sie war zuständig für die sogenannte untere Weitenauer Kirchengemeinde mit Weitenau, Schlächtenhaus, Klosterhof, Heuberg, Hofen und bis 1778 Schillighof, der dann zu Wieslet kam. Vermutlich wegen der abseitigen Lage dieser Kirche wurden ihre Funktionen 1892 auf einen Neubau in Hofen übertragen. Der nachreformatorische Pfarrer bezog den kleinen Zehnten aus den Orten der Vogtei Weitenau, die auch für seine Kompetenz aufzukommen hatten. Er hatte seinen Wohnsitz im Kloster und konnte sein Vieh zusammen mit dem des Inhabers des niederen Klosterhofs weiden lassen. Seit etwa 1725 hatte er die Kirche Endenburg, die er schon seit 1607 gelegentlich betreut hatte, mitzuversorgen, weshalb seine Kompetenz um 5 lb erhöht wurde. Präsentiert wurde er nach wie vor von St. Blasien, wogegen die Herrschaft Rötteln das Besetzungsrecht der Filialen Demberg und Wieslet an sich gezogen hatte.

Während des Bauernkrieges 1525 war Weitenau wie andere Klöster geplündert worden. In jener Zeit lebten noch 3 Mönche im Kloster. Zwar konnte anschließend die klösterliche Ordnung noch einmal wiederhergestellt werden, doch mit der Einführung der Reformation wurden die Mönche 1557 nach Bürgeln vertrieben. Ein 1560 zwischen dem Markgrafen Karl II. und dem Abt von St. Blasien geschlossener Vertrag besiegelte die Aufhebung der Propstei. Die Klosterkirche wurde ev. Pfarrkirche. Sämtliche klösterlichen Besitzungen und den Kirchensatz in Weitenau behielt aber St. Blasien.

Die Propsteigebäude, wohl um 1105 errichtet, wurden nach einem Brand am Ende des 12. Jh. erneuert. Die noch heute erhaltenen Gebäude und die Kirche entstanden während zweier baulicher Erneuerungen. 1569 wurden unter Abt Kaspar I. Teile der am Westende der Kirche angebauten Konventsgebäude abgerissen und dort ein Pfarrhaus errichtet. Der romanische Kirchturm scheint ebenfalls in seinem oberen Teil im 16. Jh. umgebaut worden zu sein. Die zweite bauliche Erneuerung erfolgte 1891, dabei wurden der Chor und die Reste des Sakramentshäuschens abgerissen. Der Turm erhielt ein neues pyramidenförmiges Dach, das Langhaus eine Zwischendecke (s. u., Bemerkenswerte Bauwerke). – 1782 wurden im Wohnplatz Kloster Weitenau 12 Einwohner gezählt, 1804 bestand er aus Kirche, Pfarrhaus, Schule sowie 2 Wohn- und Nebengebäuden.

Steinen

Ur- und Frühgeschichte. – Auf *neolithische Besiedlung* weist der Fund eines Steinbeils im östlichen Ortsteil. Sehr gründliche Begehungen der ganzen Gemarkung erbrachten in der Nähe des »Häfnetbrunnens« einen Grabhügel von beachtlicher Größe. Er markiert heute noch einen Punkt der Gemarkungsgrenze Steinen/Weitenau und gehört damit zu den nicht seltenen archäologischen Denkmälern, die im Mittelalter beim Abstecken der Grenzlinien benützt worden sind (Landmarken). Anhaltspunkte für die Datierung dieses Hügels gibt es noch nicht.

Andere Hügel in der Gemarkung gehören dagegen in die *Merowingerzeit*, genauer ins 7. nachchristliche Jahrhundert. Sie lagen im »Schloßhölzli«. In einem davon wurde in der Mitte des vorigen Jahrhunderts ein Steinplattengrab gefunden, darin ein eisernes Schwert und einige Bronzeteile. Grabhügel der alemannischen Zeit, in der sonst eine andere Bestattungsweise vorherrschte (Flachgräber), sind an den Rändern des Wiesentals und im Dinkelberggebiet öfter nachgewiesen, meist in typischen Ausbaulagen, die erst nach der Besiedlung günstiger Flächen aufgesucht worden sind.

Siedlung und Gemarkung. – Steinen liegt im vorderen Wiesental am Ausgang des Steinenbachtals an der Kreuzung zweier alter Straßen: der Straße durch das Wiesental nach Schopfheim und einer alten Römerstraße: der *steinerne Weg* oder die *hohe Straß* führten von Steinen über Hüsingen und Inzlingen nach Lörrach. Obwohl der Ort den Funden (s. o.) zufolge merowingerzeitlichen Ursprungs sein dürfte, ist er erst 1113 als *Steina* urkundlich nachzuweisen. Offen bleibt, ob es sich um den ursprünglichen Namen handelt. Die heutige Namensform verdankt der Ort dem Steinenbach.

Ausgangspunkt der Siedlung scheint der örtliche Dinghof gewesen zu sein, zu dem im 12./13. Jh. ein Schloß oder eine Burg hinzukam. In den Hof gehörten im 15. Jh. die Einwohner von Hägelberg, Höllstein und Hüsingen, vorher scheinen andere Bindungen gegolten zu haben (Beziehungen von Hägelberg nach Weitenau, Höllstein als eigenständiger Ort, Hüsingen mit Verbindungen zu den südlich gelegenen, später österreichischen Dörfern). Aber unter dem Einfluß markgräflicher Verfügungen löste sich der Verbund de facto auf, immerhin blieb Steinen seit wenigstens dem 16. Jh. Mittelpunkt der gleichnamigen Vogtei, die 1571/72 103 Häuser umfaßte.

Infolge seiner Lage an zwei vielbefahrenen Landstraßen von vielen Kriegsereignissen betroffen, erfuhr das Dorf vor allem 1676 und 1678 Plünderungen durch die Franzosen, eine weitere am 25. August 1689 von Hüningen aus. Die topographische Lage an der Wiese wirkte sich dagegen überwiegend in Form von Hochwasserschäden aus.

Im 18. Jh. begann Steinen, Sitz einer St. Blasischen Schaffnei, sich zwischen den Amtsstädten Lörrach und Schopfheim als Kleinzentrum zu etablieren, was sich in der großen Zahl der Handwerker und dem Bau »bürgerlicher Häuser« an den seit 1760 gepflasterten Gassen zeigte.

Herrschaft und Staat. – Steinen gehörte im 12. Jh. zur Herrschaft der Herren von Waldeck, ihr Erbe traten die von Rotenberg und Rötteln an, die ihrerseits von den Markgrafen von Hachberg beerbt wurden. Darauf weist bereits der St. Blasische Dingrodel von 1413, der dem markgräflichen Schirmvogt den Beisitz am klösterlichen Dinggericht sicherte. Auch die Hochgerichtsrechte, 1113 bei den Breisgaugrafen, übten die Markgrafen aus. Spätestens 1697 unterhielten sie hier einen Förster, dem 1747 ein Adjunkt beigegeben wurde. – Seit spätestens dem 16. Jh. bildete Steinen eine Vogtei mit Hägelberg, Höllstein und Hüsingen, die 1571/72 zusammen 99 lb Jahrsteuer entrichtete. Das Vogtgericht fand in Steinen statt. Das Dorf unterstand dem Steinener bzw. Schopfheimer Viertel.

Ein wichtiges Instrument der Grundherrschaft bildeten die jährlich dreimal stattfindenden *Dinggerichte*, den Vorsitz führte der klösterliche Amtmann in Basel. Diese, denen 2 Nachgerichte folgen konnten, befaßten sich bereits im 15. Jh. (Dingrodel von 1413) ausdrücklich nur mit Grund- und Leibeigenenangelegenheiten. Beisitzer war der markgräfliche Vogt, dem ein Drittel der eingenommenen Bußen zustand. Frevel waren an ihn zu verweisen. Unter dem Einfluß der Herrschaft Rötteln verschwand diese Einrichtung spätestens Ende des 16. Jh., wurde aber aufgrund des Vertrags von 1718 wieder eingeführt. Den Vorsitz führte jetzt der örtliche Schaffner. Während die Appellation ursprünglich dem Rechtszug Fahrnau-Schönau-St. Blasien gefolgt war, ging sie seit 1718 ausschließlich nach Rötteln.

Adel, der sich nach Steinen nannte, wird zwar erwähnt, ist aber etwas fragwürdig. Zweifellos handelte es sich bei Walcho von Steinen, der 1113 erscheint, um einen Waldecker, bei Herrn Lutold 1249 wohl um einen Angehörigen der Krenkinger oder Wehrer Familie (ein Lutold de Werre wird 1258 erwähnt). Wie die beiden geistlichen Herren Peter (1258) und Heinrich (1273) einzureihen sind, ist unklar.

Zu unbekannter Zeit war in oder bei Steinen eine *Burg* errichtet worden, von der fraglich ist, ob es sich dabei um eine Vorgängerin des »Schlößle« handelte. Als Adelheid von Rotenberg ihren restlichen Besitz 1278 dem Kloster St. Blasien abtrat, war darunter auch der Burgstall. Das Weitenauer Urbar von 1344 erwähnt den *Turn ze Steina*, möglicherweise die Reste dieser Anlage. – Das wohl an anderer Stelle errichtete *Wasserschloß* läßt sich erst im 16. Jh. nachweisen: der verschiedentlich angebrachten Jahreszahl 1563 zufolge dürfte es damals umgebaut worden sein. Gregorius Kraft von Delmensingen besaß es 1570, er verkaufte es 1574 an Wilhelm von Heidegg. Als dieser von den auf dem Bau lastenden Schulden erfuhr, trat er vom Kauf zurück. Die sich anschließenden Prozesse wurden erst 1580 durch Vergleich beendet. Zwischen 1597 und 1605 lebten hier verschiedene Rötteler Obervögte. St. Blasien, dem der Komplex offenbar gehörte, befreite 1602 Burg und Zubehör von der Fallpflicht. Die nächsten Inhaber waren zwischen 1620 und 1631/32 Junker Jakob von Rotberg, von dessen Erben der Bau wohl um 1640 an den Markgrafen kam, seit 1651/52 Christoph von Luternau († 1662), dessen Erbin Barbara es 1668 wieder an den Markgrafen zurückgab. Von 1680 bis 1682 Sitz der Burgvogtei Rötteln, gelangte das Schloß 1697 durch Verkauf an den Bürgermeister von La-Chaux-de-Fonds (Kanton Neuenburg), Friedrich de Rougemont, dem der Markgraf weitgehende Freiheiten einräumte. Dessen Witwe Rose de Rougemont geb. Bullot verkaufte den Besitz 1716. Eine Zeitlang wurden die Gebäude durch Pächter verwaltet, bis das Gut 1745 parzelliert wurde. Das Schloß ersteigerte damals Johann Ludwig Winter, den Rest erwarben 36 Einwohner. Ausgenommen von der Veräußerung blieben Wald und Fischwasser (die letzten Güter wurden 1807 versteigert).

Grundbesitz und Grundherrschaft. – Als Walicho von Waldeck 1113 fast seinen gesamten Besitz dem Kloster St. Blasien übertrug, behielt er sich solchen in Steinen vor. Dabei dürfte es sich um das gehandelt haben, was Adelheid von Rotenberg 1278 diesem Kloster zuwandte: ein Gut, einen Garten und den Burgstall. Ob sich darunter bereits der Dinghof befand, ist nicht ganz sicher: das Urbar von 1352 führt ihn nicht auf. Das könnte aber auch bedeuten, daß das Kloster ihn damals seiner Propstei Weitenau überlassen hatte, die im 14. Jh. mit Besitz erwähnt ist. Nach der Reformation zog St. Blasien diese Güter wieder an sich. Sie umfaßten 1722 neben 23 Häusern 330 J (91⅔ ha) Liegenschaften.

Der Basler Amtmann war ursprünglich auch für die Verwaltung der Güter in und um Steinen zuständig gewesen. Wann eine eigene Schaffnei eingerichtet wurde, weiß man nicht. Sie bestand spätestens Anfang des 18. Jh., und die Aufgaben des Schaffners umfaßten Zins- und Zehnteinzug, Aufsicht über die St. Blasischen Güter und deren Inhaber sowie den Wald, die Auszahlung der Pfarrkompetenzen und die Wucherviehhaltung für Steinen, Hägelberg und Hüsingen. Wünschte die Gemeinde einen Bannwart, so hatte er Vorschlagsrecht. – Die Schaffnei des 18. Jh. unterstand zunächst dem Amtmann in Basel, in der zweiten Hälfte des Jahrhunderts wurde vorübergehend die Propstei Bürgeln zwischengeschaltet. Nach der Auflösung des Amtes Basel im Jahre 1798 wurde der Schaffner unmittelbar Bürgeln unterstellt. Sein Geschäfts- und Verwaltungsbereich wurde um Brombach und Inzlingen vergrößert, während für die Orte um Efringen ein eigener Schaffner bestellt wurde.

Unter den *sonstigen Grundbesitzern* war der Markgraf der größte, als Besitzer des *Steinemer Forstes* (1806: 429 J = 119 ha), den er im Laufe des 18. Jh. durch Zukäufe von Privaten noch vermehrt hatte. Zwischen 1715 und 1750 hatte er mindestens 125 J (ca. 35 ha) erworben und damit fast den ganzen Höffnet-Wald an sich gebracht. Was ihm sonst gehörte, war nicht bedeutend. Davon war 1371 etwas an die Heiligkreuzpfründe Sitzenkirch gegangen, bestimmte Einkünfte waren seit wenigstens 1680 an die Reich von Reichenstein und von Roggenbach, das örtliche Fischwasser seit 1639 ständig an zwei einheimische Fischer verliehen. Teile des Höllsteiner St. Margaretenlehens lagen auf Steinener Gemarkung. Kirche, Gemeinde und Einwohner (1809: 596 J Wald) waren ebenfalls begütert, das Domstift Basel soll im 16. Jh. Einkünfte bezogen haben.

Gemeinde. – Bereits der Dingrodel von 1413 erwähnt den markgräflichen Vogt, dem nach Einrichtung der Vogtei zwei Stabhalter (im 18. Jh. ein Stabhalter und drei Geschworene) zur Seite standen. Dieser Vogt war im 16. Jh. steuer- und fronfrei, durfte 4 Schweine in das Äckerich treiben, hatte die Nutzung örtlicher Fischrechte und erhielt eine Geldsumme für den Einzug der Jahrsteuer. Das Gericht bestand aus 10 Personen. Der Verrechner der Gemeindefinanzen, der Gemeinschaffner, läßt sich seit 1725 nachweisen. In den sonstigen Gemeindeämtern finden sich 1749 ein Weidgesell, 1738 zwei Marcher, 1775 zwei Wuhrmeister, 1782 noch zwei Fleischschätzer, die zugleich als Brotwäger amteten, je ein Nachtwächter, Dorf- und Feldbannwart, Weinsiegler, Kirchenrüger, Feuerreiter und ein Aufseher über die Feuergerätschaften. Der Almosenpfleger, 1785 erwähnt, zog neben dem Almosen auch die Akzidentien der Pfarrei ein und vergab Darlehen.

Der Gemeindebesitz bestand 1782 aus 8 bis 9 verpachteten Tauen Matten und 70 J Gemeindewald (1809: 74¾ J). Allmenden waren keine mehr vorhanden und der Wald war, da ziemlich ruiniert, damals verbannt. Bis 1786 konnte er auf 75 J (ca. 21 ha) vermehrt werden. Daraus mußten jährlich 8½ Klafter Fronholz an die Burgvogtei Rötteln entrichtet werden, Gabholz an die Bürger war nicht üblich, jedoch konnten diese Bauholz aus dem Gemeindewald beziehen. Es gab damals auch bereits ein Schulhaus, dessen Unterhalt sich die Gemeinde mit der Gde Höllstein teilte, und zu dem auch Hägelberg und Hüsingen jährlich 2 fl beitrugen. Zu den Einkünften zählten neben dem Verkauf von Holz und Getreide die Bürgerannahmegelder. Um 1749 wurden von einem Fremden, der zuzog, 25 lb, einem aus der Markgrafschaft Kommenden 18 lb 15 ß und von einer Frau 12 lb 10 ß erhoben.

Infolge des anhaltenden Kriegswesens und mehrerer Viehseuchen war die Gemeinde bereits um die Mitte des 18. Jh. ziemlich verschuldet. Daran änderte sich bis zum Ende des Jahrhunderts wenig, zumal bestimmte Ausgaben (Anschaffung einer Kirchturmuhr 1769, Schulhausbau vor 1780, Beschaffung einer neuen Orgel, zu der die Gemeinde ein Drittel beisteuerte, Unterhalt und Bau von Brücken, Beseitigung der häufigen Hochwasserschäden etc.) sich nicht umgehen ließen. Der Erwerb einer dringend benötigten Feuerspritze mußte daher 1782 noch aufgeschoben werden.

Kirche und Schule. – Die Pfarrkirche zu Steinen, deren Patron St. Peter (1392) war, läßt sich seit 1157 nachweisen (die Nennung im Rotulus Sanpetrinus zu 1120/52 ist nicht eindeutig auf Steinen zu lokalisieren). Sie gehörte zum Dekanat Wiesental, als Filialen erscheinen 1360/70 Hüsingen, 1508 Hägelberg. Spätestens seit 1546 wurde auch Höllstein von Steinen aus versehen.

Der Kirchensatz war dem Kloster St. Blasien wohl von den Herren von Waldeck überlassen worden. Besitzbestätigungen für dieses Kloster von 1157, 1173, 1179 und 1189 lassen vermuten, daß die Übertragung nicht reibungslos erfolgt ist und von unbekannter Seite angefochten wurde. Durch Vermittlung der Königin Agnes von

Ungarn, der Tochter König Albrechts, konnte St. Blasien 1350 die Inkorporation der Kirche erreichen, die ihm 1358 ausdrücklich bestätigt wurde. – Die Einführung der Reformation auch in Steinen änderte an den Rechtsverhältnissen nichts. Nach wie vor setzte und besoldete das Kloster den Pfarrer, den allerdings jetzt der Markgraf bestimmte. Zuständiges Dekanat war nun Schopfheim/Sausenberg.

Vom Altbesitz der Kirche und Pfarrei ist wenig Genaues bekannt. St. Peters Gut und Wald, der Pfründgarten, das Pfarrgut, werden im 18. Jh. verschiedentlich ohne nähere Angaben genannt. St. Peters Holz erscheint 1605 als Anstößer. Natürlich war der Hauptbesitz, wohl im wesentlichen Zehnteinkünfte, bei der Inkorporation St. Blasien zugefallen, welches dafür Bau und Unterhalt des Pfarrhauses und, seit dem 16. Jh., des Chors der Pfarrkirche zu tragen hatte. Zu den sonstigen Kirchenbaukosten pflegte das Kloster gelegentlich eine Beisteuer zu geben, so 1724 zur Anschaffung einer Glocke.

Sämtliche *Zehnten* gehörten St. Blasien, dem sie wohl durch die Inkorporation der Kirche zugefallen waren. Markgraf Otto von Hachberg hatte 1354 ausdrücklich, auch im Namen seines Neffen Rudolf, auf alle Ansprüche verzichtet. Seine Nachfahren beanspruchten nach Einführung der Reformation allerdings die Novalzehnten, weshalb es etliche Auseinandersetzungen gab. Den Kleinen Zehnten hatte das Kloster 1350 dem Pfarrer überlassen. Auch in der Kompetenz des 17. Jh. ist er noch enthalten, neben einem Surrogat für den Heuzehnten. Dann allerdings überließ ihn St. Blasien seinem Schaffner als Entgelt für das Einsammeln des Großen Zehnten, weitere Einzelzehnten bezog dieser dafür, daß er das Wuchervieh unterhielt. Dem Pfarrer blieb im wesentlichen der Etterzehnt. Geringe Zehnteinkünfte gingen noch im 18. Jh. an St. Alban, die herrschaftlichen Matten waren zehntfrei. Da in Steinen umfangreiche Zehntmengen eingingen, gab es am Ort eine Zehntscheuer, die sich zunächst auf dem Schloßareal befand. Nach 1726 wurde sie an anderer Stelle neu erbaut, heute steht dort das Pfarrhaus.

Schule wurde in Steinen seit wenigstens 1583 gehalten, wohin auch die Kinder der Vogtei schulpflichtig waren, bis Hägelberg und Hüsingen eigene Lehrer anstellten. Die Besoldung des Schulmeisters war mit 10 fl, 8 Mltr Dinkel und 2 Saum Wein jährlich nicht besonders hoch, aber besser als an manchem anderen Ort. Da er auch als Mesner tätig war, bezog er die Sigristengarben aus Steinen und den Filialen, jährlich 2 Laibe Brot von jeder Ehe. Bis zum Beginn des 18. Jh. fand der Unterricht in der Wohnung des Lehrers statt. Das erste Schulhaus erwies sich jedoch schon 1740 als zu klein für die damals 60 Schüler. Die Gemeinde zahlte daraufhin dem Lehrer eine Mietgebühr und erwarb 1759 eine Scheuer, die sie bis 1763 zu einem Schulhaus umbaute, zu dessen Baukosten Höllstein zur Hälfte beizutragen hatte. Eine Industrieschule bestand bereits 1768.

Bevölkerung und Wirtschaft. – Spätestens der Übergang des Dinghofs an St. Blasien hatte für dessen Bewohner die klösterliche Leibeigenschaft zur Folge. Auch Freie, welche Eigenleute heirateten, gehörten fortan samt ihren Kindern dem Kloster. Ungenossenehen hatten »legalisiert« zu werden; geschah dies nicht, so zog St. Blasien im Todesfall neben dem Fall auch zwei Drittel der fahrenden Habe ein. Beim Tod von Eigenleuten sowie Inhabern klösterlicher Lehengüter hatten die Erben den sogenannten Fall, das beste Stück Vieh oder das beste Gewand, zu entrichten – eine Gewohnheit, die offenbar noch im 18. Jh., nun allerdings auf die klösterlichen Eigenleute beschränkt, üblich war. Die Eigenleute des Markgrafen hatten spätestens seit dem 16. Jh. keine Fälle mehr zu entrichten.

Frühe Einwohnerzahlen liegen auch für Steinen nicht vor. Durch die Pestjahre 1593/94, 1609/10 und 1628 bis 1630 wurde die Bevölkerung nachhaltig dezimiert, ebenso wie in den häufigen Kriegszeiten. Im 30j. Krieg flohen viele Leute nach Basel oder Riehen, von denen sicher nicht alle zurückgekehrt sind. Nach dem Krieg ergänzten Schweizer die entstandenen Lücken. Die Einwohnerschaft nahm ziemlich schnell wieder zu: 1709 werden 58 Bürger und 17 erwachsene Söhne aufgeführt, was einer Einwohnerzahl von etwa 135 entsprechen dürfte. Die Kirchenerweiterung von 1741 wird auch mit der angewachsenen Bevölkerungszahl begründet, und 1782 führt ein Verzeichnis 160 Bürger, Witfrauen und Hintersassen auf (etwa 800 Personen). Eine Entlastung des stark bevölkerten Ortes brachte die Auswanderung von wenigstens 5 Familien in den Jahren zwischen 1701 und 1754 nach Siebenbürgen. – Die medizinische Versorgung oblag neben der Hebamme im 18. Jh. einem Barbierer (1722, 1746). Seit etwa 1757 saß auch ein Chirurg am Ort, der von Fronen und Wacht befreit war und dessen Sohn später die väterlichen Verpflichtungen übernahm.

Die Zunahme der Einwohnerschaft im 18. Jh. hatte keineswegs zu genereller Verarmung geführt. Einer Aufstellung von 1782 zufolge, die 42 Bauern, 34 Taglöhner sowie 84 Handwerker und Gewerbetreibende aufführt, von denen einer ebenfalls als Bauer erscheint, lebten 47 Familien in guten, 36 in mittelmäßigen und 77, darunter einige Übelhauser, in eher schlechten Einkommensverhältnissen. Ihren *Lebensunterhalt* verdienten sich die Einwohner zunächst mit der Landwirtschaft. Angebaut wurden im 18. Jh. Dinkel und Hafer im Verhältnis von 2:1, daneben etwas Roggen. In die Wirtschaftsfläche (1809: 187 J Acker, 397 J Wiesen) teilten sich die Einwohner mit Einmärkern aus der ganzen Umgegend. Weinbau ist nicht bezeugt, hingegen zum Ende des Jahrhunderts ein beachtlicher Obstbau.

Wichtiger scheint die *Viehhaltung* gewesen zu sein. Eine Aufstellung von 1809 verzeichnet 39 Pferde, 133 Rinder, 75 Schafe, 112 Schweine und 2 Ziegen. Die Einführung der Stallfütterung bedingte den Anbau von Futterkräutern. Bereits 1756 waren fast 12 J mit Esparsette bestanden, 1782 nahm der Klee 7 J ein. Allgemein war man um die Verbesserung der Wiesen besorgt, vorzugsweise durch Wässerung. Die Gemeinde unterhielt in der zweiten Jahrhunderthälfte einen Schweinehirten, der sich auch um die Schafe zu kümmern hatte. Der Unterhalt des Wucherviehs oblag dem St. Blasischen Schaffner, der 1782 zwei Stiere und einen Eber hielt. Die Frühjahrsweide war damals schon abgeschafft, wogegen die Herbstweide (bis Galli) noch durchaus üblich war.

Bei immer noch landwirtschaftlich ausgerichteten Strukturen – auch der Handwerker konnte nicht allein von seinem Verdienst leben – hatte das Ortsbild seit dem Ende des 17. Jh. fast städtische Züge angenommen. Dafür sprechen neben den »bürgerlichen« Häusern und den gepflasterten Straßen auch die Zahl und Art der Handwerker. Bereits 1722 werden zwei Schmiede und je ein Bäcker, Hafner, Schuhmacher und Weber genannt; 1782 arbeiteten hier 16 Weber, 9 Schuhmacher, 6 Schneider, 5 Müller, 4 Maurer, je 3 Fischer, Nagler, Schmiede und Wagner, je 2 Bäcker, Metzger, Schreiner, Zimmerleute und je ein Dreher, Färber, Gerber, Hafner, Küfer, Maler, Rotgerber, Säger, Sattler, Spengler, Steinbrecher, Wannenmacher und Wirt. Zwei Personen werden als Musiker bezeichnet. Zwei Fischer besaßen das herrschaftliche Fischwasser. Sämtliche Handwerker waren zünftig organisiert. In Steinen bildeten 1766 die Schuhmacher eine eigene Zunft, die der Weber bestand schon 1685. Später finden sich noch Glaser, Schreiner und Schneider in Zünften wieder. – Steinen hatte 1350 eine Mühle, spätestens seit dem 15. Jh. zwei *Mühlen* aufzuweisen, von denen die obere Mühle eine Bannmühle war. Die niedere Mühle wurde 1597 privilegiert, diese Rechte wurden ihr noch im 19. Jh. bestätigt. Im 18. Jh. bauten die Inhaber Öltrotten dazu. – Die seit 1388 nachzuweisende Steingrube war Besitz der Basler Münsterfabrik.

Als Sitz einer St. Blasischen Schaffnei mit großem Einzugsgebiet war der Ort auch Umschlagplatz größerer Frucht- und Warenmengen. So war es nur folgerichtig, wenn die Gemeinde sich 1766 um die Genehmigung für zwei Vieh- und Krämermärkte bemühte, die ihr auch zugestanden wurden. Die Behauptung allerdings, der Ort sei schon früher Marktflecken gewesen, läßt sich aus dem überlieferten Schriftgut nicht erhärten. Die Märkte wurden jeweils 14 Tage vor Georgi und 8 Tage vor Simon und Juda abgehalten. Zusammen mit einer Reihe anderer Märkte wurden auch sie der Gemeinde 1784 wieder aberkannt.

Im Zusammenhang damit spielten auch die *Wirtschaften* eine Rolle. Älteste davon ist der »Ochsen«, der seine Konzession 1677 erhielt, während sich der Schild seit 1698 nachweisen läßt. Drei Jahre später, 1680, folgte der »Hirschen«, der bis 1959 bestanden hat, wenig später der »Salmen«, der nach dem 2. Weltkrieg aufgegeben wurde. Schließlich wurde 1739 dem »Löwen« die Schildgerechtigkeit verliehen. Als letzte folgte vor 1809 die »Sonne«.

Weitenau

Siedlung und Gemarkung. – Auf der Gemarkung liegen neben dem Dorf *Weitenau* der Weiler Schillighof und die Höfe Hummelberg und Farnbuck sowie Außerdorf. Das 1344 und 1383 erwähnte *Busoltzberg* könnte mit dem aufgegebenen Hofgut Buchholzberg in der Nähe der Kreuzeich bei Schillighof identisch sein. Weitenau läßt sich erstmals 1100 nachweisen, als die Herren von Wart die *ecclesia apud Witnow constituta* mit allem Zubehör dem Kloster St. Blasien schenkten. *Witnowe daz dorf und als daz da zu hort* (der Name lautete noch im 17. Jh. Wittnau) gehörte 1344 zum Zwing und Bann des gleichnamigen Klosters. Den Flurnamen zufolge könnte es aus einer Hofsiedlung hervorgegangen sein. Es lag an der Landstraße Steinen – Kandern im Tal des Steinenbachs und seiner Zuflüsse, das vermutlich von den Herren von Wart im 11./12. Jh. durch Rodung erschlossen worden war, wogegen die Kirche und später das Kloster auf einer Rodungsinsel im Tal des Klosterbachs angelegt wurden. Die Schenkung von 1100 legt nahe, daß die Kirche erst nach dem Dorf entstanden ist. Ihre abseitige Lage läßt darauf schließen, daß sie als kirchlicher Mittelpunkt der engeren Herrschaft Weitenau gedacht war, als welche man neben dem Dorf Weitenau eine Vorgängersiedlung von Schlächtenhaus und vielleicht Hägelberg ansehen darf. Ob diese Kirche noch auf der Dorfgemarkung gelegen hat, ist zweifelhaft – das Kloster und die westlich davon angelegten Wirtschaftshöfe bildeten später eine eigene Gemarkung.

1709 wurden in Weitenau 28 Häuser gezählt. Kloster und Klosterhof kamen 1861 von der Gde Weitenau zur Gde Schlächtenhaus.

Herrschaft und Staat. – Die Herren von Wart, denen die Herrschaft gehörte, die später als Vogtei Weitenau erscheint, hatten ihren Stammsitz im Thurgau. Auf welchem Wege (am ehesten über familiäre Beziehungen) sie die hiesigen Rechte erworben hatten, ist unbekannt, ebenso, ob sie hier einen adeligen Sitz gehabt haben. Der Flurname Burg (1573 ff. *uff der Burg*), westlich des Dorfes in einem Waldgebiet zu finden, kann auch auf eine im Zuge des Landesausbaus angelegte Anlage hinweisen, die bald wieder aufgegeben wurde.

Um 1100 gelangte die Kirche mit Zubehör, also wohl auch das Dorf, durch Schenkung der Brüder Arnold, Heinrich und Erkinbold von Wart an St. Blasien. 1344 standen Zwing und Bann dem inzwischen gegründeten Kl. Weitenau zu, die niedere Gerichtsbarkeit übte der dortige Propst aus. Die Vogteirechte hatten spätestens seit dem 14. Jh. die Markgrafen von Hachberg-Sausenberg, nachdem noch Ende des 12. Jh. ein Angehöriger der Familie von Wart als Klostervogt aufgetreten war.

Den späteren Quellen nach hatte die Herrschaft eine zentrale Gerichtsstätte bei der Weitenauer Kirche, deren Einzugsgebiet noch 1344 recht groß war, da es für alle St. Blasischen Schupposen zuständig war. Der Übergang der Herrschaft an St. Blasien und damit die durch die Markgrafen von Hachberg ausgeübte Schutzvogtei hatten jedoch zur Folge, daß die Befugnisse dieses Gerichtes bis zum 14. Jh. bereits soweit eingeschränkt worden waren, daß es damals nur noch als Dinggericht erscheint, allerdings auch für auswärtige Besitzer von Weitenauer Gütern. Es tagte unter Vorsitz von Meier und Vogt, die Sitzungen waren auf jährlich zwei, im Mai und im Herbst, reduziert worden; verhandelt wurden nur noch Eigentums- und Leibeigenensachen. Die wenigen Quellen erlauben keine ausführlicheren Aussagen, jedoch ist das Dinggericht noch 1669 und 1670 bezeugt. Wahrscheinlich ist es bald darauf in Abgang gekommen, da 1718 über eine Neueinrichtung nachgedacht wurde. Der Rechtszug ging im 14. Jh. von Weitenau über Fahrnau und Remetschwihl nach St. Blasien. – Das örtliche Niedergericht übten im 14. Jh. die Markgrafen von Hachberg aus, ihr Vogt läßt sich seit 1344 nachweisen. Nach der Reformation bildete Weitenau mit Wieslet eine Vogtei, im 18. Jh. wurde Gericht wechselweise an beiden Orten gehalten.

Die Vogtei im weiteren Sinne unterstand dem Schopfheimer Viertel. Dazu gehörten Weitenau, Wieslet, Schlächtenhaus, Schillighof, Hofen, Sallneck (bis 1786) und Demberg (bis 1789). 1787 werden dazu noch Hummelberg, Klosterhof, Heuberg und Schrohmühle gezählt. Sie hatte keinen eigenen Besitz, aber Pflichten, wie die Lieferung von Steuergetreide sowie Pfarr- und Fronholz und die Entrichtung der Pfarrkompetenz. Diese Ausgaben wurden auf die einzelnen Gemeinden umgelegt. Die Angehörigen der Vogtei waren zu Frondiensten verpflichtet, die der Dingrodel von 1344 auf neun festlegte. Diese wurden 1548 auf drei vermindert, seit 1718 konnten sie durch Geld ersetzt werden. Damals zählte die Vogtei 178 Haushaltungen (1572: 61).

Grundherrschaft und Grundbesitz. – Der Hauptteil des Weitenauer Grundbesitzes gehörte den Klöstern St. Blasien und Weitenau und entstammte vermutlich dem Besitz der Herren von Wart. Die *Propstei Weitenau* besaß um 1350 in Weitenau 33½ Lehen, Wiesen, Wald, zwei Gärten und Zinseinkünfte. Diese Güter sind nach der Reformation durch *Kloster St. Blasien* verwaltet worden, dessen Weitenauer Besitz 1573 mit 7 Häusern und ca. 250 J, auf 9 Lehen verteilt, angeben wird. Bei einer Zinsbereinigung des Jahres 1764, die auf Bitte des Abtes von St. Blasien vorgenommen wurde, bestanden in Weitenau entsprechend den alten Lehengütern 11 Tragereien. Ferner verfügte St. Blasien auf der Gemarkung Weitenau über 18 J Brachfeld und 158 J Wald. Von diesem Waldbesitz verkaufte St. Blasien 1745 zwei Waldstücke im Glaserberg und Peterswald für das Hüttenwerk in Kandern an den Markgrafen von Baden-Durlach. Diesen Grundbesitz verwaltete bis zur Reformation und Aufhebung des Klosters der Propst von Weitenau, danach das sanktblasische Amt Basel. Die örtliche Aufsicht übernahm der in Wieslet bestellte Schaffner, der auch für den Einzug des Zehnten verantwortlich war.

Der Basler Dompropst Lütold von Rötteln vergabte 1311 Geldzinsen von der Vogtei zu Weitenau an einen Basler Edelknecht. Wohl diese Gülten bezog 1361 Hanman Münch, dessen Witwe sie 1376 an Predigerbrüder in Bern und Bondorf (Kanton Bern) sowie an den Kaplan von St. Peter in Basel verkaufte, die noch 1382 darüber verfügten. Weitere geringe Einkünfte bezogen die Deutschordenskommende Beuggen und das Gotteshaus St. Clara in Freiburg (1717). Größere Besitzungen dürften den Einwohnern gehört haben; 1809 verfügten sie über 586½ J Wald.

Gemeinde. – Sie wurde durch Vogt, Stabhalter (1756) und mehrere Geschworene verwaltet. Von diesen war der Vogt noch im 16. Jh. steuer- und fronfrei, hatte 4 Schweine im Äckerich frei und konnte ein Fischwasser nutzen. Er wählte auch die beiden Kirchenpfleger. Die Gemeinde wird 1779 als arm bezeichnet, ihre Mittel waren nach einem Schulhausbau und den Aufwendungen für die Umgießung einer Glocke erschöpft. Um 1800 besaß sie weder Allmende noch Gemeindewald, ihre Einkünfte kamen vermutlich aus Umlagen und der Gemeindewirtschaft.

Kirche und Schule. – Die Bewohner des Dorfes Weitenau gehörten, auch nach der Reformation, zur Klosterpfarrei. – Wenige Liegenschaften sowie die Neugereute ausgenommen, aus denen die Herrschaft Rötteln den *Zehnten* bezog, gehörte der Zehnte in der gesamten Vogtei Weitenau dem Abt von St. Blasien.

Schule wurde in Weitenau spätestens 1718/19, in Hofen spätestens 1737 gehalten, wobei der Lehrer auch die Pflichten des Sigristen wahrzunehmen hatte. Ein Schulmeister versorgte noch 1760 im wöchentlichen Wechsel beide Orte, vor 1763 erhielt Hofen dann einen eigenen Lehrer. Die Trennung der beiden Schulen erfolgte 1766. Die obere Gemeinde Weitenau, nämlich Endenburg mit Kirchhausen und Lehnacker, hatte um 1760 bereits eine eigene Schule mit Lehrer. – Ein *Schulhaus* wurde erst 1730 im Dorf Weitenau erbaut, gegen den Wunsch des Oberamtes, welches das Haus beim Kloster erbauen wollte. Ein zweites kam bis 1737 hinzu, es stand in Hofen und war für Schlächtenhaus und die Höfe zuständig. Beide erhielten, da wohl zugleich als Gemeindehaus genutzt, 1737/38 je ein Glöcklein. Das Weitenauer Haus war 1746, da der Bau seinerzeit mangels Mitteln mangelhaft ausgeführt worden war, fast unbewohnbar, es wurde damals mit Geldern der Vogteikasse repariert. Ein Neubau war 1807 geplant.

Bevölkerung und Wirtschaft. – Die Einwohnerschaft dürfte durchweg dem Kloster St. Blasien leibeigen gewesen sein, das Leibfälle noch mindestens bis zum Ende des 17. Jh. bezog. Inzwischen hatte die markgräfliche Herrschaft aber auch hier die Territorialleibeigenschaft erreicht, was zur Folge hatte, daß Eigenleute anderer Herren beiden Fallgebühren zu entrichten hatten. Das führte dazu, daß St. Blasien im 18. Jh. nur noch Fallgebühren aus seinen großen Lehenhöfen bezog. Die Zahl der Einwohner ist für die frühere Zeit nicht überliefert, sie muß aber um die Mitte des 18. Jh. (1754: 48 Bürger) zugenommen haben, da 1774 eine Erhöhung des Kommunionweinkontingentes genehmigt wurde. 1782 lebten hier 178 Personen. Die Einwohnerschaft verteilte sich 1803 auf 25 Bauern und 15 Taglöhner.

Ihren Lebensunterhalt bezogen die Bewohner von Weitenau aus der Landwirtschaft, wobei der Ackerbau weitgehend der Eigenversorgung diente. Angebaut wurden auf 266½ J Ackerfläche (1809) Roggen und Hafer, auch etwas Dinkel. Eine wichtigere Rolle kam der Viehzucht zu, die schon durch die 1573 geforderten Fleischabgaben dokumentiert ist. Eine Zählung von 1778 ergab, daß damals in der gesamten Vogtei Weitenau 288 Ochsen, 269 Kühe, 228 Stück Zuchtvieh, 239 Schweine, 28 Pferde, 8 Esel und 17 Geißen gehalten wurden, 1809 allein in Weitenau 4 Pferde, 164 Rinder, 95 Schafe, 49 Schweine und 3 Ziegen. Demzufolge nahmen die Matten (1809: 213½ J) einen bedeutenden Teil der landwirtschaftlich genutzten Fläche ein, der im 18. Jh. durch Rodung oder Aufgabe untauglicher Felder noch vergrößert wurde. Ihren Bedarf an Spezereiwaren deckten die Bauern Ende des 18. Jh. in Basel, weshalb damals die Einrichtung einer Krämerei im Ort gewünscht wurde.

An Handwerkern werden 1803 4 Weber, 3 Schuster und ein Schneider aufgeführt, dazu ein Kettenschmied und ein Nagelschmied. In der gesamten Vogtei Weitenau waren 1790 7 Schuster, 5 Schneider, 1 Metzger, 8 Weber, 4 Hufschmiede, 13 Nagelschmiede und ein Bäcker tätig.

Vor dem 18. Jh. gab es auf der Gemarkung Weitenau vermutlich auch eine oder mehrere *Glashütten*, worauf das Waldstück »Glaserberg« deutet, das bis 1745 im Besitz des Klosters St. Blasien war. Eine davon läßt sich 1514/15 nachweisen, die neben Geld auch Glas abliefern mußte. Sie scheint bereits 1572 nicht mehr bestanden zu haben, da die Gemeinde damals die zugehörigen Güter als Lehen nutzte.

Hummelberghof. – Er läßt sich seit 1573 als *Hungerberghof*, wie er noch Mitte des 18. Jh. bezeichnet wurde, nachweisen. Der östlich des Dorfs Weitenau gelegene Hof war damals, zusammen mit einer Hofstatt, jetzt Garten, an den Rötteler Landschreiber Herwagen verliehen. Das Gut umfaßte 1804 einige Höfe mit 4 Wohnhäusern und 7 Nebengebäuden und wurde 1782 von 17 Personen bewohnt.

Schillighof. – Von den Gotteshausleuten *am Schillig* ist 1344 die Rede, welche Weitenau Frondienste schuldig waren. Später jedoch gehörte das Gut, welches an der Straße von Weitenau nach Kandern angelegt worden war, dem Kloster St. Blasien. Es bestand 1573 aus zwei Höfen, dem Ober Schilling Hof (1777: 2 Inhaber, ca. 38½ J Liegenschaften) und dem Klein Schilling Hof. Die Bewohner (1754: 7 Bürger) waren um 1750 nach Wieslet eingepfarrt. Hier lebten 1803 4 Männer als Bauern und 2 Taglöhner. Um 1800 bestand dort bereits eine Wirtschaft (»Hirschen«).

Quellen und Literatur

Endenburg

Quellen: GLA 18/K. 53; 21/Nr. 2119–31, 3778, 4219, 4224; 66/7218, 7545, 8485; 120/653, 1200h; 229/**24671–24700a**, 86327a, 104587, 107743, 112613, 112631, 112637, 112647, 113714, 115710, 115713; 391/18124. – FDA 1 (1865) S. 198; 35 (1907) S. 81. – RMB 1 Nr. h 684, 713, 751. – ZGO 16 (1864) S. 200; 30 (1878) S. 258/59; 67 (1940) Anh. S. 229.

Literatur: Kirche St. German zu Endenburg im Zusammenhang mit der Ortsgeschichte. Pfarramt Weitenau 1972. – *Kuhn*, Friedrich, Ur- und frühgeschichtliche Funde und Beobachtungen auf Gemarkung Endenburg, Kr. Lörrach. In: Das Markgräflerland 35 (1973) S. 76–81.

Erstnennungen: ON und Kirche 1275 (FDA 1 ⟨1865⟩ S. 198). – Patron St. German 1545 (GLA 21 Nr. 4224).

Kirchhausen: GLA 66/3598 (1344). – GLA 11/Nr. 2028; 21/Nr. 4471; 66/3598, 7247, 7545, 8485/86, 9604; 229/16056, 24672, 24684/84a, 24686, 24690, 24692a-d, 24697, 24700a, 86918/19, 104652, 113721; 391/18124, 35258. – GA Tegernau, Urkunden.

Lehnacker: GLA 229/24676a, 24684/84a, 24690, 24692a-d, 24700a, 24571a, 24686, 24692, 90684, 104597.

Schrohmühle: GLA 229/24677, 24682/83.

Hägelberg

Quellen gedr.: FDA 24 (1895) S. 206; 35 (1907) S. 82. – RMB 1 Nr. 35, h 988. – ZGO 2 (1851) S. 195, 206; 58 (1904) S. m154.

Quellen ungedr.: GA Hägelberg. – GLA 11/Nr. 3094, 4621, 5083; 21/Nr. **3511–22**, 8039; 66/7013, 7217/18, 7247, 8301; 229/9589, 13179, 13291, 16055, 28614, 31861/62, **37659–84**, 38979, 45596, 47588, 47606/7, 94378/79, 94472, 100881, 100888, 100940/41, 100946, 114091; 361 (1926, 43) 25; 391/13914.17. – PfA Steinen.

Literatur: *Wendling*, K.F., Schulgeschichte der evangelischen Volksschule Hägelberg. In: Das Markgräflerland 1964, S. 6–15.

Erstnennungen: ON 113 (RMB 1 Nr. 35; ZGO 2 ⟨1851⟩ S. 195). – Kapelle 1464 (GLA 21/Nr. 3513). – Patron St. Wendelin 1573 (GLA 66/7247).

Höllstein

Quellen gedr.: UB Basel 1, Nr. 149, 152, 164, 175, 219, 240, 275, 278; 2, Nr. 48. – FDA 1 (1865) S. 199; 5 (1870) S. 87, 93; 24 (1895) S. 217; 35 (1907) S. 82; 68 (1941) S. 397; 76 (1956) Nr. 1421, 1440, 1454, 1515, 1541. – Gerbert HNS 3, 96. – MG Necr. 1, S. 333. – REC Nr. 4288, 6661, 8146, 8689, n 203. – RMB 1 Nr. 659, 673, 677, 689, 730, 756, 774, 780. – Trouillat 1, Nr. 182, 195, 282; 2, Nr. 155. – ZGO 15 (1863) S. 355; 19 (1866) S. 122, 215; 20 (1867) S. 82–85; 42 (1888) S. m92. – UB Zürich 2, 117, 211.
Quellen ungedr.: StA Basel Urkunden, Großes Almosen Nr. 57; Zins und Zehnten G 1. – GA Höllstein (Inv. masch. 1985). – GLA 11/Nr. 3215–24, 3345/46, 4415, 4617, 4621; 21/Nr. 3958–63, 3969, 5408, 6426, 6446/47; 66/3715, 3766–68, 7218, 8301; 229/9587, 9589, 13179, 13264, 13266, 16055, 22683, 33940, 38979, **45579–605**, 47586, 47588, 47605, 65560, 65598, 65591, 65615, 77200, 94378/79, 94472, 100880/81, 100946, 104607, 106495, 106502, 114091, 115348; 361 (1926, 43) 34; 391/16627–33, 24530. – PfA Steinen.
Literatur: *List*, Karl, Die karolingische Kirche in Höllstein (Kr. Lörrach). Ein Untersuchungsbefund. In: Nachrichtenbl.d.Denkmalpfl.in Bad.-Württ. 10 (1967) H. 2, S. 31–35.
Erstnennungen: ON 1083 fraglich, sicher 1103 (Trouillat 1, S. 214) – Kirche 1103 fraglich, sicher 1238 (UB Basel 1 Nr. 149). – Patronin St. Margarete 1336 (GLA 21 Nr. 1232).

Hüsingen

Quellen gedr.: BB 3, S. 190f. – UB Basel 1, Nr. 168. – FDA 5 (1870) S. 87; 24 (1895) S. 217; 35 (1907) S. 82. – RMB 1, Nr. h 633/34, 774, 988. – ZGO 2 (1851) S. 207; 36 (1883) S. 266; 47 (1893) S. m41/42; 57 (1903) S. m107.
Quellen ungedr.: GA Hüsingen. – GLA 11/Nr. 3300, 4621, 5083; 21/Nr. 3560/61, 4086–88, 5408, 6446/47; 66/777, 1362, 3715, 7210/11, 7218/19, 7247, 7340, 8301, 9598, 9601/2; 120/412, 422, 483, 1203, 1238b; 159/38; 229/9589, 13179, 16055, 37663, 37673, 37691, 38979, 39739, 45588, 45596, **47583–614**, 65560, 65596/97, 65634, 94472, 100881, 100888, 100946, 106502, 114091, 115327; 361 (1926, 43) 43; 391/17229–35. – PfA Steinen.
Erstnennungen: ON 1242 (UB Basel 1 Nr. 168). – Kapelle 1508 (FDA 35 ⟨1907⟩ S. 82).

Schlächtenhaus

Quellen: GLA 66/7247, 7545, 8303, 9604, 9613; 229/16055/56, 24683, 47604, 65619, **92998–93011**, 112590, 112596/97, 112639, 112662, 112664, 115756; 391/18124, 34797, 34798–802. – PfA Schlechtenhaus (Übers.in ZGO 51 ⟨1897⟩ S. m56).
Erstnennung: ON 1344 (GLA 66/9598)
Heuberg: GLA 66/7545, 7547, 8303, 9604, 9613; 229/112664.
Hofen: GLA 66/9598 (1344). – GLA 11/Nr. 5084; 21/Nr. 3956; 66/7247, 7545, 8303, 9604, 9613; 229/16056, 24683, 93001/2, 93004–7, 93011, 93011a, 112590, 112596, 112626, 112664, 112683, 115756; 391/34802. – ZGO 18 (1865) S. 201.
Klosterhof: GLA 11/Nr. 5065–72; 229/16026, 112580, 112590, 112592, 112607, 112620, 112662, 112664, 112667, 115707.
Kloster Weitenau: GLA 11/Nr. 833, 1008, 1105, 1580, 1965, 1973/74, 4070, 4617, 4673, 5083, 5086; 18/K. 13, 25, 39; 21/Nr. 4441; 66/7256, 8486, 9598, 9605, 9620/21, 9623, 9625, 9810; 120/200, 686, 878, 990, 1085, 1174, 1200a, 1200e, 1200m, 1238b, 1253b, 1264b; 229/13240, 13198/99, 13245, 16026, 16030, 16051, 16055/5616061, 22645, 22651, 22671, 28597, 42851, 52911, 77222, 81569, 88486, 100881, 106424, 104652, 110872, 112585, 112631, 112633/34, 112915–17, 115126/27, 115134. – FDA 1 (1865) S. 136, 176; 5 (1870) S. 87; 24 (1895) S. 210; 35 (1907) S. 82; 45 (1916) S. 17. – Gerbert HNS 1, 408; 3, 38. – Herrgott, Gen.Habsb. 2, 201. – Mone, Quellens. 4, 126. – RMB 1, h 1155. – REC 1094. – WUB 1, 14, 111, 195, 266, 369, 371; 2, 3, 14, 114, 172 – ZGO 19 (1866) S. 64, 299/300; 28 (1876) S. 100; 31 (1879) S. 179; 42 (1888) S. m91/92; 47 (1893) S. m42, 55; 58 (1904) S. m77; 64 (1910) m149. – *Ott*, Hugo, Studien zur spätmittelalterlichen Agrarverfassung im Oberrheingebiet, Stuttgart 1970 S. 110ff. – *Schülin*, Fritz, Die Grundherrschaft des Klosters St. Blasien im Markgräflerland, in: Markgräflerland 3/4 (1972) S. 155–193. – *Setzler*, W. in: Germania Benedictina 5, 1976, S. 647ff. – *Seith*, Karl, Zur Geschichte des Klosters Weitenau. In: Das Markgräflerland 1 (1960) S. 1–15.

81 *Steinen, Schloß*

82 *Steinen, ev. Kirche*

83 *Steinen, Blick von Norden her*

84 *Steinen, Rathaus*   85 *Steinen, Ortsmitte*

86 *Hägelberg*

87 *Höllstein, Zentrum, Blick auf die ev. Kirche St. Margaretha*

88 *Hüsingen*

89 *Schlächtenhaus*

90 *Kloster Weitenau*

91 *Weitenau, Dorf*

92 Tegernau, Dorfmitte

93 Tegernau, kath. (Vordergrund) und ev. Kirche

94 Todtnau

95 Todtnau, Rathaus

96 Todtnau, St. Johannes der Täufer

97 *Brandenberg*

99 Geschwend,
St. Wendelin

100 Geschwend,
Einzelhof

101 *Geschwend, Blick taleinwärts*

102 *Muggenbrunn*

103   Präg

104   Schlechtnau, neue Marienkapelle

105 Todtnauberg

106 Todtnauberg,
St. Jacobus

107 Tunau   ▷

108 Tunau,
Herzjesukapelle
und der westl.
Teil der Siedlung

109 *Utzenfeld*

110 *Utzenfeld, Rathaus*

Steinen

Quellen gedr.: UB Basel 1, Nr. 101, 177, 187, 233; 2, Nr. 119. – FDA 1 (1865) S. 199; 5 (1870) S. 97, 93; 15 (1882) S. 152; 24 (1895) S. 217; 35 (1907) S. 82; 68 (1941) S. 397; 76 (1856) Nr. 1430, 1445, 1455, 1465, 1509. – REC Nr. 1360, 4949, 4951, 4954, 4961, 5149, 5367, 5371, 5758, 8445, n190/91, 203. – RMB 1 Nr. 35, h 643, 711, 931, 967, 988. – WUB 2, 111, 114, 172, 195, 265. – ZGO 2 (1851) S. 197, 202, 495–99; 47 (1893) S. m41/42; 48 (1894) S. m141; 58 (1904) S. m154.

Quellen ungedr.: GLA 5/K. 572; 11/Nr. 1876, 2242, 3401, **4610–22**, 4673, 5083/84, 5166/67; 19/Nr. 1156/57; 21/Nr. 1209, 3960–63, 5198, 6897, 6922, **6988–7014**; 44/Nr. 7380, 7388; 66/3718, 7211, 7218/19, 7247, 7753, 7757, 8301–10, 8485, 9598, 11623; 72/v. Schönau; 120/361, 686, 824, 1238, 1329, 1336; 159/38; 229/9587, 9589, 16055/56, 22645, 23159, 23781, 28584, 28597, 31830, 31870, 34148, 37691, 37716, 45585, 45590, 45593/94, 45596/97, 45602/3, 45605, 47583, 47586, 47588, 47606, 47612, 52822, 52895, 53976, 77224, 77246, 83947, 83978, 88486, 94365, 94378/79, 94431, 94453, 94472, 94492/93, **100875–101030**, 106422, 106502, 112621, 112674, 112639, 114091; 391/17234, 24530, 24534, 37709–32; 392/23020. – GA Steinen (Inv. masch.1957). – PfA Steinen.

Literatur: *Bahrs*, Hans, Vogelpark Wiesental (Gemeinde Steinen). In: Naturschutz und Naturparke 104 (1982) S. 45–47. – *Bühler*, Ernst Friedrich, Steinen, Chronik eines Dorfes. Steinen 1982. – *Heimann-Schwarzweber*, Annemarie, Das Vogtshaus in Steinen. Eine Hausbeschreibung. In: Bad. Heimat 66 (1986) S. 183–188.

Erstnennungen: ON und Kirche 1112. – Patron St. Peter 1392 (GLA 66/7218). – Dingrodel von 1413 (Druck: ZGO 2 ⟨1851⟩ S. 202–208).

Weitenau

Quellen gedr.: FDA 1 (1865) S. 198: 35 (1907) S. 82. – REC Nr. 1094, 5581, n203. – RMB 1, Nr. h 1155. – WUB 1, 369; 2, 2, 14, 111, 114, 172, 195, 265 f. – ZGO 28 (1876) S. 100; 31 (1879) S. 179; 64 (1910) S. m149.

Quellen ungedr.: GLA 11/Nr. **5065–86**, 5168–70; 18/K. 13, 25, 39; 21/Nr. 1901, 8038–43, 8074; 66/3715, 7247, 7545, 7757, 8485, 9603; 72/Eggs; 120/200, 686, 878, 1200m, 1253b; 229/13304, 13272, 22645, 22651, 24680, 24696, 28407, 31861, 42830, 42851, 47588, 77222, 77224, 77236, 77277, 86354, 86918/19, 88486, 90686, 90689, 93003, 94431, 94472, 100879, 100919, 104596, 104644, **112578–697**, 113764, 114044/45, 114048, 114052, 114058, 114065, 114076, 114079; 391/37726, 104644. – GA Weitenau (Übers.in ZGO 48 ⟨1894⟩ S. m145). – GA Wieslet (Übers.in: ZGO 48 ⟨1894⟩ S. m141, 145).

Erstnennungen: ON und Kirche 1100 (Gerbert HNS 3, 38). – Patron St. Gangolf 1168 (Gerbert HNS 3, 98).

Fahrenbühl: GLA 229/112505.

Hummelberghof: – GLA 66/8303, 9611, 9613.

Schillighof: GLA 66/9598 (1344). – GLA 66/7247, 7545, 8303, 9604, 9613, 9598; 229/52885, 112584, 112624, 112662, 112664.

Tegernau

1015 ha Gemeindegebiet, 417 Einwohner (31.12.1990, 1987: 425)

Wappen: In Rot zwei gestürzte schräggekreuzte goldene (gelbe) Schwerter, darüber eine goldene (gelbe) Krone.
Flagge: Gelb-Rot (Gold-Rot).
Die sehr schmal gehaltenen Klingen der Schwerter mögen die Vermutung nahelegen, daß es sich um Degen handelte; so wäre das seit dem 19. Jahrhundert verwandte Gemeindesiegel mit einem »redenden« Symbol gestaltet. Die Krone ist lediglich Würdezeichen, die Farben sind den badischen entlehnt, bezogen auf die Zugehörigkeit des Dorfes zu Baden und seinen Besitzvorläufern seit dem 14. Jahrhundert. Wappen und Flagge wurden am 4. Januar 1965 in dieser Form vom Innenministerium verliehen.

Gemarkung: Tegernau (1015 ha, 425 E.) mit Käppeli, Kuhnigraben, Niedertegernau und Schwand.

A. Naturraum und Siedlung

Natürliche Grundlagen. – Das Gemeindegebiet von Tegernau hat eine ausgeprägte Nordsüderstreckung, deren Leitlinie vor allem die Kleine Wiese bildet. Nach S hin reicht es nahe an den südlichen Abbruchrand des Grundgebirgsschwarzwaldes, wobei sich die Gemeindegrenze auf beiden Seiten weitgehend an den oberen Talkanten des Kleinen Wiesentals orientiert. Nördlich von Niedertegernau greift das Gemeindegebiet auch stärker auf die westlichen Höhen des Kleinen Wiesentals aus und hat vor allem mit seinem Ortsteil Schwand Anteil an einer größeren Verebnungsfläche, die auf einer Höhe von rund 660 m liegt.

Die *Grenzen des Gemeindegebietes* bilden im wesentlichen die den Talausschnitt der Kleinen Wiese umgebenden Erhebungen. Im W sind dies Nollen und Orthalde mit Höhen zwischen 750 m ü.d.M. und 720 m ü.d.M., im O wird die Gemarkungsgrenze ungefähr durch die Erhebungen von Kläfferbuck (660 m ü.d.M.) und Winterhalde (835 m ü.d.M.) markiert. Nach N hin lehnt sich die Grenzziehung an die 700 m-Höhenlinie an und verläuft dann über die kleine Erhebung des Brühl (650 m ü.d.M.) hinab ins Kleine Wiesental. Im S reicht das Gemeindegebiet bis unmittelbar an den Ortsrand von Wieslet.

Das Gemeindegebiet zeichnet sich somit durch recht beträchtliche Höhenunterschiede aus, die eine Spanne von 750 m ü.d.M. im W (Nollen) bzw. knapp 730 m ü.d.M. im N (Geißrain) bis ca. 390 m ü.d.M. im S (Auebereich der Kleinen Wiese) umfassen. Mit steilen Talflanken haben sich die Kleine Wiese, aber auch die von W kommende Köhlgartenwiese in den Untergrund eingegraben. Die Talhänge sind weitgehend mit dichtem Laubmischwald bestanden, während die Auebereiche der teilweise recht breit ausgebildeten Talsohle Wiesenland bilden. Die Bergkuppen werden ebenfalls vom Wald eingenommen, der in den höheren Lagen durchaus Hochwaldcharakter zeigt. Rodungsflächen finden sich im Umkreis der Siedlungsschwerpunkte sowohl in den unteren Tallagen bis ca. 540 m ü.d.M. als auch auf den wohl als Reste *alter Talböden* zu interpretierenden Verebnungsflächen, die, wie im Falle Schwands, die bevorzugten Standorte für die Anlage von Weilern bildeten.

Am Gestaltungsprozeß des Reliefs, wie es sich gerade in den Talformen darstellt, haben die geomorphologischen Prozesse der Kaltzeiten einen wesentlichen Anteil.

Während in der Rißeiszeit das Gemeindegebiet von einem wahrscheinlich recht mächtigen Eispanzer überdeckt war, von dem vereinzelt auftretende *Geschiebe und erratische Blöcke* etwa in der Umgebung von Schwand oder auf dem Weg hinauf nach Gresgen künden, war das Gebiet um Tegernau während der Würmkaltzeit eisfrei. In allererster Linie waren es daher die auf dem Dauerfrostboden vor dem Eisrand ablaufenden Prozesse des Periglazials, die durch Bodenmobilisation, einer verstärkten Seitenerosion der Flüsse und einer Umverlagerung des Verwitterungsmaterials an den Talhängen reliefgestaltend wirkten. Nicht zuletzt diesen Vorgängen sind die breiten Talsohlen der Kleinen Wiese und der Köhlgartenwiese zu verdanken.

Die Prozesse konnten allerdings nur dort wirksam werden, wo ihnen das Gestein keine unüberwindlichen Hindernisse entgegensetzte. Auffallend häufig trifft man im Gemeindegebiet von Tegernau auf Steinbrüche, die von den Tälern her in die Hangflanken hineingreifen. Die meisten von ihnen sind allerdings aufgegeben und schon wieder von Wald und Buschwerk überzogen. In Betrieb befinden sich lediglich noch das große Werk der Schwarzwald-Granit GmbH an der Gemarkungsgrenze zu Wies, in dem der für den geologischen Untergrund dieses Raums typische *Malsburggranit* abgebaut wird, sowie der Steinbruch bei Niedertegernau. An mehreren Stellen, so im Bereich des Kreuzbühls im N und des Kinnwalds im W, wird dieser Granit von *Quarzporphyrgängen* durchzogen. Vereinzelt treten auch Syntexite zutage, bei denen eine Durchmischung der aufdringenden Schmelze mit älteren metamorphen Gesteinen stattfand. Es handelt sich dabei um inselartige Einsprenglinge des *Syntexits von Mambach*, der wenige Kilometer weiter östlich den kristallinen Untergrund aufbaut. Das größte dieser Areale umfaßt das Kircheck nordwestlich des Tegernauer Ortskerns. Kleinräumige Unterschiede in der Zusammensetzung des Gesteins dürften auch zur Bildung der den Verlauf von Kleiner Wiese und Köhlgartenwiese charakterisierenden Talengen beigetragen haben. Ausgesprochene *Engstellen* finden sich beispielsweise beim Kohlersloch südlich von Niedertegernau oder im Bereich des schon erwähnten Schwarzwald-Granit-Steinbruchs. Direkt südlich des Tegernauer Ortskerns bot sich auf einem Sporn oberhalb des hier ebenfalls sehr schmal ausgebildeten Tals eine günstige Möglichkeit zur Anlage der Burg Neuwaldeck, von der allerdings nichts mehr erhalten ist.

Siedlungsbild. – Für das Siedlungsbild von Tegernau ist die räumliche Enge am Zusammenfluß von Köhlgartenwiese und Kleiner Wiese kennzeichnend. Daraus resultieren die recht dicht gruppierten Wohnstätten ebenso wie die linienhafte Ausdehnung der Bebauung entlang der Taleinschnitte. Der eigentliche *Ortskern* spannt sich am Kreuzungspunkt derjenigen Straßen auf, die den alten Verbindungswegen zu den umliegenden Gemeinden folgen, heute aber teilweise – in Richtung Wies – durch eine Umgehungsstraße entlastet werden. Hier befinden sich auch die wichtigsten zentralörtlichen Einrichtungen der Gemeinde: das *Rathaus* aus der 2.Hälfte des 19.Jh., das 1960 errichtete Feuerwehrhaus sowie der Neubau des Gemeindeverwaltungsverbands »Kleines Wiesental« mit Poststelle und Sparkasse von 1987, bei dem alte Bauformen und Fassadenelemente wiederbelebt wurden. Hinzu kommen ein Reparaturbetrieb für landwirtschaftliche Maschinen mit einer Tankstelle, ein Lebensmittelgeschäft mit Metzgerei und die zwei Gaststätten des Ortes.

Von der Fluchtlinie der Häuser abgesetzt, befindet sich zwischen der alten (Ortsstraße) und der neuen Straße (L 140) nach Wies das aus den 1960er Jahren stammende langgestreckte, mit einem leicht geneigten Schrägdach und großen Glasfenstern ausgestattete *Schulgebäude*. Heute ist hier die Grundschule untergebracht, für die übrigen Einrichtungen wurde nach Bildung des Gemeindeverwaltungsverbands nördlich von Tegernau, in Richtung Elbenschwand, ein neuer Schulkomplex errichtet. In Richtung

W folgt als markanter Punkt die *ev. St. Laurentiuskirche* (s. u., Bemerkenswerte Bauwerke). In auffälligem Gegensatz dazu steht der Flachdachanbau aus den 1970er Jahren mit Kindergarten und Jugendräumen, der im N in Richtung Berghang an das Kirchenschiff anschließt. Erstaunlich groß erscheint das schräg gegenüber auf der anderen Straßenseite gelegene *Pfarrhaus* mit seinen um einen Innenhof gruppierten Nebengebäuden und dem zur Köhlgartenwiese hin abfallenden Pfarrgarten. Mit seinem steilen Vollwalmdach, einer strengen, klaren Fassadengliederung und einer durch einen Rundbogen markierten Hofeinfahrt setzt es einen wichtigen Akzent im Siedlungsgefüge von Tegernau. Der zur Kirchengemeinde gehörende Friedhof mit seiner modernen, 1987 eingeweihten Aussegnungshalle wurde – wohl aus Platzgründen – außerhalb des Siedlungskerns auf einem Sporn des fast 650 m ü.d.M. hohen Kirchecks angelegt. In unmittelbarer Nachbarschaft wurde Anfang der 1960er Jahre auch die *Marienkapelle* der kath. Diasporagemeinde errichtet, von der aus sich ein ausgezeichneter Überblick über die Talgemeinde bietet.

Charakteristisch für das Siedlungsbild Tegernaus sind die meist mittelgroßen bis großen Bauernhöfe mit ihren vielgestaltigen Nebengebäuden. Bei den ältesten dieser Häuser handelt es sich um *Eindachhöfe* aus dem 18. Jh. mit einem gemauerten und verputzten Wohnteil und einem in Längsrichtung anschließenden Ökonomietrakt, der auf steinernem Unterbau eine mit Brettern verkleidete Balkenkonstruktion trägt. Darüber spannt sich ein einfaches Giebeldach, das in manchen Fällen über den Platz vor dem Stallbereich hinausreicht und damit weitere Unterstellmöglichkeiten schafft. Fenster- und Türgewände der Häuser setzen sich oft von der Fassade durch die Verwendung von rotem Sandstein ab, die Eingangstür selbst ist in der Regel über eine kleine Vortreppe zu erreichen. Durch diese erhöhte Lage des Erdgeschosses wird Platz für die darunterliegenden Kellerräume geschaffen, die ebenfalls über einige abwärts führende Stufen von außen durch eine große, zweiflügelige Tür zu erreichen sind. Für eine zusätzliche Auflockerung der meist klar proportionierten Fassadengliederung sorgen die bei mehreren Häusern anzutreffenden Laubengänge mit typischer Holzverkleidung in Höhe des zweiten Stockwerks.

Bei neueren Konstruktionen tritt auch eine parallel zum alleinstehenden Wohnhaus errichtete Scheune auf, wodurch ein eigener, nach außen hin abgegrenzter Wirtschaftshof geschaffen wird. Zumindest in den Fällen, in denen die Scheunengebäude zum Teil noch größere, verglaste Fenster aufweisen, liegt die Vermutung nahe, daß neben dem alten Hof ein neues Wohnhaus errichtet und der alte Wohnteil der Scheune zugeschlagen wurde. Nur vereinzelt werden diese Anwesen noch in vollem Umfang landwirtschaftlich genutzt, vor allem die Vieh- und Milchwirtschaft ist in den Hintergrund getreten. Auffallend häufig finden sich dagegen größere Holzstöße unter den Dachvorsprüngen und in den Schuppen, ein Hinweis auf die stark verbreitete Holzwirtschaft in diesem Raum. Darauf deutet auch das Tegernauer Sägewerk, am rechten Ufer der Kleinen Wiese, kurz vor deren Zusammenfluß mit der Köhlgartenwiese gelegen, als letzte von ehemals zahlreichen Sägereien im Bereich des Kleinen Wiesentals hin; Reste eines zweiten Sägewerks in Tegernau befinden sich am westlichen Ortsrand. Zusätzlich zur damit verbundenen Wasserkraftgewinnung wurden die Flüsse auch von alters her zur Anlage von Fischteichen genutzt, wie sie heute etwa an der Köhlgartenwiese am Ortsausgang in Richtung Wies zu sehen sind.

Vereinzelt treten im Siedlungsbild Tegernaus auch neuere Häuser auf, so z. B. in dem nach S exponierten Baugebiet »Heissbühl« zwischen Kirche und Friedhof sowie im früher siedlungsfreien Auebereich der Kleinen Wiese. Zwar ist auf dem Heissbühl eine weitere bescheidene Ausdehnung des Neubaugebiets geplant, doch sind dem Siedlungsausbau durch die Tallage der Gemeinde enge Grenzen gesetzt. Umbaumaßnahmen und Neuerungen an den alten Häusern beschränken sich zumeist auf den Ortsbereich und zeigen sich vornehmlich im Ausbau nicht mehr genutzter Ökonomiegebäude bzw. in der Veränderung der Hausformen durch Balkone oder Anbauten, insbesondere im Zusammenhang mit benötigten Garagen.

Außerhalb des eigentlichen Ortskerns nimmt die Siedlungsdichte rasch ab, wobei die überwiegend in Einzelgruppen angeordneten Gehöfte meist deutlich kleiner sind. Einzig entlang der alten Verbindungsstraße nach Elbenschwand wurden bis in die Anfänge unseres Jahrhunderts einige mittelgroße bis große Anwesen mit zahlreichen Schuppen und Nebengebäuden neu erbaut. Hier im N des Gemeindegebiets befindet sich auch der in den 1970er Jahren errichtete Neubau der *Nachbarschafts-Hauptschule »Kleines Wiesental«* mit Sporthalle, Sport- und Tennisplatz, eine großzügig dimensionierte Stahlbetonkonstruktion mit großen Fensterflächen und leicht geneigtem, mit schwarzen Eternit-Schindeln verkleidetem Schrägdach. In Richtung S bildet ein mit einem für alte Textilfabriken typischen Shetdach versehener Industriekomplex einen markanten Abschluß des Ortes. Allerdings findet in dem Gebäude, das lange Zeit dem Medima-Werk gehörte, gegenwärtig keine Produktion mehr statt. Im Anschluß an das Fabrikgelände ist seit 1993 nach S ein kleineres Gewerbegebiet ausgewiesen worden.

Knapp einen Kilometer weiter südlich erstrecken sich die Häuser von Niedertegernau auf einer relativ hochwassersicheren Talterrasse unmittelbar neben der Verbindungsstraße Tegernau-Wieslet. Ausgehend vom *Ortskern* ziehen sich mehrere kleine Straßen am östlichen Talhang der Kleinen Wiese hinauf und führen dort als Waldwege weiter auf den Bergrücken zwischen Kleinem und Großem Wiesental. Die Siedlung weist eine lockere Haufenstruktur auf, wobei die älteren Höfe aus dem 18. Jh. im Bereich der Ortsmitte etwas enger beieinander stehen. Die jüngeren Höfe folgen mit größerem Abstand in Richtung Ortsrand. Die typische Hausform bildet auch hier der in Steinbauweise errichtete Eindachhof mit eineinhalb bis zwei Stockwerken und einem zur Hälfte in den Boden eingelassenen Kellergeschoß. Vor allem bei den jüngeren Höfen aus dem 19. Jh. fallen die recht großen Nebengebäude auf, die oft parallel zum Ökonomietrakt der Einhäuser stehen und so einen kleinen 'Innenhof' bilden, der teilweise auch überdacht ist. Südlich des Ortskerns deutet das Baugebiet »Moosmatt-Obstgarten« mit einigen neueren Wohnhäusern auf einen Funktionswandel in Richtung Wohngemeinde hin.

Abgesetzt vom Talraum der Kleinen Wiese und der Köhlgartenwiese liegt der Ortsteil Schwand auf einer zwischen den beiden Flüssen ausgebildeten Verebnungsfläche nördlich von Tegernau. Der Weiler setzt sich aus zwei auf leicht unterschiedlichem Höhenniveau gelegenen Höfegruppen zusammen, wodurch sich eine deutliche Gliederung ergibt. Auf den Freiflächen zwischen den mittelgroßen bis großen Anwesen finden sich ausgedehntere Hausgärten, an die sich oft alter Obstwiesenbestand anschließt. Der das Siedlungsbild prägende Hausformentyp ist auch hier der Eindachhof in Steinbauweise mit einem einfachen Firstdach, das – in Abhängigkeit von der Topographie – zuweilen auch eine Quereinfahrt unter den Dachraum aufweist. Schmuckelemente der klaren und regelmäßigen Fassadengestaltung sind die aus rotem Sandstein bzw. bei den jüngeren Gebäuden aus Granit gefertigten Fenster- und Türgewände sowie die teils offenen, teils geschlossenen Holzlauben in Höhe des zweiten Obergeschosses. Bei einigen Höfen aus der Mitte des 19. Jh. tritt die Scheune parallel neben das eigentliche Wohnhaus, so daß zwischen den beiden Gebäuden ein eigener Wirtschaftshof geschaffen wird, der zur Straße hin offen ist.

Neben der verbreiteten Nebenerwerbslandwirtschaft mit Waldwirtschaft, Viehzucht und Obstbau bietet sich speziell für Schwand mit seinem größeren Gasthof und seinen vielfältigen Wandermöglichkeiten auch der Fremdenverkehr als eine weitere Einkommensquelle an. Gerade im Zusammenspiel mit den übrigen Gemeinden des Kleinen Wiesentals werden hierdurch auch Möglichkeiten geschaffen, typische Elemente der Kulturlandschaft dieser Region erhalten und neue Impulse für die Identifikation der Bewohner mit dem ländlichen Raum setzen zu können. Ausdruck hierfür sind u. a. die *hölzernen freistehenden Glockentürme* in den Teilorten Schwand und Niedertegernau, die in den letzten Jahren zur Aufnahme der alten Dorfglocken errichtet wurden, welche früher den Tagesrhythmus bei der landwirtschaftlichen Arbeit regelten.

Bemerkenswerte Bauwerke. – Die *ev. Kirche* in *Tegernau* wurde 1756/57 durch Markgraf Karl Friedrich »vollkommen neu und solid hergestellt«, allerdings unter Verwendung von Mauerteilen des mittelalterlichen Vorgängerbaus, vor allem des Turmes und der südlichen Langhauswand. Im Westen steht der viergeschossige Satteldachturm mit Eckquaderung. Man betritt ihn durch ein Rundbogenportal, das in seinem Scheitel das badische Wappen und das Baudatum zeigt. Über dem Eingang sind die Reste eines Sakramentsschreins mit dem Antlitz Christi eingemauert. Der *Kirchenraum* selbst ist flachgedeckt, längsrechteckig, hat im Osten eingezogene Ecken und eine Winkelempore. Diese mußte erneuert werden, wobei die gedrechselten Stäbe der Balustrade wiederverwendet wurden. Hier steht die mit gesprengtem Volutengiebel und Blattwerk reich geschmückte Orgel von August Merklin aus Freiburg (1898). Der Altarraum ist modern ausgestattet, zu nennen sind vor allem die drei von Jürgen Brodwolf gestalteten Fenster in der Stirnwand. Nach außen nicht in Erscheinung tritt der Flachbau des zwischen Kirche und Hang angebauten Gemeindesaals.

Im Jahre 1963 wurde für die kath. Gemeinde eine *Kapelle* errichtet. Den Saalraum, dessen Längswände in die Chorrundung übergehen, umgibt ein Fensterband. Unterhalb des Daches umzieht es Altar- und Gemeindebereich und im Westen endet es beidseits an der Empore. In seiner Mitte steht die Muttergottes zwischen St. Laurentius und St. Bonifatius. Der Bau trägt ein Satteldach, das im Westen von einem Glockenstuhl mit sehr spitzer Turmhaube bekrönt wird und im Osten das Halbrund des Raumes kegelförmig bedeckt.

B. Die Gemeinde im 19. Jahrhundert und in der Gegenwart

Bevölkerung

Bevölkerungsentwicklung. – Die Gesamtgemeinde Tegernau zählte 1804 zusammen mit den Nebenorten Schwand (104) und Niedertegernau (97) 442 Personen. Bis zur Mitte des 19. Jh. hatte sie sich durch Geburtenüberschuß und Wanderungsgewinn um mehr als ein Drittel (36%) vermehrt (1849: 601). In den folgenden zwanzig Jahren setzte sich dieser Trend nur noch zögernd fort und schlug zu Beginn der 1870er Jahre um (1875: 561). Die Abwanderung in die Industrieorte an Wiese und Rhein, in die Schweiz und die Auswanderung in die USA überwog bis zum Beginn des 2. Weltkriegs den weiterhin vorhandenen Geburtenüberschuß (1852 bis 1925: +452). 1939 wohnten in Tegernau 439 Personen. Im 1. Weltkrieg waren aus Tegernau 24 Männer gefallen; nach dem 2. Weltkrieg hatte die Gemeinde 21 Gefallene und 12 vermißte Soldaten zu beklagen.

Nach 1945 nahm die Bevölkerung bis zum Beginn der 1970er Jahre stark zu (1970: 553). 1950 lebten in Tegernau 29 und 1961 11 Heimatvertriebene aus den ehemaligen

deutschen Ostgebieten und aus Rumänien. Die Gemeinde hatte bis 1961 auch 9 SBZ-Flüchtlinge aufgenommen.
Zwischen 1970 und 1987 sank die Einwohnerzahl durch Wanderungsverlust und verstärkten Geburtenrückgang auf den tiefsten Stand seit Beginn des 19. Jh., so daß Tegernau zu den Orten des Landkreises gehört, die in der Gegenwart weniger Einwohner zählen als zu Anfang des 19. Jh. (1987: 425). Der Anfang der achtziger Jahre zu beobachtende Zuzug von Ausländern (1984 waren 15 Türken und 2 Italiener ansässig), der ein leichtes Wachstum der Bevölkerung zur Folge hatte, ist wieder abgeebbt. 1987 waren nur noch 2 Ausländer in Tegernau wohnhaft. Die Einwohnerzahl blieb seither nahezu konstant (31. 12. 1993: 426, darunter 3 Ausländer).

Konfessionelle und soziale Gliederung. – Seit Einführung der lutherischen Konfession durch den badischen Landesherrn 1556 gehört die überwiegende Zahl der Tegernauer Bevölkerung der ev. Konfession an. 1875 waren von 561 Einwohnern 545 Protestanten, 14 Katholiken und 2 Juden. Der Anteil der Katholiken stieg erst durch die Zuwanderung nach dem 2. Weltkrieg auf mehr als 10% an. 1987 betrug er 13,6%; Personen mit sonstigen Bekenntnissen und Konfessionslose machten 7,8% aus.

Obwohl in Tegernau während des gesamten 19. Jh. Landwirtschaft, Viehzucht und Waldwirtschaft die Hauptquellen des Lebensunterhalts bildeten, bezogen zu Beginn der 1850er Jahre in (Ober-)Tegernau, dem Zentralort des Kleinen Wiesentals, mehr als 10% der Bevölkerung ihr Einkommen zumindest teilweise aus dem Betrieb eines Handwerks oder Gewerbes. In dem hochgelegenen Teilort Schwand traf dies allerdings nur für 3% der Einwohner zu. Wiederholte Mißernten und schwindende Verdienstmöglichkeiten bedrohten seit der Jahrhundertmitte den bescheidenen Wohlstand; 1852 waren 30 Personen derart notleidend, daß die Gemeinde zu ihrer Unterstützung gezwungen war. Durch die Übernahme von *Heimarbeit*, in den 1870er Jahren vor allem durch Seidenputzen, versuchten die Betroffenen, die ärgste Not abzuwenden. Seit 1880 wurden von kleineren Spinnereien einige, wegen der schlechten Bezahlung aber wenig attraktive Fabrikarbeitsplätze geschaffen. 1895 lebten von der gesamten von Erwerbstätigkeit abhängigen Bevölkerung (547) 54,5% von der Landwirtschaft, 30% von Industrie und Gewerbe, 5,7% von Handel und Verkehr und 9,9% von sonstiger Arbeit; 7 Personen bezogen Arbeitsloseneinkommen. Bis zur Mitte des 20. Jh. änderte sich an diesen Verhältnissen nur wenig: 1950 war immer noch die Hälfte (49,3%) der Tegernauer Erwerbstätigen von der Landwirtschaft abhängig. Aus Industrie und Handwerk kam der Unterhalt für ein knappes Drittel (29,2%) und aus Handel und Verkehr für 5,8% der Erwerbstätigen. Der Dienstleistungssektor ernährte 8,6% der Einwohnerschaft. Durch Renten oder Pensionen wurden 7,2% versorgt.

In den nun folgenden Jahren verlor die Landwirtschaft rasch an Gewicht. Bereits 1961 fanden nur noch 22,9% in diesem Wirtschaftszweig ihr Auskommen, 1970 kaum mehr als 10% und 1987 noch 4,8%. Mit Anteilen von 42,3% (1961) und 50,2% (1987) wurde das Produzierende Gewerbe zur wichtigsten Einkommensquelle. Aber auch Handel und Verkehr (1961: 11,5%; 1987: 14,5%) und die übrigen nichtlandwirtschaftlichen Bereiche (1961: 9,6%; 1987: 30,4%) nahmen gegenüber früheren Jahrzehnten an Bedeutung zu. Von Renten, Pensionen und Arbeitslosengeld lebten 1987 ungefähr ein Fünftel (20,5%) der Menschen in Tegernau.

Der Rückgang der Landwirtschaft schlägt sich auch in der abnehmenden Zahl der beruflich Selbständigen nieder. Zählte man davon 1961 noch 60 Personen, so waren es 1970 nur noch 32, darunter 20 Landwirte. 1987 war die Zahl der selbständigen Tegernauer noch weiter abgesunken und betrug nur noch 18 Personen.

Politisches Leben

Die Revolutionsjahre 1848/49 brachten nach Tegernau erhebliche Unruhe. Bereits in den 1850er Jahren allerdings konnte der Amtmann nach Karlsruhe melden, daß zumindest alle Tegernauer Wirte politisch zuverlässig seien. In den folgenden 40 Jahren gab die Gemeinde insgesamt keinen Anlaß, an der Regierungstreue ihrer Bürger und Einwohner zu zweifeln. Da die Bevölkerung fast rein protestantisch war, vermochten auch die Auseinandersetzungen des badischen Kulturkampfes die Ruhe nicht zu stören. Entsprechend fielen die Ergebnisse der *Reichstagswahlen* aus. Zwischen 1871 und 1887 erhielt die den damaligen badischen Regierungen nahestehende Nationalliberale Partei viermal sämtliche gültig abgegebenen Stimmen; 1884 entfielen 4,8% auf einen Außenseiter. Seit 1890 war die Monopolstellung der Nationalliberalen erschüttert. Die absolute Mehrheit vermochten sie dennoch bis 1912 (59,4%) zu halten. Seit der Jahrhundertwende konnten dann die Sozialdemokraten wachsende Erfolge verbuchen; 1912 erhielten sie mehr als ein Viertel (25,7%) der Stimmen. Als dritte Kraft trat schließlich das Zentrum mit einem Anteil von 14,9% (1912) auf.

In den Anfangsjahren der *Weimarer Republik* zog die Deutsche Demokratische Partei (DDP) zunächst den größten Teil der traditionell liberalen Wählerschaft auf sich und erzielte 1919 mit 41,9% einen hauchdünnen Vorsprung gegenüber den Mehrheitssozialisten (41,4%). Bereits im folgenden Jahr setzte aber auch in Tegernau der bis zum Ende der Weimarer Zeit fortschreitende Erosionsprozeß des Parteiensystems ein. Damals verlor die SPD mehr als die Hälfte ihrer Stimmen, wobei nur ein geringer Teil (4,1%) an die linksradikale USPD ging. Die Enttäuschung über die »Weimarer Koalition« kostete auch die DDP 7,9% der abgegebenen Stimmen und machte zunächst die Deutschnationale Volkspartei (DNVP) mit 40,1% (1919: 16,7%) zur stärksten Partei. Im Dezember 1924 fiel diese Position dem Badischen Landbund (52,7%) zu; an die zweite Stelle rückte in Tegernau schon damals der Völkisch-Soziale Block (18,9%). Die tiefgreifende politische Unzufriedenheit hielt 1928 fast drei Viertel der Wahlberechtigten vom Urnengang ab und von den Wählern gaben fast zwei Drittel ihre Stimme an nicht näher bezeichnete Splitterparteien. Die zunehmende Beteiligung an den bis zur Machtübernahme Hitlers noch folgenden Wahlen kam fast ausschließlich den Nationalsozialisten zugute, die im November 1932 159 der 196 Wähler in Tegernau hinter sich hatten. SPD und KPD erhielten 1930 und 1932 zusammen jeweils 21 Stimmen, d. h. einen Anteil von 13,7% (1930) bzw. 10,7% (1932).

Nach dem Zusammenbruch des Dritten Reiches und der Neugestaltung der politischen Strukturen weckten bis zur Mitte der 1960er Jahre die *Landtagswahlen* nur geringes, die *Bundestagswahlen* bestenfalls mäßiges Interesse. Bis in die späten 1960er Jahre zeigten die Wahlergebnisse sowohl für den Bundestag als auch für den Landtag starke Schwankungen. Die FDP konnte ihre anfänglich vorherrschende Stellung (Landtagswahl 1947: 60,7%; Bundestagswahl 1949: 41,3%) nicht behaupten und verlor mit Beginn der 1960er Jahre mehr und mehr an Bedeutung. Die SPD-Anteile schwankten zwischen 19,2% (Landtagswahl: 1957) und 42,9% (Bundestagswahl: 1964). Diese Partei konnte aber bis in die jüngste Zeit mit einem Stimmenanteil von durchschnittlich 30% rechnen. Bei der Landtagswahl von 1992 erhielt sie 32,6%. Tendenziell wirkte sich eine höhere Wahlbeteiligung zugunsten der CDU aus, die seit Beginn der 1970er Jahre unangefochten die absolute Mehrheit behauptet. Die NPD erreichte 1968 (Landtagswahl: 35,1%) und 1969 (Bundestagswahl: 16,9%) spektakuläre Erfolge, blieb danach wieder wie zuvor bedeutungslos. Die Grünen erreichten bei der Bundestagswahl 1984 einen Stimmenanteil von 10,2%, verloren aber seither ungefähr die Hälfte

Die Gemeinde im 19. Jahrhundert und in der Gegenwart   649

ihrer Wähler (Bundestagswahl 1990: 4,3%; Landtagswahl 1992: 5,8%). Bei den Kommunalwahlen traten parteipolitische Listen mit Ausnahme der Grünen (1989: 5,3%) nicht auf.

Wirtschaft und Verkehr

Land- und Forstwirtschaft. – Bereits im 18. Jh. waren Ober- und Niedertegernau wegen ihrer für die *Rinderzucht* hervorragend geeigneten *Weiden* bekannt. Das reichlich vorhandene Quellwasser wurde zum Wässern der Wiesen genutzt und damit konnte immer ein sicherer Vorrat an Winterfutter gewonnen werden. Im hochgelegenen Ortsteil Schwand war das Wasser eher knapp, weshalb dort verhältnismäßig wenig Vieh gehalten werden konnte. Durch Ausweitung und Verbesserung der Wiesen und Weiden vermochten die Tegernauer Bauern zwischen 1855 und 1913 ihren Rinderbestand um fast ein Viertel von 393 auf 487 Tiere zu erhöhen.

Obwohl in den folgenden Jahren sowohl die Wiesen als auch die Weidefläche nahezu unverändert blieben, wurde die Rinderzahl bis 1930 um 108 (22,2%) reduziert. Die rückläufige Entwicklung setzte sich auch nach dem 2. Weltkrieg fort. So zählte man 1971 in Tegernau nur noch 251 Rinder, darunter 134 Milchkühe. Während der 1970er Jahre gaben 15 von 38 Betrieben (40%) die Rindviehhaltung auf. Der Gesamtbestand erhöhte sich während dieser Zeit aber um 16% auf 291 Tiere; dabei stagnierte allerdings die Zahl der Milchkühe. Bis 1988 war die Zahl der Rinder wieder leicht auf 270 (Milchkühe: 109) gefallen, die bei 23 Viehhaltern einstanden (1992: 241 bei 18 Haltern). – Die *Schweinehaltung* hatte ihren Höhepunkt im ersten Drittel des 20. Jh.: 1913 zählte man 349 Stück. Seit 1950 sank der Bestand von 128 auf 31 (1988), inzwischen ist er auf 18 zurückgegangen. – Um die Mitte des 19. Jh. wurden auf Tegernauer Gemarkung zwei Herden mit insgesamt mehr als 300 *Schafen* gehalten. Bis in die 1880er Jahre blieb diese Nutztierart als Erwerbsquelle von Bedeutung. – *Ziegen*, die noch gegen 1855 (81 Stück) für die Ernährung der einheimischen Bevölkerung durchaus wichtig waren, wurden nach dem 2. Weltkrieg nicht mehr registriert. – Bis in die 1930er Jahre wurden ständig ca. 18 Pferde, vor allem als Zugtiere, gehalten. Seit sie aus dieser Funktion durch Zugmaschinen verdrängt sind, findet man erst seit etwa 15 Jahren wieder vereinzelt Pferde im Besitz von Liebhabern (1992: 5). – Die bis in die 1970er Jahre vielfach betriebene *Hühnerzucht* diente vor allem der Sicherung des Eigenbedarfs und erbrachte darüber hinaus selten mehr als die Futterkosten. 1992 wurden nur noch 77 Hühner gehalten.

Außer der Kartoffel, die seit dem 18. Jh. Hauptnahrungsmittel der Tegernauer Bevölkerung war, wurden auf der Gemarkung je nach Höhenlage und Bodenqualität Dinkel, Roggen, Gerste, Hafer, Erbsen, Runkelrüben sowie Hanf und Flachs angebaut. Apfel-, Birnen- und auch Kirschbäume lieferten ebenfalls gute Erträge. Bis in die jüngste Zeit bestanden in der Gemeinde etwa 20 Realbrennrechte zur Erzeugung von Obst- und Kirschwasser.

1904 waren insgesamt 82 ha mit *Getreide* bestellt, davon 42 ha mit Hafer, 24 ha mit Roggen, 10 ha mit Dinkel und 6 ha mit Gerste. Auf 40 ha wurden Kartoffeln gezogen, Runkelrüben auf 1,5 ha. 27 ha dienten der Gewinnung von Futterpflanzen (Klee). Die Getreideanbaufläche wurde bis 1930 um fast ein Drittel auf 57 ha verringert, während man gleichzeitig den Anbau von Klee auf 45 ha und den Anbau von Kartoffeln auf 54 ha ausdehnte. Die Abkehr von der Landwirtschaft zeitigte in den Folgejahren eine Einschränkung der gesamten Ackerfläche: 1949 wurden 19 ha für Getreide, 11 ha für Kartoffeln und 29 ha für Futterpflanzen genutzt; 1971 standen Getreide noch auf 9 ha,

Kartoffeln auf 6 ha und Klee auf 17 ha. 1987 wurden insgesamt nur noch 12 ha bestellt, davon 4 ha mit Kartoffeln, 3 ha mit Getreide und 5 ha mit Futterpflanzen. – 1895 zählte man 92 landwirtschaftliche Betriebe, davon bewirtschafteten 37 weniger als 2 ha, 47 Betriebe 2 bis 10 ha und 8 Betriebe 10 bis 20 ha. Während diese Zahlen 1925 noch nahezu unverändert galten, verschwanden zur Mitte der 1960er Jahre zwei Drittel der kleinen Betriebe. Danach erfaßte der Strukturwandel auch die Mittelbetriebe. 1987 wirtschafteten von insgesamt 23 noch 15 Betriebe mit 1–10 ha, 7 Betriebe mit 10–20 ha und ein Betrieb mit mehr als 20 ha. Davon waren (auch 1993) 6 Vollerwerbsbetriebe, die sich vorwiegend mit Viehzucht beschäftigten.

Während der Flächenbedarf für Ackerbau und Viehzucht seit dem 2. Weltkrieg stark zurückgegangen ist (1949: 327 ha; 1987: 203 ha), wird heute mehr als zwei Drittel der Gemarkung als *Waldfläche* ausgewiesen (1985: 588 ha). Gerade die Waldfläche erfuhr damit seit 1850, als 178 ha Wald (18% der Gemarkungsfläche) auf Tegernauer Gemarkung gestanden hatten, eine enorme Ausdehnung, die vor allem dem Nadelwald galt, der um 1990 474 von 689 ha ausmachte (1850: 17 ha von 179 ha). Auch auf Tegernauer Gemarkung, wo der Privatwald schon Mitte des letzten Jahrhunderts die größte Fläche eingenommen hatte, kommt dieser Besitzart die größte Bedeutung zu (414 ha).

Handwerk und Industrie. – Als Zentralort des Kleinen Wiesentales und seiner Seitentäler war Tegernau traditioneller Standort für Gewerbe, Handel und Dienstleistungen. Bis zur Einführung der Gewerbefreiheit im Großherzogtum Baden (1862) hatten hier die Zünfte des »Tegernauer Viertels« ihren Sitz. 1852 waren in (Ober-)Tegernau 47, in Niedertegernau 10 und in Schwand 4 zünftige oder staatlich konzessionierte Handwerker und Gewerbetreibende ansässig. Darunter befanden sich Weber, Schuhmacher, Schreiner, Zimmerleute, Küfer, Wagner, Schmiede, Bäcker und Metzger. Im Hauptort gab es zwei und in Schwand eine *Mühle*. Außerdem bestanden während des 19. Jh. eine Brauerei (verbunden mit dem Gasthaus »Krone«), eine Gerberei und eine Hanfreibe.

Mit der Industrialisierung und dem starken Bevölkerungsrückgang bis zum 1. Weltkrieg ging eine erhebliche Ausdünnung von *Handwerk und Gewerbe* einher: 1925 wurden in Tegernau nur noch 14 selbständige Handwerksbetriebe nachgewiesen. Zahlenmäßig blieb dieser Bestand bis in die 1950er Jahre erhalten. 1958 gab es in Tegernau 2 Sägewerke, je 2 Schmiede und Schneider, je einen Wagner, Elektriker, Sattler, Maler, Bäcker, Metzger und eine Schneiderin. In den folgenden Jahren wurden die meisten dieser Geschäfte aufgegeben. 1986 bestanden noch 5 Handwerks- und Gewerbebetriebe mit insgesamt 12 Beschäftigten: ein Sägewerk, eine Landmaschinenwerkstätte (mit Tankstelle) sowie eine Werkstätte für Drehteile und Hydraulikleitungen, ein Malerbetrieb und eine Metzgerei.

Die dauerhafte Ansiedlung größerer *Industriebetriebe* gelang bis in die jüngere Zeit nicht. Mitte des 19. Jh. unternommene Versuche zum Silbererzabbau mußten bald aufgegeben werden. 1880 wurde von dem Schopfheimer Unternehmer Hugo Vötsch eine Baumwollspinnerei eingerichtet. Sie gelangte jedoch auch nach einem Besitzerwechsel nie über einen bescheidenen Betriebsumfang (maximal 20 Beschäftigte) hinaus und überdauerte den 1. Weltkrieg nicht. In den 1920er Jahren wurden 2 Steinbruchunternehmen gegründet, wovon das eine, das seit den 1950er Jahren als Schotterwerk weitergeführt wird, den anderen Steinbruch ebenfalls ausbeutet. 1950 begann der Angora-Wäscheproduzent Karl Scheurer aus Hauingen mit der Einrichtung eines Filialbetriebes in Tegernau. Daraus ging 1958 das selbständige Zweigwerk der Firma Medima hervor, das 1990 den Betrieb einstellte.

Handel, Dienstleistungen und Verkehr. – In Tegernau wurden im 19. Jh., 1766 und 1825 erteilt, zwei *Jahrmärkte* abgehalten. Einheimische Handelsgeschäfte blieben jedoch auf lokale Bedeutung beschränkt. Eine 1885 gegründete Milcherzeugergenossenschaft hatte anfangs mit dem Vertrieb ihrer Produkte in Zell und Schopfheim gute Erfolge. Mangelhafte Geschäftsführung ließ das Unternehmen jedoch bereits in den 1890er Jahren scheitern. 1906 ging die mit einem Sägewerk verbundene Holzhandelsfirma Bächtel in Konkurs. – Zur Deckung des täglichen Bedarfs bestehen 2 Lebensmittelgeschäfte (davon eines mit einer Metzgerei verbunden) und ein Gemischtwarenladen.

Um die Mitte des 19. Jh. bestanden in Tegernau die *Gasthäuser* »Zum Hirschen«, »Zur Krone«, »Zum Löwen«, »Zum Ochsen« und in Niedertegernau das Gasthaus »Zum Rößle«. Zu Beginn der 1890er Jahre scheiterte ein Versuch, auch in Schwand eine Gaststätte zu betreiben. Im Sommer wurde der günstig gelegene Ort aber schon um die Jahrhundertwende regelmäßig von Feriengästen besucht, die in Privatunterkünften bei einem Pensionspreis von ca. 3 Mark allerdings kaum Komfort erwarten durften. Über mehrere Jahre hin wurde auch eine Ferienkolonie für Schopfheimer Kinder organisiert. Inzwischen bietet sich in Schwand der Gasthof »Sennhütte« als Ausflugsziel und Ferienquartier an. Übernachtungsmöglichkeiten finden sich auch im Gasthof »Rothenburg« in Niedertegernau. 1993 wurden in der Gemeinde 765 Gäste mit 4682 Übernachtungen gemeldet. Die beiden Gasthäuser des Hauptortes Tegernau (»Krone« und »Ochsen«) sind reine Restaurationsbetriebe. – Ein Taxibetrieb mit Mietwagenverleih steht für individuelle Fahrtwünsche zur Verfügung. Freiberuflich tätig sind ein Architekt und ein Kunstmaler.

Um 1900 war in Tegernau eine *Sparkasse* gegründet worden; seit 1938 unterhält die Bezirkssparkasse Schopfheim in Tegernau, das Mitglied ihres Gewährsverbandes ist, eine Filiale. Die *Poststelle* Tegernau ist Sammel- und Verteilstelle für 3 weitere Dörfer des Kleinen Wiesentals (Sallneck, Raich und Elbenschwand).

In Tegernau kreuzen sich die alten *Verbindungswege* von Schopfheim nach Neuenweg (heute L 139) und von Zell i. W. nach Badenweiler (L 140). Bereits zu Beginn der 1970er Jahre, gleichzeitig mit dem Bau einer Ortsumfahrung von Niedertegernau, wurde die Abzweigung der L 140 von der L 139 aus dem Tegernauer Ortskern herausgelegt. 1987 wurde auch die L 139 um die Ortsmitte herumgeführt. – Für den *öffentlichen Personenverkehr* unterhält die Bundesbahn eine Buslinie, die Tegernau mit Neuenweg bzw. Wies einerseits und dem Bahnhof Schopfheim andererseits verbindet.

Verwaltungszugehörigkeit, Gemeinde und öffentliches Leben

Verwaltungszugehörigkeit, Gemeindegebiet und -verwaltung. – Im Zuge der verwaltungsmäßigen Neuordnung nach der Entstehung des Großherzogtums Baden wurde die ehemalige Vogtei Tegernau der Herrschaft Sausenberg zum neugeschaffenen Amt Schopfheim geschlagen und kam mit diesem 1936 zum Landkreis Lörrach. Der Umfang der *Gemarkung Tegernau* wurde 1855 mit 3079 Mg oder 1108,44 ha angegeben. Davon entfielen auf die Teilgemarkungen Obertegernau 553,7 ha, Niedertegernau 275,8 ha und Schwand 279 ha. Nach kleineren Grenzbereinigungen umfaßt die Gemarkung seit der Jahrhundertwende 1015 ha.

Dem Gemeindeverband Tegernau gehören (Ober-)Tegernau, Niedertegernau und Schwand an, die bis 1934 jeweils einen eigenen Verwaltungsrat mit separater Vermögensverwaltung und Rechnungsführung besaßen. Den Verwaltungsräten der Nebenorte gehörten je drei Mitglieder, darunter der Stabhalter (Ortsvorsteher) und der Ortsrechner an. Der Verwaltungsrat des Hauptortes hatte vier Mitglieder. In den 1850er Jahren lag die *Verwaltung der Gesamtgemeinde* in den Händen des Bürgermeisters und je eines Gemeinderates aus den drei Teilorten. Ebenso wie der Gemeinderat hatte auch der Kleine Ausschuß vier Mitglieder: 2 aus (Ober-)Tegernau und je einen aus Niedertegernau und Schwand. In den Großen Ausschuß waren 28 Bürger (aus den Nebenorten je 5) zu wählen. Seit 1871 entfiel der Kleine Ausschuß. Dem Gemeinderat gehörten nun außer dem Bürgermeister 8 Mitglieder an (davon je zwei aus den Nebenorten). Wichtige Entscheidungen bedurften der Zustimmung des 24köpfigen Bürgerausschusses. Nach der badischen Gemeindeordnung von 1948 bestand die Gemeindeverwaltung aus dem Bürgermeister, einem Beigeordneten und 5 Gemeinderäten. Seit 1958 gehören dem Gemeinderat außer dem Bürgermeister in der Regel 8 Mitglieder an.

Im 19. Jh. und noch weit ins 20. Jh. hinein waren bis zu 30 Personen im Nebenerwerb mit den verschiedensten Dienstleistungen für die Gemeinde betraut, z. B. als Gemeinderechner, Feldhüter, Steinsetzer oder Hebamme. Die Verhältnisse änderten sich mit zunehmender Professionalisierung der Kommunalverwaltung. 1958 standen zwei Beamte und vier hauptberuflich tätige Angestellte im Dienst der Gemeinde Tegernau. 1993 stand ein ehrenamtlicher Bürgermeister an der Spitze der Gemeinde Tegernau, die im übrigen nur noch einen Arbeiter beschäftigte. Nach der Gründung des *Gemeindeverwaltungsverbandes Kleines Wiesental* (1972), bestehend aus den Gemeinden Bürchau, Elbenschwand, Neuenweg, Raich, Sallneck, Tegernau, Wies und Wieslet, wurde diesem der überwiegende Teil der gemeindlichen Aufgaben übertragen. Das Verwaltungsgebäude wurde 1987 unter Beteiligung der Sparkasse gebaut. Der Verband beschäftigte 1993 2 Beamte, 5 Voll- und 4 Teilzeitangestellte sowie 2 voll- und 4 teilzeitbeschäftigte Arbeiter.

Gemeindebesitz. – Ein altes Gemeindehaus mit Rats- und Wachlokal sowie Feuerspritzenremise und dem Bürgerarrest wurde anfangs der 1860er Jahre auf Druck des Bezirksamtes durch ein neues *Rathaus* ersetzt. Ebenfalls auf Drängen der Bezirksbehörde (1872) erhielt das aus dem Jahre 1770 stammende *Schulhaus* im Jahre 1886 einen Anbau für ein zweites Schulzimmer und eine Unterlehrerstube. An dieser Stelle wurde 1979/80 das neue Feuerwehrhaus gebaut. In den 1950er Jahren wurde das ehemalige Gasthaus »Zum Löwen« von der Gemeinde übernommen und zeitweise als Gendarmerie- und *Schulgebäude* genutzt. 1964 errichtete die Gemeinde ein neues Schulgebäude und ein Lehrerwohnhaus. – 1854 besaß die Gemeinde ca. 48,5 ha ertragsfähigen Buchenwald und 31,7 ha an sonstigen Liegenschaften. Jedem genußberechtigten Bürger standen davon jährlich 2 Ster Holz und ein Weiderecht zu. 1958 umfaßte der Gemeindebesitz 71 ha Wald und 3 ha Wiesen. Die Tegernauer Jagd erstreckte sich über ca. 800 ha. Bereits 1983 war der Waldbesitz auf 78 ha angewachsen.

Ver- und Entsorgungseinrichtungen. – Der Reichtum von Ober- und Niedertegernau an guten, durch *Quellwasser* gespeisten Brunnen wurde schon im 18. Jh. gerühmt. Weniger günstig war die Lage in Schwand, wo auch zur Brandbekämpfung lediglich zwei Weiher vorhanden waren. Um dem Mangel abzuhelfen, erhielt der hochgelegene Teilort 1882 eine Wasserleitung; in den Talorten hielt man eine derartige Investition erst in den 1950er Jahren für erforderlich. – *Elektrische Energie* beziehen die Tegernauer Haushalte und Unternehmen seit 1919/20 direkt vom *Kraftwerk Köhlgartenwiese* in Wies. – Die *Freiwillige Feuerwehr Tegernau* wurde 1881 gegründet. 1993 stellten die 25 aktiven Mitglieder einen Löschzug.

Seit 1972 sind (Ober-)Tegernau und seit 1988/89 Schwand vollständig an ein *Abwassernetz* angeschlossen, das in eine mechanisch-biologische Kläranlage mündet. Niedertegernau wird 1994 angeschlossen, dann aber, weil die Tegernauer Kläranlage ihre Kapazitätsgrenze erreicht, die gesamte Gemeinde nach Steinen entwässert. – Der *Müll*

Die Gemeinde im 19. Jahrhundert und in der Gegenwart

wird einmal wöchentlich von einem Privatunternehmer zur Deponie Scheinberg bei Wieslet abgefahren.

1864 wurde von den ehemaligen Zünften des »Tegernauer Viertels« eine Stiftung eingerichtet, mit deren Ertrag die *Niederlassung eines Arztes* für Allgemeinmedizin gefördert werden sollte. Seit 1886 praktiziert, mit wenigen Unterbrechungen, tatsächlich jeweils ein Arzt im Hauptort der Gemeinde und sichert so die ambulante medizinische Versorgung. Außerdem besteht auch eine Zahnarztpraxis in Tegernau. Zu stationärer Behandlung müssen die Krankenhäuser in Schopfheim oder Lörrach aufgesucht werden. – Der moderne Tegernauer *Friedhof* liegt bei der Marienkapelle.

Kirche und Schule. – Tegernau war bereits vor der Reformation Zentrum des gleichnamigen Kirchspiels. Die heutige protestantische Kirche wurde 1756/57 erbaut, sie wurde 1965 innen renoviert. Die Pfarrei ist durch eine Stiftung mit ansehnlichem Waldbesitz fundiert. Für die kath. Bevölkerung des Kleinen Wiesentals wurde 1963 in Tegernau eine Kapelle erbaut. Sie gehörte früher zum Pfarrsprengel Zell i.W. und wird heute von der kath. Pfarrei Hausen betreut.

Tegernau ist seit dem 16. Jh. (s. u., Geschichte) *Schulort* für das Kleine Wiesental. 1852 hatte der Tegernauer Hauptlehrer 98 Kinder zu unterrichten. 1869 wurde die Schule, untergebracht in einem Gebäude des 18. Jh., vom Bezirksamt in die zweite Ortsklasse eingestuft und damit das feste Lehrergehalt auf jährlich insgesamt 375 fl angehoben; 1870 wurden davon 311 fl 30 Kreuzer in bar, der Rest in Naturalien abgegolten. Die laufenden Schulkosten wurden entsprechend der Einwohnerzahl auf die Teilorte umgelegt, denen wiederum eventuelle Staatsbeiträge direkt zuflossen. 1872 forderte das Bezirksamt aufgrund des Schulgesetzes von 1868 die Einstellung eines Unterlehrers und die Einrichtung eines zweiten Schulzimmers.

1923 wurde mit den Gemeinden Wieslet, Enkenstein, Sallneck, Elbenschwand und Raich ein Fortbildungsschulverband gegründet: die Lehrerkosten sollten nach der Schülerzahl, die Kosten für Lehrmittel und Heizung nach der Einwohnerzahl umgelegt werden. 1958 bestanden in Tegernau die Volksschule mit 57 Schülern und 2 Lehrern sowie die Berufsschule mit 62 Schülern und 2 Lehrern. Seit der Gründung des Gemeindeverwaltungsverbandes hat in Tegernau die *Nachbarschaftsschule Kleines Wiesental* (Grund- und Hauptschule) ihren Sitz. Weiterführende Schulen können in Schopfheim und Lörrach besucht werden. – Die ev. Kirchengemeinde unterhält eine Spielstube.

Vereine. – Das kulturelle Leben Tegernaus wird hauptsächlich durch die Veranstaltungen des Gesangvereins (gegründet 1857; 15 aktive Mitglieder) und des Musikvereins (gegründet 1900; 40 aktive Mitglieder) gestaltet. Zur Ausübung verschiedener Sportarten stehen ein Fußballplatz, 2 Tennisplätze sowie eine Mehrzweckhalle zur Verfügung. Örtliche Sportvereine sind der Turn- und Sportverein Kleines Wiesental (gegründet 1973; 400 Mitglieder) und der Tennisclub (gegründet 1977; 65 Mitglieder).

Strukturbild

Die ehemalige Vogtei Tegernau bildete mit ihren verschiedenen Ortschaften eine gewachsene Einheit, die durch den heutigen Verwaltungsverband wieder bestätigt wird. Tegernau als Hauptort der gleichnamigen Gemeinde wird noch heute durch seine Funktion als Kleinzentrum (Verwaltung, Schule und Kirche) geprägt.

Mit dem Strukturwandel in der Landwirtschaft wurde die ökomomische Grundlage sowohl des Umlandes als auch Tegernaus selbst erschüttert. Die Möglichkeiten, sich als Freizeit- und Erholungsort anzubieten, sind noch wenig genutzt.

Das Steueraufkommen der Gemeinde ist seit 1970 kontinuierlich gestiegen und lag 1992 bei 369 311 DM, die Gewerbesteuer hatte daran nur 15% Anteil. Die Steuerkraftsumme je Einwohner, 1988 mit 1146 DM ziemlich genau im Kreisdurchschnitt, betrug 1992 1385 DM. Das Haushaltsvolumen Tegernaus lag 1992 für den Vermögenshaushalt bei 302 000 DM (1983: 433 000 DM), für den Verwaltungshaushalt 1992 bei 740 000 DM (1983: 663 000 DM). Da das eigene Steueraufkommen den Verwaltungshaushalt nicht deckt, ist die Gemeinde auf Bedarfsbeihilfe aus dem Ausgleichsstock des Landes angewiesen. Tegernau ist seit 1981 schuldenfrei. Über anteilige Verbandsschulden kamen 273 DM auf jeden Einwohner.

C. Geschichte

Siedlung und Gemarkung. – Tegernau liegt am Zusammenfluß von Köhlgartenwiese und Kleiner Wiese in einem engen, von Bergen umgebenen Tal. Auf der heutigen Gemarkung befinden sich außerdem die alten Wohnplätze Niedertegernau (1344 erwähnt) und Schwand mit Schwand-Käppeli und Schweizermühle. Ein 1473 bezeugter Flurname *Vischerhüseren* weist auf einen weiteren, abgegangenen Wohnplatz hin. Über die Abgrenzung des Bannes zu den umliegenden Gemeinden gab es verschiedentlich Auseinandersetzungen. Ein Vergleich zwischen Niedertegernau und Wieslet wurde 1615, ein weiterer mit Wieslet und Eichholz 1779 geschlossen.

Urkundlich wird *Tegernowa* 1113 erstmals genannt. Als hochmittelalterliche Rodungssiedlung spielte es eine wichtige Rolle bei der Erschließung des Kleinen Wiesentals. Der Einzugsbereich des örtlichen Dinghofes war groß, noch in der frühen Neuzeit endete er an den Grenzen von Weitenau. In Tegernau stand die Mutterkirche der Dörfer des Kleinen und hinteren Wiesentals. Infolge seiner verkehrsgünstigen Lage – die Landstraße nach Schwand (bzw. in Richtung Münstertal) und die Gresger Straß werden 1573, die Landstraße nach Wieslet 1722 genannt, der Weg nach Wies 1774 durch eine neue Trasse ersetzt – ist der Ort durch zahlreiche *Kriegshandlungen* geschädigt worden. Abgebrannte Hofstätten weisen bereits 1514/15 darauf hin. Nach einer Plünderung 1676 durch lothringische Truppen wurde das Dorf am 24. Januar 1678 bis auf ein Haus und die Mühle verbrannt und blieb auch in den folgenden Kriegen nicht verschont. Große Schäden richteten zudem die ständig wiederkehrenden Hochwasser der Kleinen Wiese an. Die örtliche Wasserversorgung erfolgte 1770 durch 12 »Springbrunnen«.

Herrschaft und Staat. – Wer die Erschließung des Kleinen Wiesentales durchgeführt hat, ist nicht bekannt. Spätestens im frühen 12. Jh. dürfte Tegernau der Mittelpunkt der *Herrschaft Waldeck* gewesen sein, vermutlich geht die bis zum 30j. Krieg nachgewiesene Beteiligung von Tegernauern am Gericht in Ried noch auf jene Zeiten zurück. Es war auch später noch einer der wenigen Zentralorte der Herrschaft Rötteln. Im 13. Jh. übten die Herren von Rotenberg als Besitzer des Dinghofes das Niedergericht aus, das wohl damals schon mit dem Dinggericht zusammengefallen war. Deren Erbe gelangte über die von Rötteln an die Markgrafen von Hachberg. Bereits 1389 ist von einem Amt Tegernau die Rede, damals wurde die Heimsteuer der Gräfin Anna auf Ober- und Niedertegernau versichert; 1402 läßt sich ein Vogt des Markgrafen vor Ort nachweisen. Um 1514/15 bezog die Herrschaft Rötteln jährlich 153 lb 6 ß aus der Vogtei, dazu 20 Mltr Steuerroggen und 2 Viernzel Wißhaber.

1564 umfaßte die *Vogtei*, die damals dem Schopfheimer Viertel zugeteilt wurde, die Orte Langenau, Endenburg, Enkenstein, Kirchhausen, Wies, »Um den Berg«,

Schwand, Fischenberg, Bürchau, Elbenschwand, Holl, Langensee, Kühlenbronn, Niedertegernau, Gresgen und Ebigen. Von diesen Orten scheinen Endenburg und Kirchhausen der Vogtei später hinzugefügt worden zu sein: 1514/15 wird ihre Steuer gesondert aufgeführt. Das Einzugsgebiet wurde seither ständig verkleinert; Langenau und Enkenstein, die ab 1606 nicht mehr zu Vogtei gehörten, hatten schon vorher eigene Vögte. Elbenschwand, Endenburg und Bürchau schieden, letzteres 1781, ebenfalls aus dem Verband aus. Zwar wurden Tegernau noch 1786 Sallneck und 1789 Demberg zugeteilt, nach dem Ausscheiden auch von Wies im Jahre 1800 blieb nur noch der Hauptort übrig.

Bei im Laufe der Zeit abnehmender Bedeutung blieben dem Ort einige Funktionen erhalten: noch um 1800 befand sich hier das Gefängnis für die Missetäter der Region. Seit spätestens 1735 unterhielt das Amt hier auch einen Forstknecht mit eigenem Jägerhaus für den Tegernauer Forst (1806: 232 J 3 V = ca. 65 ha). Sein Gehalt war das höchste in der Herrschaft Rötteln nach dem der Förster in Rötteln und Steinen. Schon früh wurde ihm ein Adjunkt beigegeben.

Das Tegernauer Gericht, unter Vorsitz des dortigen Vogtes gehalten, war für das große Gebiet zwischen Belchen und Blauen sowie nach Süden bis zum Einzugsbereich von Schopfheim zuständig und wurde mit Leuten aus den zugehörigen Orten besetzt. Es tagte im Dorf Tegernau »by der Flu, da ein Vogt ... von alterhar gewonlichen ze gerichte sitzet« (1424), ein Ort, der heute nicht mehr genau lokalisiert werden kann. Er muß jedoch im Dinghofbereich oder in dessen Nähe gesucht werden, wobei der Dinghof an der Kreuzung der Straßen Schopfheim-Neuenweg (heutige L 129) und der zur Kirche führenden alten Straße Gresgen–Wies gelegen haben dürfte. Die Urteilsprecher, die 1489 neben dem Vogt genannt werden, kamen aus Schwand (3), Kühlenbronn, Elbenschwand, Langenau, Tegernau und Oberhäuser (je einer). Im Jahre 1424 waren die jährlichen 3 Dinggerichte, abzuhalten am Dienstag nach Hilarii (13. Januar), Ostern und Pfingsten, anscheinend noch üblich, später ist davon nicht mehr die Rede. – Nach den Verwaltungsänderungen des 18. Jh. oblag dem Vogt die Verwaltung von Ort und Vogtei. Zu seiner Beinutzung gehörte bis um 1732 die Nutzung des örtlichen Fischwassers, die dann die Geistliche Verwaltung an sich zog. Um die Mitte des 18. Jh. amtierte der Lehrer gleichzeitig als Gerichtsschreiber.

Nach Tegernau nannten sich zwei *adelige Familien*. Eine Verwandtschaft zwischen beiden läßt sich derzeit nicht nachweisen, beide führten aber das gleiche, nur wenig veränderte Siegel: in schrägrechts von Rot und Silber geteiltem Schild unten in Rot einen schräg aufwärts gerichteten silbernen Pfeil. Die Herren von Tegernau, die sich von 1228 bis 1465 (1492) nachweisen lassen, scheinen dem niederen Adel angehört zu haben. Ihre Angehörigen finden sich zunächst unter den Gefolgsleuten der Habsburger, auch bestanden in dieser Generation Beziehungen nach Neuenburg. Seit dem 14. Jh. sind sie zunehmend in markgräflichen Diensten anzutreffen. Der letzte männliche Vertreter des Geschlechtes, Georg von Tegernau, erscheint zwischen 1416 und 1450 als oberster Vogt der Markgrafen, ein Vorgänger der Landvögte auf Rötteln.

Bei den König, die sich spätestens zu Beginn des 16. Jh. *König von Tegernau*, gelegentlich auch nur *von Tegernau* nannten, handelte es sich um eine bürgerliche Familie, die in markgräflichen Diensten zu Ehren gekommen war (vgl. Stammtafel). Sie läßt sich von 1393 bis 1729 nachweisen und zählte in den letzten Generationen zum niederen Adel. Diese Herren finden sich zunächst im Besitz österreichischer Lehen im Elsaß (Grellingerisches Lehen seit 1435), wozu durch Erbschaft weitere Einkünfte, jetzt aus Säckingen und im heutigen Aargau kamen (1515 ererbt von Hans Schach von Laufenburg, sogenannte Schachische Lehen). Auch die ältesten bekannten markgräfli-

Die Herren König von Tegernau

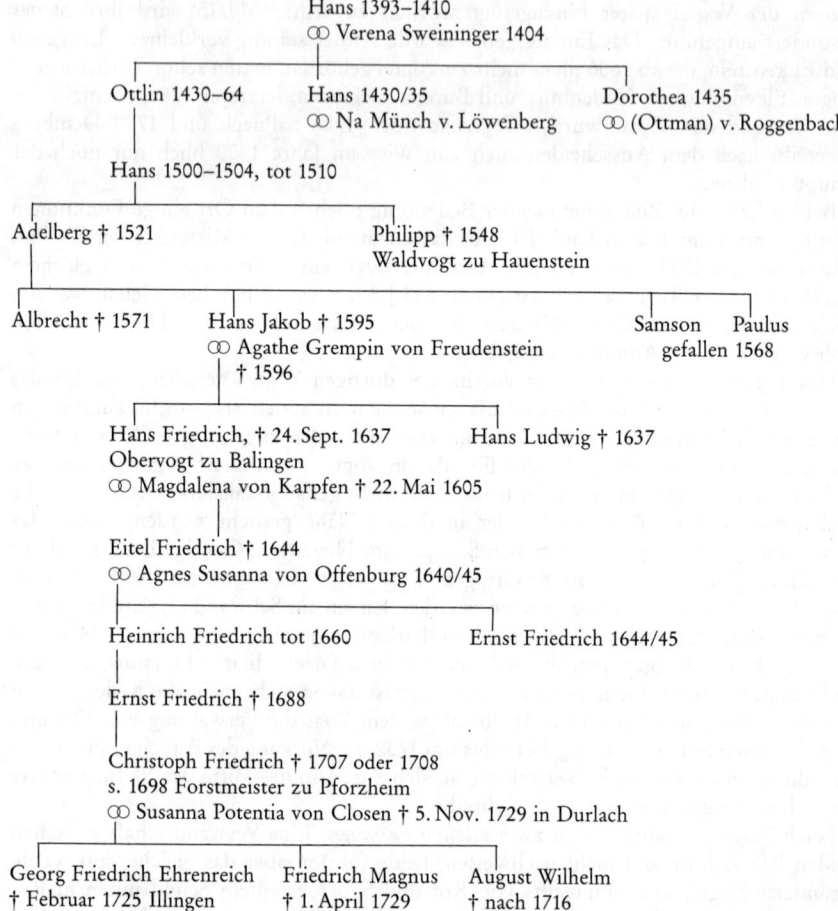

chen Lehen lagen im Elsaß, wurden aber 1460 aufgegeben. Seit 1548 bezog die Familie eine Anzahl von Einkünften aus Ennikon, Haagen, Holzen, Rheinweiler und Weil sowie von der Mühle zu Grenzingen, von denen sie die Weineinkünfte zu Rheinweiler und die Reben zu Holzen 1561 veräußerte. Die restlichen Lehen wurden 1701 kapitalisiert, und die Familie erwarb dafür Güter in der Umgebung von Pforzheim. Denn die König waren, nachdem sie zunächst im Schopfheimer Raum erschienen, in österreichische Dienste getreten. Nachdem zwei Angehörige im Türkenkrieg verblieben waren, traten die folgenden Generationen in württembergische Dienste. Erst Christoph Friedrich kehrte nach Baden zurück, er wurde 1698 Forstmeister in Pforzheim. Die offenbar verarmte Familie (die meisten männlichen Mitglieder sind in Kriegsdiensten zu finden) ist mit Friedrich Magnus König von Tegernau bzw. seiner Mutter Susanna Potentiana, geb. von Closen, 1729 erloschen.

Grundherrschaft und Grundbesitz. – Man wird davon ausgehen dürfen, daß der größte Teil der Liegenschaften in Ober- und Niedertegernau der Ortsherrschaft gehört hat und schließlich an die Markgrafen von Hachberg gekommen ist. Vier Güter allerdings überließ Adelheid von Rotenberg 1278 dem Kloster St. Blasien; es sind wohl dieselben, die sich später und noch 1722 im Besitz der Zelle Weitenau finden. Davon lagen 9 J in Obertegernau, 201 J (56 ha) in Niedertegernau. Die Güter und Einkünfte der Herrschaft Rötteln, vermehrt 1400 durch Einkünfte von Henman von Beuggen, die dieser wiederum von Verena von Baden erworben hatte, wurden schon früh an verdiente Gefolgsleute verliehen. Gülten von der Vogtei bezogen seit 1423 die Herren von Roggenbach, 1416 bis zum 17. Jh. die König von Tegernau, 1526 bis 1680 die Gut von Winterbach, 1507 bis 1592 die von Rappenberg. Anteile an der Steuer, die ebenfalls aus markgräflichem Besitz stammten, verkaufte Johann Otte Münch von Münchenstein 1358 an Hermann von Eptingen, Adelheid von Eptingen 1401 an Friedrich Krebs, der 1405 vom Markgrafen belehnt wurde. Die Mühle besaßen 1303 die zer Sunnen. – Da der Grundbesitz überwiegend in einer Hand war, begann auch früh die Parzellierung der Güter. Von dem Dinghof des Jahres 1270 ist später nicht mehr die Rede, er ist mit Sicherheit früh aufgeteilt worden.

Gemeinde. – Die Verwaltung des Ortes besorgten Vogt und Gericht, zu denen später, seit 1654 erwähnt, ein Stabhalter kam. Der Gemein- oder Dorfschaffner ist zwar erst 1781/82 nachzuweisen, die Institution bestand jedoch schon länger. Damals wurde sein jährliches Gehalt von 1 lb, das den Gemeindeeinkünften entnommen wurde, auf 3 lb erhöht. Zum Gremium der Dorfoberen gehörte ferner ein Geschworener, zuständig wohl für Schwand; 1278 wird auch bereits ein Bannwart erwähnt.

Der *Gemeindebesitz* dürfte überwiegend aus Wald bestanden haben. Das Allmendholz läßt sich als Anstößer 1573 nachweisen, 1782 umfaßte der Gemeindewald etwa 100 J (33 ha). Da die Gemeinde jedoch verpflichtet war, Kohl- und Besoldungsholz für die Einwohner der Vogtei und fürstliche Beamte aus ihren Wäldern zu liefern, sie zudem mehrere Brücken zu unterhalten hatte und infolge der ständigen Kriegszeiten wurden die Mittel im 18. Jh. knapp. Einige Allmendstücke wurden 1775, ein baufälliges Hirtenhäuslein und etwas Feld 1777 veräußert, der Erlös war zu Kapital anzulegen. Dieses betrug 1781/82 zwar 670 lb, reichte jedoch bei den sonstigen Verpflichtungen der Gemeinde nicht aus, eine Feuerspritze anzuschaffen. Bis zuletzt war z. B. der Herrschaft Rötteln nicht nur die jährliche Steuer (1514/15: 100 lb), sondern auch ein Quantum Roggen zu entrichten. Die Heuzehnten allerdings hatten im frühen 15. Jh. die Markgrafen Rudolf und Otto den Gemeinden des Amtes und Kirchspiels Tegernau geschenkt, ein Recht, das diesen seit 1430 immer wieder bestätigt worden ist. Nachdem Tegernau zunächst sein Salz aus Schopfheim bezogen hatte (1473), verfügte der Ort spätestens 1709 über einen eigenen Salzkasten. Das Ausweigen besorgte der Vogt.

Kirche und Schule. – Die 1113 durch ihren Priester Kuno erstmals urkundlich bezeugte Pfarrkirche Tegernau gilt als Mutterkirche der Gemeinden des Kleinen und des hinteren Wiesentals. Zum Sprengel zählten bis 1164 Schönau und Todtnau, bis 1686 Neuenweg mit Bürchau, bis 1779 Wies und seine Nebenorte. Um 1508 kam vorübergehend Endenburg hinzu. Schließlich verblieben als Filialen noch Elbenschwand, Gresgen und Sallneck mit den zugehörigen Nebenorten. Tegernau gehörte bis zur Reformation zum Dekanat Wiesental und wurde dann dem Dekanat Sausenberg mit Sitz in Schopfheim/Auggen zugeteilt. Als Patronin erscheint ULF, später zusammen mit dem hl. Laurentius. Das Patronatsrecht stand den Ortsherren zu.

Die ursprünglich wohl gut dotierte Kirche verlor mit den Filialen auch an Einkünften. Bereits im 12. Jh. hatte sich der Pfarrer wegen der Zehntrechte zu Schönau mit

Kloster St. Blasien auseinanderzusetzen, die 1168 endgültig dem Kloster zugesprochen wurden. Auch wegen der Zehntrechte zu Endenburg und Ried gab es 1607 bzw. zwischen 1730 und 1744 Streit. Von den Akzidentien verlangte die Geistliche Verwaltung Rötteln 1696 ein Viertel, wogegen sich der Pfarrer vergeblich wehrte. Bereits im 15. Jh. waren, den Annaten zufolge, die zwischen 10 und 12 fl lagen und meist ermäßigt wurden, die Einkünfte sehr gering. Auch später hat sich daran wenig geändert: mit einem Jahreseinkommen von 395 fl 15 x gehörte die Tegernauer Pfarrei 1780 zu den am schlechtesten dotierten Pfründen. Seit 1791 war auch noch ein Vikar zu unterhalten. Die Kirchenfabrik, zweifellos ähnlich schlecht ausgestattet, vermehrte im 16. und 17. Jh. ihr Vermögen durch Geldverleih gegen Zins an Einwohner von Tegernau und aus anderen Orten. Sie wurde durch einen Kirchenpfleger (1527), später (1604) Kirchenmeier genannt, verwaltet. In zwei Schuldverschreibungen des Jahres 1527 wird von Abgaben an Kirche und Pfründe gesprochen. Dabei bleibt derzeit ungeklärt, ob es sich bei letzterer um die Pfarrpfründe oder eine in der Reformation abgegangene Kaplaneipfründe gehandelt hat.

Die örtlichen *Zehntrechte* scheinen 1113 mit der Waldeckischen Schenkung an St. Blasien gelangt zu sein, was dem Kloster 1168 endgültig bestätigt wurde. Dem Pfarrer verblieben Zehnten aus einigen Orten, so Gresgen, Ried und der Vogtei Wies, wenn auch nicht unangefochten. Schließlich zog die Geistliche Verwaltung Rötteln sämtliche Zehnten an sich, 1783 bezog die Pfarrei nur noch die von Gresgen bei Tegernau. Eine Abgrenzung der Zehntbezirke mit Weitenau fand 1566 statt. Allerdings wurden die Zehntfrüchte in Tegernau gesammelt und von Zeit zu Zeit verkauft, vor Ort fanden auch die Zehntverleihungen statt. Sämtliche Zehnten wurden 1834 und 1841/46 abgelöst.

Schule wird in Tegernau seit 1595 gehalten, in der zunächst auch die Kinder der Vogteiorte unterrichtet wurden. Den Unterricht erteilte der Diakon in seinem Hause; bis 1690 bezog er dafür nur das geringe Schulgeld und wohl auch die Sigristenabgaben. Der nun bestellte Schulmeister besserte seine Einkünfte durch Versehung der Gerichtsschreiberei auf. Diese Zustände mißfielen dem Oberamt Rötteln, das 1706 die Schaffung von 4 Schulen im Bereich der Vogtei Tegernau anregte und sich damit durchsetzte, verbunden mit dem Erlaß einer neuen Schulordnung. Tegernau war nun nur noch für die Kinder aus Ober- und Niedertegernau, Ebigen, Sallneck (bis um 1791) und Schwand (bis 1759/60) zuständig. Das Gehalt des Lehrers, der ausdrücklich die Aufgaben des Sigristen übernehmen mußte, zahlte zum größten Teil die Geistliche Verwaltung; 1754 hatte die Kompetenz einen Wert von 100 fl, 1783 von 110 Gulden. Sie scheint nicht ausgereicht zu haben, denn um 1768/69 war der Brauch des »Umessens« noch durchweg üblich. Zur Kompetenz gehörte die Nutzung des Schulhauses, das 1706 vorhanden war. Ein Neubau erfolgte 1770.

Bevölkerung und Wirtschaft. – Das 1411 aufgeschriebene, 1424 erneuerte Dinghofrecht sah vor, daß ein neu nach Tegernau Ziehender, sofern er nicht einen nachjagenden Herren hatte, innerhalb von »Jahr und Tag« Eigenmann des Markgrafen werden mußte. Aber noch die genannte Urkunde von 1424 nennt unter den Urteilsprechern aus Tegernau je zwei Eigenleute des Basler Hochstiftes und des Klosters St. Blasien. – *Einwohnerzahlen* für Tegernau zu ermitteln, ist schwierig, da meist die Bewohner der gesamten Vogtei (1698: 1146, 1700: 116 Männer) angegeben werden. Jedenfalls hat um 1440 die Pest ihre Zahl sehr dezimiert. Den Zahlen des 18. Jh. zufolge – 1720 lebten in Obertegernau 132, in Niedertegernau 77 Personen – können beide Orte nicht sehr bevölkert gewesen sein, obwohl die Einwohnerzahl sich bis zum Ende des Jahrhunderts stetig erhöhte. Niedertegernau war dabei immer der unbedeutendere Ortsteil, das

Verhältnis der Bewohner beider Teile war 1696 1:6. Um 1770 zählte Niedertegernau 14, Obertegernau 36 Bürger, was einer Gesamteinwohnerzahl von etwa 250 entsprechen dürfte (1844: 544). Die Forderung von 1779/80 auf Erhöhung des Kommunionweinkontingentes weist auf eine weitere Zunahme der Einwohnerschaft hin.

Die Versorgung kranker Einwohner oblag wohl weitgehend der Hebamme, die Ende des 18. Jh. von jeder Ehe 3 x Wartgeld bezog. Zeitweise (1746 bis nach 1760, seit 1773) wirkte in Tegernau auch ein Chirurg. Der 1613 bezeugte Flurname *Malzer Bronnen* könnte auf ein abgegangenes Siechenhaus hinweisen.

Ihren *Lebensunterhalt* bezogen die Einwohner weitgehend aus Land- und Viehwirtschaft. Auf den guten Böden wurden Dinkel, Roggen, viel Hafer und Gerste angebaut, seit dem 18. Jh. auch Kartoffeln. Dazu kamen Hanf und Flachs. Gemüse zog man in den Gärten. Das 18. Jh. kennt auch den Obstbau, meist Birnen, aber auch Äpfel und Kirschen, insgesamt »schmackhaftes Obst«. Zum Absatz der Landprodukte erhielt der Ort 1765/66 einen Wochenmarkt, wo zeitweilig auch die Zehntfrüchte verkauft wurden. – Gute Weiden und viel Futter sorgten für ausreichende *Viehhaltung*. Die dadurch erschlossenen Verdienstmöglichkeiten führten allerdings häufig zu Übersetzung mit Vieh. Während im 13. und 14. Jh. Schweineabgaben für eine bedeutende Schweinehaltung sprechen, wandte man sich später vermehrt der Rinderzucht zu (1700 werden für die Vogtei 11 Pferde und 133 Zugochsen aufgeführt). Den Wucherstier und den Eber hatte der Pfarrer zu halten, dem dafür die Nutzung von 2 TM (1424: 4 TM) sowie 2 Scheffel Roggen vom Zehnten zugestanden worden war. Ende des 18. Jh. verlangte die Gemeinde einen zweiten Stier, was zu Auseinandersetzungen führte.

Das *Handwerk* war gering vertreten, selbst der Schmied besaß 1766 zusätzlich eine Hanfreibe. Ein Bäcker wird 1768 genannt. In Tegernau stand im 15. Jh. die Bannmühle für die Vogtei, bis zum 16. Jh. scheinen sich die Abhängigkeiten gelockert zu haben. Ihre Nachfolgerin hatte 1752 eine Reibe und der Inhaber baute 1758 eine Öltrotte ein, noch 1784 die einzige in der Vogtei. Tegernau könnte schon 1278 eine Wirtschaft gehabt haben (*Heinrich des Wirts Gut*), eine Tafern bestand 1424, wohl die 1768 erwähnte Gemeindewirtschaft. Eine zweite Tafernkonzession wurde 1755 erteilt. – Die Entfernung zu den bedeutenden Märkten hatte die Einrichtung von Kramläden zur Folge. Um 1726 gab es insgesamt 3, 1780 wird von mehreren Krämern gesprochen.

Das 18. Jh. kennt auch verschiedene Versuche, durch Einrichtung von Spinnereien und Webereien Arbeitsmöglichkeiten zu schaffen. Ein Handelsmann namens Frieser versuchte 1777/78 für die Firma Hoffer, Dollfuß und Comp. in Mühlhausen eine Baumwoll- und Reistenspinnerei einzurichten. Ihm war damit so wenig Erfolg beschieden wie den Gebrüdern Montfort, die 1780/84 hier eine Baumwollfabrik geplant und 1783 eine Spinnerei eingerichtet hatten.

Schwand. – Die 1260 erstmals urkundlich nachzuweisende *villa Swande* ist, wie ihr Name aussagt, eine späte Rodungssiedlung. Sie dürfte von Beginn an zu Tegernau gehört haben, wohin die Einwohner auch kirchhörig waren. Grundbesitz hatte Otto von Rötteln 1289 dem Kloster St. Blasien überlassen. Dieses bezog 1392 Einkünfte aus 5 Lehengütern. Die geringen Einnahmen des Markgrafen, 2 Mltr Hafer von der sogenannten Lochmatten, waren an die Herren von Roggenbach verliehen und wurden 1717/19 abgelöst. Die kleine Gemeinde besaß nur wenig Wald (1827 noch 120 J = ca. 33⅓ ha), wovon sie 1720 ein Stück verkaufte, und wenig nutzbares Bergfeld. Sie wurde, unter der Vogtei von Tegernau, durch einen Geschworenen verwaltet. Die Einwohner, 1392 19 Leheninhaber mit Familien (darunter vielleicht auch Auswärtige), um 1720 71, deren Zahl sich gegen Ende des Jahrhunderts erhöhte (1770: 20 Bürger, also ca. 100 Einwohner) versuchten, von Landwirtschaft und Viehzucht zu leben, was sich aber wegen Mangel an Wiesen, die auch nicht gewässert werden konnten, als schwierig erwies. Ihre Kinder schickten sie in die Tegernauer Schule, bis sie 1760 die Erlaubnis erhielten, eine eigene Nebenschule einzurichten.

Quellen und Literatur

Quellen gedr.: BB 2, S. 532f., 560f.; UB Basel 1 Nr. 86; 3 S. 77. – FDA 1 (1865) S. 199; 5 (1870) S. 87; 24 (1895) S. 216; 35 (1907) S. 81. – Gerbert HNS 3 Nr. 62. – REC Nr. 68, 1006, 1011, 1291. – RMB 1 Nr. h 604, 767, 854/55, 1080. – Schöpflin HZB 5 S. 140. – Trouillat 1 Nr. 156. – WUB 1, 153. – ZGO 2 (1851) S. 495–99; 17 (1865) S. 255; 29 (1877) S. 179. – 30 (1878) S. 241.

Quellen ungedr.: GLA Selekt D 39; 11/K. 263, 428, 482, 522; 18/K. 25, 32; 21/K. 62, 127, 250, 331, 375, 413, 465a; 44/Nr. 3532, 3538, 3542, 3544, 3547, 3552, 3555, 3558, 3561, 3564, 3567, 3570, 7983, 7988; 66/3715, 7757, **8483–88**, 9598, A 24; 72/Gut v. Winterbach, v. Rappenberg, v. Tegernau; 120/405, 524, 878, 915, 1206, 1253b, 1264b; 229/13231, 16055/56, 19833, 23163, 23744, 24677/78, 24682, 24696, 27870, 31861, 34126, 34128/29, 34138, 34141, 34147, 34156, 65606, 73417/ 18, 73420, 74672, 77277, 83971, 88486, 88496–97, 90684, 90686, 90688, 94030, 94365, 94444, 94472, **104586–677**, 106422, 110816, 112657, 113674, 114044, 114056, 114090, 115106; 375 (1909, 97) 467, (1924, 2) 290–92; 391/35258, **38384–92**, 41898. – GA Tegernau (Übers. in ZGO 48 ⟨1894⟩ S. m145). – PfA Tegernau (Übers. in ZGO 51 ⟨1897⟩ S. m56).

Literatur: *Philipp*, Ernst, Beiträge zur Geschichte von Tegernau. In: Feldbergs Töchterlein 1953 Nr. 40. – *Seith*, Karl, Zur Geschichte von Tegernau und des Kleinen Wiesentales. In: Feldbergs Töchterlein 1953 Nr. 40.

Adel: GLA 11/K. 221, 334, 412, 441, 482, 495; 20/K. 108, 121; 21/K. 250, 313, 336, 369, 376, 379, 391; 44/Nr. 297, 2235, 6992, 10185–201, 10202–9; 46/K. 12; 72/v. Tegernau; 229/33969, 101851. – Alberti 1 S. 121. – UB Basel 3 Nr. 119, 138; 4 Nr. 361; 5 Nr. 376; 6 Nr. 265; 7 Nr. 101. – FUB 7 Nr. 306. – KvK 1 S. 206/7. – RMB 1 Nr. h 580, 669, 695, 699, 759, 789, 867, 872, 911, 931, 974, 990, 993, 1019, 1043, 1124, 1127, 1131. – Schöpflin HZB 5, 334. – ZGO 2 (1851) S. 495–499; 7 (1856) S. 120; 20 (1867) S. 89; 21 (1868) S. 82; 30 (1885) S. 303–309; 38 (1885) S. 331/32; 58 (1904) S. m45.

Erstnennungen: ON 1113 (Trouillat 1 Nr. 156). – Kirche 1166 (WUB 1, 153). – Patron St. Laurentius 1147/1557 (GLA 21/Wieslet).

Schwand: GLA 229/30395 (1260). – GLA 11/K. 460; 21/Nr. 67911; 66/7757; 229/30395, 34129, 74662, 94492–94, 112664; 391/35258. – ZGO 48 (1894) S. m145.

Todtnau

6959 ha Stadtgebiet, 5091 Einwohner (31.12.1990, 1987: 4856)

Wappen: In Gold (Gelb) auf grünem Boden ein linkshin schreitender Bergmann in silbern (weiß) geschmückter grüner Gewandung mit schwarzer Kappe und schwarzen Schuhen, mit der Rechten einen schwarzen Schlägel schulternd, in der Linken eine schwarze Fackel mit roter Flamme; an den Armen hängen an silbernen (weißen) Riemen rechts ein schwarzer Beutel, links zwei schwarze Eisen. Das Symbol des Bergmanns taucht in den Siegeln der Vogtei Todtnau seit der Mitte des 14. Jh. auf, Hinweis auf den wirtschaftlich bedeutsamen Silberbergbau. Die Tingierung wurde mit der offiziellen Wappenverleihung durch das Innenministerium am 13. Oktober 1972 festgelegt.

Gemarkungen: Aftersteg (457 ha, 302 E.) mit Aftersteg und Hasbach; Geschwend (1134 ha, 322 E.) mit Geschwend, Gisiboden und Grafenmatte; Muggenbrunn (408 ha, 211 E.); Präg (1363 ha, 361 E.) mit Präg (Hinter- und Vorderdorf), Herrenschwand, Präger Böden und Weißenbach; Schlechtnau (352 ha, 305 E.) mit Schlechtnau und Kressel; Todtnau (2263 ha, 2707 E.) mit Todtnau, Auf der Säge, Brandenberg, Fahl, Notschrei und Poche; Todtnauberg (984 ha, 648 E.) mit Todtnauberg, Büreten, Ebenehof (abgeg.), Ennerbach, Hangloch, Hornmatt, Ratschert und Rütte.

A. Naturraum und Siedlung

Natürliche Grundlagen. – Die Stadt Todtnau ist mit 6959 ha größte Flächengemeinde des Landkreises. Ihr Areal umspannt den gesamten Einzugsbereich der oberen Wiese von deren Quelle bis zur Einmündung des Prägbaches. Die Gemeindegrenzen – zu zwei Dritteln identisch mit Landkreisgrenzen – verlaufen auf den Wasserscheiden zu den benachbarten Flußsystemen von Alb, Dreisam, Neumagen usw. Talschaft und Verwaltungsraum bilden also eine Einheit, in der sich spezifische Muster von Verkehrs-, Wirtschafts- und Siedlungsstrukturen entwickeln konnten.

Lediglich am Feldberg ziehen die Gemeindegrenzen nicht mehr über die Kuppen von Seebuck (1448 m) und »Höchstem« (= Feldberggipfel 1493 m), sondern auf deren Südflanken, nachdem 1939 das Gelände mit dem Feldbergturm und der Todtnauer Hütte an die neu entstandene Gemeinde Feldberg abgetreten werden mußte. Seither ist der Stübenwasen (1386 m) die höchste Erhebung auf dem heutigen Stadtgebiet. Ein Vergleich mit dem tiefsten Punkt nahe der Wiesebrücke unterhalb von Geschwend ergibt die imposante Höhendifferenz von rund 820 m auf 8 km Distanz. Mit geringeren Spannen wiederholen sich solche Reliefunterschiede auch in den Teilräumen des Stadtgebietes. Diese Gegensätze sind der maßgebliche Faktor, der für den Wandel der Klimabedingungen verantwortlich ist, die ökologischen Beziehungen steuert sowie die Grundlage für die land- und forstwirtschaftliche Nutzung darstellt. Eine naturräumliche Gliederung des Stadtgebietes muß deshalb eine Vertikalgliederung sein, deren Stufen folgende sind: die relativ klimamilden Tallagen zwischen 550 m und 700 m NN, die steilen, nach ihrer Expositionsrichtung zu scheidenden Hänge sowie die niederschlagsreichen, über 1000 m gelegenen Kuppen, Rücken und Hochmulden.

Weniger großflächig, im einzelnen differenzierend wirken sich die *Gesteinsunterschiede* aus. Geologisch gesehen gehört das oberste Wiesental zur zentralschwarzwälder

Gneis- und Anatexitmasse des Feldberg-Schauinslandgebietes. Es handelt sich um die ältesten Gesteine des Gebirges, die aus Sedimenten und Magmatiten des Präkambriums (Erdfrühzeit) hervorgegangen sind und durch Vergneisung sowie teilweise Aufschmelzung in großen Tiefen (Anatexis) wiederholt verändert wurden. Je nach Ausgangssubstrat und Umwandlungsstadium sind Paragneise bzw. Orthogneise, Metatexite sowie Diatexite am Gesteinsaufbau beteiligt. Allen gemeinsam ist eine mehr oder weniger deutliche Parallelanordnung der Glimmer oder anderer Minerale. Diese für Metamorphite charakteristische Schieferung kann man an zahlreichen Straßenanschnitten beobachten. Bei der Verwitterung zerfällt die Hauptmasse der Gneise zu blockigen bis scherbig-plattigen Bruchstücken, die im Steilrelief den Gehängeschutt bilden (z. B. an der Paßstraße zum Feldberg), im flacheren Relief sich nach und nach zu schwach lehmigen, stets steinigen Böden entwickeln. Quarz- und feldspatreiche Gneise können grusartig zerfallen (z. B. Grube unterhalb der Jugendherberge Todtnauberg). Mannigfaltigkeit und Wechsel auf kleinstem Raum kennzeichnen das petrographische Muster des Gneisanatexit-Gebietes.

Dieses wird im Süden von granitartig zusammengesetzten Gesteinen begrenzt, dem sogenannten Randgranit, der von Schlechtnau Richtung Gisiboden zieht. Es folgt eine altangelegte Schwächezone, in der oberdevonische und unterkarbonische Gesteinsserien versenkt sind (Geschwend-Sengalenkopf-Wacht). Dabei handelt es sich um einen Teilabschnitt der den Südschwarzwald von Badenweiler nach Lenzkirch querenden tektonischen Senkenzone. An ihrem im Bereich der »Südschwarzwälder Hauptaufschiebung« stark deformierten Gesteinsverbund haben Grauwacken, Tonschiefer und Vulkanite den größten Anteil. Ihre Verwitterungsprodukte bedecken als kleinscherbige Schuttströme die Steilhänge, wie etwa die Geschwender Halde oder die Seehalde bei Präg (Glimmerporphyrit).

In allen Gesteinseinheiten treten *Erz- und Mineralgänge* auf. Sie entstanden während der hydrothermalen Mineralisationsphasen im Zuge des granitischen Magmatismus gegen Ende des Erdaltertums (Oberkarbon bis Perm). Besonders das kristalline Grundgebirge ist von erzführenden Gängen geradezu durchschwärmt. Im Todtnauer Revier treten zum einen silberhaltige Blei-Zink-Erze auf, die im Hoch- und Spätmittelalter bergmännisch abgebaut wurden (Todtnauberg, Fahl, Silberberg u.a.). Zum andern findet man die Gangart Flußspat, welche erst im 20. Jh. wirtschaftliche Bedeutung als Industriemineral erlangte (Abbau in Brandenberg und Fahl zwischen 1917 und 1962).

Je nach ihrer Widerständigkeit werden die genannten Gesteinspartien geomorphologisch auf unterschiedliche Art und Weise wirksam. Auf Petrovarianz gehen zahlreiche Felsbildungen zurück (z. B. Scheibenfelsen südlich und Rabenfelsen nördlich von Geschwend, Rabenfelsen oberhalb von Schlechtnau, Brände mit Kletterfelsen »Klingele« oberhalb Todtnau) sowie Gefällsversteilungen in den Bachläufen (Wiese am Hebelwelge, mittlerer Prägbach). Petrovarianz ist ebenfalls die Ursache für die Gestaltung der Haupttäler als einer Folge von Becken und Talengen. Die Wiese durchschneidet solche Engstellen zwischen Fahl und Brandenberg, an der Poche oberhalb von Todtnau und unterhalb des Städtchens sowie zwischen Schlechtnau und Geschwend zumeist mit Wasserfällen, die zum Teil bis heute zur Energiegewinnung genutzt werden.

Bei der Bildung der Talformen spielte die *Arbeit von Wasser und Eis* allerdings eine wichtigere Rolle als die Gesteinsvarianz. Das Talnetz ist im wesentlichen fluvial geprägt und erfuhr während der pleistozänen Kaltzeiten, insbesondere in der letzten, der Würmeiszeit, eine weitgehende Überformung. Vereisungszentrum im Südschwarzwald war das Feldbergmassiv, weniger mit seinen höchsten Erhebungen, die stets nur eine dünne Firnschicht getragen haben, als vielmehr mit den hochgelegenen Talmulden, in denen sich das Eis sammeln konnte. Als die würmzeitliche Schneegrenze unter 1000 m Meereshöhe absank, wurden auch die höheren Partien der Täler zu Teilen des Gletschernährgebiets mit Eismächtigkeiten bis zu 450 m und darüber (Präger Kessel, Wiesental oberhalb Todtnau). Das ganze heutige Gemeindegebiet Todtnaus lag während des Würmmaximums unter einer mehr oder weniger dicken Eiskalotte, aus welcher der Wiese-Gletscher nach Süden bis nach Mambach vorstieß.

So findet man eindrucksvolle *Spuren glazialer und fluvioglazialer Erosion* wie Rundhöcker (Nähe Wiesequelle, westlich Geschwend, Präger Kessel), Hängetäler (Seitentälchen der obersten Wiese, Todtnauberger Hochtal) und Flankengerinne, wie die Furche der Gisibodenstraße in Geschwend, sowie subglaziale Rinnen (Paralleltälchen hinter dem Längsrücken »Auf dem Schloß« bei Präg mit drei verlandenden Seen und vier Kolken), Gletscherschliffe (Präger Kessel, Falkenwald) und klammartig zerschnittene Talstufen (Poche oberhalb Todtnau). Typische Trogtalform zeigt nur das oberste Talstück der Wiese, unterhalb von Todtnau ist die Formung durch das Eis weniger deutlich. Die Bildung von Karen war südlich des Feldbergmassivs wegen der generellen Südexposition nicht begünstigt. Als voll entwickeltes Kar kann nur der »Zimmerwinkel« auf der Schattenseite des Brandenberger Wiesetales angesprochen werden. Kartrichter, wie am Hochkopf und am Hochgescheid oberhalb Präg oder bei Aftersteg-Hasbach, sind häufiger. Vergebens sucht man nach Endmoränenwällen der verschiedenen Eisrückzugsstände; sie müssen im Wiesetal der spät- und nacheiszeitlichen Erosion zum Opfer gefallen sein. Grundmoräne ist dagegen bis in große Höhen zu verfolgen (z. B. beiderseits des unteren Prägtals, oberhalb Muggenbrunn). Die Talbecken sind mit fluvioglazialen Schottern oder wie im Präger Kessel durch Deltaschüttung verfüllt, zum Teil überlagert von holozänen Schwemmfächersedimenten der Nebenbäche. Auf ihnen haben sich sandig-lehmige Böden vom Typ Braunerde und Gleye entwickelt.

Insgesamt gesehen verdanken die *Oberflächenformen* im Todtnauer Raum ihre Entstehung dem Zusammenwirken von Gebirgshebung – einzelnen Hebungsphasen werden die in Resten erhaltenen Rumpfflächen zugeschrieben – und glazialer sowie fluviatiler Erosion; letztere wirkte sich je nach gesteins- und strukturbedingten Festigkeitsunterschieden selektiv aus. Das heutige Landschaftsbild ist vertikal gegliedert: in die tief eingeschnittenen Trogtäler von Wiese und unterem Prägbach, in die steilen Talflanken sowie in die darüber aufragenden Kuppen und Höhenrücken zwischen den Mulden der Bachursprünge. Anschauliche Beispiele von hochgelegenen Talmulden stellen die Hochtäler von Todtnauberg und Herrenschwand dar, kleinere sind der Gisiboden sowie die Quellbereiche von Prägbach (Geschwender Hinterwaldweide) und Dürrtannenbächle südöstlich des Notschreis.

Daß bei der Reliefgestaltung im einzelnen meist mehrere Faktoren eine Rolle gespielt haben, kann am Beispiel des Todtnauer Wasserfalls, dem großartigsten unter den zahlreichen Wasserfällen auf dem Gebiet der Gesamtstadt, gezeigt werden. Hier stürzt das Wasser des Stübenbächles über einige kleinere Stufen und in einem großen Fall rund 100 m in die Tiefe. Etwa 200 m hängt das Todtnauberger Hochtal über dem Haupttal des Schönenbachs. Zur Erklärung dieser ansehnlichen Stufenmündung reicht die stärkere Erosionskraft des würmzeitlichen Gletschers im Haupttal nicht aus. Es müssen die Vorformen der älteren Reliefgeneration herangezogen werden, nicht zuletzt haben die harten metatektisch veränderten Gneise zur Erhaltung der scharfen Kante beigetragen.

Das *Klima* im Todtnauer Raum weist wegen der großen Höhendifferenzen beträchtliche Unterschiede auf. Die Tallagen sind thermisch durch relativ hohe Sommer- und niedrige Wintertemperaturen ausgezeichnet, während für die insgesamt kälteren und niederschlagsreicheren Gipfel gedämpfte Extremwerte typisch sind. Das schließt jedoch extreme Temperatursprünge wie rasche Abkühlung und ebenso schnelle Erwärmung nicht aus. Für die im Mittel niedrigeren Extremwerte sorgen die stärkere Bewölkung im Sommer und vor allem die im Winterhalbjahr immer wieder auftretenden Hochdruckwetterlagen, welche den Gipfeln langdauernde Besonnung bescheren, während die Täler in Kaltluftseen unter einer dichten Nebeldecke verschwinden. Der Jahresgang von Temperatur und Niederschlag bewirkt eine mit wachsender Höhe zunehmende Dauer und Mächtigkeit der winterlichen Schneedecke. Die Gipfellagen und Hochmulden nehmen dabei insofern eine Sonderstellung ein, als sie durch die in jedem Winter auftretenden Warmlufteinbrüche kaum betroffen werden, die Schneedecke hier also ständig an Mächtigkeit zunimmt. Von dieser Schneesicherheit profitieren insbesondere Todtnauberg, Muggenbrunn und Fahl mit ihren zahlreichen Liftanlagen. Noch mehr begünstigt werden die Höhenrücken mit dem weitverzweigten Loipennetz, welches am Notschrei sein Zentrum hat.

Die Schneesicherheit hat aber auch Folgen für den *Naturhaushalt*, denn die Vegetationsperiode wird durch die im Frühjahr nur langsam abtauende Schneedecke beträchtlich eingeengt. Der Frühlingsbeginn verschiebt sich zwischen Todtnau und Todtnauberg um zwei Wochen und zum Stübenwasen hin nochmals um die gleiche Zeit. Die Vegetationsperiode wird außerdem verkürzt durch die im Herbst schon früh auftretenden Nachtfröste. Deswegen herrschen in den Gipfellagen gegenüber den Tälern sehr viel härtere ökologische Bedingungen, die sich auch auf die landwirtschaftlichen Nutzungsmöglichkeiten auswirken.

Die *natürliche Vegetation* des Untersuchungsraumes war fast durchweg Wald mit einer in Abhängigkeit von Meereshöhe und Exposition variierenden Artenzusammensetzung. Er ist durch Rodung, jahrhundertelange Nutzung und Aufforstung reduziert und verändert worden, weist aber an vielen Stellen ein zumindest naturnahes Bild auf. Eschen-Erlen-Bestände säumen die Bachläufe. In tiefen Lagen bis 700 m, insbesondere auf südexponierten Hängen wie der Geschwender Halde oder dem Hoh oberhalb Todtnau, kommen Reste von Eichen-Birken-Wäldern vor, durchmischt von Kiefern und Berglinden, gesäumt von Hasel. Daneben und darüber stocken Buchenwälder, die wie die anderen Laubformationen zum Teil noch Spuren des ehemaligen Niederwaldbetriebes aufweisen. Mächtige Solitärbuchen in Mischwaldbeständen erinnern an die frühere Weidfeldnutzung. Ihre knorrigen, urtümlichen Gestalten, die auf Viehverbiß und Zusammenwachsen mehrerer Stämme zurückgehen, haben Anlaß gegeben, einige als *Naturdenkmale* unter Schutz zu stellen (so am Spazierweg vom Kiosk zum Todtnauer Wasserfall). Die Buche geht bis auf die höchsten Lagen hinauf, jedenfalls bis an die durch den Weidebetrieb künstlich herabgedrückte Waldgrenze. Mit der Höhe ändert sich naturgemäß der Waldcharakter: auf die Tieflagen-Buchenwälder folgen ab 600 m Buchen-Tannen-Wälder, ab 1000 m hochstaudenreiche subalpine Bergmischwälder mit dem Bergahorn als Charakterart. Stellenweise dominiert – oberhalb von 800 m – die Tanne. Die Fichte ist überall als künstlich eingebrachtes Nutzholz vorhanden. Die Kiefer bevorzugt als Lichtholzart die Waldränder der tiefergelegenen Sonnenseiten. Den weitaus größten Anteil am Todtnauer Stadtwald hat mit 58% die Fichte, gefolgt von der Buche mit 31%, sonstigen Laubbäumen (5%), Douglasie (3%) sowie Tanne (3%). Der Fichtenanteil soll langfristig zugunsten der Laubhölzer, der Tanne und der Douglasie auf 50% reduziert werden.

Quasinatürliche Pflanzengesellschaften sind durch die Weidenutzung entstanden. Ihr wichtigster Vertreter ist der Borstgrasrasen mit dem namengebenden Borstgras, mit

Schweizer Löwenzahn, Bärwurz, Bergwohlverleih, mit Heidekraut und Heidelbeere, dem Gelben Enzian und an überdüngten Stellen dem Alpenampfer. In mittleren Lagen hat sich die Flügelginsterweide mit dem Flügelginster und der Silberdistel als auffallendste Arten ausgebreitet. Stets sind die Weidfelder von Weidbuchen und Schachen durchsetzt, die den Tieren als Unterstände dienen, wie dem Wanderer auf dem Weidelehrpfad von Präg nach Herrenschwand hinauf vor Augen geführt wird. Wo der Weidebetrieb aufgegeben wurde, rückt der Baumwuchs mit Fichte und Buche als Pionieren ganz allmählich auf die offenen Flächen vor. Teilweise finden sich ausgedehnte Bestände des Adlerfarns (Großer Stutz westlich Geschwend). In der Mulde der aufgegebenen Hinterwaldweide am Fuß des Herzogenhorns wird man von Orchideenfeldern (Weißzüngel), in den Quellmooren von Wollgras und Sonnentau überrascht.

Diese natürliche Verhurstung sowie Aufforstungsmaßnahmen haben dazu geführt, daß ausgedehnte ehemalige Weidflächen heute wieder bewaldet sind, so daß sich das Landschaftsbild zwischen Brandenberg und Geschwend – weniger um Todtnauberg und Muggenbrunn – in den letzten 100 Jahren grundlegend gewandelt hat. Knapp drei Viertel des Todtnauer Gemeindegebietes sind heute mit Wald bestockt. Auf 524 ha der 4812 ha großen Bestände ist allerdings wegen des schwierigen Geländes keine regelmäßige Bewirtschaftung möglich. Fast die Hälfte der Waldfläche liegt über 1100 m, d. h. im hochmontanen Bereich, wo das Wachstum klimatisch bedingt beeinträchtigt ist. Hinzu kommen die *Schäden durch Walderkrankungen*, von denen fast alle älteren Bestände, am schwersten Fichte und Tanne, betroffen sind. Die Feldbergsüdflanke zählt zu den Hauptschadensgebieten des gesamten Schwarzwaldes.

Menschlicher Einfluß hat nicht nur dem Wald, sondern auch dem Gelände Schaden zugefügt. Übermäßige Begehung, mehr noch das forsche Ausholzen von Skipisten, die man durch Geländekorrekturen entschärfte, haben zu Rillenerosion, stellenweise zu kleinräumigem Flächenabtrag geführt. Eine zu frühe Freigabe der Pisten und eine zu lange Beanspruchung vernichten die schützende Grasnarbe. Meliorationsmaßnahmen mußten eingeleitet, Zäune und Verbotsschilder aufgestellt werden, um die Schäden auf der subalpinen Insel des Feldbergs und seiner Umgebung in Grenzen zu halten.

Siedlungsbild. – Am Zusammenfluß von Wiese und Schönenbach, deren Täler die Führung der Verkehrswege vorzeichnen, liegt Todtnau an dem von Natur aus begünstigten zentralen Punkt des obersten Wiesentales. Von hier aus führen Straßen über den Notschrei (seit 1848 bzw. 1854), über den Feldbergpaß (seit 1885), wiesentalabwärts nach Schopfheim sowie über Präg nach St. Blasien bzw. Todtmoos und über Wieden in das Münstertal. Zur regionalen Verkehrsbedeutung des Ortes treten zentralörtliche Funktionen der unteren Versorgungsstufe, und zwar nicht erst seit Bildung der Einheitsgemeinde. Todtnau hatte bereits als Zentrum des Silberbergbaus und als Sitz der sanktblasianischen Talvogtei, zu der außer Geschwend und Präg alle heute eingemeindeten Dörfer gehörten, überörtliche Aufgaben zu erfüllen: hier standen die Pfarrkirche und das Rathaus der Gesamtgemeinde. Die Kommunalreform Anfang der 1970er Jahre hat diese über ein halbes Jahrtausend bis 1809 währende Verwaltungseinheit wiederbelebt.

Um die Landstadt Todtnau scharen sich acht kleine bis mittelgroße, locker bebaute Dörfer. Als traditionelle Hausform trifft man das »Schauinslandhaus« (nach Schilli) an, ein Schwarzwaldhaus, welches von mehreren Familien bewohnt wird bzw. wurde. Solche Doppelhäuser – »Archen« genannt – sind faßbarer Ausdruck der Sozialstruktur früherer Jahrzehnte, der kümmerlichen landwirtschaftlichen Verhältnisse und des Zwanges zu heimgewerblichem Zuverdienst. Das Flurbild ist durch den Gegensatz von kleinstparzelliertem Individualbesitz (»zahmes Feld«) und Allmende (»wildes Feld« der

Weidflächen und Wälder) gekennzeichnet. Den talständigen Ortschaften Todtnau, Brandenberg mit Fahl, Aftersteg, Schlechtnau, Geschwend und Präg stehen die Höhensiedlungen Todtnauberg, Muggenbrunn und Herrenschwand sowie die Höhengasthäuser am Notschrei, Gisiboden, Hasenhorn, auf den Präger Böden und am Weißenbachsattel gegenüber. Auch hinsichtlich ihrer Funktionen weichen diese Siedlungen stark voneinander ab. Aufgrund von Bevölkerungsabwanderung einerseits und topographisch bedingten Problemen der Baulanderschließung andererseits sind die Ortschaften des Stadtgebiets von Todtnau im Vergleich zum südlichen Kreisgebiet nach dem 2. Weltkrieg nur wenig gewachsen.

Die Stellung der Stadt Todtnau als Unterzentrum, als Industrie- sowie Fremdenverkehrsort hat dessen bauliche Gestaltung, die Infrastruktur und die nutzungsräumliche Differenzierung maßgeblich beeinflußt. Nachhaltig wirkte sich der Großbrand von 1876 aus, dem 149 Gebäude einschließlich der Kirche zum Opfer fielen (vgl. Abb.). Beim Wiederaufbau erhielt der Stadtkern ein rechtschnittiges Grundrißnetz, dessen zentrale Achse die Friedrichstraße ist. Diese zieht von der mittleren Wiesebrücke nach N und erweitert sich zu einem rechteckigen Marktplatz, über dem die stattliche Kirche thront. Mehrere Parallelstraßen sowie drei Querspangen vervollständigen das schematische System. Sind Friedrichstraße und Marktplatz geschlossen bebaut, so herrscht ansonsten offene Bauweise vor; ursprünglich landwirtschaftlich oder handwerklich genutzte Ökonomiegebäude finden sich in den Blockinnenhöfen. Die zweistöckigen, traufständigen Steinhäuser, zumeist mit ausgebautem Mansardendach und Krüppelwalm, besitzen unaufdringliche Wandverzierungen am Dachansatz. Fenster und Türen sind mit Sandsteingewänden eingefaßt, die Hauskanten durch Farbgebung betont. Die Gebäudehöhen variieren leicht, in der Friedrichstraße sind sie gegen die Wiesebrücke hin sanft abgestuft. An die durch Stadtbrand und Wiederaufbau verursachte Zäsur erinnert eine Gedenktafel über dem Eingang des ehemaligen Rathauses (Meinrad-Thoma-Straße 5).

Die *Innenstadt* beherbergt fast alle Einzelhandelsgeschäfte sowie private und öffentliche Dienstleistungseinrichtungen, konzentriert auf die Hauptachse, die Meinrad-Thoma-Straße und die untere Freiburger Straße. Die für Klein- und Landstädte typische Funktionsteilung: Ladengeschäft im Erdgeschoß, Wohnnutzung im Obergeschoß, blieb erhalten, während das Warenangebot wegen der zusätzlichen Touristennachfrage überdurchschnittlich breit ist. Neben die Versorgungseinrichtungen des kurz- und mittelfristigen Bedarfs treten Andenkenläden, Kunsthandwerk- und Sportartikelgeschäfte. Die zahlreichen Gasthäuser und Cafés machen sich auffällig im Stadtbild bemerkbar. So markieren die »Sonne« und der »Bären« die Ecksituation an der Einmündung der Friedrichstraße in den Marktplatz. Von dort leitet die an die Silberausprägung erinnernde »Alte Münz« zur Freiburger Straße über. Auf der östlichen Marktplatzseite trat ein Sparkassenneubau an die Stelle des abgebrannten, einst renommierten Hotels »Ochsen«.

Der Platz selbst ist durch Baumreihen untergliedert und fußgängerfreundlich gestaltet. In seiner Südostecke errichtete man den Narrenbrunnen, der mit den Wappen Todtnaus und seiner Ortsteile (Bergbausymbole) geschmückt wurde. Vom Marktplatz führen Treppen und Rampen über eine Böschung zum Kirchenbezirk hinauf, der eine kleine, teilweise freigesprengte Terrasse im Anstieg zum »Hoh« einnimmt. Hier erbaute man 1879 bis 1884 die neue kath. Pfarrkirche St. Johann, 1882 das Pfarrhaus, nach dem 2. Weltkrieg den Kindergarten und das Schwesternhaus. Die Kirche wendet ihre Fassade so der Stadt zu, daß die Achse Friedrichstraße – Marktplatz ihre Fortsetzung im erhöhten Kirchenvorplatz, ihren Abschluß im Hauptportal findet. Neben der

Naturraum und Siedlung 667

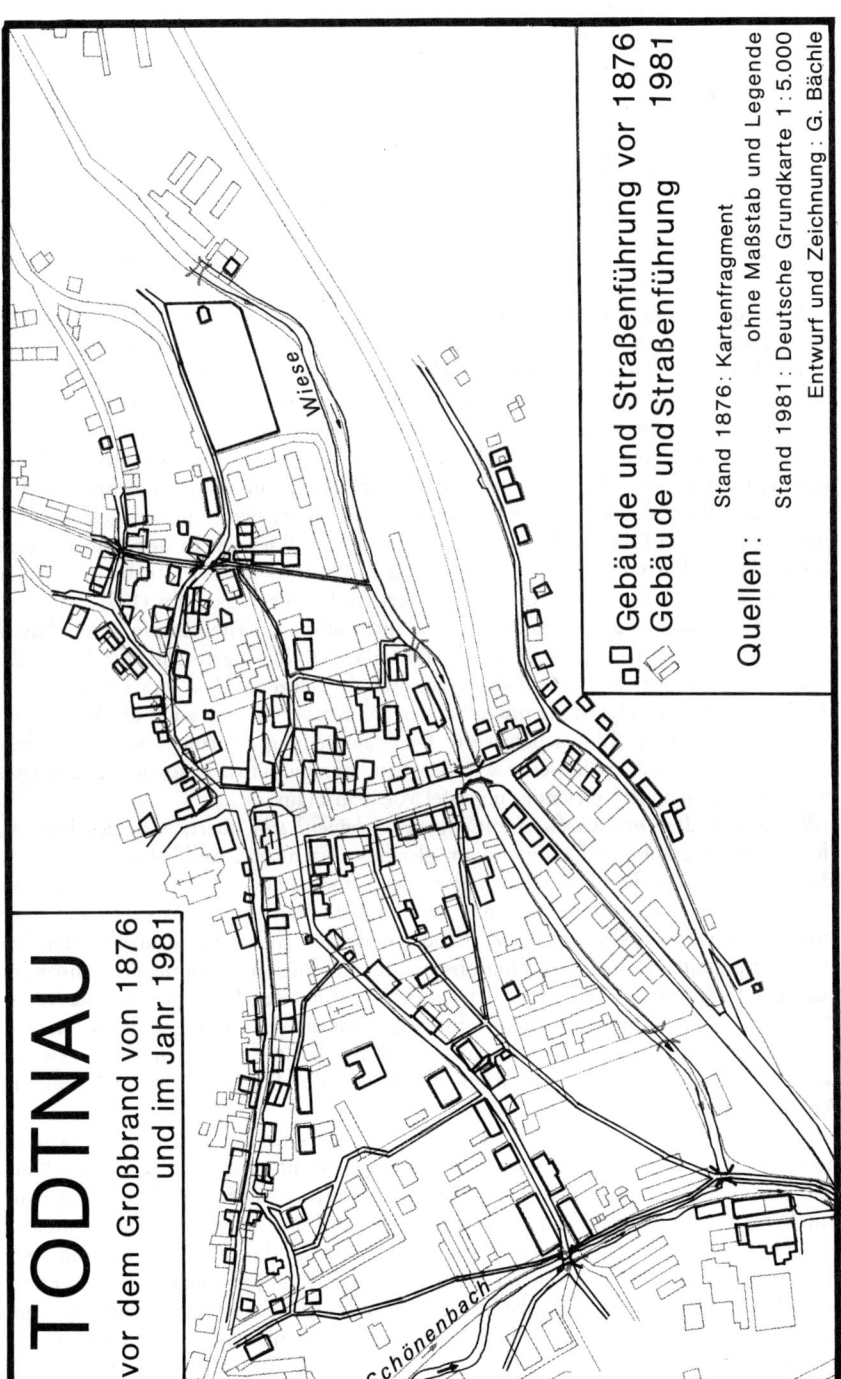

TK 4: Todtnau vor dem Großbrand von 1876 und im Jahr 1981

Kirche kann im Pfarrhaus die reich verzierte Wappentafel des Abtes Augustin Fink von St. Blasien bewundert werden. Ein weiterer Gedenkstein steht in der Böschung im Aufgang zur Kirche. Er erinnert an Pfarrer Julius Scherer, der sich um den Neubau und die Ausstattung der heutigen Pfarrkirche große Verdienste erworben hat.

Ab Mitte der 1980er Jahre wurde in Todtnau eine *Stadtsanierung* durchgeführt. Sie zielte im förmlich festgelegten Sanierungsgebiet der Innenstadt auf eine Attraktivitätssteigerung, auf Gebäudemodernisierung und Funktionsentflechtung, ohne gewachsene Strukturen zu zerstören. Ein Mittel hierzu ist die Verkehrsberuhigung durch Rückbau bzw. Ausbau von Straßen. So wurde beispielsweise die Hauptfußgängerachse vom Marktplatz durch die Meinrad-Thoma-Straße zum Busbahnhof vom Autoverkehr entlastet und dieser auf die Fridolin-Wißler-Straße verwiesen. Dadurch erfolgte auch eine *Beruhigung der westlichen Innenstadt*, in der mit ev. Kirche, Rathaus, Grundschule, Haus des Gastes und Postamt stark frequentierte Dienstleistungseinrichtungen stehen. Zum Teil sind diese von Grünanlagen umgeben, die als später erweiterter Grünzug den Geschäftskern vom Industriegebiet am Schönenbach trennen sollen.

Das *Rathaus* ist seit 1954 im »Schlößle« untergebracht, welches sich Johann Michael und Meinrad Thoma, die Pioniere der Todtnauer Textil- und Papierindustrie, 1859 im Stil eines Patrizierhauses hatten errichten lassen. In seinem Inneren geleiten zwei Holztreppen zum Obergeschoß mit dem geräumigen Ratssaal. In dem zur Meinrad-Thoma-Straße hin vorgelagerten Park wird auf die Aktivitäten Todtnaus im Skisport aufmerksam gemacht: auf die Gründer des ersten deutschen Skiclubs (1891) sowie auf die seit 1951 durchgeführten nationalen und internationalen Titelkämpfe. In die Nische zur ev. Kirche hin wurde ein Musikpavillon plaziert. Wichtigste Anlaufstelle für den Fremdenverkehr ist das südlich der Grundschule gelegene *Haus des Gastes*. Dieses ehemalige Berufsschulgebäude nutzen außer der Kurverwaltung auch die Musik- und die Volkshochschule. Eine sehenswerte Dauerausstellung informiert über erloschene und aktuelle Todtnauer Gewerbe wie Bergbau, Bürstenindustrie sowie Papierherstellung (Mühlstein an der Orientierungstafel vor dem Haus).

Wenn man das *Industrieband entlang des Schönenbachs* quert, wird deutlich, daß sich Fremdenverkehr und Industrie am gleichen Ort nicht ausschließen müssen. Die älteren Fabrikgebäude sehen nämlich hier – ebenso wie an der Wiese und am Brandbach im Oberdorf – großen Mehrfamilienhäusern ähnlich. Neuere Flachbauten wirken nicht störend. Emissionen sind gering. Zwischen modernen Anlagen und überalterter Bausubstanz gestalten sich die Produktionsabläufe allerdings nicht optimal, ebensowenig läuft der Lieferverkehr reibungslos. Dennoch wird bei den Unternehmen der Textil-, der Bürsten- und Bürstenmaschinenindustrie nicht an Verlagerung gedacht, vielmehr soll an den alten Standorten, die einst die Wasserkraft vorgegeben hatte, erweitert werden. Für die ca. 400 Beschäftigten bleiben dadurch kurze Distanzen zwischen Arbeitsplatz und Wohnung zumeist gewahrt.

Ein anschauliches Beispiel stufenweiser Betriebserweiterung liefert die Firma A. Zahoransky, die weltweit bedeutendste Bürstenmaschinenfabrik. An die winzige Werkstatt als Urzelle (1902) schließt sich entlang der Schwarzwaldstraße ein Fabrikgebäude mit Verwaltungsstockwerk im gründerzeitlichen Stil an. Neben der Fabrikantenvilla aus dem Jahre 1924 entstand 1967 eine zweigeschossige Produktionshalle und neben den Altgebäuden 1983 ein weiterer Neubau, der 1989 aufgestockt wurde. Als Expansionsfläche steht das sanierungsbedürftige Gelände der »Farb« zur Verfügung. Ähnliche Entwicklungen lassen sich für die Vereinigte Bürstenfabrik, im Zwickel zwischen Freiburger Straße und Schwarzwaldstraße gelegen, sowie für die Textilwerke Todtnau Bernauer, deren Produktionsstandorte von Spinnerei und Weberei räumlich getrennt liegen, aufzeigen. Daneben gibt es kleinere Industriebrachen und Umnutzungen von Fabrikgebäuden zu Wohnzwecken (nördliche Freiburger Straße).

Das Industrieband setzt sich unterhalb des Zusammenflusses von Schönenbach und Wiese bis südlich der Kandermatt fort, ist jedoch wegen der Talverengung im Mündungsbereich des Grundbaches nicht mehr geschlossen. Auf diesem kurzen Flußabschnitt kann man beispielhaft die intensive Nutzung des Wiesewassers zur Energiegewinnung beobachten, wie sie für alle größeren Bäche im Todtnauer Stadtgebiet mit seinen über 30 Kleinkraftwerken typisch ist. Stauwehre, Rechen, Ab- und Zuleitungen, überdeckte Hangkanäle sowie Kraftanlagen folgen dicht hintereinander gestaffelt.

Oberhalb der Straßengabelung L 126/B 317 ergaben sich nach Stillegung der Kleinbahn »Todtnauerli« (1967) Nutzungsänderungen. Die Bahntrasse dient nun als Wanderweg. Auf dem Gelände des Bahnhofs, an den das Gasthaus »Schwarzwald Bähnle« erinnert, erstellte man einen der regionalen Verkehrsbedeutung Todtnaus entsprechend großen, teilweise überdachten *Busbahnhof*. Den Platz des alten Lokschuppens nimmt die Silberberghalle im Verbund mit der Hauptschule ein. Ein Fernmeldegebäude sowie ein Einkaufsmarkt runden hier das Angebot zentralörtlicher Einrichtungen ab.

Ansonsten ist das *Stadtgebiet westlich des Schönenbachs* von der Wohnfunktion bestimmt. Dabei unterscheidet sich das Wohngebiet »Schöne« mit zum Teil älterer Bausubstanz, Laborantenhäusern und Wohnblocks deutlich von der der Eigenheimnutzung vorbehaltenen Hanglagen: »Im Grund«, wo die ältesten Häuser aus der Zwischenkriegszeit stammen, »Sonnhalde«, dem größten Todtnauer Neubaugebiet am Südwestabhang des Hoh, sowie »Lisbühl« oberhalb der Umgehungsstraße L 126. Die Hanna-Brauweiler-Straße führt in Serpentinen hinauf zum Europäischen Feriendorf »Knöpflesbrunnen« in 900 m Höhe. 32 Ferienhäuser des Deutschen Erholungswerkes Hamburg sind hier seit 1973 in moderner, unaufdringlich ins Gelände eingepaßter Bauweise entstanden.

Bis 1968 bzw. 1971 belastete der Durchgangsverkehr die Innenstadt. Aus Richtung Notschrei quälte sich dieser durch die enge Freiburger Straße und mündete am Marktplatz auf die B 317, deren noch höheres Verkehrsaufkommen die Anwohner von Friedrich- und Feldbergstraße belästigte. Abhilfe kam durch den Bau der Umgehung am Fuße des Lisbühls (L 126) sowie durch die Verlängerung der Schönauer Straße (B 317) talaufwärts, die als südliche Umgehung des Stadtkerns fungiert. An der Schönauer Straße finden sich verkehrsorientierte Einrichtungen wie Tankstellen, Autoreparaturwerkstätten, Parkplätze und Gasthäuser. Südlich davon schließt am Fuß des Hasenhorns ein vom Stadtbrand verschonter Ortsteil mit unterschiedlicher Nutzungs- und Gebäudestruktur an. Um den zentralen Lindenplatz sind die einzigen erhaltenen Schwarzwaldhäuser des Städtchens gruppiert. Nach wenigen Schritten erreicht man die Talstation der Sesselbahn zum Hasenhorn, die das Wander- und Skigebiet des Todtnauer Hausbergs erschließt.

Östlich des Stadtkerns lockert sich die Bebauung rasch auf. Als Leitlinien führen Feldberg- und Oberstraße durch Wohngebiete, in welche einzelne öffentliche Gebäude, wie das zum Alten- und -pflegeheim umgebaute ehemalige Krankenhaus und das Forstamt, außerdem Gewerbebetriebe im Oberdorf eingestreut sind. Der 1812 angelegte *Friedhof* mit Kapelle und neuer Einsegnungshalle leitet zum Wiesengelände im Gewann Hägmatt und zu der kleinen Gewerbefläche »Im Bifang« über. Daran schließt sich ein Erholungsgebiet beiderseits der Talverengung zwischen dem – überbauten – Stuhl sowie dem Brandfelsen mit seinem weithin sichtbaren Gefallenendenkmal an. Beginnend mit dem Stadtgarten und dem Feldbergpfad durch die Wolfsschlucht wird man über die Poche zum Freischwimmbad und zu den Tennisanlagen geleitet. Der Fußballplatz liegt nicht hier, sondern unterhalb der Stadt auf der Kandermatt.

Mit der *Poche* ist eines der zahlreichen Relikte des jahrhundertelang betriebenen Todtnauer Bergbaus angesprochen. Hier sollen im Spätmittelalter Hüttenanlagen gestanden haben. Im 18. Jh. sind ein Pochwerk, eine Erzwäsche und ein Schmelzwerk mit Treibeofen nachgewiesen. Aus dem zugehörigen Verwaltungsgebäude, in dem Wein an die Bergleute ausgeschenkt werden durfte, entwickelte sich das heutige Hotel Waldeck. Der zum Betrieb der Wasserräder aufgestaute Weiher war Vorläufer des Schwimmbades. Verarbeitet wurden die silberhaltigen Bleierze aus dem Erzgang im Mauswald, dessen Grubenfeld in jüngerer Zeit durch einen Bergbaulehrpfad zugänglich gemacht wurde. Bei der Wanderung stößt man dort auf Pingen, Abraumhalden und Stollenmundlöcher, darunter auf den als Brunnenstube genutzten St. Barbarastollen, aus dem Todtnau seit 1847 mit Trinkwasser versorgt wird.

Oberhalb der Poche öffnet sich der schmale Taltrog von Brandenberg, welcher jenseits der Felsschwelle am Wasserloch in der zungenbeckenartigen Weitung von *Fahl* seine Fortsetzung findet. Zwischen übersteilen Talhängen ziehen sich die Häuser dieser beiden Teilorte reihenförmig, jedoch mit großen Lücken an der Paßstraße entlang. Seit der Eingemeindung nach Todtnau (1939) kam es zu bescheidenen Siedlungsverdichtungen. Talauf stößt man zunächst auf das Gelände eines ehemaligen Großsägewerkes, auf dem sich mehrere aus Todtnau verlagerte Handwerksbetriebe niedergelassen haben. Auf der anderen Seite der B 317 erschließt die Stadt das Gewerbegebiet »Säge«; daran anschließend dehnt sich ein Neubaugebiet aus, dessen Kern, die Zweifamilienhausreihe in der oberen Waldstraße, auf die 1950er Jahre zurückgeht. Damals wurden Holzhauer angesiedelt, dazu gesellten sich Arbeiter aus dem Brandenberger Flußspatbergwerk, der »Gewerkschaft Finstergrund«. Die untere Wald- und die Silberbergstraße wurden nach und nach bis in die 1980er Jahre hinein bebaut, und zwar je jünger, desto stärker vom nüchternen Einheitsstil abweichend.

Auch die älteren Siedlungsansätze Brandenbergs im Bereich der 1867 erstellten, 1967 mit spitzem Glockenreiter überhöhten Kapelle haben sich verdichtet. Unübersehbar tritt – genauso wie talaufwärts in Fahl – die Fremdenverkehrsfunktion in den Vordergrund. Neben den alteingesessenen Gasthöfen entstanden neue Hotels und Restaurants. Viele Privathäuser – auch in der Waldstraßensiedlung – bieten Gästezimmer und Ferienwohnungen an. Fast verschwunden ist die Viehhaltung, so daß ungenutzte Parzellen im zahmen Feld in Lohnarbeit gemäht werden müssen bzw. über Wanderschafherden und Enthurstungsmaßnahmen offengehalten werden. Die alte Grenze zum wilden Feld aus Lesesteinmauern ist stellenweise von Gebüsch überwuchert. Zugewachsen sind im Laufe unseres Jahrhunderts die ehemaligen Weidfelder auf den Südhängen von Brände und Mühlhalden, größtenteils mit Wald oder Buschwerk überzogen haben sich die Höchst-Halden und Holzschlag sowie die auf dem Schattenhang gelegene Lichtung Waldschweine.

Den höchsten Siedlungspunkt im Talschluß nimmt auf 850 m NN eine *Bundeswehrkaserne* ein. Sie ist – in Verbindung mit der Todtnauer Hütte – zugleich Standort einer Sportfördergruppe für Skilanglauf. Die Kaserne war 1945 von den französischen Stationierungsstreitkräften errichtet worden. Ihr gegenüber liegen die Talstationen der Lifte zur Grafenmatt und zum Skistadion im Fahler Loch. Ausgedehnte Parkplätze säumen die Straße. Bereits 1938 war das Stadion mit zwei Sprungschanzen gebaut worden. Die Abfahrten legte man in Viehauftriebsgassen. In den 1970er Jahren wurden neue Liftanlagen eröffnet und zusätzliche Schneisen geschlagen, darunter die Weltcup-Strecke am Ahornbühl (340 m Höhenunterschied). Seit längerer Zeit nicht mehr

Naturraum und Siedlung 671

benutzt wird die Abfahrt mit der größten Höhendifferenz (540 m) auf dem Westhang des Silberbergs über die Waldschweine nach Brandenberg hinunter.

Im Einzugsgebiet des Schönenbachs/Langenbachs liegen die Todtnauer Teilorte Aftersteg, Muggenbrunn und Todtnauberg. Höhenmäßig nimmt A f t e r s t e g auf 780 m NN eine Übergangsstellung zwischen den Talsiedlungen an der Wiese und den Bergdörfern ein. Der Ort schmiegt sich in eine muldenartige Talverflachung, eingerahmt von den Steilhängen der Schindelhalde und des Rüttewaldes. Seine ruhige Abseitslage verdankt er der Straßenführung der L 126, welche den Verkehr Richtung Notschrei bzw. Todtnau in Serpentinen randlich vorbeileitet. Den Touristenstrom ziehen ein Glasbläserhof und eine Tankstelle in der unteren Spitzkehre sowie ein Kiosk an der oberen Spitzkehre als Ausgangspunkt des Wanderwegs zum Todtnauer Wasserfall auf sich.

Zwei Stichstraßen führen in den mäßig dicht verbauten *Ortskern* mit der St. Annakapelle (s. u., Bemerkenswerte Bauwerke). Wie beim Abstieg vom Weiler Hasbach gut zu erkennen, wird die Physiognomie des Dorfes oberhalb der Kirche von Schwarzwaldhäusern mit ihren mächtigen, silbergrauen Walmdächern bestimmt, unterhalb dagegen von den Produktionsstätten der Bürstenfabrik Dietsche, welche – als Folge des Zusammenschlusses mit der Firma Gutmann – auf zwei Standorte verteilt sind. In kleinerem Rahmen ebenfalls gewerblich geprägt ist bzw. war der nördliche Ortsausgang. Die Wasserkraft des Langenbachs bzw. Schönenbachs, deren 350 m großes Gefälle zwischen Muggenbrunn und Todtnau man durch eine Kette von Kleinkraftwerken nutzt, wird hier in konzentrierter Form zur Energiegewinnung herangezogen. Aufgegeben wurde hingegen eine Kleinsäge, und in das Gebäude einer ehemaligen Bürstenfabrik hat sich ein Pfälzer Skiklub einquartiert.

Die Schwarzwaldhäuser in der *Wiesen- und Talstraße* lassen sich dem Schauinslandtyp zurechnen, sie sind meist zweigeteilt (so Talstraße 9/11, 28/30, 32/34). In einigen wenigen wird noch Großvieh gehalten. Zumeist verpachtet man das Grünland an Auffangbetriebe. Ein (Nebenerwerbs-)Landwirt hat seine Viehstallungen sogar ausgesiedelt an das Schönenbachufer in den untersten Gemarkungsteil. Einer rationellen Bewirtschaftung steht die Kleinstparzellierung im zahmen Feld und der in den Hanglagen erschwerte Maschineneinsatz entgegen.

In bescheidenerem Maße als andere Teilorte profitiert Aftersteg vom Fremdenverkehr im Todtnauer Ferienland. Hierfür wurden Privatzimmer und Ferienwohnungen vor allem in den Neubauten an der Hasbachstraße eingerichtet. Einziges größeres Appartementhaus mit Ferienwohnungen ist das aus zwei Gebäuden bestehende »Haus Sonnenblick« (Talstraße 41 a/b), einziger Gasthof mit Hotelbetrieb die schindelgedeckte Aftersteger Mühle an der Langenbachbrücke. In den 1980er Jahren wurde das Regenmättle im Oberdorf in eine Erholungsanlage umgewandelt.

Bedeutend stärker als Aftersteg ist M u g g e n b r u n n vom Fremdenverkehr geprägt. Die topographische Lage des Ortes auf 970 m NN wird durch eine Verflachung des Langenbachtales begünstigt, mehr noch durch die Einmündung von Seitentälern, die die Hänge auseinandertreten lassen. Hotels, Pensionen und Privathäuser mit Ferienwohnungen einerseits, einige Geschäfte sowie das Haus des Gastes im ehemaligen Schulgebäude andererseits stellen die Grundausstattung der touristischen Infrastruktur. Hinzu kommt der Campingplatz unterhalb des Schneckenfelsens mit rund 100 Stellplätzen; Dauercamping von Gästen aus nahegelegenen Verdichtungsräumen überwiegt im Winter, Urlaubscamping von Ausländern tritt im Sommer hinzu. Eingebunden ist der Ort in ein *Netz von Wanderwegen bzw. Skipisten* (Liftverbund). Der Hauptlift führt vom Ortsparkplatz auf den Franzosenberg in die Nähe einer Erdschanze.

Letztere gehörte zu den rückwärtigen Verteidigungsanlagen des über das Wiedener Eck – wie über alle wichtigen Schwarzwaldpässe – ziehenden Befestigungssystems, welches unter dem Türkenlouis geschaffen worden war.

Das rund 250 Einwohner (1993) große Dorf hat einen *unregelmäßigen Grundriß*, ist locker überbaut und reichlich durchgrünt. Seine Hauptachse, die tagsüber stark belastete Schauinslandstraße (L 126), verläuft parallel zum Langenbach und besitzt älteren Baubestand: die Mühlenbäckerei im Talgrund, die großen, aus Bauernwirtschaften hervorgegangenen und unaufdringlich erweiterten Hotels »Grüner Baum« und »Adler« sowie eine aufgelassene Bürstenfabrik am oberen Ortsende. Auf der östlichen Straßenseite dient eine aus dem Jahre 1900 stammende Kapelle heute profanen Zwecken. Ihre Aufgabe übernahm die 1952 bis 1954 am Ortsrand errichtete Filialkirche (von Todtnau). Sie steht hangparallel und paßt sich in Größe und Form mit ihrem steilen Satteldach und dem spitzen Glockentürmchen harmonisch in die Landschaft ein.

Dörflicher Mittelpunkt ist das *Rathaus*, welches Ortsverwaltung, Post und Sparkasse unter einem Dach vereint. Von hier verläuft die Hohfelsstraße an den Salzhäusern vorbei zur Lehmgrube nach S, und zwar auf einer vom Langenbach randlich zerschnittenen Terrasse; diese bietet für Muggenbrunn die einzige Möglichkeit zur Siedlungserweiterung auf ebenem Baugrund. Nördlich vom Rathaus beschreibt die Maiergasse, gesäumt von Schwarzwaldhöfen, einen Halbkreis. Beispiele gut erhaltener Doppelhäuser des Schauinslandtyps finden sich im Ortsteil *Oberhäuser*, einem sehr lockeren Reihenweiler, welcher sich in fast 1100 m Höhe genau an der Grenze zwischen wildem und zahmem Feld hinstreckt.

Die Landesstraße 126 erreicht auf 1119 m NN den Paß am *Notschrei*. Ein Denkmal weist auf Namen und Geschichte der Verkehrsverbindung zwischen dem Wiesental und dem Zartener Becken hin: Nach dreißigjährigen Bittgesuchen an die badische Regierung und den Landtag in Karlsruhe wurde im Jahre 1848 die Straße zwischen Kirchzarten und dem Paß eröffnet, die Fortsetzung bis Todtnau 1855 fertiggestellt. Ihr vorausgegangen war ein »Steppweg« genannter Saumpfad, der nach dem Anstieg durch das Schönenbachtal auf der Paßhöhe zur Halde hin abbog und über den Gießhübel Horben und Freiburg erreichte. Es handelt sich dabei um die schon im Mittelalter genutzte Verbindung zwischen Freiburg und seinen Bergbaurevieren bei Todtnauberg und Todtnau. Sie läßt sich als Hohlweg im Wald parallel zur heutigen Kammstraße vom Notschrei zum Schauinsland noch ausmachen. Das Gebiet südlich des Passes war im übrigen bis zur Bildung der Einheitsgemeinde eine Todtnauer Exklave, die 1837 bei der Aufteilung der Waldungen unter die Gemeinden des Wiesentales der Stadt zugeschlagen wurde.

Um die Jahrhundertwende ließ der Todtnauer Gastwirt Asal das »Waldhotel am Notschrei« errichten. Das viergeschossige Haus ist den Ansprüchen seiner Gäste laufend angepaßt worden, zuletzt durch einen Hallenbadanbau. Größere Raumwirksamkeit als die Urlaubserholung entfaltete der stark angewachsene Naherholungsverkehr. Ideale Voraussetzungen zum Wandern (Dreiländerweg, Westweg des Schwarzwaldvereins) und besonders für den Skilanglauf machten den Notschrei zu einem der Brennpunkte der Naherholung im Hochschwarzwald, einschließlich der wohl unvermeidlichen Überlastungserscheinungen. Am Ausgangspunkt der Schauinslandspur (Richtung Belchen) sowie der Stübenwasenspur (Richtung Feldberg) und der beleuchteten Haldenloipe entstand als Stützpunkt das Loipenhaus. An seiner Außenwand belehren Schautafeln über das bedrohliche Waldsterben im Schauinslandgebiet. Ausgedehnte Parkplätze – auch für die Benutzer des Notschreilifts – mußten angelegt werden, um dem Besucherstrom aus den Großräumen Freiburg, Basel-Lörrach sowie aus dem

Elsaß gerecht zu werden. Für die Unterhaltung und Räumung der Zufahrtsstraßen sorgt das dem Hotel benachbarte Winterdienstgehöft (auf Gemarkung Hofsgrund). Bevölkern den Notschrei fast ausschließlich Naherholungssuchende, so dominieren in T o d t n a u b e r g die Urlaubsgäste. Doch auch hier ist der Naherholungsverkehr beträchtlich. Autofahrer können die innerörtlichen Parkplätze (rund 500) aufsuchen, ansonsten werden sie bereits vor dem Ort auf die Randstreifen entlang der Stichstraße zur L 126 verwiesen; notfalls kann diese Zufahrt gesperrt werden. Ein unschätzbarer Vorteil gegenüber anderen Todtnauer Teilorten ist das Fehlen jeglichen Durchgangsverkehrs.

Das in der weiten Hochtalmulde des Stübenbaches in über 1000 m NN gelegene Todtnauberg bestand ursprünglich aus sechs Weilern: Rütte, Löffelhäuser und Hangloch am Bach, Dorf und Büreten am rechten, Ennerbach am linken Talhang. Von ihnen hat lediglich *Büreten* seine traditionelle Physiognomie vergleichsweise reinerhalten. Die kleine Gruppe von fünf Schwarzwaldhöfen schmiegt sich in eine gegen die Wetterseite geschützte Quellnische. Geringe Veränderungen gab es im Hangloch. Dieser unterste Ortsteil lehnt sich an den Hang des Kerbtals, welches das Stübenbächle in rückschreitender Erosion vom Wasserfall her geschaffen hat. Die Mühle am Bach existiert seit 1723, war jahrzehntelang bis 1963 Bürstenholzfabrik und ist heute Pension. In gebührendem Abstand wurde gegenüber die Kläranlage plaziert. Stark ausgeweitet haben sich Todtnauberg-Dorf, Ennerbach und Rütte. Die beiden ersteren sind über den Talgrund hinweg zusammengewachsen, zwischen Rütte und den Löffelhäusern schloß sich die Siedlungslücke ebenfalls. Relativ jung ist die Bebauung am Radschert, wo neben der stets gut frequentierten Jugendherberge 1934 der »Tannenhof« als Kindererholungsheim gegründet wurde, in jüngerer Zeit Tennisanlagen und ein Wanderparkplatz dazugekommen sind. Einem Brand in den 1960er Jahren zum Opfer gefallen ist der Ebenehof im westlichen Gemarkungsteil. Insgesamt bleibt trotz Verdichtung und ersten Zersiedelungserscheinungen der Eindruck einer sehr lockeren, in Weidfelder und Wald eingebetteten, von Wiesen durchsetzten Schwarmsiedlung.

Einige der Ortsbezeichnungen und Flurnamen spiegeln Funktionen wider, welche Todtnauberg oder einzelne seiner Weiler einst innehatten. Auf den Ursprung der Siedlung als Bergbauort weist beispielsweise der Name *Radschert* hin. Er bezieht sich auf einen Radschacht, durch den die Bergleute bis auf das Stollenniveau hinabgelassen wurden. Zum Betrieb seiner Förderanlagen wurde Wasser über die Radwuhr herangeleitet. In diesen heute zugeschütteten Kanal aus dem hinteren Schweinebachtal hat man Rohre für die Wasserversorgung Todtnaubergs verlegt. Ein weiterer Hangkanal, abgeleitet aus dem oberen Stübenbächle, bediente den Schacht südöstlich der Jugendherberge, wo Abraumhalden ein Seitentälchen füllen. Die größte Halde aus Abraumschutt läßt sich in Todtnauberg-Dorf im Bereich des Rathauses verfolgen. Dort hat man den Bergknappen in einer hölzernen Brunnenfigur ein Denkmal gesetzt. Im rückwärtigen Park des Herrihofs lag der Zugang zum Hauptförderstollen der Grube »Zum Gauch«, deren Erzgang vom Radschert bis zum Hangloch zieht und dann leicht versetzt die Schindelhalde quert. In deren Steilhang sind noch Stollenmundlöcher nahe der Lourdesgrotte zugänglich. Am Fuße der Schindelhalde endete der für die Wasserhaltung eines derart bedeutenden Grubensystems unentbehrliche Erbstollen. Sein Mundloch entspricht heute der zur Wasseraufbereitungsanlage »Knappenquelle« ausgebauten Brunnenstube im Aftersteger Gewann Gauch unmittelbar unterhalb der Trasse der Landesstraße.

Während der Name Rütte auf die bäuerliche Rodungstätigkeit hinweist, erinnern die Löffelhäuser an die in Heimarbeit betriebene Holzschneflerei, der im 19. Jh. im ganzen

Ort die Bürstenmacherei und der Hausierhandel folgten; auf dem Brunnen vor dem »Sternen« steht darum die Holzfigur eines Bürstenhändlers. Die ehemaligen sehr kleinen Bürstenholzfabriken, wie Rüttestraße 13 oder Schwimmbadweg 11, fallen nicht mehr ins Auge. Die Werkstatt des letzten Bürstenmachers, der bis 1985 in der Kurhausstraße 12 arbeitete, könnte Ausgangspunkt eines Heimatmuseums werden.

Trotz Persistenz von ehemaligen Wirtschafts- und Sozialstrukturen sind der Fremdenverkehr und seine Folgenutzungen übermächtig geworden, zumal sich ihm auch die nebenerwerblich betriebene Landwirtschaft als Landschaftspfleger unterordnet. Der Fremdenverkehr bildet für ca. sechs Zehntel der Todtnauberger Bevölkerung die Existenzgrundlage, auf ihn ist die infrastrukturelle Ausstattung zugeschnitten, er prägt das Siedlungsbild. Fast jedes Haus bietet Gästeunterkünfte, sei es in Hotels, Gasthöfen, Pensionen oder Gästehäusern, sei es in Privatzimmern, Ferienwohnungen, Sanatorien oder in der Jugendherberge. Todtnauberg verbucht regelmäßig etwa die Hälfte aller Fremdenübernachtungen der Gesamtstadt. Dort wird auch die höchste Fremdenverkehrsintensität im Wiesental erreicht. Ein engmaschiges Wanderwege- und Loipennetz überzieht das Hochtal, in dem außerdem fünf Liftanlagen verteilt stehen.

Gehäuft finden sich die *kurörtlichen Einrichtungen* in Todtnauberg-Dorf, wo zudem die öffentlichen und privaten Dienstleistungen sowie der Einzelhandel konzentriert sind. Mittlere Kurhaus- und obere Kreuzmattstraße stellen in dem haufendorfartigen Kern die bevorzugten Standorte von Geschäften des täglichen und des touristischen Bedarfs. Wo die beiden Hauptstraßen am Dorfausgang zusammenlaufen, steht der »Sternen«, der älteste Gasthof Todtnaubergs (1769). Unmittelbar benachbart liegt der »Engel« (1861). Diese beiden größten Hotels am Ort bieten – auch in ihren Restaurants – gediegenen, jedoch nicht exklusiven Komfort, was allenthalben für Todtnauberg gilt. Nach dem Dorfbrand von 1886 war der »Sternen« neu gebaut worden, der »Engel« wurde vergrößert. Von beiden gingen die maßgeblichen Impulse für die Entwicklung des Todtnauberger Fremdenverkehrs aus.

Die Kurhausstraße erweitert sich am *Rathaus* (1897) zu einem Platz, der mit Ortsverwaltung, Post, Sparkasse und alter Schule sowie mit der Omnibushaltestelle das *dörfliche Zentrum* bildet. Wie oben erwähnt, steht dieser Ortsteil auf einer Abraumhalde, deren Konturen beim »Försterhaus« und beim benachbarten ehemaligen Schuppen für Bergbaugeräte (Am Schlipf 8) unübersehbar hervortreten. Im Ortskern hat man der Entwicklung der Gebäudehöhe Grenzen gesetzt, die Gebäudesubstanz ist durch Aus-, Um- und Neubauten in Maßen verändert worden. Einen Eindruck von der traditionellen Bauweise vermittelt das schindelgedeckte Schwarzwaldhaus in der Kurhausstraße 17, ebenso der Weberhof in der gleichnamigen Gasse.

Abgesehen von der um die Jahrhundertwende erfolgten Bebauung des Rosenwegs blieben Siedlungserweiterungen bis nach dem 2. Weltkrieg bescheiden. Erst die 1960er und 1970er Jahre leiteten eine expansive Phase ein. Vor allem beiderseits der steil ansteigenden Radschertstraße entstanden neue Einzelhäuser. Östlich des Rathauses und südlich der 1963 erweiterten Schule bekam der Hang durch die Errichtung von Kirche, Pfarrhaus und Kurhaus ein neues Aussehen.

Die 1970 eingeweihte *kath. Kirche* ist ein sechseckiger Hallenbau (s. u., Bemerkenswerte Bauwerke). Das oberhalb der Kirche liegende *Kurhaus* wurde 1974 fertiggestellt. Es beherbergt neben der Kurverwaltung verschiedene Gruppenräume, einen Festsaal und ein Restaurant. Der Flachbau öffnet sich gegen Süden und gestattet einen Rundblick über das Hochtal. Für die angestrebte Prädikatisierung als heilklimatischer Kurort könnte man hier einen Standort für das dann notwendige Kurmittelhaus präsentieren.

Durch die Bebauung der unteren Kreuzmattstraße ist Todtnauberg-Dorf über den Stübenbach hinweg mit *Ennerbach* zusammengewachsen. Am tiefsten Punkt dieses Ortsteils arbeitete einst eine Säge. Jetzt stehen dort Pensionen, und die Talstation des Scheuermattkopfliftes sowie das auf halbem Weg zum Hangloch gelegene Schwimmbad laden zu sportlichen Aktivitäten ein. In Serpentinen windet sich die Ennerbachstraße den Hang hinauf bis zu einer der wohl eindrucksvollsten Archen (Nr. 52–58) des hinteren Wiesentales. Im Nutzungsgefüge Ennerbachs dominieren jüngere Hotels und Gästehäuser. Steigt man bis zur Bergerhöhe und zum Waldrand empor, so genießt man vom Aussichtspunkt an der Muttergotteskapelle (1949) einen umfassenden Blick über Todtnauberg.

Stübenbachaufwärts führt die Rüttestraße an der Talstation des Kapellenlifts und am Bergwachthaus vorbei zu den *Löffelhäusern*. Hierbei handelt es sich ursprünglich um ein Doppelhaus, dem ein weiterer Schwarzwaldhof so angefügt wurde, daß die Wirtschaftsteile aneinanderstießen und die Grenze durch den Futtergang verlief. Am Stübenbachweg folgen mehrere neue Appartementhäuser, bei denen die aus der traditionellen Bauweise übernommenen Elemente wenig überzeugen (Zweitwohnsitze). Am Ende des sanft ansteigenden Hochtales liegen die alten behäbigen Höfe der Rütte am Martin-Heidegger-Weg. Rüttehof, Klosterhof, Bühlhof, Glöcklehof und Schneiderhof haben ihr traditionelles Aussehen, teilweise ihre Doppelhausfunktion sowie die landwirtschaftliche Ausrichtung bewahrt.

Unterhalb von Todtnau weitet sich das Tal der Wiese im anstehenden »Randgranit« und gibt Raum für den Stadtteil Schlechtnau. Dieser besteht aus wenigen Straßenzügen, welche die unteren Talhänge, zum Teil auf Terrassenleisten (Kies- und Sandgruben), einnehmen. Dazwischen verläuft parallel zum Fluß die verkehrsreiche B 317, die das Dorf in zwei Hälften zerlegt. Die älteren Siedlungsstandorte mit den landwirtschaftlichen Anwesen finden sich weitabständig auf dem Westhang, an der Hauptstraße und an der in Serpentinen ansteigenden Bergstraße. Seit 1959 vom Durchgangsverkehr entlastet, ist die Hauptstraße recht ruhig geworden. An ihr stehen zwei Gaststätten sowie das ehemalige Rat- und Schulhaus (Nr. 18) gegenüber der um 1750 erstellten alten Kapelle mit malerischem Zwiebelturm. 1972/73 kam eine neue *Filialkirche* hinzu, bei deren Bau versucht wurde, das Hanggefälle und die ausladenden Dachformen sowie die Holzbauweise der umliegenden Schwarzwaldhöfe in die äußere Gestaltung einfließen zu lassen (s. u., Bemerkenswerte Bauwerke).

Auf die westliche Talseite führt die Kresselstraße hinüber. Fahrzeuge müssen dabei die B 317 ebenerdig queren. Im Bereich der aufgelassenen Haltestelle des »Todtnauerli« stehen wenige ältere Gebäude, so eine Arche in der überschwemmungsgefährdeten Aue und das landwirtschaftlich genutzte Doppelhaus 3a/b. Oberhalb entstand ein kleines Neubaugebiet. Das ehemalige Schulhaus beherbergt nunmehr die Ortsverwaltung und einen Gemeindesaal; daran anschließend das Domizil der Feuerwehr. Eine Freizeitanlage an der alten Bahntrasse ergänzt die infrastrukturelle Ausstattung. Schlechtnau besitzt fast ausschließlich Wohnfunktion.

Am Zusammenfluß von Prägbach und Wiese liegt Geschwend in topographisch günstiger Situation auf dem flachen Schwemmkegel, den der Prägbach gegen das Wiesental vorgeschüttet hat. Außerdem nutzt die Siedlung die sonnige Lage am Fuße der südexponierten Geschwender Halde. Leitlinie des langgestreckten Ortes ist der Straßenzug der Elsberg-/Gisibodenstraße, dessen Mitte Kirche und Rathaus einnehmen.

Im *Unterdorf* scharen sich um einen Brunnen mehrere locker gestellte Schwarzwaldhöfe. Sie stammen überwiegend aus dem 18. Jh. und sind in ihrem äußeren Erscheinungsbild nahezu original erhalten. Die landwirtschaftliche Funktion haben sie eingebüßt, geblieben ist die überkommene besitzmäßige Untergliederung. So sind die beiden Häuser westlich des Brunnens (Nr. 4/35 und 5/6) längsgeteilt; die Hocheinfahrt erfolgt über eine gemeinsame Rampe. Haus Nr. 2/3 ist quergeteilt; die Auffahrt gewährt nur Einlaß in den vorderen Dachraum. Beim Haus Nr. 1 am Ende der kurzen Stichstraße – längsgeteilt, aber von einer Familie bewohnt – hat man die Hocheinfahrt als Zugang in eine Einliegerwohnung umgestaltet. Der noch weiter zurückliegende Schwarzwaldhof zählt zu den ältesten am Ort. Zusammen mit den Gärten und dem Blumenschmuck sowie den Holzstapeln unter den Fenstern bietet das denkmalgeschützte Ensemble einen malerischen Anblick.

Der mittlere Teil des Dorfes bis zur Kirche ist im Jahre 1895 fast vollständig niedergebrannt. Beim Wiederaufbau bevorzugte man die Steinbauweise, so daß die Physiognomie der Häuser an diejenige in der Todtnauer Innenstadt erinnert. Die 1908 eingeweihte *Kirche* ist mit ihrem schlanken Turm und der hohen Turmspitze weithin zu sehen (s. u., Bemerkenswerte Bauwerke). Ein Pfarrhaus fehlt; die Filialkirche wird von Schönau aus pastorisiert. Ihr gegenüber steht das 1847 errichtete *Rathaus* mit Ortsverwaltung und Sparkassenzweigstelle, etwas zurückversetzt wurde das moderne *Schulgebäude*. Von der Kirche zieht die Gisibodenstraße nach Osten durch die Furche eines beispielhaft ausgebildeten glazialen Flankengerinnes. Älterem Baubestand schließt sich nach oben eine Zeile neuer Wohnhäuser am Fuße der schuttüberströmten Geschwender Halde an.

Mit dem Ortszentrum durch die Prägbachbrücke verbunden ist eine Schwarzwaldhausgruppe am Rande des Dürrenackers. Sie wird vom lebhaften Touristenstrom auf der L 149 über Präg nach Bernau und Todtmoos berührt. Ansonsten ist Geschwend frei von Durchgangsverkehr, seit die B 317, die früher das Unterdorf durchschnitt, auf hohem Damm im W vorbeizieht. Wie in Schlechtnau hat auch in Geschwend die Wohnfunktion an Bedeutung gewonnen. Die Wiesenflächen werden noch intensiv genutzt. Als Weidfläche erhalten blieb der Gisiboden, wo in 1150 m Höhe eine Jungviehweide unterhalten wird. Aus dem einstigen Herdenhaus hat sich nach Aus- und Umbauten das Berggasthaus »Gisiboden« entwickelt, dem 1953 eine neue Viehhütte angegliedert wurde.

Zum Zentralort Todtnau nehmen Präg und besonders Herrenschwand eine relative Abseitslage ein. Dies drückt sich nicht nur in der Distanz von bis zu 15 km aus, sondern auch in schwierigen winterlichen Straßenverhältnissen und mangelhafter Anbindung durch den öffentlichen Verkehr. Präg liegt innerhalb eines glazial überformten Talkessels auf einem Deltaschwemmkegel, der von Prägbach und Eulenbächle unterschnitten wird. Die lineare Erstreckung des Ortes entlang der Hochkopfstraße setzt mit weitständiger Bebauung im unteren Teil ein, verdichtet sich am Straßenknick im Bereich des ehemaligen Rathauses sowie der 1952 erbauten *Kapelle* und geht gegen O in die lockere Häuserreihe des Hinterdorfes über. Die baulich wenig veränderten Schwarzwaldhöfe mit unterschiedlichen Grundrissen bieten äußerlich ein einheitliches Bild, vor allem aufgrund ihrer weit ausladenden, silbergrauen Dächer. Viele sind recht alt; so lassen sich nach Schilli beispielsweise die Anwesen Nr. 10 auf 1667, Nr. 11 auf 1743, Nr. 30 auf 1654 zurückdatieren. Viele sind Doppelhäuser, wie die verschachtelt gebaute, in Teilen noch schindelgedeckte Arche am östlichen Ortsrand.

In Präg hat der Fremdenverkehr stärker als in Geschwend Fuß gefaßt. Der ältere »Hirschen« und der jüngere »Sonnenhof« – dieser am Standort einer aufgelassenen Bürstenholzfabrik – sowie Privatvermieter bieten Zimmer an. Übernachtungsmöglichkeiten gibt es darüber hinaus im Berggasthaus »Präger Böden« und im Wanderheim »Hochkopfhaus«. Neuer Ortsmittelpunkt ist das umgebaute ehemalige Schulgebäude, das Orts- und Kurverwaltung, Sparkasse, Kindergarten sowie Veranstaltungs- und Vereinsräume beherbergt. Überraschenderweise hat sich die Landwirtschaft trotz ungünstiger Voraussetzungen besser gehalten als anderswo auf Todtnauer Stadtgebiet, auch wenn das traditionelle Landnutzungsmuster der Feld-Gras-Wirtschaft längst verschwunden und durch reine Grünlandwirtschaft ersetzt ist. Über die verschiedenen Formen der Viehhaltung und die räumlichen Auswirkungen der Weidewirtschaft kann man sich auf dem Weidelehrpfad orientieren, der sich vom Parkplatz in Ortsmitte über die intakten Weidflächen rund 300 m hoch nach Herrenschwand hinaufwindet.

Die in 1000 m NN zwar sehr hoch, aber sonnig gelegene Quellmulde des Künabachs begünstigte die Entstehung der Rodesiedlung Herrenschwand. Von den heutigen drei Ortsteilen ist das Vorderdorf am ältesten. Nach Größe und Grundriß stellt es einen Haufenweiler mit bescheidener Infrastruktur dar (Kapelle, ehemaliges Schulgebäude). Das *Hinterdorf* mit seiner regelhaften Reihung der Anwesen vom Typ der Schauinslandhäuser wurde erst in der 2. Hälfte des 18. Jh. als sanktblasianische Holzhauerkolonie angelegt. Nach 1960 folgte die Ferienhaussiedlung an der Straße zum Weißenbachsattel. Die Höhe ihrer Gebäude und die aufgelockerte, durchgrünte Anlage kann man als angemessen akzeptieren, weniger das mangelhafte Gefühl für landschaftstypisches Bauen. Herrenschwands ruhige Abseitslage mit vorzüglichen Wander- und Skilaufmöglichkeiten (Lifte am Hochgescheid und von Präg herauf) begünstigte zwar die Entwicklung zum Fremdenverkehrsort mit dem bekannten »Waldfrieden« und zahlreichen Privatquartieren, sie erschwert aber die Versorgungsbeziehungen zu Todtnau, auf das man nur verwaltungs- und schulmäßig orientiert ist. Private Dienstleistungen werden vornehmlich in Schönau in Anspruch genommen, kirchliche Zugehörigkeit besteht zu Todtmoos.

Bemerkenswerte Bauwerke. – Nach dem Stadtbrand von 1876 bekam die *kath. Stadtkirche* von Todtnau den repräsentativen Platz über dem Markt in der Achse der Hauptstraße. Sie wurde 1888 nach neunjähriger Bautätigkeit geweiht. Weithin sichtbar ist ihre Doppelturmfassade, die die verschiedensten Stilelemente aufweist: Unter dem Dreiecksgiebel, der sich über dem Hauptportal wiederholt, öffnet sich ein Halbkreisfenster; die flankierenden schlanken, 42 m hohen Türme, Wahrzeichen der Stadt, sind in der oberen Zone achteckig und tragen Zwiebelhauben. Hinter der Fassade liegt der von Georg Schäfer geschaffene Zentralbau. Der Grundriß ist ein griechisches Kreuz, dessen Arme nur um ein Joch über das Zentrum hinausgreifen. Dieses bestimmt den Raumeindruck des an den Ecken abgeschrägten Quadrats. Bis zur Decke reichen die Bögen in den Hauptachsen. An den schmaleren Schrägwänden laufen sie nur bis unter die Fensterzone und öffnen sich in Arkaden, so daß man das Zentrum umschreiten kann. Dieses wird überhöht durch eine kegelförmig ansteigende Holzdecke. Dennoch hat der Raum eine eindeutige Ausrichtung, da dem Chor im östlichen Joch eine Apsis vorgelagert ist, während ihr gegenüber im Westen die Orgelempore den Raum über die Eingangshalle verlängert. Die Renovierung 1930 ersetzte die ornamentale Ausmalung durch einen neutralen Anstrich, 1960 erhielt der Raum eine neue liturgische Ausstattung, Harry MacLean schuf die Kupferportaltüren, Kommunionbank und Amboverkleidung, Edzard Seeger die Fenster. Auf ihnen sind alttestamentliche und neutestamentliche Szenen, hauptsächlich der Paradiesbaum und das Passahmahl, dem Kreuz und Abendmahl gegenübergestellt. Das Apsismosaik von Hans Baumhauer zeigt den thronenden Christus, von Maria und Johannes umgeben, zu seinen Füßen die apokalyptischen Wesen.

Die ev. Gemeinde Todtnau besitzt seit 1892 ein *Betsaalgebäude*, die *König-Christus-Kirche* längs der Straße und nur seitlich zugänglich. Im unteren Stockwerk sind

Gemeinde- und Wohnräume untergebracht, im oberen der Kirchensaal. 1958 hat Traugott Bierl eine sehr gründliche Modernisierung vorgenommen, indem er der Fassade statt der neugotischen Elemente eine neutrale, einheitliche Gestalt verlieh. Die Längswände haben eine sachliche Geschoßgliederung, über den Rechteckfenstern im Erdgeschoß drei übergroße quadratische Saalfenster, im Osten springt die im Obergeschoß fensterlose Wand in der Mitte ein wenig hervor. Über dem Treppenhaus erhebt sich der schmale Glockenturm. Der Saal ist von einer Holzdecke leicht überwölbt. In der östlichen Fensterachse befindet sich zwischen Ambo und Taufbecken auf einem Podest der Altar, hinter ihm in der Nische der Stirnwand als Wandbild die Jünger beim Fischfang. An der Nordwand steht eine Orgel.

In Aftersteg wurde 1910 die *St. Anna-Kapelle* in aufwendig neuromanischem Stil mit einem schlanken Chorseitenturm und Satteldach erbaut. Eigenwillig mutet die Verwendung unterschiedlicher Baumaterialien an, soweit dies der Verputz erkennen läßt: Gneis für den Sockel, Granit für die Stufen, Sandstein für die Fenstergewände usw. Alle Kanten werden durch roh behauene Quader betont. Als Ausstattung erhielt sie einen Rokokoaltar und Statuen der Anna Selbdritt und des hl. Josef.

Die neugotische *St. Wendelin-Kapelle* von 1867 in Brandenberg ist mehrmals restauriert, zuletzt wurde im Jahre 1967 im Süden eine Sakristei angebaut und der Glockenreiter ersetzt. Nach dem Brand der alten *St. Wendelin- und Galluskirche* wurde 1896 in Geschwend eine neuromanische Kirche mit Frontturm und gotischen Strebepfeilern errichtet. Der Bau ist weiß verputzt. Die Ecken sind mit Sandstein ausgequadert. Den flachgedeckten Saal zu fünf Fensterachsen schließt ein querrechteckiger Chor mit runder Apsis. Er erhielt einen modernen Altar und weitere Ausstattungsstücke aus dunklem Marmor sowie einen vergoldeten Tabernakel in Schreinform.

Muggenbrunn erhielt 1952 die moderne *St. Corneliuskirche*. Die Langhauswände des Saales werden durch hohe Rechteckfenster und Lisenen gegliedert. Die Holzdecke wölbt sich im Mitteltrakt zu einer flachen Tonne, die zugleich den abgesetzten Altarraum überspannt. Dieser wird von Süden durch ein großes Rechteckfenster erhellt. Über dem linken Seitenaltar hängt ein Wandteppich mit dem Bildnis des hl. Cornelius, über dem rechten eine Skulptur der thronenden Muttergottes.

In Präg wurde anstelle des älteren Vorgängerbaus 1841/49 eine Filialkirche *St. Gallus* erbaut.

Die Marienkapelle in Schlechtnau wurde um 1750 mit Rundbogenfenstern und zwiebelbekröntem Dachreiter erbaut und 1972 durch einen Neubau an anderer Stelle ersetzt, blieb jedoch dem Ortsbild erhalten. Die neue *Marienkapelle* von Richard Thoma ist ein Einraum mit Empore unter einem Pultdach im Hanggefälle. Der seitlich angebaute Glockenturm hat ein entgegengeneigtes Pultdach. Das Kircheninnere wird vom Altarbereich her erhellt. Fenster, u. a. der brennende Dornbusch, und ein Mosaikkreuz von Benedikt Schaufelberger, Altar von Leonhard Eder, Tabernakel von Klaus Walz. Aus der alten Kirche stammt die sehr volkstümlich gehaltene Rokokomadonna.

Die neue *St. Jakobskirche* in Todtnauberg wurde 1970 anstelle des Vorgängerbaus durch den Architekten J. Birkner errichtet. Der Glockenturm steht frei über dreieckigem Grundriß. An den Dreieckseiten hochgezogene Betonpfeiler geben ihm Halt und tragen das Geläute. Der Grundriß der Kirche ist ein Sechseck mit verlängerten Längsseiten, beleuchtet durch ein umlaufendes Glasband und im Altarbereich große Glasfenster von G. Meistermann. Darüber spannt sich ein asymmetrisches Dach, das in eine versteilte, durch ein dreieckiges Oberlichtfenster dem Altarbereich weiteres Licht zuführende Spitze ansteigt. – Eine *Muttergotteskapelle* liegt seit 1949 über dem Ort.

B. Die Stadt im 19. Jahrhundert und in der Gegenwart

Bevölkerung

Bevölkerungsentwicklung. – Seit Beginn des 19. Jh. hat sich die Bevölkerung in Todtnau, innerhalb der heutigen Gemarkungsgrenzen, um 68% vergrößert. 3102 Einwohner zählte man 1804 in den Gemeinden Aftersteg, Brandenberg, Geschwend, Muggenbrunn, Präg, Schlechtnau, Todtnau und Todtnauberg, 1987 waren es im neuen Stadtgebiet 4856 Einwohner, 1993 bereits 5207.

In der *Gesamtentwicklung* der Bevölkerung kann man eine Aufwärtsbewegung im 1. Drittel des 19. Jh. beobachten, die in eine Stagnationsphase übergeht. Gegen Ende des Jahrhunderts stieg die Einwohnerzahl wieder an, sank zwischen dem 1. und 2. Weltkrieg, um sich nach Kriegsende bis 1970 noch einmal kräftig zu erhöhen. Danach fiel sie kontinuierlich bis Mitte der 1980er Jahre und ist seitdem wieder leicht im Steigen begriffen. Allerdings sind dabei unterschiedliche Tendenzen in den *einzelnen Stadtteilen* festzustellen.

Im 1. Drittel des 19. Jh. nahm die Bevölkerung Todtnaus um knapp 40% zu. Während sich das Wachstum in den meisten Gemeinden in Grenzen hielt, lag es in Todtnauberg, Todtnau und in Muggenbrunn überdurchschnittlich hoch. Zwischen 1828 und 1861 sank die Gesamteinwohnerzahl um 8%. Die Ursachen sind in Krisenerscheinungen in Landwirtschaft und Hausgewerbe zu suchen. Doch selbst die mit vielfältigerem Gewerbe, ja mit Industrie ausgestatteten Gemeinden Todtnau und Todtnauberg hatten einen Verlust zu beklagen. Hier dürfte der allgemeine Trend zur Auswanderung eine wichtige Rolle gespielt haben. Immer wieder wird über die notwendige Versorgung von Armen berichtet.

Die folgenden Jahrzehnte stehen im Zeichen eines industriellen Aufschwungs, der insbesondere an den Industriestandorten auch eine Bevölkerungsvermehrung zur Folge hatte: Die Abwanderung aus den umliegenden Dörfern, namentlich nach Todtnau, machte sich deutlich bemerkbar. Nur dort überstieg der Wanderungsgewinn noch erheblich den Geburtenüberschuß. Zwischen 1861 und 1910 war eine Bevölkerungszunahme von 23% zu verzeichnen, dabei allein in Todtnau um 87%. Die dörflich geprägten Gemeinden des Gebietes mußten teilweise hohe Rückgänge hinnehmen oder konnten höchstens das bisherige Niveau halten.

Nach dem 1. Weltkrieg, dem 162 Todtnauer Soldaten zum Opfer fielen, wirkte sich die langfristige wirtschaftliche Umstrukturierung aus. Die Bedeutung der Fabriken in Todtnau verminderte sich, entsprechend hoch fiel die Abwanderung von Arbeitskräften aus. 1939 lag die Einwohnerzahl des Gesamtgebietes nicht viel höher als ein Jahrhundert zuvor und um 5% niedriger als 1910. Im 2. Weltkrieg kamen 262 Soldaten und 3 Zivilisten um. Vorübergehend mußten rund 380 Evakuierte, vorwiegend aus dem Ruhrgebiet und Rheinland, untergebracht werden.

Nach 1945 setzte sich der Vorkriegstrend im Grunde fort, wurde jedoch vorübergehend aufgehalten durch eine Zuwanderung von Flüchtlingen und Vertriebenen, die 1950 schon 12,4% der Bevölkerung stellten (am höchsten in Muggenbrunn mit 16,7%). Insgesamt gelangten 789 Personen nach Todtnau. Auf diese Weise kam es bis 1970 noch einmal zu einem Zuwachs von 27% gegenüber 1939 (in Todtnau selbst um 32%, in Todtnauberg um 42%). Der Ausländeranteil in Todtnau lag 1987 – mit leicht rückläufiger Tendenz – bei 6,5%. Während der wirtschaftliche Umbau in Todtnau und Todtnauberg schließlich zu einer Stabilisierung führte, setzte sich die Abwanderung aus den dörflich geprägten Ortsteilen fort und scheint erst in jüngster Zeit zum Stillstand gekommen zu sein. Zwischen 1975 und 1986 standen 3014 Wegzügen lediglich 2980 Zuzüge gegenüber. Darüber hinaus starben in dieser Zeit 697 Personen, geboren wurden jedoch nur 597.

Der Anteil von Frauen und Männern an der Bevölkerung war auf dem Gebiet der heutigen Stadt Todtnau im 19. Jh. fast ausgeglichen. Dabei schwanken die Zahlen zwischen einem starken Frauenüberschuß in Aftersteg und Todtnauberg, zeitweise auch in Muggenbrunn, und einem Männerüberschuß in Geschwend, Präg und Schlechtnau. Im 20. Jh. nahm der Frauenanteil leicht zu. Der Höhepunkt wurde – als Ergebnis des 2. Weltkrieges – in den ersten Jahren nach 1945 erreicht.

Kriege haben ebenso wie die Wanderungsbewegungen, Krankheiten und Hungersnöte nicht nur das Geschlechterverhältnis, sondern auch den Altersaufbau beeinflußt, ohne daß sich dafür in der Vergangenheit Näheres sagen ließe. Seit 1960 ist die Zahl der Kinder ständig zurückgegangen und hat sich erst seit kurzem stabilisiert. Eine Überalterungstendenz ist nicht zu übersehen – aufgrund der Kriegsfolgen bei den Frauen stärker als bei den Männern –, wenngleich derzeit noch die etwa 30jährigen den höchsten Anteil an der Einwohnerschaft stellen.

Konfessionelle und soziale Gliederung. – Todtnau ist konfessionell gesehen eine durchweg katholisch geprägte Stadt. Immerhin ist der Anteil der Katholiken an der Bevölkerung von 100% im frühen 19. Jh. auf rund 82,2% (1987) gesunken. Diese Entwicklung ist in erster Linie auf den Zuzug von Flüchtlingen und Vertriebenen sowie von ausländischen Arbeitskräften und ihren Familien nach 1945 zurückzuführen, seither durch die allgemein vermehrte Mobilität. Erwähnenswert ist, daß in Todtnau eine starke Gruppe Altkatholiken nach dem Vaticanum 1869/70 die katholische Kirche verließ, was zu beträchtlichen Spannungen in der Gemeinde führte.

Schon im 19. Jh. wird in den Ortsbereisungsprotokollen und sonstigen Quellen durchweg hervorgehoben, daß das *Einkommen der Bevölkerung* hauptsächlich durch bestimmte Gewerbe – etwa Bürsten- und Bürstenhölzerfabrikation, Hausierhandel, später dann verschiedene andere Industrie- oder Handwerksbetriebe – erzielt werde, nur zum Teil oder sogar ganz geringfügig durch die Landwirtschaft. Ein zusätzliches Einkommen brachte den Präger Einwohnern, in geringem Maße auch denen von Geschwend, das Holzlöffelschnitzen im Winter.

Die Daten der Volkszählung von 1895 erlauben eine etwas genauere Aufgliederung. Danach waren 62% der Erwerbstätigen in Industrie und Gewerbe beschäftigt, 21% in der Landwirtschaft, 6% in Handel und Verkehr sowie 11% in sonstigen Bereichen. Die Landwirtschaft überwog in Geschwend (62%) und Präg (55%). Diese Aufteilung blieb verhältnismäßig lange stabil und veränderte sich grundlegend erst seit den 1950er Jahren. 1961 betrug der Anteil der in Land- und Forstwirtschaft Tätigen nur noch 15,2% und ging nach 5,6% im Jahre 1970 bis auf 1,4% (1987) zurück: Ausdruck des radikalen Strukturwandels in diesem Wirtschaftssektor. Fast oder vollständig verschwand dieser Erwerbszweig in Todtnau, Aftersteg, Schlechtnau und Todtnauberg, am stärksten ist die Landwirtschaft noch in Präg vertreten. Dagegen stiegen die Beschäftigtenzahlen in Industrie und Gewerbe zwischen 1961 und 1970 von 57,5% auf 60,1%, fielen dann aber wieder bis 1987 auf 54,7% etwas zurück, in Handel und Verkehr pendelte die Zahl um die 10%-Marke (1961: 9,5%; 1987: 10,2%) und in den sonstigen Bereichen – vor allem in den Öffentlichen Diensten – war besonders seit 1961 (17,6%) eine beachtliche Zunahme auf 33,7% (1987) festzustellen. Seit 1961 fiel die Zahl der Erwerbstätigen schneller als die der Einwohner. Vor allem Frauen zogen sich aus dem Erwerbsleben zurück. Hatte ihr Anteil 1961 noch bei 43,2% gelegen, wurden 1970 noch lediglich 37,6% gezählt. Hier deutete sich in jüngster Zeit wieder eine Umorientierung an.

Die Stadt im 19. Jahrhundert und in der Gegenwart

Nach ihrer Stellung im Beruf gab es 1961 12,3% Selbständige, 1970 11,6% und 1987 11,5%. Drastisch zurück ging der Anteil der mithelfenden Familienangehörigen: von 13,2% (1961) über 6,9% (1970) auf 3,7% (1987). Dafür waren insbesondere die Verhältnisse in der Landwirtschaft verantwortlich. Entsprechend erhöhte sich der Anteil der abhängig Beschäftigten von 74,5% (1961) über 81,5% (1978) auf 84,8% (1987); den größten Zuwachs konnten Handel und Verkehr verzeichnen. Der bis 1987 stark angestiegene negative Berufspendlersaldo (853 Aus- und 344 Einpendler) zeigt den Bedeutungsverlust Todtnaus als Arbeitsort.

Politisches Leben

Die Revolution von 1848 und 1849 fiel in Todtnau auf fruchtbaren Boden. Durch den verbreiteten Hausierhandel waren viele Einwohner weit herumgekommen, auch im Ausland, und hatten neue, freiheitliche Ideen mit nach Hause gebracht. Am 20. April 1848 erreichte eine Abteilung des Heckerzuges unter Führung Sigels das Todtnauer Tal und warb Freiwillige an. Schon einen Tag später wurde jedoch die Hauptmacht unter Hecker in der Nähe Kanderns von badischen und hessischen Truppen geschlagen. Aus Todtnau nahm u. a. auf Seiten Heckers der Fabrikant Karl Thoma an dem Gefecht teil. Zu einem kleineren Gefecht kam es noch im April bei Todtnau, als Freischärler gegnerische Truppen angriffen. Der Konstanzer Baron von Streng, bekannt als »Schweizer Major«, kam dabei ums Leben und wurde auf dem Todtnauer Friedhof bestattet. Man widmete ihm eine schöne Grabinschrift: »Der all hier ruht, ist im Kampf gefallen/ Für Freiheit, Wahrheit, Licht!/ Wahrlich, ich sags euch, ihr Brüder, allen:/ Gestorben ist er nicht!/ Dort lebt er fort in jener freien Schar,/ In welcher Christus heilger Stifter war.«

Wenige Monate später mußte Struve fliehen und kam dabei mit einem Teil seiner Anhänger über Todtnau. Trotz der militärischen Niederlagen blieben die Ideen der Revolution zunächst lebendig. In Todtnau und Todtnauberg bildeten sich Volksvereine. Präsident des Todtnauer Vereins wurde Fabrikant Thoma, den man auch zum Mitglied der Nationalversammlung wählte. Noch 1852 versagte das Bezirksamt Schönau dem zum Bürgermeister von Todtnauberg gewählten Händler Andreas Wißler die Bestätigung, weil er zu den Mai-Aufständischen von 1849 gehört hatte. 1853 hieß es im Ortsbereisungsprotokoll: »Die politischen Zustände haben sich seit den Jahren 1848/ 49, wo die Aufstände zu Todtnau am meisten unter den übrigen Amtsgemeinden Eingang fanden, sehr gebessert«. Die Hauptbeteiligten seien geflüchtet, gestorben oder verhielten sich inzwischen ruhig.

In den folgenden Jahren bildeten sich allmählich parteipolitische Gruppierungen heraus. 1871 wurde berichtet, es gebe in Todtnau zwei Parteien: Zu den »Roten« gehörten die gebildeten Einwohner und fast alle »Fabrikanten«, zu den »Schwarzen« insbesondere Teile der Kleinhandwerker. Hinter dieser klerikalen Richtung stehe im Grunde die Mehrheit. In der Tat: betrachtet man die Reichs-, Bundes-, Landtags- und Gemeinderatswahlen, so sticht eine eindeutige Vorherrschaft der vom Katholizismus geprägten bzw. in ihrem Erbe stehenden Parteien ins Auge, die – sieht man einmal vom »Dritten Reich« ab – erst in den letzten Jahren allmählich zurückgeht.

Bezogen auf die heutige Stadt Todtnau begann das *Zentrum* bei den Reichstagswahlen im Kaiserreich 1877 mit 61,2% der Stimmen und erreichte dann fast immer über 70%, hin und wieder sogar über 80% (1881: 83,1%; 1890: 82,1%). Lediglich 1887 mußte die Partei mit 54,4% einen tiefen Einbruch hinnehmen, der dem Kandidaten der *Nationalliberalen* – dem damaligen Hauptkonkurrenten des Zentrums – mit 45,6% zugute kam. Sonst lag diese Partei viel weiter zurück.

Während der *Weimarer Republik* erzielte das Zentrum 1919, bei den Wahlen zur Nationalversammlung, in gewohnter Weise 71,4%. In den folgenden Jahren bewegte sich sein Anteil zwischen 69,4% (1920) und 61,2% (1930), im November 1932 lag er ungeachtet des Aufkommens der erst 1931 zur Ortsgruppe zusammengefaßten NSDAP (heutiges Stadtgebiet: 21,8%, Todtnau-Stadt: 24,1%) noch bei 56,7% (Todtnau-Stadt: 44,6%) und überdauerte selbst die Euphorie der »Machtergreifung« (März 1933, heutiges Stadtgebiet: 52,5% Zentrum, 34,5% NSDAP; Todtnau-Stadt: 44,4% Zentrum, 35,8% NSDAP). Die übrigen Parteien blieben Splittergruppen, bis auf die SPD, die 1919 auf 18,9% und 1932 auf 14,5% kam.

Bereits 1946 setzte das politische Leben in Todtnau wieder ein. CDU (bzw. ihre Vorgängerin, die BCSV) und SPD gründeten örtliche Organisationen. Während die CDU 1949 66,8%, 1953 gar 74,5% der Stimmen auf sich vereinigen konnte, mußte sich die SPD bei diesen beiden Wahlen mit 21,7% und 15,5% begnügen. Danach stieg ihr prozentuales Gewicht bis 1980 auf 33,2%, sank dann allerdings etwas ab: 1987 erreichte sie 28,5%, 1990 wieder 29,9%. Die CDU fiel ebenfalls zurück, hielt aber die absolute Mehrheit der Wählerstimmen (1980: 56,1%; 1983: 61,5%; 1987: 54,5%; 1990: 53,4%). Die FDP nahm in der Regel gerade die 5%-Hürde; 1987 (8,7%) und 1990 (9,0%) zeitigte sie besonders gute Wahlresultate. 1969 hatte sie mit 2,5% einen tiefen Fall erlebt; ein Teil ihrer Wähler scheint damals zur NPD übergegangen zu sein (2,1%). Die Grünen, die 1987 noch 6,6% der Wähler hinter sich hatten, erhielten 1990 nur 3,8% der Stimmen.

Bei den *Landtagswahlen* bietet sich ein im Prinzip ähnliches Bild. Zwischen 1947 und 1992 ging der Anteil der CDU von 70,4% auf 50,0% zurück, während derjenige der SPD von 19% auf 30,9% stieg. Die FDP erzielte 1992 4,3%, die Grünen 6,1%. – Von den politischen Parteien waren 1992 in Todtnau lediglich die CDU und die SPD organisiert. Der Stadtverband Todtnau der CDU hatte 104 Mitglieder. Der SPD-Ortsverein Todtnau zählte 32 Mitglieder.

Wirtschaft und Verkehr

Land- und Forstwirtschaft. – Nicht zuletzt aufgrund der z. T. ungünstigen natürlichen Bedingungen – einige Gegenden galten in der 1. Hälfte des 19. Jh. als Notstandsgebiete – kam der Landwirtschaft nur eine begrenzte wirtschaftliche Bedeutung zu. Lediglich für die Kernstadt müssen schon früher Einschränkungen gemacht werden. Die landwirtschaftlich genutzte Fläche umfaßte im heutigen Stadtgebiet bis 1940 stets mehr als 3000 ha (1913: 3357 ha; 1940: 3029 ha). Danach ging die Fläche rapide zurück. Erst in jüngster Zeit ist sie wieder leicht angestiegen: 1979 wurden 1273 ha oder 18% der Gemarkung landwirtschaftlich genutzt, 1987 1652 ha oder 20,9%. Den größten Anteil an der landwirtschaftlichen Nutzfläche hatte 1930 Präg mit 54%, gefolgt von Geschwend und Schlechtnau mit jeweils 53%, den geringsten Todtnau mit 25%. Das Bild wandelte sich bis 1987 grundlegend. Zwar hatte Präg nach wie vor den größten Anteil an den landwirtschaftlichen Nutzflächen, er machte aber nur noch 28,5% aus; es folgten Todtnauberg (22,5%) und Geschwend (13,9%). Schlechtnau war sogar noch hinter Todtnau (8,1%) zurückgefallen und besaß mit 7,1% den geringsten Anteil.

Sehr aufschlußreich sind die Verschiebungen in der Nutzung der Fläche. Im Laufe des Jahrhunderts verminderte sich der – ohnehin nicht hohe – Anteil des Acker- und Gartenlandes zugunsten der Wiesen und Weiden. 1987 gab es nur noch 1 ha Ackerland, 1446 ha Dauergrünland und 4646 ha Wald. 1880 waren es 165 ha Acker- und Gartenland, 714 ha Wiesen und 2182 ha Weiden gewesen. Nach einem Jahrhundert sind lediglich 0,6% des früheren Ackerlandes übriggeblieben, die Versorgung mit Lebensmitteln geschieht immer weniger aus eigener Produktion. Die Weiden- und Wiesenfläche ist inzwischen nur noch halb so groß. Eine besondere Bedeutung kommt den *Jungviehweiden* zu, die 1992 mit mehr als 1000 Rindern, darunter 400 Stück Fremdvieh, beschickt wurden. Zu den größten gehören die Weiden auf der Wächtene bei Präg, der Prägerboden, der Gisiboden (Geschwend), die Weide in Aftersteg und im Holzschlagbachtal bei Muggenbrunn.

Auf dem Ackerland wurden 1880 hauptsächlich Kartoffeln angebaut (von 1846 bis in die 1850er Jahre hatte sich die Kartoffelkrankheit verheerend ausgewirkt), bis 1930 standen dann Futterpflanzen im Vordergrund. Während sich daran bis 1971 prinzipiell nichts geändert hatte, war die Ackerfläche 1987 fast vollständig verschwunden. Auf der geringen Restfläche produzierte man überwiegend Kartoffeln. Nicht ganz ohne Bedeutung war der Obstbau. Streuobstwiesen sind überall im Gemeindegebiet zu finden.

Im Mittelpunkt der agrarischen Nutzung steht die *Viehwirtschaft*, wenngleich auch in Todtnau mit abnehmender Tendenz. 1855 wurden 2176 Rinder gezählt, 1913 2252. Schon bis 1930 ging die Rinderzahl deutlich zurück (1815). Diese Tendenz hielt bis in unsere Tage an (1950: 1545; 1971: 925; 1988: 699; 1992: 629). Den größten Anteil stellten dabei jeweils die Milchkühe. Präg lag auch hier mit Abstand vorne. Die Zahl der Schweine, die zunächst von 303 (1855) auf 671 (1913) angestiegen war, nahm bis 1992 auf 29 ab. Auch dies weist auf die schwächere Selbstversorgung hin. Ähnlich rückläufig ist die Ziegenhaltung, wenngleich in der jüngsten Vergangenheit Ziegen wieder vermehrt zum Abgrasen ungenutzter Weiden eingestellt werden. Die Zahl der Schafe – nach 1913 praktisch verschwunden – hat in den letzten Jahren wieder zugenommen (1988: 43, 1992: 52).

Angesichts der Bedeutung der Viehwirtschaft werden die Bemühungen verständlich, deren Bedingungen zu verbessern, Versicherungsgesellschaften zu gründen, Weiden zu entwässern (z.B. Holzschlag 1877) und die Weidnutzung zu ordnen. 1879/85 wird in Aftersteg von der Einführung einer Weidordnung berichtet: Das Milchvieh kam auf die Gemeindeweide, das Jungvieh auf die Feldbergweiden. Weidgeld wurde erhoben. Die Allmendgenußfelder dienten der Futtererzeugung, so daß eine hohe Rinderzahl ermöglicht wurde; 3 Hirten betreuten um die Jahrhundertwende die Herden.

Für *Geschwend* hob man bereits Mitte des 19. Jh. den hohen Stand der Viehzucht hervor. Als bester Weideplatz galt der höchste Gebirgsrücken, der »Gisiboden«, auf dem während des Sommers rund 150 Stück eigenes und 50 Stück fremdes Vieh sowie etliche Pferde ihre Nahrung suchten. Nach der Jahrhundertwende befand sich dort die Weide des Jungviehs, dessen Aufzucht sich als recht einträglich erwies. 1904 gab es schon eine Molkereigenossenschaft, die ihre Butter nach Zell, Todtnau, Freiburg und Schopfheim verkaufte. In den 1920er Jahren lieferte sie die Milch teilweise an den Konsumverein Schönau.

Hohen Wert besaß die *Feldbergerweide* bei der *Todtnauer Hütte*, auf die die Gemeinde Todtnau gegen Bezahlung auch Vieh der Nachbarorte treiben ließ. Diese Hochweide nahm seit 1903, als die Hütte nach einem Brand wiederaufgebaut worden war, einen besonderen Aufschwung. Gleichzeitig trennte man dort den Weide- vom Gastronomiebetrieb.

Ähnlich positiv verlief die Entwicklung in *Präg*. Aus der 1. Hälfte des 19. Jh. sind hier besonders harte Auseinandersetzungen über die im Zuge der Agrarreform – 1820 wurde in den neu zu Baden gekommenen Landesteilen die Leibeigenschaft aufgehoben – notwendige Aufteilung der Allmende überliefert worden. Die wohlhabenden Bauern verlangten einen Schlüssel nach Güterbesitz und Steuersatz, die ärmeren hingegen nach der Personenzahl. Zunächst konnten sich die ersteren durchsetzen, bis es in den 1920er Jahren zu einem gewissen Ausgleich kam. Probleme warfen in Präg die verhältnismäßig schlechten Weideverhältnisse auf. Die Größe der Fläche regte offenbar die Bauern immer wieder dazu an, mehr Rinder zu halten, als sie im Winter durchfüttern konnten, so daß zahlreiche Tiere schlecht genährt waren oder – so wurde 1892 festgestellt – gar überdurchschnittlich viele Kälber im Frühjahr starben. 1900 wurden in Präg eine Pferdezuchtstation und drei Pferdezüchter erwähnt: Damit war die Pferdezucht hier stärker vertreten als in allen übrigen Gemeinden des damaligen Bezirksamtes Schönau.

Von der Betriebssystematik her war und ist fast ausschließlich der Futterbaubetrieb für die Viehwirtschaft vertreten. Dabei überwogen zunächst die Klein- und Kleinstbetriebe. 1895 zählte man 793 Höfe mit mindestens 1 ha Nutzfläche; sie bewirtschafteten etwa ⅓ des gesamten agrarisch genutzten Bodens. Davon besaßen 468 1 ha, 191 bis 2 ha und 134 2–10 ha. Bis 1925 war eine gewisse Veränderung eingetreten. Immerhin 4 von 556 Betrieben konnten damals mehr als 50 ha ihr eigen nennen, drei 10 bis 50 ha. 131 bewirtschafteten 2 bis 10 ha, aber noch 418 weniger als 2 ha. 1940 wies die Statistik 439 Betriebe mit mindestens 0,5 ha Fläche, aber 487 mit weniger als 0,5 ha auf (Kleingärten allerdings mitgerechnet). 1949 errechnete man bei den erfaßten 438 Betrieben eine durchschnittliche Größe von 6,7 ha: sieben hatten mehr als 20 ha, acht 5 bis 20 ha, 139 2 bis 5 ha und 284 weniger. Bis 1987 schließlich – eine Folge der deutschen bzw. europäischen Agrarpolitik – war die durchschnittliche Größe beträchtlich angestiegen; sie betrug nun 12,2 ha. Von 105 Betrieben bewirtschafteten vier 20 ha und mehr, 19 10 bis 20 ha und 82 weniger als 10 ha.

Die meisten größeren landwirtschaftlichen Betriebe – über 2 ha Nutzfläche – hatte fast immer Präg zu verzeichnen, gefolgt von Geschwend. Die überwiegende Zahl der Höfe sind heute Nebenerwerbsbetriebe. Der einzige *Vollerwerbsbetrieb* wurde 1992 als Aussiedlerhof zwischen Todtnau und Aftersteg errichtet.

Bis in die Gegenwart war der *Wald* der wirtschaftliche Rückhalt der Gemeinden; große Investitionen wurden oft durch außerordentliche Holzhiebe finanziert. Nach der Auflösung der Talvogtei Todtnau waren die Waldungen im gemeinschaftlichen Besitz geblieben. Bestrebungen, sie aufzuteilen, gab es aber bereits 1815. Maßgebend für die Teilung, die 1837 zustande kam und im Jahr darauf in Kraft trat, waren die Einwohner- und Häuserzahl sowie das Grundsteuerkapital. Todtnau erhielt 993 ha und die abgesonderte Waldgemarkung Langenbach. Welche Bedeutung der Wald in Todtnau hatte, wird daran deutlich, daß Todtnauberg 1918 für eine Kriegsanleihe aus Holzgeldern 25 000 Mark zahlte. In den Ortsbereisungsprotokollen wird mehrfach erwähnt, daß die Holzhauerei für viele Bauern über weite Strecken des Jahres die einzige Verdienstmöglichkeit darstellte. Nach den Angaben für 1940 umfaßte damals der Wald eine Fläche von 3859 ha auf dem Gebiet des heutigen Todtnaus. 1978 waren es 4316 ha, 1987 4646 ha, 1993 4812 ha. Diese Daten zeigen, wie rasch in den letzten Jahrzehnten aufgeforstet wurde. Die höchsten Waldanteile haben die Stadtteile Todtnau (1987: 1823 ha) und Geschwend (846 ha), gefolgt von Präg (694 ha) und Todtnauberg (549 ha). 1979 waren 13, 1987 14 Betriebe forstwirtschaftlich tätig.

Handwerk und Industrie. – Da der Boden für ausreichende landwirtschaftliche Erträge nicht fruchtbar genug war, die »steinigen Felder kein Getreide« lieferten (Klingele), mußte nach zusätzlichen Einkünften gesucht werden. Dies war um so wichtiger, weil die frühere Bedeutung der *Silbergruben* dahingeschwunden war und das *Torfstechen* in Muggenbrunn oder die *Strohflechterei* in den Notjahren um 1850 nur vorübergehend Gewinn brachten. Von Handwerksbetrieben wird in den Quellen nur selten gesprochen, mehrfach dagegen ist in der 2. Hälfte des 19. Jh. von *Mühlen* die

Waldbestand im oberen Wiesental / Südschwarzwald 1885/1987

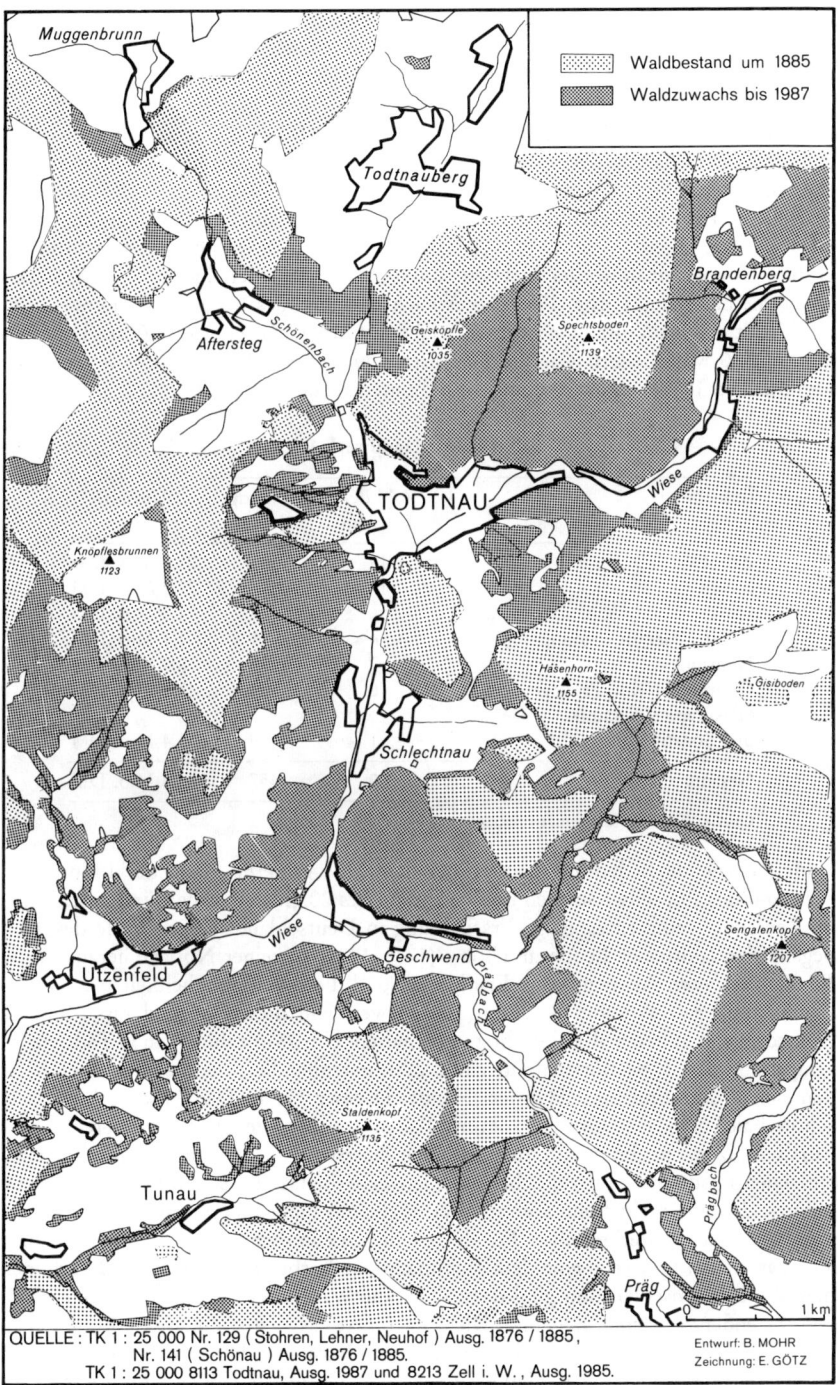

TK 5: Waldbestand im oberen Wiesental/Südschwarzwald 1885/1987

Rede; daneben tauchen häufiger Bäcker, Schuhmacher, Zimmerleute und Schreiner auf, außerdem Eisenhandwerker, Maurer, Gipser und Schneider. 1895 waren die Bereiche Holz und Schnitzstoffe sowie Bekleidung stark vertreten. Ansonsten scheint es eine breite Streuung gegeben zu haben.

In den 1950er Jahren überwogen Betriebe der Holzbranche, daneben waren in mehreren Ortschaften Bäcker und Schuster vertreten. Bäckereien konnten sich am ehesten halten. Die Handwerkerzählungen von 1968 und 1977 zeigen, daß die Zahl der Betriebe von 56 auf 47 und die der Beschäftigten von 357 auf 214 zurückgegangen war, während der Umsatz von 13 442 000 DM auf 14 604 000 DM gesteigert wurde. Die größte Umsatzzunahme verzeichnete unterdessen das Metallgewerbe, die stärkste Abnahme das Baugewerbe. 1987 gab es nach Angaben des Bürgermeisteramtes in der Stadt Todtnau wieder 61 Handwerksbetriebe mit 315 Mitarbeitern. Größtes Unternehmen mit 50 Mitarbeitern war die *Bauunternehmung Adolf Braun*. Die Situation der beginnenden 1990er Jahre verdeutlicht die untenstehende Tabelle.

Tab. 14: Das Handwerk 1992

Branche	Zahl der Betriebe	Beschäftigte	Umsatz
Baugewerbe	19	187	21,8 Mio. DM
Metall	17	112	22,2 Mio. DM
Holz	6	32	4,0 Mio. DM
Textil/Leder/Bekleidung	4	11	1,1 Mio. DM
Nahrung	7	52	8,8 Mio. DM
Gesundheit/Körperpflege	6	54	3,1 Mio. DM
Glas/Papier/Keramik und Sonstige	1	9	1,4 Mio. DM
Gesamt	60	457	62,4 Mio. DM

Quelle: Handwerkskammer Freiburg

Herausragende Bedeutung kam früher dem *Hausgewerbe*, dann der Industrie zu. Während des 19., teilweise auch noch während des 20. Jh. stand die Bürstenherstellung im Zentrum – eine einzigartige Erscheinung in Deutschland. Gegen Ende des 18. Jh. begann der Todtnauer Leodegar Thoma (1746–1821) aus einer Notlage heraus mit der *Bürstenmacherei*. Als man seine Erfolge sah und die Absatzmöglichkeiten erkannte – Konkurrenz gab es kaum –, blühte das Gewerbe in dieser Gegend rasch auf. Die Rohstoffe waren in der Regel leicht zu beschaffen. Um 1815 zählte man in Todtnau und Umgebung bereits 92 Bürstenbinder und 29 Bürstenhändler; bei nicht wenigen befanden sich Produktion und (Hausier-)Handel in einer Hand. Das Absatzgebiet reichte schon bald über das Großherzogtum Baden hinaus. Vier Familien bereiteten die Bürstenhölzer zu. Innerhalb der Familien herrschte – bei einem verhältnismäßig einfachen Produktionsprozeß, aber auch langer Arbeitszeit – schon früh eine Arbeitsteilung, die eine recht hohe Stückzahl ermöglichte. Nebenbei wurde in der Regel die Landwirtschaft weiterbetrieben. Für die beteiligten Familien bedeuteten die Einnahmen aus dem neuen Gewerbe eine deutliche materielle Verbesserung. Um 1840 verfeinerte man die Bürstensorten und ging dazu über, die Ware insgesamt zu verschönern. Der Geschwender Schreiner Benedikt Dietsche führte als erster die Wasserkraft bei der Anfertigung von Bürstenhölzern ein. Auch der Hausierhandel wurde ausgeweitet. Für kurze Zeit entstanden sogar Handelsgesellschaften. In den 1850er Jahren gab es eine

Überproduktionskrise, die jedoch – nicht zuletzt aufgrund von gezielten staatlichen Förderungsmaßnahmen – ohne große Einbrüche überwunden werden konnte, obwohl die Hungerzeit nach 1846 die Bevölkerung geschwächt hatte. Einige Familien stellten inzwischen Gehilfen ein. Franz Joseph Faller ließ seit Ende 1851 im Armenhaus von Todtnau produzieren und beschäftigte dabei mindestens 30 Personen. Wenige Jahre später, 1862, erweiterte Fallers Sohn Joseph Eduard, begünstigt durch die soeben erlassene Gewerbefreiheit, die Produktionsstätte zur ersten Bürstenfabrik. Alle Arbeitsprozesse wurden konzentriert, die Arbeitsteilung vorangetrieben, die Rohstoffe durch Großeinkauf billiger erworben. Nun machte die Industrialisierung dieser Branche schnelle Fortschritte, ohne allerdings von einer breiten Mechanisierung begleitet zu sein. 1869 beschäftigten Faller 59, die Fabriken von Wißler & Grozinger 26 und von Kirner 21 Arbeiter. In den folgenden Jahren schwankte die Konjunktur, so daß sich einige der jetzt entstehenden Firmen nicht halten konnten. Die Konkurrenz innerhalb des Deutschen Reiches wurde stärker, die hohen Transportkosten minderten die Rentabilität. Um Kosten zu sparen, kürzten die Unternehmer die Löhne. Auch wurden Filialen in den umliegenden Dörfern errichtet, um billige Arbeitskräfte – namentlich Arbeiterinnen – zu bekommen.

Ökonomisch gesehen war trotz der Krisen ein Aufschwung festzustellen. 1904 bestanden in Todtnau 8 *Bürstenfabriken*: J. E. Faller (150 Arbeiter), S. & K. Thoma (70 bis 80), Wißler & Sohn (60), Hablitzel & Bäuerle (50 bis 60), J. P. Leven (30), P. & J. Jehle (6), J. D. Laile (4 bis 6) sowie die Bürstenholzfabrik J. B. Keller & Söhne (6 bis 8). Bis 1909 fand dann ein beachtlicher Konzentrationsprozeß statt: Faller beschäftigte damals rund 300, Thoma 90 Arbeiter.

Für das Hausgewerbe bedeutete die Industrialisierung einen schweren Schlag. Die größeren Betriebe stellten die Bürsten nicht nur billiger her, sie bauten sich auch ein eigenes Vertriebsnetz auf, stellten »Reisende« ein, so daß die Hausierer ihre Abnehmer vielfach verloren. Einigen gelang es, sich noch eine Zeitlang zu halten, indem sie Produktion und Absatz in einer Familie organisierten. Einem Großteil der Bürstenmacher blieb bald nichts anderes übrig, als ihre Produkte den Fabrikanten zu verkaufen.

Diese Phase der Industrialisierung brachte den Menschen, obwohl der Produktionszweig selbst expandierte, letztlich überwiegend Nachteile. Die Einkünfte sanken erheblich, viele wurden zu einer tiefgreifenden Änderung ihrer Lebensweise gezwungen. Hinzu kam das Auftreten des oft tödlich verlaufenden Milzbrandes, einer Infektionskrankheit, die hauptsächlich durch den Import nicht desinfizierter Borsten übertragen wurde. Obwohl die Regierung strenge Vorschriften erließ und die Fabrikinspektion auf deren Einhaltung achtete, setzten sich immer wieder Fabrikanten darüber hinweg, um Kosten zu sparen.

Nach der Jahrhundertwende führten die Fabriken nach und nach Maschinen ein, die zahlreiche Arbeitskräfte – in erster Linie Frauen – überflüssig machten. Darüber hinaus ging nach dem 1. Weltkrieg eine Reihe von Absatzgebieten verloren. Die Zahl derjenigen, die ein Hausgewerbe betrieben, nahm stark ab. 1977 waren die beiden letzten in Todtnauberg zu finden.

Die Bürstenfabriken konnten sich besser halten. 1902 errichtete der Böhme Anton Zahoransky in Todtnau eine Maschinenfabrik, die die notwendigen Geräte für die Bürstenbetriebe herstellte. 1920 folgte die Firma G. Ebser. Beide existieren heute noch. Auf diese Weise konnte das Bürstensortiment noch einmal ausgeweitet und zugleich rationalisiert werden. 1958 gab es in Todtnau noch 10 Bürsten- und 3 Bürstenmaschinenfabriken, 1969 in Muggenbrunn eine Bürsten- und eine Bürstenhölzerfabrik.

Todtnauberg war noch stärker als die Stadt Todtnau vom Hausgewerbe bestimmt, 1870 hieß es, daß fast alle Haushalte davon lebten. Zu dieser Zeit gab es hier 41 Familien, die Bürsten anfertigten oder das Bürstenholz zubereiteten. Die Bürstenfabriken blieben verhältnismäßig klein. 1904 hatte die Firma J. Brender & Söhne 20 Arbeiter, die übrigen vier (einschließlich Bürstenhölzerherstellung) blieben unter 10 Arbeitern. Besonders hervorgehoben wurde allerdings der Bürstenholzbetrieb E. Mühl & Söhne, der offenbar ausschließlich auf der Heimarbeit von 132 Personen in 32 Familien – rund doppelt soviel wie 1893 – beruhte. 1957 existierten noch 3 kleine Bürstenholzfabriken und 3 Bürstenmacher.

In den anderen Ortsteilen war die Situation im Prinzip ähnlich, wenngleich in den Ausmaßen schwächer. In *Aftersteg* betonte man 1883 die Konkurrenz durch Freiburger Fabrikanten, die im Gefängnis billiger arbeiten ließen. Außerdem wurde beklagt, daß der Handel mit Rohmaterialien und Fabrikaten immer mehr in die Hände von Juden übergehe. Die Bürstenfabrik des Bürgermeisters Roman Dietsche beschäftigte 1904 13 Personen, 1908 16 bis 17, 1916 22, 1927 38, dazu vergab er Aufträge in Heimarbeit (1916 an 70 Haushalte). Zu Beginn unseres Jahrhunderts betätigte sich fast jede Familie in Aftersteg mit dem Bürstenmachen.

Deutlich wird, wie seit der 2. Hälfte des 19. Jh. immer mehr Arbeiter in die städtischen Fabriken abwanderten, im Hausgewerbe von ihnen abhängig oder in deren Filialen eingestellt wurden. 1913 verzeichnete etwa die Brandenberger Filiale der Firma F. Wißler & Sohn 44 Beschäftigte. Die von J. E. Faller in Geschwend 1884/86 eingerichtete Filiale, in der zunächst 20 Personen, meist Mädchen, Lohn erhielten, konnte sich hingegen nicht halten und mußte 1894 wieder schließen. 1912 versuchte sie es noch einmal mit 8 bis 10 Arbeiterinnen, war aber 1921 bereits wieder am Ende. In Muggenbrunn hatte die Todtnauer Firma Thoma 1903 eine Filiale mit 12 Arbeiterinnen. In Präg und Herrenschwand gab es Filialen der Firma Faller (Todtnau, 1906: 26 Arbeiter; 1928 stellte die Filiale der Vereinigten Bürstenfabriken Todtnau den Betrieb ein), der Firma Kaiser (1908 und 1913: 12 bis 16 Beschäftigte) und der Firma Schlotterbeck (Schönau, 1908: 12 bis 14 Arbeiter). 1920 ließ zumindest dieser Betrieb auch Heimarbeiter Bürsten fertigen.

Neben der Bürstenmacherei entfalteten sich im 19. Jh. die *Baumwoll-* sowie die *Holz- und Papierindustrie*, daneben einige Werkstätten der *Metallindustrie*. Hausgewerblich wurden dabei noch bis ins 20. Jh. hinein Kochlöffel oder Heugabeln (in Präg) gefertigt. 1904 hatten in Todtnau die Textilwerke M. Thoma & Söhne 100 Arbeiter eingestellt – teilweise aus den umliegenden Dörfern (1855 kamen z. B. schon 40 Personen aus Schlechtnau) –, die Papierfabrik Thoma & Ziegler 40. Die Textilwerke errichteten um die Jahrhundertwende ein Elektrizitätswerk auf Aftersteger Gemarkung. 1882 hatten sie die 1876 von dem Todtnauer Willmann in Präg gegründete Baumwoll-Buntweberei übernommen. Die Arbeiterzahl stieg von 30 bis in die 1890er Jahre auf 50 an. 1904 wurde diese Filiale aufgelöst, offenbar wegen Konflikten mit den Beschäftigten. Die Todtnauer Firma Faller kaufte dann 1906 die Fabrik. 1913 wird eine Spinnerei-Weberei Todtnau erwähnt (22 Beschäftigte, in den 1920er Jahren 38). 1928 heißt es, sie sei in den Besitz der Holzwarenwerke Präg übergegangen, die lediglich 8 Arbeiter anstellen könne.

Im Gebiet der heutigen Stadt wurden 1964 17 Firmen des verarbeitenden Gewerbes mit jeweils mehr als 10 Beschäftigten gezählt. Insgesamt waren in ihnen 1210 Personen tätig. 20 Jahre später gab es 11 Betriebe mit 664 Arbeitern und Angestellten; jetzt wurden allerdings nur noch diejenigen mit mehr als 20 Beschäftigten erfaßt. Sichtbar ist das immer noch starke Gewicht der Bürstenindustrie in Todtnau. Sieben Betriebe rechneten 1992 noch zu dieser Branche, darunter waren zwei auf die Produktion von Maschinen zur Bürstenherstellung spezialisiert: Das größte Unternehmen war die Spezialmaschinenfabrik für Bürsten und Bürstenhölzer-Industrie *Anton Zahoransky*. Das Werk entwickelt und fertigt Spritzgußformen zur Herstellung von Bürsten verschiedenster Art, Pinseln, Bürstenverpackungen, Kosmetikartikeln sowie Schraubkappen und Flaschenverschlüssen. Es wurde 1902 mit 2 Arbeitern gegründet und befindet sich seither in Familienbesitz. 1988 umfaßte die Firma 195 Beschäftigte, 1992 220. Nimmt man die Filialen in Freiburg i. Br. und Logroño (Spanien) sowie die 1992 gegründete Tochterfirma in Stützengrün (Sachsen) mit 17 Mitarbeitern hinzu, waren es 421 Beschäftigte (1988: 320). Die Produktionsrichtung hat sich seit Beginn des Jahrhunderts nicht geändert. 80% der Erzeugnisse werden in fast alle Länder der Welt exportiert. Eine ähnliche Produktion weist die *Gottfried Ebser Maschinenfabrik GmbH & Co. KG* auf. Das Unternehmen war 1920 gegründet worden. 30 Beschäftigte stellten 1992 Bürsten-, Bohr- und Stopfautomaten sowie Abschermaschinen her. Der Exportanteil lag um 50% der Produktion.

Die Reihe der eigentlichen Bürstenhersteller führt die *Vereinigte Bürstenfabrik* an, der Nachfolger der 1867 von Siegfried & Carl Thoma gegründeten und 1913 in eine GmbH umgewandelten Firma. 1992 hatte das Unternehmen 125 Personen beschäftigt (1988: 87). Es stellt Zahnbürsten, Bürsten für Haar- und Körperpflege sowie Bürstenspezialsortimente für lebensmittelverarbeitende Betriebe her. Der Exportanteil ist seit 1988 (30%) deutlich angestiegen und lag 1992 bei etwa der Hälfte der Produktion. Die ehemals bedeutendste Bürstenfabrik Todtnaus, die *J. E. Faller GmbH*, 1827 von Franz Joseph Faller begonnen, ist heute ein Tochterunternehmen der Vereinigten Bürstenfabrik. Traditionsreich ist auch die Firma *Wissler Bürsten GmbH*, die 1840 gegründet wurde und 1992 35 Mitarbeiter zählte. Sie produziert Feinbürsten, Haushaltsbürsten sowie Friseur-Kabinett-Spiegel. Der Export, der 1992 25% an Erzeugung und Umsatz ausmachte, ging in alle westeuropäischen Staaten, in die USA, nach Kanada und Japan. In der gleichen Reihe ist die 1869 gegründete *J. B. Keller Söhne KG* zu nennen, die 1992 40 Beschäftigte zählte und Feinbürsten für die Haar- und Körperpflege sowie Bürsten für die Tierpflege herstellt. Auf eine kürzere Geschichte schaut die Firma *Josef Sättele Söhne KG* zurück, die seit 1930 existiert. Mit ihren 25 Beschäftigten erzeugt sie technische Bürsten für die unterschiedlichsten Industriezweige, während es früher überwiegend Haushaltsbürsten gewesen waren. Der Exportanteil beträgt seit Jahren etwa 6%.

Die *Roman Dietsche KG*, 1872 gegründet, war ursprünglich ebenfalls Bürstenhersteller. Nach dem 2. Weltkrieg wurde die Produktion allmählich umgestellt. Inzwischen ist das Unternehmen auf die Herstellung von Produkten für das Bad, z. B. Badgarnituren, und für die WC-Hygiene spezialisiert. 1992 waren 220 Mitarbeiter in Todtnau und 200 im Emmendinger Werk beschäftigt, der Exportanteil an der Produktion lag bei etwa 15%. – Die *Textilwerke Todtnau Bernauer KG* wurde 1926 gegründet. Sie stellt Baumwollgarne und -gewebe, vor allem aber Gewebe aus dem Kunststoff Beratex her. 1992 zählte das Unternehmen 72 Beschäftigte; etwa die Hälfte der Produktion ging in den Export.

Handel und Dienstleistungen. – Lange Zeit war der Handel von der Bürstenfabrikation geprägt. Der Verdienst der Hausierer mit ihren weitgespannten Absatzgebieten scheint bis in die 2. Hälfte des 19. Jh. gut gewesen zu sein. Einigen gelang es dadurch, in ihren früheren Standquartieren Geschäfte zu gründen. Die Konzentration in der Bürstenindustrie, verbunden mit dem Aufbau eigener Vertriebsnetze, ging auch zu Lasten der Hausierer. Behindert worden waren sie schon vorher, weil die Behörden

Vorbehalte gegen sie entwickelten, die nach 1848 stark zunahmen: Die Hausierer galten wegen ihrer Kontakte als Träger politisch »gefährlichen« Gedankengutes. Liberale Ideen sollen von ihnen verbreitet worden sein. Noch 1901 wurde den Todtnaubergern – als Folge des Hausierhandels – im Unterschied zu den Bewohnern vieler umliegender Gemeinden »Aufgeschlossenheit« bescheinigt. Zu dieser Zeit war der Höhepunkt des Gewerbes längst überschritten. Gab es in den 1870er Jahren 115 Hausierer auf dem Gebiet der heutigen Stadt Todtnau – mit etwa 80 lag Todtnauberg weit an der Spitze –, so waren es in den 1890er Jahren nur noch 69. 1905 verfügten 43 Personen über einen Wandergewerbeschein, davon allein 20 aus Todtnauberg. In der Zwischenkriegszeit betätigten sich noch 10 Hausierer, und auch das lediglich im Winter. Seit den 1970er Jahren ist das Gewerbe verschwunden.

Bei der Zählung von 1895 wurden für das heutige Gebiet der Stadt Todtnau 66 Betriebe (15% der Gesamtzahl) mit 89 Beschäftigten für den Bereich Handel, Versicherungen und Verkehr aufgeführt, 23 Betriebe (5%) mit 67 Beschäftigten (4%) für den Bereich Beherbergungs- und Gaststättenwesen. Jeweils um die Hälfte davon befand sich in Todtnau selbst. Der Rest verteilte sich ziemlich gleichmäßig auf die übrigen Gemeinden. Lediglich bei Handel, Versicherungen und Verkehr ragte Todtnauberg heraus. In den einzelnen Gemeinden verkauften die Handwerker – meist Bäcker, Müller und Metzger – ihre Produkte, dazu gab es Krämerläden. Nur für Todtnau selbst wird für 1855 von zusätzlichen 8 »offenen Kaufläden« gesprochen. Eine gewisse Bedeutung für den Handel – und für das Dorfleben – dürften die *Gastwirtschaften* gehabt haben. Während des 19. Jh. gab es normalerweise eine, manchmal zwei in jeder Gemeinde – hin und wieder verbunden mit einer Bierbrauerei –, in Todtnau 1855 drei, 1866 fünf. Hervorzuheben ist die Realgastwirtschaft »Zum Rößle« in Geschwend, die früher der Tagungsort der Talgemeinden war.

Ein *Wochenmarkt* fand nur in Todtnau statt. 1875 wird berichtet, er habe den Bedürfnissen nicht genügt, so daß ein Unternehmer Lebensmittel, die er in Freiburg eingekauft hatte, in seinem Haus anbot. Daneben hielt man 2 *Jahrmärkte* ab. Neueren Datums sind am Mittwoch nach Ostern ein Frühjahrsmarkt und der Weihnachtsmarkt, der am ersten Samstag im Dezember in Todtnau abgehalten wird. Inzwischen hat sich die Struktur des Handels stärker aufgefächert. 1987 waren 24 Unternehmen im Handelsregister eingetragen, darunter 6 Großhandelsfirmen für technischen Bedarf, Fleisch, Baustoffe und Textilien. 6 Einzelhandelsgeschäfte, darunter 2 Supermärkte, versorgten die Bevölkerung mit Lebensmitteln. Die übrigen verteilten sich auf die verschiedensten Handelsbereiche. Nicht im Handelsregister eingetragen waren weitere 37 Firmen.

An *freiberuflichen Dienstleistungsbetrieben* gab es 1987 – abgesehen von den Heil- und Pflegeberufen – je 3 Architekten und Ingenieure sowie 2 Steuerberater in Todtnau.

Die erste *Sparkasse* wurde 1858 in Todtnau für den gesamten Amtsbezirk erwähnt. Die heute noch existierende Sparkasse Todtnau wurde 1925, die *Volksbank* Todtnau 1893 gegründet; diese bestand 1894 dort als »Pfennigsparkasse«. In Geschwend hat die *Raiffeisenbank Maulburg* eine Zweigstelle, die 1893 als »Ländliche Darlehenskasse« eingerichtet wurde und den Bauern der Gegend zur Kreditaufnahme diente. 1913 bildete sich in Todtnau eine *Gemeinnützige Baugenossenschaft*.

Großen Wert legten die Behörden im 19. Jh. darauf, daß insbesondere die Bauern ausreichend versichert waren: gegen Brand und Verlust ihrer beweglichen Habe – der Fahrnisse – sowie gegen Viehsterben. Dies galt als Weg, krisenhaften Tendenzen in der Landwirtschaft entgegenzuwirken. Dabei stieß man nicht unbedingt auf offene Ohren. So hieß es 1870 in Todtnauberg, daß sich *Gebäude- und Fahrnisversicherung* auf einem niedrigen Stand bewegten, wenngleich unter dem Eindruck eines Brandes eine leichte

Zunahme der Abschlüsse zu verzeichnen sei. Der verheerende Brand von 1886, der 14 Häuser in Schutt und Asche legte sowie 109 Personen obdachlos machte, dürfte dann zu einer Änderung des Verhaltens beigetragen haben. 1872 beklagte man, daß die *Viehversicherungsgesellschaft* eingegangen sei, weil die wohlhabenderen Bauern die Selbstversicherung vorzögen und die ärmeren die Kasse nicht finanzieren konnten. 1895 gehörten jedoch die meisten Landwirte wieder einem Viehversicherungsverein mit Fleischabnahme an.

In Todtnau bestand seit 1866 ein Ortsviehversicherungsverein, und 1879 waren fast alle Einwohner feuer-, die meisten auch fahrnisversichert. Hier dürfte der große Brand von 1876 einen nachhaltigen Einfluß ausgeübt haben. 89 Häuser waren vernichtet, über 1000 Personen obdachlos geworden (vgl. Textkarte S. 667). Eine Besonderheit war die 1894 von der Firma Faller für ihren Betrieb sowie die Filialen in Todtnauberg, Wieden und Utzenfeld gegründete Betriebskrankenkasse. Durch sie verlor die Todtnauer Ortskrankenkasse ungefähr 100 Mitglieder.

In Schlechtnau stellte man schon 1865 ein steigendes Interesse an einer Fahrnisversicherung fest, obwohl die Beiträge bei den – meist vorhandenen – Schindeldächern sehr hoch lagen. In den 1880er Jahren hatte sich die Hälfte der Bewohner gebäude- und fahrnisversichert. Hohe Versicherungsprämien minderten im folgenden Jahrzehnt die Abschlüsse. 1882 war bemerkt worden, daß sich der Viehversicherungsverein wieder aufgelöst hatte. Dies scheint eine allgemeine Tendenz gewesen zu sein. Ähnlich wie hier und in Todtnauberg ging auch in Präg der Viehversicherungsverein wieder ein – in diesem Fall 1875 –, bildete sich allerdings 1890 neu. Auch Herrenschwand besaß – zumindest 1908 – eine Viehversicherungsanstalt. In Aftersteg wurde sie – nach einem gescheiterten Versuch 1871–1890, in Muggenbrunn 1893, in Geschwend 1894 eingerichtet.

In Präg war 1895 noch nicht einmal die Hälfte der Einwohner versichert, und selbst die Gemeinde hatte erst 1900 für ihren sämtlichen Besitz Abschlüsse getätigt. In Muggenbrunn waren zwar 1881 schon die Gemeindefahrnisse versichert, 1894 aber erst etwa 30 von 72 Haushaltungen und 35 von 49 Gebäuden. Auch in Brandenberg beklagte man 1894 die geringe Bereitschaft, Versicherungen abzuschließen. In Aftersteg waren hingegen 1896 30 von 36 Gebäuden versichert. – Zu erwähnen ist noch, daß Geschwend und Schlechtnau 1916 den Beitritt zur *Erwerbslosenfürsorge* ablehnten – ein deutliches Zeichen dafür, daß man dort damals noch glaubte, sich nicht auf die sozialen Folgen der wirtschaftlichen Umstrukturierungen einstellen zu müssen.

Der *Fremdenverkehr* spielte in Todtnau schon früh eine herausragende Rolle, die sich aus der einzigartigen Lage und der Anziehungskraft des Feldberges erklärt. Er drängte im Zusammenhang mit dem allgemeinen Strukturwandel Landwirtschaft und Hausgewerbe mehr und mehr zurück. Namentlich der Aufschwung des *Skisports* kam dieser Entwicklung entgegen, die schon vor der Jahrhundertwende begann (s. u. Vereine: Gründung des ersten deutschen Skiclubs 1891).

Allerdings dauerte es eine Weile, bis sich die *Beherbergungsbetriebe* auf den Fremdenverkehr einstellten. So bemängelte man noch 1890 in Muggenbrunn, daß die Wirte an Luftkurgästen nicht interessiert seien, so daß diese zwar rege nach dort kämen, sich aber kaum länger aufhielten. 1927 hieß es, daß die Gemeinde oft erschöpfte Wanderer verpflegen müsse, da die Verpflegungsstationen zu weit auseinander lägen. 1948 gab es hier ein Caritasheim für erholungsbedürftige Schwestern sowie im »Adler« ein internationales Studentenerholungsheim für 30 bis 35 Personen, das von Genf aus geleitet wurde. Eine Jugendherberge war 1932 am Radschert in Todtnauberg erbaut worden. Provisorisch bestand eine weitere in Todtnau von 1920 bis 1933.

Für Todtnauberg wurde 1876 berichtet, daß lediglich wenige »Sommerfrischler« den Ort besuchten. Die touristischen Voraussetzungen zur Unterbringung seien noch zu schlecht. 1885 hatte sich das Bild gewandelt: Nicht nur die beiden Gasthäuser – das zweite war 1861 eröffnet worden –, auch viele Privatwohnungen waren nun ständig belegt. Die Zahl der Touristen stieg kontinuierlich. 1892 waren es 258 Personen im Jahr, 1900 schon 431. Ein örtlicher Verschönerungsverein, 1889 gegründet, tat alles, um ihnen den Aufenthalt so angenehm wie möglich zu gestalten. 1957 nahm Todtnauberg – jetzt mit 2 Gasthäusern, 3 Cafés und Pensionen, 22 Fremdenheimen, einem Kinderheim und einer Jugendherberge – rund 10000 DM an Kurtaxe ein, die in voller Höhe wieder zur Förderung des Fremdenverkehrs investiert wurden.

Todtnau selbst konnte 1957 750 Betten anbieten und verzeichnete 12200 Gäste, darunter 1500 Ausländer, mit etwa 75000 Übernachtungen. Als größter Anziehungspunkt erwies sich im Winter das Skigebiet am Hasenhorn. Bereits 1909 hatte man in Brandenberg mit der Errichtung einer regelrechten Ferienkolonie begonnen und dazu die Baugesellschaft »Heimat« gegründet. Das *Todtnauer Ferienland* ist heute eines der zentralen Erholungsgebiete des Schwarzwaldes. Neben Privatquartieren stehen seit Anfang unseres Jahrzehnts 50 Hotels, Gaststätten und Pensionen zur Verfügung, darunter (nur Betriebe mit Übernachtung) 13 in Todtnauberg und je 5 in Todtnau und Brandenberg mit Fahl. Die Zahlen für Ankünfte und Übernachtungen lagen seit der 2. Hälfte der 1980er Jahre etwa bei 77000 bis 78000 Ankünften (1992: 77336) und über 500000 Übernachtungen (1992: 554569). Die durchschnittliche Verweildauer betrug 6 bis 8 Tage (1992: 7,17 Tage).

Verkehr. – Als Folge der geographischen Struktur des Todtnauer Gebiets blieb die verkehrsmäßige Erschließung lange Zeit verhältnismäßig ungünstig. Einigermaßen unproblematisch gestaltete sich der Weg durch das Wiesental in Richtung Lörrach. Doch nach Freiburg zu kommen – wohin man sich traditionell orientierte –, war wesentlich schwieriger. Getreide, Lebensmittel, Vieh, Wein, Rohstoffe für die Industrie und Baumaterial mußten zwischen Freiburg und Todtnau samt den umliegenden Gemeinden auf einem steilen und lebensgefährlichen Weg, der über die Halde nach Günterstal führte und im Winter oft unpassierbar war, transportiert werden. Bereits dem ersten Landtag wurde deshalb 1819 eine allerdings erfolglose Petition eingereicht, die Stände mögen den Bau einer guten Fahrstraße von Todtnau nach Oberried bewilligen; von dort an führe ein guter Weg weiter. 1844 entschied sich die Regierung schließlich für die Straßenführung durch das Münstertal. Die Trasse wurde in mehreren Abschnitten zwischen 1847 und 1856 fertiggestellt. Die Bewohner des oberen Wiesentales, namentlich die Gewerbetreibenden von Todtnau, drückten mehrfach ihre Unzufriedenheit mit dieser Straße aus. Ihr Bezugspunkt war Freiburg, Staufen bedeutete für sie einen unangenehmen Umweg. Ein Durchbruch konnte erzielt werden, als auch die Großherzogliche Forstbehörde eine bessere Verbindung nach Oberried wünschte, um Holz aus den staatlichen Waldungen abtransportieren zu können. Zugleich um die Not der ärmeren Bevölkerung zu lindern, stimmte die Regierung am 23. April 1847 dem Bau einer Straße von Oberried bis auf den Bergsattel beim Steppweg auf Kosten des Forstdomänenfiskus zu; die beteiligten Gemeinden mußten das benötigte Gelände kostenlos stellen. 1848/49 erfolgte die Ausführung. Kurz zuvor war die Vicinalstraße vom Steppweg nach Todtnauberg fertiggestellt worden.

1848 bewilligte der Staat auch einen Zuschuß zum Weiterbau der Straße bis Todtnau. Die politischen Ereignisse dieser Zeit verzögerten die Verwirklichung allerdings bis 1855. 1869/70 wurde der Weg nach Todtnauberg verbessert. Zu dieser Zeit verkehrten täglich im Durchschnitt 56 Zugtiere zwischen Todtnau und Oberried. Der Straßenbau

Die Stadt im 19. Jahrhundert und in der Gegenwart   693

hatte schlagartig die Verhältnisse verbessert: Die Kosten der Fracht nach Freiburg fielen um fast die Hälfte, das Gewerbe wurde dadurch erheblich begünstigt. Holz konnte nun leichter abtransportiert werden, ebenso andere land- und forstwirtschaftliche Produkte. Umgekehrt wurde das Todtnauer Gebiet nun schneller und billiger mit notwendigen Waren beliefert. 1872 gelangte schließlich noch die Wiesentalstraße bis und durch Todtnau in den Landestraßenverband. Sie wurde fortgesetzt durch die Straße über den Feldberg bis nach Neustadt, die seit 1839 – zunächst vor allem seitens der Gemeinden Brandenberg und Fahl – ein drängendes Anliegen war, um die Holzabfuhr zu verbessern, das Salz aus Dürrheim billiger zu erhalten sowie aus der Verbindung zwischen dem Kaiserstuhl, der Schweiz und Frankreichs mit der Baar Nutzen zu ziehen. Sie wurde 1886 dem Verkehr übergeben. Die Inbetriebnahme der Höllentalbahn 1889 schränkte allerdings den erhofften wirtschaftlichen Gewinn ein. Das Verbindungsnetz durch größere Straßen wurde abgeschlossen mit dem Bau der Strecke ins Wehratal über Präg und den Weißbachsattel zwischen 1901 und 1928.

In diese Periode fiel auch der Beginn weiterer Verbesserungen des Wegenetzes, so 1860/61 mit dem Ausbau des Steppweges bis zur Todtnauer Viehhütte, mit dem der Feldbergbesuch erleichtert werden sollte. Die kleinen Gemeinden wurden durch den Wegebau oft erheblich belastet. So kostete der 1,4 km lange, 1870 fertiggestellte Weg von Aftersteg nach Hasbach 3100 fl, von denen der Staat 600 übernahm. Der Rest mußte durch freiwillige Beiträge, Holzverkauf und Aufkündigung ausstehender Kapitalien aufgebracht werden. Die Gemeinde Präg klagte über die Kosten der seit 1892 im Bau befindlichen Straße über den Weißenbach nach Todtmoos. 1902 war der Voranschlag bereits um das Doppelte überschritten, der Weiterbau mußte vorerst unterbrochen werden. Dies war natürlich wenig sinnvoll, und deshalb drängte die Gemeinde immer wieder auf eine Fortsetzung, weil sie sich einen stärkeren Verkehr im Ort erhoffte. Dieses Ziel tauchte übrigens auch bei Projekten anderer Gemeinden dieses Gebietes auf. Heutzutage wird gerade die entgegengesetzte Tendenz vertreten. So erhielten Schlechtnau und Geschwend Anfang der 1960er Jahre eine Ortsumgehung im Zuge der B 317.

An den *öffentlichen Personennahverkehr* sind die Teilgemeinden Todtnaus durch Buslinien innerörtlich sowie in Richtung Titisee, Freiburg, Zell i. W., St. Blasien, Schönau und Todtmoos angeschlossen. Die erste Kraftpostlinie war 1920 zwischen Freiburg und Schönau eingerichtet worden, nachdem vorher Postkutschen und Postwagen (Pferdeomnibus) als öffentliche Beförderungsmittel dienten. Eine Bahnlinie existierte bis 1967. Ende des letzten Jahrhunderts wurde eine Privatbahn von Zell i. W. nach Todtnau gebaut und 1889 eröffnet. Pläne, Eisenbahnstrecken von Freiburg nach Waldshut über Todtnau zu bauen oder die Linie Zell-Todtnau an die Verbindung zwischen Freiburg und Donaueschingen anzuschließen, konnten nicht verwirklicht werden.

Verwaltungszugehörigkeit, Gemeinde und öffentliches Leben

Verwaltungszugehörigkeit und Gemeindegebiet. – 1806 wurde das gesamte Gebiet in das neu gebildetete Großherzogtum Baden überführt, die Talvogtei Todtnau 1808 aufgelöst (vgl. auch oben: Landwirtschaft, Wald). Die Gemeinde Todtnau erhielt 1809 den Status einer Stadt. Bis 1924 war das Bezirksamt Schönau für die Gemeinde zuständig. Zwischen 1924 und 1936 wurden die Gemeinden dem Amtsbezirk Schopfheim angeschlossen, bis 1945 dann dem Landkreis Neustadt. Seitdem gehören sie zum Landkreis Lörrach. Aftersteg und Muggenbrunn hatten von 1939 bis 1945 zum

Landkreis Neustadt gehört, Todtnau und Todtnauberg von 1938 bis 1945, seither wieder zu Lörrach.

1939 war die gemeindliche Zusammenfassung des Feldberggebietes verfügt worden, wobei Todtnau 175 ha und Brandenberg 81 ha abtreten mußten. Bis dahin hatte das Gelände um den Feldbergturm zu Todtnau gehört. Brandenberg, dessen Restgemarkung 582 ha umfaßte, wurde mit Todtnau vereinigt. Die Zusammenlegung der Gemarkungen Todtnauberg-Dorf und -Rütte, die seit 1816 eine politische Gemeinde bildeten, scheiterte in den 1860er Jahren am Widerstand der Einwohner. Vor allem Rütte befürchtete eine Verschlechterung der wirtschaftlichen Verhältnisse. 1914 wurde die Vereinigung vollzogen, 1927 verbanden sich Herrenschwand und Präg in ähnlicher Weise. Fahl war 1934 zu Brandenberg gekommen. Nach Brandenberg wurden 1972 Schlechtnau und 1974 Aftersteg, Geschwend, Muggenbrunn, Präg und Todtnauberg eingemeindet. Die heutige Stadt umfaßt 6959 ha, von denen 1985 3,7% als Siedlungsfläche ausgewiesen waren.

Gemeindeverwaltung. – Nach der Gemeindeverfassung von 1831 wählte die Gemeindeversammlung der Vollbürger einen drei- bis sechsköpfigen Gemeinderat sowie den Bürgermeister für jeweils 6 Jahre. Der Bürgermeister war zugleich Mitglied des Gemeinderates. Diesem trat ein für 4 Jahre ebenfalls direkt gewählter, ehrenamtlicher Bürgerausschuß zur Seite, der auch eine Kontrollfunktion ausüben sollte. Seine Größe entsprach der des Gemeinderates. 1851 änderte sich dieses System insofern, als von einer bestimmten Bürgerzahl an die Gemeindeversammlung nun einen Großen Bürgerausschuß – zwischen 12 und 32 Mitgliedern in den Todtnauer Gemeinden – wählte, der seinerseits sowohl den Kleinen Bürgerausschuß als auch den Gemeinderat und den Bürgermeister bestimmte. Erst 1870 wurde diese Trennung in Kleinen und Großen Bürgerausschuß wieder rückgängig gemacht. Noch mehrfach kam es jedoch zum Wechsel zwischen der Wahl von Gemeinderat und Bürgermeister durch den Bürgerausschuß oder direkt durch die Gemeindebürger. Zu den Aufgaben von Gemeinderat und Bürgermeister zählten neben der Aufstellung des Haushaltes, der örtlichen Polizeiverwaltung und der niederen Gerichtsbarkeit nicht zuletzt die Verwaltung des Armen- und Schulfonds.

Gemeindeämter besetzten – in unterschiedlichem Umfang – je ein Ratschreiber, Rechner, Waldmeister, Kaminfeger, Leichenschauer, Feldhüter, Straßenwart, Abdecker sowie eine Hebamme, ein bis zwei Waldhüter – später Forstwarte – und 3 bis 5 Steinsetzer, in Todtnauberg auch 2 Holzsetzer. Teilweise erhielten die Bediensteten kein Gehalt, sondern erhoben Gebühren für ihre Amtsgeschäfte oder waren ehrenamtlich tätig. Manchmal übte eine Person mehrere Ämter aus. Hin und wieder kamen noch Polizeidiener – oft zugleich Nachtwächter –, Farrenhalter, Maulwurf- und Mäusefänger, Viehschätzer, Bauschätzer, Hirten, Desinfektor, Totengräber, Fleischbeschauer, Waisenrichter, Brunnenmeister sowie Industrielehrerin und Schuldienerin dazu. In Todtnau standen 1883 auch der Arzt, die Spitalvorsteherin und die Krankenwärterin auf der gemeindlichen Gehaltsliste. Für Brandenberg wird 1930 ein Ortsjugendhelfer genannt. Nebenorte der Gemeinden – wie Fahl in Brandenberg oder Herrenschwand in Präg – hatten lange Zeit noch einen Stabhalter mit einem Gemeinderat und besonderen Bediensteten. Im 20. Jh. wurde die Verwaltung immer mehr ausgebaut und zugleich zentralisiert. Nach der Wahl von 1989 setzte sich der Gemeinderat aus 26 Stadträten zusammen, davon 12 der CDU, 9 der SPD und 5 der Freien Wählervereinigung. Die Stadtverwaltung beschäftigte 1992 18 Bedienstete und ist in ein Haupt-, Personal-, Standes- und Sozial-, Grundbuch-, Rechnungs-, Ordnungs- sowie Bauamt gegliedert. Die Teilgemeinden verfügen nach den 6 Ortschaftsverfassungen über eigene Verwaltungen mit Ortsvorstehern an der Spitze.

Im Zentrum der Gemeinden standen die *Rathäuser*. In ihnen waren meist auch ein Wach- und Arrestzimmer sowie die Spritzenremise für die Feuerwehr untergebracht. 1878 wurde in Todtnau nach einem Brand ein Neubau eingeweiht. 1877/78 erhielt Todtnau ein neues Rathaus, 1897 Todtnauberg. 1954 zog die Verwaltung ins »Schlößle«, ein Patrizierhaus aus dem Jahr 1859. Im Besitz der Gemeinden befanden sich ebenfalls die *Schulhäuser* einschließlich Lehrerwohnung, manchmal im selben Gebäude wie das Rathaus. In Brandenberg und Muggenbrunn wurde lange Zeit bemängelt, daß wegen des Raummangels der Bürgermeister alle Unterlagen in seiner Wohnung aufheben müsse. In Herrenschwand wurde 1900 ein neues Rat- und Schulhaus gebaut.

Hier und dort, so in Brandenberg, Schlechtnau und seit 1855 in Todtnau, gab es ein eigenes *Armenhaus* für bedürftige Familien. In Todtnau wurde es vorübergehend auch als Spital genutzt. In Muggenbrunn war die Armenwohnung im Rat- und Schulhaus untergebracht. Todtnau verfügte darüber hinaus über ein Arbeitshaus, Todtnauberg über ein kleines Armenhäuschen, das 1851 erworben wurde. In Geschwend unterhielt die Gemeinde, finanziert über Weidgelder, ein Hirtenhaus mit Stall. Ebenso gehörte ihr eine Säge, die sie wegen des schlechten Gebäudezustandes – allerdings vergeblich – seit Mitte des 19. Jh. abzustoßen suchte. Eine 1882 erbaute Fohlenhütte mit 60 Einstellplätzen auch für auswärtige Fohlen brachte zunächst gute Gewinne, die sich jedoch nicht durchgängig halten ließen. In Präg wurde die Gemeindesäge 1872 verkauft, mit der Auflage, den Bürgern weiterhin das für sie notwendige Bauholz zu festgesetzten Preisen zu sägen. In Todtnauberg war die Gemeindesäge schon um die Jahrhundertmitte verkauft. Der heutige Besitz der Stadt hat noch immer seinen Schwerpunkt im Wald, der 1993 einschließlich des auf Gemarkung Feldberg befindlichen Waldes (ca. 40 ha) 4812 ha umfaßte. Wald nimmt also mehr als zwei Drittel der Gesamtgemarkungsfläche ein.

Nichtkommunale Behörden. – 1987 bestanden in Todtnau 2 Postämter, in Geschwend und Muggenbrunn je eine Poststelle. Ursprünglich wurde die *Post* über Gelegenheitsboten und Fuhrleute zugestellt. 1846 richtete man eine Postexpedition in Todtnau ein, die Posthalterei befand sich in Schönau. Seit 1848 wurde eine tägliche Postverbindung zwischen Todtnau und Schönau unterhalten. 1860 fuhr zum ersten Mal ein Pferdeomnibus von Freiburg nach Todtnau, seit 1862 weiter nach Zell und Schopfheim. Er beförderte Personen und diente auch als Postwagen. Später verkehrte er einmal täglich in jeder Richtung. 1862 erfolgte der Anschluß an das Telegrafennetz. Die übrigen Gemeinden der heutigen Stadt Todtnau erhielten nach und nach Post(hilfs-)-stellen, Todtnauberg 1886 eine Postagentur. 1914 wurde Todtnau zur Posthalterei erhoben. – Als weitere Behörden sind heute ein *Polizeiposten* sowie ein *staatliches Forstamt* zu nennen, das auf einen 1847 in Todtnau gebildeten Forstbezirk zurückgeht.

Ver- und Entsorgungseinrichtungen. – Ursprünglich wurde die *Wasserversorgung* in den meisten Gemeinden über Privatbrunnen oder Brunnengenossenschaften sichergestellt. Das Verlegen von Wasserleitungen traf häufig auf ernste Schwierigkeiten. 1907 und 1911 klagte die Gemeinde Geschwend über erhöhte Belastungen aufgrund des Baus einer Wasserleitung. Teilweise finanzierte man sie über einen außerordentlichen Holzhieb. Die Höfe behielten meistens ihre Brunnen. Eine zentrale Wasserversorgung wurde in Präg erst Ende der 1950er Jahre gebaut, in Todtnauberg vor allem unter dem Druck des Fremdenverkehrs. Mit dem Bau von Wasserleitungen war in Todtnau schon in der Mitte des 19. Jh. begonnen worden. Der Wiederaufbau nach dem großen Brand von 1876 begünstigte diese Arbeiten ebenso wie die Verlegung der Kanalisationsrohre; die Abortgruben wurden ausgemauert und abgedichtet. 1881 war die zentrale Wasserversorgung gesichert; 1908 wurde sie endgültig abgeschlossen. Der Ortsteil Poche erhielt 1894 eine eigene Wasserleitung. Anfang des 20. Jh. klagte man jedoch darüber, daß sowohl die Wasserversorgung in trockenen Sommern nicht ausreiche als auch die Kanalisation ungenügend sei. In der Folge trieb man den Ausbau voran.

In Geschwend beschwerte man sich um die Mitte des 19. Jh. über die Verschmutzung der Wiese, aus der teilweise das Wasser gezogen wurde. Verursacher waren die Ableitungen aus den Fabriken und Färbereien von Todtnau, die auch ein Fischsterben nach sich zogen, 1883 z. B. in Muggenbrunn zu einigen Fällen von Bleilähmung führten. Durch behördliche Eingriffe versuchte man, dem Mißstand abzuhelfen. In der Folgezeit kam es jedoch immer wieder zu Anzeigen. 1987 waren Todtnau-Stadt, Brandenberg, Fahl, Todtnauberg, Mugggenbrunn, Aftersteg und Schlechtnau fast vollständig kanalisiert. Mit der Kanalisierung von Geschwend wurde begonnen, für Präg lag die Planung vor. Mechanisch-biologische Kläranlagen gab es in Todtnau-Stadt, Todtnauberg und Herrenschwand. Nach der Erweiterung in Todtnau soll die Anlage in Todtnauberg zu einem Regenüberlaufbecken umgebaut werden. Die *Abwässer* von 87,3 % der Bevölkerung konnten der kommunalen Kläranlage zugeleitet werden. – 1993 waren alle Einwohner der Gesamtgemeinde Todtnau an die öffentliche *Hausmüllentsorgung*, die einem privaten Unternehmen übertragen ist, angeschlossen.

1901 wurde in Aftersteg eine *elektrische Krafterzeugungsanlage* fertiggestellt, durch die die Todtnauer Textilwerke Strom erhielten und die Straßenbeleuchtung nach und nach erfolgte. Als bahnbrechend erwies sich dabei ein Aftersteger Elektriker, der nicht nur in seinem Heimatort, sondern auch in Todtnau und Muggenbrunn die Anlagen einrichtete. Aftersteg wurde noch in den 1920er Jahren durch Elektrizitätswerke von Firmen versorgt. Geschwend bekam seit 1905 Strom aus dem Elektrizitätswerk Utzenfeld. In den 1950er Jahren bestand ein Vertrag mit dem Kraftwerk Rheinfelden. Muggenbrunn erhielt ab 1894 elektrisches Licht über einen Dynamo, den der Dorfschmied in seiner Werkstatt aufstellte. Dann wurde bis 1965 der Strom von dem privaten Elektrizitätswerk Ernst bezogen. 1966 legte man das Ortsnetz neu an und schloß einen Vertrag mit dem Elektrizitätswerk Utzenfeld. Präg hatte 1914 noch kein elektrisches Licht. Nach dem 1. Weltkrieg erfolgte eine Elektrizitätsversorgung durch die dortigen Holzwarenwerke, die allerdings unzureichend blieb. Später schloß man sich dann auch dem Kraftwerk Rheinfelden an. Ähnlich war es in Schlechtnau, das zuvor durch ein kleines Kraftwerk an der Wiese versorgt worden war.

Todtnau führte 1876/77 die öffentliche *Gasbeleuchtung* ein. 1904 erwarb die Gemeinde das vorher in Schweizer Besitz befindliche Gaswerk. Kurz darauf genehmigte der Gemeinderat den Antrag einer Privatgesellschaft, ein *Elektrizitätswerk* zu errichten, um Todtnau mit elektrischem Licht zu versorgen; dazu sollte die Wasserkraft in Utzenfeld genutzt werden. Auch örtliche Fabriken lieferten dann Strom. Noch 1949 war jedoch – bei einem inzwischen veralteten Leitungsnetz – die Stromversorgung ungenügend, so daß sie die Stadt 1951 übernahm. In den Stadtwerken Todtnau wurde dafür die Abteilung Elektrizitätswerk geschaffen. Das Gaswerk arbeitete aber weiter. 1987 bezogen 263 Häuser Gas. Seit 1. Januar 1988 sind Todtnau (Stadt), Aftersteg und Brandenberg in der Energieversorgung Oberes Wiesental GmbH vereinigt, in deren Netz auch das Kraftwerk Rotwieser, Bernauer KG einspeist, das seit 1983 arbeitet. In Todtnauberg begrüßten insbesondere Touristen die in den 1890er Jahren angebrachte Straßenbeleuchtung, die aus 3 Laternen bestand. Elektrisches Licht kam erst nach dem 1. Weltkrieg durch das Kraftwerk der Vereinigten Bürstenfabrik in Todtnau nach Todtnauberg. Projekte zum Bau eines eigenen Kraftwerks, das den Wasserfall hätte nutzen sollen, scheiterten in den 1920er Jahren nicht zuletzt an Erwägungen des

Naturschutzes und des Fremdenverkehrs. Das Elektrizitätswerk Utzenfeld versorgte 1992 die Stadtteile Geschwend, Herrenschwand, Muggenbrunn, Präg, Schlechtnau und Todtnauberg.

Die *gesundheitliche Versorgung* war immer wieder problematisch, da, verursacht durch unreines Wasser, oft Typhusfälle auftraten. 1901 beschäftigte Aftersteg einen amtlichen Desinfektor, der nicht zuletzt für Maßnahmen gegen Scharlach und Diphtherie zuständig war; vorher mußte man sich nach Schönau wenden. Dort waren zunächst auch die Medikamente zu besorgen. Mitte der 1860er Jahre strebte man an, in Todtnau eine Apotheke einzurichten. Hier führte noch 1860 der praktische Arzt die Handapotheke. 1866 war eine Filial-Apotheke eingerichtet, die Ende 1870 selbständig wurde. Bei Nacht und im Winter konnte der Arzt oft seine Patienten nicht erreichen; manchmal blieb die Stelle ohnehin unbesetzt. Der praktische Arzt war zugleich der Arzt im *Spital*, das 1866 im Armenhaus bestand. 1877 wurde das Spital nach einem Brand neu errichtet, diente aber weiterhin auch als Armenhaus. Um die Jahrhundertwende erhielt die Gemeinde einen zweiten Arzt. 1948 werden außerdem ein Zahnarzt und 2 Dentisten genannt. 1958 gab es 3 praktische Ärzte und einen Tierarzt. Das Krankenhaus hatte 33 Betten. Im kath. Schwesternheim bestand noch eine Krankenstation, die vom Krankenverein – getragen von beiden Konfessionen – finanziert wurde. 1987 wies Todtnau 3 praktische Ärzte, davon einer in Todtnauberg, eine Fachärztin für innere Krankheiten und 3 Zahnärzte auf. Der Gesundheitsversorgung dienten weiterhin 1 Hebamme, 1 Heilpraktiker, 3 Massagepraxen und 1 Krankengymnastikpraxis sowie 2 Apotheken. Das Kurheim und Sanatorium »Tannenhof« in Todtnauberg, das sich in der Trägerschaft des Deutschen Arbeitskreises für Familienhilfe e.V., Kirchzarten, befindet, hatte 1993 150 Betten. Das von der Stadt getragene ehemalige Belegkrankenhaus ist inzwischen zum Alten- und Altenpflegeheim umgewandelt. Es bot 1993 50 Plätze an.

Im 19. Jh. verfügte jede Teilgemeinde über eine *Feuerwehr* mit entsprechenden Löschgeräten. Löschmannschaften waren wegen der hohen Feuergefahr und der verheerenden Auswirkungen von Bränden bei der damaligen Holzbauweise mit Schindeldächern unbedingt notwendig und wurden durch die Behörden regelmäßig kontrolliert. Organisiert als »Freiwillige Feuerwehr« – mit Schulungen und ständigen Übungen sowie verbesserter Ausrüstung – wurden sie teilweise erst spät, so 1948 in Muggenbrunn mit 8 Wehrmännern und einem Obmann (1993: 17). 1993 umfaßte die Freiwillige Feuerwehr Präg 16, diejenige Schlechtnaus – 1946 gegründet – 14 Mann. In Todtnau selbst war ein Feuerwehrkorps bereits 1858 organisiert und löste die Löschmannschaft ab, die 3 Jahre zuvor 150 Personen gezählt hatte. Der Todtnauer Wehr gehörten 1993 44 Mann an. In Brandenberg bestand 1879 eine Freiwillige Feuerwehr mit 40, 1993 mit 19 Mann. In Todtnauberg bildete sich die Feuerwehr 1900 (1993: 37 Feuerwehrleute). Die Feuerwehr Aftersteg zählte 1993 20 Aktive, diejenige Geschwends 17. Die Freiwillige Feuerwehr Todtnaus umfaßte 1993 insgesamt 192 Mann.

Friedhöfe gab es seit 1812 in Todtnau und seit 1844 in Todtnauberg, seit 1907 in Geschwend. Vorher mußten die Toten in Schönau begraben werden. Präg führte ab 1908 die Beerdigungen in Geschwend durch, während die Einwohner von Herrenschwand weiterhin den Friedhof in Todtmoos nutzten. Für die übrigen Gemeinden war der Friedhof in Todtnau zuständig.

Kirchen. – Im 19. Jh. befanden sich die einzigen Kirchen in Todtnau und – seit 1794 – in Todtnauberg. Zur *Pfarrei Todtnau* gehörten Aftersteg, Muggenbrunn, Brandenberg, Fahl und Schlechtnau, zu *Todtnauberg* die beiden Ortsteile Dorf und Rütte. Geschwend und Präg waren Filialen von Schönau, später von Todtnau, Herrenschwand gehört zu Todtmoos.

In Aftersteg stand eine sehr alte kleine Kapelle; 1909 erstellte man eine neue. 1865 wird von Überlegungen in Brandenberg berichtet, eine Kapelle zu errichten, die man auch wenige Jahre später in die Tat umsetzte. In Präg befand sich die Kapelle zunächst im Rat- und Schulhaus; sie nahm dort ein Drittel des Gebäudes ein. 1869 mußte sie aus Platzgründen weichen. Bestrebungen, eine neue zu bauen, konnten erst später verwirklicht werden. Herrenschwand besaß eine kleine, gemeindeeigene Kapelle. In Schlechtnau war die steinerne Kapelle bis 1866 in Gemeindebesitz. Kapellen gab es außerdem in Geschwend und – seit 1900 – in Muggenbrunn, die dann 1907 bzw. 1954 eine eigene Kirche erhielten. 1853 klagte man in Todtnau darüber, daß die alte Kirche im Verhältnis zur Seelenzahl des Kirchspiels – mit Wieden, Geschwend und Präg 2601 – zu klein sei. Ein Neubau sei wünschenswert. Zunächst mußte man sich jedoch mit Renovierungen begnügen. Der Brand von 1876, der auch die Kirche zerstörte, erzwang aber den Bau einer neuen Stadtpfarrkirche, der 1884 abgeschlossen war. 1888 wurde sie eingeweiht (s. o., Bemerkenswerte Bauwerke). Die Kirche in Todtnauberg war 1853 reparaturbedürftig. 1865/66 wurde sie renoviert. Eine neue Pfarrkirche weihte man 1969 ein. Zum Dank an die Bewahrung der Heimat vor Kriegszerstörung und zum Gedenken an die Gefallenen war 1949 eine schöne Bergkapelle errichtet worden.

In Todtnau wurde 1926 die *ev. Kirchengemeinde* gebildet. 1887 hatte hier der erste ev. Gottesdienst stattgefunden; die Stadt bildete zusammen mit Schönau seit 1882 eine Diasporagemeinde. 1893 wurde ein Betsaalgebäude errichtet, nachdem man vorher mit einem Schulzimmer hatte vorlieb nehmen müssen (s. o., Bemerkenswerte Bauwerke). Seit 1958 besitzt Todtnau eine ev. Kirche.

Schule. – Im Schuljahr 1992/93 verfügte die Stadt Todtnau über eine Grund- und Hauptschule in Todtnau mit 172 Grund- und 120 Hauptschülern sowie 22 Lehrern, eine Grundschule in Geschwend mit 38 Schülern und 2 Lehrern sowie eine Grundschule in Todtnauberg mit 30 Schülern und 3 Lehrern. Im 19. Jh. war hingegen das Schulwesen sehr viel dezentraler. So besaß *Aftersteg* 1871 ein ziemlich großes, am Ende des Dorfes gelegenes Holzhaus als Schule, die 48 Kinder besuchten. 1877 war zum Lehrer noch eine Industrielehrerin hinzugekommen. Der Hauptlehrer betrieb nebenbei den Kaufladen und die Feuerversicherungsagentur, auch verwaltete er den Schul-, Armen- und Kapellenfonds.

Ähnliche Berichte fanden sich für die übrigen Gemeinden. In *Muggenbrunn* wurden 1854 72 Schüler und ein Lehrer, in *Brandenberg* 84 Schüler und ein Lehrer gezählt. In *Geschwend* gingen 1853 48 Kinder in die Volksschule und wurden von einem Hauptlehrer und einer Gewerbeschullehrerin unterrichtet. In den folgenden Jahren ging die Schülerzahl zurück. Auch hier unterhielt der Lehrer – in Privateigentum – eine Baumschule zur Unterweisung der Kinder. Die Gemeinde kaufte in den 1860er Jahren Wiesen zur Dotation des Schuldienstes. 1874 wurde in *Muggenbrunn* eine Fortbildungsschule eingerichtet, eine Schulbibliothek wird 1878 genannt. Vergleichbar war es in *Schlechtnau*. Hier fiel 1872 die Wiese, die 1857 zur Dotation des Schuldienstes übereignet worden war, an die Gemeinde zurück. Die Schülerzahl schwankte bis in die 1950er Jahre um 40. 1874 wurde eine Fortbildungsschule eingerichtet, 1876 eine Bibliothek. 1954 gab es 95 Schüler, die in unzureichenden Räumlichkeiten unterrichtet wurden.

In *Herrenschwand* war die Schule zunächst in einem alten, baufälligen Bauernhaus untergebracht. 1870, als mit 20 bis 24 Schülern zu rechnen war, begannen die Überlegungen, die Selbständigkeit aufzugeben. 1872 vereinigte man sich kurzfristig mit Todtmoos-Weg. Der Schulweg für die Kinder war jedoch zu beschwerlich, so daß man doch wieder einen eigenen Lehrer anstellte und das Schulhaus renovierte; 1900 erfolgte ein Neubau, zusammen mit dem Rathaus. In den 1870er Jahren erhielten *Herrenschwand* und *Präg*, wo jeweils ein Hauptlehrer und eine Industrielehrerin tätig waren, eine Schulbibliothek. Die Präger Schule wurde 1923 neu gebaut. 1956 hatte Präg 40 und Herrenschwand 10 Schüler; ein Lehrer versorgte beide Schulen. Da sich die Räumlichkeiten als zu klein erwiesen, erfolgte schließlich die Auflösung.

Die größte Schule befand sich naturgemäß in *Todtnau*. Zwischen 1817 und 1827 wurde sie auf den Mauern eines älteren Gebäudes errichtet. 1876 brannte sie nieder, zwei Jahre zuvor hatte man jedoch bereits angesichts der gestiegenen Schülerzahlen ein neues Schulhaus gebaut mit 4 Schulsälen und 3 Lehrerwohnungen. 1855 unterrichteten ein Haupt- und ein Unterlehrer 200 Kinder, 1958 lag die Schülerzahl bei 310, die 8 Lehrer betreuten. Eine Schulbibliothek war in der Zeit der Entstehung des Kaiserreiches eingerichtet worden. Seit 1836 war eine Industrieschule für Mädchen angeschlossen; eine Lehrerin bildete sie im Winterhalbjahr in Handarbeiten aus. Daneben bestand eine Fortbildungsschule. 1860 kam eine Gewerbeschule hinzu, um dem wirtschaftlichen Aufschwung Rechnung zu tragen. 1868 mußte sie jedoch wegen zu geringer Beteiligung wieder aufgehoben werden. Die später entstandene gewerbliche Fortbildungsschule wurde 1906 in eine Gewerbeschule umgewandelt. In deren Gebäude sind heute das Haus des Gastes, die Volkshochschule, die Musikschule Oberes Wiesental sowie die Stadtbücherei untergebracht. Nur kurz, von 1927 bis 1931, konnte sich eine Handelsschule halten. 1958 bestanden eine Berufsschule Metall und Holz sowie eine Mädchenberufsschule mit insgesamt 320 Schülern und 4 Lehrern. – Im Spätjahr 1869 richtete man eine *Kleinkinderschule* für 40 bis 50 Kinder ein, die im Armenhaus, später im Rathaus untergebracht wurde. 1886 waren es bereits 50 bis 60 Kinder, die von den Mitgliedern des Frauenvereins beaufsichtigt wurden. 1948 leitete eine Schwester den Kindergarten mit 120 bis 130 Kindern, der bis heute von der kath. Kirchengemeinde Todtnau getragen wird. Hinzugekommen ist inzwischen ein Kindergarten in Todtnauberg, der sich in der Trägerschaft der dortigen Pfarrgemeinde befindet. – In Todtnau haben außerdem eine *Volkshochschule* und eine *Musikschule* ihren Sitz.

In *Todtnauberg*, wo in den 1790er Jahren das erste Schulgebäude errichtet worden war, wurde – für Rütte und Dorf gemeinschaftlich – um 1830 ein Schulhaus gebaut, in dem ein Lehrer unterrichtete. 1834 wurden 132, 1855 100, 1866 86 Schüler gezählt. Die Industrieschule und das Arrestzimmer wurden ebenfalls dort untergebracht, auch Dorfversammlungen und Sitzungen des Großen Bürgerausschusses fanden hier statt. Erst 1855 wurde die Situation durch ein neu erstelltes Gemeindehaus verbessert. 1881 war eine Schulbibliothek mit 40 Büchern vorhanden. Vorübergehend stellte man 2 Hauptlehrer ein, 1908 unterrichtete wiederum nur ein Lehrer 98 Schüler. 1913/14 kam es zum Bau des dritten Schulhauses. 1916 wurde vermerkt, es sei sehr schön eingerichtet, habe sogar ein Schülerbad. 1957 war das Schulhaus reparaturbedürftig und wurde 1963 erweitert. Immerhin entfielen auf 55 Schüler jetzt 2 Lehrer. Im Zuge der Reformen wurden dann die Grundschulen von Todtnauberg und Muggenbrunn zusammengelegt.

Kulturelle Einrichtungen, Sportstätten und Vereine. – Erste Erwähnungen von Büchereien findet man während des 19. Jh. in Berichten über die Schulverhältnisse. Eine eigenständige wird zum ersten Mal 1876 für Geschwend erwähnt. 1993 gab es eine *Stadtbücherei* in Todtnau mit 3823 Bänden und 2247 Entleihungen. Darüber hinaus hat Muggenbrunn eine Gemeindebücherei. Ebenso bieten die kath. Kirchengemeinden Todtnau und Todtnauberg sowie die ev. Kirchengemeinde Todtnau die Benutzung ihrer *Pfarrbüchereien* an. Im Glasbläserhof ist ein *Glasbläsermuseum* eingerichtet worden. – Während der Sommersaison werden *Konzerte* im Rahmen der »Sommerlichen Abendmusik« veranstaltet. Auch die verschiedenen Vereinsfeste sowie das Städtlifest im Sommer sind wichtige kulturelle Ereignisse.

Todtnau verfügt über einen *Sportplatz* ohne Rundbahn und ohne leichtathletische Anlage, der 1959 als Hartplatz gebaut wurde. Daneben gab es 1993 *Tennisanlagen* der Clubs Todtnau, Todtnauberg und Muggenbrunn, eine *Mehrzweckhalle* in Todtnau sowie eine *Schießanlage* für den Schützenverein. *Beheizte Freibäder* können in Todtnau und Todtnauberg besucht werden. Einige Hotels und Pensionen bieten ihre Hallenbäder der Öffentlichkeit zur Benutzung an. Außerdem sind die umfangreichen *Anlagen für den Skisport* zu erwähnen.

Seit Mitte des 19. Jh. nahm das *Vereinswesen* einen Aufschwung, der allerdings unterschiedlich stark verlief. Neben den politischen Organisationen und Zusammenschlüssen zu bestimmten Dienstleistungen – wie dem Viehversicherungsverein – gab es Bauern- bzw. landwirtschaftliche Vereine und dann zunächst vor allem Geselligkeitsvereine. In Präg gründete sich in den 1870er Jahren ein Gesangverein mit 20 Mitgliedern. 1894/95 organisierte der Hauptlehrer in Schlechtnau einen Gesangverein. Seit 1891 gab es bereits hier einen Konsumverein, dem fast sämtliche Fabrikarbeiter des Ortes angehörten. In Todtnauberg gründeten sich 1858 ein Männergesangverein und 1906 ein Musikverein. 1871 wird in Brandenberg ein Arbeiterfortbildungsverein erwähnt. Seine Mitgliederzahl, anfänglich 38, sei bald zurückgegangen. Ähnliches galt für die dortigen übrigen Vereine. 1878 hieß es, die Vereine führten aus Mangel »an gebildeten« Kräften ein Schattendasein. Inzwischen waren noch ein Krankenversicherungsverein und ein »Patriotischer Bürgerverein« – der jedoch nicht im nationalen Sinne wirke – hinzugekommen.

Als erster Verein in Todtnau wird der 1771 entstandene Schützenverein genannt, nach zweimaliger Neugründung die heutige Schützengesellschaft. 1846 ist das Gründungsjahr des Männergesangvereins, 1847 bildete sich die Stadtmusik, die 1858 der Feuerwehr eingegliedert und 1891 neu gegründet wurde. 1853 wird von einer Lesegesellschaft berichtet, die ihren Sitz im »Ochsen« hatte; eine Vorläuferin bestand von 1843 bis 1849. 1860 gibt die Narrenzunft als ihr Gründungsjahr an. 1871 bestanden außerdem ein Turn-, Gesang-, Gesellen- und Arbeiterfortbildungsverein, der sich dann als Arbeiter-Kranken-Unterstützungsverein organisierte. 1872 schlossen sich Teilnehmer am Krieg von 1870/71 zum Militärverein zusammen. Anläßlich des Besuches der Großherzogin Luise in Todtnau 1896 gründete sich ein Frauenverein. Wahrscheinlich auf Betreiben des Pfarrers traten bald darauf die kath. Mitglieder aus und riefen einen eigenen Krankenpflegeverein ins Leben, der 1938 in das Deutsche Rote Kreuz überführt wurde. 1876 war in Todtnauberg, 1880 in Todtnau ein Kirchenchor zusammengestellt worden. Ein neues Interesse am Ort, nicht verwunderlich aufgrund des Strukturwandels, deutet der 1885 gebildete Verein für Heimatgeschichte an. Im selben Jahr kam es, um den Fremdenverkehr zu fördern, zu einem Verschönerungsverein, der 1925 in einen Kur- und Verkehrsverein umgewandelt wurde. 1889 hatte Todtnauberg eine ähnliche Einrichtung geschaffen. 1887, nach anderen Berichten schon 1878, erfolgte die Gründung der Ortsgruppe Todtnau des Schwarzwaldvereins, 1899 die des Kanaria- und Vogelschutzvereins. Besonders hervorzuheben ist, daß 1891 in Todtnau der erste deutsche Skiklub entstand, 1906 folgte Todtnauberg. 1897 war sogar der erste Damen-Skiwettlauf hier organisiert worden. Aus dem Todtnauer Verein gingen 1895 der Skiklub Schwarzwald, 1905 der Deutsche Skiverband hervor.

1987 führte die Stadtverwaltung außer den Ortsverbänden der politischen Parteien 56 Vereine mit rund 7260 Mitgliedern auf; die Vereinszahl stieg bis 1993 auf 70 an. Das Engagement der Todtnauer in Vereinen ist damit eindeutig. Die größte Organisation stellte mit Abstand der Ortsverein Todtnau des Deutschen Roten Kreuzes (810 Mitglieder), gefolgt vom Turnverein Todtnau und Ski-Club Muggenbrunn (je 450 Mitglieder), Sportverein Todtnau (etwa 400), Trachtenkapelle Brandenberg (315), Schwarzwaldverein-Ortsgruppe Todtnau (310), Stadtmusik Todtnau (302), Ski-Club Todtnau und Ski-Zunft Präg (je 300), Ski-Club Todtnauberg (265) und Todtnauer Narrenzunft (240). Die Bergwachtgruppen in Todtnau, Todtnauberg und Muggenbrunn erreichen zusammen über 300 Mitglieder.

Strukturbild

Die Gemeinden, die heute zur Stadt Todtnau zusammengeschlossen sind, haben ihren Charakter seit dem 19. Jh. wesentlich verändert. Die agrarisch-hausgewerbliche Struktur, die in der 1. Hälfte des 19. Jh. überwog, ist einem differenzierten Bild mit vielfältigem Gewerbe, einem starken Dienstleistungsbereich und einem beachtlichen Anteil des Fremdenverkehrs gewichen, auch wenn in einigen Orten die Landwirtschaft noch eine Rolle spielt und die Tradition der Bürstenmacherei nachwirkt.

In den Ortsbereisungsprotokollen, die aus der 2. Hälfte des 19. Jh. überliefert sind, wird in der Regel hervorgehoben, daß die ökonomischen Verhältnisse – nachdem die Folgen der Agrarkrise Mitte des 19. Jh. überwunden waren – nicht ungünstig seien. Arme brauchten nur selten in größerer Zahl unterstützt zu werden. Die Gemeindefinanzen waren in Ordnung, Rücklagen für außergewöhnliche Ausgaben vorhanden, obwohl kein allzu großer Spielraum bestand. Wer am Ort selbst keine ausreichende Verdienstmöglichkeit hatte, fand meistens Arbeit in einer der Fabriken in Todtnau und Umgebung. Konjunkturelle Schwankungen namentlich im Bürstengewerbe und Hausierhandel wirkten sich allerdings mehr oder weniger stark aus. Einbrüche gab es weiterhin durch Brände und Hochwasserkatastrophen. Mit Abweichungen im einzelnen gilt dies für Aftersteg, Brandenberg und Fahl, Muggenbrunn – hier gab es wegen der Probleme der Torfindustrie vorübergehend erhöhte Schulden –, Schlechtnau und Todtnauberg. Geschwend und Präg, die beiden Gemeinden mit der stärksten agrarischen Struktur, zählten – mit Ausnahme des Ortsteils Herrenschwand wegen seiner extremen Höhenlage – zu den wohlhabendsten des gesamten Bezirks. Vor allem die Erträge aus der Viehzucht waren dafür ausschlaggebend. Einige Höfe wiesen ein beachtliches Vermögen auf. Mit dem Niedergang der Landwirtschaft im 20. Jh. konnte diese Stellung nicht mehr gehalten werden.

In Todtnau selbst, wo der Anteil der Armen zunächst wesentlich höher als in den umliegenden Gemeinden war, brachte die Industrialisierung einen raschen Aufschwung mit Verdienstmöglichkeiten für zahlreiche Bewohner, auch der benachbarten Gemeinden. Um so schärfer machten sich dann wirtschaftliche Schwierigkeiten der vorherrschenden Gewerbe – vor allem im 20. Jh. – bemerkbar. Für die Gemeindefinanzen stellten die Erhaltung und Verbesserung der Infrastruktur erhebliche Belastungen dar. Dies ist bis heute so geblieben und läßt sich an der Finanzkraft der Gemeinde ablesen. Das Steueraufkommen der Stadt Todtnau stieg von 1970 (1,3 Mio. DM) bis 1988 (5,4 Mio. DM) um 312%. Es lag 1992 mit 6,2 Mio. DM noch einmal deutlich höher. Die Gewerbesteuer, die sich von 1970 bis 1988 nahezu verdoppelt hatte, betrug 1992 2,9 Mio. DM, machte also 46,7% des Steueraufkommens aus. Entsprechend vergrößerte sich die Steuerkraftsumme je Einwohner von 293 DM (1970) auf 941 DM (1988), lag damit allerdings immer noch um 20,2% unter dem Landesdurchschnitt; 1992 war sie auf 1207 DM gestiegen. Angesichts der notwendigen Investitionen – etwa der restliche Ausbau sowie die Sanierung der bestehenden Abwasserentsorgung und die

Sanierung der Wasserversorgung – stehen in den nächsten Jahren enorme Ausgaben an, so daß die Pro-Kopf-Verschuldung (1992: 3244 DM) kaum vermindert werden kann.

Ein entscheidendes »Kapital« Todtnaus ist seine landschaftliche Schönheit mit den Möglichkeiten zur Erholung, zum Wandern und zum Wintersport. Nicht zufällig kommt dem Fremdenverkehr beachtliche wirtschaftliche Bedeutung zu. In jüngster Zeit sind aber auch in diesem Bereich Probleme aufgetreten, deren Lösung zu den vorrangigen Zukunftsaufgaben gehört. Der Skisport, dessen Wiege in Todtnau stand, wenn man von der hier erfolgten Gründung des ersten deutschen Skiclubs ausgeht, ist in Konflikt mit der unbedingt erforderlichen Schonung der Natur geraten. Wenn das »Kapital« Natur – und damit auch die Grundlage für Fremdenverkehr, Wandern und Skisport – erhalten werden soll, ist es dringend notwendig, ökonomische und ökologische Erfordernisse in Einklang zu bringen. Dazu gehört etwa ein langfristiges Strukturkonzept zur Förderung eines »sanften Tourismus«.

C. Geschichte der Stadtteile

Aftersteg

Der Ort, 1288 als *villa ze dem Hindernstege*, 1352 in der Form *in Aftersteg* erwähnt, führt seinen Namen im Gegensatz zu der bei Todtnau befindlichen vorderen Brücke. Er ist wohl im Zuge des Erzabbaus im Todtnauer Schönenbachtal in der 2. Hälfte des 13. Jh. durch Ansiedlung von Bergarbeitern, die sich in Grubennähe niederlassen wollten, entstanden. Zu Aftersteg zählt auch das 1590 als Weiler bezeugte Hasbach südlich vom Ort am Kresselbach (um 1295 Flurname *Habispach*).

Wie in der ganzen Talvogtei bildete sich allmählich eine eigene Gemarkung. Sie erhielt feste Umrisse erst durch die Waldaufteilung der gesamten Talvogtei 1838, bei der Aftersteg 600 Mg zugesprochen wurden.

Aftersteg war Bestandteil der *sanktblasischen Talvogtei Todtnau*. Von der Mitte des 13. Jh. bis zum Übergang an Baden 1805 waren die Habsburger im Besitz der Landesherrschaft. Aftersteg erlebte dieselbe Herrschaftsgeschichte wie Todtnau.

Bei der Erstnennung wurde die Kirche zu Todtnau u. a. auch mit Zehnteinkünften aus Aftersteg ausgestattet. 1295 bei der Aufstellung der Einkünfte des Siechenamtes durch St. Blasien – die Einkünfte wurden nach Zinspflichtigen aufgeschlüsselt – sind im Ort zwei Häuser, wohl nicht die einzigen, erwähnt. Aftersteg mußte 9 ß abführen. Heinrich Fischer stiftete 1350/60 zu seinem Seelenheil 1 lb von einer Matte ob Aftersteg.

Der Stabhalter zu Aftersteg war einer der 12 Räte, die zusammen mit dem Vogt von Todtnau die Talvogtei bildeten. Sie wurden alle zwei Jahre gewählt und wirkten bei der Vogteiverwaltung mit. Die Nutzung der Allmende war so geregelt, daß jeder Bauer entsprechend seinem Güterbesitz Anteil am Gemeindegut hatte. Nach dem Übergang an Baden wurde Aftersteg selbständige Gemeinde.

Kirchlich gehörte Aftersteg seit 1288 zu Todtnau. Den *Zehnten* bezog St. Blasien, z. T. auch die Pfarrkirche. Eine Nikolauskapelle im Ort selbst ist seit dem Ausgang des Mittelalters belegt. – Ende des 18. Jh. bestand eine auch für Hasbach zuständige Schule.

Wie alle Bewohner der Täler Schönau und Todtnau waren die Aftersteger dem Kloster St. Blasien in eingeschränkter Leibeigenschaft verbunden. An der Wende zum 19. Jh. lebten im Ort über 40 Familien mit rd. 200 Seelen.

Bei Aftersteg befand sich auf der Schindelwaldhalde, also beiderseits der heutigen Straße nach Todtnauberg, das um 1270 frühest erwähnte *Silberbergwerk* des ganzen

Tales mit Poche und Schmelzofen. Die sogenannte dritte Fron bei Aftersteg wurde wenig später, um 1280/1300, begonnen. Nach dem Niedergang des Bergbaus dürfte auch in Aftersteg eine ähnliche wirtschaftliche Umstellung wie im ganzen Tal stattgefunden haben. 1721 wurden Aftersteg und Muggenbrunn durch den Abt von St. Blasien hinsichtlich des Weidgangs verglichen. Es gab damals zwei, für jede Gemeinde eigens ausgesteinte Bezirke und einen dritten, der gemeinsamer Beweidung unterlag. Eine Mahlmühle wurde 1810 neu genehmigt. Bis 1829 bestand eine mit Muggenbrunn gemeinsame Sägmühle, dann baute jeder Ort seine eigene.

Geschwend

Der Name Geschwend begegnet erstmals 1352 in der Form von *Geswende*. Er läßt sich als Rodungsname von mhd. *swenden* (= Vernichtung von Bäumen durch Schälen) ableiten. Geschwend oberhalb des Zusammenflusses von Prägbach und Wiese dürfte eine der frühen Siedlungen (um 1000) im oberen Wiesental sein, wenn auch die Erstnennung relativ spät liegt. Die günstige Lage am Eingang des nach St. Blasien führenden Prägtals spricht dafür, ebenso die Tatsache, daß Geschwend ein alter Dingort des Klosters St. Blasien war. Noch in napoleonischer Zeit wurde der Ort als wichtiger Verbindungspunkt zwischen Freiburg und St. Blasien hervorgehoben.

Wie bei den übrigen Außenorten der Talvogtei Schönau bildete Geschwend einen eigenen Bann, zu dem im 18. Jh. bereits *Gisiboden* gehörte und der ins obere Prägbachtal hinübergriff. Zu einer regelrechten Gemarkung wurde dieser Bann jedoch erst durch die Aufteilung der Schönauer Talvogtei 1808 und die Verteilung der Wälder, die sich bis 1838 hinzog. Besonders schwierig war die Aufteilung der Hochwälder, wobei noch längere Zeit gemeinsamer Wald von Schönau und Geschwend bestand. Erst nach 1850 waren die bis zur Gemeindereform 1974 gültigen Grenzen fest.

Bis zur Gemeindebildung in badischer Zeit hatte Geschwend mit Schönau eine gemeinsame Geschichte. Der Dürracker am Prägbach südlich von Geschwend ist seit 1511 als Versammlungsort der ganzen Talschaft belegt.

Wie die anderen Schönauer Nebenorte gehörte es zur Grundherrschaft des Klosters St. Blasien. Bei der Erstnennung des Ortes 1352 besaß das Kloster einen Hof, 6 Güter, einen Garten, Wiesen, Wald, 8 Häuser und Hofstätten. In einem weiteren unter Abt Heinrich IV. aufgezeichneten Berain waren von den zahlreichen Gütern jährliche Zinsen in Höhe von 3 lb 18½ Pfennig, 7 Hühner und 102 Eier fällig.

Als Geschworenei gehörte Geschwend zur Talvogtei Schönau. Im oberen Prägtal unter dem Ellbogen besaß Geschwend eine große Holzreserve. Dieser Wald war 1488 in gemeinschaftlichem Besitz von Bewohnern aus Geschwend und Präg. Beiden Orten oblagen Verpflichtungen zur Offenhaltung des überörtlichen Durchgangsverkehrs. 1622 befanden sich die Bewohner von Geschwend mit den Todtnauern im Streit. Dabei ging es um die wichtige Hohe Brücke und das nördlich anschließende Teilstück der Verbindung Todtnau-Schönau. Man entschied, daß die Todtnauer auf ihre Kosten die Bäume schlagen und bis zu einem Weg bringen sollten, damit die Geschwender sie dann mit ihren Gespannen zur Brücke ziehen könnten.

Kirchlich gehörte Geschwend zur Pfarrei Schönau. Eine *Kapelle* soll nach Aussage der Beraine schon um 1500 bestanden haben. Sie war dem hl. Wendelin geweiht und im 18. Jh. ohne jede Dotation.

Bevölkerungszahlen sind erst aus dem 18. Jh. bekannt. Danach lebten in Geschwend um 1750 ca. 180, 1770 ca. 220, um 1785 261, um 1808/09 300 Personen. Bemerkenswert ist, daß der Todtnauer Schmelzofenbesitzer Johannes Schutz 1352 in Geschwend ansässig war. Sonst finden sich keine frühen Hinweise auf mit dem Bergbau verbundene Bevölkerung.

An der Stalden bestand 1786 ein *Bergwerk*, 1803 der St. Bernhard- und Gottlieb-Stollen. Die Landwirtschaft wurde in der im oberen Wiesental üblichen Form betrieben. Die bewirtschaftete Fläche bestand 1773 aus 254 J Wiesen, 1720 J Ödfeld, 1550 J Wald und 650 J Gestrüpp. Dabei verfügte Geschwend über relativ viel Privatland, zwei Bifänge auf beiden Seiten des Dorfes sowie Matten am unteren Prägbach. Das Ackerland östlich davon unterhalb des Segalenkopfes entstammt erst einer Rodung des 19. Jahrhunderts. Das Glashüttenmoos im nordöstlichen Teil der Gemarkung erinnert an eine sonst nicht bekannte gewerbliche Tätigkeit, Sägmatte und Mühlmatte an die Bedeutung der Mühlen.

Muggenbrunn

Die Todtnauer Randsiedlung Muggenbrunn, 1483 *Hoff ze Mugenbrunnen*, vielleicht von Mugen (= Baumstümpfe), war anfangs oberste Ausbaustufe von Aftersteg im Hochtal des Schönenbachs zwischen den Todtnauer und Hofsgrund-Stohrer Revieren. Besiedlung am Trubelsbach ist schon vor dem Auftauchen des Namens Muggenbrunn in einer Grubenkonzession von 1344 *an des Ruprechtes bach* erwähnt. Die verstreut liegenden Höfe verdichteten sich erst im 16. Jh. zu dorfähnlichen Charakter. Er scheint durch den Bau einer Schmelzhütte am Zusammenfluß von Schönenbach und Holzschlagbach mit den dazugehörigen Unterkünften verstärkt worden zu sein. Streitigkeiten zwischen Aftersteg, Hasbach und Todtnauberg sowie Muggenbrunn über die westliche Grenze führten 1592 zur ersten bezeugten Ausmarkung. Damals wurden Grenzsteine gesetzt, ein Weidebezirk blieb jedoch mit Aftersteg gemeinsam. Die Grenze zu St. Trudpert am Fahrberg wurde 1727 festgelegt. Mit der Waldaufteilung 1838 war jedoch erst die völlige Entflechtung mit dem Gesamtverband der Talgemeinde Todtnau beendet. Damals kam es zu einem Ausgleich mit Schlechtnau, dem nachträglich noch eine Exklave nördlich von Muggenbrunn zugebilligt wurde, Muggenbrunn erhielt insgesamt 566 Morgen.

Als Bestandteil der *sanktblasischen Talvogtei Todtnau* erlebte Muggenbrunn dieselbe Herrschaftsentwicklung wie der Hauptort. Außer der St. Blasier Grundherrschaft sind Einzelbesitzer aus dem Kreis der Bergunternehmer erwähnt, vermutlich schon um 1344 Heini und Hans Rupprecht, um 1400 Ottman von Ambringen, dessen Nachfahren noch 1502/06 Zinse aus einem Hof in Muggenbrunn bezogen. Einen anderen Hof hatte der 1474 bis 1484 erwähnte Kunrat Helwig inne. Er war auch der Eintreiber der Vogtsteuer.

Seit Anfang des 18. Jh. (1727 und 1750) sind im Rat von Todtnau die Vertreter der Nebenorte bezeugt, darunter ein Geschworener aus Muggenbrunn. Mit der Auflösung der Talvogtei wurde der Ort 1809 selbständig. Er besaß damals ein eigenes *Gemeindehaus*. Die kirchliche Verbindung mit Todtnau wurde nie gelöst. Bereits um 1760 sollte eine Kapelle entstehen. Das Stiftungsgeld wurde zunächst jedoch für die seit 1759 bezeugte *Schule* verwendet.

Eine Grubenkonzession von 1344 dürfte sich auf den Trubelsbach beziehen. Anscheinend hat der Bergbau in Muggenbrunn nicht weit über das Mittelalter hinaus bestanden. Mit seinem Niedergang waren die Einwohner auf *Landwirtschaft* und *Waldgewerbe* angewiesen. Nach der Zahl der Grundbesitzer könnten es um 1687 etwa 30 Personen gewesen sein. Die Muggenbrunner *Mühle* ist die älteste Getreidemühle im

Tal. 1723 wurde ihr Mühlenzins ermäßigt, als auf dem Todtnauer Berg eine neue Mühle die Konzession erhielt.

Präg

Siedlung und Gemarkung. – Die mit großer Wahrscheinlichkeit schon im 12. Jh. bestehende Siedlung Präg wird im sanktblasischen Zinsbuch von ca. 1295 erstmals als *Brega/Prega* erwähnt. Ihr Name, der wohl ursprünglich den Bach meinte, ist identisch mit mehreren ähnlich lautenden Namen von Flüssen und Gebirgssätteln. Er ist vorgermanischen Ursprungs, scheint aber eine ins Alemannische übernommene und weiter angewendete topographische Bezeichnung geworden zu sein, so daß vom Namen her nicht auf vormittelalterliche Besiedlung an dieser Stelle geschlossen werden darf. Ein ausführlicher Güterbeschrieb von 1488 läßt erkennen, daß Präg aus zwei Gruppierungen bestand: eine diesseits des Weissenbachs, die andere jenseits *im ender dorff*. Vermutlich ist damit die bis heute bestehende Aufteilung in einen weilerartigen Kern im Westen und eine Einzelhofreihe im Osten gemeint. Der Präger Bann, wie er schon im 18. Jh. kartiert ist, zeigt keine Geschlossenheit. Er umfaßte die unmittelbare Umgebung des Ortes und die östlich und südlich angrenzenden Wälder sowie eine lange Fortsetzung nach Nordosten, meist auf der rechten Seite des Prägbachtales. Die Hochwälder östlich dieses Tales auf dem Südwesthang des Segalenkopfes und im Bereich von Staldenkopf und Nollenkopf waren noch weit in das 19. Jh. hinein in gemeinsamer Nutzung von Schönau, Geschwend und Präg, obwohl, wie im gesamten Talgebiet, Präg seit 1809 selbständige Gemeinde mit seit 1838 im übrigen Bereich abgeteilten Wäldern war. Seit Mitte des Jahrhunderts bestand nur noch gemeinsames Waldeigentum zwischen Präg und Schönau. Diese Gesamtentwicklung ist lediglich durch einzelne kleinere Nachrichten beleuchtet. Auch die Grenze gegen Bernau (Lkr. Waldshut) konnte erst relativ spät (1827) endgültig festgelegt werden.

Der Wald im oberen Prägtal hinter dem Ellbogen, der den Geschwendern gehörte, war 1488 in gemeinschaftlichem Besitz von Geschwender Einwohnern und Hans und Klaus Zimmermann aus Präg. Seit der Mitte des 15. Jh. bis in das 19. Jh. gab es immer wieder Wald- und Weidprozesse zwischen Schönau, Geschwend und Präg.

Nördlich des Ortskerns trägt ein isolierter, steil abfallender Hügel den Namen *Schloß*. Es ist nicht auszuschließen, daß hier ein früher Burgbau versucht wurde. Bisher fehlen aber archäologische Erkenntnisse, Schriftquellen gibt es ohnehin nicht.

Herrschaft, Gemeinde und Kirche. – Präg war Teil der *Talvogtei Schönau*, bildete aber keine eigene Geschworenei, sondern gehörte mit Tunau, Wembach und Böllen zur sogenannten *Grafschaft*. Nach den klösterlichen Berainen von 1352 und 1374 besaß St. Blasien im Ort eine Wiese und 6 Häuser und bezog an jährlichen Zinsen 4 Hühner, 68 Eier und 24 ß 2 Pfennige. Trotz seiner Ausrichtung nach Schönau hatte Präg früh engere Kontakte zu Todtnau, die vor allem in wirtschaftlicher Hinsicht begründet waren. Schon um 1300 besaß der Todtnauer Konrad von Brandenberg ein Haus in Präg.

Im Gegensatz zur übrigen Talvogtei beteiligten sich die Einwohner 1620 am Aufstand des sogenannten Rappenkriegs und zogen mit den Hauensteinern gegen Rheinfelden. – Im 18. Jh. kämpfte die Gemeinde über 30 Jahre darum, Pfarrsitz zu werden, zu dem Geschwend und Herrenschwand als Filialen gezogen werden sollten. Im Ort bestand eine nicht mehr zu datierende, weil 1833 abgerissene St. Galluskapelle. Sie blieb Filiale von Schönau.

Bevölkerung und Wirtschaft. – 1777 wurde ein wohl mittelalterlicher, verfallener Stollen entdeckt, der Bergbau jedoch nicht wieder aufgenommen. Präg war längst eine ausschließlich von der *Landwirtschaft* und dem *Wald* lebende Ortschaft, deren Bann sich 1773 folgendermaßen verteilte: 322 J Wiesen, 812 J Ödfeld, 2038 J Wald, 300 J Gestrüpp. Zusätzlich werden noch 978 J Zinswald und die mit Bernau strittigen 93 J genannt. Seit Anfang des 17. Jh. zeigen Auseinandersetzungen um die Rechte an den Hochweiden sowie wegen des Eintriebs von Schweinen in den Wald die zunehmende Bedeutung der *Viehwirtschaft*. Zusammen mit Geschwend hatten die Bewohner von Präg für die Offenhaltung des überörtlichen Durchgangsverkehrs zu sorgen, die Präger mußten besonders den Paßweg zur Wacht für den Verkehr nach St. Blasien auch im Winter freihalten. Eine *Mühle* ist seit dem 17. Jh. nachweisbar. Ende des 18. Jh. bestand zusätzlich eine Säge.

Herrenschwand. – Im Zusammenhang mit der Errichtung der Pfarrei in Schönau wird in einer Urkunde, die 1168 ausgestellt ist, sich aber auf 1164 bezieht, ein Höriger aus *Wernherisswanda* erwähnt. Im sanktblasischen Güterbeschrieb von 1374 ist von Gütern *uf der Herunswanda* die Rede. Obwohl der Ortsname mit dem zugesetzten Artikel also noch im 14. Jh. und später appellativisch gebraucht wurde, besteht kein Zweifel daran, daß der Beleg für das 12. Jh. echt ist und daß sich aus der damaligen, auch schon einige Zeit bestehenden Rodung des Werner durch Umdeutung die Rodung der Herren (wohl von St. Blasien) gebildet hat. Gewiß ist Herrenschwand ein verhältnismäßig spät und daher klein gebliebener und gering ausgestatteter Ort im Bereich der Schönauer Talvogtei gewesen und teilte herrschaftlich die Geschicke des Hauptortes.

Aber auch damit sind nicht alle Probleme gelöst. Denn 1387 hat Arnold von Bärenfels das Dorf *Heriswanden* von Markgraf Rudolf von Hachberg zu Lehen besessen. Eine Neubelehnung erfolgte 1444. Damals werden 4 Höfe einzeln genannt, darunter *der Buntmeninen Hof von Engilschwande*. Obwohl diese Nachrichten immer auf Herrenschwand bezogen wurden, gibt es kein weiteres Indiz in der Ortsgeschichte, das solche Lokalisierung bestätigen würde. Schon die Namensform spricht eher für Großherrischwand (Gde Herrischried, Lkr. Waldshut). Auch dort bereitet ein hachbergisches Lehen zunächst Schwierigkeiten. Dieses Lehen steht jedoch im Zusammenhang mit einer ursprünglich säckingischen Kelter in Haltingen, und Kl. Säckingen war auch Grundherr in Herrischried und Umgebung. Das in der Urkunde von 1444 genannte Engelschwand gehört in diesen Zusammenhang und die Burg Bärenfels liegt räumlich erheblich näher.

Innerhalb der Schönauer Talverfassung war *die Herrischwand* (1773) zusammen mit Präg Teil der großen Geschworenei Grafschaft. Ihr eigener Bann umfaßte 60 J Wiesen, 215 J Ödfeld und 183 J Wald. Dieser lag südlich des Ortes, in dem ein Vorderdorf und ein Hinterdorf unterschieden wurden. Herrenschwand gehörte im 19. Jh. als Nebenort zur seit 1809 selbständigen Gemeinde Präg. Kirchlich wurde es 1787 von Schönau getrennt und der Pfarrei Todtmoos zugeschlagen. Damals bestand schon eine Kapelle zu Ehren des hl. Jacobus des Älteren.

Schlechtnau

1288 ist der Ort erstmals in einer Urkunde des Klosters St. Blasien als *Sclehtop*, um 1295 als *Slehthelob*, im 14. Jh. *villa Slehtelob*, 1556 *Schlechtnaw* genannt. Der Name leitet sich vielleicht von ahd. *sleha* (= Schlehe) ab. Noch Mitte des 14. Jh. nannte sich eine alteingesessene Familie nur Slehelop, Hof- und Familienname waren identisch. 1259 bestanden im Ort mindestens 9 Häuser. Schlechtnau war also damals bereits über den Umfang eines Einzelhofs hinausgewachsen, was sich schon aus seiner Lage im Talgrund ergibt. Diese Lage spricht auch für einen verhältnismäßig frühen Siedlungsansatz noch im 11. Jahrhundert. Neben dem unmittelbar benachbarten Wald war Schlechtnau auf die Mitnutzung der weit entfernten Wald- und Weidegebiete im Norden der Todtnauer Talvogtei angewiesen. Daher kam Schlechtnau bei der Aufteilung 1838 nach einer Auseinandersetzung mit Todtnau und Muggenbrunn zu einer Waldexklave westlich des Langen- und nördlich des Holzschlägbaches. Insgesamt handelte es sich um eine Waldzuteilung von 419 Morgen.

Seit dem Spätmittelalter gehörte Schlechtnau nachweislich zur *Talvogtei Todtnau* und teilte deren Geschicke. Es gibt allerdings Überlegungen, daß es nach 1300, als Todtnau von Schönau getrennt wurde, noch für einige Jahrzehnte bei letzterem blieb. Das beruht lediglich darauf, daß Schlechtnau nicht wie Aftersteg bei der Einziehung der Vogtsteuer der Stadt Todtnau berücksichtigt wurde.

Bereits 1295 mußte Schlechtnau 9 ß an das sanktblasische Siechenamt entrichten. Die Grundherrschaft des Schwarzwaldklosters bestand damals längst. Die Lagerbücher von 1352 und 1374 vermelden jedoch nur Einkünfte von einer Wiese, 2 Häusern und Zinsen von verschiedenen Matten: Um 1360, 1400/10 und 1440/50 sind mehrere Stiftungen von Grund- und Hofzinsen an die Armen in Todtnau erwähnt. Letzter Stifter war Blesi Sparhow, Schwager des Abtes Peter von St. Blasien. Schlechtnau wurde 1809 als Gemeinde selbständig. – *Kirchlich* gehörte es seit 1288 zum Todtnauer Sprengel. Der dortige Pfarrer bezog den kleinen sowie den Heu- und Hanfzehnten. Eine eigene Marienkapelle wurde um 1750 erbaut.

Todtnau

Siedlung und Gemarkung. – Die frühesten Erwähnungen lauten 1025 *Totenouua*, 1283 *Tottunowe*. Die Deutung des Namens bereitet einige Schwierigkeiten. Man hat schon an einen Personennamen als Bestimmungswort gedacht, doch ist das nicht sehr wahrscheinlich. Die Deutung als tote Au würde einen Gegensatz zu Schönau voraussetzen, der wegen der geographischen Lage nicht sonderlich plausibel ist, vielleicht aber die größere Unzugänglichkeit meinen könnte. Aufgrund der Vorgeschichte des Murbacher Besitzes (s.u.) liegt die erste Rodung in der Talgabel am Zusammenfluß von Wiese und Schönenbach zeitlich bereits vor der Jahrtausendwende. Daß die erste Erschließung durch Kl. Murbach vorangetrieben wurde und daß die ersten Siedler über das kleine Wiesental in diese Gebirgsgegend gekommen sind, läßt sich mit guten Gründen vermuten. Ein Zusammenhang der frühesten Erschließung mit dem Bergbau bleibt ungewiß. Der weitere Aufschwung des Ortes ist dagegen untrennbar mit der Konjunktur des Schwarzwälder Silbererzes verbunden.

Todtnau teilte sich im 13. Jh. in drei Schwerpunkte. Unterhalb und oberhalb des Murbacher Hofes, des Kerns der Siedlung, entstanden mehrere Höfe, die sich zu zwei Weilern gruppierten: das Niederdorf und hinter dem zentralen Meierhof das Oberdorf. Um 1280 erhielt Todtnau einen neuen Mittelpunkt. Nur in eingeschränktem Sinn kann man von *Stadtgründung* sprechen. Kern der neuen Siedlung war der Markt auf der oberen Hofmatten und der Platz des einstigen Murbacher Hofes mit dem oberen und dem unteren Brunnen. Zu beiden Seiten des Marktbächleins reihten sich die Häuser aneinander. Um 1295 entstand auf der anderen Seite der Wiese nach dem Bau einer Brücke die Vorstadtsiedlung *Ennentwisun* mit mindestens 6 Häusern. Um 1352 gehörten St. Blasien 10 Häuser bei der Pfarrkirche und 23 zerstreut liegende Höfe. Nach späteren Nachrichten dürften auf der westlichen Marktseite nach der Kirche 9, auf der östlichen 10 Häuser gestanden haben. Bei einem großen Brand im Jahre 1553 wurde der ganze Ort samt der Kirche zerstört. Lediglich 11 Häuser waren nicht davon betroffen.

Weitere *Brandkatastrophen* sind für 1689 und 1743 bezeugt. Bei einem erneuten Stadtbrand 1775 verloren »163 Bürger« ihre Wohnung. Sie wurden damals allerdings schon durch die vorderösterreichische Brandassekuranz für den Verlust ihrer Gebäude, nicht der Fahrnisse, entschädigt. Auch sollte dies nicht der letzte Stadtbrand gewesen sein.

Todtnau bildete um 1300 durch seine Verselbständigung gegenüber Schönau eine eigene große Talgemarkung, zu der Schlechtnau (s. u.) vielleicht erst nachträglich hinzukam. Innerhalb der *Talvogtei Todtnau* entstanden im Umkreis der Einzelorte eigene Weidebezirke und Gemarkungen, während die großen Wälder und Hochweidebezirke gemeinschaftlich blieben. Eine Sonderentwicklung setzte in Todtnauberg-Dorf aufgrund des Bergrechtes ein. Anschließend gelang es dem Abt von St. Blasien um 1600, den Ort zu verselbständigen und herrschaftlich von der Talvogtei zu trennen. Klarere Verhältnisse schuf aber erst die Auflösung der Talvogtei 1809, bei der Todtnau Stadt und Aftersteg, Muggenbrunn, Todtnauberg-Dorf, Todtnauberg-Rütte, Brandenberg und Schlechtnau selbständige Gemeinden wurden. Lange zog sich jedoch die *Aufteilung der Wälder* hin und kam erst 1837/38 zustande. Damals wurden Todtnau über 2777 Mg zugewiesen. Sie lagen nicht alle in unmittelbarer Verbindung mit der bisherigen Gemarkung, sondern aufgrund eines Kompromisses zwischen Todtnau, Muggenbrunn und Schlechtnau auch in einer abgetrennten Parzelle am Langenbach nördlich Muggenbrunn.

Herrschaft und Staat. – Über den Verbleib des frühen Murbacher Besitzes läßt sich keine Aussage machen. Während man über die frühen Ankäufe St. Blasiens in Schönau und in der Fröhnd durch Urkunden unterrichtet ist, fehlen dazu Nachrichten über Todtnau. Die Entwicklung könnte parallel verlaufen sein und auch hier der Adel Besitz und Rechte an St. Blasien gegeben haben. Ebenso aber wäre möglich, daß St. Blasien den Murbacher Hof unmittelbar oder von einem geistlichen Zwischenbesitzer übernommen hat. Seit dem 13. Jh. ist *St. Blasien* eindeutig *Grundherr* des ganzen Tales. Da seine Vogtei nach 1125 vom Bistum Basel an die Zähringer übergegangen ist, nach deren Aussterben 1218 an das Reich fiel und schließlich von Rudolf von Habsburg für sein Haus in Anspruch genommen wurde, hat sich seit Ende des 13. Jh. über der St. Blasier Grundherrschaft eine *habsburgisch-vorderösterreichische Landesherrschaft* entwickelt. Nachdem die Habsburger zunächst die Herren von Staufen als Vögte belehnt hatten, kam es 1317 zu einem Konflikt zwischen Diethelm von Staufen und den Talbewohnern, der sie damals für weitere 4 Jahre von zusätzlichen Abgaben befreite. Im Anschluß an die folgende Auseinandersetzung wurde 1321 das Recht der Talleute gegenüber Kloster und Vogt im sogenannten Talbrief festgehalten. Bald danach, um 1330, schieden die Herren von Staufen aus ihrer Vogtei aus und wurde das ganze Tal dem hauensteinischen Waldvogt unterstellt. Landesherrliches Regal, durch den Waldvogt wahrgenommen, war die seit 1387 bezeugte *Prägung von Silbergeld*.

Das *Talrecht* wurde durch die seit 1519 auf dem Dürracker bei Geschwend zusammentretende Tagsatzung näher erläutert und ausgestaltet. Sein wesentlicher Inhalt war die Trennung der landesherrlichen Rechte und Gerichtsbarkeit von der grundherrlichen, die dem Abt von St. Blasien vorbehalten blieb. Diese Trennung entsprach nicht ganz der sonst üblichen Auseinanderfaltung von hoher und niederer Gerichtsbarkeit. Sache des Landesherrn waren das nur jeweils bei Bedarf tagende Malefizgericht und das alle zwei Jahre zusammentretende Frevelgericht. Diese beiden Gerichte wurden vom österreichischen Waldvogt geleitet, dessen Amt seit dem 15. Jh. mit dem eines Schultheißen von Waldshut vereinigt war. Das Frevelgericht wie das Malefizgericht waren mit 24 Richtern aus der Talvogtei besetzt. Die Quellen erläutern nicht, ob es sich dabei um einen identischen Personenkreis gehandelt hat. Die Hälfte der Richter des Frevelgerichtes bildeten den Rat. Alle zwei Jahre wählten Vogt und Rat das gesamte Gremium des Frevelgerichtes neu. Die Appellation ging von diesem Gericht an den hauensteinischen Waldvogt. Ein Galgen ist erst 1772 oberhalb der Landstraße zwischen Todtnau und Schlechtnau bezeugt. Es ist nicht sicher, daß Todtnau schon lange vorher eine Richtstätte besaß. Sie könnte ursprünglich, wie vielleicht das ganze Malefizgericht, mit Schönau gemeinsam gewesen sein.

In allen Angelegenheiten, die Erbe und Eigen betrafen, dazu alle Vormundschaftssachen, war das Ammaneigericht von St. Blasien zuständig. Es umfaßte das gesamte Schönauer und Todtnauer Tal einschließlich der Fröhnd und tagte in Schönau unter Beiziehung von zwei Richtern aus Todtnau und zwei weiteren aus der Fröhnd. Von ihm ging die Appellation an das Kemenatengericht in St. Blasien. Eigenartigerweise standen diesem Niedergericht jedoch nicht die Streitigkeiten um die Fahrhabe zu. Diese regelte der Rat. Die *Sonderstellung der Bergleute* und aller zum Bergbau gehörigen Personen und Familien durchlöcherte nicht nur in Todtnauberg, sondern auch in Todtnau selbst und seinen Nebenorten die Gerichtsordnung.

Wie Schönau war auch Todtnau seit 1368 verschiedentlich durch die Habsburger *verpfändet*. Meist handelte es sich bei diesen Pfandgeschäften um eine relativ ungefährliche Sicherung von Hypotheken gegenüber vom Hause Österreich ohnehin abhängigen Gläubigern. Folgenschwerer hätten zwei Ereignisse sein können, die infolge schicksalhafter Wendungen jedoch rasch wieder bedeutungslos wurden. Das war 1417 die Achterklärung Herzog Friedrichs von Tirol, die das Tal an das Reich brachte, aber bereits 1427 im Zuge der Rehabilitierung Friedrichs rückgängig gemacht wurde. Durch den Vertrag von St. Omer kam auch die Talvogtei Schönau 1469 an den Herzog von Burgund, der jedoch durch das Zusammenwirken der Verpfändeten selbst mit der Eidgenossenschaft und mit Österreich an einer erfolgreichen Eingliederung in seinen Staat gehindert wurde.

Die *großen Kriege* des 17. Jh. zogen das Tal von 1634 an stärker in Mitleidenschaft. Zunächst ist von kaiserlicher Einquartierung die Rede. 1643 setzten die Weimaraner die Mühle bei Geschwend in Brand. Der Widerstand der Bevölkerung konnte einen Plünderungszug mecklenburgischer Reiter blutig abwehren. Daraufhin drangen 150 Mann der Freiburger Besatzung ins Tal ein und entführten die hundert besten Stücke Vieh. Die französische Besatzung Freiburgs fiel 1674 ein. Die Talbewohner erschlugen viele Soldaten auf dem Rückweg, doch hatten sie 1678 unter neuen Repressalien zu leiden. 1688 hatten die Reichstruppen sich auf den Höhen westlich von Muggenbrunn, Todtnau und Schönau verschanzt. Sie konnten Schönau halten, während Todtnau und Muggenbrunn niedergebrannt wurden. Beim französischen Rückzug töteten die Bauern 30 Soldaten. Im ersten Koalitionskrieg gelangten die Franzosen 1796 vorübergehend ins Wiesental, wurden aber durch Erzherzog Karl wieder hinausgedrängt. In diesem Zusammenhang ergaben sich 600 Soldaten den Talbewohnern, entkamen ihnen aber wieder auf dem Abtransport. 1799 war das Tal Vormarschstrecke des Generals Jourdan in Richtung Stockach.

Wie der ganze Breisgau wurde Todtnau 1802/03 dem Herzog von Modena überlassen und diesem Herzogtum 1805 zugunsten Badens abgesprochen.

Grundherrschaft und Grundbesitz. – Das elsässische *Kl. Murbach* besaß vor der Jahrtausendwende ein Gut in Todtnau, das ihm Kaiser Heinrich II. entzog und dem Bischof von Basel übergab. König Konrad II. übertrug es 1025 wieder an Murbach. Was sich hinter dem Ausdruck *beneficium* verbirgt, ist schwer zu sagen. Jedenfalls gibt es Andeutungen, daß der Kern der Siedlung Todtnau ein Hof war, der aus dem Besitz

Murbachs stammte. Er müßte, ohne daß darüber Nachrichten vorliegen, an St. Blasien übergegangen sein.

Nach den Urbaren aus der 2. Hälfte des 14. Jh. besaß St. Blasien 22 Erzmühlen, 2 Würkhöfe, 8 Lehen, ein Gut, Wiesen, 10 Häuser sowie Zins- und Zehnteinkünfte, konzentriert auf die Talgabel von Wiese und Schönenbach. Als Grundherr zog das Kloster über seinen Ammann die beträchtlichen Jahreseinkünfte ein und ließ sich von den Mühlen, Erzmühlen, Schmelzöfen und Sägewerken die Wasserrechte zahlen. Im Vergleich zu den Urbaren des 14. Jh. hatte das Kloster um 1475 zahlreiche Einzelposten aufgegeben, u. a. wurden Häuser am Markt sowie im Oberdorf und im Niederdorf nicht mehr aufgeführt. Die Verwaltung der Güter und Rechte St. Blasiens im hinteren und kleinen Wiesental unterstand dem 1255/56 erstbelegten Amt Schönau.

Mit dem Bergbau werden verschiedene *Liegenschaften in Privathand* erwähnt. Zu den besonders bemerkenswerten Besitzern gehörte 1341 Johann Malterer, Freiburger Bürger, seit 1339 auch Bergbauunternehmer (Froner) in Todtnau. 1352 hatte Clewi Ederli ein Haus erworben, 1360 Hans Brechter, beide ebenfalls Bürger von Freiburg.

Gemeinde. – Zunächst war die ganze Talschaft auch der Rahmen für eine frühe Selbstverwaltung, die aufgrund der Wirtschaftsweise mit sehr wenig Eigengut und viel den Einzelorten gemeinsamem Allmendland von der frühen Besiedlung an vorausgesetzt werden muß. Die besondere Rechtsstellung der Talleute führte wohl dazu, daß die Todtnauer bereits 1283 von Abt Heinrich von St. Blasien Bürger genannt werden (*dilecti cives nostri*). Dahinter können auch zusätzliche, durch den Bergbau errungene Freiheiten gesehen werden. Gemeint war jedenfalls eine kommunale Organisationsform, die über die üblichen Rechtsverhältnisse eines Dorfes hinausging. So ist in dieser Urkunde auch von der *communitas civium* die Rede. Man sollte dahinter nicht eine besondere Stadtbildung in Todtnau selbst vermuten. Todtnau war damals ohnehin Glied der gesamten Talvogtei Schönau, bis es um 1300 eine selbständige Talvogtei bildete, die erstmals 1303 erwähnt wird. Vielleicht ist es erst jetzt zur Herauslösung Schlechtnaus aus dem Schönauer Talverband gekommen. Daraus ließe sich erklären, warum es später nicht wie Aftersteg bei der Einziehung der städtischen Vogtsteuer hinzugezogen wurde. Ein eigenes Siegel ist ab 1339 wahrnehmbar. Auf ihm ist ein Bergmann zu sehen, und die Umschrift lautete zunächst *communitas de Tottenowe*, später *vnsers Tals Ingesigel*.

An der Spitze der Gemeinde standen *Vogt und Rat des Tals* zu Todtnau. Der Todtnauer Vogt wurde alle zwei Jahre von den Bürgern gewählt. Er hatte den Vorsitz bei den Ratssitzungen und vertrat die Gemeinde nach außen. Der Rat setzte sich aus 12 Mitgliedern zusammen, die gleichfalls auf zwei Jahre gewählt wurden. Laut einem Ratsbuch von 1480 verfügte der Rat über eigene Einnahmen. Ehe er im 15. Jh. im neu errichteten *Rathaus*, der ehemaligen Münze, tagte, fanden die Versammlungen in der *burger trinkstube* statt. Ein Ratschreiber ist im 14. Jh. mehrmals bezeugt. Ein Sackhalter (Verwalter der Einnahmen) wurde jährlich bestimmt, Sturer waren eingesetzt, die für den Obervogt des Tales die Maien- und Martinisteuer einzuziehen hatten. Weitere Ämter kamen später hinzu – auch kirchliche Ämter besetzte der Rat – , so das des Sigristen 1288 und bald darauf auch das der Kirchenpfleger. Für die Wälder war ein Waldpfleger zuständig. Der Mulinvogt sah bei den Schmelzwerken nach dem Rechten. Die Schulmeister sind für das 15. Jh. bezeugt und ein Brunnenmacher war seit dem 15. Jh. langfristig angestellt. Nach der Waldordnung von 1464 wurde das Recht der Todtnauer, ihren Eigenbedarf an Bau- und Brennholz in den Wäldern zu schlagen, festgesetzt.

Mit dem *Niedergang des Bergbaus* verlor Todtnau auch seine Stellung als Zentrum. Im Jahre 1525 ist in einem Schreiben der Basler an den badischen Markgrafen nur noch von den *Dörfern* Todtnau und Schönau die Rede. Ebenso verschwand die Bezeichnung Bürger. In Schreiben an die Gemeinde ist nur noch von den Hintersassen oder Untertanen die Rede. 1553 bei dem großen Brand wurde vermutlich auch das Rathaus ein Raub der Flammen.

Im *Bauernkrieg* 1525 zogen Bauern aus den Talvogteien Schönau und Todtnau unter Führung des zum Hauptmann gewählten Klaus Tunower aus Geschwend nach Freiburg, wo die Stadt nach wenigen Tagen mit den Bauern einen Waffenstillstand schließen mußte. Auch in Todtnau kam es zu Gewalttaten, besonders gegen Einrichtungen von Freiburger Bürgern. Nach der Niederlage der Bauern mußten die Todtnauer allein an St. Blasien ca. 1000 fl neben den Strafgeldern an den Erzherzog als Landesherrn zahlen. Da das Geld nur schwer aufzubringen war, überließen Vogt und Rat zu Todtnau dem Kloster 1533 einen Kelch und einige Zinsbriefe.

Gemeindeangelegenheit war die *Nutzung von Weide und Wald*. Die einzelnen Stabhaltereien entwickelten spezielle lokale Zuständigkeiten, jedoch blieb die Waldnutzung zu einem großen Teil überörtlich, bis in der frühen badischen Zeit die gesamte Talvogtei 1809 unter der Bildung von Einzelgemeinden (s. o.) aufgelöst und die Wälder nach einem Beschluß von 1837 im darauf folgenden Jahr geteilt waren. Mit der Auflösung der Talvogtei wurde Todtnau selbst 1809 zur Stadt erhoben.

Kirche und Schule. – Anfänglich gehörte Todtnau wohl zum Pfarrsprengel von Tegernau. Seit der Neugründung der Kirche in Schönau 1164 war der Ort dorthin eingepfarrt. Mit dem Aufstieg Todtnaus verbunden war wohl der Wunsch nach einer eigenen Kirche. Diesbezüglichen Bitten kam Abt Heinrich von St. Blasien im Jahre 1283 entgegen. In einer Urkunde gab er zwar zu erkennen, daß er die Schönauer Kirche in ihren Rechten nicht schmälern wolle, doch setzte er fest, daß künftig einmal unter der Woche in der schon aus Holz erbauten Kapelle (*oratorium*) eine Messe vom Schönauer Pfarrer gehalten werden sollte. Die Kapelle war zu diesem Zeitpunkt noch nicht geweiht. Offensichtlich gaben sich die Todtnauer damit nicht zufrieden. Ihre dauernden Klagen über Hochwasser und tiefen Schnee veranlaßten den Konstanzer Bischof auf Bitten des Abtes, die Todtnauer Kapelle und einen ihr jetzt zugewiesenen Kirchhof 1288 zu weihen. Ein Bruder von St. Blasien wurde als Leutpriester eingesetzt und erhielt am Ort bei der Kirche eine Wohnung. Die Pfarrstelle wurde mit 100 Mark Silber ausgestattet, der Todtnauer Pfarrer erhielt dafür Anteile am Klein-, Heu- und Hanfzehnten aus Todtnau selbst und den Dörfern Aftersteg und Schlechtnau. Die übrigen *Zehnten* bezog das Kloster St. Blasien, dem die Kirche später auch inkorporiert wurde.

Die bisherige *Kirche* sollte durch einen Steinbau an der gleichen Stelle ersetzt werden. Der Neubau erfolgte 1341. In der Blütezeit des Bergbaus waren in Todtnau und seinen Nebenorten bis zu vier Pfarrer beschäftigt. Zum Pfarrsprengel gehörte das ganze Todtnauer Tal einschließlich Todtnauberg. Eine Frühmesse wurde 1339 gestiftet. Bis ins 17. Jh. war die Todtnauer Kirche wie die Kirche in Schönau der Gottesmutter Maria geweiht. Bei dem Brand im Jahre 1553 wurden Pfarrhaus und Kirche zerstört. Mit dem Wiederaufbau konnte erst nach 25 Jahren begonnen werden, da die Gemeinde die Baulast der Kirche zu tragen hatte. Der Neubau erfolgte auf den stehengebliebenen Grundmauern und dem Turmstumpf. 1690 konnte der Kirchturm nochmals vergrößert werden. – Die drei Altäre entsprachen der örtlichen Tradition, da seit der Frühmeßstiftung drei Geistliche in Todtnau tätig waren. Aus wirtschaftlichen Gründen mußte die Frühmesse jedoch 1590 mit der Pfarrpfründe zunächst auf 20 Jahre vereinigt werden. Im Verlauf der kriegerischen Ereignisse des Jahres 1689 wurde die Kirche erneut zerstört, doch konnte schon 1692 mit dem Wiederaufbau begonnen werden. Auch dieses Mal wurden die Mauern von Turm und Schiff beibehalten. Johannes der Täufer wurde nun als Patron bestimmt. Nach dem Brand von 1772 wurde der Turm um 20 Schuh erhöht. Bittprozessionen waren 1692 nach Bernau, Aftersteg und Schönau üblich.

Ein *Schulmeister* erscheint schon in den Ratsbüchern von 1475 bis 1484. Er wurde von der Gemeinde entlohnt. 1809 gab es eine Werktags- und eine Sonntagsschule mit insgesamt 307 Schülern. Die Nebenorte hatten bereits eigene Schulen.

Bevölkerung und Wirtschaft. – Nach dem Talbrief von 1321 waren die Talleute Leibeigene des Klosters St. Blasien (*lute und gut... hoeret an das gotzhus*). Doch gerade die Freiheiten, etwa das Recht auf Freizügigkeit, die dabei den Talleuten zugestanden waren, lassen den Begriff der Leibeigenschaft eigentlich nicht zu. Am Ende des 16. Jh. kam es darüber immer wieder zu Streitigkeiten zwischen dem Kloster und den Talleuten. Trotz vieler Zeugenverhöre seit 1576 konnte auf beiden Seiten keine Einigkeit herbeigeführt werden. Die Huldigung wurde dem neuen Abt Martin verweigert, man wollte erst die Bestätigung, Freie zu sein. Erst 1612 wurde dem Abt geschworen, wobei die Todtnauer nochmals protestierten, daß sie nicht wie üblich in Todtnau, sondern zusammen mit den Schönauern in der dortigen Kirche huldigen mußten. Bei dieser Huldigung wurde die Leibeigenschaft nicht erwähnt.

Bevölkerungszahlen aus dem Mittelalter sind nicht bekannt. In der Mitte des 14. Jh. verlieren sich einzelne Namen von bis dorthin bedeutenden Todtnauer Familien. Das könnte als Ergebnis der Pest interpretiert werden, ist aber keineswegs ein sicheres Indiz. Die durch den Silberabbau wohlhabende Todtnauer Bürgerschaft war vor 1400 auffällig außerhalb ihres Wohnortes begütert. Besonders konzentriert finden sich Besitzungen im mittleren Breisgau. Trotz des Wohnsitzes im Tal erwarben manche Todtnauer das Bürgerrecht der Stadt Freiburg. Andererseits haben sich Freiburger Bürger stark am Todtnauer Bergbau interessiert und Grundbesitz der Stadt erworben. Um 1750 lebten in der Talvogtei Todtnau ca. 1200 Einwohner, 1770 ca. 1500, 1785 ca. 1800, 1808/09 2437.

Der *Bergbau* auf Silber (vgl. Karte) spielte im ganzen Todtnauer Tal die entscheidende Rolle. Die Blütezeit dauerte vom 13. bis zum 14. Jh., danach kam er allmählich zum Erliegen und wurde im 16. Jh. ganz aufgegeben. Die wichtigsten Silbererzgänge und folglich auch die Gruben lagen in Todtnauberg, in der Schindelhalde, bei Aftersteg – dort am frühesten 1270 bezeugt – und bei Brandenberg und Fahl, zu einem Teil also innerhalb der Talvogtei Todtnau, jedoch nicht im Bereich der Stadtgemarkung ab 1809. Zu diesem engeren Bereich gehörte nur der Erzgang im Mauswald, der auch bereits mittelalterlich genutzt und 1755 als Mariastollen wieder in Betrieb genommen wurde. Weiter unterhalb befanden sich der Barbara- und der Nikolausstollen (1770). Unternehmer war der Freiherr von Beroldingen, der damals den Bergbau in Aftersteg, Brandenberg und in der Maus ab 1721 wiederbelebte. Im Bergwerk auf der Maus arbeiteten 62 Personen, das Poch- und Waschwerk im Tal beschäftigte 26 Leute, darunter 10 Waschmägdlein. In den 1780er Jahren wurde das Unternehmen wieder aufgegeben. Christoph Iselin machte damals erneut Bergbauversuche; er ging 1805 in Konkurs.

Wenn sich die wichtigsten Grubenreviere auch nicht auf der engeren Gemarkung von Todtnau befanden, so war sie doch das Zentrum der Verhüttung und Vermarktung des Bergertrags im oberen Wiesental. Die Einrichtungen für die Aufbereitung des Erzes, 1372 23 Erzmühlen und der Würkhof, lagen hauptsächlich nördlich von Todtnau im Mündungswinkel von Schönenbach und Stübenbach. Der Wohnplatz *Poche* östlich von Todtnau geht auf das Wiederaufleben des Bergbaus im 18. Jh. zurück.

Geschichte der Stadtteile 713

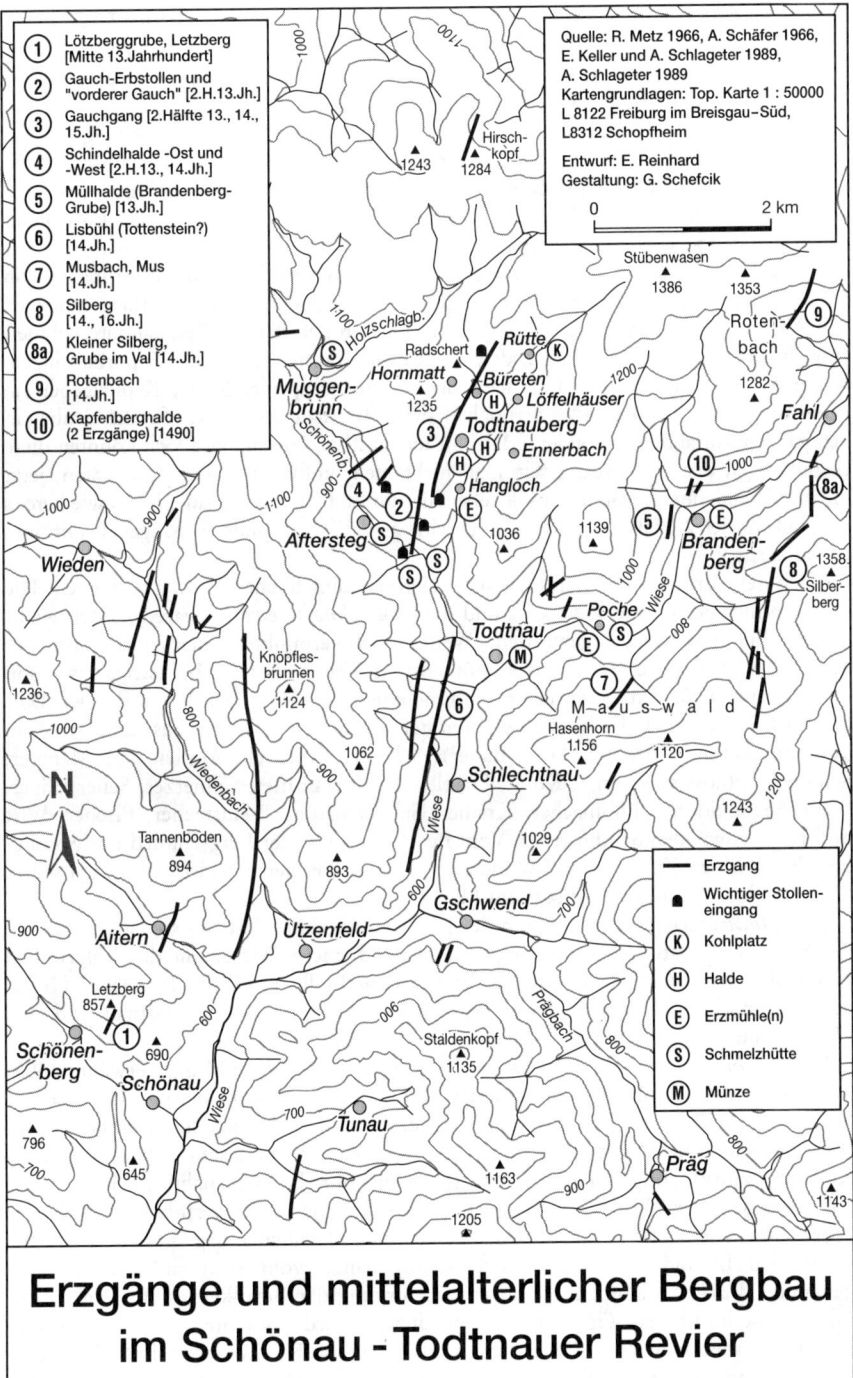

TK 6: Erzgänge und mittelalterlicher Bergbau im Schönau-Todtnauer Revier

Zur Zeit der ersten Nachweise über den Bergbau im Todtnauer Tal in der 2. Hälfte des 13. Jh. lag das Bergregal in den Händen der Grafen von Freiburg. Mit dem Landgericht im Breisgau und mit Badenweiler verkaufte Graf Konrad 1398 seine Bergrechte an die Herzöge von Österreich. Seit 1366 bezeugt, hatte auch St. Blasien Anteile an den Einkünften aus dem Bergbau, das basierte auf seiner Grundherrschaft und tangierte das österreichische Bergregal nicht. Die Konjunktur des Bergbaus war nur durch Einsatz von größerem Kapital, das hauptsächlich von Freiburger Stadtadeligen und Bürgern, aber auch von Laufenburgern und Baslern stammte, möglich. Einzelne Todtnauer Einwohner haben sich hierbei ebenfalls wirtschaftlich hervorgetan. Der Höhepunkt des Bergbaus war um 1350 überschritten. Es ist keineswegs gesichert, daß das mit dem Basler Erdbeben von 1356 zusammenhing. Sicher aber kam es zu Grubenunglücken und zu starkem Einbruch von Wasser. Die Habsburger, z. T. sogar selbst als Froner, d. h. als Bergbauunternehmer, tätig, bemühten sich noch einmal, den Bergbau in Todtnauberg (s. d.) emporzubringen. Kaiser Maximilian errichtete 1505 nach dem Zustrom alpenländischer Kapitalgeber ein neues Bergamt in Todtnau. Der Bergrichter saß in Todtnauberg. Er war für die Gruben in den ganzen Vorlanden, besonders Masmünster im Elsaß, zuständig. Doch konnten diese Bemühungen den Niedergang seit 1530 nicht mehr aufhalten. Neue Aktivitäten, jetzt mehr in Brandenberg, waren um 1580 ebenfalls am Ende. Der Bergbau erlebte, wie bereits erwähnt, in der 2. Hälfte des 18. Jh. noch eine gewisse Nachblüte (s. Muggenbrunn und Brandenberg).

Nach dem Erliegen des Bergbaus hatte sich ein allmählicher Wandel vollzogen. Die schon immer betriebene *Viehzucht* und das *Holzschnefelgewerbe* waren zu den wichtigsten Erwerbszweigen geworden. Weitere Schwerpunkte neuer wirtschaftlicher Tätigkeit waren seit etwa 1750 das Spinnen und Weben als Heimindustrie, das schon einmal, um 1690, durch Züricher Unternehmer eingeführt worden war. Seit 1770 bildete sich zusätzlich die *Herstellung und der Vertrieb von Bürsten* aus. 1580 gab es in Todtnau folgende Berufe: Arzt (Bader), Scherer, Brotbeck, Müller und Metzger, Schmied, Schlosser, Wagner, Küfer, Häfeler, Kistler, Löffler, Schnetzer, Seiler, Säger, Weber, Schneider, Schuhmacher, Kramer, Salzmann und Weinstecher, Fischer, Wirt und Koch sowie den Schulmeister. Vom Bergbau ist nur der Bergschmied übriggeblieben. Ein Barbier, Zahnarzt und Wundarzt, auch Scherer genannt, ist in Todtnau schon 1295 erwähnt. Er besaß ein Haus am Markt.

Die *Landwirtschaft* wurde wie in der ganzen Umgebung in den extensiven Formen der Weidewirtschaft bei nur geringem Eigenland, meist Wiesen, in den Talgründen betrieben. Dem Weidebetrieb diente die seit dem 18. Jh. erwähnte Todtnauer Hütte, heute Gemarkung Feldberg. Sie gehörte der inneren Gemeinde Todtnau und den »Bauernsamen« Todtnauberg und Todtnauberg-Rütte.

Drei *Mühlen* wurden im Todtnauer Tal betrieben: die Neue Mühle (erwähnt 1303) folgte der Alten, Hinteren und Oberen Mühle am Mühlbach oberhalb der Wiesenbrücke (ab 1357 belegt). Eine weitere Mühle, die Untere Mühle, stand unterhalb der Wiesenbrücke. Die Mühle am Schönenbach war seit Jahrhunderten dem klösterlichen Kelleramt zinspflichtig. – Die *Flößerei*, schon um 1400 bezeugt, nahm im 18. Jh., sehr zum Schaden der Wälder, einen großen Aufschwung. 1772 verpflichtete sich der Flößereiunternehmer Litschgi auch zum Bau einer allgemeinen Säge in der Talvogtei.

Mit den Besonderheiten der Talverfassung hängt wohl auch ein erstmals 1359 genannter *Markt* zusammen. Schon zur Versorgung der Bevölkerung mit Nahrungsmitteln, die im oberen Wiesental nicht produziert werden konnten, war ein Wochenmarkt unentbehrlich. Von 1758 an ist ein Jahrmarkt am Kirchweihtermin St. Bartholomäus bekannt. Vergebens versuchte der Rat 1784, das Marktrecht zu beseitigen. Am

Markt befand sich auch im 14. Jh. *der burger trinkstube*. Eine weitere Schenke von Clewi Rieder, dem Wirt, lag am Markt oben gegenüber dem Brunnen. Im 18. Jh. standen auf der östlichen Marktseite drei Gastwirtschaften: der »Ochsen«, das »Rößle« und der »Bären«. Der »Bären« erscheint in den Urkunden zuerst 1714. Vielleicht war Wirt Dietsche um 1700 der Ochsenwirt. 1745 führten Johann Thoma und Maria Burkhart das Haus.

Brandenberg. – 1283 ist Konrad von Brandenberg, *C. dictus Brandenberch*, Zeuge in einer Urkunde des Klosters St. Blasien. Damit setzen die Nachrichten über die Todtnauer Außensiedlung ein, die lange nur aus verstreuten Häusern bestand, bis sich im Laufe des 17. Jh. eine kleine Verdichtung am Zusammenfluß von Wiese und Rotwiesenbach entwickelte. Ursprünglich dürfte der Name im 13. Jh. den einer der frühesten Gruben des Todtnauer Bergbaureviers gebildet haben. Er muß dann auf die gegenüberliegende Seite der Wiese übertragen worden sein.

Die Anfänge einer eigenen Gemarkung liegen in der frühen Neuzeit. Sie wurden erst mit der Waldaufteilung 1838 abgeschlossen. Damals erhielt Brandenberg rund 500 Mg Wald. Die Siedlung in Fahl wird erstmals 1555 als der Hof *ze Brandenberg hinderm fall* (Fall) erwähnt. Vermutlich reicht ihre Entstehung jedoch viel weiter zurück, denn schon eine Jahrzeitstiftung der Meier von Brandenberg erwähnt um 1350 das *gut hinder dem fall*. Erst der Streit um die Waldaufteilung 1838, bei der Fahl 296 Mg erhielt, führte zur Verfestigung einer eigenen Gemarkung und eigenem Gemeindevermögen. Zunächst wurde ein Gesuch der Einwohner von Fahl um Selbständigkeit nicht genehmigt. Im Oktober 1842 kam jedoch ein Abteilungsvertrag und die anschließende Steinsetzung zustande.

Herrschaftlich und grundherrschaftlich unterschied sich Brandenberg nicht von Todtnau. Nachrichten über einzelne Güter und Zinse sind verhältnismäßig selten. Bereits 1295 zinste die Matte zum Brandenberg dem sanktblasischen Siechenamt 1 ß, um 1374 stiegen die Abgaben auf 1 lb, die der Meier von Brandenberg zu entrichten hatte. 1536 entfielen 10 ß auf Haus und Hof und die Obermatt, 5 ß auf die Niedermatt und 5 ß auf die Hußmatt, die neben einem Haus und Hof mit Scheuer lag, heute *Scheuermatt*. In den klösterlichen Güterbeschrieben von 1352 und 1374 wird eine Säge hinter *des Mayers hof zu Brandenberg* erwähnt. 1359 ist der Hof des Gotfrit Vischelin, der in Todtnau im Tal zu Brandenberg liegt, bezeugt. 1420/40 stiftete Heini Flach an die Armen in Todtnau 9 ß ab den Brandenberg Matten.

Brandenberg wurde 1809 selbständige *Gemeinde* und behielt diesen Status bis 1939. Kirchlich gehörte es stets zu Todtnau. Es besaß wohl schon vor der Selbständigkeit eine eigene *Schule*, die auch von Fahl aus besucht wurde. Nachrichten über den *Bergbau* in Brandenberg meinen zum Teil die Gruben im Tal des Rotwiesenbachs, zum Teil auch das Revier in der Maus. In beiden Fällen überschreiten sie den Bereich der erst nachträglich gebildeten Ortsgemarkung. Das Bergwerk des Barons von Beroldingen, das hauptsächlich auf Todtnauer Gemarkung lag, wird 1764 unter dem Namen Bergwerk in Brandenberg geführt. Schon 1352 lagen vier sanktblasische *Sägmühlen* im Brandenberger Tal, 1787 zinste eine Mahlmühle dem Kloster St. Blasien und wurde zusätzlich eine »gemeine« Säge errichtet.

Todtnauberg

Siedlung und Gemarkung. – Spätestens mit der Konjunktur des Bergbaus, der hier seinen Schwerpunkt hatte, wurde der Todtnauer Berg im 12. Jh. besiedelt. Es muß offenbleiben, ob er schon vorher auch einige bäuerliche Anwesen trug. Ersterwähnt ist der Ort 1283 mit dem Vogt *uff dem berg*. Die Bezeichnung *auf* oder *ab dem Berg* hielt sich noch bis in die frühe Neuzeit. Der heutige Name Todtnauberg taucht erst im 16. Jh. auf.

Schon von Anfang an lagen bei den um 1280/1300 erschlossenen Gruben oberhalb und unterhalb der alten Todtnauberger Straße Unterkünfte der Bergarbeiter und Hütten und Häuser der Unternehmer (Froner). Noch heute erkennbare Mauerreste einer Behausung stellen den westlichen Rest des ältesten Todtnaubergs dar, der sich von den Gruben weg ostwärts bis zum flacheren Teil des Vorderen Berges, vielleicht sogar bis zu der Häusergruppe Hangloch hingezogen hat. Dort waren oberhalb des Wasserfalls bereits 1352 3 Erzmühlen in Betrieb. Ebenfalls vor 1300 wurden im Bereich des heutigen Herrihofes weitere Erzvorkommen erschlossen, die den Anlaß zur Errichtung einer weiteren Bergwerkssiedlung gaben. Diese erstreckte sich bis ins Zentrum des heutigen Ortes. Das als Siedlung günstiger gelegene *Dörfle* oder *Dorf* auf dem hinteren Berg erscheint 1348 samt der wohl nur wenig früher errichteten Jakobskapelle als die *huser ze Tottnow uf dem berge bi der kapellen*. Mit der Erschöpfung der Gruben verlagerte sich der Schwerpunkt auf die Siedlung am hinteren Berg. Um 1460 waren von der Vorbergsiedlung nur noch die Häuser am Hangloch übriggeblieben. Die dritte Hauptgruppe auf dem Todtnauer Berg nahe dem *Radschert* war schon im 14. Jh. bekannt. Sie gewann im 15. Jh. an Bedeutung, und das führte nochmals zur Errichtung der kleinen Ansiedlung *Büreten*, deren Name auf einen Grubenunternehmer zurückgeht. Die zur Talvogtei gehörenden Wälder *ennet dem Bach*, *Ennerbach* wurden früh gerodet. *Heini des Beren ruti* entstand im 14. Jh., vermutlich auch die 1421 genannte *hinderist Ruti*, die im heutigen Ortsteil *Rütte* zu suchen ist.

Mit dem Erlöschen des Bergbaus zogen die Bergleute größtenteils ab. Gegen Mitte des 16. Jh. lebten nur noch 10 Bauernfamilien in Todtnauberg. Von ihren Höfen standen 7 in Todtnau-Dorf, 2 in Ennerbach und einer in Rütte. Der dortige Einzelhof war bereits 1595 geteilt. Aus einem einzelnen Haus auf der Löffelmatt 1583 entstanden allmählich die Löffelhäuser. Ihr Name weist darauf hin, daß es sich um eine Ansiedlung von Holzschneflern handelte, wohl eine Ersatzbetätigung für durch das Ende des Bergbaus freigesetzte Arbeitskräfte. Der Ebenehof scheint erst nach dem 30j. Krieg angelegt worden zu sein.

Streitigkeiten gegen Ende des 16. Jh. zwischen den Bewohnern von Todtnauberg, Aftersteg, Muggenbrunn und Hasbach wegen der westlichen Gemarkungsgrenze führten 1592 zur Setzung von Grenzsteinen. Todtnauberg ohne Rütte und Ennetbach bildete einen eigenen Zwing und Bann, der ursprünglich nur die besten landwirtschaftlichen Flächen im Umkreis der zugehörigen Siedlungen umfaßte. Die Weiderechte reichten wesentlich weiter in den nördlichen Bereich der gesamten Talvogtei Todtnau. Mit deren Auflösung 1809 entstand im Grunde erst eine Gemarkung Todtnauberg. Rütte, das in der 2. Hälfte des 18. Jh. als eigener Bann innerhalb der Talvogtei Todtnauberg galt, erhielt ebenfalls 1809 eine regelrechte Gemarkung. Die Gemarkungen beider Orte blieben auch nach der Zusammenlegung zu einer Gemeinde 1816 weiter bestehen, sie erhielten erst ihre eigentliche Form durch die Auflösung der gemeinsamen Wälder der Talvogtei im langen, 1838 abgeschlossenen Prozeß. Seither erstreckten sie sich bis auf den Kamm des Stübenwasens.

Herrschaft und Staat. – Wenn auch alle urkundlichen Hinweise fehlen, so ist doch mit großer Sicherheit anzunehmen, daß das Gebiet von Todtnauberg als Bestandteil des gesamten Tales Schönau und Todtnau in der 1. Hälfte des 12. Jh. an St. Blasien kam. Der Bergbau, der eigentliche Grund der Besiedlung, war jedoch Regal und damit Sache des Landgrafen – nicht des Grundherrn und auch nicht der sanktblasischen Vögte, der

Zähringer, dann ihrer Erben, der Habsburger –, sondern der Grafen von Freiburg. Es kam 1398 an die Habsburger. Hinsichtlich der Blutgerichtsbarkeit blieb Todtnauberg im Verband der Todtnauer Talvogtei und unterstand dem hauensteinischen Waldvogt. Auch die bürgerliche Gerichtsbarkeit war zunächst Sache des Todtnauer Gerichtes. Da aber alles, was mit dem Bergbau zusammenhing, Angelegenheit der seit 1283 bezeugten *Bergvögte* oder Bergrichter war, entstand eine konkurrierende Gerichtsbarkeit. 1464 wurde ein Vertrag zwischen den Bergleuten und den Herrschaften zu Todtnau geschlossen. Von da an waren St. Blasien und Österreich unter den Vierern, den Repräsentanten des Bergwerks, vertreten. Schon vorher hatte der Abt von St. Blasien seine Rechte als Grundherr geltend gemacht. Als solcher bezog er bereits im 14. Jh. einen Zins von den Erzmühlen und den 100. Pfennig vom Bergertrag sowie den Todfall. Seine grundherrliche Stellung festigte sich zusätzlich, nachdem er um die Wende vom 14. zum 15. Jh. wichtigen Grundbesitz von Bergbauunternehmern und anderen erwerben konnte. Die Erneuerung des Bergbaus und die Reformen Kaiser Maximilians schufen 1511/17 eine neue Situation. In der Nachfolge des einstigen Bergmeisters oder Bergvogtes wurde jetzt ein Bergrichter eingesetzt, der für die gesamten Bergwerke in den Vorlanden zuständig war. Mit dem bald wieder folgenden Rückgang der Bergkonjunktur mußte sich seine Stellung wieder verschlechtern. Um 1600 ist das Amt des Bergrichters erloschen.

Bereits 1568 hatte St. Blasien nicht nur das Gericht über Erb und Eigen, sondern auch das Recht der Musterung und des Einzugs der Schatzung. Als Musterungsplatz hat sich bald ein Grundstück in der Fröhnd durchgesetzt, also im anderen Bereich ungeteilter sanktblasischer Hoheit innerhalb des gesamten Schönauer Tales (vgl. Bd. 1 S. 799). Im Gegensatz zur Fröhnd waren die St. Blasier Rechte in Todtnauberg jedoch nicht durch Kauf vom Adel schon im beginnenden Spätmittelalter erworben, sondern dadurch entstanden, daß die Abtei in das Machtvakuum nach Aufgabe des Bergbaus eindrang. Das führte zu dauernden Auseinandersetzungen mit der Talvogtei Todtnau, bei der der Ortsteil Rütte samt Ennerbach verblieb. Der besonders umstrittene Untertaneneid wurde seit einem Entscheid von 1594 jedoch gegenüber dem Abt und dem Kloster geleistet. Als vorderösterreichischer Landstand zog St. Blasien die Schatzung im Grunde doch nur für Österreich ein und musterte die Einwohner für das österreichische Militär. Insofern waren die Gegensätze auf der höchsten Ebene wieder entschärft, und es ging bei vielen Streitigkeiten mehr um die Kompetenzen der jeweiligen Beamten und die Beteiligung an den Lasten der lokalen Untereinheiten. Mit dem ganzen Breisgau kam auch Todtnauberg 1802/03 an den Herzog von Modena und 1805/06 an Baden. Während bisher für die Hochgerichtsbarkeit das Waldvogteiamt und sonst die St. Blasier Ammannei in Schönau zuständig waren, unterstand die neue Gemeinde ab 1808 dem Bezirksamt Schönau.

Grundherrschaft und Grundbesitz. – Wie erwähnt, muß das Eigentum an Grund und Boden aus dem St. Blasischen Besitz des gesamten Todtnauer und Schönauer Tales abgeleitet werden. In der Phase des Aufschwungs der Bergwerke kam der größte Teil des ertragreichen Bodens in Privathand, hauptsächlich in die von Beruntnehmern und Bergleuten. St. Blasien ging daran, durch seit 1372 nachgewiesene Einzelkäufe insgesamt über 100 Mg (um 1530) zusammenzukaufen und gegen Bodenzins an die Bauern wieder auszugeben.

Bedeutsam für die Einkünfte des Klosters war die Schenkung des Abtes Johann Kruz 1410, als umfangreiche Zinsen an das klösterliche Siechenamt gelangten. Außerdem sind drei Freiburger Klöster mit Besitzungen im Ort vertreten: 1348 erwarb Kl. Adelhausen bei Freiburg Zinsen auf dem Berg, 1438 konnten St. Clara und 1440/43 das

Kl. Günterstal weitere Einkünfte erringen. Als Verkäufer trat direkt oder indirekt der 1438/39 zum Ammann in Schönau aufgestiegene Oswald Hoefelin auf. Über dessen Sohn, den sanktblasischen Konventualen Oswald Hoefelin, gelangte später noch weiterer Besitz an St. Blasien. Ferner waren Anfang des 15. Jh. Ritter Ottman von Ambringen, die Blöchlin, die Blistein, die Brender und die Faden im Ort begütert. 1484 gelangte Jerg Fadens Haus für 18 lb Stebler ebenfalls an das Siechenamt von St. Blasien. Dessen Einkünfte wurden erstmals 1530 verzeichnet.

Wieweit sich bäuerliches Eigen gehalten hat, ist nicht feststellbar. Jedenfalls war der größere Teil des Bannes Allmendland. Die durch Aufteilung der Talvogtei hinzugekommenen Wälder und Weiden (Todtnauberg-Dorf 2777 Mg, Todtnauberg-Rütte 868 Mg) sind im 19. Jh. im Gemeindebesitz geblieben.

Gemeinde. – Der österreichische Bergvogt setzte für die örtlichen Verwaltungsaufgaben einen *Untervogt*, in der Regel einfach Vogt genannt, ein. Er erscheint an der Spitze der Gemeinde (erstmals 1550 Vogt und Gemeinde auf dem Todtnauberg, 1564 als *Meier und Nachpurschaft* auf Todtnauberg). Diese stand in einem seit 1546 anhängigen Rechtsstreit mit der Talvogtei Todtnau über die Besteuerung. Auch die gemeinsame Weide war stets ein Anlaß zur Interessenvertretung und damit auch zu gewissen selbstverwaltenden Tendenzen. Seit dem 16. Jh. sind vier unterschiedlich große Weidebezirke nachzuweisen. Den größten bildete das Dorf zusammen mit Hangloch, Büreten und Löffelhäuser. Diese hatten jedoch auch eigene Weidebezirke, wie selbstverständlich die außerhalb der Gemeinde gelegenen Rütte und Ennerbach. Mit Rütte zusammen besaß Todtnauberg seit 1700 nachweisbar die *Sägmühle*. Im Verlauf des 18. Jh. wurde der Vogt auch als Geschworener bezeichnet und von der Bürgerschaft gewählt. – Auch *Rütte* hatte einen eigenen Geschworenen. Wie Todtnauberg wurde es 1809 durch Auflösung der Talvogtei selbständige Gemeinde. Doch hat man die beiden Gemeinden bereits 1816 zusammengelegt, während die getrennten Gemarkungen noch ein weiteres Jahrhundert bis 1914 bestehen blieben.

Kirche und Schule. – Für die kirchliche Versorgung war zunächst Schönau, seit 1288 Todtnau zuständig. Auf langes Bitten der Einwohner von Todtnauberg und auf entsprechendes Drängen der vorderösterreichischen Regierung errichtete der Abt von St. Blasien 1794 eine eigene Seelsorgerstelle als sogenannte Lokalkaplanei. Diese wurde 1811 zur *Pfarrei* erhoben. Anstatt der vielleicht an etwas anderem Platz gelegenen St. Jakobskapelle, die bereits 1484 bezeugt ist und wohl, da dem Bergbaupatron geweiht, eine Stiftung der Bergleute war, wurde 1794 eine neue Jakobuskirche erbaut. – Eine *Schule* ist ab 1787 erwähnt, das Schulhaus ab 1790.

Bevölkerung und Wirtschaft. – Als einflußreichste Familie traten die Absalon auf. Klaus Absalon d. Ä. und sein gleichnamiger Sohn waren die ersten Vögte nach der Trennung des Berges von der Talgemeinde. Zur Zeit des spätmittelalterlichen Bergbaus rechnet man mit einer Einwohnerzahl von 200 bis 300 Personen, ja mehr, wenn man die Nachricht über den Verlust von 300 Menschen in der Mitte des 14. Jh. ernst nimmt (s. u.). Durch Wegzug ging die Einwohnerschaft bis auf die Bewohner der 10 Höfe (s. o.) und weniger Einzelanwesen zurück, doch scheint die Bevölkerungszahl schon im frühen 17. Jh. wieder gewachsen zu sein. Die Verluste des 30j. Krieges waren verhältnismäßig gering. Rechtlich unterschieden sich die Todtnauberger nicht mehr von den sonstigen Sanktblasianer Eigenleuten der Talvogteien Schönau und Todtnau. Die Einwohnerzahlen lagen um 1750 bei ca. 200, um 1770 bei 1500, 1785 bei 1800 und 1808/09 bei 2437 Personen (ohne Rütte).

Der vielfach auf Todtnau bezogene *Bergbau* hatte seinen Schwerpunkt in Todtnauberg. Die Ausbeutung des Silbererzes folgte einem nordsüdlich verlaufenden Erzgang vom Gierwald bis zum Hangloch. Der erste Nachweis ist der des Ortes überhaupt von 1283. Die Blütezeit des Bergbaus dauerte etwa bis 1350. Zur Zeit seiner schriftlichen Erwähnung war man längst von der oberflächlichen Erzausbeutung durch flachgründige Schürfungen und Pingen zum Stollenbau übergegangen. Die Stollen dienten sowohl der Förderung als der Ableitung des Grubenwassers, für die der Hangkanal im Norden der offenen Gemarkung angelegt wurde. Auch der Name Radwühr geht auf eine Entwässerungsvorrichtung zurück. Die Anlage solch aufwendiger Bauten erforderte Kapital. Deshalb bildeten sich Zusammenschlüsse von Unternehmern, die längst nicht mehr selbst im Bergbau tätig waren. Auf dem Gebiet von Todtnauberg waren das die Gewerkschaften zum Gauch und ob dem Bach, aus mehreren Fronen des 14. Jh. hervorgegangen. Große Stollen waren von der Halde am Herrihof, dem Sitz des Bergvogtes oder Bergrichters in Todtnauberg-Dorf, im Radschert bei Büreten und am Hangloch zugänglich. Vom Ertrag bezogen bis 1398 die Grafen von Freiburg, dann Vorderösterreich den 30. Teil. Sie setzten Bergmeister und Bergschreiber für die einzelnen Bergwerke ein, um diese in technischer Hinsicht und im Hinblick auf ihren Ertrag zu überwachen. Die Aufbereitung des Erzes und die Vermarktung von Silber und dem Nebenprodukt Blei lag großenteils in Todtnau, auch in Schönau. Schon während des Rückgangs der Ertragslage infolge zu hoher Aufwendungen für den Abbau schlossen sich um 1500 die beiden Unternehmen zum Gauch und ob dem Bach zur St. Anna-Gewerkschaft zusammen. Auch dies konnte den Niedergang höchstens verzögern. Das tirolische, böhmische und sonstige Silber war viel leichter abzubauen als das Schwarzwälder, die Bergleute mußten großenteils abwandern. Ein letzter Versuch der Wiederbelebung um 1560 scheiterte.

Bis in das 16. Jh. lebte vom Bergbau auch eine ganze Reihe von *anderen Gewerben*, allen voran die Köhler und die Holzhauer. Sie genossen die Freiheiten des Bergrechtes und waren durch ihre Freizügigkeit viel größerer Fluktuation unterworfen als die von der Landwirtschaft lebende Bevölkerung. Einwohnerzahlen für diese Zeit liegen zwar nicht vor, doch rechnet man mit mindestens 200 bis 300 Personen. Nach klösterlichen Aufzeichnungen aus dem 16. Jh. haben um die Mitte des 14. Jh. an die 300 Menschen den Berg verlassen. Allerdings sind in diese Zahl auch diejenigen eingerechnet, die im Berg umgekommen sind. Grund dafür könnte ein größerer Grubeneinsturz gewesen sein, vielleicht eine Nachwirkung des Basler Erdbebens von 1356.

Als Ernährungsbasis reichte die *Landwirtschaft* zu keiner Zeit aus. Sie war ohnedies, wie in der ganzen Nachbarschaft, recht extensiv mit einem nur geringen Anteil an zahmem Feld. Zu diesem zählten hauptsächlich die nur teilweise zweimal jährlich zu mähenden Matten und die wenigen Äcker. Haferanbau ist durch Flurnamen bezeugt, die Kartoffel gewann von 1750 an immer größere Bedeutung. Das wilde Feld, hauptsächlich Allmendland, und die Wälder dienten der Viehweide. Der ärmere Teil der Bevölkerung suchte seinen Broterwerb in der Herstellung von verschiedenem Holzgerät, nicht nur Löffeln, in Waldarbeit und Köhlerei. Seit 1787 ist *Baumwollweberei* für auswärtige Verleger greifbar. Gewerbebetriebe besonderer Art waren das *Salpetersieden*, für das die Todtnauberger im ganzen St. Blasier Klosterterritorium seit etwa 1799 ein Privileg hatten, die ab 1711 bezeugte *Sägmühle* und die 1723 gestattete Mahlmühle. Eine solche darf man schon für die Blütezeit des Bergbaus vermuten. Stets war Todtnauberg auf Getreideimport aus der Rheinebene angewiesen und versorgte sich im 18. Jh. über den Fruchtmarkt von Staufen. Die erste *Gastwirtschaft*, später »Zum Sternen«, erhielt erst nach längerem Hin und Her 1769 ihre Konzession.

Quellen und Literatur

Aftersteg

Quellen ungedr.: GA Aftersteg (Übers.in ZGO 55 ⟨1901⟩ S. m47). – GA Geschwend. – GLA 11/Nr. 816, K. 456; 61/14328; 66/7210, 7723; 229/**491–93**, 94019, 106182, 106264, 106276/77; 374 (1925, 34) 7–8; 412/296–97. – GA und PfA Todtnau.
Literatur: *Steinfurth*, E./*Dietsche*, B., Feldberg- und Schauinslandgebiet. Todtnau-Todtnauberg-Muggenbrunn-Aftersteg. 2. A. München 1963.
Erstnennung: ON 1288 (GLA 11/K. 493).
Hasbach: GLA 11/456 (um 1295); ZGO 49 (1895) S. m64 (1590). – GA Aftersteg. – GA Geschwend. – GA Todtnau.

Geschwend

Quellen gedr.: ZGO 48 (1894) S. m145.
Quellen ungedr.: GA Geschwend (Übers. in ZGO 55 ⟨1901⟩ S. m45–50. – GLA 11/K. 258, 311, 441, 456; 66/7210, 7214, 7422, 7717, 7726, 7735; 229/**31878–85**, 93941, 93945, 94138a, 94143, 106218; 374 (1903, 37/32) 155, (1924, 22) 56; 391/12477–78, 14468. – GA und PfA Schönau.
Literatur: *Beringer*, Leo, Die Wald- und Weidprozesse zwischen Schönau, Geschwend und Präg einerseits und Bernau-Hof und -Dorf andererseits. Von 1456 (1732) bis 1827. In: Das Markgräflerland 1 (1958) S. 41–53. – *Böhler*, Eduard, Bemerkungen über die Darstellung über die Wald- und Weideprozesse der Gemeinden Schönau, Geschwend und Präg einerseits und Bernau-Hof andererseits. In: Das Markgräflerland 1 (1958) S. 53f. – *Emmermann*, Rolf/*Sittig*, Eberhard, Zur Frage des kalifeldspatisierten Devons von Geschwend. In: Jb.f.Geol.u.Päläontologie 4 (1975) S. 193–202.
Erstnennung: ON 1352 (GLA 66/7210).

Muggenbrunn

Quellen ungedr.: GLA 21/K. 324; 229/30383, 44482, **68663–70**, 93982, 94019, 106264, 106276/77; 374 (1909, 37/32) 193, (1925, 34) 30/31. – GA Muggenbrunn (übers. in ZGO 55 ⟨1901⟩ S. m50. – PrivatA Schönau. – GA und PfA Todtnau.
Literatur: Muggenbrunn. *Steinfurth*, E./*Dietsche*, B., Feldberg- und Schauinslandgebiet. Todtnau-Todtnauberg-Muggenbrunn-Aftersteg. 2.A.München 1963.
Erstnennung: ON 1483 (StadtA Todtnau, Ratsbuch).

Präg

Quellen gedr.: RMB 1 Nr. h758; 2 Nr. 1342. – ZGO 38 (1885) S.356; 55 (1901) S.m49/50.
Quellen ungedr.: GA Geschwend. – GLA 11/K. 258, 421, 456; 66/7210, 7214, 7717, 7726, 7735, 11960/61; 229/**83518–28**, 93941, 94138a, 94143; 374 (1909, 37/32) 227, (1925, 34) 35/36; 391/30671–72. – GA Präg (Übers.in ZGO 55 ⟨1901⟩ S. m51/52). – GA Schönau.
Literatur: *Böhler*, Adolf, Ortsgeschichte und Chronik von Präg. Präg 1965. – *Böhler*, Eduard, Bemerkungen über die Darstellung über die Wald- und Weidprozesse der Gemeinden Schönau, Geschwend und Präg einerseits und Bernau-Hof und Dorf andererseits. In: Das Markgräflerland 1958, S.53f.
Erstnennung: ON um 1295 (GLA 11/K. 456)
Herrenschwand: UB St. Blasien, ungedr. und Gerbert HNS 3, 97 (1164, 1168) bzw. GLA 66/7214 (1374). – GLA 391/30671. – GA Mambach. – GA Präg. – GA Zell i.W. – Gerbert HNS 3, 97. – ZGO 38 (1885) S.356;

Schlechtnau

Quellen ungedr.: GLA 11/K. 441, 456; 61/14329; 66/7210, 7214, 7723; 229/93136, 106264, 106276/77; 374 (1909, 37/32, (1925, 34) 38/39. – GA Schlechtnau (Übers. in ZGO 55 ⟨1901⟩ S. m52). – Ga Schönenberg. – PfA Todtnau (Übers. in ZGO 49 ⟨1895⟩ S. m65). – GA Utzenfeld. – GA Zell i. W.
Erstnennung: ON 1288 (GLA 11/K. 493).

Todtnau

Quellen gedr.: FDA 35 (1907) S. 82. – FUB 7 Nr. 103. – Gerbert HNS 3, 218. – REC Nr. 2676, 4852, 9010, 11375, 12844, 13072. – RMB 1 Nr. h 800, 802, 848, 4324; 3 Nr. 5302, 5565, 7197. – Trouillat 4, S. 577 f. – ZGO 7 (1856) S. 108, 119, 121, 252; 12 (1861) S. 370; 13 (1861) S. 261; 17 (1865) S. 77, 440 ff.; 18 (1865) S. 480 f.; 19 (1866) S. 93 f., 226; 30 (1878) S. 369; 32 (1880) S. 193 Nr. 92 f.; 36 (1883) S. 85; 41 (1887) S. 445 f.

Quellen ungedr.: GLA 9/K. 9; 11/K. 125, 282, 407, 441, 449/50, 454, 456, 491–94, 531; 13/K. 17; 14/K. 24; 21/K. 26, 84, 198/99, 294, 389/90, 420, 423; 22/16; 23/K. 31, 40, 49/K. 50, 52; 29/K. 63; 44 Nr. 7334, 7341, 7348, 7354; 61/14331–32; 64/63; 65/579–81; 66/2685, 3715, 7210, 7214, **7715–34**, 7737; 67/1202, 1204–6, 1771/72, 1807, 1872; 79/vgl. ZR; 44/Nr. 7334, 7341, 7348, 7354; 229/23022, 44801, 93860–9415 (passim), **106170–282**; 374 (1907, 37/32) 282, (1925, 34) 48; 391/14468, 35100, 35102/3, 35105, 35109, 39043–58, 44047. – GA Schönau. – GA Todtnau (Inv. masch. 1955; Übers. in ZGO 49 ⟨1895⟩ S. m62/63). – PfA Todtnau (übers. in ZGO 49 ⟨1895⟩ S. m63–66).

Literatur: *Böhler*, Eduard, die Leibeigenschaft der Talleute von Schönau und Todtnau. In: Das Markgräflerland 1957, S. 1–22. – *Ganter-Ebert*, Erika, Die Freipürsch in den Tälern Schönau und Todtnau. In: Das Markgräflerland 1962, S. 14–17. – *Ganter-Ebert*, Erika, Der Notschrei, ein Straßenbau im Schwarzwald. In: Bad. Heimat 1963, H. 3/4 S. 355 ff. – *Huber*, Gerhard, Die Amtszeit von Bürgermeister Josef Huber in Todtnau von 1923 bis 1933 und der Übergang in die Zeit des Nationalsozialismus. Ein Beitrag zur Geschichte der Stadt Todtnau. Bonn 1993. – *Humpert*, Theodor, Kirchenbücher als Geschichtsquelle. Aus den Kirchenbüchern der kath. Pfarrei Todtnau. In: Alem. Heimat 1 (1934) Nr. 5. – *Derselbe*, Todtnauer Bürgerfamilien. In: Das Markgräflerland 1933/34, S. 53–60, 65–79. – *Rombach*, Josef, Todtnau und seine Umgebung. Geschichte und Beschreibung. Lörrach 1855. – *Steinfurth*, E. und *Dietsche*, B., Feldberg- und Schauinslandgebiet. Todtnau-Todtnauberg-Muggenbrunn-Aftersteg. 2. A. München 1963. – Todtnau: Stadt und Ferienland im südlichen Schwarzwald, hg. v. d. Stadt Todtnau 1989. – *Wielandt*, Friedrich, Todtnau, Bergwerk und vorderösterreichischer Münzort. In: Numismat. Zs. 87/88 (1972) S. 88–94.

Erstnennungen: ON 1025 (DK 2, 39). – Kapelle 1283 (GLA 11/K. 493), Pfarrei 1288 (ebd.).

Brandenberg: GLA 11/K. 493 (1283). – GLA 66/7210, 7214; 229/12152–60; 391/44272. – GA Brandenberg (Übers. in ZGO 55 ⟨1901⟩ S. m49). – PfA Todtnau.

Fahl: GLA 229/12160, 94019, 94031, 106259, 106276/77.

Todtnauberg

Quellen gedr.: ZGO 49 (1895) S. m60–63, 65.

Quellen ungedr.: GLA 11/Nr. 816, K. 492–94; 21/K. 423; 66/7717, 7731, 7737; 229/10180, 30370/71, 30381–83, 30385, 30388, 30400, 30412, 30416, 30420–25, 93904, 93955, 94019, 94031, 94090, 94101, 106213, 106261, 106276/77, 106281/82, **106283–314**; 374 (1909, 37/12) 299, (1925, 34) 49/50; 391/39059–63, 44375, 44047. – GA Todtnauberg (Inv. msch. 1963; Übers. in ZGO 49 (1895) S. m66). – PfA Todtnauberg (Übers. in ZGO 49 (1895) S. m66/67).

Literatur: *Schäfer*, Alfons, Geschichte des Dorfes Todtnauberg. Todtnauberg 1966. – *Steinfurth*, E. und *Dietsche*, B. Feldberg- und Schauinslandgebiet. Todtnau-Todtnauberg-Muggenbrunn-Aftersteg. 2. A. München 1963. – Die Tracht in Todtnauberg. In: Der Lichtgang 26 (1976) S. 62.

Erstnennung: ON 1283 (GLA 11/K. 493).

Tunau

406 ha Gemeindegebiet, 178 Einwohner (31.12.1990, 1987: 180)

Wappen: In Blau drei (2:1) gestürzte goldene (gelbe) Pflugscharen. Das 1903 vom badischen Generallandesarchiv entworfene Wappen bezieht sich auf die damals den Ort wirtschaftlich prägende Landwirtschaft.

Gemarkung: Tunau (406 ha, 180 E.) mit Tunau, Bischmatt und Michelrütte.

A. Naturraum und Siedlung

Natürliche Grundlagen. – Die 406 ha große Gemeinde Tunau mit den Ortsteilen Bischmatt und Michelrütte im Mittleren Wiesebergland wird umrahmt von einem Höhenzug, der sich vom Haldenbuck (808 m ü.d.M.) über Roßboden (984 m), Staldenkopf (1352 m), Nollenkopf (1163 m) und Tiergrüble (1064 m) zum Eck (824 m) erstreckt. Der geologische Untergrund spiegelt die komplizierten tektonischen Vorgänge wider, die im Zusammenhang mit der *Devon-Unterkarbonzone von Badenweiler-Lenzkirch* stehen (s. Bd. 1, S. 19). Sie führen zu einer im wesentlichen von N nach S verlaufenden Abfolge von Gesteinen. So besteht der Sporn des Haldenfelses aus *Münsterhaldengranit*. Dieses Gestein markiert die Nordgrenze der dunklen Grauwakken und Pelite des Unterkarbons und Oberdevons, dem Zentralbereich der Badenweiler-Lenzkirch-Zone. Südlich einer Linie Bischmatt-Tunau werden diese wiederum von *unterkarbonischen Konglomeraten* (bei Bischmatt) und *Vulkaniten* (Katzenstein, Schwarztannenhalden) abgelöst. Mit einem z.T. kräftig eingetieften Kerbtal hat sich vor allem der Schliffbach, weniger deutlich der von N kommende Grabenbach sowie der aus der Vereinigung beider hervorgegangene Schleifenbach eingegraben. Sie entwässern das Gemeindegebiet nach W zur Wiese hin, wo bei etwa 550 m auch der tiefste Punkt der Gemeinde liegt.

Das Erscheinungsbild des gesamten Talraums wird auch heute noch durch ausgedehnte Weidefelder geprägt. Ungeachtet der standörtlichen und floristischen Vielfalt dieser Flächen dominiert die Flügelginsterweide. Dies wird beispielhaft an den südexponierten Hängen zwischen »Hörnle« und »Farnacker« deutlich. Die Landwirtschaftsfläche (170 ha) besteht ausschließlich aus Grünland – ein Umstand, der die schwierigen agrarökologischen Standortverhältnisse widerspiegelt, die für Ackerbau eine meist nur schlechte Grundlage bilden. Als Ergebnis der Reliefzerschneidung durch Grabenbach und Schleifenbach sind auf weiten Teilen des Gemeindegebietes Hangneigungen zwischen 15° und 35° anzutreffen. Bei Jahresmitteltemperaturen zwischen 5,5 und 6,5°C und rund 100 Tagen mit einer Durchschnittstemperatur von weniger als 5°C ist auch der Roggenanbau problematisch.

Die potentiell natürliche *Vegetation* entspricht in den Höhenlagen zwischen 570 und 700 m der Zonalgesellschaft eines atlantisch-submontanen Buchen-Eichen-Tannenwaldes, woran sich bis in 1070 m Höhe ein montaner Buchen-Tannenwald anschließt. Darüber befindet sich die Höhenstufe des hochmontanen Bergmischwaldes mit Buche, Bergahorn, Tanne und Fichte. Durch natürliche Sukzession und Aufforstung von aufgelassenen Weideflächen hat sich der Waldanteil in den letzten Jahren stetig erhöht und macht heute etwa die Hälfte der Gemeindefläche aus. Augenfällig ist der Rückgang der Weideflächen u. a. am Roßboden, am Katzenstein und an den »Tunauer Schweinen«, einer in rund 1150 m Höhe zwischen Nollenkopf und Staldenkopf gelegenen ehemaligen Jungviehweide. Die Aufforstungen wurden häufig mit der Douglasie vorgenommen, so daß diese Baumart heute mit einem Flächenanteil von rund 13 % auf dieser Gemarkung auffällig häufig vertreten ist. Als Ergebnis der forstlichen Bewirtschaftung nimmt die Fichte nahezu die Hälfte der Waldfläche ein, wohingegen Tanne und Buche, trotz der für sie guten Wuchsbedingungen, nur 4 bzw. 24 % der Gemeindewaldfläche ausmachen.

Die *Bodentypen* sind in der Mehrzahl als humose Braunerden ausgebildet, deren Entwicklung von Reliefform und Exposition beeinflußt ist. Unterhalb 1000 m Höhe ist auf den Waldflächen der Mullhumus vorherrschend, auf den darüberliegenden Flächen tritt die Humusform Moder hinzu. Die bodenökologischen Eigenschaften der meist lehmig-sandigen bis sandig-lehmigen Böden werden auch durch das Ausgangssubstrat mitbestimmt. Als bedeutsam erweist sich die Überdeckung mit Grundmoränenmaterial, welches während der Würm-Kaltzeit flächendeckend abgelagert wurde. Beredtes Zeugnis der kaltzeitlichen Vergletscherungen ist der Findlingsblock bei Michelrütte, der nach dem Abschmelzen des Wiesegletschers liegengeblieben ist.

Siedlungsbild. – In einer Mulde am Fuße des Staldenkopfes, oberhalb des sich danach wieder stärker eintiefenden Grabenbaches, liegt das kleine Dorf Tunau. Überwiegend hangparallel ausgerichtete Schwarzwaldhöfe nehmen in lockerer Formation die untere Bergflanke ein. Sie folgen der von Schönau kommenden Straße, die sich mit einer weit ausschwingenden Doppelkehre zum Eck hinaufwindet (Dorfstraße), hinter dem Dorf aber nur noch als schmaler Fahrweg weiterführt. Von den umliegenden Höhen auf den Ort blickend, bilden die tief herabgezogenen und an den Frontseiten abgewalmten Dächer der Schwarzwaldhäuser das prägende Element im Siedlungsbild. Häufig erschließen Einfahrtshäuschen die Dachpartien. Nahezu in der Mitte der Dorferstreckung bilden gleich zwei solcher Häuschen den Zugang zum Dach eines besonders langen und mächtigen Hofes. Sie weisen ihn damit als Doppelhaus, als sogenannte Arche aus. Im April 1936 fielen große Teile des Dorfes einem Feuer zum Opfer, von dem lediglich der obere, östliche Teil des Ortes verschont blieb. Dort stehen heute die drei ältesten Höfe des Dorfes, bei denen es sich weitgehend noch um reine Holzhäuser mit sehr einfach gehaltenen Laubenumgängen am Wohnteil handelt. Ihre weitausladenden, rötlich angewitterten Blechdächer verstärken noch den Eindruck des hohen Alters.

Erhalten blieb zwar auch das *Rathaus* an der Dorfstraße im Westteil des Dorfes, es wurde aber durch das schlichte zweigeschossige Gebäude ersetzt, in das auch die Schule ziehen konnte. Heute hat unter seinem großen, dunklen, abgewalmten Dach neben den Amtsräumen in der anderen Haushälfte eine Wohnung Platz gefunden. Viele der alten Anwesen wurden wieder im Schwarzwaldhausstil aufgebaut. Hierzu gehört das auffallend langgestreckte Gebäude nahe dem westlichen Ortsausgang, das wohl ebenfalls als Doppelhaus anzusprechen ist. Im Westteil beherbergt es das Pensionsgasthaus »Tanne«. Mit der verstärkten Hinwendung zum Fremdenverkehr dürfte der moderne Terrassenausbau zusammenhängen, der den Hof auf dieser Seite verändert hat. Hinweise auf die Bereitstellung von Gästezimmern finden sich an vielen Stellen in Tunau, während die Landwirtschaft im Ortsbild kaum mehr auszumachen ist.

Beim Wiederaufbau nach dem Brand wurde die Siedlung etwas lockerer gestaltet; sie ließ Platz für spätere Ausbauten. Zwischen den Schwarzwaldhäusern fallen daher immer wieder auch reine zweigeschossige Satteldachwohnhäuser ins Auge. Verstärkt treten sie nördlich unterhalb der Dorfstraße entlang des »Oberen Bifang« in Erscheinung. Dieses Sträßchen trägt den Charakter einer kleinen Ausbauzeile, die durch neue Wohnhäuser weiter ergänzt wird. Neubauten finden sich auch am nördlichen Ortsrand, wo sie teils die Straße nach Schönau begleiten, teils die Hänge zum Farnacker einnehmen.

Ebenfalls unversehrt hat die 1901 erbaute *Herz-Jesu-Kirche*, eine Filiale der Pfarrei Schönau, den Brand überstanden. Der gotisierende Bau unter Satteldach mit Glockenstuhl ist weiß verputzt, hat Eckquaderung und spitzbogige Fensterlaibungen aus Rotsandstein. Über das Schiff spannt sich auf konsolenartig ausgekragten Balken die zur Mitte hin ansteigende Holzdecke. In der polygonalen, rippengewölbten Apsis hinter einem Triumphbogen steht der Hochaltar mit einem von Marmon, Sigmaringen, geschnitzten Retabel, das Christus zwischen Maria und Johannes darstellt.

Südwestlich des Dorfes erhöht auf einem Hangsporn stehend, wird dem Kirchlein mit seinem sechseckigen Turm, auf dem ein spitz zulaufender Helm mit Glockenstubenaufsatz sitzt, vom Tal aus der erste Blick gelten, bevor der im hinteren Talbereich gelegene, eigentliche Dorfkern ins Sichtfeld gerät.

Rund 2 km westlich von Tunau, an der Landstraße nach Schönau, liegt auf einer Hangverflachung über dem Schleifenbach der Weiler Bischmatt. In lockerer Anordnung folgen die im Kern alten Schwarzwaldhöfe der Durchgangsstraße bzw. nehmen nördlich davon den Hang zum Hörnle ein. Auch hier sind die Anwesen inzwischen reine Wohnhäuser. Dazwischen haben Ein- und Zweifamilienhäuser, z. T. sehr gehobenen Standards, zur Verdichtung der Siedlung beigetragen.

Nur aus vier Häusern besteht die nördlich des Hörnles, oberhalb des Lochbachs, gelegene Höfegruppe Michelrütte. Trotz mancherlei Umbauten lassen zwei ihren ursprünglichen Schwarzwaldhofkern noch gut erkennen. Sie dienen nur noch als Wohnhäuser und stellen Ferienunterkünfte bereit. Die beiden anderen Gebäude sind Wohnhäuser aus allerjüngster Zeit, an denen sich die Ausrichtung auf den Fremdenverkehr ebenfalls deutlich ablesen läßt.

B. Die Gemeinde im 19. Jahrhundert und in der Gegenwart

Bevölkerung

Bevölkerungsentwicklung. – Tunau gehört zu den kleinsten Gemeinden im Landkreis. Bereits im 1. Drittel des 19. Jh. war mit 254 Einwohnern ein Höchststand erreicht. Danach sank die Einwohnerzahl fast kontinuierlich bis 1939 auf 136 Einwohner. Ursache der Fortzüge, meist in die Industriegemeinden des vorderen Wiesentals, waren vor allem die in Tunau vorherrschenden schlechten Bedingungen für die Landwirtschaft. Zusätzliche Bevölkerungseinbußen brachten der 1. Weltkrieg mit 7 Gefallenen, der 2. Weltkrieg mit 12 Gefallenen und 7 Vermißten.

Insgesamt ist die Bevölkerungszahl nach dem 2. Weltkrieg bis 1970 nahezu konstant geblieben (1950 und 1970: 165 E.). 1953 beherbergte die Gemeinde 25 Flüchtlinge, 1961 waren noch 8 Vertriebene (4,7% der Bevölkerung) ansässig. Die Zahl der Abwanderer – meist Personen im erwerbsfähigen Alter, was wohl maßgeblich auf die Arbeitsmarktsituation zurückzuführen war – wurde durch Geburtenüberschuß ausgeglichen. Besonders seit den 1980er Jahren verzeichnete die Gemeinde auch Zuzüge und damit ein leichtes Ansteigen der Bevölkerungszahl (1987: 180 E.; 1992: 184 E.).

Die Gemeinde im 19. Jahrhundert und in der Gegenwart

Konfessionelle und soziale Gliederung. – In Tunau, das zur St. Blasischen Talvogtei Schönau gehört hatte, hat sich die Tradition des Katholizismus bis heute erhalten: 1987 waren 89,4% der Bevölkerung katholisch, 7,8% evangelisch und nur 2,8% gehörten einer anderen Konfession an oder waren konfessionslos.

Aufgrund der besonders ungünstigen Situation der Landwirtschaft nahm die Bevölkerung Tunaus schon um die Mitte des 19. Jh. die Möglichkeit zur Fabrikarbeit im nahen Schönau verstärkt wahr. Bedeutender Arbeitgeber war bis zum Beginn des 20. Jh., als meist zwischen 21 und 45 Tunauer dort arbeiteten, die Iselin'sche Baumwollspinnerei und -weberei. Später gewann auch eine Bürstenfabrik als Arbeitgeber für die Erwerbstätigen des Dorfes an Bedeutung.

So fand in Tunau 1895 im Vergleich zu den bäuerlichen Gemeinden Aitern und Schönenberg nur noch eine knappe Mehrheit der Erwerbstätigen (51,7%) in der Land- und Forstwirtschaft ihren Verdienst, darunter 10 Personen als Holzmacher in den umliegenden Gemeindewaldungen. Durch Dienstboten und Angehörige erhöhte sich dieser Wert auf 67,2% der Einwohner und entsprach damit wiederum dem der beiden anderen Gemeinden. Fast 40% der Berufsbevölkerung arbeiteten dagegen bereits in Industrie und Gewerbe.

Eine Änderung der Sozialstruktur bahnte sich in Tunau und Umgebung erst nach 1950 an: Im traditionellen Haupterwerbsbereich, der Landwirtschaft, schrumpfte die Erwerbsquote bis 1961 auf 17%, bis 1970 auf 7%. Die Landwirtschaft entwickelte sich zusehends zum reinen Nebenerwerbsbereich. Zum sekundären Sektor, dem neuen Haupterwerbsfaktor der Gemeinde, gehörten 1961 47%, 1970 mit 87 Personen 53% der Erwerbstätigen. Vergrößert hat sich ebenfalls der Wirtschaftsbereich »Sonstiges« im gleichen Zeitraum. Die Zahl der Haupterwerbstätigen stieg hier von 11% auf 15%. Ohne Bedeutung blieben Handel und Verkehr zwischen 1950 bis 1970 mit einem Anteil von maximal 3%. Mit der relativ hohen Zahl an Renten- und Pensionsempfängern (1961: 21%; 1970: 24%) lag die Gemeinde über dem Kreis- und Landesdurchschnitt. Bis zur Volkszählung 1987 hatte sich das Bild weiter gewandelt. Landwirtschaft wurde im Hauptberuf überhaupt nicht mehr ausgeübt. Das Produzierende Gewerbe dagegen nahm mit 59,1% an der Gesamtzahl der Erwerbstätigen gegenüber 1970 noch einmal zu. Einen starken Anstieg hatte auch der Tertiäre Sektor zu verzeichnen, in dem um 40,9% der Erwerbstätigen beschäftigt waren. Die Renten-, Pensions- sowie Arbeitslosengeldempfänger machten 16,7% der Gesamtbevölkerung aus. Die Auspendlerzahl ist bis 1987 auf 103 gestiegen, denen nur 4 Einpendler gegenüberstanden (1970: 61 Berufsauspendler).

Politisches Leben

Erwartungsgemäß zeigt auch Tunau ausgeprägte *Zentrumspräferenzen* bis zum Ende des Kaiserreichs. Die Nationalliberalen, einzige weitere Partei am Ort, erzielten lediglich bei der Reichstagswahl 1887 mit 21,4% der Stimmen einen nennenswerten Stimmenanteil.

Bei den Reichstagswahlen während der *Weimarer Republik* blieb die Vormachtstellung des Zentrums zunächst nahezu unangetastet; ein verändertes Wählerverhalten 1930/32 brachte der Partei trotz weiterhin hoher Zustimmung in der Bevölkerung mit 72,2 bzw. 63,4% merkliche Stimmeneinbußen, gefährdete aber ihre Vorherrschaft nicht. Zu Beginn der Republik kam die *SPD* als neue Partei hinzu, die 1919 3,8% der Stimmen erhielt, im folgenden aber ohne Bedeutung blieb. Die Stimmenverluste des Zentrums gingen 1930 an die DVP (26,4%), 1932 vor allem an die NSDAP (31%), die aber damit unter dem Reichsdurchschnitt (37,3%) blieb.

Bei Wahlbeteiligungen, teilweise um 90%, ergaben die *Bundes- und Landtagswahlen* stets deutliche Mehrheiten für die CDU. Entsprechend veränderten sich die Anteile der SPD. Ihr bestes Wahlergebnis lag 1949 bei 18,8%, ihr schlechtestes 1969 bei 3,3%. 1990 erreichte sie 14,4%. Die FDP, ihr bestes Resultat mit 12,5% war ebenfalls 1949, konnte seither kaum mehr die 5%-Grenze erreichen (1990: 2,9%). Die Grünen erhielten 1990 1,0% der Stimmen. Die *Landtagswahlen* brachten keine nennenswerten Unterschiede im Wählerverhalten.

Wirtschaft und Verkehr

Land- und Forstwirtschaft. – Eingeengt durch hohe, steile, steinige Bergwände war die Landwirtschaft in Tunau nie ergiebig. Trotzdem blieb sie Haupterwerb der Bewohner, bis ihr allgemeiner Rückgang nach dem 2. Weltkrieg auch hier eine Veränderung einleitete. So ging die landwirtschaftliche Nutzfläche (LN), nachdem sie von etwa 1880 bis 1965 konstant fast 300 ha betrug, bis 1975 auf 146 ha zurück (1987: 141 ha). Gleichzeitig wurde eine große Fläche als Öd- und Unland ausgewiesen sowie Wald aufgeforstet und ein kleineres Baugebiet (»Oberer Bifang«) erschlossen.

Infolge natürlicher Ungunst reichte der in Form von Feldgraswirtschaft betriebene *Ackerbau* noch nicht einmal zur Deckung des Eigenbedarfs. Der Anteil der Ackerfläche an der LN belief sich seit 1880 auf maximal 9% und ist unter den heutigen Wirtschaftsbedingungen beinahe verschwunden (1987: 1 ha). Die bis 1930 überwiegend mit Winterroggen und Kartoffeln bestellten Felder waren zu Beginn der 1980er Jahre meist übergrast.

Adäquate Nutzungsart hier wie im gesamten hinteren Wiesental ist das *Dauergrünland*; in Tunau überschritt es stets 90% der LN. Die Flächengröße, von 1880 bis 1965 nahezu konstant, erfuhr bis 1975 eine Reduzierung um die Hälfte auf 139 ha (1987: 140 ha), darunter 15–25% Wiesen.

Ende des 19. Jh. war die Qualität der mit Vieh überbesetzten und zu 14% als Reutfeld benutzten (Tal-)Weiden gering. Die extensive Nutzung nach dem 2. Weltkrieg führte zu einer starken Verhurstung, die aber bis 1982 teilweise beseitigt war: 126 ha Gemeinde(Allmend-)weiden wurden durch 88 Rinder, darunter 50% Gastvieh, beschickt. Die *Jungviehweide* der Gemeinde umfaßt ca. 70 ha. *Hauptsächliche Nutztierart* sind die Rinder. Auf den Höchstbestand von rund 215 Tieren im Zeitraum 1850 bis 1930 folgte ein starker, bis in die 1980er Jahre andauernder Rückgang um mehr als die Hälfte auf 94 Rinder (1988) mit etwa gleich starker Milch- und Mastproduktion. Schweine- und Hühner-, bis 1930 auch Ziegenhaltung dienten von jeher der Selbstversorgung.

Die *landwirtschaftliche Betriebsstruktur* von Tunau entspricht hinsichtlich ihrer Betriebsgrößenverteilung wie -veränderung der des oberen Wiesentales. 1895 bis 1977 sank die Zahl der Betriebe (mit durchschnittlich 2,5 ha, später 4,2 ha Betriebsfläche) um mehr als 60% auf 13 Betriebe. 1987 wurden die verbliebenen 12 Betriebe ausschließlich im Nebenerwerb geführt, worunter die kleinbäuerlichen Betriebe von 2 bis 5 ha LF die Mehrheit ausmachten. Nach der Betriebssystematik von 1987 waren diese fast ausschließlich als *Futterbaubetriebe* tätig; hinzu kam ein forstwirtschaftlicher Betrieb. 1992 gab es noch 9 Nebenerwerbslandwirte in Tunau.

Mitte des 19. Jh. waren nur 20% der Tunauer Gemarkung mit *Wald* – hauptsächlich Laubwald – bestanden, der sich ausschließlich im Besitz der Gemeinde befand. Bis 1950 waren zwar die Größenverhältnisse weitgehend unverändert geblieben (+ 15 ha), jedoch der Laubwaldanteil auf 36% zurückgegangen. Eine deutliche Veränderung geschah in den 1960/70er Jahren durch Aufforstungen auf 181 ha (1990), wodurch der Gemeindewald auf 173 ha (darunter 23% Laubwald) ausgedehnt wurde.

Handwerk und Industrie, Handel und Dienstleistungen. – *Handwerksberufe* wurden in Tunau selten, oft nur im Nebenerwerb ausgeübt. Die Betriebszählung von 1895 erfaßte 4 Ein-Mann-Betriebe, von denen je 2 den im hinteren Wiesental gängigen Bereichen Holz- und Schnitzstoffe sowie Bekleidung und Reinigung angehörten. Einen zusätzlichen, jedoch jeweils nur kurzzeitigen Verdienst bot die *Hausindustrie*; 1838 hatten in Tunau 17 Baumwollhausweber für Fabrikanten gearbeitet, zu Beginn des 20. Jh. waren 8 Familien mit Bürsteneinziehen beschäftigt.

Nachdem 1977 noch ein handwerkliches Unternehmen aus dem Holzgewerbe angesiedelt war, bestanden 1987, ebenso wie bereits 1925, keine Handwerksbetriebe am Ort mehr; auch Industrie ist nicht vorhanden.

Ähnlich wie im Sekundären gestaltet sich die Situation bis heute auch im *Tertiären Sektor*. Lediglich der Handel mit landwirtschaftlichen Produkten garantierte kurzfristig zu Beginn der Industrialisierung einen guten Absatzmarkt bei der Fabrikbevölkerung in Schönau. Ansonsten partizipieren die Bewohner bis heute am Handels- und Dienstleistungsangebot in Schönau, insbesondere seit die bis 1967/68 noch ortsansässig gewesenen beiden Handelsbetriebe nicht mehr bestehen.

Der *Fremdenverkehr* ist überwiegend auf die Sommermonate konzentriert. Privatunterkünfte (Zimmer, Ferienwohnungen und Ferien auf dem Bauernhof) und die beiden Gasthäuser – das Gasthaus »Tanne«, 1779 erbaut und damit ältestes Gasthaus in der Gemeinde, und die Pension »Zur schönen Aussicht« – stellen etwa je die Hälfte der insgesamt rund 60 Übernachtungsmöglichkeiten. Im Jahr 1992 verzeichnete Tunau bei 727 Gästen 5828 Übernachtungen.

Verkehr. – Erst die Erbauung einer neuen, über den Nebenort Bischmatt nach Tunau führenden Straße Ende des 19. Jh. brachte der Gemeinde einen bequemen Anschluß an Schönau und die Wiesentalstraße. Michelrütte verband bereits 1867 eine Straße mit Schönau; von Tunau aus war der Ort Ende des 19. Jh. über einen Feldweg zu erreichen, nach 1963 zudem über die Ortsstraße Bischmatt-Michelrütte.

Im heutigen Straßensystem führt von der B 317 in Schönau ausgehend die K 6305 nach Tunau über Bischmatt. Die Verbindung nach Michelrütte schafft eine Gemeindeverbindungsstraße, die in Bischmatt von der K 6305 abzweigt. Ohne Anschluß an öffentliche Verkehrslinien wird Tunau lediglich von einem Schulbus angefahren.

Verwaltungszugehörigkeit, Gemeinde und öffentliches Leben

Tunau und seine Nebenorte gehörten über die sogenannte Grafschaft, eine der 6 Geschworeneien des äußeren Tals der Talvogtei Schönau, zur Grundherrschaft des Klosters St. Blasien. Nach Auflösung des ca. 500 Jahre bestehenden Talverbandes (1809) wurde Tunau zur selbständigen Vogtei, dann Gemeinde im Bezirksamt Schönau, mit dem es die weitere *Verwaltungsgeschichte* teilte.

Die gesamte Gemeinde Tunau mit gleichnamigem Hauptort sowie den Nebenorten Bischmatt und Michelrütte erstreckt sich seit der Mitte des 19. Jh. über die relativ kleine *Gemarkungsfläche* von 405 ha. Mit der 1927 erfolgten Vereinigung der Ortsgemeinden zu einer einfachen Gemeinde wurden deren bis dahin eigene Gemarkungen und Vermögensverwaltungen aufgelöst.

Die teilweise Eigenständigkeit der Ortsgemeinden vor 1927 schlägt sich auch in der *Verwaltung der Gemeinde* nieder: zu den üblichen Vertretern der Gesamtgemeinde kamen jeweils ein Stabhalter und ein Ortsrechner der Nebenorte hinzu. Heute ist die

Gemeinde Tunau in den 1971 gegründeten *Gemeindeverwaltungsverband Schönau* mit Sitz in Schönau eingebunden, der fast alle Verwaltungsaufgaben wahrnimmt. Tunau hat einen ehrenamtlichen Bürgermeister, der Gemeinderat 8 Mitglieder.

Die Liegenschaften der Gemeinde bestanden 1992 aus 134 ha Wald und 194 ha landwirtschaftlicher bzw. überwiegend Weidefläche und nehmen somit 80% der Gemarkungsfläche ein. Der Wald ist nach seinem Besitzstand ehemaliges, die Weide bis heute erhaltenes Allmendgebiet. An Gebäuden verfügte die Gemeinde über ein 1847 erworbenes und zum *Schulhaus* umgebautes Bauernhaus, ein 1835 erstelltes und bis um 1900 benütztes Wachhaus mit Spritzenremise. Vom Brand 1936 verschont blieben lediglich Rathaus, Kapelle und 4 Gebäude im Oberdorf; beim Wiederaufbau wurde das alte Rathaus abgerissen, damals entstand das neue integrierte *Schul- und Rathaus*. Das Gebäude wurde 1992 außen renoviert, 1994 lief die Innensanierung.

Ver- und Entsorgungseinrichtungen. – Die um 1930 gegründete *Freiwillige Feuerwehr* zählte 1992 22 aktive Mitglieder, die einen Löschzug bildeten. 1990 wurde das erste Feuerwehrauto angeschafft. – Vor der Errichtung der zentralen *Wasserversorgungsanlage*, im Hauptort Tunau um 1910 sowie in Bischmatt und Michelrütte nach 1945, gab es nur Privatbrunnen. Die heutige Wasserversorgung geschieht über Hochbehälter in jedem Ortsteil, die seit dem Bau des neuen Hochbehälters in Tunau von dort aus gespeist werden. – Mit Ausnahme von Michelrütte ist das Gemeindegebiet vollständig kanalisiert. In Tunau befindet sich eine seit 1976 betriebene Kläranlage. Bischmatt ist seit 1982 an die Zentralkläranlage in Wembach angeschlossen. – Die *Müllentsorgung* erfolgt einmal wöchentlich durch ein privates Unternehmen, die Sperrgutabfuhr dreimal im Jahr. Der Müll wird in der vom Landkreis betriebenen Mülldeponie Scheinberg bei Wieslet gelagert. – Seit etwa 1924 bezogen die Ortsteile Tunaus, das Mitglied beim Zweckverband »Hinteres Wiesental« war, *Strom* vom Werk Zell. Heute ist Tunau an die Kraftübertragungswerke Rheinfelden AG in Rheinfelden (Baden) angeschlossen. – *Ärztliche und stationäre Versorgung* erhalten die Einwohner in Schönau, Akutversorgung in den Krankenhäusern von Lörrach, Schopfheim und Freiburg. – Der *Friedhof* liegt in Schönau, dem Pfarrort der Gemeinde.

Schule und Kirche. – Bereits in den 1770/80er Jahren wurde eine Schule in Tunau erwähnt. Die gemeinschaftliche Schule der Ortsteile war stets durch einen Lehrer besetzt. Seit 1971 besuchen die Grund- und Hauptschüler die Buchenbrandschule in Schönau.

Die fast ausschließlich katholische Bevölkerung und die wenigen Protestanten Tunaus gehören den Pfarreien in Schönau an. Die 1901 im neugotischen Stil erbaute kath. Herz-Jesu-Kapelle wurde größtenteils über Spenden finanziert.

Sportstätten und Vereine. – Neben einem privaten Hallenbad ermöglicht vor allem der Sportverein Tunau mit einer Schießsportanlage und einem Bolzplatz sportliche Aktivitäten für die Bewohner. Der 1954 gegründete Verein (1987: 148 Mitglieder) sowie der seit 1969 bestehende Landfrauenverein (1987: 39 Mitglieder) lassen auf ein aktives Vereinsleben in der kleinen Gemeinde schließen.

Strukturbild

Wie in den meisten Nachbargemeinden trat auch in Tunau eine Veränderung der vorherrschenden Strukturen erst nach dem 2. Weltkrieg zutage. Bis dahin hatte die unter besonders unwirtlichen Bedingungen betriebene Landwirtschaft die Bewohner nur notdürftig ernährt. Zusätzliche, wenn auch beschränkte Verdienstmöglichkeiten boten Holzhauerei und Hausindustrie. So war es nicht verwunderlich, daß bereits 1895 ein großer Teil der Bevölkerung trotz schwieriger sozialer Bedingungen Arbeit in der Schönauer Industrie suchte.

Heute wird Landwirtschaft nur noch von wenigen Betrieben im Nebenerwerb ausgeübt. Andere wirtschaftliche Bereiche – außer dem wenig bedeutenden Fremdenverkehr – sind in der Gemeinde nicht vorhanden. Die überwiegende Zahl der Erwerbstätigen arbeitet in den nahen Industriegemeinden Schönau und Utzenfeld. Ebenso zentral ist Schönau nach wie vor als Schul-, Verwaltungs-, Pfarrei- sowie bevorzugter Einkaufsort und für die medizinische Erstversorgung. Die weitere Entwicklung der Pendlerwohngemeinde wird stark vom Arbeitsplatzangebot in den industriellen Nachbargemeinden bestimmt.

Als steuerschwache Gemeinde hatte Tunau bereits in den 1960er Jahren im Rahmen des kommunalen Finanzausgleichs eine hohe Schlüsselzuweisung erhalten. Trotz Vervierfachung des Gesamtsteueraufkommens von 1970 bis 1983 auf 79 000 DM, seither (– 1992) auf 118 000, ist dieses nach wie vor niedrig, wobei dem Gewerbesteueranteil (1992: 1,4 %) kein Einfluß auf die Gesamtsituation zukommt. So lag die angestiegene Steuerkraftsumme je Einwohner 1988 noch immer um 20,3 % unter dem Durchschnitt des Landkreises, 1992 mit 641 DM noch weitaus deutlicher (Landkreis 1494 DM). Gleichzeitig belief sich der Schuldenstand je Einwohner 1988 auf 22,9 % des Kreisdurchschnitts. 1992 hatte die Gemeinde 371 DM Schulden pro Einwohner, hinzu kommen die anteiligen Verbandsschulden in Höhe von 610 DM. Damit ist der geringen Finanzkraft Rechnung getragen; denn der Landkreis hatte 1992 eine Pro-Kopf-Schuld von 1497 DM erreicht, Baden-Württemberg von 1356 DM. Nachdem die Verbesserung der Wasserversorgung, die Ende der 1980er Jahre begonnen worden war, abgeschlossen ist, sieht es die Gemeinde als vordringlichste Aufgabe, die Ortsmitte und den Rathausplatz zu sanieren.

C. Geschichte

1352 in einem Berain des Klosters St. Blasien wird der Ort erstmals als *Tunowe* genannt. Das Bestimmungswort des Ortsnamens ist nicht gedeutet. Im Zuge der Erschließung des hinteren Wiesentales seit dem 10./11. Jh. dürfte auch Tunau entstanden sein. Der straßendorfähnliche Ortsgrundriß zwischen dem oberen und dem unteren Bifang – Flurnamen, die noch an die Bildung von Eigentum durch die früheste Rodung erinnern – wurde erst in der Neuzeit dichter mit Häusern besetzt. Zur *Gemarkung* zählen die Ortsteile Bischmatt, 1488 *in der Buschmatt*, und Michelsrütte, 1352 *Mychalruti*. Vielleicht handelt es sich um von Tunau ausgehende Ausbausiedlungen. In Bischmatt werden 1536 zwei Höfe genannt, im 19. Jh. bestand die Siedlung aus 6 Häusern. Ein Gesamtbann für Tunau hatte sich in der frühen Neuzeit gebildet. Er wurde die räumliche Grundlage für die 1808 konstituierte Gemeinde und erhielt in der Waldaufteilung 1837 seine endgültige Abgrenzung als Gemarkung. Im 19. Jh. wurden innerhalb dieses Bereichs die beiden Nebenorte als eigene Gemarkungen geführt.

Wie im ganzen Bereich der Talvogtei entwickelten sich aus der *Sanktblasianer Grundherrschaft* und der Klostervogtei die vom 14. Jh. bis 1805 gültigen Herrschaftsverhältnisse mit *österreichischer Landesherrschaft* und klösterlicher Niedergerichtsbarkeit in einer im einzelnen besonders geregelten Abgrenzung (vgl. Schönau). Auch nach dem Anfall an Baden blieb Schönau bis 1924 Sitz des zuständigen Amtes.

Wohl schon aus vorsanktblasischer Zeit verfügte Kloster *St. Trudpert* über Einkünfte aus Wiesenland. 1714 bezog es als letzten Rest noch 12 Käse aus einer Matte in Tunau und zwei Käse von einer Matte in Bischmatt. Nach klösterlichen Berainen von 1352/59 und 1372ff besaß St. *Blasien* in Tunau 6 Güter, ein Lehen, Wiesen, 3 Häuser und zwei Hofstätten, in Michelrütte ein Gut. 1374 entrichteten 14 Träger insgesamt 6 Viertel Hafer, 8 Hühner, 10 Eier und Geldzinsen.

Tunau gehörte mit Bischmatt und Michelrütte innerhalb der sanktblasischen Talvogtei Schönau zum auswendigen Tal. Es bildete aber nur zusammen mit Böllen, Präg und Wembach eine Geschworenei, die sogenannte *Grafschaft*, die einen Vertreter in den Rat entsandte. Daß innerhalb dieser Geschworenei Tunau mit seinen Nebenorten eigene Nutzungsrechte entwickelte, geht aus Weidestreitigkeiten zwischen Bischmatt und Schönau hervor. Sie wurden 1555 im Schönackerbrief beigelegt. Der Walddistrikt Langer Grund war als einziger dem Kloster St. Blasien zinspflichtig.

Seit der Errichtung der *Pfarrei Schönau* im Jahre 1164 gehörte Tunau kirchlich in den Hauptort des Tals. Eine Vereinbarung wegen der Heu-, Öhmd- und Martinszehnten aus Tunau sowie der Pfarrzinsen, die der Leutpriester in Schönau zustanden, wurde 1730 mit den Einwohnern von Tunau getroffen; danach durfte das Dorf einen dem Pfarrer genehmen Mann bestimmen, der den Einzug und die Ablieferung der Zehnten überwachte. Die *Großzehnten* standen dem Kloster St. Blasien zu. – 1770 wird eine *Schule* in Tunau erwähnt. Vorher gingen die Kinder nach Schönau. Das alte Schulhaus mitten im Dorf wurde im Jahre 1847 von der Gemeinde erworben.

1785 lebten in der ganzen Gemeinde Tunau 261 Personen. Nach Silber war in früherer Zeit hauptsächlich im Fuchswald bei Bischmatt gegraben worden. Nach dem Erliegen des Bergbaus spielte die Viehwirtschaft die wichtigste Rolle für den Lebensunterhalt der Talbewohner von Tunau.

Quellen und Literatur

Quellen ungedr.: GLA 66/7210, 7214, 7218, 7422, 7717, 7726, 7735; 229/93941; 374 (1909, 37/32) 278, (1925, 34) 51; 375 (1932, 11) 39; 412/360–61. – GA Tunau (Übers. in ZGO 55 ⟨1901⟩ S. m53).

Erstnennung: Tunau und Michelrütte 1352 (GLA 66/7210), Bischmatt 1488 (GLA 66/7717).

Utzenfeld

740 ha Gemeindegebiet, 593 Einwohner (31.12.1990, 1987: 584)

Wappen: In Blau schräggekreuzt eine silberne (weiße) Zange und ein goldener (gelber) Palmzweig.
Flagge: Gelb-Blau (Gold-Blau)
Dargestellt sind die Attribute der Patronin der Kapelle des Dorfes, der heiligen Apollonia; die Zange, weil ihr der Überlieferung nach die Zähne mit einer Zange ausgerissen wurden, bevor sie den Märtyrertod (Symbol: Palmenzweig) starb. Dieses Wappen wurde 1902 vom badischen Generallandesarchiv entworfen.

Gemarkung: Utzenfeld (740 ha, 584 E.) mit Utzenfeld und Königshütte.

A. Naturraum und Siedlung

Natürliche Grundlagen. – Das 740 ha große, in Nord-Süd-Richtung gestreckte Gemeindegebiet wird weit im S vom Vorfluter Wiese gequert. Auf ihn sind der Wiedenbach und seine beiden linken Nebenbäche Gschwenderbach und Utzenbach gerichtet, die den Großteil der Gemarkung entwässern. Beide Nebenbäche entspringen am Knöpflesbrunnen, dem mit 1124 m ü.d.M. höchsten Punkt des Gemeindegebiets, das südlich der Wiese bis zum 984 m hohen Roßboden reicht. Den flachen, ca. 560 m hoch gelegenen Mündungsschwemmfächer des Wiedenbachs überragt die steile Utzenfluh (890 m), während östlich des Wiedenbachs der Rollsberg (736 m) und der Tannenboden (885 m) die Talbegrenzung bilden.

Mehrere in Ost-West-Richtung streichende *Gesteinsstrukturen* queren das Gemeindegebiet. Im N ragt die Gemarkung mit dem Knöpflesbrunnen noch in die *Zentralschwarzwälder Gneismasse* hinein. An der Straße Königshütte-Knöpflesbrunnen, wo diese die waldfreie Kuppe des Knöpflesbrunnens erreicht, ist auf der linken Seite unverwitterter, deutlich kristalliner Paragneis-Metatexit angeschnitten. Geradezu modellhaft sind in die feinkristalline Grundmasse einzelne parallele, fingerdicke, weiße feldspat- und quarzreiche Bänder eingelagert. Südlich von Königshütte setzen dann *Anatexite* (granitische Ausschmelzungsgesteine) ein, die den Nordrand der *Oberdevon-Unterkarbonzone Badenweiler-Lenzkirch* markieren. Diese uneinheitlichen, aber harten Gesteine durchbricht der Wiedenbach unterhalb Königshütte auf einer Länge von ca. 2 km in einer engen, felsenreichen Schlucht. Aus demselben Material bestehen die weithin sichtbaren Felsen der Großen Utzenfluh. Abschnittsweise sind diese Gesteine, wie die Felsen an der Sauhütte, als Metablastite (Gesteine mit großen Feldspatkristallen) ausgebildet.

Südlich der Stockmatte, wo der Kern der Zone von Badenweiler-Lenzkirch erreicht wird, weitet sich das Wiedenbachtal zu einem breiten Schwemmfächer. Die hier anstehenden weicheren *paläozoischen Sedimente* wurden durch Metamorphose zu Grauwacken (dichte, alte Sandsteine) und Tonschiefer verändert. Sie bauen westlich des Wiedenbachs den Ober- und Unterrollsberg sowie östlich davon die Kleine Utzenfluh auf. Südlich der Wiese steht schließlich der harte *Münsterhaldengranit* an, der den 420 m hohen, steilen Nordhang des Roßbodens bildet. Sein Fuß wird unten von der neuen B 317 mehrmals angeschnitten. Ein Schwarm schmaler, intrusiver *Porphyrgänge* durchzieht insbesondere das nördliche Gemeindegebiet. Von besonderer Bedeutung ist dabei der Erz- und Mineralgang *Finstergrund*, der von Wieden her auf einer Länge von ca. 3 km das Gemeindegebiet in Nord-Süd-Richtung quert und stellenweise Bleiglanz und Schwerspat führt. Letzterer wurde bis 1974 abgebaut (s. u., Gde Wieden). Schon vor Jahrhunderten aufgegeben wurde dagegen die Erzgrube am oberen schwenderbach.

Neben den geologischen Voraussetzungen spielt für das heutige Relief die *eiszeitliche Überformung* eine herausragende Rolle. Auf dem Höhepunkt der Würmeiszeit waren etwa 95% des Gemeindeareals gletscherbedeckt (Ausnahme Ochsenboden). Der Knöpflesbrunnen war Teil der Kappenvergletscherung, die bis zum Feldberg reichte, im Wiesental lag der Hauptgletscher, in den oberhalb der Talweitung von Utzenfeld noch der mächtige Prägbachgletscher mündete. Durch diese Eismassen war die Dicke des Gletschers in Utzenfeld mit 380 m so mächtig, daß ihn die Enge von Schönenbuchen nicht fassen konnte, und Teile sich über Utzenfluh, Falkenwald und sogar Tannenboden schoben, wo – wie u. a. auf dem Roßboden jenseits der Wiese – überall Gletscherablagerungen vorhanden sind. Auch im oberen Wiedenbachtal lag ein Gletscher, der vom talaufwärts drückenden, mächtigen Wiesegletscher jedoch gestaut und in seiner Bewegung gehemmt wurde, weshalb man im Wiedenbachtal kaum Glazialspuren findet. Dieser Stauwirkung verdanken die großen Sandvorkommen nördlich des »Kessels« ihre Entstehung, die hier in der Späteiszeit vom Utzenbach in den Eisstausee des Wiedenbaches vor der Flanke des noch nicht ganz abgeschmolzenen Wiesetalgletschers abgelagert wurden. Die gestauten Schmelzwässer bahnten sich schließlich am Rand des Hauptgletschers ihren eigenen Weg, wovon die Einschnitte zwischen Großer und Kleiner Utzenfluh sowie zwischen Heuberg und Oberrollsberg künden (»*Flankentäler*«). Großartige Glazialformen bilden die eisüberschliffenen *Rundhöcker* der Großen und Kleinen Utzenfluh. Weitere kleinere Vertreter finden sich im Südteil des Wiedenbach-Schwemmfächers und am östlichen Ortsrand. Die neue B 317 durchschneidet nahe der östlichen Gemeindegrenze einen solchen Rundhöcker und legt dessen Profil frei.

Entsprechend dem vorherrschenden kalkarmen Gestein dominieren im Gemarkungsgebiet saure *Braunerden* (über 800 m: Humusbraunerde), wobei die weitverbreiteten eiszeitlichen Schuttdecken, Moränen und Talsedimente sich insgesamt positiv auf die jeweilige Bodenbildung auswirken. Bedingt durch die Aufforstung ehemaliger Weidflächen hat dennoch der *Waldanteil* stark zugenommen. Durch frühere Forstmaßnahmen stieg dabei der Fichtenanteil erheblich an, doch blieben Monokulturen, wie sie am Westhang bei Königshütte auf 700 m anzutreffen sind, die Ausnahme. Heute versucht man bei Aufforstungen das natürlich aufkommende *Laubholz* (Buche, Birke, Erle) samt den älteren Weidbuchen zu integrieren. Nördlich der Sauhütte oder am Ochsenboden ist dies zu beobachten. Am Ochsenboden mitten im Wald steht die mit 7 m Stammumfang dickste (ehemalige Weid-)Buche des Schwarzwalds. Dagegen ist die *Tanne* mit nur noch 2% Anteil heute bedeutungslos geworden, nicht zuletzt wegen des zu hohen Rehwildbestandes, da Tannen im Jugendstadium verbißanfällig sind. Lediglich am Ramselegrund findet sich noch in 800 bis 1000 m Höhe ein größeres Altholz mit 90- bis 120jährigen Tannen. Eine Besonderheit bildet der *Schluchtwald* am nordexponierten Hang des Erlenbodens südlich der Wiese. Das vielfältige Biotop dient auch als Schutzwald für die neue B 317. An südexponierten Standorten findet sich trockener Eichenwald, entlang der Bäche ein Eschen-Erlen-Galeriewald mit Hochstauden im Unterwuchs sowie ein Mosaik strukturreicher Strauchgruppen am Weidfeld. Naturnaher Lauf mit begleitenden Gehölzstreifen (Schwarzerle, Esche, Salweide) und den angrenzenden Feuchtwiesen kennzeichnen auch den Wiedenbach.

Der Rückgang der *Offenflächen* im Gemeindegebiet von 70% (1910) auf gegenwärtig etwa 25% ist selbst für Südschwarzwälder Verhältnisse enorm. Mit Ausnahme der sattgrünen dorfnahen Wiesen auf dem Schwemmfächer ist das Offenland gleichbedeutend mit extensiven Weiden in verschiedenen Höhenstufen. Dabei sind gerade die ertragsmäßig schlechtesten Weiden in Steil- oder Randlage ökologisch und landschaftlich am wertvollsten. Südlich der Sauhütte in ca. 700 m finden sich auf solchen Arealen Buchen-, Birken- und Haselbüsche, Arnika, Heidelbeeren, Erica und an feuchten Stellen Orchideen. An den Waldrändern setzt sich stellenweise massenhaft Adlerfarn durch.

Sich völlig selbst überlassen, würden diese Pflanzengesellschaften über die natürliche Sukzession verschwinden und dem Wald Platz machen. Öffentliche Maßnahmen zur Freihaltung haben bewirkt, daß auch in Utzenfeld die meisten Weiden regelmäßig, aber nicht intensiv beweidet werden. Deshalb kann man u. a. nordwestlich des Falkenwaldes die *Charakterpflanze der Südschwarzwälder Weiden*, den Flügelginster, ferner Silberdisteln und ebenfalls Heidelbeeren finden. Rotschwingel und Straußgras, die bestimmenden Weidegräser der Gemarkung, sind hier besonders häufig. Bei nicht zu intensiver Beweidung wachsen auf den Hochweiden am Knöpflesbrunnen Arnika, Bärwurz und andere Eiszeitrelikte. Eindrucksvoll ist die parkartige Gruppierung alter Weidbuchen knapp unterhalb des Gipfels.

Auch auf der felsigen, klimatischen Wärmeinsel der *Utzenfluh* war die Beweidung nie intensiv bzw. fehlte ganz. Deshalb konnte sich hier großflächig (94 ha) eine interessante Buschlandschaft als natürliche Laubwald-Sukzession (Buche, Hainbuche, Hasel, Stieleiche, Vogelkirsche, Birke etc.) einstellen, bei der die Hainbuche, deren »normale« Höhengrenze bei 400 bis 500 m liegt, bis über 700 m vorkommt. Als Vorposten submediterraner Pflanzen und Tiere, der von montan/alpinen Elementen überlagert wird, steht die Utzenfluh seit 1940 unter Naturschutz. So finden sich neben der Felsenbirne die dickblättrige Fetthenne, der Apollofalter, die mediterrane Raubwanze und in Felsspalten zum Beispiel der (alpine) Traubensteinbrech. Auf den einschürigen, nicht gedüngten Wiesen am Osthang der Großen Fluh wachsen allein 11 Orchideenarten, darunter das seltene schwertblättrige Waldvögelein.

Siedlungsbild. – Der Ort liegt zwischen Schönau und Todtnau im Tal der Großen Wiese westlich unterhalb der steil aufragenden Utzenfluh. Bei seiner Mündung ins Tal der Großen Wiese hat der Wiedenbach hier einen weitgespannten, flachen Schwemmfächer aufgeschüttet, an dessen äußerem südöstlichen Rand sich das Dorf bandförmig erstreckt. Leitlinie bildet dabei die alte Durchgangsachse durch das obere Wiesental (heutige B 317), deren früher hohe Verkehrsbelastung im Ortsbereich durch den Bau einer Umgehungsstraße an der südlichen Flanke des Wiesentals gemildert wurde.

Westlich der steil aufragenden Utzenfluh und bis an deren Fuß heran spannt sich der Ort entlang dieser Hauptachse und einem südlich dazu annähernd parallel verlaufenden Sträßchen auf. Nach O hin wird die Bebauung etwas lockerer und konzentriert sich, bedingt durch das enger werdende Wiesental, weitgehend auf die Durchgangsachse. Den östlichen Ortsausgang bildet eine etwas vom übrigen Dorfgebiet abgesetzte Gruppe von Schwarzwaldhöfen, die zum ehemaligen Mühlbezirk gehören und deren Mittelpunkt der stattliche Gasthof »Engel« bildet. Die Anwesen sowie der Gasthof lassen ihre Ausrichtung auf die Beherbergung von Pensionsgästen deutlich erkennen. Einzelne neuere Einfamilienhäuser legen sich an diesen Kern nach S in der Talaue der Wiese an.

Im eigentlichen Dorfbereich folgen die Anwesen, meist Schwarzwaldhöfe vom Typ Schauinsland mit tief herabgezogenen Dächern und weit vorgezogenen Walmen an den Frontseiten, in unregelmäßiger Anordnung, aber enger Reihung der Hauptstraße. Der *Ortskern* befindet sich fast in der Mitte der Siedlungserstreckung nahe der Südwestecke der Utzenfluh, dort wo die Straße nach Wieden über die Königshütte abzweigt. Er wird markiert durch das schlichte, zweigeschossige Rathaus, an das nach N hin als neueres Gebäude das Feuerwehrhaus angesetzt ist. Die schräg gegenüberstehende, 1872 im Rundbogenstil erbaute *Kapelle der heiligen Apollonia* stellt sich als schlichter Saal dar, gegliedert von vier Fensterachsen. Der Innenraum ist nach oben durch eine Flachdecke abgeschlossen, die Holzempore wurde zusammen mit dem Gotteshaus errichtet, den neugotischen Hochaltar schuf der Freiburger August Hug 1896. Dargestellt sind die Heilige Familie, flankiert von der Patronin der Kapelle links und dem hl. Fridolin. Der mehrgeschossige Satteldachbau des Gasthauses »Zur Wiese« sowie ein Lebensmittelladen runden das Ortszentrum ab. Durch einige, z. T. deutlich jüngere Wohnhäuser wird der Ort hier nach N erweitert.

Im südwestlichen Dorfbereich fällt an der Hauptstraße das große zweigeschossige, aus dem Jahr 1885 stammende Gebäude des Gasthauses »Eiche« ins Auge. Daneben befindet sich das Postamt, untergebracht in einem Neubau mit Anklängen an die frühe »Postmoderne«. Am südöstlichen Siedlungsende vergrößert inzwischen ein kleines *Neubaugebiet* das Dorf. Ein- und Zweifamilienhäuser, von denen die jüngeren die Formen des Schwarzwaldhauses aufgreifen, begleiten hier das nach NW gerichtete Erschließungssträßchen.

Unweit davon haben sich im Bereich zur Wiese hin einzelne Gewerbebetriebe angesiedelt. Hierzu zählen eine Autoreparaturwerkstatt mit Verkauf und Tankstelle, ein Markt für Maschinen sowie, dicht an der südlichen Gemeindegrenze, ein Bauunternehmen. Auf der nördlichen Seite der Hauptstraße fällt der langgestreckte dreigeschossige Hauptbau der einstigen Gesteinsmühle der ehemaligen Gewerkschaft Finstergrund ins Auge. Bis in die Mitte der 1970er Jahre bildete dieses Werk die zentrale Verarbeitungsstelle der bei Wieden und im Stollen Finstergrund gebrochenen Fluß- und Schwerspate, die hier zerkleinert und angereichert wurden. Über eine 5 km lange Seilförderbahn kamen sie u. a. vom Antongang bei Wieden hierher zur Aufbereitungsanlage. In seiner heutigen Form stammt das Werk aus dem Jahr 1941. Der mehrteilige Gebäudekomplex wurde 1980 zum Pensions- und Reiterhof »Finstergrund« umgewandelt.

Dort, wo der Wiedenbach im N den Talkessel von Utzenfeld erreicht, liegt weit abgesetzt vom Dorf das Pleuco-Werk, ein Zweigbetrieb des Zeller Unternehmens, das sich abgesehen von den älteren Hauptbauten vor allem durch seine flache Sheddach-Halle heraushebt. An ihm entlang führt die Straße Richtung Wieden zu dem 3 km vom Hauptort entfernten Ortsteil Königshütte, dessen Namen auf den einstigen Bergbau im Schwarzwald hinweist. Im engen Tal des Wiedenbachs gelegen, bestand dort im 16. Jh. eine Bergwerkssiedlung mit einer bedeutenden Poche und Schmelzanlage. Heute umfaßt der Siedlungsplatz lediglich vier in weitem Abstand voneinander im Tal liegende Höfe im Stil des Schwarzwaldhauses, die erkennen lassen, daß z. T. noch Landwirtschaft betrieben wird.

B. Die Gemeinde im 19. Jahrhundert und in der Gegenwart

Bevölkerung

Bevölkerungsentwicklung. – Im Jahre 1809, kurz nach dem Übergang der Vogtei Schönau an das Großherzogtum Baden, zählte die Gemeinde Utzenfeld zusammen mit dem Nebenort Königshütte 336 Einwohner. Die Bevölkerungsentwicklung in den beiden folgenden Jahrzehnten zeigt zwar einen leichten Rückgang, aber

1852 wurden wieder 393 Menschen gezählt (Königshütte: 46 E.). Wegen der anhaltend schlechten wirtschaftlichen Lage nahm die Bevölkerungszahl in der 2. Hälfte des 19. Jh. durch Auswanderung in die Schweiz und nach Nordamerika um fast ein Viertel ab (1895: 302 E.). Um die Jahrhundertwende jedoch begann mit der Schaffung gewerblicher und industrieller Arbeitsplätze in der Gemeinde die Einwohnerzahl wieder zuzunehmen. Die steigende Tendenz hielt an, ungeachtet der Kriegsverluste: im 1. Weltkrieg 17 Gefallene, im 2. Weltkrieg 16 Gefallene und 24 Vermißte. 1961 lebten in Utzenfeld 503 Menschen, darunter 40 Heimatvertriebene und 9 SBZ-Flüchtlinge. 1970 erreichte die Bevölkerungsentwicklung mit 571 Einwohnern (darunter 30 Türken) ihren bis dahin höchsten Stand. Nach einem deutlichen Rückgang um 11,6% (1975: 505 E.) konnten die Verluste bis 1987 mit 584 Einwohnern, darunter 14 Ausländer, wieder ausgeglichen werden (1992: 575 E., 1993: 646 E.).

Konfessionelle und soziale Gliederung. – Bis ins 2. Drittel des 19. Jh. war die Bevölkerung ausschließlich römisch-katholisch. Nach der Jahrhundertwende (1905) wurden 12 Protestanten und eine Person jüdischen Glaubens gezählt. Die Entwicklung seit dem 2. Weltkrieg spiegelt die höhere Bevölkerungsmobilität wider, die sich in Utzenfeld im Ansteigen der protestantischen Bevölkerung niederschlug (1950: 5,4%; 1987: 12,7%). Mit 83,6% blieb der Katholikenanteil dennoch prägendes Element in der Gemeinde. 3,7% der Einwohner hatten bei der letzten Volkszählung keine Konfession oder gehörten einer sonstigen Glaubensrichtung an.

Bei einer Ortsbereisung 1853 stellte der Amtmann nur sehr wenig Gewerbetätigkeit fest, die meisten Einwohner bestritten ihren *Lebensunterhalt* aus selbständiger Landwirtschaft und Viehzucht, einige aus Taglöhnerei; 64 Personen hatten sich 1852 als Dienstboten oder Gehilfen verdingt. Bis 1895 ernährte die Landwirtschaft gerade noch 56,4% der Gesamtbevölkerung, 30,7% lebten von industrieller oder sonstiger gewerblicher Tätigkeit, 4% fanden ihr Auskommen durch Handel und Verkehr und 8,9% wurden aus sonstigen Einkommensquellen versorgt. Die Zahl der Erwerbstätigen betrug 215. Die rückläufige Tendenz bei der Landwirtschaft dauerte fort; 1939 hatten Landwirtschaft (29,8%) und Gewerbe (55,8%) ihre Rollen als Haupterwerbszweige nahezu vertauscht, die Zahl der von Handel und Verkehr Abhängigen (7,9%) hatte sich fast verdoppelt. Nach dem 2. Weltkrieg verlor die Landwirtschaft rapide weiter an Bedeutung (1950: 21,2%; 1961: 11%; 1970: 4%; 1987: 2,1%); das Produzierende Gewerbe ernährte seit den 1960er Jahren konstant etwa zwei Drittel der Bevölkerung (1987: 66,8%), während die Zahl der von Handel und Verkehr lebenden Einwohner in Utzenfeld sich zwischen 6% und 8% bewegte.

Politisches Leben

Die revolutionären Ereignisse von 1848/49 hatten auch manchen Utzenfelder mitgerissen, bereits 1853 aber war der Schönauer Amtmann mit dem politischen Verhalten der Gemeindemitglieder wieder zufrieden. Zumindest seit den 1870er Jahren erhielt die *Nationalliberale Partei* eine in dieser katholisch geprägten Gegend starke Unterstützung: bei den Reichstagswahlen zwischen 1877 und 1912 lag ihr Stimmenanteil nur einmal knapp unter einem Zehntel (1878: 9,9%), bei der Krieg-in-Sicht-Wahl 1887, die unter eindeutig nationalistischen Vorzeichen stattfand, erreichte er sogar 52,2% und überstieg damit deutlich das Ergebnis der vorherrschenden *Zentrumspartei*. Deren Dominanz war in Utzenfeld schwächer ausgeprägt als in der Umgebung. Lediglich 1878 und 1881 konnte sie mehr als 80% der gültigen Stimmen auf sich vereinigen. Von den übrigen Parteien trat bis zum Ende der Monarchie lediglich die *SPD* mit 8% (1903) bzw. 1,1% (1912) in Erscheinung.

Nach dem 1. Weltkrieg blieb das Zentrum bis 1932 stärkste Partei. Während in den Wahlen von 1919 (22,1%; 1920: 23,2%) die USPD als zweite Kraft erschien, erhielten die Rechtsparteien ab 1924 wachsenden Zulauf. Im November 1932 konnte die *NSDAP* für sich allein 47,1% verbuchen und war damit stärkste Partei, eine Position, die sie im März 1933 mit 55,9% der abgegebenen gültigen Stimmen noch ausbauen konnte.

1949 trat die *CDU* an die Stelle des früheren Zentrums und behauptete seitdem stets mit absoluten Mehrheiten (zwischen 81,7% und 58,7%) sowohl bei Landtags- als auch bei Bundestagswahlen die führende Position. Mit deutlichem Abstand (11,1% bis 35,8%) lag die SPD durchweg auf dem zweiten Platz. Dahinter rangierte meistens die FDP; sie wurde allerdings bei den Wahlen von 1968 und 1969 von der NPD (7,5% bzw. 4,5%) und bei den Landtagswahlen von 1980 (5,2%) bis 1992 (9,3%) von den *Grünen* überrundet. Bei der Bundestagswahl von 1990 konnte sich die FDP (7,7%) dagegen als dritte Kraft behaupten (Grüne: 3,2%). Auch bei den Gemeinderatswahlen war die CDU bis 1989 dominierende politische Kraft, lediglich 1989 schnitt die Freie Wählervereinigung mit 58,4% deutlich besser ab als die CDU (41,6%).

Wirtschaft und Verkehr

Land- und Forstwirtschaft. – Die wichtigste Erwerbsquelle der bäuerlichen Bevölkerung Utzenfelds war herkömmlicherweise die *Viehhaltung*. 1855 wurde ein *Rinderbestand* von 303 Stück gezählt, darunter 177 Stück Jungvieh und 121 Milchkühe. Durch bessere Pflege der Weiden und eine Ausdehnung der Wiesenfläche konnte die Rinderzahl in den 1880er Jahren noch um ca. 10% erhöht werden. Die Milch wurde teils als Trinkmilch an Händler verkauft, teils nach Entrahmung zur Kälber- und Schweinezucht verwendet. Seit der Jahrhundertwende war ein merklicher Rückgang der Rindviehhaltung zu beobachten. In den 1930er Jahren stabilisierte sich der Bestand bei ca. 220 Stück, die Hälfte davon Milchkühe. Diese Zahl wurde auch nach dem 2. Weltkrieg wieder erreicht und bis zum Beginn der 1980er Jahre beibehalten. Seitdem ging die Rinderhaltung weiter deutlich zurück (1988: 162 Stück, darunter 62 Milchkühe; 1992: 147 Stück). Während die Zahl der viehhaltenden Betriebe abnahm, stieg der Durchschnittsbestand je Betrieb von 6 Stück im Jahre 1965 auf 12 Stück im Jahre 1988. Neben der Rinderhaltung kam in Utzenfeld im 19. Jh. der *Ziegenhaltung* bemerkenswerte Bedeutung zu. Der Bestand lag ständig bei etwa 120 Stück und war ziemlich gleichmäßig auf die bäuerlichen Betriebe verteilt. Die weitere Vermehrung dieser Tiere stieß seit Anfang des 19. Jh. auf den Widerstand der staatlichen Forstbehörden. Schweine wurden um die Mitte des 19. Jh. nur zur Selbstversorgung gehalten. Wiederholte Empfehlungen des landwirtschaftlichen Bezirksverbandes führten bis vor dem 1. Weltkrieg vorübergehend zu einer erheblichen Ausweitung der *Schweinehaltung* (1855: 58; 1913: 124), danach ging der Bestand wieder zurück. Seit den 1960er Jahren werden von einer ständig abnehmenden Zahl von Betrieben (1965: 30; 1988: 5) durchschnittlich zwei Schweine pro Betrieb aufgezogen.

Der Rückgang der *landwirtschaftlichen Nutzfläche* (um 1850: 434 ha; 1987: 233 ha) spiegelt den Bedeutungsverlust der Landwirtschaft nachdrücklich wider. Der weitaus größte Teil (378 ha) war um die Mitte des 19. Jh. Weide, vom Rest entfielen 29,2 ha auf Wiesen und 26,8 ha auf Acker- und Gartenland. Die wichtigsten Feldfrüchte waren Kartoffeln und Gerste, daneben wurde etwas Hafer und Hanf angebaut. Bis 1880 war die beackerte Fläche (50 ha) fast verdoppelt worden: auf je 23 ha wurden Kartoffeln

Die Gemeinde im 19. Jahrhundert und in der Gegenwart 737

und Winterroggen gezogen, auf den restlichen 4 ha wuchsen Sommergerste, Winterweizen und Hafer. Infolge der starken Ausweitung der Stallfütterung waren die Wiesen in dieser Zeit auf 68 ha (1895) ausgedehnt worden. Seit der Jahrhundertwende ging der Anbau von Kartoffeln (1913: 15 ha) und Getreide (1913: 22 ha) zurück. Auch der zeitweilige Anbau von Futterpflanzen (1913: 7 ha) wurde bald wieder aufgegeben; 1940 waren nur noch 18 ha als Acker- oder Gartenland bestellt. 1949 umfaßte die landwirtschaftlich genutzte Fläche 446 ha; davon waren 9 ha als Ackerland ausgewiesen und 437 ha als Dauergrünland. Seit Beginn der 1970er Jahre ist der Ackerbau vollends bedeutungslos, aber auch die Grünlandfläche verringerte sich erheblich (1971: 337 ha; 1987: 232 ha). 1987 wurden nur noch 233 ha ausgewiesen.

Die Untersuchung der *Betriebsgrößenstruktur* zeigt, daß die überwiegende Zahl der bäuerlichen Betriebe (1966: 28 von 35) noch in den späten 1960er Jahren jeweils nicht mehr als 5 ha bewirtschaftete. 1980 gehörten zu 10 der 18 noch arbeitenden Betriebe zwischen 10 und 20 ha; nur 2 Betriebe verfügten über weniger als 10 ha. 1987 bestanden lediglich noch 13 Betriebe, darunter ein Vollerwerbsbetrieb.

Der *Waldbestand* auf Gemarkung Utzenfeld machte um die Mitte des 19. Jh. mit 135 ha nur 18% der Fläche aus; deutlich herrschten Laubhölzer vor (77%). Einziger Waldbesitzer war die Gemeinde. Während sich an dieser Situation bis zum 2. Weltkrieg nur wenig geändert hatte, kennzeichneten zwei Tatsachen die weitere Entwicklung: die Tendenz zur Aufforstung – von 282 ha (1950) wurde die Waldfläche bis 1990 auf 448 ha erweitert – und die Konzentration auf schneller wachsende Nadelhölzer (1950: 144 ha; 1990: 225 ha). Noch immer blieb aber die Gemeinde mit Abstand bedeutendster Waldbesitzer (1990: 422 ha); Privatwald nahm dagegen nur bescheidene 26 ha bzw. 5,8% des Waldbestands auf der Gemarkung ein.

Handwerk und Industrie. – Um die Mitte des 19. Jh. arbeiteten in Utzenfeld 16 Handwerker: 4 Maurer, je 3 Dreher und Schuhmacher und je ein Glaser, Schmied, Schreiner und Zimmermann. Ein Dosenmacher und ein Uhrmacher arbeiteten überwiegend für auswärtige Abnehmer.

Zur Erzverarbeitung und zum Betrieb von *Mühlen* war die Nutzung der Wasserkraft der Wiese und des Wiedenbaches in Utzenfeld seit langem gebräuchlich. Das Bannrecht der 1661 nach den Zerstörungen des 30j. Kriegs neu errichteten Mahlmühlen verhinderte allerdings von da an die Niederlassung eines weiteren Müllers. Um die Mitte des 18. Jh. war das Anwesen mit dem Recht zum Betrieb einer Schank- und Speisewirtschaft (»Zum Engel«) ausgestattet. Zu Beginn des 20. Jh. wurde die Anlage zu dem heute noch betriebenen *Elektrizitätswerk* umgebaut. Auch die *Holzdreherei*, die vor allem Garnspulen für die Spinnereien lieferte, nutzte seit 1892 den Wiedenbach als Energiequelle. Die seit 1873 bestehende *Bürstenfabrik Edmund Faller* entwickelte sich bis zur Jahrhundertwende zum größten Arbeitgeber der Gemeinde (1891: 60 Beschäftigte). Noch vor Ausbruch des 1. Weltkriegs hatte die von Schönenbuchen nach Utzenfeld übersiedelte *Firma Gustav Kaiser* die beherrschende Rolle übernommen. Diese Bürstenfabrik beschäftigte 1928 ca. 100 Männer und Frauen, die z. T. aus den umliegenden Ortschaften einpendelten. Nachdem die Bürstenfabrikation zu Beginn der 1960er Jahre eingestellt wurde, richtete die Firma *Pleuco* (s. u., Zell im Wiesental, Die Stadt im 19. Jahrhundert und in der Gegenwart) 1971 in dem Gebäude ein Zweigwerk ein und übernahm den größten Teil der Belegschaft (1992: 90 Mitarbeiter).

1936 begann die *Berggewerkschaft Finsterground* (vgl. Wieden im 19. Jh. und in der Gegenwart, Handwerk und Industrie) in Utzenfeld mit dem Abbau und der Aufbereitung von Schwer- und Flußspat. Nachdem das Werk 1974 stillgelegt worden war, übernahm das *Tief- und Straßenbauunternehmen Winfried Wallisser* die Anlage und betrieb dort seit 1978 ein Betonwerk (1985: 116 Beschäftigte; seither: Reiterhof). Die 1974 gegründete *Baufirma A. Behringer* zählte 1985 25 Beschäftigte. Das Handwerk war 1992 nach Angaben der Handwerkskammer Freiburg (s. Tabelle) mit 9 Unternehmen mit zusammen 72 Beschäftigten im Ort vertreten.

Tab. 15: Das Handwerk 1992

Branche	Zahl der Betriebe	Beschäftigte	Umsatz
Baugewerbe	3	30	3,4 Mio. DM
Metall	4	26	5,2 Mio. DM
Holz	–	–	–
Textil/Leder/Bekleidung	–	–	–
Nahrung	1	7	1,3 Mio. DM
Gesundheit/Körperpflege	1	9	0,5 Mio. DM
Glas/Papier/Keramik und Sonstige	–	–	–
Gesamt	9	72	10,4 Mio. DM

Quelle: Handwerkskammer Freiburg

Handel und Dienstleistungen. – Größere Handelsgeschäfte haben sich in Utzenfeld nicht niedergelassen; ein Krämer war bereits 1866 am Ort. Heute gibt es 2 Lebensmittelgeschäfte, von denen eines schon seit langem mit einer Bäckerei verbunden ist. Für Geldgeschäfte bietet die *Sparkasse Schönau-Todtnau* in der Utzenfelder Außenstelle ihre Dienste.

Bereits im Bericht über die Ortsbereisung von 1866 werden die Utzenfelder *Gastwirtschaften* »Zum Engel« und »Zur Eiche« zu den besten Gasthäusern des Amtsbezirks Schönau gezählt. Hinzu kommen heute noch der Gasthof »Zur Wiese« und die 1982 eröffneten »Wallisser-Stuben«. Wanderern und Skilangläufern empfiehlt sich das 1100 m hoch gelegene Almgasthaus »Zum Knöpflisbrunnen«. Übernachtungsmöglichkeiten bestehen in allen 5 Gasthöfen, darüber hinaus bieten mehrere Privathäuser Ferienwohnungen an. Auch der Reiterhof Finstergrund verfügt über ein eigenes Gästehaus. 1992 wurden bei 242 Fremdenbetten und 3044 Ankünften 18367 Übernachtungen gezählt.

Verkehr. – Zum Bau der 1889 eröffneten *Privatbahn* (Zell-Todtnau Schmalspur) gab die Gemeinde Utzenfeld einen Zuschuß von 5000 Mark und erhielt dafür eine Bahnstation, deren Einzugsgebiet von Wieden bis Bernau reichte. Die *Straße* durch Utzenfeld war bis ins 19. Jh. ein Teilstück des Verkehrswegs vom vorderen Münstertal (über die Krinne) ins hintere Wiesental und nach St. Blasien bzw. des Pilgerwegs nach Einsiedeln. Seit den Straßenbauten des 19. Jh. treffen in Utzenfeld die Wiesentalstraße (heute B 317) und die Straße vom Spielweg im hinteren Münstertal über das Wiedener Eck zusammen. Wegen des hohen Verkehrsaufkommens der Wiesentalstraße wurde diese 1982/83 aus dem Ortsetter auf das linke Wieseufer verlegt. Seit der Stillegung der Bahn nach 1967 mußte der gesamte *öffentliche Personenverkehr* und auch der Güterverkehr auf die Straße verlegt werden (Buslinien Basel-Titisee, Freiburg-Schönau und Schönau-Belchen).

Die Gemeinde im 19. Jahrhundert und in der Gegenwart

Verwaltungszugehörigkeit, Gemeinde und öffentliches Leben

Utzenfeld blieb nach dem Übergang an Baden Teil der Vogtei und später des Amtsbezirks Schönau. Mit diesem zusammen wurde die Gemeinde 1924 dem Amt Schopfheim zugeschlagen und 1936/38 der Landkreisverwaltung Lörrach unterstellt. – Die *Gemarkungsfläche* der Gemeinde Utzenfeld einschließlich des Zinkens Königshütte erfuhr im 19. Jh. nur geringfügige Veränderungen. Sie beträgt seit 1925 unverändert 740 ha. – Dem *Gemeinderat* gehörten bis 1870 außer dem Bürgermeister 3 Gemeinderäte an; der kleine Bürgerausschuß zählte auch 4 Mitglieder. 1883 war die Stärke des Gemeinderats einschließlich des Bürgermeisters auf 7 Mitglieder festgelegt. Heute liegt die Zahl der Gemeinderäte bei acht. Bis in die 1950er Jahre waren jeweils ca. 10 Personen für die Gemeinde in den verschiedensten Aufgabenbereichen, z. T. ehrenamtlich, tätig. Seit 1971 gehört Utzenfeld dem *Gemeindeverwaltungsverband Schönau* an, der einen großen Teil der kommunalen Verwaltungsaufgaben übernommen hat. 1985 beschäftigte die Gemeinde außer dem nebenamtlichen Bürgermeister lediglich 2 Holzhauer und zwei Kindergärtnerinnen.

Der *Gemeindebesitz* bestand 1882 aus 134,1 ha nutzbarem Mischwald und 378 ha Allmendland, wovon jedem Genußberechtigten (66 Lose) jährlich 1½ Klafter Holz und 50 Wellen sowie die Nutzung von 2 Mg (0,72 ha) Bergfeld zustanden. 1992 besaß die Gemeinde 422 ha Wald und 157 ha Weidefläche. 1830 hatte die Gemeinde ein Haus erstellen lassen, das zugleich als *Rathaus*, Wachlokal, Spritzenremise, Gemeindearchiv und *Schule* diente. Auf Drängen des Bezirksamtes entschloß sich der Gemeinderat 1855 zu einem Neubau, der allen genannten Zwecken, insbesondere aber dem Schulbetrieb besser entsprechen sollte. Das alte Haus nutzte man ab 1856 als zweites Armenhaus. 1914 erhielt das Gemeindehaus einen Anbau für weitere Schulräume; 1956 wurde das gesamte Gebäude renoviert. Nachdem die Utzenfelder Schule 1971 aufgelöst war, vermietete man die Räume als Wohnungen. 1987 wurden die der Gemeindeverwaltung dienenden Räume neu gestaltet. – Die alte Apollonia-Kapelle am »Käppelerain« wurde 1868 bis 1875 durch eine ebenfalls der Ortspatronin (s. o., Gemeindewappen) geweihte Kapelle im Ortskern ersetzt. 1976 ließ die Gemeinde eine *Mehrzweckhalle* mit angeschlossenem *Kindergarten* errichten.

Ver- und Entsorgungseinrichtungen. – Bereits 1877 bestand in Utzenfeld eine Löschmannschaft, die über eine eigene Feuerspritze verfügte. 1946 wurde die *Freiwillige Feuerwehr* gegründet, deren 22 Aktive und 15 Jungfeuerwehrleute einen Löschzug bildeten. – Um die Mitte des 19. Jh. besaß die Gemeinde 3 Brunnen. 1885/86 wurde eine Wasserleitung erbaut, an die 5 Hydranten angeschlossen wurden. 1987 wurden größere Rohre verlegt, um eine bessere *Wasserversorgung* zu erzielen. – Utzenfeld ist mit Ausnahme des Weilers Königshütte an die *Abwasserversorgung* des Gemeindeverwaltungsverbandes Schönau angeschlossen. Mit der *Müllbeseitigung* ist ein Privatunternehmen beauftragt, das den Müll nach Scheinberg, Gemeinde Wiesel, transportiert. – Die *Stromversorgung* erfolgt seit 1928 durch das Elektrizitätswerk Utzenfeld. – Die Bundespost unterhält in Utzenfeld eine *Poststelle*. – Zur ambulanten *medizinischen Versorgung* werden die in Schönau niedergelassenen Ärzte in Anspruch genommen; das dortige Krankenhaus gewährleistet die stationäre Grundversorgung. – Utzenfeld besitzt keinen eigenen *Friedhof;* Bestattungen erfolgen üblicherweise in Schönau.

Kirche und Schule, Sportstätten und Vereine. – Die überwiegend kath. Bevölkerung Utzenfelds gehörte von jeher zum Kirchspiel Schönau; auch die Protestanten zählen zu der seit 1927 bestehenden ev. Kirchengemeinde in Schönau. – An der Utzenfelder *Schule* wurden 1853 44 Kinder von einem Hauptlehrer unterrichtet. Seit

1973 werden die Grundschüler in der Wiedener Schule unterrichtet, die Hauptschüler besuchen die Nachbarschaftsschule in Schönau, dort wird auch das Gymnasium aufgesucht.

Der *Sportverein Utzenfeld* wurde 1962 gegründet und zählte 1992 70 Mitglieder. Außer dem Fußballspiel, wofür 2 Plätze zur Verfügung stehen, wird vor allem Skisport betrieben (2 Langlaufloipen). Für weitere Sportarten stehen Hallentennisplätze, Turnhallen sowie eine private Reithalle im Reiterhof Finstergrund zur Verfügung. Der 1982 gegründete Reitverein zählte 1992 42 Mitglieder. Den *musischen Bedürfnissen* suchen in Utzenfeld der 1911 gegründete Gesangverein (33 Mitglieder) und der seit 1913 bestehende Musikverein (36 Mitglieder) zu entsprechen. Für die musikalische Ausbildung sorgt die Musikschule Oberes Wiesental in Todtnau. Traditioneller *Fasnachtsbrauch* wird von der Narrenzunft (gegründet 1960, 20 Mitglieder) und der Narrenclique (gegründet 1977, 22 Mitglieder) gepflegt. Der 1958 gegründete Landfrauenverein zählte 1992 48 Mitglieder.

Strukturbild

Die Gemeinde galt bereits um die Jahrhundertwende dank ihres Waldbesitzes und des ansässigen Gewerbes als wohlhabend. Es bestanden jedoch große soziale Unterschiede, die 1928 in einer erheblichen Arbeitslosenzahl zum Ausdruck kamen. 1987 standen in der Gemeinde 343 Arbeitsplätze zur Verfügung. Der Pendlersaldo verschob sich erst in jüngster Zeit zugunsten eines höheren Auspendlerschusses (Auspendler: 1980: 220; 1987: 264 – Einpendler: 1980: 211; 1987: 198).

Durch die Ausweisung des Baugebietes »Grün« mit 24 zweistöckigen Wohnhäusern wurde dem Bevölkerungszuwachs Rechnung getragen. Die Gemeindeverwaltung ist in den letzten Jahren erfolgreich bemüht, durch eine ausgewogene Förderung von Fremdenverkehr und Industrie der Gemeinde eine sichere Zukunft zu schaffen. Die finanzielle Situation der kleinen Gemeinde Utzenfeld läßt sich 1992 durch folgende Eckdaten kennzeichnen: Am Steueraufkommen von knapp einer Million DM (= 1664 DM/E.) fällt der mit 53,2% recht hohe Gewerbesteueranteil auf. Utzenfeld erreicht damit einen höheren Wert als Landkreis (1494 DM) und Land (1492 DM). Der Schuldenstand betrug 1067 DM, hinzu kommen 432 DM anteilige Schulden des Gemeindeverwaltungsverbandes, so daß Utzenfeld eine gleichhohe Verschuldung aufweist wie der Landkreis (1497 DM). Der Verwaltungshaushalt dieses Jahres hatte 1,6 Mio. DM umfaßt, der Vermögenshaushalt 2,1 Mio. DM.

Wichtigstes Vorhaben der Gemeinde ist derzeit die Erschließung des 5 ha großen Gewerbegebietes »Niedermatt«, wofür 1,4 Mio. DM veranschlagt sind. Danach will sich die Gemeinde wieder verstärkt der Erschließung von Gelände für den Wohnungsbau zuwenden. Im Rahmen der Dorfentwicklung werden zur Zeit auch Gehwege und Plätze neu gestaltet.

C. Geschichte

Das erstmals um 1295 in einem Berain des Klosters St. Blasien erwähnte *Uzinvelt*, – der Name stammt von einem Personennamen, – war wohl schon Bestandteil des Schönauer Tals, als dieses 1113 unter das Kloster St. Blasien kam. Möglicherweise hatte auch das Kloster St. Trudpert Anteil an der Besiedlung, worauf Einkünfte aus Wiesenland im Spätmittelalter hinweisen. Als Geschworenei von Schönau hatte Utzenfeld bereits in der Frühneuzeit einen eigenen Bann, der wie bei den Nachbarorten auch erst durch die Auflösung der Talvogtei 1808 und die anschließende Waldabteilung 1837 feste Gemarkungsgrenzen erhielt. Am Nordrand dieser Gemarkung liegt der seit dem 18. Jh. bezeugte Bergbauort Königshütte. Anfang des 19. Jh. war der Bergbau bereits aufgegeben, zurück blieben vier landwirtschaftliche Anwesen.

Die *herrschaftliche Entwicklung* unterscheidet sich nicht von der in Schönau. Über die Vogtei St. Blasiens wurde Utzenfeld im 14. Jh. habsburgisch und durch den Frieden von Preßburg 1805 badisch. Bis 1924 blieb es unter dem Amt Schönau.

Um die Mitte des 14. Jh. gehörten dem *Kloster St. Blasien* ein Würkhof, 7 Güter, Gärten, Matten, 5 Häuser und Zinseinkünfte. Um 1301/08 werden Fritschi und Loebi von Utzenfeld erwähnt, die Zinsen vom Ertrag der Gruben an St. Blasien zu entrichten hatten. Abgaben von der Brandenbergmatte (1321) sowie von der Erzmühle beim Wiedenbach und von einer anderen Mühle (1374) gingen ebenfalls an den Abt von St. Blasien.

Einkünfte von Äckern und Wiesen sowie Käsezinsen beanspruchte noch im 18. Jh. das Kloster St. Trudpert. Nach einer Renovation der Güter und Gefälle in der Vogtei Schönau 1714 erhielt es aus Utzenfeld von Wiesen »im Rohrmatt« von drei Trägern insgesamt 25 Käse.

Kirchlich gehörte Utzenfeld stets zur *Pfarrei Schönau*. Über die Entstehung der früheren Dorfkapelle auf dem »Kapellenbuck« ist wenig bekannt. Sie war der hl. Apollonia geweiht und hatte eine geringe Dotation.

Früher *Bergbau* ist nur aus sanktblasischen Quellen bekannt. Stollen befanden sich am Utzenbach und im Finstergrund. Die Erzverarbeitung in der Königshütte gehört wohl in das 18. Jahrhundert. Über die sonstigen Wirtschaftszweige ist nichts Spezielles zu berichten. 1773 umfaßte die Geschworenei 241 J Wiesen, 1482 J Ödfeld, 268 J Wald und 80 J Gestrüpp. Der Allmendnutzen war 1783 zwischen den vermögenden und den ärmeren Bürgern umstritten, letztere forderten eine Teilung nach der Kopfzahl, konnten sich damit aber kaum durchsetzen.

Mühlen werden bereits 1374 genannt. Es waren vermutlich Erzmühlen. Die in Utzenfeld betriebene Mahlmühle wurde im 30j. Krieg zerstört. Als der österreichische Waldvogt 1661 die Erlaubnis zum Bau einer neuen Mühle erteilte, war dies ein Eingriff in die grundherrlichen Rechte des Klosters St. Blasien, dem die Wasserkraft zwischen Feldberg und der Vogtei Zell gehörte. Im Waldshuter Rezeß von 1674 wurde dieses Recht dem Kloster wieder bestätigt, die Genehmigung der Mühle durch St. Blasien aber nicht rückgängig gemacht. Mühlerecht und Mühlezinsen blieben im Besitz des Klosters. Zu dieser Mühle gehörte auch das Zapfrecht, seit 1747 das Tafernenrecht. Die Mühle ist heute als *Gasthaus* »Zum Engel« bekannt.

Quellen und Literatur

Quellen gedr.: ZGO 28 (1876) S. 387; 49 (1985) S. m56, 58, 65; 55 (1901) S. m51/52.
Quellen ungedr.: GLA 11/ Nr. 4225, 4857; 66/7210, 7214, 7218, 7422, 7717, 7726, 7735; 229/ 93941, 93945, 43963, 94143, 106260, **107585–97**; 391/39749/50; 412/362–64. – GA Utzenfeld (Übers. in ZGO 55 ⟨1901⟩ S. m53).
Erstnennung: ca. 1295 (GLA 11/456).

Weil am Rhein

1947 ha Stadtgebiet, 27 082 Einwohner (31.12.1990, 1987: 25 800)

Wappen: In Silber über einem erniedrigten blauen Wellenbalken eine blaue Traube mit acht sichtbaren Beeren und einem grünen Blatt.
Die Gemeindesiegel ab 1811 zeigen die Traube als Symbol für den bedeutenden Weiler Weinbau. Das heutige Wappen wurde am 6. August 1962 durch das Innenministerium verliehen. Der neben dem Weinbausymbol aufgenommene Wellenbalken symbolisiert den Rhein.
Flagge: Blau-Weiß (Blau-Silber)

Gemarkungen: Haltingen (778 ha, 5940 E.) mit Haltingen, Burghölzli und Rebgarten; Märkt (138 ha, 718 E.); Ötlingen (218 ha, 743 E.) mit Ötlingen und Luisenhof; Weil am Rhein (810 ha, 18 399 E.) mit Weil am Rhein, Gärtnereien, Sportplatz und Schwimmbad.

A. Naturraum und Siedlung

Natürliche Grundlagen. – Im Schnittpunkt der drei Ländergrenzen von Deutschland, Frankreich und der Schweiz gelegen, durch die Eingemeindungen weit nach N vergrößert, erstreckt sich das Gebiet der Stadt Weil am Rhein mit einer Flächenausdehnung von 1947 ha vom Wieselauf im S bis zur Kandermündung im N und vom Rhein im W bis auf die Hänge des Tüllinger Bergs im Osten. Vor allem die zur Markgräfler Rheinebene zählenden ebenen, ungegliederten Niederterrassenplatten machen flächenmäßig den größten Teil des Gemeindegebietes aus und stellen einen der bedeutendsten Gunstfaktoren des Raumes dar. Demgegenüber hat die Stadt an der einstigen Rheinaue und an dem zum Markgräfler Hügelland zählenden Tüllinger Berg nur randlichen Anteil.

Trotz der Randlage beeinflußt gerade der *Tüllinger Berg* das naturräumliche Gefüge im Stadtgebiet erheblich. Die markante Reliefercheinung bildet die natürliche Ostbegrenzung des Stadtareals und ist zudem der geologisch älteste Teil des Stadtgebiets. Als keilförmiger Ausläufer des Lörracher Tertiärhügellandes und südlicher Sporn der Vorbergzone ragt der Berg mit seinen steilen Flanken rund 200 m über die westlich vorgelagerte Schotterebene auf. Seine ebene Hochfläche wird nach S zu immer schmaler bis sie beinahe spitz ausläuft und steil abbricht. Dabei folgt die Stadtgrenze weitgehend dem oberen Rand des Westhanges und reicht erst mit der Gemarkung Ötlingen auf die Hochfläche selbst hinauf. Hier werden mit rd. 455 m auch die höchsten Höhen des Gemeindegebietes gemessen, die nur wenig unterhalb der maximalen Höhenlage des Tüllinger Bergs (460 m) bleiben. Trotz ihres zum Teil beachtlichen Hanggefälles zeigt die westliche Bergflanke weiche, oft fließende Reliefformen. Sie haben ihre Ursache in einem nach unten immer mächtiger werdenden, stark mit Löß vermischten Hangschuttmantel, der den inneren Aufbau des Berges weitgehend verdeckt. Einzelne Gerinne haben tiefe Mulden gegraben, so daß der Hang durch mehrere weitgespannte Wellen gegliedert erscheint. An den sonnenbestrahlten süd- und westexponierten Hangpartien gedeihen überall Reben. Auf den weniger besonnten Nordseiten kleiner Erhebungen sowie in den Mulden, wo Kaltluft leicht abgleiten kann, werden die Rebflächen bisweilen durch Obstwiesen unterbrochen. Eine größere Rolle spielen Obstwiesen im oberen Hangdrittel, während der Plateaubereich und die obersten Steilhänge von dichtem Wald, dem Käferholz, umhüllt sind.

In den oberen Hangbereichen zeichnet sich die Bergflanke zudem durch einen Wechsel zwischen steileren Stufen (Rainen) und flacheren Böschungen aus. Hier paust sich die geologische Struktur des Tüllinger Berges durch. Über einem mächtigen Kern standfester, hellgelb-brauner, feinglimmeriger Tonsande der Elsässer Molasse lagern im Wechsel mit Bänken von Tüllinger Süßwasserkalken teilweise recht dicke Mergelschichten. Von den insgesamt sieben Süßwasserkalkbänken, die dem Berg seine eigentliche Festigkeit geben, tritt allerdings neben der obersten Kalkbank, die praktisch das Plateau bildet, nur jene besonders dicke Kalkstufe in 390 bis 420 m Höhenniveau als deutlich sichtbarer Rain unter dem Hangschutt hervor. Die einstige wirtschaftliche Bedeutung des hier anstehenden feinen, hellen Süßwasserkalks wird aus den zahlreichen aufgelassenen und heute oft kaum noch zu erkennenden Steinbrüchen deutlich. Auch der große Steinbruch von Ötlingen, der ebenfalls seit langem nicht mehr in Betrieb ist, wurde in diese Stufe getrieben. Unterhalb jener Stufe bilden die wasserstauenden Mergelschichten einen regelrechten Quellhorizont. Von hier nehmen die meisten den Westhang zerfurchenden Gerinne ihren Anfang. Einzelne Wasserläufe versickern jedoch bereits nach wenigen Metern im lockeren Hangschutt und treten erst am Bergfuß wieder zutage. Oft sind sie dort als Quellen gefaßt. Bei starken Regenfällen oder heftigen Unwettern tritt das Sickerwasser über allen Mergellagen des Tüllinger Bergs aus, so daß das aufliegende Hangmaterial hochgradig abrutschgefährdet ist. Unterschneidungen, seien sie natürlicher Art, wie etwa durch die Seitenerosion der Wiese, oder anthropogen bedingt, führen dann zu Bergrutschen oft katastrophalen Ausmaßes. Solche *Schlipfe* sind seit historischer Zeit immer wieder belegt. Beste Beispiele hierfür sind die Schlipfe von Haltingen und Weil, die beide etwa ein Gebiet von 14 ha umfassen. Dabei reicht der Weiler Schlipf bis auf die Schotterplatte und in das Wiesetal hinunter, wo er auch den Lauf des Flusses nach O verschoben hat. Das Ausmaß dieses Bergrutsches zeigt sich nicht zuletzt darin, daß die Bergspitze auf halber Höhe eine regelrechte Stufe zu besitzen scheint. Als Weinlage hat dieser Schlipf überregionale Bedeutung erlangt. Der lockere Hangschuttmantel bildet auch eines der wesentlichen Gefahrenmomente bei der Bebauung des Tüllinger Bergs, wie sie in den letzten Jahren gerade in den schlipfbedrohten Südbereichen ausgeprägt zu beobachten ist. An denselben geologischen Verhältnissen scheiterte auch der Bau einer für stärkere Verkehrsbelastung ausgelegten Verbindungsachse über den Berg nach Lörrach.

Im nördlichen Bereich des Tüllinger Berges steigt die Hangpartie unterhalb Ötlingens besonders stark an. Durch eine tiefe Kerbe ist sie überdies von der übrigen Hangfront abgetrennt, so daß der Eindruck entsteht, hier springe ein Sporn nach W in die Rheinebene hervor. Zudem erreicht die Bergnase mit 355 m deutlich geringere Höhen als das Plateau am Käferholz. Tatsächlich hat der Bergsporn, der unter dem Namen *Ötlinger Berg* seit langem ein gewisses Eigenleben führt, einen differierenden Gesteinsaufbau, der im Zusammenhang mit einer Verwerfung an der Westflanke des Tüllinger Bergs steht. Auf einem Sockel aus Elsässer Molasse lagern alte, wahrscheinlich mindeleiszeitliche Flußschotter, die auf eine frühe Kandermündung in den Rhein hindeuten. Sie sind zu Nagelfluh verfestigt, die die besondere Steilheit des Bergsporns bedingen. Auch unter dem Käferholz finden sich Reste eines stark verwitterten Schotterfeldes, das möglicherweise sogar älter und in die Günzeiszeit zu datieren ist. Eine dünne Lößschicht überdeckt zwar diese Schotter, doch gehörten sie nie zu den guten Ackerböden, waren überwiegend Schafweideland und sind heute zusammen mit dem Plateau unter Wald versteckt. Dicke Lößlagen herrschen dagegen auf der nach N zur Kander weisenden Flanke des Tüllinger Bergs vor, die fruchtbares Ackerland bilden und hier jene geologischen Unterschiede verdecken, die auf der Südseite so eindrucksvoll zutage treten.

Der weitaus größte Teil des Gemeindegebietes wird von den *Schotterplatten der Niederterrasse* aufgebaut, die sich in breiter Erstreckung zwischen Basel und Efringen-Kirchen als weithin ebene Fläche ausbreiten. Sie wurden vorwiegend als würmeiszeitliche Vorstoßschotter abgelagert und durch spät- bzw. nachglaziale fluviatile Erosion zum heutigen Terrassenrelief gestaltet. Im Stadtgebiet sind zwei Terrassenniveaus zu erkennen, die durch eine deutliche, meist dicht bewaldete Stufe von durchschnittlich 20 m Höhe, dem Hochgestade, getrennt werden. Bis auf ihren Verlauf im W, wo die Stufe durch den Bau des Verschubbahnhofes eingeebnet wurde, bildet sie im gesamten Gemeindegebiet eine herausragende Geländemarke. Die größte Ausdehnung hat dabei die obere Niederterrasse, das *Hohe Feld*. In einer durchschnittlichen Höhenlage von 264 m ü.d.M. und einer Breite von 1500 bis 1800 m schließt sie direkt westlich an den Tüllinger Berg an. Das Schotterpaket erreicht hier eine Mächtigkeit von etwa 30 m, wobei sich die von einzelnen flachen Wellen geprägte Ebene fast unmerklich in Richtung des einstigen Schüttungsgefälles nach N neigt. Die Platte, die im Stadtgebiet durch keinerlei Gewässer zerschnitten wird, gehört zu den ältesten Niederterrassenaufschüttungen und entspricht weitestgehend der ursprünglichen Ablagerungsform der Vorstoßschotter. Dementsprechend besteht das Material aus mittelgroßen Geröllen und groben Kiesen alpiner Herkunft, zwischen die immer wieder Tonlagen geschichtet sind. Im südöstlichen Bereich der Niederterrasse, im Weiler Feld, finden sich in mehreren in die Rheinschotter eingetieften Erosionsrillen noch zusätzlich einige Meter mächtige Schwarzwaldgerölle des Wieseglestchers. Dem Hohen Feld kommt als Grundwasserspeicher hervorragende Bedeutung zu. Dabei weist das Grundwasser in dem Schotterfilter eine Strömung auf, die entsprechend dem ursprünglichen Gefälle vor allem von S nach N, daneben aber auch von O nach W zur tiefer liegenden Rheinaue gerichtet ist. Häufig tritt das Grundwasser daher als sprudelnde Überlaufquelle am Fuß des Hochgestades aus. Zahlreiche Quellen führen hier ihr Wasser dem Krebsbach zu. Der Bewahrung einer breiten flächenhaften Ausdehnung der Niederterrassenschotter kommt deshalb große ökologische Bedeutung zu, nicht nur um den Grundwasserspeicher selbst, sondern auch um die Fließfähigkeit der Grundwasserströme zu sichern.

Die trockenen, wasserdurchlässigen, zu nährstoffreichen Braunerden verwitternden Terrassenschotter werden am Ostsaum des Oberen Feldes von *Schwemmlößdecken* überlagert, die sich hier aufgrund der natürlichen Hangabspülung des Tüllinger Bergs gebildet haben. Allerdings dünnen die Schwemmlösse nach W rasch aus, wodurch die Braunerden lockerer werden und zur Austrocknung neigen. Der Flurname »Sandacker« im W der Haltinger Gemarkung weist auf diesen Tatbestand hin. Auf dem Hohen Feld läßt sich daher ein ausgeprägter west-östlicher Unterschied in der Bodengüte beobachten. Seit der Rheinkorrektur und der damit verbundenen Senkung des Grundwasserspiegels treten derartige Austrocknungstendenzen verstärkt auf.

Getrennt durch das Hochgestade legt sich im W die zweite, tiefer liegende Schotterterrasse, das sogenannte *Märkter Feld*, auf einem Höhenniveau von ca. 240 m wie ein schmaler Saum um die obere Niederterrasse. Lediglich nach S stülpt das Märkter Feld weiter aus und erreicht eine Erstreckung von etwa 1000 m bis es in das Schotterfeld des Wiesemündungsgebiets übergeht. Am Aufbau des Märkter Feldes sind fast ausschließlich Rheinschotter beteiligt. Die Tieferlegung der Terrassenfläche dürfte maßgeblich in das letzte Interglazial fallen. Allerdings lassen sich neben Erosionsperioden verschiedene Aufschüttungsphasen mit mehreren Meter dicken Kiesfolgen feststellen. In einer solchen wurde auf der Gemarkung Weil ein Helm aus der Urnenfelderzeit gefunden, der darauf hinweist, daß das heutige Höhenniveau des Märkter Feldes weitgehend erst in der ausgehenden Bronzezeit angelegt worden ist. Die geringere Mächtigkeit des Märkter Feldes macht diese Schotter zu einem weniger geeigneten Grundwasserreservoir. Der hohe Grundwasserstand ermöglicht in Verbindung mit den Bachläufen eine leichte Bewässerung der kiesig-sandigen, aber keineswegs unfruchtbaren Böden. Auch hier finden sich Ackerflächen, die jedoch häufig von Wiesen und ausgedehnten Gehölzen (Breitholz, Nonnenholz) unterbrochen werden.

Den geologisch jüngsten Teil des Naturraumes bildet schließlich die *Rheinaue*, die mit den Korrekturmaßnahmen im Laufe des letzten Jahrhunderts zugleich jedoch die tiefgreifenden Veränderungen erfahren hat. Von der einst gewaltigen Stromlandschaft mit ihren zahlreichen Gießen und Grienen, ist auch im Gemeindegebiet nichts mehr zu erkennen. Die Auewälder sind nahezu gänzlich verschwunden und durch Trockenheit und Wärme liebende Pflanzen ersetzt. Weite Teile des nördlichen Gemeindegebiets prägen heute aufgeforstete Kiefernbestände. Durch Meliorationsmaßnahmen ist die Aue in Nutzland umgewandelt oder, wie in Friedlingen, in die Bebauung mit einbezogen worden. Dort weist nur noch der Name der berühmten Schusterinsel darauf hin, daß der Rheinstrom ursprünglich wesentlich weiter nach O, über den Bereich Zoll-, Colmarer- und Hafenstraße hinaus, reichte. Lediglich bei Märkt ist noch ein größerer, weitgehend verlandeter Altarm des Rheins zu erkennen. Im S wird sein konvexer Verlauf durch eine Reihe von Teichen und Fischweihern nachgezeichnet, im N bildet eine breite, sumpfige Rinne, die dicht mit Schilf und Weidebeständen durchwachsen ist, den letzten Rest des einstigen Gewässers. Flurnamen wie »Altes Werth«, »Oberes« und »Unteres Grien« lassen erkennen, daß sich das Gebiet westlich von Märkt einst aus verschiedenen Inseln zusammensetzte. Auch heute noch liegt hier das Höhenniveau mit ca. 244 m erkennbar unter dem der Märkter Terrasse mit 245 m.

Die durch die Rheinkorrektur ausgelöste stärkere Flußerosion hat inzwischen bei Märkt Felsköpfe des tertiären Untergrundes freigelegt. Hier liegt auch mit ca. 232 m die tiefste Stelle des Gemeindegebiets. Zugleich führte die Tiefenerosion des Rheinstroms zu einem kräftigen Absinken des Grundwasserspiegels. Zwar wurde mit dem Bau des Stauwehrs bei Märkt die Erosionsleistung des Rheins deutlich gebremst, doch zieht der Canal d'Alsace durch seinen hohen Wasserabfluß erhebliche Grundwassermengen ab, weshalb sich seit seiner Inbetriebnahme 1932 die Versteppung beschleunigt und auch bereits auf die Niederterrasse übergegriffen hat.

Siedlungsbild. – Im äußersten Südwesten des Kreisgebiets dehnt sich der namengebende Gemeindeteil, die Stadt Weil am Rhein, als breites, langgestrecktes Siedlungsband vom Rheinufer über die gesamte Schotterebene bis an den Tüllinger Berg heran aus. Zentrale Achse bildet die Hauptstraße, die gleich einem Rückgrat den Siedlungskörper von seinem westlichen Ende bis zum Riehener Bann, der Schweizer Staatsgrenze, durchzieht. Sie verbindet drei der vier Stadtteile der Kernstadt (Weil-Friedlingen, Weil-Leopoldshöhe und Alt-Weil), die als eigene Siedlungsbereiche entstanden, später zur Stadt Weil am Rhein wurden und erst allmählich baulich zusammengewachsen sind. Der vierte Stadtteil, Otterbach, liegt, durch Eisenbahngleise eingeengt, nach wie vor abseits der eigentlichen Stadtausdehnung.

Das starke, auf die Schotterplatte gerichtete Wachstum der Stadt brachte es mit sich, daß die eigentliche Keimzelle, der Ortsteil Alt-Weil am Fuß des Tüllinger Berges, heute ganz an die östliche Peripherie gerückt ist. Auch hier bildet die Hauptstraße die zentrale Achse, der der Ort in Form eines Wegedorfes vom Läublinpark bis an den steil abfallenden Terrassenrand folgt. Dort markierten die alte Mühle und der »Mühleteich«, bereits in der Wiesenaue liegend, den Dorfabschluß. Besonders im südlichen Ortsabschnitt, wo sich die Bebauung dicht an die Hauptstraße hält, kommt auch heute noch der Wegedorfcharakter ausgeprägt zur Geltung. Im nördlichen Teil dagegen greift das Dorf stärker nach W auf die Schotterplatte aus. Hier wird ein Ausbau aus dem zweiten Drittel des 18. Jh. faßbar. Grenze des Ausbaus bildet die Hinterdorfstraße, die ebenfalls aus jenen Jahren stammt und den Verlauf des westlichen Ortsetters nachzeichnet. Mehrere parallel verlaufende Gassen verbinden Hauptstraße und Hinterdorfstraße. Zum Tüllinger Berg hin bleibt die Bebauung dagegen wieder stärker auf die Hauptstraße konzentriert, obwohl sich das Dorf mit einzelnen Straßen, wie beispielsweise der Kähnelgasse, auch hier weiter an den Hang heranschiebt. Dies gilt auch für den *Kirchbereich*, der sich ganz am Nordende des langgestreckten Dorfes befindet und sich durch die halbkreisförmige Begrenzung des Bläsirings deutlich aus dem Siedlungsgrundriß heraushebt. Inmitten des weiten, sich zur Hauptstraße öffnenden Lindenplatzes steht die große, stattliche evangelische Pfarrkirche mit typischem, satteldachgedecktem Glockenturm. 1791 fertiggestellt, ersetzt sie einen ehemals wesentlich kleineren Vorgängerbau, dessen Lage durch einen von Steinplatten umsäumten Rasenbereich westlich der Kirche angedeutet ist. Teilweise recht alte Gebäude schließen den Kirchbereich im W und N nach außen ab. Den Auftakt bildet das mit dem Giebel zur Hauptstraße schauende alte Schul- und spätere Rathaus. In den 1920er Jahren zog hier die Post ein und seit 1971 beherbergt das Gebäude das Heimatmuseum. Alte Bauernhäuser, vorwiegend Eindachhöfe, schließen sich an, die an der nördlichen Hauptstraße und insbesondere an dem engen Bläsiring dicht bis an die Fahrbahn heranreichen. Am nördlichen Scheitel des Bläsirings stößt man auf das Grundstück des Dom- und späteren Pfarrhofs. Vor allem zur Fischinger Straße hin wird er durch eine lange, hohe Mauer begrenzt, ein Charakteristikum, das auch verschiedene andere sogenannte *Herrenhäuser* in Weil auszeichnet und diese in deutlichen Gegensatz zu den bäuerlichen Anwesen setzt. Der auf Abgrenzung bedachte Charakter des Pfarrhofkomplexes wird durch das markant heraustretende Ökonomiegebäude unterstrichen, das als durchgehend geschlossene Front ganz dicht an die Domhofstraße gesetzt ist. Zur Fischinger Straße hin steht das Wohngebäude, seit 1702 Pfarrhaus, ein großer zweigeschossiger Bau mit hochstrebendem, an den Giebelseiten leicht abgewalmtem Dachstock. Dem Domhof gegenüber liegt der Bläserhof, um dessen Grundstück ebenfalls eine hohe Mauer zieht. Der ehemalige St. Blasische Amtmannsitz besteht noch heute aus dem wahrscheinlich 1571 errichteten Wohnhaus und verschiedenen Wirtschaftsgebäuden. Der ehemals große Obstgarten ist seit jüngster Zeit durch komfortable Zweifamilienhäuser aufgesiedelt worden. In direkter Nachbarschaft, nur getrennt durch das schmale Kirchgäßlein und gleich gegenüber der Pfarrkirche, folgt das Staffelhaus von Weil. Das 1976–1983 restaurierte Wohnhaus des einstigen Vogtsitzes sticht vor allem mit seiner Staffelgiebelfront und dem mit hoher Haube abgeschlossenen Treppenhausturm hervor. Zudem wird die zur Kirche gewandte Schauseite auf beiden Stockwerken durch die charakteristischen dreiteiligen gotischen Fenstergewände aus rotem Sandstein gegliedert. Das Staffelhaus gehört der Stadt und bietet heute Räumlichkeiten, die neben einem landwirtschaftlichen Museum u. a. für kulturelle Veranstaltungen genutzt werden. Gegenüber dem Kirchbereich reihen sich an der Hauptstraße die älteren Gasthäuser auf. Hierzu zählt der »Adler«, der als das älteste Gasthaus von Weil gilt und sicher noch vor das Jahr 1749 zurückreicht. Nur wenige Meter südwärts folgt auf der gleichen Straßenseite der »Schwanen«, der ebenfalls zu den traditionsreichen Gasthäusern des Ortes zählt. Älter noch als der »Schwanen« ist das bedeutsame Gasthaus »Krone«, das faktisch in der Mitte des langgestreckten Ortsbereichs liegt, dort, wo die Hauptstraße mit einem Knick nach S ausschwingt. In dem massigen dreigeschossigen Bau war bis 1880 die Gemeindestube untergebracht. Die »Krone« markiert zugleich den Übergang zum südlichen Ortsteil, der sich ebenfalls durch einige sogenannte Herrensitze auszeichnet. Hierzu zählt das »Schlößli« an der Ecke Hauptstraße/Schlößligasse, von dessen altem Baubestand sich nur wenig erhalten hat. Abgesehen von der hohen Umfassungsmauer, die vor allem das Bild entlang der Schlößligasse bestimmt, gehört hierzu das sehr schmale, aber überaus lange, wahrscheinliche Gesindehaus an der Nordwestgrenze des Grundstücks. Ein weiterer Wirtschaftsbau, der im rechten Winkel zum Gesindehaus an die Hauptstraße gesetzt war, wurde Anfang der 1970er Jahre sukzessive entfernt. Wesentlich besser erhalten ist der nach einem früheren Besitzer genannte Meierhof am Südende des Dorfes, dort, wo der Mühlenrain den einstigen Verlauf der Hauptstraße übernimmt. Zwar ist die Umfassungsmauer weitgehend durch einen Zaun ersetzt, doch fällt sofort die Giebelfront des mächtigen, langgestreckten Eindachhofs aus dem 15. bzw. 16. Jh. mit ihrer großen Sonnenuhr ins Auge. Dem Streckhof gegenüber, durch einen schmalen Hof getrennt, steht ein ebenfalls altes, zweistöckiges, fast quadratisches Wohngebäude, das – topographisch bedingt – auf ein hohes Sockelgeschoß gesetzt ist. Den südlichen Dorfabschluß markiert schließlich die Mühle. Beherrscht wird der Gebäudekomplex von dem etwas schräg zum Mühlenrain stehenden, viergeschossigen und sehr repräsentativ gestalteten Mühlenhauptbau. Seit 1935 ist der Mühlbetrieb allerdings eingestellt und inzwischen beherbergen alle Gebäudeeinheiten Wohnungen. Der Läublinhof, jüngster Herrensitz und einst am Nordwestrand des Dorfes gelegen, fiel 1965 der Verbreiterung der Römerstraße zum Opfer. Erhalten blieb nur das Gärtnerhaus, das jetzt mit seiner Giebelseite direkt an die Römerstraße grenzt. Das eingeschossige Gebäude mit seinem hübschen Halbwalmdach läßt den Baustil des abgegangenen Herrenhauses noch erahnen. Bestehen blieb auch der das Herrenhaus umgebende Läublinpark.

Nur zögernd hatte sich das Dorf über die Hinterdorfstraße hinausgeschoben. Große, meist sauber zur Straße ausgerichtete Eindachhöfe dokumentieren den *späten Ausbau*. Als besonders stattlicher Streckhof mit tief herabgezogenem, an den Giebelseiten nur leicht abgewalmtem Dach fällt hier das ehemalige Gasthaus »Sonne« ins Auge. Seit 1922 befindet sich das Gebäude im Gemeindebesitz und findet nach umfassender Renovierung heute als »Haus der Vereine« und Jugendcafé Verwendung. Stärker war das Wachstum Alt-Weils nach 1880 über das südwestliche Ende der Hauptstraße hinaus gerichtet. Auslösender Faktor dürfte die Eröffnung des (inzwischen anders genutzten) Bahnhofes Weil-Ost 1890 an der Eisenbahnstrecke nach Lörrach gewesen sein. Die Nähe zur Bahnlinie hatte selbst eine kleine Fabrik angezogen, die ehemaligen Wyla-Werke, deren breiter turmähnlicher Hauptbau unweit des Bahnhofes ins Auge fällt. In jüngster Zeit ist südlich der Bahnlinie im Bereich der Schutzackerstraße bzw. in westlicher Verlängerung auf dem Faulacker eine große neue Wohnsiedlung, z.T. mit Ein- und Zweifamilienhäusern, z.T. auch in mehrgeschossiger Blockbebauung, entstanden, während sich am Südwesthang des Tüllinger Bergs Einfamilienhäuser im Villen- und Bungalowstil hinaufschieben.

Nach W schließt sich an Alt-Weil der Stadtteil Leopoldshöhe an, dessen sprunghaftes Wachstum wesentliche Voraussetzung für die Stadterhebung war. Dabei liegt die ursprüngliche Siedlungszelle weitab vom alten Dorf, südlich der Hauptstraße dicht an der Eisenbahnlinie nach Basel und Lörrach. Anfangs war die Siedlung ganz auf die Eisenbahn ausgerichtet, deren Bedienstete sie aufnehmen sollte. Sie ist im Stil einer *Gartenstadt* angelegt, wodurch sich die Siedlungszelle auch heute noch aus dem Baukörper der Stadt deutlich heraushebt. Mit geradlinigem, sich rechtwinklig schneidendem Straßennetz dehnt sich die Anlage zwischen Hauptstraße und Eisenbahnlinie

Weil-Lörrach von der Leopoldstraße im W bis hin zur Turmstraße im O aus. Trotz betont regelhafter Bebauung versuchen unterschiedliche Gebäudetypen einen zu starken Schematismus und damit eine lähmende Monotonie zu vermeiden. Auf den langen, ostwestgerichteten Straßen reihen sich in lockerem, aber gleichbleibendem Abstand zweigeschossige, annähernd quadratische Doppelhäuser auf. Größere, heute unumzäunte Vorgärten drängen die Hauszeilen von der Straße zurück, wodurch diese weiträumiger und großzügiger erscheinen. Die kürzeren nordsüdgerichteten Straßen werden demgegenüber von langen, durchgehenden Reihenhäusern und Mehrfamilienwohnblöcken gesäumt. Schmale Vorgärten trennen auch hier die Häuser von der Straße. Jeder Familie sind zudem größere Gartenflächen in den Innenbereichen der Grundstücke zugeteilt. Die ursprünglich gewollte Nordsüdorientierung der Gartenstadt zeigt sich bei der Friedrichstraße. Sie läuft direkt auf ein Einzelgebäude zu, das ehemals als Mittelpunkt auf einer platzartigen Erweiterung stand und den Konsum beherbergte. Heute ist hier ein Zoofachgeschäft eingezogen. Südausrichtung zeigt auch die Marktstraße, die als durchgehende Achse von der Hauptstraße im N über den zentralliegenden einstigen Marktplatz bis zum Hebelplatz reicht. Sie zielt dort auf den etwas nach hinten versetzten, an der Stelle des Vorgängerbaus 1972 neu errichteten Kindergarten. Der Südabschluß der Gartenstadtsiedlung wird zudem durch die Bebauung entlang der Hebelstraße betont. In voller Länge säumen hier besonders stattliche, durch Mittelflügel gegliederte, dreistöckige Wohnblöcke die zur Bahnlinie weisende Straßenseite. An den Gebäuden lassen Felder mit Sinnsprüchen die pädagogische Funktion des Gartenstadtkonzeptes erkennen. Im O der Gartenstadt bildet der Komplex der Leopoldschule einen weiteren Orientierungspunkt, auf den die Schulstraße als Hauptachse gerichtet ist. Der dreistöckige Schulbau, dem zur Mattenstraße hin ein erheblich niedrigerer Turnhallenflügel angefügt ist, ragt deutlich über die Gartenstadtsiedlung heraus. Da die Siedlung auf der Leopoldshöhe die ursprüngliche Gartenstadtidee besonders anschaulich verdeutlicht, ist dieser Bereich unter Ensembleschutz nach dem Denkmalrecht gestellt worden.

Das Gebiet östlich der Turmstraße zwischen Eisenbahnersiedlung und dem alten Dorfkern wurde überwiegend erst nach 1950 erbaut. Unmittelbar an die Gartenstadt schließt sich die Siedlung der Färberei & Appretur Schusterinsel (F.A.S) an. Auch sie zeigt noch deutliche Anklänge an das Gartenstadtkonzept. Im Bereich von Blumenstraße/Talstraße werden die Zweifamilienhäuser durch die langen, überwiegend nordsüdgerichteten, zweigeschossigen Hausblöcke für Flüchtlinge und Heimatvertriebene abgelöst. Mit diesen Wohneinheiten war südlich der Hauptstraße der Anschluß an die sich vom Dorfkern vorschiebende ältere Wachstumsspitze aus der Zeit zwischen den beiden Weltkriegen erreicht. 1955 wurde an der Bläserstraße die Karl-Tschamber-Schule eingeweiht. Zu dem dreistöckigen Hauptbau und dem westlich anschließenden zweistöckigen Seitenflügel kam in den 1960er Jahren der auf der gegenüberliegenden Seite befindliche, langgestreckte und mit einer zeittypischen Glasfassade geöffnete Trakt hinzu. Eine Turn- und eine Kleinschwimmhalle runden seit 1967 den Schulkomplex ab.

Im S bildet die Eisenbahntrasse Weil-Lörrach nach wie vor eine deutliche Grenze des Siedlungswachstums. Jenseits dieser Linie war Raum für die Entwicklung eines *Sport- und Freizeitzentrums*, dessen Mittelpunkt das 1984 eingeweihte Laguna-Bad ist. Angrenzend an das Freibadgelände und umgeben von verschiedenartigen Sportplätzen setzt sich der hochmoderne Bau aus mehreren polygonalen Raumeinheiten und zwei größeren Hallen zusammen. Eine Turn- und Kegelhalle sowie eine Rollsporthalle runden das Freizeitangebot hier ab.

Geschäftszentrum der Stadt ist der etwa 1,5 km lange, ostwestverlaufende Teil der Hauptstraße. Besonders die Nordseite wird fast auf der gesamten Länge durch Ladengeschäfte gesäumt. Auf der Südseite dagegen ist die Geschäftszeile mehrfach unterbrochen, u. a. durch die Wohnhäuser der Gartenstadt. Entlang der *Hauptstraße* ist der bauliche Wandel besonders intensiv. Zunehmend setzen sich Neubauten durch, wobei bewußt das Baubild im Sinne eines ausgeprägt städtischen Charakters verändert wird. Als Beispiel mag der Sparkassenneubau gelten, der als mehrgeschossiges Vieleck konzipiert ist und dem, in Verbindung mit dem anschließenden Wohn- und Geschäftsbereich, einige Häuser der Gartenstadtsiedlung zum Opfer gefallen sind. Städtischen Charakter strahlt auch der Berliner Platz im östlichen Drittel der Hauptstraße aus. Hier unterbricht eine großzügige Platzanlage die nördliche Gebäudezeile. Wasserspiele sowie in Betonkuben gefaßte Heckengruppen sollen zum Verweilen in der Einkaufszone einladen. Flachdachbetonbauten unterschiedlicher Stockwerkhöhe flankieren den Platz. Doch nehmen die Geschäfte fast durchweg nur das Erdgeschoß ein, während die übrigen Stockwerke Wohnzwecken vorbehalten sind. Geschäftshäuser, bei denen sich die Einkaufsfläche auf mehrere Stockwerke verteilt, finden sich kaum. Dagegen zeigt der Einkaufsbereich Tendenzen zur Breitenausdehnung, indem er in einzelne Seitenstraßen, wie Schiller- und Bühlstraße, vorrückt.

Das *Gebiet nördlich der Hauptstraße*, wo sich heute die meisten Dienstleistungs- und Verwaltungsfunktionen etabliert haben, war noch bis in die ersten Jahrzehnte unseres Jahrhunderts spärlich bebaut. Zu den ältesten Bauten gehört neben dem 1855 errichteten Bahnhof das unweit davon im sogenannten »Weinbrennerstil« ausgeführte einstige Zollgebäude der Zollstation Leopoldshöhe. Es blieb als eines der beiden, ursprünglich symmetrisch zur Müllheimer Straße angeordneten, baugleichen Hauptgebäude erhalten, die hier seit 1835 den Durchgangsverkehr kontrollierten. Die östliche Baueinheit wurde im Zusammenhang mit der Geländeumgestaltung rund um das Rathaus 1969 abgebrochen. Den älteren Baubestand auf der Leopoldshöhe repräsentiert schließlich auch die ehemalige, 1905 im neuromanischen Stil errichtete katholische Kirche St. Peter und Paul, in die jetzt die Stadtbibliothek einziehen soll. Wohnhäuser aus der Zwischenkriegszeit schaffen den Übergang zum neuen *Rathaus*. Der langgestreckte, dreigeschossige Flachdachbau liegt auf dem leicht erhöhten Rücken der Leopoldshöhe etwas von der Hauptstraße entfernt, wie diese jedoch in Ostwestrichtung orientiert. Im S wurde ihm ein weitläufiger, gepflasterter Vorplatz angegliedert, wo auch der Wochenmarkt stattfindet. Hier steht der aus drei Betonsäulen zusammengesetzte, 18 m hohe Uhrenturm. Er spricht wie der Brunnen am östlichen Rand des Vorplatzes, dessen Wasser über drei Stufen in ein großes Becken fließt, symbolisch die Lage der Stadt im Dreiländereck an. Das benachbarte moderne Ärztehaus markiert den östlichen Abschluß des Platzes, im S und W begrenzen ihn Geschäftshäuser. Im NO dagegen folgen weite, durch Baumreihen beschattete Parkplatzflächen. Dahinter fällt der ausgedehnte, dreistöckige Flachdachkomplex des Kant-Gymnasiums mit Turnhallengebäude ins Auge. In einem separaten kubischen Bau hat hier auch das Haus der Volksbildung seinen Platz gefunden. Das Sozialgebäude der Bundesbahn an der Lessingstraße reiht sich in die öffentlichen und kulturellen Einrichtungen ein. Bis zur Bühlstraße folgen ältere Wohnhäuser aus den 1950er Jahren. Hier steht auch die 1956 eingeweihte evangelische Johanneskirche. Das Gebiet östlich der Bühlstraße wurde erst ab 1960 bebaut. Anfangs prägen noch unterschiedliche Hausformen das Bild, werden aber bald von modernen Mehrfamilienwohnblöcken abgelöst. In dieses Bauschema fügen sich auch die dreigeschossigen Gebäude der Markgrafen- und Realschule an der Egerstraße ein. Lediglich die vier Wohnhochhäuser, die nördlich des Schulareals stehen, durchbrechen die vorherrschend horizontale Linie. Sie gehören heute zu den markantesten Bezugspunkten der Stadt Weil am Rhein. Von der Königsberger Straße an werden die Großbauformen durch Ein- und Zweifamilienhäuser, teilweise in ausgesprochenem Landvillenstil, abgelöst. Dieses Wohngebiet hat sich inzwischen über die Römerstraße bis an den Tüllinger Berg ausgedehnt und dort den alten Dorfkern erreicht.

Ein besonderes Charakteristikum des Stadtbereichs nördlich der Hauptstraße liegt in seinem »*Grünzug*«. Mit Fußwegen ausgestattet, führt er vom Rathaus durch die Anlage um die Johanneskirche, reicht über den Messeplatz und das ausgedehnte Grundstück der Markgrafen- und Realschule bis hin zu den schön gestalteten Anlagen rund um das Kreisaltersheim. Jenseits der Römerstraße erstreckt er sich über den Friedhof hinaus und geht dann in die Rebhänge des Tüllinger Berges über. Östlich des Messeplatzes, im Bereich Hans-Carossa-Straße/Rudolf-Virchow-Straße, hat in diesem Grünzug das neue katholische Gemeindezentrum St. Peter und Paul seinen Standort gefunden. Den Mittelpunkt der Anlage, zu der Pfarr- und Gemeindehaus sowie Kindergarten gehören, bildet der architektonisch sehr ansprechende, flachgehaltene, achteckige Kirchenbau, dessen zeltförmig geneigte Dachflächen schließlich in einen hohen spitz zulaufenden Mittelturm übergehen.

Nach N hin hat sich die Wohnbebauung inzwischen bis zu dem ausgedehnten Werksareal der *Firma Vitra* vorgeschoben. Dort sind architektonisch weltweit beachtete Gebäude entstanden, zu denen u. a. das 1989 eingeweihte Vitra Design Museum, die Fabrikationshalle von Nicolas Grimshaw, die sogenannte »Gangway« von Antonio Citterio, die Eingangsbauten von Eva Jiricna, das Feuerwehrgerätehaus von Zaha Hadid gehören. Eine Konferenz- sowie eine weitere Fabrikationshalle von Tadao Ando bzw. von Alvaro Siza sind unlängst fertiggestellt worden.

Westlich der Leopoldshöhe überwindet die Hauptstraße mit der Friedensbrücke das breite Areal des einstigen Verschiebebahnhofs, das das Stadtgebiet in nördlicher Richtung bis Haltingen durchschneidet. In weiter Schleife führt die Hauptstraße unter der Autobahn hindurch in das tieferliegende Friedlingen, wo sie schnurgerade den Stadtteil durchzieht und am Rheinufer endet. In Friedlingen wird der wirtschaftliche Strukturwandel besonders augenfällig. Von den großen traditionellen, noch bis in die 1980er Jahre hinein siedlungsprägenden Textilindustriebetrieben sind nur noch wenige bauliche Reste übriggeblieben. Auf dem Werksgelände der ältesten und größten Fabrikanlage, der Firma »Färberei & Appretur Schusterinsel GmbH« (F.A.S.), nördlich der Hauptstraße, kündet lediglich der sanierte und als Industriedenkmal erhaltene Wasserturm von einstiger Größe. Das ehemalige Verwaltungsgebäude wird heute als Technologiezentrum genutzt, in das vor allem Firmen eingezogen sind, die sich mit Computertechnologie beschäftigen. Im Bereich der Hafenstraße hat sich auf dem F.A.S.-Gelände die Firma Endress & Hauser in einem ersten Bauabschnitt angesiedelt, während zur Hauptstraße hin in Fortführung der vorhandenen Bebauung weitere, jetzt allerdings im postmodernen Stil gehaltene Wohngebäude mit Einkaufszeilen entstanden. Die Hauptstraße wird somit heute auf beiden Seiten fast durchgehend von viergeschossigen Wohngebäuden unterschiedlichen Alters gesäumt, in deren Erdgeschoß überwiegend Ladengeschäfte untergebracht sind.

Besseren Einblick in die Baustruktur *einstiger Friedlinger Textilindustriebetriebe* geben die unter Denkmalschutz stehenden Sheddach-Hallen der 1982 geschlossenen Firma Schwarzenbach an der Riedlistraße. Das ehemalige Turbinenhaus mit seinem imposanten Schornstein steht heute für kulturelle Veranstaltungen zur Verfügung (Theater im Kesselhaus). Hier wurde auch ein »Museum Weiler Textilgeschichte« eingerichtet. Das Gelände des dritten für Friedlingen einst bestimmenden Industrieunternehmens, der ehemaligen Firma Schetty im äußersten südwestlichen Winkel des Stadtteils, ist bis auf das sogenannte Glashaus heute mit dem Rhein Center überbaut. In diesem Einkaufs- und Dienstleistungszentrum sind, über mehrere Stockwerke hinweg, neben einem SB-Warenhaus einzelne Fachgeschäfte und gastronomische Betriebe zusammengefaßt. In der kurzen Zeit seines Bestehens hat es sich bereits zu einem stark frequentierten Einkaufsstandort im Dreiländereck entwickelt. Ein großflächiger Spielzeugmarkt, auf der gegenüberliegenden Hauptstraßenseite, erhöht seit Ende 1993 die Attraktivität dieses Standortes weiter. Erhalten blieb dagegen östlich gegenüber dem Rhein Center die in einem kleinen Park gelegene Villa Schetty. Der schlichte, aber dennoch herrschaftlich wirkende Bau befindet sich ganz in der Nähe des Zollamtes Weil-Friedlingen.

Das westliche Ende der Hauptstraße mündet in den Rheinpark, der, auf alten Fortifikationsanlagen gegründet, die Uferzone ein kleines Stück nach N hin säumt. Derzeit ist seine Erweiterung bis fast an das Hafengelände im Gange. Dort bildet bereits ein modernes Einrichtungshaus den optischen Übergang zu den flachen Lagerhallen des alten *Rheinhafens*, der heute vorrangig dem Kaolinumschlag dient. Für die traditionelle Stückgutverladung wurde flußabwärts in der Nähe der Kläranlage Bändlegrund das Hafengelände erweitert. Im Anschluß daran ist ein kleiner Jachthafen angelegt worden. Weite Bereiche zwischen altem und neuem Hafen werden inzwischen vom *Industrie- und Gewerbegebiet* eingenommen, in dem sich größere mittelständische Unternehmen niedergelassen haben.

Als *Wohnsiedlung* reicht Friedlingen lediglich bis in die 1920er Jahre zurück. Damals erstellte die Baugenossenschaft Haltingen-Weil südlich der Hauptstraße im Bereich Obere Schanzstraße, Sundgaustraße und Grenzstraße meist zweigeschossige Wohnhäuser. Nach W lösen diesen Siedlungsteil lange viergeschossige Wohnblöcke ohne Balkon ab, die aus der unmittelbaren Nachkriegszeit stammen. Erst seit den beginnenden 1960er Jahren wurde mit weiteren Wohnblöcken südlich der Hauptstraße der bauliche Anschluß an das Parkareal der Villa Schetty erreicht. Nördlich der Hauptstraße schob sich die Bebauung bis weit in die 1950er Jahre hinein lediglich entlang einzelner Straßenzüge von O her vor. Ein- und Zweifamilienhäuser dieser Zeit in unterschiedlichster Form und Ausrichtung säumen beispielsweise die Riedli- und Blauenstraße. Dahinter ragen uniforme, mehrstöckige Wohnblöcke aus den 1970er Jahren hervor. Bereits jetzt aber wird dem Siedlungswachstum im NO durch die Autobahn, insbesondere durch die ausgedehnten Parkplatzflächen der deutsch-schweizerischen Gemeinschaftszollanlage, Halt geboten.

Im O des Stadtteils, zwischen Hauptstraße, Riedlistraße und der auf einer Hochtrasse vorbeiführenden Autobahn, konzentrieren sich mehrere öffentliche Gebäude. In der Nähe der Hauptstraße steht seit 1956 die katholische Pax-Christi-Kirche, ein Stahlbetonbau mit freistehendem Turm. Im S schließt sich der katholische Kindergarten an, während im N das Grundstück durch die Rheinschule abgeschlossen wird. Gleich gegenüber, an die Karsthölzlestraße grenzend, folgt das Gelände der 1963 gebauten evangelischen Friedenskirche, zu der ebenfalls ein Kindergarten gehört. Er ist im früheren Erweiterungsbau der Rheinschule untergebracht, der inzwischen auch vom Roten Kreuz genutzt wird (Rettungswache). Das Haus der Jugend grenzt den Komplex nach W ab. Unmittelbar gegenüber, direkt an der Autobahn gelegen, befinden sich die neuen Betriebsgebäude des Autobahnpolizeireviers.

Als südlichster und kleinster Stadtteil von Weil am Rhein liegt Otterbach eingezwängt zwischen dem Hauptstrang der Eisenbahnstrecke Basel-Frankfurt und der davon abzweigenden südlichen Gleisschleife. Der wichtigste Zugangsweg wird durch die B 3 gebildet, doch spannt sich die Siedlung an der etwas abseits davon geradlinig angelegten Otterbachstraße und den östlich abgehenden Stichstraßen auf. Den Kern des Stadtteils bildet die in den 1930er Jahren angelegte Siedlung »14 Linden«, deren kleine, meist einstöckige, mit dem Trauf zur Straße weisende Giebelhäuschen den nördlichen Teil der Siedlung ausmachen. Nach S zu, wo die Nonnenholzstraße den Abschluß markiert, wird sie von moderneren Ein- und Zweifamilienhäusern mit Gartengrundstücken abgelöst.

Das inzwischen aufgelassene Areal des Verschiebebahnhofs ist bis heute die einzige bauliche Verbindung zwischen Weil am Rhein und Haltingen geblieben. Wie bei Weil liegt auch der Siedlungskern von Haltingen nahe am Fuße des Tüllinger Berges, in guter Erreichbarkeit sowohl der Weinberge als auch des Ackerlandes. Zentrale Achse bildet die Große Gaß, die als Fortsetzung des am Fuß des Tüllinger Bergs verlaufenden Weilwegs den alten Dorfbereich von S nach N durchzieht. Im nördlichen Dorfbereich wird dieser Weg durch den Winzerweg fortgeführt, während die Große Gaß scharf nach W abbiegt, um in nahezu geradlinigem Verlauf Anschluß an die alte, überregional bedeutsame Verkehrsachse der heutigen Freiburger Straße zu finden. Trotz der schweren Zerstörungen des Jahres 1940 und dem teilweisen Wiederaufbau in den schematischen Planformen eines »nationalsozialistischen Musterdorfes« wirkt der alte Dorfkern im Gegensatz zu Weil geschlossener und kompakter. Am besten hat sich der *ursprüngliche Haufendorfcharakter* im westlichen Ortsteil zwischen Kleiner Dorfstraße und dem abbiegenden Ast der Großen Gaß erhalten. Vor allem die Kleine Dorfstraße trägt zu diesem Eindruck bei. Der kurvige Straßenverlauf, die dichte, aber unregelmäßige Stellung der Anwesen zur Straße schafft vielerlei Ecken und Winkel und läßt über die Hofzufahrten immer wieder auch Einblicke in die mit Schuppen und Stallverschlägen bebauten hinteren Grundstücksflächen zu. Jedoch findet man heute auch in diesem Bereich nur noch wenige unveränderte Bauernhöfe. Allenthalben sind Sanierungs- und Bautätigkeiten zu beobachten, wobei vielfach auf traditionelle Elemente der Markgräfler Bauweise zurückgegriffen wird. Aus den Jahreszahlen auf den Scheitelsteinen der Türstürze wird deutlich, daß viele der erhalten gebliebenen Gebäude zumindest in ihren Grundmauern aus dem ausgehenden 17. bzw. 18. Jh. stammen. Zudem läßt das Baubild vermuten, daß sich das Dorf ursprünglich aus Winkel- und Streckhöfen zusammengesetzt hat.

Südlich der Kleinen Dorfstraße hat der alte Dorfkern durch die Kriegszerstörungen seinen einstigen Charakter erheblich verändert. So wurde der »Rebstock« an der Ecke Kleine Dorfstraße/Große Gaß 1940 völlig zerstört und erst 1950 wieder aufgebaut. Der heutige Pensionsgasthof beherbergte einst die Stube und war damit *sozialer Mittelpunkt* des Dorfes. Ebenfalls schwer beschädigt und mit leichten Änderungen neuerrichtet wurde das Staffelgiebelhaus von Haltingen im südlichen Bereich der Großen Gaß, über dessen frühere Funktionen wenig bekannt ist. Der Zugang erfolgt auf der straßenabgewandten Hofseite über einen turmartigen Treppenhausanbau. Dort weist die Jahreszahl 1603 über dem Türsturz auf die Erbauungszeit hin. Das unmittelbar benachbarte moderne Gemeindehaus mit seinen großen, nüchternen Fenstern mag Sinnbild für den neuen Dorfcharakter sein. Alte Bausubstanz ist nur noch wenig erhalten. So findet sich an der südlichen Peripherie des Ortes eine Hofstätte, die vor allem durch das zur Straße weisende, separate heutige Wohngebäude hervorsticht, unter dessen weit ausgezogenem Vordach dekorativ eine Trotte aufgestellt ist. Unbeschadet hat den Krieg auch das Pfarrhaus an der Kreuzung Kirchgasse/Bruckweg überstanden. Es kann als typisches Markgräflerhaus gelten, bei dem auf einem gemauerten Sockelgeschoß zwei weitere, allerdings vollständig unter Putz liegende Fachwerkstöcke sitzen. Im O führt die

Kirchgasse zu einer langen steilen Treppenflur, die bis 1923 den einzigen Zugang zu dem erhöht auf einer Verebnungsfläche des Tüllinger Bergfußes liegenden *Kirchbereich* bildete. Hier steht, inmitten eines ausgedehnten, 1923 noch erheblich nach O erweiterten Friedhofes, die alte evangelische Pfarrkirche.

Westlich des Pfarrhauses ändert sich die Gestalt der Kirchgasse in auffallender Weise. Sie ist jetzt breiter und verläuft geradlinig auf die Schotterebene hinaus, die Große Gaß fast rechtwinklig schneidend. Ebenfalls im rechten Winkel ist die Wilhelm-Glock-Straße auf die Kirchgasse ausgerichtet. Hierin werden Elemente der *nationalsozialistischen Dorfsanierung* erkennbar, deren Merkmal die sogenannten Erbhöfe sind. Als große lange Eindachhöfe flankieren sie meist traufständig in lockerem Abstand die begradigten Straßen. Die Hausaufteilung kopiert jene der alemannischen Eindachhöfe. An einen geräumigen, zweigeschossigen Wohnteil schließt sich unter einheitlicher Firstlinie ein langer Stall-Scheunen-Trakt an. Die Häuser sind sämtlich etwas von der Straße zurückgesetzt, was wesentlich den weiträumigen Eindruck unterstreicht. Gärten, besonders um die Wohnteile, runden das Gesamtbild ab.

Westlich der Wilhelm-Glock-Straße hört das Sanierungsgebiet rasch auf, die Siedlungsausdehnung stagnierte hier lange. Erst in allerjüngster Zeit ist der Bereich südlich der Willi-Baumann-Straße in die Bebauung mit einbezogen worden. Zur älteren Bebauung des südlichen Dorfabschnitts gehört das große, zweistöckige Schulgebäude im Winkel der Wilhelm-Glock-Straße/Markgräfler Straße, dem inzwischen eine moderne, geräumige Turnhalle angegliedert ist. Ganz im Südwesten der Markgräfler Straße hat die 1937 geweihte St. Marien-Kirche ihren Platz gefunden. Den südwestlichen Abschluß des Kirchengrundstücks bildet das 1962 fertiggestellte, zweigeschossige Gemeindehaus. Die Kirche steht am Übergang zu einem Neubaugebiet, das sich seit den späten 1960er Jahren südlich der Markgräfler Straße auszubreiten begann.

Während die Siedlungsausdehnung im südwestlichen Dorfbereich stagnierte, hat der Ort im *nördlichen Bereich* entlang der Großen Gaß und Kleinen Dorfstraße schon früh, verstärkt in der 2. Hälfte des letzten Jahrhunderts, nach W ausgegriffen. Hierauf weist nicht nur das durch seine historisierenden Stilverbindungen und durch seinen Turmerker herausfallende Eckgebäude an der Mündung der Wilhelm-Glock-Straße in die Große Gaß hin. Gleiches zeigt das 1866 errichtete *Rathaus*, die heutige Verwaltungsstelle, das nur wenige Meter westlich an der Großen Gaß steht. Den Ausbaucharakter unterstreicht auch die Reihe älterer Anwesen, die in klarer traufständiger Ordnung die Große Gaß säumen. Weiter im W der Grossen Gaß trifft man auf den »Hirschen«, den traditionsreichsten Gasthof von Haltingen. In der 2. Hälfte des 18. Jh. wurde er aus dem Dorf heraus hierher, näher an die Hauptüberlandachse, verlegt. Das traufständig zur Straße orientierte zweistöckige Gebäude hat auch im Inneren seine bauliche Tradition und die Erinnerung an die meist herausragende Stellung der Gastwirte liebevoll bewahrt. Ein mächtiger Ökonomieteil schließt den Besitz nach W ab und schafft den unmittelbaren Übergang zu einem weiteren Gasthaus, dem »Badischen Hof«, der mit seiner Traufseite bereits zur Freiburger Straße schaut und aus der Mitte des vorigen Jahrhunderts stammt.

In der 2. Hälfte des letzten Jahrhunderts rückte die Bebauung auch verstärkt über die Freiburger Straße nach W vor. Mitbeeinflußt wurde diese Entwicklung durch den Bahnbau, als Haltingen einige Jahre lang Endstation der Reisenden nach Basel war. Dies brachte dem Dorf einen kurzfristigen Aufschwung, der sich u. a. an der raschen Bebauung im *Bahnhofsbereich* ablesen läßt. Zu den alten Gebäuden gehört der Bahnhof, der 1850/51 seiner Bestimmung übergeben wurde. Nur wenig später entstand gleich gegenüber der Bahnstation das auch jetzt noch bewirtschaftete Gasthaus »Zur

Krone«. Selbst heute, nachdem der Bahnhof Haltingen deutlich abgestuft ist, erweist sich der Kreuzungspunkt zwischen Freiburger Straße, Burgunder Straße, Heldelinger Straße, Große Gaß und Kleine Dorfstraße als Ansatzpunkt eines Einkaufsbereichs. Verschiedene Einzelhandelsgeschäfte konzentrieren sich hier, die ganz überwiegend in das Erdgeschoß älterer Häuser eingezogen sind, während die oberen Stockwerke meist noch Wohnzwecken dienen. Aber auch ein Einkaufshaus der Radio-Phono-Branche hat sich inzwischen an der Ecke Große Gaß/Freiburger Straße etabliert. Inzwischen beginnt der Einkaufsbereich entlang der Heldelinger Straße auszugreifen, die mit ihrer Unterführung im Ortszentrum die wichtigste Verbindung zum westlichen Siedlungsteil schafft. Hauptsächlich jedoch setzen sich die Geschäfte der Freiburger Straße folgend nach N fort, wo sie schließlich auf der westlichen Straßenseite in ein kleines, junges *Gewerbegebiet* übergehen. Flache einstöckige Hallen, eine Tankstelle, ein Kfz-Reparaturbetrieb sowie ein Gärtnereigroßmarkt prägen hier das Bild. Etwas abseits der Freiburger Straße, zwischen der Rheintal- und Kandertaleisenbahnlinie, hat der L-förmig angeordnete flache Lager- und Verwaltungsbau des ehemaligen Obstgroßmarktes Haltingen seinen Standort gefunden. Nördlich der Großen Gaß und östlich der Freiburger Straße schieben sich inzwischen moderne Ein- und Zweifamilienhäuser bis an die Hänge des Tüllinger Berges heran. An der Ecke Turnstraße/Runsweg, gleichsam an der Nahtstelle von altem Ortskern und Neubaugebiet, liegt der moderne, langgestreckte Giebelbau der Winzergenossenschaft Haltingen.

Ausgangspunkt der *Siedlungsentwicklung westlich der Eisenbahnlinie* bildete wiederum die Reichsbahn, die hier vor dem 1. Weltkrieg Wohnungen für ihre Bediensteten erstellte. Aus dieser Zeit stammen Häuserzeilen entlang der Ringstraße, innerhalb der großen nördlichen Eisenbahnschleife, ganz in der Nähe des Instandsetzungs- und Bahnbetriebswerks Haltingen. Auf beiden Straßenseiten stehen hier lange, zweigeschossige, durch Mittelflügel gegliederte Gebäudeeinheiten, die untereinander durch hohe, ziegelüberdachte Torbogenelemente verbunden sind. Die Straße erscheint so durchgehend bebaut, doch geben die Torbögen den Blick frei auf die hinter den Häusern liegenden Gartenbereiche, wo für jede Wohnpartei ein kleines quadratisches Waschhaus steht. Die vorderste Baueinheit ist etwas von der Straße zurückversetzt und durch einen Uhrenturm in seiner Mitte hervorgehoben. Etwa zur gleichen Zeit entstanden Wohneinheiten im Bereich der Güter- und Brückenstraße, der Unterwerkstraße sowie Im Rad. Schmale Vorgärten trennen dort die Hauseingänge mit ihren auffallenden, auf Steinsäulen gesetzten Vordächern von der Straße. Eine weitere Eisenbahnerkolonie wurde von der Baugenossenschaft Haltingen-Weil außerhalb der Gleisschleife im Bereich der Hermann-Währer-Straße, Friedens- und Hohe Straße angelegt. Wie in Weil ist sie als *Gartenstadt* gestaltet, bei der auf regelhaftem Straßengrundriß kleine, jeweils für eine Familie konzipierte Reihenhäuser dreiflügelig einander zugeordnet sind.

Von einzelnen Häusern am Märktweg abgesehen, blieb das übrige westliche Ortsgebiet bis 1955 weitgehend siedlungsfrei. Erst danach begann der Ort zwischen Märktweg und Heldelingerstraße vor allem nach NW zu expandieren. Die anfangs noch schlichten Ein- und Zweifamilienhäuser werden nach W zu durch architektonisch aufwendigere abgelöst. Auch der Straßengrundriß ändert sich dort markant und zeigt sich beispielsweise im Bereich der Dinkelbergstraße im deutlichen Sackgassenprinzip reiner, verkehrsberuhigter Wohnviertel. Bis Mitte der 1980er Jahre markierte der weitflächige Betonkomplex der Hans-Thoma-Schule das westliche Siedlungsende. Inzwischen jedoch hat sich Haltingen mit modernen Mehrfamilienwohnblöcken erheblich über diese Linie ausgedehnt. Hier, an der Kirschenstraße, hat auch der neue städtische Kindergarten von Haltingen seinen Platz gefunden.

Nordöstlich von Haltingen liegt auf einem Sporn des Tüllinger Berges der höchstgelegene Teilort der heutigen Stadtgemeinde, das weit über das Markgräflerland hinaus bekannte Dorf Ötlingen. In mehrfacher Hinsicht stellt der Ort eine regionale Besonderheit dar. Neben der bemerkenswerten Spornlage ist bedeutungsvoll, daß hier die ursprüngliche Bausubstanz fast völlig erhalten werden konnte. Die gesamte Dorfanlage ist daher heute unter Denkmalschutz gestellt. Trotzdem ist Ötlingen keineswegs ein Museum. Die Entwicklung wird maßgeblich durch behutsame Eingriffe der Denkmalpflege geprägt, die bestrebt ist, bei weitgehender Wahrung des Ortsbildes bauliche Verbesserungen zu erreichen, insbesondere aber funktionslos gewordene Gebäude einer anderen, ihnen angepaßten Nutzung zuzuführen.

Im Grundriß zeigt sich der Ort als ausgesprochenes Wegedorf, das durch das Zusammenwachsen *dreier*, ursprünglich wohl räumlich getrennter *Siedlungskerne* entstanden ist. Der mittlere und älteste gruppierte sich um die Kirche, der östliche bestand beim Oberen Ottmarsheimer Hof und im W, im Unterdorf, bildete das Haus »Rötteln« den Mittelpunkt einer kleineren Siedlungsverdichtung. Heute gruppieren sich die Anwesen sämtlich entlang der teilweise kräftig ansteigenden Dorfstraße, die Stück einer Verbindung aus der Rheinebene über den Tüllinger Berg nach Lörrach ist. Das alte Dorf reicht von der Binzener Straße im W über den scharfen Knick der Dorfstraße nach N hinaus bis an den Tannenweg heran. Lediglich drei Stichstraßen durchbrechen das Siedlungsband nach N und geben hier den Weg zu den einstigen Ackerflächen frei. In starkem Maße wird das Siedlungsbild von Ötlingen durch dreiseitige Gehöfte mit ihren unterschiedlichen Baueinheiten geprägt, wobei als besonderes Charakteristikum die Hofraiten zur Dorfstraße hin offen sind und dadurch angerartige Plätze bilden. First- und Traufstellung der Häuser wechseln in unregelmäßiger Folge, was der Dorfstraße insgesamt ein äußerst abwechslungsreiches und lebendiges Bild verleiht.

Eine wiedererstellte, angerartige Hofraite findet sich u. a. beim Anwesen des ehemaligen Vogthauses, an der Ecke Hohleweg/Dorfstraße. Im W begrenzt das *Vogthaus* selbst die Hofraite. Der schlichte zweistöckige, nahezu quadratische Bau fällt mit seinem hohen ausgebauten Giebel und kräftigem, unten leicht abgeschwungenem Satteldach ins Auge. Dreiteilige Fenster in gotischem Stil und roter Sandsteinfassung gliedern die zur Dorfstraße zeigende Giebelfassade. Neben der Fensteranordnung deuten die starken, unten vorböschenden Stützmauern an den Hausecken auf das hohe Alter des Hauses hin. Ein niedriger Schuppen schließt im rechten Winkel ostwärts an das Vogthaus an und riegelt mit seiner Längsfront den Anger nach hinten ab. Die dritte Flanke verstellt schließlich ein mächtiger, mit der Giebelseite wiederum zur Hauptstraße stehender Scheunenbau, die frühere *Zehntscheuer*. Im Rahmen der Dorfsanierung konnte das in seinem Kern sehr alte Gebäude unter Wahrung seiner äußeren Form vollständig saniert werden und bietet heute dem Löschzug von Ötlingen Unterkunft. Die Schaufront der Zehntscheuer ist nach O gerichtet, zu einem weiteren, ausgedehnteren Anger, der zugleich den Zugang zur Kirche bildet. Ein großer, wohlgeformter Brunnentrog ziert diesen Platz. Die Ostseite wird durch das 1902 erbaute, hohe, zweistöckige *Rathaus* begrenzt, das an der Stelle eines alten Wirtschaftsgebäudes steht. Vordem befand sich die Amtsstube in dem renovierten Haus auf der gegenüberliegenden Seite der Dorfstraße, in dem bis 1968 auch die Schule untergebracht war.

Im S trennt den Anger eine etwa mannshohe Mauer von dem deutlich über dem Hauptstraßenniveau liegenden *Kirchbereich*. Eine schmale Treppe führt zu einem Vorplatz hinauf, der durch Bäume hindurch den Blick auf das hohe ostwestgerichtete Kirchenschiff freigibt. Der östlich anschließende Chor setzt sich sowohl hinsichtlich Firsthöhe als auch Breite deutlich vom Haupthaus ab. An der Nahtstelle beider

Baueinheiten erhebt sich nach N hin der dreigeschossige Turm, der mit dem für das Markgräflerland typischen Satteldach gedeckt ist. In ihrer heutigen Form ist die Kirche, die mit ihren Grundmauern bis ins 8. Jh. zurückreicht, 1410 vollendet worden. Eine umfassende Renovierung zwischen 1981 und 1983 hat ihr den einstigen repräsentativen Charakter in vollem Umfang zurückgegeben. Die Kirche liegt dicht am Rand des hier steil abfallenden Bergsporns, läßt aber nach S noch Raum für einen kleinen von Bäumen beschatteten Platz, der eine herrliche Aussicht bis tief in den Schweizer Jura öffnet. In dieser heimeligen Anlage steht, direkt vor dem Chor, ein Gedenkstein für den mit Ötlingen eng verbundenen Maler und Dichter Hermann Daur. Das Westende des Kirchareals schließt das stattliche, in seiner heutigen Form aus dem 16. Jh. stammende Pfarrhaus ab, das, dicht am Steilrand, mit seiner Giebelseite nach S auf die Rheinniederung schaut. Nach O begrenzt der ebenfalls in einem alten Anwesen untergebrachte Kindergarten den Kirchbereich. Davor führt der Weg an der Poststelle vorbei zurück zur Hauptstraße. Die Post hat ihre Unterkunft in der einstigen Ölmühle, einem Gebäude aus dem 15. Jh., gefunden. Kirche, Rathaus, in dessen Erdgeschoß eine Volksbankzweigstelle Einzug gehalten hat, Feuerwehrgerätehaus und Post bilden ein kleines *funktionales Zentrum* in der Ortsmitte.

Südlich der Hauptstraße folgt hinter dem Kindergarten das »*Gerwighaus*«, der einstige Meierhof des Klosters St. Clara in Basel. Der Fachwerkbau mit dem hohen, gemauerten Untergeschoß gehört, wie das benachbarte Schalergut, zu den typischen Hausformen des Markgräflerlandes. Vor allem beim letzteren fallen auf der Südseite die langen mit Dachziegeln besetzten Vordachleisten über den Fenstern auf, die als Sonnen- und Regenschutz dienen. Beachtenswert sind auch die hölzernen Gewände der gotischen Fensterform, die die typische dreigliedrige Anordnung zeigen. Etwas oberhalb der Dorfstraße, ebenfalls auf ihrer Südseite, ragt das *Kogerhaus* mit der Giebelfront in den Straßenverlauf hinein (s. u., Bemerkenswerte Bauwerke). Unmittelbar gegenüber wird die Dorfstraße vom Wohngebäude des *Unteren Ottmarsheimer Hofs* begrenzt. In seiner Grundform stammt der große, zweistöckige Giebelbau, der mit dem Trauf zur Hauptstraße steht, aus dem beginnenden 17. Jh. Doch wurde er mehrmals umgebaut. Kurz nach Ende des 2. Weltkrieges erhielt er das große Schaufenster, das heute das untere Stockwerk der Giebelfront prägt. Auch bei diesem Anwesen ist die Hofraite als offener Platz gestaltet. Allerdings mußte der ehemalige Schopf an der Hofrückseite abgebrochen und durch einen langgestreckten Neubau ersetzt werden. In ihm befindet sich heute eine Brennerei. Die dritte Flanke der platzartigen Erweiterung wird von einer mächtigen, eichenen Weintrotte gebildet, die als Schauobjekt aufgebaut ist.

Daneben folgt der wesentlich ältere *Obere Ottmarsheimer Hof*, dessen traufständig die Straße säumendes Wohnhaus aus dem Jahr 1594 datiert. Ein kleiner Vorgarten rückt das etwas erhöht sitzende, zweistöckige Haus von der Straße ab. Die Hofraite liegt hier nicht offen, sondern wird durch das Wohnhaus von der Dorfstraße getrennt und ist nur durch eine schmale Zufahrt im Grenzbereich zum Nachbargrundstück zugänglich. Hierin mag sich eine jüngere Entwicklung widerspiegeln, als mit der Vergrößerung der Anwesen die Hofraiten von der Hauptstraße weg nach N in die hinteren Grundstücksbereiche verlegt wurden. So schließt sich auch beim Oberen Ottmarsheimer Hof an die Rückfront des Wohnhauses ein weiter Hofplatz an, der an der Westseite durch einen Stalltrakt und nach N durch einen mächtigen Schopf abgeschlossen wird. Unbekannt ist die historisch besitzrechtliche Zuordnung des unmittelbaren Nachbargebäudes, dessen Giebelseite der Dorfstraße zugewandt ist. Die dreigliedrigen Fenster in roter Sandsteinfassung an der Giebelfront sowie die kräftigen Haussteine an den Hausecken verleihen dem Bau ein sehr repräsentatives Aussehen. Ein kleiner Zusatzflügel aus Fachwerk erweitert den Wohnbau im oberen Stockwerk nach Westen. Auf seiner Rückseite führt eine Steintreppe zum erhöht liegenden Eingang, wo über dem Türsturz die Jahreszahl 1616 auf das Alter des Gebäudes hinweist. Dem Wohnbau ist in die Tiefe des Grundstücks ein langer, offener Schuppen angefügt. Wenige Schritte weiter östlich steht der große Bau des Gasthauses »Zum Ochsen«. Die traditionsreiche Wirtschaft ist jedoch seit langem auf die südliche Dorfstraßenseite verlegt worden. Der jetzige langgestreckte, mit seinem Trauf dicht an der Straße stehende Gasthausbau stammt aus dem Jahr 1747. Zum Anwesen des »Ochsen« gehört heute auch das Nachbargrundstück im O, wo der zur Dorfstraße zeigende Giebel des Ökonomiegebäudes ins Auge fällt. In ansprechender Weise ist er mit Klinkerziegeln aufgemauert. Weniger gut paßt sich das rechtwinklig anstoßende moderne Gästehaus mit seinen großen nüchternen Fensterreihen in das Ensemble ein. Die lange, wiederum platzartig erweiterte Hoffläche vor dem Gästehaus wird im O durch den einstigen *Meierhof des Dominikanerordens von Basel* abgeschlossen. Dem langen Eindachhof ist an seinem Westende ein giebelständiger Bau gleicher Firsthöhe vorgesetzt, was dem Anwesen eine etwas merkwürdige Form gibt. Direkt im »Knick« der Dorfstraße nach N stößt man auf die langgestreckte Hofeinheit des ehemaligen *Meierhofes der Freiherren von Roggenbach*. Weiter nördlich erstreckt sich der ausgedehnte *Besitz* des einst in Ötlingen reich begüterten, heute ausgestorbenen Geschlechts der Gisin. Ihr repräsentatives Wohnhaus, 1774 erbaut, steht jenseits des Straßenknicks an der östlichen Dorfstraßenseite. In seiner Mitte zeichnet sich der traufständig die Straße begleitende Bau durch eine hochgesetzte Eingangstür mit beidseitigem Treppenzugang aus, einem typischen Formelement barocker Wohnhäuser auf dem Land. Zum Anwesen gehört auch die 1824 errichtete, mächtige Scheuer auf der gegenüberliegenden Straßenseite. Unter Erhalt ihrer äußeren Form wurde sie umgebaut und hat einen Druckereibetrieb aufgenommen. Den nördlichen Abschluß des alten Dorfbereichs bildet wiederum ein charakteristisches Markgräflerhaus, dessen Fachwerkkonstruktion und Schutzdachleisten nur an der Giebelfront freigelegt sind. Der Traufseite geben Fenster- und Türgewände aus rotem Sandstein Kontur. Das Haus wurde 1868 errichtet und 1977 renoviert. Ihm gegenüber auf der östlichen Straßenseite steht ein zweistöckiger Wohnbau, der sich durch mächtige Stützpfeiler an den Hausecken als alt auszeichnet. Er gehörte ursprünglich ebenfalls zum Anwesen Gisin und wird allgemein als Gesindehaus bezeichnet. Heute teilen sich das Gebäude zwei Besitzer, wie die unterschiedliche Dachdeckung und der verschiedenfarbige Verputz zeigt. Unmittelbar nördlich benachbart liegt in einem Gartengrundstück das *»Buchhus«*, ein kleines Gebäude mit asymmetrischem Dach, dessen eine Hälfte weit vorgezogen ist. Es handelt sich um ein Wasch- und Backhäuschen, das 1858 gebaut wurde.

Zwischen 1880 und etwa der 2. Hälfte der 1960er Jahre hat sich der Ort nur spärlich und eher nach O ausgedehnt. Aus dieser Zeit stammen die Häuser am unteren Ende der Käferholzstraße, bei denen kaum noch Stallbereiche anzutreffen sind. Einige wenige Häuser aus den 1920er Jahren belegen, daß sich die Siedlung weiter auf den Tüllinger Berg vorzuschieben begann. Heute hat sich hier in sonnenbegünstigter Südwestlage ein *eigenständiger Siedlungsteil* gebildet. Im Unterdorf gibt es Hinweise dafür, daß vor 1960 weniger eine Siedlungsausdehnung, sondern eine stärkere Umbautätigkeit innerhalb des alten Siedlungsbereichs stattgefunden hat. Davon zeugt die interessante »Reihenhauszeile« aus den 1920er Jahren, die sich, durch Vorgärten von der Straße abgesetzt, westlich der Küfergasse an einen alten Hofteil anlegt. Daneben haben sich auch im westlichen Dorfteil die Neubauten vor allem an die Spornkante mit ihrer kaum zu übertreffenden Wohngunst vorgeschoben. Diesen Standortvorteil nutzt auch das moderne Gasthaus »Dreiländerblick«. Den stärksten Siedlungszuwachs hat Ötlingen durch sein *Neubaugebiet* im N erhalten. Im Bereich Schmiedackerstraße, Luckeweg, Dorfstraße reihen sich innerhalb größerer Gartengrundstücke moderne Einfamilienwohnhäuser gehobenen Wohnstils auf. Weiter im W, bei den Badersgärten und am Sängerweg, werden diese Häuser durch schräg zur Straße gestellte zweistöckige und etwas uniform wirkende Wohngebäude abgelöst. Hier steht auch die 1968 eingeweihte Hermann-Daur-Schule, der eine polygone, durch Ziergiebelaufsätze architektonisch originell gestaltete moderne Mehrzweckhalle angefügt ist. In diesem nördlichen Bereich ist derzeit die Neubautätigkeit noch im Gang.

Den nördlichsten und von der Fläche her kleinsten Stadtteil bildet das alte Dorf Märkt. Die Fischerei hatte für den Ort stets eine besondere Bedeutung. Dies läßt sich schon aus der Lage der Siedlung erkennen, die nicht wie die anderen Siedlungsteile von Weil am Rhein (mit Ausnahme von Friedlingen) auf dem Hochgestade zu finden ist, sondern auf der unteren Niederterrasse, einst in dichter Anrainerschaft zum Rhein. Heute ist davon kaum mehr etwas zu erkennen. Auch hat der Ort aufgrund der schweren Kriegszerstörungen nur wenig von seinem ursprünglichen Siedlungsbild erhalten können.

Der einstige *Dorfkern* lag im Kreuzungsbereich der Rheinstraße und des nach SO abgehenden Materawegs, ganz in der Nähe der alten Kirche. Trotz schwerer Kriegszerstörungen hat sie ihren Charakter als gedrungenes Dorfkirchlein bewahrt. Halbkreisförmig um die Kirche legt sich ein kleiner Friedhof, den nach außen eine niedrige Mauer abgrenzt. Noch bis vor kurzem wurden hier Beerdigungen vorgenommen, obwohl Märkt seit 1972 einen neuen größeren Friedhof im S in der Flur Breitenholz besitzt. Der *Kirchbereich* war stets an den Rand des Ortes gerückt. Neben dem 1963 anstelle eines alten Schopfes errichteten, flachgiebeligen Feuerwehrgerätehauses markiert der schräg gegenüber am Seebächli liegende Gebäudekomplex der ehemaligen Gipsmühle das nördliche Ende des alten Dorfes.

Die *Hauptentwicklung des alten Dorfes* ging entlang des Materaweges nach Südosten. Hier standen die wenigen größeren Höfe. Heute beschränkt sich der alte Dorfkern auf das kurze Stück südöstlich der Kirche zwischen Materaweg und der dazu parallel verlaufenden Straße »Mittleres Holz«. Eng aneinanderstehende, unterschiedlich ausgerichtete landwirtschaftliche Gebäude mit ausladenden, meist verschieden hohen Dächern bestimmen hier das Siedlungsbild. Sie gehören weitgehend zu einem Anwesen, dem einzigen noch bestehenden Vollerwerbsbetrieb. Zum »Mittleren Holz« hin wird sein Grundstück abgeschlossen durch einen großen, aus Holzplanken bestehenden Schopf. Er dient heute als Geräte- und Fahrzeugschuppen und war früher Tenne der Märkter Dreschgemeinschaft. Über den ehemaligen Farrenstall hinaus, der ebenfalls den Krieg unbeschadet überstanden hat, reichte die geschlossene Bebauung des alten Ortes am Materaweg bis zum Haus Nr. 11.

Sehr früh dehnte sich der Ort dagegen entlang der Rhein- und Matrastraße nach Südwesten bis an den einstigen Altrheinarm aus. Über diese natürliche Grenze hat sich die Siedlung bis heute nicht hinausentwickelt. Die ursprünglich lockere Siedlungsstruktur dieses Bereichs blieb insofern erhalten, als der Wiederaufbau hier vornehmlich mit Kleinbauernstellen erfolgte, denen fast durchweg größere Gartenareale zugeteilt waren. Die meisten dazugehörenden Ökonomiegebäude sind inzwischen zu Wohnungen umgebaut worden, so daß Märkt heute den Charakter einer ländlichen Wohnsiedlung mit vorherrschenden Kleinsiedlerhäusern zeigt.

Nach S hatte sich der Ort mit einigen wenigen Häusern entlang dem Teichweg vorgeschoben. Ein Gebäude blieb dort erhalten und läßt in seiner schlichten, beinahe ärmlichen Art den ursprünglichen Charakter Märkts als wenig begütertes Fischerdorf erahnen. Diese *Wachstumsspitze* hatte sich bis zum 2. Weltkrieg weiter verdichtet und auch die Haltinger Straße einbezogen. An der Ecke »Im Bärenfeld«/Haltinger Straße steht der 1914 errichtete *zweite Schulhausbau* der Gemeinde Märkt. 1966 zog dort der Kindergarten ein, während die Grundschule einen Neubau am Südrand des Ortes (Teichstraße) erhielt. Dort, zwischen Grundschule und Waldfriedhof, konnte 1992 auch die Altrheinhalle, eine *Mehrzweckhalle*, eingeweiht werden. Zu den im Kern alten Gebäuden des Ortes zählt auch das traditionsreiche Gasthaus »Zur Krone« im Kreuzungsbereich Rheinstraße/Haltinger Straße. 1974 konnte das stattliche Anwesen sein 250jähriges Jubiläum feiern. Schräg gegenüber, fast am Ortsausgang, liegt das *Rathaus*, das zugleich als Repräsentant des modernen Märkt gelten kann. Der zweigeschossige, durch Verputz und Fensteranordnung ansprechend gegliederte Bau wurde 1958 errichtet. Sein Standort an der südlichen Rheinstraße ist auch Indiz dafür, wie sehr sich diese Achse im Laufe der Zeit immer stärker zur Hauptstraße des Ortes entwickelt hat. Dies gilt insbesondere seit der 2. Hälfte der 1960er Jahre, als die Erschließung des Industriegebiets im W erfolgte. Im N der Rheinstraße, knapp unterhalb der Abzweigung zur Matrastraße, befindet sich an Stelle eines ursprünglichen Lebensmittelladens eine Bankfiliale. Gleich daneben hat sich ein Metzgereigeschäft niedergelassen. Eine Poststelle »Im Bärenfeld« vervollständigt das zentrale Angebot in Märkt. Durch die Verbreiterung der Rheinstraße und ihre Ausstattung mit Gehwegen ist der Durchgangs- und Hauptstraßencharakter zusätzlich unterstrichen worden.

Kleinere Neubaugebiete prägen inzwischen auch das Siedlungsbild von Märkt. Ansatzpunkt der Siedlungsausdehnung bildete der Bereich zwischen Materaweg und Mittlerem Holz, wo schon vor dem 2. Weltkrieg einzelne Häuser außerhalb des Dorfkerns zu finden waren. Der eigentliche Siedlungsausbau setzte jedoch in den späten 1960er, stärker noch in der 2. Hälfte der 1970er Jahre ein. Umgeben von weiten Gartenarealen wechseln sich hier in bunter Reihe eingeschossige und anderthalbstöckige giebel- und traufständige Ein- und Zweifamilienhäuser ab. Wesentlich gleichförmiger zeigt sich dagegen das spätere Neubaugebiet im NO, das sich zwischen Seebächle und dem Erlenweg bis an die Gemeindegrenze von Eimeldingen ausbreitet. Die jüngsten Wachstumstendenzen richten sich nach W, wo Am Bachweg, hinter der alten Gipsmühle, ebenfalls Einfamilienhäuser hinzugekommen sind.

Im W des Dorfes führt die Rheinstraße in gerader Richtung durch ein *Gewerbegebiet* hindurch, das vor allem in den letzten Jahren durch Expansion der Betriebe und zusätzliche Ansiedlung erheblich vergrößert wurde. An Sport- und Tennisplätzen vorbei zieht die Rheinstraße zu dem zwischen 1928 und 1933 gebauten Stauwehr Märkt. Die Attraktion des Stauwehrs sowie die Möglichkeiten, auf gut ausgebautem Weg am Rheinufer entlangwandern zu können, haben hier ein Ausflugsziel entstehen lassen.

Bemerkenswerte Bauwerke. – Die *ev. Kirche in* Altweil ist ein Ergebnis der reichen Bautätigkeit Markgraf Karl Friedrichs. Im Westen ragt vor der nördlichen Hälfte der schlichten Giebelfassade der Kirchturm empor, der in seinen unteren drei Geschossen ältester Gebäudeteil. Er war im Vorgängerbau des Jahres 1423 Chorseitenturm. Wie in Schallbach und Wintersweiler betritt man einen breiten Rechteckraum mit im Osten eingezogenen Ecken, der viel Licht von den an allen Seiten gleichhohen Rundbogenfenstern erhält. Er hat die für den Predigtsaal typische Innenarchitektur, welche die Gleichrangigkeit von Predigt, Liturgie und Gesang baulich symbolisieren soll. Durch die breitgelagerten Emporenbauten erhält der Raum seine horizontale, ganz auf die Bedürfnisse der Gemeinde angelegte Gliederung. Eine Westempore läuft an beiden Langhauswänden zur Mitte hin aus. Der Ort der Predigt, eine säulengestützte Hochkanzel mit Schalldeckel an der Nordwand, befindet sich ebenso mitten unter der Gemeinde wie Altar und Taufbecken. Denn auch der östliche Raumabschnitt ist zweigeschossig angelegt, so daß über der schlichten Holzmensa zwischen weiteren Sitzbänken auch die mächtige Orgel Platz findet. Das Chorgestühl ist doppelreihig um die Chorwände herumgeführt, aus der Mitte von der Eingangstür aus gelangt man über eine Treppe auf die Empore. Der Raum ist dem Übergangsstil zwischen Rokoko und Klassizismus entsprechend sparsam geschmückt. – 1951 wurde auf der Leopoldshöhe nach Plänen von Hesselbacher (Freiburg) die *ev. Johanneskirche* als zeittypische Hallenkirche mit freistehendem Turm erbaut. Die Raumgestaltung des schlichten Saales mit Westempore trägt deutlich die Konstruktionsmerkmale der Gliederbauten Otto Bartnings: fünf Trägerrahmen, die sich über dem Kirchenschiff zu Spitzbogen schließen, so daß die Lisenen der Wandzonen in der Dachzone in Gurte übergehen. So entsteht der Eindruck eines gestaffelten Raumes. Zwischen diesen Raumjochen auf der Südseite öffnen sich die Wände in drei Mittelachsen, die Wände gänzlich in Fensterflächen, deren Gestaltung ein Werk Harry MacLeans (Heidelberg) ist. Die Nordwand erhält Licht durch einen Obergaden. Drei große Doppelflügeltüren verbinden den Kirchensaal mit der Halle des großzügig angelegten Gemeindehauses. Im Altarbereich, der als zweistufiges Podest über den Gemeinderaum erhoben ist, sind eine Holzmensa und ein Ambo aufgestellt; das Taufbecken befindet sich vor den Stufen. Die Stirnwand ist weiß verputzt, als Hintergrund für das große, aus der Dachzone herabhängende Kreuz. – Als Abschluß des in den frühen 1980er Jahren geplanten kath. Kirchenzentrums wurde im gleichen Stadtteil zwischen 1987 und 1989 die neue *kath. Pfarrkirche St. Peter und Paul* als »Zeltkirche« gebaut. Auf axialsymmetrischem Achteckgrundriß ruhen unterschiedlich geneigte Dachflächen, deren Mittelpunkt, ein aufragender zentraler Glockenträger, das Bauwerk mit seinen zwei Kirchenräumen dominiert. Nach Nordwesten, symbolisch zur Stadt hin, weist der Eingang der Sakramentskapelle, die auf trapezförmigem Grundriß in den Raum der Hauptkirche eingeschnitten ist. Ihre Altarwand, die dem Eingang und den dazu parallel angeordneten Sitzbänken gegenüberliegt, bildet die Rückwand des Hauptaltars der eigentlichen Kirche. Raumbeherrschend in der Kapelle wirkt das Kruzifix über dem Altar, dessen Stilmerkmale an den früheren Standort beim Hochaltar der alten Kirche (s. u.) erinnern, ebenso wie die beiden Figuren der Apostelfürsten im neuromanischen Gehäuse an der linken Wand. Unter dem Kreuz ist der moderne Tabernakel in die Wand eingelassen. Beide Eingänge der Hauptkirche sind über den Hof des Gemeindezentrums erreichbar. Die Grundidee des Gotteshauses, ein hohes Zelt, kommt auch deutlich im Kircheninnern zum Ausdruck, mit dem Altarbereich als Zentrum und den darum konzentrisch als drei unterschiedlich große Blöcke gruppierten Sitzreihen. Acht Rundstützen in den Ecken tragen Fachwerkrandträger, die ein umlaufendes Oberlichtband bilden und das steilere zentrale Zeltdach mit den darunterliegenden flacher geneigten Pultdächern des sieben Seiten umlaufenden Umganges verbinden. Nur die Säule rechts neben dem Altar ist durch eine holzgeschnitzte Marienstatue, die das Christuskind präsentiert, als einziger Heiligenfigur im Kirchenraum geschmückt. Alle Wandflächen sind weiß verputzt, Holzschalungen hell lasiert, Fenster- und Türrahmen dunkel gehalten, so daß sich ein deutlicher Kontrast zu den naturbelassenen Eichentüren, Bänken, Stühlen und der Orgel ergibt. Raumbeherrschend wirken die farbigen Fenster zu beiden Seiten des Altars, die dem Leben der Apostelfürsten gewidmet sind, und die buntverglasten Oberlichter, in denen wie bei den äußeren Dachflächen das Blau hervortritt. Wie Altar, Ambo, Tabernakel und Taufstein wurden auch die Fenster von Professor Emil Wachter geschaffen, dem auch die Gestaltung der Altarrückwand überlassen ist. – Der historisierende Bau der alten kath. Kirche St. Peter und Paul, seit dem Neubau (s. o.) profaniert, wirkt in seiner Gesamtheit unproportioniert, was seine Ursache darin hat, daß er zwei Kirchen in sich vereint. Der ungewöhnlich lange Chor, der im Osten mit einer Konchenapsis schließt, war ursprünglich das Kirchenschiff der 1905 errichteten Kuratiekirche auf der Leopoldshöhe. Im Jahre 1928 wurde nach Westen auf niedrigerem Gesamtniveau ein weiteres Langhaus angefügt, das, geländebedingt, allerdings breiter als lang ist. Es wird durch zwei Pfeilerreihen gegliedert und ist um genau diese Pfeilerstellungen breiter als der Chor; diese bilden zu den Außenwänden hin, wo sie mit entsprechenden Wandvorlagen korrespondieren, schmale, tonnengewölbte Seitengänge. So erhält der Raum ein basilikales Element. Vor der Westwand ruht, so breit wie der Chor, auf Säulen eine Holzempore. Der Hochaltar stand über den Stufen vom neuen Langhaus zum Chor, der ebenfalls bestuhlt war, so daß der Priester, vor allem an hohen Festtagen, in der Mitte der Gemeinde die Messe zelebrierte. Bei der Ausstattung war der Formenkanon der romanischen Epoche bevorzugt; der Rundbogen herrscht vor bei den Fenstern und bei der Apsisanlage. Hier sind, das Zwischenjoch von der Konche trennend, zwei Säulen unmittelbar vor den Hochaltar gestellt. Am Außenbau wirken die ebenfalls romanischen Schmuckelemente vereinheitlichend; der Rotsandstein fand an Fenster- und Türgewänden, für Lisenen und Rundbogenfries Verwendung.

In unmittelbarer Nähe zur kath. Kirche (s. u.) schuf Zoltán Tóth für die *ev. Gemeinde in* Friedlingen 1961/63 ebenfalls eine hochgelegene Kirche mit freistehendem Glockenturm als architektonischem Akzent einer Wohnanlage. Auch hier erhebt sich ein Kirchensaal über einem für Gemeindezwecke eingerichteten Untergeschoß. Jedoch handelt es sich dabei um eine dem Zentralbaugedanken sehr nahekommende Anlage. Auf dem Grundriß eines Siebenecks liegt der über einer Mittelachse symmetrische, hell verputzte Raum mit offenem Dachstuhl. Vom Eingang, über dem eine Empore die Orgel trägt, führt ein breiter Mittelgang zum Altartisch, hinter dem als einziger Schmuck der glatten, in der Mitte eingezogenen Stirnwand ein Kreuz hängt, womit sich formal die Gestaltung der äußeren Eingangsfassade wiederholt; denn auch dort hängt über dem Portal ein Kreuz. Rechts vom Altar steht die Kanzel, links das Taufbecken mit einem Relief von Emilie Clauss. Die Fenster, von denen jene im Altar- und Eingangsbereich nahezu bodentief sind, wurden von Harry MacLean abstrakt ornamental gestaltet. Vom Altarraum aus führt eine Tür zu einer außerhalb gelegenen siebeneckigen verglasten Wendeltreppe in die Sakristei im Untergeschoß, wo ursprünglich auch Kindergarten und Versammlungsraum untergebracht waren, die durch quadratische, in den Achsen des Kirchensaales gelegene Fenster Licht erhalten. – Inmitten von Siedlungsbauten von Friedlingen fällt die monumentale Eingangsfassade und der freistehende Glockenturm der *kath. Kirche zum Guten Hirten* aus dem Jahre 1956 auf. Die Architekten Hermann Berger und Adolf Schuler wandten sich bewußt von der Markgräfler Bautradition ab. Das Gelände, tiefer als das Straßenniveau, machte es nötig, den Bau zu heben, so daß die Kirche im voll ausgebauten Untergeschoß einen großen Saal und andere für Gemeindezwecke zu nutzende Gruppenräume hat. Die ohnehin steilen Seitenwände sind zudem noch vertikal, die Saalfenster im Sockelgeschoß und das direkt unter der Dachzone entlanglaufende Oberlichtband der Kirchenhalle zusammenfassend, durch Lisenen rhythmisiert. Eine großzügige Treppenanlage führt im Westen zu einem zweiflügeligen Portal inmitten von zwei gleichhohen Nebentüren. Genauso breit beginnt in Emporenhöhe ein großes Westfenster, das in die Giebelzone reicht und die Form des Satteldaches aufnimmt, ebenso wie die als Rahmen für Portal und Fenster erscheinenden gelb verputzen Mauerstreifen, die sich durch einen weiteren weißen Rahmen von der grau verputzten Mauerfläche absetzen. Zwei ineinandergeschobene Rechtecke ergeben den kreuzförmigen Grundriß des Gebäudes. Der Breitraum für die Gemeinde wird durchdrungen von der Längsraumfolge vom Eingangsvorbau mit Orgelempore bis hin zum Chor, wobei drei wesentliche Elemente bewirken, daß eine klare Zielrichtung von West nach Ost überwiegt: die längsseits eingestellten schlanken Säulen aus Stahlbeton, die unter der Eingangsempore beginnend zum Chor führen; die Raumhöhe, die zwischen den Säulenreihen und den Außenmauern geringer ist als in der Mitte; die optische Längsverbindung von Mittelschiff und Chor durch die einheitlich geneigte Holzdecke. Der Altarbereich ist deutlich vom Gemeindebereich getrennt. Hinter den Kommunionbänken, die wie die Treppe unter ihnen aus Marmor sind, stehen vor der Chorwand die Seitenaltäre, nördlich mit dem hl. Josef als Zimmermann und südlich mit der Madonna, beides Eichenholzskulpturen von Josef Fricker. Fünf Stufen führen zum Altarraum hinauf, wo, wiederum um drei Stufen erhöht, der Hochaltar steht. Er ist das Zentrum des gesamten Raumes, denn er steht im Lichtmittelpunkt, weil der Chor sich beidseits in Glaswänden öffnet. Demgegenüber fällt ins Schiff nur durch die schmalen farbigen Oberlichtbänder gedämpftes Licht. Die kultische Ausgestaltung erfolgte überwiegend durch Benedikt Schaufelberger; 1959/60 entstanden die Kreuzwegtafeln (Mosaik), 1962/63 die Emporenfenster und die farbigen Malereien in den Nischen der Nordwand, 1970 schließlich das freihängende Altarkreuz mit Christus als Sieger.

In Haltingen beginnt am *ev. Pfarrhaus* von 1766 ein Treppenaufgang zum Kirchberg, wo man, oben angelangt, auf die Westwand der *ev. Kirche St. Georg* blickt. Über dem gekuppelten Portal mit spitzbogiger Gewändeumrahmung schmückt nur noch eine Fensterrose in der Giebelzone die Fassade. Die Kirche erhielt ihre heutigen Ausmaße im Jahre 1718, nachdem ihr Vorgängerbau im 30j. Krieg stark beschädigt worden war. Lediglich der Turm war unversehrt geblieben. Er ist viergeschossig, hat, außer im Obergeschoß, Schießscharten und ein Satteldach. Im ersten Geschoß hat man bei der letzten Renovierung eine im Fenstersturz eingemauerte Säule mit Plinthe und Wülsten entdeckt, möglicherweise eine Spolie aus der an gleicher Stelle ergrabenen römischen villa rustica. Der südlich an den Turm angrenzende Chor mit polygonalem Schluß öffnet sich seit der Entfernung des Triumphbogens im Jahre 1718 in seiner vollen Breite zum Schiff. Dieses wurde gleichzeitig nach Norden erweitert, womit die Hauptachse des Raumes gegenüber dem Chor verschoben wurde. Der gewonnene Platz wurde für den Einbau einer Winkelempore genutzt. In der neuentstandenen Nordostecke des Schiffes vor der Turmwand wurde ein Taufbecken eingerichtet. Die Epitaphien stammen aus dem 18. Jahrhundert. Die Ausstattung ist modern.

Seit 1937 besitzt die Gemeinde auch eine *kath. Pfarrkirche*. Der Architekt Schröder (Freiburg) schuf einen schlichten fünfachsigen Saal mit unmittelbar daran anschließender Apsis, an deren Südseite sich ein Satteldachturm ohne Geschoßgliederung erhebt. Der Dreiachtelchor ist hinter dem Triumphbogen um weitere fünf Stufen über das Schiff angehoben, von dem ihn außerdem zwei eiserne Chorschranken trennen. Er hat im Gegensatz zum Langhaus mit seiner schlichten Holzdecke ein Zellengewölbe. Vor der fensterlosen Stirnwand hängt ein monumentaler Kruzifixus von Egon Hummel (St. Märgen). Auf einem Zwischenpodest befindet sich vor der Triumphbogenwand links über der Stufe ein Ambo und rechts ein Seitenaltar, über diesem eine überlebensgroße Maria auf der Mondsichel von Emil Sutor (Karlsruhe), der auch die Kreuzwegtafeln an den Langhauswänden gestaltet hat.

In Ötlingen sind entlang der Hauptstraße einige Fachwerkhäuser aus dem 16. Jh. erhalten, am interessantesten das *Kogerhaus*, wo die technisch bedingte Gliederkonstruktion zu dekorativer Schönheit ausgestaltet ist. Das Sockelgeschoß ist gemauert, wie bei vielen Fachwerkhäusern in Weinbaugebieten. Die vorherrschende Fachwerkfigur, das Andreaskreuz, wird von Geschoß zu Geschoß mehrmals abgewandelt, von flach bis gotisierend geschweift. Die Fenster sind dreifach gekuppelt, wobei das mittlere überhöht ist, obwohl der breite Sturz für alle Öffnungen aus einem Balken besteht. Die gemauerten Fächer sind weiß getüncht und mit einem Strich- und Zickzackmuster bemalt. Wie beim *Schalergut* besteht auch hier die gotische Fenstereinfassung aus Holz. Die Jahreszahl 1571 über dem Hauseingang an der östlichen Längsfront weist auf die Entstehungszeit hin. 1957 wurde das Kogerhaus umfassend renoviert, wobei der damalige Besitzer den gesamten Fachwerkteil abtragen und mit neuem Material originalgetreu wiederherstellen ließ. – Die 1983 restaurierte *ev. Galluskirche*, stammt in ihren heutigen Maßen von 1410. In jenem Jahr hatte Markgraf Rudolf III. eine frühgotische Saalkirche vergrößern und einen Polygonalchor anfügen lassen, so daß der dreigeschossige Satteldachturm nun nördlicher Chorseitenturm im Winkel von Chorhals und Nordostwand des Schiffes wurde. Die nördliche Wand blieb erhalten und damit auch die Fresken aus dem 13. Jh.: in der oberen Zone Gallus-Legende, in der unteren Zone Szenen aus dem Neuen Testament. Der vom Schiff durch einen gotischen Triumphbogen abgetrennte Chor wird durch die Einheit von Altar und Orgel bestimmt, die durch die Anordnung und die übereinstimmenden gotisierenden Schmuckformen (1898) erreicht wurde. Der Holzschnitzmeister hat den Stil des Sakramentshauses nachahmen wollen. Dieses Sakramentshaus ist ein Wandtabernakel mit Eselsrücken, Kreuzblume und Fialen, darunter liegt ein hl. Grab, mit den schlafenden Wächtern als Sarkophagrelief. Die ungewöhnliche, perspektivische Wandbemalung in den Chorfenstergewänden konnte durch die Zahl 1597 in einem der Wiederkreuze unter den Laibungen datiert werden. Auch die Türen im Kirchenschiff erhielten im späten 18. Jh. illusionistische Rahmungen: klassizistische Portale mit Spitzgiebeln. Das Nordportal wurde 1983 zugunsten der Gallusszenen in seinen ursprünglichen Zustand zurückversetzt. Die Winkelempore mit reichen Rokokoverzierungen an den Brüstungen datiert ins Jahr 1755. Auf einem Zwischenpodest wurde 1983 vor der Triumphbogenwand eine Hochkanzel, auf der anderen Seite eine Taufecke eingerichtet. Das moderne Fenster nach Norden schuf Valentin Feuerstein.

Die *ev. Kirche* in Märkt stammt noch aus gotischer Zeit, wahrscheinlich aus dem späten 14. oder frühen 15. Jahrhundert. An den Chorseitenturm, dessen viertes Geschoß von den unteren, die nur Mauerschlitze haben, durch ein Kranzgesims abgetrennt ist und große Spitzbogenöffnungen hat, lehnt sich das Pultdach des südseits angrenzenden Rechteckchores. Der Innenraum ist ein einfacher, flachgedeckter Saal, der Chor durch einen Triumphbogen abgesondert. Hier konnten 1959 mehrere Malschichten freigelegt werden, von denen die jüngere aus dem 15. Jh. ein außergewöhnliches Bildprogramm hat. Über einer Sockelzone mit der Nikolauslegende erscheinen als Zeugen der heiligen Handlung die zwei kleinen Propheten und zwischen ihnen, am Nimbus zu erkennen, die 12 Apostel als heilige Boten.

B. Die Stadt im 19. Jahrhundert und in der Gegenwart

Bevölkerung

Bevölkerungsentwicklung. – Die Entwicklung der Bevölkerung zeigt, auf das heutige Stadtgebiet bezogen, vom Anfang des 19. Jh. bis zur Volkszählung 1970 ein *kontinuierliches Wachstum* von 1893 bzw. 2169 Einwohnern – beide Zahlen sind für den Beginn des Jahrhunderts bzw. für 1804 überliefert – auf 26 885 Einwohner. Erst um das Jahr 1973 ist ein Wendepunkt in der Entwicklung eingetreten, verursacht durch das erstmals feststellbare leichte Überwiegen der Fortzüge und starken Geburtenrückgang. Die negative Entwicklung wurde anfänglich vor allem durch das Anwachsen des ausländischen Bevölkerungsteils ausgeglichen (1970: 7,9% – 1982: 10,3%). Dann war bei verminderter Ausländerzahl, Geburtendefizit und – wenn auch geringfügigem – Wanderungsverlust die Einwohnerzahl bis zur Mitte der 1980er Jahre leicht rückläufig. Eine Trendwende läßt sich ab 1986 erkennen, als die drei oben genannten Kriterien wieder Zuwächse erkennen ließen. 1990 wies Weil am Rhein erstmals mehr als 27 000 Einwohner auf. Ende 1992 lag die Gesamteinwohnerzahl bei 27 350; der Ausländeranteil betrug 12,4%.

Im einzelnen lassen sich die verschiedenen Wachstumsimpulse am schnelleren oder langsameren Zunehmen der Bevölkerungszahl recht deutlich fassen. So folgt der Phase sehr verhaltenen Zuwachses bzw. des Stillstandes bis 1820 eine deutliche Bevölkerungssteigerung um fast ein Drittel bis zur Mitte des Jahrhunderts, worin sich die wirtschaftliche Erholung nach der langen Zeit der Koalitions- und der Napoleonischen Kriege, aber auch die beginnende soziale Umgestaltung niederschlägt. Die Steigerungsrate fiel dann bis zum Ende des Jahrhunderts geringer aus. Eisenbahnbau und Industrialisierung machten sich also nicht sofort voll bemerkbar. Bis gegen das Ende des Kaiserreichs (1910: 4453 Einwohner = +106% gegenüber 1820) lebten aber bereits mehr als doppelt so viele Menschen im heutigen Weil am Rhein als zu Beginn des 19. Jahrhunderts. Fortzüge, wie durch die Auswanderung (221 Personen seit 1871), wurden durch Wanderungsgewinne und starken Geburtenüberschuß ausgeglichen. Die Kriegsverluste lagen bis 1918 bei 214 Toten und 4 Vermißten. In der Zeit der Weimarer Republik, besonders in den 1920er Jahren, ereignete sich dann geradezu eine Bevölkerungsexplosion. Die Einwohnerzahl wuchs bis 1933 auf 11 566, was mehr als dem Anderthalbfachen von 1910 entspricht. Die Umsiedelung der Eisenbahner von Basel nach Weil und Haltingen war genauso dafür ausschlaggebend wie das starke Expandieren der Industrie. Die Stadtwerdung (1929) ist äußerlicher Ausdruck des Wandels dieser Jahre. Nach dem 2. Weltkrieg setzte das Wachstum allmählich wieder ein. Durch die Integration von Heimatvertriebenen und Flüchtlingen – 1961: 4882 – waren die Kriegsverluste von 829 Toten und Vermißten bald ausgeglichen. Endlich in den 1950er Jahren erlebte Weil am Rhein seinen zweiten Bevölkerungsboom. Bis 1961 stieg die Einwohnerzahl von 14 420 (1950) auf 22 516, also um 56,1%. Abgeschwächt dauerte der Zuwachs auch im darauffolgenden Jahrzehnt noch an.

Untersucht man die *Entwicklung in den vier ehemals selbständigen Orten* gesondert, so wird rasch klar, daß das Tempo des Wachstums im wesentlichen von der Entwicklung in Weil ausging, wo die Bevölkerungszahl zwischen 1820 und 1970 von 970 auf 20 298 angestiegen war. Dagegen nimmt sich das für sich betrachtet ebenfalls beachtliche Wachstum des weniger industrialisierten, aber auch um eine Eisenbahnersiedlung vergrößerten Dorfes Haltingen von 630 auf 5531 Einwohner bescheiden aus. In anderer Richtung war über weite Strecken die Bevölkerungsentwicklung in Märkt und Ötlingen verlaufen. In beiden Dörfern hatte in der Zeit des Kaiserreichs eine wirtschaftlich motivierte Abwanderung eingesetzt. Bis 1925 waren 111 Märkter und 390 Ötlinger abgewandert. Erst nach dem 2. Weltkrieg verzeichneten beide Orte Zugewinne. In Märkt waren sie anfangs durch den Wiederaufbau und schließlich durch die Industrieansiedelung verursacht, in Ötlingen, wo ein Wachstum erst nach 1961 feststellbar wird, durch das inzwischen ausgewiesene Neubaugebiet.

Konfessionelle Gliederung. – Die zunehmende Mobilität der Bevölkerung drückt sich in der stärkeren konfessionellen Durchmischung aus. Nach der Reformation war Weil mit der gesamten markgräflichen Umgebung evangelisch geworden und bis zum Jahr 1825 lebten weniger als zwei Prozent Katholiken in den vier Dörfern, die die heutige Stadt bilden. Bis zur Mitte dieses Jahrhunderts waren es im ganzen Stadtbereich 151 (5,3%), darunter in Weil 81 (6,1% der Weiler).

Hier begann sich bereits der Anstieg abzuzeichnen, der zunächst vorwiegend mit den hereinströmenden Eisenbahnern zusammenhing, später durch zugewanderte Fabrikarbeiter noch verstärkt wurde. Dies wird beim Vergleich der Zahlen von 1871 und 1900 deutlich, als der Katholikenanteil von 5,6 auf 12,5% angestiegen war. Allein in Weil lebten 1900 bereits 404 Katholiken, fast 20% der Bevölkerung. In Haltingen trat diese Entwicklung etwas später ein; dort stieg der Katholikenanteil zwischen 1900 und 1910 von 5,4 auf 19,3%.

Das sprunghafte Wachstum, das vor allem Weil in den Jahren der Weimarer Republik erlebte, ließ die Katholiken bis 1925 zu einer beachtlich angewachsenen Minderheit werden, die in Haltingen nunmehr ein knappes Viertel, in Weil schon mehr als ein Drittel ausmachte. Auf den gesamten Stadtbereich bezogen waren jetzt 30% der Einwohner katholisch.

Vollends die nach dem 2. Weltkrieg einsetzenden Bevölkerungsverschiebungen haben die überkommenen konfessionellen Strukturen endgültig verwischt. Der Katholikenanteil stieg auf 39% (1970). 1987 lag er bei 37%. Während bisher aber mit wenigen Ausnahmen nur die beiden großen christlichen Konfessionen in Weil am Rhein vertreten waren, fällt seit 1970 der Anstieg der Sonstigen bzw. (1992) der Personen ohne Angabe auf, deren Anteil von 5,8% (1970) auf fast 20% (1992) zugenommen hat. Vor allem der steigende Ausländeranteil macht sich hier bemerkbar.

Soziale Gliederung. – Bis zur Mitte des 19. Jahrhunderts entsprach die soziale Gliederung der vier Dörfer den altüberkommenen Strukturen: Weil, Haltingen und Ötlingen waren Rebdörfer, deren bäuerliche Bevölkerung vornehmlich vom Weinbau lebte. Weil und Haltingen galten als besonders wohlhabend. Nur das Fischerdorf Märkt war bis vor das Ende des Jahrhunderts ausgesprochen arm. Eisenbahnbau und Industrieansiedelung, in geringem Maße auch die Flußbauarbeiten in Zusammenhang mit der Rheinregulierung veränderten den Aufbau der Gesellschaft. Durch das größere Angebot an Arbeitsplätzen kamen zahlreiche Ortsfremde in die vier Dörfer; nicht selten wurde dadurch anfangs die Armenlast erhöht.

Die Zählung von 1895 gibt einen Einblick in den damaligen Stand der Entwicklung und läßt den unterschiedlichen Grad der inzwischen eingetretenen Veränderung erkennen. 3396 Personen waren in den vier Dörfern berufstätig. In Weil lebte bereits mehr als die Hälfte der Berufsbevölkerung von einer Tätigkeit außerhalb der Landwirtschaft, in Haltingen weniger als 40%, in Ötlingen und Märkt nur jeweils knapp über 20%. Wie fast überall schritt der *Bedeutungsverlust der Landwirtschaft* unvermindert weiter: Immer mehr Industriearbeitsplätze boten besseres Einkommen. Nach dem 2. Weltkrieg wurden in der heutigen Stadt nur 988 Berufszugehörige in der Land- und Forstwirtschaft gezählt, 6,9% der Bevölkerung. Ötlingen wies mit 47,6% seiner Einwohner mit

Abstand den höchsten landwirtschaftlichen Anteil auf; in Haltingen waren es noch 11%, in Weil am Rhein nur 3,2%. 1961 fiel der Anteil der überwiegend von der Landwirtschaft Lebenden auf 3% der Bevölkerung ab, was aber immerhin noch 9,5% der Erwerbstätigen gleichkam und bei der Volkszählung 1970 waren es noch 1% der Einwohner oder 2,5% der Erwerbstätigen. Diese rückläufige Tendenz zeigte sich erneut im Ergebnis der Volkszählung von 1987, als nur noch 1,4% der Erwerbstätigen oder 0,6% der Einwohner hauptsächlich von der Landwirtschaft lebten. Dagegen ist der Anteil der *in Industrie und Gewerbe sowie im Dienstleistungsbereich Tätigen* seit 1950 leicht angestiegen. Damals waren knapp 36% der Erwerbstätigen in Industrie und Gewerbe beschäftigt, 27,5% in Handel und Verkehr und 14,3% im Öffentlichen Dienst und im Dienstleistungssektor. Eine städtische Zusammenstellung für das Jahr 1980 hatte die schon 1961 festgestellten Relationen tendenziell bestätigt, wobei auch in Weil am Rhein der inzwischen vielerorts eingetretene weitere Bedeutungsgewinn des Tertiären Sektors auffällt. 1980 waren in Weil am Rhein 35% der 8457 Beschäftigten in Handel und Verkehr und 28% in den Sonstigen Wirtschaftsbereichen tätig, worunter Kreditinstitute, Gaststätten, der Öffentliche Dienst, alle Dienstleistungstätigkeiten und freien Berufe u. ä. gerechnet werden. Die 1987 ermittelten Werte lassen den noch immer deutlichen Bedeutungsvorsprung des Produzierenden Gewerbes erkennen (40,1%); Handel und Verkehr waren gegenüber 1980 leicht zurückgegangen (27,4%), Beschäftigung in den Sonstigen Wirtschaftsbereichen war dagegen auf 31,1% angestiegen. Unterdessen schwankte in Weil am Rhein der Anteil der *Selbständigen*. Er hatte 1961 noch 9% betragen, war 1970 auf 5,9% zurückgefallen, 1980 mit 606 Selbständigen auf 7,2% der Beschäftigten wieder angestiegen, bei der Volkszählung 1987 aber mit 748 Selbständigen wieder auf 6,4% zurückgegangen.

Politisches Leben

Ein deutliches Indiz für die soziale Veränderung, die in Weil vom Ausgang des 19. Jahrhunderts an stattgefunden hat, gleichzeitig aber auch Ausdruck der Entwicklung des politischen Willens der Bevölkerung, stellen die Ergebnisse der Reichs-, Bundes- und Landtagswahlen dar. Es fällt auf, daß das *Wählerverhalten* im Bereich der gesamten heutigen Stadt bis zum letzten Jahrzehnt des 19. Jahrhunderts recht einförmig gewesen war; die stabilen Mehrheiten für gemäßigt liberale Politiker, wie sie ab 1850 auf allen politischen Ebenen feststellbar sind, entsprechen dem typischen Wählerverhalten des altbadisch-evangelischen Markgräflerlandes. Hinzu kommt – zumindest bis 1881 – die ausgesprochen starke Popularität des damaligen Abgeordneten Markus Pflüger, die er nicht allein in den vier hier untersuchten Gemeinden hatte. Diese Popularität wog sogar stärker als die Bindung an die damalige »Badische Staatspartei«, *die Nationalliberalen*; denn als Pflüger zu den Freisinnigen überwechselte, die als gemäßigt Linksliberale zu umschreiben sind, behielt er die Mehrheit wie im gesamten Wahlkreis, so auch in unseren vier Dörfern. Die späteren Bewerber dieser politischen Richtung vermochten diesen Anteil nicht zu halten.

Nach 1890 setzte in Weil, Haltingen, Märkt und Ötlingen eine allmählich deutlicher werdende politische Differenzierung ein: angesichts des langsam ansteigenden Katholikenanteils nimmt es nicht wunder, daß das katholische *badische Zentrum* meist unter 10% der abgegebenen gültigen Stimmen lag. Andere Parteien, die politisch rechts von den Nationalliberalen standen, vermochten bis 1912 überhaupt kein politisches Gewicht zu gewinnen. Naturgemäß fällt der wachsende Anteil der Industriearbeiterschaft in Gestalt steigender sozialdemokratischer Wählerstimmen ins Auge. Wie weit der industrielle Ausbau fortgeschritten war, zeigen vor allem die letzten beiden Wahlen vor dem 1. Weltkrieg, als die *Sozialdemokratie* in Weil 39,5% (1907) bzw. eine deutliche absolute Mehrheit mit 58,4% (1912) erreichen konnte. Mit 27,5% bzw. 37,0% war die SPD damals auch in Haltingen zur stärksten Partei geworden. Gerade die Wahlen nach 1903 verdeutlichen aber auch in ihren Resultaten die inzwischen unterschiedliche Entwicklung in Weil, abgeschwächt auch in Haltingen, verglichen mit Ötlingen und Märkt. In beiden kleinen Orten vermochten die Sozialdemokraten zwar auch einen beträchtlich höheren Anteil als zuvor (in Märkt etwa ein Viertel, in Ötlingen bis um 20% der Wähler) auf ihre Seite zu ziehen, die badische Traditionspartei der Nationalliberalen konnte dort aber ihre ursprüngliche Dominanz mit Mehrheiten zwischen 60 und 80% erfolgreich verteidigen.

Bei deutlich geringer werdender Wahlbeteiligung zeigen die *Wahlen während der Zeit der Weimarer Republik* im wesentlichen die überall zu beobachtenden Entwicklungstendenzen: das immer stärkere Zurückgehen der Anteile der traditionellen Parteien mit Ausnahme des Zentrums auf der einen Seite, auf der anderen das Anwachsen der politischen Extremen bis hin zu relativen Mehrheiten. Diese Feststellung gilt für die junge Stadt Weil am Rhein gleichermaßen wie für Haltingen und Märkt. Lediglich Ötlingen läßt in gewisser Hinsicht eine noch weitergehende Entwicklung erkennen. Dort vermochten die Kommunisten nie über 20% der gültigen Stimmen hinaus zu gelangen; mit 78,7% waren die Nationalsozialisten aber bei der letzten als frei zu bezeichnenden Wahl am 6. November 1932 bereits zu einer auch für das evangelische Markgräflerland beachtlichen Mehrheit der abgegebenen gültigen Stimmen gelangt.

Das *nach dem Kriegsende* 1946 allmählich wieder einsetzende politische Leben fand unter der Maßgabe der französischen Besatzungsmacht zunächst die alten Parteien der Linken, KPD und SPD, wieder auf dem Plan. Der SPD-Ortsverein war in Weil 1906, in Haltingen in den 1920er Jahren gegründet worden. Die KPD-Organisation war nach dem 1. Weltkrieg entstanden. Beide Parteien reorganisierten sich 1946. Um die Mitte des gleichen Jahres entstand auch die Badische Christlich-Soziale Volkspartei, aus der später die CDU als politische Nachfolgeorganisation der Zentrumspartei hervorging, die jedoch von Anfang an unter überkonfessionellen Vorzeichen stand. 1947 formierte sich die Demokratische Partei in (Alt-)Weil, die spätere FDP. Sie beherrschte vor allem in den Anfangsjahren das kommunalpolitische Feld. Das in den Nachkriegsjahren feststellbare Wählerverhalten bei Bundes- und Landtagswahlen zeigt anfänglich eine deutliche Dominanz der SPD, die mit über 40% der abgegebenen gültigen Stimmen mehr Wähler im Bereich der heutigen Stadt hinter sich wußte als CDU und FDP. Von der steigenden Wahlbeteiligung in den 1950er Jahren profitierte dann vor allem die CDU. Während Liberale und Sozialisten relativ an Stärke verloren, erreichte die CDU jetzt deutlich über 45% der Wählerstimmen. In der Zeit der Großen Koalition in Bund und Land ging die Entwicklung der Wählerstimmen auf beiden Ebenen auch in Weil am Rhein deutlich auseinander. Bei Bundestagswahlen hatte die CDU nun weniger Attraktivität bei den Wählern als die SPD, die 1972, auf das Gebiet der heutigen Stadt bezogen, mit 49,9% die absolute Mehrheit nur knapp verfehlte. Bei den Landtagswahlen gelang es der CDU jedoch zwischen 1968 und 1976 zunächst vor allem auf Kosten der FDP, dann aber auch der SPD ihren Anteil von 36% auf über 46% zu steigern und damit den politischen Hauptkonkurrenten zu überflügeln. Die Bundestags- und die Landtagswahlergebnisse seit den 1980er Jahren zeigen in Weil am Rhein durchaus vergleichbare Ergebnisse. Die beiden großen politischen Parteien, CDU und SPD, verfügten über ein annähernd gleichgroßes Wählerpotential, wobei die CDU in der Regel etwas besser als die SPD abschnitt. Eine deutliche Ausnahme in dieser Reihe stellt allerdings das Ergebnis der Landtagswahl von 1992 dar, als die CDU 8,1 Prozentpunkte einbüßte und mit 33,1% deutlich hinter die SPD, die entgegen dem Landestrend in Weil am Rhein sogar minimal hatte zulegen können, zurückfiel. Die traditionelle dritte politische Kraft, die FDP, schwankte stark in ihren Anteilen (Bundestagswahl 1990: 11,7%, Landtagswahl 1992: 4,3%) und schnitt meist schlechter ab als die Grünen. Eine Ausnahme war auch hier das Ergebnis der Bundestagswahl 1990 (5,9%, dagegen Landtagswahl 1992: 8,6%). Dem Landestrend entsprechend, erreichten die »Republikaner« mit 7,5% bei der Landtagswahl 1992 auch in Weil am Rhein ein beachtliches Ergebnis.

CDU, SPD, FDP und Grüne (seit 1993 Bündnis 90/Die Grünen) sowie die Freien Wähler (U/FWV) haben in der Stadt Weil am Rhein ihre eigenen politischen Organisationen. Der Stadtverband der CDU zählte 1992 169 Mitglieder. Die SPD mit den zwei Ortsvereinen – neben Weil am Rhein auch Haltingen – wies 140 und 70 Mitglieder auf, FDP 18, die Grünen 31, die U/FWV nach eigener Angabe 50 im Ortsverband Weil am Rhein und 45 im Ortsverband Haltingen.

Wirtschaft und Verkehr

Land- und Forstwirtschaft. – Die Landwirtschaft begann in Weil und Haltingen, abgeschwächt auch in Märkt, schon vor der Jahrhundertwende ihre überkommene Bedeutung als Haupterwerbsquelle der Bevölkerung zu verlieren. Dieser Vorgang läßt sich als allmähliche Ablösung charakterisieren, wobei – typisch für die Markgräfler Winzergemeinden – Nebenerwerbs-Weinbau bis heute eine nicht unwesentliche Rolle spielt. Durch Bahnbau, neue Siedlungen, Industrie, Hafenanlagen, Autobahnbau ist die *landwirtschaftliche Nutzfläche (LF)* permanent vermindert worden. Sie lag Ende des vergangenen Jahrhunderts bei fast 1500 ha, 1930 bei 1304, 1965 bei 941, 1978 bei 817 ha und 1983 bei 759 ha und 1991 bei 753 ha, was einer Verminderung des Anteils an der Gesamtgemarkungsfläche von etwa 75% auf knapp 39% entspricht. Mit anfangs über 500 ha hatten Weil und Haltingen annähernd gleichgroße landwirtschaftliche Nutzflächen; Ötlingen lag bei etwa 200 ha, Märkt unter 100 ha.

Das *Anteilverhältnis* von *Acker und Gartenland* zu *Wiesen* lag 1930 bei etwa 2 zu 1 und blieb bis 1978 annähernd unverändert. Gegen Ende des letzten Jahrhunderts bis in die 1930er Jahre war der größte Teil der Anbaufläche mit Sommergerste bestanden. Danach folgten mit Abstand Winterroggen, Hafer und Gemenge (Weizen und Roggen), das allerdings auf Ötlinger Gemarkung nicht angebaut wurde. Wie angesichts kleiner werdender LF verständlich, ist auch beim Kartoffel-, Futterpflanzen- und Hackfrüchteanbau die Fläche erheblich vermindert worden. Mit knapp über bzw. unter 140 ha waren die beiden zuerst Genannten 1930 ungefähr gleich stark vertreten, die Futterhackfrüchtefläche schwankte unterdessen um 30 ha. Bei der Zählung von 1971 wurden auf insgesamt 470 ha Ackerland 319 ha mit Getreide (darunter 134 ha Weizen, 70 ha Gerste und 42 ha Hafer) angebaut. Futterpflanzen und Hackfrüchte nahmen insgesamt 128 ha ein.

Wie überall im Markgräflerland hat der *Weinbau* auch in Weil, Haltingen und Ötlingen seine Bedeutung ungeschmälert erhalten, ungeachtet der geänderten Sorten. In den 1880er Jahren noch waren die Hänge des Tüllinger Berges auf Weiler Gemarkung zu 70% mit »Mosttrauben«, einem Vorläufer der heutigen Gutedelrebe, im Rest zu gleichen Teilen mit Elbling und Lamperten bepflanzt. In Haltingen, dessen Rebanbaufläche mit den sogenannten Baselreben sich noch auf ebenes Gelände erstreckte, wuchsen sogar zu 90% Mosttrauben, in Ötlingen zu 99%. Die übrige Fläche war in

111   Blick über Altweil

112   Altweil, Staffelhaus

113 Weil am Rhein, Rathaus

114 Altweil, Lindenplatz mit der ev. Stadtkirche

115 *Friedlingen, Schetty-Areal vor der Umgestaltung um 1990*

116 *Friedlingen, Rhein-Center (1991)*

120 *Haltingen, Blick durch die Kirchstraße auf die ev. St. Georgskirche*

◁ 117 *Haltingen, Gasthaus »Zum Hirschen«*

118 *Haltingen, Uhrturm, Ringstraße*

119 *Haltingen, Schulhaus vor 1911*

121 *Haltingen, St. Marienkirche*

122 *Haltingen* ▷

123 *Ötlingen*

124 Ötlingen, Oberer Ottmarsheimer Hof

125 Ötlingen, Kogerhaus ▷

126 Ötlingen, im Hintergrund Haltingen

127 Märkt

128 Märkt, ev. Kirche ▷

129 Märkt, Bereich Im Winkel

130 *Wembach*

131 *Wieden*

diesen beiden Orten mit Elbling bestanden, der seiner Säure wegen für die bessere Haltbarkeit den Weinen beigemengt wurde. Nach einigem Experimentieren – vor allem mit Amerikanerreben, die zwar selbst sehr robust, als Wirtspflanze der Reblaus aber für alle übrigen Sorten fast verheerende Folgen nach sich zogen – setzten sich nach 1930 die Gutedel- und die Blaue Spätburgundertraube durch. Die mit Reben bestandene Fläche bewegte sich seit den 1960er Jahren etwa zwischen 65 und 66 ha (1991: 74 ha). Die bekanntesten Lagen sind die Haltinger Stiege (32,8 ha), vorwiegend Gutedel, der Weiler Schlipf (vorwiegend Spätburgunder, 19,2 ha) und die Ötlinger Sonnhole (14,1 ha). Die Winzer sind heute zum überwiegenden Teil in Genossenschaften zusammengeschlossen, deren Gründung in den 1930er Jahren meist Antwort auf die damals anhaltende Krise gewesen war. Während die 1936 gegründete *Winzergenossenschaft Haltingen* noch heute besteht, ging die Ötlinger Winzergenossenschaft in den 1950er Jahren in der Winzergenossenschaft Efringen-Kirchen (heute »Bezirkskellerei Markgräflerland«) auf. In Alt-Weil findet sich noch heute eine nennenswerte Zahl von Winzern, die den Wein selbst ausbauen und vermarkten; in Haltingen gibt es nur noch einen größeren selbständigen Winzer.

Neben dem *Gemüseanbau*, dem nur in Märkt örtliche Bedeutung zukommt, hat der *Obstbau* für alle 4 Orte traditionell seine Wichtigkeit. Versuche bis in die 1920er Jahre, den Spargelanbau in Ötlingen heimisch zu machen, blieben weitgehend ohne Wirkung. Erfolgreich hingegen war die gleichzeitige Förderung des Obstbaues, die über Kurse und u. a. über die Anstellung eines Obstbauinspektors geschah. Die Bauern des Dreiländerecks kultivieren vorwiegend Kirschen- und Apfelbäume, wovon z. B. 1933 nahezu 28000 im heutigen Stadtgebiet gezählt wurden, darunter fast die Hälfte auf Haltinger Gemarkung. Heute werden vor allem niederstämmige Kulturen gezogen.

Um die Jahrhundertwende hatte auch die *Viehhaltung* eine größere Bedeutung erlangt. 1015 Rinder, 649 Schweine, 670 Schafe, 123 Pferde und 67 Ziegen waren 1855 gezählt worden. Bis 1880 hatte vor allem die Rinderhaltung im heutigen Stadtgebiet um fast 50% zugenommen. Sie blieb dann bei knapp 1500 Stück über Jahre weitgehend konstant. Bis 1930 war die Milchtierhaltung intensiviert worden und machte inzwischen zwei Drittel des Rinderbestandes aus. Dieses Zahlenverhältnis war in den frühen Nachkriegsjahren durchaus noch ähnlich. Bei einem auf 584 zurückgegangenen Gesamtbestand an Rindern betrug der Anteil der Milchkühe 1971 ungefähr die Hälfte. 1983 wurden noch 315 Rinder, 1990 lediglich 154 Rinder gezählt. Die Schweinehaltung erreichte vor dem 1. Weltkrieg mit 1108 einen ersten Höhepunkt. Zwischen 1950 und 1971 erfuhr der Schweinebestand noch einmal eine leichte Steigerung, ging jedoch bis 1990 deutlich und zwar auf 583 zurück. Die Konzentration auf wenige viehhaltende Betriebe drückt sich hierin aus.

Die Gesamtzahl landwirtschaftlicher Betriebe lag 1895 bei 649. Nach dem 2. Weltkrieg (1949) bestanden 339 Betriebe, 1983 waren es noch 97, 1991 noch 75. Der starke Rückgang machte sich natürlich in der *Betriebsgrößenstruktur* bemerkbar. Deutlich mehr als die Hälfte aller Betriebe hatten 1895 unter 2 ha, fast alle weniger als 10 ha bewirtschaftet. 1925 war der Anteil der Kleinstbetriebe noch weiter angestiegen und lag damals bei fast 80%. Die Abnahme der Gesamtzahl landwirtschaftlicher Betriebe bewirkte dann, daß der Anteil der Kleinstbetriebe allmählich zurückging und 1949 eine rechnerische Durchschnittsgröße von fast 3 ha (gegen 2,3 ha/1895 und 1,4 ha/1925) erreicht wurde. Diese Tendenz hielt bis in die Gegenwart an. Die Durchschnittsgröße lag 1983 schon bei 6,7 ha. Dennoch weist noch heute eine große Anzahl aller erfaßten Betriebe weniger als 2 ha LF auf. Auf der anderen Seite wurden bei der Zählung 1983 im Gegensatz zu früheren Zeiten 25 Betriebe mit mehr als 10 ha LF ausgewiesen, 1991 noch 21. Den überwiegenden Teil der landwirtschaftlichen Betriebe machten zu diesem Zeitpunkt die 56 Dauerkulturbetriebe aus, die 202 ha, vorwiegend Rebland und Obstanlagen, auswiesen. Die Wichtigkeit der 8 Marktfruchtbetriebe (Anbau von Getreide, Hülsen- und Ölfrüchten u. a.) läßt sich an den 175 ha LF ablesen. Nur die 11 landwirtschaftlichen Gemischtbetriebe hatten mit 159 ha eine annähernd große Wirtschaftsfläche. Über die wirtschaftliche Bedeutung und Lebensfähigkeit mag die *sozialökonomische Betriebstypisierung* Auskunft geben, wonach 1983 von den 72 Betrieben mit weniger als 20 ha LF 43 ein überwiegend außerbetriebliches Einkommen hatten, 1991 von 45 Betrieben noch 33.

Nach weitgehend erfolglosen Bemühungen um die Jahrhundertwende und danach wurde die Arbeit der 1943 in Haltingen und Ötlingen gegründeten Rebaufbaugenossenschaften zum Vorläufer moderner *Flurbereinigungsmaßnahmen*, die planmäßig im Jahre 1950, u. a. wegen des Autobahnbaues, einsetzten. Seit diesem Jahr wurden in allen 4 ehemals selbständigen Gemeinden insgesamt etwa 540 ha flurbereinigt, mehr als ein Viertel der vier Gemarkungen zusammen. Betroffen waren auf Weiler Gemarkung 40 ha, hauptsächlich Rebland, auf Haltinger 171 ha, auf Ötlinger 143 ha und auf Märkter Gemarkung 111 ha. Im Stadtgebiet besteht lediglich ein *Aussiedlerhof*, der 1973 auf Ötlinger Gemarkung angelegt wurde und seinen Produktionsschwerpunkt auf Schweinezucht hat. Daneben wird dort Obst- und Weinbau betrieben.

Die *Bedeutung der Forsten* im Stadtbereich ist nie allzu hoch zu veranschlagen gewesen, weder von der Fläche, die bei einer Schwankungsbreite von ca. 180 bis 210 ha knapp unter 10% der 4 Gemarkungsflächen zusammen liegt, noch von ihrem wirtschaftlichen Wert her gesehen. Die Wälder von Weil (52 ha), Haltingen (100 ha), Ötlingen (25 ha) und Märkt (33 ha) bestanden 1991 vorwiegend aus Laubbäumen. Eichen, Buchen, Hainbuchen und Haseln wurden stets unter den Beständen genannt. Daneben finden sich Kiefern und Fichten. Änderungen in der Fläche (1991: 31 ha Staats-, 106 ha Stadt- und 73 ha Privatwald) gingen nur zum einen Teil auf größere Ausstockungen zurück, wie z. B. beim Bahn-, später beim Autobahnbau oder auch bei den verschiedenen Flußbaumaßnahmen. Gerade der Wechsel von Erhebungskriterien spielt in dieser Gegend eine entscheidende Rolle. So erklärt sich die scheinbare Verdoppelung der Waldfläche von 89,9 ha (1895) auf 180,6 ha (1905) bzw. ihre Halbierung 1925 nur mit der Herein- bzw. Herausnahme der sogenannten Faschinenwälder längs des Rheins.

Handwerk und Industrie. – Das Handwerk in Weil und Haltingen wies im 19. Jh. die typischen Strukturen auf, die man in allen vergleichbar großen Reborten des südlichen Markgräflerlandes findet. Traditioneller Gewerbestandort in Weil war der sogenannte »Diich«, der vom rechten Wiesenufer in Stetten zwischen Wiese und Schlipf entlangführt, und die schon im 14. Jh. belegte Mühle sowie die Matten der Umgebung versorgte. Unmittelbar benachbart hatte eine Gips- und Ölmühle gestanden. Beide wurden 1868 im Besitz vereinigt und in den folgenden Jahren grundlegend erneuert. Als Getreidemühle im Haupt- und Öl- und Obstmühle sowie Hanfreibe und Feilenschleiferei im Nebenmahlgang arbeitete die »Pfaffsche Mühle« bis vor den 2. Weltkrieg.

In Ötlingen, dem weitaus kleineren Dorf, war die Zahl der Handwerker entsprechend geringer, erst recht in Märkt, wo den mit der Fischerei zusammenhängenden Berufen bis zur Rheinkorrektion, abgeschwächt bis zum Stauwehrbau 1932, Bedeutung zukam. Auch das Müllerhandwerk war dort vor dem 19. Jh. mit einer Mahlmühle, im 19. Jh. mit einer der Kirche benachbarten Gipsmühle vertreten. Mit dem Bau der Eisenbahnlinie begannen sich auch die Strukturen des Handwerks anzupassen. In Haltingen zunächst, dann auch in Weil verzeichneten vor allem die Berufe des

Bauhandwerks größeren Zustrom. Regionale Bedeutung besaß dort bald die 1863 gegründete Baufirma Gustav Schumacher, deren Beschäftigtenzahl zeitweise bei 400 lag und die auch mehrere Steinbrüche in Ötlingen unterhielt. Dieses Unternehmen hat in den 1980er Jahren seinen Betrieb allmählich eingestellt.

Die Betriebszählung von 1895 gibt einen Einblick in die Anzahl der Hauptbetriebe in den vier Orten. Sie läßt vor allem den immer größer werdenden Vorsprung erkennen, den Weil bereits gewonnen hatte, obwohl die Industrialisierung damals gerade eingesetzt hatte. Diese Entwicklung dauerte in Weil bis in die 1920er Jahre unvermindert fort; der industrielle Ausbau des Ortes und das Wachstum der allmählich zur Stadt werdenden Siedlung waren Folgen davon. 1922 bot das Baugewerbe allein 176 Arbeitsplätze in Weil. Die übrigen Handwerksberufe lassen noch die überkommene Struktur erkennen: je 5 Schreiner und Bäcker, 3 Metzger, 2 Schlosser und ein Schmied waren tätig. Zur gleichen Zeit wies Haltingen 6 Schuhmacher, je 3 Küfer und Schneider sowie je 2 Bäcker und Metzger, einen Wagner und einen Schlosser auf, und in Ötlingen wurden je 2 Schreiner, Schneider und Schuhmacher sowie ein Schmied und ein Küfer gezählt. Die bisher letzten landesweiten Handwerkszählungen 1968 und 1977 zeigen den Zustand dieser beiden Stichjahre im Bereich der heutigen Stadt. In diesem Zeitraum hat sich die Gesamtzahl der Unternehmen geringfügig – von 219 auf 210 – verringert, die Zahl der Beschäftigten nahm von 1875 auf 1716 ab. Innerhalb der Handwerksgruppen stand 1968 das Metallgewerbe mit 59 Betrieben, gefolgt vom Bau- und Ausbaugewerbe an der Spitze, hinsichtlich des Umsatzes (36,2 Mio. DM Bau- und Ausbau-; 19,7 Mio. DM Metallgewerbe) war die Reihenfolge damals noch umgekehrt. Dies hatte sich bis 1977 ebenfalls zugunsten des Metallgewerbes verschoben, das nun auf 72 Unternehmen angewachsen war. 52 wurden beim Bau- und Ausbaugewerbe gezählt. Der Umsatz des Bau- und Ausbaugewerbes war auf 32,8 Mio. DM zurückgegangen; beim Metallgewerbe hingegen sogar um mehr als das Dreifache auf 68,8 Mio. DM angestiegen. Die stärksten Zuwachsraten innerhalb dieser Gruppe waren beim Kfz-Handwerk zu beobachten, dessen Umsatz von 8,5 auf 31,3 Mio. DM hochgeschnellt war. Die bisher letzte städtische Erhebung fand 1984 statt. Danach befanden sich von den 224 Handwerksbetrieben der Stadt die große Mehrzahl – fast drei Viertel – im ursprünglichen Stadtbereich. Mit 68 Betrieben, die über alle Handwerksgruppen verteilt waren, wies Haltingen noch eine relativ große Handwerkerdichte auf, anders als die beiden kleineren eingemeindeten Orte. Das Metallgewerbe war 1984 mit 86 Betrieben, gefolgt vom Bau- und Ausbaugewerbe mit 48 Unternehmungen, zahlenmäßig mit Abstand die am stärksten vertretene Gruppe. Nach einer Zusammenstellung der Handwerkskammer Freiburg wies Weil am Rhein 1993 240 Handwerksbetriebe mit 1812 Beschäftigten auf.

Zu den größeren Handwerksbetrieben der Beschäftigtenzahl nach zählt die 1950 gegründete, 1990 in eine Gesellschaft mit beschränkter Haftung umgewandelte *Hofer GmbH, Präzisionsmechanik und Werkzeugbau*. Die Produktions- und Leistungspalette dieses Unternehmens umfaßt eine ganze Reihe von Sondergeräten, insbesondere Tablettenpreßwerkzeuge, außerdem Erodier-, Fräs-, Bohr-, Schleif- und Dreharbeiten aller Art sowie u. a. die Fertigung von Blister-, Stanz- und Formwerkzeugen. Im Jahre 1991 hatten 45 Beschäftigte einen Umsatz von rund 2 Mio. DM erzielt. Im gleichen Jahr wurde in Haltingen das Tochterunternehmen *Hofer GmbH, Maschinen- und Werkzeughandel*, gegründet. – Die *Ernst Rüsch GmbH* ging aus einer Inzlinger Schreinerei hervor, die 1975 nach Weil am Rhein verlegt wurde. Das Unternehmen stellt Sockelleisten und Verkleidungen aus geformtem Holz her, die europaweit vertrieben werden. 1991 wurden 30 Personen beschäftigt und ein Umsatz von rund 5 Mio. DM erzielt.

Tab. 16: **Das Handwerk 1992**

Branche	Zahl der Betriebe	Beschäftigte	Umsatz
Baugewerbe	61	601	70,0 Mio. DM
Metall	91	599	118,7 Mio. DM
Holz	15	81	10,1 Mio. DM
Textil/Leder/Bekleidung	14	38	3,9 Mio. DM
Nahrung	15	111	18,8 Mio. DM
Gesundheit/Körperpflege	37	336	19,2 Mio. DM
Glas/Papier/Keramik und Sonstige	7	65	10,1 Mio. DM
Gesamt	240	1831	250,8 Mio. DM

Quelle: Handwerkskammer Freiburg

Noch vor der Jahrhundertwende hatte sich das wirtschaftliche Interesse vom »Diich« in Weil abgewandt und immer stärker auf die Schusterinsel konzentriert, die der badische Staat 1835 erworben hatte, um dort eine Zollstation zu errichten. Eine zuvor schon genehmigte Schiffsmühle wurde nicht realisiert, so daß der wirtschaftliche Aufschwung viel später, nach Rheinausbau und Bahnbau und nach der Reichsgründung, dann aber mit enormer Kraft und Nachhaltigkeit, einsetzte. 1880 gründeten Elsässer Kaufleute die erste Färberei. Aus diesem Textilunternehmen ging über mehrere Zwischenstationen die *Färberei und Appretur Schusterinsel GmbH (FAS)* hervor, ein Schweizer Unternehmen, das vor dem 1. Weltkrieg bereits 1200 Mitarbeiter zählte. In den 1920er Jahren wurde die Produktion von reinseidener Crêpe de Chine allmählich auf Kunstseide umgestellt, gleichzeitig wurde z. B. Duchesse stranggefärbt. Die 1925/28 erweiterte Fabrik geriet wie die ganze Branche der Textilindustrie Anfang der 1930er Jahre in die Krise und ging zur Saisonbeschäftigung über, erholte sich dann aber nachhaltig und erreichte 1937 den höchsten Beschäftigtenstand mit 1400 Mitarbeitern. In diesem Jahre wurde rund 1 Mio. kg Kunstseiden gefärbt. Der während der Kriegsjahre erneut mehrfach ausgelagerte und zeitweise stillgelegte Betrieb nahm nach 1945 die Produktion wieder auf und überschritt 1950 bereits die Produktionsrate der Vorkriegszeit. Die Beschäftigtenzahl lag 1951 mit 1035 nur noch um 13% unter der von 1939. Die weltweite Krise der Textilindustrie am Ende der 1960er Jahre traf dann auch die FAS. In den folgenden Jahren wurde zwar das Stammkapital von 3,9 Mio. auf 10 Mio. DM erhöht, 1974 aber mußte der Vergleich zur Abwendung des Konkursverfahrens beantragt werden. Mitte 1975 schloß das Werk. Im ehemaligen Verwaltungsgebäude der FAS, das 1989 renoviert wurde, ist inzwischen das *Technologiezentrum* untergebracht, in dem mehrere Firmen die auf dem Gebiet der Computertechnologie arbeiten, zusammengefaßt sind.

Das gleiche Schicksal hatte bereits 1970/71 die Firma *Färberei Schetty GmbH* ereilt. Die Seidengarn-Färberei, das zweite große Weiler Traditionsunternehmen der Textilindustrie, war 1898 von Basler Industriellen gegründet worden und trug wesentlichen Anteil am frühen Aufschwung der Weiler Industrie. 1917/18 hatte es etwa 400 Beschäftigte gezählt, anfangs der 1920er Jahre kaum mehr die Hälfte. Dennoch überstand Schetty die Rezessionen und Krisen der Weimarer Zeit relativ gut. Nach dem 2. Weltkrieg begann der Wiederaufbau des mit allen Nachbarunternehmen zusammen stark beschädigten Werks zunächst mit 45 Mitarbeitern. Auch Schetty erlebte den raschen Aufschwung und 1949 arbeiteten bereits wieder 250 Menschen in diesem Werk, dessen Schließung zeitlich ebenfalls in die Krise der Textilbranche fällt.

Die Stadt im 19. Jahrhundert und in der Gegenwart 773

Das dritte große Unternehmen dieser Branche war die Seidenstoffweberei und -wirkerei *Robert Schwarzenbach & Co GmbH*, dessen Weiler Geschichte mit der Verlagerung der Produktionsanlagen von Hüningen herüber 1925 einsetzt, als die Zollfreiheit für Waren aus dem Elsaß auslief. Auch dieser Betrieb wuchs rasch heran und zählte im Durchschnitt zwischen 200 und 300 Beschäftigte. Das Ende der Weiler Niederlassung des Zürcher Unternehmens war 1982 gekommen. – Insgesamt an die 1500 Arbeitsplätze in der Textilindustrie hat die Stadt Weil am Rhein durch die Schließung dieser drei Firmen verloren.

Das erste Unternehmen Weils, das zum großen Betrieb heranwuchs und einer anderen Branche, der chemischen Industrie, angehört, entstand 1928 als Zweigbetrieb der zur schweizerischen *Lonza AG*, heute AluSuisse-Lonza gehörenden Lonza-Werke GmbH. Anfänglich Versuchs- und Entwicklungsbetrieb für den neuen Kunststoff Acetylcellulose, wurde die Produktion von Folien in Weil immer stärker diversifiziert und auf unterschiedliche Kunststoffe sowie auf Extrusionsfolien ausgedehnt. Eine bedeutende Expansion vollzog sich durch eine Investition von ca. 50 Mio. DM und damit der Produktionsaufnahme von Trägerfolien für Fotofilme sowie den Vorstoß in den High-Tech-Bereich, wie Herstellung von leitfähigen Folien für Thermoschreibsysteme oder Retardationsfolien für Laptops. 1988 wurde das Unternehmen als eigene GmbH verselbständigt. Bei Lonza in Weil am Rhein waren 1991 287 Beschäftigte tätig, davon 180 im gewerblichen und 107 im Angestellten-Bereich.

Bereits in den 1920er Jahren wies Weil eine ganze Reihe weiterer kleiner und mittlerer Industriebetriebe auf, unter denen die 1911 gegründete Schweizer Präzisionsschraubenfabrik des Kasimir Müller, heute *Präzisionsschraubenfabrik Fahr GmbH & Co*, die bedeutendste und größte war. Sie zählte 1992 90 Mitarbeiter. In Alt-Weil hatten sich Betriebe wie die Uhrenfabrik *Schätzle & Tschudin*, die 1911 gegründete Zifferblatt-Fabrik Paul, heute *Gerhard Schätzle* (1991: 25 Beschäftigte, Umsatz 1,5 Mio. DM), und die *Wyla-Werke*, die Nährmalzfabrikate herstellten, angesiedelt.

Zu den jüngsten Gliedern in der Reihe der großen Unternehmen im Bereich der Stadt zählt die *Vitra GmbH*. Das seit 1981 aus zwei rechtlich getrennten Firmen, der Vitra GmbH und der *Vitrashop GmbH* bestehende Unternehmen mit Zweigbetrieben in Birsfelden (Schweiz) und Blotzheim (Elsaß), geht auf bescheidene Anfänge im Jahr 1950 zurück. Heute produziert Vitra Bürostühle und -möbel, die Vitrashop Laden- und Verkaufseinrichtungen. Hauptabsatzmarkt ist Europa; ein beachtlicher Teil der Produktion wird nach Nahost, Japan und in die USA exportiert. Der Umsatz lag 1992 bei 420 Mio. DM. Beide Unternehmen zusammen zählten 1992 nach eigener Angabe rund 1300 Beschäftigte.

Die Firmengruppe *Endress & Hauser*, führender Anbieter industrieller Meßtechnik, hat ihre Anfänge im Jahr 1953. Längst zum weltweiten Unternehmen ausgebaut mit einer Holding-Gesellschaft in Reinach, Schweiz, unter deren Dach 13 Produktionsgesellschaften und 21 Vertriebsfirmen zusammengefügt sind, blieb das Dreiländereck der Schwerpunkt der Firmengruppe. Die Produktpalette von Endress & Hauser umfaßt inzwischen Anwendungslösungen in allen Arbeitsgebieten der Meßtechnik. Insgesamt 4200 Mitarbeiter erzielten 1992 einen Umsatz von etwa 720 Mio. DM. Die 380 in Deutschland beschäftigten Mitarbeiter – Verkaufsbüros befinden sich in Stuttgart, München, Frankfurt, Ratingen, Berlin und Hamburg – hatten 1992 220 Mio. DM Auftragsvolumen eingebracht. Das Bürogebäude der Firma in Friedlingen wurde 1993 bezogen.

Die *A. Raymond GmbH & Co. KG* geht auf eine Gründung im Jahr 1865 in Grenoble/Frankreich zurück, wo noch heute der Firmensitz ist. 1896 wurde die erste deutsche Niederlassung in Lörrach gegründet. Die Weiler Niederlassung entstand 1987. Das Unternehmen, das in der Zwischenzeit neben mehreren europäischen Niederlassungen auch in USA und Japan vor allem nichtgenormte Befestigungsteile produziert – am Anfang dieser Entwicklung stand der Druckknopf, für den Raymond ein internationales Patent besitzt –, beschäftigt weltweit 2000 Mitarbeiter, 730 in Deutschland, davon in Weil, wo sich die Kunststoffertigung und das Logistikzentrum befinden, 337.

Seit 1970, ursprünglich in Räumen auf dem Schetty-Areal untergebracht, befindet sich die Firma Multi-Contact in Weil. Das Baseler Unternehmen, das Steckverbinder und Kontaktelemente für die Elektro- und Elektronikindustrie herstellt, hat 1987 im Gewerbegebiet Rebgarten eine eigene Fabrikationsanlage errichtet und 1992 erweitert. Die *Multi-Contact Deutschland GmbH*, inzwischen selbständige Tochter des Unternehmens mit weltweit 10 Niederlassungen und 16 Vertretungen, hatte 1992 in Weil am Rhein 55 Mitarbeiter.

Zu den weiteren Betrieben mit mehr als 20 Beschäftigten, die sich im Bereich der Stadt Weil am Rhein vor der Eingemeindung befinden, gehört die *Hupfer GmbH*, die 1959 durch Umfirmierung neugegründet worden ist. Das Unternehmen, das mit 40 ha einen beachtlichen Geländebesitz in Weil aufweist, hatte 1991 45 Mitarbeiter und erzielte mit der Förderung von Sand, Kies und Splitt und der Herstellung von Transportbeton einen Jahresumsatz von 12 Mio. DM.

Die *Schmutz GmbH*, 1908 als Malerbetrieb gegründet, hatte 1985 in Weil am Rhein 50 Beschäftigte. Das Unternehmen war hauptsächlich in den Bereichen Korrosionsschutz, Betonschutz und -instandsetzung, Bauwerksabdichtung, Gewässerschutz, Vollwärmeschutz, Brandschutz, Baumalerei und Gerüstbau tätig. In der Bundesrepublik Deutschland wurden 1992 etwa 425 Mitarbeiter, verteilt auf die Niederlassungen Weil am Rhein, Grenzach-Wyhlen, Waldshut, Karlsruhe, Offenbach und Erfurt beschäftigt. In Antwerpen/Belgien werden in 3 Tochterfirmen etwa 250 Mitarbeiter beschäftigt. Die Firmengruppe erwirtschaftete 1992 einen Jahresumsatz von ca. 75 Mio. DM.

Die übrigen größeren Unternehmen im Bereich der ursprünglichen Stadt gehören im wesentlichen dem metallverarbeitenden bzw. dem Elektro- oder Elektronikhandwerk an. Hierzu zählt die *Komet Metallsägenfabrik*, ein Zweigwerk der Komet Präzisionswerkzeuge in Besigheim, seit 1959 in Weil-Friedlingen. Das Unternehmen stellt Bügelsägenblätter her und handelt mit Band- und Kreissägen für die Metallbearbeitung. Es erzielte 1992 mit 22 Mitarbeitern ca. 6,9 Mio. DM Umsatz; über die Hälfte der produzierten Güter wurde ins Ausland, alle Länder der Europäischen Gemeinschaft sowie nach USA, Kanada, Australien, Neuseeland, Japan und Südafrika exportiert. – 1971 eröffnete der Weiler Betrieb der *Westinghouse-Controlmatic GmbH*, die auf dem Gebiet der Planung und Montage von Steuerschränken, Meß- und Regelgeräten sowie Prozeßleitsystemen arbeitet. Der Hauptbetrieb dieser Firma liegt in Frankfurt-Niedereschbach. Neben Weil am Rhein befinden sich noch 16 Filialen in Deutschland, darunter die baden-württembergischen in Sindelfingen, Heidenheim und Ravensburg. Mit 140 Mitarbeitern in Weil am Rhein – insgesamt waren 1992 etwa 1100 Mitarbeiter in Deutschland angestellt – wurden in diesem Jahr in Weil am Rhein ca. 35 Mio. DM, im Gesamtunternehmen – einschließlich der im europäischen Ausland arbeitenden Filialen – 280 Mio. DM umgesetzt. – Die *Eltex-Elektrostatik Gesellschaft mbH* wurde 1963 in Weil am Rhein gegründet. Sie entwickelt und produziert Geräte und Systeme zur Messung, Erdung, Eliminierung und Nutzanwendung statischer Elektrizität. Mit 93 Mitarbeitern wurde im Geschäftsjahr 1991 ein Umsatz von 22,7 Mio. DM erzielt. – 1966 begann die *Silent Gliss GmbH* in Weil am Rhein mit der Weiterverarbeitung und

Montage von Vorhangschienen aus Aluminium. Sie hat inzwischen Zweigbetriebe in Brühl, Frankfurt, Hamburg, Stuttgart und München, zählte 1991 85 Beschäftigte, darunter 46 im Weiler Hauptbetrieb und erzielte 18 Mio. DM Umsatz. – Die *Riesterer Metallbau GmbH*, 1958 gegründet, produzierte 1991 mit 26 Mitarbeitern Aluminiumfenster, automatische Türen, Schaufensteranlagen und Sonderkonstruktionen.

Die Industrialisierung Haltingens hatte nach der Eröffnung der Bahnlinie nicht die raschen Fortschritte wie in Weil gemacht und gewann nie vergleichbare Dimensionen. Um die Jahrhundertwende arbeitete lediglich eine zum kleinen Industriebetrieb herangewachsene Zimmerei, das Sägewerk Ludwig Kaufmann, am Ort. Gleich danach, 1901, kam die Stärkefabrik Kienast & Köchlin hinzu, die zwei Jahre später unter dem Namen Elektra arbeitete, aber 1909 bereits den Betrieb einstellte. 1903 eröffnete die Tintenfabrik Schmutziger & Cie, die anfänglich 10 Mitarbeiter beschäftigt hatte, aber bereits vier Jahre nach ihrer Eröffnung in Konkurs geriet. An dieser Stelle arbeitete später die Chemische Fabrik E. Stickelberger & Cie. Diese Fabrik war jedoch bereits in den 1930er Jahren geschlossen. Nach 1948 eröffnete auf dem gleichen Gelände – wiederum für eine nur kurze Zeitspanne – die Chemische Fabrik Perdynamin Emil Schweiger. Das Gelände ging später an Bochmann über. – Seit der Schließung von Schwarzenbach ist die *Gebrüder Bochmann GmbH & Co KG* das einzige nunmehr in Weil am Rhein liegende größere Unternehmen der Textilindustrie. Die ursprünglich im sächsischen Lugau, dann in Mülsen bei Zwickau beheimatete Firma siedelte sich erst 1950 in Haltingen an. Zunächst Färberei und Appretur, dann auch Weberei und nach 1963 zusätzlich Strickerei, überstand das Unternehmen nicht allein die Krise der Branche, sondern 1979 auch einen Großbrand. Nunmehr Teil der Koechlin Baumgartner & Cie Lörrach, arbeitet Bochmann heute, wie zu Anfang, wieder ausschließlich als Färberei und Appretur und erledigt neben der Ausrüstung von Stoffen aus der KBC-Produktion auch Auftragsarbeit. Bei einer Jahresleistung von etwa 20 Mio. m Stoff betrug die Exportrate 1991 etwa 40 Prozent. 1991 waren 200 Beschäftigte im Haltinger Werk tätig. – Zu den Nachkriegsgründungen zählt auch die *Hütter GmbH & Co Maschinenbau KG*, die sich seit 1947 in Haltingen aus einer kleinen mechanischen Werkstätte heraus entwickelte, 1965 ins Industriegebiet Rebgarten umsiedelte und hauptsächlich als Zulieferbetrieb im Maschinen- und Apparatebau tätig ist. Neuerdings werden auch Schweißdrehtische hergestellt. 1991 arbeiteten 63 Mitarbeiter in diesem Betrieb. – Eine ganze Reihe von Unternehmen auf dem Bausektor kamen in der Nachkriegszeit in Haltingen hinzu. Zu ihnen gehört die *Markgräfler Sand- und Kiesaufbereitungs GmbH*, die kapitalmäßig mit der Hupfer GmbH in Weil verbunden ist. Sie verfügt heute über ein Gelände von fast 40 ha; 23 Mitarbeiter erwirtschafteten im Geschäftsjahr 1991 ca. 4 Mio. DM. Mitte der 1960er Jahre eröffnete die *Josef Schnell GmbH*, ein Unternehmen der Tiefbaubranche, das vor allem Kabel, Kanalisationsröhren, Verbundsteinpflaster und Bitumen verlegt. Das Unternehmen beschäftigt seit Jahren etwa 70 Mitarbeiter. 29 Mitarbeiter zählte 1991 das *Bauunternehmen A. Helfmann* in Haltingen. Die *Fritz Hemmerle Baggerbetrieb GmbH* wurde 1952 in Haltingen gegründet. Mit 30 Mitarbeitern wurden im Geschäftsjahr 1991 4,8 Mio. DM Umsatz erzielt. – Unter die Unternehmen mit mehr als 20 Mitarbeitern in Haltingen sind noch die *Feinstdrehteile GmbH* zu nennen, die 1956 gegründet wurde, ursprünglich Uhrenteile herstellte, seither auch andere präzise Drehteile veredelt und etwa 5% in die benachbarte Schweiz, nach Holland und nach Finnland exportiert. 25 Mitarbeiter erwirtschafteten im Geschäftsjahr 1991 2,5 Mio. DM. – Auf dem Gebiet der Lüftungs-, Klima-, Kälte- und Umwelttechnik arbeitet die *Lutema GmbH*, die 1968 in Lörrach gegründet wurde und 1974 ihren Betrieb nach Weil verlegte. 22 Mitarbeiter setzten mit der Projektierung, der Herstellung und dem Unterhalt von klimatechnischen-, Wärmerückgewinnungs- und Industriekälteanlagen im Geschäftsjahr 1991 ca. 9 Mio. DM um. Während Ötlingen bis heute keine eigene Industrie aufweist, hat Märkt um 1960 zwischen der neuen Autobahn und dem Stauwehr ein Industriegelände ausgewiesen, das reges Interesse weckte. Gleich zu Anfang verlegte die *Wampfler GmbH* ihren Betrieb von Lörrach dorthin. Nicht erst seit der Erweiterung um 18 ar 1987 zählt das Unternehmen zu den bedeutendsten Weiler Industrieunternehmen (1991: 270 Mitarbeiter in Märkt). Im Produktionsbereich Energiezuführungssysteme, Gummi- und Zellpuffer sowie Systeme für Arbeitsplatzgestaltung und Materialzufluß hat diese Firma Weltgeltung erlangt. Neben einer Produktionsstätte in Irland unterhält Wampfler Beratungs- und Vertriebsgesellschaften in mehreren europäischen Ländern und in den USA. Entsprechend hoch liegt deshalb auch die Exportquote, die sich produktabhängig zwischen 40 und 70% bewegt. Insgesamt erzielte die Wampfler-Gruppe im Geschäftsjahr 1991 einen Umsatz von rund 100 Mio. DM; in Märkt alleine 58 Mio. DM. – In unmittelbarer Nachbarschaft siedelte sich die *Werner Kupferschmid & Co* an, eine Papierveredelungsfabrik, die 1992 etwa 20 Mitarbeiter zählte. – Weitere kleinere Betriebe runden das Märkter Industriegebiet ab. Die 1990 aus einem Familienbetrieb entstandene *Regio Montagen GmbH* gehört zu den größten südwestdeutschen Lohnfertigungsbetrieben. Auf einer Betriebsfläche von 3500 qm werden Baugruppenmontagen, Kommissionierungen, Näh- und Polsterarbeiten, Metall- und Kunststoffbearbeitungen, Verkaufsdisplays, Elektrik- und Elektronikbauteile und Haushaltsprodukte teil- oder endgefertigt. Darüber hinaus bietet die Gesellschaft für Handelsunternehmen Logistikleistungen im Bereich der Auftragsabwicklung, Zwischenlagerungen, Warenkontroll- und Reparaturarbeiten an. 1992 waren 70 Ganztags- und etwa 200 Teilzeitkräfte beschäftigt.

Handel und Dienstleistungen. – Dem industriellen Ausbau erst vorausgehend und ihn dann begleitend, nahm die Bedeutung des Handels- und Dienstleistungsgewerbes von der 2. Hälfte des 19. Jh. an stetig zu. Die Steigerung des Handelsaufkommens hängt direkt mit dem Bahnbau zusammen. Sobald die Geleise Haltingen erreicht hatten, begannen dort gleich mehrere Speditionen sich dem Weitertransport der Frachtgüter zu widmen. Die Zahl der in Handel und Verkehr Beschäftigten lag 1970 im heutigen Stadtgebiet bei 3158, 1987 bei 3380.

Beachtliche altüberkommene *Märkte* hatten die drei Reborte und das Fischerdorf nicht aufzuweisen. Traditionell wurden Obst, Gemüse und Fisch auf Basler Märkten verkauft. Erst 1934 übernahm auch die Leopoldshöhe einen Teil dieser Funktion. Von den 1950er Jahren an fanden im April und September zwei Jahrmärkte, zunächst in der Gartenstadt und seit 1958 auf dem Messeplatz, statt. Wochenmärkte gehen in Weil-Leopoldshöhe ebenfalls in die Zeit der allmählichen Stadtwerdung zurück. Sie fanden von 1926 an auf dem Marktplatz statt, wo sie nach der Unterbrechung der Kriegs- und Nachkriegsjahre ab 1948 erneut abgehalten wurden. Der Markt wurde 1964 auf den sog. Trocaderoparkplatz (Ecke Hauptstraße/Schillerstraße) verlegt. Seit der Bebauung dieses Gebietes findet er zweimal pro Woche auf dem Rathausplatz statt.

Der strukturelle Wandel, gekennzeichnet durch den Übergang auf viele kleine Läden, dann die Konzentration auf wenige Märkte mit großer Verkaufsfläche, fand auch in Weil am Rhein und in Haltingen statt. Vor allem diese beiden Orte weisen mehrere Filialen großer Lebensmittelketten auf. Auch hier liegt der Schwerpunkt im Stadtteil Leopoldshöhe, wo sich das *Kaufhaus Kaufring GmbH & Co. KG* befindet. Das 1978 gegründete Unternehmen zählte 1991 135 Beschäftigte und setzte 30 Mio. DM um. Eine städtische Zusammenstellung vom September 1984 zählte 76 Großhandels-, 261 Einzelhandelsbetriebe und 13 Handelsvermittlungen. 1990 verzeichnete die gleiche Quelle noch 216 Handelsunternehmen. Die Einzelhandelsunternehmen 1992 gibt die untenstehende Tabelle wieder; danach ist die Gesamtzahl weitgehend unverändert geblieben.

Die Abwanderung von Kaufkraft ging seit der Eröffnung des Rhein-Centers auf dem Schetty-Areal, in dem sich auch ein großes SB-Warenhaus befindet, weiter zurück. Gleichzeitig wurde dadurch die Attraktivität Weils als Einkaufsort beachtlich gesteigert. Über die Hälfte der Kunden kommen nach Angaben der Stadt aus dem benachbarten Elsaß und aus Basel. Ein Spielzeugmarkt auf der gegenüberliegenden Straßenseite, der 1993 gebaut wurde, wird in gleicher Richtung wirken. Anders sieht es in den beiden kleinen Orten aus. Ötlingen und Märkt haben keine Lebensmittelgeschäfte mehr.

Tab. 17: Einzelhandelsbetriebe 1992

Branche	Haltingen	Märkt	Ötlingen	Weil am Rhein*
Lebensmittel	3	–	–	13
Bäckerei	4	–	–	7
Metzgerei	4	–	–	5
Drogerie	1	–	–	3
Getränke	1	–	–	3
Blumen- und Gärtnereibedarf	7	–	–	5
Bürobedarf	–	–	–	3
Bürobedarf und Bücher	–	–	–	4
Bücher	–	–	–	3
Textilien	3	–	–	15
Pelze	–	–	–	1
Schuhe und Lederwaren	–	–	–	6
Sportartikel	1	–	–	3
Haushaltswaren einschl. Geschenkartikel	1	–	–	4
Elektrogeräte	4	–	1	8
Möbel	–	–	–	3
Innenausstattung	1	–	–	8
Farben	–	–	–	1
Brennstoffe, Heizöl	–	–	–	3
Baustoffe und Installationen	2	–	–	8
Kfz und Kfz-Teile	6	–	–	24
Fahrräder	2	–	–	1
Kaufhaus	–	–	–	1
Arzneimittel	2	–	–	8
Optikbedarf	–	–	1	6
Uhren und Schmuck	–	–	–	4
Photoartikel	–	–	–	4
Musikhaus	–	–	–	2
Videoartikel	–	–	–	2
Sanitärartikel	–	–	–	1
Zoohandlung	–	–	–	4
Wollhandel	–	–	–	1
Hutgeschäft	–	–	–	1
Holzbedarf	–	–	–	1
Stempel	–	–	–	1
Bilderrahmen	–	–	–	1
Insgesamt	42	–	2	165

* ohne Haltingen, Märkt und Ötlingen

Tab. 18: Groß- und Einzelhandel

Branche	Haltingen	Märkt	Ötlingen	Weil am Rhein*
Reinigungsmittel	1	–	–	–
Bekleidung	–	–	–	1
Lederwaren	–	–	–	1
Insgesamt	1	–	–	2

* ohne Haltingen, Märkt und Ötlingen. Quelle (wie Tab. 17): Stadt Weil am Rhein

Zu den bedeutendsten Großhandelsunternehmen der Stadt zählt die *Big Star Jeans GmbH*. Die Weiler Anfänge des Schweizer Unternehmens, dessen Holdinggesellschaft ihren Sitz in Allschwil bei Basel hat, gehen auf das Jahr 1980 zurück. Das große Lagerhaus wurde 1986 gebaut. Dort waren 1992 60 Mitarbeiter bei der Big Star Jeans GmbH beschäftigt. Gleichzeitig ist dort die Zentrale der Einzelhandelskette dieses Unternehmens – Frip Trading GmbH – untergebracht, das 11 Ladengeschäfte in der Bundesrepublik Deutschland unterhält.

Im Wirtschaftsbereich Dienstleistungen durch Unternehmen und freie Berufe arbeiteten 1987 317 Betriebe in Weil am Rhein, darunter sind auch die 68 Gaststätten eingerechnet. Angesichts der nahen Grenze ist es verständlich, daß eine große Reihe von Speditionen im Bereich der Stadt Weil am Rhein Büros unterhalten. Zu den großen in der Stadt ansässigen Unternehmen zählen die *Möbelspedition Fröde GmbH*, die 1991 302 Beschäftigte hatte, darunter in Weil am Rhein 161, und einen Gesamtumsatz von 50 Mio. DM erzielte, und die *Lagerhaus- und Transport GmbH*, eine Migros-Genossenschaftsgründung aus dem Jahr 1953, die 56 Mitarbeiter zählte und 5,4 Mio. DM (1991) umgesetzt hat. Der Weiler Betrieb hatte 1985 mit 13 Mio. DM mehr als ein Drittel des Gesamtumsatzes erzielt. Die *Rhenus Kleyling Speditions GmbH & Co* wurde 1970 mit Hauptsitz in Weil am Rhein gegründet. Sie unterhält Filialen in Rheinfelden, Lörrach und Kehl. Die *Roba GmbH*, 1951 als Tochter einer Basler Spedition in Weil am Rhein gegründet, unterhält mehrere Zweigbetriebe in der Schweiz, in den Niederlanden und in Frankreich. Schließlich ist die *Hermann Isebarn Nachfolger KG*, Internationale Spedition, zu nennen, die in Waldshut eine Zweigniederlassung unterhält. Sie verfügt über 1,3 ha Firmenareal in Weil am Rhein und beschäftigte 1991 94 Mitarbeiter – 88 arbeiten am Hauptsitz Weil am Rhein. Die *freien Berufe* waren um die Mitte der 1980er Jahre u. a. mit 6 Architekten im Bereich der Kernstadt vertreten, weitere 4 arbeiteten in Haltingen und 2 in Ötlingen; hinzu kamen noch je 2 Statiker in Weil-Ost und Haltingen. Gleichzeitig arbeiteten 9 Rechtsanwälte, darunter in Weil-Ost 3 und 4 auf der Leopoldshöhe. Auch diese Zahlen sind seither beachtlich angestiegen. Allein die Zahl der Rechtsanwälte hatte sich bis 1993 verdoppelt. Reine Dienstleistungsbetriebe wurden 24 gezählt.

Bereits im Juli 1842 wurde in Haltingen die »Ersparnisgesellschaft der Gemeinden Tüllingen, Weil, Haltingen, Ötlingen und Binzen« auf Initiative des Weiler Pfarrers Lepper gegründet. Mitglieder dieser Vorläuferorganisation der Bezirkssparkasse Weil am Rhein konnten alle Einwohner der fünf beteiligten Gemeinden werden, vorausgesetzt, sie erbrachten einen Mindestspareinsatz von 12 Kreuzern pro Monat. Später kamen Grenzach, Efringen-Kirchen, Eimeldingen, Istein und Kleinkems als Mitgliedergemeinden hinzu. Im Juli 1972 wurde der Zuständigkeitsbereich weit nach Norden, bis Neuenburg am Rhein, erweitert. Damals vereinigten sich die Weiler mit der Bezirkssparkasse Müllheim zur neuen *Sparkasse Markgräflerland*, die in Weil am Rhein und in Müllheim ihre Sitze hat. Allein im Stadtbereich von Weil am Rhein unterhielt das Kreditinstitut 1992 neben der 1980 gebauten Hauptstelle 5 Nebenstellen, darunter 2 in Haltingen, und eine, stundenweise besetzt, im Rathaus von Märkt. Zu den alteingesessenen Kreditinstituten in Weil am Rhein zählt auch die 1925 in Haltingen gegründete Spar- und Kreditbank, die 1970 zur *Raiffeisenbank Markgräflerland eG* mit Sitz in Efringen-Kirchen fusionierte. Alle übrigen Bankniederlassungen wurden nach dem 2. Weltkrieg eröffnet. Den Anfang in dieser Reihe machte die Volksbank Lörrach eG 1952, die zwischen 1964 und 1967 weitere drei Zweigstellen, darunter eine in Haltingen, eröffnete. Die Sparda-Bank eröffnete 1987 ihre Filiale auf der Leopoldshöhe. Die Großbanken – Deutsche, Dresdner und Commerzbank – eröffneten 1960, die Commerzbank 1970 ihre Zweigstellen auf der Leopoldshöhe bzw. in Weil-Ost.

Im Verlauf des 19. und 20. Jahrhunderts hat sich im heutigen Stadtbereich zu bereits bestehenden, wie der Wuhrgenossenschaft Weil und der Krebsbachgenossenschaft Haltingen, die die Wässerung der Rheinauewiesen regelte, eine ganze Reihe von *genossenschaftlichen Vereinigungen* gebildet, die vor allem in den Bereichen von Landwirtschaft und Bauwesen tätig sind. Zu den wichtigsten gehört die Haltinger *Winzergenossenschaft*, die 1992 110 Mitglieder aus Haltingen, Weil am Rhein (=Alt-Weil) und Tüllingen zählte. Die 1936 gegründete Genossenschaft hatte anfänglich den Keller der Hirschen-Scheune gepachtet. 1955, nachdem der Plan aufgegeben war, eine Bezirkskellerei zu gründen, die alle Gemeinden südlich des Schliengener Berges zusammenfassen sollte, baute die Winzergenossenschaft Haltingen ihr neues Kellergebäude, das 1991 großzügig erweitert wurde. Die Rebfläche der Genossenschaft umfaßte 1991 44 ha, bebaut mit 58% Gutedel, 15% Müller-Thurgau, 18% Spätburgunder Rotwein, 4% Ruländer und 5% sonstigen Rebsorten. Eng mit der Geschichte der Winzergenossenschaft verknüpft ist die der *Rebenaufbaugenossenschaft* von 1943, die den Wiederaufbau der Haltinger Rebfluren koordinierte.

Die einzige Baugenossenschaft im Stadtbereich ist die Baugenossenschaft Haltingen-Weil eG, deren Geschichte 1913 in Basel einsetzt. Gründer waren vorwiegend Eisenbahner und auch Zollbeamte. Die ersten Genossenschaftshäuser wurden bis 1915 in Haltingen westlich der Bahn errichtet; etwa gleichzeitig entstanden die ersten Häuser der Weiler Gartenstadt. 1932 war der Wohnungsbestand in beiden Gemeinden bereits auf 296 angestiegen. 1992 zählte die Genossenschaft 1903 Mitglieder, hatte ein Geschäftsguthaben von 2,7 Mio. DM und betreute 638 Wohneinheiten. Nicht genossenschaftlich verfaßt sind die beiden anderen großen Wohnungsbaugesellschaften in der Stadt: Die Städtische Wohnungsbau GmbH, 1955 gegründet, hatte 1992 1043 Wohnungen, darunter 143 Altenwohnungen. Die Gemeinnützige Eisenbahn-Wohnungsbaugesellschaft mbH Karlsruhe, 1952 gegründet, unterhielt 1570 Wohnungen und 3 Wohnheime in Weil am Rhein.

Der *Fremdenverkehr* hat im heutigen Weiler Stadtbereich die für das südliche Markgräflerland typische Tradition: vor allem Weil, Haltingen und Ötlingen waren stets beliebte Ausflugsorte, besonders für Basler und Riehener. Mehrere traditionsreiche Gaststätten finden sich noch heute: so Adler, Chläbi, Krone, Schwanen und Traube in Alt-Weil, Zum Hirschen, Goldener Ochsen, Rebstock, Badischer Hof und Krone in Haltingen, Ochsen und Dreiländerblick in Ötlingen und Krone in Märkt. Mit dem Anwachsen des Fernverkehrs, begünstigt durch den Ausbau des Fernverkehrsstraßennetzes, kam als zweites Element der Durchreiseverkehr hinzu. Ältestes Hotel, das in diesem Zusammenhang entstand, ist das Hotel Leopoldshöhe, das 1736 beim Zollgebäude errichtet wurde. Das 1985 bei der Autobahnausfahrt Weil am Rhein gebaute

Atlas-Hotel mit 316 Betten und Maximilians Boarding-House mit 53 Appartements erweitern seither die Kapazität der Stadt nachhaltig.

Die kurze durchschnittliche Verweildauer von 1,6 Tagen (1992) läßt sich wie oben ausgeführt erklären. Auf der anderen Seite verfügt Weil am Rhein über ein beachtliches Angebot von Gästebetten (1992: 685 gegen 420 im Jahre 1983). Gastbetriebe mit Übernachtungsmöglichkeiten gibt es im alten Stadtbereich 9, in Haltingen 5 und einen in Ötlingen, das entspricht 20% der insgesamt 68 Betriebe des Gastgewerbes. Hier zeigt sich wieder das Übergewicht der ursprünglichen Stadt, die 54 Betriebe aufweist, gegenüber 10 in Haltingen und je 2 in Ötlingen und Märkt.

Verkehr. – Angesichts der Lage im Dreiländereck nimmt es nicht wunder, daß Geschichte und Gegenwart von Weil am Rhein, der Stadt an Schiene, Strom und Straße, auf das engste mit dem Grenzverkehr verbunden sind. Die entscheidende Entwicklung, die die gegenwärtige Situation, das Stadtbild und ihre Bevölkerungsstruktur bis heute mitprägt, setzte mit dem *Bau der Bahnlinie Mannheim–Basel* ein, deren Trassierung mit der Untertunnelung des Isteiner Klotzes 1847 vorentschieden war. 1850/51 erreichten die ersten Züge Haltingen, das für knapp vier Jahre Endstation blieb. Der weitere Warentransport wurde von rasch aufblühenden Speditionen übernommen. 1854/55 war dann Basel erreicht. Letzte Station auf badischer Seite war Weil-Leopoldshöhe, der Bahnhof, an den sich der Stadtteil anlagerte.

Ihre noch weitgehend bis heute bestehende Gestalt erhielten die Bahnanlagen erst nach der Jahrhundertwende, als der 1905 in Betrieb genommene Güterbahnhof, der 1913 eröffnete neue Badische Bahnhof an der heutigen Stelle und der Verschiebebahnhof (heute noch Knotenpunktbahnhof) gebaut waren. Das Großprojekt, das mehr als 50 Mio. Mark kostete und für dessen Verwirklichung 17 Eisenbahn- und 5 Straßenbrücken errichtet werden mußten, veränderte die Landschaft nachhaltig. Eine der beiden charakteristischen Gleisschleifen wird heute noch benutzt. Großdimensionierte Erweiterungspläne der 1960er Jahre, die das Rangierbahnhofsgelände bis auf Eimeldinger Gemarkung ausgedehnt hätten, sind nicht realisiert wurden. Im Zuge dieser Bauten entstand auch das Haltinger Bahnbetriebswerk und das Maschinenhaus. Durch Gleise nach St. Ludwig (1878), die »Strategische Bahn« durch den Tüllinger Berg nach Lörrach und ins Wiesental (1890) und die Gleisverbindung von Haltingen nach Kandern (1895, heute Museumsbahn) war der Bahn um die Wende vom 19. zum 20. Jh. zusätzliche Bedeutung zugekommen.

Neben dem Bahnbau, dem wichtigsten Ereignis, das die Industrieansiedelung nach sich zog und letztlich zu einer Voraussetzung für die Entwicklung zur Stadt wurde, spielte der *Ausbau des Rheins zur Wasserstraße*, die den Bau des Weiler Hafens 1934/35 erst ermöglichte, eine relativ geringe, jedoch nicht zu vernachlässigende Rolle, zumal durch die vorausgegangene Honsellsche Rheinrektifikation in den 1820/30er Jahren die jahrhundertealte Gefahrenquelle des ständig neue Wege grabenden Flusses beseitigt war. Neben Vorteilen für die Landwirtschaft hatte diese Maßnahme auch negative Effekte, das Absinken des Grundwasserspiegels um 6 bis 8 m, das die Uferlandschaft trockener werden ließ und – bedeutsam für Märkt – die traditionsreiche Fischerei erst erschwerte, bis sie durch den Stauwehrbau 1925 bis 1932 ganz unmöglich wurde. Das Märkter Stauwehr, im Versailler Vertrag vom Deutschen Reich zusammen mit dem Rheinseitenkanal akzeptiert, sperrt seit seinem Bau das Rheinwasser, das in den ab 1928 gebauten Grand Canal d'Alsace abfließt, der gleichzeitig Energielieferant (Kembser Kraftwerk) und Schiffahrtsweg ist.

Gleich im Anschluß an den Kanalbau wurde die Niederwasserregulierung des Rheinabschnittes Kehl–Basel als Voraussetzung für die Rheinschiffahrt in diesem

Die Stadt im 19. Jahrhundert und in der Gegenwart 781

Gebiet vorgenommen. Damit war eine der wesentlichen Voraussetzungen für den *Bau des Weiler Hafens* geschaffen, der seit 1934/35 als schließlich 1,5 km langer Stromhafen eine Ergänzung zum größeren Basler Hafen ist. Nach anfänglichem Aufblühen während der Konjunktur der 2. Hälfte der 1930er Jahre und kriegsbedingtem Rückgang blühte der Hafen nach dem 2. Weltkrieg wieder auf und erreichte in den Jahren 1970 mit 928 789 t und 1980 mit 889 067 t seine höchsten Umschlagsergebnisse. Seitdem hat der einsetzende Strukturwandel zu einem nahezu vollständigen Ausfall der traditionellen Massengüter geführt. So werden die Rohstoffe Kies und Kalksplitt nicht mehr talwärts verladen und durch die Veränderungen in der Energieversorgung sind die Kohleanlieferungen weggefallen; Ende 1990 wurde auch das Tanklager für Mineralöle geschlossen. 1985 wurde die neue Hafenanlage Nord mit 15 000 qm Lagerfläche geschaffen. Inzwischen konzentriert sich der Umschlag auf höherwertige Rohstoffe mit zusätzlichen Dienstleistungen. Daneben wächst die Bedeutung des kombinierten Verkehrs (Container). Im Jahr 1991 wurden insgesamt 350 880 t umgeschlagen. Hiervon entfielen auf Steine und Erden 42%, chemische Erzeugnisse 34%, Erze, Eisen und Stahlerzeugnisse 12% und alle übrigen Güter 12%. Die Rheinhafengesellschaft Weil am Rhein mbH als Betreibergesellschaft des Hafens zählte 1991 30 Mitarbeiter und erzielte einen Umsatz von 3,4 Mio. DM.

Bedeutendstes Glied des Straßenverkehrsnetzes ist die *Autobahn Frankfurt–Basel*, die die Gemarkungen von Märkt, Haltingen und Weil durchschneidet. Nach Vorkriegsplänen war die Trasse zwischen Alt-Weil und Leopoldshöhe vorgesehen; die von der 2. Hälfte der 1950er Jahre bis 1963 gebaute A 5 wurde – Weiler Interessen folgend – näher zum Rheinlauf hin auf Weiler Gemarkung zwischen Leopoldshöhe und Friedlingen verlegt. Die Verbindung nach Basel konnte erst 1980 dem Verkehr übergeben werden, nicht zuletzt wegen langdauernder Verhandlungen um die Plazierung der Gemeinschaftszollanlage, die schließlich auf Weiler Gemarkung errichtet wurde. Für Haltingen und Leopoldshöhe brachte dieser Anschluß eine wesentliche Entlastung, hatte doch die B 3 zuvor den gesamten Transitverkehr zur Schweiz aufgenommen und durch beide heutigen Stadtteile hindurchgeleitet.

Ein unlängst gelöstes Problem stellt die Verbindung nach Lörrach und ins Wiesental dar. Im nördlichen Stadtbereich ist durch die *A 98*, die zwischen Märkt und Haltingen von der A 5 abzweigt und an Binzen und Tumringen vorbei südlich von Haagen und Brombach um Lörrach herumführt, eine befriedigende Anbindung geschaffen. Im Süden hingegen überwindet die Situation gegenwärtig gerade den Zustand der Mitte des vergangenen Jahrhunderts, als um 1860 in Riehen die »Weilstraße«, auf deutschem Gebiet heute B 317, von Lörrach-Stetten nach Alt-Weil führend, gebaut wurde. Die im Zusammenhang mit dem Eisenbahnvertrag von 1852 zwischen Baden und der Eidgenossenschaft vereinbarte Verbindungsstraße (»*Zollfreie Straße*«), in einer Unzahl von Planvarianten diskutiert, wird derzeit realisiert. Als Anbindung nach Osten bleibt lediglich noch die Straße über den Tüllinger Berg nachzutragen, der hauptsächlich lokale Bedeutung zukommt. Als einzige Straßenverbindung zum westlichen Nachbarn, der Weiler Partnerstadt Hüningen, zweigt seit 1979 die *Palmrainbrücke* ab, die die seit 1946 zwischen Friedlingen und Hüningen verkehrende Fähre ersetzt. Für eine neue Fährverbindung wurden 1993 Anlegestege gebaut.

Die *öffentlichen Verkehrslinien* im Stadtgebiet werden im wesentlichen von Bussen der SWEG, Südwestdeutsche Verkehrs-Aktiengesellschaft, die seit 1983 in Weil ihre Verwaltung hat, befahren. Die wichtigste Buslinie verbindet Basel, Kleinhüningen, Riehen und Lörrach über die Weiler Hauptstraße. Hier zeigt sich wieder die enge grenzüberschreitende Verkehrsverflechtung. Busse pendeln auch täglich von Kandern über Haltingen und Weil nach Basel und zurück und stellen damit für Weil am Rhein die Direktverbindung zum Kandertal her. Außerdem unterhält die Bundesbahn noch zwei Buslinien, die zwischen Basel über Weil am Rhein durch das Wiesental nach Todtnau fahren (2 Buspaare täglich). Ein Bus pendelt täglich zwischen Weil am Rhein und dem Badischen Bahnhof in Basel.

Der über das Schienennetz der *Bundesbahn* abgewickelte Personenverkehr läuft über die Bahnhöfe in Weil am Rhein und Haltingen. Der ehemalige Bahnhof Weil-Ost dient nur noch als unbesetzter Haltepunkt für die zwischen Weil und dem Wiesental fahrenden Züge. Doch auch an der Hauptlinie von Basel nach Frankfurt halten in Weil am Rhein und Haltingen nur Personen- und E-Züge. Nächste Intercity- und ICE-Station ist der Badische Bahnhof in Basel. Von wachsender Bedeutung für die gesamte Regio dürfte künftig das Angebot an *Flugverbindungen* über den nahegelegenen Flughafen Basel-Mulhouse sein.

Verwaltungszugehörigkeit, Gemeinde und öffentliches Leben

Die frühe Zugehörigkeit der vier Orte zu Baden gestaltete die Geschichte ihrer *Verwaltungszugehörigkeit* recht einfach: Alle Orte gehörten stets zum Rötteler, ab 1809 Lörracher (Bezirks-)Amt, das im gleichnamigen Landkreis aufgegangen ist. Die heutige Stadt Weil am Rhein hat ihren gegenwärtigen Gebietsstand von 1947 ha im Verlauf der jüngsten Gemeindereformen erreicht: am 1.12.1971 schloß sich Ötlingen, dessen Gemarkung 219 ha umfaßt hatte, der Stadt an; am 1.1.1975 folgte Haltingen mit 780 ha Gemarkungsfläche; Märkt (138 ha Gemarkungsfläche) wurde zum gleichen Zeitpunkt eingemeindet.

Relativ wenige *Gebietsveränderungen* haben sich im heutigen Stadtbereich im Verlauf des 19. und 20. Jh. ereignet. Die heutige Grenze zum Elsaß wurde am 5. April 1840 zwischen Baden und Frankreich vertraglich festgelegt. Die einzige wesentliche Änderung trat hier nach dem 1. Weltkrieg ein, als die Gemeinde Märkt ihren linksrheinischen Gemarkungsteil, der 94 ha umfaßt hatte, verlor. Der Verkauf des linksrheinisch gelegenen Lehengehöftes 1868/69 fällt kaum ins Gewicht. Die Grenze zur Eidgenossenschaft wurde am 21. Dezember 1906 vertraglich festgesetzt; damals wurden, den Bedürfnissen der beiden Zollverwaltungen folgend, 39 a 47 qm ausgetauscht. Ein kleiner Gebietsaustausch hatte auch 1865 zwischen Weil und Tüllingen stattgefunden. Heute innerstädtisch, gab es mehrere Gebietsveränderungen zwischen Weil und Haltingen: einen Tausch 1865, vollzogen 1880/82 – 4,5 ha kamen zu Weil, 4 ha an Haltingen; eine ganze Reihe von Gewannen, z. B. Steinacker, Rebgarten, Käferholz u. a., waren betroffen. Etwa gleichviel tauschten beide Gemeinden 1937 in der gleichen Gegend. Schon 1867 hatten Märkt und Haltingen 1,7 ha (u. a. Gewanne Breitholz, Seeacker) ausgetauscht und Haltingen von Eimeldingen 3,2 ha gegen 2,6 ha (u. a. Gewanne Schlüchte, Seerain, Am Unteren Märkter Weg) erhalten.

Gemeindeverwaltung. – Erst 1929 mit verändertem Namen zur Stadt erhoben, ist Weil am Rhein jüngste Stadt des Landkreises. Bereits zu diesem Zeitpunkt hatte die Gemeinde ein beachtliches Wachstum erlebt, das kaum vermindert in den 1930er Jahren anhielt und, nach 1950 wieder einsetzend, auch in den 1970er Jahren fortdauerte, so daß ihr 1972 die Eigenschaften einer Großen Kreisstadt verliehen wurden.

Noch in der 2. Hälfte des vergangenen Jahrhunderts wiesen Weil und seine Verwaltung, den drei anderen, heute zur Stadt gehörigen Orten prinzipiell vergleichbar, die typischen Strukturen einer Landgemeinde auf. Neben dem Bürgermeister und 5 bis 6 Gemeinderäten finden sich überall die gleichen Bediensteten wieder: Ratschreiber und

Gemeinderechner waren darunter die wichtigsten Ämter, hinzu kommen noch in der Regel 3 bis 5 Steinsetzer und je ein Waisenrichter, Polizeidiener, Waldhüter, Feldhüter und Straßenwart, eine Hebamme, ein Fleischbeschauer sowie ein Totengräber und ein Nachtwächter. Damit ist bereits die gesamte Verwaltung beschrieben. Überraschenderweise ist damals die Zahl der Bediensteten in den beiden kleinen Gemeinden Ötlingen und Märkt nicht erheblich geringer gewesen. Es gilt aber zu bedenken, daß die Mehrzahl aller Funktionen nur nebenberuflich oder im Taglohn geschah.

Klagen über mangelhafte Registratur, die oft in der Wohnung von Bürgermeister oder Ratschreiber oder im Ökonomiegebäude der Gemeinde untergebracht war, stellten bis in die 1870er Jahre keine Seltenheit dar. Erst mit dem Bau bzw. Ausbau der Rathäuser folgte hier die Besserung. Gemeindestube in Weil war bis 1879/80 das Gasthaus »Zur Krone«; die Verwaltung war aber bereits 1845 ins alte Schulhaus am Lindenplatz umgezogen, wo sie bis nach dem 1. Weltkrieg verblieb. 1921 kaufte die Gemeinde das Gasthaus »Zur Sonne« und baute es zum *Rathaus* um; Teile der Verwaltung arbeiteten aber weiterhin am Lindenplatz. Durch das anhaltende Wachstum der Leopoldshöhe erwies sich das neue Rathaus ab 1923 als weitaus zu klein. Die Stadt mühte sich zwar ständig um Ersatz und hielt auf der Leopoldshöhe ein Gelände frei, der Geldmangel der 1930er Jahre, der 2. Weltkrieg und die Nachkriegsjahre aber ließen keinen Neubau zu. So wurden 1948 und 1956 beschlossene Entwürfe verworfen. Der Grundstein für das heutige Rathaus wurde 1962 gelegt; zwei Jahre später wurde der Neubau eingeweiht, der über zwei Jahrzehnte lang (mit Ausnahme der Ortsverwaltungen in den drei eingemeindeten Dörfern) die gesamte Weiler Verwaltung beherbergte. Ein Erweiterungsbau ist beschlossen. – Klagen kennzeichnen auch die Situation in Haltingen bis zum Bau des Rathauses 1866, das damals gleichzeitig Schule und Lehrerwohnung war. Zuvor hatten die Gemeindeversammlungen im Rebstock stattgefunden, wo sich auch der Spritzenschopf mit Arrest und Wachstube befunden hatten. – Das alte Märkter Rathaus bei der Kirche hatte anfangs der 1870er Jahre nicht einmal ein Ratszimmer; die Gemeindeverwaltung wird als recht unordentlich geschildert, später (1875) wird hinzugesetzt, daß es weniger am guten Willen als an den nötigen Mitteln fehle. Die Gemeinde unterhielt damals auch ein eher baufälliges Spritzenhaus, ein Schul- und ein Armenhaus. Dort war die Verwaltung zeitweise untergebracht. Das Rathaus war klein und eng; um Raum für die Registratur zu erhalten, mußte der Ortsarrest verlegt werden. 1903 schließlich wurde das Rathaus umgebaut, um auch Raum für das Grundbuchamt zu schaffen. Das heutige Märkter Rathaus, Sitz der Ortsverwaltung, wurde nach der weitgehenden Zerstörung des Dorfes im 2. Weltkrieg 1958 neu gebaut. Auch in Ötlingen wurde erst 1902 der Bau des neuen Rathauses beschlossen; entscheidend hierfür war der drohende Verlust der Grundbuchführung und damit der Selbständigkeit der Gemeinde. Die notwendigen Mittel für den Neubau wurden durch Waldverkauf erlöst. Zuvor war die Verwaltung in einem Raum des Schulhauses untergebracht gewesen.

Die *Verwaltung* der Stadt Weil am Rhein (Stand: März 1993) besteht aus 55 Beamten, darunter 6 Anwärter, 169 Angestellten, darunter 32 Musiklehrer, 17 Auszubildenden und 107 Arbeitern, stets einschließlich Teilzeitbeschäftigten. Im gemeindlichen Wirtschaftsunternehmen Stadtwerke, Betriebszweige Wasser, Abwasser und Abfall, wurden 24 Beschäftigte gezählt. Sachlich gliedert sich die Stadtverwaltung in 2 Dezernate: das Dezernat 1, wozu Hauptamt, Rechnungsprüfungsamt, Stadtkämmerei und – seit 1986 neugeschaffen – Kulturamt gehören. Das Amt für Öffentliche Ordnung, das Grundbuchamt, das Stadtbauamt sowie das Baurechtsamt gehören zum Dezernat 2. Die drei eingemeindeten Orte haben, in den Eingemeindungsverträgen verankert, eigene Ortsverwaltungen mit ehrenamtlichen Ortsvorstehern. An der Spitze der Verwaltung steht – seit Weil am Rhein zur Großen Kreisstadt wurde – der Oberbürgermeister. Er leitet das Dezernat 1. 1969 wurde die Stelle des Ersten Beigeordneten geschaffen (seit 1972 Bürgermeister). Er ist Leiter des Dezernats 2.

Der Weiler *Gemeinderat* setzte sich nach der Wahl 1989 (unechte Teilortswahl) aus 11 Vertretern der CDU, 13 der SPD, 7 der Unabhängigen/Freie Wählervereinigung, 4 der Grünen und 3 FDP-Mitgliedern zusammen. Durch Fraktionswechsel verschob sich der aktuelle Stand (1992): 11 CDU, 11 SPD, 7 U/FWV, 4 Grüne, 3 FDP-Stadträte sowie zwei Fraktionslose. Der nach der Gemeindeordnung an seiner Spitze stehende, 1992 wiedergewählte Oberbürgermeister gehört der CDU an. Der *Ortschaftsrat* in Haltingen besteht aus 11 Mitgliedern (3 CDU, 4 SPD, 3 U/FWV, 1 FDP), in Ötlingen zählt er 8 Mitglieder (3 FWG Ötlingen , 3 UWG Ötlingen und 2 der Dritten Liste), in Märkt 6 der WG Märkt.

Nichtkommunale Behörden. – Die Struktur nichtkommunaler Behörden in Weil am Rhein wird ausgesprochen deutlich durch die verkehrsgeographische Lage der Stadt an den Grenzen nach Frankreich und zur Schweiz bestimmt. Auf beachtliche Tradition kann vor allem der *Zoll* in Weil zurückblicken, der 1835 von Eimeldingen zur Schusterinsel verlegt worden war. Von den beiden Zollhäusern dieser Station steht heute noch eines, das »Rebhus«. Die zweite Zollstelle wurde im Zusammenhang mit dem Bahnbau 1855 errichtet und 1892 zum Zollamt erhoben. Organisatorisch stellt dann das Jahr 1905 einen Einschnitt dar, als dem »Deutschen Hauptzollamt Basel« die drei Zollämter am Güter-, am Personen- und am Rangierbahnhof unterstellt wurden. Mehrere Ortswechsel kennzeichnen die Geschehnisse der folgenden Jahre, bis sich ab 1912 die heute noch bestehende Situation herauszubilden begann mit Zollämtern in Weil-Friedlingen (1903) und in Weil-Otterbach (1910). Daneben bestand bereits seit dem Vertrag von 1855 das Zollamt Weil-Ost. Zwei weitere Ämter sind noch zu nennen: das Zollamt Palmrainbrücke, 1979 errichtet, das den Endpunkt in der wechselhaften Geschichte der Zollstellen zum Elsaß hin darstellte, wurde mit der Grenzöffnung 1993 aufgehoben und das Autobahnzollamt (1980 eröffnet), eine Gemeinschaftszollanlage mit der Schweiz. Es befinden sich noch weitere zwei Zolldienststellen in Weil am Rhein: die Abfertigungsstellen im Rheinhafen (1934 eingerichtet) und im Rangierbahnhof. – *Dienststellen des Grenzschutzes* gibt es an der Autobahn und in Otterbach. Das alte Sparkassengebäude wurde 1986/87 umgebaut. Dort befindet sich seither das damals von Lörrach nach Weil am Rhein verlegte Grenzschutzamt.

Im Gegensatz zum Zoll, der sich alleine im alten Stadtbereich von Weil am Rhein findet, war die *Bahn*, bevor sie nach Weil kam, in Haltingen vertreten, dessen Bahnhof auf das Jahr 1851 zurückgeht. Der Bahnhof Weil am Rhein auf der Leopoldshöhe kam erst 1856 dazu; der dritte Bahnhof (Weil-Ost) im alten Stadtbereich folgte 1890. Neben diesen drei, hauptsächlich dem Personenverkehr dienenden Bahneinrichtungen, befinden sich auf Haltinger Gemarkung noch das 1912 entstandene Bahnbetriebswerk Haltingen, die größte technische Dienststelle der Bundesbahn im südbadischen Raum. – Wie in allen größeren Orten finden sich *Polizei und Post* in Weil am Rhein: das Polizeirevier liegt im eigentlichen Stadtzentrum, der Leopoldshöhe; 1994 wurde das Autobahnpolizeirevier von Müllheim nach Weil am Rhein verlegt. Die Post ist mit 5 Dienststellen präsent: Postämter befinden sich auf der Leopoldshöhe (Hauptort), in Friedlingen und Haltingen; Poststellen sind in Ötlingen und in Märkt.

Ver- und Entsorgungseinrichtungen. – Unterschiedlich stark und begründet hatte jede der vier Gemeinden, die heute die Stadt Weil am Rhein bilden, ihre Versorgungsprobleme, angefangen mit der *Wasserversorgung*. In Ötlingen z. B. war die Wasserknappheit derart notorisch, daß ein geflügeltes Wort lautete, dort gäbe es in heißen Sommern mehr Wein als Wasser; der Waschplatz lag deshalb unten im Kandertal, auf Binzener Gemarkung. Ausgangs des 19. Jh. flossen nur drei Brunnen am Ort, dann wurde auf Tumringer Gemarkung eine Quelle gekauft und gefaßt und 1904 ein Hochbehälter samt Leitung nach Ötlingen gebaut. In Märkt sah selbst zu diesem Zeitpunkt die Situation noch trister aus; drei gemeindeeigene und 20 private Pumpbrunnen versorgten das Dorf. Der Anschluß an die Gruppenwasserversorgung schien der Gemeinde noch 1908 zu teuer. Haltingen und Weil hatten dagegen bei ihrer Versorgung mit dem ständigen Wachstum Schritt zu halten. Die 1895 für (Alt-)Weil gebaute Hochdruck-Wasserleitung reichte wenig später nicht mehr aus; ein Pumpwerk und eine neue Wasserleitung (gemeinschaftlich mit Tüllingen) wurden 1909 fertiggestellt, ein Projekt, an dem sich auch Bahn- und Zollverwaltung sowie die Friedlinger Industrie beteiligten. Ein zweites Pumpwerk, das die Leopoldshöhe versorgte, wurde 1925 von der Reichsbahn gebaut und drei Jahre später der Stadt übereignet. Doch gerade in der stark wachsenden Stadt mußte die Wasserversorgung permanent erweitert werden; 1956 wurde deshalb das Friedlinger Wasserwerk in Betrieb genommen, ein viertes wurde 1965 im Nonnenholz, zwei weitere im Mattfeld, 1973 bis 1976 und 1983 bis 1985 gebaut. Von diesen sechs Wasserwerken ging das Friedlinger 1981 in die Nutzung der Fa. Lonza über. Die Wasserversorgung der Stadt erfolgt seit 1975 über den 1970 gegründeten *Wasserverband Südliches Markgräflerland*; die Verteilung an die Haushalte geschieht über die Stadtwerke Weil am Rhein. Mitglieder des Wasserverbandes, der seinen Sitz in Weil am Rhein als der meistfinanzierenden Hauptgemeinde hat, sind seit der Gemeindereform Binzen, Efringen-Kirchen, Eimeldingen, Fischingen, Rümmingen, Schallbach und Wittlingen. – In Haltingen war 1903 ein Wasserreservoir angelegt und ein gasbetriebenes Pumpwerk errichtet worden, das seither mehrfach erweitert wurde. Die Bahn leistete selbst einen Beitrag zur Wasserversorgung über einen Hochbehälter, der als Notversorgung ins allgemeine Wasserwerk eingespeist werden kann, regelmäßig aber die ursprüngliche Eisenbahnerkolonie versorgte. Das Haltinger Wasserwerk wurde 1979 an die Fa. Bochmann zur Brauchwassergewinnung verpachtet und wird nur noch im Notfall zur allgemeinen Versorgung genutzt.

Gleichermaßen stark vom jeweiligen Entwicklungsstand der Ortschaft und von den Gemeindefinanzen abhängig, lief der allmähliche *Ausbau der Kanalisation* erst nach der Jahrhundertwende an. Besonders in Haltingen war die Situation stets problematisch gewesen, hatte sich dort doch bis in die 1920er Jahre das Regenwasser beim Rathaus gestaut. Das vorhandene Abflußrohr zur Kiesgrube beim Eimeldinger Weg wurde erst in den 1930er Jahren durch eine neue Oberflächenentwässerung des Ortskerns entlastet. Die eigentliche Kanalisierung der östlich der Bahn gelegenen Bereiche des Dorfes zog sich aber bis in die 1970er Jahre hin. Sie wurde bis heute noch nicht ganz abgeschlossen. Lediglich die Gartenstadt war bereits in den 1920er Jahren an das bahneigene Entwässerungsnetz angeschlossen. Auch der Ausbau der Weiler Abwasseranlagen vollzog sich in mehreren Etappen, war aber nicht selten dadurch begünstigt, daß er eine Existenzvoraussetzung für die Industrie darstellte. Gerade Alt-Weil wurde aber erst nach 1950 kanalisiert. In allen wesentlichen Teilen abgeschlossen waren die Arbeiten in den 1960er Jahren. In beiden kleineren Orten setzten die Kanalbauten durchweg erst nach 1950 ein. Märkt wurde im wesentlichen zwischen 1957 und 1977, Ötlingen war anfangs der 1970er Jahre kanalisiert.

Ein anderes Problem stellten die *Abwasser* dar, die bis zum Bau der Kläranlage im Bändlegrund ungereinigt in die Flüsse bzw. ins Grundwassersystem gelangt waren. Ungewöhnlich lang war der Planungsweg von der Gründung des Verbandes mit den

Mitgliedern Lörrach, Brombach, Haagen, Hauingen, Haltingen und Weil am Rhein, dem 1965 noch drei Textilbetriebe beitraten, bis zur Inbetriebnahme des Werks. Verhandlungen zwischen dem Kanton Basel-Stadt und Baden-Württemberg hatten sich von den frühen 1960er Jahren bis 1972 hingezogen und mündeten in die Paraphierung eines Staatsvertrages. Das Ziel, eine mit Basel und Riehen gemeinsam betriebene Anlage, wurde dennoch nicht erreicht. Basel baute die Pro Rheno Kläranlage. Dessenungeachtet fließen Abwasser aus Otterbach und Lörrach-Stetten nach Basel, während Riehener Abwasser zum Teil in den Hauptsammler des Wieseverbandes geleitet werden. – Die *Abfuhr von Haus- und Gewerbeabfällen* erfolgt in allen Stadtteilen einmal wöchentlich durch die Stadt. Brennbarer Müll wird, wie 1970 vereinbart, in die Kehrrichtverbrennungsanlage nach Basel geschafft, der nichtbrennbare Abfall auf die Kreismülldeponie Scheinberg in Wiesel abgefahren.

Recht früh, nämlich 1912 und 1913, schlossen sich Haltingen und Weil dem »Bezirksverband für die Gasversorgung von Lörrach und Umgebung« an. Das Lörracher Gaswerk war damals von der Stadt in den Besitz der Thüringer Gasgesellschaft in Leipzig gelangt, die den Ausbau zur Überlandzentrale für die benachbarten Gemeinden in der Rheinebene und im Wiesental betrieb. Haltingen erhielt daraufhin 1914 Gaslaternen. Friedlingen, anfänglich an Hüningen angeschlossen, wurde zwischen 1927 und 1936 dem allgemeinen *Gasversorgungsnetz* eingefügt. Ungeachtet mehrerer Namensänderungen der Versorgungsgesellschaft blieb die Struktur bei ständiger Anpassung des Gasleitungsnetzes im wesentlichen bis heute unverändert, abgesehen von der Zeit unmittelbar nach dem Ende des 2. Weltkrieges, als die Gasversorgung vorübergehend stillgelegt war. Der Gaslieferant für Weil-Ost, Leopoldshöhe, Friedlingen, Otterbach und Haltingen heißt heute »Badische Gas- und Elektrizitätsversorgungs AG« mit Sitz in Lörrach. Ötlingen und Märkt sind nicht an die Versorgung angeschlossen.

Für die *Stromversorgung* waren anfänglich zwei Liefergesellschaften zuständig: die seit 1906 bestehende, in Haltingen ansässige Elektra Markgräflerland Haltingen GmbH, und, zunächst nur für Weil zuständig, die Kraftübertragungswerke Rheinfelden/Baden AG. Dieser Zustand endete 1939, als die Elektra auf das Kraftübertragungswerk überging. Während Weil schon 1905 und Haltingen 1907 als die größeren und wohlhabenderen Gemeinden mit elektrischer Versorgung ausgestattet waren, taten sich die beiden kleineren der Kosten wegen hier schwer. Es dauerte bis zur Mitte der 1920er Jahre, bis auch dort die Mehrzahl der Häuser Strom hatte. Heute versorgt das Rheinfelder Werk alle Haushaltungen, das Stadtgebiet direkt.

Die *medizinische Versorgung*, die überkommenerweise von Lörrach, in Märkt von Efringen-Kirchen aus geschehen war, wurde 1992 im Stadtgebiet von 20 praktischen, 22 Fachärzten und 19 Zahnärzten, darunter ein Kieferorthopäde, wahrgenommen. 10 Apotheken versorgen mit Medikamenten. Von zentraler Bedeutung für die medizinische Versorgung ist das 1976 beim Rathaus errichtete Ärztehaus mit 8 Praxen. Haltingen mit 7 Ärzten und 3 Zahnärzten ausgenommen, ist die medizinische Versorgung der übrigen Stadtteile auf die Leopoldshöhe, Weil-Ost und Friedlingen konzentriert. In Ötlingen und Märkt gibt es keine Arztpraxen. Zu stationären Behandlungen wird überwiegend in die Lörracher Krankenhäuser, nach Rheinfelden, Freiburg und auch in die Basler Spitäler überwiesen. Unter den weiteren Heilberufen, die in Weil am Rhein zu nennen sind, sind 5 Heilpraktiker, darunter einer in Ötlingen, sowie 11 Masseure und Krankengymnasten in Weil-Ost, auf der Leopoldshöhe und in Haltingen.

Für die soziale Versorgung der Weiler Bevölkerung ist 1982 der *Sozialring Weil am Rhein* gegründet worden. Er koordiniert die Bemühungen der lokalen Organisationen von Caritasverband, Diakonischem Werk, des Deutschen Roten Kreuzes, der Arbeiterwohlfahrt, der Kirchengemeinden beider Konfessionen und der Stadtverwaltung, die darin vertreten sind. Für die Altenpflege wurde 1964 das Kreisaltersheim gebaut und 1981 durch einen Pflegetrakt mit 21 Betten erweitert. Im November 1989 wurde in der Altenwohnanlage Stettiner Straße die Tagespflegestätte mit 10 Plätzen für ältere Menschen eröffnet. Das Modellprojekt ist organisatorisch der Kirchlichen Sozialstation Weil am Rhein – Vorderes Kandertal angegliedert.

Zwei der sechs *Friedhöfe* in Weil am Rhein befinden sich noch am ursprünglichen Platz bei der Kirche, der alte Märkter und – ungeachtet mehrerer Erweiterungen im vergangenen und in diesem Jahrhundert – der Haltinger. An der Heldelinger Straße auf Haltinger Gemarkung wurde der »Rumänenfriedhof« für verstorbene rumänische Kriegsgefangene 1917 angelegt. In Märkt entstand 1972 der neue Friedhof beim südöstlichen Ortsausgang. Der Ötlinger Gottesacker lag ursprünglich parallel zum Kirchenschiff und war recht eng. Noch im Jahr 1760 scheint er sich dort befunden zu haben, wurde dann aber 1864 an seine heutige Stelle verlegt. Auch der alte Weiler Friedhof war bis 1874 bei der Kirche gelegen. Da dann aber keine Erweiterungen mehr möglich waren, beschloß der Gemeinderat die Verlegung zum Nordausgang des Dorfes an den Haltinger Weg (heute: Weilweg). Der Friedhof wurde inzwischen mehrfach vergrößert. Die erste Leichenhalle, 1931 gebaut, wurde 1976 durch einen Neubau ersetzt. Märkt hatte bereits 1974 eine Abdankungshalle errichtet, in Ötlingen wurde sie 1977 von der Stadt Weil am Rhein gebaut.

Nach den Eingemeindungen der 1970er Jahre hat es auf dem Gebiet der *Freiwilligen Feuerwehren* einen organisatorischen Einschnitt gegeben; 1975 wurden die Wehren aller vier Orte zur Freiwilligen Feuerwehr Weil am Rhein zusammengeschlossen. Sie bestand 1991 aus 164 Feuerwehrleuten und 19 Jungfeuerwehrleuten mit 6 Löschzügen in Weil-Ost, Leopoldshöhe, Friedlingen, Otterbach, Ötlingen und Märkt sowie einer Abteilung in Haltingen. Der Altersabteilung gehören 63 Mitglieder an. Die Tradition der ehemals 6 Wehren (die 3 in Alt-Weil, Friedlingen, – jeweils 1912 gegründet – und der Leopoldshöhe – 1921 entstanden – sind seit 1921 vereinigt) reicht zum Teil weit ins 19. Jh. zurück. Die belegbar älteste Wehr war 1858 in Haltingen entstanden; vielleicht aber ist die Märkter Wehr – dort wurde 1775 die erste Spritze angeschafft – noch etwas älter; organisatorisch hat sie sich erst 1933 zusammengefunden, in den 1870er Jahren hatte aber mit Gewißheit eine Feuerwehr bestanden. Die Weiler Feuerwehr formierte sich 1865, zwei Jahre später folgten die Ötlinger.

Kirche. – Die Kirchenorganisation im Stadtbereich dauerte nach dem tiefen Einschnitt der Reformationszeit bis über das 19. Jh. hinaus unverändert fort: Weil, Haltingen und Ötlingen waren seither evangelische Pfarreien; Märkt blieb – auch nach 1838 – Filiale von Eimeldingen. Nur das rasche Anwachsen der Bevölkerung erklärt die im 20. Jahrhundert vorgenommenen Änderungen in Weil und Haltingen. Zunächst waren die Katholiken von den Pfarreien Lörrach und Stetten aus betreut worden; Märkter Katholiken gingen nach Istein in die Kirche. Mit der ersten katholischen Kirche St. Peter und Paul entstand 1904/05 die Pfarrkuratie auf der Leopoldshöhe, die 1937 zur Pfarrei erhoben wurde. Die neue Kirche wurde 1989 eingeweiht.

1936/37 wurde auch die Haltinger Marienkirche gebaut und 1938 die Kuratie errichtet (1962 Pfarrei). Dadurch änderte sich der Sprengel: Binzen, Eimeldingen, Märkt und Ötlingen wurden von Weil abgetrennt und gehörten fortan zu Haltingen, wo sie bis heute verblieben. Als weitere katholische Pfarrei entstand 1957 die Kuratie in Friedlingen mit der dem Guten Hirten geweihten Kirche. Sie wurde 1964 zur Pfarrei erhoben. Bereits 1937 wurde die West-, heute Johannes-Pfarrei, als zweite evangelische Pfarrei in Weil am Rhein eingerichtet, die seither die Stadtteile Leopoldshöhe und

Friedlingen umfaßt. Ihr Zentrum hat sie seit 1956 in der Johanneskirche. Kurz darauf wurde Friedlingen als Pfarrvikariat abgetrennt. Es bildet seit Ende 1957 eine eigene Kirchengemeinde. Die Friedenskirche, die der Pfarrei den Namen gab, wurde 1963 als bisher jüngste evangelische Kirche in Weil gebaut.

Schule. – Kinderbewahranstalten, die Vorgänger der heutigen *Kindergärten*, finden sich von der Mitte des vergangenen Jahrhunderts an in Haltingen (1855) und Weil (1858); private Initiative war in beiden Fällen der Anfang, freiwillige Beiträge sicherten den Unterhalt, wie auch der Ötlinger Kindergarten, 1885 erwähnt, auf privater Basis beruhte. Beachtliche Stiftungen schließlich ermöglichten noch vor der Jahrhundertwende Neubauten in beiden Gemeinden. 1926 gab es in Friedlingen bereits den zweiten Weiler Kindergarten. Er war von der evangelischen Kirchengemeinde im Gemeindehaus eingerichtet worden. Im rasch wachsenden Weil kamen weitere hinzu: ein Kindergarten – zunächst von der Reichsbahn unterhalten – am Hebelplatz (1926 eröffnet) und der erste katholische an der Leopoldstraße 1929/30. Auch nach dem Kriege entstanden weitere Kindergärten, so daß 1992 insgesamt 15 Kindergärten im Stadtbereich gezählt wurden, darunter ein katholischer und zwei städtische in Haltingen, ein städtischer in Ötlingen und ein evangelischer in Märkt. Die übrigen sind mit recht gleichmäßiger Dichte über die Stadt verteilt: in Weil-Ost und auf der Leopoldshöhe gibt es jeweils zwei evangelische und einen katholischen Kindergarten sowie im alten Pfarrhaus von St. Peter und Paul seit 1991 einen freien Kindergarten mit Hort, in Friedlingen einen katholischen und einen evangelischen und in Otterbach einen weiteren katholischen. Das Angebot von 962 Kindergartenplätzen war 1992 zu 96,6% belegt; lediglich der Kindergarten in Ötlingen wies eine größere Zahl freier Plätze auf.

Die Nähe von Kirche und Schule, die bis zum 19. Jh. charakteristisch war, kommt in Weil auch dadurch zum Ausdruck, daß die älteren *Schulhäuser* immer um die Kirche standen; dies gilt für den Bau von 1845 – erstmals mit zwei Schulsälen ausgestattet – genauso wie für den Vorgängerbau aus der Mitte des 18. Jh. Erst die dritte Weiler Schule in dieser Reihe stand fernab der Kirche an der Hinterdorfstraße. Vielleicht kommt aber auch mit dieser Standortwahl der geänderte Zeitgeist zum Ausdruck. Das 1880 errichtete Gebäude, später Hebelschule genannt, hatte vier Klassenzimmer. Das damals allmählich einsetzende Wachstum der Stadt schlägt sich auch in der weiteren Schulgeschichte nieder. Schon 1910 wurde das erste Schulhaus in Friedlingen, die Rheinschule, errichtet. Anfänglich waren die meisten Friedlinger Schüler nach Hüningen (Elsaß) und Kleinhüningen (Basel) gegangen, später in einem Provisorium im Friedlinger Hof untergebracht gewesen. 1925/26 baute die Reichsbahn die Leopoldschule; das Gebäude gelangte später in städtischen Besitz. Nach dem 2. Weltkrieg entstanden die Karl-Tschamber-Schule (1955), die Erweiterung der Rheinschule, das Kant-Gymnasium (1963), die Realschule (1970) und die Markgrafenschule (1975). Die Real- und Markgrafenschule haben 1985 ihre Gebäude getauscht. – Auch das Haltinger Schulhaus, mit dem die Gemeinde ins 19. Jh. eintrat, datiert in die Zeit, als man anfing, die Schulpflicht strenger zu handhaben. Es wurde 1768 in Betrieb genommen, und wie überall war die Lehrerwohnung im gleichen Hause untergebracht. Bis die nächsten Schulräume gebaut wurden, verging ein knappes Jahrhundert: das Rathaus bot von 1867 bis 1911 den Schulkindern in zwei Klassen Platz. Erst das nächste Gebäude, 1910 bis 1911 gebaut, wies vier Schulzimmer auf, war aber in den 1920er Jahren und 1950 zu klein und wurde erweitert. 1970 wurde die neue Haltinger Schule gebaut. – In Märkt war zwischen 1776 und 1785 in der Dorfmitte ein Schulhaus errichtet worden; Ende des 19. Jh. galt dieses Gebäude zwar als renovierungsbedürftig, in seiner Größe für die damals etwa 40 Schüler aber noch als ausreichend. 1910/12 fiel das Urteil über das alte

Schulhaus bereits derart negativ aus, daß sich – wider alle Gepflogenheiten – selbst die arme Gemeinde einen Neubau auflastete, der unmittelbar nach Kriegsausbruch fertiggestellt war. Dieses Gebäude beherbergte die Märkter Schule bis zum Oktober 1966; seither dient es als Kindergarten. Die damals eingeweihte neue Schule, ein moderner Bau, der ursprünglich ein Flachdach hatte, befindet sich am südlichen Dorfausgang. – Das 1721 erworbene – übrigens bereits zweite – Ötlinger Schulhaus war Anfang des 19. Jh. abgebrannt. 1829 war es durch einen Neubau ersetzt worden, in dem fortan auch das Ratszimmer untergebracht war. Dieses Gebäude diente bis nach dem 2. Weltkrieg dem Unterricht. Längst als zu eng, zu dunkel und als unzureichend erkannt, wurde es 1963 durch einen Neubau ersetzt.

Weil am Rhein wies im Jahre 1993 (Schuljahr 1993/94) 1039 Grund-, 662 Haupt-, 544 Realschüler, 745 Gymnasiasten sowie 154 Förder- und Sonderschüler auf (ohne Außenstelle der Förderschule in Wollbach). Zum gleichen Zeitpunkt unterrichteten 133 Lehrer an Grund- und Hauptschulen, 34 an der Realschule, 66 am Gymnasium und 23 an den Förder- und Sonderschulen (jeweils einschließlich Referendare und kirchliche Lehrer). Die heutige *Schulorganisation* schließt alle Stadtteile zusammen. Grundschulen befinden sich in Weil-Ost (Gebäude der Karl-Tschamber-Schule), in Friedlingen (Rheinschule), auf der Leopoldshöhe und – im Schulverband mit Märkt – in Ötlingen. In Haltingen sind Grund- und Hauptschule in der 1970 errichteten Hans-Thoma-Schule gemeinsam untergebracht. Die übrigen Hauptschüler besuchen die Markgrafenschule in Weil-Ost. Als weiterführende Schulen befinden sich in Weil am Rhein die Realschule sowie das 1963 als Progymnasium errichtete Kantgymnasium, wo seit 1970 auch Oberstufenklassen unterrichtet werden. In der Leopoldschule ist heute eine Förderschule untergebracht, in der Realschule eine Außenstelle der Sprachheilschule Zell. Die Förderschule hat eine Außenstelle in Kandern und Wollbach. Ihr Einzugsbereich erstreckt sich auf den gesamten angrenzenden Raum. Dies gilt auch für die Realschule und das Gymnasium, wobei hier auffällt, daß sogar Schüler aus dem benachbarten Ausland kommen.

Das Bildungsangebot der Stadt wird noch durch sieben Institutionen erweitert; vier dieser Einrichtungen konzentrieren sich auf die *Erwachsenenbildung*. Lediglich die Sing- und Musikschule, eine städtische Gründung aus dem Jahre 1952, wurde 1993 von etwa 800 zumeist jugendlichen Schülern besucht. Seit 1963 gibt es in Weil auch eine Abendrealschule, die 1968 die staatliche Anerkennung erhielt. Grundsätzlich ist dieser Einrichtung die seit 1985 in den Räumen des Gymnasiums unterrichtende staatlich anerkannte Privatschule zur Erlangung der Fachhochschulreife vergleichbar. Die Anfänge der Volkshochschule, die in Weil seit 1967 im Haus der Volksbildung untergebracht ist, reichen ins Jahr 1951 zurück. Zu den Initiatoren gehörte der damalige Leiter des Deutsch-Französischen Forschungsinstituts in Saint Louis, ISL. Aus der anfänglich personell hauptsächlich auf den deutschen Wissenschaftlern des Instituts basierenden Vortragstätigkeit hat sich inzwischen ein Unterrichtsbetrieb mit über 3500 Teilnehmern (1993) herausgebildet, die sich durch Besuche von Vorträgen und vornehmlich Sprachkursen weiterbilden. Seit 1975 wird die Volkshochschule Haltingen als Außenstelle weitergeführt. Dort befindet sich bereits seit 1959 das von der katholischen Kirchengemeinde ins Leben gerufene Christliche Bildungswerk, dessen Arbeit heute zum Teil auf ökumenischer Basis beruht. 1992 wurden 1150 Teilnehmer gezählt, die an Sprachkursen, Seminaren gesellschaftspolitischer Art und Vorträgen teilgenommen haben.

Kulturelle Einrichtungen. – Naturgemäß partizipiert die Stadt Weil am Rhein am kulturellen Angebot von Basel. Selbständige Kulturarbeit wurde in der Vergangenheit

z. B. besonders von der Musikschule geleistet, deren öffentliche Veranstaltungen, vor allem die Musikwochen, auf reges Interesse stießen. Hinzu kamen alljährlich mehrere Vernissagen, auf denen vorwiegend Künstler aus dem Markgräfler Raum ausstellten. Seit der Renovierung des »Stapflehus« in Weil-Ost (1983) finden diese Veranstaltungen dort statt. Mitte der 1980er Jahre hat die Stadt ein eigenes Kulturamt geschaffen und Konzepte für die *institutionelle Kulturarbeit* (Museen, Musikschule, Kunstschule, Volkshochschule, Galerie und Bibliothek) entworfen und teilweise umgesetzt. Beispiele sind die klassische Konzertreihe »willa musica«. Autorenlesungen werden im Haus der Volksbildung oder im alten Rathaus veranstaltet, das im ehemaligen Gasthaus Sonne und zwischenzeitlichen Altweiler Rathaus hauptsächlich zum Domizil für Weiler Vereine umgebaut wurde. Seit 1986 werden dort auch Jazzkonzerte im Gewölbekeller und klassische Konzerte im früheren Scheunensaal sowie Symposien – wie seit 1987 das Bauforum – veranstaltet. Das Haus wird gemeinschaftlich vom Kulturring, der die Belange der kulturellen Vereine vertritt, und dem Stadtjugendring verwaltet. – Die größte überregionale Ausstrahlung verdankt die Stadt allerdings den Ausstellungsgebäuden und *Museen*. Das ehemalige Heimatmuseum – einst Rathaus, Post und Schulgebäude – wurde 1989 als modern ausgestattetes Museum am Lindenplatz wiedereröffnet und wird hauptamtlich von einem Kustos und einem Museumspädagogen geleitet, die seither eine Reihe von beachtenswerten Sonderausstellungen konzipieren. 1990 wurden die von einem Verein betreute Dorfstube in Ötlingen als bäuerliches Freilichtmuseum und ebenfalls am Lindenplatz ein Landwirtschaftsmuseum eingeweiht. Weltweite Beachtung fand das Vitra Design Museum und seine Sonderausstellungen seit der Eröffnung im November 1989. – Weil am Rhein unterhält eine *Stadtbücherei*, bisher im Haus der Volksbildung untergebracht, mit Außenstellen in der Rheinschule, Friedlingen und in der Hans-Thoma-Schule, Haltingen. Der Bestand lag 1985 bei etwa 23000 Bänden. Die Stadtbücherei wird nach deren Umbau in die alte St. Peter und Paulskirche verlegt.

Sportstätten. – Vor allem die *Bäder* im heutigen Stadtbereich haben eine beachtliche Tradition. Zu den ersten Freibädern in der Region hatte in den 1920er Jahren das Rheinstrandbad Märkt gehört, das nach dem Stauwehrbau hatte geschlossen werden müssen. Die Stadt Weil am Rhein war schon bald nach dem 2. Weltkrieg an den Bau eines Freibades im Nonnenholz gegangen. Es wurde 1950 eröffnet. Unmittelbar daneben, zum Teil auf dem alten Freibadgelände errichtet, hat die Stadt unter einem Kostenaufwand von 22 Mio. DM 1984 das einzige Hallen-Freizeitbad der Region gebaut, das inzwischen bei einer Besucherzahl von durchschnittlich 1100/Tag zu den beliebtesten Einrichtungen dieser Art gehört. – In der unmittelbaren Umgebung, im Nonnenholz, findet sich eine ganze *Reihe weiterer Sportstätten*, die das Weiler Sportzentrum bilden, dessen Anfänge auf die späten 1920er Jahre zurückgehen: das 1955 angelegte Stadion mit Tribüne, einen Rasenplatz (1975 angelegt), einen Hartplatz (1963) sowie als Vereinsanlagen ein Rasenplatz, eine Kegel- und Turnhalle, Tennisplätze und eine Rollsporthalle. Etwas abseits davon liegt eine private Tennis-, Squash- und Eissporthalle. – In den neu hinzugekommenen Stadtteilen bestehen Rasenplätze; in Haltingen wurden sie 1960 und 1965 angelegt, in Märkt 1958. In Friedlingen wurden 1986 noch ein Hartplatz sowie ein Rasenplatz in Betrieb genommen.

Vereine. – Ein beachtlicher Teil der Weiler Bevölkerung war 1992 bei 215 Vereinen als Mitglieder registriert. Nicht gerechnet sind hier die Mitglieder der politischen Vereinigungen, ihrer Unterorganisationen und von Gewerkschaften. Insgesamt wurden annähernd 20000 Mitglieder gezählt.

Allein 19 Vereine mit fast 6000 Mitgliedern – darunter 1664 aktive – widmen sich kulturellen Aufgaben, etwa der Pflege des Liedguts, wie zahlreiche Gesangvereine in

Die Stadt im 19. Jahrhundert und in der Gegenwart

allen Stadtteilen, darunter der älteste Verein in Weil am Rhein, der 1836 gegründete Gesangverein Alt-Weil, auch der Eisenbahnergesangverein sowie die Weiler Narrenzunft »Wiler Zipfel«. Andere pflegen das Instrumentalspiel oder die Bildenden Künste. Als Dachorganisation wurde 1984 der Kulturring gegründet, der das Ziel verfolgt, alle kulturellen Anstrengungen und Initiativen zu fördern und aufeinander abzustimmen.

Ganz unterschiedlichen Sportarten wenden sich 37 Vereine zu, die im Turn- und Sportring als Dachorganisation zusammengefaßt sind. Sie zählen fast 8000 aktive und annähernd 4000 passive Mitglieder. Das Angebot der Vereine reicht vom Schwimmsport, der mit 251 Mitgliedern bei der Schwimmsport-Gemeinschaft und 678 bei der DLRG in Weil recht stark vertreten ist – über Tennis, Rollsport, Squash, Ringen, Turnen, Handball, Leichtathletik, Kraftsport, Motorsport, Volley- und Fußball bis zum Skifahren (Skiclub mit 870 Mitgliedern). Zu den noch nicht erwähnten, mitgliederstärksten dieser Vereine gehören der Eisenbahner Turn- und Sportverein 1926 mit 1550 Mitgliedern, der Turnverein Weil 1884 mit 980 Mitgliedern, der TV Haltingen 1884 mit 894 Mitgliedern, die Turn- und Sportgemeinschaft Ötlingen mit 500 Mitgliedern, der SV Weil mit 565, der mit 572 Mitgliedern gemeldete FC Friedlingen, der FV Haltingen mit 357 Mitgliedern, sowie die Sportvereinigung Märkt-Eimeldingen, die – allerdings über die Grenzen der Stadt hinausreichend – 524 aktive und passive Sportler zählte. Der SV Märkt meldete 238 Mitglieder.

Strukturbild

Weil, Haltingen und Ötlingen waren bis in die Mitte des 19. Jh. Rebdörfer, die alle typischen Merkmale dieser Art aufwiesen. Märkt war ein ausgesprochen armes Fischerdorf. Mit dem Bau der Bahnlinie Mannheim-Basel traten die ersten strukturverändernden Impulse ein, die – in recht unterschiedlicher Weise und zu verschiedener Zeit – Haltingen und Weil, weit schwächer Märkt, in geringerem Maße auch Ötlingen trafen.

Haltingen war der zunächst betroffene Ort. Mit den Geleisen und dem Bahnhof kamen Fremde; Speditionen ließen sich nieder und wickelten den Gütertransport nach Basel ab. Dieser Zustand blieb jedoch Episode, die mit der Eröffnung des alten badischen Bahnhofs (heute: Messegelände) in Basel endete. Fortan war Weil letzte Station innerhalb des Landes. Die zwischen Rhein und Siedlung verkehrende Bahn veränderte die Struktur des Dorfes zunächst überhaupt nicht; der Bahnhof lag fernab. Vom Ende des Jahrhunderts an aber begann sich östlich der Geleise mit der Leopoldshöhe ein eigener »Eisenbahnerortsteil« herauszubilden. Westlich der Bahn, nahe beim längst rektifizierten Rhein, arbeiteten inzwischen mehrere Textilfabriken; Friedlingen wurde gleichermaßen ein selbständiger Ortsteil, Standort einer noch in den 1920er Jahren stark expandierenden Industrie. Mit drei Fabriken (FAS, Schetty und Präzisionsschraubenfabrik) und 1024 Beschäftigten stand Weil 1925 der Beschäftigtenzahl nach an neunter Stelle in Baden. Als kleinster, aber ebenfalls von der ursprünglichen Siedlung weitab liegender Ortsteil entstand Otterbach, die »Zollsiedlung«.

Weil bestand damit aus vier voneinander räumlich, genauso aber auch sozial getrennten Teilen; denn – wenige kleine Industriebetriebe nahe beim Bahnhof Weil-Ost ausgenommen – das alte Dorf hatte seine überkommene Struktur bis zur Stadterhebung bewahrt. Doch noch vor dem 2. Weltkrieg – verstärkt danach – schlug sich der Bedeutungsverlust der Landwirtschaft auch in Alt-Weil nieder. Zwar ist der agrarische Sektor dort noch am ehesten sichtbar – Haupterwerbslandwirte sind aber kaum mehr auffindbar, ihre Zahl ist verschwindend gering. Nach dem 2. Weltkrieg sind die räumlich getrennten Siedlungsteile weitgehend ineinandergewachsen; nur Otterbach ist bis heute noch nicht mit der übrigen Stadt verwachsen.

Der strukturelle Wandel, den Haltingen seit der 2. Hälfte des letzten Jahrhunderts durchlebt hat, geht in die gleiche Richtung, obgleich dieser Ort nicht zur Weiler Dimension emporwuchs. Vor allem fehlt die Weil prägende Industrie. Links der Bahn entstand in Haltingen ein der ursprünglichen Struktur der Leopoldshöhe sehr ähnlicher neuer Siedlungsteil. 1939 war Haltingen Arbeiterwohngemeinde. Vollends die Kriegszerstörungen begünstigten dann aber auch den Wandel des alten Ortsbereichs.

In Ötlingen dagegen blieb der überkommene Aufbau von Siedlung und Bevölkerung auch nach 1945 noch weitgehend erhalten; wenige Abwanderer und Industriependler veränderten das Gesamtbild nicht. Erst die Eingliederung der Vertriebenen und dann das vornehmlich in den 1970er Jahren entstandene Neubaugebiet zog die Verwischung der sozialen Strukturen auch hier nach sich: aus der kleinbäuerlichen Gemeinde von 1939 ist ein Wohnvorort mit noch starkem landwirtschaftlichem Element geworden.

In Märkt begannen sich die Strukturen durch Fluß- und Bahnbau, in hohem Maße auch durch die Weiler Industrialisierung zu verändern: zunächst entstanden neue Arbeitsplätze, durch die Rheinrektifikation aber auch neues Ackerland, wodurch die Armut des Ortes allmählich gelindert wurde. Einen tiefen Einschnitt brachte die Rheinrektifikation, vollends der Bau des Rheinseitenkanals und des Stauwehrs ab etwa 1928 für die Märkter Fischer, deren Gewerbe durch das Absinken des Grundwasserspiegels erst erschwert, dann völlig unmöglich wurde. Märkt entwickelte sich in den 1930er Jahren zusehends zum Arbeiterwohnort. Ein neues Element kam durch die in den 1960er Jahren angesiedelte Industrie hinzu. Auch in diesem Stadtteil ist die Eigenschaft des Wohnvorortes heute deutlich ausgeprägt.

Weil am Rhein ist heute zusammen mit Lörrach Mittelzentrum; beide Städte sind Teile des grenzüberschreitenden Verdichtungsraumes Basel. Ungeachtet des Verlusts von drei Traditionsbetrieben der Textilindustrie blieb Weil am Rhein Industriestandort, wobei die Anstrengungen der Stadt bei der Neuansiedelung von Betrieben nicht ohne Erfolg waren. Hieraus hat sich – vor allem seit dem Beginn dieses Jahrzehnts – sogar ein neuerlicher Strukturwandel ergeben, als High-Tech-Unternehmen nach Weil am Rhein zogen und sich das Gesicht von Friedlingen positiv veränderte.

Zum städtischen Einzugsbereich gehören die nördlich anschließenden Gemeinden des Vorderen Kandertals sowie Teile von Efringen-Kirchen, im Freizeitbereich auch die französischen Gemeinden links des Rheins und die Schweizer Nachbarschaft. Durch den Ausbau der öffentlichen Verkehrslinien, durch das Ausbildungsangebot, auch durch den vor allem auf der Leopoldshöhe neuerdings auch in Friedlingen konzentrierten Einzelhandel vermochte Weil seine Zentralitätsfunktion auszubauen und seine Attraktivität auch als Einkaufsort für Basler und Elsässer zu steigern.

Wie bei der letzten, 1987 durchgeführten Volkszählung festgestellt, lebten 25 800 Menschen in der heutigen Stadt (1993: 27 350). Die Erwerbsquote war mit 45,6% fast gleich wie 1970. Von den 11 756 Erwerbstätigen waren 1,4% in der Land- und Forstwirtschaft, 40,1% im Produzierenden Gewerbe, 27,4% in Handel und Verkehr und 31,1% in Sonstigen Berufen tätig. Der größere Teil der Weiler Berufsauspendler fand 1987 im benachbarten Lörrach (2218) seine Arbeit. Eine beachtliche Zahl pendelte aber auch in die Schweiz, vor allem nach Basel; die Volkszählung ermittelte für 1987 2121. Die Zahl der Frankreichpendler hingegen lag mit 57 relativ niedrig. Es handelt sich vornehmlich um Mitarbeiter des Deutsch-Französischen Forschungsinstituts Saint Louis. Der Auspendlerüberschuß (Auspendler insgesamt 1961: 4879, 1970: 5456, 1987: 5594) lag 1987 bei 2340.

Indikatoren der Finanzkraft einer Gemeinde sind Steueraufkommen und Schuldenstand. Im Falle von Weil am Rhein fällt hier das um 1975 kurz unterbrochene Ansteigen des Gesamtsteueraufkommens von 1970 (über 6 Mio. DM) auf über 22 Mio. DM im Jahre 1980 auf. Schon im Jahre 1981 ging dieser Wert leicht zurück (21,8 Mio.); 1982 fiel er sogar wieder unter die 20 Mio.-DM-Grenze. 1985 hat er 21,1 Mio. DM erreicht und stieg bis 1992 auf DM 35,8 Mio. DM (Spitzenwert 1991: 39 Mio. DM).

Der Anteil der Gewerbesteuer am Gesamtsteueraufkommen hatte den ganzen Zeitraum über beträchtlich geschwankt. Er lag anfangs (1970) bei etwa einem Drittel, im sehr guten Steuerjahr 1980 bei 43,3%, fiel dann aber wieder leicht ab (36,4% 1981 und 1982). 1985 lag er mit 7,4 Mio. bei 35,2%, 1992 bei 38,5%, so daß der Ausgangsanteil fast nicht verändert war.

Die Steuerkraftsumme je Einwohner – 1970: 280 DM – stieg unterdessen nahezu ununterbrochen auf 982 DM (1982 und 1983) an, bis 1992 weiter auf 1373 DM. Damit wurde 1992 der im Landesdurchschnitt erreichte Wert übertroffen. Dem stand ein von 337 DM (1970) auf 660 DM (1980) bis 1590 DM (1992) ansteigender Schuldenstand auf den Einwohner berechnet gegenüber. Weil am Rhein hat damit hinsichtlich seiner Verschuldung den Landesdurchschnitt deutlich überschritten. Der Grund für den Anstieg liegt in der starken Investitionstätigkeit der letzten Jahre.

Die künftigen Entwicklungsziele sind breit gefächert und zielen auf weitere Expansion, besonders in den Bereichen Industrieansiedlung, Wohnungsbau und Erweiterung des Dienstleistungsangebotes. Diese Entwicklungsziele werden gestützt durch das Programm »Einfache Stadterneuerung« für den Stadtteil Friedlingen und das Sanierungsprogramm »Innenstadtkorrektur Leopoldshöhe«. Ein weiterer Schwerpunkt der Vorhaben liegt in der beabsichtigten Ausrichtung der Landesgartenschau im Jahr 1999, der Neuordnung des Bahnareales im Zusammenhang mit der Errichtung eines Güterverkehrszentrums, der Umgestaltung der Hauptstraße und in verkehrsplanerischen Maßnahmen. Ein Teil davon ist bereits konkret beschlossen, wie die Verlegung der Bundesstraße B 3 im Bereich der Leopoldshöhe; andere Maßnahmen, wie die Verlängerung einer Tram-Linie aus Basel nach Weil am Rhein, sind ins Auge gefaßt. Daneben bestehen noch langfristige Planungsziele, z. B. die Errichtung einer Stadthalle.

C. Die Geschichte der Stadtteile

Haltingen

Ur- und Frühgeschichte. – In der Geschichte der archäologischen Erforschung unseres Landes spielt Haltingen eine besondere Rolle, weil hier schon im Jahr 1660 Grabungen nach Altertümern stattgefunden haben. Im Generallandesarchiv in Karlsruhe befindet sich eine Notiz, in der die Öffnung der sogenannten »Heidengräber« zu Hiltelingen erwähnt wird, ein abgegangener Ort der heutigen Haltinger Gemarkung. Veranlaßt hat dieses Unternehmen der Röttler Amtmann Pauli in der Absicht, »vermutliche Antiquitäten« zu suchen. Doch war der Erfolg anscheinend gering, und man vermutete, daß früher schon einmal in den Hügeln gegraben worden sei. Tatsächlich kommt bei *hallstattzeitlichen Hügeln*, um die es sich allem Anschein nach gehandelt hat, antike Beraubung nicht selten vor. Vielleicht hat man aber auch schon 1598 zum ersten Mal gegraben, dem Jahr, in dem die »Heydengräben« zum ersten Male urkundlich erwähnt sind. Von diesen Hügeln ist heute nichts mehr erhalten, ihre Lage läßt sich daher nicht mehr genau bestimmen. Mit ihnen sind die einzigen oberirdisch sichtbaren

Zeugen prähistorischer Zeit auf der Gemarkung verschwunden, wie auch sonst in der Ebene in den letzten zwei- bis dreihundert Jahren.

Von einem Steinbeilfund im Gewann »Steinenbrunnen« abgesehen, wurden alle anderen Fundstellen durch Erdarbeiten bekannt. Als 1908 der große Verschiebebahnhof gebaut wurde, stieß man etwa bei der Einmündung der Hohen Straße in die Bundesstraße auf ein *Grab der Urnenfelderzeit* (ca. 1200 v. Chr.), das mehrere große und kleinere Tongefäße, teilweise mit weiß inkrustiertem Dekor, enthielt. Auch ein fein ornamentiertes Bronzeblechschälchen gehörte zu dem bemerkenswert reichhaltigen Inventar. Bei den gleichen Bauarbeiten fanden sich auch Hinweise auf eine *römische Ansiedlung* im Gewann »Oberried« bzw. am »Palmenrain«. Leider läßt sich nachträglich nicht mehr feststellen, ob diese Siedlung oberhalb oder unterhalb des hier durchziehenden Hochgestades lag. Dies ist im Hinblick auf die Lage zur »Hohen Straße«, der alten Römerstraße von Basel nach Heidelberg und Mainz, nicht ganz ohne Bedeutung. Ist doch bis heute strittig, ob es sich bei diesen ins 1. Jh. n. Chr. zu datierenden Funden, darunter Sigillaten, Krüge und eine Tonlampe, um Zeugnisse einer zivilen oder militärischen Einrichtung handelt. Früher, als man die Funde noch vor die Mitte des 1. Jh. datierte, hat man sogar von einem Kastell gesprochen, heute erscheint ein Gutshof doch wahrscheinlicher. Mit Sicherheit so zu deuten sind römische Mauerreste unter der hochgelegenen Pfarrkirche. Wir haben hier in Haltingen einen der im Markgräflerland auch andernorts belegten Fälle vor uns, wo eine mittelalterliche Kirche sich auf dem Areal eines römischen Gutshofs erhebt. Sicher ist dies kein Zufall, sondern im Sinne einer Kontinuität des Platzes von der Römerzeit zum frühen Mittelalter zu deuten. Ziegelfunde im Gewann »Sieben Juchterten« runden das Bild einer relativ dichten Besiedlung der Haltinger Gemarkung in römischer Zeit ab. Sicher hat die hier durchziehende römische Fernstraße dazu beigetragen.

Auch das *frühe Mittelalter* ist archäologisch belegt. Zum eingangs schon erwähnten, heute längst nicht mehr existierenden Hiltelingen gehört eine kleine Gräbergruppe im »Ifang«. Beigaben fehlen hier, ein sicheres Zeichen für eine späte Zeitstellung innerhalb der Merowingerzeit. Eine Besonderheit dieser Fundstelle bilden Bruchstücke römischer Mahlsteine, die für den Bau der Gräber benutzt worden sind, eine Beobachtung, die sonst im Land noch nirgends gemacht werden konnte. Spärliche Funde erbrachte eine weitere Gräbergruppe im Gewann »Wolfenwasen«. Hier ist ein Zusammenhang mit dem heutigen Ort wahrscheinlich, wenn auch diese Funde nicht bis in die Gründungszeit (5.–6. Jh. n. Chr.) zurückreichen.

Siedlung und Gemarkung. – Die alte Gemarkung Haltingen ist wie die großen Nachbargemarkungen erst das Ergebnis der Siedlungskonzentration an einem Ort während des Spätmittelalters und der frühen Neuzeit. Das Siedlungsbild der Merowingerzeit zeigt hier dagegen vier frühe Orte. Archäologisch sind davon zwei nachgewiesen. Beim Aushub für eine Wasserleitung in Haltingen wurden im Gewann Wolfenwasen am Eimeldinger Weg zwei Skelette ohne Beigaben gefunden. Die Gräber waren von Kalksteinplatten umgeben, sie werden etwa in das 7./8. Jh. datiert. Diese Gräber gehören vermutlich zu Haltingen selbst, das erstmals 764/765 in der Form *Haholtingas* in einer im 10. Jh. kopierten Urkunde erwähnt wird. Außer dieser Siedlung ist auch Hiltlingen (s. u.), ganz im Westen von Haltingen an der Hochuferkante, durch Ortsnamen und Gräberfunde im Ifang unmittelbar an der Hochuferböschung als Siedlung des 6./7. Jh. belegt. Ebenfalls in diese Zeit müßte nach der Namensform noch das erst 1278 genannte Hunoltingen gehören. Es erscheint 1514 und 1734 als Flurname Gundoltingen und Gundeldingen und lag nördlich von Haltingen in Richtung auf Binzen. Südlich von Haltingen ist das ausgegangene Leidikon zu lokalisieren. Vermutlich deutet der Flur-

Die Geschichte der Stadtteile 795

name Leitnau noch auf diesen Ort, der nach seiner Namensform bis ins 7. oder 8. Jh. zurückgeht und dessen Gemarkung zwischen Haltingen und Weil (s. dort) aufgeteilt wurde.

Die Haltinger Gemarkung wurde erst spät, d. h. im 17. und 18. Jh., um den einstigen Bann von Hiltlingen vergrößert, während die beiden anderen Siedlungen schon im Mittelalter aufgegangen waren. Eine genaue Abgrenzung der Hiltlinger Gemarkung ist nicht möglich, und die Frage muß offenbleiben, ob nicht Haltingen vorher schon Anteil am Rheinauengelände hatte. Seit 1435 sind immer wieder Streitigkeiten mit Hüningen, später mit Neudorf wegen Wald und Rheinauen aufgeflammt. Im späten 18. Jh. gehörte die große Rheininsel Küngelinwörth zum elsässischen Hüningen, dagegen die beiden Bändlin (später Bändlegrund) zu Haltingen. Von 1767 an bemühte man sich, den ständigen Landverlusten durch die Überschwemmungen des Rheines mit Dammbauten unter Anlegung von Spornwerken zu begegnen. (1715–1773 lief eine Auseinandersetzung mit den Gemeinden des elsässischen Amtes Landser wegen Bann und Weidgang auf den Rheininseln. Auch mit Märkt war 1777 ein kleiner Bezirk strittig). Die Grenze zu Weil wurde 1779 berichtigt. Die meisten Grenzschwierigkeiten gab es im Osten der Gemarkung auf dem Tüllinger Berg und im Wald Käferholz. Von 1409 an sind hier immer wieder Verwicklungen wegen Waldrechten und Steinbrüchen überliefert. Die Grenze wurde hier erst im 19. Jh. endgültig festgelegt. Aus den früheren Verhältnissen stammen minimale Waldparzellen auf Gemarkung Ötlingen und Weil.

Herrschaft und Staat. – Nach Haltingen nannte sich im 13. und 14. Jh. eine der angesehensten Bürgerfamilien Kleinbasels. 1258 ist erstmals Konrad von Haltingen, Bürger und Rat, belegt, der als Zeuge in einer Urkunde des Stifts St. Peter in Basel erscheint. Ihm folgten 1275 Bertold und »her« Heinrich von Haltingen, die ebenfalls als Zeugen beim Kauf einer Hofstatt in Kleinbasel auftraten, sowie 1277 Heinrich »genannt von Haltingen de Ramspach«. »Her« Heinrich von Haltingen und seine Kinder »her« Hug und »her« Johann verkauften 1282 Zinsen von einem Haus in Kleinbasel. Ebenfalls bei einem Tausch bzw. Verkauf von Gütern in Kleinbasel erscheinen Priester Hugo von Haltingen von Kleinbasel (1288), sein Bruder Johann von Kleinbasel (1288) sowie sein Bruder Hencin (1290). Priester Hugo und sein Bruder Johann sind noch bis 1300 belegt. Sie hatten an der Bürgergasse in Kleinbasel ihren Sitz, der »ze Niederen Haltingen« genannt wurde, besaßen weitere Häuser in der Stadt und waren im Rat von Kleinbasel vertreten. Um 1300 haben sie ihren Besitz in Haltingen veräußert.

Als *bischöflich-baslisches Lehen* erscheint Haltingen seit dem 12. Jh. im Besitz der *Herren von Röttlen*. Auf dem Erbweg gelangte die Herrschaft 1315/16 an die *Markgrafen von Hachberg-Sausenberg*, die den Ort von 1348 bis 1363 an die Familie ze Rin verpfändete. 1378 ist vereinzelt eine gemeinsame Verwaltung des Lehens Haltingen durch die Markgrafen Otto und Rudolf und den Grafen Waltram von Tierstein bezeugt. 1514/15 bezog die Herrschaft Röttlen alle Steuern, darunter auch die Jahressteuer von 38 lb. Seit 1503 war die Herrschaft bereits an die Hauptlinie der *Markgrafen von Baden* übergegangen. Sie fiel in der Teilung von 1535 an die Linie Baden-Durlach. Der Markgraf wird im 16. Jh. als rechter, einziger Herr und Inhaber der Flecken Haltingen und Hiltlingen bezeichnet. Von Basler Lehnsrechten ist nicht mehr die Rede. Vom Oberamt Röttlen kam die Gemeinde 1809 zum Amt Lörrach.

Grundherrschaft und Grundbesitz. – Besitz in Haltingen wurde 764 durch den fränkischen Grafen Ruthard an das *Kloster St. Denis* geschenkt. Es wird vermutet, daß dieser aus der Konfiskation alemannischen Herzogs- oder Hochadelsguts stammte. Sein weiteres Schicksal ist nicht zu verfolgen. 838 übertrug Rammingus u. a. den von seiner Mutter ererbten Besitz in Haltingen, den bereits der sanktgallische Hörige

Ratoldus innehatte, an das *Galluskloster*. Vermutlich wurde der Besitznachfolger von St. Gallen, das *Basler Bistum*, das 1139 über Dinghof und Kirchensatz verfügte und dessen Besitz 1185/90, 1281 und 1313 immer wieder erwähnt wird. Dem *Basler Bischof* gehörten 24 J Reben oberhalb des Dorfes. 1292 belehnte das *Stift St. Peter zu Basel* Reinher von Haltingen mit Rebgütern im Ort. Der Chorherr Arnold von Rötteln schenkte seinem Stift 1306 weitere Güter. Dieses gab 1330 einen Hof samt Trotte an Mechthild, die Witwe Werners von Wenselingen, zu Lehen. Streubesitz von St. Peter ist auch noch im 15. Jh. durch einen Berain festgehalten.

Außerdem waren viele *Basler geistliche Institutionen* mit Einzelbesitz in Haltingen begütert. St. Alban verfügte 1243 über Erblehen, die der Inhaber dem Kl. Olsberg überließ, besaß außerdem 1275 Haus und Hofstatt und wird noch 1737 genannt. Das Kl. Klingental bezog 1355 Zinse von insgesamt 34 ß und 7 Hühner. Zinse werden noch 1807 erwähnt. St. Leonhard erhielt 1296 und 1355 verschiedene Einkünfte, 1379 besaß es Haus und Güter, war 20 Jahre später deswegen in einen Streit mit den Predigern in Bern verwickelt, 1590 umfaßte sein Besitz zwei Häuser mit Hof und Trotte sowie 12 J Reben. Weineinkünfte sind noch 1730 vermerkt. Die Prediger zu Basel sind erstmals 1299 und bis in das späte 18. Jh. mit Rebbesitz bzw. Gülten vertreten. Die Basler Johanniterkommende erwarb 1298 Besitz, der wahrscheinlich auf Gemarkung Hiltlingen lag. Der Leutpriester bei St. Martin in Basel kaufte 1334 einen Weingarten – dieser könnte 1338 an die Kaplanei »bei der Säule« übergegangen sein – und 1423 weitere Einkünfte. Die Münsterkaplaneien St. Georg und Eustachius sind seit dem 16. Jh., St. Anna seit 1491 und St. Agnes super Atrio seit dem 17. Jh. mit Einkünften und Zinsen bezeugt. Diese bestanden bis in das 18. Jh. fort.

1284 erscheint *St. Clara in Kleinbasel* mit Besitz, noch um 1450 registrierte das Kloster Reben vor dem Keffertholtz im Ottenbrunnen und 1482 Ackerland an der Hochen Straße, an der Basler Straße und auf dem Langen Bichel. Das *Frauenkloster Gnadental* war seit 1323 im Ort begütert. 1390 und 1397 werden Haus und Hofstatt an der Hiltegasse zu Haltingen erwähnt. Im gleichen Jahr verlieh Gnadental ein weiteres Haus und Hofstatt an einen Rebmann von Haltingen, 1462 gingen Erblehengüter an 4 Haltinger Bauern. Ein Gnadentaler Berain von 1659 verzeichnet in Haltingen Geldzinsen und Hühner, die von 2 Hofstätten, Wein und mehreren Mannwerk Reben zu entrichten waren. Noch um 1800 bestanden diese Abgaben. All dieser Besitz der Basler geistlichen Institutionen stammte aus den Händen von Stadtadligen und zum großen Teil Kleinbasler Bürgern, die auch weiterhin Grundbesitzer in Haltingen blieben.

Unter den *übrigen geistlichen Grundherrschaften* erhielt St. Blasien 1219 Güter von den Herren von Rötteln und tauschte 1333 einige Besitzungen mit Elisabeth Pfäffin. 1352 besaß das Schwarzwaldkloster 14 J Acker, 7¾ J Reben und 16 J Wald. Im späten 15. Jh. werden 5 Güter mit Zubehör, 2 Höfe und 1 Haus genannt. Bis zum Beginn des 19. Jh. verwaltete das Baselamt den Klosterbesitz, überwiegend Weinzinse, im Ort. Auch die sanktblasische Propstei in Weitenau hatte 1344 einen Hof mit Gärten und Zinseinkünfte. Ihr Besitz läßt sich bis in das 18. Jh. verfolgen. – Eine der frühesten erhaltenen Urkunden des Zisterzienserinnenklosters Olsberg nennt unter den Stiftsgütern des Albert von Habsburg auch Rebgelände in Haltingen um das Jahr 1114. 1243 schenkten Heinrich genannt vom Neuen Keller und seine Frau ihre Erblehen im Bann von Haltingen dem Kloster. 1484 belehnte die Äbtissin von Olsberg den Knecht Heini Basler von Ötlingen mit Gütern zu Haltingen; dazu zählte auch eine Hofstatt, die neben Gütern des Markgrafen lag und worauf die Olsberger Trotte stand.

Kleinstbesitz und Zinse werden noch für die Deutschordenskommende Beuggen 1286 bis 1363, als sie an die Basler Prediger verkauft wurden, erwähnt. Aufgrund einer

Jahrtagstiftung der Familie von Klingenberg bezog die Pfarrei Zell i. W. seit etwa 1400 Weinzinse. Im 18. Jh. ist auch das Stift Säckingen Inhaber einzelner Bodenzinse. Die markgräfliche Verwaltung kaufte 1734 die Gülten des Kl. Beinwil, 1776 die Zinse von Säckingen. Schon 1503 hatte sich die Herrschaft Rötteln mit der Stadt Basel über verschiedene Güter und Zinse geeinigt.

Gemeinde. – Mit dem Niedergang von Hiltlingen wurde dieses mit Haltingen zusammen zu einer gemeinsamen Vogtei vereinigt, die seit etwa 1520 nachzuweisen ist. *Vogt und Gericht* von Haltingen werden bereits 1392 (Vogt 1298) erwähnt. Während es 1437 8 Geschworene waren, bestand das Dorfgericht im 18. Jh. aus 9 Richtern, mittlerweile alle aus Haltingen, dem Vogt und dem Stabhalter als seinem Vertreter. Außer letzteren beiden war im 18. Jh. auch der Weidgesell gefreit. Im 17. und 18. Jh. versah der Schulmeister den Dienst des Gerichtsschreibers. Bannwarte sind nach einem Vertrag mit dem Domkapitel ab 1496 nachweisbar, der Stubenwirt seit 1659. Haltingen führte um 1740 als *Dorfzeichen* ein Rebmesser.

Ein Weingarten auf der Allmende erscheint 1334 in den Urkunden. Der spätere *Gemeindebesitz* bestand hauptsächlich in Rheinauen und kleinen Waldstücken im Auengelände sowie angrenzend an den Gemeindewald von Tüllingen im Käferholz. Auf alte gemeinsame Waldrechte mit den Nachbargemeinden weist der Waldbesitz im Kunzengraben, anstoßend an den Gemeindewald von Hauingen. Nach der Abtrennung verschiedener Rheininseln mit 16 M Wald an Frankreich wurde die Gemeinde 1811 durch einen Wald bei Forchheim (Gde Rheinstetten, Lkr. Karlsruhe) entschädigt. Liegenschaftenbesitz der Gemeinde wird 1769 mit kleinsten Acker-, Reb- und Gartenparzellen, 32 J Allmenden, 122 J Wald, dazu 2½ J im Hauinger Bann angegeben. Außerdem gehörten der Gemeinde das Schulhaus und die Gemeindestube. Eine Feuerspritze wurde 1753 angeschafft. Der Wasserversorgung dienten vier laufende Brunnen. Noch um die Mitte des 18. Jh. überstiegen die Einnahmen aus Stubenzins, Holz- und Heuverkauf, aus Bürgerannahme- und Hintersassengeld die Ausgaben. Durch die Kriegshandlungen am Ende des 18. Jh. war die Gemeinde so geschädigt, daß sie nicht einmal mehr das von der Herrschaft gelieferte Abfallholz bezahlen konnte.

Kirche und Schule. – Die erste Nachricht über die Kirche stammt aus dem Jahre 1139, als Papst Innozenz II. dem Basler Bischof Ortlieb u. a. den Besitz der Kirche und eines Hofes in Haltingen bestätigte. 1187 vergaben Konrad genannt Yiart und seine Ehefrau Guta 14 lb Basler an den Dekan und Kustor zu Basel für ein ewiges Licht. Pfarrsatz und Laienzehnten waren bis ins 18. Jh. Lehen der Bischöfe von Basel, zunächst für die Herren von Rötteln, dann für die Münch von Münchenstein und schließlich für die Markgrafen von Hachberg und ihre Nachfolger. Diese verliehen 1341 den Laienzehnten mit dem Kirchensatz an den Ritter Berchtold Waldener. 1458 wird das St. Georgspatrozinium genannt.

Nach den Annaten des 15. Jh. war die Kirche höchstens mittelmäßig ausgestattet. Der Heilige bezog 1468 Gülten aus Kirchen und besaß noch 1662 ein Gut in Wintersweiler. 1701 standen der Geistlichen Verwaltung Weinzinse aus über 9 J Reben zu. Ihr oblag die Baulast an der Kirche. In der *Reformationszeit* wurde Haltingen von Ötlingen aus pastoriert. Als 1582 der Pfarrer von Hiltlingen entlassen wurde, beschloß man die Ernennung eines eigenen Haltinger Pfarrers. Das 1576 eingestürzte Pfarrhaus wurde neu erbaut und seit 1585 war Haltingen eigenständige *Pfarrei*, die nun ihrerseits Hiltlingen und Kleinhüningen (letzteres bis 1640) zu Filialen hatte. – 1423 steuerten Markgraf Rudolf III. und seine Gemahlin Anna zum Bau der Kirche 10 fl für eine Jahrzeit zu. Möglicherweise folgte danach der zweite Umbau der Kirche.

Ihre heutige Gestalt erhielt die Haltinger Georgskirche im Jahre 1718, nachdem der Vorgängerbau im 30j. Krieg stark zerstört worden war. – Der *Zehnt* war als Basler Lehen in den Händen der Ortsherrschaft und wurde von dieser bis 1341 an Graf Götz von Fürstenberg, dann an Berthold Waldner weiterverliehen. In der Folgezeit war er öfter verpfändet. 1571 waren drei Viertel des großen Frucht- und Weinzehnten in Haltingen und Hiltlingen in der Hand der Landesherrschaft, ein Viertel ging an den geistlichen Kasten. Die Herrschaft Rötteln unterhielt einen Zehnthof mit Trotte, der im 18. Jh. verpachtet und immer wieder in Bestand versteigert wurde. Ein *Schulmeister*, gleichzeitig Sigrist und bald auch Gemeinderechner, läßt sich seit 1628/29 nachweisen. Ein *Schulhaus* wurde 1768 neu erstellt.

Bevölkerung und Wirtschaft. – Ein sanktgallischer Höriger wird 838 (s. o.) erwähnt, Eigenleute der Basler Kirche, sogenannte Frauenleute, waren seit 1365 an den Markgrafen verlehnt. St. Blasien hatte 1427 Leibeigene im Ort, ebenso die Herren von Eptingen. Seit dem 16. Jh. setzte sich allgemein die Territorialleibeigenschaft durch. Fallgebühren zahlten nur noch die Eigenleute anderer Herrschaften. – Die 86 Hennen, die 1571 an die Herrschaft geliefert wurden, weisen auf ebensoviele Haushalte hin, nur ist hier Hiltlingen mitgezählt. Knapp 100 Männer um 1700 dürften auf eine ähnliche *Einwohnerzahl*, wie sie Mitte des 18. Jh. mit 474 Personen angegeben wird, hinweisen. Damals lebten in Haltingen 116 Ehepaare, 11 Witwer, 22 Witwen, 36 Knaben, 31 Mädchen und 16 Dienstboten. 4 Hintersassen waren reformierter Religion, stammten also aus der Schweiz. Außerdem werden 85 Schulkinder und 31 kleine Kinder genannt. Der Pfarrer verzeichnete eine Zunahme der Bevölkerung und forderte deswegen 1763 eine Erhöhung des Kommunionweinkontingents.

Der *Haupterwerb* des Ortes stammt aus Weinbau und Weinhandel. Von 1503 an belegt, genossen die Haltinger in Basel Zollfreiheit für ihre Produkte. Der hauptsächlich weiße Wein wird 1760 wegen seiner Qualität gerühmt. Dem Weinbau entsprach ein bereits 1187 durch einen Baumgarten bezeugter Obstbau. 1777 hatte die Gemeinde eine Baumschule und besoldete einen Aufseher. Viele Obstbäume wurden damals in die Rebstücke gepflanzt. Auch einzelne Maulbeerbäume waren vorhanden. Die Erträge des Ackerlandes bestanden überwiegend aus Dinkel und nur etwas Roggen und Hafer. Der Viehfütterung diente der Anbau von Heidenkorn; Kartoffelfelder gab es 1759 nur wenige. Die Stallfütterung setzte sich in der 2. Hälfte des 18. Jh. durch. 1777 wurde auf dem Berg etwas Esparsette angebaut, 15 J unter der Gerste waren mit Klee bestanden. Das Zugvieh bestand hauptsächlich aus Pferden. 1700 waren es 24, dazu kamen 5 Ochsen. Die Frühjahrs- und Herbstweide sowie die Tag- und Nachtweide waren 1777 bereits seit Jahren abgeschafft.

Das *Handwerk* war 1703 durch einen Schuhmacher und einen Sattler, in der 2. Hälfte des 18. Jh. durch einen Küfer, 2 Schuster, einen Schneider, einen Sattler und einen Metzger, der zugleich Stubenwirt war und 1789 auch als Hirschwirt erwähnt wird, vertreten. Eine Tafernkonzession wurde 1747 erteilt, vielleicht das spätere Gasthaus zum Hirsch. Seit dem 17. Jh. ist eine Mühle bekannt. Mindestens seit 1760 saß ein Chirurg im Ort, ebenso eine Hebamme.

Hiltlingen. – Das auch durch Grabfunde des 7./8. Jh. bezeugte Dorf wird 838/45 als *Hiltaninga* erstmals urkundlich erwähnt, als Balderih hier seinen gesamten Grundbesitz dem Kloster St. Gallen bzw. dessen Wittnauer Außenstelle übertrug. Allerdings war die Schenkung mit Auflagen belastet und es fragt sich, ob das Kloster diesen Außenposten lange behalten hat. Spätestens um 1300 gehörte er Kl. Säckingen. Wie 1371 erkennbar wird, handelte es sich um eine Dinghofsiedlung mit eigener Gemarkung. Ob die zwischen 1219 und 1447 genannten *Herren von Hiltlingen*, ratsfähige Bürger zu

Kleinbasel, später in Basel seßhaft, mit Grundbesitz in Haltingen, ursprünglich hier Meier oder Vögte gewesen sind, läßt sich nicht mehr feststellen. Bedeutendster Angehöriger der Familie dürfte Johann von Basel bzw. von Hiltlingen gewesen sein, der 1386 als Generalprior der Augustinereremiten erscheint und 1389 zum Bischof von Lombés gewählt wurde. Der Basler Bürger Eberhard von Hiltlingen gehörte 1434 zu den Kreditgebern König Sigismunds. Mit seinen Geschäftspartnern zusammen mußte er damals die um 5100 fl versetzten Kleinodien auf kaiserlichen Befehl hin an die Boten von Donauwörth herausgeben.

Hof und Meieramt waren vermutlich bereits 1322 im Lehenbesitz der *Basler Familie zer Sunnen.* Den Hof verkaufte der Stiftsmeier Hartmann von Wieladingen, nach Aufgabe durch Hugli zer Sunnen 1377 an Walter von Grünenberg, den die Säckinger Äbtissin damit belehnte. Bereits 1391 war das Gut im Besitz des Rudolf von Schönau, der es damals an Anna von Schönau geb. von Klingenberg verkaufte. Es blieb bis mindestens 1671 in der Familie von Schönau und ist 1678 zerstört worden.

Zu unbekannter Zeit war neben dem Hof ein *Schlößlein* entstanden, das sich seit 1460 nachweisen läßt. Dieses »Weiherhaus«, dessen Aussehen einige nicht immer zutreffende Ansichten überliefert haben, gehörte 1460 dem Propst zu St. Peter in Basel, Johannes Ner, dem 1462 sein Sohn Peter Hans Ner nachfolgte. 1486 besaß es der reiche Basler Mathias Eberler genannt Grünzweig, dem 1496 sein Großneffe Andreas Bischof nachfolgte. Als nächster Besitzer erscheinen 1517 Jakob Imely, Propst der Basler Studentenburse, und Ludwig Umstorfer aus Basel, der das Schlößlein 1524 an Hans Gütlin veräußerte, von dem es an den Rötteler Burgvogt Hans Müller kam. Von dessen Erben erwarb Markgraf Karl 1555 (1565?) Schloß und Gut Hiltlingen um 3500 fl und überließ es seinem Landvogt zu Rötteln, Hans Albrecht von Anweil. Hans Wolf von Anweil verkaufte 1598 alles an Adam Hektor von Rosenbach, der über seine Ehefrau Esther mit der Familie von Schönau versippt war. Die rosenbachischen Erben verkauften wiederum 1653 an den Major Jakob Ulrich von Plato, mit dessen Witwe Eva Veronika geb. Waldner Säckingen 1656–1660 einen längeren Zehntprozeß führen mußte, der 1663 durch Vergleich beendet wurde. 1676 wurde das Schloß vom kaiserlichen Kommandanten zu Rheinfelden besetzt, 1678 mußte es den Franzosen übergeben werden, die es niederbrannten. Die Ruine wurde in den 1730er Jahren vollends abgetragen, mit den Steinen füllte man die Weiher und Gräben. Die zugehörigen Grundstücke waren über eine Heirat 1677 an die *Familie von Rotberg* gekommen. Friedrich von Rotberg veräußerte 1732 alles an Haltinger Bauern, ein Vorgang, den sein Schwiegersohn Philipp Christoph von Leutrum 1750/51 vergeblich rückgängig zu machen suchte. – Weitere markgräfliche Lehen, im wesentlichen eine Fischenz, hatte seit 1507 bis 1613 die Familie von Rappenberg inne, 1670 fanden sich auch diese Rechte im Besitz des Jakob von Rotberg.

Hiltlingen hatte eine dem hl. Michael geweihte *Pfarrkirche*, die 1285 bezeugt ist. Nach späteren Aussagen soll sie die Mutterkirche von Stetten gewesen sein. Das erklärt sich am ehesten so, daß Kl. Säckingen die beiden Pfarrpfründen gemeinsam vergab. Den Annaten zufolge, die 1488/1508 jeweils 15 fl ausmachten, war die Kirche keineswegs ärmlich dotiert. Auf jeden Fall bezog der örtliche Pfarrer Groß- und Kleinzehnten auf der Gemarkung (später gingen diese Einkünfte an den Pfarrer zu Stetten und zu einem geringen Teil an die Familie von Schönau). Spätestens seit dem Beginn des 16. Jh. ließ die Patronatsherrschaft Säckingen das Dorf von Stetten aus versehen, was sich aber, wie aus der dringenden Bitte der Gemeinde von 1540 um einen eigenen Pfarrer hervorgeht, nicht bewährte. Zwar wurde Säckingen 1541 angewiesen, dem Dorf wieder einen Pfarrer zu geben, fraglich ist, ob dies auch geschehen ist. Die 1540 geschilderten

Zustände (der Pfarrer von Stetten kam der schlechten Wege halber kaum in die Gemeinde, bei Bedarf mußten daher die Priester der umliegenden Orte herangezogen und besoldet werden, und der sonntägliche Kirchgang wurde durch die Sorge erschwert, ob man bei der Rückkehr das Dorf noch vorfinden würde) würden erklären, warum 1558 ein Prädikant in Hiltlingen Fuß fassen konnte. Damit war das Filialverhältnis zu Stetten beendet und Säckingen ließ in der Folge das Kirchlein verkommen. 1614 waren Kirche und Kirchmauer baufällig. Das Oberamt gab daraufhin den Hiltlinger Kelch dem Haltinger Pfarrer in Obhut und überließ die Mesnergüter dem Haltinger Schulmeister, was die weiteren Verhandlungen mit Säckingen erschwerte.

Nachdem 1678 die Franzosen den Ort völlig zerstört hatten, blieb neben der des Schlosses noch die Ruine des Kirchleins stehen, ein Ärgernis für das Rötteler Oberamt, das einen Abriß befürwortete, weil das Gemäuer lediglich dem »liederlichen Gesindel« zum Unterschlupf diene. Die 1720 begonnenen Verhandlungen mit Säckingen über Abriß oder Wiederaufbau wurden 1722, nachdem das Kirchlein völlig zusammengefallen war, durch Vergleich beendet. Gegen Zahlung von 250 fl wurde Säckingen von der Pflicht des Wiederaufbaus oder der Reparatur befreit. 1730 standen noch zwei Seitenmauern mit zwei Fenstern und einem Türgestell. Nachdem festgestellt worden war, daß die Steine für den geplanten Archivbau in Basel nicht taugten, wurden diese meistbietend versteigert.

Märkt

Siedlung und Gemarkung. – Märkt wird erstmals 1169 als *Matro*, 1215 als Matir, 1219 als Matra erwähnt. Der Name stellt eine vorgermanische Gewässerbezeichnung dar. Es ist jedoch nicht zu beweisen, daß damit der kleine durch den Ort fließende Seebach (?) gemeint ist. Als Siedlung ist Märkt, wie schon seine Lage zeigt, erst im Hochmittelalter entstanden. Es dürfte Ausbauort wohl von Eimeldingen her sein, besaß es doch nur einen schmalen Gemarkungsstreifen zwischen Rhein und Eimeldinger Bann, während der Hauptteil der Gemarkung im unmittelbaren Überflutungsbereich gelegen war. Hart westlich des Ortes zog der sogenannte Märkter Rhein, jenseits lagen das Märkter Wörth, das Kronenwörth, der Märkter Kopf und Kohlergrund, dazwischen noch etliche Sandbänke und kleinere Inseln. Im 18. Jh. verlief der Talweg des Rheines zwischen dem Kohlergrund und der Insel im Kohler, und die Märkter Gemarkung reichte über diesen hinweg nahezu an den Rand des Hochufers auf der elsässischen Seite. Der am weitesten im Osten gelegene Teil des Wörths diente als Acker- und Wiesengelände, während die sonstigen Rheinauen wenig fruchtbare Kiesrücken darstellten und allenfalls Holznutzung erlaubten. Auch der östlichste, nicht von ständiger Rheinüberflutung betroffene Teil der Gemarkung trägt in unmittelbarer Ortsnähe Flurnamen, die auf Wald hindeuten. Das ist nochmals eine Bestätigung der relativ späten Entstehung des Ortes. Ursprünglich soll er nur aus drei Höfen bestanden haben und erst nach dem 30j. Krieg durch einzelne Fischerhäuser gewachsen sein. Während des Holländischen Krieges wurden 1678 sieben Häuser niedergebrannt.

Herrschaft und Staat. – Märkt dürfte zum Königshof in Kirchen gehört haben. Die Gerichtshoheit war als kaiserliches Lehen im Besitz der *Herren von Grünenberg*, die auch in Kirchen die Besitznachfolge angetreten haben. 1433 verlieh Kaiser Sigmund an Wilhelm von Grünenberg den Blutbann zu Märkt, zu Egringen und zu Rohrbach (Kt. Bern). Vermutlich gelangte das Reichslehen von den Nachfahren der von Grünenberg Ende des 15. Jh. an die Markgrafen *von Hachberg-Sausenberg*, denen 1503 die *markgräfliche Hauptlinie*, ab 1535 Baden-Durlach nachfolgte.

Märkt wurde bis ins 16. Jh. hinein von einer eigenen *Vogtei* verwaltet. Die Vögte erscheinen in dieser Zeit als Vertreter zunächst der Herren von Grünenberg und ihrer Erben, dann der Markgrafen von Baden-Durlach. 1561 trat Hans Wenderli gemeinsam als Vogt von Eimeldingen und Märkt auf. Später bildeten zeitweilig Märkt und Eimeldingen eine Vogtei unter einem gemeinsamen Vogt und Gericht, das in Eimeldingen tagte.

Grundherrschaft, Grundbesitz und Gemeinde. – In Märkt waren die grundherrlichen Verhältnisse vom *Chorherrenstift St. Peter* in Basel geprägt. 1241 beurkundete Bischof Lütold von Basel, daß der Dekan Konrad von St. Peter zugunsten seines Stiftes u. a. auf Höfe in Märkt verzichtet hat. Um 1740 gab es an Grundherren in Märkt neben dem Stift St. Peter die Stadtschreiberei Kleinbasel, das Domstift Basel (Arlesheim) und den Deutschen Orden. Daneben verkaufte das Basler Kl. Klingental 1290 der Frau von Klingen Zinsen in Märkt. Das Kloster ist noch 1428 als Besitzer nachzuweisen.

Nach der Zusammenlegung des Gerichts mit Eimeldingen hatte Märkt noch einen Stabhalter. Neben ihm erscheinen um 1700 ein Geschworener und ein Weidgesell. Größter Besitz der *Gemeinde* war der Wald, der jedoch im Niederungsgelände von recht geringem Ertrag war. 1788 belegte die elsässische Provinzialverwaltung die Gemeinde mit Schatzung für 15 J Rheininseln und für ein Stück des Ottmarsheimer Mühlenteichs. Bann und Weidgangsstreitigkeiten mit Neudorf, Großkems und Großhüningen durchzogen fast das ganze 18. Jahrhundert.

Kirche und Schule, Bevölkerung und Wirtschaft. – Das Patrozinium St. Nikolaus spricht für eine hochmittelalterliche Kirchengründung und erklärt sich auch als eine Weihe (?) an den Schutzheiligen der Schiffer und Fischer. Im Jahre 1169 entschied Herzog Berthold von Zähringen in den Streitigkeiten um das Fundationsrecht der Kirchen Eimeldingen, Kirchen und Märkt zwischen dem Kl. Stein a. Rh. und genannten Freien von Kirchen gegen das Kloster. Das umstrittene Recht umfaßte den Pfarrsatz, die Kollatur und den Zehntbezug. Möglicherweise ging die Gründung der Märkter Kirche auf Vorfahren der *Freien von Kirchen* zurück, so daß diese deshalb ihre Ansprüche auf die Kirche ableiteten. Noch Anfang des 13. Jahrhunderts, 1219 und 1223, sind Angehörige der von Kirchen im Besitz des Patronatsrechts. Bischof Konrad von Konstanz und Papst Honorius III. bestätigten dem Burkard minister de Kilhhein das alleinige Patronatsrecht über die drei Kirchen, wiederum nach einem längeren Streit. 1223 setzte dieser Burkard den Subdiakon Albert als Pfarrer in Märkt ein. Auf Umwegen kam dann in der 1. Hälfte des 13. Jh. das Basler *Chorherrenstift St. Peter* in den Besitz der drei Pfarreien. Dekan Konrad erwarb nach und nach Grundbesitz in Märkt, Eimeldingen und Kirchen, vor allem Widumgüter. 1241 verzichtete er dann zugunsten St. Peters auf alle seine Eigentumsrechte in den genannten Orten, so auch auf Höfe in Märkt, die in den dortigen Kirchensatz gehörten. Seit dieser Zeit übte das Chorherrenstift St. Peter in Basel die Patronatsrechte in Märkt aus. Bischof Rudolf von Konstanz inkorporierte im Jahr 1325 die Märkter und Eimeldinger Kirchen dem Stift St. Peter und beauftragte kurze Zeit später den Kustos Magister Johann mit der Ansetzung des Einkommens der Vikare in Kirchen, Märkt und Eimeldingen. 1246 tritt in einer Urkunde des Domstifts Basel Albert, Pleban von Märkt, als Zeuge auf. 1470 ist in Märkt die St. Nikolauskirche genannt. 1571 verlieh St. Peter die Pfründe, Kirchenvogtei und die Nomination des Pfarrers standen dem Markgrafen zu. Das Stift konnte seine Rechte und Ansprüche über die Basler Reformation 1529 und über die Reformation im Markgräflerland 1556 hinweg bis zur Auflösung im Jahre 1816 behaupten.

Geringe Zehnteinnahmen, vor allem aber die geringe Einwohnerzahl konnten auf die Dauer keinen ständigen Pfarrer in Märkt halten. 1436/37 wurden die Kirchen Eimeldingen und Märkt zunächst auf ein Jahr gemeinsam versehen. Seit 1532 schloß man immer wieder zeitlich befristete Verträge über die Pastoration von Märkt durch die Pfarrei Eimeldingen. Seit der Reformation wurde das zu einer Dauerregelung. Das Stift St. Peter war für den Unterhalt des Chors der Kirche, die geistliche Verwaltung zu Rötteln für das Langhaus und die Gemeinde für den Turm zuständig. Der Pfarrer wurde von Eimeldingen aus besoldet. Der Zehnt ging an den Pfarrer und an St. Peter in Basel. – Zunächst gingen die Kinder nach Eimeldingen in die *Schule*. 1737 (?) soll ein Fischer Schule gehalten haben. Vor dem Schulhausbau von 1786 wurden die Kinder in der Wohnung des Lehrers unterrichtet.

Märkt war nie ein großer Ort. Um 1571 mußten insgesamt 17 Hennen, eine von jedem Haus, abgeliefert werden. Im 18. Jh. bestanden lediglich »geringe« Fischerhäuser, um 1734 wohnten in Märkt 96 Personen, davon 17 Ehepaare, 2 Witwer, 6 Witwen, 7 Knaben, 6 Mädchen und 41 Kinder. – Ihren Lebensunterhalt bezogen die Bewohner hauptsächlich aus dem Fischen im Rhein.

Ötlingen

Siedlung und Gemarkung. – Die erste sichere Nennung des Ortes als *Ottlinchoven* stammt von 1064. Frühere Zuschreibungen beziehen sich entweder nachweisbar auf andere Orte, so 764 (vgl. Eplikon, Wüstung bei Binzen), oder sind in ihrer Identifizierung ganz unwahrscheinlich, wie das in verderbter Reichenauer Überlieferung zu 843 genannte Öttlingen. In allen sicheren frühen Belegen zwischen 1064 und 1500 erscheint der Ort unter Namensformen, die auf ein -inghofen, nicht auf ein -ingen hinweisen. Damit ist auch klar, daß er nicht zur ältesten Siedlungsschicht, sondern zur Ausbaustufe der Merowingerzeit gehört. Der früheste Nachweis ist archäologischer Art. Grabungsbefunde bei der Kirche lassen sich ins 8. Jh. datieren. Ötlingen könnte noch ein Jahrhundert weiter zurückreichen. – Die relativ kleine *Gemarkung* bestand hauptsächlich aus offenem Land mit im Südwesten größerem Weinbergareal. Gemarkungsstreitigkeiten der frühen Neuzeit sind mit Tumringen und Haltingen bekannt. Bei Haltingen ging es um die Abgrenzung des relativ kleinen Waldanteils.

Herrschaft und Staat. – Im 12. Jh. übten die *Herren von Rötteln* die herrschaftlichen Rechte als Lehenleute des Bischofs von Basel aus. Als letzter seines Geschlechtes vermachte Lütold III. von Rötteln, Dompropst zu Basel, alle Rechte und Besitzungen in der Herrschaft Rötteln seinem Großneffen Heinrich I. *von Hachberg*. 1306 übernahmen dann die Markgrafen von Hachberg-Sausenberg die Herrschaft und damit auch Ötlingen. Oberlehensherren blieben aber die Bischöfe von Basel. Von 1306 bis 1503 gehörte Ötlingen als Bestandteil der Herrschaft Rötteln den Sausenbergern. Danach gelangte der Ort für die nächsten Jahrhunderte an die Hauptlinie der *Markgrafen von Baden*, bei deren Teilung im Jahre 1535 an die Markgrafen von Baden-Durlach. Vom OA Rötteln kam Ötlingen 1809 zum BA/Lkr. Lörrach.

Grundherrschaft und Grundbesitz. – Aus einer Urkunde von 1270 geht hervor, daß neben der Kirche zu Warmbach auch ein Hof zu Ötlingen dem *Kloster St. Gallen* gehörte. Das könnte in sehr frühe Zeit zurückweisen, doch ist über den Verbleib des St. Galler Besitzes keine sichere Aussage möglich. 1064 bestätigte König Heinrich IV. in Straßburg auf Bitten einer Kunigunde eine Schenkung, die deren Gemahl Rudolf zu seinen Lebzeiten dem *Benediktinerinnenkloster Ottmarsheim* im Elsaß gemacht hatte. 1368 wird ein Meier dieses Klosters im Ort erwähnt. Im späten Mittelalter lagen im Oberdorf zwei Ottmarsheimer Höfe (Haus Nr. 85 von 1616 und 87), von denen jeder um 1730 136 J auf der eigenen Gemarkung und weitere Stücke in Binzen sowie 40 J

Wald auf Gemarkung Wollbach innehatte. 1722 hat das Stift Ottmarsheim seinen Besitz an Pfarrer Hauber in Niedereggenen gegen Güter bei Colmar vertauscht. 1764 wurde das Ganze von der *Herrschaft Rötteln* erworben.
1242 war das *Chorherrenstift St. Peter* in Basel mit Besitz im Ort vertreten. 1280 vertauschte es diesen an *Kl. Klingental. Kloster St. Alban* in Basel hatte 1243 Erblehen, die der damalige Inhaber an *Kl. Olsberg* verkaufte. Es bestanden aber weiterhin noch 1737 genannte zinspflichtige Reben und Ackerland. Unter den *Basler geistlichen Institutionen* ragen sonst noch das Frauenkloster St. Clara mit zwei Hofstätten, Äckern und Reben (1487), die zum Teil von Markgraf Rudolf stammten, Kloster St. Maria Magdalena mit drei Behausungen (1592–1737) und das Predigerkloster mit einer Hofstatt und einer Trotte (1526) hervor. Die Kaplanei St. Johann auf Burg erhielt 1437 einzelne Gülten, die sie 1439 an Heinrich von Reichenstein verpfändete. St. Leonhard erwarb 1296 zwei Rebstücke. Als *weitere Besitzer* sind vereinzelt das Domstift und das Große Spital erwähnt. St. Blasianische Besitzungen lassen sich ab 1278 feststellen. Damals erwarb das Schwarzwaldkloster 9 MW und 2 Stücke Reben von Adelheid von Rotenberg. 1721 umfaßten seine Besitzungen sieben Häuser und Hofstätten, dazu Grundstücke von zusammen 10 J sowie Teil- und Zinsweingärten unbekannten Umfangs. Das Kl. Sitzenkirch wird 1492 und 1721 mit Einkünften erwähnt. 1584 waren es zwei Häuser und Höfe und ca. 10 J Acker-, Reb- und Gartenland. Die Einkünfte des Kl. Lützel, 1671 genannt, gelangten an das Kl. Beinwil, das sie 1734 an den Markgrafen verkaufte. Die Johanniterkommende Neuenburg erhielt 1286 Besitz von Johann Murer von Mauchen und seiner Frau. 1298 und im 14. Jh. liegen Erwerbungen der Basler Johanniter vor, die 1802 über Einkünfte im Ort verfügten, die Rheinfelder Johanniter sind mit solchen nur im 18. Jh. (ab 1773) bezeugt. Auch der Deutsche Ritterorden zu Basel war damals unter den Grundbesitzern und verfügte über ein Haus am unteren Dorfende. 1764 bezog die Heiliggeistpfründe in Rötteln Grundzinse von ca. 20 J Acker und 6½ MW Wiesen. Während diese Besitzungen von den Markgrafen stammten, sind an weltlichen Grundbesitzern noch die Herren von Bärenfels, von Rotberg und von Roggenbach zu nennen. Auch sie hatten mindestens einen Teil ihrer Besitzungen als markgräfliche Lehen inne. Die Adelshöfe befanden sich unmittelbar oberhalb der Ottmarsheimer Meierhöfe auf der nördlichen Straßenseite am oberen Ende des Ortes (Nr. 103–107).

Gemeinde, Kirche und Schule. – Ein herrschaftlicher *Vogt* ist ab 1599 nachzuweisen (Vogthaus Nr. 38). 1700 bestand das Dorfgericht aus ihm, zwei Richtern und drei Geschworenen. 1730 wird auch ein Stabhalter und 1780 ein Gemeinschaffner erwähnt. Die *Gemeinde* besaß Wald im Hauinger Waldbann und hatte das Beholzungsrecht im Rötteler Herrschaftswald. Der landwirtschaftliche Liegenschaftsbesitz war 1767 mit 5 J Ackerland und 2 TM im Tumringer und Lörracher Bann relativ gering. Trotzdem war die Gemeinde recht gut situiert und hatte keine Hausarmen zu versorgen. Einziges Gebäude war das alte Schulhaus. Der Wasserversorgung dienten vier Brunnen.

Kirchherr ist 1275 Lutold von Rötteln, was nahelegt, daß der Pfarrsatz damals in seiner Familie war und sich auf die Markgrafen von Hachberg und Baden vererbt hat, welche dieses Recht seit dem 14. Jh. ausübten. Nach den Annatenregistern muß die zum Dekanat Wiesental zählende Kirche zu den besser dotierten der Markgrafschaft gehört haben. 1556 wurde die *Pfarrei* evangelisch. Von da an bis 1585 versorgte der Ötlinger Pfarrer auch Haltingen und dessen Filialen. Die Baulast für Kirche und Pfarrhaus lag bei der Geistlichen Verwaltung in Rötteln. – Die *erste Kirche* hatte vermutlich die Form einer alemannischen Saalkirche. Sie wurde im 13. Jh. nach Norden und Osten erweitert, erlitt im 30j. Krieg und 1702 starke Beschädigungen und erhielt nach dem Wiederaufbau 1768/70 eine neue Orgel.

Der *Großzehnt* stand um 1571 dem Pfarrer zu und gehörte im 18. Jh. der Geistlichen Verwaltung. Der Kleinzehnt ging an die Herrschaft Rötteln und an die von Roggenbach, das Kl. Ottmarsheim, das Stift St. Alban in Basel und an den Pfarrer zu Stetten. – Ein *Schulmeister* ist seit mindestens 1700 bezeugt, 1767 bezog er den größten Teil seiner Besoldung von den Ottmarsheimer Gütern, er erhielt ferner die Sigristengefälle und hatte kleinere Beinutzungen. Ein Schulhausneubau wurde 1779/81 erstellt.

Bevölkerung und Wirtschaft. – 1571 gab es nach der Zahl der an die Landesherrschaft gelieferten Hennen 63 Haushaltungen, 1700 66 Männer und 8 Knechte und 1781 116 Haushaltungen. In der Mitte des 18. Jh. werden 427 Personen, nämlich 82 Ehepaare, 9 Witwer, 14 Witwen, 93 Knaben, 132 Mädchen sowie 15 Hintersassen und fremde Dienstboten genannt. 1493 soll der Basler Bischof einzelne Leibeigene im Ort gehabt haben. Sonst herrschte badische Lokalleibeigenschaft. – Haupterwerb war die Landwirtschaft. Der Weinbau wurde vermutlich schon früh mit Erfolg betrieben, was sich auch in entsprechendem Grunderwerb durch Bürger und Basler Institutionen zeigt. 1406 wurde, wie auch später, überwiegend Weißwein gekeltert. Im 18. Jh. bestand der Bann zu einem Drittel aus Reben. Auf den Äckern wurde überwiegend Dinkel, daneben auch Gerste und Hafer angebaut. Auch der Obstbau spielte bei der Stadtnähe eine entsprechende Rolle. Futterbau und die Beseitigung der Brache waren 1767 bereits im Gang. Damals konzentrierte man sich auf die Rinderhaltung. Mit der Schweinezucht wollte sich niemand abgeben. Als Zugvieh dienten 1700 32 Pferde. – An *Handwerkern* arbeiteten 1700 3 Küfer und ein Schuster im Ort. Durch Flurnamen ist bereits 1515 eine Schmiede belegt. Eine *Mühle* bestand vielleicht im 18. Jh. (1733). 1780 existierte eine Öltrotte. Eine Taverne zahlte 1514/15 Taferngeld an den Markgrafen. Die Gemeinde besaß eine Stubenwirtschaft. 1783 wurde das Gasthaus zum Ochsen konzessioniert.

Weil

Ur- und Frühgeschichte. – Menschliche Geschichte beginnt auf Weiler Gemarkung mit der *Jungsteinzeit* (Neolithikum), der Zeit der Seßhaftigkeit, der Einführung von Ackerbau und Viehzucht. Zwei Siedlungsplätze sind bekannt (Gewanne »Gehren« und »Sänger«), ein dritter wird durch den Fund eines Steinbeils wahrscheinlich gemacht (Gewann »Fiechten«). Spuren älterer Gruppen, die als Jäger und Sammler nomadisch in der Rheinebene lebten, sind bisher nicht ausreichend gesichert. – Im Ashmolean-Museum in London wird ein sogenannter Vollgriffdolch der *frühen Bronzezeit* aufbewahrt, der mit großer Wahrscheinlichkeit aus Weil stammt. Leider ist nicht nur der Fundort fraglich, auch über die Fundumstände gibt es keinerlei nähere Angaben. So muß offenbleiben, ob diese zum ältesten europäischen Bronzehorizont gehörende Waffe aus einem Grab stammt oder zu einem Depot gehört hat, wie es in dieser Periode häufig niedergelegt wurde, sei es als Opfergabe oder als Versteck in unruhiger und gefährlicher Zeit.

Rund sechshundert Jahre jünger, und damit in die *Zeit um 1200 v. Chr.* zu datieren, ist der nächste Bronzefund auf Weiler Gemarkung. Und wieder ist es ein Stück von besonderer Bedeutung: ein Bronzehelm der frühen Urnenfelderzeit. Diesmal ist die Fundgeschichte ungefähr bekannt. Am 4. Juli 1910 kaufte das Historische Museum Basel diesen Helm, der zwischen der Hüninger Schiffsbrücke und der Eisenbahnbrücke am Rheinufer in einer Kiesgrube gefunden worden war. Dieser Helm gehört damit in die Kategorie der Flußfunde und ist wegen seines damaligen Wertes am ehesten als Opfergabe ins Wasser und dann an seinen späteren Fundort gelangt. Sein hohes Alter ergibt sich aus seiner Form (Blechkalotte mit hohem Kamm) und wurde auch durch eine geologische Untersuchung der zugehörigen Kiesablagerungen bestätigt (Fundschicht Märkter Terrasse). Nach neueren Erkenntnissen steht der Weiler Helm am Anfang der Entwicklung bestimmter jungbronzezeitlicher Helmformen und hat dadurch eine besondere wissenschaftliche Bedeutung gewonnen. Er wird heute im Völkerkundemuseum in Basel gezeigt.

Wenn der nächste Fund auf Weiler Gemarkung bereits der *Hallstattzeit* angehört, etwa ins 7./6. vorchristliche Jahrhundert, darf nicht der Eindruck einer Siedlungsleere in vorgeschichtlicher Zeit entstehen. Der Ort gehört vielmehr zum kontinuierlich und dicht besiedelten rechtsrheinischen Basler Vorland, dem Raum um das Rheinknie, wo Hochrheintal, Burgundische Pforte und Oberrheintal zusammentreffen, die natürlich vorgezeichneten Wege für Handel, Fernverkehr, Kriegszüge und größere Völkerbewegungen. Dementsprechend müßten prähistorische Fundstellen eigentlich in weit größerer Zahl vorhanden sein. Vieles ist aber hier früher und intensiver Ackernutzung, auch der Bebauung jüngerer Zeit, zum Opfer gefallen. Ein Beispiel dafür ist der große hallstattzeitliche Grabhügel im Gewann »Bühl« im ehemaligen Weiler Feld. Ursprünglich wohl mehrere Meter hoch, wird er 1651 noch als deutlich sichtbare Kuppe auf einem Jagdbild dargestellt. Als er 1964 der Überbauung wegen untersucht wurde, war er durch langjährige Überackerung schon sehr flach und nur noch wenig ansehnlich erhalten. Auch in seinem Inneren erwies sich dieser Hügel als gestört, enthielt allerdings ein sehr schönes und großes, farbig bemaltes Gefäß, das heute im Museum in Weil ausgestellt ist. Von den ursprünglich sicher zugehörigen weiteren Hügeln sind oberirdisch überhaupt keine Spuren erhalten geblieben. Das Weiler Beispiel zeigt also deutlich, daß in der Rheinebene ganze Grabhügelnekropolen durch Erosion und Pflug ganz oder bis auf geringe Reste verschwunden sind. Dementsprechend schwierig ist es, diese Stellen wieder aufzufinden.

So kann, bei ungenügender Beobachtung, in einer ursprünglich reichen Fundlandschaft der Eindruck spärlicher Besiedlung und weitgehender Fundleere entstehen. Immerhin ist im Gewann »Hasengarten« eine Siedlung dieser Zeit bekanntgeworden, dagegen fehlen bisher Fundstellen aus der folgenden *Latènezeit*, der Periode, in die Kelten als in Süddeutschland ansässiges Volk schriftlich überliefert sind. Leider sind auch für die römische Periode in Weil überwiegend sporadische Beobachtungen und Aufzeichnungen gemacht worden und damit die Aussagemöglichkeiten noch sehr eingeschränkt. Eine Ausnahme bildet das römische Brandgräberfeld an der »Mittleren Straße«, das von F. Schäck entdeckt und durch das Landesdenkmalamt zu einem wesentlichen Teil ausgegraben wurde, wobei ein reichhaltiges, geschichtlich und kulturgeschichtlich sehr aussagefähiges Fundmaterial geborgen werden konnte. Doch sind auch dabei Einschränkungen zu machen, die sich aus dem hierzulande geübten Bestattungsbrauch ergeben. Mit Ausnahme der aus Ton oder Glas bestehenden Urnen wurden nämlich alle anderen Beigaben: Kleider und Trachtbestandteile, Mobiliar oder Tongefäße meist auf den Scheiterhaufen gestellt und mit dem Toten verbrannt. Dadurch gelangten viele Funde nur in stark beeinträchtigtem oder beschädigtem Zustand ins Grab. Auch enthielten die Bestattungen immer nur einen Teil der ursprünglich mitgegebenen Dinge. Trotzdem gibt es einige Bronzefibeln, zahlreiche Tongefäße, Gläser und andere Beigaben aus insgesamt 94 Gräbern.

Für die Datierung besonders aufschlußreich sind die Münzen. Zusammen mit den rasch wechselnden, zeittypischen Formen des römischen Tafelgeschirrs (terra sigillata) erlauben sie eine Gliederung des Gräberfeldes in vier größere Zeitabschnitte, die etwa mit Generationen gleichgesetzt werden können. Dabei beginnt die Belegung schon sehr früh, in der Zeit des Kaisers Claudius, also noch vor der Mitte des 1. nachchristlichen Jahrhunderts. In Weil ist damit der Nachweis gelungen, daß seit dieser Zeit das südliche

Oberrheintal unter *römischer Herrschaft* stand und nicht, wie lange angenommen, erst unter Kaiser Vespasian 73/74 n. Chr. besetzt worden ist. Allerdings endet der Friedhof schon lange vor dem Ende der Römerherrschaft. Die jüngsten Gräber sind etwa 170 bis 180 n. Chr. zu datieren. Der Bestattungsplatz wurde also ca. 130 bis 140 Jahre lang belegt, wobei die Zahl der gleichzeitig lebenden Bewohner mit etwa 25, anfangs wohl etwas weniger, angegeben werden kann. Interessant sind keltische Elemente, die sich teils im Bestattungsbrauch, teils in der Beigabenausstattung finden. Vor allem die Beigabe kleiner Tonstatuetten in Menschen- (Liebespaar) und Tiergestalt (z. B. Hahn) geht auf vorrömisch-keltisches Gedankengut zurück, während die Beigabe von Tonlampen eher kennzeichnend ist für die religiösen Vorstellungen der Mittelmeerwelt. Diese keltischen Elemente treten übrigens im Laufe der Zeit zurück und lassen erkennen, daß diese frühen Bewohner Weils, offensichtlich keltischer Abstammung, im Lauf weniger Generationen völlig romanisiert worden sind, sich in allen Bereichen römischer Lebensart angepaßt haben. Vermutlich sind diese ersten »Römer« aus dem linksrheinischen Gebiet zugewandert, was sich ebenfalls aus den Funden recht deutlich ablesen läßt. Hier stimmen archäologische und literarische Überlieferung zusammen, die hier hauptsächlich Zuzügler aus Gallien nachweist.

Die Frage nach der zugehörigen Siedlung ist nicht ganz sicher zu beantworten, doch spricht eigentlich alles – Größe des Gräberfeldes, Dauer der Belegung, Charakter der Grabanlagen und des Fundmaterials – für einen Gutshof, eine *villa rustica*. Damit sind aber die zahlreichen ausgedehnten Siedlungsspuren noch nicht erklärt, die aus dem Areal zwischen Römerstraße und Tüllinger Berg, zwischen heutigem Friedhof und der Hauptstraße zum Vorschein gekommen sind. Sporadisch nur waren hier Beobachtungen möglich, und noch weniger konnte planmäßig gegraben werden. So bleiben grundsätzliche Fragen zu Größe, Dauer und Charakter dieser Siedlung, die nicht zum Gräberfeld gehören kann, immer noch offen. Wenn auch der früher schon geäußerte Gedanke an eine aus einem Kastelldorf der Frühzeit entstandene kleinstädtische Siedlung nicht mehr aufrechterhalten werden kann, spricht doch vieles für einen solchen vicus, der sich wahrscheinlich zu beiden Seiten der Hauptstraße Basel-Mainz (nicht identisch mit der heutigen Römerstraße) ausdehnte. Möglicherweise lagen am Rand dieser Siedlung einzelne Gutshöfe, einer davon vielleicht schon am Hang des Tüllinger Berges (Gewann »Tschuppis«), wo auch das Teilstück einer im Boden verlegten römischen Wasserleitung gefunden worden ist. Mit Sicherheit hatte dieser Platz mit dem antiken Straßenverkehr zu tun, verdankte ihm seine Entstehung und war wirtschaftlich von ihm geprägt und abhängig. Ein bronzener Zügelring eines römischen Reisewagens gibt dafür ein unmittelbares Zeugnis. In jüngster Zeit wurde von Schweizer Seite die Frage aufgeworfen, ob nicht die Weiler Siedlung mit dem auf der Peutingertafel, einer antiken Straßenkarte, verzeichneten *Arialbinnum* identifiziert werden könne. Für diese Gleichsetzung kommen allerdings auch noch andere Plätze in Betracht, so daß die Frage nach dem antiken Namen, vorläufig jedenfalls, noch nicht beantwortet werden kann.

Siedlung und Gemarkung. – Weil wird erstmals 786 unter der Form *Willa* erwähnt. Es handelt sich wie bei anderen Weil-Orten zwar um einen letztlich aus romanischer Wurzel stammenden Namen, der aber längst in die einheimische Ortsnamengebung aufgenommen war, also nichts über eine vorgermanische Siedlungskontinuität besagt. Die Weil- und Weiler-Orte gehören in die frühe Ausbauzeit des 6. bis 8. Jahrhunderts. Das dürfte auch im Fall von Weil zutreffen.

Die zugehörige Gemarkung und damit die gesteigerte Bedeutung von Weil selbst ist erst das Ergebnis einer Konzentration der Siedlung, die sich in früher Zeit auf mehrere, etwa gleichalte Orte verteilte. Zwischen Weil und Haltingen lag *Leidikon*, auf das noch ein Flurname auf Gemarkung Haltingen hinzuweisen scheint. Während dessen Gemarkung nur teilweise im Bann von Weil aufgegangen sein dürfte, hat sich dieses erst in der Neuzeit um die Fläche des einstigen *Ötlikon* an der Niederungskante im Westen erweitert. Erst 1753 wurde es, zuletzt Schloßgut Friedlingen genannt, als gesonderte Rechtseinheit aufgegeben. Grenzsteinsetzungen von Weil gegenüber den Nachbarn sind 1747/63 gegen Kirchen und Kleinhüningen, 1757 gegen Riehen und 1768 gegen Kleinbasel bezeugt. Die Südostgrenze der Gemarkung lehnte sich in etwa an den Lauf der Wiese an. Sonst zeigt sich nur im Westen durch den Rhein eine natürliche Begrenzung. Die Alt-Weiler Gemarkung mit dem Rebgelände nordöstlich des Ortes und der fruchtbaren Ackerflur im Westen war durch einen schmalen Saum von Matten und Wäldern im Süden und Westen eingefaßt. Durch die Aufgabe von Ötlikon/Friedlingen kam das Niederungsgelände im Westen hinzu. Mitten im Rhein lag das Kälberwörth, die spätere Schusterinsel, noch weiter westlich das Batteriewörth, über welches ursprünglich die Landesgrenze verlief. Wie schon der Name besagt, wurde dieses und dann auch die Schusterinsel in die Befestigungsanlagen von Hüningen einbezogen. – Weil lag abseits der großen *Straßen*. Ganz im Westen lief die Verbindung von Freiburg und Neuenburg nach Basel. Auf sie traf die Straße von Kandern her westlich der späteren Leopoldshöhe auf. Von Weil aus führten der Obere und der Mittlere Baselweg zu diesen Straßen hin. Dieser Verbindung diente wohl auch ein Brückenbau über die Wiese bei Kleinhüningen, der 1432 erwähnt wird.

Herrschaft und Staat. – Die frühesten erkennbaren Herrschaftsrechte gehen auf Besitz der *Basler Kirche* zurück. Ob dieser wiederum sich auf Kosten älterer *St. Galler Besitzungen* befestigen konnte, ist nicht mit Sicherheit zu beweisen. Im 12. Jh. besaßen die *Herren von Üsenberg* die hohe und niedere Gerichtsbarkeit als Basler Lehen. Im Anfang des 14. Jh. trugen die Münch von Münchenstein, eine aus dem Basler Patriziat hervorgegangene Familie, das Dorf Weil von den Üsenbergern zu Lehen.

Anna von Üsenberg hatte sich im Jahre 1316 mit dem Markgrafen Heinrich von Hachberg verheiratet. Ihre Brüder verzichteten 1361 auf ihre Lehenrechte, die zu dieser Zeit Konrad Münch von Münchenstein ausübte, zugunsten der *Markgrafen von Hachberg-Sausenberg*, Herren von Röttetn. Dazu gehörte auch das große und kleine Gericht und Zubehör im Weiler Bann. Leheninhaber blieben die Münch bis 1368, danach erwarb Rudolf von Hachberg-Sausenberg das Schloß Ötlikon und die Dörfer Weil, Wintersweiler und Welmlingen samt Leuten und Gütern in Hiltelingen, Haltingen und Kleinhüningen für 1400 Mark Silber von Konrad Münch. Als Bestandteil der Herrschaft Rötteln fiel Weil 1503 nach dem Tod des letzten Markgrafen von Hachberg-Rötteln an die *Hauptlinie der Markgrafen von Baden*, 1535 an die Markgrafen von Baden-Durlach. Das Weiler Viertel war stets Teil des OA Rötteln.

Im 13./14. Jh. nannte sich eine Anzahl von Personen *von Weil*, die weder nach ihrer ständischen Zugehörigkeit noch nach ihrer tatsächlichen Herkunft aus Weil eindeutig zu identifizieren sind. 1252 ist Rudolf von Weil (de Wile) Zeuge nach einigen Neuenburger Stadtadeligen anläßlich einer Belehnung in Müllheim. 1282 war Vollmar von Wil Grundbesitzer in Basel. 1301 bis 1321 wird mehrmals Walter von Weil erwähnt. Doch tritt dieser ausschließlich im Bereich der Herren von Krenkingen auf, so daß keine Sicherheit über den Zusammenhang mit Weil am Rhein gegeben ist.

Zur *Vogtei Weil* gehörten Tüllingen (zeitweilig), Ötlikon-Friedlingen und Kleinhüningen. Die Vogtei war dem Weiler Viertel eingegliedert. Das Weiler Gericht war für die ganze Vogtei zuständig. Es war zeitweise mit 12 Personen besetzt, 9 aus Weil und 3 aus Tüllingen. Bis Anfang des 19. Jahrhunderts waren die Vögte herrschaftliche Beamte und wurden vom Rötteler Landvogt auf Vorschlag der Gemeinde ernannt.

Im *Staffelhaus* in Weil hatten im 17. und 18. Jh. der Rötteler Landkommissar und die Vermessungs- und Straßenbauinspektion ihren Sitz. Am Türsturz ist die Jahreszahl 1607 noch festgehalten. Vom *Schlößli* ist nur noch das ehemalige Gesindehaus und die alte Umfassungsmauer erhalten. Über die Entstehung ist nichts bekannt, 1563 war es im Besitz des Junkers Johann Jakob Reuttner von Weil, dem damaligen Inhaber der herrschaftlichen Bannmühle in Weil. Sein Sohn mußte 1623 das Anwesen an den Basler Bürger Christof Danon verkaufen. 1716 ist Tonjola aus Basel Inhaber des Schlosses, das danach noch mehrmals den Besitzer wechselte. Zwischen 1746 und 1788 wurde das eigentliche Schloß niedergelegt.

Grundherrschaft und Grundbesitz. – Schenkungen an *St. Gallen* betreffen in Weil nur die Kirche (s. u.), für Leidikon allerdings ist früher St. Galler Grundbesitz bezeugt. So könnte es möglich sein, daß, wie anderwo auch, das *Domstift Basel* und das *Kloster St. Blasien* die Besitznachfolge angetreten haben. Beide errichteten in Weil Höfe: das Domstift Basel den Domhof, den heutigen Pfarrhof. Nach einer Güterbeschreibung aus dem Jahre 1505 besaß das Stift Basel in Weil einen Hof, Haus und Garten in der Kändelgasse, ein Haus neben Marxen Gäßlin, eine Hofstätte und Garten im Dorf sowie weitere zinsbare Rebstücke. 1569 errichtete das Stift ein eigenes Hof- und Verwaltungsgebäude, den Domhof, mit verschiedenen Wirtschaftsgebäuden. Der Basler Domhof wurde wirtschaftlicher Mittelpunkt des Ortes. Ein Meier war für die Bewirtschaftung der Güter verantwortlich und zuständig für Haltingen, Ötlingen, Tüllingen, Lörrach, Ober- und Niedereggenen, Feuerbach und weitere Orte. – 1570 erhielt das Domkapitel Basel von 7 Inhabern aus insgesamt $25\frac{1}{2}$ J Acker und 7 Zweitel sowie aus $2\frac{1}{4}$ J und 1 Zweitel Reben Korn- und Geldzinsen. 38 Träger zinsten von 22 MW und $20\frac{1}{2}$ Zweitel und $3\frac{1}{2}$ MW Reben. Weinzinsen der Basler Dompropstei gingen ab $17\frac{1}{8}$ MW und $7\frac{1}{2}$ Zweitel, 62 J Acker und 1 Zweitel Matten.

1318, 1333 und 1336 sind Erwerbungen des Klosters St. Blasien in Weil bekannt. Nach einem Urbar von 1350 des sanktblasischen Amts Basel bestand im Ort ein Meierhof, der spätere Bläserhof. Dazu gehörten 28 J Reben, 2 Schupposen sowie 11 J Matten und $4\frac{1}{2}$ J Reben. 1352 ist außerdem Besitz des St. Blasier Siechenamtes genannt. In der 2. Hälfte des 15. Jahrhunderts besaß St. Blasien im Amt Basel in Weil einen Meierhof, 3 Schupposen, Wiesen, Weinberge, 2 Häuser, 2 Keller, eine Kelter, außerdem in Leidikon Weinberge. Das Kloster unterhielt hier früh (vermutlich) einen Lehenpropst, 1545 erhielt die Propstei zu Weil Zinsen aus $18\frac{1}{2}$ J und 4 Zweitel Acker, $2\frac{1}{2}$ MW und 1 Zweitel Matten und 3 MW und 5 Zweitel Reben, Weinzinsen aus $5\frac{3}{4}$ MW und 5 Zweitel Reben sowie Teilrebenzinse aus ca. 6 MW Reben. Nach der Reformation wurde der Propst durch einen Amtmann (1647) ersetzt. Im 18. Jh. war der örtliche Meier für den Zinseinzug in Weil und den umliegenden Orten zuständig, gegen Ende des Jahrhunderts wurden diese Pflichten dem Schaffner in Steinen übertragen. – Neben St. Blasien waren auch dessen *Propsteien* begütert. *Bürgeln* hatte bis 1806 ein Haus mit Zubehör, ein älteres Haus, ca. 22 J Liegenschaften und Anteile am Weinzehnten, alles verwaltet durch die Schaffnei Steinen (s. Bd. 1, S. 172f.). Ein Urbar der Propstei *Weitenau* von 1344 verzeichnet in Weil einen Münchhof im Dorf, der an den Hof des Klosters St. Blasien stieß, ferner Äcker, Weinberge, 4 Gärten und eine Hofstätte. Der Weitenauer Hof zu Weil wird 1413 und 1491 wieder erwähnt. Für die Verwaltung und Einbringung der Einkünfte war der sanktblasische Meierhof zu Weil zuständig.

1257 schenkte Heinrich von Eschenz durch die Hand des Walter von Klingen dem *Kl. Klingental* u. a. in Weil 12 Saum Rotwein. 1316 verkauften die Brüder Hugo zer

Kinden und Rudin Susecke ihre ganzen unbeweglichen Güter in den Bännen und Dörfern Weil und Ötlingen. 1343 sind Mattenzinsen des Klosters in Weil bekannt, 1354 verkaufte die Witwe eines Kleinbasler Bürgers ihre Einkünfte. 1462 erwarb der Schaffner des Klosters eine jährliche Gült von 5 fl von Gütern in den Bännen von Weil und anderen Orten. – Das *Kl. Wettingen* im Aargau ist bereits 1246 in Weil nachweisbar, Kl. Olsberg veräußerte in diesem Jahr seinen Besitz. 1267 überließ Wettingen an Dietrich Schnewlin in dem Hofe zu Freiburg seine Besitzungen u. a. auch in Weil. Dieser tauschte 1270 alles an das Bistum Basel. – Vor 1246 war *Kl. Olsberg* in Weil begütert. 1284 vergabte Ulrich von Rodersdorf (Kt. Zürich) an Kl. Lützel im Juratal im Elsaß u. a. Weinberge in Weil. Im 17. Jh. ist das Kloster in Weil nicht mehr mit Besitz vertreten. – *Kl. Gnadental*, erstmals 1324 mit Erwerb genannt, besaß 1563 hier 3 Häuser mit Hof und ca. 121 J Liegenschaften und wird noch 1782 genannt. – Weniger bedeutend waren die Besitzungen der *anderen Basler Klöster*. 1413 ist erstmals St. Maria Magdalena bekannt. 1296 gehörte dem Chorherrenstift St. Leonhard ein Haus samt Trotte bei der Kirche. *Weitere Grundbesitzer* waren 1358 die Prediger, St. Clara ab 1328, das Steinenkloster, das Stift St. Peter, die Münsterkaplaneien, das Große Spital und der Deutsche Orden sowie die Johanniter. Die Markgrafen vergaben ihren Besitz immer wieder an Lehnsleute und Beamte.

Gemeinde. – 1319 ist Johann Ludin als *Vogt* genannt. Das Gericht war zeitweise mit 12 Richtern besetzt. Davon kamen 3 aus Tüllingen und 9 aus Weil. 1715 gehörten dem Gericht außer dem Vorsitzenden 4 bis 6 Beisitzer und 4 Geschworene an, wobei die zur Vogtei gehörenden Gemeinden je nach ihrer Größe vertreten waren. Das Gericht wurde im Hause des Vogtes abgehalten. Neben dem Vogt wird von 1659 an ein Stabhalter genannt. Die Gemeinde besaß zwar kein Siegel und ließ ihre Urkunden vom Rötteler Obervogt besiegeln, führte aber als *Dorfzeichen* seit Mitte des 18. Jh. ein Rebmesser und den Großbuchstaben »W«.

Die *Gemeinderechte* betrafen vor allen Dingen die Weide, so in der Wiese-Niederung zusammen mit Riehen, was zu seit 1342 belegten Auseinandersetzungen führte bis zur endgültigen Absteinung 1696. Mit Haltingen kam es schon 1467 zu einem Vertrag. 1761 bis 1772 dauerten Grenzstreitigkeiten mit Neudorf und Großhüningen über die Nutzung der Rheininseln. Weil war also damals schon im Besitz größerer Teile der alten Gemarkung von Ötlikon/Friedlingen. Bereits 1695 war das Gesuch genehmigt worden, Äcker im Friedlinger Bann zu erwerben und zu beweiden. 1754 kaufte die Gemeinde den Friedlinger Rain und das Untere Moos von der Herrschaft und schließlich 1756 den Schaftrieb auf dem Friedlinger Gut, der aber 1788 an die Gemeinde Hertingen weiterveräußert wurde. – An eigenen *Gebäuden* besaß die Gemeinde um 1730 eine Stubenwirtschaft, für die sie 1734 ein Sonderprivileg erwirkte. Das Gemeindehaus wurde 1767 verkauft, aber bald darauf ein Feuerspritzenhaus und eine Gemeindemetzig eingerichtet.

Kirche und Schule. – 786 schenkte Ercanpert dem Kloster St. Gallen seinen Teil an der Kirche in Weil und bestimmte, daß sein Bruder und dessen Nachkommen die entsprechenden Rechte gegen einen Zins an St. Gallen ausüben sollten. Die *Pfarrei* ging vor 1360 an das Basler Domstift über und wurde diesem inkorporiert. Ab 1402 erscheint die Kirche als ständige Vikarie des Basler Domstifts. Obwohl 1556 die Reformation durch den Landesherrn eingeführt wurde, blieb Basel noch bis 1595 im Besitz der Pfarrei, die es dann an die Markgrafschaft abtrat.

Entstehungszeit und Aussehen der ersten *Weiler Kirche* ist nicht bekannt. 1323 weihte der Generalvikar des Bischofs Rudolf von Konstanz den Hochaltar zu Ehren der hll. Gallus, Blasius, Antonius und Ägidius, den Nebenaltar zu Ehren der hll. Maria, Katharina, Margareta und Barbara. Dieser Weihe mag vielleicht ein Neubau, Umbau oder Anbau vorangegangen sein. 1668 benutzten in Weil einquartierte Kroaten die Kirche als Pferdestall, eine danach erfolgte Instandsetzung war nur von kurzer Dauer. 1702 in der Schlacht von Friedlingen wurde die Kirche erneut schwer beschädigt. 1791 wurde nach dreijähriger Bauzeit der Neubau der Kirche geweiht.

1571 gehörte der große *Frucht- und Weinzehnt* zu Weil und Ötlikon dem Domstift Basel, dem Kloster St. Blasien und der Stadt Basel vom Wettinger Gut. Den kleinen Zehnt erhielt der Pfarrer. 1259 wurden durch den Propst von St. Peter in Basel Zehntstreitigkeiten zwischen dem Domstift Basel und dem Kloster St. Blasien beigelegt. Auch um 1740 stand der große Fruchtzehnt großenteils dem Domstift (Arlesheim) zu. Er betrug jährlich etwa 140 Mltr Getreide und 80 Saum Wein. Weitere Zehntanteile besaßen St. Blasien, besonders an Wein, die Pfarrei zu Stetten und die geistliche Verwaltung. Den Kleinzehnt zog der Arlesheimer Meier ein. – 1563 ist Johann Straßer als *Schulmeister* in Weil bezeugt. Das Sigristenhaus neben dem Kirchhof war lange Zeit das Weiler *Schulhaus*. 1752 Bau eines Schulhauses. Um 1740 erhielt der Schulmeister jährlich 136 fl 15 Kreuzer.

Bevölkerung und Wirtschaft. – 1698 gab es in Weil 600, 1756 688, 1790 848 Einwohner. Der Ackerbau auf der alten Gemarkung Weil wurde in den *drei Zelgen* Rebgarter Zelg, Isenfeld Zelg und Floschfelg Zelg betrieben. Für Ötlikon ist keine Zelgordnung greifbar. Neben dem Wein als dem begehrtesten Produkt der Landwirtschaft spielte im 18. Jh. das Obst, besonders die Kirschen, eine nicht unbedeutende Rolle. – Die Nähe Basels hat nicht nur landwirtschaftliche Intensivkulturen, sondern auch eine gesteigerte gewerbliche Ausrichtung des Ortes begünstigt.

Die *Weiler Mühle* ist erstmals 1312 genannt. 1368 verkaufte Konrad Münch von Münchenstein das Dorf mit der Mühle an die Markgrafen. Die Weiler Mühle war seitdem Bannmühle. 1349 ist Johann Boner Inhaber einer Bäckerei. 1418 ist in Weil ein eigener Metzger belegt, 1593 ist Fridlin Huntzinger Metzger im Ort. 1670 ist Hans Töris als Dorfschmied genannt. Seit dem 15. Jh. waren auch die anderen Gewerbe wie Schuster, Schneider, Weber, Rasierer u. a. in Weil vertreten. In der 1. Hälfte des 18. Jh. gab es in Weil je 3 Schuster und Weber, je 2 Bäcker, Metzger, Rasierer, Schneider, Küfer, Schmiede, Maurer, Zimmerleute und Schreiner sowie je einen Sattler, Wagner, Drechsler, Glaser, Gärtner und Krämer. Die Mahl-, Gips- und Ölmühlen und das 1698 genannte Gerbhaus lagen an der Wiese oder am Mühlenteich.

Kriegsereignisse. – Das nach der Heerverfassung aufgestellte Weiler Fähnlein war 1622 an den Kämpfen bei Wimpfen während des *30j. Krieges* beteiligt. Es stand unter Befehl des Hauptmanns Werner von Offenburg und umfaßte Mannschaften aus Weil, Haltingen, Kleinhüningen und Binzen, insgesamt etwa 2340 Mann. Die Weiler stellten etwa 100 Mann, Haltingen 26 Doppelsöldner, d. h. Männer mit doppeltem Sold. Die wehrfähigen Ötlinger gehörten zum Eimeldinger Fähnlein, das 203 Mann stark war. Während des Kampfes um das oberrheinische Gebiet wurden Weil und Haltingen nach 1630 geplündert und immer wieder zu Kriegskontributionen herangezogen. Erst Ende des Jahres 1638 waren die feindlichen Truppen endgültig aus dem Oberrheingebiet vertrieben.

Während des *Holländischen Krieges* wurde das Weiler Viertel mit Tüllingen, Friedlingen, Ötlingen, Binzen, Haltingen, Hiltelingen, Märkt, Kirchen, Kleinkirchen, Efringen, Fischingen und Eimeldingen erneut zu Kontributionszahlungen herangezogen, 1678 gelang es den Franzosen, Friedlingen und Hiltelingen einzunehmen. Vor dem *Spanischen Erbfolgekrieg* wurde die Sternschanze als Vorwerk der Festung Hüningen errichtet. 1702 in der Schlacht von Friedlingen wurde das Weiler Pfarrhaus niedergebrannt und die Kirche geplündert.

Leidikon. – 751 schenkten Ebo, Odalsinde sowie Alodoes Besitzungen u. a. in Leidikon (Laidolvinchova, 1168 Leidinchovin, 1329 Leidinkon) an *St. Gallen*. 1113 wird der Ort in einer Schenkung des Walcho von Waldeck zugunsten von St. Blasien genannt. In einer Reihe von Besitzbestätigungen des Klosters St. Alban in Basel erscheint Leidikon zwischen 1147 und 1196 wiederholt in Kaiser- und Papsturkunden. 1166 wurde der Pfarrer in Tegernau nach einem Streit mit Kloster St. Blasien und dem Verzicht auf seine kirchlichen Rechte in Schönau durch ein hiesiges Gut entschädigt. Im 14. und 15. Jh. wird noch der Bann von Leidikon und werden vereinzelte Personen von Leidikon erwähnt. Das Dorf scheint damals schon ausgegangen zu sein. Sein Name lebt vermutlich im Flurnamen Leitnau im Süden der Gemarkung Haltingen weiter.

Ötlikon/Friedlingen. – Seit 1235 erscheinen in den Urkunden die Meier von Ötlikon. Abt Heinrich von *St. Blasien* belehnte Dietrich den Meier (villicus) von Ötlingen mit Gütern zu Haltingen, die der verstorbene Pleban C. von Haltingen mit Zustimmung seiner Brüder Konrad und Werner und ihres Brudersohnes Erinfrid dem Kloster geschenkt hatte. 1282 überließ Heinrich der Meier seine Rechte dem *Kl. Klingental* in Basel. 1297 ist Wernher, der Sohn des Meiers von Ötlikon, 1300 Heinrich der Meier und Hug, sein Bruder, bezeugt. Daneben tauchen die Brüder Dietrich, Hugo und Konrad von Ötlikon auf, als sie 1281 auf ihre Rechte an einem Gut zu Ötlingen zugunsten des Kl. Klingental verzichteten. 1287 ist Heinzelmann genannt. Offenbar gehörten sie zu der Klientel des Abtes von St. Blasien; ein sanktblasischer Meierhof muß sich demnach hier befunden haben, er dürfte an das Kl. Klingental übergegangen sein. 1280 erwarb das Kl. Klingental vom Basler Stift St. Peter und von den Rittern von Ramstein dessen Besitz in Ötlikon. Klingental konnte seine Güter in weiteren Erwerbsschritten 1281, 1282 und 1297 vergrößern und nochmals zwischen 1313 und 1332 arrondieren. 1336 ist die Äbtissin bereits die Herrin des Niedergerichts, die Vogtei übten als Lehen der Herren von Rötteln die *Münch von Münchenstein* aus, wie ausdrücklich nach einem Streit zwischen Konrad Münch und dem Kloster von dem Basler Rat festgelegt wurde. Zwing und Bann und das kleine Gericht sollten aber dem Kl. Klingental vorbehalten bleiben. Sicher bestand schon damals kein eigentliches Dorf mehr, sondern war dieses zu einem Hofgut zusammengefaßt, auf dem freilich mehrere Pächter, Taglöhner und der herrschaftliche Schäfer wohnten. Die zugehörige Burg, das sogenannte *Weierschloß*, war Lehen der Herren von Rötteln für die Münch von Münchenstein. Es wurde vermutlich beim Basler Erdbeben von 1356 zerstört, aber durch die Münch wieder aufgebaut und gelangte 1368 an die Markgrafen, die es als Pfand an die von Bärenfels, die Rappenberger (1579–1613) und von Rotberg (ab 1620) weiterveräußerten. 1445 wurde das Schloß von den Eidgenossen in Brand gesteckt, im 30j. Krieg durch kaiserliche Truppen schwer beschädigt. Im Tausch gegen Hertingen gelangte das Schloß 1640 wieder an die Markgrafen. Markgraf Friedrich V. ließ es wieder aufbauen und benannte es 1650 in Erinnerung an den Westfälischen Friedensschluß in *Friedlingen* um. Damals handelte es sich um eine vier- oder dreiflüglige Anlage mit einem Rundturm, umgeben von einem breiten Wassergraben. Im Holländischen Krieg 1678 wurde es von den Franzosen eingenommen und stark zerstört, im Spanischen Erbfolgekrieg durch die Schlacht von Friedlingen 1702 dergestalt beschädigt, daß es endgültig abgerissen werden mußte. Seine Güter, 1661 durch den Ankauf des Klingentaler Hofs vermehrt, waren, in 5 Höfe aufgeteilt, an Pächter ausgegeben, doch kamen 1733 die letzten Bauernhöfe in Abgang. 1750/53 verkaufte der Markgraf das Kammergut an die Gemeinde und die Weiler Bauern. Der Friedlinger und der Weiler Bann wurden miteinander vereinigt.

Weil am Rhein

Quellen und Literatur

Haltingen

Quellen gedr.: UB Basel 1 Nr. 56, 96, 170; 2 Nr. 171, 225, 237; 3 Nr. 482, 546; 4 Nr. 151. – FDA 1 (1865) S. 199; 35 (1907) S. 81; 68 (1941) S. 350; 76 (1956) Nr. 1378, 1414, 1467, 1491. – FUB 2 Nr. 225; 7 Nr. 306. – REC Nr. 1293, 5922. – RMB 1 Nr. 1168; h 583, 621/22, 633/34, 671, 680, 689/90, 730, 756, 780, 782, 846, 974, 1074, 1090, 1112. – SGUB 1 Nr. 371. – Trouillat 1 Nr. 182; 4 S. 280, 539. – ZGO 2 (1851) S. 201, 203; 4 (1853) S. 374, 381, 471; 16 (1864) S. 230; 17 (1865) S. 484; 20 (1867) S. 82–85; 28 (1876) S. 411–13, 424–26; 29 (1877) S. 197–99; 37 (1884) S. 112–15; 42 (1888) S. m86/87; 47 (1893) S. m42; 51 (1897) S. m55; 55 (1901) S. m42, 57; 57 (1903) S. m 93, 102, 116.

Quellen ungedr.: StA Basel, Urkunden Großes Almosen Nr. 5, Augustiner Nr. 38, 83, 130, 187, 209, 285, 287, 289, 291, 301, St. Clara Nr. 125, 127, 362, 372, St. Leonhard Nr. 195, 211, 213, 356, 449, 526, 614, 786, St. Peter Nr. 173c, 197, 274, Großes Spital Nr. 369a; Kirchen- und Schulgut R 14; Klöster W 3.2; Klosterarchive Augustiner H 11, Barfüßer H, St. Clara S 29, Domstift WW 39, Gnadental J 22, Klingental HH 41, St. Leonhard S 16, St. Maria Magdalena MM 31, St. Peter EEE 7, JJJ 62, Prediger N 36, Spital S 40; Direktorium der Schaffneien Q 63, 1–5; Zinse und Zehnten G 1. – GA Haltingen (Inv.masch. 1977, Übers. in: ZGO 42 ⟨1888⟩ S. m89/90). – PfA Haltingen. – GLA, H 1; 5/K. 144a; 11/K. 195, 301, 514, 522; 16/K. 64; 18/K. 17; 19/Nr. 583, 585, 621/22, **712–36**, 1063, 1252/53, 1255; 20/K. 133; 21/Nr. 693–95, 697, 700, 1852, 2026, 2347, **3551–94**, 3904, 4462, 6178, 6195, 6197, 6434, 7070, 8126; 44/Nr. 6960, 6964, 6971; 65/**566f. 2628 ff.**; 66/882, 893, 2546, **3339–53**, 3715, 7006, 7011, 8485, 9625, 9787/88, 9791, 11636, 11749/50, A 183; 67/148; 72/v. Rotberg; 120/534, 536a, 537a, 538, 540–42; 159/31, 34, 38, 61; 229/19190, 22645, 22647–49, 22678, 22979, 23733, 23776, 23788/89, 28591, 29946, 33883, 34054, 34129, **38014–147**, 45602, 47588, 52916, 52930, 64339, 73418, 81554, 81564/65, 81572–74, 88465, 88486, 92049/50, 94472, 96371, 101831, 101936, 106484, 110679, 110758, 110773, 110789, 110793, 110862, 110869, 110879/80, 112636, 115318, 115340, 115368; 391/4651, **14074–100**.

Literatur: *Köbele*, Albert (Hg), Ortssippenbuch Haltingen = Badische Ortssippenbücher 14, Grafenhausen 1966. – *Schülin*, Fritz, Haltingen 767–1967. Beiträge zur Orts-, Landschafts- und Siedlungsgeschichte. Haltingen 1967. – *Wagner*, E., Fundstätten und Funde im Großherzogtum Baden S. 253.

Erstnennungen: ON 764/65 (Félibien, Hist. de l'abbaye de S.Denis XXIX). – Kirche 1139 (Trouillat 1 Nr. 182). – Patron St. Georg 1458 (StA Basel, Klosterarchive Barfüßer H).

Hunoltingen: GLA 11/K. 482 (1278). – GLA 66/7219 ZGO 2 (1851) S. 495–99.

Hiltlingen

Quellen gedr.: UB Basel 1 Nr. 94; 2 Nr. 171; 3 Nr. 28, 81, 100, 142, 168, 233, 263, 323, 390, 462; 4 Nr. 44; 5 Nr. 244, 303, 323; 7 Nr. 44, 101, 143. – FDA 14 (1881) S. 241; 35 (1908) S. 82; 68 (1941) S. 381; 76 (1956) Nr. 1380, 1506. – REC Nr. 6801, 6810, 6815, 6834. – RMB 1 Nr. h 655–57, 690, 934. – Trouillat 4 S. 280. – Schöpflin HZB 5, 533. – ZGO 30 (1878) S. 236, 379; 42 (1888) S. m89–90; 44 (1890) S. 291, 297, 318; 51 (1897) S. m55; 55 (1901) S. m30; 57 (1903) S. m15–16, m19; 58 (1904) S. m81.

Quellen ungedr.: StA Basel, Urkunden Augustiner Nr. 38, 83, 130, St. Peter Nr. 269; Klöster S 1.2. – Frh.A.Enzberg Urk. Nr. 790. – GLA 15/K. 24; 16/K. 85; 19/K. 22; 21/Nr. 3552, 3555/56, 3587, 3589/90, **3903–7**, 6176, 6198, 6204, 6425, 6438, 7976; 44/Nr. 7211, 7214, 7216, 7218, 7225/26, 8062–64, 8157, 8159, 10124; 66/9851; 72/ v. Rappenberg, v. Rotberg; 120/812; 229/38028–32, 38036, 38047, 38058, 38064, 38067/68, 38072, 38079, 38083, 38097, 38110, 38119–21, 38123–26, 38130/31, 38139/40, 38143, 101864, 101866, 101869, 101872, 101929, 101936.

Literatur: *Schülin*, Fritz, Hiltelingen, der andere in der Gemarkung Haltingen aufgegangene Ort. In: Das Markgräflerland 3 (1971) S. 115–22. – *Tschamber*, Karl, Friedlingen und Hiltelingen. Ein Beitrag zur Geschichte der Ödungen im badischen Lande. Hüningen 1900.

Erstnennungen: ON 838/45 (SGUB 2 Nr. 397).

Die Geschichte der Stadtteile 813

Märkt

Quellen gedr.: UB Basel 1 Nr. 43, 60, 86, 95, 101/2, 160, 192, 308/9; 3 Nr. 23, 59. – FDA 1 (1865) S. 200; 35 (1907) S. 81. – REC Nr. 1029, 1291, 1322, 1360, 2259, 4052, 4059–60; Schöpflin HZB 5 S. 165. – ZGO 28 (1876) S. 424–26; 42 (1888) S. m86/87; 47 (1893) S. m45/46; 58 (1904) S. m112/13, 141; 79 (1940) S. 211.
Quellen ungedr.: StA Basel, Urkunden Augustiner Nr. 69, St. Leonhard Nr. 755, St. Peter Nr. 138, 256 a und b, 252/53; Klöster W 3.2. – PfA Eimeldingen. – GLA, H 2; 5/K. 274; 18/K. 17; 19/Nr. 622, 625; 21/Nr. 713, 2026, 2326, 4444, **5316–27**; 65/**566f**. 2855 ff.; 66/3715, 3718, **5205–9**, 7015, 7335, 11668, A 24, 49, 52, 65; 120/419, 534–37, 540, 542, 625, 1096, 1100, 1166b; 159/31, 34, 61, 70; 229/9512, 23725–28, 23730, 23740, 23747–48, 23760, 23764, 23776, 23795, 23799, 28614, 38017, 38028, 38032, 38044, 38050, 39713–15, 49748, 53962, **65105–39**, 88486, 94472, 106489; 361 (1926, 43) 76; 391/4649, 4654, 24470–75; 399/1483. – GA Märkt (Inv. masch. 1954).
Literatur: *Heimann-Schwarzweber*, Annemarie, Die Kirche in Märkt und ihre Fresken. In: Das Markgräflerland 2 (1986) S. 220–24. – *Schülin*, Fritz, Märkt. Kleine Ortschronik mit Beiträgen zur Orts-, Landschafts- und Siedlungsgeschichte. Schopfheim 1976. – *Wittmann*, Otto, Geologische Beobachtungen im Bett des korrigierten Rheines zwischen dem Stauwehr Märkt (km 174,0) und der Einmündung des Unterwasserkanals vom Kraftwerk Kembs (km 180,5). In: Berr. der Naturforschenden Gesellschaft Freiburg 42 (1952) S. 11–43.
Erstnennungen: ON und Kirche 1166/74 (REC 1029) bzw. 1169 (UB Basel 1 Nr. 43). – Patron St. Nikolaus 1470.

Ötlingen

Quellen gedr.: UB Basel 1 Nr. 164, 170, 318; 2 Nr. 74, 119, 317/18; 3 Nr. 14, 23, 59, 101, 319, 323, 462, 534; 4 Nr. 151. – FDA 1 (1865) S. 199; 35 (1907) S. 81; 78 /1956) Nr. 1400, 1412, 1460, 1469, 1525, 1537. – REC Nr. 3645, 3745. – RMB 1 Nr. 3, h 583, 585, 634, 656, 671, 690, 711, 727, 783, 846, 895, 930, 934, 993, 1024, 1095. – WUB 5, 370. – ZGFreib. 6, 440. – ZGO 18 (1865) S. 478; 28 (1876) S. 390; 37 (1884) S. 11–15; 38 (1885) S. 331/32; 40 (1886) S. 128; 41 (1887) S. 203, 495–99; 42 (1888) S. m85; 43 (1889) S. 480; 58 (1904) S. m65, 80, 86, 156.
Quellen ungedr.: StA Basel, Urkunden Großes Almosen Nr. 46, Augustiner Nr. 285, St. Clara Nr. 125, 127, Großes Spital Nr. 369a, St. Peter Nr. 131; Klöster W 3.2; Klosterarchive Gnadental S 56, Klingental HH 76, St. Clara C 56, St. Maria Magdalena MM 52, Prediger N 60, Spital S 79; Direktorium der Schaffneien Q 131. 1–4; Kirchen- und Schulgut R 14, 24. – GLA 3/K. 155; 11/K. 154, 301, 420, 482, 514; 18/K. 21; 19/Nr. 546/7, 714/15, 1060–63, 1219, 1232, 1252/53, 1255 ; 20/K. 105, 152; 21/Nr. 700, 1854, 2293, 3561/62, 3585, 3594, 5052, **6170–6218**, 6434, 6769, 6897; 44/Nr. 297, 6950, 7211, 7214, 7216, 7218, 7225/26, 8149/50, 8153, 8156/57, 10124; 65/**566f**. 2548ff.; 66/384, 433–34, 890, 905, 912, 918, 930, 933, 1005, 3339/40, 3715, 3718, 4464, 6109, **6358–78**, 7035, 7039–41, 7044, 7047/48, 7191, 7194, 7311, 7337/38, 7563, 8109/10, 8779/80, 9398, 9400, 9406/7, 9410, 9413/14, 9420/21, 9453, 11195, 11621, 11624, 11636, 11647, 11654, 11673, 11683, 11706, 11749, 11757, A 24, 33, 44, 45, 50, 53–55, 61, 64, 66, 68, 69, 72, 75–77, 81; 72/v. Rappenberg, v. Roggenbach, v. Rotberg; 120/424, 1051; 159/38; 212/226; 229/22617, 22645, 22647–49, 22685, 23773, 23776, 28571, 28591, 29962, 38034, 38037, 38039, 38053, 38055, 38062, 38094, 38098/99, 38101, 38104, 38106, 38126, 38132, 38137, 38140, 52922, 77209, **81553–89**, 88465, 88486, 88496/97, 94472, 101831, 101936, 106412, 106443, 110762, 110862, 110869, 110879/80, 112639, 115139; 391/4651, 14077, 14087, 14089, 14097, 19290, **29691–704**. – StadtA Weil am Rhein Plan Oetlingen 1764.
Literatur: *Brüderlin*, Rolf Hans, Eine Zukunft für unsere Dörfer (Dorfentwicklungsplan Ötlingen). In: Das Markgräflerland 3/4 (1980) S. 278–88. – *Burte*, Hermann, Hermann Daur, der Maler des Markgräflerlandes (Das Grab in Ötlingen). In: Das Markgräflerland 1 (1970) S. 3f. – *Hesselbacher*, Martin, Denkmalpflege an Bauwerken, die besondere Bedeutung im Ortsbild haben. 4. Folge: Die »Arche« in Istein (Kr.Lörrach). Das »Kogerhaus« in Ötlingen (Kr.Lörrach). In: Nachrichtenbl. der Denkmalpflege in Baden-Württemberg 5,4 (1962) S. 95–105. – *Kreutner*, E., Ortssippenbuch Ötlingen, Grafenhausen 1972. – *Schülin*, Fritz, Berichtigung zu Seith, Karl: Der Besitz der Basler Klöster im Dorf und Bann Ötlingen. In: Das Markgräflerland 3 (1971)

S. 170. – *Derselbe*, Notwendige Berichtigung zur »Geschichte des Dorfes Ötlingen« 1972. In: Das Markgräflerland 1/2 (1976) S. 171/72. – *Seith*, Karl, Der Besitz der Basler Klöster im Dorf und Bann Ötlingen. In: Das Markgräflerland 2 (1955) S. 95–114 und 1 (1956) S. 1ff.
Erstnennungen: ON 843 (F. M. 12. Jh. in: ZGO 42 ⟨1888⟩ S. 352) bzw. 1064 (RMB 1 Nr. 3). – Kirche 1275 (FDA 1 1865 S. 199). – Patron St. Gallus 1571 (GLA 66/6359).

Weil

Quellen gedr.: UB Basel 1 Nr. 193, 259; 2 Nr. 48, 432; 3 Nr. 101, 233, 263, 319; 4 Nr. 151; 6 Nr. 298/99, 341; 7 Nr. 150, 315, 390. – FDA 1 (1865) S. 212; 35 (1907) S. 35, 82; 76 (1956) Nr. 1408, 1472, 1530. – FUB 5 Nr. 68; REC Nr. 3959, 6232, 7887; RMB 1 Nr. h 661, 950, 1037, 1107, 1127. – SGUB 1 Nr. 105. – Trouillat 2 Nr. 155; 4 S. 280. – ZGO 2 (1851) S. 200; 9 (1858) S. 213; 13 (1861) S. 238/39; 17 (1865) S. 107/8; 37 (1884) S. 114–16; 42 (1888) S. m86, 90, 94; 51 (1897) S. m56.
Quellen ungedr.: StA Basel, Urkunden St. Clara Nr. 193, 202, St. Peter Nr. 172, 224a, 388; Kirchen- und Schulgut R 32.1–2; Klöster B 3.10; Klosterarchive St. Clara S 81, Domstift WW 62, Gnadental E, J, Kartaus Q 37, Klingental HH 97, St. Maria Magdalena MM 72, St. Peter JJJ 130, Prediger N 85, St. Theodor G 12, Spital S 113; Direktorium der Schaffneien Q 172.1–4; Elenden Herberge V 36; Städte und Dörfer W 9; Zins und Zehnten G 1. – GLA, H 7; 11/K. 186–87, 301, 441, 495, 514/15, 522; 16/K. 85; 17/K. 515; 18/K. 7, 39; 19/Nr. 506, 577–79, **1223–65**, 1594; 20/ K. 152; 21/Nr. 354, 5045, 5063, 6176, 6195, 6202, 6216, 6414, 6436, **7055–8005**; 44/Nr. 6444–50, 10186, 10192; 65/**566f. 2146ff.**, 1947; 66/51, 890, 896, 933, 2063, 2546, 3347, 3715, 3718, 7006, 7211, 7218, **9398–9456**, 11626, 11686, 11749, 11759, A 183; 67/101; 72/v. Rappenberg; 120/469, 481, 483, 538, 542, 549, 635, 819, 990, 997, 120f, 1251, 1264b, 1283, 1304c, 1312; 212/136; 229/ 9498, 9563–65, 9587, 22645, 22647–49, 22683, 28590, 28597–99, 28614, 29949–51, 29954, 29959/ 60, 29967, 29970/71, 33872, 33881, 38034, 38037, 38050, 38085, 38098, 38094, 38101, 38106, 38127, 38140, 42876, 42889, 47588, 53976, 53978, 88465, 88486, 94472, 1012879, 101936, 104657, 104591, 106423, 106449, 106484, 106499, **110676–978**; 230/1326; 230/1326; 361 (1926, 43) 78; 375 (1896, 21) 62; 391/17815, 19190, 23021, **41073–41101**, 41951/52, 4651, 4817. – GA Weil (Inv. masch. 1952). – PfA Weil.
Literatur: *Aßkamp*, R., Die römischen Brandgräberfelder von Weil am Rhein und Bötzingen. Untersuchungen zur vorflavischen Besiedlung und Besetzung des rechtsrheinischen Oberrheingebietes. Freiburg 1985. – *Biegel*, G., Römisches Brandgräberfeld in Weil am Rhein Kreis Lörrach. In: Neue Ausgrabungen. Archäologische Denkmalpflege im Regierungsbezirk Freiburg 41 (1981). – *Bowien*, Erich, Der Rheinhafen in Weil am Rhein. In: Markgräfler Jb 1 (1939) S. 84–86. – *Brüderlin*, Rolf, Der Bauplatz für das neue Weiler Kirchenschiff von 1791. In: Das Markgräflerland 3/4 (1980) S. 300–5. – *Derselbe*, Eine Zukunft für unsere Dörfer (Weil am Rhein und Ötlingen). In: Das Markgräflerland 3/4 (1980) S. 278–88. – *Dietz*, Alfred, Die wirtschaftliche Entwicklung von Weil am Rhein. In: Die Markgrafschaft 18 (1966) S. 5–10 und Regio Bas. 12 (1971) S. 113–16. – *Dietz*, Edgar, Weil am Rhein – Grenzstadt am Dreiländereck. In: Die Markgrafschaft 12, 5 (1960). – *Fingerlin*, Gerhard, Zum römischen Weil. In: Das Markgräflerland 2 (1986) S. 7–17. – 1200 Jahre Weil am Rhein. 786–1986. Hg. von der Stadtverwaltung Weil am Rhein, Weil 1986. – Ein halbes Jahrhundert Färberei Schetty Weil/Rhein. 1899–1949, Säckingen 1949. – *Jud*, T., Neues vom Helm von Weil. In: Archäologie der Schweiz 8, 2 (1985) S. 62. – *Keller*, Ludwig, Geschichte der Stadt Weil am Rhein. Umgearbeitete und erweiterte Neuauflage der »Chronik der Gemeinde Weil« von Karl Tschamber, Weil 1961. – *Kraus*, Julius, Die strategische Eisenbahn: Leopoldshöhe – St. Ludwig (1878). Leopoldshöhe – Weil durch den Tunnel (Lörrach 1887–1890). In: Das Markgräflerland 2 (1986) S. 81–91. – *Laur-Belart*, R., Ein Helm der Urnenfelderzeit am Rhein und Umgebung. In: Jb SGU 40 (1949/50) S. 202. – *Lindow*, Hans Joachim, Führer durch Weil am Rhein und Umgebung, Weil am Rhein 1962. – *Malle*, Bernd, Der Hafen Weil am Rhein. In: Regio Bas. 12 (1971) S. 127–32. – *Debatin*, H., Die katholische Pfarrgemeinde St. Peter und Paul Weil am Rhein. Fs zum 50jährigen Bestehen der Pfarrei, Erolzheim 1955. – Rathaus Weil am Rhein. Zur Einweihung am 5. Juni 1964, Weil 1964. – *Resin*, Friedrich, Rudolf Kraus – der erste Ehrenbürger der Stadt Weil am Rhein. In: Das Markgräflerland 2 (1986) S. 126–29. – *Schmid*, Elisabeth, Die geologische Einordnung der Fundstelle des

urnenfelderzeitlichen Helmes von Weil am Rhein. In: Jahresberichte u. Mitt. des Oberrheinischen Geologischen Vereins NF 32 (1943/50) S. 128–34. – *Sepaintner*, Fred, (Hrsg.) Weil am Rhein. Weil am Rhein 1986. – *Ders.*, Weil am Rhein vom Beginn des 19. Jahrhunderts bis in die Gegenwart. Eine historisch-gegenwartskundliche Beschreibung. In: Das Markgräflerland 2 (1986) S. 242–71. – *Ders.*, Weil am Rhein im Wandel der Geschichte. In: *R. Frei, R. Hagerer* und *Ders.*, Weil am Rhein, Konstanz 1991. – *Tschamber*, Karl, Chronik der Gemeinde Weil am Rhein, Weil 1928. – *Vögtlin*, Albert, Das Weyler Meßprotokoll aus den Jahren 1761–1765. In: Das Markgräflerland 2 (1986) S. 36–56. – *Wagner*, Kurt, Die Entwicklung des Rheinhafens Weil,. In: Regio Bas. 3 (1961/62) S. 196 f. – Weil am Rhein. Eine Dokumentation und Orientierung = Sonderbeilage der Weiler Zeitung 1964. – Weil am Rhein in der Chronik des Landvogts von Leutrum. In: Das Markgräflerland 2 (1986) S. 18–35. – Das Zollamt Weil-Otterbach, Freiburg 1970.

Erstnennungen: ON und Kirche 786 (SGUB 1 Nr. 105). – Patron St. Gallus 1323 (GLA 21 Nr. 7981).

Friedlingen: UB St. Blasien (in Bearbeitung Ott-Braun) Erstbeleg von 1235; UB Basel 3 Nr. 355, 519. – GLA 19/K. 46; 21/K. 359–60; **65/566f. 2390 ff**; 66/9434; 72/v. Rotberg; 120/537d, 812, 824; 229/23974, **29941–73**. – ZGO 41 (1887) S. 349; 42 (1888) S. m90. – *Poinsignon*, Adolf, Das ehemalige Schloß Friedlingen. In: Schau-ins-Land 15 (1889) S. 78–80. – *Tschamber*, Karl, Friedlingen und Hiltelingen. Ein Beitrag zur Geschichte der Ödungen im badischen Lande. Hüningen 1900.

Leidikon: GLA 11/K. 441; 19/K. 45–46; 21/K. 459. – UB Basel 1 Nr. 33, 34, 68. – SGUB 1 Nr. 14. – Trouillat 1 Nr. 195, 207, 212, 255, 282. – ZGO 15 (1863) S. 458–61, 479/80.

Wembach

180 ha Gemeindegebiet, 263 Einwohner (31.12.1990, 1987: 251)

Wappen: In Silber (Weiß) eine durchgehende blaue Wellendeichsel. Das Wappen symbolisiert die Lage des Dorfes an der Mündung des Böllenbachs in die Wiese. Es wurde in dieser Form 1902 vom badischen Generallandesarchiv vorgeschlagen.

Gemarkung: Wembach (180 ha, 251 E.) mit Wembach und Schindeln.

A. Naturraum und Siedlung

Natürliche Grundlagen. – Als Teil des Mittleren Wieseberglandes umfaßt das Gemeindegebiet neben einem kleinen Ausschnitt des Großen Wiesentals vor allem den Schwemmfächer, den der Böllenbach vor seiner Einmündung in die Wiese aufgeschüttet hat. Der höchste Punkt wird mit 1010 m ü.d.M. am Honeck in einer der beiden westlichen Exklaven erreicht; das Höhenminimum befindet sich an der südlichen Gemeindespitze, wo die Wiese das Gemeindegebiet verläßt. Gletscherschurf und die erodierende Kraft der Schmelzwässer schufen während der Kaltzeiten Oberflächenformen, die für das heutige Erscheinungsbild der Landschaft charakteristisch sind. Der Rundhöcker oberhalb der Einmündung des Böllenbachs oder der Kohlbach selbst sind Ergebnisse jener *eiszeitlichen Prozesse*, die bereits in der Riß-Kaltzeit in Gang gesetzt wurden, aber erst in der Würm-Eiszeit zu voller Geltung kamen: Der vom Belchen herabfließende Böllengletscher wurde von dem hier noch 300 m mächtigen Wiesegletscher nach SW abgedrängt und somit gezwungen, sich ein neues Bett in die Bergflanke zu graben. Dieses »Flankental« wurde im Nachhinein durch abfließende Schmelzwässer weiter vertieft.

Der Gesteinsuntergrund wird von den *Mambacher Syntexiten* bestimmt. Sie werden den sogenannten Südrandschuppen zugeordnet und bilden somit die Grenze zur nördlich anschließenden Zone von Badenweiler-Lenzkirch. Die zum Teil intensive tektonische Beanspruchung der Gesteine nach ihrer Kristallisation findet ihren Ausdruck vor allem in einer deutlichen Schieferung, sichtbar beispielsweise entlang der Straße von Wembach nach Böllen. Die aus dem grusig verwitternden, häufig schuttreichen Substrat hervorgegangenen Böden zählen überwiegend zu den sauren Braunerden mit sandig-lehmiger bis lehmig-sandiger Textur. Ihre Humusform Mull macht sie zu guten Waldstandorten.

In Abhängigkeit vom Relief ist ihr Entwicklungsstand unterschiedlich weit fortgeschritten. So sind Hangnasen und Bergkuppen häufig über das Stadium eines Rankers nicht hinausgekommen. Die unterschiedlichen Standortverhältnisse werden von der Vegetation nachgezeichnet. Ein erwähnenswertes Beispiel ist der Schluchtwald am Zusammenfluß von Hofbach und Kohlbach an der Südgrenze der Gemeinde, zu dessen Mantelgesellschaft das topographisch niedrigste Vorkommen der Alpenheckenrose im Schwarzwald zählt.

Die Jahresmitteltemperaturen schwanken in Abhängigkeit von der Höhenlage zwischen 5,5°C und 8,5°C, der Jahresniederschlag liegt zwischen rund 1500 und 1800 mm. Zusammen mit dem teilweise steil geneigten Relief ist somit das Klima ein entscheidender Faktor bei der Bewertung der agrarökologischen Standorteigenschaften. Die Landwirtschaftsfläche, die knapp ein Drittel des Gemeindeareals einnimmt, besteht dementsprechend fast nur aus Grünland. Die links der Wiese gelegenen Feuchtwiesen sind ebenso wie die strukturreichen Weiden das Ergebnis der traditionellen Landbewirtschaftung. Eine Änderung der Nutzungsintensitäten müßte hier letztlich zum Verlust der teilweise als wertvoll klassifizierten Artenzusammensetzungen führen, da sich ohne Landbewirtschaftung wieder Wald einstellen würde. Dieser potentiellen natürlichen Vegetation entspricht je nach Höhenlage ein atlantisch-submontaner Eichen-Buchen-Tannenwald zwischen 500 und 700 m ü.d.M. und im Bereich zwischen 700 und 1010 m ü.d.M. ein montaner Buchen-Tannenwald. Heute nimmt der Wald fast die Hälfte der Gemeindefläche ein. Seine Artenzusammensetzung beruht im wesentlichen auf der forstlichen Bewirtschaftung. Es dominiert die Fichte mit 26% Flächenanteil, gefolgt von Buche und Tanne mit je 24 bzw. 23% sowie Douglasie mit 16 Prozent. Die Dynamik der Veränderung wird deutlich anhand eines Vergleiches mit dem Jahr 1926, als die Buche noch 61% ausmachte (Tanne 20%, Fichte 13%). Die Douglasie war damals noch nicht vertreten.

Siedlungsbild. – Das kleine Dorf Wembach liegt südlich von Schönau in einer der beckenartigen Weitungen des Großen Wiesentals westlich des Flusses. Der *alte Dorfbereich* zieht sich mit wenigen Anwesen entlang der Straße, die von Böllen kommend das Große Wiesental erreicht (Felsenstraße). In weitem, lockerem Abstand reihen sich die alten Schwarzwaldhöfe vornehmlich mit ihrer Längsfront an dieser Achse auf, wobei sich ursprünglich *drei Höfegruppen* – durch räumliche Zäsuren getrennt – erkennen lassen. Eine Gruppe besonders stattlicher Schwarzwaldhöfe markiert ungefähr die Mitte der alten Dorfausdehnung. Die langgestreckten, mit tief herabgezogenen Walmdächern versehenen Anwesen, die z.T. sehr schöne Laubenumgänge über dem meist nach W orientierten Wohnteil aufweisen, machen das eigentliche Bild des alten Dorfes aus. Dabei haben etliche Aus- und Neubauten, wohl in der Eigenschaft eines Ausgedinges, zu einer stärkeren Verdichtung dieser ehemals sehr locker gestalteten Siedlungszelle beigetragen. Einzelne moderne Neubauten haben inzwischen den Talgrund verlassen und wurden an den südexponierten Hängen angelegt. Landwirtschaft spielt kaum noch eine Rolle, nicht selten ist bei den großen Anwesen der ehemalige Stallteil in den Wohnbereich integriert worden. Dafür haben sich die Höfe in starkem Maße dem Fremdenverkehr geöffnet. Bestes Beispiel hierfür bildet der Pensionsgasthof »Maierhof« am westlichen Rand der Siedlungszelle, der dafür stark umgebaut und in seiner Stockwerkshöhe vergrößert wurde.

Ganz im W, wo die Straße in das enge Böllenbachtal einbiegt, folgt im Talgrund ein *zweiter*, separat liegender und aus vier Gebäuden bestehender *Siedlungsteil*, der aus einem Mühlenanwesen hervorgegangen ist. Zwei der zu reinen Wohnhäusern umgestalteten Bauten zeigen in ihren Kernen noch die Struktur des ehemaligen Schwarzwaldhofs. Die beiden anderen Wohnhäuser sind jüngeren Datums. Ein *dritter Siedlungsteil* läßt sich im O ausmachen, wo ein Bereich auch kleinerer Anwesen die Straße durch das Böllenbachtal begleitet. Oberhalb dieser Höfegruppe hat sich am Südhang des Haselbergs seit den 1970er Jahren ein vergleichsweise ausgedehntes *Neubaugebiet* etabliert, das sich vorwiegend aus Einfamilienhäusern sehr gehobenen Standards zusammensetzt.

Wesentlich größer ist der Zuwachs an Siedlungsfläche jedoch ganz im O, im Bereich des Wiesentals, wo ebenfalls seit den 1970er Jahren neben Wohn- insbesondere *Industrie- und Gewerbegebiete* ausgewiesen wurden. Das Wohngebiet erstreckt sich teilweise mit villenartigen Einfamilienhäusern vornehmlich entlang der Maienbühlstraße und der vorderen Felsentalstraße. Im Kreuzungsbereich beider Straßen weist eines der Gebäude wiederum darauf hin, daß dem Fremdenverkehr in Wembach eine bedeutende Rolle zukommt (Haus Barbara). Einige wenige ältere Häuser, so u. a. ein langgestreckter, noch ganz in Holz gehaltener Schwarzwaldhof, zeigen an, daß hier schon um die Jahrhundertwende eine wenn auch spärliche Bebauung vorhanden war. Möglicherweise hing sie mit dem ehemaligen Bahnhof von Wembach zusammen, der hier als Haltepunkt an der von Zell nach Todtnau führenden Schmalspurbahn eingerichtet war. Den Mittelpunkt und flächenmäßig größten Teil der Ausbauzone bildet heute der ausgedehnte, durch eingeschossige flache Hallen gekennzeichnete Industriekomplex der Metallwerk Todtnau GmbH, die seit 1977 ihren Sitz in Wembach hat. Unmittelbar nach NO hin schließt sich eine Schreinerei bzw. Möbelfabrik an, die sich nur durch ihre Giebeldachbauten etwas abhebt. Umgeben von Parkplatzflächen fallen zur B 317 hin, der Durchgangsstraße durch das Wiesental, zwei modern gegliederte, anderthalbstöckige Gebäudekomplexe ins Auge, deren steile Schrägdächer die Dachdeckung der alten Schwarzwaldhöfe aufgreifen. Im südlichen Komplex sind ein Fliesenfachmarkt sowie eine Gaststätte untergebracht, während sich im nördlichen *Rathaus* und Feuerwehr mit Bereitschaftswohnung befinden. Ein kleiner Dachreiter hebt dieses Gebäude besonders hervor. Mit einigen wenigen Wohnhäusern, die ebenfalls Unterkünfte für Fremdengäste anbieten, setzt sich der Ort auch jenseits der B 317 fort.

Etwa 1,5 km westlich von Wembach, oberhalb der Talöffnung des Böllenbachs auf einer Verebnungsfläche, liegt der Weiler Schindeln. Die vier alten Schwarzwaldhöfe reihen sich in lockerer Anordnung mit ihrer Langseite beiderseits der schmalen Straße auf, die als einzige Erschließungsachse die Siedlung durchzieht.

B. Die Gemeinde im 19. Jahrhundert und in der Gegenwart

Bevölkerung

Bevölkerungsentwicklung. – Im Jahre 1809 hatte die Gemeinde Wembach mit ihrem Nebenort Schindeln insgesamt 202 Einwohner. Dieselbe Zahl wurde auch noch für 1828 angegeben, in Schindeln lebten damals 34 Menschen. Nach guten Jahren für die Landwirtschaft und nachdem 1837 die Iselinsche Textilfabrik in Schönau ihren Betrieb aufgenommen hatte, war die Einwohnerzahl 1852 in Wembach auf 255, darunter 42 in Schindeln, angestiegen. Die Gemeinde hatte damit aber schon den Höhepunkt ihrer Bevölkerungszahl im 19. Jh. erreicht. Die Einwohnerzahl fiel bis vor die Jahrhundertwende mit 187 unter ihren Stand von 1809. Nach einer kurzen Erholungsphase (1905: 214 E., darunter 38 in Schindeln) mußte Wembach bis zum Beginn des 2. Weltkriegs einen weiteren Bevölkerungsverlust hinnehmen (1933: 173 E.). Nicht zuletzt durch die Zuweisung von Heimatvertriebenen (19) wuchs die Einwohnerschaft bis 1950 wieder auf 211 Personen an. Diese Größenordnung überdauerte die folgenden 20 Jahre (1961: 206; 1970: 218). Insbesondere durch Zuwanderung seit der Niederlassung eines Industriebetriebs am Ort nahm die Einwohnerzahl seither soweit zu, daß schließlich die alte Größenordnung wieder erreicht wurde (1987: 251 E.; 1993: 267 E.).

Konfessionelle und soziale Gliederung. – Bis ins letzte Drittel des 19. Jh. bestand die Bevölkerung Wembachs ausschließlich aus Katholiken. 1895 lebten im Hauptort 10 Protestanten (5,4%). Durch die Aufnahme von Heimatvertriebenen stieg der Anteil der Protestanten nach dem 2. Weltkrieg zunächst auf 19,0%. 1970 waren 85,3% der Einwohner Katholiken und 12,8% Protestanten, 1987 82,1% katholisch und 15,1%

Die Gemeinde im 19. Jahrhundert und in der Gegenwart

evangelisch. 2,8% gehörten bei der letzten Volkszählung einem sonstigen Bekenntnis an oder waren konfessionslos.

Ein erheblicher Teil der Bevölkerung des Hauptortes Wembach konnte seinen *Lebensunterhalt* bereits in der 1. Hälfte des 19. Jh. nicht mehr durch Landwirtschaft allein sichern. In den 1850er Jahren galt Wembach als eine der ärmsten Gemeinden des Bezirks. Obwohl die Verdienstmöglichkeiten wegen Rohstoffknappheit zeitweilig eingeschränkt waren, arbeitete 1862 fast ein Drittel der Wembacher in dem Iselinschen Unternehmen. 1895 übertraf die Zahl der Industriearbeiter mit 46 Personen bereits die Zahl der hauptberuflich in der Landwirtschaft Beschäftigten (44). Von der Gesamtbevölkerung bezogen damals 56,1% ihren Lebensunterhalt hauptsächlich aus der Landwirtschaft, 33,9% aus Gewerbe und Industrie, 4,2% aus Handel und Verkehr und 5,8% aus sonstiger Erwerbstätigkeit. 1939 beliefen sich die entsprechenden Anteile auf 36,4% (Landwirtschaft), 45,1% (Gewerbe und Industrie), 6,4% (Handel und Verkehr) und 12,1% (Sonstige). Nach dem 2. Weltkrieg verlor die Landwirtschaft immer schneller ihre Bedeutung als Erwerbszweig (1961: 18,6%; 1970: 3,2%; 1987: 0,9%), während die Zahl der in Gewerbe und Industrie Beschäftigten deutlich anstieg (1961: 57,4%; 1970: 65,1%; 1987: 69,0%). Eine, wenn auch zunächst geringere Zunahme verzeichneten auch die anderen Branchen, so daß der Tertiäre Sektor 1987 immerhin 30,1% der Erwerbstätigen Beschäftigung bot, während 18,7% Rentner, Pensionäre und Arbeitslosengeldempfänger waren (1970: 17%).

Politisches Leben

Bis zum Beginn des 1. Weltkriegs schwankte im katholischen Wembach der Stimmenanteil des *Zentrums* zwischen 75,7% (1887) und 100% (1881); der Anteil der *Nationalliberalen* erreichte nie ein Viertel der abgegebenen gültigen Stimmen. Als einzige weitere Partei trat bis 1912 die *SPD* mit 9,1% (1903) in Erscheinung. Nach der Revolution von 1918 behauptete das Zentrum seine absolute Mehrheit bis zur Machtergreifung der Nationalsozialisten (Nov. 1932: 67,8%), doch gelang es jetzt den Links-Parteien, von einem offensichtlich festen Wählerstamm aus beachtliche Wahlergebnisse zu erzielen (1919 SPD: 38,3%; 1932 KPD: 18,9%). Rechts von einer instabilen liberalen Wählerschaft – immerhin erreichte die DVP 1930 26,7% – gab es bis 1932 nur sehr wenige Wählerstimmen in Wembach. Selbst im November 1932 konnte die *NSDAP* nur 30,6% der Stimmen auf sich ziehen und verlor im März 1933 wieder erheblich (8,9%).

Nach dem 2. Weltkrieg etablierte sich die CDU als stärkste Partei und errang meistens auch die absolute Mehrheit (Landtagswahl 1992: 44,9%; Bundestagswahl 1990: 53,2%). Auf dem zweiten Platz in der Wählergunst lag stets die SPD, wobei deren Stimmenanteil erheblichen Schwankungen unterlag (Landtagswahl 1947: 8,5%; Bundestagswahl 1980: 42,8%; 1990: 25,3%; Landtagswahl 1992: 30,7%). Seit 1980 – mit Ausnahme der Bundestagswahl von 1990, als die FDP 11,0% erhielt, die Grünen aber nur 5,2% – haben die Grünen die FDP als dritte politische Kraft verdrängt (Landtagswahl 1992: FDP: 3,9%; Grüne: 9,4%).

Wirtschaft und Verkehr

Land- und Forstwirtschaft. – Die landwirtschaftliche Nutzfläche erreichte um 1880 mit 107 ha ihre größte Ausdehnung. Davon wurden 57 ha als *Wiesen*, 15 ha als *Weide* und 35 ha als *Ackerland* genutzt. Zum Anbau kamen vor allem Winterroggen (14 ha) und Kartoffeln (13 ha). 1970 wurden 68 ha als Dauergrünland und nur noch 2 ha als

Ackerland ausgewiesen. Inzwischen ist der Ackerbau völlig aufgegeben und die landwirtschaftliche Nutzfläche weiter vermindert (1987: 63 ha). 1987 bestanden noch 10 landwirtschaftliche Betriebe mit wenigstens 1 ha LF, die alle im Nebenerwerb geführt wurden.

Den landwirtschaftlichen Gegebenheiten entsprechend spielte auch in Wembach die *Rinderzucht* (Milchproduktion und Kälbermast) eine erhebliche Rolle. Abgesehen vom Nebenort Schindeln wurde die in der Gegend übliche Weidewirtschaft aber schon um die Mitte des 19. Jh. zugunsten der Stallfütterung aufgegeben. Seit der Jahrhundertwende war der Rinderbestand bereits wieder leicht rückläufig (1880: 139; 1913: 131). 1971 wurden noch 80 Rinder gezählt, darunter waren 44 Milchkühe. Seitdem ist der Bestand weiter gesunken (1988: 51 Rinder, darunter 28 Milchkühe). Als Verdienstquelle hatte lediglich die *Schweinehaltung* vor dem 2. Weltkrieg noch eine gewisse Bedeutung (1930: 79 Stück). Sonstige Nutztiere wurden nur zur Deckung des Eigenbedarfs gehalten.

Die von der Landwirtschaft aufgegebenen Flächen hat man zu mehr als der Hälfte aufgeforstet, wodurch die Waldfläche (1850: 19 ha; 1900: 29 ha; 1950: 66 ha; 1990: 86 ha, darunter 35 ha Laubwald) schließlich auf 48% der Gemarkungsfläche ausgedehnt wurde. Der Wald befindet sich zu gleichen Teilen in Händen der Gemeinde und von Privatleuten.

Handwerk und Industrie, Handel, Dienstleistungen und Verkehr. – In den 1850er Jahren gab es in Wembach eine *Mahlmühle*, eine Sägemühle, eine Ziegelhütte und acht verschiedene *Handwerker*. Die um diese Zeit von der Spinnerei Atzenbach erworbene Konzession für einen Filialbetrieb auf Gemarkung Wembach blieb ungenutzt. Anstelle einer eingegangenen Hammerschmiede wurde 1875 eine mechanische Werkstatt zur Herstellung von Bürstenhölzern und Falzziegelrahmen eingerichtet, die bis zu fünf Personen beschäftigte.

1950 zählte man in Wembach noch drei Handwerksbetriebe mit insgesamt vier Beschäftigten sowie einen weiteren Gewerbebetrieb mit drei Beschäftigten. Neben der 1977 als einzigem handwerklichen Vollerwerbsbetrieb noch bestehenden Schreinerei arbeitet inzwischen noch ein Fliesenlegerbetrieb. Von großer Bedeutung für die Gemeinde war 1977 der Zuzug der *Metallwerke Todtnau GmbH*. Dieses Unternehmen, eine Tochter des Hellakonzerns in Lippstadt bei Dortmund, stellt zum einen Auto-Innenbeleuchtungen her, zum anderen neuerdings auch Plastikreflektoren für die Beleuchtungsindustrie. 1992 waren insgesamt 572 Mitarbeiter bei dieser Firma beschäftigt, darunter 252 in Heimarbeit.

Die Konkurrenz in der nahegelegenen Stadt Schönau ließ in Wembach lange Zeit noch nicht einmal einen Kramladen aufkommen, zumal auch die Iselinsche Fabrik zeitweise für ihre Arbeiter besondere Einkaufsmöglichkeiten bot. Heute besteht ein Lebensmittelgeschäft in Wembach. Das alte *Gasthaus* »Zum Engel« konnte sich trotz zeitweiliger Schwierigkeiten bis in die Gegenwart behaupten; inzwischen besteht eine weitere Wirtschaft (»Das Gurgeleck«). Kurz vor der Jahrhundertwende wurde am Ortsrand das noch bestehende Kurhaus »Rabenfels« eingerichtet. – Wembach liegt an der Abzweigung der heutigen L 131 von der Bundesstraße 317, an der eine Haltestelle der Buslinie von Basel nach Titisee eingerichtet ist.

Verwaltungszugehörigkeit, Gemeinde und öffentliches Leben

Wembach unterstand nach seinem Übergang an Baden weiterhin dem *Bezirksamt Schönau*. Mit diesem zusammen kam die Gemeinde 1924 zum Amt Schopfheim. Seit 1936/38 gehört Wembach zum Landkreis Lörrach.

Noch um die Mitte des 19. Jh. besaß der Nebenort Schindeln, der 1933 mit Wembach vereinigt wurde, eine getrennte Gemarkung (48,96 ha). Zur Gemarkung des Hauptortes Wembach gehörten damals auch die Teilgemarkung Künaberg-Stutz sowie Stücke von weiteren Teilgemarkungen der Nachbargemeinde Fröhnd. Ab der Jahrhundertwende umfaßte die Gemarkung der Gemeinde Wembach 180 ha, die Neuvermessung von 1974 ergab 181 ha. Nach der Umgliederung unbewohnter Gebietsteile zur Gemeinde Fröhnd 1984 blieben wiederum 180 ha Gemarkungsfläche bestehen.

Während des 19. Jh. bestanden außer dem für die Gesamtgemeinde zuständigen *Gemeinderat* (bis 1869 4, danach 6 Mitglieder) für beide Teilorte je ein Verwaltungsrat mit 3 bzw. 2 Mitgliedern. 1910 beschäftigte die Gemeinde samt Teilorten etwa 10 Personen mit Verwaltungs- und Dienstleistungsaufgaben. Seit 1971 werden fast alle Verwaltungsaufgaben vom *Gemeindeverwaltungsverband Schönau* erledigt. Dem Gemeinderat gehören außer dem ehrenamtlichen Bürgermeister 8 Mitglieder an.

In den 1830er Jahren wurde ein steinernes Gemeindehaus errichtet, das nicht nur als *Rathaus*, sondern auch als Ortsarrest und zur Unterbringung der Feuerwehrspritze diente. Das hölzerne *Schulhaus* wurde seit 1862 teils vermietet, teils als Armenhaus genutzt. Pläne zum Bau eines neuen Schulhauses scheiterten an Geldmangel. Vor allem der Gemeindewald bildete die Grundlage für den bescheidenen Bürgergenuß. Schwere Belastungen, insbesondere aus Straßenbau und Armenfürsorge, erzwangen hohe Umlagesätze. Das in jüngster Zeit erheblich gestiegene Gewerbesteueraufkommen erlaubte der Gemeinde 1986 den Bau eines Gemeindehauses mit Räumen für die Verwaltung und die Feuerwehr sowie eines Bürgersaals.

Ver- und Entsorgungseinrichtungen. – Eine Feuerlöschmannschaft bestand bereits im 19. Jahrhundert. Zur Löschwasserentnahme wurde in Schindeln ein Brandweiher, in Wembach ein besonderes Wehr unterhalten. Die *Freiwillige Feuerwehr* umfaßte 1992 23 Wehrmänner. – Um die Jahrhundertwende erbaute Schindeln eine *Wasserleitung*, nachdem der alte Gemeindebrunnen sich als nicht mehr brauchbar erwiesen hatte. Die Wembacher Bevölkerung war lange Zeit auf Privatbrunnen angewiesen. Ein kleines Versorgungssystem im mittleren Ortsteil litt unter ungenügender Wasserzufuhr und unter mangelnder Hygiene. Heute werden zwei Hochbehälter von vier 1991 gefaßten Quellen gespeist. 1981/82 wurde eine *Zentralkläranlage* in Wembach gebaut, an die das ganze Dorf angeschlossen ist. – Die *Müllabfuhr* geschieht auf die Deponie Scheinberg. Die *Elektrizitätsversorgung* erfolgt direkt durch das Kraftwerk Rheinfelden. – *Medizinische Versorgung*, sowohl ambulant als auch stationär, finden die Wembacher in Schönau. Auf dem *Friedhof* in Schönau werden auch die Toten bestattet.

Kirche, Schule, Vereine. – Die Wembacher *Katholiken* gehören traditionell zur Schönauer Kirchengemeinde, während die *Protestanten* von der ev. Pfarrei Todtnau betreut werden. – Bis 1862 unterhielt die Gemeinde Wembach eine eigene *Volksschule*. Nach einer Probezeit von sechs Jahren wurde sie endgültig mit der Schönauer Schule zu einem Schulverband vereinigt. In Schönau können auch weiterführende Bildungseinrichtungen besucht werden. – Neben der Freiwilligen Feuerwehr gibt es in Wembach nur noch einen *Verein*, die Narrenclique »Steinbühlhüpfer«.

Strukturbild

Wembach verlor bereits in der 2. Hälfte des 19. Jh. allmählich seinen bäuerlichen Charakter und wurde zur Auspendlergemeinde. Da die Gemeinde nur über sehr wenig eigenen Besitz verfügte, verzögerte sich der Ausbau der Infrastruktur bis in die jüngste Vergangenheit. Der Eintritt in den Gemeindeverwaltungsverband Schönau, von dem man sich eine Verbesserung der Situation versprach, führte zunächst zu einer erheblichen Verschuldung (1973: je Einwohner 390 DM). Nachdem aber 1977 die Ansiedlung eines mittelständischen Industriebetriebes gelang, konnten die Schulden in wenigen Jahren getilgt werden. Dieses Unternehmen verursachte auch den positiven Berufspendlersaldo (1987: 209 Ein- und 125 Auspendler).

Recht bescheidene finanzielle Möglichkeiten lassen die Finanzdaten der Gemeinde 1992 erkennen. Der Verwaltungshaushalt lag bei 764000 DM, der Vermögenshaushalt bei 165000 DM. Das Gesamtsteueraufkommen betrug 591000 DM (2247 DM/E.) woran die Gewerbesteuer einen Anteil von 63,1% hatte. Die Schulden beliefen sich auf 478 DM/Einwohner; hinzu kommen die anteiligen Schulden des Gemeindeverwaltungsverbandes von 529 DM/Einwohner. Derzeit ist die Gemeinde dabei, ein neues Baugebiet, Bifang II, mit 15 Wohneinheiten auszuweisen. Weitere Vorhaben sollen eine Neugestaltung der Ortsdurchfahrt und die Schaffung von Gehwegen betreffen sowie des Dorfplatzes im Hinterdorf.

C. Geschichte

Wie alle Nachbarorte im Tal so dürfte auch Wembach im Zuge der hochmittelalterlichen Rodung, die hier vom Adel vorangetrieben wurde, entstanden sein. Es wird erst rund 300 Jahre später, 1352, unter dem Namen *Wendwag* erwähnt. Das Grundwort meint eine der Flößerei dienende Aufstauung oder auch eine natürliche Vertiefung im Bach. Das Bestimmungswort wird verschieden erklärt und von der Bergwand oder einer Wende (Damm) abgeleitet. Zu Wembach gehörte früh als Nebenort Schindeln, 1374 *zur den schindlen*, lange ein einzelner Hof. 1689 wurden 3 Häuser in Wembach infolge nachlässigen Umgangs von Soldaten durch Feuer zerstört.

1591 verkaufte Stoffel Karle von Niederböllen seinem Bruder Baschi und dessen Sohn Karle die Holznutzung von einem zum Hof Niederböllen gehörigen Waldstück zwischen Böllenbach und Silberbach. Dieser später von der ganzen Gemeinde genutzte Wald erhielt den Namen Karlinswald. Wegen der Nutzung gerieten die Wembacher und die Bewohner des Hofes Heidflüh in Streit. Daraufhin wurde der Wald von der Wasserscheide und Grenze zwischen dem markgräflichen und österreichischen Gebiet bis zum Graben, der die Gemarkungen Wembach, Hof und Heidflüh trennte, durch 12 Marksteine abgeteilt.

Es kann sich nach dieser Beschreibung nur um die zwei von der späteren Hauptgemarkung *abgesonderten Parzellen* handeln, die eine im Tal des Böllenbachs, die andere an der Wasserscheide zum kleinen Wiesental und zur Gkg Bürchau. – Wembach bildete die Südspitze der Talvogtei und war auf über zwei Drittel seines Gebietes von der Grenze gegenüber der Fröhnd umschlossen, aber auch gegenüber Schönau hatte sich spätestens seit dem 18.Jh. eine klare Grenzlinie gebildet. Trotzdem blieben die Weiderechte auf dem Haselberg zwischen Wembach und Schönau umstritten, wie andererseits auch Hof und Schindeln in ihrer Weidnutzung miteinander verflochten waren. Die Erhebung zur selbständigen Gemeinde 1808 und die Ablöse der Wald- und Weideberechtigungen 1837/38 haben erst eine feste Gemarkung entstehen lassen. Schindeln erhielt jetzt eine Sondergemarkung.

Wembach zählte zur *Talvogtei Schönau* und kam mit der weiterbestehenden *St. Blasier Grundherrschaft* in der 2. Hälfte des 13.Jh. unter die Vogtei, dann *Landesherrschaft, des Hauses Habsburg* und mit deren Ende 1805 an Baden. Das zuständige Amt blieb auch über diesen Wandel hinaus bis 1924 in Schönau.

In den sanktblasischen Berainen von 1352 und 1374 werden eine Mühle, Äcker, sieben Häuser und Zinseinkünfte aufgezählt. Das Kloster war stets wichtigster Grundherr im Ort. Schindeln bestand im 15. Jh. nur aus einem Hof, zu dem Weide und Ausfeld als Eigentum gehörten. Die beiden späteren Höfe teilten sich hälftig in das Ausgelände.

Innerhalb der Talverfassung bildete Wembach mit Präg, Tunau und Böllen zusammen die sechste Geschworenei, die sogenannte *Grafschaft*, dabei zeigte sich nochmals ein engerer Zusammenhang zwischen Wembach und Böllen. Die Bildung einer eigenen *Gemeinde* war 1808 abgeschlossen. – Kirchlich gehörte Wembach zur *Pfarrei Schönau* und hatte nur zeitweilig in der Frühneuzeit eine eigene Kapelle ohne jede Dotierung. Sie lag vielleicht am Ortseingang. – In einem Vergleich von 1734 wurden Streitigkeiten über die Heu-, Öhmd- und Martinszehnten sowie über die ebenfalls an die Pfarrei Schönau schuldigen Pfarrzinsen mit den Untertanen von Wembach beigelegt. – Ein *Lehrer* ist für das Jahr 1743 belegt.

Wembach dürfte im 18. Jh. allmählich auf etwa 200 *Einwohner* angewachsen sein. In Schindeln lebten damals etwa 30 bis 40 Personen. Sie ernährten sich hauptsächlich von der *Landwirtschaft*, die im relativ kleinen Bann verhältnismäßig viele Einzelparzellen aufwies. Darin deutet sich an, daß Wembach, als der tiefstgelegene Ort der ganzen Talvogtei, noch relativ günstige Bedingungen für die Landwirtschaft aufwies. 1685 wurden die Klausenbrücke und der Künaberger Weg neu angelegt. Die Wembacher übernahmen damit jedoch keine Verpflichtung zum baulichen Unterhalt. Nur freiwillige Hand- und Fuhrfronen leisteten sie, als die alte Holzbrücke über die Wiese durch eine Steinbrücke ersetzt wurde. 1760 entrichtete die Vogtei Schönau dem Kloster St. Blasien einen Beitrag zum Bau einer Brücke über den Böllenbach bei Wembach. *Floßbetrieb* auf diesem Bach ist ebenfalls bezeugt. Er spielte jedoch nicht eine solche Rolle wie der auf der Wiese. 1374 wird die *Mühle* erwähnt. Sie war dem Kloster St. Blasien zinsbar und galt 1751 als baufällig.

Quellen und Literatur

Quellen gedr.: ZGO 55 (1901) S. m48, 54.
Quellen ungedr.: GLA 11/Nr. 4485, 5083, 5118/19; 66/7210, 7214, 7218, 7717, 7723, 7735; 229/30386, 30427, 73410, 93941, 94143, 112965–70; 374 (1909, 37) 316, (1925, 34) 54–55; 391/35142; 412/365–66. – GA Wembach (Übers. in: ZGO 55 ⟨1901⟩ S. m53/54).
Erstnennung: Wembach 1352 (GLA 66/7110), Schindeln 1374 (GLA 66/7214)

Wieden

1226 ha Gemeindegebiet, 569 Einwohner (31.12.1990, 1987: 525)

Wappen: In gespaltenem Schild vorn in Silber (Weiß) ein grüner Weidenzweig, hinten in Blau ein steigender goldener (gelber) Hirsch. Die beiden Symbole, der Hirsch als Wappentier des Klosters St. Blasien und der »redende« Weidenzweig als Hinweis auf den Ortsnamen, tauchen bereits in einem Stempel des Tals Wieden in der Zeit der sanktblasianischen Herrschaft auf und wurden 1902 in den Entwurf des badischen Generallandesarchivs eingebracht.

Gemarkung: Wieden (1226 ha, 525 E.) mit Beckenrain, Bühl, Eckle (Sommereckle), Graben, Hüttbach, Königshütte, Lailehäuser, Laitenbach, Mittelbach, Neßlerhäuser, Neumatt, Niedermatt, Oberwieden, Rütte, Säge, Scheuermatt, Schwaine, Steinen, Ungendwieden, Warbach, Wiedener Eck und Wiedenmatt.

A. Naturraum und Siedlung

Natürliche Grundlagen. – Umrahmt von Höhen über 1100 m umfaßt die Gemeinde Wieden einen klar umgrenzten Naturraum, und zwar die Oberläufe des Wiedenbachs mit dem Einzugsgebiet des nach S zur Wiese entwässernden oberen Wiedenbachs. Die Gemeindegrenze verläuft von den höchsten Punkten den Wasserscheiden entlang zum Obermünstertal im NW, zum Schönenbach im O und zum Aiternbach im Südosten. Markante Grenzhöhen bilden der Trubelsmattkopf im N (mit 1281 m ü.d.M. der höchste Punkt der Gemeinde) sowie der Dietschel (1242 m), auch Multener Höhe genannt, Hohtannen (1249 m) und Rollspitz (1236 m) im W bzw. im Süden. Auf der Ostseite wird die Gemeinde vom Köpfle (1235 m), der Lailehöhe (1137 m) und der Hasbacher Höhe (1149 m) begrenzt. Zwischen den mäßig geneigten Berggipfeln liegen flachgeneigte Böden und Rücken (z.B. Auf den Böden, Hundsrücken). Die tiefsten Stellen zwischen den Berghöhen bilden natürliche Pässe zu den Nachbartälern, wie am Wiedener Eck (1035 m) zum Obermünstertal oder Lückle (1157 m) nach Multen. Der tiefste Punkt der Gemeinde liegt im Wiedenbachtal an der Südgrenze der Gemeinde (690 m). Nach der naturräumlichen Gliederung des Schwarzwaldes gehört die Gemeinde Wieden zum *Hochwiesetäler Bergland*. Nur das Gebiet um den Trubelsmattkopf wird zusammen mit den sich nördlich anschließenden Restflächen über 1220 m zur unteren Staffel des *Schauinsland-Feldberg-Horstes* gerechnet.

Voraussetzung für das heutige Relief sind der kristalline Gesteinsaufbau und die Tektonik sowie die glaziale Überformung und Schuttdeckenbildung in der Würmkaltzeit und schließlich die holozänen Abtragungsprozesse. Am weitesten verbreitet in der Gemeinde Wieden sind die *Metatexite*. Sie treten vor allem im südlichen und nordöstlichen Teil der Gemarkung auf, z.B. an der Multener Höhe, am Hohtannenwald (Hohtannen, Rollspitz) und an der Hüttener Höhe und Lailehöhe. Das Gestein ist von zahlreichen erzführenden Gängen durchzogen. Bei den abbauwürdigen Vorkommen handelt es sich um Quarz-Flußspat-Gänge mit Blei-Silber-Zink-Erzen, die die Grundlage des Wiedener Bergbaus bildeten. Größere Vorkommen von *Orthogneisen* sind südlich des Trubelsmattkopfes verbreitet. *Paragneise* treten nur an der Südostecke der Gemarkung zwischen Graben und Finstergrund auf. *Deckenporphyre* reichen vom Münstertal auf den Nordostteil der Gemarkung (zwischen Auf den Böden und dem

Wiedener Eck) hinüber. Bei der Verwitterung zerfallen die meisten Gesteine des Grundgebirges zu einem feinsteinigen lehmigen Schutt. Die am Wiedener Eck und in Oberwieden auftretenden *Gangporphyre* sind hingegen widerständiger gegen Verwitterung und Abtragung als die sie umgebenden Gneise und Metatexite und werden daher im Gelände als Rippen und kleine Hügel herausgebildet.

Die starken tektonischen Einflüsse auf den kristallinen Gebirgskörper wirken sich vor allem in der Grabenzone des Münstertalgrabens aus, der von verschiedenen Zerrüttungszonen im Metatexit begleitet wird. Diese Störungszonen greifen mit der *Wiedener Hauptstörung*, auf der auch der Sattel des Wiedener Ecks liegt, auf das nördliche Gemeindegebiet über (s. Bd. 1, S. 26). Die Oberläufe des nach S entwässernden oberen Wiedenbachs zeigen eine auffallende Anlehnung an hercynisch und variscisch ausgerichteten Störungen. Auffallendes Ergebnis des tektonisch beeinflußten Gerinnenetzes ist das »Bachkreuz« von Ungendwieden, wo drei aus NW-, NO- und SO-Richtung kommende Bäche im rechten Winkel zusammenstoßen und im Spitzdobel nach SW weiterfließen.

In der Würmkaltzeit waren die höheren Lagen von Eiskappen bedeckt, von denen aus Gletscher, z. B. vom Belchen und vom Trubelsmattkopf aus, in das Wiedenbachtal vorstießen. Trotz der starken holozänen Zerschneidung und Abtragung sind auch heute noch an der Geländeoberfläche *glaziale Formen* (Kare und Karoide) und *Moränenreste* zu erkennen: Ein gut ausgebildetes Kar liegt im Fuchsgrüble (unter dem Rollspitz), das nach NO ausgerichtet und mit einem Moränenwall abgeschlossen ist. Moränenreste des Wiedenbachgletschers reichen von Oberwieden bis Säge (760 m). Andere Vorkommen liegen am Ungendwiedenbach, wo die Eiszungen vom Trubelsmattkopf zusammenstießen.

Anthropogene Formen haben sich in den alten Verschanzungen beiderseits des Wiedener Ecks erhalten. Durch den Menschen ausgelöste und verstärkte Morphodynamik wird auf freigelegten Skiabfahrtspisten und entlang von Wirtschaftswegen bzw. auf häufig begangenen Wanderrouten (z. B. am Hundsrücken) deutlich. Über Schuttdecken und verwittertem Ausgangsgestein an flach bis mäßig geneigten Hängen haben sich vor allem Braunerden gebildet (s. Bd. 1, S. 62), die an höheren und steileren Stellen in Ranker übergehen. Talböden und Quellmulden sind von mineralischen Grundwasserböden und Mooren eingenommen.

Das *Jahresmittel der Temperaturen* liegt in Höhen über 1000 m bei 5°C, in der Ortsmitte von Wieden (Kirche, 840 m) bei 6,5°C und im Wiedenbachtal, an der südlichen Gemeindegrenze nach Utzenfeld, bei 7°C. Die mittlere jährliche *Niederschlagsmenge* beträgt 1800 mm. Wichtig für die wirtschaftliche Nutzung des Raumes ist die *mittlere Vegetationszeit* im Jahr. Sie beträgt um Wieden zwischen 200 und 210 Tage, in den kalten höheren Lagen fällt sie auf 175 Tage ab. Daher ist Ackerbau nicht mehr möglich, und Dauergrünland beherrscht neben Wald das Landschaftsbild (s. u.). Die Anzahl der Schneetage (mit mindestens 20 cm Schneehöhe) beläuft sich in Wieden und dem Wiedenbachtal (700 bis 900 m) auf 30 bis 70 Tage, in den höheren Lagen (oberhalb 1000 m) auf über 80 Tage im Jahr und bildet damit eine günstige Grundlage für den Wintersport.

Von der 1226 ha großen Gemarkung Wieden entfallen 640 ha auf die Wald- und 537 ha auf die Landwirtschaftsfläche. Letztere besteht überwiegend aus Grünland mit nur einem geringfügigen Anteil an Gärten. Bei der *Waldfläche* ist der größte Teil mit Mischwäldern bestanden (560 ha). Sie setzen sich in den mittleren Lagen (800–1000 m) aus der Rotbuche und Weißtanne zusammen, wobei auch stellenweise die Fichte vermehrt auftreten kann (s. Bd. 1, S. 70ff.). Im Gegensatz zum starken Anstieg der

Mischwaldfläche hat sich in den vergangenen Jahren die Nadelwaldfläche auf 57 ha verringert. Der reine Laubwald (3 ha) besteht in den höheren Lagen überwiegend aus der Rotbuche, zu der sich der Bergahorn gesellt. Feuchte, steilgeneigte Tallagen werden von *Ulmen-Ahorn-Schluchtwäldern* eingenommen. An Quellmulden finden sich häufig baumfreie *Feuchtmoorwiesen*, die jedoch nicht natürlichen Ursprungs, sondern aus aufgelassenen Weidfeldern hervorgegangen sind (z. B. im Fuchsgrüble südlich des Wiedener Ecks). Das Gehölz (22 ha) umfaßt weitgehend Buschstadien aufgelassener Weideflächen oder Ufergehölz, aber auch Gebüschformationen, die durch Waldweidewirtschaft geprägt wurden. Ein charakteristisches Vegetationsbild in der Gemarkung stellen die einzelstehenden Weidbäume auf den Grünflächen dar, z. B. die Weidfeldbuchen in Ungendwieden oder beiderseits des Wiedener Ecks bzw. am Hundsrücken. Besondere Wuchsformen entstanden als Folge anthropogener Einwirkungen (Waldweide, Verbiß) im Zusammenhang mit den rauhen Klimaeinflüssen (Schnee, Frost, Sturm). Als Beispiel dafür ist der *Märchenwald* am Dietschel zu nennen, ein 120jähriger Krüppelwald, der aus einem ehemaligen Weidewald hervorgegangen ist.

Siedlungsbild. – Als typischer Vertreter des Gebiets der *Kleingruppensiedlung* im Hochschwarzwald setzt sich Wieden aus einer ganzen Reihe von Weilern, Höfegruppen und Einzelhöfen zusammen, wobei der Ort insgesamt 22 Ortsteile umfaßt. Hauptleitlinie und vorrangige Orientierungsachse für die gegenwärtige Siedlungsstruktur bildet die Überlandstraße L 123, die von Utzenfeld kommend sich im Wiedener Hochtal anfangs nördlich des Baches am Hang hält, am westlichen Talende dann in die nun sanfter abfallende beckenartige Talweitung hinabführt und sich schließlich wieder nach N zu in weiten Serpentinen zum Wiedener Eck hinaufschraubt.

Hier in der Talweitung liegt einer der alten Siedlungskerne (Neßlerhäuser), dessen ursprünglich sehr lockere Bebauung heute vergleichsweise stark verdichtet ist und der sich deutlich zum Ortszentrum entwickelt hat. Die alten, niedrigen Schwarzwaldhöfe finden sich noch am östlichen Rand. Optischer Mittelpunkt jedoch ist der Hotelgasthof »Hirschen«, der sich als stattlicher, allerdings stark um- und modern ausgebauter Schwarzwaldhof präsentiert. Ein von der Straße zurückgesetztes, großes mehrgeschossiges Gästehaus ergänzt die Anlage und weist bereits auf die hohe Bedeutung des Fremdenverkehrs für den Ort hin. Unmittelbar gegenüber, auf der anderen Straßenseite, fällt das langgestreckte, dreistöckige, den typischen Stil der 1960er Jahre repräsentierende *Schulgebäude* ins Auge (1965 eingeweiht), in dem auch die Sport- und Festhalle sowie, in einem gleichhohen Anbau, der Kindergarten und seit 1970 die Poststelle integriert sind. Wenige Meter südlich davon steht das *Rathaus*, in dem die Kurverwaltung des Erholungsortes (seit 1975) Wieden ebenfalls ihren Sitz hat. Dem zwischen 1965 und 1967 ansprechend veränderten Gebäude sieht man kaum mehr an, daß es ursprünglich als Bürstenfabrik errichtet wurde und diese Funktion bis 1936 beibehielt. Zwischen Rathaus und Schule ist im Talgrund des Wiedenbachs der »Kurpark« angelegt worden.

Am Rathaus zweigt nach O die Kirchstraße ab. Auf halbem Weg zur Kirche führt sie an dem 1856 an der Stelle des einstigen Ortsarrests erbauten alten Rathaus vorbei. Heute ist in dem Gebäude, das noch Züge des ursprünglichen Amtshauses trägt, ein Gemischtwarenladen untergebracht. Schräg gegenüber auf der nördlichen Straßenseite steht die *katholische Pfarrkirche Allerheiligen*. Mit ihrem vergleichsweise großen Schiff, einem nur wenig niedrigeren, angesetzten Chor und einem kleinen Sakristeianbau wirkt das 1812 eingeweihte Gotteshaus sehr langgestreckt und hebt sich dadurch, nicht nur mit seinem Dachreiter, deutlich aus der übrigen Bebauung heraus (s. u., Bemerkenswerte Bauwerke). Aus dem Jahr 1812 stammt auch das hinter der Kirche folgende eingeschossige, mit einem Halbwalmdach gedeckte Pfarrhaus, dem ein langes Ökonomiegebäude angesetzt ist. Dahinter, im Bereich einer Wegekreuzung im östlichen Teil der Kirchstraße, tritt verstärkt die ursprüngliche Dorfbebauung des Ortsteils Lailehäuser in Erscheinung. Stattliche, meist sehr schön hergerichtete alte Schwarzwaldhöfe säumen im lockeren Abstand die Straße. Es sind heute reine Wohnhäuser, die häufig auch Gästezimmer anbieten.

Von der Kreuzung führt ein Sträßchen hinab in das schon tiefer eingeschnittene Tal des Wiedenbachs. Hier ist nördlich des Bachs entlang einer parallel zu ihm verlaufenden Erschließungsstraße seit den 1970er Jahren das Neubaugebiet in Niedermatt enstanden, das aus hintereinander an die Straße gesetzten einzelnen Ein- und Zweifamilienhäusern sowie einem sich hervorragend einfügenden langgestreckten Fabrikgebäude besteht und inzwischen eine gewisse bauliche Klammer bildet zwischen dem Ortszentrum und dem etwa 1 km südöstlich am Bach liegenden alten Ortsteil Säge. Dort, im Mündungsbereich des Spitzdobel- und Wiedenbachs, mischen sich einzelne, zum Teil stark um- und ausgebaute Schwarzwaldhäuser mit modernen Ein- und Zweifamilienhäusern. Besonders ins Auge fällt am südlichen Ortsrand das einstige Betriebsgebäude der Gewerkschaft Finstergrund. In seinem heutigen Aussehen geht der dreigeschossige, durch hohe Fensterfronten gegliederte Steinbau auf das Jahr 1941 zurück, als nach der Vernichtung des Vorgängers an gleicher Stelle ein größeres Werksgebäude errichtet wurde. Seit der Einstellung des Flußspatabbaus 1974 gehört es der katholischen Kirchengemeinde Wieden und steht als Freizeitheim St. Barbara vor allem Jugendgruppen zur Verfügung. Mit seinen Neubauten hat der Ortsteil nach N hin auch eine Verbindung zu der ehemals separaten Häusergruppe Wiedenmatt geschaffen, die vor allem aus der Sägemühle und einer Anfangs des 20. Jh. hinzugekommenen Bürstenfabrik bestand. Beide sind heute nicht mehr vorhanden, an ihre Stelle ist der große Satteldachbau eines Cafés getreten.

Westlich des heutigen Ortszentrums, wo die Ortsstraße sich den recht steilen Hang hinaufzuwinden beginnt, fällt ein großer Bau- und Möbelschreinereibetrieb ins Auge. Ab hier folgt ein Sträßchen dem Bachlauf zum Ortsteil Oberwieden. Trotz der auch jetzt noch lockeren Streuung der alten Schwarzwaldhöfe zeigte dieser Kern ursprünglich die stärkste Verdichtung im Siedlungsgefüge. Heute wird er überprägt durch das *Neubaugebiet Steinbühl* an seinem westlichen Rand. Es setzt sich zusammen aus Ein- und Zweifamilienhäusern z.T. sehr gehobenen Standards sowie im selben Baustil gehaltenen Appartmenthäusern für Feriengäste, die entlang mehrerer kleiner Erschließungsträßchen staffelartig an den Hang gestellt sind. Überall finden sich Hinweise auf Gästezimmer. Nahezu im Zentrum des Ortsteils hebt sich ein größeres Hotelgebäude heraus, in dem noch ein Sportgeschäft untergebracht ist. Aber auch im N und W von Oberwieden sind, weniger dicht gedrängt, Ein- und Zweifamilienhäuser hinzugekommen, die ebenfalls häufig Gästebetten bereitstellen. Mit seiner lockeren Bebauung hat sich der Ortsteil inzwischen bis zu dem einstigen Einzelhof Neumatt ausgedehnt, wo heute auch das Ende der 1950er Jahre gebaute Freizeitheim St. Peter und Paul steht.

Über Neumatt erfolgt der Zugang zu dem gut 500 m entfernten Einzelhof Mittelbach, der noch in den vergleichsweise sanftkuppigen westlichen Ausläufern des Wiedener Hochtals liegt. In einem weiteren Seitental folgt südlich die aus zwei stattlichen Schwarzwaldhöfen sowie einem auf Fremdenverkehr ausgerichteten Neubau bestehende Hofgruppe Warbach, während der Einzelhof Scheuermatt bereits stärker reliefierte Bereiche der höheren Lagen einnimmt. Auf einer schmalen Hangleiste an der nord-west-exponierten Flanke des Dietschels in etwa 1040 m Höhe ü.d.M.

hat dagegen der inzwischen modern um- und ausgebaute, wohl aus einem Heidenhaus hervorgegangene Hof Schwaine Platz gefunden. Von ihm aus ist das noch höher gelegene (1100 m ü.d.M.), langgestreckte, zweigeschossige Gebäude der *Jugendherberge Belchen* zu sehen, das 1968 errichtet wurde. An ihr vorbei führt die L 123b hinab zum Wiedener Eck, einer alten Paßhöhe, die seit dem ausgehenden 19. Jh zu einem beliebten Ausflugsort geworden ist. Sichtbarer Ausdruck hierfür sind das seit 1901 bestehende, markante, dreigeschossige Hotelgasthaus »Wiedener Eck« sowie die weiten davorliegenden Parkplatzflächen.

Auf ihrem Weg zum Wiedener Eck durchzieht die Durchgangsstraße L 123a am Nordhang des Wiedener Hochtals die Ortsteile Rütte und Hüttbach. Auch sie setzen sich aus Einzelhöfen bzw. locker gestreuten Höfegruppen im typischen Schwarzwaldhausstil zusammen, zu denen vereinzelt Neubauten (überwiegend mit Bezug zum Fremdenverkehr) getreten sind. Selbst die wenigen, im Kern alten Schwarzwaldhöfe des abseits im N gelegenen Ortsteils Ungendwieden haben durch mancherlei Um- und Ausbauten dem Fremdenverkehr Rechnung getragen.

Neben dem Ortsteil Graben, der wiederum ausgeprägten Streuhofcharakter zeigt, gehört zu Wieden noch der nördlichste Hof der Siedlung Königshütte (s. o. Gde Utzenfeld), der bereits im engen Wiedenbachtal steht. Deutlich geschlosseneren Siedlungscharakter zeigt schließlich der Weiler Laitenbach, südöstlich des Wiedenbachs, auf einer Hangverflachung weit oberhalb des Ortsteils Säge. Beidseitig einer ostwestlich orientierten Erschließungsachse reihen sich mit ihrer Stirnseite acht stattliche, durchweg gelungen renovierte Schwarzwaldhöfe auf. Einer davon ist in sehr ansprechender Weise zu einem Gasthof mit Pensionsbetrieb umgebaut worden.

Bemerkenswerte Bauwerke. – Die Allerheiligenkirche ist ein klassizistischer Bau des Lörracher Baumeisters Rebstein aus den Jahren 1809 bis 1812. Fünf Rundbogenfenster gliedern die Wände des Langhauses, zwei die des längsrechteckigen Chores. Auch die Giebelwand schmückt ein hoher Rundbogen, der das Portal und das halbkreisförmige Oberlicht umfängt. Vor der Triumphbogenwand seitlich des Chores stehen die Nebenaltäre, rechts mit einem Bild aus der ehemaligen Josefskapelle im Kloster St. Peter, »Tod des hl. Josef« von 1754 und links mit einem Gemälde, welches Dürers »Madonna mit dem Kind« (Albertina, 1503) kopiert. Der Chor selbst mit dem Hochaltar ist stark eingeengt und liegt höher als das Gesamtniveau der Kirche. Hinter einer modernen Steinmensa ist an der Chorrückwand die Ausgießung des Hl. Geistes abgebildet. Im Schiff zeigt die wie die Seitenwände grau verputzte Decke in ihrem Spiegel eine Kopie von Dürers Allerheiligenbild.

B. Die Gemeinde im 19. Jahrhundert und in der Gegenwart

Bevölkerung

Bevölkerungsentwicklung. – Das Wohl der vornehmlich bäuerlichen Bevölkerung Wiedens hing entscheidend von den Nebenerwerbsmöglichkeiten ab. Während des allgemeinen Bevölkerungsanstieges im hinteren Wiesental erreichte die Gemeinde 1852/53 mit 599 Einwohnern einen Höchststand, auf den bis 1933 ein deutlicher Bevölkerungsrückgang (475 E.) folgte. Industrieabwanderungen und Auswanderung, vor allem zwischen 1850 und 1880 nach Amerika, waren Gründe dafür.

Mehr als die Hälfte der Bevölkerung lebte 1852 in den 3 größten der insgesamt 8 Ortsteile: auf Graben, Lailehäuser und Oberwieden kamen jeweils ca. 113 Einwoh-

Die Gemeinde im 19. Jahrhundert und in der Gegenwart

ner; Rütte, Ungendwieden und Laitenbach nahmen eine Mittelgröße ein, die geringste Bevölkerungszahl wiesen Neßlerhäuser und Hüttbach mit 35 bzw. 14 Einwohnern auf. Der 1. Weltkrieg forderte in Wieden 20 Gefallene und einen Vermißten, der 2. Weltkrieg 17 Gefallene. Die Zahl der Heimatvertriebenen und Flüchtlinge (1950: 41, d. s. 7,8 % der E.) war bis 1961 infolge mangelnder Arbeits- und Wohnplätze rasch auf 1 % zurückgegangen. Dennoch stieg die Bevölkerungszahl bis 1970 auf 556 Einwohner an. Danach setzte auch in Wieden der allgemein zu beobachtende Rückgang ein. Der negative Wanderungssaldo stand im Zeichen der allgemeinen Wirtschaftskrise im hinteren Wiesental, insbesondere seit der Schließung des Bergbaus in Wieden. In den 1980er Jahren stieg die Bevölkerungszahl erneut an (1987: 525 E.; 1993: 570 E.), was mit dem zunehmenden Fremdenverkehr, höherer Mobilität und daher auch leichter zu realisierender Bodenständigkeit der Bevölkerung zusammenhängen mag.

Konfessionelle und soziale Gliederung. – Der bis heute stark dominierende Katholizismus wurzelt in der jahrhundertelangen Zugehörigkeit Wiedens zur St. Blasischen Talvogtei Schönau. Erst 1925 waren auch 11 Protestanten (2,1 % der Bevölkerung) und 4 Anhänger sonstiger Konfessionen vertreten, wohl zugewanderte Bergleute. 1970 (bzw. 1987) gehörten 95,3 % (92,8 %) der Bevölkerung der katholischen, 3,4 % (4,0 %) der protestantischen und 1,3 % (3,2 %) den übrigen Konfessionen an oder waren konfessionslos.

Die im 19. Jh. vorwiegend agrarische Bevölkerung galt als ausgesprochen arm. Die Gemeinde selbst bezeichnete 1847 die Hälfte der 122 Familien der Gemeinde als notleidend und hilfsbedürftig. Auch der Nebenerwerb in Form von Holzhauerei, Fabrikarbeit und besonders Hausindustrie konnte kaum den kärglichen Lebensunterhalt sichern. Die außerlandwirtschaftliche Tätigkeit wurde jedoch ausschließlich am Ort ausgeführt, im Gegensatz zu den nach ihrer Beschäftigungsstruktur ähnlichen Gemeinden Aitern und Schönenberg, denn die ungünstige Lage Wiedens verhinderte eine Tätigkeit in einer auswärtigen Industriegemeinde. Erst 1928, während der Wirtschaftskrise, als die Gemeinde 38 Arbeitslose aufwies, pendelten 8 Personen in die Bürstenfabrik nach Utzenfeld sowie 20 Personen nach Zell aus. Bezogen auf die gesamte Berufsbevölkerung von 290 Erwerbstätigen arbeiteten 1895 zwei Drittel in der Land- und Forstwirtschaft; 65 Personen in Industrie und Gewerbe sowie 33 in den übrigen Erwerbszweigen nahmen sich dagegen bescheiden aus.

Ähnlich den meisten bäuerlichen Umlandgemeinden kam es auch in Wieden nach dem 2. Weltkrieg zu einer Veränderung in der Berufsstruktur. Im Primären Sektor ging die Zahl der Beschäftigten von 1961 57 % auf 1970 41 % (89 Personen) zurück, verbunden mit einer starken Tendenz zur Nebenerwerbslandwirtschaft. Trotzdem blieb die Gemeinde im Vergleich zu Aitern und Schönenberg bis heute in hohem Maße ihrer landwirtschaftlichen Tradition verpflichtet. Dies verdeutlichte der 1970 noch immer relativ hohe Anteil der in Land- und Forstwirtschaft Berufstätigen; 1987 war deren Anteil mit 4,2 % zwar auch in Wieden deutlich vermindert, lag aber immerhin noch deutlich über den Vergleichswerten der Umgebung. Dennoch arbeitete 1961/70 bereits die größte Gruppe der Berufsbevölkerung (rund 45 %) im Produzierenden Gewerbe; 1987 waren es 66,2 % der Erwerbstätigen. Besonders die Entwicklung der 1970er Jahre war vom Ende des Bergbaus am Ort und der allgemeinen Rezession bestimmt gewesen. Handel und Verkehr blieben nach einer Zunahme bis 1970 auf 5 % beschränkt (1987: 5,5 %). Mehr als eine Verdoppelung auf 15 % erfuhr der Wirtschaftsbereich Sonstiges von 1961 bis 1970, danach einen weiteren Anstieg auf 24,1 %, was im wesentlichen die Ausweitung des Fremdenverkehrs betraf.

Die Zahl der meist im Produzierenden Gewerbe tätigen *Auspendler* betrug 1987 189, das sind 65,2 % der am Wohnort insgesamt Berufstätigen. Sie bevorzugten als Hauptarbeitsort Schönau, gefolgt von Todtnau, Utzenfeld und Zell im Wiesental. Dem gegenüber stand eine kleinere Zahl von 80 Einpendlern, hauptsächlich in örtliche Gewerbebetriebe (s. u., Industrie).

Politisches Leben

Das katholisch-ländliche Milieu des früher zum Kloster St. Blasien gehörigen Ortes bestimmte bis in die jüngste Vergangenheit die Wahlergebnisse in Wieden. Dominierende Partei bei den Reichstagswahlen im Kaiserreich war das *Zentrum*, das immer mehr als 70% der Stimmen erreichte und sein bestes Wahlergebnis 1881 mit 99% erzielte. Dessen badischer Hauptgegner, die *Nationalliberalen*, mußten sich mit dem Rest der Stimmen zufriedengeben.

Die Reichstagswahlen in der *Weimarer Republik* standen zunächst im Zeichen der Kontinuität. Das Zentrum blieb stärkste Partei mit weiterhin mehr als 70% der Wählerstimmen. Die Stimmenanteile der Nationalliberalen übernahm zuerst die DDP, dann die DVP. Leichte Stimmengewinne für die SPD waren 1919 mit 3,8% zu verzeichnen gewesen. Diese Partei verlor aber bis zum Ende der Republik ihre Position wieder. Bei den Wahlen im November 1932 erhöhte die *NSDAP* ihr Ergebnis von 4,1% (1930) auf 23,2%, lag damit aber noch immer deutlich unter dem Reichsdurchschnitt.

Die Wahlbeteiligung bei den Bundestagswahlen übertraf diejenige der Reichstagswahlen. Die Tradition des Zentrums übernahm die *CDU*. Ihr bestes Ergebnis erreichte diese Partei 1957 mit 96,4%, ihr schlechtestes 1987 mit 67,5% (1990: 72,2%). Von Verlusten der CDU profitierte die SPD, die 1990 18,3% erzielte. Konnte die FDP 1949 noch 8,3% der Wählerstimmen auf sich vereinigen, so erreichte sie danach die 5%-Grenze fast nie mehr (1990: 3,4%). Die *Grünen* erhielten 1987 9,4% (1990: 2,8%). Die *Landtagswahlen* erbrachten bei geringerer Wahlbeteiligung vergleichbare Ergebnisse.

Wirtschaft und Verkehr

Land- und Forstwirtschaft. – Bis in die 1950er Jahre war die Landwirtschaft wichtigster Erwerbszweig. Sie garantierte jedoch kaum das Existenzminimum. Trotz des Rückgangs in diesem Sektor blieb Wieden auch weiterhin stark agrarisch ausgerichtet. Die *landwirtschaftliche Nutzfläche* nahm zwischen 1887 und den 1950er Jahren konstant etwa 775 ha ein und hatte nach der Verringerung immer noch bedeutende Ausmaße (1979: 484 ha; 1987: 446 ha). Etwa gleichzeitig fand eine ausgedehnte Aufforstung und die Neuzuweisung von ca. 120 ha als Öd- und Unland sowie eines kleineren Teils als nicht mehr landwirtschaftlich genutzte Fläche statt.

Die Bedingungen der Bergregion beschränken Feldgraswirtschaft und *Ackerbau* stark; nahm die Ackerfläche bis in die 1930er Jahre ca. 42 ha (maximal 6% der LN) ein, so schrumpfte sie bis 1987 auf 1 ha. Bis in die 1930er Jahre wurden vorwiegend Kartoffeln – heute das einzige Anbauprodukt – neben Getreide und Futterpflanzen, alles für den Eigenbedarf, angebaut. Adäquate Bodennutzungsform war stets die *Grünlandwirtschaft,* die jedoch durch Reduzierung an die gegenwärtigen Erfordernisse angepaßt wurde. Von ursprünglich rund 740 ha (95% der LN) im Zeitraum von 1880 bis in die 1950er Jahre wurde das Dauergrünland um 35% auf 483 ha im Jahr 1979 herabgesetzt; dabei wurde zwar die Wiesenfläche um rund 15% auf ca. 150 ha vermindert, ihr Anteil am Dauergrünland stieg aber gleichzeitig von zuvor einem Viertel auf ein Drittel an. 1987 waren noch 445 ha als Dauergrünland genutzt.

Die Gemeinde im 19. Jahrhundert und in der Gegenwart

Der schlechte Zustand der (meist Tal-) Allmendweiden in der 2. Hälfte des 19. Jh. war durch die Überstellung mit Vieh und die zeitliche Ausweitung des Weideganges entstanden. Von der Nutzungsextensivierung nach dem 2. Weltkrieg war auch Wieden, zuvor eine der Gemeinden mit den höchsten Auftriebszahlen, betroffen. Maßnahmen zur Reduzierung der Weiden und planmäßigen Bewirtschaftung wurden ergriffen: 1979 konnten die immer noch zweitgrößten Gemeinde-(Allmend-)weideflächen im Landkreis Lörrach 326 Rinder, fast ausschließlich Eigenvieh, aufnehmen. Die Gemeinde verfügt über die Jungviehhochweide »Schanz« beim Itzenwald, nahe der Gemarkungsgrenze zu Münstertal hin gelegen, mit 36,6 ha Fläche; weitere kleinere Jungviehweideflächen (insgesamt ca. 40 ha) verteilen sich über die gesamte Gemarkung.

Die Grünlandnutzung begünstigte stets die Rinderhaltung. Die höchste Rinderzahl verzeichnete die Gemeinde 1880 mit 677 Tieren. Nach dem allgemein zu beobachtenden Rückgang, in Wieden bis 1971 um die Hälfte, hat sich der Rinderbestand inzwischen bei etwa 380 Tieren eingependelt (1988: 388). Dabei überwiegt die Milcherzeugung die Masthaltung um weniges. Schweine und Hühner wurden bis heute nur für den Eigenbedarf gezüchtet, ebenso Ziegen, besonders in der landwirtschaftlichen Not Mitte des 19. Jahrhunderts.

Kennzeichnend für die landwirtschaftlichen Betriebe sind starke Rückgangstendenzen. Die relativ große Zahl von Höfen im Jahr 1895 sank nach dem 2. Weltkrieg fast kontinuierlich bis in die Gegenwart um insgesamt 54% auf 42 Betriebe. Nach der Betriebsgrößenklassifikation waren 1895 Kleinstbetriebe (unter 2 ha) und übrige Betriebe, darunter 2 mit 10–20 ha, etwa gleichstark vertreten. Bereits in den 1970er Jahren hatten sich dann die für das hintere Wiesental heute typischen kleinbäuerlichen Strukturen durchgesetzt. 1987 bestanden 21 Höfe mit 1–10 ha landwirtschaftlicher Nutzfläche sowie weitere 21 mit 10–20 ha. Eine Neuheit sind die beiden in den 1980er Jahren durch Zupacht entstandenen sogenannten Landauffangbetriebe mit je ca. 20 ha. 1987 gab es in Wieden keine Vollerwerbsbauern mehr. – In der *Betriebssystematik* von 1987 waren für Wieden 42 landwirtschaftliche (Futterbau-)Betriebe und ein Forstbetrieb ausgewiesen. Eine *Flurbereinigung* läuft seit dem Ende der 1980er Jahre.

Mitte des 19. Jh. waren 392 ha, knapp ein Drittel der Wiedener Gemarkung, von *Gemeindewald* (zu 60% Laubwald, besonders Buchen) eingenommen, wesentlich mehr als im 18. Jahrhundert; denn inzwischen waren annähernd 100 ha Weidfelder aufgeforstet worden (besonders der Lailebuck, die Lailehöh und das Mitteleck). Bis 1950 – noch immer war die Gemeinde alleiniger Waldbesitzer auf der Gemarkung – waren verstärkt Nadelhölzer (hauptsächlich Fichten, die damals annähernd die Hälfte der Fläche einnahmen, (seit den 1960er Jahren noch mehr) gepflanzt worden. Ihre Fläche betrug nun 218 ha (+ 61 ha), die Laubwaldfläche 219 ha (- 16 ha). Seither hat die Gemeinde in noch höherem Maße aufgeforstet, wiederum vor allem die schneller wachsenden Nadelgehölze, so daß zu Beginn unseres Jahrzehnts der Gemeindewald 603 ha (1992: 609 ha), darunter 223 ha Laubwald (besonders Buchen), einnahm und zusammen mit den 5 ha Privatwald fast die Hälfte der Gemarkung bedeckte. Dennoch gehört Wieden zu den relativ waldarmen Gemeinden dieses Bezirks.

Handwerk und Industrie. – Hölzlemacher, Haarbinder und Bürstenbinder werden bereits 1815 überliefert. Auch in Wieden kamen dem Handwerk im frühen 19. Jh. vor allem Hilfsfunktionen, insbesondere für die Landwirtschaft, zu. So darf davon ausgegangen werden, daß die um 1865 amtlich belegten 10 Handwerker – je 2 Bäcker, Schuhmacher, Schneider, Schreiner und Schmiede – zum Teil im Nebenerwerb Landwirtschaft betrieben. Um die gleiche Zeit wurde übrigens die örtliche Mühle umgebaut; dort sollten fortan Bürstenhölzer hergestellt werden. Damit ist die Tendenz der künftigen Entwicklung auf dem gewerblichen Sektor in Wieden angedeutet, in deren Verlauf die Hausindustrie (s. u.) beachtliche Ausmaße gewann.

Mit dem übrigen örtlichen Gewerbe hatte auch das Wiedener Handwerk nach dem 2. Weltkrieg einen Rückgang erlebt. Von den 1977 noch bestehenden 4 Handwerksbetrieben war 1987 lediglich die Schreinerei in Oberwieden noch tätig. 1993 bestand außerdem noch ein Heizungsbaubetrieb.

Im 19. Jh. waren es vor allem Textil- und Bürstenindustrie, die bei mäßigem Verdienst Heimarbeitsstellen anboten. Wieden galt von dieser Zeit an bis in die 1920er Jahre als *Zentrum der Hausindustrie*. 1838 werden 20 Hausweber bezeugt. Die Baumwoll- und Leinenweberei wurde in den 1840er Jahren von 30 bis 40 Personen betrieben. Der Flurname »Brechhütte« erinnert noch an das Brechen des Flachses, der zu Leinen verarbeitet wurde. Der andere Erwerbszweig war die Bürstenhölzlemacherei. Grobe und einfache Bürsten wurden bis etwa 1840 in Heimarbeit hergestellt. In der allgemeinen Not um 1850, als diese beiden Nebenerwerbsquellen in die Krise gerieten, suchte man die Strohflechterei einzuführen. 1851 wurde in Wieden eigens eine Schule dafür eingerichtet. Dieser Versuch schlug jedoch fehl. Mangel am Rohmaterial, aber auch Schwierigkeiten bei Vertrieb und Absatz führten dazu, daß die Strohflechterei bereits Mitte des Jahrzehnts wieder eingestellt wurde. Statt dessen nahmen Hausweberei und Bürstenmacherei einen erneuten Aufschwung. Meist Frauen waren seit den 1860er Jahren Zeugleweber, die gewürfelte Baumwollstoffe und damit ein typisches Schwarzwälder Erzeugnis herstellten. 1870 waren es 36. Dieser Erwerbszweig verschwand wegen zunehmender Konkurrenz mechanischer Webereien in den 1890er Jahren. Die Bürstenhölzlemacherei wurde unterdessen von etwa 60 Wiedenern betrieben, und als die maschinelle Holzfertigung allmählich überlegen wurde, ging man zur Bürstenmacherei über, d. h. zum Einziehen der Bürsten. In diesem Gewerbe fanden noch um 1900 mehr als 50 Einwohner Wiedens einen Zuerwerb. Wichtigster Auftraggeber blieben indessen die Bürstenfabriken Faller in Todtnau und Kaiser in Schönau, letztere war Mitinhaber einer Materialausgabestelle in Wieden.

Die Situation gegen Ende des 19. Jh. spiegelt die Gewerbezählung von 1895 wider, als in Wieden 22 Betriebe mit 71 Personen arbeiteten, darunter im Bereich Holz- und Schnitzstoffe 9 Betriebe mit 34 Mitarbeitern. Im Bereich Textil gab es 2 Betriebe mit 25 Arbeitern. Lange Zeit einziger *Industriebetrieb* am Ort blieb die 1850 durch Albin Behringer, von 1859 bis 1889 Bürgermeister von Wieden, gegründete mechanische *Seidenzwirnerei* in Laitenbach/Lailehäuser mit ungefähr 40 bis 50, meist weiblichen und zum Teil im Verlagssystem beschäftigten Mitarbeitern. Die Verarbeitung der Rohseide geschah zunehmend in Auftragsarbeit für bzw. seit 1904 in Teilhaberschaft mit der Firma Ringwald in Waldkirch, vormals Emmendingen. 1914 wurde der Betrieb eingestellt. In das Gebäude zog für zwei Jahre die Holzwarenfabrik Werth ein, ab 1924 ein Bergbaubetrieb. – Die 1889 gegründete Filiale der Todtnauer Bürstenfabrik von J. E. Faller war der zweite Fabrikbetrieb in Wieden. Er bot zunächst in angemieteten Räumen des Gasthauses »Hirschen«, dann im neu gebauten zweistöckigen Fabrikgebäude (heute: Rathaus) etwa 30 Arbeitsplätze. Wiederum meist Frauen waren hauptsächlich mit dem Einziehen der Borsten beschäftigt, die z. T. in Heimarbeit gefertigt worden waren. Dieser Betrieb schloß 1925 (zuletzt 23 Mitarbeiter). Die Heimarbeit für Faller dauerte aber bis in die 1950er Jahre. Eine zweite, kleinere Bürstenfabrik gab es von 1915 bis 1936 neben der Säge in der Wiedenmatt. In den Nachkriegsjahren wurden dort Bürstenhölzer gefertigt. – Der Bergbau, der in Wieden eine beachtliche mittelalterliche Tradition aufweist (vgl. u., Geschichte) fand zu Beginn der 1920er Jahre eine Wiederbelebung. Damals war der Abbau von Flußspat – ein bis dahin nicht beachtetes

Gangmineral in den Gruben Anton und Finstergrund – wirtschaftlich interessant geworden und fand zunächst in der Metall-, dann auch in der chemischen Industrie Verwendung. 1930 wurde die *Gewerkschaft Finstergrund* gegründet, 1941 die Flußspataufbereitung nach Utzenfeld verlegt. Die Beschäftigtenzahlen stiegen von ca. 30 um 1925 auf 162 Personen (1953); seit den 1960er Jahren arbeiteten noch etwa 100 Bergleute. Mit den Verwendungsbereichen für Flußspat wechselten mehrfach die Besitzer, bis 1969 Bayer Leverkusen die Grube erwarb. Bedingt durch nur noch geringe abbauwürdige Vorkommen und steigende Gestehungskosten bei billigeren Importmöglichkeiten wurde der Flußspatabbau 1974 eingestellt. Die *Köhlerei*, die ebenfalls in jüngster Zeit eine Wiederbelebung gefunden hat, stand damit aber nicht mehr im direkten Zusammenhang; sie liefert heute Holzkohle für medizinische Zwecke. – Mit der *Firma Schlüter Fotosensorik GmbH & Co KG* ist seit 1982/83 wiederum ein Industriebetrieb ortsansässig geworden; die 1992 um 130 Mitarbeiter (1993 noch 78), darunter auch Teilzeitkräfte, stellen Sensoren her, die in Lichttastern, Lichtschranken und Näherungsschaltern Anwendung finden.

Handel und Dienstleistungen. – Der tägliche Bedarf wurde in der 2. Hälfte des 19. Jh. durch Eigenproduktion und ebenso wie 1987 durch 2 örtliche Krämer bzw. 2 Lebensmittelhändler sichergestellt. Güter des mittel- und längerfristigen Bedarfs werden vorwiegend in Schönau und Todtnau eingekauft.

Seit der Nachkriegszeit hat sich Wieden allmählich zum Erholungsort entwickelt; begünstigt durch die Lage sowie die Wintersporteinrichtungen ist es der Gemeinde gelungen, auch eine zunehmend attraktive Wintersaison zu gestalten, wodurch der örtliche Fremdenverkehr anwuchs. Eine hohe Bettenauslastung von über 50% (1975) sowie ca. 83 000 Übernachtungen im Jahr 1986 sind Beweise dafür. Neben den insgesamt 570 Fremdenbetten, je 160 Betten in der Gastronomie und der Jugendherberge in Oberwieden sowie 250 Betten in Privatquartieren werden noch etwa 25 Ferienwohnungen angeboten. Das Angebot an Fremdenbetten lag 1992 bei 841, 1993 sogar bei 890. Die Zahl der Ankünfte von Gästen ist in diesem Zeitraum ebenfalls leicht angestiegen von 18 064 (1992) auf 18 437, ebenso wie die Zahl der Übernachtungen von 79 490 auf 81 600 zugenommen hat.

Ältester *Gasthof* ist der 1853 erwähnte heutige Schwarzwaldgasthof »Hirschen« in Oberwieden; er verdankt seinen Namen der ursprünglich an dieser Stelle betriebenen St. Blasischen Erblehenmühle, die später um den Gasthof erweitert wurde. Wohl aus der Zeit nach 1870 stammt das heutige Berghotel »Wiedener Eck«. Die übrigen Gastronomiebetriebe, 3 Gasthäuser und 2 Cafés, alle auch für Übernachtungen eingerichtet, sind nach 1950 entstanden.

Verkehr. – Mit der 1857 fertiggestellten Paßstraße vom Wiesental (Utzenfeld) über das Wiedener Eck ins Münstertal war anstelle des vielbenützten Weges über die Krinne eine gute Handels- und Verkehrsverbindung mit dem Breisgau geschaffen worden. Durch ihre unmittelbare Lage an der Landstraße, der heutigen L 123, sind die Ortsteile Lailehäuser, Oberwieden und Neßlerhäuser, das Gemeindezentrum, sowie Niedermatt in das Straßensystem eingebunden. Die Erschließung der übrigen Ortsteile, meist nach 1945 durchgeführt, erfolgte über Abzweigungen von der L 123. Bemerkenswert ist die Bauleistung der 1960 errichteten, vom Wiedener Eck zum Belchen führenden Belchenhochstraße (L 123b). Über die Linie Schönau-Wieden-Münstertal erhält die Gemeinde Anschluß an den öffentlichen Personennahverkehr.

Verwaltungszugehörigkeit, Gemeinde und öffentliches Leben

Wie die übrigen 5 Geschworeneien der früheren St. Blasischen Talvogtei Schönau erhielt die Gemeinde Wieden bei deren Auflösung 1809 den Status einer selbständigen Vogtei bzw. Gemeinde im Bezirksamt Schönau, dessen Verwaltungsgeschichte sie teilte. – Auf der seit Mitte des 19. Jh. nahezu konstanten Gemarkungsfläche von 1226 ha befinden sich heute 22 Ortsteile, darunter das Dorf Oberwieden sowie die Weiler Hüttbach, Lailehäuser, Laitenbach, Neßlerhäuser, Säge und Warbach. Der Gemeindename fungiert ausschließlich als Oberbegriff für die Vielzahl von Siedlungen; das eigentliche Gemeindezentrum bilden die Ortsteile Lailehäuser, Oberwieden und Neßlerhäuser. – Durch die im Jahr 1840 erfolgte Aufteilung der 8 Ortsgemeinden Graben, Hüttbach, Lailehäuser, Laitenbach, Neßlerhäuser, Oberwieden, Rütte und Ungendwieden erlangten diese eine eigene Gemarkung und Verwaltung sowie eine getrennte Weidebewirtschaftung. Dagegen führten die gravierenden Nachteile dieser Selbständigkeit, eine komplizierte und umfangreiche Verwaltung und dadurch erhöhte Gemeindeausgaben einerseits, die Berufung auf räumliche Nähe und bereits vorhandene gemeinsame Einrichtungen wie Schule, Rathaus, Kirche und Gemeindewald andererseits, zu Bestrebungen, die Orte wiederum mit dem Hauptort zu vereinigen, was 1933 geschah.

Von 1840 bis 1933 bestanden in Wieden neben der herkömmlichen Gemeindeverwaltung selbständige Verwaltungen der Einzelorte. So verwundert es nicht, daß um 1900 insgesamt ca. 60 Personen in der Gemeinde mit Verwaltungsaufgaben beschäftigt waren. Stabhalter, Verwaltungsrat und Ortsrechner bildeten den Verwaltungsrat. Die Gemeinde Wieden ist Mitglied des 1971 gegründeten *Verwaltungsverbands Schönau* mit Sitz in Schönau. In Wieden selbst ist ein ehrenamtlicher Bürgermeister tätig, der Gemeinderat hat 8 Mitglieder. – Einzige örtliche Behörde ist die Poststelle, deren Geschichte mit der Errichtung einer Postagentur 1889 beginnt.

Der Landbesitz der Gemeinde, heute 75% der Gemarkungsfläche, setzt sich aus dem Gemeindewald und etwa 350 ha Weide zusammen, womit Wieden neben dem relativ großen Waldbesitz nach Fröhnd die größte Gemeindeweidefläche im Landkreis Lörrach besitzt. Das 1856 errichtete *Rathaus*, eine Erweiterung des seit 1834 bestehenden Wachhauses mit Arrest und Feuerspritzenremise, lag in Lailehäuser in unmittelbarer Nähe von Schule und Kirche. Seit 1936 befindet sich das neue Rathaus im Gebäude der ehemaligen Bürstenfabrik Faller, unmittelbar bei der Kirche. Dort ist auch die Kurverwaltung untergebracht und die Sparkasse. 1950 wurde ein Spritzenhaus gebaut, seit 1991 durch einen Neubau ersetzt. Das alte Schulhaus, 1826 gebaut, wurde 1913 um einen Anbau ergänzt. Ein neues Schulgebäude wurde 1964/65 errichtet. Dort ist die Grundschule Wieden-Utzenfeld untergebracht, die Poststelle, der Kindergarten und das Gemeindezentrum. Derzeit wird dieser Komplex unter Aufwand von 2,3 Mio. DM saniert und erweitert.

Ver- und Entsorgungseinrichtungen. – Die Freiwillige Feuerwehr konstituierte sich 1883; 1992 zählte sie 24 aktive Mitglieder. – Die Wasserversorgung erfolgte bis weit ins 20. Jh. fast ausschließlich über Privatbrunnen. Trotz der stark verstreut liegenden Gemeindeteile konnte in den 1970er Jahren die zentrale Wasserversorgung mit 5 Hochbehältern fertiggestellt werden. – Ohne Anschluß an die Kanalisation mit Kläranlage sind noch die Ortsteile Ungendwieden, Graben und Rütte.

Die Müllabfuhr erfolgt wöchentlich durch ein Privatunternehmen; zuständige Mülldeponie ist Scheinberg bei Wieslet. – Die *Elektrizitätsversorgung* lieferte ab 1804 eine Turbine der Seidenfabrik, um 1920 ein örtliches Werk; seit 1925 bezieht die Gemeinde

Die Gemeinde im 19. Jahrhundert und in der Gegenwart 835

Strom vom Elektrizitätswerk Utzenfeld. Abnehmer sind die Haushalte. – Von 1810 bis 1860 hatte Wieden seinen eigenen *Wundarzt*. Daneben wurde der Landchirurg in Schönau aufgesucht. Nach der Jahrhundertwende hatte die Gemeinde mit dem Schönauer Arzt dessen wöchentlichen Besuch vereinbart. Besondere Bedeutung kam vom 1. Weltkrieg an der Krankenpflegerin zu, die der örtliche Krankenpflegeverein angestellt hatte. Die heutige ärztliche Behandlung und stationäre Grundversorgung erhalten die Bewohner Wiedens in Schönau, außerdem werden Krankenhäuser in Schopfheim und Lörrach aufgesucht. – Der um 1850 errichtete *Friedhof* lag unterhalb von Hüttbach; 1952/53 wurde der Friedhof in Terrassenform neu angelegt, 1974 eine Friedhofskapelle erbaut.

Kirche und Schule. – Wieden hatte bis zur Gemeindereform eine eigene Volksschule. Im alten Schulhaus von 1826 unterrichtete Mitte des 19. Jh. ein Hauptlehrer etwa 90 Schüler. Eine zweite Lehrerstelle wurde um 1950 besetzt. Seit 1972 befindet sich die *Grundschule Wieden-Utzenfeld* am Ort mit 1992/93 4 Lehrern und 4 Schulklassen mit zusammen 69 Schülern. Die Hauptschüler besuchen die Buchenbrandschule in Schönau. Im ehemaligen Volksschulgebäude von 1964/65 wurde neben der Grundschule noch ein von der Gemeinde getragener *Kindergarten* untergebracht. Schulort für die Hauptschüler und Gymnasiasten ist Schönau.

Die ehemals nach Schönau eingepfarrte Gemeinde Wieden wurde 1808/10 zur selbständigen kath. Pfarrei erhoben. Die Kirche Allerheiligen und das Pfarrhaus, 1809 bis 1812 in Lailehäuser entstanden, bilden zusammen mit den Bauten von Schule und Rathaus das Zentrum der Gemeinde. Überdies befand sich am Ort eine dem Hl. Wolfgang geweihte Kapelle aus dem Jahr 1710. Die Protestanten, seit 1925 in Wieden vertreten, blieben bis 1983 dem Sprengel Todtnau zugeordnet; jetzige Pfarrei ist Schönau.

Sportstätten, kulturelle Einrichtungen und Vereine. – Wohlausgebaute Sportstätten sind ein entscheidender Beitrag der Gemeinde zur Entwicklung des Fremdenverkehrs; dazu gehören u. a. Schwimmbäder, Tennisplatz, Fußballplatz sowie 6 Skilifte, 70 km Loipen und eine Skischule. Konzerte und Heimatabende gehören zum kulturellen Programm. Raum für Veranstaltungen bietet die 1964 erstellte *Mehrzweckhalle*. – Von den insgesamt 11 Vereinen gehören 3 dem musikalischen Bereich an; ältester Verein am Ort ist der 1820 gegründete Kirchenchor. Ihre Verbundenheit mit Landschaft und Tradition kennzeichnen Skiklub, Bergwacht, Trachtengruppe und der besonders hervorzuhebende Bergmannsverein, der einen Stollen des Finstergrundganges als *Besucherbergwerk* zugänglich machte.

Strukturbild

Wirtschaftliche Grundlage für die Bewohner Wiedens war bis zum 2. Weltkrieg die durch die Höhenlage stark beeinträchtigte Landwirtschaft. Da die Möglichkeit zur Fabrikarbeit aufgrund der abseitigen Lage kaum gegeben war, konzentrierten sich die Arbeitskräfte, abgesehen von der Holzhauerei, bis etwa 1930 auf Bürsten- und Textilhausindustrie. Im Zeitraum 1923 bis 1974 kam mit dem Bergbau auf Flußspat ein neuerer Wirtschaftszweig hinzu.

Auch heute noch ist Wieden eine landwirtschaftlich geprägte Gemeinde; ihre Bauern sind jedoch ausschließlich Nebenerwerbslandwirte. Die Grünlandnutzung dient zugleich der Erhaltung des Landschaftsbildes. Ein großer Teil der insgesamt am Wohnort Erwerbstätigen pendelt seit den 1960er Jahren in die Industriestandorte des Wiesentales aus; in neuester Zeit ist am Ort selbst eine leichte Zunahme von Industrie und Handwerk zu verzeichnen. Neueren Datums ist auch die Entwicklung des Fremdenverkehrs, der dank gut entwickelter Infrastruktur und der relativ schneesicheren Lage günstige Entwicklungsmöglichkeiten für den staatlich anerkannten Erholungsort bietet.

Wieden gehört zum Einzugsbereich der Städte Schönau und Todtnau. Festgelegt ist seine Zugehörigkeit zu Schönau als Zentrum des heutigen Gemeindeverwaltungsverbandes bzw. der ehemaligen Talvogtei, als Schulort sowie als Pfarrort für die Protestanten. Einkaufsorte sind beide Städte gleichermaßen. Als Hauptarbeitsort und bei der medizinischen Versorgung wird Schönau bevorzugt, Todtnau dagegen bei Bankgeschäften und im kulturellen Bereich.

Das Steueraufkommen, ein Indiz für die wirtschaftliche Entwicklung der Gemeinde, hatte sich im Zeitraum von 1970 bis 1983 mehr als verdoppelt (auf 243 000 DM). Gleichzeitig stieg die Steuerkraftsumme je Einwohner von 258 DM im Jahr 1970 sogar um beinahe das Dreifache, war damit aber immer noch niedriger als der Kreis- und vor allem der Landesdurchschnitt. Ein Anstieg auf 1245,4 DM je Einwohner bis 1988 brachte die Zahl erstmals über den Kreisdurchschnitt, der bei 1177,9 DM lag. Dabei ging der Gewerbesteueranteil von 51% (1970) auf 8,7% (1983) zurück. Wieden erweist sich bis in die jüngste Zeit als eine recht steuerschwache Gemeinde. Mit 390 000 DM Gesamtsteueraufkommen 1992 wurden pro Kopf nur 674 DM erreicht, wobei die Gewerbesteuer in Höhe von 65 000 DM nur 16,7% ausmachte, also bedeutend geringer war als in den übrigen Gemeinden des Verwaltungsverbandes. Mit 248 DM/Einwohner aus den Verbindlichkeiten der Gemeinde und 293 DM/Einwohner anteilig aus denen des Gemeindeverwaltungsverbandes war aber auch die Verschuldung sehr gering gehalten.

An Investitionen hat die Gemeinde neben den bereits laufenden Maßnahmen der Flurbereinigung im Rahmen der Dorfentwicklung die Erweiterung des Gemeindezentrums begonnen. Der Ausbau der Trinkwasserversorgung ist geplant.

C. Geschichte

1342 erscheint Wieden erstmals unter dem Namen *Wida*, von der Weide abzuleiten. Von den zahlreichen *Nebenorten* sind Beckenrain, Eckle, Mittelbach, Rütte und Steinen 1374 erstmals erwähnt, Warbach als *Warenbach* und Wiedenmatt als *Wydenmatt* 1488. Mit dieser zufälligen Reihe von Einzelnennungen ist nichts über den tatsächlichen *Besiedlungsvorgang* ausgesagt. Die in der Schönauer Talschaft üblichen Indizien können darauf hindeuten, daß erste Einflüsse auf die Rodung vom Kloster St. Trudpert ausgingen und daß sich seit dem beginnenden 11. Jahrhundert St. Blasien als der entscheidende Faktor durchsetzte. Es handelte sich immer um Streusiedlung, doch nutzten die vielen Wohnplätze den Wald gemeinsam. 1771 wurden neben Wieden nur Graben und Ungendwieden als selbständigere Einheiten angesehen. Doch gehörten alle in den größeren Bann von Wieden, der 1808 zur Grundlage der *neugebildeten Gemeinde* wurde. Die Aufteilung der Talvogteiwälder 1837/38 hat hier wenig Änderung gebracht, weil der größere Teil der Außengrenzen gegen das Münstertal und gegen die Talvogtei Todtnau bereits feststand. Im 19. Jh. kam es dann zur Abtrennung von insgesamt 9, vielfältig ineinander verzahnten Einzelgemarkungen. Doch blieben die gemeinsamen Wälder am Südwest- und am Nordostrand bestehen.

Es ist nicht sicher auszumachen, ob die *sanktblasische Grundherrschaft* auf die frühen Käufe vom Adel (vgl. Schönau) oder auf andere Erwerbungen zurückgeht. Sie dürfte jedoch bereits an der Wende vom 11. zum 12. Jh. bestanden haben. Durch die an die Habsburger während des 13. Jh. gefallene Klostervogtei bildeten sich die für das Obere Wiesental typischen Rechtsverhältnisse von klösterlicher Grundherrschaft und *österreichischer Landesherrschaft* heraus, die bis 1805 im wesentlichen Bestand hatten. Seither ist auch Wieden badisch und blieb in seinen alten Bindungen an das (Bezirks)-Amt Schönau bis 1924. Als Bestandteil der Talvogtei Schönau bildete Wieden eine eigene *Geschworenei* und hatte einen Vertreter im Rat des Tales Schönau.

Bedeutendster Grundbesitzer war stets das *Kloster St. Blasien*. In dem klösterlichen Berain von 1352 sind unter Wieden ein Würkhof, 11 Güter, 4 Lehen, Wiesen, 17 Häuser und zwei Höfe verzeichnet. 1374 wird eine Erzmühle in Wieden genannt, die 5 ß zinste. 1651 bestanden in Oberwieden 4 Höfe. Neben St. Blasien war das *Kloster St. Trudpert* in Wieden begütert. Es besaß einen Hof und zog Zinsen von verschiedenen Häusern ein. 1714 werden in einem Güterbeschrieb die Inhaber des fünf Häuser umfassenden Lailehofes (Lailehäuser) in Wieden genannt.

Bis zur Errichtung einer selbständigen Pfarrei 1808/10 gehörte Wieden zur *Pfarrei Schönau*. Eine dem hl. Wolfgang geweihte Kapelle wurde um 1710 erbaut. An bestimmten Festtagen durfte dort auch Messe gelesen werden. Im Jahre 1753 wurde mit den Untertanen zu Wieden ein Vergleich hinsichtlich der *Zehnten* getroffen. Anstelle des bisher in natura abgelieferten Heu-, Öhmd-, Martins-, Blut-, Wachs-, Honig- und anderen Kleinzehnten mußten jährlich 39 fl 12 Batzen gezahlt werden.

Jahrhundertelang hatte der seit dem Mittelalter betriebene *Bergbau* große Bedeutung. Die Ausbeutung der im 13. Jh. entdeckten Erze führte zur Errichtung einer Schmelze. Dabei entstand der Weiler Laitenbach als Bergmannssiedlung. Eine *Erzmühle* ist seit 1374 nachweisbar. Der 1785 durch einen Freiburger Unternehmer wieder aufgenommene Silberbergbau blieb ohne anhaltenden Erfolg. Doch bestand noch um 1815 eine Silbergrube, der St. Antoniusstollen. Im Zusammenhang mit dem Bergbau hatten sich im Raum Wieden auch *Köhler* angesiedelt.

Der Wiedener Bann umfaßte 1773 402 J Wiesen, 1734 J Ödfeld, 800 J Wald und 375 J Gestrüpp. Auf den Hochweiden wurde vorwiegend *Viehwirtschaft* betrieben, *Getreideanbau* dagegen nur in geringem Umfang an den nach S gelegenen Berghängen. In Wieden gab es zwei *Mühlen*, 1574 vergab St. Blasien die Mühle in der Wida als Erblehen. Diese Mühle wurde 1756 für 4000 fl verkauft und beherbergt heute das *Gasthaus* »Zum Hirschen«. Eine zweite Mühle wurde 1694 bewilligt.

Quellen und Literatur

Quellen gedr.: ZGO 49 (1895) S. m60, 66/67; 55 (1901) S. m54.
Quellen ungedr.: GLA 11/Nr. 5160–65; 61/13492, 14330; 66/7210, 7214, 7717, 7723, 7726, 7735; 229/94023, **113689–705**; 374 (1909, 37) 322, (1925, 34) 322; 391/**41883–89a**, 44047; 412/367–76. – GA Wieden (Inv. masch. 1950).
Literatur: *Gehlen*, Kurt von, Die Gesteine und die blei-zink-führenden Flußspatgänge der Umgebung von Wieden. O.O. 1952. – *Hille*, Helmut/*Maus*, Hansjosef/*Möhrle*, Karl, Mineralfunde bei Wieden, Landkreis Lörrach. In: Mitt. des badischen Landesvereins f. Naturschutz NF 11, 1 (1973) S. 7. – *Schwäbl*, Xaver/*Klingele*, Siegfried, Wieden. Geschichte eines Schwarzwalddorfes. Freiburg i.Br. 1993.
Erstnennung: 1342 (GLA 11/Nr. 5161)

Wies

2180 ha Gemeindegebiet, 814 Einwohner (31.12.1990, 1987: 678)

Wappen: In Grün ein goldener (gelber) Rechen.

Das auf einen Vorschlag des badischen Generallandesarchivs von 1903 zurückgehende Wappen ist »redend« und will den Ortsnamen von Wiese/Matte ableiten.

Gemarkung: Wies (2180 ha, 678 E.) mit Wies, Demberg, Fischenberg, Kühlenbronn, Ritterhof, Sägmatt, Stockmatt und Wambach.

A. Naturraum und Siedlung

Natürliche Grundlagen. – Eingebettet in das Talsystem der Köhlgartenwiese liegt die Gde Wies abseits der großen Verkehrswege des Südschwarzwalds. Neben dem Hauptort selbst, der sich auf beiden Seiten der Köhlgartenwiese in einer Höhe von ca. 590 m ü.d.M. entwickelt, gehören zur Gemeinde noch fünf weitere in den weitverzweigten Seitentälern liegende Ortsteile. Nach N und NO hin sind das Kühlenbronn auf 860 m ü.d.M. und Fischenberg auf 720 m ü.d.M., beide in einer Entfernung von jeweils ca. 3 km zum Hauptort. Etwas näher liegt Stockmatt im NW auf 793 m ü.d.M. mit seinem eine eigene Siedlungseinheit bildenden Feriendorf aus den 1970er Jahren. Südwestlich bzw. südöstlich von Wies gehören Wambach, ca. 750 m ü.d.M. gelegen, und Demberg auf etwa 600 m ü.d.M. dem Gemeindegebiet an.

Charakteristisch für das Landschaftsbild ist das Vordringen der Rodungsflächen entlang des fingerförmig verzweigten Netzes der zur Köhlgartenwiese hin entwässernden Seitenbäche. Es dokumentiert damit noch heute den einstigen Besiedlungsgang und die Inbesitznahme dieses Waldgebietes. Daher ist der Einzugsbereich der Köhlgartenwiese über weite Strecken auch mit der Ausdehnung des Gemeindegebiets identisch. Im W verläuft die Gemeindegrenze über Federlisberg (981 m ü.d.M.), Hohwildberg (1084 m ü.d.M.) und Meierskopf (1053 m ü.d.M.), welche die Wasserscheide zum Einzugsgebiet der Kander markieren, während nach N hin Rauhkopf (1071 m ü.d.M.) und Köhlgarten (1224 m ü.d.M.) den Abschluß bilden. Im O stellen die zwischen Schattann (1067 m ü.d.M.), Hörnle (961 m ü.d.M.) und Orthalde (719 m ü.d.M.) liegenden Einsattelungen die Übergänge zum Kleinen Wiesental dar, während im S die Grenze über den Glaserberg (931 m ü.d.M.) und entlang der Köhlgartenwiese zu den Steinbrüchen der Schwarzwaldgranit GmbH verläuft, die allerdings zum größten Teil zu Tegernau gehören.

Das Gemeindegebiet zeigt eine relativ einheitliche geologische Grundausstattung. Südlich an den Kulmgraben anschließend, bildet im wesentlichen der zu den spätorogenen Magmatiten gehörende grobkörnige *Malsburggranit* das anstehende Gestein dieses Gebietes. Nur an wenigen Stellen, so in der Nähe des Meierskopfs und des Schürlebergs, vermischte sich das aufdringende Magma mit älteren Kristallingesteinen, so daß es hier, ähnlich wie in der weiter östlich gelegenen Umgebung von Mambach, zur Ausbildung von *Syntexiten* gleicher mineralogischer Zusammensetzung kam. Durchsetzt wird dieser Komplex von vorwiegend in variskischer Richtung verlaufenden *Granitporphyrzügen*. Flächenhafte Ausmaße nehmen diese im Bereich zwischen Glaserberg und Röte südlich von Wies sowie am Hohwald und Schürleberg nördlich des

Dorfes an, wohl als Folge der Störungen im Graben von Marzell, die bis hierher ausstrahlen. In bescheidenem Umfang knüpfte sich daran auch eine bis ins 19. Jh. zu verfolgende Bergbautätigkeit mit der Gewinnung von Silber, Blei und Schwerspat.

Als Zeugen der ausgedehnten Vergletscherung während der Rißkaltzeit finden sich in der Umgebung von Wies verstreut auftretende *erratische Geschiebe*, durch die sich auch der Übergang über das Lipple als ehemaliger Transfluenzpaß zu erkennen gibt. In der nachfolgenden Phase der Würmvereisung war das Gemeindegebiet jedoch weitestgehend eisfrei. Lediglich die Höhenrücken im N, vom Köhlgarten- bis zum Blauenmassiv, haben, zumindest während des Höhepunktes der Würmeiszeit, eine Eiskappe getragen. Ansonsten dominierten die unter periglazialen Klimabedingungen ablaufenden Formungsvorgänge. Hierzu gehören vor allem Umlagerungsprozesse in den Hangbereichen und eine verstärkte Seitenerosion der Fließgewässer, die im Bereich der Köhlgartenwiese zur Ausbildung der recht breiten Talaue beitrugen, die südlich von Wies sogar Ansätze einer beckenhaften Weitung zeigt. Freilich konnte dieser Prozeß nur dort zur Geltung kommen, wo der geologische Untergrund dies zuließ. So geht die Verengung in Höhe des Glaserbergs am südlichen Gemeinderand auf den dort flächenhaft auftretenden, in NO-SW-Richtung ziehenden Granitporphyrzug zurück. Mit einem steilen nach N exponierten Prallhang hat die Köhlgartenwiese diesen Riegel durchbrochen.

Eine gewisse Siedlungsgunst geht auch von den Böden aus, die aus den relativ *nährstoffreichen Humusbraunerden* bestehen. Einen wesentlichen Anteil an dieser Bildung hat die überdurchschnittlich große Regenwurmart Lumbricus badensis, die in besonderem Maße dazu in der Lage ist, die harte Waldstreu zu Mulm zu verarbeiten. Vor allem auf den flacheren und mäßig steilen Hängen ist die Humusbraunerde zu finden, während an den Steilhängen meist nur ein dünner Bodenschleier über dem Ausgangsgestein liegt. In den Tälern selbst herrschen aufgrund der ständig leichten Bodenabschwemmung an den Steilhängen nicht selten anmoorige Verhältnisse vor. Heute werden die Rodeflächen überwiegend von Weideland eingenommen, während größere Ackerflächen nicht mehr anzutreffen sind.

Siedlungsbild. – Der Weg von Tegernau nach Wies wird schon von weitem markiert durch den hoch über die Dächer aufragenden Turm der ev. Pfarrkirche. Einige locker stehende Bauernhöfe sowie einzelne Neubauten bestimmen den Ortsanfang. Am südlichen Dorfausgang bildet der langgestreckte sogenannte »Weideschuppen« einen Blickfang, in dem der landwirtschaftliche Maschinenpark der Weidegenossenschaft untergebracht ist und der in den Sommermonaten auch als Festhalle genutzt werden kann. Direkt gegenüber dem Gasthaus »Krone« fällt ein großer verwaister Platz auf, auf dem ein alter Holzschuppen noch an den Standort eines Sägewerks erinnert. Unweit davon steht die *Kirche*, ein schlichter, gelblich verputzter Saalbau. Das gegenüberliegende, etwas von der Straße abgesetzte *Pfarrhaus* verwendet bei Fenstern und Türen ähnliche Stilelemente, darüber hinaus bestimmen Klappläden und Krüppelwalmdach des großzügig dimensionierten Gebäudes das Erscheinungsbild. Auf der gleichen Seite an der orteinwärts führenden Straße schließt sich neben dem Kriegerdenkmal das zweite traditionsreiche Gasthaus des Ortes, der »Löwen«, an.

Weiter in Richtung Ortsmitte verdeutlicht die ständig dichter werdende Bebauung die Anlage der Siedlung als langgestrecktes Straßendorf mit der Köhlgartenwiese als Leitlinie. Im *Zentrum* selbst verbinden insgesamt vier Brücken über den Dorfbach die linke und rechte Uferseite und schaffen damit Raum für eine in relativ lockerer Form angeordnete Häusergruppe. Hier finden sich auch die zentralen Einrichtungen des Orts: Lebensmittelgeschäft, zwei Bankfilialen, Poststelle und das aus der 1962 neu erbauten Volksschule hervorgegangene Dorfgemeinschaftshaus. Dieses für die damalige Zeit moderne Gebäude mit flachem Dachaufbau beherbergt heute neben dem zentralen Veranstaltungsraum eine Kinderspielstätte, das *Rathaus* und eine gegen Gebühr zur Verfügung stehende, kleine kommunale Schlachtstätte. Dahinter befinden sich in einem neueren Bau die Gerätschaften der Feuerwehr. Das gegenüberliegende, stattliche, zweigeschossige Steinhaus, das bis 1962 die *Schule* beherbergte und danach eine kleine Firma aufgenommen hatte, dient heute reinen Wohnzwecken. Auf dem zum Dorfbach hin abfallenden Platz wurde von jener Firma, die Produkte aus Altpapier herstellte, eine Lagerhalle errichtet, die sich in ihrem Äußeren mit Giebeldach und Holzverkleidung dem Dorfcharakter anpaßt, derzeit allerdings nicht genutzt wird.

Talaufwärts setzt sich die relativ dichte, am Talverlauf orientierte Bebauung mit traufständig angeordneten stattlichen Bauernhöfen fort. Bei den meisten handelt es sich um gut erhaltene Eindachhöfe, die überwiegend zwischen Ende des 18. und Anfang des 20. Jh. errichtet wurden. Typisch für ihr äußeres Erscheinungsbild ist das zweigeschossige Wohnhaus aus verputztem Mauerwerk, an das sich der in den oberen Partien oft mit Holzbrettern verkleidete Wirtschaftsteil anschließt. Als Dachkonstruktion findet sich in der Regel ein Giebel- oder Krüppelwalmdach, das aber im Bereich der Ökonomie oft etwas niedriger gehalten ist und über den Vorplatz zur Straße hinausragt. Aufgrund des relativ hohen Kellergeschosses unterhalb des Wohnteils ist die Eingangstür nur über eine markante Vortreppe zu erreichen, der Eingangsbereich selbst ist mit Sandsteingewänden mit eingravierten Initialen und Jahreszahlen verziert. Aus dem gleichen Material sind die Laibungen der Fenster gefertigt, die in vielen Fällen noch die alten oder erneuerten Klappläden aufweisen. Demgegenüber tritt bei mehreren Häusern aus den Anfängen unseres Jahrhunderts die Verwendung von Granit als Baustein für diese Zwecke hervor. Auch wenn diese jüngeren Bauten grundsätzlich den gleichen Baustil wie ihre Vorgänger aufweisen, so zeigt sich doch in den größer dimensionierten und vollständig aus Stein aufgebauten Wirtschaftsteilen eine neue Phase in der Entwicklung dieses Haustyps.

Zu den einzelnen Hofstätten gehören oft noch kleinere Nebengebäude. Solche sind entweder auf der der Straße abgewandten Seite an den Wirtschaftsteil angebaut oder aber auf der anderen Straßenseite direkt am Bachrand zu finden. Dieser Zwischenraum zwischen Straße und Köhlgartenwiese nimmt vielfach auch die eingezäunten Hausgärten mit Gemüse und einigen Zierblumen auf. Die Häuser sind überwiegend gut erhalten bzw. renoviert, auch wenn in einigen Fällen versucht wurde, den Baustil der 1960er oder 1970er Jahre auf die alten Anwesen zu übertragen. Ein durch landwirtschaftliche Nutzung gekennzeichneter Zustand der Bausubstanz ist heute eher die Ausnahme, oft sind die entsprechenden Gebäudeteile auch schon zu Wohnungen umgebaut worden. Wenn Landwirtschaft betrieben wird, erfolgt dies fast ausschließlich im Nebenerwerb. Dabei kommt der Landwirtschaft auch in Wies die überaus wichtige Rolle zu, die Erhaltung der Kulturlandschaft mit ihren offenen Flächen zu garantieren und damit auch eine gute Basis für die Entwicklung des Fremdenverkehrs zu schaffen. Neubauten beschränken sich fast völlig auf das in den 1970er Jahren im W oberhalb des Ortskerns ausgewiesene Baugebiet »Wanne«. Im W, oberhalb des Kneblezbächles, liegt auch der Friedhof mit moderner Aussegnungshalle.

Während Wies selbst nur ein relativ geringes Angebot an Übernachtungs- und Einkehrmöglichkeiten aufweist, wurde bereits in den 1970er Jahren das nordwestlich von Wies in Richtung Stockmatt gelegene *Feriendorf Wies* für Erholungsuchende konzipiert und aufgebaut. Terrassenförmig übereinander angeordnete Stockwerke mit Waschbetonplatten als Wandverkleidung und großen Fensterflächen bestimmen sein

Aussehen. Hinzu kommt ein eigens errichtetes Parkhaus. In diesem aus heutiger Sicht monoton wirkenden und das Landschaftsbild nachhaltig beeinflussenden Gebäudekomplex stehen sowohl Appartements und Ferienwohnungen als auch ein Hotel mit Restaurant zur Verfügung. Vergnügungs- und Sportmöglichkeiten runden das Angebot ab, das sich inzwischen verstärkt auf Tagungs- und Seminartourismus konzentriert. In unmittelbarer Nachbarschaft zu dieser Anlage findet sich ein neueres Baugebiet in Hanglage, dessen vorwiegend ein- bis eineinhalbstöckige Einfamilienhäuser ebenfalls aus den 1970er Jahren stammen.

Am oberen nördlichen Talschluß des Kneblezbächles liegt Stockmatt, das als kleine Streusiedlung viel von seinem ursprünglichen Charakter bewahrt hat. So finden sich hier entlang der Straße einige kleinere Schwarzwaldhöfe mit seitlicher Dacheinfahrt, Krüppelwalmdach und einer an der Giebelseite angebrachten Laube. Auf dem östlich des Taleinschnitts verlaufenden Bergrücken zeigen sich hingegen bei den dortigen Einzelhöfen eher wieder die Gestaltungsmerkmale quergeteilter Eindachhöfe, die hier aber wohl einen jüngeren Ausbau markieren. Zu Stockmatt gehört auch das vom Lipple aus zu erreichende Wanderheim des Schwarzwaldvereins.

Streusiedlungslage mit lockerer Gruppenbildung der Höfe entlang eines Zuflusses der Köhlgartenwiese (Fischenberger Bach) kennzeichnet auch das Siedlungsbild von Fischenberg. Als Hausform tritt überwiegend das Schwarzwaldhaus in seinen vielfältigen Formen auf. Der Giebelbau der *ehemaligen Schule* mit Dachreiter aus dem 19. Jh. bildet demgegenüber eine eigenständige Erscheinung. Weiter talaufwärts findet sich hinter dem »Leisingerhof« ein weiterer, vorbildlich restaurierter Schwarzwaldhof in typischer Ständer-Bohlen-Bauweise. Auf nahezu halber Hanghöhe der gegenüberliegenden, westlichen Talflanke bietet der zu einem Domänengut gehörende, einzeln stehende »Ritterhof« einen markanten Blickpunkt.

Anders angeordnet zeigen sich die alten Höfe von Kühlenbronn. In relativ steiler Hanglage staffeln sie sich in mehreren Etagen entlang der serpentinenreichen Straße. Aufgrund der eher schmalen Abstände zwischen den in der Regel traufständig angeordneten Gebäuden ergibt sich der Eindruck einer kleinen, geschlossenen Gruppensiedlung. Die Häuser selbst zeichnen sich fast durchweg durch ein großes Walm- oder Krüppelwalmdach mit seitlicher Hocheinfahrt aus, die allerdings in vielen Fällen wohl nicht mehr genutzt wird. Zahlreiche Umbaumaßnahmen, verbunden mit der Umwidmung des alten Wirtschaftsteils zu Wohnungen, lassen auch hier die aktuelle Entwicklung zur reinen Wohnfunktion, z.T. als Zweitwohnsitze, erkennen. Am Hangfuß steht das »Alte Forsthaus«, ein zweistöckiges Wohnhaus aus dem Jahre 1847, das später als Forsthaus genutzt wurde.

Eine viel deutlichere Verwandtschaft mit den im Wieser Siedlungsbild auftretenden Eindachhöfen zeigt die Bausubstanz im südöstlich vom Hauptort gelegenen Ortsteil Demberg. Relativ große, zweigeschossige Steinbauten mit Giebel- und Krüppelwalmdach bilden eine lockere, auf einer Talterrasse angesiedelte Hofgruppe. Eine weitere Ausdehnung erfährt der Weiler durch mehrere einzeln am Hang stehende und zum Teil recht große landwirtschaftliche Anwesen. Zahlreiche Um- und Ausbauten seit Beginn der 1970er Jahre, insbesondere auch der Bau von zusätzlichen Flachdachgaragen, nehmen dem Ortsbild einiges von seiner ursprünglichen Atmosphäre. Der an der Verbindungsstraße über das »Eckle« hinüber nach Wies gelegene Friedhof erinnert noch an die schon im 12. Jh. entstandene Kirche. Rund 600 Jahre später diente sie beim Kirchenneubau in Wies als Lieferant für die dort benötigten Steine.

Eine eigenständige Prägung weist das Siedlungsbild des Ortsteils Wambach auf. Bedingt durch die abseitige Lage auf einem westlich, weit oberhalb der Köhlgartenwiese gelegenen Bergsporn, stehen die einzelnen Höfe dicht um einen zentralen Dorfplatz, der sich durch Dorflinde, Sitzbank und Brunnen in besonderer Weise auszeichnet. Der Platz wird auf der einen Seite durch den alten steinernen *Schulbau* von 1849, auf der anderen durch eine quergestellte große Scheune abgeschlossen. Der geschlossene dörfliche Charakter der Siedlung wird von den recht geringen Aus- und Neubautendenzen bislang kaum berührt. Auch kommt ihm der behutsame Umgang mit der alten Bausubstanz sehr zugute. Auf engem Raum treffen die beiden im Gemeindegebiet von Wies dominierenden Hausformentypen des Schwarzwaldhauses und des hier später hinzugekommenen quergeteilten Eindachhofes in Steinbauweise aufeinander und dokumentieren damit einen wichtigen Abschnitt in der baulichen Entwicklung dieses Raumes. Entlang der Straße nach Wies lockert sich die geschlossene Bebauung etwas auf. Gegenüber dem Stauteich liegt das stattliche Gebäude der alten Mühle aus dem 18. Jahrhundert, die noch bis in die 1950er Jahre in Betrieb war.

Gerade in Wies gibt es noch Reste der früher dominierenden Waldwirtschaft. Hinweise darauf mögen die zahlreichen Holzstöße vor den Häusern sein. Wenngleich wie überall die Landwirtschaft auch in dieser Gemeinde im Rückgang begriffen ist, dokumentieren doch solche Erscheinungen ebenso wie die zahlreichen Hausgärten und die weitgehende Erhaltung der bäuerlichen Anwesen ein stärkeres Festhalten an traditionellen Lebensformen.

Bemerkenswerte Bauwerke. – In ihrer strengen Symmetrie zeigen Grund- und Aufriß der 1775 durch Meerwein erbauten *ev. Kirche* in Wies nahezu vollkommene Übereinstimmung mit derjenigen in Hertingen. An einen dreigeschossigen, mit Eckquadern verstärkten Turm mit Pyramidendach schließt sich ein Saalbau unter einem Satteldach an. Doppelgeschossig sind die Fenster: an den Längsseiten je 5, beiderseits des Turmes je eines und an der Rückwand 3. Der *Kirchensaal* ist allseits von einer säulengestützten Empore umgeben. Vor diese ist im Nordosten in die Mittelachse eine Wand gestellt, aus der eine Kanzel ausgekragt und von der Empore aus zugänglich ist. Die Kanzelwand stößt oben an die Balustrade einer zweiten Empore. Diese, ein strenger zusätzlicher Riegel, soll die von der Liturgie erwünschte Wirkung erzielen, Kanzel und Altar ins Innere des Gemeinderaumes einzubeziehen. Auf der Eingangsseite steht seit 1856 eine prächtige Rokokoorgel, die als das größte erhaltene Werk des Georg Markus angesehen wird. Er hatte sie 1787/88 für Gernsbach gebaut.

B. Die Gemeinde im 19. Jahrhundert und in der Gegenwart

Bevölkerung

Bevölkerungsentwicklung. – Die demographische Entwicklung der Gemeinde Wies weist im vorigen Jahrhundert eine ähnliche Tendenz auf, wie in Orten der Umgebung beobachtet: Die Bevölkerungszahl war gekennzeichnet durch ein stetiges Anwachsen (1804: 1085 E.; 1852: 1170 E.), das auch von der Auswanderungswelle aufgrund von Mißernten und Revolutionswirren nicht unterbrochen wurde. Der Höhepunkt war 1871 mit 1231 Einwohnern erreicht. Der rapide Abfall auf 834 Einwohner im Jahre 1910 war die Folge der Abwanderung in die Industrieorte des Großen Wiesentales wegen der günstigeren Verdienstmöglichkeiten. Der 1. Weltkrieg forderte 39, der 2. Weltkrieg 64 Gefallene. Da kein Ausgleich durch die Aufnahme von Vertriebenen und Flüchtlingen (1950: 2,8 %) erfolgte, erreichte die Gemeinde 1970 den niedrigsten Einwohnerstand (670 E.) seit Beginn des 19. Jahrhunderts. Von einigen Schwankungen abgesehen, hat die Bevölkerungszahl seither stagniert; sie belief sich 1987 auf 678, Mitte 1993 auf 774 Einwohner. Der Ausländeranteil lag bei 1,5%; 1984 hatte er noch 5,8% ausgemacht.

Konfessionelle und soziale Gliederung. – Bedingt durch die frühere Zugehörigkeit zur Markgrafschaft, dann zum Großherzogtum Baden wurde Wies in der Reformation protestantisch; es ist bis heute eine evangelische Gemeinde mit nur wenigen katholischen Einwohnern geblieben. Nach dem 1961 mit 7,6% erreichten Höchststand war der Anteil der Katholiken 1970 auf 5,3% gesunken und lag nur 1,4% über der Quote sonstiger religiöser Gemeinschaften. 1987 lag der Anteil der Katholiken wieder bei 9,4% bei 77,9% Evangelischen. Auch in Wies war 1987 eine hohe Quote sonstiger religiöser Gemeinschaften vorhanden.

Das Verhältnis von Landwirtschaft und Gewerbe im Jahre 1895 (77,8% bzw. 13,9%) zeigt die homogene *soziale Struktur* der Gemeinde, die den Charakter eines Agrardorfes erst nach dem 2. Weltkrieg verlor. Während 1950 noch 73,5% der Erwerbsbevölkerung in der Landwirtschaft tätig waren, bestritten 1961 nur noch 43%, 1971 30% und 1987 3,4% ihren Lebensunterhalt (nach Art der hauptsächlichen Erwerbstätigkeit des Ernährers) in diesem Erwerbszweig.

Viehzucht und Waldwirtschaft, so vermerkten die Akten von 1878, reichten nicht aus, »um allen Einwohnern ihre Existenz zu sichern«. Aus diesem Grunde waren die Arbeit in den Wiesentäler Fabriken und die Heimarbeit ein willkommener Broterwerb, ebenso die saisonale landwirtschaftliche Tätigkeit in benachbarten Dörfern. Die um 1900 in Marzell errichtete Lungenheilanstalt bot daneben weitere Arbeitsplätze mit Dauerbeschäftigung.

Die 1852 registrierte Zahl von 69 Handwerkern und Selbständigen mit einer amtlichen Berufslizenz war nach 1900 bereits um 40% gesunken; 1950 zählten noch 6,5% der Einwohner zum Wirtschaftsbereich Industrie und Handwerk. Parallel zum Bedeutungsverlust der Landwirtschaft erhöhte sich der Prozentsatz auf 20,8% (1987), wobei aber auffällt, daß dieser Anteil seit 1971 nahezu unverändert blieb. Dagegen erfolgte eine Verdopplung der Erwerbstätigen in den Sonstigen Wirtschaftsbereichen auf 17,9% und eine starke Zunahme der Rentner, Pensionäre und Empfänger von Arbeitslosengeld (1961: 16%; 1987: 21,4%).

Politisches Leben

Die Erfolgsserie der Nationalliberalen bei den Wahlen zum *Reichstag des deutschen Kaiserreiches* von 1877–1884 wurde 1887 vom Zentrum und drei Jahre später von den Freisinnigen unterbrochen. 1903 konnte die SPD ihren ersten höheren Stimmengewinn (46%) verbuchen und ihn bei der letzten Wahl vor dem 1. Weltkrieg auf 59,9% erhöhen.

Die SPD konnte ihren Vorkriegserfolg nur in der Wahl zur verfassunggebenden Nationalversammlung der *Weimarer Republik* wiederholen (83,9%), verlor aber schon 1920 den größten Teil ihrer Wähler an die DNVP und die DDP. Ein einmaliger Durchbruch gelang dem Badischen Landbund 1924 mit 73%. Stärkste Partei wurde 1928 die KPD (24,6%); 1930 und 1932 blieb die NSDAP mit 51,7% bzw. 69,4% Wahlsieger.

Der Abstand zwischen CDU und SPD bei den *Bundestagswahlen* war gering; stärkste Partei blieb immer die SPD mit Ausnahme der Wahl von 1961, bei der es der FDP gelang, einen bedeutenden Teil der CDU-Wähler zu erfassen und damit die Majorität (46,9%) zu erhalten. 1990 eroberte die SPD mit 42,7% die Position der stärksten Partei, gefolgt von der CDU mit 38,5%. Auf den dritten Platz kam die FDP (9,9%), die doppelt so stark blieb wie die Grünen (5,0%). Die *Landtagswahlen* zeigten ähnliche Ergebnisse. Vom höheren Stimmengewinn der CDU bei den Wahlen 1968 und 1976 abgesehen, gab die Mehrheit der Wähler ihr Votum der SPD. Die FDP, die 1964 noch 44,4% der Stimmen erhielt, wurde bedeutungslos und 1983 von den Grünen überholt (12,4%). Bei der Wahl zum Landtag von 1992 erreichte die SPD mit 52,4% ein außerordentlich hohes Ergebnis. Die CDU (24,6%) mußte ebenso Verluste hinnehmen wie die FDP (5,2%). Mit 9,7% erzielten die Grünen einen beachtlichen Stimmanteil.

Wirtschaft und Verkehr

Land- und Forstwirtschaft. – Man kann davon ausgehen, daß bis 1930 von der landwirtschaftlich genutzten Fläche je ⅓ Acker- und Gartenland, Wiese und Weideland waren. Entsprechend dem Rückgang der landwirtschaftlichen Betriebe verringerte sich die Gesamtfläche von 765 ha (1930) auf 598 ha (1987).

Mit 76 ha bzw. 58 ha bebauter Fläche waren im Jahre 1880 Winterroggen und Hafer die wichtigsten *Getreidesorten*, gefolgt von Dinkel (14 ha) und Sommergerste (8 ha). Da der Ackerbau nicht konkurrenzfähig war, schrumpfte der Ackerlandanteil stark zusammen; parallel zum Rückgang im Getreideanbau wie auch der Kartoffeln und Futterpflanzen wurde die Dauergrünlandfläche ausgedehnt. Im Jahre 1987 waren lediglich noch 6 ha Ackerland vorhanden.

Durch die günstigen Preise nahm die *Viehzucht* bis zum 1. Weltkrieg einen Aufschwung; der Rinderbestand erhöhte sich von 1855 bis 1913 um fast 40% auf 931 Stück Rinder, darunter 381 Milchkühe, so daß die Milchproduktion erheblich gesteigert werden konnte. Die Zahl der *Schweine* stieg im selben Zeitraum von 146 auf 388. Nach der in der Zwischenkriegszeit und nach 1951 erfolgten starken Abnahme des Rinderbestandes wurden bei der Viehzählung 1987 478 Rinder, 58 Schweine, 26 Pferde und 27 Schafe erfaßt; 1992 wurden die Zahlen mit 437 Rindern, die bei 48 Haltern einstanden, 32 Schweinen, 360 Hühnern und 31 Pferden beziffert. Die Reduzierung des landwirtschaftlichen Erwerbszweiges führte – was die Größenordnung der Anbauflächen im Verhältnis zur Zahl der Betriebe betraf – zu folgender Veränderung: 1895 bebauten 62,8% der Betriebe Flächen zwischen 2–10 ha, 1987 waren es 76,4%. 11 wiesen 10–20 ha, 5 Betriebe 20 ha und mehr auf. 1993 existierten in Wies 5 Vollerwerbsbetriebe mit Schwerpunkt auf Rinderhaltung und Molkereiwesen.

Die Gemeinde Wies, zu deren Gemarkung 1852 ca. 688 ha Wald gehörte, hatte in den 1840er Jahren begonnen, den gemeindeeigenen Waldbesitz zu veräußern. Die neuen Besitzer, das großherzoglich-badische Domänenamt und wohlhabende Industrielle aus der Umgebung, forsteten die angekauften Wald- und Reutflächen auf. Ende des 19. Jh. konnte eine weitere Ankauf- und Aufforstungswelle beobachtet werden. Käufer waren in Sonderheit die Fabrikanten Grether aus Schopfheim und Krafft aus St. Blasien, der im Jahre 1913 ca. 700 ha Wald besaß. Der Rückgang der Weidewirtschaft nach dem 2. Weltkrieg zog eine erneute Aufforstungswelle nach sich; die Waldflächen wurden weiter ausgedehnt und nahmen 1990 mit 1569 ha bereits 72% der Gemarkungsfläche ein, was nahezu einer Verdoppelung gegenüber 1850 gleichkommt (811 ha). Die deutlichsten Steigerungen – von 180 auf 755 ha – erfuhr der Staatswald, der damit in seiner Gesamtfläche auf Wieser Gemarkung nur noch unwesentlich kleiner ist als der Privatwald (1990: 761 ha). Die auch in der Umgebung häufig zu beobachtende Verlagerung vom Laubwald, der 1850 noch drei Viertel des Wieser Waldes ausgemacht

Die Gemeinde im 19. Jahrhundert und in der Gegenwart

hatte, zum Nadelwald (1990: 1100 ha, also 70% der Waldfläche) ist auf Gemarkung Wies deutlich ausgeprägt.

Handwerk und Industrie. – Unter den Mitte des 19. Jh. erfaßten Handwerkern fällt die große Zahl an Nagelschmieden und Schuhmachern auf. Während die Nagelschmiede aufgrund der Konkurrenz der um die Hälfte billiger produzierenden Fabriken bereits in den 1880er Jahren ihren Beruf als Vollerwerb nicht mehr ausüben konnten, war in der Übernahme der Schuhmacher in einer von der Schuhfabrik Krafft (Fahrnau) in Wies eingerichteten Schuhmacherei der Ansatz zu einer fabrikmäßig organisierten Industrie gelegt: 1879 wurden 7 Personen beschäftigt, 1886 10–12; wegen Mangel an Aufträgen konnte die Fa. Krafft um 1900 nur noch wenigen Personen hausindustrielle Beschäftigung bieten. Trotz der Industrialisierung des Wiesentales haben sich Zahl und Struktur der Handwerksberufe bis in die 1920er Jahre kaum verändert. Zu diesem Zeitpunkt werden auch noch eine Sägemühle und eine Mahlmühle in Wies und in Wambach erwähnt. Eine zusätzliche Erwerbsquelle war die Heimindustrie. An das Seidenputzen und Seidenwinden, eine Arbeit, die von der Fa. Sarasin & Co., Lörrach, vergeben wurde, erinnern noch heute die Symbole der Garnrolle über einigen Haustüren. Das Körbeflechten wurde um 1900 vom Gemeindepfarrer eingeführt.

1961 zählte die Gemeinde Wies 9 handwerkliche Betriebe, 1971 noch 6, 1987 wieder 8, wobei inzwischen der Schwerpunkt sich vom Holzgewerbe auf das Baugewerbe verlagert hatte.

Tab. 19: Das Handwerk 1992

Branche	Zahl der Betriebe	Beschäftigte	Umsatz
Baugewerbe	4	39	4,6 Mio. DM
Metall	2	13	2,6 Mio. DM
Holz	1	5	0,7 Mio. DM
Textil/Leder/Bekleidung	1	3	0,3 Mio. DM
Nahrung	1	7	1,3 Mio. DM
Gesundheit/Körperpflege	–	–	–
Glas Papier/Keramik und Sonstige	–	–	–
Gesamt	9	67	9,5 Mio. DM

Quelle: Handwerkskammer Freiburg

Handel und Dienstleistungen. – Die große Zahl der im 19. Jh. registrierten Handwerksbetriebe läßt die Schlußfolgerung zu, daß die Erzeugnisse nicht allein der Versorgung örtlicher Kundschaft, sondern – ebenso wie der Überschuß an landwirtschaftlichen Produkten – als Handelsware dienten. Die Waren wurden ins Große Wiesental, nach Müllheim, selbst nach Basel verkauft. 1987 besaß die Gemeinde Wies 3 Handelsgeschäfte mit insgesamt 6 Beschäftigten. Im *Dienstleistungsgewerbe* sind lediglich ein Fuhrunternehmen sowie als Geldinstitute die Zweigstellen der Sparkasse Schopfheim und der Raiffeisenbank Maulburg zu nennen.

Verkehr. – Die Verbindungsstraßen und -wege folgen noch heute den ehemaligen Vicinalwegen, die in allen amtlichen Berichten als »in schlechtem Zustand« befunden wurden, obwohl der Staat erhebliche Zuschüsse zum Straßenbau leistete, da mit dem Ankauf von Waldareal durch das badische Domänenamt gute Transportwege im

Interesse des Staates lagen. Wichtigster Verbindungsweg war früher die Kreisstraße 13 von Wies nach Tegernau. Heute wird der Ort von der L 140 durchquert, die von Tegernau über Wies und Stockmatt nach Badenweiler führt. Wies besitzt 9,3 km Gemeindeverbindungsstraßen.

Verwaltungszugehörigkeit, Gemeinde und öffentliches Leben

Verwaltungszugehörigkeit, Gemeindegebiet und Gemeindebesitz. – Wies und seine Teilorte wurden 1809 dem Amtsbezirk Schopfheim zugeteilt. Seit 1936 ist die Gemeinde Teil des Landkreises Lörrach. Die Mitgliedschaft im *Gemeindeverwaltungsverband Kleines Wiesental* mit Sitz in Tegernau besteht seit 1972. Die Gemeinde Wies und ihre 7 Wohnplätze umfaßten 1854 2176 ha Land- und Waldfläche. Die Gemarkungsgröße blieb bis heute unverändert. – Zum *Gemeindebesitz* gehörten im 19. Jh. ein Rathaus in Wies, in dem auch das Schulhaus und eine Lehrerwohnung sowie der Bürgerarrest untergebracht waren. Weitere Schulgebäude befanden sich in Fischenberg und Wambach. Die Gemeinde unterhielt auch Feuerspritzenremisen in jedem Ortsteil. 1962 wurde in Wies ein neues Schulgebäude errichtet. Im Gemeindebesitz waren im Jahre 1993 ca. 53 ha Wald und 50 ha Wiesen. Zu den gemeindeeigenen Gebäuden gehören der Weideschuppen, der im Sommer zu Veranstaltungen genutzt wird, das Dorfgemeinschafts-, das Feuerwehrhaus, das Milchhäusle und die Leichenhalle.

Gemeindeverwaltung. – Neben dem Bürgermeister, 6 Gemeinderäten, 7 Mitgliedern des kleinen und 24 des großen Bürgerausschusses bestand im 19. Jh. bis in die 1920er Jahre die Gemeindeverwaltung aus ca. 45 teils ehrenamtlichen, teils besoldeten Mitarbeitern in der für jene Zeit üblichen Zusammensetzung wie Ratschreiber, Gemeinderechner, Polizeidiener, Feldhüter und Straßenwarte, Fleischbeschauer, Hebamme u. a. Seit der Eingliederung in den Verwaltungsverband, der den überwiegenden Teil der Verwaltungsaufgaben übernahm, hat die Gemeinde nur noch den ehrenamtlichen Bürgermeister und eine halbtags angestellte Schreibkraft. Die 8 Gemeinderäte sind parteilos. – Außer einer Poststelle besitzt die Gemeinde Wies 2 Forstreviere, die zu den Forstämtern Kandern bzw. Schopfheim gehören.

Versorgungs- und Entsorgungseinrichtungen. – Die Tradition der *Freiwilligen Feuerwehr* geht in der Gemeinde Wies auf das Jahr 1878 zurück. Zu diesem Zeitpunkt besaßen der Ortsteil Wies bereits eine Fahrspritze, Wambach und Fischenberg eine Handspritze, die übrigen Ortsteile einfache Feuerlöschgerätschaften. 1987 bestand die Freiwillige Feuerwehr aus 32 zu einem Löschzug zusammengefaßten Aktiven.
Die 1909 mit einer Schweizer Firma geführten Verhandlungen über den Bau eines *Elektrizitätswerkes* scheiterten an den zu hohen Kosten. Seit 1921 erfolgt die Stromversorgung durch das Kraftwerk Köhlgartenwiese an die einzelnen Haushalte. – Die Herstellung und Erhaltung von Brunnen lag bis zum Bau der modernen *Wasserversorgung* in privaten Händen. 1909 wurde eine Wasserleitung in Wambach für das Schulhaus und einige Privathäuser gelegt. Die moderne Wasserversorgung setzte 1970 ein. Für die *Abwasserbeseitigung* wurde mit einer Teilkanalisation in den 1960er Jahren begonnen. 1993 waren der Hauptort, die Feriensiedlung und Teile von Stockmatt an eine Kanalisation angeschlossen, die zur Gemeindekläranlage führt. – Der *Müll* wird durch eine private Firma abgeholt und auf der Mülldeponie Scheinberg bei Wiesleт gelagert.

Demberg besitzt einen alten Friedhof, auf dem früher die Verstorbenen zumindest aus der Vogtei Weitenau beerdigt wurden. Der heutige gemeinsame Friedhof befindet sich in Wies.

In Wies praktiziert ein Allgemeinmediziner. Für die Versorgung im Krankenhausbereich sind Schopfheim, Lörrach und Freiburg zuständig. Die Gemeinde Wies gehört zur Sozialstation Kleines Wiesental, die von der ev. Kirche getragen wird. **Schule, Kirche und Vereine.** – Für den in Wies, Fischenberg und Wambach stattfindenden Schulunterricht standen 1852 3 Hauptlehrer und 1 Unterlehrer zur Verfügung. Trotz sinkender Schülerzahl (1852: 233; 1909: 176; 1913: 163) blieb die Zahl der Lehrkräfte bis zum 1. Weltkrieg unverändert. Nach der Bildung des Verwaltungsverbandes übernahm dieser die Aufgabe des Trägers der Nachbarschaftsschule. Die Grund- und die Hauptschule wurden nach Tegernau verlegt. Weiterführende Schulen sind die Realschule in Steinen sowie das Gymnasium und die gewerblichen Berufsschulen in Schopfheim. – Wies besitzt eine Spielstube, deren Träger die ev. Kirchengemeinde ist. Die politische Gemeinde stellt die Räume zur Verfügung. – Wies bildet eine eigene ev. *Kirchengemeinde,* die dem Dekanat Schopfheim untersteht; die katholischen Einwohner sind nach Hausen eingepfarrt. – Das Vereinsleben in Wies beschränkt sich auf den Musik- und Gesangverein, einen Singkreis und den 1993 gegründeten Weideverein.

Strukturbild

Wies wurde Ende des 19. Jh. als eine der ärmsten Gemeinden des Amtsbezirks bezeichnet; Stockmatt galt als armer, Demberg, wo ausschließlich selbständige Bauern wohnten, als der wohlhabendere Ortsteil. Die Akten berichten, daß der Wohlstand wegen »Mißernten, Revolution, Neigung zum Müßiggang und Trunk, Bettelei und Unsittlichkeit« abgenommen habe. Das Armenaufkommen nahm noch bis zur Mitte der 1880er Jahre zu. Steigende Viehpreise um 1900 brachten wohl eine Verbesserung der allgemeinen Wirtschaftslage, konnten aber die Abwanderung in das Große Wiesental nicht verhindern. Da in Wies nicht genügend Heimarbeitsaufträge zu vergeben waren, auch keine nichtlandwirtschaftlichen Arbeitsstätten zur Verfügung standen, waren immer mehr Einwohner zum Auspendeln (1852 bereits 40 Personen) gezwungen. Mit der Rückläufigkeit der Landwirtschaft nach dem 2. Weltkrieg erhöhte sich die Zahl der Pendler, die im Raume Lörrach-Müllheim-Basel einen Arbeitsplatz fanden. Eine leicht positive Entwicklung erlebte lediglich der Fremdenverkehr. Ein Appartementhotel, ein Wanderheim sowie Ferienwohnungen bieten ca. 500 Betten an. Von den 5 Wirtschaften, die 1852 erwähnt wurden, sind heute nur noch die »Krone« und der »Löwen« vorhanden. Neuere Gründungen sind das »Wanderheim« und der »Bergkönig« bei Stockmatt. Sie haben allerdings ihre ursprüngliche Funktion der Übernachtungsmöglichkeit verloren und sind lediglich Speisegaststätten.

Die Aufgaben von Schulen und weiterbildenden Institutionen, sportliche und kulturelle Angebote sowie die Einkaufsmöglichkeiten sind nach Tegernau, Schopfheim und Lörrach verlagert. Recht gering sind die Steuereinnahmen, die im Jahre 1992 DM 506000, davon 10% Gewerbesteuer, betrugen. Dem Verwaltungshaushalt 1992 mit DM 1252000 stand ein Vermögenshaushalt von DM 861000 gegenüber. Der Schuldenstand pro Einwohner, im Jahre 1970 noch DM 504, beträgt seit 1980 Null, abgesehen von den anteiligen Verbandsschulden (273 DM/E.). Größere Investitionen der jüngsten Vergangenheit waren die Erweiterung des Feuerwehrgerätehauses und der Umbau der früheren Schule zum Dorfgemeinschaftshaus mit Rathaus, Spielstube, Veranstaltungssaal und kommunaler Schlachtstätte. Im »Gemarkungskonzept Wies« des Jahres 1993 sind die Grundsätze für die künftige Entwicklung genannt, darunter die weitere Förderung der Landwirtschaft, die Sanierung des Dorfzentrums und vorhandener

Bausubstanz sowie die Friedhofserweiterung, was durchweg im Rahmen des Flurneuordnungsverfahrens erfolgen soll.

C. Geschichte

Siedlung und Gemarkung. – Die 6 ehemaligen Dörfer, aus denen sich die ausgedehnte Gemarkung, deren Hauptort Wies im Tal der Köhlgartenwiese liegt, zusammensetzt, sind durchweg Rodungssiedlungen des Hochmittelalters und der frühen Neuzeit. Sie erscheinen teilweise erst spät in den schriftlichen Quellen. Älter als Wies, das 1258 als *Wise* erstmals urkundlich genannt wird, dürfte Demberg sein, das als einziger Ort der späteren Vogtei Wies eine Kirche hatte, allerdings in einen anderen Herrschaftszusammenhang gehörte. – Alte Häuserzahlen sind nicht bekannt. Noch um die Mitte des 19. Jh. trugen, allen Verfügungen zum Trotz, die meisten Häuser Strohdächer, weshalb ständig Brandgefahr drohte. Mindestens zwei Großfeuer, 1762 und 1893, sind bezeugt.

Herrschaft und Staat. – Der größte Teil der heutigen Gemeinde Wies gehörte schon früh zum *Dinghof Tegernau* und unterstand später der gleichnamigen Vogtei. Demberg, das Bestandteil der Vogtei Weitenau war, und Wambach, das zu Vogelbach gehörte, kamen erst Ende 1800 zur damals neugebildeten *Vogtei Wies*.

Im 13. und 14. Jh. nannte sich eine niederadelige Familie nach Wies. Ihre *Burg* stand über dem Tal zwischen Wies und Wambach, von ihr zeugt nur noch der Flurname *Burgacker*. Die Angehörigen des Geschlechtes lassen sich zwischen 1258 und 1370/91 nachweisen; es ist offenbar mit dem Stadtschreiber zu Rheinfelden, Jost von Wies, in männlicher Abfolge erloschen. Die Familie zählte zunächst zu den Gefolgsleuten der Herren von Rotenberg und scheint sich nach dem Erlöschen des röttelnschen Hauses in und bei Rheinfelden niedergelassen zu haben, wo auch Güter erworben wurden. Ihre Erben könnten die Herren von Beuggen gewesen sein.

Grundherrschaft und Grundbesitz. – Der Großteil des örtlichen Grundbesitzes war in Händen der Familie von Rotenberg und des örtlichen Adels. Über Adelheid von Rotenberg gelangte 1278 ein Gut an Kloster St. Blasien, jedoch mit der Auflage, es den umwohnenden Adelsfamilien wieder zu überlassen. Die Markgrafen von Hachberg scheinen zunächst lediglich über Einkünfte verfügt zu haben. Erst als 1400 Henman von Beuggen seinen Besitz zu Wies und Umgebung dem Markgrafen als Entschädigung für Güter überlassen mußte, die er dem Deutschordenshause Beuggen gegeben hatte, ist von nennenswertem Grundbesitz zu reden. Dieser umfaßte 1792 10 Lehen, nämlich 8 Güter, die Mühle und die Tafern, mit allerdings nur 35 J (ca. 10 ha) Liegenschaften. Leheninhaber waren die Herren von Roggenbach, die sie über ihren Schopfheimer Schaffner verwalten ließen. Bedeutender war der herrschaftliche Waldbesitz. Über die Markgrafen ist wohl auch die St. Erhartspfründe auf Rötteln zu den Abgaben gekommen, die sie aus der sogenannten Hochmatt bezogen und die 1757 abgelöst wurden. Im gleichen Jahr lösten auch die Besitzer des Hofes, aus dem die Kirche in Tegernau bisher einen Zins bezogen hatte, diesen ab.

Gemeinde. – Verwaltungssitz für die Gemeinde war bis Ende 1800 Tegernau, wohin auch die Jahrsteuer zu entrichten war. Vor Ort besorgte ein Stabhalter die Geschäfte, unterstützt von einem Geschworenen und mehreren Richtern. Ende des 18. Jh. betrug die durchschnittliche Amtszeit des Stabhalters drei Jahre. Um 1738 besoldete die Gemeinde einen Feldbannwart und unterhielt einen Dorfwächter. Spätestens seit der 2. Hälfte des 18. Jh. ist ein Waisenrichter bezeugt.

Zum *Besitz der Gemeinde* zählte vor allem Wald. Spätestens seit dem Beginn des 18. Jh. häuften sich deswegen die Auseinandersetzungen mit der Obrigkeit, wobei es vor allem um den »Eselsbronnen« ging, den die röttelnschen Forstleute seit 1715 als herrschaftliches Eigentum ansprachen. Aus diesem Wald bezog damals jeder Bürger jährlich 4 Klafter Brennholz und das benötigte Bauholz; Hintersassen erhielten 2 Klafter. Seit 1736 mußten sie dieses allerdings bezahlen, ebenso wie die Bürger, die ihre Güter übergeben hatten. Erst 1790 ist ein vorläufiges Ende der Streitigkeiten auszumachen: die Gemeinde erhielt von der Herrschaft 670½ J Wald (186 ha) und trat dieser dafür 121 J (34 ha) ab. Zusätzlich übernahm es die Obrigkeit, dem Pfarrer sein Besoldungsholz zu entrichten. Alte Weide-, Äckerich- und Beholzungsrechte bestanden auf dem Dinkelberg, im »Schuckholz«, worüber es im 17. und 18. Jh. verschiedentlich zu Auseinandersetzungen gekommen ist.

Kirche und Schule. – Wies und die zugehörigen Orte, ausgenommen Demberg und Wambach, die bis zur Reformation Weitenau bzw. Kaltenbach unterstanden hatten, waren Filialen der Pfarrkirche Tegernau, die Toten wurden jedoch auf dem Demberger Friedhof begraben. Im 18. Jh. pflegte der Tegernauer Pfarrer vierzehntägig in Wies zu predigen, weshalb die Einwohner seit 1761 auf die Errichtung einer eigenen Pfarrei drängten. Das Projekt verzögerte sich lediglich infolge des Widerstandes der Einwohner von Demberg, die auf ihre Kirche nicht verzichten wollten. Dennoch wurde 1774 die Verlegung der Kirche nach Wies verfügt. Die 1775 nach Plänen des Landesbaumeisters Meerwein errichtete Kirche konnte 1777 eingeweiht werden, 1779 erfolgte die offizielle Erhebung von Wies zum Pfarrort, dem im gleichen Jahr auch Wambach zugeteilt wurde. Zur Besoldung des Pfarrers, welche die Geistliche Verwaltung Rötteln zu entrichten hatte, gehörten neben Getreide, Wein und freier Wohnung Anteile am Kleinzehnten, ein Dehmenrecht für 2 Schweine und die Nutzung eines Gartens sowie von 2½ Mg Land. Die nicht allzu reichliche Dotierung (208 fl) sowie Lage und Klima des Ortes sorgten dafür, daß die Verleihung dieser Pfarrei noch lange als Strafversetzung empfunden wurde. Sämtliche *Zehnten* bezog die Pfarrei Tegernau. – Tegernau war Schulort, bis Wies 1706 eine eigene *Nebenschule* erhielt, in der auch die Kinder aus Demberg, Fischenberg und Kühlenbronn unterrichtet wurden. Der Lehrer hatte zugleich Mesnerdienste zu verrichten, am Sonntag die Kinderlehre und wöchentlich je eine Betstunde in Wies und Demberg zu halten. Dafür bezog er die Sigristenabgaben – von jeder Haushaltung 6 Becher Roggen –, gewisse Akzidentien und von jedem Schulkind 6 d wöchentlich. Das schon 1763 geplante, wegen der Armut der Gemeinde aber erst 1779 erbaute Schulhaus wurde 1780/81 dem Pfarrer zur Verfügung gestellt und durch einen Neubau ersetzt, der bis 1851 als Schul- und Rathaus gedient hat.

Bevölkerung und Wirtschaft. – Im frühen 15. Jh. findet sich hier noch ein Eigenmann des Basler Hochstiftes, der zu den Urteilsprechern in Tegernau zählte. – Den Bürgerzahlen des 18. Jh. zufolge muß der Hauptort zwischen 250 und 300 Einwohner gehabt haben (1763: 287), wobei er sich deutlich von den Nebenorten unterschied. Er hat auch in der Folge am stärksten zugenommen (1844: 590), obwohl die Lebensumstände äußerst ärmlich waren. Im 18. Jh. wohnten nicht selten 2 bis 3 Haushaltungen in einem Haus, teils sogar in einer Stube. Eine Ursache war, daß der Gemeinde von den Behörden immer wieder arme Leute zugeteilt worden waren, was gegen 1778 auf Bitten der Ortsoberen abgestellt wurde. – Pflege und Versorgung kranker Einwohner besorgte neben der Hebamme, die auch für Fischenberg und Kühlenbronn zuständig war und von jeder Ehe ein Wartgeld von 3 x bezog, Ende des 18. Jh. der Tegernauer Chirurg. In Wies selbst unterstützte ihn ein Einwohner, der das Aderlassen, Schröpfen und Barbieren besorgte.

Die *Wirtschaftsfläche* des ausgehenden 18. Jh. bestand aus 400 J Matten und 200 J Acker. Angebaut wurden überwiegend Roggen und Hafer sowie etwas Dinkel, auch die Kartoffel hatte sich bereits durchgesetzt. Die Matten dienten überwiegend als Schafweide, die 1781 jedoch abgestellt werden sollte. Mit der Einführung der Stallfütterung war 1778 auch die Nachtweide verboten worden; trotz aller Strafen blieb sie aber noch weiterhin üblich. Man hatte bereits mit dem Anbau von Futterkräutern begonnen, was die Klagen über Wildschäden in den Kleeäckern unterstreichen. Ende des Jahrhunderts wurden auch vermehrt Waldstücke ausgerodet und zu Matten gemacht. Der Ort verfügte zwar über genügend gut gewässerte Wiesen und Weiden, diese waren jedoch im 18. Jh. überwiegend in Händen von Einmärkern. – Über den *Viehstand* ist wenig zu ermitteln. Den Zahlen des 19. Jh. zufolge muß vor allem die Haltung von Rindvieh verbreitet gewesen sein. Schweine hielt man offenbar nur zum Hausgebrauch. Neben Schafhaltung sind auch Pferde bezeugt, 1778 insgesamt 33. Deren Zahl wurde damals als zu hoch empfunden und sollte eingeschränkt werden. – Eine *Mühle* bestand vor 1540 und wurde später wieder errichtet. Sie verfügte 1758 über 2 Mahlgänge und einen Gerbgang sowie eine Rendel.

Es gab außer der Waldwirtschaft wenig *Verdienstmöglichkeiten*. Eine Anzahl von Einwohnern transportierte regelmäßig Holzkohle zu den nahen Eisenhütten, was ungern gesehen wurde, da die Folgen Wirtshausbesuche und Vernachlässigung der Güter waren. Unter den Handwerkern werden Nagler, Köhler, Glasbläser, 1792 auch je ein Wagner und Dreher genannt. Um 1715/16 und wieder um 1770 waren zwar Versuche gemacht worden, eine Bleigrube auszubeuten, sie blieben so erfolglos wie die 1814/15 nochmals unternommenen Grabungen nach Silber und Blei. Erst die Baumwollmanufaktur, für die 1778 die Handelsleute Hofer, Dollfus und Comp. aus Mühlhausen privilegiert wurden, brachte vorübergehend zusätzliche Verdienstmöglichkeiten in den Ort. Die Spinnerei-Weberei bestand noch 1786 und ist wohl ein Opfer der bald einsetzenden Kriegszeiten geworden. Armut und Lebenswandel der Einwohner und das Problem, diese zu ändern, haben noch im 19. Jh. die Regierung beschäftigt.

Demberg. – Das 1157 als *Tenniberc* erstmals urkundlich bezeugte Dörflein gehörte urspünglich zu Weitenau und damit zur Herrschaft der Herren von Wart. Kl. Weitenau war denn auch der größte Grundbesitzer am Ort (1344: 7 Lehen, die von einem örtlichen Schaffner verwaltet wurden), bis in der Reformationszeit der Markgraf den Kirchenbesitz einzog und künftig selbst verlieh. Diese Besitzungen, 1573 2 Höfe mit zusammen etwa 24 J (6½ ha), waren seither der Vogtei Tegernau unterstellt.

Bis 1789 gehörte Demberg zur *Vogtei Weitenau*. Der örtliche Geschworene, der die Gemeindeeinkünfte verwaltete, hatte dort alle 6 Jahre abzurechnen. Der Gemeindebesitz bestand aus zerstreut gelegenen Brach- und Bergfeldern, die 1777 unter die Bürger verteilt wurden. Ferner besaß die Gemeinde ein Hirtenhaus. Zu ihren geringen Einnahmen zählten die Bürgerannahmegelder, die bis 1776 10 fl betrugen, dann auf die Hälfte ermäßigt wurden. Damals wurden auch die anläßlich der Annahme eines Neubürgers üblichen Zehrungen verboten. Ein solcher mußte 1781 ein Vermögen von 200 fl nachweisen.

Die *Kirche* zum hl. Florian, der 1573 bezeugt ist, gehörte 1157 dem Kloster St. Blasien bzw. dessen Zelle Weitenau. Damals und in den Besitzbestätigungen des 12. Jh. wird sie unter den Pfarrkirchen aufgeführt. In der Reformationszeit hatte sie allerdings keinen eigenen Pfarrer mehr, sondern wurde von Weitenau aus versorgt. Der dortige Priester las alle 14 Tage und an der Kirchweih eine Messe in Demberg, bei welchen Gelegenheiten er und sein Pferd vom Inhaber des Kirchengütleins verpflegt wurden. Dieser hatte auch für die Glockenseile zu sorgen, wofür ihm die Nutzung des sogenannten Kirchmättleins zustand. Ein zehntfreies Hanfbündlein hatte er als Erblehen inne. Noch 1558 verfügte St. Blasien über Kirche und Kirchenbesitz. Dann unterstellte der Markgraf die Kirche der Pfarrei Tegernau. Das Kloster blieb allerdings im Besitz sämtlicher Zehnten, von denen der Kleine Zehnt dem Pfarrer in Weitenau überlassen war, der noch 1803 auch Kommunionweingebühren bezog, obwohl er keinerlei Pflichten in Demberg mehr hatte.

Im 18. Jh. mehrten sich die Beschwerden über mangelhafte Versehung der Gemeinde; 1760 klagte man darüber, daß der Pfarrer seine Pflichten immer mehr auf den Schulmeister übertrage. Man wünschte die Loslösung von Tegernau und die Erhebung zur Pfarrei. Die Regierung favorisierte jedoch den Standort Wies, was sie mit der »unbrauchbaren« Kirche in Demberg begründete. Das auf einer Anhöhe gelegene Kirchlein war 1712 und 1727 repariert worden, 1771 waren Dach und Glockenstuhl erneut schadhaft. Trotz verschiedener Eingaben der Gemeinde bestand die Regierung 1775 auf dem Abbruch des Gebäudes, auch der Friedhof mußte aus dem Ort verlegt werden. Lediglich das Glöcklein durfte die Gemeinde behalten. – Bereits Ende des 17. Jh. wurden die Demberger Kinder in Wies unterrichtet. Der *Schulmeister* hatte jedoch in Demberg wöchentlich eine Betstunde und sonntags die Kinderlehre zu halten.

Die Einwohner (1763: 102) scheinen überwiegend von der Viehzucht gelebt zu haben, worauf schon die Fleischabgaben hinweisen, die St. Blasien aus dem Ort bezog. Die guten Wiesen und Weiden werden 1770 hervorgehoben. Die Hebamme bezog ein Wartgeld von 8 Rappen.

Fischenberg. – Das etwas abseits der Hauptverkehrswege gelegene Dörflein hat sich aus einem großen Hof heraus entwickelt. Er wird 1564 als *Vischenberg* erstmals urkundlich genannt und hatte sich bis 1762 in Ober- und Unterfischenberg geteilt, wobei jeder Teil seinen eigenen Wald und seine eigenen Bergfelder hatte. Beide Ortsteile galten, obwohl sie längst weilerartigen Charakter angenommen hatten (Unterfischenberg hatte 1792 12 Besitzer, Oberfischenberg 5), als jeweils eine Tragerei. Jedes Haus hatte seinen eigenen Brunnen.

Der Ort gehörte zur *Vogtei Tegernau*. Über den gesamten Grundbesitz (1685: 3 Höfe) verfügte der Markgraf, Leheninhaber waren noch 1792 die Herren von Roggenbach. – Die *Gemeindeverwaltung* besorgte unter der Aufsicht des Tegernauer Vogtes ein Gerichtsmann. Der Umfang ihres Besitzes, Wald und Bergfelder, ist noch unbekannt.

Die Einwohner (1738: 12 Haushaltungen, 1763: 90 Personen) unterstanden bis zur Errichtung der Pfarrei Wies der Pfarrei Tegernau, begruben ihre Toten jedoch auf dem Demberger Friedhof. Ihre Akzidentien und Sigristenabgaben leisteten sie gemeinsam mit Kühlenbronn. Die Pfarrei Tegernau bezog auch alle Zehnten (abgelöst 1839/40). – Die Schulkinder wurden zunächst in Wies unterrichtet. Kurz vor 1740 leistete sich der Ort einen eigenen Schulmeister (Winterschule) und ließ 1755 ein *Schulhaus* erbauen. Allerdings mußten noch bis 1757 Schulgeld und Zehnten nach Wies entrichtet werden. Ende des 18. Jh. wurden Sommerroggen, Hafer und Gerste, daneben Saubohnen und Kartoffeln angebaut. Dem Obstbau war die Lage des Ortes nicht günstig. Es wurde viel Vieh gehalten, zumal die Matten gutes Futter ergaben. Es wurde auch etwas Waldwirtschaft getrieben. Eine *Mühle* (Sägmühle ?) scheint bereits 1572 bestanden zu haben, sie wurde um 1700 aufgegeben. Erst 1738 erhielt ein Einwohner erneut die Konzession für eine Mahlmühle, die aber nur über einen Gang verfügte.

Kühlenbronn. – Dieses Hofgut erscheint 1428 als *Kürenbrunnen*, 1564 als *Küelenbrunn* in den Urkunden. Spätestens im 16. Jh. unterstand es der Vogtei Tegernau, wohin die Einwohner (1763: 31) auch kirchhörig waren. Der Tegernauer Pfarrer bezog alle wesentlichen Zehnteinkünfte. Die Schulkinder wurden in Wies unterrichtet. Auf der Gemarkung von Fischenberg entstand später der nach seinen Besitzern benannte *Ritterhof*, der sich seit 1775 nachweisen läßt.

Der Grundbesitz, 1660 zwei Höfe, der obere und der untere Hof, die im gleichen Jahr zu Erblehen verkauft wurden, gehörte dem Markgrafen, der sie an die Herren von Roggenbach verlieh. Bis 1774 weiter geteilt, umfaßten die damals 3 Höfe 167½ J (46 ha) und zinsten teils an die Geistliche Verwaltung, teils den Herren von Roggenbach. Der Roggenbachische Bodenzinsanteil wurde 1844 abgelöst. Zu den Höfen gehörte 1663 auch eine Sägmühle.

Stockmatt. – Das Gewann, auf dem dieser Weiler (1763: 24 Einwohner) wohl spätestens Ende des 17. Jh. entstand, wird 1345 als *im Stückli* erwähnt. Er gehörte zur Vogtei und Kirche Tegernau, die Kinder wurden in Wies unterrichtet.

Wambach. – Dieses 1352 als *Wandbach* erstmals urkundlich bezeugte Dörflein war Bestandteil der Vogtei Vogelbach und wurde erst 1800 der neuerrichteten Vogtei Wies zugeteilt. Die im 16. Jh. erwähnten Einkünfte der Kaltenbacher Kirche sprechen dafür, daß es ursprünglich deren Filial gewesen ist. Später war Wambach jedoch Filiale von Vogelbach. Mit der Erhebung von Wies zur Pfarrei wurde Wambach 1779 dieser unterstellt. Der Grundbesitz scheint neben den Einwohnern überwiegend dem Markgrafen gehört zu haben, er vermehrte ihn im 18. Jh. durch Waldankäufe von Privaten. – Die Gemeinde verwalteten Vogt, Stabhalter und ein Geschworener. Als Bestandteil der Vogtei Vogelbach hatte sie Fuhrfronen zur Sausenburg zu leisten. Spätestens 1748 besoldete sie einen Winterschulmeister, ein *Schulhaus* konnte sie jedoch erst 1834/40 erbauen.

Ihren wesentlichen *Lebensunterhalt* scheinen die Einwohner (1747: 11 Bürger, also ca. 60 bis 70 Personen, 1788: 16 Haushaltungen) aus der Viehwirtschaft bezogen zu haben. Dafür sprechen auch die im 18. Jh. zu Wiesen gemachten Felder und ausgestockten Wälder (Anfang des 18. Jh. 5½ J Matten und ½ J Acker). Eine *Mühle* gab es bereits 1352, sie scheint aber abgegangen zu sein. Eine neue Konzession für eine Mühle wurde 1747 erteilt, diese verfügte über einen Gang und wurde 1752 erweitert.

Quellen und Literatur

Quellen gedr.: UB Basel 3 Nr. 119, 138, 275, 289, 366. – RMB 1 Nr. h 681, 686, 854–55. – ZGO 2 (1851) S. 197, 495–499; 29 (1877) S. 185–187, 249–253; 30 (1878) S. 232, 241.
Quellen ungedr.: GLA H/Wies 1–12; 11/K. 218, 258, 302, 402, 482; 18/K. 22, 32; 21/K. 41, 375, 391, 465a; 66/7218, 7757, 8485; 70/vgl. ZR; 120/1203; 229/19824, 23979, 34129, 34147, 42867, 83924, 87117a, 88486, 94444, 94492/93, 104587, 104595, 104603/4, 104609, 104626, 104629, 104637, 104653, 104656, 112639, **113706–99**; 375 (1896, 21) 30, (1907,97) 547–67, (1924, 2) 343–54, 740–57, (1932, 11) 431–48, (1936, 12) 179–84; 391/14502, 23452, 38389, **41890–900**. – GA Wies. – PfA Wies (Übers.in ZGO 51 ⟨1897⟩ S. m56).
Literatur: *Berg*, Thorald vom, Die Gemeinde Wies im kleinen Wiesental. Die Wirtschaftsstruktur und der soziale Wandel. Eine empirische Untersuchung. Ex. Arb. Geogr. Inst. II d. Univ. Freiburg 1973.
Erstnennung 1258 (GLA 11/K. 218).
Demberg: WUB 2, 111 (1157). – GLA 11/K. 202; 66/7247, 7545, 8486; 229/24696, 83924, 90686, 104633, 104638, 104652, 104655/56, 112653, 113718, 113721, 113732, 113734, 113740/41, 113746, 113750, 113764/65; 375 (1896, 21) 360, 366, (1907, 97) 547a, 558, (1924, 2) 352; 391/40022. – WUB 2, 111, 172, 195.

Fischenberg: GLA 66/7545 (1564). – 21/K.134; 66/7545, 7757, 8485; 229/73418, 94444, 94492/93, 104587, 104626, 104656, 113712, 113724, 113741, 113748, 113757–60; 375 (1896, 21) 365, (1907, 97) 561, (1924, 2) 354; 391/41893.

Kühlenbronn: GLA 21/K. 279 (1428). – 66/7545, 7757, 8485; 72/v.Roggenbach; 229/94492/93, 104587, 104597, 104599, 104626, 104656, 113736, 113741, 113748; 375 (1896, 21) 367, (1907, 97) 561; 391/41891, 41896.

Stockmatt: GLA 229/113706, 113720, 113729, 113741; 375 (1907, 97) 561.

Wambach: RMB 1 Nr. h638 (1352). – GLA 21/K. 314, 448; 66/9237–38; 229/31861, 94444, 113708, 113728, 113738, 113754, 113761; 375 (1896, 21) 83, (1907, 97) 564/65, (1924, 2) 351, 353/54; 391/40901–2, 41894, 41900, 42843. – RMB 1, Nr. h 638.

Wieslet

640 ha Gemeindegebiet, 481 Einwohner (31.12.1990, 1987: 506)

Wappen: In Silber (Weiß) ein aus dem unteren Schildrand wachsender roter Hirschkopf im Visier mit zwölfendigem Geweih, zwischen den Stangen schwebend ein geteiltes Schildchen, worin oben in Gold (Gelb) ein wachsender roter Löwe, unten in Silber (Weiß) zwei blaue Wellenbalken.

Der Hirschkopf erinnert an die sanktblasianische Tradition, das kleine Wappenschild an die Herren von Rotenberg, eine Nebenlinie der Herren von Rötteln, deren Burg sich auf der Gemarkung befindet. Das Wappen wird seit 1902 auf Vorschlag des badischen Generallandesarchivs geführt.

Gemarkung: Wieslet (640 ha, 506 E.) mit Wieslet, Eichholz und Henschenberg.

A. Naturraum und Siedlung

Natürliche Grundlagen. – Das Gemeindegebiet von Wieslet, zu dem neben dem namengebenden Ort Wieslet auch der Ortsteil Eichholz-Henschenberg gehört, erstreckt sich über eine Fläche von 640 ha vom südlichen Grundgebirgsschwarzwald über die Schlächtenhaus-Weitenauer Senke bis zu den Buntsandsteinplatten der Weitenauer Vorbergzone.

Mit dem Ortsteil Eichholz hat das Gemeindegebiet noch Anteil am Südteil der Kleinwiesentäler Mulde. Das Gemeindeareal umfaßt hier die Höhenbereiche westlich des Kleinen Wiesentals, wobei die Gemeindegrenze weitgehend der Oberkante des tiefeingeschnittenen Tales der Kleinen Wiese folgt. Den vorherrschenden Gesteinsuntergrund bildet der *Malsburggranit*, der ein unruhiges, kuppiges Relief abgibt, das rund um Eichholz eine Höhenlage von 640 m erreicht, ganz im N, am Nollen, jedoch bis auf 741 m ansteigt. Während die nördlichen Höhenzüge, aber auch der südliche Abbruchrand des Schwarzwaldes dicht bewaldet sind, liegen die Orte Eichholz und Henschenberg in weiten Rodungsinseln. Unmittelbar nördlich von Wieslet greift das Gemeindegebiet nach O über das *Tal der Kleinen Wiese* aus. Somit hat die Gemeinde ein kurzes Stück Anteil am engen, auf beiden Seiten von steilen, hoch hinaufziehenden Bergflanken begrenzten Tallauf, der sich nach S zu jedoch rasch trichterförmig weitet. Während Wieslet sich auf einer Höhe von 387 m ü.d.M. befindet, steigen die westlichen und östlichen Höhen auf 599 m (Silbereck) und 620 m (Rotenburg) an, wobei die Hänge überwiegend mit dichtem Laubmischwald bedeckt sind.

Nach S zu brechen diese Grundgebirgshöhen mit einer im Gelände ganz augenfälligen Stufe zum Vorland hin ab. Sie zeichnet jene von Kandern bis Hausen reichende Verwerfungslinie nach, an der der kristalline Grundgebirgsschild herausgehoben wurde. Die Stufenstirn ist durch zahlreiche, kurze, aber tiefeingeschnittene Bachläufe zerfurcht, die ein beredtes Zeugnis für den relativ jungen Hebungsprozeß des Grundgebirges mit einem noch stark unausgeglichenen Abflußnetz darstellen. Die Bruchtektonik hat aber gerade um Wieslet auch zu einer teilweise engen Verzahnung von Grund- und Deckgebirge geführt. Während Wieslet und Eichholz noch zum Bereich des Grundgebirgsschwarzwaldes gehören, erstreckt sich in unmittelbarer Nähe des Ortskernes und in nahezu gleicher Höhenlage ein schmales Band von Unterrotliegendem, das seine südliche Fortsetzung in den Sockelflächen des Weitenauer Vorlandes hat. Neben der großen ostwestgerichteten Bruchstufe zeigen sich damit auch erhebliche Verstellungen in nordsüdlicher Richtung.

Südlich von Wieslet ändert sich der Landschaftscharakter völlig. Das Tal mündet in eine weite Mulde mit sanften Hängen, Wiesen, Weiden, landwirtschaftlichen Nutzflächen und Obstbaumanlagen. Der Wald tritt zurück und beschränkt sich auf die im S angrenzenden Berge. Es handelt sich dabei um einen Teil der ostwestgerichteten *Schlächtenhaus-Weitenauer Senke*, die einen Übergangsraum zwischen dem Grundgebirgsschwarzwald und den südlich anschließenden Weitenauer Vorbergen darstellt. Mächtige Folgen aus roten, wenig erosionsbeständigen Tonen des mittleren und oberen Oberrotliegenden bauen die Senkenzone auf. Das Material konnte leicht abgetragen werden, wozu wahrscheinlich pleistozäne Schmelzwässer einen wesentlichen Beitrag leisteten. Der östliche Teil der Senke wird im Gemeindegebiet von der Kleinen Wiese durchflossen, die hier, durch die Flachlage plötzlich abgebremst, ursprünglich stark zur Verwilderung neigte. Im westlichen Gemeindeteil herrschen daher Wiesenflächen vor, während in den etwas höheren Bereichen des östlichen Senkenabschnitts neben Weideflächen auch Ackerparzellen anzutreffen sind.

Mit dem 534 m hohen Wirtenberg im äußersten südwestlichen Zipfel hat das Gemeindegebiet schließlich Anteil an den *Weitenauer Buntsandsteinbergen*. Wie beim unmittelbar südlich angrenzenden, aber bereits außerhalb der Gemeindegrenzen liegenden Scheinberg wird der weich abfallende Sockel des Wirtenbergs aus sandigen Gesteinen des oberen Rotliegenden aufgebaut, dem widerstandsfähigere Schichten des unteren und mittleren Buntsandsteins aufliegen. Vor allem die harten Konglomerate des mittleren Buntsandsteins bilden den eigentlichen Steilanstieg, wie er deutlich an der Nordflanke des Wirtenbergs ausgeprägt ist. Bedingt durch die Steilheit der Hänge, aber auch aufgrund der sterilen, stark wasserdurchlässigen Sandsteine ist der Wirtenberg mit dichtem Mischwaldkleid bedeckt und damit in dieser Hinsicht ebenfalls ein typischer Vertreter des Weitenauer Berglandes.

Siedlungsbild. – Am Schnittpunkt zweier unterschiedlicher Naturräume gelegen, ist das Dorf Wieslet von der Anlage her ein Haufendorf, das sich nahezu halbkreisförmig um die Kirche beiderseits der Kleinen Wiese aufspannt. Weithin bäuerlich geprägt, macht sich in den letzten Jahren eine zunehmende Neubautätigkeit bemerkbar.

Die Grundrißanlage folgt der natürlichen Leitlinie der Kleinen Wiese mit beidseitigen parallel laufenden Straßenzügen und einer Siedlungsverdichtung im *Ortskern* um die Kirche. Gepflegte und z. T. sorgfältig sanierte Häuser charakterisieren die Gesamtanlage, wobei die bäuerlichen Anwesen dem Typ des alemannischen Eindachhofes angehören oder als Mehrseithöfe angelegt sind. Zentrum des Ortes bildet der Bereich um die Brücke. Die Kirche steht westlich dieses wichtigen Überganges, während das traditionsreiche Gasthaus »Sonne« die gegenüberliegende Seite einnimmt. Zwei weitere, z. T. ebenfalls ältere Gasthäuser stehen als zusätzliche Restaurationseinrichtungen zur Verfügung. Auch die wenigen Geschäfte konzentrieren sich auf den Ortskern. So befinden sich neben der Kirche ein Friseur, ein Floristikgeschäft und eine Metzgerei. Die Versorgung des Ortes wird abgerundet durch einen Getränkemarkt, eine Getreidemühle, ein Baugeschäft, eine Zimmerei und zwei Schreinereien. Ebenfalls im Bereich des Ortskerns befinden sich die Spielstube und die Grundschule, die Post und die Sparkasse. Ortskern und die Randbereiche sind durchsetzt mit modernen Ein- und Mehrfamilienhäusern, wodurch deutlich wird, daß der Einfluß der Verdichtungsachse des Unteren Wiesentals mit den Schwerpunkten Schopfheim und Lörrach bis hierher ausstrahlt. Moderne unkonventionelle architektonische Anlagen lockern das Ortsbild auf. Hinweise auf Gasthaus, Pension und Ferienwohnungen zeigen an, daß versucht wird, im Fremdenverkehr ein weiteres wirtschaftliches Standbein zu gewinnen. Östlich entlang der Kleinen Wiese verläuft die »Landstraße«, die am nördlichen Ortsausgang an dem langgestreckten Fabrikationsgebäude eines ehemaligen Textilunternehmens vorbeiführt.

In der Bündefeldstraße befindet sich ein neuerschlossenes Wohngebiet mit bungalowartigen Ein- und Zweifamilienhäusern sowie einzelnen Mehrfamilienhäusern. Rustikale Bretterzäune, holzverblendete Balkone und schmiedeeiserne Gitter charakterisieren das Erscheinungsbild der Siedlung. Bisweilen sind Findlinge in den Gärten aufgestellt.

Rund 1,5 km Luftlinie nordwestlich von Wieslet liegt in einer weiten Rodungsinsel der Weiler Eichholz. In lockerem Abstand reihen sich die Anwesen mit ihrer Längsfront entlang der einzigen Erschließungsachse auf, wobei vier der alten Eindachhöfe noch landwirtschaftlich genutzt werden. Die meisten der insgesamt 12 Gebäude sind zu reinen Wohnhäusern umgebaut worden, zu denen in den 1980er Jahren zwei Neubauten hinzukamen. Weiter südwestlich, bereits nahe am Abbruchrand des Grundgebirgsschwarzwaldes, folgt die Höfegruppe von Henschenberg. Neben dem Gasthaus und einem landwirtschaftlich ausgerichteten Anwesen besteht der Ortsteil lediglich noch aus drei Zweifamilienwohnhäusern.

Bemerkenswerte Bauwerke. – Die *ev. Kirche* in *Wieslet* steht seit der Mitte des 18. Jh., verdankt aber ihre äußere Gestalt und den barocken Charakter ihres Innenraums späteren Umbau- und Renovierungsarbeiten. In Nordsüdrichtung wurde 1757, wie auch die Jahreszahl über dem Hauptportal zeigt, der Rechteckbau mit Dreiachtelchor und Satteldach errichtet, das im Süden abgewalmt ist. Die Fenstergruppen an den Langhauswänden waren, mit Rücksicht auf die Emporen im Innenraum, ursprünglich nur zweigeschossig angelegt, die drei Seiten des Chores öffneten sich in hohen Korbbogenfenstern. Nachdem 1848 das Dach erneuert und dabei die Mauern höher gezogen wurden, kam die Reihe der Rundfenster, die auch den Chor umzieht, unter dem Dachansatz hinzu. Der viergeschossige, ebenfalls mit einem Satteldach in Langhausrichtung gedeckte und im Obergeschoß nach allen Seiten mit rundbogigen Klangarkaden versehene Turm steht vor der nördlichen Giebelwand und hat im Untergeschoß die Eingangshalle.

Während der umfassenden Instandsetzung 1979/82 wurden im *Innenraum* die Wandmalereien von Johann Jakob Stutz freigelegt, Ornamente um die Fenster und eine Kreuzigung an der Ostwand. Die Gipsputzdecke mit ihrem Stuckgesims blieb erhalten, die Farbgebung der Emporenbrüstung dem ursprünglichen Zustand angepaßt, Altar und Gestühl erneuert. Bei der Orgel über dem Eingang handelt es sich um ein Instrument der Firma Peter Vier, 1982 in den klassizistischen Prospekt von 1824 eingebaut, den Orgelbauer Martin für die Pfarrkirche von Hausen i.W. errichtet hatte.

B. Die Gemeinde im 19. Jahrhundert und in der Gegenwart

Bevölkerung

Bevölkerungsentwicklung. – Das Dorf zählte 1804 insgesamt 330 Einwohner, davon 75 in Eichholz. 1828, als die Kriegsnöte des Jahrhundertbeginns überwunden waren, betrug die Bevölkerungszahl in Wieslet 272, in Eichholz 93 und in der abgesonderten Gemarkung Henschenberg 18. Bis zum Anfang der 1870er Jahre vermehrte sich zumindest im Hauptort die Einwohnerschaft stetig (Gesamtzahl 1871: 523 E.). Obwohl in der Folgezeit mehrere junge Männer nach Nordamerika auswanderten, erreichte die Bevölkerungszahl in den 1890er Jahren ihren Höhepunkt (1895: 527 E.). Danach verlor die Gemeinde bis 1939 (418 E.) wohl durch Abwanderer in die Industrieorte mehr als ein Fünftel ihrer Einwohner. In den Kriegsjahren 1914 bis 1918 hatte die Gemeinde 12 und 1939 bis 1945 17 Gefallene zu beklagen. Während des 2. Weltkriegs wurden nach Wieslet zahlreiche Menschen aus den Grenzgebieten zu Frankreich (u. a. aus Eimeldingen, Haltingen, Kleinkems und Märkt) evakuiert. Nach Kriegsende bestand in Wieslet bis 1959 ein Flüchtlingslager, in dem zeitweise nahezu 300 Personen untergebracht waren.

Unter den 461 Einwohnern wurden 1950 auch 39 Vertriebene aus ehemals deutschen Ostgebieten gezählt. 1961 wohnten 38 Vertriebene und 31 SBZ-Flüchtlinge am Ort; sie machten zusammen 15,2 % der Bevölkerung aus. 1970 näherte sich die Bevölkerungszahl (506) wieder ihrem Stand vom Beginn des 20. Jahrhunderts. Seither schwankt sie zwischen 460 und 510 Einwohnern (1987: 506; Mitte 1993: 496). 1895 machten Personen nichtdeutscher Staatsangehörigkeit 4 % der Wiesleter Bevölkerung aus. In den folgenden Jahrzehnten verschwanden die Ausländer fast völlig und erreichten erst 1970 wieder 2,8 %. Seit den späten 1970er Jahren schwankt dieser Bevölkerungsanteil zwischen 1 und 2,5 % (1987: 2,4 %); es handelt sich hauptsächlich um Italiener.

Konfessionelle und soziale Gliederung. – Nachdem sich die badische Landesherrschaft 1556 zur Reformation bekannte, gehörten auch die Bewohner von Wieslet fast ausschließlich der lutherischen Konfessionsgemeinschaft an. Erst seit der Liberalisierung des Niederlassungsrechts in den 1860er Jahren findet sich in Wieslet eine nennenswerte Zahl von Andersgläubigen. 1905 machten die Angehörigen der röm.-kath. Kirche 6,5 % der Bevölkerung aus. Nach einem überproportionalen Rückgang um 1925 (2,1 %) stieg ihr Anteil nach 1945 durch Zuwanderer merklich an (1950: 4,8 %; 1970: 11,5 %; 1987: 14,6 %). Mitglieder sonstiger Religionsgemeinschaften und Konfessionslose machten 1970 2 % der Einwohnerschaft aus, 1987 schon 7,3 %.

Bis zur Mitte des 19. Jh. erbrachten vor allem Ackerbau und Viehzucht den *Lebensunterhalt der Bevölkerung*. Die Ausübung eines Handwerks oder häuslichen Gewerbes gewährte lediglich ein Zusatzeinkommen. Im Gegensatz zu den Verhältnissen in Eichholz und Henschenberg gefährdete aber im Hauptort Wieslet die Sitte der Realteilung bei zunehmendem Geburtenüberschuß die landwirtschaftliche Existenzgrundlage. Spätestens seit 1853 bezog ein erheblicher Teil der Wiesleter Einkommen aus Fabrikarbeit. 1895 lebte kaum mehr als die Hälfte der Bevölkerung hauptsächlich von der Landwirtschaft (50,7 %), 37,5 % von Industrie und Gewerbe, 5,8 % von Handel und Verkehr und 6 % von sonstiger Erwerbstätigkeit. Während seit den 1880er Jahren bis nach der Jahrhundertwende die einheimischen Betriebe reichlich Arbeitsmöglichkeiten boten, verschlechterte sich die Erwerbssituation nach dem 1. Weltkrieg spürbar. An dieser Strukturschwäche änderte sich während der Zeit des NS-Regimes nichts.

1950 beschäftigten Industrie und Gewerbe 18 Personen weniger als 1895 (92 Personen) und ernährten mit 28 % einen um 9,5 % geringeren Anteil an der Gesamtbevölkerung. Die Landwirtschaft, in der 1950 171 Personen arbeiteten (1895: 165), ernährte mit 47,5 % um 3,2 % weniger als vor der Jahrhundertwende. Während auch Handel und Verkehr zurückgegangen waren (Beschäftigte: 11; abhängige Personen: 19), hatten Dienstleistungen an Bedeutung gewonnen: die 25 in diesem Sektor Beschäftigten unterhielten 7,2 % der Bevölkerung. 13,2 % der Wiesleter lebten von Einkommen aus sonstiger Beschäftigung oder von Renten und öffentlicher Unterstützung.

Mit dem wirtschaftlichen Erstarken des Landes und dem folgenden Strukturwandel änderten sich die Verhältnisse auch in Wieslet entscheidend. 1987 bezogen nur noch 5% der Erwerbstätigen ihren Lebensunterhalt aus der Landwirtschaft, 63,2% erhielten ihr Auskommen aus dem produzierenden Gewerbe, 8,7% lebten von Handel und Verkehr, 22,7% hatten ihre Existenzgrundlage im Dienstleistungsbereich oder in sonstigen Berufen. 17,6% der Bevölkerung bezogen Renten, Pensionen oder Arbeitslosengeld. Erwerbstätig waren insgesamt 245 Personen (48,4% der Bevölkerung), darunter befanden sich 17 Selbständige und 6 unbezahlt mithelfende Familienangehörige.

Politisches Leben

Nachhaltige Wirkung auf das Verhalten der Wiesleter Bevölkerung hatten weder die Ereignisse um die Wende zum 19. Jh. noch der Durchzug revolutionärer Truppen im Jahre 1848. Zu keiner Zeit kam es zu Unruhen oder Widersetzlichkeiten gegen die Obrigkeit. Bei den *Reichstagswahlen* zwischen 1877 und 1890 erhielten die der großherzoglichen Regierung nahestehenden Nationalliberalen jeweils zwischen 98% und 100% der abgegebenen Stimmen. Nach Aufhebung des Sozialistengesetzes gewannen die Sozialdemokraten an Einfluß. 1903 erreichten sie einen Stimmenanteil von 17,4%, 1912 bereits von 39,6%. Nur vereinzelte Stimmen entfielen bei diesen Wahlen auf das Zentrum.

Die *Weimarer Zeit* über neigte zunächst die absolute Mehrheit der Wähler in Wieslet zur SPD (1919: 53,7%), während die liberal Gesinnten für die DDP (33,3%) votierten und die Nationalisten für die DNVP (13%). 1920 verschoben sich die Verhältnisse einerseits zugunsten der bürgerlichen Parteien, andererseits spaltete sich von der SPD ein radikaler Flügel ab. Immerhin behauptete die Linke bis 1930 einen Gesamtanteil von deutlich über 20%. Selbst 1932 blieben der SPD noch 5% und der KPD noch 8,8%. 1924 vereinigte der Badische Landbund 57,1% der Stimmen auf sich. Die NSDAP, die zuvor bedeutungslos war, erhielt 1930 35,7% und im November 1932 80,7%.

Nach 1945 kam das politische Leben nur zögernd wieder in Gang. Bei den Wahlen zum *Badischen Landtag* (1947) und zum *1. Deutschen Bundestag* gaben jeweils nur ein knappes Drittel der Wahlberechtigten ihre Stimme ab. 1952 beteiligten sich unter dem Eindruck der Eingliederung Badens in den Südweststaat sogar nur 18,5% an der Landtagswahl. Während an den folgenden Bundestagswahlen nur einmal (1961) weniger als 60% der Stimmberechtigten teilnahmen, blieb die Mobilisierung zu den Landtagswahlen immer unter diesem Wert. Von den Parteien konnten nur FDP, SPD und CDU regelmäßig nennenswerte Ergebnisse erzielen. Die anfänglich starke Position der Liberalen bröckelte über die Jahre hin ab. 1983 und 1987 (Bundestagswahl) sowie 1984 und 1988 (Landtagswahl) wurden sie von den Grünen mit 7–9% deutlich überrundet. Dieser Trend wurde nur bei der Bundestagswahl von 1990 (FDP: 7,7%; Grüne: 6,4%) durchbrochen. Schon zur Landtagswahl von 1992 war die vorherige Situation wieder hergestellt (FDP: 2,5%; Grüne: 9,6%). Mit Stimmenanteilen zwischen 10,3% (1953), 41,5% (1980) und 31,6% (1990) vermochte die SPD bei keiner Bundestagswahl die Mehrheit der Wähler für sich zu gewinnen. Bei Landtagswahlen dagegen lagen die Sozialdemokraten 1952 (40%), 1960 (36,5%), 1964 (39,1%) und 1992 (44,4%) an der Spitze. Bei den Bundestagswahlen verfehlte die CDU seit 1953 lediglich zweimal die absolute Mehrheit; seit 1972 (mit Ausnahme von 1992) erreichte sie dieses Ziel auch bei den Landtagswahlen. 1968 und 1969 hatte die sonst bedeutungslose NPD mit 28,2% (Landtagswahl) und 15,6% (Bundestagswahl) spektakuläre Erfolge.

Die Gemeinde im 19. Jahrhundert und in der Gegenwart

Wirtschaft und Verkehr

Land- und Forstwirtschaft. – Vor allem im Hauptort war die Landwirtschaft bis nach dem 2. Weltkrieg durch *Mischbetriebe* geprägt. Dementsprechend herrschte in der Viehzucht die Stallfütterung vor. *Rinder* wurden sowohl zur Fleisch- als auch zur Milcherzeugung gehalten. Der Bestand stieg in der 2. Hälfte des 19. Jh. stark an (1855: 308; 1880: 374) und erreichte 1913 mit 480 Stück seine Höchstzahl. Nach einem deutlichen Rückgang zwischen den beiden Weltkriegen wurden seit 1950 meist zwischen 410 und 430 Tiere (1988: 431) gezählt; der Anteil der Milchkühe ist rückläufig (1988: 140). Seither ist der Rinderbestand weiter zurückgegangen; er lag 1992 bei 339 Stück. – Der allgemeinen Tendenz entsprechend wurde auch in Wieslet in den drei Jahrzehnten vor dem 1. Weltkrieg die *Schweinehaltung* stark ausgeweitet; die damalige Stückzahl (1913: 215) wurde später nicht wieder erreicht. In den 1970er Jahren schwankte der Bestand wie 100 Jahre zuvor um 100 Stück, bis 1992 war er auf 22 gefallen. – 1855 wurden auf der Gesamtgemarkung 140 *Schafe* gezählt. Um die Jahrhundertwende gab es nur noch in Eichholz eine etwa 60 Tiere starke Herde. Bis in die 1930er Jahre nahm die *Pferdehaltung* zu (1913: 17; 1930: 32), danach wurden die Pferde weitgehend von Traktoren verdrängt (1992: 4). – Noch zu Beginn unseres Jahrhunderts wurde die *Bienenzucht* in bemerkenswertem Umfang (1905: 128 Völker) betrieben.

Im letzten Drittel des 19. Jh. wurde in Wieslet verhältnismäßig viel *Getreide* angebaut. Den klimatischen Bedingungen entsprechend bevorzugte man Dinkel (36 ha), Winterroggen (32 ha) und Hafer (25 ha), während Sommergerste (9 ha) und Winterweizen (2 ha) nur auf kleineren Flächen ausgebracht wurden. Die mit Hackfrüchten, fast ausschließlich Kartoffeln, bestellte Fläche entsprach 1880 mit 50 ha knapp der Hälfte der Getreideäcker. Für Futterpflanzen nutzte man damals lediglich 29 ha. Die Ackerfläche insgesamt war mit 186 ha deutlich größer als das Dauergrünland mit 165 ha.

Der auf Kosten pflanzlicher Ernährung verstärkte Fleischkonsum spiegelte sich 1913 in einer veränderten Verteilung der Anbauflächen: während der Futterpflanzenanbau um 39 ha ausgedehnt wurde, beschränkte man die Getreideproduktionsfläche von 107 ha (1880) auf 66 ha; für Kartoffeln wurden 14 ha weniger genutzt. Diese Entwicklung setzte sich bis zum 2. Weltkrieg fort. Danach bewirkte der strukturelle Wandel in der Landwirtschaft schließlich die Verminderung der Ackerfläche (1950: 66 ha; 1987: 53 ha), was teilweise zugunsten des Dauergrünlandes geschah (1950: 217 ha; 1987: 221 ha). Auch die Obstproduktion verlor wesentlich an Bedeutung.

Während im Jahre 1895 334 ha landwirtschaftliche Fläche von 87 Betrieben (3,8 : 1) bewirtschaftet wurden, verteilten sich 1987 277 ha landwirtschaftliche Fläche auf 26 Betriebe (10,7 : 1). Von den 6 Vollerwerbslandwirten (1993 noch 5) arbeiteten drei mit 10–20 ha und drei mit mehr als 20 ha. Im Verhältnis zu den anderen Orten des Kleinen Wiesentales erfuhr die Waldfläche auf der Gemarkung Wieslet nur eine relativ geringe Steigerung von 207 ha (32% der Gemarkungsfläche) auf 324 ha (51% der Gemarkungsfläche). Die Schwerpunktverlagerung von Laub- auf die ertragreicheren, weil schneller wachsenden Nadelhölzer läßt sich auch hier beobachten, genauso wie die Tatsache, daß der größte Waldanteil sich in Händen Privater befindet (1990: 199 ha).

Handwerk und Industrie. – Noch heute arbeitet in Wieslet eine der beiden im 18. Jh. bezeugten *Mühlen*. Damals sicherte der Alltagsbedarf einer wachsenden Bevölkerung in Verbindung mit einer kleinen Landwirtschaft etwa einem Dutzend Handwerker Arbeit und Brot. Um 1860 gab es in Wieslet 5 Schuster, je 2 Schneider und Bäcker sowie je einen Schreiner, Wagner und Schmied. Zur selben Zeit arbeiteten noch 5 Weber für auswärtige Auftraggeber. Vier Jahrzehnte später war nicht nur die Heimweberei längst aufgegeben, sondern auch die Erwerbsmöglichkeit für Schuster und Schneider erheblich gemindert. Andererseits hatten sich in der Gemeinde mehrere Bauhandwerker niedergelassen.

Wirtschaftliche Not und starke Abwanderung ließen bis 1925 in Wieslet nur noch 5 Handwerksmeister bestehen. Auch der Aufschwung nach dem 2. Weltkrieg führte zu keiner dauerhaften Vermehrung der Werkstätten. 1987 arbeiteten die meisten im Handwerk Beschäftigten (15 Personen) für das ortsansässige Baugeschäft; die Mühle und 2 Schreinereien waren reine Familienbetriebe. Die Situation zu Anfang der 1990er Jahre verdeutlicht die Tabelle:

Tab. 20: Das Handwerk 1992

Branche	Zahl der Betriebe	Beschäftigte	Umsatz
Baugewerbe	1	10	1,1 Mio. DM
Metall	1	7	1,3 Mio. DM
Holz	2	11	1,4 Mio. DM
Textil/Leder/Bekleidung	–	–	–
Nahrung	–	–	–
Gesundheit/Körperpflege	1	–	0,5 Mio. DM
Glas/Papier/Keramik und Sonstige	–	–	–
Gesamt	5	28	4,3 Mio. DM

Quelle: Handwerkskammer Freiburg

An größeren *Gewerbebetrieben* gab es in Wieslet bereits vor der Mitte des 19. Jh. eine Ziegelhütte und später zeitweise auch eine Zigarrenfabrik. Trotz des Einspruchs der Schopfheimer Kettenschmiedezunft erstellte 1853 der Basler Unternehmer Theophil von Brunn in Wieslet einen Drahtzug. Die staatliche Konzession war mit der Auflage verbunden, sämtliches Roheisen aus der großherzoglichen Eisenhütte in Hausen zu beziehen. Die Produktionserlaubnis umfaßte Draht, Drahtstifte, Schrauben und Ketten. Zeitweise waren bis zu 30 Arbeiter beschäftigt. Als Ende der 1850er Jahre in Hausen die Eisenproduktion eingestellt wurde, geriet die Wiesleter Fabrik in Konkurs. Eine Gesellschaft einheimischer Bürger versuchte zunächst, den Betrieb im begrenzten Umfang weiterzuführen, während der bisherige Betriebsleiter mit 6 Arbeitern eine eigene Nagelfabrik einrichtete; sie bestand bis 1870.

Die Räume der Drahtfabrik wurden seit 1865 von einem Basler Geschäftsmann zur Baumwollverarbeitung genutzt. 1871 übernahm ein Lenzkircher Unternehmer diesen Betrieb mit ca. 70 Arbeitern; sein Nachfolger führte die Fabrikation bis 1926 ungefähr im selben Umfang fort. Seit Anfang der 1960er Jahre wurde in Wieslet von der Firma Schenk Angorawolle verarbeitet; das Unternehmen beschäftigte 1984 120 Personen; es wurde 1991 geschlossen.

Handel, Dienstleistungen und Verkehr. – Außer 2 Krämern sind für das 19. Jh. in Wieslet keine Handelsleute bekannt. 1993 gab es ein Lebensmittel- und Haushaltswarengeschäft und einen Metzgerladen. An *Gasthäusern* bestanden um 1850 im Hauptort der »Maien« und die »Sonne«, um 1890 kam die »Krone« hinzu. Inzwischen besteht mit dem »Lindenhof« auch in Henschenberg die Möglichkeit, Kost und, wie in Wieslet im »Maien«, auch Logis zu erhalten. Die Übernachtungszahlen sind jedoch gering, da

Die Gemeinde im 19. Jahrhundert und in der Gegenwart 861

Wieslet sich nicht als Urlaubsort präsentiert. – Die Sparkasse Schopfheim und die Volksbank Schopfheim bieten in Wieslet jede Woche stundenweise ihre Dienste an.
Wieslet liegt an der Verbindungsstraße von Schopfheim nach Neuenweg (heute L 139); eine Abzweigung führt über Weitenau entweder nach Steinen oder nach Schlächtenhaus und Kandern. Vor dem 1. Weltkrieg scheiterten verschiedene Bemühungen, durch Anlage einer Bahnlinie oder durch Beteiligung an einer Motorwagengesellschaft die Verkehrssituation zu verbessern. Heute bedient die Regionalbusgesellschaft Wieslet mit einer Buslinie, die nach Neuenweg bzw. Wies einerseits und dem Bahnhof Schopfheim andererseits führt.

Verwaltungszugehörigkeit, Gemeinde und öffentliches Leben

Verwaltungszugehörigkeit, Gemeindegebiet und -verwaltung. – Seit 1809 gehörte Wieslet zum Amt Schopfheim und wurde mit diesem gemäß dem Gesetz vom 30. Juni 1936 dem Amtsbezirk bzw. Landkreis Lörrach eingegliedert. – 1852 besaßen die drei Teilorte der Gemeinde Wieslet separate Gemarkungen: Henschenberg 380 Mg, Eichholz 434 Mg und Wieslet 968 Morgen. Zu Beginn der 1920er Jahre wurden zunächst die Gemarkungen Henschenberg und Eichholz zusammengelegt, beide schließlich bis 1930 mit der Gemarkung des Hauptortes Wieslet vereinigt. Der Umfang der Gesamtgemarkung wird seitdem mit 640 ha angegeben.
Während die *öffentliche Verwaltung* und polizeiliche Aufsicht über das Hofgut und die abgesonderte Gemarkung Henschenberg seit Beginn des 19. Jh. dem Bürgermeister des Hauptortes Wieslet oblag, bestimmten die Bürger des Nebenortes Eichholz einen eigenen Verwaltungsrat, zu dessen 3 Mitgliedern jeweils der Ortsrechner und der Stabhalter gehörten. Der Stabhalter von Eichholz, der Bürgermeister der Gesamtgemeinde und ein von den Ortsbürgern von Wieslet gewählter Vertreter bildeten den Gemeinderat. Zu dessen Kontrolle bestand bis in die 1870er Jahre ein ebenfalls dreiköpfiger Bürgerausschuß, wovon ein Mitglied von den Eichholzer Bürgern bestimmt wurde. Nach 1870 entfiel der Bürgerausschuß, dafür wurde die Zahl der Gemeinderäte auf sechs erhöht. Sie bekamen lediglich eine Aufwandsentschädigung, während der Bürgermeister, der Ratschreiber und der Rechner eine geringe Besoldung erhielten. Außer diesen Gemeindebeamten waren bis in die 1950er Jahre noch etwa 18 Personen, teilweise auch unentgeltlich, für die Gemeinde und ihre Teilorte tätig. 1993 beschäftigte die Gemeinde 2 Gemeindearbeiter und einen Hallenwart sowie eine Putzfrau (teilzeitbeschäftigt). Dem *Gemeinderat* gehören 8 Mitglieder an, davon wird eines entsprechend der unechten Teilortswahl vom Nebenort Eichholz-Henschenberg gestellt. Der *Bürgermeister* versieht seinen Dienst ehrenamtlich. Die Gemeinde ist dem *Gemeindeverwaltungsverband Kleines Wiesental* angeschlossen.
Auf Drängen des Bezirksamtes wurde 1868 ein großzügig bemessenes *Gemeindehaus* erbaut, in welchem ein Ratszimmer, ein Bürgersaal für Gemeindeversammlungen, der Ortsarrest, eine Spritzenremise und verschiedene Wohnräume eingerichtet wurden. Zu Beginn der 1870er Jahre unterhielt die Gemeinde 2 Waschhäuser, das untere wurde bis zur Jahrhundertwende auch als Armenhaus benutzt. Eine schwere finanzielle Last mußte die Gemeinde 1877 mit dem Bau eines bedarfsgerechten Schulhauses auf sich nehmen. 1909 erhielt Eichholz ein eigenes Spritzenhaus. Zum Liegenschaftsbesitz der Gemeinde gehörten zu Beginn des 20. Jh. 1,2 ha Ackerland und 31 ha Wald.
Aus dem mit Tegernau, Enkenstein, Langenau und Maulburg gemeinsamen Besitz des Fischrechtes in der Kleinen Wiese stand Wieslet ein Fünftel des jährlichen Pachtertrages (1930: 240 Mark) zu. 1922 belief sich das Vermögen des Armenfonds in Wieslet

(ehemals Tschertersche Stiftung) auf 9552 Mark und in Eichholz auf 375 Mark; zum Schulfonds gehörten in Wieslet 1067 Mark, in Eichholz 551 Mark. 1984 besaß die Gemeinde außer dem 1954 gründlich renovierten Rathaus eine *Mehrzweckhalle* (erbaut 1960), ein *Feuerwehrhaus*, das *Schulhaus* und 2 Wohnhäuser. Zum Gemeindeeigentum zählten auch 2,8 ha landwirtschaftliche Fläche sowie 52 ha Wald.

Ver- und Entsorgungseinrichtungen. – Während für die Baumwollfabrik bereits 1866 eine *Wasserleitung* gebaut wurde, versorgte sich die Wiesleter Bevölkerung bis zum Beginn des 20. Jh. aus verschiedenen privaten Brunnen. Da die meisten davon aus dem Grundwasser gespeist wurden, war die Gefahr der Verunreinigung des Trinkwassers durch die häufig undichten Dung- und Jauchegruben sehr groß. Immer wieder kam es zu Typhuserkrankungen. Da jedoch auf der Gemarkung kaum nutzbare Quellen bekannt waren, fiel es der Gemeindeverwaltung schwer, die Wasserversorgung in befriedigender Weise sicherzustellen. Schließlich gelang es 1909 in Zusammenarbeit mit dem Nachbarort Enkenstein und mit Hilfe eines staatlichen Kredits eine leistungsfähige Quelle nutzbar zu machen und eine Wasserleitung zu bauen. Seit 1983 kann sich die Gemeinde Wieslet aus den im Ortsteil Eichholz erschlossenen Quellen weitgehend selbst versorgen. Nur in Zeiten des Spitzenbedarfs muß vom Wasserversorgungsverband Dinkelberg Wasser zugekauft werden.- Mit elektrischer Energie werden die Wiesleter Betriebe und Haushalte direkt durch die Kraftübertragungswerke Rheinfelden versorgt; die Einwohner von Eichholz und Henschenberg beziehen ihren Strom vom Kraftwerk Köhlgartenwiese. Schon 1883 gründete man in Wieslet eine *Freiwillige Feuerwehr*. 1993 verfügte sie über 30 aktive Mitglieder. In der Jugendfeuerwehr bereiteten sich 10 Jugendliche auf den Dienst vor. – Seit 1985 wurde der größere Teil des Hauptorts mit *Kanalisation* versehen und an die Sammelkläranlage des Abwasserverbandes Mittleres Wiesental in Steinen angeschlossen. Für die Nebenorte Eichholz und Henschenberg ist vorerst keine zentrale Abwasserentsorgung vorhanden. – Die *Müllabfuhr* erfolgt einmal wöchentlich zu der auf Wiesleter Gemarkung befindlichen Kreismülldeponie.

Zur ambulanten wie zur stationären *medizinischen Versorgung* sind die Patienten auf auswärtige Einrichtungen, insbesondere auf die Krankenhäuser in Schopfheim und Lörrach angewiesen. Zur häuslichen Pflege bietet die Filiale Tegernau der Sozialstation Schopfheim und Kleines Wiesental Hilfe und ambulante Betreuung. – Auf dem an der Straße nach Eichholz gelegenen *Friedhof* werden auch die Toten aus der zum Kirchspiel Wieslet gehörigen Ortschaft Enkenstein beigesetzt.

Kirche und Schule. – Zur ev. Pfarrei Wieslet gehörten bereits vor Beginn des 19. Jh. außer Eichholz und Henschenberg auch die Ortschaft Enkenstein und der zur Gemeinde Weitenau gehörige Schillighof. Zum 200-jährigen Kirchenbau-Jubiläum wurde 1957 der Innenraum der Kirche instandgesetzt; in den Jahren 1982/83 erfolgte eine gründliche Restaurierung des gesamten Bauwerks. Die Katholiken gehörten um die Mitte des 19. Jh. zur Diasporagemeinde Höllstein, später wurden sie von Zell aus versorgt, sie gehörten 1993 zur Pfarrei Hausen.

Bereits zu Ende des 17. Jh. bestand in Wieslet eine *Schule*, deren Einzugsbereich das gesamte Kirchspiel umfaßte. Um 1863 wurden vom Hauptlehrer 116 Schüler unterrichtet. Anläßlich des Baus eines neuen Schulhauses (1876/77) schied der Weiler Schillighof aus dem Schulverband aus, dennoch mußte ein zweiter Lehrer angestellt werden. Zur Schulpfründe gehörten 16 a Ackerland; das Holzdeputat belief sich auf 33 Ster. In den 1950er Jahren besuchten ca. 110 Kinder die Wiesleter Schule. In einer separaten Schule für das damalige Flüchtlingslager wurden weitere 85 Schüler betreut. Seit den Strukturveränderungen der 1970er Jahre unterhält Wieslet, zusammen mit Weitenau, nur

Die Gemeinde im 19. Jahrhundert und in der Gegenwart

noch eine Grundschule; die Hauptschüler werden in Schopfheim, seit 1993 auch in Tegernau unterrichtet. In Schopfheim, Steinen und in Lörrach können die weiterführenden Schulen besucht werden. – Dank der Initiative des örtlichen Frauenvereins bestand schon um die Jahrhundertwende ein *Kindergarten* (ca. 40 Kinder); heute unterhalten die ev. Kirchengemeinde und die politische Gemeinde Wieslet gemeinsam eine Spielstube.

Vereine. – Die Lust der Wiesleter zu gemeinsamem Singen und Musizieren wird an der ungebrochenen Tradition von Gesangverein (gegründet 1879) und Musikverein (gegründet 1881) deutlich. Großen Anklang fand bei der Bevölkerung die Gründung des »Buurefasnachtvereins« (1974), der nach 10-jährigem Bestehen 220 Mitglieder zählte. Einer besonderen Freizeitgestaltung haben sich die etwa 20 Mitglieder der seit 1980 bestehenden Modellfluggruppe verschrieben, während der 1950 ins Leben gerufene Sportverein Möglichkeiten zur körperlichen Entspannung und Ertüchtigung anbietet.

Strukturbild

Bis zur Mitte des 19. Jh. war Wieslet eine rein bäuerliche Gemeinde. In den 1850er Jahren konnte bei vorherrschendem Realteilungsrecht die Landwirtschaft die stetig wachsende Bevölkerung nicht mehr allein ernähren; der bisherige bescheidene Wohlstand wurde aufgezehrt. Nachdem die Ansiedlung eisenverarbeitender Industrie mißlungen war, brachte erst die Einführung der Baumwollindustrie einen bemerkenswerten Aufschwung. Im Bereich der Landwirtschaft trug die Intensivierung der Viehzucht zur günstigen Entwicklung bei. Bis zum 1. Weltkrieg konnte die Gemeinde den Bau eines Schulhauses und erheblicher Straßenbaulasten ohne dauerhafte Verschuldung bewältigen.

Die wirtschaftlichen und sozialen Erschütterungen der Zwischenkriegszeit stürzten die Gemeinde in eine Krise, von der sie sich erst in den 1960er Jahren wieder erholte. Mit der Verarbeitung von Angorawolle knüpfte man erfolgreich an die Tradition der Textilindustrie an. Der allgemeine Konzentrationsprozeß in der Landwirtschaft setzte sich auch in Wieslet durch, wobei sich allerdings die weitgehende Ausrichtung auf Rinderhaltung inzwischen als ungünstig erweist.

Dank einer vergleichsweise guten Infrastruktur und der regen Bautätigkeit zu Ende der 1970er Jahre blieb die Gemeinde auch als Wohnort für Pendler nach Schopfheim, Lörrach und Basel attraktiv. Für die in ihrer Existenz gefährdeten Landwirte bietet sich insbesondere in den Teilorten Eichholz und Henschenberg der bisher kaum entwickelte Fremdenverkehr als Alternative an.

Das Gesamtsteueraufkommen von Wieslet betrug 1992 393 000 DM, davon waren 6,6% Gewerbesteuer. Die Steuerkraftsumme je Einwohner stieg zwar in der Vergangenheit auch in Wieslet an: von 1975 (452 DM) bis 1988 (984 DM) um 118% an (1992: 1262 DM). Trotzdem lag sie stets niedriger als der Kreisdurchschnitt (1992: 1580 DM). Wieslet war in der Vergangenheit im Gegensatz zu den anderen Gemeinden des Verwaltungsverbands meist keine Bedarfsgemeinde; angesichts der knappen Finanzlage wurde der Schuldenstand je Einwohner dennoch immer recht niedrig gehalten (1988: 169 DM, 1992: 153 DM). Hinzu kommen auch hier die anteiligen Verbandsschulden (vgl. Tegernau). Der Gemeindehaushalt umfaßte 1992 im Verwaltungs- 788 000 DM und 230 000 DM im Vermögenshaushalt.

C. Geschichte

Siedlung und Gemarkung. – Auf der Gemarkung, die sich über ein fruchtbares, von der Kleinen Wiese durchflossenes Tal erstreckt, liegen neben dem namengebenden Ort, einer hochmittelalterlichen Rodungssiedlung, die Höfe und Weiler Eichholz und Hentschenberg. Das Dorf wird 1157 als *Wiselat* erstmals urkundlich erwähnt; bereits 1278 werden Ober- und Niederwieslet unterschieden. Mit den umliegenden Orten war das Dorf früh durch die Schopfheimer Landstraße, die Straße nach Kandern (1573) und die Straße nach Niedertegernau verbunden. Die Holzbrücke über die Wiese wurde erst 1786 durch einen Steinbau ersetzt. Man verzeichnete 1572 etwa 61 Häuser (wahrscheinlich unter Einschluß von Weitenau), 1781 46 Haushaltungen mit wohl weniger Häusern (1844: 43 Wohngebäude). Letzere, häufig durch Hochwasser (1778) geschädigt, trugen noch Ende des 18. Jh. meist Strohdächer. Von den Ortsstraßen werden die Ochsengasse, der Kilchweg und die Gemeine Gasse schon 1573 genannt.

Herrschaft und Staat. – Wieslet gehörte zur *Herrschaft Weitenau* und steuerte 1514/15 in die dortige Vogtei. Sitz dieser Vogtei war zwar Weitenau, seit der Reformation verlagerten sich deren Funktionen aber weitgehend auf Wieslet, von dem jetzt auch die Martinisteuer in Höhe von 70 lb erhoben wurde. Das hatte seinen Grund in dem St. Blasischen Anteil an den Gerichtsrechten, die dem Kloster bis zu 9 ß Strafe zustanden, während alle weiteren Hoch- und Niedergerichtsrechte bei der Herrschaft Rötteln lagen. Der Klosterschaffner war im 18. Jh. in der Regel Stabhalter in Weitenau. Der Vogt war noch im 16. Jh. steuer- und fronfrei, durfte 4 Schweine kostenfrei in den Äckerich treiben, bezog sämtliche Fasnachtshühner gegen eine Abgabe und hatte die Nutzung eines Fischwassers. Die Sitzungen des Vogtgerichtes wurden noch Mitte des 18. Jh. wechselweise an beiden Orten abgehalten.

Grundherrschaft und Grundbesitz. – Es ist anzunehmen, daß der größte Teil des örtlichen Grundbesitzes zusammen mit Weitenau von den Herren von Wart an Kloster St. Blasien gekommen war; denn das Kloster und seine Propstei Weitenau erscheinen später als Hauptgrundbesitzer am Ort. Ein weiteres Gut schenkte 1278 Adelheid von Rotenberg. Nach der Reformation verfügte Weitenau 1573 über 10 Häuser mit Zubehör und 74 J (20½ ha) Liegenschaften, die restlichen Güter verlieh St. Blasien. Die Verwaltung des gesamten Grundbesitzes war einem in Wieslet ansässigen Schaffner übertragen, der dem Amt Basel unterstellt und im 18. Jh. dem Propst zu Bürgeln als Zwischeninstanz rechenschaftspflichtig war. Für seine Amtsführung bezog er um 1650 jährlich 20 lb, 1723 30 lb, außerdem durfte er ein 10 bis 12 J umfassendes Brachfeld im Enkensteiner Bann nutzen. Im 18. Jh. wurde ihm vor Amtsantritt eine Kaution abgefordert. Neben St. Blasien bezogen noch Private (die Basler Familien Münch und von Eptingen) sowie der Markgraf Einkünfte. Letztere gingen 1572 aus 30 TM, die meist im Brühl lagen, und wurden 1757 durch den Ankauf von Waldparzellen vermehrt.

Gemeinde. – Nachdem noch 1597 ein St. Blasischer Vogt genannt wird, darf angenommen werden, daß aufgrund der geteilten Niedergerichtsverhältnisse die Herrschaft damals noch durch zwei Vögte repräsentiert wurde. Später findet sich nur mehr der markgräfliche Vogt, neben dem der St. Blasische Vogt als Stabhalter erscheint. Unterstützt wurden die Ortsoberen bei der Verwaltung des Ortes durch mindestens 3 Geschworene (1741).

Der *Gemeinde Gut* wird 1573 als Anstößer erwähnt, dieses oder Teile davon lagen an der Gemarkungsgrenze nach Niedertegernau. Mit dieser Gemeinde sind denn auch etliche Bann- und Weidgangsstreitigkeiten überliefert (1615, 1779), 1602 auch mit

Enkenstein. Über den Umfang des gesamten Besitzes, der um 1781 durch den Zukauf von 2 J Wald vermehrt wurde, ist nichts bekannt. Ende des 18. Jh. scheint der Haushalt zwar ausgeglichen gewesen zu sein, dennoch hatte die Gemeinde erst 1776 ein Schulhaus bauen können. Um jene Zeit gab es am Ort auch noch keine Feuerspritze und so wenige Feuereimer, daß das Amt deren Anschaffung vorschrieb. Zu den Belastungen zählten die jährlichen Holzabgaben (6 Klafter, Ende des 18. Jh. 12 Klafter) an den Pfarrer.

Kirche und Schule. – Für die Wiesleter Kirche, die zur Zelle Weitenau gehörte, erhielt St. Blasien 1157, 1173 und 1179 päpstliche Besitzbestätigungen. Ihr Status ist unklar, möglicherweise hatte sie damals Pfarrechte. Nach der Reformation, 1573, wird sie als Kaplanei und Filial von Weitenau bezeichnet, die der Markgraf besetzte. Vor 1613 wurde die Gemeinde Schopfheim zugeteilt und bis zur (Wieder-)Errichtung einer eigenen Pfarrei im Jahre 1738 durch den dortigen Diakon versehen, nachdem sie sich 1643 außerstande gesehen hatte, einen eigenen Diakon zu unterhalten. Zum Sprengel zählten außer dem Hauptort noch Enkenstein und die Höfe Eichholz, Henschenberg und Schillighof. – Zum *Besitz der Kirche* gehörte das St. Adolfslehen, das später St. Blasien vergab, und das 3 bis 4 J große Heiligenhölzle, das 1789 die Gemeinde verwaltete. Im 16. Jh. hatte ein Kirchenpfleger die Einkünfte zumindest des Heiligen verwaltet.

Die alte Kirche, bis zum Neubau von 1757 auf einer Anhöhe über dem Dorf gelegen, war dem hl. Adolf (erwähnt 1573) geweiht. Dieses seltene Patrozinium weist auf Straßburg und damit auf die Herren von Wart, zu deren Familie mehrere Straßburger Domherren gehörten. Der Bau selbst war 1753 ruinös und zu klein; damals mußten, weil auch der Turm schadhaft war, die Glocken tiefer gehängt werden. Neubaupläne wurden denn auch schon seit Beginn der 1750er Jahre erwogen und 1757 realisiert.

Den größten Teil der *Zehnten* bezog St. Blasien (später die Propstei Bürgeln), das dafür die Baulast am Kirchenchor zu tragen hatte. Zu den Bau- und Reparaturkosten hatte auch die Gemeinde Enkenstein beizutragen. Über kleinere Anteile am Zehnten verfügte die Herrschaft Rötteln, welche Teile des kleinen Zehnten zur Besoldung des Diakons verwendete.

Schule wurde in Wieslet spätestens 1699 gehalten, hier wurden auch die Kinder aus Enkenstein, Eichholz und Hentschenberg und vom Schillighof unterrichtet. Der Lehrer, der auch den Sigristendienst zu versehen hatte, bezog ¼ Klafter Holz von jedem Schulkind, erhielt auf Weihnachten von jeder Haushaltung einen Laib Brot und durfte ein Schwein in den Äckerich treiben. Ein Schulhaus ließ die Gemeinde 1776 erbauen. Der ständig durch Hochwasser bedrohte Bau wurde spätestens 1877 durch einen Neubau ersetzt.

Bevölkerung und Wirtschaft. – Die *Bewohner* des Dorfes waren noch im 17. Jh. weitgehend Eigenleute des Klosters St. Blasien, das 1679 auf Bitten hin den üblichen Fall auf 10 Reichstaler ermäßigte. Im 18. Jh. hatte jede Haushaltung »mit eigenem Mus und Brot« jährlich 3 Frontauen zu leisten oder auf Martini 20 x zu entrichten. Was ihre Zahl angeht, so ist um 1719 eine Bevölkerungszunahme zu verzeichnen, als deren Folge sich die Kirche als zu klein erwies. Mindestens eine Familie soll 1749 nach Siebenbürgen ausgewandert sein. Den Bürgerzahlen zufolge (1754: 42, 1781: 46 Haushaltungen) düften den Ort damals zwischen 200 und 250 Personen bewohnt haben (1844: 284).

Die *Wirtschaftfläche* umfaßte 1791 250 J Acker (69½ ha) und 200 J Wiesen (55½ ha). Einzelne Einwohner bebauten auch Land auf den Gemarkungen Sallneck und Langenau. Angebaut wurden Hafer, Dinkel und Gerste. Vom aufgegebenen Weinbau zeugt noch der Flurname Rebberg. Nicht unbedeutend dürfte die Viehhaltung gewesen sein, da St. Blasien Fleischabgaben bezog und bereits 1278 Schweineabgaben genannt werden. Die Einführung der Stallfütterung brachte hier jedoch Probleme, da ein Großteil der Wiesen sauer war, was sich letztlich nicht ändern ließ. Der Kleeanbau wurde durch Wildschäden behindert. Die Herbstweide war daher noch um 1779/80 allgemein üblich. Neben der Landwirtschaft gab es wenig zusätzliche Verdienstmöglichkeiten. Irgendwann scheint *Bergbau* betrieben worden zu sein, der jedoch nur noch in den Flurnamen Silbereck und Silberbrunnen weiterlebte. Die beiden Fischwasser auf der Gemarkung nutzten der Enkensteiner Vogt und verschiedene Schopfheimer Bürger. Um 1760 leistete eine Haushaltung Heimarbeit für die Schopfheimer Baumwollspinnerei.

Das *Gewerbe* war gering vertreten. Ein Hafner, der sich im Bauernkrieg hervorgetan hatte, wurde anschließend hingerichtet. Dem Flurnamen Mühlenmättlein (1573) zufolge scheint es einmal eine *Mühle* gegeben zu haben, diese ging aber wieder ab. (Ob die beiden 1572 erwähnten Pleuelmühlen auf Wiesleter Gemarkung standen, ist nicht sicher.) Als 1732 ein Mühlenneubau geplant war, scheiterte dieser zunächst am Widerspruch von St. Blasien, das auf seine Weitenauer Zwangsmühle verwies. Er wurde dann zwar genehmigt, der Bau stand aber nur bis 1743. Die beiden 1776 erwähnten Mühlen waren offenbar in der Zwischenzeit entstanden. Im 18. Jh. gab es zunächst nur die *Gemeindewirtschaft*, zu der 1721 eine Tafern, die »Sonne«, hinzukam.

Eichholz. – Das an der Straße von Wieslet nach Sallneck gelegene ehemalige Hofgut läßt sich seit 1344 urkundlich nachweisen. Zwischen 1573 und 1659 erstmals geteilt, wurde es vor 1774 unter die Einwohner aufgeteilt. Es gehörte Weitenau, das 1573 aus 2 Häusern mit Zubehör und 16 J Liegenschaften Hafer- und Fleischabgaben bezog, während die Zehnteinkünfte an St. Blasien gingen. Die Anwesen, bewohnt 1754 von 9 Bürgern (40–50 Personen) gehörten zur Vogtei Weitenau und bildeten nach 1800 eine von Wieslet abhängige Stabhalterei. Mit der Errichtung der Pfarrei Wieslet wurden sie dieser zugeteilt.

Henschenberg. – Auch diese Hofsiedlung, die bis 1918 eine eigene Gemarkung hatte, wird 1344 als *Hentschenberg* erstmals urkundlich erwähnt. Zwischen 1591 und 1659 wurde das Gut geteilt, 1754 lebten dort 3 Bürger. Sämtliche Höfe, die zusammen ca. 180 J (50 ha) umfaßten, gehörten Weitenau und erscheinen 1565 als Erblehen. Die Bewohner hatten dem Abt von St. Blasien auf Wunsch eine unentgeltliche Fahrt zu leisten und im Todesfall einen Ochsen bzw. eine Kuh und 10 fl, 1739 36 fl zu entrichten. Ein Großteil der Wirtschaftsfläche bestand aus Bergfeldern und Matten, weshalb die Höfe überwiegend Viehzucht betrieben. 1725 und 1734 standen dort 23 Stück Rindvieh und 2 Pferde. Auf abgegangenen Weinbau weist der im 17. Jh. erwähnte Flurname »Im Reebberg«. 1744 ist von Kirschbäumen die Rede.

Rotenberg. – Von der *Burg*, die über der Ostseite des Dorfes Wieslet gestanden hatte, sind nur noch wenige Reste vorhanden. Erbaut wohl um 1230, läßt sie sich erstmals 1259 urkundlich nachweisen, wird 1311 letztmals genannt und 1564 als Burgstall bezeichnet. Der zugehörige Wirtschaftshof, der unterhalb der Burg gelegene Schweighof, ging 1278 von Adelheid von Rotenberg an Kloster St. Blasien über. Aus dem zugehörigen Wald bezog Weitenau 1772 Einkünfte. Wieweit die 1564 überlieferte Meinung, ursprünglich habe das Weitenauer Gericht zu dieser Burg gehört, der Wahrheit entspricht, ist ungeklärt.

Nach Rotenberg nannte sich zwischen 1252 und 1280 eine Seitenlinie der Herren von Rötteln, von denen man nur zwei Generationen kennt. Ihre Besitzungen sind, soweit bekannt, ganz oder überwiegend an Kloster St. Blasien gekommen: 1258 Besitz zu Efringen und die dortige Vogtei, 1270 Eigenleute zu Ried, 1278 Güter zu Tegernau, Holl, Langensee, Hohenegg, Elbenschwand, Gebisbach, Bürchau, Wies, Hasel, Wieslet, Fahrnau, Gündenhausen, Maulburg, Steinen, Ötlingen, Binzen und Kunoltingen (Kt. Aargau). Besitz in Hasel wurde 1280 der Familie von Wies übertragen. Über weibliche Abfolge oder Bastarde müssen aber auch Besitzungen in andere Hände gekommen sein, denn 1311 mußte ein Schiedsgericht den Streit zwischen Lutold von Rötteln und Markgraf Rudolf von Hachberg einerseits, Thüring von Ramstein und Konrad Münch von Münchberg andererseits um den Besitz der Burg entscheiden.

Quellen und Literatur

Quellen gedr.: FDA 5 (1870) S. 87. – WUB 2, 111, 172, 195. – ZGO 2 (1851) S. 495–499.
Quellen ungedr.: GLA H/Wieslet 1; 11/K. 482, 531; 21/K. 285, 413, 465a; 66/3715, 7214, 7218, 7247, 8485, 9598, 9603, 9613, 9698/99; 120/653, 686, 1205a; 229/13227, 16055/56, 22651, 25328, 27868, 28597, 39732, 42830, 52885, 57660, 74694, 77241, 77246, 90692, 94432/33, 94378/79, 94444, 100884, 104608, 104612, 107702, 107707, 112584/84a, 112594, 112606, 112636, **114044–92**; 375 (1924, 2) 355; 391/14501, 21433, **41946–65**. – GA Wieslet (Übers.in ZGO 48 ⟨1894⟩ S. m145). – PfA Wieslet (Übers.in ZGO 51 ⟨1897⟩ S. m56).
Literatur: *Hodapp*, Kurt, Evangelische Pfarrkirche Wieslet. Geschichte des Bauwerks, der Glocken und Orgel. Fs zur Einweihung des renovierten Gotteshauses am 10.9.1982. Schopfheim 1982.
Erstnennungen: Ort und Kirche 1157 (WUB 2, 111). – Patron St.Adolf 1573 (GLA 66/7247).
Eichholz: GLA 66/9598 (1344). – GLA 11/K. 531; 21/K. 109; 66/7247, 7545, 7757; 229/16056, 52885, 94492/93, 104608, 104652, 114044, 114072, 114074, 114081, 114090, 114092. – *Ueckert*, Kurt, Das Heidenhaus im Eichholz. In: Die Markgrafschaft 19 (1967) H.4.
Henschenberg: GLA 66/9598 (1344). – GLA 11/K. 531; 66/7247, 7545; 229/16026, 16056, 112589, 112591/92, 112594–96, 112621, 112624, 112654, 112662, 114046–51, 117843, 117883, 117918; 391/41946–65. – GA Wieslet.
Rotenberg: UB Basel 1 S. 260 (1259). – GLA 1/K. 301; 11/K. 218, 427, 482; 21/K. 374. – REC Nr. 1800, 1927. – RMB 1 Nr. h 61, 593. – ZGO 2 (1851) S. 197, 495–499; 28 (1876) S. 111; 41 (1887) S. 460/61.

Wittlingen

450 ha Gemeindegebiet, 665 Einwohner (31.12.1990, 1987: 647)

Wappen: In gespaltenem Schild vorn in Gold (Gelb) ein roter Schrägbalken, hinten in Blau eine gestürzte goldene (gelbe) Pflugschar.
Der Schrägbalken verweist auf die überkommene Zugehörigkeit zu Baden, die Pflugschar auf die damalige Bedeutung der Landwirtschaft. Das Wappen wird in dieser Form seit 1956 auf einen Vorschlag des badischen Generallandesarchivs hin geführt.

A Naturraum und Siedlung

Natürliche Grundlagen. – Zwischen der zu Kandern gehörigen Gemarkung von Wollbach im N und Rümmingen im S erstreckt sich das Gemeindegebiet von Wittlingen mit einer Gesamtfläche von 450 ha als hohes liegendes Rechteck vom östlichen Rand des Bamlach-Schallbacher Lößhügellandes über das hier nordsüdlich verlaufende Kandertal auf die Höhen des Röttler Waldes hinauf. Dort werden am äußersten nordöstlichen Gemeinderand mit 428 m auch die höchsten Höhen der Gemarkung erreicht.

Die Westgrenze des Gemeindeareals hält sich eng an die bei etwa 304 m bis 306 m liegende obere Kante des hier deutlich zum Kandertal abfallenden *Bamlach-Schallbacher Lößhügellandes*. Ein knapp 20 m markant aufsteigender, durchgehender Talhang bestimmt daher das westliche Gemeindegebiet, dessen dicke *Lößhülle* ihm trotz seiner Steilheit weiche Reliefformen verleiht. Lediglich im NW wird dieser Hang durch eine breitere Talzunge unterbrochen, wodurch die nördliche Fortsetzung des Kandertalhanges im Gemeindegebiet riedelförmig herauspräpariert wurde. Ihre ausgeprägt sanfte Form verdankt die Talzunge der glazialen und postglazialen Solifluktion, die das einstige Lößtälchen muldenförmig umgestaltet hat. Schwemmlehme dichten es nach unten ab und führen hier zur Bildung gleyartiger Böden. Fettwiesen kennzeichnen somit diese Talzunge, während Ackerflächen, abwechselnd mit Obstwiesen, den Hang überziehen. Ganz im NW, auf der Hochfläche des herauspräparierten Riedels, findet sich trotz Lößunterlage dichter Laubwald, das *Käferholz*. Dieser Umstand läßt sich mit den hier anstehenden älteren Lössen erklären, die schwerere und rascher zur Vernässung und zur Versauerung neigende Böden von geringer Nutzungsgunst abgeben.

Östlich des weiten Kandertaleinschnitts setzt sich der tertiäre Sockel des Hügellandes in den unteren Bereichen des *Röttler Waldes* fort. Kuppige Hangformen und dichte Lößbedeckung prägen auch hier das Gemeindegebiet, wenngleich das Gelände jetzt kräftiger und höher ansteigt. Mehrere Lößtälchen haben die unterste Hangpartie in einzelne breitkuppige Riedel aufgelöst und an ihrer Einmündung ins Kandertal weite Schwemmfächer, die am Hangfuß zu regelrechten Schwemmleisten zusammengewachsen sind, abgelagert. Die Tälchen nehmen ihren Ausgang von einem Quellhorizont in etwa 380 m Höhe, der die Grenzfläche zwischen dem tertiären Sockel und hier weitflächig aufgelagerten *altquartären Schottern* markiert. Sie bauen das obere Drittel des Röttler Waldes auf und bedingen auch seine plateauförmige Oberfläche. Diese stark verwitterten Hochterrassenschotter, die mindestens aus der Mindel-, wahrscheinlich aus der Günzeiszeit stammen, sind stark verwittert und wurden durch spätere Solifluktion weit die Hänge hinab verschwemmt. Am Nordhang des Röttler Berges, speziell an den oberen Hangpartien, sind daher die durch Lößüberwehung lehmig-sandigen Böden in hohem Maße mit Buntsandstein- und Quarzitgeröllen durchsetzt. Hier, wie auf der gesamten Hochfläche, bestimmen dichte Eichen-Laubwälder das Vegetationsbild. Die Hochterrassenschotter stellen dort, wo ihre Schichtigkeit intakt geblieben ist, einen hervorragenden *Grundwasserträger* dar.

An der Westseite des Schotterfeldes hat sich die *Kander* als breite *Talmulde* tief in das ursprünglich durchgängige Tertiärhügelland eingeschnitten. Maßgeblich geht dies auf die Schwarzwaldgletscher zurück, die über diese bedeutende Rinne ihre Schmelzwässer dem Rhein zuführten. Heute kann der Fluß den Talboden nur noch zum Teil ausfüllen und bleibt, durch Schwemmfächer zwar immer wieder in seinem Lauf abgedrängt, vor allem auf der westlichen Talseite. Zwischen den weit in die Talsohle ausgreifenden, oft sehr flachen Schwemmfächern stauen Tone und feine Schwemmlöße das Grundwasser, so daß sich hier neben trockeneren Standorten immer wieder auch schweres, anmooriges Wiesenland findet. An der südlichen Gemeindegrenze liegt die Talsohle auf 280 m ü.d.M., womit das Gemeindeareal seinen niedrigsten Höhenwert erreicht.

Siedlungsbild. – Am Westabhang des Röttler Waldes, auf der ihm vorgelagerten Schwemmfächerleiste zwischen zwei stärker herauspräparierten Lößtälchen, liegt der Ort Wittlingen. Der *ursprüngliche Dorfbereich* spannt sich im Grunde entlang zweier Hauptachsen auf, deren eine die dem Kandertal folgende bedeutende Verkehrsleitlinie der L 134 (Kandertalstraße) ist. Hier befindet sich das einzige Gasthaus des Ortes. Der in seinem Kern wohl aus dem Ende des 18. Jh. stammende heutige Hotelgasthof »Hirschen« ragt mit seinem Hauptgebäude weit in die Kandertalstraße hinein. Ein langgestreckter, einstöckiger moderner Anbau, durch Parkplatzflächen von der Straße getrennt, erweitert ihn nach Süden. Die andere Achse bildet die Kirchstraße, die von der Kandertalstraße im S des Dorfes abzweigt, ein Stück weit den Berg hinauf führt, um dann mit scharfem Knick nach N oberhalb der Kandertalstraße und parallel zu dieser am Hang entlang zu verlaufen. Durch die Querspange der Rathausstraße wird im nördlichen Bereich des Dorfes eine zusätzliche Verbindung von der Kirchstraße zur Kandertalstraße hergestellt, so daß das Wegenetz des alten Ortes durch ein großes Straßenviereck gekennzeichnet ist. Die alten Anwesen, die vielfach stark modernisiert und in ihrer Form oft tiefgreifend verändert worden sind, halten sich in lockerer und unregelmäßiger Stellung eng an diese Straßenzüge. So sind auch heute noch die inneren Bereiche des durch das Straßennetz gebildeten Vierecks weitgehend unbebaut und werden als Gartenland genutzt. Haufendorfähnliche Strukturen zeigt das Dorf vor allem an einigen der Wegekreuzungen, so im SO, wo die Kirchstraße scharf nach N abbiegt und wo sich durch die Abzweigung anderer Sträßchen eine größere platzähnliche Straßenerweiterung gebildet hat.

Etwas oberhalb dieses Bereichs steht die 1774 auf den Grundmauern eines Vorgängerbaus errichtete *evangelische Pfarrkirche* (s. u., Bemerkenswerte Bauwerke). Mit ihrem Chor ragt die Kirche in das östlich dahinter anschließende kleine *Friedhofsareal* hinein. Die Kirchstraße aufwärts, vom Kirchbereich etwas abgerückt, folgt das Pfarranwesen mit einem langen, zur Kirchstraße hin von einem Zaun abgeschlossenen angerartigen Hof. An seinem nördlichen Ende steht das nahezu quadratische, zweistöckige, mit Vierseitwalmdach gedeckte *Pfarrhaus*. Nach O wird der Hof von einem langgestreckten ehemaligen Stall-Scheunen-Trakt abgeschlossen, der 1976 zu einem Saal für die Kirchengemeinde umgebaut wurde. Ältere Anwesen, ursprünglich wiederum meist Hakenhöfe, heute jedoch sämtlich für reine Wohnzwecke modernisiert und umgestaltet, begleiten die Kirchstraße sowie ihre über den Rathausplatz weiterführende geradlinige Verlängerung, den Eichholenweg, auf beiden Seiten bis zu dessen Ende. An der Kreuzung von Kirchstraße und Rathausstraße steht das *Rathaus*, ein zweistöckiger Bau aus den 1930er Jahren. Unmittelbar daneben, in einem modernen Anbau, sind Post und Sparkassenfiliale untergebracht. Der gesamte Gebäudekomplex wird durch einen weiteren Neubau, in dem der Gemeindesaal mit einem Kameradschaftsraum für die Feuerwehr untergebracht ist, zusätzlich verlängert. Die öffentlichen Einrichtungen werden abgerundet durch den östlich hinter dem Rathaus liegenden, kleinen zweistöckigen Satteldachbau der *Schule*.

In auffallendem Gegensatz zu der meist lockeren Bebauung entlang des Straßengeviert zeigt sich der durch kleinere Anwesen verdichtete Bereich im NW der Siedlung an der zur Kander hinabführenden Stichstraße Im Winkel. Die Anwesen stehen hier vornehmlich giebelständig zur Straße. Mit einigen wenigen Neubauten schiebt sich die Siedlung bis dicht an die aufgelassene Trasse der Kanderbahnlinie heran. Jenseits davon führt das Sträßchen direkt auf den einzigen Betrieb am Ort, ein kleineres Werk für Stahlverarbeitung. Aber auch entlang der nach W abgehenden, bedeutenderen Mühlenstraße, die die Verbindung nach Schallbach schafft, hat sich der alte Ortsbereich bereits früh ausgedehnt. Größere, teilweise durch Neubauten ergänzte und zusätzlich verdichtete Anwesen begleiten sie. Kernstück dieses Bereichs bildet das etwas von der Straße abgerückte, unweit der Kanderbahntrasse den Siedlungsrand markierende einstige *Vogtshaus* des Röttler Vogtes in Wittlingen. Das wohl aus dem 14. Jh. stammende, ansprechend renovierte Gebäude hebt sich mit seinen drei Geschossen, dem hohen ausgebauten Halbwalmdach sowie seinem im O vorgesetzten Treppenhausturm und den schweren Stützmauern deutlich von den Bauernhäusern ab. Zum Anwesen gehört auch ein langgestreckter Stall-Scheunen-Trakt, der den Hof nach N begrenzt und in den heute eine Fahrradreparaturwerkstatt eingezogen ist. Einzelne Neubauten auf der gegenüberliegenden Straßenseite haben hier die Siedlung ebenfalls bis an die Kandertalbahn heranwachsen lassen, über die sich der Ort bis heute nicht ausgedehnt hat. An derselben Straße, weit abseits vom Dorf westlich der Kander, liegt in der Talaue der Mühlbezirk. Er besteht aus dem in seiner heutigen Gestalt 1808 errichteten Mühlenhauptbau, den im W, nur getrennt durch einen kleinen Hof, ein mächtiger hakenförmiger Ökonomietrakt umrahmt. Sein oberes Geschoß beherbergt jetzt Wohnungen, wie sich auch der Mühlenhauptbau zu einem reinen Wohnhaus gewandelt hat. Zur Mühlenstraße hin wird der Komplex ergänzt durch ein weiteres langgestrecktes Ökonomiegebäude mit mächtigem Satteldach, das die Unterteilung in Stall-, Schopf- und Remisenbereich noch deutlich erkennen läßt.

Auf dem westexponierten Hang im S des Ortes hat sich, insbesondere seit der 2. Hälfte der 1970er Jahre, ein größeres *Neubaugebiet* entwickelt. Vom Dorf her schaffen einige wenige Siedlerhäuser aus der 1. Hälfte unseres Jahrhunderts den Übergang, dann aber bestimmen oberhalb der Durchgangsstraße nach Haagen entlang der Burgackerstraße, des Ölbachgrabens und der Reitschule Ein- und Zweifamilienvillen mit größeren Gartengrundstücken das Siedlungsbild. Unmittelbar östlich an den Gewann Reitschule schließt sich das Neubaugebiet Haaracker an, das ebenfalls mit Zweifamilienhäusern der Jahre 1993 ff. bebaut ist.

Bemerkenswerte Bauwerke. – Auf den Fundamenten einer gotischen Saalkirche entstand 1774 die *ev. Pfarrkirche*, die Stilmerkmale der Übergangszeit vom Rokoko zum Klassizismus zeigt: strenge Symmetrie, betonte Vertikalität, sparsamer Schmuck. Sie ist verwandt mit der Kleinen Kirche in Karlsruhe, die Jeremias Müller als Oberbaudirektor 1779 erbaut hat. Man betritt die Kirche durch eine Eingangshalle unter dem Turm. Sie ist ein hoher Kastenraum, in welchem der Süd- und Nordwand zwei

Galeriegeschosse vorgelagert sind, die aber nicht an die Stirnwand stoßen, sondern die dritte der Fensterachsen im Altarbereich freilassen. Vor der Stirnwand befindet sich in der Mitte der Altar, dahinter eine Tür zur Sakristei. Senkrecht darüber, in der Höhe der ersten Galerie, ist eine Holzkanzel ausgekragt, in der Höhe der zweiten Galerie öffnet sich die Wand zur Orgelbühne. Diese Dreigeschossigkeit hat ihre Entsprechung an der Turmwand, wo über der Eingangstür das erste Turmgeschoß als Empore und das zweite Turmgeschoß hinter einer gotischen Bogenöffnung sichtbar werden. Sie ist der einzige deutliche Hinweis dafür, daß der Turm des Vorgängerbaus in seinem Kern erhalten blieb und in die klassizistische Kirche integriert wurde.

Bei der Innenraumgestaltung hat der Architekt einen Raum geschaffen, in welchem die wichtigsten Forderungen des protestantischen Kirchenbaus verwirklicht sind: die Gleichrangigkeit von Altar und Kanzel, wobei auch der Orgel ein ihrer Bedeutung im Gottesdienst angemessener Raum zugewiesen ist, und der Einraum, in welchem Gemeinde und Liturgie aufeinander bezogen sind. Diese Raumauffassung ist nach außen hin sichtbar. An der Portalfront sind beiderseits des leicht hervortretenden Mittelblocks drei quadratische Fenster übereinander geordnet. Die Dreizonigkeit wiederholt sich an den Seitenwänden im Eingangsbereich. Am Schiff jedoch erhalten erstes und zweites Galeriegeschoß von einem hohen Rechteckfenster Licht.

B. Die Gemeinde im 19. Jahrhundert und in der Gegenwart

Bevölkerung

Bevölkerungsentwicklung. – Ähnlich wie in den Nachbarorten des Vorderen Kandertales verlief die Bevölkerungsentwicklung in Wittlingen von 288 Einwohnern (1804) ansteigend bis 1852 (339 E.). Der Rückgang, der danach ebenso in Wittlingen einsetzte, schien zwar 1871 bereits wieder überwunden, setzte dann aber erneut ein, so daß gegen Ende des Kaiserreiches (1910) mit 277 Einwohnern weniger Menschen im Dorf lebten als zu Beginn des 19. Jahrhunderts. Hier wie dort dürften die Gründe für die Entwicklung weitgehend gleich gewesen sein (vgl. Schallbach). Anders als z. B. in Schallbach setzte dann aber bereits während der Weimarer Zeit ein allmähliches Bevölkerungswachstum ein (1933: 327 E.), das auch nach dem 2. Weltkrieg (26 Gefallene und Vermißte) anhielt. Seit 1950 ist bei jeder Volkszählung in Wittlingen eine deutlich vermehrte Bevölkerungszahl festgestellt worden, zuletzt (1987) 647 Einwohner. Nach der Fortschreibung des Statistischen Landesamtes, die die Einwohnerzahl des Dorfes für 1993 mit 712 bezifferte, hält dieser Trend unverändert an. Dies weist angesichts fehlender örtlicher Industrie auf eine gesteigerte Attraktivität als Wohnort hin.

Konfessionelle und soziale Gliederung. – Wie in allen Orten des Verwaltungsverbandes beobachtet, zeigt auch die konfessionelle Struktur von Wittlingen, das als Rötteler Ort die Reformation erlebte, bis ins 19. Jh. keinerlei nennenswerte Veränderung, abgesehen davon, daß vereinzelt Katholiken nach 1825 (1825: 1; 1845: 3) im Dorf wohnten. Ihre Zahl stieg dann bis 1871 auf 18 an, d. s. 5,6% der Einwohner, pendelte sich hernach bei diesem Wert ein und wurde selbst durch die Verschiebungen der Nachkriegszeit (1961: 5,6% Katholiken) kaum verändert. Erst die 1960er Jahre brachten dann, bedingt durch die größere Bevölkerungsmobilität, auch eine größere Zunahme des Katholikenanteils, der 1970 12,4% erreichte. Seither, der Zusammenhang mit der gestiegenen Einwohnerzahl liegt auf der Hand, nahm auch der Katholikenanteil weiter zu. Er erreichte bis 1987 17,9%, während der Anteil der Protestanten noch 71,3% und derjenige der Sonstigen und Konfessionslosen beachtliche 10,8% betrug.

Bis zum Beginn des 20. Jh. war Wittlingen ein von seiner auskömmlichen klein- und mittelbäuerlichen Landwirtschaft geprägter Ort, der kaum Arme aufwies, dessen Jugend aber allmählich in die Industriebetriebe von Lörrach abzuwandern begann. Daß diese Entwicklung jedoch gerade erst einsetzte, verdeutlichen die Ergebnisse der Zählung von 1895, als von 161 Erwerbstätigen, das entsprach 56,3% der Einwohner, 121 in der Landwirtschaft, 25 in Industrie und Gewerbe, nur 3 in Handel und Verkehr arbeiteten sowie 12 einer anderen Erwerbstätigkeit nachgingen. Auf die Gesamteinwohnerschaft bezogen, ernährten sich nur 18,1% der Einwohner nach dem Hauptberuf des Ernährers nicht unmittelbar von der Landwirtschaft. Das Wählerverhalten (s. u.) deutet darauf hin, daß dieser Wandel bis zum Ende des Kaiserreichs voranschritt.

Um die Mitte des 20. Jh. hatte sich das Bild schon stark verschoben, so daß die auswärtige Tätigkeit im Produzierenden Gewerbe oder auf dem Tertiären Sektor immer wichtiger wurde und die überkommene Erwerbsform übertraf. Von 333 Einwohnern lebten 1950 nur noch 141 (= 42,3%) von eigener Tätigkeit im Primären Sektor der Wirtschaft. Bei der Volkszählung von 1961 waren es 29%, 1970 nur noch 13% der erwerbstätigen Bevölkerung, deren überwiegender Lebensunterhalt aus landwirtschaftlicher Tätigkeit herrührte. Gleichzeitig nahm die Bedeutung des Produzierenden Gewerbes als Beschäftigungsfaktor von 32% (1950) auf 35% (1961) und 44% (1970) zu. Die übrigen Bereiche erlebten dagegen nur eine relativ geringe Bedeutungssteigerung bis 1970. Zur Zeit der Volkszählung von 1987 waren nur noch 3,2% der Erwerbstätigen in der Land- und Forstwirtschaft beschäftigt. Der stärkste Bereich war das Produzierende Gewerbe mit 51,5%; immens gestiegen war aber die Bedeutung des Tertiären Sektors, in dem 44,8% der Beschäftigten ihren Lebensunterhalt verdienten.

Politisches Leben

Die Zeit des Wilhelminischen Reichs läßt in Wittlingen das in der Umgebung überall beobachtete Wählerverhalten erkennen: Mehrheiten der *Nationalliberalen* von 1868 bis zur letzten Wahl 1912. Die ursprüngliche Dominanz, die bei der Wahl von 1878 erstmals gefährdet zu sein schien – 40% der Wähler, wohl die starke pietistische Minderheit am Ort, votierten für die Konservativen – blieb bis zur Jahrhundertwende erhalten. Bei schwankender, verglichen mit anderen Orten relativ geringer Wahlbeteiligung, die oft unter 70% lag, erreichten die Freisinnigen bis zu etwa einem Viertel der Stimmen. Deutlich aber wird der auf die soziale Veränderung hindeutende Zuwachs der Sozialdemokraten, die 1912 fast 30% der Wittlinger Wähler hinter sich wußten. Die Nationalliberalen verteidigten damals im Bündnis mit den Linksliberalen ihre absolute Mehrheit mit 56% der Stimmen.

Bei meist noch niedrigeren Wahlbeteiligungen, die oft unter 50% lagen, schien sich zu Anfang der *Weimarer Zeit* die 1912 festgestellte Dreiteilung der Stimmen in Demokraten als Nachfolger von Freisinn und Nationalliberalen, Deutschnationale, die rechte Nationalliberale und Konservative beerbten, und Sozialdemokraten zu verfestigen. 1924 schien der Badische Landbund mit 72,4% allein Nachfolger der Nationalliberalen zu sein. Dann aber zersplitterten auch in Wittlingen eine große Zahl von Wählerstimmen. Die Badische Bauernpartei, die den Landbund in sich aufnahm, hielt sich mit 41,7% 1930 noch relativ gut; mit 15,5% für die NSDAP und 14,3% für die KPD begannen die Extreme aber bereits an Gewicht zu gewinnen. Der Zweikampf

Die Gemeinde im 19. Jahrhundert und in der Gegenwart

beider war im November 1932 eindeutig entschieden. Über 70% der Wittlinger Wähler votierten damals für Adolf Hitlers Partei.

Beim *demokratischen Neubeginn* fanden – typisch für die Umgebung – die Vertreter des Liberalismus Mehrheiten. Sie wurden jedoch schon bei der Landtagswahl 1952 von der SPD und bei der Bundestagswahl 1953 von der CDU und SPD überrundet. Es fällt übrigens auf, daß sich die allmählich zur stärksten Partei werdende CDU bei Landtagswahlen bis 1972 weit schwerer tat als bei Bundestagswahlen. Bei der Bundestagswahl 1972 hingegen gelang es der SPD gleichzuziehen, 1980 sogar einmal stärkste Partei zu werden. Bei der letzten Bundestagswahl von 1990 lag die CDU mit 35,5% wieder knapp vor der SPD mit 32,8%. Die Landtagswahlen nach 1972 endeten für die CDU – mit der Ausnahme von 1992, als die CDU 35,5%, die SPD 36,9% erreichte – mit relativen Mehrheiten. Das Aufkommen der Grünen ist 1980 zu beobachten. Sie verzeichneten seither deutliche Zugewinne und hatten ab 1984 – mit der Ausnahme der Bundestagswahl von 1990 – in Wittlingen sogar mehr Stimmen als die FDP. Andererseits ist auffällig, daß die Wahlbeteiligungen bei Bundestagswahlen mit 70–80% in der Regel deutlich höher liegen als bei Landtagswahlen mit ca. 60%. CDU und SPD sind im Rahmen des Verwaltungsverbandes Vorderes Kandertal (vgl. Bd. 1, S. 601) organisiert.

Wirtschaft und Verkehr

Land- und Forstwirtschaft. – Noch bis zur Mitte des 20. Jh. bildete die Landwirtschaft den ökonomisch wichtigsten Faktor in Wittlingen. Die landwirtschaftliche Nutzfläche wurde sogar vom Ende des 19. Jh. (1895: 163 ha) bis 1930 (180 ha) weiter ausgedehnt und hat sich nach einigen Schwankungen bis 1985 auf 142 ha eingependelt. Die Grünlandfläche nahm 1987 44 ha ein, die Ackerfläche betrugt 83 ha.

Die *Getreideanbaufläche*, die 1880 etwa die Hälfte des Ackerlandes einnahm (42 ha von 80) wurde nach der Jahrhundertwende auf fast zwei Drittel der Ackerfläche ausgedehnt. Das damals erreichte Ausmaß von 59 ha ist bis in die Gegenwart relativ konstant geblieben (1987: 52 ha). Weizen, 1880 auf 22 ha angebaut, ist nach wie vor wichtigste Körnerfrucht geblieben, seine Anbaufläche blieb die gleiche. Dies gilt heute auch wieder für die Sommergerste (1880: 14 ha, 1979: 12 ha), deren zeitweise auf mehr als 20 ha ausgedehnter Anbau seit etwa 1950 wieder im Rückgang begriffen war. Roggen- und Haferanbau spielten stets eine untergeordnete Rolle.

Bei den *Hackfrüchten* hat der Kartoffelanbau eine gewisse Tradition. Kartoffeln wurden bis zum ersten Drittel des 20. Jh. auf 7–8 ha gesteckt; die Fläche beträgt inzwischen weniger als die Hälfte. Nur der Futterpflanzenanbau, insbesondere Grün- oder Silomais, wurde in den letzten Jahren deutlich ausgedehnt. Allein zwischen 1971 und 1987 stieg die Anbaufläche von 13 auf 22 ha an.

Wichtiger als der *Weinbau*, der in Wittlingen 1880 50 Mg (ca. 18 ha) betragen hatte, 1927 aber nur noch 18 Mg (ca. 6,5 ha) und 1987 auf 2 ha zurückgegangen war, ist mit 6 ha (1987) der *Obstbau* geblieben. Der Ertrag, hauptsächlich Äpfel, wird überwiegend vermostet.

Veränderungsbewegungen in Wittlingen lassen sich recht deutlich an der Entwicklung der für das Dorf wichtigen *Viehhaltung* erkennen. So schien es in der 2. Hälfte des 19. Jh. durchaus als lukrativ, die Rinderhaltung auszudehnen. Die Stückzahl stieg von 194 (1855) bis 1880 auf 239 und hielt sich dann. In der Weimarer Zeit, verstärkt noch seit 1950, trat ein deutlicher Rückgang ein; die Zahl der Milchkühe nahm ab, die Gesamtzahl der Rinder sank bis 1988 auf 150, war also niedriger als Mitte des

19. Jahrhunderts. Wie bei der Rinderhaltung beobachtet, die 1988 nur noch bei 8 Betrieben festgestellt wurde, d. s. ⅔ weniger als Mitte der 1960er Jahre, so ging in diesem Zeitraum auch die Zahl der schweinehaltenden Betriebe deutlich zurück (von 31 auf 7). Der Schweinebestand erlebte einen verhaltenen Rückgang (1987: 117 gegen 1965: 195), der aber verglichen mit der Mitte des 19. Jh. noch immer eine erhebliche Steigerung darstellt. In beiden Bereichen der Tierhaltung ist der durchschnittliche Viehbestand je Betrieb deutlich angestiegen. Nur bei der Hühnerhaltung, die in Wittlingen im 19. Jh. von Bedeutung war, läßt sich in der Zahl der Betriebe, der Tiere und beim Durchschnittswert ein Rückgang feststellen.

Die *Größenstruktur der landwirtschaftlichen Betriebe* läßt im Zeitraum etwa der letzten 100 Jahre beachtliche Veränderungen erkennen. Während bis zur Mitte des 20. Jh. gleichbleibend etwa 50 Betriebe im Durchschnitt zwischen 3,3 und 3,6 ha bewirtschaftet hatten, führte die Tendenz zum größeren Betrieb bis 1979 – im Vorjahr war die 1965 begonnene Flurbereinigung von 198 ha LF beendet worden – schon zur Verdoppelung der durchschnittlichen Betriebsgröße (1979: 7,3 ha). Diese Tendenz hielt an, 1987 betrug die Durchschnittsgröße schon 9,6 ha. Unterdessen ging die Zahl der Kleinbetriebe deutlich zurück; andererseits konnten 1987 erstmals 3 Betriebe mit mehr als 20 ha LF registriert werden. Die sozialökonomische Betriebstypisierung von 1987 zeigt, daß sämtliche Betriebe mit weniger als 20 ha landwirtschaftlicher Nutzfläche im Nebenberuf bewirtschaftet wurden. 1987 waren noch die drei größten Betriebe im Haupterwerb bewirtschaftet worden, bis 1993 war davon nur noch einer übriggeblieben. Nahe der Grenze zu Rümmingen liegt der einzige, 1960 auf Wittlinger Gemarkung errichtete Aussiedlerhof; sein wirtschaftlicher Schwerpunkt ist die Rinderhaltung.

Wittlingen hat Anteil am Westrand des Rötteler Waldes. Über die Hälfte der Gemarkungsfläche (1992: 57%) sind überkommenerweise mit Wald bestanden (1850: 262 ha; 1992: 257 ha), wobei Laubhölzer schon immer überwiegen. Die Wälder befinden sich weitgehend in Privatbesitz (1992: 174 ha). Der Staatswald umfaßte 71 ha, der kommunale und Körperschaftswald nur 12 ha. Die Gemeinde wies 1987 zwei forstwirtschaftliche Betriebe auf.

Handwerk und Industrie. – Im bis in die jüngste Vergangenheit stark landwirtschaftlich geprägten Wittlingen, das bis heute keine Industrie aufweist, arbeiteten 1895 12 Personen in 7 gewerblichen Betrieben. Neben dem Müller auf der Bärenfelser Mühle (s. u., Geschichte), die bis 1970 in Betrieb war, tauchen Berufe wie Sattler, Flickschneider, Zimmermann, Schreiner und Wagner sowie 2 Schmiede auf. In der Zeit nach 1945 ist davon jedoch fast nichts mehr erhalten geblieben. Die gegenwärtige Situation verdeutlicht die untenstehende Tabelle.

Mit 55 Mitarbeitern (1987) größter gewerblicher Betrieb am Ort war die *Eugen und Klaus Lang GmbH*. Das 1961 gegründete Unternehmen fertigte im Bereich Stahlbau u. a. Hallenkonstruktionen, Abfangungen, Stahlgerüste sowie Sonderkonstruktionen aus Stahl, Aluminium und Edelstahl. Weitere Produktionsbereiche waren die Schlosserei und die Verschlußtechnik, die z. B. Brandschutztüren, Industrietore u. ä. herstellte. Das seit Gründung permanent expandierende Unternehmen, das 1985 einen Umsatz von 7,19 Mio DM erzielt hatte, was einer Steigerung von 22,3% gegenüber dem Vorjahr entsprach, ging 1993 in Konkurs.

Handel und Dienstleistungen. – Erwartungsgemäß war der gesamte Dienstleistungssektor in Wittlingen nie recht ausgeprägt. Lediglich ein auf Langholztransporte spezialisiertes Fuhrunternehmen, 1954 gegründet, fällt hier auf. Märkte kamen in Wittlingen nie auf; sie wurden vorwiegend in Kandern, z. T. auch in Lörrach besucht.

Die Gemeinde im 19. Jahrhundert und in der Gegenwart 875

Tab. 21: Das Handwerk 1992

Branche	Zahl der Betriebe	Beschäftigte	Umsatz
Baugewerbe	2	20	2,3 Mio. DM
Metall	3	20	3,9 Mio. DM
Holz	–	–	–
Textil/Leder/Bekleidung	–	–	–
Nahrung	–	–	–
Gesundheit/Körperpflege	–	–	–
Glas/Papier/Keramik und Sonstige	–	–	–
Gesamt	5	40	6,2 Mio. DM

Quelle: Handwerkskammer Freiburg

Die Versorgung mit Lebensmitteln, die nicht der eigenen Produktion entnommen sind, geschah in Wittlingen bis 1985 teilweise über ein kleines Lebensmittelgeschäft. Seither sind Einkaufsorte für alle Güter Lörrach und Weil am Rhein. – Die Bezirkssparkasse Lörrach-Rheinfelden unterhält eine stundenweise geöffnete Zweigstelle. An *Gaststätten* gab es um 1930 noch zwei, zuvor und bald danach im »Hirschen« nur eine. Dieses Hotel wies 1993 für den Ort beachtliche 40 Fremdenbetten auf.

Verkehr. – Das wichtigste Ereignis in der Verkehrsentwicklung des Ortes im 19. Jh. war der Anschluß an die Kandertalbahn, die 1894 den Ort erreicht hatte und fortan die Anbindung an Haltingen und Weil sowie an Kandern brachte. Die Gemeinde Wittlingen hatte dazu einen Beitrag von 1000 Mark entrichtet. Diese Schmalspurlinie wurde 1985 eingestellt und ist seither Museumsbahn. Der damit völlig auf die Straße umgeleitete Nord-Süd-Verkehr fließt über die L 134, die nächste Verbindung mit Kandern und Binzen, sowie – bei Rümmingen als L 141 abzweigend – mit der A 98. Verbindungsstraßen gibt es außerdem nach Schallbach und Haagen (Stadt Lörrach). Die Haagener Straße war 1940 aus strategischen Gründen errichtet worden. Im öffentlichen Personennahverkehr fahren täglich Busse der SWEG von Kandern über Wittlingen nach Basel und in umgekehrter Richtung.

Verwaltungszugehörigkeit, Gemeinde und öffentliches Leben

Verwaltungszugehörigkeit, Gemeindegebiet und -verwaltung. – In der Zeit vor 1813, dann wieder ab 1819 teilte Wittlingen seine Verwaltungsgeschichte mit den übrigen Orten des Verwaltungsverbandes. Nur in den beschriebenen sechs Jahren war Wittlingen dem Amt Kandern zugeteilt, das danach wieder aufgelöst wurde. Die Wittlinger Gemarkung umfaßt seit dem 19. Jh. unverändert 450 ha.

Die Verwaltung der Gemeinde weist die für das 19. Jh. zu erwartende Struktur auf. Neben Bürgermeister, Ratschreiber und Gemeinderechner gab es noch eine ganze Reihe weiterer Funktionen, z. B. Polizeidiener, Feld- und Waldhüter, Abdecker und Fleischbeschauer, Hebamme, Leichenschauer und Totengräber, Straßenwart und nach 1918 einen Brunnenmeister. meist ehrenamtlich versehen. Seit dem Anschluß an den *Gemeindeverwaltungsverband Vorderes Kandertal* 1972 (vgl. Bd. 1, S. 606 f.), der die meisten Verwaltungsaufgaben wahrnimmt, beschäftigt die Gemeinde neben dem ehrenamtlichen Bürgermeister nur noch eine Halbtagsangestellte. Verwaltungssitz ist das im 18. Jh. als Schul- und Rathaus errichtete Gebäude unweit der Kirche. Es wurde Mitte der 1980er Jahre umgebaut. Daneben befindet sich die Post, einzige nichtkommunale Behörde in Wittlingen, und die Sparkasse. Der Gemeinderat besteht aus 8 Mitgliedern.

Zum *Gemeindebesitz* gehören an Gebäuden außer dem Rathaus das Schulhaus, das Feuerwehrgebäude, ein Leichenraum, das Post- und Sparkassengebäude sowie der 1985 gebaute Gemeindesaal, die Einrichtungen zur Wasserversorgung, besonders der Hochbehälter am Haaracker, Straßen und Wege sowie ca. 1 ha Wiesen, 3,5 ha Wald und 1,3 ha Ödland, früher als Bauschuttdeponie genutzt.

Ver- und Entsorgungseinrichtungen. – Die *Freiwillige Feuerwehr* wurde 1839 gegründet. Sie stellte 1993 einen Löschzug aus 35 Mitgliedern. Das ganze 19. Jh. hindurch wurde in Wittlingen während der Sommerzeit Wassermangel beklagt. Der Bau einer Hochdruckleitung um 1904 minderte diesen Mißstand. Es dauerte bis zur Mitte des 20. Jahrhunderts, bis alle Häuser angeschlossen waren. Inzwischen hatte sich aber bereits wieder gezeigt, daß die Schüttung der Quellen nicht ausreiche. Erst seit dem Anschluß an den Wasserverband Südliches Markgräflerland 1976 sind die Schwierigkeiten bei der Wasserversorgung des Ortes beseitigt. In der Zwischenzeit sind auch alle Häuser an die örtliche Kanalisation angeschlossen, die in das Netz des Abwasserverbandes Unteres Kandertal einspeist. Die Müllentsorgung geschieht wöchentlich über eine Privatfirma zur Deponie Scheinberg.

Wittlingen ist seit dem Anfang des 20. Jh. mit *Elektrizität* versorgt. 1904 wurden die ersten elektrischen Straßenlampen aufgestellt. Ursprünglich wurde Strom über die in Haltingen (s. Weil am Rhein) ansässige Zulieferfirma Elektra Markgräflerland bezogen. Seit deren Zusammenschluß mit den Kraftübertragungswerken Rheinfelden 1936 versorgt das Erzeugerwerk alle Haushaltungen direkt.

Die *ärztliche Betreuung* geschieht von Wollbach, Lörrach, Haltingen, Binzen und Kandern aus. Stationäre Behandlung findet die Wittlinger Bevölkerung in den Krankenhäusern in Lörrach und Rheinfelden, in besonderen Fällen auch in Freiburg oder Basel. Im Ort befindet sich eine Kranken- und eine Krankenpflegestation. – Der ummauerte Wittlinger *Friedhof* hat bis heute seinen überkommenen Platz hinter der Kirche behalten.

Kirche und Schule. – Die ev. Pfarrei Wittlingen geht in ihrem Entstehen auf die Reformationszeit zurück. Sie wird seit 1940 zusammen mit der Pfarrei Schallbach von einem Pfarrer betreut. Die Katholiken waren bis zur Gründung der Haltinger Kuratie 1938 (heute Pfarrei) nach Kandern eingepfarrt.

Das alte Schul- und Rathaus des 18. Jh. (s. o.), in dem auch die Lehrerwohnung, nach der Jahrhundertwende sogar eine kleine Schülerbibliothek untergebracht war, blieb bis 1963 in Gebrauch. In diesem Jahr wurde ein neues Gebäude mit 4 Klassenräumen eingeweiht. Nach der Gründung des Verwaltungsverbandes Vorderes Kandertal wurde die Grund- und Hauptschule für alle Mitgliedsgemeinden in Binzen zentralisiert. Im Wittlinger Schulgebäude sind seither 2, zuweilen 3 Grundschulklassen untergebracht. Die in der Regel etwa 50 Schüler werden von 2 Lehrern unterrichtet. Für die Betreuung der Kleinkinder wurde 1972 die Spielstube Wittlingen, ein eingetragener Verein, gegründet.

Sportstätten und Vereine. – Der Fußballplatz mit dem danebenliegenden Hartplatz ist das Zentrum der sportlichen Aktivitäten des Ortes. Die Anlage wird vorwiegend vom 1954 gegründeten Fußballclub Wittlingen, der (1993) 315 Mitglieder auch aus den umliegenden Orten zählte, genutzt.

Ältester der übrigen drei Vereine, deren Mitglieder fast durchweg aus Wittlingen kommen, ist der Gesangverein Eintracht, dessen Gründung ins Jahr 1844 zurückreicht. Er zählte 1986 110 Mitglieder. Sozialen Anliegen widmet sich der Evangelische

Frauenverein, der 1927 entstand (1993: 98 Mitglieder). 1978 wurde der Wittlinger Fasnachtverein, die Chürbseclique, gegründet; der damit jüngste Wittlinger Verein hatte 1993 190 Mitglieder.

Strukturbild

Wie alle umgebenden Orte war Wittlingen im 19. und noch weit ins 20. Jh. hinein ein landwirtschaftlich geprägter Ort, dessen Bevölkerung sich aber nach 1890 in zunehmendem Maße industrieller Beschäftigung bzw. gerade in jüngster Zeit vermehrt der Beschäftigung im Tertiären Sektor zuwandte.

Der Wandel wurde durch das größer gewordene Wohnungsangebot und daraus resultierendem Zuzug nachhaltig gefördert. Die Zahl der Auspendler, die vorwiegend in Lörrach, Weil am Rhein und Grenzach sowie zum Teil auch in Basel arbeiten, war bis 1987 auf 321 (1961: 94) angestiegen; es pendelten nur 64 (1961: 11) Erwerbsuchende nach Wittlingen ein.

Unverändert hingegen blieb in weiten Stücken die zentralörtliche Orientierung der Wittlinger Bevölkerung, die vorwiegend in Lörrach und Weil am Rhein, zum Teil auch in Kandern einkauft und deren Kinder in den beiden größeren Städten die weiterführende Ausbildung erfahren. Bei stationären Krankenbehandlungen tritt Rheinfelden neben Lörrach. Lediglich hinsichtlich einiger kommunaler Verwaltungsfunktionen und als Standort der Hauptschule hat der Sitz des Verwaltungsverbandes, Binzen, seit 1972 Bedeutung gewonnen.

Das allmähliche wirtschaftliche Erstarken des Ortes in der jüngsten Vergangenheit läßt sich an der Entwicklung der Gemeindefinanzkraft ablesen, die 1992 durchaus mit den übrigen drei kleineren Gemeinden des Verwaltungsverbandes – Fischingen, Rümmingen und Schallbach – verglichen werden kann. Mit knapp 600 000 DM lag das Gesamtsteueraufkommen zwar deutlich höher als zu Beginn des vergangenen Jahrzehnts (1980: 313 000), war aber insgesamt immer noch relativ niedrig. Vor allem der Gewerbesteueranteil, 1985 mit 48 000 DM noch 12,5% am Gesamtsteueraufkommen, war 1992 mit nur 52 000 DM anteilig weiter zurückgegangen. Im gleichen Zeitraum ist die Steuerkraft je Einwohner von 256 DM (1970) bis 1980 auf 504 DM angestiegen. Dieser Wert lag 1988 bei 921 DM, 1992 bei 1238 DM und damit etwa gleich hoch wie in Eimeldingen.

Während in den 1970er und 1980er Jahren die Notwendigkeit zur Fremdmittelfinanzierung sichtbar größer geworden war, so daß der Schuldenstand auf den Einwohner berechnet 1988 mit 1089 DM deutlich über die Werte der vorausgegangenen Jahre hinausging, betrug die Verschuldung der Gemeinde 1992 nominell nur noch 866 DM pro Einwohner. Sie ist aber tatsächlich weiter leicht angestiegen, was deutlich wird, rechnet man die anteilige Verschuldung aus den Belastungen des Verwaltungsverbandes, des Wasser- und des Abwasserverbandes hinzu, die 1992 zusammen 555 DM pro Einwohner ausmachten.

Wichtigste Ursache für die Verschuldung der Gemeinde waren die Investitionen der vergangenen Jahre, z. B. der Ausbau der Gemeindehalle, des Post- und Sparkassengebäudes, die Rathausrenovierung, der Bau des Mannschaftsraums für die Feuerwehr, die Neuanlage von Gehwegen und die Erneuerung der innerörtlichen Straßen. Größtes Investitionsvorhaben war unterdessen die Trennung der Mischkanalisation, so daß Schmutz- und Oberflächenwasser jetzt getrennt abfließen. Für 1994 war die Sanierung des 1965 errichteten Schulhauses eingeplant.

C. Geschichte

Ur- und Frühgeschichte. – Einzeln gefundene Steinbeile in den Fluren »Heißgeländ« und »Bodenacker« belegen die Anwesenheit des *neolithischen Menschen*, der im Kandertal gute Bedingungen vorfand. Jüngere prähistorische Perioden fehlen wohl nur zufällig. Auf römische Besiedlung weist eine Sigillatascherbe, die leider nicht genau zu lokalisieren ist. Die frühere Vermutung, daß die »Hohe Straße« in römischer Zeit angelegt worden sei, ist durch einen Profilschnitt an der Landstraße Haagen-Wittlingen unhaltbar geworden. Diese Straße datiert eindeutig erst in hochmittelalterliche Zeit.

Außer in Wittlingen selbst, das nach der Namensform zu den jüngeren alemannischen Dörfern zählt, gab es offenbar noch eine *frühmittelalterliche Siedlung* im Gewann »Z'Marten«, das an die hier einstmals errichtete karolingische (?) Kirche des hl. Martin erinnert. Die bisher aus diesem Areal geborgenen Funde sind als deutlicher Siedlungsniederschlag zu bewerten. Auf eine weitere, nicht mehr vorhandene Siedlung weisen Plattengräber aus Sandstein, die seit dem 19. Jh. im Gewann »Auf dem Rain« (südwestlich des Ortes an der Gemarkungsgrenze nach Schallbach) bekannt sind.

Siedlung und Gemarkung. – Die vorgeschichtlichen Funde auf der Gemarkung und im Ortsbereich lassen eine Siedlungskontinuität wenigstens seit der Römerzeit vermuten. Das heutige Dorf geht jedoch auf eine merowingerzeitliche Siedlung zurück. Es wird erstmals 874 als *villa Witringhove*, zusammen mit der gleichnamigen Mark, urkundlich erwähnt. Der wohl von einem Personennamen abgeleitete Ortsname erscheint in der Folge in verschiedener Form: 1275 als *Witelichon*, 1286 *Wettlingen*, noch 1508/09 *Wittlikeim* bzw. *Wyttligkheym*, bis sich nach dem 16. Jh. durch Verschleifung die -ingen-Form durchsetzte. Von den auf der Gemarkung abgegangenen Siedlungen könnte die bei der ehemaligen Martinskirche den Namen *Cresheim* getragen haben, der sich 1206 nachweisen läßt. Sowohl die Namensendung auf -heim wie das Patrozinium weisen auf eine merowingerzeitliche Entstehung unter fränkischem Einfluß hin.

Das Dorf bestand zunächst wohl aus einem Hofgut, zu dem früh eine Kirche und, wahrscheinlich im Hochmittelalter, eine kleine *Burganlage* kamen. Es war nie sehr groß, trotz eines gewissen Wachstums durch allmählichen Ausbau der zwischen Hof- und Kirchenbereich gelegenen Flächen. Selbst um 1740 zählte man dort nur 47 Häuser. Infolge der veränderten Herrschaftsstrukturen änderten sich auch die Verkehrswege, so daß Wittlingen Ende des 18. Jh. an »keiner befahrenen Straße« gelegen war. Auch die Verbindung nach Wollbach wird 1781 nur als »Kommunikationsweg« bezeichnet. Trotz der damals abgelegenen Lage ist das Dorf von allen *Kriegsereignissen* betroffen worden, die diese Gegend erleiden mußte. Die beiden Steinbrücken auf der Straße nach Schallbach wurden 1767/68 errichtet.

Herrschaft und Staat. – Die frühen Herrschaftsverhältnisse liegen im Dunkeln. Die Schenkung von 874 an Kloster St. Gallen mag auch Rechte eingeschlossen haben, zumindest könnte man angesichts der Niedergerichtsrechte des Basler Bistums noch im 15. Jh. darauf schließen. Nachdem aber die genannte Schenkung mit einem Rückkaufsrecht der Schenkererben verbunden war, ist nicht einmal sicher, ob St. Gallen seinen Wittlinger Besitz hat lange halten können. Ungeklärt ist auch die Herkunft der im 12. und 13. Jh. in den Zeugenlisten erscheinenden *Herren von Wittilenchouen*, die möglicherweise nach Wittlekofen (Lkr. Waldshut) gehören. Lediglich der 1215 erwähnte Rudolf von Witelichon könnte von Wittlingen gekommen sein.

Eine von einem Wassergraben umgebene *Burg* stand in Kirchennähe auf der höchsten Stelle des alten Dorfes. Ihre Erbauer und ursprünglichen Bewohner sind unbekannt

(Herren von Bärenfels?), seit dem 16. Jh. wurde sie nachweislich von Ortsansässigen bewohnt. Ihre Reste sind in dem häufig umgebauten Haus Nr. 23 noch zu erkennen, der zugehörige Graben ist erst 1896 zugeschüttet worden. Erhalten haben sich die Flurnamen Burgacker (1506) und Burggarten (1716), beide in der näheren Umgebung der Michaelskirche zu finden.

Der Ort, ursprünglich wohl ein bischöflich-Basler Lehen, war spätestens seit Beginn des 16. Jh. völlig in markgräflicher Hand. Die Rötteler Burgvogtei bezog 1514/15 alle Steuern und herrschaftlichen Abgaben. Wittlingen war der Mittelpunkt einer kleinen, aus dem Ort selbst, Rümmingen und Schallbach bestehenden *Vogtei* und Gerichtsort. Im 16. Jh. saß hier ein markgräflicher Obervogt, meist ein Angehöriger des aus dem Bürger- oder Bauernstand aufgestiegenen Beamtenadels. Im 17. Jh. unterhielt Rötteln hier einen Schatzungseinnehmer. Spätestens im 18. Jh. war es üblich, daß die drei Orte, welche zusammen nach wie vor nur ein Gericht bildeten, die Sitzungen wechselweise in einem der Dörfer abhielten, Stabführer war der jeweils dienstälteste Vogt. Jedes der drei Dörfer stellte vier Richter. Damals wurde auch die Jahrsteuer, die im 16. Jh. allein von Wittlingen erhoben worden war, von jedem der drei Dörfer gesondert eingezogen. Der Gerichtsschreiber war gemeinsam. Der Vogt selbst, hier seit 1467 (1376?) nachzuweisen, war im 16. Jh. steuer- und fronfrei, durfte vier Schweine kostenfrei in den Äckerich treiben und nutzte ein Fischwasser gegen eine herrschaftliche Gebühr. Vogt und Geschworene werden 1571/72, Vogt, zwei des Gerichts und ein Geschworener 1700 erwähnt.

Wittlingen gehörte zum Rötteler Viertel und bis zum Beginn des 19. Jh. zum Amt Kandern, 1809 zur Einnehmerei Sausenberg. Im gleichen Jahr wurde der Ort dem Amt Lörrach zugeteilt.

Grundherrschaft und Grundbesitz. – *Kloster St. Gallen* verlieh 874 Besitz unbekannter Größenordnung, der ursprünglich Rantwic gehört hatte und von diesem auf Maneliub übergegangen war. Dieser hatte zusammen mit seinen Söhnen Erlachar und Hartchnuz alles dem Kloster geschenkt und es von diesem wieder zu Lehen erhalten. Der jährliche Zins war der Kirche in Mappach zu entrichten. Da die Schenkungsurkunde ein Rückkaufsrecht durch die Erben der Schenker enthielt, besteht die Möglichkeit, daß davon Gebrauch gemacht worden ist. Jedenfalls ist später von St. Galler Besitz nicht mehr die Rede.

Im Spätmittelalter teilten sich verschiedene *Basler Institutionen* in den örtlichen Grundbesitz. Begütert war (noch 1807) vor allem das Große Almosen, dem 1769 Einkünfte aus 10 Tragereien von zusammen über 80 J (24/25 ha) samt Haus und Hof zustanden. Weitere Zinse bezogen das dortige Spital (1570), die Deutschordenskommende (1656, um 1740) und Kl. Klingental. Einige Äcker gehörten 1515 zum Gut des Kl. Gnadental in Binzen. Güter, welche zur Burg Binzen gehörten, damit also bischöflich-baslische Lehen waren, verkaufte 1404 Junker Burkhart Goltz an die Herren von Grünenberg, die Ortsherren in Binzen. Abgesehen von diesen sind noch Kl. Ottmarsheim zu nennen, das 1657 Einkünfte aus Wittlingen bezog, und die Johanniterkommende in Neuenburg, welcher 1286 die Eheleute Johann und Anna Murer von Mauchen Güter übertrugen. Grete von Nortschwaben, Ehefrau des Burkhart Stazze, verfügte bis 1376 über eine örtliche Gült.

Die *Burgvogtei Rötteln* muß ebenfalls früh hier Grundbesitz gehabt haben. Im 16. Jh. gehörten ihr die sogenannten Neffischen Güter. Ferner verlieh sie die örtliche Mühle, zu welcher 1786 veräußerte Waldungen im Wollbacher Forst gehörten. Seit 1643 war sie ein Freisitz des Badenweiler Oberamtmannes Philipp Anton Faber, der sie von Peter Kromer erworben hatte. Von Faber erwarb sie Hofprediger M. Antoni Heilbrunner, um 1650 war sie im Besitz der Pfarrer M. Abraham Stein und Friedrich Stein. Vor 1700 gelangte sie in den Besitz der *Familie von Bärenfels*. Hannibal Friedrich von Bärenfels überließ sie 1746 schuldenhalber dem Reichsposthalter in Müllheim, Georg Adolf Heidenreich, zu Unter-Erblehen. Verhandlungen mit der markgräflichen Herrschaft, die Mühle zurückzunehmen, führten zu nichts, sie fiel 1779 mit dem Tode des damaligen Leheninhabers wieder an die Herrschaft zurück.

Eigenbesitz der Einwohner ist in seinem Umfang vor dem 19. Jh. nicht zu ermitteln. Der Wald wird 1781 jedoch als privat bezeichnet (bereits 1513 gab es eine Waldordnung). Er unterstand jedoch herrschaftlicher Aufsicht und ohne deren Erlaubnis durften keinerlei Maßnahmen durchgeführt werden.

Gemeinde. – Eine Gemeinde im eigentlichen Sinn hat es auch hier nicht gegeben. Den Ort verwalteten der herrschaftliche Vogt und die Richter. Diese allerdings konnten im 16. Jh. Hirten und Bannwart wählen und vereidigen. Ein Wappen ist um die Mitte des 18. Jh. bezeugt, das einen Turm mit spitzem Dach und dem Buchstaben W zeigte. Alle die Gemeinde betreffenden Urkunden besiegelte jedoch bis nach 1800 das Landgericht zu Rötteln.

Die Gemeinde war arm. Allmenden werden 1662 erwähnt; sie wurden stückweise in der 2. Hälfte des 18. Jh. veräußert, um den Verpflichtungen nachkommen zu können, gelegentlich wurde der Erlös auch angelegt. Im 16. Jh. waren der Bauernschaft die Neffischen Güter von der Herrschaft geliehen gewesen. Ein Beholzungsrecht stand der Gemeinde im Rötteler Herrschaftswald zu, wohin wohl auch die Schweine getrieben wurden. 1781 gab es keine »Commungüter« mehr. Im selben Jahr verfügte Wittlingen noch über keine Feuerspritze, lediglich eine Anzahl von Feuereimern war vorhanden, weitere 6 sollten damals angeschafft werden. Den wenigen Einnahmen standen zum Teil große Belastungen entgegen, die über Umlagen aufgebracht werden mußten. Deshalb erstaunt es nicht, daß die Gemeinde in den Jahren zwischen 1700 und 1706 größere Auseinandersetzungen mit Herrn von Bärenfels hatte, der sich unter Hinweis auf den Status seines Freigutes weigerte, die allgemeinen Unkosten und Belastungen mitzutragen.

Kirche und Schule. – Auch die Patrozinien der beiden Kirchen, Martin und Michael, sprechen für ein hohes Alter des Ortes und für fränkischen Einfluß bei der Christianisierung. In Wittlingen bestand spätestens 1275 eine Pfarrei, die zum Dekanat Wiesental gehörte und deren Kirche dem hl. Michael (1530) geweiht war. Das Präsentationsrecht stand seit dem 15. Jh. dem Markgrafen zu, der es gelegentlich durch seine Beamten ausüben ließ. Der Besitz der Kirche, der vor der Reformation nicht unbeträchtlich gewesen sein dürfte, wurde 1571/72 durch 2 Kirchmeier verwaltet, die von Vogt und Gericht gewählt wurden, wie übrigens auch der Sigrist. Zwischen dem 15. und 17. Jh. mehrte die Kirche ihr Vermögen durch Darlehensvergabe. Dennoch war ihr Grundeigentum im 17. Jh. nicht mehr bedeutend: 1662 erhielt sie Zinse aus einem Haus, etwas Reben und Gärten und 3 J Ackerland. Beträchtlich allerdings waren ihre Zehneinkünfte. Im 17./18. Jh. bezog sie den Zehnten aus 65 J im Schallbacher, je 26 J im Rümminger und Wollbacher und 4 J im Binzener Bann, die erst in den 1830er Jahren abgelöst wurden, während die Bodenzinse bereits 1824/25 bereinigt worden waren. Das Einkommen des Pfarrers bestand im 18. Jh. im wesentlichen aus Zehnteinkünften, welche ihm die Herrschaft und Stift St. Alban zur Verfügung stellten. Den Heuzehnten bezog er für die Haltung des Wucherviehs.

Die Fundamente des Vorgängerbaus der heutigen, 1774 nach Plänen von Wilhelm Jeremias Müller neu errichteten Kirche wurden 1956, anläßlich des Einbaus einer Heizung, gefunden. Darunter befand sich ein älterer, quadratischer Bau. Die frühere, im Kern gotische Kirche war im 17. Jh. verschiedentlich repariert und wohl auch umgestaltet worden. Die Baulast hatte, ebenso wie am 1721 neuerrichteten Pfarrhaus, zu drei Viertel die Geistliche Verwaltung Rötteln, zu einem Viertel St. Alban. Eine Glocke wurde 1773 angeschafft (Glockengießer Rost), 1805 konnte die Orgel aus der Kapelle des markgräflichen Hofes in Basel für die Kirche erworben werden.

Die Fundamente der außerhalb des Ortes gestandenen, längst abgegangenen *St. Martinskirche* wurden 1958 aufgefunden, an sie erinnert noch der Flurname *Z'Marten*. Mit ihr war eine Kaplaneipfründe verbunden, deren Präsentation anscheinend schon im 14. Jh. der Basler Stadtadelsfamilie Schaler zustand, die auch einen um 1472 mit der Familie Reich von Reichenstein darum ausgetragenen Streit für sich entschied. Margarete und Verena Schaler schenkten den Kirchensatz 1471 an das Basler Stift St. Alban, das die Kaplanei 1477 inkorporierte. Bis 1488 scheint die Pfründe dann aufgegeben worden zu sein, künftig wurde der Pfarrer von St. Michael verpflichtet, hier wöchentlich eine Messe zu lesen und Kirchweih zu halten. Von einer *capella mortuum* ist 1493 die Rede, 1508 wird St. Martin als *ecclesia mortua* bezeichnet. Angeblich sollen dorthin noch Wallfahrten stattgefunden haben, die wohl spätestens mit dem 30j. Krieg, wenn nicht schon in der Reformation ihr Ende gefunden haben.

Neben ablösigen Zinsen, welche 1662/1718 als Einkünfte der Kapelle erwähnt werden, bezog sie vor allem Zehnten. Aus den umliegenden Orten standen ihr 1772 die Zehnten von 19 J im Rümminger und 17 J im Schallbacher Bann zu, in Wittlingen hatte sie ⅕ des Großzehnten und die Hälfte des Weinzehnten bezogen. Die restlichen ⅘ des Groß- und die Hälfte des Weinzehnten standen der Herrschaft zu, welche erstere dem Pfarrer zu Einkommen überließ, zu dem auch St. Alban aus seinem Fünftel beitrug.

Es heißt, zunächst seien die Wittlinger Kinder in der Röttler Schule unterrichtet worden. Eine eigene *Schule* ist seit 1693 nachzuweisen. Ein Lehrer unterrichtete von Martini bis Fasnacht zwischen 15 und 20 Kinder (1714: 30). Dafür erhielt er wöchentlich von jedem Kind 3 Rappen und bezog die Einkünfte des Sigristenamtes. Im Äckerich hatte er 2 Schweine frei. Der Schulmeister unterrichtete im eigenen Haus, bis die Gemeinde 1771 ein Gebäude ankaufte und zum Schulhaus umbaute, das dafür notwendige Kapital wurde durch Umlagen aufgebracht. Es war, wie allgemein üblich, von der Schatzung befreit. Erst 1832 wurde es durch einen Nachfolgebau ersetzt.

Bevölkerung und Wirtschaft. – Entsprechend der Größe des Ortes hielt sich auch die *Einwohnerzahl* in Grenzen. Die gesamte Vogtei zählte 1571/72 113 Ehen, was, da alle drei Orte in etwa gleich klein waren, eine Einwohnerzahl von ca. 150 annehmen läßt. Ende des 17. Jh. läßt sich ein Bevölkerungsstand von ca. 160 annehmen, bis zum Ende des 18. Jh. war, mitbedingt durch (unfreiwillige) Bürgerannahmen, die Einwohnerzahl auf etwa 240 angewachsen (1714 bewohnten den Ort 56 Ehepaare und 30 Schulkinder, um 1740 243, 1757 250 Personen). Sie waren bis Ende des 18. Jh. Eigenleute der Herrschaft, welche seit 1365/68 auch über die bischöflich-baslischen Eigenleute, die sogenannten Frauenleute, verfügte, die sie jedoch über die Territorialleibeigenschaft an sich gebunden hatte. Im 16. Jh. sind die Leistungen verzeichnet, die damit verbunden waren: jedes Haus gab jährlich ein Huhn, im Todesfall war das Besthaupt bzw. das Bestkleid abzugeben. Innerhalb der badischen Lande herrschte Freizügigkeit, in die Basel einbezogen war. In den mörderischen Kriegen sind immer wieder Einwohner nach Basel geflüchtet, besonders im 30j. Krieg. Der wirtschaftliche Status der Einwohner läßt sich kaum für jedes Jahrhundert festlegen. Ende des 18. Jh. scheint das Leben in Wittlingen hart, aber ausreichend gewesen zu sein. Die Gemeinde hatte keine Hausarmen aufzuweisen und Gassenbettel kam zwar vor, aber nicht allzu häufig. – Die ärztliche Versorgung oblag Ende des 18. Jh. dem Schulmeister, der gleichzeitig das Gewerbe eines Chirurgen ausübte. Die Hebamme hatte im 18. Jh. ein Schwein im Äckerich frei.

Ihren Lebensunterhalt bezogen die Wittlinger ausschließlich aus der *Landwirtschaft*, die durch schwere Böden und frostanfällige Lagen, was vor allem den Reben zu schaffen machte, erschwert wurde. Angebaut wurde überwiegend Getreide, im allgemeinen Dinkel, daneben Hafer und Roggen, 1781 wird auch der Anbau von Kartoffeln erwähnt. Die Ackerfläche war auf die drei Zelgen *gegen Rötteln, gegen dem Käferholz* und *gegen denen Eckhürsten* (1748) verteilt. Die Wirtschaftsfläche gliederte sich um 1740 wie folgt: Äcker 218½ J (61 ha = 55%), Matten 120¾ J (33½ ha = 31%), Gärten 24½ J (7 ha = 6%), Reben 22¾ J (6¼ ha = 6%), Hanfbünden 5 J (1¼ ha = 1%) und Wald 5¼ J (1½ ha = 1%). Davon waren 46 J (knapp 13%) in Händen von Einmärkern, wogegen die Wittlinger Reben im Rümminger Bann kultivierten. Im 18. Jh. häufen sich die Nachrichten, wonach immer wieder Reben, vor allem die frostgefährdeten, ausgehauen wurden und das Land statt dessen zum Anbau von Gartengewächsen genutzt wurde.

Auch über die *Viehhaltung* gibt es nur wenig Angaben. Das Dehmenrecht des Vogtes 1571/72 (4 Schweine im Äckerich frei) spricht für eine nicht unbedeutende Schweinehaltung. Gerade diese war jedoch insgesamt rückläufig, vor allem, nachdem die Waldweide im Interesse des Waldes immer mehr zurückgedrängt wurde. Ende des 18. Jh. heißt es, die Leute seien nicht zu bewegen, Schweine zu halten, da sie der Meinung seien, der Schaden übersteige den Nutzen. Dies, obwohl sich der Pfarrer bereit erklärte, zum Stier auch einen Eber zu halten, sobald jemand Mutterschweine anschaffen würde. Hingegen florierte im 18. Jh. die Rinderhaltung, wobei der Schwerpunkt auf der Milcherzeugung lag. Als Zugvieh werden 1700 19 Pferde und 14 Ochsen genannt. Bis 1781 war die Stallfütterung völlig eingeführt, es gab keine Weiden mehr. Dies hatte einen verstärkten Anbau von Futterpflanzen zur Folge, der sich im wesentlichen auf Kleeanbau konzentrierte (ca. 15 J = 3¾ ha), wogegen Luzerne und Esparsette abgelehnt wurden, um die Wildschäden, unter denen der Ort ohnehin zu leiden hatte, nicht noch zu vergrößern. Übrigens werden zu 1514/15 Gänseabgaben aufgeführt.

Das *Gewerbe* war ohne zusätzliche Landwirtschaft nicht lebensfähig. Es ist auch nicht allzu zahlreich vertreten. Es soll hier Hafnereien gegeben haben, eine Brauerei und eine Schmiede ist nachgewiesen. Ein Weber und ein Schreiner sind für 1656 bezeugt. Eine Gemeindewirtschaft wurde erst Ende des 18. Jh. eingerichtet, deren Wirt jährlich durch das Los bestimmt wurde.

Das einzige Handwerk, das sich hielt, war das des Müllers. Allerdings war die örtliche *Mühle* (erwähnt 1506ff), ein markgräfliches Lehen, früh zur Sonderausstattung verdienter markgräflicher Beamter verwendet worden. Es handelte sich um eine Mühle mit 2 Mahlgängen und einem Gerbgang. Ihr Zubehör umfaßte 1748 neben 2 Häusern, Scheuer, Stallungen, Kraut- und Baumgarten über 52 J (ca. 15½ ha) und war zu 22000 fl angeschlagen. Nach dem Heimfall an Rötteln wurden größere Reparaturen notwendig. Ende des 18. Jh. erfolgte der Anbau einer Gerstenrendel, schließlich wurde die bisher niederschlächtige Mühle in eine oberschlächtige verwandelt. Wie fast alle Mühlen des Gebietes konnte sie nicht ganzjährig betrieben werden, da sie immer wieder unter Wassermangel litt. – Industrie scheint es keine gegeben zu haben. Einem 1767 an die Herrschaft gerichteten Gesuch des Indiennedruckers Weber aus Hüsingen, hier eine Baumwolldruckerei einrichten zu dürfen, wurde zwar entsprochen, das Unternehmen scheint jedoch nicht zustandegekommen zu sein.

Quellen und Literatur

Quellen gedr.: FDA 1 (1865) S. 199; 5 (1870) S. 87; 24 (1895) S. 215; 35 (1907) S. 81. – REC Nr. 13946. – RMB 1 Nr. h 680, 689. – SGUB 2 Nr. 579. – ZGO 17 (1865) S. 113–116; 18 (1865) S. 478; 30 (1878) S. 225; 37 (1884) S. 112; 42 (1888) S. m86.
Quellen ungedr.: StA Basel, Urkunden St. Clara Nr. 178; Kirchen- und Schulgut R 34, 1–3, 35; Klosterarchive St. Alban EE 67, Gnadental E, Klingental HH 101; Almosen H 9, 1–6. – GLA 11/ Nr. 2235, 5189; 18/Nr. 548; 19/Nr. 1106; 20/K. 105; 21/Nr. 359, 711/12, 2358, 5115, 5117, 5177, 6177, 6440, 6743, **8140–50**, 8184; 44/Nr. 553; 65/**565f.** **1947ff.**; 66/3715, 3718, 7109, 7563/64, 7567/68, **9848–57**; 67/101; 72/v. Bärenfels; 120/424, 818; 159/38; 229/9501, 22617, 22625, 22651, 23731, 38037, 39015, 67771, 77244, 81576, 88465, 88486, 92030/31, 92049/50, 92062, 94472, 100888, 106422, **115315–68**, 117472; 391/14095, **42468–67**. – GA Wittlingen (Inv. masch. 1956). – PfA Wittlingen (Übers. in: ZGO 37 ⟨1884⟩ S. 118).
Literatur: *Eble*, Eugen, Ortssippenbuch Wittlingen. Grafenhausen 1966. – *Schülin*, Fritz, Mühlen im vorderen Kandertal. Die Bärenfelser Mühle zu Wittlingen. In: Das Markgräflerland 1/2 (1978) S. 18f.
Erstennungen: Ort 874 (SGUB 2 Nr. 579). – Kirche 1275 (FDA 1 ⟨1865⟩ S. 199) – Patrone Michael 1530 (GLA 21 Nr. 8143) und Martin 1472 (REC 13946).

Zell im Wiesental

3612 ha Stadtgebiet, 6539 E. (31.12.1990, 1987: 6183)

Wappen: In Rot ein mit vier blauen Wellenfäden belegter silberner (weißer) Balken.
In das österreichische Bindenschild wurden die Wellenfäden – Symbol für die Lage der Stadt an der Wiese – eingefügt. Diese Wappenform ist seit 1975 gebräuchlich. Seither wird das zuvor verwendete Oberwappen mit den Schwanenhälsen (aus dem Wappen der Herren v. Schönau), die drei ineinanderverschlungene Ringe in den Schnäbeln halten, weggelassen.

Gemarkungen: Adelsberg (452 ha, 240 E.) mit Adelsberg (Oberdorf), Adelsberg (Unterdorf) und Blauen; Atzenbach (367 ha, 832 E.); Gresgen (706 ha, 423 E.); Mambach (447 ha, 411 E.) mit Mambach, Baumwollspinnerei, Bergklause (Maria Frieden), Mühlschau, Saufert und Silbersau; Pfaffenberg (382 ha, 126 E.) mit Pfaffenberg, Helblingsmatt, Hollbühl (Biegematthof) und Käsern; Riedichen (316 ha, 199 E.) mit Riedichen, Gaisbühl, Grüneck und Hütten; Zell im Wiesental (940 ha, 3952 E.) mit Zell im Wiesental, Oberer Henschenberg und Unterer Henschenberg.

A. Naturraum und Siedlung

Natürliche Grundlagen. – Umgeben von einem Kranz steil aufsteigender Mittelgebirgskuppen mit Höhen zwischen 600 m und 1077 m ü.d.M. liegt die Stadt Zell im Wiesental in der letzten großen Talweitung der Wiese vor deren Austritt aus dem Südschwarzwald. Das auf einer Höhe von durchschnittlich 440 m ü.d.M. liegende »Zeller Tal«, wie Johann Peter Hebel in einem seiner Gedichte diese beckenartige Erweiterung bezeichnet, erstreckt sich von N nach S auf einer Länge von ca. 1,5 km; von W nach O ergibt sich eine wechselnde Breite zwischen knapp 1 km und 500 m. Es ist heute fast durchweg überbaut und bildet den Siedlungsschwerpunkt innerhalb des Stadtgebiets, an den sich talaufwärts die Stadtteile Atzenbach und Mambach anschließen. Die administrativen Grenzen umfassen hingegen – nach den Eingemeindungen von 1972 bis 1975 – ein deutlich größeres Areal von insgesamt 3612 ha, ein Gebiet, dessen Siedlungen keinen direkten räumlichen Bezug zur Kernstadt aufweisen und daher als eigenständige Stadtteile mit ländlicher Prägung bezeichnet werden können. Hierzu zählen die westlich von Zell gelegenen Ortschaften Gresgen und Adelsberg, Pfaffenberg im N sowie Riedichen im Osten. Der Grenzverlauf selbst ist recht uneinheitlich. Er zieht im N über die Rücken des Zeller Blauen und des Bubshorns, folgt dem Pfaffenbach und dem Tal der Wiese. Im S wird er markiert von einer Reihe von Gebirgskuppen, wie z. B. Hohe Möhr, Glaskopf oder Tannenbühl. Nach W reicht die Grenze deutlich über die Talwasserscheide zwischen Wiese und Kleiner Wiese hinweg, so daß hier, genau wie im östlichen Teil, keine topographisch markanten Punkte den Verlauf nachzeichnen.

Innerhalb dieses Raums zeigt sich ein vielfach reizvoller Wechsel zwischen offenem, gerodetem Acker- bzw. Weideland und waldbedeckten Bergrücken oder steil eingekerbten Talflanken. So tragen die höchsten Erhebungen, Zeller Blauen mit 1077 m ü.d.M. und Bubshorn mit 1031 m ü.d.M. im N, Hohe Möhr (983 m ü.d.M.) sowie Tannenbühl (727 m ü.d.M.) im S alle ein dichtes Waldkleid, das hauptsächlich aus Fichten, Tannen und einzelnen Buchenbeständen aufgebaut ist. Ebenso bewaldet zeigen sich die steileren Talhänge im Bereich der Wiese und deren Seitentäler. Bevorzugte *Rodungsgebiete* hingegen waren die flacheren Hangabschnitte des Zeller Blauen zwischen 600 m ü.d.M. und 850 m ü.d.M., das Gebiet um den Gresgener Sattel, der einen natürlichen Übergang ins Kleine Wiesental schafft und die z.T. südexponierten Hanglagen in der Umgebung von Riedichen.

Für die Herausbildung dieses spezifischen Landschaftsmusters sind maßgeblich Geologie und Geomorphologie verantwortlich. Grob gesehen besteht der Gesteinsuntergrund im Stadtgebiet von Zell aus zwei unterschiedlichen Arten von Magmatiten. Nordöstlich einer Linie Winterhalde – Adelsberg – Zell (Bahnhof) – Eichbühl – Schanze findet sich der in einer frühen Phase der variskischen Gebirgsbildung, im Oberdevon bis Unterkarbon, aufgedrungene *syntektische Komplex von Mambach*. Er entstand aus der Durchmischung aufgedrungenen Magmas mit aufgeschmolzenen metamorphen Sedimenten und weist durch seinen stark wechselnden mineralischen Aufbau gebietsweise eine recht unterschiedliche Erosionsanfälligkeit auf. So werden beispielsweise die Erhebungen des Zeller Blauen und der Hohen Möhr, aber auch das Eselsköpfle nördlich von Mambach aus petrographisch widerständigerem Glimmersyenit und Glimmerdiorit aufgebaut. Südwestlich der oben genannten Linie beginnt die Zone des *Malsburggranits*, eines spätorogenen, aus der Zeit des Unter- bis Oberkarbons stammenden, mittelkörnigen Biotitgranits. Dieser bildet z.B. die Gesteinsriegel von Liebeck und Grendel, die südlich des Stadtzentrums von Zell ins Wiesental vorspringen, hier den Verlauf der Wiese beeinflussen und Talengen schaffen. An den Flanken dieser beiden Berge finden sich heute die Reste mehrerer kleinerer Steinbrüche, so z.B. an der Liebeckstraße und an der B 317, in denen der Granit als Baustein bis in unser Jahrhundert abgebaut wurde. Sowohl der »Mambach-Syntexit« als auch der »Malsburg-Granit« werden von einer Vielzahl von Porphyr- und Granitgängen durchzogen, die im Stadtgebiet ganz überwiegend in NW-SO-Richtung streichen. Als Nachschübe des granitischen Magmatismus drangen sie in das kristalline Grundgebirge auf. Hydrothermale Bildungen von Erz- und Mineralgängen begleiten hier – wie im übrigen Südschwarzwald – das Ausklingen der magmatischen Tätigkeit, wenn auch in relativ bescheidenem Umfang. So ist es zu verstehen, daß der Abbau der Erze im Bereich der Stadt Zell zu keiner Zeit eine solche Bedeutung hatte wie im mittelalterlichen »Bergbaurevier« des oberen Wiesentals um Todtnau.

Deutlicher als der Einfluß der Petrovarianz auf das Landschaftsbild ist derjenige der verschiedenen geomorphologischen *Reliefgenerationen* mit ihren jeweils charakteristischen Oberflächenformen. Dazu gehört im Schwarzwald ebenso wie in anderen europäischen Mittelgebirgen die Herausbildung flächenhafter Bereiche im Paläozoikum. In der Umgebung von Zell finden sich Reste dieser *prätriadischen Rumpffläche* in unterschiedlicher Höhenlage. Westlich der Wiese nehmen derartige Flachbereiche die Stadtteile Gresgen, Adelsberg und Blauen in einer Höhe von etwa 700 m ü.d.M auf. Nicht nur die meist südexponierte Lage, sondern auch die gegenüber dem östlichen Wiesental ausgedehnteren Rumpfflächen wirken hier siedlungsbegünstigend, da sie die Anlage größerer Ackerfelder zulassen. In den Hangbereichen herrscht schließlich Weidewirtschaft und Obstanbau vor. Die Gipfel von Stalden, Muhmen und Wildeck bilden ein weiteres Flächenniveau auf ca. 850 m ü.d.M., Zeller Blauen und Bubshorn folgen in ungefähr 1050 m ü.d.M. Auf der östlichen Seite finden sich mit den Erhebungen von Glaskopf, Möhrenberg, Atzenbacher Schänzle und Grüneck die Reste einer Rumpffläche in rund 650 m ü.d. Meer.

Diesen flächenhaften Formen sind jedoch deutlich Reliefelemente überlagert, die auf linear-erosive Prozesse zurückgehen. Angesprochen sind hier insbesondere auch die

Formungsvorgänge während des Pleistozäns. Eismassen der Riß-Kaltzeit bedeckten vollständig den Zeller Raum. Nachweise hierfür finden sich allerdings fast nur in Form von kleineren *Geschiebevorkommen* und vereinzelten *erratischen Blöcken.* Besonders zahlreich treten diese im Bereich von Gresgen und Adelsberg auf, also am Übergang vom Kleinen Wiesental ins Wiesental. Hier dürfte es sich um einen *Transfluenzpaß des rißzeitlichen Schwarzwaldgletschers* handeln. Größere Formenkomplexe aus dieser Zeit blieben jedoch nicht erhalten. Dafür sorgten allein schon die zahlreichen geomorphologischen Prozeßabläufe während der nächsten, der Würm-Kaltzeit. So reichte der würmzeitliche Wiese-Gletscher in seiner maximalen Ausdehnung bis kurz vor Atzenbach. Die mit diesem Eisschub einhergegangenen glazialen Ablagerungen finden sich allerdings im Wiesental heute ebenfalls nicht mehr. Es ist zu vermuten, daß Moränen und Endmoränen der verschiedenen Rückzugsstadien des Wiesentalgletschers den jeweiligen Schmelzwässern bzw. der nacheiszeitlichen Erosion zum Opfer gefallen sind.

Deutlicher war dagegen die Überformung der Oberflächengestalt in den übrigen, von Eisüberdeckung freien Gebieten des Zeller Raums. *Periglaziale Formungsprozesse* führten nicht nur zur Umlagerung bzw. Abtragung der rißzeitlichen Moränen sondern vor allem auch zur Ausbildung der konvex-konkaven Talhänge, wie sie besonders schön im Bereich des Zeller Blauen zur Geltung kommen. Die Eintiefung der Wiese um gut 150 m in die tertiären Altflächen auf einer 200 m bis 500 m breiten Sohle ist ebenfalls Folge der im Periglazial ablaufenden Aufbereitung des Untergrunds durch Frostverwitterung und nachfolgenden Abtransport des Gesteinsschutts durch sommerliches Schmelzwasser. Dieser *»periglaziale Eisrindeneffekt«* sorgte auch für die Ausformung zu einem relativ steilflankigen Kastental, das ohne Gefällsbrüche weit in den südlichen Schwarzwald hineinreicht und damit in diesem Gebirgsraum die Siedlungstätigkeit des Menschen begünstigte. Die Seitenerosion der sommerlichen Schmelzwasserflüsse fand darüberhinaus besonders dort günstige Angriffsmöglichkeiten, wo Seitentäler ins Haupttal der Wiese münden. Beckenförmige Erweiterungen im Querprofil des Wiesentals sind daher heute gerade im Bereich der Einmündungen von Erzenbach und Schuhlochbach sowie von Jeglesgraben (Stadtteil Atzenbach), Himmelsbach, Henschenbach und Nesselgraben (»Zeller Tal«) zu finden. Natürlich spielt auch ein Wechsel in der Gesteinshärte bei der Ausbildung der Talengen und -weiten eine wichtige Rolle. Das Verteilungsmuster von Granit und Syntexit läßt in der Regel jedoch nicht auf solch bedeutende Auswirkungen wie im Wiesental schließen.

Wasserreichtum und eine relativ hohe Gewässerdichte führten *postpleistozän* zu einer weiteren *Zerschneidung des Gebirgskörpers.* Typisch hierfür ist die Herausbildung einzelner Riedel, wie z. B. des Leisenbergs, des Kalten Bühls oder des Möhrenbergs, die, voneinander durch recht schmale, steile Kerbtäler getrennt, den Lauf der Wiese begleiten. Keines dieser Seitentäler ist dabei länger als 4 km (Himmelsbach mit Zuflüssen), die Mehrzahl greift weniger als 3 km weit ins Gebirge hinein. Im Mittel ergibt sich daraus für die kleineren Bäche und Gräben – wie sie hier häufig heißen – ein Gefälle von ungefähr 10%, während die Wiese im Stadtgebiet von Zell auf einer Strecke von rund 10 km nur etwa 70 m fällt (Neigung 0,7%). Der Gegensatz zwischen älterem, überformtem und jüngerem, unausgereiftem Gewässernetz tritt hier greifbar zutage.

Die relativ große Höhendifferenz auf kurzer Entfernung – vom Zeller Blauen mit 1077 m ü.d.M. bis zum Austritt der Wiese aus der Gemarkung von Zell auf einer Höhe von 415 m ü.d.M. beträgt sie gerade 4,9 km – beeinflußt auch die *klimatische Differenzierung* des Raums. Die durchschnittlichen Werte ergeben für Zell eine mittlere Jahrestemperatur zwischen 7°C und 9°C, die Niederschlagsmengen liegen im Mittel zwischen 1200 mm und 1600 mm. Dabei profitieren die Tallagen in der Regel von etwas höheren Temperaturen und geringeren Niederschlagssummen. Eine Gegenüberstellung der Niederschlagsdaten von Schopfheim – in etwa vergleichbar mit der Lage des Stadtzentrums von Zell – und Zell-Pfaffenberg, wo seit 1987 eine Niederschlagsstation des Deutschen Wetterdienstes auf 730 m ü.d.M. betrieben wird, zeigt für 1988 immerhin eine Differenz zwischen 1792 mm in Pfaffenberg gegenüber 1253 mm in Schopfheim. Ähnliches kann für die Temperaturen erwartet werden. Das mit der Höhe etwas rauher werdende Klima zeigt sich auch in der Verschiebung der Apfelblüte bzw. des Frühlingseinzugs. Während das Vorlandklima um Schopfheim noch buchtenförmig in die Talbereiche des Zeller Raums hineingreift und einen Beginn der Apfelblüte um den 10. Mai erlaubt, beginnt diese auf den umgebenden Höhen erst ca. 10 Tage später. Nochmals um die gleiche Zeit verschiebt sich der Frühlingsbeginn in der Höhenstufe des Zeller Blauen. Diese reicht bis in den subalpinen Klimabereich des Schwarzwalds hinauf, so daß hier im Winter auch regelmäßig mit einer dauerhaften Schneedecke gerechnet werden kann.

Siedlungsbild. – Im Stadtzentrum eng zusammengedrängt, durchsetzt mit zahlreichen Fabrikanlagen und durchzogen von der verkehrsreichen Bundesstraße 317 stellt sich Zell in einem ersten Eindruck als reine Durchgangsstation auf dem Weg in den südlichen Schwarzwald dar. Wie differenziert das Stadtbild tatsächlich ist, verdeutlicht eine Betrachtung von den umliegenden Höhen. So reicht der Blick von der Kalvarienberg-Kapelle am Möhrenberg über das ganze Stadtzentrum bis hin zur Erhebung des Zeller Blauen. Klar erschließt sich die Beckenlage der Siedlung mit ihren Ansätzen zur Ausdehnung auf die umgebenden Hänge, etwa entlang der Adelsberger Straße zum Stadtfriedhof. Erkennbar wird auch die Zweiteilung der Stadt in einen älteren Kernbereich östlich der Kirchstraße und in das westlich anschließende Gebiet der »Neustadt«.

Von der ursprünglichen Missionssiedlung der Fridolinsmönche aus dem Kl. Säckingen, die in der durch mehrere Teilbecken gegliederten Talweitung des »Zeller Tals« eine »cella« errichteten, hat sich nichts erhalten. Auch wirkte diese Gründung nicht siedlungsprägend. Ihr heutiges, charakteristisches Bild erhielt die Stadt wesentlich später, an der Wende vom 18. zum 19. Jahrhundert. Was bis dahin im »Zentrum« der 1810 mit den Stadtrechten bedachten Siedlung entstanden war, wurde zum überwiegenden Teil durch einen großen Brand am 23. Juli 1818 zerstört, einschließlich Kirche und Rathaus. Nur wenige Häuser, vornehmlich im *Randbereich des alten Kerns* und auf der linken Seite der Wiese, repräsentieren heute noch das frühere Stadtbild. Zu diesen gehören beispielsweise alle Anwesen südlich des Wieseflusses und die talaufwärts gelegenen Gebäude in der Schönauerstraße ab dem heutigen Haus Nr. 18, auch wenn sie heute nicht mehr in ihrem Originalzustand anzutreffen sind. Der anschließende Wiederaufbau sorgte zunächst für eine Umgestaltung des Siedlungsgrundrisses. So wurde die Hauptverkehrsachse, die heutige B 317 in Richtung Atzenbach (Schönauer Straße) im Bereich zwischen Kirchstraße und Haus Nr. 46 weiter nach N in hochwassersichere Lage verschoben, während die Teichstraße ungefähr noch den alten Verlauf markiert. Deutlich erkennbar wird diese Veränderung an der Stellung der Häuser Schönauer Straße 32–36, die heute ca. 30 m von der Straße entfernt in Richtung Wiese stehen, ursprünglich aber die alte Hauptstraße säumten. Die nördlich und südlich daran anschließenden Straßen im Bereich des heutigen Stadtkerns wurden großzügiger dimensioniert, weisen jedoch mit ihrem ungeregelten Verlauf auf ältere Vorgänger hin. Nach S überquert die Schopfheimer Straße die Wiese und folgt damit dem alten Verbindungsweg nach Basel. Die heutige Brücke ist in einer soliden Stahlbetonkonstruktion ausgeführt, nachdem ihre hölzernen Vorläufer öfters von Hochwasser zerstört worden waren und zuletzt eine Stahlkonstruktion den Verkehrsanforderungen nicht mehr genügte.

Zentraler Verkehrsknoten der Zeller Innenstadt ist die Kreuzung von Schopfheimer bzw. Schönauer Straße und Kirchstraße. Hier finden sich auch die ehemals größten Wirtshäuser der Stadt, das heute noch renommierte Hotel »Löwen« von 1699 und das Gasthaus »Kranz« von 1818. Im Wirtschaftsteil des letzteren ist inzwischen ein Supermarkt untergebracht. Entlang der Kirchstraße findet sich eine Reihe größerer, repräsentativer Gebäude aus der Zeit nach dem großen Brand, die mit aufwendig gestalteten und teilweise durch Erker gegliederten Fronten aufwarten. Das Eckhaus von 1819 (Apotheke) wurde erst später auf drei Stockwerke erhöht und mit einem im Grunde untypischen Turm geschmückt. Die traufständig angeordneten Häuser entlang der Schönauer Straße sind im Vergleich dazu meist schlichter und bisweilen mit nur zwei Stockwerken auch etwas niedriger. Verzierungen beschränken sich hier auf Schnitzarbeiten an dem über die Fassade hervorkragenden Dachgebälk. Die dichte Bauweise – im Bereich des Zentrums steht Haus an Haus – bewirkt dabei ein insgesamt geschlossenes, stellenweise aber auch beengt wirkendes Siedlungsbild. In den letzten 20 Jahren wurden hin und wieder die älteren Häuser durch moderne Neubauten ersetzt, so z. B. an der Ecke Schönauer Straße/Rathausgasse (Sparkasse).

Trotz Unterschiede in Alter und baulicher Substanz zeigt die Mehrzahl der Gebäude im Zentrumsbereich eine gleichartige funktionale Gliederung: im Erdgeschoß ein Ladengeschäft für den kurz- bis mittelfristigen Bedarf, darüber Wohnungen. Diese besonders für Kleinstädte typische Nutzung findet sich in Zell beiderseits der Schönauer Straße auf einer Länge von ca. 300 m, entlang der Kirchstraße bis zur Rathausgasse und an der Schopfheimer Straße bis hinunter zur Wiese-Brücke. Das Angebot umfasst die typische Palette eines Unterzentrums: neben Bäckerei und Metzgerei finden sich Blumenladen, Haushalts-, Foto- und Schreibwarengeschäft sowie ein Bekleidungshaus.

An wenigen Stellen, vornehmlich im Randbereich des Geschäftskerns, haben sich einige klein- bis mittelgroße landwirtschaftliche Anwesen erhalten, die ursprünglich von Ackerbürgern bewohnt wurden. Stall- und Wirtschaftsteil sind meist noch an einer rundbogigen Einfahrt zu erkennen, dienen heute jedoch ebenfalls als Geschäftsräume oder als Autogaragen. Meist sind die zwei- bis dreistöckigen Häuser aus Granitbruchstein traufständig angeordnet. Auf eine Querteilung der Gebäude weist die Lage der Eingangstür in der einen, die große Einfahrt zum alten Wirtschaftsteil in der anderen Haushälfte hin. Eingänge und Fenster werden von Sandsteingewänden eingefaßt, die oft farblich von der Hausfassade abgesetzt sind. Beispiele hierfür finden sich an der Schopfheimer Straße, etwa Nr. 8 und Nr. 11 oder an der Kirchstraße (Nr. 19). Neben diese guterhaltenen und teilweise modernisierten Anwesen treten an manchen Stellen, z. B. in der Rathausgasse, einige renovierungsbedürftige Häuser aus der gleichen Zeit. An die Zeit der Realteilung im Südschwarzwald erinnert ein Anwesen in der Teichstraße (Nr. 9–11), dessen Wirtschaftsteil von zwei Familien genutzt wurde; links und rechts der Scheuneneinfahrt sind in symmetrischer Bauweise Stall- und Wohnteil angefügt. Indizien für eine noch andauernde landwirtschaftliche Nutzung finden sich innerhalb dieses Bereichs nicht mehr.

Größere Areale innerhalb des Zeller Stadtkerns werden von der katholischen Kirche sowie dem Rathaus beansprucht. Der relativ schlichte Bau der *katholischen Kirche* St. Fridolin steht auf dem Gelände der ehemaligen »cella«. Nach mehreren Vorgängern wurde das heutige Gebäude in den frühen 1820er Jahren erbaut (s. u., Bemerkenswerte Bauwerke). Neben der Kirche befindet sich das Pfarrhaus von 1819, das über dem

Kellereingang auf der Westseite ein Wappen mit Löwenmotiv und der Jahreszahl 1716 zeigt. Daran angebaut ist das in modernerem Stil gehaltene Pfarrheim. Das *Rathaus* von Zell wurde nach dem großen Brand als Schul- und Rathaus neu erbaut. Die Fassade des dreistöckigen Baus wird durch regelmäßig angeordnete, im Erdgeschoß mit Rundbogen versehene Fenster gegliedert. Im linken, ehemaligen Schulteil befinden sich zwei Toreinfahrten, die als Geräteraum der Feurwehr dienten. Das Dach wird von einem kleinen Dachreiter gekrönt.

Südlich der Achse Teichstraße–Schönauer Straße erstreckt sich zur Wiese hin das große *Industrieareal* der Zell-Schönau AG, ein Betrieb, der seit über 150 Jahren das Siedlungsbild von Zell wesentlich mitprägte. Nach zahlreichen Um- und Neubauten nehmen heute die Produktionshallen mit ihren für die Textilindustrie typischen Sheddächern den größten Flächenanteil ein. Den Blickfang bildet jedoch der vierstöckige Hochbau, der nach dem Brand 1909 neu errichtet wurde. Die dabei verwendete Technik einer armierten, mit Eisen verstärkten Betonkonstruktion erlaubte die Gliederung der Fassade in relativ schmale Tragepfeiler und große Fensterflächen. Direkt an das Fabrikareal anschließend, an der Schönauer- und an der Teichstraße gelegen, finden sich einige Mehrfamilienhäuser, deren Entstehung im Zusammenhang mit der Entwicklung der ehemaligen mechanischen Weberei gesehen werden muß: hier fanden Fabrikarbeiter in unmittelbarer Nähe zu ihrer Arbeitsstelle Unterkunft; die heute recht heruntergekommenen Gebäude werden zum großen Teil von ausländischen Arbeitnehmern bewohnt. Nachdem die sich in wirtschaftlichen Schwierigkeiten befindende Zell-Schönau AG diesen Standort 1991 vollständig aufgegeben hat, ist die Zukunft dieses Stadtviertels noch ungewiß. Immerhin konnte die Stadt Zell mit Hilfe des Landessanierungsprogramms das Gelände erwerben, wodurch sich für das Siedlungsbild der Stadt im Rahmen einer umfangreichen Ortskernsanierung deutlich positive Enwicklungschancen ergeben. Der Abriß einiger Gebäude hat 1993 eingesetzt.

Weitere aus den Anfängen der Industrialisierung überkommene und daher relativ zentral gelegene Industriestandorte befinden sich südlich und westlich des Bahnhofs an der Wiesenstraße und am Fischbachweg. Hierbei handelt es sich zum einen um die Gebäude der alten Baumwollspinnerei Fessmann & Hecker KG mit dem im englischen Fabrikbaustil gehaltenen, aus Ziegelsteinen gefertigten Hochbau aus dem Jahr 1903, der heute überwiegend als Lagerraum des Versandhauses Schöpflin genutzt wird, während weitere Teile des Fabrikgeländes von der Firma Zellaerosol (Spraydosenabfüllungen) belegt werden. Zum anderen erheben sich die durch funktionale Zweckmäßigkeit bestimmten Fabrikationshallen der Pleuco aus den 1950er Jahren auf dem Gelände der ehemaligen Cellulosefabrik im Fischbachtal. Im Umfeld dieser gründerzeitlichen Industriegebiete treten zahlreiche alte und relativ einfache Wohnhäuser für die Fabrikarbeiter auf. Charakteristisch sind langgestreckte, schmale, meist dreistöckige Bauten, die auf der Rückseite oft eine Bretterverkleidung, sogenannte »Lauben«, tragen, während die »Schauseite« etwas ansprechender gestaltet ist. Solche Gebäude finden sich beispielsweise im »Paradies« (Am Burgrain, Gartenstraße) unmittelbar neben den Werkhallen der Pleuco, in der Theodor-Hecker-Straße oder jenseits der Wiese in der vorderen Schwarznau an der Schopfheimerstraße.

Eine weitere Gemeinsamkeit zeigen diese frühen Standorte des Sekundären Sektors hinsichtlich ihrer Lage an Flüssen oder Bächen. Diese dienten mit Hilfe von Kanälen und Wehrsystemen sowohl der Versorgung mit für die Produktion notwendigem Wasser als auch der Energiegewinnung auf der Basis von Wasserturbinen. Beispielhaft finden sich solche Systeme an der Wiese im Bereich des Fessmann & Hecker-Areals und in Höhe der Grenze zwischen Zell und Zell-Atzenbach. Letztere steuert die

Wassermenge des parallel zur Wiese verlaufenden Gewerbekanals, der die einstige Seidenfabrik, heute Zell-Schönau AG, versorgte. Diesem am nördlichen Ortsausgang von Zell liegenden Industriestandort entsprechen die ebenfalls etwas außerhalb, am südlichen Stadtrand gelegenen Fabrikationshallen der Maschinenfabrik Zell mit einem Zweigwerk der Pleuco auf dem Gelände der ehemaligen Eisen- und Metallgießerei. Im Bereich der Ortseinfahrten von Zell schließen sich heute an diese beiden Industriegebiete die auf Erreichbarkeit mit dem Automobil ausgerichteten Versorgungseinrichtungen wie Tankstellen oder Einkaufscenter an.

Mit der industriellen Entwicklung ging nicht nur die Ausweitung der Industrieareale und die Errichtung von Wohnblöcken für die Arbeiterschaft einher, sondern auch der Bau repräsentativer Wohnhäuser für die Unternehmer. Dies zeigt beispielhaft der Bereich der Zeller »Neustadt« zwischen Himmelsbach und Fischbach, dessen östlicher Teil zwischen Carl-Maria-von-Weber- und Schulstraße mit seinem rechtwinklig aufgebauten Straßensystem auf die planmäßige Anlage eines solchen »Villenviertels« hinweist. An der Bahnhof- oder der Gartenstraße finden sich zahlreiche Bürgerhäuser, die mit ihrer typischen gründerzeitlichen Fassadengestaltung ihre Entstehung gegen Ende des letzten Jahrhunderts dokumentieren. Zur planmäßigen Gestaltung gehörte auch die Anlage eines Parkes, bis 1872 Friedhof, seither Stadtgarten. Dem Charakter dieses Viertels entsprechen auch die *Kirchen der evangelischen und der altkatholischen Gemeinde*, die 1888 bzw. 1892 errichtet wurden. Die ev. Kirche weist zudem auf die erhebliche Zuwanderung von Arbeitern aus der altbadischen Umgebung, vor allem dem Kleinen Wiesental hin, die eine Folge des Aufblühens der Textilindustrie in Zell war. Eine Ausweitung erfuhr dieses Wohnviertel auch in unserem Jahrhundert, vornehmlich in den 1950er und 1960er Jahren, wie sich an den Einfamilienhäusern im Bereich des Hans-Thoma-Wegs ablesen läßt.

Über das gesamte Gebiet der »Neustadt« sind Einrichtungen der öffentlichen Infrastruktur verteilt, die hier teils in die älteren, teils auch in Neubauten eingezogen sind. Zu nennen wären vor allem ein *Kindergarten*, die *Schule für Sprachbehinderte* oder das *Arbeitsamt*. Auf dem bis dahin siedlungsfreien Bündtenfeld kamen in den 1970er Jahren schließlich noch die beiden Flachdachgebäude der *Realschule* mit Stadthalle sowie der *Hauptschule* hinzu, beide im zeittypischen Stil als Betonbauten errichtet.

In unmittelbarer Nähe befindet sich der *Bahnhof* von Zell. Mit dem Bedeutungsverlust des Eisenbahnverkehrs hat auch die bauliche Substanz der Bahnhofsgebäude gelitten. Insbesondere der ehemalige Güterbahnhof dient heute weitgehend als Lagerschuppen verschiedener Firmen. In der Umgebung des Bahnhofs fallen erstaunlich viele Freiflächen auf, die als PKW-Parkplatz oder als Haltestellen für Linienbusse genutzt werden.

Wenig Möglichkeiten zur Siedlungsentwicklung bestanden aus topographischen Gründen auf der linken Seite der Wiese, da der Fluß hier dicht an den Fuß des Möhrenbergs heranreicht. Seit der 1992 begonnenen Neutrassierung der B 317 schaffen nur wenige Häuser entlang der Freiatzenbacher Straße in diesem Bereich Wohnraum. In einer Talmulde des Freigrabens liegt der alte Weiler *Freiatzenbach*, dessen Struktur durchaus noch ländlich geprägt ist, wobei die Anwesen auch noch landwirtschaftliche Nutzung zeigen. Veränderungen brachte der Neubau der B 317. Die steil ansteigenden Hänge des Möhrenbergs schaffen mit Kalvarienberg-Kapelle, Waldspielplatz und Wanderwegen einen stadtnahen Erholungsraum. Hier fand auch, an der Schopfheimer Straße im Übergang zur südlich sich anschließenden Schwarznau gelegen, das *städtische Krankenhaus* seinen Platz.

Eine deutliche Erweiterung erfuhr die Stadt in unserem Jahrhundert durch die Ausweisung mehrerer Wohngebiete. Gerade im Stadtteil *Liebeck*, südwestlich des Zentrums, läßt sich die unterschiedliche bauliche Gestaltung während der verschiedenen Bauphasen aufzeigen. Während in den 1920er Jahren zweistöckige Zwei- bis Mehrfamilienhäuser mit kleinem »Gemüse-Vorgarten« (z. B. Sonnenland 22–28) errichtet wurden, ging man später über zum Bau der drei- bis vierstöckigen, relativ schmucklosen Mehrfamilienhäuser einer Zeller Baugenossenschaft. Typische Gebäude aus den 1960er und 1970er Jahren sind die giebelständig angeordneten Wohnblöcke an der unteren Liebeckstraße. Den Abschluß bilden die modern gestalteten Einfamilienhäuser des Baugebiets »Gotteröll«.

Eine weniger deutliche bauliche Differenzierung ist in den Wohngebieten der Schwarznau im S und im Bereich Obermatt-/Belchenstraße im N der Stadt festzustellen. Zum größten Teil handelt es sich hier um zwei- bis dreistöckige Mehrfamilienhäuser aus den letzten 30 bis 40 Jahren. Sie sind in lockerer Bauweise angeordnet und meist mit Grünflächen in Form von Rasen und Ziersträuchern umgeben. Dem nördlich des Stadtzentrums gelegenen Wohnviertel sind zudem noch verschiedene Erholungseinrichtungen wie Sportplatz und beheiztes Freibad angegliedert. Eine Verlegung des Sportplatzes auf den großen Brühl ist geplant. Die neueste Siedlungsentwicklung weicht im Bereich des Neubaugebiets »Leisenberg« vom Talboden auf die umgebenden Hänge aus. Hier finden sich in lockerer Reihe Ein- bis Zweifamilienhäuser in südexponierter Lage mit Blick über Zell.

Talaufwärts schließt sich an den Stadtbereich von Zell der Ortsteil Atzenbach an. Unmittelbar am südlichen Ortseingang liegen die Produktionshallen der ehemaligen Spinnerei Atzenbach. Die langgestreckten, flachen Industriebauten in Betonskelettbauweise mit Blechverkleidung dienen heute als Lagerhalle des Schöpflin-Versands. In einem Anbau ist die ehemals firmeneigene Wasserkraftanlage untergebracht, die durch ein Kanal- und Stollensystem, das zwischen Atzenbach und Mambach von der Wiese abzweigt, mit Wasser versorgt wird. Die zur Spinnerei gehörenden firmeneigenen Arbeiterunterkünfte erstrecken sich in lockerer Reihe entlang der Bundesstraße bis in Höhe der Parkanlage. Üblich sind einfache zwei- bis dreistöckige Bauten, die zur Straßenseite eine verputzte Fassade, auf der Rückfront oft »Lauben« aufweisen. Hinter und teilweise zwischen den Häusern finden sich Freiflächen, die in Form von Gemüsegärten oder auch als Autoabstellplätze genutzt werden. Besonders deutlich wird die Anlage solcher Werkswohnungen an den Anwesen Bundesstraße 41, 43 und 47. Die giebelständig angeordneten Bauten in Stein und Holz weisen mit ihrem uniformen Charakter auf die planmäßige Anlage solcher Unterkünfte hin. An ihrem heutigen Verfall zeigt sich in krasser Weise der wirtschaftliche Niedergang der Textilindustrie im Zeller Raum. Neben diesen einfachen, heute oft von Ausländern bewohnten Mehrfamilienhäusern treten im Siedlungsbild die großen, villenähnlichen Gebäude ehemaliger Unternehmer hervor, so z. B. an der kleinen Stichstraße Am Schlößle.

Die mehr oder weniger dicht stehende Häuserreihe entlang der Bundesstraße in Höhe der Pfaffenberger Straße bildet das heutige *Zentrum* von Atzenbach. An Einkaufsmöglichkeiten sind Geschäfte mit Waren des täglichen Bedarfs, also etwa Bäckerei, Metzgerei oder Getränkemarkt vorhanden. Gebäude mit öffentlichen Dienstleistungen wie Post, Ortsverwaltung und Grundschule kommen hinzu. Dabei läßt sich am Schulhaus noch am deutlichsten die ursprüngliche Bausubstanz aus dem Jahr 1874 ablesen. Der Neubau der kath. Kirche (s. u., Bemerkenswerte Bauwerke) mußte hingegen auf der anderen Seite der Wiese erfolgen. Ihr eigentümlicher Grundriß – kreuzförmig mit gleich langen Balken – und ein fehlender repräsentativer Kirchturm rühren daher, daß die ursprüngliche Planung mit einem deutlich längeren Schiff nicht vollendet wurde.

Demgegenüber finden sich die Reste eines ursprünglichen Ortskerns in Form älterer Hofgruppen zwischen Bundesstraße und Wiese im Bereich der Mühlengasse und der Riedicher Straße. Hier, gegenüber dem erst 1892 errichteten Wirtshaus »Zum Schützen«, heute Diskothek, steht auch das weitaus traditionsreichere Gasthaus »Zum Adler« aus dem Jahre 1736. Diesem Kernbereich hinzuzurechnen sind die kleineren Bauerngehöfte jenseits der Wiese an der Mündung des Schuhlochbachs, die z. T. noch landwirtschaftlich genutzt werden. Weitere ländliche Anwesen liegen am nördlichen Ortsrand am Eingang zum Erzenbachtal, so daß von ursprünglich zwei Ortskernen, einem Ober- und einem Unterdorf, ausgegangen werden kann.

Das dazwischen liegende Areal entlang des Todtnauerli Wegs und des Untermättles wurde hingegen erst in unserem Jahrhundert nach und nach aufgesiedelt. Bei den meisten Gebäuden handelt es sich um Mehrfamilienhäuser mit zwei bis drei Geschossen im nüchternen Baustil der 1960er und 1970er Jahre. Hinzu kommen einige neuere Häuser und Freiflächen, die als Baugrundstücke erschlossen werden. Der Eindruck eines locker bebauten, ruhigen Wohngebiets wird verstärkt durch eine moderne Umgestaltung der Straßen und Kreuzungen zu einer verkehrsberuhigten Zone mit gepflasterten Straßen und Baumreihen. Innerhalb dieses Bereichs findet sich neben dem städtischen Kindergarten auch eine Gemeindehalle, die in den 1970er Jahren als Betonflachbau errichtet wurde. Tankstelle und Autohaus schließen in Richtung Mambach die Siedlung ab. Jenseits der Wiesebrücke sind auf den freien Flächen am Fluß ein Sportplatz und ein großzügig dimensionierter Rast- bzw. Parkplatz für den Autoverkehr angelegt worden.

Getrennt durch einen knapp einen Kilometer langen, unbebauten, von Wiesen eingenommenen Talabschnitt, liegt der nördlich anschließende Stadtteil Mambach am Zusammenfluß des Angenbachs mit der Wiese. Sein *Ortskern* entwickelte sich auf der östlichen Wieseseite entlang der Verbindungsstraße nach Häg-Ehrsberg-Todtmoos. In Nord-Süd-Richtung durchzieht den Kern auch die Ortsstraße, während die Hauptverkehrsachse, die B 317, ihn umgeht. Einige ältere Gehöfte verdeutlichen die ursprüngliche, relativ lockere Siedlungsanlage, teilweise findet sich auch heute noch Platz zur Anlage eines Gemüsegartens. Die Häuser selbst sind zum großen Teil im Lauf der letzten Jahrzehnte modernisiert und umgebaut worden, so daß unter Verputz und Eternit nach außen hin recht wenig von der alten Substanz zu sehen ist. An ursprünglich landwirtschaftliche Nutzung erinnern noch die in einigen Fällen erhaltenen großen Quereinfahrten zur Scheune.

Zur dörflichen Atmosphäre trägt auch eine alte Wagenschmiede mit Hufbeschlag bei. Direkt am Angenbach gelegen, kommt das Wasser nach wie vor über einen schmalen Seitenkanal zu Schmiede. Die traditionelle Versorgung von »Fuhrwerken« wird heute freilich als Dorftankstelle mit zwei Zapfsäulen fortgesetzt. Daneben befinden sich im Ortskern die Gebäude der *Ortsverwaltung*, der Feuerwehr – mit öffentlicher Viehwaage – und der Post. Ein Gasthaus an der Ortsstraße in Richtung Zell vervollständigt die schmale Angebotspalette. Etwas außerhalb steht auf einer Anhöhe die kleine, aus rotem Sandstein errichtete Antonius-Kapelle (s. u., Bemerkenswerte Bauwerke).

Der westlich der Wiese gelegene Ortsteil setzt sich überwiegend aus neueren Häusern zusammen, die das Gelände zwischen dem Flußlauf und einigen etwas höher gelegenen alten Bauernhöfen sowie Gebäuden aus der unmittelbaren Nachkriegszeit auffüllen. Südlich der Wiese-Brücke, die die beiden Ortshälften verbindet, schließen sich an den Neubaubereich der Friedhof und ein Campingplatz an. Nach N hin bildet der Gebäudekomplex des 1899 in Betrieb genommenen »*Wasserkraftwerks Mambach*« den baulichen Abschluß dieses Ortsteils. Ein Wasserschloß am Talhang, direkt oberhalb des Turbinenhauses, verdeutlicht die 38 m Fallhöhe des der Wiese entnommenen Wassers, mit dessen Hilfe eine Leistung von 950 kW erzeugt werden kann. In östlicher Richtung liegt kurz vor Häg-Ehrsberg, direkt am Angenbach, die Fabrikanlage der alten Baumwollspinnerei.

Den talwärtigen Gemeinden stehen im Stadtgebiet von Zell die wesentlich deutlicher von Landwirtschaft geprägten »Höhensiedlungen« Adelsberg, Gresgen, Pfaffenberg und Riedichen gegenüber. Westlich des Zeller Stadtzentrums liegt Adelsberg an der Verbindungsstraße zum Kleinen Wiesental, immerhin schon auf einer Höhe von 660 m ü.d.Meer. Der *Ortskern*, der sich um das ehemalige *Schul- und Rathaus*, heute Ortsverwaltung, und das Gasthaus »Zum Maien« gruppiert, erscheint wesentlich kompakter als bei den anderen »Höhensiedlungen« der Stadt Zell. Wie in den übrigen Orten des Zeller Berglandes handelt es sich bei den alten Anwesen überwiegend um quergeteilte Einhäuser, bei denen Wohn- und Stallteil zwar aneinander anschließen, sich aber trotzdem durch bauliche Merkmale voneinander unterscheiden. So besteht der zwei- bis dreistöckige Wohnbereich aus einem soliden, aus Stein errichteten Gebäude mit verputzter Fassade. Fenster und Eingangstür werden von Sandsteingewänden umrahmt, die oft mit roter Farbe noch hervorgehoben werden. Der Eingang befindet sich etwas über dem Bodenniveau und wird über einige Stufen erreicht, darunter liegen die Kellerräume. Der Wirtschaftsteil besteht zum Teil aus einem Steingemäuer, dem nach oben eine Holzkonstruktion aufgesetzt ist. Diese trägt das in auffallender Weise den Hofplatz überspannende Dach, so daß zwischen Scheunentor und Stall eine Möglichkeit zum Unterstellen landwirtschaftlichen Geräts besteht. Darüber hinaus benötigte Räumlichkeiten sind oft in Form von »Schöpfen« an das Haus angebaut. In der Nähe der Höfe sind in den meisten Fällen kleinere Gemüsegärten angelegt.

Die meisten Gebäude des Unterdorfs waren 1909 abgebrannt. Daher tragen heute viele Häuser in ihrem Schlußstein über der Eingangstür eine Jahreszahl aus dem zweiten Jahrzehnt des 20.Jahrhunderts, sind jedoch oft im Lauf der Zeit umgestaltet worden. So fehlt in einem Fall beispielsweise der Stall- bzw. Scheunenteil, in einem anderen wurde sukzessive zunächst der Stall-, später der Wohnteil abgerissen und neu erbaut. Misthaufen neben den Häusern zeigen in mehreren Fällen die noch vorhandene Viehhaltung, die häufigen Holzstapel lassen auf forstwirtschaftliche Tätigkeit und auf Holzfeuerung im Winter schließen. Die bei genauerer Betrachtung doch recht großen Freiflächen zwischen den alten Anwesen werden inzwischen von Neubauten, Garagen und Autoabstellplätzen eingenommen, die zum größten Teil wohl aus den 1970er Jahren stammen. Im östlichen Teil des Orts weist eine neuere Straße auf die Ausweisung eines Baugebiets hin. Ein im Jahr 1993 fertiggestelltes Bürgerheim umfaßt Ortsverwaltung, Feuerwehr, Jugendraum, Kindergarten und Bürgersaal.

Zu Adelsberg gehören auch die etwas abseits gelegenen Weiler *Unter- und Oberblauen*. Hierbei handelt es sich um kleinere Ausbausiedlungen mit bis zu sechs Höfen, die im Bereich des Süd- und Südwestabfalls des Zeller Blauen auf einer Höhe um 750 m ü.d.M. Viehwirtschaft betreiben.

In einer Entfernung von etwa einem Kilometer folgt Gresgen, mit 708 m ü.d.M. direkt im Bereich der Wasserscheide zwischen den beiden Tälern gelegen. Der Ortsgrundriß wird geprägt von einem Netz mehrerer Straßen, die vom Verbindungsweg zwischen Zell und Tegernau nach N und S abzweigen und nach einigen Kilometern in Waldwege münden. Da sie keine eigenen Namen tragen, müssen die Häuser von eins ab laufend durchnummeriert werden. Die Straßenkreuzungen markieren die Lage der älteren Hofgruppen. So finden sich beispielsweise im Bereich der *Ortsmitte*, gekennzeichnet durch das Gasthaus »Löwen« und die *Ortsverwaltung*, größere Höfe aus dem 18., vorwiegend jedoch aus der Mitte des 19. Jahrhunderts. Weitere Gehöfte aus dieser Zeit treten erst wieder in einiger Entfernung, im Bereich der *Kirche* und an der Straße nach S zum Luisenheim auf. Die dazwischenliegenden Grundstücke zeigen eine Bebauung mit jüngeren Bauernhöfen aus der Zeit um 1900. Auffallend bei diesen ist, daß sie in den meisten Fällen zwar einen ähnlichen Baustil aufweisen, oft jedoch etwas kleiner und traufständig angeordnet sind, wodurch sich hier ein geregelteres Siedlungsbild ergibt. Der Zustand der Gebäude ist durch Modernisierung und teilweisen Umbau gekennzeichnet, doch sind die alten Formen noch gut zu erkennen. Bei den größeren Höfen verraten neue Geräteschuppen und Silos die anhaltende Tendenz zur Mechanisierung der Landwirtschaft, bei den kleineren sind Gemüsegarten oder Holzstapel Indiz für eine nach wie vor bestehende ländliche Verbundenheit, auch wenn landwirtschaftliche Funktionen, wie beispielsweise die Viehhaltung, aufgegeben wurden. Gegenüber Adelsberg findet sich in Gresgen ein größeres Angebot an Einkaufsmöglichkeiten von Waren des täglichen Bedarfs. Hinzu treten Post, Sparkasse, Grundschule und Sporthalle, womit Gresgen zu den eigenständigsten Teilgemeinden im Zeller Stadtgebiet zählt.

In einzelnen Fällen treten zwischen die traditionelle Bausubstanz auch modernere Wohnhäuser aus den letzten 30 bis 40 Jahren auf. *Jungen Siedlungsausbau* findet man vornehmlich am östlichen Ortseingang, wo sich villenartige Einfamilienhäuser mit Gartenumrahmung an einen der älteren Siedlungskerne anschließen. Südlich davon stehen Mehrfamilienhäuser aus den 1960er und 1970er Jahren. Ähnliche Bauformen finden sich auch westlich der Kirche. Ihnen allen ist eine gewisse, auf planmäßige Ausweisung von Baugrundstücken zurückzuführende Homogenität zu eigen. Die neueste Bauphase vollzieht sich im Bereich des Baugebiets »Eichbühl« südlich der Sporthalle und ist ein weiteres Indiz für den ablaufenden Funktionswandel in Richtung »Wohnsiedlung im Grünen«. In bescheidenem Maß baut darauf auch eine touristische »Inwertsetzung« dieses Stadtteils von Zell auf. Durch die Ausweisung von Wanderwegen, Trimm-Dich-Pfad und Wintersporteinrichtungen (kleiner Schlepplift, Loipe) wird diesem Trend zusätzlich Rechnung getragen.

In größerem Umfang spiegelt sich die Bedeutung des Fremdenverkehrs im Siedlungsbild von Pfaffenberg wider. Der Ortsgrundriß von Pfaffenberg wird geprägt durch die Verbindungsstraße nach Atzenbach, von der mehrere kleine und sehr kurze Stichstraßen abzweigen. Die Mehrzahl der entlang dieser Straßen vergleichsweise unregelmäßig angeordneten Gebäude stammt aus der Zeit direkt nach dem Brand von 1849. In ihren Formen entsprechen sie zum großen Teil dem gewohnten Erscheinungsbild, sind aber etwas größer gehalten. Die gemeinsame Entstehungszeit verleiht dem Siedlungsbild einen homogenen Charakter, zumal größere Umbauten oder Neubauten im Kernbereich selten sind. Veränderungen beschränken sich auf Renovierung und Erneuerung der Gebäude oder den Ausbau von Dachgeschossen.

Neben der landwirtschaftlichen Nutzung mehrerer Anwesen treten hier die Vermietung von Fremdenzimmern, ein Verkauf kunsthandwerklicher Erzeugnisse und ausgeschilderte Wanderwege mit Orientierungstafel in der Ortsmitte in Erscheinung. Auf Fremdenübernachtungen haben sich die Pension Herzog und der Berggasthof »Schlüssel« eingerichtet. Neuere Häuser, die sich z.T. ebenfalls dem Fremdenverkehr geöffnet haben, finden sich nordwestlich des Ortskerns im Bereich der Ortsverwaltung. Hier ist auch das *Neubaugebiet Pfaffenberg-Hemmerain* ausgewiesen. Platz für weitere Neubauten gibt es entlang der Straße zum Nebenort Käsern, wo die gemeinschaftlich zur Unterstellung landwirtschaftlicher Geräte genutzte Maschinenhalle errichtet wurde.

Erholungsfunktion besitzt darüberhinaus das etwas außerhalb des Ortskerns gelegene, frühere Kinderheim Bergklause, das jüngst vom Pallotinerorden für religiöse Zwecke übernommen wurde. Die Kapelle »Maria Frieden«, in unmittelbarer Nähe 1946 zum Dank für geringe Kriegszerstörungen und zur Ermahnung der Nachwelt errichtet, thront auf dem kleinen Berggipfel Scheibenackerköpfle mit Ausblick über das Wiesetal (s. u., Bemerkenswerte Bauwerke).

Die Erhebungen östlich des Zeller Stadtkessels zeichnen sich demgegenüber weniger durch Hangverflachungen als durch tief eingeschnittene Seitentäler aus. Entsprechend gering fiel dort die Siedlungstätigkeit aus. R i e d i c h e n ist durch eine ausgesprochene Hanglage in einer Höhe zwischen 650 m ü.d.M. und 710 m ü.d.M. gekennzeichnet. Der *Kern der Siedlung* gruppiert sich im Mitteldorf um den kleinen Dorfplatz mit Mariengrotte, das ehemalige Schul- und Rathaus – heute Feuerwehr – und das Gasthaus/Pension »Sonne«. Hier und im Unterdorf finden sich auch die größeren der landwirtschaftlichen Anwesen, die in ihren Formen an die Haustypen des Zeller Berglands erinnern. Umbautätigkeit, Renovation und vereinzelter Bau von Garagen charakterisieren auch hier die neuere Entwicklung. Dem steht der im Zentrum des Orts gelegene »Tschogghof« gegenüber, der mit seiner Holz-Blockbauweise des ersten Obergeschosses, Walmdach und Quereinfahrt Formelemente des Schauinslandhauses aufnimmt. Der alte Wirtschaftsteil dient heute als Gemeindescheune und beherbergt die öffentliche Viehwaage. In Richtung Oberdorf schließen sich an den Kernbereich von Riedichen mehrere *neuere Wohnbauten* aus den 1970er Jahren an. Unlängst wurde auch das Baugebiet »Bürchbühl« ausgewiesen. Ferienwohnungen und ausgeschilderte Wanderwege lassen auf Ansätze zum Fremdenverkehr schließen. Für festliche Aktivitäten innerhalb der Gemeinde steht im Gebäude der Ortsverwaltung ein Bürgersaal zur Verfügung.

Einige Besonderheiten weist der etwas abseits auf der anderen Talseite des Schuhlochbachs gelegene Weiler G a i s b ü h l auf. Hier sind mehrere der älteren Höfe in der Bauweise des Tschogghofs erhalten und werden teilweise auch landwirtschaftlich genutzt. Sie geben damit Einblick in die früheren Hausformen der Berggemeinden am südlichen Rand des Schwarzwalds. – Der Weiler Hütten, 3 Häuser im Hochtal gelegen, ist auf eine einstige Glashütte zurückzuführen.

Bemerkenswerte Bauwerke. – Die *kath. Pfarrkirche St. Fridolin* wurde wie die ganze 1818 abgebrannte Stadt nach Plänen des Baumeister Fritschi aus St. Blasien 1823 auf den Resten des bisherigen Gebäudes neu erbaut und gleichzeitig um ein Joch verlängert. Sie hat einen gotischen Turm, der aus der sonst geschlossenen westlichen Giebelwand leicht hervorspringt und dessen Untergeschoß heute wieder als Eingangshalle dient. Der Turm war zunächst unverändert wiederaufgebaut worden. Wohl um die Mitte des Jahrhunderts (sicher nach 1844) erhielt er jedoch die in der Form heute noch erhaltene spitzere Haube. Eine Jahreszahl im Portal des Turmes läßt auf dessen Entstehungszeit im 16. Jh. schließen. Das Rundbogenportal ist der einzige Fassadenschmuck. Das Langhaus hat jeweils 7 hohe Rundbogenfenster, unter dem hinteren an der Südwand ein Ädikulaportal als Seiteneingang. Die beiden hinteren Achsen der einschiffigen Halle überspannt eine neue breite Empore. Hier steht die nach dem neuerlichen Kirchenbrand, den ein Blitzschlag in diesem Jahr verursacht hatte, 1956 von Willy Dold erbaute Orgel, deren Prospekt sich vor den Turmkern legt. Zum eingezogenen Chor leitet der runde Triumphbogen über. Seit der Renovierung 1956/58 haben Langhaus und Chor eine hölzerne Kassettendecke. Zuvor hatte sich dort ein großes, stuckumrahmtes, ovales Deckengemälde befunden, das die Schlüsselübergabe an Petrus darstellte.

Die Figuren des Bildschnitzers Franz Simmler von 1885, – rechts der hl. Fridolin, links die Immakulata – sind in die Neukonzeption einbezogen. Sie sind anstelle der alten Seitenaltäre auf Wandkonsolen untergebracht, wachsen aus vegetabilisch-organisch gestalteten Holzkonsolen hervor und sind mit geschmiedetem Gitterwerk umrahmt. Auch im Chor werden Zelebrationsaltar und Tabernakel aus grünschwarzem Marmor inzwischen durch neue Bildhauerarbeiten überragt, so daß der bei der Renovierung 1971 gesuchte, hauptsächlich vom Stein bestimmte Raumeindruck bei der noch laufenden Renovierung unter der künstlerischen Leitung von Michael Steigerwald-Gesell aus Haslach i. K. bereits deutlich verändert wurde. Ab 1994 wird ein vom gleichen Künstler geschaffener Kreuzweg hinzukommen.

Die *ev. Kirche*, eingeweiht 1889, von 1888 ist ein im Zeitstil errichteter Sandsteinbau unter einem Walmdach. Der schmuckreiche Turm erhebt sich über der Eingangsfassade als querrechteckiger Aufbau, der in ein Achteck übergeht, und sich in Arkaden zum Glockenstuhl öffnet. Bekrönt wird er von einer schlanken Pyramide. Der Innenraum mit Empore erfuhr 1956 bis 1960 eine Neugestaltung. Die Orgel von 1958 baute die Firma G. F. Steinmeyer, Oettingen.

Die *altkath. Christuskirche* (heute Pfarrei Bad Säckingen) wurde 1892 gebaut. Über dem Westgiebel des Walmdachbaus ragt der dreigeschossige Turm empor, den eine steile Dachpyramide bekrönt. Die Seitenfassaden werden durch hohe Rundbogenfenster gegliedert. Lisenen trennen den Emporenbereich und das östliche Joch, das den Altarraum umfaßt, vom Schiff. Ein Rundbogenportal führt in die Kirche, eine Halle mit im Osten eingezogenen Ecken. An der Triumphbogenwand hängt links ein Bild der Muttergottes, rechts ist die Himmelfahrt Christi dargestellt. Die Orgel auf der Eingangsempore stammt von der Firma Walcker aus dem Jahre 1892. Beide Renovierungen, 1983 außen und 1987 innen, sind äußerst behutsam durchgeführt worden und haben den alten Bestand restlos belassen.

Die *Kalvarienberg-Kapelle* wurde 1889 erbaut. Der schlichte Satteldachbau hat einen Fünfachtelchor. Der Dachreiter über dem Eingang, einer Tür in spitzbogigem Gewände, hat Giebeldreiecke und eine spitze Pyramide. Die Seitenwände des Innenraumes sind gegliedert durch Spitzbogenfenster und Strebepfeiler. Bemerkenswert ist eine Pietà und eine Kreuzigungsgruppe des Bildhauers Theophile Klem aus Colmar von 1891. 1989 erfolgte eine umfangreiche Renovierung.

Die *kath. Pfarrkirche Mariä Himmelfahrt* in *Atzenbach* wurde von Graf und Luger vom Erzbischöflichen Bauamt 1928 errichtet. Ein breites Querschiff unter gleichhohem Dach kreuzt das kurze Langhaus, die Mitte ist kuppelüberwölbt und wird durch den von einer Zwiebelhaube bekrönten Dachreiter betont. Ein Eingangsvorbau von 1972 führt durch die schlichte Fassade über der zweiflügeligen Tür zum Innenraum. Der Chor, um fünf Stufen höher als das Schiff gelegen, schließt halbrund und wird außen als Achteck ummantelt. Der Innenraum hat hell verputzte Wände, die mit Stuckarbeiten verziert sind. Er erhält Licht durch moderne, farbige, abstrakt bleiverglaste Rundbogenfenster. Die Altarmensen wurden zusammen mit Hauptaltar und Ambo und dem Sockel des Sakramentshauses aus Juramarmor von Siegfried Fricker 1972 aufgestellt. Der Kruzifixus über dem Altar ist das älteste Kunstwerk in der Kirche. Die Seitenaltäre dagegen stammen aus der Erbauungszeit. Die Tafelbilder malte in ziemlich naturalistischer Manier Hans Franke, Freiburg, links der selige Bernhard von Baden vor der hl. Familie, rechts Bruder Klaus von der Flüe inmitten einer Alpenlandschaft.

In *Gresgen* schuf im Jahre 1764 Wilhelm Jeremias Müller die kleine *ev. Kirche*. Der Satteldachbau mit dem kleinen hölzernen Dachreiter im Osten ist im Inneren als Saal angelegt, den eine Winkelempore umzieht und eine Holzdecke überspannt. Das Holzwerk – dazu gehört noch eine säulengestützte Kanzel – weist Bemalungen von

132 Wies, Blick nach Westen auf die ev. Kirche

133 Wieslet

134 *Wittlingen*

135 *Wittlingen, ev. Kirche*

136 Zell im Wiesental, Rathaus

137 Zell im Wiesental, Kirchstraße

138 Zell vor dem Brand 1818

139 Zell im Wiesental, Blick nach Nordosten

140 *Adelsberg*

141 *Atzenbach*

142 *Mechanische Weberei Zell, Häusler & Vonkilch 1885 (danach: Mez)*

143 *Atzenbach, ehemalige Spinnerei*

144 *Gresgen*

145 *Mambach*

146 *Pfaffenberg, im Hintergrund der Zeller Blauen*

147 *Riedichen*

E. Frey auf (1904). Weiße Girlanden auf blauem Grund zieren die Emporenbrüstung. Vier große Rundbogenfenster liegen in der Südwand, ein kleineres in der sonst fensterlosen Nordwand, die Altarwand öffnet sich ebenfalls in einem Rundbogenfenster. Vor die westliche Giebelwand wurde bei der letzten Renovierung 1979/81 unter einem Pultdach eine seitlich zu betretende Eingangsvorhalle gebaut; die Kirche erhielt einen neuen Altartisch. Die Orgel von 1966 stammt aus der Werkstatt Peter Vier (Lahr).

Die *Antonius-Kapelle* in *Mambach* wurde 1871 in historisierendem Stil erbaut. Die Fassade des Buntsandsteinbaus schmückt ein Ädikula-Portal, die Ecklisenen gehen in einen Treppengiebel über, der von einem schlanken Glockentürmchen mit steiler Achteckpyramide bekrönt wird. Man betritt den Raum unter der Orgelempore, den jeweils drei Rundbogenfenster mit z.T. figürlicher Verglasung erhellen, der eingezogene Fünfachtelchor hat drei Rundbogenfenster. Die Orgel stellte 1978 G.F. Steinmeyer (Oettingen) auf. Altartisch und Sedilien sind aus hellem Sandstein, ebenso das Tabernakel an der Stirnwand, auf dem ein Kruzifixus steht.

1946 wurde aus Dankbarkeit für die Verschonung des Tales von schweren Kriegsschäden auf dem Scheibenackerköpfle zwischen Mambach und Pfaffenberg eine *Kapelle »Maria Frieden«* errichtet. Der Satteldachbau, den im Osten ein Dachreiter mit schlanker Pyramide bekrönt, besteht aus einen dreiachsigen Langhaus und einem eingezogenen, flach schließenden einachsigen Chor. Der Raum hat gleichgroße und in einem Rundbogen schließende Fenster. Das Wandbild über dem Altar von Hans Franke zeigt die Muttergottes auf einem Regenbogen.

B. Die Stadt im 19. Jahrhundert und in der Gegenwart

Bevölkerung

Bevölkerungsentwicklung. – Die Teilorte der heutigen Gemeinde Zell mit Ausnahme Gresgens bildeten zu Beginn des 19. Jh. den sogenannten »Vorderhag« der freiherrlich-schönauischen Vogtei Zell. Von den insgesamt etwa 3800 Bewohnern der Vogtei lebten mehr als ein Viertel in dem Marktflecken Zell, mit erheblichem Abstand folgten u. a. die Dörfer Mambach mit den Weilern Mühlschau, Saufert und Silbersau (400 E.), Pfaffenberg mit Helblingsmatt, Hollbühl und Käsern (364 E.), Atzenbach (356 E.), Riedichen mit Gaisbühl, Grüneck und Hütten (307 E.) und Adelsberg mit Blauen (225 E.). Trotz des großen Brandes 1818 in Zell, Seuchen und Mißernten nahm die Bevölkerung bis zum Ende der 1820er Jahre insgesamt nicht ab, sondern wuchs vor allem in Atzenbach, Pfaffenberg und Adelsberg sowie in dem seit 1810 zur *Stadt* erhobenen Hauptort; in Riedichen allerdings verzeichnete man nur geringes Wachstum und in Mambach stagnierte die Einwohnerzahl. Dagegen wuchs auch das altbadische Dorf Gresgen. 1828 wohnten jedenfalls auf dem Gebiet der heutigen Stadt Zell i.W. 3328 Menschen. Diese Zahl stieg bis 1852 trotz wirtschaftlicher und politischer Krisen um 14,5%. Die Zunahme konzentrierte sich dabei vor allem auf die Stadt Zell i.W. (+26,5%) und auf das Dorf Atzenbach (+47%), wo seit 1848 eine Spinnerei betrieben wurde. Das wenig begünstigte Pfaffenberg andererseits verlor im selben Zeitraum 10,1% seiner Bevölkerung. Infolge der weiteren Industrialisierung und des Ausbaus der Verkehrswege hielt die jeweilige Tendenz der Bevölkerungsentwicklung für die einzelnen Gemeinden über Jahrzehnte an.

Zwischen 1852 und 1910 vermehrte sich die Einwohnerschaft im alten Stadtbereich um mehr als das Anderthalbfache (158,7%) auf 3655. Auf dem heutigen Gemeindegebiet zählte man 6046 Bewohner; das entsprach gegenüber 1852 einer Steigerung von 58,6 Prozentpunkten. Dieser gegenüber der eigentlichen Stadt erheblich geringere Zuwachs erklärt sich aus starken Wanderungsverlusten der Dörfer, die, außer im Fall von Atzenbach, auch durch teilweise eindrucksvollen Geburtenüberschuß nicht ausgeglichen werden konnten. Die Einbußen traten in den Dörfern zu verschiedenen Zeiten auf. Adelsberg und Mambach verloren bereits zwischen 1871 und 1895 21% bzw. 11% ihrer Einwohner. Während sich der Talort Mambach danach aber zunächst wieder erholte, erlitt Adelsberg ebenso wie die anderen Bergdörfer Pfaffenberg und Riedichen um die Jahrhundertwende empfindliche Verluste. Atzenbach, Mambach und Gresgen wurden in den 1920er Jahren, offenbar in Zusammenhang mit der großen Wirtschaftskrise, vom Bevölkerungsschwund betroffen. In sämtlichen zur heutigen Gemeinde Zell i. W. gehörigen Orten waren nach dem 1. Weltkrieg 204 Gefallene und 9 Vermißte zu beklagen; als Opfer des 2. Weltkrieges verlor man hier 312 Gefallene und vermißte 117 Menschen.

Außer in Pfaffenberg nahm die Einwohnerzahl nach dem 2. Weltkrieg in allen heute zu Zell i. W. gehörigen Orten bis 1970 zumindest geringfügig zu, was aber nur teilweise dem Zuzug von Flüchtlingen zu verdanken war. 1950 hatten alle Gemeinden Heimatvertriebene aufgenommen; ihr Anteil an der Bevölkerung schwankte zwischen 14,3% in Pfaffenberg und 4,3% in Riedichen. 1961 lebten auf dem Gebiet der jetzigen Gemeinde 923 Vertriebene und Flüchtlinge; sie machten 13% der Gesamtbevölkerung aus. Während in Adelsberg, Atzenbach und Mambach der Anstieg kontinuierlich verlief, verzeichnete Gresgen in den 1950er Jahren einen leichten Abfall und stagnierte Riedichen seit Beginn der 1960er Jahre. 1970 erreichten Atzenbach mit 1111 Einwohnern und Mambach mit 467 Einwohnern jeweils ihren bislang höchsten Bevölkerungsstand. Die Stadt Zell konnte 1970 auf hundert Jahre stetigen Bevölkerungswachstums zurückblicken; seit 1950 war ihre Einwohnerzahl um 17,6% auf 4922 gestiegen. Auf dem Gebiet des heutigen Zell i. W. wohnten 1970 insgesamt 7520 Menschen; damit war der einstweilige Höchststand erreicht. Der vor allem in den 1970er Jahren sinkende Geburtenüberschuß konnte den gleichzeitig wachsenden Wanderungsverlust immer weniger ausgleichen. Obwohl sich beide Trends im folgenden Jahrzehnt umkehrten, verminderte sich bis 1987 die Bevölkerungszahl um 18,1% auf 6157. Ende 1992 zählte die Stadt 6711 Einwohner. Der Anteil von Einwohnern mit fremder Staatsangehörigkeit erhöhte sich zwischen 1961 und 1970 von 1,9% auf 10,1% und erreichte 1980 16,7% (1987: 14,2%). Italiener und Türken waren darunter mit Abstand am stärksten vertreten.

Konfessionelle und soziale Gliederung. – Als Lehen des Damenstifts Säckingen blieben die Orte der Vogtei Zell auch nach der Reformation *katholisch*. Erst der Zuzug fremder Arbeitskräfte infolge der Ansiedlung von Industrie brachte seit der 2. Hälfte des 19. Jh. Protestanten vor allem nach Zell, wo deren Bevölkerungsanteil 1895 bereits auf mehr als ein Viertel (27,3%) angewachsen war. In Atzenbach und Mambach gab es um die Wende zum 20. Jh. allerdings erst kleine protestantische Minderheiten von 4 bis 5%. Die Bergdörfer Adelsberg, Pfaffenberg und Riedichen blieben dagegen noch ein Jahrhundert länger fast rein katholisch. Das *altbadische Dorf Gresgen* wiederum war traditionellerweise evangelisch; 1895 machten die Katholiken nur 3% der Einwohnerschaft aus. Eine Besonderheit bildete in der Stadt Zell i.W. die verhältnismäßig starke altkatholische Gemeinde, deren Mitglieder sich vor allem aus katholisch-liberalen Fabrikanten mit ihrem Anhang rekrutierten. 1910 zählte sie 118 Mitglieder. In der Folgezeit ergaben sich keine wesentlichen Veränderungen: Der Anteil der Protestanten an der Bevölkerung der Stadt betrug 1987 noch 26,8%, während sich mit 61,7%

weiterhin eine deutliche Mehrheit zur katholischen Kirche bekannte. Zum Islam gehörten 1987 immerhin 5,9% der Zeller Einwohner, hauptsächlich Türken.

Bereits um die Mitte des 19. Jh. überflügelten in Zell Industrie und Gewerbe die Landwirtschaft als *Haupterwerbsquelle*. 1871 wurde die Stadt in einem amtlichen Bericht als der neben Lörrach industriereichste Ort des Wiesentals bezeichnet. Obwohl in Baden der größte Teil der Gewerbe bis 1862 noch der Zunftordnung unterlag, waren im Wiesental, wo verschiedene günstige Standortfaktoren zusammentrafen, schon in der ersten Hälfte des 19. Jh. aufgrund besonderer Konzessionen mehrere Fabriken errichtet worden. Da sich das in unmittelbarer Nähe vorhandene Arbeitskräftepotential entgegen anfänglichen Erwartungen rasch als unzureichend erwies, begannen einige Unternehmer mit der planmäßigen Anwerbung von Arbeitern.

Die Zuwanderer kamen anfangs hauptsächlich aus den badischen Amtsbezirken am Hochrhein und aus der Schweiz. Während jedoch die Firma Grether in Atzenbach zumindest für Familien Wohnungen herrichtete oder neu erbaute (1866 waren in sieben Gebäuden 48 Familien untergebracht), zeigten die Zeller Unternehmer, mit Ausnahme des Spinnereibesitzers Marcus Bölger (1867 Einrichtung von Wohnungen in der ehemaligen Wollfabrik der Gebr. Wetzel), nur wenig soziales Engagement. Zwar suchten die Fabrikanten zu vermeiden, daß kranke Arbeiter von der Gemeinde versorgt werden mußten, doch fanden sie sich zur Einrichtung von Fabrikkrankenkassen erst bereit, als den Arbeitern 1868 gegenüber den Arbeitgebern ein, wenn auch auf acht Tage befristeter, Anspruch auf Krankenfürsorge zuerkannt wurde. Marcus Bölger bildete auch hierbei eine Ausnahme: in seinem Betrieb wurde bereits 1858 eine Krankenkasse eingerichtet. Arbeiter, die in schlechten Ruf gerieten, wurden in ihre Heimatorte verwiesen. Wer des Diebstahls oder der Unzucht überführt wurde, riskierte, auf Veranlassung der Stadt nach Amerika geschafft zu werden.

1855 schätzte der Schönauer Amtmann die Zahl der Fabrikarbeiter in Zell bei einer Gesamtbevölkerung von 1712 Einwohnern auf 700 bis 800; etwa die Hälfte von ihnen waren Fremde. Unter 708 Einwohnern Atzenbachs stammten 1861 ca. 200 von auswärts; in der Gretherschen Spinnerei waren damals mehr als 350 Menschen beschäftigt, darunter eine erhebliche Anzahl von Minderjährigen. Viele Einheimische zogen es nämlich vor, ihre Kinder in die Fabrik zu schicken, selbst aber weiterhin Landwirtschaft zu treiben. Dabei richteten sie ihre Produktion zunehmend auf den Bedarf der Fabrikarbeiter aus. Gewerbetreibende und Handwerker profitierten zwar von der Ausweitung der Industrie, bekamen aber auch die Flauten zu spüren. Bis zum Bau der Wiesentalbahn erzielten Fuhrunternehmen ebenfalls guten Verdienst.

Obwohl auch aus Mambach und aus den Bergsiedlungen zeitweise bis zu einem Drittel der Einwohner in den Fabriken von Zell und Atzenbach sowie im benachbarten Rohmatt Verdienst suchten, waren diese Orte doch noch bis weit ins 20. Jh. hinein von der traditionellen bäuerlichen Lebens- und Wirtschaftsweise bestimmt. Da Jungviehaufzucht den besten Gewinn abwarf, wirkte sich die Aufteilung der Allmendweiden für die ärmere Bevölkerung meist ungünstig aus. Heimarbeiten wie Seidenputzen, Zeugweberei, Holzschnitzen (Schneflerei) oder Bürstenmachen waren langfristig nicht als Nebenerwerbsquelle geeignet, weil sie nur ein geringes und unsicheres Zubrot einbrachten.

1895 bewegte sich der Anteil der überwiegend von der Landwirtschaft lebenden Bevölkerung in den hochgelegenen Siedlungen zwischen 88,2% (Adelsberg) und 61,5% (Riedichen). Unter den Talorten war die Landwirtschaft in Mambach immerhin noch für 42,7% der Einwohner der Haupterwerbszweig, in Atzenbach nur noch für 17%, und in Zell i.W. lediglich für 9,4%. Industrie und Gewerbe lieferten damals in

Atzenbach für 72,9% der Einwohner den überwiegenden Lebensunterhalt; in Zell für 71,6%. Eine fast ausgeglichene Verteilung nach dem Hauptberuf in Landwirtschaft oder Gewerbe zeigte Mambach, wo das Produzierende Gewerbe 45,4% der Bevölkerung ernährte. Durch Tätigkeiten in Handel und Verkehr fanden gegen Ende des 19. Jh. in Zell schon etwas mehr Menschen ihr Auskommen als durch Land- und Forstwirtschaft, ebensoviele (309 = 9,5%) gingen einem jeweils nicht näher bekannten Erwerb nach. Die Versorgung der Arbeiterbevölkerung und das Transportgewerbe beschäftigten in Mambach immerhin 7,7%, in Atzenbach 6,1% hauptberuflich. Im folgenden Jahrzehnt gingen in diesem Wirtschaftsbereich an beiden Orten Arbeitsplätze verloren, allerdings waren die Verluste der Landwirtschaft hier wie auch in Zell deutlich höher. Doch während die Berufsbevölkerung der Stadt und Atzenbachs in Industrie und Gewerbe trotz einer absoluten Zunahme der Beschäftigten verhältnismäßig weniger Arbeit fand, konnte man in Mambach noch eine kräftige, absolute und relative Zunahme der Industriearbeiter feststellen. Insgesamt fällt für diese Zeit eine erhebliche Vermehrung der in sonstigen, nicht näher bezeichneten Branchen Tätigen auf.

Die *Tendenz zur Abwanderung aus der Land- und Forstwirtschaft* wurde durch die beiden Weltkriege in der 1. Hälfte des 20. Jh. keineswegs unterbrochen. 1950 sicherte sie an den Fabrikorten Zell und Atzenbach nur noch den Lebensunterhalt von 3,4% bzw. 4,8% der Bevölkerung, während Industrie und Gewerbe selbst in den Bergdörfern Pfaffenberg und Adelsberg jeweils mehr als ein Fünftel der Einwohner ernährten; nur in Riedichen blieb der Anteil geringfügig unter 10%. Mambach und Gresgen lagen hinsichtlich der Berufszugehörigkeit zu Landwirtschaft oder Industrie jeweils im Mittelfeld. 1970 bezogen auf dem Gebiet der heutigen Stadt Zell i. W. lediglich noch 4% der Einwohner ihren Lebensunterhalt aus Land- und Forstwirtschaft. Die größten Anteile bäuerlicher Bevölkerung wiesen erwartungsgemäß die Bergorte Pfaffenberg (30%) und Adelsberg (28%) auf, im Hauptort Zell gab es gerade noch 46 Landwirte, in Atzenbach noch 5; sie fielen prozentual nicht ins Gewicht. Das Produzierende Gewerbe beschäftigte 61% aller Erwerbstätigen; hierbei reichte die Spanne von 29% in Pfaffenberg bis 69% in Atzenbach. Natürlich waren Handel und Verkehr in Zell (432 = 9%) und in Atzenbach (84 = 8%) besonders stark vertreten; relativ gesehen wiesen allerdings Pfaffenberg und Mambach mit 15% bzw. 11% die höchsten Werte auf. Die Sonstigen Wirtschaftsbereiche nahmen 10% der Erwerbstätigen aus der Gesamtstadt auf; 4% aus Adelsberg, aber je 11% aus Zell und Riedichen. Die Volkszählung von 1987 ergab für die Land- und Forstwirtschaft einen Anteil von nur 1,6% an der Gesamtzahl der Erwerbstätigen; für das Produzierende Gewerbe aber einen Anteil von 67,4%. In den Sparten Handel, Verkehr und Nachrichtenübermittlung arbeiteten 10,5% und in sonstigen Bereichen 20,4%. Die Erwerbstätigen machten insgesamt 41,3% der Bevölkerung aus, 18,7% lebten von Renten, Pensionen, Kapital- oder Mieterträgen.

Politisches Leben

Aus den besonderen rechtlichen Verhältnissen der Vogtei Zell hatte sich zumindest bei einem Teil der Bevölkerung Interesse für die Angelegenheiten des Gemeinwesens und eine zwar loyale, aber auch durchaus kritische Haltung gegenüber der Obrigkeit entwickelt. Der Neigung, das Herkommen eventuell unbequemen Änderungswünschen der Herrschaft entgegenzusetzen, begegnete die badische Regierung als Vertreterin des neuen Landesherrn klugerweise mit der Rangerhöhung für den bisherigen Vogteisitz Zell zur Stadt. In den 1820er Jahren galt es dann zunächst, die durch den

Die Stadt im 19. Jahrhundert und in der Gegenwart 901

großen Brand von 1818 verursachten Schäden zu überwinden. Danach aber gaben die Fortdauer der grundherrschaftlichen Rechte der Freiherrn von Schönau einerseits und die sozialen Verwerfungen im Gefolge der Industrialisierung andererseits Anlaß zur politischen Radikalisierung. Der demokratische oder *Volksverein*, der 1848 unter der Führung von durchaus wohlhabenden Männern etwa 80 Mitglieder zählte, unterstützte jeweils aktiv die Versuche Friedrich Heckers und Gustav Struves, zumindest das Großherzogtum Baden mit Waffengewalt zur Republik zu machen. Auch im Mai des folgenden Jahres kämpften Demokraten aus Zell und seinen Nachbarorten auf Seiten der Revolution. Nach der Niederlage der Republikaner wurde Zell von preußischem Militär besetzt; das politische Leben kam auf Jahre hinaus zum Erliegen.

Seit den 1860er Jahren bot sich der politische Katholizismus als Auffangbecken und Sprachrohr sozialer und politischer Unzufriedenheit an. Später erwuchs ihm auf diesem Gebiet in der Sozialdemokratischen Partei eine Rivalin. Allerdings blockierten wirtschaftliche Interessengegensätze zwischen kleinbürgerlichen Gewerbetreibenden und Händlern einerseits und den Fabrikarbeitern andererseits zeitweise den politischen Erfolg der Sozialdemokraten.

Bei den *Reichstagswahlen* kam der spätestens seit den Auseinandersetzungen um die Schulaufsicht landesweit aufgebrochene Gegensatz zwischen dem von den Protestanten unterstützten nationalliberalen Regierungslager und der *Zentrumspartei* als Vertreterin des politischen Katholizismus und teilweise auch sozialer Belange zum Tragen. Am klarsten wird diese Front beim Vergleich der Ergebnisse im evangelischen Gresgen einerseits und den fast rein katholischen Dörfern Adelsberg und Pfaffenberg andererseits: In Gresgen erhielten die *Nationalliberalen* bei den fünf Wahlen zwischen 1877 und 1887 jeweils alle abgegebenen Stimmen. 1890 konnten die Freisinnigen wenigstens 7,6% für sich abzweigen. 1903 gelang dann den *Sozialdemokraten* mit 6,2% ein Einbruch in die nationalliberale Domäne; sie konnten bis 1912 ihren Anteil auf 32,0% ausbauen. In den beiden katholischen Dörfern war die politische Monokultur nur um weniges geringer; in Adelsberg und Pfaffenberg wurden zwischen 1877 und 1912 für das Zentrum nur einmal weniger als 90% (Pfaffenberg 1890:89,1%) der Stimmen abgegeben. In Riedichen gelang es den Nationalliberalen zwischen 1878 und 1884 allerdings, bis zu einem Drittel der Voten auf sich zu ziehen und in Mambach waren sie noch etwas erfolgreicher. Die konfessionell stärker gemischten Gemeinden Atzenbach und Zell entschieden sich offenbar weniger aufgrund von dauerhafter Loyalität für eine Partei, sondern mehr mit Bezug auf die aktuelle Politik, dementsprechend ergaben sich wechselnde Mehrheiten. Nach der Wende zum 20. Jh. konnten die Sozialdemokraten im Unterschied zu den überwiegend katholischen Orten auch hier beachtliche Stimmenanteile gewinnen. 1912 gelang es ihnen in Atzenbach und Zell, die Nationalliberalen deutlich zu überrunden. Bezogen auf die heutige Gemeinde Zell i.W. entfielen damals auf das Zentrum 62,8%, auf die Nationalliberalen 18,8% und auf die Sozialdemokraten 18,4%.

Der Zusammenbruch der Monarchie wirkte sich anfangs zugunsten der Sozialdemokraten aus; sie erhielten 1919 insgesamt 36,1%, in Gresgen sogar 62,0%. Die Ereignisse des Jahres 1923 geben einen Eindruck der Wirren der Inflationszeit. In Zell kam es zum Generalstreik, alle Fabrikanten wurden gefangengenommen, die Stadt durch Straßensperren blockiert. Kaum war ein Kompromiß gefunden: jeder Arbeiter erhielt 30 Schweizer Franken oder den Gegenwert in Lebensmitteln, als Pläne offenbar wurden, gewaltsam eine »Süddeutsche Republik« unter kommunistischer Ägide zu errichten. Eine Polizeihundertschaft aus Waldshut rückte an, verhaftete die Rädelsführer und beschlagnahmte deren Waffen- und Munitionsvorräte. Beim anschließenden

Hochverratsprozeß in Freiburg wurden vom Reichsgericht Leipzig 32 Zuchthausstrafen verhängt; 17 richteten sich gegen Zeller Bürger. In diesen Tagen war der Anhang der KPD in der Kernstadt recht beachtlich. Immerhin wählten dort 1924 bei der Reichstagswahl 17,7% kommunistisch. Über alle Wirren der Weimarer Republik hinweg erwies sich dennoch der politische Katholizismus als resistent gegenüber extremen Ideologien, und 1932 behauptete das Zentrum noch immer 45,6%, obwohl es in Gresgen überhaupt nicht gewählt worden war. Die Kommunisten erhielten zuletzt im gesamten heutigen Stadtbereich 15,7%, die Sozialdemokraten nur 13,4%. Nur 16,2% gaben ihre Stimme den Nationalsozialisten, die sich damit von der angestrebten Mehrheit weit entfernt sahen. Zerrieben hatte dieser Kampf die Liberalen; selbst in Gresgen bekamen sie zusammen nur insgesamt 8,5% der gültigen Stimmen.

Nach dem 2. Weltkrieg konnte die *CDU* fast unmittelbar das Erbe der früheren Zentrumspartei antreten; darüberhinaus wurde sie auch in Gresgen gewählt. Allerdings mußte sie sich dort mit dem zweiten Platz hinter der *SPD* begnügen, nachdem sie die FDP ins dritte Glied verwiesen hatte. Die KPD errang zu Ende der 1940er Jahre noch Stimmenanteile bis zu 15,8%, verlor dann aber rasch an Bedeutung. Bei den Landtagswahlen von 1968 holte die *NPD* mit 6,8% ihr bestes Ergebnis. Bezogen auf die heutige Gemeinde mußte die CDU bei den Landtagswahlen seit 1947 den Rang als stärkste Partei nur einmal, 1960, an die SPD abgeben; bei den Bundestagswahlen lag sie stets unangefochten an der Spitze. Als mit Abstand dritte Kraft konkurrieren seit 1980 *FDP* und *Grüne*. Auch die jüngsten Wahlen bestätigten die bisherigen Verhältnisse im Wesentlichen: Allerdings erzielte die CDU bei der Landtagswahl 1992 mit 51,2% ein deutlich besseres Ergebnis als bei der vorangegangenen Bundestagswahl, wo sie mit 44,7% nur 6,6% vor der SPD lag. Die FDP wiederum konnte die respektablen 8% von 1990 nicht halten und mußte 1992 nicht nur den dritten Rang einmal mehr den Grünen (5,6%) lassen, sondern wurde sogar von den Republikanern (4,6%) übertroffen. Im kommunalen Bereich spielt neben den großen Parteien vor allem die Freie Wählervereinigung (FWV) (1989: 22,9%) eine entscheidende Rolle.

Wirtschaft und Verkehr

Land- und Forstwirtschaft. – Die wichtigste Erwerbsquelle war in der Vogtei Zell um die Wende zum 19. Jh. die Aufzucht von Rindern und in Verbindung damit Weide- und Wiesenwirtschaft. Ackerbau in der Form einer ungeregelten Feld-Gras-Wirtschaft wurde fast ausschließlich zur Deckung des eigenen Bedarfs betrieben. Während des 19. Jh. breiteten sich auf dem Gebiet der Stadt Zell i.W. und ihrer Teilorte neben dieser traditionellen, extensiven Wirtschaftsweise zwei andere Formen der Landwirtschaft aus: Einerseits der fast ausschließlich der Eigenversorgung dienende Feierabendbetrieb, andererseits landwirtschaftliche Mischbetriebe, die hauptsächlich von der wachsenden Nachfrage nach Lebensmitteln profitieren wollten. Ersteres führte u. a. zu vermehrter Ziegen- und Kaninchenhaltung, letzteres zur Ausweitung der Schweine- und Geflügelbestände und zur Verbesserung des Obstbaus.

1895 betrug der Anteil der Anbaufläche (1317 ha) an der Summe der Gemarkungsflächen der heutigen Stadt (3612 ha) 36,5%; bis in die 1930er Jahre weitete sich die landwirtschaftlich genutzte Fläche (LF) zunächst auf 42,5% aus, nahm jedoch nach Kriegsende stetig ab. Zwischen 1949 und 1971 wurde die LF von 1390 ha, also 38,5% der Gemarkung, auf 1010 ha, d. h. auf einen Anteil von 28% reduziert; bis 1983 erreichte die LF wieder eine Ausdehnung von 1140 ha (31,6%). Die mit Abstand größte LF mit 235 ha (33,2%) nutzte man 1971 in Gresgen, es folgten Adelsberg (143 ha =

Die Stadt im 19. Jahrhundert und in der Gegenwart 903

31,6%) und Riedichen (129 ha = 40,8%); auf der Gemarkung Zell waren 26 ha (2,8%) als LF ausgewiesen und auf der Gemarkung Atzenbach nur 12 ha (3,2%).

Aufgrund des rauhen Klimas beschränkte sich der *Ackerbau* herkömmlicherweise hauptsächlich auf Roggen und Kartoffeln; darüberhinaus gab es höchstens Sommergerste sowie Hafer und Futterpflanzen. Im altbadischen Gresgen allerdings baute man neben Roggen auch Dinkel an und nur hier überwog noch in den 1930er Jahren das Ackerland gegenüber dem sonst vorherrschenden Dauergrünland. Bis um die Mitte des 19. Jh. bestanden vor allem die Klein- und Nebenerwerbsbauern auf der ungeteilten Erhaltung der Allmendweiden. Diese wurden dann aber besonders in den Industrieorten mit starkem Bevölkerungswachstum durch Überbeanspruchung zugrundegerichtet und unbrauchbar. Schließlich forstete man in den Steillagen große Stücke auf. Das übrige wurde an die Bürger ausgegeben und vielfach als Wiesen, teilweise auch zum Ackerbau genutzt. Zwischen 1880 und 1913 verminderte sich die Weidefläche von 563 ha auf 362 ha, also um 35,8%. In Atzenbach, wo mit 55 ha mehr als die Hälfte der Weidefläche aufgegeben wurde, dienten davon nur 7 ha weiterhin der Landwirtschaft, alles übrige wurde zu Waldfläche umgewidmet. In Adelsberg wurden 45 ha neues Ackerland umgebrochen; in Zell 25 ha und in Riedichen 19 ha zu Wiesen hergerichtet. Das Wiesengelände nahm zwar in den genannten 33 Jahren um insgesamt 57 ha und damit um 12,4% zu, doch das Dauergrünland insgesamt wurde seit 1880 um 179 ha auf 842 ha (1930) reduziert. Nach einer neuerlichen Ausweitung blieben bis 1971 wieder nur 893 ha übrig. 1987 waren schließlich 1131 ha als Wiesen, Weiden und Hutungen genutzt; nur 31 ha dienten noch als Ackerland.

Ausreichend Weiden oder Wiesen boten seit langem in der vorderen Vogtei Zell gute Voraussetzungen für erfolgreiche *Rinderhaltung*. Der Übergang zur Stallhaltung bei gleichzeitiger Intensivierung der Grünlandbewirtschaftung erlaubte trotz verminderter Fläche eine Erhöhung des Viehbestandes. Sorgfältige Zucht, technische Neuerungen und der Ausbau der Verkehrswege ermöglichten ein besseres Angebot an Schlachtvieh, aber auch die Erschließung und Ausweitung eines Marktes für Milch und Milchprodukte. Mit der Zunahme der nichtbäuerlichen Bevölkerung entstand auch eine anhaltende lokale Nachfrage. Die beiden Zeller Wochenmärkte und ein monatlicher Viehmarkt boten gute Absatzmöglichkeiten. Der Rinderbestand auf der Zeller Gemarkung hielt sich von der Mitte des 19. Jh. bis in die 1880er Jahre bei etwas über 350 Stück. Seit der Wende zum 20. Jh. nahm er stark ab. Ähnlich verlief die Entwicklung in Atzenbach; in beiden Orten fällt noch in den 1950er Jahren ein besonders hoher Anteil (bis 81,8%) an Milchkühen auf. In den übrigen Orten der heutigen Gemeinde wuchsen die Bestände bis zum 1. Weltkrieg z. T. erheblich an; in Gresgen beispielsweise von 1855 (277 Stück) bis 1913 (415 Stück) um 49,8%. Insgesamt hielt man 1913 1818 Rinder, danach war ihre Zahl rückläufig. In den 1970er Jahren schlug die Entwicklung um und bis 1980 konnte man eine Steigerung um 10,1% auf 1135 Stück registrieren. Obwohl eine ungünstige Marktentwicklung erneut einen Rückschlag verursachte, belief sich der Rinderbestand 1987 auf 1145 Tiere, darunter 363 (31,7%) Milchkühe. Zwei Tendenzen blieben in den letzten drei Jahrzehnten konstant: die Einschränkung der Milchviehhaltung und die Betriebskonzentration: 1965 wurden in 157 Betrieben durchschnittlich 7 Rinder gehalten; 1982 in 91 Betrieben jeweils 11.

Während für die Entwicklung der Rinderzahl der Markt für Milch eine wesentliche Rolle spielte, förderten der wachsende Bedarf der zunehmenden Industriebevölkerung an preisgünstigem Frischfleisch und eine relativ einfache Haltung einen enormen Aufschwung der *Schweinezucht* gerade um die Jahrhundertwende. 1913 wurden in sämtlichen Zeller Orten 961 Borstentiere gezählt, was gegenüber 1855 einer Zunahme von 91,4% entsprach. Muttersauen gab es nur wenige; meist wurden Ferkel vom Viehmarkt gekauft. Eigenhaltung und Hausschlachtung spielten dabei eine wichtige Rolle. Auch bei dieser Nutztierart setzte spätestens in den 1920er Jahren ein merklicher Rückgang ein. 1965 verteilten sich 398 Schweine auf 144 Betriebe, 1982 kamen 139 auf 62 Betriebe. Erhebliche Bedeutung für die Versorgung der weniger bemittelten Bevölkerung kam der *Ziege* im 19. Jh. überall zu. Sie liefert Milch und Fleisch und ist dabei äußerst genügsam. Deshalb wurde dieses Haustier gerade in der Stadt noch in der Zwischenkriegszeit vermehrt gehalten. Um die Mitte des 19. Jh. versuchte man, auf den für Rinder nicht mehr genutzten Weiden *Schafe* zu halten. Zu der mit Abstand größten, der Gresgener Herde, gehörten 1855 333 Tiere. In den 1890er Jahren wurde die Schafhaltung wieder aufgegeben, weil man sich von der Aufforstung der freien Weiden höheren Gewinn versprach. Seit der Mitte der 1970er Jahre werden nun wieder von etwa 15 Betrieben jeweils um 15 Schafe u. a. zur Pflege frei gewordener Weiden gehalten. Die Eröffnung der Wiesentalbahn führte nach 1862 zu einer erheblichen Einschränkung des Bestandes an *Zugpferden*, weil Pferdefuhren statt wie bisher nach Basel jetzt nur noch bis Schopfheim nötig waren. Allein in Atzenbach verminderte sich ihre Zahl in drei Jahren bis 1864 von 29 auf 16. In der Landwirtschaft kamen Pferde vor allem aus Kostengründen kaum zum Einsatz. Und weil in den Bergdörfern die Weidewirtschaft noch lange vorherrschte, wurden Pferde dort erst seit den 1930er Jahren und auch dann noch in sehr geringer Zahl gehalten. Eine Ausnahme bildet auch hierbei Gresgen, wo es zwar um 1913 nur 2 Pferde gab, aber sowohl vorher wie nachher die vier- bis sechsfache Zahl gezählt wurde. 1950 waren ebenso wie 1975 15 Reitpferde auf den Gemarkungen von Zell i.W. gehalten worden. Ein vorläufiger Höchststand wurde 1978 mit 38 Tieren in 16 Betrieben erreicht. Danach schrumpfte der Bestand innerhalb eines Jahres wieder um knapp ein Drittel und pendelte sich auf dem erreichten Niveau ein. 1971 erreichte die *Hühnerhaltung* ihren Höchstpunkt, als in 126 Betrieben durchschnittlich 17 Tiere gehalten wurden. Zum überwiegenden Teil (2034) handelte es sich um Legehennen. In den folgenden Jahren nahm die Zahl der Geflügelhalter um etwa die Hälfte ab; die Zahl der Hühner ging um zwei Drittel zurück.

Die *Gesamtzahl der landwirtschaftlichen Betriebe* auf den Gemarkungen der heutigen Stadt Zell i. W. belief sich 1895 auf 660; fast die Hälfte (45,6%) davon bewirtschaftete eine Fläche von nur 1 ha oder weniger. 252 dieser 301 Betriebe befanden sich in Atzenbach oder auf dem Gebiet der Stadt und dienten hauptsächlich der Eigenversorgung. 207 Bauern verfügten über 2–10 ha und konnten überwiegend als Vollerwerbslandwirte gelten. Zu 16 Höfen, davon 11 in Gresgen, 3 in Riedichen und je einem in Atzenbach und in Zell, gehörten Nutzflächen von 10 bis 20 ha. Lediglich 2 Gresgener Betriebe verfügten über 20 ha und mehr. Während in Atzenbach der überwiegende Teil der Kleinlandwirte bis 1925 aufgab, nahmen sie in der Stadt um 80,8% zu. 1987 wurden 100 land- und forstwirtschaftliche Betriebe und eine LF von 1170 ha ermittelt. Davon bewirtschafteten 70 Betriebe Flächen zwischen 1 und 10 ha, 24 Betriebe 10 bis 20 ha und 5 Betriebe 20 bis 30 ha. Nur zu 2 Betrieben in Gresgen gehörte eine noch größere Wirtschaftsfläche. In diesem Ort gab es aber nicht nur die größten, sondern mit Abstand auch die meisten Landwirte (40). In Atzenbach war ihre Zahl dagegen besonders gering (5). Die Zahl der Haupterwerbslandwirte ist auf 2 in Gresgen und einen in Zell zurückgegangen (Stand: 1993).

Handwerk und Industrie. – Handwerker zur Herstellung und Instandhaltung von Schuhwerk, Kleidung und Werkzeug gab es, wenn auch nicht ständig, schon zu Anfang des 19. Jh. selbst in den kleineren Bergdörfern Adelsberg, Pfaffenberg und Riedichen. Bei ihnen war allerdings meist nicht klar, ob Landwirtschaft oder Handwerk mehr zu

Die Stadt im 19. Jahrhundert und in der Gegenwart

ihrem Lebensunterhalt beitrugen. In den größeren Dörfern Mambach, Gresgen und Atzenbach, besonders aber im Vogteisitz und Marktort Zell bestand dauernder und hinreichender Bedarf an zumindest allen für das Alltagsleben wichtigen Handwerken. So waren im Bereich des Baugewerbes schon zu Anfang des 19. Jh. Steinhauer, Maurer, Ziegler und Zimmerleute vertreten. Einrichtung und Werkzeug lieferten Schreiner und Glaser, Schmiede, Schlosser, Blechner, Wagner und Seiler, Hafner und Küfer. Für Bekleidung sorgten Weber, Schneider und Schuster. Außerdem gab es Gerber, Hutmacher und Färber, Barbiere, Öler, Metzger und Bäcker und nicht zuletzt Müller. Im »Vorderhag« der Zeller Vogtei standen vier *Mühlen*, je eine in Mambach, in Atzenbach, bei Freiatzenbach und schließlich die Karlemühle unterhalb von Zell; sie wurden ursprünglich ebenso wie die Zeller Hanfreibe alle von der Herrschaft als Lehen vergeben. Auch das Recht zum Salpetersieden mußte von der Herrschaft erkauft werden. Keiner besonderen Genehmigung bedurfte hingegen die Herstellung von Pottasche. Eine andere wichtige Erwerbsquelle war vor allem um Mambach herum die Köhlerei, bis die mit neuen Transportmitteln herangeschaffte Steinkohle die Holzkohle verdrängte. Auch andere Zweige des lokalen Handwerks mußten sich im Laufe der Jahrzehnte den Veränderungen des Wirtschaftslebens anpassen oder aufgeben. In den 1920er und 1930er Jahren blieben die Zahlen konstant. Wie die amtliche Statistik ausweist, arbeiteten 1939 in den zur heutigen Stadt Zell i. W. gehörigen Orten 141 Handwerksbetriebe, darunter 94 in der Stadt selbst, 22 in Atzenbach, 11 in Mambach und 8 in Gresgen. Knapp ein halbes Jahrhundert später (1987) war die Gesamtzahl der Handwerksbetriebe (64) um mehr als die Hälfte (54,6%) geringer. In der Stadt selbst gab es unter 49 Handwerkern gerade noch zwei Schuhmacher, die Schneiderei wurde überhaupt nicht mehr betrieben. Dagegen gab es jetzt Kfz-Werkstätten. Von den Teilorten wies nur noch Atzenbach eine nennenswerte Zahl an eigentlichen Handwerksbetrieben (9) auf. Von den restlichen sechs Betrieben in den übrigen Orten widmete sich die Hälfte dem Kunstgewerbe.

Tab. 22: Das Handwerk 1992

Branche	Zahl der Betriebe	Beschäftigte	Umsatz
Baugewerbe	9	89	10,3 Mio. DM
Metall	24	158	31,3 Mio. DM
Holz	1	15	–
Textil/Leder/Bekleidung	5	13	1,4 Mio. DM
Nahrung	7	52	8,8 Mio. DM
Gesundheit/Körperpflege	7	64	3,6 Mio. DM
Glas/Papier/Keramik und Sonstige	2	19	2,9 Mio. DM
Gesamt	55	410	–

Quelle: Handwerkskammer Freiburg

Über den Rahmen der Handwerks- und Gewerbeordnung ihrer Zeit weit hinaus reichten die *Unternehmungen der Brüder Meinrad und Peter Montfort*, die gegen Ende des 18. Jh. nicht nur eine Mühle, eine Brauerei und ein Hammerwerk, sondern auch eine Bleiche und vor allem eine Spinnerei und einen Webereiverlag unterhielten. (vgl. u., Geschichte der Stadtteile: Zell i. W., Bevölkerung und Wirtschaft) Die nachhaltige Störung von Handel und Kredit um die Wende zum 19. Jh. machten den von den

Gebrüdern Montfort repräsentierten Ansatz zur Industrialisierung der Vogtei Zell fast zunichte. Immerhin hinterließen sie einen erheblichen Stamm geschulter Arbeitskräfte. Zunächst schienen die Baumwollmanufakturen von Rümmele & Philipp einerseits und J.P. Stib andererseits das Montfortsche Erbe antreten zu können. Der große Brand von 1818 zerstörte auch diese Hoffnungen.

Doch bereits ein gutes Jahr nach der Katastrophe erklärte sich Peter Koechlin aus Lörrach, ein Teilhaber der seit 1808 im Besitz der ehemals Küpferschen »Cotton- und Indiennefabrique« befindlichen Firma *Merian & Koechlin*, bereit, sich am Wiederaufbau der Stadt zu beteiligen und hier eine Handweberei zu schaffen. In einem 1819/20 »auf dem Aiele« errichteten Gebäude wurden 250 Webstühle aufgestellt, durch welche in den folgenden Jahren 210 Arbeiter in der Fabrik und 300 außerhalb Beschäftigung fanden. Elf Jahre später erwarb Peter Koechlin sen. für die nun gemeinsam mit seinen Söhnen geführte Firma das Anwesen des in Konkurs geratenen Müllers Fridolin Karle. Dieser hatte 1820, nachdem seine alte Fronmühle durch den großen Brand zerstört worden war, auf dem alten Platz in der heutigen Teichstraße ein neues Mühlen- und Wohngebäude erstellen lassen. Koechlin richtete darin eine Baumwollschlichterei als Zulieferbetrieb für seine Handweberei an der heutigen Wiesenstraße ein. Von dort aus wurden seit 1830 auch andere Koechlinsche Werke, insbesondere die Handweberei in Schönau, von dem erfahrenen Textilfachmann Johann Faller verwaltet.

Neun Jahre nach dem Tod seines Vaters übernahm 1850 Albert Koechlin die Betriebe in Zell und Schönau pachtweise von der Lörracher Stammfirma. Als ersten Schritt zu Erweiterung und Rationalisierung errichtete er ein Webereigebäude von rund 200 qm Grundfläche zwischen Schlichterei und dem Gewerbekanal. Das vorhandene Wasserrad ersetzte er kurzerhand durch eine Turbine, die 50–70 Webstühle antreiben sollte. Weil die Bausubstanz der ehemaligen Mühle einen weiteren Ausbau nicht erlaubte, begann er 1853 auf der gegenüberliegenden, linken Seite des Kanals »in der Au« mit dem Bau eines neuen, zweckmäßigeren Fabrikgebäudes. Nach Übereinkommen mit den anderen Kanalanliegern und dank der Unterstützung durch das Lörracher Stammhaus konnte das Vorhaben trotz der Einsprüche von Konkurrenten und behördlicher Bedenken bereits im Sommer 1854 erfolgreich abgeschlossen werden. In der neuerbauten Fabrik liefen drei Jahre später neben 80 alten bereits 150 neue Webstühle.

Zwischen 1856 und 1858 erweiterte Albert Koechlin wegen der starken Nachfrage seine neue Produktionsstätte durch mehrere Anbauten und kaufte noch zusätzliches Gelände. 1857 erwarb er durch Vermittlung seines Bruders Nicolas von seiner Mutter Rosine das ehemalige Mühlenanwesen zu Eigentum und trennte sich in Zusammenhang damit von dem Lörracher Unternehmen seiner Verwandten. Als sein ältester Bruder, Peter Koechlin jun., zwei Jahre später starb, übernahm Albert Koechlin zum Preis von 5000 fl auch die Weberei auf dem Aiele. In dieser Anlage, die seit längerem vernachlässigt worden war, arbeiteten nur noch etwa 100 hölzerne, längst veraltete Handwebstühle. Das Gebäude taugte nicht zur Aufstellung zeitgemäßer Maschinen. Bereits 1857 hatte er deshalb von der Stadt im selben Gewann ein 3 Mg großes Geländestück samt Wasserrecht erworben. Dabei mußte er sich allerdings verpflichten, innerhalb von fünf Jahren eine Fabrik mit zugehöriger Wasserkraftanlage zu erbauen und die für den Betrieb nötigen Konzessionen beizubringen. Tatsächlich hatte Albert Koechlin immerhin bis Mai 1863 die alte Handweberei durch ein neues Spinnereigebäude ersetzt; über die Nutzung der Wasserkraft kam es jedoch zu Auseinandersetzungen mit Nachbarn und mit dem Bezirksamt. Schließlich gab der Fabrikant seine diesbezüglichen Pläne auf und verwendete statt dessen eine Dampfmaschine. Die vorsorglich erworbene Hammerschmiede und das damit verbundene Wasserrecht verkaufte er wieder.

Die Stadt im 19. Jahrhundert und in der Gegenwart

Gleichzeitig mit dem Bau der Spinnerei auf dem Aiele ließ Albert Koechlin die ehemalige Mühle in der Teichstraße abreißen und das noch brauchbare Material bei der Errichtung eines Büro- und Lagerhauses sowie eines Arbeiterwohngebäudes verwenden. Kaum hatte er auf diese Weise das bauliche Erscheinungsbild der Stadt gründlich verändert, da verkaufte er die Weberei in der Au mit ihren 208 Webstühlen, 6 Schlichtmaschinen und einigen Zettelmaschinen im Januar 1865 an seinen früheren Handlungsbevollmächtigten und schließlichen Teilhaber Gustav Häusler. Nachdem sein Sohn Peter im Mai 1866 die neuerbaute Spinnerei auf dem Aiele übernommen hatte, verließ Albert Koechlin die Stadt.

Die neue Firma *Häusler & Vonkilch* baute zunächst die Weberei noch weiter aus. 1869 beschäftigte man 204 Arbeiter. Der Schornstein eines neuen Kessel- und Maschinenhauses zog seit 1867 die Blicke auf sich. Im Januar 1880 kam es nach betrügerischen Machenschaften und der Flucht Gustav Häuslers zur Zwangsversteigerung der Fabrikanlage mit nun 282 Webstühlen. Dabei erhielt der Freiburger Bankier Christian Mez den Zuschlag. Der Betrieb hieß nun »*Mechanische Weberei Zell i.W. (Christian Mez)*«. Die neuen Eigentümer übernahmen die gesamte Belegschaft und setzten den Schweizer Johann Schätti als Betriebsleiter ein; Johann Vonkilch erhielt Prokura. Die Firma war um einen raschen Ausbau ihrer Anlagen bemüht; sie erwarb alle käuflichen Grundstücke in ihrer Umgebung. Die neue Bahnlinie ins obere Wiesental durchquerte einen Teil des Firmengeländes, konnte aber das Wachstum des Unternehmens nicht bremsen. Einwendungen von Behörden begegnete man mit dem Hinweis auf die wirtschaftliche Bedeutung für die Allgemeinheit. 1889 standen in dem Werk bereits 550 Webstühle, drei Jahre später 620; zur Belegschaft gehörten 436 Arbeiter und 13 Angestellte. Um die finanziellen Mittel für künftige Erweiterungen aufzubringen, wurde die Firma mit Wirkung vom 20. August 1889 von den bisherigen Eigentümern einer Aktiengesellschaft mit einem Grundkapital von 700 000 Mark, aufgeteilt in 700 Inhaberaktien, übertragen. Die rasante Expansion des folgenden Jahrzehnts fand 1899 in einem zweiten, 54 m hohen Kamin weithin sichtbaren Ausdruck. Um den Zuzug dringend benötigter Arbeitskräfte zu fördern und um bewährte Leute zu halten, wurden auch weitere Werkswohnungen gebaut. Selbst ein Brand, der im Mai 1909 zwei der wichtigsten Produktionsgebäude vernichtete, verursachte keine wesentliche Stockung: In dreischichtigem Tag- und Nachtbetrieb arbeitete man in den verbliebenen Anlagen weiter, während nebenan Neubauten hochgezogen wurden. Schon Mitte Februar 1910 waren sie bezugsfertig. Während des 1. Weltkriegs mußte auf Munitionsproduktion umgestellt werden. 1921 wurde die »Mechanische Weberei Zell i. W.« mit dem ehemals Iselinschen Unternehmen in Schönau, das sich seit 1900 als »Spinnerei & Weberei Schönau in Zell i. W.« (AG) im Besitz des Bankhauses Christian Mez befand, in einer Aktiengesellschaft mit dem Namen »*Spinnerei und Webereien Zell-Schönau AG, Zell im Wiesental*« vereinigt.

Nachdem das Unternehmen trotz größter Schwierigkeiten auch den 2. Weltkrieg und den damit verbundenen Zusammenbruch überstanden hatte, gelang es der Firma besonders mit dem Markenprodukt »Irisette« eine führende Position unter den europäischen Herstellern von Bett- und Tischwäsche einzunehmen. 1969 gingen 80% des Aktienkapitals an die Firma J. F. Adloff AG in Backnang über. Ungünstige Entwicklungen auf den internationalen Märkten, aber auch Managementfehler brachten das Unternehmen allerdings in Schwierigkeiten. Als jedoch 1978 empfohlen wurde, die Weberei in Zell zu schließen, lehnte der Aufsichtsrat die Aufgabe des Werkes ab. Wenig später überließ die inzwischen zur Hauptaktionärin gewordene »Manufaktur Koechlin, Baumgartner & Cie. AG« – das ehemalige Stammhaus – die Kapitalmehrheit dem

Hohenloher Unternehmer G. Drews. Auch diese Änderungen verhinderten nicht, daß Kapazitäten abgebaut und Arbeitskräfte entlassen wurden. Schließlich stellte das Unternehmen zum Februar 1991 die Produktion in Zell ein. Die Gemeinde Zell übernahm das etwa 3 ha große, nahe der Stadtmitte gelegene Betriebsgelände zum Preis von 11 Mio. DM. Der Kauf wurde durch einen Zuschuß in Höhe von knapp drei Vierteln der Kaufsumme aus dem Stadterneuerungsprogramm des Landes ermöglicht.

Viel früher schon, 1967, hatte der andere einst von Peter Koechlin sen. gegründete Textilbetrieb die Produktion eingestellt. Der gleichnamige Enkel des Firmengründers hatte im Mai 1866 die von seinem Vater 1862/63 erbaute Spinnerei auf dem »Aiele« seinen Eltern abgekauft. Kaum acht Monate später vernichtete Feuer die gesamte Fabrik. Da Koechlin zunächst eine behördliche Genehmigung des von ihm sofort in Angriff genommenen Neubaus nicht für erforderlich hielt, wurde auf Anzeige der Zeller Stadtverwaltung vom Bezirksamt Schönau ein Baustopp verfügt. Als jedoch die durch den Brand erwerbslos gewordenen Arbeiter sowohl vor dem Bürgermeisteramt als auch vor dem Bezirksamt »Arbeit oder Essen« verlangten, durften die Arbeiten ohne weitere Unterbrechung zu Ende geführt werden. 1883 erwarben zwei schwäbische Unternehmer, Theodor Hecker und Gottfried Feßmann, das florierende Unternehmen. Ende Mai 1902 vernichtete ein Brand wesentliche Teile der Spinnerei. Bereits ein Jahr darauf konnte die Produktion in dem noch heute vorhandenen dreigeschossigen Hauptbau wieder aufgenommen werden. 1913 wurde das bisher als OHG geführte Familienunternehmen in eine GmbH umgewandelt. Hatte die Spinnerei 1883 mit 7400 und 1900 mit 18600 Spindeln gearbeitet, so liefen 1921 bereits 40000. Die Zahl der Arbeitskräfte war in diesem Zeitraum von 86 auf 330 (davon 230 Frauen) angestiegen. Zusammen mit der Spinnerei und Weberei Steinen AG war Feßmann & Hecker als einzigen badischen Spinnereien im 1. Weltkrieg die Fortsetzung der Garnproduktion gestattet worden. Wesentlich war für diese Entscheidung die Leistungsfähigkeit der Wasserkraftanlage des Werkes gewesen. Auch nach 1945 konnte die Firma zunächst erfolgreich arbeiten. Als sich jedoch zu Ende der 1960er Jahre die Konkurrenzsituation der einheimischen Textilindustrie stetig schwieriger gestaltete, entschied sich die Unternehmensleitung zur Aufgabe der Spinnerei, in der damals ca. 400 Arbeitskräfte beschäftigt waren. Auf dem Betriebsgelände haben sich inzwischen die Firmen *Zellaerosol GmbH* (1993: 80 Beschäftigte) und *Zellplastic* angesiedelt (1993: 7 Beschäftigte).

Als Vertreter des Liestaler Fabrikanten Marcus Bölger kam 1837 Samuel Lanz nach Zell, um hier eine Filiale von dessen Basler Textilunternehmen einzurichten. 1842 trennte sich Lanz von der Firma Bölger und erhielt ein Jahr später eine Konzession zur Baumwollverarbeitung. 1852/53 beschäftigte er 300 Personen in Zell und Umgebung als Hausweber mit der Herstellung von Halbleinenstoffen und Barchent. Marcus Bölger und sein neuer Kompagnon Ringwald stellten dagegen ihren Zeller Betrieb 1846 auf das Spinnen von Floretseide um. Der gleichnamige Sohn des Gründers führte die Fabrik auf eigene Rechnung von Basel aus. 1862 ließ er das Wasserwerk seiner Fabrik erneuern. Nach seinem Tod (1892) firmierte das Unternehmen als *»Zimmerlin, Forcart & Cie.«*, wobei die Gesellschaftsform mehrfach wechselte, bevor man sich 1914 endgültig für die GmbH entschied. 1897 mußte das Hauptgebäude mitsamt den Maschinen nach einem Brand völlig neu erbaut und eingerichtet werden. Hergestellt wurden einerseits Schappegarne, insbesondere für Samt und Plüsch, andererseits Cordonnetgarne aller Stärken, vor allem zum Nähen, Sticken und Häkeln. 1914 beschäftigte das Unternehmen 211 Frauen und 70 Männer als Arbeiter sowie 7 männliche Angestellte. Das Werk gewährte seinen Mitarbeitern für die damalige Zeit vorbildliche Sozialleistungen. Nach dem 1. Weltkrieg begann das Unternehmen Kunstfasern herzu-

Die Stadt im 19. Jahrhundert und in der Gegenwart 909

stellen und zu verarbeiten; Vistra wurde zum Markenprodukt der Firma. Zu Beginn der 1970er Jahre übernahm der Burlingtonkonzern die nunmehrige Schappe GmbH mit etwa 450 Beschäftigten. Bereits 1974 gab der neue Eigentümer den Standort Zell i. W. auf.

Neben verschiedenen weiteren, oft kurzlebigen, textilverarbeitenden Betrieben in der Stadt und den Dörfern ist vor allem noch die *Spinnerei Atzenbach* zu nennen. 1845 beabsichtigten die Eigentümer der Schopfheimer Baumwollspinnerei »Gottschalk & Grether« einen Filialbetrieb zu errichten. Nachdem sie als Standort dafür zunächst Mambach in Aussicht genommen hatten, entschieden sie sich trotz des Widerstandes einiger Bauern, die das gute Ackerland nicht aufgeben wollten, für die Gemarkung Atzenbach. In einem Kauf- und Abfindungsvertrag vereinbarte die Gemeinde schließlich mit der Firma »Grether & Co.« den Bau einer Fabrik und eines Gewerbekanals. 1848 konnte mit der Fabrikation begonnen werden. Nach anfänglichen Schwierigkeiten wurde das Unternehmen 1855 in Form einer OHG mit einer Kapitaleinlage von 700 000 fl neu geordnet und firmierte seitdem als »Spinnerei Atzenbach«. Es galt als eine der beiden größten Spinnereien Badens. Zu Anfang der 1860er Jahre beschäftigte der Betrieb in einem fünfstöckigen Hauptbau und einem Nebentrakt bereits mehr als 500 Personen und arbeitete 1862 mit 10 152 Spindeln (1867: 33 000). Die Verwaltung war in einem besonderen zweistöckigen Gebäude untergebracht. Zur Ergänzung der Wasserkraftanlage wurden zwei Dampfmaschinen aufgestellt. Für Arbeiter standen 1866 sieben neue Häuser mit 48 Wohnungen zur Verfügung; später wurden 16 weitere Wohnungen und ein Waschhaus gebaut. 1883 bis 1886 wurde das Werk erheblich erweitert und mit neuen Maschinen, die weniger Arbeitskräfte erforderten, ausgerüstet. 1889 erhielt die Fabrik Anschluß an die neuerbaute Schmalspurbahn und wurde um die Wende zum 20. Jh. mit elektrischer Energie versorgt. 1913 war sie mit 55 724 Spindeln die größte Spinnerei Badens. Während des 1. Weltkriegs stellte das Werk einen Teil seiner Maschinen auf die Produktion von Papiergarn um. Ende 1922 wurde der bereits vor dem Kriege gefaßte Beschluß zur Umwandlung der Firma in eine AG verwirklicht. In den 1950er Jahren erbaute das Unternehmen nochmals ein neues Spinnereigebäude und rüstete es mit modernen Maschinen aus. Angesichts erschwerter Marktbedingungen erfolgte ab 1965 im beiderseitigen Interesse der Zusammenschluß mit der Zell-Schönau AG. Im Laufe des Jahres 1991 mußte die Spinnerei Atzenbach dennoch ihren Betrieb einstellen; das Anwesen verblieb im Firmenbesitz und dient heute als Warenlager der Firma Quelle.

Außer der dominierenden Textilindustrie gewann die Metallverarbeitung in Zell immerhin einige Bedeutung. Die Brüder Montfort hatten ihre ursprüngliche Hammerschmiede am Mühlteich um 1785 auf die äußere Schwarznau verlegt. Nach zweifachem Besitzwechsel kaufte die Hausener Hüttenverwaltung das Werk auf, um das Entstehen unliebsamer Konkurrenz auszuschließen. Als 1856 die Hütte geschlossen wurde, erwarb zunächst Albert Koechlin das Zeller Schmiedeanwesen, nicht zuletzt wegen des damit verbundenen Wasserrechts. Bevor A. Koechlin Zell verließ, verkaufte er 1865 die Schmiede an den aus Hausen stammenden Eisenformer Jakob Bernauer, der dort eine Gießerei mit zunächst 18 Arbeitern einrichtete. Sein gleichnamiger Sohn und Nachfolger (1875) vergrößerte zu Anfang der 1890er Jahre das Unternehmen, das weiterhin Maschinen- und Baugußteile herstellte. Ab 1914 führte Rolf Bernauer den Betrieb fort, er beschäftigte 1922 35 Arbeiter. Die Gießerei wurde 1977 von der Firma Pleuco GmbH als Werk 3 übernommen.

Die 1919 gegründete *Pleuco GmbH, Carl Pleus und Söhne* verlegte ihren Sitz nach Zell, nachdem ihre Anlagen in Krefeld 1941 zerbombt worden waren. Die Firma übernahm die seit 1926 leerstehenden Gebäude der 1879 von den Gebrüdern Vogel gegründeten renommierten Zellulosefabrik, die vor 1914 bis zu 150 Arbeitskräfte beschäftigt und nach dem 1. Weltkrieg mehrfach den Besitzer gewechselt hatte. Das Familienunternehmen Pleuco fertigt aus in eigenen Gießereien hergestelltem Zentrifugalguß sowie Sinterwerkstoffen hochpräzise Einzelteile für Otto- und Dieselmotoren in Klein- und Großserien. Es gilt weltweit als einer der größten Hersteller für Ventilsitzringe, Ventilführungen und Turboladerdichtungen. Mit einem Zweigwerk in Grenchen (Kt. Solothurn), dem Werk II in Utzenfeld, wo Ventilführungen produziert werden, sowie dem Werk III in Zell und einem Zweigwerk in Holland (Mich., USA) werden Motorenhersteller in vielen Ländern Europas und Übersee beliefert. Insgesamt zählte der Betrieb 1993 rund 600 Arbeiter und Angestellte, darunter 430 in den Werken in Zell im Wiesental.

1885 gründeten die Ingenieure Th. Winter und C. Marget die Maschinenfabrik Zell i. W. zum Bau von Turbinen und Regulatoren. Nach einer Betriebserweiterung ging die Firma 1898 an Ingenieur J. Krückels über, der die Produktion auf den Bau von Textilmaschinen umstellte und damit so erfolgreich war, daß er 1907 das Werksgebäude aufstocken mußte. Nach dem 1. Weltkrieg litt die Firma vor allem unter dem Mangel an gut ausgebildeten Fachkräften. Das hochspezialisierte Unternehmen konnte sich auch nach 1945 wieder eine gute Marktposition sichern. Produktionsschwerpunkte lagen in jüngster Zeit bei Schlichtmaschinen und Cordstreckwerken; die Zahl der Mitarbeiter belief sich 1987 auf 213. 1991 übernahm die branchenverwandte Benninger AG in Uzwil (Schweiz) die Maschinenfabrik Zell. Sie wird seither unter der Firma *Benninger-Zell GmbH & Co. KG* geführt und hatte 1993 220 Mitarbeiter.

Abgesehen von den genannten Unternehmen gelangten auch folgende Firmen zeitweise zu größerer Bedeutung: Die zumindest seit Beginn der 1850er Jahre bestehende mechanische Werkstätte des Bartlin Schmidt beschäftigte nach mehrfachen Betriebserweiterungen um 1867 etwa 80 Arbeiter, u. a. mit der Herstellung von Turbinen; 1906 geriet die Firma in Konkurs. Im selben Bereich arbeitete die Maschinenfabrik Quenzer, die bis in den 1. Weltkrieg Stahlbauteile und Turbinen produzierte. Die Gebrüder Wittig bauten ab 1885 in der vormaligen Weberei J. Faller Spinnereimaschinen. 1910 meldeten sie den von ihnen entwickelten Rotationskompressor zum Patent an. Damit und mit den auf Umkehrung des Prinzips beruhenden Vakuumpumpen errangen sie eine führende Marktstellung. 1935 wurde die Firma nach Schopfheim verlegt. Aus der von Reinhard Baur 1877 in einer ehemaligen Ziegelhütte gegründeten Gerberei entwikkelte sich bis in die 1950er Jahre die Lederfabrik Zell GmbH. In Atzenbach beschäftigte ein Sägewerk in der ersten Hälfte des 20. Jh. bis zu 40 Arbeiter. Papierhülsen, wie sie von den Textilfabriken benötigt wurden, lieferte in Zell von 1874 an die Firma Sauer. Auf deren Gelände fertigt heute ein Unternehmen kunstgewerbliche Artikel aus Holz, in jüngster Zeit vor allem Holzgriffe für die Möbelindustrie (1993: 10 Beschäftigte). In Atzenbach verarbeitete eine kleine Papierfabrik ab 1863 Spinnereiabfälle zu Pappe und Kreppapier; auch dieser Betrieb wurde spätestens in den 1920er Jahren eingestellt. Einen für Zell neuen Industriezweig vertritt die Firma Jürgen Kaiser mit »Herstellung und Vertrieb elektrischer Produkte«.

Handel und Dienstleistungen. – Obwohl Zell i. W. als Handelsplatz kaum jemals über die Grenzen der ehemaligen Vogtei hinaus Bedeutung erlangte, hatten seine *Märkte* doch eine jahrhundertealte, ungebrochene Tradition. Während die beiden Jahrmärkte zu St. Georg (23. April) und zu St. Simon und Juda (28. Oktober) in erster Linie den Erwerb von fremden Waren ermöglichten und der Belustigung dienten, gab der Wochenmarkt vor allem den Einheimischen Gelegenheit, ihre Erzeugnisse auszu-

Die Stadt im 19. Jahrhundert und in der Gegenwart

tauschen. Die Jahrmärkte finden heute jeweils zu Fastnacht und zu Kirchweih statt; der Wochenmarkt wird samstags gehalten. Auf dem Viehmarkt, der seit 1857 wieder von Februar bis November und ab 1868 allmonatlich stattfand, kaufte man junge Tiere zur Aufzucht und zur Mast und bot das ausgewachsene Vieh den Metzgern oder Viehhändlern zum Verkauf an. Getreide wurde in Zell nicht vermarktet, es mußte bei Bedarf aus dem vorderen Wiesental, von Staufen oder gar Freiburg bezogen werden. Zu Beginn des 19. Jh. gab es in Zell nur wenige Krämer, erst mit der Zunahme der Arbeiterbevölkerung wuchs auch die Zahl der Ladengeschäfte. Sie waren allerdings zunächst meist noch mit einem Handwerksbetrieb verbunden. 1859 gab es nach einer Beschreibung des Amtsbezirks Schönau 7 *Läden* mit folgendem Warenangebot: Kolonial-, Material- und Langwaren; Kolonial- und Langwaren; Kolonial-, Kurz- und Eisenwaren; Kolonial- und Ellenwaren; Spezereiwaren; Töpferwaren; Leder. 1922 wurden dagegen 26 Einzelhandelsgeschäfte genannt: Außer der Verkaufsstelle des »Allgemeinen Konsumverein(s)« und einem »Geschäftshaus« für Damen- und Herrenkonfektion, Kolonialwaren sowie Kurz- und Ellenwaren waren darunter Läden für Kolonialwaren allein (9), Möbel, Kolonial- und Eisenwaren, Kurz- und Ellenwaren, Kurz- und Weißwaren, Schuhe (2), Wein (3), Baumaterial und Kohlen, Hüte (2), Kolonial-, Korb-, Leder- und Spielwaren, Gemüse, Drogen. In Atzenbach führte nach der Jahrhundertwende die Gründung eines Konsumvereins zu erbitterten Auseinandersetzungen mit den ortsansässigen Krämern.

1987 gab es in der Stadt je eine *Großhandlung* für Baustoffe, Sportartikel und Tee. Im Jahr 1993 gab es in Adelsberg, Pfaffenberg und Riedichen überhaupt keine *Einzelhandelsgeschäfte* mehr, Gresgen wies eines auf, Mambach 3 (je 1 Farbengeschäft, Tapeten- und Bodenbelagshandel und Teigwarenherstellung) und Atzenbach 6 (je 2 Metzgereien und Getränkehandlungen sowie je 1 Bäckerei und Gemischtwarenhandlung). Hervorzuheben sind noch die Autohäuser in Atzenbach (2) und Mambach sowie die 2 Tankstellen. Zell dagegen bietet im Innenstadtbereich die ganze Palette einer Stadt dieser Größenordnung und Funktion an.

Als erstes *Geldinstitut* ließ sich 1855 die Sparkasse Schönau mit einer Filiale in Zell nieder. Drei Jahre darauf sprach der Bezirksamtmann von »rühmenswerten Einlagen« der Arbeiter und Dienstboten. In den 1870er Jahren scheint diese Sparkasse aufgegeben worden zu sein. 1889 eröffnete der Schwarzwälder Bankverein (Triberg) in Zell i. W. eine Filiale, die ab 1909 als Zweigstelle der Rheinischen Kreditbank geführt wurde. 1898 veranlaßte Bürgermeister Steinmann die Gründung der Sparkasse Zell i. W., die 1913 mit der Sparkasse Atzenbach zu der Bezirkssparkasse, heute: *Sparkasse Zell i. W.* vereinigt wurde. Außer Atzenbach und Zell beteiligten sich schließlich die Gemeinden Adelsberg, Gresgen, Hausen, Mambach, Pfaffenberg und Riedichen an der Gewährleistung für dieses Institut. Ein Jahr darauf wurde unter Beteiligung von über 50 Mitgliedern die Bank für Gewerbe und Landwirtschaft Zell i.W. im Gebäude der ehemaligen Rheinischen Kreditbank eröffnet. 1953 errichtete die Volksbank Schopfheim eine Filiale in Zell. Volksbank und Sparkasse bestehen bis heute. Ebenso ist die 1919 gegründete Gemeinnützige Baugenossenschaft Zell eG noch immer aktiv. In jedem Ort bestand um die Jahrhundertwende zumindest zeitweise ein Viehversicherungsverein.

Im *Transportgewerbe* arbeiteten 1993 noch drei mittelständische Unternehmen. Zum *Dienstleistungsgewerbe* gehören ferner je ein Abschlepp- und ein Entrümpelungsdienst, außerdem zwei Leasingfirmen für Maschinen und sonstige Güter, je ein Holzblasinstrumenten- und ein Akkordeonbauer, beide Handel treibend, sowie zwei Videotheken. Die Freien Berufe waren vertreten durch zwei Architekturbüros, eine Anwaltskanzlei, vier Arzt- und drei Zahnarztpraxen, einen Heilpraktiker und je drei Krankengymnastinnen, Masseure und Fußpflegerinnen. Seit Beginn der 1890er Jahre erschien im Verlag Friedrich Bauer wöchentlich die »Süddeutsche Arbeiterzeitung« als Organ des württembergischen und des badischen Landesverbandes Evangelischer Arbeitervereine sowie der württembergischen Evangelisch-Sozialen Vereinigung. In den 1920er Jahren publizierte dieser Verlag auch die »Badische Gendarmerie-Zeitung«. Die »Oberländer Tagespost« wurde 1899 von einigen katholischen Pfarrern gegründet und von der Wiesentäler Vereinsdruckerei AG als Anzeigeblatt für das Wiesen-, Rhein- und Wehratal vertrieben. Das Blatt vertrat hauptsächlich den Standpunkt der Zentrumspartei.

Im Marktort Zell bestand naturgemäß ein erheblicher Bedarf an *Gaststätten und Beherbergungsbetrieben*. 1853 waren in Zell sechs Realwirtschaften, eine Restaurationswirtschaft sowie – in Verbindung mit Brauereien – zwei Bierwirtschaften konzessioniert. 1919 waren acht Realrechte, d. h. mit einem bestimmten Anwesen verbundene Betriebsbewilligungen, und sechs an die Person des Inhabers gebundene Bewirtungsrechte erteilt. Als die beiden vermutlich ältesten Realwirtschaften in Zell bezeichnete Humpert die Gasthäuser »Dreikönig« und »Krone«. In Adelsberg übernahm 1911 die Gemeinde den »Alpenblick«; wegen des geringen Pachtertrages verkaufte man den Gasthof aber bereits acht Jahre später wieder. Atzenbach hatte 1866 eine Brauereigaststätte und zwei Wirtshäuser: »Zum Adler« und »Zur Sonne«. Die »Sonne« wurde nach 1924 zu Werkswohnungen der Spinnerei umgebaut. 1892 erhielt ein Bierbrauer die Erlaubnis, ein Gasthaus »Zum Schützen« zu eröffnen; die frühere Brauwirtschaft war inzwischen eingegangen. Das Gasthaus »Zur Linde« bestand seit der Mitte der 1920er Jahre (heute Wohnung). Zu Beginn dieses Jahrhunderts errichtete ein Landwirt in Gresgen die Wirtschaft »Zum Löwen«; das Haus wurde inzwischen zum Tagungshotel ausgebaut. Daneben bestand bis zur Mitte der 1980er Jahre das Gasthaus »Möhrenblick«. Für Mambach berichtet ein Ortsbereisungsprotokoll von 1869 von der Eröffnung einer Schankwirtschaft neben den bestehenden Realwirtschaften »Zum Rößli« und »Zum Krug«. Um die Jahrhundertwende ist vom 1882 errichteten Gasthaus »Zu den drei Königen« (früher »Rößli«) und einem Wirtshaus »Zum Sternen« die Rede. In Pfaffenberg konnte sich während des 19. Jh. nur zeitweise eine Wirtschaft halten. Mehr Erfolg hatte im 20. Jh. das Gasthaus »Zum Schlüssel«. Das Riedicher Wirtshaus »Zur Sonne« wurde schon zu Anfang der 1850er Jahre erwähnt.

In der Stadt Zell i. W. boten sich dem Gast 1993 19 Gaststätten und drei Cafés. Übernachtungsmöglichkeiten stellten neben etwa 40 privaten Ferienwohnungen in Zell die Hotels »Löwen« und »Dreikönig«, in Gresgen das Hotel »Löwen« und der »Luisenhof«, in Pfaffenberg der Berggasthof »Schlüssel« und die Pension »Herzog«, in Mambach das Gasthaus »Zum Sternen« und in Riedichen Gasthaus und Pension »Zur Sonne«. Außerdem bieten die Jugendhütte St. Bernhard in Adelsberg-Blauen, die Bergklause Maria Frieden der Pallotiner und schließlich der Campingplatz in Mambach Unterkunft. Die Zahl der Übernachtungen lag in den 1980er Jahren zwischen 48000 und 60000, 1993 bei 42000.

Verkehr. – Noch um die Wende zum 19. Jh. war im Wiesental oberhalb von Zell nur von einem Weg die Rede. Erst die badische Verwaltung erklärte den Weg ab 1807 zu einer Landstraße, wonach sämtliche umliegenden Gemeinden gezwungen wurden, zu einem dieser Einstufung entsprechenden Ausbau beizutragen. Solche Maßnahmen waren freilich durchaus im Sinn der Zeller Unternehmer, denen an einer guten Verbindung zur Amtsstadt Schönau und zu den im hinteren Wiesental eröffneten Fabriken gelegen war. 1845/46 wurde unter Einsatz italienischer Straßenarbeiter die Gefällstrecke oberhalb Mambachs umgebaut und verbreitert. Innerhalb der Stadt war

Die Stadt im 19. Jahrhundert und in der Gegenwart 913

die Straßenführung bereits nach dem großen Brand von 1818 verändert worden; zwischen 1845 und 1856 erfolgten im Stadtbereich weitere Korrekturen der Durchgangsstraße. 1864 ermöglichten die Gemeinden Atzenbach und Zell durch preisgünstige Abtretung von Gelände eine Verbesserung des Straßenverlaufs. Bald darauf verstärkte man zwischen Zell und Hausen den Unterbau der Wiesentalstraße. Als B 317 ist sie eine der wichtigsten Verkehrsachsen durch den Landkreis.

Eine weitere wichtige Straßenverbindung führt von Mambach über Rohmatt nach Todtmoos. Obwohl stark befahren, wurde die Straße von der Wiesentäler Seite her erst ausgebaut, nachdem 1870 ein großer Teil Mambachs niedergebrannt war. Damals wurde innerorts die Bauflucht neu bestimmt und die eigentlich noch als Gemeindeweg eingestufte Straße weitgehend auf Staatskosten hergestellt; ab 1872 wies man sie als Landstraße aus. Heute ist die L 146 gut ausgebaut. Als Verbindung vom oberen Wiesental ins Kleine Wiesental und weiter in die Rheinebene hatte die L 140 von Zell über Adelsberg nach Gresgen Bedeutung. 1968 bis 1971 erhielt Gresgen eine Ortsumgehung (K 6300); über Gemeindeverbindungsstraßen ist der Ort mit Hausen i. W., Enkenstein und Holl verbunden. In Adelsberg zweigt eine Gemeindeverbindungsstraße zum Ortsteil Blauen und von dort weiter nach Pfaffenberg ab. Von Atzenbach kann man auf der 1909 gebauten Gemeindeverbindungsstraße nach Riedichen gelangen und von dort weiter nach Gersbach und ins Wehratal. Ausgebaut ist auch die Kreisstraße 6301 von der B 317 bei Atzenbach nach Pfaffenberg. Von hier führen untergeordnete Straßen bzw. Fahrwege nach Blauen, Käsern, Mambach und Niederhepschingen.

Eine Konzession von 1872 übertrug Bau und Betrieb einer *Eisenbahnanschlußstrecke* von Schopfheim nach Zell einer Aktiengesellschaft. Der neue Bahnabschnitt konnte vier Jahre später befahren werden. 1889 ging er in staatliches Eigentum über. Im selben Jahr nahm die Schmalspurbahn Zell–Todtnau ihren Betrieb auf. Sie war aufgrund einer 1888 erteilten Konzession von einem Konsortium von zwei Banken aus Darmstadt und Mannheim sowie dem Berliner Unternehmer Hermann Bachstein gebaut worden, ein Jahr später begann der Eisenbahnbetrieb . 1897 wurde die Bahn von der Süddeutschen Eisenbahngesellschaft übernommen. In den 1920er Jahren wurde die Strecke Zell-Todtnau täglich in jeder Richtung fünfmal befahren. Vier Jahrzehnte später ging das Fahrgastaufkommen ebenso wie der Gütertransport auf der Schmalspurbahn ständig zurück. 1967 wurde sie als unrentabel eingestellt, die Anlagen wurden abgebaut. Heute hat Zell nur noch in Richtung Schopfheim und Basel einen Bahnanschluß. Mit Schönau und Todtnau ist es durch Buslinien verbunden; ebenso mit Gresgen sowie Häg-Ehrsberg.

Verwaltungszugehörigkeit, Gemeinde und öffentliches Leben

Verwaltungszugehörigkeit und Gemeindegebiet. – Nach dem Übergang an Baden, 1805, wurde die grundherrliche Vogtei Zell zunächst dem Obervogteiamt Schönau, dann 1809, infolge der Reitzensteinschen Verwaltungsreform, der Regierung des Wiesenkreises in Lörrach unterstellt. 1813 fielen die seit 1811 selbständigen Gemeinden der ehemaligen Vogtei einschließlich der nunmehrigen Stadt (1810) Zell i.W. an das Bezirksamt Schönau. Mit allen übrigen Orten dieses Amtsbezirks kamen sie 1924 zum Bezirksamt Schopfheim. Gresgen hatte zu Beginn des 19. Jh. zum »Steinemer Viertel« der badischen Landgrafschaft Sausenberg gehört. Bei der Neugliederung von 1809 wurde das Dorf dem neugeschaffenen Amt Schopfheim zugeschlagen. Ein Teil dieses Bezirks fiel erst 1938 aufgrund der Verwaltungsneuordnung von 1936 mitsamt allen der heutigen Stadt Zell zugehörigen Orten an den Amtsbezirk bzw. ab 1939 den Landkreis Lörrach. Im Zuge der Gemeindereform in der ersten Hälfte der 1970er Jahre erfolgten nacheinander die Eingemeindungen der Stadtteile Riedichen 1972, Adelsberg und Gresgen 1974, Atzenbach, Mambach und Pfaffenberg 1975. Außer im Falle Atzenbachs legte man gleichzeitig dauerhafte Ortschaftsverfassungen fest. Für Atzenbach wurde nach einer unverbindlichen Bürgerbefragung 1987 ebenfalls die Ortschaftsverfassung beschlossen. Die zusammen mit den Eingemeindungen eingeführte unechte Teilortswahl wurde Ende 1993 vom Gemeinderat gegen den Widerstand sämtlicher Ortschaftsräte aus Gründen der Vereinfachung und Kostenersparnis abgeschafft. Mit der Gemeinde Häg-Ehrsberg besteht eine vereinbarte Verwaltungsgemeinschaft, wonach die Stadt Zell die vorbereitende Bauplanung als Erfüllungsaufgabe wahrnimmt und bestimmte technische sowie finanzielle Angelegenheiten im Namen der Nachbargemeinde erledigt.

Gemeindebesitz und -verwaltung. – 1854 verfügte die Stadt Zell i.W. über eine Allmendfläche von 354 Mg (127,5 ha) zur turnusmäßigen Verteilung unter die Bürger und Bürgerswitwen. Entsprechend konnten ausgelost werden in Adelsberg und Blauen 239 Mg (86 ha), in Atzenbach 132 Mg (47,5 ha), in Mambach 190 Mg (68,4 ha), in Pfaffenberg einschließlich Käserns 168 Mg (60,5 ha) und in Riedichen 115 Mg (41,4 ha). In Adelsberg, Atzenbach und Pfaffenberg erhielten die Bürger außerdem eine Holzgabe von 1 Klafter Scheitholz und 100 Wellen (Reisigbündel), in Riedichen 1 Klafter und 50 Wellen, in Zell ¾ Klafter und 75 Wellen und in Mambach ½ Klafter und 50 Wellen. Im altbadischen Gresgen standen weder Allmende noch sonstige Bürgernutzungen zur Verfügung. In Zell konnte die Zehntablösung (2193 fl 42 x) bereits 1852 abgeschlossen werden, während sie in den Dörfern meist wesentlich länger dauerte. So hatte Adelsberg diese Belastung erst 1868 abgetragen und Mambach mußte 1855 zur Deckung der Ablösesumme von 4970 fl 33 x ein Annuitätendarlehen mit 20jähriger Laufzeit abschließen. Adelsberg und sein Nebenort Blauen hatten zwar bis in die 1920er Jahre getrennte Vermögensverwaltung, gemeinsam gehörte ihnen jedoch das Rat- und Schulhaus sowie die Spritzenremise im Hauptort. Aufgrund des einträglicheren Gemeindebesitzes an Wald und Weiden waren in Blauen im Gegensatz zu Adelsberg kaum Umlagen nötig. Daß auch die Gemeinde Atzenbach bereits vor der Niederlassung der Spinnerei verhältnismäßig wohlhabend war, zeigte sich am Besitz von zwei in Stein aufgeführten Gebäuden mit Ziegeldach: einem Schulhaus und dem 1839 erbauten Rathaus, in dem wie üblich auch die Wachstube, das Ortsgefängnis und die Spritzenremise untergebracht waren. Anfang der 1870er Jahre konnte Atzenbach ein neues Schulhaus erbauen, das als eines der schönsten im ganzen Bezirk galt. Mambach erbaute nach dem Brand von 1870 ein neues Schul-und Gemeindehaus, das allerdings 1913 erweitert werden mußte. Pfaffenberg besaß außer einem in den 1870er Jahren renovierten Rat- und Schulhaus noch ein kleines Lehrerwohnhaus. An dem 1831 erbauten Riedicher Schul- und Rathaus wurden seit den 1870er Jahren ständig Ausbesserungen und Erweiterungen fällig. 1904 überholte man das Gebäude gründlich.

Auch die Stadt Zell verfügte noch um die Mitte des 19. Jh. außer einem kleinen Armenhaus und einer Spritzenremise lediglich über ein nach dem Stadtbrand von 1818 erbautes, immerhin dreistöckiges *Rathaus*. Im Erdgeschoß waren neben dem Ratssaal das Arrestlokal und die Wachstube untergebracht; im 1. Obergeschoß waren Unterrichtsräume eingerichtet und das 2. Obergeschoß diente als Lehrerwohnung. Angesichts des steigenden Raumbedarfs kaufte man zunächst einmal das Löwenwirtshaus. 1867 wurde ein Spital eingerichtet; die Finanzierung erfolgte im wesentlichen aus einem Fonds, den der Unternehmer Koechlin mit 225 Franken gegründet hatte. Gleichzeitig

Die Stadt im 19. Jahrhundert und in der Gegenwart   915

erhielt das Rathaus einen Anbau zur Erweiterung einer Volksschule und der Feuerwehrspritze. Eine Gewerbeschule wurde 1867 in der Bahnhofstraße neu erbaut.
1811 wählte die Bürgerschaft der neuen Stadt Zell i. W. mit staatlicher Zustimmung den Bürgermeister und Vorsitzenden eines dreiköpfigen Stadtrats, der sich bei Bedarf mit Billigung der vorgesetzten Staatsbehörde selbst ergänzte. Um den Bürgern wenigstens in finanziellen Angelegenheiten einen gewissen Einblick in die Geschäfte des Rats zu sichern, wurde 1821 ein direkt gewählter Ausschuß von sogenannten Gemeindedeputierten eingeführt. Allerdings waren alle badischen Gemeinden, also auch die Stadt Zell, letztlich den Entscheidungen der Staatsverwaltung unterworfen. Erst die Gemeindeordnung von 1831 sicherte den Kommunen die selbständige Verwaltung ihrer Angelegenheiten. Einzelne Bestimmungen wurden in der Folge mehrfach geändert. Das gleichzeitig erlassene Bürgerrechtsgesetz schaffte den Status des Schutzbürgers ab und unterschied nur noch zwischen staatsbürgerlichen Einwohnern mit begrenzten Rechten, aber auch geringeren Pflichten, und vollberechtigten Gemeindebürgern. Die Zahl der Gemeinderäte und der Bürgerausschußmitglieder wurde seitdem von der Bevölkerungszahl abhängig. 1853 gab es in Zell einen unter Einschluß des Bürgermeisters vierköpfigen Gemeinderat, einen gleichstarken kleinen Ausschuß und einen großen Ausschuß mit 32 Mitgliedern; dieser vertrat in den etwas größeren Gemeinden die Bürgerversammlung. 1871 schaffte man den kleinen Ausschuß ab. Um angeborenes Bürgerrecht wahrzunehmen, mußte man noch in den 1920er Jahren in Zell eine Gebühr von 16 Mark zuzüglich eines Beitrags von 10 Mark zum Spitalfonds entrichten. Von Fremden verlangte man ein Einkaufsgeld in Höhe von 68 Mark sowie zum Einkauf in den Bürgernutzen nochmals 116,60 Mark. Auch von den Dörfern wurde das gesetzlich festgelegte Einkaufsgeld erhoben.

Die Gemeindeordnung schrieb für alle Gemeinden die Anstellung eines Ratschreibers und eines Gemeinderechners vor. Im Dienst der Stadt Zell i. W. standen 1855 darüberhinaus ein Polizeidiener, zwei Nachtwächter, zwei Waldhüter, ein Feldhüter und zwei Hebammen. Dazu kamen in der Regel noch Steinsetzer, Straßenwärter, Totengräber, Hirten, Brunnenmeister, Faselviehhalter u. a. m. Meistens wurden diese Funktionen dem Wenigstnehmenden auf eine gewisse Zeit übertragen. Insgesamt waren bis in die erste Hälfte unseres Jahrhunderts auch für eine kleine bis mittelgroße Gemeinde etwa 20–25 Personen tätig. 1993 waren bei der Stadt Zell i.W., die Teilzeitbeschäftigten eingerechnet, beschäftigt: 8 Beamte, 71 Angestellte (einschließlich Auszubildende) sowie 40 Arbeiter (einschließlich der im Krankenhaus beschäftigten). Bis zur Modernisierung des Rathauses ist die Stadtverwaltung im ehemaligen Verwaltungsgebäude der Zell-Schönau AG untergebracht.

Nichtkommunale Behörden. – Um die Mitte des 19. Jh. gab es in Zell i. W. auch eine staatliche Bezirksforstei sowie eine Gendarmeriestation. Heute unterhält hier das Land einen *Polizeiposten*. Seit 1835 bestand in Zell i. W. eine Postexpedition. Nach dem Übergang der Post in die Reichsverwaltung erhielt die Stadt ein *Postamt*. Es wurde 1893 in einem städtischen Gebäude in der Eisenbahnstraße untergebracht, ab 1928 in einem posteigenen Gebäude in der Gottfried-Feßmann-Straße. Um die Jahrhundertwende erhielten Atzenbach, Gresgen und Mambach je eine Postagentur, die noch immer als Poststellen arbeiten. Bei der Station Zell waren 1922 9 Bahnbeamte beschäftigt, der *Bahnhof Zell i. W.* wird heute von einem Bahnbediensteten betrieben. Das *Arbeitsamt* Lörrach unterhält eine Nebenstelle in Zell im Wiesental.

Ver- und Entsorgungseinrichtungen. – Während man sich in den anderen Orten noch mit der Aufstellung einer einfachen Löschmannschaft begnügte, wurde in Zell i.W. bereits 1852 eine *Freiwillige Feuerwehr* gegründet. Atzenbach folgte diesem

Beispiel immerhin bereits 12 Jahre später, Mambach 1880, Riedichen erst 1909. Heute setzt sich die Freiwillige Feuerwehr der Stadt aus den beiden Zeller Löschzügen und Abteilungswehren in jedem Teilort zusammen. Die Zahl der Aktiven liegt bei 180 Mann. Solange zum Löschen oft nur Brandweiher zur Verfügung standen, waren den Bemühungen der Feuerwehrleute allzu rasch Grenzen gesetzt. Deshalb war die ausreichende Bereitstellung von Löschwasser ein wesentliches Argument für den Bau leistungsfähiger *Wasserleitungen* mit einer hinreichenden Zahl an Hydranten. Der Gemeinderat von Atzenbach beschloß 1883, mit einem Kostenaufwand von 25000 Mark eine Wasserleitung mit Reservoir und Hydranten für den ganzen Ort zu bauen. In Pfaffenberg bestand bereits seit den 1870er Jahren eine Wasserleitung mit hölzernen Deicheln. 1909 wurden diese gegen Metallröhren ausgetauscht. Eine modernen Ansprüchen genügende Anlage für Pfaffenberg, Käsern und Helblingsmatt entstand erst 1956/57. In Adelsberg kam es 1912 gegen den Widerstand bisheriger Selbstversorger zum Bau einer zentralen Wasserleitung. Zell begann zwischen 1899 und 1915 eine zentrale Wasserversorgung aufzubauen. Heute wird das gesamte Stadtgebiet mit Quell- und Grundwasser versorgt. Die Ortsteile verfügen allesamt über Quellwasser. Der Verbrauch der Ortsteile lag 1986 bei 97777 cbm; in der Kernstadt aber bei 221219 cbm. Alle Stadtteile sind an die zentrale *Kläranlage* angeschlossen. Gresgen und der Riedicher Weiler Gaisbühl haben eigene Anlagen, deren Stillegung und Anschluß an das Abwasserverbandsnetz geplant ist, während die ganze übrige Gemeinde an die Verbandskläranlage in Steinen angeschlossen ist. Alle drei Klärwerke arbeiten mechanisch-biologisch. Die Müllabfuhr erfolgt im Auftrag des Landkreises. Die Ablagerung erfolgt auf der Kreismülldeponie Scheinberg bei Wieslet.

1899 nahm die Helios AG das von ihr erbaute *Elektrizitätswerk* an der Wiese oberhalb Mambachs in Betrieb. Anfangs wurden von hier hauptsächlich Mambach und Zell versorgt. Eine bestimmte Zahl von Lampen der Mambacher Ortsbeleuchtung belieferte man zunächst kostenlos. 1903 löste sich die Elektrizitätswerk Zell AG von der Helios AG. Sie arbeitete nun mit den Kraftübertragungswerken Rheinfelden zusammen und versorgte schließlich sämtliche Teilorte der heutigen Stadt, außer dem Adelsberger Ortsteil Blauen, der sich 1922/23 für 15000 Goldmark ein eigenes kleines Kraftwerk leistete. Heute ist jeder Haushalt Direktkunde der Kraftübertragungswerke Rheinfelden. Mit *Gas* werden die Stadt Zell und der Ortsteil Atzenbach seit Beginn der 1960er Jahre von der Badischen Gas- und Elektrizitätsversorgung AG beliefert. Mambach kam 1991 hinzu.

Außer der früher in jedem Dorf angestellten Hebamme gab es nur in Zell und Atzenbach Einrichtungen zur *medizinischen Versorgung*. In Atzenbach wurde von zwei Ordensschwestern eine Krankenstation betrieben; außerdem praktizierte zeitweise auch ein Arzt am Ort. Vor 1840 konnte man selbst in Zell keinen Arzt finden. Der erste akademisch gebildete Mediziner kam ebenso auf Einladung des Geschäftsmannes Johann Faller in die Stadt wie sechs Jahre später der erste Apotheker. Um 1900 bestand eine Arztpraxis in Zell. Das 1853 gegründete Spital bezog 1890 einen Neubau und ging 1922 in städtisches Eigentum über. 1989 wurde es aus Mitteln des Krankenhausentwicklungsplanes Baden-Württemberg erweitert, modernisiert und zu einer Rehabilitationsklinik umgestaltet. Das neugestaltete *Städtische Krankenhaus* verfügt über 45 Betten. Fünf niedergelassene, sowie vier Ärzte und 34 weitere Beschäftigte sorgen für das Wohlergehen der Patienten. Wer häusliche Pflege braucht, kann sich an die *Kirchliche Sozialstation Oberes Wiesental e. V.* wenden.

1828 mußte auf Anordnung des Gesundheitsamts der alte um die Kirche gelegene *Friedhof* aufgelassen werden. Auf dem Gelände des heutigen Stadtgartens wurde unter

Beizug aller Kirchspielsgemeinden ein neuer Friedhof angelegt. Als sich aber der neue Friedhof bereits nach 40 Jahren als zu klein und nicht erweiterungsfähig erwies, entschied sich Mambach für eine eigene Begräbnisstätte auf dem rechten Wieseufer. Atzenbach, Pfaffenberg und Riedichen dagegen ließen auf der erstgenannten Gemarkung eine gemeinsame Begräbnisstätte herrichten. Als dann 1872 der Zeller Friedhof geschlossen wurde, mußten zeitweise die Toten aus Zell, Adelsberg und Blauen auf dem neuen Atzenbacher Friedhof beigesetzt werden, bis in Zell der neue Friedhof freigegeben wurde. Das ev. Gresgen verfügt seit langem über einen eigenen Friedhof, allerdings ohne Leichenhalle.

Kirche und Schule. – Das Kirchspiel Zell i. W. entsprach ursprünglich seiner Ausdehnung nach der gleichnamigen Vogtei. Nach der Abtrennung des Hinterhags und der Schaffung einer Pfarrei in Häg wurde der *kath. Pfarrbezirk* Zell hinsichtlich seiner räumlichen Ausdehnung doch bald wieder einer der größten, weil ihm über die neuen Kirchspielsgrenzen hinaus Diasporaorte im überwiegend protestantischen Amtsbezirk Schopfheim zur Pastoration zugewiesen wurden. Zur Unterstützung des Pfarrers wurde ihm 1825 ein erster und 1895 ein zweiter Vikar beigegeben. Die Patronatsrechte fielen nach der Säkularisation des Stiftes Säckingen an den Landesherrn. Nach der Revolution von 1918 blieb die Besetzung der Pfarrstelle dem Erzbischof alleine überlassen. Die jetzige Pfarrkirche wurde nach dem Stadtbrand zwischen 1822 und 1823 erbaut. In Zell gibt es außerdem die 1889 erbaute Kalvarienkapelle. Die Katholiken von Atzenbach bemühten sich seit der Mitte des 19. Jh. um die Errichtung einer selbständigen Pfarrei mit Mambach, Riedichen und Pfaffenberg als Filialorten. 1909 wurden solche Hoffnungen gedämpft, als die örtliche Kapelle aus Sicherheitsgründen geschlossen werden mußte. 1928 konnte eine neue Kirche errichtet werden. 1942 wurde Atzenbach zusammen mit den Nachbarorten als Kuratie vom Kirchspiel Zell losgelöst und 1965 Pfarrei. 1993 wurde die Pfarrgemeinde Atzenbach wieder in die Pfarrei Zell eingegliedert. In Mambach, wo der Brand von 1870 auch die Kapelle vernichtet hatte, errichtete man 1880/82 eine neue Kapelle. Zum Dank für die Schonung während des Krieges wurde 1948 die Kapelle »Maria Frieden« erbaut.

1858 wurde die *protestantische Diasporagemeinde* von Zell i. W. von Hausen aus betreut. 1886 erhielten die Protestanten eine Pastorationsstelle und 1892 ein Pfarramt; danach erbaute man auch ein Pfarrhaus. Bevor Ende 1888 die eigene Pfarrkirche eingeweiht werden konnte, hielt man im Löwensaal Gottesdienst. Zum Zeller protestantischen Seelsorgebereich gehörte bis 1893 der gesamte Amtsbezirk Schönau. Die nahezu rein protestantische Bevölkerung Gresgens ist nach Tegernau eingepfarrt. Die Dorfkirche stammt aus dem Jahre 1764. 1874 richtete die *altkatholische Kirche* in Zell i. W. eine Pfarrei für die Amtsbezirke Schönau, Schopfheim und Lörrach ein. Als Pfarrkirche erbaute man 1891/92 die Christuskirche.

Die Stadt unterhielt 1987 drei *Kindergärten*, davon je einen in Adelsberg, Atzenbach und im Stadtbereich selbst, die alle drei bis 1994 neu untergebracht werden. Der städtische Kindergarten in Zell wurde 1878 als Kinderschule eröffnet und zeitweise von Ordensschwestern aus Gengenbach betreut. Für einen zweiten Kindergarten in der Kernstadt hat die ev. Kirchengemeinde die Trägerschaft übernommen. Die finanzielle Grundlage für den Atzenbacher Kindergarten legte Fabrikant Alfred Gemuseus mit einem Legat von 40000 Franken und einem Wohnhaus im Dorf. Nach dem Willen des Stifters sollte die Einrichtung überkonfessionell geführt werden.

Eine *Volksschule* war zu Beginn des 19. Jh. in jedem Zeller Teilort vorhanden; meistens war sie im selben Gebäude wie die Gemeindeverwaltung untergebracht. Bereits in den 1820er Jahren war die Schülerzahl in Zell so angewachsen, daß eine weitere Lehrkraft erforderlich wurde. Um zu sparen, stellte die Stadt keinen voll ausgebildeten Lehrer, sondern nur einen Präzeptor oder Hilfslehrer ein. Hauptlehrer Motsch wurde wegen Teilnahme an revolutionären Erhebungen in den Jahren 1848/49 versetzt. Unterdessen wuchs die Schule weiter und so stellte die Stadt 1913 die achte Lehrerin ein. Auch die Zahl der Klassenzimmer mußte vermehrt werden. 1883/84 erbaute die Stadt deshalb ein neues, großzügig bemessenes Schulhaus mit zwölf großen Schulsälen und einem Lehrerzimmer. 1906 schuf man ganz in der Nähe des Schulhauses ein Lehrerwohnhaus mit sechs Wohnungen. Um gerade angesichts der Liberalisierung des Geschäftslebens die Ausbildung von Handwerkern und Gewerbetreibenden zu verbessern, gründeten namhafte Männer 1863 einen Gewerbeschulfonds. Bereits im folgenden Jahr beschloß der Bürgerausschuß den Bau einer *Gewerbeschule* mit Lehrerwohnung. Das Gebäude wurde vier Jahre später fertiggestellt. Nachdem sich die Stadt, das Amt und der Staat über die Finanzierung der Lehrergehälter geeinigt hatten, konnte 1871 endlich mit dem Unterricht begonnen werden. 1921 ging aus der Handelsabteilung der Gewerbeschule eine eigenständige Handelsschule hervor. Die Mädchenfortbildungsschule war 1902 zu einer Haushaltungsschule ausgebaut worden. Aus privater Initiative entstand 1894 eine Mittelschule für Mädchen, in deren drei unteren Klassen auch Jungen aufgenommen wurden.

Im Schuljahr 1993/94 bestand in Atzenbach, Gresgen und Zell je eine Grund- und Hauptschule. Mit Abstand die größte dieser drei Schulen war die Zeller, in der 387 Schüler von 33 Lehrern (darunter 12 mit vermindertem Deputat) in 18 Klassen unterrichtet wurden. Die Atzenbacher Schule besuchten 95 Schüler, die in 4 Klassen unterrichtet wurden. Dazu standen 5 Lehrer (2 mit Teilzeitdeputat) zur Verfügung. Die Grund- und Hauptschule Gresgen war mit 2 Klassen, 49 Schülern und 4 Lehrern (darunter 3 im Teilzeitdeputat) kaum größer als die Johann-Faller-Schule für Lernbehinderte, die von 39 Schülern in 3 Klassen besucht wird und in der 5 Lehrer unterrichten. An der Montfort-Realschule wurden 638 Schüler von 46 Lehrern in 24 Klassen unterrichtet.

Kulturelle Einrichtungen, Sportstätten und Vereine. – Für die *Erwachsenenbildung* gibt es in Zell i. W. das breitgefächerte Angebot der *Volkshochschule Oberes Wiesental* und die Kurse der Abendrealschule. Gleichermaßen Erwachsene wie Jugendliche bildet die *Musikschule Oberes Wiesental* aus. Die 3 Zeller *Bibliotheken* sind die Gemeindebücherei Atzenbach mit 2000 Bänden, die Katholische Pfarrbücherei mit ca. 2500 Bänden und die Stadtbücherei mit 6000 Bänden. Alljährlich veranstaltet die Stadt Zell i. W. die beliebten *Kinder-Kultur-Tage* und die *Filmkulturtage*.

Für die kleineren Kinder hat die Stadt acht *Spielplätze* angelegt; für die etwas älteren wurden in Adelsberg, Atzenbach, Gresgen und Riedichen *Bolzplätze* hergerichtet. Der körperlichen Entspannung und Gesundheit dienen zwei *Trimm-Dich-Pfade* in Atzenbach und Gresgen, die Gresgener *Loipe* ebenso wie der Sportplatz und die Tennisplätze in Zell-Stadt. Von außerordentlich hohem Freizeitwert ist auch das städtische *Freibad*. Zum geruhsamen Naturerlebnis laden das Wildgehege und ein Naturlehrpfad ein. Zu Gruppenveranstaltungen in naturnaher Umgebung bieten sich die St. Bernhardshütte, der Luisenhof und die Bergklause Maria Frieden an.

Zell wies 1992 etwa 70 *Vereine* auf, die sich u. a. mit Musik und Gesang (12), mit der Fasnacht (12) und mit Sport (11) beschäftigen. Dies läßt auf ein reges Vereinsleben schließen. Unter Einbeziehung der Vogteimitglieder ist die in den 1920er Jahren entstandene Fasnachtsgesellschaft mit 1472 Mitgliedern die mit Abstand stärkste Vereinigung. Die ältesten, bereits seit der 1. Hälfte des 19. Jh organisierten Vereine sind der Männerchor (1844) und die Stadtmusik Zell (1845).

Die Stadt im 19. Jahrhundert und in der Gegenwart

Strukturbild

Während des 19. Jh. und noch in der ersten Hälfte des 20. Jh. erhielt sich eine Symbiose zwischen dem bäuerlichen Lebensraum in den Bergdörfern und den durch die Industrie geprägten Talsiedlungen. Nachdem jedoch in den letzten drei Jahrzehnten der Verfall des Marktwertes für land- und forstwirtschaftliche Produkte den bäuerlichen Haushalten die Existenzgrundlage entzog, wandelten sich die Bergdörfer zunehmend zu reinen Pendlerwohnorten. Damit einher geht eine Veränderung der Landschaft. Problematisch wurde die Situation in der ehemaligen Vogtei und heutigen Stadt Zell i. W. durch den Niedergang der traditionell beherrschenden Textilindustrie, wodurch in den 1980er Jahren ein Bevölkerungsverlust von etwa 1000 Einwohnern entstand und was die mit etwa 10% höchste Arbeitslosigkeit 1993 im Landkreis mit verursachte. Sofern keine baldige Substitution zumindest eines Teils der verlorenen Industriearbeitsplätze gelingt, werden auch die bisher typischen Nahpendlerströme weiter ausgreifen. Bisher läßt der Pendlersaldo noch positive Tendenzen erkennen; 1987 verglichen mit 1970 konnte der Einpendlerüberschuß bei den Berufstätigen von +188 auf +351 Personen gesteigert werden. 605 Auspendlern standen 1987 956 Einpendler gegenüber, die in erster Linie aus dem Großen Wiesental kamen. Auswege werden zudem in der konsequenten Förderung einer umweltschonenden Fremdenverkehrswirtschaft mit bezahlter Landschaftspflege und der parallelen Ansiedlung von modernem, möglichst sauberem Gewerbe gesucht.

Die finanzielle Situation der Stadt läßt erkennen, daß Zell im Wiesental keineswegs zu den wohlhabenderen Gemeinwesen im Landkreis zählt. Nach der Haushaltsrechnung 1992 hatte der Verwaltungshaushalt 18,3 Mio. DM umfaßt, der Vermögenshaushalt 10,8 Mio. DM. Das Gesamtsteueraufkommen erreichte dabei lediglich 7 Mio. DM, darunter ein Gewerbesteueranteil von 28,6%. Mit 1250 DM lag die Steuerkraft pro Einwohner in der Stadt deutlich unter dem entsprechenden Wert des Landkreises (1494 DM), der mit dem des Landes (1492 DM) nahezu identisch ist. Die Pro-Kopf-Verschuldung betrug 2347 DM und liegt damit deutlich höher als die durchschnittliche Verschuldung aller Gemeinden des Landkreises (1497 DM) und aller baden-württembergischen Gemeinden (1356 DM), wobei diese Vergleichswerte angesichts der stellenweisen Ausgliederung von Gemeindebetrieben mit Bildung von Sonderhaushalten allerdings der kritischen Überprüfung bedürfen.

Aus dem Sanierungsprogramm ländlicher Raum waren zwischen 1987 und 1990 Ausgaben in Höhe von 3,5 Mio. DM vorgesehen. Das Programm zur Stadtsanierung bis 1995 hat ein Volumen von 6,9 Mio. DM. Mit diesen Mitteln wurde teilweise bereits das vorgesehene Flächenrecycling von Industriegelände und der Abbruch von Altgebäuden vorgenommen. Außerdem konnte im Zuge der Dorfgestaltung ein Ortszentrum für den Stadtteil Adelsberg gebaut werden. Zu den für die Stadt wichtigsten Maßnahmen der nahen Zukunft gehört die Realisierung der Ortsumgehung, d. h. der Neutrassierung der Wiesentalstraße B 317, die allerdings nicht in städtischen Händen liegt. Erst danach wird die Sanierung des Zeller Stadtkerns möglich. Weitere Einzelmaßnahmen, die z. T. bereits angelaufen sind oder unmittelbar bevorstehen, sind die Kindergartenneugestaltung in Zell und eine Erweiterung des Kindergartens in Atzenbach, die Erweiterung der Grund- und Hauptschulen in Zell und Gresgen, die Verlegung des Zeller Sportplatzes, der Bau eines Bürgerheimes für betreutes Wohnen im Sanierungsbereich alte Volksschule sowie der Umbau und die Modernisierung des Zeller Rathauses.

C. Geschichte der Stadtteile

Adelsberg

Ein vermutlich aus dem 13. Jh. stammender Wohnturm ist das älteste Zeugnis für die Besiedlung von *Adelsperg*, das 1439 im Säckinger Zinsrodel erstmals erwähnt wird. Der Ortsname zum Personennamen Adal oder Adalot spielt auf die Höhenlage an. Noch im 16. Jh. scheint das am Südhang des Zeller Blauen gelegene Adelsberg ein einzelnes Hofgut gewesen zu sein. Später entwickelte sich eine straßendorfartige Siedlung, unterteilt in Ober- und Unterdorf. 1788 gab es hier zehn, 1844 15 Häuser. Auch der 1439 erstmals bezeugte Ortsteil *Blauen* war ursprünglich ein einzelnes Hofgut. Der Meier vom *Blawen* und seine Kinder mußten nach Ausweis des Säckinger Zinsrodels dem Stift ein V Roggen abliefern. In Blauen gab es 1788 8 Häuser, in denen 16 Familien wohnten. Bann- und Grenzstreitigkeiten zwischen Blauen und Gresgen sind seit der 2. Hälfte des 18. Jh. überliefert. – Nach der Auflösung der Vogtei Zell und der Aufteilung der Gemarkung (1842) hatte Adelsberg zusammen mit dem Ortsteil Blauen eine Fläche von 453 ha. Eine Exklave von 43 ha Waldbesitz lag auf der Gemarkung Häg.

Adelsberg gehörte zur Vogtei Zell und war wie diese *vorderösterreichischer Landeshoheit* und *stiftsäckingischer Grund- und Lehensherrschaft* unterstellt. Die Ortsherrschaft hatten die Herren von Schönau (s. u. Zell i. W.).

Bis 1811 gehörte Adelsberg zur *Vogtei Zell* und war in der dortigen Gemeinde durch einen Geschworenen vertreten. Dann wurde es eine eigene Gemeinde. Als Vogteiorte waren Adelsberg und Blauen verpflichtet, dem Dorf Zell bei der Erhaltung der Brücken und Wege in Zell behilflich zu sein (Talrecht von 1740).

Adelsberg und Blauen gehörten zur *Pfarrei Zell*. 1809 gab es für die 15 Adelsberger Schüler einen *Lehrer*, der seinen Unterricht in einer unbewohnten Bauernstube hielt. Auch in Blauen, das wie Adelsberg eine Stunde von Zell entfernt war, gab es damals einen eigenen Lehrer, der die 13 Schüler in Bauernstuben unterrichtete.

In Adelsberg hatten die Freiherren von Schönau 1653 neun *Leibeigene* besessen. 1712 zählte man im Hauptort 156, in Blauen 58 Einwohner. Während sich die Bauern hauptsächlich von der *Viehzucht* ernährten, hatten die landlosen Tauner nur einige Geißen. Wenn sie keinem Gewerbe (Köhlern, Weben) nachgehen konnten, boten sie ihre Arbeitskraft den grundbesitzenden Bauern an, die ihnen freiwillig ein Stück Feld überließen, das groß genug war, eine Familie zu ernähren. Aufgrund der ungünstigen klimatischen Bedingungen gab es keine Wechselwirtschaft, vielmehr nahmen die Bauern jährlich etwa 60 J Allmendfeld unter den Pflug, das nach dem Steuerfuß unter sämtliche Bürger zum periodischen Anbau (für 2–3 Jahre) verteilt wurde. Vorschläge der Regierung, dieses System zu ändern und eine Verteilung der Allmende nach Köpfen vorzunehmen, wurden von den reicheren Bauern mehrheitlich abgelehnt. Doch begann man am Ende des 18. Jh. damit, wenigstens einen Teil der Allmende regelmäßig anzubauen.

Atzenbach

Der 1113 erstmals in einer Schenkungsurkunde des Walcho von Waldeck erwähnte Ort *Atzenbach* (Azo) liegt in einem Becken nördlich von Zell. Das Dorf, in dem Säckingen, wohl als Besitznachfolger des Klosters St. Blasien, bereits im 15. Jh. reich begütert war (1439: 8 Güter und Liegenschaften), war im 18. Jh. mit 32 Häusern und

56 Haushaltungen der zweitgrößte Ort der Vogtei Zell im Vorderhag. Er wurde 1811 selbständige Gemeinde. Zusammen mit dem Ortsteil Spani (erwähnt 1740) hatte er nach der Aufteilung der Gemarkung im 19. Jh. eine Fläche von 369 ha. Eine Exklave von 25 ha Wald liegt auf der Gemarkung Häg.

Atzenbach gehörte zu den wenigen Orten im Zeller Tal, in denen nicht nur das Stift Säckingen begütert war. Neben Walcho von Waldeck, der 1113 seine Güter in Atzenbach dem Kloster St. Blasien übertrug, ist Walter von Klingen zu erwähnen. Sein Bruder Ulrich Walter bestätigte 1257 die Schenkung eines *predium in Azinbach dictum Unreh in valle Wizina silvae nigrae* an St. Blasien, das diese Güter vom Baselamt aus verwalten ließ. Beim Aufbau der Villikation des Kl. Säckingen wurde Atzenbach – mit Ausnahme der sanktblasischen Güter – dem Dinghofverband Zell integriert. 1439 hatte hier eine Säckinger Fronmühle gestanden, die benutzt werden sollte, wenn die Zeller Mühle überlastet war. Doch bestand offensichtlich schon Ende des 15. Jh. kein Bedarf mehr.

In Atzenbach gab es eine alte, den Heiligen Sebastian und Fridolin geweihte *Dorfkapelle*, die über ein eigenes Kirchenvermögen verfügte. Der Mesnerdienst war mit dem Schuldienst verbunden. 1809 wurden im *Schulhaus*, das 1791 erbaut worden war, 58 Schüler und 45 Sonntagsschüler unterrichtet. Der Lehrer, der von den Eltern bezahlt wurde, wohnte in der Schulstube.

1653 hatten die Herren von Schönau 11 *Leibeigene*, die in Atzenbach wohnten oder dort geboren und später weggezogen waren. Einer von ihnen lebte damals in Paris. Die Einwohnerzahl stieg kontinuierlich an von 140 im Jahre 1712 auf 369 im Jahr 1813. In Atzenbach gab es im 18. Jh. zwei *Wirtschaften* (»Adler« und »Sonne«), von denen dem »Adler« 1737 das Tafernrecht verliehen wurde. Zwei Bürger gingen dem Schmiedehandwerk nach.

Gresgen

Siedlung und Gemarkung. – Gresgen, das in den Urkunden des 12. und 13. Jh. als *Greszkon* (1113), *Graisichon* (1260), *Creschen* (1267), *Graeßingen* (1278) bzw. *Grieschun* (1289) erscheint, geht wohl auf ein älteres *Grasinchoven* zum Personennamen *Grasinc* zurück. Es gilt als die am weitesten nach Norden vorgeschobene »-inghofen«-Siedlung des südlichen Schwarzwaldes. Der Ortsname deutet auf eine Entstehung in der Ausbauperiode des 9. und 10. Jh. hin. Die erste schriftliche Erwähnung findet sich in einer Schenkungsurkunde für das Kloster St. Blasien aus dem Jahr 1113, die aber nur in einer späteren Abschrift (16. Jh.) überliefert ist. Zu den Besitzungen, die Walcho von Waldeck damals dem Kloster vergabte, gehörten auch Güter und Höfe in *Greszkon*. Bereits im 14. Jh. bestand das in einer Mulde auf der Wasserscheide zwischen kleiner und großer Wiese gelegene Dorf aus mindestens zwei Ortsteilen: Das Weitenauer Urbar von 1344 erwähnt Ober- und Niedergresgen. Auf weitere, früh verödete Ansiedlungen innerhalb der 706 ha umfassenden Gemarkung deuten die Flurnamen Izingen, Showingen und Zizingen hin. Die Festlegung der Bann- und Weidegrenzen zu Zell ist für 1404 bezeugt; Grenzstreitigkeiten mit Blauen wurden 1766 ausgetragen. Der Bann selbst wurde 1718 ausgesteint. – In Gresgen standen 1752 32 Häuser. 1813 wurden 46 Häuser und 48 Nebengebäude gezählt.

Herrschaft und Staat. – Die Entstehung von Gresgen dürfte auf bäuerliche Siedlung und adelige Herrschaftsbildung zurückzuführen sein. Als frühe Inhaber von Herrschaftsrechten über Gresgen kommen vor allem die *Rötteln-Rotenberger* in Frage, die bei der Erschließung des Gebietes entlang der kleinen Wiese eine bedeutende Rolle gespielt haben und die umliegenden Klöster reich beschenkten. So wird vermutet, daß der beträchtliche Besitz, den die Propstei Weitenau in Gresgen hatte, auf eine Dotation der Rotenberger zurückgeht. Diese Familie, eine nur kurze Zeit bestehende Nebenlinie der Herren von Rötteln mit Stammsitz bei Wieslet im Tal der kleinen Wiese, beschenkte im Jahr 1278 auch das Kloster St. Blasien mit Gresgener Gütern. In der gleichen Zeit läßt sich eine Niederadelsfamilie nachweisen, die sich nach dem Ort nannte. 1289 wird ein Berthold *von Gressekon* erwähnt, der damals aber bereits in Todtnau wohnte. Er kaufte von den Brüdern Dietrich und Ludwig von Bern, Rittern, einen Hof in Wettelbrunn, der vom Hochstift Basel lehensrührig war. Sein Sohn Berthold der Jüngere von Gresgen verkaufte den Wettelbrunner Hof 1305 an St. Blasien. Weitere Nachrichten über diese Familie sind nicht überliefert.

Ein wichtiger Herrschaftsmittelpunkt der Rötteln-Rotenberger war Tegernau, das mit Gresgen in späterer Zeit eine Verwaltungseinheit bildete. Spätestens seit der Mitte des 16. Jh. gehörte Gresgen zur Vogtei Tegernau. Es war wie diese markgräflicher Landeshoheit unterstellt. Bei der Einteilung der oberen Markgrafschaft in vier Viertel zu Beginn des 16. Jh. wurde Gresgen als Teil der Vogtei Tegernau dem Viertel Schopfheim zugeordnet. Gresgen gehörte 1803 zur Vogtei Tegernau, 1809 zum Amt Schopfheim.

Grundherrschaft und Grundbesitz. – Infolge von Schenkungen durch die in Gresgen begüterten Herren von Waldeck (1113), von Kienberg (1260) und von Rotenberg (1278) war das *Schwarzwaldkloster St. Blasien* mit seiner abhängigen Propstei Weitenau schon früh zum bedeutendsten Grundherrn in Gresgen geworden. Das Kloster verfügte hier über drei Häuser und Hofstätten, Ackerland und Wald, die ursprünglich wohl vom Baselamt, später (seit dem 14. Jh. bezeugt) vom Amt Schönau aus verwaltet wurden. Die sanktblasischen Gotteshausleute und -güter waren dem Dinghof Ittenschwand zugeordnet. Das bedeutet, daß alle Gotteshausleute und alle Leute, die Klostergüter in Gresgen bebauten, an den regelmäßig stattfindenden Gerichtstagen in Ittenschwand teilnehmen und dort richten mußten. Auch die Infirmaria, das Siechenhaus des Klosters St. Blasien, hatte in Gresgen Besitz (1573 ein Gut) und Zinseinkünfte. Reich begütert war Weitenau: Ein Hofgut in (Ober-)Gresgen und drei der Propstei Weitenau gehörende Lehen in (Nieder-)Gresgen umfaßten eine Fläche von 151 Jauchert. Das Hofgut war im 14. Jh. noch ungeteilt, aber an viele Beständer vergeben (Trägersystem). Relativ bescheiden war dagegen der Besitz der Herrschaft. Bereits im 14. Jh. wird ein markgräfliches Lehen erwähnt, das damals Henmann Arnleder, ein Dienstmann des Markgrafen, auf Lebenszeit innehatte. Später wird der markgräfliche Besitz in Gresgen mit 64 J Wald und einer Matte in der Winterhalden angegeben (1777). Bodenzinse bezogen auch die Herren von Roggenbach (1792).

In welchem Umfang und seit wann bäuerliches Eigen vorhanden ist, läßt sich bei dem derzeitigen Forschungsstand nicht beurteilen. Immerhin behaupteten die Gresgener Bürger im 18. Jh., daß die umfangreichen Brachfelder (1100 J), die die Grundlage für die bäuerliche Viehwirtschaft darstellten, nicht wie sonst üblich Allmende, sondern »wahres Eigentum« der einzelnen Bauern seien (s. u., Wirtschaft).

Gemeinde. – Gresgen war zunächst innerhalb des größeren Gemeindeverbandes der Vogtei *Tegernau* durch einen Geschworenen vertreten und erhielt um 1700 einen eigenen Vogt (1708, 1722). Sein Amt wurde dann, wohl um die Mitte des 18. Jh., durch das des Stabhalters ersetzt. Die Gemeinde unterhielt im 18. Jh. auch einen Weidgesellen. Erst 1795 beschlossen die Bürger, ein eigenes »Bürgerhäuslein« zur Bestrafung von Mitbürgern zu errichten. Bis dahin wurden solche vom Gresgener

Stabhalter ausgesprochene Strafen nur in Tegernau vollzogen, wo vermutlich auch der größte Teil der übrigen Gemeindeangelegenheiten geregelt wurde.

Die Gemeinde Gresgen bezog bis zum Ende des 17. Jh. ihre wesentlichen Einkünfte aus dem Wald. Nachdem dieser um 1688 für das Bergwerk in Hausen vollständig abgeholzt war, blieben ihr nur wenige Grundstücke, von denen sie 1764 vier öde Stücke rekultivierte. Die Allmend in Obergresgen wird 1722 als Anstößer erwähnt.

Kirche und Schule. – Die erste Urkunde über eine Kirche in Gresgen stammt aus dem Jahre 1267. Anläßlich des Verkaufs seiner Besitzungen zu Riehen und Höllstein behielt sich Kl. Wettingen das Patronatsrecht in Riehen und die Vogtei über die Kirchen in Höllstein, Nordschwaben und »Creschen« vor. Noch vor 1307 kam die Pfarrei Höllstein mit den beiden Filialen Nordschwaben und Gresgen an St. Blasien, das sie inkorporierte. Sie gehörte zum Dekanat Wiesental. Die dem hl. Nikolaus geweihte Kirche hatte Begräbnisrecht (1508). Zehntherr war die Infirmaria (Siechenamt) des Klosters St. Blasien und, bis zur Abtretung an St. Blasien 1781, die Pfarrei Schopfheim, der die drei Niedertegernauer Lehen des Kl. Weitenau zehnteten. Eine einschneidende Änderung innerhalb der kirchlichen Verhältnisse brachte die Einführung der *Reformation* im Jahr 1556, die keineswegs den Konsens aller Gemeindemitglieder fand. Ein Teil der Gresgener blieb dem alten Glauben treu und besuchte weiterhin den katholischen Gottesdienst in Zell. Nach der Reformation wurde Gresgen der Pfarrei Tegernau zugeteilt und der Geistlichen Verwaltung Rötteln unterstellt. Zeitweilig wurde die Filiale Gresgen zusammen mit der früheren Pfarrei Neuenweg von einem Diakon versorgt (1613). Zu Streitigkeiten zwischen dem Markgrafen und St. Blasien kam es, als Ende des 17. Jh. Reparaturen an der Kirche notwendig geworden waren und St. Blasien als Zehntherr sich weigerte, einen Baubeitrag zu leisten. 1725 einigte man sich, daß die Kollatur dem regierenden Markgrafen von Baden-Durlach zustehe, der auch allein für die Bauleistungen aufzukommen habe. St. Blasien bezog den Zehnten, die fürstliche Burgvogtei den Neubruchzehnten vom hinteren Holzschlag und Elbenschwand. Für die Anschaffung und Unterhaltung von Kirchenornat, Glokken und Uhren sowie der Kirchhofmauer mußte die Gemeinde aufkommen.

Die Kirche erfuhr im Laufe des 18. Jh. mehrere Veränderungen. 1712 wurde beschlossen, den Kirchturm, Glocken- und Dachstuhl, das Täfelwerk und den Boden auszubessern. Der Kirchturm sollte eine Spanische Haube (Zwiebeldach) erhalten. Bis 1763 indes war der Zustand der Kirche so schlecht geworden, daß kein Gottesdienst mehr gehalten werden konnte. Die Rentkammer bewilligte daraufhin den Neubau des heutigen schlichten Kirchleins (s. o., Bemerkenswerte Bauwerke). Dessen Turm wurde bereits 1790 wieder verändert: in diesem Jahr erhielt die Kirche neben einer neuen Glocke auch einen neuen Dachreiter.

Gresgen hatte eine eigene *Schule*, die Filiale von Tegernau war. Sie wurde als Winterschule 1695 erstmals erwähnt. Der Lehrer mußte 1705 zusätzlich Betstunden und Kinderlehre übernehmen und unterrichtete um 1740 jährlich in einer anderen, von der Gemeinde angewiesenen Schulstube. 1754 zählte man 50 Schulkinder.

Bevölkerung und Wirtschaft. – In Gresgen lebten 1720 166 und 1813 321 Menschen. Von diesen waren die Inhaber der Weitenauer Lehen in Niedergresgen noch 1573 St. Blasien abgabepflichtig. Die Einwohner ernährten sich hauptsächlich von der *Viehzucht*; 1766/67 wurden ca. 140 Stück Vieh gehalten. Der Anteil der einzelnen Bürger am Weideland schwankte erheblich. 1767 hatten 15 der 38 Bürger nicht einmal genug Land, um 2 Rinder auf die Weide zu treiben (1–11 J). Dagegen durften die 5 reichsten Bauern 10, 13 bzw. sogar 15 Tiere auf 93–94 J eigener Brache halten. Neben der Viehwirtschaft, die die Gresgener gut ernährte, bot der *Wald* Erwerbsmöglichkeiten, insbesondere das Köhlern, da es im nahegelegenen Bergwerk Hausen gute Absatzmöglichkeiten gab.

Handwerk und Gewerbe spielten in Gresgen nur eine untergeordnete Rolle. Eine *Mühle*, die immer wieder einmal stillgelegt wurde, läßt sich seit 1722 nachweisen. 1770 wurde erstmals ein Gesuch zur Errichtung einer *Wirtschaft* eingereicht, eine zweite, der »Löwen«, folgte 1784.

Mambach

Das an der Einmündung des Angenbachs ins Wiesental gelegene Dorf Mambach wird 1377 zum ersten Mal urkundlich erwähnt in einem Vergleich, den Rudolf von Schönau mit St. Blasien wegen seiner Leute schloß, *die ze Manbach ieczo seshaft sint*. Der nach dem Ort benannte Einschnitt *Mambachs krinnen* ist laut Bannbeschreibung von 1472 einer der Grenzpunkte des Dinghofs Zell. Der Ortsname leitet sich vom Personennamen Manno her.

In Mambach gab es 1788 59 Haushaltungen in 31 Häusern. Nach der Auflösung der Vogtei Zell und der Aufteilung der Gemarkung hatte Mambach mit den Nebenorten Silbersau, Mühlschau und dem Zinken Saufert eine Fläche von 447 ha. Mambach gehörte zur *Vogtei Zell*, deren politische, kirchliche und wirtschaftliche Entwicklung es teilte, bis der Ort 1811 zur selbständigen Gemeinde erklärt wurde.

1809 hatte Mambach eine *Kapelle*. Der für sie zuständige Mesner war gleichzeitig *Lehrer*. Er wurde von der Gemeinde besoldet. Für die Unterrichtung der 63 Schüler und 42 Sonntagsschüler stand ein zweistöckiges Schulhaus mit einer Wohnung für den Lehrer, Scheune und Stall zur Verfügung.

Schon früh hatten Mambacher Bauern sanktblasische Güter in Niederhepschingen, die in den Dinghof Ittenschwand des Klosters St. Blasien gehörten. Als Eigenleute des Rudolf von Schönau mußten sie diesem Leib- und dem Abt von St. Blasien Gütergefälle entrichten (1377, 1472). Innerhalb der Vogtei Zell hatten die Mambacher insofern eine bevorzugte Stellung, als nur sie und die Bürger von Silbersau und Stadel in der Wiese fischen durften. Als Gegenleistung mußten sie der Herrschaft jährlich 100 Forellen liefern. Daneben gab es noch zahlreiche andere *Erwerbsquellen*. Eine Fronmühle, Lehen des Stiftes Säckingen, läßt sich seit 1565 nachweisen. Spätestens seit dem 17. Jh. standen in Mambach zwei Wirtschaften und eine Säge. Die Säge wird bei der Erbteilung der Schönauer als herrschaftlicher Besitz bezeichnet, war aber später offensichtlich Gemeindeeigentum. Bei der Vogteiauflösung 1811 wurde vereinbart, daß die bisher im Besitz aller Gemeinden befindliche Säge zu Mambach weiterhin in gemeinsamem Besitz bleiben solle. Im 18. Jh. gingen drei Mambacher Bürger dem Schmiedehandwerk nach. Außerdem gab es viele Fuhrleute. Eine weitere Erwerbsquelle war das Köhlern in dem ausgedehnten Brentenwald (450 J). Mambach hatte 1712 233 und 1813 374 Einwohner.

Pfaffenberg

Pfaffenberg, 1439 erstmals im Säckinger Zinsrodel in der modernen Schreibweise überliefert, ist wahrscheinlich aus einer Hofsiedlung entstanden. Noch 1571 scheint es hier nur zwei Höfe gegeben zu haben. Zu dem nordwestlich von Mambach gelegenen Ort gehörten die Zinken *Helblingsmatt* und *Hellbühl* (Biegematthof), sowie der Weiler *Keßeren* (Käsern), der 1374 in einer Bannbeschreibung genannt wird. Auf der Gemarkung von Pfaffenberg (382 ha) standen 1788 25 Häuser mit 52 Haushaltungen.

Der Ort wurde 1811 nach der Auflösung der Vogtei Zell selbständige Gemeinde. Nach Weidestreitigkeiten war 1710 ein Vergleich mit Mambach zustandegekommen. Pfaffenberg hatte 1712 205 und 1813 308 Einwohner. Wie Käsern hatte Pfaffenberg einen eigenen Lehrer, der von der Gemeinde einen bescheidenen Lohn erhielt. Für den Unterricht der 14 Schüler und 8 Sonntagsschüler stellten die Bauern in Käsern abwechselnd ihre Wohnstuben zur Verfügung (Stubenschule). In Pfaffenberg wurden die 30 Schüler anfangs des 19. Jh. noch in unbewohnten Stuben unterrichtet. – Eine *Mühle* wurde 1746 errichtet.

Riedichen

Riedichen am Nordhang der Hohen Möhr ist wie die meisten Orte der Vogtei Zell aus einem Hofgut entstanden. Der Ortsname begegnet erstmals im Säckinger Zinsrodel von 1439: dort ist ein *Heini von Riedach* verzeichnet, der vom *Geisbuel* 6 Pfg Zinsen geben mußte. Der Ort hatte zusammen mit den Ortsteilen Gaisbühl (erwähnt 1439), Hütten (erwähnt 1396) und Grüneck eine Fläche von 316 ha. 1788 gab es hier 19 Häuser, in denen 33 Familien wohnten. 1712 hatte Riedichen 107, 1813 214 Einwohner. – 33 Schüler und 29 Sonntagsschüler wurden 1809 in der Stube des Lehrers in Riedichen unterrichtet.

Zell im Wiesental

Siedlung und Gemarkung. – Kern der Siedlung war eine vom Stift Säckingen vermutlich um die Jahrtausendwende gegründete Niederlassung. Aus dem vom lateinischen *cella* abgeleiteten Ortsnamen läßt sich schließen, daß es sich dabei ursprünglich entweder um eine Einsiedelei oder um eine kleine säckingische Mönchskolonie gehandelt haben dürfte, von der aus das obere Wiesental religiös und wirtschaftlich erschlossen wurde. Zum Zeitpunkt der Ersterwähnung im Papstzehntrodel von 1275 gab es in *Celle* eine Kirche. Erst ein halbes Jahrhundert später ist von Bann und Dorf Zell die Rede: Heinrich vom Stein schenkte damals dem Stift Gülten von Gütern *in banno ville Celle* (1321).

Zell, das in einer beckenförmigen Erweiterung des oberen Wiesentals liegt, war als Kettensiedlung entlang der Talsohle entstanden. Als Siedlungskern entwickelte sich das Gebiet zwischen Himmelsbach und Wiese. 1788 hatte der Ort 112 Häuser. Er brannte 1818 völlig ab und wurde an gleicher Stelle, aber wesentlich großzügiger als vorher, neu aufgebaut.

Das Dorf Zell war Teil eines Dinghofverbandes, dem zahlreiche Leute und Güter im oberen Wiesental zugeordnet waren. Bei dem Dinghof bzw., wie es in späteren Quellen heißt, Amt, Tal, Kirchspiel, der Herrschaft, Vogtei bzw. Gemeinde Zell – so die wechselnden Bezeichnungen für die gleiche räumliche Einheit –, handelt es sich um ein Gebiet von ca. 5200 ha, dessen Grenzen im Dingrodel von 1472 beschrieben sind. Es bestand im 18. Jh. aus 16 Siedlungen: Zell mit Freiatzenbach, Atzenbach, Mambach, Pfaffenberg und Käsern, Riedichen und Gaisbühl, Blauen und Adelsberg im Vorderhag sowie Happach und Schürberg, Ehrsberg mit Wiehre und Stadel, Sonnenmatt und Altenstein, Roßmatt und Häg im Hinterhag. Das Weiterbestehen des Dinghofverbandes bis ins 19. Jh. verhinderte die Ausbildung autonomer Dorfgemeinden mit eigenen, fest abgegrenzten Dorfmarken. Selbst als 1811 die Vogtei Zell aufgelöst, der Ort Zell zur Stadt und die Dörfer Atzenbach, Mambach, Pfaffenberg, Adelsberg, Riedichen, Häg und Ehrsberg zu selbständigen Gemeinden erklärt wurden, blieben die ausgedehnten Waldflächen in gemeinschaftlichem Besitz. Nach ihrer Aufteilung hatte die Gemarkung der Stadt Zell, zu der eine Exklave innerhalb der Gemeinde Häg gehörte, eine Fläche von 940 ha. Sie war zu 59% bewaldet. Außerhalb des Ortskerns, aber innerhalb der Gemarkung lagen der Weiler Freiatzenbach (erstmals erwähnt 1581) sowie die Höfe Henschenberg (erwähnt 1555), Freigraben und Scheiten (erwähnt 1809).

Herrschaft und Staat. – Grundlage der Herrschaftsbildung in Zell war die Grundherrschaft des *Reichsstiftes Säckingen,* das im Wiesental über einen geschlossenen Güterbezirk von bedeutendem wirtschaftlichen Gewicht verfügte, in dem es auch gerichts- und leibherrliche Rechte ausübte. Dieser Besitzkomplex, der *Dinghofverband,* wurde von einem Meier (*villicus*) verwaltet. Im Gegensatz zur üblichen Entwicklung, die seit dem 12. Jh. zur Auflösung der alten Villikationsverfassung geführt hatte, kam es in Zell wie in den übrigen säckingischen Dinghöfen zu einer Verfestigung des Villikationssystems, mit der eine Aufwertung des *Meieramtes* einherging. Während das Kloster ursprünglich wohl für jeden seiner 15 Dinghöfe einen eigenen Meier einsetzte, war das Meieramt über alle säckingischen Dinghöfe spätestens seit dem 14. Jh. als Erblehen in der Hand zweier, wohl miteinander verwandter Familien gelangt. Das große Meieramt, zu dem auch Zell gehörte, war im Besitz der *Herren vom Stein,* das kleine hatten die Herren von Wieladingen inne. Die Herkunft derer vom Stein ist unbekannt, aber es spricht vieles dafür, daß es sich um eine im Wiesental beheimatete Ministerialenfamilie handelt, die im Dienst des Klosters aufsteigen und sich im Bereich des Dinghofs Zell die Burg Altenstein als Stammburg errichten konnte. Um 1350 starb das Geschlecht aus. Das Meieramt fiel auf dem Erbwege an die Herren von Schönau.

Die *Herren von Schönau* stammen aus dem Elsaß (Dorf Schönau, nördlich von Schlettstadt) und sind zu Beginn des 13. Jh. als Straßburger Ministeriale nachweisbar. In der Mitte des 14. Jh. ließ sich Rudolf I. genannt Hürus am Hochrhein nieder. Durch den Anschluß an das Haus Habsburg, die damit verbundene Übernahme von Ämtern in der Verwaltung vorderösterreichischer Landesteile und eine überlegte Heiratspolitik konnten die Schönauer beträchtlichen Besitz erwerben. Die Ehe mit Margareta vom Stein brachte Jakob Rudolf I. genannt Hürus in den Genuß des großen Meieramtes, das, von kleineren Unterbrechungen abgesehen, bis zum Ende des alten Reiches im Besitz dieser Familie blieb. 1668 wurde sie in den Freiherrenstand erhoben. Die 1628 begründete Linie von Schönau-Zell erlosch 1847.

Beim Ausbau ihrer wirtschaftlichen und herrschaftlichen Position beschritten die Schönauer nicht immer juristisch abgesicherte Wege. Als die Familie Ende des 14. Jh. in eine finanzielle Krise geriet, verpfändete sie anfangs ohne, später mit Zustimmung der Lehensherrin das stiftsäckingische Meieramt. Pfandinhaber von Dorf und Dinghof Zell waren der einem reichen Basler Bürgergeschlecht entstammende Jakob Ziboll (1397) und nach ihm sein Sohn Petermann (1407), der erste Gemahl der Anna von Schönau. Nach dessen Tod trat ihr zweiter Mann, Burkart ze Rin von Häsingen, die Pfandschaft an (1413). Als Nachfolger der Herren zu Rhein begegnet schließlich Diebold von Granweiler (1470), der Gemahl Suslins zu Rhein. 1508 löste Kaspar II. von Schönau die Pfandschaft wieder ein. Fortan begannen die Schönauer, ihre Machtstellung in Zell systematisch auszubauen.

Vermutlich durch Usurpation hatten sie im Laufe des 15. und 16. Jh. die *hohe Gerichtsbarkeit* an sich gebracht. Sie war vorher im Besitz der Markgrafen von Baden-Hochberg, die die Kastvogtei über die stiftsäckingischen Dinghöfe Zell, Schliengen und Stetten ausgeübt hatten. Hartnäckig versuchten die Herren von Schönau, auch die Rechte der Äbtissinnen von Säckingen zu schmälern. Mit ihnen stritten sie um fast jedes Herrschaftsrecht. Bereits im 16. Jh. trat Junker Hans Rudolf von Schönau als »rechter

Regierer, Inhaber, Herr und Obrigkeit des ganzen Tals und Kirchspiels Zell« auf. Bei der schönauischen Erbteilung im Jahre 1628 war dann bereits ganz offiziell von der *Herrschaft Zell* die Rede. Max Jakob, der Stammvater der Linie Schönau-Zell, erhielt sie mit allen Rechten, »mit hocher und niederer Oberkheit, Hagen, Jagen, Leüth und Gout, welches alles von der fürstlichen Sant Fridlinß Stifft ... Lehen« ist (1628). Er hatte einen Anspruch auf Steuern, Frondienste, Fasnachthühner, Ungeld, Leibfälle und die Hälfte des Erlöses aus den Wäldern. Die Rechte der Lehensherrschaft blieben zwar de jure bestehen, verloren aber de facto immer mehr an Bedeutung. Noch 1794 wurde Säckingen das lehensherrliche Obereigentum an den Wäldern, der Ortsherrschaft das nutzbare Eigentum und der Gemeinde der nutznießliche Gebrauch der Wälder zugesprochen, doch war es ungeachtet aller Differenzen und Entscheide (1569/70, 1740, 1779) immer die Ortsherrschaft, die sich in der Frage der Waldnutzung behauptete. Ohne praktische Bedeutung scheint auch der Umstand gewesen zu sein, daß die Zeller Bauernschaft als Lehensuntertanen bei jedem Regierungswechsel immer zuerst der Lehensherrin und dann dem Ortsherrn einen Eid schwören mußten, da im Prinzip nur die Ortsherrschaft die Möglichkeit hatte, ihre Gebote und Verbote durchzusetzen. Trotz ihres großen Interesses an der Herrschaft und Vogtei Zell war nicht Zell, sondern meist Freiburg Wohnsitz der Herren von Schönau. Zwar hatte Hans Rudolf von Schönau Ende des 16. Jh. in Zell ein herrschaftliches Haus bauen lassen, doch wurde dieses von der Herrschaft nicht dauerhaft bewohnt. Weitere *herrschaftliche Gebäude* waren das im 16. Jh. errichtete Gefängnis, das Amtshaus und eine Kapelle (erwähnt 1772). Mit der Wahrnehmung der obrigkeitlichen Aufgaben war ein Amtmann betraut, der im 18. Jh. wieder einen Amtsverwalter bestellte.

Nicht nur die Herren von Schönau, sondern auch die *Habsburger*, die mindestens seit dem 12. Jh. im Besitz der Vogtei über Säckingen waren, wußten sich gegenüber dem Stift Säckingen zu behaupten. Obwohl die Vogtei ursprünglich Reichslehen war und das Stift zu Beginn des 14. Jh. sogar in den Reichsfürstenstand erhoben worden war, hatten die Habsburger ihre Vogteirechte über den Großteil der Säckinger Dinghöfe zur Landeshoheit über das Klosterterritorium ausbauen können. Der Vorgang ist im einzelnen wohl kaum rekonstruierbar. Fest steht jedoch, daß Zell spätestens im 17. Jh. den vorderösterreichischen Besitzungen am Oberrhein zugeordnet und habsburgischer Steuer- und Militärhoheit unterworfen war. Eine eindeutige Rechtsgrundlage für diese Eingliederung scheint es nicht gegeben zu haben.

Wie alle vorderösterreichischen Herrschaften war auch die Vogtei Zell auf den vorderösterreichischen Landtagen repräsentiert. *Landstandschaft* hatten aber weder die Äbtissinnen von Säckingen als Lehensherrinnen noch die Herrschaft von Schönau als Ortsherren, sondern das »Thaal Zell im Wiesenthaal« selbst (1614). Es gehörte zur Bauernschaft des oberen Rheinviertels, die zusammen mit den Städten des oberen Rheinviertels Landstandschaft hatte. Daß Zell zu diesen Landschaften gehörte, deutet darauf hin, daß die Habsburger versucht hatten, die Vogtei Zell unmittelbar – und nicht als landsässige Adelsherrschaft – dem entstehenden vorderösterreichischen Territorialstaat einzugliedern. Doch konnten auch sie sich offensichtlich nicht gegen die Herren von Schönau durchsetzen, so daß das Lehen Zell bis zum Frieden von Preßburg (1805) als *Adelsbesitz vorderösterreichischer Landeshoheit* unterstellt blieb. Nach dem Anfall an Baden wurden die Herren von Schönau bis 1854 vom jeweiligen Großherzog mit Zell belehnt, der Ort 1807 dem Obervogteiamt Schönau zugeordnet.

Grundherrschaft und Grundbesitz. – Zell hat sich aus einem Ding- oder Fronhof des *Kl. Säckingen* heraus entwickelt, dessen Verwaltungsaufbau im Rodel von 1472, der frühesten einschlägigen Quelle, nur noch partiell greifbar ist. Säckingen hatte im

Wiesental im 15. Jh. einen Kellerhof, 10 Häuser, 10 Hofstätten, eine Fronmühle, eine Hanfreibe und 13 Güter. Hinsichtlich der Rechtsqualität der Güter wurde zwischen den nur auf Zeit verliehenen Höfen (Kellerhof, Meierhof), Schupposen (Bannschupposen) und Salländereien einerseits und den erblichen Huben und Schupposen andererseits unterschieden. Über ihre Erbgüter hatten die Hofleute offensichtlich weitreichende Verfügungsrechte. Sie durften sie – freilich nur mit herrschaftlichem Konsens – versetzen und verkaufen und konnten sie, wenn sie wollten, unter ihren Erben teilen. Über ein zerstückeltes Gut mußte ein Träger (Einzinser oder Vorträger) bestellt werden, der alle von dem ursprünglich zusammengehörigen Güterkomplex zu liefernden Zinse einsammeln und dem Keller überantworten mußte. Die mit der Wirtschaftsführung betrauten *Keller* wurden von der Bauernschaft auf Lebenszeit gewählt und von dem Meier im Auftrag der Äbtissin, seit 1544 von der Äbtissin selbst, mit dem Amt belehnt. Klagen des Klosters zufolge übten die Keller ihre Tätigkeit oft sehr nachlässig aus, zumal die zur Ortsherrschaft aufgestiegenen Meier kaum Interesse daran gehabt haben, die Tätigkeit der Keller zu beaufsichtigen und damit die Grundherrschaft des Klosters zu stärken. Im 17. Jh. hatten die Klosterfrauen so gut wie keine Kontrolle mehr über ihre Güter. Die Zinsgüter waren zerstückelt, verpfändet, vertauscht, unter die Erben verteilt und verkauft worden, so daß das Kloster kaum eine Chance sah, seine Zinsen zu erhalten. Von den Schupposen wußte man überhaupt nichts mehr (1627, 1684, 1694).

Außer Säckingen waren auch die *Ortsherren* im Zeller Tal begütert. Die Schönauer hatten neben einigen kleineren Grundstücken (Gärten, Äckern, Matten) den großen Brühl, eine Wiese von 24 J, als zusammenhängendes Gut. Außerdem besaßen sie im Bereich der Vogtei insgesamt 6 Meierhöfe. – *Bäuerliches Eigen* ist nicht nachweisbar, doch kann man aufgrund der ineffektiven Güterverwaltung des Stiftes Säckingen davon ausgehen, daß die Bauern ihre Güter quasi als Eigentum betrachteten. Die ausgedehnten Wälder in der Vogtei (insgesamt 4401 J im 18. Jh.) gehörten dem Stift. Die Ortsherrschaft hatte das Nutzungsrecht. Bei Holzverkäufen bezog sie die Hälfte, das Stift und die Gemeinde je ein Viertel der Einkünfte. Die Nutzung der Wald- und Weideflächen durch die Untertanen erfolgte gemeinschaftlich (*Markgenossenschaft*).

Gemeinde. – Die Bildung der Gemeinde Zell wurde im Grunde erst 1811 vollzogen, als die Vogtei aufgelöst und der Ort zur Stadt erklärt wurde. Bis dahin bildeten alle Dörfer, Weiler und Höfe der Herrschaft eine Gemeinde, die in Zell ihren religiösen (Kirche), institutionellen (Rathaus) und wirtschaftlichen (Markt) Mittelpunkt hatte. In Zell fanden die Gemeindeversammlungen und Gerichtsverhandlungen für die ganze Vogtei statt. Hier stand auch das »Bürgerhäusle« als Pendant zum herrschaftlichen Gefängnis. Es diente der Abstrafung von Verstößen in Gemeindesachen. Marktrecht hatte Zell spätestens seit dem 15. Jahrhundert.

Der Übergang vom Hofverband zur politischen Gemeinde war fließend. Bereits 1446 wurde ein *Vogt* erwähnt. Seit dem 16. Jh. war dann durchweg von Vogt, Geschworenen und Gemeinde (1614 auch von Vogt, Rat und ganzer Gemeinde) Zell die Rede, womit immer die ganze Vogtei gemeint war. Wichtigstes Organ der Gemeinde war die *Gemeindeversammlung*, an der alle vollberechtigten Bürger teilnehmen mußten. Sie mußte bei jeder wichtigen Frage gehört werden. Soweit die Gemeindeversammlung einzelne Gemeindemitglieder mit der Wahrnehmung ihrer Interessen beauftragte, mußten diese vor jeder Entscheidung eine von der Mehrheit der Gemeindemitglieder unterschriebene Vollmacht einholen. Dies war insbesondere in den zahlreichen Prozessen mit der Herrschaft der Fall. Vorläufer der Gemeindeversammlung war die Versammlung der Bauernschaft, die zum Dinghofverband gehörte. Laut Rodel von 1472 hatte die »*Gebursame*« das Recht, sich im Haus des Kellers zusammenzufinden, wenn die Regelung gemeinsamer Angelegenheiten dies erforderlich machte. Ungeachtet aller Versuche der Herren von Schönau, die Handlungsspielräume der Gemeinde einzuschränken, konnte diese eine umfassende Autonomie sichern, deren sichtbarer Ausdruck die Siegelfähigkeit des obersten Gemeindebeamten war. Das Siegel mit der Aufschrift *Zell – Wisentaalensis* trägt die Jahreszahl 1705.

Grundlage der Autonomie war die Behauptung des *gemeindlichen Wahlrechtes* der Funktionsträger und die Wahrung der Kompetenzen von Gericht und Verwaltung, die die Herrschaft durch die Bestellung eigener Amtleute auszuhöhlen suchte. Die Mitwirkung der Herrschaft bei der Besetzung der Gemeindeämter blieb auf ein herrschaftliches Vorschlagsrecht bei der Vogtwahl (3 Kandidaten) beschränkt. Die 12 Geschworenen wurden von der Gemeinde allein gewählt, die zahlreichen *anderen Funktionsträger* in der Gemeindeverwaltung – die Fürsprecher, Marker, Fleisch- und Brotschätzer, der Weibel, Waisenrichter und Feuerhauptmann, der Sigrist, der Schulmeister, Wächter, Bannwart, Brunnenmeister etc. – wurden von der Gemeindeversammlung bzw. vom Gericht bestellt. Die Geschworenen bildeten den Rat und waren gleichzeitig Richter im Ortsgericht. Ihnen oblagen zusammen mit dem Vogt die Rechtspflege, insbesondere bei Streitigkeiten zwischen Bürgern, und eine Reihe polizeilicher Aufgaben. Sie hatten ein Mitspracherecht bei der Bürgeraufnahme, legten den Holzbedarf der einzelnen Bürger fest, hatten sich um die Verteilung der Frondienste und der Allmenden zu kümmern, waren mit der Umlage der Rekrutierungs- und Militärkosten befaßt, führten die Gemeinderechnung, die Hypothekenbücher, das Feuerassozietätsbuch und die Bauholzlisten, verwalteten das Kirchenvermögen und prüften die Kirchenrechnung.

Bis 1811 gab es in den Orten der Vogtei Zell nur eine Vermögensverwaltung. Alle Einnahmen, Ausgaben und die infolge der Prozesse und Kriegslasten hohen Schulden waren gemeinsam. Wie bereits (s. o., Herrschaft) erwähnt, gehörte die Vogtei Zell der Bauernschaft im oberen Rheinviertel an. Ihren Beitrag für die Landesverteidigung hatte sie im Hauensteiner Landfahnen, einer bäuerlichen Wehrgenossenschaft, wahrzunehmen.

Kirche und Schule. – Entstehung der Pfarrei und Ausbau der Grundherrschaft stehen in Zell in engem Zusammenhang. Zell war Patronatspfarrei des Stiftes Säckingen und gehörte zum Dekanat Wiesental. Die 1275 erstmals erwähnte Kirche war dem hl. Fridolin geweiht und den Annaten des 15. Jh. zufolge mittelmäßig dotiert. Seit 1330 gab es dort einen Marienaltar. Die zugehörige Kaplanei wurde vom jeweiligen Zeller Pfarrer verliehen (1437), was ihm nach Streitigkeiten mit der Ortsherrschaft 1552 bestätigt wurde. 1616 wurde in der Vogtei eine Votivkapelle errichtet, 1739 in Zell die St. Johannes Nepomuk-Bruderschaft begründet. Der ausgedehnte Pfarrsprengel umfaßte bis 1779, als die Pfarrei Häg separiert wurde, die ganze Vogtei Zell.

Die heutige, nach dem Stadtbrand errichtete Kirche hatte mehrere Vorgängerbauten am gleichen Ort. Ein spätgotischer Bau, der wegen Baufälligkeit abgerissen werden mußte, war durch den 1629 eingeweihten Neubau ersetzt worden. Dessen Turm verbrannten wenig später, 1634, die Schweden, er wurde offenbar erst 1698 wieder errichtet. Obwohl sie noch 1716 einen neuen Chor und einen »italienischen doppelten Dachstuhl« erhalten hatte, war auch diese Kirche 1738 derart »ruiniert«, daß sie 1739/40 neu errichtet wurde. Diesen Bau hat der Stadtbrand von 1818 vernichtet.

Die *Zehntrechte* standen, mit Ausnahme eines sogenannten, nicht näher bestimmbaren Blauenzehnten, weitgehend dem Stift Säckingen zu. Die Zehntquart bezog der Konstanzer Bischof, sie war jedoch seit dem 14. Jh. ständig verpfändet, zunächst an Adelsfamilien, seit 1521 dem Basler Domkapitel. Erst 1592 löste das Konstanzer

Hochstift sie wieder aus. Im 14. Jh. wird auch ein Laienzehnt erwähnt, den der damalige Meier Johann vom Stein bezog. Diese Abgabe scheint später je zur Hälfte an den Ortsherrn und den Pfarrer gefallen zu sein.

Zwar wird ein Schulmeister in Zell bereits 1628 erwähnt, insgesamt scheint es aber damals um das *Schulwesen* schlecht bestellt gewesen zu sein. Erst seit dem Ende des 17. Jh. trat hier eine Besserung ein. Der Lehrer wurde laut Talrecht von 1740 von der Gemeinde eingestellt und zum Teil von ihr besoldet. 1809 wurden Überlegungen angestellt, den Sigristendienst mit dem Schuldienst zu verbinden, um ohne größere Unkosten einen zweiten Lehrer beschäftigen zu können. 1775 wurde auf Anordnung der Regierung ein Schulhaus gebaut, das im 1. Stock eine einzige Schulstube und im 2. die Wohnung des Lehrers enthielt. Für die 172 Kinder, die 1809 die Schule der schnell wachsenden Gemeinde besuchten, war sie viel zu klein geworden.

Bevölkerung und Wirtschaft. – Ursprünglich waren alle Hofhörigen des Stifts Säckingen im Dinghof Zell dem Kloster mit Eigenschaft verbunden. Im Auftrag der Äbtissin hatte der Meier von den »Ussidellingen«, Leuten, die zum Dinghofverband gehörten, aber keine Stiftsgüter bebauten, Todfallabgaben einzuziehen und die »Ungenossamme«, d. h. die Ehe mit Freien oder fremden Eigenleuten, zu bestrafen. Im Zuge der Herrschaftsintensivierung im 16. Jh. begannen die Herren von Schönau, in der Vogtei Zell die Leibherrschaft auf- und auszubauen. Sie verlangten von jedem, der ins Tal zog, den Leibeigeneneid. Der Widerstand der Vogtei gegen diese Praxis und ein von ihr in Ensisheim erlangtes Urteil, das den Schönauern dieses Vorgehen untersagte, konnte nicht verhindern, daß die Herren von Schönau schließlich doch bedeutende Leibherren wurden. 1653 hatten sie 150 Leibeigene, die in der Herrschaft Zell ansässig waren oder daher stammten. Viele von ihnen waren ausgewandert, lebten in vorderösterreichischen Gebieten (Hauenstein, Rheinfelden, Breisgau, Sundgau), in der Markgrafschaft, in der Schweiz, einer sogar in Paris.

1628 gab es in der Vogtei Zell 47 fronpflichtige Bauern und 90 landlose Tauner. Nach dem 30j. Krieg hatte sich das Bild gewandelt. In den Musterungslisten des Hauensteiner Landfahnens werden für Zell 88 wehrfähige Bürger und Bauern, 26 ledige Knechte und Söhne, aber keine Hintersassen oder Taglöhner aufgeführt. Die Ortsgemeinde Zell hatte 1713 416 Einwohner. Im Laufe des 18. Jh. war ein rapider Bevölkerungsanstieg zu beobachten: 1788 wurden 157, 1813 194 Haushaltungen gezählt, was einer Einwohnerzahl von 1024 entsprach. Die ganze Vogtei Zell hatte 1788 3000 bis 4000 Einwohner in 585 Haushalten und 332 Häusern. Hinsichtlich der Sozialstruktur kann unterschieden werden zwischen den Bauern, die im 18. Jh. 4 bis 8 Stück (Rind-)Vieh auf die Weide treiben durften, den landlosen Taunern (Berechtigung für 2 Stück Vieh) und den Taglöhnern (eine Geiß).

Da die Böden in der Vogtei größtenteils unergiebig und das Klima aufgrund der langen Winter ungünstig waren, ernährten sich die Zeller hauptsächlich von der *Viehzucht*. Wichtigste Voraussetzung dafür war eine intensive Wiesenkultur, die auf den großen, mit Bewässerungsgräben durchzogenen Matten den Erwerb des Winterfutters ermöglichte. Im übrigen herrschte, soweit dies aus den Quellen ersichtlich ist, eine wenig arbeitsintensive Feld-Gras-Wirtschaft vor. Die Allmenden wurden in einem Turnus von 10 Jahren umgebrochen und dann 2 bis 3 Jahre lang als Ackerland genutzt. Angebaut wurden vor allem Roggen und – zum Ausgleich des Getreidemangels – frühe Rüben (1771), daneben aber auch Hafer, Flachs und Obst (Kirschen, Äpfel, Birnen). Im 18. Jh. wurde ein Teil der Landprodukte auf den Wochenmärkten von Staufen und Freiburg abgesetzt.

Der eigentliche Reichtum der Vogtei Zell war der *Wald*. Bereits im 14. Jh. sollen die Herren von Schönau der 1356 durch ein Erdbeben zerstörten Stadt Basel erhebliche

Mengen Holz geliefert haben. Es wurde durch einen bereits seit dem 13. Jh. bestehenden, von der Wiese gespeisten Gewerbekanal nach Kleinbasel geflößt. Das *Holzfloß* spielte auch später noch eine bedeutende Rolle, so im 16. Jh., als die Herren von Schönau wiederum mit Basel einen Vertrag über umfangreiche Holzlieferungen schlossen (1572). Der Gewerbekanal wurde im 18. Jh. erneuert (1727). Neben dem Holzverkauf, dessen Erlös größtenteils der Herrschaft zugute kam, spielte gerade für die ärmeren Bauern das *Kohlenbrennen* als Erwerbsquelle eine gewisse Rolle. Hauptabnehmer war das badische Eisenwerk Hausen. Mitte des 18. Jh. leisteten auch 9 Haushaltungen Heimarbeit für die Schopfheimer Bleiche-Compagnie.

Infolge der Unergiebigkeit der Böden entfalteten die Zeller schon früh eine rege Gewerbetätigkeit. Hier stand die *Fronmühle* des Kl. Säckingen (1486 erwähnt), zu der bis 1754 eine zweite, 1797 eine dritte Mühle hinzukamen. Neben Metzgern, Bäckern und Müllern (erwähnt im 15. Jh.) gab es Weber, Färber, Zimmerleute (erwähnt im 17. Jh.), Schmiede und Wirte, eine Säge und eine Ziegelhütte. 1772 entrichteten 14 Vogteibürger Schmiedezins; 6 von ihnen waren aus Zell. Damals gab es 8 *Wirte*, 4 im Dorf Zell, 4 in anderen Orten der Vogtei. Der Kronenwirt und ein »Laienwirt« sind bereits 1655 bezeugt.

Um eine Hebung des Gewerbes bemühte sich der aus Savoyen stammende Kottonfabrikant Meinrad Montfort. In seinem Auftrag wurde in Zell Baumwolle gesponnen. 1778 ließ er Weber aus Augsburg kommen, die die Einheimischen für das Weben feiner Tücher ausbilden sollten. Einen großen Teil seiner Ware setzte Montfort im Ausland ab, u. a. in Rom, London, Warschau und St. Petersburg. Am Ende des 18. Jh. waren über 500 Haushalte im südlichen Schwarzwald für ihn tätig (vgl. u., Die Stadt im 19. Jh. und in der Gegenwart).

Als der Kottonfabrikant 1776/77 in Zell eine zweite Hammerschmiede bauen lassen wollte, stieß er jedoch auf den Widerstand seiner Gemeindegenossen. Sie lehnten den Bau ab, da sie Feuergefahr und Wasserentzug fürchteten und außerdem der Überzeugung waren, daß der Bedarf an Eisen durch die bereits bestehende Hammerschmiede ausreichend gedeckt sei. Da ihr Protest bei der Regierung, die die Gewerbeansiedlung befürwortete, nichts nutzte, schritten sie zur Selbsthilfe: mehrmals rissen sie das kaum errichtete Wasserwerk wieder ein. Ihre Angst vor Feuergefahr versuchte die Regierung mit dem Hinweis auf die Sicherheit der Anlage zu entkräften. Zwar konnte sie nicht leugnen, daß bereits einmal Feuer ausgebrochen war, doch behaupteten die Behörden, das Feuer sei »nicht von dem Kamin, sondern von was immer für einem ausserordentlichen Zufall entstanden«. Man vermutete, daß Montforts Gegner, die ihm Obstbäume niedergehauen, neuerbaute Mauern eingerissen, seine Pferde verwundet und etwas zu sprengen versucht hätten, »selbst das auf eine sonst fast unbegreifliche Art entstandene Feuer angelegt, um hiermit die ihnen verhasste Hammerschmiede entweder auf einmal zu vertilgen oder doch verdächtig werden zu lassen« (1784). Ihr Widerstand hatte schließlich Erfolg. Die Pläne, im Dorf eine neue Hammerschmiede zu bauen, wurden aufgegeben, das Gebäude für die Einrichtung einer Weberei mit 80 Webstühlen genutzt. Auch die von Meinrad Montfort mit dem Hinweis auf den Gemeinnutz errichtete Bleiche fand nicht die Zustimmung aller Bürger. Sie begründeten ihre Ablehnung mit dem fehlenden Bedarf und der zu befürchtenden Bedrohung der Ressourcen. Die Kottonfabrik des Meinrad Montfort bestand bis 1807.

Henschenberg. – Die beiden westlich von Zell gelegenen Höfe sind aus einem größeren Hofgut hervorgegangen, das nicht mit dem gleichnamigen Weitenauer Gut bei Wieslet verwechselt werden darf. Es läßt sich erstmals 1555 nachweisen und wird damals als Burggut bezeichnet. Möglicherweise wurde der obere Hof an der Stelle einer kleinen Burganlage errichtet. Besitzer waren die Freiherren von Schönau, die den Hof als Sennerei nutzten (1628 war er mit 12 bis 15 Stück Großvieh bestanden) und zunächst durch einen Meier, später einen Beständer umtreiben ließen. Nach einem Brand im Jahre 1733 wurde der Hof wieder errichtet und 1750 durch Freifrau von Schönau an den damaligen Beständer, Schwanenwirt Berger von Zell, verkauft, dessen Nachfahren ihn noch heute anteilig besitzen. Bereits 1755 findet sich das Gut im Besitz des Barons von Roll auf Bernau und wird 1759 als Freihof bezeichnet. Die Teilung des Hofes erfolgte um 1801, gleichzeitig trug sich eine Auseinandersetzung der Hofinhaber mit der Gemeinde Zell zu, die ihnen das notwendige Bauholz verweigerte. Mit Zell hatte der Hof schon im 18. Jh. um ein Stück Bergfeld und die zum Hof gehörigen Weide- und Nutzungsrechte gestritten.

Quellen und Literatur

Adelsberg

Quellen: *Humpert*, Zell S. 255 (1439). – GLA 229/296–307, 34158, 77233, 117957, 117892. – ZGO 6 (1855) S. 107.
Erstnennung: ON 1439 (Humpert S. 255).

Atzenbach

Quellen: GA Atzenbach (Übers. in ZGO 49 ⟨1895⟩ S. m52). – GLA 66/10139; 67/1177f. 73; 229/2877–79, 93873, 117846, 117882, 117892, 117957/58. – REC Nr. 5610. – RMB 1 Nr. 35. – ZGO 55 (1901) S. m48.
Literatur: *Moskob*, Brigitte, Spinnerei Atzenbach. Überblick über die Betriebsgeschichte unter besonderer Berücksichtigung der Gesellschaftsform und der Kapitalverhältnisse. Ungedr. Seminararbeit. Hist. Seminar der Universität Freiburg i. Br. 1972/73.
Erstnennung: ON 1113 (RMB 1 Nr. 35).

Gresgen

Quellen gedr.: UB Basel 1 Nr. 495. – FDA 35 (1907) S. 82. – Neugart CD 2, 239. – REC Nr. 6861. – WUB 4, 344. – ZGO 2 (1851) S. 209, 330; 11 (1860) S. 379.
Quellen ungedr.: GA Gresgen. – GLA 11/K. 263, 316, 456, 482, 494, 522; 21 Nr. 3377/78; 44 Nr. 297; 66/7218, 7247, 7545, 7757, 8485/86; 229/299, 9589, 15983/84, 23985, 24700a, 28597, **34126–158**, 65563, 74672, 83924, 83927, 86913, 86918/19, 94431, 94447, 94492/93, 104596, 104599, 104626, 104631, 104652, 104655/56, 104658, 113750, 113765, 117873, 117877, 117879; 391/35258.
Erstnennungen: ON 1113 (RMB 1 Nr. 35). – Kirche 1267 (UB Basel 1 Nr. 495). – Patron St. Nikolaus 1572 (Hodapp S. 12).

Mambach

Quellen: GLA 11/K. 316a; 16/Nr. 1562, 1564, 1569–79; 21/K. 312, 372; 66/10142; 229/30391, 30401, **64337a–338**, 93873, 107591, 117846, 117929/30, 117942, 117957, 117987; 391/23592–95. – GA Mambach (Übers.in ZGO 49 ⟨1895⟩ S. m52–54).
Erstnennung: ON 1377 (GLA 11 Nr. 3169).

Pfaffenberg

Quellen: GLA 11/K. 522, 538; 229/30410, 64337/38, 93873, 94015, 117846, 117932, 117957, 117964; 391/29944/45. – GA Pfaffenberg (Übers.in ZGO 55 ⟨1901⟩ S. m50/51). – ZGO 49 (1895) S. m62; 55 (1901) S. m56.
Erstnennung: 1439 (Humpert S. 255).
Käsern: StadtA Zell (1374). – GLA 11/K. 538; 229/30410, 94015, 117846, 117932.

Riedichen

Quellen: GLA 229/117957. – ZGO 49 (1895) S. m54.
Erstnennung: 1439 (Humpert S. 255).

Zell im Wiesental

Quellen gedr.: Basler Chroniken 4 S. 201 ff, 273. – FDA 1 (1865) S. 198; 4 (1869) S. 32 f.; 35 (1907) S. 81; 76 (1956) Nr. 1388, 1438, 1450, 1486, 1494, 1498, 1523. – Neugart CA 2, 33. – REC Nr. 5729, 5734, 8822, 12885. – RMB 1 Nr. h891. – Sachs 1, 525. – ZGO 4 (1853) S. 212; 30 (1878) S. 240; 31 (1879) S. 183 ff; 55 (1901) S. m29/30, 34, 36ff, 40, 55–58; 57 (1903) S. m12, 14, 18, 102, 104 ff.
Quellen ungedr.: StA Aarau: Urk. 6299. – StA Basel, Städte und Dörfer Z 1a. – GLA 5/K. 185a, 549; 11/Nr. 2270/71, 4434 K. 101, 221, 311, 455, 538; 16/Nr. 1504/5, 1540, 1550/51, 1554–1600; 18/K. 9, 21; 21/K. 196, 476; 44/Nr. 9283–84, 9291, 9295; 61/13275–76, 13513; 66/2680, 3445, 7177–79, 10742, **10139–44**; 67/101; 72/v. Schönau; 79/2239, 3394; 120/15, 39, 129, 357, 382–84, 387, 567; 221/390; 229/27840, 30377, 30428, 31832, 34129, 37646, 38080, 38105, 52885, 83951, 94378/79, 94431, 101871, **117783–118002**; 374 (1909, 37/32) 334, (1925, 34) 58; 375 (1902, 53) 91; 391/14465, 14467, 14471, 14485–87, 14491, 14493, 14500, 14509, 14511, 24492, 24495, 29944, 35096, 35148, **43073–109**, **44161–74**; 399/1610. – GA Mambach. – GA Pfaffenberg. – PfA Schönau. – PfA Zell. – StadtA Zell (Inv. masch. 1952).
Literatur: *Brauchle*, Karl, Die Entstehung der Industrie in Schönau und Zell im Wiesental und ihre Bedeutung für die Siedlungs- und Sozialstruktur der beiden Städte. Examensarbeit Geogr. Institut II der Universität Freiburg, 1977. – *Döbele*, Hubert, Im Wiesental geht die Ära der Textilindustrie zu Ende. In: Bad. Ztg vom 18.12.1990. – *Fräulin*, Hans, Die erste altkatholische Kirche Badens wurde vor 100 Jahren in Zell im Wiesental erbaut. In: Das Markgräflerland 1 (1992). – *Derselbe*, Die Zeller Brandkatastrophe vom 23. Juli 1818. Ebd. – *Derselbe*, Zell im Wiesental von einst bis heute. Ebd. – *Gräfe*, Heinz, Die industrielle Entwicklung von Zell i. W. nach dem Zweiten Weltkrieg und ihre Auswirkungen auf die Bevölkerungs- und Siedlungsstruktur. Zulassungsarbeit zum Staatsexamen Inst. f. Kulturgeographie der Universität Freiburg i.Br., Freiburg 1982. – *Humpert*, Theodor, Geschichte der Stadt Zell im Wiesental, Zell 1921. – *Rottler*, Pirmin, Meilensteine der Zell Schönau AG. 2 Bde. 1962/1970. – *Pflüger*, Benedikt, St. Fridolin, Zell im Wiesental, Stuttgart 1963. – *Vetter*, Ewald M., Die Muttergottes in Zell im Wiesental. In: Nachrichtenbl. der Denkmalpflege in Baden-Württemberg 4 (1961) S. 16–19.
Erstnennungen: ON und Kirche 1275 (FDA 1 ⟨1875⟩ S. 198). – Patron St. Fridolin.
Henschenberg: GLA 229/117815 (1555). – GLA 72/v. Schönau 67; 229/114051, 117843, 117883, 117918. – *Humpert*, Zell S. 180.

Orts- und Personenregister

Aachen I 237
Aarburg, von I 575
– Maria I 574
– Ulrich I 574
Aarburg-Valangrin, von I 575
Absalon, Familie II 718
– Klaus d. Ä., Vogt II 718
– Klaus d. J., Vogt II 718
Acht, René, Künstler I 772; II 15
Ackermann, Xaver Joseph, Geheimer Referendär I 431
Adaghiliniswillare, abgeg. bei Wyhlen, Grenzach-Wyhlen I 845, 846
Adalleip, begütert in Egringen I 704
Adelgoz-Sippe I 136
Adelhausen, aufgeg. in Wiehre, Stkr. Freiburg
– Kloster II 406, 717
Adelhausen, Stadt Rheinfelden (Baden) I 117, 119, 161, 175, 240, 279, 280, 281, 283, 285, 286, 287, 289, 395, 499; II 158, 208, 260, 289–291
– von
– – Albert II 289, 299
– – Burkhart II 289, 299
– – Heinrich II 289, 299
– – Konrad II 289, 299
– – Rudolf II 290, 299
Adelsberg, Stadt Zell im Wiesental I 404, 473; II 893, 920
Adilboltshovin, abgeg. bei Sitzenkirch, Stadt Kandern II 61
Aftersteg, Stadt Todtnau I 161, 293, 301, 404, 405; II 671, 678, 702 f.
Agimotinga = Eimeldingen I 752
Agnes, Wohltäterin des Klosters St. Blasien II 61
Aguringa = Egringen, Efringen-Kirchen I 703
Aitern I 121, 161, 271, 404, 405, 474, 521–537, 534–537; II 456, 459
– Einwohner
– – Holtzin
– – – Geri I 536
– – – Metz I 536
– Pfarrei I 191
Alberich, Graf I 130
Albert, Pfarrer in Märkt II 801
Almut, Berthold von, I 685

Alodoes, Wohltäter des Klosters St. Gallen II 139, 811
Altenklingen, abgeg. Burg bei Engwang: Wigoltingen, Kt. Thurgau
– von
– – Ita II 315
– – Ulrich II 315
– – Walter II 315
Altenstein: Häg, Häg-Ehrsberg I 126, 857, 871, 873
– Burg I 873; II 926
Altikon II 401, 423
Altikon = Altinger Mühle: Schliengen II 432
Altingen, abgeg. bei Schliengen I 124; II 23
Altinger Mühle: Schliengen II 432
Altringen, General I 234
Am Stucz = Stutz: Fröhnd I 798
Amann von Kirchen, Burkhart I 699
Ambringen = Ober- und Unterambringen: Kirchhofen, Ehrenkirchen
– von
– – Peter II 64
– – Jakob II 428
Andlau, von I 169, 176, 576; II 165
– Peter I 547
– Ursula I 570
Andlaw, von I 575, 576
– Heinrich I 433, 435
– Walter I 575
Andlaw-Homburg zu Bellingen, von I 575
Andlaw-Homburg, von und Grafen von II 397
Ando, Tadao, Architekt II 750
Ansoldowilare, abgeg. bei Wiechs, Stadt Schopfheim oder bei Wyhlen, Grenzach-Wyhlen I 117, 845, 846
Anweil = Andwil, Kt. Thurgau
– von
– – Christoph Daniel, Landvogt I 247
– – Hans Albrecht, Landvogt II 799
– – Hans Wolf II 799
Arisdorf, Bertold von II 311
Arndt, Ernst Moritz I 515
Arnleder von Schopfheim s. Schopfheim, Stadt, Arnleder von
Arnleder, Familie I 155; II 539
– Henman II 922

Orts- und Personenregister

Arnold, Christoph, Architekt II 101, 102
Arnold der Beste, Hausbesitzer in Schönau II 463
Asal, Gastwirt zu Todtnau II 672
Atta, begütert in Egringen I 704
Atzenbach, Stadt Zell im Wiesental I 171, 255, 365, 370, 404, 415; II 891, 920 f.
- Pfarrei I 191, 495; II 917
Auberlin von Weil s. Weil am Rhein, Stadt, Auberlin von
Auckele, Johann, Bäcker in Kandern II 53
Auggen I 193, 240; II 23, 398
- Pfarrei II 397
Augsburg, Stadt I 192; II 931
Augst, Kt. Basel-Landschaft I 109, 110, 115, 128, 132, 219, 319, 841
Augusta Raurica s. Augst, Kt. Basel-Landschaft
Auhof, abgeg. bei Wyhlen, Grenzach-Wyhlen I 845
Außerdorf: Weitenau, Steinen II 593
Aytra = Aitern I 534

Babberger, August, Maler I 508, 510
Bachstein, Hermann, Unternehmer II 913
Bachtenkirch, Friedrich, Unternehmer II 55
Bad Bellingen I 7, 14, 25, 47, 50, 97, 108, 126, 129, 136, 161, 168, 169, 172, 173, 174, 175, 176, 180, 185, 203, 205, 209, 210, 212, 219, 224, 230, 232, 240, 241, 247, 248, 252, 254, 268, 271, 272, 274, 278, 296, 313, 316, 320, 402 f., 405, 413, 416, 461, 510, **538–593**, *573–579*, 682; II 28, 398
- Pfarrei I 187, 199, 492, 577, 578
Bad Krozingen I 226
- Propstei II 411
Bad Säckingen, Stadt I 160, 163, 219, 220, 232, 234, 235, 248, 320, 339, 340, 341
- Bürger und Einwohner
- - Harpolingen, Ulrich von II 573
- Franziskanerinnenkloster II 296
- Kloster und Stift Säckingen I 120, 121, 131, 136, 140, 147, 160, 162, 168, 173, 174, 187, 192, 193, 233, 576, 577, 614, 871, 872, 873, 874, 886, 928; II 68, 157, 158, 159, 212, 213, 290, 296, 299, 300, 317, 350, 402, 403, 404, 411, 415, 425, 426, 578, 579, 580, 581, 582, 583, 706, 799, 920, 925, 926, 928, 930, 931
- - Äbtissinnen I 162, 192, 874; II 799
Baden, von I 145, 162, 571, 695, 727; II 61, 68, 69, 212, 401, 402, 403, 404, 405, 616 (s. a. Basel, Stadt, Bürger und Einwohner)
- Anna I 754

- Anton II 401
- Claus I 837
- Hans Balthasar II 401, 404
- Hans Heinrich II 401
- Heinzmann II 148
- Konrad Friedrich II 402
- Kunigunde I 550
- Richenza I 719, 754; II 415
- Ulrich II 615, 616
- Ursula II 148
- Verena II 657
Baden zu Liel, von II 37
- Hans Heinrich I 811
- Konrad Friedrich I 580
- Susanna I 811
Baden, Markgrafen und Großherzöge I 139 ff.
- Baden
- - Christoph I. I 150, 152, 158, 210, 233; II 139, 211, 538
- - Hermann I. I 139, 141
- Baden-Baden
- - Ludwig Wilhelm I 236, 237
- Baden-Durlach
- - Ernst I 145, 150, 152, 182, 192, 207, 233; II 538, 540
- - Friedrich V. I 142, 150, 151, 158, 234, 580; II 153, 811
- - Friedrich VI. I 234, 235; II 545
- - Friedrich VII. I 145, 153, 158, 582; II 149
- - Georg Friedrich I 142, 145, 150, 158, 200, 234, 404
- - Karl II. I 142, 150, 158, 192, 201, 202, 699; II 133, 630, 799
- - Karl Friedrich (Kurfürst, Großherzog) I 142, 153, 158, 177, 199, 207, 211, 214, 350, 548, 557, 662; II 150, 155, 364, 646
- - Karl III. Wilhelm I 153, 158, 210
- - Magdalena Wilhelmina I 686
- Hachberg und Hachberg-Sausenberg-Rötteln
- - Adelheid II 41
- - Anna I 246, 713; II 37, 139, 797
- - Heinrich I. I 135, 139, 141, 142, 144; II 802
- - Heinrich II. I 140, 142
- - Otto I 145, 837; II 58, 59, 63, 370, 410, 615, 634, 657, 795
- - Otto I. I 144, 886; II 583
- - Otto II. I 142
- - Philipp I 142, 149, 150, 721
- - Rudolf II 657
- - Rudolf I. I 140; II 58, 867
- - Rudolf II. I 140, 144 f; II 63, 370, 410

– – Rudolf III. I 140, 142, 144, 145, 146, 154, 246, 713, 725, 727, 730, 886; II 41, 99, 139, 147, 148, 364, 423, 527, 531, 534–536, 573, 763, 795, 797, 807
– – Rudolf IV. I 149, 543, 657, 658, 685, 744; II 99, 495, 538, 541, 611
– – Wilhelm I 145, 696, 753, 839; II 41, 139, 540, 541, 542, 621
Badenweiler I 235, 403
– Burg I 139
– Herrschaft I 141, 155, 848
– Pfarrei II 402
– Schloß I 234, 236
Bagnato
– Franz Anton, Baumeister I 247; II 257, 266, 306, 386
– Johann Caspar, Baumeister I 248; II 268, 306
Baldegg, von I 611 (s. a. Basel, Stadt, Bürger und Einwohner)
– Hans I 611, 612
Ballrechten, Ballrechten-Dottingen I 153
Ballrechten-Dottingen II 398
Bamenanc = Bamlach, Bad Bellingen I 567
Baminach = Bamlach, Bad Bellingen I 571
Bamlach, Bad Bellingen I 118, 126, 131, 132, 161, 168, 169, 172, 173, 174, 176, 186, 212, 214, 221, 223, 228, 241, 247, 250, 254, 272, 274, 405, 457, 542, 547, 567–573; II 629
– Pfarrei I 187, 191, 571, 572
– von
– – Eberhard I 172
Bampi, Richard, Keramiker I 510; II 24
Baner, General I 234
Bantle, Kurt, Notar I 446
Barbauld de Florimond I 908
Bärenfels, abgeg. Burg bei Wehr, Stadt II 706
– Herrschaft I 842
– von I 169, 176, 588, 691, 835, 837, 839, 846; II 37, 371, 411, 415, 574, 803, 811, 880
– – Adelberg I 811, 837, 839
– – Arnold II 307, 706
– – Friedrich I 836
– – Hannibal II 307
– – Hannibal Friedrich II 880
– – Hans Christoph II 148
– – Konrad I 835, 839, 841
Barthels, Kaufmann I 881
Basel, Stadt I 6, 106, 111, 112, 113, 126, 132, 140, 144, 146, 149, 150, 152, 154, 155, 159, 166, 192, 193, 209, 210, 212, 213, 214, 217, 219, 220, 221, 222, 223, 224, 225, 232, 233, 234, 237, 238, 240, 242, 252, 264, 290, 291, 292, 314, 337, 347, 357, 419, 503, 504, 511, 610, 678, 682, 712, 713, 714, 716, 721, 823, 837; II 44, 211, 213, 423, 629, 786, 810, 931
– Bischöfe I 120, 121, 131, 134, 135, 136, 138, 139, 140, 148, 149, 150, 153, 155, 159, 161, 164, 165, 167, 169, 174, 206, 219, 225, 574, 575, 586, 610, 612, 615, 616, 617, 709, 710, 712, 713, 716, 721, 753, 754, 782; II 39, 44, 46, 51, 61, 69, 76, 139, 142, 304, 323, 351, 373, 407, 423, 426, 429, 432, 621, 622, 709, 796, 802
– – Adelbero I 164, 165
– – Arnold von Rotberg I 568
– – Berthold II. von Pfirt I 160
– – Burkhart von Fennis-Neuenburg II 140
– – Christoph von Utenheim I 152
– – Dietrich I 133
– – Heinrich II. von Thun I 140
– – Jakob Christoph Blarer von Wartensee I 175
– – Johann II. Senn von Münsingen II 160, 423
– – Lütold II. von Aarburg II 801
– – Ortlieb von Froburg I 166; II 797
– – Peter I. Reich von Reichenstein II 131
– – Rudolf III. von Homburg I 171
– Bistum und Hochstift I 132, 133, 136, 139, 146, 151, 158, 164–167, 168, 169, 173, 175, 186, 571, 576, 581, 584, 588, 614, 689, 690, 695, 696, 706, 709, 712, 714, 720, 724, 731; II 37, 42, 59, 72, 73, 160, 164, 294, 318, 350, 370, 406, 410, 411, 415, 423, 424, 429, 432, 539, 621, 796, 801, 803, 807, 808, 809, 849, 929
– Bürger und Einwohner I 149
– – Arguel, Johann von II 227
– – Arnold I 612
– – Baden, von I 697
– – Baldegg, von I 697
– – Beck, Benedikt I 697
– – Blum II 54, 215
– – Bodenstein, Adam von II 307
– – Bratschin, Johann II 371
– – Buchsmann
– – – Jakob I 705
– – – Katharina I 705
– – Burkhart
– – – Johann Rudolf I 837
– – – Samuel I 908
– – Danon, Christof II 808
– – Eberler, Mathias, gen. Grünzweig II 799
– – Efringen, von
– – – Burkhart I 689
– – – Cordula I 689
– – – Heinrich I 689
– – – Konrad I 689

Orts- und Personenregister 937

– – – Petermann I 705
– – Egringen, Anna von I 704
– – Embrach, Heinrich von I 705
– – Eptingen, von II 864
– – Etterlin, Henmann I 733
– – Ferber II 215
– – Fesch I 685
– – – Hans Ulrich II 350
– – Gennenbach
– – – Chrisostomus I 731
– – – Onophrius I 727
– – Hadstatt, Werner von I 690
– – Hagendorn, Franz I 835, 837
– – Haltingen de Ramspach, Heinrich von II 795
– – Haltingen, von
– – – Bertold II 795
– – – Heinrich II 795
– – – Hencin II 795
– – – Hug II 795
– – – Hugo II 795
– – – Johann II 795
– – – Konrad II 795
– – Helbeling, Johann II 372
– – Herwig I 706
– – Hiltlingen, von II 798
– – – Eberhard II 799
– – – Johann II 799
– – Im Hof II 350
– – Irmy, Bathasar I 612
– – Istein, von I 712
– – Kraft, Adelheid II 371
– – Küng I 753
– – Laufen, von I 165
– – – Hans I 714; II 423
– – Leibfried, Marx Christoph II 164
– – Liebegg I 685
– – Mechel, von II 350
– – – Josias I 728, 731
– – Merian
– – – Benedikt I 697
– – – Johann Jakob I 908
– – – Samuel I 908
– – Metzger I 573
– – Münch II 864
– – – Bertha I 192, 849
– – – Burkhart I 757
– – – Otto I 192, 849, 850
– – Münch von Landskron II 371
– – Münch von Löwenberg I 689, 697; II 371
– – Münch von Münchenstein I 700, 730
– – – Bertha II 322
– – – Konrad I 730

– – – Otto II 322
– – Neff I 614
– – Oberried, Jakob I 612
– – Ochs II 54
– – Offenburger I 614
– – Pfaffe I 697
– – Preyswerck, Johann I 614
– – Ramstein, von I 689
– – Reich I 721
– – Reich von Reichenstein I 689, 753, 926; II 131
– – – Heinrich I 696
– – Richwin von Neuenburg, Jakob II 67
– – Roggenbach, von I 697
– – Rot I 685
– – Rotberg, von I 697
– – – Bernhard I 568; II 371
– – – Hans Ludemann I 568
– – Rotenturn, Cuno von I 724
– – Rudolf gen. Tetsch I 588
– – Schaler I 165; II 881
– – – Margarete II 881
– – – Rudolf II 423
– – – Verena II 881
– – Schermann, Antonius I 583
– – Schliengen, von
– – – Heinrich II 422
– – – Hüglin II 422
– – Schönenberg, Wilhelm von II 476
– – Schönkind
– – – Lienhart II 72
– – Schüfter zur Sunnen II 227
– – Stäheli, Johann d. Ä. II 48
– – Stubanus I 153, 685, 691, 706
– – Sürlin I 697
– – Tantz, Heinrich II 68
– – Truchseß, Ulrich I 837
– – Vogt von Brombach II 131
– – Vom Hove, Friedrich II 111
– – Vorgassen, Johann II 67
– – Wallbach, von
– – – Heinrich I 581; II 410
– – – Jakob II 410
– – – Mathias II 410
– – – Tomas II 410
– – Wechsler, Gerhard I 588
– – Wettstein II 350
– – Wirth
– – – Martin II 371
– – Zibolle II 67
– – – Jakob I 873; II 926
– – – Petermann II 926
– – Zu Rhein, Maria I 705
– – Zum Kranich, Jakob I 571, 588

– – Zum Rosen, Burkhart II 68
– – Zum Roten Stein
– – – Albrecht, gen. Murnhart I 705
– – – Enneli I 705
– – Zum Tagstern I 697
– – Zur Sunnen I 697, 835; II 799
– – – Diezmann I 905
– – – Hans I 835
– – – Hugli II 799
– – – Lienhart I 905
– Deutschordenskommende I 169, 175, 176, 192, 612, 616, 690, 701, 719, 725, 754, 780, 781, 784, 837; II 371, 373, 803, 809, 879
– Deutschordenskomture
– – Johann von Nollingen II 322
– Johanniterkommende I 612, 685, 690, 697, 714, 722, 727, 731, 754; II 72, 76, 150, 796, 803, 809
– Klöster und Stifte
– – Augustiner I 613, 685, 705, 837, 846, 849; II 48, 53
– – Barfüßer I 685, 690, 705, 754; II 164
– – Dominikaner I 712; II 757
– – Dreikönig I 690
– – Gnadental I 613, 714, 727, 731, 754; II 68, 72, 132, 796, 809, 879
– – Kartäuser I 571, 613, 616, 690, 714, 727, 731, 754, 837, 839; II 67, 402, 403
– – Klingental I 571, 576, 581, 583, 613, 616, 690, 697, 704, 705, 710, 714, 722, 725, 727, 731, 754, 781, 782, 837, 928; II 42, 67, 72, 132, 149, 164, 211, 297, 305, 528, 531, 532, 574, 796, 803, 808, 811, 879
– – Prediger I 576, 581, 588, 613, 705, 714, 754, 928; II 68, 539, 796, 803, 809
– – St. Alban I 134, 135, 136, 143, 166, 170, 570, 585, 586, 587, 589, 613, 616, 716, 846; II 46, 47, 48, 49, 88, 137, 140, 141, 142, 147, 148, 150, 151, 154, 158, 159, 187, 371, 621, 796, 803, 804, 811, 881
– – St. Clara I 144, 152, 570, 576, 613, 685, 690, 705, 722, 731, 754, 781, 837, 838, 839, 846, 928; II 67, 72, 149, 164, 211, 213, 305, 371, 756, 796, 803, 809
– – St. Jakob an der Birs I 232, 837
– – St. Leonhard I 706, 710, 714, 731; II 158, 546, 796, 803, 809
– – St. Maria Magdalena zu den Steinen (Steinenkloster) I 571, 685, 690, 710, 714, 722, 727, 754, 928; II 37, 58, 72, 132, 140, 149, 416, 803, 809
– – St. Martin I 685, 690, 706; II 796
– – St. Nikolaus I 690
– – St. Peter I 187, 189, 613, 685, 690, 692, 696, 699, 700, 701, 705, 707, 729, 755, 782, 783, 837, 846; II 42, 43, 68, 149, 161, 539, 796, 801, 802, 803, 809, 811
– Spital I 169, 690, 704, 705, 706, 707, 722, 725, 754, 758, 777, 781, 783; II 164, 373, 803, 879
Basler, Grundbesitzer in Ehrsberg
– Hans I 871
– Peter I 871
Basler, Heini, Knecht aus Ötlingen II 796
Bassler, Gerhard, Maler I 509, 527
Bauer, Gottlieb August, Maler I 508
Baumann, Theodor, Künstler I 811; II 99
Baumhauer, Hans, Künstler II 677
Baumstark, Kreisgerichtsrat in Konstanz I 431
Baur, Hermann, Architekt I 250, 812
Baur, Reinhard, Unternehmer II 910
Bäurlin, Dekan I 930
Bayer, Paul, Architekt II 4, 13
Bayern, Herzöge von
– Karl VII. I 237
Bechburg, Margarete von I 722
Beck, Carl, Hirschenwirt in Haltingen I 433, 435
Beck, Ernst, Wissenschaftler I 279
Beckert, Franz Josef, Künstler II 268
Behagel, Otto, Wissenschaftler I 278
Behringer, Friedrich, Unternehmer I 899
Beinwil, Kt. Solothurn
– Kloster I 153, 614, 690, 726; II 401, 402, 403, 425, 616, 803
Belchenhaus: Schönenberg II 470
Belchenhöfe: Neuenweg II 220
Belisle, General I 237
Bellelay: Saicourt, Kt. Bern
– Kloster I 192, 850; II 308
Bellichofen = Bellingen I 574
Bellikon, von s. Rheinfelden, Kt. Aargau, Bürger und Einwohner
Bellingen s. Bad Bellingen
Belna = Böllen I 628
Beltz, Familie I 695
– Johann I 697
Benz, Ludwig, Fabrikant I 618
Berau, Ühlingen-Birkendorf
– Kloster I 614, 846; II 161, 187
Berger, Hermann, Architekt I 249, 598; II 761
Berklint, Adelige I 576
Bern I 232; II 425
Bern, von
– Dietrich II 922
– Ludwig II 922
Bernadus, Christopherus, Pfarrer I 245

Bernau I 345
- Einwohner
- - Roll, von I 874
Bernauer
- Blasius, Künstler I 549
- Xaver, Orgelbauer I 772
Bernauer, Unternehmer
- Jakob II 909
- Rolf II 909
Bernhard
- Cristoph, Pfarrer II 100
- Hubert, Künstler I 250, 548
Beroldingen: Seelisberg, Kt. Uri
- von und Grafen von II 415, 715
Beromünster
- Stift I 570
Berstett, von I 837; II 415
Berthold, Priester II 48, 60
Bertholde, alemannische Hochadelige I 134
Bertlikon, abgeg. bei Grenzach, Grenzach-Wyhlen I 150, 834
Bertsche, C., Maler II 265, 268
Bertschi, Hans, Vogt zu Wyhlen I 845
Besold von Steckhofen, Familie II 45
- Anna I 582
Betberg: Seefelden, Buggingen
- Pfarrei I 189
Beuggen: Karsau, Stadt Rheinfelden (Baden) I 11, 126
- Deutschordenskommende I 145, 148, 161, 168, 169, 175, 179, 192, 193, 196, 206, 207, 219, 246, 247, 488, 576, 577, 578, 581, 583, 685, 837, 840, 846, 847, 849, 878, 886, 887, 888, 905, 906, 928; II 69, 132, 164, 211, 263, 267, 290, 294, 295, 297, 299, 305, 306, 309, 311, 312, 313, 314, *315f.*, 317, 319, 325, 326, 327, 328, 329, 351, 371, 425, 525, 528, 532, 535, 546, 573, 574, 580, 583, 637, 796, 848
- - Komture I 215; II 297
- - - Ludwig von Reischach I 192
- - - Hans Hartmann von Hallwyl II 313
- - - Hans Kaspar von Jestetten II 312
- Pfarrei I 187, 191, 492
- Schloß I 210, 232, 233, 248, 502, 511
- von I 837; II 299, 309, 310, 322, 326, 328, 848
- - Berchtold II 322, 326
- - Conrad II 327
- - Conrad d. Ä., gen. Nollinger II 326
- - Heinzmann II 323
- - Henman I 145; II 521, 657, 848
- - Hermann II 310
- - Konrad II 290, 310, 322
- - Mangold II 322, 326, 327

Beuron, Augustinerchorherrenstift I 571
Biberach an der Riß, Stadt I 179
Bieg, Hermann sen., Unternehmer II 393
Biengen, Bad Krozingen II 64
- von
- - Katharina II 65
Bierl, Traugott, Architekt II 678
Binningen, Kt. Basel-Stadt I 850
Binubhaime = Binzen I 610
Binusheim = Binzen I 610
Binzen I 97, 116, 117, 119, 126, 128, 129, 131, 136, 147, 148, 149, 150, 152, 153, 155, 165, 166, 167, 168, 169, 170, 171, 174, 180, 182, 184, 193, 201, 202, 205, 206, 209, 212, 214, 220, 221, 224, 228, 229, 232, 235, 242, 249, 292, 296, 312, 313, 337, 416, 433, 434, 474, **594–630**, *609–619*, 750, 754, *778*; II 31, 424, 785, 787, 867
- Burg I 705; II 879
- Pfarrei I 187, 189, 190, 191, 615, 783
- Schloß I 597, 611
- von I 610
Birchowe = Bürchau I 638
Birkenmayer, Politiker I 437
Birkner, J., Architekt II 678
Birkner, S., Dipl. Ing. I 250
Birseck, Kt. Basel-Landschaft I 166, 167; II 424
- Schloß I 914
Birsfelden I 319
Bischmatt: Tunau II 724, 729
Bittichen, abgeg. bei Zell im Wiesental, Stadt I 117
Blank, Otto, Unternehmer II 508
Blankenhorn, Ernst, Politiker II 106
Blankenhorn, Nicolaus, Kaufmann und Bürgermeister in Müllheim I 431
Blankenhorn, Weingutsbesitzer I 437
Blankenhorn-Krafft, Nicolaus, Kaufmann und Bürgermeister in Müllheim I 431
Blansingen, Efringen-Kirchen I 118, 119, 143, 145, 146, 147, 153, 168, 170, 171, 173, 175, 182, 184, 204, 212, 213, 215, 241, 243, 244, 274, 394, 647, 656, *683–687*; II 27, 56
- Pfarrei I 187
- Schloß I 247
- von
- - Burkhart I 684
- - Heinrich I 684
- - Konrad I 684
- - Werner I 684
Blindsind, Wohltäter des Klosters St. Gallen II 304, 518
Blistein, Familie II 718

Blöchlin, Familie II 718
Blumberg: Raitbach, Stadt Schopfheim II 535
Blumegg, Stadt Stühlingen
– von I 720; II 426
– – Engelhard I 720
– – Heinrich II 426
– – Rudolf I 142
Blumeneck, von s. Blumegg, Stadt Stühlingen, von
Bochmann, Unternehmer I 363
Bodman, Bodman-Ludwigshafen
– von
– – Frischhans II 323
– – Hans II 323
Bohm, Friedrich, Pfarrer in Hasel I 878
Bohnert, Herbert, Künstler I 508, 510
Böhringer, Familie II 132, 150
Böhringer, Georg, markgräflicher Einnehmer II 148
Bölger, Marcus, Unternehmer II 899, 908
Boll, Max, Unternehmer II 608
Böllen I 161, 223, 251, 271, 302, 313, *620–630, 628–630*; II 456, 823
Bollschweiler, Jakob Friedrich, Maler I 508
Bombusch, Reinhard, Künstler I 510
Bosch, Manfred, Schriftsteller I 507
Bottenstein, von I 571
Böttstein, Kt. Aargau
– von
– – Lütold II 313
Boufflers, Marquis de I 236
Brand: Stadt Schönau im Schwarzwald I 123; II 443
Brandenberg: Stadt Todtnau I 28, 123, 161, 301; II 670, 678, *715*
– von
– – Konrad II 705, 715
Brander, Lasse, Künstler I 511
Brauer, Friedrich, Verfasser der kurfürstlich-badischen Landesorganisation I 446
Braun, Pfarrer I 867
Bräunlingen, Stadt I 179
Brechter, Hans II 710
Brehm, Johann Jakob II 70
Breisach am Rhein, Stadt I 128, 130, 133, 134, 138, 139, 160, 163, 165, 200, 201, 233, 234, 235, 237
Breisgaugrafen I 134
Breiten-Landenberg, von II 411
– Wolf II 48, 56
Brender, Familie II 718
Brendli, Familie II 580
Brenner s. Neuenburg, Stadt Neuenburg am Rhein, Bürger und Einwohner

Brodwolf, Jürgen, Künstler I 509, 657, 661, 662; II 100, 103, 174, 175, 596, 646
Brombach von Rötteln, Familie II 73
Brombach, Stadt Lörrach I 106, 109, 110, 118, 119, 171, 172, 173, 174, 241, 242, 258, 261, 262, 296, 350, 356, 360, 364, 370, 394, 471, 502, 617; II 95, *129–136*, 158, 625, 629, 632, 786
– Burg I 147
– Pfarrei I 186, 187, 190; II 133
– Schloß I 914
– Vögte der Markgrafen
– – Derne, von I 154
– – Krebs I 154
Bruchsal, Stadt I 454
Bruckmühle: Wollbach, Stadt Kandern II 75
Brunicho, Zentenar (vgl. auch Prunicho) I 129; II 211
Brunn, Theophil von, Unternehmer II 860
Brunnkirch, von I 588
Bübingen, abgeg. bei Wintersweiler, Efringen-Kirchen I 727, 730
Buchein, Mangold von II 309
Buggingen I 172; II 64, 460
Bühl, Hans von I 837
Bulster, Rudolf II 72
Bur, Hans, Müller zu Kandern II 53
Bürchau I 171, 216, 268, 395, 404, 405, 631–639, *637–639*; II 48, 228, 236, 657, 866
– Pfarrei I 191
Bürche, Johannes, Vogt I 656
Bürchin, Anna, geb. Gerwichin I 656
Büreten: Todtnauberg, Stadt Todtnau II 673
Bürgeln, Grafen von I 134
Bürgeln, Schloß: Obereggenen, Schliengen I 136, 148, 168, 200, 247, 402; II 187, 383, 386, *419 f.*
– Pfarrei II 50
– Propstei I 171, 172, 173, 192, 194, 488, 570, 576, 581, 587, 589, 685, 686, 725; II 32, 37, 41, 48, 58, 60, 61, 63, 67, 68, 186, 188, 189, 192, 193, 241, 401, 402, 403, 411, 415, 420, 808, 865
– – Pröpste I 152, 200; II 415
– – – Bartholomäus Ramspach II 62
Bürgi, Hans, Hausbesitzer in Eimeldingen I 756
Burgund
– Herzöge von II 709
– – Karl der Kühne I 162, 163, 233, 845; II 323, 457
– – Katharina I 162, 232, 575
– Könige von
– – Rudolf III. I 164

Büringer, Steinmetz I 660
Burkart
- Anna Barbara I 614
- Samuel I 614
Burkhard minister de Kilhhein II 801
Burkhart, Maria, Wirtin zu Todtnau II 715
Burkhart, Rudolf, Grundbesitzer in Binzen I 612, 613
Burte s. Strübe, Hermann, Dichter
Burth, Thomas I 508
Buschmatt = Bischmatt: Tunau II 729
Bussoltzberg, abgeg. bei Weitenau, Steinen II 629, 636
Buß, Ritter von
- Franz, Hofrat und Professor in Freiburg I 431, 432, 433
Buttenheim I 161, 224, 574, 579
- Burg I 161, 574
- Herrschaft I 575
- Ritter von I 161, 574
Büttiken, abgeg. bei Grenzach, Grenzach-Wyhlen I 834

Campo Formio I 238
Carantiacum = Grenzach, Grenzach-Wyhlen (?) I 834
Cauzpert, Wohltäter des Klosters St. Gallen II 317, 331
Chambiz (Chembiz, Chembez) = Kleinkems, Efringen-Kirchen I 717
Chirichheim = Kirchen, Efringen-Kirchen I 694
Choiseul, General I 236
Citterio, Antonio, Architekt II 750
Clauss, Emilie, Künstlerin I 511; II 761
Clewly von Rheinfelden (s. Rheinfelden, Kt. Aargau, Clewly von)
Colmar, Dep. Haut-Rhin
- Unterlindenkloster II 294, 318
Condé, Prinz von I 235
Cozpert, Fränkischer Reichsadeliger I 129
Cramer, Georg Friedrich, Fabrikant I 619
Créqui, Marschall I 236
Cresheim, abgeg. bei Wittlingen II 878
Cybinski, Nikolaus, Schriftsteller I 507

Dame, Heinrich, Unternehmer II 507
Dannemann, Fabrikant I 669
Däschler, Pfarrer von Inzlingen I 931
Dattingen, Stadt Müllheim II 65
Daur, Hermann, Maler und Dichter I 508, 510, 730, 811; II 34, 126, 756
Dawell, Rainer, Künstler I 548
Degerfeld, Familie II 293

Degerfelden, Stadt Rheinfelden (Baden) I 35, 118, 119, 161, 175, 203, 221, 247, 350, 435; II 259, 265, *291–297*
- Burgstall II 293
- Pfarrei I 187, 191
- von II 292, 296, 297
- - Brida II 293
- - Burkhard II 293, 297
- - Diebald II 295
- - Else II 295
- - Franz Ulrich II 293
- - Gerung II 293
- - Hartmann II 295
- - Hugo II 293
- - Johannes II 293
- - Konrad II 307
- - Rommana II 293
- - Rudolf II 293, 305
Demberg: Wies I 184, 211; II 629, 637, 841, *850f.*
- Pfarrei II 850
Denk, J.A., Unternehmer I 900
Derix, W., Kunstglaser I 812
Derne, von, markgräflicher Vogt I 154
Deutscher Orden I 126, 147, 754, 783; II 801 (s. a. Basel, Stadt, Deutschordenskommende; Beuggen; Karsau, Stadt Rheinfelden (Baden), Deutschordenskommende)
Deutschland, Könige und Kaiser
- Albrecht I. I 163
- Arnulf II 139
- Ferdinand I 193
- Ferdinand II. II 158
- Friedrich I. I 139
- Friedrich II. I 139, 140, 160
- Friedrich III. I 696
- Friedrich V. I 150
- Friedrich der Schöne II 314
- Heinrich II. I 132, 165, 574, 696, 886; II 68, 709
- Heinrich III. I 133
- Heinrich IV. I 133
- Heinrich V. I 165
- Heinrich VII. I 850; II 306, 314
- Heinrich (VII.) I 143
- Joseph II. I 198, 200, 207
- Karl III. I 130, 695
- Karl IV. I 753
- Karl VI. I 217
- Karl der Große I 128, 612, 753; II 72, 350
- Konrad II. I 133, 165; II 709
- Konrad IV. I 140, 160
- Leopold I 198
- Ludwig II. I 130

– Ludwig der Bayer II 314
– Maria Theresia I 164, 198, 202
– Matthias I 696
– Maximilian I. I 219, 225, 233; II 461, 714
– Otto I. I 131; II 401
– Otto II. I 699; II 401
– Otto III. I 164
– Otto IV. I 139
– Philipp von Schwaben I 139
– Rudolf I 143, 232
– Ruprecht I 141; II 154
– Sigismund I 141, 146, 162, 696, 718, 753; II 800
– Wenzel I 141, 146, 718
– Wilhelm I. II 600
Diebolt, Wohltäter des Klosters Lorsch I 132; II 48
Dietlingen I 172 (s. a. Tüchlingen, abgeg. bei Riedlingen, Stadt Kandern)
Dietrich, Vogt zu Istein I 685; II 42
Dietsche, Benedikt, Schreiner II 686
Dietsche, Roman, Fabrikant II 688
Dietsche, Rudolf, Stadtbaudirektor II 101
Dietsche, Wirt zu Todtnau II 715
Dillingen an der Donau, Stadt
– Universität I 198
Döbele, O.E., Künstler II 496
Dold, Willy, Orgelbauer I 915; II 895
Dornach I 465, 700; II 153
Dossenbach, Schwörstadt I 95, 118, 136, 144, 145, 176, 395, 905; II 213, 518, 524, 539, 540, 546, 548, 561, *572–576*
– Pfarrei I 187; II 570
– von II 573
– – Heinrich II 573, 574
– – Hiltburg II 573, 574
Dottingen, Ballrechten-Dottingen I 153
Drews, G., Unternehmer II 908
Dudar, Wohltäter des Klosters St. Gallen II 325
Durlach, Stkr. Karlsruhe I 154, 155, 196, 203
Durm
– Josef, Staatsbaumeister I 249; II 495

Ebenhof: Todtnauberg, Stadt Todtnau I 123
Eberfingen, Stadt Stühlingen I 337
Eberle, Rudolf, Dr., Minister I 445
Eberlin von Günzburg, Johannes, Prediger I 192
Ebersbach
– von
– – Konrad I 780
Ebert, Josef, Architekt II 201

Ebigen (fälschlich: Ebingen): Sallneck I 117; II *360*, 658
Ebo, Wohltäter des Klosters St. Gallen II 139, 811
Ebringen I 131, 243, 780
– Herrschaft I 131
Eckenheim = Niedereggenen oder Obereggenen, Schliengen II 409
Eckstein
– Johann, Vogt I 598
– Maria I 598
Eder, Leonhard, Künstler I 812; II 265, 266, 267, 678
Ederli, Clewi, Bürger von Freiburg II 710
Efringen, Efringen-Kirchen I 93, 96, 98, 108, 113, 120, 136, 146, 147, 148, 153, 168, 171, 172, 173, 181, 200, 202, 212, 214, 489, 643, 655, *687–693*, 747, 753, 756, 775; II 64, 632, 866
– Pfarrei I 187
– von I 588, 689, 716
Efringen-Kirchen I 252, 263, 312, 313, 315, 321, 347, 398, 443, 470, 471, 473, 477, 510, 601, *640–739*, 751, 778; II 398, 778, 785
Egerten: Wollbach, Stadt Kandern II *75*
Eggenen = Nieder- und Obereggenen, Schliengen I 143
Egisholz: Wollbach, Stadt Kandern II *76*
Egringen, Efringen-Kirchen I 97, 116, 119, 126, 131, 153, 168, 169, 205, 212, 241, 242, 246, 394, 648, 657, *703–708*, 775, 780, 782
– Einwohner
– – Widmer, Burkhart I 706
– Pfarrei I 186, 187, 191, 783
– von I 704 (s. a. Basel, Stadt, Bürger und Einwohner)
– – Berthold I 704
– – Rudolf I 719
Ehner-Fahrnau: Stadt Schopfheim I 155, 170; II *545*
Ehrenstetten, Ehrenkirchen II 64
Ehrsberg, Häg-Ehrsberg I 173, 290, 303, 855, 859, *870f.*
– Einwohner
– – Beler I 872
– – Graß, Martin I 871
Eichen, Stadt Schopfheim I 117, 123, 127, 153, 183, 184, 210, 222, 395, 415; II 493, 496, *517–521*, 629
– Pfarrei I 187, 191
– von
– – Gunther II 518
Eichholz: Wieslet II 629, *866*

Eichissol = Eichsel, Stadt Rheinfelden (Baden) II 298
Eichrodt, Ludwig Friedrich, Minister I 431
Eichsel, Stadt Rheinfelden (Baden) I 116, 119, 161, 175, 219, 228, 246, 295, 499; II 208, 260, 265, *297–301*, 616
- Pfarrei I 187, 191, 492; II 213, 299
- Vogtei I 181
Eichstetten, von I 136, 535, 629; II 456, 457
- Burchard I 171, 799
- Eberhard I 171, 799; II 457
Eihheim = Eichen, Stadt Schopfheim II 518
Eimeldingen I 50, 119, 127, 128, 136, 148, 150, 200, 210, 222, 229, 263, 312, 313, 606, 618, 680, **740–758**, *752–758*, 774, 775, 778, 782; II 140, 351, 398, 778, 785, 800, 801
- Einwohner
- - Küng I 695
- Pfarrei I 187; II 787, 802
Eingestein = Enkenstein, Stadt Schopfheim II 521
Einhart, Wohltäter des Klosters St. Gallen II 538
Einsiedeln, Kt. Schwyz
- Kloster I 131, 132, 138; II 401, 402, 403
Eisenlohr, Johann Jakob I 197
Eitra = Aitern I 534
Elbenschwand I 123, 171, 395, 404, **759–768**, *766–768*; II 657, 866
Elbiswande = Elbenschwand I 766
Elsässer, Hans Jakob I 614
Emmendingen, Stadt I 155
Emmerich, Erich, Maler I 508
Emthrud, Wohltäterin des Klosters St. Gallen II 547
Endenburg, Steinen I 145, 221, 222, 259, 350; II 592, *614–617*, 657, 658
- Pfarrei I 187
Endingen, Stadt
- von II 407
- - Johann II 64
Engel, Theo, Maler I 509
Engela, Wohltäterin des Klosters St. Blasien II 61
Engeli, Traugott, Unternehmer I 822
Engelschwand, Göhrwihl II 706
Engelschweil, abgeg. bei Minseln, Stadt Rheinfelden (Baden) II 316
Engilbold, begütert in Wintersweiler I 730, 731
Enkenstein, Stadt Schopfheim I 169, 181, 215, 395, 902; II 494, *521f.*, 862, 865
Ennerbach: Todtnauberg, Stadt Todtnau II 673, 675

Ennikon I 150; II 656
Enningen: Stadt Schopfheim I 124, 148; II 546
Enningen, abgeg. bei Wiechs, Stadt Schopfheim I 116
Enre Varnow = Ehner-Fahrnau: Stadt Schopfheim II 545
Ensisheim, Dep. Haut-Rhin I 163
- Jesuitenorden I 196
- Landvögte I 161, 162
Entenschwand: Schönenberg II 469
Eplikon I 116, 610
Eppalinchova, abgeg. bei Eimeldingen I 610
Eptingen, Kt. Basel-Landschaft
- von I 145, 715; II 148, 798 (s. a. Basel, Stadt, Bürger und Einwohner)
- - Adelheid II 657
- - Conrad II 331
- - Hermann I 713; II 657
- - Johann, gen. Puliant II 148, 331
Ercanpert, Wohltäter des Klosters St. Gallen II 131, 132, 133, 210, 809
Erisperg = Ehrsberg, Häg-Ehrsberg I 870
Erkenbol, Bürger zu Kenzingen II 420
Erlachar, Wohltäter des Klosters St. Gallen I 612; II 879
Eschbach II 398
- von I 571, 576
Eschenbach, Walther von II 331
Eschenz, von II 531
- Heinrich II 211, 808
Eschkon, B. von I 846; II 371
Etichonen, elsässische Hochadelsfamilie I 129
Ettichon (Ettikon) = Ettingen: Tannenkirch, Stadt Kandern I 66, 116; II 65
Ettingen: Tannenkirch, Stadt Kandern II 10, 66, 629
Eugen, Prinz s. Savoyen, Fürsten von
Everingin = Efringen, Efringen-Kirchen I 689

Faber von Schopfheim und Rotberg II 73
Faber, Philipp Anton, Oberamtmann II 879
Faden, Familie II 718
Fahl: Stadt Todtnau I 28, 161; II 670
Fahrnau, Stadt Schopfheim I 116, 118, 123, 171, 180, 218, 220, 221, 226, 227, 240, 259, 262, 263, 365, 395, 415; II 212, 489, 496, *522–527*, 867
- Einwohner
- - Bühler, Johannes, Bürgermeister I 239
- Meier von II 523
- Pfarrei I 887; II 524
- von
- - Konrad II 523

Falkenstein, von II 67
- Katharina II 67
Faller, Architekt I 379
Faller, Franz Joseph, Fabrikant I 437; II 687, 689
Faller, Johannes, Kaufmann in Zell i.W. I 431; II 916
Faller, Joseph Eduard, Fabrikant II 687, 688
Faller, Matthias, Künstler II 266
Farnbuck: Weitenau, Steinen II 593
Fecht, Johann Martin II 153
Feger, Eugen, Maler I 509, 510
Fehrenbach, Salomon, Rechtsanwalt I 433
Feldberg (Schwarzwald) II 405, 412
- Pfarrei II 32
Fenningen, abgeg. bei Steinen, Steinen II 624
Feria, Herzog von I 234
Feßmann, Gottfried, Unternehmer II 908
Fetzenbach: Gersbach, Stadt Schopfheim II 531
Feuchtmayer, Johann Michael, Stukkateur I 248
Feuerbach, Stadt Kandern I 96, 118, 119, 166, 177, 213; II 7, 14, 36–40, 808
- Einwohner
- - Hammerstein, Hans II 39
- - Hummel, Hans I 233
- - Wix, Pfarrer II 39
- Pfarrei I 189, 191, 498; II 32, 402
Feuerstein
- Anton, Künstler II 266
- Johann Anton, Stukkateur I 659
- Peter Valentin, Künstler I 658
- Valentin, Künstler II 16, 763
Fey, Kunstmaler II 99
Fischenberg: Wies II 841, *851*
Fischer, Hartmann, Fabrikant I 602, 618
Fischingen I 24, 47, 116, 119, 127, 131, 147, 168, 169, 175, 176, 199, 204, 213, 214, 222, 242, 243, 244, 247, 263, 296, 313, 351, 394, 606, 618, 680, 701, 750, 754, 755, 769–785, *779–784*; II 351, 398, 785
- Pfarrei I 186, 187, 191
- von
- - Hratpot I 782
- - Ratbot I 782
- - Siegfried I 782
- - Witbert I 782
- - Wolfpot I 782
Fiscinga = Fischingen I 779
Flachslanden, Dep. Haut-Rhin
- von I 218, 588
- - Hans I 589; II 148
- - Hans Bernhard II 148

Flettner, Philipp, Bildhauer I 509
Flienken, aufgeg. in Wehr, Stadt I 144
Focken, Hayno, Silberschmied I 657
Föhrenbach, Mathias, Oberhofgerichtsrat I 431
Forbes, Oberst I 234
Forsthof: Häg, Häg-Ehrsberg I 858, 872, *873*
Franke, Hans, Maler II 896
Franke, Wilhelm, Architekt II 102
Frankenreich, Könige
- Chlodwig I 113, 128
Frankfurt am Main, Stadt I 223
Frankreich I 152
Frankreich, Kaiser von
- Napoleon I. I 178, 238
Freiburg, Stadt I 138, 163, 164, 198, 200, 202, 210, 214, 223, 224, 234, 235, 235, 237, 242, 245, 314, 325, 393, 454, 559, 678; II 637
- Bürger und Einwohner I 225
- - Atzo I 581
- - Brechter, Hans II 710
- - Christen, Peter I 536
- - Ederli, Clewi II 710
- - Malterer, Johann II 710
- - Schnewelin, Konrad II 425
- Grafen von I 140, 141, 145, 225, 232, 571; II 37, 423, 714, 717, 719 (s. a. Urach, abgeg. Burg bei Lenzkirch, Grafen von)
- - Anna I 246, 713; II 47, 193, 615
- - Egino I 139, 142; II 615
- - Else I 713
- - Konrad I 577, 713; II 714
- - Konrad II. I 140
- - Konrad III. I 140, 141, 146
- Johanniterkommende I 132; II 58, 59, 422
- Klöster
- - Dominikaner (Prediger) I 196, 712; II 430
- - St. Clara II 717
- Universität I 196, 198, 210, 559, 559
Freudenbühl II 629
Freystedt, Ludwig von I 679
Fricker
- Josef, Bildhauer II 762
- Siegfried, Bildhauer II 495, 896
Friderun, Wohltäterin des Klosters St. Blasien II 61
Fridolin, irischer Missionar I 186
Fried, Maria, geb. von Schönau II 290
Friedlingen, aufgeg. in Weil am Rhein, Stadt I 236, 237, 602; II 750, 761
Friedrichsheim: Marzell, Malsburg - Marzell I 50
Friesenegger, Gustav Wilhelm, Maler I 508
Frieser, Handelsmann II 659

Orts- und Personenregister

Frisolier, Marquis de I 236
Fritschi, Baumeister II 895
Froburg, Maria von I 575
Fröhnd I 163, 172, 180, 181, 230, 273, 302, 313, 404, 786–802, *798–800*; II 460
Frommel, Pfarrer I 214
Frommel, Wilhelm, Architekt I 249; II 100
Fronhausen, abgeg. bei Tannenkirch, Stadt Kandern I 117
Fröwler, Familie II 415
Fuchsbühl: Häg, Häg-Ehrsberg I 872
Fünfschilling, Johann II 137
Fürstenberg, Stadt Hüfingen
– Grafen und Fürsten von I 159
– – Götz II 798
Fürstenberger, Fabrikant II 111

Gagern, Friedrich von, General II 18
Gaisbühl: Riedichen, Stadt Zell im Wiesental II 895
Gallus, irischer Missionar I 186
Geben, Stefan, Ritter I 572
Gebinbach, abgeg. bei Elbenschwand I 171, 766
Gebisbach I 124; II 866
Gegauf, Johann Konrad, Fabrikant II 545
Geigy-Lichtenhahn, Wilhelm, Unternehmer I 360; II 205, 601, 605, 606
Geis, Dipl. Ing. II 266
Geitlikon I 124
Geitlikon, abgeg. bei Degerfelden, Stadt Rheinfelden(Baden) II 260, 290, 292, 296, 298
Geitlikon, von, Familie II 296 (s. a. Rheinfelden, Kt. Aargau, Bürger und Einwohner)
– Conrad II 296, 298
Gelmini, Hortense von, Künstlerin II 267
Gempp, Nikolaus, Vogt II 372
Gemuseus, Alfred, Fabrikant II 917
Gengenbach, Stadt
– Kloster I 138
Gennenbach: Feldberg, Stadt Müllheim II 65, 412
Gersbach, Stadt Schopfheim I 123, 144, 150, 182, 183, 204, 209, 210, 218, 221, 240, 253, 271, 280, 283, 284, 285, 286, 287, 289, 337, 340, 342, 395, 404, 405, 474, 888, 902; II 491, 496, *527–531*
– Pfarrei I 189; II 528
Gerspacher, Müller in Häg
– Hans I 873
– Sebastian I 873
Gerstner, Eckart, Quartiermeister II 71
Geschwend, Stadt Todtnau I 253, 337, 404, 473; II 456, 459, 460, 675, 678, *703f.*

Gessler, Heinrich, Ritter II 293
Gewert, Rheininsel bei Wyhlen I 845
Geyer, Wilhelm, Künstler I 812
Gisin, Familie II 757
Glaser, Johann Jakob, Revolutionär II 601
Glashütte: Hasel I 877, *889f.*
Glatt, Werner, Fabrikant I 602, 603
Glatt, Steinmetz I 657
Glattacker, Adolf, Maler I 508, 510
Gmehlin, Pfarrer I 685, 706
Göldrich von Sigmarshofen
– Maximiliane I 572
Göller, Hans, Dr., Unternehmer II 607
Goltz, Familie I 155, 704
– Burkhart II 879
– Claus I 706, 780
Gorgendorf, abgeg. bei Obereggenen, Schliengen I 117, 124; II 414
Göser, Simon, Maler I 546, 547
Gösgen, Konrad von II 410
Gottschalk, Fabrikantenfamilie II 509
– Ernst Friedrich I 431, 433; II 505
Graben: Wieden II 828
Grabinger, Eduard, Kunstglaser I 812
Graf, Architekt II 896
Grafenhausen
– Kloster I 138
Grandvillars I 908
Granweiler, Diebold von II 926
Grasinchoven = Gresgen, Stadt Zell im Wiesental II 921
Graß, Grundbesitzer in Ehrsberg
– Hensli I 871
– Martin I 871
Greiner, Glasmacherfamilie in Glashütte I 889
Grenchen, von I 121, 136, 629, 799, 800, 801; II 456, 457, 621
Grenzach, Grenzach-Wyhlen I 47, 94, 98, 99, 109, 111, 113, 116, 118, 127, 152, 153, 169, 176, 199, 200, 210, 213, 214, 219, 222, 223, 224, 228, 230, 243, 246, 248, 250, 261, 263, 274, 305, 307, 310, 361, 362, 363, 365, 395, 415, 441, 489, 511, 805, 810, *833–842*, 850, 922; II 778
– Einwohner
– – Widmann, Caspar I 837
– Pfarrei I 128, 187, 191
– Schloß I 232, 806, 836
Grenzach-Wyhlen I 7, 81, 252, 293, 296, 308, 315, 319, 320, 335, 371, 374, 386, 395, 400, 421, 422, 443, 466, 470, 477, 513, 682, *803–853*
Grenzheim I 124
Grenzheim, abgeg. bei Wittlingen I 117

Grenzingen II 656
Gresgen, Stadt Zell im Wiesental I 117, 123, 171, 186, 204, 211, 216, 404, 405, 473; II 622, 657, 658, 893, 896, *921–924*
– Pfarrei II 923
– von II 922
– – Berthold II 922
– – Berthold d. J. II 922
Grether, Carl, Unternehmer I 899; II 235
Grether, Fabrikantenfamilie II 509, 844
Grether, Gebrüder aus Schopfheim II 545
Grether, Johann Georg, Bürgermeister I 431, 432
Grether, Ludwig, Amtsrevisoratsverweser I 239
Grieshaber, Hap, Künstler I 511
Grillmann, Anton, Bürgermeister I 445
Grimshaw, Nicolaus, Architekt II 750
Grohmert, M., Maler II 268
Grossmann, Unternehmer I 360
Großhüningen I 699
– Pfarrei I 200
Großkems I 674, 683, 686, 717
Großmann, Johann Ludwig, Unternehmer II 111, 129, 130
Grumbach-Kaltenbach, von I 587
Grünenberg, von I 610, 691, 696; II 800, 801, 879
– Adelheid I 780
– Anna I 754
– Arnold I 704, 780
– Henmann I 704
– Johann I 704
– Walter I 754; II 799
– Wilhelm I 232, 611; II 323, 800
Gruner, Civilingenieur I 415
Gryfenwiler, abgeg. bei Wollbach, Stadt Kandern II 75
Gugelmeier, Erwin, Dr., Oberbürgermeister II 106, 117
Gulbranssen, Olaf, Architekt II 596
Gundeland, Wohltäterin des Klosters Lorsch II 546
Gündenhausen, aufgeg. in Stadt Schopfheim I 171, 229; II 489, *546*, 867
Günterstal, Stkr. Freiburg im Breisgau
– Kloster I 571; II 718
Guntpert, Wohltäter des Klosters St. Gallen I 704, 705
Guntram, Graf I 131; II 401
Günzburg, Stadt I 225
Gupf: Tannenkirch, Stadt Kandern II 66, 629
Gut von Winterbach, Familie II 657
Gutenau I 646

– Propstei I 581
Gutenburg: Aichen, Stadt Waldshut-Tiengen
– von
– – Ulrich I 171; II 239
Gütlin, Hans II 799
Gutnau, abgeg. bei Auggen
– Kloster I 576, 581; II 406

Haagen, Stadt Lörrach I 125, 127, 258, 261, 264, 296, 350, 360, 364, 370, 383, 384, 394, 415, 602, 615; II 73, 97, *136–139*, 656, 786
Habsburg, Kt. Aargau
– Grafen von, Herzöge und Erzherzöge von Österreich I 140, 141, 146, 148, 149, 153, 155, 159, 160, 161, 162, 163, 165, 172, 799, 845; II 139
– – Albert II 796
– – Albrecht I 160, 232; II 323
– – Albrecht III. I 160
– – Albrecht VI. I 163
– – Claudia I 151
– – Ernst I 162
– – Ferdinand I 225; II 310
– – Friedrich I 575, 873
– – Friedrich IV. I 162
– – Gottfried I 576
– – Joseph II. I 198
– – Karl I 177, 237, 238; II 709
– – Leopold I 149, 575, 576; II 331, 401
– – Leopold III. I 713; II 423
– – Leopold IV. I 713; II 423
– – Maximilian II 297, 579
– – Rudolf I 160, 161, 535, 572, 574, 576, 850; II 61, 64, 304
– – Rudolf IV. I 159
– – Sigismund I 141, 233, 835; II 323
– – Sigismund Franz I 164
– von I 576
– – Rudolf I 136, 140
Hach: Auggen
– von
– – Heinrich II 415
Hachberg = Hochburg: Stadt Emmendingen I 139, 140, 145
– Markgrafen von s. Baden, Markgrafen und Großherzöge
Hachberg-Sausenberg-Rötteln
– Herrschaft I 141 ff.
– Markgrafen von s. Baden, Markgrafen und Großherzöge
Hadid, Zaha, Architekt II 750
Hadstatt
– von s. Basel, Stadt, Bürger und Einwohner

Häg, Häg-Ehrsberg I 191, 240, 249, 290, 856, 858, *871–874*
- Einwohner
- - Gerspacher
- - - Hans, Müller I 873
- - - Sebastian, Müller I 873
- Pfarrei I 187, 199, 492
Häg-Ehrsberg I 251, 253, 271, 396, **854–874**
- Pfarrei I 495
Hägelberg, Steinen I 153, 171, 350, 457; II 594, *618–620*, 629
Hägele, Karl, Unternehmer I 901
Hagen I 147, 181
Hagenbach: Degerfelden, Stadt Rheinfelden (Baden) I 118, 119
Hagenbach, Dep. Haut-Rhin
- von
- - Hans Bernhard I 837
- - Peter, Landvogt I 163, 233
- - Rudolf II 296
Hagenbacher Hof: Degerfelden, Stadt Rheinfelden (Baden) II *296 f.*
Hagendorn, Familie (s. a. Basel, Stadt, Bürger und Einwohner)
- Franz I 704, 705, 706
- Heinrich Vorgassen I 704, 705
Häger Mühle: Häg, Häg-Ehrsberg I 872, 874
Hahn, Friedemann, Künstler I 509
Hahn, Unternehmer I 881
Haidflüh II 459 s. Böllen
Haiger, Ernst, Architekt I 250, 549
Hakenjos
- Hermann Karl, Keramiker II 24
- Hermann sen., Maler und Keramiker II 24
- Hermann, Keramiker I 510; II 14
Haldenwanc = Hollwanger Hof: Schwörstadt II 583
Hall, Tirol I 223
Haller, Gerta, Malerin I 509
Hallwangen I 118
Hallwil, Thüring von I 704
Haltingen, Stadt Weil am Rhein I 7, 97, 98, 116, 119, 120, 124, 128, 131, 145, 146, 165, 168, 171, 173, 174, 175, 205, 212, 236, 241, 261, 263, 264, 266, 273, 280, 281, 285, 286, 287, 289, 292, 295, 296, 321, 347, 365, 415, 416, 433, 442, 463, 465, 501, 601, 614, 618, 678, 697, 728, 747, 754, 755; II 65, 140, 159, 706, 752, 762, *793–800*, 808
- Pfarrei I 166, 608, 731, 778; II 797
- von
- - Rheinher II 796
Haltingen, von s. Basel, Stadt, Bürger und Einwohner

Hammerstein, Hans s. Feuerbach, Stadt Kandern, Einwohner
Hammerstein: Wollbach, Stadt Kandern II 76
Hangloch am Bach: Todtnauberg, Stadt Todtnau II 673
Hanno, Miteigentümer der Kirche zu Brombach II 133
Hänsler, Unternehmer
- Ernst II 607, 608
- Wolf-Dieter II 608
Happach: Häg, Häg-Ehrsberg I 858, 860, 872, *874*
Harpolingen, Stadt Bad Säckingen II 581
- von
- - Ulrich, Bürger zu Säckingen II 573
Harta = Herten, Stadt Rheinfelden (Baden) II 302
Hartchnuz, Wohltäter des Klosters St. Gallen I 612; II 879
Hartheim II 398
Hartmann, Hans Michael, Künstler II 268
Hartolf, Wohltäter des Klosters Lorsch II 410
Hasel I 127, 145, 171, 175, 182, 210, 212, 220, 221, 229, 247, 248, 271, 280, 281, 283, 286, 287, 289, 313, 395, 473, **875–890**, *885–889*, 902; II 866, 867
- Pfarrei I 187, 589, 884, 888
Hattstatt, Dep. Haut-Rhin
- von II 426
- - Werner I 172
Hauber, Pfarrer I 613; II 803
Hauenstein, Stadt Laufenburg (Baden) I 163
- Herrschaft I 160
- von II 573
- - Anna II 573
- - Heinrich I 154
- - Henman II 573
- - Johann II 573
- - Wilhelm I 145; II 573
Hauingen, Stadt Lörrach I 47, 119, 147, 153, 165, 166, 181, 204, 258, 261, 262, 266, 285, 286, 287, 289, 350, 369, 394; II 73, 96, 102, *139–143*, 786
Hausen im Wiesental I 117, 123, 182, 202, 203, 212, 216, 226, 249, 259, 262, 264, 274, 280, 283, 285, 286, 287, 289, 303, 318, 359, 365, 396, 415, 504, 505, 510, 764, **891–909**, *904–908*; II 506, 526, 531, 540, 923, 931
- Pfarrei I 191, 495, 637, 765; II 653, 917
Hauser, Harald, Schriftsteller I 508
Häusler
- Gustav, Unternehmer II 907

– Nikolaus, Unternehmer II 53
– Peter, Unternehmer II 907
Häusser, Ludwig, Historiker I 434
Häußler, Ernst, Maler I 508
Hebel, Johann Peter, Dichter I 503, 504, 565, 893, 895, 903; II 115, 126
Hebscheringen = Hepschingen I 798
Hebting, Joseph, Politiker I 435, 437
Heckel, Benedikt, Maler II 13
Heckel, Johann Georg I 661
Hecker, Friedrich, Revolutionär I 238, 239, 433, 515; II 16, 105, 901
Hecker, Theodor, Unternehmer II 908
Heeg-Erasmus, Fritz, Graphiker und Maler I 509
Heginsberg = Hägelberg, Steinen (?) I 710
Hegniberg = Hägelberg, Steinen II 618
Heidegg, von
– Conrad II 331
– Johann II 331
– Wilhelm II 632
Heidelberg, Berthold von, Pfarrherr zu Eichsel II 299
Heidenreich, Bürgermeister in Müllheim I 431
Heidenreich, Chirurg II 137
Heidenreich, Georg Adolf, Posthalter in Müllheim II 880
Heilbrunner, M. Antoni, Hofprediger II 879
Heinrich gen. vom Neuen Keller, Lehensbesitzer zu Haltingen II 796
Heinz, Architekt I 249, 598
Heitersheim, Stadt I 129, 132, 223; II 398, 422
– Johanniterkommende I 177, 215; II 39, 50, 59, 424
Helmger, Wohltäter des Klosters St. Gallen II 163
Helwig, Kunrat, Hofbesitzer zu Muggenbrunn II 704
Hemberger, Hofbaudirektor I 676
Henger, Josef, Bildhauer I 658, 859; II 268
Hennevogel, Johann Michael, Stukkateur I 248; II 268
Hennlin, Heinrich, Edelknecht I 589
Henschenberg: Stadt Zell im Wiesental II 931 f.
– Burg II 932
Henschenberg: Wieslet II 629, 856, 866, 931 f.
Hepschingen I 121, 171, 798; II 457 (s. a. Niederhepschingen: Fröhnd; Oberhepschingen: Fröhnd)
Herbolzheim, Stadt II 113
Hercincheim = Hertingen, Bad Bellingen I 580
Herder, Johann Gottfried I 515

Heribord, Wohltäter des Klosters St. Blasien II 61, 64, 186
Hermann, F.L., Baumeister I 248
Herrenschwand: Präg, Stadt Todtnau I 121; II 459, 460, 677, 706
Herrischried II 706
Herrisschwand = Großherrischwand, Herrischried I 144
Herten, Stadt Rheinfelden (Baden) I 108, 109, 114, 116, 117, 131, 161, 175, 180, 203, 228, 248, 250, 278, 280, 283, 284, 285, 286, 289, 465, 487, 830; II 256, 266, 301–308
– Burg I 126; II 303
– Pfarrei I 187, 492; II 306
– von
– – Heinrich II 304
Hertenberg, abgeg. Burg bei Herten, Stadt Rheinfelden(Baden)
– von
– – Berschmann II 615
– – Heiden II 293, 425
Hertenberg, Ritter von II 304, 305 (s. a. Rheinfelden, Kt. Aargau, Bürger und Einwohner)
– Conrad II 308
– Hans II 307
– Hartung II 308
– Heinrich II 304
Hertincheim = Hertingen, Bad Bellingen I 580
Hertingen, Bad Bellingen I 98, 109, 116, 118, 119, 129, 132, 136, 148, 153, 170, 173, 174, 175, 176, 212, 213, 214, 215, 225, 254, 271, 313, 405, 543, 548, 579–585; II 23, 27, 56, 629, 809
– Pfarrei I 187, 498
Hertum = Herten, Stadt Rheinfelden (Baden) II 302
Herwegh, Georg, Revolutionär I 239; II 563
Hesselbacher, Architekt II 760
Hesso-Dietrich-Familie II 456
Hessonen, Hochadelsfamilie, Grafen im Sülchgau I 134, 136
Heß, Nikolaus Friedrich, Pfarrer I 878
Hettler, Landschreiber I 837
Heuberg: Schlächthaus, Steinen II 593, 627, 628, 629, 637
Heubronn: Neuenweg II 229
Heusler, Unternehmer I 360
Hezel, begütert in Niedereggenen I 729
Hiesten = Istein, Efringen-Kirchen I 712
Hildeburg, Wohltäterin des Klosters St. Gallen I 886; II 331, 410
Hillebrand, E., Künstler II 102

Hiltiburg, Lehensinhaberin des Kl. St. Gallen II 304
Hiltlingen (Hiltelingen), abgeg. bei Haltingen, Stadt Weil am Rhein II *798–800* (s. a. Haltingen, Stadt Weil am Rhein)
- Pfarrei II 799
- Schloß II 799
- von II 798 (s. a. Basel, Stadt, Bürger und Einwohner)
Hilzinger, Gotthard, Maler I 248; II 268
Himini, Wohltäter des Klosters St. Gallen II 538
Himmelspforte s. Wyhlen, Grenzach-Wyhlen, Kloster Himmelspforte
Hindernstege, ze dem = Aftersteg, Stadt Todtnau II 702
Hinkeldey, von, Oberst I 239
Hinterheubronn: Neuenweg II 219
Hinterholz: Fröhnd I 171, 791, *800*
Hinterseppingen, abgeg. bei Inzlingen I 925
Hipp, C. A., Unternehmer I 900
Hirtinchain = Hertingen, Bad Bellingen I 580
Hitzig, Friedrich Wilhelm, Dr., Pfarrer I 431
Hoch, Rechtsanwalt I 441
Höcklin von Steinegg I 155; II 528, 531, 535, 536
Hoefelin, Oswald, Amtmann II 718
Hoefelin, Oswald, Konventuale II 718
Hof: Fröhnd I 123, 789, *800*
Höfe: Malsburg, Malsburg-Marzell II 172, *191 f.*
Hofen: Schlächtenhaus, Steinen I 404; II 593, 597, 627, *628*, 629, 637
Höfen, aufgeg. in Stadt Schopfheim I 222, 229; II 546
Hoffmann, Fritz, Unternehmer I 821
Hoffmann, General und Minister I 434
Hofmühle: Wollbach, Stadt Kandern II 76
Hofstetten, abgeg. bei Tüllingen: Stadt Lörrach I 117
Hohenberg, abgeg. Burg bei Schörzingen, Stadt Schömberg
- Grafen von I 138
- - Burkhard II 306
Hohenegg: Raich I 171, 767; II 233, *241*, 866
Hohenfirst, Hans von II 299
Hohenlinden: Stadt Überlingen I 238
Holl: Elbenschwand I 171, 760, *767*; II 629, 866
Hollenweger, Paula, Mundartdichterin I 507
Hollna = Holl: Elbenschwand I 767
Höllstein, Steinen I 118, 119, 146, 153, 166, 213, 228, 240, 242, 243, 258, 261, 264, 315,

360, 365, 370, 415, 709, 716; II 594, 596, *620–622*, 923
- Pfarrei I 190; II 208, 622
- von I 121
- - Dietrich II 621
- - Seliger II 621
Hollwanger Hof: Schwörstadt II 560, *583*
Holzen, Stadt Kandern I 117, 119, 173, 176, 182, 213, 280, 281, 285, 286, 287, 289, 433; II 7, 14, *40–45*, 76, 656
- Pfarrei I 187; II 32
Holzinshaus: Aitern I *536*
Homberg, abgeg. Burg bei Wittnau, Kt. Aargau
- Grafen von I 134
Homburg I 161, 224, 574, 579
Hopp
- Appolonia, geb. Enderlin I 657
- Simon I 657
Horn, Gustaf Karlsson, schwedischer General I 234
Hortig, Fabrikant I 881
Hoßkirch, Konrad von II 528
Huber, Pfarrer in Niedereggenen II 350
Hübsch, Heinrich, Oberbaudirektor II 100
Hug, Franz Jakob, Professor I 571, 577
Hug, Johann Christoph, Dr., Amtmann II 319
Hug, Stabhalter II 70
Hügelheim, Stadt Müllheim I 171
Hugenschmidt, Friedrich Alois, Mundartdichter I 507
Humbold, Wilhelm von, Sprachforscher und Staatsmann I 467
Hummel, Egon, Künstler II 762
Hummelberghof: Weitenau, Steinen II 593, 637, *639*
Hünaberg, Katharina von II 579
Hungerberg, abgeg. bei Fröhnd I 798
Hungerberghof = Hummelberghof: Weitenau, Steinen II 639
Hüningen, Dep. Haut-Rhin I 145, 177, 236, 237, 238, 363, 752; II 788
- Meyer von
- - Edwin II 300
Hünwyl, Verena von II 579
Hupold, Verwalter des Basler Bischofs I 585
Hupold, Vizthum zu Basel I 587
Hurnus, Familie II 299
Hurst, Familie s. Egringen, Efringen-Kirchen, von
Husarenmühle: Häg, Häg-Ehrsberg I 857, 872
Husinchon = Hüsingen, Steinen II 624
Hüsingen, Steinen I 98, 115, 116, 119, 153, 350; II 595, 597, *623–626*
Hüttbach: Wieden II 828

Huttingen, Efringen-Kirchen I 96, 116, 119, 146, 165, 166, 169, 175, 178, 215, 274, 280, 281, 283, 284, 285, 286, 287, 289, 394, 641, 648, 658, *708–711*; II 621
– Pfarrei I 191
Hüttlin, Herbert, Unternehmer II 608

Ibenthaler, Paul, Künstler I 509; II 101
Illzach, von I 568, 572
Imely, Jakob, Propst II 799
Im Hof, Melchior I 614
Imhof-Steiger, Jakob, Weißgerber I 837
In dem Hindern Holze = Hinterholz: Fröhnd I 798
In der Müli
– Johannes, Kaplan I 846
– Konrad I 846
In Hofe = Hof: Fröhnd I 798
Inningen, abgeg. bei Tannenkirch, Stadt Kandern II 66 (vgl. auch II 40)
Innsbruck, Tirol I 163, 164
Inzlingen I 112, 115, 116, 119, 136, 151, 169, 173, 174, 176, 193, 198, 201, 205, 214, 215, 223, 235, 278, 280, 283, 286, 287, 289, 296, 308, 313, 350, 435, 463, 511, 513, 850, 910–931, *924–931*; II 158, 297, 632
– Einwohner
– – Spehn, Joseph, Revolutionär I 917
– Pfarrei I 187, 191, 492, 495, 922
– Schloß I 247, 248, 402, 912, 913, 921, 926
Iselin, Unternehmer I 360; II 47
– Christoph II 712
– Johann Konrad II 53
– Johann Ludwig II 53
– Marx Lux II 53
Istein, Efringen-Kirchen I 93, 96, 106, 119, 120, 125, 127, 165, 166, 167, 168, 169, 175, 178, 230, 241, 245, 247, 249, 254, 274, 290, 301, 312, 435, 641, 649, 659, 685, 686, *711–716*; II 42, 778
– Burg I 134, 150, 165, 232, 715; II 423
– Kloster I 146, 488, 710, 714, 715, 716
– Pfarrei I 187, 191, 492, 495; II 787
– Pröpste
– – Franz von Apponex I 715
– Propstei I 715
– Schloß I 714
Istein, von s. Basel, Stadt, Bürger und Einwohner
Ittenschwand: Fröhnd I 171, 172, 790, 791, *800 f.*, 871; II 457, 523, 922, 924
– Pfarrei I 191
Itunswand = Ittenschwand: Fröhnd I 798
Itzstein, Adam von, Politiker I 433

Jäger, Bernhard, Prof. Dipl.-Ing. I 417
Jeblinger, Raimund, Kirchenbaumeister II 444
Jestetten, von
– Hans Kaspar II 312
– Maria Antonia I 914
– Max I 731
Jiricna, Eva, Architektin II 750
Jochum, Hans, Einnehmer II 150
Jodok, Wilhelm, Künstler II 99, 102
Joham von Mundolsheim, Familie I 837
Johann der Meier von Welmlingen I 729
Johann von Dietlingen, Diakon II 48
Johannes, Meier des Klosters Ottmarsheim I 613
Jourdan, Jean Baptiste, Graf, französischer Marschall I 237; II 709
Jung
– Gerhard, Heimatdichter I 507
– Markus Manfred, Dichter I 508
Jung, Pfarrer I 290

Kagerer, Raimund, Schriftsteller I 508
Kaiser, Eduard, Arzt in Lörrach I 431
Kaiser, Friedrich, Maler I 510
Kaiseraugst s. Augst, Kt. Basel-Landschaft
Kaisersberg, Elsaß I 160
Kalm, von I 214, 215
Kaltenbach: Malsburg, Malsburg-Marzell I 153, 465; II 173, *187–189*
– Burg I 121
– Pfarrei I 187; II 849
– von I 120, 136, 138; II 46, 47, 48, 49, 61, 185, 186, 189, 192, 415
– – Heribert II 419
– – Ita II 187
– – Konrad II 419
– – Werner I 171; II 63, 187, 419
– – Wipert II 187, 419
Kaltenbach, Johannes, Vogt I 431
Kaltenbach, Julius, Unternehmer II 112
Kaltenherberg: Tannenkirch, Stadt Kandern I 222; II *71*
Kambiz = Kleinkems, Efringen-Kirchen I 718
Kammüller, Unternehmer II 52
Kandern, Stadt I 6, 47, 110, 116, 118, 119, 126, 136, 153, 154, 155, 165, 172, 182, 185, 200, 201, 202, 205, 209, 210, 214, 216, 217, 224, 225, 226, 228, 229, 234, 241, 247, 249, 252, 258, 261, 263, 266, 296, 299, 303, 308, 312, 313, 314, 315, 321, 334, 340, 341, 342, 347, 350, 355, 359, 365, 369, 370, 394, 404, 405, 416, 433, 443, 455, 457, 459, 465, 466, 474, 476, 502, 510, 558, 679; II 1–81, *45–56*, 398, 404

Orts- und Personenregister 951

- Einwohner
- - Klaiber, Tobias I 613
- - Langenhagen, Christoph, Vogt II 56
- Pfarrei I 166, 191; II 32, 49
Kappeler, Hans, Besitzer des Dinghofs in Ittenschwand I 801
Karle (Karlin)
- Baschi I 629; II 822
- Fridolin II 906
- Michael, I 629
- Stoffel I 629; II 822
Karlesouwe = Karsau, Stadt Rheinfelden (Baden) II 309
Karlshof, Erlenboden, Fohlenweide: Liel, Schliengen II 400
Karlsruhe, Stadtkreis I 154, 196, 202, 226, 393, 454; II 55
Karsau, Stadt Rheinfelden (Baden) I 92, 110, 118, 126, 161, 168, 175, 185, 203, 219, 221, 232, 245, 279, 280, 283, 284, 285, 289, 292; II 261, 266, *308–316*
- Pfarrei II 266
Käsacker: Malsburg, Malsburg-Marzell II *191*
Kastel: Fröhnd I 126, 163, 171, 790, *801*
- Burg I 121
Kastelhof (Bürchau) I 126
Kastelmühle s. Bürchau
Kaufmann, Unternehmer I 360
Kayser, Heinrich, Hauptmann II 328
Kehrengraben: Raitbach, Stadt Schopfheim II *535*
Kelhalden, Margaretha von II 299
Keller, Heinrich, Gutsbesitzer II 61
Kems: Bad Krozingen I 695
Kern, Elias, Fabrikant I 920
Kern, Architekt II 266
Kerschensteiner, Georg, Pädagoge I 467, 468
Kerstan, Horst, Keramiker I 510; II 24
Keser, Kaufmann I 881
Ketterer, Rolf I 508
Kibiger, Johann II 416
Kienberch = Künaberg: Fröhnd I 798
Kienberg, Kt. Solothurn
- von I 799, 801; II 296, 297, 317, 456, 922
- - Burkhard II 296
- - Hartmann I 801
- - Heinrich I 801
- - Heinrich, gen. von Königstein I 847
- - Jakob I 846; II 65, 296
- - Konrad I 171
- - Ulrich I 171, 846; II 65, 296
- - Ulrich sen. I 801
Kienberger, Pfarrer II 268

Kirchen, von I 753, 755
- Konrad I 695
- Ulrich I 695
Kirchen, Efringen-Kirchen I 97, 113, 115, 116, 117, 119, 120, 126, 128, 129, 131, 136, 148, 153, 181, 200, 202, 210, 212, 214, 224, 229, 242, 246, 275, 280, 281, 285, 286, 287, 289, 433, 489, 645, 655, *693–702*, 753, 756, 757, 774; II 800, 801
- Einwohner
- - Beltz I 695
- - Walch I 695
- Pfarrei I 191, 755
- von I 695; II 801
- - Burkhart I 695
- - Volmar I 695
Kirchen, Meyer von I 695
Kirchhausen: Endenburg, Steinen I 117, 118; II 592, *617*
Kirchhofen, Ehrenkirchen I 134
Kirchzarten I 780
Kleinbasel s. Basel, Stadt
Kleinhertingen, abgeg. bei Hertingen, Bad Bellingen I 124
Kleinhüningen, Stadt Basel I 113, 114, 129, 149, 150, 152, 213; II 788, 807
Kleinkems, Efringen-Kirchen I 94, 96, 116, 119, 125, 127, 145, 147, 150, 168, 173, 180, 219, 222, 240, 243, 274, 301, 312, 651, 660, 686, *716–725*; II 778
- Burg Vollenberg I 717
Kleinlandau I 224
Klem, Theophile, Bildhauer II 896
Klingen, abgeg. Burg bei Wigoltingen, Kt. Thurgau
- von I 131, 132, 136; II 211, 292, 528, 573, 575, 801
- - Ulrich I 722
- - Ulrich Walter II 921
- - Walter I 722; II 211, 213, 294, 528, 532, 574, 808, 921
Klingenberg, von I 576, 581; II 425, 797
- Anna II 799
Klingnau, Kt. Aargau
- Johanniterkommende I 846
Kloster Weitenau: Schlächtenhaus, Steinen I 120, 168, 192, 461; II 593, 597, *628–630*
- Kloster I 570, 706; II 140, 161, 212, 359, 534, 616, 617, 618, 626, 636, 657, 850, 865, 923
- Propstei I 171, 172, 194, 581, 587, 691, 697, 727, 731, 766, 767, 905; II 41, 48, 67, 68, 132, 241, 524, 532, 535, 546, 548, 624, 632, 637, 796, 808, 922

Klosterhof: Schlächtenhaus, Steinen II *628*, 637
Kluge-Hakenjos
– Sabine, Keramikerin II 24
– Ursula, Keramikerin II 24
Knittel
– Berthold, Bildhauer I 546
– Bruno, Bildhauer II 101
Knobel, Hans Jakob, Schulmeister I 536
Koch, Präzeptor am Lörracher Pädagogium II 114
Koch, Walter, Künstler II 100
Koechlin (Köchlin), Familie II 110
– Albert II 449, 906, 907, 909
– Peter I 255, 435; II 114, 906, 908
Kolb, Papierfabrikant II 505
Kollnau, Stadt Waldkirch II 404
König, Lehensinhaber in Grenzach
– Hans I 837
– Ottlin I 837
König von Tegernau s. Tegernau, König von
Königsfelden: Windisch, Kt. Aargau II 407
– Kloster II 425, 429, 430
Königshütte: Utzenfeld II 734
Königshütte: Wieden II 828
Konrad von Rimelingen, Priester II 350
Konrad, Dekan I 697; II 801
Konrad, gen. Möscheli II 68
Konstanz, Stadt I 164
– Bistum und Bischöfe I 131, 132, 135, 158, 186, 616, 686, 700, 701, 720, 724, 730, 930; II 43, 318, 373, 428, 429, 528, 542, 711, 929
– – Andreas von Österreich II 429
– – Haito I 132
– – Hermann II 459
– – Hugo I 616, 700, 720
– – Otto II 460
– – Otto II. I 691
– – Rudolf II 801, 809
– – Ulrich I 700; II 419
Kötter, Volkmar, Maler I 509
Krafft, Albert, Fabrikant I 437; II 235, 499, 505, 844
Krafft, Karl Friedrich, Fabrikant II 505
Krafft, Wilhelm, Fabrikant II 505
Kraft, G., Professor II 408
Kraft von Dellmensingen
– Benedikt II 307
– Gregor II 149, 632
Krämer, Ludwig Christian, Architekt II 220
Kraus, Julius, Landrat I 441
Krebs, Bläsi I 614
Krebs, Familien I 155, 767
Krebs, Friedrich II 657

Krebs, Vogt I 154
Krenkingen, Stadt Waldshut-Tiengen I 163
– von I 135, 147, 780; II 131, 412, 807
– – Konrad II 410
– – Lütold II 410
Kreuter, Rudolf, Maler I 509, 510
Kriegshaus, abgeg. bei Wollbach, Stadt Kandern II 76
Kroell, Roland I 508
Kromer, Lina, Lyrikerin I 506
Kromer, Peter II 879
Krozingen s. Bad Krozingen
Krückel, Theo, Dr., Unternehmer II 506
Krückels, J., Unternehmer II 910
Kuchmeisterin, Sophie II 299, 371
Kuechlin (Kuechlin von Schliengen)
– Anna II 422
– Rudolf II 422
Kühlenbronn: Wies I 170; II 841, *851f.*
Kuhn, F. I 716
Künaberg: Fröhnd I 126, 171, 791, *801*; II 457
– Burg I 121
– von I 121
Künaberger Mühle: Fröhnd I 791
Künegg, Hans von I 926
Küng von Tegernau s. Tegernau, König von
Küng, Familie I 695, 753 (s. a. Basel Stadt, Bürger und Einwohner)
– Albrecht I 754
Küngstein, von II 293
– Euphemia I 849; II 290, 293
Kuno, Priester zu Tegernau II 657
Kunoltingen, abgeg. bei Haltingen, Stadt Weil am Rhein II 867
Kunoltingen, Kt. Aargau II 867
Künsegk, Familie II 299
Küpfer, Johann Friedrich, Unternehmer I 360; II 110, 155
Kürenbrunnen: Kühlenbronn: Wies II 851
Kürnberg: Fahrnau, Stadt Schopfheim I 884; II 490, *526f.*
Kutzmühle, abgeg. bei Liel, Schliengen I 124; II 400, *404f.*
Kyburg, Kt. Zürich
– Grafen von I 159, 161, 845
– – Elisabeth I 574

Laeuger, Max, Maler I 506, 508, 510; II 23, 24
Laidolvinchova = Leidikon, abgeg. bei Weil am Rhein, Stadt II 811
Lailehäuser: Wieden II 827
Lais, Johann, Vogt von Künaberg I 801
Lais, R., Prähistoriker I 688, 711, 716

Laitenbach: Wieden II 828
Lamey, Professor, Ministerialpräsident I 431
Landau = (Klein)Landau I 161, 574, 579
Landeck: Köndringen, Teningen
– Burg II 425
Landegg, von II 150, 616
– – Hans Friedrich II 616
Landegg zu Rheinfelden, von I 906
Landeloh, Bischof II 325
Landskron, Schloß I 914
Langenau, Stadt Schopfheim I 119, 153, 181, 186, 204, 215, 217, 259, 395, 415; II 493, *531–533*
– Pfarrei I 191
Langenhagen, Nikolaus Christoph, Vogt II 56
Langensee: Elbenschwand I 171, 214, 760, 767; II 866
Lanz, Ringwald, Unternehmer II 908
Lanz, Samuel, Unternehmer I 865; II 908
Lasser, Adam, Unternehmer II 112
Lauber, Bürgermeister in Binzgen I 431
Lauchhammer (Sachsen) I 656
Lauck, Karl, Landgerichtsrat II 106
Lauck, Thomas, Komponist I 511
Laufen, Kt. Bern (?)
– von s. Basel, Stadt, Bürger und Einwohner
Laufenburg, Kt. Aargau und Laufenburg (Baden), Stadt I 160, 232, 234, 235
– Bürger und Einwohner
– – Brunwart, Konrad II 317
– – Schach, Hans II 655
Lehnacker: Endenburg, Steinen I 510; II 592, *617f.*
Leidikon, abgeg. bei Weil am Rhein, Stadt I 124; II 807, 808, *811*
Leipzig I 238
Lene, von
– – Elisabeth I 704
– – Heinrich I 704
– – Wilhelm I 704
Lenzburg, Kt. Aargau
– Grafen von I 138, 160
Leo, Franz Xaver, Kaufmann I 435
Leonhard, Bezirksbaumeister II 100
Leopoldshöhe, aufgeg. in Weil am Rhein II 747, 760
Leutrum, von I 153, 176
Leutrum von Ertingen
– Philipp Christoph I 582; II 799
Leutz, Andrea II 25
Libo, Vogt des Klosters St. Gallen I 131
Lichtenberg, von
– Adelheid II 41, 47
Lichtenberger, Kaufmann in Kandern I 431

Lichtenhahn, Unternehmer I 360
Liebegg, von II 318
Liebenberg, abgeg. Burg bei Kyburg, Kt. Zürich
– von I 697
– – Ulrich I 192, 697; II 310, 313, 315, 539, 583
Liebenstein, von
– Ludwig August I 515
Liel, Schliengen I 47, 119, 131, 132, 161, 162, 174, 226, 243, 246, 247, 283, 284, 285, 286, 287, 289, 558; II 23, 68, 379, 384, *400–405*
– Pfarrei I 187, 200, 492, 495, 582; II 403
– Schloß I 248
– von I 244; II 401
Lindenmann, Fabrikant I 618
Lippersbach: Obereggenen, Schliengen I 200; II *420*
Litschgi, Fabrikant II 55
Litterer, A., Unternehmer II 608
Löbi, Hans, Vogt I 537
Löffelhäuser: Todtnauberg, Stadt Todtnau II 673
Löffler, Alfred, Winzer und Gastwirt I 445
Lollincas = Nollingen: Stadt Rheinfelden (Baden) II 321
Longueville, Herzöge von I 150, 781
– Johanna I 142
– Ludwig I 142
Look, Günter van, Künstler I 547
Lorenzen, Wolfram, Pianist I 511
Lörrach, Stadt I 5, 10, 11, 13, 50, 81, 97, 99, 113, 114, 116, 119, 126, 128, 131, 143, 145, 154, 155, 165, 166, 174, 192, 193, 194, 196, 199, 200, 201, 202, 210, 213, 214, 217, 218, 219, 220, 221, 223, 224, 225, 228, 229, 240, 241, 243, 245, 249, 250, 251, 252, 254, 261, 262, 264, 265, 266, 271, 272, 275, 280, 281, 285, 286, 289, 292, 294, 295, 296, 297, 298, 303, 305, 308, 310, 314, 318, 320, 326, 334, 335, 337, 340, 341, 347, 350, 355, 356, 357, 361, 364, 370, 371, 374, 380, 386, 389, 392, 393, 394, 399, 400, 401, 413, 415, 422, 432, 433, 434, 439, 441, 443, 455, 456, 457, 461, 463, 464, 465, 466, 470, 471, 472, 473, 476, 478, 480, 482, 484, 486, 487, 489, 495, 502, 504, 510, 511, 513, 514, 515, 516, 559, 600, 602, 678, 680, 681, 682, 700, 731, 778, 922, 923; II *82–169*, *143–155*, 508, 538, 786, 808
– Bürger und Einwohner
– – Ludin II 150
– – Rost, Andreas II 151
– – Vronwin, Hug II 211
– Pfarrei I 166, 187, 191, 498, 765; II 122, 787

- von I 581, 835, 837; II 147, 148
- - Agnes I 613
- - Albert II 149
- - Hug II 211
- - Hugo II 148
- - Johann II 132, 432
Lorracho = Lörrach, Stadt II 145
Lorsch, Kloster II 46, 48, 410, 546
Lothringen, Herzöge von
- Karl I 234, 236
Ludin, Johann, Vogt II 809
Ludwig, A., Künstler I 655
Luger, Architekt II 896
Luitfried, Graf im Oberelsaß I 159
Luperspach = Lippersbach: Obereggenen, Schliengen II 420
Luternau: Butisholz, Kt. Luzern
- von II 318
- - Barbara II 632
- - Christoph II 632
Lütschenbach: Malsburg, Malsburg-Marzell II 173, *189*
Lützel, Dep. Haut-Rhin
- Kloster I 153, 176, 177, 613, 614, 685, 690; II 803, 809
Luzern
- Leodegarstift I 578
- Propstei I 132, 168, 176, 576

MacLean, Harry, Künstler II 677, 760, 761
Madabach = Mappach, Efringen-Kirchen I 721
Madelberg, Rudolf von II 186
Mader, Aloysius, Propst II 387
Magdenau: Degersheim, Kt. St. Gallen
- Kloster II 303
Mahtolsperc = Malsburg, Malsburg-Marzell II 185
Mall, Günter, Architekt I 250; II 13, 15
Malsburg, Malsburg-Marzell I 127, 153, 215, 226, 242, 263, 285, 286, 289; II 56, 65, 172, *185–187*
- Pfarrei I 498; II 32, 188
- von I 136
- - Rudolf II 61
Malsburg-Marzell I 314, 404, 465; II 28, *170–195*, 398
Malterer, Johann, Bürger zu Freiburg II 710
Malzacher, Johann Nepomuk, Posthalter I 431
Mambach, Stadt Zell im Wiesental I 221, 240, 280, 281, 282, 283, 284, 285, 286, 287, 289; 365, 369, 404, 801; II 892, *924*

Maneliub, Wohltäter des Klosters St. Gallen I 612; II 879
Mangold, Christian, Besitzer des Dinghofs in Ittenschwand I 801
Mannheim, Stkr. I 393, 454
Mansfeld, Ernst, Graf von I 234
Mappach, Efringen-Kirchen I 96, 118, 119, 131, 243, 244, 245, 249, 250, 394, 502, 653, *720–725*, 780; II 27, 42, 64
- Pfarrei I 187; II 879
Margarete, des Frigen Tochter II 65
Marget, C., Unternehmer II 910
Marget, Johann Caspar, Gastwirt und Bürgermeister in Schopfheim I 431
Markhof: Herten, Stadt Rheinfelden (Baden) I 126; II *307 f.*
Markloffski von Zabratz, Johann II 227
Märkt, Stadt Weil am Rhein I 116, 119, 127, 136, 241, 243, 244, 428, 607, 680, 696, 699, 750, 752, 754, 775; II 758, 763, *800–802*
- Einwohner I 695
- - Beltz I 695
- - Walch I 695
- Pfarrei I 187, 755, 756; II 801
Markus, Georg, Orgelbauer II 842
Marlborough, Herzog von I 237
Marmon, Xaver, Bildhauer I 895; II 596, 724
Marquart, Manfred, Lyriker I 507
Marschalk, Familie II 68
Marticellisperc = Marzell, Malsburg-Marzell II 192
Marzell, Malsburg-Marzell I 118, 127, 145, 215, 263, 272, 273, 510; II 48, 173, *192–194*
- Pfarrei I 498; II 193
- von
- - Zeizo II 192
Matro = Märkt, Stadt Weil am Rhein II 800
Matthes, Unternehmer I 881
Mauchen, Schliengen I 96, 117, 148, 165, 166, 167, 178, 272; II 380, 386, *405–408*
- Pfarrei I 191
Maug(g)enhard: Mappach, Efringen-Kirchen I 119, 131, 153, 653, *725 f.*
Maulburg I 11, 47, 118, 119, 129, 131, 136, 153, 171, 174, 200, 213, 215, 217, 218, 221, 222, 228, 229, 240, 242, 249, 255, 261, 310, 318, 355, 365, 370, 371, 395, 398, 415, 474, 478, 479, 510, 902; II 158, *196–215*, *210–215*, 540, 575, 576, 867
- Pfarrei I 189, 191; II 208, 213, 570
Maurer, Friedrich, Wissenschaftler I 278
Mayer, Lorenz, Lehrer I 802
Mayer, Willy, Unternehmer II 26
Mechel, von I 614

Meckel, Max, Architekt I 249, 895
Meerwein, Landesbaumeister I 248, 877; II 849
Meier, Johann Georg, Unternehmer I 881
Meier von Fahrnau II 523
Meier von Ötlikon s. Ötlikon, abgeg. bei Weil am Rhein, Stadt, Meier von
Meistermann, G., Künstler II 678
Mengen, Schallstadt II 64
Mercy, Franz von, Feldmarschall I 235
Merdingen I 351
Merian, Dora II 612
Merian, Louis, Unternehmer I 360; II 606, 623
Merklin, Orgelbauer
- August II 646
- Franz Josef I 661
Merz, Lehensbesitzer in Grenzach
- Hans I 837
- Martin I 837
Messen, Ulrich von II 61
Messerschmidt, Keramiker
- Hermann I 510
- Vreni I 510
Messerschmidt-Laesser, Keramiker
- Hermann II 24
- Vreni II 24
Mettelon = Mettlenhof: Gersbach, Stadt Schopfheim II 531
Mettlenhof: Gersbach, Stadt Schopfheim II 531
Meyen, Maria Salome I 661
Meyer von Hüningen s. Hüningen, Dep. Haut-Rhin, Meyer von
Meyer, Hans, Hofbesitzer II 296
Meyer, Unternehmer II 53
Meyerspeer, Walter, Künstler I 915
Mez, Carl I 881
Mez, Carl Christian I 432
Mez, Christian, Bankier II 907
Mez, Fabrikant I 431, 881; II 53
Mez, Unternehmerfamilie II 25
Michelrütte: Tunau I 123; II 724
Minderkandern, abgeg. bei Kandern, Stadt I 124; II 45, 56
Minseln, Stadt Rheinfelden (Baden) I 118, 131, 161, 175, 203, 220, 232, 248, 350; II 263, 268, 316–320
- Pfarrei I 187, 191, 492; II 318
- Vogtei I 181
- von
- - Albert II 317
- - Burkhard II 317
- - Egbert II 317
- - Heinrich II 317
- - Werner II 317
Minsilidum = Minseln, Stadt Rheinfelden (Baden) II 316
Mittelbach: Wieden II 827
Mittelheubronn: Neuenweg II 219
Mittelholz, abgeg. bei Fröhnd I 171, 798
Modena, Reg. Emilia-Romagna
- Herzöge von I 178; II 709, 717
Mönch, Xaver, Orgelbauer I 250, 859
Montfort, Unternehmer I 228; II 53, 659, 909
- Meinrad II 905, 931
- Peter II 905
Morath, Anton, Maler I 248
Moreau, Jean-Victor, General I 177, 237, 238
Mörsperg, von I 163
- Anna II 68
Motsch, Hauptlehrer II 918
Moutier-Granval s. Münster-Granfelden
Muggenbrunn, Stadt Todtnau I 161, 271, 272, 293, 301, 341, 404; II 671, 678, 704
Mühlhausen, Dep. Haut-Rhin I 228
Mühlradt, Fabrikant II 223
Mulberc = Maulburg II 210
Müller, Hans, Vogt II 799
Müller, Leonhard, Pfarrer II 394
Müller, Peter, Unternehmer I 603, 619
Müller, Wilhelm Jeremias, Baumeister I 248; II 870, 880, 896
Müllheim, Stadt I 132, 314, 395, 515, 559, 567, 680; II 64, 779
Müllner, Familie II 575
Multen (Ober- und Unter-): Aitern I 536
- Einwohner
- - Hans von Celle I 536
- - Held, Wernli I 536
- - Schönhaupt, Hans I 536
- - Stöffele von Zell I 536
Münch I 724 (s. a. Basel, Stadt, Bürger und Einwohner)
- Burkart I 165, 722
- Hanmann II 637
- Hans I 722
- Heinrich I 586
- Hugo II 132
- Margarete II 132
Münch von Landskron, Familie I 706, 712, 721, 723, 754; II 350, 371, 423
- Burkhard I 718, 754; II 41, 424, 621
- Burkhard d. Ä. I 713
- Hans I 721; II 73
- Johanna II 41, 621
Münch von Löwenberg I 614 (s. a. Basel, Stadt, Bürger und Einwohner)

Münch von Münchberg, Konrad II 867
Münch von Münchenstein I 145; II 429, 797, 807, 811 (s. a. Basel, Stadt, Bürger und Einwohner)
- Hans I 783
- Hans Thüring I 692
- Johann Otte II 657
- Konrad I 724, 727; II 807, 810, 811
- Otto I 731
Münchenstein
- von
- - Konrad, gen. Schlegel I 848
Münchweil, von I 576, 581
Münster-Granfelden (Moutier-Granval), Kt. Basel-Landschaft
- Kloster I 164
Münstertal/Schwarzwald II 55
Murbach, Dep. Haut-Rhin
- Äbte I 576
- Kloster I 121, 129, 132, 144, 145, 146, 154, 159, 160, 168, 174, 176, 177, 187, 576, 718; II 139, 422, 424, 425, 428, 455, 538, 539, 548, 707, 709
Murer, Anna, Grundbesitzerin in Wittlingen II 879
Murer, Dietrich, Pfandherr in Stetten II 157
Murer, Johann, Grundbesitzer in Ötlingen II 803
Murer, Johann, Grundbesitzer in Wittlingen II 879
Muri, Kt. Aargau
- Kloster I 159, 576
Murperch = Maulburg II 210
Mutterbühl: Häg, Häg-Ehrsberg I 857, 872
Muttersheim, abgeg. bei Liel, Schliengen I 117

Nagel von der alten Schönstein, Familie II 423, 424, 426, 429, 430, 432
- Franz Konrad II 426
- Hans Dietrich II 426
- Hans Jakob II 428
Nasse, Berthold, Priester II 58
Nebenau: Wollbach, Stadt Kandern II 77
Nef von Weil II 549
Neff, Handelsmann zu Altstetten I 837
Neff, Revolutionär aus Rümmingen II 343, 347
Nellenburg, abgeg. Burg bei Hindelwangen, Stadt Stockach
- Grafen von I 134
Ner
- Hans II 799
- Johannes, Propst II 799

Neßlerhäuser: Wieden II 826
Neudorf I 127
Neuenburg, Grafen von I 575
- Rudolf I 575, 837
Neuenburg, Stadt Neuenburg am Rhein I 138, 139, 140, 163, 169, 173, 223, 224, 230, 233, 234, 235, 237, 398, 575, 579; II 65, 398, 422, 424, 778
- Bürger und Einwohner
- - Brenner II 58
- - - Peter II 67
- - Endingen, von
- - - Johann I 581
- - - Rüdeger I 581
- - Johannes I 729
- - Neuenfels, Jakob von II 423
- - Sermenzer II 38
- - - Berthold II 36, 37
- - - Jakob II 415
- - Schliengen, Diethelm von II 422
- - Zähringer II 58
- Johanniterkommende I 146, 176 571, 576, 582; II 37, 38, 39, 43, 50, 53, 61, 68, 404, 406, 415, 417, 420, 429, 430, 803, 879
- Spital I 571, 582; II 68, 426
Neuenfels, abgeg. Burg bei Britzingen, Stadt Müllheim
- von I 165; II 193, 404
- - Jakob II 193, 423, 432
Neuenstein, abgeg. Burg bei Schwarzenbach: Todtmoos I 148
- Herrschaft I 145
Neuenweg I 123, 153, 171, 204, 214, 217, 222, 224, 249, 268, 271, 282, 285, 287, 289, 317, 337, 403, 404, 405, 637; II 48, 216–229, 227–229, 657
- Pfarrei I 638; II 226, 228, 923
Neuenzell, abgeg. bei Ibach
- Kloster I 160
Neuhaus: Gersbach, Stadt Schopfheim II 531
Neumatt: Wieden II 827
Nidau, von I 575
Nidernchinnoberch = Künaberg: Fröhnd I 798
Niederböllen: Böllen II 459
Niederdossenbach: Schwörstadt I 95, 144, 151, 173; II 559, 561, 583 f.
Niedereggenen, Schliengen I 94, 98, 117, 147, 166, 174, 181, 193, 205, 225, 242, 243, 244, 246, 313; II 56, 65, 381, 385, 408–414, 808
- Pfarrei I 187, 189; II 397, 409, 411
Niedergresgen, aufgeg. in Gresgen, Stadt Zell im Wiesental II 629

Niederhepschingen: Fröhnd I 790, *801f.*; II 924
- Einwohner
- - Mutter, Meinrad I 802
Niederkünaberg I 171
Niedermatt: Wieden II 827
Niederschwörstadt: Schwörstadt I 173; II 558, 561
Niedertegernau: Tegernau I 411; II 629, 645, 654, 658
Niefenthaler, Ernst, Mundartdichter I 507
Nollingen: Stadt Rheinfelden (Baden) I 96, 119, 127, 131, 145, 169, 175, 180, 185, 203, 221, 224, 232, 237, 350, 459, 845, 850; II 255, 264, *320–328*
- Burg II 322
- Pfarrei I 187, 189, 492, 847; II 326
- Vogtei I 181
- von I 850; II 322
- - Anna II 322, 325, 422
- - Bertha I 192, 731, 850; II 322, 325, 326
- - Cunrad II 322, 325
- - Echardus II 322
- - Hermann II 290
- - Johann II 322
- - Luccarda II 322
- - Lügard I 849
Nordschwaben, Stadt Rheinfelden (Baden) I 118, 161, 175, 181, 182, 395; II 261, 269, *328–330*, 622, 923
- Pfarrei I 187
- von I 704, 728, 780
- - Burchardus II 328
- - Grete II 879
- - Hans I 780
- - Hans Konrad II 329
- - Heinrich II 329
- - Hug II 328
- - Johann II 329
- - Johannes II 328
- - Rudolf I 782; II 328
- - Werner II 328
Notschrei: Stadt Todtnau II 672
Nußbaumer, Bernhard, Pfarrer I 614
Nutzinger, Richard, Pfarrer und Schriftsteller I 507
Nüwenburg, abgeg. Burg bei Kandern, Stadt II 45

Oberbasel I 171
Oberböllen: Böllen II 459
Oberbürchau s. Bürchau
Obereggenen, Schliengen I 117, 147, 148, 166, 171, 172, 180, 193, 205, 282, 285, 286, 287, 289, 354, 502; II 62, 65, 382, 385, *414–421*, 808
- Pfarrei I 187, 189, 191; II 63, 64, 397
Obergresgen, aufgeg. in Gresgen, Stadt Zell im Wiesental II 629
Oberhäuser: Raich II 233, *241*
Oberhäuser: Todtnau, Stadt II 672
Oberhepschingen: Fröhnd I 117, 790
Oberinzlingen: Inzlingen I 911, 925
Obermulten: Aitern I *536*
Oberrollsbach: Aitern I *537*
Oberschwörstadt: Schwörstadt I 173, 219; II 557, 560
- Pfarrei II 581
Obertegernau: Tegernau II 654, 658
Obertüllingen s. Tüllingen: Stadt Lörrach
Oberwieden: Wieden I 301; II 827
Ochs, Ernst, Wissenschaftler I 278, 279
Odalsinda, Wohltäterin des Klosters St. Gallen II 139, 811
Oeser, Willy, Maler I 250, 812
Offenburg, von
- Hanmann II 148, 150
- Werner II 810
Offenburg, Stadt I 138
Offenburger, Familie I 700, 724, 837, 840; II 535, 536
- Susanna Salome I 837
Öflingen, Stadt Wehr I 173, 174; II 581
Olbrich, Gerhard, Künstler II 269
Olsberg, Kt. Aargau
- Kloster I 143, 153, 176, 571, 576, 588, 685, 690, 731, 846; II 212, 294, 305, 306, 308, 331, 583, 796, 803, 809
Oltingen, Diemut von II 67
Oser-Thurneisen, Unternehmer II 505
Österreich, Herzöge und Erzherzöge von s. Habsburg
Otbert, Mitgründer des Klosters St. Trudpert I 159
Otim, Dompropst zu Basel I 574, 886
Ötlikon, abgeg. bei Weil am Rhein, Stadt II 807, 810, *811*
- Meier von II 811
- - Dietrich II 811
- - Heinrich II 811
- - Hug II 811
- - Hugo II 811
- - Wernher II 811
- von
- - Dietrich II 811
- - Heinzelmann II 811
- - Hugo II 811

– – Konrad II 811
– Schloß I 232, 580
Ötlingen, Stadt Weil am Rhein I 24, 119, 129, 136, 145, 147, 148, 166, 171, 174, 214, 243, 245, 247, 254, 607, 610, 613, 615, 618; II 65, 158, 159, 351, 755, 763, *802–804*, 808, 867
– Pfarrei II 803
Otterbach, aufgeg. in Weil am Rhein, Stadt II 751
Ottlinchoven = Ötlingen, Stadt Weil am Rhein II 802
Ottmarsheim, Dep. Haut-Rhin
– Kloster I 129, 153, 159, 576, 581, 613, 691, 698; II 350, 425, 802, 804, 879
Ottwangen: Adelhausen, Stadt Rheinfelden (Baden) I 118, 174; II 158, 260, 289
Owe = Langenau, Stadt Schopfheim II 532
Oxenstierna, Axel, schwedischer Kanzler I 150

Pallinchoven = Bellingen I 574
Parraudin, Wilfried, Künstler II 101
Pauli, Johann Christian II 545
Pauli, Johann, königlich-französischer Generalauditeur II 518
Pauli, Johann, Obervogteiverwalter zu Rötteln I 155, II 137, 140, 212, 545
Pellandella, Jakob, Maler I 546
Pellinckon = Bellingen I 574
Peraudi, Raymund, Kardinal II 300
Pertcardis, Wohltäterin des Klosters St. Gallen II 325
Petri, Hans Sixt, Papiermüller in Kandern II 53
Pfaffenberg, Stadt Zell im Wiesental I 240, 404, 405; II 894, *924 f.*
Pfäffin, Elisabeth, Grundbesitzerin in Haltingen II 796
Pfirt, Dep. Haut-Rhin
– von I 576
– – Anastasia I 571
– – Else II 295
Pfirter, Oswald, Vogt II 132
Pfister, Rudolf II 65
Pflüger, Fabrikantenfamilie II 509
Pflüger, Maria, verehelichte Sicc I 894
Pflüger, Markus, Politiker, I 435, 436, 437; II 18, 106, 365, 766
Pforzheim, Stkr. I 155, 210, 218
Philipp, Christian I 874
Picard, Max, Schriftsteller I 506
Pirchtilo, Graf I 128, 136; II 350
Plansingen = Blansingen, Efringen-Kirchen I 683

Plato, von
– Eva II 799
– Jakob Ulrich, Major II 799
Poche: Stadt Todtnau II 712
Poensgen, Jochem, Künstler II 101
Porta Coeli s. Wyhlen, Grenzach-Wyhlen, Kloster Himmelspforte
Präg, Stadt Todtnau I 121, 272, 280, 281, 282, 283, 284, 285, 286, 287, 289, 302, 337, 404, 473; II 456, 459, 676, 678, *705 f.*, 823
– Pfarrei II 929
Prampahch = Brombach, Stadt Lörrach II 130
Preschany, Wilhelm, Architekt II 264
Preusch-Müller, Ida, Heimatdichterin I 291
Probst, Gertrud II 457
Probst, Walter, Magister II 457
Prothasius, Gervasius I 813
Prunicho (vgl. auch Brunicho) II 139
Puabilinswilare (s. Nollingen, Rheinfelden (Baden), Stadt) II 321
Pulster
– Adelheid I 613
– Franz, Grundbesitzer in Binzen I 613
– Rudolf I 613

Radschert: Todtnauberg, Stadt Todtnau II 673
Raich I 127, 271, 395, 404; II 230–242, *238–241*
Raiffeisen, Friedrich Wilhelm I 398
Raist, Peter II 462
Raitbach, Stadt Schopfheim I 123, 171, 172, 215, 365, 395, 901, 902, 903; II 490, *533–536*
Raitenbuch = Raitbach, Stadt Schopfheim II 533
Rammingus, Wohltäter des Klosters St. Gallen II 795
Ramspach, Bartholomäus II 64, 65
Ramstein, von I 586, 588, 610, 695; II 157, 811 (s. a. Basel, Stadt, Bürger und Einwohner)
– – Berthold I 616, 704
– – Rudolf I 581
– – Sofie II 211
– – Thüring I 589; II 867
Rantwic, Grundbesitzer zu Wittlingen II 879
Rapp, General I 685
Rappenberg, von I 219; II 150, 657, 799
Rappenberger, Familie I 837; II 318, 811
– Jakob I 614
Rapprechtsweier (Rappersweier), aufgeg. in Adelhausen, Stadt Rheinfelden(Baden) I 117; II 260, 289, 629
Rastatt, Stadt I 203
Rats, Konrad II 575

Rat, Thomas II 573, 575
Ratbot, Patron der Kirche in Fischingen I 782
Ratoldus, Grundbesitzer zu Haltingen II 796
Ratpot, begütert in Maugenhard I 725
Raymond, Albert, Erfinder des Druckknopfes II 112
Rebholz, Architekt I 915
Rebstock, Architekt I 249, 894
Rechberg = Schloßberg: Rechberg, Stadt Schwäbisch Gmünd
– von und Grafen von
– – Hans I 232
Reginard, Wohltäter des Klosters Lorsch II 410
Reginlint, Wohltäterin des Klosters St. Blasien II 61
Reich
– Hans I 696, 697, 753
– Mathias II 131
Reich von Reichenstein, Familie I 169, 176, 696, 839, 846, 913, 925, 927, 929, 930; II 132, 165, 318, 881 (s. a. Basel, Stadt, Bürger und Einwohner)
– Anna I 722
– Grafen I 926
– – Paul Nikolaus II 308
– Hans I 928
– Hans Georg II 308
– Hans Heinrich II 328
– Hans Thüring I 926, 930
– Heinrich I 929
– Jakob I 926
– Jakob Heinrich I 926
– Johann Heinrich I 926
Reichenau
– Kloster I 132
– – Abt Haito I 132
Reichenstein, von
– Heinrich II 803
– Joseph Franz Ignaz Fridolin I 914
– Maria Antonia I 914
– Paul Nikolaus I 248
Reiff, Daniel, Vogt I 580
Reinau, Reinhard, Geschäftsmann II 71
Reinau, Posthalter II 68, 70
Reinhero, Pfarrer in Rheinweiler I 589
Reinke, Dieter, Lyriker I 508
Reischach, von I 576
– Hans Lienhart I 581
– Lienhart I 581
– Ruf I 581; II 425
Reitzel, Robert, Schriftsteller I 505
Reitzenstein, von

– Sigismund, badischer Diplomat und Minister I 177, 178, 446
Renck, Walter, Besitzer von Gütern I 145
Reuter, Fritz, Unternehmer II 507
Reuttner von Weil, Familie I 219; II 299, 300, 305, 325
– Johann Jakob II 808
Reuttner, Freiherren von II 294, 299
Rheinfelden (Baden), Stadt I 5, 7, 10, 11, 21, 36, 50, 127, 161, 250, 253, 263, 291, 296, 299, 305, 307, 308, 310, 312, 314, 315, 316, 319, 320, 334, 335, 357, 361, 362, 366, 368, 369, 370, 371, 380, 386, 399, 400, 411, 413, 415, 421, 422, 441, 442, 443, 459, 463, 464, 466, 473, 474, 476, 478, 482, 484, 495, 511, 513, 514, 564, 678, 819; II **243–338**, *269–288*
– Pfarrei I 498; II 284 f.
Rheinfelden, Kt. Aargau I 139, 153, 154, 161, 163, 169, 192, 199, 200, 202, 206, 209, 210, 216, 216, 219, 219, 222, 223, 224, 225, 230, 232, 235, 237; II 213
– Burg I 208, 232
– Bürger und Einwohner I 219
– – Am Graben, Ulman II 525, 616
– – An der Brugge I 753
– – – Dietrich I 612, 754
– – – Heinrich I 581, 583
– – – Ita I 612, 754
– – – Walter I 685, 928
– – Bellikon, von
– – – Henman II 615
– – – Hermann II 305, 615, 616
– – Belzer
– – – Brida II 293
– – – Johann II 293
– – Geitlikon, von
– – – Bernhard II 298
– – – Conrad II 298
– – – Lienhart II 298
– – – Rudolf II 298
– – – Ulrich II 298
– – Gylg, Hans II 294
– – Hertenberg, Ritter von
– – – Berthold II 304
– – – Bertschmann II 304
– – – Heid II 304, 305
– – – Johann II 304
– – Höllstein, Heinrich von II 621
– – Imhof II 311
– – Heilke II 311
– – Kuchimeister, Ita I 846
– – Schladerer I 587
– – Schliengen, Dietrich von II 422
– – Schümpelli, Richard II 294

– – Sponi I 587
– – Theleonarius, Konrad I 731
– – Warenbach, Hermann von II 330
– – Wenk I 587
– – Zum Haupt, Otman I 613
– Burgherrschaft I 148
– Clewly von II 549
– Grafen von I 134
– – Berthold I 134; II 323
– – Rudolf I 134, 137; II 323
– Grafschaft I 136, 138
– Herrschaft I 140, 150, 160, 161, 172, 180, 181, 182, 199, 219, 227, 841, 845, 847; II 323–325
– Johanniterkommende I 177, 570, 576, 714, 837, 928; II 294, 295, 297, 305, 306, 312, 327, 331, 332, 803
– Klöster und Stift
– – Kapuziner I 196
– – Stift St. Martin I 145, 177, 571, 837, 846, 928; II 211, 213, 290, 294, 299, 304, 305, 308, 312, 318, 325, 328, 329, 331, 580
– – Tertiarinnen II 294, 297
– Sondersiechenhaus II 294, 297, 305, 616
– Spital II 296, 305, 312, 318, 325, 331, 425, 548, 580
– Truchseß von I 173; II 212, 290, 291, 293, 294, 299, 300, 328, 580
– – Heinrich I 846
– – Ulrich II 300
– von
– – Mangold Chelalda II 309, 313
Rheintal: Feldberg, Stadt Müllheim
– Kloster I 576; II 65
Rheintal, Familie I 570
Rheinweiler, Bad Bellingen I 9, 97, 116, 117, 120, 126, 161, 169, 170, 171, 172, 175, 176, 185, 201, 202, 204, 209, 214, 215, 221, 230, 254, 271, 272, 274, 281, 283, 284, 285, 286, 287, 289, 301, 545, 585–590, 679, 685, 686, 691; II 656
– Einwohner
– – Rapp, Graf Johann, General I 590
– Pfarrei I 191
– Schloß I 250, 549, 586
Riburg: Möhlin, Kt. Aargau I 219
Richartz, Herbert, Unternehmer I 900
Richbert, Wohltäter des Klosters Lorsch I 132; II 48
Richwin von Neuenburg s. Basel, Stadt, Bürger und Einwohner
Rickenbach, Burchard von II 294
Ried: Raich I 123, 124, 148, 151, 152, 153, 171, 230, 801; II 232, 658, 866

– Vogtei I 171
Riedach = Riedichen, Stadt Zell im Wiesental II 925
Rieder, Clewi, Wirt zu Todtnau II 715
Riedichen, Stadt Zell im Wiesental I 240, 404; II 895, 925
Riedlin, Adolf, Maler II 126
Riedlingen, Stadt Kandern I 47, 116, 119, 127, 146, 177, 211, 214, 222, 243, 244, 258, 433, 679, 728; II 8, 14, 43, 57–60, 68, 401
– Einwohner
– – Bürgin, Georg II 58
– – Sütterlin, Jakob II 58
– Pfarrei I 193; II 32
– von
– – Adelbert II 57
– – Lambert II 57
Riedmatt: Karsau, Stadt Rheinfelden (Baden) I 168, 175, 232, 292; II 262
Riegel
– Burg I 138
Riehen, Kt. Basel-Stadt I 109, 136, 149, 150, 171, 173, 191, 731, 732, 928; II 158, 161, 621, 786, 809, 923
– Einwohner
– – Wenck, Hans II 164
– – Hoffmann, von, gen. Trott II 111
Rietschle, Werner, Unternehmer II 506
Riggenbach, Heinrich, Unternehmer II 111, 134
Rigger, Ludwig, Maler II 560
Rihnlinga = Riedlingen, Stadt Kandern II 57
Riiwilere = Rheinweiler, Bad Bellingen I 585
Rimsingen = Nieder- und Oberrimsingen, Stadt Breisach am Rhein
– von
– – Bertold II 432
Rinwilar (Rinwilere) = Rheinweiler, Bad Bellingen I 585
Rodersdorf, Kt. Zürich
– von
– – Ulrich II 809
Rödling, Klaus, Künstler I 878
Roggenbach: Wittlekofen, Stadt Bonndorf im Schwarzwald
– von I 170, 176, 215, 218, 431, 616, 685, 691, 722, 728, 731, 732, 767, 840; II 164, 212, 241, 518, 521, 524, 532, 534, 535, 539, 542, 546, 549, 657, 757, 803, 804, 848, 851, 852 (s. a. Basel, Stadt, Bürger und Einwohner)
– – Franz, Minister I 435, 437; II 106
– – Hans Adolf II 540
– – Johanna II 423
– – Petermann II 527, 536

Rohmatt: Häg, Häg-Ehrsberg I 857, 872, *874*
Rohrberg: Häg, Häg-Ehrsberg I 857, *874*
Roll auf Bernau, von II 932
Roll zu Pruntrut, von
– Charlotte I 583
Roll, von I 874
Rollsbach: Aitern I *537*
Rom
– Kaiser
– – Claudius I 106
– Päpste
– – Alexander III. I 691
– – Calixt III. I 691
– – Eugen IV. II 542
– – Innozenz II. I 166
Romaninchova = Rümmingen II 349
Rosenau, Dep. Haut-Rhin I 675, 680, 713, 716
Rosenbach, von I 722
– Adam Hektor I 614; II 799
– Esther II 799
Rost, Glockengießer II 881
Rot, Glockengießer I 698
Rotberg zu Eptingen II 305
Rotberg, Kt. Solothurn
– von I 161, 162, 169, 176, 215, 219, 549, 550, 568, 570, 571, 572, 573, 576, 577, 578, 580, 581, 582, 583, 586, 679, 684, 685, 686, 691, 706, 707, 721, 722, 723, 728, 731, 783, 837; II 42, 43, 67, 318, 350, 403, 404, 405, 799, 803, 811 (s. a. Basel, Stadt, Bürger und Einwohner)
– – Anna I 582
– – Anna Susanna Elisabeth I 657
– – Anton II 401
– – Arnold I 550, 568, 589, 661
– – Bernhard I 161, 568, 569, 721, 722, 724, 754, 783; II 371
– – Esther I 247, 547
– – Ferdinand Sigmund I 587
– – Franz Daniel I 587, 661
– – Franz Reinhard I 587
– – Friedrich II 799
– – Friedrich August I 587
– – Friedrich Hug I 587
– – Hans Ludemann I 568, 570, 586, 588
– – Ignaz Sigmund I 547
– – Jakob I 161, 570, 660; II 632, 799
– – Jakob II. I 568, 572
– – Jakob Christoph I 580, 582
– – Johann Adam II 402
– – Juliane Sophie, geb. von Nottleben I 657
– – Karl Friedrich I 589
– – Kunigunde I 550
– – Leopold Melchior I 587

– – Melchior I 586
– – Salome I 587
– – Ursula I 570
– – Wolf Sigismund I 568
– – Wolf Sigmund I 247, 547
Rotberg-Bamlach, von I 568, 569
Rotberg-Bamlach-Rheinweiler, von I 568
Rotberg-Schliengen, von I 568
Rotenberg, abgeg. Burg bei Wieslet I 126, 171; II 521, *866*
– von I 135, 169, 766; II 148, 239, 241, 523, 524, 534, 536, 616, 631, 654, 848, 866, 921
– – Adelheid I 164, 171, 638, 766, 767, 886; II 212, 215, 227, 241, 518, 524, 532, 534, 546, 548, 629, 632, 657, 803, 848, 864, 866
– – Dietrich I 886
– – Konrad I 171, 689, 690
Rotteck, von II 459
– Karl I 515
Rottweil, Stadt I 107
Rötteln, abgeg. Burg bei Haagen, Stadt Lörrach I 119, 125, 149, 170, 185, 193, 207, 236, 242, 246, 402, 511, 617, 692, 731; II 56, 98, 523, 879
– Herrschaft I 140, 144, 154, 155, 171, 199, 215, 219, 225, 638, 684, 685, 704, 721, 728, 730, 767, 888, 905, 906; II 72, 137, *139*, 160, 351, 535, 804
– von I 126, 131, 132, 134–136, 154, 166, 169, 190, 689, 704, 709, 713, 721, 753, 780, 905, 925, 927; II 68, 131, 139, 147, 164, 227, 318, 409, 412, 518, 521, 538, 539, 548, 615, 616, 618, 631, 654, 795, 796, 797, 802, 811, 921
– – Arnold II 796
– – Dietrich I 134, 716
– – Konrad II 211, 239, 538
– – Liutold I 135, 171, 615; II 137, 239, 409, 410, 539, 541, 637, 802, 803, 867
– – Otto I 171; II 48, 239
– – Walter I 171; II 239, 615, 616
Rötteln, aufgeg. in Lörrach, Stadt I 118, 131, 132, 145, 146, 169, 209, 213, 216, 218, 220, 221, 223, 230, 234, 235, 246, 247, 360, 364, 501, 707, 755, 887; II 62, 73, 92, *138f.*, 523, 803
– Pfarrei I 186, 189, 906
Röttelnweiler: Haagen, Stadt Lörrach I 125; II *139*
Rottra, Friedrich, Revolutionär I 431, 433, 435, 666, 668
Rotzler, Unternehmer
– Ernst II 607
– Wilhelm II 607

Rougemont, de
- Friedrich II 632
- Rose, geb. Bullot II 632
Ruadini, Wohltäter des Klosters St. Gallen II 304, 518
Ruch, Michael, Unternehmer II 25
Rudelicon = Riedlingen, Stadt Kandern II 57
Rudolf, Angehöriger des Hauses Habsburg (?) I 581
Rudolf, Gründer des Klosters Ottmarsheim I 129
Ruedlinghouen = Riedlingen, Stadt Kandern II 57
Rührberg: Wyhlen, Grenzach-Wyhlen I 810, 845, 848, *849*
Rümmingen I 96, 119, 127, 128, 129, 136, 147, 153, 181, 264, 295, 308, 313, 606, 610, 615, 616, 618; II 28, 65, **339–352**, *349–352*, 785, 879
- Pfarrei I 187, 191
Rupprecht, Grundbesitzer zu Muggenbrunn
- Hans II 704
- Heini II 704
Rüsche, Otto, Dompropst in Basel I 886
Ruthart, Graf I 128, 610, 612, 695, 753; II 72, 163, 350, 795
Rüti, Kt. Zürich
- Äbte
- - Johannes I 849
- Kloster I 849, 850
Rutpert, Wohltäter des Klosters Lorsch II 410
Rütte s. Bürchau
Rütte: Todtnauberg, Stadt Todtnau I 123, 161; II 673
Rütte: Wieden II 828
Rüttihof, abgeg. bei Wollbach, Stadt Kandern I 123; II 77
Ryburg I 319
Ryswijk I 237

Sachs, Oberamtmann in Pforzheim I 431
Sachsen-Weimar, Herzöge von
- Bernhard I 234; II 146, 324
Säckingen s. Bad Säckingen, Stadt
Säge: Wieden II 827
Saint Denis
- Kloster I 128, 610, 612, 695, 753; II 72, 163, 350, 795
Sallneck I 184, 369, 395, 404; II **353–361**, *359 f.*, 629, 637, 657, 658
St. Blasien, Stadt I 163, 588, 623, 754
- Äbte I 121, 218, 718, 800; II 47, 65, 459, 638, 741, 924

- - Arnold II. I 799
- - Georg I 245
- - Gunther II 64
- - Heinrich I. II 811
- - Heinrich II. II 710 f
- - Heinrich IV. II 703
- - Johann I. Kreutz (Kruz) II 717
- - Kaspar I. II 630
- - Martin II. Gerbert II 387, 712
- - Meinrad Troger II 387
- Kloster I 120, 121, 132, 133, 134, 138, 140, 142, 143, 146, 147, 148, 149, 151, 152, 153, 159, 160, 161, 165, 168, 169, 171, 172, 173, 180, 189, 190, 192, 193, 194, 200, 201, 206, 207, 215, 216, 220, 242, 245, 248, 302, 488, 535, 536, 569, 570, 576, 581, 586, 587, 589, 614, 638, 684, 686, 689, 690, 691, 692, 697, 710, 718, 719, 720, 722, 727, 728, 731, 732, 756, 766, 767, 781, 798, 799, 801, 873, 886, 927, 929, 930; II 39, 41, 46, 47, 48, 56, 61, 62, 63, 134, 158, 161, 186, 192, 193, 212, 213, 215, 227, 239, 240, 241, 290, 329, 351, 359, 360, 406, 409, 410, 411, 412, 414, 415, 417, 418, 425, 456, 457, 461, 518, 523, 524, 525, 526, 531, 532, 534, 546, 616, 618, 619, 621, 622, 624, 625, 626, 628, 630, 632, 634, 636, 637, 638, 657, 658, 702, 703, 705, 709, 712, 714, 717, 727, 741, 796, 803, 808, 810, 823, 836, 848, 851, 864, 866, 921, 922, 923, 924
- Pfarrei I 802
St. Gallen
- Kloster I 129, 131, 166, 168, 169, 173, 174, 187, 192, 610, 612, 695, 696, 704, 705, 706, 707, 721, 723, 725, 730, 731, 780, 783, 846, 886; II 72, 133, 158, 164, 210, 317, 331, 518, 538, 547, 798, 802, 808, 809, 811, 879
St. Georgen im Schwarzwald, Stadt I 237
- Kloster I 138, 144, 145, 219, 588, 685, 718, 719, 845; II 539
St. Märgen
- Kloster I 138
St. Peter
- Kloster I 138, 571, 616; II 406, 420
St. Trudpert: Obermünstertal, Münstertal/ Schwarzwald
- Kloster I 121, 129, 136, 535, 571; II 55, 58, 223, 455, 458, 461, 476, 729, 836
St. Ulrich im Schwarzwald, Kloster II 406, 425, 432
St. Ulrich, Bollschweil
- Kloster I 570, 581; II 48, 58, 69
- Priorat II 37
St. Urban im Aargau
- Kloster II 307

Orts- und Personenregister

St. Urban, Kt. Luzern
- Kloster II 406
Sarasin, Unternehmer I 360
Sartorius, Wilhelm I 656
Satler, Rudolf, Müller II 296
Sattelhof: Raitbach, Stadt Schopfheim I 903; II 535
Sattler, Unternehmer II 392
Sausenberg, abgeg. Burg bei Kandern, Stadt I 126, 143, 144, 185, 207, 236, 402, 404; II 45, 47, 56f.
- Herrschaft I 140, 154, 155, 176; II 54, 56, 193
Savelli, Herzog von, kaiserl. General I 235
Savoyen, Fürsten von
- Eugen, Prinz I 236, 237

Schäfer, Carl, Professor II 92
Schaffhausen
- Kloster Allerheiligen I 138, 139
Schaler, Familie I 568, 571, 685 (s. a. Basel, Stadt, Bürger und Einwohner)
- Adelheid I 780
- Anna I 570
- Henmann I 568, 586, 588
- Konrad I 586
- Werner I 874; II 423
Schallbach I 94, 118, 119, 153, 181, 214, 246, 296, 313, 321, 394, 606, 615, 616, 775, 776, 782; II 65, 362-374, 370-374, 785, 879
- Einwohner
- - Frei, Familie II 371
- Pfarrei I 187, 191, 778, 783
- von
- - Johann, Vogt in Lörrach II 373
Schallsingen: Obereggenen, Schliengen I 143; II 383, 420f.
Schaltenbrand, Margarete I 928
Schanzlin, Bürgermeister in Lörrach I 431
Schanzlin, Familie II 214
Schanzlin, Johann Georg, Bürgermeister in Kandern I 431
Schätti, Johann, Betriebsleiter II 907
Schauenburg
- Grafen von I 926
- Kloster I 576
Schaufelberger, Benedikt, Künstler I 915; II 678, 762
Schaxel, Blasius, Orgelbauer II 174
Scheffelt, Johann Michael, Vogt in Steinen und Höllstein I 431, 432; II 600
Schenk von Castell, Hans Christoph I 709, 714, 716

Schenz, J.R., Unternehmer I 900
Scherer, Hermann, Bildhauer I 509, 510
Scherer, Julius, Pfarrer II 668
Scherer, Karlheinz, Maler I 509
Scheuermatt: Raitbach, Stadt Schopfheim II 535
Scheuermatt: Wieden II 827
Scheurer, Karl, Unternehmer II 206, 650
Scheurer, Rudolf, Bildhauer I 509, 811; II 99, 100, 385, 596
Schey, Oberamtmann in Säckingen I 431
Schillighof: Weitenau, Steinen II 593, 629, 637, 639, 862
Schimmelpfennig II 563
Schindeln: Wembach II 459
Schlächtenhaus, Steinen I 285, 286, 287, 289, 404; II 593, 626-630, 637
Schlageter, Albert Leo, Freicorpskämpfer I 440
Schlechtbach: Gersbach, Stadt Schopfheim I 211; II 531
Schlechtnau, Stadt Todtnau I 161, 404; II 675, 678, 706f.
- Einwohner
- - Slehelop II 706
Schleith, Ernst, Maler I 508
Schliengen I 113, 116, 132, 144, 148, 149, 150, 152, 153, 165, 166, 167, 168, 173, 174, 176, 178, 180, 185, 186, 198, 201, 207, 219, 220, 221, 222, 224, 225, 232, 237, 238, 241, 242, 246, 248, 252, 254, 261, 274, 314, 315, 321, 354, 355, 416, 434, 443, 502, 511, 559, 560, 565, 567, 751, 778; II 375-435, 421-432, 926
- Einwohner I 233
- Herrschaft I 134, 166, 177, 215
- Kloster II 430
- Pfarrei I 187, 191, 492, 582; II 428
- Schloß I 247, 402
- Schloß Entenstein II 378
- von II 73, 425
- - Anna I 849; II 322
- - Diethelm II 432
- - Dietrich II 322, 422
- - Guta I 754
- - Heinrich II 422
- - Hugo I 685; II 422
- - Johann II 402
- - Johannes II 422
- - Mangold II 422
- - Margarete I 612, 886
- - Otto I 581
Schliengen, Familie II 422 (s. a. Basel, Stadt, Bürger und Einwohner; Neuenburg, Stadt

Neuenburg am Rhein, Bürger und Einwohner)
Schließmann, Goldschmied I 915
Schluop
- Konrad II 314
- Rudolf II 314
Schmid, Bertschi, Amtmann II 457
Schmid, E. I 717
Schmid-Reutte, Ludwig, Maler I 506
Schmidt, Bartlin, Unternehmer II 910
Schmidt, Julius, Pfarrer I 693
Schmitt, Kunstmaler I 660
Schnabelburg, Johann von II 331
Schnaufer, Ludwig Friedrich, Dichter II 343
Schnewelin II 426, 428, 429, 429 (s. a. Freiburg, Stadt, Bürger und Einwohner)
- Dietrich I 927; II 621, 809
- Johann II 425
Schnewelin Bernlapp
- Hans Diepold I 614
Scholz, Günter, Maler I 509
Schönau
- von I 145, 162, 169, 173, 174, 219, 864, 871, 872, 873; II 102, 157, 193, 296, 531, 534, 562, 563, 573, 575, 576, 579, 580, 799, 901, 920, 921, 926, 929, 930, 931, 932
- - Albrecht II 157
- - Anna II 799
- - Conrad II 296
- - Dietschi I 801
- - Esther I 247
- - Franz Heinrich Reinhart II 582
- - Franz Ignaz I 873
- - Franz Ignaz Anton II 525
- - Franz Ignaz Ludwig I 873
- - Georg II 296
- - Hans II 140
- - Hans Rudolf II 926, 927
- - Johann II 296
- - Kaspar II. II 926
- - Maria II 290
- - Maria Johanna Regina II 525
- - Melchior II 300
- - Rudolf I 145, 801, 873, 886; II 157, 193, 527, 536, 580, 583, 924
- - Rudolf, gen. Hürus II 579, 926
- - Ursula I 811
Schönau im Schwarzwald, Stadt I 6, 121, 123, 124, 126, 136, 144, 163, 171, 182, 191, 201, 210, 216, 218, 219, 220, 221, 223, 224, 225, 228, 228, 229, 232, 234, 236, 245, 251, 258, 260, 264, 266, 299, 303, 310, 315, 317, 333, 337, 340, 342, 345, 355, 360, 371, 393, 396, 404, 405, 433, 443, 455, 459, 466, 470, 471, 480, 489, 495, 513, 534, 624, 625, 764, 866; II 436–463, 455–463, 476, 523, 657, 708, 907
- Pfarrei I 121, 187, 492, 493, 495, 536; II 453, 459, 475, 476, 703, 711, 718, 730, 741, 823
- Vogtei I 160, 161, 172, 180, 181, 535, 629, 799; II 457, 458, 705
Schönau-Öschgen, von I 874
Schönau-Zell, von II 926
- Max Jakob II 927
Schönenberg I 161, 246, 247, 271, 280, 282, 283, 284, 285, 286, 287, 289, 404; II 456, 459, 464–477, 476 f.
- von
- - Berchtold II 476
- - Rudolf II 476
Schönenbuchen: Stadt Schönau im Schwarzwald I 221, 365; II 443, 737
- Pfarrei I 191
Schongauer, Jörg, Goldschmied I 246
Schöni, Johann Michael, Pfarrer I 614; II 371
Schönthal, Kloster (Kt. Basel-Landschaft) I 846
Schopfheim, Stadt I 5, 6, 9, 10, 11, 50, 113, 116, 117, 126, 127, 131, 132, 146, 150, 154, 176, 181, 182, 183, 185, 193, 202, 209, 210, 217, 221, 222, 223, 224, 226, 227, 228, 229, 230, 241, 242, 243, 247, 249, 255, 259, 261, 263, 264, 265, 266, 268, 271, 272, 280, 283, 284, 286, 287, 289, 296, 303, 305, 308, 310, 314, 315, 316, 317, 318, 334, 335, 337, 340, 342, 347, 355, 358, 360, 361, 365, 370, 371, 379, 380, 383, 386, 392, 393, 395, 400, 403, 415, 433, 442, 443, 455, 457, 464, 465, 466, 473, 474, 478, 480, 482, 484, 486, 487, 489, 495, 503, 504, 510, 513, 514, 515, 637, 681, 765, 866, 883, 886, 888, 889, 902, 905; II 76, 132, **478–553**, *536–547*, 618, 623, 657, 931
- Arnleder von II 549
- Einwohner I 207, 218
- - Glaser, Johann Jakob I 239
- - Hauer, Joseph, Lehrer I 239
- - Meier von Fahrnau II 523
- - Roggenbach, von I 200
- Pfarrei I 187, 189, 190, 191, 498, 766, 868, 887, 906, 906; II 212, 213, 541, 546, 923
- Spital II 543
Schöpflin, Wilhelm, Unternehmer I 383; II 113
Schreiter, Johannes, Künstler II 597
Schröder, Architekt II 762
Schrohmühle: Endenburg, Steinen II *618*, 637

Schröter, Kuni II 573
Schuckart, Bildhauer I 915
Schuler, Adolf, Dipl. Ing. I 658; II 761
Schuler, Pfarrer I 437
Schumacher, Karl, Prähistoriker I 688
Schümppeli, Richi II 580
Schürberg: Häg, Häg-Ehrsberg I 858, 872
Schürberg-Säge: Häg, Häg-Ehrsberg I 858, 872
Schürmann, Konrad, Grundbesitzer in Binzen I 613
Schutz, Johannes, Unternehmer II 704
Schwab, Bildhauer I 811
Schwaben, Herzöge von
- Burkhard I. I 130
- Hermann II. I 165
- Liudolf I 131
Schwaine: Wieden II 827
Schwand: Tegernau I 123, 172; II 645, 654, 658, *659f.*
Schwarzenberg, Fürst zu, Karl Philipp I 238
Schwaz I 225
Schweden, Könige
- Gustav II. Adolf I 234
Schweiger, Valentin, Oberregierungsschulrat I 445
Schweigmatt: Raitbach, Stadt Schopfheim I 144, 171, 404, 903; II *535*
Schweizerhalle: Muttenz, Kt. Basel Landschaft I 412
Schweizermühle: Tegernau II 654
Schwörer, Friedrich, Maler I 508
Schwörstadt I 92, 93, 94, 117, 136, 168, 169, 173, 181, 219, 220, 232, 267, 279, 280, 283, 284, 285, 286, 287, 289, 313, 319, 411, 418, 513; II 554–585, *576–584*
- Herrschaft I 132, 173, 174
- Pfarrei I 190, 191, 492; II 570
Sclehtop = Schlechtnau, Stadt Todtnau II 706
Seefelden, Buggingen I 237
Seitz, Heini, Grundbesitzer in Ehrsberg I 871
Sengeysen, Sebastian, Fabrikant II 53
Seppikon = Unterinzlingen I 119
Sermenzer von Neuenburg s. Neuenburg, Stadt Neuenburg am Rhein, Sermenzer, von
Seufert, Adlerwirt in Gündenhausen I 431
Sigel, Franz, Revolutionär I 239, 433; II 681
Sigelmann, Melchior II 150
Silbersau: Mambach, Stadt Zell im Wiesental II 924
Simmelebühl: Häg, Häg-Ehrsberg I 857, 872
Simmler, Franz, Bildschnitzer II 895
Simon, Rolf, Künstler I 509
Singeisen, Adolf, Unternehmer II 505

Sissach, von
- Anna I 614
- Thüring I 614
Sitzenkirch, Stadt Kandern I 118, 200, 203, 498; II 9, 15, *61–66*, 186
- Kloster I 144, 145, 192, 194, 581, 614, 722, 727, 846; II 9, 51, 58, *64f.*, 68, 73, 161, 189, 350, 371, 373, 402, 404, 411, 416, 420, 425, 803
- Pfarrei I 187; II 32
- Propstei I 691; II 41, 48
Siza, Alvaro, Architekt II 750
Slegelholz, Erkenbold, Besitzer der Nüwenburg II 45
Slehelop, Familie (s. Schlechtnau) II 706
Slehtelob = Schlechtnau: Stadt Todtnau II 706
Sliingas = Schliengen II 421
Snizin, Gret, Besitzerin von Gütern zu Wollbach II 72
Solothurn, Stadt I 200
Sonnenmatt: Häg, Häg-Ehrsberg I 857, 872, *874*
- von
- - Fridolin I 874
Sonnhalde s. Bürchau
Sonntag, Christoph Gottfried, Fabrikant II 545
Sonntag, Wilhelm Leopold, Fabrikant II 546
Spehn, Joseph, Revolutionär I 917
Spieß, Pfarrer I 657
Spintzik, F., Künstler II 201
Spitz, Alban, Maler I 507
Spitz, Hensli, Grundbesitzer in Ehrsberg I 871
Spitzenberg, abgeg. bei Raitbach, Stadt Schopfheim II *536*
Spohn, Friedrich, Bäcker in Kandern II 53
Spranger, Matthias I 507
Stächelin, Edelbert, Künstler I 659
Stadel: Häg, Häg-Ehrsberg I 858, 866; II 924
Stadion, abgeg. Burg bei Oberstadion
- von und Grafen von I 576, 577
- - Johann Christoph I 571
Stadtmüller, Eduard, Orgelbauer II 268
Staub, Friedrich, Sprachforscher I 285
Stäubli, A., Unternehmer I 821
Staufen im Breisgau, Stadt I 214, 223, 224, 234, 237
- von I 161, 535, 629, 718; II 38, 457, 708
- - Diethelm II 426, 458, 708
- - Elisabeth II 331
- - Margarete II 132, 410
- - Otto II 36, 37
Staufer, Hochadelsgeschlecht I 139, 159
Steger, Hugo, Wissenschaftler I 278, 279

Steiger, Friedrich, Handelsmann I 837
Steigerwald-Gesell, Michael, Künstler II 896
Stein
- vom I 136; II 579, 926
- - Heinrich I 171, 873; II 193, 579, 925
- - Johann II 930
- - Katharina II 579
- - Margareta II 579, 926
- - Rudolf I 171, 873
- von I 121, 871, 872, 873; II 157
- - Heinrich I 800, 873
- - Margarete I 873
- - Mathis I 873
- - Rudolf I 800
Stein am Rhein, Kt. Schaffhausen
- Äbte
- - Berthold II 68
- Kloster I 138, 696, 699; II 801
Stein, Friedrich II 880
Stein, G. M., Orgelbauer II 175
Stein, M. Abraham, Pfarrer II 880
Stein, Marcus, Orgelbauer II 495
Stein, Orgelbauer in Durlach I 732
Stein-Neuenstein
- von I 121
- - Heinrich I 799
- - Rudolf I 799
Steinbrunner, Christian, Stifter einer Kapelle in Hinterholz I 800
Steinegg = Bärenfels, abgeg. Burg bei Wehr, Stadt I 873
Steinen I 118, 119, 147, 148, 153, 168, 171, 172, 173, 205, 212, 214, 217, 224, 229, 241, 246, 258, 262, 280, 283, 285, 286, 287, 289, 308, 312, 318, 355, 365, 370, 371, 394, 415, 443, 470, 477, 502, 514, 637, 765; II **586–641**, *630–636*, 808, 867
- Burg I 170, 171; II 164, 632
- Pfarrei I 187; II 619, 633
- Schloß I 247; II 632
- Vogtei II 618
Steinen, von
- Heinrich II 632
- Lutold II 632
- Peter II 632
- Walcho II 632
Steinenstadt, Stadt Neuenburg am Rhein I 129, 136, 148, 165, 166, 177, 178, 240; II 397, 406, 421, 422, 428
Steinighof: Raitbach, Stadt Schopfheim I 126; II *536*
Steinmann, Bürgermeister II 911
Steinmar, Adelsfamilie
- Berthold I 780

Steinmeyer, Georg Friedrich, Orgelbauer II 897
Stetiheim = Stetten: Stadt Lörrach II 156
Stetten: Stadt Lörrach I 116, 117, 119, 132, 147, 151, 168, 169, 173, 174, 193, 199, 201, 223, 235, 350, 364, 394, 435, 441, 926, 929; II 91, 101, *155–160*, 926
- Pfarrei I 187, 200, 492, 495, 839; II 159, 787, 799, 804
- Schloß I 247, 511
Stettinheim = Stetten: Stadt Lörrach I 117
Stib, J.P., Unternehmer II 906
Stocker, Hans, Oberstudienrat I 445
Stöcklin, Jakob I 614
Stockmatt: Wies II 841, *852*
Stoffeln, von II 318
- Hans Ulrich II 525, 616
- Ulrich II 297
Stork, Friedrich, Landwirt und Winzer I 445
Strachfrid, begütert in Egringen I 704
Straßburg
- von
- - Werner I 613
Straßburg, Dep. Bas-Rhin I 159
- Bischöfe I 159, 160, 164
- Bistum I 159
Straßer, Johann, Schulmeister in Weil II 810
Straub, Peter, Rechtsanwalt I 445
Streiff von Lauenstein
- Heinrich Ernst I 837
Streng, Baron von II 681
Strübe, Adolf, Professor I 508, 510; II 126
Strübe, Hermann (Burte), Dichter und Maler I 505, 510, 516
Struve, Gustav, Revolutionär I 239, 433, 434; II 106, 601, 681, 901
Stubanus s. Basel, Stadt, Bürger und Einwohner
Stürzel von Buchheim
- Konrad I 720
Stutz: Fröhnd I 791, *802*
- Einwohner
- - Mayer
- - - Lorenz, Lehrer I 802
Stutz, Johann Jakob, Maler I 249, 663
Suchard, Philipp, Unternehmer II 111
Sulz am Neckar, Stadt
- Grafen von
- - Hermann I 873
Sulzburg, Stadt I 134, 145, 155, 192, 193, 680; II 122, 538
- Kloster I 128, 133; II 187
Sulzer, Karl Christoph, Vogt I 431
Sulzer, Simon, Münsterprediger zu Basel I 193

Sung, Adelsfamilie
- Berthold I 780
Susecke, Rudin II 809
Sutor, Emil, Künstler II 762
Sutter, Fabrikantenfamilie II 509
Sutter, Holzhändler in Schopfheim I 431
Sutter, Johann, Unternehmer I 360
Sutter, Rolf, Architekt II 496
Swanahilt, Wohltäterin des Klosters St. Gallen II 304, 518
Sweininger, Familie II 73
- Rudolf II 212

Tallard, Graf von, Camille, französischer Marschall I 237
Tanne, abgeg. bei Fröhnd I 171, 798
Tannenchilche = Tannenkirch, Stadt Kandern II 66
Tannenkirch, Stadt Kandern I 118, 119, 146, 152, 173, 214, 243, 243, 244, 250, 582, 584; II 10, 15, 66–70
- Pfarrei I 189, 498, 564; II 32
Tanner, Burkhart, Metzger II 71
Tegerfelden, Kt. Aargau
- von I 136, 219; II 292
- - Brida I 581, 697, 754
- - Burkart I 581, 697
Tegernau I 144, 169, 171, 182, 186, 203, 204, 205, 214, 217, 228, 280, 285, 286, 287, 289, 315, 318, 395, 404, 637, 638, 765; II 241, *642–660*, *654–660*, 848, 866, 923
- Einwohner I 207
- - König
- - - Hans I 837
- - - Ottlin I 837
- König von I 155, 842; II 41, 150, 164, 212, 546, 655 f., 657
- - Christoph Friedrich II 656
- - Friedrich Magnus II 656
- - Otmann II 213
- - Susanna Potentiana II 656
- Pfarrei I 121, 187, 189, 767; II 240, 241, 360, 459, 617, 653, 657, 711, 811, 848, 849, 851, 852
- Vogtei I 172; II 852, 922
- von I 170, 588, 722, 767; II 48, 53, 58, 655
- - Georg II 655
- - Jakob II 58, 59, 193
- - Jörg I 705
- - Walter II 546
Tengen, Stadt I 163
Tennenbach: Stadt Emmendingen
- Kloster II 406
Tenniberc = Demberg: Wies II 850

Tettinchoven, R. von, Domherr in Basel I 589
Tettingen, Heinrich von I 780
Theoderich, König der Ostgoten I 128
Thoma, Fabrikanten I 431
- Johann Michael II 668
- Karl II 681, 689
- Meinrad II 668
Thoma, Hans, Maler I 506, 508, 510; II 24
Thoma, Johann, Wirt zu Todtnau II 715
Thoma, Leodegar, Bürstenmacher II 686
Thoma, Richard, Architekt II 678
Thoma, Siegfried, Unternehmer II 689
Tiefenstein = Rüßwihl, Görwihl
- von
- - Ulrich II 294
Tierstein
- Grafen von I 722
- - Johanna II 621
- - Theobald I 706
- - Walraf II 56
- - Waltram II 795
- - Wilhelm II 41
Tilly, Johann Tserclaes, Graf von I 234
Tirol, Herzöge von
- Maximilian I. I 163
- Sigmund I 162, 163
Todtenhaupt, Erich Karl, Unternehmer II 506
Todtmoos
- Pfarrei I 191, 498; II 460, 697, 706
Todtnau, Stadt I 6, 6, 121, 123, 126, 127, 132, 163, 182, 201, 216, 218, 219, 220, 221, 223, 224, 225, 229, 241, 246, 251, 253, 258, 260, 262, 266, 299, 303, 310, 313, 315, 317, 340, 341, 355, 361, 365, 369, 370, 371, 405, 455, 457, 459, 513; II 456, 460, 657, *661–721*, *707–715*
- Einwohner
- - Burkhart, Maria, Wirtin II 715
- - Dietsche, Wirt II 715
- - Rieder, Clewi, Wirt II 715
- - Thoma, Johann, Wirt II 715
- Pfarrei I 187, 492, 495; II 718, 835
- Vogtei I 160, 161, 799; II 458
Todtnauberg, Stadt Todtnau I 228, 271, 272, 280, 282, 283, 284, 285, 286, 287, 289, 301, 313, 317, 341, 355, 404, 405, 801; II 673, 678, *715–719*
- Pfarrei I 492, 495
Tohtarinchoua = Tumringen: Stadt Lörrach II 163
Tonjola, Inhaber des Schlößli zu Weil II 808
Tossenbach = Dossenbach, Schwörstadt II 572
Tóth, Zoltán, Architekt II 761
Tottikon, von II 531

Tottingen, Adelbero von II 211
Toussaint, von II 426, 432
– Franz Conrad II 426
Triberg im Schwarzwald, Stadt I 179
Trötschler, Fridolin, Hammerwerksbesitzer I 431
Truchseß s. Basel, Stadt, Einwohner
Truchseß von Rheinfelden s. Rheinfelden, Kt. Aargau, Truchseß von
Trudpert, Missionar I 186
Tübingen, Stadt
– Grafen und Pfalzgrafen von II 428
– – Hugo II 425
Tübingen, von I 163
Tüchlingen, abgeg. bei Riedlingen, Stadt Kandern II 57, *60*
Tuetlikon = Tüchlingen, abgeg. bei Riedlingen, Stadt Kandern II 60
Tulla, Johann Gottfried, Strombauingenieur I 40
Tüllingen: Stadt Lörrach I 119, 166, 171, 172, 173, 181, 214, 236, 243, 244, 245, 473, 487; II 91, 99, *160–162*, 807, 808, 809
– Pfarrei I 187, 190; II 122, 161
Tumringen: Stadt Lörrach I 94, 119, 127, 128, 131, 147, 153, 200, 350, 394, 415; II *162–166*
– Pfarrei I 187; II 122, 164, 165
Tunau I 161, 302, 345, 404; II 456, 459, *722–730*, 729f., 823
Tunower, Klaus, Hauptmann II 711
Tunsel, Bad Krozingen
– von I 571
Türckheim
– von I 614, 722, 726
– – Buno II 401
Turenne, Graf von, Henri, Marschall I 235
Turneisen, Fabrikanten
– Emanuel II 53
– Ludwig Andreas II 53

Uato, begütert in Egringen I 704, 725
Uf der Froende = Fröhnd I 798
Uffheim II 148
Ulm, von II 132, 212, 518, 535, 536, 539, 574
– Franz Christoph II 212
– Friedrich Ludwig II 150
– Hans II 150
Umstorfer, Ludwig II 799
Ungarn, Königin von, Agnes II 425, 633
Ungendwieden: Wieden II 828
Unteregringen s. Egringen, Efringen-Kirchen
Unterhepschingen II 117
Unterinzlingen: Inzlingen I 119, 912, 925
– Einwohner

– – Keller, Maria I 930
Untermulten: Aitern I *536*
Unterrollsbach: Aitern I *537*
Urach, abgeg. Burg bei Lenzkirch
– Grafen von I 139 (s. a. Freiburg, Stadt, Grafen von)
– – Egino I 139
Urach-Freiburg, von I 159
Üsenberg, abgeg. Burg bei Breisach am Rhein
– von I 120, 134, 135, 136, 138, 145, 165, 174, 175, 925, 927; II 148, 522, 621, 807
– – Anna I 142
– – Burkhart I 929; II 423, 622
– – Hesso IV. II 423
– – Hug II 423
– – Rudolf I 929; II 622
Utenachir (s. Uttnach) II 66
Utenheim, Susanna von I 811
Utrecht I 237
Uttnach: Tannenkirch, Stadt Kandern II 10, 66
Utzenfeld I 161, 310, 368, 404, 405; II 456, 459, **731–741**, *740f.*
– von
– – Fritschi II 741
– – Loebi II 741

Valentin, Peter sen., Künstler II 266
Varnow = Fahrnau, Stadt Schopfheim II 522
Vasolt, Walter II 583
Vauban, Sebastien, Festungsbaumeister I 236
Venningen, von
– Georg Hannibal I 837
– Susanna I 837
Vesteburg, abgeg. Burg bei Kandern, Stadt II 45
Vetzbach = Fetzenbach: Gersbach, Stadt Schopfheim II 531
Vier, Peter, Orgelbaumeister I 655, 656, 658; II 99, 174, 897
Villars, Herzog von, Louis Hector, Marschall I 237
Villingen im Schwarzwald, Stadt Villingen-Schwenningen I 179
Vinther, Johann Jakob, Landschreiber II 518
Vischenberg = Fischenberg: Wies II 851
Vischi, C., Unternehmer II 608
Vitztum, Familie II 68
Vogel, Unternehmer II 910
Vogelbach: Malsburg, Malsburg-Marzell I 127, 171; II 56, 66, 173, *189–191*
– Vogtei I 172, 181, 214; II 189
– von
– – Rudolf II 189

Vögisheim, Stadt Müllheim II 65
Vogt von Brombach II 131
Volkertsberg: Degerfelden, Stadt Rheinfelden (Baden) II *308*
Völkle, Bernd, Maler I 509
Vollmar, Maler und Bildhauer II 268
Vom Hove, Familie s. Basel, Stadt, Bürger und Einwohner
Vom Hove, Unternehmer I 360
Vom Hus
– Friedrich I 575
– Hans Ulrich I 577
– Hartung I 575
– Ulrich I 575
Vonkilch, Johann, Prokurist II 907
Vorderheubronn: Neuenweg II 219
Vorderholz: Fröhnd I 791, 792
Vorgassen (s. a. Basel, Stadt, Bürger und Einwohner)
– Heinrich, gen. Hagendorn I 704
Vortisch, Friedrich, Rechtsanwalt I 441

Wachter, Emil, Künstler I 813; II 102, 760
Wacker, Architekt II 269
Wädenschwil I 228
Wagner, M., Schreinermeister I 896
Walch, Familie I 695
Waldeck
– Herrschaft I 638
– von I 120, 121, 126, 135, 136, 144, 169, 535, 629, 684, 690, 731, 799, 801, 886; II 132, 133, 238, 239, 241, 456, 457, 523, 524, 534, 536, 618, 631, 633, 922
– – Gerung II 242
– – Heinrich II 242
– – Lütfried II 242
– – Mechthild II 242
– – Trutwin II 242
– – Walicho I 171, 587, 684, 689, 690, 727; II 131, 239, 240, 241, 242, 457, 534, 535, 632, 811, 920, 921
– – Werner II 242
Waldeck (Alt-Waldeck), abgeg. bei Hohenegg: Raich I 121
Waldeck (Neu-Waldeck), abgeg. bei Tegernau I 121
Waldeck: Raich II *241 f.*
Waldkirch, Stadt
– Kloster I 130, 131, 132, 138, 168, 176, 570, 572
Waldmatt: Häg, Häg-Ehrsberg I 858
Waldner, Berthold II 797, 798
Waldner von Freundstein, Elisabeth I 614

Waldshut, Stadt Waldshut-Tiengen I 160, 161, 163, 164, 232, 234, 363, 513
Wallbach, Stadt Bad Säckingen I 11, 173, 219; II 581
Wallbach, von
– Heinrich I 148, 581; II 68
– Johann I 581
Wallbrunn, von I 214, 360
Walser, Martin I 507
Walser (Walliser), Michel, Maurermeister I 894
Walz, Klaus, Künstler II 678
Walz, Pfarrer II 212
Wambach: Wies I 127, 220; II 189, 841, *852*
Wandbach = Wambach: Wies II 852
Wannier-Stächelin, Clara, Künstlerin I 659
Warbach: Wieden II 827
Warbinbach = Warmbach: Stadt Rheinfelden (Baden) II 330
Warmbach: Stadt Rheinfelden (Baden) I 118, 119, 129, 131, 175, 177, 181, 182, 185, 219, 223, 228, 232, 237, 350, 845, 850; II 255, 265, *330–333*
– Pfarrei I 187, 191, 492
– von Warenbach
– – Burkhard II 330
– – Hermann, Bürger zu Rheinfelden II 330
Wart, von I 120, 136, 691; II 359, 627, 628, 629, 636, 637, 850, 864
– Arnold I 689, 691; II 628, 636
– Erkinbold II 628, 636
– Heinrich I 691; II 628, 629, 636
Weber, Dominik, Künstler II 266
Weber, Hensli, Grundbesitzer in Ehrsberg I 871
Weber, Indiennedrucker II 882
Weber, Konrad, Fabrikant I 603
Wechlin, Brigitte, Keramikerin II 24
Wegenstetten, von
– Hans II 148
– Rudolf II 148
Wehr, Stadt I 127, 132, 140, 145, 163, 226, 434, 886, 888; II 404, 574
– Herrschaft I 886
– von I 135, 136, 144, 535, 629; II 456, 527, 528
– – Adelgoz I 134, 695, 799; II 457
– – Heinrich I 171; II 457
– – Lutold II 632
Wehr-Wildenstein, von I 121
Weil am Rhein, Stadt I 5, 7, 9, 11, 13, 81, 96, 97, 98, 108, 109, 110, 128, 131, 136, 145, 150, 165, 166, 168, 172, 175, 184, 200, 205, 212, 215, 222, 226, 240, 241, 250, 251, 252, 261, 263,

264, 266, 271, 273, 281, 285, 286, 287, 289, 299, 305, 307, 308, 314, 316, 318, 319, 320, 326, 334, 338, 347, 351, 357, 363, 365, 370, 371, 380, 386, 392, 395, 399, 400, 401, 405, 410, 415, 416, 419, 421, 422, 428, 439, 441, 442, 443, 459, 463, 464, 466, 470, 471, 474, 476, 478, 480, 487, 495, 501, 510, 511, 513, 514, 558, 583, 600, 678, 679, 681, 682, 750, 751, 778; II 28, 148, 159, 508, 629, 656, *742–815, 804–811*
– Auberlin von II 132
– Einwohner
– – Boner, Johann, Bäcker II 810
– – Huntzinger, Fridlin, Metzger II 810
– – Merz
– – – Hans I 837
– – – Martin I 837
– – Töris, Hans, Schmied II 810
– Pfarrei I 186, 187, 498, 633
– Vogtei II 807
Weil, von
– Rudolf II 807
– Vollmar II 807
– Walter II 807
Weilerfeld s. Weil am Rhein, Stadt
Weilheim an der Teck, Stadt
– Kloster I 138
Weimar, Herzöge von s. Sachsen-Weimar, Herzöge von
Weinbrenner
– Friedrich, Architekt I 249
– Johann Ludwig, Architekt I 249, 659
Weis, Burgvogt zu Hachberg I 155
Weiß, Familie I 616
Weißer, Balduin, Unternehmer I 603
Weißhaar, Revolutionär I 239
Weitenau, Kloster s. Kloster Weitenau: Schlächtenhaus, Steinen
Weitenau, Steinen I 120, 136, 147, 148, 168, 173, 180, 181, 204, 220, 230, 404; II 360, 592, 658, 850
– Pfarrei II 849
– Vogtei II 637, 638, 864
Welfen, Hochadelsfamilie I 139
Welmingen = Welmlingen, Efringen-Kirchen I 726
Welmlingen, Efringen-Kirchen I 116, 126, 145, 171, 173, 181, 214, 280, 281, 285, 286, 287, 289, 394, 582, 654, 662, *726–729*; II 27, 56
– Einwohner
– – Johann der Meier von W. I 729
– – Neff I 587
– Pfarrei I 191

– von I 728
– – Burchard I 729
Wembach I 161, 220, 221, 310, 404, 413; II 456, 459, **816–823**, *822f.*
– Einwohner
– – Karle, Baschi I 629
Wendelsdorf, von II 48, 56
– Nikolaus II 411
Wenderli, Hans, Vogt II 801
Wendwag = Wembach II 822
Weninger, Heinrich, Propst I 731
Wenkehof I 171
Wenselingen, von
– Mechthild II 796
– Werner II 796
Wenzinger, Christian, Freiburger Meister II 384
Werli, Eremann, Grundeigentümer in Grenzach I 837
Wernherisswanda = Herrenschwand: Präg, Stadt Todtnau II 706
Werth, Johann von I 235
Wettelbrunn, Stadt Staufen im Breisgau II 65
Wettingen, Kt. Aargau
– Kloster I 685, 690, 697, 714, 731, 842, 927, 929, 930; II 159, 161, 211, 213, 621, 622, 809, 923
Wettlingen, abgeg. bei Mauchen, Schliengen II 406
Wettstein, Johann Friedrich II 48
Wetzel, Walter, Unternehmer I 823
Wezel von Marsilien, Elisabeth I 614
Wiechs, Stadt Schopfheim I 9, 15, 115, 118, 204, 266, 271, 395, 404, 419, 466, 679; II 492, *547–550*, 625
Wieden I 161, 249, 273, 280, 282, 283, 284, 285, 286, 287, 289, 301, 337, 404, 405, 510; II 459, **824–837**, *836f.*
– Pfarrei I 492, 495, 495; II 460
Wiedener Eck: Wieden II 828
Wiedenmatt: Wieden II 827
Wieladingen: Willaringen, Rickenbach
– von I 174, 219, 871, 886, 886; II 317, 579, 582, 926
– – Hartmann I 888; II 579, 615, 799
– – Margarete I 612, 886
– – Rudolf I 612, 886, 888; II 290, 323, 326, 425
– – Ulrich II 580
Wielun = Wyhlen, Grenzach-Wyhlen I 845
Wies I 127, 169, 171, 183, 248, 268, 285, 286, 287, 289, 303, 395, 404, 502; II 657, 658, **838–853**, *848–852*, 866
– Burg II 848

Orts- und Personenregister

- Pfarrei II 847
- von I 886; II 848, 867
- – Heinrich I 886
- – Jost II 848
Wieslet I 171, 172, 173, 181, 248, 395, 404, 418, 678, 750, 765; II 522, 627, 628, 629, 637, 854–867, *864–867*, 866
- Pfarrei I 187; II 862
Wildböllen: Schönenberg II 469
Wildenstein, von I 535
Wilhelm, Architekt I 379
Willich, Revolutionär I 433
Willmann, Unternehmer II 688
Wimpfen I 234
Winipold, Wohltäter des Klosters St. Gallen II 538
Winter, Johann Ludwig II 632
Winter, Th., Unternehmer II 910
Winterhalder, Johann, Bildhauer I 248
Winterlin, Anton, Maler I 508
Wintersweiler, Efringen-Kirchen I 99, 117, 131, 145, 173, 181, 191, 214, 246, 248, 394, 654, 662, *729–734*, 782, 850; II 56, 797
- Pfarrei I 191
Winzer, Konrad, Maler I 509
Wiolen = Wyhlen, Grenzach-Wyhlen I 845
Wise, Walter von II 305
Wißler, Andreas, Händler II 681
Witbert, Eigenkirchenherr in Fischingen I 782
Witelichon, Rudolf von II 878
Witireswilare = Wintersweiler, Efringen-Kirchen I 730
Witringhove = Wittlingen II 878
Wittenheim
- Burg I 574
Wittig, Unternehmer II 910
Wittilenchouen, von II 878
Wittlingen I 127, 131, 147, 170, 181, 199, 228, 248, 313, 606, 613; II 27, 28, 73, 785, **868–883**, *878–882*
- Pfarrei I 187, 191; II 74, 373, 876
- Vogtei II 879
Witz, Jakob, Grundbesitzer in Lörrach II 149
Witz, Konrad, Maler I 244
Wix, Pfarrer in Feuerbach I 214
Wohlschlegel, Walter, Künstler I 509
Wolff, General I 238
Wolfinus, begütert in Egringen I 704
Wölflin, Peter, Dr., markgräflicher Leibarzt I 926
Wölflisbrunn mit Moosmatt: Häg, Häg-Ehrsberg I 872
Wollbach, Stadt Kandern I 118, 127, 128, 147, 153, 205, 225, 280, 281, 285, 286, 287, 289, 607, 615, 680, 775; II 11, 15, *71–75*
- Pfarrei I 187, 187; II 32, 73
Wucherer, Johannes, Besitzer des Hofes Ottwangen II 290
Wülflingen, Kt. Zürich
- von
- – Agnes II 309
Wunderlin, Hofbesitzer in Happach
- Peter I 874
- Ulrich I 874
Wunnenberg, Hans von II 299
Würger, Philipp, Holzhauer und Dichter I 507
Wygler, Franz Ludwig II 462
Wyhlen, Grenzach-Wyhlen I 21, 92, 97, 98, 106, 108, 109, 110, 111, 112, 113, 116, 180, 185, 209, 210, 212, 220, 221, 223, 228, 249, 263, 303, 305, 307, 319, 361, 363, 365, 395, 415, 435, 441, 471, 808, 812, *842–849*; II 65
- Kloster Himmelspforte I 168, 192, 488, 731, 829, 837, 847, 848, *849–851*, 887, 928; II 294, 308, 322, 325, 326, 331, 371, 574
- – Äbte
- – – Heinrich Melin I 850
- – – Johann Baptist Semon I 814
- – – Johannes I 850
- – – Semon I 849
- Pfarrei I 191, 191, 492, 830

Yelin, Rudolf jun., Künstler II 264
Yiart
- Guta II 797
- Konrad II 797

Zahoransky, Anton, Fabrikant II 687, 689
Zähringen, abgeg. Burg bei Wildtal, Gundelfingen
- Grafen und Herzöge von I 137, 139, 159, 164, 535, 629; II 56, 717
- – Berthold I 684, 699; II 801
- – Berthold II. I 134, 136, 137, 138; II 323
- – Berthold III. I 161
- – Berthold V. I 139
Zähringen s. Neuenburg, Stadt Neuenburg am Rhein, Einwohner
Zell im Wiesental, Stadt I 6, 11, 118, 120, 121, 136, 162, 168, 169, 173, 174, 182, 185, 198, 203, 204, 207, 209, 214, 215, 218, 223, 224, 226, 228, 232, 240, 255, 259, 262, 266, 274, 299, 303, 305, 310, 315, 317, 337, 355, 360, 361, 365, 370, 371, 396, 405, 415, 441, 442, 443, 455, 470, 476, 478, 514, 515, 516, 764, 866; II **884–933**, *925–932*
- Einwohner

– – Berger, Schwanenwirt II 932
– – Montfort I 200
– Herrschaft I 132, 180, 219, 221; II 927
– Pfarrei I 187, 191, 199, 492, 872, 906; II 653, 917, 929
– Vogtei I 181, 871, 872
Zell, Hofrat I 434
Zeller, Heinrich I 497
Ziegler, Pfarrer in Neuenweg I 214
Zimmermann, E., Bildhauer II 101
Zollikofer, Friedrich Ludwig, Chirurg I 586
Zu Rhein von Häsingen
– Burkart II 926
Zu Rhein, Familie I 614; II 795, 926 (s. a. Basel, Stadt, Bürger und Einwohner)
– Agnes I 613

– Suslin II 926
Zum Blumen, Familie II 67
Zum Castil = Kastel: Fröhnd I 798
Zum Rosen, Familie (s. a. Basel, Stadt, Bürger und Einwohner)
– Conzmann I 571
– Cunemann II 68
Zum Tolden, Familie I 148
– Anna I 614
Zumtobel, Reinhold, Journalist und Schriftsteller I 506
Zur Kinden, Hugo II 808
Zur Sunnen, Familie I 148; II 657 (s. a. Basel, Stadt, Bürger und Einwohner)
Zürich, Stadt
– Reichsvogtei I 138